Bíblia
de
estudos e sermões de

―❦―

Charles Haddon
SPURGEON

―❦―

Bíblia
de
estudos e sermões de

Charles Haddon
SPURGEON

Bíblia
de
estudos e sermões de

Charles Haddon
SPURGEON

NOVA VERSÃO TRANSFORMADORA

Missão de Publicações Pão Diário:
Contribuir para que a sabedoria transformadora da Bíblia seja compreensível e acessível a todos.

Bíblia de Estudos e Sermões de C. H. Spurgeon. Curitiba: Publicações Pão Diário, 2018
1.664 p., 160x230mm.

Contém sermões completos, introdução aos livros bíblicos, reflexões, biografia de Charles H. Spurgeon e plano de leitura bíblica anual.

1.Bíblia Sagrada 2.Estudo Bíblico 3.Bíblia de Estudo 4.Sermões

---

Todos os direitos reservados.
Compilação: Dayse Fontoura
Tradução: João Ricardo Morais, Cláudio F. Chagas
Revisão: Dayse Fontoura, Rita Rosário, Thaís Soler, Lozane Winter
Projeto gráfico, diagramação: Felipe Marques
Capa: Audrey Novac Ribeiro

Texto Bíblico
Bíblia Sagrada, Nova Versão Transformadora Copyright © 2016 por Editora Mundo Cristão
Rua Antônio Carlos Tacconi, 79 – São Paulo, SP, CEP 04810-020
Telefone (11) 2127-4147 – www.mundocristao.com.br

Todos os direitos reservados em língua portuguesa.
A *Nova Versão Transformadora* (NVT) e seu logotipo são marcas registradas da Tyndale House Publishers, Inc. Usados com permissão.

Bíblia de Estudos e Sermões de C. H. Spurgeon
Coordenadores gerais: Edilson Freitas e Luis Seoane

Textos de Charles Haddon Spurgeon:
© 2018 Publicações Pão Diário
Rua Nicarágua, 2128 — Bacacheri
82515-260 Curitiba, PR
Telefone (41) 3257-4028
www.publicacoespaodiario.com

Introduções bíblicas extraídas e adaptadas do livro *Thru the Bible* de J. Vernon McGee.

Preta: TG041 • ISBN: 978-1-68043-476-7
Vinho: D1809 • ISBN: 978-65-5350-323-6

1.ª edição: 2018 • 3.ª impressão: 2023

Impresso na China

Sumário

Prefácio vii
Introdução à *Nova Versão Transformadora* ix
Nosso primeiro sermão: Testemunho de C. H. Spurgeon xiii
Sermão: A BÍBLIA xv

ANTIGO TESTAMENTO

Gênesis (Gn)	3	Eclesiastes (Ec)	764
Êxodo (Êx)	65	Cântico dos Cânticos (Ct)	775
Levítico (Lv)	118	Isaías (Is)	784
Números (Nm)	155	Jeremias (Jr)	866
Deuteronômio (Dt)	204	Lamentações (Lm)	941
Josué (Js)	248	Ezequiel (Ez)	950
Juízes (Jz)	278	Daniel (Dn)	1010
Rute (Rt)	307	Oseias (Os)	1029
1Samuel (1Sm)	312	Joel (Jl)	1044
2Samuel (2Sm)	349	Amós (Am)	1050
1Reis (1Rs)	382	Obadias (Ob)	1060
2Reis (2Rs)	419	Jonas (Jn)	1063
1Crônicas (1Cr)	455	Miqueias (Mq)	1067
2Crônicas (2Cr)	490	Naum (Na)	1075
Esdras (Ed)	531	Habacuque (Hc)	1079
Neemias (Ne)	544	Sofonias (Sf)	1084
Ester (Et)	563	Ageu (Ag)	1089
Jó (Jó)	572	Zacarias (Zc)	1092
Salmos (Sl)	615	Malaquias (Ml)	1106
Provérbios (Pv)	727		

NOVO TESTAMENTO

Mateus (Mt)	1113	1Timóteo (1Tm)	1398
Marcos (Mc)	1157	2Timóteo (2Tm)	1404
Lucas (Lc)	1184	Tito (Tt)	1409
João (Jo)	1229	Filemom (Fm)	1412
Atos (At)	1263	Hebreus (Hb)	1415
Romanos (Rm)	1305	Tiago (Tg)	1432
1Coríntios (1Co)	1327	1Pedro (1Pe)	1438
2Coríntios (2Co)	1346	2Pedro (2Pe)	1445
Gálatas (Gl)	1361	1João (1Jo)	1450
Efésios (Ef)	1369	2João (2Jo)	1457
Filipenses (Fp)	1377	3João (3Jo)	1459
Colossenses (Cl)	1383	Judas (Jd)	1461
1Tessalonicenses (1Ts)	1389	Apocalipse (Ap)	1464
2Tessalonicenses (2Ts)	1395		

Biografia de Charles Haddon Spurgeon 1493
Sermões completos de C. H. Spurgeon 1497
Plano de leitura bíblica em um ano 1637

Prefácio

Sempre que resolvemos realizar um sonho, as demandas são grandes: o planejamento e a execução devem ser bem harmoniosos para que o resultado final dos esforços possa produzir o efeito desejado no primeiro momento.

A Bíblia que você tem em mãos é inédita no mundo! Quando a idealizamos, não imaginávamos o desafio que teríamos pela frente. Selecionar textos entre os mais de 3.000 excelentes sermões de Charles Haddon Spurgeon (1834–92) não foi tarefa fácil. Traduzi-los de forma a respeitar o estilo do autor e a comunicar claramente com o leitor brasileiro exigiu sensibilidade. Desta forma, o texto em suas mãos mencionará eventos contemporâneos a Spurgeon e as tecnologias disponíveis em sua época. Apesar de terem sido escritos há mais de um século, as exortações e as consolações conservam uma atualidade impressionante. Com algumas variações, os dilemas enfrentados pelo povo de Deus, na atualidade, são iguais àqueles do século 19.

Spurgeon foi contemporâneo de Napoleão Bonaparte, Charles Darwin, Oscar Wilde, Edgar Allan Poe, Mark Twain, entre outras figuras que influenciaram a história. O mundo da época entrava em convulsão, e conceitos firmados ao longo de séculos da Era Cristã eram colocados na berlinda. O cristianismo sobreviveria a todos esses ataques? De seu púlpito, Spurgeon pregava, todas as semanas, a uma audiência de 10 mil pessoas orientando-as a permanecerem firmadas nas verdades eternas. E essas verdades permaneceram graças ao mover do Espírito Santo sobre os filhos de Deus, que inspirou pregadores, instruiu congregações e preservou as Escrituras intactas.

Durante todo o processo de seleção de textos dos sermões de Spurgeon, procuramos abarcar os assuntos essenciais à formação do caráter verdadeiramente cristão: relacionamento com Deus, família, política, o papel social do filho de Deus, relacionamentos interpessoais, vida na comunidade da fé, administração financeira, entre outros.

Cada uma das palavras que você lerá foi pronunciada por esse grande pregador. Tivemos o cuidado de sinalizar cada vez que cortes se fizeram necessários e sempre que foi preciso esclarecer quem praticou ou recebeu a ação da sentença. Assim, você se sentirá como um dos ouvintes de Spurgeon na Inglaterra do século 19.

Como você constatará, iniciamos com uma palavra de testemunho do próprio Spurgeon, ainda bastante jovem, sobre a ocasião em que pregou seu primeiro sermão. A narrativa é permeada de emoção e, entre as palavras de encerramento, há uma forte exortação: "Muitos de nossos jovens querem fazer coisas grandiosas e, consequentemente, não fazem absolutamente nada! Que nenhum de nossos leitores se torne vítima de ambição tão absurda!".

O sermão de abertura, intitulado "A Bíblia", é uma exaltação às Sagradas Escrituras. A rebeldia em ouvir e praticar essa Palavra encontrará consequências já nesta vida e um amargo acerto de contas com Deus no porvir. Nas palavras do próprio Spurgeon: "Nas Bíblias de alguns de vocês, há poeira suficiente para escreverem 'maldição' com os seus dedos. Alguns de vocês não folhearam suas Bíblias durante um longo, longo, longo tempo, e o que pensam? Digo-lhes palavras contundentes, mas verdadeiras. O que Deus dirá no fim? Quando se apresentarem diante dele, Ele dirá: 'Você leu a minha Bíblia?' 'Não.' 'Eu escrevi a você uma carta de misericórdia. Você a leu?' 'Não.' 'Rebelde! Eu lhe enviei uma carta convidando-o a mim — você alguma vez a leu?' *'Senhor, eu nunca rompi o lacre. Eu a mantive fechada.'* Deus diz: 'Maldito! Então você merece o inferno. Se eu lhe enviei uma carta de amor e você nem sequer rompeu o lacre — o que devo fazer-lhe?' Ó, não permitam que isso aconteça com vocês. Sejam leitores da Bíblia. Sejam pesquisadores da Bíblia."

Além dos textos devidamente encaixados dentro do contexto das passagens bíblicas, você encontrará uma introdução a cada livro desta mais excelente Biblioteca. Sua abordagem é diferenciada das introduções com as quais estamos acostumados. À parte da informação técnica, traz aplicações práticas do conteúdo de cada livro e uma seção intitulada "Para estudo e discussão". Gostaríamos de estimulá-lo a resolver os exercícios propostos, pois isso lhe trará maior profundidade de conhecimento das verdades contidas nos livros bíblicos. Essa também será uma excelente ferramenta para estudo em grupo.

Na sessão final, há uma breve biografia de Spurgeon que, esperamos, lhe servirá de inspiração e encorajamento para uma vida de fé firme no evangelho, apesar das circunstâncias, e um caderno com 15 sermões completos. Todos eles têm como temática a centralidade da Bíblia para a fé cristã. Protestante convicto, Spurgeon vê neste princípio da Reforma — *Sola Scriptura* — um importantíssimo pilar para se entender todo o plano de salvação e o que significa a obra expiatória de Cristo no resgate dos pecadores.

Por fim, nosso desejo, desde o primeiro momento em que sonhamos com este projeto, é provocar uma reflexão profunda nas maravilhas reveladas no Livro dos livros. Que haja crescimento em fé, firmeza de convicções, busca séria por santidade e o desejo profundo de marcar a diferença entre quem serve a Deus e quem se deixa levar por modismos. Sem, sequer, temer represálias e perseguições. E que, desta forma, como filhos do Deus Altíssimo, possamos influenciar todos aqueles que nos cercam.

Embora Spurgeon, reconhecido como Príncipe dos pregadores do século 19, sirva-nos de padrão entre os fiéis, é importante frisar que nosso propósito com esse projeto é que você reconheça que o verdadeiro Mestre é o Espírito Santo, aquele que inspirou as Sagradas Escrituras. Se Ele descortinou Seu coração a homens e mulheres do passado, Ele deseja fazer o mesmo ainda hoje. Tudo pode começar com você! Inspire-se!

Seus amigos de Publicações Pão Diário

Introdução à
Nova Versão Transformadora

A *Nova Versão Transformadora* (NVT) é o resultado de um projeto iniciado em 2010 pela Mundo Cristão, juntamente com um comitê de tradutores especializados nas línguas originais em que o texto bíblico foi redigido. O objetivo, desde o princípio, foi produzir uma versão fiel e acessível, que comunicasse sua mensagem aos leitores de hoje de modo tão claro e relevante quanto os textos originais comunicaram aos leitores e ouvintes do mundo antigo.

Filosofia e metodologia de tradução

Os tradutores da NVT se propuseram a transpor com clareza a mensagem dos textos originais das Escrituras para o português contemporâneo. Ao fazê-lo, levaram em consideração tanto aspectos da equivalência formal como da equivalência dinâmica. Isto é, traduziram o original do modo mais simples e literal possível quando essa abordagem resultou num texto acessível e preciso. Em contrapartida, buscaram uma abordagem mais dinâmica à mensagem quando a tradução literal era de difícil compreensão, ambígua ou exigia o uso de termos arcaicos ou incomuns. Primeiro, os tradutores procuraram identificar o significado das palavras e das expressões no contexto antigo; depois, traduziram a mensagem para o português com clareza e naturalidade. O resultado, acreditamos, é uma tradução exegeticamente precisa e idiomaticamente eficaz.

Processo e equipe de tradução

O projeto tomou como ponto de partida os métodos de tradução da edição mais recente da *New Living Translation* (NLT), tradução em língua inglesa publicada pela Tyndale House Publishers e conhecida por sua comunicabilidade e acessibilidade. Para o projeto NVT, a Mundo Cristão estabeleceu um Comitê de Tradução, composto por alguns dos principais eruditos em línguas originais da comunidade evangélica brasileira. Valendo-se das melhores ferramentas exegéticas e do que há de mais recente em estudos acadêmicos da Bíblia, esses especialistas buscaram apresentar uma tradução inteligível e dinâmica, sem sacrificar a precisão e a fidelidade aos textos originais. Aliada à erudição, uma equipe editorial se ocupou especialmente da adequação da linguagem do texto, procurando torná-la amplamente compreensível, a fim de produzir uma tradução adequada tanto para o estudo individual como para a leitura em voz alta.

Os textos por trás da NVT

Na tradução do Antigo Testamento, empregou-se o Texto Massorético da Bíblia hebraica, representado na *Biblia Hebraica Stuttgartensia* (1977), com seu amplo sistema de notas textuais e que constitui uma atualização da *Biblia Hebraica* de Rudolf Kittel (Stuttgart, 1937). Também houve comparações com os Manuscritos do Mar Morto, a Septuaginta e outros manuscritos gregos, o Pentateuco Samaritano, a Peshita Siríaca, a Vulgata Latina e outras versões ou manuscritos que esclarecem o significado de passagens difíceis.

Os tradutores do Novo Testamento usaram as duas edições clássicas do Novo Testamento em grego: o *Greek New Testament*, publicado pela United Bible Societies (UBS, 4ª edição revisada, 1993), e o *Novum Testamentum Graece*, editado por Nestle e Aland (NA, 27ª edição, 1993). No entanto, os tradutores escolheram diferir dos textos gregos da UBS e de NA nos casos em que fortes evidências textuais ou outras evidências acadêmicas corroboravam sua decisão, seguindo variações encontradas em outras testemunhas textuais antigas. Essas variações significativas são sempre indicadas nas notas textuais da NVT.

Questões de tradução

No trabalho de tradução, buscou-se deliberadamente oferecer um texto que pudesse ser entendido com facilidade por um leitor típico da língua portuguesa contemporânea. Assim, procuramos usar apenas vocabulário e estruturas gramaticais de uso comum nos dias de hoje. Nossa preocupação com a facilidade de leitura, no entanto, foi além das questões de vocabulário e estrutura gramatical. Também levamos em conta barreiras históricas e culturais para a compreensão da Bíblia e procuramos traduzir termos fortemente associados à história e à cultura de forma que pudessem ser entendidos sem dificuldade. Para isso:

- Convertemos pesos e medidas antigos (p. ex., "efa" [unidade de medida de secos] ou "côvado" [unidade de comprimento]) para equivalentes contemporâneos em nossa língua, apontando, nas notas de rodapé, as medidas literais em hebraico, aramaico ou grego. O mesmo se dá com referências às horas do dia.
- Em vez de traduzir literalmente valores monetários antigos, procuramos expressá-los em termos que transmitissem o sentido mais amplo. Por exemplo, no Antigo Testamento, "dez siclos de prata" foi traduzido como "dez moedas de prata", a fim de comunicar a ideia pretendida.
- Visto que o calendário lunar hebraico varia de um ano para outro em relação ao calendário solar usado hoje, procuramos maneiras claras de comunicar a época do ano correspondente ao mês hebraico. Nos casos em que é possível definir uma data antiga conforme nosso calendário, usamos as datas modernas no texto. Uma nota textual de rodapé indica, então, a data hebraica literal e o raciocínio pelo qual chegamos à nossa tradução.
- A linguagem metafórica por vezes é de difícil compreensão para o leitor atual, de modo que, em certas ocasiões, optamos por traduzir ou esclarecer o significado de determinada metáfora. Por exemplo, o poeta escreve: "Seu pescoço é como a torre de Davi" (Ct 4.4). Traduzimos: "Seu pescoço é belo, como a torre de Davi", para esclarecer o sentido positivo pretendido pela símile.
- Quando o conteúdo da linguagem original é de caráter poético, traduzimos para o português de forma poética. Procuramos quebrar as linhas visando esclarecer e destacar a relação entre as frases do texto.
- Um dos desafios enfrentados foi como traduzir o texto bíblico escrito originalmente num contexto em que termos masculinos eram usados para se referir à humanidade em geral. Assim, respeitando a natureza do contexto antigo e, ao mesmo tempo, procurando tornar a tradução mais clara para o público atual, muitas vezes onde a tradução tradicional traz "homem" como sinônimo de espécie humana, optamos por "seres humanos" ou "humanidade", dentre outras escolhas. Por sua vez, as distinções de gênero entre homem e mulher nos textos originais foram rigidamente preservadas.

Coerência léxica na terminologia

Por uma questão de clareza, traduzimos certos termos das línguas originais sempre da mesma forma, especialmente nas passagens sinópticas e em expressões retóricas repetidas com frequência. Nas ocorrências de termos teológicos, deixamos espaço para um âmbito semântico mais amplo de palavras ou expressões aceitáveis em português como tradução para uma palavra hebraica ou grega. Evitamos alguns termos teológicos que muitos leitores teriam dificuldade de compreender. Por exemplo, procuramos evitar palavras como "justificação" e "santificação", que são empréstimos de traduções para o latim. No lugar dessas palavras, oferecemos traduções como "declarar justo" e "tornar santos", entre outras.

Notas textuais de rodapé

A NVT fornece vários tipos de notas textuais de rodapé:

- Quando, por uma questão de clareza, a NVT traduz de forma dinâmica uma frase difícil ou que pode causar confusão, geralmente acrescentamos uma nota de rodapé, permitindo que o leitor veja a fonte literal de nossa tradução dinâmica e como ela é relacionada a outras traduções mais literais.
- Também usamos notas textuais de rodapé para mostrar traduções alternativas. Nesses casos, a nota começa com o termo "Ou". Em geral, ocorre em passagens em que um aspecto do significado é controverso.
- Quando nossos tradutores seguem uma variação textual que difere consideravelmente de alguns textos hebraicos ou gregos, registramos essa diferença numa nota de rodapé.
- Todas as passagens do Antigo Testamento citadas no Novo Testamento são identificadas por uma nota de rodapé na passagem do Novo Testamento. Quando o Novo Testamento cita claramente a tradução grega do Antigo Testamento (a Septuaginta), e quando ela difere consideravelmente dos termos usados no texto em hebraico, também acrescentamos uma nota de rodapé na passagem do Antigo Testamento.
- Algumas notas textuais fornecem informações culturais e históricas sobre lugares, coisas e pessoas na Bíblia que provavelmente são desconhecidos para o leitor de hoje.
- Quando o significado de um nome próprio é relevante para o significado do texto, ele é esclarecido numa nota de rodapé.

Nossa expectativa, por fim, é que a NVT tenha superado algumas barreiras históricas, culturais e linguísticas que podem dificultar a leitura e a compreensão da palavra de Deus. Esperamos que, para os leitores que não conhecem a Bíblia, o texto seja claro e fácil de entender, e desejamos que os leitores versados nas Escrituras possam vê-las com um novo olhar. É nosso desejo, também, que os leitores adquiram instrução e sabedoria para viver, mas, acima de tudo, que encontrem o Deus da Bíblia, venham a conhecê-lo e, com isso, sejam transformados para sempre.

Comitê de Tradução da Bíblia
Outubro de 2016

Nosso primeiro sermão[1]

embramo-nos bem do primeiro local no qual nos dirigimos a uma congregação de adultos, esta xilografia que ilustra o número desta revista o deixa bem claro diante dos olhos de nossa mente. Não foi nosso primeiro discurso público para um grupo de pessoas, pois tanto em Newmarket e Cambridge, e outros lugares, a Escola Dominical nos proporcionara um amplo campo para proclamarmos o evangelho. Especialmente em Newmarket, tínhamos uma grande mescla de adultos na plateia porque muitos vinham ouvir o "menino" discursar para a classe. Contudo, não havíamos ainda nos dirigido a uma congregação reunida para a adoração habitual, até um domingo memorável em que estávamos em uma choupana em Teversham, ocorrido diante de uma pequena assembleia de humildes aldeões.

O conto não é novo, mas como esta impressão ainda não foi vista pelos olhares públicos, precisaremos lançar um pouco de luz sobre ele. Há uma Associação de Pregadores em Cambridge, ligada à Capela de St. Andrew — uma vez cenário do ministério de Robert Robinson e Robert Hall — e, atualmente, de nosso estimado amigo, o senhor Tarn. Muitos irmãos valorosos pregam o evangelho nos vários vilarejos ao redor de Cambridge, sendo escolhidos, um por vez, conforme o planejado. Naquele tempo, o gênio que presidia era o venerável senhor James Vinter, a quem sabemos se dirigiam como "bispo Vinter". Sua alma cordial, coração caloroso e maneiras gentis eram suficientes para manter toda uma fraternidade reunida com amor, e consequentemente, uma bela companhia de verdadeiros trabalhadores pertencia à Associação, trabalhando como fiéis companheiros de fardo. Suspeitamos que ele não somente pregava e ajudava seus irmãos, mas que era uma espécie de sargento recrutador e atraía muitos jovens para unir-se à horda — pelo menos é o que nossa experiência nos diz, nesse caso.

Certo sábado, havíamos terminado nossas aulas matinais, e todos os meninos estavam se dirigindo às suas casas para aproveitar parcialmente o fim de semana, quando o "bispo", mencionado acima, chegou. Um homem, que não estaria muito familiarizado aos cultos, precisava lá pregar e muito provavelmente gostaria de ter companhia. Aquela era uma frase capciosamente formulada, se nos lembramos claramente, e cremos que lembramos, pois à época, à luz da revelação daquela tarde de domingo, nós ponderamos sobre ela e muito nos admiramos de sua ingenuidade. Uma solicitação para ir pregar seria recebida com uma decidida negativa, mas agir meramente como companhia para um bom irmão que não gostaria de estar sozinho e que, talvez, nos pedisse para cantar um hino ou orar, não era, de forma alguma, algo difícil! E a solicitação, entendida desta forma, foi alegremente atendida. Pouco sabia o rapaz o que Jônatas e Davi estavam fazendo quando ele foi convocado a correr atrás da flecha — e pouco sabíamos — quando fomos lisonjeados a acompanhar o jovem a Teversham!

Nossa Escola Dominical havia terminado e havíamos tomado o chá. Partimos para Barnwell pela rua Newmarket com um cavalheiro pouco mais velho do que nós. Conversamos sobre assuntos agradáveis e, por fim, expressamos nossa esperança de que sentíssemos a presença de Deus durante a pregação. Parece que ele começou a nos assegurar de que nunca havia pregado em sua vida, e que não poderia tentar tal coisa — e que esperava que seu jovem amigo, Spurgeon, o fizesse! Essa era uma nova perspectiva da situação, e apenas consegui responder que eu não era um ministro, e que mesmo que fosse, eu estava muito despreparado. Minha companhia somente repetiu que *ele*, em um sentido ainda mais enfático, não era pregador, e que *me* ajudaria em qualquer outra parte do culto, mas que não haveria sermão a menos que eu o pregasse! Disse-me que se eu repetisse um de meus discursos da Escola Dominical,

---

[1] Introdução utilizada por Spurgeon a um dos muitos volumes de sermões que publicou.

seria perfeito para a congregação, e que provavelmente lhes traria mais satisfação do que um elaborado sermão de um especialista. Senti que estava, corretamente, comprometido em dar o meu melhor. Caminhei em silêncio, elevando minha alma a Deus, e parecia-me que poderia falar a uns poucos pobres aldeões sobre a doçura e o amor de Jesus — pois os sentia em minha própria alma. Orei por auxílio divino e resolvi fazer a tentativa. Meu texto seria: "Sim, vocês, os que creem, reconhecem a honra que lhe é devida...", e eu confiaria que o Senhor abriria minha boca em honra a Seu Filho bendito. Isso representava um grande risco e uma séria provação, mas dependendo do poder do Espírito Santo, eu poderia pelo menos falar-lhes da cruz, e não permitir que aquelas pessoas partissem para casa sem uma palavra.

Entramos na choupana de palha com um teto baixo onde poucos e simples trabalhadores rurais e suas esposas reuniram-se. Cantamos, oramos e lemos as Escrituras — então veio nosso primeiro sermão. Quão demorado ou curto foi, não nos lembramos; não foi uma tarefa metade difícil do que pensáramos que seria, mas ficamos felizes ao ver que estávamos a caminho de uma boa conclusão, e do entoar do último hino. Para nossa satisfação, não havíamos desmontado, nem estancado no meio do sermão, nem ficado sem ideias, e o desejado refúgio estava à vista! Fizemos uma conclusão e pegamos nossa Bíblia, mas, para nossa surpresa, uma voz idosa se levantou: "Abençoado seja seu coração! Quantos anos você tem?". Nossa solene resposta foi: "O senhor precisa aguardar até que o culto tenha terminado para fazer esse tipo de pergunta. Agora, cantemos". Cantamos, e o jovem pregador pronunciou a bênção final. Então, iniciou-se o diálogo que se ampliou para uma ampla e amigável conversa, na qual parecia que todos tomavam parte. "Quantos anos você tem? — era a pergunta principal. "Tenho menos de 60", respondi. "Sim, e menos de 16", foi a réplica da senhora idosa. "Não se preocupem com minha idade, pensem no Senhor Jesus e em Sua honra", foi tudo o que pude dizer, prometendo depois voltar novamente se o cavalheiro em Cambridge achasse que eu era adequado para fazê-lo. Àquela época, nossa admiração por aqueles "cavalheiros de Cambridge" era muito grande e profunda.

Não há outros jovens que precisam começar a falar por Jesus de forma tão humilde — rapazes que até o momento estão tão mudos quanto os peixes? Nossas vilas e vilarejos oferecem boas oportunidades para os jovens pregadores; que eles não esperem até serem convidados a uma capela, ou terem preparado uma boa dissertação, ou terem garantido uma plateia inteligente! Se forem e falarem com seu coração o que o Senhor Jesus fez por eles, encontrarão ouvintes atentos!

Muitos de nossos jovens querem fazer coisas grandiosas e, consequentemente, não fazem absolutamente nada! Que nenhum de nossos leitores se torne vítima de ambição tão absurda! Aquele que deseja ensinar crianças, ou distribuir panfletos, e assim começar do começo, tem maior probabilidade de ser útil do que o jovem que está cheio de fingimento e repousa em formalidade, que estuda para o ministério e tem contato com certos manuscritos superiores que ele espera, brevemente, ler do púlpito pastoral. Aquele que fala de temas simples dos evangelhos na cozinha do fazendeiro, e é capaz de atrair o interesse do cocheiro e da senhora que trabalha na leiteria, tem mais em si de ministro do que o empertigado rapazinho que sempre fala sobre ser culto — e com isso quero dizer: ser ensinado a usar palavras que ninguém compreende! Levar os mais pobres a ouvir com prazer e benefício é, em si mesmo, uma realização — além disso, é a melhor promessa e preparação possíveis para um ministério influenciador! Que nossos jovens preguem com fartura nas choupanas! Se não há uma Associação de Pregadores Leigos, que trabalhem por si mesmos! As despesas não são grandes com aluguéis, velas e alguns formulários — o dinheiro de muitos desses jovens cobriria essas despesas. Nenhum grupo isolado de casas deveria ser deixado sem que houvesse um local para pregação, nenhuma choupana sem seu culto vespertino.

Essa é a lição da choupana de palha em Teversham.

Charles Haddon Spurgeon

Sermão: A BÍBLIA[1]

Embora eu lhes tenha dado minhas leis, agem como se elas não se aplicassem a eles.

OSEIAS 8.12

sta é a queixa de Deus contra Efraim. Inclinar-se para repreender as Suas criaturas que incorrem em erro não é uma prova irrelevante da Sua bondade. Curvar a Sua cabeça para observar assuntos terrestres é um grande argumento de Sua graciosa disposição. Se Ele quisesse, poderia cobrir-se com a noite como se ela fosse uma vestimenta. Poderia colocar as estrelas em torno do Seu pulso formando pulseiras e amarrar os sóis em torno de Sua testa como uma coroa. Poderia morar sozinho muitíssimo acima deste mundo, no sétimo céu, e olhar com calma e silenciosa indiferença para todos os atos de Suas criaturas. Ele poderia fazer o que os pagãos supunham que seu Júpiter fez — sentar-se em silêncio perpétuo, às vezes acenando com a sua terrível cabeça para fazer os destinos se moverem ao seu bel-prazer. Porém, Júpiter nunca pensava nas pequenas coisas da Terra, descartando-as de sua percepção, absorvido no interior de seu próprio ser, engolido para dentro de si mesmo. Ele vivia sozinho e retirado. E eu, como uma das criaturas de Júpiter, poderia me colocar à noite no topo de uma montanha, olhar para as estrelas silenciosas e dizer: "Vocês são os olhos de deus, mas não olham para mim. A sua luz é o presente de sua onipotência, mas os seus raios não são sorrisos de amor para mim. Deus, o todo-poderoso criador, esqueceu-me, sou uma gota desprezível no oceano da criação, uma folha seca na floresta dos seres, um átomo na montanha da existência. Ele não me conhece. Estou sozinho, sozinho, sozinho!". Porém, não é assim, amados. O *nosso* Deus é diferente. Ele percebe cada um de nós! Não há um pardal ou uma minhoca que não se encontre nos Seus decretos. Não há uma pessoa em quem Seus olhos não estejam fixos. Nossos atos mais secretos são conhecidos por Ele. O que quer que façamos, suportemos ou soframos, os olhos de Deus ainda recaem sobre nós e estamos sob o Seu sorriso — porque somos o Seu povo. Ou debaixo de Sua fronte franzida — porque nos desviamos dele.

Ó, quão infinitamente misericordioso é Deus, que, olhando para a raça humana, não extingue sua existência com um sorriso! Vemos no nosso texto que Deus olha para o homem, porque diz de Efraim: "Embora eu lhes tenha dado minhas leis, agem como se elas não se aplicassem a eles". Você percebe como Deus não afasta o homem com Seus pés quando vê o pecado deste homem? Ele não o agita pelo pescoço sobre o abismo do inferno até seu cérebro chacoalhar e depois o larga para sempre. Em vez disso, Ele desce do Céu para arrazoar com as Suas criaturas! Ele argumenta com elas, coloca-se, por assim dizer, no nível do pecador, declara as Suas queixas e invoca Sua reclamação. "Ó Efraim, eu lhes escrevi as grandes coisas da minha Lei, mas vocês não as aplicaram!" Meus amigos, venho aqui esta noite a serviço do Senhor, para lhes suplicar, como embaixador de Deus, para atribuir pecado a muitos de vocês; para colocar isso em seu coração pelo poder do Espírito, para que vocês possam estar convencidos do pecado, da justiça e do julgamento vindouro. O crime que lhes imputo é o pecado que o texto expõe. Deus lhes escreveu as grandes coisas de Sua Lei, mas vocês agem como se elas não se aplicassem a vocês! É a respeito desse livro abençoado, a Bíblia, que eu quero falar esta noite. Aqui está o meu texto — esta Palavra de Deus. Aqui está o tema do meu discurso, um tema que exige mais eloquência do que

---

[1] Este sermão foi extraído de The New Park Street Pulpit e pregado no Exeter Hall, em Strand, em 1855.

eu possuo; um assunto sobre o qual mil oradores podem falar ao mesmo tempo. Um tema poderoso, vasto e incompreensível, que poderia ocupar toda a eloquência ao longo da eternidade e, ainda assim, continuaria inesgotável!

No tocante à Bíblia, tenho três coisas a dizer esta noite e todas elas estão no meu texto. Primeiro, seu autor: "Eu lhes tenha dado". Segundo, seus assuntos — as grandes coisas da Lei de Deus. E em terceiro, a maneira comum como ela é tratada — foi considerada pela maioria dos homens como não aplicável.

1. Primeiro, quanto a este livro, quem é O AUTOR? O texto diz que é Deus. "Embora eu lhes tenha dado minhas leis". Aqui está a minha Bíblia — quem a escreveu? Eu a abro e descubro que ela consiste em uma série de tratados. Os cinco primeiros tratados foram escritos por um homem chamado Moisés. Eu viro as páginas e encontro outros. Às vezes, vejo que o escritor é Davi; outras vezes, Salomão. Aqui eu leio Miqueias, depois Oseias, depois Amós. Ao avançar, em direção às páginas mais luminosas do Novo Testamento, vejo Mateus, Marcos, Lucas e João, Paulo, Pedro, Tiago e outros, mas, ao fechar o livro, pergunto-me quem é o seu Autor. Esses homens reivindicam conjuntamente a autoria? São eles os compositores desse grandioso volume? Dividem a honra entre si? Nossa santa religião responde: Não! Este volume é a escrita do Deus vivo — cada letra foi escrita por um dedo Todo-poderoso. Cada palavra dele saiu dos lábios eternos, cada sentença foi ditada pelo Espírito Santo. Embora Moisés tenha sido empregado para escrever suas histórias com sua caneta ardente, Deus guiou aquela caneta. Pode ser que Davi tenha tocado a sua harpa e deixado sair doces salmos melódicos de seu dedilhar, mas Deus moveu as suas mãos sobre as cordas vivas de sua harpa dourada. Pode ser que Salomão tenha cantado cânticos de amor ou proferido palavras de consumada sabedoria, mas Deus dirigiu seus lábios e deu eloquência ao pregador. Se eu sigo o trovejante Naum quando seus cavalos trilham as águas, ou Habacuque quando ele vê as tendas de Cusã em aflição; se leio Malaquias, quando a Terra está ardendo como um forno; se me volto à suave página de João, que fala de amor, ou aos robustos capítulos inflamados de Pedro, que falam do fogo devorando os inimigos de Deus; se me volto a Judas, que lança anátemas sobre os inimigos de Deus — em todos os lugares onde encontro Deus falando —, é a voz de Deus, não a do homem! As palavras são de Deus, as palavras do Eterno, do Invisível, do Todo-Poderoso, do Javé desta Terra! Esta Bíblia é a Bíblia de Deus. E, quando a vejo, pareço ouvir uma voz brotando dela e dizendo: "Eu sou o Livro de Deus — Homem, leia-me. Eu sou a escrita de Deus — abra as minhas páginas, porque fui escrita por Ele. Leia-me, pois Ele é o meu Autor e você o verá visível e manifesto em toda parte". *"Embora eu lhes tenha dado minhas leis"*.

Como vocês sabem que Deus a escreveu? Isso é exatamente o que eu não tentarei provar-lhes. Se eu quisesse, poderia, para uma demonstração — visto que há argumentos suficientes, há razões suficientes — se eu cuidasse em ocupar o seu tempo esta noite apresentando-os a vocês —, mas não farei isso. Se eu quisesse, poderia lhes dizer que a grandeza do estilo está acima daquela de qualquer escrito mortal e que todos os poetas que já existiram não conseguiriam, com todas as suas obras unidas, nos dar uma poesia tão sublime e uma linguagem tão poderosa quanto as que se podem encontrar nas Escrituras! Eu poderia insistir em que os assuntos de que ela trata estão além do intelecto humano. Que o homem nunca poderia ter inventado as grandes doutrinas de uma divindade Triúna. O homem nada nos poderia ter contado sobre a criação do Universo. Ele nunca poderia ter sido o autor da majestosa ideia da providência; de que todas as coisas são ordenadas segundo a vontade de um grande Ser Supremo e cooperam para o bem. Eu poderia me estender acerca de sua honestidade, uma vez que ela conta as falhas de seus escritores. Sua unidade, uma vez que ela nunca se contradiz. Sua magistral simplicidade para que aquele que corre possa lê-la. E eu poderia mencionar mais 100 coisas que se prestariam a uma demonstração de que esse Livro é de Deus! Entretanto, não venho aqui para provar isso. Sou um ministro cristão e vocês são cristãos, ou assim o professam; e ministros cristãos não têm a necessidade de fazer questão de trazer à tona argumentos infiéis para respondê-los. Essa é a maior loucura do mundo. Os infiéis, pobres criaturas, não conhecem seus próprios argumentos até que nós os contemos a eles; e então, eles catam seus dardos sem ponta para atirá-los novamente no escudo da verdade. É loucura instigar essas brasas do inferno, mesmo que estejamos bem preparados para extingui-las. Que os homens do mundo aprendam o erro por si mesmos — não sejamos os propagadores de suas mentiras!

É verdade que existem alguns pregadores que possuem poucos recursos e querem esses infiéis para se abastecerem! Porém, os homens escolhidos pelo próprio Deus não precisam fazer isso. Eles são ensinados por Deus e o Senhor lhes fornece assunto, com linguagem e com poder. Pode haver alguém aqui, esta noite, que veio sem fé, um homem racional, um livre-pensador. Com ele eu não discuto. Professo não ficar aqui como polêmico, e sim como pregador de coisas que conheço e sinto. Mas também já fui como ele. Houve um tempo mau em que escorreguei a âncora da minha fé, cortei o cabo da minha crença. Já não mais me ancorava muito nas áreas costeiras da Revelação. Permiti que o meu navio se afastasse ao capricho do vento. E disse à razão: "Seja você o meu capitão". Disse ao meu próprio cérebro: "Seja você o meu leme". E parti para minha louca viagem. Graças a Deus, agora tudo está acabado, mas lhes contarei esta breve história. Foi um velejar apressado sobre o oceano tempestuoso do livre pensamento. Avancei e, à medida que avançava, os céus começaram a escurecer. Porém, para compensar essa deficiência, as águas eram brilhantes, com lampejos de luz. Eu via faíscas voando para cima, as quais me agradavam, e pensava: "Se isto é o livre pensamento, é algo afortunado". Meus pensamentos pareciam pedras preciosas e eu espalhava estrelas com as duas mãos. Porém, logo, em vez desses lampejos de glória, eu via demônios ameaçadores, ferozes e horríveis levantando-se das águas. E, quando eu corria, eles rangiam os dentes e sorriam para mim. Eles apreenderam a proa do meu navio e me arrastaram enquanto eu, em parte, gloriava-me da rapidez do meu movimento, contudo estremecia com a incrível velocidade com que passei pelos antigos marcos da minha fé. Enquanto eu avançava a uma velocidade tremenda, comecei a duvidar de minha própria existência. Eu tinha dúvida se havia um mundo, duvidava se havia algo como eu mesmo! Fui até a beira dos terríveis reinos da incredulidade. Fui até o fundo do mar da infidelidade. Eu duvidava de tudo. Porém, aqui o diabo se infiltrou, pois foi exatamente a extravagância da dúvida o que provou o seu absurdo. Exatamente no momento em que vi o fundo daquele mar, veio uma voz que disse: "E essa dúvida pode ser verdadeira?". Àquele pensamento, acordei. Despertei daquele sonho da morte, o qual Deus sabe que poderia ter condenado a minha alma e arruinado este meu corpo se eu não tivesse despertado. Quando me ergui, a fé assumiu o leme. A partir daquele momento, não duvidei. A fé me levou de volta. A fé gritou: "Para longe, para longe!". Lancei minha âncora no Calvário. Elevei os meus olhos para Deus — e aqui estou, vivo e fora do inferno. Por isso, falo o que conheço. Naveguei naquela perigosa viagem. Cheguei a salvo à terra firme. Peçam-me novamente para ser um infiel! Não, eu experimentei, foi doce no início, mas amargo depois. Agora, atado ao evangelho de Deus mais firmemente do que nunca, de pé como que em uma rocha de diamante, eu desafio os argumentos do inferno a me moverem, pois "conheço aquele em quem creio e tenho certeza de que ele é capaz de guardar o que me foi confiado até o dia de sua volta". Porém, não argumentarei, nem discutirei nesta noite. Vocês professam ser homens e mulheres cristãos; caso contrário, não estariam aqui. Sua profissão de fé pode ser uma mentira. O que vocês *dizem* ser pode ser exatamente o oposto do que *realmente* são, mas, ainda assim, eu suponho que todos vocês admitem que esta é a Palavra de Deus. Então, um pensamento ou dois sobre isso. "Embora eu lhes tenha dado minhas leis."

Meus amigos, primeiramente, observem esse volume e *admirem a sua autoridade*. Este não é um livro de Salomão. Não são os ditados de sábios gregos. Aqui não estão os enunciados de filósofos de eras passadas. Se estas palavras fossem escritas pelo homem, poderíamos rejeitá-las, mas deixem-me ao pensar solene — este livro é a escrita de Deus — estas palavras são de Deus. Deixem-me olhar a sua data — ele tem a data das colinas do Céu. Deixem-me olhar suas letras — elas cintilam glória em meus olhos.

Deixem-me ler seus capítulos — são grandes, com significado e mistérios desconhecidos. Deixem-me revirar suas profecias — elas estão prenhes de ordens inimagináveis. Ó, Livro dos livros! E você foi escrito pelo meu Deus? Então, curvar-me-ei diante de você. Livro de grande autoridade, você é uma proclamação do Imperador do Céu! Longe de mim exercer meu raciocínio para o contradizer. Raciocínio! Seu lugar é se posicionar e descobrir o que este volume significa, não contar o que este Livro *deveria* dizer. Meu raciocínio, meu intelecto, venham, sentem-se e escutem, porque estas palavras são as palavras de Deus! Não sei como ampliar esse pensamento. Ó, se vocês pudessem sempre se lembrar de que a Bíblia foi realmente e, de fato, escrita por Deus! Ó, se tivessem sido admitidos às câmaras secretas do Céu, se tivessem visto Deus pegando Sua caneta e escrevendo essas letras, certamente as respeitariam. Porém, elas são tão a escrita de Deus quanto se vocês tivessem visto Deus escrevê-las. A Bíblia é um livro de autoridade; ela é um livro autorizado, porque Deus a escreveu. Ó, tremam, tremam, para que nenhum de vocês a despreze. Distingam sua autoridade, pois é a Palavra de Deus!

Então, uma vez que Deus a escreveu, distingam sua *veracidade*. Se eu a tivesse escrito, haveria vermes de crítica que, de imediato, se alastrariam nela e a cobririam com sua prole perversa. Se eu a tivesse escrito, haveria homens que a despedaçariam de imediato e, talvez, também muito corretamente. Porém, esta é a Palavra de Deus. Venham, vocês críticos procurem e encontrem uma falha! Examinem-na desde Gênesis até Apocalipse e encontrem um erro. Este é um filão de ouro puro, não contaminado por quartzo ou qualquer substância terrena. Esta é uma estrela sem uma impureza, um sol sem uma mancha; uma luz sem trevas; uma lua sem sua palidez; uma glória sem obscuridade. Ó Bíblia! De nenhum outro livro se pode dizer que seja perfeito e puro, mas, de você, podemos declarar que toda sabedoria está reunida em suas páginas, sem qualquer partícula de loucura! Este é o juiz que cessa os conflitos quando a inteligência e a razão falham. Este é o livro não maculado por erros — ele é puro, sem impurezas, verdade perfeita. Por quê? Porque Deus o escreveu. Ah, acusem Deus de erro, se quiserem. Digam-lhe que o livro dele não é o que deveria ser. Ouvi homens pudicos e cheios de falso recato que gostariam de alterar a Bíblia. E (quase me ruborizo ao dizer isso), mas ouvi ministros alterarem a Bíblia de Deus porque a temiam. Vocês já ouviram um homem dizer "Quem crer e for batizado será salvo, mas quem se recusar a crer" — o que a Bíblia diz? — "será *maldito*". Mas acontece que isso não é suficientemente bem-educado, então eles dizem "será *condenado*". [N.T.: Do grego *katakrino* que pode ser traduzido "maldito" ou "condenado".]

Cavalheiros! Parem de suavizar suas palavras. Falem a Palavra de Deus. Não queremos nenhuma das suas alterações. Ouvi homens orando e, em vez de trabalharem "ainda mais arduamente para mostrar que, de fato, estão entre os que foram chamados e *escolhidos*", eles diziam "entre os chamados e *salvos*". É uma pena eles não terem nascido muitíssimo tempo atrás quando Deus já existia, para ensinar o Senhor como escrever! Ó, impertinência sem limites! Ó, soberba total! Tentar ditar ao Onipotente Criador — ensinar o Onisciente e instruir o Eterno! É estranho poder haver homens tão vis a ponto de usarem a "faca" de Jeoaquim [N.E.: Jr 36.23] para cortar passagens da palavra por serem impalatáveis; ó, vocês que não gostam de certas porções das Sagradas Escrituras, estejam certos de que seu paladar é corrompido e que Deus não se deterá por sua insignificante opinião. A sua aversão é exatamente a razão pela qual Deus a escreveu, porque vocês não devem ser agradados. Vocês não têm o direito de ser satisfeitos. Deus escreveu aquilo de que vocês não gostam. Ele escreveu a verdade. Ó, curvemo-nos em reverência diante da Bíblia, porque Deus a inspirou. Ela é pura verdade. Desta fonte jorra *aqua vitae* — "a água da vida", sem uma única partícula da Terra. Deste sol saem raios de esplendor, sem mistura de trevas. Bíblia Bendita, você é totalmente verdadeira!

Mais uma vez, antes de deixarmos este ponto, paremos e consideremos a *natureza misericordiosa de Deus*, por até nos ter escrito uma Bíblia. Ah, Ele poderia ter nos deixado sem ela para tatearmos pelo nosso caminho escuro como os cegos procuram a parede. Ele poderia ter nos permitido continuar vagando com a estrela da razão como nosso único guia. Recordo-me de uma história do Sr. Hume, que muito constantemente afirmava que a luz da razão é abundantemente suficiente. Certa noite, na casa de um bom ministro, ele estava discutindo a questão e declarando sua firme convicção na suficiência da luz da natureza. Ao sair, o ministro se ofereceu para segurar-lhe uma vela, para iluminar os degraus para ele descer. Ele disse: "Não, a luz da natureza será suficiente, a Lua será suficiente". Aconteceu que a Lua estava encoberta por uma nuvem e ele caiu ao descer os degraus. "Ah", disse o ministro, "no fim das contas, seria melhor você ter tido uma pequena luz vinda de cima, Sr. Hume". Então, supondo que a luz da natureza seja suficiente, seria melhor termos também uma pequena luz vinda de cima, e então teremos a certeza de estarmos certos! É melhor ter duas luzes do que uma só. A luz da criação é uma luz brilhante. Deus pode ser visto nas estrelas, Seu nome está escrito em letras douradas na frente da noite. Vocês podem descobrir a Sua glória nas ondas do oceano, sim, nas árvores do campo. Porém, é melhor lê-la em dois livros do que em um. Vocês a encontrarão mais claramente revelada aqui, porque Ele mesmo escreveu este Livro e lhes deu a chave para compreendê-lo, se vocês tiverem o Espírito Santo. Ah, amados, agradeçamos a Deus pela Bíblia. Amemo-la. Consideremo-la mais preciosa do que muito ouro fino!

Porém, permitam-me dizer uma coisa antes de passar para o segundo ponto. Se esta é a Palavra de Deus, o que será de alguns de vocês que não a leram no último mês? "Mês, senhor? Eu não a li este ano todo!" Sim, alguns de vocês sequer a leram. A maioria das pessoas trata a Bíblia muito educadamente. Elas têm um pequeno volume de bolso, bem encadernado – envolvem-na com um lenço branco – e a carregam para seus lugares de culto. Ao chegarem a casa, colocam-na em uma gaveta até o próximo domingo de manhã. Então, ela sai novamente para um pequeno agrado e vai à capela. Isso é tudo que a pobre Bíblia recebe no tocante a tomar ar! É esse o estilo de vocês entreterem esse mensageiro celestial. Nas Bíblias de alguns de vocês há poeira suficiente para escreverem "maldição" com os seus dedos. Alguns de vocês não folhearam suas Bíblias durante um longo, longo, longo tempo; e o que pensam? Eu lhes digo palavras contundentes, mas verdadeiras. O que Deus dirá no fim? Quando se apresentarem diante dele, Ele dirá: "Você leu a minha Bíblia?". "Não". "Eu lhe escrevi uma carta de misericórdia. Você a leu?" "Não". "Rebelde! Eu lhe enviei uma carta convidando-o a mim – você alguma vez a leu?" "Senhor, eu nunca rompi o lacre. Eu a mantive fechada." Deus diz: "Maldito! Então você merece o inferno. Se eu lhe enviei uma carta de amor e você nem sequer rompeu o lacre – o que devo fazer-lhe?" Ó, não permitam que isso aconteça com vocês. Sejam leitores da Bíblia. Sejam pesquisadores da Bíblia.

2. Nosso segundo ponto é: OS ASSUNTOS DOS QUAIS A BÍBLIA TRATA. As palavras do texto são: "Embora eu lhes tenha dado minhas leis". A Bíblia trata de coisas grandiosas, unicamente de coisas grandiosas. Nada há na Bíblia que não seja importante. Todos os seus versículos têm um significado solene e, se ainda não descobrimos isso, esperamos ainda fazê-lo. Vocês têm visto múmias enroladas com faixas de linho. Bem, a Bíblia de Deus é semelhante. Ela é um vasto rolo de linho branco, tecido no tear da verdade. Vocês terão de continuar desenrolando-a, rolo após o rolo, antes de encontrar o real significado dela bem lá no fundo! E quando vocês tiverem encontrado o que pensam ser uma parte do significado, ainda precisarão continuar desenrolando, desenrolando – e por toda a eternidade vocês estarão desenrolando as palavras desse maravilhoso volume! Contudo, na Bíblia só se encontram coisas grandiosas. Deixem-me dividi-las para ser mais breve. Primeiro, todas as coisas contidas nesta Bíblia são grandiosas – mas, em segundo, algumas são as maiores de todas.

Todas as coisas que há na Bíblia são grandiosas. Algumas pessoas pensam que não importa em quais doutrinas você acredita – que é irrelevante qual igreja você frequenta – que todas as denominações são semelhantes. Bem, eu repudio a Sra. Intolerância acima de quase todas as pessoas do mundo e nunca lhe faço elogios ou louvores – mas há outra pessoa a quem odeio igualmente, o Sr. Tolerante, um personagem bem conhecido, que descobriu que todos nós somos semelhantes. Ora, eu acredito que um homem pode ser *salvo* em qualquer igreja. Alguns foram salvos na Igreja de Roma — alguns homens benditos, cujos nomes eu poderia mencionar aqui. E sei, bendito seja Deus, que multidões são salvas na Igreja da Inglaterra — ela tem em seu âmago inúmeros homens piedosos e de oração. Penso que todas as denominações de cristãos protestantes têm um remanescente segundo a eleição da graça e algumas delas precisaram ter um pouco de sal, caso contrário se corromperiam. Porém, quando digo isso, vocês imaginam que acho que todas estão no mesmo nível? Todas são igualmente confiáveis? Um grupo diz que o batismo infantil é certo, outro diz que é errado; contudo, vocês dizem que os dois são certos? Eu não consigo ver isso. Um ensina que somos salvos pela graça, outro diz que somos salvos pelo livre-arbítrio. E, mesmo assim, vocês acreditam que os dois estão certos? Não compreendo isso. Um diz que Deus ama o Seu povo e nunca deixará de amá-lo. Outro diz que Ele não amou o Seu povo antes de este o amar — que, frequentemente, Ele os ama e depois deixa de amá-los e os afasta! Os dois podem estar certos no principal. Porém, podem estar certos quando um diz "Sim" e o outro diz "Não"? Preciso de óculos que me permitam olhar para trás e para a frente ao mesmo tempo, antes que eu possa ver isso! Não pode ser, senhores, que ambos estejam certos! Porém, alguns dizem que as divergências entre eles residem em questões não essenciais. Este texto diz: "Embora eu lhes tenha dado minhas leis". Nada há na Bíblia de Deus que não seja grandioso. Algum de vocês já se sentou para ver qual era a religião mais pura? Vocês dizem: "Ó, nunca nos demos ao trabalho de fazê-lo. Nós fomos exatamente onde nosso pai e mãe iam". Ah, essa é uma razão profunda, de fato! Vocês foram aonde seus pais iam. Eu achei que vocês fossem pessoas sensatas. Não pensei que fossem para onde outras pessoas os puxam, mas que fossem por sua própria decisão. Amo meus pais acima de tudo que respira, e o simples pensamento de eles acreditarem que algo era verdadeiro me ajuda a pensar que aquilo é correto. Porém, não os segui — eu pertenço a uma denominação diferente — e agradeço a Deus por isso. Posso receber meus pais como irmãos e irmãs em Cristo, mas jamais pensei que, por eles serem uma coisa, eu deveria ser igual. Nada disso. Deus me deu um cérebro e eu o usarei. E, se vocês tiverem intelecto, usem-no também. Nunca digam que não importa. *Importa*, sim. O que Deus colocou aqui tem enorme importância — Ele não teria escrito algo que fosse insignificante. O que quer que haja aqui tem algum valor; portanto, procurem todas as perguntas, testem todas pela Palavra de Deus. Não tenho medo de ter o que eu prego testado pela Bíblia. Apenas me deem um campo justo e nenhum favor, e a Bíblia. Se eu disser qualquer coisa contrária a ela, retirá-la-ei no próximo domingo. Por ela eu fico de pé, por ela eu caio. Procurem e vejam, mas não digam "Não importa". Se Deus diz algo, deve ser importante sempre.

Porém, embora tudo na Palavra de Deus seja importante, *nem tudo é igualmente importante*. Existem certas verdades fundamentais e vitais nas quais precisamos crer, caso contrário nenhum homem seria salvo. Se vocês quiserem saber em que precisam acreditar, se quiserem ser salvos, encontrarão as grandes coisas da Lei de Deus entre essas duas capas — todas elas estão contidas aqui. Como uma espécie de compilação ou resumo das grandes coisas da Lei, lembro-me de, certa vez, um amigo meu dizer: "Ah, pregue os três R e Deus sempre o abençoará". Eu disse: "Quais são os três R?". E ele respondeu: "Ruína, redenção e regeneração". Eles contêm a essência da divindade e da ruína. Todos nós fomos arruinados na queda. Todos nós perdemos quando Adão pecou e todos somos arruinados por nossas próprias transgressões. Todos nós somos arruinados por nosso próprio coração mau e nossas próprias vontades perversas. E todos seremos arruinados se a graça não nos salvar. Em seguida, há um segundo R, de redenção. Somos resgatados pelo sangue de Cristo, o Cordeiro sem defeito e sem mancha. Somos resgatados pelo Seu poder. Somos resgatados por Seus méritos. Somos resgatados por Sua força. Depois, há o R de regeneração. Se fomos perdoados, também precisamos ser regenerados, porque nenhum homem pode participar da redenção se não for regenerado. Que ele seja tão bom quanto queira; que ele sirva a Deus como imagina, tanto quanto gosta – se ele não for regenerado e não tiver um novo coração, um novo nascimento, ainda estará no primeiro R, o da ruína! Estas coisas contêm um resumo do evangelho. Acredito que há um resumo melhor nos cinco pontos do Calvinismo — eleição segundo a presciência de Deus; a depravação natural e a pecaminosidade do homem; redenção particular pelo sangue de Cristo; chamado eficaz [graça irresistível] pelo poder do Espírito – e definitiva perseverança dos santos pelos esforços do poder de Deus. Penso que é preciso crer em tudo isso para a salvação. Mas não gostaria de escrever um credo como o Atanasiano, começando com: "Para ser salvo, antes de tudo é necessário negar a fé católica, que fé é essa" – quando chegasse a esse ponto, eu pararia, porque não saberia o que escrever. Eu sustento toda a Bíblia e nada além da Bíblia, mas não me cabe elaborar credos. Porém, peço-lhes que pesquisem as Escrituras, porque esta é a palavra de vida.

Deus diz: "Embora eu lhes tenha dado minhas leis". Você duvida da grandeza delas? Pensa que não são dignas da sua atenção? Reflita um momento, homem. Onde você está agora?

Veja, em uma faixa estreita de terra
Entre dois mares ilimitados estou!
Uma polegada de tempo, o espaço de um momento
Podem me hospedar lá no lugar celestial –
Ou me calar no inferno.

Lembro-me de, certa vez, estar sobre um istmo estreito em uma praia, sem me preocupar que a maré pudesse subir. A correnteza se mantinha subindo continuamente nos dois lados. Porém, envolvido em pensamentos, ainda permaneci lá até, finalmente, ter a maior dificuldade para chegar à orla. As ondas haviam coberto o caminho entre mim e a praia. Todos os dias, vocês e eu ficamos em um istmo e há uma onda chegando lá. Vejam quão perto ela está dos seus pés! Vejam, outra bate a cada tique do relógio – "nossos corações, como tambores abafados, estão batendo marchas fúnebres em direção à sepultura". Estamos sempre tendendo a descer à sepultura em cada momento que vivemos. *Esta Bíblia* me diz que, se sou convertido, quando eu morrer haverá um Céu de alegria e amor para me receber. Ela me diz que as pontas das asas dos anjos serão estendidas e eu, suportado por fortes asas de querubins, voarei acima do relâmpago e subirei acima das estrelas, até o Trono de Deus, para habitar eternamente –

Longe de um mundo de tristeza e pecado
Por Deus eternamente envolvido.

Ó, isso faz as lágrimas quentes brotarem dos meus olhos! Isso faz meu coração grande demais para isso, meu corpo e meu cérebro gemem ao pensar em –

Jerusalém, meu lar feliz,
Nome que sempre me é caro.

Ó, essa doce cena além das nuvens. Doces campos dispostos em verde vivo e rios de prazer. Essas não são grandes coisas? Mas então, pobre alma não regenerada! A Bíblia diz que, se você estiver perdido, estará perdido para sempre. Ela lhe diz que, se você morrer sem Cristo, sem Deus, não há esperança para você, que há um lugar sem um brilho de esperança, no qual você lerá em letras ardentes: "Você sabia o que deveria fazer, mas não fez". Ela lhe diz que você será expulso da presença dele com um "Saia, maldito". Estas não são grandes coisas? Sim, senhores, tanto quanto o Céu é desejável, como o inferno é terrível, como o tempo é curto, como a eternidade é infinita, como a alma é preciosa, como as dores devem ser evitadas, como o Céu deve ser buscado, como Deus é eterno e as Suas palavras são seguras, essas são grandes coisas — coisas às quais vocês devem dar ouvido.

3. Nosso último ponto é o TRATAMENTO QUE A POBRE BÍBLIA RECEBE NESTE MUNDO. Ela é considerada inaplicável. O que significa a Bíblia ser considerada não aplicável? Primeiro, significa que ela é muito inaplicável para algumas pessoas porque *elas nunca a leem*. Lembro-me de, em certa ocasião, ter lido a história sagrada de Davi e Golias; havia uma pessoa presente, positivamente crescida até a idade madura, que me disse: "Meu querido! Que história interessante! Em que livro ela está?". E lembro-me de uma pessoa que veio a mim em particular — falei-lhe sobre a sua alma — ela me contou quão grande era a vontade que sentia de servir a Deus. Porém, encontrava outra lei em seus membros. Abri uma passagem de Romanos e li: "Não faço o bem que prefiro, mas o mal que não quero, esse faço". Ela disse: "Isso está na Bíblia? Eu não sabia". Não a culpei por ela não ter se interessado pela Bíblia até então. Mas fiquei imaginando que poderia haver pessoas que nada sabiam acerca de tal passagem! Ah, vocês sabem mais sobre o seu livro-caixa do que sobre a sua Bíblia. Vocês sabem mais sobre os seus diários do que sobre o que Deus escreveu. Muitos de vocês lerão um romance do início ao fim e o que receberão? Um bocado de espuma ao terminarem! Porém, vocês não conseguem ler a Bíblia — esse alimento sólido, duradouro, substancial e satisfatório fica sem ser ingerido, trancado no armário da negligência, enquanto qualquer coisa que o homem escreva é avidamente devorada como se fosse a caça do dia. "*Embora* eu lhes tenha dado minhas leis, agem como se elas não se aplicassem a eles."

Vocês nunca a leram. Faço essa grande acusação contra vocês. Talvez digam que não devo lhes cobrar coisas assim. Sempre penso ser melhor ter uma opinião pior de vocês do que uma demasiadamente boa. Eu os acuso disso — vocês não leem as suas Bíblias. Alguns de vocês nunca a leram de ponta a ponta. Sei que falo o que o seu coração precisa dizer ser uma verdade sincera. Vocês não são leitores da Bíblia. Dizem ter a Bíblia em suas casas — será que penso que são tão pagãos a ponto de não terem uma Bíblia? Porém, quando foi a última vez que a leram? Como sabem que seus óculos, que vocês perderam, não foram usados com ela nos últimos três anos? Muitas pessoas não folheiam as suas páginas há um longo tempo e Deus poderia dizer-lhes: "Embora eu lhe tenha dado minhas leis, você age como se elas não se aplicassem a você".

Há outros que leem a Bíblia, mas, quando a leem, *dizem que ela é horrivelmente seca*. Aquele rapaz ali diz que ela é uma "chatice". Essa é a palavra que ele usa. Ele diz: "Minha mãe me disse: Quando você for até a cidade, leia um capítulo todos os dias. Bem, eu pensei em agradá-la e disse que o faria. Bem, que gostaria de não o ter dito. Não li um capítulo ontem, nem anteontem. Estávamos muito ocupados. Não tive outro jeito". Você não ama a Bíblia, não é? "Não, nada há nela de interessante." Ah, foi o que pensei. Porém, pouco tempo atrás, *eu* não conseguia ver nada nela. Vocês sabem por quê? Cegos não conseguem ver, conseguem? Porém, quando o Espírito toca as escamas dos olhos, elas caem. E, quando Ele coloca colírio, a Bíblia se torna preciosa.

Lembro-me de um ministro que foi visitar uma senhora idosa e pensou em lhe dar algumas promessas preciosas da Palavra de Deus. Ao ver "P" escrito na margem, ele perguntou: "O que isso significa?". "Isso significa *precioso*, senhor." Mais abaixo, ele viu "T e C" e perguntou o que as letras significavam. Ela disse: "Isso significa *testado e comprovado*, porque testei e comprovei". Se você testou a Palavra de Deus e a comprovou, se ela é preciosa para a sua alma, você é cristão. Porém, as pessoas que desprezam a Bíblia não têm "parte nem sorte" nisso. Se ela lhes é seca, vocês acabarão secos no inferno. Se não a estimam como melhor do que o seu alimento necessário, não há esperança para vocês, pois lhes falta a maior evidência de serem cristãos.

Infelizmente, aí, o pior caso está por vir. *Há pessoas que odeiam a Bíblia*, além de desprezá-la. Alguém assim entrou aqui? Alguns de vocês disseram: "Vejamos o que o jovem pregador tem a nos dizer". O que ele tem a lhes dizer é: "Olhem, zombadores; fiquem admirados e morram!". O que ele tem a lhes dizer é: "Os perversos descerão à sepultura; esse é o destino de todas as nações que se esquecem de Deus". E mais isso ele tem a lhes dizer: "nos últimos dias surgirão escarnecedores que zombarão da verdade e seguirão os próprios desejos". Ainda mais — esta noite, ele lhes diz que, se vocês não são salvos, precisam encontrar a salvação aqui. Portanto, não desprezem a Bíblia, mas pesquisem-na, leiam-na e busquem-na. Tenham toda a certeza, ó zombadores, de que as suas risadas não podem alterar a verdade de Deus, os seus gracejos não podem evitar a sua inevitável perdição! Embora, em sua audácia, vocês devam fazer uma aliança com a morte e assinar um pacto com o inferno, ainda assim a justiça veloz os derrubará e uma forte vingança lhes dará um golpe baixo. Em vão vocês zombam e escarnecem, porque as verdades eternas são mais poderosas do que os seus sofismas — e os seus discursos inteligentes não são capazes de alterar a verdade divina de uma única palavra deste volume de Revelação! Ó, por que vocês discutem com o seu melhor amigo e tratam mal o seu único refúgio? Contudo, ainda há esperança para o zombador. Esperança nas veias de um Salvador; esperança na misericórdia do Pai; esperança na onipotente ação do Espírito Santo!

Terminarei após dizer uma palavra. Meu amigo filósofo diz que, para mim, pode ser muito bom exortar as pessoas a lerem a Bíblia. Porém, ele pensa existirem muitas ciências muito mais interessantes e úteis do que a teologia! Sou *extremamente grato por sua opinião, senhor*. A que ciência você se refere? A ciência da dissecção de besouros e organização de borboletas? Você diz: "Não, certamente não". Então, a ciência de arrumar pedras e nos contar sobre as camadas da Terra? "Não, não exatamente isso." Qual ciência então? Você diz: "Ó, todas as ciências são melhores do que a ciência da Bíblia". Ah, senhor, essa é a sua opinião, e é por estar longe de Deus que você diz isso! Entretanto, a ciência de Jesus Cristo é a mais excelente das ciências! Que ninguém se afaste da Bíblia porque ela não é um livro de aprendizado e sabedoria. Ela é! Vocês querem conhecer astronomia? Está aqui — ela lhes fala do Sol da Justiça e da Estrela de Belém. Vocês querem conhecer botânica? Está aqui — ela lhes fala sobre a planta de renome — o Lírio que cresce no Vale e a Flor de Sarom. Vocês querem conhecer geologia e mineralogia? Devem aprender aqui — porque podem ler sobre a Rocha Eterna e a Pedrinha Branca com um nome gravado, o qual ninguém conhece. Vocês querem estudar história? Aqui está o mais antigo de todos os registros da história da raça humana. Seja qual for a sua ciência, venham e inclinem-se sobre este Livro, porque a sua ciência está aqui! Venham e bebam desta justa fonte de conhecimento e sabedoria, e vocês perceberão que se tornaram sábios para a salvação! Sábios e tolos, bebês e homens, senhores grisalhos, jovens e donzelas — falo a vocês, pleiteio junto a vocês, imploro-lhes, respeitem suas Bíblias e sondem-nas — porque creem que elas lhes dão vida eterna. E elas apontam para Cristo!

Concluindo... Vamos para casa praticar o que ouvimos. Ouvi falar de uma mulher que, quando lhe perguntaram o que lembrava do sermão do ministro, disse: "Não me lembro de nada. Era sobre pesos menores e quantidades erradas, e não me lembrei de nada além de ir para casa e queimar o alqueire." Então, se vocês se lembrarem de ir para casa e queimar o alqueire, se vocês se lembrarem de ir para casa e ler suas Bíblias, terei dito o suficiente! E que, quando lerem as suas Bíblias, Deus, em Sua infinita misericórdia, derrame sobre sua alma os esclarecedores raios do Sol da Justiça pela ação do sempre adorável Espírito. Então, pela graça divina, vocês a lerão para seu proveito e para a salvação da sua alma. A respeito da BÍBLIA, podemos dizer —

> *Ela é o armário de conselhos revelados de Deus!*
> *Onde bem-estar e aflição são ordenados*
> *Para que todo homem possa saber o que lhe caberá.*

A menos que seu próprio erro faça falsa aplicação,
Ela é o indicador para a eternidade!
Não pode perder o interminável êxtase
Quem leva esse mapa para se orientar.
Nem pode ser confundido aquele que fala segundo este Livro;
Ele é o Livro de Deus!
E se eu dissesse Deus dos livros? Que àquele que se irar
Com essa expressão, como se demasiadamente ousada,
Seus pensamentos se ocultem em silêncio até ele encontrar outro igual.

ANTIGO TESTAMENTO

Gênesis

INTRODUÇÃO

O nome significa princípio, origem ou criação. Portanto, o pensamento principal é a criação e devemos estudá-lo com o objetivo de descobrir o início de tudo, conforme registrado neste livro. Indiscutivelmente, temos o registro de: (1) O princípio do mundo criado por Deus. (2) O início do homem como criatura de Deus. (3) O início do pecado, que entrou no mundo por meio da desobediência do homem. (4) O início da redenção, vista tanto nas promessas quanto nos tipos do livro e na família escolhida. (5) O início da condenação, vista na destruição e punição de indivíduos, de cidades e do mundo.

Propósito. O propósito principal do livro é registrar uma história religiosa, mostrando como, depois que o homem caiu em pecado, Deus começou a dar-lhe uma religião e a lhe descortinar o plano da salvação. Ao fazer isso, Deus é revelado como Criador, Preservador, Legislador, Juiz e Soberano Misericordioso.

A importância de Gênesis para a ciência. Embora o livro não tente explicar muitos assuntos que são deixados à investigação, ele estabelece vários fatos que indicam o plano geral do Universo e fornecem uma base para pesquisas científicas. Entre as coisas indicadas mais importantes estão: (1) Houve um começo para todas as coisas. (2) Elas não surgiram por acaso. (3) Há um Criador que continua a se interessar e a controlar o Universo. (4) Houve uma progressão ordenada na criação — do menor e mais simples ao maior e mais complexo. (5) Tudo mais foi criado para o homem, que é a coroa da criação.

A importância religiosa do livro. O embrião de toda a verdade que se desenrola nas Escrituras é encontrado em Gênesis, e conhecer bem este livro é conhecer o plano de Deus para abençoar o homem. Acima de tudo, nele aprendemos sobre a natureza e a obra de Deus.

ESBOÇO

Observação. Em um estudo comum, não sobrecarregue os estudantes com a memorização de mais do que as divisões gerais indicadas. Nesse e em todos os outros esboços, estimule os alunos a explorarem essas divisões, com as passagens bíblicas incluídas, até que elas sejam perfeitamente conhecidas. Eu também tentaria destacar algum evento mencionado em cada parte.

1. Criação, Caps. 1–2
   1.1. Criação em geral, Cap. 1
   1.2. Criação do homem em particular, Cap. 2

2. Queda, Cap. 3
   2.1. Tentação, vv.1-5
   2.2. Queda, vv.6-8
   2.3. Aparição do Senhor, vv.9-13
   2.4. Maldição, vv.14-21
   2.5. Expulsão do jardim, vv.22-24

3. Dilúvio, Caps. 4–9
   3.1. O pecado aumenta por meio de Caim, 4.1-24
   3.2. Genealogia de Noé, 4.25–5.32
   3.3. Construção da Arca, Cap. 6
   3.4. Entrada na Arca, Cap. 7
   3.5. Saída da Arca, Cap. 8
   3.6. Aliança com Noé, Cap. 9

4. Nações, 10.1–11.9
   4.1. Fundação das Nações, filhos de Noé, Cap. 10. Como?
   4.2. Ocasião da formação das nações, 11.1-9. Por quê?

5. Abraão, 11.10–25.18
   5.1. Genealogia de Abrão a partir de Sem, 11.10-32
   5.2. Chamado e promessa, Cap. 12
   5.3. Abrão e Ló, Caps. 13-14
   5.4. Aliança, 15.1–18.15
   5.5. Destruição de Sodoma e Gomorra, 18.16–19.38
   5.6. Vida em Gerar, Cap. 20
   5.7. Nascimento de Isaque, Cap. 21
   5.8. Deus prova Abraão, Cap. 22
   5.9. Morte de Sara, Cap. 23
   5.10. Casamento de Isaque, Cap. 24
   5.11. Morte de Abraão e Ismael, 25.1-18
6. Isaque, 25.19–36.43
   6.1. Seus dois filhos, 25.19-34
   6.2. Aliança divina, Cap. 26
   6.3. A mentira de Jacó, Cap. 27
   6.4. A fuga de Jacó para Padã-Arã, Cap. 28
   6.5. O casamento e a prosperidade de Jacó, Caps. 29-30
   6.6. O retorno de Jacó a Canaã, Caps. 31-35
   6.7. Gerações de Esaú, Cap. 36
7. Jacó, incluindo José, Caps. 37–50
   7.1. Jacó e José, Caps. 37-45
   7.2. Permanência no Egito, Caps. 46-48
   7.3. Morte de Jacó e José, Caps. 49-50

PARA ESTUDO E DISCUSSÃO

[1] Tudo o que podemos aprender deste livro sobre a natureza e a obra de Deus.
[2] A origem das diferentes coisas sobre as quais este livro fala: (a) As coisas inanimadas; (b) A vida vegetal; (c) A vida animal; (d) A vida humana; (e) Os aparatos para conforto e segurança; (f) O pecado e seus vários efeitos; (g) O comércio e os costumes; (h) A redenção; (i) A condenação.
[3] A adoração como aparece em Gênesis, sua forma e desenvolvimento.
[4] Os principais personagens do livro e os elementos de fraqueza e força no caráter de cada um deles. O professor pode fazer uma lista e dar como tarefa para diferentes grupos de alunos. Liste as decepções, problemas familiares e tristezas de Jacó, no início da vida dele, e estude-os à luz de sua mentira e fraude.
[5] A providência divina dominante na vida de José, com as lições atuais tiradas dos incidentes de sua vida.
[6] O valor fundamental da fé na vida e no destino dos homens.
[7] As promessas, tipos e símbolos messiânicos de todo o livro. Liste e classifique-os.

A criação

1 No princípio, Deus criou os céus e a terra.[a] ²A terra era sem forma e vazia, a escuridão cobria as águas profundas, e o Espírito de Deus se movia sobre a superfície das águas.

³Então Deus disse: "Haja luz", e houve luz. ⁴E Deus viu que a luz era boa, e separou a luz da escuridão. ⁵Deus chamou a luz de "dia" e a escuridão de "noite".

A noite passou e veio a manhã, encerrando o primeiro dia.

⁶Então Deus disse: "Haja um espaço entre as águas, para separar as águas dos céus das águas da terra". ⁷E assim aconteceu. Deus criou um espaço para separar as águas da terra das águas dos céus. ⁸Deus chamou o espaço de "céu".

A noite passou e veio a manhã, encerrando o segundo dia.

⁹Então Deus disse: "Juntem-se as águas que estão debaixo do céu num só lugar, para que apareça uma parte seca". E assim aconteceu. ¹⁰Deus chamou a parte seca de "terra" e as águas de "mares". E Deus viu que isso era bom. ¹¹Então Deus disse: "Produza a terra vegetação: toda espécie de plantas com sementes e árvores que dão frutos com sementes. As sementes produzirão plantas e árvores, cada uma conforme a sua espécie". E assim aconteceu. ¹²A terra produziu vegetação: toda espécie de plantas com sementes e árvores que dão frutos com sementes. As sementes produziram plantas e árvores, cada uma conforme a sua espécie. E Deus viu que isso era bom.

¹³A noite passou e veio a manhã, encerrando o terceiro dia.

¹⁴Então Deus disse: "Haja luzes no céu para separar o dia da noite e marcar as estações, os dias e os anos. ¹⁵Que essas luzes brilhem no céu para iluminar a terra". E assim aconteceu. ¹⁶Deus criou duas grandes luzes: a maior para governar o dia e a menor para governar a noite, e criou também as estrelas. ¹⁷Deus colocou essas luzes no céu para iluminar a terra, ¹⁸para governar o dia e a noite e para separar a luz da escuridão. E Deus viu que isso era bom.

¹⁹A noite passou e veio a manhã, encerrando o quarto dia.

²⁰Então Deus disse: "Encham-se as águas de seres vivos, e voem as aves no céu acima da terra". ²¹Assim, Deus criou os grandes animais marinhos e todos os seres vivos que se movem em grande número pelas águas, bem como uma grande variedade de aves, cada um conforme a sua espécie. E Deus viu que isso era bom. ²²Então Deus os abençoou: "Sejam férteis e multipliquem-se. Que os seres encham os mares e as aves se multipliquem na terra".

²³A noite passou e veio a manhã, encerrando o quinto dia.

²⁴Então Deus disse: "Produza a terra grande variedade de animais, cada um conforme a sua espécie: animais domésticos, animais que rastejam pelo chão e animais selvagens". E assim aconteceu. ²⁵Deus criou grande variedade de animais selvagens, animais domésticos e animais que rastejam pelo chão, cada um conforme a sua espécie. E Deus viu que isso era bom.

²⁶Então Deus disse: "Façamos o ser humano[b] à nossa imagem; ele será semelhante a nós. Dominará sobre os peixes do mar, sobre

---

[a] 1.1 Ou *No princípio, quando Deus criou os céus e a terra...*; ou *Quando Deus começou a criar os céus e a terra...* [b] 1.26a Ou *homem*; o hebraico traz *adam*.

1.4 Que não nos esqueçamos que *além da luz não havia outra beleza*. A Terra, de acordo com o hebraico, era "*tohu e bohu*", que, para aproximar-se tanto do sentido quanto do som ao mesmo tempo, vou interpretar como, "sem forma e vazia". Havia confusão, vazio, inutilidade. A matéria era discordante e desorganizada. Assim, Deus fixou o Seu olhar na luz, não no caos. Mesmo que, amado amigo, sua experiência possa parecer caótica, vazia e sem forma, exatamente o que não deveria ser, um labirinto de concepções não formadas e desejos semiformados e orações malformadas — ainda assim há graça em você e Deus a vê — mesmo em meio à terrível confusão e ao enorme alvoroço de seu espírito. O que Ele mesmo criou em você, Ele contempla, considera e se deleita. E, quanto ao pecado que habita em sua natureza, Ele só o considera encoberto da Sua vista pela obra expiatória de Seu amado Filho.

as aves do céu, sobre os animais domésticos, sobre todos os animais selvagens da terra[a] e sobre os animais que rastejam pelo chão".

²⁷Assim, Deus criou os seres humanos[b] à sua própria imagem,
à imagem de Deus os criou;
homem e mulher[c] os criou.

²⁸Então Deus os abençoou e disse: "Sejam férteis e multipliquem-se. Encham e governem a terra. Dominem sobre os peixes do mar, sobre as aves do céu e sobre todos os animais que rastejam pelo chão".

²⁹Então Deus disse: "Vejam! Eu lhes dou todas as plantas com sementes em toda a terra e todas as árvores frutíferas, para que lhes sirvam de alimento. ³⁰E dou todas as plantas verdes como alimento a todos os seres vivos: aos animais selvagens, às aves do céu e aos animais que rastejam pelo chão". E assim aconteceu.

³¹Então Deus olhou para tudo que havia feito e viu que era muito bom.

A noite passou e veio a manhã, encerrando o sexto dia.

2 Desse modo, completou-se a criação dos céus e da terra e de tudo que neles há. ²No sétimo dia, Deus havia terminado sua obra de criação e descansou de[d] todo o seu trabalho. ³Deus abençoou o sétimo dia e o declarou santo, pois foi o dia em que ele descansou de toda a sua obra de criação.

⁴Esse é o relato da criação dos céus e da terra.

O homem e a mulher no jardim
Quando o Senhor Deus criou a terra e os céus, ⁵nenhuma planta silvestre nem grãos haviam brotado na terra, pois o Senhor Deus ainda não tinha mandado chuva para regar a terra, e não havia quem a cultivasse. ⁶Mas do solo brotava água,[e] que regava toda a terra. ⁷Então o Senhor Deus formou o homem do pó da terra. Soprou o fôlego da vida em suas narinas, e o homem se tornou ser vivo.

⁸O Senhor Deus plantou um jardim no Éden, para os lados do leste, e ali colocou o homem que havia criado. ⁹O Senhor Deus fez brotar do solo árvores de todas as espécies, árvores lindas que produziam frutos deliciosos. No meio do jardim, colocou a árvore da vida e a árvore do conhecimento do bem e do mal.

¹⁰Da terra do Éden nascia um rio que regava o jardim e depois se dividia em quatro braços. ¹¹O primeiro braço, chamado Pisom, rodeava toda a terra de Havilá, onde existe ouro. ¹²O ouro dessa terra é de grande pureza; lá também há resina aromática e pedra de ônix. ¹³O segundo braço, chamado Giom, rodeava toda a terra de Cuxe. ¹⁴O terceiro braço, chamado Tigre, corria para o leste da terra da Assíria. O quarto braço era chamado de Eufrates.

¹⁵O Senhor Deus colocou o homem no jardim do Éden para cultivá-lo e tomar conta dele, ¹⁶mas o Senhor Deus lhe ordenou: "Coma à vontade dos frutos de todas as árvores do jardim, ¹⁷exceto da árvore do conhecimento do bem e do mal. Se você comer desse fruto, com certeza morrerá".

¹⁸O Senhor Deus disse: "Não é bom que o homem esteja sozinho. Farei alguém que o ajude e o complete". ¹⁹O Senhor Deus formou da terra todos os animais selvagens e todas as aves do céu. Trouxe-os ao homem[f] para ver como os chamaria, e o homem escolheu um nome para cada um deles. ²⁰Deu nome a todos os animais domésticos, a todas as aves do céu e a todos os animais selvagens. O homem, porém, continuava sem alguém que o ajudasse e o completasse.

²¹Então o Senhor Deus o fez cair num sono profundo. Enquanto o homem dormia, tirou dele uma das costelas[g] e fechou o espaço que ela ocupava. ²²Dessa costela o Senhor Deus fez uma mulher e a trouxe ao homem.

²³"Finalmente!", exclamou o homem.

"Esta é osso dos meus ossos,
e carne da minha carne!
Será chamada 'mulher',
porque foi tirada do 'homem'".[h]

²⁴Por isso o homem deixa pai e mãe e se une à sua mulher, e os dois se tornam um só.

---

[a] **1.26b** Conforme a versão siríaca; o hebraico traz *sobre toda a terra*. [b] **1.27a** Ou *o homem*; o hebraico traz *ha-adam*. [c] **1.27b** Em hebraico, *macho e fêmea*. [d] **2.2** Ou *e cessou*; também em 2.3. [e] **2.6** Ou *névoa*. [f] **2.19** Ou *Adão*; também no restante do capítulo. [g] **2.21** Ou *tirou uma parte do lado do homem*. [h] **2.23** Os termos usados aqui para homem (*ish*) e mulher (*ishah*) formam um jogo de palavras no hebraico.

²⁵O homem e a mulher estavam nus, mas não sentiam vergonha.

O pecado do homem e da mulher

3 A serpente era o mais astuto de todos os animais selvagens que o Senhor Deus havia criado. Certa vez, ela perguntou à mulher: "Deus realmente disse que vocês não devem comer do fruto de nenhuma das árvores do jardim?".

²"Podemos comer do fruto das árvores do jardim", respondeu a mulher. ³"É só do fruto da árvore que está no meio do jardim que não podemos comer. Deus disse: 'Não comam e nem sequer toquem no fruto daquela árvore; se o fizerem, morrerão'."

⁴"É claro que vocês não morrerão!", a serpente respondeu à mulher. ⁵"Deus sabe que, no momento em que comerem do fruto, seus olhos se abrirão e, como Deus, conhecerão o bem e o mal."

⁶A mulher viu que a árvore era linda e que seu fruto parecia delicioso, e desejou a sabedoria que ele lhe daria. Assim, tomou do fruto e o comeu. Depois, deu ao marido, que estava com ela, e ele também comeu. ⁷Naquele momento, seus olhos se abriram, e eles perceberam que estavam nus. Por isso, costuraram folhas de figueira umas às outras para se cobrirem.

⁸Quando soprava a brisa do entardecer, o homem[a] e sua mulher ouviram o Senhor Deus caminhando pelo jardim e se esconderam dele entre as árvores. ⁹Então o Senhor Deus chamou o homem e perguntou: "Onde você está?".

¹⁰Ele respondeu: "Ouvi que estavas andando pelo jardim e me escondi. Tive medo, pois eu estava nu".

¹¹"Quem lhe disse que você estava nu?", perguntou Deus. "Você comeu do fruto da árvore que eu lhe ordenei que não comesse?"

¹²O homem respondeu: "Foi a mulher que me deste! Ela me ofereceu do fruto, e eu comi".

¹³Então o Senhor Deus perguntou à mulher: "O que foi que você fez?".

"A serpente me enganou", respondeu a mulher. "Foi por isso que comi do fruto."

¹⁴Então o Senhor Deus disse à serpente:

"Uma vez que fez isso, maldita é você
   entre todos os animais, domésticos e
   selvagens.
Você se arrastará sobre o próprio ventre,
   rastejará no pó enquanto viver.
¹⁵Farei que haja inimizade entre você e a
   mulher,
e entre a sua descendência e o
   descendente dela.
Ele lhe ferirá[b] a cabeça,
   e você lhe ferirá o calcanhar".

¹⁶À mulher ele disse:

"Farei mais intensas as dores de sua
   gravidez,
e com dor você dará à luz.
Seu desejo será para seu marido,
   e ele a dominará".[c]

¹⁷E ao homem ele disse:

---

[a]**3.8** Ou *Adão*; também no restante do capítulo. [b]**3.15** Ou *pisará*; também em 3.15b. [c]**3.16** Ou *Desejará controlar seu marido, mas ele a dominará*.

3.11,12 Não há nenhum sinal de verdadeira confissão aqui. Adão era uma criatura não caída algumas horas antes, mas agora havia quebrado o mandamento do Senhor — e você pode perceber como a morte foi trazida de forma completa para sua natureza moral, pois se não tivesse sido assim, ele teria dito: "Meu Deus, eu pequei, o Senhor pode e deseja me perdoar?". Mas, em vez disso, ele impôs a culpa por seu pecado sobre sua esposa, o que foi uma ação totalmente má. "Foi a mulher que me deste! Ela me ofereceu do fruto, e eu comi". Adão quase parecia lançar a culpa em Deus, porque Ele tinha dado a mulher para estar com ele! Assim, foi culpado de indelicadeza com sua esposa e de blasfêmia contra seu Criador na busca de escapar da confissão do pecado que havia cometido! É um sinal doentio por parte dos homens quando não conseguem ser levados a reconhecer francamente seu erro.

3.13 Ah, esta pergunta! É muito profunda! Por causa de sua ação e a de seu marido, as comportas haviam sido levantadas e o dilúvio do pecado fora solto sobre o mundo! Eles acenderam um fósforo e incendiaram o mundo com o pecado! E cada um de nossos pecados é essencialmente da mesma natureza e há nele, consideravelmente, a mesma perversidade. Ah, que em qualquer momento em que tivermos pecado, Deus nos questionasse: "O que foi que você fez?".

"Uma vez que você deu ouvidos à sua
  mulher
e comeu da árvore cujo fruto ordenei
  que não comesse,
maldita é a terra por sua causa;
  por toda a vida, terá muito trabalho para
  tirar da terra seu sustento.
¹⁸Ela produzirá espinhos e ervas daninhas,
  mas você comerá de seus frutos e grãos.
¹⁹Com o suor do rosto você obterá
  alimento,
até que volte à terra da qual foi formado.
Pois você foi feito do pó,
  e ao pó voltará".

Paraíso perdido
²⁰O homem, Adão, deu à sua mulher o nome de Eva,ᵃ pois ela seria a mãe de toda a humanidade. ²¹E o S%%ENHOR%% Deus fez roupas de peles de animais para Adão e sua mulher.
²²Então o S%%ENHOR%% Deus disse: "Vejam, agora os seres humanosᵇ se tornaram semelhantes a nós, pois conhecem o bem e o mal. Se eles tomarem do fruto da árvore da vida e dele comerem, viverão para sempre". ²³Para impedir que isso acontecesse, o S%%ENHOR%% Deus os expulsou do jardim do Éden, e Adão passou a cultivar a terra da qual tinha sido formado. ²⁴Depois de expulsá-los, colocou querubins a leste do jardim do Éden e uma espada flamejante que se movia de um lado para o outro, a fim de guardar o caminho até a árvore da vida.

Caim e Abel
4 Adãoᶜ teve relações com Eva, sua mulher, que engravidou. Quando deu à luz Caim, ela disse: "Com a ajuda do S%%ENHOR%%, tiveᵈ um filho!". ²Tempos depois, deu à luz o irmão de Caim e o chamou de Abel.
Quando os meninos cresceram, Abel se tornou pastor de ovelhas, e Caim cultivava o solo. ³No tempo da colheita, Caim apresentou parte de sua produção como oferta ao S%%ENHOR%%. ⁴Abel, por sua vez, ofertou as melhores porções dos cordeiros dentre as primeiras crias de seu rebanho. O S%%ENHOR%% aceitou Abel e sua oferta, ⁵mas não aceitou Caim e sua oferta. Caim se enfureceu e ficou transtornado.
⁶"Por que você está tão furioso?", o S%%ENHOR%% perguntou a Caim. "Por que está tão transtornado? ⁷Se você fizer o que é certo, será aceito. Mas, se não o fizer, tome cuidado! O pecado está à porta, à sua espera, e deseja controlá-lo, mas é você quem deve dominá-lo."
⁸Caim sugeriu a seu irmão: "Vamos ao campo".ᵉ E, enquanto estavam lá, Caim atacou seu irmão Abel e o matou.
⁹Então o S%%ENHOR%% perguntou a Caim: "Onde está seu irmão? Onde está Abel?".
"Não sei", respondeu Caim. "Por acaso sou responsável por meu irmão?"

ᵃ**3.20** O som do nome *Eva* é semelhante ao de um termo hebraico que significa "dar vida". ᵇ**3.22** Ou *o homem*; o hebraico traz *ha--adam*. ᶜ**4.1a** Ou *o homem*; também em 4.25. ᵈ**4.1b** Ou *adquiri*; o som do nome *Caim* é semelhante a um termo hebraico que pode significar "produzir" ou "adquirir". ᵉ**4.8** Conforme o Pentateuco Samaritano, a Septuaginta, a versão siríaca e a Vulgata; o Texto Massorético não traz *"Vamos ao campo"*.

4.9 Nesta pergunta cruel de Caim há uma pequena medida de razão. Em certo sentido, nenhum homem é responsável por seu irmão. [...] Por exemplo, *todos os homens devem assumir sua própria responsabilidade por seus próprios atos diante do Deus Todo-Poderoso*. Não é possível um homem transferir suas obrigações para com o Altíssimo de seus próprios ombros para os de outro. A obediência à Lei de Deus deve ser prestada pessoalmente ou o homem se torna culpado. [...] E novamente, *ninguém pode positivamente garantir a salvação de outro*. Não, ele não pode sequer ter esperança da salvação de seu amigo, enquanto o outro permanecer incrédulo.
Contudo, em um alto grau, somos, cada um de nós, guardiões de nosso irmão [...] primeiro, *sentimentos comuns de humanidade devem levar cada cristão a sentir um interesse pela alma de todo ser humano não salvo*. [...] Se você vir um homem perecendo por falta de pão, desejará compartilhar até mesmo a casca de seu pão com ele. E deixará almas perecerem por falta do Pão da vida sem ter piedade e ajudá-las? Se víssemos um pobre miserável tremendo no frio do inverno, deveríamos estar prontos para dividir nossas roupas, para que pudéssemos vesti-lo. Veremos pecadores sem o roupão da justiça e não ficaremos ansiosos para lhes falar daquele que pode vesti-los em puro linho branco?
Um segundo argumento é que [...] *todos nós, especialmente aqueles que são cristãos, temos o poder de fazer o bem aos outros*. Não temos todos a mesma habilidade, pois não possuímos todos os mesmos dons ou a mesma posição, mas da mesma forma que a pequena

¹⁰Então Deus disse: "O que você fez? Ouça! O sangue de seu irmão clama a mim da terra! ¹¹O próprio solo, que bebeu o sangue de seu irmão, sangue que você derramou, amaldiçoa você. ¹²O solo não lhe dará boas colheitas, por mais que você se esforce! E, de agora em diante, você não terá um lar e andará sem rumo pela terra".

¹³Caim disse ao Senhor: "Meu castigo[a] é pesado demais. Não posso aguentá-lo! ¹⁴Tu me expulsaste da terra e de tua presença e me transformaste num andarilho sem lar. Qualquer um que me encontrar me matará!".

¹⁵O Senhor respondeu: "Eu castigarei sete vezes mais quem matar você". Então o Senhor pôs em Caim um sinal para alertar qualquer um que tentasse matá-lo. ¹⁶Caim saiu da presença do Senhor e se estabeleceu na terra de Node,[b] a leste do Éden.

Os descendentes de Caim

¹⁷Caim teve relações com sua mulher, que engravidou e deu à luz Enoque. Então Caim fundou uma cidade, à qual deu o nome de Enoque, como seu filho. ¹⁸Enoque teve um filho chamado Irade. Irade gerou[c] Meujael; Meujael gerou Metusael; Metusael gerou Lameque.

¹⁹Lameque se casou com duas mulheres. A primeira se chamava Ada, e a segunda, Zilá. ²⁰Ada deu à luz Jabal; ele foi o precursor dos que criam rebanhos e moram em tendas. ²¹Seu irmão se chamava Jubal, o precursor dos que tocam harpa e flauta. ²²Zilá, a outra mulher de Lameque, deu à luz um filho chamado Tubalcaim, que se tornou mestre em criar ferramentas de bronze e ferro. Tubalcaim teve uma irmã chamada Naamá. ²³Certo dia, Lameque disse a suas mulheres:

"Ada e Zilá, ouçam minha voz;
   escutem o que vou dizer, mulheres de Lameque.
Matei um homem que me atacou,
   um rapaz que me feriu.
²⁴Se aquele que matar Caim será castigado sete vezes,
   quem me matar será castigado setenta e sete vezes!".

O nascimento de Sete

²⁵Adão teve relações com sua mulher novamente, e ela deu à luz outro filho. Chamou-o de Sete,[d] pois disse: "Deus me concedeu outro filho no lugar de Abel, a quem Caim matou". ²⁶Quando Sete chegou à idade adulta, teve um filho e o chamou de Enos. Nessa época, as pessoas começaram a invocar o nome do Senhor.

Os descendentes de Adão

5 Este é o relato dos descendentes de Adão. Quando Deus criou os seres humanos,[e] formou-os semelhantes a ele. ²Criou-os homem e mulher;[f] quando foram criados, Deus os abençoou e os chamou de "humanidade".

³Aos 130 anos, Adão teve um filho chamado Sete, que era semelhante a ele, à sua imagem. ⁴Depois do nascimento de Sete, Adão viveu mais 800 anos e teve outros filhos e filhas. ⁵Adão viveu 930 anos e morreu.

⁶Aos 105 anos, Sete gerou[g] Enos. ⁷Depois do nascimento de[h] Enos, Sete viveu mais 807 anos e teve outros filhos e filhas. ⁸Sete viveu 912 anos e morreu.

⁹Aos 90 anos, Enos gerou Cainã. ¹⁰Depois do nascimento de Cainã, Enos viveu mais 815 anos e teve outros filhos e filhas. ¹¹Enos viveu 905 anos e morreu.

¹²Aos 70 anos, Cainã gerou Maalaleel. ¹³Depois do nascimento de Maalaleel, Cainã viveu mais 840 anos e teve outros filhos e filhas. ¹⁴Cainã viveu 910 anos e morreu.

¹⁵Aos 65 anos, Maalaleel gerou Jarede. ¹⁶Depois do nascimento de Jarede, Maalaleel viveu

---

[a] 4.13 Ou *Meu pecado*. [b] 4.16 *Node* significa "andança sem rumo". [c] 4.18 Ou *foi o antepassado de*; também no restante do versículo. [d] 4.25 É provável que *Sete* queira dizer "concedido"; o nome também pode significar "designado". [e] 5.1 Ou *o homem*; o hebraico traz *adam*; também em 5.2. [f] 5.2 Em hebraico, *macho e fêmea*. [g] 5.6 Ou *foi o antepassado de*; também em 5.9,12,15,18,21,25. [h] 5.7 Ou *do nascimento desse antepassado de*; também em 5.10,13,16,19,22,26.

---

criada que servia a esposa de Naamã teve a oportunidade de falar sobre o profeta que poderia curar seu mestre, não há um jovem cristão que não tenha algum poder para fazer o bem aos outros.

E, novamente, *sem olhar para a alma das outras pessoas, não podemos guardar o primeiro dos dois grandes mandamentos nos quais nosso Senhor resumiu a lei moral.*

mais 830 anos e teve outros filhos e filhas. ¹⁷Maalaleel viveu 895 anos e morreu.
¹⁸Aos 162 anos, Jarede gerou Enoque. ¹⁹Depois do nascimento de Enoque, Jarede viveu mais 800 anos e teve outros filhos e filhas. ²⁰Jarede viveu 962 anos e morreu.
²¹Aos 65 anos, Enoque gerou Matusalém. ²²Depois do nascimento de Matusalém, Enoque viveu em comunhão com Deus por mais 300 anos e teve outros filhos e filhas. ²³Enoque viveu 365 anos, ²⁴andando em comunhão com Deus até que, um dia, desapareceu, porque Deus o levou para junto de si.
²⁵Aos 187 anos, Matusalém gerou Lameque. ²⁶Depois do nascimento de Lameque, Matusalém viveu mais 782 anos e teve outros filhos e filhas. ²⁷Matusalém viveu 969 anos e morreu.
²⁸Aos 182 anos, Lameque gerou um filho. ²⁹Chamou-o de Noé,ª pois disse: "Que ele nos traga alívio de nossas tarefas e do trabalho doloroso de cultivar esta terra que o Senhor amaldiçoou". ³⁰Depois do nascimento de Noé, Lameque viveu mais 595 anos e teve outros filhos e filhas. ³¹Lameque viveu 777 anos e morreu.
³²Depois que completou 500 anos, Noé gerou três filhos: Sem, Cam e Jafé.

Corrupção da raça humana

6 Os seres humanos começaram a se multiplicar na terra e tiveram filhas. ²Os filhos de Deus perceberam que as filhas dos homens eram belas, tomaram para si as que os agradaram e se casaram com elas. ³Então o Senhor disse: "Meu Espírito não toleraráᵇ os humanos por muito tempo, pois são apenas carne mortal. Seus dias serão limitados a 120 anos".
⁴Naqueles dias, e por algum tempo depois, havia na terra gigantes,ᶜ pois quando os filhos de Deus tiveram relações com as filhas dos homens, elas deram à luz filhos que se tornaram os guerreiros famosos da antiguidade.
⁵O Senhor observou quanto havia aumentado a perversidade dos seres humanos na terra e viu que todos os seus pensamentos e seus propósitos eram sempre inteiramente maus. ⁶E o Senhor se arrependeu de tê-los criado e colocado na terra. Isso lhe causou imensa tristeza. ⁷O Senhor disse: "Eliminarei da face da terra esta raça humana que criei. Sim, e também destruirei todos os seres vivos: as pessoas, os grandes animais, os animais que rastejam pelo chão e até as aves do céu. Arrependo-me de tê-los criado". ⁸Noé, porém, encontrou favor diante do Senhor.

A história de Noé

⁹Este é o relato de Noé e sua família. Noé era um homem justo, a única pessoa íntegra naquele tempo, e andava em comunhão com Deus. ¹⁰Noé gerou três filhos: Sem, Cam e Jafé.
¹¹Deus viu que a terra tinha se corrompido e estava cheia de violência. ¹²Deus observou a grande maldade no mundo, pois todos na terra haviam se corrompido. ¹³Assim, Deus disse a Noé: "Decidi acabar com todos os seres vivos,

---

ª **5.29** O som do nome *Noé* é semelhante ao de um termo hebraico que significa "alívio" ou "descanso". ᵇ **6.3** A Septuaginta traz *não permanecerá em*. ᶜ **6.4** Em hebraico, *nefilim*.

5.21-24 [...] está implícito no termo, "andando", *que sua comunhão com Deus era contínua*. Como um antigo sacerdote bem frisou, ele não vinha uma ou duas vezes para estar com Deus e depois deixava Sua companhia, mas ele andou com Deus por centenas de anos! Está implícito no texto que este foi o teor de sua vida ao longo de todos os seus 365 anos. Enoque andou com Deus depois de Metusélem ter nascido, 300 anos, e sem dúvida ele havia andado com o Senhor antes. Que esplêndida caminhada! Uma caminhada de 300 anos! Poder-se-ia desejar uma mudança de companhia se andasse com outra pessoa, mas andar com Deus por três séculos foi tão doce que o patriarca continuou com sua caminhada até que andou para além do tempo e espaço — e entrou no paraíso — onde ainda marcha na mesma sociedade divina! Ele teve o paraíso na Terra e, portanto, não foi tão surpreendente que tenha subido da Terra para o Céu tão facilmente. Não comungou com Deus aos trancos e barrancos, mas permaneceu no amor consciente de Deus. Não subia de vez em quando às alturas da piedade elevada e depois descia para o vale pantanoso da mornidão, mas continuava no deleite tranquilo, feliz e equilibrado da comunhão com Deus dia a dia. O sono da noite não o interrompia. Os cuidados do dia não o punham em perigo. Não era uma corrida, um corre-corre, um salto, um impulso, mas uma caminhada firme. Ininterruptamente, no decorrer de mais de três felizes séculos, Enoque continuou a andar com Deus!

pois encheram a terra de violência. Sim, destruirei todos eles e também a terra!

¹⁴"Construa uma grande embarcação, uma arca de madeira de cipreste,[a] e cubra-a com betume por dentro e por fora, para que não entre água. Divida toda a parte interna em pisos e compartimentos. ¹⁵A arca deve ter 135 metros de comprimento, 22,5 metros de largura e 13,5 metros de altura.[b] ¹⁶Deixe uma abertura de 45 centímetros[c] debaixo do teto ao redor de toda a arca. Coloque uma porta lateral e construa três pisos na parte interna: inferior, médio e superior.

¹⁷"Preste atenção! Em breve, cobrirei a terra com um dilúvio que destruirá todos os seres vivos que respiram. Tudo que há na terra morrerá. ¹⁸Com você, porém, firmarei minha aliança. Portanto, entre na arca com sua mulher, seus filhos e as mulheres deles. ¹⁹Leve na arca com você um casal de cada espécie de animal selvagem e doméstico, um macho e uma fêmea, para mantê-los com vida. ²⁰Um casal de cada espécie de ave, de cada espécie de animal e de cada espécie de animal que rasteja pelo chão virá até você, para que os mantenha com vida. ²¹Cuide bem para que haja alimento suficiente para sua família e para todos os animais".

²²Noé fez tudo exatamente como Deus lhe havia ordenado.

O dilúvio

7 O Senhor disse a Noé: "Entre na arca com toda a sua família, pois vejo que, de todas as pessoas na terra, apenas você é justo. ²Leve com você sete casais, macho e fêmea, de cada espécie de animal puro, e um casal, macho e fêmea, de cada espécie de animal impuro. ³Leve também sete casais de cada espécie de ave. Cada casal deve ter um macho e uma fêmea para garantir que todas as espécies sobreviverão na terra depois do dilúvio. ⁴Daqui a sete dias, farei chover sobre a terra. Choverá por quarenta dias e quarenta noites, até que eu tenha eliminado da terra todos os seres vivos que criei".

⁵Noé fez tudo exatamente como o Senhor lhe havia ordenado.

⁶Noé tinha 600 anos quando o dilúvio cobriu a terra. ⁷Entrou na arca, junto com a mulher, os filhos e as mulheres deles, para escapar do dilúvio. ⁸Entraram com eles animais de todas as espécies: os puros e os impuros, as aves e todos os animais que rastejam pelo chão. ⁹Entraram na arca em pares, macho e fêmea, como Deus tinha ordenado a Noé. ¹⁰Depois de sete dias, vieram as águas do dilúvio e cobriram a terra.

¹¹Quando Noé tinha 600 anos, no décimo sétimo dia do segundo mês, todas as fontes subterrâneas de água jorraram da terra, e a chuva caiu do céu em grandes temporais ¹²e continuou sem parar por quarenta dias e quarenta noites.

¹³Naquele mesmo dia, Noé tinha entrado na arca com a esposa, os filhos, Sem, Cam e Jafé, e as mulheres deles. ¹⁴Entraram com eles na arca casais de todas as espécies de animais: animais domésticos e selvagens, grandes e pequenos, e aves de toda espécie. ¹⁵Entraram de dois em dois na arca, representando todos os seres vivos que respiram. ¹⁶Um macho e uma fêmea de cada espécie entraram, como Deus tinha ordenado a Noé. Então o Senhor fechou a porta.

¹⁷Durante quarenta dias, as águas do dilúvio se tornaram cada vez mais profundas, cobriram o solo e elevaram a arca bem acima da terra. ¹⁸Enquanto as águas subiam cada vez mais acima do solo, a arca flutuava em segurança em sua superfície. ¹⁹Por fim, as águas cobriram até as montanhas mais altas da terra ²⁰e se elevaram quase sete metros[d] acima dos picos mais altos. ²¹Todos os seres vivos que havia na terra

---

[a] 6.14 Ou *madeira de Gofer*. [b] 6.15 Em hebraico, *300 côvados de comprimento, 50 côvados de largura e 30 côvados de altura*. [c] 6.16 Em hebraico, *uma abertura de 1 côvado*. [d] 7.20 Em hebraico, *15 côvados*.

7.17 Você pode ver [a arca] começar a se mover até que esteja flutuando sobre a superfície das águas. O mesmo efeito é muitas vezes produzido em nós — quando o dilúvio da aflição é profundo, então começamos a subir. Ó, quantas vezes fomos erguidos acima da terra pela própria força que ameaçou nos submergir e nos afogar!

Davi disse: "O sofrimento foi bom para mim", e muitos outros santos podem dizer que nunca foram erguidos até que as inundações cessassem, mas então eles deixaram o mundanismo com o qual estavam satisfeitos anteriormente e começaram a subir a um nível mais elevado do que previamente alcançaram.

morreram: as aves, os animais domésticos, os animais selvagens, os animais que rastejavam pelo chão e todos os seres humanos. ²²Tudo que respirava e vivia em terra firme morreu. ²³Deus exterminou todos os seres vivos que havia na terra: os seres humanos, os animais domésticos, os animais que rastejavam pelo chão e as aves do céu. Todos foram destruídos. Apenas Noé e os que estavam com ele na arca sobreviveram. ²⁴E as águas do dilúvio cobriram a terra por 150 dias.

As águas do dilúvio baixam

8 Então Deus se lembrou de Noé e de todos os animais selvagens e domésticos que estavam com ele na arca. Deus fez soprar um vento sobre a terra, e as águas do dilúvio começaram a baixar. ²As fontes subterrâneas pararam de jorrar, e as chuvas torrenciais cessaram. ³As águas do dilúvio foram baixando aos poucos. Depois de 150 dias, ⁴exatamente cinco meses depois do início do dilúvio,ª a arca repousou sobre as montanhas de Ararate. ⁵Dois meses e meio depois,ᵇ à medida que as águas continuaram a baixar, apareceram os picos de outras montanhas.

⁶Passados mais quarenta dias, Noé abriu a janela que havia feito na arca ⁷e soltou um corvo, que ia e voltava até as águas do dilúvio secarem sobre a terra. ⁸Noé também soltou uma pomba para ver se as águas tinham baixado e se ela encontraria terra seca, ⁹mas a pomba não encontrou lugar para pousar, pois a água ainda cobria todo o solo. Então a pomba retornou à arca, e Noé estendeu a mão e a trouxe de volta para dentro. ¹⁰Depois de esperar mais sete dias, Noé soltou a pomba mais uma vez. ¹¹Quando ela voltou ao entardecer, trouxe no bico uma folha nova de oliveira. Noé concluiu que restava pouca água do dilúvio. ¹²Esperou outros sete dias e soltou a pomba novamente. Dessa vez, ela não voltou.

¹³Noé tinha completado 601 anos. No primeiro dia do novo ano, dez meses e meio depois do início do dilúvio,ᶜ quase não havia mais

---

ª **8.4** Em hebraico, *no sétimo dia do sétimo mês*; ver 7.11. ᵇ **8.5** Em hebraico, *No primeiro dia do décimo mês*; ver 7.11 e nota em 8.4. ᶜ **8.13** Em hebraico, *No primeiro dia do primeiro mês*; ver 7.11.

8.9 Noé sabia que Deus, a seu tempo, lhe permitiria sair da arca. Estava bastante certo de que o Senhor não o colocara na arca para fazer dela um grande caixão, para que ele e todos os seres viventes que com ele entraram perecessem ali; e, por crer em Deus, retirou a cobertura da arca e olhou para o exterior, esperando ver não só os picos das montanhas, mas também uma terra seca e verde mais uma vez. A verdadeira fé vai com frequência até a janela. Se sua fé virar o rosto para a parede, sem nada esperar, não creio que seja fé genuína. A fé tem olhos e, portanto, ela olha para longe, e muitas vezes, observa como o vigia da noite procura pela aurora cinzenta da manhã. [...]

Em seguida, visto que Noé esperava que a terra estivesse seca, enviou o corvo; e quando o corvo não respondeu ao seu propósito, enviou a pomba. Depois que a pomba voltou sem boas notícias, esperou sete dias e depois a mandou de volta; e quando ela voltou com apenas uma folha de oliveira em seu bico, ele esperou mais sete dias, e então a enviou novamente. Ó, queridos amigos, enviem com frequência as suas pombas! Estejam atentos às suas bênçãos; vocês pediram por elas, Deus prometeu dar-lhes, enviem suas pombas para ver se as bênçãos não estão lá; e se vocês o fizerem constantemente, e perseverarem, em verdade, digo-lhes, terão a sua recompensa. Entretanto, observe que Noé, quando teve a melhor evidência de que a terra poderia estar seca, não se atreveu a sair da arca até que Deus abrisse a porta. Portanto, reúnam todas as informações que vocês puderem sobre a sua posição, e ajam de acordo com as regras do bom senso; mas, após terem feito isso, ainda esperem em Deus. Quando vocês souberem, por meio de seus corvos e suas pombas, que a terra está ficando seca, não saiam até que Ele, que fecha a porta, a abra para vocês. Querido povo de Deus, gostaria que tivéssemos mais desse antigo hábito de buscar pela providência. Nós nos tornamos tão sábios, hoje em dia, que não precisamos da coluna de fogo. Corremos sem a orientação divina; no entanto; muitas vezes temos que correr de volta. Somos convidados à mesa da Providência, e se deixarmos Deus cortar a carne para nos servir, nosso prato terá sempre abundância de comida; entretanto, se nós mesmos a cortarmos para nos servir, cortaremos nossos dedos, e não muito mais, e teremos grande motivo para nos envergonharmos de que, em vez de confiar em Deus, passamos a confiar em nós mesmos. Não confie em seu corvo, não confie em sua pomba, confie em seu Deus; e se você for para onde Ele o guiar, seguirá o caminho certo, mesmo que seja um caminho difícil, e dirá: "Certamente a bondade e o amor me seguirão todos os dias de minha vida, e viverei na casa do Senhor para sempre".

água sobre a terra. Noé levantou a cobertura da arca e viu que o solo estava praticamente seco. [14]Mais dois meses se passaram[a] e, por fim, a terra estava completamente seca.

[15]Então Deus disse a Noé: [16]"Saiam da arca, você, sua mulher, seus filhos e as mulheres deles. [17]Solte todos os animais, as aves, os animais domésticos e os animais que rastejam pelo chão, para que sejam férteis e se multipliquem na terra".

[18]Noé, sua mulher, seus filhos e as mulheres deles desembarcaram. [19]Todos os animais, grandes e pequenos, e as aves saíram da arca, um casal de cada vez.

[20]Em seguida, Noé construiu um altar ao Senhor e ali ofereceu como holocaustos alguns animais e aves puros. [21]O aroma do sacrifício agradou ao Senhor, que disse consigo: "Nunca mais amaldiçoarei a terra por causa do ser humano, embora todos os seus pensamentos e seus propósitos se inclinem para o mal desde a infância. Nunca mais destruirei todos os seres vivos. [22]Enquanto durar a terra, haverá plantio e colheita, frio e calor, verão e inverno, dia e noite".

Deus confirma sua aliança

9 Então Deus abençoou Noé e seus filhos e lhes disse: "Sejam férteis e multipliquem-se. Encham a terra. [2]Todos os animais da terra, todas as aves do céu, todos os animais que rastejam pelo chão e todos os peixes do mar terão medo e pavor de vocês. Eu os coloquei sob o seu domínio. [3]Assim como dei a vocês os cereais e os vegetais por alimento, também lhes dou os animais. [4]Mas nunca comam carne com sangue, pois sangue é vida.

[5]"Exigirei o sangue de todo aquele que tirar a vida de alguém. Se um animal selvagem matar alguém, deverá ser morto; quem cometer assassinato, também deverá morrer. [6]Quem tirar a vida humana, por mãos humanas perderá a vida. Pois eu criei o ser humano[b] à minha imagem. [7]Agora, sejam férteis e multipliquem-se, povoem a terra outra vez".

[8]Então Deus disse a Noé e seus filhos: [9]"Confirmo aqui a minha aliança com vocês, seus descendentes [10]e todos os animais que estavam com vocês na embarcação: as aves, os animais domésticos e os animais selvagens, todos os seres vivos da terra. [11]Sim, confirmo a minha aliança com vocês. Nunca mais os seres vivos serão exterminados pelas águas; nunca mais a terra será destruída por um dilúvio".

[12]Então Deus disse: "Eu lhes dou um sinal da minha aliança com vocês e com todos os seres vivos, para todas as gerações futuras. [13]Coloquei o arco-íris nas nuvens. Ele é o sinal da minha aliança com toda a terra. [14]Quando eu enviar nuvens sobre a terra, nelas aparecerá o arco-íris, [15]e eu me lembrarei da minha aliança com vocês e com todos os seres vivos. Nunca mais as águas de um dilúvio destruirão toda a vida. [16]Ao olhar para o arco-íris nas nuvens, eu me lembrarei da aliança eterna entre Deus e todos os seres vivos da terra". [17]Então Deus disse a Noé: "Este arco-íris é o sinal da aliança que confirmo com todas as criaturas da terra".

Os filhos de Noé

[18]Os filhos de Noé que saíram da arca com o pai foram Sem, Cam e Jafé. (Cam é o pai de

---

[a]8.14 Em hebraico, *Chegou o vigésimo sétimo dia do segundo mês*; ver nota em 8.13. [b]9.6 Ou *o homem*; o hebraico traz *ha-adam*.

9.16 Amados, há isto sobre a aliança de Noé, e sobre a aliança da graça — *elas não dependem, de modo algum, do homem*; pois, se você observar, o arco-íris é posto na nuvem, mas não diz: "E quando *você* olhar para o arco, *você* se lembrará da minha aliança, *então* eu não destruirei a Terra". Não, é gloriosamente colocado, não sobre *nossa* memória, que é inconstante e frágil, mas sobre a memória de *Deus*, que é infinita e imutável! "Ao olhar para o arco-íris nas nuvens, eu me lembrarei da aliança eterna entre Deus e todos os seres vivos da terra." Ó, não sou *eu* me lembrando do meu Deus — é Deus se lembrando de *mim*! Não sou *eu* tomando posse de Sua aliança, mas Sua aliança tomando posse de *mim*! Glória a Deus! Todas as fortalezas estão seguras e mesmo as pequenas torres, que podemos imaginar poderiam ter sido deixadas ao homem, são guardadas pela força divina! Mesmo a *lembrança* da aliança não é deixada para *nossa* memória, pois podemos esquecer, mas nosso Senhor *que não pode, não esquecerá* os santos — a quem inscreveu nas palmas de Suas mãos!

Canaã.) ¹⁹Desses três filhos de Noé vêm todas as pessoas que agora povoam a terra.

²⁰Depois do dilúvio, Noé começou a cultivar o solo e plantou uma videira. ²¹Certo dia, bebeu do vinho que ele próprio havia produzido, ficou embriagado e foi deitar-se nu em sua tenda. ²²Cam, pai de Canaã, viu que seu pai estava nu e saiu para contar aos irmãos. ²³Então Sem e Jafé pegaram um manto e o colocaram sobre os ombros. Em seguida, entraram na tenda de costas e, olhando para o outro lado a fim de não ver a nudez do pai, cobriram-no com o manto.

²⁴Quando Noé se recuperou da bebedeira e descobriu o que Cam, seu filho mais novo, havia feito, ²⁵exclamou:

"Maldito seja Canaã!
 Que ele seja o servo mais insignificante
  de seus parentes!".

²⁶E disse ainda:

"Bendito seja o Senhor, o Deus de Sem,
 e que Canaã seja servo de seu irmão!
²⁷Que Deus amplie o território de Jafé!
 Que Jafé compartilhe da prosperidade
  de Sem[a]
 e Canaã seja seu servo".

²⁸Depois do dilúvio, Noé viveu mais 350 anos. ²⁹Viveu, ao todo, 950 anos e morreu.

10 Este é o relato das famílias de Sem, Cam e Jafé, os três filhos de Noé, que geraram muitos filhos depois do dilúvio.

Os descendentes de Jafé

²Os descendentes de Jafé foram: Gômer, Magogue, Madai, Javã, Tubal, Meseque e Tirás. ³Os descendentes de Gômer foram: Asquenaz, Rifate e Togarma. ⁴Os descendentes de Javã foram: Elisá, Társis, Quitim e Rodanim.[b] ⁵Seus descendentes se espalharam por vários territórios junto ao mar, formando nações de acordo com suas línguas, seus clãs e seus povos.

Os descendentes de Cam

⁶Os descendentes de Cam foram: Cuxe, Mizraim, Pute e Canaã. ⁷Os descendentes de Cuxe foram: Sebá, Havilá, Sabtá, Raamá e Sabtecá. Os descendentes de Raamá foram: Sabá e Dedã.

⁸Cuxe também foi o antepassado de Ninrode, o primeiro guerreiro valente da terra. ⁹Porque era o mais corajoso dos caçadores,[c] seu nome deu origem ao provérbio: "Este homem é como Ninrode, o mais corajoso dos caçadores". ¹⁰Ninrode construiu seu reino na terra da Babilônia,[d] fundando as cidades de Babel, Ereque, Acade e Calné. ¹¹Expandiu seu território até a Assíria,[e] onde construiu as cidades de Nínive, Reobote-Ir, Calá ¹²e Resém, a grande cidade situada entre Nínive e Calá.

¹³Mizraim foi o antepassado dos luditas, anamitas, leabitas, naftuítas, ¹⁴patrusitas, casluítas e dos caftoritas, dos quais descendem os filisteus.[f]

¹⁵O filho mais velho de Canaã foi Sidom, antepassado dos sidônios. Canaã foi o antepassado dos hititas,[g] ¹⁶jebuseus, amorreus, girgaseus, ¹⁷heveus, arqueus, sineus, ¹⁸arvadeus, zemareus e hamateus. Com o tempo, os clãs cananeus se espalharam. ¹⁹O território de Canaã se estendia desde Sidom, ao norte, até Gerar e Gaza, ao sul, e, a leste, até Sodoma, Gomorra, Admá e Zeboim, próximo a Lasa. ²⁰Esses foram os descendentes de Cam, de acordo com seus clãs, línguas, territórios e povos.

Os descendentes de Sem

²¹Sem, irmão mais velho de Jafé,[h] também teve filhos. Sem foi o antepassado de todos os descendentes de Héber.

²²Os descendentes de Sem foram: Elão, Assur, Arfaxade, Lude e Arã. ²³Os descendentes de Arã foram: Uz, Hul, Géter e Más.

²⁴Arfaxade gerou Salá,[i] e Salá gerou Héber. ²⁵Héber teve dois filhos. O primeiro recebeu o nome de Pelegue,[j] pois em sua época a terra

---

[a] 9.27 Em hebraico, *Que ele habite nas tendas de Sem*. [b] 10.4 Conforme alguns manuscritos hebraicos e a Septuaginta (ver tb. 1Cr 1.7); a maioria dos manuscritos hebraicos traz *Dodanim*. [c] 10.9 Em hebraico, *grande caçador diante do Senhor*; também em 10.9b. [d] 10.10 Em hebraico, *Sinar*. [e] 10.11 Ou *Dessa terra partiu a Assíria*. [f] 10.14 Em hebraico, *casluítas, dos quais descendem os filisteus, e caftoritas*. Comparar com Jr 47.4; Am 9.7. [g] 10.15 Em hebraico, *antepassado de Hete*. [h] 10.21 Ou *Sem, cujo irmão mais velho era Jafé*. [i] 10.24 A Septuaginta traz *Arfaxade gerou Cainã; Cainã gerou Selá*. Comparar com Lc 3.36. [j] 10.25 *Pelegue* significa "divisão".

foi dividida. O irmão de Pelegue recebeu o nome de Joctã.

²⁶Joctã foi o antepassado de Almodá, Salefe, Hazarmavé, Jerá, ²⁷Adorão, Uzal, Dicla, ²⁸Obal, Abimael, Sabá, ²⁹Ofir, Havilá e Jobabe. Todos eles foram descendentes de Joctã. ³⁰O território que ocupavam se estendia desde Messa até Sefar, nas montanhas ao leste. ³¹Esses foram os descendentes de Sem, de acordo com seus clãs, línguas, territórios e povos.

Conclusão
³²Esses foram os clãs descendentes dos filhos de Noé, de acordo com suas linhagens. Todas as nações da terra vieram desses clãs depois do dilúvio.

A torre de Babel

11 Houve um tempo em que todos os habitantes do mundo falavam a mesma língua e usavam as mesmas palavras. ²Ao migrarem do leste, encontraram uma planície na terra da Babilônia,ª onde se estabeleceram.

³Começaram a dizer uns aos outros: "Venham, vamos fazer tijolos e endurecê-los no fogo". (Naquela região, era costume usar tijolos em vez de pedras, e betume em vez de argamassa.) ⁴Depois, disseram: "Venham, vamos construir uma cidade com uma torre que chegue até o céu. Assim, ficaremos famosos e não seremos espalhados pelo mundo".

⁵O Senhor, porém, desceu para ver a cidade e a torre que estavam construindo. ⁶"Vejam!", disse o Senhor. "Todos se uniram e falam a mesma língua. Se isto é o começo do que fazem, nada do que se propuserem a fazer daqui em diante lhes será impossível. ⁷Venham, vamos descer e confundi-los com línguas diferentes, para que não consigam mais entender uns aos outros."

⁸Assim, o Senhor os espalhou pelo mundo inteiro, e eles pararam de construir a cidade. ⁹Ela recebeu o nome de Babel,ᵇ pois ali o Senhor confundiu as pessoas com línguas diferentes e as espalhou pelo mundo.

A descendência de Sem até Abrão
¹⁰Este é o relato da família de Sem.

Dois anos depois do dilúvio, aos 100 anos, Sem gerouᶜ Arfaxade. ¹¹Depois do nascimento deᵈ Arfaxade, Sem viveu mais 500 anos e teve outros filhos e filhas.

¹²Aos 35 anos, Arfaxade gerou Salá. ¹³Depois do nascimento de Salá, Arfaxade viveu mais 403 anos e teve outros filhos e filhas.ᵉ

¹⁴Aos 30 anos, Salá gerou Héber. ¹⁵Depois do nascimento de Héber, Salá viveu mais 403 anos e teve outros filhos e filhas.

¹⁶Aos 34 anos, Héber gerou Pelegue. ¹⁷Depois do nascimento de Pelegue, Héber viveu mais 430 anos e teve outros filhos e filhas.

¹⁸Aos 30 anos, Pelegue gerou Reú. ¹⁹Depois do nascimento de Reú, Pelegue viveu mais 209 anos e teve outros filhos e filhas.

²⁰Aos 32 anos, Reú gerou Serugue. ²¹Depois do nascimento de Serugue, Reú viveu mais 207 anos e teve outros filhos e filhas.

²²Aos 30 anos, Serugue gerou Naor. ²³Depois do nascimento de Naor, Serugue viveu mais 200 anos e teve outros filhos e filhas.

²⁴Aos 29 anos, Naor gerou Terá. ²⁵Depois do nascimento de Terá, Naor viveu mais 119 anos e teve outros filhos e filhas.

²⁶Depois que completou 70 anos, Terá gerou Abrão, Naor e Harã.

A família de Terá
²⁷Este é o relato da família de Terá, pai de Abrão, Naor e Harã. Harã, que foi o pai de Ló. ²⁸morreu em Ur dos caldeus, sua terra natal, enquanto seu pai, Terá, ainda vivia. ²⁹Tanto Abrão como Naor se casaram. A mulher de Abrão se chamava Sarai, e a mulher de Naor, Milca. (Milca e sua irmã, Iscá, eram filhas de Harã, irmão de Naor.) ³⁰Sarai, porém, não conseguia engravidar e não tinha filhos.

³¹Certo dia, Terá tomou seu filho Abrão, sua nora Sarai (mulher de seu filho Abrão) e seu neto Ló (filho de seu filho Harã) e se mudou de Ur dos caldeus. Partiram em direção à terra de Canaã, mas pararam em Harã e se

---

ª **11.2** Em hebraico, *Sinar*. ᵇ **11.9** Ou *Babilônia*. O som de *Babel* é semelhante ao de um termo hebraico que significa "confusão". ᶜ **11.10** Ou *foi o antepassado de;* também em 11.12,14,16,18,20,22,24. ᵈ **11.11** Ou *do nascimento desse antepassado de*; também em 11.13,15,17,19,21,23,25. ᵉ **11.12-13** A Septuaginta traz ¹²*Aos 135 anos, Arfaxade gerou Cainã.* ¹³*Depois do nascimento de Cainã, Arfaxade viveu mais 430 anos, teve outros filhos e filhas e morreu. Aos 130 anos, Cainã gerou Salá. Depois do nascimento de Salá, Cainã viveu mais 330 anos, teve outros filhos e filhas e morreu.* Comparar com Lc 3.35-36.

estabeleceram ali. ³²Terá viveu 205 anos[a] e morreu enquanto ainda estava em Harã.

O chamado de Abrão

12 O Senhor tinha dito a Abrão: "Deixe sua terra natal, seus parentes e a família de seu pai e vá à terra que eu lhe mostrarei. ²Farei de você uma grande nação, o abençoarei e o tornarei famoso, e você será uma bênção para outros. ³Abençoarei os que o abençoarem e amaldiçoarei os que o amaldiçoarem. Por meio de você, todas as famílias da terra serão abençoadas".

⁴Então Abrão partiu, como o Senhor havia instruído, e Ló foi com ele. Abrão tinha 75 anos quando saiu de Harã. ⁵Tomou sua mulher, Sarai, seu sobrinho Ló e todos os seus bens, os rebanhos e os servos que havia agregado à sua casa em Harã, e seguiu para a terra de Canaã. Quando chegaram a Canaã, ⁶Abrão atravessou a terra até Siquém, onde acampou junto ao carvalho de Moré. Naquele tempo, os cananeus habitavam a região.

⁷Então o Senhor apareceu a Abrão e disse: "Darei esta terra a seus descendentes". Abrão construiu um altar ali e o dedicou ao Senhor, que lhe havia aparecido. ⁸Dali, Abrão viajou para o sul e acampou na região montanhosa, entre Betel, a oeste, e Ai, a leste. Construiu ali mais um altar dedicado ao Senhor e invocou o nome do Senhor. ⁹Abrão prosseguiu em sua jornada para o sul, acampando ao longo do caminho em direção ao Neguebe.

Abrão e Sarai no Egito

¹⁰Naquele tempo, uma fome terrível atingiu a terra de Canaã, e Abrão foi obrigado a descer ao Egito, onde viveu como estrangeiro. ¹¹Aproximando-se da fronteira do Egito, Abrão disse a Sarai, sua mulher: "Você é muito bonita. ¹²Quando os egípcios a virem, dirão: 'É mulher dele. Vamos matá-lo para ficarmos com ela'. ¹³Diga, portanto, que é minha irmã. Eles pouparão minha vida e, por sua causa, me tratarão bem".

¹⁴De fato, chegando Abrão ao Egito, todos notaram a grande beleza de sua mulher. ¹⁵Quando os oficiais do palácio a viram, falaram maravilhas dela ao faraó e a levaram para o palácio. ¹⁶Por causa de Sarai, o faraó deu muitos presentes a Abrão: ovelhas, bois, jumentos e jumentas, servos e servas, e camelos.

¹⁷Mas, por causa de Sarai, mulher de Abrão, o Senhor enviou pragas terríveis sobre o faraó e sobre os membros de sua casa. ¹⁸Por isso, o faraó mandou chamar Abrão e disse: "O que você fez comigo? Por que não me disse que ela era sua mulher? ¹⁹Por que disse que era sua irmã e permitiu que eu a tomasse como esposa? Aqui está sua mulher. Tome-a e vá embora daqui!". ²⁰O faraó ordenou que alguns de seus homens escoltassem Abrão, com sua mulher e todos os seus bens, para fora de sua terra.

A separação de Abrão e Ló

13 Abrão saiu do Egito e subiu para o Neguebe, junto com sua mulher, com Ló e com tudo que possuíam. ²(Abrão era muito rico e tinha muitos rebanhos, prata e ouro.) ³Do Neguebe, prosseguiram em sua jornada, acampando ao longo do caminho em direção a Betel. Por fim, armaram as tendas entre Betel e Ai, onde haviam acampado anteriormente,

---

[a] **11.32** Algumas versões antigas trazem *145 anos*. Comparar com 11.26 e 12.4.

12.1,4 *V.1* Foi intenção de Deus manter Sua Verdade e Sua pura adoração vivas no mundo, confiando-as a cargo de um homem e da nação que deveria brotar dele. Na infinita soberania de Sua graça, Ele escolheu Abrão — passando por todo o restante da humanidade — e o elegeu para ser o depositário da Luz celestial de Deus, para que por meio dele, essa Luz pudesse ser preservada no mundo até os dias em que deveria ser mais amplamente difundida. Parecia essencial, para este fim, que Abrão viesse diretamente dos seus conterrâneos e fosse separado para Javé, então o Senhor lhe disse:

"Deixe sua terra natal, seus parentes e a família de seu pai e vá à terra que eu lhe mostrarei".

V.4 [Abrão] já alcançara idade bem avançada, mas ainda tinha outro século de vida diante de si, algo que não poderia ter previsto ou esperado nessa ocasião. Se, na sua idade avançada, ele tivesse dito: "Senhor, estou velho demais para viajar, muito velho para deixar meu país e começar a viver uma vida errante", não deveríamos nos admirar. Mas ele não falou dessa forma. Recebeu a ordem de ir e lemos: "Então Abrão partiu, como o Senhor havia instruído".

⁴e onde Abrão havia construído um altar. Ali, Abrão invocou o nome do Senhor outra vez.

⁵Ló, que viajava com Abrão, também havia enriquecido e possuía rebanhos de ovelhas, gado e muitas tendas. ⁶Os recursos da terra, porém, não eram suficientes para sustentar Abrão e Ló, com todos os seus rebanhos, vivendo tão próximos um do outro. ⁷Logo, surgiram desentendimentos entre os pastores de Abrão e os de Ló. (Naquele tempo, os cananeus e os ferezeus também viviam na terra.)

⁸Então Abrão disse a Ló: "Não haja conflito entre nós, ou entre nossos pastores. Afinal, somos parentes próximos! ⁹A região inteira está à sua disposição. Escolha a parte da terra que desejar e nos separaremos. Se você escolher as terras à esquerda, ficarei com as terras à direita. Se preferir as terras à direita, ficarei com as terras à esquerda".

¹⁰Ló olhou demoradamente para as planícies férteis do vale do Jordão, na direção de Zoar. A região toda era bem irrigada, como o jardim do Senhor, ou como a terra do Egito. (Isso foi antes de o Senhor destruir Sodoma e Gomorra.) ¹¹Ló escolheu para si todo o vale do Jordão a leste de onde estavam. Partiu para lá e se separou de seu tio Abrão. ¹²Assim, Abrão continuou na terra de Canaã, e Ló mudou suas tendas para um lugar próximo de Sodoma e se estabeleceu entre as cidades da planície. ¹³O povo dessa região, porém, era extremamente perverso e vivia pecando contra o Senhor.

¹⁴Depois que Ló partiu, o Senhor disse a Abrão: "Olhe até onde sua vista alcançar, em todas as direções: norte e sul, leste e oeste. ¹⁵Toda esta terra que você está vendo, até onde sua vista alcança, eu dou a você e a seus descendentes como propriedade para sempre. ¹⁶Eu lhe darei tantos descendentes quanto o pó da terra, de modo que, se fosse possível contar o pó da terra, seria possível contar seus descendentes! ¹⁷Vá e percorra a terra em todas as direções, porque eu a dou a você".

¹⁸Então Abrão mudou seu acampamento para Hebrom e se estabeleceu junto ao bosque de carvalhos que pertencia a Manre. Ali, construiu mais um altar ao Senhor.

Abrão resgata Ló

14 Por esse tempo, houve guerra na região. Anrafel, rei da Babilônia,[a] Arioque, rei de Elasar, Quedorlaomer, rei de Elão, e Tidal, rei de Goim, ²lutaram contra Bera, rei de Sodoma, Birsa, rei de Gomorra, Sinabe, rei de Admá, Semeber, rei de Zeboim, e contra o rei de Belá (também chamada Zoar).

³Esse segundo grupo de reis reuniu suas tropas no vale de Sidim (ou seja, no vale do mar Morto).[b] ⁴Por doze anos, estiveram sob o domínio do rei Quedorlaomer, mas no décimo terceiro ano se rebelaram contra ele.

⁵Um ano depois, Quedorlaomer e seus aliados vieram e derrotaram os refains em Asterote-Carnaim, os zuzins em Hã, os emins em Savé-Quiriatim, ⁶e os horeus no monte Seir, até El-Parã, à beira do deserto. ⁷Em seguida, voltaram e foram a En-Mispate (hoje chamada Cades) e conquistaram o território dos amalequitas e dos amorreus que viviam em Hazazom-Tamar.

⁸Então os reis de Sodoma, Gomorra, Admá, Zeboim e Belá (também chamada Zoar) se prepararam para a batalha no vale do mar Morto.[c] ⁹Lutaram contra Quedorlaomer, rei de Elão, Tidal, rei de Goim, Anrafel, rei da Babilônia, e Arioque, rei de Elasar, quatro reis contra cinco. ¹⁰Acontece que o vale do mar Morto era cheio de poços de betume. Quando o exército dos reis de Sodoma e Gomorra fugiu, alguns dos soldados caíram nos poços de betume, enquanto o restante escapou para as montanhas. ¹¹Os invasores vitoriosos saquearam Sodoma e Gomorra e partiram para casa, levando consigo todos os espólios da guerra e os mantimentos. ¹²Também capturaram Ló, o sobrinho de Abrão que morava em Sodoma, e tudo que ele possuía.

¹³Um dos homens de Ló, porém, conseguiu escapar e contou tudo a Abrão, o hebreu, que morava junto ao bosque de carvalhos pertencente a Manre, o amorreu. Manre e seus parentes, Escol e Aner, eram aliados de Abrão.

¹⁴Quando Abrão soube que seu sobrinho Ló havia sido capturado, mobilizou os 318 homens treinados que tinham nascido em sua casa. Perseguiu o exército de Quedorlaomer

---

[a] 14.1 Em hebraico, *Sinar*; também em 14.9. [b] 14.3 Em hebraico, *mar Salgado*. [c] 14.8 Em hebraico, *vale de Sidim* (ver 14.3); também em 14.10.

até alcançá-los em Dã, ¹⁵onde dividiu os homens em grupos e atacou durante a noite. O exército de Quedorlaomer fugiu, mas Abrão o perseguiu até Hobá, ao norte de Damasco. ¹⁶Abrão recuperou todos os bens saqueados e trouxe de volta Ló, seu sobrinho, com todos os seus bens, as mulheres e os outros prisioneiros.

Melquisedeque abençoa Abrão

¹⁷Depois que Abrão regressou vitorioso do conflito com Quedorlaomer e todos os seus aliados, o rei de Sodoma saiu ao seu encontro no vale de Savé (conhecido como vale do Rei).

¹⁸Melquisedeque, rei de Salém e sacerdote do Deus Altíssimo,[a] trouxe pão e vinho ¹⁹e abençoou Abrão, dizendo:

"Bendito seja Abrão pelo Deus Altíssimo,
   Criador dos céus e da terra.
²⁰E bendito seja o Deus Altíssimo,
   que derrotou seus inimigos por você".

Então Abrão entregou a Melquisedeque um décimo de todos os bens que havia recuperado.

²¹O rei de Sodoma disse a Abrão: "Devolva-me apenas as pessoas que foram capturadas. Fique com os bens que você recuperou".

²²Abrão respondeu ao rei de Sodoma: "Juro solenemente diante do Senhor, o Deus Altíssimo, Criador dos céus e da terra, ²³que não ficarei com coisa alguma do que é seu, nem sequer um fio ou uma correia de sandália. Do contrário, o rei poderia dizer: 'Fui eu que enriqueci Abrão'. ²⁴Aceito apenas aquilo que meus jovens guerreiros comeram e peço que dê uma parte justa dos bens a Aner, Escol e Manre, meus aliados".

A promessa da aliança entre o Senhor e Abrão

15 Algum tempo depois, o Senhor falou a Abrão em uma visão e lhe disse: "Não tenha medo, Abrão, pois eu serei seu escudo, e sua recompensa será muito grande".

²Abrão, porém, respondeu: "Ó Senhor Soberano, de que me adiantam todas as tuas bênçãos se eu nem mesmo tenho um filho? Uma vez que não me deste filhos, Eliézer de Damasco, servo em minha casa, herdará toda a minha riqueza. ³Não me deste nenhum descendente próprio e, por isso, um dos meus servos será meu herdeiro".

⁴O Senhor lhe disse: "Não, não será esse o seu herdeiro; você terá seu próprio filho, e ele será seu herdeiro". ⁵Em seguida, levou Abrão para fora e lhe disse: "Olhe para o céu e conte as estrelas, se for capaz. Este é o número de descendentes que você terá".

⁶Abrão creu no Senhor, e assim foi considerado justo.

---

[a] 14.18 Em hebraico, *El-Elyon*; também em 14.19,20,22.

14.18-20 Veja que Abrão não parece se demorar nenhum momento, mas dá a Melquisedeque o dízimo de tudo, através do qual ele pareceu dizer: "Reconheço a autoridade de meu senhor superior, de tudo o que sou e de tudo o que tenho". [...] Sei que qualquer conversa minha aqui será em vão, mas se, amados, vocês virem Cristo e tiverem comunhão com Ele, a sua consagração a Ele será uma questão óbvia. Suponho que esta tarde um de vocês se sentará em sua poltrona e, enquanto estiver sentado, pensará: "Quão pouco tenho dado ultimamente à causa de Cristo! Quão raramente tenho aberto minha boca por Ele!". Talvez você pense: "Tenho planos no mundo também, mas realmente não posso pagar por eles! As minhas despesas são tão grandes!". Suponha que o Senhor Jesus Cristo entre em seu quarto com as mãos perfuradas e os pés sangrando — suponha que Ele o lembre do que fez por você, como Ele o visitou em seu estado de miséria quando seu coração estava quebrado sob um senso de pecado. Você não diria, então, que não poderia se dar ao luxo de dar à Sua causa? Suponha que nosso Senhor Jesus Cristo olhe para você no rosto e lhe diga: "Eu fiz tudo isso por você. O que você fará por mim?". Qual seria a sua resposta? Bem, você diria: "Toma tudo, Mestre, toma tudo, tudo que sou, e tudo o que tenho será para sempre Teu". Ou, se você se sentir mesquinho — suponho que Ele lhe diria: "Se você nunca me pedir nada, nunca tomarei nada de você". Você concordaria com isso? Não! Porque você ainda terá imensas necessidades para suprir baseadas em Sua generosidade, não deixe de dar todo o seu espírito, alma e corpo como holocausto a Deus. Como fez Abrão diante de Melquisedeque, assim faça na presença de Cristo, admita que você lhe pertence, e se entregue a Ele.

15.6,12 *V.6* Esta é a qualidade salvífica em muitas vidas. Veja a lista dos heróis da fé feita por Paulo — alguns deles

⁷Então o Senhor lhe disse: "Eu sou o Senhor, que o tirei de Ur dos caldeus para lhe dar esta terra como posse".

⁸Abrão perguntou: "Ó Senhor Soberano, como posso ter certeza de que a possuirei de fato?".

⁹O Senhor respondeu: "Traga-me uma novilha, uma cabra e um carneiro, todos com três anos, mais uma rolinha e um pombinho".

¹⁰Abrão lhe apresentou todos esses animais e os matou. Em seguida, cortou cada um deles ao meio e colocou as metades lado a lado; as aves, porém, não cortou ao meio. ¹¹Aves de rapina mergulharam para comer as carcaças, mas Abrão as afugentou.

¹²Enquanto o sol se punha, Abrão caiu em sono profundo, e uma escuridão apavorante desceu sobre ele. ¹³Então o Senhor disse a Abrão: "Esteja certo de que seus descendentes serão forasteiros em terra alheia, onde sofrerão opressão como escravos por quatrocentos anos. ¹⁴Mas eu castigarei a nação que os escravizar e, por fim, eles sairão de lá com grande riqueza. ¹⁵(Você, por sua vez, morrerá em paz e será sepultado em idade avançada.) ¹⁶Depois de quatro gerações, seus descendentes voltarão a esta terra, pois a maldade dos amorreus ainda não chegou ao ponto de provocar meu castigo".

¹⁷Quando o sol se pôs e veio a escuridão, Abrão viu um fogareiro fumegante e uma tocha ardente passarem por entre as metades das carcaças. ¹⁸Então o Senhor fez uma aliança com Abrão naquele dia e disse: "Dei esta terra a seus descendentes, desde a fronteira com o Egito[a] até o grande rio Eufrates, ¹⁹a terra hoje ocupada pelos queneus, quenezeus, cadmoneus, ²⁰hititas, ferezeus, refains, ²¹amorreus, cananeus, girgaseus e jebuseus".

O nascimento de Ismael

16 Sarai, mulher de Abrão, não havia conseguido lhe dar filhos. Tinha, porém, uma serva egípcia chamada Hagar. ²Sarai disse a Abrão: "O Senhor me impediu de ter filhos. Vá e deite-se com minha serva. Talvez, por meio dela, eu consiga ter uma família". Abrão aceitou a proposta de Sarai. ³Então Sarai, mulher de Abrão, tomou Hagar, a serva egípcia, e a entregou a Abrão como mulher. (Isso aconteceu dez anos depois que Abrão havia se estabelecido na terra de Canaã.)

⁴Abrão teve relações com Hagar, e ela engravidou. Quando Hagar soube que estava grávida, começou a tratar Sarai, sua senhora, com desprezo. ⁵Então Sarai disse a Abrão: "Você é o culpado da vergonha que estou passando! Entreguei minha serva a você, mas, agora que engravidou, ela me trata com desprezo. O Senhor mostrará quem está errado: você ou eu!".

⁶Abrão respondeu: "Hagar é sua serva. Faça com ela o que lhe parecer melhor". Então Sarai a tratou tão mal que, por fim, Hagar fugiu.

⁷O anjo do Senhor encontrou Hagar no deserto, perto de uma fonte de água junto à estrada para Sur, ⁸e perguntou: "Hagar, serva de Sarai, de onde você vem e para onde vai?".

"Estou fugindo de minha senhora, Sarai", respondeu ela.

⁹Então o anjo do Senhor disse: "Volte para sua senhora e sujeite-se à autoridade dela". ¹⁰E

---

[a] 15.18 Em hebraico, *o rio do Egito*, referência ao braço oriental do rio Nilo ou ao ribeiro do Egito no Sinai (ver Nm 34.5).

---

são personagens extremamente imperfeitos! Alguns dificilmente teríamos pensado em mencionar. Mas eles tiveram fé e, embora os homens, em seu julgamento falho, considerem a fé uma virtude inferior e, muitas vezes, quase não a considerem uma virtude, no entanto, no julgamento de Deus, a fé é a suprema virtude! "Esta é a única obra que Deus quer de vocês", disse Cristo, a maior de todas as obras, "creiam naquele que ele enviou". Confiar, crer — isso será creditado para nós como justiça, assim como foi para Abrão!

V.12 Ele havia pedido uma manifestação, um sinal, uma prova, e eis que ela vem em "escuridão apavorante". Não tenha medo, amado, se sua alma às vezes conhecer o que é o horror. Lembre-se dos três privilegiados, no monte da Transfiguração: "uma nuvem surgiu e os envolveu, enchendo-os de medo". Entretanto, era lá que estavam destinados a ver seu Mestre em Sua glória! Lembre-se do que o Senhor disse a Jeremias a respeito de Jerusalém e de Seu povo, que "Os povos do mundo verão todo o bem que faço por meu povo e tremerão de espanto diante da paz e da prosperidade que lhes dou". Esse é o espírito certo para receber prosperidade, mas quanto à adversidade, regozije-se nela, porque Deus geralmente envia a Seus filhos os tesouros mais ricos em carros puxados por cavalos negros. Você pode esperar que alguma grande bênção esteja vindo em sua direção quando uma "escuridão apavorante" cair sobre você.

acrescentou: "Eu lhe darei tantos descendentes que será impossível contá-los".

¹¹O anjo do Senhor também disse: "Você está grávida e dará à luz um filho. Dê a ele o nome de Ismael,ª pois o Senhor ouviu seu clamor angustiado. ¹²Seu filho será um homem solitário e indomável, como um jumento selvagem. Levantará o punho contra todos, e todos serão contra ele. Sim, ele viverá em franca oposição a todos os seus parentes".ᵇ

¹³Então Hagar passou a usar outro nome para se referir ao Senhor, que havia falado com ela. Chamou-o de "Tu és o Deus que me vê",ᶜ pois tinha dito: "Aqui eu vi aquele que me vê!". ¹⁴Por isso, aquela fonte que fica entre Cades e Berede recebeu o nome de Beer-Laai-Roi.ᵈ

¹⁵Assim, Hagar deu um filho a Abrão, e Abrão o chamou de Ismael. ¹⁶Quando Ismael nasceu, Abrão tinha 86 anos.

Abrão recebe o nome de Abraão

17 Quando Abrão estava com 99 anos, o Senhor lhe apareceu e disse: "Eu sou o Deus Todo-poderoso.ᵉ Seja fiel a mim e tenha uma vida íntegra. ²Farei uma aliança com você e lhe darei uma descendência incontável".

³Ao ouvir essas palavras, Abrão se prostrou com o rosto no chão, e Deus lhe disse: ⁴"Esta é a minha aliança com você: farei de você o pai de numerosas nações! ⁵Além disso, mudarei seu nome. Você já não será chamado Abrão, mas sim Abraão,ᶠ pois será o pai de muitas nações. ⁶Eu o tornarei extremamente fértil. Seus descendentes formarão muitas nações, e haverá reis entre eles.

⁷"Confirmarei a minha aliança com você e seus descendentes, de geração em geração. Esta é a aliança sem fim: serei sempre o seu Deus e o Deus de seus descendentes. ⁸Darei a você e a seus descendentes toda a terra de Canaã, onde hoje você vive como estrangeiro. Será propriedade deles para sempre, e eu serei o seu Deus".

O sinal da aliança

⁹Então Deus disse a Abraão: "É sua responsabilidade permanente, e de seus descendentes, obedecer aos termos da aliança. ¹⁰Este é

ª **16.11** *Ismael* significa "Deus ouve". ᵇ **16.12** O significado do hebraico é incerto. ᶜ **16.13** Em hebraico, *El-Roi*. ᵈ **16.14** *Beer-Laai-Roi* significa "fonte daquele que vive e me vê". ᵉ **17.1** Em hebraico, *Eu sou El-Shaddai*. ᶠ **17.5** *Abrão* significa "pai exaltado"; o som do nome *Abraão* é semelhante ao de um termo hebraico que significa "pai de muitos".

16.13 Homem de oração, mulher de oração, aqui está um consolo — Deus o vê — e se Ele pode vê-lo, certamente pode *ouvi-lo*! Ora, muitas vezes podemos ouvir as pessoas mesmo quando não podemos vê-las. Se Deus está tão perto de nós e se a Sua voz é como o trovão, certamente Seus ouvidos são tão bons quanto Seus olhos e Ele certamente nos responderá! Talvez você não consiga dizer uma palavra quando ora. Não se preocupe — Deus não precisa ouvir. Ele pode entender o que você quer dizer apenas por vê-lo. "Ali", diz o Senhor, "está um filho meu em oração. Ele não diz uma palavra; mas pode ver aquela lágrima rolando por seu rosto? Ouve aquele suspiro?" "Ó, Deus poderoso, tu podes ver as lágrimas e os suspiros; podes ler meu anseio, quando o que desejo ainda não se revestiu de palavras!" Deus pode interpretar o simples anelo; Ele não precisa que acendamos a vela de nossos desejos com a linguagem; pode avistar a vela antes que ela seja acesa — por causa da angústia do nosso espírito. Ele conhece nosso anseio quando as palavras vacilam sob o peso dele. O Senhor conhece o desejo quando a linguagem falha em expressá-lo. "Tu és o Deus que me vê".

17.1,2 Deus não coloca diante de Seus servos uma regra do tipo — "Seja o melhor que puder", em vez disso — "Portanto, sejam *perfeitos*, como perfeito é seu Pai celestial". Algum homem já alcançou isso? Não, verdadeiramente não alcançamos, mas, todo cristão almeja isso. [...] Nosso Pai celestial nos deu a imagem perfeita de Cristo para ser nosso exemplo! Ele nos concedeu a Sua perfeita Lei para ser nossa regra, e devemos almejar esta perfeição no poder do Espírito Santo, e como Abrão cairmos sobre o nosso rosto, sentindo vergonha e confusão, quando nos lembramos de quão longe estamos disso! Perfeição é o que desejamos, ansiamos, e por fim, obteremos. Não queremos ter a Lei atenuada para nossa fraqueza! [...] No entanto, a palavra "íntegra", como eu disse, significa comumente "reto" ou "sincero" — "Seja fiel a mim e tenha uma vida sincera". Um cristão não deve ter duplo comportamento, ser desonesto no trato com Deus ou com os homens, fazer confissões hipócritas, ou ter falsos princípios; ele deve ser transparente como o vidro; deve ser um homem em quem não haja engano; deve ser alguém que coloca de lado o engano em todas as suas formas — que o odeia e o detesta. Deve andar diante de Deus, que vê todas as coisas, com absoluta sinceridade, desejando ardentemente em todas as coisas, grandes e pequenas, ser aprovado pela consciência dos outros como também aos olhos do Altíssimo.

o sinal da aliança que você e seus descendentes devem guardar: todo indivíduo do sexo masculino entre vocês deve ser circuncidado. ¹¹Cortem a carne do prepúcio como sinal da aliança entre mim e vocês. ¹²Todo menino deve ser circuncidado no oitavo dia depois do nascimento, de geração em geração. Isso se aplica não apenas aos membros de sua família, mas também aos servos nascidos em sua casa e aos servos estrangeiros que você comprou. ¹³Quer sejam nascidos em sua casa, quer os tenha comprado, todos devem ser circuncidados. Terão no corpo o sinal da minha aliança sem fim. ¹⁴O indivíduo do sexo masculino que não for circuncidado será excluído do seu povo, pois quebrou a minha aliança".

Sarai recebe o nome de Sara

¹⁵Deus também disse a Abraão: "Quanto à sua mulher, não se chamará mais Sarai. De agora em diante ela se chamará Sara.ᵃ ¹⁶Eu a abençoarei e por meio dela darei a você um filho! Sim, eu a abençoarei, e ela se tornará mãe de muitas nações. Haverá reis de nações entre seus descendentes".

¹⁷Abraão se prostrou com o rosto no chão e riu consigo. Pensou: "Como eu, aos 100 anos, poderia ser pai? E como Sara, aos 90 anos, teria um filho?". ¹⁸Então Abraão disse a Deus: "Que Ismael viva sob a tua bênção!".

¹⁹Mas Deus respondeu: "Na verdade, Sara, sua mulher, lhe dará um filho. Você o chamará Isaque,ᵇ e eu confirmarei com ele e com seus descendentes, para sempre, a minha aliança. ²⁰Quanto a Ismael, também o abençoarei, como você pediu. Eu o tornarei extremamente fértil e multiplicarei seus descendentes. Ele será pai de doze príncipes, e farei dele uma grande nação. ²¹Minha aliança, porém, será confirmada com Isaque, filho que Sara lhe dará por esta época, no ano que vem". ²²Quando Deus terminou de falar, retirou-se da presença de Abraão.

²³Naquele mesmo dia, Abraão tomou Ismael, seu filho, e todos os indivíduos do sexo masculino em sua casa, tanto os nascidos ali como os comprados, e os circuncidou, removendo o prepúcio, como Deus havia ordenado. ²⁴Abraão tinha 99 anos quando foi circuncidado, ²⁵e Ismael, seu filho, tinha 13 anos. ²⁶Ambos foram circuncidados naquele mesmo dia, ²⁷junto com todos os outros homens e meninos da casa, tanto os nascidos ali como os comprados. Todos foram circuncidados com Abraão.

A promessa de um filho para Sara

18 O Senhor apareceu novamente a Abraão junto ao bosque de carvalhos que pertencia a Manre. Abraão estava sentado à entrada de sua tenda na hora mais quente do dia. ²Olhando para fora, viu três homens em pé, próximos à tenda. Quando os viu, correu até onde estavam e lhes deu as boas-vindas, curvando-se até o chão.

³Abraão disse: "Meu senhor, se assim desejar, pare aqui um pouco. ⁴Descanse à sombra desta árvore enquanto mando trazer água para lavarem os pés. ⁵E, uma vez que honraram seu servo com esta visita, prepararei uma refeição para restaurar suas forças antes de seguirem viagem".

"Está bem", responderam eles. "Faça como você disse."

⁶Abraão voltou correndo para a tenda e disse a Sara: "Rápido! Pegue três medidasᶜ da melhor farinha, amasse-a e faça alguns pães". ⁷Em seguida, Abraão correu ao rebanho, escolheu um novilho tenro e o entregou a seu servo, que o preparou rapidamente. ⁸Quando a comida estava pronta, Abraão pegou coalhada, leite e a carne assada e os serviu aos visitantes. Enquanto comiam, Abraão permaneceu à disposição deles, à sombra das árvores.

⁹"Onde está Sara, sua mulher?", perguntaram os visitantes.

"Está dentro da tenda", respondeu Abraão.

¹⁰Então um deles disse: "Voltarei a visitar você por esta época, no ano que vem, e sua mulher, Sara, terá um filho".

Sara estava ouvindo a conversa de dentro da tenda. ¹¹Abraão e Sara já eram bem velhos, e Sara tinha passado, havia muito tempo, da idade de ter filhos. ¹²Por isso, riu consigo e disse: "Como poderia uma mulher da minha idade ter esse prazer, ainda mais quando meu senhor, meu marido, também é idoso?".

ᵃ **17.15** Tanto *Sarai* como *Sara* significam "princesa"; a mudança na grafia talvez reflita a diferença entre os dialetos de Ur e Canaã. ᵇ **17.19** *Isaque* significa "ele ri". ᶜ **18.6** Em hebraico, *3 seás*, cerca de 22 litros.

¹³Então o Senhor disse a Abraão: "Por que Sara riu? Por que disse: 'Pode uma mulher da minha idade ter um filho'? ¹⁴Existe alguma coisa difícil demais para o Senhor? Voltarei por esta época, no ano que vem, e Sara terá um filho".

¹⁵Sara teve medo e, por isso, mentiu: "Eu não ri".

Mas ele disse: "Não é verdade. Você riu".

Abraão intercede por Sodoma

¹⁶Depois da refeição, os visitantes se levantaram e olharam em direção a Sodoma. Quando partiram, Abraão os acompanhou para despedir-se deles.

¹⁷Então o Senhor disse: "Devo esconder meu plano de Abraão? ¹⁸Afinal, Abraão certamente se tornará uma grande e poderosa nação, e todas as nações da terra serão abençoadas por meio dele. ¹⁹Eu o escolhi para que ordene a seus filhos e às famílias deles que guardem o caminho do Senhor, praticando o que é certo e justo. Então farei por Abraão tudo que prometi".

²⁰Portanto, o Senhor disse a Abraão: "Ouvi um grande clamor vindo de Sodoma e Gomorra, porque o pecado dessas duas cidades é extremamente grave. ²¹Descerei para investigar se seus atos são, de fato, tão perversos quanto tenho ouvido. Se não forem, quero saber".

²²Os outros visitantes partiram para Sodoma, mas Abraão permaneceu diante do Senhor. ²³Aproximou-se dele e disse: "Exterminarás tanto os justos como os perversos? ²⁴Suponhamos que haja cinquenta justos na cidade. Mesmo assim os exterminarás e não a pouparás por causa deles? ²⁵Claro que não farias tal coisa: destruir o justo com o perverso. Afinal, estarias tratando o justo e o perverso da mesma maneira! Certamente não farias isso! Acaso o Juiz de toda a terra não faria o que é certo?".

²⁶O Senhor respondeu: "Se eu encontrar cinquenta justos em Sodoma, pouparei a cidade toda por causa deles".

²⁷Abraão voltou a falar: "Embora eu seja apenas pó e cinza, permita-me dizer mais uma coisa ao meu Senhor. ²⁸Suponhamos que haja apenas quarenta e cinco justos, e não cinquenta. Destruirás a cidade toda por falta de cinco justos?".

O Senhor disse: "Se encontrar ali quarenta e cinco justos, não a destruirei".

²⁹Abraão levou seu pedido ainda mais longe: "Suponhamos que haja apenas quarenta".

O Senhor respondeu: "Por causa dos quarenta, não a destruirei".

³⁰"Por favor, não fiques irado comigo, meu Senhor", suplicou Abraão. "Permita-me falar. Suponhamos que haja apenas trinta justos."

O Senhor disse: "Se encontrar ali trinta justos, não a destruirei".

³¹Abraão prosseguiu: "Uma vez que tive a ousadia de falar ao Senhor, permita-me continuar. Suponhamos que haja apenas vinte".

O Senhor respondeu: "Por causa dos vinte, não a destruirei".

³²Por fim, Abraão disse: "Senhor, não fiques irado comigo por eu falar mais uma vez. Suponhamos que haja apenas dez".

O Senhor respondeu: "Por causa dos dez, não a destruirei".

³³Quando terminou a conversa com Abraão, o Senhor partiu, e Abraão voltou para sua tenda.

A destruição de Sodoma e Gomorra

19 Ao anoitecer, os dois anjos chegaram à entrada da cidade de Sodoma. Ló estava sentado ali. Ao avistá-los, levantou-se para recebê-los. Deu-lhes boas-vindas, curvou-se com o rosto no chão ²e disse: "Meus senhores, venham à minha casa para lavar os pés e sejam meus hóspedes esta noite. Amanhã, poderão levantar-se cedo e seguir viagem".

"Não", responderam eles. "Passaremos a noite aqui, na praça da cidade."

³Mas Ló insistiu muito e, por fim, eles o acompanharam até sua casa. Ló lhes preparou um banquete completo, com pão fresco sem fermento, e eles comeram. ⁴Ainda não tinham ido se deitar quando todos os homens de Sodoma, jovens e velhos, chegaram de toda parte da cidade e cercaram a casa. ⁵Gritaram para Ló: "Onde estão os homens que vieram passar a noite em sua casa? Traga-os aqui fora para nós, para que tenhamos relações com eles!".

⁶Ló saiu para conversar com os homens e fechou a porta atrás de si. ⁷"Por favor, meus irmãos, não cometam tamanha maldade", suplicou. ⁸"Escutem, tenho duas filhas virgens.

Deixem-me trazê-las para fora, e vocês poderão fazer com elas o que desejarem. Mas, por favor, deixem os homens em paz, pois são meus hóspedes e estão sob minha proteção."

⁹"Saia da frente!", gritaram eles. "Esse sujeito é um estrangeiro que se mudou para a cidade e, agora, age como se fosse nosso juiz! Faremos a você coisas bem piores do que a seus hóspedes!" Então partiram para cima de Ló, tentando arrombar a porta.

¹⁰Os dois anjos,ᵃ porém, estenderam a mão, puxaram Ló para dentro da casa e trancaram a porta. ¹¹Depois, cegaram todos os homens, jovens e velhos, que estavam à porta, de modo que eles se cansaram e desistiram de invadir a casa.

¹²Os anjos perguntaram a Ló: "Você tem outros parentes na cidade? Tire-os todos daqui: genros, filhos, filhas ou qualquer outro parente, ¹³pois estamos prestes a destruir toda a cidade. O clamor contra ela é tão grande que chegou ao Senhor, e ele nos enviou para destruí-la".

¹⁴Então Ló correu para avisar os noivos de suas filhas: "Saiam depressa da cidade! O Senhor está prestes a destruí-la". Os rapazes, porém, pensaram que ele estava brincando.

¹⁵No dia seguinte, ao amanhecer, os anjos insistiram: "Rápido! Tome sua mulher e suas duas filhas que estão aqui! Saia agora mesmo, ou também morrerá quando a cidade for castigada!".

¹⁶Visto que Ló ainda hesitava, os anjos o tomaram pela mão, e também sua mulher e as duas filhas, e correram com eles para um lugar seguro, fora da cidade, pois o Senhor foi misericordioso. ¹⁷Quando estavam em segurança, fora da cidade, um dos anjos ordenou: "Corram e salvem-se! Não olhem para trás nem parem no vale! Fujam para as montanhas, ou serão destruídos!".

¹⁸Mas Ló suplicou: "Não, meu senhor! ¹⁹Os senhores foram muito bondosos comigo, salvaram minha vida e mostraram grande compaixão. Não posso, contudo, ir para as montanhas. A calamidade também me alcançaria ali, e bem depressa eu morreria. ²⁰Vejam,

ᵃ **19.10** Em hebraico, *homens*; também em 19.12,16.

19.16 Observe como o capítulo diante de nós começa. Pensei que poderia ser aplicado aos santos obreiros nas ruas escuras, e nos tribunais e casas de infâmia nesta cidade. "Ao anoitecer, os dois anjos chegaram à entrada da cidade de Sodoma". O quê? Anjos? Anjos vieram a Sodoma? Para *Sodoma*, e ainda por cima anjos? Sim, e não menos angélicos porque vieram a Sodoma, mas tanto mais que, em obediência inquestionável aos altos mandamentos de seu Mestre, eles buscaram o eleito e sua família, para livrá-lo da destruição iminente. Por mais perto de Cristo que você possa estar, por mais que seu caráter possa ser como o de seu Senhor, você que é chamado a tal serviço, nunca deve dizer: "Não posso falar a essas pessoas, elas são tão depravadas e degradadas; não posso entrar naquele antro de pecado para falar de Jesus; fico doente só em pensar; suas associações são completamente revoltantes demais para meus sentimentos"; mas, porque vocês são necessários lá, homens de Deus, ali vocês devem ser encontrados. A quem o médico deve ir, senão aos enfermos, e onde pode o doador de esmolas de misericórdia encontrar um ambiente tão apropriado quanto entre aqueles cuja miséria espiritual é extrema? Sejam anjos de misericórdia cada um de vocês, e Deus os apresse em sua obra de salvação da alma. Assim como receberam Cristo Jesus em seus corações, imitem-no em suas vidas. Que a mulher que é pecadora receba a sua benignidade, porque Jesus olhou para ela com misericórdia; que o homem mais enlouquecido de iniquidades seja procurado, pois Jesus curou os endemoninhados; que nenhum tipo de pecado, por mais terrível, seja considerado por vocês como estando abaixo da sua compaixão ou fora do seu trabalho, mas procurem os que andaram mais longe, e arrancaram da chama os tijolos que já estão defumados. Observem novamente — ainda falo àqueles que são mensageiros de Deus para as almas dos homens — quando vocês forem às almas perdidas, devem, como esses anjos fizeram, dizer-lhes claramente a sua condição e seu perigo. "Saiam depressa da cidade!", disseram eles, "O Senhor está prestes a destruí-la". Se realmente desejam salvar as almas dos homens, *devem dizer-lhes muitas verdades de Deus que são desagradáveis*; a pregação da ira de Deus passou a ser ridicularizada nos dias de hoje, e mesmo as pessoas boas ficam meio envergonhadas; um sentimentalismo pálido sobre o amor e a bondade tem silenciado, em grande medida, as exposições e advertências claras do evangelho. Mas, meus irmãos, se esperamos que as almas sejam salvas, devemos declarar, inabalavelmente, os terrores do Senhor.

aqui perto há um vilarejo. É um lugar bem pequeno. Por favor, deixem-me ir para lá, e minha vida será salva".

²¹"Está bem", disse o anjo. "Atenderei a seu pedido. Não destruirei o vilarejo. ²²Mas vá logo! Fuja para ele, pois não posso fazer nada enquanto você não chegar lá." (Isso explica por que a vila era conhecida como Zoar.ᵃ)

²³Ló chegou a Zoar quando o sol aparecia no horizonte. ²⁴Então o SENHOR fez chover do céu fogo e enxofre sobre Sodoma e Gomorra. ²⁵Destruiu-as completamente, além de outras cidades e vilas da planície, e exterminou todos os habitantes e toda a vegetação. ²⁶A mulher de Ló, porém, olhou para trás enquanto o seguia e se transformou numa coluna de sal.

²⁷Naquela manhã, Abraão se levantou cedo e correu para o lugar onde tinha estado na presença do SENHOR. ²⁸Olhou para a planície, em direção a Sodoma e Gomorra, e viu colunas de fumaça subindo do lugar onde antes ficavam as cidades, como fumaça de uma fornalha.

²⁹Contudo, Deus atendeu ao pedido de Abraão e salvou Ló, tirando-o do meio da destruição que engoliu as cidades da planície.

Ló e suas filhas

³⁰Algum tempo depois, Ló deixou Zoar, pois tinha medo do povo de lá, e foi morar numa caverna nas montanhas com suas duas filhas. ³¹Certo dia, a filha mais velha disse à irmã: "Nesta região não resta homem algum com quem possamos ter relações, como fazem todas as pessoas. E logo nosso pai será velho demais para ter filhos. ³²Vamos embebedá-lo com vinho e então nos deitaremos com ele. Com isso, preservaremos nossa descendência por meio de nosso pai".

³³Naquela noite, portanto, embebedaram o pai com vinho, e a filha mais velha teve relações com ele. E ele não percebeu quando ela se deitou nem quando se levantou.

³⁴Na manhã seguinte, a filha mais velha disse à irmã mais nova: "Ontem à noite, tive relações com nosso pai. Vamos embebedá-lo com vinho outra vez hoje à noite, e você terá relações com ele. Com isso, preservaremos nossa descendência por meio de nosso pai".

³⁵Naquela noite, portanto, voltaram a embebedar o pai com vinho, e a filha mais nova teve relações com ele. Mais uma vez, ele não percebeu quando ela se deitou nem quando se levantou.

³⁶Como resultado, as duas filhas de Ló engravidaram do próprio pai. ³⁷Quando a filha mais velha deu à luz um menino, chamou-o de Moabe.ᵇ Ele se tornou o antepassado do povo conhecido até hoje como moabitas. ³⁸Quando a filha mais nova deu à luz um menino, chamou-o de Ben-Ami.ᶜ Ele se tornou o antepassado do povo conhecido até hoje como amonitas.

Abraão mente para Abimeleque

20 Abraão se mudou para o Neguebe, ao sul. Permaneceu por algum tempo entre Cades e Sur e depois seguiu até Gerar. Enquanto morava ali como estrangeiro, ²Abraão apresentava Sara, sua mulher, dizendo: "Ela é minha irmã". Por isso, o rei Abimeleque, de Gerar, mandou buscar Sara para seu palácio.

³Naquela noite, Deus apareceu a Abimeleque num sonho e lhe disse: "Você vai morrer! A mulher que tomou já é casada!".

⁴Abimeleque, porém, ainda não havia dormido com ela. Assim, disse: "Senhor, castigarás uma nação inocente? ⁵Não foi Abraão quem me disse: 'Ela é minha irmã'? E ela própria afirmou: 'Sim, ele é meu irmão'? Agi com total inocência. Minhas mãos estão limpas!".

⁶No sonho, Deus respondeu: "Sim, eu sei que você é inocente. Por isso o impedi de pecar e não deixei que a tocasse. ⁷Agora, devolva a mulher ao marido dela, e ele orará por você, pois é profeta. Então você viverá. Mas, se não a devolver, esteja certo de que você e todo o seu povo morrerão".

⁸Na manhã seguinte, Abimeleque se levantou cedo e, sem demora, reuniu todos os seus servos. Quando contou o que havia acontecido, seus homens se encheram de medo. ⁹Então Abimeleque mandou chamar Abraão. "O que você fez conosco?", perguntou. "Que crime cometi para merecer este tratamento que nos torna, a mim e ao meu reino, culpados deste grande pecado? O que você me fez não se

---

ᵃ **19.22** *Zoar* significa "lugarejo". ᵇ **19.37** O som do nome *Moabe* é semelhante ao de um termo hebraico que significa "do pai".
ᶜ **19.38** *Ben-Ami* significa "filho do meu povo".

faz a ninguém! ¹⁰O que deu em você para agir desse jeito?"

¹¹Abraão respondeu: "Pensei comigo: 'Este é um lugar onde ninguém teme a Deus, e vão me matar para ficarem com minha mulher'. ¹²Além do mais, ela é, de fato, minha irmã por parte de pai, mas não de mãe, e eu me casei com ela. ¹³Quando Deus me chamou para deixar a casa de meu pai e viajar de um lugar para outro, eu disse a ela: 'Faça-me este favor: por onde formos, diga que eu sou seu irmão'".

¹⁴Então Abimeleque pegou ovelhas e bois, servos e servas, e os deu de presente a Abraão. Também lhe devolveu Sara, sua mulher. ¹⁵Abimeleque disse: "Veja, minha terra está à sua disposição. More onde lhe parecer melhor". ¹⁶E disse a Sara: "Estou dando a seu irmão mil peças[a] de prata diante de todas estas testemunhas para reparar qualquer dano que eu lhe tenha causado. Assim, todos saberão que você é inocente".

¹⁷Então Abraão orou a Deus, e Deus curou Abimeleque, sua mulher e suas servas, de modo que pudessem ter filhos, ¹⁸pois o Senhor havia tornado estéreis todas as mulheres do harém de Abimeleque por causa do que tinha acontecido com Sara, mulher de Abraão.

O nascimento de Isaque

21 O Senhor agiu em favor de Sara e cumpriu o que lhe tinha prometido. ²Ela engravidou e deu à luz um filho para Abraão na velhice dele, exatamente no tempo indicado por Deus. ³Abraão deu o nome Isaque ao filho que Sara lhe deu. ⁴No oitavo dia depois do nascimento de Isaque, Abraão o circuncidou, como Deus havia ordenado. ⁵Abraão tinha 100 anos quando Isaque nasceu.

⁶Sara declarou: "Deus me fez sorrir.[b] Todos que ficarem sabendo do que aconteceu vão rir comigo!". ⁷E disse mais: "Quem diria a Abraão que sua mulher amamentaria um bebê? E, no entanto, em sua velhice, eu lhe dei um filho!".

Abraão expulsa Hagar e Ismael

⁸Quando Isaque cresceu e estava para ser desmamado, Abraão preparou uma grande festa para comemorar a ocasião. ⁹Sara, porém, viu Ismael, filho de Abraão e da serva egípcia Hagar, caçoar de seu filho, Isaque,[c] ¹⁰e disse a Abraão: "Livre-se da escrava e do filho dela! Ele jamais será herdeiro junto com meu filho, Isaque!".

¹¹Abraão ficou muito perturbado com isso, pois Ismael era seu filho. ¹²Deus, porém, lhe disse: "Não se perturbe por causa do menino e da serva. Faça tudo que Sara lhe pedir, pois Isaque é o filho de quem depende a sua descendência. ¹³Contudo, também farei uma nação dos descendentes do filho de Hagar, pois ele é seu filho".

¹⁴Na manhã seguinte, Abraão se levantou cedo, preparou mantimentos e uma vasilha cheia de água e os pôs sobre os ombros de Hagar. Então, mandou-a embora com seu filho, e ela andou sem rumo pelo deserto de Berseba.

¹⁵Quando acabou a água, Hagar colocou o menino à sombra de um arbusto ¹⁶e foi sentar-se sozinha, uns cem metros adiante.[d] "Não quero ver o menino morrer", disse ela, chorando sem parar.

¹⁷Mas Deus ouviu o choro do menino e, do céu, o anjo de Deus chamou Hagar: "Que foi, Hagar? Não tenha medo! Deus ouviu o menino chorar, dali onde ele está. ¹⁸Levante-o e anime-o, pois farei dos descendentes dele uma grande nação".

¹⁹Então Deus abriu os olhos de Hagar, e ela viu um poço cheio de água. Sem demora, encheu a vasilha de água e deu para o menino beber.

²⁰Deus estava com o menino enquanto ele crescia no deserto. Ismael se tornou flecheiro ²¹e se estabeleceu no deserto de Parã, e sua mãe conseguiu para ele uma esposa egípcia.

A aliança de Abraão com Abimeleque

²²Por esse tempo, Abimeleque, acompanhado de Ficol, comandante do seu exército, foi visitar Abraão. "É evidente que Deus está com você, ajudando-o em tudo que faz", disse Abimeleque. ²³"Jure, em nome de Deus, que não enganará nem a mim, nem a meus filhos, nem a nenhum de meus descendentes. Tenho sido

---

[a] **20.16** Em hebraico, *1.000 [siclos]*, cerca de 12 quilos. [b] **21.6** O nome *Isaque* significa "ele ri". [c] **21.9** Conforme a Septuaginta e a Vulgata; o hebraico não traz *de seu filho, Isaque*. [d] **21.16** Em hebraico, *à distância de um tiro de flecha*.

leal a você, por isso jure que será leal a mim e a esta terra onde vive como estrangeiro."

²⁴Abraão respondeu: "Eu juro!". ²⁵Contudo, Abraão reclamou com Abimeleque sobre um poço que os servos de Abimeleque lhe haviam tomado à força.

²⁶"Eu não sabia disso", respondeu Abimeleque. "Não faço ideia de quem seja o responsável. Você nunca se queixou a esse respeito."

²⁷Então Abraão deu ovelhas e bois a Abimeleque, e os dois fizeram um acordo. ²⁸Quando Abraão também separou do rebanho mais sete cordeirinhas, ²⁹Abimeleque lhe perguntou: "Por que você separou estas sete das demais?".

³⁰Abraão respondeu: "Por favor, aceite estas sete cordeirinhas como testemunho de que eu cavei este poço". ³¹Por isso Abraão chamou o lugar de Berseba,ª porque ali os dois fizeram o juramento.

³²Depois de firmarem a aliança em Berseba, Abimeleque e Ficol, comandante do seu exército, voltaram para a terra dos filisteus. ³³Abraão plantou uma tamargueira em Berseba e ali invocou o nome do Senhor, o Deus Eterno.ᵇ ³⁴E Abraão morou na terra dos filisteus como estrangeiro por longo tempo.

Deus prova Abraão

22 Algum tempo depois, Deus pôs Abraão à prova. "Abraão!", Deus chamou.

"Sim", respondeu Abraão. "Aqui estou!"

²Deus disse: "Tome seu filho, seu único filho, Isaque, a quem você tanto ama, e vá à terra de Moriá. Lá, em um dos montes que eu lhe mostrarei, ofereça-o como holocausto".

³Na manhã seguinte, Abraão se levantou cedo e preparou seu jumento. Levou consigo dois de seus servos e seu filho Isaque. Cortou lenha para o fogo do holocausto e partiu para o lugar que Deus tinha indicado. ⁴No terceiro dia da viagem, Abraão levantou os olhos e viu o lugar de longe. ⁵"Fiquem aqui com o jumento", disse ele aos servos. "O rapaz e eu iremos mais adiante. Vamos adorar e depois voltaremos."

⁶Abraão pôs a lenha para o holocausto nos ombros de Isaque, e ele próprio levou o fogo e a faca. Enquanto os dois caminhavam juntos, ⁷Isaque se virou para Abraão e disse: "Pai?".

"Sim, meu filho", respondeu Abraão.

"Temos fogo e lenha", disse Isaque. "Mas onde está o cordeiro para o holocausto?"

⁸"Deus providenciará o cordeiro para o holocausto, meu filho", respondeu Abraão. E continuaram a caminhar juntos.

⁹Quando chegaram ao lugar que Deus havia indicado, Abraão construiu um altar e arrumou a lenha sobre ele. Em seguida, amarrou seu filho Isaque e o colocou no altar, sobre a lenha. ¹⁰Então, pegou a faca para sacrificar o filho. ¹¹Nesse momento, o anjo do Senhor o chamou do céu: "Abraão! Abraão!".

"Aqui estou!", respondeu Abraão.

¹²"Não toque no rapaz", disse o anjo. "Não lhe faça mal algum. Agora sei que você teme a Deus de fato. Não me negou nem mesmo seu filho, seu único filho!"

¹³Então Abraão levantou os olhos e viu um carneiro preso pelos chifres num arbusto. Pegou o carneiro e o ofereceu como holocausto em lugar do filho. ¹⁴Abraão chamou aquele lugar de Javé-Jiré.ᶜ Até hoje, as pessoas usam

ª **21.31** *Berseba* significa "poço do juramento". ᵇ **21.33** Em hebraico, *El-Olam*. ᶜ **22.14** *Javé-Jiré* significa "o Senhor providenciará".

22.6-8 Abraão falou aqui como um profeta. De fato, durante todo este incidente, ele nunca abriu sua boca sem uma declaração profética! E creio que quando os homens caminham com Deus e vivem próximos de Deus, eles possivelmente, mesmo sem estar conscientes disso, falam palavras muito pesadas que terão muito mais peso em si do que esses próprios homens podem reconhecer. [...] Assim foi com Abraão. Ele falou como um profeta de Deus enquanto, de fato, falava com seu filho na angústia de seu espírito — e em sua declaração profética, encontramos a síntese e a substância do evangelho: "Deus providenciará o cordeiro para o holocausto, meu filho".

O Senhor é o grande provedor e Ele provê a oferta, não apenas para nós, mas para si mesmo, pois o sacrifício era necessário tanto para Deus como para o homem. E é um holocausto, não apenas uma oferta pelo pecado, mas uma oferta de cheiro suave para Ele mesmo.

"Os dois caminhavam juntos". Duas vezes nos é dito isso, pois este incidente é uma representação do Pai indo com o Filho e o Filho indo com o Pai até o grande sacrifício no Calvário. Não foi somente Cristo que morreu voluntariamente, ou apenas o Pai que deu Seu Filho, mas "continuaram a caminhar juntos" – assim como Abraão e Isaque o fizeram.

esse nome como provérbio: "No monte do Senhor se providenciará".

¹⁵Então o anjo do Senhor chamou Abraão novamente do céu: ¹⁶"Assim diz o Senhor: Uma vez que você me obedeceu e não me negou nem mesmo seu filho, seu único filho, juro pelo meu nome que ¹⁷certamente o abençoarei. Multiplicarei grandemente seus descendentes, e eles serão como as estrelas no céu e a areia na beira do mar. Seus descendentes conquistarão as cidades de seus inimigos ¹⁸e, por meio deles, todas as nações da terra serão abençoadas. Tudo isso porque você me obedeceu".

¹⁹Então voltaram até onde estavam os servos e partiram para Berseba, onde Abraão continuou a morar.

²⁰Pouco tempo depois, Abraão ficou sabendo que Milca, mulher de Naor, irmão dele, lhe tinha dado filhos. ²¹O mais velho recebeu o nome de Uz, o segundo mais velho, Buz, seguido de Quemuel (antepassado dos arameus), ²²Quésede, Hazo, Pildás, Jidlafe e Betuel ²³(que foi o pai de Rebeca). Esses foram os oito filhos que Milca deu a Naor, irmão de Abraão. ²⁴Além desses, Reumá, sua concubina, lhe deu quatro filhos: Tebá, Gaã, Taás e Maaca.

O sepultamento de Sara

23 Quando Sara estava com 127 anos, ²morreu em Quiriate-Arba (hoje chamada Hebrom), na terra de Canaã. Abraão lamentou a morte de Sara e chorou por ela.

³Depois, deixou ali o corpo de sua mulher e disse aos hititas: ⁴"Tenho vivido como forasteiro e estrangeiro entre vocês. Por favor, vendam-me um pedaço de terra, para que eu possa dar um sepultamento digno à minha mulher".

⁵Os hititas responderam a Abraão: ⁶"Ouça-nos; o senhor é um príncipe honrado em nosso meio. Escolha o melhor dos nossos túmulos e nele sepulte sua mulher. Nenhum de nós se recusará a dar ao senhor o local para a sepultura".

⁷Abraão curvou-se diante dos hititas ⁸e disse: "Visto que estão dispostos a me dar o local para a sepultura, façam a gentileza de pedir a Efrom, filho de Zoar, ⁹que me permita comprar sua caverna em Macpela, na fronteira do seu campo. Ele me venderá a terra pelo preço que vocês considerarem justo, e assim terei uma sepultura permanente para minha família".

¹⁰Efrom estava sentado no meio do seu povo e respondeu a Abraão enquanto os demais ouviam, pronunciando-se publicamente diante dos hititas que se reuniam à porta da cidade. ¹¹"Não, meu senhor", disse ele a Abraão. "Ouça-me; eu lhe dou o campo e a caverna. Aqui, na presença do meu povo, eu lhe dou a propriedade. Vá e sepulte a sua falecida."

¹²Abraão se curvou outra vez diante do povo daquela terra ¹³e respondeu a Efrom, enquanto todos ouviam: "Ouça-me, por favor; eu os comprarei de você. Deixe-me pagar o preço justo pelo campo, para que possa sepultar ali a minha falecida".

¹⁴Efrom respondeu a Abraão: ¹⁵"Meu senhor, ouça-me; a propriedade vale quatrocentas peças[a] de prata, mas o que é isso entre amigos? Vá e sepulte a sua falecida".

¹⁶Abraão concordou com o preço e pagou a quantia que Efrom sugeriu: quatrocentas peças de prata, pesadas de acordo com o padrão do mercado. E os hititas testemunharam a transação.

¹⁷Assim, Abraão comprou o pedaço de terra pertencente a Efrom em Macpela, perto de Manre. A propriedade incluía o campo, a caverna e todas as árvores ao redor. ¹⁸Foi transferida a Abraão como sua propriedade permanente, na presença dos anciãos hititas à porta da cidade. ¹⁹Então Abraão sepultou Sara, sua mulher, em Canaã, na caverna de Macpela, perto de Manre (também chamado Hebrom). ²⁰O campo e a caverna foram transferidos dos hititas para Abraão como sepultura permanente.

Uma mulher para Isaque

24 Abraão estava bem velho, e o Senhor o havia abençoado em tudo. ²Certo dia, Abraão disse a seu servo mais antigo, o homem encarregado de sua casa: "Faça um juramento colocando a mão debaixo da minha coxa. ³Jure pelo Senhor, o Deus dos céus e da terra, que não deixará meu filho se casar com uma das mulheres cananitas que aqui vivem, ⁴mas irá à

---

[a] 23.15 Em hebraico, *400 siclos*, cerca de 4,8 quilos; também em 23.16.

minha terra natal, aos meus parentes, procurar uma mulher para meu filho Isaque".

⁵O servo perguntou: "E se eu não encontrar uma moça disposta a viajar para um lugar tão distante de sua terra? Devo levar Isaque para morar entre seus parentes na terra de onde o senhor veio?".

⁶"Não!", respondeu Abraão. "Cuidado! Não leve meu filho para lá de jeito nenhum. ⁷O Senhor, o Deus dos céus, que me tirou da casa de meu pai e de minha terra natal, prometeu solenemente dar esta terra a meus descendentes. Ele enviará um anjo à sua frente e providenciará para que você encontre ali uma mulher para meu filho. ⁸Se ela não estiver disposta a acompanhá-lo de volta, você estará livre do seu juramento. Mas não leve meu filho para lá, de maneira nenhuma."

⁹Então o servo colocou a mão debaixo da coxa de Abraão, seu senhor, e jurou seguir suas instruções. ¹⁰Em seguida, pegou dez camelos de Abraão, carregou-os com presentes valiosos de todo tipo da parte de seu senhor e viajou para a terra distante de Arã-Naaraim. Chegando lá, dirigiu-se à cidade onde Naor, irmão de Abraão, havia se estabelecido. ¹¹Ao entardecer, quando as mulheres saíam para tirar água, ele fez os camelos se ajoelharem perto de um poço nos arredores da cidade.

¹²Então o servo orou: "Ó Senhor, Deus do meu senhor Abraão, por favor, dá-me sucesso hoje e sê bondoso com o meu senhor Abraão. ¹³Como vês, estou aqui junto desta fonte, e as moças da cidade estão vindo tirar água. ¹⁴Esta é minha súplica. Pedirei a uma delas: 'Por favor, dê-me um pouco de água do seu cântaro para eu beber'. Se ela disser: 'Sim, beba. Também darei água a seus camelos', que seja ela a moça que escolheste para ser mulher do teu servo Isaque. Desse modo, saberei que foste bondoso com o meu senhor".

¹⁵Antes de terminar a oração, o servo viu aproximar-se uma moça chamada Rebeca, que trazia um cântaro no ombro. Ela era filha de Betuel, filho do irmão de Abraão, Naor, e de sua mulher, Milca. ¹⁶Rebeca era muito bonita,

---

24.5-8 O servo de Abraão pode ter pensado: "Ela pode se recusar a fazer uma mudança tão grande como deixar a Mesopotâmia e ir para Canaã, pois nasceu e cresceu lá em um país estabelecido, e todas as suas associações estavam com a casa de seu pai, e para casar-se com Isaque, ela tem que passar uma quebra". Assim, também, você não pode ter Jesus e ter o mundo; deve romper com o pecado para se unir a Jesus. Deve afastar-se do mundo licencioso, da forma do mundo, do mundo científico e do (assim chamado) mundo religioso. Se você se tornar cristão, deve abandonar os velhos hábitos, os velhos motivos, as velhas ambições, os velhos prazeres, as velhas vanglórias, os velhos modos de pensar. Todas as coisas devem tornar-se novas. Deve deixar as coisas que amou, e buscar muitas das coisas que tem, até agora, desprezado. As coisas devem vir a você como uma grande mudança, como se você tivesse morrido, e elas tivessem sido feitas novamente. Você responde: "Devo suportar tudo isso por Aquele que nunca vi, e por uma herança da qual nunca me apropriei?" É assim mesmo. Embora eu esteja triste por você se afastar, não estou nem um pouco surpreso, pois não é dado a muitos ver Aquele que é invisível, ou escolher o caminho estreito que leva à vida. O homem ou mulher que seguir o mensageiro de Deus para se casar com um Noivo tão estranho é um pássaro raro.

Além disso, seria uma grande dificuldade para Rebeca, se tivesse tido alguma dificuldade, *pensar que devia dali por diante ter uma vida de peregrina*. Ela sairia de casa e da fazenda para a tenda e vida cigana. Abraão e Isaque não encontraram uma cidade para morar, mas vagaram de um lugar para outro, habitando sozinhos, peregrinos com Deus. Seu modo de vida exterior era típico do modo de fé pelo qual os homens vivem no mundo e não pertencem a ele. Para todos os efeitos e propósitos, Abraão e Isaque estavam fora do mundo, e viviam em sua superfície sem uma conexão duradoura com ele. Eram homens do Senhor, e o Senhor era a sua posse. Ele os separou para eles, e eles foram separados para Ele. [...] Se qualquer homem se torna piedoso e faz das coisas espirituais seu único objeto, é desprezado como um entusiasta sonhador. Muitos homens pensam que as coisas de religião são apenas destinadas à leitura, e para a pregação, mas viver por elas seria passar uma existência sonhadora e impraticável. No entanto, o espiritual é, afinal, a única realidade; o material é, na mais profunda verdade, o visionário e não substancial. Mesmo assim, quando as pessoas se afastam devido à dureza da guerra espiritual e a espiritualidade da vida de credulidade, não nos surpreendemos, pois não esperávamos que pudesse ser de outra forma. A menos que o Senhor renove o coração, os homens sempre preferirão o "pássaro na mão" desta vida ao "pássaro voando" da vida futura.

tinha idade para casar e era virgem. Ela desceu à fonte, encheu o cântaro e voltou. ¹⁷O servo de Abraão correu até ela e lhe pediu: "Por favor, dê-me um pouco de água do seu cântaro para eu beber".

¹⁸"Sim, meu senhor, beba", respondeu ela e, prontamente, baixou o cântaro do ombro e lhe deu de beber. ¹⁹Depois que lhe deu de beber, disse: "Tirarei água para seus camelos também, até que estejam satisfeitos". ²⁰Esvaziou depressa o cântaro no bebedouro e correu de volta ao poço a fim de tirar água para todos os camelos.

²¹O homem a observou em silêncio, pensando se o Senhor lhe tinha dado sucesso em sua missão. ²²Por fim, quando os camelos terminaram de beber, o servo deu à moça uma argola de ouro para o nariz e duas pulseiras grandes de ouroᵃ para os braços.

²³"De quem você é filha?", perguntou ele. "Diga-me, por favor, se seu pai tem lugar para nos hospedar esta noite."

²⁴"Sou filha de Betuel, e meus avós são Naor e Milca", respondeu ela. ²⁵"Temos bastante palha e forragem para os camelos e espaço para hóspedes."

²⁶O homem se prostrou e adorou o Senhor. ²⁷"Louvado seja o Senhor, Deus do meu senhor Abraão!", disse ele. "O Senhor demonstrou bondade e fidelidade ao meu senhor, pois me conduziu até seus parentes."

²⁸A moça correu para casa e contou à família tudo que havia acontecido. ²⁹Rebeca tinha um irmão chamado Labão, que foi prontamente à fonte para conhecer o homem. ³⁰Ele havia visto a argola para o nariz e as pulseiras nos braços da irmã, e tinha ouvido Rebeca contar o que o homem dissera. Assim, apressou-se até a fonte, onde o homem ainda estava parado perto dos camelos. ³¹Labão lhe disse: "Venha e fique conosco, abençoado do Senhor! Por que ficar aí fora? Já mandei arrumar acomodações para você e seus homens e lugar para os camelos".

³²Então o homem foi com ele para casa. Labão mandou descarregar os camelos, dar palha para os animais se deitarem e forragem para comerem, e água para o homem e seus ajudantes lavarem os pés. ³³Quando a refeição foi servida, porém, o servo de Abraão disse: "Não comerei enquanto não explicar o motivo da minha vinda".

"Está bem", disse Labão. "Fale."

³⁴"Sou servo de Abraão", explicou ele. ³⁵"O Senhor abençoou grandemente o meu senhor, e ele se tornou um homem rico. O Senhor lhe deu rebanhos de ovelhas e bois, uma fortuna em prata e ouro, e muitos servos e servas, camelos e jumentos.

³⁶"Quando Sara, mulher do meu senhor, era muito idosa, deu à luz o filho dele. Meu senhor deu tudo que possui a esse filho ³⁷e me fez jurar, dizendo: 'Não permita que meu filho se case com uma das mulheres cananitas que aqui vivem. ³⁸Vá à casa de meu pai, aos meus parentes, procurar uma mulher para meu filho'.

³⁹"Mas eu perguntei ao meu senhor: 'E se eu não encontrar uma moça disposta a voltar comigo?'. ⁴⁰Ele respondeu: 'O Senhor, em cuja presença tenho vivido, enviará um anjo com você e lhe dará sucesso em sua missão. Encontre uma mulher para meu filho entre os meus parentes, da família de meu pai. ⁴¹Então você terá cumprido sua obrigação. Se, porém, você for aos meus parentes e eles não deixarem a moça acompanhá-lo, estará livre do juramento'.

⁴²"Hoje, quando cheguei à fonte, fiz a seguinte oração: 'Ó Senhor, Deus do meu senhor Abraão, por favor, dá-me sucesso em minha missão. ⁴³Como vês, estou aqui junto desta fonte. Esta é minha súplica. Quando uma jovem vier tirar água, eu lhe direi: Por favor, dê-me um pouco de água do seu cântaro'. ⁴⁴Se ela disser: 'Sim, beba. Também darei água a seus camelos', que seja ela a moça que escolheste para ser mulher do filho do meu senhor'.

⁴⁵"Antes de terminar de orar em meu coração, vi Rebeca vindo com o cântaro no ombro. Ela desceu à fonte e tirou água. Eu lhe disse: 'Por favor, dê-me um pouco de água do seu cântaro para eu beber'. ⁴⁶Prontamente, ela baixou o cântaro do ombro e disse: 'Sim, beba. Também darei água aos seus camelos'. Eu bebi, e ela deu água aos camelos.

ᵃ **24.22** Em hebraico, *uma argola de nariz pesando 1 beca* [6 gramas] *e duas pulseiras de ouro pesando 10* [siclos] [120 gramas].

⁴⁷"Em seguida, perguntei-lhe: 'De quem você é filha?'. Ela respondeu: 'Sou filha de Betuel, e meus avós são Naor e Milca'. Então coloquei a argola em seu nariz e as pulseiras em seus braços.

⁴⁸"Depois, prostrei-me e adorei o Senhor. Louvei o Senhor, Deus do meu senhor Abraão, pois ele havia me conduzido até a sobrinha-neta do meu senhor, para que ela seja mulher do filho do meu senhor. ⁴⁹Agora, digam-me se mostrarão bondade e fidelidade ao meu senhor. Por favor, respondam-me 'sim' ou 'não', para que eu saiba o que fazer em seguida."

⁵⁰Labão e Betuel responderam: "É evidente que o Senhor o trouxe até aqui. Sendo assim, não há nada que possamos dizer. ⁵¹Aqui está Rebeca; tome-a e leve-a com você. Que ela seja mulher do filho do seu senhor, como disse o Senhor".

⁵²Quando o servo de Abraão ouviu a resposta, prostrou-se no chão e adorou o Senhor. ⁵³Em seguida, entregou a Rebeca joias de prata e ouro e vestidos. Também deu presentes valiosos ao irmão e à mãe de Rebeca. ⁵⁴Então o servo e os homens que o acompanhavam comeram e passaram a noite ali.

Logo cedo na manhã seguinte, o servo de Abraão disse: "Enviem-me de volta ao meu senhor".

⁵⁵Mas o irmão e a mãe de Rebeca disseram: "Queremos que Rebeca fique conosco pelo menos dez dias; depois, ela poderá partir".

⁵⁶O servo, porém, disse: "Não me detenham. O Senhor me deu sucesso em minha missão; agora, enviem-me de volta ao meu senhor".

⁵⁷"Pois bem", disseram eles. "Chamaremos Rebeca e pediremos a opinião dela." ⁵⁸Chamaram Rebeca e lhe perguntaram: "Você está disposta a ir com este homem?".

E ela respondeu: "Sim, estou".

⁵⁹Com isso, eles se despediram de Rebeca e a enviaram com o servo de Abraão e seus homens. A serva que havia amamentado Rebeca a acompanhou. ⁶⁰Na hora da partida, abençoaram Rebeca, dizendo:

"Nossa irmã, que você se torne
    mãe de muitos milhares!
Que seus descendentes
    conquistem as cidades de seus
        inimigos!".

⁶¹Então Rebeca e suas servas montaram nos camelos e seguiram o homem. Assim, o servo de Abraão partiu levando Rebeca.

⁶²Nesse meio-tempo, Isaque, que morava no Neguebe, havia regressado de Beer-Laai-Roi. ⁶³Ao entardecer, enquanto caminhava pelo campo e meditava, levantou os olhos e viu que camelos se aproximavam. ⁶⁴Quando Rebeca levantou os olhos e viu Isaque, desceu do camelo no mesmo instante ⁶⁵e perguntou ao servo: "Quem é aquele homem que vem pelo campo ao nosso encontro?".

Quando ele respondeu: "É meu senhor", Rebeca cobriu o rosto com o véu. ⁶⁶Depois, o servo contou a Isaque tudo que havia feito.

⁶⁷Isaque a levou para a tenda de Sara, sua mãe, e Rebeca se tornou sua mulher. Ele a amava profundamente e nela encontrou consolação depois que sua mãe morreu.

A morte de Abraão

25 Abraão se casou outra vez, com uma mulher chamada Quetura. ²Ela deu à luz Zinrã, Jocsã, Medã, Midiã, Isbaque e Suá. ³Jocsã gerou Sabá e Dedã. Os descendentes de Dedã foram os assuritas, os letusitas e os leumitas. ⁴Os filhos de Midiã foram Efá, Éfer, Enoque, Abida e Elda. Todos eles foram descendentes de Abraão por meio de Quetura.

⁵Abraão deu tudo que possuía a seu filho Isaque. ⁶Antes de morrer, porém, deu presentes aos filhos de suas concubinas e os separou de Isaque, enviando-os para as terras do leste.

⁷Abraão viveu 175 anos ⁸e morreu em boa velhice, depois de uma vida longa e feliz. Deu o último suspiro e, ao morrer, reuniu-se a seus antepassados. ⁹Seus filhos Isaque e Ismael o sepultaram na caverna de Macpela, perto de Manre, no campo de Efrom, filho de Zoar, o hitita. ¹⁰Esse era o campo que Abraão havia comprado dos hititas e onde havia sepultado Sara, sua mulher. ¹¹Depois da morte de Abraão, Deus abençoou Isaque, e ele se estabeleceu perto de Beer-Laai-Roi, no Neguebe.

Os descendentes de Ismael

¹²Este é o relato da família de Ismael, filho de Abraão com Hagar, serva egípcia de Sara. ¹³São estes os descendentes de Ismael por nome e clã: Nebaiote, o mais velho, seguido de Quedar, Adbeel, Misbão, ¹⁴Misma, Dumá, Massá,

¹⁵Hadade, Temá, Jetur, Nafis e Quedemá. ¹⁶Esses doze filhos de Ismael deram origem a doze tribos, cada uma com o nome de seu fundador, relacionadas de acordo com o lugar onde se estabeleceram e acamparam. ¹⁷Ismael viveu 137 anos. Deu o último suspiro e, ao morrer, reuniu-se a seus antepassados. ¹⁸Os descendentes de Ismael ocuparam a região que vai de Havilá a Sur, a leste do Egito, na direção de Assur. Ali, viveram em franca oposição a todos os seus parentes.[a]

O nascimento de Esaú e Jacó

¹⁹Este é o relato da família de Isaque, filho de Abraão. ²⁰Quando Isaque tinha 40 anos, casou-se com Rebeca, filha de Betuel, o arameu de Padã-Arã, e irmã de Labão, o arameu.

²¹Isaque orou ao Senhor em favor de sua mulher, pois ela não podia ter filhos. O Senhor ouviu a oração de Isaque, e Rebeca ficou grávida de gêmeos. ²²Os dois bebês lutavam um com o outro no ventre da mãe, de modo que ela consultou o Senhor a esse respeito. "Por que isso está acontecendo comigo?", perguntou ela.

²³O Senhor respondeu: "Os filhos em seu ventre se tornarão duas nações. Desde o começo, elas serão rivais. Uma nação será mais forte que a outra, e seu filho mais velho servirá a seu filho mais novo".

²⁴Quando chegou a hora de dar à luz, Rebeca descobriu que, de fato, eram gêmeos. ²⁵O primeiro a nascer era ruivo e coberto de pelos; por isso o chamaram de Esaú.[b] ²⁶Depois, nasceu o outro gêmeo, com a mão agarrada ao calcanhar de Esaú; por isso o chamaram de Jacó.[c] Isaque tinha 60 anos quando os gêmeos nasceram.

Esaú vende seu direito de filho mais velho

²⁷Os meninos cresceram. Esaú se tornou um caçador habilidoso que vivia ao ar livre, enquanto Jacó era mais pacato e preferia ficar em casa. ²⁸Isaque amava Esaú porque gostava de comer a carne de caça que ele trazia, mas Rebeca amava Jacó.

²⁹Certo dia, quando Jacó preparava um ensopado, Esaú chegou do deserto, exausto e faminto. ³⁰"Estou faminto!", disse ele a Jacó. "Dê-me um pouco desse ensopado vermelho!" (Por isso Esaú também ficou conhecido como Edom.[d])

³¹"Está bem", respondeu Jacó. "Mas, em troca, dê-me seus direitos de filho mais velho."

³²"Estou morrendo de fome!", disse Esaú. "De que me servem meus direitos de filho mais velho?"

³³Mas Jacó disse: "Primeiro, jure que seus direitos de filho mais velho agora são meus". Esaú fez um juramento e, desse modo, vendeu todos os seus direitos de filho mais velho a seu irmão, Jacó.

³⁴Então Jacó deu a Esaú um pedaço de pão e o ensopado de lentilhas. Esaú comeu, levantou-se e foi embora. Assim, ele desprezou seu direito de filho mais velho.

Isaque mente para Abimeleque

26 Uma fome terrível atingiu a região, como havia acontecido antes no tempo de Abraão. Por isso, Isaque se mudou para Gerar, onde vivia Abimeleque, rei dos filisteus.

²O Senhor apareceu a Isaque e disse: "Não desça ao Egito. Faça o que eu mandar. ³Habite aqui como estrangeiro, e eu estarei com você e o abençoarei. Com isso, confirmo que darei todas estas terras a você e a seus descendentes, conforme prometi solenemente a Abraão, seu pai. ⁴Farei que seus descendentes sejam tão numerosos quanto as estrelas do céu e darei a eles todas estas terras. Por meio de sua descendência, todas as nações da terra serão abençoadas. ⁵Farei isso porque Abraão me deu ouvidos e obedeceu ao que lhe ordenei: meus mandamentos, decretos e instruções". ⁶Portanto, Isaque ficou em Gerar.

⁷Quando os homens que viviam na região perguntaram a Isaque sobre Rebeca, sua mulher, ele disse: "É minha irmã". Teve medo de dizer "É minha mulher", pois pensou: "Ela é tão bonita que os homens vão me matar por causa dela". ⁸Algum tempo depois, porém, Abimeleque, rei dos filisteus, olhou pela janela e viu Isaque acariciar Rebeca.

⁹No mesmo instante, Abimeleque mandou chamar Isaque e exclamou: "É evidente que

---

[a] **25.18** O significado do hebraico é incerto. [b] **25.25** O som do nome *Esaú* é semelhante ao de um termo hebraico que significa "pelo". [c] **25.26** O som do nome *Jacó* é semelhante ao dos termos hebraicos para "calcanhar" e "enganador". [d] **25.30** *Edom* significa "vermelho".

ela é sua mulher! Por que você disse que era sua irmã?".

"Porque tive medo que alguém me matasse por causa dela", respondeu Isaque.

¹⁰"Como você pôde fazer uma coisa dessas conosco?", exclamou Abimeleque. "Um dos meus homens poderia ter tomado sua mulher e dormido com ela e, por sua causa, seríamos culpados de grande pecado!"

¹¹Então Abimeleque declarou a todo o povo: "Quem tocar neste homem ou em sua mulher será executado!".

Conflito pelo uso da água

¹²Naquele ano, quando Isaque plantou lavouras, colheu cem vezes mais cereais do que havia semeado, pois o Senhor o abençoou. ¹³Isaque prosperou e se tornou rico e influente. ¹⁴Adquiriu tantos rebanhos de ovelhas e bois e tantos servos que os filisteus o invejaram. ¹⁵Por isso, os filisteus fecharam com terra todos os poços de Isaque, que tinham sido cavados pelos servos de seu pai, Abraão.

¹⁶Por fim, Abimeleque ordenou que Isaque deixasse aquela terra. "Vá para outro lugar", disse ele. "Você se tornou poderoso demais para nós."

¹⁷Então Isaque partiu de onde estava e se estabeleceu no vale de Gerar, onde armou suas tendas. ¹⁸Reabriu os poços que seu pai havia cavado e que os filisteus haviam fechado depois da morte de Abraão e lhes deu os mesmos nomes que Abraão tinha dado.

¹⁹Os servos de Isaque também cavaram no vale de Gerar e encontraram uma fonte de água corrente. ²⁰Contudo, os pastores de Gerar entraram em conflito com os pastores de Isaque. "Esta água é nossa!", diziam eles. Por isso, Isaque chamou o poço de Eseque.ᵃ ²¹Em seguida, os homens de Isaque cavaram outro poço, mas, novamente, houve conflito por causa dele. Por isso, Isaque o chamou de Sitna.ᵇ ²²Isaque abandonou esse poço e mandou cavar outro mais adiante. Dessa vez, ninguém discutiu por causa dele, de modo que Isaque o chamou de Reobote,ᶜ pois disse: "Finalmente o Senhor criou espaço suficiente para prosperarmos nesta terra!".

²³Dali, Isaque se mudou para Berseba, ²⁴onde o Senhor lhe apareceu na noite de sua chegada e disse: "Eu sou o Deus de seu pai, Abraão. Não tenha medo, pois estou com você e o abençoarei. Multiplicarei seus descendentes, e eles se tornarão uma grande nação. Farei isso por causa da minha promessa ao meu servo, Abraão". ²⁵Isaque construiu ali um altar e invocou o nome do Senhor. Armou acampamento naquele local, e seus servos cavaram outro poço.

A aliança de Isaque com Abimeleque

²⁶Certo dia, o rei Abimeleque veio de Gerar com Auzate, seu conselheiro, e com Ficol, comandante do seu exército. ²⁷"Por que vocês vieram?", perguntou Isaque. "É evidente que me odeiam, já que me expulsaram de sua terra."

²⁸Eles responderam: "Podemos ver claramente que o Senhor está com você. Por isso, queremos fazer com você um acordo sob juramento, uma aliança. ²⁹Jure que não nos fará mal, assim como nós nunca lhe fizemos mal. Sempre o tratamos bem e o despedimos em paz. E agora, veja como o Senhor o abençoou!".

³⁰Então Isaque lhes preparou um banquete, e eles comeram e beberam juntos. ³¹Logo cedo, na manhã seguinte, cada um fez o juramento solene de não interferir com o outro. Isaque se despediu deles, e partiram em paz.

³²Naquele mesmo dia, os servos de Isaque vieram lhe falar de um novo poço que tinham cavado. "Encontramos água!", exclamaram. ³³Por isso, Isaque chamou o poço de Seba.ᵈ E, até hoje, a cidade que se formou ali é conhecida como Berseba.ᵉ

³⁴Quando Esaú tinha 40 anos, casou-se com duas mulheres hititas: Judite, filha de Beeri, e Basemate, filha de Elom. ³⁵Essas duas mulheres causaram grande desgosto a Isaque e Rebeca.

Jacó rouba a bênção de Esaú

27 Certo dia, quando Isaque era velho e estava ficando cego, chamou Esaú, seu filho mais velho: "Meu filho!".

Esaú respondeu: "Aqui estou!".

²Isaque disse: "Estou velho e não sei quando vou morrer. ³Pegue suas armas, o arco e as

---

ᵃ **26.20** *Eseque* significa "discussão". ᵇ **26.21** *Sitna* significa "hostilidade". ᶜ **26.22** *Reobote* significa "lugar espaçoso". ᵈ **26.33a** *Seba* significa "juramento". ᵉ **26.33b** *Berseba* significa "poço do juramento".

flechas, e vá ao campo caçar um animal para mim. ⁴Depois, prepare meu prato favorito e traga-o aqui para eu comer. Então pronunciarei a bênção que pertence a você, meu filho mais velho, antes de eu morrer".

⁵Rebeca, porém, ouviu o que Isaque tinha dito a seu filho Esaú. Quando Esaú saiu para caçar, ⁶ela disse a seu filho Jacó: "Ouvi seu pai dizer a Esaú: ⁷'Traga-me uma carne de caça e prepare-me uma refeição saborosa. Então abençoarei você na presença do Senhor antes de eu morrer'. ⁸Agora, meu filho, preste atenção e faça exatamente o que lhe direi. ⁹Vá ao rebanho e traga-me dois dos melhores cabritos. Eu os usarei para preparar o prato favorito de seu pai. ¹⁰Depois, leve a comida para seu pai, para que ele a coma e o abençoe antes de morrer".

¹¹Jacó respondeu a Rebeca: "Mas meu irmão Esaú é peludo, enquanto eu tenho pele lisa. ¹²E se meu pai me tocar? Perceberá que estou tentando enganá-lo e, em vez de me abençoar, me amaldiçoará!".

¹³Sua mãe, porém, respondeu: "Que caia sobre mim essa maldição, meu filho! Apenas faça o que lhe digo. Vá e traga-me os cabritos".

¹⁴Jacó foi e trouxe os cabritos para sua mãe. Rebeca os usou para preparar uma refeição saborosa, do jeito que Isaque gostava. ¹⁵Em seguida, pegou as roupas prediletas de Esaú que estavam na casa dela e as entregou a Jacó, seu filho mais novo. ¹⁶Com a pele dos cabritos, cobriu-lhe os braços e a parte lisa do pescoço. ¹⁷Depois, entregou-lhe a refeição saborosa, acompanhada do pão que havia acabado de assar.

¹⁸Jacó levou a comida para o pai e disse: "Meu pai?".

"Sim, meu filho", respondeu Isaque. "Quem é você, Esaú ou Jacó?"

¹⁹Jacó disse: "Sou Esaú, seu filho mais velho. Fiz o que o senhor mandou. Aqui está a carne de caça. Sente-se e coma, para que me dê sua bênção".

²⁰Isaque perguntou: "Como encontrou a caça tão depressa, meu filho?".

Jacó respondeu: "O Senhor, seu Deus, a colocou no meu caminho".

²¹Então Isaque disse a Jacó: "Chegue mais perto, para que eu possa tocá-lo e ter certeza de que você é mesmo Esaú". ²²Jacó se aproximou do pai, e Isaque o tocou e disse: "A voz é de Jacó, mas as mãos são de Esaú". ²³Não o reconheceu, porém, pois as mãos de Jacó estavam peludas, como as de Esaú. Assim, Isaque se preparou para abençoar Jacó. ²⁴"Mas você é mesmo meu filho Esaú?", perguntou ele.

"Sim, eu sou", respondeu Jacó.

²⁵Então Isaque disse: "Agora, meu filho, traga-me a carne de caça. Depois que comer, eu lhe darei a minha bênção". Jacó trouxe a comida para o pai, e Isaque comeu. Também bebeu o vinho que Jacó lhe serviu. ²⁶Por fim, Isaque disse a Jacó: "Aproxime-se, por favor, e dê-me um beijo, meu filho".

²⁷Jacó se aproximou e o beijou. Quando Isaque sentiu o cheiro das roupas, finalmente abençoou o filho. Disse: "Ah! O cheiro de meu filho é como o cheiro do campo que o Senhor abençoou!

²⁸"Do orvalho do céu
  e da riqueza da terra,
Deus lhe conceda fartas colheitas de
  cereais
  e vinho novo de sobra.
²⁹Que muitas nações o sirvam
  e se curvem à sua frente.
Que você seja senhor de seus irmãos
  e os filhos de sua mãe se curvem à sua
  frente.
Todos que o amaldiçoarem serão
  amaldiçoados,
  e todos que o abençoarem serão
  abençoados".

³⁰Assim que Isaque terminou de abençoar Jacó, e logo depois de Jacó ter saído da presença de seu pai, Esaú voltou da caçada. ³¹Preparou uma refeição saborosa, levou-a para seu pai e disse: "Sente-se, meu pai, e coma da minha caça, para me abençoar".

³²Isaque lhe perguntou: "Quem é você?".

Ele respondeu: "Sou Esaú, seu filho mais velho".

³³Isaque começou a tremer incontrolavelmente e disse: "Então quem me serviu a carne de caça? Acabei de comê-la, pouco antes de você chegar, e abençoei quem a trouxe. Essa bênção deve permanecer!".

³⁴Quando Esaú ouviu as palavras do pai, soltou um forte grito amargurado e suplicou: "Ah, meu pai, e eu? Abençoe-me também!".

³⁵Mas Isaque disse: "Seu irmão esteve aqui e me enganou. Levou embora a bênção que pertencia a você!".

³⁶Esaú exclamou: "Não é de admirar que ele se chame Jacó, pois é a segunda vez que me engana.ᵃ Primeiro, tomou meus direitos de filho mais velho e, agora, roubou minha bênção. O senhor não guardou uma bênção sequer para mim?".

³⁷Isaque disse a Esaú: "Fiz de Jacó o seu senhor e declarei que todos os irmãos dele o servirão. Garanti a ele fartura de cereais e vinho. O que me resta para dar a você, meu filho?".

³⁸Esaú suplicou: "Por acaso o senhor tem apenas uma bênção? Ah, meu pai, abençoe-me também!". Então Esaú chorou em alta voz.

³⁹Por fim, seu pai, Isaque, lhe disse:

"Você viverá longe das riquezas da terra
 e longe do orvalho do alto céu.
⁴⁰Viverá por sua espada
 e servirá a seu irmão.
Quando, porém, conseguir se libertar,
 sacudirá do pescoço esse jugo".

Jacó foge para Padã-Arã

⁴¹Daquele momento em diante, Esaú passou a odiar Jacó porque seu pai o havia abençoado. Começou a tramar: "Em breve meu pai morrerá. Então, matarei meu irmão Jacó".

⁴²Quando Rebeca soube das intenções de Esaú, mandou chamar Jacó e lhe disse: "Ouça, Esaú se consola com planos para matar você. ⁴³Portanto, preste atenção, meu filho. Apronte-se e fuja para a casa de meu irmão Labão, em Harã. ⁴⁴Fique lá até que diminua a fúria de seu irmão. ⁴⁵Quando ele se acalmar e se esquecer do que você lhe fez, mandarei buscá-lo. Por que eu perderia meus dois filhos no mesmo dia?".

⁴⁶Depois, Rebeca disse a Isaque: "Estou cansada dessas mulheres hititas que vivem aqui! Prefiro morrer a ver Jacó se casar com uma delas!".

28 Então Isaque mandou chamar Jacó, o abençoou e disse: "Não se case com uma mulher cananita. ²Em vez disso, vá de imediato a Padã-Arã, à casa de seu avô Betuel, e case-se com uma das filhas de seu tio Labão. ³Que o Deus Todo-poderosoᵇ o abençoe e lhe dê muitos filhos, e que eles se multipliquem e venham a ser muitas nações. ⁴Que Deus dê a você e a seus descendentes as bênçãos que ele prometeu a Abraão. Que você venha a possuir esta terra na qual vive agora como estrangeiro, pois Deus entregou esta terra a Abraão".

⁵Assim, Isaque se despediu de Jacó, que foi a Padã-Arã morar com seu tio Labão, irmão de Rebeca, filho de Betuel, o arameu.

⁶Esaú soube que seu pai, Isaque, havia abençoado Jacó e o enviado a Padã-Arã para encontrar uma esposa e que, ao abençoá-lo, tinha advertido a seu irmão: "Não se case com uma mulher cananita". ⁷Também soube que Jacó havia obedecido aos pais e ido a Padã-Arã. ⁸Quando ficou evidente que seu pai não aprovava as mulheres cananitas, ⁹Esaú foi visitar a família de seu tio Ismael e, além das duas mulheres cananitas com as quais havia se casado, tomou para si uma das filhas de Ismael. O nome de sua nova mulher era Maalate, irmã de Nebaiote e filha de Ismael, filho de Abraão.

O sonho de Jacó em Betel

¹⁰Nesse meio-tempo, Jacó partiu de Berseba e rumou para Harã. ¹¹Quando o sol se pôs, chegou a um bom local para acampar e ali passou a noite. Encontrou uma pedra para descansar a cabeça e se deitou para dormir. ¹²Enquanto dormia, sonhou com uma escada que ia da terra ao céu e viu os anjos de Deus, que subiam e desciam pela escada.

¹³No topo da escada estava o Senhor, que lhe disse: "Eu sou o Senhor, o Deus de seu avô, Abraão, e o Deus de seu pai, Isaque. A terra na qual você está deitado lhe pertence. Eu a darei a você e a seus descendentes. ¹⁴Seus descendentes serão tão numerosos quanto o pó da terra! Eles se espalharão por todas as direções: leste e oeste, norte e sul. E todas as famílias da terra serão abençoadas por seu intermédio e de sua descendência. ¹⁵Além disso, estarei com você e o protegerei aonde quer que vá. Um dia, trarei você de volta a esta terra. Não o deixarei

---

ᵃ **27.36** Ver nota de 25.26. ᵇ **28.3** Em hebraico, *El-Shaddai*.

enquanto não tiver terminado de lhe dar tudo que prometi".

¹⁶Então Jacó acordou e disse: "Certamente o Senhor está neste lugar, e eu não havia percebido!". ¹⁷Contudo, também teve medo e disse: "Como é temível este lugar! Não é outro, senão a casa de Deus; é a porta para os céus!".

¹⁸Na manhã seguinte, Jacó se levantou bem cedo. Pegou a pedra na qual havia descansado a cabeça, colocou-a em pé, como coluna memorial, e derramou azeite de oliva sobre ela. ¹⁹Chamou o lugar de Betel,ᵃ embora anteriormente se chamasse Luz.

²⁰Então Jacó fez o seguinte voto: "Se, de fato, Deus for comigo e me proteger nesta jornada, se ele me providenciar alimento e roupa, ²¹e se eu voltar são e salvo à casa de meu pai, então o Senhor certamente será o meu Deus. ²²E esta coluna memorial que eu levantei será um lugar de adoração a Deus, e eu entregarei a Deus a décima parte de tudo que ele me der".

Jacó chega a Padã-Arã

29 Jacó seguiu viagem e, por fim, chegou à terra do leste. ²Viu um poço ao longe e, junto ao poço, no campo, três rebanhos de ovelhas, à espera de que lhes dessem água. Uma pedra pesada cobria a boca do poço.

³Era costume naquele lugar esperar que todos os rebanhos chegassem para, então, remover a pedra e dar água aos animais. Depois, a pedra era recolocada na boca do poço. ⁴Jacó se aproximou dos pastores e perguntou: "De onde vocês são, amigos?".

"Somos de Harã", disseram eles.

⁵"Conhecem um homem chamado Labão, neto de Naor?", perguntou Jacó.

"Sim, conhecemos", responderam eles.

⁶"Ele vai bem?", perguntou Jacó.

"Sim, vai bem", disseram. "Olhe, ali vem Raquel, filha dele, com o rebanho."

⁷Jacó disse: "Ainda é dia claro, cedo demais para recolher os animais. Por que vocês não dão de beber às ovelhas, para que elas possam voltar a pastar?".

⁸"Não podemos dar de beber aos animais enquanto não chegarem todos os rebanhos", responderam. "Só então os pastores removem a pedra da boca do poço e damos de beber a todas as ovelhas."

⁹Jacó ainda conversava com eles quando Raquel chegou com o rebanho de seu pai, pois era pastora. ¹⁰Uma vez que Raquel era sua prima, filha de Labão, irmão de sua mãe, e as ovelhas pertenciam a seu tio Labão, Jacó foi até o poço, removeu a pedra que o cobria e deu de beber ao rebanho de seu tio. ¹¹Então Jacó beijou Raquel e chorou em alta voz. ¹²Explicou para Raquel que era seu primo por parte do pai dela e filho de Rebeca, tia dela. Raquel foi correndo contar a seu pai, Labão.

¹³Assim que Labão soube que seu sobrinho Jacó havia chegado, correu ao seu encontro. Ele o abraçou, o beijou e o levou para casa. Depois que Jacó lhe contou sua história, ¹⁴Labão exclamou: "Você é, de fato, sangue do meu sangue!".

Jacó se casa com Lia e Raquel

Quando Jacó estava na casa de Labão havia cerca de um mês, ¹⁵Labão lhe disse: "Você não deve trabalhar de graça para mim só porque somos parentes. Diga-me qual deve ser o seu salário".

¹⁶Labão tinha duas filhas. A mais velha se chamava Lia, e a mais nova, Raquel. ¹⁷Os olhos de Lia eram sem brilho,ᵇ mas Raquel tinha bela

---

ᵃ 28.19 Betel significa "casa de Deus". ᵇ 29.17 Ou Lia tinha olhos apagados, ou Lia tinha olhos meigos. O significado do hebraico é incerto.

28.16 Como devemos reconhecer esta presença de Deus? Para começar, então, se você sentir a presença do Senhor, deverá ter *uma afinidade com a Sua natureza*. [...] Quanto mais nos tornamos semelhantes a Deus, mais precisamente veremos que Ele está onde estamos. Para um homem que alcançou o estágio mais alto de santificação, a presença de Deus se torna um fato mais seguro do que a presença de qualquer outra coisa!

Em seguida, deve haver a *paz de espírito*. Deus estava no local quando Jacó chegou lá naquela noite, mas Jacó não sabia disso porque estava amedrontado com seu irmão Esaú; estava perturbado, irritado e incomodado. Ele adormeceu, e o seu sonho o acalmou; acordou revigorado; o ruído de seus pensamentos perturbadores tinha desaparecido e ele ouviu a voz de Deus. Precisamos de um local privado mais tranquilo, mais calmo, antes que possamos, mesmo com mentes espirituais, descobrir a presença sensível de Deus.

aparência e rosto atraente. ¹⁸Visto que Jacó estava apaixonado por Raquel, disse a Labão: "Trabalharei para o senhor por sete anos se me der Raquel, sua filha mais nova, para ser minha esposa".

¹⁹"Melhor entregá-la a você do que a qualquer outro", respondeu Labão. "Fique aqui e trabalhe comigo." ²⁰Então Jacó trabalhou sete anos por Raquel. Ele a amava tanto que lhe pareceram apenas alguns dias.

²¹Chegada a hora, Jacó disse a Labão. "Cumpri minha parte do acordo. Agora, dê-me minha esposa, para que eu me deite com ela."

²²Labão convidou toda a vizinhança e preparou uma grande festa de casamento. ²³À noite, porém, quando estava escuro, Labão tomou Lia e a entregou a Jacó, e Jacó se deitou com ela. ²⁴(Labão deu sua serva Zilpa a Lia para servi-la.) ²⁵Na manhã seguinte, quando Jacó acordou, viu que era Lia. Então Jacó perguntou a Labão: "O que o senhor fez comigo? Trabalhei sete anos por Raquel! Por que o senhor me enganou?".

²⁶Labão respondeu: "Aqui não é costume casar a filha mais nova antes da mais velha. ²⁷Espere, contudo, até terminar a semana de núpcias, e eu também lhe entregarei Raquel, desde que você prometa trabalhar mais sete anos para mim".

²⁸Jacó concordou em trabalhar mais sete anos. Uma semana depois de Jacó ter se casado com Lia, Labão lhe entregou Raquel. ²⁹(Labão deu sua serva Bila a Raquel para servi-la.) ³⁰Jacó se deitou também com Raquel, a quem ele amava muito mais que a Lia. Então permaneceu ali e trabalhou mais sete anos para Labão.

Os filhos de Jacó

³¹Quando o Senhor viu que Lia não era amada, permitiu que ela tivesse filhos; Raquel, porém, era estéril. ³²Lia engravidou e deu à luz um filho. Chamou-o de Rúben,ª pois disse: "O Senhor viu minha infelicidade, e agora meu marido me amará".

³³Pouco tempo depois, Lia engravidou novamente e deu à luz outro filho. Chamou-o de Simeão,ᵇ pois disse: "O Senhor ouviu que eu não era amada e me deu outro filho".

³⁴Lia engravidou pela terceira vez e deu à luz outro filho. Chamou-o de Levi,ᶜ pois disse: "Certamente, desta vez meu marido terá afeição por mim, pois lhe dei três filhos!".

³⁵Lia engravidou mais uma vez e deu à luz outro filho. Chamou-o de Judá,ᵈ pois disse: "Agora louvarei ao Senhor!". Então, parou de ter filhos.

30

Quando Raquel viu que não dava filhos a Jacó, teve inveja da irmã e implorou a Jacó: "Dê-me filhos, ou morrerei!".

²Jacó se enfureceu com Raquel. "Por acaso sou Deus?", perguntou ele. "Foi ele que não permitiu que você tivesse filhos!"

³Raquel lhe disse: "Tome minha serva Bila e deite-se com ela. Ela dará à luz filhos em meu lugarᵉ e, por meio dela, também terei uma família". ⁴Então Raquel entregou sua serva Bila a Jacó por mulher, e Jacó se deitou com ela. ⁵Bila engravidou e deu um filho a Jacó. ⁶Raquel o chamou de Dã,ᶠ pois disse: "Deus me fez justiça! Ouviu meu pedido e me deu um filho!". ⁷Bila engravidou novamente e deu a Jacó o segundo filho. ⁸Raquel o chamou de Naftali,ᵍ pois disse: "Tive uma luta intensa com minha irmã e venci!".

⁹Quando Lia percebeu que tinha parado de engravidar, tomou sua serva Zilpa e a entregou a Jacó por mulher. ¹⁰Pouco tempo depois, Zilpa deu um filho a Jacó. ¹¹Lia o chamou de Gade,ʰ pois disse: "Como sou afortunada!". ¹²Então Zilpa deu a Jacó o segundo filho. ¹³Lia o chamou de Aser,ⁱ pois disse: "Como estou alegre! Agora as outras mulheres celebrarão comigo".

¹⁴Certo dia, durante a colheita do trigo, Rúben encontrou algumas mandrágoras que cresciam no campo e as trouxe para Lia, sua mãe. Raquel suplicou a Lia: "Por favor, dê-me algumas das mandrágoras de seu filho".

¹⁵Lia, porém, respondeu: "Não basta ter roubado meu marido? Agora também quer roubar as mandrágoras de meu filho?".

ª **29.32** *Rúben* significa "Veja, um filho!". O som do nome *Rúben* é semelhante à expressão hebraica que significa "Ele viu minha infelicidade". ᵇ **29.33** *Simeão* provavelmente significa "aquele que ouve". ᶜ **29.34** O som do nome *Levi* é semelhante ao termo hebraico que significa "ser apegado" ou "ter afeição por". ᵈ **29.35** O nome *Judá* é relacionado ao termo hebraico para "louvor". ᵉ **30.3** Em hebraico, *dará à luz nos meus joelhos*. ᶠ **30.6** *Dã* significa "ele julgou" ou "ele vindicou". ᵍ **30.8** *Naftali* significa "minha luta". ʰ **30.11** *Gade* significa "boa fortuna". ⁱ **30.13** *Aser* significa "feliz".

Raquel propôs: "Em troca de algumas mandrágoras, deixarei que Jacó se deite com você esta noite".

¹⁶Ao entardecer, quando Jacó estava voltando do campo, Lia foi ao seu encontro e disse: "Esta noite você deve se deitar comigo. Paguei por você com algumas mandrágoras que meu filho encontrou". Assim, naquela noite Jacó se deitou com Lia. ¹⁷Deus respondeu às orações de Lia, que engravidou novamente e deu a Jacó o quinto filho. ¹⁸Chamou-o de Issacar,ᵃ pois disse: "Deus me recompensou porque entreguei minha serva por mulher a meu marido". ¹⁹Lia engravidou outra vez e deu a Jacó o sexto filho. ²⁰Chamou-o de Zebulom,ᵇ pois disse: "Deus me deu uma boa recompensa. Agora meu marido me tratará com respeito, porque lhe dei seis filhos". ²¹Depois, Lia deu à luz uma filha e a chamou de Diná.

²²Então Deus se lembrou de Raquel e, em resposta a suas orações, permitiu que ela se tornasse fértil. ²³Ela engravidou e deu à luz um filho. "Deus tirou a minha humilhação", declarou, ²⁴e o chamou de José,ᶜ pois disse: "Que o SENHOR me acrescente ainda outro filho!".

As riquezas de Jacó aumentam

²⁵Logo depois que Raquel deu à luz José, Jacó disse a Labão: "Por favor, libere-me para que eu volte à minha terra natal. ²⁶Permita-me levar minhas mulheres e meus filhos, pelos quais o servi, e deixe-me partir. O senhor sabe muito bem como trabalhei arduamente a seu serviço".

²⁷Labão respondeu: "Se mereço seu favor, fique. Eu enriqueci, poisᵈ o SENHOR me abençoou por sua causa. ²⁸Diga-me qual será seu salário e, qualquer que seja o valor, eu lhe pagarei".

²⁹Jacó respondeu: "O senhor sabe como trabalhei arduamente a seu serviço e como seus rebanhos cresceram sob meus cuidados. ³⁰De fato, o senhor tinha pouco antes de eu chegar, mas sua riqueza aumentou consideravelmente. O SENHOR o abençoou por meio de tudo que eu fiz. Mas e quanto a mim? Quando começarei a cuidar de minha própria família?".

³¹"Quanto quer receber de salário?", perguntou Labão mais uma vez.

Jacó respondeu: "Não me dê coisa alguma. Se o senhor fizer o que lhe direi, continuarei a cuidar de seus rebanhos: ³²deixe-me inspecionar seus rebanhos hoje e remover todas as ovelhas e cabras salpicadas e malhadas, além de todas as ovelhas pretas. Elas serão o meu salário. ³³No futuro, quando o senhor conferir os animais que me deu como salário, verá que fui honesto. Se encontrar em meu rebanho alguma cabra que não seja salpicada ou malhada, ou alguma ovelha que não seja preta, saberá que as roubei do senhor".

³⁴"Está bem", respondeu Labão. "Será como você diz." ³⁵Naquele mesmo dia, porém, Labão saiu e tirou do rebanho todos os bodes listrados e malhados, todas as cabras salpicadas e malhadas ou com manchas brancas, e todas as ovelhas pretas. Colocou os animais sob os cuidados de seus filhos, ³⁶que os levaram a um lugar a três dias de viagem de onde Jacó estava. Assim, Jacó ficou e tomou conta do resto do rebanho de Labão.

³⁷Então Jacó pegou alguns galhos verdes de álamo, amendoeira e plátano e removeu tiras das cascas, formando listras brancas nos galhos. ³⁸Em seguida, colocou os galhos descascados junto aos bebedouros onde os rebanhos iam beber água, pois era ali que se acasalavam. ³⁹Quando se acasalavam diante desses galhos descascados com listras brancas, davam crias listradas, salpicadas e malhadas. ⁴⁰Jacó separava esses cordeiros do rebanho de Labão. Na época do cio, colocava o rebanho de frente para os animais listrados e pretos de Labão. Assim, Jacó foi formando seu próprio rebanho, que mantinha separado do de Labão.

⁴¹Sempre que as fêmeas mais fortes estavam no cio, Jacó colocava os galhos descascados nos bebedouros em frente delas, para que se acasalassem diante dos galhos. ⁴²Não fazia o mesmo, porém, com as fêmeas mais fracas, de modo que as crias mais fracas ficavam com Labão, e as mais fortes, com Jacó. ⁴³O resultado foi que Jacó se tornou muito rico, dono de grandes rebanhos e também de servos e servas e muitos camelos e jumentos.

ᵃ **30.18** O som do nome *Issacar* é semelhante ao do termo hebraico que significa "recompensa". ᵇ **30.20** *Zebulom* provavelmente significa "honra". ᶜ **30.24** *José* significa "que ele acrescente". ᵈ **30.27** Ou *Eu descobri por meio de adivinhação que*.

Jacó foge de Labão

31 Logo, porém, Jacó percebeu que os filhos de Labão estavam reclamando dele: "Jacó roubou tudo que era de nosso pai! À custa de nosso pai, adquiriu toda a sua riqueza!". ²Jacó também começou a notar uma mudança na atitude de Labão para com ele.

³Então o Senhor disse a Jacó: "Volte para a terra de seu pai e de seu avô, a terra de seus parentes, e eu estarei com você".

⁴Jacó mandou chamar Raquel e Lia ao campo onde ele cuidava de seus rebanhos ⁵e disse a elas: "Notei que seu pai mudou de atitude em relação a mim. O Deus de meu pai, porém, tem estado comigo. ⁶Vocês sabem como tenho trabalhado arduamente a serviço de seu pai. ⁷Contudo, ele me enganou e mudou meu salário dez vezes. Mas Deus não permitiu que ele me prejudicasse. ⁸Se ele dizia: 'Os salpicados serão o seu salário', o rebanho começava a dar crias salpicadas. E, quando mudava de ideia e dizia: 'Os listrados serão o seu salário', então o rebanho inteiro dava crias listradas. ⁹Desse modo, Deus tirou os animais de seu pai e os deu a mim.

¹⁰"Certa vez, na época do acasalamento, tive um sonho e vi que os bodes que se acasalavam com as cabras eram listrados, salpicados e malhados. ¹¹Então, em meu sonho, o anjo de Deus me disse: 'Jacó!'. E eu respondi: 'Aqui estou!'. ¹²"E o anjo disse: 'Levante os olhos e você verá que apenas os machos listrados, salpicados e malhados estão se acasalando com as fêmeas de seu rebanho, pois vejo como Labão tem tratado você. ¹³Eu sou o Deus que lhe apareceu em Betel,ᵃ o lugar onde você ungiu a coluna de pedra e fez seu voto a mim. Agora, apronte-se, saia desta terra e volte à sua terra natal'".

¹⁴Raquel e Lia responderam: "Da nossa parte, tudo bem! Afinal, não herdaremos coisa alguma da riqueza de nosso pai. ¹⁵Ele reduziu nossos direitos aos mesmos que têm as mulheres estrangeiras. Depois que nos vendeu, desperdiçou todo o dinheiro que você pagou por nós. ¹⁶Toda a riqueza que Deus tirou de nosso pai e deu a você é, por direito, nossa e de nossos filhos. Por isso, faça o que Deus ordenou".

¹⁷Então Jacó montou suas mulheres e seus filhos em camelos ¹⁸e conduziu adiante todos os seus rebanhos. Juntou todos os bens que havia adquirido em Padã-Arã e partiu para a terra de Canaã, onde vivia Isaque, seu pai. ¹⁹Quando partiram, Labão estava num lugar afastado, tosquiando suas ovelhas. Raquel roubou os ídolos da casa que pertenciam a seu pai e os levou consigo. ²⁰Assim, Jacó enganou Labão, o arameu, partindo sem avisá-lo de que iam embora. ²¹Jacó levou todos os

---

ᵃ **31.13** Conforme a Septuaginta e um targum aramaico; o hebraico traz *o Deus de Betel*.

31.13 Jacó fora mandado embora para Padã-Arã e ele poderia, talvez, ter se estabelecido lá se as coisas tivessem sido como ele queria. Assim sendo, permaneceu ali tempo o suficiente. Parecia quase ter se esquecido da casa de seu pai por causa dos cuidados com suas esposas e filhos e a vigilância que demandava o envolvimento com seus rebanhos que cresciam constantemente. Mas Deus não quis que ele permanecesse em Padã-Arã. Ele deveria levar uma vida separada em Canaã e, portanto, as coisas ficaram muito desconfortáveis em relação a Labão. Este não era um homem agradável para se conviver em nenhum momento, e começou a mostrar suas ideias esquisitas e ressentimentos, e boa parte desse espírito intrigante que havia um pouco em Jacó. Ele o recebeu de sua mãe, que era a verdadeira irmã de Labão, e que teve sua parcela de culpa nas falhas da família. Assim, houve intermináveis brigas, negociações e disputas, e os excessos de um lado e do outro — até que finalmente, conforme a vontade de Deus, Jacó não poderia mais suportar a situação. Então resolveu despedir-se daquela terra e voltar para a terra de sua parentela. Um anjo apareceu-lhe então para confortá-lo em seu retorno à casa de seu pai. O anjo falou em nome do Senhor e disse: "Eu sou o Deus que lhe apareceu em Betel", o que deve ter sugerido imediatamente a Jacó que o Senhor não havia mudado, especialmente em relação a ele. A ocorrência em Betel foi provavelmente a primeira ocasião especial em que ele conheceu o Senhor e, embora muitos anos tivessem se passado, Deus vem a ele como o mesmo Deus de anteriormente. "Eu sou o Deus que lhe apareceu em Betel". [...] Irmãos, que misericórdia termos um Deus imutável. Todo o resto muda. Aquela lua, que há pouco estava cheia, pode ser vista agora jovem e nova de novo, e logo ela encherá suas bordas. Tudo sob seus feixes muda como ela mesma. Nunca estamos em um mesmo estágio e nossas circunstâncias estão sempre variando. Tu, porém, ó Deus, és sempre o mesmo, e os Teus anos jamais terão fim.

seus bens e atravessou o rio Eufrates,ᵃ rumo à região montanhosa de Gileade.

Conflito entre Labão e Jacó

²²Três dias depois, Labão foi informado de que Jacó havia fugido. ²³Reuniu um grupo de parentes e saiu em perseguição a Jacó. Sete dias depois o alcançou, na região montanhosa de Gileade. ²⁴Na noite anterior, porém, Deus havia aparecido em sonho a Labão, o arameu, e dito a ele: "Estou avisando: deixe Jacó em paz!".

²⁵Labão o alcançou enquanto Jacó estava acampado na região montanhosa de Gileade e armou seu acampamento ali perto. ²⁶"O que você fez?", perguntou Labão. "Como ousou me enganar e levar minhas filhas embora, como se fossem prisioneiras de guerra? ²⁷Por que fugiu em segredo? Por que me enganou? E por que não avisou que desejava partir? Eu lhe teria dado uma festa de despedida, com canções e música, ao som de tamborins e harpas. ²⁸Por que não me deixou beijar minhas filhas e meus netos e me despedir deles? Você agiu de forma extremamente tola! ²⁹Eu poderia destruí-lo, mas o Deus de seu pai me apareceu ontem à noite e me advertiu: 'Deixe Jacó em paz!'. ³⁰Entendo sua vontade de partir e seu desejo de voltar à casa de seu pai. Mas por que roubou meus deuses?"

³¹Jacó respondeu: "Fugi porque tive medo. Pensei que o senhor tiraria suas filhas de mim à força. ³²Quanto a seus deuses, veja se consegue encontrá-los, e quem os tiver roubado deve morrer! Se encontrar qualquer outra coisa que lhe pertença, identifique-a diante de todos estes nossos parentes, e eu a devolverei". Jacó, porém, não sabia que Raquel havia roubado os ídolos da casa.

³³Labão foi procurar primeiro na tenda de Jacó e, depois, nas tendas de Lia e das duas servas, mas nada encontrou. Por fim, entrou na tenda de Raquel. ³⁴Acontece que Raquel havia pego os ídolos da casa e os escondido na sela do seu camelo, e estava sentada em cima deles. Quando Labão terminou de vasculhar toda a sua tenda sem encontrar os ídolos, ³⁵Raquel disse ao pai: "Por favor, perdoe-me por não me levantar para o senhor, mas estou em meu período menstrual". Labão continuou a busca, mas não encontrou os ídolos da casa.

³⁶Jacó se enfureceu e discutiu com Labão. "Qual foi o meu crime?", perguntou ele. "O que fiz de errado para o senhor me perseguir como se eu fosse um criminoso? ³⁷O senhor vasculhou todos os meus bens. Por acaso encontrou algum objeto que lhe pertença? Coloque-o aqui, diante de nossos parentes, para que todos vejam. Que eles julguem entre nós dois!

³⁸"Estive vinte anos com o senhor, cuidando de seus rebanhos. Ao longo de todo esse tempo, suas ovelhas e cabras nunca abortaram. Não me servi de um carneiro sequer de seu rebanho para alimento. ³⁹Quando algum deles era despedaçado por um animal selvagem, eu nunca lhe mostrava a carcaça. Não, eu mesmo arcava com o prejuízo! O senhor me obrigava a pagar por todo animal roubado, quer à plena luz do dia, quer na escuridão da noite.

⁴⁰"Trabalhei para o senhor em dias de calor escaldante e também em noites frias e insones. ⁴¹Sim, por vinte anos trabalhei feito um escravo em sua casa! Trabalhei catorze anos por suas duas filhas e, depois, mais seis anos para formar meu rebanho. E dez vezes o senhor mudou meu salário. ⁴²De fato, se o Deus de meu pai não estivesse comigo, o Deus de Abraão e o Deus temível de Isaque,ᵇ o senhor teria me mandado embora de mãos vazias. Mas Deus viu como fui maltratado, apesar de meu árduo trabalho. Por isso ele lhe apareceu na noite passada e o repreendeu!"

O acordo entre Labão e Jacó

⁴³Labão respondeu a Jacó: "Essas mulheres são minhas filhas, as crianças são meus netos, e os rebanhos são meus rebanhos. Na verdade, tudo que você vê é meu. Mas o que posso fazer agora por minhas filhas e pelos filhos delas? ⁴⁴Façamos, portanto, você e eu, uma aliança que sirva de testemunho do nosso compromisso".

⁴⁵Então Jacó pegou uma pedra e a colocou em pé como monumento. ⁴⁶Em seguida, disse aos membros de sua família: "Juntem algumas pedras". Eles pegaram as pedras e as amontoaram. Jacó e Labão se sentaram perto do monte de pedras e fizeram uma refeição para selar a

---

ᵃ **31.21** Em hebraico, *o rio*. ᵇ **31.42** Ou *e o Temor de Isaque*.

aliança. ⁴⁷A fim de comemorar a ocasião, Labão chamou o lugar de Jegar-Saaduta, e Jacó o chamou de Galeede.ª

⁴⁸Labão declarou: "Este monte de pedras servirá de testemunha para nos lembrar da aliança que fizemos hoje". Isso explica por que o lugar foi chamado de Galeede. ⁴⁹Também foi chamado de Mispá,ᵇ pois Labão disse: "Vigie o SENHOR a você e a mim para garantir que guardaremos esta aliança quando estivermos longe um do outro. ⁵⁰Se você maltratar minhas filhas ou se casar com outras mulheres, mesmo que ninguém mais veja, Deus verá. Ele é testemunha desta aliança entre nós."

⁵¹"Veja este monte de pedras", prosseguiu Labão. "Veja também este monumento que levantei entre nós dois. ⁵²Estão entre mim e você como testemunhas dos nossos votos. Nunca atravessarei para o lado de lá do monte de pedras a fim de prejudicá-lo, e você jamais deve atravessar para o lado de cá a fim de prejudicar-me. ⁵³Invoco o Deus de nossos antepassados, o Deus de seu avô Abraão e o Deus de meu avô Naor, para que sirva de juiz entre nós."

Assim, diante do Deus temível de seu pai, Isaque,ᶜ Jacó jurou respeitar a linha divisória. ⁵⁴Então Jacó ofereceu sacrifício a Deus na montanha e convidou todos para a refeição comemorativa. Depois de comerem, passaram a noite ali.

⁵⁵ᵈNa manhã seguinte, Labão se levantou cedo, beijou seus netos e suas filhas e os abençoou. Depois, partiu e voltou para casa.

32 ¹ᵉQuando Jacó seguiu viagem, anjos de Deus vieram encontrar-se com ele. ²Ao vê-los, Jacó exclamou: "Este é o acampamento de Deus!". Por isso, chamou o lugar de Maanaim.ᶠ

Jacó envia presentes a Esaú

³Então Jacó enviou adiante dele mensageiros a seu irmão Esaú, que vivia na região de Seir, na terra de Edom. ⁴Disse-lhes: "Deem a seguinte mensagem ao meu senhor Esaú: 'Assim diz seu servo Jacó: Até o momento, estava morando com nosso tio Labão ⁵e, agora, tenho bois, jumentos, rebanhos de ovelhas e cabras, além de muitos servos e servas. Enviei estes mensageiros para informar meu senhor da minha chegada, na esperança de que me receba amistosamente'".

⁶Depois de transmitirem a mensagem, voltaram a Jacó e lhe disseram: "Estivemos com seu irmão Esaú, e ele está vindo ao seu encontro com um bando de quatrocentos homens!". ⁷Quando ouviu a notícia, Jacó ficou apavorado. Dividiu em dois grupos sua família e seus servos, e também os rebanhos, os bois e os camelos, ⁸pois pensou: "Se Esaú encontrar um dos grupos e atacá-lo, talvez o outro consiga escapar".

⁹Então Jacó orou: "Ó Deus de meu avô, Abraão, e Deus de meu pai, Isaque; ó SENHOR, tu me disseste: 'Volte para sua terra natal, para seus parentes'. E prometeste: 'Tratarei bem de você'. ¹⁰Não sou digno de toda a bondade e fidelidade que tens mostrado a mim, teu servo. Quando saí de casa e atravessei o rio Jordão, não possuía nada além de um cajado. Agora, minha família e meus servos formam duas caravanas! ¹¹Por favor, salva-me de meu irmão, Esaú. Estou com medo de que ele venha atacar tanto a mim quanto a minhas mulheres e meus filhos. ¹²Mas tu prometeste: 'Certamente tratarei bem de você e multiplicarei seus descendentes até que se tornem tão numerosos quanto a areia à beira do mar, que não se pode contar'".

ª**31.47** *Jegar-Saaduta* e *Galeede* significam "monte de pedras do testemunho", em aramaico e hebreu, respectivamente. ᵇ**31.49** *Mispá* significa "torre de vigia". ᶜ**31.53** Ou *do Temor de seu pai, Isaque*. ᵈ**31.55** No texto hebraico, o versículo 31.55 é numerado 32.1. ᵉ**32.1** No texto hebraico, os versículos 32.1-32 são numerados 32.2-33. ᶠ**32.2** *Maanaim* significa "dois acampamentos".

32.4,5 Esta é uma linguagem muito respeitosa, e bastante submissa, também. Mas quando um homem sabe que fez mal a outro, deve estar preparado para humilhar-se perante o indivíduo ferido e, embora tivesse acontecido há muito tempo, contudo, Jacó realmente havia ferido seu irmão Esaú. Por isso, era justo que ao encontrá-lo novamente, ele se colocasse em uma posição humilde diante de seu irmão. Há algumas pessoas orgulhosas que, quando sabem que fizeram o mal, não o admitem. E é muito difícil terminar uma briga, quando um não cede e o outro decide que também não cederá. Mas há uma boa esperança de que as coisas passarão a ir bem quando Jacó, que é o melhor dos dois irmãos, é também o mais humilde dos dois.

¹³Jacó passou a noite ali. Depois, escolheu entre seus bens os seguintes presentes para seu irmão, Esaú: ¹⁴duzentas cabras, vinte bodes, duzentas ovelhas, vinte carneiros, ¹⁵trinta fêmeas de camelo com seus filhotes, quarenta vacas, dez touros, vinte jumentas e dez jumentos. ¹⁶Dividiu esses animais em rebanhos, entregou cada rebanho a um servo e lhes disse: "Vão à minha frente com os animais, mas mantenham certa distância entre os rebanhos".

¹⁷Aos homens encarregados do primeiro grupo, deu as seguintes instruções: "Quando meu irmão, Esaú, se encontrar com vocês, ele perguntará: 'De quem são servos? Para onde vão? Quem é o dono destes animais?'. ¹⁸Respondam: 'Eles pertencem ao seu servo Jacó, mas são um presente para Esaú, o senhor dele. Veja, ele está vindo atrás de nós'".

¹⁹Jacó deu a mesma instrução aos encarregados do segundo e do terceiro grupo e a todos que seguiam os rebanhos: "Digam a mesma coisa a Esaú quando o encontrarem, ²⁰e não se esqueçam de acrescentar: 'Veja, seu servo Jacó está vindo atrás de nós'".

Jacó pensou: "Tentarei apaziguá-lo com os presentes que estou enviando à minha frente. Quando o vir, quem sabe ele me receberá amistosamente". ²¹Assim, os presentes foram enviados à frente, enquanto Jacó passou aquela noite no acampamento.

Jacó luta com Deus

²²Durante a noite, Jacó se levantou, tomou suas duas mulheres, suas duas servas e seus onze filhos e atravessou com eles o rio Jaboque. ²³Depois de levá-los para a outra margem, fez passar todos os seus bens.

²⁴Com isso, Jacó ficou sozinho no acampamento. Veio então um homem, que lutou com ele até o amanhecer. ²⁵Quando o homem viu que não poderia vencer, tocou a articulação do quadril de Jacó e a deslocou. ²⁶O homem disse: "Deixe-me ir, pois está amanhecendo!".

Jacó, porém, respondeu: "Não o deixarei ir enquanto não me abençoar".

²⁷"Qual é seu nome?", perguntou o homem.

"Jacó", respondeu ele.

²⁸O homem disse: "Seu nome não será mais Jacó. De agora em diante, você se chamará Israel,[a] pois lutou com Deus e com os homens e venceu".

²⁹"Por favor, diga-me qual é seu nome", disse Jacó.

"Por que quer saber meu nome?", replicou o homem. E abençoou Jacó ali.

³⁰Jacó chamou aquele lugar de Peniel,[b] pois disse: "Vi Deus face a face e, no entanto, minha vida foi poupada". ³¹O sol estava nascendo quando Jacó partiu de Peniel,[c] mancando por causa do quadril deslocado. ³²(Até hoje, o povo de Israel não come o tendão perto da articulação do quadril, por causa do que aconteceu

---

[a] **32.28** *Israel* significa "Deus luta". [b] **32.30** *Peniel* significa "face de Deus". [c] **32.31** Em hebraico, *Penuel*, variação de Peniel.

32.13,21 Se Jacó tivesse sido fiel à sua fé em Deus, ele teria dispensado esses preparativos muito prudentes, pois, afinal, a fidelidade de Deus era a melhor de suas defesas! Foi de Deus que veio a sua segurança — não de sua própria conspiração, planejamento e esquemas. Há alguns de vocês, queridos irmãos e irmãs, que têm mentes voltadas naturalmente às invenções, artifícios, planos e tramas — e creio que, onde isso se aplicar, vocês têm mais para combater do que aqueles que têm a mente aberta e que dependem mais inteiramente do Senhor. É uma bênção ser tão tolo que não se conheça ninguém em quem confiar, exceto o seu Deus. É algo tão doce estar separado de sua sabedoria a ponto de se lançar nos braços de Deus. No entanto, se você crê que é correto fazer planos como Jacó, tome cuidado para fazer o que Jacó também fez. Ore, bem como planeje, e se seus planos forem muitos, que suas orações sejam ainda mais fervorosas, a fim de que a tendência natural de sua constituição não se degrade na dependência de sua própria força e de sua própria sabedoria, em vez de na confiança absoluta em Deus.

32.24 Era o Homem Jesus Cristo na forma humana, antes do tempo em que realmente encarnaria! E a luta parece ter sido mais de Sua parte do que da parte de Jacó, pois não se diz que Jacó lutou, mas que "Veio então um homem, que lutou com ele". Havia algo que precisava ser extraído de Jacó — sua força e sua astúcia — e este Anjo veio para tirar-lhe essas coisas. Por outro lado, Jacó avistou a sua oportunidade e, estando o Anjo lutando com ele, por sua vez, ele começou a lutar com o Anjo.

naquela noite em que o homem feriu o tendão do quadril de Jacó.)

A reconciliação de Jacó e Esaú

33 Jacó levantou os olhos e viu Esaú aproximando-se com seus quatrocentos homens. Assim, dividiu os filhos entre Lia, Raquel e as duas servas. ²Colocou as servas e os filhos delas à frente, Lia e seus filhos em seguida, e Raquel e José por último. ³Jacó passou à frente e, ao aproximar-se de seu irmão, curvou-se até o chão sete vezes. ⁴Esaú correu ao encontro de Jacó e o abraçou; pôs os braços em volta do pescoço do irmão e o beijou. E os dois choraram.

⁵Então Esaú viu as mulheres e as crianças e perguntou: "Quem são estas pessoas que estão com você?".

Jacó respondeu: "São os filhos que Deus, em sua bondade, concedeu a seu servo". ⁶As servas e seus filhos se aproximaram e se curvaram diante de Esaú. ⁷Em seguida, Lia e seus filhos vieram e se curvaram diante dele. Por fim, José e Raquel se aproximaram e se curvaram diante dele.

⁸"E o que eram todos aqueles rebanhos que encontrei no caminho?", perguntou Esaú.

Jacó respondeu: "São presentes, meu senhor, para garantir sua amizade".

⁹"Meu irmão, eu já tenho muitos bens", disse Esaú. "Guarde para você o que é seu."

¹⁰Mas Jacó insistiu: "Não! Se obtive seu favor, peço que aceite meu presente. E que alívio é ver seu sorriso amigável! É como ver a face de Deus! ¹¹Por favor, aceite o presente que eu lhe trouxe, pois Deus tem sido muito bondoso comigo. Tenho mais que suficiente". Diante da insistência de Jacó, Esaú acabou aceitando o presente.

¹²Então Esaú disse: "Vamos andando. Eu o acompanharei".

¹³Jacó, porém, respondeu: "Como meu senhor pode ver, algumas das crianças são bem pequenas, e os rebanhos também têm crias. Se os forçarmos demais, mesmo que por um dia, pode ser que os animais morram. ¹⁴Por favor, meu senhor, vá adiante do seu servo. Seguiremos mais devagar, em um ritmo que os rebanhos e as crianças possam acompanhar. Encontrarei com meu senhor em Seir".

¹⁵"Está bem", disse Esaú. "Mas, pelo menos, permita-me deixar alguns dos meus homens para acompanhá-lo."

Jacó respondeu: "Não é necessário. Para mim, ter sido bem recebido por meu senhor já é o bastante!".

¹⁶Esaú deu meia-volta e regressou a Seir naquele mesmo dia. ¹⁷Jacó, por sua vez, viajou até Sucote, onde construiu uma casa para si e abrigos para seus rebanhos. Por isso, aquele lugar é chamado de Sucote.ᵃ

¹⁸Depois de percorrer todo o caminho desde Padã-Arã, Jacó chegou em segurança à cidade de Siquém, na terra de Canaã, e acampou em seus arredores. ¹⁹Jacó comprou da família de Hamor, pai de Siquém, o terreno onde estava acampado, por cem peças de prata.ᵇ ²⁰Ali, construiu um altar e o chamou de El-Elohe-Israel.ᶜ

Vingança contra Siquém

34 Certa vez, Diná, filha de Jacó e Lia, saiu para visitar algumas moças que viviam na região. ²O príncipe daquela terra era Siquém, filho de Hamor, o heveu. Quando ele viu Diná, a agarrou e a violentou, ³mas depois apaixonou-se por ela e tentou conquistar sua afeição com palavras carinhosas. ⁴Disse a seu pai, Hamor: "Consiga-me essa moça, pois quero me casar com ela".

⁵Jacó logo soube que Siquém tinha violentado Diná, sua filha. Mas, como seus filhos estavam no campo cuidando dos rebanhos, não disse nada até que eles voltassem. ⁶Hamor, pai de Siquém, foi tratar da questão com Jacó. ⁷Nesse meio-tempo, os filhos de Jacó voltaram do campo assim que souberam o que havia acontecido. Ficaram abalados e furiosos porque sua irmã havia sido violentada. Siquém tinha cometido um ato vergonhoso contra a família de Jacó,ᵈ algo que jamais se deve fazer.

⁸Hamor fez um pedido a Jacó e seus filhos: "Meu filho Siquém se apaixonou por sua filha. Por favor, permitam que ele se case com ela. ⁹Aliás, podemos arranjar outros casamentos: vocês entregam suas filhas para nossos filhos, e

---

ᵃ **33.17** *Sucote* significa " abrigos". ᵇ **33.19** Em hebraico, *100 quesitas*; não se sabe mais o peso ou o valor da quesita. ᶜ **33.20** *El-Elohe-Israel* significa "Deus, o Deus de Israel". ᵈ **34.7** Em hebraico, *coisa vergonhosa em Israel*.

²⁷Então Jacó voltou à casa de seu pai, Isaque, em Manre, perto de Quiriate-Arba (hoje chamada Hebrom), onde Abraão e Isaque viveram como estrangeiros. ²⁸Isaque viveu 180 anos. ²⁹Deu o último suspiro e, ao morrer em boa velhice, reuniu-se a seus antepassados. Seus filhos, Esaú e Jacó, o sepultaram.

Os descendentes de Esaú

36 Este é o relato dos descendentes de Esaú (também chamado Edom). ²Esaú se casou com duas moças de Canaã: Ada, filha de Elom, o hitita, e Oolibama, filha de Aná e neta de Zibeão, o heveu. ³Também se casou com sua prima Basemate, que era filha de Ismael e irmã de Nebaiote. ⁴Ada deu à luz um filho chamado Elifaz. Basemate deu à luz um filho chamado Reuel. ⁵Oolibama deu à luz filhos chamados Jeús, Jalão e Corá. Todos esses filhos nasceram a Esaú na terra de Canaã.

⁶Esaú tomou suas mulheres, seus filhos e filhas e todos os de sua casa, além de seus rebanhos e o gado, toda a riqueza que havia adquirido na terra de Canaã, e se mudou para longe de seu irmão, Jacó. ⁷Seus rebanhos e bens eram tantos que a terra onde moravam não era suficiente para sustentá-los. ⁸Portanto, Esaú (também chamado Edom) se estabeleceu na região montanhosa de Seir.

⁹Este é o relato dos descendentes de Esaú, os edomitas, que viviam na região montanhosa de Seir.

¹⁰Estes são os nomes dos filhos de Esaú: Elifaz, filho de Ada, mulher de Esaú; e Reuel, filho de Basemate, mulher de Esaú. ¹¹Os descendentes de Elifaz foram: Temã, Omar, Zefô, Gaetã e Quenaz. ¹²Timna, concubina de Elifaz, filho de Esaú, deu à luz um filho chamado Amaleque. Esses são os descendentes de Ada, mulher de Esaú.

¹³Os descendentes de Reuel foram: Naate, Zerá, Samá e Mizá. Esses são os descendentes de Basemate, mulher de Esaú.

¹⁴Esaú também teve filhos com Oolibama, filha de Aná, neta de Zibeão. Seus nomes eram: Jeús, Jalão e Corá.

¹⁵Estes são os descendentes de Esaú que se tornaram chefes de vários clãs:

Os descendentes de Elifaz, filho mais velho de Esaú, se tornaram chefes dos clãs de Temã, Omar, Zefô, Quenaz, ¹⁶Corá, Gaetã e Amaleque. Esses são os chefes de clãs descendentes de Elifaz na terra de Edom. Todos eles foram descendentes de Ada, mulher de Esaú.

¹⁷Os descendentes de Reuel, filho de Esaú, se tornaram chefes dos clãs de Naate, Zaerá, Samá e Mizá. Esses são os chefes dos clãs descendentes de Reuel na terra de Edom. Todos eles foram descendentes de Basemate, mulher de Esaú.

¹⁸Os descendentes de Esaú e sua mulher Oolibama se tornaram os chefes dos clãs de Jeús, Jalão e Corá. Esses são os chefes dos clãs descendentes de Oolibama, mulher de Esaú, filha de Aná.

¹⁹Esses são os clãs que descenderam de Esaú (também chamado de Edom), cada um identificado pelo nome de seu chefe.

Os habitantes originais de Edom

²⁰Estes são os nomes das tribos que descenderam de Seir, o horeu, que habitavam na terra de Edom: Lotã, Sobal, Zibeão e Aná, ²¹Disom, Ézer e Disã. Estes são os chefes dos clãs horeus, descendentes de Seir, que habitavam na terra de Edom.

²²Os descendentes de Lotã foram: Hori e Hemã. A irmã de Lotã se chamava Timna.

²³Os descendentes de Sobal foram: Alvã, Manaate, Ebal, Sefô e Onã.

²⁴Os descendentes de Zibeão foram: Aiá e Aná. (Foi este Aná que descobriu as fontes de águas quentes no deserto enquanto levava os jumentos de seu pai para pastar.)

²⁵Os descendentes de Aná foram: seu filho Disom e sua filha Oolibama.

²⁶Os descendentes de Disom[a] foram: Hendã, Esbã, Itrã e Querã.

²⁷Os descendentes de Ézer foram: Bilã, Zaavã e Acã.

²⁸Os descendentes de Disã foram Uz e Arã.

²⁹Estes, portanto, foram os chefes dos clãs horeus: Lotã, Sobal, Zibeão, Aná, ³⁰Disom, Ézer e Disã. Os clãs horeus são identificados pelo nome de seus chefes, que habitavam na terra de Seir.

---

[a] **36.26** Em hebraico, *Disam*, variação de Disom; comparar com 36.21,28.

Reis de Edom

³¹Estes são os reis que governaram na terra de Edom antes de os israelitas terem rei:ᵃ

³²Belá, filho de Beor, reinou em Edom, na cidade de Dinabá.

³³Quando Belá morreu, Jobabe, filho de Zerá, de Bozra, foi seu sucessor.

³⁴Quando Jobabe morreu, Husã, da terra dos temanitas, foi seu sucessor.

³⁵Quando Husã morreu, Hadade, filho de Bedade, foi seu sucessor na cidade de Avite. Foi Hadade quem derrotou os midianitas na terra de Moabe.

³⁶Quando Hadade morreu, Samlá, da cidade de Masreca, foi seu sucessor.

³⁷Quando Samlá morreu, Saul, da cidade de Reobote, próxima ao Eufrates,ᵇ foi seu sucessor.

³⁸Quando Saul morreu, Baal-Hanã, filho de Acbor, foi seu sucessor.

³⁹Quando Baal-Hanã, filho de Acbor, morreu, Hadadeᶜ foi seu sucessor na cidade de Paú. Sua mulher era Meetabel, filha de Matrede e neta de Mezaabe.

⁴⁰Estes são os nomes dos chefes dos clãs descendentes de Esaú, que habitavam nos lugares que têm seus nomes: Timna, Alvá, Jetete, ⁴¹Oolibama, Elá, Pinom, ⁴²Quenaz, Temã, Mibzar, ⁴³Magdiel e Irã. Esses são os chefes dos clãs de Edom, relacionados de acordo com seus assentamentos na terra que ocupavam. Todos eles foram descendentes de Esaú, antepassado dos edomitas.

Os sonhos de José

37 Jacó passou a morar na terra de Canaã, onde seu pai tinha vivido como estrangeiro.

²Este é o relato de Jacó e sua família. Quando José tinha 17 anos, cuidava dos rebanhos de seu pai. Trabalhava com seus meios-irmãos, os filhos de Bila e Zilpa, mulheres de seu pai, e contava para seu pai algumas das coisas erradas que seus irmãos faziam.

³Jacóᵈ amava José mais que a qualquer outro de seus filhos, pois José havia nascido quando Jacó era idoso. Por isso, certo dia Jacó encomendou um presente especial para José: uma linda túnica.ᵉ ⁴Os irmãos de José, por sua vez, o odiavam, pois o pai deles o amava mais que a todos os outros filhos. Não eram capazes de lhe dizer uma única palavra amigável.

⁵Certa noite, José teve um sonho e, quando o contou a seus irmãos, eles o odiaram ainda mais. ⁶"Ouçam este sonho que tive", disse ele. ⁷"Estávamos no campo, amarrando feixes de trigo. De repente, meu feixe se levantou e ficou em pé, e seus feixes se juntaram ao redor do meu e se curvaram diante dele!"

⁸Seus irmãos responderam: "Você imagina que será nosso rei? Pensa mesmo que nos governará?". E o odiaram ainda mais por causa de seus sonhos e da maneira como os contava.

⁹Pouco tempo depois, José teve outro sonho e, mais uma vez, contou-o a seus irmãos. "Ouçam, tive outro sonho", disse ele. "O sol, a lua e onze estrelas se curvavam diante de mim!"

¹⁰Dessa vez, contou o sonho não apenas aos irmãos, mas também ao pai, que o repreendeu, dizendo: "Que sonho é esse? Por acaso eu, sua mãe e seus irmãos viremos e nos curvaremos até o chão diante de você?". ¹¹Os irmãos de José ficaram com inveja dele, mas seu pai se perguntou qual seria o significado dos sonhos.

José é vendido como escravo

¹²Pouco depois, os irmãos de José levaram os rebanhos de seu pai para pastar junto de Siquém. ¹³Então Jacó disse a José: "Seus irmãos estão cuidando das ovelhas em Siquém. Apronte-se, e eu o enviarei até eles".

"Estou pronto para ir", respondeu José.

¹⁴"Vá ver como estão seus irmãos e os rebanhos", disse Jacó. "E traga-me notícias deles." Jacó o enviou, e José viajou de sua casa no vale de Hebrom até Siquém.

¹⁵Quando José chegou a Siquém, um homem da região notou que ele andava perdido pelos campos. "O que você está procurando?", perguntou o homem.

¹⁶"Estou procurando meus irmãos", respondeu José. "O senhor sabe onde eles estão cuidando dos rebanhos?"

ᵃ**36.31** Ou *antes de um rei israelita governá-los*. ᵇ**36.37** Em hebraico, *ao rio*. ᶜ**36.39** Conforme alguns manuscritos hebraicos, o Pentateuco Samaritano e a versão siríaca (ver tb. 1Cr 1.50); a maioria dos manuscritos hebraicos traz *Hadar*. ᵈ**37.3a** Em hebraico, *Israel*; também em 37.13. Ver nota em 35.21. ᵉ**37.3b** Traduzido tradicionalmente como *uma túnica de várias cores*. O significado exato do hebraico é incerto.

que o SENHOR estava com José e lhe dava sucesso em tudo que ele fazia. ⁴Satisfeito com isso, nomeou José seu assistente pessoal e o encarregou de toda a sua casa e de todos os seus bens. ⁵A partir do dia em que José foi encarregado de toda a casa e de todas as propriedades de Potifar, o SENHOR começou a abençoar a casa do egípcio por causa de José. Tudo corria bem na casa, e as plantações e os animais prosperavam. ⁶Assim, Potifar entregou tudo que possuía aos cuidados de José e, tendo-o como administrador, não se preocupava com nada, exceto com o que iria comer.

José era um rapaz muito bonito, de bela aparência, ⁷e logo a esposa de Potifar começou a olhar para ele com desejo. "Venha e deite-se comigo", ordenou ela.

⁸José recusou e disse: "Meu senhor me confiou todos os bens de sua casa e não precisa se preocupar com nada. ⁹Ninguém aqui tem mais autoridade que eu. Ele não me negou coisa alguma, exceto a senhora, pois é mulher dele. Como poderia eu cometer tamanha maldade? Estaria pecando contra Deus!".

¹⁰A mulher continuava a assediar José diariamente, mas ele se recusava a deitar-se com ela. ¹¹Certo dia, porém, quando José entrou para fazer seu trabalho, não havia mais ninguém na casa. ¹²Ela se aproximou, agarrou-o pelo manto e exigiu: "Venha, deite-se comigo!". José se desvencilhou e fugiu da casa, mas o manto ficou na mão da mulher.

¹³Quando ela viu que José tinha fugido, mas que o manto havia ficado na mão dela, ¹⁴chamou seus servos. "Vejam!", disse ela. "Meu marido trouxe esse escravo hebreu para nos fazer de bobos! Ele entrou no meu quarto para me violentar, mas eu gritei. ¹⁵Quando ele me ouviu gritar, saiu correndo e escapou, mas largou seu manto comigo."

¹⁶Ela guardou o manto até o marido voltar para casa. ¹⁷Então, contou-lhe sua versão da história. "O escravo hebreu que você trouxe para nossa casa tentou aproveitar-se de mim", disse ela. ¹⁸"Mas, quando eu gritei, ele saiu correndo e largou seu manto comigo!"

José é preso

¹⁹Ao ouvir a mulher contar como José a havia tratado, Potifar se enfureceu. ²⁰Pegou José e o lançou na prisão onde ficavam os prisioneiros do rei, e ali José permaneceu. ²¹Mas o SENHOR estava com ele na prisão e o tratou com bondade. Fez José conquistar a simpatia do carcereiro, que, ²²em pouco tempo, encarregou José de todos os outros presos e de todas as tarefas da prisão. ²³O carcereiro não precisava mais se preocupar com nada, pois José cuidava de tudo. O SENHOR estava com ele e lhe dava sucesso em tudo que ele fazia.

José interpreta o sonho de dois prisioneiros

40 Algum tempo depois, o chefe dos copeiros e o chefe dos padeiros do faraó ofenderam seu senhor, o rei do Egito. ²O faraó se enfureceu com os dois oficiais ³e os mandou para a prisão onde José estava, no palácio do capitão da guarda. ⁴Eles ficaram presos por um bom tempo, e o capitão da guarda os colocou sob a responsabilidade de José, para que cuidasse deles.

⁵Certa noite, enquanto estavam presos, o copeiro e o padeiro tiveram, cada um, um sonho, e cada sonho tinha o seu significado. ⁶Quando José os viu no dia seguinte, notou que os dois estavam perturbados ⁷e perguntou: "Por que vocês estão preocupados?".

⁸Eles responderam: "Esta noite, nós dois tivemos sonhos, mas ninguém sabe nos dizer o que significam".

---

estava seguro, porque Deus estava com ele. Quando veio para casa de Potifar como escravo, o Senhor estava com [José] e ele tornou-se próspero! A mudança de cenário não foi uma mudança de sua mais querida companhia! Ele não encenou uma postura e fez uma exibição de suas grandes intenções, mas trabalhou onde estava e executou os deveres comuns com grande cordialidade — porque o Senhor estava com ele! [...] Sem dúvida, prestou um serviço servil na casa no início, e depois, gradualmente, foi elevado ao cargo de administrador do estabelecimento. O verdadeiro homem de Deus está pronto para qualquer coisa — ele não suspira por posição, mas aceita o estado em que se encontra — e faz o bem onde se encontra, por amor do Senhor. Deus estava com José, não obstante, ele tivesse sido lançado na prisão. José *sabia* que Deus estava com ele na prisão, e, portanto, não ficou sentado lamentando-se em sua tristeza, mas procurou tirar o melhor proveito de sua aflição.

"A interpretação dos sonhos vem de Deus", disse José. "Contem-me o que sonharam."

⁹O chefe dos copeiros foi o primeiro a relatar seu sonho a José. "Em meu sonho, vi na minha frente uma videira", disse ele. ¹⁰"Havia três ramos que começaram a brotar e florescer e, em pouco tempo, produziram cachos de uvas. ¹¹Eu tinha na mão o copo do faraó. Tomei um dos cachos de uva, espremi o suco na taça e a coloquei na mão do faraó."

¹²José disse: "Este é o significado do sonho: os três ramos representam três dias. ¹³Dentro de três dias, o faraó o elevará de volta ao seu cargo de chefe dos copeiros. ¹⁴Quando a situação estiver bem para você, peço que se lembre de mim. Fale de mim ao faraó, para que ele me tire deste lugar, ¹⁵pois fui trazido à força da minha terra natal, a terra dos hebreus, e agora estou nesta prisão, onde fui lançado sem motivo justo".

¹⁶Ao ouvir a interpretação favorável de José para o primeiro sonho, o chefe dos padeiros lhe disse: "Também tive um sonho. Nele, havia três cestos de pães brancos empilhados sobre a minha cabeça. ¹⁷No cesto de cima, havia pães e doces de todo tipo para o faraó, mas as aves vieram e comeram do cesto que estava sobre a minha cabeça".

¹⁸José lhe disse: "Este é o significado do sonho: os três cestos também representam três dias. ¹⁹Dentro de três dias, o faraó pendurará sua cabeça em um poste, e as aves comerão sua carne".

²⁰Três dias depois, era o aniversário do faraó, e ele preparou um banquete para todos os seus oficiais e funcionários. Convocou o chefe dos copeiros e o chefe dos padeiros para comparecerem à festa. ²¹Elevou o chefe dos copeiros de volta a seu cargo, para que voltasse a entregar o copo ao faraó. ²²Quanto ao chefe dos padeiros, mandou enforcá-lo, como José havia previsto ao interpretar o sonho dele. ²³O chefe dos copeiros, porém, se esqueceu completamente de José e não pensou mais nele.

O sonho do faraó

41 Dois anos inteiros se passaram, e o faraó sonhou que estava em pé na margem do rio Nilo. ²Em seu sonho, viu sete vacas gordas e saudáveis saírem do rio e começarem a pastar no meio dos juncos. ³Em seguida, viu outras sete vacas saírem do Nilo. Eram feias e magras e pararam junto das vacas gordas à beira do rio. ⁴Então as vacas feias e magras comeram as sete vacas gordas e saudáveis. Nessa parte do sonho, o faraó acordou.

⁵Depois, voltou a dormir e teve outro sonho. Dessa vez, viu sete espigas de trigo, cheias e boas, que cresciam em um só talo. ⁶Em seguida, apareceram mais sete espigas, mas elas eram murchas e ressequidas pelo vento do leste. ⁷Então as espigas miúdas engoliram as sete espigas cheias e bem formadas. O faraó acordou novamente e percebeu que era um sonho.

⁸Na manhã seguinte, perturbado com os sonhos, o faraó chamou todos os magos e os sábios do Egito. Contou-lhes os sonhos, mas ninguém conseguiu interpretá-los.

⁹Por fim, o chefe dos copeiros se pronunciou. "Hoje eu me lembrei do meu erro", disse ao faraó. ¹⁰"Algum tempo atrás, o senhor se irou com o chefe dos padeiros e comigo e mandou prender-nos no palácio do capitão da guarda. ¹¹Certa noite, o chefe dos padeiros e eu tivemos, cada um, um sonho, e cada sonho tinha o seu significado. ¹²Estava conosco na prisão um rapaz hebreu que era escravo do capitão da guarda. Contamos a ele nossos sonhos, e ele explicou o que cada um significava. ¹³E tudo aconteceu exatamente como ele havia previsto. Fui restaurado ao meu cargo de chefe dos copeiros, e o chefe dos padeiros foi enforcado em público."

¹⁴Na mesma hora, o faraó mandou chamar José, e ele foi trazido depressa da prisão. Depois de barbear-se e trocar de roupa, apresentou-se ao faraó. ¹⁵Disse o faraó a José: "Tive um sonho esta noite e ninguém aqui conseguiu me dizer o que ele significa. Soube, porém, que ao ouvir um sonho você é capaz de interpretá-lo".

¹⁶José respondeu: "Essa capacidade não está em minhas mãos, mas Deus pode revelar o significado ao faraó e acalmá-lo".

¹⁷Então o faraó contou o sonho a José: "Em meu sonho, eu estava em pé na margem do rio Nilo ¹⁸e vi sete vacas gordas e saudáveis saírem do rio e começarem a pastar no meio dos juncos. ¹⁹Em seguida, vi saírem do rio sete vacas feias e magras que pareciam doentes. Nunca vi

animais tão horríveis em toda a terra do Egito. ²⁰Essas vacas feias e magras comeram as sete vacas gordas. ²¹Contudo, não parecia que haviam acabado de comer as outras vacas, pois continuavam tão magras e feias quanto antes. Então, acordei.

²²"Em meu sonho, também vi sete espigas de trigo, cheias e boas, que cresciam em um só talo. ²³Em seguida, apareceram outras sete espigas, mas elas eram murchas, miúdas e ressequidas pelo vento do leste. ²⁴As espigas miúdas engoliram as sete espigas saudáveis. Contei os sonhos aos magos, mas ninguém foi capaz de dizer o que significam".

²⁵José respondeu: "Os dois sonhos do faraó significam a mesma coisa. Deus está dizendo ao faraó de antemão o que ele vai fazer. ²⁶As sete vacas saudáveis e as sete espigas de trigo cheias representam sete anos de prosperidade. ²⁷As sete vacas feias e magras e as sete espigas miúdas e ressequidas pelo vento do leste representam sete anos de fome.

²⁸"Acontecerá exatamente como eu descrevi, pois Deus revelou ao faraó de antemão o que ele vai fazer. ²⁹Os próximos sete anos serão um período de grande prosperidade em toda a terra do Egito. ³⁰Depois, haverá sete anos de fome tão grande que toda essa prosperidade será esquecida no Egito, pois a fome destruirá a terra. ³¹A escassez de alimento será tão terrível que apagará até a lembrança dos anos de fartura. ³²Quanto ao fato de terem sido dois sonhos parecidos, significa que esses acontecimentos foram decretados por Deus, e ele os fará ocorrer em breve.

³³"Portanto, o faraó deve encontrar um homem inteligente e sábio e encarregá-lo de administrar o Egito. ³⁴O faraó também deve nomear supervisores sobre a terra, para que recolham um quinto de todas as colheitas durante os sete anos de fartura. ³⁵Encarregue-os de juntar todo o alimento produzido nos anos bons que virão e levá-lo para os armazéns do faraó. Mande-os estocar e guardar os cereais, para que haja mantimento nas cidades. ³⁶Desse modo, quando os sete anos de fome vierem sobre a terra do Egito, haverá comida suficiente. Assim, a fome não destruirá a terra".

O faraó coloca José no poder

³⁷O faraó e seus oficiais gostaram das sugestões de José. ³⁸Por isso, o faraó perguntou aos oficiais: "Será que encontraremos alguém como este homem? Sem dúvida, há nele o espírito de Deus!". ³⁹Então o faraó disse a José: "Uma vez que Deus lhe revelou o significado dos sonhos, é evidente que não há ninguém tão inteligente ou sábio quanto você. ⁴⁰Ficará encarregado de minha corte, e todo o meu povo obedecerá às suas ordens. Apenas eu, que ocupo o trono, terei uma posição superior à sua".

⁴¹O faraó acrescentou: "Eu o coloco oficialmente no comando de toda a terra do Egito". ⁴²Então o faraó tirou do dedo o seu anel com o selo real e o pôs no dedo de José. Mandou vesti-lo com roupas de linho fino e pôs uma corrente de ouro em seu pescoço. ⁴³Também o fez andar na carruagem reservada para quem era o segundo no poder, e, por onde José passava, gritava-se a ordem: "Ajoelhem-se!". Assim, o faraó colocou José no comando de todo o Egito ⁴⁴e lhe disse: "Eu sou o faraó, mas ninguém levantará a mão ou o pé em toda a terra do Egito sem a sua permissão".

⁴⁵O faraó deu a José um nome egípcio: Zafenate-Paneia.[a] Também lhe deu uma mulher, que se chamava Azenate. Ela era filha de Potífera, sacerdote de Om.[b] Assim, José recebeu autoridade sobre todo o Egito. ⁴⁶Tinha 30 anos quando começou a servir na corte do faraó, o rei do Egito. Depois de sair da presença do faraó, José foi inspecionar toda a terra do Egito.

⁴⁷Como previsto, durante sete anos a terra produziu fartas colheitas. ⁴⁸Ao longo desse tempo, José juntou todas as colheitas do Egito e armazenou nas cidades os cereais produzidos nos campos ao redor. ⁴⁹Armazenou uma quantidade imensa de cereais, como a areia do mar. Por fim, parou de manter registros, pois havia demais para medir.

⁵⁰Durante esse tempo, antes do primeiro ano de fome, José e sua mulher, Azenate, filha de Potífera, sacerdote de Om, tiveram dois filhos. ⁵¹José chamou o filho mais velho de Manassés,[c] pois disse: "Deus me fez esquecer todas as minhas dificuldades e toda a família de meu pai".

---

[a] **41.45a** É provável que *Zafenate-Paneia* signifique "Deus fala e vive". [b] **41.45b** A Septuaginta traz *Heliópolis*; também em 41.50.
[c] **41.51** O som do nome *Manassés* é semelhante ao do termo hebraico que significa "fazer esquecer".

⁵²José chamou o segundo filho de Efraim,ª pois disse: "Deus me fez prosperar na terra da minha aflição".

⁵³Por fim, terminaram os sete anos de colheitas fartas em toda a terra do Egito, ⁵⁴e começaram os sete anos de fome, como José havia previsto. A fome também afetou as regiões vizinhas, mas havia alimento de sobra em todo o Egito. ⁵⁵Depois de algum tempo, porém, a fome também se espalhou pelo Egito. Quando o povo clamou ao faraó para que lhe desse alimento, ele respondeu a todos os egípcios: "Dirijam-se a José e sigam as instruções dele". ⁵⁶Quando faltou alimento em toda parte, José mandou abrir os armazéns e vendeu cereais aos egípcios, pois a fome era terrível em toda a terra do Egito. ⁵⁷Gente de todos os lugares ia ao Egito comprar cereais de José, pois a fome era terrível no mundo inteiro.

Os irmãos de José vão ao Egito

42 Quando Jacó soube que no Egito havia cereais, disse a seus filhos: "Por que vocês estão aí parados, olhando uns para os outros? ²Ouvi dizer que há cereais no Egito. Desçam até lá e comprem cereais em quantidade suficiente para nos mantermos vivos. Do contrário, morreremos".

³Então os dez irmãos mais velhos de José desceram ao Egito para comprar cereais. ⁴Mas Jacó não deixou Benjamim, o irmão mais novo de José, ir com eles, pois tinha medo de que algum mal lhe acontecesse. ⁵Os filhos de Jacóᵇ chegaram ao Egito junto com outros para comprar mantimentos, porque também havia fome em Canaã.

⁶Uma vez que José era governador do Egito e o encarregado de vender cereais a todos, foi a ele que seus irmãos se dirigiram. Quando chegaram, curvaram-se diante dele com o rosto no chão. ⁷José reconheceu os irmãos de imediato, mas fingiu não saber quem eram e lhes perguntou com aspereza: "De onde vocês vêm?".

"Da terra de Canaã", responderam eles. "Viemos comprar mantimentos."

⁸Embora José tivesse reconhecido seus irmãos, eles não o reconheceram. ⁹José se lembrou dos sonhos que tivera a respeito deles muitos anos antes e lhes disse: "Vocês são espiões! Vieram para descobrir os pontos fracos de nossa terra".

¹⁰"Não, meu senhor!", responderam eles. "Seus servos vieram apenas para comprar mantimentos. ¹¹Somos todos irmãos, membros da mesma família. Somos homens honestos, meu senhor, e não espiões!"

¹²Mas José insistiu: "São espiões, sim! Vieram para descobrir os pontos fracos de nossa terra".

¹³Eles disseram: "Senhor, na verdade, nós, seus servos, éramos doze irmãos, todos filhos de um homem que vive na terra de Canaã. Nosso irmão mais novo está em casa com o pai, e um de nossos irmãos já não está conosco."

¹⁴José, porém, continuou a insistir: "Como eu disse, vocês são espiões! ¹⁵Mas há uma forma de verificar sua história. Juro pela vida do faraó que vocês só deixarão o Egito quando seu irmão mais novo vier para cá. ¹⁶Um de vocês deve buscá-lo. Os outros ficarão presos aqui. Então veremos se sua história é verdadeira ou não. Pela vida do faraó, se não tiverem um irmão mais novo, saberei com certeza que são espiões".

¹⁷Então José os colocou na prisão por três dias. ¹⁸No terceiro dia, José lhes disse: "Sou um homem temente a Deus. Façam o que direi e viverão. ¹⁹Se são mesmo homens honestos, escolham um de seus irmãos para continuar preso. Os demais podem voltar para casa com cereais para seus parentes que estão passando fome. ²⁰Tragam-me, porém, seu irmão mais novo. Com isso, provarão que estão dizendo a verdade e não morrerão".

Eles concordaram e, ²¹conversando entre si, disseram: "É evidente que estamos sendo castigados por aquilo que fizemos a José tanto tempo atrás. Vimos sua angústia quando ele implorou por sua vida, mas nós o ignoramos. Por isso estamos nesta situação difícil".

²²Rúben disse: "Não lhes falei que não pecassem contra o rapaz? Mas vocês não quiseram me ouvir. Agora, temos de prestar contas pelo sangue dele!".

ª **41.52** O som do nome *Efraim* é semelhante ao do termo hebraico que significa "frutífero". ᵇ **42.5** Em hebraico, *Israel*. Ver nota em 35.21.

²³Não sabiam, porém, que José os entendia, pois falava com eles por meio de um intérprete. ²⁴José se afastou dos irmãos e começou a chorar. Quando se recompôs, voltou a falar com eles. Escolheu Simeão e mandou amarrá-lo diante dos demais.

²⁵Em seguida, José ordenou que seus servos enchessem de cereais os sacos que os irmãos haviam trazido e, em segredo, devolvessem o pagamento, colocando o dinheiro na boca de cada saco. Também mandou que lhes dessem mantimentos para a viagem, e assim fizeram. ²⁶Os irmãos colocaram os sacos de cereal sobre seus jumentos e partiram de volta para casa.

²⁷Contudo, quando um deles abriu a bagagem a fim de pegar cereal para seu jumento, encontrou o dinheiro na boca do saco. ²⁸"Vejam só!", exclamou para seus irmãos. "Devolveram meu dinheiro; está aqui no saco!" O coração deles desfaleceu e, tremendo, disseram uns aos outros: "O que Deus fez conosco?".

²⁹Quando os irmãos chegaram à casa de Jacó, seu pai, na terra de Canaã, relataram-lhe tudo que havia acontecido com eles. ³⁰Disseram: "O homem que governa o país falou conosco asperamente e nos acusou de sermos espiões em sua terra, ³¹mas nós lhe garantimos: 'Somos homens honestos, e não espiões. ³²Somos doze irmãos, filhos do mesmo pai. Um de nossos irmãos já não está conosco, e o mais novo está em casa com nosso pai, na terra de Canaã'.

³³"Então o homem que governa o país disse: 'Saberei com certeza se vocês são homens honestos da seguinte forma: deixem um de seus irmãos comigo e voltem para casa levando cereais para seus parentes que estão passando fome. ³⁴Tragam-me, porém, seu irmão mais novo e saberei que são homens honestos, e não espiões. Então eu lhes devolverei seu irmão, e vocês poderão negociar livremente nesta terra'".

³⁵Ao esvaziarem os sacos, viram que dentro de cada um havia uma bolsa com o dinheiro do pagamento pelos cereais. Os irmãos e o pai ficaram apavorados quando viram as bolsas de dinheiro. ³⁶Jacó disse: "Vocês estão tirando meus filhos de mim! José se foi, Simeão não está aqui, e agora querem levar Benjamim também. Tudo está contra mim!".

³⁷Então Rúben disse ao pai: "Se eu não trouxer Benjamim de volta, o senhor pode matar meus dois filhos. Eu me responsabilizo por ele e prometo trazê-lo de volta".

³⁸Jacó, porém, respondeu: "Meu filho não descerá com vocês. Seu irmão José morreu, e Benjamim é tudo que me resta. Se alguma coisa acontecesse com ele na viagem, vocês me mandariam velho e infeliz para a sepultura".[a]

---

[a] 42.38 Em hebraico, *para o Sheol*.

42.25-35 Quando Deus está prestes a conceder grandes favores, muitas vezes, lida de forma rígida com aqueles que deverão recebê-los. José pretendia abençoar seus irmãos. Possuía os mais liberais desígnios reais para eles, mas primeiramente trata-os asperamente. [...] Quando um filho de Deus está um centímetro acima do solo em sua própria estima, ele está um centímetro mais elevado do que deveria! Quando um homem de Deus diz: "Sou rico e próspero, não preciso de coisa alguma", está muito perto de sua falência espiritual! Ninguém é tão rico em graça quanto aqueles que anseiam obter mais dela. Nem está tão próximo à plenitude quanto aqueles que lamentam seu vazio — aqueles que encontram sua plenitude não em si mesmos, mas em Cristo Jesus, o Senhor! Irmãos e irmãs, esses dez filhos de Jacó devem ter sentido sua importância evaporar quando José os lançou na prisão. Aqui eram "homens honestos", como disseram, "filhos do mesmo pai", mas não foi prestado respeito algum ao patriarca ou a essa descendência patriarcal. Foram colocados na prisão, como se fossem espias comuns cujo destino é geralmente ignóbil. Agora começam a ver-se sob um prisma diferente daquele que normalmente se viam quando partiram com dinheiro em mãos para pagar pelos cereais e comprar o que seus recursos permitiam. Eram cavalheiros, mercadores quando entraram no Egito, mas após algum tempo viam-se como mendigos ou, melhor ainda, começaram a contemplar suas culpas! Trazem à sua memória o fato de serem imensamente culpados quanto a seu irmão. E Deus jamais pretende que cavalguemos no pensamento de nos estimarmos mais do que devemos. [...] Assi o Senhor, que não deseja que nos exaltemos sobremaneira, fala asperamente conosco para nos manter humildes, bem como sóbrios.

Os irmãos voltam ao Egito

43 A fome se agravou na terra de Canaã. ²Quando os cereais que eles haviam trazido do Egito estavam para acabar, Jacó disse a seus filhos: "Voltem e comprem um pouco mais de mantimento para nós".

³Judá, porém, respondeu: "O homem estava falando sério quando nos advertiu: 'Vocês não me verão novamente se não trouxerem seu irmão'. ⁴Se o senhor enviar Benjamim conosco, desceremos e compraremos mais mantimento, ⁵mas, se não deixar Benjamim ir, nós também não iremos. Lembre-se de que o homem disse: 'Vocês não me verão novamente se não trouxerem seu irmão'".

⁶"Por que vocês foram tão cruéis comigo?", lamentou-se Jacó.ᵃ "Por que disseram ao homem que tinham outro irmão?"

⁷"Ele fez uma porção de perguntas sobre nossa família", responderam. "Quis saber: 'Seu pai ainda está vivo? Vocês têm outro irmão?'. Nós apenas respondemos às perguntas dele. Como poderíamos imaginar que ele diria: 'Tragam seu irmão'?"

⁸Judá disse a seu pai: "Deixe o rapaz ir comigo e partiremos. Do contrário, todos nós morreremos de fome, e não apenas nós, mas também nossos pequeninos. ⁹Garanto pessoalmente a segurança dele. O senhor pode me responsabilizar se eu não o trouxer de volta. Carregarei a culpa para sempre. ¹⁰Se não tivéssemos perdido todo esse tempo, poderíamos ter ido e voltado duas vezes".

¹¹Por fim, Jacó, seu pai, lhes disse: "Se não há outro jeito, pelo menos façam o seguinte. Coloquem na bagagem os melhores produtos desta terra: bálsamo, mel, especiarias e mirra, pistache e amêndoas, e levem de presente para o homem. ¹²Levem também o dobro do dinheiro que foi devolvido, pois alguém deve tê-lo colocado nos sacos por engano. ¹³Depois, peguem seu irmão e voltem àquele homem. ¹⁴Que o Deus Todo-poderosoᵇ lhes conceda misericórdia quando estiverem diante daquele homem, para que ele liberte Simeão e deixe Benjamim voltar. Mas, se eu perder meus filhos, que assim seja".

¹⁵Então os homens pegaram os presentes e o dobro do dinheiro e partiram com Benjamim. Por fim, chegaram ao Egito e se apresentaram a José. ¹⁶Quando José viu Benjamim com eles, disse ao administrador de sua casa: "Estes homens almoçarão comigo ao meio-dia. Leve-os ao palácio, mate um animal e prepare um grande banquete". ¹⁷O homem fez conforme José ordenou e os levou ao palácio de José.

¹⁸Quando os irmãos viram que estavam sendo levados à casa de José, ficaram apavorados. "É por causa do dinheiro que alguém colocou de volta nos sacos da outra vez que estivemos aqui", disseram uns aos outros. "Ele planeja nos acusar de roubo e, depois, nos prender, nos tornar escravos e tomar nossos jumentos."

O banquete no palácio de José

¹⁹À entrada do palácio, os irmãos se dirigiram ao administrador de José e lhe disseram: ²⁰"Ouça, senhor. Viemos ao Egito anteriormente para comprar mantimentos. ²¹No caminho de volta para casa, paramos para pernoitar e abrimos os sacos. Descobrimos que o dinheiro de cada um, a quantia exata que havíamos pago, estava na boca do saco. Trouxemos o dinheiro de volta. Aqui está. ²²Também trouxemos mais dinheiro para comprar mantimentos. Não fazemos ideia de quem colocou o dinheiro nos sacos".

²³"Fiquem tranquilos", disse o administrador. "Não tenham medo. Seu Deus, o Deus de seu pai, deve ter colocado esse tesouro nos sacos. Tenho certeza de que recebi seu pagamento." Depois disso, soltou Simeão e o levou até onde eles estavam.

²⁴Em seguida, o administrador os conduziu para dentro do palácio de José. Deu-lhes água para lavar os pés e providenciou ração para seus jumentos. ²⁵Quando foram avisados que almoçariam lá, os irmãos prepararam os presentes para a chegada de José ao meio-dia.

²⁶Assim que José chegou em casa, entregaram-lhe os presentes que haviam trazido e curvaram-se até o chão diante dele. ²⁷Depois de cumprimentá-los, José quis saber: "Como está seu pai, o senhor idoso do qual me falaram? Ainda está vivo?".

²⁸"Sim", responderam eles. "Nosso pai, seu servo, ainda está vivo e vai bem." E curvaram-se mais uma vez.

ᵃ ... aico, Israel; também em 43.11. Ver nota em 35.21. ᵇ **43.14** Em hebraico, *El-Shaddai*.

²⁹Então José olhou para seu irmão Benjamim, o filho de sua mãe, e perguntou: "Este é o irmão mais novo de que vocês me falaram?". E disse a Benjamim: "Deus seja bondoso com você, meu filho". ³⁰Muito emocionado por causa do irmão, José saiu depressa da sala. Foi para o quarto, onde chorou. ³¹Depois de lavar o rosto, voltou mais controlado e ordenou: "Tragam a comida!".

³²José foi servido em sua própria mesa, e seus irmãos, em uma mesa separada. Os egípcios que comiam com José, por sua vez, foram servidos em outra mesa, pois os egípcios desprezavam os hebreus e se recusavam a comer com eles. ³³José disse a cada um dos irmãos onde deviam sentar-se e, para espanto deles, colocou-os ao redor da mesa em ordem de idade, do mais velho para o mais novo. ³⁴Mandou encher os pratos deles com comida de sua própria mesa, e deram a Benjamim uma porção cinco vezes maior que a dos outros. E eles comeram e beberam à vontade com José.

O copo de prata de José

44 Então José deu a seguinte ordem ao administrador do palácio: "Coloque nos sacos que eles trouxeram todo o cereal que puderem carregar, e coloque o dinheiro de cada um de volta no saco. ²Depois, coloque meu copo de prata na boca do saco de mantimento do mais novo, junto com o dinheiro dele". O administrador fez tudo conforme José ordenou.

³Assim que amanheceu, os irmãos se levantaram e partiram com os jumentos carregados. ⁴Quando haviam percorrido apenas uma distância curta e mal haviam saído da cidade, José disse ao administrador do palácio: "Vá atrás deles e detenha-os. Quando os alcançar, diga-lhes: 'Por que retribuíram o bem com o mal? ⁵Por que roubaram o copo de prata[a] do meu senhor, que ele usa para prever o futuro? Vocês agiram muito mal!'".

⁶Quando o administrador do palácio alcançou os homens, repetiu para eles as palavras de José.

⁷"Do que o senhor está falando?", disseram os irmãos. "Somos seus servos e jamais faríamos uma coisa dessas! ⁸Por acaso não devolvemos o dinheiro que encontramos nos sacos? Nós o trouxemos de volta da terra de Canaã. Por que roubaríamos ouro ou prata da casa do seu senhor? ⁹Se encontrar o copo de prata com um de nós, que morra quem estiver com ele! E nós, os restantes, seremos seus escravos."

¹⁰"Sua proposta é justa", respondeu ele. "Mas apenas aquele que roubou o copo de prata se tornará meu escravo. Os outros estarão livres."

¹¹Sem demora, eles descarregaram os sacos e os abriram. ¹²O administrador do palácio examinou a bagagem de cada um, começando pelo mais velho até o mais novo. E o copo foi encontrado no saco de mantimento de Benjamim. ¹³Quando os irmãos viram isso, rasgaram as roupas. Depois, colocaram a carga de volta sobre os jumentos e retornaram à cidade.

¹⁴José ainda estava em seu palácio quando Judá e seus irmãos chegaram, e eles se curvaram até o chão diante dele. ¹⁵"O que vocês fizeram?", exigiu ele. "Não sabem que um homem como eu é capaz de prever o que vai acontecer?"

¹⁶Judá respondeu: "Meu senhor, o que podemos dizer? Que explicação podemos dar? Como podemos provar nossa inocência? Deus está nos castigando por causa de nossa maldade. Todos nós voltamos para ser seus escravos, todos nós, e não apenas nosso irmão com quem foi encontrado o copo de prata".

¹⁷José, no entanto, disse: "Eu jamais faria uma coisa dessas! Apenas o homem que roubou o copo será meu escravo. Os outros podem voltar em paz para a casa de seu pai".

Judá intercede por Benjamim

¹⁸Então Judá deu um passo à frente e disse: "Por favor, meu senhor, permita que seu servo lhe diga apenas uma palavra. Peço que não perca a paciência comigo, embora o senhor seja tão poderoso quanto o próprio faraó. ¹⁹Meu senhor perguntou a nós, seus servos: 'Vocês têm pai ou irmão?'. ²⁰E nós respondemos: 'Sim, meu senhor, nosso pai é idoso e tem um filho mais novo, nascido em sua velhice. O irmão desse filho, por parte de pai e mãe, morreu. Ele é o único filho de sua mãe, e nosso pai o ama muito'.

²¹"O senhor nos disse: 'Tragam-no aqui para que eu possa vê-lo com os próprios olhos'. ²²E

---

[a] **44.5** Conforme a Septuaginta; o texto em hebraico não traz essa frase.

nós respondemos: 'Meu senhor, o rapaz não pode deixar o pai, pois, se o fizesse, o pai morreria'. ²³Mas o senhor nos disse: 'Vocês não me verão novamente se não trouxerem seu irmão'.

²⁴"Assim, voltamos para seu servo, nosso pai, e contamos a ele o que o senhor tinha dito. ²⁵Passado algum tempo, quando ele disse: 'Voltem e comprem mais mantimentos', ²⁶nós respondemos: 'Só poderemos voltar se nosso irmão mais novo nos acompanhar. Não temos como ver o homem outra vez, a menos que nosso irmão mais novo esteja conosco'.

²⁷"Então meu pai nos disse: 'Como vocês sabem, minha mulher teve dois filhos, ²⁸e um deles foi embora e nunca mais voltou. Sem dúvida, foi despedaçado por algum animal selvagem, e eu nunca mais o vi. ²⁹Se agora vocês levarem de mim o irmão dele e lhe acontecer algum mal, vocês me mandarão velho e infeliz para a sepultura'.ᵃ

³⁰"E agora, meu senhor, não posso voltar para a casa de meu pai sem o rapaz. A vida de nosso pai está ligada à vida do rapaz. ³¹Quando ele vir que o rapaz não está conosco, morrerá. Nós, seus servos, seremos, de fato, responsáveis por mandar para a sepultura seu servo, nosso pai, em profunda tristeza. ³²Meu senhor, garanti a meu pai que levaria o rapaz de volta. Disse-lhe: 'Se não o trouxer de volta, carregarei a culpa para sempre'.

³³"Por isso, peço ao senhor que me permita ficar aqui como escravo no lugar do rapaz e que o deixe voltar com os irmãos dele. ³⁴Pois, como poderei voltar a meu pai sem o rapaz? Não suportaria ver a angústia que isso lhe causaria!".

José revela sua identidade

45 José não conseguiu mais se conter. Havia muita gente na sala, e ele disse a seus assistentes: "Saiam todos daqui!". Assim, ficou a sós com seus irmãos e lhes revelou sua identidade. ²José se emocionou e começou a chorar. Chorou tão alto que os egípcios o ouviram, e logo a notícia chegou ao palácio do faraó.

³"Sou eu, José!", disse a seus irmãos. "Meu pai ainda está vivo?" Mas seus irmãos ficaram espantados ao se dar conta de que o homem diante deles era José e perderam a fala. ⁴"Cheguem mais perto", disse José. Quando eles se aproximaram, José continuou: "Eu

---

ᵃ **44.29** Em hebraico, *para o Sheol*; também em 44.31.

45.1-5 José bradou: "'Saiam todos daqui!". Assim, ficou a sós com seus irmãos e lhes revelou sua identidade". Não teria sido bom para este grande governante perder todo o controle de si mesmo na presença dos egípcios. Seu coração foi tomado de amor por seus irmãos e o brado que deu foi tão alto que as pessoas em outras partes do palácio puderam ouvir que algo estranho estava acontecendo! Mas ele não podia suportar que todos ficassem em pé e olhassem com olhos curiosos para o governante, enquanto ele se revelava a seus irmãos. Eles não teriam entendido. Poderiam até ter distorcido. De qualquer modo, ele não podia suportar que a cena de afeto que agora deveria ser apresentada fosse testemunhada por estranhos, então bradou: "Saiam todos daqui!". [...]

Irmãos e irmãs, se na Casa de Deus, no meio da assembleia, o Senhor Jesus Cristo se manifestar pessoalmente a nós, devemos estar em uma espécie de solitude mental e espiritual. Acredito que o pregador jamais conseguirá ganhar uma alma se tentar se destacar em sua própria pregação. Um homem idoso, que estava acostumado a pescar trutas em certo riacho, foi indagado por alguém que estava pescando e não pegava nada: "Você pegou algum peixe hoje?" "Sim, senhor", ele disse, "eu tenho uma boa quantidade". "Ó", disse o outro, "pesquei o dia todo e não peguei nenhum". "Não?", perguntou o homem, "mas há três regras sobre a pesca de trutas, que, talvez, você não tenha observado. A primeira é: Fique longe da vista delas. E a segunda é — Fique ainda mais longe. E a terceira é — Fique ainda mais longe do que isso — e você as pegará".

E eu acredito que é assim na pregação. Se o pregador puder ficar completamente sem ser visto, ainda mais longe e ainda mais longe, então ele será o meio para trazer almas a Cristo. E vocês, queridos amigos, só o verão bem em qualquer tipo de pregação quando tentarem esquecer o *homem*. Quero dizer que essa observação se aplica de duas maneiras. Talvez, o pregador seja aquele a quem você muito ama e você espera muito dele. Bem, então, esqueça-o! Não espere nada dele e olhe para longe dele em direção ao seu Senhor! Ou, talvez, a voz do pregador não tenha um apelo especial para você. O homem não é muito brilhante em suas expressões. Bem, esqueça-o e tente ver seu Mestre! Esqueça o pregador, para o bem e para o mal, para o melhor e para o pior — e vá ao próprio Senhor.

sou José, o irmão que vocês venderam como escravo ao Egito. ⁵Agora, não fiquem aflitos ou furiosos uns com os outros por terem me vendido para cá. Foi Deus quem me enviou adiante de vocês para lhes preservar a vida. ⁶A fome que assola a terra há dois anos continuará por mais cinco anos, e não haverá plantio nem colheita. ⁷Deus me enviou adiante para salvar a vida de vocês e de suas famílias, e para salvar muitas vidas.ª ⁸Portanto, foi Deus quem me mandou para cá, e não vocês! E foi ele quem me fez conselheiro[b] do faraó, administrador de todo o seu palácio e governador de todo o Egito.

⁹"Agora, voltem depressa a meu pai e digam-lhe: 'Assim diz seu filho José: Deus me fez senhor de toda a terra do Egito. Venha para cá sem demora! ¹⁰O senhor poderá viver na região de Gósen, onde estará perto de mim com todos os seus filhos e netos, rebanhos e gado, e todos os seus bens. ¹¹Ali eu cuidarei do senhor, pois ainda haverá cinco anos de escassez. Do contrário, o senhor e toda a sua família perderão tudo que têm'".

¹²José acrescentou: "Vejam! Vocês podem comprovar com seus próprios olhos, e também meu irmão Benjamim, que sou eu mesmo, José, que falo com vocês! ¹³Contem a meu pai a posição de honra que ocupo aqui no Egito. Descrevam para ele tudo que viram e tragam-no para cá o mais rápido possível".

¹⁴Chorando de alegria, ele abraçou Benjamim, e Benjamim também o abraçou e chorou. ¹⁵Então José beijou cada um de seus irmãos e chorou com eles; depois os irmãos conversaram à vontade com ele.

O faraó convida Jacó para morar no Egito

¹⁶A notícia não demorou a chegar ao palácio do faraó: "Os irmãos de José estão aqui!". O faraó e seus oficiais se alegraram muito quando souberam disso.

¹⁷O faraó disse a José: "Diga a seus irmãos: 'Coloquem as cargas em seus animais e voltem depressa à terra de Canaã. ¹⁸Tragam seu pai e todas as suas famílias para cá. Eu lhes darei a melhor terra do Egito, e vocês comerão do que esta terra produz de melhor'".

¹⁹O faraó prosseguiu: "Diga a seus irmãos: 'Levem carruagens do Egito para transportar as crianças pequenas, as mulheres e também seu pai. ²⁰Não se preocupem com seus pertences, pois o melhor de toda a terra do Egito será de vocês'".

²¹Os filhos de Jacó[c] seguiram essas instruções. José providenciou carruagens, conforme o faraó havia ordenado, e lhes deu mantimentos para a viagem. ²²Também presenteou cada irmão com um traje novo, mas a Benjamim deu cinco roupas novas e trezentas peças de prata.[d] ²³E, a seu pai, enviou dez jumentos carregados com os melhores produtos do Egito e dez jumentas carregadas com cereais, pães e outros mantimentos para a viagem.

²⁴Depois, José se despediu de seus irmãos e, enquanto partiam, disse a eles: "Não briguem no caminho por causa do que aconteceu". ²⁵Eles saíram do Egito e voltaram a seu pai, Jacó, na terra de Canaã.

²⁶"José ainda está vivo!", eles disseram a seu pai. "É o governador de toda a terra do Egito!" Jacó ficou atônito com a notícia. Não podia acreditar. ²⁷Quando, porém, repetiram para Jacó tudo que José lhes tinha dito, e quando ele viu as carruagens que José havia mandado para levá-lo, encheu-se de ânimo.

²⁸Então Jacó exclamou: "Deve ser verdade! Meu filho José está vivo! Preciso ir e vê-lo antes que eu morra!".

Jacó e sua família se mudam para o Egito

46 Jacó[e] partiu para o Egito com todos os seus bens. Quando chegou a Berseba, ofereceu sacrifícios ao Deus de Isaque, seu pai. ²Durante a noite, Deus lhe falou numa visão. "Jacó! Jacó!", chamou ele.

"Aqui estou!", respondeu Jacó.

³"Eu sou Deus,[f] o Deus de seu pai", disse a voz. "Não tenha medo de descer ao Egito, pois lá farei de sua família uma grande nação. ⁴Descerei com você ao Egito e certamente o trarei de volta. E José estará ao seu lado quando você morrer."

ª **45.7** Ou *para salvá-los com livramento extraordinário*. O significado do hebraico é incerto. [b] **45.8** Em hebraico, *pai*. [c] **45.21** Em hebraico, *Israel*; também em 45.28. Ver nota em 35.21. [d] **45.22** Em hebraico, *300 [siclos]*, cerca de 3,6 quilos. [e] **46.1** Em hebraico, *Israel*; também em 46.29,30. Ver nota em 35.21. [f] **46.3** Em hebraico, *Eu sou El*.

⁵Então Jacó saiu de Berseba, e seus filhos o levaram para o Egito. Transportaram o pai, as crianças e as mulheres nas carruagens que o faraó lhes havia providenciado. ⁶Também levaram todos os seus rebanhos e os bens que haviam adquirido na terra de Canaã. Assim, Jacó e toda a sua família foram para o Egito; ⁷filhos e netos, filhas e netas, todos os seus descendentes.

⁸Estes são os nomes dos descendentes de Israel, os filhos de Jacó, que foram ao Egito:

Rúben foi o filho mais velho de Jacó. ⁹Os filhos de Rúben foram: Enoque, Palu, Hezrom e Carmi.

¹⁰Os filhos de Simeão foram: Jemuel, Jamim, Oade, Jaquim, Zoar e Saul. (A mãe de Saul era cananita.)

¹¹Os filhos de Levi foram: Gérson, Coate e Merari.

¹²Os filhos de Judá foram: Er, Onã, Selá, Perez e Zerá (embora Er e Onã tivessem morrido na terra de Canaã). Os filhos de Perez foram: Hezrom e Hamul.

¹³Os filhos de Issacar foram: Tolá, Puá,[a] Jasube[b] e Sinrom.

¹⁴Os filhos de Zebulom foram: Serede, Elom e Jaleel.

¹⁵Esses foram os filhos de Lia e Jacó nascidos em Padã-Arã, além de sua filha Diná. Por meio de Lia, Jacó teve 33 descendentes, tanto homens quanto mulheres.

¹⁶Os filhos de Gade foram: Zefom,[c] Hagi, Suni, Esbom, Eri, Arodi e Areli.

¹⁷Os filhos de Aser foram: Imná, Isvá, Isvi e Berias. A irmã deles se chamava Sera. Os filhos de Berias foram: Héber e Malquiel.

¹⁸Esses foram os filhos de Zilpa, serva dada a Lia por Labão, seu pai. Por meio de Zilpa, Jacó teve dezesseis descendentes.

¹⁹Os filhos de Raquel, mulher de Jacó, foram: José e Benjamim.

²⁰Os filhos de José, nascidos no Egito, foram: Manassés e Efraim. Sua mãe foi Azenate, filha de Potífera, sacerdote de Om.[d]

²¹Os filhos de Benjamim foram: Belá, Bequer, Asbel, Gera, Naamã, Eí, Rôs, Mupim, Hupim e Arde.

²²Esses foram os filhos de Raquel e Jacó. Por meio de Raquel, Jacó teve catorze descendentes.

²³O filho de Dã foi Husim.

²⁴Os filhos de Naftali foram: Jazeel, Guni, Jezer e Silém.

²⁵Esses foram os filhos de Bila, serva dada a Raquel por Labão, seu pai. Por meio de Bila, Jacó teve sete descendentes.

²⁶No total, 66 descendentes diretos de Jacó foram com ele para o Egito, sem contar as esposas de seus filhos. ²⁷Além deles, José teve dois filhos[e] que nasceram no Egito, totalizando setenta[f] membros da família de Jacó no Egito.

A família de Jacó chega a Gósen

²⁸Quando estavam quase chegando, Jacó enviou Judá adiante para encontrar-se com José e pedir-lhe informações sobre o caminho para Gósen. ²⁹José mandou preparar sua carruagem e partiu para Gósen, a fim de encontrar-se com seu pai, Jacó. Quando José chegou, abraçou fortemente seu pai e, sem soltá-lo, chorou por longo tempo. ³⁰Por fim, Jacó disse a José: "Agora estou pronto para morrer, pois vi seu rosto novamente e sei que você está vivo".

³¹José disse a seus irmãos e a toda a família de seu pai: "Irei ao faraó e lhe direi: 'Meus irmãos e toda a família de meu pai chegaram da terra de Canaã. ³²Eles são pastores e criadores de gado. Trouxeram consigo seus rebanhos, seu gado e todos os seus bens'".

³³Disse também: "Quando o faraó mandar chamá-los e perguntar-lhes em que vocês trabalham, ³⁴digam o seguinte: 'Durante toda a vida, nós, seus servos, criamos rebanhos e gado, como sempre fizeram nossos antepassados'. Quando lhe disserem isso, ele permitirá que vivam aqui na região de Gósen, pois os egípcios desprezam os pastores".

---

[a] **46.13a** Conforme a versão siríaca e o Pentateuco Samaritano (ver tb. 1Cr 7.1); o hebraico traz *Puvá*. [b] **46.13b** Conforme alguns manuscritos gregos e o Pentateuco Samaritano (ver tb. Nm 26.24; 1Cr 7.1); o hebraico traz *Iobe*. [c] **46.16** Conforme a Septuaginta e o Pentateuco Samaritano (ver tb. Nm 26.15); o hebraico traz *Zifiom*. [d] **46.20** A Septuaginta traz *Heliópolis*. [e] **46.27a** A Septuaginta traz *nove filhos*, provavelmente incluindo os netos de José, filhos de Efraim e Manassés (ver 1Cr 7.14-20). [f] **46.27b** A Septuaginta traz *75*; ver nota em Êx 1.5.

Jacó abençoa o faraó

47 José foi ver o faraó e lhe disse: "Meus pais e meus irmãos chegaram da terra de Canaã. Trouxeram seus rebanhos, seu gado e todos os seus bens, e agora estão na região de Gósen".

²José levou consigo cinco de seus irmãos e os apresentou ao faraó. ³"Em que vocês trabalham?", o faraó perguntou aos irmãos.

Eles responderam: "Nós, seus servos, somos pastores, como nossos antepassados. ⁴Viemos morar no Egito por algum tempo, pois não há pastagem para nossos rebanhos em Canaã. A fome é terrível naquela região. Por isso, pedimos sua permissão para morar na região de Gósen".

⁵Então o faraó disse a José: "Agora que seu pai e seus irmãos estão com você, ⁶escolha qualquer lugar em todo o Egito para morarem. Dê-lhes a melhor terra do Egito. Que vivam na região de Gósen. Se você descobrir entre eles homens capazes, coloque-os para cuidar de meus rebanhos".

⁷Em seguida, José trouxe seu pai, Jacó, e o apresentou ao faraó. E Jacó abençoou o faraó.

⁸"Quantos anos o senhor tem?", perguntou o faraó.

⁹Jacó respondeu: "Tenho andado por este mundo há 130 árduos anos. Comparada à vida de meus antepassados, minha vida foi curta". ¹⁰Então Jacó abençoou o faraó novamente antes de deixar a corte.

¹¹José deu a seu pai e a seus irmãos a melhor terra do Egito, a região de Ramessés, e os acomodou ali, conforme o faraó havia ordenado. ¹²José também providenciou mantimentos para seu pai e seus irmãos, em quantidades proporcionais ao número de seus dependentes, incluindo as crianças pequenas.

A administração de José durante a fome

¹³A essa altura, a escassez era tanta que se esgotaram todos os mantimentos, e havia gente passando fome em toda a terra do Egito e de Canaã. ¹⁴Com o tempo, vendendo cereais para o povo, José arrecadou todo o dinheiro do Egito e de Canaã e o depositou no tesouro do faraó. ¹⁵Quando acabou o dinheiro do povo do Egito e de Canaã, todos os egípcios foram implorar a José: "Não temos mais dinheiro! Mas, por favor, dê-nos alimento, ou morreremos de fome diante dos seus olhos!".

¹⁶José respondeu: "Visto que seu dinheiro acabou, tragam-me seus animais. Eu lhes darei alimento em troca". ¹⁷Então eles entregaram seus animais a José em troca de alimento. José lhes forneceu mantimentos para mais um ano em troca de seus cavalos, rebanhos de ovelhas, bois e jumentos.

¹⁸Mas aquele ano chegou ao fim e, no ano seguinte, o povo voltou a José, dizendo: "Não podemos esconder a verdade. Nosso dinheiro acabou, e nossos rebanhos e gado lhe pertencem. Não nos resta coisa alguma para oferecer além de nosso corpo e nossas terras. ¹⁹Por que morreríamos de fome diante dos seus olhos? Compre nossas terras em troca de mantimento; oferecemos nossas propriedades e a nós mesmos como servos do faraó. Dê-nos cereais para que vivamos e não morramos, e para que a terra não fique vazia e desolada".

²⁰Assim, José comprou toda a terra do Egito para o faraó. Todos os egípcios venderam seus campos, pois a fome era terrível, e em pouco tempo todas as terras passaram a ser propriedade do faraó. ²¹Quanto ao povo, José os tornou todos escravos,[a] de uma extremidade do Egito à outra. ²²As únicas terras que ele não comprou foram as dos sacerdotes. Eles recebiam do faraó uma porção regular de mantimentos, por isso não precisaram vender suas terras.

²³Então José disse ao povo: "Hoje eu comprei vocês e suas terras para o faraó. Em troca, fornecerei sementes para cultivarem os campos. ²⁴Quando vocês os ceifarem, um quinto da colheita será do faraó. Fiquem com os outros quatro quintos e usem como alimento para vocês, para os membros de sua casa e para suas crianças".

²⁵"O senhor salvou nossa vida!", exclamaram. "Permita-nos servir ao faraó." ²⁶Então José mandou publicar um decreto que vale até hoje na terra do Egito, segundo o qual um quinto de todas as colheitas pertence ao faraó.

---

[a] **47.21** Conforme a Septuaginta e o Pentateuco Samaritano; o hebraico traz *os transferiu todos para as cidades*.

Apenas as terras dos sacerdotes não foram entregues ao faraó.

²⁷Enquanto isso, o povo de Israel se estabeleceu na região de Gósen, no Egito. Ali, adquiriram propriedades e tiveram muitos filhos, e sua população cresceu rapidamente. ²⁸Depois de chegar ao Egito, Jacó viveu mais dezessete anos; portanto, viveu ao todo 147 anos.

²⁹Quando se aproximava a hora de sua morte, Jacó[a] chamou seu filho José e lhe disse: "Peço que me faça um favor. Coloque sua mão debaixo da minha coxa e jure que mostrará sua bondade e lealdade a mim atendendo a este último desejo: não me sepulte no Egito. ³⁰Quando eu morrer, leve meu corpo para fora do Egito e sepulte-me com meus antepassados".

José prometeu: "Farei como o senhor me pede".

³¹"Jure que o fará", insistiu. José fez o juramento, e Jacó se curvou humildemente à cabeceira de sua cama.[b]

Jacó abençoa Manassés e Efraim

48 Certo dia, não muito tempo depois, avisaram José: "Seu pai está bastante doente". José foi visitá-lo e levou consigo seus dois filhos, Manassés e Efraim.

²Quando José chegou, anunciaram a Jacó: "Seu filho José está aqui para vê-lo". Com as forças que lhe restavam, Jacó[c] se sentou na cama.

³Jacó disse a José: "O Deus Todo-poderoso[d] me apareceu em Luz, na terra de Canaã, e me abençoou. ⁴Ele me disse: 'Eu o tornarei fértil e multiplicarei seus descendentes. Farei de você muitas nações e darei esta terra de Canaã a seus descendentes como propriedade permanente'.

⁵"Agora, tomo para mim, como meus próprios filhos, seus dois rapazes, Efraim e Manassés, nascidos aqui na terra do Egito antes de minha chegada. Eles serão meus filhos, como são Rúben e Simeão. ⁶Os filhos que você tiver depois deles, porém, serão seus e herdarão propriedades dentro do território dos irmãos deles, Efraim e Manassés.

⁷"Muito tempo atrás, quando eu voltava de Padã-Arã,[e] Raquel morreu na terra de Canaã. Ainda estávamos viajando, a certa distância de Efrata (ou seja, Belém). Com grande tristeza, sepultei-a ali mesmo, junto ao caminho para Efrata".

⁸Em seguida, Jacó olhou para os dois rapazes e perguntou: "Quem são estes?".

⁹José respondeu: "Estes são os filhos que Deus me deu aqui no Egito".

Jacó disse: "Traga-os mais perto, para que eu os abençoe".

¹⁰Os olhos de Jacó estavam enfraquecidos por causa da idade, e ele quase não conseguia enxergar. José levou os rapazes para perto dele, e Jacó os beijou e abraçou. ¹¹Então Jacó disse a José: "Nunca imaginei que voltaria a ver seu rosto, mas agora Deus me permitiu ver também seus filhos!".

¹²José tirou os rapazes de junto dos joelhos do avô e se curvou com o rosto no chão. ¹³Em seguida, colocou os rapazes na frente de Jacó. Com a mão direita, colocou Efraim diante da mão esquerda de Jacó e, com a mão esquerda, colocou Manassés sob a mão direita de Jacó. ¹⁴Mas, ao estender as mãos para colocá-las sobre a cabeça dos rapazes, Jacó cruzou os braços. Pôs a mão direita sobre a cabeça de Efraim, embora fosse o mais novo, e a mão esquerda sobre a cabeça de Manassés, embora fosse o mais velho. ¹⁵Em seguida, abençoou José, dizendo:

"Que o Deus diante do qual andaram
    meu avô, Abraão, e meu pai, Isaque,
o Deus que tem sido meu pastor
    toda a minha vida, até o dia de hoje,

---

[a] **47.29** Em hebraico, *Israel*; também em 47.31b. Ver nota em 35.21. [b] **47.31** A Septuaginta traz *Israel se curvou em adoração, apoiado em seu bordão*. Comparar com Hb 11.21. [c] **48.2** Em hebraico, *Israel*; também em 48.8,10,11,13,14,21. Ver nota em 35.21. [d] **48.3** Em hebraico, *El-Shaddai*. [e] **48.7** Em hebraico, *Padã*; comparar com 35.9.

48.15,16 Assim como José levou Efraim e Manassés para ver seu avô idoso, vamos levar nossos filhos onde esperamos que haja bênçãos. Tenhamos cuidado com a companhia às quais levamos nossos filhos e filhas. Que nunca os conduzamos onde eles possam receber dano ao invés de benefício. Cuidadosa, amorosa e sabiamente, sem usar nenhuma severidade indevida, vamos guiá-los a lugares prováveis para a

¹⁶o Anjo que me resgatou de todo o mal,
abençoe estes rapazes.
Que eles preservem meu nome
e o nome de Abraão e Isaque,
e seus descendentes se multipliquem
grandemente na terra".

¹⁷José, porém, não se agradou quando viu o pai colocar a mão direita sobre a cabeça de Efraim. Por isso, levantou-a para passá-la da cabeça de Efraim para a cabeça de Manassés. ¹⁸"Não, meu pai", disse ele. "Este é o mais velho; coloque a mão direita sobre a cabeça dele."

¹⁹Mas seu pai se recusou e disse: "Eu sei, meu filho; eu sei. Manassés também se tornará um grande povo, mas seu irmão mais novo será ainda maior. E seus descendentes se tornarão muitas nações".

²⁰Assim, Jacó abençoou os rapazes naquele dia com a seguinte bênção: "O povo de Israel usará seus nomes quando pronunciarem uma bênção. Dirão: 'Deus os faça prosperar como Efraim e Manassés!'". Desse modo, Jacó pôs Efraim adiante de Manassés.

²¹Então Jacó disse a José: "Morrerei em breve, mas Deus estará com vocês e os levará de volta a Canaã, a terra de seus antepassados. ²²Em razão de sua autoridade sobre seus irmãos, eu lhe dou uma porção a mais da terra,ᵃ que tomei dos amorreus com a minha espada e o meu arco".

Jacó abençoa seus filhos

49 Então Jacó mandou chamar todos os seus filhos e lhes disse: "Reúnam-se ao meu redor, e eu direi o que acontecerá a cada um de vocês nos dias que virão.

²"Venham e ouçam, filhos de Jacó,
ouçam Israel, seu pai!

³"Rúben, você é meu filho mais velho,
minha força,
o filho da minha juventude vigorosa;
é o primeiro em importância e o
primeiro em poder.
⁴É, contudo, impetuoso como uma
enchente,
e não será mais o primeiro.
Pois deitou-se em minha cama,
desonrou meu leito conjugal.

⁵"Simeão e Levi são iguais em tudo;
suas armas são instrumentos de
violência.
⁶Que eu jamais esteja presente em suas
reuniões
e nunca participe de seus planos.
Pois, em sua ira, mataram homens
e, por diversão, aleijaram bois.
⁷Maldita seja sua ira, pois é feroz;
maldita sua fúria, pois é cruel.
Eu os espalharei entre os descendentes de
Jacó,
eu os dispersarei por todo o Israel.

⁸"Judá, seus irmãos o louvarão;
você agarrará seus inimigos pelo
pescoço,
e todos os seus parentes se curvarão à
sua frente.
⁹Judá, meu filho, é um leão novo
que acabou de comer sua presa.
Como o leão, ele se agacha, e como a leoa,
se deita;
quem tem coragem de acordá-lo?

ᵃ **48.22** Ou *uma região montanhosa*. O significado do hebraico é incerto.

---

bênção divina, e encorajá-los a buscar as bênçãos para si mesmos, pelo fato de que seus pais as estão procurando para eles. O pai que não vai aproveitar todas as oportunidades de obter uma bênção para o seu Efraim e Manassés, provavelmente não vai ver os meninos buscando a bênção para si mesmos. Este cuidado deve ser tomado especialmente por pais que estão ficando ricos, cuja descendência será tentada por este mesmo fato de buscar uma sociedade maior do que o pobre povo de Deus possa oferecer. Não duvido que esses dois filhos do primeiro-ministro do Egito estivessem expostos às grandes tentações. Como os filhos de um pai muito rico e distinto, seus gostos podiam estar voltados para o Egito. Creio que eles foram, no entanto, grandemente influenciados para o lado certo, e levados a adorar o Deus de Abraão, de Isaque e de Jacó, pelo zelo de seu pai, José, e pela lembrança da bênção de seu avô moribundo. Não há vestígio de terem se inclinado à religião do rei e dos nobres do Egito, mas aderiram à fé de seu pai. Ó, que todos os descendentes de pais puritanos possam estar firmados à pura verdade de Deus nestes dias maus!

¹⁰O cetro não se afastará de Judá,
  nem o bastão de autoridade de seus
    descendentes,ª
até que venha aquele a quem pertence,ᵇ
  aquele que todas as nações honrarão.
¹¹Ele amarra seu potro a uma videira,
  seu jumentinho a uma videira seleta.
Lava suas roupas em vinho,
  suas vestes, no sangue das uvas.
¹²Seus olhos são mais escuros que o vinho,
  seus dentes, mais brancos que o leite.
¹³"Zebulom se estabelecerá à beira-mar
  e será um porto para os navios;
  suas fronteiras se estenderão até Sidom.
¹⁴"Issacar é um jumento forte,
  que descansa entre dois sacos de carga.ᶜ
¹⁵Quando vir como o campo é bom
  e como a terra é agradável,
curvará seus ombros para a carga
  e se sujeitará a trabalhos forçados.
¹⁶"Dã governará seu povo,
  como qualquer outra tribo de Israel.
¹⁷Dã será uma serpente à beira da estrada,
  uma víbora junto ao caminho
que morde o calcanhar do cavalo
  e faz o cavaleiro cair.
¹⁸Ó Senhor, espero pelo teu livramento!
¹⁹"Gade será atacado por bandos de
    saqueadores,
  mas os atacará quando baterem em
    retirada.
²⁰"Aser se alimentará de comidas
    deliciosas
  e produzirá iguarias dignas de reis.
²¹"Naftali é uma gazela solta
  que dá à luz lindos filhotes.
²²"José é árvore frutífera,
  árvore frutífera junto à fonte;
seus ramos se estendem por cima do
    muro.ᵈ
²³Arqueiros o atacaram brutalmente;
  atiraram nele e o atormentaram.
²⁴Seu arco, porém, permaneceu esticado,
  e seus braços foram fortalecidos
pelas mãos do Poderoso de Jacó,
  pelo Pastor, a Rocha de Israel.
²⁵Que o Deus de seu pai o ajude;
  o Todo-poderoso o abençoe
com bênçãos dos altos céus,
  bênçãos das profundezas das águas,
  bênçãos dos seios e do ventre.
²⁶Que as bênçãos de seu pai ultrapassem
  as bênçãos de meus antepassados
  e alcancem as alturas das antigas colinas.
Que essas bênçãos descansem sobre a
    cabeça de José,
  que é príncipe entre seus irmãos.
²⁷"Benjamim é um lobo voraz;
  pela manhã devora seus inimigos,
  ao entardecer divide o despojo".
²⁸Essas são as doze tribos de Israel, e foi isso que seu pai disse ao despedir-se de seus filhos. Deu a cada um deles a bênção que lhe era adequada.

A morte e o sepultamento de Jacó
²⁹Em seguida, Jacó lhes deu a seguinte instrução: "Em breve morrerei e me reunirei a meus antepassados. Sepultem-me com meu pai e com meu avô na caverna no campo de Efrom, o hitita. ³⁰É a caverna de Macpela, perto de Manre, em Canaã, que Abraão comprou do hitita como sepultura permanente. ³¹Ali estão sepultados Abraão e sua mulher, Sara. Ali também estão sepultados Isaque e sua mulher, Rebeca. E ali sepultei Lia. ³²É o campo e a caverna que meu avô, Abraão, comprou dos hititas". ³³Quando Jacó terminou de dar essa instrução a seus filhos, deitou-se em sua cama, deu

---

ª **49.10a** Em hebraico, *de entre seus pés*. ᵇ **49.10b** Ou *até que lhe paguem tributo*. Traduzido tradicionalmente como *até que venha Siló*. ᶜ **49.14** Ou *apriscos*, ou *fogueiras*. ᵈ **49.22** Ou *José é o potro de um jumento selvagem, / potro de um jumento selvagem junto à fonte, / um dos jumentos selvagens no penhasco*. O significado do hebraico é incerto.

49.33 Você não acha que a partida de santos respeitáveis deveria *ensinar a cada um de nós a trabalhar com mais seriedade e perseverança enquanto somos poupados*? Um soldado a menos na batalha, meu irmão? Portanto, você precisa preencher a vaga; aquele que está próximo nas fileiras deve se aproximar, ombro a ombro, para que não haja nenhuma lacuna. [...] Se *nós não pregarmos o evangelho, os anjos* não o pregarão.

o último suspiro e, ao morrer, reuniu-se a seus antepassados.

50 José atirou-se sobre seu pai, chorou sobre ele e o beijou. ²Em seguida, deu ordens aos médicos que o serviam para que embalsamassem o corpo de seu pai, e Jacó[a] foi embalsamado. ³O processo de embalsamamento levou os quarenta dias habituais. E os egípcios lamentaram sua morte durante setenta dias.

⁴Quando terminou o período de luto, José procurou os conselheiros do faraó e lhes disse: "Por gentileza, peço que falem com o faraó em meu favor. ⁵Digam-lhe que meu pai me fez prestar um juramento. Disse: 'Morrerei em breve. Leve meu corpo de volta para a terra de Canaã e coloque-me na sepultura que preparei para mim'. Portanto, peço que me deixe ir sepultar meu pai; depois, voltarei sem demora".

⁶O faraó atendeu ao pedido de José e disse: "Vá e sepulte seu pai, como ele o fez prometer". ⁷Então José partiu para sepultar seu pai. Foi acompanhado de todos os oficiais do faraó, todos os membros mais importantes da casa do faraó e todos os oficiais de alto escalão do Egito. ⁸José também levou consigo toda a sua família, seus irmãos e a família deles. As crianças pequenas, os rebanhos e o gado, porém, deixaram na terra de Gósen. ⁹Muitas carruagens e seus condutores acompanharam José, formando um grande cortejo.

¹⁰Quando chegaram à eira de Atade, perto do rio Jordão, realizaram uma grande cerimônia fúnebre, com um período de sete dias de luto pelo pai de José. ¹¹Os cananeus que moravam na região os viram chorar na eira de Atade e mudaram o nome do lugar (que fica próximo ao Jordão) para Abel-Mizraim,[b] pois disseram: "Este é um lugar de lamento profundo para esses egípcios".

¹²Assim, os filhos de Jacó fizeram o que ele lhes havia ordenado. ¹³Levaram seu corpo para a terra de Canaã e o sepultaram na caverna no campo de Macpela, perto de Manre. Essa é a caverna que Abraão havia comprado de Efrom, o hitita, como sepultura permanente.

José tranquiliza seus irmãos

¹⁴Depois de sepultar Jacó, José voltou para o Egito com seus irmãos e com todos que o haviam acompanhado. ¹⁵Uma vez que seu pai estava morto, porém, os irmãos de José ficaram temerosos e disseram: "Agora José mostrará sua ira e se vingará de todo o mal que lhe fizemos".

¹⁶Por isso, enviaram a seguinte mensagem a José: "Antes de morrer, nosso pai mandou ¹⁷que lhe disséssemos: 'Por favor, perdoe seus irmãos pelo grande mal que eles lhe fizeram, pelo pecado que cometeram ao tratá-lo com tanta crueldade'. Por isso, nós, servos do Deus de seu pai, suplicamos que você perdoe nosso pecado". Quando José recebeu a mensagem, começou a chorar. ¹⁸Depois, seus irmãos chegaram e se curvaram com o rosto no chão diante de José. "Somos seus escravos!", disseram eles.

¹⁹José, porém, respondeu: "Não tenham medo de mim. Por acaso sou Deus para castigá-los? ²⁰Vocês pretendiam me fazer o mal, mas Deus planejou tudo para o bem. Colocou-me neste cargo para que eu pudesse salvar a vida de muitos. ²¹Não tenham medo. Continuarei a cuidar de vocês e de seus filhos". Desse modo, ele os tranquilizou ao tratá-los com bondade.

A morte de José

²²José, seus irmãos e suas famílias continuaram a viver no Egito. José viveu 110 anos. ²³Chegou a ver três gerações de descendentes de seu filho Efraim e o nascimento dos filhos de

---

[a] **50.2** Em hebraico, *Israel*. Ver nota em 35.21. [b] **50.11** *Abel-Mizraim* significa "choro dos egípcios".

Se *nós* não ganharmos almas para Deus, não devemos esperar que querubins e serafins se envolvam nesta atribuição divina. Alguém deve fazê-lo; e, uma vez que tenhamos feito tudo o que deve ser feito, você e eu devemos fazer ainda mais quando os cooperadores são removidos. Há um par de mãos a menos: devemos estender nossas mãos mais frequentemente para executar a obra sagrada. Eis que um ceifeiro cai em algum lugar do campo, e toda a colheita deve ser recolhida antes que a estação termine! [...] Se houver poucos trabalhadores, devemos pedir ao Mestre que lhes conceda mais força, para que a obra ainda possa ser feita e que nada seja prejudicado por falta de esforço.

Maquir, filho de Manassés, os quais ele tomou para si como se fossem seus.ᵃ

²⁴José disse a seus irmãos: "Em breve morrerei, mas certamente Deus os ajudará e os tirará desta terra. Ele os levará de volta para a terra que prometeu solenemente dar a Abraão, Isaque e Jacó".

²⁵Então José fez os filhos de Israel prestarem um juramento e disse: "Quando Deus vier ajudá-los e conduzi-los de volta, levem meus ossos com vocês". ²⁶José morreu com 110 anos. Os egípcios o embalsamaram e o colocaram em um caixão no Egito.

ᵃ **50.23** Em hebraico, *que nasceram sobre os joelhos de José*.

Êxodo

INTRODUÇÃO

Nome. O nome Êxodo significa saída ou partida.

Assunto. O assunto e a palavra-chave do livro é a redenção (3.7,8; 12.13 etc.), particularmente a parte da redenção indicada pela libertação de uma situação maligna. O livro registra a redenção do povo escolhido da escravidão imposta pelo Egito e a forma como ela foi concretizada torna esse acontecimento um símbolo de toda a redenção: (1) plena através do poder de Deus, (2) por meio de um libertador (3) sob a cobertura de sangue.

Propósito. Neste momento, a história do Antigo Testamento muda do relato sobre uma família, registrado em biografias individuais e registros familiares, para a história da nação escolhida para propósitos divinos. A vontade divina já não é revelada a alguns líderes, mas a todo o povo. O livro começa com a cruel escravidão de Israel no Egito, traça os notáveis acontecimentos de sua libertação e termina com o estabelecimento completo da dispensação da Lei. O objetivo parece ser fornecer um relato da primeira etapa no cumprimento das promessas feitas por Deus aos patriarcas com referência ao lugar e ao crescimento dos israelitas.

Conteúdo. Há duas seções distintas: a histórica, incluída nos capítulos 1-19 e a legislativa, que abarca os capítulos 20-40. A primeira seção registra: a necessidade de libertação; o nascimento, treinamento e a chamada do libertador; o confronto com o Faraó; a libertação e a caminhada através do deserto ao Sinai. A segunda registra a consagração do povo e a aliança sobre a qual se tornou uma nação. As leis serviam para cobrir todas as necessidades morais, cerimoniais e cívicas de um povo primitivo e também forneciam orientações para o estabelecimento do sacerdócio e do santuário.

O Êxodo e a ciência. A pesquisa científica tem avançado no sentido de estabelecer a veracidade do registro de Êxodo, mas não tem trazido à luz nada [de concreto] que, de qualquer maneira, possa negá-lo. Ela mostrou quem era o Faraó da opressão e o do Êxodo (Ramsés II, o Faraó da opressão, e Merneptah II, o Faraó do Êxodo) e descobriu Sucote. A pesquisa mostrou que a escrita era usada muito antes do Êxodo e descobriu documentos escritos antes desse período. Confirmando assim a condição das coisas narradas na Bíblia.

ESBOÇO

1. Israel no Egito, 1.1-12.38
    1.1. A escravidão, Cap. 1
    1.2. O libertador, Caps. 2-4
    1.3. O confronto com Faraó, 5.1-12.36
2. Israel caminhando para o Sinai, 12.37-18.27
    2.1. O êxodo e a Páscoa, 12.37-13.16
    2.2. A caminhada através de Sucote ao mar Vermelho, 13.17-15.21
    2.3. Do mar Vermelho ao Sinai, 15.22-18.27
3. Israel no Sinai, Caps. 19-40
    3.1. O povo preparado, Cap. 19
    3.2. A lei moral, Cap. 20
    3.3. A lei civil, 21.1-23.19
    3.4. A aliança entre Javé e Israel, 23.20-24.18
    3.5. Instruções para a construção do tabernáculo, Caps. 25-31
    3.6. A aliança quebrada e renovada, Caps. 32-34
    3.7. A construção e dedicação do tabernáculo, Caps. 35-40

PARA ESTUDO E DISCUSSÃO

[1] A preparação de Israel e Moisés para a libertação.
[2] O conhecimento sobre Deus encontrado em Êxodo: (a) Quanto à Sua relação com a natureza; (b) Quanto à Sua relação com seus inimigos; (c) Quanto à Sua relação com o Seu povo; (d) quanto à Sua natureza e propósitos.

ÊXODO

[3] O conceito sobre o homem encontrado em Êxodo. (a) A necessidade e o valor da adoração para a humanidade; (b) Seu dever de obedecer a Deus.
[4] As pragas.
[5] As divisões do decálogo: (a) No tocante ao nosso relacionamento com Deus; (b) No tocante ao nosso relacionamento com as pessoas.
[6] Os diversos encontros entre Javé e Moisés, incluindo a oração de Moisés.
[7] Os males atuais contra os quais as leis civis foram promulgadas e as condições similares encontradas atualmente.
[8] O caráter de diferentes pessoas mencionadas no livro: (a) Faraó; (b) Moisés; (c) Arão; (d) Jetro; (e) Magos; (f) Amaleque etc.
[9] Os ensinamentos messiânicos do livro: (a) Os sacrifícios; (b) O material, cores etc., do tabernáculo; (c) A pedra ferida; (d) Moisés e sua família.

Os israelitas no Egito

1 Estes são os nomes dos filhos de Israel[a] que se mudaram para o Egito com Jacó, cada um com sua família: ²Rúben, Simeão, Levi, Judá, ³Issacar, Zebulom, Benjamim, ⁴Dã, Naftali, Gade e Aser. ⁵Ao todo, desceram ao Egito setenta[b] descendentes de Jacó, incluindo José, que já estava lá.

⁶Com o tempo, José e seus irmãos morreram, e toda aquela geração chegou ao fim. ⁷Mas seus descendentes, os israelitas, tiveram muitos filhos e netos. Multiplicaram-se tanto que se fortaleceram e encheram a terra.

⁸Por fim, subiu ao poder no Egito um novo rei, que não sabia coisa alguma sobre José. ⁹O rei disse a seu povo: "Vejam, agora o povo de Israel é mais numeroso e mais forte que nós. ¹⁰Precisamos tramar um plano para evitar que se tornem ainda mais numerosos. Se não o fizermos e houver guerra, eles se unirão a nossos inimigos, lutarão contra nós e depois fugirão desta terra".[c]

¹¹Assim, os egípcios nomearam capatazes para dirigir o trabalho do povo. Sob opressão, os israelitas construíram Pitom e Ramessés, duas cidades que serviam de centros de armazenamento para o faraó. ¹²Porém, quanto mais eram oprimidos, mais os israelitas se multiplicavam e se espalhavam, e mais preocupados os egípcios ficavam. ¹³Por isso, os egípcios os forçavam com crueldade a trabalhar pesado. ¹⁴Tornaram a vida deles amarga, obrigando-os a preparar argamassa, produzir tijolos e fazer todo o trabalho nos campos. Eram cruéis em todas as suas exigências.

¹⁵O faraó, rei do Egito, deu a seguinte ordem às parteiras hebreias Sifrá e Puá: ¹⁶"Quando ajudarem as hebreias a dar à luz, prestem atenção durante o parto.[d] Se for menino, matem o bebê; se for menina, deixem que viva". ¹⁷Mas as parteiras temiam a Deus e se recusaram a obedecer à ordem do rei; assim, deixaram os meninos viver.

¹⁸Então o rei do Egito mandou chamar as parteiras e lhes perguntou: "Por que fizeram isso? Por que deixaram os meninos viver?".

¹⁹"As mulheres hebreias não são como as egípcias", responderam as parteiras ao faraó. "São mais vigorosas e dão à luz com tanta rapidez que não conseguimos chegar a tempo."

²⁰Deus foi bondoso com as parteiras, e os israelitas continuaram a multiplicar-se e tornaram-se cada vez mais fortes. ²¹E, porque as parteiras temeram a Deus, ele deu a cada uma delas a sua própria família.

²²Então o faraó deu a seguinte ordem a todo o seu povo: "Lancem no rio Nilo todos os meninos hebreus recém-nascidos, mas deixem as meninas viver".

O nascimento de Moisés

2 Por essa época, um homem e uma mulher da tribo de Levi se casaram. ²A mulher engravidou e deu à luz um menino. Viu que era um lindo bebê e o escondeu por três meses. ³Quando não conseguia mais escondê-lo, pegou um cesto feito de juncos de papiro e o revestiu com betume e piche. Acomodou o bebê no cesto e o colocou entre os juncos, à margem do rio Nilo. ⁴A irmã do bebê ficou observando a certa distância, para ver o que lhe aconteceria.

⁵Pouco depois, a filha do faraó desceu ao Nilo para tomar banho, e suas servas foram caminhar pela margem do rio. Quando a princesa viu o cesto entre os juncos, mandou sua serva

---

[a]**1.1** Os nomes "Israel" e "Jacó" são frequentemente usados de forma intercambiável ao longo de todo o Antigo Testamento e se referem, por vezes, ao patriarca e, em outras ocasiões, à nação. [b]**1.5** Os manuscritos do mar Morto e a Septuaginta trazem *75*; ver notas em Gn 46.27. [c]**1.10** Ou *tomarão posse desta terra*. [d]**1.16** Em hebraico, *olhem para as duas pedras*. O significado do hebraico é incerto.

1.12 Era intenção de Deus e propósito da aliança dar [aos israelitas] a terra de Canaã, uma terra que manava leite e mel. Mas não é muito fácil induzir uma nação, somando alguns milhões, a deixar um país onde tenham nascido, se alimentado e construído um lar. Somente um mal muito temível pode induzi-los a expatriar-se. Se Moisés tivesse ido aos filhos de Israel antes do tempo da sua servidão, e dito: "Levantem-se! Saiam daqui para a terra que o Senhor jura que Ele lhes dará", eles o teriam considerado um zombador; teriam rido dele com desprezo! A fim de cortar os laços que os ligavam ao Egito, a lâmina afiada da aflição deveria ser usada, e Faraó, embora não soubesse, era o instrumento de Deus para desmamá-los do mundo egípcio e ajudá-los, como Sua Igreja, a tomar seu lugar separado no deserto, e receber a porção que Deus havia designado para eles.

buscá-lo. ⁶Ao abrir o cesto, a princesa viu o bebê. O menino chorava, e ela sentiu pena dele. "Deve ser um dos meninos hebreus", disse ela.

⁷Então a irmã do menino se aproximou e perguntou à princesa: "A senhora quer que eu chame uma mulher hebreia para amamentar o bebê?".

⁸"Quero", respondeu a princesa. A moça foi e chamou a mãe do bebê.

⁹A princesa disse à mãe do bebê: "Leve este menino e amamente-o para mim. Eu pagarei por sua ajuda". A mulher levou o bebê para casa e o amamentou.

¹⁰Quando o menino cresceu, ela o levou de volta à filha do faraó, que o adotou como seu próprio filho. A princesa o chamou de Moisés,ᵃ pois disse: "Eu o tirei da água".

Moisés foge para Midiã

¹¹Anos depois, já adulto, Moisés foi visitar seu povo e descobriu que eles eram forçados a realizar trabalhos pesados. Durante sua visita, viu um egípcio espancar um hebreu, um homem de seu povo. ¹²Olhou para todos os lados e, não avistando ninguém por perto, matou o egípcio. Em seguida, escondeu o corpo na areia.

¹³No dia seguinte, quando Moisés saiu novamente para visitar seu povo, viu dois hebreus brigando. "Por que você está espancando seu amigo?", perguntou Moisés ao que havia começado a briga.

¹⁴O homem respondeu: "Quem o nomeou nosso príncipe e juiz? Vai me matar como matou o egípcio?".

Moisés teve medo e pensou: "Com certeza todos já sabem o que aconteceu!". ¹⁵E, de fato, o faraó tomou conhecimento do que havia acontecido e tentou matar Moisés, mas ele fugiu e foi morar na terra de Midiã.

Quando chegou a Midiã, estabeleceu-se junto a um poço. ¹⁶O sacerdote de Midiã tinha sete filhas, que foram ao poço tirar água e encher os bebedouros para o rebanho de seu pai. ¹⁷Então alguns pastores chegaram e as expulsaram de lá. Moisés, porém, defendeu as moças e tirou água para o rebanho delas.

¹⁸Quando as moças voltaram para seu pai, Reuel, ele lhes perguntou: "Por que voltaram tão cedo hoje?".

¹⁹Elas responderam: "Um egípcio nos defendeu dos pastores; depois, tirou água e deu de beber ao nosso rebanho".

²⁰"E onde está ele?", perguntou o pai. "Por que o deixaram lá? Convidem-no para comer conosco."

²¹Moisés aceitou o convite e foi morar com Reuel. Depois de algum tempo, Reuel entregou sua filha Zípora em casamento a Moisés. ²²Mais tarde, ela deu à luz um menino, a quem Moisés chamou de Gérson,ᵇ pois disse: "Sou forasteiro em terra alheia".

²³Depois de muitos anos, o rei do Egito morreu. Os israelitas, porém, continuavam a gemer sob o peso da escravidão. Clamaram por socorro, e seu clamor subiu até Deus. ²⁴Ele ouviu os gemidos e se lembrou da aliança que havia feito com Abraão, Isaque e Jacó. ²⁵Olhou para os israelitas e percebeu sua necessidade.

ᵃ**2.10** O som do nome *Moisés* é semelhante ao de um termo hebraico que significa "tirar para fora". ᵇ**2.22** O som do nome *Gérson* é semelhante ao de um termo hebraico que significa "forasteiro ali".

2.23-25 "E se lembrou da aliança que havia feito com Abraão, Isaque e Jacó". Deus olhou para os filhos de Israel e não se lembrou de seus pecados — o praticamente se tornarem egípcios, o amor deles pelo Egito e pelos ídolos do Egito —, mas lembrou-se de seu amigo Abraão. Lembrou-se de Isaque. Lembrou-se de Jacó a quem amava, e lembrou-se de como Ele prometera os abençoar e fazer deles uma bênção. E não por mérito algum dos próprios israelitas, mas por causa daqueles a quem Ele havia amado e honrado, e por causa da Aliança que fizera com eles, o Senhor disse: "Destruirei o poder do Faraó, e abençoarei o meu povo; eu os tirarei da escravidão e os libertarei".

Pecador, se Deus tivesse que olhar para você por toda a eternidade, Ele não poderia ver em você nada, senão o que Ele é forçado a castigar! Mas quando Deus olha para o Seu Filho querido, a quem ama, lembra-se de como Ele viveu e amou, e sangrou e morreu, e fez expiação pelos culpados. E quando Ele se lembra da Sua Aliança com Seu Amado, Ele diz: "Abençoarei este povo que eu lhe dei por aliança eterna. Prometi-lhe que Ele veria o resultado de Sua angústia e assim será. Destruirei o poder do pecado e libertarei os cativos para o louvor da glória da minha graça. E eles serão aceitos no Amado". É uma grande bênção que, embora Deus não possa ver nenhuma razão para a misericórdia em nós, Ele pode ver o melhor de

Moisés e o arbusto em chamas

3 ¹Certo dia, Moisés estava cuidando do rebanho de seu sogro, Jetro,ª sacerdote de Midiã. Ele levou o rebanho para o deserto e chegou ao Sinai,ᵇ o monte de Deus. ²Ali, o anjo do Senhor lhe apareceu no fogo que ardia no meio de um arbusto. Moisés olhou admirado, pois embora o arbusto estivesse envolto em chamas, o fogo não o consumia. ³"Que coisa espantosa!", pensou ele. "Por que o fogo não consome o arbusto? Preciso ver isso de perto."

⁴Quando o Senhor viu Moisés se aproximar para observar melhor, Deus o chamou do meio do arbusto: "Moisés! Moisés!".

"Aqui estou!", respondeu ele.

⁵"Não se aproxime mais", o Senhor advertiu. "Tire as sandálias, pois você está pisando em terra santa. ⁶Eu sou o Deus de seu pai,ᶜ o Deus de Abraão, o Deus de Isaque e o Deus de Jacó." Quando Moisés ouviu isso, cobriu o rosto, porque teve medo de olhar para Deus.

⁷Então o Senhor lhe disse: "Por certo, tenho visto a opressão do meu povo no Egito. Tenho ouvido seu clamor por causa de seus capatazes. Sei bem quanto eles têm sofrido. ⁸Por isso, desci para libertá-los do poder dos egípcios e levá-los do Egito a uma terra fértil e espaçosa. É uma terra que produz leite e mel com fartura, onde hoje habitam os cananeus, os hititas, os amorreus, os ferezeus, os heveus e os jebuseus. ⁹Sim, o clamor do povo de Israel chegou até mim, e eu tenho visto como os egípcios os tratam cruelmente. ¹⁰Agora vá, pois eu o envio ao faraó. Você deve tirar meu povo, Israel, do Egito".

¹¹Moisés, porém, disse a Deus: "Quem sou eu para me apresentar ao faraó? Quem sou eu para tirar o povo de Israel do Egito?"

¹²Deus respondeu: "Eu estarei com você. Este é o sinal de que eu sou aquele que o envia: depois que você tirar o povo do Egito, vocês adorarão a Deus neste monte".

¹³Moisés disse a Deus: "Se eu for aos israelitas e lhes disser: 'O Deus de seus antepassados me enviou a vocês', eles perguntarão: 'Qual é o nome dele?'. O que devo dizer?".

¹⁴Deus respondeu a Moisés: "Eu Sou o que Sou.ᵈ Diga ao povo de Israel: Eu Sou me enviou a vocês". ¹⁵Deus também instruiu Moisés: "Diga ao povo de Israel: Javé,ᵉ o Deus de seus

---

ª**3.1a** O sogro de Moisés era conhecido por dois nomes, *Jetro* e *Reuel*. Ver 2.18. ᵇ**3.1b** Em hebraico, *Horebe*, outro nome para o Sinai. ᶜ**3.6** A Septuaginta traz *de seus pais*. ᵈ**3.14** Ou *Eu Serei o que Serei*. ᵉ**3.15** *Javé* é a transliteração mais provável do nome próprio YHWH; nesta tradução aparece, em geral, como "Senhor".

---

todos os motivos de misericórdia na Aliança de Sua graça e em Seu Filho amado com quem Ele a firmou! [Deus] "se lembrou da aliança". Não se esqueçam disso, queridos amigos, mas pensem muito sobre a Aliança ordenada em todas as coisas e assegurada, e sobre todas as bênçãos que devem vir a vocês por meio dessa Aliança.

3.1,6,9,10 *V.1* Deve ter sido uma grande mudança para Moisés, depois de 40 anos na corte do Faraó, passar outros 40 anos no deserto. Mas não foi tempo perdido — foram necessários os dois primeiros períodos para torná-lo apto para a grandiosa vida dos últimos quarenta. Ele devia ser príncipe e pastor, para que pudesse ser governante e pastor para o povo de Deus, Israel. Precisou ficar muito tempo sozinho. Necessitou ter muitas conversas solitárias com seu próprio coração. Ele teve de ser levado a sentir sua própria fraqueza. E isso não foi perda de tempo para ele, pois faria mais nos últimos 40 anos por causa dos 80 anos passados em preparação! E não é tempo perdido o que um homem leva para colocar seu equipamento antes de partir para a batalha, ou o que o ceifeiro investe de tempo afiando sua foice antes de cortar o milho.

V.6 Isto ocorreu em parte por causa da superstição universal de que se Deus aparecesse a qualquer homem, este certamente morreria; mas no caso de Moisés, talvez mais por causa da consideração pela santidade de Deus e de sua própria indignidade. Não há um homem entre nós que não deva fazer o que Moisés fez, se estivermos em um estado de espírito correto. Aqueles que pensam que são perfeitos podem ousar olhar, mas aqueles que são sinceros, como Moisés, esconderiam seu rosto, como ele o fez, porque ele tinha medo de olhar para Deus.

Vv.9,10 Não me surpreendo que Moisés tenha aberto os seus olhos, quando soube que era uma pobre criatura para que Deus dissesse: "Agora vá, pois eu o envio ao faraó" — o mesmo homem que era procurado por Faraó — "Eu o envio a faraó" — o homem que tinha sido rejeitado pelo seu próprio povo ao defendê-los — "Você deve tirar meu povo, Israel, do Egito". Ah, estejamos prontos para qualquer incumbência! Se Deus dissesse que edificaria o Céu pelos mais pobres e mesquinhos entre nós, não caberia a nós recuar! Que o deixemos fazer o que Ele quiser conosco! Ó, por uma fé que crê que no meio de nossa fraqueza, a força de Deus surge.

antepassados, o Deus de Abraão, o Deus de Isaque e o Deus de Jacó, me enviou a vocês.

Esse é meu nome para sempre,
o nome pelo qual serei lembrado de geração em geração.

¹⁶"Agora vá e reúna os líderes de Israel. Diga-lhes que Javé, o Deus de seus antepassados, o Deus de Abraão, Isaque e Jacó, lhe apareceu e disse: 'Tenho observado atentamente e vejo como os egípcios os têm tratado. ¹⁷Prometi libertá-los da opressão no Egito e levá-los a uma terra que produz leite e mel com fartura, onde hoje habitam os cananeus, os hititas, os amorreus, os ferezeus, os heveus e os jebuseus'.

¹⁸"Os líderes de Israel aceitarão sua mensagem. Em seguida, você e eles se apresentarão ao rei do Egito e lhe dirão: 'O Senhor, o Deus dos hebreus, veio ao nosso encontro. Agora, pedimos que nos permita fazer uma viagem de três dias ao deserto para oferecermos sacrifícios ao Senhor, nosso Deus'.

¹⁹"Eu sei que o rei do Egito não os deixará ir, a não ser que uma mão poderosa o force.ᵃ ²⁰Por isso, levantarei minha mão e ferirei os egípcios com todo tipo de milagres que farei no meio deles. Então, por fim, o faraó os deixará ir. ²¹Farei que os egípcios sejam bondosos com os israelitas, e assim vocês não sairão do Egito de mãos vazias. ²²Toda mulher israelita pedirá de suas vizinhas egípcias e das mulheres que as visitam artigos de ouro e prata e roupas caras, com as quais vestirão seus filhos e suas filhas. Desse modo, vocês tomarão para si as riquezas dos egípcios".

Sinais do poder do Senhor

4 Moisés respondeu: "E se não acreditarem em mim ou não quiserem me ouvir? E se disserem: 'O Senhor nunca lhe apareceu'?".

²Então o Senhor lhe perguntou: "O que você tem na mão?".

"Uma vara", respondeu Moisés.

³"Jogue-a no chão", disse o Senhor. Moisés jogou a vara no chão, e ela se transformou numa serpente. Moisés fugia dela, ⁴mas o Senhor lhe disse: "Estenda a mão e pegue-a pela cauda". Moisés estendeu a mão e pegou a serpente, e ela voltou a ser uma vara.

⁵Então o Senhor lhe disse: "Faça esse sinal e eles acreditarão que o Senhor, o Deus de seus antepassados, o Deus de Abraão, o Deus de Isaque e o Deus de Jacó, de fato lhe apareceu".

⁶O Senhor também disse a Moisés: "Agora, coloque a mão dentro do seu manto". Moisés colocou a mão dentro do manto e, quando a tirou, ela estava com lepra,ᵇ branca como neve. ⁷"Coloque a mão dentro do manto outra vez", disse o Senhor. Moisés colocou a mão dentro do manto outra vez e, quando a tirou, ela estava tão saudável quanto o resto do corpo.

⁸Disse ainda: "Se eles não acreditarem em você e não se deixarem convencer pelo primeiro sinal, serão convencidos pelo segundo. ⁹E, se não acreditarem em você nem o ouvirem depois desses dois sinais, tire um pouco de água do rio Nilo e derrame-a sobre a terra seca. Quando o fizer, a água do Nilo se transformará em sangue na terra".

¹⁰Moisés, porém, disse ao Senhor: "Ó Senhor, não tenho facilidade para falar, nem antes, nem agora que falaste com teu servo! Não consigo me expressar e me atrapalho com as palavras".

¹¹O Senhor perguntou a Moisés: "Quem forma a boca do ser humano? Quem torna o homem mudo ou surdo? Quem o torna cego ou o faz ver? Por acaso não sou eu, o Senhor? ¹²Agora vá! Eu estarei com você quando falar e o instruirei a respeito do que deve dizer".

¹³"Por favor, Senhor!", suplicou Moisés. "Envia qualquer outra pessoa!"

¹⁴Então o Senhor se irou com Moisés e lhe disse: "E quanto a seu irmão Arão, o levita? Sei que ele fala bem. Veja, ele está vindo ao seu encontro e se alegrará em vê-lo. ¹⁵Fale com ele e diga as palavras que ele deve transmitir. Estarei com vocês dois quando falarem e os instruirei a respeito do que devem fazer. ¹⁶Arão falará por você diante do povo. Ele será seu porta-voz, e você será como Deus para ele. ¹⁷Leve com você a vara e use-a para realizar os sinais que eu lhe mostrei".

ᵃ 3.19 Conforme a Septuaginta e a Vulgata; o hebraico traz *não os deixará sair, nem por mão poderosa*. ᵇ 4.6 O termo hebraico não se refere somente à hanseníase, mas também a diversas doenças de pele.

Moisés volta ao Egito

¹⁸Moisés voltou à casa de Jetro, seu sogro, e lhe disse: "Por favor, permita-me voltar ao Egito para procurar meus parentes. Nem sei se ainda vivem".

"Vá em paz", respondeu Jetro.

¹⁹Antes de Moisés partir de Midiã, o S<small>ENHOR</small> lhe disse: "Volte ao Egito, pois todos que queriam matá-lo já morreram".

²⁰Então Moisés tomou sua mulher e seus filhos, montou-os num jumento e voltou para a terra do Egito. Levava na mão a vara de Deus.

²¹O S<small>ENHOR</small> disse a Moisés: "Quando chegar ao Egito, apresente-se ao faraó e faça todos os milagres para os quais eu o capacitei. Contudo, endurecerei o coração dele, para que se recuse a deixar o povo sair. ²²Você dirá ao faraó: 'Assim diz o S<small>ENHOR</small>: Israel é meu filho mais velho. ²³Ordenei que você deixasse meu filho sair para me adorar. Mas, uma vez que você se recusou, matarei seu filho mais velho'".

²⁴No caminho para o Egito, no lugar onde Moisés e sua família haviam parado a fim de passar a noite, o S<small>ENHOR</small> o confrontou e estava prestes a matá-lo. ²⁵Mas Zípora pegou uma faca de pedra e circuncidou seu filho. Com o prepúcio, tocou os pés[a] de Moisés e lhe disse: "Agora você é para mim um marido de sangue". ²⁶(Quando disse "um marido de sangue", estava se referindo à circuncisão.) Depois disso, o S<small>ENHOR</small> deixou Moisés.

²⁷O S<small>ENHOR</small> tinha dito a Arão: "Vá ao deserto, ao encontro de Moisés". Arão foi, encontrou Moisés no monte de Deus e o saudou com um beijo. ²⁸Moisés contou a Arão tudo que o S<small>ENHOR</small> havia ordenado que ele dissesse e falou também sobre os sinais que deveria realizar.

²⁹Então Moisés e Arão voltaram ao Egito e convocaram uma reunião com todos os líderes de Israel. ³⁰Arão lhes comunicou tudo que o S<small>ENHOR</small> tinha dito a Moisés, que realizou os sinais diante deles. ³¹O povo de Israel se convenceu de que o S<small>ENHOR</small> tinha enviado Moisés e Arão. Quando ouviram que o S<small>ENHOR</small> se preocupava com eles e tinha visto seu sofrimento, prostraram-se e o adoraram.

Moisés e Arão falam com o faraó

5 Depois disso, Moisés e Arão foram ver o faraó e declararam: "Assim diz o S<small>ENHOR</small>, o Deus de Israel: 'Deixe meu povo sair para celebrar uma festa em minha honra no deserto'".

²"Quem é o S<small>ENHOR</small>?", retrucou o faraó. "Por que devo dar ouvidos a ele e deixar Israel sair? Não conheço o S<small>ENHOR</small> e não deixarei Israel sair."

³Então Arão e Moisés disseram: "O Deus dos hebreus se encontrou conosco. Portanto, deixe-nos fazer uma viagem de três dias ao deserto para oferecermos sacrifícios ao S<small>ENHOR</small>, nosso Deus. Do contrário, ele nos castigará com alguma praga ou pela espada".

⁴O rei do Egito respondeu: "Moisés e Arão, por que distraem o povo de suas tarefas? Voltem ao trabalho! ⁵Olhem! Há muitos do seu povo nesta terra, e vocês os estão impedindo de trabalhar!".

O faraó oprime Israel ainda mais

⁶Naquele mesmo dia, o faraó deu a seguinte ordem aos capatazes egípcios e aos supervisores israelitas: ⁷"Não forneçam mais palha para o povo fazer tijolos. De agora em diante, eles

---

[a] **4.25** O termo hebraico para "pés" pode se referir ao órgão sexual masculino.

4.22,23 Com a simples afirmação de direito absoluto *Ele exige sua liberdade incondicional.* [...] Que magnífico versículo! Que edito imperial ele contém! Como na narrativa do Cosmos, Deus disse: "'Haja luz', e houve luz", assim na história do êxodo, palavras curtas são lançadas com força soberana — "Ordenei que você deixasse meu filho sair". O coração orgulhoso do Faraó deve ter tremido perante o Todo-Poderoso, cujos lábios afirmam um direito que Seu braço foi imediatamente capaz de impor. Quão acertadamente esses tons se aplicam à nossa libertação de debaixo da Lei. A Lei inclui toda a humanidade sob sua maldição. O deus deste mundo reivindica toda a raça humana como seus súditos. No devido tempo, nosso Redentor aparecerá. O Senhor Jesus vem, identifica-se com a família escravizada, carrega a maldição, cumpre a Lei e, em seguida, com base na simples justiça, exige para eles plena e perfeita liberdade, tendo cumprido para eles o preceito e por eles suportado a pena. *Ordenei que você deixasse meu filho sair.*

mesmos devem juntá-la! ⁸No entanto, continuem a exigir que produzam a mesma quantidade de tijolos que antes. Não reduzam a cota. Eles são preguiçosos e, por isso, clamam: 'Deixe-nos sair para sacrificar ao nosso Deus'. ⁹Aumentem a carga de trabalho deles e cobrem o cumprimento das tarefas. Isso os ensinará a não dar ouvidos a mentiras!".

¹⁰Os capatazes e os supervisores saíram e informaram o povo: "Assim diz o faraó: 'Vocês não receberão mais palha. ¹¹Saiam e juntem-na onde puderem encontrá-la. No entanto, continuarão a produzir a mesma quantidade de tijolos que antes'". ¹²Então o povo se espalhou por toda a terra do Egito para juntar a palha que sobrava das colheitas.

¹³Enquanto isso, os capatazes egípcios continuavam a pressioná-los: "Completem sua cota diária de tijolos, como faziam quando nós lhes fornecíamos palha!". ¹⁴E açoitavam os supervisores israelitas que haviam sido encarregados das equipes de trabalhadores. "Por que não completaram as cotas nem ontem nem hoje?", perguntavam.

¹⁵Então os supervisores israelitas foram suplicar ao faraó: "Por favor, não trate seus servos desse modo. ¹⁶Não recebemos palha, mas os capatazes continuam a exigir: 'Façam tijolos!'. Somos açoitados constantemente, mas a culpa é do seu próprio povo!".

¹⁷O faraó, porém, gritou: "Vocês são preguiçosos! Preguiçosos! Por isso, andam dizendo: 'Deixe-nos sair para oferecer sacrifícios ao Senhor'. ¹⁸Voltem agora mesmo ao trabalho! Não receberão palha, mas terão de produzir a mesma cota de tijolos".

¹⁹Quando os supervisores israelitas ouviram: "Vocês não poderão reduzir a quantidade de tijolos produzidos por dia", perceberam que estavam em sérios apuros. ²⁰Ao sair do palácio do faraó, encontraram Moisés e Arão, que os esperavam do lado de fora. ²¹Eles disseram aos dois irmãos: "O Senhor os julgue e os castigue por terem feito o faraó e seus oficiais nos odiarem. Vocês colocaram uma espada na mão deles e lhes deram uma desculpa para nos matar!".

²²Moisés voltou ao Senhor e disse: "Por que trouxeste toda essa desgraça sobre este povo, Senhor? Por que me enviaste? ²³Desde que me apresentei ao faraó como teu porta-voz, ele passou a tratar teu povo com ainda mais crueldade. E tu não fizeste coisa alguma para libertá-lo!".

Promessas de libertação

6 Então o Senhor disse a Moisés: "Agora você verá o que vou fazer ao faraó. Quando ele sentir o peso de minha mão forte, deixará o povo sair. Sim, pelo peso de minha mão forte, fará o povo ir embora de sua terra!".

²Deus também disse a Moisés: "Eu sou Javé, 'o Senhor'.ᵃ ³Apareci a Abraão, Isaque e Jacó como El-Shaddai, 'o Deus Todo-poderoso',ᵇ mas não lhes revelei meu nome, Javé. ⁴Estabeleci com eles a minha aliança, mediante a qual prometi lhes dar a terra de Canaã, onde viviam como estrangeiros. ⁵Esteja certo de que ouvi os gemidos dos israelitas, que agora são escravos dos egípcios, e me lembrei da aliança que fiz com eles.

⁶"Portanto, diga ao povo de Israel: 'Eu sou o Senhor. Eu os libertarei da opressão e os livrarei da escravidão no Egito. Eu os resgatarei com meu braço poderoso e com grandes atos de julgamento. ⁷Eu os tomarei como meu povo e serei o seu Deus. Então vocês saberão que eu sou o Senhor, seu Deus, que os libertou da opressão no Egito. ⁸Eu os levarei à terra que jurei dar a Abraão, Isaque e Jacó. Eu a darei a vocês como propriedade. Eu sou o Senhor!'.

⁹Moisés transmitiu ao povo essa mensagem do Senhor, mas eles já não quiseram lhe dar ouvidos. Estavam desanimados demais por causa da escravidão brutal que sofriam.

ᵃ **6.2** *Javé* é a transliteração mais provável do nome próprio hebraico YHWH; nesta tradução aparece, em geral, como "Senhor". ᵇ **6.3** O nome hebraico *El-Shaddai*, que significa "Deus Todo-poderoso", é o nome de Deus usado em Gn 17.1; 28.3; 35.11; 43.14; 48.3.

6.9 Moisés lhes falou *sobre o Deus deles*. Ele disse: "Vocês têm um Deus, e o Seu nome é Javé, o Deus de seus pais, o Deus de Abraão, de Isaque e de Jacó". Eles levantaram os olhos de seus tijolos e pareciam dizer: "Deus? O que temos a ver com Ele? Ó, essa palha que nos foi dada para fazer nossos tijolos! Nós estamos até o pescoço nesta lama imunda do Nilo, fazendo tijolos, e você vem falar conosco sobre Deus. Vá pregar ao Faraó

¹⁰Então o Senhor disse a Moisés: ¹¹"Volte ao faraó, o rei do Egito, e diga a ele que deixe o povo de Israel sair de sua terra".

¹²"Mas Senhor!", retrucou Moisés. "Os israelitas já não querem me dar ouvidos. Como posso esperar que o faraó me escute? Tenho tanta dificuldade para falar!"ᵃ

¹³O Senhor, porém, falou com Moisés e Arão e lhes deu ordens, sobre os israelitas e sobre o faraó, rei do Egito, para tirarem o povo de Israel do Egito.

Os antepassados de Moisés e Arão

¹⁴Estes são os chefes de clãs dos antepassados de Israel:

Os filhos de Rúben, o filho mais velho de Israel, foram: Enoque, Palu, Hezrom e Carmi. Seus descendentes formaram os clãs de Rúben.

¹⁵Os filhos de Simeão foram: Jemuel, Jamim, Oade, Jaquim, Zoar e Saul. (A mãe de Saul era cananeia.) Seus descendentes se tornaram os clãs de Simeão.

¹⁶Estes são os descendentes de Levi, conforme relacionados nos registros de família. Os filhos de Levi foram Gérson, Coate e Merari. (Levi viveu 137 anos.)

¹⁷Os descendentes de Gérson foram: Libni e Simei; cada um deles se tornou antepassado de um clã.

¹⁸Os descendentes de Coate foram: Anrão, Isar, Hebrom e Uziel. (Coate viveu 133 anos.)

¹⁹Os descendentes de Merari foram: Mali e Musi.

Estes são os clãs dos levitas, conforme relacionados nos registros de família.

²⁰Anrão se casou com Joquebede, irmã de seu pai, e ela deu à luz dois filhos: Arão e Moisés. (Anrão viveu 137 anos.)

²¹Os filhos de Isar foram: Corá, Nefegue e Zicri.

²²Os filhos de Uziel foram: Misael, Elzafã e Sitri.

²³Arão se casou com Eliseba, filha de Aminadabe e irmã de Naassom. Ela deu à luz seus filhos Nadabe, Abiú, Eleazar e Itamar.

²⁴Os filhos de Corá foram: Assir, Elcana e Abiasafe.

²⁵Eleazar, filho de Arão, se casou com uma das filhas de Putiel, e ela deu à luz seu filho Fineias.

Esses são os chefes dentre os antepassados das famílias levitas, relacionados de acordo com seus clãs.

²⁶Foi a estes dois, Arão e Moisés, que o Senhor disse: "Tirem os israelitas do Egito, organizados segundo seus clãs". ²⁷Foram eles, Moisés e Arão, que se dirigiram ao faraó, rei do Egito, para falar sobre a saída dos israelitas daquela terra.

²⁸Quando o Senhor falou com Moisés na terra do Egito, ²⁹disse-lhe: "Eu sou o Senhor! Transmita ao faraó, rei do Egito, tudo que eu lhe disser". ³⁰Contudo, Moisés questionou o Senhor e disse: "Não posso fazer isso! Tenho tanta dificuldade para falar! Por que o faraó me daria ouvidos?".

ᵃ 6.12 Em hebraico, *Tenho lábios incircuncisos;* também em 6.30.

---

e aos superintendentes que nos governam, mas quanto a nós pobres criaturas, escravos que somos, não o entendemos. O que você quer dizer com Javé, nosso Deus? Traga-nos mais alho e cebola, ou diminua nossas tarefas diárias, ou remova as varas de nossos opressores, e então nós o ouviremos". E assim, balançaram suas cabeças, e disseram que tais mistérios e teologias não eram para eles. E, no entanto, queridos senhores, se algum de vocês estiver em tal situação, a mensagem é para você. Javé, o Deus de Israel era, de fato, a única esperança deles, e Ele é a sua única esperança também. Lamentavelmente, eles deveriam ser tão imprudentes que se recusaram a deixar que a luz brilhasse sobre eles, pois era luz! Que motivo péssimo para recusar a luz: porque a noite é muito escura! A melhor esperança do homem reside no seu Deus. Ah, vocês, cujas vidas estão amargas com a labuta e o anseio, há algo para vocês, afinal de contas, muito melhor do que o duro ditado: "O que comeremos e o que beberemos?". Há uma herança acima do trabalho árduo da vida cotidiana. Há uma porção muito melhor do que este cuidado que mata, que aflige tantos de vocês, e lhes torna a vida uma calamidade. Portanto, por causa do peso da sua porção, não se recusem a ouvir acerca de Deus, seu Criador, seu Benfeitor. Nisso repousa sua única real esperança. Tenha este Deus por pai e amigo, e a vida permitirá mudança, e você será outro homem.

A vara de Arão se transforma em serpente

7 Então o Senhor disse a Moisés: "Preste atenção ao que vou dizer. Eu o farei parecer Deus para o faraó, e Arão, seu irmão, será seu profeta. ²Diga a Arão tudo que eu lhe ordenar, e Arão mandará o faraó deixar o povo de Israel sair de sua terra. ³Contudo, endurecerei o coração do faraó e depois multiplicarei meus sinais e maravilhas na terra do Egito. ⁴Mesmo assim, o faraó se recusará a ouvi-lo, de modo que farei minha mão pesar sobre o Egito. Então resgatarei meu exército — meu povo, os israelitas — da terra do Egito com grandes atos de julgamento. ⁵Quando eu levantar minha mão e tirar os israelitas do meio deles, os egípcios saberão que eu sou o Senhor".

⁶Moisés e Arão fizeram conforme o Senhor lhes ordenou. ⁷Quando falaram com o faraó, Moisés tinha 80 anos, e Arão, 83.

⁸O Senhor disse a Moisés e a Arão: ⁹"O faraó exigirá: 'Mostre-me um milagre'. Quando ele o fizer, diga a Arão: 'Tome sua vara e jogue-a no chão, na frente do faraó, e ela se transformará numa serpente'".ᵃ

¹⁰Então Moisés e Arão foram ver o faraó e fizeram conforme o Senhor havia ordenado. Arão jogou a vara no chão, diante do faraó e de seus oficiais, e ela se transformou numa serpente. ¹¹O faraó mandou chamar seus sábios e feiticeiros e, por meio de suas artes mágicas, esses magos egípcios fizeram a mesma coisa: ¹²jogaram suas varas no chão, e elas também se transformaram em serpentes. Mas a vara de Arão engoliu as varas dos magos. ¹³O coração do faraó, porém, permaneceu endurecido. Ele continuou se recusando a ouvir, exatamente como o Senhor tinha dito.

A praga de sangue

¹⁴O Senhor disse a Moisés: "O coração do faraó é duro, e ele continua se recusando a deixar o povo sair. ¹⁵Portanto, vá ao faraó pela manhã, quando ele estiver descendo até o rio. Pare à margem do Nilo e encontre-se com ele ali. Não se esqueça de levar a vara que se transformou em serpente. ¹⁶Então diga-lhe: 'O Senhor, o Deus dos hebreus, me enviou para lhe falar: 'Deixe meu povo sair para me adorar no deserto'. Até agora, você se recusou a ouvi-lo, ¹⁷por isso, assim diz o Senhor: 'Eu lhe mostrarei que sou o Senhor'. Veja! Com esta vara que tenho na mão, baterei nas águas do Nilo, e elas se transformarão em sangue. ¹⁸Os peixes do rio morrerão, e o rio ficará malcheiroso. Os egípcios não poderão beber de sua água'".

¹⁹O Senhor disse a Moisés: "Diga a Arão: 'Tome sua vara e estenda a mão sobre as águas do Egito, sobre todos os seus rios, canais, açudes e reservatórios. Toda a água se transformará em sangue, até mesmo a água armazenada em vasilhas de madeira e pedra'".

²⁰Moisés e Arão fizeram conforme o Senhor ordenou. Diante dos olhos do faraó e de todos os seus oficiais, Arão levantou a vara e bateu nas águas do Nilo, e o rio inteiro se transformou em sangue. ²¹Os peixes do rio morreram, e a água ficou tão malcheirosa que os egípcios não podiam bebê-la. Havia sangue em toda a terra do Egito. ²²Mais uma vez, porém, os magos do Egito usaram sua mágica e também transformaram água em sangue, e o coração do faraó continuou endurecido. Ele se recusou a ouvir Moisés e Arão, como o Senhor tinha dito. ²³O faraó voltou para seu palácio e não pensou mais no assunto. ²⁴Todos os egípcios cavaram às margens do rio para encontrar água potável, pois não podiam beber da água do Nilo.

²⁵Sete dias se passaram desde o momento em que o Senhor feriu o Nilo.

A praga das rãs

8 ¹ᵇEntão o Senhor disse a Moisés: "Volte ao faraó e anuncie: 'Assim diz o Senhor: Deixe meu povo sair para me adorar. ²Se você se recusar a deixá-lo sair, enviarei uma praga de rãs sobre todo o seu território. ³O rio Nilo fervilhará de rãs. Elas subirão do rio e invadirão seu palácio, e até mesmo seu quarto e sua cama. Entrarão nas casas de seus oficiais e de seu povo. Saltarão para dentro dos fornos e das tigelas de amassar pão. ⁴As rãs avançarão sobre você, sobre seu povo e sobre todos os seus oficiais'".

ᵃ **7.9** Em hebraico, *tannin*, termo que, em outras passagens, refere-se a um monstro marinho. A Septuaginta traduz como "dragão". ᵇ **8.1** No texto hebraico, os versículos 8.1-4 são numerados 7.26-29.

⁵ᵃO Senhor também disse a Moisés: "Diga a Arão: 'Estenda a vara que traz em sua mão sobre todos os rios, canais e açudes do Egito e faça subir rãs sobre toda a terra'". ⁶Arão estendeu a mão sobre as águas do Egito, e as rãs subiram e cobriram toda a terra. ⁷Os magos, porém, usaram suas artes mágicas para imitar a praga e também fizeram aparecer rãs sobre a terra do Egito.

⁸Então o faraó convocou Moisés e Arão e disse: "Supliquem ao Senhor que afaste as rãs de mim e de meu povo. Deixarei seu povo sair para oferecer sacrifícios ao Senhor".

⁹"Pois escolha a hora!", respondeu Moisés. "Diga-me quando deseja que eu suplique pelo faraó, por seus oficiais e por seu povo. Então o faraó e suas casas ficarão livres das rãs, e elas permanecerão apenas no rio Nilo."

¹⁰"Que seja amanhã", disse o faraó.

"Será como o faraó disse", respondeu Moisés. "Então saberá que não há ninguém como o Senhor, nosso Deus. ¹¹As rãs deixarão o faraó e suas casas, seus oficiais e seu povo e permanecerão apenas no rio Nilo."

¹²Moisés e Arão saíram do palácio do faraó, e Moisés clamou ao Senhor a respeito das rãs que ele havia mandado para afligir o faraó. ¹³O Senhor fez exatamente conforme Moisés tinha dito. Todas as rãs nas casas, nos pátios e nos campos morreram. ¹⁴Os egípcios as juntaram em montões, e um fedor terrível encheu a terra. ¹⁵Mas, quando o faraó percebeu que a situação havia melhorado, seu coração se endureceu, e ele se recusou a dar ouvidos a Moisés e a Arão, como o Senhor tinha dito.

A praga dos piolhos

¹⁶Então o Senhor disse a Moisés: "Diga a Arão: 'Estenda a vara e bata no chão. O pó se transformará em enxames de piolhosᵇ em toda a terra do Egito'". ¹⁷Moisés e Arão assim fizeram. Quando Arão estendeu a mão e bateu no chão com a vara, piolhos infestaram toda a terra e cobriram os egípcios e seus animais. Todo o pó da terra do Egito se transformou em piolhos. ¹⁸Os magos do faraó tentaram fazer o mesmo com suas artes mágicas, mas não conseguiram. E os piolhos cobriram tudo, tanto as pessoas como os animais.

¹⁹"Isso é o dedo de Deus!", exclamaram os magos ao faraó. Mas o coração do faraó continuou endurecido. Recusou-se a ouvi-los, como o Senhor tinha dito.

A praga das moscas

²⁰Em seguida, o Senhor disse a Moisés: "Levante-se cedo amanhã e coloque-se diante do faraó quando ele descer ao rio. Diga-lhe: 'Assim diz o Senhor: Deixe meu povo sair para me adorar. ²¹Se você se recusar, enviarei enxames de moscas sobre você, seus oficiais, seu povo e sobre todas as casas. Os lares dos egípcios e todo o chão ficarão cheios de moscas. ²²Desta vez, porém, pouparei a região de Gósen, onde meu povo vive. Lá, não aparecerão moscas. Então você saberá que eu sou o Senhor e que estou presente até mesmo no meio de sua terra.

ᵃ8.5 No texto hebraico, os versículos 8.5-32 são numerados 8.1-28. ᵇ8.16 Ou *mosquitos*; também em 8.17-18. O termo hebraico é de identificação incerta.

8.8 A oração do Faraó *tratava apenas do castigo*. "Afasta as rãs! Afasta as rãs! Afasta as rãs!" Esse é seu único clamor. Assim, ouvimos o doente exclamar: "Ó, senhor, ore para que eu possa ficar bem". O bêbado implora para que possa ser ajudado a sair de sua pobreza. O pecador impenitente clama: "Ore para que meu filho não seja tirado de mim". Não é errado orar "Afasta as rãs". Todos nós teríamos orado assim se estivéssemos cercados por tais pragas. O mal é que esta era toda a sua oração. Ele não disse: "Afasta meus pecados", mas, "Afasta as rãs". Ele não clamou: "Senhor, tira meu coração de pedra", mas apenas: "Afasta as rãs". Talvez eu esteja falando àqueles que estão em pobreza, doença ou angústia, e todos estão clamando: "Senhor, afasta as rãs! Livra-me da minha miséria, da minha angústia, da minha fome, da minha desgraça, do meu castigo!". Bem, se você se envolveu no mal por meio de uma vida perversa, sua oração não deve ser: "Afasta a doença e a pobreza", mas: "Afasta o pecado". A oração do bêbado não deve ser: "Senhor, afasta a consequência da minha embriaguez", mas: "retira de mim o cálice de veneno". Ponha o machado à raiz e clame: "Senhor, afasta o pecado". Lamentavelmente, a maioria das orações de homens em apuros é apenas como a oração egoísta do Faraó: "Afasta as rãs". O Senhor ouviu a sua petição, mas nada resultou dela. As rãs se foram, mas as moscas vieram logo em seguida e todo o tipo de praga se seguiu em rápida sucessão — e o coração dele ainda estava endurecido.

²³Farei clara distinção entre[a] o meu povo e o seu. Esse sinal acontecerá amanhã'".

²⁴O Senhor fez exatamente o que disse. Um denso enxame de moscas encheu o palácio do faraó e as casas de seus oficiais. Todo o Egito ficou em estado de calamidade por causa das moscas.

²⁵O faraó mandou chamar Moisés e Arão e disse: "Vão e ofereçam sacrifícios ao seu Deus. Mas façam-no aqui mesmo, nesta terra".

²⁶"Não seria certo", respondeu Moisés. "Os sacrifícios que oferecemos ao Senhor, nosso Deus, são detestáveis aos egípcios. Se apresentarmos aqui mesmo nossos sacrifícios, que os egípcios consideram detestáveis, eles nos apedrejarão. ²⁷Para oferecer sacrifícios ao Senhor, nosso Deus, precisamos fazer uma viagem de três dias ao deserto, como ele ordenou."

²⁸"Podem ir", respondeu o faraó. "Deixarei que viajem ao deserto para oferecer sacrifícios ao Senhor, seu Deus, mas não se afastem demais. E supliquem por mim."

²⁹Moisés respondeu: "Assim que sairmos de sua presença, suplicaremos ao Senhor, e amanhã os enxames de moscas deixarão o faraó, seus oficiais e todo o seu povo. Mas fique avisado, ó faraó, de que não deve mentir novamente, recusando-se a deixar o povo sair para sacrificar ao Senhor".

³⁰Moisés saiu do palácio do faraó e suplicou ao Senhor que removesse todas as moscas. ³¹O Senhor atendeu Moisés e fez os enxames de moscas deixarem o faraó, seus oficiais e seu povo. Não restou uma só mosca. ³²Mas o coração do faraó se endureceu outra vez, e ele se recusou a deixar o povo sair.

A praga sobre os animais

9 O Senhor ordenou a Moisés: "Volte ao faraó e diga-lhe: 'Assim diz o Senhor, o Deus dos hebreus: Deixe meu povo sair para me adorar. ²Se você continuar a detê-lo e a recusar-se a deixá-lo sair, ³a mão do Senhor ferirá com uma praga mortal todos os seus animais: cavalos, jumentos, camelos, bois e ovelhas. ⁴Mais uma vez, porém, o Senhor fará distinção entre os animais dos israelitas e os dos egípcios. Não morrerá um só animal de Israel. ⁵O Senhor já definiu quando a praga começará: amanhã o Senhor ferirá a terra'".

⁶O Senhor fez como tinha dito. Na manhã seguinte, todos os animais dos egípcios morreram, mas os israelitas não perderam um só animal. ⁷O faraó mandou investigar e confirmou que o povo de Israel não havia perdido um só animal. Ainda assim, o coração do faraó permaneceu endurecido, e ele continuou se recusando a deixar o povo sair.

A praga das feridas purulentas

⁸O Senhor disse a Moisés e a Arão: "Peguem um punhado de cinzas de um forno de olaria. Moisés deve lançá-las no ar, diante dos olhos do faraó. ⁹As cinzas se espalharão sobre a terra do Egito como poeira fina e provocarão feridas purulentas nas pessoas e nos animais em todo o Egito".

¹⁰Então Moisés e Arão pegaram um punhado de cinzas de um forno de olaria e se colocaram diante do faraó. Moisés lançou as cinzas no ar, e surgiram feridas tanto nas pessoas como nos animais. ¹¹Nem mesmo os magos conseguiram permanecer diante de Moisés, pois surgiram feridas neles, e também em todos os egípcios. ¹²Mas o Senhor endureceu o coração do faraó e, como o Senhor tinha dito a Moisés, o faraó se recusou a ouvir.

A praga do granizo

¹³O Senhor disse a Moisés: "Amanhã, levante-se cedo, vá até o faraó e diga-lhe: 'Assim diz o Senhor, o Deus dos hebreus: Deixe meu povo sair para me adorar. ¹⁴Do contrário, enviarei mais pragas sobre você,[b] sobre seus oficiais e sobre seu povo. Então você saberá que não há ninguém como eu em toda a terra. ¹⁵A esta altura, eu poderia ter estendido minha mão e ferido você e seu povo com uma praga que os apagaria da face da terra. ¹⁶Mas eu o poupei a fim de lhe mostrar meu poder[c] e propagar meu nome por toda a terra. ¹⁷Ainda assim, você se exalta sobre meu povo, recusando-se a deixá-lo sair. ¹⁸Por isso, amanhã, a esta hora, enviarei a tempestade de granizo mais devastadora de toda a história do Egito. ¹⁹Rápido! Mande seus animais e servos

---

[a] 8.23 Conforme a Septuaginta e a Vulgata; o hebraico traz *Colocarei redenção entre*. [b] 9.14 Em hebraico, *sobre o seu coração*.
[c] 9.16 A Septuaginta traz *para mostrar em você meu poder*. Comparar com Rm 9.17.

deixarem os campos e procurarem abrigo. Quando o granizo cair, todas as pessoas e animais que estiverem ao ar livre morrerão'". ²⁰Alguns dos oficiais do faraó se atemorizaram com o que o Senhor tinha dito. Sem demora, recolheram seus servos e animais dos campos. ²¹Mas aqueles que não deram atenção à palavra do Senhor deixaram seus rebanhos e servos no campo.

²²Então o Senhor disse a Moisés: "Estenda a mão em direção ao céu para que caia granizo sobre toda a terra do Egito, sobre as pessoas, sobre os animais e sobre todas as plantas em toda a terra do Egito".

²³Moisés estendeu a vara em direção ao céu, e o Senhor mandou trovões e granizo, além de raios que caíam sobre a terra. O Senhor enviou uma horrível tempestade de granizo sobre todo o Egito. ²⁴Nunca em toda a história do Egito houve uma tempestade como aquela, com granizo tão devastador e raios tão constantes. ²⁵A chuva de granizo deixou toda a terra do Egito em ruínas. Destruiu tudo que estava no campo, tanto pessoas como animais e plantas, e até mesmo as árvores foram despedaçadas. ²⁶O único lugar em que não caiu granizo foi a região de Gósen, onde vivia o povo de Israel.

²⁷Então o faraó mandou chamar Moisés e Arão. "Desta vez eu pequei", disse ele. "O Senhor é justo, e eu e meu povo somos culpados. ²⁸Por favor, supliquem ao Senhor que ele ponha fim à tempestade horrível de trovões e granizo. Já chega! Eu os deixarei ir. Não precisam mais ficar aqui."

²⁹Moisés respondeu: "Assim que eu sair da cidade, estenderei as mãos ao Senhor. Os trovões e o granizo cessarão, e o faraó saberá que a terra pertence ao Senhor. ³⁰Mas sei que o faraó e seus oficiais ainda não temem o Senhor Deus."

³¹(Todo o linho e a cevada foram destruídos pelo granizo, pois a cevada estava na espiga, e o linho, em flor. ³²O trigo comum e o trigo candeal, porém, foram poupados, pois ainda não tinham brotado do solo.)

³³Moisés deixou a corte do faraó e saiu da cidade. Quando estendeu as mãos ao Senhor, os trovões e o granizo cessaram, e a chuva torrencial parou. ³⁴Ao perceber que a chuva, o granizo e os trovões haviam cessado, o faraó voltou a pecar, e seu coração mais uma vez se endureceu, assim como o de seus oficiais. ³⁵Uma vez que seu coração continuava endurecido, o faraó se recusou a deixar o povo sair, como o Senhor tinha dito por meio de Moisés.

A praga dos gafanhotos

10 O Senhor disse a Moisés: "Volte ao faraó, pois endureci o coração dele e o de seus oficiais, para que eu demonstre meus sinais entre eles, ²e também para que você conte a seus filhos e netos como eu ridicularizei os egípcios e lhes fale dos sinais que realizei no meio deles. Assim, vocês saberão que eu sou o Senhor".

³Moisés e Arão foram ver o faraó novamente e lhe disseram: "Assim diz o Senhor, o Deus dos hebreus: 'Até quando você se recusará a submeter-se a mim? Deixe meu povo sair para me adorar. ⁴Se você se recusar, tome cuidado! Amanhã trarei sobre seu território uma nuvem de gafanhotos. ⁵Cobrirão toda a terra, de modo que não se poderá ver o chão. Devorarão o que restou de suas colheitas depois

---

10.3 Faraó é o tipo e imagem de homens orgulhosos. Deus permitiu que ele fosse deixado à mercê da dureza natural de seu coração e ele se levantou contra Javé de maneira muito notável. Aqueles que são estudantes da história antiga do Egito, especialmente aqueles que viram os restos das estátuas colossais dos reis e aquelas tremendas pirâmides que provavelmente foram os lugares de sua sepultura, saberão que a adoração do homem foi levada ao mais alto nível em conexão com o antigo reino do Egito. Nossa civilização moderna privou os reis de muito da dignidade que uma vez os cercou. Nós nos tornamos maravilhosamente conhecedores de nossos semelhantes nos lugares mais altos da Terra, mas naquelas antigas monarquias, quando o rei era absoluto e supremo, quando seu desejo, embora ele fosse pouco melhor que um maníaco, era a lei que governava o povo, quando nem um cachorro ousava mexer a língua contra o déspota, então os reis pareciam ser pequenos deuses e dominavam os súditos obstinadamente!

Você pode imaginar estes humildes homens, Moisés e Arão, confrontando o grande rei cuja palavra poderia fazer suas cabeças rolar ao chão? Eles não estavam com medo, porque Deus estava com eles, e aqueles que falam em nome de Deus são traidores, se não forem corajosos. Os embaixadores de tão grande Rei não devem se menosprezar por medo!

da tempestade de granizo, e também todas as árvores que estiverem crescendo nos campos. ⁶Invadirão seus palácios, as casas de seus oficiais e todas as casas do Egito. Nunca em toda a história do Egito seus antepassados viram uma praga como esta!'". Quando terminou de falar, Moisés deu as costas ao faraó e saiu.

⁷Os oficiais da corte se aproximaram do faraó e suplicaram: "Até quando o faraó permitirá que esse Moisés seja uma ameaça para nós? Deixe os homens saírem para adorar o Senhor, o Deus deles! O faraó não vê que o Egito está em ruínas?".

⁸Logo, Moisés e Arão foram trazidos de volta à presença do faraó. "Está bem", disse ele. "Vão e adorem o Senhor, seu Deus. Mas quem exatamente irá?"

⁹Moisés respondeu: "Iremos todos: jovens e velhos, nossos filhos e filhas, e todos os nossos rebanhos, pois celebraremos uma festa em honra ao Senhor".

¹⁰O faraó retrucou: "Sem dúvida precisarão que o Senhor esteja com vocês se eu permitir que levem seus filhos pequenos! Eu sei do seu plano mal-intencionado. ¹¹De jeito nenhum! Só os homens poderão sair para adorar o Senhor, pois foi isso que vocês pediram". E o faraó mandou expulsá-los do palácio.

¹²Então o Senhor disse a Moisés: "Estenda a mão sobre a terra do Egito para que venham os gafanhotos. Que eles cubram a terra do Egito e devorem todas as plantas que sobreviveram à tempestade de granizo".

¹³Assim, Moisés estendeu a vara sobre a terra do Egito, e o Senhor fez soprar um vento leste sobre a terra durante todo o dia e toda a noite. Quando amanheceu, o vento leste havia trazido os gafanhotos. ¹⁴Eles invadiram todo o Egito e desceram em nuvens densas sobre seu território, de uma extremidade à outra. Foi a pior praga de gafanhotos em toda a história do Egito e jamais houve outra igual, ¹⁵pois os gafanhotos cobriram toda a superfície e escureceram a terra. Devoraram todas as plantas nos campos e todas as frutas nas árvores que tinham sobrevivido à tempestade de granizo. Não restou uma só folha nas árvores nem nas plantas em toda a terra do Egito.

¹⁶Sem demora, o faraó mandou chamar Moisés e Arão e lhes disse: "Pequei contra o Senhor, seu Deus, e contra vocês. ¹⁷Perdoem meu pecado apenas mais esta vez e supliquem ao Senhor, seu Deus, que ele me livre desta morte".

¹⁸Moisés deixou a corte do faraó e suplicou ao Senhor. ¹⁹O Senhor respondeu e mudou a direção do vento. Fez soprar um forte vento oeste que levou os gafanhotos para o mar Vermelho.ᵃ Não sobrou um só gafanhoto em toda a terra do Egito. ²⁰Mas o Senhor endureceu o coração do faraó, e ele se recusou a deixar o povo de Israel sair.

A praga da escuridão

²¹O Senhor disse a Moisés: "Estenda a mão em direção ao céu, e a terra do Egito ficará coberta de escuridão tão densa que poderá ser apalpada". ²²Moisés estendeu a mão em direção ao céu, e uma escuridão profunda cobriu toda a terra do Egito por três dias. ²³Nesse período, as pessoas não conseguiam ver umas às outras e ninguém saía do lugar. Mas, onde viviam os israelitas, havia luz, como de costume.

²⁴Por fim, o faraó mandou chamar Moisés. "Vão e adorem o Senhor", disse ele. "Podem até levar seus filhos pequenos, mas deixem seus rebanhos aqui."

²⁵"De jeito nenhum!", respondeu Moisés. "Por acaso o faraó nos daria os animais necessários para as ofertas e os holocaustos ao Senhor, nosso Deus? ²⁶Todos os nossos animais devem ir conosco; não podemos deixar nem um casco para trás. Temos de escolher dentre esses animais para adorar o Senhor, nosso Deus, e só saberemos como adorar o Senhor quando chegarmos lá."

²⁷Mais uma vez, porém, o Senhor lhe endureceu o coração, e o faraó se recusou a deixá-los sair. ²⁸"Fora daqui!", gritou para Moisés. "Estou avisando: nunca mais apareça diante de mim! No dia em que vir meu rosto, você morrerá!"

²⁹"Muito bem", respondeu Moisés. "Nunca mais verei seu rosto novamente."

A morte dos filhos mais velhos dos egípcios

11 Então o Senhor disse a Moisés: "Atingirei o faraó e a terra do Egito com mais uma praga. Depois disso, o faraó os deixará sair de

---

ᵃ **10.19** Em hebraico, *mar de juncos*.

seu território. Quando, por fim, ele permitir que saiam, praticamente os expulsará. ²Diga a todos os homens e mulheres israelitas que peçam objetos de prata e ouro a seus vizinhos egípcios". ³(O Senhor havia feito os egípcios verem o povo com bons olhos. Moisés era tido em alta consideração na terra do Egito e respeitado tanto pelos oficiais do faraó como pelo povo egípcio.)

⁴Moisés disse: "Assim diz o Senhor: À meia-noite de hoje, passarei pelo meio do Egito. ⁵Morrerão todos os filhos mais velhos do sexo masculino, em todas as famílias do Egito, desde o filho mais velho do faraó, sentado em seu trono, até o filho mais velho da serva mais humilde que trabalha no moinho. Até mesmo os primeiros machos dentre todos os animais morrerão. ⁶Então se ouvirá um grande lamento na terra do Egito, um lamento como nunca houve e nunca mais haverá. ⁷Quanto aos israelitas, porém, nem um cão latirá contra eles ou seus animais. Com isso vocês saberão que o Senhor faz distinção entre os egípcios e os israelitas. ⁸Todos os oficiais do Egito virão até mim e se curvarão, suplicando: 'Por favor, vá embora! Saia logo do Egito e leve com você todo este povo que o segue!'. Só então eu sairei!". E, ardendo de ira, Moisés saiu da presença do faraó.

⁹O Senhor tinha avisado a Moisés: "O faraó não lhe dará ouvidos, por isso farei milagres ainda mais poderosos na terra do Egito". ¹⁰Moisés e Arão fizeram todos esses milagres na presença do faraó, mas o Senhor lhe endureceu o coração, e ele se recusou a deixar o povo de Israel sair de sua terra.

A primeira Páscoa

12 Então o Senhor disse a Moisés e a Arão no Egito: ²"De agora em diante, este mês será para vocês o primeiro do ano. ³Anunciem a toda a comunidade de Israel que, no décimo dia deste mês, cada família escolherá um cordeiro ou um cabrito para fazer um sacrifício, um animal para cada casa. ⁴A família que for pequena demais para comer um animal inteiro deverá compartilhá-lo com outra família da vizinhança. O animal será dividido de acordo com o número de pessoas e a quantidade que cada um puder comer. ⁵O animal escolhido deverá ser um cordeiro ou um cabrito de um ano, sem defeito algum.

⁶"Guardem bem o animal escolhido até a tarde do décimo quarto dia do primeiro mês. Nesse dia, toda a comunidade de Israel sacrificará seu cordeiro ou cabrito ao anoitecer. ⁷Em seguida, tomarão um pouco do sangue e o passarão nos batentes laterais e no alto das portas das casas onde comerem o animal. ⁸Nessa mesma noite, assarão a carne no fogo e a comerão acompanhada de folhas verdes amargas e de pão sem fermento. ⁹Não comerão a carne crua nem cozida. O animal todo, incluindo a

---

12.1,2 Esta data deve ser considerada como o *início da vida*. Os israelitas consideraram que toda a sua antiga existência como nação tinha sido morte. Os fornos de tijolos do Egito, o repouso entre os potes de cerâmica, a mistura com os idólatras, o uso de uma língua que eles não entendiam. Eles consideravam toda a experiência egípcia como morte, e o mês em que isso terminou foi considerado o começo dos meses. Por outro lado, eles olharam para tudo o que se seguiu como sendo vida. A Páscoa foi o começo, e apenas o começo. Os começos implicam que algo deve vir a seguir.

12.8,9 O cordeiro, que fora morto, devia ser assado e comido. E vocês, que são salvos pela morte de Cristo, devem viver dele, como Ele disse aos judeus: "se vocês não comerem a carne do Filho do Homem e não beberem o seu sangue, não terão a vida em si mesmos". Esta é, naturalmente, uma comparação, que significa que Cristo deve ser alimento para a sua mente e nutrição para o seu coração. Vocês devem amá-lo, confiar nele e esforçar-se por conhecê-lo mais e mais. [...]

Este alimento seria de um cordeiro assado – não cru, nem cozido, mas "assado ao fogo". Cristo é alimento para o nosso coração por ter sofrido por nós – como tendo passado pelo fogo da ira de Deus contra o pecado. Alegro-me pelo fato de Cristo estar agora exaltado à mão direita de Deus, porém, primeiramente, preciso conhecê-lo como desprezado e rejeitado pelos homens. A volta de Cristo é um fundamento justo e adequado para o regozijo, contudo, não até que eu entenda Sua primeira vinda e o veja em Sua humilhação no Calvário. Cristo na Cruz deve ser o único objeto de sua fé – você deve olhar para Ele lá, assim como o israelita teve que olhar e se alimentar do cordeiro assado ao fogo.

12.8 Aquelas ervas amargas eram uma espécie de salada ou condimento para ser comido com o cordeiro

cabeça, as pernas e as vísceras, deverá ser assado no fogo. ¹⁰Não deixem sobras para a manhã seguinte. Queimem o que não for consumido antes do amanhecer.

¹¹"Estas são as instruções para quando fizerem a refeição. Estejam vestidos para a viagem,ᵃ de sandálias nos pés e cajado na mão. Façam a refeição apressadamente, pois é a Páscoa do SENHOR. ¹²Nessa noite, passarei pela terra do Egito e matarei todos os filhos mais velhos e todos os primeiros machos dentre os animais na terra do Egito. Executarei juízo sobre todos os deuses do Egito, pois eu sou o SENHOR. ¹³Mas o sangue nos batentes das portas servirá de sinal e marcará as casas onde vocês estão. Quando eu vir o sangue, passarei por sobre aquela casa. E, quando eu ferir a terra do Egito, a praga de morte não os tocará.

¹⁴"Este será um dia a ser recordado. Todo ano, de geração em geração, vocês o celebrarão como festa especial para o SENHOR. Essa é uma lei permanente. ¹⁵Durante sete dias, comerão pão sem fermento. No primeiro dia da festa, removerão das casas qualquer mínima quantidade de fermento. Quem comer pão com fermento durante algum dos sete dias da festa será eliminado do meio de Israel. ¹⁶No primeiro e no sétimo dia da festa, todo o povo celebrará um dia oficial de reunião sagrada. Não será permitido nenhum tipo de trabalho nessas datas, exceto o preparo da comida.

¹⁷"Celebrem a Festa dos Pães sem Fermento, pois ela os lembrará de que eu tirei suas multidões da terra do Egito exatamente nesse dia. A festa será uma lei permanente para vocês; celebrem-na nesse dia de geração em geração. ¹⁸O pão que comerem será preparado sem fermento desde a tarde do décimo quarto dia do primeiro mês até a tarde do vigésimo primeiro dia do mesmo mês. ¹⁹Durante os sete dias, não deverá haver qualquer mínima quantidade de fermento em suas casas. Quem comer algo preparado com fermento durante a semana será eliminado do meio de Israel. Essas regras se aplicam tanto aos estrangeiros que vivem entre vocês como aos israelitas de nascimento. ²⁰Durante esses dias, não comam coisa alguma preparada com fermento. Onde quer que morarem, comam apenas pão sem fermento".

²¹Em seguida, Moisés mandou chamar todos os líderes de Israel e lhes disse: "Vão, escolham um cordeiro ou um cabrito para cada família e sacrifiquem o animal para a Páscoa. ²²Deixem o sangue escorrer para uma vasilha. Tomem um feixe de ramos de hissopo e molhem-no com o sangue. Usando o hissopo, passem o sangue nos batentes laterais e no alto da porta das casas. Ninguém saia de casa até o amanhecer, ²³pois o SENHOR passará pela terra para ferir mortalmente os egípcios. Mas, quando ele vir o sangue nas laterais e no alto da porta, passará por sobre aquela casa. Não permitirá que o anjo da morte entre em suas casas para matar vocês.

²⁴"Lembrem-se de que estas instruções são uma lei que vocês e seus descendentes deverão cumprir para sempre. ²⁵Quando entrarem na

---

ᵃ 12.11 Em hebraico, *Cinjam os lombos*.

---

e geralmente se pensa ter sido alface, almeirão, chicória e verduras semelhantes, como as chamamos — não amargas a ponto de causar náuseas, mas com um grau suficiente de amargura para adicionar um sabor ao cordeiro. Bem, quando almas vêm a Cristo, elas levam a cabo espiritualmente o que aqui está exposto na metáfora — "a comerão acompanhada de folhas verdes amargas". Ou seja, sempre que alguém realmente crê em Jesus Cristo, está mesclada à alegre crença, *uma medida de triste arrependimento*. [...] Assim, a alma penitente não sabe se alegra-se ou se entristece. Há uma mistura de emoções — há um doce amargo e um amargo doce. Alegro-me de que Cristo tenha tirado o meu pecado, mas entristeço-me de que *Ele* teve que morrer para fazê-lo.

12.13 O sangue *aspergido* preservou as casas dos israelitas e é o sangue de Jesus aceito por nós, confiado e aplicado às nossas consciências que nos livra da morte. Além disso, esta aspersão foi feita de uma maneira muito pública. Eles haviam marcado a verga da porta e as duas ombreiras, de modo que todos que passassem ali poderiam vê-la, sim, e deveriam vê-la. Assim, a salvação é premissa não só para crer, mas para confissão com a boca. [...] Porque, se cremos em Cristo, não devemos nos envergonhar dele. A vergonha da fé confere razão à insinceridade da fé.

terra que o Senhor prometeu lhes dar, continuarão a realizar essa cerimônia. ²⁶Então seus filhos perguntarão: 'O que significa esta cerimônia?', ²⁷e vocês responderão: 'É o sacrifício da Páscoa para o Senhor, pois ele passou por sobre as casas dos israelitas no Egito. E, embora tenha abatido os egípcios, poupou nossas famílias'". Então todos que ali estavam se prostraram e adoraram.

²⁸Assim, o povo de Israel fez conforme o Senhor havia ordenado por meio de Moisés e Arão. ²⁹À meia-noite, o Senhor feriu mortalmente todos os filhos mais velhos da terra do Egito, desde o filho mais velho do faraó, sentado em seu trono, até o filho mais velho do prisioneiro no calabouço. Até mesmo os primeiros machos dentre os animais foram mortos. ³⁰O faraó, todos os seus oficiais e todo o povo egípcio acordaram durante a noite, e ouviu-se um grande lamento em toda a terra do Egito. Não houve uma só casa onde não morresse alguém.

O êxodo de Israel do Egito

³¹No meio da noite, o faraó mandou chamar Moisés e Arão. "Saiam daqui!", ordenou ele. "Deixem meu povo e levem os demais israelitas com vocês. Vão e adorem o Senhor, como pediram. ³²Levem seus rebanhos, como disseram, e sumam daqui! Vão embora, mas abençoem-me ao sair." ³³Os egípcios pressionavam o povo de Israel para que deixasse a terra quanto antes, pois pensavam: "Vamos todos morrer!".

³⁴Os israelitas levaram a massa de pão sem fermento, embrulharam as vasilhas em seus mantos e as colocaram sobre os ombros. ³⁵Seguindo as instruções de Moisés, pediram aos egípcios que lhes dessem roupas e objetos de prata e ouro. ³⁶O Senhor fez os egípcios serem bondosos com o povo, de modo que lhes entregaram tudo que pediram. Assim, os israelitas tomaram para si as riquezas dos egípcios.

³⁷Naquela mesma noite, os israelitas partiram de Ramessés rumo a Sucote. Havia cerca de seiscentos mil homens,ᵃ além das mulheres e crianças. ³⁸Saiu com eles uma mistura de gente que não era israelita, além de imensos rebanhos de ovelhas, bois e outros animais. ³⁹Com a massa sem fermento que haviam levado do Egito, assaram pães achatados. A massa era sem fermento, pois foram expulsos do Egito com tanta pressa que não tiveram tempo de preparar alimento para a viagem.

⁴⁰O povo de Israel tinha vivido 430 anos no Egito.ᵇ ⁴¹Na verdade, essa grande multidão do Senhor deixou a terra exatamente no dia em que se completaram os 430 anos. ⁴²O Senhor passou a noite toda em vigília para tirar seu povo do Egito. Essa, portanto, é a noite do Senhor e deverá ser celebrada por todos os israelitas, de geração em geração.

Mais instruções para a Páscoa

⁴³Então o Senhor disse a Moisés e a Arão: "Estas são as instruções para a festa da Páscoa. Nenhum estrangeiro poderá comer a ceia de Páscoa. ⁴⁴O escravo comprado poderá participar se for circuncidado. ⁴⁵Os residentes temporários e os empregados não poderão participar. ⁴⁶Cada cordeiro de Páscoa será comido em uma só casa. Nenhum pedaço de carne será levado para fora, e nenhum osso do cordeiro será quebrado. ⁴⁷Toda a comunidade de Israel celebrará a festa da Páscoa.

⁴⁸"Se os estrangeiros que vivem entre vocês quiserem celebrar a Páscoa do Senhor, todos os homens dentre eles devem ser circuncidados. Só então poderão celebrar a Páscoa com vocês, como qualquer israelita de nascimento. Os homens que não forem circuncidados, porém, jamais poderão participar da ceia de Páscoa. ⁴⁹Essa instrução se aplica a todos, tanto aos israelitas de nascimento como aos estrangeiros que vivem entre vocês".

⁵⁰Todo o povo de Israel seguiu as ordens que o Senhor deu a Moisés e a Arão. ⁵¹Naquele mesmo dia, o Senhor tirou os israelitas da terra do Egito como um exército.

A consagração do primeiro filho

13 O Senhor disse a Moisés: ²"Consagre a mim todos os primeiros filhos homens dos israelitas. O primeiro filho de cada família e a primeira cria dos animais me pertencem".

³Então Moisés disse ao povo: "Este é um dia a ser lembrado: é o dia em que vocês deixaram o Egito, onde eram escravos. Hoje o Senhor os

---

ᵃ 12.37 Ou *homens de guerra*; o hebraico traz *homens a pé*. ᵇ 12.40 O Pentateuco Samaritano traz *em Canaã e no Egito*; a Septuaginta traz *no Egito e em Canaã*.

tirou de lá pela força de sua mão poderosa. (Lembrem-se de não comer coisa alguma com fermento.) ⁴Neste dia, no mês de abibe,ª vocês foram libertos. ⁵Depois que o Senhor os fizer entrar na terra dos cananeus, dos hititas, dos amorreus, dos heveus e dos jebuseus, celebrem esta cerimônia neste mesmo mês, a cada ano. (Ele jurou a seus antepassados que lhes daria essa terra, uma terra que produz leite e mel com fartura.) ⁶Durante sete dias, vocês deverão comer pão sem fermento. No sétimo dia, façam uma festa ao Senhor. ⁷Comam pão sem fermento nos sete dias. Nesse período, não deverá haver nenhuma comida fermentada nem a mínima quantidade de fermento dentro do seu território.

⁸"No sétimo dia, cada um explique a seus filhos: 'Hoje celebro aquilo que o Senhor fez por mim quando saí do Egito'. ⁹Essa festa anual será um sinal visível para vocês, como uma marca gravada na mão ou um símbolo colocado na testa. Ela servirá para lembrá-los sempre de manter as instruções do Senhor em seus lábios, pois o Senhor os resgatou do Egito com mão poderosa.ᵇ ¹⁰Portanto, cumpram a ordem de realizar a festa a cada ano na data estabelecida.

¹¹"É isto que farão quando o Senhor cumprir o juramento dele a seus antepassados. Quando ele lhes der a terra onde hoje vivem os cananeus, ¹²apresentem ao Senhor todos os primeiros filhos homens e todos os machos das primeiras crias, pois pertencem ao Senhor. ¹³Para resgatar a primeira cria dos jumentos, entreguem ao Senhor, como substituto, um cordeiro ou um cabrito. Caso não resgatem o animal, terão de quebrar o pescoço dele. Quanto aos primeiros filhos homens, será obrigatório resgatá-los.

¹⁴"No futuro, seus filhos lhes perguntarão: 'O que significa tudo isso?', e vocês responderão: 'Com a força de sua mão poderosa, o Senhor nos tirou do Egito, onde éramos escravos. ¹⁵O faraó se recusou teimosamente a nos deixar sair, por isso o Senhor matou todos os primeiros filhos homens da terra do Egito, e também os machos das primeiras crias dos animais. É por isso que hoje sacrificamos todos os machos das primeiras crias ao Senhor, mas sempre resgatamos os primeiros filhos homens'. ¹⁶Essa cerimônia será como uma marca gravada na mão ou um símbolo colocado na testa. É uma lembrança de que a força da mão poderosa do Senhor nos tirou do Egito".

O desvio pelo deserto

¹⁷Quando, por fim, o faraó deixou o povo sair, Deus não os conduziu pela estrada principal que corta o território dos filisteus, embora fosse o caminho mais curto. Deus disse: "Se eles tiverem de enfrentar uma batalha, pode ser que mudem de ideia e voltem ao Egito". ¹⁸Por isso, Deus fez o povo dar a volta pelo deserto, rumo ao mar Vermelho.ᶜ Assim, os israelitas saíram do Egito como um exército preparado para marchar.

¹⁹Moisés levou consigo os ossos de José, pois José havia feito os filhos de Israel jurarem, dizendo: "Deus certamente virá ajudá-los. Quando isso acontecer, levem meus ossos daqui com vocês".

²⁰O povo saiu de Sucote e acampou em Etã, à beira do deserto. ²¹O Senhor ia adiante deles. Durante o dia, guiava-os com uma coluna de nuvem e, durante a noite, fornecia luz com uma coluna de fogo. Isso permitia que caminhassem de dia e de noite. ²²E a coluna de nuvem não se afastava do povo durante o dia, nem a coluna de fogo durante a noite.

14 O Senhor disse a Moisés: ²"Ordene aos israelitas que deem a volta e acampem em Pi-Hairote, entre Migdol e o mar. Acampem ali, à beira do mar, em frente a Baal-Zefom. ³O faraó pensará: 'Os israelitas estão vagando perdidos, prisioneiros do deserto!'. ⁴Mais uma vez, endurecerei o coração do faraó, e ele os perseguirá. Planejei tudo isso para mostrar minha glória por meio do faraó e de todo o seu exército. Então os egípcios saberão que eu sou o Senhor". E os israelitas assim fizeram.

Os egípcios perseguem Israel

⁵Quando o rei do Egito soube que o povo de Israel havia fugido, ele e seus oficiais mudaram

---

ª**13.4** No antigo calendário lunar hebraico, esse primeiro mês normalmente caía entre março e abril, quando começava a colheita da cevada. ᵇ**13.9** Ou *Que ela sirva para lembrá-los de recitar sempre o ensinamento do Senhor: "Com mão poderosa, o Senhor resgatou seu povo do Egito"*. ᶜ**13.18** Em hebraico, *mar de juncos*.

de ideia. "O que fizemos?", perguntavam. "Como pudemos deixar todos os escravos israelitas escaparem?" ⁶Então o faraó mandou preparar sua carruagem e convocou suas tropas. ⁷Levou consigo seiscentos dos melhores carros de guerra, além das demais carruagens de batalha do Egito, cada uma com seu comandante. ⁸O Senhor endureceu o coração do faraó, rei do Egito, para que ele perseguisse os israelitas, que haviam partido triunfantemente. ⁹Os egípcios os perseguiram com todas as forças do exército do faraó — todos os seus cavalos e carros de guerra, cavaleiros e tropas — e os alcançaram no acampamento em Pi-Hairote, à beira do mar, em frente a Baal-Zefom.

¹⁰Quando o faraó se aproximava, os israelitas levantaram os olhos e viram os egípcios marchando contra eles. Em pânico, clamaram ao Senhor ¹¹e disseram a Moisés: "Por que você nos trouxe ao deserto para morrer? Não havia sepulturas no Egito? O que você fez conosco? Por que nos forçou a sair do Egito? ¹²Quando ainda estávamos no Egito, não lhe avisamos que isso aconteceria? Dissemos: 'Deixe-nos em paz! Continuaremos a servir os egípcios. Afinal, é melhor ser escravo no Egito que ser um cadáver no deserto!'".

¹³Moisés, porém, disse: "Não tenham medo. Apenas permaneçam firmes e vejam como o Senhor os resgatará neste dia. Vocês nunca mais verão os egípcios que estão vendo hoje. ¹⁴O próprio Senhor lutará por vocês. Fiquem calmos!".

A fuga pelo mar Vermelho

¹⁵Então o Senhor disse a Moisés: "Por que você está clamando a mim? Diga ao povo que marche! ¹⁶Tome sua vara e estenda a mão sobre o mar. Divida as águas para que os israelitas atravessem pelo meio do mar, em terra seca. ¹⁷Endurecerei o coração dos egípcios, e eles virão atrás de vocês. Mostrarei minha glória por meio do faraó e de suas tropas, seus carros de guerra e seus cavaleiros. ¹⁸Quando minha glória se manifestar por meio do faraó e de seus carros de guerra e seus cavaleiros, todo o Egito a verá e saberá que eu sou o Senhor".

¹⁹Então o anjo de Deus que ia adiante do acampamento de Israel se posicionou atrás do povo. A coluna de nuvem também mudou de lugar; foi para a retaguarda ²⁰e ficou entre o acampamento egípcio e o acampamento de Israel. A nuvem escura trouxe trevas para os egípcios, mas luz para os israelitas. Com isso, os dois grupos não se aproximaram durante toda a noite.

²¹Então Moisés estendeu a mão sobre o mar e, com um forte vento leste, o Senhor abriu caminho no meio das águas. O vento soprou a noite toda, transformando o fundo do mar em terra seca. ²²E o povo de Israel atravessou pelo meio do mar, caminhando em terra seca, com uma parede de água de cada lado.

²³Os egípcios, com todos os seus cavalos, carros de guerra e cavaleiros, perseguiram o povo até o meio do mar. ²⁴Mas, pouco antes de amanhecer, do alto da coluna de fogo e de nuvem o Senhor olhou para o exército dos egípcios e causou grande confusão entre eles. ²⁵Ele travou[a] as rodas dos carros, dificultando sua condução. "Fujamos daqui, para longe do povo de Israel!", gritaram os egípcios. "O Senhor está lutando por eles e contra o Egito!"

²⁶Então o Senhor disse a Moisés: "Estenda a mão sobre o mar outra vez, e as águas correrão fortemente de volta a seu lugar e cobrirão os egípcios, seus carros de guerra e seus cavaleiros". ²⁷Assim, ao amanhecer, Moisés estendeu a mão sobre o mar, e as águas voltaram fortemente a seu lugar. Quando os egípcios tentaram escapar, foram de encontro às

---

[a] **14.25** Conforme a Septuaginta, o Pentateuco Samaritano e a versão siríaca; o hebraico traz *Ele removeu*.

14.13 Ouso dizer que você vai achar que *permanecer firme* é uma coisa muito fácil, mas é uma das posturas que um soldado cristão não aprende, se não passar por anos de aprendizagem. Creio que marchar e marchar rápido são muito mais fáceis para os guerreiros de Deus do que *permanecer firme*! Esta é, talvez, a primeira coisa que aprendemos no treinamento de exércitos humanos, mas é uma das mais difíceis de ser aprendida sob o comando do Capitão de nossa salvação. O apóstolo parece insinuar essa dificuldade quando diz: "Então, depois da batalha, vocês continuarão de pé e firmes". Permanecer tranquilo em meio à tribulação mostra um espírito experiente, uma longa experiência e muita graça divina.

águas, e o Senhor os arrastou para dentro do mar. ²⁸As águas voltaram e cobriram todos os carros de guerra e cavaleiros, todo o exército do faraó. Nenhum dos egípcios que havia perseguido os israelitas até o meio do mar sobreviveu.

²⁹O povo de Israel, por sua vez, atravessou pelo meio do mar, em terra seca, enquanto as águas formavam uma parede de cada lado. ³⁰Foi assim que o Senhor libertou Israel das mãos dos egípcios naquele dia, e os israelitas conseguiam ver os cadáveres dos egípcios na praia. ³¹Quando o povo de Israel viu o grande poder do Senhor contra os egípcios, encheu-se de temor diante dele e passou a confiar no Senhor e em seu servo Moisés.

Cântico de libertação

15 Então Moisés e o povo de Israel entoaram este cântico ao Senhor:

"Cantarei ao Senhor,
  pois ele triunfou gloriosamente;
lançou no mar
  o cavalo e seu cavaleiro.
²O Senhor é minha força e minha canção;
  ele é meu salvador.
É o meu Deus e eu o louvarei;
  é o Deus de meu pai e eu o exaltarei.
³O Senhor é guerreiro;
  Javé[a] é seu nome!
⁴Lançou no mar
  os carros de guerra e as tropas do faraó;
os melhores oficiais egípcios
  se afogaram no mar Vermelho.[b]
⁵Águas profundas os encobriram,
  e afundaram como pedra.
⁶"Tua mão direita, ó Senhor,
  é gloriosa em poder.
Tua mão direita, ó Senhor,
  despedaça o adversário.
⁷Na grandeza de tua majestade,
  derrubas os que se levantam contra ti.
Envias tua fúria ardente,
  que os consome como palha.
⁸Com o forte sopro de tuas narinas,
  as águas se amontoaram;
como muralhas se levantaram

e no coração do mar se endureceram.
⁹"O inimigo dizia:
'Eu os perseguirei e os alcançarei;
  eu os saquearei e deles me vingarei.
Puxarei minha espada
  e com forte mão os destruirei'.
¹⁰Mas tu sopraste com teu fôlego,
  e o mar os encobriu.
Afundaram como chumbo
  nas águas poderosas.
¹¹"Quem entre os deuses é semelhante a ti,
  ó Senhor,
glorioso em santidade,
temível em esplendor,
  autor de grandes maravilhas?
¹²Estendeste tua mão direita,
  e a terra engoliu nossos inimigos.
¹³"Com o teu fiel amor,
  conduzes o povo que resgataste.
Com teu poder,
  o guias à tua santa habitação.
¹⁴Os povos ouvem e estremecem,
  a angústia se apodera dos que vivem na Filístia.
¹⁵Aterrorizam-se os líderes de Edom,
  estremecem os nobres de Moabe.
Desfalecem os habitantes de Canaã;
  ¹⁶espanto e terror caem sobre eles.
O poder do teu braço
  os deixa paralisados, como pedra,
até teu povo passar, ó Senhor,
  até passar o povo que compraste.
¹⁷Tu os trarás e os plantarás
  em teu próprio monte,
no lugar reservado, ó Senhor,
  para tua habitação:
o santuário, ó Soberano,
  que tuas mãos estabeleceram.
¹⁸O Senhor reinará para todo o sempre!".

¹⁹Quando os cavalos, os carros de guerra e os cavaleiros do faraó entraram no mar, o Senhor fez as águas do mar voltarem sobre eles. Mas o povo de Israel atravessou pelo meio do mar em terra seca.

²⁰Então a profetisa Miriã, irmã de Arão, pegou um tamborim e todas as mulheres a

---

[a] 15.3 *Javé* é a transliteração mais provável do nome próprio YHWH; nesta tradução aparece, em geral, como "Senhor". [b] 15.4 Em hebraico, *mar de juncos*; também em 15.22.

seguiram, tocando tamborins e dançando. ²¹E Miriã entoava esta canção:

"Cantem ao S<small>ENHOR</small>,
  pois ele triunfou gloriosamente;
lançou no mar
  o cavalo e seu cavaleiro".

Água amarga em Mara

²²Em seguida, Moisés conduziu o povo de Israel do mar Vermelho para o deserto de Sur. Caminharam pelo deserto por três dias sem encontrar água. ²³Quando chegaram a Mara, descobriram que a água era amarga demais para beber. Por isso chamaram aquele lugar de Mara.ª

²⁴O povo começou a se queixar e se voltou contra Moisés. "O que beberemos?", perguntavam. ²⁵Então Moisés clamou ao S<small>ENHOR</small>, e o S<small>ENHOR</small> lhe mostrou um pedaço de madeira. Moisés o jogou na água, e ela se tornou boa para beber.

Foi em Mara que o S<small>ENHOR</small> instituiu o seguinte decreto como norma, para provar a fidelidade do povo. ²⁶Ele disse: "Se ouvirem com atenção a voz do S<small>ENHOR</small>, seu Deus, e fizerem o que é certo aos olhos dele, obedecendo a seus mandamentos e cumprindo todos os seus decretos, não os farei sofrer nenhuma das doenças que enviei sobre o Egito, pois eu sou o S<small>ENHOR</small> que os cura".

²⁷Depois que saíram de Mara, os israelitas viajaram até Elim, onde encontraram doze fontes de água e setenta palmeiras, e acamparam ali, junto às águas.

Maná e codornas

16 A comunidade de Israel partiu de Elim e chegou ao deserto de Sim, entre Elim e o monte Sinai, no décimo quinto dia do segundo mês, após a saída do Egito.ᵇ ²Também ali, toda a comunidade de Israel se queixou de Moisés e Arão.

³"Se ao menos o S<small>ENHOR</small> tivesse nos matado no Egito!", lamentavam-se. "Lá, nós nos sentávamos em volta de panelas cheias de carne e comíamos pão à vontade. Mas agora vocês nos trouxeram a este deserto para nos matar de fome!"

⁴Então o S<small>ENHOR</small> disse a Moisés: "Vejam, farei chover comida do céu para vocês. Diariamente o povo sairá e recolherá a quantidade de alimento que precisar para aquele dia. Com isso, eu os provarei para ver se seguirão ou não minhas instruções. ⁵No sexto dia,

---

ª**15.23** *Mara* significa "amarga". ᵇ**16.1** O êxodo havia ocorrido no décimo quinto dia do primeiro mês (ver Nm 33.3).

15.23-25 Você notou que durante os três primeiros dias no deserto, os israelitas não encontraram água; essa é uma provação. Mas no dia seguinte, ou no final do terceiro dia, encontraram água; pensavam que sua provação havia terminado. Infelizmente, ela apenas mudara sua forma! Eles encontraram água, mas era muito amarga para se beber! Não tenham pressa de mudar suas provações, queridos amigos. [...] No entanto, quando Deus muda a provação, estejam bem seguros de que ela deveria ser mudada. Você pode esperar que sua provação será mudada; na verdade, deve considerar que será assim. Quero dizer que, se hoje está tudo indo bem com você, embora ontem as ondas tenham sido tão altas quanto as montanhas, é apenas uma mudança de provação. Você é agora testado pela *prosperidade*, que pode vir a lhe ser um teste mais severo do que a adversidade! O vento está suave? Está soprando do sul? É apenas mais uma provação para você, tenha certeza disso, pois aqueles que resistiram à explosão do norte, e se tornaram mais robustos e mais fortes por causa de sua influência, muitas vezes, se tornaram fracos e cansados sob ares mais suaves. Vigiem em todas as coisas; suas provações estão com vocês constantemente; o cadinho mudou, mas o fogo ainda queima.

16.4 O próprio Deus desejava, então, ensiná-los, dando-lhes o maná. E Ele os ensinou, primeiramente, *Seu cuidado sobre eles*, que Ele era o Deus deles, e que eles eram Seu povo e que Ele se esmeraria para lhes prover. [...] E esse cuidado foi demonstrado todos os dias. O Senhor os ensinou a continuidade da Sua memória por essa provisão todos os dias. Se Ele tivesse enviado uma grande chuva de generosidade para renovar a Sua herança e lhes tivesse dito que recolhessem uma vasta quantidade e a levassem com eles em todas as suas jornadas, não poderiam tão bem ter aprendido o Seu cuidado como quando Ele o enviava fresco todas as manhãs. Além disso, eles teriam que carregá-lo e ficaram livres disso, pois os fornecimentos celestiais estavam sempre à mão, exatamente no ponto onde eles armavam suas tendas e ficavam. Todas as manhãs, havia o maná exatamente onde eles o necessitavam, e isso sem que o ombro de nenhum homem ficasse ferido levando sua comida em sua amassadeira. O Senhor ensina a mim e a você

quando recolherem o alimento e o prepararem, haverá o dobro do normal".

⁶Assim, Moisés e Arão disseram a todos os israelitas: "Ao entardecer, vocês saberão que foi o Senhor quem os tirou da terra do Egito. ⁷Pela manhã, verão a glória do Senhor, pois ele ouviu suas queixas, que são contra ele, e não contra nós. O que fizemos para vocês se queixarem de nós?". ⁸E Moisés acrescentou: "O Senhor lhes dará carne para comer à tarde e os saciará com pão pela manhã, pois ouviu suas queixas contra ele. O que fizemos? Sim, suas queixas são contra o Senhor, e não contra nós".

⁹Em seguida, Moisés disse a Arão: "Anuncie a toda a comunidade de Israel: 'Apresentem-se diante do Senhor, pois ele ouviu suas queixas'". ¹⁰Enquanto Arão falava a toda a comunidade de Israel, o povo olhou em direção ao deserto e viu a glória do Senhor na nuvem.

¹¹O Senhor disse a Moisés: ¹²"Ouvi as queixas dos israelitas. Agora diga-lhes: 'Ao entardecer, vocês terão carne para comer e, pela manhã, pão à vontade. Assim, saberão que eu sou o Senhor, seu Deus'".

¹³Ao entardecer, muitas codornas apareceram, cobrindo o acampamento. Na manhã seguinte, os arredores do acampamento estavam úmidos de orvalho. ¹⁴Quando o orvalho se evaporou, havia sobre o chão uma camada de flocos finos como geada. ¹⁵Quando os israelitas viram aquilo, perguntaram uns aos outros: "O que é isso?", pois não faziam ideia do que era.

Moisés lhes disse: "Este é o alimento que o Senhor lhes deu para comer. ¹⁶E estas são as instruções do Senhor: 'Cada família deve recolher a quantidade necessária, dois litrosª para cada pessoa de sua tenda'".

¹⁷Os israelitas seguiram as instruções. Alguns recolheram mais, outros menos. ¹⁸Contudo, quando mediram,ᵇ cada um tinha o suficiente. Não sobrou alimento para os que recolheram mais nem faltou para os que recolheram menos. Cada família recolheu exatamente a quantidade necessária.

¹⁹Moisés lhes disse: "Não guardem coisa alguma para o dia seguinte". ²⁰Alguns deles, porém, não deram ouvidos e guardaram um pouco de alimento até a manhã seguinte. A essa altura, a comida estava cheia de vermes e cheirava muito mal. Moisés ficou furioso com eles.

²¹Depois disso, as famílias passaram a recolher, a cada manhã, a quantidade necessária de alimento. E, quando o sol esquentava, os flocos que não tinham sido recolhidos derretiam e desapareciam. ²²No sexto dia, recolheram o dobro do habitual, ou seja, quatro litrosᶜ para cada pessoa. Então todos os líderes da comunidade se dirigiram a Moisés e o informaram a esse respeito. ²³Moisés lhes disse: "Foi o que o Senhor ordenou: 'Amanhã será um dia de descanso, o sábado consagrado para o Senhor. Portanto, assem ou cozinhem hoje a quantidade que desejarem e guardem o restante para amanhã'".

²⁴Eles separaram uma porção para o dia seguinte, como Moisés havia ordenado. Pela manhã, a comida restante não tinha mau cheiro nem vermes. ²⁵Moisés disse: "Comam o alimento hoje, pois é o sábado do Senhor. Hoje não haverá alimento no chão para recolher. ²⁶Durante seis dias vocês podem recolher

---

ª **16.16** Em hebraico, *1 ômer*; também em 16.32,33. ᵇ **16.18** Em hebraico, *mediram com 1 ômer*. ᶜ **16.22** Em hebraico, *2 ômeres*.

---

o mesmo, que Ele não só se preocupa com cada um, mas cuida de cada um a cada dia e a cada momento, seguindo nossos passos e provendo completamente na hora certa, de acordo com a necessidade peculiar que surge. [...]

Vocês não acham, amados, que com esta dádiva os filhos de Israel também aprenderam a *sabedoria de Deus*? Mesmo que eles não fossem sensíveis o suficiente para reconhecê-lo, Ele lhes tinha dado o melhor alimento que poderia. Naquele clima quente, se comessem carne continuamente, teriam ficado doentes com frequência. Quando o Senhor permitiu que as codornizes respondessem aos seus anseios, enquanto a carne ainda estava em suas bocas, eles foram tomados por uma doença mortal. [...]

O Senhor havia adaptado o alimento ao povo, mas eles disseram: "detestamos este maná horrível!". [...] Deus adaptara sua comida ao estado deles no deserto — nenhum médico poderia ter elaborado uma tabela dietética que fosse igual em sabedoria àquela preparada por Deus para Seu povo enquanto eles estavam naquela situação!

alimento, mas o sétimo dia é o sábado, quando não haverá alimento algum no chão". ²⁷Ainda assim, algumas pessoas saíram para recolhê-lo no sétimo dia, mas não o encontraram. ²⁸O SENHOR disse a Moisés: "Até quando este povo se recusará a obedecer às minhas ordens e instruções? ²⁹Entendam que o sábado é um presente do SENHOR para vocês. Por isso, no sexto dia, ele lhes dá uma porção dobrada de alimento, suficiente para dois dias. No sábado, cada um deve ficar onde está. Não saiam para recolher alimento no sétimo dia". ³⁰No sétimo dia, portanto, o povo descansou.

³¹Os israelitas chamaram aquela comida de maná.ᵃ Era branco como a semente de coentro e tinha gosto de massa folhada de mel.

³²Então Moisés disse: "É isto que o SENHOR ordenou: 'Encham uma vasilha de dois litros com maná e preservem-no para seus descendentes. Assim, as gerações futuras poderão ver o alimento que eu lhes dei no deserto quando os libertei do Egito'".

³³Moisés disse a Arão: "Pegue uma vasilha e encha-a com dois litros de maná. Em seguida, coloque-a diante do SENHOR, a fim de preservar o maná para as gerações futuras". ³⁴Arão fez conforme o SENHOR havia ordenado a Moisés e colocou a vasilha de maná diante das tábuas da aliança,ᵇ para guardá-la. ³⁵Os israelitas comeram maná durante quarenta anos, até chegarem à terra onde se estabeleceriam. Comeram maná até chegarem à fronteira da terra de Canaã.

³⁶(A vasilha usada para medir o maná continha um ômer, que era a décima parte da medida padrão.ᶜ)

Água da rocha

17 Por ordem do SENHOR, toda a comunidade de Israel partiu do deserto de Sim e andou de um lugar para outro. Por fim, acamparam em Refidim, mas ali não havia água para beberem. ²Mais uma vez, o povo se queixou de Moisés e exigiu: "Dê-nos água para beber!".

Moisés retrucou: "Por que brigam comigo? Por que põem o SENHOR à prova?".

³Afligido pela sede, o povo continuou a se queixar de Moisés. "Por que você nos tirou do Egito? Quer matar de sede a nós, nossos filhos e nossos animais?".

⁴Então Moisés clamou ao SENHOR: "O que devo fazer com este povo? Estão a ponto de me apedrejar!".

⁵O SENHOR disse a Moisés: "Passe à frente do povo. Leve sua vara, aquela que você usou para bater nas águas do Nilo, e chame alguns dos líderes de Israel para acompanhá-lo. ⁶Eu me colocarei diante de você sobre a rocha no

---

ᵃ**16.31** *Maná* é semelhante à expressão hebraica que significa "O que é isso?". Ver 16.15. ᵇ**16.34** Em hebraico, *diante do testemunho*; ver nota em 25.16. ᶜ**16.36** Em hebraico, *1 ômer é 1/10 de efa*.

17.5,8,9 Se você observar, no quinto versículo, Deus diz a Moisés: "Leve sua *vara*, aquela que você usou para bater nas águas do Nilo, e chame alguns dos líderes de Israel para acompanhá-lo", mas quando Moisés fala da vara, no nono versículo, que forma o nosso texto, ele diz: "Amanhã, ficarei no alto da colina, segurando em minha mão a vara de Deus". Em ambos os versículos se fala da mesma vara. Deus a chama de a vara de Moisés; Moisés a chama de a vara de Deus, e ambas as expressões são verdadeiras. [...]

Por um lado, *Deus a chama de a vara de Moisés, e assim o honra*. Onde quer que haja oportunidade de honrar a fé de Seus próprios servos, Deus nunca se demora em fazê-lo. Ele é um Rei que se deleita em dar glória a Seus guerreiros quando eles se comportam corajosamente no calor da batalha. Ele tem prazer em dar-lhes o título de cavaleiro no campo de batalha, e fazer com que saibam que se saíram bem. No final, dirá aos que foram valentes por Sua causa: "Muito bem, meu servo bom e fiel". [...]

Por outro lado, *Moisés a chama de a vara de Deus e assim honra a Deus*. Aquele que Deus usa, dá a Ele o louvor, pois Deus é sempre a fonte de nossa força, e se alguma obra que valha a pena é feita, a Ele deve ser atribuída toda a glória. Não foi por sua própria força que Moisés transformou as águas do Nilo em sangue e fez os peixes morrerem. Não foi por qualquer poder inerente a si mesmo que ele fez o pó do Egito ter vida e tornar-se uma praga terrível para o povo. Não foi através de nenhuma magia humana que Moisés dividiu o mar Vermelho e fez um caminho para a nação resgatada marchar através de suas profundezas. Ninguém sabia melhor do que ele que o instrumento que demarcou o centro do mar Vermelho, e deixou uma marca seca onde caiu, era o bordão de Deus, não do homem. Somente Ele é o único que faz grandes prodígios, e ao Seu nome seja todo o louvor. *"Non nobis, Domine"*, deve ser sempre o nosso salmo de adoração ao Senhor; "Não a nós, Senhor, não a nós, mas ao teu nome seja toda a glória".

monte Sinai.[a] Bata na rocha e dela jorrará água que o povo poderá beber". Assim, na presença dos líderes de Israel, Moisés fez conforme ordenado.

⁷Moisés chamou aquele lugar de Massá e Meribá,[b] pois o povo de Israel discutiu com Moisés e pôs o Senhor à prova, dizendo: "O Senhor está conosco ou não?".

Israel derrota os amalequitas

⁸Quando os israelitas ainda estavam em Refidim, os guerreiros de Amaleque os atacaram. ⁹Moisés ordenou a Josué: "Escolha homens para saírem e lutarem contra o exército de Amaleque. Amanhã, ficarei no alto da colina, segurando em minha mão a vara de Deus".

¹⁰Josué fez o que Moisés lhe ordenou e lutou contra o exército de Amaleque. Moisés, Arão e Hur subiram até o topo de uma colina que ficava perto dali. ¹¹Enquanto Moisés mantinha os braços erguidos, os israelitas tinham a vantagem. Quando abaixava os braços, a vantagem era dos amalequitas. ¹²Os braços de Moisés, porém, logo se cansaram. Então Arão e Hur encontraram uma pedra para Moisés se sentar e, um de cada lado, mantiveram as mãos dele erguidas. Assim, as mãos permaneceram firmes até o pôr do sol. ¹³Como resultado, Josué aniquilou o exército de Amaleque na batalha.

¹⁴Então o Senhor disse a Moisés: "Escreva isto em um rolo como lembrança permanente e leia-o em voz alta para Josué: 'Apagarei toda e qualquer recordação de Amaleque de debaixo do céu'". ¹⁵Moisés construiu um altar ali e o chamou de Javé-Nissi.[c] ¹⁶E disse: "Uma mão foi erguida perante o trono do Senhor; de geração em geração, o Senhor guerreará contra os amalequitas".

Jetro visita Moisés

18 Jetro, sogro de Moisés e sacerdote de Midiã, soube de tudo que Deus havia feito por Moisés e seu povo, os israelitas, e de como o Senhor os havia tirado do Egito.

²Moisés tinha mandado Zípora, sua mulher, e seus dois filhos de volta para a casa de Jetro, que os acolheu. ³(O primeiro filho de Moisés se chamava Gérson, pois quando o menino nasceu, Moisés disse: "Sou forasteiro em terra alheia".[d] ⁴O segundo filho se chamava Eliézer,[e] pois Moisés disse: "O Deus de meus antepassados foi meu ajudador e me livrou da espada do faraó".) ⁵Jetro, sogro de Moisés, foi visitá-lo no deserto, levando consigo a mulher e os dois filhos de Moisés. Quando chegaram, Moisés e o povo estavam acampados perto do monte de Deus. ⁶Jetro havia mandado um recado a Moisés, dizendo: "Eu, seu sogro Jetro, estou indo vê-lo com sua mulher e seus dois filhos".

⁷Então Moisés saiu ao encontro de seu sogro, curvou-se e o beijou. Depois de perguntarem um ao outro se estavam bem, entraram na tenda de Moisés. ⁸Ele contou ao sogro tudo que o Senhor havia feito ao faraó e aos egípcios em favor de Israel. Contou também dos apuros que tinham passado ao longo do caminho e de como o Senhor os tinha livrado de todas as dificuldades. ⁹Jetro se alegrou imensamente ao ouvir tudo de bom que o Senhor havia feito por Israel ao libertar o povo das mãos dos egípcios.

¹⁰"Louvado seja o Senhor!", disse Jetro. "Ele os libertou da mão dos egípcios e do faraó! ¹¹Agora sei que o Senhor é maior que todos os outros deuses, pois libertou seu povo da opressão dos arrogantes egípcios."

¹²Em seguida, Jetro, sogro de Moisés, ofereceu um holocausto e outros sacrifícios a Deus. Arão e os líderes de Israel vieram e, na presença de Deus, participaram com ele da refeição.

O sábio conselho de Jetro

¹³No dia seguinte, Moisés sentou-se para resolver problemas que surgiram entre os israelitas. O povo esperou diante dele, em pé, desde a manhã até a tarde.

¹⁴Quando o sogro de Moisés viu tudo que ele tentava fazer pelo povo, perguntou: "O que você está fazendo com este povo? Por que você se senta sozinho para julgar e os obriga a ficarem de pé diante de você o dia inteiro?".

¹⁵Moisés respondeu: "O povo me procura para conhecer as decisões de Deus. ¹⁶Quando surge algum problema, eles me procuram e eu resolvo a questão entre as partes em conflito.

---

[a] 17.6 Em hebraico, *Horebe*, outro nome para o Sinai. [b] 17.7 *Massá* e *Meribá* significam, respectivamente, "prova" e "contenda". [c] 17.15 *Javé-Nissi* significa "o Senhor é minha bandeira". [d] 18.3 O som do nome *Gérson* é semelhante ao de um termo hebraico que significa "forasteiro ali". [e] 18.4 *Eliézer* significa "Deus é meu ajudador".

Informo o povo sobre os decretos de Deus e transmito suas instruções".

¹⁷"O que você está fazendo não é bom", disse o sogro de Moisés. ¹⁸"Você ficará esgotado e deixará o povo exausto. É um trabalho pesado demais para uma pessoa só. ¹⁹Agora ouça-me e escute meu conselho, e Deus esteja com você. Continue a ser o representante do povo diante de Deus, apresentando-lhe as questões trazidas pelo povo. ²⁰Ensine a eles os decretos e as instruções de Deus. Mostre aos israelitas como devem viver e o que devem fazer. ²¹No entanto, escolha dentre todo o povo homens capazes e honestos que temam a Deus e odeiem suborno. Nomeie-os líderes de grupos de mil, cem, cinquenta e dez pessoas. ²²Eles deverão estar sempre disponíveis para resolver os problemas cotidianos do povo e só lhe trarão os casos mais difíceis. Deixe que os líderes decidam as questões mais simples por conta própria. Eles dividirão com você o peso da responsabilidade e facilitarão seu trabalho. ²³Se você seguir esse conselho, e se Deus assim lhe ordenar, poderá suportar as pressões, e todo este povo voltará para casa em paz."

²⁴Moisés aceitou o conselho do sogro e seguiu todas as suas recomendações. ²⁵Escolheu homens capazes dentre todo o povo de Israel e os nomeou líderes de grupos de mil, cem, cinquenta e dez pessoas. ²⁶Os homens ficavam à disposição para resolver os problemas cotidianos do povo. Traziam para Moisés os casos mais difíceis, mas cuidavam, eles mesmos, das questões mais simples.

²⁷Pouco tempo depois, Moisés se despediu de seu sogro, que voltou para sua terra.

O Senhor se revela no Sinai

19 Exatamente dois meses depois de saírem do Egito,[a] chegaram ao deserto do Sinai. ²Depois de levantar acampamento em Refidim, chegaram ao deserto do Sinai e acamparam ao pé do monte.

³Então Moisés subiu ao monte para apresentar-se diante de Deus. Lá de cima, o Senhor o chamou e disse: "Transmita esta mensagem à família de Jacó; anuncie-a aos descendentes de Israel: ⁴'Vocês viram o que fiz aos egípcios. Sabem como carreguei vocês sobre asas de águias e os trouxe para mim. ⁵Agora, se me obedecerem e cumprirem minha aliança, serão meu tesouro especial dentre todos os povos da terra, pois toda a terra me pertence. ⁶Serão meu reino de sacerdotes, minha nação santa'. Essa é a mensagem que você deve transmitir ao povo de Israel".

⁷Moisés voltou do monte, convocou os líderes do povo e lhes comunicou tudo que o Senhor havia ordenado. ⁸Todo o povo respondeu a uma só voz: "Faremos tudo que o Senhor ordenou!". E Moisés comunicou ao Senhor a resposta do povo.

⁹O Senhor disse a Moisés: "Virei até você numa nuvem densa, para que o povo me ouça quando eu lhe falar e, assim, confie sempre em você".

Moisés relatou ao Senhor o que o povo tinha declarado. ¹⁰Então o Senhor disse a Moisés: "Desça e consagre o povo, hoje e amanhã. Providencie que eles lavem suas roupas ¹¹e estejam prontos no terceiro dia, pois nesse dia o Senhor descerá sobre o monte Sinai à vista de todos. ¹²Marque um limite ao redor de todo o monte e avise o povo: 'Tenham cuidado! Não subam ao monte, nem mesmo toquem o limite. Quem tocar o monte certamente será morto. ¹³Ninguém ponha a mão na pessoa ou no animal que ultrapassar o limite; antes, apedreje-o ou atravesse-o com flechas. Quem cruzar o limite não poderá continuar a viver'. Mas, quando soar o toque longo da trombeta, o povo poderá subir ao monte".

¹⁴Moisés desceu do monte e foi até onde o povo estava. Ele os consagrou, providenciou que lavassem suas roupas ¹⁵e lhes disse: "Preparem-se para o terceiro dia e, até lá, não tenham relações sexuais".

¹⁶Na manhã do terceiro dia, houve estrondo de trovões e clarão de raios, e uma nuvem densa envolveu o monte. Um toque longo de trombeta ressoou, e todo o povo que estava no acampamento tremeu. ¹⁷Moisés conduziu o povo para fora do acampamento, ao encontro de Deus, e todos pararam ao pé do monte. ¹⁸O monte Sinai estava todo coberto de fumaça, pois o Senhor havia descido em forma de fogo. Nuvens de fumaça subiam ao céu, como

---

[a] 19.1 Em hebraico, *No terceiro mês depois que os israelitas deixaram o Egito, naquele mesmo dia*, isto é, dois meses lunares depois do êxodo. Comparar com Nm 33.3.

de uma imensa fornalha, e todo o monte tremia violentamente. ¹⁹Enquanto o barulho da trombeta aumentava, Moisés falava e Deus respondia com voz de trovão. ²⁰O Senhor desceu sobre o topo do Sinai e chamou Moisés para o alto do monte, e ele subiu.

²¹Então o Senhor disse a Moisés: "Desça e alerte o povo que não ultrapasse o limite para ver o Senhor. Do contrário, muitos morrerão. ²²Até mesmo os sacerdotes, que se aproximam do Senhor, deverão purificar-se para que o Senhor não os destrua".

²³Moisés respondeu ao Senhor: "Mas o povo não pode subir ao monte Sinai. Tu já nos advertiste: 'Marque um limite ao redor de todo o monte para separá-lo como lugar sagrado'".

²⁴O Senhor, porém, disse: "Desça do monte e depois suba de novo, acompanhado de Arão. Enquanto isso, não permita que os sacerdotes nem o povo ultrapassem o limite para se aproximar do Senhor. Do contrário, ele os destruirá".

²⁵Moisés desceu até onde o povo estava e lhes comunicou o que tinha sido dito.

Os dez mandamentos

20 Então o Senhor deu ao povo todas estas palavras:

²"Eu sou o Senhor, seu Deus, que o libertou da terra do Egito, onde você era escravo.

³"Não tenha outros deuses além de mim.

⁴"Não faça para si espécie alguma de ídolo ou imagem de qualquer coisa no céu, na terra ou no mar. ⁵Não se curve diante deles nem os adore, pois eu, o Senhor, seu Deus, sou um Deus zeloso. Trago as consequências do pecado dos pais sobre os filhos até a terceira e quarta geração dos que me rejeitam, ⁶mas demonstro amor por até mil geraçõesª dos que me amam e obedecem a meus mandamentos.

⁷"Não use o nome do Senhor, seu Deus, de forma indevida. O Senhor não deixará impune quem usar o nome dele de forma indevida.

⁸"Lembre-se de guardar o sábado, fazendo dele um dia santo. ⁹Você tem seis dias na semana para fazer os trabalhos habituais, ¹⁰mas o sétimo dia é o sábado do Senhor, seu Deus. Nesse dia, ninguém em sua casa fará trabalho algum: nem você, nem seus filhos e filhas, nem seus servos e servas, nem seus animais, nem os estrangeiros que vivem entre vocês. ¹¹O Senhor fez os céus, a terra, o mar e tudo que neles há em seis dias; no sétimo dia, porém, descansou. Por isso o Senhor abençoou o sábado e fez dele um dia santo.

¹²"Honre seu pai e sua mãe. Assim você terá vida longa e plena na terra que o Senhor, seu Deus, lhe dá.

¹³"Não mate.

¹⁴"Não cometa adultério.

¹⁵"Não roube.

¹⁶"Não dê falso testemunho contra o seu próximo.

¹⁷"Não cobice a casa do seu próximo. Não cobice a mulher dele, nem seus servos ou servas, nem seu boi ou jumento, nem qualquer outra coisa que lhe pertença".

¹⁸Quando o povo ouviu os trovões e o som forte da trombeta, e quando viu o clarão dos

---

ª 20.6 Em hebraico, *milhares*.

20.18 A entrega da Lei foi gloriosa com pompa de poder. A chama do esplendor pretendia impressionar o povo com o sentido da autoridade da Lei, deixando-os ver a grandeza do Legislador. Era apropriado que, com grande solenidade, a Lei do Altíssimo devesse ser proclamada para que Israel tivesse uma reverência santa por Seus mandamentos. Essa terrível grandeza também pode ter sido criada para sugerir ao povo a força condenatória da Lei. Ela não foi entregue com o som doce das harpas, ou com as canções dos anjos, mas com uma voz terrível do meio de uma chama terrível. A Lei não é condenatória em si mesma, pois se pudesse haver vida por meio de qualquer lei, teria sido através desta — mas por causa da pecaminosidade do homem, a Lei opera a ira; e para indicar isto, tornou-se pública, acompanhada de medo e morte — os batalhões da Onipotência enfileirados para a cena; a temível artilharia de Deus, com horríveis salvas de fogo, acrescentando ênfase a cada sílaba. A tremenda cena no Sinai também foi, em alguns aspectos, uma profecia, se não um ensaio, do Dia do Julgamento. Se a entrega da Lei, antes mesmo que ela fosse infringida, foi acompanhada de uma exibição de poder aterrorizador, como será aquele dia quando o Senhor, com fogo flamejante, se vingar daqueles que voluntariamente desobedecem a Sua Lei?

raios e a fumaça que subia do monte, ficou a distância, tremendo de medo.

¹⁹Disseram a Moisés: "Fale você conosco e ouviremos; mas não deixe que Deus nos fale diretamente, pois morreríamos!".

²⁰Moisés respondeu: "Não tenham medo, pois Deus veio desse modo para prová-los e para que o temor a ele os impeça de pecar".

²¹Enquanto o povo continuava a distância, Moisés se aproximou da nuvem escura onde Deus estava.

O uso apropriado dos altares

²²O S<small>ENHOR</small> disse a Moisés: "Diga ao povo de Israel: Vocês viram com os próprios olhos que eu lhes falei do céu. ²³Lembrem-se de que não devem fazer ídolos de prata ou ouro que tomem o meu lugar.

²⁴"Construam para mim um altar feito de terra e nele ofereçam holocaustos e ofertas de paz, sacrifícios de ovelhas e bois. Em todo lugar onde eu exaltar meu nome, construam um altar. Eu virei até vocês e os abençoarei. ²⁵Se usarem pedras para construir meu altar, que sejam apenas pedras inteiras, em sua forma natural. Não alterem a forma das pedras com alguma ferramenta, pois isso tornaria o altar impróprio para o uso sagrado. ²⁶E não usem degraus para chegarem diante do meu altar, para que sua nudez não seja exposta."

O justo tratamento dos escravos

21 "Estes são os decretos que você apresentará a Israel:

²"Se você comprar um escravo hebreu, ele não poderá servi-lo por mais de seis anos. Liberte-o no sétimo ano, e ele nada lhe deverá pela liberdade. ³Se ele era solteiro quando se tornou seu escravo, partirá solteiro. Mas, se era casado antes de se tornar seu escravo, a esposa deverá ser liberta com ele.

⁴"Se seu senhor lhe deu uma mulher em casamento enquanto ele era escravo, e se o casal teve filhos e filhas, somente o homem será liberto no sétimo ano. A mulher e os filhos continuarão a pertencer ao senhor. ⁵O escravo, contudo, poderá declarar: 'Amo meu senhor, minha esposa e meus filhos. Não desejo ser liberto'. ⁶Nesse caso, seu senhor o apresentará aos juízes.[a] Em seguida, o levará até a porta ou até o batente da porta e furará a orelha dele com um furador. Depois disso, o escravo servirá a seu senhor pelo resto da vida.

⁷"Quando um homem vender a filha como escrava, ela não será liberta como os homens. ⁸Se ela não agradar seu senhor, ele permitirá que alguém lhe pague o resgate, mas não poderá vendê-la a estrangeiros, pois rompeu o contrato com ela. ⁹Mas, se o senhor da escrava a entregar como mulher ao filho dele, não a tratará mais como escrava, mas sim como filha.

¹⁰"Se um homem que se casou com uma escrava tomar para si outra esposa, não deverá descuidar dos direitos da primeira mulher com respeito a alimentação, vestuário e intimidade sexual. ¹¹Se ele não cumprir alguma

---

[a] 21.6 Ou *a Deus*.

21.1-9 A escravidão que existia entre os judeus antigos era uma coisa muito diferente daquela que desgraçou a humanidade nos tempos modernos, e também deve ser lembrado que Moisés não instituiu a escravidão em qualquer forma ou modelo. As leis que lhe dizem respeito foram feitas com o propósito de reprimi-la, de confiná-la dentro de limites muito estreitos e, finalmente, de pôr fim a ela. Era como a lei do divórcio — Moisés foi o autor dessa lei, mas sabia que o povo estava tão enraizado nela que não podia ser proibida. E, portanto, como Jesus nos diz: "Moisés permitiu o divórcio apenas como concessão, pois o coração de vocês é duro". E assim posso dizer, por causa da dureza de seus corações, ele permitiu-lhes, ainda, manter as pessoas em servidão; mas fez as leis muito rigorosas, de modo a quase impedi-las. Entre outras regulamentações repressivas, essa era uma, que quando um escravo fugia de seu mestre, era contrário à lei que alguém ajudasse a devolvê-lo. E com uma lei como essa, pode-se ver claramente que ninguém precisaria permanecer escravo, já que ele poderia fugir se quisesse; não era da conta de ninguém — não, era pecado alguém obrigá-lo a voltar. Bem, se um homem pode ir quando quiser, sua escravidão é uma coisa muito diferente daquela que ainda amaldiçoa muitas partes da Terra; mas o caso era assim, e às vezes as pessoas que eram insolventes, que não podiam pagar, eram obrigadas pela lei a prestar os seus serviços aos seus credores por certo número de anos, sempre limitados, como se vê neste caso, a seis anos.

dessas obrigações, ela poderá sair livre, sem pagar coisa alguma."

Casos de danos pessoais

¹²"Quem agredir e matar outra pessoa será executado, ¹³mas se for apenas um acidente permitido por Deus, definirei um lugar de refúgio para onde o responsável pela morte possa fugir. ¹⁴Se, contudo, alguém matar outra pessoa intencionalmente, o assassino será preso e executado, mesmo que tenha buscado refúgio em meu altar.

¹⁵"Quem agredir seu pai ou sua mãe será executado.

¹⁶"Quem sequestrar alguém será executado, quer a vítima seja encontrada em seu poder, quer ele a tenha vendido como escrava.

¹⁷"Quem ofender a honra de[a] seu pai ou de sua mãe será executado.

¹⁸"Se dois homens brigarem e um deles acertar o outro com uma pedra ou com o punho e o outro não morrer, mas ficar de cama, ¹⁹o agressor não será castigado se, posteriormente, o que foi ferido conseguir voltar a andar fora de casa, mesmo que precise de muletas; o agressor indenizará a vítima pelos salários que ela perder e se responsabilizará por sua total recuperação.

²⁰"Se um senhor espancar seu escravo ou sua escrava com uma vara e, como resultado, o escravo morrer, o senhor será castigado. ²¹Mas, se o escravo se recuperar em um ou dois dias, o senhor não receberá castigo algum, pois o escravo é sua propriedade.

²²"Se dois homens brigarem e um deles atingir, por acidente, uma mulher grávida e ela der à luz prematuramente,[b] sem que haja outros danos, o homem que atingiu a mulher pagará a indenização que o marido dela exigir e os juízes aprovarem. ²³Mas, se houver outros danos, o castigo deverá corresponder à gravidade do dano causado: vida por vida, ²⁴olho por olho, mão por mão, pé por pé, ²⁵queimadura por queimadura, ferida por ferida, contusão por contusão.

²⁶"Se um senhor ferir seu escravo ou sua escrava no olho e o cegar, libertará o escravo como compensação pelo olho. ²⁷Se quebrar o dente de seu escravo ou de sua escrava, libertará o escravo como compensação pelo dente.

²⁸"Se um boi[c] matar a chifradas um homem ou uma mulher, o boi será apedrejado, e não será permitido comer sua carne. Nesse caso, porém, o dono do boi não será responsabilizado. ²⁹Mas, se o boi costumava chifrar pessoas e o dono havia sido informado, porém não manteve o animal sob controle, se o boi matar alguém, será apedrejado, e o dono também será executado. ³⁰Os parentes do morto, no entanto, poderão aceitar uma indenização pela vida perdida. O dono do boi poderá resgatar a própria vida ao pagar o que for exigido.

³¹"A mesma lei se aplica se o boi chifrar um menino ou uma menina. ³²Mas, se o boi chifrar um escravo ou uma escrava, o dono do boi pagará trinta moedas[d] de prata ao senhor do escravo, e o boi será apedrejado.

³³"Se alguém cavar ou destampar um poço e um boi ou jumento cair dentro dele, ³⁴o proprietário do poço indenizará totalmente o dono do animal, mas poderá ficar com o animal morto.

³⁵"Se o boi de alguém ferir o boi do vizinho e o animal ferido morrer, os dois donos venderão o animal vivo e dividirão o dinheiro entre si em partes iguais; também dividirão entre si o animal morto. ³⁶Mas, se o boi costumava chifrar e o dono não manteve o animal sob controle, o dono entregará um boi vivo como indenização pelo boi morto e poderá ficar com o animal morto."

Proteção da propriedade

22 ¹ᵉ"Se alguém roubar um boi[f] ou uma ovelha e matar o animal ou vendê-lo, o ladrão pagará cinco bois para cada boi roubado e quatro ovelhas para cada ovelha roubada.

²ᵍ"Se um ladrão for pego em flagrante arrombando uma casa e for ferido e morto no confronto, a pessoa que matou o ladrão não será culpada de homicídio. ³Mas, se isso acontecer durante o dia, a pessoa que matou o ladrão será culpada de homicídio.

"O ladrão que for pego restituirá o valor total daquilo que roubou. Se não puder restituir

---

[a] **21.17** A Septuaginta traz *Quem insultar*. Comparar com Mt 15.4; Mc 7.10. [b] **21.22** Em hebraico, *e seu filho sair*. [c] **21.28** Ou *touro, ou vaca*; também em 21.29-36. [d] **21.32** Em hebraico, *30 siclos*, cerca de 360 gramas. [e] **22.1a** No texto hebraico, o versículo 22.1 é numerado 21.37. [f] **22.1b** Ou *touro, ou vaca*; também em 22.4,9,10. [g] **22.2** No texto hebraico, os versículos 22.2-31 são numerados 22.1-30.

o valor, será vendido como escravo para pagar pelos bens roubados. ⁴Se alguém roubar um boi, um jumento ou uma ovelha e o animal for encontrado vivo, em poder do ladrão, ele pagará o dobro do valor do animal roubado.

⁵"Se um animal estiver pastando no campo ou na videira e o dono o soltar para pastar no campo de outra pessoa, o dono do animal entregará como indenização o melhor de seus cereais ou de suas uvas.

⁶"Se alguém estiver queimando espinheiros e o fogo se espalhar para o campo de outra pessoa e destruir o cereal já colhido, ou a plantação pronta para a colheita, ou a lavoura inteira, aquele que começou o fogo pagará por todo o prejuízo.

⁷"Se alguém entregar valores ou bens a um vizinho para que este os guarde e eles forem roubados da casa do vizinho, o ladrão, se for pego, restituirá o dobro do valor dos itens roubados. ⁸Mas, se o ladrão não for pego, o dono da casa comparecerá diante dos juízesᵃ para que se determine se foi ele quem roubou os bens.

⁹"Em qualquer caso de disputa entre vizinhos em que ambos afirmem ser donos de determinado boi, jumento, ovelha, peça de roupa ou objeto perdido, as duas partes comparecerão diante dos juízes, e a pessoa que eles consideraremᵇ culpada pagará o dobro à outra.

¹⁰"Se alguém deixar um jumento, um boi, uma ovelha ou outro animal sob os cuidados de outra pessoa e o animal morrer, for ferido ou levado embora, e ninguém vir o que aconteceu, ¹¹a pessoa que estava cuidando do animal fará diante do Senhor um juramento de que não roubou o animal; o dono aceitará o juramento e não será exigido pagamento algum. ¹²Mas, se o animal for roubado do vizinho, ele indenizará o dono. ¹³Se tiver sido despedaçado por um animal selvagem, o que restou da carcaça será apresentado como prova, e não será exigido pagamento algum.

¹⁴"Se alguém pedir um animal emprestado ao vizinho e o animal for ferido ou morrer na ausência do dono, a pessoa que pediu o animal emprestado indenizará o dono totalmente. ¹⁵Mas, se o dono estiver presente, não será exigido pagamento algum. Também não será exigida indenização alguma se o animal tiver sido alugado, pois o valor do aluguel cobrirá a perda."

Responsabilidades gerais

¹⁶"Se um homem seduzir uma moça virgem que não esteja comprometida e tiver relações sexuais com ela, pagará à família dela o preço costumeiro do dote e se casará com ela. ¹⁷Mas, se o pai da moça não permitir o casamento, o homem lhe pagará o equivalente ao dote de uma virgem.

¹⁸"Não deixe que a feiticeira viva.

¹⁹"Quem tiver relações sexuais com um animal certamente será executado.

²⁰"Quem sacrificar a qualquer outro deus além do Senhor será destruído.

²¹"Não maltrate nem oprima os estrangeiros. Lembre-se de que vocês também foram estrangeiros na terra do Egito.

²²"Não explore a viúva nem o órfão. ²³Se você os explorar e eles clamarem a mim, certamente ouvirei seu clamor. ²⁴Minha ira se acenderá contra você e o matarei pela espada. Então sua esposa ficará viúva e seus filhos ficarão órfãos.

²⁵"Se você emprestar dinheiro a alguém do meu povo que esteja necessitado, não cobre juros visando lucro, como fazem os credores. ²⁶Se tomar a capa do seu próximo como garantia para um empréstimo, devolva-a antes do pôr do sol. ²⁷Talvez a capa seja a única coberta que ele tem para se aquecer. Como ele poderá dormir sem ela? Se não a devolver e se o seu próximo pedir socorro a mim, eu o ouvirei, pois sou misericordioso.

²⁸"Não blasfeme contra Deus nem amaldiçoe as autoridades do seu povo.

²⁹"Quando entregar as ofertas das colheitas, do vinho e do azeite, não retenha coisa alguma.

"Consagre a mim seu primeiro filho.

³⁰"Também entregue a mim os machos das primeiras crias das vacas, das ovelhas e das cabras. Deixe o animal com a mãe por sete dias e, no oitavo, entregue-o a mim.

³¹"Vocês serão meu povo santo. Por isso, não comam a carne de animais despedaçados e mortos por feras no campo; joguem a carne para os cães."

ᵃ **22.8** Ou *diante de Deus*. ᵇ **22.9** Ou *diante de Deus, e a pessoa que Deus declarar*.

Um chamado à prática da justiça

23 ¹"Não espalhe boatos falsos. Não coopere com pessoas perversas sendo falsa testemunha.

²"Não se deixe levar pela maioria na prática do mal. Quando o chamarem para testemunhar em um processo legal, não permita que a multidão o influencie a perverter a justiça. ³E não incline seu testemunho em favor de uma pessoa só porque ela é pobre.

⁴"Se você deparar com o boi ou o jumento perdido de seu inimigo, leve-o de volta ao dono. ⁵Se vir o jumento de alguém que o odeia cair sob o peso de sua carga, não faça de conta que não viu. Pare e ajude o dono a levantá-lo.

⁶"Não negue a justiça ao pobre em um processo legal.

⁷"Jamais acuse alguém falsamente. Jamais condene à morte uma pessoa inocente ou íntegra, pois eu nunca declaro inocente aquele que é culpado.

⁸"Não aceite subornos, pois eles o levam a fazer vista grossa para algo que se pode ver claramente. O suborno faz até o justo distorcer a verdade.

⁹"Não explore os estrangeiros. Vocês sabem o que significa viver em terra estranha, pois foram estrangeiros no Egito.

¹⁰"Plantem e colham os produtos da terra por seis anos, ¹¹mas, no sétimo ano, deixem que ela se renove e descanse sem cultivo. Permitam que os pobres do povo colham o que crescer espontaneamente durante esse ano. Deixem o resto para servir de alimento aos animais selvagens. Façam o mesmo com os vinhedos e os olivais.

¹²"Vocês têm seis dias da semana para realizar suas tarefas habituais, mas não devem trabalhar no sétimo. Desse modo, seu boi e seu jumento descansarão, e os escravos e estrangeiros que vivem entre vocês recuperarão as forças.

¹³"Prestem muita atenção a todas as minhas instruções. Não invoquem o nome de outros deuses; nem mesmo mencionem o nome deles."

Três festas anuais

¹⁴"A cada ano, celebrem três festas em minha honra. ¹⁵Primeiro, celebrem a Festa dos Pães sem Fermento. Durante sete dias, o pão que vocês comerem será preparado sem fermento, conforme eu lhes ordenei. Celebrem essa festa anualmente no tempo determinado, no mês de abibe,[a] pois é o aniversário de sua partida do Egito. Ninguém deve se apresentar diante de mim de mãos vazias.

¹⁶"Celebrem também a Festa da Colheita,[b] quando me trarão os primeiros frutos de suas colheitas.

"Por fim, celebrem a Festa da Última Colheita[c] no final da safra, quando tiverem colhido todos os produtos de seus campos. ¹⁷A cada ano, nessas três ocasiões, todos os homens de Israel devem comparecer diante do Soberano, o Senhor.

¹⁸"Não ofereçam o sangue de meus sacrifícios com pão que contenha fermento. E não guardem até a manhã seguinte a gordura das ofertas da festa.

¹⁹"Quando fizerem a colheita, levem à casa do Senhor, seu Deus, o melhor de seus primeiros frutos.

"Não cozinhem o cabrito no leite da mãe dele."

Promessa da presença do Senhor

²⁰"Vejam, eu enviarei um anjo à sua frente para protegê-los ao longo da jornada e conduzi-los em segurança ao lugar que lhes preparei. ²¹Prestem muita atenção nele e obedeçam a suas instruções. Não se rebelem contra ele, pois é meu representante e não perdoará sua rebeldia. ²²Mas, se tiverem o cuidado de lhe obedecer e de seguir todas as minhas instruções, serei inimigo de seus inimigos e farei oposição aos que se opuserem a vocês. ²³Meu anjo irá à sua frente e os conduzirá à terra dos amorreus, hititas, ferezeus, cananeus, heveus e jebuseus, e eu destruirei todas essas nações. ²⁴Não adorem seus deuses, nem os sirvam de maneira alguma, e nem sequer imitem suas práticas. Antes, destruam-nas completamente e despedacem suas colunas sagradas.

---

[a]**23.15** No antigo calendário lunar hebraico, esse primeiro mês normalmente caía entre março e abril, quando começava a colheita da cevada. [b]**23.16a** Ou *Festa das Semanas*. Chamada posteriormente de *Festa de Pentecostes* (ver At 2.1) e comemorada hoje com o nome *Shavuot*. [c]**23.16b** Ou *Festa de Recolha das Colheitas*. Chamada posteriormente de *Festa das Cabanas* ou *Festival dos Tabernáculos* (ver Lv 23.33-36) e comemorada hoje com o nome *Sucot*.

²⁵"Sirvam somente ao SENHOR, seu Deus, e eu os abençoarei com alimento e água e os protegerei[a] de doenças. ²⁶Em sua terra, nenhuma grávida sofrerá aborto e nenhuma mulher será estéril. Eu lhes darei vida longa e plena.
²⁷"Enviarei pavor à sua frente e criarei pânico entre os povos cujas terras vocês invadirem. Farei todos os seus inimigos darem meia-volta e fugirem. ²⁸Sim, enviarei terror[b] adiante de vocês para expulsar os heveus, os cananeus e os hititas, ²⁹mas não os expulsarei num só ano, pois a terra ficaria deserta e os animais se multiplicariam e se tornariam uma ameaça para vocês. ³⁰Eu os expulsarei aos poucos, até que sua população tenha aumentado o suficiente para tomar posse da terra. ³¹Estabelecerei os limites de seu território desde o mar Vermelho até o mar Mediterrâneo,[c] e do deserto do leste até o rio Eufrates.[d] Entregarei em suas mãos os povos que hoje vivem na terra e os expulsarei de diante de vocês.
³²"Não façam tratados com eles nem com seus deuses. ³³Esses povos não devem habitar em sua terra, pois os fariam pecar contra mim. Se vocês servirem aos deuses deles, cairão na armadilha da idolatria".

Israel aceita a aliança do SENHOR

24 Então o SENHOR disse a Moisés: "Suba ao monte para encontrar-se comigo e traga Arão, Nadabe, Abiú e setenta líderes de Israel. Todos devem adorar de longe. ²Somente Moisés está autorizado a se aproximar do SENHOR. Os outros não devem chegar perto, e ninguém mais do povo tem permissão de subir ao monte com ele".

³Moisés desceu e transmitiu ao povo todas as instruções e ordens do SENHOR, e todo o povo respondeu em uma só voz: "Faremos tudo que o SENHOR ordenou!".

⁴Moisés anotou com exatidão todas as instruções do SENHOR. Logo cedo na manhã seguinte, levantou-se e construiu um altar ao pé do monte. Também ergueu doze colunas, uma para cada tribo de Israel. ⁵Em seguida, enviou alguns rapazes israelitas para apresentarem ao SENHOR holocaustos e touros sacrificados como ofertas de paz. ⁶Moisés colocou em vasilhas metade do sangue desses animais e aspergiu a outra metade sobre o altar.

⁷Depois, pegou o Livro da Aliança e o leu em voz alta para o povo. Mais uma vez, todos responderam: "Obedeceremos ao SENHOR! Faremos tudo que ele ordenou!".

⁸Moisés pegou o sangue das vasilhas, aspergiu-o sobre o povo e declarou: "Este sangue confirma a aliança que o SENHOR fez com vocês quando lhes deu estas instruções".

⁹Depois, Moisés, Arão, Nadabe, Abiú e os setenta líderes de Israel subiram ao monte, ¹⁰onde viram o Deus de Israel, e sob os pés dele havia uma superfície azulada como a safira e clara como o céu. ¹¹E, embora esses nobres de Israel tenham visto Deus, ele não os destruiu, e eles participaram de uma refeição na presença dele.

¹²Então o SENHOR disse a Moisés: "Suba ao monte para encontrar-se comigo. Fique lá e eu lhe darei tábuas de pedra nas quais gravei a lei e os mandamentos para ensinar ao povo".

---

[a]**23.25** Conforme a Septuaginta e a Vulgata; o hebraico traz *ele os abençoará [...] e os protegerá*. [b]**23.28** Traduzido habitualmente como *vespas*. O significado do hebraico é incerto. [c]**23.31a** Em hebraico, *do mar de juncos até o mar dos filisteus*. [d]**23.31b** Em hebraico, *do deserto até o rio*.

24.1-8 *Vv.1,2* Mais perto de Deus, do que ao povo foi permitido, mas ainda a uma distância dele. Era uma aliança de distância — limites foram estabelecidos ao redor da montanha, para que o povo não chegasse perto. Entretanto, eles estavam perto de Deus em comparação aos perdidos, mas distantes em comparação àqueles que agora, pela doutrina do Espírito de Deus, foram trazidos para perto de Deus através do precioso sangue de Jesus! Apenas Moisés podia aproximar-se do Senhor no monte Sinai — o povo não podia subir com ele — nem mesmo com o homem que era seu mediador com Deus, pois o tal era Moisés. Mas você e eu, amados, podemos subir com Aquele que é muito maior do que Moisés — com Aquele que é o único mediador entre Deus e os homens, o homem Cristo Jesus, porque Deus "nos ressuscitou com Cristo e nos fez sentar com ele nos domínios celestiais".

Vv.3-8 Há um duplo poder a respeito do sangue — para Deus uma expiação — que é o sangue aspergido no altar. E para nós mesmos um sentido de reconciliação — assim o sangue deve ser aspergido sobre nós para que possamos provar de seu poder purificador.

¹³Moisés e seu auxiliar, Josué, partiram e subiram ao monte de Deus.

¹⁴"Esperem aqui até voltarmos", disse Moisés aos líderes. "Arão e Hur ficarão com vocês. Quem tiver algum problema para resolver durante minha ausência poderá consultá-los."

¹⁵Então Moisés subiu ao monte, e a nuvem cobriu o monte. ¹⁶A glória do SENHOR pousou sobre o monte Sinai, e a nuvem o cobriu por seis dias. No sétimo dia, o SENHOR chamou Moisés de dentro da nuvem. ¹⁷Para os israelitas que estavam ao pé do monte, a glória do SENHOR no alto do Sinai parecia um fogo consumidor. ¹⁸Moisés desapareceu na nuvem ao subir ao monte e ali permaneceu quarenta dias e quarenta noites.

Ofertas para o tabernáculo

25 O SENHOR disse a Moisés: ²"Diga ao povo de Israel que me traga suas ofertas. Aceite as contribuições de todos cujo coração os dispuser a doar. ³Aqui está uma lista das ofertas que você aceitará deles:

⁴fios de tecido azul, roxo e vermelho;
linho fino e pelos de cabra para confeccionar tecido;
⁵peles de carneiro tingidas de vermelho e couro fino;
madeira de acácia;
⁶óleo de oliva para as lâmpadas;
especiarias para o óleo da unção e para o incenso perfumado;
⁷pedras de ônix e outras pedras preciosas para serem fixadas no colete e no peitoral do sacerdote.

⁸"Instrua os israelitas a construírem para mim um santuário, para que eu viva no meio deles. ⁹Devem fazer esse tabernáculo e sua mobília de acordo com o modelo que eu lhe mostrarei."

Instruções sobre a arca da aliança

¹⁰"Faça para mim uma arca de madeira de acácia, com 1,15 metro de comprimento, 67,5 centímetros de largura e 67,5 centímetros de altura.ᵃ ¹¹Revista-a com ouro puro por dentro e por fora e coloque uma moldura de ouro ao seu redor. ¹²Mande fundir quatro argolas de ouro e prenda-as aos quatro pés da arca, duas argolas de cada lado. ¹³Faça varas de madeira de acácia e revista-as com ouro. ¹⁴Passe-as por dentro das argolas dos lados da arca para transportá-la. ¹⁵Essas varas ficarão dentro das argolas; nunca as remova. ¹⁶Coloque dentro da arca as tábuas da aliançaᵇ que eu lhe darei.

¹⁷"Faça a tampa da arca, que é o lugar de expiação, de ouro puro. Deve medir 1,15 metro de comprimento e 67,5 centímetros de largura.ᶜ ¹⁸Em seguida, faça dois querubins de ouro batido e coloque um em cada extremidade da tampa. ¹⁹Modele um querubim em cada extremidade da tampa, para formar uma só peça de ouro com a tampa. ²⁰Os querubins ficarão de frente um para o outro, com o rosto

---

ᵃ**25.10** Em hebraico, *2,5 côvados de comprimento, 1,5 côvado de largura e 1,5 côvado de altura.* ᵇ**25.16** Em hebraico, *Coloque dentro dela o testemunho*; também em 25.21. O termo hebraico para "testemunho" se refere aos termos da aliança do SENHOR com Israel gravados nas tábuas de pedra, e também à aliança em si. ᶜ**25.17** Em hebraico, *2,5 côvados de comprimento e 1,5 côvado de largura.*

25.10,11 A arca era, sem dúvida, uma representação do nosso Senhor Jesus Cristo. Era um baú sagrado feito para conter a Lei de Deus. Bem-aventurados os que conhecem a Lei em Cristo. Fora de Cristo, a Lei condena. Em Cristo, torna-se um guia abençoado para nós. Esta arca era feita de madeira, talvez para tipificar a natureza humana de nosso abençoado Senhor — mas era de madeira que não apodrecia — a acácia — que resiste ao verme e, verdadeiramente, [em Cristo] não houve corrupção na vida por meio do pecado, e nenhuma corrupção o atingiu na morte quando dormiu por um tempo na sepultura! A madeira é algo que cresce da terra, assim como Jesus se ergueu como uma raiz de uma terra seca. Mas a arca deve ser feita do melhor tipo de madeira, com nenhum vestígio de podridão e imaculada. No entanto, a arca, embora feita de madeira, não parecia ser assim, pois era completamente revestida com ouro puro, portanto, em toda parte, a divindade, ou, se preferir, a perfeita justiça de Jesus Cristo poderia ser vista. A arca era de madeira de acácia, entretanto era uma arca de ouro — e Ele, que era verdadeiramente Homem, era, igualmente, verdadeiramente Deus. Bendito seja o Seu santo nome! Em volta da tampa desta arca havia uma coroa de ouro. Quão glorioso é Cristo, em Sua mediação, protegendo a Lei e a preservando em si mesmo! Ele é Rei, glorioso em santidade e honrado no meio do Seu povo.

voltado para a tampa da arca. Estenderão as asas sobre a tampa para protegê-la. ²¹Coloque dentro da arca as tábuas da aliança que eu lhe darei. Ponha a tampa sobre a arca. ²²Ali, sobre a tampa, que é o lugar de expiação, entre os querubins de ouro que estão sobre a arca da aliança,ª virei ao seu encontro e falarei com você. Dali eu lhe darei meus mandamentos para o povo de Israel."

Instruções sobre a mesa

²³"Faça também uma mesa de madeira de acácia com 90 centímetros de comprimento, 45 centímetros de largura e 67,5 centímetros de altura.[b] ²⁴Revista-a com ouro puro e coloque uma moldura de ouro ao seu redor. ²⁵Enfeite-a com uma borda de 8 centímetros de largura[c] e com uma moldura de ouro ao redor da borda. ²⁶Faça quatro argolas de ouro para a mesa e prenda-as aos quatro cantos, junto aos quatro pés. ²⁷Prenda as argolas junto à borda para sustentar as varas que serão usadas para transportar a mesa. ²⁸Faça essas varas de madeira de acácia e revista-as com ouro; com elas a mesa será carregada. ²⁹Faça recipientes especiais de ouro puro para a mesa: tigelas, colheres, vasilhas e jarras, que serão usados para as ofertas derramadas. ³⁰Coloque sobre a mesa os pães da presença, de modo que fiquem diante de mim o tempo todo."

Instruções sobre o candelabro

³¹"Faça um candelabro de ouro puro batido. Todo o candelabro e seus enfeites formarão uma só peça: a base, a haste central, as lâmpadas, os botões e as flores. ³²Da haste central sairão seis ramos, três de cada lado. ³³Cada um dos seis ramos terá três lâmpadas em forma de flor de amendoeira, com botões e pétalas. ³⁴A haste central do candelabro terá quatro lâmpadas em forma de flor de amendoeira, cada uma com *botões e flores*. ³⁵*Também* haverá um botão de amendoeira debaixo de cada par dos seis ramos que saem da haste central. ³⁶Os botões de amendoeira e os ramos formarão uma só peça com a haste central e serão feitos de ouro puro batido. ³⁷Em seguida, faça sete lâmpadas para o candelabro e posicione-as de modo que reflitam a luz para a frente. ³⁸Os cortadores de pavio e os apagadores também serão de ouro puro. ³⁹Serão necessários 35 quilos[d] de ouro puro para o candelabro e seus acessórios.

⁴⁰"Cuide para que tudo seja feito de acordo com o modelo que eu lhe mostrei aqui no monte."

Instruções sobre o tabernáculo

26 "Faça o tabernáculo com dez cortinas de linho finamente tecido. Enfeite as cortinas com fios de tecido azul, roxo e vermelho e com querubins bordados com habilidade. ²Essas dez cortinas devem ser todas exatamente do mesmo tamanho, com 12,6 metros de comprimento e 1,8 metro de largura.[e] ³Junte cinco cortinas para formar uma cortina longa e depois junte as cinco restantes para formar outra cortina longa. ⁴Faça laços de tecido azul na borda da última cortina de cada conjunto. ⁵Os cinquenta laços ao longo da borda da cortina do primeiro conjunto devem coincidir com os cinquenta laços da cortina do outro conjunto. ⁶Em seguida, faça cinquenta colchetes de ouro e use-os para prender as cortinas longas uma à outra. Desse modo, o tabernáculo será formado de uma só peça contínua.

⁷"Faça onze cortinas de tecido de pelo de cabra para cobrir o tabernáculo. ⁸Essas onze cortinas devem ser todas exatamente do mesmo tamanho, com 13,5 metros de comprimento e 1,8 metro de largura.[f] ⁹Junte cinco cortinas para formar uma cortina longa e depois junte as seis restantes para formar outra cortina longa. No segundo conjunto de cortinas, deixe uma sobra de 90 centímetros de tecido pendurada sobre a parte da frente da tenda.[g] ¹⁰Faça cinquenta laços para a borda de cada cortina longa. ¹¹Em seguida, faça cinquenta colchetes de bronze e prenda com eles os laços das cortinas longas. Assim, a cobertura da tenda será formada de uma só peça contínua. ¹²Os 90 centímetros restantes[h] do tecido da cobertura ficarão pendurados na parte de trás do tabernáculo. ¹³Deixe

---

ª25.22 Ou *arca do testemunho*. [b]25.23 Em hebraico, *2 côvados de comprimento, 1 côvado de largura e 1,5 côvado de altura*. [c]25.25 Em hebraico, *4 dedos de largura*. [d]25.39 Em hebraico, *1 talento*. [e]26.2 Em hebraico, *28 côvados de comprimento e 4 côvados de largura*. [f]26.8 Em hebraico, *30 côvados de comprimento e 4 côvados de largura*. [g]26.9 Em hebraico, *Dobre a sexta cortina na parte dianteira da tenda*. [h]26.12 Em hebraico, *A meia cortina que sobrou*.

pendurados de cada lado os 45 centímetros[a] restantes de tecido, para que o tabernáculo fique inteiramente coberto. ¹⁴Complete a cobertura da tenda com uma camada protetora feita de peles de carneiro tingidas de vermelho e uma camada de couro fino.

¹⁵"Para a estrutura do tabernáculo, construa armações de madeira de acácia. ¹⁶Cada armação deve ter 4,5 metros de altura e 67,5 centímetros de largura,[b] ¹⁷com duas hastes na parte inferior de cada armação. Todas as armações devem ser idênticas. ¹⁸Construa vinte armações para sustentar as cortinas do lado sul do tabernáculo. ¹⁹Faça também quarenta bases de prata, duas para cada armação, para que as hastes se encaixem firmemente nas bases. ²⁰Para o lado norte do tabernáculo, construa outras vinte armações, ²¹com quarenta bases de prata, duas bases para cada armação. ²²Construa seis armações para a parte de trás, o lado oeste do tabernáculo, ²³junto com mais duas armações para reforçar os cantos das duas extremidades do tabernáculo. ²⁴As armações dos cantos serão emparelhadas na parte inferior e firmemente ligadas uma à outra na parte superior com uma argola, formando um só suporte de canto. Siga o mesmo procedimento para ambos os suportes de canto. ²⁵O tabernáculo, portanto, terá oito armações na parte de trás, encaixadas sobre dezesseis bases de prata, duas bases para cada armação.

²⁶"Faça travessões de madeira de acácia para ligar as armações, cinco travessões para o lado norte do tabernáculo ²⁷e cinco travessões para o lado sul. Faça também cinco travessões para a parte de trás do tabernáculo, que ficará virada para o oeste. ²⁸O travessão central, ligado a meia altura às armações, se estenderá de uma ponta à outra do tabernáculo. ²⁹Revista as armações com ouro e faça argolas de ouro para sustentar os travessões. Também revista com ouro os travessões.

³⁰"Arme o tabernáculo de acordo com o modelo que lhe foi mostrado no monte.

³¹"Para o interior do tabernáculo, confeccione uma cortina especial de linho finamente tecido. Enfeite-a com fios de tecido azul, roxo e vermelho e com querubins bordados com habilidade. ³²Pendure a cortina em ganchos de ouro presos em quatro colunas de madeira de acácia revestidas de ouro e apoiadas sobre quatro bases de prata. ³³Pendure a cortina interna com colchetes e coloque a arca da aliança[c] atrás da cortina. Essa cortina separará o lugar santo do lugar santíssimo.

³⁴"Coloque a tampa, o lugar de expiação, sobre a arca da aliança, dentro do lugar santíssimo. ³⁵Coloque a mesa do lado de fora da cortina interna, no lado norte do tabernáculo, e posicione o candelabro em frente à mesa, ou seja, no lado sul.

³⁶"Confeccione outra cortina para a entrada da tenda. Ela deve ser de linho finamente tecido e artisticamente bordada com fios de tecido azul, roxo e vermelho. ³⁷Faça cinco colunas de madeira de acácia, revista-as com ouro e pendure nelas a cortina com ganchos de ouro. Mande fundir cinco bases de bronze para as colunas."

Instruções sobre o altar dos holocaustos

27 "Usando madeira de acácia, construa um altar quadrado com 2,25 metros de largura e comprimento e 1,35 metro de altura.[d] ²Faça uma ponta em forma de chifre para cada um dos quatro cantos, de modo que as pontas e o altar formem uma só peça. Revista o altar com bronze. ³Faça baldes para recolher as cinzas, e também pás, bacias, garfos para a carne e braseiros, todos de bronze. ⁴Faça ainda uma grelha de bronze e quatro argolas de bronze, uma para cada canto da grelha. ⁵Coloque-a a meia altura do altar, debaixo da borda. ⁶Para transportar o altar, faça varas de madeira de acácia e revista-as com bronze. ⁷Passe as varas por dentro das argolas dos dois lados do altar quando ele for transportado. ⁸O altar deve ser oco e feito de tábuas. Faça-o de acordo com o que lhe foi mostrado no monte."

Instruções para o pátio

⁹"Em seguida, faça um pátio para o tabernáculo, fechado com cortinas de linho finamente tecido. As cortinas do lado sul terão 45 metros de comprimento[e] ¹⁰e serão penduradas

---

[a] **26.13** Em hebraico, *1 côvado*. [b] **26.16** Em hebraico, *10 côvados de altura e 1,5 côvado de largura*. [c] **26.33** Ou *a arca do testemunho*; também em 26.34. [d] **27.1** Em hebraico, *5 côvados de largura, 5 côvados de comprimento, um quadrado, e 3 côvados de altura*. [e] **27.9** Em hebraico, *100 côvados*; também em 27.11.

em vinte colunas apoiadas firmemente em vinte bases de bronze. Pendure as cortinas com ganchos e argolas de prata. ¹¹Coloque do lado norte cortinas idênticas a essas, com 45 metros de comprimento, penduradas em vinte colunas apoiadas firmemente em vinte bases de bronze. Pendure as cortinas com ganchos e argolas de prata. ¹²As cortinas do lado oeste do pátio terão 22,5 metros de comprimento[a] e serão penduradas em dez colunas apoiadas em dez bases. ¹³No lado leste do pátio, ou seja, na parte da frente, as cortinas também terão 22,5 metros de comprimento. ¹⁴A entrada do pátio ficará do lado leste, situada entre duas cortinas. A cortina do lado direito terá 6,75 metros de comprimento[b] e será pendurada em três colunas apoiadas em três bases. ¹⁵A cortina do lado esquerdo também terá 6,75 metros de comprimento e será pendurada em três colunas apoiadas em três bases.

¹⁶Para a entrada do pátio, confeccione uma cortina com 9 metros de comprimento.[c] Faça-a de linho finamente tecido e enfeite-a com lindos bordados de fio azul, roxo e vermelho. Pendure-a em quatro colunas, cada uma firmemente apoiada em sua própria base. ¹⁷Todas as colunas ao redor do pátio devem ter argolas e ganchos de prata e bases de bronze. ¹⁸No total, o pátio terá 45 metros de comprimento e 22,5 metros de largura, com divisórias feitas de cortinas de linho finamente tecido com 2,25 metros de altura.[d] As bases das colunas serão de bronze.

¹⁹"Serão de bronze todos os utensílios para as cerimônias do tabernáculo, além das estacas usadas para sustentar o santuário e as cortinas do pátio."

A iluminação do tabernáculo

²⁰"Ordene aos israelitas que lhe tragam óleo puro de oliva para a iluminação, a fim de manter as lâmpadas sempre acesas. ²¹O candelabro ficará na tenda do encontro, do lado de fora da cortina interna que protege a arca da aliança.[e] Arão e seus filhos manterão as lâmpadas acesas na presença do Senhor a noite toda. Essa é uma lei permanente para o povo de Israel e deve ser cumprida de geração em geração."

As roupas dos sacerdotes

28 "Mande chamar seu irmão Arão e os filhos dele, Nadabe, Abiú, Eleazar e Itamar. Separe-os dos demais israelitas para que me sirvam e sejam meus sacerdotes. ²Faça para Arão roupas sagradas, trajes de grande beleza e esplendor. ³Instrua todos os artesãos habilidosos que eu enchi de espírito de sabedoria a fim de que confeccionem para Arão roupas que o consagrarão como sacerdote para o meu serviço. ⁴Estas são as roupas que devem confeccionar: um peitoral, um colete, um manto, uma túnica bordada, um turbante e um cinturão. Devem fazer essas roupas sagradas para seu irmão Arão e para os filhos deles vestirem quando me servirem como sacerdotes. ⁵Dê a eles, portanto, linho finamente tecido com fios de ouro e de tecido azul, roxo e vermelho."

O modelo do colete sacerdotal

⁶"Os artesãos devem fazer o colete sacerdotal de linho finamente tecido e artisticamente bordado, usando fios de ouro e fios de tecido azul, roxo e vermelho. ⁷O colete terá duas peças, unidas nos ombros por duas ombreiras. ⁸O cinturão decorativo será feito dos mesmos materiais: linho finamente tecido bordado com fios de ouro e fios de tecido azul, roxo e vermelho.

⁹"Grave em duas pedras de ônix os nomes das tribos de Israel, ¹⁰seis nomes em cada pedra, organizados de acordo com a ordem de nascimento dos filhos de Israel. ¹¹Grave esses nomes nas duas pedras da mesma forma que o ourives grava um selo. Em seguida, encrave-as em suportes de filigranas de ouro. ¹²Prenda-as às ombreiras do colete sacerdotal como recordação de que Arão representa os israelitas. Arão levará esses nomes sobre seus ombros como lembrança contínua sempre que se apresentar diante do Senhor. ¹³Faça suportes para as pedras com filigranas de ouro, ¹⁴trance duas correntes de ouro puro e prenda-as aos suportes de filigrana sobre as ombreiras do colete."

---

[a] **27.12** Em hebraico, *50 côvados*; também em 27.13. [b] **27.14** Em hebraico, *15 côvados*; também em 27.15. [c] **27.16** Em hebraico, *20 côvados*. [d] **27.18** Em hebraico, *100 côvados de comprimento por 50 de largura [...] e 5 côvados de altura*. [e] **27.21** Ou *a arca do testemunho*.

O modelo do peitoral

¹⁵"Em seguida, faça com grande habilidade o peitoral para decisões. Confeccione-o de modo que combine com o colete sacerdotal, usando linho finamente tecido com fios de ouro e fios de tecido azul, roxo e vermelho. ¹⁶Faça o peitoral de uma só peça dobrada de tecido, formando um bolso quadrado com 22,5 centímetros de lado.ᵃ ¹⁷Fixe no peitoral quatro fileiras de pedras preciosas.ᵇ A primeira fileira terá um rubi, um topázio e um berilo. ¹⁸A segunda fileira será composta de uma turquesa, uma safira e uma esmeralda. ¹⁹A terceira fileira será composta de um jacinto, uma ágata e uma ametista. ²⁰A quarta fileira terá um crisólito, um ônix e um jaspe. Todas essas pedras serão presas a suportes de filigranas de ouro. ²¹Cada pedra representará um dos doze filhos de Israel, e o nome da tribo correspondente será gravado na pedra como um selo.

²²"Para prender o peitoral ao colete sacerdotal, faça correntes de fios trançados de ouro puro. ²³Faça também duas argolas de ouro e prenda-as aos cantos superiores do peitoral. ²⁴Amarre as duas correntes de ouro nas duas argolas dos cantos superiores do peitoral. ²⁵Amarre as outras pontas das correntes às filigranas de ouro sobre as ombreiras do colete. ²⁶Em seguida, faça mais duas argolas de ouro e prenda-as às bordas interiores do peitoral, junto ao colete. ²⁷Faça outras duas argolas de ouro e prenda-as à parte da frente do colete, abaixo das ombreiras e logo acima do nó com o qual o cinturão decorativo é amarrado ao colete. ²⁸Depois, prenda as argolas inferiores do peitoral às argolas do colete com cordões azuis, para que o peitoral fique firmemente preso ao colete acima do cinturão decorativo.

²⁹"Com isso, Arão levará os nomes das tribos de Israel sobre seu coração no peitoral para decisões quando entrar no lugar santo. Essa será uma lembrança contínua de que ele representa o povo diante do Senhor. ³⁰Dentro do peitoral para decisões, coloque o Urim e o Tumim para que Arão os leve sobre o coração quando se apresentar diante do Senhor. Assim, sempre que se apresentar diante do Senhor, Arão levará sobre o coração os objetos usados para determinar as decisões a respeito do povo de Israel."

Outras peças de roupa para os sacerdotes

³¹"De uma só peça de tecido azul, confeccione o manto que é usado com o colete sacerdotal. ³²Faça uma abertura para a cabeça de Arão no meio da peça e reforce a abertura com uma gola,ᶜ para que não se rasgue. ³³Faça romãs de fios de tecido azul, roxo e vermelho e prenda-as à borda do manto, com sinos de ouro entre elas. ³⁴Os sinos de ouro e as romãs serão intercalados por toda a volta da borda. ³⁵Arão vestirá esse manto sempre que servir diante do Senhor, e os sinos tocarão quando ele entrar na presença do Senhor no lugar santo e também quando sair. Se ele usar o manto, não morrerá.

³⁶"Em seguida, faça uma tiara de ouro puro e grave nela, como em um selo, as palavras Santo para o Senhor. ³⁷Prenda a tiara com cordão azul à parte da frente do turbante de Arão. ³⁸Arão

---

ᵃ28.16 Em hebraico, *1 palmo*. ᵇ28.17 Não é possível identificar com precisão algumas dessas pedras preciosas. ᶜ28.32 O significado do hebraico é incerto.

28.36-38 Eles são o povo de Deus e, portanto, vêm a Ele com suas ofertas e agradecimentos — só estes podem se aproximar dele ou até mesmo se importar em fazê-lo. Mas como se aproximarão, pois se mesmo depois de serem reconciliados pelo sangue, continuam a pecar? Há culpa mesmo em suas ofertas sagradas! Como virão a Deus sem que alguém fique entre eles que continuamente leve por eles a culpa "quando consagrarem suas ofertas sagradas"? Há necessidade de alguém que possa "salvar de uma vez por todas aqueles que se aproximam de Deus por meio dele. Ele vive sempre para interceder em favor deles". Essa pessoa sagrada é dada por Deus em Cristo Jesus, nosso Senhor, e assim o caminho para apresentar sacrifício aceitável foi desobstruído para todas as pessoas de Deus, lavadas pelo sangue! Arão, em seu traje glorioso, era o *tipo* do Cristo vivo que apresentava a Deus os sacrifícios do Seu povo. Ele leva as falhas na adoração e na comunhão deles e assim suas ofertas e orações são aceitas diante do Deus santo. Lembre-se de que estamos falando agora — não sobre a maneira de trazer o pecador culpado, primeiramente, para perto de Deus, pois isso é somente pelo *sangue* — mas o modo de tornar o perdoado *continuamente* aceitável a Deus em seu serviço diário de ação de graças,

a usará na testa, para que tome sobre si toda a culpa dos israelitas quando consagrarem suas ofertas sagradas. Terá de usá-la sempre na testa para que o Senhor aceite seu povo.

³⁹"Teça a túnica bordada de Arão com linho fino. Com o mesmo linho, faça o turbante. Confeccione também um cinturão e enfeite-o com bordados coloridos.

⁴⁰"Para os filhos de Arão, confeccione túnicas, cinturões e turbantes especiais, trajes de grande beleza e esplendor. ⁴¹Vista seu irmão Arão e os filhos dele com essas roupas e, em seguida, unja-os e consagre-os. Santifique-os para que sirvam como meus sacerdotes. ⁴²Faça também roupas de baixo de linho para serem usadas diretamente sobre a pele, indo da cintura até as coxas. ⁴³Arão e seus filhos deverão usar esses calções sempre que entrarem na tenda do encontro ou se aproximarem do altar para servir no lugar santo. Desse modo, não levarão culpa alguma sobre si e não morrerão. Essa é uma lei permanente para Arão e todos os seus descendentes."

A consagração dos sacerdotes

29 "Quando consagrar Arão e seus filhos para me servirem como sacerdotes, realize a seguinte cerimônia: tome um novilho e dois carneiros sem defeito. ²Em seguida, usando farinha de trigo da melhor qualidade e sem fermento, faça pães, bolos misturados com azeite e pães finos untados com azeite. ³Coloque-os em um só cesto e apresente-os, junto com o novilho e os dois carneiros.

⁴"Apresente Arão e seus filhos à entrada da tenda do encontro e lave-os com água. ⁵Vista Arão com as roupas sacerdotais: a túnica, o manto usado com o colete sacerdotal, o colete propriamente dito e o peitoral. Amarre o cinturão do colete na cintura. ⁶Ponha-lhe o turbante na cabeça e prenda no devido lugar a tiara sagrada do turbante. ⁷Unja Arão derramando o óleo da unção sobre a cabeça dele. ⁸Em seguida, apresente os filhos de Arão e vista-os com as respectivas túnicas. ⁹Amarre o cinturão em volta da cintura de Arão e de seus filhos e coloque o turbante especial na cabeça de cada um. Assim, o direito de sacerdócio lhes pertencerá por lei para sempre. Desse modo, você consagrará Arão e seus filhos.

¹⁰"Leve o novilho até a entrada da tenda do encontro, onde Arão e seus filhos colocarão as mãos sobre a cabeça do animal. ¹¹Sacrifique o novilho na presença do Senhor, à entrada da tenda do encontro. ¹²Com o dedo, coloque um pouco do sangue do animal nas pontas do altar e derrame o restante na base do altar. ¹³Tome toda a gordura que envolve os órgãos internos, o lóbulo do fígado, os dois rins e a gordura ao redor deles e queime tudo no altar. ¹⁴Depois, tome o restante do novilho, incluindo o couro, a carne e o excremento, e queime-o fora do acampamento como oferta pelo pecado.

¹⁵"Em seguida, Arão e seus filhos colocarão as mãos sobre a cabeça de um dos carneiros. ¹⁶Sacrifique o carneiro e derrame o sangue dele em todos os lados do altar. ¹⁷Corte o carneiro em pedaços e lave os órgãos internos e as pernas. Coloque-os junto à cabeça e aos demais pedaços do corpo ¹⁸e queime o animal inteiro no altar. Esse é um holocausto ao Senhor, é aroma agradável, uma oferta especial apresentada ao Senhor.

¹⁹"Tome o outro carneiro e peça a Arão e seus filhos que coloquem as mãos sobre a cabeça do animal. ²⁰Sacrifique-o e coloque um pouco do sangue na ponta da orelha direita de

---

oração, louvor, trabalho e consagração que ele alegremente traz ao Altíssimo. [...]

A questão que quero destacar é a seguinte – *o sumo sacerdote levava "culpa dos israelitas quando consagram suas ofertas sagradas"*. Você e eu somos culpados em nossas ofertas sagradas – já dissemos o suficiente sobre esse assunto humilhante. Mas aqui está nossa alegria – que Jesus as leva todas! Colocando a Sua mitra celestial, marcada como "SANTO PARA O SENHOR", Ele leva por nós a iniquidade. "[...] o Senhor fez cair sobre ele os pecados de todos nós". "[...] fez de Cristo, aquele que nunca pecou, a oferta por nosso pecado". É um mistério maravilhoso, a transferência do pecado e do mérito – choca a razão humana – somente a fé compreende isso! Como o culpado pode ser considerado justo? Como o perfeito justo pode ser feito pecado? Misteriosas são estas coisas, mas são verdadeiras e a Palavra de Deus está cheia de declarações nesse sentido. Nesta verdade de Deus está a única esperança dos pecadores! Toda a culpa de nossas ofertas sagradas nosso Senhor Jesus levou, não é mais imputada a nós!

Arão e seus filhos. Coloque também um pouco do sangue no polegar da mão direita e do pé direito de cada um deles. Derrame o sangue restante em todos os lados do altar. ²¹Recolha um pouco do sangue do altar e um pouco do óleo da unção e aspirja sobre Arão e seus filhos e sobre as roupas deles. Desse modo, tanto eles como as roupas serão consagrados.

²²"Uma vez que esse é o carneiro da consagração de Arão e seus filhos, pegue a gordura do animal, incluindo a parte gorda da cauda, a gordura que envolve os órgãos internos, o lóbulo do fígado, os dois rins, a gordura em volta deles e a coxa direita. ²³Pegue também um pão redondo, um bolo misturado com azeite e um pão fino de dentro do cesto de pães sem fermento colocado na presença do Senhor. ²⁴Coloque todo o alimento nas mãos de Arão e seus filhos para que seja movido para o alto como oferta especial para o Senhor. ²⁵Depois, tome os pães das mãos deles e queime-os no altar junto com o holocausto. É aroma agradável, uma oferta especial apresentada ao Senhor. ²⁶Separe o peito do carneiro da consagração de Arão e mova-o para o alto na presença do Senhor como oferta especial para ele. Depois, tome-o para si como sua porção.

²⁷"Divida as porções do carneiro da consagração pertencentes a Arão e seus filhos, incluindo o peito e a coxa que foram movidos para o alto diante do Senhor como oferta especial. ²⁸No futuro, sempre que os israelitas moverem para o alto uma oferta de paz, uma parte dela deverá ser separada para Arão e seus descendentes. Será direito permanente deles e oferta sagrada dos israelitas para o Senhor.

²⁹"As roupas sagradas de Arão deverão ser preservadas para seus descendentes, que as vestirão quando forem ungidos e consagrados. ³⁰O descendente que o suceder como sumo sacerdote vestirá essas roupas por sete dias quando entrar na tenda do encontro para servir no lugar santo.

³¹"Tome o carneiro usado na cerimônia de consagração e cozinhe a carne dele em um lugar sagrado. ³²Arão e seus filhos comerão a carne, junto com os pães do cesto, à entrada da tenda do encontro. ³³Somente eles poderão comer a carne e o pão usados para sua expiação na cerimônia de consagração. Ninguém mais poderá consumir esses alimentos, pois são sagrados. ³⁴Se sobrar alguma carne ou pão da consagração até a manhã seguinte, essa sobra deverá ser queimada. Não se deve comer desse alimento, pois é sagrado.

³⁵"É desse modo que você realizará a consagração de Arão e seus filhos, de acordo com todas as minhas instruções. A cerimônia de consagração durará sete dias. ³⁶A cada dia, sacrifique um novilho como oferta pelo pecado, para fazer expiação. Depois, purifique o altar, fazendo expiação por ele, e unja-o com óleo, para consagrá-lo. ³⁷Faça expiação pelo altar e consagre-o diariamente por sete dias. No final desse período, o altar será absolutamente santo, e tudo que o tocar se tornará santo.

³⁸"Estes são os sacrifícios que você deve oferecer regularmente sobre o altar: a cada dia, ofereça dois cordeiros de um ano, ³⁹um pela

---

29.33 Quando o sacrifício era oferecido, uma parte dele era queimada no altar. Essa era a porção de Deus. O altar representava Deus e o Senhor recebia a porção consumida pelo fogo. No texto diante de nós, vemos que o sacerdote também deveria pegar sua parte. Era uma parte do mesmo sacrifício, de modo que Deus e o sacerdote se alimentavam disso! Você e eu, amados, devemos nos alimentar com Deus em Cristo! Essa é uma sentença abençoada na parábola do filho perdido em que o pai disse: "Faremos um banquete e celebraremos". O pai come e a família come com ele: "Faremos um banquete e celebraremos". É realmente uma alegria lembrarmos que o Pai encontra satisfação no trabalho e mérito, na vida e na morte do Unigênito! Deus está muito satisfeito com Jesus, porque Ele engrandeceu a Lei e a tornou honrosa. E o que satisfaz o coração de Deus é transmitido para satisfazer a você e a mim. Ó, pensar em ser alegrado de tal forma como esta!

Você se lembra do que é dito a respeito dos anciãos que subiram com Moisés e Arão ao monte, que "embora esses nobres de Israel tenham visto Deus, ele não os destruiu, e eles participaram de uma refeição na presença dele". E certamente somos tão favorecidos quanto eles, porque agora, em Cristo Jesus, contemplamos o Deus que nos reconciliou com Ele e comemos e bebemos com Ele. E enquanto o Pai sorri porque a obra da expiação está terminada, sentamo-nos e também nos regozijamos.

manhã e outro ao entardecer. ⁴⁰Junto com um deles, ofereça duas medidas de farinha da melhor qualidade misturada com um litro de azeite puro de azeitonas prensadas; ofereça também um litro de vinhoª como oferta derramada. ⁴¹Ofereça o outro cordeiro ao entardecer, junto com ofertas de farinha e vinho iguais às da manhã. Será aroma agradável, uma oferta especial apresentada ao Senhor.

⁴²"Esses holocaustos devem ser oferecidos todos os dias, de geração em geração. Ofereça-os à entrada da tenda do encontro, na presença do Senhor; ali eu virei ao encontro do povo e falarei com você. ⁴³Eu me reunirei ali com os israelitas, no lugar santificado por minha presença gloriosa. ⁴⁴Sim, consagrarei a tenda do encontro e o altar e consagrarei Arão e seus filhos para me servirem como sacerdotes. ⁴⁵Então viverei no meio dos israelitas e serei seu Deus, ⁴⁶e eles saberão que eu sou o Senhor, seu Deus. Eu os tirei da terra do Egito a fim de viver no meio deles. Eu sou o Senhor, seu Deus."

Instruções sobre o altar de incenso

30 "Construa um altar de madeira de acácia para queimar incenso. ²Faça-o quadrado, com 45 centímetros de lado e 90 centímetros de altura,ᵇ com pontas em forma de chifre nos cantos entalhados da mesma peça de madeira que o altar. ³Revista o topo, os lados e as pontas do altar com ouro puro e coloque uma moldura de ouro ao seu redor. ⁴Faça duas argolas de ouro e prenda-as nos lados opostos do altar, debaixo da moldura de ouro, para sustentar as varas usadas para transportá-lo. ⁵Faça as varas de madeira de acácia e revista-as com ouro. ⁶Coloque o altar de incenso diante da cortina que protege a arca da aliança,ᶜ em frente à tampa da arca, o lugar de expiação, que cobre as tábuas da aliança.ᵈ Ali eu me encontrarei com você.

⁷"Todas as manhãs, quando cuidar das lâmpadas, Arão queimará incenso perfumado no altar. ⁸E todas as noites, quando acender as lâmpadas, ele queimará incenso novamente na presença do Senhor. Esse ato deverá ser repetido de geração em geração. ⁹Não ofereçam sobre o altar incenso algum que não seja sagrado e não o usem para holocaustos, ofertas de cereal ou ofertas derramadas.

¹⁰"Uma vez por ano, Arão fará expiação pelo altar, aplicando em suas pontas o sangue da oferta realizada para a expiação pelo pecado do povo. Essa cerimônia será realizada todos os anos de geração em geração, pois esse é o altar santíssimo do Senhor".

Recursos para o tabernáculo

¹¹Então o Senhor disse a Moisés: ¹²"Toda vez que você fizer o censo dos israelitas, cada homem que for contado pagará ao Senhor um resgate por si mesmo. Com isso, nenhuma praga ferirá o povo quando você o contar. ¹³Cada pessoa contada entregará uma pequena quantidade de prata como oferta sagrada ao Senhor. (O pagamento corresponderá a meio siclo, com base no siclo padrão do santuário,

---

ª**29.40** Em hebraico, *1/10 (de efa de) farinha da melhor qualidade [...] 1/4 de him de azeite puro [...] 1/4 de him de vinho*. ᵇ**30.2** Em hebraico, *1 côvado de comprimento e 1 côvado de largura, um quadrado, e 2 côvados de altura*. ᶜ**30.6a** Ou *arca do testemunho*; também em 30.26. ᵈ**30.6b** Em hebraico, *que cobre o testemunho*; ver nota em 25.16.

30.7,8 Certas cerimônias sob a Lei eram apenas de celebração anual, enquanto outras questões eram de observação diária. E, pela repetição diária, pretendiam ser apresentadas como eminentemente constantes e perpétuas. Estas ordenanças diárias deveriam ser consideradas pelos filhos de Israel como de obrigação permanente, tipos perpétuos de constante necessidade, para nunca serem removidas enquanto a dispensação durasse. [...]

Chamo sua atenção para a maravilhosa cooperação entre a intercessão de Cristo por nós e a obra do Espírito Santo em nós. Veja em grandiosa escala como o incenso da intercessão e a lâmpada da iluminação espiritual são colocados lado a lado. Aquele cujo mérito nos traz vida está em aliança divina com Aquele que nos traz luz. [...]

A graça de nosso Senhor Jesus Cristo traz consigo a comunhão do Espírito Santo, pois o Pai os uniu. Observe *que temos estes dois revelados em sua plenitude ao mesmo tempo*. Quando nosso Senhor subiu ao alto para suplicar diante do trono, o Espírito desceu para habitar na Igreja. [...] Jesus, nosso grande Sumo Sacerdote, apresentou o doce sabor de Sua própria pessoa e obra, diante do trono eterno, e então veio o Espírito de Deus como línguas de fogo acendendo os filhos dos homens e tornando-os como tochas do Senhor. [...] Neste dia, é como foi no Pentecostes. Nosso Senhor não cessou de interceder, e o Espírito não deixou de iluminar. Nisto reside a nossa esperança para a nossa própria salvação eterna, no apelo incessante e na luz que não se apaga.

equivalente a doze gramas.ª⁾ ¹⁴Todos os homens de 20 anos para cima entregarão ao Senhor essa oferta sagrada. ¹⁵Quando entregarem ao Senhor a oferta para fazer expiação pela vida deles, os ricos não darão mais que a quantia especificada, e os pobres não darão menos. ¹⁶Receba o dinheiro de resgate dos israelitas e use-o para cuidar da tenda do encontro. Será uma lembrança diante do Senhor em favor dos israelitas e fará expiação pela vida deles".

Instruções sobre a bacia de bronze

¹⁷O Senhor também disse a Moisés: ¹⁸"Faça uma bacia de bronze com um suporte de bronze para a lavagem cerimonial. Coloque-a entre a tenda do encontro e o altar e encha-a de água. ¹⁹Ali, Arão e seus filhos lavarão as mãos e os pés. ²⁰Cada vez que entrarem na tenda do encontro, deverão se lavar com água; do contrário, morrerão. Cada vez que se aproximarem do altar para servir ao Senhor e queimar ofertas especiais para ele, ²¹deverão lavar as mãos e os pés; do contrário, morrerão. Essa é uma lei permanente para Arão e seus descendentes e deve ser cumprida de geração em geração".

O óleo da unção

²²O Senhor disse ainda a Moisés: ²³"Junte as seguintes especiarias da melhor qualidade: seis quilos de mirra líquida, três quilos de canela perfumada, três quilos de cálamo perfumado, ²⁴e seis quilos de cássia,ᵇ medidos de acordo com o siclo do santuário. Junte também quatro litros de azeite.ᶜ ²⁵Usando as técnicas de um perfumista habilidoso, misture esses ingredientes para fazer o óleo sagrado para a unção. ²⁶Use esse óleo sagrado para ungir a tenda do encontro, a arca da aliança, ²⁷a mesa e todos os seus utensílios, o candelabro e todos os seus acessórios, o altar de incenso, ²⁸o altar do holocausto e todos os seus utensílios, e a bacia com o seu suporte. ²⁹Consagre-os para que sejam absolutamente santos. Depois disso, tudo que tiver contato com eles também se tornará santo.

³⁰"Unja também Arão e seus filhos e consagre-os para que me sirvam como sacerdotes. ³¹E diga ao povo de Israel: 'Este óleo sagrado é reservado para mim de geração em geração. ³²Jamais usem o óleo para ungir qualquer outra pessoa e nunca preparem uma mistura igual a essa para si mesmos. Ele é sagrado e deve ser tratado como tal. ³³Quem preparar uma mistura igual a essa ou ungir com ela alguém que não seja sacerdote será eliminado do meio do povo'".

O incenso

³⁴Em seguida, o Senhor disse a Moisés: "Junte especiarias perfumadas: gotas de resina, conchas de moluscos e gálbano. Misture-as com incenso puro, tudo em quantidades iguais. ³⁵Usando as técnicas de um perfumista, misture as especiarias e acrescente um pouco de sal, a fim de produzir um incenso puro e santo. ³⁶Moa uma parte da mistura até formar um pó bem fino e coloque-o diante da arca da aliança,ᵈ na tenda do encontro, onde me encontrarei com você. Considerem o incenso algo santíssimo. ³⁷Jamais usem essa fórmula para preparar incenso para si mesmos. Ele é reservado para o Senhor e deve ser considerado santo. ³⁸Quem fizer incenso igual a esse para uso pessoal será eliminado do meio do povo".

Os artesãos: Bezalel e Aoliabe

31 O Senhor disse a Moisés: ²"Veja, escolhi especificamente Bezalel, filho de Uri e neto de Hur, da tribo de Judá. ³Enchi-o do Espírito de Deus e lhe dei grande sabedoria, habilidade e perícia para trabalhos artísticos de todo tipo. ⁴Ele é exímio artesão, perito no trabalho com ouro, prata e bronze. ⁵Tem aptidão para gravar e encravar pedras preciosas e entalhar madeira. É mestre em todo trabalho artístico.

⁶"Para ajudá-lo, designei pessoalmente Aoliabe, filho de Aisamaque, da tribo de Dã. Além disso, conferi habilidade especial a todos os artesãos de talento para que façam tudo que lhe ordenei:

⁷a tenda do encontro;
a arca da aliança;ᵉ
a tampa da arca, que é o lugar de expiação;
todos os objetos do tabernáculo;
⁸a mesa e seus utensílios;
o candelabro de ouro puro e todos os seus acessórios;

ª**30.13** Em hebraico, *equivalente a 20 geras.* ᵇ**30.23-24a** Em hebraico, *500 [siclos] de mirra pura, 250 [siclos] de canela perfumada, 250 [siclos] de cálamo perfumado,* ²⁴*e 500 [siclos] de cássia.* ᶜ**30.24b** Em hebraico, *1 him de azeite de oliva.* ᵈ**30.36** Em hebraico, *diante do testemunho;* ver nota em 25.16. ᵉ**31.7** Em hebraico, *arca do testemunho.*

o altar de incenso;
⁹o altar do holocausto e todos os seus utensílios;
a bacia de bronze e seu suporte;
¹⁰o vestuário finamente confeccionado: as roupas sagradas para o sacerdote Arão e as roupas para seus filhos usarem em seu serviço como sacerdotes;
¹¹o óleo da unção;
o incenso perfumado para o lugar santo.
Os artesãos deverão fazer tudo conforme eu lhe ordenei".

Instruções sobre o sábado

¹²Em seguida, o SENHOR disse a Moisés: ¹³"Diga ao povo de Israel: 'Guardem o meu sábado, pois ele é um sinal entre mim e vocês de geração em geração, para que saibam que eu sou o SENHOR, que os santifica. ¹⁴Guardem o sábado, pois é dia santo para vocês. Quem o profanar será executado; quem trabalhar nesse dia será eliminado do meio do povo. ¹⁵Vocês têm seis dias na semana para fazer os trabalhos habituais, mas o sétimo dia será um sábado de descanso total, um dia consagrado ao SENHOR. Quem trabalhar no sábado será executado. ¹⁶Os israelitas guardarão o sábado, celebrando-o de geração em geração, como uma aliança para sempre. ¹⁷É um sinal permanente entre mim e o povo de Israel, pois em seis dias o SENHOR fez os céus e a terra, mas no sétimo dia descansou e se revigorou'".

¹⁸Quando o SENHOR terminou de falar com Moisés no monte Sinai, entregou-lhe as duas tábuas de pedra gravadas com os termos da aliança,ᵃ escritas pelo dedo de Deus.

O bezerro de ouro

32 Quando o povo viu que Moisés demorava a descer do monte, reuniu-se ao redor de Arão e disse: "Tome uma providência! Faça para nós deuses que nos guiem. Não sabemos o que aconteceu com esse Moisés, que nos trouxe da terra do Egito para cá".

²Arão respondeu: "Tirem as argolas de ouro das orelhas de suas mulheres e de seus filhos e filhas e tragam-nas para mim".

³Todos tiraram as argolas de ouro e as levaram a Arão. ⁴Ele recebeu o ouro, derreteu-o e trabalhou nele, dando-lhe a forma de um bezerro. Quando o povo viu o bezerro, começou a exclamar: "Ó Israel, estes são os seus deuses que o tiraram da terra do Egito!".

⁵Percebendo o entusiasmo do povo, Arão construiu um altar diante do bezerro e anunciou: "Amanhã haverá uma festa para o SENHOR!".

⁶Na manhã seguinte, o povo se levantou cedo para apresentar holocaustos e ofertas de paz. Depois, todos comeram e beberam e se entregaram à farra.

⁷O SENHOR disse a Moisés: "Rápido! Desça do monte! Seu povo, que você tirou da terra do Egito, se corrompeu. ⁸Como se desviaram depressa do caminho que eu lhes havia ordenado! Derreteram ouro e fizeram um bezerro, curvaram-se diante dele e lhe ofereceram sacrifícios. Dizem: 'Ó Israel, estes são os seus deuses que o tiraram da terra do Egito!'".

⁹Então o SENHOR declarou: "Vi como este povo é teimoso e rebelde. ¹⁰Agora fique de lado, e eu lançarei contra eles minha ira ardente e os destruirei. Depois, farei de você, Moisés, uma grande nação".

¹¹Moisés, porém, tentou apaziguar o SENHOR, seu Deus. "Ó SENHOR!", exclamou ele. "Por que estás tão irado com teu próprio povo, que tiraste do Egito com tão grande poder e mão forte? ¹²Por que deixar os egípcios dizerem: 'O Deus deles os resgatou com a má intenção de exterminá-los nos montes e apagá-los da face da terra'? Deixa de lado tua ira ardente! Arrepende-te quanto a esta calamidade terrível que ameaçaste enviar sobre teu povo! ¹³Lembra-te dos teus servos Abraão, Isaque e Jacó.ᵇ Assumiste um compromisso com eles por meio de juramento, dizendo: 'Tornarei seus descendentes tão numerosos quanto as estrelas do céu. Eu lhes darei toda esta terra que lhes prometi, e eles a possuirão para sempre'."

¹⁴Então o SENHOR se arrependeu da calamidade terrível que havia ameaçado enviar sobre seu povo.

¹⁵Em seguida, Moisés se virou e desceu o monte. Trazia nas mãos as duas tábuas da aliança,ᶜ que estavam escritas dos dois lados, frente e

---

ᵃ**31.18** Em hebraico, *as duas tábuas do testemunho*; ver nota em 25.16. ᵇ**32.13** Em hebraico, *Israel*. Ver nota em 1.1. ᶜ**32.15** Em hebraico, *as duas tábuas do testemunho*; ver nota em 25.16.

verso. ¹⁶As tábuas eram obra de Deus; cada palavra tinha sido gravada pelo próprio Deus.

¹⁷Quando Josué ouviu o alvoroço do povo que gritava lá embaixo, disse a Moisés: "Parece que há guerra no acampamento!".

¹⁸Moisés respondeu: "Não são gritos de vitória nem lamentos de derrota. Ouço barulho de festa".

¹⁹Quando se aproximaram do acampamento, Moisés viu o bezerro e as danças e ficou furioso. Jogou as tábuas de pedra no chão e as despedaçou ao pé do monte. ²⁰Tomou o bezerro que haviam feito e o queimou. Moeu-o até virar pó, jogou-o na água e obrigou os israelitas a bebê-la.

²¹Por fim, dirigiu-se a Arão e perguntou: "O que este povo lhe fez para que você os levasse a cometer tamanho pecado?".

²²"Não fique tão furioso comigo, meu senhor", respondeu Arão. "Você sabe como este povo é mau. ²³Eles me disseram: 'Faça para nós deuses que nos guiem. Não sabemos o que aconteceu com esse Moisés, que nos trouxe da terra do Egito para cá'. ²⁴Então eu lhes disse: 'Quem tiver joias de ouro, tire-as'. Quando eles as trouxeram para mim, simplesmente as joguei no fogo e saiu este bezerro!"

²⁵Moisés viu que Arão havia permitido que o povo se descontrolasse completamente, dando motivo de zombaria a seus inimigos.ᵃ ²⁶Portanto, colocou-se à entrada do acampamento e gritou: "Todos que estiverem do lado do Senhor, venham até aqui e juntem-se a mim!". E todos os levitas se reuniram ao redor dele.

²⁷Moisés lhes disse: "Assim diz o Senhor, o Deus de Israel: 'Cada um de vocês pegue sua espada e vão e voltem de uma extremidade à outra do acampamento. Matem todos, até mesmo seus irmãos, amigos e vizinhos'". ²⁸Os levitas obedeceram à ordem de Moisés, e cerca de três mil pessoas morreram naquele dia.

²⁹Então Moisés disse aos levitas: "Hoje vocês se consagraramᵇ para o serviço do Senhor, pois lhe obedeceram mesmo quando tiveram de matar seus próprios filhos e irmãos. Hoje vocês receberam dele uma bênção".

Moisés intercede por Israel

³⁰No dia seguinte, Moisés disse ao povo: "Vocês cometeram um pecado terrível, mas eu subirei ao monte e me encontrarei com o Senhor outra vez. Talvez eu consiga fazer expiação por este pecado!".

³¹Moisés voltou ao Senhor e disse: "Que pecado terrível este povo cometeu! Fizeram para si deuses de ouro. ³²Agora, porém, eu te suplico que lhes perdoes o pecado; do contrário, apaga meu nome do registro que escreveste!".

³³O Senhor, porém, respondeu a Moisés: "Apagarei o nome de todos que pecaram contra mim. ³⁴Agora vá e leve o povo ao lugar do qual eu lhe falei. Veja, meu anjo irá à sua frente. E, no dia do acerto de contas, certamente eu castigarei este povo pelo pecado que cometeram".

³⁵Então o Senhor castigou severamente o povo, por causa do que fizeram com o bezerro que Arão lhes tinha construído.

ᵃ**32.25** Ou *perdesse todo o controle e zombasse de quem se opunha a eles*. O significado do hebraico é incerto. ᵇ**32.29** Conforme a Septuaginta e a Vulgata; o hebraico traz *Consagrem-se hoje*.

32.26 O homem corajoso, que parece estar firme como uma rocha sólida em meio às ondas bravias, sente que é necessário dar um golpe decisivo em nome de Javé — e de uma vez por todas pôr fim àquela idolatria vergonhosa. Então, tomando posição, como se fosse erguer a bandeira de Javé, ele clama: "'Todos que estiverem do lado do Senhor, venham até aqui e juntem-se a mim!". E todos os levitas se reuniram ao redor dele" — os homens que depois se tornaram os sacerdotes do Deus Altíssimo. [...] Bem, queridos amigos, muito semelhante ao que Moisés fez naquela ocasião, precisa ser feito com muita frequência em todas as épocas. É necessário que uma bandeira seja exibida por causa da Verdade de Deus e que os homens sejam chamados para se reunirem em torno dela.

Bem-aventurados também aqueles que, nestes dias, não se curvam diante dos ídolos modernos que tantos adoram! Bem-aventurados os homens corajosos que nunca questionam se certo procedimento vai "compensar" ou não, mas que fazem a coisa certa, quaisquer que sejam as consequências de seus atos! Estes são aqueles que, em meio aos bem-aventurados no Céu, serão duplamente felizes e que, aqui embaixo, serão os oficiais no exército do Senhor, que serão chamados a indicar o caminho no dia da batalha.

33 O Senhor disse a Moisés: "Ponha-se a caminho, junto com o povo que você tirou da terra do Egito. Subam à terra que eu jurei dar a Abraão, Isaque e Jacó, dizendo: 'Darei esta terra a seus descendentes'. ²Enviarei um anjo à sua frente para expulsar os cananeus, os amorreus, os hititas, os ferezeus, os heveus e os jebuseus. ³Subam à terra que produz leite e mel com fartura. Mas eu não viajarei no meio de vocês, pois são um povo teimoso e rebelde. Se eu os acompanhasse, certamente os destruiria ao longo do caminho".

⁴Quando o povo ouviu essas palavras severas, chorou e deixou de usar seus ornamentos. ⁵Pois o Senhor havia ordenado a Moisés: "Diga ao povo de Israel: 'Vocês são um povo teimoso e rebelde. Se eu os acompanhasse, mesmo que só por um momento, eu os destruiria. Deixem de usar seus ornamentos enquanto decido o que fazer com vocês'". ⁶Assim, desde quando partiram do monte Sinai,ᵃ os israelitas deixaram de usar ornamentos.

⁷Moisés costumava montar uma tenda fora do acampamento, a certa distância dele, e a chamava de tenda da reunião. Quem quisesse fazer uma petição ao Senhor ia até essa tenda, fora do acampamento.

⁸Sempre que Moisés se dirigia a essa tenda, todo o povo se levantava e permanecia em pé, cada um junto à entrada de sua própria tenda. Observavam Moisés até ele entrar na tenda. ⁹Logo que Moisés entrava, uma coluna de nuvem descia e ficava suspensa no ar, à entrada da tenda, enquanto o Senhor falava com ele. ¹⁰Quando o povo via a nuvem à entrada da tenda, cada um permanecia em frente à própria tenda e se curvava. ¹¹Ali o Senhor falava com Moisés face a face, como quem fala com um amigo. Depois Moisés voltava ao acampamento, mas seu jovem auxiliar Josué, filho de Num, ficava na tenda.

Moisés vê a glória do Senhor

¹²Então Moisés disse ao Senhor: "Tu me ordenaste: 'Leve este povo', mas não disseste quem

---

ᵃ **33.6** Em hebraico, *Horebe*, outro nome para o Sinai.

33.7 [...] de acordo com o livro do Êxodo, o tabernáculo não existia no tempo aqui referido. [...] Parece-me, depois de examinar várias autoridades nesta questão e considerando as opiniões daqueles que se debruçaram sobre o assunto, que quando os filhos de Israel saíram do Egito, pode ter havido alguma grande tenda constantemente erguida no centro do acampamento que não tinha nenhuma arca da aliança em seu interior e provavelmente não havia nenhum altar. Os utensílios e bacias para o serviço do santuário não haviam sido confeccionados. Nem mesmo a planta baixa vista por Moisés no monte sagrado. [...] Anteriormente a tudo isso, conforme percebo, havia uma grande tenda no meio do acampamento, separada para aquela adoração comum aos tempos patriarcais – de oração, louvor e sacrifícios queimados. Bem aqui, no centro deste tabernáculo, Deus habitava. [...] O próprio Senhor fizera do acampamento deles o lugar para os Seus pés, e na verdade, era glorioso! No entanto, enquanto Moisés subira ao topo da montanha, o povo, que era uma raça não-espiritual, precisava de algo que pudesse *ver*. Precisava de alguma personificação visível desse Deus espiritual, a quem não podiam adorar, a não ser que o *vissem* em tipo e figura. Não creio que eles pretendiam adorar o bezerro, mas pretendiam adorar Javé sob a representação de um bezerro, pois na Palavra é dito, expressamente: "Amanhã haverá uma festa para o Senhor!", que mostra que até mesmo a dança deles em torno do bezerro era apenas uma invenção humana pela qual esperavam honrar e glorificar a Javé. [...] Mas eles levaram o Santo à ira, e afligiram o Seu Espírito Santo, de modo que Deus se retirou do meio deles. [...] O Deus santo não poderia permanecer mais no centro de um acampamento tão profanado pelo pecado! [...] O tabernáculo então foi erguido longe do povo, mas não tão longe que não soubessem que Deus estava ali; não tão longe, para que aqueles que "quisessem fazer uma petição ao Senhor" pudessem chegar ao tabernáculo à curta distância.

Prestem atenção, irmãos e irmãs, imploro. Esta é a posição, pelo que entendo, do tabernáculo de Deus neste momento. Aqueles que procuram o Senhor devem sair do acampamento. [...] Devem, como seu Mestre, sair do acampamento sofrendo a mesma desonra que Ele sofreu. Virá o dia em que poderemos ter comunhão com Deus no acampamento, quando o tabernáculo do Senhor estará entre os homens, e Ele habitará *entre* Seu povo; mas esse tempo ainda não chegou. *Atualmente* Seu tabernáculo está fora do acampamento e separado dos homens. Aqueles que o seguem: devem separar-se, devem retirar-se das massas, precisam ser distintos e separados para que sejam reconhecidos como filhos e filhas do Deus Altíssimo.

enviarias comigo. Declaraste: 'Eu o conheço pelo nome e me agrado de você'. ¹³Se é verdade que te agradas de mim, permita-me conhecer teus caminhos para que eu te conheça melhor e continue a contar com teu favor. E lembra-te de que esta nação é teu povo".

¹⁴O S<small>ENHOR</small> respondeu: "Acompanharei você pessoalmente e lhe darei descanso".

¹⁵Então Moisés disse: "Se não nos acompanhares pessoalmente, não nos faças sair deste lugar. ¹⁶Se não nos acompanhares, como os outros saberão que meu povo e eu contamos com teu favor? Pois é tua presença em nosso meio que nos distingue, teu povo e eu, de todos os outros povos da terra".

¹⁷O S<small>ENHOR</small> respondeu a Moisés: "Certamente farei o que me pede, pois me agrado de você e o conheço pelo nome".

¹⁸Moisés disse: "Então peço que me mostres tua presença gloriosa".

¹⁹O S<small>ENHOR</small> respondeu: "Farei passar diante de você toda a minha bondade e anunciarei diante de você o meu nome, Javé.ᵃ Pois terei misericórdia de quem eu quiser, e mostrarei compaixão a quem eu quiser. ²⁰Mas você não poderá olhar diretamente para minha face, pois ninguém pode me ver e continuar vivo".

²¹O S<small>ENHOR</small> disse ainda: "Fique nesta rocha, perto de mim. ²²Quando minha presença gloriosa passar, eu o colocarei numa abertura da rocha e o cobrirei com minha mão até que eu tenha passado. ²³Depois, tirarei minha mão e você me verá pelas costas. Meu rosto, porém, ninguém poderá ver".

O S<small>ENHOR</small> renova a aliança

34 O S<small>ENHOR</small> disse a Moisés: "Corte duas tábuas de pedra como as primeiras. Nelas escreverei as mesmas palavras que estavam nas tábuas que você despedaçou. ²Esteja pronto amanhã cedo para subir ao Sinai e apresentar-se diante de mim no topo do monte. ³Ninguém deve acompanhá-lo. Aliás, ninguém deve aparecer em parte alguma do monte. Não permita sequer que os rebanhos pastem próximo ao monte".

⁴Moisés cortou as duas tábuas de pedra como as primeiras. Logo de manhã, subiu ao monte Sinai conforme o S<small>ENHOR</small> havia ordenado, levando nas mãos as duas tábuas de pedra. ⁵Então o S<small>ENHOR</small> desceu em uma nuvem, ficou ali com Moisés e anunciou seu nome, Javé.ᵇ ⁶O S<small>ENHOR</small> passou diante de Moisés, proclamando:

"Javé! O S<small>ENHOR</small>!
O Deus de compaixão e misericórdia!
Sou lento para me irar
e cheio de amor e fidelidade.
⁷Cubro de amor mil geraçõesᶜ
e perdoo o mal, a rebeldia e o pecado.
Contudo, não absolvo o culpado;
trago as consequências do pecado
dos pais sobre os filhos
até a terceira e quarta geração".

⁸No mesmo instante, Moisés se prostrou com o rosto no chão e adorou. ⁹Em seguida, disse: "Senhor, se é verdade que te agradas de mim, peço que nos acompanhes na jornada. É verdade que o povo é teimoso e rebelde, mas eu te peço que perdoes nossa maldade e nosso pecado. Toma-nos como tua propriedade especial".

¹⁰O S<small>ENHOR</small> respondeu: "Faço hoje uma aliança com você na presença de todo o seu povo. Realizarei maravilhas jamais vistas em nação alguma ou lugar algum da terra. E todos ao seu redor verão o poder do S<small>ENHOR</small>, o poder temível que demonstrarei em seu favor. ¹¹Observe com atenção, porém, tudo que eu lhe ordeno hoje. Irei à sua frente e expulsarei os amorreus, os cananeus, os hititas, os ferezeus, os heveus e os jebuseus.

¹²"Tenha muito cuidado para não assinar tratados com os povos que vivem na terra para a qual você está indo. Se o fizer, seguirá pelos maus caminhos deles e cairá numa armadilha. ¹³Em vez disso, destrua os altares idólatras, despedace as colunas sagradas e derrube os postes dedicados à deusa Aserá. ¹⁴Não adore outros deuses, pois o S<small>ENHOR</small>, cujo nome é Zeloso, é Deus zeloso de seu relacionamento com vocês.

¹⁵"Não faça tratado algum com os povos que vivem na terra. No culto a seus deuses, eles

---

ᵃ**33.19** *Javé* é a transliteração mais provável do nome próprio YHWH; nesta tradução aparece, em geral, como "S<small>ENHOR</small>". ᵇ**34.5** *Javé* é a transliteração mais provável do nome próprio YHWH; nesta tradução aparece, em geral, como "S<small>ENHOR</small>". ᶜ**34.7** Em hebraico, *milhares*.

se prostituem e ofereçam sacrifícios. Eles o convidarão para comer dessas ofertas, e você aceitará o convite. ¹⁶Depois, aceitará que as filhas deles, as quais sacrificam a outros deuses, se casem com seus filhos. Elas seduzirão seus filhos para que se prostituam adorando outros deuses. ¹⁷Não faça para si deuses de metal fundido.

¹⁸"Celebre a Festa dos Pães sem Fermento. Durante sete dias, coma seu pão sem fermento, conforme eu lhe ordenei. Celebre essa festa anualmente no tempo determinado, no mês de abibe,ª pois é o aniversário de sua partida do Egito.

¹⁹"As primeiras crias de todos os animais me pertencem, incluindo os machos das primeiras crias de seus rebanhos de bois e ovelhas. ²⁰Para resgatar a primeira cria de uma jumenta, entregue ao SENHOR, como substituto, um cordeiro ou um cabrito. Caso você não resgate o animal, terá de quebrar o pescoço dele. Quanto aos primeiros filhos homens, será obrigatório resgatá-los.

"Ninguém deve se apresentar diante de mim de mãos vazias.

²¹"Você tem seis dias na semana para fazer os trabalhos habituais, mas no sétimo dia não deve trabalhar, mesmo nas épocas de arar e colher.

²²"Celebre a Festa da Colheitaᵇ com os primeiros frutos da colheita do trigo. Celebre também a Festa da Última Colheitaᶜ no final da safra. ²³Três vezes por ano, todos os homens de Israel comparecerão diante do Soberano, o SENHOR, o Deus de Israel. ²⁴Expulsarei as outras nações de diante de você e aumentarei seu território, para que ninguém cobice sua terra enquanto você comparece diante do SENHOR, seu Deus, três vezes por ano.

²⁵"Não ofereça o sangue de meus sacrifícios com pão que contenha fermento. Não guarde até a manhã seguinte carne alguma do sacrifício de Páscoa.

²⁶"Quando fizer a colheita, leve à casa do SENHOR, seu Deus, o melhor de seus primeiros frutos.

"Não cozinhe o cabrito no leite da mãe dele".

²⁷O SENHOR também disse a Moisés: "Escreva todas essas palavras, pois elas representam os termos da aliança que eu faço com você e com Israel".

²⁸Moisés permaneceu no monte com o SENHOR quarenta dias e quarenta noites. Durante todo esse tempo, não comeu pão nem bebeu água. E escreveu os termos da aliança, os dez mandamentos,ᵈ nas tábuas de pedra.

²⁹Quando Moisés desceu do monte Sinai carregando as duas tábuas da aliança,ᵉ não percebeu que seu rosto brilhava, pois ele havia falado com o SENHOR. ³⁰Quando Arão e os israelitas viram o brilho do rosto de Moisés, tiveram medo de se aproximar dele.

ª**34.18** No antigo calendário lunar hebraico, esse primeiro mês normalmente caía entre março e abril, quando começava a colheita da cevada. ᵇ**34.22a** Em hebraico, *Festa das Semanas*; comparar com 23.16. Chamada posteriormente de *Festa de Pentecostes* (ver At 2.1) e comemorada hoje com o nome *Shavuot*. ᶜ**34.22b** Ou *Festa de Recolha das Colheitas*. Chamada posteriormente de *Festa das Cabanas* ou *Festival dos Tabernáculos* (ver Lv 23.33-36) e comemorada hoje com o nome *Sucot*. ᵈ**34.28** Em hebraico, *as dez palavras*. ᵉ**34.29** Em hebraico, *as duas tábuas do testemunho*; ver nota em 25.16.

34.29 [...] Moisés não vira o brilho de seu próprio rosto porque *nunca havia entrado em seus pensamentos desejar que seu rosto brilhasse*. Essa é a verdadeira beleza do caráter que vem sem ser procurada — quero dizer excelência inconsciente, um caráter que requer uma admiração que nunca desejou. Não nos dispomos a desejar ser brilhantes para que os outros nos vejam? Não trabalhamos para crescer em graça para que possamos superar os outros? Um homem não ora pelo sucesso em seu ministério com um pequeno olhar para a ambição de ser considerado "tão útil"? Uma irmã não busca a salvação dos estudantes da sua classe para que possa ser considerada, na igreja, como uma notável ganhadora de almas? Você jamais orou por santidade, e realmente teve a intenção de querer ser *considerado* santo? Nunca orou em público com grande fervor com um desejo semissuprimido de ser considerado um servo especial de Deus? Não lhe seria muito gratificante ouvir os homens clamando: "Que oração foi aquela"? Você nunca se esforçou para ser humilde, para se alegrar na sua humildade? Receio que seja assim. Estamos sempre orando: "Senhor, faz meu rosto brilhar"; mas Moisés nunca teve tal desejo; e, portanto, quando este brilhou, ele não percebeu. Moisés não havia planejado tal honra. Não armemos armadilhas para reputação pessoal nem mesmo tenhamos um pensamento que indique isso!

³¹Moisés, porém, chamou Arão e os líderes da comunidade, que se aproximaram, e Moisés falou com eles. ³²Em seguida, todo o povo se aproximou, e Moisés lhes transmitiu todas as instruções que o Senhor lhe tinha dado no monte Sinai. ³³Quando Moisés terminou de falar com eles, cobriu o rosto com um véu. ³⁴No entanto, sempre que entrava na tenda da reunião para falar com o Senhor, tirava o véu até sair. Depois, transmitia ao povo as instruções que o Senhor lhe dava, ³⁵e os israelitas viam o brilho de seu rosto. Então Moisés cobria novamente o rosto com o véu até voltar para falar com o Senhor.

Instruções sobre o sábado

35 Moisés reuniu toda a comunidade de Israel e disse: "Estas são as instruções que o Senhor mandou que seguissem. ²Vocês têm seis dias na semana para fazer o trabalho habitual, mas o sétimo dia será um sábado de descanso total, um dia consagrado ao Senhor. Quem trabalhar no sábado será executado. ³Nem sequer acendam fogo em suas casas no sábado".

Ofertas para o tabernáculo

⁴Então Moisés disse a toda a comunidade de Israel: "Foi isto que o Senhor ordenou: ⁵entreguem uma oferta ao Senhor. Todas as pessoas de coração generoso apresentem as seguintes ofertas ao Senhor:

ouro, prata e bronze;
⁶fios de tecido azul, roxo e vermelho;
linho fino e pelos de cabra para confeccionar tecidos;
⁷peles de carneiro tingidas de vermelho e couro fino;
madeira de acácia;
⁸óleo de oliva para as lâmpadas;
especiarias para o óleo da unção e para o incenso perfumado;
⁹pedras de ônix e outras pedras preciosas para serem fixadas no colete e no peitoral do sacerdote.

¹⁰"Todos que são artesãos talentosos, venham e façam tudo que o Senhor ordenou:

¹¹o tabernáculo, tanto a tenda como a cobertura, os colchetes, as armações, os travessões, as colunas e as bases;
¹²a arca e as varas para transportá-la;
a tampa da arca, que é o lugar de expiação;
a cortina interna que protege a arca;
¹³a mesa, as varas para transportá-la e todos os seus utensílios;
os pães da presença;
¹⁴o candelabro, seus acessórios, as lâmpadas e o óleo de oliva para a iluminação;
¹⁵o altar de incenso e as varas para transportá-lo;
o óleo da unção e o incenso perfumado;
a cortina para a entrada do tabernáculo;
¹⁶o altar do holocausto;
a grelha de bronze do altar, as varas para transportá-lo e seus utensílios;
a bacia de bronze e seu suporte;
¹⁷a cortina para as divisórias do pátio;
as colunas e suas bases;
a cortina para a entrada do pátio;
¹⁸as estacas do tabernáculo e do pátio e suas cordas;
¹⁹as roupas finamente confeccionadas para os sacerdotes vestirem durante o serviço no lugar santo, as roupas sagradas do sacerdote Arão e de seus filhos que também são sacerdotes".

²⁰Então toda a comunidade de Israel se despediu de Moisés. ²¹Todos aqueles cujo coração foi movido e cujo espírito foi tocado voltaram com ofertas para o Senhor. Trouxeram todos os materiais necessários para a construção da tenda do encontro, para a realização das cerimônias e para a confecção das roupas sagradas. ²²Todos os que tinham o coração disposto, tanto homens como mulheres, vieram e trouxeram para o Senhor suas ofertas de ouro na forma de argolas, brincos, anéis e colares. Apresentaram todo tipo de objeto de ouro como oferta especial para o Senhor. ²³Todos os que tinham fios de tecido azul, roxo e vermelho, linho fino e pelo de cabra para fazer tecidos, peles de carneiro tingidas de vermelho e couro fino os trouxeram. ²⁴Todos os que tinham objetos de prata e bronze os entregaram como oferta para o Senhor. E todos os que tinham madeira de acácia a trouxeram para ser usada na obra.

²⁵Todas as mulheres com habilidade para costurar e fiar prepararam fios de tecido azul,

roxo e vermelho e tecido de linho fino. ²⁶Todas as mulheres que se dispuseram usaram sua habilidade para fiar o pelo de cabra. ²⁷Os líderes trouxeram pedras de ônix e as outras pedras preciosas para serem colocadas no colete sacerdotal e no peitoral das decisões. ²⁸Trouxeram também especiarias e óleo de oliva para a iluminação, para o óleo da unção e para o incenso perfumado. ²⁹Assim, todos os israelitas, todos os homens e mulheres dispostos a ajudar no trabalho que o Senhor havia ordenado por meio de Moisés, trouxeram suas ofertas e as entregaram de bom grado ao Senhor.

³⁰Então Moisés disse ao povo de Israel: "O Senhor escolheu especificamente Bezalel, filho de Uri e neto de Hur, da tribo de Judá. ³¹O Senhor encheu Bezalel com o Espírito de Deus e lhe deu grande sabedoria, habilidade e perícia para trabalhos artísticos de todo tipo. ³²Ele é exímio artesão, perito no trabalho com ouro, prata e bronze. ³³Tem aptidão para gravar e encravar pedras preciosas e entalhar madeira. É mestre em todo trabalho artístico. ³⁴O Senhor capacitou tanto Bezalel como Aoliabe, filho de Aisamaque, da tribo de Dã, para ensinarem suas aptidões a outros. ³⁵O Senhor lhes deu habilidade especial para gravar, projetar, tecer e bordar linho fino com fios de tecido azul, roxo e vermelho. São excelentes artesãos e projetistas."

36 "O Senhor deu sabedoria a Bezalel, a Aoliabe e aos demais artesãos talentosos e os capacitou com habilidade e entendimento para realizarem todas as tarefas relacionadas à construção do tabernáculo. Eles o construirão conforme o Senhor ordenou".

²Moisés chamou Bezalel, Aoliabe e os demais artesãos especialmente capacitados pelo Senhor e que estavam dispostos a realizar a obra. ³Moisés lhes deu os materiais doados pelos israelitas como ofertas para a construção do santuário. O povo, porém, continuava a trazer voluntariamente mais ofertas todas as manhãs. ⁴Por fim, os artesãos que estavam trabalhando no santuário interromperam a obra ⁵e informaram a Moisés: "O povo trouxe mais que o suficiente para completarmos o trabalho que o Senhor nos ordenou!".

⁶Então Moisés deu a seguinte ordem, que foi transmitida a todo o acampamento: "Homens e mulheres, não preparem mais ofertas para o santuário. Temos o suficiente!". Assim, o povo parou de trazer suas ofertas. ⁷Suas contribuições foram mais que suficientes para completar todo o projeto.

A construção do tabernáculo

⁸Os artesãos habilidosos fizeram para o tabernáculo dez cortinas de linho finamente tecido. Bezalel[a] enfeitou as cortinas com fios de tecido azul, roxo e vermelho e com querubins bordados com habilidade. ⁹As dez cortinas eram exatamente do mesmo tamanho, com 12,6 metros de comprimento e 1,8 metro de largura.[b] ¹⁰Juntaram cinco das cortinas para formar uma cortina longa e depois juntaram as cinco restantes para formar outra cortina longa. ¹¹Bezalel fez cinquenta laços de tecido azul e prendeu-os ao longo da borda da última cortina de cada conjunto. ¹²Os cinquenta laços ao longo da borda de uma cortina coincidiam com os cinquenta laços ao longo da borda da outra cortina. ¹³Em seguida, fez cinquenta colchetes de ouro e prendeu as cortinas longas uma à outra. Desse modo, o tabernáculo foi formado de uma só peça contínua.

¹⁴Fez também onze cortinas de tecido de pelo de cabra para cobrir o tabernáculo. ¹⁵Essas onze cortinas eram todas exatamente do mesmo tamanho, com 13,5 metros de comprimento e 1,8 metro de largura.[c] ¹⁶Bezalel juntou cinco das cortinas para formar uma cortina longa e depois juntou as seis restantes para formar outra cortina longa. ¹⁷Fez cinquenta laços para a borda de cada cortina longa. ¹⁸Fez ainda cinquenta colchetes de bronze para prender as cortinas longas uma à outra. Desse modo, a cobertura da tenda foi formada de uma só peça contínua. ¹⁹Por fim, completou a cobertura da tenda com uma camada protetora feita de peles de carneiro tingidas de vermelho e uma camada de couro fino.

²⁰Para a estrutura do tabernáculo, Bezalel construiu armações de madeira de acácia.

---

[a]36.8 Em hebraico, *ele*; também em 36.16,20,35. Ver 37.1. [b]36.9 Em hebraico, *28 côvados de comprimento e 4 côvados de largura*. [c]36.15 Em hebraico, *30 côvados de comprimento e 4 côvados de largura*.

²¹Cada armação tinha 4,5 metros de altura e 67,5 centímetros de largura,ᵃ ²²com duas hastes na parte inferior de cada armação. Todas as armações eram idênticas. ²³Construiu vinte armações para sustentar as cortinas do lado sul do tabernáculo. ²⁴Fez também quarenta bases de prata, duas para cada armação, de modo que as hastes se encaixavam firmemente nas bases. ²⁵Para o lado norte do tabernáculo, construiu outras vinte armações, ²⁶com quarenta bases de prata, duas bases para cada armação. ²⁷Fez seis armações para a parte de trás, o lado oeste do tabernáculo, ²⁸junto com mais duas armações para reforçar os cantos das duas extremidades do tabernáculo. ²⁹As armações dos cantos foram emparelhadas na parte inferior e firmemente ligadas uma à outra na parte superior com uma argola, formando um só suporte de canto. Ambos os suportes de canto foram feitos dessa maneira. ³⁰Havia, portanto, oito armações na parte de trás do tabernáculo, encaixadas sobre dezesseis bases de prata, duas bases debaixo de cada armação.

³¹Em seguida, fez travessões de madeira de acácia para ligar as armações, cinco travessões para o lado norte do tabernáculo ³²e cinco travessões para o lado sul. Fez também cinco travessões para a parte de trás do tabernáculo, que ficava virada para o oeste. ³³Fez o travessão central ligado a meia altura às armações, estendendo-se de uma ponta à outra do tabernáculo. ³⁴Revestiu as armações com ouro e fez argolas de ouro para sustentar os travessões. Depois, revestiu com ouro os travessões.

³⁵Para o interior do tabernáculo, Bezalel confeccionou uma cortina especial de linho fino, trançado com fios de tecido azul, roxo e vermelho e com querubins bordados com habilidade. ³⁶Fez para a cortina quatro colunas de madeira de acácia e quatro ganchos de ouro. Revestiu as colunas com ouro e apoiou-as sobre quatro bases de prata.

³⁷Em seguida, fez outra cortina para a entrada da tenda. Confeccionou-a com linho finamente tecido e bordou-a artisticamente, usando fios de tecido azul, roxo e vermelho. ³⁸Pendurou a cortina em ganchos de ouro presos a cinco colunas. Revestiu com ouro as colunas, seus capitéis e seus ganchos e mandou fundir para elas cinco bases de bronze.

A arca da aliança

37 Em seguida, Bezalel fez uma arca de madeira de acácia, com 1,15 metro de comprimento, 67,5 centímetros de largura e 67,5 centímetros de altura.ᵇ ²Revestiu-a com ouro puro por dentro e por fora e fez uma moldura de ouro ao seu redor. ³Mandou fundir quatro argolas de ouro e prendeu-as aos quatro pés da arca, duas argolas de cada lado. ⁴Fez varas de madeira de acácia e revestiu-as com ouro. ⁵Passou-as por dentro das argolas dos lados da arca para transportá-la.

⁶Fez ainda a tampa da arca, o lugar de expiação, de ouro puro. Media 1,15 metro de comprimento e 67,5 centímetros de largura.ᶜ ⁷Fez dois querubins de ouro batido e colocou um em cada extremidade da tampa. ⁸Modelou o querubim em cada extremidade da tampa de modo a formar uma só peça de ouro com a tampa. ⁹Os querubins ficavam de frente um para o outro, com o rosto voltado para a tampa da arca. Estendiam suas asas sobre a tampa para cobri-la.

A mesa

¹⁰Bezalelᵈ fez a mesa de madeira de acácia com 90 centímetros de comprimento, 45 centímetros de largura e 67,5 centímetros de altura.ᵉ ¹¹Revestiu-a com ouro puro e colocou uma moldura de ouro ao seu redor. ¹²Enfeitou-a com uma borda de 8 centímetros de larguraᶠ e com uma moldura de ouro ao redor da borda. ¹³Fez quatro argolas de ouro para a mesa e prendeu-as aos quatro cantos, junto aos quatro pés. ¹⁴Prendeu as argolas junto da borda para sustentar as varas usadas para transportar a mesa. ¹⁵Fez essas varas de madeira de acácia e revestiu-as com ouro. ¹⁶Fez ainda recipientes especiais de ouro puro para a mesa: tigelas, colheres, vasilhas e jarras para as ofertas derramadas.

ᵃ **36.21** Em hebraico, *10 côvados de altura e 1,5 côvado de largura*. ᵇ **37.1** Em hebraico, *2,5 côvados de comprimento, 1,5 côvado de largura e 1,5 côvado de altura*. ᶜ **37.6** Em hebraico, *2,5 côvados de comprimento e 1,5 côvado de largura*. ᵈ **37.10a** Em hebraico, *ele*; também em 37.17,25. ᵉ **37.10b** Em hebraico, *2 côvados de comprimento, 1 côvado de largura e 1,5 côvado de altura*. ᶠ **37.12** Em hebraico, *4 dedos de largura*.

O candelabro

17 Bezalel fez um candelabro de ouro puro batido. Todo o candelabro e seus enfeites formavam uma só peça: a base, a haste central, as lâmpadas, os botões e as flores. **18** Da haste central saíam seis ramos, três de cada lado. **19** Cada um dos seis ramos tinha três lâmpadas em forma de flor de amendoeira, com botões e flores. **20** A haste central do candelabro tinha quatro lâmpadas em forma de flor de amendoeira, cada uma com botões e flores. **21** Havia um botão de amendoeira debaixo de cada par dos seis ramos que saíam da haste central. **22** Os botões de amendoeira e os ramos formavam uma só peça com a haste central e eram feitos de ouro puro batido.

23 Fez também sete lâmpadas para o candelabro, cortadores de pavio e apagadores, todos de ouro puro. **24** Foram necessários 35 quilos[a] de ouro puro para o candelabro e seus acessórios.

O altar de incenso

25 Depois, Bezalel usou madeira de acácia para construir o altar de incenso. Ele o fez quadrado, com 45 centímetros de lado e 90 centímetros de altura,[b] com pontas em forma de chifre nos cantos entalhados da mesma peça de madeira que o altar. **26** Revestiu o topo, os lados e as pontas do altar com ouro puro e fez uma moldura de ouro ao seu redor. **27** Fez duas argolas de ouro e prendeu-as nos lados opostos do altar, debaixo da moldura de ouro, para sustentar as varas usadas para transportá-lo. **28** Fez as varas de madeira de acácia e revestiu-as com ouro.

29 Em seguida, preparou o óleo sagrado da unção e o incenso perfumado usando as técnicas de um perfumista.

O altar dos holocaustos

38 Usando madeira de acácia, Bezalel[c] construiu um altar quadrado para o holocausto, com 2,25 metros de largura e comprimento e 1,35 metro de altura.[d] **2** Fez uma ponta em forma de chifre para cada um dos quatro cantos, de modo que as pontas e o altar formavam uma só peça. Revestiu o altar com bronze. **3** Depois, fez os utensílios do altar: baldes para recolher as cinzas, pás, bacias, garfos para a carne e braseiros, todos de bronze. **4** Fez também uma grelha de bronze e a colocou a meia altura do altar, debaixo da borda. **5** Fez quatro argolas de bronze e prendeu-as aos cantos da grelha de bronze, para sustentar as varas usadas para carregar o altar. **6** Fez as varas de madeira de acácia e as revestiu com bronze. **7** Por dentro das argolas dos dois lados do altar, passou as varas usadas para transportá-lo. O altar era oco e feito de tábuas.

A bacia de bronze

8 Bezalel fez a bacia de bronze e seu suporte de bronze com espelhos doados pelas mulheres que serviam à entrada da tenda do encontro.

O pátio

9 Bezalel fez ainda o pátio, que era fechado com cortinas de linho finamente tecido. As cortinas do lado sul tinham 45 metros de comprimento[e] **10** e eram penduradas em vinte colunas apoiadas firmemente em vinte bases de bronze. Pendurou as cortinas com ganchos e argolas de prata. **11** Colocou do lado norte cortinas idênticas a essas, com 45 metros de comprimento, penduradas em vinte colunas apoiadas firmemente em bases de bronze. Pendurou as cortinas com ganchos e argolas de prata. **12** As cortinas do lado oeste do pátio tinham 22,5 metros de comprimento[f] e eram penduradas com ganchos e argolas de prata em dez colunas apoiadas em dez bases. **13** O lado leste do pátio também tinha 22,5 metros de comprimento.

14 A entrada do pátio ficava do lado leste, situada entre duas cortinas. A cortina do lado sul tinha 6,75 metros de comprimento[g] e era pendurada em três colunas apoiadas em três bases. **15** A cortina do lado norte também tinha 6,75 metros de comprimento e era pendurada em três colunas apoiadas em três bases. **16** Todas as cortinas ao redor do pátio eram de linho finamente tecido. **17** Cada uma das colunas tinha uma base de bronze, e todos os ganchos e argolas eram de prata. Os capitéis das colunas do pátio eram revestidos de prata, e as argolas usadas para pendurar as cortinas eram de prata.

---

[a] **37.24** Em hebraico, *1 talento*. [b] **37.25** Em hebraico, *1 côvado de comprimento e 1 côvado de largura, um quadrado, e 2 côvados de altura*. [c] **38.1a** Em hebraico, *ele*; também em 38.8,9. [d] **38.1b** Em hebraico, *5 côvados de largura, 5 côvados de comprimento, um quadrado, e 3 côvados de altura*. [e] **38.9** Em hebraico, *100 côvados*; também em 38.11. [f] **38.12** Em hebraico, *50 côvados*; também em 38.13. [g] **38.14** Em hebraico, *15 côvados*; também em 38.15.

¹⁸Para a entrada do pátio, confeccionou uma cortina de linho finamente tecido e a enfeitou com lindos bordados de fios de tecido azul, roxo e vermelho. A cortina tinha 9 metros de comprimento e 2,25 metros de altura,[a] como as cortinas das divisórias do pátio. ¹⁹Era pendurada em quatro colunas, cada uma apoiada firmemente em sua própria base de bronze. Os capitéis das colunas eram revestidos de prata, e os ganchos e argolas também eram de prata. ²⁰Todas as estacas usadas para sustentar o tabernáculo e o pátio eram de bronze.

Relação dos materiais

²¹Esta é uma relação dos materiais usados na construção do tabernáculo, o santuário da aliança.[b] Os levitas registraram os valores totais conforme Moisés os havia instruído, e Itamar, filho do sacerdote Arão, supervisionou esse trabalho. ²²Bezalel, filho de Uri e neto de Hur, da tribo de Judá, fez tudo exatamente conforme o Senhor havia ordenado a Moisés. ²³Recebeu a ajuda de Aoliabe, filho de Aisamaque, da tribo de Dã, artesão perito em gravar, projetar e bordar em linho fino com fios de tecido azul, roxo e vermelho.

²⁴O povo contribuiu com ofertas especiais de ouro que totalizaram 1.024 quilos,[c] calculados de acordo com o siclo do santuário. Esse ouro foi usado em toda a construção do santuário. ²⁵A comunidade toda de Israel contribuiu com 3.520 quilos[d] de prata, calculados de acordo com o siclo do santuário. ²⁶Essa prata veio do imposto recolhido de cada homem registrado no censo (o imposto era de uma beca, isto é, meio siclo, conforme o siclo do santuário). O imposto foi arrecadado de 603.550 homens de 20 anos para cima. ²⁷Para fazer as cem bases para as armações das paredes do santuário e das colunas que sustentavam a cortina interna foram necessários 3.500 quilos de prata, cerca de 35 quilos para cada base.[e] ²⁸Os 20 quilos[f] de prata restantes foram usados para fazer os ganchos e argolas e para revestir os capitéis das colunas.

²⁹O povo também contribuiu com uma oferta especial de 2.480 quilos[g] de bronze, ³⁰usados

---

[a] **38.18** Em hebraico, *20 côvados de comprimento e 5 côvados de altura.* [b] **38.21** Em hebraico, *tabernáculo, o tabernáculo do testemunho.* [c] **38.24** Em hebraico, *29 talentos e 730 siclos.* O siclo equivalia a 12 gramas. [d] **38.25** Em hebraico, *100 talentos e 1.775 siclos.* [e] **38.27** Em hebraico, *100 talentos de prata, 1 talento para cada base.* [f] **38.28** Em hebraico, *1.775 [siclos].* [g] **38.29** Em hebraico, *70 talentos e 2.400 siclos.*

38.25,27 [...] abra sua Bíblia em Êxodo 30, pois devo começar meu discurso expondo essa passagem. Quando a contagem do número dos filhos de Israel foi feita, o Senhor ordenou que todo homem com mais de 20 anos pagasse meio siclo como dinheiro de redenção, confessando que ele merecia morrer, reconhecendo que estava em dívida com Deus e trazendo a soma exigida como um tipo de grande redenção que, eventualmente, seria paga pelas almas dos filhos dos homens. A verdade foi assim ensinada de que o povo de Deus é um povo redimido — eles são chamados em outro lugar de "os remidos do Senhor". [...]

No capítulo 38, versículo 25, vemos que esta quantia de prata que foi paga, pela qual 603.550 homens foram redimidos, cada um pagando o seu meio siclo, chegou a um grande peso de prata. Deve ter pesado cerca de 4 toneladas [N.E.: 3.520 quilos, de acordo com o texto *bíblico.*] *e foi dedicado para ser usado no tabernáculo* — a aplicação especial do metal precioso foi para fazer as bases das "armações das paredes do santuário e das colunas que sustentavam a cortina interna" do tabernáculo. A quantia de prata constituiu 100 bases e estas sustentaram as 50 tábuas do santo lugar. [...]

Um talento de prata pesando, suponho, cerca de 50 quilos, foi feito ou em forma de uma cunha, de modo a ser empurrado para o solo, ou então em uma placa quadrada sólida para ser colocado sobre ele. Na cunha ou placa, foram feitos encaixes nos quais os encaixes das tábuas poderiam ser prontamente ajustados. Estas placas de prata cabiam, uma na outra, tanto o espigão quanto o encaixe, e assim elas constituíam um paralelogramo compacto, reforçado nos cantos com placas duplas e formava uma fundação, móvel quando desmontada, mas muito segura no todo. Esta fundação foi feita com o dinheiro da redenção. Veja o emblema instrutivo! A base da adoração de Israel era a redenção! A morada do Senhor seu Deus foi fundamentada sobre a expiação! Todas as tábuas de madeira incorruptível e ouro precioso estão firmadas sobre o preço da redenção! As cortinas de linho fino, o véu de obra incomparável e toda a estrutura estão sobre nada menos do que uma massa sólida de prata que fora paga com o dinheiro de resgate do povo! Tudo foi feito para mostrar que a expiação é a base preciosa de todas as coisas sagradas e para impedir que ela fosse desprezada ou negligenciada.

para fundir as bases das colunas à entrada da tenda do encontro e para o altar de bronze com sua grelha de bronze e todos os utensílios do altar. ³¹O bronze também foi usado para fazer as bases das colunas nas quais era pendurada a cortina da entrada do pátio e para todas as estacas ao redor do tabernáculo e o pátio.

As roupas dos sacerdotes

39 Os artesãos confeccionaram belas roupas sagradas de tecido azul, roxo e vermelho para Arão vestir ao servir no lugar santo, conforme o Senhor havia ordenado a Moisés.

A confecção do colete sacerdotal

²Bezalel[a] fez o colete sacerdotal de linho finamente tecido e bordou-o usando fios de ouro e fios de tecido azul, roxo e vermelho. ³Para fazer os fios de ouro, bateu o metal até formar lâminas finas e as cortou em fios. Com grande habilidade e cuidado, bordou os fios de ouro no linho fino, com fios de tecido azul, roxo e vermelho.

⁴O colete sacerdotal tinha duas peças, unidas nos ombros por duas ombreiras. ⁵O cinturão decorativo era feito dos mesmos materiais: linho finamente tecido bordado com fios de ouro e fios de tecido azul, roxo e vermelho, conforme o Senhor havia ordenado a Moisés. ⁶Duas pedras de ônix foram presas em suportes de filigranas de ouro. Nas pedras tinham sido gravados os nomes das tribos de Israel, da mesma forma que se grava um selo. ⁷Bezalel prendeu as pedras às ombreiras do colete como recordação de que o sacerdote representa os israelitas. Tudo isso foi feito conforme o Senhor havia ordenado a Moisés.

A confecção do peitoral

⁸Bezalel fez o peitoral com grande habilidade e cuidado. Confeccionou-o de modo que combinasse com o colete sacerdotal, usando linho finamente tecido, bordado com ouro e com fios de tecido azul, roxo e vermelho. ⁹Fez o peitoral de uma só peça dobrada de tecido, formando um bolso quadrado com 22,5 centímetros de lado.[b] ¹⁰Fixou no peitoral quatro fileiras de pedras preciosas.[c] A primeira fileira tinha um rubi, um topázio e um berilo. ¹¹A segunda fileira era composta de uma turquesa, uma safira e uma esmeralda. ¹²A terceira fileira era composta de um jacinto, uma ágata e uma ametista. ¹³A quarta fileira tinha um crisólito, um ônix e um jaspe. Todas essas pedras eram presas a suportes de filigranas de ouro. ¹⁴Cada pedra representava um dos doze filhos de Israel e trazia gravado o nome da tribo correspondente, como em um selo.

¹⁵Para prender o peitoral ao colete sacerdotal, fizeram correntes de fios trançados de ouro puro. ¹⁶Fizeram também dois suportes de filigranas de ouro e duas argolas de ouro, que foram presas aos cantos superiores do peitoral. ¹⁷Amarraram as duas correntes de ouro nas duas argolas do peitoral. ¹⁸Amarraram as outras pontas das correntes aos suportes de filigrana de ouro sobre as ombreiras do colete. ¹⁹Em seguida, fizeram mais duas argolas de ouro e as prenderam às bordas interiores do peitoral, junto ao colete. ²⁰Fizeram outras duas argolas de ouro e as prenderam à parte da frente do colete, abaixo das ombreiras e logo acima do nó que amarrava o cinturão decorativo ao colete. ²¹Prenderam as argolas inferiores do peitoral às argolas do colete com cordões azuis, para que o peitoral ficasse firmemente preso ao colete acima do cinturão. Tudo isso foi feito conforme o Senhor havia ordenado a Moisés.

Outras peças de roupa para os sacerdotes

²²Bezalel fez de uma só peça de tecido azul o manto que é usado com o colete sacerdotal, ²³com uma abertura no meio da peça para a cabeça de Arão. A abertura foi reforçada com uma gola,[d] para que não se rasgasse. ²⁴Fizeram romãs de fios de tecido azul, roxo e vermelho e as prenderam à borda do manto. ²⁵Fizeram também sinos de ouro puro e os prenderam entre as romãs à borda do manto, ²⁶intercalando sinos e romãs por toda a volta da borda. Esse manto deveria ser usado sempre que o sacerdote realizasse seu serviço, conforme o Senhor havia ordenado a Moisés.

²⁷Confeccionaram para Arão e seus filhos túnicas de linho fino. ²⁸O turbante especial e os outros turbantes também foram confeccionados de linho fino, e as roupas de baixo foram feitas de linho finamente tecido. ²⁹Os cinturões

---

[a] **39.2** Em hebraico, *ele*; também em 39.8,22. [b] **39.9** Em hebraico, *1 palmo*. [c] **39.10** Não é possível identificar com precisão algumas dessas pedras preciosas. [d] **39.23** O significado do hebraico é incerto.

foram feitos de linho finamente tecido e bordados com fios de tecido azul, roxo e vermelho, conforme o Senhor havia ordenado a Moisés. ³⁰Fizeram de ouro puro a tiara sagrada, o emblema de santidade. Gravaram nela, como em um selo, as palavras Santo para o Senhor. ³¹Prenderam a tiara com um cordão azul à parte da frente do turbante de Arão, conforme o Senhor havia ordenado a Moisés.

Moisés inspeciona o trabalho

³²Assim, a construção do tabernáculo, a tenda do encontro, foi concluída. Os israelitas fizeram tudo conforme o Senhor havia ordenado a Moisés. ³³Então apresentaram a Moisés o tabernáculo completo:

a tenda com toda a sua mobília, os colchetes, as armações, os travessões, as colunas e as bases;
³⁴as coberturas da tenda, feitas de peles de carneiro tingidas de vermelho e couro fino; a cortina interna que protegia a arca;
³⁵a arca da aliança^a e as varas para transportá-la;
a tampa da arca, que é o lugar de expiação;
³⁶a mesa e todos os seus utensílios;
os pães da presença;
³⁷o candelabro de ouro puro, com suas lâmpadas simétricas, todos os seus acessórios e o óleo de oliva para a iluminação;
³⁸o altar de ouro;
o óleo da unção e o incenso perfumado;
a cortina para a entrada da tenda;
³⁹o altar de bronze com a grelha de bronze, as varas para transportá-lo e seus utensílios; a bacia de bronze e seu suporte;
⁴⁰a cortina para as divisórias do pátio; as colunas e suas bases;
a cortina para a entrada do pátio;
as cordas e as estacas;
todos os utensílios a serem usados durante as cerimônias no tabernáculo, a tenda do encontro;
⁴¹as roupas finamente confeccionadas para os sacerdotes vestirem enquanto estiverem servindo no lugar santo, as roupas sacerdotais sagradas de Arão e as roupas que seus filhos vestiriam durante o serviço.

⁴²Os israelitas seguiram todas as instruções que o Senhor tinha dado a Moisés acerca da obra. ⁴³Então Moisés inspecionou todo o trabalho. Quando verificou que tinha sido feito conforme o Senhor havia ordenado, abençoou o povo.

O tabernáculo é armado

40 O Senhor disse a Moisés: ²"Arme o tabernáculo, a tenda do encontro, no primeiro dia do primeiro mês.^b ³Coloque a arca da aliança^c dentro dele e pendure a cortina interna para proteger a arca. ⁴Depois, traga a mesa para dentro e coloque sobre ela os utensílios. Traga também o candelabro e instale suas lâmpadas.

⁵"Ponha o altar de ouro para o incenso diante da arca da aliança e pendure a cortina à entrada do tabernáculo. ⁶Coloque o altar do holocausto diante da entrada do tabernáculo, a tenda do encontro. ⁷Ponha a bacia entre a tenda do encontro e o altar e encha-a de água. ⁸Em seguida, arme o pátio ao redor da tenda e pendure a cortina da entrada do pátio.

⁹"Pegue o óleo da unção e unja o tabernáculo e toda a sua mobília, para consagrá-los; assim, ele será santo. ¹⁰Unja o altar do holocausto e seus utensílios para consagrá-los; assim, ele será santíssimo. ¹¹Depois, unja a bacia e seu suporte para consagrá-los.

¹²"Traga Arão e seus filhos até a entrada da tenda do encontro e lave-os com água. ¹³Vista Arão com as roupas sagradas, unja-o e consagre-o, para que me sirva como sacerdote. ¹⁴Traga os filhos de Arão e vista-os com as túnicas. ¹⁵Unja-os como ungiu o pai deles, para que também me sirvam como sacerdotes. Com a unção, os descendentes de Arão são separados para o sacerdócio para sempre, de geração em geração".

¹⁶Moisés fez tudo que o Senhor lhe havia ordenado. ¹⁷O tabernáculo foi armado no primeiro dia do primeiro mês do segundo ano. ¹⁸Para armar o tabernáculo, Moisés colocou as bases em seus lugares, encaixou as armações, prendeu os travessões e levantou as colunas. ¹⁹Em seguida, estendeu a tenda sobre a estrutura do tabernáculo e, por cima, colocou a cobertura, conforme o Senhor havia ordenado.

---

^a**39.35** Ou *arca do testemunho*. ^b**40.2** No antigo calendário lunar hebraico, esse dia normalmente caía em março ou abril. ^c**40.3** Ou *arca do testemunho*; também em 40.5,21.

²⁰Pegou as tábuas da aliança e as colocou[a] dentro da arca. Prendeu à arca as varas para transportá-la e a cobriu com a tampa, o lugar de expiação. ²¹Depois, trouxe a arca da aliança para dentro da tenda do encontro e pendurou a cortina interna que a protegia, conforme o Senhor havia ordenado.

²²Em seguida, Moisés colocou a mesa da tenda do encontro do lado norte do lugar santo, do lado de fora da cortina interna. ²³Arrumou sobre a mesa os pães da presença diante do Senhor, conforme o Senhor havia ordenado.

²⁴Pôs o candelabro dentro da tenda do encontro, em frente à mesa, do lado sul do lugar santo. ²⁵Acendeu as lâmpadas na presença do Senhor, conforme o Senhor havia ordenado. ²⁶Colocou também o altar de ouro para o incenso na tenda do encontro diante da cortina interna ²⁷e queimou sobre ele incenso perfumado, conforme o Senhor havia ordenado.

²⁸Pendurou a cortina à entrada do tabernáculo ²⁹e colocou o altar do holocausto perto da entrada do tabernáculo, a tenda do encontro. Apresentou sobre o altar um holocausto e uma oferta de cereal, conforme o Senhor havia ordenado.

³⁰Em seguida, Moisés colocou a bacia entre a tenda do encontro e o altar e encheu-a de água para que os sacerdotes pudessem se lavar. ³¹Moisés, Arão e os filhos de Arão usavam a água da bacia para lavar as mãos e os pés. ³²Lavavam-se cada vez que se aproximavam do altar e entravam na tenda do encontro, conforme o Senhor havia ordenado.

³³Moisés pendurou as cortinas que cercavam o pátio ao redor do tabernáculo e do altar e colocou a cortina à entrada do pátio. Assim, Moisés finalmente terminou o trabalho.

A glória do Senhor enche o tabernáculo

³⁴Então a nuvem cobriu a tenda do encontro, e a glória do Senhor encheu o tabernáculo. ³⁵Moisés não podia mais entrar na tenda do encontro, pois a nuvem estava sobre ela, e a glória do Senhor a enchia.

³⁶Sempre que a nuvem se levantava de cima do tabernáculo, os israelitas seguiam viagem. ³⁷Mas, se a nuvem não se levantava, permaneciam onde estavam até a nuvem se elevar. ³⁸Durante o dia, a nuvem do Senhor pairava no ar acima do tabernáculo e, à noite, fogo ardia dentro da nuvem, de modo que todo o povo de Israel podia vê-la. E isso ocorreu ao longo de todas as jornadas dos israelitas.

---

[a] **40.20** Em hebraico, *Colocou o testemunho*; ver nota em 25.16.

Levítico

INTRODUÇÃO

Nome. Por parte dos rabinos, chamava-se "A Lei do Sacerdote" e "A Lei das Ofertas", mas desde o tempo da Vulgata, tem sido chamado Levítico, porque trata dos serviços do santuário executados pelos levitas.

Conexão com os livros anteriores. Em Gênesis, o homem é expulso do Jardim e a solução para a sua ruína é vista na semente prometida. Em Êxodo, o homem não está apenas fora do Éden, mas é escravo de um inimigo maligno e sua libertação da escravidão é revelada no sangue do cordeiro — considerado suficiente para satisfazer a necessidade do homem e a justiça de Deus. Em Levítico, é indicado o lugar do sacrifício e a expiação pelo pecado, também é revelado que Deus aceitou o sacrifício da vítima em vez da morte do pecador. É uma continuação de Êxodo, contendo a legislação sinaítica a partir do momento da conclusão do tabernáculo.

Conteúdo. Exceto pelas breves seções históricas encontradas nos capítulos 8–10 e 24.10-14, o livro contém um sistema de leis, que pode ser dividido em (1) civil, (2) sanitária, (3) cerimonial, (4) moral e (5) religiosas, que põem maior ênfase em deveres morais e religiosos.

Propósito. (1) Mostrar que Deus é santo e o homem é pecador. (2) Mostrar como Deus mantém sua santidade e expõe a pecaminosidade do homem. (3) Mostrar como um povo pecador pode se aproximar do Deus santo. (4) Fornecer um manual de lei e de culto para Israel. (5) Tornar Israel uma nação santa.

Palavra-chave. A palavra-chave é, então, Santidade, que é encontrada 87 vezes no livro [N.E.: Em suas variáveis puro, purificado, santo, sem defeito, consagrado etc.], enquanto em contraste com ela, as palavras pecado, impureza, culpa (de várias formas) ocorrem 194 vezes, mostrando assim a necessidade de purificação. Por outro lado, o sangue, como meio de purificação, ocorre 72 vezes. O versículo-chave é, penso eu, 19.2, embora alguns considerem 10.10 como o melhor versículo.

Os sacrifícios, ou ofertas. Eles podem ser divididos de várias maneiras, entre as quais a mais instrutiva é a seguinte: (1) *Sacrifícios nacionais*, que incluem: (a) Sequenciais, como ofertas diárias, semanais e mensais; (b) Festivos, como a Páscoa, ciclo de meses etc.; (c) para o serviço do Santo Lugar, como óleo sagrado, incenso precioso, doze pães etc. (2) *Sacrifícios oficiais*, que incluem: (a) Aqueles para os sacerdotes; (b) Aqueles para príncipes e governantes; (c) Aqueles para as mulheres consagradas, Ex. 38.8; 1Sm 2.22. (3) *Sacrifícios pessoais*, incluindo (a) oferta de sangue — oferta de paz, oferta pelo pecado e oferta pela transgressão, (b) ofertas sem sangue — a oferta de carne ou farinha.

Além desta divisão geral, as ofertas estão divididas em dois tipos, da seguinte forma: (1) *Ofertas de aroma*. Estas são expiatórias na natureza e mostram que Jesus é aceitável para Deus, pois Ele não peca e faz todo o bem, assim o pecador é apresentado a Deus em toda a aceitação de Cristo. Essas ofertas são: (a) holocausto, na qual Cristo, voluntariamente, se oferece imaculado a Deus por nossos pecados; (b) a oferta de manjares, na qual a perfeita humanidade de Cristo, testada e provada, torna-se o pão de Seu povo; (c) a oferta pacífica que representa Cristo como nossa paz, gerando comunhão com Deus e gratidão. (2) *Ofertas que não são de aroma*. Estas são ofertas perfeitas, revestidas com a culpa humana. Elas são: (a) a oferta pelo pecado, que é expiatório, substitutivo e eficaz, referindo-se mais aos pecados contra Deus, com pouca consideração aos danos ao homem; (b) a oferta pela culpa, que se refere particularmente aos pecados contra o homem, que também são pecados contra Deus.

ESBOÇO

1. Leis de sacrifícios, Caps. 1–10
   1.1. Holocausto, Cap. 1
   1.2. *Oferta de cereal, Cap. 2*
   1.3. Oferta pacífica, Cap. 3
   1.4. Oferta pelo pecado, Cap. 4
   1.5. Oferta pela culpa, 5.1–6.7
   1.6. Instruções aos sacerdotes a respeito das ofertas, 6.8–7.38
   1.7. Consagração dos sacerdotes, Caps. 8–10

2. Leis de pureza, Caps. 11-22
  2.1. Alimentos puros, animais para consumo, Cap. 11
  2.2. Corpo e casa limpos, regras para purificação, Caps. 12-13
  2.3. Nação pura, oferta pelo pecado no Dia da Expiação, Caps. 16-17
  2.4. Práticas sexuais proibidas, Cap. 18
  2.5. Moralidade pura, Caps. 19-20
  2.6. Sacerdotes puros, Caps. 21-22
3. Leis das festas, Caps. 23-25
  3.1. Festas sagradas, Cap. 23
  3.2. Parêntese, ou interpolação, candelabro do tabernáculo, pães sagrados, o blasfemador, Cap. 24
  3.3. Anos sabáticos, Cap. 25
4. Leis especiais, Caps. 26-27
  4.1. Bênção e maldição, Cap. 26
  4.2. Votos e dízimos, Cap. 27

PARA ESTUDO E DISCUSSÃO

[1] Faça uma lista das várias ofertas, familiarize-se com o que é oferecido e como é oferecido, relacione o resultado a ser alcançado em cada caso.
[2] As leis: (a) Para a consagração e purificação dos sacerdotes (Caps. 8-10 e 21-22); (b) Regulamento para conduta sexual (Cap. 18); (c) Relativas a animais limpos e o que pode ser usado como alimento (Cap. 11); (d) Regulamento para votos e dízimos (Cap. 27).
[3] O sacrifício de dois cordeiros e duas aves: (a) Os detalhes do que é feito com cada cordeiro e cada ave; (b) As lições ou verdades tipificadas por cada cordeiro e ave.
[4] O nome, ocasião, propósito, tempo e modo de observar cada uma das festas.
[5] Como a redenção é vista em Levítico: (a) O papel do sacerdote; (b) A substituição; (c) A imputação; (d) O sacrifício e o sangue na redenção.
[6] Como a natureza do pecado é vista em Levítico: (a) Seu efeito na natureza do homem; (b) Seu efeito em seu relacionamento com Deus.

Procedimentos para o holocausto

1 Da tenda do encontro, o Senhor chamou Moisés e lhe disse: ²"Dê as seguintes instruções ao povo de Israel. Quando você apresentar um animal como oferta para o Senhor, escolha-o dos rebanhos de gado, ovelhas ou cabras.

³"Se o animal que apresentar como holocausto for do rebanho de gado, deverá ser um macho sem defeito. Leve-o até a entrada da tenda do encontro, para que seja aceito pelo Senhor. ⁴Coloque a mão sobre a cabeça do animal, para que seja aceito em seu lugar como expiação. ⁵Mate o novilho na presença do Senhor, e os filhos de Arão, os sacerdotes, oferecerão o sangue do animal, derramando-o em todos os lados do altar que está à entrada da tenda do encontro. ⁶Depois, tire a pele do animal e corte-o em pedaços. ⁷Os filhos do sacerdote Arão acenderão o fogo no altar e ali arrumarão a lenha. ⁸Arrumarão também os pedaços da oferta, incluindo a cabeça e a gordura, sobre a lenha acesa no altar, ⁹mas os órgãos internos e as pernas serão lavados primeiro com água. Então o sacerdote queimará tudo no altar como holocausto. É uma oferta especial, um aroma agradável ao Senhor.

¹⁰"Se o animal que apresentar como holocausto for um carneiro ou um cabrito, deverá ser um macho sem defeito. ¹¹Mate o animal junto ao lado norte do altar, na presença do Senhor, e os filhos de Arão, os sacerdotes, derramarão o sangue do animal em todos os lados do altar. ¹²Depois, corte o animal em pedaços, incluindo a cabeça e a gordura. Os sacerdotes arrumarão os pedaços da oferta sobre a lenha acesa no altar, ¹³mas os órgãos internos e as pernas serão lavados primeiro com água. Então o sacerdote queimará tudo no altar como holocausto. É uma oferta especial, um aroma agradável ao Senhor.

¹⁴"Se apresentar ao Senhor uma ave como holocausto, deverá ser uma rolinha ou um pombinho. ¹⁵O sacerdote levará a ave até o altar, destroncará a cabeça dela e deixará o sangue escorrer na lateral do altar. Em seguida, queimará a ave. ¹⁶O sacerdote removerá o papo e as penas da cauda[a] da ave e os lançará do lado leste do altar, sobre as cinzas. ¹⁷Depois, segurando a ave pelas asas, o sacerdote a partirá, mas sem despedaçá-la, e a apresentará como holocausto sobre a lenha acesa no altar. É uma oferta especial, um aroma agradável ao Senhor."

Procedimentos para a oferta de cereal

2 "Quando apresentar ao Senhor uma oferta de cereal, deverá ser de farinha da melhor qualidade. Derrame azeite sobre a farinha, acrescente um pouco de incenso ²e leve-a aos filhos de Arão, os sacerdotes. O sacerdote pegará um punhado da farinha umedecida com azeite, junto com todo o incenso, e queimará essa porção memorial no altar. É uma oferta especial, um aroma agradável ao Senhor. ³O restante da oferta de cereal será entregue a Arão e a seus filhos. Essa oferta será considerada parte santíssima das ofertas especiais apresentadas ao Senhor.

⁴"Se a oferta for de cereal assado no forno, deverá ser de farinha da melhor qualidade,

---

[a] 1.16 Ou *o papo e o seu conteúdo*. O significado do hebraico é incerto.

1.4,5 Você precisa prestar atenção a este detalhe, a saber, a imposição de suas mãos sobre o sacrifício oferecido por você. Para o judeu era um sacrifício a ser morto, para você é um sacrifício já oferecido. [...] O que isso significava? Aquele que punha a mão sobre a cabeça da oferta fazia *confissão de pecado*. Não importa qual oferta era trazida por um israelita que cria, *nela sempre havia uma menção de pecado*, implícita ou expressa. [...] O próprio fato de apresentar um sacrifício contém em si uma confissão da necessidade de haver um sacrifício, que é a confissão de *falhas pessoais* e a necessidade de aceitação pessoal. [...] Neste ato havia também uma confissão *de autoimpotência*. [...] Se você pudesse ler o texto em hebraico, veria que ele afirma: "Coloque a mão sobre a cabeça do animal, para que seja aceito em seu lugar para cobri-lo" — "para que seja aceito em seu lugar como expiação". A palavra aqui é *copher* em hebraico, isto é "uma tampa". Por que, então, nos escondemos atrás do Senhor Jesus? Porque sentimos a necessidade de algo para nos cobrir e agir como interposição entre nós e o Justo Juiz de toda a Terra. [...] Havia ainda mais uma confissão *no deserto da punição*. Quando um homem trazia seu novilho, ou seu bode, ou seu cordeiro, ele punha a mão sobre o animal, e como sabia que a pobre criatura devia morrer, este homem reconhecia que ele próprio era merecedor da morte.

mas sem fermento: bolos misturados com azeite ou pães finos untados com azeite. ⁵Se a oferta de cereal for preparada numa assadeira, deverá ser de farinha da melhor qualidade misturada com azeite, mas sem fermento. ⁶Divida-a em pedaços e derrame azeite sobre ela. É oferta de cereal. ⁷Se a oferta de cereal for preparada numa panela, deverá ser de farinha da melhor qualidade misturada com azeite.

⁸"Quando trouxer a oferta de cereal que foi preparada para o Senhor, entregue-a ao sacerdote, que a apresentará no altar. ⁹O sacerdote tomará uma porção memorial da oferta de cereal e a queimará no altar. É uma oferta especial, um aroma agradável ao Senhor. ¹⁰O restante da oferta de cereal será entregue a Arão e a seus filhos como alimento. Essa oferta será considerada parte santíssima das ofertas especiais apresentadas ao Senhor.

¹¹"Não use fermento ao preparar qualquer das ofertas de cereal a ser apresentada ao Senhor, pois nem fermento nem mel devem ser queimados como oferta especial apresentada ao Senhor. ¹²É permitido acrescentar fermento e mel às ofertas dos primeiros frutos da colheita, mas nunca devem ser oferecidos no altar como aroma agradável ao Senhor. ¹³Tempere com sal todas as suas ofertas de cereal. Não deixe de usar o sal da aliança do seu Deus em todas as suas ofertas de cereal. Todas as ofertas que trouxerem deverão ter sal.

¹⁴"Se apresentar ao Senhor uma oferta de cereal dos primeiros frutos de sua colheita, apresente grãos frescos moídos grosseiramente e tostados no fogo. ¹⁵Derrame azeite sobre essa oferta de cereal e acrescente um pouco de incenso. ¹⁶O sacerdote tomará uma porção memorial dos grãos umedecidos com azeite, junto com todo o incenso, e queimará como oferta especial apresentada ao Senhor."

Procedimentos para a oferta de paz

3 "Se apresentar ao Senhor um animal do rebanho de gado como oferta de paz, poderá ser macho ou fêmea, desde que seja sem defeito. ²Coloque a mão sobre a cabeça do animal e mate-o à entrada da tenda do encontro. Os filhos de Arão, os sacerdotes, derramarão o sangue do animal em todos os lados do altar. ³Dessa oferta de paz, uma parte será apresentada como oferta especial para o Senhor. Incluirá toda a gordura que envolve os órgãos internos, ⁴os dois rins, a gordura ao redor deles perto dos lombos e o lóbulo do fígado. Todas essas partes serão removidas junto com os rins, ⁵e os filhos de Arão queimarão tudo sobre a lenha acesa no altar. É uma oferta especial, um aroma agradável ao Senhor.

⁶"Se apresentar ao Senhor um animal dos rebanhos de ovelhas ou de cabras como oferta de paz, poderá ser macho ou fêmea, desde que seja sem defeito. ⁷Se apresentar como oferta um cordeiro, traga-o perante o Senhor, ⁸coloque a mão sobre a cabeça do animal e mate-o à entrada da tenda do encontro. Os filhos de Arão derramarão o sangue do cordeiro em todos os lados do altar. ⁹Dessa oferta de paz, a gordura será apresentada como oferta especial para o Senhor. Incluirá a gordura da parte gorda da cauda, cortada rente à espinha, toda a gordura que envolve os órgãos internos, ¹⁰os dois rins, a gordura ao redor deles perto dos lombos e o lóbulo do

---

2.13 Parece que o sal era o símbolo da aliança. [...] — significando que era uma aliança imutável e incorruptível que duraria da mesma forma que o sal age para que algo perdure, de modo que não é susceptível à putrefação ou corrupção. "O sal da aliança" significa que sempre que você e eu estivermos trazendo alguma oferta ao Senhor, devemos ter o cuidado de nos lembrar da aliança. Que ofereçamos continuamente o sal da aliança com todos os nossos sacrifícios sempre que estivermos no altar com a nossa dádiva, servindo a Deus com nosso culto diário, como creio que estejamos fazendo.

Queremos esse sal da aliança em tudo o que fazemos, primeiramente, *para nos preservar de cair no legalismo*. Aquele que serve a Deus por salários esquece-se da palavra — "a dádiva de Deus é a vida eterna". Não é salário, mas dádiva pela qual você viverá. Se você se esquecer que está sob a aliança puramente de graça, na qual Deus concede ao indigno e salva aqueles que não têm reivindicação a nenhuma bênção da aliança, você se porá no solo da lei e, uma vez lá, Deus não poderá aceitar seu sacrifício. Devemos temperar todas as nossas ofertas com o sal da aliança, para que não sejamos culpados de legalismo ao apresentá-las.

fígado. Todas essas partes serão removidas junto com os rins, ¹¹e o sacerdote queimará tudo no altar. É uma oferta especial de alimento apresentado ao Senhor.

¹²"Se apresentar um cabrito como oferta, traga-o perante o Senhor, ¹³coloque a mão sobre a cabeça do animal e mate-o à entrada da tenda do encontro. Os filhos de Arão derramarão o sangue do cabrito em todos os lados do altar. ¹⁴Dessa oferta, uma parte será apresentada como oferta especial para o Senhor. Incluirá toda a gordura que envolve os órgãos internos, ¹⁵os dois rins, a gordura ao redor deles perto dos lombos e o lóbulo do fígado. Todas essas partes serão removidas junto com os rins, ¹⁶e o sacerdote queimará tudo no altar. É uma oferta especial de alimento, um aroma agradável ao Senhor. Toda a gordura pertence ao Senhor.

¹⁷"Jamais coma a gordura ou o sangue. Essa é uma lei permanente para você e deve ser cumprida de geração em geração, onde quer que morarem".

Procedimentos para a oferta pelo pecado

4 Então o Senhor disse a Moisés: ²"Dê as seguintes instruções ao povo de Israel. É isto que devem fazer aqueles que pecam sem intenção, quebrando algum dos mandamentos do Senhor.

³"Se o sacerdote ungido pecar, trazendo culpa sobre todo o povo, apresentará ao Senhor um novilho sem defeito como oferta pelo pecado que cometeu. ⁴Trará o novilho perante o Senhor à entrada da tenda do encontro, colocará a mão sobre a cabeça do animal e o matará diante do Senhor. ⁵O sacerdote ungido levará um pouco do sangue do novilho para dentro da tenda do encontro, ⁶molhará o dedo no sangue e com ele aspergirá sete vezes diante do Senhor, em frente à cortina interna do santuário. ⁷Em seguida, o sacerdote colocará um pouco do sangue nas pontas do altar de incenso perfumado que está na presença do Senhor dentro da tenda do encontro. O restante do sangue do novilho ele derramará

4.5-7 Depois que o sangue era derramado pelo abate do sacrifício, e a expiação estivesse feita, três atos deveriam ser realizados pelo sacerdote. Nós os temos descritos em nosso texto, e se você olhar com bondade, verá que as mesmas palavras seguem nos versículos 17 e 18, assim também nos versículos 25 e 34, onde com um pouco menos de detalhe, ato muito semelhante é realizado. Tudo isso é simbólico da obra do Senhor Jesus e dos múltiplos efeitos de Seu sangue. [...]

V.6 O sangue do sacrifício era espargido diante do véu sete vezes, significando isto — primeiro, que *a expiação feita pelo sangue de Jesus é perfeita em sua referência a Deus.* Em toda a Escritura, como você bem sabe, sete é o número da perfeição, e neste lugar é, sem dúvida, usado com essa intenção. As sete vezes é o mesmo que de uma vez por todas. E transmite o mesmo significado de quando lemos: "Pois Cristo também sofreu por nossos pecados, de uma vez por todas." [...] O sangue da oferta pelo pecado era espargido perante o Senhor porque o pecado estava perante o Senhor. Davi diz: "Pequei contra ti, somente contra ti", e o pródigo exclama: "pequei contra o céu e contra o senhor". O sacrifício de Cristo é propiciação, *principalmente,* diante de Deus.

V.7 "O sacerdote colocará um pouco do sangue nas pontas do altar de incenso perfumado que está na presença do Senhor". O sacerdote, neste caso, vai do interior do santuário para o pátio exterior. Depois de se ocupar com o véu do Santo dos Santos, ele se volta e encontra ao seu lado o altar de incenso feito de ouro e que tem sobre si uma coroa de ouro; dirige-se a ele e, deliberadamente, coloca uma porção do sangue em cada uma de suas pontas. Essas pontas, ou chifres, significam poder, e a explicação do símbolo é de que não há poder na oração de intercessão à parte do sangue da expiação.

Veja que saímos do véu para o altar de ouro, e agora passamos do santo lugar para o pátio exterior. Lá, ao ar livre, está o grande altar de bronze — o primeiro objeto que o israelita via quando entrava nos recintos sagrados. [...] Amados, vocês não pensam que este derramamento de sangue ao pé deste altar de bronze nos indica o quanto devemos entregar ali? Se Jesus entregou Sua vida ali, e se colocou sobre ele, não devemos entregar tudo o que somos e tudo o que temos, e consagrar tudo a Deus? Não ofereçamos um sacrifício magro, esquelético, ou meio morto, ou quebrado, ou enfermo, mas entreguemos o nosso melhor do melhor, e apresentemo-lo alegremente ao Altíssimo por meio do sangue precioso. [...] Certamente, quando vemos o altar com o próprio Cristo sobre ele e Seu sangue derramado ali, devemos reconhecer que se pudéssemos passar toda a nossa vida em trabalho zeloso e depois morrer como mártires, não teríamos entregado nem mesmo metade do que esse maravilhoso amor merece. Sejamos estimulados e despertados pela visão do sangue sobre o altar de bronze!

na base do altar do holocausto, à entrada da tenda do encontro. ⁸Depois, removerá toda a gordura do novilho a ser apresentado como oferta pelo pecado, incluindo a gordura que envolve os órgãos internos, ⁹os dois rins, a gordura ao redor deles perto dos lombos e o lóbulo do fígado. Removerá todas essas partes junto com os rins, ¹⁰como se faz com os animais apresentados como oferta de paz, e queimará tudo no altar do holocausto. ¹¹Mas o que restar do novilho — o couro, a carne, a cabeça, as pernas, os órgãos internos e os excrementos — ¹²ele tomará e levará para um lugar cerimonialmente puro, fora do acampamento, onde são jogadas as cinzas. Ali, sobre o monte de cinzas, queimará os restos num fogo feito com lenha.

¹³"Se toda a comunidade de Israel pecar, quebrando algum dos mandamentos do Senhor, mas não se der conta disso, ainda assim será culpada. ¹⁴Quando perceber seu pecado, o povo trará um novilho como oferta pelo pecado e o apresentará à entrada da tenda do encontro. ¹⁵As autoridades da comunidade colocarão as mãos sobre a cabeça do novilho e o matarão diante do Senhor. ¹⁶O sacerdote ungido levará um pouco do sangue do novilho para dentro da tenda do encontro, ¹⁷molhará o dedo no sangue e com ele aspergirá sete vezes diante do Senhor, em frente à cortina interna. ¹⁸Em seguida, colocará um pouco do sangue nas pontas do altar que está na presença do Senhor, dentro da tenda do encontro. O restante do sangue do novilho ele derramará na base do altar do holocausto, à entrada da tenda do encontro. ¹⁹Depois, removerá toda a gordura do novilho e a queimará no altar, ²⁰como se faz com o novilho apresentado como oferta pelo pecado. Desse modo, o sacerdote fará expiação pelo povo, e eles serão perdoados. ²¹Então o sacerdote tomará o que restar do novilho, levará para fora do acampamento e o queimará ali, como se faz com a oferta pelo pecado. Essa oferta é pelo pecado de toda a comunidade de Israel.

²²"Se um dos líderes do povo pecar, quebrando algum dos mandamentos do Senhor, seu Deus, mas não se der conta disso, ainda assim será culpado. ²³Quando perceber seu pecado, o líder apresentará como oferta um bode sem defeito. ²⁴Colocará a mão sobre a cabeça do bode e o matará diante do Senhor, no mesmo lugar onde são mortos os animais para os holocaustos. É uma oferta pelo pecado. ²⁵O sacerdote molhará o dedo no sangue da oferta pelo pecado e o colocará nas pontas do altar do holocausto. O restante do sangue ele derramará na base do altar. ²⁶Em seguida, queimará no altar toda a gordura do bode, como se faz com a oferta de paz. Desse modo, o sacerdote fará expiação pelo líder, e ele será perdoado.

²⁷"Se outra pessoa do povo pecar, quebrando algum dos mandamentos do Senhor, mas não se der conta disso, ainda assim será culpada. ²⁸Quando perceber seu pecado, ela apresentará como oferta pelo pecado uma cabra sem defeito. ²⁹Colocará a mão sobre a cabeça do animal da oferta pelo pecado e o matará no mesmo lugar onde são mortos os animais para os holocaustos. ³⁰O sacerdote molhará o dedo no sangue e o colocará nas pontas do altar do holocausto. O restante do sangue ele derramará na base do altar. ³¹Em seguida, removerá toda a gordura da cabra, como se faz com a oferta de paz, e a queimará sobre o altar como um aroma agradável ao Senhor. Desse modo, o sacerdote fará expiação pela pessoa, e ela será perdoada.

³²"Se alguém trouxer uma ovelha como oferta pelo pecado, deverá ser sem defeito. ³³A pessoa colocará a mão sobre a cabeça do animal da oferta pelo pecado e o matará no mesmo lugar onde são mortos os animais para os holocaustos. ³⁴O sacerdote molhará o dedo no sangue da oferta pelo pecado e o colocará nas pontas do altar do holocausto. O restante do sangue ele derramará na base do altar. ³⁵Em seguida, removerá toda a gordura da ovelha, como se faz com a gordura do cordeiro apresentado como oferta de paz, e a queimará no altar como oferta especial apresentada ao Senhor. Desse modo, o sacerdote fará expiação pela pessoa, e ela será perdoada."

Pecados que exigem uma oferta pelo pecado

5 "Se alguém for chamado para testemunhar a respeito de algo que tenha visto ou que seja de seu conhecimento, mas se recusar a fazê-lo, comete pecado e deverá ser castigado por causa de seu pecado.

²"Se alguém, mesmo sem saber, tocar em algo cerimonialmente impuro, como o cadáver de um animal impuro, seja um animal selvagem, um animal doméstico ou um animal que rasteja pelo chão, quando perceber o que aconteceu, deverá reconhecer sua contaminação e culpa.

³"Se alguém, mesmo sem saber, tocar em algo que o torne impuro, quando perceber o que aconteceu, deverá reconhecer sua culpa.

⁴"Se alguém, mesmo sem saber, fizer um voto impensado de qualquer tipo, para o bem ou para o mal, quando perceber a imprudência do voto, deverá reconhecer sua culpa.

⁵"Quando alguém perceber sua culpa, em qualquer um desses casos, deverá confessar seu pecado. ⁶Como castigo pelo pecado, trará ao Senhor uma ovelha ou uma cabra do rebanho. É uma oferta pelo pecado, com a qual o sacerdote fará expiação pelo pecado da pessoa.

⁷"Se a pessoa não tiver recursos para oferecer uma ovelha, trará ao Senhor duas rolinhas ou dois pombinhos como castigo pelo pecado. Uma das aves será para a oferta pelo pecado, e a outra, para o holocausto. ⁸Ela as entregará ao sacerdote, que apresentará a primeira ave como oferta pelo pecado. Ele torcerá o pescoço da ave, mas não arrancará a cabeça. ⁹Em seguida, aspergirá os lados do altar com um pouco do sangue da oferta pelo pecado e deixará o sangue restante escorrer para a base do altar. É uma oferta pelo pecado. ¹⁰Depois disso, o sacerdote preparará a segunda ave como holocausto, de acordo com a forma prescrita. Desse modo, o sacerdote fará expiação pelo pecado da pessoa, e ela será perdoada.

¹¹"Se a pessoa não tiver condições de oferecer sequer duas rolinhas ou dois pombinhos, trará dois litros[a] de farinha da melhor qualidade como oferta pelo pecado. Uma vez que é uma oferta pelo pecado, não misturará azeite com a farinha nem acrescentará incenso. ¹²Trará a farinha ao sacerdote, que pegará um punhado como porção memorial e queimará a porção no altar, sobre as ofertas especiais apresentadas ao Senhor. É uma oferta pelo pecado. ¹³Desse modo, o sacerdote fará expiação por aqueles que forem culpados de algum desses pecados, e eles serão perdoados. O restante da farinha será do sacerdote, como se faz com a oferta de cereal".

Procedimentos para a oferta pela culpa

¹⁴O Senhor disse a Moisés: ¹⁵"Se alguém cometer um delito religioso, violando, mesmo sem intenção, algum mandamento sobre as coisas consagradas do Senhor, deverá trazer ao Senhor uma oferta pela culpa. A oferta será um carneiro sem defeito do seu próprio rebanho, calculado em prata de acordo com o siclo[b] do santuário. ¹⁶A pessoa pagará uma indenização referente ao delito religioso que cometeu, com um acréscimo de um quinto do valor. Quando entregar o pagamento ao sacerdote, ele fará expiação pela pessoa com o carneiro sacrificado como oferta pela culpa, e ela será perdoada.

¹⁷"Se alguém pecar, quebrando algum dos mandamentos do Senhor, mesmo que não tenha consciência do que fez, é culpado e será castigado por causa de seu pecado. ¹⁸Como oferta pela culpa, trará ao sacerdote um carneiro sem defeito do próprio rebanho,

---

[a]5.11 Em hebraico, *1/10 de efa.* [b]5.15 Cada siclo equivalia a 12 gramas.

5.17,18 Os pecados de ignorância, então, são *realmente* pecados que precisam de expiação porque nos envolvem na culpa! Contudo, devemos entender claramente que eles diferem grandemente em *grau de culpa de pecados conhecidos e deliberados.* [...]

Sim, e de acordo com o meu texto, há pecado de ignorância, em si, pois o versículo 18 declara: "o sacerdote fará expiação pelo pecado não intencional". A ignorância da Lei entre aqueles que moravam no acampamento de Israel era essencialmente pecaminosa. Os israelitas não tinham o direito à ignorância. A Lei estava clara e ao seu alcance; se alguém negligenciasse o estudo do estatuto, sua violação do estatuto não poderia ser desculpada por sua negligência, visto que a negligência era, em si mesma, um ato de omissão de um tipo censurável. A ignorância voluntária da vontade do Senhor é, em si mesma, pecado; e o pecado que dela provém é penoso aos olhos do Senhor, nosso Deus.

Bendito seja Deus, a declaração solene do texto sobre a culpa dos pecados de ignorância não precisa nos

devidamente avaliado. Desse modo, o sacerdote fará expiação pelo pecado não intencional que a pessoa cometeu, e ela será perdoada. ¹⁹Essa é uma oferta pela culpa, pois a pessoa certamente se tornou culpada diante do SENHOR'".

Pecados que exigem uma oferta pela culpa

6 ¹ᵃEntão o SENHOR disse a Moisés: ²"Quando alguém pecar, enganando seu próximo, também estará cometendo um delito contra o SENHOR. Se esse alguém for desonesto num negócio que envolve depósito como garantia, ou roubar, ou praticar extorsão, ³ou encontrar um objeto e negar que o encontrou, ou mentir depois de jurar dizer a verdade a respeito desse pecado, ou alguma prática semelhante, ⁴será culpado pelo pecado que cometeu. Devolverá o que roubou, ou o valor que extorquiu, ou o depósito feito como garantia, ou o objeto perdido que encontrou, ⁵ou qualquer coisa que tenha obtido com juramento falso. Fará restituição pagando à pessoa prejudicada o total, com um acréscimo de um quinto do valor. No mesmo dia, apresentará uma oferta pela culpa. ⁵Como oferta pela culpa para o SENHOR, trará ao sacerdote um carneiro sem defeito do próprio rebanho, devidamente avaliado. ⁷Desse modo, o sacerdote fará expiação pela pessoa diante do SENHOR, e ela será perdoada de qualquer desses pecados que tenha cometido".

Instruções adicionais para os holocaustos

⁸ᵇEntão o SENHOR disse a Moisés: ⁹"Dê a Arão e a seus filhos as seguintes instruções para os holocaustos. Os holocaustos serão deixados sobre o altar até a manhã seguinte, e o fogo sobre o altar será mantido aceso a noite toda. ¹⁰Pela manhã, depois que o sacerdote de serviço tiver vestido suas roupas oficiais de linho e as roupas de baixo, também de linho, limpará as cinzas do holocausto e as colocará ao lado do altar. ¹¹Em seguida, removerá as roupas de linho, vestirá suas roupas habituais e levará as cinzas para fora do acampamento, até um lugar cerimonialmente puro. ¹²Enquanto isso, o fogo do altar será mantido aceso; nunca deverá se apagar. A cada manhã, o sacerdote acrescentará mais lenha ao fogo, arrumará sobre ele o holocausto e queimará nele a gordura das ofertas de paz. ¹³Lembrem-se de que o fogo deverá ser mantido aceso no altar o tempo todo; nunca deverá se apagar."

Instruções adicionais para as ofertas de cereal

¹⁴"Estas são as instruções para as ofertas de cereal. Os filhos de Arão apresentarão esta oferta ao SENHOR diante do altar. ¹⁵O sacerdote de serviço pegará da oferta de cereal um punhado de farinha da melhor qualidade, umedecida com azeite, junto com todo o incenso, e queimará essa porção memorial no altar como aroma agradável ao SENHOR. ¹⁶Arão e seus filhos poderão comer o restante da farinha, mas deverão assá-la sem fermento e comê-la num lugar sagrado dentro do pátio da tenda do encontro. ¹⁷Lembrem-se de que essa oferta nunca deverá ser preparada com fermento. Eu a dei aos sacerdotes como porção das ofertas especiais apresentadas a mim. É santíssima, como a oferta pelo pecado e a oferta pela culpa. ¹⁸Todos os homens descendentes de Arão poderão comer das ofertas especiais apresentadas ao SENHOR. É seu direito permanente, de geração em geração. Qualquer pessoa ou objeto que tocar nessas ofertas se tornará santo".

ᵃ**6.1** No texto hebraico, os versículos 6.1-7 são numerados 5.20-26. ᵇ**6.8** No texto hebraico, os versículos 6.8-30 são numerados 6.1-23.

---

levar ao desespero, porque um sacrifício é autorizado para ele! O ofensor, ao descobrir seu erro, poderia trazer sua oferta e pagar o dinheiro da culpa por qualquer dano que tivesse causado por sua ação. E havia uma promessa dada em conexão ao sacrifício expiatório que era, sem dúvida, frequentemente conhecida pelo coração contrito: "Será perdoado". Que não apresentemos desculpas, mas busquemos perdão! Que o Espírito de Deus opere em nós uma terna confissão do pecado que antes não conhecíamos como pecado; e enquanto o estivermos confessando, que o Espírito divino faça uso do sangue precioso para que tenhamos um doce sentimento de perdão. Que o Senhor nos faça regozijar na verdade de Deus que "o sangue de Jesus, seu Filho, nos purifica de todo pecado".

Procedimentos para a oferta de consagração

¹⁹Então o Senhor disse a Moisés: ²⁰"No dia em que Arão e seus filhos forem ungidos, apresentarão ao Senhor a oferta padrão de cereal de dois litrosª de farinha da melhor qualidade; metade pela manhã e metade à tarde. ²¹Misture-a cuidadosamente com azeite e cozinhe-a numa assadeira. Corte em fatiasᵇ a oferta de cereal e apresente-a como aroma agradável ao Senhor. ²²A cada geração, o sacerdote ungido que suceder a Arão preparará essa mesma oferta. Ela pertence ao Senhor e será totalmente queimada. Essa é uma lei permanente. ²³Todas as ofertas de cereal do sacerdote serão totalmente queimadas. Nenhuma parte poderá ser consumida como alimento".

Instruções adicionais para a oferta pelo pecado

²⁴O Senhor também disse a Moisés: ²⁵"Dê a Arão e a seus filhos as seguintes instruções para a oferta pelo pecado. O animal apresentado como oferta pelo pecado é oferta santíssima e será morto diante do Senhor, onde são mortos os animais para os holocaustos. ²⁶O sacerdote que apresentar o sacrifício como oferta pelo pecado comerá sua porção num lugar sagrado dentro do pátio da tenda do encontro. ²⁷Qualquer pessoa ou objeto que tocar a carne do sacrifício se tornará santo. Se o sangue do sacrifício respingar na roupa de alguém, a peça manchada será lavada num lugar sagrado. ²⁸Se for usada uma panela de barro para cozinhar a carne do sacrifício, terá de ser quebrada em seguida. Se for usada uma panela de bronze, terá de ser esfregada e bem enxaguada com água. ²⁹Qualquer homem da família dos sacerdotes poderá comer dessa oferta. É oferta santíssima. ³⁰Mas a oferta pelo pecado não poderá ser comida se o sangue for levado à tenda do encontro como oferta para fazer expiação no lugar santo. Nesse caso, será totalmente queimada no fogo".

Instruções adicionais para a oferta pela culpa

7 "Estas são as instruções para a oferta pela culpa. É oferta santíssima. ²O animal sacrificado como oferta pela culpa será morto onde são mortos os animais para os holocaustos, e seu sangue será derramado em todos os lados do altar. ³Em seguida, o sacerdote oferecerá toda a gordura sobre o altar, incluindo a gordura da parte gorda da cauda, a gordura que envolve os órgãos internos, ⁴os dois rins, a gordura ao redor deles perto dos lombos e o lóbulo do fígado. Ele removerá todas essas partes junto com os rins ⁵e queimará tudo no altar como oferta especial apresentada ao Senhor. É a oferta pela culpa. ⁶Qualquer homem da família dos sacerdotes poderá comer a carne. Deverá comê-la num lugar sagrado, pois é santíssima.

⁷"As mesmas instruções se aplicam tanto à oferta pela culpa como à oferta pelo pecado. Ambas pertencem ao sacerdote que as utiliza para fazer expiação. ⁸No caso dos holocaustos, o sacerdote poderá ficar com o couro do animal sacrificado. ⁹Toda oferta de cereal assada no forno, preparada numa panela ou cozida numa assadeira, pertence ao sacerdote que a apresenta. ¹⁰Todas as outras ofertas de cereal, preparadas com farinha seca ou farinha umedecida com azeite, deverão ser divididas em partes iguais entre todos os sacerdotes, os descendentes de Arão."

Instruções adicionais para a oferta de paz

¹¹"Estas são as instruções sobre os diferentes tipos de oferta de paz que podem ser apresentados ao Senhor. ¹²Se alguém apresentar sua oferta de paz para expressar gratidão, o animal que normalmente é oferecido será acompanhado de bolos sem fermento misturados com azeite, pães finos sem fermento untados com azeite e bolos feitos de farinha da melhor qualidade misturada com azeite. ¹³Essa oferta de paz para expressar gratidão também será acompanhada de pães preparados com fermento. ¹⁴Um pão de cada tipo será apresentado como oferta para o Senhor. Os pães serão do sacerdote que derramar o sangue da oferta de paz no altar. ¹⁵A carne da oferta de paz para expressar gratidão será comida no mesmo dia em que for oferecida. Nada poderá ser guardado até a manhã seguinte.

ª **6.20** Em hebraico, *1/10 de efa*. ᵇ **6.21** O significado do termo hebraico é incerto.

¹⁶"Se alguém apresentar uma oferta como cumprimento de um voto ou como oferta voluntária, a carne será comida no mesmo dia em que o sacrifício for oferecido, mas o que restar poderá ser comido no dia seguinte. ¹⁷A carne que restar até o terceiro dia deverá ser totalmente queimada. ¹⁸Se alguma porção da carne da oferta de paz for comida no terceiro dia, a pessoa que a trouxe não será aceita pelo Senhor e a oferta não terá valor. A essa altura, a carne estará contaminada, e quem a comer será castigado por causa de seu pecado.

¹⁹"A carne que tocar qualquer coisa cerimonialmente impura não poderá ser comida; deverá ser totalmente queimada. Mas a carne do sacrifício poderá ser comida por quem estiver cerimonialmente puro. ²⁰Se alguém estiver cerimonialmente impuro e comer a carne da oferta de paz apresentada ao Senhor, será eliminado do meio do povo. ²¹Se tocar em algo impuro, seja contaminação humana, de um animal impuro ou de qualquer outra coisa impura e detestável, e depois comer a carne de uma oferta de paz apresentada ao Senhor, será eliminado do meio do povo".

O sangue e a gordura são proibidos
²²Então o Senhor disse a Moisés: ²³"Dê as seguintes instruções ao povo de Israel. Jamais comam gordura, seja de boi, carneiro ou cabrito. ²⁴A gordura de um animal encontrado morto ou despedaçado por animais selvagens jamais deverá ser comida, embora possa ser usada para outros fins. ²⁵Quem comer a gordura de um animal apresentado como oferta especial para o Senhor será eliminado do meio do povo. ²⁶Onde quer que morarem, jamais consumam o sangue de qualquer ave ou animal. ²⁷Quem consumir sangue será eliminado do meio do povo".

A porção dos sacerdotes
²⁸O Senhor disse a Moisés: ²⁹"Dê as seguintes instruções ao povo de Israel. Quando apresentarem uma oferta de paz ao Senhor, levem uma parte dela como oferta para o Senhor. ³⁰Apresentem-na com suas próprias mãos como oferta especial para o Senhor. Levem a gordura do animal junto com o peito e movam o peito para o alto como oferta especial para o Senhor. ³¹Em seguida, o sacerdote queimará a gordura no altar, mas o peito será de Arão e seus descendentes. ³²Entreguem como oferta ao sacerdote a coxa direita da oferta de paz. ³³A coxa direita será sempre a porção entregue ao sacerdote que apresentar o sangue e a gordura da oferta de paz. ³⁴Pois reservei para os sacerdotes o peito da oferta especial e a coxa direita da oferta sagrada. Arão e seus descendentes têm o direito permanente de participar das ofertas de paz que os israelitas apresentarem. ³⁵Essa é sua porção por direito das ofertas especiais apresentadas ao Senhor, reservada para Arão e seus descendentes desde o dia em que eles foram separados para servir ao Senhor como sacerdotes. ³⁶No dia em que foram ungidos, o Senhor ordenou que os israelitas entregassem essas partes aos sacerdotes como sua porção permanente, de geração em geração".

³⁷Essas são as instruções para o holocausto, a oferta de cereal, a oferta pelo pecado e a oferta pela culpa e também para a oferta de consagração e a oferta de paz. ³⁸O Senhor deu essas instruções a Moisés no monte Sinai, quando ordenou que os israelitas apresentassem suas ofertas ao Senhor no deserto do Sinai.

A consagração dos sacerdotes
8 Então o Senhor disse a Moisés: ²"Traga Arão e seus filhos, as roupas sagradas, o óleo da unção, o novilho para a oferta pelo pecado, os dois carneiros e o cesto de pães sem fermento, ³e reúna toda a comunidade à entrada da tenda do encontro".

⁴Moisés seguiu as instruções do Senhor, e toda a comunidade se reuniu à entrada da tenda do encontro. ⁵"É isto que o Senhor ordenou que façamos!", anunciou Moisés. ⁶Em seguida, apresentou Arão e seus filhos e os lavou com água. ⁷Colocou a túnica oficial em Arão e amarrou o cinturão ao redor de sua cintura. Vestiu-o com o manto, sobre o qual colocou o colete sacerdotal, que prendeu firmemente com o cinturão decorativo. ⁸Colocou em Arão o peitoral e, dentro dele, o Urim e o Tumim. ⁹Pôs na cabeça de Arão o turbante e, na parte da frente do turbante, prendeu a tiara sagrada, o emblema de santidade, conforme o Senhor havia ordenado.

¹⁰Depois, Moisés pegou o óleo da unção e ungiu o tabernáculo e tudo que nele havia, a

fim de consagrá-los. ¹¹Aspergiu o altar com óleo sete vezes para ungi-lo, bem como todos os seus utensílios, a bacia e seu suporte, para também consagrá-los. ¹²Derramou um pouco do óleo sobre a cabeça de Arão, para ungi-lo e consagrá-lo. ¹³Em seguida, Moisés apresentou os filhos de Arão. Vestiu-os com as túnicas, amarrou neles o cinturão e pôs-lhes na cabeça o turbante especial, conforme o Senhor tinha ordenado.

¹⁴Então Moisés apresentou o novilho para a oferta pelo pecado. Arão e seus filhos colocaram as mãos sobre a cabeça do novilho, ¹⁵e Moisés o matou. Pegou um pouco do sangue e, com o dedo, colocou-o nas quatro pontas do altar, a fim de purificá-lo. O restante do sangue ele derramou na base do altar. Desse modo, consagrou o altar e fez expiação por ele.ᵃ ¹⁶Depois, pegou toda a gordura que envolvia os órgãos internos, o lóbulo do fígado, os dois rins e a gordura ao redor deles e os queimou no altar. ¹⁷Pegou o restante do novilho, incluindo o couro, a carne e os excrementos, e o queimou num fogo fora do acampamento, conforme o Senhor tinha ordenado.

¹⁸Então Moisés apresentou o carneiro para o holocausto. Arão e seus filhos colocaram as mãos sobre a cabeça do animal, ¹⁹e Moisés o matou. Pegou o sangue do carneiro e o derramou em todos os lados do altar. ²⁰Cortou o carneiro em pedaços e o queimou no altar, junto com a cabeça e a gordura. ²¹Depois de lavar os órgãos internos e as pernas com água, queimou todo o carneiro sobre o altar como holocausto. Foi um aroma agradável, uma oferta especial apresentada ao Senhor, conforme o Senhor tinha ordenado.

²²Então Moisés apresentou o outro carneiro, o carneiro da consagração. Arão e seus filhos colocaram as mãos sobre a cabeça do animal, ²³e Moisés o matou. Pegou um pouco do sangue e o colocou na ponta da orelha direita, no polegar da mão direita e no polegar do pé direito de Arão. ²⁴Depois, apresentou os filhos de Arão e colocou um pouco do sangue na ponta da orelha direita, no polegar da mão direita e no polegar do pé direito deles. O restante do sangue ele derramou em todos os lados do altar.

²⁵Em seguida, pegou a gordura, incluindo a gordura da parte gorda da cauda, a gordura que envolve os órgãos internos, o lóbulo do fígado, os dois rins e a gordura ao redor deles, bem como a coxa direita. ²⁶Sobre essas partes colocou um pão sem fermento, um pão de massa misturada com azeite e um pão fino untado com azeite, que tirou do cesto de pães sem fermento que estava na presença do Senhor. ²⁷Colocou tudo nas mãos de Arão e seus filhos e moveu os alimentos para o alto como oferta especial para o Senhor. ²⁸Pegou as ofertas de volta das mãos deles e as queimou no altar, sobre o holocausto. Essa foi a oferta de consagração. Foi um aroma agradável, uma oferta especial apresentada ao Senhor. ²⁹Moisés pegou o peito e o moveu para o alto como oferta especial para o Senhor. Era a porção de Moisés do carneiro da consagração, conforme o Senhor tinha ordenado.

³⁰Então Moisés pegou um pouco do óleo da unção e um pouco do sangue que estava sobre o altar e aspergiu sobre Arão e suas roupas e sobre seus filhos e suas roupas. Desse modo, consagrou Arão, seus filhos e suas roupas.

³¹Por fim, Moisés disse a Arão e a seus filhos: "Cozinhem o restante da carne das ofertas à entrada da tenda do encontro e comam-na ali, junto com os pães que estão no cesto de ofertas para a consagração, conforme ordenei quando disse: 'Arão e seus filhos os comerão'. ³²Queimem qualquer carne ou pão que sobrar. ³³Não saiam da entrada da tenda do encontro por sete dias, pois só então estará concluída a cerimônia de consagração. ³⁴Tudo que fizemos hoje foi ordenado pelo Senhor a fim de fazer expiação por vocês. ³⁵Agora, permaneçam à entrada da tenda do encontro dia e noite por sete dias e cumpram todas as exigências do Senhor. Se não o fizerem, morrerão, pois foi isso que o Senhor me ordenou". ³⁶Arão e seus filhos fizeram tudo que o Senhor tinha ordenado por meio de Moisés.

Os sacerdotes iniciam seu serviço

9 No oitavo dia, depois da cerimônia de consagração, Moisés reuniu Arão, seus filhos e os líderes de Israel ²e disse a Arão: "Escolha um bezerro para a oferta pelo pecado e um carneiro

---

ᵃ **8.15** Ou *para se fazer expiação sobre ele*.

para o holocausto, ambos sem defeito, e apresente-os ao Senhor. ³Depois, diga aos israelitas: 'Escolham um bode para a oferta pelo pecado e um bezerro e um cordeiro, ambos de um ano e sem defeito, para o holocausto. ⁴Escolham também um boi[a] e um carneiro para a oferta de paz, além de farinha misturada com azeite para a oferta de cereal. Apresentem todas essas ofertas ao Senhor, pois hoje o Senhor aparecerá a vocês'".

⁵O povo trouxe todas essas coisas à entrada da tenda do encontro, conforme Moisés tinha ordenado. Assim, toda a comunidade se aproximou e permaneceu em pé diante do Senhor. ⁶Então Moisés disse: "É isto que o Senhor ordenou que façam para que a glória do Senhor lhes apareça".

⁷Em seguida, Moisés disse a Arão: "Venha até o altar e apresente sua oferta pelo pecado e seu holocausto para fazer expiação por si mesmo e pelo povo. Apresente as ofertas do povo para fazer expiação por eles, conforme o Senhor ordenou".

⁸Arão foi até o altar e matou o bezerro como oferta pelo pecado por si mesmo. ⁹Seus filhos lhe trouxeram o sangue, e Arão molhou o dedo nele e o colocou nas pontas do altar. O restante do sangue ele derramou na base do altar. ¹⁰Queimou no altar a gordura, os rins e o lóbulo do fígado da oferta pelo pecado, conforme o Senhor havia ordenado a Moisés. ¹¹A carne e o couro, porém, queimou fora do acampamento.

¹²Então Arão matou o animal para o holocausto. Seus filhos lhe trouxeram o sangue, e ele o derramou em todos os lados do altar. ¹³Entregaram-lhe cada um dos pedaços do holocausto, incluindo a cabeça, e ele os queimou no altar. ¹⁴Lavou os órgãos internos e as pernas e os queimou no altar junto com o restante do holocausto.

¹⁵Em seguida, Arão apresentou as ofertas do povo. Matou o bode do povo e o apresentou como oferta pelo pecado deles, como havia feito com a oferta por seu próprio pecado. ¹⁶Depois, apresentou o holocausto e o ofereceu de acordo com a forma prescrita. ¹⁷Apresentou também a oferta de cereal e queimou no altar um punhado dela, além do holocausto da manhã.

¹⁸Arão matou o boi e o carneiro para a oferta de paz do povo. Seus filhos lhe trouxeram o sangue, e ele o derramou em todos os lados do altar. ¹⁹Depois, pegou a gordura do boi e do carneiro, incluindo a gordura da parte gorda da cauda e a gordura que envolve os órgãos internos, bem como os rins e o lóbulo do fígado de cada animal, ²⁰colocou as porções de gordura sobre o peito dos animais e as queimou no altar. ²¹Arão moveu o peito e a coxa direita dos animais para o alto como oferta especial para o Senhor, conforme Moisés havia ordenado.

²²Por fim, Arão ergueu as mãos na direção do povo e o abençoou. Depois de apresentar a oferta pelo pecado, o holocausto e a oferta de paz, desceu do altar. ²³Então Moisés e Arão entraram na tenda do encontro e, quando voltaram, abençoaram o povo novamente, e a glória do Senhor apareceu a todo o povo. ²⁴Fogo saiu da presença do Senhor e consumiu o holocausto e a gordura no altar. Quando eles viram isso, gritaram de alegria e se prostraram com o rosto no chão.

O pecado de Nadabe e Abiú

10 Nadabe e Abiú, filhos de Arão, colocaram brasas em seus incensários e as salpicaram com incenso. Com isso, trouxeram fogo estranho diante do Senhor, diferente do que ele havia ordenado. ²Por isso, fogo saiu da presença do Senhor e os devorou, e eles morreram diante do Senhor.

³Então Moisés disse a Arão: "Foi isto que o Senhor declarou:

'Mostrarei minha santidade
   entre aqueles que se aproximarem de mim.
Mostrarei minha glória
   diante de todo o povo'".

E Arão ficou em silêncio.

⁴Moisés chamou Misael e Elzafã, primos de Arão e filhos de Uziel, tio de Arão, e lhes disse: "Venham cá e levem o corpo de seus parentes da frente do santuário para um lugar fora do acampamento". ⁵Eles se aproximaram e os

---

[a] 9.4 Ou *uma vaca*; também em 9.18,19.

puxaram pelas roupas para fora do acampamento, conforme Moisés havia ordenado.

⁶Então Moisés disse a Arão e a seus filhos Eleazar e Itamar: "Não deixem o cabelo despenteado[a] nem rasguem suas roupas em sinal de luto. Se o fizerem, morrerão, e a ira do Senhor ferirá toda a comunidade de Israel. Mas outros israelitas, seus parentes, poderão ficar de luto porque o Senhor destruiu Nadabe e Abiú com fogo. ⁷Não saiam da entrada da tenda do encontro, ou morrerão, pois foram ungidos com o óleo da unção do Senhor". E fizeram conforme Moisés ordenou.

Instruções para a conduta sacerdotal

⁸Então o Senhor disse a Arão: ⁹"Você e seus descendentes jamais deverão beber vinho ou qualquer outra bebida fermentada antes de entrar na tenda do encontro. Se o fizerem, morrerão. Essa é uma lei permanente para vocês e deve ser cumprida de geração em geração. ¹⁰Façam distinção entre o que é santo e o que é comum, entre o que é impuro e o que é puro, ¹¹e ensinem aos israelitas todos os decretos que o Senhor lhes deu por meio de Moisés".

¹²Moisés disse a Arão e aos filhos que lhe restaram, Eleazar e Itamar: "Peguem o que sobrar da oferta de cereal depois que uma porção tiver sido apresentada como oferta especial para o Senhor e comam-na junto do altar. Não deverá conter fermento, pois é santíssima. ¹³Comam-na num lugar sagrado, pois foi dada a vocês e seus descendentes como sua porção das ofertas especiais apresentadas ao Senhor. Foram essas as ordens que recebi. ¹⁴Quanto ao peito e à coxa que foram movidos para o alto como oferta especial, poderão comê-los em qualquer lugar cerimonialmente puro. Essas são as partes que foram dadas a você e a seus descendentes como sua porção das ofertas de paz apresentadas pelos israelitas. ¹⁵Movam para o alto o peito e a coxa como oferta especial para o Senhor, junto com a gordura das ofertas especiais. Essas partes pertencerão a vocês e a seus descendentes como direito permanente, conforme o Senhor ordenou".

¹⁶Depois, Moisés procurou cuidadosamente pelo bode da oferta pelo pecado. Quando descobriu que tinha sido queimado, ficou furioso com Eleazar e Itamar, os filhos que restaram a Arão, e lhes disse: ¹⁷"Por que não comeram a oferta pelo pecado no lugar sagrado? É uma oferta santíssima! O Senhor a deu a vocês para remover a culpa da comunidade e fazer expiação por ela. ¹⁸Uma vez que o sangue do animal não foi levado ao lugar santo, vocês tinham a obrigação de comer a carne no lugar sagrado, conforme eu ordenei!".

¹⁹Arão respondeu a Moisés: "Hoje meus filhos apresentaram ao Senhor sua oferta pelo pecado e seu holocausto. E, no entanto, esta tragédia aconteceu comigo. Será que o Senhor teria se agradado se eu tivesse comido a oferta pelo pecado do povo num dia como este?". ²⁰Quando Moisés ouviu isso, deu-se por satisfeito.

Animais cerimonialmente puros e impuros

11 O Senhor disse a Moisés e a Arão: ²"Deem as seguintes instruções ao povo de Israel.

"De todos os animais que vivem em terra,[b] estes são os que vocês poderão consumir como alimento: ³qualquer animal que tenha os cascos divididos em duas partes e que rumine. ⁴Mas, se o animal não apresentar essas duas

---

[a] 10.6 Ou *Não descubram a cabeça*. [b] 11.2 A identificação de alguns dos animais, aves e insetos deste capítulo é incerta.

11.2,3 Você que está familiarizado com a antiga regra levítica, bem sabe que era completamente impossível para os hebreus misturarem-se com qualquer outra nação sem violar os estatutos que lhes foram ordenados *guardar*. Sua alimentação era tão restrita que eles não poderiam se socializar com qualquer um dos povos vizinhos. Os cananeus, por exemplo, comiam de tudo — até a carne que os cães haviam destroçado — e os próprios cães. Bem, um judeu nunca poderia sentar-se à mesa de um cananeu, porque ele nunca poderia ter certeza de que sobre ela não haveria carne de alguma coisa impura e maldita. Os judeus não podiam sequer comer com os árabes, que eram aparentados, pois frequentemente comiam carne de camelo, de lebre e de coelho, tudo o que, como veremos a seguir, era proibido ao judeu. Os árabes no sul, e as nações cananitas em toda a Palestina, eram os povos mais prováveis com quem os judeus se associariam; mas este mandamento sobre o que deviam e não deviam comer os impediu, para sempre, de se misturar com estas pessoas, e os

características, não pode ser consumido. O camelo rumina, mas não tem os cascos divididos, de modo que é impuro para vocês. ⁵O coelho silvestre[a] rumina, mas não tem cascos divididos, por isso é impuro. ⁶A lebre rumina, mas não tem cascos divididos, de modo que é impura. ⁷O porco, embora tenha os cascos divididos, não rumina e, portanto, também é impuro. ⁸Não comerão a carne desses animais nem tocarão em seu cadáver. São cerimonialmente impuros para vocês.

⁹"De todos os animais que vivem nas águas, estes são os que vocês poderão consumir como alimento: qualquer animal aquático que tenha barbatanas e escamas, seja de água salgada ou de rios. ¹⁰Contudo, jamais comerão animais de mar ou de rio que não tenham barbatanas e escamas. São detestáveis para vocês. Isso se aplica tanto às criaturas pequenas que vivem em águas rasas como a todas as criaturas que vivem em águas profundas. ¹¹Serão sempre detestáveis para vocês. Não comerão a carne delas nem tocarão em seu cadáver. ¹²Qualquer animal aquático que não tem barbatanas e escamas é detestável para vocês.

¹³"Estes são os animais voadores que vocês considerarão detestáveis e não comerão: o abutre-fouveiro, o abutre-barbudo, o abutre-fusco, ¹⁴o milhafre e todas as espécies de falcão, ¹⁵todas as espécies de corvos, ¹⁶a coruja-de-chifres, a coruja-do-campo, a gaivota, todas as espécies de gaviões, ¹⁷o mocho-galego, o cormorão, o corujão, ¹⁸a coruja-das-torres, a coruja-do-deserto, o abutre-do-egito, ¹⁹a cegonha, todas as espécies de garças, a poupa e o morcego.

²⁰"Não comerão insetos alados que rastejam pelo chão, pois são detestáveis para vocês. ²¹Contudo, poderão comer insetos alados que andam pelo chão e têm pernas articuladas para saltar. ²²Os insetos que vocês poderão comer incluem todas as espécies de gafanhotos, gafanhotos migradores, grilos e gafanhotos devoradores. ²³Todos os outros insetos alados que andam pelo chão são detestáveis para vocês.

²⁴"Por causa dessas criaturas vocês se tornarão cerimonialmente impuros. Quem tocar em seus cadáveres ficará contaminado até o entardecer. ²⁵Quem carregar o cadáver delas deverá lavar as roupas e ficará contaminado até o entardecer.

²⁶"Todo animal com cascos divididos de forma desigual ou que não rumina é impuro para vocês. Quem tocar em algum desses animais ficará contaminado. ²⁷Dentre os quadrúpedes, aqueles que andam sobre a planta dos pés são impuros. Se alguém tocar no cadáver de algum desses animais, ficará impuro até o entardecer. ²⁸Se carregar o cadáver deles, deverá lavar as roupas e ficará contaminado até o entardecer. Esses animais são impuros para vocês.

²⁹"Dos animais pequenos que rastejam pelo chão, estes são impuros para vocês: a doninha, o rato, todas as espécies de lagartos grandes, ³⁰a lagartixa, o lagarto pintado, o lagarto comum, o lagarto da areia e o camaleão. ³¹Todos esses animais pequenos são impuros para vocês. Se alguém tocar no cadáver de um deles, ficará contaminado até o entardecer. ³²Se um deles morrer e cair sobre algo, tornará impuro esse objeto, seja de madeira, tecido, couro ou pano de saco. Qualquer que seja seu uso, deverá ser colocado de molho

[a] 11.5 Ou *hírace*, ou *arganaz*.

---

tornou uma república distinta e isolada, enquanto fossem obedientes à Lei. [...]

Quando os judeus foram postos de lado como povo de Deus por um tempo, então os gentios foram enxertados em seu ramo de oliveira e, embora não herdemos as cerimônias, herdamos todos os privilégios que essas cerimônias indicam. Assim, todos vocês que chamam o nome de Cristo, e são verdadeiramente o que professam ser, estão solenemente compelidos a estar separados do mundo para sempre. Não que vocês tenham que abandonar seus relacionamentos diários com as pessoas. Nosso Salvador não o fez. Ele era santo, inócuo, sem mácula, e separado dos pecadores, no entanto, você sabe, Ele estava sempre na companhia de pecadores, sentado à mesa deles, buscando o bem deles e buscando ganhar suas almas. Jesus estava com eles, mas nunca foi um deles. Estava entre eles, mas sempre distinto e separado deles — não se conformando a eles, mas transformando-os segundo Ele mesmo!

em água e ficará impuro até o entardecer. Depois disso, estará cerimonialmente puro e poderá ser usado novamente.

³³"Se um desses animais cair numa vasilha de barro, tudo que estiver dentro da vasilha ficará contaminado, e a vasilha deverá ser despedaçada. ³⁴Se a água dessa vasilha cair sobre algum alimento, ele ficará contaminado. Qualquer bebida que estiver dentro da vasilha ficará contaminada. ³⁵Qualquer objeto no qual o cadáver de um desses animais cair ficará contaminado. Se o objeto for um fogão ou um forno de barro, deverá ser destruído, pois está contaminado e deverá ser tratado como tal.

³⁶"Se o cadáver de um desses animais cair numa fonte ou cisterna, a água continuará pura. Quem tocar no cadáver, porém, ficará cerimonialmente impuro. ³⁷Se o cadáver cair sobre sementes a serem plantadas no campo, ainda assim as sementes serão consideradas puras. ³⁸Mas, se já tiverem sido regadas quando o cadáver cair sobre elas, as sementes serão impuras.

³⁹"Se morrer um animal que vocês têm permissão de comer e alguém tocar no cadáver, ficará impuro até o entardecer. ⁴⁰Se alguém comer da carne do animal ou carregar o cadáver, deverá lavar as roupas e ficará impuro até o entardecer.

⁴¹"Todos os animais pequenos que rastejam pelo chão são detestáveis, e vocês jamais devem comê-los. ⁴²Isso inclui todos os animais que se arrastam sobre o ventre, bem como os que têm quatro pernas e os que têm muitas patas. Todos esses animais que rastejam pelo chão são detestáveis, e vocês jamais devem comê-los. ⁴³Não se contaminem com eles. Não se tornem cerimonialmente impuros por causa deles, ⁴⁴pois eu sou o Senhor, seu Deus. Consagrem-se e sejam santos, pois eu sou santo. Não se contaminem com nenhum desses animais pequenos que rastejam pelo chão. ⁴⁵Eu, o Senhor, sou aquele que os tirou da terra do Egito para ser o seu Deus. Por isso, sejam santos, pois eu sou santo.

⁴⁶"Essas são as instruções acerca dos animais que vivem em terra, dos animais voadores, das criaturas aquáticas e dos animais que rastejam pelo chão. ⁴⁷Com essas instruções, vocês saberão o que é impuro e o que é puro, os animais que vocês podem comer e os que não podem".

A purificação depois do parto

12 O Senhor disse a Moisés: ²"Dê as seguintes instruções ao povo de Israel. Se uma mulher engravidar e der à luz um filho, ficará cerimonialmente impura por sete dias, como acontece durante a menstruação. ³No oitavo dia, circuncidem o menino. ⁴Depois de esperar 33 dias, a mulher estará purificada do sangramento do parto. Durante o período de purificação, não deverá tocar em coisa alguma que seja consagrada. Também não poderá entrar no santuário enquanto não terminar o período de purificação. ⁵Se a mulher der à luz uma filha, ficará cerimonialmente impura por duas semanas, como acontece durante a menstruação. Depois de esperar 66 dias, estará purificada do sangramento do parto.

⁶"Quando se completar o tempo de purificação pelo nascimento de um filho ou de uma filha, a mulher levará um cordeiro de um ano como holocausto e um pombinho ou rolinha para a oferta pelo pecado. Levará as ofertas ao sacerdote à entrada da tenda do encontro. ⁷O sacerdote as apresentará ao Senhor para fazer expiação pela mulher. Ela voltará a ficar cerimonialmente pura depois do sangramento do parto. Essas são as instruções para a mulher depois do nascimento de um filho ou de uma filha.

⁸"Se a mulher não tiver condições de levar um cordeiro, levará duas rolinhas ou dois pombinhos. Um será para o holocausto, e o outro, para a oferta pelo pecado. O sacerdote os sacrificará para fazer expiação pela mulher, e ela ficará cerimonialmente pura".

Doenças graves de pele

13 O Senhor disse a Moisés e a Arão: ²"Se alguém tiver um inchaço, uma erupção ou uma descoloração que possa ser sinal de lepra,[a] essa pessoa será levada ao sacerdote Arão ou a um de seus filhos. ³O sacerdote examinará a região afetada da pele. Se houver ali pelos que ficaram brancos e parecer que o problema é mais profundo que a pele, é lepra, e o

---
[a] 13.2 O termo hebraico não se refere somente à hanseníase, mas também a diversas doenças de pele.

sacerdote que examinar a pessoa a declarará cerimonialmente impura.

⁴"Se, contudo, a região afetada da pele apresentar apenas uma descoloração branca e a mancha não for mais profunda que a pele, e se os pelos da região não se tornaram brancos, o sacerdote isolará a pessoa por sete dias. ⁵No sétimo dia, ele a examinará novamente. Se constatar que a região afetada não mudou e o problema não se espalhou pela pele, isolará a pessoa por mais sete dias. ⁶No sétimo dia, voltará a examiná-la. Se constatar que a área afetada diminuiu e não se espalhou, o sacerdote declarará a pessoa cerimonialmente pura; era apenas uma erupção. A pessoa lavará suas roupas e ficará pura. ⁷Mas, se a erupção vier a se espalhar depois de o sacerdote examinar a pessoa e a declarar pura, ela voltará para ser examinada. ⁸Se o sacerdote constatar que a erupção se espalhou, declarará a pessoa cerimonialmente impura, pois é, de fato, lepra.

⁹"Quem apresentar algum sinal de lepra irá ao sacerdote para ser examinado. ¹⁰Se o sacerdote encontrar um inchaço branco na pele, se alguns pelos sobre a mancha tiverem ficado brancos e se houver uma ferida aberta na região afetada, ¹¹é um caso crônico de lepra, e o sacerdote declarará a pessoa cerimonialmente impura. Nesses casos, não será necessário isolar a pessoa para avaliá-la, pois é evidente que a pele está contaminada pela doença.

¹²"Se a lepra se espalhar por toda a pele da pessoa e cobrir seu corpo da cabeça aos pés, o sacerdote examinará a pessoa infectada. ¹³Se constatar que a doença cobre todo o corpo, declarará a pessoa cerimonialmente pura. Uma vez que a pele se tornou completamente branca, a pessoa está pura. ¹⁴Mas, se aparecerem feridas abertas, a pessoa infectada será declarada cerimonialmente impura. ¹⁵O sacerdote fará essa declaração assim que vir uma ferida aberta, pois esse tipo de ferida indica a presença de lepra. ¹⁶Se, contudo, as feridas sararem e se tornarem brancas como o resto da pele, a pessoa voltará ao sacerdote ¹⁷para ser examinada. Se as regiões afetadas tiverem, de fato, se tornado brancas, o sacerdote declarará a pessoa cerimonialmente pura, e assim ela estará.

¹⁸"Se alguém tiver na pele uma ferida purulenta e ela sarar, ¹⁹mas surgir em seu lugar um inchaço branco ou uma mancha branca avermelhada, a pessoa irá ao sacerdote para ser examinada. ²⁰Se o sacerdote a examinar e constatar que a mancha é mais profunda que a pele, e se os pelos da região afetada tiverem ficado brancos, o sacerdote declarará a pessoa cerimonialmente impura. A ferida purulenta indica lepra. ²¹Mas, se o sacerdote não encontrar pelos brancos na região afetada e parecer

---

13.12,13 Observe, sempre que um leproso era purificado sob a lei judaica — o leproso não fazia nada — o sacerdote fazia tudo. [...] Bem, o sacerdote sai do santuário, chega ao lugar dos leprosos, onde nenhum outro homem poderia ir — apenas ele, em seu ofício sacerdotal. Ele chama um leproso diante de si; olha para ele, e há uma mancha no leproso que não é leproso — carne crua e saudável; o sacerdote o põe de lado, ele é um *leproso impuro*. Aqui está outro, e ele tem apenas uma ou duas manchas vermelhas aparecendo sob a pele; todo o restante do seu corpo está perfeitamente sadio, o sacerdote o coloca de lado, ele é um *leproso impuro*. Aqui está outro, da cabeça aos pés está coberto com uma brancura escamosa da doença imunda; o cabelo está todo branco, devido ao declínio das forças da natureza, que agora são incapazes de nutrir as raízes dos cabelos. Não há uma só evidência de saúde nele da cabeça aos pés — tudo é poluição e sujeira. Mas ouça! O sumo sacerdote lhe diz: "Você está limpo". E depois de certas cerimônias necessárias, ele é admitido no acampamento, e depois no próprio santuário de Deus! Meu texto afirma que se houvesse algum *ponto sadio*, a pessoa estava *impura*. Mas quando *a lepra o tinha coberto*, para onde quer que o sacerdote olhasse, o homem tornava-se por direito de sacrifício um leproso limpo! [...]

No exato momento em que a lepra se manifestava completamente, o homem estava puro e, do mesmo modo, tão logo seu pecado esteja plenamente manifesto, de forma que em sua consciência você se sinta verdadeiramente pecador, há salvação para você! Pelo aspergir do sangue e a lavagem com água será feito puro! Enquanto um homem tiver algo do que se vangloriar, não há Cristo para ele; mas no momento em que ele não tiver nada de si mesmo, Cristo é seu! Enquanto você for alguma coisa, Cristo não é nada para você — mas quando você se torna nada, Cristo é tudo! Toda a garantia que um pecador precisa para vir a Cristo é saber que ele é um pecador, pois "Cristo Jesus veio ao mundo para salvar os pecadores".

que a mancha não é mais profunda que a pele, e até diminuiu, o sacerdote isolará a pessoa por sete dias. ²²Se, nesse período, a mancha ou o inchaço se espalharem na pele, o sacerdote declarará a pessoa cerimonialmente impura, pois é sinal de lepra. ²³Se, contudo, a região afetada não aumentar nem se espalhar, é apenas a cicatriz da ferida, e o sacerdote declarará a pessoa cerimonialmente pura.

²⁴"Se alguém sofrer uma queimadura na pele e aparecerem na região feridas abertas de cor branca avermelhada ou completamente branca, ²⁵o sacerdote a examinará. Se constatar que os pelos na região afetada ficaram brancos, e se parecer que a mancha é mais profunda que a pele, surgiu lepra na queimadura. O sacerdote declarará a pessoa cerimonialmente impura, pois, sem dúvida, é lepra. ²⁶Mas, se não encontrar pelos brancos na região afetada, e se parecer que a ferida não é mais profunda que a pele e tiver diminuído, o sacerdote isolará a pessoa por sete dias. ²⁷No sétimo dia, examinará a pessoa novamente. Se o problema tiver se espalhado na pele, o sacerdote declarará a pessoa cerimonialmente impura, pois, sem dúvida, é lepra. ²⁸Se, contudo, a região afetada não tiver mudado ou se o problema não tiver se espalhado na pele, mas tiver diminuído, é apenas o inchaço da queimadura. O sacerdote declarará a pessoa cerimonialmente pura, pois é apenas a cicatriz da queimadura.

²⁹"Se um homem ou uma mulher tiver uma ferida na cabeça ou no queixo, ³⁰o sacerdote a examinará. Se constatar que a mancha é mais profunda que a pele e tem pelos amarelados e finos, o sacerdote declarará a pessoa cerimonialmente impura. É uma ferida causada por sarna na cabeça ou no queixo. ³¹Se o sacerdote examinar a ferida e constatar que não é mais profunda que a pele, mas não tem pelos escuros, isolará a pessoa por sete dias. ³²No sétimo dia, o sacerdote examinará a ferida novamente. Se constatar que ela não se espalhou, que não há pelos amarelados e que não parece mais profunda que a pele, ³³a pessoa raspará todos os pelos, exceto na região afetada. Em seguida, o sacerdote isolará a pessoa infectada por mais sete dias. ³⁴No sétimo dia, examinará a ferida novamente. Se ela não tiver se espalhado, e se não parecer mais profunda que a pele, o sacerdote declarará a pessoa cerimonialmente pura. A pessoa lavará suas roupas e ficará pura. ³⁵Mas, se a ferida de sarna começar a se espalhar depois de a pessoa ter sido declarada cerimonialmente pura, ³⁶o sacerdote a examinará novamente. Se constatar que a ferida se espalhou, não é necessário procurar pelos amarelados; a pessoa infectada está cerimonialmente impura. ³⁷Se, contudo, a cor da ferida de sarna não mudar e pelos pretos voltarem a crescer na região afetada, a sarna está curada, e o sacerdote declarará a pessoa cerimonialmente pura.

³⁸"Se um homem ou uma mulher tiver manchas brancas na pele, ³⁹o sacerdote examinará a região afetada. Se constatar que as manchas brancas são opacas, é uma simples erupção de pele, e a pessoa está cerimonialmente pura.

⁴⁰"Se os cabelos de um homem caírem e ele ficar calvo, continua cerimonialmente puro. ⁴¹Se caírem os cabelos da parte da frente da cabeça, ele simplesmente ficou calvo na frente e continua puro. ⁴²Mas, se uma ferida branca avermelhada aparecer na região calva no alto ou na parte de trás da cabeça, é lepra. ⁴³O sacerdote o examinará e, se constatar que há inchaço ao redor da ferida branca avermelhada em qualquer parte da calva do homem com aparência de lepra, ⁴⁴o homem está, de fato, infectado com lepra e está impuro. O sacerdote o declarará cerimonialmente impuro por causa da ferida na cabeça.

⁴⁵"Quem sofrer de lepra rasgará as roupas e deixará o cabelo despenteado.ᵃ Cobrirá a boca e gritará: 'Impuro! Impuro!'. ⁴⁶Enquanto durar a lepra, ficará cerimonialmente impuro e viverá isolado, fora do acampamento."

O procedimento para roupas contaminadas

⁴⁷"Quando o mofoᵇ contaminar uma peça de roupa de lã ou de linho, ⁴⁸um tecido de lã ou de linho, a pele de um animal ou qualquer objeto de couro, ⁴⁹e quando a região contaminada da roupa, da pele do animal, do tecido liso

---

ᵃ **13.45** Ou *e descobrirá a cabeça*. ᵇ **13.47** O termo hebraico usado aqui e ao longo desta passagem é o mesmo traduzido anteriormente por "lepra"; ver nota em 13.2.

ou trançado, ou do artigo de couro se tornar esverdeada ou avermelhada, está contaminada com mofo e deverá ser mostrada ao sacerdote. ⁵⁰Depois de examinar a região afetada, o sacerdote isolará o objeto afetado por sete dias. ⁵¹No sétimo dia, examinará o objeto novamente. Se a região afetada tiver se espalhado, a peça de roupa, o tecido liso ou trançado ou o artigo de couro foi, sem dúvida, contaminado por mofo corrosivo e está cerimonialmente impuro. ⁵²O sacerdote queimará a peça de roupa, o tecido de lã ou de linho ou o artigo de couro, pois foi contaminado por mofo corrosivo. Deve ser completamente destruído com fogo.

⁵³"Se, contudo, o sacerdote examinar o objeto e constatar que a região contaminada não se espalhou pela peça de roupa, pelo tecido liso ou trançado, ou pelo artigo de couro, ⁵⁴ordenará que o objeto seja lavado e, depois, isolado por mais sete dias. ⁵⁵O sacerdote examinará novamente o objeto depois de lavado. Se constatar que a região contaminada não mudou de cor depois de ser lavada, mesmo que a mancha não tenha se espalhado, o objeto está contaminado. Deve ser completamente queimado, quer o mofo esteja do lado de dentro ou de fora. ⁵⁶Mas, se o sacerdote examinar o objeto e constatar que a região contaminada diminuiu depois de ser lavada, cortará a mancha da peça de roupa, do tecido liso ou trançado, ou do couro. ⁵⁷Se a mancha reaparecer na peça de roupa, no tecido liso ou trançado, ou no artigo de couro, é evidente que o mofo está se espalhando, e o objeto contaminado deverá ser queimado. ⁵⁸Se, contudo, a mancha desaparecer da peça de roupa, do tecido, ou do artigo de couro depois de ter sido lavado, o objeto será lavado novamente e, por fim, estará cerimonialmente puro.

⁵⁹"Essas são as instruções referentes ao mofo que contamina roupas de lã ou linho, tecidos lisos ou trançados ou qualquer objeto de couro. É dessa forma que o sacerdote determinará se os objetos estão cerimonialmente puros ou impuros".

A purificação das doenças de pele

14 O Senhor disse a Moisés: ²"Estas são as instruções a respeito da purificação da pessoa com lepra.ᵃ Ela deverá comparecer perante o sacerdote, ³que a levará para fora do acampamento e examinará a infecção. Se o sacerdote constatar que a lepra foi curada, ⁴realizará uma cerimônia de purificação usando duas aves vivas cerimonialmente puras, um pedaço de madeira de cedro, um pano vermelho

---

ᵃ**14.2** O termo hebraico não se refere somente à hanseníase, mas também a diversas doenças de pele.

14.1-10 Veja, ele era completamente purificado pelo sacerdote, e o que era feito após isso eram ações de um *homem limpo*. "A pessoa que está sendo purificada lavará suas roupas, raspará todos os pelos e se banhará com água." Primeiramente, o sangue, seguido de água. Não há purificação de hábitos pecaminosos até que tenha havido a purificação do pecado! Não há como tornar a natureza pura até que a culpa seja afastada. "A pessoa que está sendo purificada lavará suas roupas, raspará todos os pelos e se banhará com água. Estará cerimonialmente pura e poderá voltar ao acampamento. Contudo, ficará fora de sua tenda por sete dias." Não lhe foi dito que se lavasse primeiro; isso não lhe seria, de forma alguma, proveitoso. Não lhe foi dito que lavasse suas roupas e raspasse seus cabelos inicialmente —

"Nenhuma forma exterior para purificá-lo teria poder A lepra jaz no mais profundo de seu ser."

Não! Primeiramente o sacerdote deve fazer todo o trabalho. Após isso, o leproso deveria se lavar. Desta forma, pecador, para que você seja salvo, Cristo deve fazer tudo! Mas, a partir do momento em que tem fé em Cristo, você precisa lavar-se. Assim poderá deixar de pecar e, pelo poder do Espírito Santo, será capacitado a fazê-lo. Aquilo que, inicialmente, era ineficaz, agora se tornará poderoso o suficiente por meio da vida que Deus colocou em você! O lavar com água pela Palavra e sua purificação das obras mortas se tornarão tarefas eficazes e poderosas. Você se tornará santo e andará de branco na pureza com a qual Cristo lhe concedeu. O raspar dos cabelos era adequado para representar como "a velha vida acabou, e uma nova vida teve início". Todo o cabelo branco deveria ser eliminado, como lemos no versículo 9: "raspará novamente todos os pelos, cabelos, pelos faciais e sobrancelhas". Não seria deixado um remanescente ou relíquia do antigo estado no qual os pelos eram brancos — tudo deveria ser abandonado. Assim o é com o pecador. Quando ele é inicialmente perdoado, e uma vez limpo — então, começa a abandonar os velhos hábitos, seus antigos orgulhos e alegrias.

e um ramo de hissopo. ⁵O sacerdote mandará matar uma das aves sobre uma vasilha de barro cheia de água limpa. ⁶Em seguida, pegará a ave viva, o pedaço de madeira de cedro, o pano vermelho e o ramo de hissopo e os molhará no sangue da ave que foi morta sobre a água limpa. ⁷Depois disso, o sacerdote aspergirá sete vezes o sangue da ave morta sobre a pessoa que está sendo purificada da lepra. Quando o sacerdote tiver purificado a pessoa, soltará a ave viva em campo aberto.

⁸"A pessoa que está sendo purificada lavará suas roupas, raspará todos os pelos e se banhará com água. Estará cerimonialmente pura e poderá voltar ao acampamento. Contudo, ficará fora de sua tenda por sete dias. ⁹No sétimo dia, raspará novamente todos os pelos, cabelos, pelos faciais e sobrancelhas. Lavará também suas roupas e se banhará com água. Desse modo, estará cerimonialmente pura.

¹⁰"No oitavo dia, a pessoa que está sendo purificada trará dois cordeiros sem defeito e uma cordeira de um ano e sem defeito, junto com uma oferta de cereal de seis litros[a] de farinha da melhor qualidade umedecida com azeite e uma caneca[b] de azeite. ¹¹O sacerdote encarregado da cerimônia apresentará a pessoa a ser purificada, junto com as ofertas, diante do Senhor, à entrada da tenda do encontro. ¹²O sacerdote pegará um dos cordeiros e o azeite e os apresentará como oferta pela culpa, movendo-os para o alto como oferta especial para o Senhor. ¹³Em seguida, matará o cordeiro no lugar sagrado onde são mortos os animais para as ofertas pelo pecado e para os holocaustos. Assim como a oferta pelo pecado, a oferta pela culpa pertence ao sacerdote. É uma oferta santíssima. ¹⁴Depois disso, o sacerdote pegará um pouco do sangue da oferta pela culpa e o colocará na ponta da orelha direita, no polegar da mão direita e no polegar do pé direito da pessoa que está sendo purificada.

¹⁵"O sacerdote também colocará um pouco do azeite na palma de sua mão esquerda. ¹⁶Molhará o dedo direito no azeite na palma da mão esquerda e com ele aspergirá sete vezes diante do Senhor. ¹⁷Parte do azeite que está em sua mão ele colocará na ponta da orelha direita, no polegar da mão direita e no polegar do pé direito da pessoa que está sendo purificada, em cima do sangue da oferta pela culpa. ¹⁸O sacerdote colocará o azeite restante em sua mão na cabeça da pessoa que está sendo purificada. Desse modo, o sacerdote fará expiação pela pessoa diante do Senhor.

¹⁹"Então o sacerdote apresentará a oferta pelo pecado para fazer expiação pela pessoa que foi curada da lepra. Em seguida, o sacerdote matará o animal para o holocausto ²⁰e o apresentará sobre o altar junto com a oferta de cereal. Desse modo, o sacerdote fará expiação pela pessoa que foi curada, e ela ficará cerimonialmente pura.

²¹"Quem for muito pobre e não tiver recursos para apresentar essas ofertas poderá levar um cordeiro para a oferta pela culpa, que será movido para o alto como oferta especial para a purificação. Levará também dois litros[c] de farinha da melhor qualidade umedecida com azeite para a oferta de cereal e uma caneca de azeite. ²²A oferta incluirá ainda duas rolinhas ou dois pombinhos, de acordo com os recursos da pessoa. Uma das aves será usada para a oferta pelo pecado, e a outra, para o holocausto. ²³No oitavo dia da cerimônia de purificação, a pessoa que está sendo purificada levará as ofertas ao sacerdote na presença do Senhor, à entrada da tenda do encontro. ²⁴O sacerdote pegará o cordeiro para a oferta pela culpa, junto com o azeite, e os moverá para o alto como oferta especial para o Senhor. ²⁵Depois disso, o sacerdote matará o cordeiro para a oferta pela culpa. Pegará um pouco do sangue e o colocará na ponta da orelha direita, no polegar da mão direita e no polegar do pé direito da pessoa que está sendo purificada.

²⁶"O sacerdote também derramará um pouco do azeite na palma de sua mão esquerda. ²⁷Molhará o dedo direito no azeite na palma de sua mão esquerda e com ele aspergirá sete vezes diante do Senhor. ²⁸Parte do azeite que está em sua mão ele colocará na ponta da orelha direita, no polegar da mão direita e no polegar do pé direito da pessoa que está sendo purificada, em cima do sangue da oferta pela

---

[a] 14.10a Em hebraico, 3/10 de efa. [b] 14.10b Em hebraico, 1 logue (0,3 litro); também em 14.21. [c] 14.21 Em hebraico, 1/10 de efa.

culpa. ²⁹O sacerdote colocará o azeite restante em sua mão na cabeça da pessoa que está sendo purificada. Desse modo, o sacerdote fará expiação pela pessoa diante do Senhor.

³⁰"Então o sacerdote oferecerá as duas rolinhas ou os dois pombinhos, de acordo com os recursos da pessoa. ³¹Uma das aves é uma oferta pelo pecado, e a outra é um holocausto; serão apresentadas junto com a oferta de cereal. Desse modo, o sacerdote fará expiação pela pessoa diante do Senhor. ³²Essas são as instruções para a purificação daqueles que se recuperaram da lepra, mas que não têm recursos para levar as ofertas requeridas para a cerimônia de purificação".

O procedimento para casas contaminadas

³³Então o Senhor disse a Moisés e a Arão: ³⁴"Quando chegarem a Canaã, a terra que eu lhes dou como propriedade, e eu contaminar com manchas de mofoª algumas das casas de sua terra, ³⁵o dono de uma dessas casas irá ao sacerdote e dirá: 'Minha casa parece ter manchas de mofo'. ³⁶Antes de entrar para examinar a casa, o sacerdote mandará esvaziá-la, a fim de que nada dentro dela seja declarado cerimonialmente impuro. Em seguida, entrará na casa ³⁷e examinará o mofo nas paredes. Se encontrar manchas esverdeadas ou avermelhadas e a contaminação parecer mais profunda que a superfície da parede, ³⁸o sacerdote sairá pela porta e isolará a casa por sete dias. ³⁹No sétimo dia, o sacerdote voltará para examiná-la. Se constatar que as manchas se espalharam nas paredes, ⁴⁰o sacerdote ordenará que as pedras das áreas afetadas sejam removidas e levadas para fora da cidade, até um lugar cerimonialmente impuro. ⁴¹Depois disso, as paredes internas da casa serão inteiramente raspadas, e o material raspado será jogado num lugar impuro fora da cidade. ⁴²Outras pedras serão trazidas para substituir as que foram removidas, e as paredes serão rebocadas com barro novo.

⁴³"Se, contudo, o mofo reaparecer depois de todas as pedras terem sido substituídas e de a casa ter sido raspada e rebocada de novo, ⁴⁴o sacerdote voltará e examinará a casa. Se constatar que as manchas de mofo se espalharam, é evidente que as paredes foram contaminadas por mofo corrosivo, e a casa está impura. ⁴⁵Será demolida e suas pedras, madeiras e todo o seu reboco serão levados para fora da cidade, até um lugar cerimonialmente impuro. ⁴⁶Quem entrar na casa durante o período de isolamento ficará cerimonialmente impuro até o entardecer. ⁴⁷Quem dormir ou comer na casa deverá lavar suas roupas.

⁴⁸"Se, contudo, o sacerdote voltar para examinar a casa e constatar que as manchas de mofo não reapareceram depois de colocado o reboco novo, ele a declarará pura, pois é evidente que o mofo desapareceu. ⁴⁹A fim de purificar a casa, o sacerdote pegará duas aves, um pedaço de madeira de cedro, um pano vermelho e um ramo de hissopo. ⁵⁰Matará uma das aves sobre uma vasilha de barro cheia de água limpa. ⁵¹Pegará o pedaço de madeira de cedro, o ramo de hissopo, o pano vermelho e a ave viva e os molhará no sangue da ave morta e na água limpa. Em seguida, aspergirá a mistura sobre a casa sete vezes. ⁵²Quando o sacerdote tiver purificado a casa exatamente dessa forma, ⁵³soltará a ave viva em campo aberto fora da cidade. Desse modo, o sacerdote fará expiação pela casa, e ela ficará cerimonialmente pura.

⁵⁴"Essas são as instruções para lidar com a lepra, incluindo feridas de sarna, ⁵⁵com manchas de mofo sobre peças de roupa ou numa casa, ⁵⁶e com inchaços, erupções ou descolorações da pele. ⁵⁷Esse procedimento determinará se a pessoa ou objeto está cerimonialmente puro ou impuro.

"Essas são as instruções a respeito da lepra e do mofo".

Secreções corporais

15 O Senhor disse a Moisés e a Arão: ²"Deem as seguintes instruções ao povo de Israel.

"Qualquer homem que tiver fluxo corporal estará cerimonialmente impuro. ³A contaminação é causada pelo fluxo, prosseguindo ou não. De qualquer modo, o homem está impuro. ⁴A cama onde o homem com o fluxo se deitar e qualquer coisa sobre a qual ele se sentar ficará cerimonialmente impura. ⁵Se alguém tocar na

---

ª**14.34** O termo hebraico usado aqui e ao longo desta passagem é o mesmo traduzido anteriormente por "lepra"; ver nota em 13.2.

cama dele, terá de lavar as roupas e banhar-se com água, e ficará impuro até o entardecer. ⁶Se alguém se sentar onde ele se sentou, terá de lavar as roupas e banhar-se com água, e ficará impuro até o entardecer. ⁷Se alguém tocar nesse homem que tiver fluxo, terá de lavar as roupas e banhar-se com água, e ficará impuro até o entardecer. ⁸Se o homem cuspir em alguém cerimonialmente puro, essa pessoa terá de lavar as roupas e banhar-se com água, e ficará impura até o entardecer. ⁹Qualquer manta de sela sobre a qual o homem se sentar quando cavalgar ficará cerimonialmente impura. ¹⁰Se alguém tocar em qualquer coisa que tenha estado debaixo dele, ficará impuro até o entardecer; terá de lavar as roupas e banhar-se com água, e ficará impuro até o entardecer. ¹¹Se o homem tocar em alguém sem antes lavar as mãos, essa pessoa terá de lavar as roupas e banhar-se com água, e ficará impura até o entardecer. ¹²Qualquer vasilha de barro em que o homem tocar terá de ser quebrada, e qualquer utensílio de madeira em que o homem tocar terá de ser lavado com água.

¹³"Quando o fluxo do homem cessar, ele contará sete dias para o período de purificação. Em seguida, lavará suas roupas e se banhará em água limpa, e ficará cerimonialmente puro. ¹⁴No oitavo dia, pegará duas rolinhas ou dois pombinhos, se apresentará diante do Senhor à entrada da tenda do encontro e entregará suas ofertas ao sacerdote. ¹⁵O sacerdote apresentará uma ave como oferta pelo pecado, e a outra, como holocausto. Desse modo, o sacerdote fará expiação pelo homem diante do Senhor por causa do fluxo.

¹⁶"Quando um homem expelir sêmen, lavará o corpo todo com água e ficará cerimonialmente impuro até o entardecer. ¹⁷Qualquer peça de roupa ou de couro que tiver sêmen será lavada com água, e ficará impura até o entardecer. ¹⁸Depois que um homem e uma mulher tiverem relações sexuais, ambos terão de banhar-se com água, e ficarão impuros até o entardecer.

¹⁹"Quando uma mulher tiver sua menstruação, ficará cerimonialmente impura por sete dias. Quem tocar nela durante esse período ficará impuro até o entardecer. ²⁰Qualquer coisa sobre a qual a mulher se deitar ou se sentar durante a menstruação ficará cerimonialmente impura. ²¹Se alguém tocar na cama dela, terá de lavar as roupas e banhar-se com água, e ficará impuro até o entardecer. ²²Se alguém tocar em alguma coisa sobre a qual ela se sentou, terá de lavar as roupas e banhar-se com água, e ficará impuro até o entardecer. ²³Isso inclui a cama e qualquer outro objeto sobre o qual ela tenha se sentado; se alguém os tocar, ficará impuro até o entardecer. ²⁴Se um homem tiver relações sexuais com ela e o sangue dela o tocar, a impureza menstrual será transmitida para ele; ficará impuro por sete dias, e qualquer cama onde ele se deitar ficará impura.

²⁵"Se uma mulher tiver por muitos dias um fluxo de sangue que não seja sua menstruação normal, ou se ela continuar a sangrar depois da menstruação normal, ficará cerimonialmente impura. Enquanto durar o sangramento, a mulher ficará impura, como acontece durante a menstruação. ²⁶Qualquer cama onde ela se deitar e qualquer objeto sobre o qual ela se sentar durante esse período ficará impuro, como em sua menstruação normal. ²⁷Se alguém tocar nessas coisas ficará cerimonialmente impuro. Terá de lavar as roupas e banhar-se com água, e ficará impuro até o entardecer.

²⁸"Quando o sangramento da mulher parar, ela contará sete dias e depois estará cerimonialmente pura. ²⁹No oitavo dia, tomará duas rolinhas ou dois pombinhos e os entregará ao sacerdote à entrada da tenda do encontro. ³⁰O sacerdote apresentará uma das aves como oferta pelo pecado, e a outra, como holocausto. Desse modo, o sacerdote fará expiação por ela diante do Senhor por causa da impureza cerimonial causada pelo sangramento.

³¹"Agindo assim, você manterá os israelitas separados da impureza cerimonial. Do contrário, eles morreriam, pois sua impureza contaminaria meu tabernáculo que está no meio deles. ³²Essas são as instruções referentes a qualquer pessoa que tenha um fluxo que sai do corpo, seja um homem que está impuro por expelir sêmen ³³ou uma mulher durante sua menstruação. Aplicam-se a qualquer homem ou mulher que tiver fluxo e ao homem que tiver relações sexuais com uma mulher cerimonialmente impura".

O Dia da Expiação

16 O Senhor falou com Moisés depois que os dois filhos de Arão morreram ao entrar na presença do Senhor. ²Disse o Senhor a Moisés: "Avise seu irmão Arão que não entre quando bem entender no lugar santíssimo, atrás da cortina interna; se o fizer, morrerá. Ali fica a tampa da arca, o lugar de expiação, e eu mesmo estou presente na nuvem sobre a tampa da arca.

³"Quando Arão entrar no santuário, seguirá todas estas instruções. Levará um novilho para oferta pelo pecado e um carneiro para holocausto. ⁴Vestirá a túnica sagrada de linho e a roupa de baixo de linho, diretamente sobre a pele. Amarrará na cintura o cinturão de linho e colocará na cabeça o turbante de linho. As roupas são sagradas, de modo que ele deverá se banhar com água antes de vesti-las. ⁵Arão receberá da comunidade de Israel dois bodes para uma oferta pelo pecado e um carneiro para um holocausto.

⁶"Arão apresentará seu próprio novilho como oferta pelo pecado para fazer expiação por si mesmo e por sua família. ⁷Em seguida, pegará os dois bodes e os apresentará ao Senhor à entrada da tenda do encontro. ⁸Depois, fará um sorteio para determinar qual bode será separado como oferta para o Senhor e qual levará os pecados do povo para o deserto de Azazel. ⁹Então Arão apresentará ao Senhor o bode escolhido por sorteio e o sacrificará como oferta pelo pecado. ¹⁰O outro animal, o bode escolhido por sorteio para ser enviado para o deserto, será apresentado vivo diante do Senhor. Ao ser enviado para Azazel no deserto, servirá para fazer expiação pelo povo.

¹¹"Arão apresentará seu próprio novilho como oferta pelo pecado para fazer expiação por si mesmo e por sua família. Depois de matar o novilho como oferta pelo pecado, ¹²pegará um incensário e o encherá com brasas ardentes do altar que está diante do Senhor. Pegará também dois punhados do incenso perfumado em pó e levará o incensário e o incenso para trás da cortina interna. ¹³Ali, na presença do Senhor, colocará o incenso sobre as brasas ardentes, para que uma nuvem de incenso se eleve sobre a tampa da arca, o lugar de expiação, que está sobre a arca da aliança.ª Se seguir essas instruções, não morrerá. ¹⁴Depois, pegará um pouco do sangue do novilho, molhará nele o dedo e aspergirá o lado leste da tampa. Então, com o dedo, aspergirá com o sangue sete vezes diante da tampa.

¹⁵"Arão matará o primeiro bode como oferta pelo pecado em favor do povo e levará o sangue para trás da cortina interna. Ali, aspergirá o sangue do bode sobre a tampa e diante dela, como fez com o sangue do novilho. ¹⁶Desse modo, fará expiação pelo lugar santíssimo e fará o mesmo com toda a tenda do encontro por causa da contaminação pelo pecado e da rebeldia do povo. ¹⁷Ninguém mais poderá ficar na tenda do encontro quando Arão entrar para realizar a cerimônia de expiação no lugar santíssimo. Ninguém entrará até que ele saia depois de fazer

---

ª **16.13** Em hebraico, *sobre o testemunho*. O termo hebraico para "testemunho" se refere aos termos da aliança do Senhor com Israel escritos em tábuas de pedra guardadas na arca, e também à aliança em si.

16.3,4 As antigas tradições rabínicas nos dizem que tudo naquele dia [o Dia da Expiação] era feito [pelo sumo sacerdote], até mesmo o acender das velas, do fogo e do incenso e todos os ofícios necessários. Somos informados de que, com duas semanas de antecedência, o sumo sacerdote era obrigado a entrar no tabernáculo para matar os novilhos e ajudar no trabalho dos sacerdotes e levitas para que pudesse estar preparado para cumprir o ofício que lhe era incomum. Todo o trabalho era deixado para ele.

Portanto, amado, Jesus Cristo, o Sumo Sacerdote, e Ele somente, faz a obra da expiação. [...] Naquele dia, [o sumo sacerdote] se humilhava, da mesma forma que o povo se humilhava. Isso é uma circunstância notável! Você verá diversas outras passagens nas referências que darão suporte a isso — que a vestimenta do sacerdote neste dia era diferente. Como Mayer nos diz, ele usava vestimentas gloriosas em outros dias, mas neste dia ele usava quatro humildes vestimentas. Jesus Cristo, então, quando fez a expiação, era um sacerdote humilde. Ele não realizou a expiação paramentado na glória de Seu antigo trono no Céu. Sobre a Sua fronte não havia diadema, mas a coroa de espinhos. Em volta dele não foi colocado um manto púrpura, exceto aquele que usou no momento de escárnio.

expiação por si mesmo, por sua família e por toda a comunidade de Israel.

¹⁸"Em seguida, Arão sairá para fazer expiação pelo altar que está diante do Senhor. Para isso, pegará um pouco do sangue do novilho e do bode e o colocará em cada ponta do altar. ¹⁹Então, com o dedo, aspergirá o sangue sete vezes sobre o altar. Desse modo, ele o purificará da contaminação dos israelitas e o tornará santo.

²⁰"Quando Arão terminar de fazer expiação pelo lugar santíssimo, pela tenda do encontro e pelo altar, apresentará o bode vivo. ²¹Colocará as duas mãos sobre a cabeça do bode e confessará sobre ele toda a maldade, a rebeldia e os pecados dos israelitas. Assim, transferirá os pecados do povo para a cabeça do bode. Depois, um homem escolhido especialmente para essa tarefa levará o bode para o deserto. ²²Ao sair para o deserto, o bode levará sobre si todos os pecados do povo para um lugar distante.

²³"Quando Arão voltar para dentro da tenda do encontro, tirará as roupas de linho que vestia ao entrar no lugar santíssimo e as deixará ali. ²⁴Ele se banhará com água num lugar sagrado, vestirá suas roupas habituais e sairá para apresentar um holocausto para si mesmo e um holocausto para o povo. Desse modo, fará expiação por si mesmo e pelo povo. ²⁵Por fim, queimará no altar toda a gordura da oferta pelo pecado.

²⁶"O homem escolhido para levar o bode expiatório para o deserto de Azazel lavará suas roupas e se banhará com água antes de voltar ao acampamento.

²⁷"O novilho e o bode apresentados como ofertas pelo pecado, cujo sangue Arão trouxer ao lugar santíssimo para a cerimônia de expiação, serão levados para fora do acampamento. O couro, a carne e os excrementos dos animais serão queimados. ²⁸O homem que os queimar lavará suas roupas e se banhará com água antes de voltar ao acampamento.

²⁹"No décimo dia do sétimo mês,ᵃ vocês se humilharão.ᵇ Nem os israelitas de nascimento nem os estrangeiros que vivem entre vocês farão qualquer tipo de trabalho. Essa é uma lei permanente para vocês. ³⁰Nesse dia, serão apresentadas ofertas de expiação por vocês, a fim de purificá-los, e vocês serão purificados de todos os seus pecados na presença do Senhor. ³¹Será um sábado de descanso absoluto, no qual se humilharão. Essa é uma lei permanente para vocês. ³²Nas gerações futuras, a cerimônia de expiação será realizada pelo sacerdote ungido e consagrado para servir como sacerdote no lugar de seu antepassado Arão. Ele vestirá as roupas sagradas de linho ³³e fará expiação pelo lugar santíssimo, pela tenda do encontro, pelo altar, pelos sacerdotes e por

---

ᵃ **16.29a** No antigo calendário lunar hebraico, esse dia caía em setembro ou outubro. ᵇ **16.29b** Ou *jejuarão*; também em 16.31.

16.21,22 Um dos dois bodes era escolhido para viver. Estava diante do Senhor, e Arão confessava todos os pecados de Israel sobre sua cabeça. Um homem apto, escolhido para isso, levava este bode para uma terra não habitada. O que acontecia com ele? Por que você faz a pergunta? Não é para edificação. Você pode ter visto o famoso quadro do bode expiatório, representando-o como expirando em miséria num lugar deserto. Isso é tudo muito bonito, e não me admiro que a imaginação apresente o pobre bode expiatório dedicado como uma espécie de maldição, deixado para perecer em meio a horrores. Mas, por favor, observe que tudo isso é fantasia, mera fantasia sem fundamento. A Escritura é inteiramente silenciosa quanto a qualquer coisa do tipo, e propositadamente assim. Tudo o que o tipo ensina é isso: simbolicamente o bode expiatório tem todo o pecado do povo sobre ele, e quando é levado para o deserto solitário, ele se vai, e leva o pecado consigo. Podemos não seguir o bode expiatório, mesmo na imaginação. Ele se foi para onde jamais poderia ser encontrado, pois não há ninguém que o encontre; ele se foi para uma terra não habitada — na verdade, a "terra de ninguém". Pare onde as Escrituras param; ir além do que está escrito é imprudente, se não presunçoso. O pecado é levado para a terra silenciosa, o deserto desconhecido. Por natureza, o pecado está em toda parte, mas para os que creem no sacrifício de Cristo o pecado não está em lugar nenhum. Os pecados do povo de Deus foram para além da recordação. Para onde? Não pergunte nada sobre isso. Se eles fossem procurados, não poderiam ser encontrados; eles desapareceram tão bem que foram apagados. No esquecimento, nossos pecados desapareceram, assim como o homem mortal desconhece para onde se foi o bode expiatório.

toda a comunidade. ³⁴Essa é uma lei permanente para vocês, para que se faça expiação pelos pecados dos israelitas uma vez por ano".

Moisés seguiu todas essas instruções exatamente conforme o Senhor havia ordenado.

Normas sobre o sangue

17 Então o Senhor disse a Moisés: ²"Dê as seguintes instruções a Arão, a seus filhos e a todo o povo de Israel. Isto é o que o Senhor ordenou.

³"Se algum israelita de nascimento sacrificar um boi,ª um cordeiro ou um cabrito em qualquer lugar dentro ou fora do acampamento ⁴em vez de levá-lo à entrada da tenda do encontro e apresentá-lo como oferta ao Senhor, será tão culpado quanto um assassino.ᵇ Derramou sangue e será eliminado do meio do povo. ⁵A finalidade é evitar que os israelitas sacrifiquem animais em campo aberto. Isso garantirá que levem os sacrifícios ao sacerdote à entrada da tenda do encontro, para que ele os apresente ao Senhor como ofertas de paz. ⁶Então o sacerdote derramará o sangue no altar do Senhor à entrada da tenda do encontro e queimará a gordura como aroma agradável ao Senhor. ⁷Não deverão mais oferecer sacrifícios a ídolos em forma de bode,ᶜ cometendo prostituição. Essa é uma lei permanente para eles e deverá ser cumprida de geração em geração.

⁸"Dê-lhes também a seguinte ordem. Se um israelita de nascimento ou um estrangeiro que vive entre vocês apresentar um holocausto ou outro sacrifício, ⁹mas não o trouxer à entrada da tenda do encontro para oferecê-lo ao Senhor, será eliminado do meio do povo.

¹⁰"Se algum israelita de nascimento ou um estrangeiro que vive entre vocês comer sangue, sob qualquer circunstância, eu me voltarei contra ele e o eliminarei do meio do povo, ¹¹pois a vida do corpo está no sangue. Eu lhes dei o sangue no altar para fazer expiação por vocês. É o sangue oferecido que faz a expiação em lugar de uma vida. ¹²Por isso eu disse aos israelitas: 'Jamais comam sangue, nem vocês, nem os estrangeiros que vivem entre vocês'.

¹³"Se um israelita de nascimento ou um estrangeiro que vive entre vocês sair para caçar e matar um animal ou uma ave que lhes é permitido comer, deixará o sangue do animal escorrer e o cobrirá com terra. ¹⁴A vida de toda criatura está no sangue. Por isso eu disse aos israelitas: 'Jamais comam sangue, pois a vida de toda criatura está no sangue'. Quem consumir sangue será eliminado.

¹⁵"E, se um israelita de nascimento ou um estrangeiro comer a carne de um animal que morreu de forma natural ou foi despedaçado por animais selvagens, lavará as roupas e se banhará com água. Ficará cerimonialmente impuro até o entardecer, mas depois disso estará puro. ¹⁶Se, contudo, não lavar as roupas e não se banhar, será castigado por causa de seu pecado".

Práticas sexuais proibidas

18 Então o Senhor disse a Moisés: ²"Dê as seguintes instruções ao povo de Israel. Eu sou o Senhor, seu Deus. ³Portanto, não se comportem como o povo do Egito, onde vocês viviam, nem como o povo de Canaã, para onde os estou levando. Não imitem o estilo de vida deles. ⁴Obedeçam aos meus estatutos e cumpram os meus decretos, pois eu sou o Senhor, seu Deus. ⁵Sim, obedeçam aos meus decretos e aos meus estatutos; quem os praticar viverá por eles. Eu sou o Senhor.

⁶"Jamais tenha relações sexuais com uma parenta próxima, pois eu sou o Senhor.

⁷"Não desonre seu pai, tendo relações sexuais com sua mãe. Ela é sua mãe; não tenha relações sexuais com ela.

⁸"Não tenha relações sexuais com nenhuma das esposas de seu pai, pois isso desonraria seu pai.

⁹"Não tenha relações sexuais com sua irmã ou meia-irmã, filha de seu pai ou de sua mãe, nascida em sua casa ou em outra casa.

¹⁰"Não tenha relações sexuais com sua neta, filha de seu filho ou de sua filha, pois com isso você desonraria a si mesmo.

¹¹"Não tenha relações sexuais com a filha de nenhuma das esposas de seu pai, pois ela é sua irmã.

¹²"Não tenha relações sexuais com sua tia, irmã de seu pai, pois ela é parenta próxima de seu pai.

ª **17.3** Ou *uma vaca*. ᵇ **17.4** Em hebraico, *será culpado de sangue*. ᶜ **17.7** Ou *demônios em forma de bode*.

¹³"Não tenha relações sexuais com sua tia, irmã de sua mãe, pois ela é parenta próxima de sua mãe.

¹⁴"Não desonre seu tio, irmão de seu pai, tendo relações sexuais com a mulher dele, pois ela é sua tia.

¹⁵"Não tenha relações sexuais com sua nora; ela é mulher de seu filho, de modo que você não deve ter relações sexuais com ela.

¹⁶"Não tenha relações sexuais com a mulher de seu irmão, pois desonraria seu irmão.

¹⁷"Não tenha relações sexuais com uma mulher e a filha dela. E não tome[a] a neta dela, filha do filho ou da filha dela, e tenha relações sexuais com ela, pois são parentas próximas. Isso é perversão.

¹⁸"Enquanto sua esposa estiver viva, não se case nem tenha relações sexuais com a irmã dela, pois elas se tornariam rivais.

¹⁹"Não tenha relações sexuais com uma mulher durante o período de impureza menstrual dela.

²⁰"Não tenha relações sexuais com a mulher do seu próximo, contaminando-se com ela.

²¹"Não permita que nenhum de seus filhos seja oferecido como sacrifício a Moloque. Não desonre o nome do seu Deus. Eu sou o Senhor.

²²"Não pratique a homossexualidade, tendo relações sexuais com outro homem como se fosse com uma mulher. Isso é detestável.

²³"Homem nenhum deve se contaminar tendo relações sexuais com um animal. E mulher nenhuma deve se oferecer para um animal macho para ter relações com ele. Isso é depravação.

²⁴"Não se contaminem de nenhuma dessas formas, pois os povos que expulsarei da presença de vocês se contaminaram com todas essas práticas. ²⁵Uma vez que a terra toda foi contaminada, castigarei seus habitantes. Farei a terra vomitá-los. ²⁶Obedeçam aos meus decretos e aos meus estatutos. Não cometam nenhum desses atos detestáveis. Isso se aplica tanto aos israelitas de nascimento como aos estrangeiros que vivem entre vocês.

²⁷"Todos esses atos detestáveis são praticados pelos povos da terra para onde eu os estou levando, e foi assim que a terra ficou contaminada. ²⁸Por isso, não contaminem a terra e não lhe deem motivo para vomitá-los, como fará com os povos que agora vivem ali. ²⁹Quem cometer algum desses pecados detestáveis será eliminado do meio do povo. ³⁰Portanto, obedeçam às minhas instruções e não se contaminem por adotar alguma dessas práticas detestáveis dos povos que viveram na terra antes de vocês. Eu sou o Senhor, seu Deus".

Santidade na conduta pessoal

19 O Senhor também disse a Moisés: ²"Dê as seguintes instruções a toda a comunidade de Israel. Sejam santos, pois eu, o Senhor, seu Deus, sou santo.

³"Mostrem respeito, cada um de vocês, por sua mãe e por seu pai; guardem também meus sábados. Eu sou o Senhor, seu Deus.

⁴"Não depositem sua confiança em ídolos nem façam para si imagens de metal representando deuses. Eu sou o Senhor, seu Deus.

⁵"Quando sacrificarem uma oferta de paz ao Senhor, apresentem-na de forma apropriada, para que sejam aceitos. ⁶Comam o sacrifício no mesmo dia em que o oferecerem, ou no dia seguinte. O que restar até o terceiro dia será completamente queimado. ⁷Se algo do sacrifício for comido no terceiro dia, estará contaminado e não será aceito. ⁸Quem o comer no terceiro dia será castigado, pois contaminou aquilo que é santo ao Senhor, e será eliminado do meio do povo.

⁹"Quando fizerem a colheita de sua terra, não colham as espigas nos cantos dos campos nem apanhem aquilo que os ceifeiros deixarem cair. ¹⁰O mesmo se aplica à colheita da uva. Não cortem até o último cacho de cada videira nem apanhem as uvas que caírem no chão. Deixem-nas para os pobres e estrangeiros que vivem entre vocês. Eu sou o Senhor, seu Deus.

¹¹"Não roubem.

"Não mintam nem enganem uns aos outros.

¹²"Não desonrem o nome do seu Deus, usando-o para jurar falsamente. Eu sou o Senhor.

¹³"Não explorem nem roubem o seu próximo.

"Não fiquem até o dia seguinte com o pagamento de seus empregados.

¹⁴"Não insultem o surdo nem façam o cego tropeçar. Temam o seu Deus. Eu sou o Senhor.

---

[a] **18.17** Ou *não se case com*.

¹⁵"Não distorçam a justiça em questões legais, favorecendo os pobres ou tomando partido dos ricos e poderosos. Julguem sempre com imparcialidade.

¹⁶"Não vivam como difamadores no meio do povo.

"Não fiquem de braços cruzados quando a vida do seu próximo correr perigo. Eu sou o Senhor.

¹⁷"Não alimentem ódio no coração contra algum de seus parentes.ᵃ Confrontem sem rodeios aqueles que errarem, para não serem responsabilizados pelo pecado deles.

¹⁸"Não procurem se vingar nem guardem rancor de alguém do seu povo, mas cada um ame o seu próximo como a si mesmo. Eu sou o Senhor.

¹⁹"Obedeçam a todos os meus decretos.

"Não cruzem dois animais de espécies diferentes. Não plantem em seu campo duas espécies de sementes. Não usem roupas tecidas com dois tipos de pano.

²⁰"Se um homem tiver relações sexuais com uma escrava cuja liberdade não foi comprada, mas que está prometida para ser mulher de outro, indenizará totalmente o senhor da escrava. Uma vez que ela não é livre, nem o homem nem a mulher serão mortos. ²¹O homem levará um carneiro como oferta pela culpa e o apresentará ao Senhor à entrada da tenda do encontro. ²²O sacerdote fará expiação por ele com o carneiro da oferta pela culpa, e seu pecado será perdoado.

²³"Quando entrarem na terra e plantarem árvores frutíferas de todo tipo, não colham os frutos nos três primeiros anos. Considerem esses frutos proibidosᵇ e não os comam. ²⁴No quarto ano, consagrem toda a colheita ao Senhor como uma celebração de louvor. ²⁵Por fim, no quinto ano, vocês poderão comer os frutos. Se procederem desse modo, sua colheita aumentará. Eu sou o Senhor, seu Deus.

²⁶"Não comam carne em que ainda houver sangue.

"Não pratiquem adivinhação nem feitiçaria.

²⁷"Não cortem o cabelo dos lados da cabeça nem raspem a barba rente à pele.

²⁸"Quando lamentarem a morte de alguém, não façam cortes no corpo nem marcas na pele. Eu sou o Senhor.

²⁹"Ninguém contamine sua filha tornando-a uma prostituta, pois a terra ficaria cheia de prostituição e perversão.

³⁰"Guardem meus sábados e tratem meu santuário com reverência. Eu sou o Senhor.

³¹"Não se contaminem procurando médiuns e os que consultam os espíritos dos mortos. Eu sou o Senhor, seu Deus.

³²"Levantem-se na presença dos idosos e honrem os anciãos. Temam o seu Deus. Eu sou o Senhor.

³³"Não se aproveitem dos estrangeiros que vivem entre vocês na terra. ³⁴Tratem-nos como se fossem israelitas de nascimento e amem-nos como a si mesmos. Lembrem-se de que vocês eram estrangeiros quando moravam na terra do Egito. Eu sou o seu Deus.

³⁵"Não usem medidas desonestas ao medirem comprimento, peso ou volume. ³⁶Suas balanças e seus pesos devem ser exatos, assim como suas vasilhas para medir produtos secos ou líquidos.ᶜ Eu sou o Senhor, seu Deus, que os tirou da terra do Egito.

³⁷"Obedeçam a todos os meus decretos e todos os meus estatutos pondo-os em prática. Eu sou o Senhor".

Castigos pela desobediência

20 O Senhor disse a Moisés: ²"Dê as seguintes instruções ao povo de Israel. Elas se aplicam tanto aos israelitas de nascimento como aos estrangeiros que vivem em Israel.

"Se algum deles oferecer seus filhos como sacrifício a Moloque, será executado. Os membros da comunidade o apedrejarão até que ele morra. ³Eu mesmo me voltarei contra ele e o eliminarei do meio do povo, pois contaminou meu santuário e desonrou meu nome santo ao oferecer seus filhos a Moloque. ⁴E, se os membros da comunidade fizerem vista grossa àquele que ofereceu seus filhos a Moloque e se recusarem a executá-lo, ⁵eu mesmo me voltarei contra ele e sua família. Eu eliminarei do meio do povo tanto aquele homem

---

ᵃ**19.17** Em hebraico, *contra seu irmão*. ᵇ**19.23** Em hebraico, *Considerem-nos incircuncisos*. ᶜ**19.36** Em hebraico, *Usem 1 efa* [medida para secos] *honesto e 1 him* [medida para líquidos] *honesto*.

como os que o seguiram em sua prostituição, no culto a Moloque.

⁶"Também me voltarei contra aqueles que procuram médiuns ou que consultam os espíritos dos mortos, cometendo prostituição. Eu os eliminarei do meio do povo. ⁷Portanto, consagrem-se e sejam santos, pois eu sou o Senhor, seu Deus. ⁸Guardem meus decretos pondo-os em prática, pois eu sou o Senhor, que os santifica.

⁹"Quem ofender a honra de[a] seu pai ou sua mãe será executado; decretou a própria morte quando amaldiçoou seus pais.

¹⁰"Se um homem cometer adultério com a mulher do seu próximo, o homem e a mulher que cometeram adultério serão executados.

¹¹"Se um homem desonrar seu pai tendo relações sexuais com qualquer das esposas de seu pai, o homem e a mulher serão executados; decretaram a própria morte.

¹²"Se um homem tiver relações sexuais com sua nora, ambos serão executados, pois cometeram uma depravação; decretaram a própria morte.

¹³"Se um homem adotar práticas homossexuais e tiver relações sexuais com outro homem como se fosse com uma mulher, os dois cometem um ato detestável e serão executados; decretaram a própria morte.

¹⁴"Se um homem se casar com uma mulher e com a mãe dela, comete uma perversão; o homem e as duas mulheres serão queimados vivos para acabar com a perversidade entre vocês.

¹⁵"Se um homem tiver relações sexuais com um animal, ele deverá ser executado, e o animal será morto.

¹⁶"Se uma mulher se entregar a um animal macho para ter relações sexuais com ele, tanto ela como o animal serão executados. Matem ambos; decretaram a própria morte.

¹⁷"Se um homem se casar com sua irmã, filha de seu pai ou de sua mãe, e se tiverem relações sexuais, cometeram uma infâmia. Ambos serão eliminados do meio do povo, à vista de todos. Uma vez que o homem desonrou sua irmã, será castigado por causa de seu pecado.

¹⁸"Se um homem tiver relações sexuais com uma mulher durante a menstruação, ambos serão eliminados do meio do povo, pois, juntos, expuseram a fonte do fluxo de sangue da mulher.

¹⁹"Não tenha relações sexuais com sua tia, irmã de sua mãe ou de seu pai, pois causaria desonra a uma parenta próxima. As duas partes são culpadas e serão castigadas por causa de seu pecado.

²⁰"Se um homem tiver relações sexuais com a mulher de seu tio, desonrou seu tio. O homem e a mulher serão castigados por causa de seu pecado e morrerão sem filhos.

²¹"Se um homem se casar com a mulher de seu irmão, comete um ato de impureza. Desonrou seu irmão, e o casal culpado ficará sem filhos.

²²"Guardem todos os meus decretos e todos os meus estatutos pondo-os em prática; do contrário, a terra para onde os estou levando para ser seu novo lar os vomitará. ²³Não vivam de acordo com os costumes dos povos que expulsarei de diante de vocês. Eu os detesto porque praticam essas coisas vergonhosas. ²⁴A vocês, porém, prometi: 'Possuirão a terra deles, pois a darei a vocês como sua propriedade, uma terra que produz leite e mel com fartura'. Eu sou o Senhor, seu Deus, que os separou de todos os outros povos.

²⁵"Portanto, façam distinção entre animais puros e impuros e entre aves puras e impuras. Não se contaminem com nenhum animal, ave ou criatura que rasteja pelo chão; eu determinei o que é impuro para vocês. ²⁶Sejam santos, pois eu, o Senhor, sou santo. Separei-os de todos os outros povos para serem meus.

²⁷"Os homens e mulheres entre vocês que forem médiuns ou que consultam espíritos dos mortos serão apedrejados até morrer; decretaram a própria morte".

Instruções para os sacerdotes

21 O Senhor disse a Moisés: "Dê as seguintes instruções aos sacerdotes, os filhos de Arão.

"Nenhum sacerdote deverá se tornar cerimonialmente impuro por causa da morte de alguém do povo. ²As únicas exceções são seus

---
[a] 20.9 A Septuaginta traz *Quem insultar*. Comparar com Mt 15.4; Mc 7.10.

parentes mais próximos: mãe ou pai, filho ou filha, irmão ³ou irmã virgem que dependa dele, uma vez que não tem marido. Nesse caso, poderá contaminar-se. ⁴O sacerdote não deverá contaminar-se e tornar-se cerimonialmente impuro por causa de algum parente de sua esposa.

⁵"Os sacerdotes não rasparão a cabeça, não rasparão a barba rente à pele, nem farão cortes no corpo. ⁶Serão consagrados ao seu Deus e jamais desonrarão o nome de Deus, pois são eles que apresentam as ofertas especiais para o Senhor, ofertas de alimento para o seu Deus.

⁷"Os sacerdotes não se casarão com uma mulher contaminada pela prostituição, nem se casarão com uma mulher divorciada do marido, pois o sacerdote é consagrado ao seu Deus. ⁸Tratem-no como santo, pois ele traz as ofertas de alimento perante o seu Deus. Considerem-no santo, pois eu, o Senhor, sou santo e santifico vocês.

⁹"Se a filha de um sacerdote se tornar prostituta e, desse modo, se contaminar, também contamina a santidade de seu pai e deverá morrer queimada.

¹⁰"O sumo sacerdote ocupa a posição mais elevada entre todos os sacerdotes. O óleo da unção foi derramado sobre sua cabeça, e ele foi consagrado para vestir as roupas sacerdotais. Nunca deixará o cabelo despenteadoᵃ nem rasgará suas roupas em sinal de luto. ¹¹Não se contaminará por aproximar-se de um cadáver. Não se tornará cerimonialmente impuro nem mesmo por causa de seu pai ou de sua mãe. ¹²Não deixará o santuário, nem contaminará o santuário do seu Deus, pois foi consagrado pelo óleo da unção de seu Deus. Eu sou o Senhor.

¹³"O sumo sacerdote somente se casará com uma virgem. ¹⁴Não se casará com uma viúva, nem com uma mulher divorciada, nem com uma mulher contaminada pela prostituição. Sua esposa deverá ser uma virgem de seu próprio clã, ¹⁵para que ele não desonre seus descendentes entre o povo, pois eu sou o Senhor, que o santifico".

¹⁶Então o Senhor disse a Moisés: ¹⁷"Dê as seguintes instruções a Arão. Nas gerações futuras, nenhum de seus descendentes portador de algum defeito físico estará qualificado para trazer ofertas de alimento ao seu Deus. ¹⁸Nenhum homem que tenha algum defeito estará qualificado, seja ele cego, aleijado, mutilado ou deformado, ¹⁹ou tenha o pé ou braço quebrado, ²⁰ou seja corcunda, ou anão, ou tenha um olho defeituoso, ou feridas na pele, ou sarna, ou testículos defeituosos. ²¹Nenhum descendente de Arão que tenha algum defeito se aproximará do altar para apresentar ofertas especiais para o Senhor. Uma vez que tem defeito, não poderá se aproximar do altar para trazer ofertas de alimento ao seu Deus. ²²No entanto, poderá comer do alimento oferecido a Deus, das ofertas santas e das ofertas santíssimas. ²³Mas, por causa de seu defeito físico, não passará adiante da cortina interna nem se aproximará do altar, pois contaminaria meus lugares santos. Eu sou o Senhor, que santifico esses lugares".

²⁴Moisés deu essas instruções a Arão, a seus filhos e a todos os israelitas.

22

O Senhor disse a Moisés: ²"Diga a Arão e a seus filhos que tenham muito respeito pelas ofertas sagradas que os israelitas consagrarem a mim, a fim de não desonrarem meu santo nome. Eu sou o Senhor. ³Dê a eles as seguintes instruções.

"Nas gerações futuras, se algum de seus descendentes estiver cerimonialmente impuro ao se aproximar das ofertas sagradas que os israelitas consagrarem ao Senhor, ele será eliminado de minha presença. Eu sou o Senhor.

⁴"Se algum dos descendentes de Arão tiver lepraᵇ ou qualquer tipo de fluxo que o torne cerimonialmente impuro, não comerá das ofertas sagradas enquanto não for declarado puro. Também se tornará impuro se tocar num cadáver, expelir sêmen, ⁵tocar num animal que rasteja pelo chão e seja impuro ou tocar em alguém que, por qualquer motivo, esteja cerimonialmente impuro. ⁶Quem se contaminar de alguma dessas formas ficará impuro até o entardecer. Não comerá das ofertas sagradas enquanto não tiver se banhado com água. ⁷Depois do pôr do sol, estará cerimonialmente

---

ᵃ21.10 Ou *Nunca descobrirá a cabeça*. ᵇ22.4 O termo hebraico não se refere somente à hanseníase, mas também a diversas doenças de pele.

puro outra vez e poderá comer das ofertas sagradas, pois são seu alimento. ⁸Não comerá um animal que morreu de forma natural ou que foi despedaçado por animais selvagens, pois se contaminaria. Eu sou o Senhor.

⁹"Os sacerdotes obedecerão fielmente às minhas ordens. Do contrário, serão culpados de pecado e morrerão, pois menosprezaram o que lhes ordenei. Eu sou o Senhor, que os santifica.

¹⁰"Ninguém de fora da família do sacerdote comerá das ofertas sagradas. Nem mesmo hóspedes e empregados da casa do sacerdote poderão comê-las. ¹¹Mas, se o sacerdote comprar um escravo, esse escravo poderá comer das ofertas sagradas. E, se o escravo tiver filhos, eles também poderão comer de seu alimento. ¹²Se a filha do sacerdote se casar com alguém de fora da família sacerdotal, não poderá mais comer das ofertas sagradas. ¹³Se, contudo, ficar viúva ou divorciar-se, sem ter filhos para sustentá-la, e voltar a morar na casa do pai, como quando era jovem, poderá comer novamente do alimento do pai. Com exceção desses casos, ninguém de fora da família do sacerdote comerá das ofertas sagradas.

¹⁴"Se alguém não autorizado comer das ofertas sagradas por engano, pagará ao sacerdote aquilo que comeu, mais um quinto do valor. ¹⁵Os sacerdotes não contaminarão as ofertas sagradas apresentadas pelos israelitas ao Senhor, ¹⁶permitindo que sejam consumidas por pessoas não autorizadas. Elas se tornariam culpadas e teriam de fazer reparação. Eu sou o Senhor, que os santifica".

Ofertas dignas e indignas

¹⁷O Senhor também disse a Moisés: ¹⁸"Dê as seguintes instruções a Arão, a seus filhos e a todo o povo de Israel. Elas se aplicam tanto aos israelitas de nascimento como aos estrangeiros que vivem entre vocês.

"Se alguém apresentar ao Senhor um holocausto, seja como cumprimento de um voto ou como oferta voluntária, ¹⁹só será aceito se o animal oferecido for um macho sem defeito. Poderá ser um boi, um carneiro ou um bode. ²⁰Não apresentem um animal defeituoso, pois o Senhor não o aceitará em favor de vocês.

²¹"Se alguém apresentar ao Senhor uma oferta de paz, seja como cumprimento de um voto ou como oferta voluntária, escolha do gado ou do rebanho um animal perfeito, sem defeito algum. ²²Não ofereçam um animal cego, aleijado, ferido, ou que tenha um quisto, um ferimento na pele ou sarna. Nunca ofereçam nenhum desses animais no altar como ofertas especiais para o Senhor. ²³Se um boi[a] ou um cordeiro tiver uma perna mais comprida ou mais curta que as outras, poderá ser apresentado como oferta voluntária, mas não como cumprimento de um voto. ²⁴Se um animal tiver testículos danificados ou for castrado, não

---

[a] 22.23 Ou *uma vaca*.

22.21 Debaixo da Lei mosaica, a culpa do pecado e a necessidade de expiação sempre foram vividamente trazidas à mente do adorador israelita. Se você entrasse no Santo Lugar, era possível ver, por toda parte, as marcas de sangue. Nossos amigos muito sensíveis, que levantam a tola objeção de que não podem suportar o som da palavra "sangue" — o que eles teriam feito se tivessem entrado no tabernáculo israelita e visto o chão, a cortina e cada objeto manchado, como um matadouro? Como teriam suportado a adoração onde o sangue era derramado em tigelas no chão, e aspergido em quase todas as coisas sagradas? Como teriam suportado o contínuo derramamento de sangue — tudo indicando que sem derramamento de sangue não há perdão? Verdadeiramente, não pode haver aproximação ao Deus três vezes santo sem o perdão do pecado, e esse perdão de pecado deve ser obtido por meio do sangue expiatório. O israelita, se julgasse corretamente, devia estar profundamente ciente de que servia o Deus que era terrível fora de Seus lugares santos, o Deus que odiava o pecado e que de modo algum pouparia os culpados ou perdoaria o homem sem expiação. Ainda mais, isto seria selado na mente do israelita pelo conhecimento de que em cada caso o sacrifício devia ser imaculado. Ao olhar para o sangue da vítima, ele se lembraria do estatuto sagrado: deve ser sem defeito para que seja aceito. Via na necessidade de um sacrifício perfeito a declaração da santidade de Deus. Ele deve ter sentido que o pecado não era uma bobagem — algo a ser ignorado e encoberto, mas uma coisa pela qual deve haver entrega de vida e sangue derramado, antes de ser removido, e essa vida e sangue devem ser a vida e o sangue de uma oferta perfeita e imaculada.

poderá ser oferecido ao Senhor. Nunca façam isso em sua própria terra ²⁵e não recebam de estrangeiros animais como esses em pagamento, para depois oferecê-los como sacrifício a Deus. Não serão aceitos em seu favor, pois são mutilados ou defeituosos".

²⁶E o Senhor disse a Moisés: ²⁷"Quando nascer um bezerro, cordeiro ou cabrito, ficará sete dias com a mãe. Do oitavo dia em diante, será aceitável como oferta especial para o Senhor. ²⁸Não matem a mãe e sua cria no mesmo dia, seja uma vaca, uma ovelha ou uma cabra. ²⁹Quando levarem uma oferta de gratidão ao Senhor, sacrifiquem-na corretamente para que sejam aceitos. ³⁰Comam todo o animal sacrificado no dia em que for apresentado. Não deixem parte alguma do animal até a manhã seguinte. Eu sou o Senhor.

³¹"Guardem fielmente meus mandamentos pondo-os em prática, pois eu sou o Senhor. ³²Não desonrem meu santo nome, pois demonstrarei minha santidade no meio dos israelitas. Eu sou o Senhor, que os santifica. ³³Eu os libertei da terra do Egito para ser o seu Deus. Eu sou o Senhor".

As festas de Israel

23 O Senhor disse a Moisés: ²"Dê as seguintes instruções ao povo de Israel. Estas são as festas que o Senhor estabeleceu e que vocês proclamarão como reuniões sagradas.

³"Vocês têm seis dias na semana para fazer os trabalhos habituais, mas o sétimo dia é o sábado, o dia de descanso absoluto e de reunião sagrada. Não façam trabalho algum, pois é o sábado do Senhor e deve ser guardado onde quer que morarem.

⁴"Além do sábado, estas são as festas que o Senhor estabeleceu, as reuniões sagradas que serão celebradas anualmente no devido tempo."

A Páscoa e a Festa dos Pães sem Fermento

⁵"A Páscoa do Senhor começa ao entardecer do décimo quarto dia do primeiro mês.ᵃ ⁶No dia seguinte, o décimo quinto dia, comecem a celebrar a Festa dos Pães sem Fermento. Essa celebração em homenagem ao Senhor continuará por sete dias e, durante esse tempo, o pão que comerem será preparado sem fermento. ⁷No primeiro dia da festa, todos suspenderão seus trabalhos habituais e realizarão uma reunião sagrada. ⁸Durante sete dias, apresentarão ofertas especiais para o Senhor. No sétimo dia, suspenderão novamente seus trabalhos habituais para realizar uma reunião sagrada".

A Celebração do Início da Colheita

⁹O Senhor disse a Moisés: ¹⁰"Dê as seguintes instruções ao povo de Israel. Quando entrarem na terra que eu lhes dou e começarem a primeira colheita, levem ao sacerdote um feixe dos primeiros cereais que colherem. ¹¹No dia depois do sábado, o sacerdote moverá o feixe para o alto diante do Senhor, para que seja aceito em favor de vocês. ¹²Nesse mesmo dia, ofereçam um cordeiro de um ano, sem defeito, como holocausto para o Senhor. ¹³Junto com o sacrifício, apresentem uma oferta de cereal de quatro litrosᵇ de farinha da melhor qualidade umedecida com azeite. Será uma oferta especial, um aroma agradável ao Senhor. Ofereçam também um litroᶜ de vinho como oferta derramada. ¹⁴Nesse dia, não comam pão algum, nem cereal torrado ou fresco, enquanto não apresentarem a oferta ao seu Deus. Essa é uma lei permanente para vocês e deve ser cumprida de geração em geração, onde quer que morarem."

A Festa da Colheita

¹⁵"A partir do dia seguinte ao sábado, o dia em que levarem o feixe de cereal a fim de ser movido para o alto como oferta especial, contem sete semanas completas. ¹⁶Continuem contando até o dia depois do sétimo sábado, isto é, cinquenta dias depois. Então apresentem uma oferta de cereal novo para o Senhor. ¹⁷Onde quer que morarem, levem dois pães que serão movidos para o alto como oferta especial diante do Senhor. Preparem os pães com quatro quilos de farinha da melhor qualidade e assem-nos com fermento. Serão uma oferta para o Senhor dos primeiros frutos de sua colheita. ¹⁸Junto com o pão, apresentem sete cordeiros de um ano e sem defeito, um novilho e dois carneiros como holocaustos para o Senhor. Esses holocaustos, junto com as

---

ᵃ**23.5** No antigo calendário lunar hebraico, esse dia caía no fim de março, em abril ou no começo de maio. ᵇ**23.13a** Em hebraico, *2/10 de efa*; também em 23.17. ᶜ**23.13b** Em hebraico, *1/4 de him*.

ofertas de cereal e ofertas derramadas, serão uma oferta especial, um aroma agradável ao Senhor. ¹⁹Em seguida, ofereçam um bode como oferta pelo pecado e dois cordeiros de um ano como ofertas de paz.

²⁰"O sacerdote levantará os dois cordeiros como oferta especial para o Senhor, junto com os pães que representam os primeiros frutos de suas colheitas. Essas ofertas, que são santas para o Senhor, pertencem aos sacerdotes. ²¹Esse mesmo dia será declarado dia de reunião sagrada, um dia em que não farão nenhum trabalho habitual. Essa é uma lei permanente para vocês e deve ser cumprida de geração em geração, onde quer que morarem.ᵃ

²²"Quando fizerem a colheita da sua terra, não colham as espigas nos cantos dos campos e não apanhem aquilo que cair das mãos dos ceifeiros. Deixem esses grãos para os pobres e estrangeiros que vivem entre vocês. Eu sou o Senhor, seu Deus".

A Festa das Trombetas

²³O Senhor disse a Moisés: ²⁴"Dê as seguintes instruções ao povo de Israel. No primeiro dia do sétimo mês,ᵇ tenham um dia de descanso absoluto. Será uma reunião sagrada, uma celebração memorial comemorada com toques de trombeta. ²⁵Não façam nenhum trabalho habitual nesse dia, mas apresentem ofertas especiais para o Senhor".

O Dia da Expiação

²⁶O Senhor disse a Moisés: ²⁷"Comemorem o Dia da Expiação no décimo dia do mesmo sétimo mês.ᶜ Celebrem-no como uma reunião sagrada, um dia para se humilharemᵈ e apresentarem ofertas especiais para o Senhor. ²⁸Não façam trabalho algum durante todo esse dia, pois é o Dia da Expiação, no qual se fará expiação em seu favor diante do Senhor, seu Deus. ²⁹Todos aqueles que não se humilharem nesse dia serão eliminados do meio do povo. ³⁰Destruirei aqueles que, dentre vocês, trabalharem em algo nesse dia. ³¹Não façam trabalho algum. Essa é uma lei permanente para vocês e deve ser cumprida de geração em geração, onde quer que morarem. ³²Será um sábado de descanso absoluto para vocês e, nesse dia, deverão se humilhar. O dia de descanso começará ao entardecer do nono dia do mês e se estenderá até o entardecer do décimo dia".

A Festa das Cabanas

³³O Senhor também disse a Moisés: ³⁴"Dê as seguintes instruções ao povo de Israel. Comecem a celebrar a Festa das Cabanasᵉ no décimo quinto dia do sétimo mês. Essa festa em homenagem ao Senhor durará sete dias. ³⁵O primeiro dia da festa será declarado reunião sagrada, na qual não farão nenhum trabalho habitual. ³⁶Durante sete dias, vocês apresentarão ofertas especiais para o Senhor. No oitavo dia, haverá outra reunião sagrada, na qual apresentarão ofertas especiais para o Senhor. Será uma ocasião solene, e ninguém fará nenhum trabalho habitual.

³⁷("Essas são as festas que o Senhor estabeleceu. Celebrem-nas a cada ano como reuniões sagradas, apresentando para o Senhor, no dia apropriado, as ofertas especiais de sacrifícios queimados, ofertas de cereal, sacrifícios e ofertas derramadas. ³⁸Celebrem-nas além dos sábados habituais do Senhor e apresentem as ofertas além das ofertas pessoais que vocês trazem no cumprimento de votos e das ofertas voluntárias para o Senhor.)

³⁹"Lembrem-se de que essa festa de sete dias em homenagem ao Senhor, a Festa das Cabanas, começa no décimo quinto dia do sétimo mês, depois de terem colhido tudo que a terra produziu. Celebrem a festa do Senhor por sete dias. O primeiro e o oitavo dia da festa serão de descanso absoluto. ⁴⁰No primeiro dia, recolham galhos das mais belas árvores,ᶠ folhagens de palmeiras, ramos de árvores verdejantes e de salgueiros que crescem junto dos riachos. Celebrem com alegria diante do Senhor, seu Deus, por sete dias. ⁴¹Comemorem essa festa em homenagem ao Senhor por

---

ᵃ**23.21** Essa celebração, também conhecida como *Festa da Colheita* ou *Festa das Semanas*, passou a ser chamada posteriormente de *Festa de Pentecostes* (ver At 2.1) e é comemorada hoje com o nome *Shavuot*. ᵇ**23.24** No antigo calendário lunar hebraico, essa dia caía em setembro ou outubro. Comemorada hoje com o nome *Rosh Hashanah*, o ano-novo judeu. ᶜ**23.27a** No antigo calendário lunar hebraico, esse dia caía em setembro ou outubro. Comemorada hoje com o nome *Yom Kippur*. ᵈ**23.27b** Ou *jejuarem*; também em 23.29,32. ᵉ**23.34** Ou *Festa dos Tabernáculos*. Chamada anteriormente de *Festa da Última Colheita* (ver Êx 23.16b) e comemorada hoje com o nome *Sucot*. ᶠ**23.40** Ou *recolham frutos de árvores imponentes*.

sete dias a cada ano. Essa é uma lei permanente para vocês e deve ser cumprida no sétimo mês, de geração em geração. ⁴²Durante sete dias, morarão ao ar livre em pequenas cabanas. Todos os israelitas de nascimento morarão em cabanas. ⁴³Desse modo, lembrarão cada nova geração de israelitas que eu fiz seus antepassados morarem em cabanas quando os libertei da terra do Egito. Eu sou o Senhor, seu Deus".

⁴⁴Assim, Moisés transmitiu aos israelitas essas instruções sobre as festas anuais do Senhor.

Óleo puro e pães sagrados

24 O Senhor disse a Moisés: ²"Ordene aos israelitas que tragam óleo puro de azeitonas prensadas para a iluminação do candelabro, a fim de manter as lâmpadas sempre acesas. ³É o candelabro que fica na tenda do encontro, em frente à cortina interna que protege a arca da aliança.ᵃ Arão manterá as lâmpadas acesas na presença do Senhor a noite toda. Essa é uma lei permanente para vocês e deve ser cumprida de geração em geração. ⁴Arão e os sacerdotes manterão sempre em ordem, na presença do Senhor, as lâmpadas do candelabro de ouro puro.

⁵"Asse doze pães de farinha da melhor qualidade usando quatro litrosᵇ de farinha para cada pão. ⁶Coloque os pães diante do Senhor sobre a mesa de ouro puro e arrume-os em duas fileiras, com seis pães em cada fileira. ⁷Coloque um pouco de incenso sobre cada fileira como oferta memorial, uma oferta especial apresentada ao Senhor. ⁸A cada sábado, coloque regularmente diante do Senhor esses pães como oferta da parte dos israelitas; é uma expressão contínua da aliança sem fim. ⁹Os pães pertencerão a Arão e seus descendentes, que os comerão num lugar sagrado, pois são santíssimos. Os sacerdotes terão direito permanente a essa porção das ofertas especiais apresentadas ao Senhor".

A pena para quem blasfemar

¹⁰Certo dia, um homem, filho de uma israelita e de um egípcio, saiu de sua tenda e se envolveu numa briga com um dos israelitas. ¹¹Durante a briga, o filho da israelita blasfemou o Nome com uma maldição. Por isso, foi levado a Moisés para ser julgado. A mãe dele se chamava Selomite, filha de Dibri, da tribo de Dã. ¹²O homem foi mantido preso até ficar clara a vontade do Senhor a respeito de sua situação.

¹³Então o Senhor disse a Moisés: ¹⁴"Leve o blasfemador para fora do acampamento e diga a todos que ouviram a maldição que coloquem as mãos sobre a cabeça dele. Depois, a comunidade toda o executará por apedrejamento. ¹⁵Diga ao povo de Israel: Quem amaldiçoar o seu Deus será castigado por causa do seu pecado. ¹⁶Quem blasfemar o nome do Senhor será morto por apedrejamento por toda a comunidade de Israel. Qualquer israelita de nascimento ou estrangeiro entre vocês que blasfemar o Nome será morto.

¹⁷"Quem tirar a vida de outra pessoa será morto.

¹⁸"Quem matar um animal pertencente a outra pessoa a indenizará com um animal vivo.

¹⁹"Quem ferir outra pessoa será tratado de acordo com o ferimento que causou: ²⁰fratura por fratura, olho por olho, dente por dente. O dano que alguém fizer a outra pessoa, será feito a ele.

²¹"Quem matar um animal indenizará seu dono totalmente, mas quem matar uma pessoa será morto.

²²"A mesma lei se aplica tanto aos israelitas de nascimento como aos estrangeiros que vivem entre vocês. Eu sou o Senhor, seu Deus".

²³Depois que Moisés transmitiu todas essas instruções aos israelitas, eles levaram o blasfemador para fora do acampamento e o executaram por apedrejamento. Os israelitas fizeram exatamente conforme o Senhor havia ordenado a Moisés.

O ano sabático

25 Quando Moisés estava no monte Sinai, o Senhor lhe disse: ²"Dê as seguintes instruções ao povo de Israel. Quando entrarem na terra que eu lhes dou, a terra deverá observar um sábado para o Senhor a cada sete anos. ³Durante seis anos, vocês semearão os campos, podarão os vinhedos e farão a colheita, ⁴mas no sétimo ano a terra terá um ano sabático de descanso absoluto. É o sábado do Senhor. Durante esse ano, não semeiem os

---

ᵃ **24.3** Em hebraico, *fora da cortina interna do testemunho*; ver nota em 16.13. ᵇ **24.5** Em hebraico, *2/10 de efa*.

campos nem façam a poda dos vinhedos. ⁵Não ceifem o que crescer espontaneamente nem colham as uvas dos vinhedos não podados. A terra terá um ano de descanso absoluto. ⁶Comam o que a terra produzir espontaneamente durante seu descanso. Isso se aplica a vocês, a seus filhos, a seus servos e servas, e também aos trabalhadores contratados e aos residentes temporários que vivem em seu meio. ⁷Seus rebanhos e todos os animais selvagens de sua terra também poderão comer o que a terra produzir."

O Ano do Jubileu

⁸"Contem sete anos sabáticos,ᵃ sete vezes sete anos, no total de 49 anos. ⁹Então, no Dia da Expiação do ano seguinte,ᵇ façam soar por toda a terra um toque longo e alto de trombeta. ¹⁰Consagrem esse ano, o quinquagésimo ano, como um tempo de proclamar a liberdade por toda a terra para todos os seus habitantes. Será um ano de jubileu para vocês, no qual cada um poderá voltar à terra que pertencia a seus antepassados e regressar a seu próprio clã. ¹¹O quinquagésimo ano será um jubileu para vocês. Nesse ano, não semearão os campos, nem ceifarão o que crescer espontaneamente, nem colherão as uvas dos vinhedos não podados. ¹²Será um ano de jubileu para vocês e deverão mantê-lo santo. Comam o que a terra produzir espontaneamente. ¹³No Ano do Jubileu, cada um poderá retornar à terra que pertencia a seus antepassados.

¹⁴"Quando alguém fizer um acordo com o seu próximo para comprar ou vender uma propriedade, não deverá tirar vantagem do outro. ¹⁵Ao comprar um terreno do seu próximo, o preço a ser pago será baseado no número de anos desde o último jubileu. O vendedor estipulará o preço levando em conta os anos que ainda restam de colheitas. ¹⁶Quanto mais colheitas faltarem para o próximo jubileu, mais alto será o preço; quanto menos anos faltarem, mais baixo será o preço. Afinal, o que ele está vendendo é certo número de colheitas. ¹⁷Mostrem seu temor a Deus não tirando vantagem um do outro. Eu sou o SENHOR, seu Deus.

¹⁸"Se quiserem viver seguros na terra, sigam os meus decretos e obedeçam aos meus estatutos. ¹⁹Então a terra produzirá colheitas fartas, vocês comerão até se saciarem e viverão em segurança. ²⁰Talvez vocês perguntem: 'O que comeremos no sétimo ano, uma vez que não temos permissão de semear nem de colher nesse ano?'. ²¹Podem ter certeza de que no sexto ano eu lhes enviarei a minha bênção, de modo que a terra produzirá o suficiente para três anos. ²²No oitavo ano, quando semearem seus campos, ainda estarão comendo da colheita farta do sexto ano. De fato, ainda estarão comendo dessa colheita quando fizerem a nova colheita no nono ano."

O resgate de propriedades

²³"A terra jamais será vendida em caráter definitivo, pois ela me pertence. Vocês são apenas estrangeiros e arrendatários que trabalham para mim.

²⁴"Sempre que uma propriedade for negociada, o vendedor deverá ter o direito de comprá-la de volta. ²⁵Se alguém do seu povo

---

ᵃ**25.8** Em hebraico, *sete semanas de anos*. ᵇ**25.9** Em hebraico, *no décimo dia do sétimo mês, no Dia da Expiação*; ver 23.27a e respectiva nota.

25.1-5,22 *Vv.1,2* Os judeus tinham muito descanso para eles. Se tivessem tido fé suficiente para obedecer aos mandamentos de Deus, poderiam ter sido as pessoas mais favorecidas, mas não eram um povo espiritual e muitas vezes o Senhor teve que lamentar a desobediência deles, como nas palavras registradas por Isaías: "Quem dera tivesse prestado atenção às minhas ordens! Teria experimentado paz que flui como um rio, justiça que o cobriria como as ondas do mar".

Vv.4,5 Um período de repouso em uma terra de repouso — toda a terra para descansar e ainda ter fecundidade nesse descanso — o descanso de um jardim, não o descanso de uma tarefa. Assim, muitas vezes é com o povo de Deus — quando descansam mais, trabalham melhor — e enquanto descansam, estão dando fruto para Deus.

V.22 Era para eles terem o suficiente para o ano de descanso e para o ano seguinte no qual a colheita estava crescendo — e ainda ter algo para o nono ano. Eles dificilmente precisariam de tanto assim, mas Deus lhes daria mais do que realmente precisavam, excedendo muito do que pediam ou pensavam.

empobrecer e for obrigado a vender parte das terras da família, um parente próximo deverá comprar a propriedade de volta para ele. ²⁶Se não houver qualquer parente próximo para comprar a propriedade, mas a pessoa que a vendeu conseguir dinheiro suficiente para comprá-la de volta, ²⁷terá o direito de resgatá-la de quem a comprou. Do preço da terra será descontado um valor proporcional ao número de anos até o próximo Ano do Jubileu. Desse modo, o primeiro dono da propriedade terá condições de retornar à sua terra. ²⁸Se, contudo, o primeiro dono não tiver condições de comprar de volta a propriedade, ela ficará com o novo dono até o Ano do Jubileu seguinte. Nesse ano, a propriedade será devolvida aos primeiros donos, a fim de que voltem à terra de sua família.

²⁹"Quem vender uma casa dentro de uma cidade murada terá, por um ano completo, o direito de comprá-la de volta. Durante esse ano, o vendedor poderá resgatar a casa. ³⁰Mas, se não a comprar de volta durante esse ano, a venda da casa dentro da cidade murada não poderá ser revertida. A casa se tornará propriedade permanente do comprador. Não será devolvida ao primeiro dono no Ano do Jubileu. ³¹Já uma casa num povoado, num assentamento sem muros ao redor, será considerada uma propriedade rural. Poderá ser comprada de volta a qualquer momento e será devolvida ao primeiro proprietário no Ano do Jubileu.

³²"Os levitas sempre terão o direito de comprar de volta uma casa que tiverem vendido dentro das cidades reservadas para eles. ³³Qualquer propriedade vendida pelos levitas, ou seja, todas as casas dentro das cidades deles, será devolvida no Ano do Jubileu. Afinal, essas casas são suas únicas propriedades em todo o Israel. ³⁴As pastagens em volta das cidades *dos levitas não serão vendidas. São propriedade permanente deles."*

O resgate dos pobres e dos escravos

³⁵"Se alguém do seu povo empobrecer e não puder se sustentar, ajudem-no como ajudariam um estrangeiro ou residente temporário e permitam que ele more com vocês. ³⁶Não cobrem juros nem tenham lucro à custa dele. Em vez disso, mostrem seu temor a Deus permitindo que ele viva como parente com vocês. ³⁷Lembrem-se de não cobrar juros sobre o dinheiro que lhe emprestarem nem de ter lucro com o alimento que lhe venderem. ³⁸Eu sou o Senhor, seu Deus, que os tirou da terra do Egito para lhes dar a terra de Canaã e ser o seu Deus.

³⁹"Se alguém do seu povo empobrecer e for obrigado a se vender para vocês, não o tratem como escravo. ⁴⁰Tratem-no como empregado ou residente temporário que mora com vocês e os servirá apenas até o Ano do Jubileu. ⁴¹Então ele e seus filhos estarão livres e voltarão aos clãs e à propriedade que pertencia a seus antepassados. ⁴²Os israelitas são os meus servos que eu tirei da terra do Egito, de modo que jamais devem ser vendidos como escravos. ⁴³Mostrem seu temor a Deus tratando-os sem violência.

⁴⁴"Vocês poderão comprar escravos e escravas de nações vizinhas. ⁴⁵Também poderão comprar os filhos de residentes temporários que moram com vocês, incluindo os que nasceram em sua terra. Poderão considerá-los sua propriedade ⁴⁶e deixá-los para seus filhos como herança permanente. Poderão tratá-los como escravos, mas jamais oprimirão alguém do seu povo.

⁴⁷"Se algum estrangeiro ou residente temporário enriquecer enquanto vive entre vocês, e se algum do seu povo empobrecer e for obrigado a se vender para esse estrangeiro ou para um membro da família dele, ⁴⁸continuará a ter o direito de ser resgatado, mesmo depois de comprado. Poderá ser comprado de volta por um irmão, ⁴⁹tio ou primo. Aliás, qualquer parente próximo poderá resgatá-lo. Se prosperar, também poderá resgatar a si mesmo. ⁵⁰Negociará o preço de sua liberdade com a pessoa que o comprou. O preço será baseado no número de anos transcorridos desde que foi vendido até o próximo Ano do Jubileu, ou seja, o equivalente ao custo de um trabalhador contratado para esse período. ⁵¹Se ainda faltarem muitos anos para o jubileu, pagará na devida proporção aquilo que recebeu quando vendeu a si mesmo. ⁵²Se faltarem apenas poucos anos até o Ano do Jubileu, pagará proporcionalmente aos anos que faltarem. ⁵³O estrangeiro o tratará como um empregado com contrato anual. Não permitam que um

estrangeiro trate israelitas com violência. ⁵⁴Se algum israelita não tiver sido comprado de volta, será liberto quando chegar o Ano do Jubileu, ele e seus filhos, ⁵⁵pois os israelitas me pertencem. São meus servos que eu tirei da terra do Egito. Eu sou o Senhor, seu Deus."

Bênçãos pela obediência

26 "Não façam ídolos nem imagens para si, nem levantem em sua terra colunas sagradas ou pedras esculpidas para adorá-las. Eu sou o Senhor, seu Deus. ²Guardem os meus sábados e tenham reverência pelo meu santuário. Eu sou o Senhor.

³"Se seguirem os meus decretos e obedecerem diligentemente aos meus mandamentos, ⁴enviarei as chuvas nas estações próprias. A terra dará suas colheitas, e as árvores do campo produzirão seus frutos. ⁵A época de debulhar cereais se estenderá até o início da colheita das uvas, e a colheita das uvas, até o início do plantio dos cereais. Vocês comerão até se saciarem e viverão em segurança em sua terra.

⁶"Eu lhes darei paz na terra, e vocês poderão dormir sem medo. Tirarei da terra os animais ferozes e manterei os inimigos afastados de seu território. ⁷De fato, vocês perseguirão seus inimigos e os matarão à espada. ⁸Cinco de vocês perseguirão cem, e cem de vocês perseguirão dez mil. Todos os seus inimigos cairão pela sua espada.

⁹"Olharei para vocês com favor, os tornarei férteis e multiplicarei seu povo. Cumprirei minha aliança com vocês. ¹⁰Suas colheitas serão tão fartas que vocês terão de se desfazer dos cereais velhos a fim de dar espaço à nova safra. ¹¹Habitarei no meio de vocês e não os desprezarei. ¹²Andarei em seu meio; serei o seu Deus, e vocês serão o meu povo. ¹³Eu sou o Senhor, seu Deus, que os tirou da terra do Egito para que não fossem mais escravos. Quebrei o jugo de servidão que vocês carregavam sobre o pescoço e os fiz andar de cabeça erguida."

Castigos pela desobediência

¹⁴"Mas, se vocês não me derem ouvidos e não obedecerem a todos esses mandamentos, ¹⁵e se quebrarem a minha aliança rejeitando meus decretos, desprezando meus estatutos e recusando-se a cumprir meus mandamentos, ¹⁶eu os castigarei. Trarei sobre vocês terrores repentinos, doenças debilitantes e febres ardentes que farão seus olhos escurecerem e sua vida definhar. Semearão em vão, pois seus inimigos comerão suas colheitas. ¹⁷Eu me voltarei contra vocês, e seus inimigos os derrotarão. Aqueles que odeiam vocês os dominarão, e vocês fugirão mesmo quando ninguém os estiver perseguindo.

¹⁸"E se, apesar disso tudo, vocês continuarem a me desobedecer, eu os castigarei sete vezes mais por seus pecados. ¹⁹Quebrarei seu forte orgulho ao tornar o céu tão duro quanto o ferro e a terra tão impenetrável quanto o bronze. ²⁰Todo o seu trabalho será inútil, pois a terra não dará colheitas, e as árvores não produzirão frutos.

²¹"Se, ainda assim, continuarem se opondo a mim e se recusarem a me obedecer, causarei desastres sete vezes piores por causa de seus pecados. ²²Enviarei animais selvagens que tomarão seus filhos de vocês e destruirão seus rebanhos. Sua população se tornará cada vez menor, e seus caminhos ficarão desertos.

²³"E, se vocês não aprenderem a lição e insistirem em se opor a mim, ²⁴eu mesmo me oporei a vocês e trarei calamidades sete vezes piores por causa de seus pecados. ²⁵Trarei contra vocês a guerra como maldição da aliança que vocês quebraram. Quando correrem para as cidades em busca de segurança, enviarei uma praga que os destruirá ali, e vocês serão entregues nas mãos de seus inimigos. ²⁶Destruirei seus mantimentos, de modo que dez mulheres precisarão de apenas um forno para assar pão para suas famílias. Racionarão o alimento por peso e, mesmo tendo o que comer, não se saciarão.

²⁷"Se, apesar disso tudo, ainda se recusarem a me obedecer e continuarem se opondo a mim, ²⁸eu me oporei a vocês furiosamente. Eu mesmo os castigarei sete vezes mais por seus pecados. ²⁹Então vocês comerão a carne de seus próprios filhos e filhas. ³⁰Destruirei seus altares idólatras e derrubarei seus lugares de culto. Amontoarei seus cadáveres por sobre seus ídolos mortos[a] e os desprezarei por

---

[a] 26.30 É possível que o termo hebraico usado aqui (lit., *coisas redondas*) se refira a estrume.

completo. ³¹Farei suas cidades ficarem desoladas e destruirei seus santuários. Não terei prazer em suas ofertas, que deveriam ser um aroma agradável para mim. ³²Sim, eu mesmo devastarei sua terra, e os inimigos que virão ocupá-la ficarão horrorizados com aquilo que virem. ³³Eu os espalharei entre as nações e empunharei minha espada contra vocês. A terra ficará desolada, e as cidades, em ruínas. ³⁴Então, enquanto ela estiver desolada e vocês estiverem exilados na terra de seus inimigos, a terra desfrutará os anos sabáticos que lhe foram negados. Finalmente ela descansará e desfrutará os sábados que perdeu. ³⁵Durante todo o tempo em que a terra permanecer em ruínas, desfrutará o descanso que vocês não permitiram que ela tivesse a cada sete anos quando moravam nela.

³⁶"Quanto àqueles que sobreviverem, eu lhes causarei desespero na terra de seus inimigos. Viverão com tanto medo que até o som de uma folha levada pelo vento os fará fugir. Correrão como se fugissem de uma espada e cairão mesmo quando ninguém os estiver perseguindo. ³⁷Ainda que não haja ninguém atrás deles, tropeçarão uns nos outros como quem foge de uma espada. Não terão forças para resistir a seus inimigos. ³⁸Morrerão em nações estrangeiras, e a terra de seus inimigos os devorará. ³⁹Aqueles que sobreviverem definharão nas terras de seus inimigos por causa de seus pecados e dos pecados de seus antepassados.

⁴⁰"Enfim, porém, meu povo confessará seus pecados e os pecados de seus antepassados por serem infiéis e se oporem a mim. ⁴¹Quando eu me opuser a eles e os levar à terra de seus inimigos, seu coração obstinadoᵃ se humilhará e receberão o castigo de seus pecados. ⁴²Então me lembrarei de minha aliança com Jacó, de minha aliança com Isaque e de minha aliança com Abraão, e certamente me lembrarei da terra. ⁴³Pois a terra precisará ser abandonada para desfrutar os anos sabáticos de descanso enquanto permanecer deserta. Por fim, o povo receberá o castigo de seus pecados, pois rejeitaram continuamente meus estatutos e desprezaram meus decretos.

⁴⁴"Apesar disso tudo, não os rejeitarei completamente nem os desprezarei enquanto estiverem exilados na terra de seus inimigos. Não cancelarei minha aliança com eles exterminando-os, pois eu sou o Senhor, seu Deus. ⁴⁵Em favor deles, eu me lembrarei da antiga aliança que fiz com seus antepassados, os quais tirei da terra do Egito diante dos olhos de todas as nações, para ser o Deus deles. Eu sou o Senhor".

⁴⁶Esses são os decretos, os estatutos e as instruções que o Senhor estabeleceu entre ele próprio e os israelitas por meio de Moisés no monte Sinai.

Normas acerca de votos e dízimos

27 O Senhor disse a Moisés: ²"Dê as seguintes instruções ao povo de Israel. Se alguém fizer um voto especial de dedicar uma pessoa ao Senhor mediante o pagamento do valor dessa pessoa, ³deve usar a seguinte escala de valores. Um homem de 20 a 60 anos vale 600 gramasᵇ de prata, de acordo com o siclo do santuário; ⁴uma mulher da mesma idade vale 360 gramasᶜ de prata. ⁵Um menino ou rapaz de 5 a 20 anos vale 240 gramas de prata; uma menina ou moça da mesma idade vale 120 gramas de prata.ᵈ ⁶Um menino de 1 mês a 5 anos vale 60 gramas de prata; uma menina da mesma idade vale 36 gramas de prata.ᵉ ⁷Um homem de mais de 60 anos vale 180 gramas de prata; uma mulher da mesma idade vale 120 gramas de prata.ᶠ ⁸Quem desejar fazer o voto, mas não puder pagar a quantia exigida, levará a pessoa ao sacerdote, e ele determinará a quantia a ser paga com base nos recursos de quem fez o voto.

⁹"Se alguém fizer o voto de entregar um animal como oferta para o Senhor, toda oferta ao Senhor será considerada santa. ¹⁰Não trocará nem substituirá o animal por outro, seja um animal bom por um ruim ou um animal ruim por um bom. Mas, se trocar um animal por outro, tanto o primeiro como o segundo serão considerados santos. ¹¹Se o voto for a entrega de um animal impuro que não é aceitável como oferta para o Senhor, levará o animal até o sacerdote, ¹²e ele determinará o valor,

---

ᵃ **26.41** Em hebraico, *incircunciso*. ᵇ **27.3** Em hebraico, *50 siclos*. ᶜ **27.4** Em hebraico, *30 siclos*. ᵈ **27.5** Em hebraico, *Um menino [...] 20 siclos de prata; uma menina [...] 10 siclos de prata*. ᵉ **27.6** Em hebraico, *Um menino [...] 5 siclos de prata; uma menina [...] 3 siclos de prata*. ᶠ **27.7** Em hebraico, *Um homem [...] 15 siclos de prata; uma mulher [...] 10 siclos de prata*.

e sua avaliação, alta ou baixa, será definitiva. ¹³Quem desejar comprar de volta o animal pagará o valor estipulado pelo sacerdote, mais um quinto do valor.

¹⁴"Se alguém dedicar uma casa ao Senhor, o sacerdote a avaliará. Sua avaliação, seja alta ou baixa, será definitiva. ¹⁵Se a pessoa que dedicou a casa quiser comprá-la de volta, pagará o valor estipulado pelo sacerdote, mais um quinto do valor. Desse modo, a casa voltará a ser sua.

¹⁶"Se alguém dedicar ao Senhor uma parte de sua propriedade familiar, o valor será determinado de acordo com a quantidade de sementes necessária para semeá-la: 600 gramas de prata por um campo semeado com 220 litros de sementes de cevada.ª ¹⁷Se o campo for dedicado ao Senhor no Ano do Jubileu, será aplicado o valor total. ¹⁸Mas, se o campo for dedicado depois do Ano do Jubileu, o sacerdote calculará o valor da terra de modo proporcional ao número de colheitas restantes até o próximo Ano do Jubileu. O valor calculado será reduzido a cada ano que passar. ¹⁹Se a pessoa que dedicou o campo desejar comprá-lo de volta, pagará o valor estipulado pelo sacerdote, mais um quinto do valor. O campo voltará a ser legalmente seu. ²⁰Se, contudo, não quiser reavê-lo e ele for vendido a outra pessoa, o campo não poderá mais ser comprado de volta. ²¹Quando o campo for liberado no Ano do Jubileu, será santo, totalmente dedicado ao Senhor, e se tornará propriedade dos sacerdotes.

²²"Se alguém dedicar ao Senhor um campo que comprou, mas que não faz parte de sua propriedade familiar, ²³o sacerdote determinará o valor com base no número de colheitas restantes até o próximo Ano do Jubileu. Nesse mesmo dia, a pessoa entregará o valor do campo como doação sagrada para o Senhor. ²⁴No Ano do Jubileu, o campo será devolvido a quem o herdou como propriedade familiar. ²⁵(Todos os pagamentos serão calculados de acordo com o peso do siclo do santuário, equivalente a doze gramas.ᵇ)

²⁶"O macho da primeira cria de um animal não poderá ser dedicado ao Senhor, pois a primeira cria de seu gado, de suas ovelhas e de suas cabras já pertence a ele. ²⁷É possível, porém, comprar de volta a primeira cria de um animal impuro mediante o pagamento do valor estipulado pelo sacerdote, mais um quinto do valor. Se o animal não for comprado de volta, o sacerdote o venderá pelo valor estipulado.

²⁸"Contudo, qualquer coisa totalmente dedicada ao Senhor, seja uma pessoa, um animal ou uma propriedade familiar, jamais será vendida ou comprada de volta. Tudo que é assim consagrado é santíssimo e pertence ao Senhor. ²⁹Nenhuma pessoa que tenha sido definitivamente marcada para destruição poderá ser comprada de volta; deverá ser executada.

³⁰"A décima parte dos produtos da terra, sejam os cereais dos campos ou os frutos das árvores, pertence ao Senhor e deve ser consagrada a ele. ³¹Se você desejar comprar de volta a décima parte dos cereais ou frutos pertencente ao Senhor, pagará o seu valor, mais um quinto do valor. ³²Conte um de cada dez animais do seu gado e dos seus rebanhos e separe-os para o Senhor, considerando-os santos. ³³Não faça distinção entre animais bons e ruins nem substitua um pelo outro. Mas, se trocar um animal por outro, tanto o primeiro como o seu substituto serão considerados santos e não poderão ser comprados de volta".

³⁴Esses são os mandamentos que o Senhor deu aos israelitas por meio de Moisés no monte Sinai.

ª **27.16** Em hebraico, *50 siclos de prata por 1 ômer de sementes de cevada.* ᵇ **27.25** Em hebraico, *equivalente a 20 geras.*

Números

INTRODUÇÃO

Nome. O nome deriva dos dois recenseamentos do povo, no Sinai, Cap. 1, e em Moabe, Cap. 26.

Conexão com os livros anteriores. Gênesis fala da Criação, Êxodo da redenção, Levítico da adoração e comunhão, e Números do serviço e trabalho. Em Levítico, Israel recebe uma instrução e em Números ele está aplicando essa instrução. Neste livro, como em Êxodo e Levítico, Moisés é a figura central.

Pensamento Central. O serviço que envolve a jornada, o que, por sua vez, implica a caminhada como um pensamento secundário. Todos os símbolos do livro têm essa dupla ideia de serviço e caminhada.

Frase-chave. "[...] aptos para irem à guerra" ocorre 14 vezes no primeiro capítulo. Havia lutas adiante e todos os que podiam lutar deviam reunir-se.

O livro cobre um período de pouco mais de 38 anos de história (Nm 1.1; Dt 1.3) e é um registro: (1) de como Israel marchou até a fronteira de Canaã; (2) vagou 38 anos no deserto, enquanto a antiga nação morreu e uma nova foi treinada em obediência a Deus; (3) e então retornou à fronteira da Terra Prometida.

ESBOÇO

1. A preparação no Sinai, 1.1–10.10
   1.1. O número e a distribuição das tribos, Caps. 1–2
   1.2. A escolha e a incumbência dos levitas, Caps. 3–4
   1.3. Leis para a purificação do acampamento, Caps. 5–6
   1.4. Leis a respeito das ofertas para a adoração, Caps. 7–8
   1.5. Leis a respeito da Páscoa, 9.1-14
   1.6. Sinais para marchar e reunir-se, 9.15–10.10
2. A jornada para Moabe, 10.11–22.1
   2.1. Do Sinai a Cades, 10.11–18.32
   2.2. De Cades a Cades (andanças pelo deserto), 19.1–20.21
   2.3. De Cades a Moabe, 20.22–22.1
3. A permanência em Moabe, 22.2–36.13
   3.1. Balaque e Balaão, 22.2–25.18
   3.2. O recenseamento do povo, Cap. 26
   3.3. Josué, sucessor de Moisés, Cap. 27
   3.4. Festas e ofertas, Caps. 28–30
   3.5. Triunfo sobre Midiã, Cap. 31
   3.6. Duas tribos e meia recebem terras ao oriente do Jordão, Cap. 32
   3.7. As jornadas pelo deserto são contadas, Cap. 33
   3.8. Divisões de Canaã e as cidades de refúgio, Caps. 34–36

PARA ESTUDO E DISCUSSÃO

[1] Faça uma lista dos diferentes momentos em que Deus interveio para resgatar Israel, fornecendo orientação, proteção, alimento etc., e a partir disso estude os maravilhosos recursos de Deus no cuidado de Seu povo.
[2] Faça uma lista dos diferentes momentos e ocasiões em que Israel ou qualquer indivíduo pecou ou se rebelou contra Deus ou Seus líderes e estude o resultado em cada ocorrência.
[3] Faça uma lista dos milagres narrados no livro e relacione os fatos sobre cada um deles. Mostre quais foram os milagres do juízo e quais foram os milagres da misericórdia.
[4] O episódio dos espias e os resultados do erro cometido como observado em toda a história futura de Israel.
[5] A história de Balaque e Balaão.
[6] O juízo de Deus sobre as nações desobedientes e pecadoras.
[7] A dúvida como fonte de queixa e descontentamento.
[8] Os símbolos de Cristo e experiência cristã: (a) O nazireu; (b) A vara de Arão que floresce, 17.8; Hb 9.4; (c) O cordão azul, 15.38; (d) A novilha vermelha, 19.2; (e) A serpente de bronze, 21.9; (f) As cidades de refúgio, 35.13.

Censo dos soldados de Israel

1 No primeiro dia do segundo mês,[a] no segundo ano desde a saída dos israelitas do Egito, o Senhor falou a Moisés na tenda do encontro, no deserto do Sinai, e disse: ²"Realize um censo de toda a comunidade de Israel, de acordo com seus clãs e famílias. Faça uma lista de todos os homens ³de 20 anos para cima, aptos para irem à guerra. Você e Arão registrarão os soldados ⁴com a ajuda do chefe dos clãs de cada uma das tribos.

⁵"Estes são os chefes dos clãs que os ajudarão, conforme suas tribos:

da tribo de Rúben, Elizur, filho de Sedeur;
⁶da tribo de Simeão, Selumiel, filho de Zurisadai;
⁷da tribo de Judá, Naassom, filho de Aminadabe;
⁸da tribo de Issacar, Natanael, filho de Zuar;
⁹da tribo de Zebulom, Eliabe, filho de Helom;
¹⁰da tribo de Efraim, filho de José, Elisama, filho de Amiúde;
da tribo de Manassés, filho de José, Gamaliel, filho de Pedazur;
¹¹da tribo de Benjamim, Abidã, filho de Gideoni;
¹²da tribo de Dã, Aieser, filho de Amisadai;
¹³da tribo de Aser, Pagiel, filho de Ocrã;
¹⁴da tribo de Gade, Eliasafe, filho de Deuel;
¹⁵da tribo de Naftali, Aira, filho de Enã.

¹⁶Esses são os representantes escolhidos da comunidade, líderes das tribos de seus antepassados, chefes dos clãs de Israel".

¹⁷Assim, Moisés e Arão convocaram os líderes nomeados ¹⁸e, naquele mesmo dia,[b] reuniram toda a comunidade. Todos foram registrados conforme sua linhagem, de acordo com seus clãs e famílias. Os homens de 20 anos para cima foram registrados um a um, ¹⁹como o Senhor tinha ordenado a Moisés. Desse modo, Moisés registrou seus nomes enquanto estavam no deserto do Sinai, na seguinte ordem:

²⁰Da tribo de Rúben, o filho mais velho de Jacó,[c] os homens de 20 anos para cima, aptos para irem à guerra, conforme os nomes anotados nos registros de seus clãs e famílias, ²¹totalizaram 46.500. Esse é o número da tribo de Rúben.

²²Da tribo de Simeão, os homens de 20 anos para cima, aptos para irem à guerra, conforme os nomes anotados nos registros de seus clãs e famílias, ²³totalizaram 59.300. Esse é o número da tribo de Simeão.

²⁴Da tribo de Gade, os homens de 20 anos para cima, aptos para irem à guerra, conforme os nomes anotados nos registros de seus clãs e famílias, ²⁵totalizaram 45.650. Esse é o número da tribo de Gade.

²⁶Da tribo de Judá, os homens de 20 anos para cima, aptos para irem à guerra, conforme os nomes anotados nos registros de seus clãs e famílias, ²⁷totalizaram 74.600. Esse é o número da tribo de Judá.

²⁸Da tribo de Issacar, os homens de 20 anos para cima, aptos para irem à guerra, conforme os nomes anotados nos registros de seus clãs e famílias, ²⁹totalizaram 54.400. Esse é o número da tribo de Issacar.

³⁰Da tribo de Zebulom, os homens de 20 anos para cima, aptos para irem à guerra, conforme os nomes anotados nos registros de seus clãs e famílias, ³¹totalizaram 57.400. Esse é o número da tribo de Zebulom.

³²Da tribo de Efraim, filho de José, os homens de 20 anos para cima, aptos para irem à guerra, conforme os nomes anotados nos registros de seus clãs e famílias, ³³totalizaram 40.500. Esse é o número da tribo de Efraim.

³⁴Da tribo de Manassés, filho de José, os homens de 20 anos para cima, aptos para irem à guerra, conforme os nomes anotados nos registros de seus clãs e famílias, ³⁵totalizaram 32.200. Esse é o número da tribo de Manassés.

³⁶Da tribo de Benjamim, os homens de 20 anos para cima, aptos para irem à guerra, conforme os nomes anotados nos registros de seus clãs e famílias, ³⁷totalizaram 35.400. Esse é o número da tribo de Benjamim.

---

[a] **1.1** No antigo calendário lunar hebraico, esse dia caía em abril ou maio. [b] **1.18** Em hebraico, *no primeiro dia do segundo mês*; ver 1.1.
[c] **1.20** Em hebraico, *de Israel*. Os nomes "Israel" e "Jacó" são frequentemente usados de forma intercambiável ao longo de todo o Antigo Testamento e se referem, por vezes, ao patriarca e, em outras ocasiões, à nação.

³⁸Da tribo de Dã, os homens de 20 anos para cima, aptos para irem à guerra, conforme os nomes anotados nos registros de seus clãs e famílias, ³⁹totalizaram 62.700. Esse é o número da tribo de Dã.

⁴⁰Da tribo de Aser, os homens de 20 anos para cima, aptos para irem à guerra, conforme os nomes anotados nos registros de seus clãs e famílias, ⁴¹totalizaram 41.500. Esse é o número da tribo de Aser.

⁴²Da tribo de Naftali, os homens de 20 anos para cima, aptos para irem à guerra, conforme os nomes anotados nos registros de seus clãs e famílias, ⁴³totalizaram 53.400. Esse é o número da tribo de Naftali.

⁴⁴Moisés, Arão e os doze líderes de Israel registraram esses homens, todos incluídos na lista de acordo com suas famílias. ⁴⁵Todos os homens de Israel de 20 anos para cima, aptos para irem à guerra, foram registrados de acordo com suas famílias. ⁴⁶No total, 603.550 homens.

⁴⁷Esse total, porém, não incluía os clãs dos levitas, ⁴⁸pois o SENHOR tinha dito a Moisés: ⁴⁹"Não inclua a tribo de Levi no censo e não conte seus membros com o restante dos israelitas. ⁵⁰Encarregue os levitas de cuidarem do tabernáculo da aliança[a] e de toda a sua mobília e todos os seus utensílios. Eles transportarão o tabernáculo e todos os seus utensílios, cuidarão dele e acamparão ao seu redor. ⁵¹Sempre que o tabernáculo tiver de ser transportado, os levitas o desmontarão. Na hora de acampar, eles o armarão novamente. Qualquer pessoa não autorizada que se aproximar do tabernáculo será executada. ⁵²Os israelitas acamparão de acordo com suas divisões numa área designada por sua bandeira. ⁵³Os levitas, por sua vez, acamparão ao redor do tabernáculo da aliança para proteger a comunidade de Israel da ira do SENHOR. É responsabilidade dos levitas montar guarda ao redor do tabernáculo da aliança".

⁵⁴Os israelitas fizeram exatamente conforme o SENHOR havia ordenado a Moisés.

A organização de Israel no acampamento

2 Então o SENHOR deu as seguintes instruções a Moisés e Arão: ²"Quando os israelitas acamparem, cada tribo terá sua própria área designada. As divisões das tribos acamparão ao redor de sua bandeira nos quatro lados da tenda do encontro, a certa distância.

³As divisões da tribo de Judá acamparão na direção do nascer do sol, do lado leste, ao redor de sua bandeira. Naassom, filho de Aminadabe, será seu líder. ⁴Seu número de soldados registrados é de 74.600.

⁵A tribo de Issacar acampará ao lado da tribo de Judá. Natanael, filho de Zuar, será seu líder. ⁶Seu número de soldados registrados é de 54.400.

⁷A tribo de Zebulom acampará logo em seguida. Eliabe, filho de Helom, será seu líder. ⁸Seu número de soldados registrados é de 57.400.

⁹O total de soldados no acampamento do lado de Judá é de 186.400. Essas tribos marcharão sempre à frente.

¹⁰As divisões da tribo de Rúben acamparão no lado sul da tenda do encontro, ao redor de sua bandeira. Elizur, filho de Sedeur, será seu líder. ¹¹Seu número de soldados registrados é de 46.500.

¹²A tribo de Simeão acampará ao lado da tribo de Rúben. Selumiel, filho de Zurisadai, será seu líder. ¹³Seu número de soldados registrados é de 59.300.

¹⁴A tribo de Gade acampará logo em seguida. Eliasafe, filho de Deuel,[b] será seu líder. ¹⁵Seu número de soldados registrados é de 45.650.

¹⁶O total de soldados no acampamento do lado de Rúben é de 151.450. Essas tribos marcharão sempre em segundo lugar.

¹⁷"Em seguida, os levitas sairão do meio do acampamento transportando a tenda do encontro. Todas as tribos marcharão na mesma ordem em que acamparem, cada uma em sua posição, ao redor de sua bandeira.

---

[a] **1.50** Ou *tabernáculo do testemunho*; também em 1.53b. [b] **2.14** Conforme vários manuscritos hebraicos, o Pentateuco Samaritano e a Vulgata (ver tb. 1.14); a maioria dos manuscritos hebraicos traz *filho de Reuel*.

¹⁸As divisões da tribo de Efraim acamparão no lado oeste da tenda do encontro, ao redor de sua bandeira. Elisama, filho de Amiúde, será seu líder. ¹⁹Seu número de soldados registrados é de 40.500.
²⁰A tribo de Manassés acampará ao lado da tribo de Efraim. Gamaliel, filho de Pedazur, será seu líder. ²¹Seu número de soldados registrados é de 32.200.
²²A tribo de Benjamim acampará logo em seguida. Abidã, filho de Gideoni, será seu líder. ²³Seu número de soldados registrados é de 35.400.
²⁴O total de soldados no acampamento do lado de Efraim é de 108.100. Essas tribos marcharão sempre em terceiro lugar.

²⁵As divisões da tribo de Dã acamparão no lado norte da tenda do encontro, ao redor de sua bandeira. Aieser, filho de Amisadai, será seu líder. ²⁶Seu número de soldados registrados é de 62.700.
²⁷A tribo de Aser acampará ao lado da tribo de Dã. Pagiel, filho de Ocrã, será seu líder. ²⁸Seu número de soldados registrados é de 41.500.
²⁹A tribo de Naftali acampará logo em seguida. Aira, filho de Enã, será seu líder. ³⁰Seu número de soldados registrados é de 53.400.
³¹O total de soldados no acampamento no lado de Dã é de 157.600. Essas tribos sempre marcharão por último e marcharão ao redor de sua respectiva bandeira".

³²Esses são os soldados registrados de acordo com suas famílias. O número de israelitas contados nos acampamentos, segundo suas divisões, totalizou 603.550. ³³Por ordem do Senhor a Moisés, os levitas não foram incluídos no registro. ³⁴Os israelitas fizeram tudo conforme o Senhor havia ordenado a Moisés. Cada clã e cada família acampavam e marchavam ao redor de sua bandeira.

A nomeação dos levitas para o serviço

3 Esta é a descendência de Arão e de Moisés, registrada quando o Senhor falou a Moisés no monte Sinai. ²Os nomes dos filhos de Arão eram Nadabe, o mais velho, Abiú, Eleazar e Itamar. ³Esses filhos de Arão foram ungidos e consagrados para o serviço sacerdotal. ⁴Nadabe e Abiú, porém, morreram na presença do Senhor, no deserto do Sinai, quando trouxeram fogo estranho diante do Senhor. Como não tinham filhos, restaram somente Eleazar e Itamar para servir como sacerdotes junto com seu pai, Arão.

⁵Então o Senhor disse a Moisés: ⁶"Chame à frente os membros da tribo de Levi e apresente-os ao sacerdote Arão para serem seus assistentes. ⁷Eles servirão a Arão e a todo o povo no desempenho das funções na tenda do encontro e no serviço do tabernáculo. ⁸Cuidarão de todos os utensílios da tenda do encontro e servirão no tabernáculo como representantes dos israelitas. ⁹Nomeie os levitas como assistentes de Arão e de seus filhos, pois, dentre todos os israelitas, eles foram designados para esse propósito. ¹⁰Encarregue Arão e seus filhos de realizarem as funções do serviço sacerdotal. Qualquer pessoa não autorizada que se aproximar do santuário será executada".

¹¹O Senhor também disse a Moisés: ¹²"Veja, escolhi os levitas dentre os israelitas como substitutos de todos os filhos mais velhos de Israel. Os levitas me pertencem, ¹³pois todos os filhos mais velhos são meus. No dia em que feri mortalmente todos os filhos mais velhos dos egípcios, consagrei para mim todos os filhos mais velhos de Israel e todos os machos das primeiras crias dos animais. Eles são meus. Eu sou o Senhor".

O registro dos levitas

¹⁴O Senhor falou ainda a Moisés no deserto do Sinai: ¹⁵"Registre os nomes dos membros da tribo de Levi por famílias e clãs. Faça uma lista de todos os indivíduos do sexo masculino de um mês de idade para cima". ¹⁶Moisés fez a lista, conforme o Senhor havia ordenado.

¹⁷Levi teve três filhos: Gérson, Coate e Merari.
¹⁸Os clãs de Gérson receberam os nomes de seus descendentes: Libni e Simei.
¹⁹Os clãs de Coate receberam os nomes de seus descendentes: Anrão, Isar, Hebrom e Uziel.
²⁰Os clãs de Merari receberam os nomes de seus descendentes: Mali e Musi.
Esses foram os clãs levitas, registrados de acordo com os grupos de suas famílias.

²¹Os descendentes de Gérson eram constituídos dos clãs de Libni e Simei. ²²Nos clãs gersonitas havia 7.500 indivíduos do sexo masculino de um mês de idade para cima. ²³A área designada para seu acampamento ficava no lado oeste, atrás do tabernáculo. ²⁴O líder dos clãs gersonitas era Eliasafe, filho de Lael. ²⁵Os dois clãs eram encarregados de cuidar das seguintes partes da tenda do encontro: a tenda com sua cobertura, a cortina da entrada da tenda, ²⁶as cortinas do pátio ao redor do tabernáculo e do altar, a cortina da entrada do pátio, as cordas e todos os objetos relacionados ao seu uso.

²⁷Os descendentes de Coate eram constituídos dos clãs de Anrão, Isar, Hebrom e Uziel. ²⁸Nos clãs coatitas havia 8.600ª indivíduos do sexo masculino de um mês de idade para cima. Eram encarregados de cuidar do santuário, ²⁹e a área designada para seu acampamento ficava no lado sul do tabernáculo. ³⁰O líder dos clãs coatitas era Elisafã, filho de Uziel. ³¹Eram encarregados de cuidar da arca, da mesa, do candelabro, dos dois altares, dos diversos utensílios do santuário, da cortina interna e de todos os objetos relacionados ao seu uso. ³²Eleazar, filho do sacerdote Arão, era o líder principal de todos os levitas e responsável pela supervisão do santuário.

³³Os descendentes de Merari eram constituídos dos clãs de Mali e Musi. ³⁴Nos clãs meraritas havia 6.200 indivíduos do sexo masculino de um mês de idade para cima. ³⁵A área designada para seu acampamento ficava no lado norte do tabernáculo. O líder dos clãs meraritas era Zuriel, filho de Abiail. ³⁶Os meraritas eram encarregados de cuidar das armações que sustentavam o tabernáculo, além dos travessões, das colunas, das bases e de todos os objetos relacionados ao seu uso. ³⁷Também eram responsáveis pelas colunas do pátio e por todas as suas bases, estacas e cordas.

³⁸A área na frente do tabernáculo, na direção do nascer do sol, do lado leste da tenda do encontro, era reservada para Moisés, Arão e seus filhos, os responsáveis finais pelo santuário em favor do povo de Israel. Qualquer um que não fosse sacerdote ou levita e se aproximasse do santuário seria executado.

³⁹Quando Moisés e Arão contaram os clãs levitas, conforme a ordem do Senhor, chegaram ao total de 22.000 indivíduos do sexo masculino de um mês de idade para cima.

O resgate dos filhos mais velhos

⁴⁰Então o Senhor disse a Moisés: "Conte todos os filhos mais velhos que há em Israel de um mês de idade para cima e registre os nomes numa lista. ⁴¹Os levitas serão reservados para mim como substitutos dos filhos mais velhos dos israelitas. Eu sou o Senhor. Os animais dos levitas serão reservados para mim como substitutos dos machos das primeiras crias dos animais de todo o povo de Israel".

⁴²Moisés contou os filhos mais velhos dos israelitas, exatamente conforme o Senhor havia ordenado. ⁴³O número de filhos mais velhos de um mês de idade para cima foi de 22.273.

⁴⁴O Senhor também disse a Moisés: ⁴⁵"Tome os levitas como substitutos dos filhos mais velhos dos israelitas e tome os animais dos levitas como substitutos dos machos das primeiras crias dos animais de todos os israelitas. Os levitas me pertencem. Eu sou o Senhor. ⁴⁶O número de filhos mais velhos de Israel excede em 273 o número de levitas. Para resgatar o excedente de filhos mais velhos, ⁴⁷recolha cinco peças de prata para cada um deles, com base no siclo do santuário, equivalente a doze gramas cada peça.ᵇ ⁴⁸Entregue a prata a Arão e a seus filhos como resgate pelo número excedente de filhos mais velhos".

⁴⁹Moisés recolheu a prata para o resgate dos filhos mais velhos de Israel que excediam o número de levitas. ⁵⁰Arrecadou 1.365 peças de prata,ᶜ com base no siclo do santuário, em lugar dos filhos mais velhos de Israel. ⁵¹Moisés entregou a prata do resgate a Arão e a seus filhos, conforme o Senhor havia ordenado.

Deveres dos clãs coatitas

4 Então o Senhor disse a Moisés e a Arão: ²"Realizem um censo dos membros dos clãs e das famílias da divisão coatita da tribo de Levi. ³Façam uma lista de todos os homens

---

ª **3.28** Alguns manuscritos gregos trazem *8.300*; ver o total em 3.39. ᵇ **3.47** Em hebraico, *5 siclos segundo o siclo do santuário*, equivalente a *20 geras*. ᶜ **3.50** Em hebraico, *1.365 siclos*, cerca de 16,4 quilos.

de 30 a 50 anos qualificados para servir na tenda do encontro.

⁴"Os deveres dos coatitas na tenda do encontro serão relacionados aos objetos mais sagrados. ⁵Quando o acampamento se deslocar de um lugar para outro, Arão e seus filhos entrarão primeiro na tenda do encontro para remover a cortina interna e usá-la para cobrir a arca da aliança.ᵃ ⁶Depois, cobrirão a cortina interna com couro fino e, por cima do couro, estenderão uma peça única de pano azul. Por fim, colocarão no devido lugar as varas usadas para transportar a arca.

⁷"Em seguida, estenderão um pano azul sobre a mesa onde ficam expostos os pães da presença, e sobre o pano azul colocarão as tigelas, as colheres, as jarras e as vasilhas para as ofertas derramadas e o pão da presença. ⁸Sobre tudo isso estenderão um pano vermelho e, por cima dele, uma cobertura de couro fino. Por fim, colocarão no devido lugar as varas usadas para transportar a mesa.

⁹"Depois, cobrirão com um pano azul o candelabro, suas lâmpadas, os cortadores de pavio, os apagadores e as vasilhas especiais para o óleo. ¹⁰Cobrirão o candelabro e seus acessórios com couro fino e os colocarão sobre o suporte usado para transportá-los.

¹¹"Em seguida, estenderão um pano azul sobre o altar de ouro e cobrirão o pano com couro fino. Por fim, colocarão no devido lugar as varas usadas para transportar o altar. ¹²Os demais utensílios usados no serviço do santuário serão embrulhados em pano azul, cobertos com couro fino e colocados sobre o suporte usado para transportá-los.

¹³"Removerão as cinzas do altar de sacrifícios e o cobrirão com um pano roxo. ¹⁴Colocarão todos os utensílios do altar — os braseiros, os garfos para a carne, as pás, as bacias e todos os recipientes — sobre o pano e os cobrirão com couro fino. Por fim, colocarão no devido lugar as varas usadas para transportar o altar. ¹⁵O acampamento estará pronto para se deslocar quando Arão e seus filhos tiverem terminado de cobrir o santuário e todos os objetos sagrados. Os coatitas virão e transportarão tudo até o lugar de destino. Contudo, não tocarão nos objetos sagrados, pois, se o fizerem, morrerão. Esses são os utensílios da tenda do encontro que os coatitas transportarão.

¹⁶"Eleazar, filho do sacerdote Arão, será responsável pelo óleo usado no candelabro, pelo incenso perfumado, pelas ofertas diárias de cereal e pelo óleo da unção. De fato, será responsável por todo o tabernáculo e tudo que nele há, incluindo o santuário e seus objetos".

¹⁷Então o Senhor disse a Moisés e a Arão: ¹⁸"Não permitam que os clãs coatitas sejam eliminados do meio dos levitas. ¹⁹Para que eles vivam e não morram quando se aproximarem dos objetos mais sagrados, vocês devem fazer o seguinte: Arão e seus filhos sempre entrarão com os coatitas e dirão a cada um o que deve fazer ou carregar. ²⁰Os coatitas jamais entrarão para ver os objetos sagrados, nem mesmo por um momento, pois, se o fizerem, morrerão".

ᵃ**4.5** Ou *arca do testemunho*.

4.14-20 Estes homens foram escolhidos para carregar os utensílios do Santíssimo Lugar, mas nunca deveriam vê-los! Esses utensílios deviam ser encobertos pelas mãos do sacerdote — e os outros homens nunca deveriam tocá-los. Tinham de levá-los em varais, ou sobre a barra de transporte em que eram colocados. Ó, quão terrível é aproximar-se de Deus! O *Senhor nosso Deus é um Deus zeloso*. Ele será servido com santa reverência ou nada. Por isso, diz a Moisés e Arão: "Cuidem para não levar esses homens ao erro. Vocês entram primeiro e determinam a cada um o que deverá carregar. Certifiquem-se de que tudo esteja coberto, pois se não o fizerem, eles poderão morrer no cumprimento de seu trabalho. Não sejam cúmplices dos atos deles e, assim, tragam sobre eles este julgamento terrível".

Frequentemente, desejo que o povo de Deus tenha cuidado de não provocar ao pecado nenhum de Seus servos quando estes estiverem envolvidos no ministério. Talvez na pregação, ou em outro serviço, possa haver algo que ire o Espírito Santo e cause problemas e pecado. E, ó, aquele que está no lugar santo e carrega o mais santo dos utensílios, precisa temer e tremer diante de Deus! E precisa pedir a seus irmãos para que se assegurem de não fazer nada que inadvertidamente poderia levá-lo a pecar.

Deveres dos clãs gersonitas

²¹O Senhor disse a Moisés: ²²"Realize um censo dos membros dos clãs e das famílias da divisão gersonita da tribo de Levi. ²³Faça uma lista de todos os homens de 30 a 50 anos qualificados para servir na tenda do encontro.

²⁴"Os clãs gersonitas serão responsáveis pelo serviço geral e pelo transporte de cargas. ²⁵Levarão as cortinas do tabernáculo, a tenda do encontro com suas coberturas, a cobertura externa de couro fino e a cortina da entrada da tenda do encontro. ²⁶Levarão também as cortinas divisórias do pátio ao redor do tabernáculo e do altar, a cortina da entrada do pátio, as cordas e todos os objetos relacionados ao seu uso. Os gersonitas são responsáveis por todos esses itens. ²⁷Arão e seus filhos orientarão os gersonitas a respeito de suas funções, seja o transporte dos objetos ou a execução de outras tarefas. Encarregarão os gersonitas daquilo que devem transportar. ²⁸Essas são as funções dos clãs gersonitas na tenda do encontro. Prestarão contas de suas responsabilidades diretamente a Itamar, filho do sacerdote Arão."

Deveres dos clãs meraritas

²⁹"Registre agora os nomes dos membros dos clãs e das famílias da divisão merarita da tribo de Levi. ³⁰Faça uma lista de todos os homens de 30 a 50 anos qualificados para servir na tenda do encontro.

³¹"Sua única função na tenda do encontro será transportar cargas. Levarão as armações do tabernáculo, os travessões, as colunas e as bases, ³²as colunas das divisórias do pátio com suas bases, estacas e cordas, e todos os utensílios e objetos relacionados ao seu uso. Encarregue cada um, por nome, daquilo que deve transportar. ³³Essa é a função dos clãs meraritas na tenda do encontro. Prestarão contas de sua responsabilidade diretamente a Itamar, filho do sacerdote Arão".

Resumo do registro

³⁴Moisés, Arão e os líderes da comunidade fizeram uma lista com os nomes dos membros da divisão coatita de acordo com seus clãs e famílias. ³⁵A lista incluía todos os homens de 30 a 50 anos qualificados para servir na tenda do encontro, ³⁶totalizando 2.750, de acordo com seus clãs. ³⁷Esse foi, portanto, o total dos membros dos clãs coatitas qualificados para servir na tenda do encontro. Moisés e Arão os registraram conforme o Senhor havia ordenado por meio de Moisés.

³⁸Fizeram uma lista da divisão gersonita de acordo com seus clãs e famílias. ³⁹A lista incluía todos os homens de 30 a 50 anos qualificados para servir na tenda do encontro, ⁴⁰totalizando 2.630, de acordo com seus clãs e famílias. ⁴¹Esse foi, portanto, o total dos membros dos clãs gersonitas qualificados para servir na tenda do encontro. Moisés e Arão os registraram conforme o Senhor havia ordenado.

⁴²Fizeram uma lista da divisão merarita de acordo com seus clãs e famílias. ⁴³A lista incluía todos os homens de 30 a 50 anos qualificados para servir na tenda do encontro, ⁴⁴totalizando 3.200. ⁴⁵Esse foi, portanto, o total dos membros dos clãs meraritas. Moisés e Arão os registraram conforme o Senhor havia ordenado por meio de Moisés.

⁴⁶Assim, Moisés, Arão e os líderes de Israel fizeram uma lista de todos os levitas de acordo com seus clãs e famílias. ⁴⁷O total de homens de 30 a 50 anos qualificados para servir na tenda do encontro e para transportá-la ⁴⁸foi de 8.580. ⁴⁹Quando registraram os nomes, conforme o Senhor havia ordenado, encarregaram cada homem de sua tarefa e lhe disseram o que devia transportar.

Desse modo, o registro foi completado, conforme o Senhor havia ordenado a Moisés.

Pureza no acampamento de Israel

5 O Senhor disse a Moisés: ²"Ordene aos israelitas que removam do acampamento todo aquele que sofrer de lepra[a] ou fluxos corporais ou que tiver se tornado cerimonialmente impuro ao tocar num cadáver. ³Isso se aplica tanto a homens como a mulheres, para que não contaminem seu próprio acampamento, onde eu habito no meio deles". ⁴Os israelitas fizeram conforme o Senhor havia ordenado a Moisés e removeram essas pessoas do acampamento.

⁵Então o Senhor disse a Moisés: ⁶"Dê as seguintes instruções ao povo de Israel. Se alguém do povo, homem ou mulher, ofender ao

---
[a] 5.2 O termo hebraico não se refere somente à hanseníase, mas também a diversas doenças de pele.

Senhor prejudicando outra pessoa, será culpado. ⁷Confessará seu pecado e pagará indenização completa pelo dano causado, com um acréscimo de um quinto do valor, e entregará o total à pessoa prejudicada. ⁸Mas, se a pessoa prejudicada não tiver parentes próximos para receber a indenização, o valor pertencerá ao Senhor e será entregue ao sacerdote. O culpado também levará um carneiro como sacrifício para fazer expiação por ele. ⁹Todas as ofertas sagradas que os israelitas levarem ao sacerdote serão dele. ¹⁰O sacerdote ficará com todas as dádivas sagradas que receber".

Proteção para a fidelidade conjugal

¹¹O Senhor também disse a Moisés: ¹²"Dê as seguintes instruções ao povo de Israel.

"Se a esposa de alguém se desviar, for infiel ao marido ¹³e tiver relações sexuais com outro homem, sem que o marido ou qualquer outra pessoa fique sabendo, ainda que não haja testemunhas e a esposa não tenha sido pega em flagrante, ela ficará contaminada. ¹⁴Se o marido tiver ciúmes, suspeitar da esposa e precisar saber se ela se contaminou ou não, ¹⁵levará a esposa ao sacerdote. Apresentará em favor dela uma oferta de dois litrosª de farinha de cevada. Não a misturará com azeite nem incenso, pois é uma oferta pelo ciúme, isto é, uma oferta de testemunho da suspeita, para provar se a mulher é culpada ou não.

¹⁶"O sacerdote a apresentará para ser julgada diante do Senhor. ¹⁷Numa vasilha de barro, colocará um pouco de água sagrada e a misturará com pó do chão do tabernáculo. ¹⁸Uma vez que o sacerdote tiver apresentado a mulher diante do Senhor, soltará o cabelo dela e colocará em suas mãos a oferta pelo ciúme como testemunho da suspeita. O sacerdote se colocará diante dela, segurando a vasilha de água amarga que traz maldição sobre os culpados. ¹⁹Em seguida, o sacerdote fará a mulher jurar e lhe dirá: 'Se nenhum outro homem teve relações sexuais com você, e se você não se desviou nem se contaminou enquanto estava debaixo da autoridade de seu marido, que você permaneça imune aos efeitos desta água amarga que traz a maldição. ²⁰Mas, se você se desviou sendo infiel a seu marido, e contaminou a si mesma tendo relações sexuais com outro homem...'

²¹"Nesse momento, o sacerdote fará a mulher jurar: 'Que o povo saiba que a maldição do Senhor está sobre você quando ele a tornar estéril, fizer seu útero encolherᵇ e seu abdômen inchar. ²²Que esta água que traz a maldição entre no seu corpo e faça seu abdômen inchar e seu útero encolher'. E a mulher responderá: 'Amém. Que assim seja'. ²³O sacerdote escreverá essas maldições num pedaço de couro, as raspará de modo que caiam na água amarga, ²⁴e fará a mulher beber a água amarga que traz a maldição. Se a mulher for culpada, quando a água entrar em seu corpo lhe causará amargo sofrimento.

²⁵"Em seguida, o sacerdote tirará a oferta pelo ciúme da mão da mulher e a moverá para o alto diante do Senhor. Depois, levará a oferta até o altar. ²⁶Tomará um punhado da farinha como oferta simbólica, queimando-a no altar, e exigirá que a mulher beba a água. ²⁷Se a mulher tiver se contaminado sendo infiel a seu marido, a água que traz a maldição lhe causará amargo sofrimento. Seu abdômen inchará e seu útero encolherá, e ela se tornará maldição entre seu povo. ²⁸Mas, se ela não tiver se contaminado e estiver pura, não sofrerá castigo e poderá ter filhos.

²⁹"Essa é a lei ritual para lidar com a suspeita do marido. Se uma esposa se desviar e se contaminar enquanto estiver debaixo da autoridade do marido, ³⁰ou o marido tiver ciúme e suspeitar que sua esposa foi infiel, ele a apresentará diante do Senhor, e o sacerdote aplicará em sua totalidade essa lei ritual. ³¹O marido será isento de toda a culpa nesse caso, mas a esposa será punida por seu pecado".

Leis acerca do voto nazireu

6 Então o Senhor disse a Moisés: ²"Dê as seguintes instruções ao povo de Israel.

"Se alguém do povo, homem ou mulher, fizer o voto especial de nazireu e se consagrar ao Senhor, ³deixará de beber vinho e outras bebidas fermentadas. Não usará vinagre feito de vinho nem de outras bebidas fermentadas, e não beberá suco de uva nem comerá uvas ou passas. ⁴Enquanto estiver sob o voto de

---

ª 5.15 Em hebraico, *1/10 de efa*. ᵇ 5.21 Em hebraico, *sua coxa definhar*; também em 5.27.

nazireu, não beberá nem comerá coisa alguma que venha da videira, nem mesmo sementes ou cascas de uvas.

⁵"Enquanto durar o voto, o nazireu será consagrado ao Senhor e não cortará o cabelo. Deixará o cabelo crescer até concluir o voto. ⁶Não se aproximará de cadáver enquanto estiver consagrado ao Senhor. ⁷Mesmo que o falecido seja seu pai, mãe, irmão ou irmã, o nazireu não se contaminará, pois o cabelo em sua cabeça simboliza sua consagração a Deus. ⁸Essa exigência é válida enquanto ele estiver consagrado ao Senhor.

⁹"Se alguém cair morto ao lado do nazireu, o cabelo que ele consagrou ficará contaminado. Esperará sete dias e depois raspará a cabeça. Então, estará purificado de sua contaminação. ¹⁰No oitavo dia, levará duas rolinhas ou dois pombinhos para o sacerdote à entrada da tenda do encontro. ¹¹O sacerdote oferecerá uma das aves como oferta pelo pecado, e a outra, como holocausto. Desse modo, fará expiação pela culpa resultante do contato com o cadáver. O nazireu reafirmará seu compromisso e deixará o cabelo crescer outra vez. ¹²Os dias de voto cumpridos antes da contaminação não serão contados. Ele se consagrará novamente ao Senhor por todo o período do voto e apresentará um cordeiro de um ano como oferta pela culpa.

¹³"Essa é a lei ritual para o nazireu. Quando chegar ao fim do período de consagração, irá até a entrada da tenda do encontro ¹⁴e trará suas ofertas ao Senhor: um cordeiro de um ano e sem defeito como holocausto, uma cordeira de um ano e sem defeito como oferta pelo pecado, um carneiro sem defeito como oferta de paz, ¹⁵um cesto de pães sem fermento, bolos de farinha da melhor qualidade misturada com azeite e pães finos untados com azeite, junto com as ofertas de cereal e ofertas derramadas. ¹⁶O sacerdote apresentará as ofertas diante do Senhor: primeiro a oferta pelo pecado e o holocausto, ¹⁷depois o carneiro para a oferta de paz, junto com o cesto de pães sem fermento. O sacerdote também apresentará ao Senhor as ofertas de cereal e ofertas derramadas.

¹⁸"Em seguida, o nazireu raspará a cabeça à entrada da tenda do encontro. Pegará o cabelo que consagrou e o colocará no fogo embaixo do sacrifício da oferta de paz. ¹⁹Depois que o nazireu tiver raspado a cabeça, o sacerdote pegará um ombro cozido de carneiro e, de dentro do cesto, pegará um bolo e um pão fino sem fermento e colocará tudo nas mãos do nazireu. ²⁰Por fim, o sacerdote os moverá para o alto como oferta especial diante do Senhor. Essas são as porções santas para o sacerdote, junto com o peito da oferta movida e a coxa da oferta sagrada movidos diante do Senhor. Depois dessa cerimônia, o nazireu poderá voltar a beber vinho.

²¹"Essa é a lei ritual dos nazireus que fazem o voto de apresentar essas ofertas para o Senhor. Se tiverem recursos materiais, apresentarão outras ofertas além dessas. Devem cumprir o voto que fizeram quando se consagraram como nazireus".

A bênção sacerdotal

²²Então o Senhor disse a Moisés: ²³"Diga a Arão e a seus filhos que abençoem o povo de Israel com esta bênção especial:

²⁴'Que o Senhor o abençoe e
o proteja.
²⁵Que o Senhor olhe para você com favor
e lhe mostre bondade.
²⁶Que o Senhor se agrade de você
e lhe dê paz'.

6.23-27 [...] o nome do Senhor, ou Javé, é mencionado três vezes. "Que Javé o abençoe e o proteja. Que Javé olhe para você com favor e lhe mostre bondade. Que Javé se agrade de você e lhe dê paz". Os eruditos afirmam que cada um destes nomes tem uma marca diferente no hebraico original. Não vou dizer que isto ensina a doutrina da Trindade, mas devo dizer que, acreditando na doutrina da Trindade, compreendo melhor a passagem. [...] "Que o Senhor o abençoe e o proteja" pode ser considerado como a bênção do Pai. É a preservação do amor.

É Deus que até agora o impediu de cair. [...] Que Ele o faça quando você estiver em grande tentação, para que você não ceda! Que Ele o proteja de seu próprio coração maldoso e incrédulo, para que não se desvie!

A oração seguinte é a bênção do Filho, ou a alegria da graça divina. [...] "Que o Senhor olhe para você com favor e lhe mostre bondade"; isso significa o favor de Deus; que é concedido a cada um de vocês! Sabemos onde está o rosto de Deus. Lemos: "A glória de Deus na face de Jesus Cristo". [...] Chegamos a um período de

²⁷Assim, Arão e seus filhos colocarão meu nome sobre os israelitas, e eu mesmo os abençoarei".

Ofertas para a consagração

7 No dia em que Moisés terminou de armar o tabernáculo, ele o ungiu e o consagrou, junto com toda a sua mobília, o altar e seus utensílios. ²Então os líderes de Israel, os chefes das tribos que haviam realizado o censo dos soldados, chegaram com suas ofertas. ³Trouxeram seis carroças cobertas e doze bois, uma carroça para cada dois líderes e um boi para cada líder, e apresentaram essas ofertas ao Senhor na frente do tabernáculo.

⁴O Senhor disse a Moisés: ⁵"Receba as ofertas deles para usar no serviço na tenda do encontro. Distribua-as entre os levitas conforme o trabalho de cada um". ⁶Então Moisés recebeu as carroças e os bois e os entregou aos levitas. ⁷Deu duas carroças e quatro bois à divisão gersonita para seu trabalho ⁸e quatro carroças e oito bois à divisão merarita para seu trabalho. Todos realizavam suas tarefas sob a supervisão de Itamar, filho do sacerdote Arão. ⁹À divisão dos coatitas, porém, não deu carros nem bois, pois era seu dever carregar nos ombros os objetos sagrados.

¹⁰Quando o altar foi ungido, os líderes das tribos apresentaram ofertas para a consagração do altar. Cada um colocou sua oferta diante do altar. ¹¹O Senhor disse a Moisés: "Cada dia um líder trará sua oferta para a consagração do altar".

¹²No primeiro dia, Naassom, filho de Aminadabe e líder da tribo de Judá, apresentou sua oferta.

¹³Ela consistia em uma bandeja de prata que pesava 1.560 gramas e uma bacia de prata que pesava 840 gramas,ᵃ com base no peso do siclo do santuário, ambas cheias de ofertas de cereal de farinha da melhor qualidade umedecida com azeite. ¹⁴Trouxe também uma vasilha de ouro que pesava 120 gramas,ᵇ cheia de incenso. ¹⁵Apresentou ainda um novilho, um carneiro e um cordeiro de um ano como holocausto, ¹⁶e um bode como oferta pelo pecado. ¹⁷Para a oferta de paz, trouxe dois bois, cinco carneiros, cinco bodes e cinco cordeiros de um ano. Essa foi a oferta apresentada por Naassom, filho de Aminadabe.

¹⁸No segundo dia, Natanael, filho de Zuar e líder da tribo de Issacar, apresentou sua oferta. ¹⁹Ela consistia em uma bandeja de prata que pesava 1.560 gramas e uma bacia de prata que pesava 840 gramas, com base no peso do siclo do santuário, ambas cheias de ofertas de cereal de farinha da melhor qualidade umedecida com azeite. ²⁰Trouxe também uma vasilha de ouro que pesava 120 gramas, cheia de incenso. ²¹Apresentou ainda um novilho, um carneiro e um cordeiro de um ano como holocausto, ²²e um bode como oferta pelo pecado. ²³Para a oferta de paz, trouxe dois bois, cinco carneiros, cinco bodes e cinco cordeiros de um ano. Essa foi a oferta apresentada por Natanael, filho de Zuar.

ᵃ**7.13** Em hebraico, *um prato de prata pesando 130 [siclos] e uma bacia de prata pesando 70 siclos*; também em 7.19,25,31,37, 43,49,55,61,67,73,79,85. ᵇ**7.14** Em hebraico, *10 [siclos]*; também em 7.20,26, 32,38,44,50,56,62,68,74,80,86.

---

tristeza e profunda depressão e a meia-noite vem sobre nosso dia; e então um sopro do vento celestial dissipa o nevoeiro, o Sol da justiça surge, e o cenário muda!

A terceira bênção é seguramente a *do Espírito Santo*. "Que o Senhor se agrade de você e lhe dê paz". [...] Sentir que Deus trata graciosamente comigo olhando-me com favor é delicioso; mas saber que Ele me aprova; que *me apoia* em meus atos e está em comunhão comigo é o melhor de tudo. Ó, pensar que, olhando para mim, o Senhor diz: "Sim, meu filho, você está fazendo certo. Eu o sustento no que está fazendo". Isso é alegria! Toda serva já viu o semblante de sua senhora decair, mas essa serva alegra-se quando a mesma face olha para ela com favor porque ela fez bem feito e lhe trouxe prazer. Oro para que o Espírito Santo possa aprovar todos vocês que trabalham para Jesus Cristo. Oro para que possam dizer: "Tenho a aprovação de Deus. Ninguém me aplaude; sou obscurecido. Muitos me criticam e dizem que estou errado; outros me criticam com veemência e zombam de mim. Porém, o Senhor se agrada de mim, e isso é mais do que o suficiente". Ser aprovado por Deus é melhor do que ser estimado por príncipes! E, em seguida, vêm as palavras: "e lhe dê a paz", pois quando um homem sabe que Deus se agrada dele, pode ficar em paz. [...] Um olhar de aprovação de Deus cria uma calma profunda e prazerosa na alma.

²⁴No terceiro dia, Eliabe, filho de Helom e líder da tribo de Zebulom, apresentou sua oferta.

²⁵Ela consistia em uma bandeja de prata que pesava 1.560 gramas e uma bacia de prata que pesava 840 gramas, com base no peso do siclo do santuário, ambas cheias de ofertas de cereal de farinha da melhor qualidade umedecida com azeite. ²⁶Trouxe também uma vasilha de ouro que pesava 120 gramas, cheia de incenso. ²⁷Apresentou ainda um novilho, um carneiro e um cordeiro de um ano como holocausto, ²⁸e um bode como oferta pelo pecado. ²⁹Para a oferta de paz, trouxe dois bois, cinco carneiros, cinco bodes e cinco cordeiros de um ano. Essa foi a oferta apresentada por Eliabe, filho de Helom.

³⁰No quarto dia, Elizur, filho de Sedeur e líder da tribo de Rúben, apresentou sua oferta.

³¹Ela consistia em uma bandeja de prata que pesava 1.560 gramas e uma bacia de prata que pesava 840 gramas, com base no peso do siclo do santuário, ambas cheias de ofertas de cereal de farinha da melhor qualidade umedecida com azeite. ³²Trouxe também uma vasilha de ouro que pesava 120 gramas, cheia de incenso. ³³Apresentou ainda um novilho, um carneiro e um cordeiro de um ano como holocausto, ³⁴e um bode como oferta pelo pecado. ³⁵Para a oferta de paz, trouxe dois bois, cinco carneiros, cinco bodes e cinco cordeiros de um ano. Essa foi a oferta apresentada por Elizur, filho de Sedeur.

³⁶No quinto dia, Selumiel, filho de Zurisadai e líder da tribo de Simeão, apresentou sua oferta.

³⁷Ela consistia em uma bandeja de prata que pesava 1.560 gramas e uma bacia de prata que pesava 840 gramas, com base no peso do siclo do santuário, ambas cheias de ofertas de cereal de farinha da melhor qualidade umedecida com azeite. ³⁸Trouxe também uma vasilha de ouro que pesava 120 gramas, cheia de incenso. ³⁹Apresentou ainda um novilho, um carneiro e um cordeiro de um ano como holocausto, ⁴⁰e um bode como oferta pelo pecado. ⁴¹Para a oferta de paz, trouxe dois bois, cinco carneiros, cinco bodes e cinco cordeiros de um ano. Essa foi a oferta apresentada por Selumiel, filho de Zurisadai.

⁴²No sexto dia, Eliasafe, filho de Deuel e líder da tribo de Gade, apresentou sua oferta.

⁴³Ela consistia em uma bandeja de prata que pesava 1.560 gramas e uma bacia de prata que pesava 840 gramas, com base no peso do siclo do santuário, ambas cheias de ofertas de cereal de farinha da melhor qualidade umedecida com azeite. ⁴⁴Trouxe também uma vasilha de ouro que pesava 120 gramas, cheia de incenso. ⁴⁵Apresentou ainda um novilho, um carneiro e um cordeiro de um ano como holocausto, ⁴⁶e um bode como oferta pelo pecado. ⁴⁷Para a oferta de paz, trouxe dois bois, cinco carneiros, cinco bodes e cinco cordeiros de um ano. Essa foi a oferta apresentada por Eliasafe, filho de Deuel.

⁴⁸No sétimo dia, Elisama, filho de Amiúde e líder da tribo de Efraim, apresentou sua oferta.

⁴⁹Ela consistia em uma bandeja de prata que pesava 1.560 gramas e uma bacia de prata que pesava 840 gramas, com base no peso do siclo do santuário, ambas cheias de ofertas de cereal de farinha da melhor qualidade umedecida com azeite. ⁵⁰Trouxe também uma vasilha de ouro que pesava 120 gramas, cheia de incenso. ⁵¹Apresentou ainda um novilho, um carneiro e um cordeiro de um ano como holocausto, ⁵²e um bode como oferta pelo pecado. ⁵³Para a oferta de paz, trouxe dois bois, cinco carneiros, cinco bodes e cinco cordeiros de um ano. Essa foi a oferta apresentada por Elisama, filho de Amiúde.

⁵⁴No oitavo dia, Gamaliel, filho de Pedazur e líder da tribo de Manassés, apresentou sua oferta.

⁵⁵Ela consistia em uma bandeja de prata que pesava 1.560 gramas e uma bacia de prata que pesava 840 gramas, com base no peso do siclo do santuário, ambas cheias de ofertas de cereal de farinha da melhor qualidade umedecida com azeite. ⁵⁶Trouxe também uma vasilha de ouro que pesava 120 gramas, cheia de incenso. ⁵⁷Apresentou ainda um novilho, um carneiro e um cordeiro de um ano como holocausto, ⁵⁸e um bode como oferta pelo pecado. ⁵⁹Para a oferta de paz, trouxe dois bois, cinco carneiros, cinco bodes e cinco cordeiros de um ano. Essa foi a oferta apresentada por Gamaliel, filho de Pedazur.

⁶⁰No nono dia, Abidã, filho de Gideoni e líder da tribo de Benjamim, apresentou sua oferta. ⁶¹Ela consistia em uma bandeja de prata que pesava 1.560 gramas e uma bacia de prata que pesava 840 gramas, com base no peso do siclo do santuário, ambas cheias de ofertas de cereal de farinha da melhor qualidade umedecida com azeite. ⁶²Trouxe também uma vasilha de ouro que pesava 120 gramas, cheia de incenso. ⁶³Apresentou ainda um novilho, um carneiro e um cordeiro de um ano como holocausto, ⁶⁴e um bode como oferta pelo pecado. ⁶⁵Para a oferta de paz, trouxe dois bois, cinco carneiros, cinco bodes e cinco cordeiros de um ano. Essa foi a oferta apresentada por Abidã, filho de Gideoni.

⁶⁶No décimo dia, Aieser, filho de Amisadai e líder da tribo de Dã, apresentou sua oferta. ⁶⁷Ela consistia em uma bandeja de prata que pesava 1.560 gramas e uma bacia de prata que pesava 840 gramas, com base no peso do siclo do santuário, ambas cheias de ofertas de cereal de farinha da melhor qualidade umedecida com azeite. ⁶⁸Trouxe também uma vasilha de ouro que pesava 120 gramas, cheia de incenso. ⁶⁹Apresentou ainda um novilho, um carneiro e um cordeiro de um ano como holocausto, ⁷⁰e um bode como oferta pelo pecado. ⁷¹Para a oferta de paz, trouxe dois bois, cinco carneiros, cinco bodes e cinco cordeiros de um ano. Essa foi a oferta apresentada por Aieser, filho de Amisadai.

⁷²No décimo primeiro dia, Pagiel, filho de Ocrã e líder da tribo de Aser, apresentou sua oferta. ⁷³Ela consistia em uma bandeja de prata que pesava 1.560 gramas e uma bacia de prata que pesava 840 gramas, com base no peso do siclo do santuário, ambas cheias de ofertas de cereal de farinha da melhor qualidade umedecida com azeite. ⁷⁴Trouxe também uma vasilha de ouro que pesava 120 gramas, cheia de incenso. ⁷⁵Apresentou ainda um novilho, um carneiro e um cordeiro de um ano como holocausto, ⁷⁶e um bode como oferta pelo pecado. ⁷⁷Para a oferta de paz, trouxe dois bois, cinco carneiros, cinco bodes e cinco cordeiros de um ano. Essa foi a oferta apresentada por Pagiel, filho de Ocrã.

⁷⁸No décimo segundo dia, Aira, filho de Enã e líder da tribo de Naftali, apresentou sua oferta. ⁷⁹Ela consistia em uma bandeja de prata que pesava 1.560 gramas e uma bacia de prata que pesava 840 gramas, com base no peso do siclo do santuário, ambas cheias de ofertas de cereal de farinha da melhor qualidade umedecida com azeite. ⁸⁰Trouxe também uma vasilha de ouro que pesava 120 gramas, cheia de incenso. ⁸¹Apresentou ainda um novilho, um carneiro e um cordeiro de um ano como holocausto, ⁸²e um bode como oferta pelo pecado. ⁸³Para a oferta de paz, trouxe dois bois, cinco carneiros, cinco bodes e cinco cordeiros de um ano. Essa foi a oferta apresentada por Aira, filho de Enã.

⁸⁴Estas foram as ofertas de consagração apresentadas pelos líderes de Israel quando o altar foi ungido: 12 bandejas de prata, 12 bacias de prata e 12 vasilhas de ouro com incenso. ⁸⁵Cada prato de prata pesava 1.560 gramas e cada bacia de prata pesava 840 gramas. Ao todo, os objetos de prata pesavam 28,8 quilos,ᵃ com base no peso do siclo do santuário. ⁸⁶Cada uma das vasilhas de ouro cheias de incenso pesava 120 gramas, com base no peso do siclo do santuário. Ao todo, as vasilhas de ouro pesavam 1.440 gramas.ᵇ ⁸⁷Para os holocaustos foram apresentados 12 novilhos, 12 carneiros e 12 cordeiros de um ano, junto com as ofertas obrigatórias de cereal. Para as ofertas pelo pecado, foram apresentados 12 bodes. ⁸⁸Para as ofertas de paz, foram apresentados 24 bois, 60 carneiros, 60 bodes e 60 cordeiros de um ano. Essas foram as ofertas para a consagração do altar depois que este foi ungido.

⁸⁹Cada vez que Moisés entrava na tenda do encontro para falar com o Senhor, ouvia uma voz que falava com ele por entre os dois querubins em cima da tampa da arca, o lugar de expiação, que fica sobre a arca da aliança.ᶜ De lá o Senhor falava com Moisés.

A preparação das lâmpadas

8 O Senhor disse a Moisés: ²"Dê as seguintes instruções a Arão. Quando você colocar

ᵃ**7.85** Em hebraico, *2.400 [siclos]*. ᵇ**7.86** Em hebraico, *120 [siclos]*. ᶜ**7.89** Ou *arca do testemunho*.

as sete lâmpadas, posicione-as de modo que iluminem o espaço à frente do candelabro". ³Arão seguiu essa instrução. Posicionou as sete lâmpadas de modo que iluminassem o espaço à frente do candelabro, conforme o Senhor havia ordenado a Moisés. ⁴O candelabro todo, desde a base até as flores, era de ouro batido. Foi feito exatamente de acordo com o modelo que o Senhor havia mostrado a Moisés.

A consagração dos levitas

⁵O Senhor disse a Moisés: ⁶"Agora, separe os levitas do restante dos israelitas e torne-os cerimonialmente puros. ⁷Para isso, você aspergirá sobre eles a água da purificação e os fará raspar todo o corpo e lavar as roupas. Assim, estarão cerimonialmente puros. ⁸Instrua-os a trazerem um novilho e uma oferta de cereal de farinha da melhor qualidade umedecida com azeite, junto com outro novilho como oferta pelo pecado. ⁹Reúna toda a comunidade de Israel e apresente os levitas à entrada da tenda do encontro. ¹⁰Quando você trouxer os levitas diante do Senhor, os israelitas colocarão as mãos sobre eles. ¹¹Com as mãos levantadas, Arão apresentará os levitas ao Senhor como oferta especial dos israelitas e, desse modo, os consagrará ao serviço do Senhor.

¹²"Em seguida, os levitas colocarão as mãos sobre a cabeça dos novilhos. Você sacrificará um novilho ao Senhor como oferta pelo pecado, e o outro, como holocausto, a fim de fazer expiação pelos levitas. ¹³Coloque os levitas em pé diante de Arão e de seus filhos e, com as mãos levantadas, apresente-os como oferta especial para o Senhor. ¹⁴Assim, você separará os levitas do restante dos israelitas, e os levitas serão meus. ¹⁵Depois disso, eles entrarão na tenda do encontro para realizar o trabalho deles, pois você os purificou e os apresentou como oferta especial.

¹⁶"Dentre todos os israelitas, os levitas são reservados para mim. Tomei-os para mim em lugar de todos os filhos mais velhos dos israelitas; tomei os levitas como seus substitutos. ¹⁷Pois todos os filhos mais velhos e todos os machos das primeiras crias dos animais em Israel são meus. Eu os separei para mim no dia em que feri mortalmente todos os filhos mais velhos dos egípcios e os machos das primeiras crias de seus animais. ¹⁸Sim, tomei para mim os levitas em lugar de todos os filhos mais velhos de Israel. ¹⁹E, dentre todos os israelitas, designei os levitas para Arão e seus filhos. Eles servirão na tenda do encontro em favor dos israelitas e oferecerão sacrifícios para fazer expiação pelo povo, de modo que nenhuma praga os atinja quando se aproximarem do santuário".

²⁰Assim, Moisés, Arão e toda a comunidade de Israel consagraram os levitas, seguindo todas as instruções que o Senhor deu a Moisés. ²¹Os levitas se purificaram e lavaram as roupas, e Arão os apresentou ao Senhor como oferta especial. Em seguida, ofereceu um sacrifício e fez expiação por eles, a fim de purificá-los. ²²Depois disso, os levitas entraram na tenda do

---

8.7-14,19-22 Vv.7,8 Ainda há, tipicamente, essas três coisas na purificação do povo de Deus — o sangue, a água e a navalha. Há o sangue, o emblema da eliminação do pecado pelo Sacrifício expiatório de Cristo. A água, típica do Espírito Santo, por quem o poder do pecado é dominado. E então essa navalha, cortando aquilo que cresce a partir da carne — o que era a sua beleza e a sua glória lhe é tirado. Há alguns do povo de Deus que não sentiram muito dessa navalha, mas se estão dispostos a servir a Deus perfeitamente, ela deve ser usada — "os fará raspar todo o corpo".

Vv.9-12 Elimine isso e você terá eliminado a parte vital do todo. Que culto podemos prestar ao Altíssimo se começarmos por deslealdade com Aquele a quem Deus propôs ser a Propiciação pelo pecado, Seu Filho amado?

Vv.13,14 Devemos oferecer a Deus nosso espírito, alma e corpo, que é a verdadeira forma de adorá-lo. E se somos, de fato, filhos de Deus, devemos sentir que, doravante, não somos de nós mesmos, pois fomos comprados por alto preço. Pertencemos inteiramente a Deus — tudo o que somos e tudo o que temos é para ser dele ao longo da vida e na morte — e por toda a eternidade.

Vv.19-22 Como tudo isso é instrutivo para nós! Não devemos começar a servir a Deus sem competência, enquanto estamos ainda em nossos pecados — antes de termos sido aspergidos com o sangue — antes de termos sido lavados na água que fluiu com o sangue — antes de termos sentido aquela navalha que tira de nós todo nosso próprio orgulho e glória! Não, mas quando tudo isso for feito, então não haverá demora — "Depois disso, os levitas entraram na tenda do encontro para realizar suas tarefas".

encontro para realizar suas tarefas como assistentes de Arão e seus filhos. Assim, fizeram tudo que Senhor havia ordenado a Moisés a respeito dos levitas.

²³O Senhor também disse a Moisés: ²⁴"Dê a seguinte instrução aos levitas. Começarão a servir na tenda do encontro aos 25 anos ²⁵e deixarão o serviço aos 50 anos. ²⁶Depois que deixarem o serviço, ajudarão seus colegas levitas no trabalho de cuidar da tenda do encontro, mas não realizarão mais as cerimônias. Assim você designará as funções dos levitas".

A segunda Páscoa

9 No primeiro mês^a do segundo ano desde a saída de Israel do Egito, o Senhor falou com Moisés no deserto do Sinai e disse: ²"Instrua os israelitas a celebrarem a Páscoa no tempo determinado, ³ao entardecer do décimo quarto dia do primeiro mês.^b Siga todos os meus decretos e estatutos a respeito dessa celebração".

⁴Então Moisés instruiu o povo a celebrar a Páscoa ⁵no deserto do Sinai, ao entardecer do décimo quarto dia do primeiro mês. Eles celebraram a festa ali, conforme o Senhor havia ordenado a Moisés. ⁶Alguns dos homens, porém, estavam cerimonialmente impuros por terem tocado num cadáver, e não puderam celebrar a Páscoa naquele dia. Eles se dirigiram a Moisés e Arão no mesmo dia ⁷e disseram: "Ficamos cerimonialmente impuros, pois tocamos num cadáver. Mas por que estamos impedidos de apresentar a oferta do Senhor no devido tempo como os demais israelitas?".

⁸Moisés respondeu: "Esperem aqui até eu receber instruções do Senhor para vocês".

⁹Então o Senhor disse a Moisés: ¹⁰"Dê as seguintes instruções ao povo de Israel. Se alguém do povo, agora ou nas gerações futuras, estiver cerimonialmente impuro no tempo da Páscoa por haver tocado num cadáver, ou se estiver viajando e não puder comparecer à cerimônia, ainda assim celebrará a Páscoa

---

^a9.1 No antigo calendário lunar hebraico, o primeiro mês geralmente caía entre março e abril. ^b9.3 No antigo calendário lunar hebraico, esse dia caía no final de março, em abril ou no início de maio.

9.1-12 *V.1,2* Eu deveria quase temer que tivessem omitido a celebração da Páscoa por um ano. Houve uma primeira celebração dela quando saíram do Egito, mas naquele tempo não era tanto um tipo, como um fato, era a coisa em si; não a lembrança da saída do Egito, mas a saída real, o êxodo. Dessa ordem do Senhor se compreende que, no primeiro aniversário daquela memorável época, os filhos de Israel haviam omitido a sua observância, e por isso o Senhor disse a Moisés: "Instrua os israelitas a celebrarem a Páscoa no tempo determinado". Se esta conjectura é correta, é muito significativo que um rito que pertencia à Lei de Deus, e que era, portanto, para passar adiante, foi tão logo negligenciado; e certamente foi depois negligenciado por muitos, muitos anos. Ao passo que, a grande ordenação memorial da dispensação cristã, a Ceia do Senhor, não foi negligenciada, mesmo quando os cristãos estavam sob forte perseguição dos judeus ou outras nações. Quando a observância desse ritual era mantida em meio aos pagãos era muito certo que lhes trouxesse a morte, mesmo assim os cristãos reuniam-se no primeiro dia da semana e continuamente repartiam o pão recordando a morte de seu Senhor, assim como fazemos até hoje. Suponho que a Ceia, que é o memorial de Cristo, nossa Páscoa, nunca foi completamente negligenciada ao redor do mundo, mas tem sido uma questão de observação constante na Igreja de Cristo e será assim até que Ele venha.

V.3-7 Eles estavam em grande dificuldade. Foi-lhes ordenado que viessem à Páscoa, e pecariam se não viessem; mas haviam se contaminado, ou por acidente ou por necessidade. E se chegassem assim para a Páscoa, estariam cometendo pecado. De qualquer forma, estavam em situação ruim. Deve haver alguém para enterrar os mortos. Suponho que essas pessoas haviam cumprido esse ofício necessário e não haviam tido tempo de se purificar da impureza cerimonial envolvida ao tocar os mortos; então, o que deviam fazer?

V.8 Ah, como seria sábio darmos conselhos se nunca o fizéssemos até que tivéssemos orado sobre o assunto! Possivelmente nos consideramos tão experientes e tão bem familiarizados com a mente de Deus, que podemos responder de improviso. Ou, talvez, pensemos que não precisamos consultar o Senhor de modo algum, mas que nossa própria opinião será um guia suficiente. Moisés era maior e mais sábio do que nós e disse a estes homens: "Esperem aqui até eu receber instruções do Senhor para vocês".

V.9-12 Assim, foi feita provisão para a realização de uma segunda Páscoa, para que as pessoas que estavam contaminadas na primeira observância pudessem ter a oportunidade de manter a festa um mês depois.

do Senhor. ¹¹Oferecerá um sacrifício de Páscoa um mês depois, ao entardecer do décimo quarto dia do segundo mês.ª Nessa ocasião, comerá o cordeiro de Páscoa, acompanhado de folhas verdes amargas e pão sem fermento. ¹²Não deixará sobrar coisa alguma do cordeiro até a manhã seguinte, e não quebrará osso algum do animal. Seguirá todos os decretos acerca da Páscoa.

¹³"Aquele que estiver cerimonialmente puro e não estiver viajando, mas ainda assim não celebrar a Páscoa, será eliminado do meio do povo. Se não apresentar a oferta do Senhor no devido tempo, sofrerá as consequências de sua culpa. ¹⁴E, se algum estrangeiro que vive entre vocês desejar celebrar a Páscoa do Senhor, deverá seguir os mesmos decretos. Esses decretos se aplicam tanto aos israelitas de nascimento como aos estrangeiros que vivem entre vocês".

A nuvem de fogo

¹⁵No dia em que foi armado o tabernáculo, a tenda da aliança,ᵇ a nuvem o cobriu. Desde o entardecer até o amanhecer, a nuvem sobre o tabernáculo parecia uma coluna de fogo. ¹⁶Era assim que sempre acontecia: à noite, a nuvem que cobria o tabernáculo tinha a aparência de fogo. ¹⁷Cada vez que a nuvem se elevava da tenda, o povo de Israel levantava acampamento e a seguia. No lugar onde a nuvem parava, eles acampavam. ¹⁸Assim, viajavam e acampavam por ordem do Senhor, para onde ele os conduzia. Enquanto a nuvem estava sobre o tabernáculo, permaneciam acampados. ¹⁹Se a nuvem ficava sobre o tabernáculo por muito tempo, os israelitas permaneciam ali e cumpriam suas obrigações para com o Senhor. ²⁰Às vezes a nuvem permanecia apenas alguns dias sobre o tabernáculo, de modo que o povo também ficava apenas alguns dias, conforme o Senhor ordenava. Então, por ordem do Senhor, levantavam acampamento e seguiam viagem. ²¹Às vezes a nuvem parava apenas durante a noite e se elevava na manhã seguinte. Dia ou noite, porém, quando a nuvem se elevava, os israelitas levantavam acampamento e seguiam viagem. ²²Se a nuvem permanecia sobre o tabernáculo por dois dias, um mês ou um ano, ficavam acampados e não seguiam viagem. Mas, assim que a nuvem se elevava, levantavam acampamento e seguiam viagem. ²³Com isso, acampavam por ordem do Senhor e viajavam por ordem do Senhor, e cumpriam tudo que o Senhor lhes ordenava por meio de Moisés.

As trombetas de prata

10 O Senhor também disse a Moisés: ²"Faça duas trombetas de prata batida. Com elas você chamará a comunidade para se reunir e dará o sinal para levantar acampamento. ³Quando as duas trombetas soarem, todos se reunirão diante de você à entrada da tenda do encontro. ⁴Se apenas uma trombeta soar, somente os líderes, os chefes dos clãs de Israel, se apresentarão a você.

⁵"Quando o sinal para seguir viagem soar, as tribos acampadas do lado leste levantarão acampamento e avançarão. ⁶Quando o sinal soar pela segunda vez, as tribos acampadas do lado sul virão em seguida. Mande soar dois toques curtos para indicar que devem partir. ⁷Mas, quando convocar o povo para uma reunião sagrada, mande soar um toque diferente. ⁸Apenas os sacerdotes, os descendentes de Arão, tocarão as trombetas. Essa é uma lei permanente para vocês, a ser cumprida de geração em geração.

⁹"Quando chegarem à sua própria terra e guerrearem contra os inimigos que os atacarem, usem as trombetas para soar o alarme. Então o Senhor, seu Deus, se lembrará de vocês e os livrará de seus inimigos. ¹⁰Façam soar as trombetas também em ocasiões alegres, nas festas anuais e no começo de cada mês, e toquem as trombetas ao apresentarem holocaustos e ofertas de paz. As trombetas lhes servirão de recordação diante de seu Deus. Eu sou o Senhor, seu Deus".

Os israelitas deixam o Sinai

¹¹No segundo ano desde a saída de Israel do Egito, no vigésimo dia do segundo mês,ᶜ a nuvem se elevou acima do tabernáculo da aliança.ᵈ ¹²Então os israelitas saíram do deserto do Sinai

---

ª **9.11** No antigo calendário lunar hebraico, esse dia caía no final de abril, em maio ou no início de junho. ᵇ **9.15** Ou *tenda do testemunho*. ᶜ **10.11a** No antigo calendário lunar hebraico, esse dia caía no final de abril, em maio ou no início de junho. ᵈ **10.11b** Ou *tabernáculo do testemunho*.

e viajaram de um lugar para outro até a nuvem pousar no deserto de Parã.

¹³Da primeira vez que o povo partiu, seguindo as instruções do Senhor a Moisés, ¹⁴o exército da tribo de Judá foi à frente. Marchava atrás de sua bandeira e seu comandante era Naassom, filho de Aminadabe. ¹⁵Em seguida, vieram o exército da tribo de Issacar, comandado por Natanael, filho de Zuar, ¹⁶e o exército da tribo de Zebulom, comandado por Eliabe, filho de Helom.

¹⁷O tabernáculo foi desmontado, e os levitas das divisões gersonita e merarita vieram na sequência, carregando o tabernáculo. ¹⁸O exército de Rúben veio depois, marchando atrás de sua bandeira. Seu comandante era Elizur, filho de Sedeur. ¹⁹Em seguida, vieram o exército da tribo de Simeão, comandado por Selumiel, filho de Zurisadai, ²⁰e o exército da tribo de Gade, comandado por Eliasafe, filho de Deuel.

²¹Então vieram os levitas da divisão coatita carregando os objetos sagrados. Antes que o povo chegasse ao próximo acampamento, o tabernáculo deveria estar armado em seu novo local. ²²O exército de Efraim veio depois, marchando atrás de sua bandeira, comandado por Elisama, filho de Amiúde. ²³Em seguida, vieram o exército da tribo de Manassés, comandado por Gamaliel, filho de Pedazur, ²⁴e o exército da tribo de Benjamim, comandado por Abidã, filho de Gideoni.

²⁵O exército de Dã veio por último, marchando atrás de sua bandeira e formando a retaguarda de todos os acampamentos das tribos. Seu comandante era Aieser, filho de Amisadai. ²⁶Em seguida, vieram o exército da tribo de Aser, comandado por Pagiel, filho de Ocrã, ²⁷e o exército da tribo de Naftali, comandado por Aira, filho de Enã.

²⁸Era nessa sequência que os israelitas marchavam, exército após exército.

²⁹Moisés disse a seu cunhado Hobabe, filho do midianita Reuel: "Estamos a caminho do lugar que o Senhor nos prometeu, pois ele disse: 'Eu o darei a vocês'. Venha conosco e o trataremos bem, pois o Senhor prometeu boas coisas a Israel!".

³⁰"Não irei", respondeu Hobabe. "Preciso voltar para minha própria terra e para minha família."

³¹"Por favor, não nos deixe", pediu Moisés. "Você conhece os lugares do deserto onde poderemos acampar. Venha e seja nosso guia. ³²Se nos acompanhar, compartilharemos com você todas as boas coisas que o Senhor nos der."

³³Depois de partirem do monte do Senhor, marcharam por três dias. A arca da aliança do Senhor ia à frente deles para lhes mostrar onde parar e descansar. ³⁴A cada dia, enquanto seguiam viagem, a nuvem do Senhor permanecia sobre eles. ³⁵Sempre que a arca partia, Moisés exclamava: "Levanta-te, ó Senhor! Que teus inimigos se dispersem e teus adversários fujam de diante de ti!". ³⁶E, quando a arca parava, ele dizia: "Volta, ó Senhor, aos muitos milhares de Israel!".

O povo se queixa a Moisés

11 O povo começou a reclamar de sua situação ao Senhor, que ouviu tudo que

---

10.34 [...] o povo de Deus no deserto era a imagem da Igreja de Cristo. Para onde quer que marchassem, quando Deus ia adiante deles, marchavam para a vitória! Eis que o mar Vermelho se estende em seu caminho; a coluna de nuvem se move; eles a seguem; o mar, assustado, divide-se; assim, o próprio mar Vermelho fica atônito! O que o aflige, ó mar que foi afugentado, e as suas águas se elevaram como um montão? Foi diante do Senhor, diante da presença do poderoso Deus de Jacó! Eles marcham em frente; os amalequitas os atacam –, de repente, eles caem sobre os israelitas quando estes estão desavisados – mas Deus luta por Seu povo, as mãos de Moisés são sustentadas até o pôr do sol, e Josué fere os amalequitas. Javé-Nissi é todo glorioso! Então Seom, rei dos amorreus, sai contra eles, e Ogue, rei de Basã, e os moabitas os atacam, mas o Senhor está à frente deles, e eles não sofrem mal algum. [...] Assim também tem sido com a Igreja de Deus em todas as épocas! Sua marcha é a de alguém que é belo como a Lua, claro como o Sol, e formidável como um exército com bandeiras. Que o som de sua trombeta prateada e seu eco sacudam os portões do inferno; que seus guerreiros desembainhem as suas espadas, e os seus inimigos fugirão de diante deles como nuvens vaporosas diante de um temporal em Biscaia [N.E.: Baía no Oceano Atlântico entre o norte da Espanha e o oeste da França.]! Seu caminho é o caminho de um conquistador – sua marcha, uma procissão de triunfo.

diziam. Então a ira do Senhor se acendeu, e ele enviou fogo que ardeu entre o povo, devorando alguns que viviam nas extremidades do acampamento. ²O povo gritou, pedindo ajuda a Moisés, e quando ele orou ao Senhor, o fogo se apagou. ³Depois disso, aquele lugar foi chamado de Taberá,ª pois o fogo do Senhor ardeu ali entre eles.

⁴Então o bando de estrangeiros que viajava com os israelitas começou a desejar intensamente a comida do Egito. E o povo de Israel também começou a se queixar: "Ah, se tivéssemos carne para comer! ⁵Que saudade dos peixes que comíamos de graça no Egito! Também tínhamos pepinos, melões, alhos-porós, cebolas e alhos à vontade. ⁶Mas, agora, perdemos o apetite. Não vemos outra coisa além desse maná!".

⁷O maná era como semente de coentro e tinha aparência de resina. ⁸O povo saía e o recolhia do chão. Usava-o para fazer farinha, triturando-o em moinhos manuais ou socando-o em pilões. Depois, cozinhava o maná numa panela e fazia bolos achatados, que tinham gosto de massa folheada assada com azeite. ⁹O maná caía sobre o acampamento durante a noite, com o orvalho.

¹⁰Moisés ouviu todas as famílias reclamando à entrada de suas tendas, e a ira do Senhor se acendeu. Com isso, Moisés se revoltou ¹¹e disse ao Senhor: "Por que tratas a mim, teu servo, com tanta crueldade? Tem misericórdia de mim! O que fiz para merecer o peso de todo este povo? ¹²Por acaso gerei ou dei à luz este povo? Por que me pedes para carregá-lo nos braços como a mãe carrega o bebê que mama? Como o levarei à terra que juraste dar a seus antepassados? ¹³Onde conseguirei carne para todo este povo? Eles vêm a mim reclamar, dizendo: 'Dê-nos carne para comer!'. ¹⁴Sozinho, não sou capaz de carregar todo este povo! O peso é grande demais! ¹⁵Se é assim que pretendes me tratar, mata-me de uma vez; para mim seria um favor, pois eu não veria esta calamidade!".

Moisés escolhe setenta líderes

¹⁶Então o Senhor disse a Moisés: "Reúna diante de mim setenta homens reconhecidos como autoridades e líderes de Israel. Leve-os à tenda do encontro, para que permaneçam ali com você. ¹⁷Eu descerei e falarei com você. Tomarei um pouco do Espírito que está sobre você e o colocarei sobre eles. Assim, dividirão com você o peso do povo, para que não precise carregá-lo sozinho.

¹⁸"Diga ao povo: 'Consagrem-se, pois amanhã terão carne para comer. Vocês reclamaram e o Senhor os ouviu quando disseram: 'Ah, se tivéssemos carne para comer! Estávamos melhor no Egito!'. Agora o Senhor lhes dará carne, e vocês terão de comê-la. ¹⁹E não será apenas um dia, ou dois, ou cinco, ou dez ou mesmo vinte. ²⁰Comerão carne por um mês inteiro, até lhes sair pelo nariz e vocês enjoarem dela, pois rejeitaram o Senhor que está aqui entre vocês e reclamaram contra ele, dizendo: 'Por que saímos do Egito?'".

²¹Moisés, porém, respondeu ao Senhor: "Tenho comigo um exército de seiscentos mil soldados e, no entanto, dizes: 'Eu lhes darei carne durante um mês inteiro!'. ²²Mesmo que abatêssemos todos os nossos rebanhos, bastaria para satisfazê-los? Mesmo que pegássemos todos os peixes do mar, seria suficiente?".

²³Então o Senhor disse a Moisés: "Você duvida do meu poder? Agora você verá se minha palavra se cumprirá ou não!".

²⁴Moisés saiu e transmitiu as palavras do Senhor ao povo. Reuniu os setenta líderes e os colocou ao redor da tenda da reunião.ᵇ ²⁵O Senhor desceu na nuvem e falou com ele. Depois, deu aos setenta líderes o mesmo Espírito que estava sobre Moisés. E, quando o Espírito pousou sobre eles, os líderes profetizaram, algo que nunca mais aconteceu.

²⁶Dois homens, Eldade e Medade, haviam permanecido no acampamento. Faziam parte da lista de autoridades, mas não tinham ido à tenda da reunião. E, no entanto, o Espírito também pousou sobre eles, de modo que profetizaram ali no acampamento. ²⁷Um rapaz correu e contou a Moisés: "Eldade e Medade estão profetizando no acampamento!".

²⁸Josué, filho de Num, que desde jovem era auxiliar de Moisés, protestou: "Moisés, meu senhor, faça-os parar!".

ª **11.3** *Taberá* significa "o lugar da queima". ᵇ **11.24** Em hebraico, *tenda*; também em 11.26.

²⁹Moisés, porém, respondeu: "Você está com ciúmes por mim? Que bom seria se todos do povo do Senhor fossem profetas e se o Senhor colocasse seu Espírito sobre todos eles!". ³⁰Então Moisés voltou ao acampamento com as autoridades de Israel.

O Senhor envia codornas

³¹O Senhor mandou um vento que trouxe codornas do lado do mar e as fez voar baixo por todo o acampamento. Numa área de vários quilômetros em todas as direções, voavam a uma altura de quase um metro do chão.ᵃ ³²O povo saiu e pegou codornas durante todo aquele dia, toda aquela noite e todo o dia seguinte. Ninguém recolheu menos de dez cestos grandes.ᵇ Em seguida, espalharam as codornas por todo o acampamento para secá-las. ³³Mas, enquanto ainda se empanturravam, com a boca cheia de carne, a ira do Senhor se acendeu contra o povo, e ele os feriu com uma praga terrível. ³⁴Por isso, aquele lugar foi chamado de Quibrote-Hataavá,ᶜ pois ali sepultaram o povo que cobiçou a carne do Egito. ³⁵De Quibrote-Hataavá o povo viajou para Hazerote, onde ficou algum tempo.

As queixas de Miriã e Arão

12 Miriã e Arão criticaram Moisés porque ele havia se casado com uma mulher cuxita.ᵈ ²Disseram: "Acaso o Senhor fala apenas por meio de Moisés? Também não falou por meio de nós?". E o Senhor ouviu isso. ³(Ora, Moisés era muito humilde, mais que qualquer outra pessoa na terra.)

⁴No mesmo instante, o Senhor chamou Moisés, Arão e Miriã e disse: "Vão à tenda do encontro, vocês três!", e eles foram para lá. ⁵Então o Senhor desceu na coluna de nuvem e parou à entrada da tenda de encontro. "Arão e Miriã!", chamou ele. Os dois se aproximaram, ⁶e o Senhor lhes disse: "Ouçam o que vou dizer:

"Se houver profeta entre vocês,
    eu, o Senhor, me revelarei em visões;
    falarei com ele em sonhos.
⁷Não é assim, porém, com meu servo
    Moisés;
    ele tem sido fiel em toda a minha casa.ᵉ
⁸Falo com ele face a face,
    claramente, e não por meio de enigmas;
    ele vê a forma do Senhor.
Como vocês ousaram
    criticar meu servo Moisés?".

⁹A ira do Senhor se acendeu contra eles, e ele se retirou. ¹⁰Enquanto a nuvem se afastava da tenda, Miriã ficou ali, com a pele branca como a neve, leprosa.ᶠ Quando Arão viu o que havia acontecido com ela, ¹¹clamou a Moisés: "Ó meu senhor! Por favor, não nos castigue pelo pecado que insensatamente cometemos. ¹²Não permita que ela fique como um bebê que nasce morto, já em decomposição".

¹³Então Moisés clamou ao Senhor: "Ó Deus, eu suplico que a cures!".

¹⁴O Senhor respondeu a Moisés: "Se o pai de Miriã tivesse apenas cuspido no rosto dela, não ficaria contaminada por sete dias? Portanto, mantenham-na fora do acampamento por sete dias. Depois disso, ela poderá ser aceita de volta".

¹⁵Miriã foi mantida fora do acampamento por sete dias, e o povo esperou até ela ser trazida de volta para seguir viagem. ¹⁶Então saíram de Hazerote e acamparam no deserto de Parã.

Doze espiões fazem o reconhecimento de Canaã

13 O Senhor disse a Moisés: ²"Envie homens para fazer o reconhecimento da terra de Canaã, a terra que eu dou aos israelitas. Mande um líder de cada tribo de seus antepassados". ³Moisés fez conforme o Senhor ordenou. Do acampamento no deserto de Parã, enviou doze homens, todos eles chefes das tribos de Israel. ⁴Estas eram as tribos e os nomes de seus líderes:

da tribo de Rúben, Samua, filho de Zacur;
⁵da tribo de Simeão, Safate, filho de Hori;
⁶da tribo de Judá, Calebe, filho de Jefoné;
⁷da tribo de Issacar, Igal, filho de José;
⁸da tribo de Efraim, Oseias, filho de Num;
⁹da tribo de Benjamim, Palti, filho de Rafu;
¹⁰da tribo de Zebulom, Gadiel, filho de Sodi;

ᵃ**11.31** Ou *cobriam o chão formando uma camada de quase 1 metro* [2 côvados] *de altura*. ᵇ**11.32** Em hebraico, *10 ômeres*, cerca de 2.200 litros. ᶜ**11.34** *Quibrote-Hataavá* significa "túmulos da gula". ᵈ**12.1** O termo *cuxita* possivelmente indica origem etíope. ᵉ**12.7** Ou *de todo o meu povo, é nele que confio*. ᶠ**12.10** O termo hebraico não se refere somente à hanseníase, mas também a diversas doenças de pele.

¹¹da tribo de Manassés, filho de José, Gadi, filho de Susi; ¹²da tribo de Dã, Amiel, filho de Gemali; ¹³da tribo de Aser, Setur, filho de Micael; ¹⁴da tribo de Naftali, Nabi, filho de Vofsi; ¹⁵da tribo de Gade, Geuel, filho de Maqui.

¹⁶Esses são os nomes dos homens que Moisés enviou para explorar a terra. (Moisés deu a Oseias, filho de Num, o nome de Josué.)

¹⁷Quando Moisés os enviou para fazer o reconhecimento da terra, deu-lhes as seguintes instruções: "Subam pelo Neguebe até a região montanhosa. ¹⁸Vejam como é a terra e descubram se seus habitantes são fortes ou fracos, poucos ou muitos. ¹⁹Observem em que tipo de terra vivem, se é boa ou ruim. As cidades têm muralhas ou são desprotegidas como campos abertos? ²⁰O solo é fértil ou pobre? A região tem muitas árvores? Façam todo o possível para trazer de volta amostras das colheitas que encontrarem". (Era a época da colheita das primeiras uvas maduras.)

²¹Eles subiram e fizeram o reconhecimento da terra, desde o deserto de Zim até Reobe, perto de Lebo-Hamate. ²²Subiram pelo Neguebe e chegaram a Hebrom, onde viviam Aimã, Sesai e Talmai, todos descendentes de Enaque. (A antiga cidade de Hebrom foi fundada sete anos antes da cidade egípcia de Zoã.) ²³Quando chegaram ao vale de Escol, cortaram um ramo com um só cacho de uvas tão grande que dois deles precisaram carregá-lo numa vara. Levaram também amostras de romãs e figos. ²⁴Aquele lugar recebeu o nome de vale de Escol,[a] por causa do cacho de uvas que os israelitas cortaram ali.

O relatório da missão de reconhecimento

²⁵Depois de passarem quarenta dias explorando a terra, os homens retornaram ²⁶a Moisés, a Arão e a toda a comunidade de Israel em Cades, no deserto de Parã. Relataram o que tinham visto a toda a comunidade e mostraram os frutos que trouxeram da terra. ²⁷Este foi o relatório que deram a Moisés: "Entramos na terra à qual você nos enviou e, de fato, é uma terra que produz leite e mel com fartura. Aqui está o tipo de fruto que nela há. ²⁸Contudo, o povo que vive ali é poderoso, e suas cidades são grandes e fortificadas. Vimos até os descendentes de Enaque! ²⁹Os amalequitas vivem no Neguebe, e os hititas, jebuseus e amorreus vivem na região montanhosa. Os cananeus vivem perto do litoral do mar Mediterrâneo[b] e no vale do Jordão".

³⁰Calebe tentou acalmar o povo que estava diante de Moisés. "Vamos partir agora mesmo para tomar a terra!", disse ele. "Com certeza podemos conquistá-la!"

³¹Mas os outros homens que tinham feito com ele o reconhecimento da terra discordaram: "Não podemos enfrentá-los! São mais fortes que nós!". ³²Então espalharam entre os israelitas um relatório negativo sobre a terra, dizendo: "A terra que atravessamos ao fazer o

---

[a] 13.24 *Escol* significa "cacho". [b] 13.29 Em hebraico, *do mar*.

13.32 Canaã é um excelente retrato da religião. Os filhos de Israel devem permanecer como representantes da grande massa da humanidade; a grande massa da humanidade nunca experimenta por si própria o que é a religião. Não busca nossos livros sagrados, nem prova e testa *nossa religião*. Mas isso faz: considera aqueles que fazem uma profissão de religião como espiões que entraram na terra e observam o nosso caráter e a nossa conduta como a mensagem que lhes refletimos. O homem ímpio não lê sua Bíblia para descobrir se a religião de Cristo é santa e bela. Não, ele lê a Bíblia viva — a Igreja de Cristo — e se a igreja for inconsistente ele condena a Bíblia, embora a Bíblia nunca seja responsável pelos pecados daqueles que professam nela crer! [...]

Gostaria que os homens mencionados no texto tivessem sido os únicos espias que tivessem trazido um relatório negativo — teria sido uma grande misericórdia se a praga que os matou tivesse matado todo o restante do mesmo tipo. Mas, infelizmente, a raça, receio, nunca será extinta e enquanto o mundo durar, haverá alguns que professam a fé que trarão um relatório negativo da terra. Mas agora, deixe-me apresentar os maus espias. Lembre-se de que esses espias devem ser julgados, não pelo que dizem, mas pelo *que fazem*. Para as pessoas do mundo, palavras não são nada — *atos* são tudo! Os relatos que trazemos de nossa religião não são os relatos do púlpito — não os relatos que proferimos com nossos lábios — mas o relatório de nossa vida cotidiana, falando em nossas casas e na vida diária.

reconhecimento devorará quem for morar ali! Todas as pessoas que vimos são enormes. ³³Vimos até gigantes,ª os descendentes de Enaque! Perto deles, nos sentimos como gafanhotos, e também era assim que parecíamos para eles".

O povo se rebela

14 Então toda a comunidade começou a chorar em voz alta e continuou em prantos a noite toda. ²Suas vozes se elevaram em grande protesto contra Moisés e Arão. "Ah, se ao menos tivéssemos morrido no Egito, ou mesmo aqui no deserto!", diziam. ³"Por que o Senhor está nos levando para essa terra só para morrermos em combate? Nossas esposas e crianças serão capturadas como prisioneiros de guerra! Não seria melhor voltarmos para o Egito?" ⁴E disseram uns aos outros: "Vamos escolher um novo líder e voltar para o Egito!".

⁵Moisés e Arão se curvaram com o rosto em terra diante de toda a comunidade de Israel. ⁶Dois dos homens que tinham feito o reconhecimento da terra, Josué, filho de Num, e Calebe, filho de Jefoné, rasgaram suas roupas ⁷e disseram a toda a comunidade de Israel: "A terra da qual fizemos o reconhecimento é muito boa! ⁸E, se o Senhor se agradar de nós, ele nos levará em segurança até ela e a dará a nós. É uma terra que produz leite e mel com fartura. ⁹Não se rebelem contra o Senhor e não tenham medo dos povos da terra. Diante de nós, eles estão indefesos! Não têm quem os proteja, mas o Senhor está conosco! Não tenham medo deles!".

¹⁰Ainda assim, toda a comunidade começou a falar em apedrejar Josué e Calebe. Então a presença gloriosa do Senhor apareceu na tenda do encontro a todos os israelitas, ¹¹e o Senhor disse a Moisés: "Até quando este povo me tratará com desprezo? Será que nunca confiarão em mim, mesmo depois de todos os sinais que realizei entre eles? ¹²Eu os deserdarei e os destruirei com uma praga. Então, farei de você um povo ainda maior e mais poderoso que eles!".

Moisés intercede pelo povo

¹³Moisés, porém, respondeu ao Senhor: "O que os egípcios pensarão? Eles sabem muito bem do poder que mostraste ao resgatar o teu povo do meio deles. ¹⁴Os egípcios informarão isso aos habitantes dessa terra, que já ouviram falar que vives entre o teu povo. Sabem, Senhor, que apareces ao teu povo face a face e que a tua nuvem permanece sobre ele e que vais adiante dele na coluna de nuvem de dia e na coluna de fogo à noite. ¹⁵Se exterminares todo este povo com um só golpe, as nações que ouviram falar de tua fama dirão: ¹⁶'O Senhor não foi capaz de levá-los à terra que jurou lhes dar, por isso os matou no deserto'.

¹⁷"Por favor, Senhor, mostra que o teu poder é tão grande quanto declaraste. Pois disseste: ¹⁸'O Senhor é lento para se irar, é cheio de amor e perdoa todo tipo de pecado e rebeldia. Contudo, não absolve o culpado; traz as consequências do pecado dos pais sobre os filhos até a terceira e quarta geração'. ¹⁹De acordo com o teu grande amor, peço que perdoes os pecados deste povo, como os tens perdoado desde que saíram do Egito".

²⁰Então o Senhor disse: "Eu os perdoarei, como você me pediu. ²¹Mas, tão certo quanto eu

---

ª **13.33** Em hebraico, *nefilim*.

14.11 Se estes filhos de Anaque fossem dez vezes mais altos do que eram, mesmo assim, o Senhor Todo-Poderoso poderia vencê-los, e se suas cidades tivessem sido literais, bem como figurativamente, muradas até os céus, mesmo assim Javé os castigaria do Céu e lançaria Suas muralhas na poeira. Homens gigantescos e cidades fortificadas não são nada para Aquele que dividiu o mar Vermelho. Quando o Onipotente está presente, a oposição desaparece. Isso era tão claro que se os israelitas estivessem com medo, a verdadeira razão era porque não criam em seu Deus. Portanto, meus irmãos, despojemos nossos desânimos e murmurações de todos os seus disfarces, vejamo-los em seu verdadeiro caráter e eles surgirão em sua própria deformidade nua e crua como incredulidade em Deus. É verdade que a dificuldade diante de nós pode parecer gigantesca, mas não pode ser grande para o Senhor que prometeu fazer-nos mais que vencedores. É verdade que as circunstâncias podem parecer extraordinariamente desconcertantes, mas não podem aturdir Aquele que prometeu nos guiar com Seu conselho. E como estamos bem conscientes disto, fica claro que a verdadeira razão pela qual estamos tão desanimados não se encontra nas dificuldades e circunstâncias, mas em nossa incredulidade em Deus.

vivo e tão certo quanto a terra está cheia da glória do Senhor, ²²nenhuma dessas pessoas entrará na terra. Todas elas viram a minha presença gloriosa e os sinais que realizei no Egito e no deserto. Repetidamente, porém, me puseram à prova, recusando-se a ouvir a minha voz. ²³Jamais verão a terra que jurei dar a seus antepassados. Nenhum daqueles que me trataram com desprezo a verá. ²⁴Meu servo Calebe, no entanto, teve uma atitude diferente dos demais. Permaneceu fiel a mim, por isso eu o farei entrar na terra da qual fez o reconhecimento, e seus descendentes tomarão posse dela. ²⁵Agora, deem meia-volta e não sigam rumo à terra onde habitam os amalequitas e cananeus. Amanhã partirão para o deserto, em direção ao mar Vermelho".ᵃ

O Senhor castiga os israelitas

²⁶Então o Senhor disse a Moisés e a Arão: ²⁷"Até quando precisarei tolerar esta comunidade perversa e suas queixas contra mim? Sim, ouvi as queixas dos israelitas contra mim. ²⁸Agora, digam-lhes o seguinte: 'Tão certo quanto eu vivo, declara o Senhor, farei com vocês exatamente aquilo que os ouvi dizerem. ²⁹Todos vocês cairão mortos neste deserto! Uma vez que se queixaram contra mim, todos com mais de 20 anos que foram contados no censo morrerão. ³⁰Não entrarão nem tomarão posse da terra que eu jurei lhes dar, para que nela morassem. As únicas exceções serão Calebe, filho de Jefoné, e Josué, filho de Num.

³¹"Vocês disseram que seus filhos seriam tomados como prisioneiros de guerra. Pois bem, eu os farei entrar na terra em segurança, e eles desfrutarão daquilo que vocês desprezaram. ³²Mas, quanto a vocês, cairão mortos neste deserto. ³³Seus filhos serão como pastores, andando sem rumo pelo deserto durante quarenta anos. Desse modo, sofrerão a consequência de sua infidelidade, até que o último de vocês morra no deserto.

³⁴"Uma vez que seus espiões passaram quarenta dias fazendo o reconhecimento da terra, vocês andarão sem rumo pelo deserto durante quarenta anos, um ano para cada dia, como punição por sua culpa. Assim, saberão o resultado de se opor a mim'. ³⁵Eu, o Senhor, falei! Certamente farei essas coisas a todos os membros da comunidade que conspiraram contra mim. Serão destruídos neste deserto, e aqui morrerão!".

³⁶Os homens que Moisés tinha enviado para fazer o reconhecimento da terra, aqueles que instigaram a rebelião contra ele com seu relatório negativo, ³⁷morreram repentinamente de uma praga diante do Senhor. ³⁸Dos homens que haviam feito o reconhecimento da terra, apenas Josué e Calebe sobreviveram.

³⁹Quando Moisés transmitiu essas palavras aos israelitas, eles se encheram de tristeza. ⁴⁰No dia seguinte, levantaram-se cedo e subiram em direção ao alto dos montes. "Vamos!", disseram. "Reconhecemos que pecamos, mas agora estamos prontos para entrar na terra que o Senhor nos prometeu."

⁴¹Moisés, porém, disse: "Por que desobedecem à ordem do Senhor? Isso não dará certo! ⁴²Não subam para a terra agora, pois o Senhor não estará com vocês. Seus inimigos os aniquilarão! ⁴³Quando enfrentarem os amalequitas e cananeus na batalha, serão massacrados. Porque vocês abandonaram o Senhor, ele os abandonará".

⁴⁴Arrogantemente, os israelitas avançaram até o alto dos montes, apesar de Moisés e a arca da aliança do Senhor terem ficado no acampamento. ⁴⁵Então os amalequitas e cananeus que viviam naqueles montes desceram, derrotaram os israelitas e os perseguiram até Hormá.

Leis acerca das ofertas

15 Então o Senhor disse a Moisés: ²"Dê as seguintes instruções ao povo de Israel.

"Quando vocês se estabelecerem na terra que eu lhes dou, ³apresentarão ofertas especiais como aroma agradável ao Senhor. Essas ofertas poderão ser apresentadas de diferentes formas: um holocausto, um sacrifício para cumprir um voto, uma oferta voluntária ou uma oferta em alguma das festas anuais, e serão de seus rebanhos de bois ou ovelhas. ⁴Quando apresentarem essas ofertas, também entregarão ao Senhor uma oferta de cereal de dois litrosᵇ de farinha da melhor qualidade misturada com um litroᶜ de azeite. ⁵Para cada cordeiro apresentado como holocausto ou

---

ᵃ**14.25** Em hebraico, *mar de juncos*. ᵇ**15.4a** Em hebraico, *1/10 de efa*. ᶜ**15.4b** Em hebraico, *1/4 de him*; também em 15.5.

sacrifício, vocês entregarão também um litro de vinho como oferta derramada.

⁶"Se o sacrifício for um carneiro, apresentem uma oferta de cereal de quatro litrosᵃ de farinha da melhor qualidade misturada com um litro e um terçoᵇ de azeite ⁷e um litro e um terço de vinho como oferta derramada. Será um aroma agradável ao Senhor.

⁸"Quando apresentarem um novilho como holocausto, como sacrifício para cumprir um voto, ou como oferta de paz ao Senhor, ⁹também entregarão uma oferta de cereal de seis litrosᶜ de farinha da melhor qualidade misturada com dois litrosᵈ de azeite ¹⁰e dois litros de vinho como oferta derramada. Será uma oferta especial, um aroma agradável ao Senhor.

¹¹"Cada sacrifício de novilho, carneiro, cordeiro ou cabrito deverá ser preparado dessa maneira. ¹²Sigam essas instruções para cada sacrifício que apresentarem. ¹³Todos os israelitas de nascimento seguirão essas instruções quando apresentarem uma oferta especial como aroma agradável ao Senhor. ¹⁴E, se algum estrangeiro que os visita ou que vive entre vocês ou entre seus descendentes quiser apresentar uma oferta especial como aroma agradável ao Senhor, deverá seguir os mesmos procedimentos. ¹⁵Os israelitas de nascimento e os estrangeiros são iguais diante do Senhor e estão sujeitos aos mesmos decretos da comunidade. Essa é uma lei permanente para vocês, a ser cumprida de geração em geração. ¹⁶As mesmas instruções e ordens se aplicam tanto a vocês como aos estrangeiros que vivem em seu meio".

¹⁷Então o Senhor disse a Moisés: ¹⁸"Dê as seguintes instruções ao povo de Israel.

"Quando chegarem à terra para onde os levo ¹⁹e comerem das colheitas que ela produz, separarão uma parte como oferta para o Senhor. ²⁰Apresentem um bolo feito da primeira farinha que moerem e separem-no como oferta, como fazem com os primeiros cereais da eira. ²¹Todas as gerações futuras apresentarão ao Senhor uma oferta da primeira farinha que moerem.

²²"Se vocês, sem intenção, deixarem de cumprir todos esses mandamentos que o Senhor ordenou a Moisés, ²³sim, tudo que o Senhor lhes ordenou por meio de Moisés, desde o dia em que ele o ordenou, para vocês e para as gerações futuras, ²⁴e a comunidade não se der conta de seu erro, toda a comunidade apresentará um novilho como holocausto de aroma agradável ao Senhor. O sacrifício será apresentado junto com a oferta de cereal e a oferta derramada, conforme prescrito, e também com um bode como oferta pelo pecado. ²⁵Com essa oferta, o sacerdote fará expiação por toda a comunidade de Israel, e ela será perdoada. O pecado não foi intencional e foi expiado com as ofertas apresentadas ao Senhor, a oferta especial e a oferta pelo pecado. ²⁶Toda a comunidade de Israel será perdoada, incluindo os estrangeiros que vivem entre vocês, pois o pecado envolveu todo o povo.

²⁷"Se um único indivíduo cometer um pecado não intencional, apresentará uma cabra de um ano como oferta pelo pecado. ²⁸O sacerdote a sacrificará a fim de fazer expiação pelo culpado diante do Senhor, e ele será perdoado. ²⁹Essas instruções sobre o pecado involuntário se aplicam tanto aos israelitas de nascimento como aos estrangeiros que vivem em seu meio.

³⁰"Mas aquele que arrogantemente fizer algo contrário à vontade de Deus, seja israelita de nascimento ou estrangeiro, blasfema contra o Senhor e deverá ser eliminado do meio do povo. ³¹Uma vez que tratou a palavra do Senhor com desprezo e desobedeceu à sua ordem de propósito, deverá ser eliminado e sofrer o castigo por sua culpa".

O castigo por não guardar o sábado

³²Certo dia, enquanto o povo de Israel estava no deserto, encontraram um homem recolhendo lenha no sábado. ³³As pessoas que o encontraram recolhendo lenha o levaram perante Moisés, Arão e o restante da comunidade. ³⁴Como ainda não estava determinado o que fariam com ele, mantiveram o homem preso. ³⁵Então o Senhor disse a Moisés: "O homem deve ser executado! Toda a comunidade o apedrejará fora do acampamento". ³⁶Assim, toda a comunidade levou o homem para fora do acampamento e o apedrejou até a morte, conforme o Senhor havia ordenado a Moisés.

ᵃ**15.6a** Em hebraico, *2/10 de efa*. ᵇ**15.6b** Em hebraico, *1/3 de him*; também em 15.7. ᶜ**15.9a** Em hebraico, *3/10 de efa*. ᵈ**15.9b** Em hebraico, *1/2 de him*; também em 15.10.

Franjas nas roupas

³⁷O Senhor disse a Moisés: ³⁸"Dê as seguintes instruções ao povo de Israel. Vocês e as gerações futuras farão franjas na bainha da roupa e as prenderão com um fio azul. ³⁹Quando virem as franjas, recordarão todos os mandamentos do Senhor e os cumprirão. Assim, não serão infiéis, seguindo os desejos de seu coração e de seus olhos. ⁴⁰As franjas os ajudarão a lembrar que devem obedecer a todos os meus mandamentos e ser santos para o seu Deus. ⁴¹Eu sou o Senhor, seu Deus, que os tirou da terra do Egito para ser o seu Deus. Eu sou o Senhor, seu Deus".

A rebelião de Corá

16 Corá, filho de Isar, descendente de Coate, filho de Levi, armou uma conspiração com Datã e Abirão, filhos de Eliabe, e Om, filho de Pelete, da tribo de Rúben. ²Com outros 250 líderes israelitas, todos membros importantes da comunidade, os três instigaram uma rebelião contra Moisés. ³Juntaram-se contra Moisés e Arão e disseram: "Vocês foram longe demais! A comunidade foi consagrada pelo Senhor, e ele está em nosso meio. Que direito vocês têm de agir como se fossem superiores à comunidade do Senhor?".

⁴Quando Moisés ouviu o que disseram, curvou-se com o rosto em terra. ⁵Em seguida, disse a Corá e a seus seguidores: "Amanhã cedo o Senhor nos mostrará quem pertence a ele[a] e quem é consagrado. Só trará à sua presença aqueles que ele escolher. ⁶Você, Corá, e todos os seus seguidores, preparem incensários. ⁷Amanhã, acendam fogo neles e queimem incenso diante do Senhor. Então veremos quem o Senhor escolherá como consagrado a ele. Vocês, levitas, foram longe demais!".

⁸Moisés falou novamente a Corá: "Agora ouçam, levitas! ⁹Acaso lhes parece de pouca importância que o Deus de Israel os tenha escolhido dentre toda a comunidade de Israel para estar perto dele a fim de trabalharem no tabernáculo do Senhor e estarem perante a comunidade para servi-la? ¹⁰Ele já deu a você, Corá, e a seus companheiros levitas essa função, e agora exigem também o serviço sacerdotal? ¹¹Na verdade, é contra o Senhor que você e seus seguidores estão se rebelando! Afinal, quem é Arão para se queixarem dele?".

¹²Então Moisés mandou chamar Datã e Abirão, filhos de Eliabe, mas eles responderam: "Não iremos! ¹³Não basta você nos ter tirado do Egito, uma terra que produz leite e mel com fartura, para nos matar aqui no deserto? Agora quer nos tratar como se fosse autoridade sobre nós? ¹⁴Além disso, você não nos levou a outra terra que produz leite e mel com fartura, e não nos deu uma nova propriedade com campos e vinhedos. Está tentando enganar estes homens?[b] Não iremos!".

¹⁵Moisés ficou furioso e disse ao Senhor: "Não aceites as ofertas de cereais deles! Não tomei deles nem sequer um jumento, e jamais lhes fiz algum mal". ¹⁶E Moisés disse a Corá: "Você e seus seguidores venham aqui amanhã e apresentem-se diante do Senhor. Arão também virá. ¹⁷Você e cada um de seus 250 seguidores prepararão um incensário e colocarão incenso nele, a fim de apresentá-lo diante do Senhor. Arão também trará seu incensário".

¹⁸Cada um deles preparou um incensário, acendeu o fogo e colocou incenso nele. Depois, todos se apresentaram à entrada da tenda do encontro com Moisés e Arão. ¹⁹Corá havia instigado toda a comunidade contra Moisés e Arão, e todos se reuniram à entrada da tenda do encontro. Então a presença gloriosa do Senhor apareceu a toda a comunidade, ²⁰e o Senhor disse a Moisés e a Arão: ²¹"Afastem-se dessa comunidade, para que eu a destrua agora mesmo!".

²²Moisés e Arão, porém, se prostraram com o rosto em terra e suplicaram. "Ó Deus, tu és aquele que dá fôlego a todas as criaturas. É necessário que fiques irado com toda a comunidade quando somente um homem pecou?".

²³O Senhor disse a Moisés: ²⁴"Então diga a toda a comunidade que se afaste das tendas de Corá, Datã e Abirão".

²⁵Moisés se levantou e foi até as tendas de Datã e Abirão, e as autoridades de Israel o seguiram. ²⁶"Vamos!", disse ele ao povo. "Afastem-se das tendas destes homens perversos e não toquem em coisa alguma que seja deles.

---

[a] **16.5** A Septuaginta traz *Deus visitou e conhece os que são seus*. Comparar com 2Tm 2.19. [b] **16.14** Em hebraico, *Está tentando furar os olhos destes homens?*

Do contrário, vocês serão destruídos por causa dos pecados deles." ²⁷Todo o povo se afastou das tendas de Corá, Datã e Abirão, e Datã e Abirão saíram e ficaram em pé à entrada das tendas, junto com suas esposas, seus filhos e suas crianças pequenas.

²⁸Então Moisés disse: "Assim vocês saberão que o Senhor me enviou para fazer todas estas coisas que tenho feito, pois não as realizei por minha própria conta. ²⁹Se estes homens morrerem de causas naturais, ou se nada fora do comum acontecer, então o Senhor não me enviou. ³⁰Mas, se o Senhor fizer algo completamente novo e o chão abrir sua boca e os engolir junto com todos os seus pertences, e eles descerem vivos à sepultura,ᵃ vocês saberão que estes homens mostraram desprezo pelo Senhor".

³¹Mal ele havia acabado de dizer essas palavras, e o chão debaixo deles rachou. ³²A terra abriu a boca e engoliu os homens, todas as suas famílias, todos os seus seguidores e tudo que possuíam. ³³Desceram vivos à sepultura, junto com todos os seus pertences. A terra se fechou sobre eles, e desapareceram do meio da comunidade. ³⁴Todo o povo que estava ao redor fugiu quando ouviu os gritos deles. "A terra nos engolirá também!", exclamaram. ³⁵Em seguida, um fogo ardente saiu do Senhor e queimou os 250 homens que ofereciam incenso.

³⁶ᵇO Senhor disse a Moisés: ³⁷"Ordene a Eleazar, filho do sacerdote Arão, que tire todos os incensários do meio do fogo, pois são santos. Diga-lhe também que espalhe as brasas. ³⁸Pegue os incensários dos homens que pecaram e pagaram por isso com a própria vida e bata o metal com um martelo, até formar uma lâmina para revestir o altar. Uma vez que esses incensários foram usados na presença do Senhor, eles se tornaram santos. Que sirvam de advertência para o povo de Israel".

³⁹O sacerdote Eleazar recolheu os incensários de bronze usados pelos homens que *morreram queimados e bateu o metal com um martelo, até formar uma lâmina para revestir* o altar. ⁴⁰Essa lâmina serviria como recordação aos israelitas; ninguém que não fosse descendente de Arão poderia entrar na presença do Senhor para queimar incenso. Se alguém o fizesse, aconteceria a ele o mesmo que havia acontecido a Corá e seus seguidores, conforme o Senhor tinha dito por meio de Moisés.

⁴¹Logo na manhã seguinte, porém, toda a comunidade de Israel começou a se queixar de Moisés e Arão outra vez. "Vocês mataram o povo do Senhor!", diziam eles. ⁴²Mas, enquanto se reuniam para protestar contra Moisés e Arão, voltaram-se para a tenda do encontro e viram a nuvem cobri-la, e a presença gloriosa do Senhor apareceu.

⁴³Moisés e Arão foram para a frente da tenda do encontro, ⁴⁴e o Senhor disse a Moisés: ⁴⁵"Afaste-se desta comunidade, para que eu a destrua agora mesmo!", e Moisés e Arão se prostraram com o rosto em terra.

⁴⁶Então Moisés disse a Arão: "Rápido! Pegue um incensário e coloque nele brasas do altar. Acrescente incenso e leve-o para o meio da comunidade, a fim de fazer expiação por ela, pois a ira do Senhor está acesa, e a praga já começou!".

⁴⁷Arão seguiu a ordem de Moisés e correu para o meio da comunidade. A praga já havia começado a matá-los, mas Arão queimou o incenso e fez expiação por eles. ⁴⁸Colocou-se entre os mortos e os vivos, e a praga cessou. ⁴⁹Ainda assim, 14.700 pessoas morreram da praga, além daqueles que tinham morrido por causa da rebelião de Corá. ⁵⁰Uma vez que a praga cessou, Arão voltou a Moisés, que estava à entrada da tenda do encontro.

A vara de Arão floresce

17 ¹ᶜO Senhor disse a Moisés: ²"Diga aos israelitas que tragam doze varas de madeira, uma para cada líder das tribos de seus antepassados. Escreva o nome de cada líder em sua vara. ³Na vara da tribo de Levi, escreva o nome de Arão, pois é necessário que haja uma vara para cada chefe das tribos de seus antepassados. ⁴Coloque as varas na tenda do encontro, diante da arca que contém as tábuas da aliança,ᵈ onde

---

ᵃ **16.30** Em hebraico, *ao Sheol*; também em 16.33. ᵇ **16.36** No texto hebraico, os versículos 16.36-50 são numerados 17.1-15. ᶜ **17.1** No texto hebraico, os versículos 17.1-13 são numerados 17.16-28. ᵈ **17.4** Em hebraico, *na tenda do encontro, diante do testemunho*. O termo hebraico para "testemunho" se refere aos termos da aliança do Senhor com Israel escritos em tábuas de pedra guardadas na arca, e também à aliança em si.

eu me encontro com você. ⁵A vara daquele que eu escolher florescerá, e eu acabarei de vez com a murmuração e as queixas dos israelitas contra vocês".

⁶Moisés transmitiu as instruções ao povo de Israel, e cada um dos doze líderes das tribos, incluindo Arão, levou uma vara para Moisés. ⁷Então Moisés colocou as varas na presença do Senhor na tenda da aliança.ᵃ ⁸No dia seguinte, quando Moisés entrou na tenda da aliança, viu que a vara de Arão, que representava a tribo de Levi, tinha florescido, produzindo brotos, botões, flores e amêndoas maduras.

⁹Depois que retirou as varas da presença do Senhor, Moisés as mostrou para o povo, e cada líder tomou de volta sua vara. ¹⁰O Senhor disse a Moisés: "Ponha a vara de Arão permanentemente diante da arca da aliança,ᵇ para que sirva de advertência aos rebeldes. Isso acabará com as queixas deles contra mim e evitará mais mortes". ¹¹Moisés fez conforme o Senhor lhe ordenou.

¹²Então os israelitas disseram a Moisés: "Estamos condenados! Vamos morrer, vamos todos morrer! ¹³Quem se aproximar do tabernáculo do Senhor morrerá. Será que estamos todos condenados a morrer?".

Deveres dos sacerdotes e levitas

18 O Senhor disse a Arão: "Você, seus filhos e seus parentes da tribo de Levi serão responsabilizados por quaisquer ofensas relacionadas ao santuário. Mas somente você e seus filhos serão responsabilizados por ofensas relacionadas ao serviço sacerdotal.

²"Traga seus parentes da tribo de Levi, a tribo de seus antepassados, para ajudarem você e seus filhos a cumprir o serviço diante da tenda da aliança.ᶜ ³Quando os levitas realizarem as tarefas que lhes foram designadas na tenda, deverão cuidar para que não se aproximem de qualquer dos objetos sagrados nem do altar. Se o fizerem, tanto eles como vocês morrerão. ⁴Junto com vocês, os levitas cumprirão as responsabilidades de cuidar da tenda do encontro e trabalhar nela, mas ninguém que não seja autorizado poderá se aproximar.

⁵"Vocês se encarregarão pessoalmente do serviço no santuário e no altar, para que minha ira não volte a se acender contra o povo de Israel. ⁶Eu mesmo escolhi, dentre todos os israelitas, seus parentes, os levitas, como presente para vocês, consagrados ao Senhor para o serviço na tenda do encontro. ⁷Mas você e seus filhos, os sacerdotes, devem se encarregar pessoalmente de todo o serviço sacerdotal relacionado ao altar e ao que está por trás da cortina interna. Eu lhes dou o serviço sacerdotal como um presente. Qualquer pessoa não autorizada que se aproximar do santuário será morta".

O sustento dos sacerdotes e levitas

⁸O Senhor disse ainda a Arão: "Eu mesmo o encarreguei de todas as ofertas sagradas que os israelitas trazem a mim. Dou todas essas ofertas consagradas a você e a seus filhos como sua porção permanente. ⁹A parte das ofertas santíssimas que não é queimada no fogo é reservada para vocês. Essa porção de todas as ofertas santíssimas trazidas a mim, tanto das ofertas de cereal como das ofertas pelo pecado e das ofertas pela culpa, é santíssima e pertence a você e a seus filhos. ¹⁰Comam-na como oferta santíssima. Todos os sacerdotes a comerão e a considerarão santíssima.

¹¹"Todas as ofertas sagradas e ofertas movidas que os israelitas apresentarem a mim, movendo-as para o alto diante do altar, também pertencerão a vocês. Eu as dou a você e a seus filhos e filhas como sua porção permanente. Qualquer membro de sua família que estiver cerimonialmente puro comerá dessas ofertas.

¹²"Também dou a vocês as primeiras ofertas das colheitas que o povo apresentar ao Senhor: o melhor do azeite, do vinho novo e dos cereais. ¹³Todas as primeiras colheitas da terra que o povo apresentar ao Senhor pertencem a vocês. Qualquer membro de sua família que estiver cerimonialmente puro comerá desses alimentos.

¹⁴"Tudo que em Israel for consagrado para o Senhor também pertence a vocês.

¹⁵"O primeiro filho de cada família e a primeira cria de cada animal, oferecidos ao

---

ᵃ **17.7** Ou *tabernáculo do testemunho*; também em 17.8. ᵇ **17.10** Em hebraico, *diante do testemunho*; ver nota em 17.4. ᶜ **18.2** Ou *tabernáculo do testemunho*.

Senhor, serão seus. Mas o primeiro filho e a primeira cria de animais cerimonialmente impuros serão sempre resgatados. ¹⁶Vocês deverão resgatá-los quando eles tiverem um mês de idade. (O preço do resgate é de cinco peças de prata, com base no siclo do santuário, equivalente a doze gramas cada peça.ª)

¹⁷"Não deverão resgatar, porém, as primeiras crias das vacas, ovelhas e cabras; elas foram separadas. Aspirja seu sangue sobre o altar e queime a gordura como oferta especial, um aroma agradável ao Senhor. ¹⁸A carne desses animais pertencerá a vocês, como o peito e a coxa direita que são movidas para o alto como oferta especial diante do altar. ¹⁹Sim, eu dou a você todas essas ofertas sagradas que os israelitas apresentam ao Senhor. São para você e para seus filhos e filhas, para serem consumidos como sua porção permanente. Essa é uma aliança sem fim e irrevogávelᵇ entre o Senhor e você, e também se aplica a seus descendentes".

²⁰O Senhor disse mais a Arão: "Vocês, sacerdotes, não receberão herança nem propriedade alguma na terra do povo. Eu sou sua propriedade e sua herança entre os israelitas. ²¹Darei aos levitas os dízimos de todo o povo de Israel como herança por seus serviços na tenda do encontro.

²²"De agora em diante, nenhum israelita se aproximará da tenda do encontro. Se alguém se aproximar, será declarado culpado e morrerá. ²³Somente os levitas servirão na tenda do encontro, e serão responsabilizados por quaisquer ofensas contra ela. Essa é uma lei permanente para vocês, a ser cumprida de geração em geração. Os levitas não herdarão porção alguma de terra entre os israelitas, ²⁴pois eu lhes dou os dízimos dos israelitas, apresentados como ofertas para o Senhor. Essa será a herança dos levitas. Por isso eu disse que eles não herdariam terra alguma entre os israelitas".

²⁵O Senhor disse ainda a Moisés: ²⁶"Dê as seguintes instruções aos levitas. Quando receberem dos israelitas os dízimos que eu dou a vocês como sua herança, entreguem a décima parte deles — um dízimo dos dízimos — ao Senhor como oferta. ²⁷Essa será considerada sua oferta das colheitas, como se fosse o primeiro cereal de sua eira ou do vinho de sua prensa de uvas. ²⁸Apresentem a décima parte do dízimo recebido dos israelitas como oferta para o Senhor. Essa é a porção sagrada do Senhor, e vocês devem apresentá-la ao sacerdote Arão. ²⁹Entreguem ao Senhor as melhores porções de todas as ofertas sagradas que receberem.

³⁰"Dê também as seguintes instruções aos levitas. Quando apresentarem a melhor parte como sua oferta, ela será considerada como se tivesse vindo de sua própria eira ou de sua prensa de uvas. ³¹Vocês e suas famílias comerão desse alimento onde quiserem, pois é a recompensa por seu serviço na tenda do encontro. ³²Não serão considerados culpados por aceitarem os dízimos, desde que entreguem a melhor porção aos sacerdotes. Mas tomem cuidado para não tratar as ofertas sagradas dos israelitas como se fosse algo qualquer. Se o fizerem, morrerão".

A água da purificação

19 O Senhor disse a Moisés e a Arão: ²"Esta é uma prescrição da lei que o Senhor

---

ª **18.16** Em hebraico, *5 siclos segundo o siclo do santuário, equivalente a 20 geras.* ᵇ **18.19** Em hebraico, *de sal.*

19.2 É uma *novilha* — era incomum o sacrifício de uma fêmea; e mal sabemos por que deve ser neste caso, a menos que, de fato, seja para tornar a *substituição* mais evidente. [...] Talvez, para tornar a substituição óbvia e completa, para mostrar que esta novilha estava no lugar de toda a semente de Israel, ela tenha sido escolhida em vez do touro habitual. Era uma novilha *vermelha*. Alguns pensam que era por causa de sua raridade, pois era muito difícil encontrar um animal que fosse vermelho sem uma única mancha — porque se houvesse um único pelo branco ou preto ela seria rejeitada. Ela devia ser inteira e completamente vermelha! Alguns pensam que isso era para significar como a pessoa de Cristo é única e incomparável; que extraordinário — o unigênito do Pai — o único Redentor das almas; de virtude incomparável e de tão gloriosa linhagem, que nenhum anjo pode se comparar a Ele, nem nenhum dos filhos dos homens pode, por um momento, equiparar-se a Ele. Provavelmente, no entanto, a novilha vermelha era escolhida apenas por trazer à mente dos israelitas a ideia de sangue, que sempre era associado com a expiação e remoção do pecado.

ordenou: Diga aos israelitas que tragam até vocês uma novilha vermelha, um animal perfeito, sem defeito, sobre o qual nunca tenha sido colocada a canga de um arado. ³Entreguem a novilha ao sacerdote Eleazar. Ele a levará para fora do acampamento e, na presença dele, a novilha será morta. ⁴Eleazar pegará com o dedo um pouco do sangue e dele aspergirá sete vezes na direção da entrada da tenda do encontro. ⁵A novilha inteira — couro, carne, sangue e excrementos — será queimada na presença de Eleazar. ⁶Então ele pegará um pedaço de madeira de cedro, um ramo de hissopo e um pouco de fio vermelho e os lançará no fogo onde a novilha estiver sendo queimada.

⁷"Em seguida, o sacerdote lavará suas roupas e se banhará com água. Depois disso, voltará ao acampamento, mas ficará cerimonialmente impuro até o entardecer. ⁸O homem que queimar a novilha também lavará suas roupas e se banhará com água, e também ficará impuro até o entardecer. ⁹Então uma pessoa cerimonialmente pura juntará as cinzas da novilha e as colocará num lugar cerimonialmente puro fora do acampamento. Elas ficarão guardadas ali para que a comunidade de Israel as use na cerimônia da água de purificação, para a remoção de pecados. ¹⁰O homem que recolher as cinzas da novilha lavará suas roupas e ficará impuro até o entardecer. Essa é uma lei permanente para os israelitas e para os estrangeiros que vivem entre eles.

¹¹"Quem tocar num cadáver humano ficará cerimonialmente impuro por sete dias. ¹²No terceiro e no sétimo dia, ele se purificará com a água da purificação; então, estará puro. Mas, se não seguir esse procedimento no terceiro e no sétimo dia, continuará impuro mesmo depois do sétimo dia. ¹³Quem toca num cadáver e não se purifica corretamente contamina o tabernáculo do Senhor e será eliminado do povo de Israel. Permanecerá impuro, uma vez que a água da purificação não foi aspergida sobre ele.

¹⁴"A seguinte lei se aplica quando alguém morre numa tenda. Quem entrar nessa tenda e quem estiver dentro dela quando a morte ocorrer ficarão cerimonialmente impuros por sete dias. ¹⁵Qualquer vasilha que não tiver sido tampada também ficará contaminada. ¹⁶Se, ao andar pelo campo, alguém tocar no cadáver de uma pessoa morta à espada ou que tenha morrido de causas naturais, ou tocar num osso humano ou num túmulo, ficará impuro por sete dias.

¹⁷"Para remover a contaminação, coloquem parte das cinzas do holocausto de purificação num jarro e derramem água corrente por cima. ¹⁸Então uma pessoa cerimonialmente pura pegará um ramo de hissopo e o molhará na água. Em seguida, aspergirá a água sobre a tenda, sobre todos os seus utensílios e sobre as pessoas que estavam na tenda; fará o mesmo com a pessoa que tocou num osso humano, ou num morto, ou em alguém que morreu de causas naturais, ou que tocou num túmulo. ¹⁹No terceiro e no sétimo dia, a pessoa cerimonialmente pura aspergirá água sobre quem estiver contaminado. No sétimo dia, aquele que está sendo purificado lavará suas roupas e se banhará e, ao entardecer, estará puro de sua contaminação.

²⁰"Contudo, aquele que se contaminar e não se purificar será eliminado da comunidade, pois contaminou o santuário do Senhor. Permanecerá impuro, uma vez que a água da purificação não foi aspergida sobre ele. ²¹Essa é uma lei permanente para o povo. Quem aspergir a água da purificação lavará, depois, suas roupas, e quem tocar na água usada para a purificação ficará impuro até o entardecer. ²²Qualquer coisa ou pessoa em que o indivíduo contaminado tocar ficará impura até o entardecer".

A desobediência de Moisés

20 No primeiro mês do ano,ᵃ toda a comunidade chegou ao deserto de Zim e acampou em Cades. Enquanto estavam lá, Miriã morreu e foi sepultada.

²Como não havia água naquele lugar, o povo se rebelou contra Moisés e Arão. ³Discutiram com Moisés e disseram: "Se ao menos tivéssemos morrido com nossos irmãos diante do Senhor! ⁴Por que vocês trouxeram a comunidade do Senhor até este deserto? Foi para

---

ᵃ **20.1** No antigo calendário lunar hebraico, o primeiro mês geralmente caía entre março e abril. O número de anos desde a saída do Egito não é especificado.

morrermos, junto com todos os nossos animais? ⁵Por que nos obrigaram a sair do Egito e nos trouxeram para este lugar terrível? Esta terra não tem cereais, nem figos, nem uvas, nem romãs, nem água para beber!".

⁶Moisés e Arão se afastaram do povo e foram até a frente da tenda do encontro, onde se prostraram com o rosto em terra. Então a presença gloriosa do Senhor lhes apareceu, ⁷e o Senhor disse a Moisés: ⁸"Você e Arão, peguem a vara e reúnam todo o povo. Enquanto eles observam, falem àquela rocha ali, e dela jorrará água. Vocês tirarão água suficiente da rocha para matar a sede de toda a comunidade e de seus animais".

⁹Moisés fez conforme o Senhor havia ordenado. Pegou a vara que ficava guardada diante do Senhor e, ¹⁰em seguida, ele e Arão mandaram chamar o povo para se reunir em frente da rocha. "Ouçam, seus rebeldes!", gritou Moisés. "Será que é desta rocha que teremos de tirar água para vocês?" ¹¹Então Moisés levantou a mão e bateu na rocha duas vezes com a vara, e jorrou muita água. Assim, toda a comunidade e todos os seus animais beberam até matar a sede.

¹²O Senhor, porém, disse a Moisés e a Arão: "Uma vez que vocês não confiaram em mim para mostrar minha santidade aos israelitas, não os conduzirão à terra que eu lhes dou!". ¹³Por isso aquele lugar ficou conhecido como Meribá,[a] pois ali os israelitas discutiram com o Senhor, e ali ele mostrou sua santidade entre eles.

Edom não deixa Israel passar

¹⁴Enquanto estava em Cades, Moisés enviou representantes ao rei de Edom com a seguinte mensagem:

"É isto que dizem seus parentes, o povo de Israel: É de seu conhecimento todas as dificuldades que tivemos. ¹⁵Nossos antepassados desceram ao Egito, onde vivemos por muito tempo. Ali, nós e nossos antepassados fomos maltratados pelos egípcios, ¹⁶mas, quando clamamos ao Senhor, ele nos ouviu e enviou um anjo que nos tirou do Egito. Agora estamos acampados em Cades, cidade na fronteira de seu território. ¹⁷Pedimos que nos deixe atravessar sua terra. Tomaremos cuidado para não passar por seus campos e vinhedos, e não beberemos água de seus poços. Seguiremos pela estrada real e só a deixaremos quando tivermos atravessado seu território".

¹⁸O rei de Edom, porém, disse: "Fiquem fora do meu território ou irei ao seu encontro com meu exército!".

¹⁹Os israelitas responderam: "Ficaremos na estrada principal. Se nós ou nossos animais bebermos de sua água, pagaremos por ela. Apenas deixe-nos passar por seu território; é só o que pedimos".

²⁰O rei de Edom retrucou: "Vocês não têm permissão de passar por nossa terra!". Em seguida, mobilizou suas tropas e marchou contra o povo de Israel com um exército poderoso. ²¹Uma vez que o povo de Edom se recusou a deixá-los passar por seu território, os israelitas foram obrigados a desviar-se dele.

A morte de Arão

²²Então toda a comunidade de Israel partiu de Cades e chegou ao monte Hor. ²³Ali, na fronteira com a terra de Edom, o Senhor disse a Moisés e a Arão: ²⁴"É chegado o momento de Arão reunir-se a seus antepassados. Não entrará na terra que dou aos israelitas, pois vocês se rebelaram contra minhas instruções a respeito da água em Meribá. ²⁵Agora, leve Arão e seu filho Eleazar ao monte Hor. ²⁶Em seguida, tire as roupas sacerdotais de Arão e coloque-as em Eleazar, seu filho. Arão morrerá ali e se reunirá a seus antepassados".

²⁷Moisés fez conforme o Senhor lhe ordenou. Os três subiram juntos ao monte Hor, enquanto toda a comunidade observava. ²⁸No topo, Moisés tirou as roupas sacerdotais de Arão e as colocou em Eleazar, filho de Arão. Então Arão morreu no alto do monte, e Moisés e Eleazar desceram. ²⁹Quando a comunidade percebeu que Arão havia morrido, todo o povo de Israel lamentou sua morte por trinta dias.

Vitória sobre os cananeus

21 Quando o rei cananeu de Arade, que vivia no Neguebe, soube que o povo de Israel

---

[a] **20.13** *Meribá* significa "discussão".

se aproximava pelo caminho que atravessava Atarim, ele os atacou e capturou alguns deles. ²Então o povo de Israel fez o seguinte voto ao Senhor: "Se entregares este povo em nossas mãos, destruiremos completamente todas as suas cidades". ³O Senhor ouviu o pedido do povo de Israel e lhes deu vitória sobre os cananeus. Os israelitas os destruíram completamente e também suas cidades; desde então, aquele lugar passou a ser chamado de Hormá.ᵃ

A serpente de bronze
⁴Em seguida, partiram do monte Hor e tomaram o caminho para o mar Vermelho,ᵇ a fim de contornar a terra de Edom. Mas o povo ficou impaciente ⁵e começou a se queixar contra Deus e contra Moisés: "Por que você nos tirou do Egito para morrermos aqui no deserto? Aqui não há o que comer nem o que beber. E detestamos este maná horrível!".

⁶Então o Senhor enviou serpentes venenosas que morderam o povo, e muitos morreram. ⁷O povo clamou a Moisés: "Pecamos ao falar contra o Senhor e contra você. Ore para que o Senhor tire as serpentes de nosso meio". E Moisés orou pelo povo.

⁸O Senhor lhe disse: "Faça a réplica de uma serpente venenosa e coloque-a no alto de um poste. Todos que forem mordidos viverão se olharem para ela". ⁹Moisés fez uma serpente de bronze e a colocou no alto de um poste. Quem era mordido por uma serpente e olhava para a réplica de bronze era curado.

A viagem de Israel para Moabe
¹⁰Os israelitas viajaram para Obote e acamparam ali. ¹¹Depois, seguiram para Ijé-Abarim, no deserto, na fronteira leste de Moabe. ¹²De lá, viajaram para o vale do ribeiro de Zerede, onde acamparam. ¹³Em seguida, partiram e acamparam do outro lado do rio Arnom, na região deserta junto ao território dos amorreus. O rio Arnom é a fronteira que separa os moabitas dos amorreus. ¹⁴Por isso, o *Livro das Guerras do Senhor* fala sobre "...Vaebe, na região de Sufá, e os riachos do rio Arnom, ¹⁵e os riachos que se estendem até o povoado de Ar na fronteira de Moabe".

¹⁶De lá os israelitas viajaram até Beer,ᶜ o poço onde o Senhor disse a Moisés: "Reúna o povo, e eu lhe darei água". ¹⁷Ali os israelitas entoaram esta canção:

"Jorre, ó poço!
Sim, cantem seus louvores!
¹⁸Cantem a respeito deste poço,
que príncipes cavaram,
que líderes abriram
com seus cetros e cajados".

Então saíram do deserto e passaram por Mataná, ¹⁹Naaliel e Bamote. ²⁰Depois, seguiram para o vale em Moabe, onde fica o monte Pisga. Do pico desse monte se vê o deserto.ᵈ

Vitória sobre Seom e Ogue
²¹O povo de Israel enviou representantes a Seom, rei dos amorreus, com a seguinte mensagem:

²²"Permita-nos atravessar sua terra. Teremos cuidado de não passar por seus campos e vinhedos, e não beberemos água de seus poços. Seguiremos pela estrada real e só a deixaremos quando tivermos atravessado seu território".

²³O rei Seom, porém, não os deixou atravessar seu território. Em vez disso, mobilizou todo o seu exército e atacou o povo de Israel no deserto. A guerra ocorreu em Jaza, ²⁴e o povo de Israel massacrou pela espada os amorreus e

---

ᵃ**21.3** *Hormá* significa "destruição". ᵇ**21.4** Em hebraico, *mar de juncos*. ᶜ**21.16** *Beer* significa "poço". ᵈ**21.20** Ou *se vê Jesimom*.

21.5 Quando se lê sobre as peregrinações de Israel no deserto, alguém pode se cansar deste clamor repetitivo como um papagaio: "Por que você nos tirou do Egito?". Por quase 40 anos, essa foi sua lamentação sempre que encontravam qualquer tipo de dificuldade. Quão aborrecido Deus deve ter ficado com esse clamor — e também com eles! E nesta ocasião, essa súplica foi levantada porque haviam sido alimentados com "pão dos anjos", à qual eles chamaram de "maná horrível". O maná era de fácil digestão, saudável e o melhor tipo de comida para eles no deserto — mas queriam algo mais substancial, algo que tivesse um sabor menos delicado, mais da Terra e menos do Céu! Não há satisfação em um coração não regenerado. Se tivéssemos todas as bênçãos desta vida, ainda estaríamos competindo por mais.

ocupou seu território desde o rio Arnom até o rio Jaboque. Avançaram apenas até a fronteira com os amonitas, pois a divisa era fortificada.ᵃ ²⁵O povo de Israel capturou todas as cidades dos amorreus e se estabeleceu nelas, incluindo Hesbom e os vilarejos ao redor. ²⁶Hesbom era a capital de Seom, rei dos amorreus. Ele havia derrotado o rei moabita anterior e tomado todas as suas terras até o rio Arnom. ²⁷Por isso os poetas dizem a seu respeito:

"Venham a Hesbom! Que ela seja
  reconstruída!
Que seja restaurada a cidade de Seom!
²⁸Fogo saiu de Hesbom,
  uma chama da cidade de Seom.
Consumiu a cidade de Ar em Moabe,
  destruiu os governantes dos altos do
    Arnom.
²⁹Que aflição os espera, povo de Moabe!
  Estão arruinados, adoradores de Camos!
Camos entregou seus filhos como
  refugiados,
  suas filhas como prisioneiras a Seom, o
    rei amorreu.
³⁰Nós os aniquilamos,
  desde Hesbom até Dibom.
Nós os exterminamos
  até lugares distantes como Nofá e
    Medeba".ᵇ

³¹Assim, o povo de Israel ocupou o território dos amorreus. ³²Depois que Moisés enviou homens para fazer o reconhecimento de Jazar, os israelitas tomaram todas as cidades da região e expulsaram os amorreus que viviam ali. ³³Em seguida, voltaram e marcharam pelo caminho até Basã, mas o rei Ogue, de Basã, e todo o seu povo os atacaram em Edrei. ³⁴O Senhor disse a Moisés: "Não tenha medo dele, pois eu o entreguei a você, junto com todo o seu povo e sua terra. Faça com ele o mesmo que fez com Seom, rei dos amorreus, que vivia em Hesbom". ³⁵Desse modo, mataram o rei Ogue, seus filhos e todo o seu povo; não restou sobrevivente algum. Então ocuparam seu território.

Balaque manda buscar Balaão

22 Então os israelitas viajaram para as campinas de Moabe e acamparam a leste do rio Jordão, do lado oposto de Jericó. ²Balaque, filho de Zipor, viu tudo que o povo de Israel havia feito aos amorreus. ³Quando os moabitas viram como os israelitas eram numerosos, ficaram apavorados. ⁴Disseram aos líderes de Midiã: "Essa multidão devorará tudo que estiver à vista, como um boi devora o capim no pasto!".

Então Balaque, que era rei de Moabe, ⁵enviou mensageiros para chamar Balaão, filho de Beor, que vivia em Petor, sua terra natal, perto do rio Eufrates.ᶜ Sua mensagem dizia:

"Um povo enorme saiu do Egito e cobre a terra, e agora está acampado perto de mim. ⁶Venha e amaldiçoe esse povo, pois é poderoso demais para mim. Então, quem sabe, poderei derrotá-lo e expulsá-lo da terra. Sei que bênçãos vêm sobre aqueles que você abençoa, e maldições caem sobre aqueles que você amaldiçoa".

⁷Os mensageiros de Balaque, líderes de Moabe e Midiã, partiram levando o valor necessário para pagar Balaão a fim de que ele amaldiçoasse Israel.ᵈ Chegaram aonde Balaão estava e lhe transmitiram a mensagem de Balaque. ⁸"Passem a noite aqui", disse Balaão. "Pela manhã eu lhes direi que orientação recebi do Senhor." E os oficiais de Moabe permaneceram com Balaão.

⁹Naquela noite, Deus veio a Balaão e lhe perguntou: "Quem são seus visitantes?".

¹⁰Balaão respondeu a Deus: "Balaque, filho de Zipor, rei de Moabe, me enviou a seguinte mensagem: ¹¹'Um povo enorme saiu do Egito e cobre a terra. Venha e amaldiçoe esse povo. Então, quem sabe, poderei enfrentá-lo e expulsá-lo da terra'".

¹²Mas Deus disse a Balaão: "Não vá com eles nem amaldiçoe esse povo, pois é povo abençoado!".

¹³Na manhã seguinte, Balaão se levantou e disse aos oficiais de Balaque: "Voltem para casa! O Senhor não me permitiu ir com vocês".

ᵃ**21.24** Ou *pois o terreno da fronteira com os amonitas era escarpado*; o hebraico traz *pois a divisa com os amonitas era forte*. ᵇ**21.30** Ou *até que o fogo se espalhe até Medeba*. O significado do hebraico é incerto. ᶜ**22.5** Em hebraico, *perto do rio*. ᵈ**22.7** Em hebraico, *partiram com o dinheiro da adivinhação na mão*.

¹⁴Os oficiais moabitas voltaram ao rei Balaque e lhe informaram: "Balaão se recusou a vir conosco". ¹⁵Então Balaque fez outra tentativa. Dessa vez, enviou um número maior de oficiais ainda mais importantes que os homens que tinha enviado inicialmente. ¹⁶Eles foram até Balaão e lhe transmitiram a seguinte mensagem:

"É isto que diz Balaque, filho de Zipor: Por favor, não se recuse a vir me ajudar. ¹⁷Pagarei muito bem e farei tudo que me pedir. Por favor, venha e amaldiçoe esse povo para mim".

¹⁸Balaão, porém, respondeu aos oficiais de Balaque: "Mesmo que Balaque me desse seu palácio cheio de prata e ouro, eu não poderia fazer coisa alguma, grande ou pequena, contra a vontade do Senhor, meu Deus. ¹⁹Fiquem, porém, mais esta noite, e eu verei se o Senhor tem algo mais a me dizer".

²⁰Naquela noite, Deus veio a Balaão e lhe disse: "Uma vez que estes homens vieram chamá-lo, levante-se e vá com eles. Contudo, faça apenas o que eu mandar".

Balaão e sua jumenta

²¹Na manhã seguinte, Balaão se levantou, pôs a sela sobre sua jumenta e partiu com os oficiais moabitas. ²²A ira de Deus se acendeu porque Balaão foi com eles, de modo que enviou o anjo do Senhor para se pôr no caminho e impedir sua passagem. Enquanto Balaão ia montado na jumenta, acompanhado por dois servos, ²³a jumenta de Balaão viu o anjo do Senhor em pé no caminho, segurando uma espada. A jumenta se desviou do caminho e saiu para um campo, mas Balaão bateu nela e a fez voltar para o caminho. ²⁴Então o anjo do Senhor se pôs num lugar onde o caminho se estreitava, entre os muros de dois vinhedos. ²⁵Quando a jumenta viu o anjo do Senhor, tentou passar pelo espaço apertado e espremeu o pé de Balaão contra o muro. Por isso, Balaão bateu nela outra vez. ²⁶Então o anjo do Senhor foi mais adiante no caminho e se pôs num lugar estreito demais para a jumenta passar, seja pela direita ou pela esquerda. ²⁷Quando a jumenta viu o anjo, ela se deitou, apesar de Balaão ainda estar montado. Num ataque de raiva, Balaão a espancou com uma vara.

²⁸Então o Senhor fez a jumenta falar. "O que eu lhe fiz para você me bater três vezes?", perguntou ela a Balaão.

²⁹"Você me fez de tolo!", gritou Balaão. "Se eu tivesse uma espada, mataria você!"

³⁰"Mas eu sou a mesma jumenta que você montou a vida toda", disse ela. "Alguma vez eu fiz algo parecido?"

"Não", respondeu Balaão.

³¹Então o Senhor abriu os olhos de Balaão, e ele viu o anjo do Senhor em pé no caminho, segurando a espada. Balaão curvou a cabeça e se prostrou diante dele com o rosto em terra.

³²"Por que você bateu três vezes na jumenta?", perguntou o anjo do Senhor. "Eu vim para impedir sua passagem, pois você insiste em seguir por um caminho que me desagrada. ³³Três vezes a jumenta me viu e se afastou; se ela não tivesse se desviado, certamente eu teria matado você e poupado a vida da jumenta."

³⁴"Pequei", disse Balaão ao anjo do Senhor. "Não percebi que estavas no caminho impedindo minha passagem. Se te opões à minha viagem, voltarei para casa."

³⁵O anjo do Senhor disse a Balaão: "Vá com os homens, mas fale apenas o que eu lhe disser". Balaão seguiu viagem com os oficiais de Balaque. ³⁶Quando o rei Balaque soube que Balaão estava a caminho, saiu para se encontrar com ele numa cidade moabita junto ao rio Arnom, na fronteira de seu território.

³⁷Balaque perguntou a Balaão: "Não mandei chamá-lo com urgência? Por que não veio de imediato? Não acreditou em mim quando eu disse que lhe daria uma grande recompensa?".

³⁸Balaão respondeu: "Agora estou aqui, mas não posso falar o que bem entender. Transmitirei apenas a mensagem que Deus puser em minha boca". ³⁹Então Balaão acompanhou Balaque até Quiriate-Huzote. ⁴⁰Ali, Balaque sacrificou bois e ovelhas e mandou entregar porções da carne a Balaão e aos oficiais que estavam com ele. ⁴¹Na manhã seguinte, Balaque subiu com Balaão até Bamote-Baal. De lá, podiam ver uma parte do povo.

A primeira mensagem de Balaão

23 Balaão disse a Balaque: "Construa aqui sete altares e prepare sete novilhos e sete carneiros". ²Balaque seguiu as instruções de

Balaão, e os dois ofereceram um novilho e um carneiro em cada altar.

³Então Balaão disse a Balaque: "Fique aqui junto aos holocaustos enquanto eu vejo se o Senhor virá ao meu encontro. Depois lhe direi o que ele me revelar". Em seguida, subiu sozinho até o topo de um monte sem vegetação, ⁴e Deus veio ao encontro dele. Balaão disse: "Preparei sete altares e ofereci um novilho e um carneiro em cada altar".

⁵O Senhor deu a Balaão uma mensagem para o rei Balaque e disse: "Volte até onde Balaque está e transmita-lhe essa mensagem".

⁶Balaão voltou e encontrou o rei junto aos holocaustos e, com ele, todos os líderes de Moabe. ⁷Esta foi a mensagem que Balaão transmitiu:

"Balaque me trouxe desde Arã;
   o rei de Moabe me trouxe dos montes do leste.
'Venha', disse ele, 'amaldiçoe Jacó para mim!
   Venha e anuncie a condenação de Israel!'
⁸Mas como posso amaldiçoar
   aqueles que Deus não amaldiçoou?
Como posso condenar
   aqueles que o Senhor não condenou?
⁹Do alto dos rochedos eu os vejo,
   dos montes os observo.
Vejo um povo que vive só,
   separado das outras nações.
¹⁰Quem pode contar os descendentes de Jacó,
   tão numerosos quanto o pó?
Quem pode contar ao menos um quarto de Israel?
Que eu morra como os justos!
Que meu fim seja como o deles!".

¹¹Então o rei Balaque disse a Balaão: "O que você me fez? Eu o trouxe aqui para amaldiçoar meus inimigos; em vez disso, você os abençoou!".

¹²Balaão respondeu: "Como eu poderia transmitir algo diferente daquilo que o Senhor pôs em minha boca?".

A segunda mensagem de Balaão

¹³Então Balaque lhe disse: "Venha comigo a outro lugar. Dali, você verá outra parte do povo, mas não ele todo. Amaldiçoe dali o povo!". ¹⁴Então Balaque levou Balaão ao campo de Zofim, no alto do monte Pisga. Construiu ali sete altares e ofereceu um novilho e um carneiro em cada altar.

¹⁵Balaão disse ao rei: "Fique aqui junto aos holocaustos enquanto eu vou ao encontro do Senhor".

¹⁶Então o Senhor veio ao encontro de Balaão e lhe transmitiu uma mensagem, e depois disse: "Volte até onde Balaque está e transmita-lhe essa mensagem".

¹⁷Balaão voltou e encontrou o rei junto aos holocaustos e, com ele, todos os oficiais de Moabe. "O que o Senhor disse?", perguntou Balaque.

¹⁸Esta foi a mensagem que Balaão transmitiu:

"Levante-se, Balaque, e preste atenção!
   Ouça-me, filho de Zipor!
¹⁹Deus não é homem para mentir,
   nem ser humano para mudar de ideia.
Alguma vez ele falou e não agiu?
   Alguma vez prometeu e não cumpriu?
²⁰Ouça, recebi ordem de abençoar;
   Deus abençoou, e não posso anular sua bênção!
²¹Quando ele olha para Jacó, não vê maldade alguma;
   não vê calamidade à espera de Israel.
Pois o Senhor, seu Deus, está com eles;

23.21,22 Os melhores críticos nos dão outra interpretação: "Deus os está tirando do Egito". Quando Deus está no meio de Seu povo, Ele está nos guiando, para que alegremente cantemos essa canção: "Ele me conduz, Ele me conduz", e prossigamos com Davi dizendo: "me leva para junto de riachos tranquilos"; não precisamos de nenhum outro líder na igreja quando temos Deus, pois Seus olhos e braços guiarão Seu povo. Sempre tenho receio de ter regras humanas em uma igreja, e igualmente temeroso de ser governado por precedentes humanos. Tenho receio de que o poder seja investido em um, dois ou vinte homens. O poder deve estar no próprio Senhor. [...] Ah, se Deus está na igreja para liderá-la, ela será guiada corretamente. Não se apaixone por este sistema em particular, ou por aquele, meus irmãos e irmãs. Não exalte este ou aquele plano de trabalho! Obtenha o Espírito de Deus e quase qualquer forma que a vida espiritual tome será uma forma de

foi aclamado como seu rei.
²²Deus os tirou do Egito;
    ele é forte como o boi selvagem.
²³Encantamento algum pode tocar Jacó,
    magia alguma tem poder contra Israel.
Agora se dirá a respeito de Jacó:
    'Vejam o que Deus fez por Israel!'.
²⁴Este povo se levanta como leoa,
    como leão majestoso que desperta.
Não descansa enquanto não devora a presa
    e bebe o sangue dos que foram mortos!".

²⁵Então Balaque disse a Balaão: "Pois bem! Se não os amaldiçoar, pelo menos não os abençoe!".
²⁶Mas Balaão respondeu: "Não lhe avisei que faria apenas o que o Senhor me ordenasse?".

A terceira mensagem de Balaão
²⁷O rei Balaque disse a Balaão: "Venha, eu o levarei a mais um lugar. Quem sabe Deus se agrade de que você os amaldiçoe dali!".
²⁸Balaque levou Balaão até o topo do monte Peor, de onde se vê o deserto.ª ²⁹Mais uma vez, Balaão disse a Balaque: "Construa sete altares e prepare sete novilhos e sete carneiros". ³⁰Balaque seguiu as instruções de Balaão e ofereceu um novilho e um carneiro em cada altar.

24

Quando Balaão percebeu que o Senhor se agradava de abençoar Israel, não recorreu à adivinhação como antes. Em vez disso, voltou-se em direção ao deserto, ²onde viu o povo de Israel acampado de acordo com suas tribos. Então o Espírito de Deus veio sobre Balaão, ³e ele transmitiu a seguinte mensagem:

"Esta é a mensagem de Balaão, filho de Beor,
    a mensagem do homem cujos olhos
    veem com clareza,
⁴a mensagem daquele que ouve as palavras
    de Deus,
que tem uma visão concedida pelo
    Todo-poderoso,
que se curva com os olhos bem abertos:

⁵Como são belas suas tendas, ó Jacó!
    Como são lindas suas moradas, ó Israel!
⁶Estendem-se diante de mim como
    palmeiras,ᵇ
    como jardins à beira do rio.
São como aloés plantados pelo Senhor,
    como cedros junto às águas.
⁷Águas jorrarão de seus baldes,
    e suas sementes serão bem regadas.
Seu rei será maior que Agague,
    e seu reino será exaltado.
⁸Deus os tirou do Egito;
    ele é forte como o boi selvagem.
Devora todas as nações que se opõem a ele;
    despedaça seus ossos
    e com flechas as atravessa.
⁹Como leão, Israel se agacha e se deita;
    como a leoa, quem tem coragem de
    acordá-lo?
Sejam abençoados os que o abençoarem
    e amaldiçoados os que o amaldiçoarem".

¹⁰O rei Balaque se enfureceu contra Balaão e, batendo as palmas das mãos, gritou: "Eu o chamei para amaldiçoar meus inimigos; em vez disso, você os abençoou três vezes! ¹¹Vá embora! Volte para casa! Eu lhe prometi uma grande recompensa, mas o Senhor o impediu de recebê-la!".
¹²Balaão disse a Balaque: "Você não se lembra do que expliquei a seus mensageiros? Eu lhes avisei: ¹³'Mesmo que Balaque me desse seu palácio cheio de prata e ouro, eu não poderia fazer coisa alguma, boa ou má, contra a vontade do Senhor'! Avisei que só poderia falar aquilo que o Senhor dissesse! ¹⁴Agora, volto para meu povo, mas primeiro lhe direi o que esse povo fará ao seu povo no futuro".

A última mensagem de Balaão
¹⁵Balaão transmitiu a seguinte mensagem:

"Esta é a mensagem de Balaão, filho de Beor,
    a mensagem do homem cujos olhos
    veem com clareza,

ª **23.28** Ou *de onde se vê Jesimon.* ᵇ **24.6** Ou *como um vale.*

---

energia adequada para emergências específicas. Deus nunca conduz Seu povo erroneamente. Eles devem seguir a coluna de nuvem e a de fogo. Ainda que os conduza pelo mar, eles o atravessarão com pés secos. Embora os conduza através de um deserto, serão alimentados. Ainda que os leve a uma terra sedenta, beberão da água da rocha. Devemos ter o Senhor conosco para nos guiar ao descanso prometido.

¹⁶a mensagem daquele que ouve as
palavras de Deus,
que possui conhecimento dado pelo
Altíssimo,
que tem uma visão concedida pelo Todo-
-poderoso,
que se curva com os olhos bem abertos:
¹⁷Eu o vejo, mas não agora;
eu o avisto, mas não de perto.
Uma estrela surgirá de Jacó,
um cetro se levantará de Israel.
Esmagará a cabeça[a] do povo de Moabe
e rachará o crânio dos descendentes de
Sete.
¹⁸Tomará posse de Edom
e conquistará seu inimigo, Seir,
enquanto Israel marcha adiante em
triunfo.
¹⁹De Jacó surgirá um governante
que destruirá os sobreviventes de Ar".

²⁰Então Balaão olhou na direção do povo de Amaleque e transmitiu a seguinte mensagem:

"Amaleque era a primeira de todas as
nações,
mas seu destino é a destruição!".

²¹Em seguida, Balaão olhou na direção dos queneus e transmitiu a seguinte mensagem:

"Sua habitação é segura;
seu ninho está apoiado nas rochas.
²²Os queneus, porém, serão destruídos
quando Assur os levar prisioneiros".

²³Balaão concluiu sua mensagem com estas palavras:

"Ai! Quem pode sobreviver
quando Deus fizer essas coisas?
²⁴Navios virão do litoral de Chipre,[b]
oprimirão Assur e afligirão Héber,
mas eles também serão destruídos".

²⁵Então Balaão se levantou e voltou para sua terra, e Balaque também seguiu seu caminho.

Moabe corrompe Israel

25 Enquanto estava acampado em Sitim, os homens de Israel começaram a manter relações sexuais com mulheres moabitas da região. ²Essas mulheres os convidaram para os sacrifícios a seus deuses, e o povo participou da festa e adorou os deuses de Moabe. ³Assim, os israelitas prestaram culto a Baal em Peor, e a ira do Senhor se acendeu contra o povo.

⁴O Senhor disse a Moisés: "Prenda todos os chefes do povo e execute-os diante do Senhor em plena luz do dia, para que sua ira ardente se afaste de Israel".

⁵Então Moisés ordenou aos juízes de Israel: "Cada um de vocês executará os homens sob sua autoridade que participaram do culto a Baal em Peor".

---

[a]24.17 Conforme o Pentateuco Samaritano; o significado do termo hebraico é incerto. [b]24.24 Em hebraico, *Quitim*.

24.17 Você observará como, evidentemente, ele está conectado com um cetro e com um conquistador. Jacó deveria ser abençoado com um líder valente que deveria se tornar um soberano triunfante. Muito frequentemente na literatura oriental, seus grandes homens, e especialmente seus grandes libertadores, são chamados de estrelas. A estrela tem sido constantemente associada à monarquia e até mesmo em nosso próprio país ainda olhamos para a estrela como um dos emblemas de elevada posição. Contemplem, então, nosso Senhor Jesus Cristo como a Estrela de Jacó! Ele é o Capitão de Seu povo, o líder dos exércitos do Senhor, *o Rei em Jesurum, Deus sobre todos*, glorioso e bendito para sempre! [...] Onde quer que esta estrela do governo brilhe, seus raios espalham bênçãos! Jesus não é tirano. Ele não governa por opressão. A força que Ele usa é a força do amor. Nunca houve um súdito do reino de Cristo que se queixasse dele. Aqueles que o servem mais anseiam por servi-lo ainda mais! Bem, mesmo os seus pobres mártires nas catacumbas de Roma, morrendo de fome, ou arrastados até o Coliseu para serem devorados por animais selvagens, nunca blasfemaram contra Ele. Certamente, se fosse difícil para qualquer um, parece que seria difícil para eles — mas quanto mais eram afligidos, mais se alegravam — e nunca houve canções mais doces do que aquelas que vieram de lábios moribundos, quando os homens estavam crepitando na fogueira, ou sendo pisoteados membro por membro por cavalos selvagens, ou sendo serrados em pedaços! À medida que as dores corporais ficavam mais agudas, a alegria espiritual se intensificava! E enquanto o homem exterior se deteriorava, o homem interior saltava para a novidade de vida, antecipando as alegrias do primogênito diante do trono de Deus! Ele é um bom Mestre.

⁶Nesse momento, enquanto todos choravam à entrada da tenda do encontro, um israelita levou para dentro de sua tenda uma mulher midianita, diante dos olhos de Moisés e de toda a comunidade de Israel. ⁷Quando Fineias, filho de Eleazar e neto do sacerdote Arão, viu isso, levantou-se e saiu do meio do povo. Pegou uma lança. ⁸correu atrás do homem até o interior de sua tenda e atravessou o corpo do homem e da mulher, na altura do estômago, com um só golpe. Então a praga contra os israelitas cessou. ⁹A essa altura, porém, 24 mil pessoas já haviam morrido.

¹⁰Então o Senhor disse a Moisés: ¹¹"Fineias, filho de Eleazar e neto do sacerdote Arão, afastou minha ira dos israelitas ao demonstrar tamanho zelo por mim no meio deles, evitando que eu destruísse os israelitas na ira do meu zelo. ¹²Agora, diga-lhe que faço com ele minha aliança especial de paz. ¹³Por meio dessa aliança, dou a Fineias e a seus descendentes direito permanente ao serviço sacerdotal, pois em seu zelo por mim, seu Deus, ele fez expiação pelo povo de Israel".

¹⁴O homem israelita morto com a mulher midianita se chamava Zinri, filho de Salu, chefe de uma das famílias da tribo de Simeão. ¹⁵A mulher se chamava Cosbi e era filha de Zur, chefe de um clã midianita.

¹⁶O Senhor disse a Moisés: ¹⁷"Ataque os midianitas e destrua-os, ¹⁸porque eles atacaram vocês, enganando-os no incidente em Peor, e também por causa de Cosbi, filha do chefe midianita, que foi morta durante a praga causada no incidente em Peor".

O segundo censo dos soldados de Israel

26 Depois que a praga cessou,[a] o Senhor disse a Moisés e a Eleazar, filho do sacerdote Arão: ²"Realizem um censo de toda a comunidade de Israel, de acordo com suas famílias. Façam uma lista de todos os homens de 20 anos para cima, aptos para irem à guerra".

³Portanto, ali nas campinas de Moabe, junto ao rio Jordão e do lado oposto de Jericó, Moisés e o sacerdote Eleazar deram as seguintes instruções aos líderes de Israel: ⁴"Façam uma lista de todos os homens de Israel de 20 anos para cima, conforme o Senhor ordenou a Moisés".

Este é o registro dos israelitas que saíram do Egito.

A tribo de Rúben

⁵Estes foram os clãs descendentes dos filhos de Rúben, o filho mais velho de Jacó:[b]

O clã enoquita, assim chamado por causa de seu antepassado Enoque.

O clã paluíta, assim chamado por causa de seu antepassado Palu.

⁶O clã hezronita, assim chamado por causa de seu antepassado Hezrom.

O clã carmita, assim chamado por causa de seu antepassado Carmi.

⁷Esses foram os clãs de Rúben, que totalizaram 43.730 homens registrados.

⁸Palu foi antepassado de Eliabe, ⁹e Eliabe foi o pai de Nemuel, Datã e Abirão. Datã e Abirão foram os mesmos líderes da comunidade que conspiraram contra Moisés e Arão e, com os seguidores de Corá, se rebelaram contra o Senhor. ¹⁰Contudo, a terra abriu sua boca e os engoliu juntamente com Corá, e o fogo devorou 250 de seus seguidores. Isso serviu de advertência a todo o povo. ¹¹A descendência de Corá, porém, não desapareceu por completo.

A tribo de Simeão

¹²Estes foram os clãs descendentes dos filhos de Simeão:

O clã jemuelita, assim chamado por causa de seu antepassado Jemuel.[c]

O clã jaminita, assim chamado por causa de seu antepassado Jamim.

O clã jaquinita, assim chamado por causa de seu antepassado Jaquim.

¹³O clã zoarita, assim chamado por causa de seu antepassado Zoar.[d]

O clã saulita, assim chamado por causa de seu antepassado Saul.

¹⁴Esses foram os clãs de Simeão, que totalizaram 22.200 homens registrados.

A tribo de Gade

¹⁵Estes foram os clãs descendentes dos filhos de Gade:

---

[a] **26.1** No texto hebraico, a primeira parte do versículo 26.1 é numerada 25.19. [b] **26.5** Em hebraico, *Israel*; ver nota em 1.20. [c] **26.12** Conforme a versão siríaca (ver tb. Gn 46.10; Êx 6.15); o hebraico traz *nemuelita [...] Nemuel*. [d] **26.13** Conforme os textos paralelos em Gn 46.10 e Êx 6.15; o hebraico traz *zeraíta [...] Zerá*.

O clã zefonita, assim chamado por causa de seu antepassado Zefom.

O clã hagita, assim chamado por causa de seu antepassado Hagi.

O clã sunita, assim chamado por causa de seu antepassado Suni.

¹⁶O clã oznita, assim chamado por causa de seu antepassado Ozni.

O clã erita, assim chamado por causa de seu antepassado Eri.

¹⁷O clã arodita, assim chamado por causa de seu antepassado Arodi.ᵃ

O clã arelita, assim chamado por causa de seu antepassado Areli.

¹⁸Esses foram os clãs de Gade, que totalizaram 40.500 homens registrados.

A tribo de Judá

¹⁹Judá teve dois filhos, Er e Onã, que morreram na terra de Canaã. ²⁰Estes foram os clãs descendentes dos filhos sobreviventes de Judá:

O clã selanita, assim chamado por causa de seu antepassado Selá.

O clã perezita, assim chamado por causa de seu antepassado Perez.

O clã zeraíta, assim chamado por causa de seu antepassado Zerá.

²¹Estas foram as subdivisões dos descendentes dos perezitas:

O clã hezronita, assim chamado por causa de seu antepassado Hezrom.

O clã hamulita, assim chamado por causa de seu antepassado Hamul.

²²Esses foram os clãs de Judá, que totalizaram 76.500 homens registrados.

A tribo de Issacar

²³Estes foram os clãs descendentes dos filhos de Issacar:

O clã tolaíta, assim chamado por causa de seu antepassado Tolá.

O clã puíta, assim chamado por causa de seu antepassado Puá.ᵇ

²⁴O clã jasubita, assim chamado por causa de seu antepassado Jasube.

O clã sinromita, assim chamado por causa de seu antepassado Sinrom.

²⁵Esses foram os clãs de Issacar, que totalizaram 64.300 homens registrados.

A tribo de Zebulom

²⁶Estes foram os clãs descendentes dos filhos de Zebulom:

O clã seredita, assim chamado por causa de seu antepassado Serede.

O clã elonita, assim chamado por causa de seu antepassado Elom.

O clã jaleelita, assim chamado por causa de seu antepassado Jaleel.

²⁷Esses foram os clãs de Zebulom, que totalizaram 60.500 homens registrados.

A tribo de Manassés

²⁸Os clãs de José descenderam de seus dois filhos, Manassés e Efraim.

²⁹Estes foram os clãs descendentes de Manassés:

O clã maquirita, assim chamado por causa de seu antepassado Maquir.

O clã gileadita, assim chamado por causa de seu antepassado Gileade, filho de Maquir.

³⁰Estas foram as subdivisões de descendentes dos gileaditas:

O clã jezerita, assim chamado por causa de seu antepassado Jezer.

O clã helequita, assim chamado por causa de seu antepassado Heleque.

³¹O clã asrielita, assim chamado por causa de seu antepassado Asriel.

O clã siquemita, assim chamado por causa de seu antepassado Siquém.

³²O clã semidaíta, assim chamado por causa de seu antepassado Semida.

O clã heferita, assim chamado por causa de seu antepassado Héfer.

³³(Zelofeade, um dos descendentes de Héfer, não teve filhos, mas suas filhas se chamavam Maala, Noa, Hogla, Milca e Tirza.)

³⁴Esses foram os clãs de Manassés, que totalizaram 52.700 homens registrados.

A tribo de Efraim

³⁵Estes foram os clãs descendentes dos filhos de Efraim:

ᵃ 26.17 Conforme o Pentateuco Samaritano, a Septuaginta e a versão siríaca (ver tb. Gn 46.16); o hebraico traz *Arode*. ᵇ 26.23 Conforme o Pentateuco Samaritano, a Septuaginta, a versão siríaca e a Vulgata (ver tb. 1Cr 7.1); o hebraico traz *puvita [...] Puvá*.

O clã sutelaíta, assim chamado por causa de seu antepassado Sutela.
O clã bequerita, assim chamado por causa de seu antepassado Bequer.
O clã taanita, assim chamado por causa de seu antepassado Taã.

³⁶Esta foi a subdivisão de descendentes dos sutelaítas:
O clã eranita, assim chamado por causa de seu antepassado Erã.

³⁷Esses foram os clãs de Efraim, que totalizaram 32.500 homens registrados.

Esses foram os descendentes de José, segundo seus clãs.

A tribo de Benjamim
³⁸Estes foram os clãs descendentes dos filhos de Benjamim:
O clã belaíta, assim chamado por causa de seu antepassado Belá.
O clã asbelita, assim chamado por causa de seu antepassado Asbel.
O clã airamita, assim chamado por causa de seu antepassado Airã.
³⁹O clã sufamita, assim chamado por causa de seu antepassado Sufã.ᵃ
O clã hufamita, assim chamado por causa de seu antepassado Hufã.
⁴⁰Estas foram as subdivisões de descendentes dos belaítas:
O clã ardita, assim chamado por causa de seu antepassado Arde.ᵇ
O clã naamanita, assim chamado por causa de seu antepassado Naamã.

⁴¹Esses foram os clãs de Benjamim, que totalizaram 45.600 homens registrados.

A tribo de Dã
⁴²Estes foram os clãs descendentes dos filhos de Dã:
O clã suamita, assim chamado por causa de seu antepassado Suã.

⁴³Esses foram os clãs suamitas de Dã, que totalizaram 64.400 homens registrados.

A tribo de Aser
⁴⁴Estes foram os clãs descendentes dos filhos de Aser:
O clã imnaíta, assim chamado por causa de seu antepassado Imna.
O clã isvita, assim chamado por causa de seu antepassado Isvi.
O clã beriaíta, assim chamado por causa de seu antepassado Berias.

⁴⁵Estas foram as subdivisões de descendentes dos beriaítas:
O clã heberita, assim chamado por causa de seu antepassado Héber.
O clã malquielita, assim chamado por causa de seu antepassado Malquiel.

⁴⁶Aser teve uma filha chamada Sera.

⁴⁷Esses foram os clãs de Aser, que totalizaram 53.400 homens registrados.

A tribo de Naftali
⁴⁸Estes foram os clãs descendentes dos filhos de Naftali:
O clã jazeelita, assim chamado por causa de seu antepassado Jazeel.
O clã gunita, assim chamado por causa de seu antepassado Guni.
⁴⁹O clã jezerita, assim chamado por causa de seu antepassado Jezer.
O clã silemita, assim chamado por causa de seu antepassado Silém.

⁵⁰Esses foram os clãs de Naftali, que totalizaram 45.400 homens registrados.

Resultados do censo
⁵¹Os homens registrados em Israel totalizaram 601.730.

⁵²Então o Senhor disse a Moisés: ⁵³"Divida a terra entre as tribos e distribua as porções de terra de acordo com o número de nomes registrados na lista. ⁵⁴Dê mais terras às tribos maiores e menos terras às tribos menores, para que cada grupo receba uma herança proporcional ao tamanho de sua população. ⁵⁵Distribua a terra por sorteio e dê a cada tribo de seus antepassados a sua porção de acordo com o número de nomes registrados na lista. ⁵⁶Cada porção

---

ᵃ**26.39** Conforme alguns manuscritos hebraicos, o Pentateuco Samaritano, a Septuaginta, a versão siríaca e a Vulgata; a maioria dos manuscritos hebraicos traz *Sefufã*. ᵇ**26.40** Conforme o Pentateuco Samaritano, alguns manuscritos gregos e a Vulgata; o hebraico não traz *por causa de seu antepassado Arde*.

A tribo de Levi

57 Este é o registro dos levitas que foram contados de acordo com seus clãs:

O clã gersonita, assim chamado por causa de seu antepassado Gérson.

O clã coatita, assim chamado por causa de seu antepassado Coate.

O clã merarita, assim chamado por causa de seu antepassado Merari.

58 Os clãs libnita, hebronita, malita, musita e coraíta eram subdivisões de descendentes dos levitas.

Coate foi antepassado de Anrão, **59** e a esposa de Anrão se chamava Joquebede. Ela também era descendente de Levi, nascida entre os levitas na terra do Egito. Anrão e Joquebede eram pais de Arão, Moisés e sua irmã Miriã. **60** Os filhos de Arão foram Nadabe, Abiú, Eleazar e Itamar. **61** Nadabe e Abiú morreram quando trouxeram fogo estranho diante do Senhor.

62 Os homens dos clãs levitas de um mês de idade ou mais totalizaram 23.000. Os levitas, porém, não foram incluídos no registro do restante dos israelitas, pois não receberam propriedades quando a terra foi dividida.

63 Esses foram os resultados do censo dos israelitas realizado por Moisés e pelo sacerdote Eleazar nas campinas de Moabe, junto ao rio Jordão, do lado oposto de Jericó. **64** Ninguém dessa lista estava registrado no censo anterior dos israelitas feito por Moisés e Arão no deserto do Sinai, **65** pois o Senhor tinha dito a respeito deles: "Todos morrerão no deserto". Nenhum deles sobreviveu, com exceção de Calebe, filho de Jefoné, e de Josué, filho de Num.

As filhas de Zelofeade

27 Certo dia, Maala, Noa, Hogla, Milca e Tirza, as filhas de Zelofeade, fizeram uma petição. Seu pai pertencia a um dos clãs de Manassés, pois era descendente de Héfer, filho de Gileade, filho de Maquir, filho de Manassés, filho de José. **2** Essas mulheres se apresentaram diante de Moisés, do sacerdote Eleazar, dos líderes das tribos e de toda a comunidade à entrada da tenda do encontro e disseram: **3** "Nosso pai morreu no deserto. Não era um dos seguidores de Corá, que se rebelaram contra o Senhor, mas morreu por causa do seu próprio pecado e não teve filhos. **4** Por que o nome de nosso pai deveria desaparecer de seu clã só porque ele não teve filhos? Dê-nos uma propriedade entre o restante de nossos parentes".

5 Moisés levou o caso ao Senhor, **6** e o Senhor respondeu a Moisés: **7** "A reivindicação das filhas de Zelofeade é justa. Dê a elas uma porção de terra entre os parentes de seu pai, a herança que teria sido entregue a seu pai.

8 "Dê as seguintes instruções ao povo de Israel. Se um homem morrer e não deixar filhos, passem a herança às filhas. **9** Se ele também não tiver filhas, transfiram a herança aos irmãos dele. **10** Se ele não tiver irmãos, deem a herança aos irmãos do pai dele. **11** Se seu pai não tiver irmãos, deem a herança ao parente mais próximo de seu clã. Essa é uma prescrição definitiva para os israelitas, conforme o Senhor ordenou a Moisés".

27.1-4 Houve 10, dos 12 que espiaram a Terra Prometida, que disseram: "A terra que atravessamos ao fazer o reconhecimento devorará quem for morar ali!". Estes trouxeram um relatório infame. Mas, quem quer que tenha sido pervertido por essas mentiras, essas cinco mulheres não estavam entre eles. Outros disseram: "Ora, a terra está cheia de peste e vespas e os que nela vivem agora estão morrendo", esquecendo-se de que Deus os estava fazendo morrer para trazer os filhos de Israel para ocupar o seu lugar. E então diziam: "Quem se interessa em ter uma porção daquele lugar? Dê-nos alho-poró, o alho e as cebolas do Egito e vamos nos sentar de novo com as panelas de carnes que tínhamos em Ramsés, mas quanto a ir para esta Canaã, nunca o faremos". Contudo, essas cinco mulheres — que sabiam que se houvesse problemas familiares, *elas* certamente também o experimentariam; que se o pão ficasse escasso, elas provavelmente sentiriam a agrura disso, e que se fosse uma terra de doença, *elas* teriam que ser as enfermeiras — cobiçaram ter sua parte na terra, porque não criam no relatório infame. Elas diziam: "Não, Deus disse que é uma boa terra, uma terra de colinas e vales, uma terra de ribeiros e rios, terra que mana azeite e mel, terra de cujos montes extrairemos ferro e bronze — e não acreditaremos no que disseram os espias — é uma boa terra e nós entraremos e tomaremos a nossa parte". Portanto, elogio a sua fé a este respeito.

Josué é escolhido para liderar Israel

¹²Então o Senhor disse a Moisés: "Suba a um dos montes de Abarim e olhe para a terra que dou ao povo de Israel. ¹³Depois de vê-la, você será reunido a seu povo, como seu irmão Arão, ¹⁴pois vocês desobedeceram às minhas instruções no deserto de Zim. Quando a comunidade se rebelou, vocês não demonstraram minha santidade para eles junto às águas". (Essas águas são as de Meribá, em Cades, no deserto de Zim.)

¹⁵Então Moisés disse ao Senhor: ¹⁶"Senhor, tu és o Deus que dá fôlego a todas as criaturas. Por favor, indica um homem para ser o novo líder da comunidade. ¹⁷Dá a eles alguém que os guie aonde quer que forem e os conduza nas batalhas, para que a comunidade do Senhor não seja como ovelhas sem pastor".

¹⁸O Senhor respondeu: "Convoque Josué, filho de Num, em quem está o Espírito, e coloque as mãos sobre ele. ¹⁹Apresente-o ao sacerdote Eleazar diante de toda a comunidade e encarregue-o publicamente de liderar. ²⁰Transfira a ele parte de sua autoridade, para que toda a comunidade de Israel lhe obedeça. ²¹Quando for necessário receber orientação do Senhor, Josué se apresentará diante do sacerdote Eleazar, que usará o Urim perante o Senhor para determinar sua vontade. É pela palavra de Eleazar que Josué e toda a comunidade de Israel decidirão tudo que devem fazer".

²²Moisés fez o que o Senhor ordenou. Apresentou Josué ao sacerdote Eleazar e a toda a comunidade, ²³colocou as mãos sobre ele e o encarregou de liderar o povo, exatamente como o Senhor havia ordenado por meio de Moisés.

As ofertas diárias

28 O Senhor disse a Moisés: ²"Dê as seguintes instruções ao povo de Israel. Não deixem de trazer o alimento para as ofertas especiais que vocês apresentam a mim. São aroma agradável, que deverão ser oferecidas na ocasião certa.

³"Diga-lhes: Esta é sua oferta especial, que vocês apresentarão ao Senhor como holocausto diário: dois cordeiros de um ano e sem defeito. ⁴Sacrifiquem um cordeiro pela manhã e outro ao entardecer. ⁵Apresentem também uma oferta de cereal de dois quilos[a] de farinha da melhor qualidade misturada com um litro[b] de azeite puro de olivas prensadas. ⁶Esse é o holocausto habitual instituído no monte Sinai como oferta especial, um aroma agradável ao Senhor. ⁷Junto com cada cordeiro, apresentem no santuário um litro de bebida fermentada como oferta para o Senhor. ⁸Apresentem o segundo cordeiro ao entardecer com a mesma oferta de cereal e a oferta derramada. É uma oferta especial, um aroma agradável ao Senhor."

As ofertas do sábado

⁹"No sábado, sacrifiquem dois cordeiros de um ano e sem defeito. Serão acompanhados de uma oferta de cereal de quatro quilos[c] de farinha da melhor qualidade umedecida com azeite e de uma oferta derramada. ¹⁰Esse é o holocausto que será apresentado a cada sábado além do holocausto habitual e da oferta derramada que o acompanha."

As ofertas mensais

¹¹"No primeiro dia de cada mês, apresentem ao Senhor um holocausto adicional de dois novilhos, um carneiro e sete cordeiros de um ano, todos sem defeito. ¹²Serão acompanhados de ofertas de cereal de farinha da melhor qualidade umedecida com azeite: seis quilos[d] para cada novilho, quatro quilos para o carneiro ¹³e dois quilos para cada cordeiro. Esse holocausto será uma oferta especial, um aroma agradável ao Senhor. ¹⁴Apresentem também uma oferta derramada com cada sacrifício: dois litros[e] de vinho para cada novilho, um litro e um terço[f] para cada carneiro e um litro[g] para cada cordeiro. Apresentem esse holocausto no primeiro dia de cada mês ao longo de todo o ano.

¹⁵"No primeiro dia de cada mês, apresentem também ao Senhor um bode como oferta pelo pecado. Esse é um acréscimo ao holocausto habitual e à oferta derramada que o acompanha."

As ofertas da Páscoa

¹⁶"No décimo quarto dia do primeiro mês,[h] celebrem a Páscoa do Senhor. ¹⁷No dia seguinte, o

---

ᵃ **28.5a** Em hebraico, *1/10 de efa*; também em 28.13,21,29. ᵇ**28.5b** Em hebraico, *1/4 de him*; também em 28.7. ᶜ**28.9** Em hebraico, *2/10 de efa*; também em 28.12,20,28. ᵈ**28.12** Em hebraico, *3/10 de efa*; também em 28.20,28. ᵉ**28.14a** Em hebraico, *1/2 him*. ᶠ**28.14b** Em hebraico, *1/3 de him*. ᵍ**28.14c** Em hebraico, *1/4 de him*. ʰ**28.16** No antigo calendário lunar hebraico, esse dia caía no final de março, em abril ou no início de maio.

décimo quinto do mês, terá início uma festa de sete dias durante os quais ninguém comerá pão feito com fermento. ¹⁸O primeiro dia da festa será um dia oficial de reunião sagrada, no qual não farão nenhum trabalho habitual. ¹⁹Apresentarão ao Senhor como oferta especial um holocausto de dois novilhos, um carneiro e sete cordeiros de um ano, todos sem defeito. ²⁰Os sacrifícios serão acompanhados de uma oferta de cereal de farinha da melhor qualidade umedecida com azeite: seis quilos para cada novilho, quatro quilos para o carneiro ²¹e dois quilos para cada um dos sete cordeiros. ²²Apresentem também um bode como oferta pelo pecado para fazer expiação por vocês. ²³Apresentem essas ofertas além dos holocaustos habituais da manhã. ²⁴Essa é a forma como devem preparar, em cada um dos sete dias de festa, a oferta de alimento apresentada como oferta especial, um aroma agradável ao Senhor. Será apresentada além do holocausto habitual e das ofertas derramadas. ²⁵O sétimo dia da festa será outro dia oficial de reunião sagrada, um dia em que não farão nenhum trabalho habitual."

As ofertas para a Festa da Colheita

²⁶"Durante a Festa da Colheita,[a] quando apresentarem ao Senhor seus primeiros cereais novos, convoquem um dia oficial para reunião sagrada, no qual não farão nenhum trabalho habitual. ²⁷Nesse dia, apresentem um holocausto adicional como aroma agradável ao Senhor. O sacrifício será constituído de dois novilhos, um carneiro e sete cordeiros de um ano. ²⁸Será acompanhado de ofertas de cereal de farinha da melhor qualidade umedecida com azeite: seis quilos para cada novilho, quatro quilos para o carneiro ²⁹e dois quilos para cada um dos sete cordeiros. ³⁰Apresentem também um bode para fazer expiação por vocês. ³¹Preparem esses holocaustos adicionais, junto com suas ofertas derramadas, além do holocausto habitual e da oferta de cereal que o acompanha. Cuidem para que todos os animais sejam sem defeito."

As ofertas para a Festa das Trombetas

29 "No primeiro dia do sétimo mês,[b] celebrem a Festa das Trombetas. Convoquem um dia oficial de reunião sagrada, no qual não farão nenhum trabalho habitual. ²Nesse dia, apresentem um holocausto como aroma agradável ao Senhor. O sacrifício será constituído de um novilho, um carneiro e sete cordeiros de um ano, todos sem defeito. ³Será acompanhado de ofertas de cereal de farinha da melhor qualidade umedecida com azeite: seis quilos[c] para o novilho, quatro quilos[d] para o carneiro ⁴e dois quilos[e] para cada um dos sete cordeiros. ⁵Apresentem também um bode como oferta pelo pecado para fazer expiação por vocês. ⁶Esses sacrifícios especiais são um acréscimo aos holocaustos mensais e habituais e serão apresentados com as ofertas de cereal e as ofertas derramadas prescritas que os acompanham. São uma oferta especial, um aroma agradável ao Senhor."

As ofertas para o Dia da Expiação

⁷"No décimo dia do sétimo mês,[f] convoquem outra reunião sagrada. Nesse dia, o Dia da Expiação, vocês se humilharão[g] e não farão nenhum trabalho habitual. ⁸Apresentem um holocausto como aroma agradável ao Senhor. Será constituído de um novilho, um carneiro e sete cordeiros de um ano, todos sem defeito. ⁹Os sacrifícios serão acompanhados de ofertas de cereal de farinha da melhor qualidade umedecida com azeite: seis quilos de farinha da melhor qualidade para o novilho, quatro quilos de farinha da melhor qualidade para o carneiro ¹⁰e dois quilos de farinha da melhor qualidade para cada um dos sete cordeiros. ¹¹Apresentem também um bode como oferta pelo pecado. Essa oferta é um acréscimo à oferta pelo pecado apresentada para fazer expiação e ao holocausto habitual com a oferta de cereal e as ofertas derramadas que o acompanham."

Ofertas para a Festa das Cabanas

¹²"No décimo quinto dia do sétimo mês,[h] convoquem outra reunião sagrada. Nesse dia, não

---

[a] **28.26** Em hebraico, *Festa das Semanas*. Chamada posteriormente de *Festa de Pentecostes* (ver At 2.1) e comemorada hoje com o nome *Shavuot*. [b] **29.1** No antigo calendário lunar hebraico, esse dia caía em setembro ou outubro. Comemorado hoje com o nome *Rosh Hashanah*, o ano-novo judeu. [c] **29.3a** Em hebraico, *3/10 de efa*; também em 29.9,14. [d] **29.3b** Em hebraico, *2/10 de efa*; também em 29.9,14. [e] **29.4** Em hebraico, *1/10 de efa*; também em 29.10,15. [f] **29.7a** No antigo calendário lunar hebraico, esse dia caía em setembro ou outubro. Comemorado hoje com o nome *Yom Kippur*. [g] **29.7b** Ou *jejuarão*. [h] **29.12a** No antigo calendário lunar hebraico, esse dia caía no final de setembro, em outubro ou no início de novembro.

façam nenhum trabalho habitual. É o início da Festa das Cabanas,ª uma festa de sete dias em homenagem ao Senhor. ¹³No primeiro dia da festa, apresentem um holocausto como oferta especial, um aroma agradável ao Senhor. Será constituído de treze novilhos, dois carneiros e catorze cordeiros de um ano, todos sem defeito. ¹⁴Cada um desses sacrifícios será acompanhado de uma oferta de cereal de farinha da melhor qualidade umedecida com azeite: seis quilos para cada um dos treze novilhos, quatro quilos para cada um dos dois carneiros ¹⁵e dois quilos para cada um dos catorze cordeiros. ¹⁶Apresentem também um bode como oferta pelo pecado, além do holocausto habitual com a oferta de cereal e a oferta derramada que o acompanham.

¹⁷"No segundo dia da festa, sacrifiquem doze novilhos, dois carneiros e catorze cordeiros de um ano, todos sem defeito. ¹⁸Cada um desses sacrifícios de novilhos, carneiros e cordeiros será acompanhado de sua oferta de cereal e de sua oferta derramada, conforme o número prescrito. ¹⁹Apresentem também um bode como oferta pelo pecado, além do holocausto habitual com a oferta de cereal e a oferta derramada que o acompanham.

²⁰"No terceiro dia da festa, sacrifiquem onze novilhos, dois carneiros e catorze cordeiros de um ano, todos sem defeito. ²¹Cada um desses sacrifícios de novilhos, carneiros e cordeiros será acompanhado de sua oferta de cereal e de sua oferta derramada, conforme o número prescrito. ²²Apresentem também um bode como oferta pelo pecado, além do holocausto habitual com a oferta de cereal e a oferta derramada que o acompanham.

²³"No quarto dia da festa, sacrifiquem dez novilhos, dois carneiros e catorze cordeiros de um ano, todos sem defeito. ²⁴Cada um desses sacrifícios de novilhos, carneiros e cordeiros será acompanhado de sua oferta de cereal e de sua oferta derramada, conforme o número prescrito. ²⁵Apresentem também um bode como oferta pelo pecado, além do holocausto habitual com a oferta de cereal e a oferta derramada que o acompanham.

²⁶"No quinto dia da festa, sacrifiquem nove novilhos, dois carneiros e catorze cordeiros de um ano, todos sem defeito. ²⁷Cada um desses sacrifícios de novilhos, carneiros e cordeiros será acompanhado de sua oferta de cereal e de sua oferta derramada, conforme o número prescrito. ²⁸Apresentem também um bode como oferta pelo pecado, além do sacrifício habitual com a oferta de cereal e a oferta derramada que o acompanham.

²⁹"No sexto dia da festa, sacrifiquem oito novilhos, dois carneiros e catorze cordeiros de um ano, todos sem defeito. ³⁰Cada um desses sacrifícios de novilhos, carneiros e cordeiros será acompanhado de sua oferta de cereal e de sua oferta derramada, conforme o número prescrito. ³¹Apresentem também um bode como oferta pelo pecado, além do holocausto habitual com a oferta de cereal e a oferta derramada que o acompanham.

³²"No sétimo dia da festa, sacrifiquem sete novilhos, dois carneiros e catorze cordeiros de um ano, todos sem defeito. ³³Cada um desses sacrifícios de novilhos, carneiros e cordeiros será acompanhado de sua oferta de cereal e de sua oferta derramada, conforme o número prescrito. ³⁴Apresentem também um bode como oferta pelo pecado, além do holocausto habitual com a oferta de cereal e a oferta derramada que o acompanham.

³⁵"No oitavo dia da festa, declarem uma reunião solene. Não façam nenhum trabalho habitual nesse dia. ³⁶Apresentem um holocausto como oferta especial, um aroma agradável ao Senhor. O sacrifício consistirá em um novilho, um carneiro e sete cordeiros de um ano, todos sem defeito. ³⁷Cada um desses sacrifícios será acompanhado de sua oferta de cereal e de sua oferta derramada, conforme o número prescrito. ³⁸Apresentem também um bode como oferta pelo pecado, além do holocausto habitual com a oferta de cereal e a oferta derramada que o acompanham.

³⁹"Apresentem essas ofertas ao Senhor em suas festas anuais. São um acréscimo aos sacrifícios e ofertas que vocês apresentam ao cumprirem votos ou ao realizarem ofertas

---

ª **29.12b** Ou *Festa dos Tabernáculos*. Chamada anteriormente de *Festa da Última Colheita* (ver Êx 23.16) e comemorada hoje com o nome *Sucot*.

voluntárias, holocaustos, ofertas de cereal, ofertas derramadas e ofertas de paz".

⁴⁰ᵃMoisés transmitiu todas essas instruções aos israelitas, conforme o Senhor lhe havia ordenado.

Leis acerca de votos e juramentos

30 ¹ᵇMoisés mandou chamar os chefes das tribos de Israel e lhes disse: "Foi isto que o Senhor ordenou: ²Se um homem fizer um voto ao Senhor ou uma promessa sob juramento, jamais deverá voltar atrás em sua palavra. Fará exatamente o que prometeu.

³"Se uma moça fizer um voto ao Senhor ou uma promessa sob juramento enquanto ainda estiver morando na casa de seu pai, ⁴e se seu pai ficar sabendo do voto e não levantar objeções, todos os seus votos e promessas continuarão a valer. ⁵Mas, se no dia em que ficar sabendo seu pai se recusar a deixá-la cumprir o voto ou a promessa, todos os seus votos ou promessas serão anulados. O Senhor a perdoará, pois o pai não permitiu que ela os cumprisse.

⁶"Se uma moça fizer um voto ou assumir um compromisso por meio de uma promessa precipitada e depois se casar, ⁷e, no dia em que ficar sabendo do voto ou da promessa, o marido não levantar objeções, os votos e as promessas que ela fez continuarão a valer. ⁸Mas, se no dia em que ficar sabendo seu marido se recusar a deixá-la cumprir o voto ou a promessa precipitada, os compromissos dela serão anulados, e o Senhor a perdoará. ⁹A mulher viúva ou divorciada, porém, deverá cumprir todos os seus votos e promessas.

¹⁰"Se uma mulher já for casada e morar na casa do marido quando fizer o voto ou se comprometer por meio de uma promessa, ¹¹e o marido ficar sabendo e não levantar objeções, os votos ou as promessas que ela fez continuarão a valer. ¹²Mas, se no dia em que ficar sabendo o marido se recusar a aceitá-los, o voto ou a promessa dela será anulada, e o Senhor a perdoará. ¹³Portanto, qualquer voto ou promessa que *a esposa tenha feito de humilhar-se*,ᶜ o marido poderá confirmar ou anular. ¹⁴Mas, se ele não levantar objeção alguma no dia em que ficar sabendo, indicará desse modo que está de acordo com todos os seus votos ou promessas. ¹⁵Se ele esperar mais de um dia e anular um voto ou uma promessa, sofrerá o castigo que caberia à esposa".

¹⁶Essas são as ordens que o Senhor deu a Moisés a respeito do relacionamento entre um homem e sua esposa e entre um pai e sua filha moça que ainda mora na casa dele.

Israel conquista Midiã

31 O Senhor disse a Moisés: ²"Vingue-se dos midianitas pelo que fizeram aos israelitas. Depois disso, você morrerá e será reunido a seus antepassados".

³Então Moisés disse ao povo: "Escolham e armem alguns homens para lutarem na vingança do Senhor contra Midiã. ⁴De cada tribo de Israel, enviem mil homens para a batalha". ⁵Assim, escolheram mil homens de cada tribo de Israel, no total de doze mil homens armados para guerrear. ⁶Moisés enviou mil homens de cada tribo, sob o comando de Fineias, filho do sacerdote Eleazar. Fineias levou consigo os objetos sagrados e as trombetas para dar a ordem de ataque. ⁷Atacaram Midiã, como o Senhor havia ordenado a Moisés, e mataram todos os homens. ⁸Os cinco reis midianitas morreram na batalha: Evi, Requém, Zur, Hur e Reba. Também mataram à espada Balaão, filho de Beor.

⁹Os israelitas capturaram as mulheres e as crianças midianitas e tomaram como despojo o gado, os rebanhos e toda a riqueza deles. ¹⁰Queimaram todas as cidades e acampamentos onde os midianitas moravam. ¹¹Depois de juntarem todos os despojos, tanto os prisioneiros como os animais, ¹²trouxeram tudo a Moisés, ao sacerdote Eleazar e a toda a comunidade de Israel, que estava acampada nas campinas de Moabe, junto ao rio Jordão, do lado oposto de Jericó. ¹³Moisés, o sacerdote Eleazar e todos os líderes da comunidade saíram ao encontro deles fora do acampamento. ¹⁴Moisés, porém, se enfureceu com os generais e os capitãesᵈ que voltaram da batalha.

¹⁵"Por que deixaram viver todas as mulheres?", perguntou ele. ¹⁶"Foram justamente elas que seguiram o conselho de Balaão e fizeram

---

ᵃ**29.40** No texto hebraico, o versículo 29.40 é numerado 30.1. ᵇ**30.1** No texto hebraico, os versículos 30.1-16 são numerados 30.2-17. ᶜ**30.13** Ou *jejuar*. ᵈ**31.14** Em hebraico, *os comandantes de milhares e os comandantes de centenas*; também em 31.48,52,54.

os israelitas se rebelarem contra o Senhor no incidente em Peor. Foi por causa delas que uma praga feriu o povo do Senhor. ¹⁷Agora, matem todos os meninos e todas as mulheres que tiveram relações sexuais com algum homem. ¹⁸Deixem viver somente as meninas virgens; tragam-nas para viver entre vocês. ¹⁹E todos que tiverem matado alguém ou tocado em algum cadáver ficarão fora do acampamento por sete dias. Purifiquem a si mesmos e às prisioneiras no terceiro e no sétimo dia. ²⁰Purifiquem também todas as roupas e todos os objetos de couro, pelo de cabra ou madeira."

²¹Então o sacerdote Eleazar disse aos homens que participaram da batalha: "O Senhor deu a Moisés as seguintes prescrições legais: ²²Tudo que for feito de ouro, prata, bronze, ferro, estanho e chumbo, ²³ou seja, tudo que resiste ao fogo, será passado pelo fogo para se tornar cerimonialmente puro. Em seguida, esses objetos de metal serão purificados com a água da purificação. Mas tudo que não resistir ao fogo será purificado somente com água. ²⁴No sétimo dia, lavem as roupas e vocês estarão purificados. Então poderão voltar ao acampamento".

A divisão dos despojos

²⁵O Senhor também disse a Moisés: ²⁶"Você, o sacerdote Eleazar e os chefes das famílias de cada tribo farão uma lista de todos os despojos tomados na batalha, tanto das pessoas como dos animais. ²⁷Dividirão o despojo em duas partes e entregarão metade para os homens que lutaram na batalha e metade para o restante do povo. ²⁸Da metade que pertence ao exército, entreguem primeiro um tributo que cabe ao Senhor, um de cada quinhentos, tanto das pessoas como do gado, dos jumentos e das ovelhas. ²⁹Entreguem essa porção tirada da parte do exército ao sacerdote Eleazar como oferta ao Senhor. ³⁰Da metade que pertence aos israelitas, separem um de cada cinquenta, tanto das pessoas como do gado, dos jumentos, das ovelhas e dos outros animais. Entreguem essa porção aos levitas, que estão encarregados de cuidar do tabernáculo do Senhor". ³¹Moisés e o sacerdote Eleazar fizeram conforme o Senhor ordenou a Moisés.

³²O despojo restante de tudo que os soldados haviam tomado totalizou 675.000 ovelhas, ³³72.000 cabeças de gado, ³⁴61.000 jumentos ³⁵e 32.000 virgens.

³⁶Metade do despojo foi entregue aos homens que participaram da batalha. Essa parte totalizou 337.500 ovelhas, ³⁷das quais 675 eram o tributo ao Senhor; ³⁸36.000 cabeças de gado, das quais 72 eram o tributo ao Senhor; ³⁹30.500 jumentos, dos quais 61 eram o tributo ao Senhor; ⁴⁰e 16.000 virgens, das quais 32 eram o tributo ao Senhor. ⁴¹Moisés entregou ao sacerdote Eleazar o tributo que cabia ao Senhor como oferta movida, conforme o Senhor havia ordenado.

⁴²Metade do despojo pertencia aos israelitas, e Moisés a separou da metade que pertencia aos homens que lutaram. ⁴³A parte dos israelitas totalizou 337.500 ovelhas, ⁴⁴36.000 cabeças de gado, ⁴⁵30.500 jumentos ⁴⁶e 16.000 virgens. ⁴⁷Da metade entregue ao povo, Moisés separou um de cada cinquenta, tanto das pessoas como dos animais, e entregou aos levitas encarregados de cuidar do tabernáculo do Senhor. Tudo foi feito conforme o Senhor havia ordenado a Moisés.

⁴⁸Então os generais e os capitães foram a Moisés ⁴⁹e disseram: "Nós, seus servos, contamos todos os homens que saíram para a batalha sob o nosso comando; nenhum de nós está faltando! ⁵⁰Por isso, de nossa parte do despojo, apresentamos os objetos de ouro como oferta ao Senhor: braceletes, pulseiras, anéis, brincos e colares. A oferta fará expiação por nós diante do Senhor".

⁵¹Moisés e o sacerdote Eleazar receberam deles as joias e os objetos artesanais de ouro. ⁵²Ao todo, o ouro que os generais e os capitães apresentaram como oferta ao Senhor pesava por volta de duzentos quilos.[a] ⁵³Todos os homens que participaram da batalha tomaram para si uma parte do despojo. ⁵⁴Moisés e o sacerdote Eleazar aceitaram as ofertas dos generais e dos capitães e levaram o ouro para a tenda do encontro como recordação para que o Senhor se lembrasse dos israelitas.

---

[a] 31.52 Em hebraico, *16.750 siclos*.

As tribos a leste do Jordão

32 As tribos de Rúben e Gade possuíam rebanhos enormes. Por isso, quando viram que as terras de Jazar e Gileade eram adequadas para os rebanhos, ²foram a Moisés, ao sacerdote Eleazar e aos outros líderes da comunidade e disseram: ³"Vejam as cidades de Atarote, Dibom, Jazar, Ninra, Hesbom, Eleale, Sibma,[a] Nebo e Beom. ⁴O Senhor conquistou toda esta região para a comunidade de Israel, e ela é adequada para criar rebanhos e para nós, seus servos, que possuímos rebanhos. ⁵Se contamos com o seu favor, pedimos que nos deixem ocupar esta terra como nossa propriedade em vez de nos dar a terra do outro lado do Jordão".

⁶Moisés perguntou aos homens de Gade e Rúben: "Então vocês querem que seus irmãos vão à guerra enquanto vocês ficam aqui? ⁷Por que querem desanimar o restante dos israelitas de atravessar o rio para a terra que o Senhor lhes deu? ⁸Seus antepassados fizeram a mesma coisa quando eu os enviei de Cades-Barneia para fazer o reconhecimento da terra. ⁹Depois que subiram até o vale de Escol e fizeram o reconhecimento da região, desanimaram os israelitas de entrarem na terra que o Senhor lhes dava. ¹⁰Por isso a ira do Senhor se acendeu contra eles, e ele jurou: ¹¹'De todos aqueles que eu resgatei do Egito, ninguém com 20 anos para cima verá a terra que eu jurei dar a Abraão, Isaque e Jacó, pois não me obedeceram de todo o coração. ¹²As únicas exceções são Calebe, filho do quenezeu Jefoné, e Josué, filho de Num, pois eles seguiram o Senhor de todo o coração'.

¹³"A ira do Senhor se acendeu contra os israelitas, e ele os fez andar sem rumo pelo deserto durante quarenta anos, até que toda a geração que havia pecado contra o Senhor tivesse morrido. ¹⁴Mas aqui estão vocês, uma raça de pecadores, fazendo exatamente a mesma coisa, acendendo ainda mais a ira do Senhor contra Israel. ¹⁵Se vocês se afastarem dele e se ele abandonar o povo no deserto outra vez, vocês serão responsáveis pela destruição de todo este povo!".

¹⁶Eles se aproximaram de Moisés e disseram: "Queremos construir currais para nossos animais e cidades para nossos filhos. ¹⁷Então nos armaremos e sairemos prontamente com os israelitas para a batalha até que os tenhamos levado em segurança para sua terra. Enquanto isso, nossos filhos ficarão nas cidades fortificadas que construirmos aqui e estarão protegidos de ataques dos povos da região. ¹⁸Só voltaremos a nossos lares quando todos os israelitas tiverem recebido suas porções de terra. ¹⁹Não exigimos, porém, terra alguma do outro lado do Jordão. Preferimos viver aqui do lado leste do Jordão e aceitamos esta região como nossa herança na terra".

²⁰Então Moisés lhes disse: "Se fizerem como prometeram e se, armadas para as batalhas do Senhor, ²¹suas tropas atravessarem o Jordão e continuarem a lutar até que o Senhor tenha expulsado seus inimigos, ²²então poderão voltar quando o Senhor tiver conquistado a terra. Assim vocês terão cumprido seu dever para com o Senhor e para com o povo de Israel. A terra do lado leste do Jordão será sua propriedade da parte do Senhor. ²³Mas, se não fizerem como prometeram, terão pecado contra o Senhor e não escaparão das consequências. ²⁴Vão, construam cidades para suas famílias

---

[a] 32.3 Conforme o Pentateuco Samaritano e a Septuaginta (ver tb. 32.38); o hebraico traz *Sebã*.

32.23 Qual é este pecado sobre o qual o Espírito de Deus fala por Moisés: "Terão pecado contra o Senhor e não escaparão das consequências"? Um sacerdote erudito proferiu um sermão sobre o pecado de assassinato *deste texto, outro sobre roubo e outro sobre falsidade*. Bem, estes são sermões muito bons, mas não têm nada a ver com este texto, se lido como Moisés o pronunciou. Se você tomar o texto como o é, não há nada nele sobre assassinato, ou roubo, ou qualquer coisa do tipo. Na verdade, não é sobre o que os homens fazem, mas é sobre *o que os homens não fazem*. A iniquidade de não fazer nada é um pecado que não é tão frequentemente mencionado como deveria ser. Um pecado de omissão é claramente visado nesta advertência: "Mas, se não fizerem como prometeram, terão pecado contra o Senhor e não escaparão das consequências".

Qual seria o pecado deles? Segundo Moisés, seria *um grave dano para os outros*. Você não percebe como ele o colocou para eles? "Moisés perguntou aos homens de Gade e Rúben: 'Então vocês querem que seus

e currais para seus rebanhos, mas façam tudo que prometeram".

²⁵Os homens de Gade e Rúben responderam: "Nós, seus servos, seguiremos suas instruções. ²⁶Nossos filhos, esposas, rebanhos e gado ficarão aqui nas cidades de Gileade. ²⁷Mas nós, seus servos, todos armados para a guerra, atravessaremos o rio e lutaremos pelo Senhor, conforme nos ordenou".

²⁸Moisés deu ordens ao sacerdote Eleazar, a Josué, filho de Num, e aos chefes das famílias das tribos de Israel. ²⁹Disse ele: "Os homens de Gade e Rúben estão armados para a batalha e atravessarão o Jordão com vocês e lutarão pelo Senhor. Se o fizerem, depois que a terra for conquistada entregue-lhes o território de Gileade como sua propriedade. ³⁰Mas, se eles se recusarem a armar-se e atravessar o rio com vocês, serão obrigados a aceitar uma porção de terra com o restante de vocês em Canaã".

³¹As tribos de Gade e Rúben disseram outra vez: "Somos seus servos e faremos o que o Senhor ordenou! ³²Atravessaremos bem armados o Jordão até Canaã e lutaremos para o Senhor, mas nossa porção de terra estará aqui deste lado do Jordão".

³³Então Moisés distribuiu terras entre as tribos de Gade e Rúben e a meia tribo de Manassés, filho de José. Deu-lhes o território de Seom, rei dos amorreus, o território de Ogue, rei de Basã, toda a terra com suas cidades e o território ao redor delas.

³⁴Os descendentes de Gade construíram as cidades de Dibom, Atarote, Aroer, ³⁵Atarote-Sofã, Jazar, Jogbeá, ³⁶Bete-Ninra e Bete-Hará, e todas eram cidades fortificadas e com currais para os rebanhos.

³⁷Os descendentes de Rúben construíram as cidades de Hesbom, Eleale, Quiriataim, ³⁸Nebo, Baal-Meom e Sibma, e mudaram o nome de algumas das cidades que conquistaram e reconstruíram.

³⁹Os descendentes de Maquir, da tribo de Manassés, foram até Gileade, tomaram posse dela e expulsaram os amorreus que ali viviam. ⁴⁰Moisés deu Gileade aos maquiritas, descendentes de Manassés, e eles se estabeleceram ali. ⁴¹O povo de Jair, outro clã da tribo de Manassés, capturou muitos dos povoados de Gileade e mudou o nome da região para Cidades de Jair.[a] ⁴²Enquanto isso, um homem chamado Noba conquistou a cidade de Quenate e as vilas ao redor e deu seu próprio nome à região, chamando-a de Noba.

Recapitulação da jornada de Israel

33 Este é o percurso que os israelitas fizeram quando saíram do Egito, organizados segundo suas divisões, sob a liderança de Moisés e Arão. ²Por ordem do Senhor, Moisés guardou um registro escrito de seu progresso. Estas são as etapas da jornada, identificadas pelos lugares onde pararam ao longo do caminho.

³Os israelitas partiram da cidade de Ramessés no décimo quinto dia do primeiro mês,[b] na manhã seguinte à primeira celebração da Páscoa. Partiram triunfantemente, à vista de todos os egípcios. ⁴Enquanto isso, os egípcios sepultavam o filho mais velho de suas famílias que o Senhor havia ferido mortalmente na noite anterior. Naquela noite, o Senhor derrotou os deuses do Egito com grandes atos de julgamento.

⁵Depois de partirem de Ramessés, os israelitas acamparam em Sucote.

---

[a] 32.41 Em hebraico, *Havote-Jair*. [b] 33.3 No antigo calendário lunar hebraico, esse dia caía no final de março, em abril ou no início de maio.

---

irmãos vão à guerra enquanto vocês ficam aqui?'" Que exemplo a dar! Se um cristão tem razão ao jamais se unir a uma igreja cristã, então todos os outros cristãos estariam certos em não o fazer, e não haveria nenhuma igreja cristã visível. Vocês não veem, crentes que não professam, que seu exemplo é destrutivo para toda a vida da igreja? O que vocês estão fazendo? Se um cristão, com talento para pregar, estiver certo em não pregar, então outros cristãos terão o direito de brincar da mesma maneira, então não haverá mais ministério. Um ocioso é um grande inútil, e forma outros inúteis também, seu exemplo provavelmente fará de todos ao seu redor tão indolentes quanto ele mesmo. Observo em nossas igrejas que alguns homens e mulheres sérios lideram o caminho, e outros são gentilmente atraídos para segui-los. Como são preciosos os poucos sérios em uma comunidade cristã. Davi sabia o valor dos três primeiros em seu grupo. Mas se a atitude de liderança estiver morta, fria, indiferente, o que acontece? Bem, a letargia se espalha sobre o todo.

⁶Saíram de Sucote e acamparam em Etã, à beira do deserto.

⁷Saíram de Etã e voltaram para Pi-Hairote, de frente para Baal-Zefom, e acamparam perto de Migdol.

⁸Saíram de Pi-Hairote,ª atravessaram o mar Vermelhoᵇ e chegaram ao deserto. Viajaram três dias pelo deserto de Etã e acamparam em Mara.

⁹Saíram de Mara e acamparam em Elim, onde havia doze fontes de água e setenta palmeiras.

¹⁰Saíram de Elim e acamparam junto ao mar Vermelho.ᶜ

¹¹Saíram do mar Vermelho e acamparam no deserto de Sim.

¹²Saíram do deserto de Sim e acamparam em Dofca.

¹³Saíram de Dofca e acamparam em Alus.

¹⁴Saíram de Alus e acamparam em Refidim, onde não havia água para o povo beber.

¹⁵Saíram de Refidim e acamparam no deserto do Sinai.

¹⁶Saíram do deserto do Sinai e acamparam em Quibrote-Hataavá.

¹⁷Saíram de Quibrote-Hataavá e acamparam em Hazerote.

¹⁸Saíram de Hazerote e acamparam em Ritmá.

¹⁹Saíram de Ritmá e acamparam em Rimom-Perez.

²⁰Saíram de Rimom-Perez e acamparam em Libna.

²¹Saíram de Libna e acamparam em Rissa.

²²Saíram de Rissa e acamparam em Queelata.

²³Saíram de Queelata e acamparam no monte Séfer.

²⁴Saíram do monte Séfer e acamparam em Harada.

²⁵Saíram de Harada e acamparam em Maquelote.

²⁶Saíram de Maquelote e acamparam em Taate.

²⁷Saíram de Taate e acamparam em Terá.

²⁸Saíram de Terá e acamparam em Mitca.

²⁹Saíram de Mitca e acamparam em Hasmona.

³⁰Saíram de Hasmona e acamparam em Moserote.

³¹Saíram de Moserote e acamparam em Bene-Jaacã.

³²Saíram de Bene-Jaacã e acamparam em Hor-Gidgade.

³³Saíram de Hor-Gidgade e acamparam em Jotbatá.

³⁴Saíram de Jotbatá e acamparam em Abrona.

³⁵Saíram de Abrona e acamparam em Eziom-Geber.

³⁶Saíram de Eziom-Geber e acamparam em Cades, no deserto de Zim.

³⁷Saíram de Cades e acamparam no monte Hor, na fronteira de Edom. ³⁸Enquanto estavam ao pé do monte Hor, por ordem do Senhor o sacerdote Arão subiu ao monte e morreu ali. Isso aconteceu no primeiro dia do quinto mês,ᵈ quarenta anos depois que Israel saiu do Egito. ³⁹Arão tinha 123 anos quando morreu no monte Hor.

⁴⁰O rei cananeu de Arade, que vivia no Neguebe, na terra de Canaã, soube que os israelitas se aproximavam de sua terra.

⁴¹Saíram do monte Hor e acamparam em Zalmona.

⁴²Saíram de Zalmona e acamparam em Punom.

⁴³Saíram de Punom e acamparam em Obote.

⁴⁴Saíram de Obote e acamparam em Ijé-Abarim, na fronteira de Moabe.

⁴⁵Saíram de Ijé-Abarimᵉ e acamparam em Dibom-Gade.

⁴⁶Saíram de Dibom-Gade e acamparam em Almom-Diblataim.

⁴⁷Saíram de Almom-Diblataim e acamparam nos montes de Abarim, perto do monte Nebo.

⁴⁸Saíram dos montes de Abarim e acamparam nas campinas de Moabe, junto ao rio Jordão, do lado oposto de Jericó.

⁴⁹Junto ao rio Jordão, acamparam desde Bete-Jesimote até Abel-Sitim nas campinas de Moabe.

⁵⁰Enquanto estavam acampados perto do rio Jordão, nas campinas de Moabe, do lado oposto de Jericó, o Senhor disse a Moisés: ⁵¹"Dê as seguintes instruções ao povo de Israel. Quando atravessarem o rio Jordão para entrar na terra de Canaã, ⁵²expulsem todos os povos que vivem ali. Destruam todas as imagens

---

ª**33.8a** Conforme vários manuscritos hebraicos, o Pentateuco Samaritano e a Vulgata (ver tb. 33.7); o hebraico traz *Saíram de diante de Hairote.* ᵇ**33.8b** Em hebraico, *o mar.* ᶜ**33.10** Em hebraico, *mar de juncos*; também em 33.11. ᵈ**33.38** No antigo calendário lunar hebraico, esse dia caía em julho ou agosto. ᵉ**33.45** Em hebraico, *Ijim*, outro nome para Ijé-Abarim.

esculpidas ou fundidas e derrubem todos os santuários idólatras. ⁵³Tomem posse da terra e estabeleçam-se nela, pois eu lhes dei a terra para a ocuparem. ⁵⁴Distribuam a terra entre os clãs por sorteio e de forma proporcional ao tamanho de cada clã. Os clãs maiores receberão uma porção maior, e os clãs menores, uma porção menor. A decisão por sorteio é definitiva. Assim, as porções de terra serão distribuídas entre as tribos de seus antepassados. ⁵⁵Mas, se vocês não expulsarem os povos que vivem na terra, aqueles que restarem serão como farpas em seus olhos e espinhos em suas costas. Serão um tormento para vocês na terra em que habitarem. ⁵⁶E eu farei a vocês aquilo que planejava fazer a eles".

As fronteiras da terra

34 Então o Senhor disse a Moisés: ²"Dê as seguintes instruções ao povo de Israel. Quando entrarem na terra de Canaã, que eu lhes dou como sua propriedade especial, estas serão as fronteiras. ³A região sul se estenderá desde o deserto de Zim, ao longo da divisa com Edom. A fronteira sul começará no leste, na extremidade do mar Morto.ᵃ ⁴Ela se estenderá pelo sul, passando pela ladeira do Escorpião,ᵇ em direção a Zim. Seu extremo ao sul será Cades-Barneia, de onde seguirá até Hazar-Adar e, de lá, até Azmom. ⁵De Azmom, a fronteira fará uma curva em direção ao ribeiro do Egito e terminará no mar Mediterrâneo.ᶜ

⁶"A fronteira oeste será o litoral do mar Mediterrâneo.

⁷"A fronteira norte começará no mar Mediterrâneo e se estenderá para o leste até o monte Hor ⁸e, de lá, até Lebo-Hamate, seguindo em direção a Zedade, ⁹e continuando até Zifrom e, daí, até Hazar-Enã. Essa será a fronteira norte.

¹⁰"A fronteira leste começará em Hazar-Enã, se estenderá para o sul até Sefã ¹¹e descerá até Ribla, do lado leste de Aim. De lá, descerá beirando o lado leste do mar da Galileiaᵈ ¹²e, depois, acompanhando o rio Jordão até o mar Morto. Essas são as fronteiras de sua terra".

¹³Então Moisés disse aos israelitas: "Este território é a herança que vocês repartirão entre si por sorteio. O Senhor ordenou que a terra seja dividida entre as nove tribos e meia restantes. ¹⁴As famílias das tribos de Rúben e Gade e da metade da tribo de Manassés já receberam suas porções de terra ¹⁵do lado leste do Jordão, do lado oposto de Jericó, na direção do nascer do sol".

Líderes para repartir a terra

¹⁶O Senhor disse a Moisés: ¹⁷"O sacerdote Eleazar e Josué, filho de Num, são os homens escolhidos para repartir a terra entre o povo. ¹⁸Nomeiem um líder de cada tribo para ajudá-los com a tarefa. ¹⁹Estas são as tribos e os nomes dos líderes:

da tribo de Judá, Calebe, filho de Jefoné;
²⁰da tribo de Simeão, Samuel, filho de Amiúde;
²¹da tribo de Benjamim, Elidade, filho de Quislom;
²²da tribo de Dã, Buqui, filho de Jogli;
²³da tribo de Manassés, filho de José, Haniel, filho de Éfode;
²⁴da tribo de Efraim, filho de José, Quemuel, filho de Siftã;
²⁵da tribo de Zebulom, Elisafã, filho de Parnaque;
²⁶da tribo de Issacar, Paltiel, filho de Azã;
²⁷da tribo de Aser, Aiúde, filho de Selomi;
²⁸da tribo de Naftali, Pedael, filho de Amiúde.

²⁹Esses são os homens que o Senhor nomeou para repartir as porções da terra de Canaã entre os israelitas".

Cidades para os levitas

35 O Senhor disse a Moisés junto ao rio Jordão, nas campinas de Moabe, do lado oposto de Jericó: ²"Ordene aos israelitas que, das propriedades que receberem por herança, deem algumas cidades para os levitas morarem. Entreguem também as pastagens ao redor delas. ³As cidades serão para moradia dos levitas, e as terras ao redor servirão de pasto para seu gado, suas ovelhas e todos os seus animais. ⁴As pastagens reservadas para os levitas ao redor dessas cidades se estenderão em todas as direções por 450 metrosᵉ a partir dos muros da cidade. ⁵Meçam 900 metrosᶠ fora dos muros da cidade em todas as direções — leste, sul,

---

ᵃ **34.3** Em hebraico, *mar Salgado*; também em 34.12. ᵇ **34.4** Ou *ladeira de Acrabim*. ᶜ **34.5** Em hebraico, *no mar*; também em 34.6,7. ᵈ **34.11** Em hebraico, *mar de Quinerete*. ᵉ **35.4** Em hebraico, *1.000 côvados*. ᶠ **35.5** Em hebraico, *2.000 côvados*.

oeste e norte —, com a cidade no centro. Essa será a área de pastagem das cidades.

⁶"Seis das cidades que vocês derem aos levitas serão cidades de refúgio, para onde uma pessoa que tiver matado alguém acidentalmente poderá fugir e ficar a salvo. Além disso, deem a eles 42 cidades. ⁷No total, vocês darão aos levitas 48 cidades, com as pastagens ao redor. ⁸As cidades virão da herança dos israelitas. As tribos maiores darão mais cidades aos levitas, enquanto as tribos menores darão menos cidades. Cada tribo entregará propriedades de forma proporcional ao tamanho do território que receber".

As cidades de refúgio

⁹O Senhor disse a Moisés: ¹⁰"Dê as seguintes instruções ao povo de Israel.

"Quando atravessarem o Jordão para entrar na terra de Canaã, ¹¹escolham cidades de refúgio para onde uma pessoa que tiver matado alguém acidentalmente poderá fugir. ¹²Essas cidades serão lugares de proteção contra os parentes da vítima que quiserem vingar sua morte. A pessoa que tirou a vida de alguém não será executada antes de ser julgada pela comunidade. ¹³Escolham para si seis cidades de refúgio: ¹⁴três do lado leste do rio Jordão e três do lado oeste, na terra de Canaã. ¹⁵Essas cidades servirão para proteger os israelitas, os estrangeiros que vivem entre vocês e os que estiverem de passagem. Qualquer um que matar alguém acidentalmente poderá fugir para lá.

¹⁶"Se, contudo, alguém atacar uma pessoa e matá-la com um pedaço de ferro, é assassinato e o assassino deverá ser executado. ¹⁷Ou, se alguém com uma pedra na mão atacar e matar outra pessoa, é assassinato e o assassino deverá ser executado. ¹⁸Ou ainda, se alguém atacar outra pessoa e matá-la com um pedaço de madeira, é assassinato e o assassino deverá ser executado. ¹⁹O parente mais próximo da vítima é responsável pela execução do assassino. Quando o encontrar, o vingador deverá executar o assassino. ²⁰Portanto, se alguém odeia outra pessoa e fica à espreita dela, e a empurra ou joga contra ela um objeto perigoso e ela morre, ²¹ou se alguém odeia outra pessoa e a fere com as mãos e ela morre, é assassinato. Nesses casos, o vingador deverá executar o assassino quando o encontrar.

²²"Se, contudo, alguém empurrar outra pessoa sem ter demonstrado anteriormente nenhuma hostilidade, ou jogar algo que acerte a pessoa acidentalmente, ²³ou, sem intenção, deixar cair sobre ela uma pedra grande, embora não fossem inimigos, e a outra pessoa morrer, ²⁴a comunidade usará as seguintes normas para julgar entre o acusado e o vingador, o

---

35.11 Diz-se que onde quer que o crime de homicídio pudesse ser cometido por um homem, ele poderia chegar a uma cidade de refúgio dentro de meio dia e, verdadeiramente, amados, não é grande a distância entre um pecador culpado e os braços acolhedores de Cristo! É apenas uma simples renúncia aos nossos próprios poderes e uma apropriação de Cristo, para ser o nosso Tudo em todos, que é necessário para que sejamos encontrados dentro da cidade de refúgio! Então, no que diz respeito às estradas para a cidade, sabemos que elas eram estritamente preservadas em bom estado. Havia pontes sobre todos os rios. Na medida do possível, a estrada era nivelada e todos os obstáculos removidos para que o homem que fugia pudesse encontrar uma *passagem fácil para a cidade*. Uma vez por ano, os anciãos da cidade seguiam a rota para ver se ela estava em bom estado de conservação e assegurar, na medida do possível, que nada pudesse acontecer em relação à quebra de pontes ou bloqueio da estrada, para impedir a fuga de qualquer homicida e garantir que ele fosse capturado e morto. Onde quer que houvesse caminhos e curvas, havia letreiros legíveis com esta palavra claramente visível "Refúgio" — *"Refúgio"* — indicando o caminho pelo qual o homem deveria fugir se quisesse chegar à cidade. Havia sempre duas pessoas na estrada, de modo que, se o vingador de sangue alcançasse um homem, eles poderiam interceptá-lo e pedir-lhe para guardar sua mão até que o homem tivesse chegado à cidade, para que não houvesse sangue inocente sem um julgamento justo — e assim o próprio vingador seria considerado culpado de assassinato. O risco, é claro, estava sobre o vingador se matasse alguém que não merecia morrer.

Agora, amado, creio que esta é uma figura da estrada que leva a Cristo Jesus. Não é o caminho em rotatória da Lei — não é o obedecer este, aquele e aqueloutro mandamento — é uma estrada reta: "Creia e viva". É uma estrada tão penosa que o homem farisaico não pisará nela, mas é tão branda que todo homem que se reconhece pecador pode, por ela, encontrar seu caminho para Cristo e para o Céu!

parente mais próximo da vítima: ²⁵a comunidade protegerá o acusado do vingador e cuidará para que ele chegue à cidade de refúgio para onde fugiu. Ali ele ficará até a morte do sumo sacerdote, que foi ungido com o óleo sagrado.

²⁶"Se, contudo, o acusado sair alguma vez dos limites da cidade de refúgio ²⁷e o vingador o encontrar fora da cidade e o executar, essa morte não será considerada assassinato. ²⁸O acusado deveria ter ficado dentro da cidade de refúgio até a morte do sumo sacerdote. Depois da morte do sumo sacerdote, porém, o acusado poderá voltar à sua propriedade. ²⁹Essas são as prescrições legais a serem cumpridas de geração em geração, onde quer que morarem.

³⁰"Todos os assassinos deverão ser executados, mas apenas se mais de uma testemunha apresentar provas. Ninguém será executado com base no depoimento de apenas uma testemunha. ³¹Jamais aceitem resgate pela vida de alguém que foi declarado culpado de assassinato e condenado à morte. Os assassinos deverão sempre ser executados. ³²E jamais aceitem resgate de alguém que fugiu para uma cidade de refúgio, permitindo, com isso, que o acusado volte à sua propriedade antes da morte do sumo sacerdote. ³³Essa medida garantirá que a terra em que vivem não seja contaminada, pois o assassinato contamina a terra. O único sacrifício que fará expiação pela terra em caso de assassinato é a execução do assassino. ³⁴Não contaminem a terra onde habitam, pois eu mesmo habito ali. Eu sou o Senhor e habito entre o povo de Israel".

Mulheres que herdam propriedades

36 Os chefes das famílias do clã de Gileade, descendentes de Maquir, filho de Manassés, filho de José, apresentaram uma petição a Moisés e aos líderes de Israel, os chefes das famílias. ²Disseram eles: "O Senhor o instruiu a repartir a terra por sorteio entre os israelitas. O Senhor também o instruiu a entregar a herança que pertencia a nosso irmão Zelofeade às filhas dele. ³Mas, se elas se casarem com homens de outra tribo de Israel, levarão consigo suas propriedades para a tribo dos homens com quem se casarem. Com isso, a área total do território de nossa tribo será reduzida. ⁴Quando chegar o Ano do Jubileu, a porção de terra que elas receberam será anexada à porção dessa nova tribo, e essa propriedade será tirada da tribo de nossos antepassados para sempre".

⁵Então Moisés deu aos israelitas a seguinte ordem do Senhor: "A preocupação dos homens da tribo de José é justa. ⁶É isto que o Senhor ordenou acerca das filhas de Zelofeade: Elas poderão se casar com quem quiserem, desde que seja alguém da tribo de seus antepassados. ⁷Nenhuma terra poderá ser transferida de uma tribo para outra, pois a porção entregue a cada tribo deve permanecer com a tribo para a qual foi inicialmente designada. ⁸As filhas de todas as tribos de Israel que têm direito a herdar propriedades deverão se casar com homens de um dos clãs de sua própria tribo, para que todos os israelitas mantenham a propriedade de seus antepassados. ⁹Nenhuma porção de terra poderá ser transferida de uma tribo para outra; cada tribo de Israel manterá a porção de terra que recebeu como herança".

¹⁰As filhas de Zelofeade fizeram conforme o Senhor ordenou a Moisés. ¹¹Maala, Tirza, Hogla, Milca e Noa se casaram com primos da família de seu pai, ¹²membros dos clãs de Manassés, filho de José. Assim, sua herança permaneceu no clã e na tribo de seus antepassados.

¹³Esses são os mandamentos e os estatutos que o Senhor deu aos israelitas por meio de Moisés enquanto estavam acampados nas campinas de Moabe junto ao rio Jordão, do lado oposto de Jericó.

Deuteronômio

INTRODUÇÃO

Nome. O nome vem da palavra grega que significa segunda lei ou lei repetida. Contém as últimas palavras de Moisés, que provavelmente foram proferidas durante os últimos sete dias de sua vida. Não é uma mera repetição da Lei, mas sim uma aplicação da Lei em vista das novas condições que Israel encontraria em Canaã e por causa de sua desobediência anterior.

Propósito. Levar Israel à obediência e adverti-lo contra a desobediência. O espírito e o propósito da Lei são explicados de forma a apresentar encorajamento e advertências.

Conteúdo. Consiste em três abordagens de Moisés dadas nas planícies de Moabe, no final das andanças de Israel pelo deserto, nas quais ele apresenta grandes partes da Lei anteriormente revelada, com as necessárias adições para cumprir as novas condições. Há também a nomeação de Josué como o sucessor de Moisés, a canção de despedida e de bênção proferida por Moisés e o registro de sua morte.

Estilo. O estilo é mais caloroso e mais oratório do que o dos livros anteriores. Seu tom é mais espiritual e ético e seu apelo é "conhecer, amar e obedecer a Deus".

Ocasião e necessidade desse livro. (1) Uma crise havia sobrevindo a Israel. A vida do povo deveria mudar do vagar pelo deserto para o residir em cidades e aldeias; e da dependência do maná celestial ao cultivo dos campos. A paz e a justiça dependeriam de uma estrita observância das leis. (2) Uma nova religião de Canaã contra a qual deviam ficar atentos. As formas mais sedutoras de idolatria seriam encontradas em todos os lugares e haveria um grande risco de ceder a elas.

A palavra-chave. "Não", muitas vezes repetido como, "você deve" e "você não deve". Os versículos-chave são 11.26-28.

ESBOÇO

1. Revisão das jornadas, Caps. 1–4
   1.1. Local do acampamento, 1.1-5
   1.2. Sua história desde a saída do Egito, 1.6–3.29
   1.3. Exortação à obediência, 4.1-40
   1.4. Três cidades de refúgio no lado leste do Jordão, 4.41-49
2. Revisão da Lei, Caps. 5–26
   2.1. Seção histórica e exortatória, Caps. 5–11
   2.2. Leis para religião, 12.1–16.17
   2.3. Leis para vida política, 16.18–20.20
   2.4. Leis para relacionamentos sociais e domésticos, Caps. 21–26
3. Futuro de Israel previsto, Caps. 27–30
   3.1. Pedras como memorial, Cap. 27
   3.2. Bênção e maldição, Cap. 28
   3.3. Aliança renovada e o futuro de Israel previsto, Caps. 29–30
4. Últimos dias de Moisés, Caps. 31–34
   4.1. Encargo de Josué, Cap. 31
   4.2. Cântico de Moisés, Cap. 32
   4.3. Bênção de Moisés, Cap. 33
   4.4. *Morte de Moisés, Cap. 34*

PARA ESTUDO E DISCUSSÃO

[1] Faça uma lista da principal história do povo, da qual Moisés lembra Israel nos Capítulos 1–4 e encontre onde cada um dos incidentes é registrado nos livros anteriores.

[2] Do capítulo 11, faça uma lista de razões para a obediência, as recompensas da obediência e a importância do estudo da Lei de Deus.
[3] As leis da bênção e da maldição (capítulo 28), faça uma lista das maldições, do pecado e da punição; e das bênçãos, indicando a bênção e a promessa referente a ela.
[4] Faça uma lista das diferentes nações ou povos a respeito dos quais Israel recebeu mandamento ou advertência.
[5] A bênção de despedida de Moisés para as várias tribos (capítulo 33). Faça uma lista do que deve acontecer a cada tribo.
[6] Os nomes, localização e propósito das cidades de refúgio, as lições para hoje a serem extraídas delas e sua utilidade.
[7] A inflexibilidade da Lei de Deus.

Introdução ao primeiro discurso de Moisés

1 Estas são as palavras que Moisés disse a todo o povo de Israel quando estavam no deserto, a leste do rio Jordão, acampados no vale do Jordão,[a] perto de Sufe, entre Parã, de um lado, e Tofel, Labã, Hazerote e Di-Zaabe, do outro.

²Normalmente, são necessários apenas onze dias para viajar do monte Sinai[b] até Cades-Barneia pelo caminho do monte Seir. ³No entanto, quarenta anos depois da saída do Egito, no primeiro dia do décimo primeiro mês,[c] Moisés se dirigiu aos israelitas e lhes transmitiu tudo que o Senhor lhe havia ordenado. ⁴Isso aconteceu depois que ele derrotou Seom, rei dos amorreus que vivia em Hesbom, e, em Edrei, derrotou Ogue, o rei de Basã que vivia em Astarote.

⁵Enquanto estavam na terra de Moabe, a leste do Jordão, Moisés começou a lhes explicar as seguintes instruções.

A ordem para deixar Horebe

⁶"Quando estávamos no monte Sinai, o Senhor, nosso Deus, nos disse: 'Vocês já ficaram muito tempo neste monte. ⁷É hora de levantar acampamento e seguir viagem. Vão à região montanhosa dos amorreus e a todas as regiões vizinhas: o vale do Jordão, a região montanhosa, as colinas do oeste,[d] o Neguebe e a planície costeira. Vão à terra dos cananeus e ao Líbano, e avancem até o grande rio Eufrates. ⁸Vejam, eu lhes dou toda esta terra! Entrem e tomem posse dela, pois é a terra que o Senhor jurou dar a seus antepassados Abraão, Isaque e Jacó, e a todos os seus descendentes'."

Moisés nomeia líderes de cada tribo

⁹Moisés continuou: "Naquela ocasião, eu lhes disse: 'Vocês são um peso grande demais para eu carregar sozinho. ¹⁰O Senhor, seu Deus, aumentou sua população e os tornou tão numerosos quanto as estrelas do céu. ¹¹Que o Senhor, o Deus de seus antepassados, os multiplique mil vezes mais e os abençoe como ele prometeu. ¹²Mas vocês são um peso grande demais para mim! Como poderei lidar com todos os seus problemas e conflitos? ¹³Escolham alguns homens respeitados de cada tribo, conhecidos por sua sabedoria e entendimento, e eu os designarei para serem seus líderes'.

¹⁴"Então vocês responderam: 'Seu plano é bom!'. ¹⁵Assim, convoquei os homens respeitados que vocês selecionaram de suas tribos e os nomeei para serem juízes e oficiais sobre vocês. Alguns ficaram responsáveis por mil pessoas, outros por cem, outros por cinquenta, e outros por dez.

¹⁶"Naquela ocasião, ordenei aos juízes: 'Deem atenção aos casos de seus irmãos israelitas e também dos estrangeiros que vivem entre vocês. Sejam completamente justos em todas as suas decisões ¹⁷e imparciais em seus julgamentos. Cuidem tanto dos casos dos pobres como dos ricos. Não deixem que ninguém os intimide, pois Deus dará a decisão por seu intermédio. Tragam-me os casos que forem difíceis demais para vocês, e eu cuidarei deles'.

¹⁸"Naquela ocasião, eu lhes ordenei tudo que deveriam fazer."

---

[a] **1.1** Em hebraico, *na Arabá*; também em 1.7. [b] **1.2** Em hebraico, *Horebe*, outro nome para o Sinai; também em 1.6,19. [c] **1.3** No antigo calendário lunar hebraico, esse dia caía em janeiro ou fevereiro. [d] **1.7** Em hebraico, *a Sefelá*.

1.6 Israel não deveria habitar em Horebe para sempre e até mesmo o lugar mais seleto da manifestação divina não é para ser nosso para sempre. A terra do Jordão, dos hermonitas e do outeiro de Mizar, embora muito preciosas para nós por causa das experiências espirituais que *tivemos lá, não devem ser nossos lugares de morada* permanentes. Temos que seguir em frente e armar nossa tenda em outro lugar. [...]

Os filhos de Israel tinham uma coluna de fogo para guiá-los em suas muitas andanças. E se a coluna não se movesse, eles paravam. Quer fosse um dia, uma semana, um mês ou um ano, eles parariam enquanto a coluna permanecesse estagnada. E quando esta se movia, então eles se moviam, embora mal tivessem armado suas tendas. E, irmãos e irmãs, também nós busquemos sempre a orientação divina. Coloquemo-nos sob a proteção da Providência — especialmente no momento de fazer mudanças. Alguns fazem mudanças pelo simples amor à novidade. Outros, porque pensam que qualquer coisa nova será melhor do que o que têm no momento. [...] Uma das maiores bênçãos que podemos ter é uma mente satisfeita — se o tivermos não ficaremos ansiosos por mudanças.

Espiões fazem o reconhecimento da terra

¹⁹"Em seguida, conforme o Senhor, nosso Deus, ordenou, partimos do monte Sinai e atravessamos o deserto imenso e assustador, como vocês lembram, e nos dirigimos à região montanhosa dos amorreus. Quando chegamos a Cades-Barneia, ²⁰eu lhes disse: 'Vocês chegaram à região montanhosa dos amorreus, que o Senhor, nosso Deus, nos dá. ²¹Vejam, o Senhor, seu Deus, colocou a terra diante de vocês! Vão e tomem posse dela, conforme o Senhor, o Deus de seus antepassados, lhes prometeu. Não tenham medo nem desanimem!'.

²²"Então todos vocês vieram e me disseram: 'Primeiro, enviemos espiões para que façam o reconhecimento da terra para nós. Eles recomendarão o melhor caminho e indicarão em quais cidades devemos entrar'.

²³"A ideia me pareceu boa, por isso escolhi doze espiões, um de cada tribo. ²⁴Eles foram à região montanhosa, chegaram ao vale de Escol e fizeram o reconhecimento. ²⁵Pegaram alguns dos frutos da região e os trouxeram para nós. Então, relataram: 'A terra que o Senhor, nosso Deus, nos dá é, de fato, uma terra boa'."

A rebelião de Israel contra o SENHOR

²⁶"Contudo, vocês se rebelaram contra a ordem do Senhor, seu Deus, e se recusaram a entrar. ²⁷Queixaram-se dentro de suas tendas e disseram: 'Com certeza o Senhor nos odeia. Por isso nos trouxe do Egito, a fim de nos entregar nas mãos dos amorreus para sermos exterminados. ²⁸Para onde podemos ir? Nossos irmãos nos desanimaram com seu relatório. Eles disseram: 'Os habitantes da terra são mais altos e poderosos que nós, e suas cidades são grandes, com muros que sobem até o céu! Vimos até os descendentes de Enaque!'.

²⁹"Eu lhes disse: 'Não entrem em pânico nem tenham medo deles! ³⁰O Senhor, seu Deus, irá adiante de vocês. Ele lutará em seu favor, conforme tudo que vocês o viram fazer no Egito. ³¹Também viram como o Senhor, seu Deus, cuidou de vocês ao longo do caminho, enquanto viajavam pelo deserto, como um pai cuida de seu filho. Agora ele os trouxe a este lugar'.

³²"No entanto, mesmo depois de tudo que ele fez, vocês se recusaram a confiar no Senhor, seu Deus, ³³que vai adiante de vocês buscando lugares para acamparem e guiando-os com uma coluna de fogo durante a noite e uma coluna de nuvem durante o dia.

³⁴"Quando o Senhor ouviu vocês se queixarem, ficou irado e, por isso, fez um juramento: ³⁵'Nenhum de vocês desta geração perversa viverá para ver a boa terra que eu jurei dar a seus antepassados. ³⁶A única exceção será Calebe, filho de Jefoné. Ele verá a terra, pois seguiu o Senhor em tudo. Darei a ele e a seus descendentes parte da terra que ele explorou durante sua missão de reconhecimento'.

³⁷"Foi por causa de vocês que o Senhor se irou contra mim. Ele me disse: 'Você também não entrará na terra! ³⁸Seu auxiliar, Josué, filho de Num, entrará na terra. Encoraje-o, pois ele conduzirá o povo quando Israel tomar posse dela. ³⁹Darei a terra a seus filhos pequenos, às crianças que não sabem a diferença entre certo e errado. Vocês temiam que seus pequeninos fossem capturados, mas serão eles que tomarão posse da terra. ⁴⁰Quanto a vocês, deem meia-volta e retornem ao deserto, em direção ao mar Vermelho'.ᵃ

⁴¹"Então vocês admitiram: 'Pecamos contra o Senhor! Agora, subiremos e lutaremos pela terra, como o Senhor, nosso Deus, ordenou'. Seus homens se armaram para a guerra, pensando que seria fácil atacar a região montanhosa.

⁴²"Mas o Senhor me encarregou de lhes dizer: 'Não ataquem, pois não estou com vocês. Se forem por conta própria, serão derrotados por seus inimigos'.

⁴³"Foi o que eu lhes disse, mas vocês não deram ouvidos. Em vez disso, rebelaram-se mais uma vez contra a ordem do Senhor e, arrogantemente, foram à região montanhosa para lutar. ⁴⁴Os amorreus que viviam ali saíram e os atacaram como um enxame de abelhas. Eles os perseguiram e os massacraram ao longo de todo o caminho, desde Seir até Hormá. ⁴⁵Então vocês voltaram e choraram diante do Senhor, mas o Senhor se recusou a ouvi-los. ⁴⁶Por isso, ficaram em Cades por um longo tempo."

ᵃ 1.40 Em hebraico, *mar de juncos*.

Recapitulação das andanças de Israel

2 "Depois disso, demos meia-volta e regressamos pelo deserto, em direção ao mar Vermelho,[a] conforme a instrução que o Senhor me deu. Por um longo tempo, vagamos de um lugar para outro na região do monte Seir.

²"Finalmente, o Senhor me disse: ³'Vocês andaram por esta região montanhosa tempo suficiente; agora, sigam para o norte. ⁴Dê as seguintes ordens ao povo: Vocês passarão pelo território de seus parentes edomitas, os descendentes de Esaú, que habitam em Seir. Tenham muito cuidado, pois os edomitas se sentirão ameaçados. ⁵Não os perturbem, pois eu dei a eles como propriedade toda a região montanhosa ao redor do monte Seir, e não darei a vocês um metro sequer da terra deles. ⁶Paguem por todo alimento que comerem e pela água que beberem. ⁷Pois o Senhor, seu Deus, tem abençoado vocês em tudo que têm feito. Ele tem cuidado de cada um de seus passos por este grande deserto. Durante estes quarenta anos, o Senhor, seu Deus, tem estado com vocês, e nada lhes tem faltado'.

⁸"Assim, contornamos o território de nossos parentes, os descendentes de Esaú, que habitam em Seir. Evitamos o caminho que passa pelo vale de Arabá, que sobe de Elate e Eziom-Geber.

"Então, quando nos dirigimos para o norte pelo caminho do deserto de Moabe, ⁹o Senhor nos advertiu: 'Não perturbem os moabitas, os descendentes de Ló, nem comecem uma guerra contra eles. Eu dei a eles como propriedade a região de Ar, e não darei a vocês parte alguma do território deles'.

¹⁰(Antigamente, um povo chamado emins havia habitado na região de Ar. Eram tão fortes, numerosos e altos quanto os enaquins. ¹¹Os emins e os enaquins também eram conhecidos como refains, embora os moabitas os chamassem de emins. ¹²Em outros tempos, os horeus haviam habitado em Seir, mas os edomitas os expulsaram e ocuparam sua terra, da mesma forma que Israel expulsou os habitantes de Canaã quando o Senhor lhe deu a terra deles.)

¹³"Então o Senhor nos disse: 'Mexam-se! Atravessem o ribeiro de Zerede'. Assim, atravessamos o ribeiro.

¹⁴"Trinta e oito anos se passaram desde que partimos pela primeira vez de Cades-Barneia até atravessarmos, por fim, o ribeiro de Zerede. Àquela altura, todos os homens com idade suficiente para ir à guerra tinham morrido no deserto, como o Senhor havia jurado que aconteceria. ¹⁵A mão do Senhor pesou sobre eles e os eliminou, e eles morreram no meio do acampamento.

¹⁶"Quando todos os homens com idade suficiente para ir à guerra haviam morrido, ¹⁷o Senhor me disse: ¹⁸'Hoje vocês atravessarão a fronteira com Moabe pela região de Ar ¹⁹e se aproximarão da terra dos amonitas, os descendentes de Ló. Não os perturbem nem comecem uma guerra contra eles. Eu dei a eles como propriedade a terra de Amom, e não darei a vocês parte alguma do território deles'.

²⁰(Antigamente, aquela região era considerada terra dos refains que haviam habitado ali,

---

[a] 2.1 Em hebraico, *mar de juncos.*

2.7 O que me impressiona na análise de Moisés é isso: *a proeminência que ele dá a Deus*. Aqui, permita-me observar que nossa própria retrospectiva do passado, se formos cristãos genuínos, tem nela muitas luzes brilhantes da presença evidente de Deus tornando o caminho, aqui e ali, em terra santa! O homem ímpio, é claro, leva *uma vida sem Deus; como o Senhor não está em todos os seus pensamentos*, então Deus não lhe aparece em todos os seus caminhos; mas para os piedosos, a mão de Deus é evidente. Olhe para trás, cristão, e veja que para você a existência de Deus não tem sido uma *teoria*, mas um fato observado e verificado pela experiência real. Não pode lembrar-se de muitas ocasiões em que o Senhor certamente se manifestou a você, como sempre se apresentou a Moisés na sarça ardente, ou a Josué fora dos muros de Jericó, ou a Salomão à noite ou aos três rapazes santos na fornalha? Você não se lembra da maravilhosa revelação dele a você quando da sua conversão? Que mão foi aquela que tomou as rédeas e reprimiu aquela vontade teimosa? Poderia qualquer poder, menos do que onipotente, ter mudado tão completamente o curso de sua vida? Você se lembra da hora sagrada em que Jesus se encontrou com você, o absolveu do passado e o aceitou como Seu discípulo?

embora os amonitas os chamassem de zanzumins. ²¹Também eram tão fortes, numerosos e altos quanto os enaquins. Mas o Senhor os destruiu para que os amonitas tomassem posse de sua terra. ²²Ele fez o mesmo pelos descendentes de Esaú que habitavam em Seir, pois destruiu os horeus para que os descendentes de Esaú se estabelecessem no lugar deles. Os descendentes de Esaú habitam nessa terra até hoje. ²³Algo parecido aconteceu quando os caftoritas de Creta[a] invadiram e destruíram os aveus, que habitavam em povoados na região de Gaza.)

²⁴"Então o Senhor disse: 'Mexam-se! Atravessem o vale de Arnom. Vejam, eu lhes entregarei o amorreu Seom, rei de Hesbom, e lhes darei a terra dele. Ataquem-no e comecem a tomar posse daquele território. ²⁵A partir de hoje, farei os povos de toda a terra se encherem de medo por sua causa. Quando ouvirem relatos a seu respeito, tremerão de angústia e pavor'."

Vitória sobre Seom de Hesbom

²⁶"Do deserto de Quedemote, enviei embaixadores ao rei Seom de Hesbom com a seguinte proposta de paz:

²⁷'Deixe-nos atravessar seu território. Ficaremos na estrada principal e não nos desviaremos nem para um lado nem para o outro. ²⁸Venda-nos alimentos para comermos e água para bebermos, e pagaremos por tudo. Queremos apenas permissão para passar por seu território. ²⁹Os descendentes de Esaú, que habitam em Seir, nos permitiram passar pelo território deles, como também fizeram os moabitas, que habitam na região de Ar. Deixe-nos passar até atravessarmos o Jordão e entrarmos na terra que o Senhor, nosso Deus, nos dá'.

³⁰"Mas Seom, rei de Hesbom, não nos permitiu passar, pois o Senhor, seu Deus, endureceu-lhe o coração e o tornou hostil, a fim de entregá-lo em nossas mãos, como de fato aconteceu.

³¹"Então o Senhor me disse: 'Veja, eu lhes entrego o rei Seom e seu território. Agora, comecem a conquistar sua terra e a tomar posse dela'.

³²"Então o rei Seom declarou guerra contra nós e mobilizou todas as suas tropas em Jaza. ³³Mas o Senhor, nosso Deus, o entregou a nós, e matamos a ele, seus filhos e todo o seu povo. ³⁴Conquistamos todas as suas cidades e as destruímos completamente. Matamos homens, mulheres e crianças. Não poupamos ninguém. ³⁵Tomamos como despojo todos os animais e todos os objetos de valor das cidades que conquistamos.

³⁶"Também conquistamos Aroer, à beira do vale de Arnom, além da cidade no vale e toda a região até Gileade. Nenhuma cidade tinha muralhas fortes o suficiente para nos deter, pois o Senhor, nosso Deus, nos entregou tudo. ³⁷Evitamos, porém, a terra dos amonitas, ao longo do rio Jaboque, e as cidades da região montanhosa, ou seja, todos os lugares que o Senhor, nosso Deus, havia ordenado que deixássemos em paz."

Vitória sobre Ogue de Basã

3 "Em seguida, voltamos e nos dirigimos à terra de Basã, onde o rei Ogue e todo o seu exército nos atacaram em Edrei. ²Mas o Senhor me disse: 'Não tenha medo, pois eu lhe dei vitória sobre Ogue e todo o seu exército, e lhe darei toda a terra dele. Trate-o como você tratou Seom, rei dos amorreus, que vivia em Hesbom'.

³"Então o Senhor, nosso Deus, entregou em nossas mãos o rei Ogue e todo o seu povo. Nós os aniquilamos, de modo que não restaram sobreviventes. ⁴Conquistamos todas as sessenta cidades deles, a região inteira de Argobe, no reino de Basã. Não deixamos de tomar uma cidade sequer. ⁵Eram todas fortificadas com muralhas altas e portões com trancas. Na mesma ocasião, também conquistamos muitos outros povoados sem muros. ⁶Destruímos completamente o reino de Ogue, como havíamos destruído Seom, rei de Hesbom. Exterminamos todo o povo das cidades que conquistamos, tanto homens como mulheres e crianças. ⁷Ficamos, porém, com todos os animais e levamos os despojos das cidades.

⁸"Assim, tomamos o território dos dois reis amorreus a leste do rio Jordão, desde o vale de Arnom até o monte Hermom. ⁹(Os sidônios

---

[a] 2.23 Em hebraico, *de Caftor*.

chamam o monte Hermom de Siriom, enquanto os amorreus o chamam de Senir.) ¹⁰A essa altura, havíamos conquistado todas as cidades do planalto e todo o território de Gileade e Basã, até as cidades de Salcá e Edrei, que faziam parte do reino de Ogue, em Basã." ¹¹(O rei Ogue de Basã foi o último sobrevivente dos refains. Sua cama era feita de ferro e media mais de quatro metros de comprimento e quase dois metros de largura.ᵃ Ainda hoje é possível vê-la na cidade amonita de Rabá.)

A divisão da terra a leste do Jordão

¹²"Quando tomamos posse da terra, dei às tribos de Rúben e Gade o território para além de Aroer, ao longo do vale de Arnom, e também metade do território de Gileade com suas cidades. ¹³Depois, entreguei o restante de Gileade e toda a Basã, o antigo reino de Ogue, à meia tribo de Manassés. (Toda essa região de Argobe, em Basã, era conhecida como a terra dos refains. ¹⁴Jair, um dos descendentes da tribo de Manassés, conquistou toda a região de Argobe, em Basã, até a fronteira com os gesuritas e maacatitas. Jair deu à região seu próprio nome, Cidades de Jair,ᵇ pelo qual ela é conhecida até hoje.) ¹⁵Dei Gileade ao clã de Maquir, ¹⁶mas também dei parte de Gileade às tribos de Rúben e Gade. A região que lhes entreguei se estende desde a metade do vale de Arnom, ao sul, até o rio Jaboque, na fronteira amonita. ¹⁷Eles também receberam o vale do Jordão, desde o mar da Galileia até o mar Morto,ᶜ tendo o Jordão como limite a oeste e, a leste, as encostas do monte Pisga.

¹⁸"Naquela ocasião, dei a seguinte ordem às tribos que habitariam a leste do Jordão: 'Embora o Senhor, seu Deus, lhes tenha dado esta terra como propriedade, todos os seus homens aptos à guerra devem atravessar o Jordão à frente de seus parentes israelitas, armados e prontos para ajudá-los. ¹⁹Suas esposas, filhos e rebanhos numerosos ficarão nas cidades que já lhes dei. ²⁰Quando o Senhor tiver dado segurança aos demais israelitas, como deu a vocês, e quando eles tiverem tomado posse da terra que o Senhor, seu Deus, lhes dá do outro lado do Jordão, então vocês poderão voltar para esta terra que lhes dei'."

Moisés é proibido de entrar na terra

²¹"Naquela ocasião, dei a Josué a seguinte ordem: 'Você viu com os próprios olhos tudo que o Senhor, seu Deus, fez a esses dois reis. Ele fará o mesmo a todos os reinos do lado oeste do Jordão. ²²Não tenham medo dessas nações, pois o Senhor, seu Deus, lutará por vocês'.

²³"Também naquela ocasião, supliquei ao Senhor: ²⁴'Ó Senhor Soberano, tu apenas começaste a mostrar a este teu servo a tua grandeza e a força da tua mão. Existe algum deus no céu ou na terra capaz de realizar obras tão grandiosas e poderosas como as que tu realizas? ²⁵Por favor, peço que me deixes atravessar o Jordão para ver a boa terra do outro lado do rio, a bela região montanhosa e o Líbano'.

²⁶"Mas o Senhor estava irado comigo por causa de vocês e não me atendeu. 'Basta!', declarou ele. 'Não toque mais nesse assunto. ²⁷Suba ao topo do monte Pisga e contemple a terra em todas as direções. Olhe bem, pois você não atravessará o Jordão. ²⁸Encarregue Josué dessa tarefa, encoraje-o e fortaleça-o, pois ele conduzirá o povo para o outro lado do Jordão. Ele lhes dará como herança toda a terra que você está vendo.' ²⁹Assim, ficamos no vale junto a Bete-Peor."

Moisés encoraja Israel a obedecer

4 "Agora, Israel, ouça com atenção estes decretos e estatutos que lhe ensinarei. Cumpram-nos para que vocês vivam, entrem na terra que o Senhor, o Deus de seus antepassados, lhes dá e tomem posse dela. ²Não acrescentem coisa alguma às ordens que eu lhes dou, nem tirem coisa alguma delas. Simplesmente obedeçam aos mandamentos do Senhor, seu Deus, que eu lhes dou.

³"Vocês viram com os próprios olhos o que o Senhor fez no incidente em Baal-Peor. Ali, o Senhor, seu Deus, destruiu todos aqueles que adoraram Baal, o deus de Peor. ⁴Mas vocês, que foram fiéis ao Senhor, seu Deus, estão hoje todos vivos.

⁵"Vejam, agora eu lhes ensino estes decretos e estatutos conforme me ordenou o Senhor,

---

ᵃ **3.11** Em hebraico, *9 côvados de comprimento e 4 côvados de largura*. ᵇ **3.14** Em hebraico, *Havote-Jair*. ᶜ **3.17** Em hebraico, *desde o Quinerete até o mar da Arabá, o mar Salgado*.

meu Deus, para que vocês os cumpram na terra em que estão prestes a entrar para tomar posse dela. ⁶Obedeçam-lhes por completo, e assim demonstrarão sabedoria e inteligência às nações vizinhas. Quando elas ouvirem estes decretos, exclamarão: 'Como é sábio e prudente o povo dessa grande nação!'. ⁷Pois que grande nação tem um deus tão próximo de si como o Senhor, nosso Deus, está próximo de nós sempre que o invocamos? ⁸E que grande nação tem decretos e estatutos tão justos quanto este conjunto de leis que hoje lhes dou?

⁹"Fiquem muito atentos! Cuidem para que não se esqueçam daquilo que viram com os próprios olhos. Não deixem que essas lembranças se apaguem de sua memória enquanto viverem. Passem-nas adiante a seus filhos e netos. ¹⁰Nunca se esqueçam do dia em que estiveram diante do Senhor, seu Deus, no monte Sinai,[a] onde o Senhor me disse: 'Convoque o povo para que se apresente diante de mim, e eu os instruirei pessoalmente. Eles aprenderão a me temer enquanto viverem e ensinarão seus filhos a também me temer'.

¹¹"Vocês se aproximaram e ficaram ao pé do monte, enquanto o monte ardia em chamas que subiam até o céu. Ao mesmo tempo, o monte foi envolvido por nuvens negras e densa escuridão. ¹²Então o Senhor lhes falou do meio do fogo. Vocês ouviram o som de suas palavras, mas não viram sua forma; havia apenas uma voz. ¹³Ele proclamou sua aliança, os dez mandamentos.[b] Gravou-os em duas tábuas de pedra e ordenou que os cumprissem. ¹⁴Foi naquela ocasião que o Senhor me ordenou que lhes ensinasse seus decretos e estatutos, para que vocês os cumprissem na terra em que estão prestes a entrar para tomar posse dela."

Alerta contra a idolatria

¹⁵"Tenham muito cuidado! No dia em que o Senhor lhes falou do meio do fogo no monte Sinai, vocês não viram forma alguma. ¹⁶Portanto, não se corrompam fazendo ídolos de qualquer forma, seja de homem ou de mulher, ¹⁷de animal terrestre, de ave no céu, ¹⁸de animal que rasteja pelo chão ou de peixe das profundezas do mar. ¹⁹E, quando olharem para o céu e virem o sol, a lua e as estrelas, todo o exército do céu, não caiam na tentação de prostrar-se diante deles e adorá-los. O Senhor, seu Deus, os deu a todos os povos da terra. ²⁰Lembrem-se de que o Senhor os libertou do Egito, uma fornalha de fundir ferro, para torná-los seu povo e sua propriedade especial, como hoje se vê.

²¹"E, no entanto, o Senhor se irou contra mim por causa de vocês. Jurou que eu não atravessaria o rio Jordão para entrar na boa terra que o Senhor, seu Deus, lhes dá como propriedade. ²²Vocês atravessarão o Jordão e tomarão posse dessa boa terra, mas eu não. Morrerei aqui, deste lado do rio. ²³Portanto, tenham cuidado para não se esquecerem da aliança que o Senhor, seu Deus, fez com vocês. Não façam

---

[a] 4.10 Em hebraico, *Horebe*, outro nome para o Sinai; também em 4.15. [b] 4.13 Em hebraico, *as dez palavras*.

4.20-31 Vocês que não são perdoados, o tempo em que o Senhor lhes pede que o busquem é, em primeiro lugar " de lá", isto é, da condição em que caíram, ou da posição que ocupam agora. De acordo com o contexto do texto, os israelitas ofensores deveriam estar em cativeiro, dispersos entre várias nações, habitando onde eram obrigados a adorar deuses de madeira e pedra que não podiam ver, nem ouvir, nem sentir, nem comer, nem cheirar; mas "de lá" — das aldeias pagãs, das suas tristezas solitárias junto às águas da Babilônia, do seu cativeiro na distante Caldeia, eles foram chamados a voltarem-se para o Senhor e a obedecer à Sua voz! [...]

Para encontrar a Sua misericórdia, o que devemos fazer? "De lá, porém, vocês buscarão o Senhor, seu Deus". Não temos, então, que trazer nada a Deus, mas buscá-lo. Não temos que buscar a justiça para trazê-la a Ele, nem buscar um estado de coração que nos torne aceitáveis a Ele, mas *buscá-lo* de uma vez! Pecador, você ofendeu a Deus, ninguém exceto Deus pode perdoá-lo, pois as ofensas são contra Ele! Busque-o, então, para que Ele possa perdoá-lo. É essencial que você o busque como uma existência real, e uma pessoa verdadeira, acreditando que Deus é, e que Ele é um galardoador daqueles que o buscam diligentemente. [...] "Mas onde posso encontrá-lo?", pergunta-se. Quando buscaram o Deus de antigamente, foram ao propiciatório, porque ali o Senhor havia prometido falar com eles. Agora, o Senhor Jesus Cristo é esse propiciatório, aspergido com sangue precioso, e se você quiser encontrar Deus, deve *buscá-lo* na pessoa de Jesus Cristo! [...] Quando Deus derrama graça, como é fácil e simples crer! A salvação não é pelo *fazer*, nem pelo *ser*, nem pelo *sentir*, mas simplesmente pelo *crer*!

ídolos de qualquer aparência ou forma, pois o Senhor, seu Deus, proibiu isso. ²⁴O Senhor, seu Deus, é fogo devorador; é Deus zeloso.

²⁵"No futuro, quando vocês tiverem filhos e netos e já estiverem habitando na terra há muito tempo, não se corrompam fazendo ídolos de qualquer forma. Isso é mau aos olhos do Senhor, seu Deus, e provocará sua ira.

²⁶"Hoje, apelo para o céu e para a terra como testemunhas contra vocês. Se quebrarem a aliança, desaparecerão rapidamente da terra da qual tomarão posse depois de atravessar o Jordão. Habitarão ali por pouco tempo e depois serão totalmente destruídos. ²⁷O Senhor os dispersará entre as nações, onde apenas alguns de vocês sobreviverão. ²⁸Lá, em terra estrangeira, adorarão deuses de madeira e pedra, feitos por mãos humanas, deuses que não podem ver, nem ouvir, nem comer, nem cheirar. ²⁹De lá, porém, vocês buscarão o Senhor, seu Deus, outra vez. E, se o buscarem de todo o coração e de toda a alma, o encontrarão.

³⁰"No futuro distante, quando estiverem sofrendo todas essas coisas, finalmente voltarão para o Senhor, seu Deus, e ouvirão o que ele lhes diz. ³¹Pois o Senhor, seu Deus, é Deus misericordioso; não os abandonará nem os destruirá, nem se esquecerá da aliança solene que fez com seus antepassados."

Há somente um Deus

³²"Investiguem toda a história, desde o dia em que Deus criou os seres humanos sobre a terra até agora, e procurem desde uma extremidade do céu até a outra. Alguma vez se viu ou ouviu coisa tão grandiosa como esta? ³³Algum outro povo ouviu a voz de Deus[a] falar do meio do fogo, como vocês ouviram, e sobreviveu? ³⁴Algum outro deus já tentou tirar uma nação do meio de outra nação e tomá-la para si com provas, sinais, maravilhas, guerra, mão forte, braço poderoso e atos temíveis? E, no entanto, foi isso que o Senhor, seu Deus, fez por vocês no Egito, bem diante de seus olhos!

³⁵"Ele lhes mostrou todas essas coisas para que vocês soubessem que o Senhor é Deus, e não há outro além dele. ³⁶Permitiu que vocês ouvissem sua voz que vinha do céu para instruí-los e permitiu que vissem seu grande fogo na terra para falar-lhes do meio dele. ³⁷Porque amou seus antepassados, ele escolheu abençoar vocês, os descendentes, e ele mesmo os tirou do Egito com grande poder. ³⁸Ele expulsou nações muito maiores e mais poderosas que vocês para estabelecê-los na terra delas e entregá-la a vocês como herança, como hoje se vê.

³⁹"Portanto, reconheçam este fato e guardem-no firmemente na memória: O Senhor é Deus nos céus e na terra, e não há outro além dele. ⁴⁰Se obedecerem a todos os decretos e mandamentos que hoje lhes dou, tudo irá bem com vocês e seus filhos, e vocês terão vida longa na terra que o Senhor, seu Deus, lhes dá para sempre".

As cidades de refúgio do lado leste

⁴¹Então Moisés separou três cidades de refúgio do lado leste do rio Jordão. ⁴²Assim, alguém que tivesse matado outra pessoa acidentalmente, sem hostilidade anterior, poderia fugir para uma dessas cidades e viver em segurança. ⁴³Estas eram as cidades: Bezer, no planalto do deserto, para a tribo de Rúben; Ramote, em Gileade, para a tribo de Gade; Golã, em Basã, para a tribo de Manassés.

Introdução ao segundo discurso de Moisés

⁴⁴Esta é a lei que Moisés apresentou ao povo de Israel. ⁴⁵Estes são os preceitos, decretos e estatutos que Moisés deu aos israelitas quando saíram do Egito, ⁴⁶enquanto estavam acampados no vale junto a Bete-Peor, do lado leste do Jordão. (Em outros tempos, os amorreus ocuparam essa terra durante o reinado de Seom, que vivia em Hesbom. Mas, quando saíram do Egito, Moisés e os israelitas aniquilaram esse rei e seu povo. ⁴⁷Os israelitas tomaram posse do território de Seom e do território de Ogue, rei de Basã, os dois reis dos amorreus que viviam a leste do Jordão. ⁴⁸Conquistaram toda a região, desde Aroer, na beira do vale de Arnom, até o monte Siriom,[b] também chamado de Hermom. ⁴⁹Conquistaram também a margem leste do rio Jordão até o mar Morto,[c] ao sul, abaixo das encostas do monte Pisga.)

---

[a] 4.33 Ou *a voz de um deus*. [b] 4.48 Conforme a versão siríaca (ver tb. 3.9); o hebraico traz *Siom*. [c] 4.49 Em hebraico, *Conquistaram a Arabá, do lado leste do Jordão, até o mar da Arabá*.

Dez mandamentos para a comunidade da aliança

5 Moisés reuniu todo o povo de Israel e disse: "Ouça com atenção, Israel! Ouça os decretos e estatutos que hoje lhes dou, para que os aprendam e os cumpram cuidadosamente! ²"O SENHOR, nosso Deus, fez uma aliança conosco no monte Sinai.[a] ³Não foi com nossos antepassados que o SENHOR fez essa aliança, mas com todos nós que hoje estamos vivos aqui. ⁴No monte, o SENHOR falou com vocês face a face do meio do fogo. ⁵Eu servi de intermediário entre o SENHOR e vocês, pois vocês tiveram medo do fogo e não quiseram se aproximar do monte. Ele falou comigo, e eu lhes transmiti suas palavras. Foi isto que ele disse:

⁶"Eu sou o SENHOR, seu Deus, que o libertou da terra do Egito, onde você era escravo.
⁷"Não tenha outros deuses além de mim.
⁸"Não faça para si espécie alguma de ídolo ou imagens de qualquer coisa no céu, na terra ou no mar. ⁹Não se curve diante deles nem os adore, pois eu, o SENHOR, seu Deus, sou um Deus zeloso. Trago as consequências do pecado dos pais sobre os filhos até a terceira e quarta geração dos que me rejeitam, ¹⁰mas demonstro amor por até mil gerações[b] dos que me amam e obedecem a meus mandamentos.
¹¹"Não use o nome do SENHOR, seu Deus, de forma indevida. O SENHOR não deixará impune quem usar o nome dele de forma indevida.
¹²"Lembre-se de guardar o sábado, fazendo dele um dia consagrado, conforme o SENHOR, seu Deus, lhe ordenou. ¹³Você tem seis dias na semana para fazer os trabalhos habituais, ¹⁴mas o sétimo dia é o sábado do SENHOR, seu Deus. Nesse dia, ninguém em sua casa fará trabalho algum: nem você, nem seus filhos e filhas, nem seus servos e servas, nem seus *bois, jumentos e outros animais*, nem os estrangeiros que vivem entre vocês. Todos os seus servos e servas devem descansar como você. ¹⁵Lembre-se de que você era escravo no Egito, e o SENHOR, seu Deus, o tirou de lá com mão forte e braço poderoso. Por isso, o SENHOR, seu Deus, ordenou que você guarde o sábado.
¹⁶"Honre seu pai e sua mãe, como o SENHOR, seu Deus, lhe ordenou. Assim você terá vida longa e plena na terra que o SENHOR, seu Deus, lhe dá.
¹⁷"Não mate.
¹⁸"Não cometa adultério.
¹⁹"Não roube.
²⁰"Não dê falso testemunho contra o seu próximo.
²¹"Não cobice a mulher do seu próximo, nem sua casa, nem sua terra, nem seus servos ou servas, nem seu boi ou jumento, nem qualquer outra coisa que lhe pertença.

²²"O SENHOR dirigiu essas palavras a toda a comunidade reunida ao pé do monte. Falou em alta voz, do meio do fogo, cercado de nuvens e densa escuridão. Foi tudo que ele disse naquela ocasião. Escreveu suas palavras em duas tábuas de pedra e as entregou a mim.

²³"Quando vocês ouviram a voz que vinha do meio da escuridão, enquanto o monte ardia em chamas, todos os líderes e autoridades de suas tribos se aproximaram de mim ²⁴e disseram: 'O SENHOR, nosso Deus, nos mostrou sua glória e grandeza, e ouvimos sua voz do meio do fogo. Hoje vimos que Deus fala com os seres humanos e, no entanto, ainda estamos vivos! ²⁵Mas por que colocaríamos a vida em risco outra vez? Se o SENHOR, nosso Deus, falar conosco novamente, sem dúvida morreremos e seremos devorados por seu fogo temível. ²⁶Pode alguém ouvir a voz do Deus vivo falando do meio do fogo, como nós ouvimos, e sobreviver? ²⁷Aproxime-se você, Moisés, e ouça o que diz o SENHOR, nosso Deus. Depois, volte e diga-nos tudo que o SENHOR, nosso Deus, lhe disser. Nós ouviremos e obedeceremos'.

²⁸"O SENHOR atendeu ao pedido que vocês me fizeram e disse: 'Ouvi o que os israelitas lhe disseram, e eles estão certos. ²⁹Como seria bom se o coração deles fosse sempre assim, se estivessem dispostos a me temer e a obedecer a todos os meus mandamentos! Tudo iria bem com eles e seus descendentes para sempre. ³⁰Agora, vá e diga a eles: 'Voltem às suas tendas'. ³¹Você, porém, ficará aqui comigo, para que eu lhe dê todos os meus mandamentos, decretos e estatutos. Você os ensinará

---

[a] **5.2** Em hebraico, *Horebe*, outro nome para o Sinai. [b] **5.10** Em hebraico, *milhares*.

aos israelitas para que os cumpram na terra que eu lhes dou para conquistarem".

³²Então Moisés disse ao povo: "Tenham o cuidado de obedecer a todos os mandamentos do Senhor, seu Deus, não se desviando deles em nada. ³³Permaneçam no caminho que o Senhor, seu Deus, ordenou que seguissem. Assim, terão vida longa e plena na terra que em breve vocês possuirão".

Chamado para compromisso total

6 "Estes são os mandamentos, os decretos e os estatutos que o Senhor, seu Deus, me encarregou de lhes ensinar. Não deixem de cumpri-los na terra que em breve vocês possuirão. ²Vocês, seus filhos e netos temerão o Senhor, seu Deus, enquanto viverem. Se obedecerem a todos os seus decretos e mandamentos, desfrutarão de vida longa. ³Ouça com atenção, Israel, e tenha o cuidado de obedecer. Então tudo irá bem com vocês e terão muitos filhos na terra que produz leite e mel com fartura, exatamente como lhes prometeu o Senhor, o Deus de seus antepassados.

⁴"Ouça, ó Israel! O Senhor, nosso Deus, o Senhor é único!ª ⁵Ame o Senhor, seu Deus, de todo o seu coração, de toda a sua alma e de toda a sua força. ⁶Guarde sempre no coração as palavras que hoje eu lhe dou. ⁷Repita-as com frequência a seus filhos. Converse a respeito delas quando estiver em casa e quando estiver caminhando, quando se deitar e quando se levantar. ⁸Amarre-as às mãos e prenda-as à testa como lembrança. ⁹Escreva-as nos batentes das portas de sua casa e em seus portões.

¹⁰"Em breve, o Senhor, seu Deus, os conduzirá à terra que ele jurou dar a seus antepassados Abraão, Isaque e Jacó. É uma terra com cidades grandes e prósperas que vocês não construíram. ¹¹As casas estarão cheias de bens que vocês não produziram. Vocês tirarão água de cisternas que não cavaram, e comerão os frutos de vinhedos e oliveiras que não plantaram. Quando tiverem comido até se fartarem nessa terra, ¹²cuidem para não se esquecerem do Senhor, que os libertou da escravidão na terra do Egito. ¹³Temam o Senhor, seu Deus, e sirvam-no. Quando fizerem um juramento, jurem somente pelo nome dele.

¹⁴"Não sigam nenhum dos deuses das nações vizinhas, ¹⁵pois o Senhor, seu Deus, que

---

ª **6.4** Ou *O Senhor é nosso Deus, somente o Senhor*; ou *O Senhor, nosso Deus, é um só Senhor*; ou *O Senhor, nosso Deus, o Senhor é um só*; ou *O Senhor é nosso Deus, o Senhor é um só*.

6.1-23 *Vv.1,2* A obediência a Deus deve surgir do temor a Ele, ou de um santo respeito por Deus sentido no coração — pois toda religião verdadeira deve ser obra do coração. Não é a mera ação, solitária, para qual Deus olha, mas para o motivo — para o espírito que a dita, por isso é que se afirma: "Se obedecerem a todos os seus decretos e mandamentos, desfrutarão de vida longa". Também não nos contentaremos em guardar os mandamentos. É dever dos pais buscar o bem de seus filhos — procurar que o filho, e o filho do filho, andem nos caminhos de Deus durante toda a vida. Que Deus nunca nos permita participar do espírito daqueles que pensam que não têm necessidade de cuidar da religião de seus filhos — que parecem ter deixado isso para um destino cego. Que cuidemos deles para que nosso filho, e o filho de nosso filho, andem diante do Senhor todos *os dias de sua vida!*

V.3 Parece, segundo a antiga aliança, que a prosperidade temporal era dada como bênção à observância dos mandamentos de Deus. Tem sido, às vezes, dito que enquanto a prosperidade era a bênção da antiga aliança, a adversidade é a bênção da nova. Há alguma verdade nessa declaração. A quem o Senhor ama, Ele disciplina, e também é verdade que o melhor para um homem é que ele ande nos mandamentos de Deus. Há um sentido no qual fazemos o melhor de ambos os mundos quando buscamos o amor de Deus. Quando buscamos primeiro o reino de Deus e Sua justiça, outras coisas nos serão acrescentadas, de modo que não é sem significado que o Senhor aqui prometa bênçãos temporais a Seu povo.

Vv.6,7 A Palavra de Deus não é para um lugar em particular, chamado igreja ou casa de reunião. É para todos os lugares, todos os tempos e todas as atividades. Gostaria que tivéssemos mais conversas sobre a Palavra de Deus quando nos sentamos pelo caminho, ou quando caminhamos.

Vv.20-23 E não podemos dizer aos nossos filhos o que Deus fez por nós — como Ele nos tirou do nosso cativeiro espiritual e como em Seu amor onipotente Ele nos trouxe para Sua Igreja e certamente nos levará para a glória acima? Que Deus nos conceda a graça de falar sobre estas coisas sem timidez, mas com grande confiança para contar aos nossos filhos o que Ele fez.

vive entre vocês, é Deus zeloso. Se o fizerem, a ira do Senhor seu Deus, se acenderá contra vocês, e ele os eliminará da face da terra. ¹⁶Não ponham à prova o Senhor, seu Deus, como fizeram quando se queixaram em Massá. ¹⁷Obedeçam cuidadosamente aos mandamentos do Senhor, seu Deus, bem como a todos os preceitos e decretos que ele lhes ordenou. ¹⁸Façam o que é certo e bom aos olhos do Senhor, para que tudo vá bem com vocês e tomem posse da boa terra em que vão entrar, a terra que o Senhor prometeu sob juramento a seus antepassados. ¹⁹Vocês expulsarão todos os inimigos que vivem nela, como o Senhor disse que fariam.

²⁰"No futuro, seus filhos lhes perguntarão: 'O que significam estes preceitos, decretos e estatutos que o Senhor, nosso Deus, lhes deu?'. ²¹"Então vocês lhes dirão: 'Éramos escravos do faraó no Egito, mas o Senhor nos tirou de lá com sua mão forte. ²²O Senhor realizou sinais e maravilhas diante de nossos olhos e enviou castigos terríveis sobre o Egito, o faraó e todo o seu povo. ²³Ele nos tirou do Egito para nos dar esta terra que ele havia prometido sob juramento a nossos antepassados. ²⁴E o Senhor ordenou que cumpramos todos estes decretos e temamos o Senhor, nosso Deus, para que ele sempre nos abençoe e preserve nossa vida, como tem feito até hoje. ²⁵Pois a nossa justiça estará em obedecermos cuidadosamente aos mandamentos que o Senhor, nosso Deus, nos ordenou'."

O privilégio da santidade

7 "Quando o Senhor, seu Deus, os fizer entrar na terra que vocês em breve possuirão, ele removerá de diante de vocês muitas nações: os hititas, os girgaseus, os amorreus, os cananeus, os ferezeus, os heveus e os jebuseus. Essas sete nações são mais numerosas e mais poderosas que vocês. ²Quando o Senhor, seu Deus, entregá-las em suas mãos e vocês as conquistarem, destruam-nas completamente. Não façam tratados nem tenham pena delas. ³Não se unam a elas por meio de casamentos. Não deem suas filhas em casamento aos filhos delas, nem tomem as filhas delas como esposas para seus filhos, ⁴pois farão seus filhos se afastarem de mim para adorar outros deuses. Então a ira do Senhor arderá contra vocês e os destruirá rapidamente. ⁵Portanto, façam o seguinte: quebrem seus altares idólatras e despedacem suas colunas sagradas. Cortem os postes de Aserá e queimem seus ídolos. ⁶Vocês são um povo santo que pertence ao Senhor, seu Deus. Dentre todos os povos da terra, o Senhor, seu Deus, os escolheu para serem sua propriedade especial.

⁷"O Senhor não se afeiçoou a vocês nem os escolheu por serem mais numerosos que outras nações, pois vocês eram a menor de todas as nações! ⁸Antes, foi simplesmente porque o Senhor os amou e foi fiel ao juramento que fez a seus antepassados. Por isso o Senhor os libertou com mão forte da escravidão e da opressão do faraó, rei do Egito. ⁹Reconheçam, portanto, que o Senhor, seu Deus, é, de fato, Deus. Ele é o Deus fiel que cumpre por mil gerações sua aliança de amor com todos que o amam e obedecem a seus mandamentos. ¹⁰Não hesita, porém, em castigar e destruir aqueles que o rejeitam. ¹¹Assim, obedeçam a todos estes mandamentos, decretos e estatutos que hoje lhes dou.

¹²"Se vocês guardarem estes estatutos e os cumprirem com cuidado, o Senhor, seu Deus, cumprirá sua aliança de amor com vocês, como prometeu sob juramento a seus antepassados. ¹³Ele os amará, os abençoará e os fará crescer, tornando férteis seus filhos, sua terra e seus animais. Quando chegarem à terra que ele jurou dar a seus antepassados, vocês terão produção farta de cereais, vinho novo e azeite, e também grandes rebanhos de bois e ovelhas. ¹⁴Vocês serão mais abençoados que todas as nações da terra. Nenhum de seus homens ou mulheres será estéril, e todos os seus animais darão cria. ¹⁵O Senhor os protegerá de toda enfermidade. Não permitirá que sofram as doenças terríveis que conheceram no Egito; em vez disso, ele as enviará sobre todos os seus inimigos!

¹⁶"Destruam todas as nações que o Senhor, seu Deus, lhes entregar. Não tenham pena delas nem adorem seus deuses, pois isso seria uma armadilha para vocês. ¹⁷Talvez vocês se perguntem: 'Como poderemos conquistar essas nações que são muito mais numerosas que nós?'. ¹⁸Não tenham medo delas! Lembrem-se apenas daquilo que o Senhor, seu Deus, fez ao faraó e a toda a terra do Egito. ¹⁹Lembrem-se

das grandes demonstrações de poder que o Senhor, seu Deus, enviou contra eles. Vocês viram com os próprios olhos! E lembrem-se dos sinais e maravilhas, da mão forte e do braço poderoso com os quais ele os tirou do Egito. O Senhor, seu Deus, usará esse mesmo poder contra todos os povos que vocês temem. [20]Sim, o Senhor, seu Deus, enviará terror[a] para expulsar os poucos sobreviventes que ainda estiverem escondidos de vocês!

[21]"Não tenham medo dessas nações, pois o Senhor, seu Deus, está entre vocês, e é Deus grande e temível. [22]O Senhor, seu Deus, expulsará essas nações de diante de vocês, pouco a pouco. Vocês não as eliminarão de uma vez, pois, se assim fosse, os animais selvagens se multiplicariam rápido demais e os ameaçariam. [23]Mas o Senhor, seu Deus, as entregará a vocês. Ele as lançará em total confusão, até que sejam destruídas. [24]Entregará os reis dessas nações em suas mãos, e vocês apagarão o nome deles da face da terra. Ninguém poderá lhes resistir, e vocês destruirão a todos.

[25]"Queimem os ídolos das nações no fogo e não cobicem a prata nem o ouro que os revestem. Não tomem nenhum desses metais para si, pois isso seria uma armadilha para vocês; é algo detestável para o Senhor, seu Deus. [26]Não levem para dentro de suas casas objeto algum que seja detestável, pois, como eles, vocês serão destruídos. Considerem essas coisas absolutamente detestáveis, pois estão separadas para a destruição."

Chamado para lembrar e obedecer

8 "Obedeçam cuidadosamente a todos os mandamentos que hoje lhes dou. Assim, vocês viverão e se multiplicarão, e entrarão e tomarão posse da terra que o Senhor jurou dar a seus antepassados. [2]Lembrem-se de como o Senhor, seu Deus, os guiou pelo deserto estes quarenta anos, humilhando-os e pondo à prova seu caráter, para ver se vocês obedeceriam ou não a seus mandamentos. [3]Sim, ele os humilhou, permitindo que tivessem fome. Em seguida, ele os sustentou com maná, um alimento que nem vocês nem seus antepassados conheciam, a fim de lhes ensinar que as pessoas não vivem só de pão, mas de toda palavra que vem da boca do Senhor. [4]Ao longo de todos estes quarenta anos, suas roupas não se gastaram e seus pés não incharam nem criaram bolhas. [5]Pensem nisto: assim como o pai disciplina o filho, também o Senhor, seu Deus, disciplina vocês para o seu próprio bem.

---

[a] 7.20 Traduzido habitualmente como *vespas*. O significado do hebraico é incerto.

8.3-6 A primeira bênção mencionada em nosso texto é a de *se humilhar*. Esse benefício não é muito estimado entre os homens, e no início, talvez, pode ser considerado por nós mesmos como sendo mais um *julgamento*. [...] Mas corretamente avaliada, esta é uma das provas mais admiráveis da bondade amorosa do Senhor não deixar Seu povo em seu orgulho e obstinação naturais, mas por atos de graça os levar à mentalidade correta.

[...] segundo, *o alimento divino*. Como é doce o que se segue: "permitindo que tivessem fome. Em seguida, ele os sustentou". A luz surgiu imediatamente depois da escuridão. [...] Aquele "em seguida" no texto é como um rebite de diamante, ninguém pode tirar ou quebrá-lo. Aquele que permite que você tenha fome, certamente o alimentará com as provisões abundantes de Sua graça. Tenha bom ânimo, não desfaleça.

O terceiro benefício mencionado no texto é *vestes notáveis*. [...] "suas roupas não se gastaram". Certamente esta era a antiga interpretação que os rabinos colocavam sobre esta passagem: que por um milagre contínuo suas roupas não se envelheceram durante todos os 40 anos; embora sujeitas ao desgaste natural da jornada, contudo continuaram intactas.

A bênção seguinte pela qual devemos ser gratos é o *sustento da força pessoal*. Um pé inchado é mal comum dos peregrinos no deserto; muita marcha sobre a areia quente logo faz os pés incharem, ou então os endurece. [...] De maneira nenhuma, no caso de Israel, os pés se deformaram, nem a caminhada tornou-se dolorosa; durante 40 anos, os peregrinos caminharam sem dor, e apesar de ser uma terra seca, a força deles durou até que cruzaram o Jordão e entraram na Terra Prometida.

[...] em quinto a memorável bênção da *disciplina*. Devo chamar atenção especial para isso porque Deus o faz com estas palavras: "Pensem nisto". [...] Sua disciplina é um sinal de filiação; é um sinal do *amor de Deus!* É para o seu bem! Aceite-a, portanto, no espírito de filiação, e "não despreze a disciplina do Senhor; não desanime quando ele o corrigir". Lembre-se de que a disciplina é um sinal seguro do relacionamento da aliança. É o Senhor seu Deus que o disciplina!

⁶"Portanto, obedeçam aos mandamentos do Senhor, seu Deus, andando em seus caminhos e temendo a ele. ⁷Pois o Senhor, seu Deus, está levando vocês para uma terra boa, com riachos e tanques de água, com fontes que jorram nos vales e colinas. ⁸É uma terra de trigo e cevada, com vinhedos, figueiras e romãzeiras, com azeite e mel. ⁹É uma terra onde há muito alimento e não falta coisa alguma. É uma terra onde há ferro nas rochas e cobre em grande quantidade nos montes. ¹⁰Quando tiverem comido até se saciarem, lembrem-se de louvar o Senhor, seu Deus, pela boa terra que ele lhes deu.

¹¹"Tenham cuidado para que, em meio à fartura, não se esqueçam do Senhor, seu Deus, e desobedeçam aos mandamentos, estatutos e decretos que hoje lhes dou. ¹²Quando ficarem satisfeitos e forem prósperos, quando tiverem construído belas casas onde morar, ¹³e quando seus rebanhos tiverem se tornado numerosos e sua prata e seu ouro tiverem se multiplicado junto com todos os seus bens, tenham cuidado! ¹⁴Não se tornem orgulhosos e não se esqueçam do Senhor, seu Deus, que os libertou da escravidão na terra do Egito. ¹⁵Ele os guiou pelo deserto imenso e assustador, cheio de serpentes venenosas e escorpiões, uma terra quente e seca. Ele lhes deu água da rocha. ¹⁶Sustentou-os no deserto com maná, alimento que seus antepassados não conheciam, para humilhá-los e prová-los para o seu próprio bem. ¹⁷Fez tudo isso para que vocês jamais viessem a pensar: 'Conquistei toda esta riqueza com minha própria força e capacidade'. ¹⁸Lembrem-se do Senhor, seu Deus. É ele que lhes dá força para serem bem-sucedidos, a fim de confirmar a aliança solene que fez com seus antepassados, como hoje se vê.

¹⁹"Uma coisa, porém, eu lhes garanto: se vocês se esquecerem do Senhor, seu Deus, e seguirem outros deuses, adorando-os e curvando-se diante deles, certamente serão destruídos. ²⁰Assim como o Senhor destruiu outras nações em seu caminho, vocês também serão destruídos caso se recusem a obedecer ao Senhor, seu Deus."

Vitória pela graça de Deus

9 "Ouça, ó Israel! Hoje você atravessará o rio Jordão para ocupar a terra que pertence a nações muito maiores e mais poderosas que você, povos que vivem em cidades com muralhas que chegam até o céu! ²Seus habitantes são fortes e altos, descendentes dos famosos enaquins. Você já ouviu o ditado: 'Quem é capaz de resistir aos enaquins?'. ³Esteja certo, porém, que hoje o Senhor, seu Deus, vai adiante de você como fogo devorador. Ele os derrotará e os humilhará diante de você, para que você os expulse e os destrua rapidamente, como o Senhor prometeu.

⁴"Depois que o Senhor, seu Deus, tiver feito isso por você, não diga em seu coração: 'O Senhor me deu esta terra porque sou justo'. Não! É por causa da perversidade das outras nações que ele as expulsa de diante de você. ⁵Você não está prestes a tomar posse da terra deles porque é justo ou íntegro. O Senhor, seu Deus, expulsará essas nações de diante de você somente por causa da perversidade delas, e para cumprir o juramento que fez a seus antepassados Abraão, Isaque e Jacó. ⁶Reconheça, portanto, que o Senhor, seu Deus, não lhe dá essa boa terra como propriedade porque você é justo, pois não é. Na verdade, você é um povo teimoso."

Recapitulação do bezerro de ouro

⁷"Lembrem-se, e jamais se esqueçam, de como vocês provocaram a ira do Senhor, seu Deus, no deserto. Desde o dia em que saíram do Egito até agora, vocês têm se rebelado contra o Senhor constantemente. ⁸Até mesmo no monte Sinai,ª tanto provocaram a ira do Senhor que ele esteve a ponto de destruí-los. ⁹Isso aconteceu quando eu estava no monte, recebendo as tábuas de pedra gravadas com os termos da aliança que o Senhor tinha feito com vocês. Passei quarenta dias e quarenta noites ali e, durante todo esse tempo, não comi nem bebi coisa alguma. ¹⁰O Senhor me deu as duas tábuas nas quais gravou com seu próprio dedo todas as palavras que lhes tinha proclamado do meio do fogo quando estavam reunidos ao pé do monte.

ª **9.8** Em hebraico, *Horebe*, outro nome para o Sinai.

¹¹"Passados os quarenta dias e quarenta noites, o Senhor me entregou as duas tábuas de pedra gravadas com os termos da aliança. ¹²Então o Senhor me disse: 'Levante-se! Desça agora mesmo, pois o povo que você tirou do Egito se corrompeu. Como se desviaram depressa do caminho que eu lhes havia ordenado! Derreteram metal e fizeram um ídolo para si!'.

¹³"O Senhor também me disse: 'Vi como este povo é teimoso e rebelde. ¹⁴Fique de lado, e eu os destruirei e apagarei o nome deles de debaixo do céu. Depois, farei de você e de seus descendentes uma nação mais poderosa e mais numerosa que eles'.

¹⁵"Então, enquanto o monte ardia em chamas, virei-me e comecei a descer, levando nas mãos as duas tábuas de pedra gravadas com os termos da aliança. ¹⁶Quando olhei para baixo, vi que vocês haviam pecado contra o Senhor, seu Deus. Tinham derretido metal e feito para si um ídolo em forma de bezerro. Como se desviaram depressa do caminho que o Senhor lhes havia ordenado! ¹⁷Então peguei as duas tábuas de pedra e as joguei no chão, despedaçando-as diante de vocês.

¹⁸"Em seguida, como havia feito antes, prostrei-me diante do Senhor durante quarenta dias e quarenta noites. Não comi nem bebi coisa alguma por causa do grande pecado que vocês haviam cometido ao fazer o que era mau aos olhos do Senhor, provocando sua ira. ¹⁹Tive muito medo por causa da ira ardente do Senhor, que ameaçava destruir vocês. Mais uma vez, porém, o Senhor me ouviu. ²⁰O Senhor estava tão irado com Arão que também queria destruí-lo, mas eu também orei em favor de Arão. ²¹Tomei o pecado de vocês, o bezerro que haviam feito, o derreti no fogo e o moí até virar pó fino. Em seguida, joguei o pó no riacho que desce do monte.

²²"Vocês também provocaram a ira do Senhor em Taberá,ᵃ em Massáᵇ e em Quibrote-Hataavá.ᶜ ²³E, em Cades-Barneia, o Senhor deu a seguinte ordem: 'Subam e tomem posse da terra que eu lhes dei'. Mas vocês se rebelaram contra a ordem do Senhor, seu Deus, e não confiaram nele nem lhe obedeceram. ²⁴Sim, vocês têm se rebelado contra o Senhor desde que os conheço.

²⁵"Prostrei-me diante do Senhor durante quarenta dias e quarenta noites, porque o Senhor tinha dito que os destruiria. ²⁶Orei ao Senhor e disse: 'Ó Soberano Senhor, não os destruas! Eles são o teu povo, a tua propriedade especial, a quem resgataste do Egito com teu grande poder e tua forte mão. ²⁷Peço que te lembres dos teus servos Abraão, Isaque e Jacó, e não leves em conta a teimosia, a perversidade e o pecado deste povo. ²⁸Se o destruíres, os egípcios dirão: 'Eles morreram porque o Senhor não foi capaz de levá-los à terra que tinha prometido lhes dar'. Ou talvez digam: 'Ele os destruiu porque os odiava; levou-os ao deserto de propósito para matá-los'. ²⁹No entanto, eles são o teu povo e a tua propriedade especial, que tiraste do Egito com tua grande força e teu braço poderoso'."

Uma nova cópia da aliança

10 "Naquela ocasião, o Senhor me disse: 'Corte duas tábuas de pedra, como as anteriores. Faça também uma arca de madeira e suba ao monte para encontrar-se comigo, ²e eu escreverei nas tábuas as mesmas palavras que estavam nas anteriores, aquelas que você despedaçou. Em seguida, coloque as tábuas na arca'.

³"Fiz, portanto, a arca de madeira de acácia e cortei duas tábuas de pedra, como as anteriores. Subi ao monte levando as tábuas na mão. ⁴Mais uma vez, o Senhor escreveu os dez mandamentosᵈ nas tábuas e as entregou a mim. Eram as mesmas palavras que o Senhor lhes tinha proclamado do meio do fogo no dia em que vocês se reuniram ao pé do monte. ⁵Então virei-me, desci o monte e coloquei as tábuas na arca da aliança que eu tinha feito. As tábuas ainda estão dentro da arca, conforme o Senhor me ordenou.

⁶(Os israelitas saíram dos poços do povo de Jacãᵉ e viajaram para Moserá, onde Arão morreu e foi sepultado. Eleazar, seu filho, serviu como sacerdote em seu lugar. ⁷Em seguida, viajaram para Gudgodá e, de lá, para

---

ᵃ**9.22a** *Taberá* significa "lugar da queima". Ver Nm 11.1-3. ᵇ**9.22b** *Massá* significa "prova". Ver Êx 17.1-7. ᶜ**9.22c** *Quibrote-Hataavá* significa "túmulos da gula". Ver Nm 11.31-34. ᵈ**10.4** Em hebraico, *as dez palavras*. ᵉ**10.6** Ou *partiram de Beerote de Benê-Jacã*.

Jotbatá, terra com muitos ribeiros. ⁸Naquela ocasião, o SENHOR separou a tribo de Levi para carregar a arca da aliança do SENHOR e para estar diante do SENHOR, a fim de servi-lo e de pronunciar bênçãos em seu nome. Essas são suas responsabilidades até hoje. ⁹Por isso os levitas não têm porção alguma de terra como herança entre seus irmãos israelitas. O próprio SENHOR é sua herança, conforme o SENHOR, seu Deus, lhes prometeu.)

¹⁰"Quanto a mim, fiquei no monte, na presença do SENHOR, quarenta dias e quarenta noites, como da primeira vez. E, também dessa vez, o SENHOR ouviu minhas súplicas e concordou em não destruí-los. ¹¹Então o SENHOR me disse: 'Levante-se, siga viagem e guie o povo, para que entrem e tomem posse da terra que jurei dar a seus antepassados'."

Chamado para amar e obedecer

¹²"Agora, Israel, o que o SENHOR, seu Deus, requer de você? Somente que você tema o SENHOR, seu Deus, que viva de maneira agradável a ele e que ame e sirva o SENHOR, seu Deus, de todo o coração e de toda a alma. ¹³Obedeça sempre aos mandamentos e decretos do SENHOR que hoje lhe dou para o seu próprio bem.

¹⁴"Veja, os mais altos céus e a terra, e tudo que nela há, pertencem ao SENHOR, seu Deus. ¹⁵E, no entanto, o SENHOR escolheu seus antepassados para amá-los, e escolheu vocês, descendentes deles, dentre todas as nações, como hoje se vê. ¹⁶Portanto, submetam-se a ele de coraçãoª e deixem de ser teimosos.

¹⁷"Pois o SENHOR, seu Deus, é Deus dos deuses e Senhor dos senhores. É o grande Deus, o Deus poderoso e temível, que não mostra parcialidade e não aceita subornos. ¹⁸Ele faz justiça aos órfãos e às viúvas. Ama os estrangeiros que vivem entre vocês e lhes dá alimento e roupas. ¹⁹Portanto, amem também os estrangeiros, pois, em outros tempos, vocês foram estrangeiros na terra do Egito. ²⁰Temam o SENHOR, seu Deus, sirvam-no e apeguem-se a ele. Quando fizerem juramentos, jurem somente pelo nome dele. ²¹Somente ele é seu Deus, o único digno de seu louvor, aquele que, por vocês, fez os milagres poderosos que vocês viram com os próprios olhos. ²²Quando seus antepassados desceram até o Egito, eram apenas setenta pessoas. Agora, porém, o SENHOR, seu Deus, os tornou tão numerosos quanto as estrelas do céu!"

11

"Amem o SENHOR, seu Deus, e obedeçam sempre ao que ele exige: seus estatutos, decretos e mandamentos. ²Lembrem-se de que hoje não falo a seus filhos, que nunca experimentaram a disciplina do SENHOR, seu Deus, nem viram a grandeza, a mão forte e o seu braço poderoso. ³Eles não viram os sinais e os atos poderosos que ele realizou no Egito contra o faraó e toda a sua terra. ⁴Não viram o que ele fez aos exércitos dos egípcios e a seus cavalos e carros de guerra, como ele os afogou no mar Vermelhoᵇ enquanto perseguiam vocês. Ele os destruiu e até hoje não se recuperaram.

⁵"Seus filhos não viram como o SENHOR cuidou de vocês no deserto até chegarem aqui. ⁶Não viram o que ele fez a Datã e Abirão (filhos de Eliabe, descendente de Rúben) quando a terra abriu a boca no acampamento israelita e os engoliu, junto com suas famílias, tendas e todos os seres vivos que pertenciam a eles. ⁷Vocês, porém, viram com os próprios olhos que o SENHOR realizou todos esses atos poderosos!"

Bênçãos pela obediência

⁸"Portanto, obedeçam a todos os mandamentos que hoje lhes dou, para que tenham forças para avançar e conquistar a terra da qual estão prestes a tomar posse. ⁹Se obedecerem, terão vida longa na terra que o SENHOR jurou dar a seus antepassados e a vocês, os descendentes deles, uma terra que produz leite e mel com fartura! ¹⁰Pois a terra em que vocês estão prestes a entrar para tomar posse não é como a terra do Egito, de onde vocês vieram e onde plantavam as sementes e faziam valas de irrigação com o pé, como numa horta. ¹¹A terra da qual em breve tomarão posse é uma terra de montes e vales, com chuva em grande quantidade, ¹²terra da qual o SENHOR, seu Deus, cuida continuamente, todo o ano!

¹³"Se obedecerem fielmente aos mandamentos que hoje lhes dou, e se amarem o SENHOR, seu Deus, e servirem a ele de todo o seu

---

ª **10.16** Em hebraico, *circuncidem o prepúcio do seu coração.* ᵇ **11.4** Em hebraico, *mar de juncos.*

coração e de toda a sua alma, ¹⁴ele mandará as chuvas na estação apropriada, as chuvas de outono e de primavera, para que vocês juntem suas colheitas de cereais e produzam vinho novo e azeite. ¹⁵Ele dará bons pastos para seus animais, e vocês terão alimento com fartura.

¹⁶"Mas tenham cuidado! Não deixem seu coração ser enganado, levando-os a afastar-se do Senhor e a adorar outros deuses. ¹⁷Se o fizerem, a ira do Senhor se acenderá contra vocês. Ele fechará o céu e reterá a chuva, e a terra não produzirá suas colheitas. Em pouco tempo, vocês serão removidos da boa terra que o Senhor lhes dá.

¹⁸"Gravem estas minhas palavras no coração e na mente. Amarrem-nas às mãos e prendam-nas à testa como lembrança. ¹⁹Ensinem-nas a seus filhos. Conversem a respeito delas quando estiverem em casa e quando estiverem caminhando, quando se deitarem e quando se levantarem. ²⁰Escrevam-nas nos batentes das portas de suas casas e em seus portões, ²¹para que, enquanto o céu permanecer acima da terra, vocês e seus filhos prosperem neste chão que o Senhor jurou dar a seus antepassados.

²²"Obedeçam cuidadosamente a todos os mandamentos que lhes dou. Amem o Senhor, seu Deus, andando em seus caminhos e apegando-se firmemente a ele. ²³Então o Senhor expulsará todas as nações de diante de vocês e, embora elas sejam muito maiores e mais fortes, vocês tomarão posse de suas terras. ²⁴Todo lugar em que puserem os pés será de vocês. Suas fronteiras se estenderão do deserto, ao sul, até o Líbano, ao norte, e do rio Eufrates, a leste, até o mar Mediterrâneo,[a] a oeste. ²⁵Aonde quer que forem em toda a terra, ninguém será capaz de lhes resistir, pois o Senhor, seu Deus, fará os povos se apavorarem e temerem vocês, como lhes prometeu.

²⁶"Vejam, hoje lhes dou a escolha entre bênção e maldição! ²⁷Vocês serão abençoados se obedecerem aos mandamentos do Senhor, seu Deus, que hoje lhes dou, ²⁸mas serão amaldiçoados se rejeitarem os mandamentos do Senhor, seu Deus, afastando-se de seus caminhos e adorando deuses que vocês não conheciam.

²⁹"Quando o Senhor, seu Deus, os fizer entrar na terra da qual em breve vocês tomarão posse, pronunciem a bênção no monte Gerizim e a maldição no monte Ebal. ³⁰(Esses dois montes ficam a oeste do rio Jordão, na terra dos cananeus que vivem no vale do Jordão,[b] perto da cidade de Gilgal, junto aos carvalhos de Moré.) ³¹Vocês estão prestes a atravessar o rio Jordão para tomar posse da terra que o Senhor, seu Deus, lhes dá. Quando a conquistarem e estiverem vivendo nela, ³²tenham o cuidado de cumprir todos os decretos e estatutos que hoje lhes dou."

O lugar de adoração escolhido pelo Senhor

12 "Estes são os decretos e estatutos que vocês devem ter o cuidado de cumprir todos os dias em que viverem na terra que o

---

[a]11.24 Em hebraico, *mar ocidental*. [b]11.30 Em hebraico, *na Arabá*.

11.21 Quando este texto foi originalmente escrito, referia-se apenas à duração da vida e ao tempo de duração que Deus prometeu a Israel enquanto fosse obediente. Se andassem nos Seus estatutos, o reino deveria permanecer de geração em geração, sem fim, "enquanto o céu permanecer acima da terra". Mas me parece que uma frase como esta significa algo mais, e pode ser usada para expressar — e deve ser usada para expressar — muitos daqueles momentos felizes que desfrutamos *quando o Senhor se manifestou a nós*, e que nos foram "enquanto o céu permanecer acima da terra". [...]

Algumas pessoas pensam que é ruim ser feliz. Você ri, mas conheço alguns cristãos que até parecem pensar que é sinal de crescimento na graça quando se cresce para ser abençoadamente miserável! Imaginam que qualquer coisa como a existência de alegria em um cristão é incompatível com a sinceridade. Não aprendemos assim de Cristo! Sabemos que, por meio de muita tribulação, herdamos o reino de Deus, mas aprendemos que, quando a tribulação abunda, a consolação abunda por meio de Jesus Cristo. Jamais falte o óleo para seu rosto e sua cabeça — siga o seu caminho e viva alegremente — pois se Deus o aceitou, não há ser vivente que não tenha tal direito de ser feliz! Aceito no amado! Limpo do pecado! Revestido da justiça de Cristo! Salvo para o Céu! Por que vocês não deveriam ser felizes? Vão até os salgueiros, peguem suas harpas e comecem a tocá-las com tons melodiosos. Vocês devem ser felizes, povo do Deus vivo! Que o justo se alegre. Sim, que cante de júbilo!

Senhor, o Deus de seus antepassados, lhes dá para tomarem posse. ²"Quando expulsarem as nações que vivem ali, destruam todos os lugares em que elas adoram seus deuses: no alto dos montes, nas colinas e debaixo de toda árvore verdejante. ³Derrubem os altares idólatras e despedacem as colunas sagradas. Queimem os postes de Aserá e quebrem suas imagens esculpidas. Apaguem completamente o nome dos seus deuses!

⁴"Não adorem o Senhor, seu Deus, da forma como esses povos pagãos adoram os deuses deles. ⁵Em vez disso, busquem o Senhor, seu Deus, no lugar que ele escolher dentre todas as tribos para habitar e estabelecer seu nome. ⁶Ali vocês apresentarão os holocaustos, os sacrifícios, os dízimos, as ofertas sagradas, as ofertas para cumprir votos, as ofertas voluntárias e as ofertas da primeira cria do gado e dos rebanhos. ⁷Ali vocês e seus familiares comerão na presença do Senhor, seu Deus, e se alegrarão com tudo que realizaram, porque o Senhor, seu Deus, os abençoou.

⁸"Vocês mudarão sua forma de adorar. Hoje, cada um faz o que bem entende, ⁹pois ainda não chegaram ao lugar de descanso, à terra que o Senhor, seu Deus, lhes dá como herança. ¹⁰Em breve, porém, vocês atravessarão o rio Jordão e se estabelecerão na terra que o Senhor, seu Deus, lhes dá. Quando ele lhes der descanso de todos os inimigos à sua volta e vocês estiverem vivendo em segurança na terra, ¹¹levem ao lugar que o Senhor, seu Deus, escolher para habitação do seu nome tudo que eu lhes ordeno: os holocaustos, os sacrifícios, os dízimos, as ofertas sagradas e as ofertas para cumprir um voto que fizeram ao Senhor.

¹²"Alegrem-se ali, na presença do Senhor, seu Deus, com seus filhos e filhas e com seus servos e servas. Lembrem-se de incluir os levitas que vivem em suas cidades, pois eles não receberão porção alguma de terra como herança entre vocês. ¹³Tenham o cuidado de não sacrificar seus holocaustos onde bem entenderem, ¹⁴mas apresentem-nos apenas no lugar que o Senhor escolher no território de uma das tribos. Ali vocês oferecerão seus holocaustos e farão tudo que lhes ordenei.

¹⁵"Contudo, vocês poderão abater animais e comer a carne em qualquer cidade sempre que desejarem. Comam à vontade os animais com os quais o Senhor, seu Deus, os abençoar. Qualquer pessoa poderá comê-lo, esteja ela cerimonialmente pura ou impura, assim como qualquer um pode comer carne de gazela ou de veado. ¹⁶Não comam, porém, o sangue; derramem-no no chão, como se fosse água.

¹⁷"Não comam em suas cidades o dízimo dos cereais, do vinho novo e do azeite, nem a oferta da primeira cria do gado e dos rebanhos, nem oferta alguma para cumprir votos, nem as ofertas voluntárias, nem as ofertas sagradas. ¹⁸Comam essas ofertas na presença do Senhor, seu Deus, no lugar que ele escolher. Comam com seus filhos e filhas, com seus servos e servas e com os levitas que vivem em suas cidades. Alegrem-se na presença do Senhor, seu Deus, em tudo que fizerem. ¹⁹E tenham muito cuidado para não deixar de fora os levitas enquanto vocês viverem em sua terra.

²⁰"Quando o Senhor, seu Deus, expandir seu território como lhes prometeu, e vocês desejarem comer carne, poderão comer à vontade. ²¹Se o lugar que o Senhor, seu Deus, escolher para estabelecer seu nome ficar distante de onde moram, vocês poderão abater qualquer um dos animais que o Senhor lhes deu, do gado ou dos rebanhos de ovelhas, e comer a carne em suas próprias cidades, conforme lhes ordenei. ²²Qualquer pessoa poderá comê-lo, esteja cerimonialmente pura ou impura, assim como qualquer um pode comer carne de gazela ou de veado. ²³Mas nunca comam o sangue, pois o sangue é a própria vida, e vocês não podem comer carne com o sangue que lhe dá vida. ²⁴Não comam o sangue; derramem-no no chão, como se fosse água. ²⁵Não comam o sangue, para que tudo vá bem com vocês e com seus filhos, pois farão o que é certo aos olhos do Senhor.

²⁶"Levem ao lugar que o Senhor escolher as ofertas sagradas e as ofertas apresentadas para cumprir um voto. ²⁷Apresentem a carne e o sangue dos holocaustos no altar do Senhor, seu Deus. O sangue dos outros sacrifícios será derramado no altar do Senhor, seu Deus, mas vocês poderão comer a carne. ²⁸Tenham o cuidado de obedecer a todas as instruções que lhes dou, para que tudo vá

bem com vocês e com seus descendentes, pois farão o que é bom e certo aos olhos do Senhor, seu Deus.

²⁹"Quando o Senhor, seu Deus, for adiante de vocês e destruir as nações, e vocês as expulsarem e se estabelecerem na terra delas, ³⁰não caiam na armadilha de seguir os costumes das nações e adorar seus deuses. Não fiquem curiosos a respeito de seus deuses, nem perguntem: 'Como essas nações adoram seus deuses? Queremos seguir seu exemplo'. ³¹Não adorem o Senhor, seu Deus, da forma como outras nações adoram os deuses delas, pois realizam para eles todo tipo de atos detestáveis que o Senhor odeia. Chegam até a queimar seus filhos e filhas como sacrifícios a seus deuses.

³²ᵃ"Portanto, tenham o cuidado de cumprir todas as ordens que lhes dou. Não acrescentem nem tirem coisa alguma."

Advertência acerca da idolatria

13 ¹ᵇ"Surgirão entre vocês profetas ou pessoas que têm sonhos sobre o futuro, e eles prometerão sinais ou milagres. ²Se os sinais ou milagres preditos acontecerem, e essas pessoas disserem: 'Venham, vamos adorar outros deuses!', deuses que até então vocês não conheciam, ³não deem ouvidos às palavras deles. É um teste do Senhor, seu Deus, para ver se vocês o amam de todo o seu coração e de toda a sua alma. ⁴Sigam somente o Senhor, seu Deus, e temam a ele somente. Obedeçam a seus mandamentos, ouçam sua voz, sirvam-no e apeguem-se a ele. ⁵Os falsos profetas e sonhadores que tentarem desviá-los devem ser executados, pois incentivaram a rebelião contra o Senhor, seu Deus, que os libertou da escravidão e os tirou da terra do Egito. Uma vez que eles tentaram desviá-los do caminho que o Senhor, seu Deus, ordenou que seguissem, vocês terão de executá-los. Desse modo, vocês eliminarão o mal do seu meio.

⁶"Se alguém o instigar secretamente, seja seu irmão, seu filho ou filha, sua esposa querida ou seu amigo mais chegado, e disser: 'Vamos adorar outros deuses!', deuses que nem você nem seus antepassados conheceram, ⁷deuses dos povos vizinhos ou de povos dos confins da terra, ⁸não ceda nem dê ouvidos. Não tenha pena dele, não o poupe nem o proteja. ⁹Execute-o! Dê o primeiro golpe e, em seguida, todo o povo participará da execução. ¹⁰Apedrejem os culpados até a morte, pois eles tentaram afastá-lo do Senhor, seu Deus, que os libertou da terra do Egito, do lugar de escravidão. ¹¹Então todo o Israel ouvirá e temerá, e ninguém voltará a agir tão perversamente no meio de vocês.

¹²"Quando começarem a viver nas cidades que o Senhor, seu Deus, lhes dá, e ouvirem dizer ¹³que homens perversos fizeram os habitantes da cidade se desviarem, dizendo: 'Venham, vamos adorar outros deuses', deuses que até então vocês não conheciam, ¹⁴examinem os fatos com cuidado. Se descobrirem que a informação for verdadeira e esse ato detestável foi mesmo cometido entre vocês, ¹⁵ataquem a cidade e matem à espada todos os habitantes e todos os animais, destruindo-os completamente. ¹⁶Amontoem os despojos no meio da praça pública e queimem toda a cidade como oferta ao Senhor, seu Deus. A cidade permanecerá em ruínas para sempre; jamais será reconstruída. ¹⁷Não guardem coisa alguma do despojo que foi separado para destruição. Então o Senhor afastará sua ira ardente e os tratará com misericórdia. Terá compaixão de vocês e os transformará numa nação numerosa, como prometeu sob juramento a seus antepassados.

¹⁸"O Senhor, seu Deus, só será misericordioso se vocês ouvirem sua voz e obedecerem a todos os seus mandamentos que hoje lhes dou, para que façam o que é certo aos olhos do Senhor."

Animais cerimonialmente puros e impuros

14 "Uma vez que vocês são filhos do Senhor, seu Deus, não se cortem, nem raspem o cabelo acima da testa em sinal de luto. ²Vocês são um povo consagrado ao Senhor, seu Deus, e ele os escolheu dentre todas as nações da terra para serem sua propriedade especial.

³"Não comam animais detestáveis, cerimonialmente impuros. ⁴São estes os animaisᶜ que vocês podem comer: o boi, a ovelha, o bode, ⁵o

---

ᵃ **12.32** No texto hebraico, o versículo 12.32 é numerado 13.1. ᵇ **13.1** No texto hebraico, os versículos 13.1-18 são numerados 13.2-19. ᶜ **14.4** A identificação de alguns dos animais, aves e insetos deste capítulo é incerta.

veado, a gazela, a corça, a cabra-selvagem, o íbex, o antílope e a ovelha montês.

⁶"Vocês podem comer qualquer animal que tenha os cascos divididos em duas partes e que rumine, ⁷mas, se o animal não apresentar essas duas características, não pode ser consumido. Não comam, portanto, o camelo, nem a lebre, nem o coelho silvestre.ᵃ Eles ruminam, mas não têm os cascos divididos, de modo que são impuros para vocês. ⁸Também não comam o porco, pois, embora tenha os cascos divididos, não rumina e, portanto, é impuro para vocês. Não comam a carne desses animais nem toquem em seu cadáver.

⁹"De todos os animais que vivem nas águas, vocês podem comer qualquer um que tenha barbatanas e escamas. ¹⁰Não comam, porém, animais que vivem nas águas, mas não têm barbatanas e escamas. Eles são impuros para vocês.

¹¹"Vocês podem comer qualquer criatura voadora que seja cerimonialmente pura. ¹²Estas são as criaturas voadoras que vocês não podem comer: o abutre-fouveiro, o abutre-barbudo, o abutre-fusco, ¹³o milhafre, o falcão e todas as espécies de condores, ¹⁴todas as espécies de corvos, ¹⁵a coruja-de-chifres, a coruja-do-campo, a gaivota, todas as espécies de gaviões, ¹⁶o mocho-galego, o corujão, a coruja-das-torres, ¹⁷a coruja-do-deserto, o abutre-do-egito, o cormorão, ¹⁸a cegonha, todas as espécies de garças, a poupa e o morcego.

¹⁹"Todos os insetos alados que rastejam pelo chão são impuros para vocês, de modo que não podem comê-los. ²⁰Contudo, podem comer qualquer criatura voadora que seja cerimonialmente pura.

²¹"Não comam animal algum que tenha morrido de causas naturais. Podem dá-lo a um estrangeiro que vive em sua cidade ou vendê-lo a outros estrangeiros. Vocês mesmos, porém, não o comerão, pois são um povo consagrado ao Senhor, seu Deus.

"Não cozinhem o cabrito no leite da mãe dele."

A entrega dos dízimos

²²"Separem o dízimo de suas colheitas, um décimo de toda a sua safra anual. ²³Levem o dízimo ao lugar que o Senhor, seu Deus, escolher para estabelecer seu nome e comam o dízimo ali, na presença do Senhor. Isso se aplica aos dízimos de cereais, do vinho novo, do azeite e dos machos das primeiras crias do gado e dos rebanhos. Com isso, aprenderão a sempre temer o Senhor, seu Deus.

²⁴"Se o Senhor, seu Deus, os abençoar com uma boa colheita, mas o lugar que ele escolher para habitação do seu nome for distante demais para vocês levarem o dízimo, ²⁵vendam a décima parte de suas colheitas e rebanhos, coloquem o dinheiro numa bolsa e levem-no ao lugar que o Senhor, seu Deus, escolheu. ²⁶Quando chegarem, usem o dinheiro para comprar o tipo de alimento que desejarem: bois, ovelhas, vinho ou qualquer outra bebida fermentada. Então, na presença do Senhor, seu Deus, comam e alegrem-se com toda a sua família. ²⁷E não se esqueçam de cuidar dos levitas de sua cidade, pois eles não receberão porção alguma de terra como herança entre vocês.

²⁸"Ao final de cada três anos, levem todo o dízimo da colheita daquele ano à cidade mais próxima e armazenem-no ali. ²⁹Entreguem o dízimo aos levitas, que não receberão porção alguma de terra como herança entre vocês, e também aos estrangeiros que vivem entre vocês, e aos órfãos e às viúvas de suas cidades, para que eles comam até se saciarem. Então o Senhor, seu Deus, os abençoará em todo o seu trabalho."

O cancelamento das dívidas

15 "Ao final de cada sete anos, cancelem as dívidas de todos a quem vocês tiverem feito um empréstimo. ²O cancelamento será efetuado da seguinte forma: todos cancelarão os empréstimos que fizeram a irmãos israelitas. Ninguém exigirá pagamento do seu próximo ou de seus parentes, pois chegou o tempo do Senhor para liberá-los das dívidas. ³Essa liberação se aplica somente aos irmãos israelitas, e não aos estrangeiros que vivem entre vocês.

⁴"Não deverá haver pobres entre vocês, pois o Senhor, seu Deus, os abençoará grandemente na terra que lhes dá como herança. ⁵Receberão

---

ᵃ **14.7** Ou *hírace*, ou *arganaz*.

essa bênção se tiverem o cuidado de obedecer ao Senhor, seu Deus, e cumprir todos estes mandamentos que hoje lhes dou. ⁶O Senhor, seu Deus, os abençoará conforme prometeu. Vocês emprestarão dinheiro a muitas nações, mas jamais precisarão tomar emprestado. Governarão muitas nações, mas não serão governados por nação alguma.

⁷"Se, contudo, houver algum israelita pobre em suas cidades quando chegarem à terra que o Senhor, seu Deus, lhes dá, não endureçam o coração e não fechem a mão para ele. ⁸Ao contrário, sejam generosos e emprestem-lhe o que for necessário. ⁹Não sejam mesquinhos nem se recusem a emprestar a alguém só porque o ano de cancelamento das dívidas está próximo. Se vocês se recusarem a fornecer o empréstimo e a pessoa necessitada clamar ao Senhor, vocês serão considerados culpados de pecado. ¹⁰Deem aos pobres com generosidade, e não com má vontade, pois o Senhor, seu Deus, os abençoará em tudo que fizerem. ¹¹Sempre haverá pobres na terra. Por isso, ordeno que compartilhem seus bens generosamente com os pobres e com outros necessitados de sua terra."

A libertação de escravos hebreus

¹²"Se um irmão hebreu, homem ou mulher, vender-se a você como escravo,ᵃ ele lhe servirá por seis anos. Depois disso, liberte-o no sétimo ano.

¹³"Quando libertar um escravo, não o mande embora de mãos vazias. ¹⁴Seja generoso e dê-lhe de despedida um presente dos animais de seu rebanho, dos cereais de sua eira e do vinho de sua prensa de uvas. Compartilhe com ele um pouco da fartura com a qual o Senhor, seu Deus, o abençoou. ¹⁵Lembre-se de que, um dia, você foi escravo na terra do Egito e o Senhor, seu Deus, o libertou. Por isso lhe dou essa ordem.

¹⁶"Mas, se por estar bem com você e amar você e sua família, o servo disser: 'Não quero ir embora', ¹⁷você pegará um furador e furará a ponta da orelha dele contra a porta. Depois disso, ele será seu escravo para o resto da vida. Faça o mesmo com as escravas.

¹⁸"Quando libertar seus escravos, não considere isso uma grande perda. Lembre-se de que, por seis anos, eles lhe prestaram serviços equivalentes a duas vezes o salário de empregados contratados, e o Senhor, seu Deus, o abençoará em tudo que você fizer."

O sacrifício dos machos das primeiras crias

¹⁹"Separem para o Senhor, seu Deus, os machos das primeiras crias do gado e dos rebanhos. Não usem a primeira cria do gado para trabalhar no campo, e não tosquiem a primeira cria das ovelhas. ²⁰Em vez disso, a cada ano, comam esses animais com sua família na presença do Senhor, seu Deus, no lugar que ele escolher. ²¹Mas, se essa primeira cria tiver algum defeito, se o animal for manco, cego ou tiver algum outro problema, não o sacrifiquem ao Senhor, seu Deus. ²²Comam o animal na cidade em que morarem. Qualquer pessoa poderá comê-lo, esteja cerimonialmente pura ou impura, assim como qualquer um pode comer uma gazela ou um veado. ²³Não comam, porém, o sangue do animal; derramem-no no chão, como se fosse água."

A Páscoa e a Festa dos Pães sem Fermento

16 "A cada ano, no mês de abibe,ᵇ celebrem a Páscoa em homenagem ao Senhor, seu Deus, pois foi nesse mês, durante a noite, que o

---

ᵃ 15.12 Ou *Se um hebreu, homem ou mulher, lhe for vendido*. ᵇ 16.1 *Abibe*, o primeiro mês no antigo calendário lunar hebraico, normalmente caía entre os meses de março e abril.

15.15 [...] não teria havido uma saída do Egito a menos que houvesse uma exibição de *poder*, assim *como um pagamento de preço*, pois com mão forte e braço poderoso, o Senhor retirou Seu povo de lá. Há sempre duas redenções a todo homem que é salvo: a redenção pelo preço e a redenção pelo poder. Você sabe qual poder Deus manifestou na terra do Egito, quando lançou todas as Suas pragas no campo de Zoã. Porém, aquilo era nada comparado ao poder de Cristo quando Ele esmagou a cabeça do velho dragão. Quando destruiu totalmente o reino do pecado e levou muitos prisioneiros [Ef 4.8]. Maior do que o cajado de Moisés eram as mãos perfuradas de Cristo. Ele o destruiu. Ele o destruiu. O nosso tirano não tem mais poder para nos manter em cadeias, porque Cristo o venceu para sempre.

Senhor, seu Deus, os libertou do Egito. ²O sacrifício de Páscoa será um animal do gado ou do rebanho, oferecido ao Senhor, seu Deus, no lugar que ele escolher para habitação do seu nome. ³Comam o sacrifício com pães sem fermento. Durante sete dias, comam pão sem fermento, como fizeram quando fugiram às pressas do Egito. Comam esse pão, o pão do sofrimento, para se lembrarem, por toda a vida, do dia em que saíram do Egito. ⁴Durante esses sete dias, não deve haver a mínima quantidade de fermento nas casas em toda a sua terra. E, quando sacrificarem o cordeiro de Páscoa ao entardecer do primeiro dia, não deixem sobras para a manhã seguinte.

⁵"Não ofereçam o sacrifício de Páscoa em nenhuma das cidades que o Senhor, seu Deus, lhes dá. ⁶Ofereçam-no apenas no lugar que o Senhor, seu Deus, escolher para habitação do seu nome. Sacrifiquem-no ali ao entardecer, enquanto o sol se põe, no mesmo período do dia em que saíram do Egito. ⁷Assem e comam o cordeiro no lugar que o Senhor, seu Deus, escolher. Na manhã seguinte, voltem às suas tendas. ⁸Durante os seis dias seguintes, comam pão sem fermento. No sétimo dia, declarem outra reunião sagrada em homenagem ao Senhor, seu Deus, e não façam trabalho algum."

A Festa da Colheita

⁹"Contem sete semanas a partir do dia em que começarem a colheita de cereais. ¹⁰Então celebrem a Festa da Colheitaª em homenagem ao Senhor, seu Deus. Levem uma oferta voluntária proporcional às bênçãos que receberam dele. ¹¹Será um tempo de celebração diante do Senhor, seu Deus, no lugar que ele escolher para habitação do seu nome. Celebrem com seus filhos e filhas, com seus servos e servas, com os levitas das suas cidades e com os estrangeiros, órfãos e viúvas que vivem entre vocês. ¹²Lembrem-se de que, um dia, vocês foram escravos no Egito e, portanto, tenham o cuidado de cumprir todos estes decretos."

A Festa das Cabanas

¹³"Celebrem a Festa das Cabanasᵇ durante sete dias, no final da época da colheita, depois que ajuntarem os cereais e prensarem as uvas. ¹⁴Essa festa será um tempo de alegria e comemoração com seus filhos e filhas, seus servos e servas, com os levitas, estrangeiros, órfãos e viúvas de suas cidades. ¹⁵Durante sete dias, celebrem essa festa em homenagem ao Senhor, seu Deus, no lugar que ele escolher, pois ele é quem os abençoa em todas as suas colheitas e lhes dá sucesso em todo o seu trabalho. Essa festa será um tempo de grande alegria para vocês.

¹⁶"A cada ano, todos os homens de Israel devem celebrar estas três festas: a Festa dos Pães sem Fermento, a Festa da Colheita e a Festa das Cabanas. Em cada uma dessas ocasiões, todos os homens devem comparecer diante do Senhor, seu Deus, no lugar que ele escolher. Não devem, porém, apresentar-se diante do Senhor de mãos vazias. ¹⁷Todos devem ofertar de acordo com as bênçãos que receberam do Senhor, seu Deus."

Justiça para o povo

¹⁸"Nomeiem juízes e oficiais de cada uma de suas tribos em todas as cidades que o Senhor, seu Deus, lhes dá. Eles julgarão o povo com justiça. ¹⁹Nunca distorçam a justiça nem mostrem parcialidade. Nunca aceitem subornos, pois eles cegam os olhos dos sábios e corrompem as decisões dos íntegros. ²⁰Que a justiça verdadeira prevaleça sempre, para que vocês vivam e tomem posse da terra que o Senhor, seu Deus, lhes dá.

²¹"Jamais levantem um poste de madeira para Aserá junto ao altar que edificarem para o Senhor, seu Deus. ²²Jamais levantem colunas sagradas para adoração, pois isso é detestável para o Senhor, seu Deus."

17

"Nunca sacrifiquem ao Senhor, seu Deus, bois ou ovelhas doentes ou defeituosos, pois esse tipo de oferta é detestável para ele.

²"Quando vocês começarem a viver nas cidades que o Senhor, seu Deus, lhes dá, poderá acontecer de um homem ou uma mulher do povo fazer algo mau aos olhos do Senhor, seu Deus, e quebrar a aliança. ³Pode ser que essa pessoa sirva outros deuses ou adore o sol, a lua

---

ª **16.10** Em hebraico, *Festa das Semanas*; também em 16.16. Chamada posteriormente de *Festa de Pentecostes* (ver At 2.1) e comemorada hoje com o nome *Shavuot*. ᵇ **16.13** Ou *Festa dos Tabernáculos*; também em 16.16. Chamada anteriormente de *Festa da Última Colheita* (ver Êx 23.16) e comemorada hoje com o nome *Sucot*.

ou qualquer das estrelas, o exército do céu, algo que eu proibi expressamente. ⁴Quando ficarem sabendo disso, façam uma investigação cuidadosa. Se for verdade que se fez tal coisa detestável em Israel, ⁵levem o homem ou a mulher que cometeu esse ato perverso até as portas da cidade e executem essa pessoa por apedrejamento. ⁶Jamais executem alguém com base no depoimento de apenas uma testemunha. Deve sempre haver duas ou três testemunhas. ⁷As testemunhas jogarão as primeiras pedras e, em seguida, todo o povo participará da execução. Desse modo, vocês eliminarão o mal do seu meio.

⁸"Se um caso muito difícil de resolver chegar a um tribunal local, como, por exemplo, uma decisão sobre que tipo de homicídio aconteceu, ou entre diferentes ações judiciais, ou entre tipos diferentes de agressão, levem esse caso ao lugar que o Senhor, seu Deus, escolher. ⁹Apresentem o caso aos sacerdotes levitas ou aos juízes que estiverem de serviço na ocasião, e eles ouvirão o caso e declararão o veredicto. ¹⁰Executem o veredicto que eles declararem no lugar que o Senhor escolher. Façam exatamente o que eles mandarem. ¹¹Depois que eles tiverem interpretado a lei e declarado o veredicto, executem em sua totalidade a sentença que eles pronunciarem; não façam modificação alguma. ¹²Quem for arrogante a ponto de rejeitar o veredicto do sacerdote ou do juiz que representa o Senhor, seu Deus, naquele lugar deverá ser morto. Desse modo, vocês eliminarão o mal do meio de Israel. ¹³Então todo o povo ficará sabendo o que aconteceu e terá medo de agir novamente com tamanha arrogância."

Diretrizes para o rei

¹⁴"Vocês estão prestes a entrar na terra que o Senhor, seu Deus, lhes dá. Quando a conquistarem, se estabelecerem nela e pensarem: 'Devemos escolher um rei para nos governar, como as outras nações ao nosso redor', ¹⁵tenham cuidado de nomear como rei o homem que o Senhor, seu Deus, escolher. Deverá ser um irmão israelita; não pode ser estrangeiro.

¹⁶"O rei não terá muitos cavalos, nem enviará seu povo ao Egito para comprar cavalos, pois o Senhor lhes disse: 'Jamais voltem ao Egito'. ¹⁷O rei não tomará para si muitas esposas, pois elas afastarão seu coração do Senhor. Também não acumulará para si grandes quantidades de prata e de ouro.

¹⁸"Quando sentar-se no trono para reinar, copiará esta lei para si num rolo, na presença dos sacerdotes levitas. ¹⁹Trará essa cópia sempre consigo e a lerá todos os dias enquanto viver. Assim, aprenderá a temer o Senhor, seu Deus, cumprindo todos os termos desta lei e destes decretos. ²⁰Isso o impedirá de tornar-se orgulhoso e agir como se estivesse acima de seus irmãos israelitas. Evitará também que ele se desvie, por menos que seja, destes mandamentos, e garantirá que ele e seus descendentes tenham longos reinados em Israel."

Ofertas para os sacerdotes e levitas

18 "Lembrem-se de que os sacerdotes levitas e todos os outros membros da tribo de Levi não receberão porção alguma de terra como herança entre as outras tribos de Israel. Em vez disso, os sacerdotes e levitas comerão das ofertas especiais apresentadas ao Senhor, pois essa é a parte que lhes cabe. ²Não terão herança entre os israelitas. O Senhor é sua herança, conforme lhes prometeu.

³"Estas são as partes que os sacerdotes receberão como sua porção dos bois e das ovelhas que o povo entregar como ofertas: a espádua, as queixadas e o estômago. ⁴Deem também aos sacerdotes a primeira porção dos cereais, do vinho novo, do azeite e da lã na época da tosquia, ⁵pois o Senhor, seu Deus, escolheu a tribo de Levi dentre todas as suas tribos para servir em nome do Senhor para sempre.

⁶"Se um levita decidir sair de sua cidade em Israel, seja ela qual for, e mudar-se para o lugar que o Senhor escolher, ⁷ele servirá ali em nome do Senhor, seu Deus, da mesma forma que todos os seus companheiros levitas que servem o Senhor naquele lugar. ⁸Comerá sua porção dos sacrifícios e ofertas, mesmo que também receba sustento de sua família."

Chamado para viver em santidade

⁹"Quando vocês entrarem na terra que o Senhor, seu Deus, lhes dá, tenham muito cuidado para não imitarem os costumes detestáveis

das nações que vivem ali. ¹⁰Jamais deverá haver entre vocês alguém que queime seu filho ou sua filha como sacrifício. Não permitam que alguém do povo pratique adivinhação, use encantamentos, interprete agouros, envolva-se com bruxaria, ¹¹lance feitiços, atue como médium ou praticante do ocultismo, ou consulte os espíritos dos mortos. ¹²Quem pratica tais coisas é detestável ao Senhor. É justamente porque as outras nações praticam essas coisas detestáveis que o Senhor, seu Deus, as expulsará de diante de vocês. ¹³Sejam inculpáveis perante o Senhor, seu Deus. ¹⁴As nações cujas terras vocês estão prestes a conquistar consultam feiticeiros e adivinhos, mas o Senhor, seu Deus, os proíbe de fazerem essas coisas."

Verdadeiros e falsos profetas

¹⁵"O Senhor, seu Deus, levantará um profeta como eu do meio de seus irmãos israelitas. Deem ouvidos a ele, ¹⁶pois foi isso que vocês pediram ao Senhor, seu Deus, quando estavam reunidos ao pé do monte Sinai.ᵃ Disseram: 'Não iremos mais ouvir a voz do Senhor, nosso Deus, nem ver este fogo ardente, pois morreríamos'.

¹⁷"Então o Senhor me disse: 'Eles estão certos. ¹⁸Levantarei um profeta como você do meio de seus irmãos israelitas e porei minhas palavras em sua boca, e ele dirá ao povo tudo que eu lhe ordenar. ¹⁹Eu mesmo pedirei contas de qualquer um que não ouvir as mensagens que o profeta proclamar em meu nome. ²⁰Mas o profeta que tiver a presunção de falar em meu nome algo que não lhe ordenei, ou que falar em nome de outros deuses, será morto'.

²¹"Talvez vocês se perguntem: 'Como saberemos se uma profecia vem do Senhor ou não?'. ²²Se o profeta falar em nome do Senhor, mas suas previsões não acontecerem nem se cumprirem, vocês saberão que a mensagem dele não vem do Senhor. Esse profeta presumiu arrogantemente que falava em meu nome, e vocês não precisam temê-lo."

As cidades de refúgio

19 "Quando o Senhor, seu Deus, destruir as nações cujo território ele lhes dá, vocês tomarão posse da terra e se estabelecerão nas cidades e casas que elas construíram. ²Em seguida, separarão três cidades de refúgio na

---

ᵃ **18.16** Em hebraico, *Horebe*, outro nome para o Sinai.

18.15-19 Moisés era verdadeiramente uma pessoa do povo, pois os amava intensamente e lhes demonstrava toda a sua afeição. Eles o provocaram terrivelmente, mas ele ainda os amava. Jamais poderemos admirar o suficiente esse homem de Deus ao pensarmos em seu amor altruísta para com aquela nação culpada. Veja-o na montanha como o defensor de Israel. O Senhor disse: "Fique de lado, e eu os destruirei e apagarei o nome deles de debaixo do céu. Depois, farei de você e de seus descendentes uma nação mais poderosa e mais numerosa que eles". Essa proposta abriu diante dos olhos de Moisés um destino reluzente. Estava ao seu alcance que ele mesmo devia ser o fundador de uma raça em quem as promessas feitas a Abraão deveriam ser cumpridas. *A maior parte dos homens não a teria agarrado avidamente?* Mas Moisés não o fará. Ele ama muito Israel para vê-lo morrer, podendo salvá-lo. Ele não tem um átomo de ambição egoísta em relação a si próprio, mas com gritos e lágrimas exclama: "Por que deixar os egípcios dizerem: 'O Deus deles os resgatou com a má intenção de exterminá-los nos montes e apagá-los da face da terra'? Deixa de lado tua ira ardente! Arrepende-te quanto a esta calamidade terrível que ameaçaste enviar sobre teu povo!". Ele prevaleceu com Deus através de sua súplica, pois se identificou com Israel. Moisés reuniu em si, por assim dizer, todas as suas tristezas, assim como fez nosso Senhor. Ele era um verdadeiro israelita, pois se recusou a ser chamado filho da filha de Faraó. Aliou-se ao povo de Deus. Isto é exatamente o que nosso bendito Senhor fez. Ele não terá a honra separado de Seu povo, nem mesmo vida, a menos que eles também vivam. Salvou os outros, a si mesmo não pôde salvar. Não poderia estar no Céu e deixar os Seus santos para trás. Amou o povo e assim provou ser um escolhido dentre eles, um irmão entre irmãos.

Lembre-se bem de que, embora o Senhor seja nosso irmão, o grande Deus tem em Sua pessoa enviada a nós Aquele que é elevado acima de nós, no conhecimento de Sua mente. Assim diz o Senhor: "Porei minhas palavras em sua boca" (v.18). Nosso Senhor Jesus Cristo vem a nós inspirado por Deus. Ele não vem sozinho, nem por Sua própria decisão, mas diz: "E aquele que me enviou está comigo; ele não me abandonou, pois sempre faço o que lhe agrada". Tanto na palavra como na ação Ele agia em favor de Seu Pai e sob a inspiração de Seu Pai. Homens e irmãos, rogo-lhes que não rejeitem a mensagem que Jesus traz, visto que ela não é Sua, mas a verdadeira mensagem de Deus.

terra que o Senhor, seu Deus, lhes dá. ³Preparem estradas[a] e dividam em três regiões a terra que o Senhor, seu Deus, lhes dá como propriedade, com uma dessas cidades em cada região. Quem tiver matado alguém poderá fugir para uma dessas cidades de refúgio e ficar a salvo.

⁴"Isso se aplica a alguém que, sem intenção e sem mostrar hostilidade anterior, matar outra pessoa: ele poderá fugir para uma dessas cidades de refúgio e viver em segurança. ⁵Se acontecer, por exemplo, de alguém ir com um vizinho cortar lenha num bosque e, quando um deles levantar o machado para cortar uma árvore, o ferro do machado escapar do cabo, atingir a outra pessoa e causar sua morte, o homicida poderá fugir para uma das cidades de refúgio a fim de salvar a vida.

⁶"Se, contudo, a distância até a cidade de refúgio for muito grande e acontecer que, irado, o parente encarregado de vingar a morte da vítima alcance e mate o homicida, o castigo não seria merecido, pois o fugitivo não mostrou hostilidade anterior à vítima. ⁷Por isso, ordeno que separem três cidades de refúgio.

⁸"Se o Senhor, seu Deus, ampliar seu território conforme jurou a seus antepassados e lhes der toda a terra que lhes prometeu, ⁹separem mais três cidades de refúgio. (Ele lhes dará a terra se vocês cumprirem cuidadosamente todos os mandamentos que hoje lhes dou, se sempre amarem o Senhor, seu Deus, e andarem em seus caminhos.) ¹⁰Com isso, vocês evitarão a morte de inocentes na terra que o Senhor, seu Deus, lhes dá como herança. Do contrário, seriam culpados pelo sangue de inocentes.

¹¹"Se, contudo, alguém demonstrar hostilidade a seu vizinho, ficar à espreita dele e o atacar e matar, fugindo depois para uma das cidades de refúgio, ¹²as autoridades da cidade do homicida enviarão representantes à cidade de refúgio para trazê-lo de volta e entregá-lo ao vingador da vítima, para que ele execute o homicida. ¹³Não tenham pena dele. Eliminem de Israel a culpa de matar inocentes. Assim, tudo irá bem com vocês."

O interesse pela justiça

¹⁴"Quando tomarem posse da terra que o Senhor, seu Deus, lhes dá como herança, jamais roubem terras de outros, mudando de lugar os marcos de divisa que seus antepassados colocaram.

¹⁵"Não condenem alguém por um crime ou delito com base no depoimento de apenas uma testemunha. Os fatos a respeito do caso devem ser confirmados pelo depoimento de duas ou três testemunhas.

¹⁶"Se uma testemunha mal-intencionada se apresentar e acusar alguém de ter cometido um crime, ¹⁷tanto o acusador como o acusado comparecerão diante do Senhor, apresentando-se aos sacerdotes e juízes que estiverem de serviço na ocasião. ¹⁸Os juízes farão uma investigação cuidadosa do caso. Se a testemunha fez acusações falsas contra seu irmão israelita, ¹⁹apliquem-lhe a sentença que ela planejava para a outra pessoa. Desse modo, vocês eliminarão o mal do seu meio. ²⁰O restante do povo ficará sabendo disso e terá medo de cometer tamanha maldade. ²¹Não tenham pena do culpado. Sua regra deve ser: vida por vida, olho por olho, dente por dente, mão por mão, pé por pé."

Normas acerca da guerra

20 "Quando saírem para lutar contra seus inimigos e enfrentarem cavalos e carros e um exército maior que o seu, não tenham medo. O Senhor, seu Deus, que os tirou da terra do Egito, está com vocês! ²Quando se prepararem para a batalha, o sacerdote virá à frente e falará aos soldados. ³Dirá: 'Ouçam, homens de Israel! Ao saírem hoje para lutar contra seus inimigos, sejam corajosos. Não tenham medo, nem se apavorem, nem tremam diante deles, ⁴pois o Senhor, seu Deus, vai com vocês. Ele lutará contra seus inimigos em seu favor e lhes dará vitória'.

⁵"Então os oficiais do exército se dirigirão aos soldados e dirão: 'Alguém aqui acabou de construir uma casa, mas ainda não a dedicou? Se houver alguém nessa situação, vá para casa! Se você morresse na batalha, outra pessoa dedicaria sua casa. ⁶Alguém aqui acabou de plantar uma videira, mas ainda não comeu de seus frutos? Se houver alguém nessa situação, vá para casa! Se você morresse na batalha, outra pessoa comeria dos primeiros frutos. ⁷Alguém

---

[a] **19.3** Ou *Façam um levantamento do território*.

aqui acabou de ficar noivo de uma mulher, mas ainda não se casou? Vá para casa e tome a mulher como esposa! Se você morresse na batalha, outra pessoa a tomaria como esposa'. ⁸"Os oficiais também dirão: 'Alguém aqui está com medo ou angustiado? Se estiver, vá para casa antes que amedronte mais alguém'. ⁹Quando os oficiais terminarem de falar aos soldados, nomearão comandantes para as tropas.

¹⁰"Quando vocês se aproximarem de uma cidade para atacá-la, primeiro proponham paz a seus habitantes. ¹¹Se eles aceitarem suas condições e abrirem as portas, todo o povo dentro da cidade os servirá com trabalhos forçados. ¹²Se eles recusarem a proposta de paz e se prepararem para lutar, cerquem a cidade. ¹³Quando o Senhor, seu Deus, lhes entregar a cidade, matem à espada todos os homens. ¹⁴Contudo, poderão tomar para si as mulheres, as crianças, os animais e tudo que acharem na cidade. Poderão aproveitar todos os despojos dos inimigos que o Senhor, seu Deus, entregou em suas mãos.

¹⁵"Essas instruções se aplicam somente às cidades muito distantes, e não às cidades dos povos que vivem na terra em que vocês entrarão. ¹⁶Nessas cidades que o Senhor lhes dá como herança, destruam todo ser vivo. ¹⁷Destruam completamente os hititas, os amorreus, os cananeus, os ferezeus, os heveus e os jebuseus, conforme o Senhor, seu Deus, lhes ordenou. ¹⁸Isso evitará que os povos da terra os ensinem a imitar os atos detestáveis que eles praticam quando adoram seus deuses, coisas que fariam vocês pecarem contra o Senhor, seu Deus.

¹⁹"Quando cercarem uma cidade e a guerra se prolongar, não cortem as árvores com machados. Comam dos frutos, mas não cortem as árvores. Acaso as árvores são inimigos para que vocês as ataquem? ²⁰Cortem apenas as árvores que vocês sabem que não dão frutos e usem-nas para fazer o equipamento necessário no cerco à cidade inimiga até que ela caia."

Casos de homicídio não resolvido

21 "Quando estiverem na terra que o Senhor, seu Deus, lhes dá, e alguém for encontrado morto no campo e não se saiba quem o matou, ²as autoridades e os juízes medirão a distância do local onde está o cadáver até as cidades vizinhas. ³Quando se determinar qual é a cidade mais próxima, as autoridades da cidade escolherão do rebanho uma novilha que nunca tenha sido usada para trabalhar no campo e nunca tenha puxado um arado. ⁴Levarão a novilha a um vale que não tenha sido lavrado nem semeado e pelo qual passe um ribeiro. Ali, no vale, quebrarão o pescoço da novilha. ⁵Os sacerdotes levitas se aproximarão, pois o Senhor, seu Deus, os escolheu para servirem diante dele e pronunciarem bênçãos em seu nome. Cabe a eles decidir todos os casos legais e criminais.

⁶"As autoridades daquela cidade lavarão as mãos sobre a novilha cujo pescoço foi quebrado ⁷e dirão: 'Nossas mãos não derramaram o sangue dessa pessoa, nem vimos o crime acontecer. ⁸Ó Senhor, perdoa o teu povo, Israel, o qual libertaste. Não culpes o teu povo pela morte de um inocente'. Assim, serão absolvidos da culpa pelo sangue da pessoa. ⁹Desse modo, vocês removerão do seu meio a culpa pela morte da vítima e farão o que é certo aos olhos do Senhor."

O casamento com uma prisioneira

¹⁰"Quando vocês saírem para guerrear contra seus inimigos e o Senhor, seu Deus, entregá-los em suas mãos e vocês os fizerem prisioneiros, ¹¹pode acontecer de algum de vocês vir uma mulher bonita entre os cativos, sentir-se atraído por ela e desejar casar-se com ela. ¹²Nesse caso, leve-a para casa, onde ela raspará a cabeça, cortará as unhas ¹³e trocará as roupas que estava usando quando foi capturada. Ela ficará em sua casa, mas você deixará que ela fique de luto pelo pai e pela mãe por um mês inteiro. Depois disso, você se casará com ela. Passará a ser seu marido, e ela será sua esposa. ¹⁴Se depois do casamento ela não o agradar, liberte-a. Não a venda nem a trate como escrava, pois você a humilhou."

Direitos do filho mais velho

¹⁵"Se um homem tiver duas esposas e amar apenas uma delas, mas ambas lhe derem filhos homens, e o filho mais velho for da esposa que ele não ama, ¹⁶quando dividir sua herança o homem não poderá dar a porção maior ao filho da esposa amada, como se este fosse o filho

mais velho. ¹⁷Terá de reconhecer os direitos do filho mais velho, da esposa não amada, dando-lhe porção dobrada. Ele é o primeiro filho do vigor de seu pai, e os direitos do filho mais velho lhe pertencem."

Como lidar com um filho rebelde

¹⁸"Se um homem tiver um filho teimoso e rebelde, que não obedece ao pai nem à mãe, apesar de eles o disciplinarem, ¹⁹o pai e a mãe levarão o filho até a porta da cidade e dirão às autoridades ali reunidas: ²⁰'Este nosso filho é teimoso e rebelde e se recusa a obedecer. É mau-caráter e vive bêbado'. ²¹Então todos os homens da cidade o executarão por apedrejamento. Desse modo, vocês eliminarão o mal do seu meio, e todo o Israel ficará sabendo disso e temerá.

Outras normas

²²"Se alguém cometeu um crime que merece a pena de morte e, por isso, foi executado e pendurado numa árvore,ᵃ ²³não deverá permanecer pendurado ali durante a noite. Enterrem o corpo no mesmo dia, pois todo aquele que é penduradoᵇ é maldito aos olhos de Deus. Desse modo, vocês evitarão a contaminação da terra que o Senhor, seu Deus, lhes dá como herança."

22 "Se você vir solto por aí o boi ou a ovelha de um israelita, não fuja de sua responsabilidade.ᶜ Devolva o animal ao dono. ²Se o dono não morar por perto ou se você não o conhecer, leve o animal para sua casa e fique com ele até o dono vir procurá-lo. Então, devolva o animal. ³Faça o mesmo se encontrar um jumento, uma peça de roupa ou qualquer outra coisa que alguém tenha perdido. Não fuja de sua responsabilidade.

⁴"Se você vir o jumento ou o boi de um israelita caído no caminho, não o ignore. Vá e ajude o dono a levantar o animal.

⁵"A mulher não deve usar roupas de homem, e o homem não deve usar roupas de mulher. Quem age desse modo é detestável aos olhos do Senhor, seu Deus.

⁶"Se acontecer de você encontrar o ninho de um pássaro numa árvore ou no chão, e houver nele filhotes ou ovos que a mãe esteja chocando, não leve a mãe junto com os filhotes. ⁷Leve os filhotes, mas deixe a mãe, para que você prospere e tenha vida longa.

⁸"Quando você construir uma casa nova, coloque um parapeito em torno do terraço. Desse modo, se alguém cair do terraço, você e sua família não serão culpados pela morte da vítima.

⁹"Não plantem nenhuma outra semente entre as videiras em seu vinhedo. Se o fizerem, estarão proibidos de usar tanto as uvas desse vinhedo como o fruto da outra plantação que semearam.

¹⁰"Não arem a terra com um boi e um jumento presos ao mesmo jugo.

¹¹"Não usem roupas feitas de fios de lã e linho entrelaçados.

¹²"Coloquem franjas nas quatro pontas do manto com o qual vocês se cobrem."

Normas acerca da pureza sexual

¹³"Se um homem se casar com uma mulher e, depois de ter relações com ela, rejeitá-la ¹⁴e acusá-la publicamente de conduta vergonhosa, dizendo: 'Quando me casei com esta mulher, descobri que ela não era virgem', ¹⁵então o pai e a mãe da mulher levarão a prova da

---

ᵃ **21.22** Ou *empalado numa estaca*; também em 21.23. ᵇ **21.23** A Septuaginta traz *pois todo aquele que é pendurado num madeiro*. Comparar com Gl 3.13. ᶜ **22.1** Em hebraico, *não se esconda*; também em 22.3.

22.8 [...] os telhados das habitações orientais eram planos e os moradores estavam acostumados a passar grande parte do tempo no topo de suas casas, não apenas conversando durante o dia, mas dormindo ali à noite. Se os telhados ficassem sem cerca ou proteção ao redor, *muitas vezes poderia acontecer que crianças pequenas caíssem* — e, não raro, os adultos poderiam inadvertidamente dar um passo em falso e sofrer ferimentos graves, se não a própria morte. Onde não havia grades ou muros baixos ao redor do telhado, acidentes frequentemente ocorriam. Mas Deus ordenou ao Seu povo, enquanto ainda estavam no deserto, que, quando adentrassem a Terra Prometida e começassem a edificar casas, deveriam tomar cuidado em cada caso para construir uma grade apropriada para que a vida não fosse perdida por uma fatalidade evitável. Esta ordem cuidadosa claramente nos mostra que Deus considera a vida muito valiosa e que, da mesma forma que não nos permitiria matar de forma premeditada, Ele não nos permitiria matar por negligência, mas faria que tivéssemos cuidado com as vidas humanas.

virgindade da filha até a porta da cidade, onde as autoridades estarão reunidas. ¹⁶O pai lhes dirá: 'Dei minha filha em casamento a este homem, e agora ele a rejeitou. ¹⁷Acusou-a de conduta vergonhosa, dizendo: "Descobri que sua filha não era virgem'. Aqui está, porém, a prova da virgindade de minha filha'. Então os pais estenderão o lençol da filha diante das autoridades, ¹⁸e eles pegarão o homem e o castigarão. ¹⁹Também lhe aplicarão uma multa de cem peças[a] de prata que ele pagará ao pai da mulher, uma vez que acusou publicamente de conduta vergonhosa uma virgem de Israel. Ela continuará a ser esposa do homem, e ele jamais poderá se divorciar dela.

²⁰"Mas, se as acusações do homem forem verdadeiras e ele puder provar que a mulher não era virgem, ²¹então ela será levada até a porta da casa de seu pai e ali será executada por apedrejamento pelos homens da cidade. Ela cometeu um crime vergonhoso em Israel, praticando imoralidade sexual enquanto vivia na casa de seus pais. Desse modo, vocês eliminarão o mal do seu meio.

²²"Se um homem for flagrado cometendo adultério, ele e a mulher terão de morrer. Desse modo, vocês eliminarão o mal do meio de Israel.

²³"Se um homem encontrar uma moça virgem, prometida em casamento, e tiver relações sexuais com ela dentro da cidade, ²⁴levem os dois para a porta da cidade e executem-nos por apedrejamento. A mulher é culpada porque não gritou por socorro, e o homem deverá morrer porque humilhou a esposa de outro homem. Desse modo, vocês eliminarão o mal do seu meio.

²⁵"Mas, se o homem encontrar a moça prometida em casamento no campo e a violentar, somente o homem deverá ser morto. ²⁶Não façam nada à moça; não cometeu crime algum que mereça a pena de morte. É tão inocente quanto uma vítima de homicídio. ²⁷Uma vez que o homem a violentou no campo, deve-se presumir que ela gritou, mas não houve quem a socorresse.

²⁸"Se um homem tiver relações com uma moça virgem, mas que não esteja prometida em casamento, e eles forem descobertos, ²⁹o homem pagará ao pai da moça cinquenta peças[b] de prata. Uma vez que ele humilhou a moça, se casará com ela e jamais poderá se divorciar.

³⁰ᶜ"Nenhum homem tomará por mulher alguém que foi esposa de seu pai, pois isso desonraria seu pai."

Normas acerca da adoração

23 ¹ᵈ"Se um homem tiver os testículos esmagados ou o membro amputado, não terá permissão de entrar nas reuniões sagradas do Senhor.

²"Se alguém for filho ilegítimo, nem ele nem seus descendentes, até a décima geração, terão permissão de entrar nas reuniões sagradas do Senhor.

³"Nenhum amonita ou moabita, e nenhum de seus descendentes, até a décima geração, terá permissão de participar das reuniões sagradas do Senhor. ⁴Essas nações não os receberam com alimento e água quando vocês saíram do Egito. Em vez disso, contrataram Balaão, filho de Beor, nascido em Petor, na Mesopotâmia,ᵉ para amaldiçoá-los. ⁵Mas o Senhor, seu Deus, se recusou a ouvir Balaão e transformou a maldição em bênção, pois o Senhor, seu Deus, os ama. ⁶Enquanto viverem, jamais promovam o bem-estar e a prosperidade dos amonitas ou moabitas.

⁷"Não mostrem ódio aos edomitas, pois são seus parentes, nem aos egípcios, pois vocês viveram como estrangeiros entre eles. ⁸A terceira geração de edomitas e egípcios poderá entrar nas reuniões sagradas do Senhor."

Normas diversas

⁹"Quando saírem para guerrear contra seus inimigos, mantenham-se afastados de tudo que é impuro.

¹⁰"O homem que ficar cerimonialmente impuro por causa de uma polução noturna sairá do acampamento e ficará fora o dia todo. ¹¹Ao entardecer, ele se banhará e, ao pôr do sol, poderá voltar ao acampamento.

ᵃ**22.19** Em hebraico, *100 [siclos]*, cerca de 1,2 quilo. ᵇ**22.29** Em hebraico, *50 siclos*, cerca de 600 gramas. ᶜ**22.30** No texto hebraico, o versículo 22.30 é numerado 23.1. ᵈ**23.1** No texto hebraico, os versículos 23.1-25 são numerados 23.2-26. ᵉ**23.4** Em hebraico, *em Arã-Naaraim*.

¹²"Determinem uma área fora do acampamento onde possam fazer as necessidades. ¹³Cada um deve ter uma pá como parte de seu equipamento. Quando forem evacuar, cavem um buraco com a pá e cubram as fezes. ¹⁴O acampamento deverá ser santo, pois o Senhor, seu Deus, anda no meio dele para proteger vocês e derrotar seus inimigos. Cuidem para que ele não veja em seu meio qualquer coisa vergonhosa e se afaste de vocês.

¹⁵"Se escravos fugirem e se refugiarem com vocês, não os devolvam a seus senhores. ¹⁶Permitam que eles vivam em seu meio em qualquer cidade que escolherem, e não os oprimam.

¹⁷"Nenhum israelita, homem ou mulher, se dedicará à prostituição em templos idólatras. ¹⁸Quando apresentarem uma oferta para cumprir um voto, não tragam à casa do Senhor, seu Deus, nenhuma oferta proveniente dos lucros de uma prostituta ou de um prostituto,ᵃ pois ambos são detestáveis ao Senhor, seu Deus.

¹⁹"Não cobrem juros sobre os empréstimos que fizerem a um irmão israelita, seja de dinheiro, de alimento ou de qualquer outra coisa. ²⁰Poderão cobrar juros dos estrangeiros, mas não cobrarão juros de israelitas, para que o Senhor, seu Deus, os abençoe em tudo que fizerem na terra da qual estão prestes a tomar posse.

²¹"Quando fizerem um voto ao Senhor, seu Deus, cumpram-no prontamente. O Senhor, seu Deus, cobrará de vocês o cumprimento dos votos, ou serão culpados de pecado. ²²Não é pecado deixar de fazer voto. ²³Mas, se fizerem um voto voluntário, cumpram cuidadosamente a promessa feita ao Senhor, seu Deus.

²⁴"Quando entrarem no vinhedo de seu vizinho, poderão comer uvas até se saciarem, mas não as levem num cesto. ²⁵E, quando entrarem no campo de um vizinho, poderão apanhar as espigas de cereal com a mão, mas não usem a foice para cortá-las."

24

"Se um homem se casar e a esposa não for do seu agrado porque ele descobriu alguma coisa vergonhosa da parte dela, ele escreverá um certificado de divórcio e o dará a ela, mandando-a embora de sua casa. ²Depois de partir, ela poderá casar-se com outro homem. ³E, se este também a rejeitar e escrever um certificado de divórcio e o der a ela, mandando-a embora de sua casa, ou até mesmo se ele morrer, ⁴o primeiro homem que a mandou embora não poderá casar-se de novo com ela, pois ela foi contaminada. Isso seria detestável para o Senhor. Não tragam culpa sobre a terra que o Senhor, seu Deus, lhes dá como herança.

⁵"O homem recém-casado não será recrutado para o serviço militar nem receberá nenhuma outra responsabilidade oficial. Estará livre para passar um ano em casa, proporcionando alegria à mulher com quem se casou.

⁶"Não tomem um conjunto de pedras de moinho, nem mesmo só a pedra de cima, como garantia de uma dívida, pois o dono precisa das pedras para obter seu sustento.

ᵃ 23.18 Em hebraico, *de um cachorro*.

23.14 [...] o Senhor cuidou da limpeza de Seu povo enquanto eles estavam no deserto, literalmente — e este texto está conectado a uma regulação sanitária do tipo mais sábio possível. O que eu admiro nele é que Deus, o glorioso, o Todo-santo, deve abaixar-se para legislar sobre tais coisas. Tal cuidado era muito necessário para a saúde, e mesmo para a vida, e o Senhor, em condescendência com ele, transmite uma severa repreensão ao povo cristão que tem sido descuidado em matéria de saúde e limpeza. As almas santas não devem ser alojadas em corpos sujos. Deus está atento a coisas sobre as quais as pessoas, que são falsamente espirituais, falam enquanto estão sob os cuidados delas. Se o Senhor dá atenção a tais coisas, não devemos negligenciá-las. Mas, que condescendência de Sua parte que Seu Espírito ditasse a Moisés estas preocupações mais grosseiras! Prostro-me diante da majestade de uma condescendência para a qual nada é tão baixo.

Observe, também, como ela nos mostra o caráter de abrangência da Lei mosaica. Ela abrangia tudo! Guiava, organizava, restringia ou sugeria todos os atos do povo sob sua tutela. Onde quer que estivessem, em seus atos mais públicos ou privados, o povo estava sempre sob a supervisão da Lei. Por causa da pecaminosidade deles, este código sagrado de regulamentos tornou-se um jugo que eles não foram capazes de suportar. Ainda assim, era uma Lei muito necessária e salutar, pela qual deveriam ter sido sempre gratos, pois era para seu bem em todos os aspectos e tinha a intenção de abençoá-los espiritual e fisicamente, social e religiosamente.

⁷"Se alguém sequestrar um irmão israelita e o tratar como escravo ou o vender, o sequestrador terá de morrer. Desse modo, vocês eliminarão o mal do seu meio.

⁸"Em todos os casos de lepra,ᵃ cumpram com extremo cuidado as instruções dos sacerdotes levitas; obedeçam a todos os mandamentos que eu dei a eles. ⁹Lembrem-se daquilo que o SENHOR, seu Deus, fez com Miriã durante sua jornada no deserto, depois que vocês saíram do Egito.

¹⁰"Se um de vocês emprestar algo a seu próximo, não entre na casa dele para pegar o objeto que ele lhe oferecer como garantia. ¹¹Espere do lado de fora enquanto ele pega o objeto e o traz para você. ¹²Se ele for pobre e lhe der o manto como garantia, não o guarde consigo durante a noite. ¹³Devolva-lhe o manto ao pôr do sol, para que ele se aqueça durante a noite e abençoe você. O SENHOR, seu Deus, considerará isso um ato de justiça.

¹⁴"Nunca se aproveitem de trabalhadores pobres e necessitados, sejam irmãos israelitas ou estrangeiros que vivem em suas cidades. ¹⁵Paguem o salário deles todos os dias, antes do pôr do sol, pois eles são pobres e contam com isso para viver. Do contrário, quando clamarem contra vocês ao SENHOR, vocês serão culpados de pecado diante dele.

¹⁶"Os pais não serão executados por causa do pecado dos filhos, nem os filhos por causa do pecado dos pais. Aqueles que merecem morrer deverão ser executados por causa de seus próprios crimes.

¹⁷"Sejam justos com os estrangeiros e os órfãos que vivem entre vocês, e jamais aceitem a roupa de uma viúva como garantia por sua dívida. ¹⁸Lembrem-se sempre de que vocês foram escravos no Egito e de que o SENHOR, seu Deus, os libertou da escravidão. Por isso eu lhes dou estas ordens.

¹⁹"Quando estiverem fazendo a colheita de suas lavouras e esquecerem um feixe de cereais no campo, não voltem para buscá-lo. Deixem-no para os estrangeiros, para os órfãos e para as viúvas. Então o SENHOR, seu Deus, os abençoará em tudo que fizerem. ²⁰Quando sacudirem as azeitonas de suas oliveiras, não passem pelos mesmos ramos duas vezes. Deixem as azeitonas restantes para os estrangeiros, os órfãos e as viúvas. ²¹Quando colherem uvas em seus vinhedos, não passem novamente pelas videiras. Deixem as uvas restantes para os estrangeiros, os órfãos e as viúvas. ²²Lembrem-se de que vocês foram escravos na terra do Egito. Por isso eu lhes dou estas ordens."

25

"Quando duas pessoas brigarem e o caso chegar a um tribunal, os juízes declararão que uma pessoa tem razão e a outra está errada. ²Se a pessoa que está errada for sentenciada a receber açoites, o juiz ordenará que ela se deite e seja açoitada na presença dele, com um número de açoites proporcional ao crime. ³Jamais ultrapassem, porém, quarenta açoites; mais que quarenta açoites seria uma humilhação pública para seu irmão israelita.

⁴"Não amordacem o boi para impedir que ele coma enquanto debulha os cereais.

⁵"Se dois irmãos estiverem morando juntos na mesma propriedade e um deles morrer sem deixar filhos, a viúva não se casará com alguém de fora da família. O irmão de seu marido se casará com ela, e eles terão relações sexuais. Desse modo, ele cumprirá os deveres de cunhado. ⁶O primeiro filho que ela tiver com ele será considerado filho do irmão falecido, para que seu nome não seja esquecido em Israel.

⁷"Se, contudo, o homem se recusar a casar-se com a viúva de seu irmão, ela irá até a porta da cidade e dirá às autoridades ali reunidas: 'O irmão de meu falecido esposo se recusa a preservar o nome do irmão em Israel. Não quer cumprir os deveres de cunhado, casando-se comigo'. ⁸As autoridades da cidade o convocarão e conversarão com ele. Se, ainda assim, ele insistir e disser: 'Não quero me casar com ela', ⁹a viúva se aproximará do homem na presença das autoridades, tirará a sandália do pé dele e cuspirá em seu rosto. Em seguida, ela declarará: 'É isso que acontece com o homem que se recusa a dar filhos para seu irmão'. ¹⁰Desse dia em diante, a família dele será chamada em Israel de 'família do descalçado'.

¹¹"Se dois israelitas brigarem e a esposa de um deles, na tentativa de livrar o marido de quem o agride, agarrar os órgãos genitais do outro

---

ᵃ **24.8** O termo hebraico usado aqui não se refere somente à hanseníase, mas também a diversas doenças de pele.

homem, ¹²cortem a mão da mulher. Não tenham pena dela.

¹³"Quando pesarem mercadorias, usem balanças precisas. ¹⁴Usem também medidas completas e justas. ¹⁵Sim, usem sempre pesos e medidas exatos e justos, para que tenham vida longa na terra que o Senhor, seu Deus, lhes dá. ¹⁶Quem engana com pesos e medidas desonestos é detestável ao Senhor, seu Deus.

¹⁷"Nunca se esqueçam daquilo que os amalequitas lhes fizeram quando vocês saíram do Egito. ¹⁸Eles os atacaram quando vocês estavam cansados e esgotados e feriram mortalmente os mais fracos que ficaram para trás. Não temeram a Deus. ¹⁹Portanto, quando o Senhor, seu Deus, lhes proporcionar descanso de todos os seus inimigos na terra que ele lhes dá como herança, destruam os amalequitas e apaguem a memória deles de debaixo do céu. Jamais se esqueçam disso!"

Dízimos e ofertas das colheitas

26 "Quando tiverem entrado na terra que o Senhor, seu Deus, lhes dá como herança e a tiverem conquistado e se estabelecido nela, ²coloquem num cesto alguns dos primeiros frutos de cada colheita que produziram e levem-no ao lugar que o Senhor, seu Deus, escolher para habitação do seu nome. ³Dirijam-se ao sacerdote que estiver de serviço naquela ocasião e digam-lhe: 'Com esta oferta reconheço diante do Senhor, seu Deus, ter entrado na terra que o Senhor jurou a nossos antepassados que nos daria'. ⁴O sacerdote pegará o cesto de suas mãos e o colocará diante do altar do Senhor, seu Deus.

⁵"Então vocês declararão na presença do Senhor, seu Deus: 'Meu antepassado Jacó era um nômade arameu que foi viver no Egito como estrangeiro. Quando chegou, sua família não era numerosa, mas no Egito ela se tornou uma grande e poderosa nação. ⁶Quando os egípcios nos oprimiram e nos humilharam, sujeitando-nos à escravidão, ⁷clamamos ao Senhor, o Deus de nossos antepassados. O Senhor ouviu nossos clamores e viu nossas dificuldades, nosso trabalho árduo e a opressão que sofríamos. ⁸Por isso, o Senhor nos libertou do Egito com mão forte e braço poderoso, com atos temíveis, sinais e maravilhas. ⁹Trouxe-nos para este lugar e nos deu esta terra que produz leite e mel com fartura! ¹⁰E agora, Senhor, trago os primeiros frutos da colheita que, do solo, me deste'. Em seguida, coloquem o cesto diante do Senhor, seu Deus, e prostrem-se diante dele em adoração. ¹¹Depois disso, alegrem-se por todas as coisas boas que o Senhor, seu Deus, tem dado a vocês e a suas famílias. Lembrem-se de incluir na celebração os levitas e os estrangeiros que vivem entre vocês.

¹²"A cada três anos, separem um dízimo especial de suas colheitas. Nesse ano, entreguem seus dízimos aos levitas, aos estrangeiros, aos órfãos e às viúvas, para que eles comam até se saciarem em suas cidades. ¹³Então declarem na presença do Senhor, seu Deus: 'Dediquei, da minha casa, a oferta sagrada e a entreguei aos levitas, aos estrangeiros, aos órfãos e às viúvas, conforme ordenaste. Não quebrei nenhum dos teus mandamentos nem me esqueci de nenhum deles. ¹⁴Não comi coisa alguma desta oferta enquanto estava de luto, nem a toquei enquanto estava cerimonialmente impuro, e não ofereci coisa alguma dela aos mortos. Obedeci ao Senhor, meu Deus, e fiz tudo que me ordenaste. ¹⁵Agora, olha desde a tua santa habitação no céu e abençoa o teu povo, Israel, e a terra que juraste a nossos antepassados que nos darias, uma terra que produz leite e mel com fartura'."

Chamado à obediência

¹⁶"Hoje o Senhor, seu Deus, ordenou que obedeçam a todos estes decretos e estatutos. Cumpram-nos cuidadosamente, de todo o seu coração e de toda a sua alma. ¹⁷Hoje vocês declararam que o Senhor é o seu Deus e que andarão em seus caminhos, obedecerão a seus decretos, mandamentos e estatutos e farão tudo que ele mandar. ¹⁸O Senhor declarou hoje que vocês são seu povo, sua propriedade especial, conforme ele havia prometido, e que devem obedecer a todos os seus mandamentos. ¹⁹Se o fizerem, ele os colocará muito acima de todas as outras nações que ele fez, e vocês receberão louvores, honra e fama. Serão uma nação santa ao Senhor, seu Deus, exatamente como ele prometeu."

O altar no monte Ebal

27 Então Moisés, acompanhado dos líderes de Israel, deu a seguinte ordem ao povo: "Obedeçam a todos estes mandamentos que hoje lhes dou. ²Quando atravessarem o rio Jordão e entrarem na terra que o Senhor, seu Deus, lhes dá, levantem pedras grandes e pintem-nas com cal. ³Escrevam nelas todos os termos desta lei quando atravessarem o rio para entrar na terra que o Senhor, seu Deus, lhes dá, uma terra que produz leite e mel com fartura, conforme lhes prometeu o Senhor, o Deus de seus antepassados. ⁴Depois de atravessarem o Jordão, levantem essas pedras pintadas de cal no monte Ebal, como hoje lhes ordeno.

⁵"Construam ali um altar para o Senhor, seu Deus, usando pedras inteiras, em sua forma natural. Não alterem a forma das pedras com ferramenta de ferro. ⁶Construam o altar com pedras que não foram cortadas e usem-no para oferecer holocaustos ao Senhor, seu Deus. ⁷Apresentem também sacrifícios de ofertas de paz e celebrem, comendo e alegrando-se na presença do Senhor, seu Deus. ⁸Escrevam de forma bem visível todos os termos desta lei nas pedras pintadas de cal".

⁹Em seguida, Moisés e os sacerdotes levitas disseram a todo o Israel: "Faça silêncio e ouça, ó Israel! Hoje você se tornou o povo do Senhor, seu Deus. ¹⁰Obedeça, portanto, ao Senhor, seu Deus, cumprindo todos estes mandamentos e decretos que hoje lhe dou".

Maldições pronunciadas no monte Ebal

¹¹No mesmo dia, Moisés deu ao povo a seguinte ordem: ¹²"Quando atravessarem o rio Jordão, as tribos de Simeão, Levi, Judá, Issacar, José e Benjamim ficarão no monte Gerizim, de onde proclamarão uma bênção sobre o povo. ¹³As tribos de Rúben, Gade, Aser, Zebulom, Dã e Naftali ficarão no monte Ebal, de onde proclamarão uma maldição.

¹⁴"Então os levitas dirão em alta voz a todo o povo de Israel:

¹⁵'Maldito quem esculpir ou fundir um ídolo e o levantar em segredo. Os ídolos, trabalhos de artesãos, são detestáveis ao Senhor'.

E todo o povo responderá: 'Amém!'.

¹⁶'Maldito quem desonrar pai ou mãe'.
E todo o povo responderá: 'Amém!'.

¹⁷'Maldito quem roubar a propriedade do próximo, movendo um marco de divisa'.
E todo o povo responderá: 'Amém!'.

¹⁸'Maldito quem fizer o cego se desviar de seu caminho'.
E todo o povo responderá: 'Amém!'.

¹⁹'Maldito quem negar justiça aos estrangeiros, aos órfãos ou às viúvas'.
E todo o povo responderá: 'Amém!'.

²⁰'Maldito quem tiver relações sexuais com a esposa de seu pai, pois desonrou seu pai'.
E todo o povo responderá: 'Amém!'.

²¹'Maldito quem tiver relações sexuais com um animal'.
E todo o povo responderá: 'Amém!'.

²²'Maldito quem tiver relações sexuais com sua irmã, seja filha de seu pai ou de sua mãe'.
E todo o povo responderá: 'Amém!'.

²³'Maldito quem tiver relações sexuais com sua sogra'.
E todo o povo responderá: 'Amém!'.

²⁴'Maldito quem matar o seu próximo em segredo'.
E todo o povo responderá: 'Amém!'.

²⁵'Maldito quem aceitar pagamento para matar um inocente'.
E todo o povo responderá: 'Amém!'.

²⁶'Maldito quem não confirmar e cumprir os termos desta lei'.
E todo o povo responderá: 'Amém!'."

Bênçãos resultantes da obediência

28 "Se vocês obedecerem em tudo ao Senhor, seu Deus, e cumprirem fielmente todos estes mandamentos que hoje lhes dou, o Senhor, seu Deus, os colocará muito acima de todas as nações da terra. ²Se obedecerem ao Senhor, seu Deus, vocês receberão as seguintes bênçãos:

³Suas cidades e seus campos
serão abençoados.
⁴Seus filhos e suas colheitas
serão abençoados.
As crias de seu gado e de seus rebanhos
serão abençoadas.

⁵Seus cestos de frutos e tigelas de amassar pão
serão abençoados.
⁶A todo lugar que forem e em tudo que fizerem,
serão abençoados.

⁷"O Senhor derrotará seus inimigos quando eles os atacarem. Eles virão contra vocês de uma direção, mas serão dispersados em sete direções.
⁸"O Senhor lhes garantirá bênção em tudo que fizerem e encherá seus celeiros de cereais. O Senhor, seu Deus, os abençoará na terra que ele lhes dá.
⁹"Se obedecerem aos mandamentos do Senhor, seu Deus, e andarem em seus caminhos, o Senhor os constituirá como seu povo santo, conforme prometeu sob juramento. ¹⁰Assim, todas as nações da terra verão que vocês são um povo que o Senhor tomou para si e os temerão.
¹¹"O Senhor lhes dará prosperidade na terra que ele jurou a seus antepassados que daria a vocês, e os abençoará com muitos filhos, rebanhos numerosos e colheitas fartas. ¹²No tempo certo, o Senhor enviará chuvas de seu rico tesouro no céu e abençoará todo o trabalho que realizarem. Vocês emprestarão a muitas nações, mas jamais precisarão tomar emprestado delas. ¹³Se derem ouvidos a estes mandamentos que hoje lhes dou e se os cumprirem fielmente, o Senhor os fará cabeça, e não cauda, e vocês estarão sempre por cima, e nunca por baixo. ¹⁴Não se desviem, por menos que seja, de nenhum dos mandamentos que hoje lhes dou, e não sigam outros deuses nem os adorem."

Maldições resultantes da desobediência

¹⁵"Mas, se vocês se recusarem a dar ouvidos ao Senhor, seu Deus, e não cumprirem todos os mandamentos e decretos que hoje lhes dou, as seguintes maldições cairão sobre vocês e os atingirão:

¹⁶Suas cidades e seus campos
serão amaldiçoados.
¹⁷Seus cestos de frutos e suas tigelas de amassar pão
serão amaldiçoados.
¹⁸Seus filhos e suas colheitas
serão amaldiçoados.
As crias de seu gado e de seus rebanhos
serão amaldiçoadas.
¹⁹A todo lugar que forem e em tudo que fizerem,
serão amaldiçoados.

²⁰"O próprio Senhor enviará maldições, confusão e frustração em tudo que fizerem, até que, por fim, vocês sejam completamente destruídos por terem praticado o mal e me abandonado. ²¹O Senhor os afligirá com pragas, até fazê-los desaparecer da terra em que estão prestes a entrar para tomar posse. ²²O Senhor os ferirá com doenças debilitantes, com febres e inflamações, com calor ardente e secas, com ferrugem e mofo. Essas calamidades os perseguirão até que vocês morram. ²³O céu sobre sua cabeça será tão duro quanto o bronze, e a terra debaixo de vocês será tão impenetrável quanto o ferro. ²⁴O Senhor transformará em pó a chuva que rega sua terra, e cinzas cairão do céu até que vocês sejam destruídos.
²⁵"O Senhor fará seus inimigos os derrotarem. Vocês os atacarão de uma direção, mas serão dispersados em sete direções. Serão motivo de horror para todos os reinos da terra. ²⁶Seus cadáveres serão alimento para as aves do céu e para os animais selvagens, e não haverá ninguém para enxotá-los.
²⁷"O Senhor os afligirá com as feridas purulentas do Egito e com tumores, sarna e coceira incuráveis. ²⁸O Senhor os castigará com loucura, cegueira e pânico. ²⁹Andarão tateando em plena luz do dia, como cegos na escuridão, mas não encontrarão o caminho. Serão oprimidos e roubados continuamente, e ninguém virá para socorrê-los.
³⁰"Você ficará noivo de uma mulher, mas outro homem dormirá com ela. Construirá uma casa, mas outra pessoa morará nela. Plantará um vinhedo, mas não aproveitará seus frutos. ³¹Seu boi será abatido diante de seus olhos, mas você não provará um pedaço sequer da carne. Seu jumento lhe será tomado e não será devolvido. Suas ovelhas serão entregues a seus inimigos, e não haverá quem o ajude. ³²Você verá seus filhos e filhas serem levados embora como escravos. Sentirá intensa saudade deles, mas nada poderá fazer. ³³Uma nação estrangeira desconhecida

consumirá as colheitas que vocês trabalharam arduamente para produzir. Vocês sofrerão opressão constante e serão tratados com crueldade. ³⁴Quando virem as tragédias ao seu redor, acabarão enlouquecendo. ³⁵O Senhor lhes cobrirá os joelhos e as pernas com feridas incuráveis. Terão feridas da cabeça aos pés.

³⁶"O Senhor enviará vocês e seu rei para o exílio numa nação que vocês e seus antepassados não conheceram. Ali, adorarão deuses de madeira e de pedra! ³⁷Serão motivo de horror, de ridículo e de zombaria entre as nações para as quais o Senhor os enviar.

³⁸"Semearão muito, mas colherão pouco, pois os gafanhotos devorarão suas plantações. ³⁹Plantarão vinhedos e cuidarão deles, mas não beberão o vinho nem comerão as uvas, pois vermes devorarão as videiras. ⁴⁰Cultivarão oliveiras em todo o seu território, mas nunca usarão azeite, pois os frutos cairão antes de amadurecer. ⁴¹Terão filhos e filhas, mas os perderão, pois eles serão levados para o cativeiro. ⁴²Enxames de insetos destruirão suas árvores e suas plantações.

⁴³"Os estrangeiros que vivem entre vocês se tornarão cada vez mais fortes, enquanto vocês se tornarão cada vez mais fracos. ⁴⁴Eles lhes emprestarão dinheiro, mas vocês não emprestarão a eles. Eles serão a cabeça, e vocês serão a cauda!

⁴⁵"Se vocês se recusarem a dar ouvidos ao Senhor, seu Deus, e a obedecer aos mandamentos e decretos que ele lhes deu, todas estas maldições os perseguirão e os alcançarão até que sejam destruídos. ⁴⁶Estes horrores servirão de sinal e advertência para vocês e seus descendentes para sempre. ⁴⁷Se não servirem ao Senhor, seu Deus, com alegria e entusiasmo pelos muitos benefícios que receberam, ⁴⁸servirão aos inimigos que o Senhor enviará contra vocês. Ficarão famintos, sedentos, despidos e desprovidos de tudo. O Senhor porá um jugo de ferro sobre seu pescoço e os oprimirá severamente até que os tenha destruído.

⁴⁹"Dos confins da terra, o Senhor trará contra vocês uma nação distante que se lançará sobre vocês como um abutre. Será uma nação cuja língua vocês não compreendem, ⁵⁰povo feroz e cruel, que não tem respeito pelos idosos nem pena dos jovens. ⁵¹Os exércitos deles devorarão seus animais e colheitas, e vocês serão destruídos. Não deixarão coisa alguma dos seus cereais, nem vinho novo, azeite, bezerros ou cordeiros, e vocês morrerão de fome. ⁵²Atacarão suas cidades até derrubarem todos os muros fortificados de sua terra, as muralhas nas quais vocês confiavam como proteção. Atacarão todas as cidades da terra que o Senhor, seu Deus, lhes dá.

⁵³"O cerco e a grande aflição que o ataque inimigo causará serão tão terríveis que vocês comerão a carne de seus próprios filhos e filhas, que o Senhor, seu Deus, lhes deu. ⁵⁴Até o homem de coração mais gentil em seu meio não terá pena do próprio irmão, da esposa amada e dos filhos que sobreviverem. ⁵⁵Ele se recusará a dividir com eles a carne que estiver devorando, a carne de um dos próprios filhos, pois não sobrará outra coisa para ele comer durante o cerco e a grande aflição que o inimigo trará sobre todas as suas cidades. ⁵⁶A mulher de coração mais gentil entre vocês, tão delicada que nem sequer tocaria o chão com o pé, será mesquinha com o marido a quem ama e com o próprio filho ou filha. ⁵⁷Esconderá deles a placenta e o bebê recém-nascido que ela deu à luz para comê-los sozinha em segredo. Não terá outra coisa para comer durante o cerco e a grande aflição que o inimigo trará sobre todas as suas cidades.

⁵⁸"Se vocês se recusarem a obedecer a todos os termos desta lei escritos neste livro e se não temerem o nome glorioso e terrível do Senhor, seu Deus, ⁵⁹o Senhor oprimirá vocês e seus filhos com pragas indescritíveis. Serão pragas intensas e sem alívio, doenças agonizantes e insuportáveis. ⁶⁰Ele os afligirá com todas as doenças do Egito, que vocês temiam tanto, e não terão alívio. ⁶¹O Senhor os afligirá com todas as enfermidades e pragas que existem, mesmo aquelas que não são mencionadas neste Livro da Lei, até que sejam destruídos. ⁶²Ainda que se tornem tão numerosos quanto as estrelas do céu, poucos restarão, pois não deram ouvidos ao Senhor, seu Deus.

⁶³"Assim como o Senhor teve grande prazer em fazê-los prosperar e se multiplicar, também terá prazer em destruí-los. Vocês serão arrancados da terra em que estão prestes a

entrar para tomar posse. ⁶⁴O Senhor os espalhará entre todas as nações, de uma extremidade à outra do mundo. Ali, adorarão deuses estrangeiros que nem vocês nem seus antepassados conheceram, deuses de madeira e pedra. ⁶⁵Não encontrarão paz nem lugar de descanso entre essas nações. O Senhor fará seu coração estremecer, sua vista falhar e sua alma desanimar. ⁶⁶Sua vida estará sempre por um fio. Passarão os dias e as noites com medo, sem ter certeza se sobreviverão. ⁶⁷Pela manhã dirão: 'Quem nos dera já fosse noite!', e à noite: 'Quem nos dera já fosse dia!'. Pois se encherão de pavor com os horrores que verão ao seu redor. ⁶⁸Então o Senhor os mandará em navios de volta para o Egito, o lugar que eu prometi que nunca mais veriam. Lá, tentarão vender a si mesmos como escravos para seus inimigos, mas ninguém os comprará".

29 ¹ᵃEstes são os termos da aliança que o Senhor ordenou que Moisés fizesse com os israelitas enquanto estavam na terra de Moabe, além da aliança que havia feito com eles no monte Sinai.ᵇ

Moisés faz uma recapitulação da aliança

²ᶜMoisés convocou todo o povo de Israel e lhe disse: "Vocês viram com os próprios olhos tudo que o Senhor fez na terra do Egito ao faraó, a todos os seus servos e a toda a sua terra. ³Presenciaram todas as grandes demonstrações de poder, os sinais e as espantosas maravilhas. ⁴Até hoje, porém, o Senhor não lhes deu mente para entender, nem olhos para ver, nem ouvidos para ouvir! ⁵Durante quarenta anos eu os conduzi pelo deserto e, no entanto, suas roupas e sandálias não se gastaram. ⁶Vocês não comeram pão nem beberam vinho ou outra bebida fermentada, mas receberam alimento para que soubessem que ele é o Senhor, seu Deus.

⁷"Quando chegamos aqui, Seom, rei de Hesbom, e Ogue, rei de Basã, nos atacaram, mas nós os derrotamos. ⁸Conquistamos seu território e o entregamos às tribos de Rúben, Gade e à meia tribo de Manassés, como sua herança.

⁹"Portanto, obedeçam aos termos desta aliança, para prosperarem em tudo que fizerem. ¹⁰Todos vocês — chefes de tribos, autoridades, oficiais, e todos os homens de Israel — estão hoje na presença do Senhor, seu Deus. ¹¹Estão acompanhados de suas crianças e esposas, bem como dos estrangeiros que vivem em seu meio, que cortam lenha e carregam água para vocês. ¹²Estão aqui hoje para entrar na aliança solene que o Senhor, seu Deus, faz com vocês, aliança que inclui maldições. ¹³Ao entrarem na aliança hoje, ele os confirmará como seu povo e reafirmará que é o seu Deus, conforme prometeu sob juramento a vocês e a seus antepassados Abraão, Isaque e Jacó.

¹⁴"Não é só com vocês que faço esta aliança, incluindo suas maldições. ¹⁵Faço a aliança com vocês que estão hoje na presença do Senhor, nosso Deus, e também com as gerações futuras que não estão aqui.

¹⁶"Vocês se lembram de como vivemos na terra do Egito e passamos pelo território de nações inimigas quando saímos de lá. ¹⁷Viram as práticas detestáveis delas e seus ídolosᵈ de madeira, pedra, prata e ouro. ¹⁸Faço esta aliança

---

ᵃ**29.1a** No texto hebraico, o versículo 29.1 é numerado 28.69. ᵇ**29.1b** Em hebraico, *Horebe*, outro nome para o Sinai. ᶜ**29.2** No texto hebraico, os versículos 29.2-29 são numerados 29.1-28. ᵈ**29.17** É possível que o termo hebraico usado aqui (lit., *coisas redondas*) se refira a estrume.

29.18 O pecado é a raiz que produz frutos amargos e venenosos. Que isso era verdade no caso dos israelitas está muito evidente. Sua história nos revela que toda a geração que saiu do Egito morreu no deserto por causa de seus pecados. Esse pecado era então *uma raiz que lhes produzia uma cicuta*, pois deixaram para trás de si muitos túmulos, ao longo de sua marcha, como um triste memorial de suas iniquidades. Somente Josué e Calebe entraram na Terra Prometida. De vez em quando, seus pecados produziam frutos terríveis para eles. Às vezes, as serpentes venenosas os picavam; outras, pragas atingiam o povo, ou a terra abria sua boca e engolia os rebeldes. Encontramo-los derrotados por causa de seu pecado em Ai, apesar de terem sido vitoriosos em Jericó, pois Acã havia escondido em seu acampamento algo maldito que se tornou uma raiz que produziu para sua nação absinto e fel. [...]

O pecado é uma raiz que nem sempre brota e floresce nesta vida, mas que brotará, florescerá e produzirá seus frutos na vida porvir, e o fruto do pecado será mais amargo do que qualquer veneno e o absinto.

com vocês para que ninguém, nenhum homem, mulher, clã ou tribo em seu meio, se afaste do Senhor, nosso Deus, para adorar os deuses das outras nações, e para que nenhuma raiz em seu meio produza frutos amargos e venenosos. ¹⁹"Aqueles que ouvirem as advertências dessa maldição não devem se parabenizar e pensar: 'Estou seguro, embora siga os desejos do meu coração obstinado'. Isso levaria à ruína total! ²⁰O Senhor não os perdoará. Ao contrário, sua ira e seu zelo arderão contra eles. Todas as maldições escritas neste livro cairão sobre eles, e o Senhor apagará seus nomes de debaixo do céu. ²¹O Senhor os separará de todas as tribos de Israel a fim de derramar sobre eles todas as maldições da aliança registradas neste Livro da Lei.

²²"Então as gerações futuras, tanto seus descendentes como os estrangeiros que vêm de terras distantes, verão a devastação da terra e as doenças com as quais o Senhor a aflige. ²³Dirão: 'A terra inteira foi devastada por enxofre e sal. É uma terra estéril, onde não há nada plantado e nada cresce, nem uma folha de grama. É como as cidades de Sodoma e Gomorra, Admá e Zeboim, que o Senhor destruiu com sua furiosa ira'.

²⁴"Todas as nações vizinhas perguntarão: 'Por que o Senhor fez isso com esta terra? Por que se irou tanto?'.

²⁵"E a resposta será: 'Foi porque o povo desta terra abandonou a aliança que o Senhor, o Deus de seus antepassados, fez com eles quando os tirou da terra do Egito. ²⁶Afastaram-se dele para servir e adorar outros deuses que não conheciam, deuses que não lhes era permitido adorar. ²⁷Por isso a ira do Senhor ardeu contra esta terra e trouxe sobre ela todas as maldições registradas neste livro. ²⁸Com grande ira e fúria, o Senhor arrancou seu povo da terra e o baniu para outra terra, onde vivem até hoje!'.

²⁹"O Senhor, nosso Deus, tem segredos que ninguém conhece. Não seremos responsabilizados por eles, mas nós e nossos filhos somos responsáveis para sempre por tudo que ele nos revelou, para que obedeçamos a todos os termos desta lei."

Chamado para voltar ao Senhor

30 "No futuro, quando vocês experimentarem todas as bênçãos e maldições que lhes relatei, e quando estiverem vivendo entre as nações onde o Senhor, seu Deus, os exilou, levem todas estas instruções a sério. ²Se, nessa ocasião, vocês e seus filhos voltarem para o Senhor, seu Deus, e se obedecerem de todo o coração e de toda a alma a todos os mandamentos que hoje lhes dou, ³então o Senhor, seu Deus, restaurará sua situação. Ele terá misericórdia de vocês e os reunirá de todas as nações por onde os espalhou. ⁴Embora tenham sido banidos até os confins da terra,ᵃ o Senhor, seu Deus, os juntará e de lá os trará de volta. ⁵O Senhor, seu Deus, os trará à terra que pertencia a seus antepassados, e ela será sua outra vez. Então ele os tornará ainda mais prósperos e numerosos que seus antepassados!

⁶"O Senhor, seu Deus, transformaráᵇ o coração de vocês e de todos os seus descendentes, para que o amem de todo o coração e de toda a alma, e para que vivam! ⁷O Senhor, seu Deus, enviará todas essas maldições sobre seus inimigos e sobre aqueles que os odeiam e os perseguem. ⁸Então vocês voltarão a obedecer ao Senhor e a cumprir todos os mandamentos que hoje lhes dou.

⁹"O Senhor, seu Deus, lhes dará sucesso em tudo que fizerem. Também lhes dará muitos filhos e rebanhos numerosos e fará seus campos produzirem colheitas fartas, pois o Senhor voltará a ter prazer em ser bondoso com vocês, como aconteceu com seus antepassados. ¹⁰O Senhor, seu Deus, se alegrará em vocês se lhe obedecerem e cumprirem os mandamentos e decretos escritos neste Livro da Lei, e se voltarem para o Senhor, seu Deus, de todo o coração e de toda a alma."

A escolha entre a vida e a morte

¹¹"Este mandamento que hoje lhes dou não é difícil demais para vocês, nem está fora de seu alcance. ¹²Não está guardado no céu, tão longe que vocês tenham de perguntar: 'Quem subirá ao céu a fim de trazê-lo até nós aqui embaixo, para que possamos ouvir e obedecer?'. ¹³Não está guardado além do mar, tão distante que vocês tenham de perguntar: 'Quem atravessará

ᵃ **30.4** Em hebraico, *confins dos céus.* ᵇ **30.6** Em hebraico, *circuncidará.*

o mar a fim de trazê-lo até nós, para que possamos ouvir e obedecer?'. ¹⁴Não, a mensagem está bem perto; está em seus lábios e em seu coração, para que possam obedecer.

¹⁵"Agora ouçam! Hoje lhes dou a escolha entre a vida e a morte, entre a prosperidade e a calamidade. ¹⁶Pois hoje ordeno que amem o Senhor, seu Deus, e guardem seus mandamentos, decretos e estatutos, andando em seus caminhos. Se o fizerem, viverão e se multiplicarão, e o Senhor, seu Deus, abençoará vocês e a terra em que estão prestes a entrar para tomar posse dela.

¹⁷"Se, contudo, seu coração se desviar e vocês se recusarem a ouvir, se forem levados a seguir e adorar outros deuses, ¹⁸eu os advirto hoje de que certamente serão destruídos. Não terão uma vida longa e boa na terra que estão atravessando o Jordão para ocupar.

¹⁹"Hoje lhes dei a escolha entre a vida e a morte, entre bênçãos e maldições. Agora, chamo os céus e a terra como testemunhas da escolha que fizerem. Escolham a vida, para que vocês e seus filhos vivam! ²⁰Façam isso amando, obedecendo e apegando-se fielmente ao Senhor, pois ele é a sua vida! Se vocês o amarem e lhe obedecerem, ele lhes dará vida longa na terra que o Senhor jurou dar a seus antepassados Abraão, Isaque e Jacó".

Josué se torna o líder de Israel

31 Quando Moisés havia terminado de dar estas instruções[a] a todo o povo de Israel, ²ele disse: "Estou com 120 anos e já não sou capaz de conduzi-los. O Senhor me disse: 'Você não atravessará o rio Jordão'. ³Mas o próprio Senhor, seu Deus, atravessará adiante de vocês. Ele destruirá as nações que vivem ali, e vocês tomarão posse da terra. Josué os conduzirá até o outro lado do rio, conforme o Senhor prometeu.

⁴"O Senhor destruirá as nações que vivem na terra, como destruiu Seom e Ogue, os reis dos amorreus. ⁵O Senhor lhes entregará os povos que vivem ali, e vocês farão com eles o que eu lhes ordenei. ⁶Portanto, sejam fortes e corajosos! Não tenham medo e não se apavorem diante deles. O Senhor, seu Deus, irá adiante de vocês. Ele não os deixará nem os abandonará".

⁷Então, enquanto todo o Israel observava, Moisés mandou chamar Josué e lhe disse: "Seja forte e corajoso, pois você conduzirá este povo à terra que o Senhor jurou a seus antepassados que lhes daria. Você a dividirá entre eles e a entregará como herança. ⁸Não tenha medo nem desanime, pois o próprio Senhor irá adiante de vocês. Ele estará com vocês; não os deixará nem os abandonará".

Leitura pública do Livro da Lei

⁹Moisés escreveu toda esta lei num livro e o entregou aos sacerdotes que transportavam a arca da aliança do Senhor e às autoridades de Israel. ¹⁰Depois, Moisés lhes deu a seguinte ordem: "Ao final de cada sete anos, no ano do cancelamento das dívidas, durante a Festa das Cabanas, ¹¹leiam este Livro da Lei para todo o povo de Israel, quando estiverem reunidos diante do Senhor, seu Deus, no lugar que ele escolher. ¹²Convoquem todos: homens, mulheres, crianças e os estrangeiros que vivem em suas cidades, para que ouçam este Livro da Lei e aprendam a temer o Senhor, seu Deus, e a obedecer fielmente a todos os termos desta lei. ¹³Façam isso para que seus filhos, que não conhecem estas instruções, as ouçam e aprendam a temer o Senhor, seu Deus. Façam isso enquanto viverem na terra da qual tomarão posse ao atravessar o Jordão".

Predição da desobediência de Israel

¹⁴Então o Senhor disse a Moisés: "É chegada a hora de você morrer. Chame Josué e apresentem-se na tenda do encontro, onde darei minhas ordens a ele". Moisés e Josué foram e se apresentaram na tenda do encontro. ¹⁵O Senhor lhes apareceu numa coluna de nuvem, que parou à entrada da tenda sagrada.

¹⁶O Senhor disse a Moisés: "Você está prestes a morrer e a se reunir a seus antepassados. Quando não estiver mais aqui, este povo começará a se prostituir, adorando deuses estrangeiros, os deuses da terra para onde se dirigem. Eles me abandonarão e quebrarão a aliança que fiz com eles. ¹⁷Então minha ira arderá contra eles. Eu os abandonarei, esconderei deles minha face, e eles serão devorados. Aflições terríveis os atingirão e, naquele dia,

---

[a] **31.1** Conforme os manuscritos do mar Morto e a Septuaginta; o Texto Massorético traz *Moisés foi e falou estas palavras.*

dirão: 'Estas calamidades nos atingiram porque o Senhor não está mais entre nós!'. ¹⁸Naquele dia, esconderei deles minha face por causa de todo o mal que praticaram, adorando outros deuses.

¹⁹"Escrevam, portanto, as palavras desta canção e ensinem-na aos israelitas. Ajudem o povo a aprendê-la, para que ela sirva de testemunha a meu favor e contra eles. ²⁰Pois eu os farei entrar na terra que jurei dar a seus antepassados, uma terra que produz leite e mel com fartura. Lá, eles se tornarão prósperos, comerão à vontade e engordarão. Contudo, começarão a adorar outros deuses; eles me desprezarão e quebrarão a minha aliança. ²¹E, quando grandes calamidades lhes ocorrerem, esta canção servirá de prova contra eles, pois seus descendentes jamais se esquecerão dela. Eu conheço as intenções deles, mesmo antes de entrarem na terra que jurei lhes dar".

²²Assim, naquele mesmo dia, Moisés escreveu as palavras da canção e a ensinou aos israelitas.

²³Então o Senhor deu ordens a Josué, filho de Num, com as seguintes palavras: "Seja forte e corajoso, pois você conduzirá o povo de Israel à terra que jurei lhes dar. Eu estarei com você".

²⁴Quando Moisés terminou de escrever os termos desta lei num livro, ²⁵deu a seguinte ordem aos levitas que transportavam a arca da aliança do Senhor: ²⁶"Peguem este Livro da Lei e coloquem-no ao lado da arca da aliança do Senhor, seu Deus, para que ele fique ali como testemunha contra vocês. ²⁷Pois eu sei como são rebeldes e teimosos. Se, mesmo agora, enquanto ainda estou vivo e em seu meio, vocês se rebelaram, quanto mais rebeldes serão depois da minha morte!

²⁸"Convoquem agora todas as autoridades e os oficiais de suas tribos para que eu lhes fale diretamente e chame os céus e a terra para testemunharem contra eles. ²⁹Sei que depois de minha morte vocês se tornarão inteiramente corruptos e se afastarão do caminho que lhes ordenei que seguissem. Nos dias futuros, a calamidade cairá sobre vocês, pois farão o que é mau aos olhos do Senhor e provocarão a ira dele contra seus atos".

A canção de Moisés

³⁰Então Moisés recitou a canção inteira diante de toda a comunidade de Israel:

32

¹"Escutem, ó céus, e falarei!
Ouça, ó terra, aquilo que digo!
²Que meu ensino desça sobre vocês como chuva,
    que minhas palavras se derramem como orvalho.
Caiam como chuva sobre a grama,
    como garoa suave sobre o capim novo.
³Proclamarei o nome do Senhor;
    exaltemos o nosso Deus!
⁴Ele é a Rocha, e suas obras são perfeitas;
    tudo que ele faz é certo.
É um Deus fiel, que nunca erra,
    é justo e verdadeiro!
⁵"Seu povo o tratou de maneira desleal,
    agiu maldosamente, e não como seus filhos;ᵃ
    são uma geração perversa e corrompida.
⁶É assim que retribuem ao Senhor,
    povo tolo e sem juízo?

ᵃ **32.5** O significado do hebraico é incerto.

32.2 Moisés pretendia, no sermão que estava prestes a pregar, ser extremamente gentil. Ele regaria as mentes como tenras ervas, e o faria como se fosse um chuvisco. Não seria como granizo, nem uma chuva torrencial, mas "como garoa suave sobre o capim novo". E isso é muito notável, pois estava prestes a pregar *um sermão doutrinário*. Não diz ele: "Minha doutrina cairá como a chuva"? Foi-se o tempo quando um sermão doutrinário parecia ser mais adequadamente pregado com punhos cerrados. A própria ideia de um sermão doutrinário parecia significar uma luta, uma espécie de duelo espiritual, em que o homem bom estava evidentemente inclinado a derrubar alguém que tivesse opiniões contrárias. Creio que estejamos aprendendo melhor e que tentamos agora deixar a doutrina destilar como chuva e cair como o orvalho, "como garoa suave sobre o capim novo". É em certos pontos críticos da estrada que temos o dever de lutar fervorosamente pela fé que, de uma vez por todas, foi confiada ao povo santo, mas devemos relembrar que nossas alegações são alegações de amor, e que causa mal ao homem possuir a verdade do Salvador amoroso mantendo-a em amargura, ou contendendo por ela com rancor.

Não é ele o Pai de vocês, que os criou?
  Não foi ele que os fez e os estabeleceu?
⁷Lembrem-se dos dias de muito tempo
    atrás,
  pensem nas gerações passadas.
Perguntem a seus pais, e eles os
    informarão;
  consultem os líderes, e eles lhes
    contarão.
⁸Quando o Altíssimo distribuiu a terra
    entre as nações,
  quando dividiu a humanidade,
fixou os limites dos povos,
  de acordo com o número dos filhos de
    Israel.ᵃ

⁹"Pois o povo de Israel pertence ao Senhor;
  Jacó é sua propriedade especial.
¹⁰Encontrou-os numa terra deserta,
  numa região desolada e de ventos
    uivantes.
Cercou-os e cuidou deles,
  protegeu-os como a pupila de seus
    olhos.
¹¹Como a águia que incentiva seus filhotes
  e paira sobre a ninhada,
ele estendeu as asas para tomá-los
  e levá-los em segurança sobre suas
    penas.
¹²O Senhor, e mais ninguém, os guiou;
  nenhum deus estrangeiro os conduziu.
¹³Ele os fez cavalgar sobre os lugares altos
    da terra
  e alimentar-se dos frutos dos campos.
Nutriu-os com mel da rocha
  e azeite dos altos rochedos.
¹⁴Alimentou-os com coalhada do gado
  e leite do rebanho,
com a gordura de cordeiros,
  de carneiros e de bodes de Basã.
Comeram o melhor do trigo
  e beberam do vinho mais fino
    que as uvas podem dar.
¹⁵"Mas Jesurumᵇ não demorou a engordar
    e se *rebelar*;
  o povo se tornou pesado, corpulento e
    empanturrado!

Então abandonaram o Deus que os criou,
  fizeram pouco caso da Rocha de sua
    salvação.
¹⁶Provocaram seu zelo,
  adorando deuses estrangeiros;
despertaram sua fúria
  com ídolos detestáveis.
¹⁷Ofereceram sacrifícios a demônios que
    não são Deus,
  a deuses que não conheciam,
deuses novos, sem história,
  deuses que seus antepassados jamais
    temeram.
¹⁸Abandonaram a Rocha que os gerou,
  esqueceram-se do Deus que os fez
    nascer.

¹⁹"O Senhor viu isso e se afastou,
  provocado à ira por seus filhos e filhas.
²⁰Disse: 'Eu os abandonarei;
  veremos o que será deles!
Pois são uma geração perversa,
  filhos infiéis.
²¹Provocaram meu ciúme adorando coisas
    que não são Deus;
  despertaram minha ira com seus ídolos
    inúteis.
Agora, provocarei seu ciúme com uma
    gente que nem sequer é povo;
  despertarei sua ira por meio de uma
    nação insensata.
²²Pois minha ira arde como o fogo
  e queima até as profundezas da
    sepultura.ᶜ
Devora a terra e todas as suas colheitas
  e incendeia os alicerces dos montes.
²³Amontoarei calamidades sobre eles
  e os derrubarei com minhas flechas.
²⁴Eu os enfraquecerei com fome,
  febre alta e enfermidade mortal.
Enviarei as presas de animais selvagens,
  e o veneno das serpentes que se
    arrastam no pó.
²⁵Fora de casa, a espada trará morte;
  dentro dela, o pavor atingirá
rapazes e moças, crianças e idosos.
²⁶Meu desejo era aniquilá-los,

ᵃ **32.8** Os manuscritos do mar Morto trazem *o número dos filhos de Deus*; a Septuaginta traz *o número dos anjos de Deus.*
ᵇ **32.15** Termo carinhoso para *Israel.* ᶜ **32.22** Em hebraico, *do Sheol.*

apagar até sua lembrança dentre os povos.

²⁷Mas temi a reação dos inimigos de Israel,
que entenderiam mal e diriam:
'Foi o nosso poder que triunfou!
O Senhor nada teve a ver com isso!'".

²⁸"Israel, porém, é uma nação sem juízo;
seu povo é tolo, sem entendimento.
²⁹Ah, se fossem sábios e compreendessem estas coisas!
Ah, se soubessem o fim que os espera!
³⁰Como poderia uma só pessoa perseguir mil deles,
e duas pessoas fazer dez mil fugirem,
a não ser que sua Rocha os tivesse vendido,
a não ser que o Senhor os tivesse entregado?
³¹Mas a rocha de nossos inimigos não é como nossa Rocha,
como até eles mesmos reconhecem.ᵃ
³²A videira deles vem da videira de Sodoma,
dos campos de Gomorra.
As uvas deles são veneno,
e seus cachos são amargos.
³³O vinho deles é veneno de cobras,
peçonha mortal de serpentes.

³⁴"O Senhor diz: 'Acaso não selei estas coisas
e as guardei em meus tesouros?
³⁵A vingança cabe a mim, eu lhes darei o troco;
no devido tempo, seus pés escorregarão.
O dia da calamidade chegará,
e seu destino os alcançará'.

³⁶"Por certo o Senhor julgará seu povo,
e mudará seus planos paraᵇ seus servos,
quando vir que a força deles se esgotou
e que ninguém sobrou, nem escravo nem livre.

³⁷Então ele perguntará: 'Onde estão seus deuses,
as rochas em que se refugiaram?
³⁸Onde estão os deuses que comeram a gordura de seus sacrifícios
e beberam o vinho de suas ofertas?
Que esses deuses se levantem e os socorram!
Que eles lhes deem abrigo!
³⁹Vejam agora que eu sou o único;
não há outro deus além de mim!
Causo a morte e dou a vida,
causo a ferida e faço sarar;
ninguém pode escapar de minha mão poderosa!
⁴⁰Agora, levanto minha mão para o céu
e declaro: 'Tão certo quanto eu vivo,
⁴¹quando eu afiar minha espada reluzente,
e começar a fazer justiça,
eu me vingarei de meus inimigos
e darei o troco aos que me rejeitaram.
⁴²Farei minhas flechas se embebedarem de sangue,
e minha espada devorará carne:
o sangue dos massacrados e dos prisioneiros,
e as cabeças dos líderes inimigos'.

⁴³"Alegrem-se com ele, ó céus,
e todos os anjos de Deus o adorem.ᶜ
Alegrem-se com seu povo, ó nações,
e todos os anjos se fortaleçam nele;ᵈ
Pois ele retribuirá o sangue de seus filhosᵉ
e se vingará de seus inimigos.
Ele dará o troco aos que o odeiamᶠ
e purificará a terra de seu povo".

⁴⁴Então Moisés foi com Josué,ᵍ filho de Num, e recitou todas as palavras dessa canção para o povo.

⁴⁵Quando Moisés terminou de recitar todas essas palavras ao povo de Israel, ⁴⁶acrescentou: "Levem a sério todas as advertências que hoje lhes dei. Transmitam-nas como ordens a seus filhos, para que eles cumpram fielmente todos

---

ᵃ**32.31** A Septuaginta traz *nossos inimigos são tolos*. O significado do hebraico é incerto. ᵇ**32.36** Ou *se vingará em favor de*. ᶜ**32.43a** Conforme os manuscritos do mar Morto e da Septuaginta; o Texto Massorético não traz as duas primeiras linhas. Comparar com Hb 1.6. ᵈ**32.43b** Conforme a Septuaginta; o hebraico não traz essa linha. Comparar com Rm 15.10. ᵉ**32.43c** Conforme os manuscritos do mar Morto e a Septuaginta; o Texto Massorético traz *seus servos*. ᶠ**32.43d** Conforme os manuscritos do mar Morto e a Septuaginta; o Texto Massorético não traz essa linha. ᵍ**32.44** Em hebraico, *Oseias*, variante do nome *Josué*.

os termos desta lei. ⁴⁷Não são palavras vazias; são a vida de vocês! Se obedecerem a elas, terão vida longa na terra da qual tomarão posse quando atravessarem o rio Jordão".

A morte iminente de Moisés

⁴⁸Naquele mesmo dia, o Senhor disse a Moisés: ⁴⁹"Vá a Moabe, às montanhas a leste do rio,ᵃ e suba o monte Nebo, do lado oposto de Jericó. Veja a terra de Canaã, a terra que dou aos israelitas como sua propriedade. ⁵⁰Você morrerá ali no monte e será reunido a seus antepassados, como Arão morreu no monte Hor e foi reunido a seus antepassados. ⁵¹Será assim porque vocês dois quebraram minha confiança diante dos israelitas nas águas de Meribá, em Cades,ᵇ no deserto de Zim. Não honraram minha santidade para os israelitas. ⁵²Por isso você verá a terra de longe, mas não entrará na terra que dou ao povo de Israel".

Moisés abençoa o povo

33 Esta é a bênção que Moisés, homem de Deus, deu aos israelitas antes de sua morte:

²"O Senhor veio do monte Sinai
  e alvoreceu sobre nósᶜ desde o monte
    Seir;
resplandeceu desde o monte Parã
  e veio de Meribá-Cades
  com fogo ardente em sua mão direita.ᵈ
³Por certo ele ama seu povo;ᵉ
  todos os seus santos estão em suas
    mãos.

ᵃ **32.49** Em hebraico, *montanhas de Abarim*. ᵇ **32.51** Em hebraico, *águas de Meribá-Cades*. ᶜ **33.2a** Conforme a Septuaginta e a versão siríaca; o hebraico traz *sobre eles*. ᵈ **33.2b** Ou *veio com miríades de santos, desde o sul, desde as encostas do seu monte*. O significado do hebraico é incerto. ᵉ **33.3** Conforme a Septuaginta; o hebraico traz *Por certo, amante dos povos*.

32.47 A partir desta conclusiva observação de Moisés parece que havia homens em seu tempo que pensavam que a religião era inútil, embora, sob o sistema que então existia, houvesse muitas provas claras de sua utilidade — pois aqueles que serviam a Deus naqueles dias prosperavam, e os benefícios nacionais sempre seguiam a obediência nacional ao Senhor. Sob o governo teocrático dos israelitas no deserto, e em sua história inicial, quando estabelecidos em Canaã, suas ofensas contra a Lei de Deus trouxeram sobre eles fome, praga ou flagelo de exércitos saqueadores — enquanto o arrependimento e o retorno à lealdade sempre lhes trouxeram um libertador e uma restauração da paz e da abundância. Eles tinham visivelmente diante dos olhos provas de que Deus recompensava a virtude! No entanto, apesar disso, havia alguns tão contrariados com Deus, que disseram: "De que adianta servir a Deus".

Vocês se perguntam, portanto, será que há muitos assim debaixo do evangelho hoje? Seria maravilhoso se não houvesse muitos mais, pois o evangelho é um sistema muito mais espiritual do que a dispensação judaica, e suas bênçãos não são de ordem carnal. Nenhuma bênção aparente aos olhos carnais repousa sobre os piedosos, mas às vezes o caso parece invertido — vemos os ímpios prosperarem, e os justos serem pisoteados! *Para receber a dispensação cristã é necessário muita fé*. Não andamos pela visão, somente pela fé; e é pouco admirável que, quando os ímpios veem os justos aflitos e descobrem que seu conforto repousa em coisas que só a fé pode compreender, clamem: "De que adianta", e desviem-se das ordenanças de Deus! Além disso, confessando a verdade de Deus, houve tantas falsificações da verdadeira religião que não é de se admirar que os homens inconversos considerem que os genuínos artigos sejam apenas coisas inúteis. Os homens fizeram pretensões de maravilhosa santidade, enquanto interiormente estavam cheios de podridão; e os pecadores aprenderam a argumentar com uma lógica terrível: "Nenhum deles é bom; todos são enganadores; os melhores são hipócritas e a própria religião é uma coisa inútil". Por mais falsa que possa ser a conclusão aqui — e acreditamos que seja assim — apesar disso, não nos admiramos que os homens, desejando acreditar que a religião seja uma mentira, encontraram algum apoio para sua incredulidade na hipocrisia daqueles que professam ter religião!

33.2,3 "Por certo ele ama seu povo". A aparição de Deus no Sinai foi um sinal de Seu amor por eles, embora os tenha surpreendido e afligido muitos deles. Ainda assim, foi admirável que Deus chegasse tão perto dessas pessoas e lhes revelasse a Sua vontade. Querido amigo, se Deus viesse a você com Sua contundente Lei; se Ele o humilhasse e o tornasse "apavorado e tremendo de medo", seria um sinal de amor! Os ímpios são deixados para seguirem em seu pecado, mas quanto a você, se é alguém que Deus ama, Ele o repreenderá e trará a Sua Lei para operar em seu coração e consciência. Parece-lhe estranho, mas é assim. "[...] com fogo ardente em sua mão direita. Por certo ele ama seu povo". Ó, é assim, porque Ele os ama e lhes revela o fogo de Sua Lei! "[...] todos os seus santos estão em suas mãos". Um lugar de segurança, de privilégio, onde eles aprendem como são preciosos para Deus, porque Ele os considera tão

Seguem seus passos
e recebem seus ensinamentos.
⁴Moisés nos deu a lei,
a propriedade especial do povo de Israel.ª
⁵O S*enhor* era rei em Jesurum,ᵇ
quando os líderes do povo se reuniram,
quando as tribos de Israel se juntaram como uma só".

⁶"Que a tribo de Rúben viva e não desapareça,
embora não seja numerosa".

⁷Foi isto que Moisés disse a respeito da tribo de Judá:

"Ó S*enhor*, ouve o clamor de Judá
e reúne-os como um só povo.
Dá-lhes forças para defender sua causa;
ajuda-os contra seus inimigos".

⁸A respeito da tribo de Levi, disse:

"Ó S*enhor*, deste o Tumim e o Urim,
as sortes sagradas, a teus servos fiéis.
Tu os provaste em Massá
e lutaste com eles junto às águas de Meribá.
⁹Os levitas obedeceram à tua palavra
e guardaram a tua aliança.
Foram mais leais a ti
que aos próprios pais.
Ignoraram os parentes
e não reconheceram os próprios filhos.
¹⁰Ensinaram teus estatutos a Jacó,
deram tuas instruções a Israel.
Oferecem incenso diante de ti
e apresentam holocaustos inteiros no teu altar.
¹¹Abençoa o serviço dos levitas, ó S*enhor*,
e aceita todo o trabalho de suas mãos.
Quebra os quadris de seus inimigos;
derruba seus adversários,
para que nunca voltem a se levantar".

¹²A respeito da tribo de Benjamim, disse:

"Benjamim é amado pelo S*enhor*
e vive em segurança ao seu lado.
Ele o protege continuamente
e o faz descansar sobre seus ombros".

¹³A respeito da tribo de José, disse:

"O S*enhor* abençoe suas terras
com a dádiva preciosa do orvalho do céu
e água das profundezas da terra;
¹⁴com os ricos frutos que amadurecem ao sol
e as colheitas fartas de cada mês;
¹⁵com as mais excelentes safras dos montes antigos,
e os ricos frutos das colinas eternas;
¹⁶com as melhores dádivas da terra e sua fartura,
e o favor daquele que apareceu no arbusto em chamas.
Que essas bênçãos repousem sobre a cabeça de José
e coroem a fronte do príncipe entre seus irmãos.
¹⁷José é majestoso como um touro jovem;
tem a força de um boi selvagem.
Com seus chifres expulsará as nações distantes
até os confins da terra.
Essa é a minha bênção para as multidões de Efraim
e para os milhares de Manassés".

¹⁸A respeito da tribo de Zebulom, disse:

"Que o povo de Zebulom prospere em suas viagens,
que o povo de Issacar prospere em suas tendas.
¹⁹Convocam o povo ao monte

ª **33.4** Em hebraico, *de Jacó*. Os nomes "Jacó" e "Israel" são usados de forma intercambiável ao longo de todo o Antigo Testamento e se referem, por vezes, ao patriarca e, em outras ocasiões, à nação. ᵇ **33.5** Termo carinhoso para *Israel*; também em 33.26.

---

preciosos que os guarda sempre em Sua mão. "[...] todos os seus santos estão em suas mãos. Seguem seus passos e recebem seus ensinamentos". Outro lugar para os santos — eles estão sempre aprendendo — são discípulos. Assentam-se com mansa humildade aos pés de seu Mestre e bebem de Suas palavras: "recebem seus ensinamentos". Aqueles que não conhecem o amor de Deus, brincam com as palavras dele e as rejeitam. Aqueles a quem Ele ama, recebem as Suas palavras e se nutrem delas!

para ali oferecer os sacrifícios apropriados.
Fartam-se das riquezas do mar
e dos tesouros escondidos na areia".

²⁰A respeito da tribo de Gade, disse:

"Abençoado é aquele que expande o território de Gade!
Gade fica à espreita como leão,
para arrancar um braço ou uma cabeça.
²¹O povo de Gade tomou para si a melhor parte da terra;
a ele foi entregue a porção do líder.
Quando os líderes do povo estavam reunidos,
executou a justiça do Senhor
e obedeceu a seus estatutos para Israel".

²²A respeito da tribo de Dã, disse:

"Dã é filhote de leão,
que salta de Basã".

²³A respeito da tribo de Naftali, disse:

"Ó Naftali, você é rico em favor
e repleto das bênçãos do Senhor;
herdará as terras do oeste e do sul".

²⁴E, a respeito da tribo de Aser, disse:

"Que Aser seja mais abençoado que os outros filhos;
seja ele estimado por seus irmãos
e banhe os pés em óleo de oliva.
²⁵Que as trancas de suas portas sejam de ferro e bronze
e sua força dure por todos os seus dias".

²⁶"Não há ninguém como o Deus de Jesurum!
Ele cavalga pelos céus para ajudá-los
e monta as nuvens com majestoso esplendor.
²⁷O Deus eterno é seu refúgio,
e seus braços eternos os sustentam.
Expulsa os inimigos de diante de vocês
e grita: 'Destruam esses povos!'.
²⁸Israel viverá em paz,
a fonte de Jacó estará segura
numa terra de cereais e vinho novo,
onde os céus gotejam orvalho.
²⁹Como você é feliz, ó Israel!
Quem é como você, povo salvo pelo Senhor?
Ele é seu escudo protetor
e sua espada triunfante!
Seus inimigos se encolherão de medo diante de você,
e você lhes pisoteará as costas".

A morte de Moisés

34 Então Moisés subiu das campinas de Moabe ao monte Nebo, até o topo do Pisga, do lado oposto de Jericó. Ali o Senhor lhe mostrou toda a terra, de Gileade a Dã; ²toda a terra de Naftali; a terra de Efraim e Manassés; a terra de Judá, que se estende até o mar Mediterrâneo;ᵃ ³o Neguebe; o vale do Jordão, com Jericó, a cidade das palmeiras, até Zoar. ⁴O Senhor disse a Moisés: "Esta é a terra que prometi sob juramento a Abraão, Isaque e Jacó, quando disse: 'Eu a darei a seus descendentes'. Sim, permiti que você a visse com seus próprios olhos, mas você não atravessará o rio para entrar nela".

⁵Assim, Moisés, servo do Senhor, morreu ali na terra de Moabe, conforme o Senhor tinha dito. ⁶Ele o sepultouᵇ num vale junto a Bete-Peor, em Moabe, mas até hoje ninguém sabe

---

ᵃ**34.2** Em hebraico, *mar ocidental*. ᵇ**34.6** O Pentateuco Samaritano e alguns manuscritos gregos trazem *Eles o sepultaram*.

34.5 Três vezes no livro de Deuteronômio, Moisés disse ao povo: "o Senhor se irou contra mim por causa de vocês". Não foi tanto o que Moisés fez pessoalmente que o envolveu no julgamento, mas ele sofreu por se misturar com Israel. Como o Senhor havia poupado o povo antes, por causa de Moisés, tornou-se necessário que, quando ele demonstrou seu grande pecado de incredulidade, deveria ser castigado tanto por eles, como por causa de si próprio. Sua fé os salvou, e agora sua incredulidade, sendo corroborada pela incredulidade deles, assegura para Moisés a sentença de exclusão da terra.

Meus irmãos, quando penso nessa severidade de disciplina em relação a um servo tão fiel como Moisés, temo e tremo muito. Verdadeiramente, "seu Deus, que vive entre vocês, é Deus zeloso". Temos certeza de que Ele nunca é injusto, de que Ele jamais é indevidamente severo, nem por um momento impugnamos a justiça ou mesmo o amor de nosso Deus nisto ou em qualquer outro ato, mas Ele é terrível quanto a Seus santos lugares. Como é verdade que Ele será santificado nos que se

o lugar exato. ⁷Moisés tinha 120 anos quando morreu e, no entanto, ainda enxergava bem e tinha todas as suas forças. ⁸Os israelitas prantearam a morte de Moisés por trinta dias nas campinas de Moabe, até se cumprir o período do ritual de luto.

⁹Josué, filho de Num, estava cheio do espírito de sabedoria, pois Moisés havia imposto as mãos sobre ele. Por isso, os israelitas lhe obedeceram e fizeram o que Senhor havia ordenado a Moisés.

¹⁰Nunca houve em Israel outro profeta como Moisés, a quem o Senhor conhecia face a face. ¹¹O Senhor o enviou ao Egito para realizar todos os sinais e maravilhas contra o faraó, contra todos os seus servos e contra toda a sua terra. ¹²Com grande poder, Moisés realizou atos temíveis diante dos olhos de todo o Israel.

---

aproximam dele! Contemplem e admirem! Esse servo altamente favorecido, Moisés, embora aceito sempre na economia da graça, ainda assim deve estar sob o governo da casa, e sentir a mão disciplinadora, caso transgrida. Daí a sentença de exclusão é proferida. Como ele havia se unido àquela geração descrente ao manifestar uma medida de incredulidade precipitada, agora devia compartilhar sua condenação e morrer no lado de Moabe do Jordão. "Tu, Senhor, és justo, e imparciais são teus estatutos". Ó, pela graça nos comportamos corretamente em Sua casa! *Senhor, ensina-nos os Teus estatutos, e mantém-nos em Teu caminho.*

Josué

INTRODUÇÃO

Os doze livros do Antigo Testamento, de Josué a Ester, são chamados de históricos. Eles narram a história de Israel desde a entrada em Canaã até o retorno do cativeiro, e está dividido em três períodos ou épocas: (1) *As tribos independentes*. Consiste no trabalho da conquista de Canaã e das experiências dos Juízes. Esses registros se encontram em Josué, Juízes e Rute; (2) *O reino de Israel*: (a) Sua ascensão, 1 Samuel, (b) Sua glória, 2 Samuel, 1 Reis 1–11, 1 Crônicas 11–29, 2 Crônicas 1–9, (c) Sua divisão e queda, 1 Reis 12–22, 2 Reis 1–25; 2 Crônicas 10–36; (3) *O retorno do cativeiro*, Esdras, Neemias e Ester.

Nome. Oriundo do personagem principal, Josué, que pode ser descrito como um homem de fé, coragem, entusiasmo, liderança e fiel ao cumprir seu dever.

Conexão com os livros anteriores. Josué completa a história da libertação iniciada em Êxodo. Se Israel não tivesse pecado ao crer nos maus espias e voltado para o deserto, não teríamos os últimos 21 capítulos de Números e o livro de Deuteronômio. Josué então teria iniciado após o capítulo 15 de Números, completando assim a história de Deus conduzindo Israel do Egito para Canaã.

A palavra-chave em Josué é "redenção", com a ênfase colocada sobre o ato de tomar posse da terra, enquanto "redenção" em Êxodo enfatiza a libertação. Essas duas ênfases formam a redenção completa, que requer ser "trazido para fora" e "trazido para dentro".

Propósito do livro. (1) Mostrar como Israel se estabeleceu em Canaã de acordo com a promessa de Deus. (2) Demonstrar como, pela destruição dos cananeus, Deus julga um povo por seus pecados. (3) Reconhecer que o povo de Deus é finalmente herdeiro da terra e que os ímpios serão finalmente despojados.

Algumas questões típicas e espirituais. (1) O conflito com os habitantes de Canaã. No deserto, o conflito foi com Amaleque, que era uma ilustração do interminável conflito entre a carne ou a "antiga natureza" e a "nova natureza". Em Canaã, o conflito é típico de nossa luta "contra governantes e autoridades do mundo invisível, contra grandes poderes neste mundo de trevas e contra espíritos malignos nas esferas celestiais", Ef 6.10-18. (2) A travessia do Jordão é uma ilustração da nossa morte para o pecado e ressurreição com Cristo. (3) O cordão vermelho ilustra nossa segurança sob Cristo e Seu sacrifício. (4) A queda de Jericó ilustra as vitórias espirituais que conquistamos em segredo e por meios que aos homens parecem tolos. (5) Josué. Ele é um antítipo de Cristo conforme ele conduz seus seguidores para a vitória sobre os seus inimigos; é quem batalha por eles em tempo de derrota e na forma como os conduz a um lar permanente.

ESBOÇO

1. Conquista de Canaã, Caps. 1–12
    - 1.1. Preparação, Caps. 1–2
    - 1.2. Atravessando o Jordão, Caps. 3–4
    - 1.3. Conquista de Jericó, Caps. 5–6
    - 1.4. Conquista do Sul, Caps. 7–10
    - 1.5. Conquista do Norte, Cap. 11
    - 1.6. Resumo, Cap. 12
2. Divisão da terra, Caps. 13–22
    - 2.1. Território das diferentes tribos, Caps. 13–19
    - 2.2. Cidades de refúgio, Cap. 20
    - 2.3. *Cidades levitas*, Cap. 21
    - 2.4. Retorno das tribos do Oriente, Cap. 22
3. O último conselho de Josué e sua morte, Caps. 23–24
    - 3.1. Exortação à fidelidade, Cap. 23
    - 3.2. Despedida e morte, Cap. 24

PARA ESTUDO E DISCUSSÃO
[1] A cooperação das duas tribos e meia na conquista de Canaã.
[2] Faça uma lista das diferentes batalhas e indique qualquer uma na qual Israel tenha sido derrotado.
[3] A porção do país atribuída a cada uma das tribos de Israel.
[4] A narrativa dos pecados de Acã. Suas consequências, sua descoberta e punição.
[5] A história dos gibeonitas, seu estratagema e consequente constrangimento de Josué.
[6] Observando a narrativa, faça uma lista de incidentes ou ocorrências que mostram um elemento milagroso.
[7] A história de Raabe, a prostituta.
[8] Os nomes das várias tribos de Canaã e a história de cada uma delas.
[9] O lugar de oração e adoração indicado pela narrativa. Dê exemplos.
[10] Encontre as evidências de que Deus odeia o pecado.

A ordem de Deus a Josué

1 Depois que Moisés, servo do Senhor, morreu, o Senhor disse a Josué, filho de Num, auxiliar de Moisés: ²"Meu servo Moisés está morto; chegou a hora de você conduzir todo este povo, os israelitas, para atravessar o rio Jordão e entrar na terra que eu lhes dou. ³Eu darei a vocês todo o lugar em que pisarem, conforme prometi a Moisés, ⁴desde o deserto do Neguebe, ao sul, até os montes do Líbano, ao norte; desde o rio Eufrates, a leste, até o mar Mediterrâneo,ᵃ a oeste, incluindo toda a terra dos hititas. ⁵Enquanto você viver, ninguém será capaz de lhe resistir, pois eu estarei com você, assim como estive com Moisés. Não o deixarei nem o abandonarei.

⁶"Seja forte e corajoso, pois você conduzirá este povo para tomar posse da terra que jurei dar a seus antepassados. ⁷Seja somente forte e muito corajoso. Tenha o cuidado de cumprir toda a lei que meu servo Moisés lhe ordenou. Não se desvie dela nem para um lado nem para o outro. Assim você será bem-sucedido em tudo que fizer. ⁸Relembre continuamente os termos deste Livro da Lei. Medite nele dia e noite, para ter certeza de cumprir tudo que nele está escrito. Então você prosperará e terá sucesso em tudo que fizer. ⁹Esta é minha

---

ᵃ 1.4 Em hebraico, *mar Grande*.

1.2-4 Lemos em Josué: "desde o deserto do Neguebe, ao sul, até os montes do Líbano, ao norte; desde o rio Eufrates, a leste, até o mar Mediterrâneo, a oeste, incluindo toda a terra dos hititas". Este povo não conquistou todo o país, mas se contentou com os estreitos limites de Canaã. Começou seu empreendimento bravamente, mas logo mostrou um espírito retraído. Moisés, no capítulo 34 de Números, digno de uma leitura cuidadosa, deu-lhes um pequeno mapa ou levantamento do interior do país, o qual foram ordenados a conquistar e para fora do qual deviam conduzir os habitantes sob a espada. [...] Fora dessas nações cananitas havia territórios maiores que se estendiam desde as faixas do Líbano até a fronteira do Egito e até o leste do grande rio Eufrates, de cujas margens haviam vindo os ancestrais deles. Este grande domínio nunca foi completamente conquistado por Israel, embora Davi tivesse possuído grande parte dele, e Salomão ainda mais. O povo dessas vastas regiões não havia feito tanto mal quanto as tribos degradadas de Canaã, e assim eles deviam ser poupados, caso se submetessem à influência de Israel. Mesmo os reinos mais para o interior do território que Israel não subjugou completamente — e a região maior que deixou intocada por séculos.

Amados, esta é uma imagem tristemente correta do que acontece com um grande número de pessoas de Deus hoje. A herança que Deus nos deu para desfrutar em Cristo Jesus é extremamente grande. Mas nós nos limitamos; tudo o que podemos pensar ou desejar *é nosso por meio da aliança da graça*. Há larguras e comprimentos incomensuráveis, mas nos limitamos a ficar em espaço restrito. Verdadeiramente "ainda há muita terra a ser conquistada"! Algumas graças divinas você deve ter, ou não é salvo. Alguns pecados devem ser imediatamente expulsos de sua vida na ponta da espada, ou você não é do Senhor. Quanto às graças seletas — você é tolo, na verdade, se pensa que pode viver sem elas! E quanto aos pecados menos violentos — você erra muito se guardar um deles. O conhecimento profundo, a experiência espiritual, a grande alegria, o deleite extremo e a comunhão celestial que recaem sobre o destino de certos santos devem ser desfrutados por todos nós. Não há razão para que alguém não os tenha, pois se tiverem fé suficiente para entender tudo o que Deus concede, têm plena permissão para possuí-lo. O Senhor pode verdadeiramente nos dizer: "Vocês não estão limitados em mim, mas estão limitados em seus próprios corações". Somos pequenos príncipes quando poderíamos ter uma herança imperial.

1.7 A obediência é o maior nível de coragem prática. [...] No caso de Josué, *a plena obediência ao mandamento divino envolveu inúmeras dificuldades*. A ordem era que ele deveria conquistar toda a terra para as tribos favorecidas, e ele exerceu o melhor de sua capacidade; mas teve que sitiar cidades cercadas de muros que iam até o céu e lutar contra monarcas cujos guerreiros vinham à batalha em carros de ferro e armados com foices! [...]

O cristianismo de algumas pessoas lhes custa pouco em relação ao carregar a cruz, muito menos o "arriscar a vida na luta contra o pecado". Uma profissão de fé meramente nominal é fácil de fazer e manter no decorrer do tempo; mas ser um cristão, de fato, completamente, comer, beber e dormir a vida eterna, viver a vida de Deus na Terra — esta é a obra, esta é a dificuldade! Você precisará ter a força de Sansão, e algo mais, para arrancar os portões que bloqueiam o seu caminho adiante — uma força divina deve ser sua, se precisar enfrentar todos os que lhe virão como oposição.

ordem: Seja forte e corajoso! Não tenha medo nem desanime, pois o Senhor, seu Deus, estará com você por onde você andar".

A ordem de Josué a Israel

¹⁰Então Josué ordenou aos oficiais do povo: ¹¹"Percorram o acampamento e digam ao povo que prepare os suprimentos, pois daqui a três dias vocês atravessarão o rio Jordão e tomarão posse da terra que o Senhor, seu Deus, lhes dá".

¹²Em seguida, Josué convocou as tribos de Rúben e Gade e a meia tribo de Manassés e disse: ¹³"Lembrem-se do que Moisés, servo do Senhor, lhes ordenou: 'O Senhor, seu Deus, lhes concede um lugar de descanso e lhes dá esta terra'. ¹⁴Suas esposas, seus filhos e seus animais ficarão na terra que Moisés designou para vocês a leste do Jordão. Mas seus guerreiros valentes, completamente armados, atravessarão o Jordão à frente das outras tribos e as ajudarão. ¹⁵Permaneçam com seus irmãos até que o Senhor conceda descanso a eles como concedeu a vocês, e até que eles também tomem posse da terra que o Senhor, seu Deus, lhes dá. Só então vocês voltarão e se estabelecerão na terra a leste do Jordão, o lugar que Moisés, servo do Senhor, designou para que vocês tomassem posse".

¹⁶Eles responderam a Josué: "Faremos tudo que você ordenar e iremos aonde nos enviar. ¹⁷Obedeceremos a você como obedecemos em tudo a Moisés. Que o Senhor, seu Deus, esteja sempre com você, como esteve com Moisés. ¹⁸Quem se rebelar contra as suas ordens e não obedecer às suas palavras será morto. Seja somente forte e corajoso!".

Raabe ajuda os espiões israelitas

2 Então, do acampamento em Sitim, Josué, filho de Num, enviou secretamente dois espiões, com a seguinte instrução: "Façam o reconhecimento da terra, especialmente dos arredores de Jericó". Os dois homens partiram e chegaram à casa de uma prostituta chamada Raabe, e ali passaram a noite.

²A notícia chegou ao rei de Jericó: "Alguns israelitas vieram aqui esta noite para espionar a terra". ³Então o rei de Jericó enviou a seguinte ordem a Raabe: "Traga para fora os homens que entraram em sua casa, pois vieram espionar toda a terra".

⁴Raabe havia escondido os dois homens, mas respondeu: "Sim, os homens estiveram aqui, mas eu não sabia de onde eram. ⁵Foram embora da cidade ao anoitecer, quase na hora de fechar os portões. Não sei para onde foram. Se vocês os perseguirem, é provável que os alcancem". ⁶Na verdade, ela havia levado os homens para o terraço e os escondido debaixo dos feixes de linho que tinha posto ali. ⁷Os homens do rei procuraram os espiões pelo caminho que ia até a parte rasa do Jordão, onde se podia atravessar. Assim que eles saíram, os portões de Jericó foram fechados.

⁸Antes que os espiões fossem dormir, Raabe foi ao terraço falar com eles. ⁹"Sei que o Senhor lhes deu esta terra", disse ela. "Estamos todos apavorados por sua causa. Todos os habitantes desta terra estão desesperados, ¹⁰pois ouvimos que o Senhor secou as águas do mar Vermelho[a] para que vocês passassem, quando saíram do Egito. E sabemos o que fizeram a leste do Jordão aos dois reis amorreus Ogue e Seom, cujos povos vocês destruíram completamente. ¹¹Não é à toa que estamos dominados pelo medo! Ninguém tem ânimo para lutar depois de ouvir coisas como essas, pois o Senhor, seu Deus, é Deus supremo em cima no céu e embaixo na terra.

¹²"Agora, portanto, jurem-me pelo Senhor que, assim como os tratei com bondade, vocês serão bondosos comigo e com minha família. Deem-me alguma garantia de que, ¹³quando Jericó for conquistada, vocês pouparão a minha vida e a vida de meu pai e minha mãe, e também a de meus irmãos e irmãs e de suas famílias."

¹⁴Os homens responderam: "Oferecemos a própria vida como garantia de sua segurança. Se você não nos entregar, cumpriremos nossa promessa e trataremos vocês com bondade quando o Senhor nos der a terra".

¹⁵Então Raabe os ajudou a descer pela janela por uma corda, pois sua casa fazia parte do muro da cidade. ¹⁶"Fujam para a região montanhosa", disse ela. "Escondam-se ali por três dias. Quando os homens que estão à sua

---

[a] **2.10** Em hebraico, *mar de juncos*.

procura tiverem voltado, vocês poderão seguir seu caminho."

¹⁷Antes de partir, os homens disseram a Raabe: "Só estaremos obrigados pelo juramento que fizemos se você seguir nossas instruções. ¹⁸Quando entrarmos na terra, deixe este cordão vermelho pendurado na janela por onde você nos ajudou a descer. Todos os membros de sua família — pai, mãe, irmãos e todos os seus parentes — devem estar dentro desta casa. ¹⁹Se saírem na rua e forem mortos, não teremos culpa. Mas, se alguém fizer mal aos que estiverem dentro desta casa, assumiremos a responsabilidade por sua morte. ²⁰E, se você falar a outros sobre nossa missão, estaremos livres do juramento que fizemos".

²¹"Eu aceito suas condições", respondeu ela, e despediu-se deles, deixando o cordão vermelho pendurado na janela.

²²Os espiões subiram até a região montanhosa e ali ficaram por três dias. Seus perseguidores os procuraram por todo o caminho, mas não os encontraram e voltaram.

²³Então os dois espiões desceram da região montanhosa, atravessaram o Jordão e relataram a Josué, filho de Num, tudo que lhes havia acontecido. ²⁴"Certamente o Senhor nos deu toda a terra", disseram eles. "Todos os seus habitantes estão desesperados por nossa causa."

ᵃ 3.4 Em hebraico, *2.000 côvados*, cerca de 900 metros.

Israel atravessa o Jordão

3 No dia seguinte, logo cedo, Josué e todos os israelitas partiram de Sitim e chegaram às margens do Jordão, onde acamparam antes de atravessar o rio. ²Três dias depois, os oficiais percorreram o acampamento ³e deram a seguinte ordem ao povo: "Quando virem a arca da aliança do Senhor, seu Deus, sendo carregada pelos sacerdotes levitas, saiam de suas posições e sigam a arca. ⁴Tenham o cuidado de ficar cerca de um quilômetroᵃ atrás dela. Não se aproximem demais! Assim vocês saberão por onde ir, pois nunca passaram por este caminho".

⁵Então Josué disse ao povo: "Purifiquem-se, pois amanhã o Senhor fará grandes maravilhas entre vocês!".

⁶Pela manhã, Josué disse aos sacerdotes: "Levantem a arca da aliança e conduzam o povo para o outro lado do rio". Eles levantaram a arca da aliança e foram à frente do povo.

⁷O Senhor disse a Josué: "Hoje começarei a fazer de você um grande líder aos olhos de todo o Israel. Eles saberão que estou com você, assim como estive com Moisés. ⁸Dê a seguinte ordem aos sacerdotes que carregam a arca da aliança: 'Quando chegarem junto às margens do Jordão, parem exatamente ali'".

⁹Então Josué disse aos israelitas: "Aproximem-se e ouçam o que diz o Senhor, seu Deus. ¹⁰Hoje vocês saberão que o Deus vivo está entre

---

2.21 [...] esta pequena questão de obediência, como alguns chamam, teve um importante significado simbólico. Não estou certo de que os espiões quisessem que o cordão vermelho significasse o mesmo para Raabe que o sangue nos batentes laterais e no alto das portas das casas tinha significado para Israel no Egito, mas isso me parece muito provável. Esses dois homens estavam tão familiarizados com a Páscoa, a aspersão do sangue e a consequente preservação de todos na casa, que era muito natural que dessem a Raabe um sinal parecido com o símbolo que Deus havia ordenado para Seu povo, Israel, quando Seu anjo passou por eles no dia da desgraça. Portanto, por mais insignificante que a cor do cordão pudesse parecer, ela tinha um profundo significado — e ainda assim os mandamentos de Deus, que são pequenos em si mesmos — são grandes em ensino simbólico. Grandes erros adentraram à Igreja Cristã pela alteração de pontos simples nos mandamentos de Deus e, portanto, já que algo pequeno no sinal pode envolver algo importante na substância, exige-se que cultivemos a perfeita obediência!

3.4 Eles haviam saído do Egito, subido e descido no deserto, mas nunca antes tinham cruzado o Jordão. Era solo novo para eles, uma nova dificuldade, e tinham diante de si uma nova série de eventos. À medida que surgia uma emergência nova, tinham novas ordens diretas do Senhor, seu Líder, e Josué e seus oficiais se ocupavam em ir a todo o exército para comunicar as instruções divinas. Amados, quando for a nossa vez de galgar novas posições, obteremos sempre orientação renovada do Espírito de Deus, se quisermos esperar por Ele e clamar: "Ensina-me a viver, Senhor; guia-me pelo caminho certo".

vocês. Ele certamente expulsará os cananeus, os hititas, os heveus, os ferezeus, os girgaseus, os amorreus e os jebuseus de diante de vocês. ¹¹Vejam, a arca da aliança, que pertence ao Soberano de toda a terra, os conduzirá para o outro lado do Jordão! ¹²Escolham agora doze homens das tribos de Israel, um de cada tribo. ¹³Os sacerdotes levarão a arca do Senhor, o Soberano de toda a terra. Assim que seus pés tocarem as águas do Jordão, a correnteza será interrompida rio acima, e as águas se levantarão como um muro".

¹⁴O povo deixou o acampamento para atravessar o Jordão, e os sacerdotes que levavam a arca da aliança foram à frente deles. ¹⁵Era a estação da colheita, e o Jordão transbordava sobre as margens. Assim que os sacerdotes que levavam a arca puseram os pés na água junto às margens do rio, ¹⁶a correnteza acima daquele ponto foi interrompida e começou a se acumular a uma grande distância de lá, perto da cidade chamada Adam, nos arredores de Zaretã. E a água abaixo daquele ponto correu para o mar Morto,ᵃ até o leito do rio secar. Então todo o povo atravessou em frente da cidade de Jericó.

¹⁷Os sacerdotes que levavam a arca da aliança do Senhor ficaram parados no meio do leito do rio, em terra seca, enquanto o povo passava. Esperaram ali até que todo o Israel tivesse atravessado o Jordão em terra seca.

Os monumentos da travessia do Jordão

4 Quando todo o povo havia atravessado o Jordão, o Senhor disse a Josué: ²"Escolha doze homens, um de cada tribo, ³e dê a eles as seguintes ordens: 'Peguem doze pedras do local onde os sacerdotes estão parados no meio do rio. Levem as pedras com vocês e amontoem-nas no lugar onde vão acampar esta noite'".

⁴Então Josué convocou os doze homens que havia escolhido, um de cada tribo de Israel, ⁵e lhes disse: 'Vão até o meio do Jordão, à frente da arca do Senhor, seu Deus. Cada um de vocês pegue uma pedra e carregue-a sobre o ombro; serão doze pedras no total, uma para cada tribo de Israel. ⁶Elas serão um monumento entre vocês. No futuro, seus filhos perguntarão: 'O que significam estas pedras?', ⁷e vocês dirão: 'Elas servem para nos lembrar que o rio Jordão parou de correr quando a arca da aliança do Senhor passou por ele'. Essas pedras serão uma recordação no meio dos israelitas para sempre".

⁸Assim, os israelitas fizeram como Josué havia ordenado. Pegaram doze pedras do meio do Jordão, uma para cada tribo, exatamente como o Senhor tinha dito a Josué. Levaram as pedras ao lugar onde acamparam aquela noite e as deixaram ali.

⁹Josué também ergueu um monumento com doze pedras no meio do Jordão, no lugar onde haviam parado os sacerdotes que levavam a arca da aliança. Essas pedras estão lá até hoje.

¹⁰Os sacerdotes que levavam a arca ficaram parados no meio do rio até que fossem cumpridas todas as ordens do Senhor transmitidas a Josué por Moisés. E o povo se apressou em atravessar o leito do rio. ¹¹Quando todos chegaram ao outro lado, os sacerdotes atravessaram com a arca do Senhor, enquanto o povo observava.

¹²Os guerreiros das tribos de Rúben e Gade e da meia tribo de Manassés atravessaram à frente dos israelitas, armados conforme Moisés havia instruído. ¹³Esses homens, cerca de quarenta mil, estavam armados para a guerra, e o Senhor ia com eles enquanto avançavam para a planície de Jericó.

¹⁴Naquele dia, o Senhor fez de Josué um grande líder aos olhos de todo o Israel, e eles o respeitaram enquanto ele viveu, como haviam respeitado Moisés.

¹⁵O Senhor disse a Josué: ¹⁶"Ordene aos sacerdotes que levam a arca da aliançaᵇ que saiam do meio do rio". ¹⁷Então Josué ordenou: "Saiam do meio do rio!". ¹⁸Assim que os sacerdotes que levavam a arca da aliança do Senhor saíram do leito do rio e pisaram em terra seca, a água do Jordão voltou a fluir e transbordou sobre as margens como antes.

¹⁹O povo atravessou o Jordão no décimo dia do primeiro mêsᶜ e acampou em Gilgal, a leste de Jericó. ²⁰Foi ali, em Gilgal, que Josué ergueu o monumento com as doze pedras tiradas do Jordão.

ᵃ **3.16** Em hebraico, *para o mar da Arabá, o mar Salgado*. ᵇ **4.16** Em hebraico, *a arca do testemunho*. ᶜ **4.19** No antigo calendário lunar hebraico, esse dia caía no final de março, em abril ou no início de maio.

²¹Então Josué disse aos israelitas: "No futuro, seus filhos perguntarão: 'O que significam estas pedras?', ²²e vocês dirão: 'Aqui o povo de Israel atravessou o Jordão a pés enxutos'. ²³Pois o Senhor, seu Deus, secou o rio diante de seus olhos e o manteve seco até todos vocês atravessarem, como fez com o mar Vermelho{}^a quando o secou até que todos vocês tivessem atravessado. ²⁴Fez isso para que todas as nações da terra saibam que a mão do Senhor é poderosa e para que vocês temam o Senhor, seu Deus, para sempre".

5 Quando todos os reis amorreus a oeste do Jordão e todos os reis cananeus que viviam junto ao mar souberam como o Senhor havia secado o Jordão para que os israelitas atravessassem, perderam o ânimo e se encheram de medo por causa deles.

Israel restabelece cerimônias da aliança
²Naquela ocasião, o Senhor disse a Josué: "Prepare facas de pedra e circuncide esta segunda geração de israelitas". ³Então Josué preparou facas de pedra e circuncidou toda a população masculina de Israel em Gibeate-Aralote.{}^b

⁴Josué teve de circuncidá-los porque todos os homens com idade suficiente para ir à guerra quando saíram do Egito haviam morrido no deserto. ⁵Todos os que saíram haviam sido circuncidados, mas isso não aconteceu com os homens que nasceram depois da saída do Egito, durante o tempo no deserto. ⁶Os israelitas andaram quarenta anos pelo deserto, até que tivessem morrido todos os homens com idade suficiente para ir à guerra quando saíram do Egito. O povo havia desobedecido ao Senhor, e o Senhor jurou que não os deixaria entrar na terra que ele tinha prometido solenemente nos dar, uma terra que produz leite e mel com fartura.

⁷Assim, Josué circuncidou os filhos dos israelitas que haviam crescido e tomado o lugar de seus pais, pois não tinham sido circuncidados no caminho. ⁸Depois que toda a população masculina foi circuncidada, o povo permaneceu no acampamento até os homens se recuperarem.

⁹Então o Senhor disse a Josué: "Hoje lancei fora a vergonha de sua escravidão no Egito". Por isso, até hoje aquele lugar se chama Gilgal.{}^c

¹⁰Enquanto estavam acampados em Gilgal, na planície de Jericó, os israelitas celebraram a Páscoa ao entardecer do décimo quarto dia do primeiro mês.{}^d ¹¹No dia seguinte, começaram a comer pão sem fermento e grãos tostados produzidos na terra. ¹²No dia em que

---

{}^a **4.23** Em hebraico, *mar de juncos*. {}^b **5.3** *Gibeate-Aralote* significa "colina dos prepúcios". {}^c **5.9** O som de *Gilgal* é semelhante ao do termo hebraico *galal*, traduzido aqui por "lancei fora". {}^d **5.10** No antigo calendário lunar hebraico, esse dia caía no final de março, em abril ou no início de maio.

5.1-15 *Vv. 1-9* Os dois preceitos que tinham sido negligenciados eram muito sugestivos. Um era a circuncisão. Todos os homens em todo o acampamento de Israel deviam ser circuncidados antes de Deus começar a falar sobre Jericó. Não haveria uma palavra sobre os muros caindo ao chão; nem uma sílaba concernente ao cerco de sete dias da cidade amaldiçoada, até que, antes de tudo, o opróbrio do Egito tivesse sido posto fora, e Seu povo tivesse recebido o sinal da aliança. No Novo Testamento nos é dito que os cristãos devem participar da circuncisão, não efetuada pelas mãos, não da carne, mas do espírito. "Pois ser judeu exteriormente ou ser *circuncidado não torna ninguém judeu* de fato. Judeu verdadeiro é quem o é no íntimo". Em Colossenses, o apóstolo nos diz que a verdadeira circuncisão é a remoção do domínio de sua natureza humana pela circuncisão de Cristo, pelo qual entendo que o cristão deve se purificar, no poder do Espírito, e em nome de Cristo, de toda impureza carnal, de todo pensamento pecaminoso, de toda ambição errada, de todo desejo carnal. Se é para ele ser usado por seu Mestre, é imperativo que essa purificação seja feita e que seja feita imediatamente, em nome do Altíssimo. "Purifiquem-se, vocês que levam de volta os objetos sagrados do Senhor". Deus não lutará Suas batalhas pelos incircuncisos; Ele fará com que Seu povo se purifique do pecado que tão facilmente os acomete, ou então não os usará.

Vv.10-12 Mas, a circuncisão não era suficiente; eles também deviam guardar a Páscoa. Parece que eles só haviam celebrado duas vezes, uma vez no Egito, e uma vez ao pé do Sinai; mas agora estavam prestes a começar uma Páscoa que devia ser mantida todos os anos sem cessar. Irmãos e irmãs, vocês sabem o significado que a Páscoa tem para nós; ela representa alimentar-se de Cristo. Ele é o Cordeiro Pascal; devemos deixar de lado o velho fermento do pecado, e temos de vir com

começaram a comer das colheitas da terra, o maná deixou de cair e nunca mais apareceu. Daquele momento em diante, os israelitas passaram a se alimentar do que a terra de Canaã produzia.

O comandante do SENHOR confronta Josué

¹³Quando Josué estava perto da cidade de Jericó, olhou para cima e viu um homem em pé diante dele, com uma espada na mão. Josué se aproximou e lhe perguntou: "Você é amigo ou inimigo?".

¹⁴O homem respondeu: "Na verdade, cheguei agora e sou comandante do exército do SENHOR".

Então Josué se prostrou com o rosto no chão em sinal de reverência e disse: "Que ordens meu senhor tem para mim?".

¹⁵O comandante do exército do SENHOR respondeu: "Tire as sandálias, pois o lugar em que você está é santo". E Josué obedeceu.

A queda de Jericó

6 Os portões de Jericó estavam muito bem fechados, pois seus habitantes tinham medo dos israelitas. Ninguém podia sair nem entrar. ²Mas o SENHOR disse a Josué: "Eu lhe entreguei Jericó, seu rei e todos os seus fortes guerreiros. ³Você e seus homens de guerra marcharão ao redor da cidade uma vez por dia, durante seis dias. ⁴Sete sacerdotes irão à frente da arca,

---

corações puros para nos alimentar de nosso Senhor. Vocês nunca serão capazes de lutar contra os cananeus até que se alimentem de Cristo. Um homem espiritual que tenta viver sem se alimentar de Jesus logo se torna fraco; aquele que tem pouca comunhão com Cristo, aquele que dia após dia não tem a visão do Rei em Sua beleza, que nunca é levado à casa do banquete, e não vê a bandeira de amor acenando sobre sua cabeça, provavelmente não se tornará um herói. Se vocês não comerem o Pão do Céu, como podem fazer a obra do Céu?

Vv.13-15 Que alívio isso deve ter sido para Josué. Talvez ele pensasse ser o capitão; mas agora a responsabilidade lhe fora tirada; ele deveria ser o tenente, mas o próprio Rei comandaria os Seus exércitos. [...] Irmãos e irmãs, onde quer que Cristo esteja, precisamos nos lembrar de que Ele é o Comandante Supremo de todos nós. Jamais devemos tolerar na igreja que algum grande homem domine sobre nós; não devemos ter outra pessoa para ser nosso Senhor e Mestre, a não ser Jesus. Cristo é o Marechal de Campo, o Capitão de nossa salvação e, se vocês são membros da Igreja de Deus, devem admitir isso, não apenas como uma verdade geral, mas como uma verdade em seu caso em particular. Cristo é seu Mestre. [...] Toda palavra de Cristo, se quisermos vê-lo fazer maravilhas em nosso meio, deve ser obedecida. Não apenas os grandes preceitos, mas também os pequenos. Compete aos cristãos eliminar essa inclinação para coisas não essenciais! Meus irmãos e irmãs, todos os mandamentos de Cristo são essenciais para nós como servos. Não essenciais à nossa salvação — *somos* salvos; essa não é a questão que temos que levantar; mas sendo salvos e servos de Cristo, é essencial que cada ordem que vem do Grande Capitão seja obedecida pelo soldado. Não importa que seja simplesmente uma cerimônia,

mesmo assim, não temos o direito de alterá-la. O que diria a corte marcial a qualquer um dos soldados que, tendo recebido uma ordem de um capitão, dissesse: "Bem, não considerei isso extremamente importante"? "Expulse-o do regimento, senhor; há um fim para toda disciplina no exército quando os soldados criticam suas ordens". Ocorre o mesmo com a Lei de Cristo.

6.2,3 A demora deve ter provado duramente a fé e a paciência dos israelitas. "O tempo voa", e é muito precioso. Esses israelitas devem ter pensado: "Por que nos fazer esperar? Se tivermos que ficar muito tempo diante dos muros de Jericó, imagine então, quanto tempo levará para conquistar todo o interior; e se começarmos com uma longa demora, nossos inimigos poderão reunir coragem, e antes que tenhamos feito nossas trincheiras onde poderemos nos proteger, o exército virá sobre nós, e seremos despedaçados". Deve ter parecido razoável para cada pessoa no acampamento de Israel, ser imperativo que a primeira cidade fosse tomada o mais rápido possível, de modo que o povo pudesse ser encorajado, e seus inimigos dispersos; e daria a esses cansados peregrinos um lugar seguro para repousarem com conforto, pois estavam, suponho, ainda em suas tendas e sentindo saudades do tempo quando, como o restante do povo da terra, podiam habitar em suas próprias casas. [...]

E somente observem, meus irmãos, como deve ter sido difícil para eles esperarem. Não sei muito em relação aos sacerdotes, pois receio que os sacerdotes sejam aptos a ficarem felizes em não fazer nada, mas não os soldados! Há um grande número de irmãos que parece estar perfeitamente satisfeito em descansar à vontade, mas os homens de guerra geralmente não parecem ser desse temperamento.

e cada um levará uma trombeta de chifre de carneiro. No sétimo dia, marchem ao redor da cidade sete vezes, enquanto os sacerdotes tocam as trombetas. ⁵Quando os sacerdotes fizerem soar um toque longo, todo o povo dará um forte grito de guerra. Então cairá o muro da cidade e o povo atacará, cada um do ponto onde estiver".

⁶Josué, filho de Num, reuniu os sacerdotes e disse: "Levem a arca da aliança do Senhor e escolham sete sacerdotes para irem à frente dela, cada sacerdote com uma trombeta de chifre de carneiro". ⁷Em seguida, ordenou ao povo: "Marchem ao redor da cidade. Os homens armados irão à frente da arca do Senhor".

⁸Depois que Josué falou ao povo, os sete sacerdotes que levavam as trombetas diante do Senhor começaram a marchar, avançando e tocando os instrumentos. A arca da aliança do Senhor ia atrás deles. ⁹Alguns dos homens armados iam à frente dos sacerdotes que tocavam as trombetas e outros iam atrás da arca, enquanto os sacerdotes tocavam sem parar. ¹⁰Josué ordenou: "Não soltem o grito de guerra! Não digam palavra alguma até que eu lhes dê a ordem. Então, gritem!". ¹¹Assim, a arca do Senhor foi levada ao redor da cidade apenas uma vez naquele dia; depois, voltaram ao acampamento e ali passaram a noite.

¹²Na manhã seguinte, Josué se levantou cedo e, mais uma vez, os sacerdotes levaram a arca do Senhor. ¹³Os sete sacerdotes com as trombetas de chifre de carneiro marcharam à frente da arca do Senhor, tocando seus instrumentos. Os homens armados marcharam à frente dos sacerdotes com as trombetas e atrás da arca do Senhor, enquanto os sacerdotes tocavam sem parar. ¹⁴No segundo dia, marcharam ao redor da cidade uma vez e depois voltaram ao acampamento. Fizeram o mesmo por seis dias.

¹⁵No sétimo dia, os israelitas se levantaram ao amanhecer e marcharam ao redor da cidade, como haviam feito antes. Dessa vez, porém, rodearam a cidade sete vezes. ¹⁶Na sétima vez, enquanto os sacerdotes faziam soar um toque longo das trombetas, Josué ordenou ao povo: "Gritem! O Senhor lhes entregou a cidade! ¹⁷Jericó e tudo que há dentro dela serão completamente destruídos como oferta ao Senhor. Somente a prostituta Raabe e os outros que estiverem em sua casa serão poupados, pois ela protegeu nossos espiões.

¹⁸"Não levem coisa alguma daquilo que foi separado para destruição, ou vocês mesmos serão completamente destruídos e trarão desgraça ao acampamento de Israel. ¹⁹Toda a prata, todo o ouro e todos os objetos de bronze e de ferro serão separados para o Senhor e deverão ser levados para o seu tesouro".

²⁰Quando o povo ouviu o som das trombetas, gritou com toda a força. De repente, o muro de Jericó veio abaixo. O povo atacou a cidade, cada um do ponto onde estava, e a tomou. ²¹Com suas espadas, destruíram completamente tudo que havia dentro dela: homens e mulheres, jovens e velhos, bois, ovelhas e jumentos.

²²Josué disse aos dois espiões: "Cumpram sua promessa! Vão à casa da prostituta e tirem-na de lá com toda a sua família".

²³Então os homens que haviam espionado a terra entraram na cidade e tiraram de lá Raabe, seu pai, sua mãe, seus irmãos e todos os outros parentes que estavam com ela. Levaram a família toda para um lugar seguro fora do acampamento de Israel.

²⁴Os israelitas incendiaram a cidade e tudo que havia dentro dela. Guardaram somente a prata, o ouro e todos os objetos de bronze e de ferro para o tesouro da casa do Senhor. ²⁵Josué, no entanto, poupou a vida da prostituta Raabe e dos parentes que estavam em sua casa, pois ela escondeu os espiões que Josué tinha enviado a Jericó. E até hoje ela vive no meio de Israel.

²⁶Naquela ocasião, Josué pronunciou esta maldição:

"Que a maldição do Senhor caia sobre
   qualquer um
  que tentar reconstruir a cidade de Jericó.
À custa de seu filho mais velho,
   lançará o alicerce.
À custa de seu filho mais novo,
   colocará seus portões".

²⁷Assim, o Senhor estava com Josué, e sua fama se espalhou por toda a terra.

Ai derrota os israelitas

7 Mas os israelitas violaram as instruções a respeito das coisas separadas para o Senhor. Um homem chamado Acã roubou algumas delas, e a ira do Senhor se acendeu contra os israelitas. Acã era filho de Carmi, filho de Zimri,[a] filho de Zerá, da tribo de Judá.

²Josué enviou de Jericó alguns de seus homens para espionar a cidade de Ai, a leste de Betel, perto de Bete-Áven. "Subam e espionem a terra", disse ele. ³Quando voltaram, disseram a Josué: "Não é necessário que todo o povo suba até lá; basta mandar dois ou três mil homens para atacarem Ai. Uma vez que eles são tão poucos, não canse todo o povo".

⁴Portanto, subiram apenas cerca de três mil guerreiros, mas eles fugiram diante dos homens de Ai, ⁵que os perseguiram desde o portão da cidade até as pedreiras[b] e mataram 36 soldados que recuavam pela encosta. Com isso, o povo se encheu de medo e perdeu completamente o ânimo.

⁶Josué e as autoridades de Israel rasgaram as roupas, jogaram terra sobre a cabeça e se prostraram com o rosto no chão diante da arca do Senhor até o entardecer. ⁷Então Josué clamou: "Ó Soberano Senhor, por que nos fizeste atravessar o Jordão para nos entregar aos amorreus? Antes tivéssemos nos contentado em ficar do outro lado do rio! ⁸Senhor, o que posso dizer agora que Israel fugiu de seus inimigos? ⁹Quando os cananeus e todos os outros povos que vivem na região souberem do que aconteceu, nos cercarão e apagarão o nosso nome da face da terra. E então, o que será da honra do teu grande nome?".

¹⁰Mas o Senhor disse a Josué: "Levante-se! Por que você está prostrado com o rosto no chão? ¹¹Israel pecou e quebrou a minha aliança! Roubou alguns dos objetos que eu ordenei que fossem separados para mim. E não apenas os roubou, mas também mentiu a respeito e os escondeu no meio de seus pertences. ¹²Por isso os israelitas foram derrotados e fugiram de seus inimigos. Agora Israel foi separado para a destruição. Não permanecerei mais com vocês, a menos que eliminem do seu meio aquilo que foi separado para a destruição.

¹³"Levante-se! Ordene ao povo que se purifique a fim de se preparar para amanhã. Pois

---

[a] 7.1 Conforme o texto paralelo em 1Cr 2.6; o hebraico traz *Zabdi*; também em 7.17,18. [b] 7.5 Ou *até Sebarim*.

7.3 [...] esta política perversa surgiu da presunção engendrada pelo sucesso. Mas, pouco tempo atrás, todo o Israel tinha marchado em torno de Jericó por sete dias e no sétimo dia, quando gritaram, as muralhas da cidade vieram ao chão. Talvez eles tenham começado a dizer: "Aquelas muralhas maciças caíram quando as rodeamos? Ó Israel, tu és uma grande nação! E elas caíram com nada além de um grito? Então os hititas, os heveus e todos os outros inimigos fugirão diante de nós como a palha diante do vento! Que necessidade pode haver de levar toda a nossa bagagem até a colina para Ai? Que necessidade há de fazer marchar tantos homens? Dois ou três mil serão suficientes para levar essa pequena cidade à ruína. Podemos fazer maravilhas e, portanto, não precisamos empregar todas as nossas forças"! Irmãos, muitos perigos rodeiam o sucesso. Não é muito que qualquer um de nós pode suportar. A vela toda necessita muito lastro para que o barco não seja inundado. Quando, nesta ou em qualquer outra parte do mundo, a igreja vê muitos convertidos como fruto de seu trabalho, quando há grandes reuniões e muita gritaria, grande interesse despertado e conversões em massa, é muito natural calcular que a obra foi feita com facilidade e não necessita de um esforço muito severo ou geral. A ideia é fomentada de que agora não há necessidade de continuação da visitação de casa em casa, não há necessidade de mais missionários, não há necessidade de serviço regular em reuniões de escola e de casa, não há necessidade de colocar nossos jovens para trabalharem para Cristo! O treinamento e a organização do exército correm o risco de ser pouco estimados. Toque a trombeta e as muralhas facilmente cairão. Jericó caiu com gritos e marcha — vamos nos reunir e mostrar que somos um povo poderoso que não precisa mais subir unânime e laboriosamente em ordem para lutar a batalha como nossos pais fizeram. Ah, irmãos, este espírito maligno deve ser exorcizado, pois provém do diabo. [...] Devemos ser mais sensíveis à fraqueza, mais conscientes de que a conversão das almas é a obra da onipotência ou veremos muito pouco ser feito. Devemos crer mais plenamente na necessidade de trabalho sério para Deus e colocar toda a nossa força e tensionar cada tendão por Ele, sabendo que é o Seu poder que age em nós poderosamente quando nos esforçamos de todo o nosso coração.

isto é o que o Senhor, o Deus de Israel, diz: Ó Israel, há coisas separadas para o Senhor escondidas em seu meio! Vocês não serão capazes de vencer seus inimigos enquanto não removerem de seu meio esses objetos.

¹⁴"Apresentem-se amanhã cedo, uma tribo por vez, e o Senhor mostrará de qual tribo é o culpado. Essa tribo virá à frente com seus clãs, e o Senhor mostrará o clã culpado. Esse clã virá à frente, e o Senhor mostrará a família culpada. Por fim, cada homem da família culpada virá à frente. ¹⁵Aquele que roubou o que foi separado para a destruição será queimado com tudo que lhe pertencer, pois quebrou a aliança do Senhor e fez algo terrível em Israel".

O pecado de Acã

¹⁶Logo cedo no dia seguinte, Josué reuniu Israel de acordo com suas tribos, e a tribo de Judá foi escolhida. ¹⁷Os clãs de Judá vieram à frente, e o clã de Zerá foi escolhido. As famílias de Zerá vieram à frente, e a família de Zimri foi escolhida. ¹⁸Cada homem da família de Zimri foi trazido à frente, e Acã, filho de Carmi, filho de Zimri, filho de Zerá, da tribo de Judá, foi escolhido.

¹⁹Então Josué disse a Acã: "Meu filho, dê glória e louvor ao Senhor, o Deus de Israel. Confesse e conte-me o que você fez. Não o esconda de mim".

²⁰Acã respondeu: "De fato, pequei contra o Senhor, o Deus de Israel. Foi isto o que fiz: ²¹entre os despojos, vi uma bela capa da Babilônia,ᵃ cerca de dois quilos e meio de prataᵇ e uma barra de ouro com pouco mais de meio quilo.ᶜ Eu os desejei tanto que os tomei para mim. Estão escondidos no chão, debaixo de minha tenda, com a prata por baixo".

²²Josué mandou alguns homens fazerem uma busca. Eles correram até a tenda e encontraram escondidos ali os bens roubados como Acã tinha dito, com a prata por baixo. ²³Tiraram os objetos da tenda e os levaram a Josué e a todos os israelitas, e depois os colocaram no chão, na presença do Senhor.

²⁴Então Josué e todos os israelitas tomaram Acã, filho de Zerá, a prata, a capa e a barra de ouro, e também os filhos, as filhas, os bois, os jumentos, as ovelhas, a tenda e tudo que pertencia a Acã, e levaram ao vale de Acor.

²⁵Josué disse a Acã: "Por que você trouxe desgraça sobre nós? Agora o Senhor trará desgraça sobre você!". Então todo o povo apedrejou Acã e sua família e queimou os corpos. ²⁶Ergueram sobre Acã um grande monte de pedras que continua lá até hoje. Por isso, desde então, aquele lugar é chamado de vale de Acor.ᵈ Com isso, a ira ardente do Senhor se apagou.

Os israelitas derrotam Ai

8 O Senhor disse a Josué: "Não tenha medo nem desanime! Pegue todos os seus homens de guerra e avance contra Ai, pois eu lhe entreguei o rei de Ai, seu povo e sua terra. ²Você os

---

ᵃ **7.21a** Em hebraico, *de Sinear*. ᵇ **7.21b** Em hebraico, *200 siclos*. ᶜ **7.21c** Em hebraico, *50 siclos*. ᵈ **7.26** *Acor* significa "desgraça".

8.1 Irmãos, devemos ter todos os membros da igreja indo à guerra. Sei que esta é a nossa teoria, mas na prática não a realizamos. A bagagem do nosso exército é muito pesada. Os vivandeiros e seguidores de acampamento são muitos. Queremos eliminar os zangões e precisamos de um aumento de verdadeiras abelhas operárias. Como se faz isso? *Devemos ficar profundamente impressionados com o mal trazido sobre os cristãos ociosos por sua ociosidade* e pelo mal que eles trazem sobre o resto da igreja. [...] Algumas de nossas igrejas estão sofrendo por causa de um falso ensino, *mas estão sofrendo na mesma medida por falta de trabalho*. O musgo está crescendo sobre elas, a ferrugem as está corroendo. O ouro está se tornando escuro, a prata está perdendo seu brilho e tudo por falta de uso. Ó, irmãos, se ficarmos ao pé de uma árvore estéril na vinha de Cristo, saberemos o que deve acontecer. Quando olhamos para ela e não vemos fruto, nossas emoções devem causar as mais amargas tristezas, pois o machado está preparado para aqueles que não dão fruto. É lamentável que tenhamos membros de igreja, não inconsistentes em caráter moral, mas excelentes em muitos aspectos e ainda totalmente inúteis! [...] Vamos suspirar e chorar quando pensarmos em nossos inúteis membros de igreja como ramos da videira que não dão fruto, de quem o Mestre disse que serão arrancados: "Todo ramo que, estando em mim, não dá fruto, ele o corta" e esses "ramos são ajuntados num monte para serem queimados". Que tristeza encherá nosso coração se refletirmos sobre isso! Se considerarmos inúteis os que professam nessa perspectiva, isso representará muito mais do que qualquer outra coisa para que sejamos bem-sucedidos em motivar todos os nossos irmãos ao serviço ativo.

destruirá como destruiu Jericó e seu rei. Desta vez, porém, poderão ficar com os despojos e os animais. Prepare uma emboscada atrás da cidade".

³Então Josué e todos os seus homens de guerra partiram para atacar Ai. Josué escolheu trinta mil de seus melhores guerreiros e, de noite, os enviou ⁴com as seguintes ordens: "Armem uma emboscada atrás da cidade, perto dela, e preparem-se para entrar em ação. ⁵Quando nosso exército principal atacar, os homens de Ai sairão para a luta, como fizeram antes, e nós fugiremos deles. ⁶Eles nos perseguirão até que os tenhamos atraído para longe da cidade, pois dirão: 'Os israelitas estão fugindo de nós como fizeram antes'. Então, enquanto corremos deles, ⁷vocês sairão da emboscada e tomarão a cidade, pois o Senhor, seu Deus, a entregará em suas mãos. ⁸Ponham fogo na cidade, conforme o Senhor ordenou. Essas são as minhas ordens".

⁹Josué os enviou, e eles foram ao lugar da emboscada, entre Betel e o lado oeste de Ai. Josué, porém, passou a noite com o povo no acampamento. ¹⁰No dia seguinte, logo cedo, Josué passou em revista a tropa e partiu para Ai acompanhado dos líderes de Israel. ¹¹Todos os homens de guerra que estavam com Josué se aproximaram da cidade e acamparam do lado norte de Ai, onde um vale os separava da cidade. ¹²Naquela noite, Josué enviou cerca de cinco mil homens para esperarem escondidos entre Betel e Ai, do lado oeste da cidade. ¹³O exército principal se posicionou ao norte da cidade, e o grupo da emboscada, a oeste. Josué, por sua vez, passou a noite no meio do vale.

¹⁴Quando o rei de Ai viu os israelitas do outro lado do vale, ele e seu exército se apressaram e saíram bem cedo para os atacarem no local de onde se avista o vale do Jordão.ᵃ Não sabiam, porém, que havia uma emboscada atrás da cidade. ¹⁵Josué e o exército de Israel fugiram em direção ao deserto, como se estivessem derrotados. ¹⁶Todos os homens da cidade foram chamados para persegui-los e, com isso, acabaram atraídos para longe da cidade. ¹⁷Não restou um só homem em Ai e em Betel que não perseguisse Israel, e as cidades ficaram totalmente desprotegidas.

¹⁸Então o Senhor disse a Josué: "Aponte para Ai a lança que você tem na mão, pois eu lhe entregarei a cidade". Josué fez conforme ordenado ¹⁹e, assim que deu esse sinal, todos os homens da emboscada saíram correndo de sua posição e invadiram a cidade. Em pouco tempo, eles a capturaram e a incendiaram. ²⁰Quando os homens de Ai olharam para trás, a fumaça da cidade subia ao céu e eles não tinham para onde ir, pois os israelitas que fugiam em direção ao deserto se voltaram contra seus perseguidores. ²¹Ao perceberem que a emboscada havia sido bem-sucedida e fumaça subia da cidade, Josué e todo o exército de Israel deram meia-volta e atacaram os homens de Ai. ²²Enquanto isso, os israelitas que estavam dentro da cidade saíram e atacaram o inimigo pela retaguarda. Os homens de Ai ficaram presos no meio, com guerreiros israelitas de ambos os lados. Israel os atacou, e nenhum deles sobreviveu nem escapou. ²³Somente o rei de Ai foi capturado vivo e levado a Josué.

²⁴Quando o exército israelita terminou de perseguir e matar todos os homens de Ai nos campos abertos, voltou e acabou com quem tinha ficado dentro da cidade. ²⁵Toda a população de Ai, no total de doze mil homens e mulheres, foi exterminada naquele dia, ²⁶pois Josué manteve sua lança estendida até que todos os moradores de Ai tivessem sido completamente destruídos. ²⁷Somente os animais e os tesouros da cidade não foram destruídos, pois Israel os tomou como despojo, conforme o Senhor havia ordenado a Josué. ²⁸Então Josué pôs fogo na cidade de Ai,ᵇ e ela se tornou, para sempre, uma pilha de ruínas, um lugar desolado até hoje.

²⁹Josué enforcou o rei de Ai numa árvore e ali o deixou até a tarde. Ao pôr do sol, os israelitas retiraram o corpo da árvore e, por ordem de Josué, o lançaram em frente à porta da cidade. Sobre ele levantaram uma pilha de pedras, que permanece lá até hoje.

ᵃ **8.14** Em hebraico, *a Arabá*. ᵇ **8.28** *Ai* significa "ruína".

A renovação da aliança do Senhor

30Então Josué construiu no monte Ebal um altar ao Senhor, o Deus de Israel. **31**Seguiu as ordens que Moisés, servo do Senhor, havia escrito no Livro da Lei: "Façam um altar de pedras inteiras, em sua forma natural, que não tenham sido trabalhadas com ferramentas de ferro".[a] Sobre o altar, apresentaram ao Senhor holocaustos e ofertas de paz. **32**E, enquanto os israelitas observavam, Josué copiou nas pedras a lei que Moisés lhes tinha escrito.

33Todo o Israel, tanto os estrangeiros como os israelitas de nascimento, junto com os líderes, oficiais e juízes, se dividiu em dois grupos. Um grupo ficou em frente ao monte Gerizim, e o outro, em frente ao monte Ebal. Entre os dois grupos, que estavam voltados um para o outro, ficaram os sacerdotes levitas que levavam a arca da aliança do Senhor. Tudo foi feito de acordo com as ordens transmitidas de antemão por Moisés, servo do Senhor, para que o povo de Israel fosse abençoado.

34Em seguida, Josué leu todas as bênçãos e maldições que Moisés havia escrito no Livro da Lei. **35**Cada palavra de cada ordem de Moisés foi lida para toda a comunidade de Israel, incluindo as mulheres, as crianças e os estrangeiros que viviam entre eles.

Os gibeonitas enganam Israel

9 Todos os reis a oeste do rio Jordão souberam do que havia acontecido. Eram os reis dos hititas, dos amorreus, dos cananeus, dos ferezeus, dos heveus e dos jebuseus que viviam nas montanhas, nas colinas do oeste,[b] ao longo do litoral do mar Mediterrâneo,[c] até as montanhas do Líbano, ao norte. **2**Esses reis juntaram suas tropas para lutar como um só exército contra Josué e os israelitas.

3Contudo, quando os habitantes de Gibeom souberam do que Josué tinha feito com Jericó e Ai, **4**usaram de astúcia para se salvar. Enviaram mensageiros a Josué e carregaram seus jumentos com sacos gastos e vasilhas de couro velhas e rachadas. **5**Os mensageiros calçavam sandálias gastas e remendadas e vestiam roupas esfarrapadas, e também levavam pães secos e esfarelados. **6**Quando chegaram ao acampamento em Gilgal, disseram a Josué e aos líderes de Israel: "Viemos de uma terra distante para pedir que vocês façam um tratado de paz conosco".

7Os israelitas disseram a esses heveus: "Como podemos ter certeza de que não vivem aqui por perto? Pois, se for o caso, não podemos fazer tratado algum com vocês".

8Eles responderam: "Somos seus servos".

"Mas quem são vocês?", insistiu Josué. "De onde vieram?"

9Eles disseram: "Seus servos vieram de uma terra muito distante. Ouvimos falar do poder do Senhor, seu Deus, e de tudo que ele fez no Egito. **10**Também soubemos do que ele fez aos dois reis amorreus a leste do Jordão: Seom, rei de Hesbom, e Ogue, rei de Basã, que vivia em Astarote. **11**Por isso, nossos líderes e todo o nosso povo nos instruíram: 'Levem provisões para uma viagem longa. Vão encontrar-se com os israelitas e digam-lhes: Somos seus servos; por favor, façam um tratado conosco'.

12"Estes pães haviam acabado de sair do forno quando partimos. Agora, como podem ver, estão secos e esfarelados. **13**Estas vasilhas de couro estavam novas quando as enchemos, mas agora estão rachadas. E nossas roupas e sandálias estão gastas da viagem extremamente longa".

14Os israelitas examinaram as provisões deles, mas não consultaram o Senhor a respeito. **15**Josué fez um tratado de paz com aqueles homens e garantiu que pouparia a vida deles, e os líderes da comunidade confirmaram o acordo com um juramento.

16Três dias depois de fazerem esse tratado, os israelitas descobriram que, na verdade, os gibeonitas viviam ali perto. **17**Partiram de imediato naquela direção e, em três dias, chegaram às cidades dos gibeonitas, chamadas Gibeom, Quefira, Beerote e Quiriate-Jearim. **18**Contudo, não atacaram as cidades, pois os líderes da comunidade haviam feito um juramento em nome do Senhor, o Deus de Israel. Toda a comunidade se queixou contra seus líderes por causa do tratado, **19**mas eles responderam: "Uma vez que fizemos um juramento na presença do Senhor, o Deus de Israel, não podemos tocar neles. **20**Temos de deixá-los

---

[a] **8.31** Êx 20.25; Dt 27.5-6. [b] **9.1a** Em hebraico, *na Sefelá*. [c] **9.1b** Em hebraico, *mar Grande*.

viver, pois se quebrássemos o juramento a ira divina cairia sobre nós. ²¹Que eles vivam!". Assim, os israelitas os colocaram para cortar lenha e carregar água para toda a comunidade, de acordo com a decisão dos líderes.

²²Josué reuniu os gibeonitas e lhes disse: "Por que vocês mentiram para nós? Por que disseram que viviam numa terra distante da nossa quando, na verdade, vivem aqui perto? ²³Sejam amaldiçoados! De agora em diante, vocês serão sempre servos, encarregados de cortar lenha e carregar água para a casa do meu Deus".

²⁴Eles responderam: "Agimos desse modo porque foi anunciado a nós, seus servos, que o Senhor, seu Deus, havia ordenado a seu servo Moisés que desse a vocês toda esta terra e que destruísse todos os seus habitantes. Tememos muito por nossa vida por causa de vocês. ²⁵Agora, estamos em suas mãos. Façam conosco o que lhes parecer correto".

²⁶Assim, Josué livrou os gibeonitas e não permitiu que os israelitas os matassem. ²⁷Naquele dia, porém, encarregou-os de cortar lenha e carregar água para toda a comunidade de Israel e para o altar do Senhor, no lugar que o Senhor escolhesse construí-lo. Isso é o que fazem até hoje.

Israel derrota os exércitos do sul

10 Adoni-Zedeque, rei de Jerusalém, soube que Josué havia capturado e destruído completamente a cidade de Ai e matado seu rei, assim como tinha destruído a cidade de Jericó e matado seu rei. Também soube que os gibeonitas haviam feito um tratado de paz com Israel e agora viviam no meio deles. ²Ele e seu povo tiveram muito medo, pois Gibeom era uma cidade grande como as cidades reais, ainda maior que a cidade de Ai, e os gibeonitas eram guerreiros valentes.

³Por isso, Adoni-Zedeque, rei de Jerusalém, enviou mensageiros a vários outros reis: a Hoão, rei de Hebrom, a Piram, rei de Jarmute, a Jafia, rei de Laquis, e a Debir, rei de Eglom. ⁴"Venham e ajudem-me a destruir Gibeom, pois seu povo fez um tratado de paz com Josué e os israelitas", pediu ele. ⁵Então os cinco reis amorreus uniram seus exércitos para atacar juntos. Posicionaram suas tropas perto de Gibeom e avançaram contra ela.

⁶Os homens de Gibeom enviaram mensageiros a Josué em seu acampamento em Gilgal. "Não abandone seus servos!", suplicaram. "Venha depressa e salve-nos! Ajude-nos, pois todos os reis amorreus que vivem na região montanhosa uniram forças para nos atacar!"

⁷Josué e todo o seu exército, incluindo seus melhores guerreiros, partiram de Gilgal para Gibeom. ⁸"Não tenha medo desses reis", disse o Senhor a Josué. "Eu os entreguei em suas mãos. Nenhum deles será capaz de resistir a você."

⁹Josué marchou a noite toda desde Gilgal e pegou os exércitos amorreus de surpresa. ¹⁰O Senhor trouxe pânico sobre os amorreus, e o exército de Israel massacrou muitos deles em Gibeom. Perseguiram o inimigo ao longo da subida para Bete-Horom, matando os amorreus até Azeca e Maquedá. ¹¹Enquanto os amorreus recuavam pelo caminho de Bete-Horom, o Senhor os destruiu com uma terrível chuva de pedras de granizo que ele enviou do céu e que continuou até chegarem a Azeca. As pedras eliminaram mais inimigos do que os israelitas mataram à espada.

¹²No dia em que o Senhor deu aos israelitas vitória sobre os amorreus, Josué orou ao Senhor diante do povo e disse:

"Que o sol pare sobre Gibeom,
    e a lua, sobre o vale de Aijalom!".

¹³O sol parou e a lua ficou onde estava, até que o povo tivesse derrotado seus inimigos.

Acaso esse acontecimento não está registrado no *Livro de Jasar*?[a] O sol parou no meio do céu e não se pôs por cerca de um dia inteiro. ¹⁴Nunca antes nem depois houve um dia semelhante, quando o Senhor respondeu a uma oração como essa. Certamente o Senhor lutou por Israel naquele dia!

¹⁵Então Josué e todo o exército de Israel voltaram ao acampamento em Gilgal.

Josué executa os cinco reis do sul

¹⁶Durante a batalha, os cinco reis fugiram e se esconderam numa caverna em Maquedá. ¹⁷Quando Josué soube que eles haviam sido

---

a 10.13 Ou *Livro dos Justos*.

encontrados, ¹⁸deu a seguinte ordem: "Fechem a entrada da caverna com pedras grandes e ponham guardas ali, para que os reis não saiam. ¹⁹Quanto aos demais soldados, continuem a perseguir os inimigos e matem os da retaguarda. Não deixem que voltem às suas cidades, pois o Senhor, seu Deus, lhes deu vitória sobre eles".

²⁰Assim, Josué e o exército israelita continuaram a aniquilar o inimigo. Exterminaram os cinco exércitos, com exceção de uns poucos sobreviventes que conseguiram chegar às cidades fortificadas. ²¹As tropas voltaram em segurança para Josué, no acampamento de Maquedá. Depois disso, ninguém se atreveu a dizer uma palavra contra o povo de Israel.

²²Então Josué ordenou: "Removam as pedras que estão na entrada da caverna e tragam os cinco reis para cá". ²³Eles tiraram da caverna os cinco reis das cidades de Jerusalém, Hebrom, Jarmute, Laquis e Eglom. ²⁴Os reis foram trazidos para fora, diante de Josué, e ele ordenou aos comandantes de seu exército: "Venham e coloquem o pé sobre o pescoço dos reis". E eles obedeceram.

²⁵"Não tenham medo nem desanimem", disse Josué. "Sejam fortes e corajosos, pois é isso que o Senhor fará com todos os inimigos que vocês enfrentarem". ²⁶Então Josué matou os cinco reis e os pendurou em cinco árvores, onde ficaram até a tarde.

²⁷Ao entardecer, Josué ordenou que os corpos fossem tirados das árvores e lançados na caverna onde os reis haviam se escondido. A entrada da caverna foi fechada com pedras grandes, que estão lá até hoje.

Israel destrói as cidades do sul

²⁸Naquele mesmo dia, Josué tomou a cidade de Maquedá e a destruiu. Matou todos os seus habitantes, incluindo o rei, sem deixar sobreviventes. Destruiu todos eles e matou o rei de Maquedá, como havia feito com o rei de Jericó. ²⁹Então Josué e todo o exército de Israel avançaram para Libna e a atacaram. ³⁰O Senhor entregou a cidade e seu rei nas mãos dos israelitas, que mataram todos os seus habitantes, sem deixar sobreviventes. Depois Josué matou o rei de Libna, como havia feito com o rei de Jericó.

³¹De Libna, Josué e todo o exército israelita avançaram para Laquis e a atacaram. ³²O Senhor também entregou Laquis nas mãos de Israel. Josué a tomou no segundo dia e matou todos os seus habitantes, como havia feito com Libna. ³³Durante o ataque a Laquis, Horão, rei de Gezer, chegou com seu exército para ajudar a defender a cidade, mas os homens de Josué mataram o rei e seu exército, sem deixar sobreviventes.

³⁴Em seguida, Josué e todo o exército israelita avançaram para Eglom e a atacaram. ³⁵Tomaram a cidade naquele dia e mataram todos os seus habitantes. Destruíram todos, como haviam feito com Laquis. ³⁶De Eglom, Josué e todo o exército de Israel subiram para Hebrom e a atacaram. ³⁷Tomaram a cidade e mataram todos os seus habitantes, incluindo o rei, sem deixar sobreviventes. Fizeram o mesmo com todos os povoados vizinhos. Destruíram toda a população, como haviam feito com Eglom.

³⁸Então Josué e todo o exército israelita voltaram e atacaram Debir. ³⁹Tomaram a cidade, o rei e todos os povoados vizinhos. Destruíram todos, sem deixar sobreviventes. Fizeram com Debir e seu rei o mesmo que haviam feito com Hebrom, Libna e seus reis.

⁴⁰Assim, Josué conquistou toda a região: a região montanhosa, o Neguebe, as colinas do oeste[a] e as encostas dos montes, derrotando todos os seus reis. Destruiu todos na terra, sem deixar sobreviventes, conforme o Senhor, o Deus de Israel, havia ordenado. ⁴¹Josué os massacrou de Cades-Barneia a Gaza, e da região ao redor de Gósen até Gibeom. ⁴²Conquistou todos esses reis e suas terras numa só campanha, pois o Senhor, o Deus de Israel, lutou por Israel.

⁴³Então Josué e todo o exército israelita voltaram ao acampamento em Gilgal.

Israel derrota os exércitos do norte

11 Quando Jabim, rei de Hazor, soube do que havia acontecido, enviou mensagens aos seguintes reis: a Jobabe, rei de Madom; ao rei de Sinrom; ao rei de Acsafe; ²a todos os reis da região montanhosa ao norte; aos reis do vale do

---

[a] 10.40 Em hebraico, *a Sefelá*.

Jordão, ao sul da Galileia;[a] aos reis das colinas do oeste;[b] aos reis de Nafote-Dor, a oeste; ³aos reis de Canaã, a leste e a oeste; aos reis dos amorreus, dos hititas, dos ferezeus, dos jebuseus da região montanhosa, e dos heveus das cidades nas encostas do Hermom, na região de Mispá.

⁴Todos esses reis saíram para lutar. Juntos, seus exércitos formavam uma grande multidão, como a areia na beira do mar, equipados com muitos cavalos e carros de guerra. ⁵Os reis se uniram e acamparam ao redor das águas perto de Merom, para guerrearem contra Israel.

⁶Então o Senhor disse a Josué: "Não tenha medo deles. Amanhã a esta hora eu os entregarei todos mortos a Israel. Vocês deverão cortar os tendões de seus cavalos e queimar seus carros de guerra".

⁷Josué e todo o exército foram às águas perto de Merom e atacaram de surpresa, ⁸e o Senhor deu a Israel vitória sobre seus inimigos. Os israelitas os perseguiram até a grande Sidom, até Misrefote-Maim e até o vale de Mispá, a leste, e não sobrou nenhum guerreiro inimigo com vida. ⁹Então Josué cortou os tendões dos cavalos e queimou todos os carros de guerra, conforme o Senhor havia ordenado.

¹⁰Depois, Josué voltou, tomou Hazor e matou seu rei. Em outros tempos, Hazor havia sido a capital de todos esses reinos. ¹¹Os israelitas mataram e destruíram completamente todos que viviam na cidade, sem deixar sobreviventes. Ninguém foi poupado. Por fim, Josué queimou a cidade.

¹²Josué matou todos os outros reis e seus povos e os destruiu completamente, conforme Moisés, servo do Senhor, havia ordenado. ¹³Mas Israel não incendiou nenhuma das cidades construídas nas colinas, exceto Hazor, que Josué queimou. ¹⁴Os israelitas tomaram todos os despojos e os animais das cidades destruídas, mas mataram todos os seus habitantes, sem deixar sobreviventes. ¹⁵Conforme o Senhor havia ordenado a seu servo Moisés, também Moisés ordenou a Josué, e ele obedeceu fielmente a todas as ordens que o Senhor tinha dado a Moisés.

¹⁶Assim, Josué conquistou toda aquela terra: a região montanhosa, todo o Neguebe, toda a região ao redor da cidade de Gósen, as colinas do oeste, o vale do Jordão,[c] os montes de Israel e as colinas próximas. ¹⁷O território israelita se estendia agora desde o monte Halaque, que sobe em direção a Seir, até Baal-Gade, no vale do Líbano, ao pé do monte Hermom. Josué capturou e matou todos os reis desses territórios, ¹⁸depois de guerrear contra eles por muito tempo. ¹⁹Ninguém na região fez tratados de paz com os israelitas, exceto os heveus de Gibeom. Todos os outros foram derrotados na guerra, ²⁰pois o Senhor lhes endureceu o coração para que lutassem contra Israel. Por isso, foram completamente destruídos, sem misericórdia, conforme o Senhor havia ordenado a Moisés.

²¹Nesse período, Josué destruiu todos os descendentes de Enaque da região montanhosa de Hebrom, Debir, Anabe, e de toda a região montanhosa de Judá e Israel. Matou todos eles e destruiu completamente suas cidades. ²²Não sobreviveu nenhum descendente de Enaque em todo o território dos israelitas, embora restassem alguns em Gaza, Gate e Asdode.

²³Assim, Josué assumiu o controle de toda a terra, conforme o Senhor havia instruído Moisés. Josué a entregou ao povo de Israel como herança e a repartiu entre as tribos. E, por fim, a terra descansou da guerra.

Reis derrotados a leste do Jordão

12 Estes são os reis a leste do Jordão que os israelitas mataram e de cujas terras se apossaram. Seu território se estendia desde o vale do Arnom até o monte Hermom, e incluía toda a terra no lado leste do vale do Jordão.[d]

²Derrotaram Seom, rei dos amorreus, que vivia em Hesbom. Seu reino abrangia Aroer, à beira do vale do Arnom, e se estendia desde a cidade no meio do vale até o rio Jaboque, que é a divisa com os amonitas. Esse território incluía toda a metade sul de Gileade. ³Seom também controlava o vale do Jordão e algumas regiões a leste, desde o mar da Galileia, ao norte, até o mar Morto, ao sul,[e] incluindo o

---

[a] **11.2a** Em hebraico, *da Arabá, ao sul de Quinerete*. [b] **11.2b** Em hebraico, *Sefelá*; também em 11.16. [c] **11.16** Em hebraico, *a Arabá*.
[d] **12.1** Em hebraico, *a Arabá*; também em 12.3,8. [e] **12.3** Em hebraico, *desde o mar de Quinerete até o mar da Arabá, o mar Salgado*.

caminho para Bete-Jesimote e, mais ao sul, as encostas do monte Pisga.

⁴Derrotaram Ogue, rei de Basã e o último dos refains, que vivia em Astarote e em Edrei. ⁵Ele governava o território que se estendia desde o monte Hermom até Salcá, ao norte; toda a região de Basã, a leste, até a divisa com os reinos de Gesur e Maaca, a oeste. Esse território abrangia a metade norte de Gileade, até a divisa com Seom, rei de Hesbom.

⁶Moisés, servo do Senhor, e os israelitas haviam destruído o povo do rei Seom e o povo do rei Ogue. Moisés havia entregado a terra deles como propriedade às tribos de Rúben e Gade e à meia tribo de Manassés.

Reis derrotados a oeste do Jordão

⁷Esta é a lista dos reis que Josué e os israelitas derrotaram a oeste do rio Jordão, desde Baal-Gade, no vale do Líbano, até o monte Halaque, que sobe em direção a Seir. Josué deu essa terra como propriedade às tribos de Israel e a repartiu entre elas. ⁸A terra abrangia a região montanhosa, as colinas do oeste,ª o vale do Jordão, as encostas dos montes, o deserto e o Neguebe. Nessa região viviam os hititas, os amorreus, os cananeus, os ferezeus, os heveus e os jebuseus. Estes são os reis que Israel derrotou:

⁹O rei de Jericó,
 o rei de Ai, próxima a Betel,
¹⁰o rei de Jerusalém,
 o rei de Hebrom,
¹¹o rei de Jarmute,
 o rei de Laquis,
¹²o rei de Eglom,
 o rei de Gezer,
¹³o rei de Debir,
 o rei de Geder,
¹⁴o rei de Hormá,
 o rei de Arade,
¹⁵o rei de Libna,
 o rei de Adulão,
¹⁶o rei de Maquedá,
 o rei de Betel,
¹⁷o rei de Tapua,
 o rei de Héfer,
¹⁸o rei de Afeque,
 o rei de Lasarom,
¹⁹o rei de Madom,
 o rei de Hazor,
²⁰o rei de Sinrom-Merom,
 o rei de Acsafe,
²¹o rei de Taanaque,
 o rei de Megido,
²²o rei de Quedes,
 o rei de Jocneão, no Carmelo,
²³o rei de Dor, na cidade de Nafote-Dor,ᵇ
 o rei de Goim, em Gilgal,ᶜ
²⁴e o rei de Tirza.

Ao todo, os israelitas derrotaram 31 reis.

A terra ainda por conquistar

13 Josué já era idoso, e o Senhor lhe disse: "Você está envelhecendo, e ainda há muita terra a ser conquistada. ²Este é o território que resta: todas as regiões dos filisteus e dos gesuritas; ³o território mais amplo dos cananeus, desde o ribeiro de Sior, na divisa com o Egito, até a divisa de Ecrom, ao norte. Abrange o território de cinco governantes filisteus: de Gaza, de Asdode, de Ascalom, de Gate e de Ecrom. ⁴Também falta conquistar a terra dos aveus, ao sul. Ao norte, a seguinte região ainda não foi conquistada: toda a terra dos cananeus, incluindo Meara, pertencente aos sidônios, até Afeca, na divisa com os amorreus; ⁵a terra dos gibleus e toda a região montanhosa do Líbano, a leste, desde Baal-Gade, ao pé do monte Hermom, até Lebo-Hamate; ⁶e toda a região montanhosa, a oeste, desde o Líbano até Misrefote-Maim, incluindo toda a terra dos sidônios.

"Eu mesmo expulsarei esses povos da terra de diante dos israelitas. Não deixem, portanto, de dar esta terra a Israel como herança, conforme eu lhes ordenei. ⁷Dividam todo este território como herança entre as nove tribos e a meia tribo de Manassés".

A terra dividida a leste do Jordão

⁸A outra metade da tribo de Manassés e as tribos de Rúben e Gade já haviam recebido sua porção de terra como herança a leste do Jordão, designada para eles por Moisés, servo do Senhor.

ª **12.8** Em hebraico, *a Sefelá*. ᵇ **12.23a** Em hebraico, *Nafate-Dor*, variação de Nafote-Dor. ᶜ **12.23b** A Septuaginta traz *Goim, na Galileia*.

⁹Seu território se estendia desde Aroer, na beira do vale do Arnom, incluindo a cidade no meio do vale, passando pelo planalto além de Medeba, até Dibom. ¹⁰Também abrangia todas as cidades de Seom, rei dos amorreus, que havia reinado em Hesbom, e se estendia até a divisa de Amom. ¹¹Incluía Gileade, o território dos reinos de Gesur e Maaca, todo o monte Hermom e toda a região de Basã, até Salcá, ¹²e também todo o reino de Ogue, rei de Basã, que havia reinado em Astarote e Edrei. O rei Ogue era o último dos refains, pois Moisés os havia atacado e expulsado. ¹³Mas os israelitas não expulsaram os habitantes de Gesur e Maaca, de modo que vivem no meio de Israel até hoje.

Uma herança para a tribo de Levi

¹⁴Moisés não havia designado porção alguma de terra como herança para a tribo de Levi. Em vez disso, conforme o SENHOR lhes havia prometido, sua herança vinha das ofertas especiais para o SENHOR, o Deus de Israel.

A terra entregue à tribo de Rúben

¹⁵Moisés havia designado a seguinte área aos clãs da tribo de Rúben:

¹⁶Seu território se estendia desde Aroer, na beira do vale do Arnom, incluindo a cidade no meio do vale, até o planalto além de Medeba. ¹⁷Abrangia Hesbom e as outras cidades do planalto: Dibom, Bamote-Baal, Bete-Baal-Meom, ¹⁸Jaza, Quedemote, Mefaate, ¹⁹Quiriataim, Sibma, Zerete-Saar, na colina acima do vale, ²⁰Bete-Peor, as encostas do Pisga e Bete-Jesimote.

²¹O território de Rúben também incluía todas as cidades do planalto e todo o reino de Seom, o rei amorreu que havia reinado em Hesbom. Seom havia sido morto por Moisés junto com os líderes de Midiã: Evi, Requém, Zur, Hur e Reba, príncipes que habitavam naquela região e eram aliados de Seom. ²²Os israelitas também mataram Balaão, filho de Beor, que usava mágica para prever o futuro. ²³O rio Jordão marcava a divisa oeste da tribo de Rúben. As cidades e seus povoados ao redor nessa região foram entregues aos clãs da tribo de Rúben como sua herança.

A terra entregue à tribo de Gade

²⁴Moisés havia designado a seguinte área aos clãs da tribo de Gade:

²⁵Seu território abrangia Jazar, todas as cidades de Gileade e metade da terra de Amom, até a cidade de Aroer, logo a oeste de[a] Rabá. ²⁶Estendia-se desde Hesbom até Ramate-Mispá e Betonim, e desde Maanaim até o território de Lo-Debar.[b] ²⁷No vale, incluía Bete-Arã, Bete-Ninra, Sucote, Zafom, e o restante das terras de Seom, rei de Hesbom. A divisa ocidental acompanhava o rio Jordão e se estendia ao norte até a ponta do mar da Galileia,[c] e depois fazia uma curva para o leste. ²⁸As cidades com os povoados ao redor foram entregues aos clãs da tribo de Gade como sua herança.

A terra entregue à meia tribo de Manassés

²⁹Moisés havia designado a seguinte área aos clãs da meia tribo de Manassés:

³⁰Seu território se estendia desde Maanaim e abrangia toda a região de Basã, todo o antigo território do rei Ogue, e as sessenta cidades de Jair, em Basã. ³¹Também incluía metade de Gileade, bem como Astarote e Edrei, cidades do reino de Ogue em Basã. Tudo isso foi entregue à metade dos descendentes de Maquir, filho de Manassés, segundo seus clãs.

³²Essa foi a divisão de terras como herança que Moisés designou enquanto estava nas campinas de Moabe, do outro lado do rio Jordão, a leste de Jericó. ³³À tribo de Levi, porém, Moisés não deu porção alguma de terra como herança, pois o SENHOR, o Deus de Israel, havia prometido que ele próprio seria sua herança.

A terra dividida a oeste do Jordão

14 As demais tribos de Israel receberam como herança as terras em Canaã designadas pelo sacerdote Eleazar, por Josué, filho de Num, e pelos chefes das tribos. ²Essas nove tribos e meia receberam as terras de sua herança por sorteio, como o SENHOR havia ordenado por

---

[a] 13.25 Em hebraico, *em frente de*. [b] 13.26 Em hebraico, *Li-Debir*, aparentemente uma variação de Lo-Debar (comparar com 2Sm 9.4; 17.27; Am 6.13). [c] 13.27 Em hebraico, *mar de Quinerete*.

meio de Moisés. ³Ele já havia designado as terras de herança para as duas tribos e meia do lado leste do rio Jordão, mas não tinha dado uma porção de terra como herança para os levitas. ⁴Os descendentes de José haviam se tornado duas tribos separadas: Manassés e Efraim. Os levitas não receberam porção alguma de terra, mas apenas cidades para morarem, com pastagens ao redor para seus animais e todos os seus bens. ⁵Assim, os israelitas distribuíram a terra exatamente de acordo com as ordens do Senhor a Moisés.

Calebe pede sua terra

⁶Uma delegação da tribo de Judá, liderada por Calebe, filho do quenezeu Jefoné, foi a Josué em Gilgal. Calebe disse a Josué: "Lembre-se do que o Senhor disse a Moisés, o homem de Deus, a respeito de você e de mim quando estávamos em Cades-Barneia. ⁷Eu tinha 40 anos quando Moisés, servo do Senhor, me enviou de Cades-Barneia para fazer o reconhecimento da terra de Canaã. Eu voltei e lhe dei um relatório verdadeiro, ⁸mas meus irmãos israelitas que foram comigo assustaram o povo de tal maneira que eles se encheram de medo. De minha parte, segui o Senhor, meu Deus, de todo o coração. ⁹Por isso, naquele dia Moisés me prometeu solenemente: 'A terra de Canaã na qual você caminhou será herança permanente para você e seus descendentes, pois você seguiu o Senhor, meu Deus, de todo o coração'.

¹⁰"Agora, como você vê, em todos estes 45 anos, desde que Moisés disse essas palavras, o Senhor me preservou como havia prometido, mesmo quando Israel vagava pelo deserto. Hoje estou com 85 anos. ¹¹Continuo forte como no dia em que Moisés me enviou, e ainda posso viajar e lutar tão bem quanto naquela época. ¹²Portanto, dê-me a região montanhosa que o Senhor me prometeu. Você certamente se lembra de que, enquanto fazíamos o reconhecimento da terra, descobrimos que os descendentes de Enaque viviam ali em grandes cidades fortificadas. Mas, se o Senhor estiver comigo, eu os expulsarei da terra, como o Senhor prometeu".

¹³Então Josué abençoou Calebe, filho de Jefoné, e lhe deu Hebrom como sua porção de terra. ¹⁴Até hoje Hebrom pertence aos descendentes de Calebe, filho do quenezeu Jefoné, pois ele seguiu fielmente o Senhor, o Deus de Israel. ¹⁵Antes disso, Hebrom era chamada Quiriate-Arba, em homenagem a Arba, um grande herói dos descendentes de Enaque.

E a terra descansou da guerra.

A terra entregue à tribo de Judá

15 As terras distribuídas por sorteio aos clãs da tribo de Judá se estendiam para o sul, até a divisa com Edom, e chegavam ao deserto de Zim, no extremo sul:

²A divisa ao sul começava na extremidade sul do mar Morto,ᵃ ³seguia para o sul pela ladeira do Escorpião,ᵇ passando pelo deserto de Zim e prosseguindo até Hezrom, ao sul de Cades-Barneia. Então subia até Adar e fazia uma curva em direção a Carca. ⁴Dali passava por Azmom, continuava até o ribeiro do Egito e seguia até o mar Mediterrâneo.ᶜ Essa era a divisa ao sul deles.ᵈ

⁵A divisa a leste se estendia ao longo do mar Morto até a foz do rio Jordão.

A divisa ao norte começava na extremidade onde o Jordão deságua no mar Morto, ⁶subia dali para Bete-Hogla e continuava ao norte de Bete-Arabá, até a Pedra de Boã (Boã era filho de Rúben). ⁷A partir desse ponto, passava pelo vale de Acor até Debir, fazendo uma curva para o norte, em direção a Gilgal, que ficava de frente ao desfiladeiro de Adumim, do lado sul do vale. Dali a divisa se estendia para as águas de En-Semes, até En-Rogel. ⁸Depois passava pelo vale de Ben-Hinom, pela encosta sul dos jebuseus, onde fica a cidade de Jerusalém. Em seguida estendia-se para o oeste, até o alto do monte acima do vale de Hinom, e continuava até a extremidade norte do vale de Refaim. ⁹A divisa prosseguia do alto do monte para a fonte nas águas de Neftoa,ᵉ até as cidades do monte Efrom. Então fazia uma curva em direção a Baalá (isto é, Quiriate-Jearim). ¹⁰Rodeava Baalá em direção ao oeste, até o monte Seir, passava pela cidade de Quesalom, na

---

ᵃ **15.2** Em hebraico, *mar Salgado*; também em 15.5. ᵇ **15.3** Ou *ladeira de Acrabim*. ᶜ **15.4a** Em hebraico, *mar*; também em 15.11. ᵈ **15.4b** Em hebraico, *de vocês*. ᵉ **15.9** Ou *fonte de Me-Neftoa*.

encosta norte do monte Jearim, descia a Bete-Semes e passava por Timna. ¹¹Depois a divisa continuava até a encosta do monte ao norte de Ecrom, onde fazia uma curva em direção a Sicrom e o monte Baalá. Passava por Jabneel e terminava no mar Mediterrâneo.

¹²A divisa ocidental era o litoral do mar Mediterrâneo.[a]

Essas são as divisas dos clãs da tribo de Judá.

A terra entregue a Calebe

¹³Por ordem do SENHOR, Josué designou uma porção no meio do território de Judá para Calebe, filho de Jefoné. Calebe recebeu a cidade de Quiriate-Arba (isto é, Hebrom), assim chamada por causa de Arba, um antepassado de Enaque. ¹⁴Calebe expulsou três grupos de enaquins: os descendentes de Sesai, de Aimã e de Talmai, filhos de Enaque.

¹⁵Dali ele partiu para lutar contra os habitantes da cidade de Debir (antes chamada de Quiriate-Sefer). ¹⁶Calebe disse: "Darei minha filha Acsa em casamento a quem atacar e tomar Quiriate-Sefer". ¹⁷Otoniel, filho de Quenaz, irmão de Calebe, tomou a cidade, e Calebe lhe deu Acsa como esposa.

¹⁸Quando Acsa se casou com Otoniel, ela insistiu para que ele[b] pedisse um campo ao pai dela. Assim que ela desceu do jumento, Calebe lhe perguntou: "O que você quer?".

¹⁹Ela respondeu: "Quero mais um presente. O senhor me deu terras no deserto do Neguebe; agora, peço que também me dê fontes de água". Então Calebe lhe deu as fontes superiores e as fontes inferiores.

As cidades separadas para Judá

²⁰Esta foi a herança designada aos clãs da tribo de Judá:

²¹As cidades de Judá situadas ao longo da divisa com Edom, no extremo sul, eram: Cabzeel, Éder, Jagur, ²²Quiná, Dimona, Adada, ²³Quedes, Hazor, Itnã, ²⁴Zife, Telém, Bealote, ²⁵Hazor-Hadata, Queriote-Hezrom (isto é, Hazor), ²⁶Amã, Sema, Moladá, ²⁷Hazar-Gada, Hesmom, Bete-Pelete, ²⁸Hazar-Sual, Berseba, Biziotiá, ²⁹Baalá, Iim, Azém, ³⁰Eltolade, Quesil, Hormá, ³¹Ziclague, Madmana, Sansana, ³²Lebaote, Silim, Aim e Rimom; ao todo, 29 cidades com os povoados ao redor.

³³As seguintes cidades situadas nas colinas do oeste[c] também foram entregues a Judá: Estaol, Zorá, Asná, ³⁴Zanoa, En-Ganim, Tapua, Enã, ³⁵Jarmute, Adulão, Socó, Azeca, ³⁶Saaraim, Aditaim, Gederá e Gederotaim; catorze cidades com os povoados ao redor.

³⁷Também foram incluídas: Zenã, Hadasa, Migdal-Gade, ³⁸Dileã, Mispá, Jocteel, ³⁹Laquis, Bozcate, Eglom, ⁴⁰Cabom, Laamás, Quitlis, ⁴¹Gederote, Bete-Dagom, Naamá e Maquedá; dezesseis cidades com os povoados ao redor.

⁴²Além dessas, também foram entregues: Libna, Eter, Asã, ⁴³Iftá, Asná, Nezibe, ⁴⁴Queila, Aczibe e Maressa; nove cidades com os povoados ao redor.

⁴⁵O território da tribo de Judá abrangia, ainda, Ecrom com os assentamentos e povoados ao redor. ⁴⁶De Ecrom, a divisa se estendia para o oeste, e incluía as cidades perto de Asdode, com os povoados ao redor. ⁴⁷Também incluía Asdode, com os assentamentos e povoados ao redor, e Gaza, com os assentamentos e povoados ao redor, até o ribeiro do Egito, e ao longo do litoral do mar Mediterrâneo.

⁴⁸Judá também recebeu estas cidades na região montanhosa: Samir, Jatir, Socó, ⁴⁹Daná, Quiriate-Sana (isto é, Debir), ⁵⁰Anabe, Estemo, Anim, ⁵¹Gósen, Holom e Gilo; onze cidades com os povoados ao redor.

⁵²Foram incluídas ainda: Arabe, Dumá, Esã, ⁵³Janim, Bete-Tapua, Afeca, ⁵⁴Hunta, Quiriate-Arba (isto é, Hebrom), e Zior; nove cidades com os povoados ao seu redor.

⁵⁵Além destas, também foram entregues: Maom, Carmelo, Zife, Jutá, ⁵⁶Jezreel, Jocdeão, Zanoa, ⁵⁷Caim, Gibeá e Timna; dez cidades com os povoados ao redor.

⁵⁸E ainda: Halul, Bete-Zur, Gedor, ⁵⁹Maarate, Bete-Anote e Eltecom; seis cidades com os povoados ao redor.

⁶⁰Também: Quiriate-Baal (isto é, Quiriate-Jearim), e Rabá; duas cidades com os povoados ao redor.

---

[a] 15.12 Em hebraico, *mar Grande*; também em 15.47. [b] 15.18 Alguns manuscritos gregos trazem *ele insistiu para que ela*. [c] 15.33 Em hebraico, *na Sefelá*.

⁶¹No deserto ficavam: Bete-Arabá, Midim, Secacá, ⁶²Nibsã, a Cidade do Sal e En-Gedi; seis cidades com os povoados ao redor.

⁶³Contudo, a tribo de Judá não conseguiu expulsar os jebuseus, que habitavam em Jerusalém, de modo que os jebuseus vivem até hoje no meio de Judá.

A terra entregue a Efraim e a Manassés ocidental

16 As terras distribuídas por sorteio aos descendentes de José se estendiam desde o rio Jordão, perto de Jericó, a leste das águas de Jericó, passando pelo deserto, até a região montanhosa de Betel. ²De Betel (isto é, Luz),ᵃ seguiam para Atarote, no território dos arquitas. ³Depois desciam em direção ao oeste, para o território dos jafletitas, até Bete-Horom Baixa e dali para Gezer, até o mar Mediterrâneo.ᵇ

⁴Essa foi a herança designada às famílias de Manassés e Efraim, filhos de José.

A terra entregue a Efraim

⁵A seguinte herança foi designada aos clãs da tribo de Efraim:

Sua divisa começava em Atarote-Adar, a leste. Dali se estendia para Bete-Horom Alta, ⁶e depois para o mar Mediterrâneo. De Micmetá, ao norte, fazia uma curva para o leste e passava por Taanate-Siló, a leste de Janoa. ⁷De Janoa fazia uma curva para o sul, até Atarote e Naarate, chegava até Jericó e terminava no rio Jordão. ⁸De Tapua, a divisa se estendia para o oeste, em direção ao vale de Caná, e dali chegava até o mar Mediterrâneo. Essa foi a porção de terra designada como herança para os clãs da tribo de Efraim.

⁹Além disso, algumas cidades, com os povoados ao redor, no território designado como herança à meia tribo de Manassés, foram separadas para a tribo de Efraim. ¹⁰Eles não expulsaram os cananeus de Gezer, de modo que os habitantes de Gezer vivem até hoje no meio de Efraim, submetidos a trabalhos forçados.

A terra entregue a Manassés ocidental

17 A porção seguinte de terra foi entregue por sorteio à meia tribo de Manassés, os descendentes do filho mais velho de José. Maquir, filho mais velho de Manassés, era pai de Gileade. Guerreiros valentes, ele e seus descendentes receberam as regiões de Gileade e Basã, a leste do rio Jordão. ²Assim, a porção de terra a oeste do Jordão foi para as demais famílias dos clãs da tribo de Manassés: Abiezer, Heleque, Asriel, Siquém, Héfer e Semida. Esses descendentes do sexo masculino representavam os clãs de Manassés, filho de José.

³Contudo, Zelofeade, filho de Héfer, filho de Gileade, filho de Maquir, filho de Manassés, não teve filhos, mas somente filhas. Seus nomes eram: Maala, Noa, Hogla, Milca e Tirza. ⁴Essas mulheres foram ao sacerdote Eleazar, a Josué, filho de Num, e aos líderes israelitas e disseram: "O Senhor ordenou a Moisés que nos entregasse uma porção de terra como herança junto a nossos parentes".

Então Josué lhes deu uma herança entre os irmãos de seu pai, conforme o Senhor havia ordenado. ⁵Assim, a tribo de Manassés recebeu, no total, dez porções de terra, além de Gileade e Basã, do outro lado do Jordão, ⁶pois as descendentes de Manassés receberam uma herança entre os descendentes dele. (A terra de Gileade foi entregue aos demais descendentes de Manassés.)

⁷A divisa da tribo de Manassés se estendia desde Aser até Micmetá, perto de Siquém. Dali prosseguia para o sul, de Micmetá até o assentamento junto à fonte de Tapua. ⁸As terras ao redor de Tapua pertenciam a Manassés, mas a cidade de Tapua propriamente dita, na divisa do território de Manassés, pertencia à tribo de Efraim. ⁹Da fonte de Tapua a divisa de Manassés seguia pelo vale de Caná e dali chegava até o mar Mediterrâneo.ᶜ Várias cidades ao sul do vale ficavam dentro do território de Manassés, mas, na verdade, pertenciam à tribo de Efraim. ¹⁰Em geral, porém, a terra ao sul do vale pertencia a Efraim, e a terra ao norte do vale pertencia a Manassés. A divisa de

---

ᵃ **16.2** Conforme a Septuaginta (ver tb. 18.13); o hebraico traz *De Betel até Luz*. ᵇ **16.3** Em hebraico, *mar*; também em 16.6,8. ᶜ **17.9** Em hebraico, *mar*; também em 17.10.

Manassés acompanhava o lado norte do ribeiro e terminava no mar Mediterrâneo. Ao norte de Manassés ficava o território de Aser e, a leste, o território de Issacar.

¹¹As seguintes cidades dentro do território de Issacar e Aser foram entregues a Manassés: Bete-Sã,ª Ibleã, Dor (isto é, Nafote-Dor),ᵇ En-Dor, Taanaque e Megido, cada uma com os assentamentos ao redor.

¹²Contudo, os descendentes de Manassés não conseguiram ocupar essas cidades, pois os cananeus estavam determinados a permanecer naquela região. ¹³Mais tarde, quando os israelitas se tornaram fortes o suficiente, submeteram os cananeus a trabalhos forçados, mas não os expulsaram completamente.

¹⁴Os descendentes de José foram a Josué e perguntaram: "Por que você nos deu apenas uma porção de terra como herança, uma vez que o Senhor nos tornou um povo tão numeroso?".

¹⁵Josué respondeu: "Se vocês são tão numerosos, e se a região montanhosa de Efraim não é grande o suficiente para vocês, abram espaço nos bosques onde habitam os ferezeus e os refains".

¹⁶Os descendentes de José disseram: "É verdade que a região montanhosa não é grande o suficiente para nós. Mas todos os cananeus do vale, tanto os de Bete-Sã e dos povoados ao redor como os do vale de Jezreel, têm carros de guerra com rodas de ferro; são fortes demais para nós".

¹⁷Então Josué disse às tribos de Efraim e Manassés, os descendentes de José: "Uma vez que vocês são tão numerosos e fortes, receberão mais de uma porção. ¹⁸Os bosques na região montanhosa também serão seus. Abram todo o espaço que desejarem e tomem posse de seus limites mais distantes. E, embora os cananeus dos vales sejam fortes e tenham carros de guerra com rodas de ferro, vocês conseguirão expulsá-los".

Distribuição do restante da terra

18 Agora que a terra estava sob o controle dos israelitas, toda a comunidade se reuniu em Siló e ali armou a tenda do encontro. ²Mas ainda restavam sete tribos de Israel que não haviam recebido porções de terra como herança.

³Então Josué disse aos israelitas: "Até quando vocês vão esperar para tomar posse do restante da terra que o Senhor, o Deus de seus antepassados, lhes deu? ⁴Escolham três homens de cada tribo, e eu os enviarei para fazer o reconhecimento da terra e mapeá-la. Eles voltarão a mim com um relatório escrito das divisões propostas de sua herança. ⁵Dividirão a terra em sete partes, sem incluir o território de Judá, ao sul, e o território de José, ao norte. ⁶Depois que traçarem um mapa da divisão da terra em sete partes, tragam-no para mim, e eu farei um sorteio na presença do Senhor, nosso Deus.

⁷"Os levitas, porém, não receberão porção alguma de terra entre vocês, pois seu serviço como sacerdotes do Senhor será a sua herança. E as tribos de Gade e Rúben e a meia tribo de Manassés não receberão mais terras, pois já receberam como herança a porção de terra que Moisés, servo do Senhor, lhes deu a leste do Jordão".

⁸Quando os homens estavam de partida para mapear a terra, Josué lhes ordenou: "Vão, façam o reconhecimento da terra e tragam uma descrição dela por escrito. Depois, voltem e

---

ª **17.11a** Em hebraico, *Bete-Seã*, variação de Bete-Sã; também em 17.16. ᵇ **17.11b** O significado do hebraico é incerto.

17.18 Todos devem ser expulsos, pois, *todo pecado é nosso inimigo*. Espero que não tenhamos inimigos neste mundo entre nossos semelhantes. É preciso dois para que haja uma briga, e se não contendermos, não poderá haver contenda. Não devemos ofender nem nos ofendermos, mas se possível, no que depender de nós, devemos ter paz com todos os homens. [...] Mas todo pecado, todo mal, de toda forma, é nosso verdadeiro inimigo, contra o qual devemos lutar até o fim. [...] Uma das marcas de um filho de Deus é que, apesar de pecar, ele não ama o pecado. Ele pode cair em pecado, mas é como uma ovelha que, se cair na lama, rapidamente se levanta de novo, pois odeia a lama. A porca chafurda onde a ovelha se angustia. Bem, não somos como os porcos que amam a lama, embora sejamos como ovelhas que às vezes deslizam com seus pés. Oxalá nunca escorregássemos! Que miséria é o pecado para nós!

eu distribuirei a terra entre as tribos por sorteio na presença do Senhor, aqui em Siló". ⁹Os homens partiram, atravessaram a terra e traçaram um mapa de todo o território, dividindo-o em sete partes e relacionando as cidades em cada parte. Registraram tudo por escrito e voltaram a Josué, no acampamento em Siló. ¹⁰E, ali em Siló, Josué fez o sorteio na presença do Senhor, determinando qual tribo receberia cada parte.

A terra entregue a Benjamim

¹¹A primeira porção de terra foi entregue por sorteio à tribo de Benjamim. Ficava entre os territórios designados para as tribos de Judá e José:

¹²A divisa norte da terra de Benjamim começava no rio Jordão, passava pela encosta norte de Jericó e continuava para o oeste, atravessando a região montanhosa e terminando no deserto de Bete-Áven. ¹³Dali a divisa prosseguia para o sul, até a cidade de Luz (isto é, Betel), e descia para Atarote-Adar, no monte ao sul de Bete-Horom Baixa.

¹⁴Nesse ponto a divisa fazia uma curva para o sul, pelo lado oeste do monte em frente de Bete-Horom, e terminava em Quiriate-Baal (isto é, Quiriate-Jearim), cidade pertencente à tribo de Judá. Essa era sua divisa ocidental.

¹⁵A divisa ao sul começava nos arredores de Quiriate-Jearim. Desse ponto a oeste se estendia até a fonte nas águas de Neftoaᵃ ¹⁶e descia até o pé do monte que fica junto ao vale de Ben-Hinom, ao norte do vale de Refaim. Descia pelo vale de Hinom, atravessando a encosta sul da cidade onde habitavam os jebuseus, e continuava até En-Rogel. ¹⁷De En-Rogel a divisa prosseguia para o norte, chegava a En-Semes e continuava até Gelilote, que fica em frente do desfiladeiro de Adumim. Depois descia até a Pedra de Boã (Boã era filho de Rúben). ¹⁸Dali passava pela encosta norte, de onde se avista o vale do Jordão,ᵇ e descia para o vale. ¹⁹Continuava pela encosta norte de Bete-Hogla e terminava na extremidade norte do mar Morto,ᶜ que é o extremo sul do rio Jordão. Essa era a divisa ao sul.

²⁰A divisa ao leste era o rio Jordão.

Essas eram as divisas da herança designada aos clãs da tribo de Benjamim.

As cidades entregues a Benjamim

²¹Estas foram as cidades entregues aos clãs da tribo de Benjamim:

Jericó, Bete-Hogla, Emeque-Queziz, ²²Bete-Arabá, Zemaraim, Betel, ²³Avim, Pará, Ofra, ²⁴Quefar-Amonai, Ofni e Geba; doze cidades com os povoados ao redor. ²⁵Também: Gibeom, Ramá, Beerote, ²⁶Mispá, Quefira, Mosa, ²⁷Requém, Irpeel, Tarala, ²⁸Zela, Elefe, a cidade dos jebuseus (isto é, Jerusalém), Gibeá e Quiriate-Jearim;ᵈ catorze cidades com os povoados ao redor.

Essa foi a herança designada aos clãs da tribo de Benjamim.

A terra entregue a Simeão

19 A segunda porção de terra foi entregue por sorteio aos clãs da tribo de Simeão. Sua herança ficava dentro do território de Judá:

²A herança de Simeão incluía: Berseba, Seba, Moladá, ³Hazar-Sual, Balá, Azém, ⁴Eltolade, Betul, Hormá, ⁵Ziclague, Bete-Marcabote, Hazar-Susa, ⁶Bete-Lebaote e Saruém; treze cidades com os povoados ao redor. ⁷Também incluía: Aim, Rimom, Eter e Asã; quatro cidades com os povoados ao redor, ⁸e também os povoados vizinhos até Baalate-Beer (também conhecida como Ramá do Neguebe).

Essa foi a herança designada aos clãs da tribo de Simeão. ⁹Sua porção de terra foi tirada de uma parte da herança de Judá, pois o território de Judá era grande demais para eles. Assim, a tribo de Simeão recebeu sua herança dentro do território de Judá.

A terra entregue a Zebulom

¹⁰A terceira porção de terra foi entregue por sorteio aos clãs da tribo de Zebulom:

A divisa da herança de Zebulom chegava até Saride. ¹¹Dali prosseguia para o oeste, passando por Maralá, chegando até Dabesete

---

ᵃ **18.15** Ou *fonte de Me-Neftoa*. ᵇ **18.18** Em hebraico, *de onde se avista a Arabá*, ou *de onde se avista Bete-Arabá*. ᶜ **18.19** Em hebraico, *mar Salgado*. ᵈ **18.28** Conforme a Septuaginta; o hebraico traz *Quiriate*.

e seguindo para o ribeiro junto a Jocneão. ¹²Na direção oposta, a divisa se estendia para o leste desde Saride até o limite de Quislote-Tabor e, dali, para Daberate, subindo até Jafia. ¹³Depois continuava para o leste, até Gate-Héfer, Ete-Cazim e Rimom, e fazia uma curva na direção de Neá. ¹⁴A divisa norte de Zebulom passava por Hanatom e terminava no vale de Iftá-El. ¹⁵Além das cidades mencionadas, ali estavam: Catate, Naalal, Sinrom, Idala e Belém; doze cidades com os povoados ao redor.

¹⁶A herança designada aos clãs da tribo de Zebulom incluía essas cidades com os povoados ao redor.

A terra entregue a Issacar

¹⁷A quarta porção de terra foi entregue por sorteio aos clãs da tribo de Issacar:

¹⁸Seu território abrangia as seguintes cidades: Jezreel, Quesulote, Suném, ¹⁹Hafaraim, Siom, Anaarate, ²⁰Rabite, Quisiom, Ebes, ²¹Remete, En-Ganim, En-Hadá e Bete-Pazes. ²²A divisa também chegava a Tabor, Saazima e Bete-Semes, e terminava no Jordão; dezesseis cidades com os povoados ao redor.

²³A herança designada aos clãs de Issacar incluía essas cidades com os povoados ao redor.

A terra entregue a Aser

²⁴A quinta porção de terra foi entregue por sorteio aos clãs da tribo de Aser:

²⁵Seu território abrangia as seguintes cidades: Helcate, Hali, Béten, Acsafe, ²⁶Alameleque, Amade e Misal. A divisa a oeste chegava até o Carmelo e Sior-Libnate, ²⁷depois fazia uma curva para o leste, em direção a Bete-Dagom, se estendia até Zebulom, no vale de Iftá-El, ia para o norte, até Bete-Emeque e Neiel. Dali prosseguia para Cabul, ao norte, ²⁸Abdom,ª Reobe, Hamom e Caná, até a grande Sidom. ²⁹Depois a divisa fazia uma curva em direção a Ramá e à cidade fortificada de Tiro, de onde virava em direção a Hosa e terminava no mar Mediterrâneo.ᵇ O território também incluía Meebel, Aczibe, ³⁰Umá, Afeque e Reobe; 22 cidades com os povoados ao redor.

³¹A herança designada aos clãs da tribo de Aser incluía essas cidades com os povoados ao redor.

A terra entregue a Naftali

³²A sexta porção de terra foi entregue por sorteio aos clãs da tribo de Naftali:

³³Sua divisa começava em Helefe, no carvalho de Zaanim, passava por Adami-Neguebe e Jabneel, até Lacum, e terminava no rio Jordão. ³⁴A divisa oeste passava por Aznote-Tabor e ia para Hucoque. Chegava à divisa de Zebulom, ao sul, à divisa de Aser, a oeste, e ao rio Jordão,ᶜ a leste. ³⁵Suas cidades fortificadas eram: Zidim, Zer, Hamate, Racate, Quinerete, ³⁶Adamá, Ramá, Hazor, ³⁷Quedes, Edrei, En-Hazor, ³⁸Irom, Migdal-El, Horém, Bete-Anate e Bete-Semes; dezenove cidades com os povoados ao redor.

³⁹A herança designada aos clãs da tribo de Naftali incluía essas cidades com os povoados ao redor.

A terra entregue a Dã

⁴⁰A sétima porção de terra foi entregue por sorteio aos clãs da tribo de Dã:

⁴¹O território designado como sua herança abrangia estas cidades: Zorá, Estaol, Ir-Semes, ⁴²Saalabim, Aijalom, Itla, ⁴³Elom, Timna, Ecrom, ⁴⁴Elteque, Gibetom, Baalate, ⁴⁵Jeúde, Bene-Beraque, Gate-Rimom, ⁴⁶Me-Jarcom e Racom, e o território em frente de Jope.

⁴⁷Os membros da tribo de Dã tiveram dificuldade em tomar posse de sua terra,ᵈ por isso atacaram a cidade de Lesém. Eles a tomaram, massacraram seu povo e se estabeleceram nela. Mudaram o nome da cidade para Dã, em homenagem a seu antepassado.

⁴⁸A herança designada aos clãs da tribo de Dã incluía essas cidades com os povoados ao redor.

A terra entregue a Josué

⁴⁹Depois que todo o território havia sido repartido entre as tribos, os israelitas deram a

---

ª **19.28** Conforme alguns manuscritos hebraicos (ver tb. 21.30); a maioria dos manuscritos hebraicos traz *Ebrom*. ᵇ **19.29** Em hebraico, *mar*. ᶜ **19.34** Em hebraico, *e a Judá, no rio Jordão*. ᵈ **19.47** Ou *tiveram dificuldade em manter a posse de sua terra*.

Josué uma porção de terra como herança no meio deles, ⁵⁰pois o Senhor tinha dito que ele poderia receber qualquer cidade que quisesse. Ele escolheu Timnate-Sera, na região montanhosa de Efraim. Ali reconstruiu a cidade e habitou nela.

⁵¹Foram esses os territórios que o sacerdote Eleazar, Josué, filho de Num, e os chefes das tribos designaram como herança para as tribos de Israel, por sorteio na presença do Senhor, à entrada da tenda do encontro em Siló. Assim, concluíram a distribuição da terra.

As cidades de refúgio

20 O Senhor disse a Josué: ²"Diga aos israelitas que designem as cidades de refúgio, de acordo com as instruções que dei a Moisés. ³Qualquer um que matar alguém acidentalmente e sem intenção poderá fugir para uma dessas cidades; serão lugares de proteção contra os parentes da vítima que quiserem vingar sua morte.

⁴"Ao chegar a uma dessas cidades, a pessoa que tirou a vida de alguém comparecerá diante das autoridades à porta da cidade e apresentará seu caso. Eles permitirão que essa pessoa entre na cidade e lhe darão um lugar para habitar no meio deles. ⁵Se os parentes da vítima forem até lá para vingar sua morte, as autoridades não entregarão o acusado, pois ele matou alguém sem intenção e sem hostilidade anterior. ⁶O acusado, porém, deve permanecer na cidade e ser julgado pela comunidade, que dará o veredicto. Continuará a viver na cidade até a morte daquele que era o sumo sacerdote na época do acidente. Depois disso, terá liberdade de voltar para sua casa na cidade de onde fugiu".

⁷Estas foram as cidades designadas como cidades de refúgio: Quedes, na Galileia, na região montanhosa de Naftali; Siquém, na região montanhosa de Efraim; e Quiriate-Arba (isto é, Hebrom), na região montanhosa de Judá. ⁸Estas foram as cidades designadas no lado leste do rio Jordão, em frente de Jericó: Bezer, no planalto desértico da tribo de Rúben; Ramote, em Gileade, no território da tribo de Gade; e Golã, em Basã, no território da tribo de Manassés. ⁹Essas cidades foram separadas para todos os israelitas, e também para os estrangeiros que viviam entre eles. Qualquer um que matasse alguém acidentalmente poderia se refugiar numa dessas cidades. Assim, não seria morto por vingança antes de comparecer a julgamento perante a comunidade.

As cidades entregues aos levitas

21 Os líderes da tribo de Levi foram falar com o sacerdote Eleazar, com Josué, filho de Num, e com os líderes das outras tribos de Israel. ²Encontraram-se com eles em Siló, na terra de Canaã, e disseram: "O Senhor ordenou por meio de Moisés que nos fossem dadas cidades para morarmos, além de pastagens para nossos animais". ³Então, por ordem do Senhor, os israelitas deram aos levitas, de sua própria herança, as seguintes cidades com suas pastagens:

⁴Os descendentes de Arão, membros do clã coatita da tribo de Levi, receberam por sorteio treze cidades que antes haviam sido designadas às tribos de Judá, Simeão e Benjamim. ⁵As outras famílias do clã coatita receberam por sorteio dez cidades das tribos de Efraim, Dã e da meia tribo de Manassés.

⁶O clã de Gérson recebeu por sorteio treze cidades das tribos de Issacar, Aser, Naftali e da meia tribo de Manassés estabelecida em Basã.

⁷O clã de Merari recebeu por sorteio doze cidades das tribos de Rúben, Gade e Zebulom.

⁸Assim, os israelitas obedeceram à ordem do Senhor a Moisés e, por sorteio, designaram aos levitas essas cidades com suas pastagens.

⁹Estas foram as cidades das tribos de Judá e Simeão que os israelitas entregaram ¹⁰aos descendentes de Arão, membros do clã coatita da tribo de Levi, os primeiros a serem sorteados: ¹¹Quiriate-Arba (isto é, Hebrom), na região montanhosa de Judá, com as pastagens ao redor. (Arba era antepassado de Enaque.) ¹²Mas os campos com os povoados ao redor foram entregues a Calebe, filho de Jefoné, como sua propriedade.

¹³Estas foram as cidades com suas pastagens que os descendentes do sacerdote Arão receberam: Hebrom (a cidade de refúgio para o homicida involuntário), Libna, ¹⁴Jatir, Estemoa, ¹⁵Holom, Debir, ¹⁶Aim, Jutá e Bete-Semes; foram nove cidades dessas duas tribos.

¹⁷Da tribo de Benjamim os sacerdotes receberam estas cidades com suas pastagens: Gibeom, Geba, ¹⁸Anatote e Almom; foram quatro cidades. ¹⁹Ao todo, portanto, os sacerdotes, descendentes de Arão, receberam treze cidades com suas pastagens.

²⁰Os outros levitas do clã coatita receberam por sorteio da tribo de Efraim estas cidades com suas pastagens: ²¹Siquém, na região montanhosa de Efraim (uma cidade de refúgio para o homicida involuntário), Gezer, ²²Quibzaim e Bete-Horom; foram quatro cidades.

²³Estas foram as cidades com suas pastagens, entregues aos sacerdotes pela tribo de Dã: Elteque, Gibetom, ²⁴Aijalom e Gate-Rimom; foram quatro cidades.

²⁵Da meia tribo de Manassés os sacerdotes receberam estas cidades com suas pastagens: Taanaque e Gate-Rimom; foram duas cidades. ²⁶Ao todo, portanto, foram entregues aos outros clãs coatitas dez cidades com suas pastagens.

²⁷Os descendentes de Gérson, outro clã da tribo de Levi, receberam da meia tribo de Manassés estas cidades com suas pastagens: Golã, em Basã (uma cidade de refúgio para o homicida involuntário), e Beesterá; foram duas cidades. ²⁸Da tribo de Issacar receberam estas cidades com suas pastagens: Quisiom, Daberate, ²⁹Jarmute e En-Ganim; foram quatro cidades. ³⁰Da tribo de Aser receberam estas cidades, com suas pastagens: Misal, Abdom, ³¹Helcate e Reobe; foram quatro cidades. ³²Da tribo de Naftali receberam estas cidades, com suas pastagens: Quedes, na Galileia (a cidade de refúgio para o homicida involuntário), Hamote-Dor e Cartã; foram três cidades. ³³Ao todo, portanto, o clã de Gérson recebeu treze cidades, com suas pastagens.

³⁴Os levitas restantes, o clã de Merari, receberam da tribo de Zebulom estas cidades, com suas pastagens: Jocneão, Cartá, ³⁵Dimna e Naalal; foram quatro cidades.

³⁶Da tribo de Rúben receberam estas cidades com suas pastagens: Bezer, Jaza, ³⁷Quedemote e Mefaate; foram quatro cidades.

³⁸Da tribo de Gade receberam estas cidades com suas pastagens: Ramote, em Gileade (a cidade de refúgio para o homicida involuntário), Maanaim, ³⁹Hesbom e Jazar. ⁴⁰Ao todo, portanto, o clã de Merari recebeu doze cidades.

⁴¹No total, foram entregues aos levitas dentro do território israelita 48 cidades com suas pastagens. ⁴²Cada uma dessas cidades tinha pastagens ao seu redor.

⁴³Assim, o Senhor deu a Israel toda a terra que havia jurado dar a seus antepassados, e eles tomaram posse dela e nela se estabeleceram. ⁴⁴O Senhor lhes deu descanso de todos os lados, como havia prometido solenemente a seus antepassados. Nenhum de seus inimigos resistiu a eles, pois o Senhor os ajudou a conquistar todos os seus adversários. ⁴⁵Nenhuma das boas promessas que o Senhor fez à família de Israel ficou sem se cumprir; tudo que ele tinha dito se realizou.

As tribos do leste voltam para casa

22 Então Josué convocou as tribos de Rúben e Gade e a meia tribo de Manassés ²e lhes disse: "Vocês fizeram tudo que Moisés, servo do Senhor, mandou e obedeceram a todas as minhas ordens. ³Durante todo esse tempo e até hoje, não abandonaram seus irmãos das outras tribos e tiveram o cuidado de obedecer a tudo que o Senhor, seu Deus, ordenou. ⁴Agora o Senhor, seu Deus, concedeu descanso a seus irmãos, como prometeu a eles. Portanto, voltem para casa, para a terra que Moisés, servo do Senhor, lhes deu como sua propriedade do outro lado do rio Jordão. ⁵Mas tenham muito cuidado de cumprir todos os mandamentos e a lei que Moisés, servo do Senhor, lhes deu. Amem o Senhor, seu Deus, andem em todos os seus caminhos, obedeçam a seus mandamentos, apeguem-se a ele firmemente e sirvam-no de todo o coração e de toda a alma". ⁶Então Josué os abençoou e se despediu deles, e eles foram para casa.

⁷Moisés tinha dado o território de Basã, a leste do rio Jordão, à meia tribo de Manassés. À outra metade da tribo, Josué deu terras a oeste do Jordão. Quando Josué se despediu deles e os abençoou, ⁸disse: "Voltem para casa com toda a riqueza que tomaram de seus inimigos: grandes rebanhos, prata, ouro, bronze, ferro e muitas roupas. Repartam os despojos com seus parentes".

⁹Assim, os homens de Rúben, de Gade e da meia tribo de Manassés deixaram os outros israelitas em Siló, na terra de Canaã, e partiram para sua própria terra em Gileade, da qual haviam tomado posse de acordo com a ordem do Senhor, por meio de Moisés.

As tribos do leste constroem um altar

¹⁰Enquanto ainda estavam em Canaã, chegaram a um lugar chamado Gelilote,[a] perto do rio Jordão. Ali os homens de Rúben e Gade e da meia tribo de Manassés pararam e construíram um altar grande e imponente.

¹¹Os outros israelitas souberam que os membros das tribos de Rúben e Gade e da meia tribo de Manassés haviam construído um altar em Gelilote, nos limites da terra de Canaã, do lado oeste do Jordão. ¹²Por isso, toda a comunidade de Israel se reuniu em Siló e se preparou para guerrear contra eles. ¹³Antes, porém, enviaram à terra de Gileade uma delegação liderada por Fineias, filho do sacerdote Eleazar, para conversar com as tribos de Rúben e Gade e a meia tribo de Manassés. ¹⁴A delegação era formada por dez líderes de Israel, um de cada uma das dez tribos, e todos eles eram chefes de suas famílias dentro dos clãs de Israel.

¹⁵Quando chegaram à terra de Gileade, disseram às tribos de Rúben e Gade e à meia tribo de Manassés: ¹⁶"Toda a comunidade do Senhor quer saber por que vocês foram tão infiéis ao Deus de Israel! Como puderam se afastar tanto do Senhor? Vocês construíram para si um altar, rebelando-se contra ele! ¹⁷Não bastou o pecado do incidente em Peor? Até hoje, não estamos completamente purificados dele, mesmo depois que a praga feriu toda a comunidade do Senhor. ¹⁸E, ainda assim, vocês abandonam o Senhor. Se hoje vocês se rebelarem contra o Senhor, amanhã ele voltará sua ira contra toda a comunidade de Israel!

¹⁹"Se a porção de terra que receberam como herança está impura, passem para o nosso lado, para a terra do Senhor, onde está o tabernáculo do Senhor, e tomem posse de um território entre nós. Mas não se rebelem contra o Senhor nem contra nós, construindo para si um altar que não seja o verdadeiro altar do Senhor, nosso Deus. ²⁰Quando Acã, descendente de Zerá, foi infiel ao Senhor, roubando as coisas separadas para o Senhor, a ira divina não caiu sobre toda a comunidade de Israel? E Acã não foi o único que morreu por causa do seu pecado!".

²¹Então os membros das tribos de Rúben e Gade e da meia tribo de Manassés responderam aos chefes dos clãs de Israel: ²²"O Senhor, o Poderoso, é Deus! O Senhor, o Poderoso, é Deus! Ele sabe a verdade, e que Israel a saiba também! Não construímos o altar por rebeldia nem por infidelidade ao Senhor. Se o fizemos, não poupem nossa vida hoje. ²³Se construímos o altar para nos afastarmos do Senhor ou para apresentarmos holocaustos, ofertas de cereal ou ofertas de paz, que o próprio Senhor nos castigue.

²⁴"A verdade é que construímos este altar por medo de que, no futuro, seus descendentes digam aos nossos: 'Que direito vocês têm de adorar o Senhor, o Deus de Israel? ²⁵O Senhor pôs o rio Jordão como barreira entre o nosso povo e o povo de Rúben e Gade. Vocês não têm parte com o Senhor'. Então seus descendentes poderão impedir os nossos de adorarem o Senhor.

²⁶"Por isso, resolvemos construir o altar, não para oferecer holocaustos ou sacrifícios, ²⁷mas como testemunho. Ele lembrará os nossos e os seus descendentes de que nós também temos o direito de servir ao Senhor em seu santuário com holocaustos, sacrifícios e ofertas de paz. Então seus descendentes não poderão dizer aos nossos: 'Vocês não têm parte com o Senhor'.

²⁸"Se disserem isso, nossos descendentes responderão: 'Vejam esta réplica do altar do Senhor que nossos antepassados fizeram. Não é para holocaustos nem sacrifícios; é uma lembrança do relacionamento que vocês e nós temos com o Senhor'. ²⁹Longe de nós nos rebelarmos contra o Senhor, ou nos afastarmos dele, construindo nosso próprio altar para holocaustos, ofertas de cereal ou sacrifícios. Somente o altar do Senhor, nosso Deus, que está diante do seu tabernáculo pode ser usado para esse fim".

³⁰Quando o sacerdote Fineias e os líderes da comunidade, os chefes dos clãs de Israel,

---

[a] **22.10** Ou *ao círculo de pedras*; também em 22.11.

ouviram o que os membros das tribos de Rúben e Gade e da meia tribo de Manassés disseram, ficaram satisfeitos. ³¹Fineias, filho do sacerdote Eleazar, lhes respondeu: "Hoje sabemos que o Senhor está no meio de nós, pois vocês não foram infiéis ao Senhor, como havíamos imaginado. Ao contrário, livraram Israel de ser destruído pela mão do Senhor".

³²Então Fineias, filho do sacerdote Eleazar, e os outros líderes deixaram as tribos de Rúben e Gade em Gileade e voltaram à terra de Canaã para relatar aos israelitas o que havia acontecido. ³³Todos os israelitas ficaram satisfeitos, louvaram a Deus e não falaram mais em guerrear contra Rúben e Gade.

³⁴Os membros das tribos de Rúben e Gade chamaram o altar de "Testemunho",[a] pois disseram: "É um testemunho entre nós e eles de que o Senhor é, também, o nosso Deus".

As palavras finais de Josué a Israel

23 Muito tempo se passou depois de o Senhor ter concedido a Israel descanso de todos os seus inimigos. Josué, agora bastante idoso, ²convocou todo o Israel, com seus líderes, chefes, juízes e oficiais, e disse: "Já estou bem idoso. ³Vocês viram tudo que o Senhor, seu Deus, fez por vocês. O Senhor, seu Deus, lutou em seu favor contra seus inimigos. ⁴Eu reparti entre vocês como herança toda a terra das nações que ainda não foram conquistadas, bem como a terra das nações que já derrotamos desde o rio Jordão até o mar Mediterrâneo,[b] a oeste. ⁵Essa terra será de vocês, pois o Senhor, seu Deus, expulsará de diante de vocês os povos que habitam ali. Vocês tomarão posse da terra deles, conforme o Senhor, seu Deus, lhes prometeu.

⁶"Por isso, esforcem-se ao máximo para cumprir cuidadosamente tudo que Moisés escreveu no Livro da Lei. Não se desviem dele, nem para um lado nem para o outro. ⁷Não se misturem com os povos que ainda restam na terra. Nem sequer mencionem o nome dos deuses deles e muito menos jurem por eles. Não sirvam nem adorem esses deuses, ⁸mas apeguem-se firmemente ao Senhor, seu Deus, como fizeram até hoje.

⁹"Pois o Senhor expulsou de diante de vocês grandes e poderosas nações e, até hoje, ninguém conseguiu lhes resistir. ¹⁰Cada um de vocês fará fugir mil homens do inimigo, porque o Senhor, seu Deus, luta por vocês, conforme prometeu. ¹¹Portanto, dediquem-se com empenho a amar o Senhor, seu Deus.

¹²"Mas, se vocês se desviarem dele e se apegarem aos costumes dos sobreviventes das nações que ainda restam no meio de vocês, e se casarem com eles, e eles com vocês, ¹³saibam, com certeza, que o Senhor, seu Deus, não expulsará essas nações de diante de vocês. Ao contrário, elas serão isca e armadilha para vocês, chicote em suas costas e espinhos em seus olhos. E vocês desaparecerão para sempre desta boa terra que o Senhor, seu Deus, lhes deu.

¹⁴"Em breve morrerei e irei pelo caminho de toda a terra. Vocês sabem, de todo o coração, que todas as boas promessas do Senhor, seu Deus, se cumpriram. Nenhuma delas falhou! ¹⁵Mas, assim como o Senhor, seu Deus, lhes deu as coisas boas que ele prometeu, também fará vir calamidades sobre vocês se lhe desobedecerem. O Senhor, seu Deus, os eliminará completamente desta boa terra que lhes deu. ¹⁶Se vocês quebrarem a aliança do Senhor, seu Deus, servindo ou adorando outros deuses, a ira do Senhor arderá contra vocês, e desaparecerão rapidamente da boa terra que ele lhes deu".

A renovação da aliança do Senhor

24 Então Josué reuniu todas as tribos de Israel em Siquém. Convocou também os líderes, os chefes, os juízes e os oficiais de Israel, e todos vieram e se apresentaram diante de Deus.

²Josué disse a todo o povo: "Assim diz o Senhor, o Deus de Israel: 'Muito tempo atrás, seus antepassados, incluindo Terá, pai de Abraão e de Naor, viviam além do rio Eufrates[c] e serviam outros deuses. ³Mas eu tirei seu antepassado Abraão da terra além do Eufrates e o conduzi à terra de Canaã. Dei-lhe muitos descendentes por meio de seu filho Isaque. ⁴A Isaque dei Jacó e Esaú. A Esaú dei os montes de Seir como

---

[a] 22.34 Alguns manuscritos não trazem *Testemunho*. [b] 23.4 Em hebraico, *mar Grande*. [c] 24.2 Em hebraico, *do rio*; também em 24.3,14,15.

propriedade, mas Jacó e seus filhos desceram para o Egito.

⁵"'Então enviei Moisés e Arão e lancei pragas terríveis sobre o Egito; depois, tirei vocês de lá. ⁶Quando tirei seus antepassados do Egito e eles chegaram ao mar Vermelho,ᵃ os egípcios os perseguiram com carros de guerra e cavaleiros. ⁷Seus antepassados clamaram ao Senhor, e eu coloquei escuridão entre os israelitas e os egípcios. Fiz o mar desabar sobre eles e os afoguei. Vocês viram com os próprios olhos o que eu fiz contra os egípcios. Depois, vocês viveram muitos anos no deserto.

⁸"'Por fim, eu os trouxe à terra dos amorreus, a leste do Jordão. Os amorreus lutaram contra vocês, mas eu os destruí diante de vocês. Eu os entreguei em suas mãos, e vocês tomaram posse da terra deles. ⁹Então Balaque, rei de Moabe e filho de Zipor, declarou guerra contra Israel. Mandou chamar Balaão, filho de Beor, para amaldiçoá-los, ¹⁰mas eu não dei ouvidos a Balaão. Em vez disso, fiz que ele os abençoasse e, desse modo, os livrei de Balaque.

¹¹"'Quando vocês atravessaram o Jordão e chegaram a Jericó, os habitantes de Jericó lutaram contra vocês, como fizeram os amorreus, os ferezeus, os cananeus, os hititas, os girgaseus, os heveus e os jebuseus. Mas eu os entreguei nas mãos de vocês. ¹²Enviei terrorᵇ adiante de vocês para expulsar os dois reis dos amorreus. Não foram espadas nem arcos que lhes deram a vitória. ¹³Eu lhes dei uma terra que vocês não cultivaram, e cidades que não construíram, as cidades onde agora habitam. Eu lhes dei vinhedos e olivais para alimentá-los, embora vocês não os tenham plantado'.

¹⁴"Portanto, temam o Senhor e sirvam-no de todo o coração. Lancem fora os ídolos que seus antepassados serviam quando viviam além do Eufrates e no Egito. Sirvam somente ao Senhor. ¹⁵Mas, se vocês se recusarem a servir ao Senhor, escolham hoje a quem servirão. Escolherão servir os deuses aos quais seus

---

ᵃ **24.6** Em hebraico, *mar de juncos*. ᵇ **24.12** Traduzido habitualmente como *vespas*. O significado do hebraico é incerto.

24.13,15 *V.13* Quando os israelitas entraram em Canaã deviam possuir um país que estava completamente preparado para sua ocupação. Havia cidades muradas e casas exatamente adaptadas para seu uso e em condições de serem restauradas. Os vinhedos estavam em produção máxima e as colinas aterradas prontas para o cultivo. Eles não eram como emigrantes para o oeste selvagem que têm que limpar as florestas e revolver pradarias! Nem sequer tinham que tomar posse de cidades em ruínas e reconstruí-las! Na maior parte, tudo estava esperando por eles, "cidades que não construíram" e até "vinhedos e olivais" para seu uso imediato! Moisés lhes tinha prometido que seria assim e Josué os lembrou da promessa quando esta se tornou um fato. [...]

No capítulo 6 do Deuteronômio, Moisés fala do povo tendo casas cheias de tudo o que é bom, que eles não encheram, e poços que não cavaram, e vinhas e oliveiras que não plantaram, também lhes ordenou que guardassem as palavras do Senhor em seus corações, que as ensinassem a seus filhos, que conversassem sobre elas enquanto estavam sentados em casa ou andando pelo caminho, que as atassem em suas mãos e em suas testas entre os olhos e que as escrevessem nos umbrais e portas de suas casas. Você vê qual foi a tendência do argumento de Moisés? Não foi apenas isso — se as palavras de promessa de Deus eram tão ricas e tão pesadas que fizeram Israel a possuir a terra que dá leite e mel, esse povo não deveria agora guardar com mais zelo todas as palavras de Deus? [...] Este tipo de experiência deve nos ensinar a preciosidade da Palavra de Deus como um todo, de modo que não nos separemos de uma única letra dela e não abandonemos nem o pingo de um i nem o corte de um t! [...] Bem, mesmo um preceito divino solitário é tão precioso que se todos os santos do mundo fossem queimados em uma estaca por terem-no defendido — valeria a pena o sacrifício! Se todos fôssemos para prisão e morte por causa da preservação de uma única frase da Escritura, estaríamos plenamente justificados em fazer tal sacrifício.

V.15 Josué sabia que as pessoas que o cercavam, enquanto serviam ostensivamente a Javé, estavam, muitas delas, adorando secretamente os ídolos antigos de seus pais mesopotâmicos — aqueles terafins que outrora foram escondidos na tenda de Raquel e que nunca foram completamente removidos da família de Jacó. Alguns deles, também, continham os emblemas egípcios. E alguns até haviam caído na adoração dos deuses do povo que haviam expulsado e estavam colocando as

antepassados serviam além do Eufrates? Ou os deuses dos amorreus, em cuja terra vocês habitam? Quanto a mim, eu e minha família serviremos ao Senhor".

¹⁶O povo respondeu: "Jamais abandonaríamos o Senhor para servir outros deuses! ¹⁷Pois foi o Senhor, nosso Deus, que nos libertou e a nossos antepassados da escravidão na terra do Egito. Ele realizou grandes milagres diante de nossos olhos. Enquanto andávamos pelo deserto, cercados de inimigos, ele nos protegeu. ¹⁸O Senhor expulsou de diante de nós os amorreus e todas as nações que viviam nesta terra. Portanto, nós também serviremos ao Senhor, pois só ele é o nosso Deus".

¹⁹Então Josué advertiu o povo: "Vocês não são capazes de servir ao Senhor, pois ele é Deus santo e zeloso. Não perdoará sua rebeldia e seus pecados. ²⁰Se abandonarem o Senhor e servirem outros deuses, ele se voltará contra vocês e os exterminará, apesar de todo o bem que ele lhes fez".

²¹Mas o povo respondeu a Josué: "Não! Nós serviremos ao Senhor!".

²²"Vocês são testemunhas de sua própria decisão", disse Josué. "Escolheram servir ao Senhor."

"Sim", responderam eles. "Somos testemunhas daquilo que dissemos."

²³"Pois bem", disse Josué. "Então lancem fora os falsos deuses que estão em seu meio e voltem o coração para o Senhor, o Deus de Israel."

²⁴O povo disse a Josué: "Serviremos ao Senhor, nosso Deus, e obedeceremos somente a ele!".

²⁵Naquele dia, Josué fez uma aliança com o povo em Siquém e lhes deu decretos e estatutos para obedecerem. ²⁶Josué registrou todas essas coisas no Livro da Lei de Deus. Como lembrança do pacto, pegou uma grande pedra e a ergueu debaixo do carvalho junto ao santuário do Senhor.

²⁷Josué disse a todo o povo: "Esta pedra ouviu tudo que o Senhor nos disse. Ela será testemunha contra vocês se não cumprirem o que prometeram a Deus".

²⁸Então Josué se despediu de todo o povo, e cada um voltou para a terra que havia recebido como herança.

Líderes sepultados na terra prometida

²⁹Depois de algum tempo, Josué, filho de Num, servo do Senhor, morreu aos 110 anos. ³⁰Sepultaram-no na terra que ele havia recebido como herança, em Timnate-Sera, na região montanhosa de Efraim, ao norte do monte Gaás.

³¹O povo de Israel serviu ao Senhor durante toda a vida de Josué e das autoridades que morreram depois dele e que sabiam pessoalmente tudo que o Senhor tinha feito por Israel.

³²Os ossos de José, que os israelitas haviam trazido consigo quando saíram do Egito, foram sepultados em Siquém, no terreno que Jacó havia comprado dos filhos de Hamor por cem peças de prata.ᵃ Esse terreno ficava dentro do território da herança dos descendentes de José.

³³Eleazar, filho de Arão, também morreu. Foi sepultado na região montanhosa de Efraim, na cidade de Gibeá, que havia sido entregue a seu filho, Fineias.

ᵃ **24.32** Em hebraico, *100 quesitas*; não se sabe mais o valor ou o peso da quesita.

---

imagens de baalins em suas casas. O povo era nominalmente adorador de Javé, mas na realidade, muitos deles tinham se voltado para deuses estranhos. Nunca, nos seus melhores dias, os filhos de Israel haviam se separado completamente dos ídolos, pois, como disse Estêvão a respeito deles, mesmo no deserto levantaram o tabernáculo de Moloque e a estrela de seu deus Renfã, imagens que eles fizeram para adorar. Bem, sendo um homem minucioso, resoluto e direto, Josué não podia suportar pessoas de mente dividida, portanto, levou o povo à decisão, exortando-os a servir ao Senhor com sinceridade e, se decidissem assim, deveriam se desfazer de todas suas imagens esculpidas. [...]

Para compeli-los a expressar a sua decisão, Josué declarou a sua própria. O exemplo pessoal de um homem é mais eloquente do que o poder das palavras. [...] Essa clara declaração da parte de Josué não foi um truque de persuasão ou uma resolução feita pela primeira vez para influenciar sua plateia — ele a vivera de tal forma que sua declaração trouxe peso a todos os que a ouviram, caso contrário teria sido sem propósito tê-la pronunciado. Ele sempre fora um homem de passos firmes e mente determinada.

Juízes

INTRODUÇÃO

Nome. O nome é derivado dos juízes cujos atos o livro registra.

Característica do livro. O livro é fragmentado e não é organizado cronologicamente. Os acontecimentos registrados são em grande parte locais e tribais em vez de nacionais, mas são de grande valor, pois revelam a condição e o caráter do povo.

Condição da nação. Israel era desorganizado e um tanto instável e faltavam-lhe a energia moral e o espírito de obediência a Deus. Caíam constantemente na idolatria e sofriam nas mãos das nações pagãs. Esta condição é resumida nas palavras repetidas frequentemente: "Os israelitas fizeram o que era mau aos olhos do Senhor" e "ele os entregou nas mãos de saqueadores que tomaram seus bens".

Conteúdo. Juízes registra o conflito de Israel com o povo cananeu e consigo mesmo; a condição da nação, o povo, as épocas, a fidelidade, a justiça e a misericórdia de Deus. Fornece um relato de "Sete apostasias, sete servidões às sete nações pagãs e sete libertações". Concede uma explicação desses "altos e baixos", pois não é apenas um registro de eventos históricos, mas uma interpretação desses mesmos eventos.

Obra dos Juízes. Os juízes eram levantados conforme a ocasião exigia e eram homens das tribos sobre quem Deus colocava o ônus do Israel apóstata e oprimido. Exerciam funções judiciais e conduziam os exércitos de Israel contra os seus inimigos. Eles, portanto, afirmavam os princípios da nação e confirmavam a causa de Deus. Como libertadores, eram todos antítipos de Cristo.

A palavra-chave do livro é "confusão" e o versículo-chave é "cada um fazia o que parecia certo a seus próprios olhos" (17.6), o que certamente provocava o estado de confusão.

ESBOÇO

1. Da conquista da terra a juízes, 1.1–3.6
2. Os juízes e suas ações, 3.7–16.31
   2.1. Contra a Mesopotâmia, 3.7-12
   2.2. Contra Moabe, 3.13-30
   2.3. Contra a Filístia, 3.31
   2.4. Contra os Cananeus, Caps. 4–5
   2.5. Contra os Midianitas, Caps. 6–10
   2.6. Contra os Amonitas, Caps. 11–12
   2.7. Contra os Filisteus, Caps. 13–16
3. A idolatria de Mica, Caps. 17–18
4. O crime de Gibeá, Caps. 19–21

PARA ESTUDO E DISCUSSÃO

[1] Aprenda os nomes dos juízes na sequência do tempo que cada um serviu, ou do período de repouso após realizarem seu trabalho.
[2] O inimigo que cada juiz teve que combater e que obra foi realizada pelo juiz em questão.
[3] Que elementos de força e de fraqueza são encontrados no caráter de cada juiz.
[4] Destaque verdades do Novo Testamento nas histórias de Gideão e de Sansão.
[5] Extraia lições para a vida prática de hoje das histórias de Jefté e de Débora.
[6] A apostasia religiosa como causa da decadência nacional.
[7] A insensatez política e a imoralidade social como sinal de decadência nacional.
[8] O método de libertação divina.

Judá e Simeão conquistam a terra

1 Depois da morte de Josué, os israelitas perguntaram ao Senhor: "Qual das tribos deve ser a primeira a atacar os cananeus?".

²O Senhor respondeu: "Judá, pois eu entreguei a terra em suas mãos".

³Os homens de Judá disseram a seus parentes da tribo de Simeão: "Venham conosco lutar contra os cananeus que vivem no território que nos foi designado como herança. Depois ajudaremos vocês a conquistar o seu território". Os homens de Simeão foram com Judá.

⁴Quando os homens de Judá atacaram, o Senhor entregou os cananeus e os ferezeus em suas mãos, e eles mataram dez mil guerreiros inimigos em Bezeque. ⁵Naquela cidade, encontraram o rei Adoni-Bezeque, lutaram contra ele e derrotaram os cananeus e os ferezeus. ⁶Adoni-Bezeque fugiu, mas os israelitas o capturaram e cortaram os polegares de suas mãos e de seus pés.

⁷Adoni-Bezeque disse: "Setenta reis com os polegares das mãos e dos pés cortados comiam migalhas debaixo de minha mesa. Agora Deus me retribuiu aquilo que fiz com eles". E o levaram a Jerusalém, onde ele morreu.

⁸Os homens de Judá atacaram Jerusalém e a conquistaram. Mataram todos os seus habitantes e puseram fogo na cidade. ⁹Depois disso, desceram para lutar contra os cananeus que viviam na região montanhosa do Neguebe e nas colinas do oeste.[a] ¹⁰Judá marchou contra os cananeus que habitavam em Hebrom (antes chamada de Quiriate-Arba), e derrotou os exércitos de Sesai, Aimã e Talmai.

¹¹Dali avançaram contra os habitantes de Debir (antes chamada de Quiriate-Sefer). ¹²Calebe disse: "Darei minha filha Acsa em casamento a quem atacar e tomar Quiriate-Sefer". ¹³Otoniel, filho de Quenaz, irmão mais novo de Calebe, tomou a cidade, e Calebe lhe deu Acsa como esposa.

¹⁴Quando Acsa se casou com Otoniel, ela insistiu para que ele[b] pedisse um campo ao pai dela. Assim que ela desceu do jumento, Calebe lhe perguntou: "O que você quer?".

¹⁵Ela respondeu: "Quero mais um presente. O senhor me deu terras no deserto do Neguebe; agora, peço que também me dê fontes de água". Então Calebe lhe deu as fontes superiores e as fontes inferiores.

¹⁶Quando a tribo de Judá deixou Jericó, a cidade das palmeiras, os queneus, descendentes do sogro de Moisés, os acompanharam até o deserto de Judá. Eles se estabeleceram no meio do povo dali, perto da cidade de Arade, no Neguebe.

¹⁷Então a tribo de Judá se uniu com seus parentes da tribo de Simeão para lutar contra os cananeus que habitavam em Zefate, e destruíram completamente a cidade. Por isso, agora ela se chama Hormá.[c] ¹⁸A tribo de Judá também conquistou as cidades de Gaza, Ascalom e Ecrom e os territórios ao redor.

Israel não conquista toda a terra

¹⁹O Senhor estava com a tribo de Judá. Ela tomou posse da região montanhosa, mas não conseguiu expulsar os habitantes da planície, pois eles tinham carros de guerra com rodas

---

[a] 1.9 Em hebraico, *na Sefelá*. [b] 1.14 A Septuaginta e a Vulgata trazem *ele insistiu para que ela*. [c] 1.17 *Hormá* significa "destruição".

1.12-15 [...] aprenda com esta boa mulher como orar! *Ela foi de forma humilde, mas ávida*. Se os outros não orarem com você, vá sozinho; mas quando for, vá muito reverentemente. É vergonhoso que haja uma oração irreverente. Você está na Terra e Deus está nos Céus; não multiplique suas palavras como se estivesse falando com seu igual. Não fale com Deus como se pudesse dar-lhe ordens e ter sua vontade atendida por Ele, como se Ele fosse seu lacaio. Curve-se diante do Altíssimo! Reconheça-se indigno de se aproximar dele, falando no tom de quem está implorando por aquilo que deve ser uma dádiva de grande caridade. Deste modo, você se aproximará de Deus da maneira correta. Mas enquanto você é humilde, tenha desejo em seus olhos e expectativa em seu semblante. Ore como alguém que anseia ter o que pede. Não diga, como fez alguém: "Peço uma vez o que preciso e se eu não for atendido, nunca mais pedrei". Isso não é cristão! Continue suplicando se você sabe que o que está pedindo é o certo. Seja como a viúva importuna; volte novamente, e novamente, e novamente! Seja como o servo do profeta: "Sete vezes Elias mandou que ele fosse e olhasse". Você, finalmente, prevalecerá! Esta boa mulher não teve que se valer do incômodo. O próprio olhar dela mostrou que precisava de algo e, portanto, seu pai disse: "O que você quer?".

de ferro. ²⁰A cidade de Hebrom foi entregue a Calebe, conforme Moisés havia prometido, e ele expulsou seus habitantes, descendentes dos três filhos de Enaque.

²¹A tribo de Benjamim, porém, não conseguiu expulsar os jebuseus que moravam em Jerusalém. Por isso, até hoje os jebuseus vivem no meio do povo de Benjamim.

²²Os descendentes de José atacaram a cidade de Betel, e o SENHOR estava com eles. ²³Enviaram espiões a Betel (antes conhecida como Luz), ²⁴e eles abordaram um homem que saía da cidade e lhe disseram: "Mostre-nos como entrar na cidade e teremos misericórdia de você". ²⁵Ele mostrou a entrada, e eles mataram todos os habitantes de Betel, exceto aquele homem e sua família. ²⁶Mais tarde, o homem se mudou para a terra dos hititas, onde construiu uma cidade e a chamou de Luz, que é seu nome até hoje.

²⁷A tribo de Manassés, porém, não expulsou os habitantes de Bete-Sã,ª Taanaque, Dor, Ibleã e Megido, nem dos povoados ao seu redor, pois os cananeus estavam decididos a permanecer naquela região. ²⁸Quando Israel se fortaleceu, submeteu os cananeus a trabalhos forçados, mas não os expulsou completamente da terra.

²⁹A tribo de Efraim também não expulsou os habitantes de Gezer, de modo que os cananeus continuaram a viver no meio deles.

³⁰A tribo de Zebulom não expulsou os habitantes de Quitrom e de Naalol, de modo que os cananeus continuaram a viver no meio deles, mas foram submetidos a trabalhos forçados.

³¹A tribo de Aser não expulsou os habitantes de Aco, Sidom, Alabe, Aczibe, Helba, Afeque e Reobe. ³²Estabeleceu-se no meio dos cananeus que habitavam a terra, pois não conseguiu expulsá-los.

³³Da mesma forma, a tribo de Naftali não expulsou os habitantes de Bete-Semes e de Bete-Anate. Estabeleceu-se no meio dos cananeus que habitavam a terra, mas submeteu os habitantes de Bete-Semes e de Bete-Anate a trabalhos forçados.

³⁴Quanto à tribo de Dã, os amorreus a obrigaram a voltar para a região montanhosa e não permitiram que descesse à planície. ³⁵Os amorreus estavam decididos a ficar no monte Heres, em Aijalom e em Saalbim, mas quando os descendentes de José se fortaleceram, submeteram os amorreus a trabalhos forçados. ³⁶A divisa dos amorreus se estendia da ladeira do Escorpiãoᵇ até Selá, continuando dali para cima.

O anjo do SENHOR aparece em Boquim

2 O anjo do SENHOR subiu de Gilgal a Boquim e disse aos israelitas: "Tirei vocês do Egito e os trouxe a esta terra que jurei dar a seus antepassados, e afirmei que jamais quebraria a minha aliança com vocês. ²De sua parte, vocês não deviam fazer aliança alguma com os habitantes desta terra, mas sim destruir seus altares. Por que vocês desobedeceram à minha ordem? ³Agora, portanto, declaro que não expulsarei mais os povos que habitam em sua terra. Eles serão como espinhos em suas costas,ᶜ e os deuses deles serão uma armadilha para vocês".

⁴Quando o anjo do SENHOR acabou de falar a todos os israelitas, o povo chorou em alta voz. ⁵Por isso, chamaram aquele lugar de Boquim,ᵈ e ali ofereceram sacrifícios ao SENHOR.

A morte de Josué

⁶Depois que Josué se despediu do povo, cada tribo de Israel partiu para tomar posse do

---

ª **1.27** Em hebraico, *Bete-Seã*, variação de Bete-Sã. ᵇ **1.36** Ou *ladeira de Acrabim*. ᶜ **2.3** Em hebraico, *estarão em seu lado*; comparar com Nm 33.55. ᵈ **2.5** *Boquim* significa "pranteadores".

2.4,5 O Senhor, nesta ocasião, comissionou um mensageiro especial para repreender estas pessoas, pois enviou um anjo. [...] Que sermão foi esse! Houve uma grande ocasião, uma grande congregação, um grande pregador, um grande sermão, e, tanto quanto se pôde ver no local, aconteceu um grande movimento. [...]

Aparentemente, não se poderia desejar nada melhor do que isso. Eles *eram todos ouvintes atentos*. Não havia ninguém que olhasse ao seu redor, ou que esquecesse as palavras específicas que foram ditas. Todos pareciam abrir muito bem os ouvidos, e aceitar a admoestação divina. Além disso, *eram pessoas muito sensíveis*, pois sentiam o que ouviam. Então, "o povo chorou em alta voz". [...]

Eram todos ouvintes entristecidos, assim como ouvintes atentos e sensíveis. Entre todos, não havia quem risse, nem um que fosse indiferente, ninguém que zombasse e desprezasse a mensagem, mas, de

território que havia recebido como herança. ⁷O povo serviu ao Senhor durante toda a vida de Josué, e também dos líderes que sobreviveram depois dele e que tinham visto as grandes coisas que o Senhor havia feito por Israel.

⁸Josué, filho de Num, servo do Senhor, morreu aos 110 anos. ⁹Foi sepultado na terra que havia recebido como herança, em Timnate-Sera,ª na região montanhosa de Efraim, ao norte do monte Gaás.

Israel desobedece ao Senhor

¹⁰Depois que aquela geração morreu e se reuniu a seus antepassados, surgiu uma nova geração que não conhecia o Senhor nem tinha visto as grandes coisas que ele havia feito por Israel. ¹¹Os israelitas fizeram o que era mau aos olhos do Senhor e serviram às imagens de Baal. ¹²Abandonaram o Senhor, o Deus de seus antepassados, que os havia tirado do Egito. Seguiram e adoraram os deuses dos povos ao redor e, com isso, provocaram a ira do Senhor. ¹³Abandonaram o Senhor para servir a Baal e às imagens de Astarote. ¹⁴Com isso, a ira do Senhor ardeu contra Israel, e ele os entregou nas mãos de saqueadores que tomaram seus bens. Entregou-os aos inimigos ao seu redor, aos quais já não conseguiam resistir. ¹⁵Toda vez que saíam para a batalha, o Senhor lutava contra eles e provocava sua derrota, conforme lhes havia advertido com juramento. Por isso, o povo vivia em grande angústia.

O Senhor livra seu povo

¹⁶Então o Senhor levantou juízes para livrar o povo de seus agressores. ¹⁷Contudo, não quiseram ouvir os juízes, mas se prostituíram, adorando outros deuses. Como se desviaram depressa do caminho de seus antepassados, que haviam andado em obediência aos mandamentos do Senhor!

¹⁸Sempre que o Senhor levantava um juiz sobre os israelitas, o Senhor estava com ele e livrava o povo de seus inimigos enquanto o juiz vivia; pois o Senhor tinha compaixão de seu povo, que sofria sob o peso da aflição provocada por seus opressores. ¹⁹Quando o juiz morria, porém, eles voltavam a seus caminhos corruptos e se comportavam ainda pior que seus antepassados. Seguiam outros deuses, servindo-os e adorando-os. Não abandonavam suas práticas perversas e seus caminhos teimosos.

²⁰Por isso, a ira do Senhor ardeu contra Israel. Disse ele: "Uma vez que este povo violou a minha aliança, que fiz com seus antepassados, e não me deu ouvidos, ²¹não expulsarei mais as nações que Josué deixou por conquistar quando morreu. ²²Fiz isso para pôr Israel à prova, para ver se seguiria os caminhos do Senhor, como fizeram seus antepassados". ²³Assim, o Senhor deixou aquelas nações na terra. Não as expulsou de imediato nem permitiu que Josué conquistasse todas elas.

As nações que ficaram em Canaã

3 Estas são as nações que o Senhor deixou na terra para pôr à prova os israelitas que não haviam participado das guerras em Canaã. ²Ele assim fez apenas para dar treinamento de combate às gerações de israelitas que não tinham experiência no campo de batalha. ³Estas são as nações: os filisteus com seus cinco governantes, todos os cananeus, os sidônios e os heveus que habitavam nos montes do Líbano, desde o monte Baal-Hermom até Lebo-Hamate. ⁴Esses povos foram deixados para pôr Israel à prova, para ver se obedeceriam aos mandamentos que o Senhor tinha dado a seus antepassados por meio de Moisés.

⁵Assim, os israelitas viveram entre os cananeus, os hititas, os amorreus, os ferezeus, os heveus e os jebuseus. ⁶Casaram-se com as filhas deles e deram suas filhas em casamento aos filhos deles. E serviram aos deuses deles.

ª **2.9** Conforme o texto paralelo em Js 24.30; o hebraico traz *Timnate-Heres*, variação de Timnate-Sera.

---

acordo com o texto, a declaração é que todos unanimemente levantaram a voz e choraram. Havia um peso sobre eles. Suas almas estavam extremamente entristecidas. [...] Todos choraram, e chamaram o nome daquele lugar Boquim, ou lugar de pranteadores. Você pode pensar: "Certamente isso está cheio de promessas — todo olho está cheio de lágrimas enquanto estão diante de Deus". Infelizmente, essas gotas não precederam um derramar da graça, mas passaram assim como a névoa da manhã.

Otoniel se torna juiz de Israel

⁷Os israelitas fizeram o que era mau aos olhos do Senhor. Esqueceram-se do Senhor, seu Deus, e serviram às imagens de Baal e aos postes de Aserá. ⁸Então a ira do Senhor se acendeu contra Israel, e ele os entregou a Cusã-Risataim, rei de Arã-Naaraim.ᵃ E os israelitas serviram a Cusã-Risataim durante oito anos.

⁹Mas, quando os israelitas pediram socorro ao Senhor, ele levantou um libertador para salvá-los. Chamava-se Otoniel, filho de Quenaz, irmão mais novo de Calebe. ¹⁰O Espírito do Senhor veio sobre Otoniel, e ele se tornou juiz de Israel. Otoniel guerreou contra Cusã-Risataim, rei de Arã, e o derrotou, pois o Senhor o entregou em suas mãos. ¹¹Houve paz na terra durante quarenta anos, até a morte de Otoniel, filho de Quenaz.

Eúde se torna juiz de Israel

¹²Mais uma vez, os israelitas fizeram o que era mau aos olhos do Senhor. Por isso, o Senhor deu a Eglom, rei de Moabe, poder sobre Israel. ¹³Eglom se aliou com os amonitas e os amalequitas, atacou e derrotou Israel e conquistou Jericó, a cidade das palmeiras. ¹⁴Os israelitas serviram a Eglom, rei de Moabe, durante dezoito anos.

¹⁵Mas, quando os israelitas pediram socorro ao Senhor, ele levantou um libertador para salvá-los. Chamava-se Eúde, homem canhoto, filho de Gera, da tribo de Benjamim. Os israelitas encarregaram Eúde de entregar o tributo a Eglom, rei de Moabe. ¹⁶Eúde fez um punhal de dois gumes, com cerca de quarenta centímetrosᵇ de comprimento, e prendeu a arma à coxa direita, onde ficou escondida debaixo da roupa. ¹⁷Levou o tributo a Eglom, rei de Moabe, que era muito gordo.

¹⁸Depois de entregar o pagamento, Eúde partiu com os homens que haviam ajudado a carregar o tributo. ¹⁹Quando Eúde chegou aos ídolos de pedra perto de Gilgal, deu meia-volta, apresentou-se diante de Eglom e disse: "Tenho uma mensagem secreta para o senhor, ó rei!".

Eglom ordenou: "Não fale ainda!", e mandou todos os seus servos saírem.

²⁰Eúde se aproximou de Eglom, que estava sentado sozinho na sala do andar superior, um ambiente mais fresco, e disse: "Tenho uma mensagem de Deus para o senhor!". O rei Eglom se levantou, ²¹e Eúde, com a mão esquerda, puxou o punhal de sua coxa direita e o cravou na barriga de Eglom. ²²O punhal foi tão fundo que seu cabo desapareceu sob a gordura do rei. Por isso, Eúde não tirou o punhal, e as fezes do rei vazaram.ᶜ ²³Então Eúde fechou e trancou as portas da sala e saiu pelo pórtico.ᵈ

²⁴Depois que Eúde saiu, os servos do rei voltaram e encontraram trancadas as portas da sala no andar superior. Pensaram que ele estivesse usando o banheiro privativo, ²⁵por isso esperaram. Mas, como depois de muita demora o rei não saiu, ficaram preocupados e pegaram a chave. Quando abriram as portas, encontraram seu senhor caído no chão, morto.

²⁶Enquanto os servos esperavam, Eúde escapou e passou pelos ídolos de pedra a caminho de Seirá. ²⁷Quando chegou à região montanhosa de Efraim, tocou a trombeta, chamando o povo para guerrear. Os israelitas desceram os montes, com Eúde à frente.

²⁸Ele disse: "Sigam-me, pois o Senhor entregou Moabe, seu inimigo, em suas mãos". Os israelitas o seguiram e assumiram o controle dos pontos mais rasos do Jordão, onde se atravessava para Moabe, e não deixaram ninguém passar.

²⁹Eles atacaram os moabitas e mataram cerca de dez mil de seus guerreiros mais fortes e valentes. Nenhum deles escapou. ³⁰Naquele dia, Israel derrotou Moabe, e houve paz na terra durante oitenta anos.

Sangar se torna juiz de Israel

³¹Depois de Eúde, Sangar, filho de Anate, libertou Israel. Certa vez, ele matou seiscentos filisteus com um ferrão de conduzir bois.

Débora se torna juíza de Israel

4 Depois da morte de Eúde, os israelitas voltaram a fazer o que era mau aos olhos do Senhor. ²Por isso, o Senhor os entregou nas mãos de Jabim, rei cananeu de Hazor. O comandante de seu exército era Sísera, que habitava em

---

ᵃ **3.8** *Arã-Naaraim* significa "Arã dos dois rios"; acredita-se que ficava entre os rios Eufrates e Bali, na região noroeste da Mesopotâmia. ᵇ **3.16** Em hebraico, *1 gômede*; não se sabe o valor exato dessa medida de comprimento. ᶜ **3.22** Ou *e o punhal saiu por trás*. ᵈ **3.23** O significado do hebraico é incerto.

Harosete-Hagoim. ³Sísera, que tinha novecentos carros de guerra com rodas de ferro, oprimiu cruelmente os israelitas durante vinte anos. Então o povo pediu socorro ao Senhor.

⁴Quem julgava Israel nessa época era Débora, uma profetisa, mulher de Lapidote. ⁵Ela costumava sentar-se debaixo da Palmeira de Débora, entre Ramá e Betel, na região montanhosa de Efraim, e os israelitas a procuravam para que ela julgasse suas questões. ⁶Certo dia, mandou chamar Baraque, filho de Abinoão, que morava em Quedes, no território de Naftali, e lhe disse: "O Senhor, o Deus de Israel, lhe dá a seguinte ordem: 'Convoque dez mil guerreiros das tribos de Naftali e Zebulom para irem ao monte Tabor. ⁷Eu farei Sísera, comandante do exército de Jabim, ir com seus carros de guerra e guerreiros até o rio Quisom. Ali eu os entregarei em suas mãos'".

⁸Baraque disse a Débora: "Só irei se você for comigo; senão, não irei".

⁹Débora respondeu: "Está bem, eu irei, mas você não receberá a honra nesta missão, pois o Senhor entregará Sísera nas mãos de uma mulher". Então Débora foi com Baraque a Quedes. ¹⁰Ali, Baraque convocou as tribos de Zebulom e Naftali, e dez mil guerreiros subiram com ele. Débora também o acompanhou.

¹¹Héber, queneu descendente de Hobabe, cunhadoª de Moisés, havia se separado dos outros membros de sua tribo e armado suas tendas junto ao carvalho de Zaanim, perto de Quedes.

¹²Quando disseram a Sísera que Baraque, filho de Abinoão, havia subido ao monte Tabor, ¹³ele mandou trazer seus novecentos carros de guerra com rodas de ferro e todos os seus guerreiros, e eles marcharam de Harosete-Hagoim até o rio Quisom.

¹⁴Então Débora disse a Baraque: "Prepare-se! Este é o dia em que o Senhor entregará Sísera em suas mãos, pois o Senhor marcha adiante de você". Baraque desceu a encosta do monte Tabor à frente de seus dez mil guerreiros para combater. ¹⁵Quando Baraque atacou, o Senhor trouxe pânico sobre os carros de guerra e sobre os soldados de Sísera, que abandonou sua carruagem e fugiu a pé. ¹⁶Baraque perseguiu os carros de guerra e o exército inimigo até Harosete-Hagoim e matou todos os guerreiros de Sísera. Nenhum deles escapou.

¹⁷Enquanto isso, Sísera correu para a tenda de Jael, esposa de Héber, o queneu, pois havia paz entre a família de Héber e Jabim, rei de Hazor. ¹⁸Jael saiu ao encontro de Sísera e disse: "Venha para minha tenda, senhor. Entre; não tenha medo". Ele entrou na tenda de Jael, e ela o cobriu com uma manta.

¹⁹"Por favor, dê-me um pouco de água", disse ele. "Estou com sede." Ela lhe deu leite de uma vasilha de couro e o cobriu novamente.

²⁰Sísera disse a ela: "Fique à porta da tenda. Se alguém chegar e perguntar se há alguém aqui, diga que não".

²¹Mas, quando Sísera, exausto, dormia um sono profundo, Jael, a esposa de Heber, se aproximou silenciosamente com um martelo e uma estaca de tenda na mão e atravessou o crânio dele com a estaca, que ficou presa ao chão. Foi assim que Sísera morreu.

²²Quando Baraque passou por lá à procura de Sísera, Jael saiu ao seu encontro e disse: "Venha! Eu lhe mostrarei o homem que o senhor está procurando". Ele a seguiu até a tenda, onde encontrou o cadáver de Sísera, com o crânio atravessado pela estaca.

²³Naquele dia, o povo de Israel viu Deus derrotar Jabim, o rei cananeu. ²⁴Dali em diante, os israelitas se fortaleceram cada vez mais contra o rei Jabim, até que o eliminaram por completo.

O cântico de Débora

5 Naquele dia, Débora e Baraque, filho de Abinoão, entoaram este cântico:

²"Os líderes de Israel assumiram o
  comando,
e o povo os seguiu de boa vontade.
Louvem o Senhor!

³"Ouçam, reis!
  Prestem atenção, governantes!
Pois eu cantarei ao Senhor;
  sim, tocarei música para o Senhor, o
  Deus de Israel!

⁴"Senhor, quando saíste de Seir
  e marchaste desde os campos de Edom,
a terra tremeu,

ª 4.11 Ou *sogro*.

e as nuvens do céu despejaram chuva.
⁵Os montes estremeceram na presença do
   Senhor,
o Deus do monte Sinai,
na presença do Senhor,
o Deus de Israel.

⁶"Nos dias de Sangar, filho de Anate,
   e nos dias de Jael,
ninguém passava pelas estradas,ᵃ
   e os viajantes tomavam caminhos
      tortuosos.
⁷Restavam poucos nos povoados de Israel,
   até que Débora se levantouᵇ como mãe
      para Israel.
⁸Quando Israel escolheu novos deuses,
   a guerra chegou às portas das cidades.
Mas não se via um só escudo ou lança,
   entre quarenta mil guerreiros de Israel.
⁹Meu coração está com os comandantes de
      Israel,
   com aqueles que se ofereceram para
      lutar.
Louvem o Senhor!

¹⁰"Considerem estas coisas,
   vocês que montam em jumentas
      brancas,
   que se sentam em finas mantas,
   vocês que caminham pela estrada.
¹¹Ouçam os músicos dos povoados,
   reunidos junto aos bebedouros.
Ali relatam as justas vitórias do Senhor,
   as justas vitórias de seus camponeses em
      Israel.

Então o povo do Senhor
   desceu às portas da cidade.
¹²"Desperte, Débora, desperte!
   Desperte, desperte e entoe um cântico!
Levante-se, Baraque!
   Leve embora seus cativos, filho de
      Abinoão!
¹³"Então os sobreviventes desceram contra
      os poderosos;ᶜ
   o povo do Senhor marchou por mim
      contra os guerreiros.
¹⁴Desceram de Efraim, terra que antes
      pertencia aos amalequitas;
   seguiram você, Benjamim, com seus
      soldados.
De Maquir, desceram os comandantes;
   de Zebulom, os que levam a vara de
      comando.
¹⁵Os príncipes de Issacar estavam com
      Débora e Baraque;
   sob suas ordens, desceram ao vale.
Mas, na tribo de Rúben,
   houve grande indecisão.ᵈ
¹⁶Por que ficaram entre os currais,
   ouvindo os pastores assobiarem para
      seus rebanhos?
Sim, na tribo de Rúben
   houve grande indecisão.
¹⁷Gileade continuou a leste do Jordão,
   e por que Dã ficou junto aos navios?
Aser sentou-se inerte na praia
   e permaneceu em seus portos.
¹⁸Mas Zebulom arriscou a vida,

ᵃ 5.6 Ou *as caravanas cessaram*. ᵇ 5.7 Ou *até que eu, Débora, me levantei*. ᶜ 5.13 Ou *Sobreviventes, dominem os poderosos*. O significado do hebraico é incerto. ᵈ 5.15 Conforme alguns manuscritos hebraicos e a versão siríaca, que trazem *sondagens do coração*; o Texto Massorético traz *resolução do coração*.

5.11 "As vitórias do Senhor". Mas há um adjetivo acrescentado: "As justas vitórias do Senhor". [N.E.: "Justas", o que é conforme a justiça.] Justiça é aquele atributo do qual o homem carnal tem medo, mas aquele que vê a justiça de Deus satisfeita pela expiação de Cristo fica encantado mesmo pelo aspecto severo de Deus vestido como juiz. O filho justificado de Deus não teme a Sua justiça, pois ele pode satisfazer todas as suas exigências. Ele a compara aos leões de ouro, que estavam em pares sobre os degraus do trono de Salomão — não destinados a afastar o solicitante, mas para deixá-lo ver quão forte e poderoso era aquele trono sobre o qual Israel se inclinava. Ao olhar para o Seu trono, vejo a justiça e a santidade de Deus como enormes leões colossais e me deleito ao subir os degraus para me curvar diante do rosto glorioso do Pai para saber que Sua justiça está comprometida em salvar aqueles pelos quais Jesus morreu. Vamos relatar a justa vingança do Calvário, os terrores que Deus lançou sobre Seu Filho quando Ele amaldiçoou nossos pecados, fazendo de Cristo uma maldição por nós, embora Ele não conhecesse pecado. Este é um assunto sobre o qual devemos nos deleitar ao pensar.

assim como fez Naftali,
nas regiões altas do campo.
¹⁹"Os reis de Canaã vieram e lutaram
em Taanaque, perto das águas de
Megido,
mas não levaram despojos de prata.
²⁰Desde o céu as estrelas lutaram;
as estrelas, em suas órbitas, lutaram
contra Sísera.
²¹O rio Quisom os arrastou,
o antigo ribeiro, o Quisom;
que eu marche adiante com coragem!
²²Os cascos dos cavalos martelavam o chão;
galopavam, galopavam seus poderosos
cavalos de guerra.
²³'Amaldiçoem os habitantes de Meroz',
disse o anjo do Senhor.
'Amaldiçoem duramente,
pois não vieram ajudar o Senhor,
ajudar o Senhor contra fortes guerreiros.'
²⁴"Jael, esposa de Héber, o queneu,
é a mais abençoada entre as mulheres.
Que ela seja a mais abençoada das
mulheres
que vivem em tendas!
²⁵Sísera lhe pediu água,
e ela lhe deu leite.
Numa vasilha digna dos nobres,
trouxe-lhe coalhada.
²⁶Com a mão esquerda, pegou uma estaca
de tenda;
com a direita, o martelo de trabalhador.
Com eles atacou Sísera e esmagou sua
cabeça;
de um só golpe, rachou e atravessou seu
crânio.
²⁷Ele se curvou, caiu e ali ficou,
estirado aos pés de Jael.
E, *no lugar onde se curvou*,
ali caiu e morreu.
²⁸"Da janela, a mãe de Sísera olhava para
fora;
atrás da treliça da janela, clamava:
'Por que seu carro de guerra demora
tanto?
Por que não se ouve o som de suas
carruagens?'.
²⁹"Suas acompanhantes mais sábias
respondiam,
e ela repetia estas palavras a si mesma:
³⁰'Devem estar repartindo os despojos que
tomaram;
uma ou duas moças para cada homem.
Haverá túnicas coloridas para Sísera,
túnicas coloridas e bordadas.
Sem dúvida, no despojo haverá
túnicas coloridas e bordadas dos dois
lados'.
³¹"Senhor, que todos os teus inimigos assim
sejam destruídos!
Mas, aqueles que te amam, que se
levantem como o sol com toda a sua
força!".

Então houve paz na terra durante quarenta anos.

Gideão se torna juiz de Israel

6 Os israelitas fizeram o que era mau aos olhos do Senhor. Por isso, o Senhor os entregou nas mãos dos midianitas durante sete anos. ²Os midianitas eram tão cruéis que os israelitas fizeram para si esconderijos nas montanhas, nas cavernas e nas fortalezas. ³Sempre que os israelitas faziam o plantio, saqueadores de Midiã, de Amaleque e de outros povos do leste atacavam Israel, ⁴acampavam na terra e destruíam as plantações até Gaza. Levavam ovelhas, bois e jumentos, e não deixavam coisa alguma para Israel comer. ⁵Esses bandos inimigos, que vinham com seus rebanhos e tendas, eram como uma praga de gafanhotos. Chegavam em camelos, tão numerosos que era impossível contá-los, e só partiam quando a terra estava devastada. ⁶Os midianitas reduziram Israel à mais absoluta pobreza, e o povo pediu socorro ao Senhor.

⁷Quando os israelitas clamaram ao Senhor por causa de Midiã, ⁸o Senhor lhes enviou um profeta, que disse: "Assim diz o Senhor, Deus de Israel: Eu os tirei da escravidão no Egito. ⁹Eu os livrei dos egípcios e de todos que os opримiam. Expulsei seus inimigos e dei a vocês a terra deles. ¹⁰Disse a vocês: 'Eu sou o Senhor, seu Deus. Não adorem os deuses dos amorreus, em cujas terras agora vivem'. Mas vocês não me deram ouvidos".

¹¹Então o anjo do Senhor veio e sentou-se debaixo do grande carvalho em Ofra que pertencia a Joás, do clã de Abiezer. Gideão, filho de Joás, estava debulhando trigo no fundo de uma prensa de uvas, a fim de não ser descoberto pelos midianitas. ¹²O anjo do Senhor apareceu a Gideão e disse: "O Senhor está com você, guerreiro corajoso!".

¹³Gideão respondeu: "Meu senhor, se o Senhor está conosco, por que nos aconteceu tudo isso? E onde estão os milagres de que nossos antepassados nos falaram? Acaso não disseram: 'O Senhor nos tirou do Egito'? Agora, porém, o Senhor nos abandonou e nos entregou nas mãos dos midianitas!".

¹⁴Então o Senhor se voltou para ele e disse: "Vá com a força que você tem e liberte Israel dos midianitas. Sou eu quem o envia!".

¹⁵"Mas, Senhor, como posso libertar Israel?", perguntou Gideão. "Meu clã é o mais fraco de toda a tribo de Manassés, e eu sou o menos importante de minha família!"

¹⁶"Certamente estarei com você", disse o Senhor. "E você destruirá os midianitas como se estivesse lutando contra um só homem."

¹⁷Gideão respondeu: "Se, de fato, posso contar com tua ajuda, dá-me um sinal de que é mesmo o Senhor quem fala comigo. ¹⁸Por favor, não vás embora até que eu te traga a minha oferta".

Ele respondeu: "Ficarei aqui até você voltar".

¹⁹Gideão foi depressa para casa. Cozinhou um cabrito e, com cerca de vinte litros[a] de farinha, preparou pães sem fermento. Depois, colocou a carne num cesto e o caldo numa panela, os levou para fora e os ofereceu ao anjo que estava debaixo da grande árvore.

²⁰O anjo de Deus lhe disse: "Coloque a carne e os pães sem fermento sobre esta pedra e derrame neles o caldo". Gideão obedeceu. ²¹Então o anjo do Senhor tocou na carne e nos pães com a ponta da vara que estava em sua mão, e fogo subiu da pedra e consumiu tudo que Gideão havia trazido. E o anjo do Senhor desapareceu.

²²Quando Gideão percebeu que era o anjo do Senhor, exclamou: "Ó Soberano Senhor, estou perdido! Vi o anjo do Senhor face a face!".

²³"Fique em paz", respondeu o Senhor. "Não tenha medo; você não morrerá." ²⁴Então Gideão construiu um altar para o Senhor naquele local e o chamou de Javé-Shalom.[b] Até hoje o altar está em Ofra, no território do clã de Abiezer.

²⁵Naquela noite, o Senhor disse a Gideão: "Tome o segundo touro do rebanho de seu pai, aquele de sete anos. Derrube o altar que seu pai fez para Baal e corte o poste de Aserá que fica ao lado do altar. ²⁶Depois, construa um altar para o Senhor, seu Deus, no alto desta colina, arrumando as pedras com cuidado. Sacrifique o touro sobre o altar como holocausto e use como lenha a madeira do poste de Aserá que você cortará".

²⁷Gideão levou dez de seus servos e fez o que o Senhor mandou. Porém, fez tudo de noite, com medo de sua família e do povo da cidade.

²⁸Logo cedo no dia seguinte, quando os habitantes da cidade começaram a despertar,

---

[a] **6.19** Em hebraico, *1 efa*. [b] **6.24** *Javé-Shalom* significa "o Senhor é paz".

6.22-24 [Gideão] era um homem corajoso, mas a longa aflição lançara um tom de tristeza sobre ele. Sua conduta habitual na vida é bem ilustrada pelos dois sinais que Deus lhe deu. Quando todo o povo ao seu redor estava muito motivado, como a eira, aquecida e seca, ele, como a lã, estava calmo e sereno. E então, novamente, quando todos ao seu redor estavam como o chão úmido, foram abrandados com o desânimo, ele permaneceu sozinho em sua condição ordinária, sem uma gota de covardia dentro de si. Esse era o tipo de homem que Gideão era: calmo, quieto, determinado, corajoso. Mas no momento registrado em nosso texto, ele estava sufocado sob uma cruel opressão, consciente da ira de Deus pelo pecado de Israel e obscurecido pela própria presença de Deus, e, portanto, sua mente estava pronta para ir de um medo a outro. Somente uma coisa: veja que belo, ele sempre conta o seu temor a Deus, sempre vai a Ele para receber conforto, e, portanto, sempre obtém ajuda. O homem corajoso não é aquele que não vê o medo, mas aquele que, vendo o perigo, coloca-se acima dele. Os homens mais ousados no conflito real são geralmente encontrados entre aqueles que olham seriamente para a batalha futura, e não vão à guerra displicentemente. Estes homens calculam o custo e assim, quando se comprometem com o conflito, sabem em que estão envolvidos. Assim era este homem, atirado de um lado para outro, de um medo para outro, mas que nunca se afastava de seu Deus, e assim sempre era capaz de recompor-se.

alguém descobriu que o altar de Baal havia sido derrubado e que o poste de Aserá ao lado dele tinha sido cortado. Em seu lugar, havia um novo altar, sobre o qual estavam os restos do touro sacrificado. ²⁹Os habitantes perguntaram uns aos outros: "Quem fez isso?". Depois de uma investigação cuidadosa, descobriram que tinha sido Gideão, filho de Joás.

³⁰"Traga seu filho para fora", os homens da cidade exigiram de Joás. "Ele deve morrer, pois derrubou o altar de Baal e cortou o poste de Aserá!"

³¹Joás, porém, gritou para a multidão que o confrontava: "Por que vocês defendem Baal? Acaso pretendem salvá-lo? Quem lutar pela causa dele será morto pela manhã! Se Baal é realmente um deus, que ele próprio se defenda e destrua quem derrubou seu altar!". ³²Dali em diante, Gideão foi chamado de Jerubaal (isto é, "Que Baal lute com ele"), pois derrubou o altar de Baal.

Gideão pede um sinal

³³Pouco tempo depois, os exércitos de Midiã, de Amaleque e de outros povos do leste se uniram. Eles atravessaram o Jordão e acamparam no vale de Jezreel. ³⁴Então o Espírito do Senhor veio sobre Gideão, que tocou a trombeta de chifre de carneiro, convocando para a batalha, e os homens do clã de Abiezer o seguiram. ³⁵Também enviou mensageiros às tribos de Manassés, Aser, Zebulom e Naftali, convocando seus guerreiros, e todos atenderam ao chamado.

³⁶Então Gideão disse a Deus: "Se de fato vais me usar para salvar Israel, como prometeste, ³⁷dá-me uma prova da seguinte forma. Hoje à noite, deixarei um pouco de lã na eira, onde se peneiram os grãos. Se pela manhã a lã estiver molhada de orvalho, mas o chão estiver seco, saberei que vais me ajudar a salvar Israel, como prometeste". ³⁸E foi exatamente o que aconteceu. Na manhã seguinte, bem cedo, Gideão se levantou, espremeu a lã e recolheu uma tigela cheia de água.

³⁹Então Gideão disse a Deus: "Peço que não fiques irado comigo, mas que me permitas fazer mais um pedido. Deixa-me usar esta lã para mais uma prova. Desta vez, que a lã fique seca e o chão ao redor dela fique coberto de orvalho". ⁴⁰Naquela noite, Deus fez o que Gideão havia pedido. Pela manhã, a lã estava seca, mas o chão estava coberto de orvalho.

Gideão derrota os midianitas

7 Jerubaal (isto é, Gideão) e todo o seu exército se levantaram de madrugada e acamparam junto à fonte de Harode. Os exércitos de Midiã estavam acampados ao norte deles, no vale perto da colina de Moré. ²O Senhor disse a Gideão: "Você tem guerreiros demais. Se eu deixar todos vocês lutarem contra os midianitas, Israel se vangloriará diante de mim, dizendo que se libertou por sua própria força. ³Portanto, diga ao povo: 'Quem estiver com medo e assustado pode deixar este monte[a] e voltar para casa'". Vinte e dois mil homens voltaram para casa, restando apenas dez mil.

⁴O Senhor, porém, disse a Gideão: "Seu exército ainda está grande demais. Desça com eles até a fonte, e eu os provarei para determinar quem irá com você e quem não irá". ⁵Quando Gideão desceu com os guerreiros até a fonte, o Senhor lhe disse: "Separe os homens em dois grupos. Num grupo, coloque todos que bebem água das mãos, lambendo-a como fazem os cães. No outro grupo, coloque todos que se ajoelham e põem a boca na água para beber". ⁶Apenas trezentos homens beberam água das mãos; os demais se ajoelharam e puseram a boca na água.

⁷O Senhor disse a Gideão: "Com estes trezentos homens eu livrarei Israel e entregarei os midianitas em suas mãos. Mande para casa os demais". ⁸Gideão ordenou que recolhessem as provisões e as trombetas de chifre de carneiro dos outros guerreiros e os mandou para casa, mas manteve consigo os trezentos homens.

O acampamento midianita ficava à frente de Gideão, descendo o vale. ⁹Naquela noite, o Senhor lhe disse: "Levante-se! Desça ao acampamento dos midianitas, pois eu os entreguei em suas mãos! ¹⁰Mas, se você tem medo de atacá-los, desça até o acampamento com seu servo Purá. ¹¹Ouça o que os midianitas estão

---

[a] 7.3 Em hebraico, *pode deixar o monte Gileade*. A identificação do monte Gileade é incerta neste contexto. Talvez seja usado aqui como outro nome para o monte Gilboa.

dizendo e você se encherá de coragem e terá ânimo para atacar".

Então Gideão e seu servo Purá desceram até os limites do acampamento inimigo. ¹²Os exércitos de Midiã, de Amaleque e dos povos do leste cobriam o vale como uma nuvem de gafanhotos. Seus camelos eram tão numerosos como os grãos de areia da praia, impossíveis de contar. ¹³Gideão se aproximou no exato momento em que um homem contava um sonho a seu amigo. O homem disse: "Tive um sonho, no qual um pão de cevada veio rolando para dentro do acampamento midianita; então, bateu numa tenda e ela virou, desmontando-se!".

¹⁴O amigo respondeu: "O sonho só pode significar uma coisa: a espada de Gideão, filho de Joás, o israelita. Deus entregou todo o exército midianita nas mãos dele!".

¹⁵Quando Gideão ouviu o sonho e sua interpretação, prostrou-se em adoração. Voltou para o acampamento de Israel e gritou: "Levantem-se! O Senhor entregou o exército midianita em suas mãos!". ¹⁶Em seguida, dividiu os trezentos homens em três grupos e deu a cada homem uma trombeta e um vaso de barro com uma tocha dentro.

¹⁷"Olhem para mim", disse ele. "Quando chegarmos à beira do acampamento, façam o que eu fizer. ¹⁸Assim que eu e todos que estiverem comigo tocarmos nossas trombetas, toquem as suas também ao redor de todo o acampamento e gritem: 'Pelo Senhor e por Gideão!'"

¹⁹Pouco depois da meia-noite[a] e da troca da guarda inimiga, Gideão e seus cem homens chegaram aos limites do acampamento midianita. De repente, tocaram as trombetas e quebraram os vasos de barro. ²⁰Então os três grupos tocaram as trombetas e quebraram os vasos. Segurando a tocha na mão esquerda e a trombeta na direita, todos gritaram: "À espada, pelo Senhor e por Gideão!".

²¹Cada homem manteve sua posição ao redor do acampamento e viu todos os midianitas correrem de um lado para o outro, gritando apavorados enquanto fugiam. ²²Quando os trezentos israelitas tocaram as trombetas, o Senhor fez os guerreiros que estavam no acampamento lutarem uns contra os outros com suas espadas. Os que sobreviveram fugiram para lugares distantes como Bete-Sita, perto de Zererá, e para a divisa de Abel-Meolá, perto de Tabate.

²³Então Gideão convocou os guerreiros de Naftali, Aser e Manassés, que se juntaram aos demais para perseguir o exército midianita. ²⁴Gideão também enviou mensageiros a toda a região montanhosa de Efraim, dizendo: "Desçam e ataquem os midianitas! Não permitam que eles cheguem aos pontos mais rasos de travessia do Jordão em Bete-Bara".

Todos os homens de Efraim obedeceram. ²⁵Capturaram Orebe e Zeebe, os dois

[a] 7.19 Em hebraico, *No começo da segunda vigília*.

7.13,14 Assim que Gideão e Purá furtivamente se infiltraram na tenda, o midianita estava contando um sonho, gerando uma interpretação muito apropriada para Gideão. Parece ser uma coisa pequena, mas uma ocorrência não deixa de ser maravilhosa porque parece ser insignificante. O microscópio revela um mundo de maravilhas tão surpreendente quanto o telescópio. Deus é tão divino no pequeno como no estupendo, tão glorioso no sonho de um soldado como no voo de um serafim. [...] No entanto, observe que Deus mantém a mente deste árabe dorminhoco em Sua mão, e o impressiona como Ele deseja. Os sonhos geralmente vêm de pensamentos anteriores; veja então a providência que tomou a mente deste homem para a lareira e para o cozimento do bolo. O Senhor o prepara quando ele está acordado para sonhar quando estiver dormindo. Deus é onipotente no mundo da mente, bem como no mundo material, Ele o governa quando os homens estão acordados e não perde Seu poder quando estes adormecem. [...]

Penso que se eu fosse Gideão, teria dito a mim mesmo: "Não me alegro tanto no que este sonhador diz como o faço no fato de ele ter contado o seu sonho no momento em que eu estava à espreita perto dele. Vejo a mão do Senhor nisto, e sou fortalecido pela visão. Em verdade, percebo que o Senhor trabalha em tudo com sabedoria infalível e não erra em Seus projetos. Aquele que colocou em ordem essa matéria pode ordenar todas as outras coisas". Ó filho de Deus, quando você está perturbado é porque sente vontade de estar sozinho, mas não está sozinho, o Eterno Trabalhador está com você.

comandantes midianitas, e mataram Orebe na rocha de Orebe e Zeebe na prensa de uvas de Zeebe. Depois, continuaram a perseguir os midianitas. Por fim, levaram a cabeça de Orebe e a de Zeebe para Gideão, que estava do outro lado do Jordão.

Gideão mata Zeba e Zalmuna

8 Então os homens da tribo de Efraim perguntaram a Gideão: "Por que você nos tratou dessa forma? Por que não nos chamou quando foi lutar com os midianitas?". E o repreenderam duramente.

²Gideão, porém, respondeu: "O que eu fiz em comparação com vocês? A sobra das uvas da colheita de Efraim não são melhores que toda a colheita do pequeno clã de Abiezer? ³Deus entregou em suas mãos Orebe e Zeebe, os comandantes do exército midianita. O que eu fiz em comparação com isso?". Quando ouviram a resposta de Gideão, a indignação dos homens de Efraim diminuiu.

⁴Então Gideão atravessou o rio Jordão com os trezentos homens e, embora estivessem exaustos, continuaram a perseguir o inimigo. ⁵Quando chegaram a Sucote, Gideão pediu ao povo da cidade: "Por favor, deem um pouco de comida aos meus guerreiros. Eles estão muito cansados. Estou perseguindo Zeba e Zalmuna, reis de Midiã".

⁶Mas os líderes de Sucote responderam: "Primeiro capture Zeba e Zalmuna, e então daremos comida ao seu exército".

⁷"Muito bem", disse Gideão. "Depois que o Senhor entregar Zeba e Zalmuna em minhas mãos, voltarei e rasgarei a carne de vocês com espinhos e com espinheiros do deserto."

⁸Dali Gideão subiu a Peniel,ᵃ onde também pediu comida e recebeu a mesma resposta. ⁹Disse ele ao povo de Peniel: "Quando eu voltar vitorioso, derrubarei esta torre".

¹⁰A essa altura, Zeba e Zalmuna estavam em Carcor com cerca de quinze mil guerreiros. Era tudo que restava dos exércitos aliados do leste, pois 120 mil já haviam sido mortos. ¹¹Gideão subiu pela rota das caravanas, a leste de Noba e Jogbeá, e atacou de surpresa o exército midianita. ¹²Zeba e Zalmuna, os dois reis

---

ᵃ **8.8** Em hebraico, *Penuel*, variação de Peniel; também em 8.9,17.

8.4 Quando você vê homens cansarem, não os culpe. Talvez, por sua fraqueza, eles provaram de qual verdadeiro material são feitos. Eles fizeram tanto quanto carne e sangue podem fazer, e, portanto, estão cansados. Podem não ter sido derrotados, podem ter obtido uma vitória gloriosa, e ainda, no momento, talvez estejam cansados. A fraqueza, por si só, é algo ruim, mas se você puder realmente dizer: "exaustos, continuaram a perseguir", a fraqueza se torna o contraponto para desencadear a perseverança, e o homem é ainda mais nobre porque, quando se cansa, ele ainda prossegue.

Foi à noite que eles quebraram os jarros, à noite que fizeram aquele ataque surpreendente no acampamento de seus inimigos, e desde então, apressadamente, perseguiram a multidão em movimento. Não houve tempo para que dormissem aquele "doce sono restaurador da natureza cansada" que é tão necessário para todos nós. E há mentes cristãs que não descansam, não têm tempo para descansar, e alguns sofrem do que se chama insônia, a incapacidade de dormir. Isto, é claro, é uma doença física, e os homens sobrecarregados podem ser afligidos por isso, mas os cristãos podem sofrer de insônia espiritual. Eles podem se exercitar tanto com o trabalho, preocupar-se demais com a obra do Senhor, que podem colocar no coração as necessidades e as aflições dos homens, podem ficar tão preocupados com o pouco que são capazes de fazer, e com a fragilidade com a qual o fazem, e com a pequenez do resultado de tudo que fizeram, que podem entrar num estado de insônia espiritual e inquietação. E, isso é sempre maléfico. [...]

Não é o fazer muito que é importante; é fazer o que se faz com força e poder verdadeiros. Você perde a capacidade de trabalhar, a menos que tenha o descanso necessário. Nunca percebeu como o Mestre faz do descanso um privilégio para o trabalhador? "Tomem sobre vocês o meu jugo. Deixem que eu lhes ensine [...] e encontrarão descanso para a alma". Você nunca trabalhará como Cristo, a menos que possa descansar como Cristo. Ele tinha grande capacidade de descansar, bem como grande força para trabalhar. Quando estava naquele pequeno barco que era jogado pela tempestade, Ele estava dormindo na parte traseira da embarcação enquanto a tempestade estava no auge; ir dormir era o melhor que poderia fazer e em certos momentos, a melhor coisa que o cristão pode fazer, é *se aquietar no Senhor e esperar nele*, pois assim receberá de volta a força perdida e o poder para o serviço. Se negligenciar o descansar em Cristo, ele se tornará fraco, e será uma circunstância feliz se, quando estiver fraco, ainda continuar prosseguindo.

midianitas, fugiram, mas Gideão os perseguiu e os capturou, derrotando seu exército.

¹³Gideão, filho de Joás, voltou da batalha pelo desfiladeiro de Heres. ¹⁴Ali, capturou um jovem de Sucote e exigiu que ele escrevesse o nome dos 77 oficiais e autoridades da cidade. ¹⁵Então Gideão retornou a Sucote e disse ao povo: "Aqui estão Zeba e Zalmuna. Quando estivemos aqui antes, vocês zombaram de mim e disseram: 'Primeiro capture Zeba e Zalmuna, e então daremos comida aos seus guerreiros exaustos'". ¹⁶Gideão prendeu as autoridades da cidade e os castigou com espinhos e espinheiros do deserto. ¹⁷Também derrubou a torre de Peniel e matou os homens da cidade.

¹⁸Depois disso, Gideão perguntou a Zeba e a Zalmuna: "Como eram os homens que vocês mataram em Tabor?".

"Como você", responderam eles. "Todos pareciam filhos de rei."

¹⁹"Eram meus irmãos, filhos de minha mãe!", exclamou Gideão. "Tão certo como vive o Senhor, eu não mataria vocês se tivessem poupado a vida deles!"

²⁰Gideão se voltou para Jéter, seu filho mais velho, e disse: "Mate-os!". Mas Jéter não tirou sua espada, pois ainda era jovem e teve medo.

²¹Então Zeba e Zalmuna disseram a Gideão: "Seja homem! Mate-nos você mesmo!". Gideão os matou e tirou os enfeites que estavam no pescoço dos camelos deles.

O colete sacerdotal de Gideão

²²Então os israelitas disseram a Gideão: "Seja nosso governante! Você, seu filho e seu neto nos governarão, pois nos libertou de Midiã".

²³Gideão, porém, respondeu: "Nem eu nem meu filho governaremos vocês. O Senhor os governará! ²⁴Mas tenho um pedido a fazer. Cada um de vocês me dê uma argola de ouro que tomou de seus inimigos como despojo". (Uma vez que os inimigos eram ismaelitas, todos usavam argolas de ouro.)

²⁵"Com todo o prazer!", responderam eles. Estenderam uma capa, e cada um jogou ali uma argola de ouro que havia tomado como despojo. ²⁶O peso das argolas de ouro totalizou pouco mais de vinte quilos,ª sem contar os enfeites, os pendentes e as roupas de púrpura que os reis de Midiã usavam, além das correntes que estavam no pescoço de seus camelos.

²⁷Com esse ouro, Gideão fez um colete sacerdotal e o colocou em Ofra, sua cidade. Todo o Israel, porém, se prostituiu, fazendo do colete objeto de adoração, e ele se tornou uma armadilha para Gideão e sua família.

²⁸Esse é o relato de como os israelitas derrotaram Midiã, que nunca se recuperou. Durante quarenta anos do restante da vida de Gideão, houve paz na terra.

²⁹Então Gideão,ᵇ filho de Joás, voltou para casa. ³⁰Gerou setenta filhos do sexo masculino, pois teve muitas esposas. ³¹Também teve uma concubina em Siquém que deu à luz um filho seu, a quem ele chamou Abimeleque. ³²Gideão, filho de Joás, morreu quando era muito idoso e foi sepultado no túmulo de seu pai, Joás, em Ofra, no território do clã de Abiezer.

³³Logo depois da morte de Gideão, os israelitas se prostituíram, adorando imagens de Baal e fazendo de Baal-Berite seu deus. ³⁴Os israelitas se esqueceram do Senhor, seu Deus, que os havia livrado de todos os inimigos em redor. ³⁵Também não demonstraram lealdade alguma para com a família de Jerubaal (isto é, Gideão), apesar de todo o bem que ele havia feito a Israel.

Abimeleque governa sobre Siquém

9 Certo dia, Abimeleque, filho de Gideão,ᶜ foi a Siquém visitar os irmãos de sua mãe e disse a eles e aos demais membros do seu clã materno: ²"Perguntem aos líderes de Siquém se preferem ser governados por todos os setenta filhos de Gideão ou por um só homem. E lembrem-se de que eu sou da mesma carne e do mesmo sangue de vocês!".

³Então os tios de Abimeleque transmitiram sua mensagem a todos os líderes de Siquém, que, depois de ouvirem a proposta, decidiram em favor de Abimeleque, pois era parente deles. ⁴Deram-lhe setenta moedas de prata do templo de Baal-Berite, que ele usou para contratar indivíduos desocupados e desordeiros que concordaram em segui-lo. ⁵Ele foi à casa de seu pai em Ofra e ali, sobre uma

---

ª **8.26** Em hebraico, *1.700 [siclos]*. ᵇ **8.29** Em hebraico, *Jerubaal*; ver 6.32. ᶜ **9.1** Em hebraico, *Jerubaal* (ver 6.32); também em 9.2,16,19,24,28,57.

pedra, matou todos os seus setenta meios-irmãos, os filhos de Gideão, exceto Jotão, o filho mais novo, que fugiu e se escondeu. ⁶Então os líderes de Siquém e Bete-Milo convocaram uma reunião debaixo do carvalho perto da coluna[a] em Siquém e proclamaram Abimeleque rei.

A parábola de Jotão

⁷Quando Jotão soube disso, subiu ao topo do monte Gerizim e gritou:

"Ouçam-me, cidadãos de Siquém!
 Ouçam-me se querem que Deus os ouça!
⁸Certa vez as árvores resolveram ungir um rei.
 Primeiro disseram à oliveira:
 'Seja nosso rei!'.
⁹Mas a oliveira se recusou e disse:
 'Devo deixar de produzir o óleo que
  agrada a Deus e às pessoas,
 só para ser a mais alta das árvores que o
  vento agita?'.
¹⁰"Então disseram à figueira:
 'Seja nosso rei!'.
¹¹Mas a figueira também se recusou e
  disse:
 'Devo deixar de produzir meus frutos
  doces e deliciosos,
 só para ser a mais alta das árvores que o
  vento agita?'.
¹²"Então disseram à videira:
 'Seja nosso rei!'.
¹³Mas a videira também se recusou e disse:
 'Devo deixar de produzir o vinho que
  alegra a Deus e às pessoas,
 só para ser a mais alta das árvores que o
  vento agita?'.
¹⁴"Por fim, todas as árvores se voltaram
  para o espinheiro e disseram:
 'Seja nosso rei!'.
¹⁵E o espinheiro respondeu às árvores:
 'Se querem mesmo ungir-me seu rei,
  venham abrigar-se à minha sombra.
 Se não, que saia fogo de mim
  e queime os cedros do Líbano'".

¹⁶Jotão prosseguiu: "Será que vocês de fato agiram de forma honrada e íntegra ao proclamar Abimeleque seu rei? Será que foram justos com Gideão e seus descendentes? Vocês o trataram como ele merece, tendo em vista tudo que realizou? ¹⁷Meu pai lutou por vocês e arriscou a vida para libertá-los dos midianitas. ¹⁸Mas hoje vocês se rebelaram contra ele e seus descendentes e mataram seus setenta filhos sobre uma pedra. Escolheram Abimeleque, filho da escrava dele, para ser rei só porque ele é seu parente.

¹⁹"Se hoje agiram de forma honrada e íntegra com Gideão e seus descendentes, então que sejam felizes com Abimeleque, e ele seja feliz com vocês. ²⁰Mas, se não o fizeram, então que saia fogo de Abimeleque e queime os líderes de Siquém e Bete-Milo, e saia fogo dos líderes de Siquém e Bete-Milo e queime Abimeleque!".

²¹Então Jotão fugiu e foi morar em Beer, pois tinha medo de seu irmão Abimeleque.

Siquém se rebela contra Abimeleque

²²Depois que Abimeleque havia governado Israel por três anos, ²³Deus enviou um espírito que gerou discórdia entre Abimeleque e os líderes de Siquém, que se rebelaram. ²⁴Foi um castigo para Abimeleque por ele ter assassinado os setenta filhos de Gideão e para os líderes de Siquém por terem apoiado Abimeleque no assassinato de seus irmãos. ²⁵Os líderes de Siquém prepararam uma emboscada para Abimeleque no alto dos montes e assaltavam todos os que passavam por ali. Contudo, alguém alertou Abimeleque sobre essa conspiração.

²⁶Nessa época, Gaal, filho de Ebede, se mudou para Siquém com seus irmãos e ganhou a confiança dos líderes da cidade. ²⁷Depois de irem ao campo, colherem as uvas e pisarem nelas, realizaram uma festa da colheita, no templo do deus local. Foi servido vinho à vontade, e todos começaram a amaldiçoar Abimeleque. ²⁸"Quem é Abimeleque?", disse em alta voz Gaal, filho de Ebede. "Se não é um verdadeiro filho de Siquém,[b] por que devemos servi-lo? É apenas filho de Gideão, e esse Zebul é apenas seu ajudante. Sirvam aos verdadeiros filhos de Hamor, o fundador de Siquém! Por que devemos servir a Abimeleque?

---

[a] 9.6 O significado do hebraico é incerto. [b] 9.28 Em hebraico, *Quem é Siquém?*

²⁹Se eu estivesse no comando, me livraria de Abimeleque. Diria a ele: 'Convoque seus soldados e venha lutar!'."

³⁰Mas, quando Zebul, que governava a cidade, tomou conhecimento das palavras de Gaal, ficou furioso. ³¹Enviou mensageiros a Abimeleque em Arumá[a] para lhe dizer: "Gaal, filho de Ebede, e seus irmãos se mudaram para Siquém e estão instigando a cidade a se rebelar contra você. ³²Venha de noite com seu exército e esconda-se nos campos. ³³Pela manhã, assim que o sol nascer, ataque a cidade. Quando Gaal e aqueles que o acompanham saírem para lutar contra você, faça com eles o que desejar".

³⁴Então Abimeleque e todos os seus homens saíram de noite, dividiram-se em quatro grupos e armaram uma emboscada ao redor de Siquém. ³⁵Gaal, filho de Ebede, estava à porta da cidade quando Abimeleque e seu exército saíram de seus esconderijos. ³⁶Quando Gaal os viu, disse a Zebul: "Olhe, há pessoas descendo do alto das colinas!".

Zebul respondeu: "São apenas as sombras dos montes que se parecem com homens".

³⁷Mas Gaal insistiu: "Não! São pessoas descendo das colinas.[b] E outro grupo vem pela estrada que passa pelo Carvalho dos Adivinhos".[c]

³⁸Zebul se voltou para ele e perguntou: "Onde foi parar toda a sua conversa? Não foi você que disse: 'Quem é Abimeleque e por que deveríamos servi-lo?'. Os homens dos quais você zombou estão logo ali do lado de fora da cidade! Saia e lute contra eles!".

³⁹Então Gaal marchou à frente dos líderes de Siquém para a batalha contra Abimeleque. ⁴⁰Abimeleque perseguiu Gaal, e muitos homens de Siquém foram feridos e caíram pelo caminho enquanto recuavam até o portão da cidade. ⁴¹Abimeleque voltou a Arumá, e Zebul expulsou Gaal e seus irmãos de Siquém.

⁴²No dia seguinte, o povo de Siquém saiu para guerrear nos campos. Abimeleque soube disso, ⁴³dividiu seus homens em três grupos e armou emboscadas nos campos. Quando Abimeleque viu o povo sair da cidade, ele e seus homens saíram de seus esconderijos e atacaram. ⁴⁴Abimeleque e seu grupo tomaram de assalto o portão da cidade para impedir que os homens de Siquém voltassem para dentro. Enquanto isso, os outros dois grupos atacaram e mataram aqueles que estavam nos campos. ⁴⁵A batalha durou o dia inteiro. Por fim, Abimeleque tomou Siquém e matou seus habitantes. Depois, destruiu a cidade e espalhou sal em todo o solo.

⁴⁶Ao tomarem conhecimento do que havia acontecido, os líderes que viviam na torre de Siquém correram e se esconderam na fortaleza do templo de Baal-Berite.[d] ⁴⁷Quando alguém informou Abimeleque de que esses habitantes estavam reunidos ali, ⁴⁸ele levou seu exército ao monte Zalmom. Pegou um machado, cortou alguns galhos de uma árvore e os pôs sobre os ombros. "Rápido! Façam como eu!", disse a seus homens. ⁴⁹Assim, cada um cortou alguns galhos e fez como Abimeleque. Então amontoaram os galhos junto às paredes do templo e puseram fogo. Todos que viviam na torre de Siquém morreram, cerca de mil homens e mulheres.

⁵⁰Em seguida, Abimeleque atacou a cidade de Tebes e a conquistou. ⁵¹No meio da cidade, porém, havia uma torre forte, e toda a população, homens e mulheres, fugiu para lá. Trancaram-se por dentro e subiram até o terraço. ⁵²Abimeleque foi até a torre e a atacou. Mas, quando se preparava para incendiar a entrada da torre, ⁵³uma mulher que estava no terraço jogou na cabeça de Abimeleque uma pedra de moinho, que rachou seu crânio.

⁵⁴Sem demora, ele disse a seu jovem escudeiro: "Tire a espada e mate-me! Assim ninguém dirá que uma mulher matou Abimeleque!". O jovem o atravessou com sua espada, e ele morreu. ⁵⁵Quando os israelitas viram que Abimeleque estava morto, debandaram e voltaram para casa.

⁵⁶Desse modo, Deus castigou Abimeleque pelo mal que ele havia feito a seu pai, matando os setenta irmãos. ⁵⁷Deus também castigou os homens de Siquém por toda a sua maldade. Assim cumpriu-se a maldição de Jotão, filho de Gideão.

---

[a] **9.31** Ou *em segredo*. [b] **9.37a** Ou *do centro da terra*. [c] **9.37b** Em hebraico, *Elom-Meonenim*. [d] **9.46** Em hebraico, *El-Berite*, outro nome para Baal-Berite; comparar com 9.4.

Tolá se torna juiz de Israel

10 Depois da morte de Abimeleque, Tolá, filho de Puá, filho de Dodô, foi o próximo libertador de Israel. Era da tribo de Issacar, mas morava na cidade de Samir, na região montanhosa de Efraim. ²Julgou Israel por 23 anos. Quando morreu, foi sepultado em Samir.

Jair se torna juiz de Israel

³Depois que Tolá morreu, Jair, de Gileade, julgou Israel por 22 anos. ⁴Seus trinta filhos montavam trinta jumentos e possuíam na terra de Gileade trinta cidades que até hoje são chamadas de Cidades de Jair.ª ⁵Quando morreu, foi sepultado em Camom.

Os amonitas oprimem Israel

⁶Mais uma vez, os israelitas fizeram o que era mau aos olhos do Senhor. Serviram às imagens de Baal e Astarote e aos deuses da Síria, de Sidom, Moabe, Amom e da Filístia. Abandonaram o Senhor e deixaram de servi-lo. ⁷Então a ira do Senhor se acendeu contra Israel, e ele os entregou nas mãos dos filisteus e dos amonitas, ⁸que começaram a oprimi-los cruelmente naquele mesmo ano. Durante dezoito anos, oprimiram todos os israelitas a leste do Jordão na terra dos amorreus (isto é, em Gileade). ⁹Os amonitas também atravessaram para o lado oeste do Jordão e atacaram as tribos de Judá, Benjamim e Efraim.

Os israelitas ficaram muito angustiados ¹⁰e, por fim, pediram socorro ao Senhor. "Pecamos contra ti", disseram, "pois abandonamos nosso Deus e servimos às imagens de Baal!"

¹¹O Senhor respondeu: "Acaso não os livrei dos egípcios, dos amorreus, dos amonitas, dos filisteus, ¹²dos sidônios, dos amalequitas e dos maonitas? Quando eles os oprimiram, vocês me pediram socorro, e eu os livrei. ¹³E, no entanto, vocês me abandonaram e serviram a outros deuses. Por isso, não os livrarei mais. ¹⁴Vão e clamem aos deuses que vocês escolheram! Que eles os livrem neste momento de angústia!".

¹⁵Mas os israelitas suplicaram ao Senhor: "Sim, pecamos! Castiga-nos como te parecer melhor, mas livra-nos hoje de nossos inimigos". ¹⁶Então eles se desfizeram dos deuses estrangeiros e serviram ao Senhor. E ele teve compaixão deles por causa de seu sofrimento.

¹⁷Quando os exércitos de Amom foram convocados para guerrear e acamparam em Gileade, os israelitas se reuniram e acamparam em Mispá. ¹⁸Os líderes de Gileade disseram uns aos outros: "O primeiro que atacar os amonitas governará todo o povo de Gileade".

Jefté se torna juiz de Israel

11 Jefté era um guerreiro corajoso. Era filho de Gileade, mas sua mãe era uma prostituta. ²A esposa de Gileade teve muitos filhos, e quando esses meios-irmãos cresceram, expulsaram Jefté, dizendo: "Você não receberá parte alguma da herança de nosso pai, pois é filho de outra mulher". ³Então Jefté fugiu de seus irmãos e foi viver na terra de Tobe. Em pouco tempo, passou a chefiar um bando de desocupados que se uniram a ele.

⁴Por essa época, os amonitas começaram a guerrear contra Israel. ⁵Quando os amonitas atacaram, os líderes de Gileade mandaram buscar Jefté na terra de Tobe. ⁶"Venha e seja nosso comandante!", disseram. "Ajude-nos a lutar contra os amonitas!"

⁷Mas Jefté lhes disse: "Não são vocês os mesmos que me odiavam e que me expulsaram da casa de meu pai? Por que me chamam agora que estão em apuros?".

⁸"Porque precisamos de você", responderam os líderes. "Se você nos comandar na batalha contra os amonitas, nós o proclamaremos governante de todo o povo de Gileade."

⁹Jefté lhes disse: "Quer dizer que se eu for com vocês e o Senhor me der a vitória sobre os amonitas, governarei todo o povo?".

¹⁰Os líderes de Gileade responderam: "O Senhor é nossa testemunha de que faremos exatamente como você disse".

¹¹Então Jefté foi com os líderes de Gileade, e o povo o fez governante e comandante do exército. Em Mispá, na presença do Senhor, Jefté repetiu o que tinha dito aos líderes.

¹²Jefté enviou mensageiros ao rei de Amom para perguntar: "Por que você saiu para guerrear contra minha terra?".

¹³O rei de Amom respondeu aos mensageiros de Jefté: "Quando saíram do Egito, os

---

ª **10.4** Em hebraico, *Havote-Jair*.

israelitas roubaram minhas terras desde o rio Arnom até o rio Jaboque, e até o Jordão. Agora, devolva-nos pacificamente esse território".

¹⁴Jefté enviou a seguinte mensagem em resposta ao rei amonita:

¹⁵"Assim diz Jefté: Israel não roubou terra alguma de Moabe nem de Amom. ¹⁶Quando o povo de Israel veio do Egito e chegou a Cades, depois de atravessar o mar Vermelho,ᵃ ¹⁷enviou mensageiros ao rei de Edom e pediu: 'Deixe-nos passar por sua terra'. Contudo, seu pedido foi negado. Então fizeram o mesmo pedido ao rei de Moabe, mas ele também não os deixou passar. Por isso, o povo de Israel ficou em Cades.

¹⁸"Depois, passaram pelo deserto, contornando Edom e Moabe. Acompanharam a divisa de Moabe a leste e acamparam do outro lado do rio Arnom. Em momento algum atravessaram o Arnom para entrar em Moabe, pois o Arnom era a divisa de Moabe.

¹⁹"Então Israel enviou mensageiros a Seom, rei dos amorreus, que governava em Hesbom, e pediu: 'Deixe-nos passar por sua terra, para chegarmos ao nosso destino'. ²⁰O rei Seom, porém, não confiava em Israel o suficiente para deixar o povo passar por seu território. Em vez disso, mobilizou seu exército em Jaza e atacou Israel. ²¹Mas o Senhor, o Deus de Israel, entregou o rei Seom nas mãos de seu povo, que derrotou os amorreus. Israel tomou posse de toda a terra dos amorreus que viviam naquela região, ²²desde o Arnom até o Jaboque, e desde o deserto até o Jordão.

²³"Como você vê, foi o Senhor, o Deus de Israel, que tirou a terra dos amorreus e a entregou a Israel. Por que, então, haveríamos de devolvê-la? ²⁴Fique com o que seu deus Camos lhe der, e nós ficaremos com o que o Senhor, nosso Deus, nos der. ²⁵Acaso você é melhor que Balaque, filho de Zipor, rei de Moabe? Ele tentou disputar esses territórios com Israel? Entrou em guerra contra os israelitas?

²⁶"Israel vive aqui há trezentos anos. Habita em Hesbom e nos povoados ao redor, até Aroer e seus povoados, e todas as cidades às margens do rio Arnom. Por que, até agora, vocês não fizeram esforço algum para reaver esse território? ²⁷Portanto, não pequei contra você. Pelo contrário, você fez mal ao me atacar. Que o Senhor, o Juiz, decida hoje qual de nós está certo: Israel ou Amom".

²⁸Mas o rei de Amom não deu atenção à mensagem de Jefté.

O voto de Jefté

²⁹Então o Espírito do Senhor veio sobre Jefté. Ele atravessou o território de Gileade e Manassés, incluindo Mispá em Gileade, e dali avançou contra os amonitas. ³⁰Jefté fez um voto ao Senhor: "Se entregares os amonitas em minhas mãos, ³¹darei ao Senhor o que sair primeiro de minha casa quando eu regressar vitorioso. Eu o oferecerei como holocausto".

³²Jefté saiu com seu exército para combater os amonitas, e o Senhor os entregou em suas mãos. ³³Ele aniquilou os amonitas e destruiu vinte cidades, desde Aroer até os arredores de Minite, chegando até Abel-Queramim. Assim, os israelitas derrotaram os amonitas.

³⁴Quando Jefté voltou para casa em Mispá, sua filha saiu ao seu encontro, tocando tamborim e dançando. Era sua única filha; ele não tinha nenhum outro filho nem filha. ³⁵Quando Jefté a viu, rasgou as próprias roupas e gritou. "Ah, minha filha! Você acabou comigo! Trouxe

---

ᵃ 11.16 Em hebraico, *mar de juncos*.

11.35 No caso de Jefté, havia boas razões para voltar atrás. Ele tinha feito um voto precipitado e é muito melhor quebrar o voto do que mantê-lo. Se um homem faz um voto para cometer um crime, seu voto é por si só um pecado e o cumprimento desse voto será duplamente pecaminoso. Se o voto de um homem de fazer algo tornou necessário e certo que ele o cumpra, então toda a lei moral poderia ser suspensa pelo simples ato de se fazer um voto, pois um homem poderia fazer o voto de roubar, cometer adultério ou assassinar, e depois dizer: "Estava certo em realizar todos esses atos porque prometi cumpri-los". Evidentemente, isto é absurdo e, admitir tal princípio seria destruir toda a moralidade. Primeiramente, você não tem o direito de prometer fazer o que é

desgraça sobre mim! Fiz um voto ao Senhor e não posso voltar atrás!".

³⁶Ela disse: "Pai, se fez um voto ao Senhor, faça comigo o que prometeu, pois o Senhor lhe deu grande vitória sobre seus inimigos, os amonitas. ³⁷Mas, primeiro, permita que eu ande pelos montes e chore com minhas amigas por dois meses, pois morrerei virgem".

³⁸"Pode ir", disse Jefté, e deixou que ela se ausentasse por dois meses. Ela e suas amigas foram para os montes e lamentaram, pois ela jamais teria filhos. ³⁹Quando ela voltou para casa, seu pai cumpriu o voto que havia feito, e ela morreu sem ter tido relações com homem algum.

Por isso, tornou-se costume em Israel ⁴⁰as moças israelitas saírem por quatro dias todos os anos para lamentar o destino da filha de Jefté, de Gileade.

Efraim luta contra Jefté

12 Então os homens de Efraim mobilizaram um exército e atravessaram o Jordão para Zafom. Enviaram a seguinte mensagem a Jefté: "Por que você não pediu nossa ajuda para lutar contra os amonitas? Vamos queimar sua casa, com você dentro!".

²Jefté respondeu: "Eu os convoquei no início do conflito, mas vocês se recusaram a vir! Não nos ajudaram na luta contra Amom. ³Por isso, quando vi que vocês não viriam, arrisquei a vida e saí para a batalha sem vocês, e o Senhor entregou os amonitas em minhas mãos. Por que agora vocês vêm lutar contra mim?".

⁴Os homens de Efraim responderam: "Vocês, de Gileade, não passam de fugitivos de Efraim e Manassés". Então Jefté reuniu todos os guerreiros de Gileade, atacou os homens de Efraim e os derrotou.

⁵Os homens de Gileade tomaram os pontos mais rasos de travessia do Jordão, e sempre que um fugitivo de Efraim tentava voltar para a outra margem, eles o confrontavam. "Você pertence à tribo de Efraim?", perguntavam. Se o homem negasse, ⁶eles o mandavam dizer "Chibolete". Se ele era de Efraim, dizia "Sibolete", pois o povo de Efraim não consegue pronunciar essa palavra corretamente. Então eles o capturavam e o matavam no lugar de travessia do Jordão. Ao todo, foram mortos 42 mil homens de Efraim naquela ocasião.

⁷Jefté julgou Israel durante seis anos. Quando morreu, foi sepultado numa das cidades de Gileade.

Ibsã se torna juiz de Israel

⁸Depois que Jefté morreu, Ibsã, de Belém, julgou Israel. ⁹Ele teve trinta filhos e trinta filhas. Deu suas filhas em casamento a homens de fora de seu clã, e trouxe trinta moças de fora de seu clã para se casarem com seus filhos. Ibsã julgou Israel durante sete anos. ¹⁰Quando morreu, foi sepultado em Belém.

Elom se torna juiz de Israel

¹¹Depois que Ibsã morreu, Elom, da tribo de Zebulom, julgou Israel durante dez anos. ¹²Quando morreu, foi sepultado em Aijalom, no território de Zebulom.

Abdom se torna juiz de Israel

¹³Depois que Elom morreu, Abdom, filho de Hilel, de Piratom, julgou Israel. ¹⁴Ele teve quarenta filhos e trinta netos que montavam setenta jumentos. Abdom julgou Israel durante oito anos. ¹⁵Quando morreu, foi sepultado em

---

errado. E, em segundo lugar, sua promessa, que é errada em si mesma, não pode fazer de um ato criminoso um ato correto. Se você estiver sob o jugo de um voto precipitado, não deve ousar mantê-lo. Deve ir diante de Deus e se arrepender de ter feito um voto que envolve pecado. Se mantiver o voto pecaminoso, isso acrescenta pecado ao pecado. "Mas", alguém pergunta, "não seria pecado quebrar o meu voto?" Respondo, cometeu grande pecado ao fazê-lo e provavelmente haverá algum pecado relacionado com a sua quebra, pois poucas ações humanas são perfeitas, mas manter seu voto mau certamente seria pecado. Você não deve cometer o pecado maior para evitar o pecado menor, que talvez esteja envolvido na violação de sua falsa promessa. Creio que teria sido bom se Jefté, embora tivesse aberto a sua boca diante de Deus, tivesse voltado atrás quando envolveu, como penso que envolveu, uma necessidade tão terrível quanto a de sacrificar sua única e inocente filha. O fato de ter jurado fazê-lo não o tornou certo — foi tão errado quanto. Se ele realmente a matou, foi uma ação horrível, dramatize-o ou disfarce-o como quiser. Ele não tinha o direito de fazer essa promessa perigosa. Ele tinha ainda muito menos direito de realizá-la depois de tê-la feito, caso o voto levasse a tão terríveis consequências.

Piratom, no território de Efraim, na região montanhosa dos amalequitas.

O nascimento de Sansão

13 Mais uma vez, os israelitas fizeram o que era mau aos olhos do Senhor. Por isso, o Senhor os entregou nas mãos dos filisteus, que os oprimiram durante quarenta anos.

²Naqueles dias, um homem chamado Manoá, da tribo de Dã, vivia na cidade de Zorá. Sua esposa era estéril, e eles não tinham filhos. ³O anjo do Senhor apareceu à esposa de Manoá e disse: "Embora você não tenha conseguido ter filhos até agora, ficará grávida e dará à luz um filho. ⁴Portanto, tenha cuidado; não beba vinho e nenhuma outra bebida fermentada, nem coma nenhum alimento que seja impuro. ⁵Você ficará grávida e dará à luz um filho, do qual jamais cortará o cabelo, porque ele será consagrado a Deus como nazireu desde o nascimento. Ele começará a libertar Israel das mãos dos filisteus".

⁶A mulher foi correndo contar ao marido: "Um homem de Deus apareceu para mim! Era como um dos anjos de Deus, e sua aparência era assustadora. Não perguntei de onde era, e ele não me disse seu nome. ⁷Mas ele me disse: 'Você ficará grávida e dará à luz um filho. Não beba vinho e nenhuma outra bebida fermentada, nem coma nenhum alimento que seja impuro. Seu filho será consagrado a Deus como nazireu desde o nascimento até o dia de sua morte'".

⁸Então Manoá orou ao Senhor: "Senhor, eu peço que o homem de Deus que enviaste volte e nos dê mais instruções a respeito desse filho que vai nascer".

⁹Deus atendeu à oração de Manoá, e o anjo de Deus apareceu outra vez à esposa quando ela estava sentada no campo. Seu marido, Manoá, não estava com ela. ¹⁰Então ela foi correndo contar ao marido: "O homem que apareceu outro dia está aqui de novo!".

¹¹Manoá voltou depressa com sua esposa e perguntou: "O senhor é o homem que falou com minha esposa outro dia?".

"Sim, sou eu", respondeu ele.

¹²Então Manoá perguntou: "Quando suas palavras se cumprirem, como devemos criar o menino? Qual será o trabalho dele?".

¹³O anjo do Senhor respondeu: "Sua esposa deverá seguir as instruções que lhe dei. ¹⁴Ela não deve comer uvas nem passas, não deve beber vinho e nenhuma outra bebida fermentada, nem deve comer nenhum alimento que seja impuro. Ela deverá fazer tudo que ordenei".

¹⁵Manoá disse ao anjo do Senhor: "Por favor, fique aqui até prepararmos um cabrito para o senhor".

¹⁶"Está bem, só que não comerei nada", respondeu o anjo do Senhor. "Mas você pode preparar um holocausto como sacrifício ao Senhor." Manoá ainda não havia percebido que era o anjo do Senhor.

¹⁷Manoá perguntou ao anjo do Senhor: "Qual é seu nome? Queremos lhe prestar homenagem quando isso tudo se cumprir".

¹⁸"Por que quer saber meu nome?", disse o anjo do Senhor. "Ele é tão maravilhoso que você não conseguiria entender!"

¹⁹Então Manoá tomou um cabrito e uma oferta de cereal e os apresentou sobre uma rocha como sacrifício ao Senhor. Enquanto Manoá e sua esposa observavam, o Senhor fez algo extraordinário. ²⁰Quando as chamas do altar subiram ao céu, o anjo do Senhor subiu nas chamas. Ao verem isso, Manoá e sua esposa se curvaram com o rosto no chão.

²¹O anjo do Senhor não voltou a aparecer a Manoá e sua esposa. Então Manoá finalmente percebeu que era o anjo do Senhor ²²e disse à

13.22,23 A profunda prostração do espírito é muito frequentemente a precursora de alguma bênção notável. Para Manoá e sua esposa foi a maior alegria concebível da vida, o clímax de sua ambição, o serem os pais de um filho pelo qual o Senhor deveria começar a livrar Israel. Eles encheram-se de alegria — alegria inexprimível — ao pensar nisso, mas no momento em que a boa-nova lhes foi comunicada, Manoá, pelo menos, ficou tão pesaroso de espírito que disse: "Com certeza vamos morrer, pois vimos a Deus!". Tomemos como regra geral que os céus sem brilho prenunciam uma chuva de misericórdia. Espere um doce favor quando experimentar a aflição aguda. Quando os grandes carros de Deus, carregados de bênçãos, estiverem chegando à sua porta, muitas

sua esposa: "Com certeza vamos morrer, pois vimos a Deus!".

²³Sua esposa, porém, disse: "Se o SENHOR quisesse nos matar, não teria aceitado o holocausto e a oferta de cereal. Não teria aparecido a nós, nem nos teria revelado essas coisas maravilhosas!".

²⁴Quando o menino nasceu, ela o chamou de Sansão. O SENHOR o abençoou enquanto ele crescia, ²⁵e o Espírito do SENHOR começou a agir nele quando ele morava em Maané-Dã, entre Zorá e Estaol.

O enigma de Sansão

14 Certo dia, Sansão estava em Timna e viu uma moça do povo filisteu. ²Quando voltou para casa, disse a seu pai e a sua mãe: "Vi uma moça filisteia em Timna. Quero me casar com ela. Consigam aquela moça para mim".

³Seu pai e sua mãe se opuseram: "Não há uma moça sequer em nossa tribo ou entre todo o nosso povo com quem você possa se casar? Por que tem de procurar uma esposa entre os filisteus pagãos?".ᵃ

Mas Sansão disse a seu pai: "Consiga a moça para mim. É ela que eu quero". ⁴Seus pais não sabiam que o SENHOR estava agindo no meio disso tudo, para criar uma oportunidade de agir contra os filisteus que, na época, dominavam Israel.

⁵Quando Sansão e seus pais estavam descendo a Timna, de repente um jovem leão atacou Sansão perto dos vinhedos de Timna. ⁶Naquele momento, o Espírito do SENHOR veio sobre Sansão com tamanho poder que ele rasgou o animal pelas mandíbulas usando as próprias mãos, com a mesma facilidade que se despedaça um cabrito. Contudo, não contou a seus pais o que havia acontecido. ⁷Quando chegou a Timna, conversou com a moça e se agradou muito dela.

⁸Algum tempo depois, quando voltou a Timna para o casamento, saiu do caminho para ver o cadáver do leão. Descobriu que um enxame de abelhas havia feito mel dentro da carcaça. ⁹Pegou um pouco de mel com as mãos e foi comendo pelo caminho. Também deu um pouco a seu pai e a sua mãe, e eles comeram. Mas Sansão não lhes contou que havia tirado o mel da carcaça do leão.

¹⁰Enquanto seu pai estava em Timna para o casamento, Sansão ofereceu uma festa ali, como era costume entre os noivos. ¹¹Quando os pais da noivaᵇ o viram, escolheram trinta rapazes da cidade para o acompanharem na festa.

¹²Sansão lhes disse: "Vou lhes propor um enigma. Se conseguirem decifrá-lo durante estes sete dias de celebração, darei a vocês trinta camisas de linho fino e trinta conjuntos de roupa. ¹³Mas, se não conseguirem decifrá-lo, vocês me darão trinta camisas de linho fino e trinta conjuntos de roupa".

ᵃ **14.3** Em hebraico, *filisteus incircuncisos*. ᵇ **14.11** Em hebraico, *Quando eles*.

---

vezes você ouvirá de antemão os horríveis barulhos das rodas. E pensará que talvez seja o carro da morte, embora seja o carro do tesouro de seu Pai que está chegando à sua porta.

14.8,9 A parte em particular do incidente que está registrado nestes dois versículos parece ter sido ignorada *por aqueles que escreveram sobre a vida de Sansão*. Suponho que lhes pareceu ser inconcebível demais. Seus companheiros se envolvem para decifrar o enigma festivo de Sansão, mas omitem o fato muito mais natural e louvável de que ele traz o mel em suas mãos e o apresenta ao seu pai e mãe. Esta é a pequena cena para a qual atraio os seus olhares. Parece-me que o herói israelita com um leão morto no fundo, destacando-se na estrada aberta, com as mãos cheias de pedaços de favo e escorrendo mel, que ele oferece aos seus pais, produz uma bela imagem, digna do maior artista. E que símbolo há aqui do nosso divino Senhor e Mestre, Jesus, o conquistador da morte e do inferno. Ele destruiu o leão que rugia sobre nós e sobre Ele. O Senhor gritou "vitória" sobre todos os nossos inimigos. "Está consumado" foi Sua nota de triunfo e agora Ele está no meio da Sua Igreja com Suas mãos cheias de doçura e consolo, apresentando-as àqueles de quem Ele diz: "Estes são minha mãe e meus irmãos". A cada um de nós que nele crê, Ele fornece o delicioso banquete que nos preparou por meio da derrota de nossos inimigos. E nos pede que venhamos e comamos para que possamos ter nossa vida adoçada e nosso coração cheio de alegria. Para mim, a comparação parece maravilhosamente apta e sugestiva. Vejo o nosso Senhor triunfante carregado de doçura, expressando-a a todos os Seus irmãos e convidando-os a participar de Sua alegria.

"Está bem", concordaram eles. "Proponha seu enigma."

¹⁴Ele disse:

"Do que come veio algo para comer,
  do que é forte veio algo doce".

Três dias depois, eles ainda tentavam encontrar a resposta. ¹⁵No quarto[a] dia, disseram à esposa de Sansão: "Convença seu marido a explicar o enigma; caso contrário, queimaremos vivos você e sua família! Você nos convidou à festa só para nos deixar pobres?".

¹⁶Então a esposa de Sansão lhe disse, aos prantos: "Você não me ama! Você me odeia! Propôs um enigma ao meu povo, mas não me contou a resposta!".

Ele respondeu: "Não revelei o enigma nem a meu pai e minha mãe. Por que deveria contá-lo a você?". ¹⁷Ela chorava cada vez que estava com ele, e assim continuou até o último dia da festa. Por fim, de tanto importunar Sansão, no sétimo dia ele lhe contou a resposta. Então ela explicou o enigma aos rapazes.

¹⁸Antes do pôr do sol do sétimo dia, os homens da cidade vieram dar a resposta a Sansão:

"O que é mais doce que o mel?
  O que é mais forte que o leão?".

Sansão respondeu: "Se vocês não tivessem arado com minha novilha, não teriam resolvido meu enigma!".

¹⁹Então o Espírito do S<small>ENHOR</small> veio com poder sobre Sansão. Ele desceu à cidade de Ascalom, matou trinta homens, tomou seus pertences e deu as roupas deles aos homens que haviam resolvido o enigma. Contudo, ficou furioso com o que tinha acontecido e voltou a morar na casa de seus pais. ²⁰A noiva de Sansão foi dada como esposa ao rapaz que o havia acompanhado na cerimônia.

Sansão se vinga dos filisteus

15 Algum tempo depois, durante a colheita do trigo, Sansão levou um cabrito de presente para sua esposa. "Vou ao quarto de minha esposa para dormir com ela", disse ele. Mas o pai dela não o deixou entrar.

²"Eu tinha certeza de que você a odiava", explicou ele. "Por isso eu a dei como esposa a seu acompanhante de casamento. Mas veja, a irmã mais nova dela é ainda mais bonita. Case-se com ela."

³Sansão disse: "Desta vez ninguém poderá me culpar de tudo que eu fizer a vocês, filisteus". ⁴Então saiu e capturou trezentas raposas. Amarrou-as em pares pela cauda e prendeu uma tocha em cada par de caudas. ⁵Depois, acendeu as tochas e soltou as raposas no meio das plantações de cereais dos filisteus. Assim, queimou tudo, tanto os feixes já ceifados como o cereal que ainda seria colhido. Também destruiu os vinhedos e os olivais.

⁶"Quem fez isto?", perguntaram os filisteus.

E responderam: "Foi Sansão, pois seu sogro, de Timna, deu a esposa de Sansão a seu acompanhante de casamento". Então os filisteus queimaram vivos a mulher e seu pai.

⁷Sansão disse aos filisteus: "Não descansarei enquanto não me vingar de vocês pelo que fizeram!". ⁸Ele os atacou com grande violência e matou muitos deles. Depois, foi morar numa caverna na rocha de Etã.

⁹Então os filisteus acamparam em Judá e se espalharam pelos arredores da cidade de Leí. ¹⁰Os homens de Judá perguntaram aos filisteus: "Por que vieram nos atacar?".

Os filisteus responderam: "Viemos capturar Sansão e nos vingar dele".

¹¹Então três mil homens de Judá desceram para buscar Sansão na caverna da rocha de Etã. "Você não sabe que os filisteus nos dominam?", disseram a Sansão. "O que você está fazendo conosco?"

Sansão respondeu: "Só fiz a eles o que fizeram a mim".

¹²Mas os homens de Judá lhe disseram: "Viemos amarrá-lo e entregá-lo aos filisteus".

"Está bem", disse Sansão. "Mas prometam que vocês mesmos não me farão mal."

¹³"Vamos apenas amarrá-lo e entregá-lo aos filisteus", responderam eles. "Não vamos matá-lo." Então o amarraram com duas cordas novas e o fizeram sair da rocha.

¹⁴Quando Sansão chegou a Leí, os filisteus vieram ao seu encontro, dando gritos de vitória. Mas o Espírito do S<small>ENHOR</small> veio com poder

---

[a] **14.15** Conforme a Septuaginta; o hebraico traz *sétimo*.

sobre Sansão, e ele rompeu as cordas em seus braços como se fossem barbantes de linho queimados, e as amarras caíram de suas mãos. ¹⁵Sansão encontrou a queixada de um jumento que tinha sido morto havia pouco tempo. Ele a pegou e a usou para matar mil filisteus. ¹⁶Então disse:

"Com uma queixada de jumento,
    fiz deles montões!
Com uma queixada de jumento,
    matei mil homens!".

¹⁷Quando acabou de celebrar sua vitória, jogou fora a queixada; e aquele lugar foi chamado de Ramate-Leí.ª
¹⁸Sansão sentiu muita sede e clamou ao Senhor: "Por meio da força de teu servo, concedeste este grande livramento. Acaso devo morrer de sede e cair nas mãos desses incircuncisos?".
¹⁹Então Deus fez jorrar água de um buraco no chão em Leí. Sansão bebeu e se reanimou. Chamou aquele lugar de En-Hacoré,ᵇ que existe em Leí até hoje.
²⁰Sansão julgou Israel durante vinte anos, no período em que os filisteus dominavam a terra.

Sansão leva embora os portões de Gaza

16 Certo dia, Sansão foi à cidade filisteia de Gaza e conheceu uma prostituta, com quem passou a noite. ²Logo correu a notíciaᶜ de que Sansão estava lá, e os homens de Gaza se reuniram e esperaram a noite toda junto aos portões da cidade. Ficaram em silêncio a noite inteira, pois pensavam: "Quando o dia clarear, vamos matá-lo".
³Mas Sansão ficou deitado só até a meia-noite. Então levantou-se, agarrou os portões da cidade, com os dois batentes, e os ergueu, junto com a tranca. Colocou-as sobre os ombros e as levou para o alto da colina que fica em frente de Hebrom.

Sansão e Dalila

⁴Algum tempo depois, Sansão se apaixonou por uma mulher chamada Dalila, que morava no vale de Soreque. ⁵Os governantes dos filisteus foram vê-la e disseram: "Seduza Sansão para que ele lhe diga o que o torna tão forte e como podemos dominá-lo e amarrá-lo sem que consiga se soltar. Então cada um de nós dará a você 1.100 peçasᵈ de prata".
⁶Assim, Dalila disse a Sansão: "Conte-me, por favor, o que o torna tão forte e como poderia ser amarrado sem conseguir se soltar".
⁷Sansão respondeu: "Se eu fosse amarrado com sete cordas de arco novas, ainda não secas, ficaria tão fraco como qualquer outro homem".
⁸Então os governantes filisteus levaram para Dalila sete cordas de arco novas, e ela amarrou

---

ª **15.17** *Ramate-Leí* significa "colina da queixada". ᵇ **15.19** *En-Hacoré* significa "a fonte daquele que clamou". ᶜ **16.2** Conforme a Septuaginta, a versão siríaca e a Vulgata; o hebraico não traz *Logo correu a notícia*. ᵈ **16.5** Em hebraico, *1.100 (siclos)*, cerca de 13,2 quilos.

15.18 [Sansão] tinha se exercitado de forma muito maravilhosa, esforçando cada nervo e músculo, e agora, estando com grande sede, procurou ao seu redor por uma corrente de água, mas não havia nenhuma — e ele sentiu como se, por falta de água, fosse morrer. Então, os filisteus se regozijariam sobre ele! Com essa fé simples, tão característica de Sansão, que não era nada mais do que uma criança grande, ele voltou o seu olhar para o Pai celestial e clamou: "Por meio da força de teu servo, concedeste este grande livramento. Acaso devo morrer de sede e cair nas mãos desses incircuncisos?". Ele tinha essa confiança que Deus intercederia em seu favor. [...]

Felizes são vocês que não tiveram a sombria tarefa de matar mil homens, mas há "montões" de outro tipo sobre o qual vocês possam olhar com tanta satisfação como Sansão e, talvez, com menos emoções misturadas do que as dele quando olhou para os filisteus mortos. Notem, amados, os grandes montões de seus pecados — todos eles gigantes — e qualquer um deles suficiente para arrastá-los para o inferno mais baixo! Contudo, todos estão mortos! Não há um único pecado que fale uma palavra contra você. "Quem se atreve a acusar os escolhidos de Deus?" Outro braço que não o seu o fez, mas a vitória é bastante completa. Cristo retornou com roupas tingidas de Bozra. Ele pisou o lagar de vinho da ira de Deus e quase posso dizer que o sangue que mancha suas vestes é o sangue dos seus pecados, que Ele destruiu completamente para sempre. Olhe para o número deles. Pegue todos os anos de sua vida e faça de cada ano um montão. Divida-os, se quiser, em grupos e classes — coloque-os debaixo da medida dos Dez Mandamentos e lá eles ficam, em dez grandes montões, mas cada um deles destruído!

Sansão. ⁹Ela havia escondido alguns homens num dos quartos interiores da casa e gritou: "Sansão! Os filisteus vieram atacá-lo!". Mas Sansão arrebentou as cordas de arco de uma vez, como se rompe um pedaço de barbante queimado. E não descobriram o segredo de sua força.

¹⁰Mais tarde, Dalila disse a Sansão: "Você zombou de mim e mentiu! Agora conte-me, por favor, como poderia ser amarrado".

¹¹Sansão respondeu: "Se eu fosse amarrado firmemente com cordas novas em folha, que nunca foram usadas, ficaria tão fraco como qualquer outro homem".

¹²Assim, Dalila pegou cordas novas e o amarrou com elas. Os homens estavam escondidos no quarto interior como antes e, de novo, Dalila gritou: "Sansão! Os filisteus vieram atacá-lo!". Mais uma vez, porém, Sansão arrebentou as cordas em seus braços como se fossem fios.

¹³Então Dalila disse: "Você zombou de mim e mentiu! Agora conte-me, por favor, como poderia ser amarrado".

Sansão respondeu: "Se você tecesse as sete tranças de meu cabelo no pano de seu tear e o prendesse com o pino do tear, eu ficaria tão fraco como qualquer outro homem".

Enquanto Sansão dormia, Dalila teceu as sete tranças do cabelo dele no pano. ¹⁴Depois, prendeu-o com o pino do tear.ᵃ De novo, ela gritou: "Sansão! Os filisteus vieram atacá-lo!". Mas Sansão acordou e soltou, de uma vez, o cabelo do tear e do pano.

¹⁵Então Dalila disse: "Como você pode dizer que me ama, se não me conta seus segredos? Zombou de mim três vezes e ainda não me disse o que o torna tão forte!". ¹⁶Todos os dias ela o atormentava com sua importunação, até ele não suportar mais.

¹⁷Por fim, contou-lhe seu segredo: "Meu cabelo nunca foi cortado, pois fui consagrado a Deus como nazireu desde o nascimento. Se minha cabeça fosse raspada, eu perderia as forças e ficaria tão fraco como qualquer outro homem".

¹⁸Dalila percebeu que, finalmente, Sansão havia lhe contado a verdade e mandou chamar os governantes filisteus. "Venham mais uma vez!", disse ela. "Sansão finalmente me contou seu segredo." Os governantes foram ao encontro dela e lhe deram o dinheiro. ¹⁹Dalila fez Sansão dormir com a cabeça em seu colo e então chamou um homem para cortar as sete tranças do cabelo dele. Desse modo, começou a enfraquecê-lo,ᵇ e suas forças o deixaram.

²⁰Então ela gritou: "Sansão! Os filisteus vieram atacá-lo!".

Ao acordar, ele pensou: "Farei como das outras vezes e me livrarei deles". Não sabia, porém, que o Senhor o havia deixado.

²¹Os filisteus o capturaram e furaram seus olhos. Levaram-no para Gaza, onde o prenderam com duas correntes de bronze, obrigando-o a moer cereais na prisão.

²²Não demorou muito, porém, e seu cabelo começou a crescer de novo.

ᵃ **16.13-14** Conforme a Septuaginta e a Vulgata; o hebraico não traz todo o trecho *eu ficaria tão fraco como qualquer outro homem. [...] Depois, prendeu-o com o pino do tear.* ᵇ **16.19** Ou *começou a atormentá-lo.* A Septuaginta traz *ele começou a enfraquecer.*

16.22 Na opinião de algumas pessoas, Sansão parecia muito melhor quando seu cabelo trançado foi cortado. Ele estava mais apresentável; mais adequado para a sociedade da época. E do mesmo modo, no caso das igrejas, a percepção é de que elas ficam melhores ao livrarem-se de suas peculiaridades. Vocês que estão no secreto sabem melhor, e me seguirão enquanto eu, tristemente, busco um remédio para a infeliz fraqueza *que recaiu sobre muitas comunidades* que uma vez foram fortes no Senhor. Como esta igreja, toda raspada e despojada, pobre, escravizada e arrasada pela preocupação, é levada de volta ao seu antigo estado? Como Sansão, que uma vez foi forte, recuperou sua força? Bem, apenas deixando seu cabelo crescer novamente. Ele deveria ser consagrado a Deus novamente. Esta igreja deve voltar ao antigo evangelho, deve dizer uma vez mais: "Quanto a mim, que eu jamais me glorie em qualquer coisa, a não ser na cruz de nosso Senhor Jesus Cristo". Deve voltar a ser insaciável pela conversão dos homens. A oração deve voltar a ser o deleite de toda a Igreja, e a sua confiança deve estar no Espírito do Senhor. A glória de Deus deve tomar posse da igreja em vez do seu desejo de ser moderna e respeitável. Quando suas mechas crescerem novamente, sua força voltará. Quando for consagrada a Deus, ela retomará sua força anterior, apresentará seu testemunho como nos melhores dias e, mais uma vez, sacudirá o mundo com seu poder.

A vitória final de Sansão

²³Os governantes filisteus realizaram uma grande festa, na qual ofereceram sacrifícios e louvaram seu deus, Dagom. "Nosso deus nos deu a vitória sobre nosso inimigo Sansão!", diziam eles.

²⁴Ao ver Sansão, o povo louvou o seu deus. "Nosso deus nos entregou nosso inimigo!", diziam. "Aquele que destruía a nossa terra e matou muitos de nós agora está em nosso poder!"

²⁵A essa altura, já estavam muito bêbados e começaram a gritar: "Tragam Sansão para que nos divirta!". Assim, trouxeram Sansão da prisão para diverti-los e o fizeram ficar em pé entre as duas colunas que sustentavam o teto.

²⁶Sansão disse ao jovem servo que o guiava pela mão: "Ponha minhas mãos nas duas colunas que sustentam o templo. Quero me apoiar nelas". ²⁷O templo estava lotado. Todos os governantes filisteus estavam presentes, e havia cerca de três mil homens e mulheres na cobertura vendo Sansão e se divertindo às custas dele.

²⁸Então Sansão orou ao Senhor: "Soberano Senhor, lembra-te de mim novamente. Por favor, ó Deus, fortalece-me só mais esta vez. Permite que, com um só golpe, eu me vingue dos filisteus pela perda de meus dois olhos". ²⁹Então Sansão se apoiou nas colunas centrais que sustentavam o templo, empurrou-as com as duas mãos ³⁰e exclamou: "Que eu morra com os filisteus!". E o templo desabou sobre os governantes filisteus e sobre todo o povo. Assim, Sansão matou mais pessoas quando morreu do que em toda a sua vida.

³¹Mais tarde, seus irmãos e outros parentes desceram para buscar o corpo. Eles o levaram de volta para casa e o sepultaram entre Zorá e Estaol, onde seu pai, Manoá, estava enterrado. Sansão julgou Israel durante vinte anos.

Os ídolos de Mica

17 Havia um homem chamado Mica, que vivia na região montanhosa de Efraim. ²Certo dia, disse à sua mãe: "Eu a ouvi amaldiçoar a pessoa que roubou suas 1.100 peças[a] de prata. Na verdade, fui eu quem roubou essa prata; ela está comigo".

"O Senhor o abençoe, meu filho", respondeu a mãe. ³Ele devolveu a prata, e ela disse: "Dedico solenemente estas peças de prata ao Senhor. Em favor de meu filho, mandarei fazer uma imagem esculpida e um ídolo de metal".

⁴Assim, quando ele devolveu a prata à mãe, ela separou duzentas peças e as entregou a um ourives. Delas ele fez uma imagem esculpida e um ídolo de metal, que foram colocados na casa de Mica. ⁵Esse homem, Mica, construiu um santuário para o ídolo e também fez um colete sacerdotal e alguns ídolos do lar. Então nomeou um de seus filhos como seu sacerdote pessoal.

⁶Naqueles dias, Israel não tinha rei; cada um fazia o que parecia certo a seus próprios olhos.

⁷Certo dia, um jovem levita que vivia em Belém de Judá chegou àquela região. ⁸Havia saído de Belém à procura de outro lugar para morar. Em sua viagem, chegou à região montanhosa de Efraim e aconteceu de parar na casa de Mica. ⁹"De onde você vem?", perguntou Mica.

Ele respondeu: "Sou levita, de Belém de Judá, e estou à procura de um lugar para morar".

¹⁰"Fique aqui comigo e seja pai e sacerdote para mim", disse Mica. "Eu lhe darei dez peças[b] de prata por ano, além de roupa e comida." ¹¹O jovem levita concordou e se tornou como um dos filhos de Mica.

¹²Então Mica nomeou o levita seu sacerdote pessoal, e o jovem ficou morando em sua casa. ¹³Mica disse: "Agora sei que o Senhor será bondoso comigo, pois tenho um levita como meu sacerdote!".

Idolatria na tribo de Dã

18 Naqueles dias, Israel não tinha rei. A tribo de Dã procurava um lugar onde se estabelecer, pois ainda não tinha tomado posse do território que havia recebido como herança quando a terra foi dividida entre as tribos de Israel. ²Então os homens de Dã escolheram dentre seus clãs cinco guerreiros corajosos das cidades de Zorá e Estaol para explorar um território onde a tribo pudesse se estabelecer.

Quando esses guerreiros chegaram à região montanhosa de Efraim, pararam na casa de Mica e passaram a noite ali. ³Enquanto estavam na casa de Mica, reconheceram o sotaque

---

[a] 17.2 Em hebraico, *1.100 (siclos)*, cerca de 13,2 quilos. [b] 17.10 Em hebraico, *10 (siclos)*, cerca de 120 gramas.

do jovem levita, de modo que se aproximaram dele e perguntaram: "Quem o trouxe para cá e o que você está fazendo neste lugar? Por que está aqui?". ⁴O jovem respondeu: "Fiz um acordo com Mica, e ele me contratou como seu sacerdote pessoal".

⁵Então eles disseram: "Pergunte a Deus se nossa viagem será bem-sucedida".

⁶"Vão em paz", respondeu o sacerdote. "O Senhor está cuidando de sua viagem."

⁷Os cinco homens prosseguiram até a cidade de Laís, onde notaram que os habitantes levavam uma vida tranquila, como os sidônios. Eram pacíficos e viviam em segurança, pois não havia quem os oprimisse em sua terra. Estavam longe de Sidom e não tinham nenhum aliado por perto.

⁸Quando os homens voltaram a Zorá e a Estaol, seus parentes lhes perguntaram: "O que vocês descobriram?".

⁹Eles responderam: "Vamos atacá-los! Vimos a terra, e ela é muito boa. O que vocês estão esperando? Não hesitem em avançar e tomar posse dela. ¹⁰Quando chegarem lá, verão que o povo leva uma vida tranquila. Deus nos deu uma terra espaçosa e fértil, onde não falta nada!".

¹¹Então seiscentos homens da tribo de Dã armados para a guerra partiram de Zorá e de Estaol. ¹²Acamparam num lugar a oeste de Quiriate-Jearim, em Judá, conhecido hoje como Maané-Dã.ᵃ ¹³Dali prosseguiram para a região montanhosa de Efraim e chegaram à casa de Mica.

¹⁴Os cinco homens que haviam explorado a terra nos arredores de Laís explicaram aos outros: "Numa destas casas há um colete sacerdotal, e também alguns ídolos do lar, uma imagem esculpida e um ídolo de metal. O que vocês acham que devem fazer?". ¹⁵Os cinco homens saíram da estrada principal e foram à casa de Mica, onde morava o jovem levita, e o saudaram. ¹⁶Os seiscentos guerreiros armados da tribo de Dã ficaram à entrada da porta, ¹⁷e os cinco espiões entraram no santuário e removeram a imagem esculpida, o colete sacerdotal, os ídolos do lar e o ídolo de metal. Enquanto isso, o sacerdote ficou junto à porta, com os seiscentos guerreiros armados.

¹⁸Quando o sacerdote viu que os homens estavam levando todos os objetos sagrados do santuário de Mica, perguntou: "O que vocês estão fazendo?".

¹⁹"Fique quieto e venha conosco", responderam. "Seja nosso pai e sacerdote. Não é melhor ser sacerdote de uma tribo inteira e de um clã de Israel do que da casa de um só homem?"

²⁰O jovem sacerdote aceitou de bom grado acompanhá-los. Pegou o colete sacerdotal, os ídolos do lar e a imagem esculpida e se uniu a eles. ²¹Então deram a volta, colocaram as crianças, o gado e os bens na frente do grupo e partiram.

²²Quando os membros da tribo de Dã estavam longe da casa de Mica, ele e seus vizinhos foram atrás deles. ²³Gritavam para os homens de Dã, que se voltaram e disseram a Mica: "Qual é o problema? Por que você convocou esses homens para nos perseguir?".

²⁴Mica respondeu: "Como é que vocês me perguntam qual é o problema? Tomaram todos os deuses que fiz e levaram meu sacerdote! Não me restou nada!".

²⁵Os homens de Dã disseram: "Cuidado com o que você diz! Temos em nosso meio alguns homens agressivos que poderiam ficar com raiva e matar você e sua família". ²⁶Assim, os homens de Dã seguiram seu caminho. Quando Mica viu que eram numerosos demais para atacá-los, deu meia-volta e foi para casa.

²⁷Então os homens de Dã, levando os ídolos de Mica e seu sacerdote, chegaram à cidade de Laís, cujo povo era pacífico e vivia em segurança. Mataram à espada os habitantes e queimaram a cidade. ²⁸Não havia ninguém que livrasse os habitantes da cidade, pois estavam longe de Sidom e não tinham nenhum aliado por perto. Isso aconteceu no vale de Bete-Reobe.

Então o povo da tribo de Dã reconstruiu a cidade e passou a habitar nela. ²⁹Mudaram seu nome para Dã, em homenagem ao antepassado deles, o filho de Jacó.ᵇ Antes disso, a cidade se chamava Laís.

ᵃ **18.12** *Maané-Dã* significa "o acampamento de Dã". ᵇ **18.29** Em hebraico, *Israel*. Os nomes "Jacó" e "Israel" são usados de forma intercambiável ao longo de todo o Antigo Testamento e se referem, por vezes, ao patriarca e, em outras ocasiões, à nação.

30Levantaram ali a imagem esculpida e nomearam Jônatas, filho de Gérson, filho de
Moisés,[a] como seu sacerdote. Os descendentes de Jônatas serviram como sacerdotes da
tribo de Dã até a época do exílio. 31Assim, a
tribo de Dã adorou a imagem esculpida de
Mica durante todo o tempo em que a casa de
Deus permaneceu em Siló.

O levita e sua concubina

19 Naqueles dias, Israel não tinha rei. Havia
um homem da tribo de Levi que morava num lugar afastado, na região montanhosa
de Efraim. Certo dia, ele trouxe para casa uma
mulher de Belém de Judá para ser sua concubina. 2Mas ela se irou com ele[b] e voltou para a
casa de seu pai, em Belém.

Cerca de quatro meses depois, 3seu marido
foi a Belém para reconquistá-la e convencê-la
a voltar com ele. Levou consigo um servo e dois
jumentos. Quando ele chegou, a mulher o levou até seu pai, que o recebeu com alegria. 4O
sogro insistiu para que ficasse algum tempo, e
ele permaneceu ali três dias, comendo, bebendo e dormindo.

5No quarto dia, levantaram-se cedo e ele estava pronto para partir, mas o pai da mulher
disse a seu genro: "Coma alguma coisa antes
de sair". 6Os dois se sentaram, comeram e beberam. Então o pai da mulher disse: "Por favor,
fique mais uma noite e alegre seu coração".
7O homem se levantou para partir, mas o sogro continuou a insistir para que ele ficasse.
Por fim, ele cedeu e passou mais uma noite ali.

8Na manhã do quinto dia, ele se levantou cedo e estava pronto para partir, e outra vez o pai
da mulher disse: "Coma alguma coisa; deixe
para sair à tarde". Assim, fizeram mais uma
refeição juntos. 9Mais tarde, quando o homem,
a concubina e o servo se preparavam para partir, o sogro disse: "Já está escurecendo. Passe a
noite aqui e alegre seu coração. Amanhã você
pode levantar cedo e partir".

10Dessa vez, porém, o homem estava decidido a partir. Rumou para Jebus (isto é, Jerusalém), levando consigo os jumentos com suas
selas e a concubina. 11Chegaram perto de Jebus
quase no final do dia, e o servo disse ao homem: "Vamos parar nesta cidade dos jebuseus
e passar a noite aqui".

12Seu senhor respondeu: "Não podemos ficar numa cidade estrangeira, que não pertence aos israelitas. Vamos prosseguir até Gibeá.
13Venha, vamos tentar chegar a Gibeá ou a Ramá e passaremos a noite numa dessas cidades".

14Então prosseguiram. O sol estava se pondo
quando chegaram a Gibeá, uma cidade no território de Benjamim, 15e pararam ali para passar
a noite. Sentaram-se na praça da cidade, mas
ninguém se ofereceu para hospedá-los.

16Ao anoitecer, um homem idoso voltava para casa do trabalho no campo. Era da região
montanhosa de Efraim, mas morava em Gibeá, onde os habitantes eram da tribo de Benjamim. 17Quando viu os viajantes sentados na
praça da cidade, perguntou de onde vinham
e para onde iam.

18O homem respondeu: "Estamos viajando
de Belém de Judá para um lugar afastado na
região montanhosa de Efraim, onde eu moro. Fui a Belém e agora estou voltando para
casa.[c] Ninguém quis nos hospedar, 19embo-
ra tenhamos tudo de que precisamos. Temos
palha e forragem para os jumentos e bastante
pão e vinho para nós".

20"Vocês são bem-vindos em minha casa",
disse o homem idoso. "Eu lhes darei o que precisarem. Não passem a noite na praça, de jeito
nenhum!" 21Ele os levou para casa e alimentou
os jumentos. Depois que lavaram os pés, comeram e beberam juntos.

22Enquanto eles se alegravam, um grupo de
homens perversos da cidade cercou a casa. Começaram a bater na porta e gritar para o velho,
o dono da casa: "Traga para fora o homem que
está hospedado com você, para que tenhamos
relações com ele!".

23O dono da casa saiu e falou com eles: "Não,
meus irmãos, não façam tamanha maldade. O
homem é hóspede em minha casa, e uma coisa
dessas seria uma vergonha. 24Tomem minha
filha virgem e a concubina do homem. Eu as
trarei para fora, e vocês poderão violentá-las

[a] **18.30** Conforme antiga tradição hebraica, alguns manuscritos gregos e a Vulgata; o Texto Massorético traz *filho de Manassés*.
[b] **19.2** Ou *foi infiel a ele*. [c] **19.18** Conforme a Septuaginta (ver tb. 19.29); o hebraico traz *agora estou indo para o tabernáculo do Senhor*.

e fazer o que desejarem. Mas não façam uma coisa vergonhosa dessas com meu hóspede".

25Eles, porém, não deram ouvidos. Então o levita pegou sua concubina e a empurrou para fora. Os homens da cidade abusaram dela e a estupraram a noite toda. Por fim, quando o sol começou a nascer, eles a largaram. 26Ao amanhecer, a mulher voltou para casa onde o marido estava hospedado. Caiu junto à porta da casa e ali ficou até o dia clarear.

27Quando o marido se levantou e abriu a porta para sair e seguir viagem, lá estava a concubina, caída à porta, com as mãos na soleira. 28Ele disse: "Levante-se! Vamos embora!". Mas não houve resposta.ª Então ele pôs o corpo da mulher sobre o jumento e a levou para casa.

29Quando chegou em casa, pegou uma faca, desmembrou o corpo da concubina em doze partes e enviou uma parte para cada tribo em todo o território de Israel.

30Todos que viram isso disseram: "Desde que os israelitas saíram do Egito, nunca se cometeu um crime tão horrível. Pensem bem! O que vamos fazer? Quem vai se pronunciar?".

Guerra entre Israel e Benjamim

20 Então todos os israelitas se uniram como um só homem, desde Dã, ao norte, até Berseba, ao sul, incluindo os que moravam na terra de Gileade. A comunidade toda se reuniu na presença do Senhor, em Mispá. 2Os líderes de todo o povo e todas as tribos de Israel, quatrocentos mil guerreiros armados com espadas, tomaram seus lugares na reunião sagrada do povo de Deus. 3Logo chegou à terra de Benjamim a notícia de que as outras tribos haviam subido a Mispá. E os israelitas se perguntaram: "Como esse crime horrível pôde acontecer?".

4O levita, marido da mulher assassinada, disse: "Minha concubina e eu chegamos para passar a noite em Gibeá, cidade da tribo de Benjamim. 5Naquela noite, alguns dos líderes da cidade cercaram a casa com a intenção de me matar, e violentaram minha concubina até ela morrer. 6Então desmembrei o corpo dela em doze partes e as enviei por todos os territórios da herança de Israel, pois esses homens cometeram um crime terrível e vergonhoso. 7Portanto, todos vocês, israelitas, decidam agora o que se deve fazer a esse respeito!".

8Todos se levantaram ao mesmo tempo e declararam: "Nenhum de nós voltará para casa! Nem um só homem! 9Mas é isto que faremos a Gibeá: realizaremos um sorteio para resolver quem a atacará. 10A décima parte dos homensᵇ de cada tribo ficará responsável por providenciar a alimentação dos guerreiros, e o restante se vingará de Gibeáᶜ de Benjamim por esse ato vergonhoso cometido em Israel". 11Todos os israelitas estavam plenamente de acordo e se uniram para atacar a cidade.

12As tribos de Israel enviaram mensageiros à tribo de Benjamim para lhes dizer: "Que crime terrível foi cometido em seu meio! 13Entreguem os homens perversos de Gibeá, para que os executemos e eliminemos esse mal de Israel".

Mas o povo da tribo de Benjamim não deu ouvidos. 14Em vez disso, vieram de suas cidades e se reuniram em Gibeá para lutar contra os israelitas. 15Ao todo, 26 mil guerreiros armados com espadas chegaram a Gibeá para se juntar à tropa especial de setecentos homens que viviam ali. 16Dentre todos esses guerreiros, havia um grupo de setecentos canhotos, e cada um deles conseguia atirar uma pedra com uma funda e acertar um fio de cabelo com precisão. 17Sem os guerreiros de Benjamim, Israel tinha quatrocentos mil soldados hábeis no uso da espada.

18Antes da batalha, os israelitas foram a Betel e perguntaram a Deus: "Qual das tribos deve ir primeiro e atacar o povo de Benjamim?".

O Senhor respondeu: "Judá irá primeiro".

19Na manhã seguinte, os israelitas partiram bem cedo e acamparam perto de Gibeá. 20Então avançaram em direção a Gibeá para atacar os homens de Benjamim. 21Os guerreiros de Benjamim que estavam defendendo a cidade saíram e mataram 22 mil israelitas no campo de batalha naquele dia.

22Mas os israelitas animaram uns aos outros e, mais uma vez, assumiram suas posições no mesmo lugar do dia anterior. 23Eles tinham subido a Betel e chorado na presença do Senhor até a tarde. Haviam perguntado ao Senhor:

ª **19.28** A Septuaginta acrescenta *pois ela estava morta*. ᵇ **20.10a** Em hebraico, *dez homens para cada cem, cem homens para cada mil e mil homens para cada dez mil*. ᶜ **20.10b** Em hebraico, *Geba*, neste caso uma variação de Gibeá; também em 20.33.

"Devemos lutar novamente contra nossos parentes de Benjamim?".

E o Senhor tinha dito: "Saiam e lutem contra eles".

²⁴Saíram no dia seguinte para lutar novamente contra os homens de Benjamim, ²⁵mas os homens de Benjamim que haviam partido de Gibeá mataram mais dezoito mil israelitas, todos hábeis no uso da espada.

²⁶Então todos os israelitas subiram a Betel, choraram na presença do Senhor e jejuaram até a tarde. Também apresentaram ao Senhor holocaustos e ofertas de paz. ²⁷Os israelitas subiram para buscar a direção do Senhor. (Naqueles dias, a arca da aliança de Deus estava em Betel, ²⁸e Fineias, filho de Eleazar e neto de Arão, era o sacerdote.) Eles perguntaram ao Senhor: "Devemos lutar novamente contra nossos parentes de Benjamim, ou devemos parar?".

O Senhor disse: "Vão! Amanhã eu os entregarei em suas mãos".

²⁹Então os israelitas armaram emboscadas ao redor de Gibeá. ³⁰Avançaram contra os guerreiros de Benjamim no terceiro dia e tomaram suas posições nos mesmos lugares de antes. ³¹Quando os homens de Benjamim saíram para atacar, foram atraídos para longe da cidade. Como antes, começaram a matar os israelitas. Cerca de trinta israelitas morreram nos campos abertos, ao longo da estrada que vai para Betel e da estrada que leva de volta a Gibeá.

³²Os guerreiros de Benjamim gritaram: "Derrotamos vocês, como antes!". Mas os israelitas já haviam planejado fugir para que os homens de Benjamim os perseguissem pelas estradas e fossem atraídos para longe da cidade.

³³Quando os guerreiros israelitas chegaram a Baal-Tamar, voltaram-se e assumiram suas posições. Enquanto isso, os israelitas que estavam escondidos na emboscada a oeste[a] de Gibeá entraram em combate. ³⁴Dez mil soldados da tropa especial de Israel avançaram contra Gibeá. A luta foi tão intensa que Benjamim não percebeu a calamidade que estava por vir. ³⁵O Senhor ajudou Israel a derrotar Benjamim e, naquele dia, os israelitas mataram 25.100 guerreiros de Benjamim, todos hábeis no uso da espada.

³⁶Então os homens de Benjamim viram que estavam derrotados.

Os israelitas bateram em retirada diante dos guerreiros de Benjamim a fim de dar aos homens que estavam escondidos na emboscada mais espaço para atacar Gibeá. ³⁷Aqueles que estavam escondidos avançaram de todos os lados e mataram todos os habitantes. ³⁸Tinham combinado de mandar como sinal de dentro da cidade uma grande nuvem de fumaça. ³⁹Quando os israelitas viram a fumaça, voltaram e atacaram os guerreiros de Benjamim.

Àquela altura, os guerreiros de Benjamim haviam matado cerca de trinta israelitas e gritaram: "Derrotamos vocês, como antes!". ⁴⁰Mas, quando os guerreiros de Benjamim olharam para trás e viram que, em todas as partes da cidade, a fumaça subia ao céu, ⁴¹os guerreiros de Israel se voltaram e atacaram. Os homens de Benjamim ficaram apavorados, pois perceberam a calamidade que estava prestes a vir sobre eles. ⁴²Deram meia-volta e fugiram diante dos israelitas em direção ao deserto, mas não conseguiram escapar da batalha, pois soldados que saíram das cidades vizinhas também os atacaram.[b] ⁴³Os israelitas cercaram os homens de Benjamim e os perseguiram até os alcançarem no local de descanso, a leste de Gibeá.[c] ⁴⁴Naquele dia, dezoito mil dos guerreiros mais corajosos de Benjamim morreram na batalha. ⁴⁵Os sobreviventes fugiram para o deserto, em direção à rocha de Rimom, mas os israelitas mataram cinco mil deles ao longo da estrada. Eles continuaram a perseguição e mataram mais dois mil homens perto de Gidom.

⁴⁶Naquele dia, portanto, a tribo de Benjamim perdeu 25 mil guerreiros valentes e hábeis no uso da espada, ⁴⁷e restaram apenas seiscentos homens que fugiram para a rocha de Rimom, onde viveram durante quatro meses. ⁴⁸Os israelitas voltaram e mataram todo ser vivo que restou nas cidades, pessoas, animais e tudo que encontraram. Também queimaram todas as cidades por onde passaram.

Esposas para os homens de Benjamim

21 Os israelitas haviam jurado em Mispá: "Jamais entregaremos nossas filhas em

---

[a] 20.33 Conforme a Septuaginta, a versão siríaca e a Vulgata; o hebraico traz *escondidos no espaço aberto*. [b] 20.42 Ou *e as pessoas que saíram das cidades vizinhas também foram mortas*. [c] 20.43 O significado do hebraico é incerto.

casamento a homens da tribo de Benjamim". ²Então o povo foi a Betel e permaneceu na presença de Deus até a tarde, chorando sem parar em alta voz: ³"Ó Senhor, Deus de Israel, por que aconteceu isso com Israel?", diziam. "Agora está faltando uma de nossas tribos!"

⁴Na manhã seguinte, bem cedo, construíram um altar e ali apresentaram holocaustos e ofertas de paz. ⁵Então os israelitas disseram: "Quem dentre as tribos de Israel não participou da reunião sagrada que realizamos em Mispá, na presença do Senhor?". Naquela ocasião, haviam feito um juramento solene na presença do Senhor de que matariam quem se recusasse a comparecer.

⁶Os israelitas tiveram pena de seu irmão Benjamim e disseram: "Hoje foi eliminada uma das tribos de Israel. ⁷Como conseguiremos esposas para os poucos que restam, se juramos pelo Senhor que não lhes daríamos nossas filhas em casamento?".

⁸Então perguntaram: "Quem dentre as tribos de Israel não compareceu conosco a Mispá quando nos reunimos na presença do Senhor?". E descobriram que ninguém de Jabes-Gileade havia participado da reunião sagrada. ⁹Ao contarem o povo, verificaram que ninguém de Jabes-Gileade estava presente.

¹⁰Então a comunidade enviou doze mil de seus melhores guerreiros a Jabes-Gileade com ordens para matar seus habitantes, incluindo mulheres e crianças. ¹¹"É isto que vocês devem fazer", disseram. "Destruam completamente todos os homens e também todas as mulheres que não forem virgens." ¹²Entre os habitantes de Jabes-Gileade, encontraram quatrocentas moças que nunca haviam se deitado com um homem e as levaram para o acampamento em Siló, na terra de Canaã.

¹³Toda a comunidade enviou uma delegação de paz aos homens restantes de Benjamim que estavam na rocha de Rimom. ¹⁴Os homens de Benjamim voltaram e receberam como esposas as quatrocentas mulheres de Jabes-Gileade que tinham sido poupadas. Mas não havia mulheres em número suficiente para todos eles.

¹⁵O povo teve pena de Benjamim, pois o Senhor havia aberto uma lacuna entre as tribos de Israel. ¹⁶Então os líderes da comunidade perguntaram: "Como conseguiremos esposas para os poucos homens que restam, uma vez que as mulheres da tribo de Benjamim foram mortas? ¹⁷Os sobreviventes precisam ter herdeiros, para que não seja eliminada uma tribo inteira de Israel. ¹⁸Contudo, não podemos lhes dar nossas filhas em casamento, pois juramos solenemente que quem o fizer ficará sob a maldição de Deus".

¹⁹Então eles se lembraram da festa anual do Senhor, em Siló, ao sul de Lebona e ao norte de Betel, do lado leste da estrada que vai de Betel a Siquém. ²⁰Disseram aos homens de Benjamim que ainda precisavam de esposas: "Vão e escondam-se nos vinhedos. ²¹Quando virem as moças de Siló irem para as danças, saiam correndo dos esconderijos e cada um leve uma delas para a terra de Benjamim, para ser sua esposa. ²²E quando os pais e os irmãos delas vierem se queixar a nós, diremos: 'Por favor, tenham compaixão. Deixem que fiquem com suas filhas, pois não encontramos esposas para todos eles quando destruímos Jabes-Gileade. E vocês não são culpados de quebrarem seu juramento, pois, na verdade, não deram suas filhas para eles em casamento'".

²³Os homens de Benjamim seguiram essas instruções. Cada um pegou uma das moças que dançavam na comemoração e a levou para ser sua esposa. Voltaram para sua terra, reconstruíram suas cidades e habitaram nelas.

²⁴Então os israelitas partiram, por tribos e famílias, e cada um voltou para sua terra.

²⁵Naqueles dias, Israel não tinha rei; cada um fazia o que parecia certo a seus próprios olhos.

Rute

INTRODUÇÃO
Este livro, e também o de Juízes, trata da vida de Israel desde a morte de Josué até o governo de Eli.

Nome. Derivado do personagem principal, Rute.

Conteúdo. É propriamente uma continuação do livro de Juízes, mostrando a vida da época em sua maior simplicidade. Também é especialmente importante porque mostra a linhagem de Davi através de toda a história de Israel e, portanto, é um elo na genealogia de Cristo.

Assuntos típicos. (1) Rute é um tipo de noiva gentia de Cristo e sua experiência é semelhante à de qualquer cristão devoto. (2) Boaz, o rico belemita, aceitando esta mulher estrangeira é ilustra a obra redentora de Jesus.

As palavras-chave do livro de Rute são "amor e fé".

ESBOÇO
1. Residência em Moabe, 1.1-5
2. Retorno a Jerusalém, 1.6-22
3. Rute e Boaz, Caps. 2–4
   - 3.1. Colhendo nos campos de Boaz, Cap. 2
   - 3.2. Rute casa-se com Boaz, Caps. 3–4
     - a) Uma ação ousada, Cap. 3
     - b) Redenção da herança de Noemi, 4.1-12
     - c) Rute se torna a esposa de Boaz, 4.13-17
     - d) Genealogia de Davi, 4.18-22

Diz-se que o capítulo 1 é Rute *decidindo*, o capítulo 2 é Rute *servindo*, o capítulo 3 é Rute *descansando* e o capítulo 4 é Rute *recompensada*.

PARA ESTUDO E DISCUSSÃO
[1] Cada um dos personagens do livro.
[2] Toda a história de Rute comparada às histórias de Juízes (Caps. 17–21) para ter uma visão do melhor e do pior da condição social deles.
[3] O valor da alma que confia (Rute).

A família de Elimeleque se muda para Moabe

1 Nos dias em que os juízes governavam Israel, houve grande fome na terra. Por isso, um homem deixou seu lar, em Belém de Judá, e foi morar na terra de Moabe, levando consigo esposa e dois filhos. ²O homem se chamava Elimeleque, e a esposa, Noemi. Os filhos se chamavam Malom e Quiliom. Eram efrateus de Belém de Judá. Quando chegaram a Moabe, estabeleceram-se ali.

³Elimeleque morreu, e Noemi ficou com os dois filhos. ⁴Eles se casaram com mulheres moabitas, que se chamavam Rute e Orfa. Cerca de dez anos depois, ⁵Malom e Quiliom também morreram. Noemi ficou sozinha, sem os dois filhos e sem o marido.

Noemi e Rute se mudam para Belém

⁶Noemi soube em Moabe que o Senhor havia abençoado seu povo, dando-lhe boas colheitas. Então Noemi e suas noras se prepararam para deixar Moabe. ⁷Ela partiu com suas noras do lugar onde havia morado e seguiram para a terra de Judá.

⁸A certa altura, porém, Noemi disse às noras: "Voltem para a casa de suas mães! Que o Senhor as recompense pelo amor que demonstraram por seus maridos e por mim. ⁹Que o Senhor as abençoe com a segurança de um novo casamento". Então deu-lhes um beijo de despedida, e as três começaram a chorar em alta voz.

¹⁰"Não!", disseram elas. "Queremos ir com você para o seu povo!"

¹¹Noemi, porém, respondeu: "Voltem, minhas filhas. Por que vocês viriam comigo? Acaso eu ainda poderia dar à luz outros filhos que cresceriam e se tornariam seus maridos? ¹²Não, minhas filhas, voltem, pois sou velha demais para me casar outra vez. E, mesmo que fosse possível eu me casar esta noite e ter filhos, o que aconteceria então? ¹³Vocês esperariam que eles crescessem, deixando assim de se casarem com outro homem? Claro que não, minhas filhas! Esta situação é muito mais amarga para mim do que para vocês, pois o próprio Senhor está contra mim".

¹⁴Então choraram juntas mais uma vez. Orfa se despediu de sua sogra com um beijo, mas Rute se apegou firmemente a Noemi. ¹⁵"Olhe, sua cunhada voltou para o povo e para os deuses dela", disse Noemi a Rute. "Você deveria fazer o mesmo!"

¹⁶Rute respondeu: "Não insista comigo para deixá-la e voltar. Aonde você for, irei; onde você viver, lá viverei. Seu povo será o meu povo, e seu Deus, o meu Deus. ¹⁷Onde você morrer, ali morrerei e serei sepultada. Que o Senhor me castigue severamente se eu permitir que qualquer coisa, a não ser a morte, nos separe!".

¹⁸Quando Noemi viu que Rute estava decidida a ir com ela, não insistiu mais.

¹⁹Então as duas seguiram viagem. Quando chegaram a Belém, toda a cidade se agitou por causa delas. "Será que é mesmo Noemi?", perguntavam as mulheres.

²⁰"Não me chamem de Noemi", respondeu ela. "Chamem-me de Mara,ᵃ pois o Todo-poderoso tornou minha vida muito amarga. ²¹Cheia eu parti, mas o Senhor me trouxe de

---

ᵃ **1.20** *Noemi* significa "agradável"; *Mara* significa "amarga".

1.11-13 Não pode haver dúvida alguma de que Rute olhou com reverência amorosa e admiração para Noemi, pois viu em sua sogra um caráter que conquistou a estima e o carinho de seu coração. Os poucos vislumbres que temos dessa mulher piedosa, neste livro, mostram-nos que ela era uma pessoa muito desapegada e altruísta — não alguém que, por causa de sua grande tristeza, incomodaria os outros ou os traria ao seu próprio nível, a fim de que pudessem de alguma forma ajudá-la. Noemi era alguém que considerava os interesses dos outros ao invés de seus próprios — e todas essas pessoas certamente conquistam admiração e estima. Quando um cristão vive de tal forma que os outros veem algo nele que não percebem em si mesmos, essa é uma maneira pela qual eles são muitas vezes atraídos à vida cristã. Quando o cristão enfermo é paciente. Quando o cristão pobre é alegre. Quando o crente em Cristo é perdoador, generoso, terno, solidário, honesto e reto, então é quando os observadores dizem: "Aqui está algo que vale a pena investigar — de onde vem toda essa excelência?". E tomam conhecimento de que eles têm estado com Jesus e que aprenderam essas coisas com o Senhor e, dessa forma, eles próprios estão propensos a se tornar Seus seguidores.

volta vazia. Por que me chamar de Noemi se o Senhor me fez sofrer e se o Todo-poderoso trouxe calamidade sobre mim?"

²²Assim, Noemi voltou de Moabe acompanhada de sua nora Rute, a jovem moabita. Elas chegaram a Belém quando começava a colheita da cevada.

Rute trabalha no campo de Boaz

2 Havia em Belém um homem rico e respeitado chamado Boaz. Ele era parente de Elimeleque, o marido de Noemi.

²Certo dia, Rute, a moabita, disse a Noemi: "Deixe-me ir ao campo ver se alguém, em sua bondade, me permite recolher as espigas de cereal que sobrarem".

Noemi respondeu: "Está bem, minha filha, pode ir". ³Rute saiu para colher espigas após os ceifeiros. Aconteceu de ela ir trabalhar num campo que pertencia a Boaz, parente de seu sogro, Elimeleque.

⁴Enquanto Rute estava ali, Boaz chegou de Belém e saudou os ceifeiros: "O Senhor esteja com vocês!".

"O Senhor o abençoe!", responderam os ceifeiros.

⁵Então Boaz perguntou a seu capataz: "Quem é aquela moça? A quem ela pertence?".

⁶O capataz respondeu: "É a moça que veio de Moabe com Noemi. ⁷Hoje de manhã ela me pediu permissão para colher espigas após os ceifeiros. Desde que chegou, não parou de trabalhar um instante sequer, a não ser por alguns minutos de descanso no abrigo".

⁸Boaz foi até Rute e disse: "Ouça, minha filha. Quando for colher espigas, fique conosco; não vá a nenhum outro campo. Acompanhe as moças que trabalham para mim. ⁹Observe em que parte do campo estão colhendo e vá atrás delas. Avisei os homens para não a tratarem mal. E, quando tiver sede, sirva-se da água que os servos tiram do poço".

¹⁰Rute se curvou diante dele, com o rosto no chão, e disse: "O que fiz para merecer tanta bondade? Sou apenas uma estrangeira!".

¹¹"Eu sei", respondeu Boaz. "Mas também sei de tudo que você fez por sua sogra desde a morte de seu marido. Ouvi falar de como você deixou seu pai, sua mãe e sua própria terra para viver aqui no meio de desconhecidos. ¹²Que o Senhor, o Deus de Israel, sob cujas asas você veio se refugiar, a recompense ricamente pelo que você fez".

¹³Ela respondeu: "Espero que eu continue a receber sua bondade, meu senhor, pois me animou com suas palavras gentis, embora eu nem seja uma de suas servas".

¹⁴Na hora da refeição, Boaz lhe disse: "Venha cá e sirva-se de comida; também pode molhar o pão no vinagre". Rute sentou-se junto aos ceifeiros, e Boaz lhe deu grãos tostados. Ela comeu até ficar satisfeita, e ainda sobrou alimento.

¹⁵Quando Rute voltou ao trabalho, Boaz ordenou a seus servos: "Permitam que ela colha espigas entre os feixes e não a incomodem. ¹⁶Tirem dos feixes algumas espigas de cevada e deixem-nas cair para que ela as recolha. Não a atrapalhem!".

¹⁷Assim, Rute colheu cevada o dia todo e, à tarde, quando debulhou o cereal, encheu quase um cesto inteiro.ᵃ ¹⁸Carregou tudo para a cidade e mostrou à sua sogra. Também lhe deu o que havia sobrado da refeição.

¹⁹"Onde você colheu todo esse cereal?", perguntou Noemi. "Onde você trabalhou hoje? Que seja abençoado quem a ajudou!"

ᵃ **2.17** Em hebraico, *quase 1 efa*, cerca de 20 litros.

2.15,16 Ó filho de Deus, nunca tenha medo de colher! Tudo o que há em todos os campos do seu Senhor é seu. Nunca pense que o seu Mestre ficará zangado com você por colher muito do bom milho do Reino. A única coisa com a qual Ele provavelmente se ofenderá é se você não ajuntar o suficiente! "Aí está", diz Ele, "pegue, pegue e coma. Coma abundantemente. Beba, sim, beba abundantemente, ó amado!" Se encontrar uma doce promessa, sugue todo o mel do favo. E se você se apossar de algum feixe bendito, não tenha medo de levá-lo alegremente. Você tem direito a ele — não deixe Satanás enganá-lo! Afie a foice da sua fé e vá colher, pois você pode, se quiser. E se conseguir, você poderá pegar um molho inteiro e levá-lo para o alimento espiritual. Mas se não puder tomar um feixe inteiro, o Senhor o ensinará a colher entre os feixes, como Rute fez no campo de Boaz. E que Ele, na grandeza de Sua graça, deixe cair alguns punhados de propósito para você, por amor de Seu Filho amado!

Então Rute contou à sogra com quem havia trabalhado: "O homem com quem trabalhei hoje se chama Boaz".

²⁰"O Senhor o abençoe!", disse Noemi à nora. "O Senhor não deixou de lado sua bondade tanto pelos vivos como pelos mortos. Esse homem é um de nossos parentes mais próximos, o resgatador de nossa família".

²¹Rute, a moabita, acrescentou: "Boaz disse que devo voltar e trabalhar com seus ceifeiros até que terminem toda a colheita".

²²"Muito bom!", exclamou Noemi. "Faça o que ele disse, minha filha. Fique com as servas dele até o final da colheita. Em outros campos, poderiam maltratá-la".

²³Assim, Rute trabalhou com as servas nos campos de Boaz e recolheu espigas com elas até o final das colheitas da cevada e do trigo. Nesse tempo, ficou morando com sua sogra.

O encontro na eira

3 Certo dia, Noemi disse a Rute: "Minha filha, é hora de eu encontrar para você um lar seguro e feliz. ²Esse Boaz, senhor das moças com quem você trabalhou, é nosso parente próximo. Hoje à noite, ele estará na eira, onde se debulha a cevada. ³Faça o que lhe direi: tome banho, perfume-se e vista sua melhor roupa. Depois vá até lá, mas não deixe que Boaz a veja enquanto ele não tiver terminado de comer e beber. ⁴Repare bem no lugar onde ele se deitar. Então vá, descubra os pés dele e deite-se ali. Ele lhe dirá o que fazer".

⁵"Farei tudo que você disse", respondeu Rute. ⁶Assim, naquela noite, ela desceu até a eira e seguiu as instruções de sua sogra.

⁷Quando Boaz terminou de comer e beber e estava alegre, foi deitar-se perto de um monte de grãos e pegou no sono. Rute se aproximou em silêncio, descobriu os pés dele e se deitou. ⁸Por volta da meia-noite, Boaz acordou de repente. Ele se virou e ficou admirado de encontrar uma mulher deitada a seus pés. ⁹"Quem é você?", perguntou ele.

"*Sou sua serva Rute*", respondeu ela. "Estenda as abas de sua capa[a] sobre mim, pois o senhor é o resgatador de minha família".

¹⁰Então Boaz exclamou: "O Senhor a abençoe, minha filha! Você demonstra agora ainda mais lealdade por sua família que antes, pois não foi atrás de um homem mais jovem, seja rico ou pobre. ¹¹Não se preocupe com nada, minha filha. Farei o que me pediu, pois toda a cidade sabe que você é uma mulher virtuosa. ¹²Mas, embora eu seja de fato um dos resgatadores de sua família, há outro homem que é parente mais próximo que eu. ¹³Fique aqui esta noite e pela manhã conversarei com ele. Se ele estiver disposto a resgatá-la, muito bem; que ele se case com você. Se não quiser, tão certo como vive o Senhor, eu mesmo a resgatarei".

¹⁴Rute ficou deitada aos pés de Boaz até de manhã, mas levantou-se antes de raiar o dia, pois Boaz tinha dito: "Ninguém deve saber que uma mulher esteve na eira". ¹⁵Então Boaz lhe disse: "Traga-me sua capa e estenda-a aqui". Ele despejou sobre a capa seis medidas[b] de cevada e a pôs sobre as costas de Rute. Depois ele[c] retornou à cidade.

¹⁶Quando Rute voltou à sua sogra, ela lhe perguntou: "Como foi, minha filha?".

Rute contou a Noemi tudo que Boaz havia feito ¹⁷e acrescentou: "Ele me deu estas seis medidas de cevada e disse: 'Não volte para sua sogra de mãos vazias'".

¹⁸Então Noemi disse: "Tenha paciência, minha filha, até sabermos o que vai acontecer. Boaz não descansará enquanto não resolver esta questão ainda hoje".

Boaz se casa com Rute

4 Boaz foi à porta da cidade e sentou-se ali. Nesse momento, ia passando o parente resgatador que ele havia mencionado. Boaz o chamou: "Venha cá e sente-se, amigo. Quero conversar com você". O homem foi e se sentou. ²Então Boaz chamou dez autoridades da cidade e pediu que se sentassem com eles. ³Em seguida, disse ao resgatador da família: "Você conhece Noemi, que voltou de Moabe. Ela está vendendo a propriedade de nosso parente Elimeleque. ⁴Pensei que devia falar com você a esse respeito, para que você a resgate, caso tenha interesse. Se quer a propriedade, compre-a na presença das autoridades do meu

---

[a] **3.9** Em hebraico, *Estenda suas asas*. [b] **3.15a** Quantidade desconhecida; também em 3.17. [c] **3.15b** A maioria dos manuscritos hebraicos traz *ele*; vários manuscritos hebraicos, a versão siríaca e a Vulgata trazem *ela*.

povo. Se não tiver interesse por ela, diga-me logo, porque, depois de você, sou o resgatador mais próximo".

O homem respondeu: "Está certo; eu resgatarei a propriedade".

⁵Então Boaz lhe disse: "É claro que, ao comprar a propriedade de Noemi, você também deve se casar com Rute, a viúva moabita. Desse modo, ela poderá ter filhos que levem o nome de seu marido e mantenham a herança na família dele".

⁶"Se é assim, não posso resgatá-la", respondeu o parente resgatador. "Isso poria em risco minha própria herança. Resgate você a propriedade. Eu não posso fazê-lo."

⁷Naqueles dias, havia o seguinte costume em Israel: quando alguém queria transferir o direito de resgate e troca, tirava a sandália e a entregava à outra pessoa para validar publicamente a transação. ⁸Assim, o outro parente resgatador tirou a sandália e disse a Boaz: "Compre você a propriedade".

⁹Então Boaz disse às autoridades da cidade e ao povo ao redor: "Vocês são testemunhas de que hoje comprei de Noemi toda a propriedade de Elimeleque, Quiliom e Malom. ¹⁰E, junto com a propriedade, tomei como esposa Rute, a viúva moabita de Malom. Assim, ela poderá ter um filho que leve o nome da família de seu falecido marido e herde a propriedade da família aqui na cidade natal dele. Vocês hoje são testemunhas disso".

¹¹As autoridades da cidade e todo o povo que estava na porta responderam: "Somos testemunhas! Que o Senhor faça a esta mulher que chega à sua família o que ele fez a Raquel e Lia, das quais descendeu toda a nação de Israel! Que você seja próspero em Efrata e famoso em Belém! ¹²Que o Senhor lhe dê com esta jovem uma descendência numerosa como a de nosso antepassado Perez, filho de Tamar e Judá!".

Os descendentes de Boaz

¹³Boaz levou Rute para a casa dele, e ela se tornou sua esposa. Quando Boaz teve relações com ela, o Senhor permitiu que ela engravidasse, e ela deu à luz um filho. ¹⁴Então as mulheres da cidade disseram a Noemi: "Louvado seja o Senhor, que hoje proveu um resgatador para sua família! Que este menino seja famoso em Israel! ¹⁵Que ele restaure seu vigor e cuide de você em sua velhice, pois ele é filho de sua nora, que a ama e que tem sido melhor para você do que sete filhos!".

¹⁶Noemi pegou o bebê, aninhou-o junto ao peito e passou a cuidar dele como se fosse seu filho. ¹⁷As mulheres da vizinhança disseram: "Noemi tem um filho outra vez!", e lhe deram o nome de Obede. Ele é o pai de Jessé, pai de Davi.

¹⁸Esta é a genealogia de Perez:

Perez gerou Hezrom.
¹⁹Hezrom gerou Rão.
Rão gerou Aminadabe.
²⁰Aminadabe gerou Naassom.
Naassom gerou Salmom.[a]
²¹Salmom gerou Boaz.
Boaz gerou Obede.
²²Obede gerou Jessé.
Jessé gerou Davi.

---

[a] **4.20** Conforme alguns manuscritos gregos (ver tb. 4.21); o hebraico traz *Salma*.

1 Samuel

INTRODUÇÃO

Nome. O nome, *Primeiro Samuel*, é derivado da história de Samuel registrada no início do livro. Samuel significa "pedido de Deus". Antigamente, 1 e 2 Samuel eram um único livro e chamado de o "Primeiro Livro de Reis", e os dois livros de Reis eram um só livro chamado de "Segundo Livro de Reis". Samuel e Reis formam uma história contínua e nos fornecem o registro da ascensão, da glória e da queda da monarquia judaica.

Conteúdo. Este livro começa com a história de Eli. O idoso sacerdote, juiz e líder do povo. Registra o nascimento e a infância de Samuel, que mais tarde se torna sacerdote e profeta do povo. Ele conta a ascensão de Saul ao trono e sua queda final. Concomitantemente, também é mostrado o poder crescente de Davi, que sucede a Saul como rei.

Os profetas. Samuel não foi apenas juiz, sacerdote e profeta, mas como profeta, ele prestou serviços notórios. Provavelmente o mais notável de todo o seu trabalho foi o estabelecimento de escolas de profetas, que muito dignificaram o trabalho destes. A partir deste tempo, o profeta, e não o sacerdote, era o meio de comunicação entre Deus e o Seu povo.

Saul. Como rei, Saul começou bem e em circunstâncias favoráveis. Ele se dedicou a façanhas militares e negligenciou os assuntos espirituais mais excelentes, desse modo criou uma ruptura completa com Samuel, que representava a classe religiosa nacional — e, assim, perdeu o apoio dos melhores elementos da nação. Ele tornou-se moroso, melancólico e insanamente ciumento em sua conduta e não podia, portanto, entender as experiências religiosas superiores que eram necessárias como representante de Deus no trono de Israel.

ESBOÇO

1. Vida de Samuel, Caps. 1–7
    1.1. Seu nascimento e chamado, Caps. 1–3
    1.2. Seu conflito com os filisteus, Caps. 4–7
2. Ascensão de Saul até sua rejeição, Caps. 8–15
    2.1. Escolhido como rei, Caps. 8–10
    2.2. Guerras contra os filisteus, Caps. 11–14
    2.3. Ele é rejeitado, Cap. 15
3. Vida de Saul depois de sua rejeição, Caps. 16–31
    3.1. Enquanto Davi está na corte de Saul, Caps. 16–20
    3.2. Enquanto Davi é refugiado em Judá, Caps. 21–26
    3.3. Enquanto Davi é refugiado na Filístia, Caps. 27–31

PARA ESTUDO E DISCUSSÃO

[1] A história de Eli e seus filhos.
[2] O nascimento e o chamado de Samuel.
[3] A unção de Saul.
[4] A unção de Davi.
[5] Os males do ciúme observados em Saul.
[6] A importância do respeito pelas formas de governo existentes — veja a atitude de Davi em relação a Saul.
[7] Como a atitude de um homem em relação a Deus e aos seus servos pode construir ou arruinar seu destino.
[8] Exemplos de como Deus usa o bem e o mal na execução de Seus propósitos.

¹¹Então Elcana voltou para casa em Ramá. E o menino servia ao Senhor ajudando o sacerdote Eli.

Os filhos perversos de Eli

¹²Os filhos de Eli eram homens perversos, que não tinham nenhuma consideração pelo Senhor, ¹³nem por seus deveres de sacerdotes. Cada vez que alguém oferecia um sacrifício, vinha um servo do sacerdote com um garfo grande, de três dentes. Enquanto a carne do animal sacrificado ainda estava cozinhando, ¹⁴o servo colocava o garfo na panela, no tacho ou no caldeirão, e exigia que tudo que viesse com o garfo fosse entregue aos filhos de Eli. Assim eles tratavam todos os israelitas que iam adorar em Siló. ¹⁵Às vezes, o servo chegava antes mesmo que a gordura do animal fosse queimada no altar, exigindo: "Não dê a carne cozida, mas sim a carne crua, para que o sacerdote a asse".

¹⁶Se o homem que oferecia o sacrifício dizia: "Leve quanto quiser, mas antes é preciso queimar a gordura", o servo retrucava: "Não! Entregue a carne agora, ou eu a tomarei à força".

¹⁷O pecado desses homens era muito sério aos olhos do Senhor, pois eles tratavam com desprezo as ofertas para o Senhor.

¹⁸Samuel, porém, embora ainda fosse apenas um menino, servia ao Senhor. Ele usava uma veste de linho semelhante à do sacerdote.[a] ¹⁹Cada ano, sua mãe lhe fazia uma pequena túnica e a levava quando ia com o marido oferecer o sacrifício anual. ²⁰Antes de Elcana e sua esposa voltarem para casa, Eli os abençoava e dizia: "Que o Senhor lhes dê outros filhos em lugar deste que foi dedicado ao Senhor". ²¹E o Senhor abençoou Ana, e ela engravidou e deu à luz três filhos e duas filhas. Enquanto isso, Samuel crescia na presença do Senhor.

²²Eli já estava muito idoso, mas sabia o que seus filhos faziam ao povo de Israel, e que eles seduziam as moças que serviam junto à entrada da tenda do encontro.[b] ²³Por isso lhes disse: "Ouvi de todo o povo o mal que vocês praticam. Por que continuam a agir assim? ²⁴Parem com isso, meus filhos! Não são bons os comentários que escuto entre o povo do Senhor. ²⁵Se alguém peca contra outra pessoa, Deus poderá[c] intervir em favor do culpado. Mas, se alguém peca contra o Senhor, quem poderá interceder?". Contudo, os filhos de Eli não deram atenção ao pai, pois o Senhor já havia decidido matá-los.

²⁶Enquanto isso, o menino Samuel crescia e era cada vez mais estimado pelo Senhor e pelo povo.

Uma advertência para a família de Eli

²⁷Certo dia, veio a Eli um homem de Deus e lhe transmitiu a seguinte mensagem: "Assim diz o Senhor: Eu me revelei a seus antepassados quando eles eram escravos do faraó, no Egito. ²⁸Escolhi seus antepassados dentre todas as tribos de Israel para serem meus sacerdotes, oferecerem sacrifícios sobre meu altar, queimarem incenso e usarem o colete sacerdotal em minha presença. Além disso, designei as ofertas queimadas dos israelitas a vocês, sacerdotes. ²⁹Então por que você despreza meus sacrifícios e ofertas? Por que honra seus filhos mais que a mim? Pois você e eles engordaram com as melhores partes das ofertas de meu povo, Israel!

³⁰"Portanto, assim declara o Senhor, Deus de Israel: Prometi que membros de sua família, da tribo de Levi,[d] sempre seriam meus sacerdotes. Agora, porém, declara o Senhor: Isso não acontecerá! Honrarei aqueles que me honram, e desprezarei aqueles que me desprezam. ³¹Está chegando o tempo em que acabarei com a força de sua família, e nenhum de seus descendentes chegará à velhice. ³²Você verá a aflição de minha casa, e, quando eu trouxer todo o bem sobre Israel, ninguém em sua família chegará à velhice para testemunhar! ³³Sobreviverão os poucos que eu não eliminar do serviço em meu altar, mas seus olhos ficarão cegos e seu coração se partirá, e seus filhos morrerão pela espada.[e] ³⁴E, para provar que minhas palavras se cumprirão, farei que seus dois filhos, Hofni e Fineias, morram no mesmo dia!

³⁵"Então levantarei um sacerdote fiel que me servirá e fará tudo que desejo. Estabelecerei

---

[a] 2.18 Em hebraico, *usava um colete sacerdotal de linho*. [b] 2.22 Alguns manuscritos não trazem toda a segunda parte do versículo. [c] 2.25 Ou *os juízes poderão*. [d] 2.30 Em hebraico, *que sua casa e a casa de seu pai*. [e] 2.33 Conforme os manuscritos do mar Morto e a Septuaginta; o Texto Massorético traz *morrerão como homens*.

a família dele, e eles serão sacerdotes diante do meu ungido para sempre. ³⁶Então todos que restarem de sua família se curvarão diante dele, mendigando dinheiro e alimento e pedindo: 'Por favor, consiga para nós algum trabalho entre os sacerdotes, para termos o que comer'".

O Senhor fala com Samuel

3 Enquanto isso, o menino Samuel servia ao Senhor ajudando Eli. Naqueles dias, as mensagens do Senhor eram muito raras, e visões não eram comuns.

²Certa noite, Eli, que estava quase cego, tinha ido se deitar. ³A lâmpada de Deus ainda não havia se apagado, e Samuel dormia na casa do Senhor, onde estava a arca de Deus. ⁴De repente, o Senhor chamou: "Samuel!".

O menino respondeu: "Estou aqui!". ⁵Ele se levantou e correu até onde estava Eli. "Estou aqui! O senhor me chamou?".

"Não o chamei", respondeu Eli. "Volte para a cama." E Samuel voltou a se deitar.

⁶Então o Senhor o chamou novamente: "Samuel!".

Mais uma vez, Samuel se levantou e foi até Eli. "Estou aqui! O senhor me chamou?".

Mas Eli respondeu: "Meu filho, não o chamei. Volte para a cama".

⁷Samuel ainda não conhecia o Senhor, porque nunca havia recebido uma mensagem dele. ⁸O Senhor o chamou pela terceira vez, e novamente Samuel se levantou e foi até Eli. "Estou aqui! O senhor me chamou?".

Então Eli entendeu que era o Senhor que chamava o menino. ⁹Por isso, disse a Samuel: "Vá e deite-se novamente. Se alguém o chamar, diga: 'Fala, Senhor, pois teu servo está ouvindo'". E Samuel voltou para a cama.

¹⁰Então o Senhor veio e o chamou, como antes: "Samuel! Samuel!".

Samuel respondeu: "Fala, pois teu servo está ouvindo".

¹¹Então o Senhor disse a Samuel: "Estou prestes a realizar algo em Israel que fará tinir os ouvidos daqueles que ouvirem a respeito. ¹²Cumprirei do começo ao fim todas as ameaças que fiz contra Eli e sua família. ¹³Eu o adverti de que castigaria sua família para sempre, pois seus filhos blasfemaram contra Deus,ᵃ e ele não os repreendeu por seus pecados. ¹⁴Por isso, jurei que os pecados de Eli e de seus filhos jamais serão perdoados por meio de sacrifícios nem de ofertas".

Samuel fala em nome do Senhor

¹⁵Samuel ficou deitado até de manhã, e então se levantou e abriu as portas da casa do Senhor. Estava com medo de contar para Eli a visão que tivera. ¹⁶Mas Eli o chamou: "Samuel, meu filho".

"Estou aqui", respondeu Samuel.

¹⁷"O que o Senhor lhe disse?", perguntou Eli. "Conte-me tudo. E que o Senhor o castigue severamente se você esconder de mim alguma

---

ᵃ **3.13** Conforme a Septuaginta; o hebraico traz *seus filhos se fizeram desprezíveis*.

3.4 [...] esta resposta de Samuel mostrou que ele estava na posição correta. Adão não estava em sua posição correta quando Deus o chamou no jardim do Éden, mas Samuel estava na cama e lá era onde deveria estar, pois era hora de dormir. Então, quando o Senhor chamou Samuel, ele não se envergonhou de responder: "Estou aqui!". Pergunto-me se alguns cristãos professos estariam ou não dispostos a dizer a Deus: "Estou aqui!", quando estão em determinadas posições e condições. *Eles quase nem conseguem se justificar a si mesmos* — como, então, podem se justificar perante seu Senhor? Oro, irmãos e irmãs em Cristo, para que todos possamos viver em tal posição que, sempre que o Senhor nos chamar, possamos responder, sem nos envergonhar: "Estou aqui!". Nunca deveríamos estar onde teríamos vergonha de encontrar nosso Mestre. [...] Suponha que Ele viesse aqui e começasse a nos falar sobre o estar separado dos pecadores — cada um de vocês poderia responder: "Senhor, estou aqui! Pela Tua graça, peguei minha cruz e deixei imediatamente tudo o que tu desaprovarias, de acordo com meu melhor entendimento. E, pela Tua graça, na minha vida eu me esforcei para não me conformar ao mundo, mas para ser transformado pela renovação da minha mente"? [...] Aqueles que responderem ao chamado de Deus ouvirão a Sua voz novamente! Se você for fiel ao que sabe, saberá ainda mais! Se puder realmente dizer: "Estou aqui!", Deus o chamará de novo e continuará a chamá-lo, enquanto Ele tiver mensagens para lhe entregar.

coisa do que ele disse!" ¹⁸Então Samuel contou tudo a Eli e não escondeu nada. Eli respondeu: "É a vontade do Senhor. Que ele faça o que lhe parecer melhor".

¹⁹À medida que Samuel crescia, o Senhor estava com ele, e todas as suas palavras se cumpriam. ²⁰E todo o Israel, desde Dã, ao norte, até Berseba, ao sul, sabia que Samuel havia sido confirmado como profeta do Senhor. ²¹O Senhor continuou a aparecer em Siló e a transmitir mensagens a Samuel ali.

4 E as palavras de Samuel chegavam a todo o povo de Israel.

Os filisteus tomam a arca

Naquele tempo, Israel estava em guerra com os filisteus. O exército israelita tinha acampado perto de Ebenézer, e os filisteus acamparam em Afeque. ²Os filisteus atacaram e derrotaram o exército de Israel, matando cerca de quatro mil homens. ³Terminada a batalha, os soldados voltaram para o acampamento, e as autoridades de Israel se perguntaram: "Por que o Senhor causou nossa derrota diante dos filisteus? Vamos trazer a arca da aliança do Senhor desde Siló, para que esteja conosco e nos livre do poder do inimigo!".

⁴Então enviaram homens a Siló para trazer a arca da aliança do Senhor dos Exércitos, que está entronizado entre os querubins. Hofni e Fineias, os dois filhos de Eli, acompanharam a arca da aliança de Deus. ⁵Quando todos os israelitas viram a arca da aliança do Senhor entrando no acampamento, soltaram gritos de alegria tão altos que fizeram o chão tremer.

⁶"O que está acontecendo?", perguntaram os filisteus. "Que significam esses gritos no acampamento dos hebreus?" Quando souberam que era porque a arca do Senhor havia chegado, ⁷entraram em pânico. "Os deuses vieramᵃ ao acampamento deles!", disseram. "Estamos perdidos! Nunca enfrentamos uma coisa assim antes! ⁸Estamos perdidos! Quem nos salvará desses deuses poderosos? São os mesmos deuses que destruíram os egípcios com pragas, quando Israel estava no deserto. ⁹Tenham coragem, filisteus! Sejam homens! Do contrário, acabaremos como escravos dos hebreus, assim como eles se tornaram nossos escravos. Sejam homens e lutem!"

¹⁰Então os filisteus saíram para a batalha, e Israel foi derrotado. A matança foi grande: trinta mil soldados israelitas morreram naquele dia. Os sobreviventes deram meia-volta e

ᵃ **4.7** Ou *Um deus veio.*

4.7 Os israelitas, em vez de consultarem o próprio Deus, foram a Siló buscar a arca da aliança. A arca era o lugar sagrado onde Deus se revelou nos dias em que Seu povo verdadeiramente o serviu. Mas estava desprovida de poder sem a presença daquele que habitava entre os querubins. Os israelitas estavam enganados, pois gritaram muito antes de estarem fora de perigo. Antes que conquistassem qualquer vitória, a visão da arca os fez jactar-se e confiar. Os filisteus caíram em um erro de outro tipo, pois estavam assustados sem nenhuma *causa real*. Eles disseram: "Os deuses vieram ao acampamento deles!", enquanto Deus absolutamente não havia vindo. Era apenas a arca com os querubins sobre ela – Deus não estava lá.

O erro que cometeram foi exatamente esse – eles confundiram o visível com o invisível. [...] Esta arca da aliança, que era apenas uma caixa de madeira coberta de ouro com figuras angelicais na tampa, era simplesmente um sinal da presença de Deus com Seu povo. Mas estes israelitas transformaram-na em objeto sagrado, para ser altamente reverenciado, para ser adorado e, como parece, para se confiar. Os anciãos disseram: "Vamos trazer a arca da aliança do Senhor desde Siló, para que esteja conosco e nos livre do poder do inimigo!". Eles atribuíram à arca o que só poderia ser feito pelo próprio Deus. Esta é a tendência de todos nós. Ansiamos por qualquer coisa que possamos ver. Por isso, apoiamo-nos no braço de carne. Confiamos no homem, embora esteja escrito claramente: "Maldito é quem confia nas pessoas, que se apoia na força humana e afasta seu coração do Senhor"! No entanto, ainda precisamos de algum símbolo, algum sinal, algo diante de nossos olhos – e se puder ser algo artístico, muito melhor. Apropriamo-nos de algo bonito que vai encantar os olhos e produzir um tipo de sentimento sensorial, e imediatamente confundimos nossa emoção transitória com a adoração espiritual e verdadeira reverência. Este é o grande erro que muitos ainda cometem – pensam que Deus veio ao acampamento simplesmente porque algum rito ou cerimônia religiosa exterior foi observado – ou porque algum santuário sagrado foi estabelecido entre eles.

fugiram para suas tendas. ¹¹A arca de Deus foi tomada, e Hofni e Fineias, os dois filhos de Eli, foram mortos.

A morte de Eli
¹²Um homem da tribo de Benjamim correu do campo de batalha e chegou a Siló ainda naquele dia. Tinha rasgado suas roupas e colocado pó sobre a cabeça. ¹³Eli estava sentado numa cadeira, ao lado da estrada, esperando para ouvir as notícias da batalha, pois seu coração tremia pela segurança da arca de Deus. Quando o mensageiro chegou e contou o que havia acontecido, gritos ressoaram por toda a cidade.

¹⁴Eli ouviu os gritos e perguntou: "O que é esse barulho todo?".

O mensageiro correu até Eli e contou-lhe a notícia. ¹⁵Eli estava com 98 anos e já não conseguia enxergar. ¹⁶"Acabo de chegar do campo de batalha", disse o mensageiro. "Fugi de lá hoje mesmo."

Eli perguntou: "O que aconteceu, meu filho?".

¹⁷O mensageiro respondeu: "Israel foi derrotado pelos filisteus, e o povo foi massacrado. Seus dois filhos, Hofni e Fineias, também morreram, e a arca de Deus foi tomada".

¹⁸Quando ele mencionou o que havia acontecido com a arca de Deus, Eli caiu da cadeira para trás, ao lado do portão. Quebrou o pescoço e morreu, pois era velho e pesado. Havia sido juiz em Israel durante quarenta anos.

¹⁹A nora de Eli, esposa de Fineias, estava grávida e perto de dar à luz. Quando soube que a arca de Deus havia sido tomada e que o sogro e o marido estavam mortos, teve contrações violentas e deu à luz. ²⁰Ela morreu no parto, mas antes de falecer as parteiras tentaram animá-la. "Não tenha medo!", disseram. "Você teve um menino!" Mas ela não respondeu nem se importou.

²¹Deu ao menino o nome de Icabode,ª e disse: "Foi-se embora a glória de Israel", pois a arca de Deus havia sido tomada, e seu sogro e seu marido estavam mortos. ²²Disse ainda: "Foi-se embora a glória de Israel, pois a arca de Deus foi tomada!".

A arca em território filisteu

5 Depois que tomaram a arca de Deus, os filisteus a levaram do campo de batalha em Ebenézer para a cidade de Asdode. ²Levaram a arca de Deus para o templo de Dagom e a colocaram ao lado de uma estátua de Dagom. ³Contudo, na manhã seguinte, quando os moradores de Asdode se levantaram, viram que Dagom estava caído com o rosto em terra diante da arca do Senhor. Então levantaram Dagom e o puseram de volta em seu lugar. ⁴Na manhã do outro dia, porém, viram que tinha acontecido a mesma coisa: Dagom estava caído novamente com o

---

ª 4.21 *Icabode* significa "onde está a glória?".

5.2-4 Quando os filisteus derrotaram os israelitas na batalha e capturaram o baú sagrado, chamado arca, eles se gabaram e se vangloriaram como se tivessem derrotado o próprio Deus. Evidentemente consideraram o baú de ouro como a parte mais seleta do despojo e o colocaram como um troféu no templo principal de seu deus Dagom, para mostrar que ele era mais poderoso do que o Deus Javé que era incapaz, como pensavam, de proteger Seu povo. Isso tocou imediatamente a honra de Javé, e por Ele ser um Deus zeloso, foi bem para Israel. O fato de que Deus é um Deus zeloso muitas vezes *tem um lado terrível para nós*, pois causa o nosso castigo quando o ofendemos. De fato, isso, levou Israel à derrota. Mas também tem um lado bom para nós, porque o Seu zelo arde contra os Seus inimigos ainda mais terrivelmente do que contra Seus amigos. E quando Seu nome é blasfemado e as honras que lhe são devidas são atribuídas a um ídolo qualquer, ou Ele é declarado ter sido derrotado por um falso deus, Seu zelo arde como brasas de zimbro e Ele desnuda Seu braço direito para ferir Seus adversários como fez nesta ocasião. Deus pensa que isso se destina a punir Seu povo ofensor, mas quando a Filístia diz: "Dagom derrotou a Javé", o Senhor não tolera o triunfo filisteu. A resposta de Javé a Seus inimigos foi Dagom quebrado diante de Sua arca e os filisteus acometidos de tumores até que, em sua desesperada dor e desgraça terrível, liberaram a arca, não podendo mais suportar sua presença em nenhuma de suas cidades. [...] Sempre que, a qualquer momento, a infidelidade ou a superstição prevalecerem de modo a desencorajar suas mentes, confortem-se — em tudo isso, a honra de Deus é comprometida. Eles blasfemaram contra o Seu nome? Então Ele protegerá esse nome.

rosto em terra diante da arca do Senhor. Dessa vez, a cabeça e as mãos de Dagom tinham se quebrado e estavam junto à porta de entrada. Somente o corpo permaneceu intacto. ⁵Por isso, até hoje os sacerdotes de Dagom e aqueles que entram em seu templo, em Asdode, não pisam na soleira da porta.

⁶Então a mão do Senhor pesou sobre os moradores de Asdode e dos povoados vizinhos e os feriu com uma praga de tumores.ᵃ ⁷Quando o povo de Asdode viu o que estava acontecendo, exclamou: "Não podemos mais ficar com a arca do Deus de Israel! A mão dele pesou sobre nós e sobre Dagom, nosso deus!". ⁸Então reuniram os governantes das cidades dos filisteus e lhes perguntaram: "O que devemos fazer com a arca do Deus de Israel?".

Os governantes responderam: "Levem a arca para a cidade de Gate". Então levaram a arca do Deus de Israel para Gate. ⁹Mas, quando a arca chegou a Gate, a mão do Senhor pesou sobre a cidade, ferindo com uma praga de tumores os homens de lá, tanto os jovens como os velhos, e houve grande pânico.

¹⁰Por isso, enviaram a arca de Deus para a cidade de Ecrom, mas quando os habitantes dali viram que ela entrava na cidade, exclamaram: "Por que estão trazendo a arca do Deus de Israel para cá? Querem matar todo o nosso povo?". ¹¹Reuniram mais uma vez os governantes filisteus e suplicaram: "Mandem a arca do Deus de Israel de volta para sua própria terra, para que não mate todo o nosso povo!". Pois a mão de Deus já pesava sobre a cidade, e um pavor mortal se espalhava por todo o lugar. ¹²Os que não morreram foram afligidos com tumores, e o clamor da cidade subiu até o céu.

Os filisteus devolvem a arca

6 Ao todo, a arca do Senhor permaneceu sete meses em território filisteu. ²Então os filisteus chamaram seus sacerdotes e adivinhos e lhes perguntaram: "O que faremos com a arca do Senhor? Digam-nos como devemos mandá-la de volta para sua própria terra".

³Eles responderam: "Se vocês vão mandar a arca do Deus de Israel de volta, enviem com ela uma oferta pela culpa, para que cesse a praga. Então, se forem curados, saberão que foi a mão dele que causou a praga".

⁴"Que tipo de oferta pela culpa devemos enviar?", perguntaram os filisteus.

Eles responderam: "Uma vez que a mesma praga atingiu vocês e seus cinco governantes, façam cinco tumores de ouro e cinco ratos de ouro, como os que devastaram sua terra. ⁵Façam essas imagens de tumores e de ratos para demonstrar honra ao Deus de Israel. Quem sabe ele pare de afligir vocês, seus deuses e sua terra! ⁶Não endureçam o coração como fizeram o faraó e os egípcios, que só deixaram Israel partir quando Deus os castigou severamente.

⁷"Agora, construam uma carroça nova e escolham duas vacas que tenham acabado de dar cria e sobre as quais nunca tenha sido colocada a canga de um arado. Atrelem as vacas à carroça, mas prendam num curral os bezerros recém-nascidos. ⁸Coloquem a arca do Senhor sobre a carroça e, ao lado dela, ponham uma caixa com os objetos de ouro que vocês enviarão como oferta pela culpa. Então deixem as vacas irem para onde quiserem. ⁹Se elas atravessarem a fronteira de nossa terra e se dirigirem a Bete-Semes, saberemos que foi o Senhor que trouxe sobre nós essa grande calamidade. Do contrário, saberemos que não foi a mão dele que pesou sobre nós, mas que isso aconteceu por acaso".

¹⁰Os filisteus seguiram as instruções. Atrelaram duas vacas à carroça e prenderam num curral os bezerros recém-nascidos. ¹¹Colocaram sobre a carroça a arca do Senhor e a caixa com os ratos de ouro e os tumores de ouro. ¹²E, de fato, as vacas não se desviaram nem para um lado nem para o outro, mas seguiram direto pela estrada para Bete-Semes, mugindo por todo o caminho. Os governantes filisteus as acompanharam até a fronteira de Bete-Semes.

¹³Os moradores de Bete-Semes estavam colhendo trigo no vale e, quando viram a arca, se encheram de alegria. ¹⁴A carroça entrou no campo de um homem chamado Josué e parou ao lado de uma grande pedra. Então o povo quebrou a madeira da carroça para fazer fogo, matou as vacas e as ofereceu ao Senhor

---

ᵃ **5.6** A Septuaginta e a Vulgata acrescentam *e ratos apareceram em sua terra, e houve morte e destruição por toda a cidade*.

como holocausto. ¹⁵Os homens da tribo de Levi retiraram da carroça a arca do Senhor e a caixa com os objetos de ouro e os colocaram sobre a grande pedra. Naquele dia, o povo de Bete-Semes ofereceu ao Senhor sacrifícios e holocaustos. ¹⁶Os cinco governantes filisteus viram tudo isso e, no mesmo dia, voltaram para Ecrom.

¹⁷Os cinco tumores de ouro enviados pelos filisteus ao Senhor como oferta pela culpa eram presentes dos governantes de Asdode, Gaza, Ascalom, Gate e Ecrom. ¹⁸Os cinco ratos de ouro representavam as cinco cidades filisteias e os povoados ao redor, controlados pelos cinco governantes. A grande pedra[a] sobre a qual a arca do Senhor foi colocada se encontra até hoje no campo de Josué, de Bete-Semes, como testemunha do que aconteceu ali.

A arca é levada para Quiriate-Jearim

¹⁹O Senhor matou setenta homens[b] de Bete-Semes, porque olharam para dentro da arca do Senhor. E o povo chorou muito por causa da grande matança. ²⁰"Quem pode estar na presença do Senhor, este Deus santo?", clamaram. "Para onde mandaremos a arca daqui?"

²¹Então enviaram mensageiros ao povo de Quiriate-Jearim e disseram: "Os filisteus devolveram a arca do Senhor. Venham buscá-la".

7 Então os homens de Quiriate-Jearim foram buscar a arca do Senhor. Eles a levaram até a casa de Abinadabe, numa colina, e consagraram seu filho Eleazar para tomar conta da arca do Senhor. ²A arca permaneceu em Quiriate-Jearim por muito tempo: vinte anos no total. Durante esse período, todo o Israel lamentava à espera de alguma ação do Senhor.

Samuel conduz Israel à vitória

³Então Samuel disse a todo o povo de Israel: "Se, de fato, vocês desejam de todo o coração voltar ao Senhor, livrem-se de seus deuses estrangeiros e de suas imagens de Astarote. Voltem o coração para o Senhor e obedeçam somente a ele; então ele os livrará das mãos dos filisteus". ⁴Assim, os israelitas se desfizeram de suas imagens de Baal e de Astarote e serviram somente ao Senhor.

⁵Então Samuel lhes disse: "Reúnam todo o Israel em Mispá, e eu orarei ao Senhor por vocês". ⁶Eles se reuniram em Mispá e tiraram água do poço e a derramaram diante do Senhor. Também jejuaram o dia todo e confessaram que haviam pecado contra o Senhor. (Foi em Mispá que Samuel se tornou juiz em Israel.)

⁷Quando os governantes filisteus ouviram que os israelitas haviam se reunido em Mispá, mobilizaram seu exército e avançaram. Ao saber que os filisteus se aproximavam, os israelitas ficaram muito assustados. ⁸"Não pare de clamar ao Senhor, nosso Deus, para que ele nos salve dos filisteus!", imploraram a Samuel. ⁹Então Samuel escolheu um cordeiro que ainda mamava e o ofereceu ao Senhor como holocausto. Suplicou ao Senhor em favor de Israel, e o Senhor o atendeu.

¹⁰Enquanto Samuel oferecia o holocausto, os filisteus chegaram para atacar Israel. Naquele dia, porém, o Senhor falou do céu com voz poderosa de trovão, provocando pânico entre os filisteus, e eles foram derrotados diante dos israelitas. ¹¹Os soldados de Israel os perseguiram desde Mispá até um lugar abaixo de Bete-Car, matando-os ao longo do caminho.

¹²Então Samuel pegou uma pedra grande e a colocou entre as cidades de Mispá e Jesana.[c] Deu à pedra o nome de Ebenézer,[d] pois disse: "Até aqui o Senhor nos ajudou!".

---

[a] **6.18** Conforme alguns manuscritos hebraicos e a Septuaginta; a maioria dos manuscritos hebraicos traz *O grande prado* ou *Abel-Hagedola*. [b] **6.19** Conforme alguns manuscritos hebraicos; a maioria dos manuscritos hebraicos traz *setenta homens, cinquenta mil homens*. [c] **7.12a** Conforme a Septuaginta e a versão siríaca; o hebraico traz *Sem*. [d] **7.12b** *Ebenézer* significa "pedra de ajuda".

7.12 Naquele dia, também, Mispa foi o lugar da renovação da aliança, e *seu nome significa a torre de vigia*. Estas pessoas reuniram-se para renovar sua aliança com Deus, e esperar por Ele como por uma torre de vigia. Sempre que o povo de Deus olha para o passado, eles devem renovar sua aliança com Deus. Coloquem suas mãos nas mãos de Cristo novamente, vocês santos do Altíssimo, e entreguem-se a Ele de novo! Subam à sua torre de vigia e esperem a vinda de seu Senhor. Vejam se há ou não pecado dentro de vocês e tentação em seu exterior: dever negligenciado ou letargia rastejando sobre vocês. Venham a Mispa, à torre de vigia! Venham a Mispa, o lugar da renovação da aliança, e depois ponham sua pedra e digam: "Até aqui o Senhor nos ajudou".

¹³Assim, os filisteus foram derrotados e não voltaram a invadir Israel por algum tempo. Durante toda a vida de Samuel, a mão do Senhor esteve contra os filisteus. ¹⁴As cidades israelitas que os filisteus tinham conquistado entre Ecrom e Gate foram devolvidas a Israel, junto com o restante do território que os filisteus haviam tomado. E houve paz entre Israel e os amorreus naqueles dias.

¹⁵Samuel continuou como juiz em Israel pelo resto de sua vida. ¹⁶A cada ano, viajava pelo território e julgava o povo de Israel em três locais: primeiro em Betel, depois em Gilgal e, por fim, em Mispá. ¹⁷Então voltava para sua casa em Ramá, de onde liderava Israel como juiz. Ali Samuel construiu um altar ao Senhor.

Israel pede um rei

8 Quando Samuel ficou idoso, nomeou seus filhos para serem juízes sobre Israel. ²Joel, seu filho mais velho, e Abias, o segundo mais velho, julgavam em Berseba, ³mas não eram como seu pai. Eram gananciosos, aceitavam subornos e pervertiam a justiça.

⁴Por fim, as autoridades de Israel se reuniram em Ramá para discutir essa questão com Samuel. ⁵Eles disseram: "Olhe, o senhor está idoso e seus filhos não seguem seu exemplo. Escolha um rei para nos julgar, como ocorre com todas as outras nações".

⁶Samuel não gostou de que lhe tivessem pedido um rei e buscou a orientação do Senhor. ⁷O Senhor lhe respondeu: "Faça tudo que eles pedem, pois é a mim que rejeitam, e não a você. Eles me rejeitaram como seu rei. ⁸Desde que os tirei do Egito até hoje, eles têm me abandonado e seguido outros deuses. Agora, tratam você da mesma forma. ⁹Faça o que eles pedem, mas advirta-os solenemente a respeito de como o rei os governará".

Samuel adverte o povo sobre o rei

¹⁰Então Samuel transmitiu a advertência do Senhor ao povo que lhe pedia um rei. ¹¹Disse ele: "Este é o modo como o rei governará sobre vocês. Ele convocará seus filhos para servi-lo em seus carros de guerra e como seus cavaleiros e os fará correr à frente dos carros dele. ¹²Colocará alguns como generais e capitães de seu exército,ᵃ obrigará outros a arar seus campos e a fazer as colheitas e forçará outros mais a fabricar armas e equipamentos para os carros de guerra. ¹³Tomará suas filhas e as obrigará a cozinhar, assar pães e fazer perfumes para ele. ¹⁴Tomará de vocês o melhor de seus campos, vinhedos e olivais e os dará aos servos dele. ¹⁵Tomará um décimo de sua colheita de cereais e uvas para distribuir entre seus oficiais e servos. ¹⁶Tomará seus escravos e escravas e o melhor do gadoᵇ e dos jumentos para uso próprio. ¹⁷Exigirá um décimo de seus rebanhos, e vocês se tornarão escravos dele. ¹⁸Quando esse dia chegar, lamentarão por causa desse rei que agora pedem, mas o Senhor não lhes dará ouvidos".

¹⁹Mas o povo se recusou a ouvir a advertência de Samuel. "Mesmo assim, queremos um rei", disseram. ²⁰"Queremos ser como todas as nações ao nosso redor. Nosso rei nos julgará e nos conduzirá nas batalhas."

²¹Samuel repetiu para o Senhor aquilo que o povo tinha dito, ²²e o Senhor lhe respondeu: "Faça o que eles pedem e dê-lhes um rei". Então Samuel ordenou aos israelitas que voltassem cada um para sua cidade.

Saul e Samuel se encontram

9 Havia um homem de alta posição chamado Quis, da tribo de Benjamim. Era filho de Abiel, filho de Zeror, filho de Becorate, filho de Afia, da tribo de Benjamim. ²Seu filho Saul era o jovem mais atraente de todo o Israel; era tão alto que os outros chegavam apenas a seus ombros.

³Certo dia, as jumentas de Quis se perderam, e ele disse a Saul: "Leve um servo com você e vá procurar as jumentas". ⁴Então Saul e o servo percorreram toda a região montanhosa de Efraim, a terra de Salisa, a região de Saalim e toda a terra de Benjamim, mas não encontraram as jumentas em parte alguma.

⁵Por fim, chegaram à região de Zufe, e Saul disse ao servo: "Vamos voltar para casa. Não quero que meu pai fique mais preocupado comigo do que com as jumentas".

⁶O servo, porém, disse: "Tenho uma ideia! Nesta cidade mora um homem de Deus. O povo daqui o respeita muito, pois tudo que ele

---

ᵃ **8.12** Em hebraico, *comandantes de mil e comandantes de cinquenta*. ᵇ **8.16** Conforme a Septuaginta; o hebraico traz *dos jovens*.

diz acontece. Vamos procurá-lo. Talvez ele possa nos dizer para onde devemos ir".

⁷Saul respondeu: "Está bem, vamos! Mas não temos nada a oferecer ao homem de Deus. Até nossa comida acabou, e não temos nada para lhe dar em troca".

⁸O servo disse: "Tenho comigo uma pequena quantidade de prata.ᵃ Pelo menos poderemos oferecer isso ao homem de Deus e ver o que acontece". ⁹(Naquele tempo, em Israel, quando alguém queria receber uma mensagem de Deus, dizia: "Vamos perguntar ao vidente", pois os profetas de hoje eram chamados de videntes.)

¹⁰Saul concordou: "Está bem, vamos!". Então foram para a cidade onde morava o homem de Deus.

¹¹Quando subiam a colina para chegar à cidade, encontraram algumas jovens descendo para buscar água. Então Saul e o servo lhes perguntaram: "O vidente está aqui hoje?".

¹²Elas responderam: "Sim, basta seguir em frente! Mas é preciso correr, porque ele acabou de chegar à cidade para realizar um sacrifício no lugar de adoração. ¹³Quando entrarem na cidade, tentem encontrá-lo antes que ele suba para a refeição no alto da colina. O povo não começará a comer até que ele chegue para abençoar o sacrifício. Subam logo, pois é agora que poderão encontrá-lo!".

¹⁴Então chegaram à cidade e, quando entravam pelos portões, Samuel vinha na direção deles, subindo para o lugar de adoração.

¹⁵No dia anterior à chegada de Saul, o SENHOR tinha dito a Samuel: ¹⁶"Amanhã, por volta desta hora, enviarei a você um homem da terra de Benjamim. Você o ungirá para ser líder do meu povo, Israel. Ele os livrará dos filisteus, pois olhei para meu povo com misericórdia e ouvi seu clamor".

¹⁷Quando Samuel viu Saul, o SENHOR disse: "Este é o homem de quem lhe falei! Ele governará meu povo".

¹⁸Saul se aproximou de Samuel na entrada da cidade e perguntou: "O senhor pode me dizer onde fica a casa do vidente?".

¹⁹"Eu sou o vidente", respondeu Samuel. "Suba adiante de mim até o lugar de adoração. Ali comeremos juntos e, pela manhã, eu lhe direi o que você quer saber, e depois poderá seguir viagem. ²⁰E não se preocupe com as jumentas que se perderam há três dias, pois foram encontradas. Eu lhe digo que as esperanças de Israel estão centradas em você e sua família!"ᵇ

²¹Saul respondeu: "Mas sou apenas da tribo de Benjamim, a menor das tribos de Israel, e minha família é a mais insignificante de todas as famílias dessa tribo! Por que o senhor fala comigo dessa maneira?".

²²Então Samuel levou Saul e seu servo para uma sala de jantar e lhes deu o lugar de honra entre os convidados, cerca de trinta pessoas. ²³Em seguida, Samuel pediu ao cozinheiro: "Traga o pedaço de carne separado para o convidado de honra!". ²⁴O cozinheiro trouxe a coxa do sacrifício e a colocou diante de Saul. "Coma", disse Samuel. "Reservei este pedaço para você desde que decidi convidar estes homens para a refeição." E Saul comeu com Samuel naquele dia.

²⁵Quando desceram do lugar de adoração e voltaram para a cidade, Samuel levou Saul ao terraço da casa e preparou uma cama para ele.ᶜ ²⁶Ao amanhecer do dia seguinte, Samuel chamou Saul novamente: "Levante-se!", disse ele. "É hora de seguir viagem." Saul se aprontou, e ele e Samuel saíram juntos. ²⁷Quando chegaram à

ᵃ **9.8** Em hebraico, *1/4 de 1 siclo de prata*, cerca de 3 gramas. ᵇ **9.20** Ou *as riquezas de Israel serão para você e sua família*. ᶜ **9.25** Conforme a Septuaginta; o hebraico traz *e ali conversou com ele*.

9.27 [Samuel] diz: "Fique aqui, pois recebi de Deus uma mensagem para você". *O assunto é a mensagem de Deus.* É muito gracioso que Deus nos dê uma Palavra em tudo. É maravilhoso que Ele seja condescendente em falar conosco, porque não podemos entender muito. Somos como crianças pequenas, na melhor das hipóteses. É muito maravilhoso que nosso Pai celestial traga os grandes significados de Sua vasta mente para a linguagem humana. Quando Ele falou no Sinai acompanhado de tempestade e de relâmpago, de qualquer maneira foi algo gracioso Deus falar ao homem, mas nestes últimos dias, Ele nos falou por Seu Filho, Jesus Cristo, que é a Palavra. Jesus veio intencionalmente para este mundo para interpretar Deus para o homem.

saída da cidade, Samuel disse a Saul que enviasse seu servo adiante. Depois que o servo partiu, Samuel disse: "Fique aqui, pois recebi de Deus uma mensagem para você".

Samuel unge Saul rei

10 Samuel pegou uma vasilha de óleo e o derramou sobre a cabeça de Saul. Depois, beijou Saul e disse: "Faço isto porque o SENHOR o nomeou como líder de Israel, sua propriedade especial. ²Hoje, quando você partir, verá dois homens ao lado do túmulo de Raquel, em Zelza, na divisa de Benjamim. Eles lhe dirão que as jumentas foram encontradas e que seu pai deixou de se preocupar com elas e agora está preocupado com vocês, perguntando: 'Que farei para encontrar meu filho?'.

³"Quando você chegar ao carvalho de Tabor, encontrará três homens vindo em sua direção; estão a caminho de Betel, onde vão adorar a Deus. Um deles estará levando três cabritos, outro, três pães, e o terceiro, uma vasilha de couro cheia de vinho. ⁴Eles o cumprimentarão e lhe oferecerão dois pães, que você deve aceitar.

⁵"Quando chegar a Gibeá-Eloim,ª onde fica o destacamento dos filisteus, encontrará um grupo de profetas descendo do lugar de adoração. Virão tocando harpa, tamborim, flauta e lira, e estarão profetizando. ⁶Nesse momento, o Espírito do SENHOR virá poderosamente sobre você, e você profetizará com eles. Será transformado numa pessoa diferente. ⁷Depois que esses sinais se cumprirem, faça o que tiver de fazer, pois Deus está com você. ⁸Em seguida, vá a Gilgal adiante de mim. Eu o encontrarei ali para sacrificar holocaustos e ofertas de paz. Espere lá durante sete dias, até eu chegar e lhe dar mais instruções".

Os sinais mencionados se cumprem

⁹Assim que Saul se virou para partir, Deus lhe deu um novo coração, e todos os sinais anunciados por Samuel se cumpriram naquele dia. ¹⁰Ao chegarem a Gibeá, Saul e o servo viram um grupo de profetas vindo em sua direção. Então o Espírito de Deus veio poderosamente sobre Saul, e ele começou a profetizar com eles. ¹¹Quando aqueles que o conheciam souberam disso, perguntaram uns aos outros: "O que aconteceu com o filho de Quis? Acaso Saul também é profeta?".

¹²Um dos que estavam ali perguntou: "Qualquer um pode se tornar profeta, seja quem for seu pai?".ᵇ Essa é a origem do ditado: "Acaso Saul também é profeta?".

¹³Depois que Saul terminou de profetizar, subiu ao lugar de adoração. ¹⁴O tio de Saul perguntou a ele e ao servo: "Onde vocês estavam?".

Saul respondeu: "Saímos para procurar as jumentas, mas não conseguimos encontrá-las. Então fomos a Samuel para lhe perguntar onde elas estavam".

¹⁵"E o que foi que Samuel lhe disse?", perguntou o tio.

¹⁶"Disse que as jumentas já haviam sido encontradas", respondeu Saul. Contudo, não contou ao tio o que Samuel tinha dito sobre o reino.

Saul é proclamado rei

¹⁷Algum tempo depois, Samuel convocou todo o povo para se reunir diante do SENHOR em Mispá. ¹⁸Disse ele aos israelitas: "Assim diz o SENHOR, o Deus de Israel: Eu os tirei do Egito e os livrei dos egípcios e de todas as nações que os oprimiam. ¹⁹Mas, apesar de eu ter resgatado vocês de suas angústias e aflições, hoje vocês rejeitaram seu Deus e disseram: 'Queremos um rei!'. Agora, portanto, apresentem-se diante do SENHOR, de acordo com suas tribos e seus clãs".

²⁰Então Samuel reuniu todas as tribos de Israel, e a tribo de Benjamim foi escolhida por sorteio. ²¹Em seguida, Samuel reuniu cada família da tribo de Benjamim, e a família de Matri foi sorteada. Por fim, Saul, filho de Quis foi escolhido dentre eles. Quando o procuraram, porém, não o encontraram. ²²Por isso, perguntaram ao SENHOR: "Ele já chegou?".

ª **10.5** Ou *Gibeá de Deus*. ᵇ **10.12** Em hebraico, *Quem é o pai deles?*

10.22,23 Mal sabemos por que Saul fez isso. Seria errado atribuir-lhe um mau motivo; de outra forma, estaríamos inclinados a dizer que ele o fez por modéstia fingida, de forma que parecesse que ele forçou sobre si uma honra que, na realidade, ele não desejava. Mas isto não se encaixaria com a primeira parte da vida de Saul, pois nos seus primeiros dias, e quando foi inicialmente escolhido rei, ele parecia ser uma das pessoas mais

O Senhor respondeu: "Está escondido no meio da bagagem". ²³Eles correram até lá e o trouxeram. Era tão alto que os outros chegavam apenas a seus ombros.

²⁴Samuel disse ao povo: "Este é o homem que o Senhor escolheu para ser seu rei. Não há ninguém semelhante a ele em todo o Israel".

E todo o povo gritou: "Viva o rei!".

²⁵Então Samuel explicou ao povo os direitos e deveres do rei. Escreveu-os num rolo e o colocou diante do Senhor. Depois, mandou todo o povo para casa.

²⁶Saul também voltou para sua casa, em Gibeá, acompanhado por um grupo de homens cujo coração Deus tinha tocado. ²⁷Havia, no entanto, alguns desocupados que debochavam: "Esse sujeito nunca nos salvará!". Desprezaram Saul e se recusaram a lhe trazer presentes. Mas Saul não lhes deu atenção.

Saul derrota os amonitas

11 Cerca de um mês depois,ª Naás, rei de Amom, avançou com seu exército contra a cidade de Jabes-Gileade. Mas os habitantes de Jabes clamaram: "Faça um tratado conosco, e o serviremos!".

²Então Naás disse: "Está bem, mas só com uma condição. Arrancarei o olho direito de cada um de vocês como humilhação para todo o Israel!".

³As autoridades de Jabes pediram: "Dê-nos sete dias para que enviemos mensageiros a todo o Israel. Se ninguém vier nos salvar, nós nos entregaremos ao rei".

⁴Os mensageiros chegaram a Gibeá, cidade onde Saul morava, e relataram ao povo a difícil situação em Jabes-Gileade. Todos choraram em alta voz. ⁵Quando Saul voltou à cidade, trazendo seus bois do campo, perguntou: "O que está acontecendo? Por que todos estão chorando?". Então contaram-lhe sobre a mensagem de Jabes.

⁶O Espírito de Deus veio poderosamente sobre Saul, e ele se enfureceu. ⁷Pegou dois bois, cortou-os em pedaços e enviou mensageiros para levá-los a todo o Israel com o seguinte aviso: "Isto é o que acontecerá aos bois de quem se recusar a seguir Saul e Samuel na batalha!". E o terror do Senhor caiu sobre o povo, de modo que todos saíram para guerrear como um só homem. ⁸Quando Saul os reuniu em Bezeque, viu que havia trezentos mil homens de Israel e trinta milᵇ homens de Judá.

⁹Então Saul enviou os mensageiros de volta a Jabes-Gileade com o seguinte aviso: "Salvaremos vocês amanhã, antes do meio-dia". Quando os habitantes de Jabes receberam a mensagem, houve grande alegria em toda a cidade.

¹⁰Então os homens de Jabes disseram a seus inimigos: "Amanhã nos entregaremos a vocês, e poderão fazer conosco o que desejarem".

ª 11.1 Conforme a Septuaginta e um manuscrito do mar Morto; o Texto Massorético não traz *Cerca de um mês depois*. ᵇ 11.8 Os manuscritos do mar Morto e a Septuaginta trazem *setenta mil*.

---

promissoras que poderia ter sido chamada para o ofício. No final do capítulo do qual nosso texto é tirado, vê-se um exemplo de sua grande sabedoria. Sabemos que os homens de Belial "Desprezaram Saul e se recusaram a lhe trazer presentes. Mas Saul não lhes deu atenção". Uma sabedoria que seria bom se alguns ministros e outros também entre nós soubessem bem como imitar — se, também, se calassem, às vezes, quando os homens de Belial falam a respeito deles. De fato, seria bom para todos os cristãos imitar muitas vezes o exemplo de seu Senhor, que, quando foi *vilipendiado, não deu resposta*, senão um paciente e duradouro silêncio. Em vez disso, estamos inclinados a dar a Saul o crédito de ser realmente tão modesto que se escondeu da honra e teve a grandeza imposta a si. Ele nascera com grande estatura, mas agora, ser grande no ofício lhe parecia um fardo que não cobiçava — e assim se escondeu entre as bagagens. Desse modo, se é verdade, podemos aprender que, sem a graça de Deus, a vida mais bela ainda pode tornar-se imunda e, por muito bonito que possa ser o começo de carreira de um jovem, este pode tropeçar e cair e nunca alcançar a meta. Ó, quantas filhas amáveis, a alegria do coração de sua mãe, foram suficientes, no final das contas, para trazer cabelos grisalhos com tristeza para a sepultura! Quantos bons rapazes, dos quais poderíamos ter dito: "Com certeza este é o homem que o Senhor ungirá!", no entanto, provaram serem filhos de Belial, trazendo tristeza e amargura para a alma de seus pais! Existe apenas uma forma de vida moral segura: a espiritualidade — ir a Cristo, ser regenerado, receber o Espírito para que Ele faça morada no coração — e colocar as afeições no eterno e no celestial!

¹¹No dia seguinte, porém, antes do amanhecer, Saul chegou com seu exército dividido em três destacamentos. Atacou os amonitas de surpresa e, na hora mais quente do dia, já os tinha derrotado completamente. O restante do exército amonita se dispersou de tal modo que não ficaram dois soldados juntos.

¹²Então o povo disse a Samuel: "Onde estão aqueles que perguntaram: 'Por que Saul deveria nos governar?' Tragam esses homens aqui, e os mataremos".

¹³Saul, porém, respondeu: "Ninguém será morto hoje, pois neste dia o Senhor livrou Israel".

¹⁴Então Samuel disse ao povo: "Venham, vamos todos a Gilgal renovar o compromisso do reino". ¹⁵Então todos foram a Gilgal e, numa cerimônia solene diante do Senhor, proclamaram Saul como rei. Depois, trouxeram ao Senhor ofertas de paz, e Saul e todos os israelitas muito se alegraram.

O discurso de despedida de Samuel

12 Então Samuel falou a todo o Israel: "Fiz o que pediram e lhes dei um rei. ²Agora ele é seu líder. Quanto a mim, estou aqui diante de vocês, um homem velho e de cabelos brancos, e meus filhos estão com vocês. Estive a seu serviço como seu líder desde minha juventude até hoje. ³Aqui estou: testemunhem contra mim diante do Senhor e diante do rei que ele ungiu. De quem roubei um boi ou um jumento? Acaso enganei ou oprimi alguém? De quem aceitei suborno para perverter a justiça? Digam-me, e farei restituição se cometi alguma injustiça".

⁴Eles responderam: "O senhor nunca nos enganou nem nos oprimiu, e nunca aceitou suborno".

⁵Então Samuel declarou: "Hoje o Senhor e o rei que ele ungiu são testemunhas de que minhas mãos estão limpas".

Eles responderam: "Sim, eles são testemunhas".

⁶E Samuel continuou: "Foi o Senhor que escolheu Moisés e Arão e tirou seus antepassados da terra do Egito. ⁷Agora, fiquem aqui diante do Senhor enquanto eu os confronto com todos os atos de justiça que o Senhor fez por vocês e por seus antepassados.

⁸"Quando Israelᵃ estava no Egito e seus antepassados clamaram ao Senhor, ele enviou Moisés e Arão para tirá-los de lá e trazê-los a esta terra. ⁹Mas o povo logo se esqueceu do Senhor, seu Deus, por isso ele os entregou a Sísera, comandante do exército de Hazor, e também aos filisteus e ao rei de Moabe, que lutaram contra eles.

¹⁰"Então clamaram novamente ao Senhor e disseram: 'Pecamos quando abandonamos o Senhor e servimos às imagens de Baal e de Astarote. Agora, se nos livrares de nossos inimigos, serviremos somente a ti'. ¹¹O Senhor enviou Gideão,ᵇ Bedã,ᶜ Jefté e Samuelᵈ para livrá-los, e vocês viveram em segurança.

¹²"No entanto, quando ficaram com medo de Naás, rei de Amom, vieram a mim e disseram que queriam um rei para governá-los, embora o Senhor, seu Deus, já fosse seu rei. ¹³Pois bem, aqui está o rei que vocês escolheram. Vocês o pediram e o Senhor os atendeu.

¹⁴"Agora, se temerem e servirem ao Senhor, derem ouvidos à sua voz e não se rebelarem contra os seus mandamentos, tanto vocês como seu rei mostrarão que reconhecem que o Senhor é seu Deus. ¹⁵Mas, se vocês se rebelarem contra os mandamentos do Senhor e se recusarem a ouvir a sua voz, a mão do Senhor pesará sobre vocês, como fez a seus antepassados.

¹⁶"Agora, fiquem aqui e vejam o maravilhoso feito que o Senhor está prestes a realizar. ¹⁷Vocês sabem que não chove nesta época do ano, durante a colheita do trigo. Pedirei ao Senhor que envie trovões e chuva forte hoje. Assim, vocês reconhecerão quão grande foi sua maldade ao pedir que o Senhor lhes desse um rei!".

¹⁸Então Samuel clamou ao Senhor, e o Senhor enviou trovões e chuva forte naquele mesmo dia. E todo o povo ficou com muito medo do Senhor e de Samuel. ¹⁹Disseram a Samuel: "Ore ao Senhor, seu Deus, em favor de seus servos,

---

ᵃ **12.8** Em hebraico, *Quando Jacó*. Os nomes "Jacó" e "Israel" são usados de forma intercambiável ao longo de todo o Antigo Testamento e se referem, por vezes, ao patriarca e, em outras ocasiões, à nação. ᵇ **12.11a** Em hebraico, *Jerubaal*, outro nome para Gideão; ver Jz 6.32. ᶜ **12.11b** A Septuaginta e a versão siríaca trazem *Baraque*. ᵈ **12.11c** A Septuaginta e a versão siríaca trazem *Sansão*.

ou morreremos! Pois, a todas as nossas faltas, acrescentamos o pecado de pedir um rei".

²⁰"Não tenham medo", disse Samuel. "Certamente agiram mal, mas, agora, sirvam ao Senhor de todo o coração e não se afastem dele. ²¹Não se desviem dele para adorar deuses sem valor que não podem ajudar ou livrar vocês; eles são completamente inúteis! ²²O Senhor não abandonará seu povo, pois isso traria desonra para seu grande nome. Pois agradou ao Senhor fazer de vocês seu próprio povo.

²³"Quanto a mim, certamente não pecarei contra o Senhor, deixando de orar por vocês. Continuarei a lhes ensinar o que é bom e correto. ²⁴Temam o Senhor e sirvam a ele fielmente, de todo o coração. Pensem em todas as coisas maravilhosas que ele fez por vocês. ²⁵Mas, se continuarem a pecar, vocês e seu rei serão destruídos."

Guerra constante contra os filisteus

13 Saul tinha 30[a] anos quando se tornou rei, e reinou por 42 anos.[b]

²Saul escolheu três mil soldados do exército de Israel e mandou o restante dos homens para casa. Levou consigo dois mil desses homens a Micmás e à região montanhosa de Betel. Os outros mil foram com Jônatas, filho de Saul, para Gibeá, na terra de Benjamim.

³Logo depois disso, Jônatas atacou e derrotou o destacamento dos filisteus em Geba. A notícia se espalhou entre os filisteus. Então Saul tocou a trombeta por toda a terra, anunciando: "Ouçam bem, hebreus!". ⁴E todo o Israel ouviu que Saul tinha destruído o destacamento dos filisteus e que agora eles odiavam os israelitas mais que nunca. Então os soldados israelitas foram convocados para se unir a Saul em Gilgal.

⁵Os filisteus reuniram um exército de três mil[c] carros de guerra, seis mil cavaleiros e tantos guerreiros como os grãos de areia na praia. Acamparam em Micmás, a leste de Bete-Áven. ⁶Os homens de Israel se viram em apuros e, como estavam sendo fortemente pressionados pelo inimigo, tentaram se esconder em cavernas, em matagais, entre rochas, em buracos e em cisternas. ⁷Alguns dos hebreus atravessaram o rio Jordão e fugiram para a terra de Gade e de Gileade.

Samuel repreende Saul

Enquanto isso, Saul permaneceu em Gilgal, e os homens que estavam com ele tremiam de medo. ⁸Saul esperou ali por Samuel durante sete dias, conforme Samuel o havia instruído, mas ele não chegou. Vendo que os soldados debandavam rapidamente, ⁹Saul ordenou: "Tragam-me o holocausto e as ofertas de paz!". E ele próprio ofereceu o holocausto.

¹⁰No exato instante em que Saul terminava de oferecer o holocausto, Samuel chegou. Saul foi ao seu encontro para cumprimentá-lo, ¹¹mas Samuel disse: "O que você fez?".

Saul respondeu: "Vi que meus homens estavam debandando, e que o senhor não chegou

---

[a] **13.1a** Conforme alguns manuscritos gregos; o número não aparece no texto hebraico. [b] **13.1b** Em hebraico, *reinou... e dois*; o número está incompleto no texto hebraico. Comparar com At 13.21. [c] **13.5** Conforme a Septuaginta e a versão siríaca; o hebraico traz *trinta mil*.

12.23 Samuel nasceu da oração. Uma mulher de espírito atribulado o recebeu de Deus e exclamou alegremente: "Pedi ao Senhor que me desse este menino". Seu nome foi escolhido em oração, pois Samuel significa "Eu o pedi ao Senhor". Ele fez jus a esse nome e provou sua precisão profética, visto que sua vida veio à existência por ter sido pedida a Deus; depois continuou, ele mesmo, suplicando a Deus, e todo seu conhecimento, sabedoria, *justiça e poder para governar foram coisas* que lhe sobrevieram porque foram "pedidas a Deus".

Primeiramente, ele foi alimentado por uma mulher de oração e quando ele a deixou, foi para habitar na casa de oração, todos os dias de sua vida. Seus primeiros dias foram honrados por uma visita divina e ele mostrou então aquele espírito de espera, vigilante que é a própria base da oração. "Fala, Senhor, pois teu servo está ouvindo" é o clamor de um coração simples e sincero, aquele que o Senhor sempre aceita. Todos nós pensamos em Samuel de acordo com aquela pequena imagem tão frequentemente pintada e esculpida, na qual uma doce criança é vista em atitude de oração. Parece que todos conhecemos o pequeno Samuel, o menino que orava. Nossos meninos e meninas o conhecem como um amigo familiar, ajoelhado com as mãos cruzadas. Ele nasceu, recebeu um nome, foi alimentado, abrigado e treinado em oração, e nunca se afastou do caminho da súplica.

no prazo que havia prometido. Além disso, os filisteus estavam em Micmás, prontos para a batalha. ¹²Assim, pensei: 'Os filisteus estão prontos para lutar contra nós em Gilgal, e eu não pedi ajuda ao SENHOR'. Por isso me senti na obrigação de oferecer o holocausto".

¹³"Você agiu como um tolo!", exclamou Samuel. "Não guardou o mandamento que o SENHOR, seu Deus, lhe deu. Se tivesse obedecido, o SENHOR teria estabelecido para sempre seu reinado sobre Israel. ¹⁴Agora, porém, seu reinado não permanecerá, pois o SENHOR escolheu um homem segundo o coração dele. O SENHOR já designou esse homem para ser líder de seu povo, pois você não obedeceu ao mandamento do SENHOR."

A desvantagem militar de Israel
¹⁵Então Samuel partiu de Gilgal e subiu para Gibeá, na terra de Benjamim. Quando Saul contou os soldados que ainda estavam com ele, viu que havia cerca de seiscentos homens. ¹⁶Saul, Jônatas e os soldados que estavam com eles ficaram em Geba, na terra de Benjamim. Os filisteus acamparam em Micmás. ¹⁷Três grupos de ataque deixaram o acampamento filisteu: um foi para o norte, em direção a Ofra, na região de Sual, ¹⁸outro foi para oeste, a Bete-Horom, e o terceiro rumou para a fronteira acima do vale de Zeboim, na direção do deserto.

¹⁹Naqueles dias, não havia ferreiros na terra de Israel, pois os filisteus não permitiam que os hebreus fizessem espadas ou lanças. ²⁰Assim, sempre que o povo de Israel precisava afiar seus arados, enxadas, machados e foices,[a] tinha de levá-los a um ferreiro filisteu. ²¹O custo para afiar um arado ou uma enxada era de oito gramas[b] de prata, e, para afiar um machado, uma foice ou a ponta de ferro de uma vara de tocar bois, quatro gramas.[c] ²²Por isso, no dia da batalha, ninguém em Israel tinha espada ou lança, exceto Saul e Jônatas.

²³Nesse meio-tempo, os filisteus mandaram um destacamento para o desfiladeiro de Micmás.

O plano audacioso de Jônatas
14 Certo dia, Jônatas, filho de Saul, disse a seu escudeiro: "Venha, vamos ao lugar onde fica o destacamento dos filisteus". Mas Jônatas não contou a seu pai o que pretendia fazer.

²Enquanto isso, Saul estava acampado nos arredores de Gibeá, em volta da árvore de romãs[d] em Migrom, junto com cerca de seiscentos homens. ³Entre eles estava Aías, o sacerdote, que levava o colete sacerdotal. Aías era filho de Aitube, irmão de Icabode, filho de Fineias, filho de Eli, que tinha servido como sacerdote do SENHOR em Siló.

Ninguém percebeu que Jônatas havia saído do acampamento. ⁴Para chegar ao destacamento dos filisteus, teve de passar por entre dois penhascos; um se chamava Bozez, e o outro, Sené. ⁵Um ficava ao norte, de frente para Micmás, e o outro, ao sul, de frente para Geba. ⁶Jônatas disse a seu escudeiro: "Vamos atravessar até o destacamento daqueles incircuncisos! Quem sabe o SENHOR nos ajudará, pois nada pode deter o SENHOR. Ele pode vencer com muitos guerreiros e, também, com apenas uns poucos!".

⁷"Faça o que lhe parecer melhor", respondeu o escudeiro. "Eu o seguirei para onde o senhor for!"

⁸"Pois bem", disse Jônatas. "Vamos atravessar e deixar que nos vejam. ⁹Se disserem: 'Fiquem onde estão, ou mataremos vocês', ficaremos parados e não iremos até eles. ¹⁰Mas, se disserem: 'Subam até aqui e lutem', então subiremos. Será sinal de que o SENHOR os entregará em nossas mãos."

¹¹Quando os filisteus os viram chegando, gritaram: "Vejam! Os hebreus estão saindo dos buracos onde estavam escondidos!". ¹²Então os homens do destacamento gritaram para Jônatas e seu escudeiro: "Subam até aqui, e nós lhes daremos uma lição!".

"Venha, suba logo atrás de mim", disse Jônatas a seu escudeiro. "O SENHOR entregou os filisteus nas mãos de Israel!"

¹³Então subiram usando os pés e as mãos. Jônatas derrubava os filisteus e, atrás dele, seu escudeiro os matava. ¹⁴Mataram, no total,

---
[a] **13.20** Conforme a Septuaginta; o hebraico traz *e arados*. [b] **13.21a** Em hebraico, *1 pim*. [c] **13.21b** Em hebraico, *1/3 (de 1 siclo)*. [d] **14.2** Ou *em volta da rocha de Rimom*; comparar com Jz 20.45,47; 21.13.

cerca de vinte homens, numa pequena porção de terra.ᵃ

¹⁵De repente, o pânico tomou conta do exército filisteu, tanto no acampamento como no campo, e também nos destacamentos e nos grupos de ataque. Naquele instante, houve um terremoto, e todos se encheram de terror.

Israel derrota os filisteus

¹⁶As sentinelas de Saul em Gibeá de Benjamim viram que o imenso exército dos filisteus começou a debandar em todas as direções. ¹⁷Saul ordenou ao povo: "Façam a chamada e verifiquem quem está faltando!". Quando fizeram a chamada, descobriram que Jônatas e seu escudeiro não estavam ali.

¹⁸Então Saul gritou para Aías: "Traga o colete sacerdotal!", pois, naquele tempo, Aías usava o colete sacerdotal diante dos israelitas.ᵇ ¹⁹Enquanto Saul falava com o sacerdote, o tumulto e a gritaria no acampamento dos filisteus aumentaram. Então Saul disse ao sacerdote: "Não precisa mais usar o colete!".ᶜ

²⁰Então Saul e todos os soldados correram para a batalha e encontraram os filisteus matando uns aos outros. Havia grande confusão por toda parte. ²¹Até os hebreus que antes haviam desertado para o lado dos filisteus se rebelaram e se uniram a Saul, a Jônatas e ao restante dos israelitas. ²²Quando os homens de Israel que haviam se escondido na região montanhosa de Efraim ouviram que os filisteus fugiam, também os perseguiram. ²³Assim, o Senhor livrou Israel naquele dia, e a batalha continuou até além de Bete-Áven.

O juramento insensato de Saul

²⁴Os homens de Israel estavam exaustos naquele dia, pois Saul lhes havia imposto este juramento: "Maldito seja aquele que comer antes do anoitecer, antes de eu ter me vingado inteiramente de meus inimigos". Por isso, ninguém comeu nada o dia todo, ²⁵embora tivessem encontrado favos de mel no chão do bosque. ²⁶Não se atreveram a provar o mel, pois temiam o juramento exigido por Saul.

²⁷Jônatas, porém, não sabendo do juramento de seu pai, enfiou a ponta de uma vara num favo e comeu o mel. Depois de comer, recuperou as forças.ᵈ ²⁸Vendo isso, um dos soldados lhe disse: "Seu pai obrigou o exército a fazer um juramento severo, pelo qual quem comer alguma coisa hoje será maldito. Por isso todos estão exaustos".

²⁹"Meu pai trouxe desgraça sobre o povo!", exclamou Jônatas. "Vejam como recuperei as forças depois de provar um pouco de mel. ³⁰Se os homens tivessem recebido permissão para comer à vontade do alimento que encontraram entre os inimigos, imaginem quantos filisteus mais teríamos matado!"

³¹Os israelitas perseguiram e mataram filisteus o dia todo, desde Micmás até Aijalom, e ficaram cada vez mais enfraquecidos. ³²Naquela noite, tomaram apressadamente os despojos da batalha; mataram ovelhas, bois e bezerros e comeram a carne com sangue. ³³Alguém foi dizer a Saul: "Veja, os soldados estão pecando contra o Senhor, comendo carne com sangue".

"Vocês cometeram um grande pecado!", disse Saul. "Procurem uma pedra grande e tragam-na para cá. ³⁴Depois, saiam entre os soldados e digam-lhes: 'Tragam os bois e as ovelhas até aqui! Abatam os animais e deixem o sangue escorrer antes de comer. Não pequem contra o Senhor, comendo carne ainda com sangue'."

Naquela noite, portanto, todos os soldados levaram os animais e os abateram ali. ³⁵Então Saul construiu um altar para o Senhor; foi o primeiro altar que ele construiu para o Senhor.

³⁶Depois Saul disse: "Vamos perseguir os filisteus a noite toda, saqueá-los até o amanhecer e destruir até o último deles".

Seus homens responderam: "Faremos o que o rei achar melhor".

O sacerdote, porém, disse: "Primeiro vamos consultar Deus".

³⁷Então Saul perguntou a Deus: "Devemos ir atrás dos filisteus? Tu os entregarás nas mãos de Israel?". Mas Deus não lhe respondeu naquele dia.

³⁸Então Saul ordenou: "Todos os comandantes do exército, apresentem-se a mim! Descubram como e por que aconteceu esse pecado!

ᵃ **14.14** Em hebraico, *em meia jeira de terra*. A "jeira" era uma medida equivalente à terra arada por uma junta de bois em um dia. ᵇ **14.18** Conforme alguns manuscritos gregos; o hebraico traz *"Tragam a arca de Deus", pois, naquele tempo, a arca de Deus estava com os israelitas*. ᶜ **14.19** Em hebraico, *Retire sua mão!* ᵈ **14.27** Ou *seus olhos brilharam*; também em 14.29.

³⁹Tão certo como vive o Senhor, aquele que resgatou Israel, o culpado morrerá, mesmo que seja meu filho Jônatas!". Contudo, ninguém lhe disse nada.

⁴⁰Saul disse a todo o Israel: "Jônatas e eu ficaremos aqui, e todos vocês ficarão ali".

E os homens responderam: "Faça o que o rei achar melhor".

⁴¹Em seguida, Saul orou: "Ó Senhor, o Deus de Israel, mostra-nos quem é culpado e quem é inocente".ᵃ Por sorteio, Jônatas e Saul foram escolhidos como sendo os culpados, e o povo foi declarado inocente.

⁴²Saul disse: "Façam outro sorteio entre mim e Jônatas". E Jônatas foi escolhido como o culpado.

⁴³"Diga-me o que você fez", ordenou Saul.

"Provei um pouco de mel", confessou Jônatas. "Foi apenas uma pequena porção, na ponta de minha vara. Estou pronto para morrer!"ᵇ

⁴⁴Então Saul disse: "Sim, Jônatas, você deve morrer. Que Deus me castigue severamente se você não for morto por isso".

⁴⁵Os soldados, porém, disseram a Saul: "Jônatas conquistou esta grande vitória para Israel. Acaso ele deve morrer? De maneira nenhuma! Tão certo como o Senhor vive, ninguém tocará num fio de cabelo da cabeça dele, pois hoje Deus o ajudou a realizar um grande feito". E assim o povo salvou Jônatas da morte.

⁴⁶Então Saul deixou de perseguir os filisteus, e eles voltaram para sua terra.

As vitórias militares de Saul

⁴⁷Depois que Saul havia se firmado como rei de Israel, lutou contra seus inimigos ao redor: contra Moabe, Amom e Edom, contra os reis de Zobá e contra os filisteus. E, para qualquer lado que se voltava, era vitorioso.ᶜ ⁴⁸Realizou *grandes* feitos e derrotou os amalequitas, livrando Israel de todos que o haviam saqueado.

⁴⁹Os filhos de Saul eram Jônatas, Isboseteᵈ e Malquisua. Também tinha duas filhas: Merabe, a mais velha, e Mical, a mais nova. ⁵⁰A esposa de Saul se chamava Ainoã, filha de Aimaás. O comandante do exército de Saul era Abner, filho de Ner, tio de Saul. ⁵¹Quis, pai de Saul, e Ner, pai de Abner, eram filhos de Abiel.

⁵²Os israelitas lutaram ferrenhamente contra os filisteus durante toda a vida de Saul. Por isso, sempre que Saul via um jovem forte e valente, logo o convocava para seu exército.

Saul derrota os amalequitas

15 Certo dia, Samuel disse a Saul: "Foi o Senhor que me enviou para ungi-lo rei de seu povo, Israel. Agora ouça esta mensagem do Senhor! ²Assim diz o Senhor dos Exércitos: Resolvi acertar as contas com a nação de Amaleque por ter se colocado contra Israel quando o povo saía do Egito. ³Agora vá e destrua completamente a nação amalequita: homens, mulheres, crianças, recém-nascidos, gado, ovelhas, camelos e jumentos".

⁴Então Saul reuniu seu exército em Telaim. Havia duzentos mil soldados de Israel e dez mil homens de Judá. ⁵Em seguida, Saul e o exército foram à cidade dos amalequitas e armaram uma emboscada no vale. ⁶Saul mandou este aviso aos queneus: "Afastem-se de onde vivem os amalequitas, para que não morram com eles, pois vocês demonstraram bondade a todos os israelitas quando eles saíram do Egito". Então os queneus saíram do meio dos amalequitas.

⁷Saul atacou e derrotou os amalequitas desde Havilá até Sur, a leste do Egito. ⁸Capturou Agague, o rei amalequita, e destruiu completamente todo o povo. ⁹Saul e seus homens pouparam a vida de Agague, bem como o melhor das ovelhas, do gado, dos bezerros gordos e dos cordeiros. Destruíram apenas o que não tinha valor ou que era de qualidade inferior.

O Senhor rejeita Saul

¹⁰Então o Senhor disse a Samuel: ¹¹"Arrependo-me de ter colocado Saul como rei, pois ele se afastou de mim e se recusou a obedecer às minhas ordens". Samuel ficou tão frustrado ao ouvir essas palavras que clamou ao Senhor a noite toda.

¹²Na manhã seguinte, bem cedo, Samuel foi procurar Saul. Alguém lhe disse: "Saul foi para a região do Carmelo, onde levantou um

---

ᵃ **14.41** A Septuaginta acrescenta *Se a culpa for minha ou de meu filho, Jônatas, responde com Urim; mas, se a culpa for dos homens de Israel, responde com Tumim.* ᵇ **14.43** Ou *Mereço morrer por causa disso?* ᶜ **14.47** Conforme a Septuaginta; o hebraico traz *agia de modo perverso.* ᵈ **14.49** Em hebraico, *Isvi*, variação de Isbosete; também conhecido como *Esbaal.*

monumento para si próprio; depois, seguiu para Gilgal".

¹³Quando Samuel finalmente o encontrou, Saul o cumprimentou com alegria: "Que o Senhor o abençoe!", disse Saul. "Cumpri a ordem do Senhor!"

¹⁴Samuel perguntou: "Então o que é esse balido de ovelhas e esse mugido de bois que estou ouvindo?"

¹⁵Saul respondeu: "É verdade que os soldados pouparam o melhor das ovelhas e dos bois que pertenciam aos amalequitas. Mas eles vão sacrificá-los ao Senhor, seu Deus. Quanto ao resto, destruímos tudo".

¹⁶Então Samuel disse a Saul: "Basta! Ouça o que o Senhor me disse na noite passada".

"O que foi?", perguntou Saul.

¹⁷Samuel respondeu: "Embora a seus próprios olhos você se considerasse insignificante, não se tornou o líder das tribos de Israel? Sim, o Senhor o ungiu rei sobre o povo! ¹⁸Então o Senhor o enviou numa missão e disse: 'Vá e destrua completamente aqueles pecadores, os amalequitas. Lute contra eles até exterminá-los'. ¹⁹Por que você não obedeceu ao Senhor? Por que tomou apressadamente os despojos e fez o que era mau aos olhos do Senhor?".

²⁰"Mas eu obedeci ao Senhor!", insistiu Saul. "Cumpri a missão de que ele me encarregou. Trouxe o rei Agague, mas destruí todos os outros amalequitas. ²¹Então meus soldados trouxeram o melhor das ovelhas e dos bois, bem como o melhor dos despojos, a fim de sacrificá-los ao Senhor, seu Deus, em Gilgal."

²²Samuel respondeu:

"O que agrada mais ao Senhor:
  holocaustos e sacrifícios
  ou obediência à voz dele?
Ouça! A obediência é melhor que o
    sacrifício,
  e a submissão é melhor que
  ofertas de gordura de carneiros.
²³A rebeldia é um pecado tão grave quanto
    a feitiçaria,
  e persistir no erro é um mal tão grave
  quanto adorar ídolos.
Assim como você rejeitou a ordem do
    Senhor,
  ele o rejeitou como rei."

Saul suplica por perdão

²⁴Então Saul confessou: "Sim, pequei! Desobedeci às suas instruções e à ordem do Senhor, pois tive medo do povo e fiz o que eles exigiram. ²⁵Agora, imploro que perdoe meu pecado e volte comigo, para que eu possa adorar o Senhor!".

²⁶Samuel, porém, respondeu: "Não voltarei com você! Uma vez que você rejeitou a ordem do Senhor, ele o rejeitou como rei de Israel".

²⁷Quando Samuel se virou para ir embora, Saul tentou detê-lo segurando a barra de seu manto, que se rasgou. ²⁸Então Samuel lhe disse: "Hoje o Senhor rasgou de você o reino de Israel e o entregou a outro, alguém melhor que você. ²⁹E aquele que é a Glória de Israel não mente nem se arrepende, pois não é ser humano para se arrepender!".

15.22 Esteja sempre em sua lembrança que obedecer, seguir rigorosamente o caminho do mandamento de seu Salvador, é melhor do que qualquer forma exterior de religião, e ouvir os Seus preceitos com ouvido atento é melhor do que trazer a gordura dos carneiros ou qualquer outra coisa que você possa querer apresentar sobre o Seu altar.

Possivelmente, querido irmão, pode haver algum mau hábito ao qual você esteja se entregando, o qual você justifica através da racionalização: "Bem, *estou sempre na reunião de oração*; estou constantemente em comunhão, e doo muito das minhas posses para apoiar a obra do Senhor". Fico feliz que você faça essas coisas; mas, oro para que abandone aquele pecado! Peço-lhe que o corte em pedaços e o jogue fora, pois se você não o fizer, toda a sua demonstração de sacrifício será apenas uma abominação. A primeira coisa que Deus exige de você, como Seu amado, é a obediência; e, ainda que pregue com a língua dos homens e dos anjos, se der o seu corpo para ser queimado e os seus bens para alimentar os pobres, se não ouvir o seu Senhor e não obedecer à Sua vontade, tudo isso não lhe será de nada. É abençoado ser ensinável como uma criancinha, e estar disposto a aprender com Deus; mas é ainda mais abençoado quando alguém é ensinado a ir imediatamente e pratica a lição que o Mestre sussurrou em seu ouvido. Quantos cristãos excelentes existem que sacrificam um rebanho de ovelhas para reabastecer o altar do nosso Deus, que, no entanto, são falhos porque não obedecem à Palavra do Senhor?

³⁰Saul implorou novamente: "Sei que pequei! Mas, por favor, pelo menos honre-me diante das autoridades de meu povo e diante de Israel ao voltar comigo, para que eu possa adorar o Senhor, seu Deus!". ³¹Por fim, Samuel concordou e voltou com ele, e Saul adorou o Senhor.

Samuel executa o rei Agague

³²Então Samuel disse: "Traga-me Agague, rei dos amalequitas". Agague veio cheio de esperança, pois pensou: "Com certeza a ira deles já passou, e eu fui poupado!".ᵃ ³³Mas Samuel disse: "Assim como sua espada matou os filhos de muitas mães, agora sua mãe ficará sem o filho". E Samuel cortou Agague em pedaços diante do Senhor em Gilgal.

³⁴Depois, Samuel foi para Ramá, e Saul voltou para casa em Gibeá, sua cidade. ³⁵Até o dia em que morreu, Samuel não voltou a ver Saul, embora sempre lamentasse o que aconteceu com ele. E o Senhor se arrependeu de ter estabelecido Saul como rei de Israel.

Samuel unge Davi rei

16 O Senhor disse a Samuel: "Você já lamentou o suficiente por Saul. Eu o rejeitei como rei de Israel. Agora, encha uma vasilha com óleo e vá a Belém. Procure um homem chamado Jessé, que vive ali, pois escolhi um dos filhos dele para ser rei".

²"Como posso fazer isso?", perguntou Samuel. "Se Saul ficar sabendo, me matará."

O Senhor respondeu: "Leve um novilho com você e diga: 'Vim oferecer um sacrifício ao Senhor'. ³Convide Jessé para o sacrifício, e eu lhe mostrarei o que você deve fazer e qual dos filhos dele deve ungir para mim".

⁴Samuel fez o que o Senhor disse. Quando chegou a Belém, as autoridades da cidade foram encontrá-lo, tremendo de medo. "O senhor vem em paz?", perguntaram.

⁵"Sim", respondeu Samuel. "Vim oferecer um sacrifício ao Senhor. Purifiquem-se e venham comigo para o sacrifício." Então Samuel realizou a cerimônia para purificar Jessé e seus filhos e também os convidou para o sacrifício.

⁶Quando chegaram, Samuel olhou para Eliabe e pensou: "Com certeza este é o homem que o Senhor ungirá!".

⁷O Senhor, porém, disse a Samuel: "Não o julgue pela aparência nem pela altura, pois eu o rejeitei. O Senhor não vê as coisas como o ser humano as vê. As pessoas julgam pela aparência exterior, mas o Senhor olha para o coração".

⁸Então Jessé chamou seu filho Abinadabe e o levou até Samuel. Ele, porém, disse: "Não foi este que o Senhor escolheu". ⁹Em seguida, Jessé chamou Simeia,ᵇ mas Samuel disse: "Também não foi este que o Senhor escolheu". ¹⁰Da mesma forma, todos os sete filhos de Jessé foram apresentados a Samuel. Mas Samuel disse a Jessé: "O Senhor não escolheu nenhum deles".

¹¹Então Samuel perguntou: "São estes todos os seus filhos?".

Jessé respondeu: "Ainda tenho o mais novo, mas ele está no campo, tomando conta do rebanho".

"Mande chamá-lo", disse Samuel. "Não nos sentaremos para comer enquanto ele não chegar."

¹²Jessé mandou chamá-lo. Era um jovem ruivo,ᶜ de boa aparência e olhos bonitos.

E o Senhor disse: "É este; levante-se e unja-o com óleo".

¹³Enquanto Davi estava entre seus irmãos, Samuel pegou a vasilha com óleo que havia trazido e o ungiu. A partir daquele dia, o Espírito do Senhor veio poderosamente sobre Davi. Depois disso, Samuel voltou a Ramá.

Davi serve na corte de Saul

¹⁴O Espírito do Senhor se retirou de Saul, e o Senhor enviou um espírito maligno, que o atormentava.

¹⁵Os servos de Saul lhe disseram: "Um espírito maligno enviado por Deus está atormentando o senhor. ¹⁶Permita que procuremos um bom músico para tocar harpa sempre que o espírito o afligir. Ele tocará música para acalmar o senhor e o fará sentir-se melhor".

¹⁷"Está bem", respondeu Saul. "Encontrem alguém que saiba tocar bem e tragam-no para cá."

ᵃ **15.32** Os manuscritos do mar Morto e a Septuaginta trazem *Agague chegou hesitante, pois pensou: "Certamente esta é a amargura da morte"*. ᵇ **16.9** Em hebraico, *Samá*, variação de Simeia; comparar com 1Cr 2.13; 20.7. ᶜ **16.12** Ou *moreno*.

¹⁸Um dos servos disse a Saul: "Um dos filhos de Jessé, de Belém, sabe tocar harpa. Além disso, é um rapaz corajoso, apto para ir à guerra, e tem bom senso. Também é moço de boa aparência, e o SENHOR está com ele".

¹⁹Então Saul enviou mensageiros a Jessé para lhe dizer: "Envie-me seu filho Davi, o pastor de ovelhas". ²⁰Jessé enviou Davi a Saul e, com ele, mandou um jumento carregado de pão, um cabrito e uma vasilha de couro cheia de vinho.

²¹Davi se apresentou a Saul e começou a servi-lo. Saul gostou muito de Davi e o tornou seu escudeiro.

²²Então Saul enviou uma mensagem a Jessé, pedindo: "Deixe que Davi continue a meu serviço, pois estou muito satisfeito com ele".

²³Assim, sempre que o espírito maligno enviado por Deus afligia Saul, Davi tocava a harpa. Saul se sentia melhor, e o espírito se retirava dele.

Golias desafia os israelitas

17 Os filisteus reuniram seu exército para a batalha e acamparam em Efes-Damim, entre Socó, em Judá, e Azeca. ²Em resposta, Saul reuniu as tropas israelitas perto do vale de Elá. ³Assim, os filisteus e os israelitas ficaram frente a frente, em colinas opostas, com o vale entre eles.

⁴Então Golias, um guerreiro filisteu de Gate, saiu das fileiras do exército filisteu. Ele tinha 2,90 metros[a] de altura, ⁵usava um capacete de bronze e vestia uma couraça de escamas de bronze que pesava sessenta quilos.[b] ⁶Também usava caneleiras de bronze e carregava no ombro um dardo de bronze. ⁷A haste de sua lança era pesada e grossa, como o eixo de um tear, e a ponta de ferro da lança pesava cerca de sete quilos.[c] Seu escudeiro caminhava à frente dele.

⁸Golias parou e gritou para as tropas israelitas: "Por que saíram todos para lutar? Eu sou filisteu, e vocês são servos de Saul. Escolham um homem para vir aqui e lutar comigo! ⁹Se ele me matar, seremos seus escravos. Mas, se eu o matar, vocês serão nossos *escravos!* ¹⁰Desafio *hoje os* exércitos de Israel. Mandem um homem para lutar comigo!". ¹¹Quando Saul e os israelitas ouviram isso, ficaram aterrorizados e muito abalados.

Jessé envia Davi ao acampamento de Saul

¹²Davi era filho de Jessé, efrateu de Belém, na terra de Judá. Na época do rei Saul, Jessé já era idoso e tinha oito filhos. ¹³Os três filhos mais velhos de Jessé — Eliabe, Abinadabe e Simeia[d] — haviam se alistado no exército de Saul para lutar contra os filisteus. ¹⁴Davi era o mais novo. Seus três irmãos mais velhos seguiam o exército de Saul, ¹⁵enquanto Davi ia e voltava para ajudar seu pai a cuidar das ovelhas em Belém.

¹⁶Durante quarenta dias, pela manhã e à tarde, o guerreiro filisteu se apresentava diante do exército israelita e o desafiava.

¹⁷Um dia, Jessé disse a Davi: "Leve depressa para seus irmãos que estão no acampamento este cesto[e] com grãos tostados e estes dez pães. ¹⁸Leve também estes dez queijos para o capitão deles. Veja como estão seus irmãos e traga notícias[f] deles". ¹⁹Os irmãos de Davi estavam com Saul e o exército israelita no vale de Elá, lutando contra os filisteus.

²⁰Davi deixou as ovelhas com outro pastor e, na manhã seguinte, partiu bem cedo com os presentes, como Jessé havia ordenado. Chegou ao acampamento quando o exército israelita saía para o campo de batalha com gritos de guerra. ²¹Logo, filisteus e israelitas estavam frente a frente, exército contra exército. ²²Davi deixou suas coisas com o responsável pelos suprimentos e correu até a frente de batalha para saudar seus irmãos. ²³Enquanto falava com eles, Golias, o guerreiro filisteu de Gate, saiu das fileiras do exército filisteu. Davi o ouviu gritar seu desafio habitual.

²⁴Quando os israelitas viram Golias, começaram a fugir, apavorados. ²⁵"Vocês viram aquele homem?", perguntavam uns aos outros. "Ele sai todos os dias para desafiar Israel. O rei ofereceu uma grande recompensa para quem o matar. Dará uma de suas filhas como esposa e isentará toda a família dele de pagar impostos!"

---

[a] **17.4** Em hebraico, *6 côvados e 1 palmo*; os manuscritos do mar Morto e a Septuaginta trazem *4 côvados e 1 palmo*, ou seja, cerca de 2 metros. [b] **17.5** Em hebraico, *5.000 siclos*. [c] **17.7** Em hebraico, *600 siclos*. [d] **17.13** Em hebraico, *Samá*, variação de Simeia; comparar com 1Cr 2.13; 20.7. [e] **17.17** Em hebraico, *1 efa*, cerca de 20 litros. [f] **17.18** Em hebraico, *traga uma garantia*.

²⁶Então Davi perguntou aos soldados que estavam por perto: "O que receberá o homem que matar esse filisteu e acabar com suas provocações contra Israel? Afinal de contas, quem é esse filisteu incircunciso para desafiar os exércitos do Deus vivo?".
²⁷Os soldados repetiram o que tinham dito e confirmaram: "Sim, essa será a recompensa para quem o matar".
²⁸Quando Eliabe, irmão mais velho de Davi, o ouviu falando com os soldados, ficou furioso e perguntou: "O que você está fazendo aqui? Não devia estar tomando conta daquelas poucas ovelhas? Conheço sua arrogância e suas más intenções. Você quer apenas ver a batalha!".
²⁹"O que eu fiz agora?", disse Davi. "Só fiz uma pergunta!" ³⁰Então foi até outros soldados, fez a mesma pergunta e recebeu a mesma resposta. ³¹Alguém contou ao rei Saul o que Davi tinha dito, e o rei mandou chamá-lo.

Davi mata Golias

³²Davi disse a Saul: "Ninguém se preocupe por causa desse filisteu. Seu servo vai lutar contra ele".
³³Saul respondeu: "Você não conseguirá lutar contra esse filisteu e vencer! É apenas um rapaz, e ele é guerreiro desde a juventude".
³⁴Davi, porém insistiu: "Tomo conta das ovelhas de meu pai e, quando um leão ou um urso aparece para levar um cordeiro do rebanho, ³⁵vou atrás dele com meu cajado e tiro o cordeiro de sua boca. Se o animal me ataca, eu o seguro pela mandíbula e dou golpes nele com o cajado até ele morrer. ³⁶Fiz isso com o leão e o urso, e farei o mesmo com esse filisteu incircunciso, pois ele desafiou os exércitos do Deus vivo!". ³⁷E disse ainda: "O Senhor que me livrou das garras do leão e do urso também me livrará desse filisteu!".

Por fim, Saul consentiu. "Está bem, então vá", disse. "E que o Senhor esteja com você!"
³⁸Então Saul deu a Davi sua própria armadura, incluindo uma couraça e um capacete de bronze. ³⁹Davi prendeu a espada sobre a armadura e tentou dar alguns passos, pois nunca tinha usado essas coisas.

"Não consigo andar com tudo isso, pois não estou acostumado", disse a Saul, e tirou a armadura. ⁴⁰Pegou cinco pedras lisas de um riacho e as colocou em sua bolsa de pastor. Armado apenas com seu cajado e sua funda, foi enfrentar o filisteu.

⁴¹Golias, com seu escudeiro à frente, caminhava em direção a Davi, ⁴²rindo com desprezo do belo jovem ruivo.[a] ⁴³Gritou para Davi: "Por acaso sou um cão para que você venha a mim com um pedaço de pau?". E amaldiçoou Davi em nome de seus deuses. ⁴⁴"Venha cá, e darei sua carne às aves e aos animais selvagens!", berrou Golias.

⁴⁵Davi respondeu ao filisteu: "Você vem a mim com uma espada, uma lança e um dardo, mas eu vou enfrentá-lo em nome do Senhor dos Exércitos, o Deus dos exércitos de Israel, que você desafiou. ⁴⁶Hoje o Senhor entregará você em minhas mãos, e eu o matarei e cortarei sua cabeça. Então darei os cadáveres de seus homens às aves e aos animais selvagens, e o mundo todo saberá que há Deus em Israel! ⁴⁷E todos que estão aqui reunidos saberão que o Senhor salva seu povo, mas não com espada nem com lança. A batalha é do Senhor, e ele entregará vocês em nossas mãos!".

---

[a] 17.42 Ou *moreno*.

17.28,50-53 Aprenda com Davi a devolver respostas mansas àqueles que poderiam desprezá-lo por causa de seu trabalho. Em geral, é melhor não responder. Creio que Davi não falou tão bem por palavras como por ação. Sua conduta foi mais eloquente do que a sua linguagem. Quando ele voltou da luta, segurando a cabeça do gigante, posso imaginar que Eliabe o viu e que Abinadabe e Semá saíram ao seu encontro. Se o fizeram, ele pode simplesmente ter levantado o troféu e permitido que essa visão horrível respondesse por ele. Mas não, depois de tudo, os irmãos pensariam: *Não é por causa de seu orgulho ou maldade de seu coração, ou de uma curiosidade sem valor para ver a batalha que ele veio.* Perceberam que Davi viera fazer a obra de Deus à sua maneira — que Deus o tinha ajudado a conquistar a vitória, derrotar o inimigo e aliviar os temores de Israel — e que por meio do homem que eles desprezavam, o Senhor tinha tornado Seu próprio Nome glorioso!

⁴⁸Quando o filisteu se aproximou para atacar, Davi foi correndo enfrentá-lo. ⁴⁹Enfiou a mão na bolsa, pegou uma pedra e atirou-a com sua funda. A pedra acertou o filisteu na testa e ficou encravada ali. E Golias caiu com o rosto em terra.

⁵⁰Assim, Davi venceu o filisteu e o matou com apenas uma funda e uma pedra, pois não tinha espada. ⁵¹Em seguida, correu até o filisteu, puxou da bainha a espada dele e a usou para matá-lo e cortar-lhe a cabeça.

Israel derrota os filisteus

Quando os filisteus viram que seu melhor guerreiro estava morto, deram meia-volta e fugiram. ⁵²Os soldados de Israel e de Judá soltaram um forte grito de vitória e perseguiram os filisteus até Gate[a] e até os portões de Ecrom. E os corpos dos filisteus mortos e feridos ficaram espalhados pelo caminho de Saarim até Gate e Ecrom. ⁵³Então o exército israelita voltou e saqueou o acampamento abandonado dos filisteus. ⁵⁴(Davi levou a cabeça do filisteu para Jerusalém, mas guardou as armas dele em sua própria tenda.)

⁵⁵Quando Saul viu Davi sair para lutar contra os filisteus, perguntou a Abner, o comandante de seu exército: "Abner, quem é o pai desse rapaz?".

"Não faço ideia, ó rei!", disse Abner.

⁵⁶"Então descubra quem é o pai dele!", ordenou.

⁵⁷Assim que Davi voltou, depois de matar Golias, Abner o levou a Saul. Ele ainda carregava a cabeça do filisteu em suas mãos. ⁵⁸Saul perguntou: "Quem é seu pai, meu rapaz?".

E Davi respondeu: "Sou filho de Jessé, que vive em Belém".

Saul tem inveja de Davi

18 Depois que Davi terminou de falar com Saul, formou-se de imediato um forte laço de amizade entre ele e Jônatas, filho do rei, por causa do amor que Jônatas tinha por Davi.

²A partir daquele dia, Saul manteve Davi consigo e não o deixou *voltar para a casa de seu pai.* ³Jônatas assumiu um compromisso solene com Davi, pois o amava como a si mesmo. ⁴Para selar essa aliança, Jônatas tirou seu manto e o entregou a Davi, junto com sua armadura, sua espada, seu arco e seu cinturão.

⁵Davi cumpria com êxito todas as missões de que Saul o encarregava. Então Saul lhe deu uma posição de comando no exército, o que agradou tanto ao povo como aos oficiais de Saul.

⁶Quando o exército israelita regressou vitorioso, depois que Davi matou o gigante filisteu, mulheres de todas as cidades saíram ao encontro do rei Saul. Cantavam e dançavam de alegria, com tamborins e címbalos.[b] ⁷Esta era a canção:

"Saul matou milhares,
 e Davi, dezenas de milhares!".

⁸Saul ficou indignado com essas palavras. "O que é isso?", disse ele. "Atribuem a Davi dezenas de milhares, e a mim, apenas milhares? Só falta o declararem rei!" ⁹Daquele momento em diante, Saul começou a olhar para Davi com suspeita.

¹⁰No dia seguinte, um espírito maligno enviado por Deus se apoderou de Saul, e ele começou a delirar em sua casa, como se fosse louco. Davi tocava a harpa, como fazia todos os dias. Mas Saul tinha uma lança na mão ¹¹e, de repente, atirou-a contra Davi, com a intenção de encravá-lo na parede. Davi, porém, escapou duas vezes.

¹²Saul tinha medo de Davi, pois o Senhor o havia abandonado e agora estava com Davi. ¹³Por fim, Saul o afastou de sua presença e o nomeou comandante de mil soldados, e Davi conduzia as tropas vitoriosamente nas batalhas.

¹⁴Davi continuou a ter êxito em tudo que fazia, pois o Senhor estava com ele. ¹⁵Quando Saul viu isso, teve ainda mais medo. ¹⁶Mas todo o Israel e todo o Judá amavam Davi, porque ele conduzia as tropas vitoriosamente nas batalhas.

Davi se casa com a filha de Saul

¹⁷Certo dia, Saul disse a Davi: "Estou pronto a lhe dar minha filha mais velha, Merabe, por esposa. Antes, porém, sirva-me como um guerreiro valente, lutando nas batalhas do

---

[a] 17.52 Conforme alguns manuscritos gregos; o hebraico traz *até um vale.* [b] 18.6 Não se sabe ao certo a que tipo de instrumento esse termo se refere.

SENHOR". Pois Saul pensou: "Em vez de matá-lo eu mesmo, vou enviá-lo aos filisteus, e eles o matarão".

¹⁸Davi, porém, respondeu a Saul: "Quem sou eu, e quem é minha família em Israel para que eu me torne genro do rei?". ¹⁹Assim, quando chegou o tempo de Saul dar sua filha Merabe em casamento a Davi, ele a deu a Adriel, um homem de Meolá.

²⁰Contudo, a outra filha de Saul, Mical, amava Davi, e Saul ficou contente quando soube disso. ²¹"É mais uma oportunidade de os filisteus matarem Davi!", pensou ele. Para Davi, porém, ele disse: "Você tem mais uma oportunidade de se tornar meu genro".

²²Então Saul instruiu seus servos a dizerem a Davi, em particular: "O rei gosta muito de você, e nós também. Por que não aceita a oferta do rei e se torna genro dele?".

²³Quando disseram isso a Davi, ele respondeu: "Como um homem pobre e de família humilde terá condições de pagar o dote da filha de um rei?".

²⁴Então os homens de Saul contaram-lhe o que Davi disse, ²⁵e Saul respondeu: "Digam a Davi que o único dote que quero são cem prepúcios de filisteus! Desejo apenas me vingar de meus inimigos". Mas Saul planejava que Davi fosse morto na luta.

²⁶Quando os servos de Saul trouxeram essa notícia a Davi, ele aceitou a oferta de bom grado. Antes do prazo estipulado, ²⁷ele e seus homens saíram e mataram duzentos filisteus. Davi cumpriu a exigência para tornar-se genro do rei, trazendo-lhe os prepúcios. Então Saul deu sua filha Mical por esposa a Davi.

²⁸Quando Saul percebeu que o SENHOR estava com Davi, e viu como sua filha Mical o amava, ²⁹temeu Davi ainda mais e continuou a ser inimigo dele pelo resto de sua vida.

³⁰Sempre que os comandantes dos filisteus atacavam, Davi era mais bem-sucedido contra eles que todos os outros oficiais de Saul. Assim, o nome de Davi se tornou muito famoso.

Saul tenta matar Davi

19 Saul instigou seus servos e seu filho Jônatas a matarem Davi. Mas Jônatas, por causa de seu grande afeto por Davi, ²contou-lhe os planos de Saul. "Meu pai busca uma oportunidade para matá-lo", disse ele. "Amanhã cedo você precisa encontrar um lugar para se esconder. ³Pedirei a meu pai que saia comigo até o campo e falarei com ele a seu respeito. Então lhe contarei tudo que conseguir descobrir."

⁴Na manhã seguinte, Jônatas falou com seu pai sobre Davi e disse muitas coisas boas a respeito dele. "O rei não deve pecar contra seu servo Davi", disse Jônatas. "Ele nunca fez nada para prejudicá-lo. Sempre o ajudou como pôde. ⁵O senhor se esqueceu da ocasião em que ele arriscou a vida para matar o guerreiro filisteu e, assim, o SENHOR deu grande vitória a Israel? Certamente o senhor se alegrou naquela ocasião. Então por que pecar matando um homem inocente como Davi? Não há motivo algum para isso!"

⁶Saul atendeu Jônatas e jurou: "Tão certo como o SENHOR vive, Davi não será morto".

⁷Depois Jônatas chamou Davi e contou-lhe o que havia acontecido. Em seguida, levou Davi até Saul, e Davi voltou a servi-lo, como antes.

⁸Houve guerra novamente, e Davi conduziu as tropas contra os filisteus. Ele os atacou e os derrotou com tamanha fúria que eles bateram em retirada.

⁹Um dia, porém, quando Saul estava sentado em casa, com uma lança na mão, outra vez o espírito maligno enviado pelo SENHOR se apoderou dele. Enquanto Davi tocava sua harpa, ¹⁰Saul atirou a lança em sua direção, mas Davi se desviou e a lança encravou na parede. Naquela mesma noite, Davi fugiu e conseguiu escapar.

Mical salva a vida de Davi

¹¹Saul enviou soldados para vigiar a casa de Davi e matá-lo quando ele saísse na manhã seguinte. Mical, porém, esposa de Davi, o alertou: "Se você não fugir esta noite, pela manhã estará morto!". ¹²Então ela o ajudou a descer por uma janela, e ele correu e escapou. ¹³Em seguida, Mical pegou um ídolo do lar,ᵃ colocou-o na cama, cobriu-o com um cobertor e pôs uma almofada de pelos de cabra na cabeceira.

ᵃ **19.13** Em hebraico, *terafim*; também em 19.16.

¹⁴Quando os oficiais de Saul vieram prender Davi, Mical lhes disse que ele estava doente e não podia sair da cama.

¹⁵Saul, porém, enviou os oficiais de volta para prenderem Davi. "Tragam-no aqui com cama e tudo, para que eu o mate!", ordenou. ¹⁶Mas, quando chegaram para levar Davi, descobriram que na cama havia apenas um ídolo do lar, com uma almofada de pelos de cabra na cabeceira.

¹⁷Saul perguntou a Mical: "Por que você me traiu e deixou meu inimigo escapar?".

"Fui obrigada a deixá-lo fugir", respondeu Mical. "Ele ameaçou me matar se eu não o ajudasse."

¹⁸Assim, Davi escapou e foi a Ramá para encontrar-se com Samuel e contou-lhe tudo que Saul havia feito. Então Davi foi morar com Samuel em Naiote. ¹⁹Quando Saul foi informado de que Davi estava em Naiote, em Ramá, ²⁰enviou oficiais para o prenderem. Chegando lá, viram Samuel à frente de um grupo de profetas que profetizavam. Então o Espírito de Deus se apoderou dos oficiais de Saul, e eles também começaram a profetizar. ²¹Quando Saul ouviu o que havia acontecido, enviou outros oficiais, mas eles também profetizaram. A mesma coisa aconteceu com um terceiro grupo. ²²Por fim, o próprio Saul foi a Ramá e chegou ao grande poço no lugar chamado Seco. "Onde estão Samuel e Davi?", perguntou ele.

Alguém informou: "Estão em Naiote, em Ramá".

²³Mas, no caminho para Naiote, em Ramá, o Espírito de Deus veio até mesmo sobre Saul, e ele também profetizou até chegar a Naiote. ²⁴Saul rasgou suas roupas e, despido, deitou-se no chão o dia todo e a noite toda, profetizando na presença de Samuel. Por isso surgiu o ditado popular: "Acaso Saul também é profeta?".

Jônatas ajuda Davi

20 Davi fugiu de Naiote, em Ramá, e se encontrou com Jônatas. "O que eu fiz?", disse Davi. "Qual é meu crime? Que *pecado* cometi contra *seu pai* para que ele esteja tão *decidido a me matar*?"

²"Isso não vai acontecer!", respondeu Jônatas. "Você não será morto. Ele sempre me conta tudo que pretende fazer, até mesmo as coisas de pouca importância. Sei que meu pai não esconderia de mim algo dessa natureza. Não é assim!"

³Então Davi fez um juramento diante de Jônatas: "Seu pai, sabendo muito bem de nossa amizade, disse a si mesmo: 'Não contarei a Jônatas. Ele ficaria magoado'. Mas, tão certo como vive o Senhor e como você mesmo vive, eu estou a apenas um passo da morte!".

⁴Jônatas perguntou: "O que posso fazer para ajudá-lo?".

⁵Davi respondeu: "Amanhã celebraremos a festa da lua nova. Sempre me sentei com o rei para comer nessa ocasião, mas amanhã me esconderei no campo e ficarei ali até o entardecer do terceiro dia. ⁶Se seu pai perguntar onde estou, diga a ele: 'Davi insistiu que eu o deixasse ir para casa, em Belém, participar do sacrifício que toda a família dele oferece a cada ano'. ⁷Se ele disser: 'Está bem', então você saberá que não corro perigo. Mas, se ele se enfurecer, você saberá que ele está decidido a me fazer mal. ⁸Mostre-me sua lealdade como amigo, pois assumimos um compromisso solene diante do Senhor. Se, por acaso, você acha que cometi alguma ofensa contra seu pai, mate-me você mesmo, aqui e agora! Não é necessário me entregar a seu pai".

⁹"Nunca!", exclamou Jônatas. "Você sabe que, se eu tivesse qualquer suspeita de que meu pai planeja matá-lo, avisaria você no mesmo instante."

¹⁰Então Davi perguntou: "Como saberei se seu pai ficou irado?".

¹¹Jônatas respondeu: "Venha ao campo comigo", e os dois foram juntos para lá. ¹²Então Jônatas disse a Davi: "Prometo diante do Senhor, o Deus de Israel, que amanhã ou, no máximo, depois de amanhã, a esta hora, conversarei com meu pai e avisarei você logo em seguida do que ele pensa a seu respeito. Se ele falar a seu respeito de modo favorável, informarei você. ¹³Mas, se ele estiver irado e quiser matá-lo, que o Senhor me castigue severamente se eu não avisar você, para que possa escapar em segurança. Que o Senhor esteja com você como esteve com meu pai. ¹⁴E que você me trate com o amor leal do Senhor enquanto eu viver. Mas, se eu morrer, ¹⁵trate minha

família com esse amor leal, mesmo quando o SENHOR eliminar da face da terra todos os seus inimigos".

¹⁶Então Jônatas assumiu um compromisso solene com Davi e sua descendência e disse: "Que o SENHOR destrua todos os inimigos de Davi!". ¹⁷E Jônatas fez Davi reafirmar seu juramento de amizade, pois Jônatas o amava como a si mesmo.

¹⁸Então Jônatas disse: "Amanhã celebraremos a festa da lua nova. Darão por sua falta quando virem que seu lugar à mesa está vazio. ¹⁹Depois de amanhã, ao entardecer, vá ao lugar onde você se escondeu antes e espere ali, junto à pedra de Ezel.ᵃ ²⁰Eu sairei e atirarei três flechas para o lado da pedra, como se atirasse num alvo. ²¹Então mandarei um ajudante trazer de volta as flechas. Se você me ouvir dizer a ele: 'As flechas estão deste lado', saberá, tão certo como vive o SENHOR, que tudo está bem e que não há perigo algum. ²²Mas, se eu disser a ele: 'Vá mais para frente; as flechas estão adiante', significará que você deve partir de imediato, pois o SENHOR o manda ir embora. ²³E que o SENHOR nos ajude a preservar para sempre o forte laço de amizade que existe entre nós".

²⁴Então Davi se escondeu no campo e, quando começou a festa da lua nova, o rei sentou-se para comer. ²⁵Ocupou seu lugar de costume, encostado à parede, com Jônatas sentado diante deleᵇ e Abner ao seu lado. O lugar de Davi, porém, ficou vazio. ²⁶Saul não disse nada sobre isso naquele dia, pois pensou: "Deve ter acontecido algo que deixou Davi cerimonialmente impuro". ²⁷Mas, quando o lugar de Davi também ficou vazio no dia seguinte, Saul perguntou a Jônatas: "Por que o filho de Jessé não veio para a refeição nem ontem nem hoje?".

²⁸Jônatas respondeu: "Davi me pediu, com insistência, para ir a Belém. ²⁹Disse: 'Por favor, deixe-me ir, pois nossa família oferecerá um sacrifício na cidade. Meu irmão exigiu que eu estivesse presente. Portanto, peço que me deixe ir ver meus irmãos'. Por isso ele não está aqui, à mesa do rei".

³⁰Saul se enfureceu com Jônatas e disse: "Seu traidor, filho de uma prostituta! Pensa que não sei que você quer que ele seja rei, para sua própria vergonha e de sua mãe? ³¹Enquanto esse filho de Jessé viver, você jamais será rei. Agora vá buscá-lo para que eu o mate!".

³²"Por que ele deve morrer?", perguntou Jônatas a seu pai. "O que ele fez?" ³³Então Saul atirou sua lança contra Jônatas, com a intenção de matá-lo. Assim, Jônatas viu que seu pai estava mesmo decidido a matar Davi.

³⁴Enfurecido, Jônatas levantou-se da mesa e, durante o segundo dia da festa, recusou-se a

---

ᵃ 20.19 O significado do termo hebraico é incerto. ᵇ 20.25 Conforme a Septuaginta; o hebraico traz *com Jônatas em pé*.

20.25 Davi tinha boas razões para desocupar seu lugar à mesa de Saul, pois o rei passional era tão maldoso e tão amargurado contra ele, que buscou tirar-lhe a vida. Saul arremessou, em várias ocasiões, durante seus ataques de raiva, dardos no homem a quem devia tanto — e o rei invejoso determinou-se a matar seu rival na primeira oportunidade conveniente! Davi, portanto, fez bem em deixar o lugar em que sua vida estava continuamente em perigo.

Ó, como somos felizes, nestes dias, que não estamos sujeitos aos sofrimentos terríveis e perseguições cruéis que os primeiros cristãos e até mesmo nossos próprios antepassados tiveram que suportar! [...] Muitas e muitas vezes, quando a perseguição surge por causa das verdades de Deus, o assento de Davi fica vazio. Se os dias de martírio voltarem, poderíamos deixar nossos lugares desocupados? O marido poderia deixar sua esposa e filhos partir por causa do amor de Cristo? O filho poderia, novamente, abrir mão do amor do pai? Vocês conseguiriam se separar de todos os seus entes queridos para provar que são verdadeiramente de Cristo — e que o amam mais do que pai ou mãe, marido ou mulher, ou qualquer de seus parentes? Deus permita que o verdadeiro espírito de mártir de nossos corações não possa morrer, mesmo que, na graciosa providência de Deus, não seja chamado a um exercício terrível como os valentes camponeses da Suíça, ou os nobres *Covenanters* da Escócia [N.E.: do Movimento Presbiteriano Escocês], ou os antigos não conformistas deste país [N.E.: No caso, Inglaterra.]! Seja como for, tudo aquilo a que formos chamados a suportar, que sejamos fiéis e leais ao evangelho pelo qual nossos antepassados sangraram e morreram. E se os tempos de perseguição vierem de novo, e virão, que possamos estar prontos, novamente, a deixar o lugar de conforto, luxo e paz pelo amor de nosso Senhor Jesus Cristo!

comer, frustrado pelo modo como seu pai havia desonrado Davi publicamente.

³⁵Na manhã seguinte, como combinado, Jônatas foi ao campo e levou consigo um ajudante para apanhar as flechas. ³⁶Disse ao ajudante: "Comece a correr, para que possa encontrar as flechas quando eu as atirar". O ajudante correu, e Jônatas atirou uma flecha para além dele. ³⁷Quando o ajudante estava quase chegando ao lugar onde a flecha havia caído, Jônatas gritou: "A flecha está mais à frente! ³⁸Rápido! Não fique aí parado!". Então o ajudante apanhou a flecha e correu de volta para seu senhor. ³⁹O ajudante não suspeitava de nada; apenas Jônatas e Davi entenderam o sinal. ⁴⁰Então Jônatas entregou o arco e as flechas ao ajudante e ordenou que os levasse de volta à cidade.

⁴¹Assim que o ajudante foi embora, Davi saiu de seu esconderijo no lado sul da pedra de Ezel. Davi se curvou diante de Jônatas três vezes, com o rosto em terra. E, quando se beijaram e se despediram, ambos choravam, especialmente Davi.

⁴²Por fim, Jônatas disse a Davi: "Vá em paz, pois juramos lealdade um ao outro em nome do SENHOR. Que o SENHOR nos ajude a preservar para sempre o forte laço de amizade entre nós e entre nossos descendentes". Então Davi partiu, e Jônatas voltou à cidade.ᵃ

Davi foge de Saul

21 ¹ᵇDavi foi à cidade de Nobe para encontrar-se com o sacerdote Aimeleque. Ao vê-lo, Aimeleque tremeu. "Por que você está sozinho?", perguntou. "Por que ninguém o acompanhou?"

²"O rei me enviou para tratar de um assunto secreto", respondeu Davi. "Pediu que eu não contasse a ninguém por que estou aqui. Eu disse a meus homens onde podem me encontrar depois. ³Agora, o que tem para comer? Dê-me cinco pães, ou qualquer outra coisa que tiver."

⁴"Não temos pão comum", respondeu o sacerdote. "Mas há o pão sagrado, que vocês podem comer, *desde que seus homens não tenham se deitado com mulheres recentemente*."

⁵Davi respondeu: "Nunca permito que meus homens toquem em mulheres quando saímos numa campanha. E, se eles permanecem puros em viagens comuns, quanto mais nesta missão!".

⁶Uma vez que não havia outro alimento disponível, o sacerdote lhe deu os pães sagrados, chamados de pães da presença, que eram colocados diante do SENHOR no santuário. Naquele dia, tinham sido substituídos por pães frescos.

⁷Doegue, o edomita, chefe dos pastores de Saul, estava lá naquela ocasião, pois estava cumprindo um ritual diante do SENHOR.ᶜ

⁸Davi perguntou a Aimeleque: "Você tem uma lança ou espada? O assunto do rei era tão urgente que não tive tempo nem de pegar uma espada ou outra arma!".

⁹O sacerdote respondeu: "Tenho apenas a espada de Golias, o gigante filisteu que você matou no vale de Elá. Está enrolada num pano atrás do colete sacerdotal. Pode levá-la, pois não há nenhuma outra arma aqui".

"Dê-me essa espada", respondeu Davi. "Não há outra melhor que ela."

¹⁰Então Davi fugiu de Saul e foi até Aquis, rei de Gate. ¹¹Os oficiais de Aquis, porém, disseram: "Não é este Davi, o rei da terra de Israel? Não é a ele que o povo honra com danças e cânticos, dizendo:

'Saul matou milhares,
 e Davi, dezenas de milhares'?".

¹²Davi ouviu esses comentários e teve muito medo do que Aquis, rei de Gate, poderia fazer com ele. ¹³Por isso, agiu de modo estranho, fingindo estar louco, arranhando as portas e deixando saliva escorrer pela barba.

¹⁴Por fim, Aquis disse a seus homens: "Precisavam me trazer um doido? ¹⁵Temos doidos suficientes aqui! Por que trouxeram alguém assim ao meu palácio?".

Davi na caverna de Adulão

22 Davi fugiu de Gate e se escondeu na caverna de Adulão. Quando souberam disso, seus irmãos e parentes foram encontrá-lo ali. ²Logo, outros começaram a chegar, pessoas aflitas, endividadas e descontentes. Davi

---

ᵃ **20.42** No texto hebraico, essa frase é numerada 21.1. ᵇ **21.1** No texto hebraico, os versículos 21.1-15 são numerados 21.2-16. ᶜ **21.7** O significado do hebraico é incerto.

acabou se tornando o líder de cerca de quatrocentos homens.

³Mais tarde, Davi foi a Mispá, em Moabe, e pediu ao rei: "Por favor, permita que meu pai e minha mãe morem aqui até que eu saiba o que Deus fará comigo". ⁴Assim, os pais de Davi permaneceram com o rei de Moabe por todo o tempo que Davi ficou na fortaleza.

⁵Certo dia, o profeta Gade disse a Davi: "Deixe a fortaleza e volte à terra de Judá". Então Davi foi para o bosque de Herete.

⁶Saul logo soube da chegada de Davi e dos homens que o acompanhavam. Nessa ocasião, o rei estava sentado com a lança na mão, cercado por seus oficiais, sob uma tamargueira na colina em Gibeá.

⁷Quando ouviu a notícia, Saul gritou a seus oficiais: "Escutem, homens de Benjamim! Por acaso aquele filho de Jessé prometeu campos e videiras a todos vocês? Prometeu torná-los generais e capitães de seu exército?[a] ⁸Foi por isso que conspiraram contra mim? Pois nenhum de vocês me informou quando meu filho assumiu um compromisso solene com o filho de Jessé. Não tiveram pena de mim. Sim, meu próprio filho, instigando Davi a me matar, como ele procura fazer hoje mesmo!".

⁹Então Doegue, o edomita, que estava ali com os oficiais de Saul, disse: "Quando estava em Nobe, vi o filho de Jessé falar com o sacerdote Aimeleque, filho de Aitube. ¹⁰Aimeleque consultou o Senhor em favor dele. Depois, deu-lhe alimento e a espada de Golias, o filisteu".

O massacre dos sacerdotes

¹¹Então o rei Saul mandou chamar Aimeleque e toda a sua família, que serviam como sacerdotes em Nobe, e todos vieram até o rei. ¹²Quando chegaram, Saul gritou: "Escute, filho de Aitube!".

"Sim, meu senhor", respondeu Aimeleque.

¹³"Por que você e o filho de Jessé conspiraram contra mim?", perguntou Saul. "Por que você lhe deu alimento e uma espada? Por que consultou Deus em favor dele? Por que o instigou a me matar, como ele procura fazer hoje mesmo?"

¹⁴Aimeleque respondeu: "Ó rei, não existe entre todos os seus servos alguém tão fiel quanto Davi, seu genro. Ele é capitão de sua guarda pessoal e membro muito honrado de sua casa. ¹⁵Com certeza essa não foi a primeira vez que consultei a Deus em favor dele. Que o rei não me acuse nesta questão, nem à minha família, pois eu não sabia de conspiração alguma contra o senhor!".

¹⁶O rei, porém, disse: "Certamente você será morto, junto com toda a família de seu pai!". ¹⁷Então ordenou à sua guarda pessoal: "Matem estes sacerdotes do Senhor, pois eles são aliados de Davi e conspiraram com ele! Sabiam que ele estava fugindo de mim, mas não me avisaram!". Contudo, os homens de Saul se recusaram a matar os sacerdotes do Senhor.

¹⁸Então o rei disse a Doegue: "Mate-os você". E, naquele dia, Doegue, o edomita, os atacou e, ao todo, matou 85 sacerdotes, ainda vestidos com suas túnicas sacerdotais de linho. ¹⁹Depois foi a Nobe, a cidade dos sacerdotes, e matou as famílias deles: homens, mulheres, crianças e recém-nascidos, além de todo o gado, jumentos e ovelhas.

²⁰Somente Abiatar, um dos filhos de Aimeleque, filho de Aitube, escapou e fugiu para juntar-se a Davi. ²¹Quando contou a Davi que Saul havia matado os sacerdotes do Senhor, ²²Davi exclamou: "Eu sabia! Quando vi Doegue, o edomita, naquele dia, sabia que ele contaria a Saul. Agora sou responsável pela morte de toda a família de seu pai. ²³Fique aqui comigo, e não tenha medo. Eu o protegerei, pois a mesma pessoa quer matar nós dois. Comigo você estará seguro".

Davi protege a cidade de Queila

23 Um dia, Davi recebeu a notícia de que os filisteus estavam atacando a cidade de Queila e roubando cereais das eiras. ²Davi perguntou ao Senhor: "Devo ir e atacá-los?".

E o Senhor lhe respondeu: "Sim, vá, lute contra os filisteus e liberte Queila".

³Contudo, os homens de Davi disseram: "Estamos com medo mesmo aqui, em Judá. Imagine como seria em Queila para lutar contra os exércitos filisteus!".

⁴Davi consultou o Senhor novamente e, mais uma vez, o Senhor respondeu: "Vá a Queila, pois eu entregarei os filisteus em suas mãos".

---

[a] **22.7** Em hebraico, *comandantes de milhares e comandantes de centenas?*

⁵Então Davi e seus homens foram a Queila. Massacraram os filisteus, tomaram todos os seus rebanhos e libertaram o povo daquela cidade. ⁶Quando Abiatar, filho de Aimeleque, fugiu para juntar-se a Davi em Queila, trouxe consigo o colete sacerdotal.

⁷Saul soube que Davi estava em Queila. "Agora ele não tem como escapar de nós!", exclamou. "Deus o entregou em minhas mãos, pois ele se enfiou numa cidade com portões e trancas!" ⁸Saul reuniu todo o seu exército para marchar até Queila e cercar Davi e seus homens.

⁹Contudo, Davi soube do plano de Saul e pediu a Abiatar, o sacerdote: "Traga o colete sacerdotal!". ¹⁰Então Davi orou: "Ó Senhor, Deus de Israel, ouvi que Saul planeja vir e destruir Queila porque estou aqui. ¹¹Será que os líderes de Queila vão me trair e me entregar a ele?[a] E Saul virá, de fato, conforme ouvi? Ó Senhor, Deus de Israel, por favor, responde-me!".

E o Senhor respondeu: "Ele virá".

¹²Mais uma vez, Davi perguntou: "Os líderes de Queila entregarão a mim e a meus homens a Saul?".

E o Senhor respondeu: "Sim, entregarão".

Davi se esconde no deserto

¹³Então Davi e seus homens, que agora eram cerca de seiscentos, partiram de Queila e começaram a andar sem rumo por aquela região. Quando Saul foi informado de que Davi tinha escapado, desistiu de ir a Queila. ¹⁴Davi permaneceu nas fortalezas do deserto e na região montanhosa de Zife. Saul o perseguia continuamente, mas Deus não permitiu que o encontrasse.

¹⁵Então, perto de Horesa, Davi recebeu a notícia de que Saul estava a caminho do deserto de Zife para procurá-lo e matá-lo. ¹⁶Jônatas, o filho de Saul, foi encontrar Davi e o animou a permanecer firme em Deus. ¹⁷"Não tenha medo!", disse Jônatas. "Meu pai jamais o encontrará! Você será o rei de Israel, e eu serei o segundo no comando, como meu pai, Saul, sabe muito bem." ¹⁸Então os dois renovaram seu compromisso solene diante do Senhor. Depois Jônatas voltou para casa, enquanto Davi ficou em Horesa.

¹⁹Os habitantes de Zife, porém, foram até Saul em Gibeá e disseram: "Sabemos onde Davi está escondido. Está nas fortalezas de Horesa, na colina de Haquilá, no sul de Jesimom. ²⁰Desça quando estiver preparado, ó rei, e nós apanharemos Davi e o entregaremos em suas mãos!".

²¹"Que o Senhor os abençoe!", disse Saul. "Finalmente alguém se preocupou comigo. ²²Vão e verifiquem onde ele está e quem o viu ali, pois dizem que ele é muito astuto. ²³Descubram o esconderijo dele e voltem quando tiverem certeza. Então irei com vocês. E, se ele estiver naquela região, eu o encontrarei, mesmo que precise procurar por todo canto de Judá!" ²⁴Os homens de Zife voltaram para casa à frente de Saul.

Enquanto isso, Davi e seus homens foram para o deserto de Maom, no vale de Arabá, ao sul de Jesimom. ²⁵Quando Davi soube que Saul e seus homens o procuravam, foi ainda mais para o interior do deserto, até a grande rocha, e permaneceu no deserto de Maom. Saul, porém, continuou a persegui-lo naquela região.

²⁶Saul e Davi agora estavam em lados opostos de uma montanha, e Davi fugia apressadamente de Saul. No mesmo instante que Saul e seus homens cercaram Davi e seus homens para prendê-los, ²⁷chegou uma mensagem urgente para o rei, informando que os filisteus estavam atacando Israel outra vez. ²⁸Então Saul deixou de perseguir Davi e voltou para lutar contra os filisteus. A partir dessa ocasião, o lugar onde Davi estava acampado passou a ser chamado de Selá-Hamalecote.[b] ²⁹[c]Depois, Davi saiu dali e foi viver nas fortalezas da região de En-Gedi.

Davi poupa a vida de Saul

24 ¹[d]Depois que Saul voltou da luta contra os filisteus, foi informado de que Davi tinha ido para o deserto de En-Gedi. ²Então Saul escolheu três mil dos melhores soldados de todo o Israel e foi à procura de Davi e seus homens perto das rochas onde viviam cabras selvagens.

³No lugar onde a estrada passava por alguns currais, Saul entrou numa caverna para fazer suas necessidades. Aconteceu, porém, que Davi e seus homens estavam escondidos no fundo daquela mesma caverna.

---

[a] **23.11** Alguns manuscritos não trazem toda essa frase. [b] **23.28** Selá-Hamalecote significa "pedra de escape". [c] **23.29** No texto hebraico, o versículo 23.29 é numerado 24.1. [d] **24.1** No texto hebraico, os versículos 24.1-22 são numerados 24.2-23.

⁴"É sua oportunidade!", disseram os homens de Davi para ele. "Hoje o Senhor lhe diz: 'Certamente entregarei o inimigo em suas mãos, para que faça com ele o que quiser'." Então, com todo o cuidado, Davi se aproximou e cortou um pedaço da borda do manto de Saul.

⁵Sua consciência, porém, começou a perturbá-lo por ter cortado a borda do manto de Saul. ⁶Por isso, disse a seus homens: "Que o Senhor me livre de fazer tal coisa a meu senhor, o ungido do Senhor, e atacar aquele que o Senhor ungiu como rei". ⁷Assim, Davi conteve seus homens e não deixou que matassem Saul.

Depois que Saul deixou a caverna para seguir seu caminho, ⁸Davi saiu e gritou para ele: "Ó meu senhor, o rei!". E, quando Saul olhou para trás, Davi se curvou com o rosto em terra. ⁹Então ele gritou para Saul: "Por que o senhor dá ouvidos àqueles que dizem que eu procuro lhe fazer mal? ¹⁰Hoje mesmo o rei pode ver com os próprios olhos que isso não é verdade. O Senhor o entregou em minhas mãos na caverna. Alguns de meus homens me disseram que o matasse, mas eu o poupei, pois disse: 'Jamais farei mal ao rei, pois ele é o ungido do Senhor'. ¹¹Veja, meu pai, o que tenho em minha mão. É um pedaço da borda do seu manto! Cortei seu manto, mas não matei o rei. Isso prova que não procuro lhe fazer mal e que não me rebelei nem pequei contra o rei, embora esteja me perseguindo para me matar.

¹²"Que o Senhor julgue entre nós dois. Talvez o Senhor castigue o rei por aquilo que procura fazer contra mim, mas eu jamais lhe farei mal. ¹³Como diz o antigo provérbio: 'De pessoas perversas vêm atos perversos', por isso o rei pode estar certo de que eu jamais lhe farei mal. ¹⁴Afinal de contas, a quem o rei de Israel procura capturar? A quem persegue? A um cão morto? A uma pulga? ¹⁵Que o Senhor julgue entre nós dois e mostre quem está certo! Que ele seja meu defensor e me livre de suas mãos!".

¹⁶Quando Davi terminou de falar, Saul respondeu: "É você mesmo, meu filho Davi?". Então começou a chorar ¹⁷e disse a Davi: "Você é mais justo que eu, pois me pagou o mal com o bem. ¹⁸Sim, você foi extremamente bondoso comigo, pois o Senhor me entregou em suas mãos, mas você não me matou. ¹⁹Quem mais deixaria seu inimigo escapar quando o tinha em suas mãos? Que o Senhor o recompense com o bem pela bondade que mostrou por mim hoje. ²⁰Agora vejo que certamente você será rei, e que o reino de Israel prosperará sob seu governo. ²¹Jure-me pelo Senhor que, quando isso acontecer, você não eliminará minha família nem destruirá meus descendentes!".

²²Então Davi fez a Saul esse juramento. Saul voltou para casa, mas Davi e seus homens foram para sua fortaleza.

A morte de Samuel

25 Samuel morreu, e todo o Israel se reuniu para lamentar sua morte. Foi sepultado em Ramá, onde tinha vivido.

Davi se enfurece contra Nabal

Então Davi desceu para o deserto de Maom.ª ²Havia um homem rico em Maom, que tinha propriedades perto da região do Carmelo. Possuía três mil ovelhas e mil cabras, e era época da tosquia das ovelhas. ³O homem se chamava Nabal; sua esposa, Abigail, era uma mulher inteligente e bonita. Mas Nabal, descendente de Calebe, era um homem rude e perverso em tudo que fazia.

⁴Quando Davi soube que Nabal estava tosquiando as ovelhas, ⁵chamou dez rapazes e lhes disse: "Subam ao Carmelo e vão a Nabal; enviem saudações em meu nome. ⁶E digam a ele: 'Paz e prosperidade ao senhor e à sua família, e a tudo que é seu. ⁷Disseram-me que é época da tosquia. Enquanto seus pastores estiveram entre nós perto do Carmelo, nunca lhes fizemos mal, e nada foi roubado deles. ⁸Pergunte a seus homens, e eles lhe dirão que isso é verdade. Diante disso, pedimos que o senhor seja bondoso conosco, pois chegamos numa época de celebração. Por favor, reparta conosco e com seu amigo Davi o que puder dos seus mantimentos'". ⁹Os rapazes transmitiram essa mensagem a Nabal em nome de Davi e esperaram pela resposta.

¹⁰"Quem é esse tal de Davi?", perguntou-lhes Nabal. "Quem esse filho de Jessé pensa que é? Hoje em dia, há muitos servos que fogem de seus senhores. ¹¹Devo pegar meu pão, minha água e a carne dos animais que abati

---

ª **25.1** Conforme a Septuaginta (ver tb. 25.2); o hebraico traz *Parã*.

para meus tosquiadores e entregar a um bando que vem não se sabe de onde?"

¹²Então os rapazes enviados por Davi voltaram e lhe contaram tudo que Nabal tinha dito. ¹³"Peguem suas espadas!", disse Davi, e pôs sua espada à cintura, e seus homens fizeram a mesma coisa. Quatrocentos deles partiram com Davi, enquanto duzentos ficaram para guardar a bagagem.

¹⁴Enquanto isso, um dos servos de Nabal foi até Abigail e lhe disse: "Davi enviou mensageiros do deserto para saudar nosso senhor, mas ele lhes respondeu com insultos. ¹⁵Os homens de Davi foram muito bons conosco e nunca nos fizeram mal. Nada foi roubado de nós durante o tempo em que estiveram conosco no campo. ¹⁶Na verdade, dia e noite eles foram como um muro de proteção para nós e para as ovelhas. ¹⁷É bom que a senhora leve esses fatos em consideração e resolva o que fazer, pois haverá problemas para nosso senhor e para toda a sua família. Nabal é um homem tão cruel que ninguém consegue conversar com ele!".

¹⁸Sem perder tempo, Abigail providenciou duzentos pães, duas vasilhas de couro cheias de vinho, cinco ovelhas preparadas, cinco cestos[a] de grãos tostados, cem bolos de passas[b] e duzentos bolos de figo. Colocou tudo em jumentos ¹⁹e disse aos servos: "Vão adiante, e logo os seguirei". Mas não contou a seu marido, Nabal, o que estava fazendo.

²⁰Quando Abigail entrava num desfiladeiro montada em seu jumento, avistou Davi e seus homens vindo em sua direção. ²¹Davi tinha acabado de dizer: "De nada adiantou ajudarmos esse sujeito. Protegemos seus rebanhos no deserto, e nenhum de seus bens se perdeu ou foi roubado. Mas ele me pagou o bem com o mal. ²²Que Deus me castigue severamente[c] se eu deixar um homem ou menino vivo na casa de Nabal até amanhã de manhã!".

Abigail intercede por Nabal

²³Quando Abigail viu Davi, desceu depressa do jumento e se curvou diante de Davi com o rosto em terra. ²⁴Caiu a seus pés e disse: "A culpa é toda minha, meu senhor! Por favor, ouça o que sua serva tem a dizer. ²⁵Nabal é um homem perverso; não dê atenção ao que ele disse. Ele é um insensato, como seu nome indica.[d] Mas eu nem sequer vi os rapazes que o senhor enviou.

²⁶"Agora, meu senhor, tenha certeza de que, tão certo como vive o Senhor, e tão certo como a sua própria vida, foi o Senhor que o impediu de matar e se vingar com as próprias mãos! Que todos os seus inimigos e os que procuram matá-lo acabem como Nabal! ²⁷Aqui está um presente que sua serva trouxe para o senhor e seus companheiros. ²⁸Por favor, perdoe-me se o ofendi de algum modo. Que o Senhor lhe conceda uma dinastia duradoura, pois está lutando as batalhas do Senhor. Que ele o livre de fazer o mal durante toda a sua vida!

²⁹"Mesmo quando for perseguido por aqueles que procuram matá-lo, sua vida estará segura sob o cuidado do Senhor, seu Deus, protegida como um tesouro. Mas a vida de seus inimigos desaparecerá como pedras atiradas de uma funda! ³⁰Quando o Senhor tiver feito tudo que prometeu e o tiver colocado como líder de Israel, ³¹não haverá em sua consciência a tristeza e o peso de ter derramado sangue e se vingado sem necessidade. E, quando o Senhor tiver feito grandes coisas em seu favor, lembre-se de sua serva!".

³²Davi respondeu a Abigail: "Louvado seja o Senhor, Deus de Israel, que hoje a enviou

---

[a] **25.18a** Em hebraico, *5 seás*, cerca de 35 litros. [b] **25.18b** Ou *cachos de passas*. [c] **25.22** Conforme a Septuaginta; o hebraico traz *Que Deus castigue severamente os inimigos de Davi*. [d] **25.25** O nome *Nabal* significa "insensato".

25.32,33 Aqui podemos observar que coisa abençoada é quando, nas horas de crise, o Deus de toda a graça tem *o prazer de interpor-se para nos preservar* de cometer certo pecado no qual quase caímos. Nossos passos estavam bem próximos de escorregar, mas, naquele momento, o Senhor nos enviou um mensageiro angelical, assim como Abigail veio a Davi. Por esse Amor Todo-Poderoso que se manifestou em graça impeditiva, rendamos canções de gratidão enquanto olhamos para a nossa vida no passado, pois dificilmente podemos dizer quantas vezes teríamos desonrado nosso caráter e nossa profissão de fé, se Deus não tivesse vindo em nosso auxílio e impedido Seus servos de cometer pecados pretensiosos.

ao meu encontro! ³³Graças a Deus por seu bom senso! Que você seja abençoada por me impedir de matar e me vingar com minhas próprias mãos. ³⁴Pois, tão certo como vive o Senhor, o Deus de Israel, que me impediu de lhe fazer mal, se você não tivesse vindo depressa ao meu encontro, amanhã pela manhã não haveria nenhum homem ou menino vivo na casa de Nabal". ³⁵Então Davi aceitou o presente de Abigail e lhe disse: "Volte para casa em paz. Ouvi o que você disse e farei o que me pediu".

³⁶Quando Abigail chegou em casa, viu que Nabal estava oferecendo um banquete digno de rei. Ele se divertia e já estava muito bêbado, de modo que ela só lhe contou sobre o encontro com Davi na manhã seguinte.

³⁷Pela manhã, quando Nabal estava sóbrio, sua esposa lhe contou o que havia acontecido. Como consequência, ele teve um mal súbito e ficou completamente paralisado.ᵃ ³⁸Passados cerca de dez dias, o Senhor o feriu, e ele morreu.

Davi se casa com Abigail

³⁹Quando Davi soube que Nabal estava morto, disse: "Louvado seja o Senhor, que vingou o insulto que recebi de Nabal e me impediu de fazer o mal. O Senhor retribuiu a Nabal o castigo por seu pecado". Então Davi enviou mensageiros a Abigail para pedir que se tornasse sua esposa.

⁴⁰Quando os mensageiros chegaram ao Carmelo, disseram a Abigail: "Davi mandou buscá-la para que se case com ele".

⁴¹Ela se curvou com o rosto em terra e respondeu: "Eu, sua serva, ficarei contente em me casar com Davi e, como uma serva, lavar os pés de seus servos!". ⁴²Sem demora, Abigail montou num jumento e, levando consigo cinco moças que a serviam, voltou com os mensageiros de Davi. E assim se tornou esposa dele. ⁴³Davi também se casou com Ainoã, de Jezreel, e ambas foram suas esposas. ⁴⁴Nesse meio-tempo, Saul tinha dado sua filha Mical, esposa de Davi, a um homem de Galim chamado Palti, filho de Laís.

Davi poupa a vida de Saul novamente

26 Alguns homens de Zife foram até Saul, em Gibeá, para lhe dizer: "Davi está escondido na colina de Haquilá, em frente ao deserto de Jesimom".

²Então Saul escolheu três mil dos melhores soldados de Israel e saiu para perseguir Davi no deserto de Zife. ³Acampou à beira da estrada, ao lado da colina de Haquilá, junto ao deserto de Jesimom, onde Davi estava escondido. Quando Davi soube que Saul tinha vindo atrás dele no deserto, ⁴enviou espiões para confirmar a notícia de que Saul havia chegado.

⁵Então Davi foi ao acampamento de Saul para ver o que se passava por lá. Saul e Abner, filho de Ner, comandante do seu exército, dormiam dentro de um círculo formado por seus guerreiros. ⁶"Quem se oferece para ir até lá comigo?", perguntou Davi ao hitita Aimeleque e a Abisai, filho de Zeruia, irmão de Joabe.

"Eu irei com o senhor", respondeu Abisai. ⁷Então Davi e Abisai entraram no acampamento de Saul à noite e o encontraram dormindo, com a lança fincada no chão, perto da cabeça. Abner e os soldados dormiam à sua volta.

⁸Abisai disse a Davi: "Certamente desta vez Deus entregou o inimigo em suas mãos! Agora, deixe-me cravá-lo na terra com um só golpe da lança. Não precisarei de outro!".

⁹"Não o mate!", disse Davi. "Ninguém será considerado inocente se atacar o ungido do Senhor! ¹⁰Por certo o Senhor ferirá Saul algum dia, ou ele morrerá de velhice, ou na batalha. ¹¹Que o Senhor me livre de matar o homem que ele ungiu! Mas vamos pegar a lança e o jarro de água que estão perto de sua cabeça, e depois vamos embora."

¹²Davi pegou a lança e o jarro de água que estavam perto da cabeça de Saul. Depois, ele e Abisai saíram sem que ninguém os visse nem acordasse, pois o Senhor os tinha feito cair num sono profundo.

¹³Davi subiu a colina e passou para o outro lado, até estar a uma distância segura. ¹⁴Então gritou para os soldados e para Abner, filho de Ner: "Acorde, Abner!".

Abner perguntou de volta: "Quem é você? E como ousa acordar o rei aos gritos?".

ᵃ **25.37** Em hebraico, *seu coração morreu dentro dele e ele ficou como uma pedra.*

¹⁵"Você é um grande homem, não é mesmo, Abner?", disse Davi. "Quem, em todo o Israel, pode se comparar a você? Por que então não protegeu seu senhor, o rei, quando alguém chegou tão perto dele que poderia matá-lo? ¹⁶Isso não é nada bom! Tão certo como o Senhor vive, você e seus homens merecem morrer, pois não protegeram seu rei, o ungido do Senhor. Olhe em volta! Onde estão a lança e o jarro de água do rei, que estavam perto da cabeça dele?"

¹⁷Saul reconheceu a voz de Davi e disse: "É você, meu filho Davi?".

Davi respondeu: "Sim, meu senhor, o rei. ¹⁸Por que meu senhor persegue seu servo? O que eu fiz? Qual é meu crime? ¹⁹Agora, porém, peço que o rei ouça seu servo. Se o Senhor incitou o rei contra mim, então que ele aceite minha oferta. Mas, se isso tudo não passa de um plano de homens, que o Senhor os amaldiçoe! Pois eles me expulsaram de meu lar, de modo que não posso mais viver entre o povo do Senhor, e disseram: 'Vá servir outros deuses!'. ²⁰Devo morrer em terra estrangeira, longe da presença do Senhor? Por que o rei de Israel sai à procura de uma pulga? Por que me persegue como uma perdiz nos montes?".

²¹Então Saul disse: "Pequei. Volte para casa, Davi, meu filho, e não procurarei mais lhe fazer mal, pois hoje você considerou minha vida preciosa. Tenho sido insensato e cometi erros muito graves".

²²"Aqui está sua lança, ó rei!", respondeu Davi. "Mande um dos seus servos vir pegá-la. ²³O Senhor recompensa quem age com justiça e lealdade, e eu me recusei a matar o rei, mesmo quando o Senhor o entregou em minhas mãos, pois é o ungido do Senhor. ²⁴Agora, que o Senhor considere minha vida preciosa, como hoje considerei preciosa a vida do rei. Que ele me livre de todos os meus sofrimentos."

²⁵E Saul disse a Davi: "Seja abençoado, Davi, meu filho. Você realizará muitos feitos heroicos e certamente será bem-sucedido". Então Davi foi embora, e Saul voltou para casa.

Davi entre os filisteus

27 Davi, porém, pensou: "Um dia, Saul me apanhará. O melhor que tenho a fazer é fugir para a terra dos filisteus. Então Saul deixará de me perseguir em todo o território de Israel e, por fim, estarei seguro".

²Assim, Davi levou os seiscentos homens e foi até Aquis, filho de Maoque, rei de Gate. ³Davi, seus soldados e suas famílias se estabeleceram ali com Aquis, em Gate. Davi levou suas duas esposas, Ainoã, de Jezreel, e Abigail, viúva de Nabal, do Carmelo. ⁴Quando Saul soube que Davi tinha fugido para Gate, deixou de persegui-lo.

⁵Certo dia, Davi disse a Aquis: "Se parecer bem ao meu senhor, preferimos viver em uma das cidades no campo. Seu servo não precisa morar na cidade real".

27.1 O pensamento do coração de Davi era falso. Ele disse: "Um dia, Saul me apanhará". Poderíamos concluir que ele é falso porque certamente não houve provas para isso. Em nenhuma ocasião, o Senhor abandonou Seu servo; ele tinha sido colocado em situações perigosas com muita frequência, mas não houve um único caso em que a força de Deus não fosse suficiente para ele. As provações às quais ele foi exposto foram variadas; elas não tinham assumido uma única forma, mas muitas; entretanto, em todos os casos, Aquele que enviou a provação também ordenou graciosamente um caminho de escape. Davi não pôde dizer em nenhuma ocasião: "Aqui está a evidência de que Deus me abandonará". *Ao olhar para toda a sua vida, desde o tempo* em que cuidava das ovelhas de seu pai, matava leão e urso, até o dia em que desafiou o filisteu, e até esse momento, quando tinha acabado de fugir de seu perseguidor sanguinário, ele não pôde encontrar um único fato que provaria que Deus havia mudado de ideia e deixaria Seu ungido cair nas mãos de seu cruel inimigo. [...]

Mas, novamente, o que Davi disse em seu coração não era apenas sem evidência, mas era contrário à evidência. Que razão ele tinha para crer que Deus o abandonaria? Em vez disso, quantas evidências ele possuía para concluir que o Senhor não poderia nem iria abandoná-lo? "Fiz isso com o leão e o urso, e farei o mesmo com esse filisteu incircunciso". Foi um bom raciocínio. Por que não racionalizar assim agora, Davi? [...]

Irmãos e irmãs em Cristo, o caso de vocês é semelhante — pelo menos o meu é. Ó Senhor Deus! Tu não nos deixaste em nenhum momento. Tivemos noites escuras, mas a estrela do amor brilhou em meio à escuridão; tivemos nossos dias nublados, mas nosso sol nunca se pôs até que tivéssemos tido vislumbres da luz solar do Céu.

⁶Então Aquis lhe deu a cidade de Ziclague, que pertence aos reis de Judá até hoje, ⁷e Davi viveu um ano e quatro meses entre os filisteus.

⁸Partindo de Ziclague, Davi e seus homens atacavam os gesuritas, os gersitas e os amalequitas, povos que desde tempos muito antigos viviam perto de Sur, até a terra do Egito. ⁹Davi não deixava nenhum sobrevivente, homem ou mulher, nos povoados que atacava. Antes de comparecer à presença do rei Aquis, tomava ovelhas, gado, jumentos, camelos e roupas. ¹⁰"Que lugar você atacou hoje?", perguntava Aquis.

E Davi respondia: "O sul de Judá, a região dos jerameelitas e dos queneus".

¹¹Davi não deixava nenhum sobrevivente, homem ou mulher, para ir a Gate e contar onde ele havia estado de fato. Isso acontecia repetidamente, enquanto ele vivia entre os filisteus. ¹²Aquis acreditava em Davi e pensava: "A esta altura, o povo de Israel deve odiá-lo muito. Agora ele ficará aqui e me servirá para sempre!".

Saul consulta uma médium

28 Naqueles dias, os filisteus reuniram suas tropas para outra guerra contra Israel. O rei Aquis disse a Davi: "Saiba que você e seus homens sairão à batalha comigo".

²"Está bem", disse Davi. "Agora o senhor verá por si mesmo o que somos capazes de fazer."

Então Aquis disse a Davi: "Colocarei você como meu guarda pessoal enquanto eu viver".

³Nesse tempo, Samuel já havia morrido, e todo o Israel tinha chorado sua morte. Estava sepultado em Ramá, sua cidade natal. Saul havia expulsado da nação todos os médiuns e todos os que consultam os espíritos dos mortos.

⁴Os filisteus acamparam em Suném, e Saul reuniu todo o exército israelita e acampou em Gilboa. ⁵Quando Saul viu o imenso exército dos filisteus, entrou em pânico. ⁶Consultou o Senhor a respeito do que deveria fazer, mas o Senhor não lhe respondeu, nem por sonhos, nem pelo Urim, nem por profetas. ⁷Então Saul disse a seus conselheiros: "Procurem uma mulher que seja médium, para que eu pergunte a ela o que fazer".

Seus conselheiros responderam: "Há uma médium em En-Dor".

⁸Então Saul se disfarçou com roupas comuns e, acompanhado de dois de seus homens, foi à noite à casa da mulher.

"Preciso falar com um homem que está morto", disse ele à mulher. "Você pode invocar o espírito dele para mim?"

⁹"Quer que me matem?", respondeu ela. "Você sabe que Saul expulsou todos os médiuns e todos os que consultam os espíritos dos mortos. Por que prepara uma armadilha contra a minha vida?"

¹⁰Saul, porém, jurou em nome do Senhor e prometeu: "Tão certo como vive o Senhor, nenhum mal lhe acontecerá por isso".

¹¹Por fim, a mulher disse: "De quem é o espírito que devo invocar?".

"De Samuel", respondeu Saul.

¹²Quando a mulher viu Samuel, gritou: "Você me enganou! Você é Saul!".

¹³"Não tenha medo", disse o rei. "O que você vê?"

"Vejo um deusª subindo da terra", disse a mulher.

¹⁴"Qual é a aparência dele?", perguntou Saul.

"É um ancião envolto num manto", respondeu ela. Saul entendeu que era Samuel e se curvou diante dele com o rosto em terra.

¹⁵Então Samuel perguntou a Saul: "Por que me perturba, chamando-me de volta?".

"Porque estou muito angustiado", respondeu Saul. "Os filisteus estão em guerra contra mim! Deus me abandonou e não me responde por meio de profetas nem por sonhos. Por isso chamei o senhor, para que me diga o que fazer."

¹⁶Samuel, porém, disse: "Por que me consultar, se o Senhor o abandonou e se tornou seu inimigo? ¹⁷O Senhor fez exatamente conforme tinha dito por meu intermédio. Rasgou de suas mãos o reino e o entregou a outro, Davi. ¹⁸O Senhor lhe fez isso hoje porque você se recusou a executar a ira ardente dele contra os amalequitas. ¹⁹Além disso, o Senhor entregará você e o exército de Israel nas mãos dos filisteus e, amanhã, você e seus filhos estarão aqui comigo. O Senhor entregará o exército de Israel nas mãos dos filisteus".

²⁰No mesmo instante, Saul caiu estendido no chão, paralisado de terror com as palavras de

---

ª **28.13** Ou *Vejo deuses.*

Samuel. Estava fraco de fome, pois não havia comido nada durante todo aquele dia e toda aquela noite.

²¹Quando a mulher viu quanto ele estava perturbado, disse: "Meu senhor, obedeci à sua ordem e arrisquei minha vida. ²²Agora, faça o que digo e deixe que eu lhe dê alguma coisa para comer, a fim de que recupere as forças para a viagem de volta".

²³Mas Saul se recusou a comer. Seus servos também insistiram para que ele se alimentasse, até que, por fim, ele concordou. Então ele se levantou do chão e foi sentar-se na cama.

²⁴A mulher estava engordando um bezerro, de modo que saiu depressa e o matou. Pegou um punhado de farinha, preparou a massa e assou um pão sem fermento. ²⁵Trouxe a refeição para Saul e seus conselheiros, e eles comeram. Depois, saíram naquela mesma noite.

Os filisteus rejeitam Davi

29 As tropas dos filisteus estavam reunidas em Afeca, e os israelitas acamparam junto à fonte de Jezreel. ²Enquanto os governantes filisteus iam à frente de suas tropas de centenas e de milhares, Davi e seus homens marchavam na retaguarda com o rei Aquis. ³Então os comandantes filisteus perguntaram: "O que estes hebreus fazem aqui?".

Aquis respondeu: "Este é Davi, servo do rei Saul, de Israel. Já faz tempo que está comigo e, desde o dia em que chegou até hoje, não encontrei nele nenhuma falta".

⁴Mas os comandantes filisteus se iraram. "Mande-o de volta para a cidade que o senhor deu para ele!", exigiram. "Não pode ir à guerra conosco. E se ele se voltar contra nós na batalha e se tornar nosso adversário? Existe maneira melhor de ele se reconciliar com seu senhor do que entregando-lhe nossa cabeça? ⁵Não é este o mesmo Davi a respeito de quem as mulheres de Israel cantavam em suas danças:

'Saul matou milhares,
e Davi, dezenas de milhares'?".

⁶Então Aquis chamou Davi e lhe disse: "Tão certo como vive o Senhor, você foi um aliado fiel. A meu ver, deveria acompanhar-me na batalha, pois, desde o dia em que chegou até hoje, nunca encontrei nenhuma falha em você. Mas os outros governantes filisteus não o aprovam. ⁷Por favor, não os desagrade; volte para casa em paz".

⁸"O que fiz para merecer esse tratamento?", perguntou Davi. "O que o senhor viu de errado em mim desde que comecei a servi-lo? Por que não posso lutar contra os inimigos do meu senhor, o rei?"

⁹Aquis, porém, insistiu: "Para mim, você é tão leal quanto um anjo de Deus, mas os comandantes filisteus não querem que você os acompanhe na batalha. ¹⁰Agora, levante-se bem cedo e vá embora com seus homens assim que o dia clarear".

¹¹Então Davi e seus soldados voltaram bem cedo para a terra dos filisteus, enquanto o exército filisteu prosseguiu para Jezreel.

Davi extermina os amalequitas

30 Três dias depois, quando Davi e seus homens chegaram à cidade de Ziclague, viram que os amalequitas haviam invadido o Neguebe e atacado Ziclague; tinham destruído e queimado a cidade. ²Não mataram ninguém, mas tomaram como prisioneiros as mulheres, as crianças e os demais e foram embora.

³Quando Davi e seus homens viram a cidade queimada e se deram conta do que havia acontecido com suas mulheres, seus filhos e suas filhas, ⁴lamentaram e choraram em alta voz até não aguentar mais. ⁵As duas esposas de Davi, Ainoã, de Jezreel, e Abigail, viúva de Nabal, do Carmelo, estavam entre os que foram capturados. ⁶Davi ficou muito aflito, pois os homens estavam amargurados por terem perdido seus filhos e suas filhas e começaram a falar em apedrejá-lo. Mas Davi encontrou forças no Senhor, seu Deus.

⁷Então disse ao sacerdote Abiatar: "Traga o colete sacerdotal!", e Abiatar, filho de

---

30.6-8 Note bem que, assim que Davi tinha se acertado com Deus, ele desejou conhecer a mente do Senhor quanto à sua próxima ação. Você e eu teríamos dito: "Vamos passar adiante desses saqueadores! Não vamos parar um instante — podemos orar enquanto marchamos, ou em algum outro momento. Depressa! Depressa! A vida de nossas esposas e filhos está em jogo". Foi um momento de pressa, como jamais

Aimeleque, o trouxe. ⁸Davi perguntou ao Senhor: "Devo perseguir esse bando de saqueadores? Conseguirei apanhá-los?".

E o Senhor lhe respondeu: "Sim, vá atrás deles. Certamente conseguirá recuperar tudo que foi tomado de vocês".

⁹Davi e os seiscentos homens partiram e chegaram ao ribeiro de Besor, onde ficaram alguns deles. ¹⁰Duzentos dos homens estavam exaustos demais para atravessar o ribeiro, e Davi continuou a perseguição com quatrocentos homens.

¹¹No caminho, encontraram um rapaz egípcio num campo e o levaram até Davi. Deram-lhe um pouco de pão para comer e água para beber. ¹²Também lhe deram um pedaço de bolo de figo e dois bolos de passas,ᵃ pois fazia três dias e três noites que não comia nem bebia nada. Em pouco tempo, recuperou as forças.

¹³Davi lhe perguntou: "A quem você pertence e de onde veio?".

"Sou egípcio, escravo de um amalequita", respondeu ele. "Meu senhor me abandonou três dias atrás porque fiquei doente. ¹⁴Estávamos voltando de um ataque aos queretitas, no Neguebe, ao território de Judá e à terra de Calebe, e tínhamos queimado Ziclague."

¹⁵"Você pode me levar até esse bando de saqueadores?", perguntou Davi.

ᵃ **30.12** Ou *cachos de passas.*

O rapaz respondeu: "Se o senhor jurar por Deus que não me matará nem me entregará ao meu senhor, eu o levarei até eles".

¹⁶O rapaz o levou até os amalequitas. Estavam espalhados pelos campos, comendo, bebendo e festejando por causa da grande quantidade de bens que haviam tomado da terra dos filisteus e da terra de Judá. ¹⁷Davi e seus homens massacraram os amalequitas, atacando-os durante toda a noite e todo o dia seguinte, até o entardecer. Nenhum deles escapou, exceto quatrocentos rapazes que fugiram montados em camelos. ¹⁸Davi recuperou tudo que os amalequitas haviam tomado e resgatou suas duas esposas. ¹⁹Não faltava coisa alguma: nem pequena nem grande, nem filho nem filha, nem qualquer outra coisa que havia sido tomada. Davi trouxe tudo de volta. ²⁰Também recuperou todos os rebanhos, e seus companheiros os levaram à frente dos outros animais. "Este despojo pertence a Davi!", disseram.

²¹Então Davi voltou ao ribeiro de Besor, onde estavam os duzentos homens que tinham sido deixados para trás porque estavam exaustos demais para acompanhá-los. Saíram ao encontro de Davi e seus companheiros, e ele os cumprimentou com alegria. ²²Contudo, entre os que tinham acompanhado Davi havia alguns homens perversos que disseram: "Como

---

houve, mas, como diz o bom provérbio: "Oração e forragem não atrapalham a viagem de ninguém". Com sabedoria, Davi parou. "Traga o colete sacerdotal!", ele grita. E espera até que o oráculo respondesse às suas perguntas. Ele não marchará até que o Senhor lhe dê uma palavra de ordem. Isso é bom. É um doce estado de espírito ser levado a sentir que você deve esperar a ordem do Senhor; que sua força deve se aquietar até que Deus ordene que você avance. Ó, que possamos sempre manter esta submissão de coração! Ó, que nunca nos estribemos em nosso próprio entendimento, mas confiemos unicamente em Deus! Observe que Davi toma por certo que seu Deus o ajudará. Ele só quer saber como será feito. "Devo perseguir esse bando de saqueadores? Conseguirei apanhá-los?" [...]

Deve-se observar, entretanto, que Davi não espera que Deus o ajude sem que ele mesmo faça sua parte e a faça no melhor de sua habilidade. Davi pergunta:

"*Devo perseguir esse bando de saqueadores? Conseguirei apanhá-los?*". Ele deseja estar preparado e ativo; por mais triste e abatido que esteja, está pronto para agir. Muitos que estão em situações difíceis parecem esperar que um anjo venha e os erga por seus cabelos. No entanto, os anjos têm outras ocupações. Geralmente, o Senhor nos ajuda capacitando-nos a nos ajudarmos a nós mesmos e de forma que nos traz duplamente o bem. Era mais para o benefício de Davi que ele devesse ferir os amalequitas do que Deus arremessar granizo do céu sobre eles e os destruir. Davi obterá os despojos deles como resultado da batalha e será recompensado pela marcha forçada e pela luta. Irmão, você deverá lutar e laborar para sair de seu débito e dificuldade, e assim o Senhor ouvirá sua oração. A regra é: confiar em Deus para derrubar os amalequitas e, em seguida, marchar após eles como se tudo dependesse *apenas de você.*

eles não foram conosco, não devem receber nada dos despojos que recuperamos. Devolvam as esposas e os filhos deles e mandem todos embora".

²³Davi, porém, disse: "Não, meus irmãos! Não sejam egoístas com aquilo que o Senhor nos deu. Ele nos guardou e nos ajudou a derrotar o bando de saqueadores que nos atacou. ²⁴Quem lhes dará ouvidos quando falam desse modo? Dividiremos igualmente entre os que foram à batalha e os que guardaram a bagagem". ²⁵A partir daquele dia, Davi fez disso decreto e estatuto em Israel, e assim é até hoje.

²⁶Quando Davi chegou a Ziclague, enviou parte dos despojos aos líderes de Judá, que eram seus amigos. Disse: "Eis um presente para vocês, tirado dos inimigos do Senhor!".

²⁷Os presentes foram enviados ao povo das seguintes cidades: Betel, Ramote do Neguebe, Jatir, ²⁸Aroer, Sifmote, Estemoa, ²⁹Racal,ª as cidades dos jerameelitas e as cidades dos queneus, ³⁰Hormá, Borasã, Atace, ³¹Hebrom e todos os outros lugares por onde Davi e seus homens haviam passado.

A morte de Saul

31 Enquanto isso, os filisteus atacaram Israel, e os israelitas fugiram deles. Muitos foram mortos nas encostas do monte Gilboa. ²Os filisteus cercaram Saul e seus filhos e mataram três deles: Jônatas, Abinadabe e Malquisua. ³O combate se tornou cada vez mais intenso em volta de Saul, e os arqueiros filisteus o alcançaram e o feriram gravemente.

⁴Saul disse a seu escudeiro: "Pegue sua espada e mate-me antes que esses filisteus incircuncisos venham, me torturem e zombem de mim".

Mas o escudeiro teve medo e não quis matá-lo. Então Saul pegou sua própria espada e se lançou sobre ela. ⁵Quando viu que Saul estava morto, o escudeiro se lançou sobre sua espada e morreu ao lado do rei. ⁶Foi assim que Saul e seus três filhos, seu escudeiro e seus soldados morreram juntos naquele mesmo dia.

⁷Quando os israelitas do outro lado do vale de Jezreel e além do Jordão souberam que o exército israelita havia fugido e que Saul e seus filhos estavam mortos, abandonaram suas cidades e fugiram. Então os filisteus vieram e ocuparam essas cidades.

⁸No dia seguinte, quando os filisteus foram saquear os mortos, encontraram os corpos de Saul e seus três filhos no monte Gilboa. ⁹Cortaram a cabeça de Saul e removeram sua armadura. Então anunciaram o ocorrido no templo de seus ídolos e ao povo de toda a terra da Filístia. ¹⁰Colocaram a armadura de Saul no templo de Astarote e penduraram o corpo no muro da cidade de Bete-Sã.

¹¹Quando os habitantes de Jabes-Gileade souberam o que os filisteus haviam feito a Saul, ¹²todos os seus guerreiros mais valentes viajaram a noite toda para Bete-Sã e baixaram do muro os corpos de Saul e seus filhos. Levaram os corpos para Jabes, onde os queimaram. ¹³Depois, enterraram os ossos debaixo de uma tamargueira em Jabes e jejuaram durante sete dias.

ª **30.29** A Septuaginta traz *Carmelo*.

2Samuel

INTRODUÇÃO

Nome. O nome, *Segundo Samuel*, é derivado da história da vida de Samuel. Esse nome significa "pedido de Deus". Antigamente, 1 e 2 Samuel eram um único livro e chamado de o "Primeiro Livro de Reis", e os dois livros de Reis eram um só livro chamado de "Segundo Livro de Reis". Samuel e Reis formam uma história contínua e nos fornecem o registro da ascensão, da glória e da queda da monarquia judaica.

Este livro apresenta a história de Davi como rei de Israel. Ele foi o rei mais forte que Israel teve e foi descrito como ótimo comandante, hábil soldado e de disposição profundamente religiosa. Davi não era infalível, mas apesar de suas falhas desenvolveu um grande reinado.

ESBOÇO

1. O reinado de Davi sobre Judá, em Hebrom, Caps. 1-4
2. O reinado de Davi sobre todo Israel, Caps. 5-10
3. O grande pecado de Davi e suas consequências, Caps. 11-20
4. Apêndice, Caps. 21-24

PARA ESTUDO E DISCUSSÃO

[1] Como Davi tornou-se rei.
[2] Suas vitórias na guerra.
[3] Seu grande pecado e algumas de suas consequências.
[4] Sua bondade em relação a seus inimigos (veja também sua atitude em relação a Saul registrado em 1 Samuel).
[5] A bondade de Deus, como ilustrado pela história da bondade de Davi em relação Mefibosete, Cap. 9.
[6] O salmo de louvor de Davi, Caps. 22-23.
[7] As diferentes ocasiões em que Davi mostrou um espírito penitente.
[8] A grande praga, Cap. 24.

Davi é informado da morte de Saul

1 Depois da morte de Saul, Davi retornou de sua vitória sobre os amalequitas e passou dois dias em Ziclague. ²No terceiro dia, apareceu um homem do exército de Saul. Ele havia rasgado as roupas e colocado terra sobre a cabeça. Ao chegar, curvou-se diante de Davi com o rosto no chão.

³"De onde você vem?", perguntou Davi.

O homem respondeu: "Escapei do acampamento israelita".

⁴"O que aconteceu?", disse Davi. "Conte-me como foi a batalha."

"Todo o nosso exército fugiu do conflito", disse o homem. "Muitos morreram, e Saul e seu filho Jônatas também estão mortos."

⁵"Como você sabe que Saul e Jônatas estão mortos?", perguntou Davi.

⁶O homem respondeu: "Aconteceu de eu chegar ao monte Gilboa e ver Saul apoiado em sua lança, enquanto carros de guerra e cavaleiros inimigos se aproximavam dele. ⁷Quando ele se virou e me viu, gritou para que eu me aproximasse dele. 'Aqui estou, senhor', eu lhe disse. ⁸Ele perguntou: 'Quem é você?'. E eu respondi: 'Sou amalequita'. ⁹Então ele me suplicou: 'Venha cá e mate-me, pois a dor é terrível e quero morrer'. ¹⁰Então o matei, pois sabia que ele não sobreviveria. Em seguida, tomei sua coroa e seu bracelete e os trouxe para cá, para o meu senhor".

¹¹Quando ouviram a notícia, Davi e seus homens rasgaram as vestes. ¹²Lamentaram, choraram e jejuaram o dia todo por Saul e seu filho Jônatas, pelo exército do Senhor e pela nação de Israel, pois naquele dia muitos haviam morrido pela espada.

¹³Depois, Davi disse ao jovem que havia trazido a notícia: "De onde você é?".

Ele respondeu: "Sou filho de um estrangeiro, um amalequita que vive em sua terra".

¹⁴Davi perguntou: "Como você não teve medo de matar o ungido do Senhor?".

¹⁵Então Davi chamou um de seus soldados e lhe ordenou: "Mate-o!". O soldado feriu o amalequita com sua espada e o matou. ¹⁶Davi disse: "Você condenou a si mesmo ao confessar que matou o ungido do Senhor".

O cântico de Davi para Saul e Jônatas

¹⁷Davi entoou uma canção fúnebre para Saul e Jônatas ¹⁸e ordenou que fosse ensinada ao povo de Judá. Ela é conhecida como Cântico do Arco e está registrada no *Livro de Jasar*.ᵃ

¹⁹Seu esplendor, ó Israel, está morto sobre
    os montes!
  Como caíram os valentes!
²⁰Não contem essa notícia em Gate,
  não a proclamem nas ruas de Ascalom,
para que não se alegrem as filhas dos
    filisteus,
  para que as filhas dos incircuncisos não
    festejem em triunfo.

²¹Ó montes de Gilboa,
  que não haja orvalho nem chuva sobre
    vocês,
  nem campos férteis que produzam
    ofertas de cereais.ᵇ
Pois ali foram profanados os escudos de
    valentes;

ᵃ **1.18** Ou *Livro do Justo*. ᵇ **1.21** O significado do hebraico é incerto.

===

1.17-27 Davi era um poeta; e quando descobriu que seu amigo mais amado caíra pelas flechas dos filisteus, ele chorou muito, e então animou seu coração escrevendo uma belíssima elegia que, nos anos posteriores foi chamado de "Cântico do Arco". Embora a lamentação de Davi seja julgada segundo os cânones do gosto literário, ela deve ser colocada *entre as primeiras composições poéticas*. Assim, Davi tentou manter fresca a memória de seu amigo — o hino tinha como intenção ser um memorial a Jônatas. Amigos como Jônatas não são comuns, e quando os tivermos, não devemos esquecê-los.

É triste que, nestes dias, a amizade seja proverbialmente algo frágil. Os amigos são como as andorinhas que estão conosco no nosso verão e desaparecem quando a umidade do outono começa a surgir. Quando um homem tem um amigo fiel, que ele o agarre ao seu lado com ganchos de aço! E quando o perder, que saiba que perdeu o que será muito difícil de substituir e não se esqueça de seu amigo, embora ele esteja enterrado sob a relva. A amizade verdadeira gosta de formar memoriais daqueles que partiram. Guardamos lembranças dos entes queridos que perdemos. Gostamos de pensar nos dias felizes de comunhão que tivemos juntos e não permitiremos que o estimado nome seja apagado da memória dos homens.

o escudo de Saul não será mais ungido
com óleo.
²²O arco de Jônatas não recuava,
e a espada de Saul era invencível.
Derramaram o sangue de seus inimigos
e atravessaram o corpo de guerreiros.
²³Quão amados e estimados eram Saul e
Jônatas!
Estiveram juntos na vida e na morte.
Eram mais velozes que as águias,
mais fortes que os leões.
²⁴Ó filhas de Israel, chorem por Saul,
pois ele as vestia com finos trajes
vermelhos,
com roupas adornadas de ouro.
²⁵Como caíram os valentes na batalha!
Jônatas está morto sobre os montes.
²⁶Como choro por você, meu irmão Jônatas,
quanto eu o estimava!
Seu amor por mim era precioso,
mais que o amor das mulheres.
²⁷Como caíram os valentes!
Estão mortos, despojados de suas armas.

Davi é ungido rei de Judá

2 Depois disso, Davi perguntou ao Senhor: "Devo voltar para alguma das cidades de Judá?".

"Sim", respondeu o Senhor.

Então Davi perguntou: "Para que cidade devo ir?".

"Para Hebrom", disse o Senhor.

²Então Davi partiu com suas duas esposas, Ainoã, de Jezreel, e Abigail, a viúva de Nabal, do Carmelo, ³e também com os homens que o acompanhavam e suas famílias. Eles se estabeleceram nos povoados vizinhos a Hebrom. ⁴Então vieram os homens de Judá e ungiram Davi rei do povo de Judá.

Quando Davi soube que os moradores de Jabes-Gileade haviam sepultado Saul, ⁵enviou-lhes a seguinte mensagem: "Que o Senhor os abençoe por terem sido tão fiéis a Saul, seu senhor, e lhe terem dado um sepultamento digno. ⁶Que, em troca, o Senhor seja fiel a vocês e os recompense com sua bondade. E eu também os recompensarei pelo que fizeram. ⁷Agora que Saul está morto, peço que continuem a ser fortes e corajosos. E saibam que o povo de Judá me ungiu para ser seu novo rei".

Isbosete é proclamado rei de Israel

⁸Contudo, Abner, filho de Ner, comandante do exército de Saul, já havia levado Isbosete, filho de Saul, para Maanaim. ⁹Ali, proclamou Isbosete rei sobre Gileade, Jezreel, Efraim, Benjamim e sobre a terra dos assuritas e todo o restante de Israel.

¹⁰Isbosete, filho de Saul, tinha 40 anos quando começou a reinar sobre Israel, e reinou por dois anos. Enquanto isso, o povo de Judá permaneceu leal a Davi, ¹¹que fez de Hebrom sua capital e reinou sobre Judá por sete anos e meio.

Guerra entre Israel e Judá

¹²Certo dia, Abner, filho de Ner, conduziu as tropas de Isbosete, filho de Saul, de Maanaim para Gibeom. ¹³Ao mesmo tempo, Joabe, filho de Zeruia, saiu com as tropas de Davi e foi ao encontro deles na represa de Gibeom, onde os dois exércitos ficaram frente a frente, posicionando-se em lados opostos da represa.

¹⁴Então Abner disse a Joabe: "Proponho que alguns de nossos guerreiros lutem em confronto direto diante de nós".

"Está bem", respondeu Joabe. ¹⁵Então foram escolhidos doze soldados de Benjamim para representar Isbosete, filho de Saul, e doze soldados para representar Davi. ¹⁶Cada um agarrou seu adversário pela cabeça e cravou a espada um no lado do outro, e todos

---

2.1 Se você chegar a Deus e lhe perguntar algo sobre qualquer coisa, não decida o que fará sobre o assunto de antemão, como algumas pessoas fazem quando consultam seu ministro. Mas tendo consultado o seu Deus e aprendido qual é a Sua vontade, ocupe-se em fazê-la. Se todos os demônios no inferno estiverem no seu caminho, ocupe-se em fazê-la. Se os amigos se opuserem e os inimigos o atacarem, ainda assim faça-a. Talvez haja uma questão em que eu discorde de você, mas farei o que acredito ser certo e não hesitarei, não importa quem se oponha. Quando Deus nos toca, não devemos ser desviados pelas palavras de nenhum homem, ou por palavras de mil homens. Se uma vez ouvirmos, "Assim diz o Senhor", devemos subir e subiremos pelas montanhas e atravessaremos os mares, se Deus assim o desejar.

morreram juntos. Por isso, desde então, esse lugar em Gibeom é conhecido como Helcate-Hazurim.ª

¹⁷Seguiu-se nesse dia uma violenta batalha, na qual Abner e os homens de Israel foram derrotados pelos soldados de Davi.

A morte de Asael

¹⁸Joabe, Abisai e Asael, os três filhos de Zeruia, participaram da batalha nesse dia. Asael, que era rápido como uma gazela, ¹⁹começou a perseguir Abner. Continuou decididamente em seu encalço, sem perdê-lo de vista. ²⁰Quando Abner olhou para trás e viu que ele se aproximava, perguntou: "É você, Asael?".

"Sou eu mesmo", respondeu ele.

²¹"Saia do meu encalço!", disse Abner. "Enfrente um dos soldados mais jovens e tome suas armas." Mas Asael continuou a persegui-lo.

²²Mais uma vez, Abner o advertiu: "Pare de me perseguir! Não quero matá-lo. Como poderia encarar seu irmão Joabe?".

²³Asael, porém, se recusou a dar meia-volta, e Abner lhe cravou no estômago a parte de trás da lança, que saiu pelas costas. Asael caiu morto no chão. E todos que passavam por ali paravam ao ver Asael caído e morto.

²⁴Então Joabe e Abisai saíram em perseguição a Abner. O sol estava se pondo quando chegaram ao monte Amá, perto de Gia, no caminho para o deserto de Gibeom. ²⁵Os soldados de Abner, da tribo de Benjamim, se reuniram no alto do monte para resistir ao ataque.

²⁶Então Abner gritou para Joabe: "Será que não há como evitar matarmos uns aos outros? Não vê que isso só resultará em amargura? Quando você vai ordenar que seus homens parem de perseguir seus irmãos israelitas?".

²⁷Joabe respondeu: "Só Deus sabe o que teria acontecido se você não tivesse falado, pois, se fosse preciso, nós os teríamos perseguido a noite toda". ²⁸Então Joabe tocou a trombeta e seus homens pararam de perseguir os soldados de Israel, e a batalha cessou.

²⁹Durante toda *aquela noite, Abner e seus homens* recuaram pelo vale do Jordão.ᵇ Atravessaram o rio, marcharam a manhã inteiraᶜ e só pararam quando chegaram a Maanaim.

³⁰Enquanto isso, Joabe e seus homens também voltaram da perseguição a Abner. Quando Joabe fez a contagem, viu que faltavam apenas dezenove homens, além de Asael. ³¹Os soldados de Davi, por sua vez, haviam matado 360 homens da tribo de Benjamim e dos demais soldados de Abner. ³²Joabe e seus homens levaram o corpo de Asael para Belém e o sepultaram no túmulo de seu pai. Então caminharam a noite toda e chegaram a Hebrom ao amanhecer.

3 Assim começou uma longa guerra entre a família de Saul e a família de Davi. Com o tempo, Davi se fortaleceu cada vez mais, e a família de Saul foi se enfraquecendo.

Os filhos de Davi nascidos em Hebrom

²Estes são os filhos de Davi que nasceram em Hebrom:

> O mais velho era Amnom, filho de Ainoã, de Jezreel.
> ³O segundo era Daniel,ᵈ filho de Abigail, a viúva de Nabal, do Carmelo.
> O terceiro era Absalão, filho de Maaca, filha de Talmai, rei de Gesur.
> ⁴O quarto era Adonias, filho de Hagite.
> O quinto era Sefatias, filho de Abital.
> ⁵O sexto era Itreão, filho de Eglá, esposa de Davi.

Todos esses filhos de Davi nasceram em Hebrom.

Abner une forças com Davi

⁶Enquanto continuava a guerra entre as famílias de Saul e de Davi, Abner se tornou um líder cada vez mais influente entre a família de Saul. ⁷Um dia, Isbosete, filho de Saul, acusou Abner de ter relações com uma das concubinas de Saul, uma mulher chamada Rispa, filha de Aiá.

⁸Abner ficou furioso com as palavras de Isbosete. "Por acaso sou um cão de Judá para ser tratado dessa maneira?", gritou ele. "Depois de tudo que fiz por seu pai, Saul, e pela família e os amigos dele ao não entregar você

ª **2.16** *Helcate-Hazurim* significa "campo das espadas". ᵇ **2.29a** Em hebraico, *pela Arabá*. ᶜ **2.29b** Ou *prosseguiram pelo Bitrom*. O significado do hebraico é incerto. ᵈ **3.3** Conforme o texto paralelo em 1Cr 3.1 (ver tb. Septuaginta, que traz *Daluia*, e o possível apoio dos manuscritos do mar Morto); o hebraico traz *Quileabe*.

a Davi, minha recompensa é ser acusado por causa dessa mulher? ⁹Que Deus me castigue severamente se eu não fizer por Davi tudo que o Senhor prometeu a ele! ¹⁰Tomarei o reino da família de Saul e o entregarei a Davi. Estabelecerei o trono de Davi tanto sobre Israel como sobre Judá, desde Dã, ao norte, até Berseba, ao sul!" ¹¹Isbosete não se atreveu a dizer nem mais uma palavra, pois teve medo do que Abner poderia fazer.

¹²Então Abner enviou mensageiros para dizer a Davi: "Afinal, a quem pertence esta terra? Faça um acordo comigo, e eu o ajudarei a conseguir o apoio de todo o Israel".

¹³"Está bem", respondeu Davi. "Mas só farei acordo com você se, quando vier para cá, trouxer de volta minha esposa Mical, filha de Saul."

¹⁴Davi enviou a seguinte mensagem a Isbosete, filho de Saul: "Devolva minha esposa Mical, pois eu conquistei o direito de me casar com ela com os prepúcios de cem filisteus".

¹⁵Então Isbosete mandou tirar Mical de seu marido, Palti,ª filho de Laís. ¹⁶Palti a seguiu até Baurim, chorando ao longo de todo o caminho, até que Abner lhe disse: "Volte para casa!", e ele voltou.

¹⁷Abner reuniu as autoridades de Israel e lhes disse: "Faz algum tempo que vocês querem declarar Davi seu rei. ¹⁸Chegou a hora de agir! Pois o Senhor disse: 'Escolhi meu servo Davi para livrar meu povo, Israel, das mãos dos filisteus e de todos os seus inimigos'". ¹⁹Abner também falou com os homens de Benjamim. Depois, foi a Hebrom para dizer a Davi que todo o povo de Israel e de Benjamim tinha concordado em apoiá-lo.

²⁰Quando Abner, acompanhado de vinte homens, chegou a Hebrom, Davi os recebeu com um grande banquete. ²¹Então Abner disse a Davi: "Deixe que eu vá e convoque uma reunião de todo Israel para apoiar meu senhor, o rei. Farão uma aliança com o senhor para que reine sobre eles, e o senhor governará sobre tudo que seu coração desejar". Davi se despediu dele, e Abner partiu em paz.

Abner é assassinado por Joabe

²²Contudo, logo depois que Davi despediu Abner em paz, Joabe e alguns dos soldados de Davi retornaram de um ataque, trazendo muitos despojos. ²³Quando Joabe chegou, foi informado de que Abner, filho de Ner, tinha acabado de visitar o rei, que o havia despedido em paz.

²⁴Joabe foi até o rei e perguntou: "O que foi que o senhor fez? Por que deixou Abner escapar? ²⁵O senhor conhece muito bem Abner, filho de Ner! Sabe que ele veio espioná-lo e descobrir tudo que o senhor anda fazendo!".

²⁶Então Joabe saiu da presença de Davi e enviou mensageiros para alcançar Abner. Eles o encontraram perto do poço de Sirá e o trouxeram de volta, sem que Davi soubesse. ²⁷Quando Abner chegou a Hebrom, Joabe o chamou para um lado, junto ao portão da cidade, como se fosse falar com ele em particular. Então, apunhalou-o no estômago e o matou para vingar a morte de Asael, seu irmão.

²⁸Quando Davi soube o que havia acontecido, declarou: "Juro pelo Senhor que eu e meu reino somos para sempre inocentes desse crime contra Abner, filho de Ner. ²⁹Que essa culpa permaneça sobre Joabe e sua família! Que em todas as gerações da família de Joabe nunca falte um homem que tenha fluxo ou lepra,ᵇ que use muletas,ᶜ que morra pela espada, ou que tenha de mendigar o alimento!".

³⁰Assim, Joabe e seu irmão Abisai assassinaram Abner, pois ele havia matado Asael, irmão deles, na batalha em Gibeom.

Davi lamenta a morte de Abner

³¹Então Davi disse a Joabe e a todos que estavam com ele: "Rasguem suas roupas e vistam pano de saco. Lamentem a morte de Abner", e o próprio rei seguiu o cortejo fúnebre. ³²Sepultaram Abner em Hebrom, e o rei chorou em alta voz junto ao túmulo, e todo o povo lamentou com ele. ³³Então o rei entoou esta canção fúnebre:

"Acaso Abner devia morrer como um
    vilão?
³⁴Suas mãos não estavam atadas,
    nem seus pés acorrentados.

ª **3.15** Conforme 1Sm 25.44; o hebraico traz *Paltiel*, variação de Palti. ᵇ **3.29a** O termo hebraico não se refere somente à hanseníase, mas também a diversas doenças de pele. ᶜ **3.29b** Ou *que seja efeminado*; o hebraico traz *que manuseie um fuso*.

Não, você foi assassinado,
   vítima de uma trama perversa".

Todo o povo lamentou uma vez mais por Abner. ³⁵Davi tinha se recusado a comer no dia do funeral, e todos insistiram para que ele se alimentasse. Mas ele havia feito um voto: "Que Deus me castigue severamente se eu comer alguma coisa antes do pôr do sol".

³⁶Seu voto agradou muito o povo. De fato, aprovavam tudo que o rei fazia. ³⁷Assim, todos em Judá e em Israel entenderam que Davi não era responsável pelo assassinato de Abner, filho de Ner.

³⁸Então o rei disse a seus oficiais: "Não percebem que um grande comandante caiu hoje em Israel? ³⁹E, embora eu seja o rei ungido, esses dois filhos de Zeruia, Joabe e Abisai, são fortes demais para que eu os controle. Que o SENHOR retribua a esses homens maus por sua maldade".

O assassinato de Isbosete

4 Quando Isbosete, filho de Saul, soube da morte de Abner em Hebrom, perdeu completamente o ânimo, e todo o Israel ficou sem reação. ²Dois de seus irmãos, Baaná e Recabe, eram capitães dos grupos de ataque de Isbosete. Eram filhos de Rimom, membro da tribo de Benjamim, que vivia em Beerote. A cidade de Beerote fazia parte do território de Benjamim, ³pois seus habitantes originais fugiram para Gitaim, onde ainda vivem como estrangeiros.

⁴(Jônatas, filho de Saul, tinha um filho chamado Mefibosete, que ficou aleijado quando era criança. Mefibosete tinha 5 anos quando chegou de Jezreel a notícia de que Saul e Jônatas haviam sido mortos na batalha. Ao ouvir isso, a ama do menino o tomou nos braços e fugiu. Na pressa, porém, deixou-o cair, e ele ficou aleijado.)

⁵Certo dia, Recabe e Baaná, filhos de Rimom, de Beerote, foram à casa de Isbosete por volta do meio-dia, quando ele estava descansando. ⁶A mulher que ficava à porta estava peneirando trigo, mas ficou sonolenta e cochilou. Então Recabe e Baaná passaram por ela sem serem notados[a] ⁷e entraram na casa, onde encontraram Isbosete dormindo em sua cama. Eles o feriram e o mataram, e depois cortaram sua cabeça. Então, levando a cabeça, fugiram durante a noite pelo vale do Jordão.[b] ⁸Chegando a Hebrom, entregaram a cabeça de Isbosete a Davi. "Veja!", disseram ao rei. "Aqui está a cabeça de Isbosete, filho de seu inimigo, Saul, que tentou matá-lo. Hoje o SENHOR concedeu ao rei vingança sobre Saul e toda a sua família!"

[a] 4.6 Conforme a Septuaginta; o hebraico traz *Entraram na casa como se fossem buscar trigo, mas o apunhalaram no estômago. Então Recabe e Baaná fugiram.* [b] 4.7 Em hebraico, *pela Arabá.*

3.39 [...] Davi, neste momento especial, sentiu sua fraqueza mais particularmente porque ele estava em uma nova posição. Davi fora um aventureiro na caverna por tanto tempo, que havia se acostumado a isso, e você nunca o encontrará dizendo, enquanto se escondia em En-Gedi: "No presente, sou fraco". Não, depois da primeira temporada de amargura, acredito que ele passou a amar a triste caverna de Adulão; e as montanhas sombrias lhe eram queridas; mas ele chegara a um novo lugar — as nações estão a seus pés — os homens se curvam diante dele! É uma nova posição e ele diz: "Embora eu seja o rei ungido, esses dois filhos de Zeruia, Joabe e Abisai, são fortes demais para que eu os controle." Sempre que você faz uma mudança na vida; *sempre que Deus o chama para outro conjunto de deveres*, certamente descobrirá o que talvez você não acredite agora — que você é fraco, embora rei ungido.

Aqui, também, Davi havia entrado em novas tentações. As flechas foram atiradas contra ele antes, vindas de uma só direção; agora a tempestade cessa de um lado, e começa do outro! Se os homens soubessem que a tempestade sempre chegaria a um lado da casa, eles a consertariam e a fortaleceriam, e então não teriam medo do impacto; mas se, de repente, ela se virasse e se voltasse para o outro canto, como estariam preparados para isso? Tomem cuidado, cristãos, como mudam suas posições — geralmente é uma mudança para pior — as flechas podem não voar para a direita, mas elas o encontrarão à esquerda e talvez esse seja o seu lado mais fraco, e lá você será ferido na parte mais tenra. Davi não tinha mais as tentações que assolavam um aventureiro, mas as que se aglomeram ao redor do trono; pois onde há o mel da realeza, certamente haverá as vespas das tentações! Os lugares altos e o louvor a Deus raramente se coadunam. Uma taça cheia não é facilmente transportada sem que derrame, e quem está em um pináculo precisa de uma mente clara e muita graça.

⁹Davi, porém, disse a Recabe e Baaná, filhos de Rimom, de Beerote: "O Senhor, que me tem livrado de todos os meus sofrimentos, é minha testemunha. ¹⁰Quando alguém me informou que Saul estava morto, pensando que trazia uma boa notícia, eu o agarrei e o matei em Ziclague. Foi essa a recompensa que recebeu pela notícia! ¹¹Quanto mais devo recompensar os perversos que mataram um homem inocente em sua própria casa e em sua própria cama? Não devo responsabilizá-los pela morte dele e eliminá-los da face da terra?".

¹²Então Davi ordenou a seus soldados que os matassem, e assim eles fizeram. Cortaram as mãos e os pés deles e penduraram os corpos junto à represa em Hebrom. Depois, pegaram a cabeça de Isbosete e a sepultaram no túmulo de Abner, em Hebrom.

Davi se torna rei de todo o Israel

5 Então todas as tribos de Israel vieram a Hebrom para encontrar-se com Davi. "Somos do mesmo povo e raça",[a] disseram. ²"No passado, quando Saul era nosso rei, era você que liderava o exército de Israel. E o Senhor lhe disse: 'Você será o pastor do meu povo, Israel. Será o líder de Israel'."

³Então, ali em Hebrom, o rei Davi fez um acordo diante do Senhor com todas as autoridades de Israel, e elas o ungiram rei de Israel.

⁴Davi tinha 30 anos quando começou a reinar e, ao todo, reinou por quarenta anos. ⁵Havia reinado sobre Judá sete anos e seis meses e, em Jerusalém, reinou sobre todo o Israel e Judá por 33 anos.

Davi conquista Jerusalém

⁶Então o rei partiu com seus soldados para Jerusalém, a fim de lutar contra os jebuseus, que viviam naquele lugar. Os jebuseus zombavam de Davi: "Você jamais entrará aqui! Até os cegos e aleijados são capazes de impedi-lo!". Diziam isso porque imaginavam estar seguros, ⁷mas Davi tomou a fortaleza de Sião, que hoje é chamada de Cidade de Davi.

⁸No dia do ataque, Davi disse a seus soldados: "Odeio esses jebuseus 'cegos' e 'aleijados'.[b] Quem os atacar deve entrar na cidade pelo túnel de água".[c] Essa é a origem do ditado: "Os cegos e os aleijados não entrarão na casa".[d]

⁹Então Davi foi morar na fortaleza de Sião e a chamou de Cidade de Davi. Ampliou a cidade, desde o aterro[e] até a parte interna. ¹⁰Davi foi se tornando cada vez mais poderoso, pois o Senhor, o Deus dos Exércitos, estava com ele.

¹¹Hirão, rei de Tiro, enviou a Davi mensageiros com madeira de cedro, carpinteiros e pedreiros, que construíram um palácio para Davi. ¹²E Davi compreendeu que o Senhor o havia confirmado como rei sobre Israel e exaltado seu reino por causa de seu povo, Israel.

¹³Depois de mudar-se de Hebrom para Jerusalém, Davi tomou mais concubinas e esposas e teve mais filhos e filhas. ¹⁴Estes são os nomes dos filhos de Davi que nasceram em Jerusalém: Samua, Sobabe, Natã, Salomão, ¹⁵Ibar, Elisua, Nefegue, Jafia, ¹⁶Elisama, Eliada e Elifelete.

Davi derrota os filisteus

¹⁷Quando os filisteus souberam que Davi tinha sido ungido rei de Israel, mobilizaram suas tropas para capturá-lo. Davi, porém, foi

---

[a] 5.1 Em hebraico, *Somos seu osso e sua carne*. [b] 5.8a Ou *Esses jebuseus 'cegos' e 'aleijados' me odeiam*. [c] 5.8b Ou *com ganchos de escalar*. O significado do hebraico é incerto. [d] 5.8c O significado desse ditado é incerto. [e] 5.9 Em hebraico, *desde o Milo*. O significado do hebraico é incerto.

5.17-25 [...] antes de Davi ir à guerra, em cada caso, ele esperava em Deus: "Então Davi perguntou ao Senhor". Sempre que tivermos algum empreendimento em mãos, é sábio esperar em Deus para obter orientação e ajuda. Davi havia recebido orientação divina anteriormente, mas o conselho para um dilema não é orientação para outro. Embora Davi tivesse sido conduzido por Deus pela primeira vez para lutar contra os filisteus, ele não considerou que a direção que havia sido dada anteriormente se aplicaria novamente, então foi uma segunda vez, e está escrito: "Davi perguntou ao Senhor".

As respostas que Davi recebeu nessas duas ocasiões foram diferentes. Na primeira vez, o Senhor disse: "Sim, vá". Na segunda, disse: "Não". Se Davi tivesse se contentado com a sua antiga espera em Deus, teria cometido um grande erro. O que você tiver que fazer hoje pode não ter que fazer amanhã, e o que você fez ontem pode ter sido certo o bastante para ontem, mas pode ser tão errado quanto possível para hoje. Esperem mais continuamente em Deus, queridos amigos. Não fiquem satisfeitos com o que receberam de direção e apoio, mas vão a Deus repetidas vezes.

informado disso e desceu para a fortaleza. ¹⁸Os filisteus chegaram e se espalharam pelo vale de Refaim. ¹⁹Então Davi perguntou ao Senhor: "Devo sair e lutar contra os filisteus? Tu os entregarás em minhas mãos?".

O Senhor respondeu a Davi: "Sim, vá, pois eu certamente os entregarei em suas mãos".

²⁰Então Davi foi a Baal-Perazim e ali derrotou os filisteus, e exclamou: "O Senhor irrompeu no meio de meus inimigos como uma violenta inundação!". Por isso, chamou aquele lugar de Baal-Perazim.[a] ²¹Davi e seus homens levaram os ídolos que os filisteus haviam abandonado ali.

²²Pouco tempo depois, os filisteus voltaram a se espalhar pelo vale de Refaim. ²³Mais uma vez, Davi consultou o Senhor. "Não os ataque pela frente", respondeu o Senhor. "Em vez disso, dê a volta por trás deles e ataque-os perto dos álamos.[b] ²⁴Quando ouvir um som como de pés marchando por cima dos álamos, ataque! É o sinal de que o Senhor vai à sua frente para derrotar o exército filisteu." ²⁵Davi fez como o Senhor ordenou e derrotou os filisteus por todo o caminho, desde Gibeom[c] até Gezer.

A arca é levada para Jerusalém

6 Davi reuniu novamente todos os melhores guerreiros de Israel, trinta mil ao todo. ²Partiu com eles para Baalá de Judá[d] a fim de buscar a arca de Deus, junto à qual era invocado o nome do Senhor dos Exércitos,[e] que está entronizado entre os querubins. ³Puseram a arca de Deus num carro novo e a levaram da casa de Abinadabe, que ficava num monte. Saindo da casa, Uzá e Aiô, filhos de Abinadabe, guiavam a carroça nova ⁴que transportava a arca de Deus.[f] Aiô estava à frente da arca. ⁵Davi e todo o povo de Israel celebravam diante do Senhor, entoando cânticos[g] e tocando todo tipo de instrumentos musicais: liras, harpas, tamborins, chocalhos e címbalos.

⁶Quando chegaram à eira de Nacom, os bois tropeçaram, e Uzá estendeu a mão e segurou a arca. ⁷A ira do Senhor se acendeu contra Uzá, e Deus o feriu por causa disso.[h] E ele morreu ali mesmo, ao lado da arca de Deus.

⁸Davi ficou indignado porque a ira do Senhor irrompeu contra Uzá e chamou aquele lugar de Perez-Uzá,[i] como é conhecido até hoje.

⁹Davi teve medo do Senhor e perguntou: "Como poderei levar a arca do Senhor?". ¹⁰Então resolveu não transferir mais a arca do Senhor para a Cidade de Davi. Em vez disso, levou-a para a casa de Obede-Edom, na cidade de Gate. ¹¹A arca do Senhor ficou na casa de Obede-Edom, em Gate, por três meses, e o Senhor abençoou Obede-Edom e toda a sua família.

¹²Disseram ao rei Davi: "O Senhor tem abençoado a família de Obede-Edom e tudo que ele possui por causa da arca de Deus". Então Davi foi até lá e, com grande festa, levou a arca de Deus da casa de Obede-Edom para a Cidade de Davi. ¹³Quando os homens que carregavam a arca do Senhor davam seis passos, Davi sacrificava um boi e um novilho gordo. ¹⁴Davi usava um colete sacerdotal de linho e dançava diante do Senhor com todas as suas forças. ¹⁵Assim, Davi e todo o povo de Israel levaram a arca do Senhor com gritos de alegria e ao som de trombetas.

Mical trata Davi com desprezo

¹⁶Enquanto a arca do Senhor entrava na Cidade de Davi, Mical, filha de Saul, olhava pela janela. Quando viu o rei Davi saltando e dançando diante do Senhor, encheu-se de desprezo por ele.

¹⁷Trouxeram a arca do Senhor e a colocaram em seu lugar, dentro de uma tenda especial que Davi tinha preparado para ela. E Davi ofereceu ao Senhor holocaustos e ofertas de paz. ¹⁸Depois que terminou de oferecer os sacrifícios, abençoou o povo em nome do Senhor dos Exércitos. ¹⁹Para cada homem e mulher israelita na multidão, ele deu um pão, um bolo de tâmaras[j] e um bolo de passas. Então todos voltaram para casa.

---

[a] **5.20** *Baal-Perazim* significa "o Senhor que irrompe". [b] **5.23** Ou *das amoreiras*, ou *dos bálsamos*; também em 5.24. A identificação da árvore é incerta. [c] **5.25** Conforme a Septuaginta (ver tb. 1Cr 15.16); o hebraico traz *Geba*. [d] **6.2a** Outro nome para *Quiriate-Jearim*; comparar com 1Cr 13.6. [e] **6.2b** Ou *que é chamada pelo nome do Senhor dos Exércitos*. [f] **6.4** Conforme os manuscritos do mar Morto e alguns manuscritos gregos; o Texto Massorético traz *e o trouxeram da casa de Abinadabe, que ficava numa colina, com a arca de Deus*. [g] **6.5** Conforme os manuscritos do mar Morto e a Septuaginta (ver tb. 1Cr 13.8); o Texto Massorético traz *diante do Senhor com toda espécie de madeira de cipreste*. [h] **6.7** Conforme os manuscritos do mar Morto; o Texto Massorético traz *por causa de sua irreverência*. [i] **6.8** *Perez-Uzá* significa "irrompimento contra Uzá". [j] **6.19** Ou *um pedaço de carne*. O significado do hebraico é incerto.

²⁰Quando Davi voltou para casa a fim de abençoar sua família, Mical, filha de Saul, saiu ao encontro dele e disse: "Como o rei de Israel se mostrou digno de honra hoje, exibindo-se sem qualquer vergonha diante das servas, como um homem vulgar!".

²¹Davi respondeu a Mical: "Eu dançava diante do Senhor, que me escolheu em lugar de seu pai e de toda a sua família! Ele me nomeou líder de Israel, o povo do Senhor, por isso continuarei a celebrar diante do Senhor. ²²Estou disposto a me tornar ainda mais desprezível e até mesmo a ser humilhado aos meus próprios olhos! Mas as servas que você mencionou certamente me considerarão digno de honra".

²³E Mical, filha de Saul, não teve filhos até o final de sua vida.

A aliança do Senhor com Davi

7 Quando o rei Davi já havia se estabelecido em seu palácio e o Senhor lhe tinha dado descanso de todos os inimigos ao redor, ²mandou chamar o profeta Natã. O rei disse: "Veja, moro num palácio, uma casa de cedro, enquanto a arca de Deus está lá fora, numa simples tenda".

³Natã respondeu ao rei: "Faça o que tem em mente, pois o Senhor está com o rei".

⁴Naquela mesma noite, porém, o Senhor disse a Natã:

⁵"Vá e diga a meu servo Davi que assim diz o Senhor: 'Acaso cabe a você construir uma casa para eu habitar? ⁶Desde o dia em que tirei os israelitas do Egito até hoje, nunca morei numa casa. Sempre acompanhei o povo de um lugar para o outro numa tenda, num tabernáculo. ⁷E, no entanto, onde quer que eu tenha ido com os israelitas, nunca me queixei às tribos de Israel e aos pastores de meu povo. Nunca lhes perguntei: Por que não construíram para mim um palácio, uma casa de cedro?'.

⁸"Agora vá e diga a meu servo Davi que assim diz o Senhor dos Exércitos: 'Eu o tirei das pastagens onde você cuidava das ovelhas e o escolhi para ser o líder de meu povo, Israel. ⁹Estive com você por onde andou e destruí todos os seus inimigos diante de seus olhos. Agora, tornarei seu nome tão conhecido quanto o dos homens mais importantes da terra! ¹⁰Providenciarei uma terra para meu povo, Israel, e os plantarei num lugar seguro, onde jamais serão perturbados. Nações perversas não os oprimirão como fizeram no passado, ¹¹desde o tempo em que nomeei juízes para governar meu povo, Israel. Eu lhes darei descanso de todos os seus inimigos'.

"'Além disso, o Senhor declara que fará uma casa para você, uma dinastia real! ¹²Pois, quando você morrer e for sepultado com seus antepassados, escolherei um de seus filhos, de sua própria descendência, e estabelecerei seu reino. ¹³Ele é que construirá uma casa para meu nome, e estabelecerei seu trono para sempre. ¹⁴Eu serei seu pai, e ele será meu filho. Se ele pecar, eu o corrigirei e disciplinarei com a vara, como qualquer outro pai faria. ¹⁵Contudo,

---

6.20-22 [...] Mical, sua esposa, olhando para fora, achou estranho ver o rei vestindo uma túnica tão insignificante como um éfode de linho! [...] Então ela exagerou o que ele fizera e expressou suas ideias com sarcasmo; ela pressupôs que Davi havia se comportado pior do que poderia. Ele simplesmente havia se despojado de suas vestes e agido, como o restante do povo, brincando diante de Deus, mas ela o acusou de imodéstia. [...]

Talvez ele nunca tivesse sentido um entusiasmo mais santo; seu ânimo estava elevado; ele estava em um fluir de alegria celestial! Ah, Davi, há uma ferroada para você em algum lugar. Agora há calma, mas há uma tempestade se levantando. [...] ele é encontrado no limiar por sua própria esposa, e ela, de maneira muito sarcástica, zomba dele: "Como o rei de Israel se mostrou digno de honra hoje!". O pobre Davi está zangado, de coração partido e triste; sua alegria é espalhada aos ventos por um momento; embora ele a rechace com uma repreensão, sem dúvida a ironia entrou em sua alma; a alegria daquele dia foi duramente marcada. Assim diz o velho John Bunyan; e podemos realmente dizer, quando estamos no cume de uma montanha, não estamos longe do fundo de um vale! Quando estamos no topo de uma onda, não demora muito para estarmos no canal de outra! Subida e descida é o caminho para o Céu! Nosso caminho deve ser quadriculado; sombras douradas são entrelaçadas com o solo enegrecido. Teremos alegria, mas devemos ter provações; teremos arrebatamento, mas devemos ter problemas na carne.

não retirarei dele meu favor, como o retirei de Saul, quando o removi do seu caminho. ¹⁶Sua casa e seu reino continuarão para sempre diante de mim,ª e seu trono será estabelecido para sempre'".

¹⁷Natã voltou até Davi e contou ao rei tudo que o Senhor lhe tinha revelado.

Oração de gratidão de Davi

¹⁸Então o rei Davi entrou no santuário, pôs-se diante do Senhor e orou:

"Quem sou eu, ó Soberano Senhor, e o que é minha família, para que me trouxesses até aqui? ¹⁹E agora, Soberano Senhor, como se isso não bastasse, dizes que dará a teu servo uma dinastia duradoura! Tratas a todos dessa forma, ó Soberano Senhor?ᵇ

²⁰"Que mais posso dizer-te? Tu sabes como teu servo é de fato, ó Soberano Senhor. ²¹Por causa de tua promessa e de acordo com tua vontade, fizeste todas estas grandes coisas e as tornaste conhecidas a teu servo.

²²"Quão grande és, ó Soberano Senhor! Não há ninguém igual a ti! Jamais ouvimos falar de outro Deus como tu! ²³Engrandeceste teu nome ao livrar teu povo do Egito. Realizaste milagres impressionantes e removeste as nações e os deuses do caminho de teu povo.ᶜ ²⁴Fizeste de Israel teu próprio povo para sempre, e tu, ó Senhor, te tornaste seu Deus.

²⁵"E agora, ó Senhor Deus, sou teu servo; faze o que prometeste a meu respeito e de minha família. Confirma-o como uma promessa que durará para sempre. ²⁶Que o teu nome seja honrado para sempre, a fim de que todos digam: 'O Senhor dos Exércitos é o Deus de Israel!'. E que a dinastia de teu servo Davi permaneça diante de ti para sempre.

²⁷"Ó Senhor dos Exércitos, o Deus de Israel, tive a coragem de fazer-te esta oração porque revelaste tudo isso a teu servo ao dizer: 'Farei uma casa para você, uma dinastia real!'. ²⁸Pois tu és Deus, ó Soberano Senhor. Tuas palavras são verdadeiras, e tu prometeste estas coisas boas a teu servo. ²⁹E agora, que seja do teu agrado abençoar a casa de teu servo, para que ela permaneça para sempre diante de ti. Pois tu falaste, ó Soberano Senhor, e quando concedes uma bênção a teu servo, é uma bênção para sempre!".

Vitórias militares de Davi

8 Depois disso, Davi derrotou e sujeitou os filisteus, conquistando Gate, sua maior cidade.ᵈ ²Também conquistou a terra de Moabe. Fez os moabitas se deitarem no chão numa fileira e os mediu com uma corda, formando grupos. Para cada grupo que poupou, executou dois grupos. Assim Davi sujeitou os moabitas, e eles lhe pagaram tributo.

³Davi também derrotou Hadadezer, filho de Reobe, rei de Zobá, quando Hadadezer tentou recuperar o controle da região do rio Eufrates. ⁴Davi tomou mil carros de guerra, sete mil cavaleirosᵉ e vinte mil soldados da infantaria. Levou

---

ª**7.16** Conforme alguns manuscritos hebraicos e a Septuaginta; o hebraico traz *diante de você*. ᵇ**7.19** Ou *Esta é tua instrução para toda a humanidade, ó Soberano Senhor?* ᶜ**7.23** Conforme a Septuaginta (ver tb. 1Cr 17.21); o hebraico traz *Fizeste um nome para ti mesmo e milagres impressionantes para tua terra à vista de teu povo, que redimiste do Egito, das nações e de seus deuses.* ᵈ**8.1** Em hebraico, *conquistando Metegue-Amá*; comparar com 1Cr 18.1. ᵉ**8.4** Conforme os manuscritos do mar Morto e a Septuaginta (ver tb. 1Cr 18.4); o Texto Massorético traz *capturou 1.700 cavaleiros*.

7.8-16 [...] embora o Senhor recusasse a Davi a realização de seu desejo, Ele o fez de forma muito graciosa. Não desprezou a ideia com raiva ou desdém, como se Davi tivesse desejado algo indigno. Ele honrou o Seu servo mesmo na recusa de sua oferta e multiplicou tantas bênçãos sobre a cabeça do rei como poderia ter derramado sobre ele, se lhe tivesse sido permitido realizar *sua intenção!* Bem, em imitação de Davi, vamos pensar em algo grandioso que podemos fazer para o Senhor nosso Deus. Vamos, com espírito consagrado e mãos liberais, buscar honrar e glorificar ao Senhor nosso Redentor! Mas se a nós não é permitido fazer essa obra em particular, sobre a qual colocamos nosso coração, não nos surpreendamos ou decepcionemos. A verdadeira obediência de um servo, às vezes, pode ser também vista no que ele não faz, como no que faz. Não cabe a nós escolher o nosso lugar, ou o nosso trabalho e, embora o servo zeloso possa preferir fazer algo que mostre sua lealdade ao seu mestre com a mais pura clareza, contudo essa lealdade é ainda mais plenamente vista quando seu mestre diz: "Não. Desejo que você não faça isso". E ele, sem um murmúrio, senta-se, ou vai trabalhar em outro lugar onde pode ter-lhe sido oferecido ir.

cavalos suficientes para cem carros de guerra e aleijou o restante. ⁵Quando os sírios de Damasco chegaram para ajudar o rei Hadadezer, Davi matou 22 mil deles. ⁶Então colocou destacamentos de seu exército em Damasco, a capital dos sírios. Assim Davi sujeitou os sírios, e eles lhe pagaram tributo. O Senhor concedia vitórias a Davi por onde quer que ele fosse.

⁷Davi levou para Jerusalém os escudos de ouro dos oficiais de Hadadezer, ⁸além de grande quantidade de bronze de Tebá[a] e de Berotai, cidades que pertenciam a Hadadezer.

⁹Quando Toí, rei de Hamate, soube que Davi tinha destruído todo o exército de Hadadezer, ¹⁰enviou seu filho Jorão para parabenizar Davi por sua campanha bem-sucedida. Hadadezer e Toí eram inimigos e sempre estavam em guerra. Jorão presenteou Davi com objetos de prata, ouro e bronze.

¹¹O rei Davi dedicou todos esses presentes ao Senhor, como fez com a prata e o ouro das outras nações que havia derrotado: ¹²de Edom,[b] Moabe, Amom, da Filístia e de Amaleque, além de Hadadezer, filho de Reobe, rei de Zobá.

¹³Davi se tornou ainda mais conhecido ao voltar da batalha em que matou dezoito mil edomitas[c] no vale do Sal. ¹⁴Davi colocou destacamentos de seu exército em todo o território de Edom, e assim sujeitou todos os edomitas. O Senhor concedia vitórias a Davi por onde quer que ele fosse.

¹⁵Davi reinou sobre todo Israel e fazia o que era justo e correto para seu povo. ¹⁶Joabe, filho de Zeruia, era comandante de seu exército. Josafá, filho de Ailude, era o historiador do reino. ¹⁷Zadoque, filho de Aitube, e Aimeleque, filho de Abiatar, eram os sacerdotes. Seraías era o secretário da corte. ¹⁸Benaia, filho de Joiada, era comandante da guarda pessoal do rei.[d] E os filhos de Davi serviam como líderes sacerdotais.[e]

Davi trata Mefibosete com bondade

9 Certo dia, Davi perguntou: "Resta alguém da família de Saul, a quem eu possa mostrar bondade por causa de Jônatas?". ²Havia um servo da família de Saul, cujo nome era Ziba, e o trouxeram a Davi. "Você é Ziba?", perguntou o rei.

"Sim, seu servo, meu senhor!", respondeu Ziba.

³Então o rei lhe perguntou: "Resta alguém da família de Saul? Se resta, gostaria de mostrar a bondade de Deus para com ele".

"Um dos filhos de Jônatas ainda está vivo", respondeu Ziba. "Ele é aleijado dos dois pés."

⁴"Onde ele está?", perguntou o rei.

Ziba respondeu: "Em Lo-Debar, na casa de Maquir, filho de Amiel".

⁵Então Davi mandou buscá-lo na casa de Maquir. ⁶Seu nome era Mefibosete, filho de Jônatas, filho de Saul. Quando compareceu diante de Davi, curvou-se com o rosto no chão. Davi disse: "Saudações, Mefibosete".

Mefibosete respondeu: "Aqui está seu servo, meu senhor!".

⁷"Não tenha medo", disse Davi. "Quero mostrar bondade a você por causa de Jônatas, seu pai. Vou lhe dar todas as terras que pertenciam a seu avô Saul, e você comerá sempre aqui comigo, à mesa do rei."

⁸Mefibosete se prostrou e disse: "Quem é seu servo, para que o senhor mostre bondade a alguém como eu, que não vale mais que um cão morto?".

⁹Então o rei mandou chamar Ziba, servo de Saul, e disse: "Dei ao neto de seu senhor tudo que pertencia a Saul e sua família. ¹⁰Você, seus filhos e servos cultivarão a terra para ele, a fim de produzir alimento para a casa de seu senhor.[f] Mefibosete, neto de seu senhor, comerá sempre à minha mesa". Ziba tinha quinze filhos e vinte servos.

¹¹"Sou seu servo", respondeu Ziba. "Farei tudo que meu senhor, o rei, mandou." E, daquele momento em diante, Mefibosete passou a comer à mesa de Davi,[g] como se fosse um de seus filhos.

¹²Mefibosete tinha um filho ainda jovem chamado Mica. Daquele momento em diante,

---

[a] 8.8 Conforme alguns manuscritos (ver tb 1Cr 18.8); o hebraico traz *Betá*. [b] 8.12 Conforme alguns manuscritos hebraicos, a Septuaginta e a versão siríaca (ver tb. 2Sm 8.14; 1Cr 18.11); a maioria dos manuscritos hebraicos traz *Aram*. [c] 8.13 Conforme alguns manuscritos hebraicos, a Septuaginta e a versão siríaca (ver tb. 2Sm 8.14; 1Cr 18.12); a maioria dos manuscritos hebraicos traz *sírios*. [d] 8.18a Em hebraico, *dos queretitas e dos peletitas*. [e] 8.18b Em hebraico, *sacerdotes*; comparar com o texto paralelo em 1Cr 18.17. [f] 9.10 Conforme a Septuaginta; o hebraico traz *para o neto de seu senhor*. [g] 9.11 Conforme a Septuaginta; o hebraico traz *à minha mesa*.

todos os membros da casa de Ziba se tornaram servos de Mefibosete. ¹³E Mefibosete, que era aleijado dos dois pés, morava em Jerusalém e comia sempre à mesa do rei.

Davi derrota os amonitas

10 Algum tempo depois, morreu Naás, rei dos amonitas, e seu filho Hanum subiu ao trono. ²Davi disse: "Vou demonstrar lealdade a Hanum, assim como seu pai, Naás, sempre foi leal a mim". Então Davi enviou representantes para expressar seu pesar a Hanum pela morte do pai dele.

Mas, quando os representantes de Davi chegaram à terra de Amom, ³os líderes amonitas disseram a Hanum, seu senhor: "O rei acredita mesmo que esses homens estão aqui para honrar seu pai? Não! Davi os enviou com o objetivo de espionar a cidade para vir e conquistá-la!". ⁴Então Hanum prendeu os representantes de Davi e raspou metade da barba de cada um, cortou metade de suas roupas até as nádegas e os expulsou de sua terra.

⁵Quando Davi soube o que havia acontecido, enviou mensageiros ao encontro dos homens, para que lhes dissessem: "Fiquem em Jericó até que sua barba tenha crescido e voltem em seguida", pois estavam muito envergonhados.

⁶Quando os amonitas perceberam quanto haviam enfurecido Davi, contrataram vinte mil soldados de infantaria dos sírios das terras de Bete-Reobe e Zobá, mil homens do rei de Maaca e doze mil da terra de Tobe. ⁷Davi foi informado disso e enviou Joabe e todos os seus guerreiros para lutarem contra eles. ⁸As tropas amonitas avançaram e formaram sua frente de batalha à entrada da cidade, enquanto os sírios de Zobá e Reobe e os homens de Tobe e Maaca se posicionaram para lutar nos campos abertos.

⁹Joabe viu que teria de lutar em duas frentes ao mesmo tempo, por isso escolheu alguns dos melhores guerreiros de Israel e os pôs sob seu comando pessoal para enfrentar os sírios. ¹⁰Deixou o restante do exército sob o comando de seu irmão Abisai, que atacou os amonitas. ¹¹Joabe disse a seu irmão: "Se os sírios forem fortes demais para mim, venha me ajudar. E, se os amonitas forem fortes demais para você, eu irei ajudá-lo. ¹²Coragem! Lutemos bravamente por nosso povo e pelas cidades de nosso Deus. E que seja feita a vontade do Senhor!".

¹³Joabe e suas tropas atacaram, e os sírios começaram a fugir. ¹⁴Quando os amonitas viram que os sírios batiam em retirada, também fugiram de Abisai e recuaram para dentro da cidade. Terminada a batalha, Joabe voltou para Jerusalém.

¹⁵Os sírios viram que não tinham como enfrentar Israel. Assim, ao se reagrupar, ¹⁶receberam o reforço de soldados sírios convocados por Hadadezer do outro lado do rio Eufrates.[a] Essas tropas chegaram a Helã conduzidas por Sobaque, comandante das forças de Hadadezer.

¹⁷Quando Davi foi informado do que estava acontecendo, reuniu todo o Israel, atravessou o Jordão e levou o exército até Helã. Os sírios se posicionaram para a batalha e lutaram contra Davi. ¹⁸Mais uma vez, porém, os sírios fugiram dos israelitas. O exército de Davi matou setecentos homens em carros de guerra e quarenta mil soldados de infantaria,[b] incluindo Sobaque, comandante de seu exército. ¹⁹Quando todos os reis aliados a Hadadezer viram que ele havia sido derrotado pelos israelitas, renderam-se a Israel e se tornaram súditos de Davi. Depois disso, os sírios tiveram medo de voltar a ajudar os amonitas.

Davi e Bate-Seba

11 No começo do ano,[c] época em que os reis costumavam ir à guerra, Davi enviou Joabe e as tropas israelitas para lutarem contra os amonitas. Eles destruíram o exército inimigo

---

[a] 10.16 Em hebraico, *do rio*. [b] 10.18 Conforme alguns manuscritos gregos (ver tb. 1Cr 19.18); o hebraico traz *cavaleiros*. [c] 11.1 O primeiro dia do ano no antigo calendário lunar hebraico caía em março ou abril.

11.1 Somos informados de que a época havia chegado quando os reis saíam para a batalha — provavelmente a primavera, quando os cavalos podiam ser alimentados com forragem e quando, se fosse necessário um longo cerco, os exércitos poderiam sentar-se diante de uma cidade com a perspectiva do avanço do verão e colheitas maduras. Esta era uma grande ocasião, pois, de outra maneira, por que ele enviaria todo o Israel com

e cercaram a cidade de Rabá. Mas Davi ficou em Jerusalém.

²Certa tarde, Davi se levantou da cama depois de seu descanso e foi caminhar pelo terraço do palácio. Enquanto olhava do terraço, reparou numa mulher muito bonita que tomava banho. ³Davi mandou alguém descobrir quem era a mulher. Disseram-lhe: "É Bate-Seba, filha de Eliã e esposa de Urias, o hitita". ⁴Então Davi enviou mensageiros para que a trouxessem, e teve relações com ela. Bate-Seba havia acabado de completar o ritual de purificação depois da menstruação. E ela voltou para casa. ⁵Passado algum tempo, quando Bate-Seba descobriu que estava grávida, enviou um mensageiro a Davi para lhe dizer: "Estou grávida".

⁶Então Davi mandou uma mensagem para Joabe: "Envie-me Urias, o hitita", e Joabe o enviou a Davi. ⁷Quando Urias chegou, Davi perguntou como estavam Joabe e o exército e como ia a guerra. ⁸Então disse a Urias: "Vá para casa e descanse".ª Depois que Urias deixou o palácio, Davi lhe enviou um presente. ⁹Urias, porém, não foi para casa. Passou a noite na entrada do palácio com os guardas do rei.

¹⁰Quando Davi soube que Urias não tinha ido para casa, mandou chamá-lo e perguntou: "O que aconteceu? Depois de ter ficado tanto tempo fora, por que você não foi para casa ontem à noite?".

¹¹Urias respondeu: "A arca e os exércitos de Israel e de Judá estão em tendas,ᵇ e Joabe, meu comandante, e seus soldados estão acampados ao ar livre. Como eu poderia ir para casa para beber, comer e dormir com minha mulher? Juro diante do rei que jamais faria uma coisa dessas".

¹²Então Davi lhe disse: "Pois bem. Fique aqui hoje, e amanhã poderá retornar". Urias ficou em Jerusalém aquele dia e o dia seguinte. ¹³Davi o convidou para jantar e o embriagou. Outra vez, porém, ele dormiu numa esteira, com os guardas do rei, e não foi para sua casa.

Davi trama a morte de Urias

¹⁴Na manhã seguinte, Davi escreveu uma carta para Joabe e mandou Urias entregá-la. ¹⁵A carta continha a seguinte instrução: "Coloque Urias na linha de frente, onde o combate estiver mais intenso. Depois, recue para que ele seja morto". ¹⁶Então Joabe colocou Urias numa posição próxima do muro da cidade, onde sabia que estavam os principais guerreiros do inimigo. ¹⁷Quando os soldados inimigos saíram da cidade para lutar, Urias, o hitita, foi morto junto com muitos outros soldados israelitas.

¹⁸Joabe enviou a Davi um relatório da batalha. ¹⁹Disse a seu mensageiro: "Conte ao rei tudo que aconteceu na batalha. ²⁰Pode ser que ele fique irado e pergunte: 'Por que as tropas se aproximaram tanto da cidade? Não

---

ª **11.8** Em hebraico, *e lave os pés*, expressão que também pode indicar um banho cerimonial. ᵇ **11.11** Ou *em Sucote*.

Joabe? Uma grande guerra havia sido provocada, e os interesses mais importantes estavam em jogo. [...]

Davi nunca se recusou a sair para a batalha enquanto era assediado por seu adversário Saul. Enquanto ele é caçado como uma perdiz nas montanhas, o caráter de Davi permanece imaculado, e seu zelo é incomparável. Em sua religião, havia intensa energia, enquanto em sua vida, intensa adversidade! Mas agora, o momento da provação está próximo, Saul está morto, e o último de sua raça se senta como um pensionista humilde à mesa de Davi. O filho de Jessé não é mais obrigado a usar as trilhas das cabras selvagens, ou a esconder-se entre as sombras do En-Gedi; seu grande adversário há muito havia caído pelas flechas dos filisteus nos montes de Gilboa! Mas um inimigo mais furtivo está à espreita em uma emboscada – ai de você, Davi, se ele o vencer! Ah, cristão, é perigoso o momento em que a tentação deixar de incomodá-lo, quando Satanás o deixar em paz, e quando você tiver colocado seu pé no pescoço de seu adversário; quando a tempestade se silenciar e for dormir, quando uma calmaria tomar o lugar do terrível furacão — é então que você precisa prestar muita atenção, pois então sua alma pode perder sua força e vigilância anteriores, e você pode cair na indiferença e mornidão de Laodiceia! Enquanto o diabo o assalta à direita e à esquerda, dificilmente você poderá descansar no leito da segurança carnal. Quando o cão do inferno late em seus ouvidos, ele o mantém acordado. No entanto, quando cessa o uivo dele, suas pálpebras pesam, a menos que a graça divina evite que isso aconteça! Quando você não for mais levado a cair de joelhos pelos ataques furiosos do inferno, poderá experimentar provações ainda mais terríveis do "terreno encantado" e terá um bom motivo para clamar: "Não permitas que eu durma, Senhor, como fazem os outros, mas faze-me vigiar e ser sóbrio!".

sabiam que atirariam contra eles dos muros? ²¹Acaso Abimeleque, filho de Gideão,ᵃ não foi morto em Tebes por uma mulher que atirou uma pedra de moinho do alto da muralha? Por que chegaram tão perto dos muros?'. Então diga-lhe: 'Seu soldado Urias, o hitita, também foi morto'".

²²O mensageiro foi a Jerusalém e deu um relatório completo a Davi. ²³"O inimigo saiu contra nós em campo aberto", disse o mensageiro. "Quando os perseguíamos de volta até o portão da cidade, ²⁴os arqueiros no alto do muro atiraram flechas contra nós. Alguns dos homens do rei foram mortos; entre eles estava Urias, o hitita."

²⁵Davi respondeu: "Diga a Joabe que não desanime. A espada devora este hoje e aquele amanhã. Lutem bravamente e conquistem a cidade!".

²⁶Quando a esposa de Urias soube que seu marido havia morrido, chorou por ele. ²⁷Terminado o período de luto, Davi mandou trazê-la para o palácio. Ela se tornou uma de suas esposas e deu à luz um filho. Mas o que Davi fez desagradou o Senhor.

Natã repreende Davi

12 Então o Senhor enviou o profeta Natã a Davi. Ele foi até o rei e lhe disse: "Havia dois homens em certa cidade. Um era rico, e o outro, pobre. ²O rico era dono de muitas ovelhas e muito gado. ³O pobre não tinha nada, exceto uma cordeirinha que ele havia comprado. Ele criou a cordeirinha, e ela cresceu com os filhos dele. Comia de seu prato, bebia de seu copo e até dormia em seus braços; ela era como sua filha. ⁴Certo dia, um visitante chegou à casa do rico. Em vez de matar um dos animais de seu próprio rebanho, o rico tomou a cordeirinha do pobre, a matou e a preparou para seu visitante".

⁵Davi ficou furioso com esse homem rico e jurou: "Tão certo como vive o Senhor, o homem que faz uma coisa dessas merece morrer! ⁶Deve restituir quatro ovelhas ao pobre por ter roubado a cordeirinha e não ter mostrado compaixão".

⁷Então Natã disse a Davi: "Você é esse homem! Assim diz o Senhor, o Deus de Israel: 'Eu o ungi rei de Israel e o livrei das mãos de Saul. ⁸Dei-lhe a casa e as mulheres de seu senhor e os reinos de Israel e Judá. E, se isso não bastasse, teria lhe dado muito mais. ⁹Por que, então, você desprezou a palavra do Senhor e fez algo tão horrível? Você assassinou Urias, o hitita, com a espada dos amonitas e roubou a esposa dele! ¹⁰De agora em diante, a espada não se afastará de sua família, pois você me desprezou ao tomar para si a mulher de Urias'.

¹¹"Assim diz o Senhor: 'De sua própria família farei surgir seu castigo. Tomarei suas mulheres diante de seus olhos e as darei a outro homem; ele se deitará com elas à vista de todos. ¹²O que você fez em segredo, eu farei acontecer abertamente, diante de todo o Israel'".

Davi confessa sua culpa

¹³Então Davi confessou a Natã: "Pequei contra o Senhor".

Natã respondeu: "Sim, mas o Senhor o perdoou, e você não morrerá por causa do seu pecado. ¹⁴Contudo, uma vez que você demonstrou o mais absoluto desprezo pela palavra do Senhorᵇ ao agir desse modo, seu filho morrerá".

¹⁵Depois que Natã voltou para casa, o Senhor fez adoecer gravemente o filho de Davi com a mulher de Urias. ¹⁶Davi suplicou ao Senhor que poupasse a criança. Jejuou e passou a noite prostrado no chão. ¹⁷Os oficiais do palácio insistiram para que ele se levantasse e comesse com eles, mas Davi se recusou.

ᵃ **11.21** Em hebraico, *filho de Jerubesete*, variação de Jerubaal, outro nome para Gideão; ver Jz 6.32. ᵇ **12.14** Conforme os manuscritos do mar Morto; o Texto Massorético traz *pelos inimigos do Senhor*.

12.13,14 *[...] Davi foi levado a ver o seu pecado em sua verdadeira luz antes que ele fosse perdoado.* Natã não foi a ele e disse: "Davi, você cometeu um erro muito maior do que supôs. Você desonrou seu caráter e trouxe desonra sobre o Deus a quem você ama — mas você está perdoado". Não, ele proferiu uma parábola que colocou o próprio caráter de Davi diante dele como sendo do tipo mais básico e mais insignificante. A descrição do viajante que veio ao homem rico, que então foi e tomou um cordeiro do pobre homem com o qual faria uma festa para o viajante, foi bem concebida. Era uma armadilha na qual Davi foi habilmente pego e

¹⁸No sétimo dia, a criança morreu. Os servos de Davi ficaram com medo de contar para ele. "Não ouviu nossos conselhos quando a criança estava doente", disseram. "Se lhe contarmos que a criança morreu, poderá cometer uma insanidade."

¹⁹Davi percebeu que estavam cochichando e compreendeu o que havia acontecido. "A criança morreu?", perguntou.

"Sim", responderam eles. "Está morta."

²⁰Então Davi levantou-se do chão, lavou-se, perfumou-se[a] e trocou de roupa. Foi ao santuário e adorou o Senhor. Depois, voltou ao palácio, pediu que lhe trouxessem alimento e comeu.

²¹Seus servos ficaram perplexos. "Não o entendemos", disseram. "Enquanto a criança estava viva, o senhor chorou e jejuou. Agora que a criança morreu, o senhor parou de lamentar e voltou a comer."

²²Davi respondeu: "Enquanto a criança estava viva, jejuei e chorei, pois pensava: 'Quem sabe o Senhor terá compaixão de mim e deixará a criança viver'. ²³Mas por que jejuar agora que ela morreu? Poderia eu fazê-la voltar? Um dia irei até ela, mas ela não voltará a mim".

²⁴Então Davi consolou Bate-Seba, sua mulher, e teve relações com ela. Bate-Seba engravidou e deu à luz um filho, a quem Davi chamou Salomão. O Senhor amou a criança ²⁵e enviou uma mensagem por meio do profeta Natã, dizendo que o menino devia se chamar Jedidias,[b] conforme o Senhor havia ordenado.[c]

Davi conquista Rabá

²⁶Enquanto isso, Joabe continuou a lutar contra Rabá, a capital de Amom, e tomou a cidade real. ²⁷Joabe enviou mensageiros a Davi para lhe dizer: "Lutei contra Rabá e capturei seus reservatórios de água. ²⁸Traga o restante do exército aqui e conquiste a cidade. De outro modo, eu a tomarei e levarei o crédito pela vitória".

²⁹Então Davi reuniu o restante do exército e foi a Rabá. Eles atacaram a cidade e a conquistaram. ³⁰Davi removeu a coroa da cabeça do rei,[d] e ela foi colocada sobre sua cabeça. A coroa era feita de ouro, enfeitada com pedras preciosas, e pesava cerca de 35 quilos.[e] Davi tomou grande quantidade de despojos da cidade. ³¹Também tornou os habitantes de Rabá seus escravos e os obrigou a trabalhar com[f] serras, picaretas e machados de ferro, e também nos fornos de tijolos.[g] Foi assim que Davi tratou o povo de todas as cidades amonitas. Então ele e todo o exército voltaram para Jerusalém.

Tamar é violentada

13 Absalão, filho de Davi, tinha uma irmã muito bonita chamada Tamar. Amnom, outro filho de Davi, apaixonou-se por ela. ²Amnom ficou tão obcecado por Tamar que

---

[a] **12.20** Em hebraico, *ungiu-se*. [b] **12.25a** *Jedidias* significa "amado do Senhor". [c] **12.25b** Conforme a Septuaginta; o hebraico traz *por causa do Senhor*. [d] **12.30a** Ou *da cabeça de Milcom* (cf. Septuaginta), deus dos amonitas também chamado de Moloque. [e] **12.30b** Em hebraico, *1 talento*. [f] **12.31a** Ou *Também tirou o povo de Rabá e os colocou sob*. [g] **12.31b** Ou *e os fez passar pelos fornos de tijolos*.

---

obrigado a se ver, embora não tivesse a menor ideia, no momento, de que via a si mesmo. Mas quando Natã lhe disse "você é esse homem", ele sentiu que era um miserável que merecia ser condenado à morte. Sua indignação foi despertada contra si mesmo e contra suas próprias ações — e assim o Senhor tomou cuidado para que Davi não recebesse perdão até que ele tivesse percebido a grandeza de seu pecado! Isso seria um forte teste para ele no futuro, impedindo-o de cair naquele pecado novamente.

Além disso, *ele foi levado a condenar-se*. Antes que Natã dissesse a Davi: "Não morrerás", o rei havia pronunciado a sentença sobre si mesmo, pois disse, a respeito do homem descrito na parábola: "Tão certo como vive o Senhor, o homem que faz uma coisa dessas merece morrer!", não sabendo que estava condenando a si mesmo! Mas ele pronunciou sua própria sentença — e depois disso foi perdoado. Bem, queridos amigos, isso é exatamente o que o Senhor faz com os pecadores antes de perdoá-los! Primeiro, Ele os faz ver o seu pecado. [O pecador] deve reconhecer que é pecador e que o pecado é uma coisa extremamente má e amarga, pelo que ele merece ser enviado ao inferno! E quando ele chega a esse ponto, então o perdão lhe virá. Ó queridos irmãos e irmãs, vocês não veem o quão abençoado é esse teste sobre esse homem? Bem, quando ele recebe o perdão, recebe-o como alguém que sabe o que esse perdão cobre, e que também conhece a condenação da qual o perdão o libertou!

adoeceu. Ela era virgem, e Amnom imaginou que seria impossível possuí-la.

³Contudo, Amnom tinha um amigo muito astuto, seu primo Jonadabe. Ele era filho de Simeia, irmão de Davi. ⁴Certo dia, Jonadabe disse a Amnom: "Qual é o problema? Por que o filho do rei parece tão abatido todos os dias?".

Amnom lhe respondeu: "Estou apaixonado por Tamar, irmã de meu irmão Absalão".

⁵"Faça o seguinte", disse Jonadabe. "Deite-se e finja que está doente. Quando seu pai o visitar, peça-lhe que deixe Tamar vir e preparar algo para você comer. Peça que ela prepare o alimento aqui mesmo, para que você a veja e ela o sirva."

⁶Então Amnom se deitou e fingiu que estava doente. Quando o rei foi vê-lo, Amnom lhe pediu: "Por favor, permita que minha irmã Tamar venha e prepare dois bolos aqui mesmo, para que eu a veja e ela os sirva para mim". ⁷Davi concordou e mandou Tamar ir à casa de Amnom preparar algo para ele comer.

⁸Quando Tamar chegou à casa de Amnom, foi até o lugar onde ele estava deitado, para que ele pudesse vê-la preparar a massa. Então ela assou os bolos, conforme ele tinha pedido. ⁹Contudo, quando ela colocou a bandeja diante de Amnom, ele se recusou a comer. "Saiam todos daqui", disse ele a seus servos. E todos saíram.

¹⁰Então Amnom disse a Tamar: "Agora traga os bolos ao meu quarto e dê-me de comer". Tamar fez conforme ele pediu. ¹¹Quando, porém, ela lhe ofereceu a comida, ele a agarrou e exigiu: "Venha para a cama comigo, minha irmã!".

¹²"Não, meu irmão! Não me violente!", exclamou Tamar. "Isso não se faz em Israel! Não faça essa loucura! ¹³Como eu poderia viver com tamanha vergonha? E você cairia em desgraça em Israel! Por favor, fale com o rei, e ele permitirá que você se case comigo!"

¹⁴Mas Amnom não quis ouvi-la e, como era mais forte que ela, violentou-a. ¹⁵Então a paixão de Amnom se transformou em profundo desprezo, e seu desprezo por ela foi mais intenso que a paixão que havia sentido. "Saia daqui!", gritou para ela.

¹⁶"Não, não!", respondeu Tamar. "Mandar-me embora agora seria pior do que o mal que você me fez."

Amnom, porém, não quis ouvi-la. ¹⁷Chamou seu servo e ordenou: "Ponha esta mulher para fora daqui e tranque a porta!".

¹⁸O servo a pôs para fora e trancou a porta. Tamar vestia uma túnica longa,ᵃ como era costume naqueles dias entre as filhas virgens do rei. ¹⁹Então rasgou sua túnica, jogou cinzas sobre a cabeça e, cobrindo o rosto com as mãos, foi embora chorando.

²⁰Seu irmão Absalão a viu e perguntou: "É verdade que Amnom esteve com você? Bem, minha irmã, é melhor ficar quieta, pois Amnom é seu irmão. Não se aflija com isso". Então Tamar, como uma mulher desolada, foi morar na casa de seu irmão Absalão.

²¹Quando o rei Davi soube o que havia acontecido, ficou furioso.ᵇ ²²E, embora Absalão não tivesse dito nada a Amnom a esse respeito, odiou Amnom profundamente pelo que ele havia feito à sua irmã.

Absalão se vinga de Amnom

²³Dois anos depois, quando as ovelhas de Absalão estavam sendo tosquiadas em Baal-Hazor, perto de Efraim, Absalão convidou todos os filhos do rei para uma festa. ²⁴Foi até o rei e disse: "Meus tosquiadores estão trabalhando. Gostaria que o rei e seus servos celebrassem essa ocasião comigo".

²⁵Mas o rei respondeu: "Não, meu filho. Se todos nós fôssemos, seria um peso para você". Embora Absalão insistisse, o rei se recusou a ir, mas abençoou Absalão.

²⁶"Está bem", disse Absalão. "Se o senhor não pode vir, permita que meu irmão Amnom vá conosco."

"Por que Amnom?", perguntou o rei. ²⁷Mas Absalão continuou a insistir até que, finalmente, o rei concordou em deixar seus filhos, incluindo Amnom, irem à festa.ᶜ

²⁸Absalão disse a seus homens: "Esperem até Amnom estar bêbado; então, quando eu

---

ᵃ **13.18** Ou *uma túnica com mangas*, ou *uma túnica com enfeites*. O significado do hebraico é incerto. ᵇ **13.21** Os manuscritos do mar Morto e a Septuaginta acrescentam *mas não castigou seu filho Amnom porque o amava, pois ele era seu primeiro filho*.
ᶜ **13.27** Alguns manuscritos gregos acrescentam *Então Absalão preparou um banquete digno de um rei*.

ordenar, matem-no. Não tenham medo. A responsabilidade é minha. Sejam corajosos e valentes!". ²⁹Assim, quando Absalão deu o sinal, eles mataram Amnom. Os outros filhos do rei montaram em suas mulas e fugiram.

³⁰Quando ainda estavam a caminho de Jerusalém, a notícia chegou a Davi: "Absalão matou todos os filhos do rei; não restou um sequer com vida!". ³¹O rei se levantou, rasgou suas roupas e lançou-se no chão. Seus conselheiros também rasgaram suas roupas.

³²Nesse momento, Jonadabe, filho de Simeia, irmão de Davi, chegou e disse: "Não pense, meu senhor, que todos os filhos do rei foram mortos! Foi apenas Amnom! Absalão tramava isso desde que Amnom violentou sua irmã Tamar. ³³O meu senhor, o rei, não deve acreditar que todos os seus filhos estão mortos! Apenas Amnom morreu". ³⁴Enquanto isso, Absalão fugiu.

Então a sentinela sobre o muro de Jerusalém viu muita gente descendo o monte pela estrada que vinha do oeste.ᵃ

³⁵E Jonadabe disse ao rei: "Veja! Lá estão eles! São os filhos do rei voltando, como eu tinha dito".

³⁶Logo eles chegaram, chorando e soluçando, e o rei e todos os seus servos choraram amargamente com eles. ³⁷Davi chorou muitos dias por seu filho Amnom.

Absalão fugiu para a terra de Talmai, filho de Amiúde, rei de Gesur, ³⁸onde permaneceu por três anos. ³⁹E o rei Davi, conformado com a morte de Amnom, abandonou a ideia de perseguir Absalão.ᵇ

Joabe providencia o retorno de Absalão

14 Joabe, filho de Zeruia, percebeu que o rei agora desejava ver Absalão. ²Por isso, mandou trazer de Tecoa uma mulher conhecida por sua sabedoria. Disse-lhe: "Finja que está de luto; vista roupas de luto e não se perfume.ᶜ Aja como uma mulher que está lamentando a morte de alguém há muito tempo. ³Depois, vá até o rei e apresente a história que vou lhe contar". Então Joabe disse o que ela deveria falar.

⁴Quando a mulher de Tecoa se aproximou do rei, curvou-se com o rosto no chão e disse: "Ó rei! Ajude-me!".

⁵"Qual é o problema?", perguntou o rei.

"Pobre de mim, sou viúva!", respondeu ela. "Meu marido morreu. ⁶Meus dois filhos brigaram no campo. Como não havia ninguém por perto para separá-los, um deles acabou matando o outro. ⁷Agora, o resto da família está exigindo de sua serva: 'Entregue-nos seu filho. Vamos executá-lo por ter matado o irmão. Ele não merece herdar a propriedade da família'. Querem apagar a última brasa que me restou; se o fizerem, o nome e a família de meu marido desaparecerão da face da terra."

⁸"Eu cuidarei disso", disse o rei. "Vá para casa."

⁹A mulher de Tecoa respondeu: "Ó meu senhor, o rei, que a culpa caia sobre mim e sobre a família de meu pai, e que o rei e seu trono sejam inocentes!".

¹⁰"Se alguém criar problemas, traga-o a mim", disse o rei. "Eu lhe garanto que ele nunca mais a incomodará."

¹¹Então ela disse: "Por favor, prometa pelo Senhor, seu Deus, que não deixará o vingador da vítima matar meu filho. Não quero mais derramamento de sangue".

Ele respondeu: "Tão certo como vive o Senhor, ninguém tocará num fio de cabelo da cabeça de seu filho!".

¹²"Permita-me pedir mais uma coisa ao meu senhor, o rei", disse a mulher.

"Fale", respondeu ele.

¹³Então ela disse: "Por que o senhor não faz pelo povo de Deus o mesmo que prometeu fazer por mim? Ao tomar essa decisão, o senhor condenou a si mesmo, pois se recusou a trazer para casa seu filho banido. ¹⁴Um dia, todos nós morreremos. Nossa vida é como água que, depois de derramada na terra, não pode mais ser recolhida. Mas Deus não apaga a vida; ao contrário, ele cria meios de trazer de volta aqueles que foram banidos de sua presença.

¹⁵"Vim suplicar ao meu senhor, o rei, porque outros me ameaçaram. Pensei: 'Talvez o rei me escute ¹⁶e nos livre daqueles que desejam nos eliminar da herança que Deus nos deu. ¹⁷Sim, o meu senhor, o rei, restaurará nossa paz de

---

ᵃ **13.34** A Septuaginta acrescenta *Ele correu para contar ao rei: "Vejo uma multidão vindo pela estrada de Horonaim, na encosta do monte"*. ᵇ **13.39** Ou *desejava se reencontrar com Absalão*. ᶜ **14.2** Em hebraico, *não se unja com óleo*.

espírito'. Sei que o senhor é como um anjo de Deus, capaz de discernir entre o bem e o mal. Que o Senhor, seu Deus, esteja com o rei".

¹⁸"Preciso saber uma coisa", disse o rei. "Diga-me a verdade."

"Sim, ó meu senhor, o rei", disse a mulher.

¹⁹"Foi Joabe quem a mandou aqui?", perguntou o rei.

A mulher respondeu: "Ó meu senhor, o rei, como posso negar? Ninguém é capaz de esconder coisa alguma do senhor. Sim, foi Joabe, servo do rei, que me enviou e me disse o que falar. ²⁰Agiu desse modo para que o senhor pudesse ver a questão com outros olhos. Mas o senhor é sábio como um anjo de Deus e entende tudo que acontece em nosso meio!".

²¹Então o rei mandou chamar Joabe e lhe disse: "Muito bem, vá e traga de volta o jovem Absalão".

²²Joabe se curvou com o rosto no chão e disse: "Finalmente sei que obtive o favor do meu senhor, o rei, pois atendeu a meu pedido!".

²³Joabe foi a Gesur e trouxe Absalão de volta a Jerusalém. ²⁴O rei, porém, deu a seguinte ordem: "Absalão pode ir para casa, mas não deve vir à minha presença". Portanto, Absalão não viu o rei.

A reconciliação de Absalão e Davi

²⁵Não havia nenhum homem em todo o Israel tão elogiado por sua beleza como Absalão; era perfeito da cabeça aos pés. ²⁶Cortava o cabelo uma vez por ano por causa de seu peso: 2,4 quilos,ᵃ segundo o peso real. ²⁷Tinha três filhos e uma filha. Sua filha se chamava Tamar e era muito bonita.

²⁸Absalão morou dois anos em Jerusalém sem ver o rei. ²⁹Então mandou chamar Joabe para pedir que intercedesse por ele, mas Joabe não quis vir. Mandou chamá-lo de novo e, mais uma vez, ele se recusou a vir. ³⁰Então Absalão disse a seus servos: "Vão e ponham fogo no campo de cevada de Joabe que fica junto de *minha propriedade*". Os servos foram e puseram fogo no campo, como Absalão havia ordenado.

³¹Então Joabe foi à casa de Absalão e lhe perguntou: "Por que seus servos puseram fogo em meu campo?".

³²Absalão respondeu: "Eu quero que você pergunte ao rei por que ele me trouxe de Gesur se não pretendia me receber. Teria sido melhor eu ficar onde estava. Quero ver o rei; se ele me considera culpado de algo, então que mande me matar".

³³Joabe contou ao rei o que Absalão tinha dito. Por fim, Davi mandou chamar Absalão. Ele veio, curvou-se com o rosto no chão diante do rei, e o rei o beijou.

A rebelião de Absalão

15 Algum tempo depois, Absalão providenciou para si uma carruagem com cavalos e contratou cinquenta guardas para servirem como sua guarda de honra.ᵇ ²Todas as manhãs, ele se levantava cedo e ia até o portão da cidade. Quando alguém trazia uma causa para ser julgada pelo rei, Absalão perguntava de que cidade a pessoa era, e ela lhe respondia a qual tribo de Israel pertencia. ³Então Absalão dizia: "Sua causa é justa e legítima. É pena que o rei não tenha ninguém para ouvi-la". ⁴E dizia ainda: "Quem me dera ser juiz. Então todos me apresentariam suas questões legais, e eu lhes faria justiça!".

⁵Quando alguém ia se prostrar diante dele, Absalão não o permitia. Ao contrário, tomava-o pela mão e o beijava. ⁶Fazia isso com todos que vinham ao rei pedir justiça e, desse modo, ia conquistando o coração de todos em Israel.

⁷Passados quatro anos,ᶜ Absalão disse ao rei: "Deixe-me ir a Hebrom para cumprir o voto que fiz ao Senhor. ⁸Enquanto eu estava em Gesur, na Síria, prometi oferecer sacrifícios ao Senhor em Hebromᵈ caso ele me trouxesse de volta a Jerusalém".

⁹"Está bem", disse o rei. "Vá e cumpra seu voto."

Então Absalão foi a Hebrom. ¹⁰Enquanto estava lá, porém, enviou em segredo mensageiros para todas as tribos de Israel. Eles diziam às pessoas: "Assim que ouvirem as trombetas, digam: 'Absalão foi coroado rei em Hebrom!'".

¹¹Absalão levou consigo duzentos homens de

ᵃ **14.26** Em hebraico, *200 siclos*. ᵇ **15.1** Em hebraico, *para correrem adiante dele*. ᶜ **15.7** Conforme a Septuaginta e a versão siríaca; o hebraico traz *quarenta anos*. ᵈ **15.8** Conforme alguns manuscritos gregos; o hebraico não traz *em Hebrom*.

Jerusalém como seus convidados, mas eles não faziam ideia de suas intenções. ¹²Enquanto Absalão oferecia os sacrifícios, mandou chamar Aitofel, um dos conselheiros de Davi que vivia na cidade de Gilo. Em pouco tempo, muitos outros se uniram a Absalão, e a conspiração ganhou força.

Davi foge de Jerusalém

¹³Logo, um mensageiro chegou a Jerusalém para informar Davi: "Todo o Israel se uniu a Absalão!".

¹⁴"Então devemos fugir de imediato, ou será tarde demais!", disse Davi a seus conselheiros. "Rápido! Se sairmos de Jerusalém antes que Absalão chegue, escaparemos e impediremos que ele mate todos os moradores da cidade."

¹⁵"O senhor tem o nosso apoio", responderam seus conselheiros. "Faça o que lhe parecer melhor."

¹⁶Então o rei e toda a sua família partiram de imediato. Ele deixou para trás apenas dez concubinas para cuidarem do palácio. ¹⁷O rei e todos que o acompanhavam foram a pé e pararam na última casa da cidade, ¹⁸a fim de deixar os soldados do rei passarem e tomarem a dianteira. Também iam com Davi sua guarda pessoal[a] e seiscentos homens de Gate.

¹⁹Então o rei se voltou para Itai, comandante dos homens de Gate, e disse: "Por que você está vindo conosco? Volte para o novo rei, pois Israel não é sua pátria; você é um estrangeiro no exílio. ²⁰Chegou faz pouco tempo, e não seria certo eu obrigá-lo a vir conosco. Nem sei para onde vamos. Volte e leve consigo seus parentes, e que a bondade e a fidelidade o acompanhem!".

²¹Itai, porém, disse ao rei: "Tão certo como vive o Senhor e como vive o rei, eu juro que, não importa o que aconteça, irei aonde for o meu senhor, o rei, seja para viver ou para morrer!".

²²Davi respondeu: "Muito bem, venha conosco". E Itai, todos os seus homens e suas famílias acompanharam Davi.

²³Por onde passavam o rei e os que o seguiam, todo o povo chorava em alta voz. Atravessaram o vale de Cedrom e foram em direção ao deserto.

²⁴Zadoque e todos os levitas também os acompanharam, carregando a arca da aliança de Deus. Puseram a arca no chão, e Abiatar ofereceu sacrifícios até que todos tivessem saído da cidade.

²⁵Então Davi ordenou a Zadoque: "Leve a arca de Deus de volta para a cidade. Se for da vontade do Senhor, ele me trará de volta para ver novamente a arca e o santuário.[b] ²⁶Mas, se ele não se agradar mais de mim, que faça comigo o que lhe parecer melhor".

²⁷O rei também disse ao sacerdote Zadoque: "Preste atenção. Você deve voltar à cidade, com seu filho Aimaás e com Jônatas, filho de Abiatar. ²⁸Farei uma parada em um dos pontos de travessia do Jordão[c] e ficarei ali esperando notícias suas". ²⁹Então Zadoque e Abiatar levaram a arca de Deus de volta para Jerusalém e ali permaneceram.

³⁰Davi prosseguiu pelo caminho para o monte das Oliveiras, chorando enquanto andava.

---

[a] 15.18 Em hebraico, *os queretitas e os peletitas*. [b] 15.25 Em hebraico, *e o lugar de sua habitação*. [c] 15.28 Em hebraico, *da região desabitada*.

15.23 O vale de Cedrom era um fosso insignificante, geralmente imundo e sujo fora dos muros de Jerusalém. Se não o fosse, como alguns o chamavam, o esgoto aberto da cidade, ainda assim haveria razões para acreditar que pelo menos a sujeira do templo era despejada nele. A imundície dos lugares de sacrifício saía por um subcanal para dentro deste vale, e temos um ou dois exemplos na Sagrada Escritura, em que, quando as casas eram purgadas e limpas, a sujeira era lançada no vale de Cedrom. A passagem, portanto, sobre aquele ribeiro sujo e negro se torna o símbolo de um tempo de profunda tristeza e angústia aguda. O próprio rei, então, passou pelo vale de Cedrom. A estrada real se encontra sobre o lugar da tristeza. O caminho, mesmo para reis, é pelo vale de tristeza e vergonha. [...]

Ah, não gostamos de atravessar o Cedrom. Quando se trata de apertos, como lutamos contra o sofrimento, especialmente contra a desonra e a blasfêmia! Quantos teriam feito a peregrinação, porém o Sr. Culpa [N.E.: do livro *O Peregrino*] provou que seria pesado demais para eles — não suportariam atravessar o negro vale do Cedrom, não aguentariam ser feitos em nulidade por amor à glória do Senhor. Não! Eles até retrocederam.

Estava com a cabeça coberta e os pés descalços. Os que iam com ele também tinham a cabeça coberta e choravam enquanto subiam ao monte. ³¹Quando alguém informou a Davi que Aitofel, seu conselheiro, agora apoiava Absalão, Davi orou: "Ó Senhor, faze que Aitofel dê conselhos errados a Absalão!".

³²Quando Davi chegou ao alto do monte, onde o povo costumava adorar a Deus, Husai, o arquita, o esperava ali. Husai havia rasgado suas roupas e colocado terra sobre a cabeça. ³³Mas Davi lhe disse: "Se você vier comigo, será apenas um peso. ³⁴Volte à cidade e diga a Absalão: 'Agora serei seu conselheiro, ó rei, como no passado fui conselheiro de seu pai'. Assim, você poderá frustrar os conselhos de Aitofel. ³⁵Os sacerdotes Zadoque e Abiatar estarão lá. Informe-os dos planos feitos no palácio, ³⁶e eles enviarão seus filhos Aimaás e Jônatas para me contar o que se passa".

³⁷Assim, Husai, amigo de Davi, voltou para Jerusalém e ali chegou na mesma hora em que Absalão entrava na cidade.

Davi e Ziba

16 Quando Davi tinha acabado de passar pelo alto do monte, Ziba, servo de Mefibosete, estava à sua espera. Tinha dois jumentos carregados com duzentos pães, cem bolos de passas,ª cem frutas de verão e uma vasilha de couro cheia de vinho.

²"Para que tudo isso?", perguntou o rei.

Ziba respondeu: "Os jumentos são para a família do rei montar, e o pão e as frutas de verão são para os servos comerem. O vinho é para os que ficarem exaustos no deserto".

³"E onde está Mefibosete, neto de seu senhor Saul?", perguntou o rei.

Ziba respondeu: "Ficou em Jerusalém, pois disse: 'Hoje o povo de Israel me devolverá o reino de meu avô Saul'".

⁴Então o rei disse a Ziba: "Nesse caso, dou a você tudo que pertence a Mefibosete".

"Humildemente me prostro", respondeu Ziba. "Que o meu senhor, o rei, sempre se agrade de mim."

Simei amaldiçoa Davi

⁵Quando o rei Davi chegou a Baurim, um homem do povoado saiu ao seu encontro e começou a amaldiçoá-lo. Era Simei, filho de Gera, do mesmo clã da família de Saul. ⁶Atirava pedras contra o rei, seus oficiais e os guerreiros que o cercavam. ⁷"Saia daqui, assassino, bandido!", gritava para Davi. ⁸"O Senhor lhe está retribuindo por todo o sangue derramado no clã de Saul. Você roubou o trono, e agora o Senhor o entregou a seu filho Absalão. Finalmente está provando de seu próprio remédio, pois é assassino!"

⁹Então Abisai, filho de Zeruia, disse: "Por que este cão morto amaldiçoa meu senhor, o rei? Dê a ordem, e eu cortarei a cabeça dele!".

¹⁰O rei, porém, disse: "Quem pediu a opinião de vocês, filhos de Zeruia? Se o Senhor mandou este homem me amaldiçoar, quem são vocês para questioná-lo?".

¹¹Então Davi disse a Abisai e a todos os seus servos: "Meu próprio filho procura me matar. Não teria este parente de Saulᵇ ainda mais motivos para fazer o mesmo? Deixem-no em paz. Que ele me amaldiçoe, pois foi o Senhor que o mandou. ¹²Talvez o Senhor veja que tenho sido injustiçadoᶜ e me abençoe por causa dessas maldições de hoje". ¹³Assim, Davi e seus homens prosseguiram em seu caminho. Simei

---

ª 16.1 Ou *cachos de passas*. ᵇ 16.11 Em hebraico, *este benjamita*. ᶜ 16.12 Conforme a Septuaginta e a versão siríaca; o hebraico traz *veja minha iniquidade*.

16.11,12 Veja que *Davi foi pressionado por outros a pôr fim a este homem*. Às vezes, seguimos prontamente o conselho, especialmente quando há algo que gostamos nele. E quem entre nós não gostaria desse conselho? Confesso que, lendo o capítulo, se eu estivesse neste caso envolvendo Abisai, receio que eu o teria decapitado primeiro e pedido permissão depois. Receio que isso seria muito ruim e perverso, mas em um caso como esse, quando meu querido rei, pelo qual eu vivera e por quem morreria — um rei tão abençoado como Davi — fora escarnecido por um cão como aquele — quem não teria dito: "Tire-lhe a cabeça!", e pensado que lhe dera honra naqueles dias difíceis? No entanto, Davi disse: "Não devemos seguir maus conselhos, não devemos nos deixar guiar tão rapidamente pelo zelo dos amigos sinceros". Se eles são muito rápidos, devemos ser muito lentos. Em todos os casos de vingança, se os outros prosseguirem, devemos recuar e dizer: "Cristo nos ordenou perdoar

os seguia pela encosta de um monte próximo, amaldiçoando Davi e atirando pedras e terra contra ele.

¹⁴O rei e todos que o acompanhavam chegaram exaustos ao rio Jordão[a] e, por isso, descansaram ali.

Aitofel aconselha Absalão

¹⁵Nesse meio-tempo, Absalão e uma multidão de israelitas entraram em Jerusalém, acompanhados por Aitofel. ¹⁶Quando Husai, o arquita, amigo de Davi, chegou à cidade, foi logo ao encontro de Absalão. "Viva o rei!", exclamou. "Viva o rei!"

¹⁷"É assim que você mostra lealdade a seu amigo Davi?", perguntou-lhe Absalão. "Por que não está com ele?"

¹⁸Husai respondeu: "Estou aqui porque pertenço àquele que é escolhido pelo Senhor e por todos os homens de Israel. ¹⁹Além do mais, é natural que eu sirva ao filho de Davi. Assim como fui conselheiro de seu pai, agora serei seu conselheiro".

²⁰Então Absalão se voltou para Aitofel e perguntou: "O que devo fazer agora?".

²¹Aitofel respondeu: "Tenha relações com as concubinas que seu pai deixou aqui para tomar conta do palácio. Então todo o Israel saberá que você insultou seu pai de tal modo que será impossível haver reconciliação; isso encorajará os que estão do seu lado". ²²Então armaram uma tenda no terraço do palácio, e ali Absalão teve relações com as concubinas de seu pai à vista de todo o Israel.

²³Absalão seguiu os conselhos de Aitofel, como Davi tinha feito, pois as palavras de Aitofel pareciam sábias, como se fossem um conselho dado pelo próprio Deus.

17
Aitofel disse a Absalão: "Permita-me escolher doze mil homens para sair em perseguição a Davi ainda esta noite. ²Eu o alcançarei enquanto está exausto e desanimado. Farei que ele entre em pânico, e assim todos os seus soldados fugirão. Então matarei apenas o rei ³e trarei todo o exército para o senhor. A morte do homem a quem o senhor busca lhe trará de volta os demais. Assim, ficará em paz com todo o povo". ⁴O plano pareceu bom a Absalão e a todas as autoridades de Israel.

Husai contesta o conselho de Aitofel

⁵Depois, porém, Absalão disse: "Tragam Husai, o arquita. Vejamos qual é a opinião dele". ⁶Quando Husai chegou, Absalão lhe contou o que Aitofel tinha dito. Então perguntou: "Qual é sua opinião? Devemos seguir o conselho de Aitofel? Se não, o que você sugere?".

⁷Husai respondeu a Absalão: "Desta vez o conselho de Aitofel está equivocado. ⁸O senhor conhece seu pai e os homens dele; são guerreiros valentes. No momento, estão tão furiosos quanto uma ursa da qual roubaram os filhotes. E lembre-se de que seu pai é um soldado experiente; ele não passará a noite com o povo. ⁹É provável que já esteja escondido em alguma cova ou caverna. Quando ele sair e atacar, e alguns de nossos soldados forem mortos, a notícia de que os homens de Absalão foram massacrados se espalhará. ¹⁰Então, até os soldados mais destemidos, embora sejam corajosos como um leão, serão tomados de pavor. Afinal, todo o Israel sabe como seu pai é um guerreiro poderoso e como são valentes os homens que o acompanham.

¹¹"Recomendo que o senhor reúna todo o exército de Israel e convoque soldados desde Dã, ao norte, até Berseba, ao sul, tão numerosos quanto a areia da praia. Aconselho, também, que o senhor mesmo vá à frente das tropas. ¹²Quando encontrarmos Davi, cairemos sobre ele como o orvalho cai sobre a terra. Nem ele nem nenhum de seus homens sobreviverão. ¹³E, caso Davi consiga escapar para alguma cidade, o senhor terá todo o Israel sob seu comando. Levaremos cordas e arrastaremos os

---

[a] 16.14 Conforme a Septuaginta (ver tb. 2Sm 17.16); o hebraico traz *ao seu destino*.

---

até setenta vezes sete", e assim faremos. Lembre-se de que esse relato está sob a antiga dispensação, quando a Lei de Deus dizia: "olho por olho, mão por mão, pé por pé", e assim por diante — e, portanto, Davi poderia ter sido desculpado se tivesse se vingado! Mas ele parece ter captado, como um profeta, a luz do tempo vindouro, e poupado o homem como Cristo o teria poupado, se Ele estivesse lá. Nisto Davi deve ser copiado por todos nós!

muros da cidade para o vale mais próximo, até que não reste uma pedrinha sequer".

¹⁴Então Absalão e todos os homens de Israel disseram: "O conselho de Husai é melhor que o de Aitofel", pois o Senhor havia decidido frustrar o sensato conselho de Aitofel a fim de trazer desgraça sobre Absalão.

Husai avisa Davi
¹⁵Husai contou aos sacerdotes Zadoque e Abiatar o que Aitofel tinha dito a Absalão e às autoridades de Israel e o que ele próprio havia aconselhado. ¹⁶"Rápido!", disse ele aos sacerdotes. "Encontrem Davi e insistam para que ele não passe esta noite nos pontos de travessia do Jordão,ª mas que atravesse o rio e vá para o deserto. Do contrário, ele e todos que o acompanham morrerão."

¹⁷Jônatas e Aimaás haviam ficado em En-Rogel, para não serem vistos entrando e saindo da cidade. Tinham pedido que uma serva lhes trouxesse a mensagem que deviam transmitir ao rei Davi. ¹⁸Contudo, um rapaz os viu em En-Rogel e avisou Absalão. Por isso, fugiram depressa para Baurim, onde um homem os escondeu dentro de um poço em seu quintal. ¹⁹A esposa desse homem estendeu um grande pedaço de pano sobre o poço e em cima espalhou grãos de cereal para secar ao sol, para que ninguém suspeitasse que estivessem ali.

²⁰Os homens de Absalão chegaram e perguntaram à mulher: "Você viu Aimaás e Jônatas?".

A mulher respondeu: "Estiveram aqui, mas atravessaram o riacho". Os homens de Absalão os procuraram sem sucesso e voltaram para Jerusalém.

²¹Jônatas e Aimaás saíram do poço e correram para onde o rei Davi estava. "Depressa!", disseram ao rei. "Atravessem o Jordão ainda esta noite!" E lhe contaram que Aitofel havia aconselhado que ele fosse capturado e morto. ²²Então Davi e todos que o acompanhavam atravessaram o rio durante a noite e chegaram à outra margem antes do amanhecer.

²³Quando Aitofel viu que Absalão não havia seguido seu conselho, selou seu jumento, foi para sua cidade natal, pôs seus negócios em ordem e se enforcou. Assim morreu, e foi sepultado no túmulo da família.

²⁴Davi chegou logo a Maanaim. A essa altura, Absalão havia reunido todo o exército de Israel e conduzia as tropas até o outro lado do Jordão. ²⁵Absalão havia nomeado Amasa para comandar seu exército em lugar de Joabe. (Amasa era primo de Joabe. Seu pai era Jéter,ᵇ um ismaelita,ᶜ e sua mãe, Abigail, era filha de Naás, irmã de Zeruia, mãe de Joabe.) ²⁶Absalão e o exército israelita acamparam na terra de Gileade.

²⁷Quando Davi chegou a Maanaim, foi recebido por Sobi, filho de Naás, de Rabá dos amonitas, e por Maquir, filho de Amiel, de Lo-Debar, e por Barzilai, de Rogelim, em Gileade. ²⁸Trouxeram camas, vasilhas, tigelas, trigo e cevada, farinha e grãos tostados, feijão e lentilha, ²⁹mel, coalhada, ovelhas e queijo para Davi e os que o acompanhavam, pois disseram: "Vocês devem estar muito famintos,

---

ª **17.16** Em hebraico, *da região desabitada*. ᵇ **17.25a** Em hebraico, *Itra*, variação de Jéter. ᶜ **17.25b** Conforme alguns manuscritos gregos (ver tb. 1Cr 2.17); o hebraico traz *um israelita*.

17.27-29 Quem é esse amigo proeminente ali? Ele fala como estrangeiro. É amonita. Qual é o nome dele? Sobi, filho de Naás, de Rabá, dos filhos de Amom. Ouvi falar dessas pessoas. Eles eram inimigos, não eram — inimigos cruéis de Israel? Esse homem, Naás, você lembra seu nome? Este é um de seus filhos. Sim! Deus pode *transformar inimigos em amigos quando Seus servos precisam de auxílio*. Aqueles que pertencem a uma raça que se opõe a Israel podem, se Deus quiser, se transformar em seus ajudantes. O Senhor encontrou um defensor de Seu Filho, Jesus, na casa de Pilatos — a esposa do governador sofreu muitas coisas em um sonho por causa dele. Ele pode encontrar um amigo para os Seus servos na família de seus perseguidores. [...]

Sobi, o amonita, veio a Davi porque lhe devia a vida. Rabá de Amom tinha sido destruída e esse homem, provavelmente o irmão do rei, fora poupado. Ele lembrou deste ato de misericórdia e quando encontrou Davi em apuros, agiu com gratidão e desceu de sua casa na montanha com seus homens e com seus pertences. Muitos homens bons encontraram ajuda graciosa em seus momentos de necessidade vinda daqueles que receberam a salvação através deles. Se formos uma bênção para os outros, eles serão uma bênção para nós.

cansados e sedentos depois da longa caminhada pelo deserto".

A derrota e a morte de Absalão

18 Davi passou em revista os soldados que estavam com ele e nomeou generais e capitães para liderá-los.[a] ²Em seguida, enviou-os em três grupos: um sob o comando de Joabe; outro sob o comando de Abisai, irmão de Joabe, filho de Zeruia; e o outro sob o comando de Itai, de Gate. O rei disse a seus soldados: "Também vou com vocês".

³Os homens, porém, se opuseram. "O senhor não deve ir", disseram. "Se tivermos de recuar ou fugir, ou mesmo se metade de nós morrer, para eles não fará diferença. O senhor vale por dez mil de nós;[b] por isso, é melhor que fique na cidade e nos envie ajuda, se for necessário."

⁴"Farei o que acharem melhor", disse o rei. Assim, ficou junto ao portão da cidade, enquanto os soldados saíam marchando em grupos de cem e de mil.

⁵O rei deu a seguinte ordem a Joabe, Abisai e Itai: "Por minha causa, tratem o jovem Absalão com bondade". Todas as tropas ouviram o rei dar essa ordem a seus comandantes.

⁶Então saíram para o campo, e a batalha começou no bosque de Efraim. ⁷Os soldados israelitas foram derrotados pelos homens de Davi. Houve grande matança naquele dia, e vinte mil homens perderam a vida. ⁸A batalha se espalhou por toda a região, e morreram mais homens no bosque do que os que foram mortos pela espada.

⁹Durante a batalha, Absalão deparou com alguns homens de Davi. Tentou fugir montado numa mula, mas, ao passar debaixo dos galhos espessos de uma grande árvore, ficou enroscado neles pela cabeça. A mula continuou a correr e o deixou ali, pendurado na árvore. ¹⁰Um dos soldados de Davi presenciou a cena e disse a Joabe: "Vi Absalão pendurado numa árvore".

¹¹"Você o viu?", perguntou Joabe. "E por que não o matou ali mesmo? Eu o teria recompensado com dez peças[c] de prata e um cinturão de guerreiro!"

¹²Mas o soldado respondeu a Joabe: "Eu não mataria o filho do rei nem por mil peças[d] de prata! Todos nós ouvimos o rei dizer ao senhor, a Abisai e a Itai: 'Por minha causa, poupem o jovem Absalão'. ¹³E, se eu tivesse traído o rei e matado seu filho, certamente ele ficaria sabendo, e o senhor seria o primeiro a ficar contra mim".

¹⁴"Não vou perder mais tempo discutindo com você!", disse Joabe. Então pegou três dardos e atravessou com eles o peito de Absalão quando ele ainda estava vivo, pendurado na árvore. ¹⁵Em seguida, dez jovens escudeiros de Joabe cercaram Absalão e o mataram.

¹⁶Então Joabe tocou a trombeta, e seus homens pararam de perseguir o exército de Israel. ¹⁷Atiraram o corpo de Absalão numa cova profunda no bosque e sobre ela colocaram um monte de pedras. E todos os israelitas fugiram para suas casas.

¹⁸Quando ainda estava vivo, Absalão havia construído para si um monumento no vale do Rei, pois disse: "Não tenho filho para dar continuidade a meu nome". Chamou-o de Monumento de Absalão, como é conhecido até hoje.

Davi lamenta a morte de Absalão

¹⁹Então Aimaás, filho de Zadoque, disse: "Deixe-me ir correndo dar ao rei a boa notícia de que o Senhor o livrou de seus inimigos!".

²⁰"Não", disse Joabe. "Não será uma boa notícia para o rei saber que o filho dele morreu. Você pode servir de mensageiro em outra ocasião, mas não hoje."

²¹Então Joabe disse a um etíope:[e] "Vá e conte ao rei o que você viu". O homem se curvou diante de Joabe e partiu correndo.

²²Contudo, Aimaás, filho de Zadoque, insistiu com Joabe: "Não importa o que aconteça, deixe-me ir também".

"Por que você quer ir, meu filho?", disse Joabe. "Não haverá recompensa alguma pela notícia."

²³"Eu sei, mas deixe-me ir mesmo assim", implorou.

Por fim, Joabe disse: "Está bem, pode ir". Então Aimaás pegou o caminho mais fácil, pela

---

[a] **18.1** Em hebraico, *nomeou comandantes de milhares e comandantes de centenas*. [b] **18.3** Conforme dois manuscritos hebraicos e alguns manuscritos gregos e latinos; a maioria dos manuscritos hebraicos traz *O senhor ainda teria dez mil como nós*. [c] **18.11** Em hebraico, *10 [siclos]*, cerca de 120 gramas. [d] **18.12** Em hebraico, *1.000 [siclos]*, cerca de 12 quilos. [e] **18.21** Em hebraico, *cuxita*; também em 18.23,31,32.

planície, e correu até Maanaim à frente do etíope.

²⁴Enquanto Davi estava entre os portões interno e externo da cidade, o guarda subiu até o terraço sobre a porta, junto ao muro. Ao olhar dali, viu um homem correndo na direção deles. ²⁵Gritou para avisar Davi, e o rei respondeu: "Se está sozinho, traz boas notícias".

Quando o mensageiro se aproximou, ²⁶o guarda viu outro homem correndo na direção deles e avisou: "Outro homem se aproxima!".

E disse o rei: "Também traz boas notícias".

²⁷"O primeiro homem corre como Aimaás, filho de Zadoque", disse o guarda.

"Ele é um homem bom e traz boas notícias", respondeu o rei.

²⁸Então Aimaás gritou para o rei: "Tudo está bem!". Curvou-se diante do rei com o rosto no chão e disse: "Louvado seja o Senhor, seu Deus, que entregou os rebeldes que ousaram se levantar contra o meu senhor, o rei!".

²⁹"E quanto a Absalão?", perguntou o rei. "Ele está bem?"

Aimaás respondeu: "Quando Joabe me enviou, havia grande confusão, mas não sei o que aconteceu".

³⁰"Espere aqui", disse o rei. E Aimaás ficou esperando ao lado.

³¹Então chegou o etíope e disse: "Tenho boas notícias para o meu senhor, o rei. Hoje o Senhor o livrou de todos que se rebelaram contra o rei".

³²"E quanto ao jovem Absalão?", perguntou o rei. "Ele está bem?"

O etíope respondeu: "Que todos os inimigos do meu senhor, o rei, e todos os que se levantam para lhe fazer mal tenham o mesmo destino daquele jovem!".

³³ªO rei ficou muito abalado. Foi para o quarto que ficava sobre o portão da cidade e começou a chorar. Andando de um lado para o outro, clamava: "Ah, meu filho Absalão! Meu filho, meu filho Absalão! Quem me dera eu tivesse morrido em seu lugar! Ah, Absalão, meu filho, meu filho!".

Joabe repreende o rei

19 ¹ᵇLogo chegou a Joabe a notícia de que o rei chorava e lamentava a morte de Absalão. ²Quando o povo soube da grande tristeza do rei pela morte de seu filho, a alegria da vitória daquele dia se transformou em profundo pesar. ³Os soldados entraram na cidade sem chamar a atenção, como se estivessem envergonhados e houvessem fugido da batalha. ⁴O rei cobriu o rosto com as mãos e continuou a

---

ª **18.33** No texto hebraico, o versículo 18.33 é numerado 19.1. ᵇ **19.1** No texto hebraico, os versículos 19.1-43 são numerados 19.2-44.

===

18.29 [...esta] é uma pergunta feita por um pai sobre seu filho. "Ele está bem?" As ansiedades dos pais são muito grandes e alguns jovens não refletem suficientemente sobre elas, senão seriam mais gratos, e não tão frequentemente as aumentariam por ter uma conduta impensada. Estou convencido de que há muitos filhos e filhas que de forma voluntária não trariam tristeza aos seus pais, mas que, mesmo assim, inundam suas vidas com grande dor. Nem sempre o fazem de forma inocente. Deve haver certo erro libertino em muitos casos, onde os jovens preveem claramente o resultado de sua conduta olhando para seus amigos. Há alguns jovens, especialmente, que na indulgência do que eles chamam de sua liberdade, atropelam os sentimentos ternos daquela que os carregou, e frequentemente causam noites sem dormir e problemas terríveis para ambos os pais. Este é um crime a ser respondido diante do tribunal de Deus, que deu uma promessa especial para os filhos obedientes e reserva uma maldição especial para os rebeldes. [...]

Muitos pais e muitas mães morrem, assassinados, não com faca ou veneno, mas com palavras e atos cruéis de seus próprios filhos. Muitos e muitos túmulos podem muito bem ser regados pelas lágrimas de filhos e filhas, porque eles prematuramente encheram essas sepulturas com sua conduta ingrata. Pensemos todos, que ainda temos pais, quanto devemos a eles. E que seja a nossa alegria, se não pudermos recompensá-los de qualquer forma, dar-lhes conforto tanto por nossa conduta quanto pela demonstração de nossa gratidão. Que eles tenham tal alegria em nós, que nunca se arrependam das ansiedades dos últimos anos, mas que seus corações tenham a alegria de terem trazido ao mundo tais filhos e filhas. Se tivermos pais que cuidaram de nós e disseram ansiosamente: "Eles estão bem?", agradeçamos a Deus e que nunca subestimemos Sua misericórdia tratando a Sua dádiva com desprezo.

chorar: "Ah, meu filho Absalão! Ah, Absalão, meu filho, meu filho!".

⁵Então Joabe foi até o quarto do rei e disse: "Hoje salvamos sua vida e a vida de seus filhos e filhas e de suas esposas e concubinas. E, no entanto, o senhor age desse modo e nos faz sentir envergonhados. ⁶Parece amar os que o odeiam e odiar os que o amam. Hoje deixou claro que todos os seus comandantes e soldados não significam nada para o senhor. Pelo visto, se Absalão tivesse sobrevivido e todos nós tivéssemos morrido, o senhor estaria satisfeito. ⁷Agora saia e vá parabenizar seus soldados, pois juro pelo Senhor que, se o rei não for, nem um só deles permanecerá aqui esta noite. Isso seria pior que todo o mal que já lhe aconteceu na vida".

⁸Assim, o rei saiu e se sentou à entrada da cidade, e quando se espalhou a notícia de que o rei estava ali, todos foram vê-lo.

Enquanto isso, os israelitas haviam fugido para suas casas, ⁹e em todas as tribos de Israel houve muita discussão. O povo dizia: "O rei nos livrou de nossos inimigos e nos libertou dos filisteus, mas teve de fugir por causa de Absalão. ¹⁰Agora Absalão, a quem ungimos para reinar sobre nós, está morto. Não devemos demorar para trazer o rei Davi de volta!".

¹¹Então Davi enviou uma mensagem aos sacerdotes Zadoque e Abiatar: "Perguntem às autoridades de Judá: 'Por que vocês demoram tanto para receber o rei de volta? Até eu já sei que todo o Israel deseja a minha volta. ¹²Vocês são meus parentes, minha própria tribo, meu povo e minha raça!ᵃ Então por que são os últimos a receber o rei de volta?'". ¹³E Davi pediu que dissessem a Amasa: "Você é meu parente, meu povo e minha raça. Que Deus me castigue severamente se, de hoje em diante, você não se tornar comandante de meu exército em lugar de Joabe".

¹⁴A mensagem de Davi convenceu todas as autoridades de Judá, e eles deram uma resposta unânime. Mandaram dizer ao rei: "Volte para nós e traga todos que estão com o senhor!".

Davi volta para Jerusalém

¹⁵Então o rei começou a viagem de volta para Jerusalém. Quando chegou ao rio Jordão,

---

ᵃ **19.12** Em hebraico, *meu osso e minha carne*; também em 19.13.

19.10,11 Alguns habitam há muito tempo na sombra fria da comunhão interrompida. Outros, por um período mais curto, passaram pela nuvem; mas certamente o período mais curto é muito longo, e aqueles que perderam a comunhão devem estar ansiosamente desejando a sua restauração. Bem, para tais como estes, que não veem mais a estrela brilhante da manhã, dizemos: "Por que vocês demoram tanto para receber o rei de volta?". Meu triste irmão, você tem lamentado muito por sua condição atual. Sentando-se, talvez, nesta mesma tarde, e fazendo um balanço de seu estado espiritual, você sentiu-se estar em uma condição quase falida, e escreveu coisas amargas contra si mesmo. Seu barômetro vem descendo, descendo, descendo, durante o último mês ou dois — de chuva à muita chuva e tempestade; agora parece como se ele nunca fosse subir novamente. Ao examinar o passado, você observa que suas orações não têm sido tão constantes nem tão fervorosas como costumavam ser; na leitura da Palavra, as promessas não foram colocadas no seu coração como uma vez já foram, e em participar dos meios da graça, você não tem dito muitas vezes com Jacó: "Certamente o Senhor está neste lugar". Você está entrando agora numa condição triste, e tudo porque os seus olhos não viram o rei em Sua beleza, nem Ele o trouxe para Sua casa de banquete, nem acenou sobre você a bandeira de Seu amor, você está transformando esta situação lastimável repetidamente em sua mente, e está procurando ansiosamente a causa de todo esse desvanecimento de seu espírito. Você pode ver que a causa não está nele, mas em você mesmo; percebe que o seu Davi não o abandonou, mas que você abandonou o *Senhor*, e colocou em seu lugar um belo, mas falso Absalão. Aquele que o libertou foi esquecido, e quem o *enganou* foi seguido! O pecado de fala suave fez de você um traidor ao seu Senhor; as luxuriantes tranças de Absalão eram redes para apanhar os homens fúteis de Israel, e Satanás tomou o cuidado de encontrar armadilhas que lhe fossem adequadas. Você sabe disto e lamenta, e a tentação é continuar meditando morbidamente sobre o pecado e sua causa, e consequências até o desespero queimar sua marca horrível no espírito. Meu trabalho é lembrar-lhe de que toda sua lamentação sobre sua loucura não removerá por si só a doença. Seu remédio não está dentro de você, mas além e acima de si mesmo! É bom descobrir onde está o mal e lamentá-lo, mas a verdadeira cura para ele não está na lamentação — está em buscar, novamente, a face de seu Senhor! Agora, "Por que vocês demoram tanto para receber o rei de volta?"

o povo de Judá foi a Gilgal para encontrar-se com ele e acompanhá-lo até o outro lado do rio. ¹⁶Simei, filho de Gera, de Baurim, na terra de Benjamim, atravessou com os homens de Judá para dar as boas-vindas ao rei Davi. ¹⁷Estavam com ele mil homens da tribo de Benjamim, incluindo Ziba, servo da casa de Saul, e os quinze filhos e vinte servos de Ziba. Desceram apressadamente ao Jordão para receber o rei. ¹⁸Atravessaram o rio, para ajudar a família do rei a chegar à outra margem e para fazer o que ele lhes solicitasse.

Davi tem misericórdia de Simei

Quando o rei estava prestes a atravessar o rio, Simei, filho de Gera, curvou-se diante dele e suplicou: ¹⁹"Ó meu senhor, o rei, por favor, perdoe-me. Esqueça as coisas terríveis que seu servo disse quando o senhor saiu de Jerusalém. ²⁰Sei quanto pequei. Por isso vim aqui hoje, a primeira pessoa em todo o Israel[a] a receber o meu senhor, o rei".

²¹Então Abisai, filho de Zeruia, disse: "Simei deve ser morto, pois amaldiçoou o rei ungido do Sᴇɴʜᴏʀ!".

²²"Quem pediu a opinião de vocês, filhos de Zeruia?", disse Davi. "Por que agem como se fossem meus inimigos?[b] Hoje não é um dia de execuções, pois hoje voltei a ser rei em Israel!" ²³Então, virando-se para Simei, Davi prometeu: "Sua vida será poupada".

O reencontro de Davi e Mefibosete

²⁴Mefibosete, neto de Saul, veio para encontrar-se com o rei. Desde que Davi havia saído de Jerusalém até o dia em que voltou em segurança, Mefibosete não tinha lavado os pés, nem feito a barba, nem lavado as roupas. ²⁵Quando ele chegou a Jerusalém, o rei lhe perguntou: "Por que você não veio comigo, Mefibosete?".

²⁶Ele respondeu: "Ó meu senhor, o rei, meu servo Ziba me enganou. Pedi que ele selasse meu jumento para que eu pudesse acompanhar o rei, pois, como o senhor sabe, sou aleijado. ²⁷Ele, no entanto, falou mal de mim e disse *que eu havia me recusado a vir*. Mas sei que meu senhor, o rei, é como um anjo de Deus. Portanto, faça o que lhe parecer melhor. ²⁸Meus parentes e eu só poderíamos esperar que o senhor mandasse nos matar. Contudo, o senhor me honrou ao permitir que eu comesse à sua mesa. Que mais eu poderia pedir?".

²⁹"Não precisa continuar se explicando", respondeu Davi. "Resolvi que você e Ziba dividirão sua terra igualmente entre si."

³⁰"Dê tudo a ele", disse Mefibosete. "Para mim, basta saber que meu senhor, o rei, voltou para casa em segurança."

Davi trata Barzilai com bondade

³¹Barzilai, de Gileade, havia descido de Rogelim para acompanhar o rei na travessia do Jordão. ³²Era bastante idoso — tinha 80 anos — e era muito rico. Foi ele quem providenciou alimento para o rei durante sua estada em Maanaim. ³³O rei disse a Barzilai: "Venha comigo para Jerusalém, e eu cuidarei de você".

³⁴Barzilai, porém, respondeu: "Sou idoso demais para ir com o rei a Jerusalém. ³⁵Tenho 80 anos e não consigo mais apreciar coisa alguma. A comida e a bebida já não têm sabor, e já não consigo ouvir a voz dos cantores. Seria apenas um peso para meu senhor, o rei. ³⁶Atravessar o Jordão com o rei é honra suficiente para mim! ³⁷Depois, permita que eu volte para morrer em minha cidade, onde meu pai e minha mãe foram sepultados. Mas aqui está seu servo, Quimã; permita que ele vá com meu senhor, o rei, e receba o que o senhor quiser lhe dar".

³⁸"Está bem", concordou o rei. "Quimã virá comigo, e eu o ajudarei da maneira como você achar melhor. E farei por você qualquer coisa que me pedir." ³⁹Assim, todo o povo atravessou o Jordão com o rei. Depois que Davi abençoou Barzilai e o beijou, Barzilai voltou para casa.

⁴⁰O rei atravessou para Gilgal, levando Quimã consigo. Todo o povo de Judá e metade do povo de Israel o acompanharam.

Discussão sobre o rei

⁴¹Contudo, os homens de Israel vieram queixar-se ao rei: "Os homens de Judá se apropriaram do rei e não nos deram a honra de ajudar a levar o senhor, sua família e todos os seus acompanhantes até o outro lado do Jordão".

⁴²Os homens de Judá argumentaram: "O rei é nosso parente próximo. Por que vocês estão irados? Não comemos à custa do rei nem recebemos favor especial algum!".

---

[a] **19.20** Em hebraico, *na casa de José*. [b] **19.22** Ou *meus acusadores?*

⁴³"Mas há dez tribos em Israel", responderam os outros. "Portanto, temos dez vezes mais direito ao rei do que vocês. Que direito vocês têm de nos tratar com desprezo? Não fomos nós os primeiros a propor trazer nosso rei de volta?" A discussão continuou, e os homens de Judá falaram com ainda mais rispidez que os de Israel.

A rebelião de Seba

20 Estava ali por acaso um homem perverso chamado Seba, filho de Bicri, da tribo de Benjamim. Seba tocou a trombeta e começou a gritar:

"Abaixo a dinastia de Davi!
O filho de Jessé nada tem a nos oferecer!
Vamos, homens de Israel,
   todos de volta para casa!".

²Então todo o povo de Israel que estava ali abandonou Davi e seguiu Seba, filho de Bicri. O povo de Judá, porém, permaneceu com o rei e o acompanhou do rio Jordão até Jerusalém.

³Quando Davi chegou a seu palácio em Jerusalém, mandou confinar as dez concubinas que haviam ficado ali. O rei lhes providenciou sustento, mas não teve mais relações com elas. Permaneceram como viúvas até o fim da vida.

⁴O rei disse a Amasa: "Reúna o exército de Judá e apresente-se aqui em três dias". ⁵Amasa saiu para convocar os soldados de Judá, mas levou mais tempo que o prazo definido pelo rei.

⁶Então Davi disse a Abisai: "Seba, filho de Bicri, vai nos prejudicar mais que Absalão. Leve minhas tropas e persiga-o antes que ele entre numa cidade fortificada, onde não possamos alcançá-lo".

⁷Os soldados de Joabe, junto com a guarda pessoal do rei[a] e os guerreiros valentes, saíram de Jerusalém para perseguir Seba. ⁸Quando chegaram à grande rocha em Gibeom, Amasa foi ao encontro deles. Joabe vestia seu traje militar e levava um punhal preso ao cinto. Quando deu um passo à frente para saudar Amasa, tirou o punhal da bainha.[b]

⁹"Como vai, meu primo?", disse Joabe, e o pegou pela barba com a mão direita, como se fosse beijá-lo. ¹⁰Amasa não percebeu o punhal na mão esquerda dele, e Joabe o feriu no estômago, de modo que suas entranhas se derramaram no chão. Joabe não precisou feri-lo outra vez, pois Amasa morreu rapidamente. Joabe e seu irmão Abisai deixaram o corpo ali e continuaram a perseguir Seba.

¹¹Um dos soldados de Joabe gritou: "Se estiverem do lado de Joabe e Davi, venham e sigam Joabe!". ¹²Amasa, porém, estava estendido numa poça de sangue no meio do caminho, e os soldados de Joabe viram que todos paravam para olhar. Então um dos soldados o arrastou para fora do caminho, até um campo, e o cobriu com um manto. ¹³Com o corpo de Amasa fora do caminho, todos seguiram Joabe em perseguição a Seba, filho de Bicri.

¹⁴Enquanto isso, Seba passou por todas as tribos de Israel e, por fim, chegou à cidade de Abel-Bete-Maaca. Todos os membros de seu clã, os bicritas,[c] se reuniram para lutar e o seguiram até a cidade. ¹⁵Quando os soldados de Joabe chegaram, cercaram Abel-Bete-Maaca. Construíram uma rampa junto às fortificações da cidade e começaram a derrubar o muro. ¹⁶Então uma mulher sábia da cidade gritou: "Ouçam! Digam a Joabe que se aproxime, pois desejo falar com ele!". ¹⁷Quando ele se aproximou, a mulher perguntou: "O senhor é Joabe?".

"Sim, sou eu", respondeu ele.

Então ela disse: "Ouça sua serva com atenção".

"Estou ouvindo", disse ele.

¹⁸A mulher continuou: "Antigamente era costume dizer: 'Se precisar resolver um desentendimento, peça conselho na cidade de Abel'. ¹⁹Somos pacíficos e fiéis em Israel, mas o senhor está prestes a destruir uma cidade importante de nossa terra.[d] Por que deseja destruir aquilo que pertence ao Senhor?".

²⁰"De maneira nenhuma!", respondeu Joabe. "Não quero arruinar nem destruir sua cidade. ²¹Não é essa a minha intenção. Quero apenas capturar um homem chamado Seba, filho de Bicri, da região montanhosa de Efraim, que se rebelou contra o rei Davi. Se vocês o entregarem para mim, deixarei a cidade em paz."

---

[a] **20.7** Em hebraico, *os queretitas e os peletitas*; também em 20.23. [b] **20.8** Em hebraico, *Quando deu um passo à frente, [o punhal] caiu.* [c] **20.14** Conforme a Septuaginta e a Vulgata; o hebraico traz *Todos os beritas*. [d] **20.19** Em hebraico, *uma cidade que é mãe em Israel.*

"Está bem", respondeu a mulher. "Jogaremos a cabeça dele para você por cima do muro." ²²Então a mulher levou o seu bom conselho até o povo. Eles cortaram a cabeça de Seba e a jogaram para Joabe. Ele tocou a trombeta, e seus soldados se retiraram da cidade. Todos voltaram para suas casas, e Joabe voltou para o rei, em Jerusalém.

²³Joabe era o comandante de todo o exército de Israel. Benaia, filho de Joiada, era o comandante da guarda pessoal do rei. ²⁴Adonirão[a] era encarregado daqueles que realizavam trabalhos forçados. Josafá, filho de Ailude, era o historiador do reino. ²⁵Seva era o secretário da corte. Zadoque e Abiatar eram os sacerdotes. ²⁶E Ira, descendente de Jair, servia Davi como sacerdote.

Davi vinga os gibeonitas

21 Durante o reinado de Davi, houve uma terrível fome que durou três anos, e o rei consultou o Senhor a esse respeito. O Senhor disse: "A fome veio porque Saul e sua família são culpados de terem matado os gibeonitas".

²Então o rei mandou chamar os gibeonitas. Eles não faziam parte do povo de Israel, mas eram tudo que restava dos amorreus. Os israelitas tinham jurado que não os matariam, mas Saul, em seu zelo por Israel e Judá, havia tentado exterminá-los. ³Davi lhes perguntou: "O que posso fazer por vocês? Como posso reparar o mal que lhes foi feito, para que vocês abençoem o povo do Senhor?".

⁴Os gibeonitas responderam: "Prata e ouro não resolverão a questão entre nós e a família de Saul. Também não temos o direito de exigir a vida de ninguém em Israel".

"Que farei por vocês, então?", perguntou Davi.

⁵Eles responderam: "Saul planejava nos destruir; queria nos impedir de ter um lugar no território de Israel. ⁶Portanto, entregue-nos sete dos filhos de Saul, para que os executemos diante do Senhor em Gibeá, no monte do Senhor".[b]

"Está bem", disse o rei. "Farei o que me pedem." ⁷O rei poupou a vida de Mefibosete, filho de Jônatas, filho de Saul, por causa do juramento que Davi e Jônatas haviam feito diante do Senhor. ⁸Contudo, entregou-lhes Armoni e Mefibosete, os dois filhos de Saul com Rispa, filha de Aiá. Também entregou-lhes os cinco filhos de Merabe,[c] filha de Saul, esposa de Adriel, filho de Barzilai, de Meolá. ⁹Os homens de Gibeom os executaram no monte, diante do Senhor. Os sete foram mortos ao mesmo tempo, no início da colheita da cevada.

¹⁰Então Rispa, filha de Aiá, estendeu um pano de saco sobre uma rocha e ficou ali todo o período da colheita. Não deixou que as aves de rapina despedaçassem os corpos deles durante o dia e impediu os animais selvagens de os devorarem durante a noite. ¹¹Quando Davi soube o que Rispa, concubina de Saul, havia feito, ¹²foi até o povo de Jabes-Gileade para reaver os ossos de Saul e de seu filho Jônatas. (Quando os filisteus mataram Saul e Jônatas no monte Gilboa, o povo de Jabes-Gileade tinha roubado os corpos deles da praça de Bete-Sã, onde os filisteus os haviam pendurado.) ¹³Davi trouxe os ossos de Saul e de Jônatas, e também os ossos dos homens que os gibeonitas haviam executado.

¹⁴O rei ordenou que os ossos de Saul e de Jônatas fossem enterrados na sepultura de Quis, pai de Saul, na cidade de Zela, na terra de Benjamim. Depois disso, Deus atendeu às orações em favor do povo.

Batalhas contra gigantes filisteus

¹⁵Mais uma vez, houve guerra entre os filisteus e Israel. Quando Davi e seus soldados estavam no meio de uma batalha, Davi perdeu as forças e ficou exausto. ¹⁶Isbibenobe era descendente de gigantes,[d] e a ponta de sua lança de bronze pesava cerca de 3,5 quilos.[e] Ele estava armado com uma espada nova e jurou que ia matar Davi. ¹⁷Mas Abisai, filho de Zeruia, veio socorrer Davi e matou o filisteu. Então os homens de Davi exigiram: "O senhor não vai mais sair conosco para lutar! Por que correr o risco de apagar a lâmpada de Israel?".

---

[a] **20.24** Conforme a Septuaginta (ver tb. 1Rs 4.6; 5.14); o hebraico traz *Adorão*. [b] **21.6** Conforme a Septuaginta (ver tb. 2Sm 21.9); o hebraico traz *em Gibeá de Saul, o escolhido do Senhor*. [c] **21.8** Conforme alguns manuscritos hebraicos e gregos e a versão siríaca (ver tb. 1Sm 18.19); a maioria dos manuscritos hebraicos traz *Mical*. [d] **21.16a** Ou *descendente de Rafa*; também em 21.18,20,22.
[e] **21.16b** Em hebraico, *300 [siclos]*.

¹⁸Depois disso, houve outra batalha contra os filisteus, em Gobe. Enquanto lutavam, Sibecai, de Husate, matou Safe, outro descendente de gigantes.

¹⁹Durante uma batalha em Gobe, Elanã, filho de Jair,ᵃ de Belém, matou o irmão de Golias, de Gate.ᵇ O cabo de sua lança era da grossura de um eixo de tecelão.

²⁰Em outra batalha com os filisteus em Gate, havia um homem de grande estaturaᶜ com seis dedos em cada mão e seis dedos em cada pé, 24 dedos ao todo, que também era descendente de gigantes. ²¹Mas, quando ele desafiou os israelitas e zombou deles, foi morto por Jônatas, filho de Simeia,ᵈ irmão de Davi.

²²Esses quatro filisteus eram descendentes dos gigantes de Gate, mas Davi e seus guerreiros os mataram.

Cântico de louvor de Davi

22 Davi entoou esta canção ao Senhor no dia em que o Senhor o livrou de todos os seus inimigos e de Saul. ²Assim cantou:

"O Senhor é minha rocha, minha fortaleza
  e meu libertador;
³meu Deus é minha rocha,
  em quem encontro proteção.
Ele é meu escudo, o poder que me salva
  e meu lugar seguro.
Ele é meu refúgio, meu salvador,
  aquele que me livra da violência.
⁴Clamei ao Senhor, que é digno de louvor,
  e ele me livrou de meus inimigos.

⁵"As ondas da morte me cercaram,
  torrentes de destruição caíram sobre mim.
⁶A sepulturaᵉ me envolveu em seus laços,
  a morte pôs uma armadilha em meu caminho.
⁷Em minha aflição, clamei ao Senhor;
  sim, clamei a Deus por socorro.
Do seu santuário ele me ouviu;
  meu clamor chegou a seus ouvidos.

⁸"A terra se abalou e estremeceu;
  tremeram os alicerces dos céus,
  agitaram-se por causa de sua ira.
⁹De suas narinas saiu fumaça,
  de sua boca, fogo consumidor;
  brasas vivas saíram dele.
¹⁰Ele abriu os céus e desceu,
  com nuvens escuras de tempestade sob os pés.
¹¹Montado num querubim,
  pairavaᶠ sobre as asas do vento.
¹²Envolveu-se num manto de escuridão,
  em densas nuvens de chuva.
¹³Um clarão resplandeceu ao seu redor,
  e dele saíram brasas vivas.ᵍ
¹⁴O Senhor trovejou dos céus;
  a voz do Altíssimo ressoou.
¹⁵Atirou flechas e dispersou seus inimigos,
  lançou raios e os fez fugir em confusão.
¹⁶Então, por ordem do Senhor,
  com o forte sopro de suas narinas,
o fundo do mar apareceu,
  e os alicerces da terra ficaram expostos.

¹⁷"Dos céus estendeu a mão e me resgatou;
  tirou-me de águas profundas.
¹⁸Livrou-me de inimigos poderosos,
  dos que me odiavam
  e eram fortes demais para mim.
¹⁹Quando eu estava angustiado, eles me atacaram,
  mas o Senhor me sustentou.
²⁰Ele me levou a um lugar seguro,
  e me livrou porque se agrada de mim.
²¹O Senhor me recompensou por minha justiça;
  por causa de minha inocência, me restaurou.
²²Pois guardei os caminhos do Senhor,
  não me afastei de Deus para seguir o mal.
²³Cumpri todos os seus estatutos
  e nunca abandonei seus decretos.
²⁴Sou inculpável diante de Deus;
  do pecado me guardei.
²⁵O Senhor me recompensou por minha justiça;
  ele viu minha inocência.

ᵃ**21.19a** Conforme o texto paralelo em 1Cr 20.5; o hebraico traz *filho de Jaaré-Oregim*. ᵇ**21.19b** Conforme o texto paralelo em 1Cr 20.5; o hebraico traz *matou Golias, de Gate*. ᶜ**21.20** Conforme o texto paralelo em 1Cr 20.6; o hebraico traz *um midianita*. ᵈ**21.21** Conforme o texto paralelo em 1Cr 20.7; o hebraico traz *Simei*, variação de Simeia. ᵉ**22.6** Em hebraico, *Sheol*. ᶠ**22.11** Conforme alguns manuscritos hebraicos (ver tb. Sl 18.10); outros manuscritos hebraicos trazem *surgia*. ᵍ**22.13** Ou *relâmpagos*.

²⁶"Aos fiéis te mostras fiel,
e, aos íntegros, mostras integridade.
²⁷Aos puros te mostras puro,
mas, aos perversos, te mostras astuto.
²⁸Livras os humildes,
mas teus olhos observam os orgulhosos,
e tu os humilhas.
²⁹Ó Senhor, tu és minha lâmpada!
O Senhor ilumina minha escuridão.
³⁰Com tua força, posso atacar qualquer exército;
com meu Deus, posso saltar qualquer muralha.
³¹"O caminho de Deus é perfeito:
as promessas[a] do Senhor sempre se cumprem;
ele é escudo para todos que nele se refugiam.
³²Pois quem é Deus, senão o Senhor?
Quem é rocha firme, senão o nosso Deus?
³³Deus é minha fortaleza inabalável
e remove os obstáculos de meu caminho.
³⁴Torna meus pés ágeis como os da corça
e me sustenta quando ando pelos montes.
³⁵Treina minhas mãos para a batalha
e fortalece meus braços para vergar o arco de bronze.
³⁶Tu me deste teu escudo de vitória;
teu socorro me engrandece.
³⁷Abriste um caminho largo para meus pés,
de modo que não vacilem.
³⁸"Persegui meus inimigos e os destruí;
não retornei enquanto não foram derrotados.
³⁹Acabei com eles e os feri até que não pudessem se levantar;
tombaram diante de meus pés.
⁴⁰Tu me armaste fortemente para a batalha,
ajoelhaste meus inimigos diante de mim.
⁴¹Puseste o pescoço deles sob os meus pés;
destruí todos que me odiavam.
⁴²Procuraram ajuda, mas ninguém os socorreu;
clamaram ao Senhor, mas ele não respondeu.
⁴³Eu os moí tão fino como o pó da terra;
eu os esmaguei e os pisoteei como a lama das ruas.

⁴⁴"Tu me livraste de meus acusadores
e me preservaste como governante de nações;
povos que eu não conhecia agora me servem.
⁴⁵Nações estrangeiras se encolhem diante de mim;
rendem-se assim que ouvem sobre os meus feitos.
⁴⁶Todos eles perdem a coragem
e, tremendo,[b] saem de suas fortalezas.

⁴⁷"O Senhor vive! Louvada seja minha Rocha!
Exaltado seja Deus, a Rocha da minha salvação!
⁴⁸Ele é o Deus que se vinga dos que me fazem o mal;
sujeita as nações ao meu poder
⁴⁹e me livra de meus adversários.
Tu me manténs em segurança, fora do alcance de meus inimigos;
de homens violentos me livras.
⁵⁰Por isso, ó Senhor, te louvarei entre as nações;
sim, cantarei louvores ao teu nome.
⁵¹Concedes grandes vitórias a teu rei
e mostras amor por teu ungido,
por Davi e todos os seus descendentes, para sempre!".

Palavras finais de Davi

23 Estas são as últimas palavras de Davi:

"Isto é o que diz Davi, filho de Jessé;
Davi, que foi tão exaltado,
Davi, o homem ungido pelo Deus de Jacó,
Davi, o amável salmista de Israel.[c]

²"O Espírito do Senhor fala por meu intermédio;
suas palavras estão em minha língua.
³O Deus de Israel falou,
a Rocha de Israel me disse:
'Aquele que governa com justiça,
que governa no temor de Deus,

---

[a] **22.31** Em hebraico, *a palavra*. [b] **22.46** Conforme o texto paralelo em Sl 18.45; o hebraico traz *cingindo-se*. [c] **23.1** Ou *o tema predileto dos cânticos de Israel*, ou *o predileto do Poderoso de Israel*.

⁴é como a luz da manhã ao nascer do sol,
 como a manhã sem nuvens,
como o brilho do sol
 que faz crescer a grama nova depois da chuva'.
⁵"Acaso não foi minha família que Deus escolheu?
 Sim, ele fez comigo uma aliança sem fim,
 bem definida e garantida em cada detalhe;
 ele me dará segurança e êxito.
⁶Os perversos, porém, são como espinhos lançados fora,
 pois ferem a mão de quem os toca.
⁷É preciso usar ferramentas de ferro para cortá-los;
 serão inteiramente consumidos pelo fogo".

Os guerreiros mais valentes de Davi
⁸Estes são os nomes dos guerreiros mais valentes de Davi. O primeiro era Jabesão, o hacmonita,[a] líder dos Três,[b] isto é, dos três guerreiros mais valentes dentre os soldados de Davi. Certa ocasião, usou sua lança para matar oitocentos soldados inimigos numa só batalha.[c] ⁹O segundo era Eleazar, filho de Dodô, descendente de Aoí. Ele era um dos três guerreiros que estavam com Davi quando enfrentaram os filisteus depois que todo o exército israelita havia recuado. ¹⁰Eleazar matou filisteus até que sua mão ficou cansada demais para levantar a espada, e o SENHOR lhe deu grande vitória naquele dia. Quando o exército voltou, os soldados só tiveram de recolher os despojos.

¹¹Depois dele vinha Samá, filho de Agé, de Harar. Certa ocasião, os filisteus se reuniram em Leí e atacaram os israelitas numa plantação de lentilhas. O exército israelita fugiu, ¹²mas Samá permaneceu em sua posição no meio do campo e derrotou os filisteus. Desse modo, o SENHOR lhe deu grande vitória.

¹³Durante a colheita, quando Davi estava na caverna de Adulão, o exército filisteu acampou no vale de Refaim. Os Três — que faziam parte dos Trinta, um grupo de elite entre os valentes de Davi — desceram para encontrá-lo em Adulão. ¹⁴Nessa ocasião, Davi estava na fortaleza, e um destacamento filisteu havia ocupado a cidade de Belém.

¹⁵Davi comentou: "Ah, como seria bom beber a água pura do poço que fica junto ao portão de Belém!". ¹⁶Então os Três atravessaram as fileiras dos filisteus, tiraram água do poço e a trouxeram a Davi. Ele, porém, se recusou a bebê-la. Em vez disso, derramou-a no chão como oferta ao SENHOR. ¹⁷"Que o SENHOR não permita que eu beba desta água!", exclamou. "Ela é tão preciosa quanto o sangue destes homens[d] que arriscaram a vida para trazê-la." E Davi não a

---

[a] **23.8a** Conforme o texto paralelo em 1Cr 11.11; o hebraico traz *Josebe-Bassebete, o tacmonita.* [b] **23.8b** Conforme a Septuaginta e a Vulgata (ver tb.1Cr 11.11); o significado do hebraico é incerto. [c] **23.8c** Conforme alguns manuscritos gregos (ver tb. 1Cr 11.1). O significado do hebraico é incerto, embora possa ser traduzido como *Foi Adino, o esnita, que matou oitocentos homens de uma só vez.* [d] **23.17** Em hebraico, *Acaso beberei do sangue destes homens?*

23.9,10 Os filisteus haviam ordenado a batalha. Os homens de Israel saíram para lutar contra eles, mas, por alguma razão, "embora armados de arcos, deram meia-volta e fugiram no dia da batalha". Desonroso é o registro, "que todo o exército israelita havia recuado". Eleazar, no entanto, compensou os fracassos de seus compatriotas, pois ele "matou filisteus até que sua mão ficou cansada demais para levantar a espada". Ele era um homem de notória individualidade de caráter, um homem que conhecia a si mesmo e conhecia seu Deus, e que não se importava em se perder na massa comum, de modo a fugir apenas porque eles fugiram. Ele pensou por si mesmo e agiu por si mesmo — não fez a conduta dos outros a medida de seu serviço, mas enquanto Israel fugia — ele "matou filisteus até que sua mão ficou cansada". [...]

A verdadeira religião é algo pessoal. Cada homem, com um talento ou com dez, será chamado, no grande dia do juízo, a prestar contas de suas próprias responsabilidades, e não das de outros. E, portanto, ele deve viver perante Deus sentindo que é uma personalidade separada e deve, em sua própria individualidade, consagrar-se — espírito, alma e corpo — inteiramente ao Senhor. Eleazar, filho de Dodô, sentiu que ele devia ser o homem, não importando o que os outros pudessem fazer, e, portanto, bravamente sacou de sua espada contra os filisteus incircuncisos!

bebeu. Esses são exemplos dos feitos desses três guerreiros.

Os trinta valentes de Davi

[18] Abisai, filho de Zeruia, irmão de Joabe, era líder dos Trinta.[a] Certa ocasião, usou sua lança para matar trezentos soldados inimigos numa só batalha. Foi por causa de feitos como esse que ele se tornou tão famoso quanto os Três. [19] Abisai era o mais conhecido dos Trinta[b] e era seu comandante, embora não fosse um dos Três.

[20] Também havia Benaia, filho de Joiada, soldado valente[c] de Cabzeel. Realizou muitos feitos heroicos, como matar dois grandes guerreiros[d] de Moabe. Em outra ocasião, num dia de neve, perseguiu um leão até uma cova e o matou. [21] Uma vez, com apenas um cajado, matou um imponente guerreiro egípcio armado com uma lança. Benaia arrancou a lança da mão do egípcio e com ela o matou. [22] Feitos como esses tornaram Benaia tão famoso quanto os três guerreiros mais valentes. [23] Foi mais honrado que qualquer outro membro dos Trinta, embora não fosse um dos Três. Davi o nomeou comandante de sua guarda pessoal.

[24] Entre os Trinta estavam:

Asael, irmão de Joabe;
Elanã, filho de Dodô, de Belém;
[25] Samá, de Harode;
Elica, de Harode;
[26] Helez, de Pelom;[e]
Ira, filho de Iques, de Tecoa;
[27] Abiezer, de Anatote;
Sibecai,[f] de Husate;
[28] Zalmom, de Aoí;
Maarai, de Netofate;
[29] Helede,[g] filho de Baaná, de Netofate;
Itai, filho de Ribai, de Gibeá, na terra de Benjamim;
[30] Benaia, de Piratom;
Hurai,[h] de Naal-Gaás;[i]
[31] Abi-Albom, de Arbate;
Azmavete, de Baurim;
[32] Eliaba, de Saalbom;
os filhos de Jasém;
Jônatas, [33] filho de Sage,[j] de Harar;
Aião, filho de Sarar, de Harar;
[34] Elifelete, filho de Aasbai, de Maaca;
Eliã, filho de Aitofel, de Gilo;
[35] Hezro, do Carmelo;
Paarai, de Arba;
[36] Igal, filho de Natã, de Zobá;
Bani, de Gade;
[37] Zeleque, de Amom;
Naarai, de Beerote, escudeiro de Joabe, filho de Zeruia;
[38] Ira, de Jatir;
Garebe, de Jatir;
[39] Urias, o hitita.

Ao todo, eram 37.

Davi realiza um censo

24 Mais uma vez, a ira do SENHOR ardeu contra Israel e incitou Davi contra eles. "Vá e conte o povo de Israel e de Judá", disse-lhe o SENHOR.

[2] Então o rei disse a Joabe, comandante de seu exército: "Faça uma contagem de todas as tribos de Israel, desde Dã, ao norte, até Berseba, ao sul, para que eu saiba o número exato do povo".

[3] Joabe, porém, respondeu ao rei: "Que o SENHOR, seu Deus, dê ao rei vida longa para ver a população cem vezes mais numerosa do que é hoje! Mas por que meu senhor, o rei, deseja fazer essa contagem?".

[4] Apesar da objeção de Joabe, o rei insistiu que fizessem o censo. Então Joabe e os comandantes do exército saíram para contar o povo de Israel. [5] Primeiro atravessaram o Jordão e acamparam em Aroer, ao sul da cidade, no meio do vale de Gade. Em seguida, foram a Jazer, [6] depois, a Gileade, na terra de Tatim-Hodsi[k] e a Dã-Jaã, e deram a volta para Sidom. [7] Então chegaram à fortaleza de Tiro, e a todas

---

[a] **23.18** Conforme alguns manuscritos hebraicos e a versão siríaca; a maioria dos manuscritos hebraicos traz *dos Três*. [b] **23.19** Conforme a versão siríaca; o hebraico traz *dos Três*. [c] **23.20a** Ou *filho de Joiada, filho de Isai*. [d] **23.20b** Em hebraico, *dois de Ariel*. [e] **23.26** Conforme o texto paralelo em 1Cr 11.27 (ver tb. 1Cr 27.10); o hebraico traz *Palti*. [f] **23.27** Conforme alguns manuscritos gregos (ver tb. 1Cr 11.29); o hebraico traz *Mebunai*. [g] **23.29** Conforme alguns manuscritos hebraicos (ver tb. 1Cr 11.30); a maioria dos manuscritos hebraicos traz *Helebe*. [h] **23.30a** Conforme alguns manuscritos gregos (ver tb. 1Cr 11.32); o hebraico traz *Hidai*. [i] **23.30b** Ou *dos ribeiros de Gaás*. [j] **23.32-33** Conforme o texto paralelo em 1Cr 11.34; o hebraico traz *Jônatas, Samá*; a Septuaginta traz *Jônatas, filho de Samá*. [k] **24.6** A Septuaginta traz *a Gileade e a Cades, na terra dos hititas*.

as cidades dos heveus e dos cananeus. Por fim, dirigiram-se ao sul de Judá,ª até Berseba. ⁸Tendo percorrido toda a terra em nove meses e vinte dias, voltaram para Jerusalém. ⁹Joabe informou ao rei o total da contagem. Havia em Israel oitocentos mil homens aptos para irem à guerra que sabiam manejar a espada e, em Judá, havia quinhentos mil.

Julgamento por causa do pecado de Davi
¹⁰Depois que Davi fez o censo, sua consciência começou a incomodá-lo. Ele disse ao Senhor: "Pequei grandemente ao fazer essa contagem. Perdoe meu pecado, ó Senhor, pois cometi uma insensatez".

¹¹Na manhã seguinte, a palavra do Senhor veio ao profeta Gade, vidente de Davi. Esta foi a mensagem: ¹²"Vá e diga a Davi que assim diz o Senhor: 'Darei a você três opções. Escolha um destes castigos, e eu o aplicarei a você'".

¹³Gade foi a Davi e lhe perguntou: "Qual destas opções você escolhe: três^b anos de fome por toda a terra, três meses fugindo de seus inimigos, ou três dias de praga intensa por toda a terra? Pense bem e decida o que devo responder àquele que me enviou".

¹⁴"Não tenho para onde correr nesta situação!", respondeu Davi a Gade. "Mas é melhor cair nas mãos do Senhor, pois sua misericórdia é grande. Que eu não caia nas mãos de homens."

¹⁵Então, naquela manhã, o Senhor enviou sobre Israel uma praga que durou o tempo determinado. Morreram setenta mil pessoas em todo o Israel, desde Dã, ao norte, até Berseba, ao sul. ¹⁶Mas, quando o anjo estava pronto para destruir Jerusalém, o Senhor teve compaixão e disse ao anjo da morte: "Pare! Já basta!". Naquele momento, o anjo do Senhor estava perto da eira de Araúna, o jebuseu.

¹⁷Quando Davi viu o anjo, disse ao Senhor: "Fui eu que pequei e fiz o que era mau! O povo é inocente. O que fizeram? Que tua ira caia sobre mim e minha família".

Davi constrói um altar
¹⁸Naquele dia, Gade foi a Davi e disse: "Vá e construa um altar para o Senhor na eira de Araúna, o jebuseu".

¹⁹Então Davi subiu até lá para cumprir a ordem do Senhor. ²⁰Quando Araúna viu o rei e seus servos se aproximando, saiu e curvou-se diante do rei com o rosto no chão. ²¹"Por que meu senhor, o rei, veio aqui?", perguntou Araúna.

Davi respondeu: "Vim comprar sua eira e construir nela um altar para o Senhor, a fim de que ele faça cessar a praga".

²²"Pode ficar com a eira, meu senhor, o rei", disse Araúna. "Use-a como lhe parecer melhor. Aqui estão os bois para o holocausto, e o senhor pode usar as tábuas de trilhar e as cangas dos bois como lenha para o fogo do altar. ²³Eu lhe darei tudo, ó rei. E que o Senhor, seu Deus, aceite seu sacrifício."

²⁴O rei, porém, respondeu a Araúna: "Não! Faço questão de pagar por tudo. Não apresentarei ao Senhor, meu Deus, holocaustos que nada me custaram". Então Davi pagou cinquenta peças^c de prata pela eira e pelos bois.

²⁵Davi construiu ali um altar ao Senhor e ofereceu holocaustos e ofertas de paz. O Senhor respondeu à sua oração em favor da terra, e a praga sobre Israel cessou.

ª **24.7** Ou *ao Neguebe de Judá*. ^b **24.13** Conforme a Septuaginta (ver tb. 1Cr 21.12); o hebraico traz *sete*. ^c **24.24** Em hebraico, *50 siclos*, cerca de 600 gramas.

1 Reis

INTRODUÇÃO

Nome. O nome do livro é derivado dos reis cujas ações são nele narradas.

Conteúdo. Ele continua a história de Israel, onde 2 Samuel terminou e apresenta o relato da morte de Davi, o reinado de Salomão, o Reino dividido e o cativeiro.

Propósito. As mudanças políticas de Israel são fornecidas para mostrar a condição religiosa. Em todos os lugares há conflito entre fé e incredulidade, entre a adoração de Deus e o culto a Baal. Vemos reis perversos que introduziram a idolatria na nação e reis justos que fizeram reformas e tentaram derrubar a falsa adoração. Israel cede ao mal e é finalmente cortado, mas Judá se arrepende e é restaurado para perpetuar o reino e ser o meio pelo qual Jesus viria.

O reinado de Salomão. Salomão começou em glória, floresceu por um pouco de tempo e findou em desgraça. Ele sacrificou os princípios mais sagrados da nação para formar alianças com outras nações. Tentou concentrar toda adoração no monte Moriá, provavelmente esperando que, dessa forma, pudesse controlar todas as nações. Finalmente, ele se tornou um tirano e roubou a liberdade do povo.

Os dois reinos. Esta é uma triste história de dissensão, guerra e derrota. Israel, ou o Reino do Norte, sempre teve ciúmes de Judá. Era, de longe, mais forte e possuía um território muito maior e mais fértil. Teve 19 reis, de Jeroboão a Oseias, cujos nomes e o número de anos que reinaram deveriam ser estudados com a quantidade de Escrituras incluídas na história de cada um deles. Judá, ou o Reino do Sul, sempre foi um pouco mais fiel à verdadeira adoração. Teve 20 reis, de Roboão a Zedequias, cujas vidas com o número de anos que reinaram e as passagens das Escrituras que descrevem cada um deles deveriam ser tabuladas e estudadas.

O cativeiro. Está claro que o cativeiro é por causa do pecado. Deus os poupou por muito tempo. (1) Israel foi levado cativo pelo Império Assírio, cuja capital era Nínive. Isso marca o fim das tribos do Norte. (2) Judá foi capturada pelo Império Babilônico, mas após um período de 70 anos, o povo retornou à sua própria terra.

ESBOÇO

1. O reinado de Salomão, Caps. 1–11
   1.1. Seu início, Caps. 1–4
   1.2. Construção do Templo, Caps. 5–8
   1.3. Sua grandiosidade e pecado, Caps. 9–11
2. A revolta e pecado das dez tribos, Caps. 12–16
3. O reinado de Acabe e a vida de Elias, Caps. 17–22

PARA ESTUDO E DISCUSSÃO

[1] Contraste o caráter de Davi com o de Salomão. Escreva as qualidades e os defeitos de cada um. Também os compare como governantes.
[2] Estude isto como o berço da liberdade. Observe a resistência de Elias contra os tiranos e Acabe na vinha de Nabote. Procure outros exemplos.
[3] Considere o lugar dos profetas. Observe sua atividade nos assuntos de governo. Faça uma pesquisa nos livros de 1 e 2 Reis, liste todos os profetas que são nomeados nele e observe o caráter de sua mensagem e o rei ou nação para quem cada um falou.
[4] Faça uma lista dos reis de Israel e aprenda sobre a história de Jeroboão I, Onri, Acabe, Jeú, Jeroboão II e Oseias.
[5] Identifique e liste os reis de Judá, os principais acontecimentos e o caráter geral do reinado de Roboão, Josafá, Joás, Uzias, Acaz, Ezequias, Manassés, Josias e Zedequias.
[6] A queda de Judá.
[7] O fracasso dos governos humanos: (a) a causa; (b) a manifestação e o resultado.

A velhice de Davi

1 O rei Davi já estava muito idoso e, por mais cobertores que pusessem sobre ele, não se aquecia. ²Então seus conselheiros lhe disseram: "Vamos procurar uma jovem virgem para servi-lo e cuidar do senhor, o rei. Ela se deitará em seus braços e o manterá aquecido".

³Então procuraram em toda a terra de Israel uma jovem bonita e encontraram Abisague, de Suném, e a levaram ao rei. ⁴A jovem, muito bela, passou a cuidar do rei e a servi-lo. O rei, porém, não teve relações sexuais com ela.

Adonias reivindica o trono

⁵Por essa época, Adonias, filho de Davi e Hagite, começou a se gabar: "Eu assumirei o trono". Providenciou carruagens e cavaleiros, e também cinquenta homens que serviam como sua guarda de honra.ᵃ ⁶Seu pai nunca o havia disciplinado, nem sequer lhe perguntava: "Por que está fazendo isso?". Adonias havia nascido depois de Absalão e também era muito bonito.

⁷Adonias buscou conselho com Joabe, filho de Zeruia, e com o sacerdote Abiatar, e eles o apoiaram em seu plano. ⁸Mas o sacerdote Zadoque, Benaia, filho de Joiada, o profeta Natã, Simei, Reí e a guarda pessoal de Davi se recusaram a apoiar Adonias.

⁹Adonias foi à pedra de Zoelete,ᵇ perto de En-Rogel, onde ofereceu sacrifícios de ovelhas, bois e novilhos gordos. Convidou todos os seus irmãos, os outros filhos do rei Davi, e todos os homens de Judá, oficiais do rei. ¹⁰Mas não convidou o profeta Natã, nem Benaia, nem a guarda pessoal do rei, nem seu irmão Salomão.

¹¹Então Natã foi falar com Bate-Seba, mãe de Salomão, e lhe perguntou: "Você está sabendo que Adonias, filho de Hagite, se proclamou rei, e nosso senhor Davi nem sabe? ¹²Se deseja salvar a sua vida e a de seu filho Salomão, siga meu conselho. ¹³Vá depressa ao rei Davi e diga-lhe: 'Meu senhor, o rei, não jurou a mim que meu filho Salomão certamente seria o próximo rei e se sentaria em seu trono? Então por que Adonias se proclamou rei?'. ¹⁴E, enquanto você ainda estiver falando com ele, eu virei e confirmarei tudo que disse".

¹⁵O rei Davi, já bastante idoso, estava em seu quarto, onde Abisague cuidava dele. Bate-Seba foi até lá ¹⁶e curvou-se diante do rei.

"O que você quer?", perguntou ele.

¹⁷Ela respondeu: "Meu senhor jurou diante do Senhor, seu Deus, que Salomão, o filho de sua serva, certamente seria o próximo rei e se sentaria em seu trono. ¹⁸Mas, agora, Adonias se proclamou rei, e meu senhor, o rei, nem sabe. ¹⁹Ele ofereceu muitos sacrifícios de bois, novilhos gordos e ovelhas, e convidou todos os filhos do rei para a celebração. Também convidou o sacerdote Abiatar e Joabe, o comandante do exército. Mas não convidou seu servo Salomão. ²⁰Agora, ó meu senhor, o rei, todo o Israel espera que o senhor anuncie quem o sucederá no trono. ²¹Se o senhor não tomar uma providência, meu filho Salomão e eu seremos tratados como criminosos quando meu senhor, o rei, morrer".

²²Enquanto ela ainda falava com o rei, chegou o profeta Natã. ²³Os servos do rei lhe disseram: "O profeta Natã deseja vê-lo".

Natã entrou, curvou-se com o rosto no chão diante do rei ²⁴e perguntou: "Meu senhor, o rei, decidiu que Adonias será o próximo rei e se sentará em seu trono? ²⁵Hoje ele ofereceu muitos sacrifícios de bois, novilhos gordos e ovelhas, e convidou todos os filhos do rei para a celebração. Também convidou os comandantes do exército e o sacerdote Abiatar. Estão comendo e bebendo com ele e gritando: 'Viva o rei Adonias!'. ²⁶Mas ele não convidou a mim, seu servo, nem ao sacerdote Zadoque, nem a Benaia, filho de Joiada, nem a seu servo Salomão. ²⁷Meu senhor, o rei, fez isso sem informar nenhum de seus conselheiros quem será o próximo rei?".

Salomão é proclamado rei

²⁸O rei Davi respondeu: "Chamem Bate-Seba!". Então ela voltou e ficou em pé diante dele. ²⁹O rei repetiu seu juramento: "Tão certo como vive o Senhor, que me livrou de todos os perigos, ³⁰seu filho Salomão será o próximo rei e sentará em meu trono hoje mesmo, como jurei a você diante do Senhor, o Deus de Israel!".

ᵃ **1.5** Em hebraico, *que corriam adiante dele*. ᵇ **1.9** Ou *pedra da Serpente*; a Septuaginta apoia o uso de *Zoelete* como nome próprio.

³¹Então Bate-Seba se curvou diante do rei com o rosto no chão e exclamou: "Que o rei Davi, meu senhor, viva para sempre!".

³²O rei Davi ordenou: "Chamem o sacerdote Zadoque, o profeta Natã e Benaia, filho de Joiada". Quando eles chegaram à presença do rei, ³³ele lhes disse: "Levem Salomão e meus conselheiros à fonte de Giom. Salomão deve ir montado em minha mula. ³⁴Ali o sacerdote Zadoque e o profeta Natã o ungirão rei sobre Israel. Toquem a trombeta e gritem: 'Viva o rei Salomão!'. ³⁵Em seguida, acompanhem Salomão de volta para cá, e ele se sentará em meu trono. Será meu sucessor, pois eu decretei que ele reinará sobre Israel e Judá".

³⁶"Amém!", respondeu Benaia, filho de Joiada. "Que o Senhor, o Deus de meu senhor, o rei, confirme suas palavras. ³⁷E que o Senhor esteja com Salomão como esteve com meu senhor, o rei, e que torne o reinado de Salomão ainda maior que o seu!"

³⁸Então o sacerdote Zadoque, o profeta Natã, Benaia, filho de Joiada, e a guarda pessoal do rei[a] levaram Salomão à fonte de Giom, e Salomão foi montado na mula que pertencia ao rei Davi. ³⁹Ali o sacerdote Zadoque pegou uma vasilha de óleo da tenda sagrada e ungiu Salomão. Em seguida, tocaram a trombeta, e todo o povo gritou: "Viva o rei Salomão!". ⁴⁰E todos acompanharam Salomão, tocando flautas e soltando gritos de alegria. A celebração era tão animada e barulhenta que fazia o chão tremer.

⁴¹Adonias e seus convidados ouviram a celebração bem na hora em que terminavam o banquete. Quando Joabe ouviu o som da trombeta, perguntou: "O que está acontecendo? Por que a cidade está nesse alvoroço?".

⁴²Enquanto ele ainda falava, chegou Jônatas, filho do sacerdote Abiatar. "Entre", disse-lhe Adonias. "Você é um homem de bem. Com certeza traz boas notícias."

⁴³"Pelo contrário!", respondeu Jônatas. "O rei Davi, nosso senhor, proclamou Salomão o novo rei! ⁴⁴Enviou-o à fonte de Giom acompanhado do sacerdote Zadoque, do profeta Natã e de Benaia, filho de Joiada, sob a proteção da guarda pessoal do rei. Salomão ia montado na mula que pertence ao rei, ⁴⁵e Zadoque e Natã o ungiram rei na fonte de Giom. Acabam de voltar, e a cidade inteira está festejando com grande alegria. Esse é o motivo de todo esse alvoroço. ⁴⁶Além disso, agora mesmo Salomão está sentado no trono real, ⁴⁷e todos os oficiais do rei foram cumprimentar Davi e lhe disseram: 'Que o seu Deus torne a fama de Salomão ainda maior que a sua, e que o reinado de Salomão seja ainda maior que o seu!'. E, deitado na cama, o rei curvou-se em adoração ⁴⁸e disse: 'Louvado seja o Senhor, o Deus de Israel, que hoje escolheu um sucessor para sentar-se em meu trono enquanto ainda estou vivo para ver isso acontecer'."

⁴⁹Então, em pânico, os convidados de Adonias se levantaram da mesa do banquete e se dispersaram. ⁵⁰Adonias, com medo de Salomão, correu para a tenda sagrada e se agarrou às pontas do altar. ⁵¹Salomão soube que Adonias, por medo, estava agarrado às pontas do altar e dizia: "Que o rei Salomão jure hoje que não matará a mim, seu servo!".

⁵²Salomão respondeu: "Se ele for leal, não se tocará num só fio de cabelo de sua cabeça. Mas, se ele demonstrar más intenções, morrerá". ⁵³Então o rei Salomão mandou chamar Adonias, e eles o retiraram de junto do altar. Ele veio e se curvou diante do rei Salomão, que lhe disse: "Vá para casa".

Instruções finais de Davi a Salomão

2 Quando se aproximava o momento de sua morte, Davi deu as seguintes instruções a seu filho Salomão:

²"Vou para onde todos na terra irão algum dia. Seja corajoso e seja homem. ³Obedeça às ordens do Senhor, seu Deus, e siga os caminhos dele. Guarde os decretos, mandamentos, estatutos e preceitos escritos na lei de Moisés, para que seja bem-sucedido em tudo que fizer e por onde quer que for. ⁴Desse modo, o Senhor manterá a promessa que me fez: 'Se seus descendentes viverem como devem e me seguirem fielmente de todo o coração e de toda a alma, sempre haverá um deles no trono de Israel'.

⁵"Além disso, você sabe o mal que Joabe, filho de Zeruia, me fez quando assassinou os

---

[a] **1.38** Em hebraico, *os queretitas e peletitas*; também em 1.44.

dois comandantes do exército de Israel, Abner, filho de Ner, e Amasa, filho de Jéter. Ele os matou como se fossem inimigos de guerra, mas era tempo de paz. Assim, manchou seu cinto e sua sandália com sangue inocente. ⁶Faça com ele o que lhe parecer melhor, mas não deixe que envelheça e desça à sepultura em paz.ᵃ

⁷"Seja bondoso com os filhos de Barzilai, de Gileade. Faça deles convidados permanentes à sua mesa, pois cuidaram de mim quando eu fugia de seu irmão Absalão.

⁸"E lembre-se de Simei, filho de Gera, de Baurim, da tribo de Benjamim. Ele lançou contra mim uma terrível maldição quando fui a Maanaim. Quando ele desceu ao meu encontro no rio Jordão, jurei pelo Senhor que não o mataria. ⁹Contudo, esse juramento não o torna inocente. Você é um homem sábio e saberá providenciar para ele uma morte sangrenta em sua velhice".ᵇ

¹⁰Então Davi morreu e foi sepultado na Cidade de Davi com seus antepassados. ¹¹Reinou por quarenta anos sobre Israel: sete em Hebrom e 33 em Jerusalém. ¹²Salomão se sentou no trono de seu pai, Davi, e seu reinado foi firmemente estabelecido.

Salomão estabelece seu governo

¹³Certo dia, Adonias, filho de Hagite, foi falar com Bate-Seba, mãe de Salomão. Ela lhe perguntou: "Você vem em paz?".

"Sim, venho em paz", disse ele. ¹⁴"Na verdade, tenho um favor a lhe pedir."

"O que é?", perguntou ela.

¹⁵Ele respondeu: "Como você sabe, o reino era meu por direito; todo o Israel esperava que eu fosse o próximo rei. Mas a situação mudou e o reino foi para meu irmão, pois o Senhor quis assim. ¹⁶Agora, tenho apenas uma coisa a lhe pedir. Por favor, não deixe de me atender".

"O que você quer?", perguntou ela.

¹⁷Ele disse: "Fale em meu favor ao rei Salomão, pois sei que ele a atenderá. Peça que ele permita que eu me case com Abisague, a jovem de Suném".

¹⁸"Está bem", respondeu Bate-Seba. "Vou falar com o rei por você."

¹⁹Então Bate-Seba foi até o rei Salomão para falar com ele sobre o pedido de Adonias. O rei se levantou do trono para recebê-la e se curvou diante dela. Depois que o rei voltou a sentar-se, ordenou que trouxessem um trono para sua mãe, e ela se sentou à sua direita.

²⁰"Tenho um pequeno pedido a lhe fazer", disse ela. "Espero que não deixe de me atender."

"O que é, minha mãe?", perguntou ele. "Eu não recusaria um pedido seu."

²¹Ela respondeu: "Permita que seu irmão Adonias se case com Abisague, a jovem de Suném".

²²"Como pode me pedir que entregue Abisague a Adonias?", disse o rei Salomão. "Peça de uma vez que eu dê o reino para ele! Sabe bem que ele é meu irmão mais velho e que conta com o apoio do sacerdote Abiatar e de Joabe, filho de Zeruia."

²³Então o rei Salomão fez um juramento diante do Senhor: "Que Deus me castigue severamente se Adonias não tiver selado seu destino com esse pedido. ²⁴O Senhor me confirmou e me colocou no trono de meu pai, Davi, e estabeleceu minha dinastia como prometeu. Portanto, tão certo como vive o Senhor, Adonias morrerá ainda hoje!". ²⁵E o rei Salomão ordenou a Benaia, filho de Joiada, que atacasse Adonias, e ele foi morto.

²⁶Depois, o rei disse ao sacerdote Abiatar: "Volte para sua casa em Anatote. Você merece morrer, mas não o matarei hoje, pois você carregou a arca do Senhor Soberano para meu pai, Davi, e o acompanhou em todas as dificuldades dele". ²⁷Então Salomão depôs Abiatar de seu cargo de sacerdote do Senhor e, desse modo, cumpriu a profecia do Senhor em Siló a respeito dos descendentes de Eli.

²⁸Essas notícias chegaram até Joabe. Embora não houvesse apoiado a revolta de Absalão, ele tinha dado seu apoio a Adonias. Por isso, fugiu para a tenda sagrada do Senhor e se agarrou às pontas do altar. ²⁹Salomão soube disso e enviou Benaia, filho de Joiada, para executá-lo.

³⁰Benaia foi à tenda sagrada do Senhor e disse a Joabe: "O rei ordena que você saia!".

"Não", respondeu Joabe. "Vou morrer aqui."

ᵃ 2.6 Em hebraico, *não deixe que sua cabeça grisalha desça ao Sheol em paz*. ᵇ 2.9 Em hebraico, *saberá providenciar que a cabeça grisalha dele desça ao Sheol com sangue*.

Então Benaia voltou ao rei e lhe contou o que Joabe tinha dito.

³¹"Faça o que ele diz", respondeu o rei. "Mate-o ali, junto ao altar, e sepulte-o. Assim, removerá de mim e da família de meu pai a culpa pelos crimes injustificados que Joabe cometeu. ³²O Senhor o punirá por sua culpa[a] no assassinato de dois homens mais justos e melhores que ele. Sem que meu pai soubesse, Joabe matou Abner, filho de Ner, comandante do exército de Israel, e Amasa, filho de Jéter, comandante do exército de Judá. ³³Que o sangue deles recaia sobre Joabe e seus descendentes para sempre, e que o Senhor conceda paz a Davi, seus descendentes, sua dinastia e seu trono para sempre!"

³⁴Benaia, filho de Joiada, voltou à tenda sagrada e matou Joabe, que foi sepultado em sua casa no deserto. ³⁵Então o rei nomeou Benaia, filho de Joiada, comandante do exército em lugar de Joabe, e o sacerdote Zadoque em lugar de Abiatar.

³⁶Depois, o rei mandou chamar Simei e lhe disse: "Construa uma casa em Jerusalém e more aqui. Não dê um passo fora da cidade para ir a qualquer outro lugar. ³⁷No dia em que sair e atravessar o vale de Cedrom, certamente morrerá e será responsável por sua própria morte".[b]

³⁸Simei respondeu: "Sua sentença é justa; farei o que meu senhor, o rei, ordena". E Simei morou em Jerusalém durante muito tempo.

³⁹Três anos mais tarde, porém, dois escravos de Simei fugiram para a casa de Aquis, filho de Maaca, rei de Gate. Quando alguém disse a Simei onde eles estavam, ⁴⁰ele selou um jumento e foi até Gate procurá-los. Ao encontrá-los, levou-os de volta a Jerusalém.

⁴¹Salomão soube que Simei tinha saído de Jerusalém, ido a Gate e voltado. ⁴²O rei mandou chamá-lo e perguntou: "Não o fiz jurar pelo Senhor e não o adverti de que não fosse a lugar algum, pois do contrário certamente morreria? E você respondeu: 'Sua sentença é justa; farei o que ordena'. ⁴³Então por que não manteve o juramento ao Senhor e não obedeceu à minha ordem?".

⁴⁴O rei também disse a Simei: "Certamente você se lembra de todas as maldades que fez a meu pai, Davi. Que o Senhor faça esse mal recair sobre sua cabeça. ⁴⁵Mas que eu, o rei Salomão, receba as bênçãos do Senhor e que sempre haja um descendente de Davi neste trono na presença do Senhor". ⁴⁶Então, por ordem do rei, Benaia, filho de Joiada, levou Simei para fora e o matou.

Assim, o reino de Salomão foi firmemente estabelecido.

---

[a] **2.32** Em hebraico, *fará seu sangue recair sobre sua cabeça.* [b] **2.37** Em hebraico, *e seu sangue cairá sobre sua cabeça.*

2.28-34 "Fugiu [Joabe] para a tenda sagrada do Senhor e se agarrou às pontas do altar". Suponho que ele pensou que, como Adonias tinha feito isso com sucesso anteriormente, Joabe poderia repeti-lo e ter alguma esperança de vida. É claro que ele não tinha o direito de entrar no santo lugar, e segurar nas pontas do altar, mas sendo levado ao desespero, não sabia o que mais fazer. Ele era um homem de cabeça encanecida, que tinha 30 anos ou mais quando cometeu dois assassinatos atrozes, e agora esses crimes voltavam a ele. Joabe não sabia para onde fugir, exceto para as pontas de um altar, do qual ele raramente havia se aproximado antes. Tanto quanto podemos julgar, ele havia mostrado pouco respeito à religião durante sua vida. Era um rude homem de guerra, e pouco se importava com Deus, com o tabernáculo, com os sacerdotes ou com o altar, mas, quando estava em perigo, fugiu para o que havia evitado e procurou fazer daquilo que negligenciou o seu refúgio. Ele não foi o único homem a fazê-lo. Talvez haja alguns que, em pouco tempo, tentarão escapar de um mal iminente por meios semelhantes. Bem, quero que você perceba que quando Joabe fugiu para o tabernáculo do Senhor e segurou as pontas do altar, isso não lhe serviu de nada. [...]

Joabe não encontrou nenhum benefício do santuário, apesar de ter colocado as mãos nas pontas do altar da casa de Deus, da qual tiro esta lição — *que as ordenanças exteriores não servirão de nada.* Diante do Deus vivo, que é maior e mais sábio do que Salomão, não haverá utilidade a nenhum homem segurar as pontas do altar. Mas há um segundo altar — o altar espiritual — onde, se um homem segurar em suas pontas, e disser: "Vou morrer aqui", ele nunca morrerá, mas estará salvo da espada da justiça para sempre, pois *o Senhor designou um altar na pessoa do seu Filho amado, Jesus Cristo, onde haverá abrigo para os mais vis dos pecadores que vierem ou se agarrarem nele.*

Salomão pede sabedoria

3 Salomão fez um acordo com o faraó, rei do Egito, e se casou com uma das filhas dele. Trouxe-a para morar na Cidade de Davi até terminar a construção do palácio real, do templo do Senhor e do muro ao redor de Jerusalém. ²Nessa época, o povo de Israel oferecia sacrifícios nos altares das colinas de suas regiões, pois ainda não havia sido construído um templo em honra ao nome do Senhor.

³Salomão amava o Senhor, seguindo os decretos de seu pai, Davi, exceto pelo fato de oferecer sacrifícios e queimar incenso nos altares das colinas. ⁴O lugar de adoração mais importante ficava em Gibeom, por isso o rei Salomão foi para lá e ofereceu mil holocaustos. ⁵Naquela noite, o Senhor apareceu a Salomão num sonho e lhe disse: "Peça o que quiser, e eu lhe darei".

⁶Salomão respondeu: "Tu mostraste grande amor leal ao teu servo, meu pai, Davi, pois ele foi fiel, justo e verdadeiro diante de ti. Agora, continuaste a mostrar teu grande amor leal dando-lhe um filho para sentar-se em seu trono.

⁷"Agora, ó Senhor, meu Deus, tu me fizeste reinar em lugar de meu pai, Davi, mas sou como uma criança pequena que não sabe o que fazer. ⁸Aqui estou, no meio do teu povo escolhido, uma nação tão grande e numerosa que nem pode contar! ⁹Dá a teu servo um coração compreensivo, para que eu possa governar bem o teu povo e saber a diferença entre o certo e o errado. Pois quem é capaz de governar sozinho este teu grande povo?".

¹⁰O Senhor se agradou do pedido de Salomão. ¹¹Por isso, Deus respondeu: "Uma vez que você pediu sabedoria para governar meu povo com justiça, e não vida longa, nem riqueza, nem a morte de seus inimigos, ¹²atenderei a seu pedido. Eu lhe darei um coração sábio e compassivo, como ninguém teve nem jamais terá. ¹³Também lhe darei o que não pediu: riquezas e fama. Nenhum outro rei em todo o mundo se comparará a você pelo resto de sua vida. ¹⁴E, se você me seguir e obedecer a meus decretos e mandamentos, como fez seu pai, Davi, eu lhe darei vida longa".

¹⁵Então Salomão acordou e percebeu que tinha sido um sonho. Voltou a Jerusalém e se colocou diante da arca da aliança do Senhor, onde apresentou holocaustos e ofertas de paz. Depois, ofereceu um grande banquete a todos os seus oficiais.

Salomão julga com sabedoria

¹⁶Algum tempo depois, duas prostitutas compareceram diante do rei para resolver uma questão. ¹⁷Disse uma delas: "Por favor, meu senhor, esta mulher e eu moramos na mesma casa. Eu dei à luz um filho quando ela estava comigo na casa. ¹⁸Três dias depois, esta mulher também deu à luz um filho. Estávamos só nós duas na casa; não havia mais ninguém ali.

¹⁹"O bebê dela morreu durante a noite, porque ela rolou sobre ele enquanto dormia. ²⁰Então ela se levantou de noite, tirou meu filho do meu lado enquanto eu dormia e o pôs para dormir ao lado dela. Depois, colocou o filho dela, que estava morto, em meus braços. ²¹De manhã, bem cedo, quando fui amamentar meu filho, ele estava morto! Quando o observei mais de perto, na claridade do dia, vi que não era meu".

²²"Não!", interrompeu a outra mulher. "O filho morto era seu, e o vivo é meu!"

"Não!", disse a primeira mulher. "O filho vivo é meu, e o morto era seu!" E assim elas discutiram diante do rei.

²³Então o rei disse: "Vamos esclarecer as coisas. As duas afirmam que o filho vivo é seu, e cada uma diz que o morto é da outra. ²⁴Pois bem, tragam-me uma espada". E trouxeram uma espada para o rei.

²⁵Ele disse: "Cortem a criança viva ao meio e deem metade a uma mulher e metade à outra!".

²⁶Então, por causa de seu amor pelo menino, a verdadeira mãe gritou: "Não, meu senhor! Dê o menino a ela. Por favor, não o mate!".

A outra mulher, porém, disse: "Muito bem, ele não será nem meu nem seu. Dividam a criança ao meio!".

²⁷Então o rei disse: "Não matem o bebê. Deem o menino à mulher que deseja que ele viva, pois ela é a mãe".

²⁸Quando todo o Israel soube da decisão do rei, teve grande respeito por ele, pois viu a sabedoria que Deus lhe tinha dado para fazer justiça.

Oficiais e governadores de Salomão

4 O rei Salomão governou sobre todo o Israel, ²e estes foram seus oficiais mais importantes:

Azarias, filho de Zadoque, era o sacerdote.
³Eliorefe e Aías, filhos de Sisa, eram os secretários da corte.
Josafá, filho de Ailude, era o historiador do reino.
⁴Benaia, filho de Joiada, era o comandante do exército.
Zadoque e Abiatar eram os sacerdotes.
⁵Azarias, filho de Natã, era supervisor dos governadores distritais.
Zabude, filho de Natã, era sacerdote e conselheiro pessoal do rei.
⁶Aisar era administrador do palácio.
Adonirão, filho de Abda, era encarregado dos trabalhos forçados.

⁷Salomão tinha também em todo o Israel doze governadores distritais responsáveis por fornecer alimento para a casa do rei. Cada um deles fornecia provisões durante um mês do ano. ⁸Estes são os nomes dos doze governadores:

Ben-Hur, da região montanhosa de Efraim.
⁹Ben-Dequer, em Macaz, Saalbim, Bete-Semes e Elom-Bete-Hanã.
¹⁰Ben-Hesede, em Arubote, Socó e toda a região de Héfer.
¹¹Ben-Abinadabe, em toda a Nafote-Dor.[a] (Ele era casado com Tafate, uma das filhas de Salomão.)
¹²Baaná, filho de Ailude, em Taanaque e em Megido, e em toda a Bete-Sã, próxima de Zaretã, abaixo de Jezreel, e todo o território desde Bete-Sã até Abel-Meolá e para além de Jocmeão.
¹³Ben-Geber, em Ramote-Gileade, incluindo as Cidades de Jair (assim chamadas por causa de Jair, da tribo de Manassés[b], em Gileade, e na região de Argobe, em Basã, incluindo sessenta grandes cidades fortificadas com trancas de bronze nos portões.
¹⁴Ainadabe, filho de Ido, em Maanaim.
¹⁵Aimaás, em Naftali. (Ele era casado com Basemate, outra filha de Salomão.)
¹⁶Baaná, filho de Husai, em Aser e em Bealote.
¹⁷Josafá, filho de Parua, em Issacar.
¹⁸Simei, filho de Elá, em Benjamim.
¹⁹Geber, filho de Uri, na terra de Gileade,[c] incluindo os territórios de Seom, rei dos amorreus, e de Ogue, rei de Basã. Ele era o único governador dessa região.[d]

A prosperidade e a sabedoria de Salomão

²⁰O povo de Judá e Israel era tão numeroso quanto a areia na beira do mar. Todos estavam muito contentes, e tinham comida e bebida com fartura. ²¹eSalomão governava sobre todos os reinos, desde o rio Eufrates,[f] ao norte, até a terra dos filisteus e a fronteira do Egito, ao sul. Os povos conquistados enviavam tributos a Salomão e continuaram a servi-lo durante toda a vida.

²²Para a provisão diária do palácio de Salomão, eram necessários trinta cestos grandes[g] de farinha da melhor qualidade, sessenta

---

[a] 4.11 Em hebraico, *Nafate-Dor*, variação de Nafote-Dor. [b] 4.13 Em hebraico, *Jair, filho de Manassés*; comparar com 1Cr 2.22.
[c] 4.19a A Septuaginta traz *Gade*; comparar com 4.13. [d] 4.19b A Septuaginta traz *E havia um governador sobre a terra de Judá*.
[e] 4.21a No texto hebraico, os versículos 4.21-34 são numerados 5.1-14. [f] 4.21b Em hebraico, *o rio*; também em 4.24. [g] 4.22a Em hebraico, *30 coros*, cerca de 6.600 quilos.

4.20-28 Os oficiais estavam obrigados a obedecer as suas ordens, primeiro, quanto às coisas materiais. Alguns deles tinham que fornecer bois gordos para a mesa de Salomão e outros tinham que se certificar que as corças e as aves fossem caçadas pelo mesmo propósito, enquanto outros eram encarregados de fornecer a cevada e a palha para os cavalos e os camelos. Como já disse, se eles tivessem saído da ordem — se o homem que tinha que fornecer a cevada para os cavalos tivesse alimentado as galinhas com ela e se o oficial que tinha que caçar as corças tivesse se ocupado com o transporte da palha, teria havido uma grande confusão. E assim, querido irmão, quando você não faz o que estava evidentemente destinado a fazer, e é muito capaz de fazer, mas se dedica a algo muito fora de seu alcance, tudo vai mal. [...] Caro amigo, você descobriu o que pode fazer — o que o Senhor o preparou para fazer e o que Ele o abençoou para fazer? Então, mantenha o foco em fazê-lo e faça-o cada vez melhor e de forma alguma se queixe de sua vocação. Não encontre defeitos nos outros cujo trabalho difere do seu.

cestos grandes de farinha comum,ᵃ ²³dez bois dos currais de engorda, vinte bois do pasto, cem ovelhas, e também veados, gazelas, corças e aves seletas.ᵇ

²⁴Salomão dominava sobre todos os reinos a oeste do rio Eufrates, desde Tifsa até Gaza, e havia paz em todas as fronteiras. ²⁵Durante a vida de Salomão, Judá e Israel viveram em paz e segurança. E, desde Dã, ao norte, até Berseba, ao sul, cada família possuía sua própria videira e sua própria figueira.

²⁶Salomão possuía quatro milᶜ estábulos para os cavalos de seus carros de guerra e doze mil cavalos.

²⁷Os governadores distritais forneciam, com regularidade, o alimento para o rei Salomão e sua corte: cada um providenciava para que nada faltasse no mês que lhe havia sido designado. ²⁸Também providenciavam a cevada e a palha necessárias para os cavalos de guerra e os cavalos de carga nos estábulos do rei.

²⁹Deus concedeu a Salomão grande sabedoria e entendimento, e conhecimento tão vasto quanto a areia na beira do mar. ³⁰Sua sabedoria era maior que a de todos os sábios do Oriente e de todos os sábios do Egito. ³¹Ele era mais sábio que qualquer outra pessoa, incluindo Etã, o ezraíta, e Hemã, Calcol e Darda, filhos de Maol. Sua fama se espalhou por todas as nações vizinhas. ³²Compôs 3.000 provérbios e escreveu 1.005 canções. ³³Podia falar com entendimento sobre plantas de toda espécie, desde o grande cedro do Líbano até o pequeno hissopo que cresce nas fendas dos muros. Também tinha conhecimento de animais, aves, répteis e peixes. ³⁴Reis de todas as nações enviavam seus representantes para ouvirem a sabedoria de Salomão.

Preparativos para a construção do templo

5 ¹ᵈHirão, rei de Tiro, sempre havia sido um fiel aliado de Davi. Quando soube que Salomão, filho de Davi, tinha sido ungido como o novo rei de Israel, Hirão mandou representantes para cumprimentá-lo.

²Salomão enviou esta mensagem a Hirão:

³"Você sabe que meu pai, Davi, não pôde construir um templo em honra ao nome do Senhor, seu Deus, por causa das muitas guerras que as nações vizinhas travaram contra ele. Não podia construir enquanto o Senhor não lhe desse vitória sobre todos os seus inimigos. ⁴Agora, porém, o Senhor, meu Deus, me deu paz em todas as fronteiras; não tenho inimigos, e tudo vai bem. ⁵Por isso, planejo construir um templo em honra ao nome do Senhor, meu Deus, exatamente como ele instruiu meu pai, Davi. Pois o Senhor lhe disse: 'Seu filho, a quem eu colocarei em seu trono, construirá o templo em honra ao meu nome'.

⁶"Portanto, peço-lhe que ordene que cortem para mim cedros do Líbano. Meus servos trabalharão ao lado dos seus, e pagarei aos seus servos o salário que você pedir. Como bem sabe, ninguém aqui corta madeira como vocês, sidônios".

⁷Hirão ficou muito contente quando recebeu a mensagem de Salomão e disse: "Louvado seja o Senhor neste dia, pois deu a Davi um filho sábio para ser rei dessa grande nação!". ⁸Então enviou esta resposta a Salomão:

"Recebi sua mensagem e fornecerei toda a madeira de cedro e de cipreste que precisar. ⁹Meus servos levarão as toras das montanhas do Líbano para o mar Mediterrâneo;ᵉ ali, colocarão as toras em balsas e as farão flutuar ao longo da costa até o lugar que você escolher. Ao chegar, desembarcaremos as toras, e seus servos as levarão. O pagamento poderá ser feito com alimentos para o meu palácio".

¹⁰Assim, Hirão forneceu toda a madeira de cedro e de cipreste que Salomão desejava. ¹¹Em troca, Salomão lhe enviava um pagamento anual de vinte mil cestos grandesᶠ de trigo para o consumo de sua corte e vinte mil tonéisᵍ de azeite puro de oliva. ¹²O Senhor deu sabedoria a Salomão, como lhe havia prometido. E Hirão e Salomão fizeram um acordo de paz.

ᵃ **4.22b** Em hebraico, *60 coros*, cerca de 13.200 quilos. ᵇ **4.23** Ou *gansos engordados*. ᶜ **4.26** Conforme alguns manuscritos gregos (ver tb. 2Cr 9.25); o hebraico traz *quarenta mil*. ᵈ **5.1** No texto hebraico, os versículos 5.1-18 são numerados 5.15-32. ᵉ **5.9** Em hebraico, *o mar*. ᶠ **5.11a** Em hebraico, *20.000 coros*, cerca de 4.400.000 litros. ᵍ **5.11b** Conforme a Septuaginta, que traz *20.000 batos*, cerca de 420.000 litros (ver tb. 2Cr 2.10); o hebraico traz *20 coros*, cerca de 4.400 litros.

¹³Então Salomão convocou trinta mil trabalhadores de todo o Israel. ¹⁴Enviou-os ao Líbano em grupos de dez mil por mês, de modo que cada homem passava um mês no Líbano e dois meses em casa. Adonirão era encarregado desses trabalhadores. ¹⁵Salomão também tinha 70.000 carregadores, 80.000 cortadores de pedra na região montanhosa ¹⁶e 3.600ª chefes que supervisionavam as obras. ¹⁷Por ordem do rei, eles extraíram grandes blocos de pedra de alta qualidade e os modelaram para o alicerce do templo. ¹⁸Homens da cidade de Gebal ajudaram os construtores de Salomão e Hirão a prepararem a madeira e as pedras para o templo.

Salomão constrói o templo

6 No mês de zive,[b] o segundo mês, durante o quarto ano de seu reinado, Salomão começou a construir o templo do SENHOR. Isso ocorreu 480 anos depois que o povo de Israel foi liberto da escravidão na terra do Egito.

²O templo que o rei Salomão construiu para o SENHOR media 27 metros de comprimento, 9 metros de largura e 13,5 metros de altura.[c] ³A sala de entrada na frente do templo media 9 metros[d] de largura, a mesma largura do templo, e se projetava 4,5 metros[e] à frente do templo. ⁴Salomão também fez janelas com grades e molduras[f] por todo o templo.

⁵Junto às paredes externas do edifício, nas laterais e nos fundos, ele construiu um anexo com salas. ⁶Esse anexo tinha três andares; o andar de baixo media 2,25 metros de largura, o segundo andar media 2,7 metros de largura, e o terceiro, 3,15 metros de largura.[g] As salas eram ligadas às paredes do templo por vigas apoiadas em saliências nas paredes, por isso as vigas não eram inseridas nas paredes em si.

⁷O acabamento das pedras usadas na construção do templo era feito na própria pedreira, de modo que não havia barulho algum de martelo, machado ou qualquer outra ferramenta de ferro no local da construção.

⁸A entrada para o andar de baixo[h] ficava no lado sul do templo. Havia uma escada em caracol que subia para o segundo andar, e outro lance de escadas que ia do segundo para o terceiro andar. ⁹Uma vez concluída a estrutura do templo, Salomão colocou um forro de vigas e tábuas de cedro. ¹⁰Além disso, construiu um anexo com salas junto aos lados do edifício, ligado às paredes do templo por vigas de cedro. Cada andar do anexo media 2,25 metros[i] de altura.

¹¹Então esta mensagem do SENHOR veio a Salomão: ¹²"Quanto a este templo que você está construindo, se seguir todos os meus decretos e estatutos e obedecer a todos os meus mandamentos, cumprirei a promessa que fiz a seu pai, Davi. ¹³Habitarei no meio dos israelitas e jamais abandonarei meu povo, Israel".

O interior do templo

¹⁴Assim, Salomão terminou a construção do templo. ¹⁵Todo o interior, desde o piso até o teto, foi revestido com madeira. Revestiu as paredes e o teto com tábuas de cedro e, para

---

ª **5.16** Conforme alguns manuscritos gregos (ver tb. 2Cr 2.2,18); o hebraico traz *3.300*. ᵇ **6.1** Mês do antigo calendário lunar hebraico que geralmente ocorria entre abril e maio. ᶜ **6.2** Em hebraico, *60 côvados de comprimento, 20 côvados de largura e 30 côvados de altura*. ᵈ **6.3a** Em hebraico, *20 côvados*; também em 6.16,20. ᵉ **6.3b** Em hebraico, *10 côvados*. ᶠ **6.4** O significado do hebraico é incerto. ᵍ **6.6** Em hebraico, *o andar de baixo media 5 côvados de largura, o segundo, 6 côvados de largura, e o terceiro, 7 côvados de largura*. ʰ **6.8** Conforme a Septuaginta; o hebraico traz *andar do meio*. ⁱ **6.10** Em hebraico, *5 côvados*.

5.14 Era justo que, quando um Templo fosse edificado para o Senhor Deus de Israel, os israelitas deveriam fazer a sua parte na construção do mesmo. Por conseguinte, um imposto foi criado, e certo número de homens foi escolhido para trabalhar no Líbano. Era, no entanto, muito apropriado que o trabalho para o gracioso Deus fosse alegre; não a servidão de escravos, mas o deleite dos filhos. Salomão não exigiu que qualquer israelita trabalhasse nas montanhas e pedreiras por anos seguidos e deixasse seus próprios campos desolados, mas decretou que os trabalhadores deveriam ter um mês no Líbano de trabalho no Templo e dois meses em casa para seus próprios afazeres. O nosso Deus não é um capataz — e o serviço sagrado não deve se tornar trabalho forçado! O autossacrifício é a alma da verdadeira religião, mas não devemos exigir dos outros o que transformaria a religião em escravidão. Salomão sabia que as pessoas comuns se cansariam de trabalhar, mesmo para o próprio Javé, se fossem afastadas de suas próprias famílias e ao mesmo tempo de seu patrimônio e, portanto, em sua sabedoria, ele disse: "cada homem [passe] um mês no Líbano e dois meses em casa".

o piso, usou tábuas de cipreste. ¹⁶Na parte de trás do templo, separou um santuário interno, o lugar santíssimo. Esse santuário interno media 9 metros de profundidade e era revestido com cedro do piso ao teto. ¹⁷O salão principal do templo, fora do lugar santíssimo, media 18 metrosª de comprimento. ¹⁸Em todo o interior do templo, tábuas de cedro cobriam completamente as paredes de pedra, e as tábuas eram enfeitadas com entalhes de frutos e flores abertas.

¹⁹Ele preparou o santuário interno na parte de trás do templo, onde seria colocada a arca da aliança do Senhor. ²⁰Esse santuário interno media 9 metros de comprimento, 9 metros de largura e 9 metros de altura. Revestiu com ouro puro o interior do santuário e também o altar de cedro.ᵇ ²¹Depois, Salomão revestiu com ouro puro o interior do restante do templo e fez correntes de ouro para a entrada do lugar santíssimo. ²²Assim, terminou de revestir com ouro o interior de todo o templo, incluindo o altar do lugar santíssimo.

²³Fez dois querubins de madeira de oliveira,ᶜ cada um medindo 4,5 metrosᵈ de altura, e os colocou no santuário interno. ²⁴As asas abertas de cada querubim mediam de uma ponta à outra 4,5 metros, e cada asa media 2,25 metrosᵉ de comprimento. ²⁵Os dois querubins tinham a mesma forma e o mesmo tamanho; ²⁶cada um media 4,5 metros de altura. ²⁷Ele os colocou lado a lado no santuário interno do templo. Suas asas abertas iam de uma parede à outra, enquanto as asas internas se tocavam no meio da sala. ²⁸Revestiu os dois querubins com ouro.

²⁹Enfeitou todas as paredes do santuário interno e do salão principal com entalhes de querubins, palmeiras e flores abertas. ³⁰Revestiu o piso do santuário e do salão com ouro.

³¹Para a entrada do santuário interno, fez portas de duas folhas de madeira de oliveira e batentes de cinco lados.ᶠ ³²Essas portas de duas folhas eram enfeitadas com entalhes de querubins, palmeiras e flores abertas. As portas, incluindo os enfeites de querubins e palmeiras, foram revestidas com ouro.

³³Depois, para a entrada do templo, fez batentes de quatro lados de madeira de oliveira. ³⁴Fez também duas portas articuladas de cipreste, cada uma com dobradiças que permitiam dobrar uma folha sobre a outra. ³⁵Essas portas eram enfeitadas com entalhes de querubins, palmeiras e flores abertas e eram completamente revestidas com ouro.

³⁶As paredes do pátio interno foram construídas com uma camada de vigas de cedro entre cada três camadas de pedras cortadas.

³⁷O alicerce do templo do Senhor foi lançado no mês de zive, durante o quarto ano do reinado de Salomão. ³⁸A construção toda foi completada no oitavo mês, no mês de bul,ᵍ durante o décimo primeiro ano de seu reinado. Portanto, a construção do templo levou sete anos.

Salomão constrói seu palácio

7 Salomão também construiu para si um palácio e levou treze anos para terminá-lo.

²Um dos edifícios que Salomão construiu se chamava Palácio da Floresta do Líbano. Media 45 metros de comprimento, 22,5 metros de largura e 13,5 metros de altura.ʰ Nele havia quatro fileiras de colunas de cedro, com grandes vigas de cedro assentadas sobre as colunas. ³O teto do salão era de cedro e ficava acima das vigas, que eram sustentadas por colunas. Havia 45 vigas, dispostas em três fileiras com 15 vigas em cada uma. ⁴Em cada lado do longo salão havia três fileiras de janelas, uma de frente para a outra. ⁵Todas as portas e suas vergasⁱ tinham batentes retangulares e eram dispostas de três em três, uma de frente para a outra.

⁶Salomão também construiu o Salão das Colunas, que media 22,5 metros de comprimento e 13,5 metros de largura.ʲ Tinha na frente uma varanda com colunas e uma cobertura acima delas.

⁷Salomão construiu ainda a sala do trono, conhecida como Salão do Julgamento, onde se sentava para ouvir as questões a serem

---

ª **6.17** Em hebraico, *40 côvados*. ᵇ **6.20** Ou *também revestiu o altar com cedro*. O significado do hebraico é incerto. ᶜ **6.23a** Ou *pinho*; o hebraico traz *árvore de azeite*; também em 6.31,33. ᵈ **6.23b** Em hebraico, *10 côvados*; também em 6.24,26. ᵉ **6.24** Em hebraico, *5 côvados*. ᶠ **6.31** O significado do hebraico é incerto. ᵍ **6.38** Mês do antigo calendário lunar hebraico que geralmente ocorria entre outubro e novembro. ʰ **7.2** Em hebraico, *100 côvados de comprimento, 50 côvados de largura e 30 côvados de altura*. ⁱ **7.5** A Septuaginta traz *janelas*. ʲ **7.6** Em hebraico, *50 côvados de comprimento e 30 côvados de largura*.

julgadas. A sala era revestida de madeira de cedro desde o piso até o teto.[a] [8]A residência onde ele morava ficava em torno de um pátio atrás do Salão do Julgamento e era construída da mesma forma. Ele também construiu uma residência semelhante para a filha do faraó, com quem havia se casado.

[9]Todos esses edifícios foram construídos com grandes blocos de pedra de alta qualidade, cortados na medida exata de todos os lados, do alicerce até o beiral do telhado, desde o lado externo até o grande pátio. [10]Algumas das grandes pedras do alicerce mediam 4,5 metros por 3,6 metros.[b] [11]Por cima dos alicerces foram colocados blocos de pedra de alta qualidade, cortados sob medida, e vigas de cedro. [12]As paredes do grande pátio foram construídas com uma camada de vigas de cedro entre cada três camadas de pedras cortadas, como as paredes do pátio interno do templo do SENHOR, com sua sala de entrada.

Os utensílios do templo

[13]O rei Salomão mandou que viesse de Tiro um homem chamado Hirão.[c] [14]Ele era israelita por parte de mãe, uma viúva da tribo de Naftali, e seu pai, originário de Tiro, havia sido artífice em bronze. Hirão era extremamente hábil e talentoso em qualquer obra em bronze e veio realizar todo o trabalho com metais para o rei Salomão.

[15]Hirão fundiu duas colunas de bronze, cada uma com 8,1 metros de altura e 5,4 metros de circunferência.[d] [16]Para o alto das colunas, fundiu capitéis de bronze, com 2,25 metros[e] de altura cada um. [17]Cada capitel era enfeitado com sete conjuntos de correntes entrelaçadas. [18]Para enfeitar os capitéis no alto das colunas, fez duas fileiras de romãs ao redor desses conjuntos de correntes. [19]Os capitéis no alto das colunas da sala de entrada tinham forma de lírios e mediam 1,8 metro[f] de altura. [20]Nos capitéis das duas colunas havia duzentas romãs dispostas em duas fileiras, perto da superfície arredondada e do conjunto de correntes entrelaçadas. [21]Hirão colocou as colunas na entrada do templo, uma à direita e outra à esquerda. À que estava à direita deu o nome de Jaquim; e à outra, à esquerda, deu o nome de Boaz.[g] [22]Os capitéis no alto das colunas tinham a forma de lírios. E assim foi terminada a obra das colunas.

[23]Depois, Hirão fundiu um grande tanque redondo, que chamaram de Mar. O tanque media 4,5 metros de uma borda à outra, 2,25 metros de profundidade e 13,5 metros de circunferência.[h] [24]Logo abaixo da borda, tinha ao seu redor duas fileiras de frutos decorativos. Havia cerca de vinte frutos por metro[i] em toda a circunferência, formando uma única peça de fundição com o tanque.

[25]O tanque ficava apoiado sobre doze touros,[j] todos voltados para fora: três voltados para o norte, três para o oeste, três para o sul e três para o leste. [26]As paredes do tanque tinham 8 centímetros[k] de espessura, e sua borda se projetava para fora como uma taça, semelhante a um lírio. Tinha capacidade para cerca de 42 mil litros[l] de água.

[27]Hirão também fez dez bases móveis de bronze para levar água. Cada uma media 1,8 metro de comprimento, 1,8 metro de largura e 1,35 metro de altura.[m] [28]Foram construídos com painéis laterais presos com travessões. [29]Tanto os painéis como os travessões eram enfeitados com entalhes de leões, bois e querubins. Acima e abaixo dos leões e bois havia guirlandas decorativas. [30]Cada uma das bases tinha quatro rodas de bronze e eixos de bronze. Nos cantos das bases, havia suportes para as pias de bronze; os suportes eram decorados, de cada lado, com entalhes de guirlandas. [31]Na parte superior de cada base havia um encaixe redondo para a bacia. Projetava-se 45 centímetros[n] acima da parte superior da base, como um pedestal redondo, e sua abertura tinha 67,5 centímetros[o] de um lado ao outro; do lado de fora, era enfeitada com entalhes de guirlandas. Os painéis das bases eram quadrados,

---

[a] **7.7** Conforme a versão siríaca e a Vulgata; o hebraico traz *de piso a piso*. [b] **7.10** Em hebraico, *10 côvados por 8 côvados*. [c] **7.13** Não é a mesma pessoa mencionada em 5.1. [d] **7.15** Em hebraico, *18 côvados de altura e 12 côvados de circunferência*. [e] **7.16** Em hebraico, *5 côvados*. [f] **7.19** Em hebraico, *4 côvados*. [g] **7.21** *Jaquim* provavelmente significa "ele estabelece"; *Boaz* provavelmente significa "nele há força". [h] **7.23** Em hebraico, *10 côvados de uma borda à outra, 5 côvados de profundidade e 30 côvados de circunferência*. [i] **7.24** Em hebraico, *10 para cada côvado*. [j] **7.25** Comparar com 2Rs 16.17, que especifica *touros de bronze*. [k] **7.26a** Em hebraico, *1 palmo menor*. [l] **7.26b** Em hebraico, *2.000 batos*. [m] **7.27** Em hebraico, *4 côvados de comprimento, 4 côvados de largura e 3 côvados de altura*. [n] **7.31a** Em hebraico, *1 côvado*. [o] **7.31b** Em hebraico, *1,5 côvado*; também em 7.32.

e não redondos. ³²Sob os painéis ficavam as quatro rodas ligadas aos eixos que haviam sido fundidos como parte da base. As rodas tinham 67,5 centímetros de diâmetro ³³e eram semelhantes a rodas de carros de guerra. Os eixos, raios, aros e cubos das rodas eram todos de bronze fundido.

³⁴Em cada um dos quatro cantos da base havia alças, que também eram fundidas como parte da estrutura. ³⁵Em volta da parte superior de cada base havia uma borda com 22,5 centímetros[a] de largura. Os suportes nos cantos e os painéis laterais eram fundidos com a base, como se fossem uma só peça. ³⁶Entalhes de querubins, leões e palmeiras enfeitavam os painéis e os suportes nos cantos em todos os espaços disponíveis, e havia guirlandas ao redor de tudo. ³⁷As dez bases tinham todas o mesmo tamanho e foram feitas iguais, cada uma fundida no mesmo molde.

³⁸Hirão também fez dez pias menores de bronze, uma para cada base móvel. Cada pia media 1,8 metro de diâmetro e tinha capacidade para cerca de 840 litros[b] de água. ³⁹Ele colocou cinco bases do lado sul do templo e cinco do lado norte. O grande tanque de bronze chamado Mar foi colocado perto do canto sudeste do templo. ⁴⁰Também fez as bacias, pás e tigelas necessárias.

Assim, Hirão terminou tudo que o rei Salomão havia ordenado que ele fizesse para o templo do Senhor:

⁴¹as duas colunas;
os dois capitéis em forma de taça no alto das colunas;
os dois conjuntos de correntes entrelaçadas que enfeitavam os capitéis;
⁴²as quatrocentas romãs penduradas nas correntes nos capitéis (duas fileiras de romãs para cada conjunto de correntes que enfeitavam os capitéis no alto das colunas);
⁴³as dez bases móveis para levar água com as dez pias;
⁴⁴o Mar e os doze bois debaixo dele;
⁴⁵os baldes das cinzas, as pás e as tigelas.

Hirão fez todos esses objetos de bronze polido para o templo do Senhor, conforme as instruções do rei Salomão. ⁴⁶O rei ordenou que fossem fundidos em moldes de barro no vale do Jordão, entre Sucote e Zaretã. ⁴⁷Salomão não pesou todos esses objetos, porque eram muitos; o peso do bronze não pôde ser medido.

⁴⁸Salomão também fez toda a mobília do templo do Senhor:

o altar de ouro;
a mesa de ouro para os pães da presença;
⁴⁹os candelabros de ouro maciço, cinco do lado direito e cinco do lado esquerdo, em frente ao lugar santíssimo;
os enfeites de flores, as lâmpadas e as tenazes, todos de ouro;
⁵⁰os baldes pequenos, os cortadores de pavio, as tigelas, as colheres e os incensários, todos de ouro maciço;
as dobradiças das portas de entrada para o lugar santíssimo e do salão principal do templo, revestidas com ouro.

⁵¹Assim, o rei Salomão concluiu toda a sua obra no templo do Senhor. Então trouxe todos os presentes que seu pai, Davi, havia consagrado — a prata, o ouro e os diversos objetos — e os guardou na tesouraria do templo do Senhor.

O transporte da arca para o templo

8 Em seguida, Salomão mandou chamar a Jerusalém todas as autoridades de Israel e todos os líderes das tribos, os chefes das famílias israelitas. Eles levariam a arca da aliança do Senhor do lugar onde estava, na Cidade de Davi, também conhecida como Sião, para o templo. ²Todos os homens de Israel se reuniram diante do rei Salomão durante a Festa das Cabanas, celebrada no mês de etanim,[c] o sétimo mês.

³Quando todos os líderes de Israel chegaram, os sacerdotes ergueram a arca. ⁴Os sacerdotes e os levitas levaram a arca do Senhor, junto com a tenda do encontro[d] e todos os seus utensílios sagrados. ⁵Ali, diante da arca, o rei Salomão e toda a comunidade de Israel ofereceram tantos sacrifícios de ovelhas e bois que não puderam ser contados.

---

[a] 7.35 Em hebraico, *1/2 côvado*. [b] 7.38 Em hebraico, *40 batos*. [c] 8.2 Em hebraico, *durante a festa no mês de etanim*. A Festa das Cabanas começava no décimo quinto dia do sétimo mês do antigo calendário lunar hebraico. Esse dia ocorria em final de setembro, outubro ou início de novembro. [d] 8.4 Isto é, a tenda mencionada em 2Sm 6.17 e 1Cr 16.1.

⁶Então os sacerdotes levaram a arca da aliança do Senhor para o santuário interno do templo, o lugar santíssimo, e a colocaram sob as asas dos querubins. ⁷Os querubins tinham as asas abertas sobre a arca, e elas cobriam a arca e as varas usadas para transportá-la. ⁸Essas varas eram tão compridas que suas pontas podiam ser vistas do lugar santo, diante do lugar santíssimo, mas não de fora; e estão ali até hoje. ⁹Na arca havia só as duas tábuas de pedra que Moisés tinha colocado dentro dela no monte Sinai,ᵃ onde o Senhor fez uma aliança com os israelitas depois que eles saíram da terra do Egito.

¹⁰Quando os sacerdotes saíram do lugar santo, uma densa nuvem encheu o templo do Senhor. ¹¹Com isso, os sacerdotes não puderam dar continuidade a seus serviços, pois a presença gloriosa do Senhor encheu o templo do Senhor.

Salomão louva o Senhor

¹²Então Salomão orou: "Ó Senhor, tu disseste que habitarias numa densa nuvem. ¹³Agora, construí para ti um templo majestoso, um lugar para habitares para sempre!".

¹⁴Então o rei se voltou para toda a comunidade de Israel que estava em pé diante dele e abençoou o povo. ¹⁵Em seguida, orou: "Louvado seja o Senhor, o Deus de Israel, que cumpriu o que prometeu a meu pai, Davi, pois lhe disse: ¹⁶'Desde o dia em que tirei Israel, meu povo, do Egito, não escolhi nenhuma cidade das tribos de Israel como lugar onde deveria ser construído um templo em honra ao meu nome. Contudo, escolhi Davi para reinar sobre meu povo, Israel'".

¹⁷Salomão disse: "Meu pai, Davi, queria construir este templo em honra ao nome do Senhor, o Deus de Israel. ¹⁸Mas o Senhor lhe disse: 'Sua intenção de construir um templo em honra ao meu nome é boa, ¹⁹mas essa tarefa não caberá a você. Um de seus filhos construirá o templo em honra ao meu nome'.

²⁰"O Senhor cumpriu sua promessa, pois eu sou o sucessor de meu pai, Davi, e agora ocupo o trono de Israel, como o Senhor havia prometido. Construí este templo em honra ao nome do Senhor, o Deus de Israel, ²¹e preparei nele um lugar para a arca que contém a aliança que o Senhor fez com nossos antepassados quando os tirou do Egito".

Oração de dedicação do templo

²²Então Salomão se pôs diante do altar do Senhor, na presença de toda a comunidade de Israel. Levantou as mãos para o céu ²³e orou:

"Ó Senhor, o Deus de Israel, não há Deus como tu em cima, nos céus, nem embaixo, na terra. Tu guardas a tua aliança e mostras amor leal àqueles que andam diante de ti de todo o coração. ²⁴Cumpriste tua promessa a teu servo Davi, meu pai. Fizeste essa promessa com a tua própria boca, e hoje a cumpriste com as tuas próprias mãos.

²⁵"Agora, ó Senhor, o Deus de Israel, cumpre a outra promessa que fizeste a teu servo Davi, meu pai, quando lhe disseste: 'Se seus

---

ᵃ **8.9** Em hebraico, *Horebe*, outro nome para o Sinai.

8.22-53 É digno de observação, com respeito a esta oração, que ela seja tão completa e abrangente como se destinasse a ser o resumo de todas as futuras orações oferecidas no Templo. Pode ser impressionante, além disso, o fato de que a linguagem está longe de ser nova e está cheia de citações do Pentateuco, algumas das quais são quase palavra por palavra, enquanto o sentido do todo pode ser encontrado nas memoráveis passagens de Levítico e Deuteronômio, em que Deus ameaçou Seu povo de que, *se eles fossem falsos com Ele*, o Senhor os visitaria com pesados juízos. E, no qual Deus também acrescentou que se eles se voltassem para Ele com arrependimento sincero e confessassem suas iniquidades, Ele sorriria para eles novamente e os livraria. Salomão foi certamente capaz de encontrar palavras próprias, pois o pregador real era sábio e procurou palavras aceitáveis. Todavia, ele preferiu as palavras do Espírito Santo às suas. Na oração, há uma doçura peculiar em ser capaz de trazer diante de Deus não apenas Seu próprio significado, mas Suas próprias palavras. "Lembra-te da promessa que fizeste a este teu servo; ela é minha esperança". Nenhuma linguagem tem tal encanto místico e poder solene em si quanto aquela empregada pelo Espírito Santo. "Como são doces as tuas palavras; são mais doces que o mel!". Quando apresentamos as próprias Palavras do Senhor diante dele, nossa mente está consciente do grande poder em pedir — e muita certeza em receber. As expressões pelas quais o Espírito nos ensina são muito agradáveis quando as devolvemos a Ele em súplica.

descendentes viverem como devem e me seguirem fielmente como você fez, sempre haverá um deles no trono de Israel'. ²⁶Agora, ó Deus de Israel, cumpre a promessa que fizeste a teu servo Davi, meu pai.

²⁷"Contudo, será possível que Deus habite na terra? Nem mesmo os mais altos céus podem contê-lo, muito menos este templo que construí! ²⁸Ainda assim, ouve minha oração e minha súplica, ó Senhor, meu Deus. Ouve o clamor e a oração que teu servo te faz hoje. ²⁹Guarda noite e dia este templo, o lugar do qual disseste: 'Meu nome estará ali'. Ouve sempre as orações que teu servo fizer voltado para este lugar. ³⁰Ouve as súplicas de teu servo e de Israel, teu povo, quando orarmos voltados para este lugar. Sim, ouve-nos dos céus onde habitas e, quando ouvires, perdoa-nos.

³¹"Se alguém pecar contra outra pessoa e se for exigido que faça um juramento de inocência diante do teu altar neste templo, ³²ouve dos céus e julga entre teus servos, entre o acusador e o acusado. Castiga o culpado e declara justo o inocente, cada um conforme merece.

³³"Se o teu povo, Israel, for derrotado por seus inimigos porque pecou contra ti, e se voltar para ti, invocar o teu nome e orar a ti neste templo, ³⁴ouve dos céus, perdoa o pecado de teu povo, Israel, e traze-o de volta a esta terra que deste a seus antepassados.

³⁵"Se o céu se fechar e não houver chuva porque o povo pecou contra ti, e se eles orarem voltados para este templo, invocarem o teu nome e se afastarem de seus pecados porque tu os castigaste, ³⁶ouve dos céus e perdoa os pecados de teus servos, o teu povo, Israel. Ensina-os a seguir o caminho certo e envia chuva à terra que deste por herança a teu povo.

³⁷"Se houver fome na terra, ou peste, ou praga nas lavouras, ou se elas forem atacadas por gafanhotos ou lagartas, ou se os inimigos do teu povo invadirem a terra e sitiarem suas cidades, seja qual for o desastre ou epidemia que ocorrer, ³⁸e se alguém do teu povo, ou toda a nação de Israel, orar a respeito de suas aflições com as mãos levantadas para este templo, ³⁹ouve dos céus onde habitas e perdoa. Trata o teu povo como ele merece, pois somente tu conheces o coração de cada um. ⁴⁰Assim eles te temerão enquanto viverem na terra que deste a nossos antepassados.

⁴¹"No futuro, estrangeiros que não pertencem a teu povo, Israel, ouvirão falar de ti. Virão de terras distantes por causa do teu nome, ⁴²porque ouvirão falar do teu grande nome, da tua mão forte e do teu braço poderoso. E, quando orarem voltados para este templo, ⁴³ouve dos céus onde habitas e concede o que pedem. Assim, todos os povos da terra conhecerão teu nome e te temerão, como faz teu povo, Israel. Também saberão que neste templo que construí teu nome é honrado.

⁴⁴"Se o teu povo sair para onde o enviares a fim de lutar contra seus inimigos, e se orarem ao Senhor voltados para esta cidade que escolheste e para este templo que construí em honra ao teu nome, ⁴⁵ouve dos céus suas orações e defende sua causa.

⁴⁶"Quando pecarem contra ti, pois não há quem não peque, tua ira cairá sobre eles e tu permitirás que seus inimigos os conquistem e os levem como escravos para outras terras, próximas ou distantes. ⁴⁷Se caírem em si nessa terra de exílio e se arrependerem, suplicando-te: 'Pecamos, praticamos o mal e agimos perversamente', ⁴⁸e se voltarem para ti de todo o coração e de toda a alma na terra de seus inimigos e orarem voltados para a terra que deste a seus antepassados, para esta cidade que escolheste e para este templo que construí em honra ao teu nome, ⁴⁹ouve dos céus onde habitas suas orações e súplicas e defende sua causa. ⁵⁰Perdoa teu povo que pecou contra ti. Perdoa todas as ofensas que cometeram contra ti. Faze que seus conquistadores os tratem com misericórdia, ⁵¹pois são o teu povo, a tua propriedade especial, que libertaste do Egito, uma fornalha de fundir ferro.

⁵²"Olha atentamente para as súplicas do teu servo e para as súplicas do teu povo, Israel. Ouve e responde sempre que clamarmos a ti. ⁵³Pois, quando tiraste nossos antepassados do Egito, ó Soberano Senhor, disseste a teu servo Moisés que separarias

Israel de todas as nações da terra para ser tua propriedade especial".

A dedicação do templo

⁵⁴Quando Salomão terminou de fazer essas orações e súplicas ao Senhor, levantou-se de diante do altar do Senhor, onde havia se ajoelhado com as mãos estendidas para o céu. ⁵⁵Ficou em pé e, em alta voz, abençoou toda a comunidade de Israel:

⁵⁶"Louvado seja o Senhor, que deu descanso ao seu povo, Israel, como prometeu. Nenhuma só palavra falhou das maravilhosas promessas que ele fez por meio de seu servo Moisés. ⁵⁷Que o Senhor, nosso Deus, seja conosco assim como foi com nossos antepassados; que ele jamais nos deixe nem nos abandone. ⁵⁸Que ele nos dê a disposição de fazer sua vontade e obedecer a todos os seus mandamentos, decretos e estatutos que ele deu a nossos antepassados. ⁵⁹E que as palavras dessa minha oração na presença do Senhor estejam sempre diante dele, dia e noite, para que o Senhor, nosso Deus, defenda a causa de seu servo e de seu povo, Israel, conforme as necessidades de cada dia. ⁶⁰Então os povos de toda a terra saberão que somente o Senhor é Deus, e que não há nenhum outro. ⁶¹Quanto a vocês, sejam inteiramente fiéis ao Senhor, nosso Deus, e obedeçam sempre a seus decretos e mandamentos, como fazem hoje".

⁶²Então o rei e todo o Israel ofereceram sacrifícios ao Senhor. ⁶³Salomão apresentou ao Senhor uma oferta de paz de 22 mil bois e 120 mil ovelhas. Assim, o rei e todo o povo de Israel fizeram a dedicação do templo do Senhor.

⁶⁴Naquele mesmo dia, o rei consagrou a parte central do pátio em frente ao templo do Senhor. Ali apresentou holocaustos, ofertas de cereal e a gordura das ofertas de paz, pois o altar de bronze, na presença do Senhor, era pequeno demais para tantos holocaustos, ofertas de cereal e gordura das ofertas de paz.

⁶⁵Então Salomão e todo o Israel celebraram a Festa das Cabanasª na presença do Senhor, nosso Deus. Uma grande multidão havia se reunido, de lugares distantes como Lebo--Hamate, ao norte, e o ribeiro do Egito, ao sul. A celebração durou, no total, catorze dias: sete dias para a dedicação do altar e sete dias para a Festa das Cabanas.ᵇ ⁶⁶Terminada a festa,ᶜ Salomão mandou o povo para casa. Eles abençoaram o rei e foram embora alegres e exultantes, pois o Senhor tinha mostrado sua bondade a seu servo Davi e a seu povo, Israel.

A resposta do Senhor a Salomão

9 Salomão terminou de construir o templo do Senhor e o palácio real. Concluiu tudo que havia planejado fazer. ²Então o Senhor apareceu a Salomão pela segunda vez, como havia aparecido em Gibeom. ³O Senhor lhe disse:

"Ouvi sua oração e sua súplica. Consagrei este templo que você construiu, onde meu nome será honrado para sempre. Olharei continuamente para ele, com todo o meu coração.

ª **8.65a** Em hebraico, *a festa*; ver nota em 8.2. ᵇ **8.65b** Em hebraico, *sete dias e sete dias, catorze dias*; comparar com o texto paralelo em 2Cr 7.8-10. ᶜ **8.66** Em hebraico, *No oitavo dia*, provável referência ao dia depois da Festa das Cabanas, que durava sete dias; comparar com o texto paralelo em 2Cr 7.9-10.

9.2,3 Salomão havia terminado o Templo e precisava de outra visita do alto. Há grande alegria em completar uma obra, e, no entanto, há, em algumas mentes, uma grande decepção, quando o serviço, que antes absorvia tanto, deixa de ocupar a mente. Você corre até a colina e atinge o cume — não há mais escalada no presente — e então quase deseja que tivesse que lutar de novo. *Uma obra como a de Salomão, que durou sete anos,* deve ter se tornado um deleite para ele — ver a casa crescer e notar todas as etapas de sua beleza. E assim é com qualquer obra especial e notável que somos chamados a fazer quando jovens; nos envolvemos profundamente, ficamos felizes com isso, ficamos felizes em vê-la crescer sob nosso controle, e quando, finalmente, essa parte específica do nosso serviço está concluída, sentimos uma espécie de perda. Acostumamo-nos ao esforço — quase dependemos dele, e sentimos a diferença quando estamos no topo da colina. [...]

Irmãos, precisamos de aparências renovadas, novas manifestações e novas visitas do Alto. E recomendo aos que estão envelhecendo — que, enquanto agradecem a Deus pelo passado, e olham para trás com alegria pelas Suas visitas a vocês quando jovens — agora procurem e peçam por uma segunda visita do Altíssimo. Não que eu não pense que vocês tenham muitas visitas de Deus várias vezes, e andem à luz de Seu semblante,

⁴"Quanto a você, se me seguir com integridade e retidão, como fez seu pai, Davi, obedecendo a todos os meus mandamentos, decretos e estatutos, ⁵estabelecerei o trono de sua dinastia sobre Israel para sempre. Pois fiz esta promessa a seu pai, Davi: 'Um de seus descendentes sempre se sentará no trono de Israel'.

⁶"Mas, se você ou seus descendentes me abandonarem e desobedecerem a meus mandamentos e decretos, seguindo e adorando outros deuses, ⁷arrancarei Israel desta terra que lhe dei. Rejeitarei este templo que consagrei em honra ao meu nome, e farei de Israel objeto de zombaria e desprezo entre as nações. ⁸E, embora este templo seja agora imponente, todos que passarem perto dele ficarão chocados e horrorizados. Perguntarão: 'Por que o Senhor fez coisas tão terríveis com esta terra e com este templo?'.

⁹"E a resposta será: 'Porque os israelitas abandonaram o Senhor, seu Deus, que tirou seus antepassados da terra do Egito e, em lugar dele, adoraram outros deuses e se prostraram diante deles. Por isso o Senhor trouxe sobre eles essas calamidades'".

O acordo de Salomão com Hirão

¹⁰Salomão levou vinte anos para construir o templo do Senhor e o palácio real. Depois desse tempo, ¹¹Salomão deu a Hirão, rei de Tiro, vinte cidades da Galileia. Hirão havia fornecido toda a madeira de cedro e de cipreste e todo o ouro que Salomão havia pedido. ¹²Contudo, quando Hirão veio de Tiro para ver as cidades que Salomão lhe tinha dado, não ficou nada satisfeito com elas. ¹³"Que espécie de cidades são essas, meu irmão?", perguntou ele. Então Hirão chamou aquela região de Cabul,ᵃ como é conhecida até hoje. ¹⁴Hirão tinha enviado a Salomão 4.200 quilosᵇ de ouro.

As muitas realizações de Salomão

¹⁵Este é o relato do trabalho forçado que o rei Salomão impôs para a construção do templo do Senhor, do palácio real, do aterroᶜ e do muro de Jerusalém, além das cidades de Hazor, Megido e Gezer. ¹⁶(O faraó, rei do Egito, havia atacado e conquistado Gezer. Matou seus habitantes cananeus, incendiou a cidade e a deu como presente à sua filha quando ela se casou com Salomão. ¹⁷Assim, Salomão reconstruiu a cidade de Gezer.) Também construiu Bete-Horom Baixa, ¹⁸Baalate e Tamar,ᵈ no deserto daquela região. ¹⁹Construiu cidades para servirem como centros de armazenamento e também cidades para seus carros de guerra e cavalos. Construiu tudo que desejou em Jerusalém, no Líbano e em todo o reino.

²⁰Ainda havia na terra habitantes que não eram israelitas: amorreus, hititas, ferezeus, heveus e jebuseus. ²¹Eram descendentes das nações que os israelitas não haviam destruído completamente. Salomão os recrutou para trabalhos forçados, e é nessa condição que trabalham até hoje. ²²Mas Salomão não recrutou nenhum israelita para trabalhos forçados; eles o serviram como soldados, funcionários do governo, oficiais e capitães de seu exército, comandantes de carros de guerra e cavaleiros. ²³Nomeou 550 israelitas para supervisionarem os trabalhadores de seus vários projetos.

²⁴Salomão transferiu a residência de sua esposa, a filha do faraó, da Cidade de Davi para

---

ᵃ 9.13 *Cabul* significa "inútil". ᵇ 9.14 Em hebraico, *120 talentos*. ᶜ 9.15 Em hebraico, *do Milo*; também em 9.24. O significado do hebraico é incerto. ᵈ 9.18 Uma leitura alternativa no Texto Massorético traz *Tadmor*.

---

mas ainda assim, apesar de o oceano frequentemente encher duas vezes por dia — ainda assim tem suas marés de primavera. O sol brilha, quer o vejamos ou não, mesmo apesar da névoa do nosso inverno, contudo ainda tem o seu brilho de verão. Se caminhamos com Deus constantemente, haverá ainda temporadas em que Ele abrirá para nós o próprio segredo de Seu coração, e se manifestará a nós, não somente da forma como Ele não faz ao mundo, mas como poucas vezes faz aos Seus favorecidos. Todos os dias em um palácio não são dias de banquete, e todos os dias com Deus não são tão claros e gloriosos quanto certos *Shabbats* especiais da alma em que o Senhor revela a Sua glória. Felizes somos nós se já contemplamos o Seu rosto; mas ainda mais felizes, se Ele vier a nós novamente em plenitude de favor.

o novo palácio que ele havia construído para ela. Depois, construiu o aterro.

²⁵Três vezes por ano, Salomão apresentava holocaustos e ofertas de paz sobre o altar que havia construído para o Senhor e também queimava incenso perante o Senhor. Assim, ele terminou o trabalho de construção do templo.

²⁶O rei Salomão também construiu navios em Eziom-Geber, um porto próximo a Elate,[a] na terra de Edom, às margens do mar Vermelho.[b] ²⁷Hirão enviou uma frota com marinheiros experientes para serviram nas tripulações dos navios, junto com os marinheiros de Salomão. ²⁸Navegaram a Ofir e trouxeram para Salomão 14.700 quilos[c] de ouro.

A visita da rainha de Sabá

10 Quando a rainha de Sabá ouviu falar da fama de Salomão, que honrava o nome do Senhor,[d] foi até ele para pô-lo à prova com perguntas difíceis. ²Chegou a Jerusalém com uma comitiva numerosa e uma imensa caravana de camelos carregados de especiarias, grande quantidade de ouro e pedras preciosas. Quando se encontrou com Salomão, conversou com ele a respeito de tudo que tinha em mente. ³Salomão respondeu a todas as suas perguntas; nada era difícil demais para o rei explicar. ⁴Quando a rainha de Sabá percebeu quanto Salomão era sábio e viu o palácio que ele havia construído, ⁵a comida que era servida às mesas do rei, os alojamentos e a organização de seus oficiais e servos, os trajes esplêndidos que vestiam, os copeiros da corte e os holocaustos que Salomão oferecia no templo do Senhor, ficou muito admirada.

⁶Disse ela ao rei: "É verdade tudo que ouvi em meu país a respeito de suas realizações[e] e de sua sabedoria! ⁷Não acreditava no que diziam até que cheguei aqui e vi com os próprios olhos. Aliás, não tinham me contado nem a metade! Sua sabedoria e prosperidade vão muito além do que ouvi. ⁸Como deve ser feliz o seu povo![f] Que privilégio para seus oficiais estarem em sua presença todos os dias, ouvindo sua sabedoria! ⁹Louvado seja o Senhor, seu Deus, que se agradou de você e o colocou no trono de Israel. Por causa do amor eterno do Senhor por Israel, ele o fez rei para governar com justiça e retidão".

¹⁰Então ela presenteou o rei com 4.200 quilos[g] de ouro, especiarias em grande quantidade e pedras preciosas. Nunca mais foram recebidas tantas especiarias quanto as que a rainha de Sabá deu ao rei Salomão.

¹¹(Além disso, os navios de Hirão trouxeram ouro de Ofir e grandes carregamentos de madeira de sândalo[h] e pedras preciosas. ¹²O rei usou a madeira de sândalo para fazer corrimões[i] para o templo e para o palácio real, e também liras e harpas para os músicos. Nunca antes nem depois se viu tamanho suprimento de madeira de sândalo.)

---

[a]**9.26a** Conforme a Septuaginta (ver tb. 2Rs 14.22; 16.6); o hebraico traz *Elote*, variação de Elate. [b]**9.26b** Em hebraico, *mar de juncos*. [c]**9.28** Em hebraico, *420 talentos*. [d]**10.1** Ou *que se devia ao nome do Senhor*. O significado do hebraico é incerto. [e]**10.6** Em hebraico, *suas palavras*. [f]**10.8** A Septuaginta, a versão siríaca e a Vulgata trazem *Como devem ser felizes suas esposas!* [g]**10.10** Em hebraico, *120 talentos*. [h]**10.11** Ou *madeira de junípero*; também em 10.12. [i]**10.12** Ou *colunas*. O significado do hebraico é incerto.

10.1,6-13 *V.1* A visita dela, veja você, teve um aspecto religioso. Ela "ouviu falar da fama de Salomão, que honrava o nome do Senhor". Ele tinha sabedoria de vários tipos, mas era o seu conhecimento de Deus e dos caminhos de Deus que parecia principalmente atrair essa governante de uma terra muito distante.

Vv.6-12 Provavelmente essa "madeira de sândalo" eram das árvores de sândalo. Seja como for, elas parecem *ter sido a melhor madeira conhecida pelos orientais*, e, portanto, Salomão a usou muito bem na casa do Senhor. Que as harpas de nossos louvores sejam feitas de tal madeira que não haja outras iguais a elas em todo o mundo. Vamos dar ao nosso Senhor o nosso melhor sangue jovem, nosso zelo mais caloroso, nossos pensamentos mais elevados, nossa atenção mais cuidadosa. Vamos dar-lhe, de fato, todo nosso ser, o amor do nosso coração. Ele deve ser servido com o melhor dos melhores, "porque ele é bom; seu amor dura para sempre!".

V.13 O rei, primeiro, deu-lhe um presente que considerava mais apropriado; e depois, permitiu-lhe pedir o que quisesse. Quanto isso é semelhante ao nosso Rei Salomão, que já nos deu tudo o que os nossos corações podem desejar; e, no entanto, se houver algum desejo correto ainda não concedido, Ele providencia o propiciatório de ouro, aos pés do Seu trono, onde podemos lhe apresentar nossas petições, encorajados por Sua graciosa palavra: Peça o que quiser e "seja feito conforme a sua fé".

¹³O rei Salomão deu à rainha de Sabá tudo que ela pediu, além dos presentes costumeiros que ele já havia entregado com generosidade. Então ela e sua comitiva regressaram para sua terra.

A riqueza e o esplendor de Salomão

¹⁴A cada ano, Salomão recebia cerca de 23.300 quilos[a] de ouro, ¹⁵sem contar a renda adicional proveniente dos mercadores e comerciantes, de todos os reis da Arábia e dos governadores do país.

¹⁶O rei Salomão fez duzentos escudos grandes de ouro batido, cada um pesando 7,2 quilos.[b] ¹⁷Também fez trezentos escudos menores de ouro batido, cada um pesando 1,8 quilo.[c] O rei colocou esses escudos no Palácio da Floresta do Líbano.

¹⁸Então o rei fez um grande trono de marfim revestido de ouro puro. ¹⁹O trono tinha seis degraus e um encosto arredondado. De cada lado do assento havia um apoio para o braço e, junto de cada apoio, a escultura de um leão. ²⁰Também havia outros doze leões, um de cada lado dos seis degraus. Nenhum outro trono em todo o mundo se comparava ao de Salomão.

²¹Todas as taças do rei Salomão eram de ouro, e todos os utensílios do Palácio da Floresta do Líbano eram de ouro puro. Não eram de prata, pois nos dias de Salomão a prata era considerada um metal sem valor.

²²O rei tinha uma frota de navios mercantes[d] que navegavam com os navios de Hirão. Uma vez a cada três anos, as embarcações voltavam trazendo ouro, prata, marfim, macacos e pavões.[e]

²³Salomão se tornou o mais rico e sábio de todos os reis da terra. ²⁴Gente de todas as nações vinha consultá-lo e ouvir a sabedoria que Deus lhe tinha dado. ²⁵A cada ano, os visitantes traziam presentes de prata e ouro, roupas, armas, especiarias, cavalos e mulas.

²⁶Salomão ajuntou muitos carros de guerra e cavalos. Possuía 1.400 carros de guerra e 12.000 cavalos. Mantinha alguns deles nas cidades designadas para guardar esses carros de guerra e outras perto dele, em Jerusalém. ²⁷O rei tornou a prata tão comum em Jerusalém como as pedras. E havia tanta madeira valiosa de cedro como as figueiras-bravas que crescem nas colinas de Judá.[f] ²⁸Os cavalos de Salomão eram importados do Egito[g] e da Cilícia;[h] os comerciantes do rei os adquiriam da Cilícia pelo preço de mercado. ²⁹Naquela época, um carro de guerra do Egito custava 600 peças[i] de prata, e um cavalo, 150 peças[j] de prata. Depois, eram exportados aos reis dos hititas e aos reis da Síria.

As muitas esposas de Salomão

11 O rei Salomão amou muitas mulheres estrangeiras. Além da filha do faraó, ele se casou com mulheres de Moabe, de Amom, de Edom, de Sidom e dos hititas. ²O Senhor havia instruído os israelitas claramente: "Não se casem com mulheres dessas nações, pois desviarão seu coração para os deuses delas". E, no entanto, Salomão amou essas mulheres. ³No total, casou-se com setecentas princesas e teve trezentas concubinas. E elas desviaram seu coração do Senhor.

⁴Quando Salomão era idoso, elas o induziram a adorar outros deuses em vez de ser inteiramente fiel ao Senhor, seu Deus, como seu pai, Davi, tinha sido. ⁵Salomão adorou Astarote, a deusa dos sidônios, e Moloque,[k] o repulsivo deus dos amonitas. ⁶Com isso, Salomão fez o que era mau aos olhos do Senhor; recusou-se a seguir inteiramente o Senhor, como seu pai, Davi, tinha feito.

⁷No monte que fica a leste de Jerusalém, chegou a construir um lugar de culto para Camos, o repulsivo deus de Moabe, e outro para Moloque, o repulsivo deus dos amonitas. ⁸Salomão construiu esses lugares de culto para que suas esposas estrangeiras queimassem incenso e oferecessem sacrifícios aos deuses delas.

⁹O Senhor se irou com Salomão, porque o coração dele tinha se desviado do Senhor, o Deus de Israel, que lhe havia aparecido duas vezes. ¹⁰Ele tinha advertido Salomão especificamente de que não adorasse outros deuses, mas Salomão não obedeceu à ordem do Senhor. ¹¹Por isso, o Senhor lhe disse: "Uma vez

---

[a] 10.14 Em hebraico, *666 talentos*. [b] 10.16 Em hebraico, *600 siclos*. [c] 10.17 Em hebraico, *3 minas*. [d] 10.22a Em hebraico, *navios de Társis*. [e] 10.22b Ou *babuínos*. [f] 10.27 Em hebraico, *na Sefelá*. [g] 10.28a Possivelmente, *de Muzur*, região próxima da Cilícia; também em 10.29. [h] 10.28b Em hebraico, *de Cuve*, provavelmente outro nome para Cilícia. [i] 10.29a Em hebraico, *600 [siclos]*, cerca de 7,2 quilos. [j] 10.29b Em hebraico, *150 [siclos]*, cerca de 1,8 quilo. [k] 11.5 Em hebraico, *Milcom*, variação de Moloque; também em 11.33.

que você não cumpriu minha aliança e desobedeceu a meus decretos, certamente tirarei de você o reino e o entregarei a um de seus servos. ¹²Mas, por causa de seu pai, Davi, não farei isso enquanto você estiver vivo. Tirarei o reino de seu filho ¹³e, ainda assim, não tirarei dele o reino inteiro; deixarei que governe sobre uma tribo, por causa do meu servo Davi e de Jerusalém, a cidade que escolhi".

Os adversários de Salomão

¹⁴Então o SENHOR levantou o edomita Hadade, da família real de Edom, para ser adversário de Salomão. ¹⁵Anos antes, Davi tinha derrotado Edom. Joabe, comandante do exército de Davi, tinha ficado para trás a fim de enterrar alguns soldados israelitas mortos na batalha. Enquanto estavam ali, mataram todos os homens de Edom. ¹⁶Joabe e o exército de Israel tinham permanecido ali seis meses, até matarem todos os edomitas.

¹⁷Contudo, Hadade e alguns dos oficiais de seu pai conseguiram fugir e seguiram para o Egito. Na época, Hadade ainda era bem jovem. ¹⁸Partiram de Midiã e foram a Parã, onde outros se juntaram a eles. Em seguida, foram ao Egito e se apresentaram ao faraó, o rei do Egito, que lhes ofereceu casas, sustento e terras. ¹⁹O faraó se agradou de Hadade e lhe deu em casamento sua cunhada, a irmã da rainha Tafnes. ²⁰A esposa de Hadade deu à luz um filho chamado Genubate. Tafnes o criou na casa do faraó, entre os próprios filhos do faraó.

²¹Quando chegou a Hadade no Egito a notícia de que Davi e seu comandante Joabe estavam mortos, ele disse ao faraó: "Deixe-me voltar para minha terra".

²²"Por quê?", perguntou o faraó. "O que lhe falta aqui para que você queira voltar para sua terra?"

"Não me falta nada", respondeu ele. "Ainda assim, peço que me deixe voltar."

²³Deus também levantou Rezom, filho de Eliada, para ser adversário de Salomão. Rezom havia fugido de seu senhor Hadadezer, rei de Zobá, ²⁴e se tornado líder de um bando de rebeldes. Depois que Davi derrotou Hadadezer, Rezom e seus homens fugiram para Damasco, onde Rezom se tornou rei. ²⁵Ele foi inimigo ferrenho de Israel durante o resto do reinado de Salomão e, assim como Hadade, causou muitos problemas. Rezom continuou a reinar na Síria e odiava Israel profundamente.

Jeroboão se rebela contra Salomão

²⁶Outro líder rebelde foi Jeroboão, filho de Nebate, um dos próprios oficiais de Salomão. Veio da cidade de Zeredá, em Efraim; sua mãe era viúva e se chamava Zerua.

²⁷Esta é a história por trás de sua rebelião. Salomão estava construindo o aterro[a] e reparando os muros da Cidade de Davi, seu pai. ²⁸Jeroboão era um jovem muito capaz e, quando Salomão viu como era diligente, encarregou-o dos trabalhadores das tribos de Efraim e Manassés, os descendentes de José.

²⁹Certo dia, quando Jeroboão saía de Jerusalém, Aías, profeta de Siló, encontrou-se com ele no caminho. Aías vestia uma capa nova. Enquanto os dois estavam sozinhos no campo, ³⁰Aías pegou sua capa nova e a rasgou em doze partes. ³¹Disse a Jeroboão: "Fique com dez pedaços, pois assim diz o SENHOR, o Deus de Israel: 'Estou prestes a tirar o reino das mãos de Salomão e entregar dez tribos a você. ³²Contudo, deixarei uma tribo para ele, por causa do meu servo Davi e de Jerusalém, a cidade que escolhi dentre todas as tribos de Israel. ³³Pois Salomão me abandonou e adorou[b] Astarote, a deusa dos sidônios, Camos, o deus de Moabe, e Moloque, o deus dos amonitas. Não seguiu meus caminhos nem fez o que me agrada. Não obedeceu a meus decretos e estatutos, como fez seu pai, Davi.

³⁴"'Contudo, não tirarei o reino inteiro de Salomão agora. Por causa do meu servo Davi, a quem escolhi e que obedeceu a meus mandamentos e decretos, manterei Salomão no governo enquanto ele viver. ³⁵Mas tirarei o reino do filho dele e darei dez tribos a você. ³⁶O filho de Salomão terá uma tribo, para que os descendentes de meu servo Davi continuem a brilhar como uma lâmpada em Jerusalém, a cidade que escolhi como lugar para o meu nome. ³⁷Eu o colocarei no trono de Israel, e você governará sobre tudo que seu coração desejar. ³⁸Se der

---

[a] 11.27 Em hebraico, *o Milo*. O significado do hebraico é incerto. [b] 11.33 Conforme a Septuaginta, a versão siríaca e a Vulgata; o hebraico traz *Pois eles me abandonaram e adoraram*.

ouvidos ao que digo, seguir meus caminhos e fizer o que me agrada, e se obedecer a meus estatutos e mandamentos, como fez meu servo Davi, sempre estarei com você. Estabelecerei para você uma dinastia, como fiz com Davi, e lhe darei Israel. ³⁹Por causa do pecado de Salomão, castigarei os descendentes de Davi, mas não para sempre'".

⁴⁰Salomão tentou matar Jeroboão, mas ele fugiu para junto de Sisaque, rei do Egito, e ficou ali até a morte de Salomão.

Resumo do reinado de Salomão

⁴¹Os demais acontecimentos do reinado de Salomão, incluindo todos os seus feitos e sua sabedoria, estão registrados no *Livro dos Atos de Salomão*. ⁴²Salomão reinou por quarenta anos sobre todo o Israel, em Jerusalém. ⁴³Quando morreu e se reuniu a seus antepassados, foi sepultado na Cidade de Davi, seu pai. Seu filho Roboão foi seu sucessor.

As tribos do norte se rebelam

12 Roboão foi a Siquém, onde todo o Israel havia se reunido para proclamá-lo rei. ²Quando Jeroboão, filho de Nebate, soube disso, voltou do Egito,ᵃ para onde havia fugido do rei Salomão. ³Os líderes de Israel convocaram Jeroboão, e ele e toda a comunidade de Israel foram falar com Roboão. ⁴"Seu pai foi muito duro conosco", disseram. "Alivie a carga pesada de trabalho e de impostos altos que seu pai nos obrigou a carregar. Então seremos seus súditos leais."

⁵Roboão respondeu: "Deem-me três dias para pensar. Depois, voltem para saber minha resposta". E o povo foi embora.

⁶O rei Roboão discutiu o assunto com os homens mais velhos que haviam sido conselheiros de seu pai, Salomão. "O que vocês aconselham?", perguntou ele. "Como devo responder a este povo?"

⁷Eles disseram: "Se o senhor estiver disposto a servir este povo hoje e lhe der uma resposta favorável, eles serão seus súditos leais para sempre".

⁸Mas Roboão rejeitou o conselho dos homens mais velhos e pediu a opinião dos jovens que haviam crescido com ele e agora o acompanhavam. ⁹"O que vocês aconselham?", perguntou ele. "Como devo responder a este povo que deseja que eu alivie as cargas impostas por meu pai?"

¹⁰Os jovens responderam: "Você deve dizer o seguinte a essa gente que diz que seu pai foi muito duro com eles e que pede alívio: 'Meu dedo mínimo é mais grosso que a cintura de meu pai! ¹¹Sim, meu pai lhes impôs cargas pesadas, mas eu as tornarei ainda mais pesadas! Meu pai os castigou com chicotes comuns, mas eu os castigarei com chicotes de pontas de metal!'".ᵇ

¹²Três dias depois, Jeroboão e todo o povo voltaram para saber a decisão do rei, como ele havia ordenado. ¹³Roboão lhes respondeu com aspereza, pois rejeitou o conselho dos homens mais velhos ¹⁴e seguiu o conselho dos mais jovens. Disse ao povo: "Meu pai lhes impôs cargas pesadas, mas eu as tornarei ainda mais pesadas! Meu pai os castigou com chicotes comuns, mas eu os castigarei com chicotes de pontas de metal!".

¹⁵Assim, o rei não atendeu o povo. Essa mudança nos acontecimentos foi da vontade do Senhor, pois cumpriu a mensagem do Senhor a Jeroboão, filho de Nebate, por meio do profeta Aías, de Siló.

¹⁶Quando todo o Israel viu que o rei não iria atender a seu pedido, respondeu:

"Abaixo a dinastia de Davi!
O filho de Jessé nada tem a nos oferecer!
Volte para casa, Israel!
E você, Davi, cuide de sua própria casa!".

Então o povo de Israel voltou para casa. ¹⁷Roboão, porém, continuou a governar sobre os israelitas que moravam nas cidades de Judá. ¹⁸O rei Roboão enviou Adonirão,ᶜ encarregado dos trabalhos forçados, para restaurar a ordem, mas o povo de Israel o apedrejou até a morte. Quando essa notícia chegou ao rei Roboão, ele subiu rapidamente em sua carruagem e fugiu para Jerusalém. ¹⁹E até hoje as tribos do norte de Israel se recusam a ser governadas por um descendente de Davi.

²⁰Quando o povo de Israel soube que Jeroboão tinha voltado do Egito, convocou uma

---

ᵃ **12.2** Conforme a Septuaginta e a Vulgata (ver tb. 2Cr 10.2); o hebraico traz *ele vivia no Egito*. ᵇ **12.11** Em hebraico, *com escorpiões*; também em 12.14. ᶜ **12.18** Conforme alguns manuscritos gregos e a versão siríaca (ver tb. 1Rs 4.6; 5.14); o hebraico traz *Adorão*.

assembleia e o proclamou rei sobre todo o Israel. Apenas a tribo de Judá permaneceu leal à família de Davi.

A profecia de Semaías

²¹Quando Roboão chegou a Jerusalém, mobilizou os homens das tribos de Judá e Benjamim, 180 mil dos melhores soldados, para guerrearem contra Israel e recuperarem o reino.

²²Deus, porém, falou a Semaías, homem de Deus: ²³"Diga a Roboão, filho de Salomão, rei de Judá, e a todo o povo de Judá e Benjamim, e ao restante do povo: ²⁴'Assim diz o Senhor: Não lutem contra seus compatriotas, os israelitas. Voltem para casa, pois eu mesmo fiz isso acontecer!'". Eles obedeceram à palavra do Senhor e voltaram para casa, conforme o Senhor havia ordenado.

Jeroboão faz bezerros de ouro

²⁵Então Jeroboão fortificou a cidade de Siquém, na região montanhosa de Efraim, e se estabeleceu ali. Mais tarde, fortificou Peniel.ᵃ

²⁶Jeroboão pensou: "Se eu não tiver cuidado, o reino voltará à dinastia de Davi. ²⁷Quando o povo for a Jerusalém para oferecer sacrifícios no templo do Senhor, voltará a ser leal a Roboão, rei de Judá. Eles me matarão e o proclamarão rei deles".

²⁸Então, seguindo a recomendação de seus conselheiros, o rei fez dois bezerros de ouro. Disse ao povo: "É complicado demais ir a Jerusalém para adorar. Veja, Israel, estes são os deuses que tiraram vocês do Egito!".

²⁹Colocou um dos bezerros em Betel e o outro em Dã, nos dois extremos de seu reino. ³⁰Isso se tornou um grande pecado, pois o povo viajava até Dã, ao norte, para adorar o ídolo que ficava ali.

³¹Jeroboão também construiu santuários idólatras e designou para serem sacerdotes homens do povo, que não eram da tribo sacerdotal de Levi. ³²Instituiu uma festa religiosa em Betel, no décimo quinto dia do oitavo mês,ᵇ uma imitação da festa celebrada todos os anos em Judá. Ali em Betel, Jeroboão ofereceu sacrifícios aos bezerros que havia feito e designou sacerdotes para os santuários idólatras que havia construído. ³³No décimo quinto dia do oitavo mês, data que ele mesmo tinha definido, ofereceu sacrifícios no altar em Betel. Instituiu, desse modo, uma festa religiosa para Israel e subiu ao altar para queimar incenso.

Um profeta condena Jeroboão

13 Por ordem do Senhor, um homem de Deus, vindo de Judá, foi até Betel e chegou ali quando Jeroboão se aproximava do altar para queimar incenso. ²Então, por ordem do Senhor, ele gritou: "Altar, altar! Assim diz o Senhor: 'Um menino chamado Josias nascerá na dinastia de Davi. Sobre você ele sacrificará os sacerdotes dos santuários idólatras que queimam incenso aqui, e sobre você serão

---

ᵃ **12.25** Em hebraico, *Penuel*, variação de Peniel. ᵇ **12.32** No antigo calendário lunar hebraico, esse dia ocorria no final de outubro ou no início de novembro, exatamente um mês depois da celebração anual da Festa das Cabanas em Judá (ver Lv 23.34).

12.24 Aqui está um tal Semaías. Ele aparece uma vez nesta história e então desaparece! Ele vem e vai — apenas suponha este homem forçando 180 mil homens escolhidos, guerreiros prontos para lutar contra a casa de Israel, à paz — dando-lhes em palavras muito comuns, rudes, a simples ordem de Deus. E acrescenta: "Eles obedeceram à palavra do Senhor e voltaram para casa, conforme o Senhor havia ordenado". Por que não temos tal poder? Talvez, irmãos, nem sempre falamos em nome do Senhor, ou falamos a Palavra de *Deus como Palavra de Deus!* Se formos simplesmente contadores de nossos próprios pensamentos, por que os homens deveriam nos levar em consideração? Se falarmos a palavra que nós mesmos criamos, o que há em nossa bigorna que deveria exigir respeito pelo que fazemos dela? Mas se pudermos subir ao auge deste grande argumento e falar a Verdade de Deus, como mensageiros de Deus, e lá a deixarmos, acreditando nela nós mesmos, e esperando grandes resultados dela, sei que será produzido mais através de nossos ministérios do que já vimos até agora! Quando o apóstolo Pedro falou ao coxo na porta do Templo, disse: "Em nome de Jesus Cristo, o nazareno, levante-se e ande!". E ele se levantou e andou porque houve confiança no nome de Jesus Cristo! Temos a necessidade de pregar o evangelho, não como se nossa persuasão, muito menos nossa oratória, fosse prevalecer com os homens, mas acreditando que há um poder intrínseco no evangelho e que Deus, o Espírito Santo irá com ele para acionar o propósito divino e cumprir os decretos do Altíssimo!

queimados ossos humanos!'". ³Naquele mesmo dia, o homem de Deus deu um sinal. Disse ele: "O Senhor anunciou este sinal: O altar se rachará, e suas cinzas se derramarão pelo chão".

⁴Quando o rei Jeroboão ouviu o homem de Deus falar contra o altar em Betel, apontou para o homem e ordenou: "Prendam-no!". No mesmo instante, porém, a mão do rei ficou paralisada nessa posição, e ele não conseguia fazê-la voltar à posição normal. ⁵Ao mesmo tempo, uma grande rachadura apareceu no altar e as cinzas se derramaram, exatamente como o homem de Deus tinha dito na mensagem recebida do Senhor.

⁶O rei disse ao homem de Deus: "Por favor, peça ao Senhor, seu Deus, que restaure a minha mão!". O homem de Deus orou ao Senhor e a mão do rei foi restaurada, e ele pôde movimentá-la novamente.

⁷Então o rei disse ao homem de Deus: "Venha ao palácio comigo e coma alguma coisa, e eu lhe darei um presente".

⁸Mas o homem de Deus respondeu a Jeroboão: "Mesmo que o rei me desse metade de tudo que possui, eu não o acompanharia. Não comeria nem beberia coisa alguma neste lugar, ⁹pois o Senhor me ordenou: 'Não coma nem beba coisa alguma enquanto estiver lá e não volte pelo mesmo caminho por onde foi'". ¹⁰Então ele partiu de Betel e voltou para casa por outro caminho.

¹¹Acontece que morava em Betel um profeta idoso. Seus filhos[a] foram até ele e lhe contaram o que o homem de Deus havia feito em Betel naquele dia. Também contaram ao pai o que o homem de Deus tinha dito ao rei. ¹²O profeta idoso lhes perguntou: "Por onde ele foi?". Eles mostraram ao pai[b] o caminho por onde o homem de Deus tinha ido. ¹³"Selem o jumento", disse o profeta idoso. Eles selaram o jumento para o pai, e ele montou.

¹⁴Foi atrás do homem de Deus e o encontrou sentado debaixo de uma grande árvore. Perguntou-lhe: "Você é o homem de Deus que veio de Judá?".

"Sim, sou eu", respondeu ele.

¹⁵Então o profeta disse ao homem de Deus: "Venha para casa comigo e coma alguma coisa".

¹⁶"Não posso ir com você", respondeu ele. "Não tenho permissão para comer nem beber coisa alguma neste lugar, ¹⁷pois o Senhor me ordenou: 'Não coma nem beba coisa alguma enquanto estiver lá e não volte pelo mesmo caminho por onde foi'."

¹⁸O profeta idoso, porém, respondeu: "Também sou profeta como você. E um anjo me deu esta ordem da parte do Senhor: 'Traga-o para casa com você, para que ele coma pão e beba água'". No entanto, estava mentindo. ¹⁹Eles voltaram juntos, e o homem de Deus comeu e bebeu na casa do profeta.

²⁰Então, enquanto estavam sentados à mesa, veio uma ordem do Senhor ao profeta idoso. ²¹Ele falou ao homem de Deus que tinha vindo de Judá: "Assim diz o Senhor: 'Você desafiou a palavra do Senhor e desobedeceu à ordem que o Senhor, seu Deus, lhe deu. ²²Voltou a este lugar e comeu e bebeu onde ele lhe disse que não comesse nem bebesse. Por isso seu corpo não será sepultado no túmulo de seus antepassados'".

²³Quando o homem de Deus terminou de comer e beber, o profeta idoso selou seu próprio jumento para ele, ²⁴e o homem de Deus partiu. Enquanto estava a caminho, apareceu um leão e o matou. Seu corpo ficou na estrada, com o jumento e o leão parados ao lado dele. ²⁵Algumas pessoas que passaram viram o corpo estendido ali, com o leão parado ao lado dele, e deram a notícia em Betel, onde morava o profeta idoso.

²⁶Quando o profeta que o trouxe de volta soube do que havia acontecido, disse: "É o homem de Deus que desafiou a palavra do Senhor. O Senhor cumpriu sua palavra ao fazer que o leão o atacasse e matasse".

²⁷Então o profeta disse a seus filhos: "Selem o jumento para mim". Eles selaram o jumento, ²⁸e o profeta foi e encontrou o corpo estendido na estrada. O jumento e o leão ainda estavam parados ao lado dele; o leão não havia comido o corpo nem atacado o jumento. ²⁹O profeta colocou o corpo do homem de Deus sobre o

---

[a] **13.11** Conforme a Septuaginta; o hebraico traz *Seu filho*. [b] **13.12** Conforme a Septuaginta; o hebraico traz *Eles tinham visto*.

jumento e o levou de volta à cidade para lamentar por ele e sepultá-lo. ³⁰Pôs o corpo em sua própria sepultura e lamentou por ele, exclamando: "Ah, meu irmão!".

³¹Depois de sepultá-lo, o profeta disse a seus filhos: "Quando eu morrer, enterrem-me no túmulo onde está sepultado o homem de Deus. Ponham meus ossos ao lado dos ossos dele, ³²pois a mensagem que o Senhor ordenou que ele proclamasse contra o altar em Betel e contra os santuários idólatras nas cidades de Samaria certamente se cumprirá".

³³Mesmo depois disso, Jeroboão não se arrependeu de seus maus caminhos. Continuou a nomear sacerdotes dentre o povo comum; qualquer um que desejasse podia se tornar sacerdote dos santuários idólatras. ³⁴Com isso, por causa desse pecado, a dinastia de Jeroboão foi eliminada da face da terra.

A profecia de Aías contra Jeroboão

14 Por esse tempo, Abias, filho de Jeroboão, ficou doente. ²Jeroboão disse à sua esposa: "Ponha um disfarce para que ninguém reconheça que você é minha esposa e vá a Siló falar com o profeta Aías, o homem que me disse que eu seria rei sobre este povo. ³Leve para ele um presente de dez pães, alguns bolos e uma vasilha de mel. Ele lhe dirá o que acontecerá com o menino".

⁴A esposa de Jeroboão foi à casa de Aías, em Siló. Ele já estava velho e não podia mais enxergar. ⁵O Senhor, porém, tinha dito a Aías: "A esposa de Jeroboão virá aqui, fingindo que é outra pessoa. Perguntará a respeito do filho dela, pois ele está doente. Transmita-lhe a resposta que eu darei a você".

⁶Quando Aías ouviu os passos dela junto à porta, disse: "Entre, esposa de Jeroboão! Por que finge ser outra pessoa? Tenho más notícias para você. ⁷Leve a seu marido, Jeroboão, esta mensagem: 'Assim diz o Senhor, o Deus de Israel: Eu o exaltei dentre o povo e o fiz líder de Israel, meu povo. ⁸Arranquei o reino da família de Davi e o entreguei a você. Mas você não tem sido como meu servo Davi, que obedeceu a meus mandamentos e me seguiu de todo o coração, e sempre fez o que me agrada. ⁹Você pecou mais que todos os que vieram antes. Fez para si outros deuses e me enfureceu com seus bezerros de ouro. Sim, você me deu as costas! ¹⁰Por isso, trarei desgraça sobre sua família e destruirei todos os seus descendentes do sexo masculino em Israel, tanto escravos como livres. Queimarei sua dinastia como se queima lixo, até que tenha desaparecido. ¹¹Os membros da família de Jeroboão que morrerem na cidade serão comidos pelos cães, e os que morrerem no campo serão comidos pelos abutres. Eu, o Senhor, falei!'".

¹²Então Aías disse à esposa de Jeroboão: "Volte para casa; quando você puser os pés na cidade, o menino morrerá. ¹³Todo o Israel lamentará a morte dele e o sepultará. Ele será o único membro de sua família que terá um sepultamento digno, pois esse menino é o único de toda a família de Jeroboão do qual o Senhor, o Deus de Israel, se agradou.

¹⁴"Além disso, o Senhor levantará um rei sobre Israel que destruirá a família de Jeroboão. Isso acontecerá hoje, agora mesmo! ¹⁵O Senhor sacudirá Israel como a corrente de água agita as canas de junco. Arrancará os israelitas desta boa terra que deu a seus antepassados e os

---

14.13 Na terrível notícia que o profeta entregou à esposa de Jeroboão, houve apenas um ponto de luz, apenas uma palavra de consolo. E tenho muito receio de que não tenha propiciado qualquer tipo de conforto à rainha pagã. Seu filho foi misericordiosamente designado a morrer, porque era "o único de toda a família de Jeroboão do qual o Senhor, o Deus de Israel, se agradou". Como egípcia, não é provável que ela tenha apreciado o significado dessa sentença. Ela provavelmente considerou muito insignificante o fato de que seu filho tivesse consideração em relação ao Deus de seu povo. Ela não via a luz que estava cheia de alegria. Em que condição infeliz está aquela pessoa que não pode obter conforto vindo da salvação de seu próprio filho! No entanto, há muitos homens e mulheres em tal situação. Eles não se importam com a alma de seus próprios filhos. Não lhes traria alegria se vissem todos os seus filhos andando na verdade; nem lhes causaria qualquer preocupação vê-los em situação oposta. Vê-los bem-sucedidos nos negócios ou com bela aparência é a principal ambição deles, mas tê-los como amados do Senhor não é motivo de desejo. Pobres almas, sua própria carnalidade transborda e satura sua família!

dispersará além do rio Eufrates,ª pois enfureceram o S**enhor** com os postes que levantaram para adorar a deusa Aserá. ¹⁶Ele abandonará Israel, porque Jeroboão pecou e fez Israel pecar com ele".

¹⁷Então a esposa de Jeroboão voltou a Tirza, e o menino morreu no instante em que ela entrou em casa. ¹⁸E todo o Israel o sepultou e lamentou por ele, conforme o S**enhor** havia anunciado por meio do profeta Aías.

¹⁹Os demais acontecimentos do reinado de Jeroboão, as guerras e o modo como governou, estão registrados no *Livro da História dos Reis de Israel*. ²⁰Jeroboão reinou em Israel por 22 anos. Quando morreu e se reuniu a seus antepassados, seu filho Nadabe foi seu sucessor.

Roboão reina em Judá

²¹Enquanto isso, Roboão, filho de Salomão, reinava em Judá. Tinha 41 anos quando começou a reinar, e reinou por dezessete anos em Jerusalém, a cidade que o S**enhor** havia escolhido dentre todas as tribos de Israel como lugar para o seu nome. A mãe de Roboão era uma mulher amonita chamada Naamá.

²²O povo de Judá fez o que era mau aos olhos do S**enhor** e provocou sua ira com os pecados que cometeu, pois foram ainda piores que os de seus antepassados. ²³Construíram santuários idólatras e levantaram colunas sagradas e postes de Aserá em todos os montes e debaixo de toda árvore verdejante. ²⁴Havia até mesmo prostitutos cultuais por toda a terra. O povo imitava as práticas detestáveis das nações que o S**enhor** havia expulsado de diante dos israelitas.

²⁵No quinto ano do reinado de Roboão, Sisaque, rei do Egito, subiu e atacou Jerusalém. ²⁶Saqueou os tesouros do templo do S**enhor** e do palácio real; roubou tudo, incluindo os escudos de ouro que Salomão havia feito. ²⁷Mais tarde, o rei Roboão fez escudos de bronze para substituí-los e os confiou aos oficiais da guarda que protegiam a entrada do palácio real. ²⁸Sempre que o rei ia ao templo do S**enhor**, os guardas levavam os escudos e, em seguida, os devolviam à sala da guarda.

²⁹Os demais acontecimentos do reinado de Roboão e tudo que ele fez estão registrados no *Livro da História dos Reis de Judá*. ³⁰Houve guerra constante entre Roboão e Jeroboão. ³¹Quando Roboão morreu, foi sepultado com seus antepassados na Cidade de Davi. Sua mãe era uma mulher amonita chamada Naamá. Seu filho Abias[b] foi seu sucessor.

Abias reina em Judá

15 No décimo oitavo ano do reinado de Jeroboão, filho de Nebate, Abias[c] começou a reinar em Judá. ²Reinou por três anos em Jerusalém. Sua mãe se chamava Maaca e era neta de Absalão.

³Cometeu os mesmos pecados que seu pai e não foi inteiramente fiel ao S**enhor**, seu Deus, como seu antepassado Davi. ⁴Mas, por causa de Davi, o S**enhor**, seu Deus, permitiu que seus descendentes continuassem a brilhar como uma lâmpada em Jerusalém e deu a Abias um filho para reinar depois dele. ⁵Pois Davi tinha feito o que era certo aos olhos do S**enhor** e obedecido a seus mandamentos durante toda a vida, exceto no caso de Urias, o hitita.

⁶Durante todo o reinado de Abias, houve guerra entre Abias e Jeroboão.[d] ⁷Os demais acontecimentos do reinado de Abias e tudo que ele fez estão registrados no *Livro da História dos Reis de Judá*. Houve guerra constante entre Abias e Jeroboão. ⁸Quando Abias morreu e se reuniu a seus antepassados, foi sepultado na Cidade de Davi. Seu filho Asa foi seu sucessor.

Asa reina em Judá

⁹No vigésimo ano do reinado de Jeroboão em Israel, Asa começou a reinar em Judá. ¹⁰Reinou em Jerusalém por 41 anos. Sua avó[e] se chamava Maaca e era neta de Absalão.

¹¹Asa fez o que era certo aos olhos do S**enhor**, como seu antepassado Davi. ¹²Expulsou da terra os prostitutos cultuais e removeu todos os ídolos[f] que seus antepassados haviam feito. ¹³Chegou a depor sua avó Maaca da posição de rainha-mãe, pois ela havia feito um poste

---

ª **14.15** Em hebraico, *rio*. ᵇ **14.31** Também conhecido como *Abião*. ᶜ **15.1** Também conhecido como *Abião*. ᵈ **15.6** Conforme alguns manuscritos hebraicos e gregos; a maioria dos manuscritos hebraicos traz *entre Roboão e Jeroboão*. ᵉ **15.10** Ou *A rainha-mãe*; o hebraico traz *Sua mãe* (tb. em 15.13); comparar com 15.2. ᶠ **15.12** É provável que o termo hebraico (lit. *coisas redondas*) se refira a esterco.

obsceno para a deusa Aserá. Derrubou esse poste obsceno e o queimou no vale de Cedrom. ¹⁴Embora os santuários idólatras não tivessem sido removidos, o coração de Asa permaneceu inteiramente fiel ao Senhor durante toda a sua vida. ¹⁵Ele trouxe para o templo do Senhor a prata, o ouro e os diversos utensílios que ele e seu pai haviam consagrado.

¹⁶Houve guerra constante entre Asa e Baasa, rei de Israel. ¹⁷Baasa, rei de Israel, invadiu Judá e fortificou Ramá, a fim de impedir que qualquer um entrasse ou saísse do território de Asa, rei de Judá.

¹⁸Em resposta, Asa juntou toda a prata e todo o ouro que restavam na tesouraria do templo do Senhor e no palácio real. Enviou alguns de seus oficiais a Ben-Hadade, rei da Síria, que governava em Damasco, filho de Tabrimom e neto de Heziom, com a prata e o ouro e a seguinte mensagem:

¹⁹"Façamos um acordo, você e eu, como aquele que houve entre seu pai e o meu. Envio um presente de prata e ouro. Rompa seu acordo com Baasa, rei de Israel, para que ele me deixe em paz".

²⁰Ben-Hadade aceitou a proposta do rei Asa e enviou os comandantes de seu exército para atacarem as cidades de Israel. Eles conquistaram Ijom, Dã, Abel-Bete-Maaca e todo o Quinerete, bem como a terra de Naftali. ²¹Quando Baasa, rei de Israel, soube do que havia acontecido, abandonou seu projeto de fortificar Ramá e permaneceu em Tirza. ²²Então o rei Asa decretou que todos os homens de Judá, sem exceção, ajudassem a levar embora as pedras e a madeira usadas por Baasa para fortificar Ramá. Asa empregou esses materiais para fortificar a cidade de Geba, em Benjamim, e a cidade de Mispá.

²³Os demais acontecimentos do reinado de Asa, a extensão de seu poder, tudo que ele fez e o nome das cidades que ele construiu, estão registrados no *Livro da História dos Reis de Judá*. Em sua velhice, sofreu de uma doença nos pés. ²⁴Quando Asa morreu, foi sepultado com seus antepassados na Cidade de Davi. Seu filho Josafá foi seu sucessor.

Nadabe reina em Israel

²⁵Nadabe, filho de Jeroboão, começou a reinar em Israel no segundo ano do reinado de Asa, rei de Judá. Reinou em Israel por dois anos. ²⁶Fez o que era mau aos olhos do Senhor; seguiu o exemplo de seu pai, Jeroboão, e persistiu nos pecados que ele havia levado Israel a cometer.

²⁷Baasa, filho de Aías, da tribo de Issacar, conspirou contra Nadabe e o assassinou enquanto ele e o exército israelita sitiavam a cidade filisteia de Gibetom. ²⁸Baasa matou Nadabe no terceiro ano do reinado de Asa, rei de Judá, e se tornou seu sucessor.

²⁹Assim que Baasa subiu ao poder, matou todos os descendentes de Jeroboão. Não restou ninguém de sua família, exatamente como o Senhor havia anunciado por meio do profeta Aías, de Siló. ³⁰Isso aconteceu porque Jeroboão havia provocado a ira do Senhor com os pecados que tinha cometido e levado Israel a cometer.

³¹Os demais acontecimentos do reinado de Nadabe e tudo que ele fez estão registrados no *Livro da História dos Reis de Israel*.

Baasa reina em Israel

³²Houve guerra constante entre Asa, rei de Judá, e Baasa, rei de Israel. ³³Baasa, filho de Aías, começou a reinar sobre todo o Israel no terceiro ano do reinado de Asa, rei de Judá. Reinou em Tirza por 24 anos. ³⁴Fez o que era mau aos olhos do Senhor; seguiu o exemplo de Jeroboão e persistiu nos pecados que Jeroboão havia levado Israel a cometer.

16 Esta mensagem do Senhor foi transmitida ao rei Baasa pelo profeta Jeú, filho de Hanani: ²"Eu o levantei do pó a fim de torná-lo líder do meu povo, Israel, mas você seguiu o exemplo de Jeroboão. Provocou minha ira ao fazer meu povo, Israel, pecar. ³Por isso, destruirei você e sua família, assim como destruí os descendentes de Jeroboão, filho de Nebate. ⁴Os membros da família de Baasa que morrerem na cidade serão comidos pelos cães, e os que morrerem no campo serão comidos pelos abutres".

⁵Os demais acontecimentos do reinado de Baasa, o que ele fez e a extensão de seu poder estão registrados no *Livro da História dos Reis*

de Israel. ⁶Quando Baasa morreu e se reuniu a seus antepassados, foi sepultado em Tirza. Seu filho Elá foi seu sucessor.

⁷A mensagem do S<small>ENHOR</small> contra Baasa e sua família veio por meio do profeta Jeú, filho de Hanani. Foi transmitida porque Baasa havia feito o que era mau aos olhos do S<small>ENHOR</small>, como a família de Jeroboão, e também porque Baasa havia destruído a família de Jeroboão. Os pecados de Baasa provocaram a ira do S<small>ENHOR</small>.

Elá reina em Israel

⁸Elá, filho de Baasa, começou a reinar em Israel no vigésimo sexto ano do reinado de Asa, rei de Judá. Reinou em Tirza por dois anos.

⁹Então Zinri, comandante de metade dos carros de guerra do rei, conspirou contra ele. Certo dia, em Tirza, Elá estava se embebedando na casa de Arza, supervisor do palácio. ¹⁰Zinri entrou, feriu Elá e o matou. Isso aconteceu no vigésimo sétimo ano do reinado de Asa, rei de Judá. Zinri se tornou o sucessor de Elá.

¹¹Logo que Zinri subiu ao poder, matou toda a família de Baasa. Não deixou vivo nenhum filho do sexo masculino. Exterminou até mesmo parentes e amigos. ¹²Desse modo, Zinri destruiu a dinastia de Baasa, como o S<small>ENHOR</small> havia anunciado por meio do profeta Jeú. ¹³Isso aconteceu por causa de todos os pecados que Baasa e seu filho Elá haviam cometido e levado Israel a cometer. Com seus ídolos inúteis, provocaram a ira do S<small>ENHOR</small>, Deus de Israel.

¹⁴Os demais acontecimentos do reinado de Elá e tudo que ele fez estão registrados no *Livro da História dos Reis de Israel*.

Zinri reina em Israel

¹⁵Zinri começou a reinar em Israel no vigésimo sétimo ano do reinado de Asa, rei de Judá. Reinou em Tirza por apenas sete dias. Nessa ocasião, o exército de Israel estava acampado próximo à cidade filisteia de Gibetom. ¹⁶Quando souberam que Zinri havia traído e assassinado o rei, naquele mesmo dia proclamaram Onri, comandante do exército, o novo rei de Israel. ¹⁷Onri levou todo o exército de Israel de Gibetom a Tirza e cercou a cidade. ¹⁸Quando Zinri viu que a cidade havia sido conquistada, foi para a parte mais protegida do palácio real, ateou fogo ao edifício e morreu no meio das chamas. ¹⁹Ele também havia feito o que era mau aos olhos do S<small>ENHOR</small>. Seguiu o exemplo de Jeroboão nos pecados que tinha cometido e levado Israel a cometer.

²⁰Os demais acontecimentos do reinado de Zinri e sua conspiração estão registrados no *Livro da História dos Reis de Israel*.

Onri reina em Israel

²¹O povo de Israel se dividiu em dois partidos. Metade queria proclamar rei Tibni, filho de Ginate, e a outra metade apoiava Onri. ²²Os partidários de Onri derrotaram os de Tibni, filho de Ginate. Tibni morreu, e Onri se tornou rei.

²³Onri começou seu reinado no trigésimo primeiro ano do reinado de Asa, rei de Judá. Ao todo, reinou por doze anos, seis deles em Tirza. ²⁴Então Onri comprou de Sêmer o monte de Samaria por setenta quilos[a] de prata. Construiu ali uma cidade que chamou de Samaria, em homenagem a Sêmer, o antigo proprietário do monte.

²⁵Onri fez o que era mau aos olhos do S<small>ENHOR</small>, pior que todos os reis antes dele. ²⁶Seguiu o exemplo de Jeroboão, filho de Nebate, em todos os pecados que tinha cometido e levado Israel a cometer. Com seus ídolos inúteis, o povo provocou a ira do S<small>ENHOR</small>, Deus de Israel.

²⁷Os demais acontecimentos do reinado de Onri, o que ele fez e a extensão de seu poder estão registrados no *Livro da História dos Reis de Israel*. ²⁸Quando Onri morreu e se reuniu a seus antepassados, foi sepultado em Samaria. Seu filho Acabe foi seu sucessor.

Acabe reina em Israel

²⁹Acabe, filho de Onri, começou a reinar em Israel no trigésimo oitavo ano do reinado de Asa, rei de Judá. Reinou em Samaria por 22 anos. ³⁰Acabe, filho de Onri, fez o que era mau aos olhos do S<small>ENHOR</small>, pior que todos os reis antes dele. ³¹E, como se não bastasse seguir o exemplo pecaminoso de Jeroboão, casou-se com Jezabel, filha de Etbaal, rei dos sidônios, e começou a se prostrar diante de Baal e adorá-lo. ³²Primeiro, Acabe construiu um templo e um altar para Baal em Samaria. ³³Depois, levantou um poste para a deusa Aserá. Fez mais coisas para provocar a ira do S<small>ENHOR</small>, Deus de Israel, que todos os reis de Israel antes dele.

---

[a] **16.24** Em hebraico, *2 talentos*.

³⁴Durante o reinado de Acabe, Hiel, um homem de Betel, reconstruiu Jericó. Quando lançou os alicerces, morreu seu filho mais velho, Abirão. E, quando terminou a reconstrução e colocou as portas, morreu seu filho mais novo, Segube. Tudo isso aconteceu de acordo com a mensagem do SENHOR a respeito de Jericó, transmitida por meio de Josué, filho de Num.

Elias é alimentado por corvos

17 Elias, que era de Tisbe, em Gileade, disse ao rei Acabe: "Tão certo como vive o SENHOR, o Deus de Israel, a quem sirvo, não haverá orvalho nem chuva durante os próximos anos, até que eu ordene!".

²Então o SENHOR disse a Elias: ³"Vá para o leste e esconda-se junto ao riacho de Querite, que fica a leste do rio Jordão. ⁴Beba água do riacho e coma o que os corvos lhe trouxerem, pois eu dei ordem para levarem alimento até você".

⁵Elias fez o que o SENHOR ordenou e acampou junto ao riacho de Querite, a leste do Jordão. ⁶Os corvos lhe traziam pão e carne de manhã e à tarde, e ele bebia água do riacho. ⁷Depois de algum tempo, porém, o riacho secou, pois não caía chuva em parte alguma da terra.

A viúva de Sarepta

⁸Então o SENHOR disse a Elias: ⁹"Vá morar em Sarepta, perto da cidade de Sidom. Dei ordem a uma viúva que mora ali para lhe dar alimento".

¹⁰Elias foi a Sarepta. Quando chegou ao portão da cidade, viu uma viúva apanhando gravetos e lhe perguntou: "Pode me dar um pouco de água para beber, por favor?". ¹¹Enquanto ela ia buscar a água, ele disse: "Traga também um pedaço de pão".

¹²Mas ela respondeu: "Tão certo como vive o SENHOR, seu Deus, não tenho um pedaço sequer de pão em casa. Tenho apenas um punhado de farinha que restou numa vasilha e um pouco de azeite no fundo do jarro. Estava apanhando alguns gravetos para preparar esta última refeição, e depois meu filho e eu morreremos".

¹³Elias, porém, disse: "Não tenha medo! Faça o que acabou de dizer, mas primeiro faça um pouco de pão para mim. Depois, use o resto para preparar uma refeição para você e seu filho. ¹⁴Pois assim diz o SENHOR, Deus de Israel: 'Sempre haverá farinha na vasilha e azeite no jarro, até o dia em que o SENHOR enviar chuva'".

¹⁵Ela fez conforme Elias disse. Assim, Elias, a mulher e a família dela tiveram alimento para muitos dias. ¹⁶Sempre havia farinha na vasilha e azeite no jarro, exatamente como o SENHOR tinha prometido por meio de Elias.

¹⁷Algum tempo depois, o filho da mulher ficou doente. Foi piorando e, por fim, morreu. ¹⁸Disse ela a Elias: "Homem de Deus, o que

---

17.8,9,19-21,24 *Vv.8,9* Foi um tempo de fome, mas Deus enviou [Elias] a uma viúva! Ela certamente precisava se sustentar; sim, e ela o conseguirá, ao sustentar o profeta. Aquele que pôde ordenar aos corvos que alimentassem o Seu servo poderia ordenar a uma viúva que fizesse o mesmo; e assim o fez. Essa mulher não parece ter sido originalmente uma adoradora de Javé. Ela vivia em um país pagão, e provavelmente era pagã; mas ela honrou o servo de Javé, e atendeu seu pedido, e sem dúvida, se tornou uma verdadeira seguidora do Deus vivo.

Vv.19,20 As palavras da mulher tocaram seu coração, e talvez ele também tenha falado imprudentemente; mas quem somos nós para julgar? [Elias] pareceu sentir que, onde quer que fosse, trazia problemas ao povo. Todo Israel estava afligido com a seca por causa de sua profecia, e agora essa pobre mulher havia perdido seu querido filho. No entanto, mesmo neste caso desesperador, ele não abandonou a esperança, a oração e o esforço.

V.21 Esta era uma fé esplêndida por parte do profeta. Ninguém jamais tentara antes pela restauração de quem estava morto; ninguém jamais tinha tentado realizar um milagre como esse; mas a fé de Elias estava atrelada a uma ação maravilhosa. Aqui estava a fé pronta para receber a bênção, portanto, a bênção certamente viria. Aqui estava a fé que poderia mover montanhas e sacudir os próprios portões da morte. Elias caminha por uma estrada desconhecida e pede o que nunca antes havia sido concedido.

V.24 Ela não conhecia isso antes? Sim, ou então não lhe teria ofertado a primeira porção de sua refeição. Ela devia saber disso, pois estava vivendo há muito tempo com a refeição e o azeite que ele havia multiplicado. Mas agora ela disse que conhecia esse fato, como se nunca o tivesse conhecido antes. Deus tem uma maneira de trazer a verdade ao coração com tanta vivacidade que, embora estejamos perfeitamente familiarizados com isso há anos, ainda somos levados a anunciar: "Agora conheço isso; agora o tenho como nunca antes; agora entendo e o aceito com minha própria alma!" Que todos possamos conhecer a verdade de Deus desta forma grandiosa!

você me fez? Veio para lembrar-me de meus pecados e matar meu filho?".

¹⁹Elias, porém, respondeu: "Dê-me seu filho". Tomou o corpo do menino dos braços dela, carregou-o para o andar de cima, onde estava hospedado, e o pôs na cama. ²⁰Então Elias clamou ao Senhor: "Ó Senhor, meu Deus, por que trouxeste desgraça a esta viúva que me recebeu em seu lar e fizeste o filho dela morrer?".

²¹Em seguida, Elias se deitou sobre o menino três vezes e clamou ao Senhor: "Ó Senhor, meu Deus, por favor, permite que a vida volte a este menino!". ²²O Senhor ouviu a oração de Elias, e o menino voltou a viver. ²³Elias o levou para baixo e o entregou à mãe. "Veja, seu filho está vivo", disse ele.

²⁴Então a mulher disse a Elias: "Agora tenho certeza de que você é um homem de Deus, e de que o Senhor verdadeiramente fala por seu intermédio!".

Confronto no monte Carmelo

18 Algum tempo depois, no terceiro ano da seca, o Senhor disse a Elias: "Vá apresentar-se ao rei Acabe. Diga-lhe que enviarei chuva". ²Elias foi apresentar-se a Acabe.

A fome era severa em Samaria. ³Acabe mandou chamar Obadias, o administrador do palácio. (Obadias temia profundamente o Senhor. ⁴Certa vez, quando Jezabel havia tentado matar todos os profetas do Senhor, Obadias escondeu cem deles em duas cavernas. Colocou cinquenta em cada caverna e forneceu alimento e água para eles.) ⁵Acabe disse a Obadias: "Precisamos ir a todas as fontes e vales na terra. Quem sabe encontraremos pasto suficiente para salvar pelo menos alguns de meus cavalos e mulas!". ⁶Então dividiram o território entre si. Acabe foi para um lado, e Obadias, para o outro.

⁷Enquanto Obadias caminhava, viu de repente Elias vindo em sua direção. Ao reconhecê-lo, Obadias curvou-se diante dele com o rosto no chão. "É o senhor mesmo, meu senhor Elias?", perguntou.

⁸"Sim, sou eu", respondeu Elias. "Agora vá e diga ao rei: 'Elias está aqui'."

⁹Obadias, porém, protestou: "Que mal lhe fiz para que me envie para morrer nas mãos de Acabe? ¹⁰Pois, tão certo como vive o Senhor, seu Deus, o rei o procurou em todas as nações e reinos da terra, de uma extremidade à outra. E cada vez que lhe diziam: 'Elias não está aqui', o rei Acabe fazia o rei daquela nação jurar que tinha falado a verdade. ¹¹E agora o senhor diz: 'Vá e diga ao rei: Elias está aqui'. ¹²Mas, assim que eu o deixar, o Espírito do Senhor o levará embora, sabe-se lá para onde, e quando Acabe chegar e não o encontrar, ele me matará. E, no

---

18.12 Obadias pôde dizer: "Tenho servido fielmente ao Senhor toda a minha vida". O tempo não tinha mudado, seja qual fosse a idade dele, sua religião não se deteriorara. Todos nós gostamos de novidade, e conheço alguns homens que incorreram em erro de vez em quando. O pior não é morrer queimado rapidamente como mártir, assar em fogo brando é um teste de firmeza muito mais terrível. Continuar piedoso durante uma longa vida de tentação é de fato ser gracioso. A graça de Deus converter um homem como Paulo, que está cheio de ameaças contra os santos, é uma grande maravilha, mas a Sua graça para preservar um crente por dez, vinte, trinta, quarenta, cinquenta anos, é um milagre muito grande, e merece mais o nosso louvor do que geralmente se pede. Obadias não foi afetado pelo decurso do tempo, ele o servia quando velho assim como quando jovem. Também não foi levado pelos modismos daqueles tempos perversos. Ser servo de Javé era considerado uma coisa simples, antiquada, ignorante, uma coisa do passado. A adoração a Baal era o "pensamento moderno" do momento. Toda a corte seguia o deus de Sidon, e todos os cortesãos faziam o mesmo. Meu senhor adorava a Baal, e, a minha senhora adorava a Baal, porque a rainha adorava a Baal, mas Obadias disse: "Tenho servido fielmente ao Senhor toda a minha vida". Bem-aventurado o homem que não se importa com o modismo, pois ele passa. Se, por algum tempo, a moda se enfurece contra o mal, o que o cristão deve fazer senão obedecer firmemente ao que é certo? Obadias nem sequer foi afetado pela ausência dos meios da graça. Os sacerdotes e os levitas haviam fugido para Judá, e os profetas haviam sido mortos ou escondidos, e não havia culto público a Javé em Israel. O Templo estava distante, em Jerusalém, portanto, ele não tinha oportunidade de ouvir nada que o pudesse fortalecer ou estimular, mas continuou firme em seu caminho. Fico a imaginar quanto tempo alguns que professam a fé manteriam a sua profissão se não houvesse lugares de culto, nem associações cristãs, nem ministrações da Palavra, mas o temor desse homem pelo Senhor era tão profundo que a ausência daquilo que geralmente é necessário para a manutenção da piedade não o levou ao declínio.

entanto, tenho servido fielmente ao Senhor toda a minha vida. ¹³Ninguém lhe falou da ocasião em que Jezabel tentou matar os profetas do Senhor? Escondi cem deles em duas cavernas e lhes forneci alimento e água. ¹⁴E agora o senhor diz: 'Vá e diga ao rei: Elias está aqui'. Se eu fizer isso, certamente Acabe me matará!".

¹⁵Mas Elias disse: "Tão certo como vive o Senhor dos Exércitos, em cuja presença estou, hoje mesmo me apresentarei ao rei Acabe".

¹⁶Então Obadias foi dizer a Acabe que Elias tinha vindo, e Acabe saiu para encontrar-se com Elias. ¹⁷Quando Acabe o viu, disse: "É você mesmo, perturbador de Israel?".

¹⁸"Não causei problema algum a Israel", respondeu Elias. "O senhor e sua família é que são os perturbadores, pois se recusaram a obedecer aos mandamentos do Senhor e, em vez disso, adoraram imagens de Baal. ¹⁹Agora, convoque todo o Israel para encontrar-se comigo no monte Carmelo, além dos 450 profetas de Baal e os 400 profetas de Aserá que comem à mesa de Jezabel."

²⁰Acabe convocou todo o povo de Israel e os profetas para se reunirem no monte Carmelo. ²¹Elias se colocou diante do povo e disse: "Até quando ficarão oscilando de um lado para o outro? Se o Senhor é Deus, sigam-no! Mas, se Baal é Deus, então sigam Baal!". O povo, contudo, ficou em silêncio.

²²Então Elias lhes disse: "Sou o único que resta dos profetas do Senhor, mas Baal tem 450 profetas. ²³Agora, tragam para cá dois novilhos. Que os profetas de Baal escolham um deles, cortem o animal em pedaços e o coloquem sobre a lenha do altar, mas não ponham fogo na lenha. Eu prepararei o outro novilho e o colocarei sobre a lenha no altar, mas não porei fogo na lenha. ²⁴Então invoquem o nome de seu deus, e eu invocarei o nome do Senhor. O deus que responder com fogo, esse é o Deus verdadeiro!". E todo o povo concordou.

²⁵Então Elias disse aos profetas de Baal: "Comecem vocês, pois são muitos. Escolham um dos novilhos, preparem-no e invoquem o nome de seu deus. Mas não ponham fogo na lenha".

²⁶Eles prepararam um dos novilhos e o colocaram sobre o altar. Invocaram o nome de Baal desde a manhã até o meio-dia e gritavam: "Ó Baal, responde-nos!", mas não houve resposta alguma. E dançavam em volta do altar que haviam feito.

²⁷Por volta do meio-dia, Elias começou a zombar deles: "Vocês precisam gritar mais alto", dizia ele. "Sem dúvida ele é um deus! Talvez esteja meditando ou ocupado em outro lugar.ᵃ Ou talvez esteja viajando, ou dormindo, e precise ser acordado!"

²⁸Então gritaram mais alto e, como era seu costume, cortaram-se com facas e espadas, até sangrarem. ²⁹Agitaram-se em transe desde o meio-dia até a hora do sacrifício da tarde, mas não houve sequer um som, nem resposta ou reação alguma.

³⁰Então Elias disse ao povo: "Venham aqui!". Todos se reuniram em volta dele enquanto ele consertava o altar do Senhor que havia sido derrubado. ³¹Pegou doze pedras, uma para cada tribo dos filhos de Jacó, a quem o Senhor disse: "Teu nome será Israel", ³²e com elas reconstruiu o altar em nome do Senhor. Depois, cavou ao redor do altar uma valeta com capacidade suficiente para doze litros de água.ᵇ ³³Empilhou lenha sobre o altar, cortou o novilho em pedaços e colocou os pedaços sobre a lenha.

ᶜEm seguida, ordenou: "Encham quatro jarras grandes com água e derramem a água sobre o holocausto e a lenha".

³⁴Depois que fizeram isso, disse: "Façam a mesma coisa novamente". Quando terminaram, ele disse: "Agora façam o mesmo pela terceira vez". Eles seguiram sua instrução, ³⁵e a água corria ao redor do altar e encheu a valeta.

³⁶Na hora costumeira de oferecer o sacrifício da tarde, o profeta Elias se aproximou do altar e orou: "Ó Senhor, Deus de Abraão, Isaque e Jacó,ᵈ prova hoje que és Deus em Israel e que sou teu servo. Prova que fiz tudo isso por ordem tua. ³⁷Ó Senhor, responde-me! Que este povo saiba que tu, ó Senhor, és o verdadeiro Deus e estás buscando o povo de volta para ti!".

ᵃ 18.27 Ou *fazendo suas necessidades*. ᵇ 18.32 Em hebraico, *2 seás de sementes*. ᶜ 18.33 No texto hebraico, o versículo 18.34 começa aqui. ᵈ 18.36 Em hebraico, *Israel*. Os nomes "Jacó" e "Israel" são usados de forma intercambiável ao longo de todo o Antigo Testamento e se referem, por vezes, ao patriarca e, em outras ocasiões, à nação.

³⁸No mesmo instante, fogo do S̲e̲n̲h̲o̲r̲ desceu do céu e queimou o novilho, a madeira, as pedras e o chão, e secou até a água da valeta. ³⁹Quando o povo viu isso, todos se prostraram com o rosto no chão e gritaram: "O S̲e̲n̲h̲o̲r̲ é Deus! Sim, o S̲e̲n̲h̲o̲r̲ é Deus!".

⁴⁰Então Elias ordenou: "Prendam todos os profetas de Baal. Não deixem nenhum escapar!". O povo os prendeu, e Elias os levou para o riacho de Quisom e ali os matou.

Elias ora pedindo chuva

⁴¹Em seguida, Elias disse a Acabe: "Vá comer e beber, pois ouço uma forte tempestade chegando!".

⁴²Acabe foi comer e beber. Elias, porém, subiu ao topo do monte Carmelo, prostrou-se até o chão com o rosto entre os joelhos e orou.

⁴³Depois, disse a seu servo: "Vá e olhe na direção do mar".

O servo foi e olhou, depois voltou e disse: "Não vi nada".

Sete vezes Elias mandou que ele fosse e olhasse. ⁴⁴Por fim, na sétima vez, o servo lhe disse: "Vi subir do mar uma pequena nuvem, do tamanho da mão de um homem".

Então Elias lhe disse: "Vá depressa dizer a Acabe: 'Apronte seu carro e volte para casa. Se não se apressar, a chuva o impedirá!'".

⁴⁵Em pouco tempo, o céu ficou escuro com nuvens. Um vento forte trouxe uma grande tempestade, e Acabe partiu em sua carruagem a toda velocidade para Jezreel. ⁴⁶Então o S̲e̲n̲h̲o̲r̲ concedeu força extraordinária para Elias. Ele prendeu a capa no cinto[a] e correu à frente do carro de Acabe até a entrada de Jezreel.

Elias foge para o Sinai

19 Acabe contou a Jezabel tudo que Elias havia feito, incluindo o modo como havia matado todos os profetas de Baal. ²Por isso, Jezabel enviou esta mensagem a Elias: "Que os deuses me castiguem severamente se, até amanhã nesta hora, eu não fizer a você o que você fez aos profetas de Baal!".

³Elias teve medo e fugiu para salvar a vida. Foi para Berseba, uma cidade em Judá, e ali deixou seu servo. ⁴Depois, foi sozinho para o deserto, caminhando o dia todo. Sentou-se debaixo de um pé de giesta e orou, pedindo para morrer. "Já basta, S̲e̲n̲h̲o̲r̲", disse ele. "Tira minha vida, pois não sou melhor que meus antepassados que já morreram."

⁵Então ele se deitou debaixo do pé de giesta e dormiu. Enquanto dormia, um anjo o tocou e disse: "Levante-se e coma!". ⁶Elias olhou em redor e viu, perto de sua cabeça, um pão assado sobre pedras quentes e um jarro de água. Ele comeu, bebeu e se deitou novamente.

⁷O anjo do S̲e̲n̲h̲o̲r̲ voltou, tocou-o mais uma vez e disse: "Levante-se e coma um pouco mais, do contrário não aguentará a viagem que tem pela frente".

⁸Elias se levantou, comeu e bebeu, e o alimento lhe deu forças para uma jornada de quarenta dias e quarenta noites até o monte Sinai,[b] o monte de Deus. ⁹Ali encontrou uma caverna onde passou a noite.

---

[a] **18.46** Em hebraico, *cingiu os lombos*. [b] **19.8** Em hebraico, *Horebe*, outro nome para o Sinai.

19.4,7,11-13,17,18 *V.4* Este foi o homem que nunca morreu, no entanto, ele pediu "para morrer". Que gracioso é por parte de Deus não conceder os pedidos de Seu povo quando eles são imprudentes, como foi esta petição de Elias! Se ele *soubesse* que subiria com um redemoinho ao Céu, andando em uma carruagem de fogo puxada por cavalos de fogo, certamente não teria orado dessa maneira: "Já basta, Senhor", disse ele. "Tira minha vida, pois não sou melhor que meus antepassados que já morreram".

V.7 Deus exerce a presciência em nome de Seu povo, pois eles não podem exercitá-la por si próprios. Ele sabe quando devemos ser chamados para um serviço extraordinário ou um sofrimento incomum, e Ele nos prepara para isso. Não apenas nos dá carne espiritual para comer por saber que estamos com fome, mas também no-la concede por causa de nossas futuras necessidades que, no presente, são bastante desconhecidas de nós.

Vv.11-13 Para todos nós que pregamos a Palavra, ou que tentamos ensiná-la de algum modo, Deus parece dizer: "Não confie em grandes demonstrações de força, em demonstrações tremendas de poder — em vez disso, confie nas influências suaves da destilação do orvalho do Espírito de Deus e da chuva delicada do evangelho. Pregue a palavra aos filhos e às filhas dos homens". Há uma tentação que assalta a todos nós que pregamos de querer fazer alguma coisa grande. Imaginamos que se pudéssemos pregar um sermão tão famoso como o que

O Senhor fala com Elias

Então o Senhor lhe disse: "O que você faz aqui, Elias?".

¹⁰Ele respondeu: "Tenho servido com zelo ao Senhor, o Deus dos Exércitos. Contudo, os israelitas quebraram a aliança contigo, derrubaram teus altares e mataram todos os teus profetas. Sou o único que restou, e agora também procuram me matar".

¹¹"Saia e ponha-se diante de mim no monte", disse o Senhor. E, enquanto Elias estava ali, o Senhor passou, e um forte vendaval atingiu o monte. Era tão intenso que as pedras se soltavam do monte diante do Senhor, mas o Senhor não estava no vento. Depois do vento houve um terremoto, mas o Senhor não estava no terremoto. ¹²Depois do terremoto houve fogo, mas o Senhor não estava no fogo. E, depois do fogo, veio um suave sussurro. ¹³Quando Elias o ouviu, cobriu o rosto com a capa, saiu e ficou na entrada da caverna.

E uma voz disse: "O que você faz aqui, Elias?".

¹⁴Ele respondeu outra vez: "Tenho servido com zelo ao Senhor, o Deus dos Exércitos. Contudo, os israelitas quebraram a aliança contigo, derrubaram teus altares e mataram todos os teus profetas. Sou o único que restou, e agora também procuram me matar".

¹⁵Então o Senhor lhe disse: "Volte pelo caminho por onde veio e vá para o deserto de Damasco. Quando chegar lá, unja Hazael para ser rei da Síria. ¹⁶Depois, unja também Jeú, neto de[a] Ninsi, para ser rei de Israel, e unja Eliseu, filho de Safate, da cidade de Abel-Meolá, para substituir você como meu profeta. ¹⁷Quem escapar da espada de Hazael será morto por Jeú, e quem escapar da espada de Jeú será morto por Eliseu. ¹⁸No entanto, preservarei sete mil de Israel que nunca se prostraram diante de Baal nem o beijaram!".

O chamado de Eliseu

¹⁹Elias partiu e encontrou Eliseu, filho de Safate, arando um campo. Havia doze parelhas de bois no campo, e Eliseu arava com a última parelha. Elias se aproximou de Eliseu, lançou sua capa sobre os ombros dele e continuou a caminhar. ²⁰Eliseu deixou os bois ali, correu atrás de Elias e disse: "Primeiro deixe-me dar um beijo de despedida em meu pai e em minha mãe; então o seguirei!".

Elias respondeu: "Pode voltar, mas pense no que lhe fiz".

²¹Eliseu voltou para sua parelha de bois e os matou. Usou a madeira do arado para fazer fogo e assar a carne. Distribuiu a carne para o povo da cidade, e todos eles comeram. Então partiu com Elias, como seu ajudante.

Ben-Hadade ataca Samaria

20 Por esse tempo, Ben-Hadade, rei da Síria, mobilizou seu exército com o apoio de 32 reis aliados e seus carros de guerra e cavalos. Eles cercaram Samaria e a atacaram. ²Ben-Hadade enviou mensageiros à cidade para dizer a Acabe, rei de Israel: "Assim diz

---

[a] 19.16 Em hebraico, *descendente de*; comparar com 2Rs 9.2,14.

Jonathan Edwards pregou quando falou de "Pecadores nas mãos de um Deus irado" [...] que, se pudéssemos pregar em um estilo como aquele, então, teríamos vivido para algum propósito. Ou pensamos que, se tivéssemos a eloquência de Whitefield e pudéssemos ir, como ele fez, em Kennington Common, e pregar a 20 mil pessoas de uma vez — então teríamos conseguido algo digno de nossa mais alta ambição! [...] Bem, se estivermos há tempo suficiente no ministério, e se o Senhor tem nos dado a verdadeira compreensão espiritual, *já devemos ter descoberto o quão inúteis são essas esperanças e expectativas!* Pode haver um grande vento soprando enquanto estamos pregando tais sermões, mas o Senhor não está no vento. Pode haver um grande terremoto e o povo pode sacudir e tremer de terror, mas o Senhor não está no terremoto! Nosso púlpito pode ser assustador com o fogo do julgamento vindouro, mas o Senhor não está no fogo [...]. Mas a pregação de Jesus Cristo e dele crucificado nunca perde o seu poder! Pode não haver empolgação em nossa congregação, nenhuma sensação pode ser criada por nossa pregação, mas o Senhor nela estará! Ele sempre esteve neste tipo de pregação e sempre estará.

Vv.17,18 Como essa graciosa garantia deve ter revivido o espírito do profeta! Ele não sabia nada sobre os 7.000 fiéis israelitas, e deve ter ficado espantado e encantado ao saber sobre eles! Não havia necessidade de dizer: "Sou o único que restou", pois havia um grupo de homens nobres e robustos para levantar-se com ele e defender o nome e a causa de Javé!

Ben-Hadade: ³'Sua prata e seu ouro são meus, bem como suas esposas e os melhores de seus filhos'".

⁴"Está bem, ó meu senhor, o rei", respondeu o rei de Israel. "Tudo que tenho é seu."

⁵Pouco depois, os mensageiros voltaram e disseram: "Assim diz Ben-Hadade: 'Já exigi que entregasse sua prata, seu ouro, suas esposas e seus filhos. ⁶Mas amanhã, a esta hora, enviarei meus oficiais para vasculharem seu palácio e as casas de seus oficiais e tomarem tudo que considerarem de valor'".

⁷Então Acabe convocou todas as autoridades de Israel e lhes disse: "Vejam como esse homem quer nossa desgraça! Já concordei em lhe entregar minhas esposas, meus filhos, minha prata e meu ouro".

⁸"Não ceda a nenhuma outra exigência!", aconselharam as autoridades e o povo.

⁹Portanto, Acabe respondeu aos mensageiros de Ben-Hadade: "Digam ao meu senhor, o rei: 'Eu lhe darei tudo que pediu da primeira vez, mas não posso aceitar sua última exigência'". Os mensageiros voltaram a Ben-Hadade com essa resposta.

¹⁰Então Ben-Hadade enviou a seguinte mensagem a Acabe: "Que os deuses me castiguem severamente se restar pó suficiente de Samaria para dar um punhado a cada um de meus soldados!".

¹¹O rei de Israel respondeu: "O guerreiro que se arma com sua espada para lutar não deve se vangloriar como o guerreiro que já venceu".

¹²A resposta de Acabe chegou a Ben-Hadade e aos outros reis quando bebiam em suas tendas.ᵃ "Preparem-se para atacar!", ordenou Ben-Hadade a seus oficiais. E eles se prepararam para atacar a cidade.

A vitória de Acabe sobre Ben-Hadade

¹³Enquanto isso, um profeta foi a Acabe, rei de Israel, e lhe disse: "Assim diz o Senhor: 'Está vendo esse enorme exército inimigo? Hoje eu o entregarei em suas mãos. Com isso, você saberá que eu sou o Senhor'".

¹⁴Acabe perguntou: "Por meio de quem ele fará isso acontecer?".

O profeta respondeu: "Assim diz o Senhor: 'Os soldados dos comandantes das províncias o farão'".

"Devemos atacar primeiro?", perguntou Acabe.

"Sim", respondeu o profeta.

¹⁵Então Acabe convocou os 232 soldados dos comandantes das províncias. Em seguida, reuniu o restante do exército de Israel, cerca de sete mil homens. ¹⁶Por volta do meio-dia, quando Ben-Hadade e os 32 reis aliados ainda estavam em suas tendas, bebendo até ficarem bêbados, ¹⁷o primeiro contingente, formado pelos soldados dos comandantes das províncias, saiu da cidade.

Quando eles se aproximavam, os espiões de Ben-Hadade o avisaram: "Há alguns soldados vindo de Samaria".

¹⁸Ele ordenou: "Quer tenham vindo em paz, quer para guerrear, tragam esses soldados com vida!".

¹⁹Os soldados dos comandantes das províncias de Acabe e todo o exército haviam saído para lutar. ²⁰Cada soldado israelita matou seu adversário sírio e, de repente, todo o exército sírio fugiu. Os israelitas os perseguiram, mas o rei Ben-Hadade e alguns dos cavaleiros fugiram a cavalo. ²¹O rei de Israel destruiu os outros cavalos e carros de guerra e massacrou os sírios.

²²Depois disso, o profeta disse ao rei Acabe: "Prepare-se para outro ataque. Comece a planejar desde já, pois o rei da Síria voltará na virada do ano".ᵇ

O segundo ataque de Ben-Hadade

²³Depois da derrota, os oficiais de Ben-Hadade lhe disseram: "Os deuses israelitas são deuses dos montes; por isso venceram. Mas podemos derrotá-los com facilidade nas planícies. ²⁴Desta vez, porém, substitua os reis por outros comandantes. ²⁵Reúna outro exército como o que o senhor perdeu. Dê-nos o mesmo número de cavalos e carros de guerra, e lutaremos contra os israelitas nas planícies. Certamente os derrotaremos'". O rei Ben-Hadade fez conforme aconselharam.

ᵃ **20.12** Ou *em Sucote*; também em 20.16. ᵇ **20.22** No antigo calendário lunar hebraico, o primeiro dia do ano ocorria em março ou abril.

²⁶Na virada do ano, convocou o exército sírio e marchou novamente contra Israel, dessa vez em Afeque. ²⁷Israel reuniu seu exército, organizou linhas de abastecimento e saiu para lutar. Mas, em comparação com o enorme exército sírio que cobria todo o campo, os israelitas pareciam dois pequenos rebanhos de cabras.

²⁸O homem de Deus foi ao rei de Israel e lhe disse: "Assim diz o SENHOR: 'Os sírios pensam que o SENHOR é um deus dos montes, e não das planícies. Por isso, entregarei todo o enorme exército sírio em suas mãos. Então vocês saberão que eu sou o SENHOR'".

²⁹Os dois exércitos acamparam um de frente para o outro durante sete dias e, no sétimo dia, a batalha começou. Os israelitas mataram cem mil soldados de infantaria dos sírios em um só dia. ³⁰O restante fugiu para a cidade de Afeque, mas o muro caiu sobre eles e matou mais 27 mil. Ben-Hadade fugiu para a cidade e se escondeu num quarto secreto.

³¹Os oficiais de Ben-Hadade lhe disseram: "Senhor, ouvimos que os reis de Israel são misericordiosos. Vamos nos humilhar, usar panos de saco na cintura e cordas na cabeça e nos render ao rei de Israel. Talvez ele deixe o senhor viver".

³²Então vestiram panos de saco e cordas, foram ao rei de Israel e suplicaram: "Seu servo Ben-Hadade diz: 'Peço que me deixe viver!'".

O rei de Israel respondeu: "Ele ainda está vivo? Ele é meu irmão!".

³³Os homens interpretaram isso como um bom sinal e, aproveitando essas palavras, responderam: "Sim, seu irmão Ben-Hadade!".

"Vão buscá-lo", disse o rei de Israel. E, quando Ben-Hadade chegou, Acabe o convidou para subir em sua carruagem.

³⁴Ben-Hadade lhe disse: "Devolverei as cidades que meu pai tomou de seu pai, e você poderá estabelecer centros de comércio em Damasco, como meu pai fez em Samaria".

Acabe disse: "Sob essas condições, eu o libertarei". Então os dois fizeram um acordo, e Ben-Hadade foi liberto.

Um profeta condena Acabe
³⁵Enquanto isso, o SENHOR instruiu um dos membros de um grupo de profetas a dizer a outro: "Dê um soco em mim!", mas o homem se recusou a fazê-lo. ³⁶Então o profeta lhe disse: "Como você não obedeceu à voz do SENHOR, um leão o matará assim que você sair daqui". E, quando ele partiu, um leão o atacou e o matou.

³⁷Em seguida, o profeta se dirigiu a outro homem e disse: "Dê um soco em mim!". O homem deu um soco no profeta e o feriu.

³⁸O profeta colocou uma faixa de pano sobre os olhos para se disfarçar e esperou pelo rei junto à estrada. ³⁹Quando o rei ia passando, o profeta gritou: "Eu, seu servo, estava no meio da batalha acirrada quando, de repente, alguém me trouxe um prisioneiro e disse: 'Vigie este homem. Se ele escapar, você morrerá ou pagará uma multa de 35 quilos[a] de prata!'. ⁴⁰Contudo, enquanto eu estava ocupado fazendo outra coisa, o prisioneiro desapareceu".

"A culpa é sua", respondeu o rei. "Você mesmo pronunciou sua condenação."

⁴¹Então, sem demora, o profeta tirou a faixa dos olhos, e o rei de Israel reconheceu que era um dos profetas. ⁴²O profeta lhe disse: "Assim diz o SENHOR: 'Uma vez que você poupou o

---

[a] **20.39** Em hebraico, *1 talento*.

20.39,40 A desculpa é: "Enquanto eu estava ocupado fazendo outra coisa"; que, primeiro, não é desculpa, pois um soldado não tem que ter qualquer outro negócio, senão aquele que seu comandante lhe atribui. Seu único dever era vigiar seu *prisioneiro, e o grande dever de cada homem aqui na Terra é glorificar a Deus.* "Mas não temos nenhum afazer secular?", você pergunta. Já lhe disse que você deve glorificar a Deus em seus afazeres diários, e por meio desses afazeres. Não precisará vender um metro de chita ou meio quilo de açúcar por menos, porque você busca a glória de Deus; provavelmente não precisará gastar nem cinco minutos menos em seus afazeres mundanos para servir a Deus. Consagre tudo o que fizer, fazendo-o a Ele, e então faça o quanto quiser. Pode fazer a diferença no seu modo de fazer — deveria fazer quando esse modo não é o que deveria ser; entretanto, você pode servir a Deus em seu chamado comum e através dele. A religião não interfere no trabalho, mas o santifica! Assim, estar ocupado não é desculpa para ser ímpio.

homem que eu havia ordenado que fosse destruído, você deve morrer em lugar dele, e seu povo, em lugar do povo dele'". ⁴³O rei de Israel foi para casa, em Samaria, indignado e aborrecido.

A videira de Nabote

21 Naquela época, um homem chamado Nabote, de Jezreel, possuía um vinhedo que ficava ao lado do palácio de Acabe, rei de Samaria. ²Certo dia, Acabe disse a Nabote: "Como sua videira fica tão próxima do meu palácio, quero comprá-la para fazer uma horta. Em troca, darei a você uma videira melhor, ou, se preferir, pagarei o valor em dinheiro".

³Nabote, porém, respondeu: "O Senhor me livre de lhe entregar a herança que recebi de meus antepassados!".

⁴Então Acabe foi para casa indignado e aborrecido por causa da resposta de Nabote. O rei foi deitar-se, virou o rosto e não quis comer.

⁵"Qual é o problema?", perguntou sua esposa Jezabel. "Por que você está tão aborrecido que nem quer comer?"

⁶Acabe respondeu: "Pedi a Nabote, de Jezreel, que me vendesse sua videira ou que a trocasse por outra, mas ele não quis".

⁷"Afinal, você é o rei de Israel ou não é?", disse Jezabel. "Levante-se e coma alguma coisa, e não se preocupe com isso. Conseguirei para você a videira de Nabote."

⁸Então ela escreveu cartas em nome de Acabe, selou-as com o selo do rei e as enviou para as autoridades e outros líderes da cidade onde Nabote morava. ⁹Nas cartas, ela ordenava: "Reúnam os habitantes da cidade para jejuar e coloquem Nabote num lugar onde todos possam vê-lo. ¹⁰Mandem sentar-se em frente dele dois homens de mau caráter que o acusem de amaldiçoar a Deus e o rei. Depois, levem-no para fora e matem-no por apedrejamento".

¹¹As autoridades e os outros líderes da cidade seguiram as instruções dadas por Jezabel em suas cartas. ¹²Convocaram os habitantes da cidade para um jejum e colocaram Nabote num lugar onde todos podiam vê-lo. ¹³Então dois homens de mau caráter vieram, sentaram-se de frente para ele e o acusaram diante de todo o povo, dizendo: "Ele amaldiçoou a Deus e o rei!". Em seguida, foi arrastado para fora da cidade e morto por apedrejamento. ¹⁴Os líderes da cidade mandaram avisar Jezabel: "Nabote foi apedrejado e está morto".

¹⁵Quando Jezabel ouviu a notícia, disse a Acabe: "Lembra-se da videira que Nabote se recusou a vender? Agora você pode ficar com ela. Nabote está morto". ¹⁶Acabe desceu de imediato à videira de Nabote para tomar posse dela.

¹⁷Contudo, o Senhor disse a Elias, de Tisbe: ¹⁸"Vá encontrar-se com Acabe, rei de Israel, que governa em Samaria. Ele estará na videira de Nabote, para tomar posse dela. ¹⁹Transmita-lhe esta mensagem: 'Assim diz o Senhor: Não foi suficiente para você matar Nabote? Era preciso que também roubasse a propriedade dele? Por causa do que você fez, os cães lamberão seu sangue no mesmo lugar onde lamberam o sangue de Nabote'".

²⁰"Quer dizer que você me encontrou, meu inimigo!", disse Acabe a Elias.

"Sim", respondeu Elias. "Vim porque você se vendeu para fazer o que é mau aos olhos do Senhor. ²¹Agora o Senhor diz:ᵃ 'Trarei desgraça sobre você e o exterminarei, e destruirei todos os seus descendentes do sexo masculino em Israel, tanto escravos como livres. ²²Acabarei com sua família como fiz com a família de Jeroboão, filho de Nebate, e com a família de Baasa, filho de Aías, pois você provocou minha ira e levou Israel a pecar'.

²³"E quanto a Jezabel, o Senhor diz: 'Cães devorarão o corpo de Jezabel no campoᵇ em Jezreel'.

²⁴"Os membros da família de Acabe que morrerem na cidade serão comidos pelos cães, e os que morrerem no campo serão comidos pelos abutres."

²⁵Não houve ninguém que tenha se vendido tão completamente para fazer o que é mau aos olhos do Senhor como Acabe, influenciado por sua esposa Jezabel. ²⁶Sua prática mais repugnante foi adorar ídolosᶜ como haviam feito os

---

ᵃ **21.21** Conforme a Septuaginta; o hebraico não traz *Agora o Senhor diz*. ᵇ **21.23** Conforme vários manuscritos hebraicos, a versão siríaca e a Vulgata (ver tb. 2Rs 9.26,36); a maioria dos manuscritos hebraicos traz *junto ao muro da cidade*. ᶜ **21.26** É provável que o termo hebraico (lit. *coisas redondas*) se refira a esterco.

amorreus, povo que o Senhor tinha expulsado de diante dos israelitas.

²⁷Quando Acabe ouviu essa mensagem, rasgou suas roupas, vestiu-se de pano de saco e jejuou. Passou a dormir em cima de panos de saco e a andar cabisbaixo.

²⁸Então Elias, de Tisbe, recebeu outra mensagem do Senhor: ²⁹"Vê como Acabe se humilhou diante de mim? Por isso, não trarei calamidade durante sua vida. Farei cair a calamidade sobre os filhos dele; destruirei sua dinastia".

Josafá e Acabe

22 Durante três anos, não houve guerra entre a Síria e Israel. ²No terceiro ano, porém, Josafá, rei de Judá, foi visitar o rei de Israel. ³Durante a visita, o rei de Israel disse a seus oficiais: "Não sabem que a cidade de Ramote-Gileade nos pertence? E, no entanto, não fizemos coisa alguma para retomá-la do rei da Síria!".

⁴Então se voltou para Josafá e perguntou: "Você se juntará a mim na batalha para reconquistar Ramote-Gileade?".

Josafá respondeu ao rei de Israel: "Claro que sim! Você e eu somos como um só. Meus soldados são seus soldados, e meus cavalos são seus cavalos". ⁵E acrescentou: "Antes, porém, consulte o Senhor".

⁶Então o rei de Israel convocou os profetas, cerca de quatrocentos no total, e lhes perguntou: "Devo ir à guerra contra Ramote-Gileade ou não?".

Todos eles responderam: "Sim, deve! O Senhor entregará o inimigo nas mãos do rei".

⁷Josafá, porém, perguntou: "Acaso não há aqui um profeta do Senhor? Devemos consultá-lo também".

⁸O rei de Israel respondeu a Josafá: "Há mais um homem que pode consultar o Senhor para nós, mas eu o odeio, pois nunca profetiza nada de bom a meu respeito, só coisas ruins! Chama-se Micaías, filho de Inlá".

"O rei não devia falar assim", respondeu Josafá.

⁹Então o rei de Israel chamou um de seus oficiais e disse: "Traga Micaías, filho de Inlá. Rápido!".

Micaías profetiza contra Acabe

¹⁰Vestidos com seus trajes reais, o rei de Israel e Josafá, rei de Judá, estavam sentados cada um em seu trono na eira, junto à porta de Samaria. Todos os profetas estavam profetizando diante deles. ¹¹Um dos profetas, Zedequias, filho de Quenaaná, fez chifres de ferro e declarou: "Assim diz o Senhor: 'Com estes chifres o rei ferirá os sírios até a morte!'".

¹²Todos os outros profetas concordaram, dizendo: "Sim, suba a Ramote-Gileade e seja vitorioso, pois o Senhor a entregará nas mãos do rei!".

¹³Enquanto isso, o mensageiro que foi buscar Micaías lhe disse: "Veja, todos os profetas prometem vitória para o rei. Concorde com eles e também prometa sucesso".

¹⁴Micaías, porém, respondeu: "Tão certo como vive o Senhor, direi apenas o que o Senhor ordenar".

¹⁵Quando Micaías chegou, o rei lhe perguntou: "Micaías, devemos ir à guerra contra Ramote-Gileade ou não?".

Micaías respondeu: "Sim, suba e será vitorioso, pois o Senhor a entregará nas mãos do rei!".

¹⁶Mas o rei disse: "Quantas vezes preciso exigir que diga somente a verdade quando falar em nome do Senhor?".

¹⁷Então Micaías respondeu: "Vi todo o Israel espalhado pelos montes, como ovelhas sem pastor. E o Senhor disse: 'Seu líder foi morto.ᵃ Mande-os para casa em paz'".

¹⁸O rei de Israel disse a Josafá: "Não falei? Ele nunca profetiza nada de bom a meu respeito, mas somente coisas ruins".

¹⁹Micaías prosseguiu: "Ouça o que o Senhor diz! Vi o Senhor sentado em seu trono, com todo o exército do céu ao redor, à sua direita e à sua esquerda. ²⁰E o Senhor perguntou: 'Quem enganará Acabe para que vá à guerra contra Ramote-Gileade e seja morto ali?'.

"Houve muitas sugestões, ²¹até que, por fim, um espírito se aproximou do Senhor e disse: 'Eu o enganarei!'.

²²"'De que maneira?', perguntou o Senhor.

"E o espírito respondeu: 'Sairei e porei um espírito mentiroso na boca de todos os seus profetas'.

ᵃ **22.17** Em hebraico, *Esse povo não tem senhor*.

"O Senhor disse: 'Você conseguirá enganá-lo!'. ²³"Como vê, o Senhor pôs um espírito mentiroso na boca de todos os seus profetas, pois o Senhor decretou sua desgraça".

²⁴Então Zedequias, filho de Quenaaná, se aproximou de Micaías e lhe deu uma bofetada. "Como foi que o Espírito do Senhor me deixou para falar com você?",ª perguntou ele.

²⁵Micaías respondeu: "Você descobrirá em breve, quando tentar se esconder em algum quarto secreto!".

²⁶Então o rei de Israel ordenou: "Prendam Micaías e levem-no de volta a Amom, governador da cidade, e a meu filho Joás, ²⁷com a seguinte ordem: 'Ponham este homem na prisão e deem-lhe apenas pão e água até que eu volte da batalha em segurança!'".

²⁸Micaías, porém, respondeu: "Se voltar em segurança, significará que o Senhor não falou por meu intermédio!". E acrescentou aos que estavam ao redor: "Todos vocês, prestem atenção às minhas palavras!".

A morte de Acabe

²⁹Então o rei de Israel e Josafá, rei de Judá, levaram seus exércitos para atacar Ramote-Gileade. ³⁰O rei de Israel disse a Josafá: "Quando entrarmos no combate, usarei um disfarce para que ninguém me reconheça, mas você vestirá seus trajes reais". O rei de Israel se disfarçou, e os dois foram à batalha.

³¹Enquanto isso, o rei da Síria tinha dado as seguintes ordens aos 32 comandantes dos carros de guerra: "Ataquem somente o rei de Israel. Não lutem contra ninguém mais!". ³²Quando os comandantes dos carros de guerra sírios viram Josafá em seus trajes reais, foram atrás dele. "É o rei de Israel!", disseram. Contudo, quando Josafá gritou, ³³os comandantes dos carros perceberam que não era o rei de Israel e pararam de persegui-lo.

³⁴Então um soldado sírio disparou uma flecha ao acaso e acertou o rei de Israel entre as juntas de sua armadura. "Dê a volta e tire-me daqui!", exclamou Acabe para o condutor de seu carro. "Estou gravemente ferido!".

³⁵A batalha, cada vez mais violenta, prosseguiu durante todo o dia, e o rei permaneceu em pé, apoiado em seu carro, de frente para os sírios. O sangue de seu ferimento escorria para o piso do carro e, ao entardecer, ele morreu. ³⁶Quando o sol se punha, um clamor se espalhou entre seus soldados: "Estamos perdidos! Voltem para suas casas!".

³⁷Assim, o rei morreu, e seu corpo foi levado para Samaria e sepultado ali. ³⁸Seu carro de guerra foi lavado junto ao tanque de Samaria, e os cães vieram e lamberam seu sangue no lugar onde as prostitutas se banhavam,ᵇ exatamente como o Senhor havia prometido.

³⁹Os demais acontecimentos do reinado de Acabe, e tudo que ele fez, incluindo o palácio de marfim e as cidades que construiu, estão escritos no *Livro da História dos Reis de Israel*. ⁴⁰Acabe morreu e se reuniu a seus antepassados, e seu filho Acazias foi seu sucessor.

O reinado de Josafá em Judá

⁴¹Josafá, filho de Asa, começou a reinar em Judá no quarto ano do reinado de Acabe, rei de Israel. ⁴²Josafá tinha 35 anos quando começou a reinar e reinou em Jerusalém por 25 anos. Sua mãe se chamava Azuba e era filha de Sili.

⁴³Josafá foi um bom rei, que seguiu o exemplo de seu pai, Asa, e fez o que era certo aos olhos do Senhor. ᶜContudo, não removeu todos os santuários idólatras, e o povo continuou a oferecer sacrifícios e queimar incenso neles. ⁴⁴Josafá manteve paz com o rei de Israel.

⁴⁵Os demais acontecimentos do reinado de Josafá, a extensão de seu poder e suas guerras estão registrados no *Livro da História dos Reis de Judá*. ⁴⁶Ele expulsou da terra os prostitutos cultuais dos santuários idólatras que restaram do tempo de seu pai, Asa.

⁴⁷(Naquela época, não havia rei em Edom, mas apenas um governador.)

⁴⁸Josafá construiu uma frota de navios mercantesᵈ para buscar ouro em Ofir. As embarcações, porém, nunca chegaram a navegar, pois naufragaram no porto de Eziom-Geber. ⁴⁹Certa vez, Acazias, filho de Acabe, propôs a Josafá:

ª **22.24** Ou *Por onde saiu o Espírito do Senhor para falar com você?* ᵇ **22.38** Ou *seu sangue, e as prostitutas se banharam [nele]*; ou *seu sangue, e lavaram sua armadura*. O significado do hebraico é incerto. ᶜ **22.43** No texto hebraico, os versículos 22.43b-53 são numerados 22.44-54. ᵈ **22.48** Em hebraico, *navios de Társis*.

"Deixe que meus homens naveguem com os seus", mas Josafá não aceitou a proposta.

⁵⁰Quando Josafá morreu, foi sepultado com seus antepassados na Cidade de Davi. Seu filho Jeorão foi seu sucessor.

O reinado de Acazias em Israel

⁵¹Acazias, filho de Acabe, começou a reinar em Israel no décimo sétimo ano do reinado de Josafá em Judá. Reinou em Samaria por dois anos. ⁵²Contudo, fez o que era mau aos olhos do Senhor, pois seguiu o exemplo de seu pai e sua mãe e o exemplo de Jeroboão, filho de Nebate, que levou Israel a pecar. ⁵³Serviu a Baal e o adorou, provocando a ira do Senhor, Deus de Israel, como seu pai havia feito.

2 Reis

INTRODUÇÃO

Nome. O nome é derivado dos reis cujas ações narra.

Conteúdo. Ele continua a história de Israel, onde 2 Samuel terminou, e dá o relato da morte de Davi, o reinado de Salomão, o Reino dividido e o cativeiro.

Propósito. As mudanças políticas de Israel são fornecidas para mostrar a condição religiosa. Em todos os lugares há um conflito entre fé e incredulidade, entre a adoração de Deus e o culto a Baal. Vemos reis perversos que introduziram a idolatria na nação e reis justos que fazem reformas e tentam derrubar a falsa adoração. Israel cede ao mal e é finalmente cortado, mas Judá se arrepende e é restaurado para perpetuar o reino e ser o meio pelo qual Jesus viria.

Os dois reinos. Esta é uma triste história de dissensão, guerra e derrota. Israel, ou o Reino do Norte, sempre teve ciúmes de Judá. Era, de longe, mais forte e possuía um território muito maior e mais fértil. Teve 19 reis, de Jeroboão a Oseias, cujos nomes e o número de anos que reinaram deveriam ser estudados juntos com a quantidade de Escrituras incluídas na história de cada um deles. Judá, ou o Reino do Sul, sempre foi um pouco mais fiel à verdadeira adoração. Teve 20 reis, de Roboão a Zedequias, cujas vidas, com o número de anos que reinaram e as passagens das Escrituras que descrevem cada um deles, deveriam ser tabuladas e estudadas.

O cativeiro. Está claro que o cativeiro é por causa do pecado. Deus os poupou por muito tempo. (1) Israel foi levado cativo pelo Império Assírio, cuja capital era Nínive. Isso marca o fim das tribos do Norte. (2) Judá foi capturada pelo Império Babilônico, mas após um período de 70 anos, o povo retornou à sua própria terra.

ESBOÇO

1. Os últimos dias de Elias, Caps. 1–2
2. A vida de Eliseu, Caps. 3–8
3. A dinastia de Jeú, Caps. 9–14
4. A queda de Israel, Caps. 15–17
5. O reino de Judá, Caps. 18–25

PARA ESTUDO E DISCUSSÃO

[1] Contraste o caráter de Davi com o de Salomão. Escreva as qualidades e os defeitos de cada um. Compare-os também como governantes.
[2] Contraste o caráter de Elias com o de Eliseu. Indique os aspectos de força e fraqueza em cada um. Compare a grande verdade moral e religiosa aprendida com cada um, bem como os grandes feitos realizados por eles.
[3] Considere o lugar dos profetas. Observe sua atividade nos assuntos de governo. Faça uma pesquisa nos livros de 1 e 2 Reis, liste todos os profetas que são nomeados neles e observe o caráter de sua mensagem e o rei ou nação para quem cada um falou.
[4] Faça uma lista dos reis de Israel e aprenda sobre a história de Jeroboão I, Onri, Acabe, Jeú, Jeroboão II e Oseias.
[5] Liste os reis de Judá e aprenda sobre os principais acontecimentos e o caráter geral do reinado de Roboão, Josafá, Joás, Uzias, Acaz, Ezequias, Manassés, Josias e Zedequias.
[6] A queda de Judá.
[7] O fracasso dos governos humanos: (a) a causa; (b) a manifestação e o resultado.

Elias confronta o rei Acazias

1 Depois da morte do rei Acabe, a terra de Moabe se rebelou contra Israel.

²Certo dia, Acazias caiu pela grade de um cômodo no terraço de seu palácio em Samaria e ficou gravemente ferido. Ele enviou mensageiros ao templo de Baal-Zebube, deus de Ecrom, para saber se iria se recuperar.

³O anjo do Senhor, porém, disse a Elias, de Tisbe: "Vá ao encontro dos mensageiros do rei de Samaria e diga-lhes: 'Acaso não há Deus em Israel? Por que vão consultar Baal-Zebube, o deus de Ecrom? ⁴Por isso, assim diz o Senhor: Você nunca mais se levantará da cama onde está; certamente morrerá!'". Então Elias partiu.

⁵Quando os mensageiros voltaram ao rei, ele lhes perguntou: "Por que voltaram tão depressa?".

⁶Eles responderam: "Um homem veio ao nosso encontro e nos instruiu a voltarmos ao rei e lhe darmos esta mensagem: 'Assim diz o Senhor: Acaso não há Deus em Israel? Por que enviou seus homens para consultar Baal-Zebube, o deus de Ecrom? Por isso, nunca mais se levantará da cama onde está; certamente morrerá'".

⁷"Como era o homem que lhes anunciou essa mensagem?", perguntou o rei.

⁸Eles responderam: "Vestia roupas feitas de pelos[a] e usava um cinto de couro".

"Era Elias, de Tisbe!", exclamou o rei.

⁹Em seguida, enviou um capitão de seu exército com cinquenta soldados para prender Elias. Eles o encontraram sentado no alto de um monte. O capitão lhe disse: "Homem de Deus, o rei ordena que você desça conosco".

¹⁰Elias respondeu ao capitão: "Se sou homem de Deus, que desça fogo do céu e destrua você e seus cinquenta soldados!". Então desceu fogo do céu e matou todos eles.

¹¹O rei enviou outro capitão com cinquenta soldados. O capitão disse a Elias: "Homem de Deus, o rei ordena que você desça imediatamente".

¹²Elias, porém, respondeu: "Se sou homem de Deus, que desça fogo do céu e destrua você e seus cinquenta soldados!". Novamente desceu fogo do céu e matou todos eles.

¹³Pela terceira vez, o rei enviou um capitão com cinquenta soldados. Esse capitão, porém, subiu o monte todo, ajoelhou-se diante de Elias e implorou: "Ó homem de Deus, por favor, poupe minha vida e a vida destes seus cinquenta servos. ¹⁴Sabemos que desceu fogo do céu e destruiu os outros dois capitães e seus grupos de soldados. Mas, agora, peço que poupe minha vida!".

¹⁵Então o anjo do Senhor disse a Elias: "Desça com ele e não tenha medo". Assim, Elias se levantou, desceu e foi falar com o rei.

¹⁶Elias disse ao rei: "Assim diz o Senhor: Por que enviou mensageiros para consultar Baal-Zebube, o deus de Ecrom? Acaso não há Deus em Israel? Por isso, você nunca mais se levantará da cama onde está; certamente morrerá".

¹⁷Então Acazias morreu, conforme o Senhor havia anunciado por meio de Elias. Acazias não tinha nenhum filho para reinar em seu lugar, de modo que seu irmão Jorão[b] foi seu sucessor. Isso aconteceu no segundo ano do reinado de Jeorão, filho de Josafá, rei de Judá.

¹⁸Os demais acontecimentos do reinado de Acazias e tudo que ele fez estão registrados no *Livro da História dos Reis de Israel*.

Elias é levado ao céu

2 Quando o Senhor estava para levar Elias ao céu num redemoinho, Elias e Eliseu partiram de Gilgal. ²No caminho, Elias disse a Eliseu: "Fique aqui, pois o Senhor me mandou ir a Betel".

Eliseu, porém, respondeu: "Tão certo como vive o Senhor, e tão certo como a sua própria vida, não o deixarei!". E desceram juntos a Betel.

³O grupo de profetas de Betel foi ao encontro de Eliseu e lhe perguntou: "Você sabe que o Senhor levará seu mestre hoje?".

"Sim, eu sei", respondeu Eliseu. "Mas não falem sobre isso."

⁴Então Elias disse a Eliseu: "Fique aqui, pois o Senhor me mandou ir a Jericó".

Mas Eliseu respondeu novamente: "Tão certo como vive o Senhor, e tão certo como a sua própria vida, não o deixarei". E foram juntos a Jericó.

⁵O grupo de profetas de Jericó foi ao encontro de Eliseu e lhe perguntou: "Você sabe que o Senhor levará seu mestre hoje?".

---

[a] 1.8 Ou *Era um homem peludo*. [b] 1.17 Em hebraico, *Jeorão*, variação de Jorão.

"Sim, eu sei", respondeu Eliseu. "Mas não falem sobre isso."

⁶Então Elias disse a Eliseu: "Fique aqui, pois o Senhor me mandou ir ao rio Jordão".

Mais uma vez, porém, Eliseu respondeu: "Tão certo como vive o Senhor, e tão certo como a sua própria vida, não o deixarei". E seguiram juntos pelo caminho.

⁷Cinquenta homens do grupo de profetas também foram e observaram de longe quando Elias e Eliseu pararam junto ao rio Jordão. ⁸Elias dobrou seu manto e bateu com ele nas águas. O rio se abriu, e os dois atravessaram em terra seca.

⁹Quando chegaram à outra margem, Elias disse a Eliseu: "Diga-me, o que posso fazer por você antes de ser levado embora?".

Eliseu respondeu: "Peço-lhe que eu receba uma porção dobrada do seu espírito e me torne seu sucessor".

¹⁰Elias respondeu: "O que você pediu é uma tarefa difícil, mas, se me vir quando eu for separado de você, receberá o que pediu; caso contrário, não será atendido".

¹¹De repente, enquanto caminhavam e conversavam, surgiu uma carruagem de fogo, puxada por cavalos de fogo. Passou entre os dois e os separou, e Elias foi levado para o céu num redemoinho. ¹²Eliseu viu isso e gritou: "Meu pai, meu pai! Você era como os carros de guerra de Israel e seus cavaleiros!". E, quando ele sumiu de vista, Eliseu rasgou as roupas ao meio.

¹³Em seguida, pegou o manto de Elias, que tinha caído, e voltou à margem do Jordão. ¹⁴Bateu nas águas com o manto e gritou: "Onde está o Senhor, o Deus de Elias?". Então o rio se dividiu, e Eliseu o atravessou.

¹⁵Quando os membros do grupo de profetas de Jericó viram o que havia acontecido, exclamaram: "O espírito de Elias repousa sobre Eliseu!". Então foram encontrar-se com Eliseu e se curvaram com o rosto no chão diante dele. ¹⁶Disseram: "Nós, seus servos, temos cinquenta homens corajosos que podem procurar seu mestre no deserto. Talvez o Espírito do Senhor o tenha deixado em algum monte ou em algum vale".

"Não enviem ninguém", disse Eliseu. ¹⁷Mas insistiram tanto que, por fim, constrangido, ele consentiu: "Está bem, enviem os homens". Os cinquenta homens procuraram por três dias, mas não encontraram Elias. ¹⁸Eliseu ainda estava em Jericó quando eles voltaram, e disse: "Não lhes falei que não fossem?".

Os primeiros milagres de Eliseu

¹⁹Certo dia, alguns moradores de Jericó disseram a Eliseu: "Temos um problema, meu senhor. A cidade está situada numa boa região, como o senhor pode ver. Contudo, a água não é boa, e a terra é improdutiva".

²⁰Eliseu disse: "Tragam-me uma tigela nova cheia de sal", e fizeram o que ele pediu. ²¹Eliseu foi à nascente que abastecia a cidade com água e jogou ali o sal. Disse ele: "Assim diz o Senhor: 'Purifiquei esta água. Ela não causará mais morte nem tornará a terra improdutiva'".

²²E, desde então, a água permanece pura, conforme a palavra de Eliseu.

²³Eliseu saiu dali e foi a Betel. Enquanto subia pelo caminho, um grupo de adolescentes da cidade começou a zombar dele. "Vá embora, careca! Vá embora, careca!", gritavam.

2.14 [...] Elias foi levado por um redemoinho ao Céu e, agora, Eliseu tem que ser o profeta de Israel no lugar de Elias. Um grande peso de responsabilidade caiu sobre ele. O profeta tem que fazer o que quase nenhum outro homem nascido de mulher jamais fizera antes — tem que suceder um que parece quase inimitável! Deve ser o sucessor do profeta do fogo — o servo de Deus, Elias. "Bem", você diz, "ele tem o manto de Elias". Sim, tem o seu manto e há algo nisso. [...] mas qual seria a vantagem de ter o manto de Elias, a menos que também pudesse ter o seu Deus? Embora seja chamado a tomar o manto e com ele ferir as águas, ainda sabe onde sua força deve estar, e a sua oração e o seu clamor é: "Onde está o Senhor, o Deus de Elias?". Se ele puder ter o Deus de Elias, então o manto significará alguma coisa! [...]

Bem, querido irmão, você está prestes a suceder um homem de Deus e tem o seu manto. O povo o escolheu, e deste modo você está entrando pela porta. Não entrou no ofício sem ser chamado. Você é um homem apto, sem dúvida, para ser um sucessor daquele que adormeceu, mas não fique satisfeito com a sua sucessão no ofício. Seja o que for que lhe tenha sido legado por seu antecessor, não se satisfaça apenas com isso! Acima de tudo, você precisa do Deus dele. Se tiver o seu Deus, você fará muito bem, mesmo que não tenha o seu manto.

²⁴Eliseu se voltou para trás, olhou para eles e os amaldiçoou em nome do Senhor. Então duas ursas saíram do bosque e despedaçaram 42 adolescentes. ²⁵Dali Eliseu foi para o monte Carmelo e, por fim, voltou a Samaria.

Guerra entre Israel e Moabe

3 Jorão,ᵃ filho de Acabe, começou a reinar em Israel no décimo oitavo ano do reinado de Josafá, rei de Judá. Reinou em Samaria por doze anos. ²Fez o que era mau aos olhos do Senhor, mas não tanto quanto seu pai e sua mãe. Pelo menos derrubou a coluna sagrada de Baal que seu pai havia levantado. ³Contudo, persistiu nos pecados que Jeroboão, filho de Nebate, havia cometido e levado o povo de Israel a cometer.

⁴Messa, rei de Moabe, era criador de ovelhas. Costumava pagar ao rei de Israel um tributo anual de cem mil cordeiros e a lã de cem mil carneiros. ⁵Depois da morte de Acabe, porém, o rei de Moabe se rebelou contra o rei de Israel. ⁶Então, sem demora, o rei Jorão partiu de Samaria e reuniu o exército de Israel. ⁷No caminho, enviou esta mensagem a Josafá, rei de Judá: "O rei de Moabe se rebelou contra mim. Você sairá comigo para batalhar contra ele?".

Josafá respondeu: "Claro que sim! Meus soldados são seus soldados, e meus cavalos são seus cavalos". ⁸E perguntou: "Que caminho vamos tomar?".

"Vamos atacar pelo deserto de Edom", respondeu o rei de Israel.

⁹O rei de Edom e seus soldados se uniram ao rei de Israel e ao rei de Judá, e os três exércitos seguiram pelo caminho. Depois que andaram sete dias pelo deserto, já não havia água para os homens nem para os animais.

¹⁰"O que vamos fazer?", exclamou o rei de Israel. "Será que o Senhor trouxe os três reis até aqui só para permitir que o rei de Moabe nos derrote?"

¹¹Então Josafá perguntou: "Não há aqui um profeta do Senhor? Se houver, podemos consultar o Senhor por meio dele".

Um dos oficiais do rei de Israel respondeu: "Eliseu, filho de Safate, está aqui. Ele era o ajudante de Elias".ᵇ

¹²"Sim, o Senhor fala por meio dele", disse Josafá. Então o rei de Israel, Josafá, o rei de Judá, e o rei de Edom foram consultar Eliseu.

¹³"Por que veio me procurar?",ᶜ perguntou Eliseu ao rei de Israel. "Vá consultar os profetas idólatras de seu pai e de sua mãe!"

O rei de Israel, porém, disse: "Vim procurá-lo porque foi o Senhor que chamou esses três reis só para entregá-los nas mãos do rei de Moabe!".

¹⁴Eliseu respondeu: "Tão certo como vive o Senhor dos Exércitos, a quem sirvo, eu não lhe daria atenção alguma se não fosse por respeito a Josafá, rei de Judá. ¹⁵Agora, tragam-me alguém que saiba tocar harpa".

Enquanto o músico tocava, a mão do Senhor veio sobre Eliseu, ¹⁶e ele disse: "Assim diz o Senhor: 'Este vale seco se encherá de poços de água!'. ¹⁷Pois assim diz o Senhor: 'Vocês não verão vento nem chuva, mas o vale se encherá de água. Terão o suficiente para vocês, seus rebanhos e outros animais'. ¹⁸E, como se isso não

---

ᵃ **3.1** Em hebraico, *Jeorão*, variação de Jorão; também em 3.6. ᵇ **3.11** Em hebraico, *Ele derramava água nas mãos de Elias*. ᶜ **3.13** Em hebraico, *O que tenho em comum com você?*

3.16-18 Se quisermos ter uma bênção de Deus, cada um de nós deve ter um poço pronto para recebê-la. "Bem, como terei o meu pronto?", alguém pergunta. Minha resposta é: "ter grandes desejos de receber uma bênção — isso é um poço que todos podem cavar". Irmãos e irmãs, não é verdade que alguns de vocês não querem uma bênção? Se o Senhor lhes der uma bênção incomum, dificilmente vocês o agradeceriam — *pois nunca estiveram famintos ou sedentos por ela*. Há alguns que professam que não querem ser tão completamente cristãos; ficam muito receosos de ter demais do Espírito de Deus; eles querem uma religião na altura do tornozelo; e preferem não avançar muito no fluxo do rio, para que não sejam levados pela correnteza. Seria inconveniente para tais pessoas receber muita graça. Não tenham medo, vocês não a receberão; na verdade, será uma questão de pouco tempo, se terão alguma graça ou não. Mas se um crente genuíno desejar muita graça, ele a receberá. Aumentem, pois, os seus desejos, meus irmãos e irmãs; peçam por muita semelhança ao seu Mestre, muita comunhão com o seu divino Senhor; peçam por muita fé; peçam por nítida esperança; peçam por compreensão sábia da verdade de Deus; peçam por uma sensação ardente do valor dessas verdades. "Pedirão o que quiserem, e isso lhes será concedido!" Não se privem, mas cavem poços e mais poços.

bastasse, o Senhor ainda entregará o exército de Moabe em suas mãos! ¹⁹Vocês conquistarão as melhores cidades deles, até mesmo as fortificadas. Cortarão as árvores frutíferas, taparão todas as fontes e entulharão com pedras as terras de plantio".

²⁰No dia seguinte, por volta da hora em que se oferecia o sacrifício da manhã, começou a aparecer água, descendo desde Edom, e, em pouco tempo, havia água por toda parte.

²¹Enquanto isso, o povo de Moabe soube que os três exércitos marchavam contra eles, e todos os homens com idade suficiente para lutar foram convocados e se posicionaram ao longo da fronteira. ²²Quando se levantaram na manhã seguinte, o sol brilhava sobre a água. Para os moabitas, ela parecia vermelha como sangue. ²³"É sangue!", exclamaram. "Os três exércitos atacaram uns aos outros e se mataram! Venha, povo de Moabe, vamos tomar os despojos!"

²⁴Mas, quando os moabitas chegaram ao acampamento de Israel, o exército israelita se levantou e os atacou até que deram meia-volta e fugiram. Os israelitas os perseguiram até Moabe, avançando pelo território e derrotando Moabe definitivamente.ᵃ ²⁵Arrasaram as cidades, entulharam com pedras as terras de plantio, taparam as fontes de água e cortaram as árvores frutíferas. Por fim, só restou Quir-Haresete com suas muralhas de pedra, mas atiradores com fundas a cercaram e a atacaram.

²⁶Quando o rei de Moabe percebeu que estava perdendo a batalha, liderou setecentos homens com espadas, numa tentativa de romper as linhas inimigas próximas do rei de Edom, mas fracassou. ²⁷Então o rei de Moabe pegou seu filho mais velho, que devia sucedê-lo, e o ofereceu como holocausto sobre o muro da cidade. Por isso, houve grande ira contra Israel,ᵇ e os israelitas se retiraram e voltaram para sua terra.

Eliseu ajuda uma viúva pobre

4 Certo dia, a viúva de um dos membros do grupo de profetas foi pedir ajuda a Eliseu: "Meu marido, que o servia, morreu, e o senhor sabe como ele temia o Senhor. Agora, veio um credor que ameaça levar meus dois filhos como escravos".

²"O que posso fazer para ajudá-la?", perguntou Eliseu. "Diga-me, o que você tem em casa?"

"Não tenho nada, exceto uma vasilha de azeite", respondeu ela.

³Então Eliseu disse: "Tome emprestadas muitas vasilhas de seus amigos e vizinhos, quantas conseguir. ⁴Depois, entre em casa com seus filhos e feche a porta. Derrame nas vasilhas o azeite que você tem e separe-as quando estiverem cheias".

ᵃ **3.24** O significado do hebraico é incerto. ᵇ **3.27** Ou *a ira de Israel foi grande*. O significado do hebraico é incerto.

===

4.3 Ela estava tão necessitada que não tinha nada em casa senão uma única vasilha com azeite — o que poderia fazer? Esperara por livramento, mas agora a noite da total miséria estava se aproximando, e ela não via luz alguma. Amado, tem sido assim com muitos dos provados pelo Senhor, e pode lhe ocorrer o mesmo. O Senhor não promete nos resgatar no nosso tempo, nem nos livrar da espera; em vez disso, Ele vê que é justo provar nossa fé e paciência para o nosso bem e para a Sua própria glória. Portanto, digo a você, cuja vez parece estar chegando — seja forte para esperar, e não desonre o Senhor pela incredulidade. Esperar na fé é uma esplêndida forma de adoração que, em alguns aspectos, supera a adoração dos anjos no Céu. Mas a maneira como esta mulher foi livrada provou, exercitou e fortaleceu sua fé. Ela teve que emprestar vasilhas vazias de seus vizinhos. Esse foi um procedimento estranho; as botijas de azeite vazias pareceriam ser madeira inútil na casa dela. Seus vizinhos, também, podem ter feito observações a respeito de sua conduta singular. Ela teve que fechar a porta para que nenhum olho curioso pudesse vê-la, e então, com toda a confiança em Deus, pegou sua única vasilha com azeite e começou despejando nas vasilhas vazias até que todas ficassem cheias! A incredulidade pode ter lhe dito: "Isso é um processo sem sentido! Como você pode encher essas vasilhas com o conteúdo dessa pequena botija? Há muito pouco azeite para começar, e certamente isso não pode ser suficiente para encher todas essas vasilhas emprestadas! O profeta zombou de você! Ele a está expondo a brincadeiras e zombarias de todos os seus vizinhos!". Mas sua fé, quando exercitada, era equivalente à situação crítica; ela fez o que foi ordenada a fazer! E o fez com fé, e o resultado justificou o meio. Deus cuida de livrar os Seus servos de maneira que estes exerçam a sua fé. Ele não os faria ter fé restrita, porque a fé é a riqueza da vida celestial. Deus deseja que a provação da fé seja levada a cabo até que a fé cresça forte e chegue à plena certeza.

⁵A viúva seguiu as instruções de Eliseu. Seus filhos traziam vasilhas, e ela as enchia. ⁶Logo, todas estavam cheias até a borda.

"Traga mais uma vasilha", disse ela a um dos filhos.

"Acabaram as vasilhas!", respondeu ele. E o azeite parou de correr.

⁷Quando ela contou ao homem de Deus o que havia acontecido, ele lhe disse: "Agora venda o azeite e pague suas dívidas. Você e seus filhos poderão viver do que sobrar".

Eliseu e a mulher de Suném

⁸Certo dia, Eliseu foi à cidade de Suném. Uma mulher rica que morava na cidade o convidou para fazer uma refeição em sua casa. Depois disso, sempre que ele passava por lá, parava na casa dela para comer.

⁹A mulher disse ao marido: "Sem dúvida esse homem que sempre passa por aqui é um santo homem de Deus. ¹⁰Vamos construir um quartinho para ele no terraço e mobiliá-lo com uma cama, uma mesa, uma cadeira e uma lâmpada. Assim, quando ele passar por aqui, terá um lugar para ficar".

¹¹Um dia, Eliseu voltou a Suném e subiu ao quarto para descansar. ¹²Disse a seu servo, Geazi: "Chame a sunamita". Quando ela veio, ¹³Eliseu disse a Geazi: "Diga-lhe: 'Somos gratos por sua bondade e seu cuidado conosco. O que podemos fazer por você? Podemos falar em seu favor ao rei ou ao comandante do exército?'".

"Não", respondeu ela. "Minha família cuida bem de mim".

¹⁴Mais tarde, Eliseu perguntou a Geazi: "O que podemos fazer por ela?".

Geazi respondeu: "Ela não tem filhos, e o marido é idoso".

¹⁵"Chame-a de novo", disse Eliseu. A mulher voltou e, enquanto ela estava à porta do quarto, ¹⁶Eliseu lhe disse: "Ano que vem, por esta época, você estará com um filho nos braços!".

"Não, meu senhor!", exclamou ela. "Por favor, homem de Deus, não me dê falsas esperanças."

¹⁷Mas, de fato, a mulher ficou grávida. No ano seguinte, naquela mesma época, teve um filho, como Eliseu tinha dito.

¹⁸Certo dia, quando o menino estava mais crescido, saiu para acompanhar o pai, que estava no campo com os ceifeiros. ¹⁹De repente, o menino gritou: "Ai! Que dor de cabeça!".

Seu pai disse a um dos servos: "Leve-o para casa, para a mãe dele".

²⁰O servo levou o menino para casa, e a mãe o segurou no colo. Mas, por volta do meio-dia, ele morreu. ²¹Ela o carregou para cima e o deitou na cama do homem de Deus; fechou a porta e o deixou ali. ²²Então enviou um recado para o marido: "Mande um dos servos e uma jumenta, para que eu vá depressa falar com o homem de Deus e volte em seguida".

²³"Por que hoje?", perguntou ele. "Não é a festa da lua nova nem sábado."

Ela, porém, respondeu: "Não se preocupe".

²⁴Então ela mandou selar a jumenta e disse ao servo: "Rápido! Só diminua o passo quando eu mandar". ²⁵E partiu para encontrar-se com o homem de Deus no monte Carmelo.

Quando ele a viu a distância, disse a Geazi: "Olhe! Lá vem a sunamita! ²⁶Corra ao seu encontro e pergunte: 'Está tudo bem com a senhora, com seu marido e com seu filho?'".

A mulher respondeu: "Sim, está tudo bem".

²⁷Mas, quando ela chegou ao homem de Deus no monte, abraçou os pés dele. Geazi quis afastá-la, mas o homem de Deus disse: "Deixe-a em paz. Ela está profundamente angustiada, mas o Senhor não me revelou o motivo".

²⁸Então a mulher disse: "Acaso eu lhe pedi um filho, meu senhor? Não lhe disse que não me desse falsas esperanças?".

²⁹Eliseu disse a Geazi: "Prepare-se para viajar;ᵃ pegue meu cajado e vá! Não cumprimente ninguém pelo caminho. Quando chegar, coloque o cajado sobre o rosto do menino".

³⁰Mas a mãe do menino disse: "Tão certo como vive o Senhor, e tão certo como a sua própria vida, não voltarei para casa se o senhor não for comigo". Então Eliseu voltou com ela.

³¹Geazi foi à frente e pôs o cajado sobre o rosto do menino, mas não aconteceu nada. Não havia sinal de vida. Geazi voltou para encontrar-se com Eliseu e lhe disse: "O menino ainda não despertou".

³²De fato, quando Eliseu chegou, o menino estava morto, deitado em sua cama. ³³Eliseu entrou sozinho no quarto, fechou a porta e

---

ᵃ 4.29 Em hebraico, *Cinja os lombos*.

orou ao Senhor. ³⁴Depois, deitou-se sobre o corpo do menino e colocou sua boca sobre a dele, seus olhos sobre os dele e suas mãos sobre as dele. E, enquanto se estendia sobre ele, o corpo do menino começou a se aquecer. ³⁵Eliseu se levantou, andou de um lado para o outro no quarto e, em seguida, se estendeu novamente sobre ele. Dessa vez, o menino espirrou sete vezes e abriu os olhos.

³⁶Eliseu chamou Geazi e lhe disse: "Chame a sunamita!". Quando ela entrou, Eliseu disse: "Aqui está seu filho". ³⁷Ela caiu aos pés do profeta e se curvou diante dele. Então pegou o filho e saiu.

Milagres durante o período de fome

³⁸Eliseu voltou a Gilgal, onde havia fome na terra. Certo dia, quando o grupo de profetas estava sentado diante dele, ordenou a seu servo: "Ponha no fogo uma panela grande e faça um ensopado para o resto do grupo".

³⁹Um dos profetas foi ao campo apanhar ervas. Encontrou uma trepadeira do campo e voltou trazendo frutos silvestres em sua capa. Cortou os frutos em pedaços e os colocou na panela, sem saber exatamente o que eram. ⁴⁰O ensopado foi servido aos homens, mas, assim que provaram alguns bocados, gritaram: "Homem de Deus, há veneno neste ensopado!". E não puderam comê-lo.

⁴¹Eliseu disse: "Tragam-me um pouco de farinha". Jogou a farinha na panela e disse: "Agora podem comer". E o ensopado não lhes fez mal.

⁴²Outro dia, um homem de Baal-Salisa trouxe comida para o homem de Deus, vinte pães de cevada feitos dos primeiros grãos da colheita e também grãos frescos. Eliseu disse: "Distribua entre o povo para que comam".

⁴³"Como vamos alimentar cem pessoas só com isso?", perguntou seu servo.

Mas Eliseu repetiu: "Distribua entre o povo para que comam, pois assim diz o Senhor: 'Todos comerão e ainda sobrará!'". ⁴⁴E, quando distribuíram o alimento, houve suficiente para todos e ainda sobrou, como o Senhor tinha dito.

A cura de Naamã

5 O rei da Síria tinha grande respeito por Naamã, comandante do seu exército, pois, por meio dele, o Senhor tinha dado grandes vitórias à Síria. Mas, embora Naamã fosse um guerreiro valente, sofria de lepra.[a]

²Naquela época, saqueadores sírios tinham invadido o território de Israel, e entre os cativos havia uma menina que se tornou serva da esposa de Naamã. ³Certo dia, a menina disse à sua senhora: "Como seria bom se meu senhor fosse ver o profeta em Samaria! Ele o curaria da lepra!".

⁴Naamã contou ao rei o que a menina israelita tinha dito. ⁵Então o rei da Síria lhe respondeu: "Vá visitar o profeta. Eu lhe darei uma carta de apresentação ao rei de Israel". Naamã partiu levando 350 quilos de prata, 72 quilos de ouro[b] e dez roupas de festa. ⁶A carta para o rei de Israel dizia: "Com esta carta apresento meu servo Naamã. Quero que o rei o cure da lepra".

⁷Quando o rei de Israel leu a carta, rasgou as roupas e disse: "Acaso sou Deus, capaz de dar ou de tirar a vida? Por que esse homem me pede que cure um leproso? Como vocês podem ver, ele procura um pretexto para nos atacar!".

⁸Mas, quando Eliseu, o homem de Deus, soube que o rei de Israel havia rasgado as roupas, mandou-lhe esta mensagem: "Por que o rei ficou tão aflito? Envie Naamã a mim, e ele saberá que há um profeta verdadeiro em Israel".

⁹Então Naamã foi com seus cavalos e carruagens e parou à porta da casa de Eliseu. ¹⁰Ele mandou um mensageiro dizer a Naamã: "Vá e lave-se sete vezes no rio Jordão. Sua pele será restaurada, e você ficará curado da lepra".

¹¹Naamã ficou indignado e disse: "Imaginei que ele sairia para me receber! Esperava que movesse as mãos sobre a lepra, invocasse o

---

[a] 5.1 O termo hebraico não se refere somente à hanseníase, mas também a diversas doenças de pele. [b] 5.5 Em hebraico, *10 talentos de prata, 6 mil (siclos) de ouro*.

5.11 As ideias preconcebidas sobre como deveria ser o modo de agir do Senhor são muito prejudiciais, mesmo para aqueles que creem verdadeiramente em Deus e, no entanto, essas ideias são muitas vezes toleradas. Mapeamos antecipadamente o caminho da providência e o método da Sua misericórdia, esquecendo que o caminho do Senhor está no mar, o Seu caminho nas grandes águas, e os seus passos não são conhecidos.

nome do Senhor, seu Deus, e me curasse! ¹²Não são os rios Abana e Farfar, em Damasco, melhores que qualquer rio de Israel? Será que eu não poderia me lavar em um deles e ser curado?". Naamã deu meia-volta e partiu furioso.

¹³Mas seus oficiais tentaram convencê-lo, dizendo: "Meu senhor, se o profeta lhe tivesse pedido para fazer algo muito difícil, o senhor não teria feito? Por certo o senhor deve obedecer à instrução dele, pois disse apenas: 'Vá, lave-se e será curado'". ¹⁴Assim, Naamã desceu ao Jordão e mergulhou sete vezes, conforme a instrução do homem de Deus. Sua pele ficou saudável como a de uma criança, e ele foi curado.

¹⁵Então Naamã e toda a sua comitiva voltaram para onde morava o homem de Deus. Ao chegar diante dele, Naamã disse: "Agora sei que no mundo inteiro não há Deus, senão em Israel. Por favor, aceite um presente de seu servo".

¹⁶Eliseu, porém, respondeu: "Tão certo como vive o Senhor, a quem sirvo, não aceitarei presente algum". Embora Naamã insistisse, Eliseu recusou.

¹⁷Então Naamã disse: "Está bem, mas peço que permita que este seu servo leve para casa duas mulas carregadas com a terra deste lugar. De agora em diante, nunca mais oferecerei holocaustos ou sacrifícios a qualquer outro deus, senão ao Senhor. ¹⁸Mas que o Senhor me perdoe por uma coisa: quando meu senhor, o rei, for ao templo do deus Rimom para adorar ali e se apoiar em meu braço, que o Senhor me perdoe quando eu também me curvar".

¹⁹"Vá em paz", disse Eliseu. Então Naamã partiu para casa.

A ganância de Geazi

²⁰Mas Geazi, servo de Eliseu, o homem de Deus, pensou: "Meu senhor não deveria ter deixado esse sírio, Naamã, partir sem aceitar os presentes. Tão certo como vive o Senhor, vou correr atrás dele para ver se consigo alguma coisa". ²¹E Geazi correu atrás de Naamã.

Quando Naamã viu que Geazi corria atrás dele, desceu de sua carruagem e foi ao encontro dele. "Está tudo bem?", perguntou Naamã. ²²"Sim, está tudo bem", respondeu Geazi. "Meu senhor me enviou para dizer que acabaram de chegar dois jovens profetas da região montanhosa de Efraim. Meu senhor pediu 35 quilos[a] de prata e duas roupas de festa para eles."

²³"Claro, leve setenta quilos[b] de prata", insistiu Naamã. Ele lhe deu duas roupas de festa, colocou a prata em duas sacolas e enviou dois servos para carregarem os presentes para Geazi. ²⁴Ao chegarem à colina,[c] Geazi pegou as sacolas, enviou os servos de volta e escondeu os presentes dentro de casa.

²⁵Quando entrou para ver seu senhor, Eliseu, este lhe perguntou: "Onde você esteve, Geazi?".

---

[a] 5.22 Em hebraico, *1 talento*. [b] 5.23 Em hebraico, *2 talentos*. [c] 5.24 Em hebraico, *a Ofel*.

Quando o Senhor não escolhe agir de acordo com *nossas* noções, começamos de novo e clamamos meio indignados: "Imaginei que Ele certamente faria de outra forma". [...]

"Imaginei", diz você, "mas ó, como é diferente dos meus pensamentos!" Sim, mas muito melhor do que a sua imaginação! Você descobrirá que o Senhor está fazendo abundantemente mais do que você pediu ou mesmo imaginou! Deus o está enriquecendo através de sua pobreza; Ele o está curando através de sua enfermidade, e o atraindo para mais perto de si mesmo, afastando-o da confiança na criatura. Muitas vezes falhamos em ver as graciosas respostas de Deus para a oração porque decidimos em nossa mente a forma como elas virão. Recusamos as cartas do Céu porque são enviadas em envelopes com bordas pretas; pensávamos que o nosso Senhor nos enviaria pão e carne por meio de anjos, mas, em vez disso, enviou-nos por meio de corvos! Quando vemos a mão do Senhor de maneiras inesperadas, somos capazes de dizer, meio decepcionados: "Imaginei que seria de outra forma". [...] Queridos irmãos e irmãs, livrem-se dessas previsões, porque a incredulidade cega certamente leva ao erro — a atividade de um profeta não se adéqua a muitos dos servos de Deus! Olhamos no telescópio, pois estamos curiosos para perscrutar o futuro, e tendo embaçado o vidro com ansiosa respiração, clamamos em consternação: "Não vejo nada além de nuvens e trevas diante de mim!". No entanto, nossas imagens do terrível futuro se dissolvem nas realidades da bondade ilimitada, à medida que vemos a bondade e a misericórdia nos seguindo todos os dias de nossa vida! Coramos por causa de nossa incredulidade, pois dissemos em nosso coração: "Um dia perecerei pela mão do inimigo". Que o Senhor nos livre desse cruel "Imaginei" que nos atormenta e contradiz o nosso Deus!

"Não estive em lugar algum", respondeu Geazi.

²⁶Mas Eliseu lhe disse: "Você não percebe que eu estava presente em espírito quando Naamã desceu da carruagem para encontrar-se com você? Esta definitivamente não era ocasião de receber dinheiro e roupas, oliveiras e videiras, ovelhas, gado e servos. ²⁷Por isso, você e seus descendentes sofrerão da lepra de Naamã para sempre". Quando Geazi saiu dali, seu corpo estava coberto de lepra; sua pele estava branca como a neve.

O ferro do machado

6 Certo dia, os membros do grupo de profetas disseram a Eliseu: "Como vê, este lugar onde nos reunimos é pequeno demais. ²Vamos descer ao rio Jordão, onde há muitos troncos, e construir ali um lugar para nos reunirmos".

"Está bem", disse Eliseu. "Podem ir."

³"Venha conosco", sugeriu um deles.

"Eu irei", disse ele. ⁴E foi com eles.

Quando chegaram ao Jordão, começaram a derrubar árvores. ⁵Enquanto um deles cortava um tronco, a parte de ferro do machado caiu no rio. "Ai, meu senhor!", gritou. "O machado era emprestado!"

⁶"Onde caiu?", perguntou o homem de Deus. Quando mostraram o lugar para Eliseu, ele cortou um galho e o jogou na água, e fez o ferro do machado flutuar. ⁷"Pegue-o", disse Eliseu. E o homem estendeu a mão e o pegou.

Eliseu frustra o exército da Síria

⁸Quando o rei da Síria estava em guerra contra Israel, consultava seus oficiais e dizia: "Posicionaremos nossas tropas em tal lugar".

⁹De imediato, o homem de Deus advertia o rei de Israel: "Não se aproxime de tal lugar, pois os sírios planejam posicionar suas tropas ali". ¹⁰E o rei de Israel mandava um aviso para o lugar indicado pelo homem de Deus. Várias vezes ele advertiu o rei de que ficasse alerta naqueles lugares.

¹¹Furioso com essa situação, o rei sírio reuniu seus oficiais e perguntou: "Qual de vocês anda informando o rei de Israel sobre meus planos?".

¹²"Ó meu senhor, o rei, não somos nós", respondeu um dos oficiais. "Eliseu, o profeta de Israel, revela ao rei de Israel até as palavras que o senhor diz em seus aposentos!"

¹³O rei ordenou: "Vão e descubram onde ele está, para que eu mande capturá-lo!".

Então lhe informaram: "Eliseu está em Dotã". ¹⁴Assim, certa noite, o rei da Síria mandou um grande exército com muitos carros de guerra e cavalos para cercar a cidade.

¹⁵Na manhã seguinte, o servo do homem de Deus se levantou bem cedo. Ao sair, viu que havia soldados, cavalos e carros de guerra por toda parte. "Ai, meu senhor, o que faremos agora?", exclamou o servo.

¹⁶"Não tenha medo!", disse Eliseu. "Pois do nosso lado há muitos mais que do lado deles!" ¹⁷Então Eliseu orou: "Ó Senhor, abre os olhos dele, para que veja". O Senhor abriu os olhos do servo, e ele viu as colinas ao redor de Eliseu cheias de cavalos e carruagens de fogo.

¹⁸Quando os sírios avançaram na direção de Eliseu, ele orou: "Ó Senhor, faze que fiquem cegos". E o Senhor fez que ficassem cegos, conforme Eliseu havia pedido.

¹⁹Então Eliseu saiu e lhes disse: "Vocês tomaram o caminho errado! Esta não é a cidade certa! Sigam-me, e eu os levarei até o homem que procuram". Então ele os guiou à cidade de Samaria.

6.17 A visão da fé produz no homem que a possui um estado de espírito calmo e tranquilo. O servo de Eliseu disse: "Ai, meu senhor!", mas Eliseu não disse: "Ai, meu servo!", pois não havia nada que o alarmasse. O servo disse: "O que faremos agora?", mas seu mestre nada disse sobre isso — com aqueles cavalos e carros de fogo visíveis a seus olhos, ele não tinha motivo algum para desanimar e nem razão para perguntar: "O que faremos agora?". É uma grande coisa ter a mente calma e serena, de modo a não termos explosões temperamentais e ficarmos com raiva, ou deprimidos e ansiosos, mas mantermos a paciência e a tranquilidade. Isto é ser rei entre os filhos dos homens! Quando os outros são levados para lá e para cá, como espinhos em cima da encosta, este homem permanece como o carvalho real no meio da tempestade, profundamente enraizado para ser facilmente levado. Ele é o homem que "Não teme más notícias; confia plenamente no cuidado do Senhor". Ele pode dizer, com Davi: "Meu coração está firme em ti, ó Deus; por isso te cantarei louvores com todo o meu ser".

²⁰Assim que entraram em Samaria, Eliseu orou: "Ó Senhor, agora abre os olhos deles, para que vejam". O Senhor abriu os olhos deles, e descobriram que estavam no meio de Samaria.

²¹Quando o rei de Israel os viu, perguntou a Eliseu: "Devo matá-los, meu senhor? Devo matá-los?".

²²"Claro que não!", respondeu Eliseu. "Eles não são prisioneiros que você capturou na batalha. Dê-lhes comida e bebida e mande-os de volta para casa, para o senhor deles."

²³Então o rei lhes ofereceu um grande banquete e os mandou de volta para casa, para o senhor deles. Depois disso, os invasores sírios não invadiram mais a terra de Israel.

Ben-Hadade cerca Samaria

²⁴Algum tempo depois, porém, Ben-Hadade, rei da Síria, reuniu todo o seu exército e cercou Samaria. ²⁵Como resultado, houve grande fome na cidade. O cerco durou tanto tempo que uma cabeça de jumento era vendida por 960 gramas[a] de prata, e um terço de litro de esterco de pombo, por 60 gramas[b] de prata.

²⁶Um dia, quando o rei de Israel caminhava pelos muros da cidade, uma mulher gritou para ele: "Ó meu senhor, o rei! Por favor, ajude-me!".

²⁷Ele respondeu: "Se o Senhor não a ajudar, o que poderei fazer? Não tenho alimento na eira, nem vinho na prensa de uvas". ²⁸Mas depois o rei perguntou: "Qual é o problema?".

Ela respondeu: "Esta mulher me disse: 'Vamos comer o seu filho hoje, e amanhã comeremos o meu'. ²⁹Então cozinhamos meu filho e o comemos. No dia seguinte, eu disse a ela: 'Mate seu filho para que o comamos', mas ela o havia escondido".

³⁰Quando o rei ouviu isso, rasgou as roupas. E, enquanto ele caminhava pelos muros, o povo viu que, por baixo do manto, ele usava pano de saco junto à pele. ³¹Então o rei jurou: "Que Deus me castigue severamente se eu não separar a cabeça de Eliseu de seus ombros ainda hoje!".

³²Eliseu estava sentado em sua casa com as autoridades de Israel quando o rei mandou um mensageiro até ele. Antes, porém, que o mensageiro chegasse, Eliseu disse às autoridades: "O filho do assassino enviou um homem para cortar minha cabeça. Quando o mensageiro chegar, fechem a porta e não o deixem entrar. Logo ouviremos os passos de seu senhor atrás dele".

³³Enquanto Eliseu ainda falava, o mensageiro chegou e comunicou a mensagem do rei:[c] "Toda essa desgraça vem do Senhor! Por que devo continuar a esperar no Senhor?".

7 Eliseu respondeu: "Ouçam esta mensagem do Senhor! Assim diz o Senhor: 'Amanhã a esta hora, na porta de Samaria, seis litros de farinha fina custarão apenas doze gramas[d] de prata, e doze litros de cevada também custarão apenas doze gramas de prata'".[e]

²O oficial que auxiliava o rei disse ao homem de Deus: "Ainda que o Senhor abrisse as janelas do céu, isso não poderia acontecer!".

Eliseu, porém, respondeu: "Você verá com os próprios olhos, mas não comerá coisa alguma!".

Leprosos vão ao acampamento inimigo

³Havia quatro homens com lepra[f] sentados junto à porta da cidade. "Por que ficarmos sentados aqui, esperando a morte?", perguntaram uns aos outros. ⁴"Morreremos de fome se ficarmos aqui, mas também morreremos de fome se

---

[a] 6.25a Em hebraico, *80 (siclos)*. [b] 6.25b Em hebraico, *1/4 de cabo de esterco de pombo era vendido por 5 (siclos)*. É possível que *esterco de pombo* fosse uma espécie de vegetal silvestre. [c] 6.33 Em hebraico, *e o rei disse*. [d] 7.1a Em hebraico, *1 seá de farinha fina custará 1 siclo*; também em 7.16,18. [e] 7.1b Em hebraico, *2 seás de cevada custarão 1 siclo*; também em 7.16,18. [f] 7.3 O termo hebraico não se refere somente à hanseníase, mas também a diversas doenças de pele.

7.3-7 Não é incrível que a história de quatro homens leprosos foi inserida no Livro dos Reis de Israel? Não, isso não é fora de série na Bíblia. Se você retirasse das Escrituras todas as histórias que tivessem a ver com os pobres, mulheres e homens aflitos, que livro pequeno a Bíblia se tornaria, especialmente se, com as histórias, você removesse todos os salmos dos aflitos, todas as promessas para os angustiados e todas as passagens que pertencem aos filhos do sofrimento! Este Livro, de fato, é composto por crônicas de pobres e desprezados, em sua maior parte. [...]

Está claro o suficiente que os pobres e os necessitados não são apenas observados pelo nosso grande Rei, mas que a pena do Espírito Santo tem estado

entrarmos na cidade, pois não há alimento lá. Vamos sair e nos render ao exército sírio. Se eles nos deixarem viver, melhor. Mas, se nos matarem, de qualquer maneira teríamos morrido."

⁵Ao anoitecer, partiram para o acampamento dos sírios. Quando chegaram às extremidades do acampamento, viram que não havia ninguém ali. ⁶Pois o Senhor havia feito o exército sírio ouvir o ruído de carros de guerra e o galope de cavalos e os sons de um grande exército que se aproximava. Disseram uns aos outros: "O rei de Israel contratou mercenários hititas e egípcios para nos atacarem!". ⁷Por isso, fugiram ao anoitecer, abandonando tendas, cavalos, jumentos e tudo mais, e correram para salvar a vida.

⁸Quando os leprosos chegaram às extremidades do acampamento, foram de uma tenda à outra, comendo e bebendo. Pegaram a prata, o ouro e as roupas que encontraram e esconderam tudo. ⁹Por fim, disseram uns aos outros: "Isto não está certo. Este é um dia de boas notícias e não contamos a ninguém! Se esperarmos até o amanhecer, seremos castigados. Venham! Vamos voltar e dar as notícias no palácio".

¹⁰Então voltaram à cidade e relataram aos guardas do portão o que havia acontecido. "Fomos ao acampamento sírio e não havia ninguém!", disseram eles. "Os cavalos e os jumentos estavam amarrados, e as tendas, todas armadas, mas não havia ninguém por ali." ¹¹Os guardas gritaram, anunciando a notícia no palácio.

Israel saqueia o acampamento

¹²O rei se levantou no meio da noite e disse a seus oficiais: "Vou explicar o que aconteceu. Os sírios sabem que estamos morrendo de fome, por isso deixaram o acampamento e se esconderam nos campos. Estão à nossa espera para nos capturar com vida e conquistar a cidade quando sairmos".

¹³Um de seus oficiais disse: "Seria melhor que enviássemos espiões para ver. Eles podem usar cinco dos cavalos que sobraram. Se acontecer alguma coisa com eles, não será pior que se ficarem aqui e morrerem com o restante de nós".

¹⁴Assim, prepararam dois carros de guerra com cavalos, e o rei enviou espiões para ver o que havia acontecido ao acampamento sírio. ¹⁵Foram até o rio Jordão, seguindo o rastro de roupas e equipamentos que os sírios tinham abandonado em sua fuga desesperada. Os espiões voltaram e contaram tudo ao rei. ¹⁶Então o povo correu e saqueou o acampamento sírio. E, de fato, naquele dia seis litros de farinha fina foram vendidos por apenas doze gramas de prata, e doze litros de cevada também foram vendidos por apenas doze gramas de prata, como o Senhor tinha dito. ¹⁷O rei colocou o oficial que o auxiliava para controlar o movimento à porta da cidade, mas ele foi derrubado, pisoteado e morto quando a multidão correu para fora.

Tudo aconteceu, portanto, conforme o homem de Deus tinha dito quando o rei foi à sua casa. ¹⁸O homem de Deus tinha dito ao rei: "Amanhã a esta hora, na porta de Samaria, seis litros de farinha fina custarão apenas doze gramas de prata, e doze litros de cevada também custarão apenas doze gramas de prata".

¹⁹O oficial do rei havia respondido: "Ainda que o Senhor abrisse as janelas do céu, isso não poderia acontecer!". E o homem de Deus tinha dito: "Você verá com os próprios olhos, mas não comerá coisa alguma!". ²⁰E assim aconteceu, pois ele foi pisoteado pelo povo à porta da cidade e morreu.

A mulher de Suném volta para casa

8 Eliseu tinha dito à mulher cujo filho ele havia ressuscitado: "Reúna sua família e mude-se para outro lugar, pois o Senhor proclamou sobre a terra de Israel uma fome que durará

---

muito ocupada em registrar os assuntos que a eles se referem. Vocês que são pobres e necessitados, que estão enfermos e aflitos, cujas vidas são passadas em luto, escutem esse discurso e que o Senhor console os seus corações! Em um dia futuro, quando os grandes livros de história, que, até agora, só são conhecidos do anjo que faz o registro, forem lidos por todos os homens, sua história aparecerá, e talvez seja tão memorável quanto à de Ana ou José, e Deus obterá tanta glória pelo que Ele tem feito por você como de qualquer das ações de Seu amor registradas nas inspiradas páginas.

sete anos". ²A mulher seguiu a instrução do homem de Deus. Reuniu sua família e mudou-se para a terra dos filisteus, onde ficou sete anos.

³Ao final dos sete anos, a mulher voltou da terra dos filisteus e foi ao rei para reaver sua casa e suas terras. ⁴Quando ela chegou, o rei falava com Geazi, o servo do homem de Deus. O rei havia acabado de dizer: "Conte-me alguns dos grandes feitos de Eliseu", ⁵e Geazi lhe falava sobre a ocasião em que Eliseu havia ressuscitado um menino. Naquele exato momento, a mãe do menino entrou e apresentou ao rei sua petição para reaver a casa e as terras.

"Veja, ó meu senhor, o rei!", exclamou Geazi. "Esta é a mulher, e este é o filho dela, que Eliseu ressuscitou!"

⁶"É verdade?", perguntou o rei à mulher. E ela lhe contou o que havia acontecido. Então o rei ordenou a um de seus oficiais: "Providencie que tudo seja devolvido a ela, incluindo o valor das colheitas realizadas durante o tempo em que esteve ausente".

Hazael mata Ben-Hadade

⁷Eliseu foi a Damasco, capital da Síria, onde o rei Ben-Hadade estava doente. Quando alguém disse ao rei que o homem de Deus tinha chegado, ⁸o rei disse a Hazael: "Leve um presente para o homem de Deus. Depois, peça que ele pergunte ao Senhor se vou me recuperar desta doença".

⁹Hazael levou consigo o presente, quarenta camelos carregados com os melhores produtos de Damasco. Foi vê-lo e disse: "Seu servo Ben-Hadade, rei da Síria, me enviou para perguntar se ele vai se recuperar de sua doença".

¹⁰Eliseu respondeu: "Vá e diga-lhe: 'Certamente se recuperará'. Na verdade, porém, o Senhor me mostrou que ele certamente morrerá". ¹¹Eliseu olhou fixamente para Hazael[a] até deixá-lo constrangido.[b] Então o homem de Deus começou a chorar.

¹²"Por que o senhor está chorando?", perguntou Hazael.

Eliseu respondeu: "Sei das coisas terríveis que você fará com os israelitas. Queimará as

---

[a] 8.11a Em hebraico, *Ele o olhou fixamente*. [b] 8.11b O significado do hebraico é incerto.

8.12,13 Nossa falta de entendimento da depravação de nosso próprio coração é um fato surpreendente. Hazael não acreditava que ele fosse tão mau para fazer qualquer coisa aqui antecipada. "Como é que alguém tão sem importância como eu poderia fazer coisas tão grandes?" Ele pode ter tido consciência de que seu coração não era tão puro, mas poderia consentir em fazer muitas coisas más, ainda que pensasse ser incapaz de cometer crimes tão flagrantes quanto o que o profeta havia predito. Ele não podia acreditar que tal crueldade deliberada espreitasse em seu peito, ou que tal barbaridade em relação a mulheres e crianças pudesse ser perpetrada com sua sanção. Talvez, a ambição que aspirava ao trono da Síria, ou a traição que emitiu no assassinato de seu mestre não estivessem plenamente maduras. Ah, meus irmãos e irmãs, a falta de entendimento de Hazael é nossa em maior ou menor grau! Em nosso estado natural, somos alheios à depravação de nosso próprio coração. Como é comum ouvirmos os homens negarem que o seu coração é depravado! Dizem-nos que, embora *o homem esteja um pouco prejudicado pela Queda*, ele ainda é uma criatura nobre! Seus instintos altos e gloriosos fazem reparações, eles nos persuadiriam, a seus baixos e mendicantes vícios. [...] Ignorávamos, portanto, o fato de que nossa natureza era totalmente corrupta. Não sabíamos que era essencialmente manchada de iniquidade. Não poderíamos ter endossado essa palavra do apóstolo: "Pois a mentalidade da natureza humana é sempre inimiga de Deus. Nunca obedeceu às leis de Deus, e nunca obedecerá". [...]

Sim, mas, meus irmãos e irmãs, fomos, em grande medida, curados dessa ignorância quando o Espírito de Deus nos trouxe convicção. [...] Fomos levados, sob convicção de pecado, a suspirar e desejar que tivéssemos sido criados víbora, ou algum réptil que os homens pisariam e esmagariam, em vez de sermos os pecadores tão ordinários vis e merecedores do inferno, como nos percebemos. Nenhum discurso, portanto, sobre a dignidade humana poderia ter nos agradado — seria como esfregar sal em nossas feridas, ser-nos dito que o homem era, por nascimento, uma criatura pura e nobre! Em vão, eles tentariam nos persuadir, então, que embora sejamos um pouco tortuosos, a busca diligente de algum plano ou prescrição ortodoxa poderia facilmente nos restaurar e nos elevar da posição em que fomos lançados por Adão e por nosso pecado. Não! Sentimos que a Graça Divina pode nos renovar — que deve haver uma obra sobrenatural realizada em seres como nós — ou então, certamente, nunca seríamos capazes de ficar diante da face de Deus e vê-lo com alegria e saudá-lo com aceitação.

cidades fortificadas, matará os jovens à espada, esmagará as criancinhas e rasgará o ventre das mulheres grávidas!".

¹³Hazael disse: "Como é que alguém tão sem importância[a] como eu poderia fazer coisas tão grandes?".

Eliseu respondeu: "O Senhor me mostrou que você será rei da Síria".

¹⁴Hazael se despediu de Eliseu e, quando voltou, o rei lhe perguntou: "O que Eliseu lhe disse?".

Hazael respondeu: "Disse que o senhor certamente se recuperará".

¹⁵Mas, no dia seguinte, Hazael pegou uma coberta, encharcou-a em água e a segurou sobre o rosto do rei, até que morresse. E Hazael foi seu sucessor na Síria.

Jeorão reina em Judá

¹⁶No quinto ano de Jorão, filho de Acabe, rei de Israel, enquanto Josafá ainda reinava em Judá, Jeorão, filho de Josafá, começou a reinar em Judá. ¹⁷Jeorão tinha 32 anos quando começou a reinar, e reinou em Jerusalém por oito anos. ¹⁸Seguiu o exemplo dos reis de Israel e foi tão perverso quanto a família do rei Acabe, pois se casou com uma das filhas de Acabe. Jeorão fez o que era mau aos olhos do Senhor. ¹⁹Mas o Senhor não quis destruir Judá, pois havia prometido a seu servo Davi que os descendentes dele continuariam a brilhar como uma lâmpada para sempre.

²⁰Durante o reinado de Jeorão, os edomitas se rebelaram contra Judá e proclamaram seu próprio rei. ²¹Então Jeorão[b] saiu com todos os seus carros de guerra para atacar a cidade de Zair.[c] Os edomitas cercaram o rei e os comandantes de seus carros, mas ele saiu à noite e os atacou.[d] Contudo, o exército de Jeorão desertou e voltou para casa. ²²Até hoje, portanto, Edom é independente de Judá. A cidade de Libna também se rebelou nessa ocasião.

²³Os demais acontecimentos do reinado de Jeorão e tudo que ele fez estão registrados no *Livro da História dos Reis de Judá*. ²⁴Quando Jeorão morreu, foi sepultado com seus antepassados na Cidade de Davi. Seu filho Acazias foi seu sucessor.

Acazias reina em Judá

²⁵Acazias, filho de Jeorão, começou a reinar em Judá no décimo segundo ano do reinado de Jorão, filho de Acabe, rei de Israel.

²⁶Acazias tinha 22 anos quando começou a reinar, e reinou em Jerusalém por um ano. Sua mãe era Atalia, neta de Onri, rei de Israel. ²⁷Acazias seguiu o exemplo da família do rei Acabe. Fez o que era mau aos olhos do Senhor, como a família de Acabe, pois se casou com uma mulher dessa família.

²⁸Acazias se uniu a Jorão, filho de Acabe, na guerra contra Hazael, rei da Síria, em Ramote-Gileade. Quando os sírios feriram o rei Jorão na batalha, ²⁹ele voltou a Jezreel para se recuperar dos ferimentos sofridos em Ramote.[e] Acazias, filho de Jeorão, rei de Judá, foi visitar Jorão, filho de Acabe, em Jezreel, pois ele ainda se recuperava de seus ferimentos.

Jeú é ungido rei de Israel

9 Enquanto isso, o profeta Eliseu chamou um membro do grupo de profetas e lhe disse: "Prepare-se para viajar[f] e leve esta vasilha de óleo. Vá a Ramote-Gileade ²e procure Jeú, filho de Josafá, filho de Ninsi. Chame-o a uma sala à parte, longe de seus companheiros, ³e derrame o óleo sobre a cabeça dele. Diga-lhe: 'Assim diz o Senhor: Eu o ungi rei de Israel'. Depois, abra a porta e saia correndo".

⁴O jovem profeta fez o que Eliseu ordenou e foi a Ramote-Gileade. ⁵Quando chegou lá, encontrou Jeú sentado com outros oficiais do exército. "Comandante, tenho uma mensagem para o senhor", disse o profeta.

"Para qual de nós?", perguntou Jeú.

"Para o senhor, comandante", respondeu ele.

⁶Jeú se levantou e entrou na casa. O jovem profeta derramou o óleo sobre a cabeça de Jeú e disse: "Assim diz o Senhor, o Deus de Israel: 'Eu o ungi rei de Israel, o povo do Senhor. ⁷Destrua a família de Acabe, seu senhor. Desse modo, vingarei o assassinato de meus profetas e de todos os servos do Senhor mortos por Jezabel. ⁸Toda a família de Acabe deve ser exterminada.

---

[a] **8.13** Em hebraico, *um cão*. [b] **8.21a** Em hebraico, *Jorão*, variação de Jeorão; também em 8.23,24. [c] **8.21b** A Septuaginta traz *Seir*. [d] **8.21c** Ou *ele saiu e escapou*. O significado do hebraico é incerto. [e] **8.29** Em hebraico, *Ramá*, variação de Ramote. [f] **9.1** Em hebraico, *Cinja os lombos*.

Destruirei todos os seus descendentes do sexo masculino em Israel, tanto escravos como livres. ⁹Destruirei a família de Acabe como destruí as famílias de Jeroboão, filho de Nebate, e de Baasa, filho de Aías. ¹⁰Cães comerão Jezabel no campo em Jezreel, e ninguém a sepultará'". Então o jovem profeta abriu a porta e saiu correndo.

¹¹Jeú voltou aos outros oficiais do rei, e um deles lhe perguntou: "O que esse louco queria? Está tudo bem?".

"Vocês conhecem gente desse tipo e as coisas que eles dizem", respondeu Jeú.

¹²"Você está escondendo algo", disseram. "Conte-nos o que ele disse."

Então Jeú lhes contou: "Ele me disse: 'Assim diz o Senhor: Eu o ungi rei de Israel'".

¹³No mesmo instante, eles estenderam suas capas sobre os degraus para Jeú passar, tocaram a trombeta e gritaram: "Jeú é rei!".

Jeú mata Jorão e Acazias

¹⁴Assim, Jeú, filho de Josafá, filho de Ninsi, liderou uma conspiração contra o rei Jorão. (O rei Jorão havia estado com o exército em Ramote-Gileade, onde defendeu Israel do exército de Hazael, rei da Síria. ¹⁵Contudo, o rei Jorão[a] tinha sido ferido na batalha e voltou a Jezreel para se recuperar dos ferimentos causados pelos sírios.) Jeú disse aos homens que estavam com ele: "Se querem que eu seja rei, não deixem que ninguém saia da cidade e vá a Jezreel contar o que fizemos".

¹⁶Em seguida, Jeú subiu numa carruagem e foi a Jezreel, onde o rei Jorão se recuperava de seus ferimentos. Acazias, rei de Judá, também estava ali, pois tinha ido visitar Jorão. ¹⁷Quando a sentinela na torre de Jezreel viu Jeú e sua tropa se aproximarem, gritou: "Uma tropa se aproxima!".

O rei Jorão ordenou: "Envie um cavaleiro para perguntar se eles vêm em paz".

¹⁸O cavaleiro foi ao encontro de Jeú e disse: "O rei quer saber se vocês vêm em paz".

Jeú respondeu: "O que lhe interessa a paz? Junte-se a nós!".

A sentinela informou: "O mensageiro se encontrou com eles, mas não está voltando!".

¹⁹Então o rei enviou outro cavaleiro. Ele foi ao encontro deles e disse: "O rei quer saber se vocês vêm em paz".

Jeú respondeu novamente: "O que lhe interessa a paz? Junte-se a nós!".

²⁰A sentinela exclamou: "O mensageiro se encontrou com eles, mas também não está voltando! Deve ser Jeú, filho de Ninsi, pois conduz seu carro de guerra como um louco!".

²¹"Rápido! Prepare meu carro de guerra!", ordenou o rei Jorão.

Jorão, rei de Israel, e Acazias, rei de Judá, cada um em seu carro, saíram ao encontro de Jeú e o acharam no campo de Nabote, em Jezreel. ²²O rei Jorão perguntou: "Você vem em paz, Jeú?".

Jeú respondeu: "Como pode haver paz enquanto estamos cercados da idolatria e da feitiçaria de sua mãe, Jezabel?".

²³Então o rei Jorão deu meia-volta com seus cavalos e fugiu, gritando para o rei Acazias: "Traição, Acazias!". ²⁴Jeú disparou seu arco com toda a força e atingiu Jorão entre os ombros. A flecha atravessou seu coração, e ele caiu morto dentro do carro de guerra.

²⁵Jeú disse a Bidcar, seu oficial: "Jogue-o no campo que pertencia a Nabote de Jezreel. Lembra-se de quando você e eu acompanhávamos a cavalo o pai dele, Acabe? O Senhor pronunciou esta mensagem contra ele: ²⁶'Assim diz o Senhor: Ontem vi o assassinato de Nabote e seus filhos. Juro solenemente que o farei pagar por ele neste campo'. Portanto, jogue-o na propriedade de Nabote, como o Senhor disse".

²⁷Quando Acazias, rei de Judá, viu o que estava acontecendo, fugiu pela estrada para Bete-Hagã. Jeú foi atrás dele, gritando: "Atirem nele também!". E atingiram Acazias[b] em seu carro de guerra, na subida para Gur, perto de Ibleã. Ele conseguiu ir até Megido, mas morreu ali. ²⁸Os servos de Acazias levaram seu corpo no carro de guerra para Jerusalém, onde o sepultaram com seus antepassados na Cidade de Davi. ²⁹Acazias havia começado a reinar em Judá no décimo primeiro ano do reinado de Jorão, filho de Acabe.

[a] **9.15** Em hebraico, *Jeorão*, variação de Jorão; também em 9.17,21,22,23,24. [b] **9.27** Conforme a Septuaginta e a versão siríaca; o hebraico não traz *E atingiram Acazias*.

A morte de Jezabel

³⁰Quando Jezabel soube que Jeú tinha chegado a Jezreel, pintou os olhos, arrumou os cabelos e sentou-se em frente a uma janela. ³¹Quando Jeú entrou pela porta do palácio, ela gritou para ele: "Veio em paz, assassino? Você é como Zinri, que matou seu senhor!"ᵃ.

³²Jeú olhou para cima, viu Jezabel na janela e gritou: "Quem está do meu lado?". Dois ou três eunucos olharam para ele. ³³"Joguem-na para baixo!", ordenou Jeú. Eles a jogaram pela janela, e o sangue espirrou na parede e nos cavalos. E Jeú atropelou o corpo com as patas de seus cavalos.

³⁴Em seguida, Jeú entrou no palácio, comeu e bebeu. Depois, disse: "Alguém vá sepultar aquela maldita mulher, pois era filha de rei". ³⁵Mas, quando foram sepultá-la, só encontraram o crânio, os pés e as mãos.

³⁶Quando voltaram e contaram a Jeú, ele disse: "Isso cumpre a mensagem do Senhor, anunciada por meio de seu servo Elias, de Tisbe: 'Cães devorarão o corpo de Jezabel no campo em Jezreel. ³⁷Seus restos serão espalhados como esterco no campo, de modo que ninguém será capaz de reconhecê-la'".

Jeú mata a família de Acabe

10 Acabe tinha setenta filhos que moravam na cidade de Samaria. Jeú escreveu uma carta às autoridades e aos oficiais da cidadeᵇ e aos guardiões dos filhos do rei Acabe, em que dizia: ²"Os filhos do rei estão sob seus cuidados, e vocês têm carros de guerra, cavalos, uma cidade fortificada e armas. Assim que receberem esta carta, ³escolham para ser rei o melhor e mais capaz dos filhos de seu senhor e preparem-se para lutar pela dinastia de Acabe".

⁴Eles ficaram apavorados e disseram: "Dois reis não foram capazes de enfrentar esse homem! O que podemos fazer?".

⁵Então os administradores do palácio e da cidade, juntamente com as autoridades e os guardiões dos filhos do rei, enviaram esta mensagem a Jeú: "Somos seus servos e faremos o que o senhor ordenar. Não proclamaremos nenhum rei; faça o que lhe parecer melhor".

⁶Jeú respondeu com outra carta: "Se estão do meu lado e vão me obedecer, tragam-me as cabeças dos filhos de seu senhor a Jezreel, amanhã a esta hora". Os setenta filhos de Acabe estavam sob os cuidados dos líderes de Samaria, onde haviam sido criados desde a infância. ⁷Quando a carta chegou, os líderes mataram os setenta filhos do rei. Colocaram as cabeças em cestos e as entregaram a Jeú, em Jezreel.

⁸Um mensageiro foi a Jeú e disse: "Eles trouxeram as cabeças dos filhos do rei".

Então Jeú ordenou: "Façam com elas dois montões junto ao portão de entrada da cidade e deixem que fiquem lá até amanhã cedo". ⁹Na manhã seguinte, ele saiu e se dirigiu à multidão que havia se reunido ali. "Vocês não têm culpa", disse ele. "Eu conspirei contra meu senhor e o matei. Mas quem matou todos estes? ¹⁰Podem ter certeza de que a mensagem do Senhor a respeito da família de Acabe se cumprirá. O Senhor declarou por meio de seu servo Elias que isso aconteceria." ¹¹Então Jeú matou todos os parentes de Acabe que restavam em Jezreel e todos os seus oficiais mais importantes, seus amigos pessoais e seus sacerdotes. Nenhum descendente de Acabe sobreviveu.

¹²Depois, Jeú partiu para Samaria. No caminho, em Bete-Equede dos Pastores, ¹³encontrou alguns parentes de Acazias, rei de Judá. "Quem são vocês?", perguntou.

Eles responderam: "Somos parentes do rei Acazias. Vamos visitar a família do rei Acabe e da rainha-mãe".

¹⁴"Prendam-nos vivos!", ordenou Jeú a seus homens. Eles os capturaram, 42 pessoas ao todo, e os mataram junto ao poço de Bete-Equede. Nenhum deles escapou.

¹⁵Quando Jeú partiu dali, encontrou Jonadabe, filho de Recabe, que vinha falar com ele. Depois de cumprimentá-lo, Jeú lhe disse: "Você é leal a mim como sou a você?".

"Sim, eu sou", respondeu Jonadabe.

"Então dê-me sua mão", disse Jeú. Jonadabe estendeu a mão, e Jeú o ajudou a subir à carruagem. ¹⁶E lhe disse: "Venha comigo, e você verá a minha dedicação ao Senhor". Jonadabe foi com ele.

ᵃ 9.31 Ver 1Rs 16.9-10. ᵇ 10.1 Conforme alguns manuscritos gregos e a Vulgata (ver tb. 10.6); o hebraico traz *de Jezreel*.

¹⁷Quando Jeú chegou a Samaria, matou todos que restavam ali da família de Acabe, como o Senhor havia anunciado por meio de Elias.

Jeú mata os sacerdotes de Baal

¹⁸Jeú reuniu todo o povo da cidade e lhes disse: "A adoração de Acabe a Baal não foi nada comparado ao modo como eu o adorarei! ¹⁹Portanto, convoquem todos os profetas e adoradores de Baal e reúnam todos os seus sacerdotes. Todos devem vir, pois vou oferecer um grande sacrifício a Baal. Quem não comparecer será morto". O plano astuto de Jeú, porém, era destruir todos os adoradores de Baal.

²⁰Então Jeú ordenou: "Preparem uma reunião solene para prestar culto a Baal!". A convocação foi feita, ²¹e ele enviou mensageiros por todo o Israel. Todos os adoradores de Baal vieram, e ninguém faltou. Encheram o templo de Baal de uma extremidade à outra. ²²Jeú instruiu o responsável pela sala de vestimentas: "Todos os adoradores de Baal devem usar estas roupas". E as roupas foram distribuídas.

²³Em seguida, Jeú entrou no templo de Baal com Jonadabe, filho de Recabe. Disse aos adoradores de Baal: "Certifiquem-se de que ninguém que adora o Senhor esteja aqui, mas somente aqueles que adoram Baal". ²⁴Estavam todos dentro do templo para oferecer sacrifícios e holocaustos. Jeú havia colocado oitenta homens do lado de fora do edifício e os avisado: "Se deixarem alguém escapar, pagarão com a própria vida".

²⁵Assim que Jeú terminou de oferecer o holocausto, deu ordem a seus guardas e oficiais: "Entrem e matem todos. Não deixem ninguém escapar!". Os guardas e os oficiais mataram todos e arrastaram os corpos para fora.ᵃ Então os homens de Jeú entraram na câmara mais interna do templo de Baal. ²⁶Levaram para fora a coluna sagrada usada no culto a Baal e a jogaram no fogo. ²⁷Despedaçaram a coluna sagrada, demoliram o templo de Baal e o transformaram em banheiros públicos, como é até hoje.

²⁸Desse modo, Jeú destruiu todos os vestígios do culto a Baal em Israel. ²⁹Contudo, não destruiu os bezerros de ouro em Betel e Dã com os quais Jeroboão, filho de Nebate, havia levado Israel a pecar.

³⁰Ainda assim, o Senhor disse a Jeú: "Você fez bem em seguir minhas instruções e destruir a família de Acabe. Por isso, seus descendentes serão reis de Israel até a quarta geração". ³¹Mas Jeú não obedeceu de todo o coração à lei do Senhor, o Deus de Israel. Não se afastou dos pecados que Jeroboão havia levado Israel a cometer.

A morte de Jeú

³²Naquele tempo, o Senhor começou a reduzir o território de Israel. O rei Hazael conquistou várias regiões do reino ³³a leste do rio Jordão,

---

ᵃ **10.25** Ou *e deixaram os corpos estendidos ali*, ou *e lançaram os corpos no pátio mais externo*.

10.31 Jeú não teve cuidado de quê? Ele teve grande cuidado de matar a família de Acabe; foi grandemente cuidadoso em destruir totalmente os adoradores de Baal; mas não teve cuidado de andar na Lei do Senhor Deus de Israel de todo o seu coração. Este é o ponto em que muitos daqueles ardorosos professores mostram a ausência da imprescindível piedade, porque não exercem qualquer tipo de santa ponderação e não demonstram qualquer anseio de andar na Lei do Senhor seu Deus de todo o seu coração; coisa que estariam muito *desejosos de fazer se fossem salvos*. [...] Muitos professores jamais se deram uma hora de estudo das Escrituras com o sério desejo de verificar o caminho de Deus para a salvação e o governo de Deus para o comportamento de um crente na igreja e no mundo. Hoje em dia, multidões de chamados "cristãos" não leem suas Bíblias. Não difamo a cristandade moderna, mas estou convencido de que multidões de professores tratam o Livro de Deus com negligência muito perversa; pois frequentemente nos deparamos com erros tão absurdos que nenhum estudante habitual da Palavra de Deus poderia ter caído neles. Muitos de vocês adotam a sua religião como sendo de segunda mão; tomam-na por empréstimo do pregador; copiam-na de suas avós; seguem costumes como seu guia, e não a voz de Deus; vocês não buscam o Livro do Senhor para descobrir se essas coisas são assim ou não. Assim, grandes multidões andam errantes como Jeú, supondo que estão certos; o pensamento desconfortável, mas muito prudente de que talvez tudo esteja errado nunca lhes ocorreu, e recorrer à "lei do Senhor" lhes parece completamente supérfluo.

incluindo toda a terra de Gileade, de Gade, de Rúben e de Manassés. Conquistou a região desde a cidade de Aroer, perto do vale do Arnom, até Gileade e Basã, ao norte.

³⁴Os demais acontecimentos do reinado de Jeú, tudo que ele fez e a extensão de seu poder, estão registrados no *Livro da História dos Reis de Israel*.

³⁵Quando Jeú morreu e se reuniu a seus antepassados, foi sepultado em Samaria. Seu filho Jeoacaz foi seu sucessor. ³⁶Ao todo, Jeú reinou por 28 anos sobre Israel em Samaria.

A rainha Atalia reina em Judá

11 Quando Atalia, mãe de Acazias, rei de Judá, soube que seu filho estava morto, começou a exterminar o restante da família real. ²Mas Jeoseba, filha do rei Jeorãoᵃ e irmã de Acazias, pegou Joás, o filho ainda pequeno de Acazias, dentre os outros filhos do rei que estavam para ser mortos, e o colocou com sua ama num quarto para escondê-los de Atalia. Assim, a criança não foi morta. ³Joás ficou escondido no templo do Senhor durante seis anos, enquanto Atalia governava o país.

Rebelião contra Atalia

⁴No sétimo ano do reinado de Atalia, o sacerdote Joiada mandou chamar ao templo do Senhor os comandantes dos mercenários cários e dos guardas do palácio. Firmou com eles um pacto solene e os fez jurar lealdade ali, no templo do Senhor; então lhes mostrou o filho do rei.

⁵Disse-lhes: "Vocês devem fazer o seguinte: Uma terça parte dos que entrarem em serviço no sábado ficará de guarda no palácio real. ⁶Outra terça parte ficará de guarda na porta de Sur. E a última terça parte ficará na porta atrás dos outros guardas do palácio. Esses três grupos vigiarão o palácio. ⁷As outras duas companhias, que não estiverem em serviço no sábado, guardarão o rei no templo do Senhor. ⁸Posicionem-se em volta do rei, de armas na mão. Matem qualquer pessoa que tentar romper a defesa. Permaneçam com o rei aonde ele for".

⁹Os comandantes fizeram tudo que o sacerdote Joiada ordenou. Cada um levou seus oficiais ao sacerdote Joiada, tanto os que iam entrar em serviço naquele sábado como os que iam sair. ¹⁰O sacerdote lhes forneceu lanças e escudos que haviam pertencido ao rei Davi e que estavam guardados no templo do Senhor. ¹¹Os guardas do palácio se posicionaram em volta do rei, de armas na mão. Formaram uma fileira desde o lado sul do templo até o lado norte e ao redor do altar.

ᵃ 11.2 Em hebraico, *Jorão*, variação de Jeorão.

11.10 Quando Davi lutou com um adversário e o venceu, tirou a armadura e as armas dele, e como outros heróis vitoriosos provavelmente fariam, levou os troféus da batalha para casa como lembranças de suas proezas. Estes foram colocados na casa do Senhor. Quem sabe Davi, ao mesmo tempo, dedicou da mesma forma o escudo e a espada que ele próprio usou na batalha. Depois de Salomão ter construído o Templo do Senhor, esses troféus, que parecem ter sido muito numerosos, foram lá pendurados. Assim eles adornaram as paredes, pois ilustravam o valor dos nobres ancestrais. E também serviam para incitar a emulação, não duvido, no peito dos filhos fiéis.

Nós também somos guerreiros. Todo cristão genuíno tem que lutar; cada centímetro do caminho entre aqui e o Céu devemos lutar; até agora, cada passo de nossa peregrinação tem sido um prolongado conflito. Às vezes, temos vitórias, um prenúncio daquela vitória final, aquele triunfo perfeito que devemos desfrutar com o nosso Grande Capitão para sempre. Quando temos essas vitórias, devemos ter cuidado especial de que de toda boa consciência coloquemos os troféus na casa do *Senhor*; a razão para isso está aqui: é ao Senhor que devemos qualquer sucesso que já obtivemos! Fomos derrotados quando nos empenhamos em nossa própria força; mas quando fomos vitoriosos, sempre foi porque a força do Senhor foi manifesta para o nosso livramento. Você nunca lutou contra um pecado, contra uma tentação, ou contra uma dúvida e foi bem-sucedido, exceto pela ajuda do Espírito; jamais ganhou uma alma para Jesus; nunca falou uma palavra de valor que repeliu um erro; jamais fez uma ação empreendedora que realmente contou para o sucesso do reino, mas Deus estava em tudo — praticamente, não, *realmente,* o capacitando! E Ele fez isso por Sua própria boa vontade; o que é senão uma simples questão de justiça que Ele, que operou a maravilha, deveria ter a honra disso? [...] Como antes da luta em Seu nome, erguemos nossa bandeira, então, depois da luta em Seu nome, novamente, colocamos a bandeira conquistadora para tremular ao vento! "Toda a glória seja Àquele que conquistou a vitória".

¹²Então Joiada trouxe Joás, o filho do rei, para fora, pôs a coroa em sua cabeça e lhe entregou uma cópia da lei.ª Depois, ungiram Joás e o proclamaram rei, e todos bateram palmas e gritaram: "Viva o rei!".

A morte de Atalia

¹³Quando Atalia ouviu o barulho dos guardas e do povo, foi para o templo do Senhor, onde o povo estava reunido. ¹⁴Ao chegar, viu o rei em pé, no lugar de honra junto à coluna, como era costume durante as coroações. Estava rodeado pelos comandantes e tocadores de trombeta, e gente de toda a terra se alegrava e tocava trombetas. Quando Atalia viu tudo isso, rasgou suas roupas e gritou: "Traição! Traição!".

¹⁵Então o sacerdote Joiada ordenou aos comandantes encarregados das tropas: "Levem-na aos soldados que estão na frente do temploᵇ e matem qualquer pessoa que a seguir". Pois o sacerdote tinha dito: "Ela não deve ser morta dentro do templo do Senhor". ¹⁶Eles a prenderam e a levaram à porta por onde os cavalos entram no palácio, e ela foi morta ali.

As reformas religiosas de Joiada

¹⁷Joiada fez uma aliança entre o Senhor, o rei e o povo, estabelecendo que eles seriam o povo do Senhor. Também firmou uma aliança entre o rei e o povo. ¹⁸Todo o povo foi ao templo de Baal e o derrubou. Demoliram os altares, despedaçaram os ídolos e executaram Matã, sacerdote de Baal, em frente aos altares.

O sacerdote Joiada pôs guardas no templo do Senhor. ¹⁹Em seguida, os comandantes dos mercenários cários e todo o povo escoltaram o rei para fora do templo do Senhor. Passaram pela porta da guarda e entraram no palácio, onde o rei se sentou no trono real. ²⁰Todo o povo do reino se alegrou e a cidade ficou em paz, pois Atalia tinha sido morta no palácio real.

²¹ᶜJoásᵈ tinha 7 anos quando começou a reinar.

Joás faz reparos no templo

12 ¹ᵉJoásᶠ começou a reinar em Judá no sétimo ano do reinado de Jeú, rei de Israel. Reinou em Jerusalém por quarenta anos. Sua mãe se chamava Zíbia e era de Berseba. ²Durante toda a vida, Joás fez o que era certo aos olhos do Senhor, como o sacerdote Joiada o orientava. ³Mesmo assim, não destruiu os santuários idólatras, e o povo continuou a oferecer sacrifícios e a queimar incenso nesses lugares.

⁴Certo dia, o rei Joás disse aos sacerdotes: "Juntem toda a prata trazida como oferta sagrada ao templo do Senhor, tanto o imposto do censo e os pagamentos de votos como as ofertas voluntárias. ⁵Cada sacerdote deve recolher a prata com um dos tesoureiros e usá-la para fazer os reparos necessários no templo".

⁶Contudo, no vigésimo terceiro ano do reinado de Joás, os sacerdotes ainda não haviam feito os reparos no templo. ⁷Então o rei Joás chamou Joiada e os outros sacerdotes e lhes perguntou: "Por que ainda não fizeram os reparos no templo? Não recebam mais a prata dos tesoureiros, exceto a que for usada para reparar o templo". ⁸Os sacerdotes concordaram em não aceitar mais a prata do povo e em deixar que outros assumissem a responsabilidade de fazer os reparos no templo.

⁹O sacerdote Joiada fez uma abertura na tampa de uma caixa grande e a colocou do lado direito do altar, na entrada do templo do Senhor. Os sacerdotes que guardavam a entrada colocavam na caixa todas as contribuições do povo. ¹⁰Sempre que a caixa ficava cheia, o secretário da corte e o sumo sacerdote pesavam a prata trazida ao templo do Senhor e a colocavam em sacolas. ¹¹Entregavam a prata aos supervisores da construção, que a usavam para pagar os homens que trabalhavam no templo do Senhor: os carpinteiros, os construtores, ¹²os pedreiros e os cortadores de pedra. Também compravam a madeira e as pedras lavradas necessárias para fazer os reparos no templo do Senhor e pagavam outras despesas relacionadas à reforma do templo.

¹³A contribuição trazida ao templo não era usada para fazer taças de prata, nem cortadores de pavio, nem bacias, nem trombetas, nem outros utensílios de ouro ou prata para o templo do Senhor. ¹⁴Era entregue aos trabalhadores,

---

ª **11.12** Ou *uma cópia da aliança*; o hebraico traz *entregou o testemunho*. ᵇ **11.15** Ou *Tirem-na dentre as fileiras*, ou *Tirem-na das dependências do templo*. O significado do hebraico é incerto. ᶜ **11.21a** No texto hebraico, o versículo 11.21 é numerado 12.1 ᵈ **11.21b** Em hebraico, *Jeoás*, variação de Joás. ᵉ **12.1a** No texto hebraico, os versículos 12.1-21 são numerados 12.2-22. ᶠ **12.1b** Em hebraico, *Jeoás*, variação de Joás; também em 12.2,4,6,7,18.

que a usavam para fazer os reparos no templo. ¹⁵Não se pedia que os supervisores da construção prestassem contas desse valor, pois eram homens de confiança. ¹⁶Mas as contribuições das ofertas pela culpa e das ofertas pelo pecado não eram trazidas ao templo do Senhor. Eram entregues aos sacerdotes para seu uso pessoal.

O final do reino de Joás

¹⁷Nessa época, Hazael, rei da Síria, guerreou contra Gate e a conquistou. Então resolveu atacar Jerusalém. ¹⁸O rei Joás recolheu todos os objetos sagrados que Josafá, Jeorão e Acazias, os reis anteriores de Judá, tinham consagrado e os que ele mesmo consagrara. Enviou-os a Hazael, junto com todo o ouro que havia na tesouraria do templo do Senhor e no palácio real. Com isso, Hazael suspendeu o ataque a Jerusalém.

¹⁹Os demais acontecimentos do reinado de Joás e tudo que ele fez estão registrados no *Livro da História dos Reis de Judá*.

²⁰Os oficiais de Joás conspiraram contra ele e o assassinaram em Bete-Milo, na estrada para Sila. ²¹Os oficiais que o assassinaram foram Jozacar,[a] filho de Simeate, e Jeozabade, filho de Somer.

Joás foi sepultado com seus antepassados na Cidade de Davi. Seu filho Amazias foi seu sucessor.

Jeoacaz reina em Israel

13 Jeoacaz, filho de Jeú, começou a reinar em Israel no vigésimo terceiro ano do reinado de Joás, filho de Acazias, rei de Judá. Reinou em Samaria por dezessete anos. ²Fez o que era mau aos olhos do Senhor; seguiu o exemplo de Jeroboão, filho de Nebate, e persistiu nos pecados que Jeroboão havia levado Israel a cometer. ³O Senhor se irou grandemente com Israel e permitiu que Hazael, rei da Síria, e seu filho Ben-Hadade, derrotassem os israelitas repetidas vezes.

⁴Então Jeoacaz orou ao Senhor pedindo ajuda, e o Senhor atendeu à sua oração, pois viu como o rei da Síria oprimia Israel cruelmente. ⁵O Senhor providenciou um libertador para salvar os israelitas da tirania dos sírios, e Israel voltou a viver em segurança, como em outros tempos.

⁶Ainda assim, continuaram a seguir o mau exemplo de Jeroboão. Também permitiram que o poste de Aserá permanecesse em pé em Samaria. ⁷Por fim, o exército de Jeoacaz foi reduzido a cinquenta cavaleiros, dez carros de guerra e dez mil soldados de infantaria. O rei da Síria havia destruído o restante, como se fosse pó debaixo de seus pés.

⁸Os demais acontecimentos do reinado de Jeoacaz, tudo que ele fez e a extensão de seu poder, estão registrados no *Livro da História dos Reis de Israel*. ⁹Quando Jeoacaz morreu e se reuniu a seus antepassados, foi sepultado em Samaria. Seu filho Jeoás[b] foi seu sucessor.

Jeoás reina em Israel

¹⁰Jeoás, filho de Jeoacaz, começou a reinar em Israel no trigésimo sétimo ano do reinado de Joás, rei de Judá. Reinou em Samaria por dezesseis anos. ¹¹Fez o que era mau aos olhos do Senhor. Não se afastou dos pecados que Jeroboão, filho de Nebate, havia levado Israel a cometer.

¹²Os demais acontecimentos do reinado de Jeoás e tudo que ele fez, incluindo a extensão de seu poder e a guerra contra Amazias, estão registrados no *Livro da História dos Reis de Israel*. ¹³Quando Jeoás morreu e se reuniu a seus antepassados, foi sepultado em Samaria, com os reis de Israel. Seu filho Jeroboão II foi seu sucessor.

A profecia final de Eliseu

¹⁴Quando Eliseu estava sofrendo da doença da qual morreria, Jeoás, rei de Israel, o visitou e chorou por ele, dizendo: "Meu pai, meu pai! Você era como os carros de guerra de Israel e seus cavaleiros!".

¹⁵Eliseu lhe disse: "Pegue um arco e algumas flechas", e o rei fez o que ele pediu. ¹⁶Então

---

[a] 12.21 Conforme a Septuaginta e a versão siríaca; o hebraico traz *Jozabade*. [b] 13.9 Em hebraico, *Joás*, variação de Jeoás; também em 13.10,12,13,14,25.

13.15-17 Israel estava naquele tempo envolvido em guerra contra a Síria. Como um sinal de que Deus pretendia dar a vitória ao Seu povo, o rei deveria tomar o arco e as flechas. Eliseu, como representante de Deus, põe a mão nas mãos do rei; a janela é aberta e a flecha é disparada. Enquanto ela voa pelo ar, o profeta diz que aquela flecha é a flecha da libertação do Senhor de Seu povo da mão da Síria. A interpretação desse ato simbólico é bastante

Eliseu lhe disse: "Ponha a mão sobre o arco", e pôs suas mãos sobre as mãos do rei. ¹⁷Em seguida, ordenou: "Abra a janela que dá para o leste", e o rei a abriu. Depois, Eliseu disse: "Atire!", e o rei atirou uma flecha. "Essa é a flecha do Senhor", anunciou Eliseu. "É uma flecha de vitória sobre a Síria, pois você conquistará completamente os sírios em Afeque." ¹⁸Depois, Eliseu disse: "Agora pegue as outras flechas e atire-as contra o chão". O rei pegou as flechas e atirou-as contra o chão três vezes. ¹⁹O homem de Deus se irou com ele. "Você deveria ter atirado contra o chão cinco ou seis vezes!", exclamou. "Assim, teria ferido os sírios até que fossem completamente destruídos. Agora você será vitorioso apenas três vezes."

²⁰Eliseu morreu e foi sepultado.

Grupos de saqueadores moabitas costumavam invadir a terra na virada do ano. ²¹Certa vez, enquanto alguns israelitas sepultavam um homem, viram um desses bandos. Rapidamente, jogaram o corpo no túmulo de Eliseu e fugiram. Assim que o corpo tocou os ossos de Eliseu, o homem voltou à vida e se pôs em pé.

²²Hazael, rei da Síria, oprimiu Israel durante todo o reinado de Jeoacaz. ²³O Senhor, porém, foi bondoso e misericordioso com os israelitas, e eles não foram totalmente destruídos. Teve compaixão deles por causa da aliança que havia feito com Abraão, Isaque e Jacó. Naquela ocasião, como até hoje, não quis destruí-los completamente nem expulsá-los de sua presença.

²⁴Hazael, rei da Síria, morreu, e seu filho Ben-Hadade foi seu sucessor. ²⁵Então Jeoás, filho de Jeoacaz, reconquistou as cidades que Ben-Hadade havia tomado de seu pai, Jeoacaz. Jeoás derrotou Ben-Hadade em três ocasiões e recuperou as cidades israelitas.

Amazias reina em Judá

14 Amazias, filho de Joás, começou a reinar em Judá no segundo ano do reinado de Jeoás,[a] filho de Jeoacaz, rei de Israel. ²Amazias tinha 25 anos quando começou a reinar, e reinou em Jerusalém por 29 anos. Sua mãe se chamava Jeoadã e era de Jerusalém. ³Amazias fez o que era certo aos olhos do Senhor, mas não como seu antepassado Davi. Seguiu o exemplo de seu pai, Joás. ⁴Amazias não destruiu os santuários idólatras, e o povo continuou a oferecer sacrifícios e a queimar incenso nesses lugares.

⁵Quando Amazias se firmou no poder, executou os oficiais que haviam assassinado seu pai. ⁶Contudo, não matou os filhos dos assassinos, em obediência ao mandamento do Senhor registrado por Moisés no Livro da Lei: "Os pais não serão executados por causa do pecado dos filhos, nem os filhos por causa do pecado dos pais. Aqueles que merecem morrer deverão ser executados por causa de seus próprios crimes".[b]

⁷Amazias também matou dez mil edomitas no vale do Sal. Conquistou a cidade de Selá e mudou seu nome para Jocteel, como se chama até hoje.

⁸Certo dia, ele enviou mensageiros a Jeoás, filho de Jeoacaz, filho de Jeú, rei de Israel, com este desafio: "Venha enfrentar-me numa batalha!".

⁹Mas Jeoás, rei de Israel, respondeu a Amazias, rei de Judá, com a seguinte história: "Nos montes do Líbano, o espinheiro enviou esta mensagem ao poderoso cedro: 'Dê sua filha em casamento a meu filho'. No entanto, um

---

[a] 14.1 Em hebraico, *Joás*, variação de Jeoás; também em 14.13,23,27. [b] 14.6 Dt 24.16.

---

simples. Deus os salvará; a libertação é do Senhor, mas deve ser acompanhada pela instrumentalidade humana. Joás deve tomar o arco e as flechas, mas as mãos de Joás não podem fazer a flecha acelerar a menos que Eliseu, o representante de Deus, coloque suas mãos nelas. Dessa forma, o homem, divinamente fortalecido por Deus, atira a flecha e o livramento acontece.

Assim tem sido, desde o começo dos tempos até agora, a maneira normal de Deus abençoar o Seu povo e de reunir os Seus escolhidos. Ele age; a instrumentalidade não é nada sem o Senhor; Ele cuida de eleger os meios que, por sua própria fraqueza, convencem os mais céticos de que o poder não pode estar na criatura; enquanto, ao mesmo tempo, Ele raramente efetua qualquer grande coisa para o Seu povo separado da atuação humana. Deus, que criou todas as coisas, é o Agente; mas Ele usa as criaturas como ferramentas e armas na mão dos hábeis e dos poderosos. [...] Reveja toda a história da Igreja, como você a encontra nas Escrituras, e verá que isso sempre ocorreu.

animal selvagem do Líbano veio, pisoteou o espinheiro e o esmagou.

¹⁰"De fato, você derrotou Edom e está orgulhoso disso. Mas contente-se com sua vitória e fique em casa! Por que trazer desgraça sobre você e o povo de Judá?".

¹¹Amazias, porém, se recusou a ouvir. Então Jeoás, rei de Israel, mobilizou seu exército contra Amazias, rei de Judá. Os dois exércitos se enfrentaram em Bete-Semes, em Judá. ¹²O exército de Judá foi derrotado pelo exército de Israel, e os soldados fugiram para casa. ¹³Jeoás, rei de Israel, capturou Amazias, filho de Joás, filho de Acazias, rei de Judá, em Bete-Semes. Em seguida, marchou para Jerusalém, onde destruiu 180 metros[a] do muro da cidade, desde a porta de Efraim até a porta da Esquina. ¹⁴Levou embora todo o ouro, toda a prata e todos os utensílios do templo do Senhor. Também levou os tesouros do palácio real e fez reféns; depois, voltou para Samaria.

¹⁵Os demais acontecimentos do reinado de Jeoás e tudo que ele fez, incluindo a extensão de seu poder e sua guerra contra Amazias, rei de Judá, estão registrados no *Livro da História dos Reis de Israel*. ¹⁶Quando Jeoás morreu e se reuniu a seus antepassados, foi sepultado em Samaria, com os reis de Israel. Seu filho Jeroboão II foi seu sucessor.

¹⁷Amazias, filho de Joás, rei de Judá, viveu ainda mais quinze anos depois da morte de Jeoás, filho de Jeoacaz, rei de Israel. ¹⁸Os demais acontecimentos do reinado de Amazias estão registrados no *Livro da História dos Reis de Judá*.

¹⁹Houve uma conspiração contra Amazias em Jerusalém, e ele fugiu para Laquis. Seus inimigos, porém, mandaram assassinos atrás dele e o mataram ali. ²⁰Seu corpo foi trazido de volta para Jerusalém num cavalo, e ele foi sepultado com seus antepassados na Cidade de Davi.

²¹Todo o povo de Judá proclamou rei seu filho Uzias,[b] de 16 anos, como sucessor de seu pai, Amazias. ²²Depois que seu pai morreu e se reuniu a seus antepassados, Uzias reconstruiu a cidade de Elate e a recuperou para Judá.

Jeroboão II reina em Israel

²³Jeroboão II, filho de Jeoás, começou a reinar em Israel no décimo quinto ano do reinado de Amazias, filho de Joás, rei de Judá. Reinou em Samaria por 41 anos. ²⁴Fez o que era mau aos olhos do Senhor. Não se afastou dos pecados que Jeroboão, filho de Nebate, havia levado Israel a cometer. ²⁵Jeroboão II recuperou os territórios de Israel entre Lebo-Hamate e o mar Morto,[c] conforme o Senhor, o Deus de Israel, havia anunciado por meio de Jonas, filho de Amitai, profeta de Gate-Héfer.

²⁶O Senhor viu como era grande o sofrimento em Israel, tanto para escravos como para livres, e não havia ninguém em Israel que pudesse socorrê-los. ²⁷E, porque o Senhor não tinha dito que apagaria completamente o nome de Israel, usou Jeroboão II, filho de Jeoás, para socorrê-los.

²⁸Os demais acontecimentos do reinado de Jeroboão II, tudo que ele fez, a extensão de seu poder, as guerras que travou e como ele recuperou para Israel as cidades de Damasco e de Hamate, que haviam pertencido a Judá,[d] estão registrados no *Livro da História dos Reis de Israel*. ²⁹Quando Jeroboão II morreu e se reuniu a seus antepassados, foi sepultado em Samaria,[e] com os reis de Israel. Seu filho Zacarias foi seu sucessor.

Uzias reina em Judá

15 Uzias,[f] filho de Amazias, começou a reinar em Judá no vigésimo sétimo ano do reinado de Jeroboão II, rei de Israel. ²Tinha 16 anos quando começou a reinar, e reinou em Jerusalém por 52 anos. Sua mãe se chamava Jecolias e era de Jerusalém.

³Fez o que era certo aos olhos do Senhor, como seu pai, Amazias. ⁴Contudo, não destruiu os santuários idólatras, e o povo continuou a oferecer sacrifícios e a queimar incenso nesses lugares. ⁵O Senhor feriu o rei com lepra,[g] enfermidade que durou até o dia de sua morte. Vivia isolado, numa casa separada. Jotão, filho do rei, tomava conta do palácio e governava o povo.

⁶Os demais acontecimentos do reinado de Uzias e tudo que ele fez estão registrados no

---

[a] 14.13 Em hebraico, *400 côvados*. [b] 14.21 Em hebraico, *Azarias*, variação de Uzias. [c] 14.25 Em hebraico, *mar da Arabá*. [d] 14.28 Ou *a Iaudi*. O significado do hebraico é incerto. [e] 14.29 Conforme alguns manuscritos gregos; o hebraico não traz *foi sepultado em Samaria*. [f] 15.1 Em hebraico, *Azarias*, variação de Uzias; também em 15.6,7,8,17,23,27. [g] 15.5 O termo hebraico não se refere somente à hanseníase, mas também a diversas doenças de pele.

Livro da História dos Reis de Judá. ⁷Quando Uzias morreu, foi sepultado com seus antepassados na Cidade de Davi. Seu filho Jotão foi seu sucessor.

Zacarias reina em Israel

⁸Zacarias, filho de Jeroboão II, começou a reinar em Israel no trigésimo oitavo ano do reinado de Uzias, rei de Judá. Reinou em Samaria por seis meses. ⁹Fez o que era mau aos olhos do Senhor, como seus antepassados. Não se afastou dos pecados que Jeroboão, filho de Nebate, havia levado Israel a cometer. ¹⁰Então Salum, filho de Jabes, conspirou contra Zacarias, matou-o diante do povo e se tornou seu sucessor.

¹¹Os demais acontecimentos do reinado de Zacarias estão registrados no *Livro da História dos Reis de Israel*. ¹²Assim se cumpriu a mensagem do Senhor a Jeú: "Seus descendentes serão reis de Israel até a quarta geração".

Salum reina em Israel

¹³Salum, filho de Jabes, começou a reinar em Israel no trigésimo nono ano do reinado de Uzias, rei de Judá. Reinou em Samaria por apenas um mês. ¹⁴Então Menaém, filho de Gadi, veio de Tirza a Samaria, matou Salum, filho de Jabes, e se tornou seu sucessor.

¹⁵Os demais acontecimentos do reinado de Salum, incluindo a conspiração que liderou, estão registrados no *Livro da História dos Reis de Israel*.

Menaém reina em Israel

¹⁶Nessa ocasião, Menaém destruiu a cidade de Tapua[a] e seus arredores, até Tirza, pois seus habitantes se recusaram a entregar a cidade. Matou toda a população e rasgou o ventre das mulheres grávidas.

¹⁷Menaém, filho de Gadi, começou a reinar em Israel no trigésimo nono ano do reinado de Uzias, rei de Judá. Reinou em Samaria por dez anos. ¹⁸Fez o que era mau aos olhos do Senhor. Durante todo o seu reinado, não se afastou dos pecados que Jeroboão, filho de Nebate, havia levado Israel a cometer.

¹⁹Então Tiglate-Pileser,[b] rei da Assíria, invadiu a terra de Israel. Contudo, Menaém lhe pagou 35 toneladas[c] de prata a fim de obter seu apoio e firmar-se no poder. ²⁰Menaém extorquiu esse valor dos ricos de Israel e exigiu que cada um contribuísse com seiscentos gramas[d] de prata para o tributo pago ao rei da Assíria. Assim, o rei da Assíria parou de atacar Israel e foi embora.

²¹Os demais acontecimentos do reinado de Menaém e tudo que ele fez estão registrados no *Livro da História dos Reis de Israel*. ²²Quando Menaém morreu e se reuniu a seus antepassados, seu filho Pecaías se tornou seu sucessor.

Pecaías reina em Israel

²³Pecaías, filho de Menaém, começou a reinar em Israel no quinquagésimo ano do reinado de Uzias, rei de Judá. Reinou em Samaria por dois anos. ²⁴Fez o que era mau aos olhos do Senhor. Não se afastou dos pecados que Jeroboão, filho de Nebate, havia levado Israel a cometer.

²⁵Então Peca, filho de Remalias e comandante do exército de Pecaías, conspirou contra ele. Acompanhado de cinquenta homens de Gileade, assassinou o rei, e também Argobe e Arié, na fortaleza do palácio em Samaria. E Peca se tornou seu sucessor.

²⁶Os demais acontecimentos do reinado de Pecaías e tudo que ele fez estão registrados no *Livro da História dos Reis de Israel*.

Peca reina em Israel

²⁷Peca, filho de Remalias, começou a reinar em Israel no quinquagésimo segundo ano do reinado de Uzias, rei de Judá. Reinou em Samaria por vinte anos. ²⁸Fez o que era mau aos olhos do Senhor. Não se afastou dos pecados que Jeroboão, filho de Nebate, havia levado Israel a cometer.

²⁹Durante o reinado de Peca, Tiglate-Pileser, rei da Assíria, atacou Israel novamente e conquistou as cidades de Ijom, Abel-Bete-Maaca, Janoa, Quedes e Hazor. Também conquistou as regiões de Gileade e da Galileia, e todo o território de Naftali, e levou os habitantes cativos para a Assíria. ³⁰Então Oseias, filho de Elá, conspirou contra Peca, filho de Remalias, e o assassinou. Começou a reinar em Israel no vigésimo ano do reinado de Jotão, filho de Uzias.

---

[a] **15.16** Conforme alguns manuscritos gregos; o hebraico traz *Tifsa*. [b] **15.19a** Em hebraico, *Pul*, outro nome para Tiglate-Pileser. [c] **15.19b** Em hebraico, *1.000 talentos*. [d] **15.20** Em hebraico, *50 siclos*.

³¹Os demais acontecimentos do reinado de Peca e tudo que ele fez estão registrados no *Livro da História dos Reis de Israel*.

Jotão reina em Judá

³²Jotão, filho de Uzias, começou a reinar em Judá no segundo ano do reinado de Peca, filho de Remalias, rei de Israel. ³³Tinha 25 anos quando começou a reinar, e reinou em Jerusalém por dezesseis anos. Sua mãe se chamava Jerusa e era filha de Zadoque.

³⁴Jotão fez o que era certo aos olhos do Senhor, como seu pai, Uzias. ³⁵Contudo, não destruiu os santuários idólatras, e o povo continuou a oferecer sacrifícios e a queimar incenso nesse lugares. Jotão reconstruiu a porta superior do templo do Senhor.

³⁶Os demais acontecimentos do reinado de Jotão e tudo que ele fez estão registrados no *Livro da História dos Reis de Judá*. ³⁷Naqueles dias, o Senhor começou a instigar Rezim, rei da Síria, e Peca, filho de Remalias, a atacarem Judá. ³⁸Quando Jotão morreu, foi sepultado com seus antepassados na Cidade de Davi. Seu filho Acaz foi seu sucessor.

Acaz reina em Judá

16 Acaz, filho de Jotão, começou a reinar em Judá no décimo sétimo ano do reinado de Peca, filho de Remalias. ²Tinha 20 anos quando começou a reinar, e reinou em Jerusalém por dezesseis anos. Ao contrário de seu antepassado Davi, não fez o que era certo aos olhos do Senhor, seu Deus. ³Em vez disso, seguiu o exemplo dos reis de Israel e até sacrificou seu filho no fogo. Desse modo, seguiu as práticas detestáveis das nações que o Senhor havia expulsado da terra diante dos israelitas. ⁴Ofereceu sacrifícios e queimou incenso nos santuários idólatras, nos montes e debaixo de toda árvore verdejante.

⁵Então Rezim, rei da Síria, e Peca, filho de Remalias, rei de Israel, subiram para atacar Jerusalém. Cercaram Acaz, mas não conseguiram derrotá-lo. ⁶Nessa época, o rei de Edom[a] recuperou a cidade de Elate para os edomitas.[b] Expulsou o povo de Judá e colocou edomitas[c] para morarem ali, onde estão até hoje.

⁷O rei Acaz enviou mensageiros para dizer a Tiglate-Pileser, rei da Assíria: "Sou seu servo e seu súdito.[d] Venha salvar-me dos exércitos da Síria e de Israel que estão me atacando". ⁸Então Acaz pegou a prata e o ouro do templo do Senhor e dos tesouros do palácio e os enviou como pagamento para o rei da Assíria. ⁹O rei da Assíria atendeu ao pedido e atacou Damasco, a capital da Síria, e deportou seus habitantes para Quir. Também matou Rezim, rei da Síria.

¹⁰Então o rei Acaz foi a Damasco para encontrar-se com Tiglate-Pileser, rei da Assíria. Enquanto estava lá, viu o altar da cidade e enviou ao sacerdote Urias um modelo e um desenho detalhado do altar. ¹¹O sacerdote Urias seguiu as instruções do rei e construiu um altar exatamente igual, que ficou pronto antes de o rei voltar de Damasco. ¹²Quando o rei voltou, viu o altar e ofereceu sacrifícios sobre ele. ¹³Apresentou um holocausto, uma oferta de cereal e uma oferta derramada e aspergiu o altar com o sangue de uma oferta de paz.

¹⁴O rei Acaz removeu o antigo altar de bronze de seu lugar, na frente do templo do Senhor, entre o novo altar e a entrada, e o colocou do lado norte do novo altar. ¹⁵Disse ao sacerdote Urias: "Use o novo altar[e] para o holocausto da manhã, para a oferta de cereal da tarde, para o holocausto e a oferta de cereal do rei, e para o holocausto, a oferta de cereal e a oferta derramada de todo o povo. Com o sangue de todos os holocaustos e sacrifícios, faça aspersão sobre o novo altar. O altar de bronze será apenas para meu uso pessoal". ¹⁶Urias fez como o rei Acaz ordenou.

¹⁷Depois, o rei Acaz tirou os painéis e as bacias das dez bases móveis usadas para levar água. Também removeu o grande tanque de bronze chamado Mar de cima dos touros e o colocou sobre o pavimento de pedra. ¹⁸Por causa do rei da Assíria, removeu a cobertura construída dentro do templo para ser usada aos sábados,[f] bem como a entrada externa do rei para o templo do Senhor.

¹⁹Os demais acontecimentos do reinado de Acaz e tudo que ele fez estão registrados no

---

[a] **16.6a** Conforme a Vulgata; o hebraico traz *Rezim, rei da Síria*. [b] **16.6b** Conforme a Vulgata; o hebraico traz *para a Síria*. [c] **16.6c** Conforme a Septuaginta, a Vulgata e uma leitura alternativa do Texto Massorético; a outra leitura traz *sírios*. [d] **16.7** Em hebraico, *e seu filho*. [e] **16.15** Em hebraico, *o grande altar*. [f] **16.18** O significado do hebraico é incerto.

Livro da História dos Reis de Judá. ²⁰Quando Acaz morreu, foi sepultado com seus antepassados na Cidade de Davi. Seu filho Ezequias foi seu sucessor.

Oseias reina em Israel

17 Oseias, filho de Elá, começou a reinar em Israel no décimo segundo ano do reinado de Acaz, rei de Judá. Reinou em Samaria por nove anos. ²Fez o que era mau aos olhos do Senhor, mas não tanto quanto os reis que governaram Israel antes dele.

³Salmaneser, rei da Assíria, atacou o rei Oseias e o obrigou a lhe pagar tributos. ⁴Oseias, porém, conspirou contra o rei da Assíria. Deixou de pagar o tributo anual e pediu ajuda a Sô, rei do Egito.[a] Quando o rei da Assíria descobriu a traição de Oseias, mandou colocá-lo na prisão.

Os assírios conquistam Samaria

⁵O rei da Assíria ocupou todo o território de Israel e, durante três anos, cercou a cidade de Samaria. ⁶Por fim, no nono ano do reinado de Oseias, o rei assírio conquistou Samaria e exilou os israelitas na Assíria. Criou assentamentos para eles em Hala, ao longo das margens do rio Habor, em Gozã, e nas cidades da Média.

⁷Isso aconteceu porque os israelitas adoraram outros deuses. Pecaram contra o Senhor, seu Deus, que os havia tirado da terra do Egito e os livrado do poder do faraó, o rei do Egito. ⁸Seguiram as práticas das nações que o Senhor tinha expulsado de diante deles, bem como as práticas introduzidas pelos reis de Israel. ⁹Os israelitas também fizeram, em segredo, muitas coisas que não eram corretas diante do Senhor, seu Deus. Construíram santuários idólatras em todas as cidades, desde o menor posto de vigilância até a maior cidade murada. ¹⁰Ergueram colunas sagradas e postes de Aserá no alto de todo monte e debaixo de toda árvore verdejante. ¹¹Queimaram incenso no topo dos montes, como faziam as nações que o Senhor havia expulsado de diante deles. Os israelitas praticaram muitos atos perversos que provocaram a ira do Senhor. ¹²Adoraram ídolos,[b] apesar das advertências claras do Senhor contra isso.

¹³Repetidamente, o Senhor enviou profetas e videntes para advertirem Israel e Judá, com esta mensagem: "Afastem-se de seus maus caminhos. Obedeçam a meus mandamentos e decretos, a toda a lei que ordenei a seus antepassados e que lhes entreguei por meio de meus servos, os profetas".

¹⁴Mas os israelitas se recusaram a ouvir. Foram tão teimosos quanto seus antepassados que não quiseram crer no Senhor, seu Deus. ¹⁵Rejeitaram seus decretos e a aliança que ele havia feito com seus antepassados e desprezaram todas as suas advertências. Adoraram ídolos inúteis, de modo que eles próprios se tornaram inúteis. Seguiram o exemplo das nações ao redor e desobedeceram à ordem do Senhor para que não as imitassem.

¹⁶Rejeitaram todos os mandamentos do Senhor, seu Deus, e fizeram dois bezerros de metal. Ergueram um poste de Aserá e adoraram Baal e todos os astros do céu. ¹⁷Chegaram a sacrificar os próprios filhos e filhas no fogo. Consultaram adivinhos, praticaram feitiçaria, venderam-se para fazer o que é mau aos olhos do Senhor e provocaram sua ira.

¹⁸O Senhor se indignou muito com Israel e o expulsou de sua presença. Com isso, restou somente a tribo de Judá. ¹⁹Mesmo o povo de Judá, porém, não obedeceu aos mandamentos do Senhor, seu Deus, pois seguiu as práticas perversas introduzidas por Israel. ²⁰O Senhor rejeitou todos os descendentes de Israel. Como castigo, entregou-os a seus inimigos, até que expulsou Israel de sua presença.

²¹Pois quando o Senhor[c] arrancou Israel do reino de Davi, os israelitas escolheram Jeroboão, filho de Nebate, como rei. Mas Jeroboão afastou Israel do Senhor e os levou a cometer grande pecado. ²²E os israelitas continuaram a seguir todos os caminhos maus de Jeroboão. Não se afastaram desses pecados, ²³até que, por fim, o Senhor os expulsou de sua presença, como todos os seus profetas haviam advertido. Assim, Israel foi deportado de sua terra para a Assíria, onde permanece até hoje.

---

[a] 17.4 Ou *pediu ajuda ao rei do Egito em Sais*. [b] 17.12 É provável que o termo hebraico (lit. *coisas redondas*) se refira a esterco. [c] 17.21 Em hebraico, *ele*; compare com 1Rs 11.31-32.

Estrangeiros se estabelecem em Israel

²⁴O rei da Assíria trouxe povos da Babilônia, de Cuta, de Ava, de Hamate e de Sefarvaim e os estabeleceu nas cidades de Samaria, em lugar dos israelitas. Eles tomaram posse de Samaria e habitaram em suas cidades. ²⁵Assim que chegaram, esses estrangeiros não adoravam o Senhor, de modo que o Senhor mandou leões, que mataram alguns deles.

²⁶Por isso, enviaram uma mensagem ao rei da Assíria: "O povo que o senhor deportou para as cidades de Samaria não conhece os costumes do deus da terra. Ele mandou leões para destruí-los, porque não conhecem suas exigências".

²⁷Então o rei da Assíria deu esta ordem: "Enviem um dos sacerdotes exilados de volta a Samaria. Ele viverá ali e ensinará aos novos habitantes os costumes do deus da terra". ²⁸Um dos sacerdotes exilados de Samaria voltou a Betel e ensinava os novos habitantes a adorarem corretamente o Senhor.

²⁹Contudo, cada um desses povos estrangeiros continuou a fazer seus deuses e adorá-los. Em todas as cidades onde habitavam, colocaram seus ídolos nos santuários idólatras que o povo de Samaria havia construído. ³⁰Os da Babilônia adoravam as imagens do deus Sucote-Benote. Os de Cuta adoravam o deus Nergal. Os de Hamate adoravam o deus Asima. ³¹Os aveus adoravam os deuses Nibaz e Tartaque. E o povo de Sefarvaim até queimava os próprios filhos como sacrifício aos deuses Adrameleque e Anameleque.

³²Esses novos habitantes adoravam o Senhor, mas também nomeavam qualquer pessoa como sacerdote para oferecer sacrifícios nos lugares de culto. ³³E, embora adorassem o Senhor, continuavam a seguir seus próprios deuses, de acordo com os costumes de suas nações de origem. ³⁴Até hoje, continuam com suas antigas práticas em vez de adorar verdadeiramente o Senhor e obedecer aos decretos, estatutos, leis e mandamentos que o Senhor deu aos descendentes de Jacó, cujo nome ele mudou para Israel.

³⁵Pois o Senhor havia feito uma aliança com eles e ordenado: "Não adorem outros deuses, nem se prostrem diante deles, não os sirvam, nem lhes ofereçam sacrifícios. ³⁶Adorem somente o Senhor, que os tirou do Egito com grande força e com braço poderoso. Curvem-se somente diante dele e ofereçam sacrifícios a ele somente. ³⁷Tomem sempre o cuidado de obedecer aos decretos, estatutos, leis e mandamentos que ele lhes prescreveu. Não adorem outros deuses. ³⁸Não se esqueçam da aliança que fiz com vocês e não adorem outros deuses. ³⁹Adorem somente o Senhor, seu Deus. Ele os livrará de todos os seus inimigos".

⁴⁰Mas o povo se recusou a ouvir e continuou com suas antigas práticas. ⁴¹Assim, embora os novos habitantes adorassem o Senhor, também adoravam seus ídolos. E até hoje seus descendentes fazem a mesma coisa.

17.41 [...] você vê que esta religião confusa deixou as pessoas praticamente onde estavam — qualquer que fosse o seu temor, seus costumes e práticas permaneceram os mesmos. Você nunca encontrou pessoas com esse mesmo tipo de fé mestiça? [...] Elas têm prazer com os serviços desta casa [N.E.: A igreja local.] e, no entanto, ficam muito à vontade com os deuses deste mundo! Alguns adoram uma divindade tão horrível quanto Moloque, cujo nome na antiguidade era Baco — o deus da taça de vinho e do barril de cerveja! Muitos adoradores de Baco não bebem para serem encontrados bêbados e incapazes na rua. Não, eles sobem para suas camas em suas próprias casas, para que sua condição não se torne pública! Mas ainda assim, devem saber que estão chegando perto da intoxicação, se realmente já não chegaram a esse ponto. Ai de tais, que, enquanto fingem ser adoradores de Javé, são também adoradores do deus bestial da embriaguez! [...] Infelizmente, há outros que adoram a deusa Vênus, a rainha da luxúria e da impureza. Não digo mais nada. É uma vergonha até mesmo falar de coisas que são feitas por eles em segredo. Muitas vezes o deus é Mamom, que é tão degradado como divindade como qualquer um deles. O tal torna a religião um meio de ganho e venderia o próprio Jesus por prata! [...] como posso compreender aqueles que são fiéis à parte exterior da religião, que professam receber a verdade de Deus e mesmo assim não têm coração para o amor de Jesus, nenhum cuidado com o serviço de Deus? [...] Em verdade, devo deixá-los entre os mistérios do mundo moral, pois embora "adorassem o Senhor, também adoravam seus ídolos. E até hoje seus descendentes fazem a mesma coisa".

Ezequias reina em Judá

18 Ezequias, filho de Acaz, começou a reinar em Judá no terceiro ano do reinado de Oseias, filho de Elá, rei de Israel. ²Tinha 25 anos quando começou a reinar, e reinou em Jerusalém por 29 anos. Sua mãe se chamava Abi e era filha de Zacarias. ³Ezequias fez o que era certo aos olhos do Senhor, como seu antepassado Davi. ⁴Removeu os santuários idólatras, quebrou as colunas sagradas e derrubou os postes de Aserá. Despedaçou a serpente de bronze que Moisés havia feito, pois os israelitas queimavam incenso para ela. A serpente de bronze se chamava Neustã.ª

⁵Ezequias confiava no Senhor, o Deus de Israel. Não houve ninguém como ele entre todos os reis de Judá, nem antes nem depois. ⁶Ezequias se apegou ao Senhor, não se afastou dele e teve o cuidado de obedecer a todos os mandamentos que o Senhor tinha ordenado por meio de Moisés. ⁷Assim, o Senhor estava com Ezequias, e ele era bem-sucedido em tudo que fazia. Rebelou-se contra o rei da Assíria e não lhe pagou tributo. ⁸Derrotou os filisteus até Gaza e seu território, desde o menor posto de vigilância até a maior cidade fortificada.

⁹No quarto ano do reinado de Ezequias, o sétimo ano do reinado de Oseias, filho de Elá, rei de Israel, Salmaneser, rei da Assíria, atacou a cidade de Samaria e a cercou. ¹⁰Três anos depois, no sexto ano do reinado de Ezequias e no nono ano do reinado de Oseias, rei de Israel, Samaria foi conquistada. ¹¹O rei assírio deportou os israelitas para a Assíria e os colocou em assentamentos em Hala, ao longo das margens do rio Habor, em Gozã, e nas cidades da Média. ¹²Isso aconteceu porque eles não ouviram nem obedeceram ao Senhor, seu Deus. Em vez disso, violaram sua aliança, todas as leis às quais Moisés, servo do Senhor, havia ordenado que obedecessem.

A Assíria invade Judá

¹³No décimo quarto ano do reinado de Ezequias, Senaqueribe, rei da Assíria, atacou as cidades fortificadas de Judá e as conquistou. ¹⁴Ezequias, rei de Judá, enviou esta mensagem ao rei da Assíria, em Laquis: "Cometi um erro. Se você se retirar, eu lhe pagarei qualquer tributo que exigir". O rei da Assíria exigiu 10.500 quilos de prata e 1.050 quilos de ouro.ᵇ ¹⁵Para juntar essa quantia, Ezequias usou toda a prata guardada no templo do Senhor e nos tesouros do palácio. ¹⁶Arrancou até o ouro das portas e dos batentes do templo do Senhor que ele havia coberto com ouro e entregou tudo ao rei da Assíria.

Senaqueribe ameaça Jerusalém

¹⁷Apesar disso, o rei da Assíria enviou, de Laquis, seu comandante em chefe, seu comandante de campo e seu porta-voz,ᶜ juntamente com um grande exército, para confrontarem o rei Ezequias em Jerusalém. Os assírios se posicionaram ao lado do aqueduto que abastece

---

ª **18.4** O som da palavra *Neustã* é semelhante ao de termos hebraicos que significam "serpente", "bronze" e "coisa impura".
ᵇ **18.14** Em hebraico, *300 talentos de prata e 30 talentos de ouro*. ᶜ **18.17a** Ou *o rabsaqué*; também em 18.19,26,27,28,37.

18.4,5 Entre os vários objetos do culto degenerado de Israel havia um que teria parecido natural mesmo para um reformador guardar, era a famosa serpente de bronze que fora feita por Moisés no deserto, e que fora levantada sobre um poste. Ao olhar para ela, milhares haviam sido curados das picadas venenosas de serpentes abrasadoras. Ela fora cuidadosamente preservada, mas vendo que se tornara um objeto de reverência supersticiosa, Ezequias a destruiu. De acordo com *alguns, ele a transformou em pó*, e a chamou por um termo de desonra, Neustã. Um comentário traz a tradução, "um pedaço de latão". Pode ser lido "sujeira" ou "azebre" ou "um pedaço de cobre". O rei deu-lhe um nome que mostraria que ele protestava contra a reverência idólatra dada àquilo. Embora fosse um memorial interessante, devia ser completamente destruído porque apresentava uma tentação à idolatria. Se alguma vez, neste mundo, existiu uma relíquia de grande antiguidade, de autenticidade indubitável — uma relíquia que havia testemunhado suas centenas de anos e sobre a qual não havia dúvida de ter sido a própria serpente que Moisés fizera, e era, além disso, uma relíquia que antigamente possuíra poder milagroso, pois no deserto o olhar para ela salvara moribundos — contudo, devia ser quebrada em pedaços, porque Israel lhe *queimou incenso*. Fora com ela, é uma coisa profana! Chame-a por um nome vil! Quebre-a em pedacinhos! Faça Israel desprezá-la e esquecê-la; se a serpente de bronze for mal utilizada e transformada em ídolo, não deve ser poupada.

o tanque superior, perto do caminho para o campo onde se lava[a] roupa. ¹⁸Mandaram chamar o rei Ezequias, mas ele enviou os seguintes oficiais ao encontro deles: Eliaquim, filho de Hilquias, o administrador do palácio; Sebna, o secretário da corte; e Joá, filho de Asafe, o historiador do reino.

¹⁹O porta-voz do rei assírio mandou que transmitissem esta mensagem a Ezequias:

"Assim diz o grande rei da Assíria: Em que você confia, que lhe dá tanta segurança? ²⁰Pensa que meras palavras podem substituir experiência e força militar? Com quem você conta para se rebelar contra mim? ²¹Com o Egito? Se você se apoiar no Egito, ele será como um junco que se quebra sob seu peso e perfura sua mão. O faraó, rei do Egito, não é digno de nenhuma confiança!

²²"Talvez vocês digam: 'Confiamos no SENHOR, nosso Deus!'. Mas não foi a ele que Ezequias insultou? Ezequias não destruiu os santuários e altares dele e obrigou todos em Judá e Jerusalém a adorarem somente no altar em Jerusalém?

²³"Vou lhes dizer uma coisa: Façam um acordo com meu senhor, o rei da Assíria. Eu lhes darei dois mil cavalos se forem capazes de encontrar homens em número suficiente para montá-los! ²⁴Com seu exército minúsculo, como podem pensar em desafiar até o contingente mais fraco do exército de meu senhor, mesmo com a ajuda dos carros de guerra e dos cavaleiros do Egito? ²⁵Além disso, imaginam que invadimos sua terra sem a direção do SENHOR? Foi o próprio SENHOR que nos disse: 'Ataquem essa terra e destruam-na!'".

²⁶Então Eliaquim, filho de Hilquias, Sebna e Joá disseram ao porta-voz: "Por favor, fale conosco em aramaico, pois entendemos bem essa língua. Não fale em hebraico,[b] pois o povo sobre o muro o ouvirá".

²⁷O porta-voz, no entanto, respondeu: "Vocês pensam que meu senhor enviou essa mensagem apenas para vocês e para seu senhor? Ele quer que todo o povo a ouça, pois, quando cercarmos esta cidade, eles sofrerão junto com vocês. Ficarão tão famintos e sedentos que comerão as próprias fezes e beberão a própria urina!".

²⁸Então o porta-voz se levantou e gritou em hebraico: "Ouçam esta mensagem do grande rei da Assíria! ²⁹Assim diz o rei: Não deixem que Ezequias os engane. Ele jamais será capaz de livrá-los de meu poder. ³⁰Não deixem que ele os convença a confiar no SENHOR, dizendo: 'Certamente o SENHOR nos livrará; esta cidade jamais cairá nas mãos do rei da Assíria!'.

³¹"Não deem ouvidos a Ezequias! Estas são as condições que o rei da Assíria oferece: Façam as pazes comigo, abram as portas e saiam. Então, cada um de vocês continuará a comer de sua própria videira e de sua própria figueira e a beber de seu próprio poço. ³²Depois, providenciarei que sejam levados a outra terra como esta, uma terra com cereais e vinho novo, com pão e vinhedos, com olivais e mel. Escolham a vida, e não a morte!

"Não deem ouvidos a Ezequias quando ele tentar enganá-los, dizendo: 'O SENHOR nos livrará!'. ³³Acaso os deuses de alguma outra nação livraram seu povo do rei da Assíria? ³⁴O que aconteceu aos deuses de Hamate e de Arpade? E quanto aos deuses de Sefarvaim, de Hena e de Iva? Acaso algum deus livrou Samaria de meu poder? ³⁵Qual dos deuses de qualquer nação foi capaz de livrar seu povo de meu poder? O que os faz pensar que o SENHOR pode livrar Jerusalém de minhas mãos?".

³⁶Mas o povo permaneceu em silêncio e não disse uma palavra sequer, pois Ezequias havia ordenado: "Não lhe respondam".

³⁷Então Eliaquim, filho de Hilquias, administrador do palácio, Sebna, secretário da corte, e Joá, filho de Asafe, historiador do reino, voltaram a Ezequias. Rasgaram suas roupas e foram contar ao rei o que o porta-voz tinha dito.

Ezequias busca a ajuda do SENHOR

19 Quando o rei Ezequias ouviu esse relato, rasgou as roupas, vestiu-se com panos de saco e entrou no templo do SENHOR. ²Enviou Eliaquim, o administrador do palácio, Sebna, o secretário da corte, e os principais sacerdotes, todos vestidos com panos de saco, ao profeta Isaías, filho de Amoz. ³Eles lhe disseram: "Assim diz o rei Ezequias: 'Hoje é um dia de

---

[a] 18.17b Ou *onde se branqueia*. [b] 18.26 Em hebraico, *no dialeto de Judá*; também em 18.28.

angústia, insulto e humilhação. É como quando a criança está prestes a nascer, mas a mãe não tem forças para dar à luz. ⁴Contudo, talvez o Senhor, seu Deus, tenha ouvido o porta-voz[a] que o rei da Assíria enviou para desafiar o Deus vivo e o castigue por suas palavras. Por favor, ore por nós que restamos!'"

⁵Depois que os oficiais do rei Ezequias transmitiram a mensagem ao profeta Isaías, ⁶ele respondeu: "Digam ao rei que assim diz o Senhor: 'Não se assuste com os insultos que os mensageiros do rei da Assíria lançaram contra mim. ⁷Ouça! Eu mesmo agirei contra o rei da Assíria,[b] e ele receberá notícias que o farão voltar para sua terra. Ali eu providenciarei que ele seja morto à espada'".

⁸Enquanto isso, o porta-voz partiu de Jerusalém e foi consultar o rei da Assíria, pois tinha sido informado de que o rei havia deixado Laquis e estava atacando Libna.

⁹Logo depois, o rei Senaqueribe recebeu a notícia de que Tiraca, rei da Etiópia,[c] havia saído com seu exército para lutar contra ele. Então enviou seus homens de volta a Ezequias em Jerusalém com a seguinte mensagem:

¹⁰"Esta é uma mensagem para Ezequias, rei de Judá. Não deixe que seu Deus, em quem você confia, o engane com promessas de que Jerusalém não será conquistada pelo rei da Assíria. ¹¹Você sabe muito bem o que os reis da Assíria fizeram por onde passaram. Destruíram completamente todos que atravessaram seu caminho! Quem é você para escapar? ¹²Acaso os deuses de outras nações, como Gozã, Harã, Rezefe, e o povo de Éden, que estava em Telassar, as livraram? Meus antecessores destruíram todos eles! ¹³O que aconteceu ao rei de Hamate e ao rei de Arpade? O que aconteceu aos reis de Sefarvaim, de Hena e de Iva?".

¹⁴Depois que Ezequias recebeu a carta dos mensageiros e a leu, subiu ao templo do Senhor e a estendeu diante do Senhor. ¹⁵Então Ezequias fez esta oração na presença do Senhor: "Ó Senhor, o Deus de Israel, que estás entronizado entre os querubins! Só tu és Deus de todos os reinos da terra. Sim, tu criaste os céus e a terra. ¹⁶Inclina teus ouvidos, ó Senhor, e ouve! Abre teus olhos, ó Senhor, e vê! Ouve as palavras com as quais Senaqueribe desafia o Deus vivo!

¹⁷"É verdade, Senhor, que os reis da Assíria destruíram todas essas nações. ¹⁸Lançaram os deuses dessas nações no fogo e os queimaram. É claro que os assírios conseguiram destruí-los! Não eram deuses de verdade, mas apenas ídolos de madeira e pedra moldados por mãos humanas. ¹⁹Agora, Senhor, nosso Deus, salva-nos do poder desse rei; então todos os reinos da terra saberão que somente tu, Senhor, és Deus!".

Isaías prediz o livramento de Judá

²⁰Então Isaías, filho de Amoz, enviou esta mensagem a Ezequias: "Assim diz o Senhor, o Deus de Israel: Ouvi sua oração a respeito de Senaqueribe, rei da Assíria. ²¹E o Senhor proferiu esta palavra contra ele:

"A filha virgem de Sião
  o despreza e ri de você.
A filha de Jerusalém
  balança a cabeça com desdém enquanto você foge.
²²"A quem você desafiou e de quem zombou?
  Contra quem levantou a voz?
Para quem olhou com arrogância?
  Para o Santo de Israel!
²³Por meio de seus mensageiros, desafiou o Senhor.
  Disse: 'Com meus numerosos carros de guerra,
conquistei os montes mais elevados,
  sim, os picos mais remotos do Líbano.
Cortei seus cedros mais altos
  e seus melhores ciprestes.
Cheguei a suas regiões mais distantes
  e explorei suas florestas mais densas.
²⁴Cavei poços em muitas terras estrangeiras
  e me refresquei com sua água.
Com a sola de meu pé,
  sequei todos os rios do Egito!'.
²⁵"Mas você não sabe?
  Eu decidi tudo isso há muito tempo.

---

[a] 19.4 Ou *o rabsaqué*; também em 19.8. [b] 19.7 Em hebraico, *Eu porei nele um espírito.* [c] 19.9 Em hebraico, *de Cuxe.*

Planejei essas coisas no passado distante,
e agora as realizo.
Planejei que você transformaria cidades fortificadas
em montes de escombros.
²⁶Por isso, seus habitantes perdem as forças
e ficam assustados e envergonhados.
São frágeis como a relva,
indefesos como brotos verdes e tenros.
São como capim que surge no telhado,
queimado antes mesmo de crescer.
²⁷"Mas eu o conheço bem:
sei onde está
e sei de suas idas e vindas;
sei como se enfureceu contra mim.
²⁸E, por causa de sua raiva contra mim
e de sua arrogância, que eu mesmo ouvi,
porei minha argola em seu nariz
e meu freio em sua boca.
Eu o farei voltar
pelo mesmo caminho por onde veio".

²⁹Então Isaías disse a Ezequias: "Esta é a prova de que minhas palavras são verdadeiras:

"Neste ano vocês comerão somente o que crescer por si,
e, no ano seguinte, o que brotar disso.
Mas, no terceiro ano, semeiem e colham,
cuidem de suas videiras e comam de seus frutos.
³⁰Vocês que restarem em Judá,
os que escaparem da destruição,
lançarão raízes em seu próprio solo,
crescerão e darão frutos.
³¹Pois um remanescente de meu povo sairá de Jerusalém,
um grupo de sobreviventes partirá do monte Sião.
O zelo do Senhor dos Exércitos[a]
fará que isso aconteça!

³²"E assim diz o Senhor a respeito do rei da Assíria:

"Seus exércitos não entrarão em Jerusalém,
nem dispararão contra ela uma só flecha.
Não marcharão com escudos fora de suas portas,
nem construirão rampas de terra contra seus muros.
³³O rei voltará à terra dele
pelo mesmo caminho por onde veio.
Não entrará na cidade,
diz o Senhor.
³⁴Por minha própria honra e por causa de meu servo Davi,
defenderei esta cidade e a libertarei".

³⁵Naquela noite, o anjo do Senhor foi ao acampamento assírio e matou 185 mil soldados assírios. Quando os sobreviventes[b] acordaram na manhã seguinte, encontraram cadáveres por toda parte. ³⁶Então Senaqueribe, rei da Assíria, levantou acampamento e partiu para sua terra. Voltou para Nínive e ali ficou.

³⁷Certo dia, enquanto ele adorava no templo de seu deus Nisroque, seus filhos[c] Adrameleque e Sarezer o mataram à espada. Fugiram para a terra de Ararate, e outro filho, Esar-Hadom, se tornou seu sucessor na Assíria.

A doença e a recuperação de Ezequias

20 Por esse tempo, Ezequias ficou doente e estava para morrer. O profeta Isaías, filho de Amoz, foi visitá-lo e transmitiu-lhe a seguinte mensagem: "Assim diz o Senhor: 'Ponha suas coisas em ordem, pois você vai morrer. Não se recuperará dessa doença'".

²Quando Ezequias ouviu isso, virou o rosto para a parede e orou ao Senhor: ³"Ó Senhor, lembra-te de como sempre te servi com fidelidade e devoção, e de como sempre fiz o que é certo aos teus olhos". Depois, o rei chorou amargamente.

⁴Então, antes que Isaías deixasse o pátio intermediário,[d] recebeu esta mensagem do Senhor: ⁵"Volte a Ezequias, líder de meu povo, e diga-lhe: Assim diz o Senhor, o Deus de seu antepassado Davi: 'Ouvi sua oração e vi suas lágrimas. Vou curá-lo e, daqui a três dias, você sairá da cama e irá ao templo do Senhor.

---

[a] 19.31 Conforme a Septuaginta, a versão siríaca, a Vulgata e uma leitura alternativa do Texto Massorético (ver tb. Is 37.32); o hebraico traz *do Senhor*. [b] 19.35 Em hebraico, *Quando eles*. [c] 19.37 Conforme a Septuaginta e uma leitura alternativa do Texto Massorético (ver tb. Is 37.38); a outra leitura do Texto Massorético não traz *seus filhos*. [d] 20.4 Conforme a Septuaginta e uma leitura alternativa do Texto Massorético (ver tb. Is 37.38); a outra leitura do Texto Massorético traz *o meio da cidade*.

⁶"Acrescentarei quinze anos à sua vida e livrarei você e esta cidade do rei da Assíria. Defenderei esta cidade por causa de minha honra e por causa de meu servo Davi'".

⁷Então Isaías disse: "Preparem uma pasta de figos". Os servos de Ezequias fizeram a pasta e a espalharam sobre a ferida, e Ezequias se recuperou.

⁸Ezequias tinha perguntado a Isaías: "Que sinal o Senhor dará como prova de que ele vai me curar e de que irei ao templo do Senhor daqui a três dias?".

⁹Isaías respondeu: "Este é o sinal do Senhor de que cumprirá o que prometeu. Você prefere que a sombra do relógio de sol avance dez graus ou recue dez graus?".ᵃ

¹⁰"É natural que a sombra avance", disse Ezequias. "Isso seria fácil. Faça-a voltar dez graus."

¹¹O profeta Isaías orou ao Senhor, e ele fez a sombra recuar dez graus no relógio de solᵇ de Acaz.

Mensageiros da Babilônia

¹²Pouco tempo depois, Merodaque-Baladã,ᶜ filho de Baladã, rei da Babilônia, enviou cartas e um presente para Ezequias, pois soube que o rei tinha estado muito doente. ¹³Ezequias recebeu os mensageiros babilônios e lhes mostrou tudo que havia na casa do tesouro: a prata, o ouro, as especiarias e os óleos aromáticos. Também os levou para conhecer seu arsenal e lhes mostrou tudo que havia nos tesouros do rei. Não houve nada em seu palácio nem em seu reino que Ezequias não lhes mostrasse.

¹⁴Então o profeta Isaías foi ver o rei Ezequias e lhe perguntou: "O que esses homens queriam? De onde vieram?".

Ezequias respondeu: "Vieram da Babilônia, uma terra distante".

¹⁵"O que viram em seu palácio?", perguntou Isaías.

"Viram tudo", Ezequias respondeu. "Eu lhes mostrei tudo que possuo, todos os meus tesouros."

¹⁶Então Isaías disse a Ezequias: "Ouça esta mensagem do Senhor: ¹⁷'Está chegando o dia em que tudo em seu palácio, todos os tesouros que seus antepassados acumularam até agora, será levado para a Babilônia. Não ficará coisa alguma', diz o Senhor. ¹⁸'Até mesmo alguns de seus descendentes serão levados para o exílio. Eles se tornarão eunucos e servirão no palácio do rei da Babilônia'".

¹⁹Ezequias disse a Isaías: "A mensagem do Senhor que você transmitiu é boa". Pois o rei pensava: "Pelo menos haverá paz e segurança durante minha vida".

²⁰Os demais acontecimentos do reinado de Ezequias, incluindo a extensão de seu poder e como construiu uma represa e cavou um túnelᵈ

ᵃ **20.9** Ou *Você prefere que a sombra da escadaria avance dez degraus ou recue dez degraus?* ᵇ **20.11** Ou *dez degraus na escadaria*. ᶜ **20.12** Conforme alguns manuscritos hebraicos, a Septuaginta e a versão siríaca (ver tb. Is 39.1); o hebraico traz *Berodaque-Baladã*. ᵈ **20.20** Em hebraico, *um curso de água*.

20.12,13 Não era a coisa mais natural do mundo inteiro a se fazer? Quem dentre nós não teria mostrado aos estrangeiros a nossa casa, o nosso jardim e a nossa biblioteca, e lhes mostrado quaisquer pequenos tesouros e curiosidades que porventura pudéssemos possuir? E se, de alguma forma, Ezequias estivesse orgulhoso de sua riqueza? Não era um orgulho muito natural que ele, sendo um monarca de território tão pequeno, deveria, no entanto, ser capaz, por economia e boa governança, ter acumulado um tesouro tão grande e variado? Isso não demonstrava que ele era *prudente e econômico*. Não poderia ele se apresentar como exemplo para os embaixadores da Babilônia, mostrando o que estas virtudes lhe trouxeram? É exatamente assim; é justamente como o homem vê; mas Deus vê de outra maneira: "O Senhor não vê as coisas como o ser humano as vê. As pessoas julgam pela aparência exterior, mas o Senhor olha para o coração". As coisas não são para Deus como parecem a nós. As ações que aparentemente, em sua superfície, e mesmo mais distantes do julgamento humano, podem parecer indiferentes ou até mesmo louváveis, podem ser tão odiosas a Deus, que a Sua ira pode se acender contra elas. Olhamos para uma agulha e, a olho nu, ela é lisa como o vidro, mas quando a colocamos sob o microscópio, parece ser tão áspera quanto uma barra de ferro bruta. Nossas ações aparentemente são assim também. Em nossos próprios julgamentos, e no de nossos semelhantes, podem parecer ser tão brilhantes e lisas como a agulha por sua excelência, mas quando estão sob a inspeção do Deus que tudo vê, estão cheias de todo tipo de asperezas do pecado. Nossos lírios podem ser as urtigas do Senhor, e nossos jardins nada mais do que um deserto à Sua vista.

para abastecer a cidade com água, estão registrados no *Livro da História dos Reis de Judá*. ²¹Ezequias morreu e se reuniu a seus antepassados, e seu filho Manassés foi seu sucessor.

Manassés reina em Judá

21 Manassés tinha 12 anos quando começou a reinar, e reinou em Jerusalém por 55 anos. Sua mãe se chamava Hefzibá. ²Manassés fez o que era mau aos olhos do Senhor e seguiu as práticas detestáveis das nações que o Senhor havia expulsado de diante dos israelitas. ³Reconstruiu os santuários idólatras que seu pai, Ezequias, havia destruído. Construiu altares para Baal e ergueu um poste de Aserá, como Acabe, rei de Israel, havia feito. Também se curvou diante de todos os astros dos céus e lhes prestou culto.

⁴Construiu altares idólatras no templo do Senhor, sobre o qual o Senhor tinha dito: "Meu nome permanecerá em Jerusalém para sempre". ⁵Nos dois pátios do templo do Senhor, construiu altares para os astros do céu. ⁶Manassés também sacrificou seu filho no fogo. Praticou feitiçaria e adivinhação e consultou médiuns e praticantes do ocultismo. Fez muitas coisas perversas aos olhos do Senhor e, com isso, provocou sua ira.

⁷Manassés chegou a fazer uma imagem esculpida da deusa Aserá e colocá-la no templo, sobre o qual o Senhor tinha dito a Davi e a seu filho Salomão: "Meu nome será honrado para sempre neste templo em Jerusalém, a cidade que escolhi dentre todas as tribos de Israel. ⁸Se os israelitas tiverem o cuidado de obedecer a meus mandamentos, todas as leis que meu servo Moisés lhes deu, não os expulsarei desta terra que dei a seus antepassados". ⁹Mas o povo se recusou a ouvir, e Manassés os levou a fazer coisas piores do que as nações que o Senhor tinha destruído quando os israelitas entraram na terra.

¹⁰Então o Senhor disse por meio de seus servos, os profetas: ¹¹"Manassés, rei de Judá, fez muitas coisas detestáveis. É ainda mais perverso que os amorreus que habitavam nesta terra antes de Israel e fez o povo de Judá pecar com seus ídolos.[a] ¹²Portanto, assim diz o Senhor, o Deus de Israel: Trarei desgraça tão grande sobre Jerusalém e Judá que fará tinir os ouvidos daqueles que ouvirem a respeito. ¹³Julgarei Jerusalém de acordo com o mesmo critério que usei para julgar Samaria[b] e a família de Acabe. Limparei Jerusalém como quem limpa um prato e depois o vira de cabeça para baixo. ¹⁴Rejeitarei até mesmo o remanescente de meu povo e o entregarei a seus inimigos como despojo. ¹⁵Pois eles fizeram o que era mau aos meus olhos e provocaram minha ira desde que seus antepassados saíram do Egito".

¹⁶Além de levar o povo de Judá a pecar e fazer o que era mau aos olhos do Senhor, Manassés assassinou muitos inocentes, até encher Jerusalém do sangue deles, de uma extremidade à outra.

¹⁷Os demais acontecimentos do reinado de Manassés e tudo que ele fez, incluindo os pecados que cometeu, estão registrados no *Livro da História dos Reis de Judá*. ¹⁸Quando Manassés morreu e se reuniu a seus antepassados, foi sepultado no jardim de seu palácio, o jardim de Uzá. Seu filho Amom foi seu sucessor.

Amom reina em Judá

¹⁹Amom tinha 22 anos quando começou a reinar, e reinou em Jerusalém por dois anos. Sua mãe se chamava Mesulemete e era filha de Haruz, de Jotbá. ²⁰Fez o que era mau aos olhos do Senhor, como seu pai, Manassés, havia feito. ²¹Seguiu o exemplo de seu pai e adorou os mesmos ídolos que ele. ²²Abandonou o Senhor, o Deus de seus antepassados, e não andou nos caminhos do Senhor.

²³Os próprios oficiais de Amom conspiraram contra ele e o assassinaram em seu palácio. ²⁴Mas o povo da terra matou todos que haviam conspirado contra o rei Amom e proclamou rei seu filho Josias.

²⁵Os demais acontecimentos do reinado de Amom e tudo que ele fez estão registrados no *Livro da História dos Reis de Judá*. ²⁶Ele foi sepultado em seu túmulo no jardim de Uzá. Seu filho Josias foi seu sucessor.

---

[a] **21.11** É provável que o termo hebraico (lit. *coisas redondas*) se refira a esterco. [b] **21.13** Em hebraico, *Estenderei sobre Jerusalém o mesmo cordel que usei para Samaria e o mesmo prumo*.

Josias reina em Judá

22 Josias tinha 8 anos quando começou a reinar, e reinou por 31 anos em Jerusalém. Sua mãe se chamava Jedida e era filha de Adaías, de Bozcate. ²Josias fez o que era certo aos olhos do Senhor e seguiu o exemplo de seu antepassado Davi, não se desviando nem para um lado nem para o outro.

³No décimo oitavo ano de seu reinado, o rei Josias enviou Safã, secretário da corte, filho de Azalias, filho de Mesulão, ao templo do Senhor. Disse-lhe: ⁴"Vá ao sumo sacerdote Hilquias e peça-lhe que pese a prata que os guardas das portas recolheram do povo no templo do Senhor. ⁵Entregue a prata aos homens encarregados de supervisionar a reforma do templo. Eles a usarão para pagar os trabalhadores que farão reparos no templo do Senhor. ⁶Precisarão de carpinteiros, construtores e pedreiros. Também deverão comprar a madeira e as pedras cortadas necessárias para os reparos no templo. ⁷Contudo, não exija que os supervisores prestem contas do valor que receberam, pois são homens de confiança".

Hilquias encontra a lei de Deus

⁸O sumo sacerdote Hilquias disse a Safã, secretário da corte: "Encontrei o Livro da Lei no templo do Senhor!". E Hilquias entregou o livro a Safã, que o leu.

⁹Safã voltou ao rei e relatou: "Seus oficiais entregaram a prata recolhida no templo do Senhor aos trabalhadores e supervisores no templo". ¹⁰Safã também disse ao rei: "O sacerdote Hilquias me entregou um livro". E Safã leu o livro para o rei.

¹¹Quando o rei ouviu o que estava escrito no Livro da Lei, rasgou suas roupas. ¹²Em seguida, deu estas ordens ao sacerdote Hilquias, a Aicam, filho de Safã, a Acbor, filho de Micaías, a Safã, o secretário da corte, e a Asaías, conselheiro pessoal do rei: ¹³"Vão consultar o Senhor por mim, pelo povo e por todo o Judá. Perguntem a respeito das palavras escritas neste livro que foi encontrado. A grande ira do Senhor arde contra nós, pois nossos antepassados não obedeceram às palavras deste livro. Eles não fizeram tudo que ele diz que devemos fazer".

¹⁴Então o sacerdote Hilquias, Aicam, Acbor, Safã e Asaías foram ao Bairro Novo[a] de Jerusalém consultar a profetisa Hulda. Ela era esposa de Salum, filho de Ticvá, filho de Harás, responsável pelo guarda-roupa do templo.

¹⁵Ela lhes disse: "O Senhor, o Deus de Israel, falou! Voltem e digam ao homem que os enviou ¹⁶que assim diz o Senhor: 'Trarei desgraça sobre esta cidade[b] e sobre seus habitantes. Todas as palavras escritas no livro que o rei de Judá leu se cumprirão. ¹⁷Pois meu povo me abandonou e queimou incenso a outros deuses, e estou grandemente irado com eles por tudo que fizeram. Minha ira arderá contra este lugar e não será apagada'.

¹⁸"Mas vão ao rei de Judá que os enviou para consultarem o Senhor e digam-lhe que assim diz o Senhor a respeito da mensagem que acabaram de ouvir: ¹⁹'Você se arrependeu e se humilhou diante do Senhor quando ouviu o que eu disse contra esta cidade e contra seus habitantes, que esta terra seria amaldiçoada e se tornaria desolada. Você rasgou as roupas e chorou diante de mim. E eu certamente o ouvi, diz o Senhor. ²⁰Portanto, só enviarei a calamidade anunciada depois que você tiver se reunido a seus antepassados e tiver sido sepultado em paz. Você não verá a desgraça que trarei sobre esta cidade'".

Então eles levaram a mensagem ao rei.

As reformas religiosas de Josias

23 Josias mandou chamar todas as autoridades de Judá e de Jerusalém. ²Então o rei subiu ao templo do Senhor com os sacerdotes e os profetas e com todo o povo de Judá e de Jerusalém, dos mais simples até os mais importantes. Leu para eles todo o Livro da Aliança encontrado no templo do Senhor. ³O rei ficou em pé no lugar de honra junto à coluna e renovou a aliança na presença do Senhor. Comprometeu-se a obedecer ao Senhor e a cumprir seus mandamentos, preceitos e decretos de todo o coração e de toda a alma. Confirmou, desse modo, os termos da aliança

---

[a] **22.14** Ou *Segundo Bairro*, uma parte mais nova de Jerusalém. O hebraico traz *o Mishneh*. [b] **22.16** Em hebraico, *sobre este lugar*; também em 22.19,20.

escritos no livro, e todo o povo se comprometeu com a aliança.

⁴Em seguida, o rei deu ordens ao sumo sacerdote Hilquias, aos sacerdotes auxiliares e aos guardas das portas do templo para que removessem do templo do Senhor todos os utensílios usados para o culto a Baal, a Aserá e a todos os astros do céu. Mandou queimar tudo fora de Jerusalém, nos terraços do vale de Cedrom, e levou as cinzas para Betel. ⁵Eliminou os sacerdotes idólatras nomeados por reis anteriores de Judá, pois haviam oferecido sacrifícios nos santuários idólatras em todo o território de Judá e nos arredores de Jerusalém. Também haviam oferecido sacrifícios a Baal, ao sol, à lua, às constelações e a todos os astros dos céus. ⁶Removeu do templo do Senhor o poste de Aserá e o levou para fora de Jerusalém, para o vale de Cedrom, onde o queimou. Depois, moeu as cinzas do poste e lançou o pó sobre os túmulos do povo. ⁷Também demoliu os alojamentos dos prostitutos e das prostitutas cultuais dentro do templo do Senhor, onde as mulheres teciam enfeites[a] para o poste de Aserá.

⁸Josias trouxe para Jerusalém todos os sacerdotes que moravam em outras cidades de Judá. Profanou os santuários idólatras, onde haviam queimado incenso, desde Geba até Berseba. Destruiu os santuários na entrada da porta de Josué, governador de Jerusalém, à esquerda de quem entra pela porta da cidade. ⁹Os sacerdotes que haviam servido nos santuários idólatras não tinham permissão de servir no[b] altar do Senhor, em Jerusalém, mas podiam comer dos pães sem fermento junto com os outros sacerdotes.

¹⁰O rei profanou o altar de Tofete, no vale de Ben-Hinom, a fim de que ninguém mais pudesse usá-lo para sacrificar no fogo um filho ou uma filha como oferta a Moloque. ¹¹Removeu da entrada do templo do Senhor as estátuas de cavalos que os reis anteriores de Judá haviam dedicado ao sol. Ficavam perto do alojamento do eunuco Natã-Meleque, oficial do templo.[c] O rei também queimou os carros de guerra consagrados ao sol.

¹²Derrubou os altares que os reis de Judá haviam construído no terraço do palácio, sobre a sala de Acaz. Destruiu os altares que Manassés havia construído nos dois pátios do templo do Senhor. Despedaçou-os[d] e espalhou o entulho no vale de Cedrom. ¹³O rei também profanou os santuários idólatras a leste de Jerusalém, ao sul do monte da Corrupção, que Salomão, rei de Israel, havia construído para Astarote, a repulsiva deusa dos sidônios, e para Camos, o repulsivo deus dos moabitas, e para Moloque,[e] o repugnante deus dos amonitas. ¹⁴Fez em pedaços as colunas sagradas e cortou os postes de Aserá. Depois, espalhou sobre eles ossos humanos.

¹⁵O rei também demoliu o altar em Betel, o santuário idólatra que Jeroboão, filho de Nebate, havia construído quando levou Israel a pecar. Queimou o santuário e o reduziu a pó e queimou o poste de Aserá. ¹⁶Então Josias olhou ao redor e viu várias sepulturas na encosta do monte. Mandou retirar os ossos das sepulturas e os queimou no altar em Betel para profaná-lo. Tudo isso aconteceu exatamente como o Senhor havia anunciado por meio do homem de Deus, quando Jeroboão estava junto ao altar durante a festa.

Depois, Josias se voltou e viu o túmulo do homem de Deus[f] que havia predito essas coisas. ¹⁷"Que monumento é aquele ali?", o rei perguntou.

E o povo da cidade lhe disse: "É o túmulo do homem de Deus que veio de Judá e anunciou exatamente o que o senhor acaba de fazer ao altar em Betel!".

¹⁸Josias respondeu: "Deixem-no em paz. Não mexam nos ossos". Assim, não queimaram seus ossos, nem os ossos do profeta de Samaria.

¹⁹Então Josias demoliu todos os santuários idólatras nas cidades de Samaria, como havia feito em Betel. Tinham sido construídos pelos reis de Israel e haviam provocado a ira do Senhor.[g] ²⁰Matou os sacerdotes dos santuários

---

[a] **23.7** Ou *tendas*. [b] **23.9** Em hebraico, *não subiam para o*. [c] **23.11** Ou *no pátio anexo ao templo*. O significado do hebraico é incerto. [d] **23.12** Ou *Removeu-os rapidamente*. [e] **23.13** Em hebraico, *Milcom*, variação de Moloque. [f] **23.16** Conforme a Septuaginta; o hebraico não traz todo o trecho *quando Jeroboão [...] o túmulo do homem de Deus*. [g] **23.19** Conforme a Septuaginta, a versão siríaca e a Vulgata; o hebraico não traz *do Senhor*.

idólatras em seus próprios altares e queimou ossos humanos sobre os altares para profaná-los. Por fim, voltou para Jerusalém.

Josias celebra a Páscoa

²¹O rei Josias deu a seguinte ordem a todo o povo: "Celebrem a Páscoa do Senhor, seu Deus, como requer este Livro da Aliança". ²²A Páscoa não havia sido celebrada dessa forma desde o tempo em que os juízes governavam Israel, nem nos dias dos reis de Israel e de Judá. ²³Mas, no décimo oitavo ano do reinado de Josias, a Páscoa foi celebrada ao Senhor em Jerusalém.

²⁴Josias também exterminou os médiuns e os praticantes de ocultismo, os ídolos do lar, os ídolos em geral[a] e toda espécie de prática repulsiva tanto em Jerusalém como em todo o território de Judá. Fez isso em obediência às leis escritas no livro que o sacerdote Hilquias havia encontrado no templo do Senhor. ²⁵Nunca antes houve um rei como Josias, que se voltasse para o Senhor de todo o coração, de toda a alma e de todas as forças, e obedecesse a toda a lei de Moisés. E nunca mais houve um rei como ele.

²⁶Ainda assim, o Senhor continuou grandemente irado contra Judá, por causa de todas as coisas que Manassés havia feito para provocá-lo. ²⁷Pois o Senhor disse: "Também expulsarei Judá de minha presença, como expulsei Israel. E rejeitarei Jerusalém, a cidade que escolhi, e o templo onde meu nome deveria ser honrado".

²⁸Os demais acontecimentos do reinado de Josias e tudo que ele fez estão registrados no *Livro da História dos Reis de Judá*.

²⁹Durante o reinado de Josias, o faraó Neco, rei do Egito, foi ao rio Eufrates dar apoio ao rei da Assíria. O rei Josias e seu exército saíram para lutar contra ele, mas o faraó[b] o matou quando se enfrentaram em Megido. ³⁰Os oficiais de Josias levaram seu corpo de volta num carro, de Megido para Jerusalém, e o sepultaram em seu próprio túmulo. Então o povo ungiu Jeoacaz, filho de Josias, e o proclamou rei.

Jeoacaz reina em Judá

³¹Jeoacaz tinha 23 anos quando começou a reinar, e reinou em Jerusalém por três meses. Sua mãe se chamava Hamutal e era filha de Jeremias, de Libna. ³²Fez o que era mau aos olhos do Senhor, como seus antepassados.

³³O faraó Neco prendeu Jeoacaz em Ribla, na terra de Hamate, para impedir que reinasse[c] em Jerusalém. Também exigiu que Judá pagasse um tributo de 3.500 quilos de prata e 35 quilos de ouro.[d]

Jeoaquim reina em Judá

³⁴Em seguida, o faraó Neco escolheu Eliaquim, outro filho de Josias, como sucessor de seu pai e mudou o nome dele para Jeoaquim. Jeoacaz foi levado como prisioneiro para o Egito, onde morreu.

³⁵A fim de obter o ouro e a prata que o faraó Neco havia exigido como tributo, Jeoaquim cobrou dos habitantes de Judá um imposto proporcional às posses de cada um.

³⁶Jeoaquim tinha 25 anos quando começou a reinar, e reinou em Jerusalém por onze anos. Sua mãe se chamava Zebida e era filha de Pedaías, de Ruma. ³⁷Ele fez o que era mau aos olhos do Senhor, como seus antepassados.

24

Durante o reinado de Jeoaquim, Nabucodonosor, rei da Babilônia, invadiu a terra de Judá. Jeoaquim se rendeu e lhe pagou tributo por três anos, mas depois se rebelou. ²Então o Senhor enviou bandos de saqueadores babilônios,[e] sírios, moabitas e amonitas contra o reino de Judá para destruí-lo, como tinha anunciado por meio de seus profetas. ³Essas desgraças aconteceram a Judá por ordem do Senhor. Ele havia resolvido expulsar Judá de sua presença por causa dos muitos pecados de Manassés, ⁴que havia enchido Jerusalém de sangue inocente. O Senhor não perdoou esse pecado.

⁵Os demais acontecimentos do reinado de Jeoaquim e tudo que ele fez estão registrados no *Livro da História dos Reis de Judá*. ⁶Quando Jeoaquim morreu e se reuniu a seus antepassados, seu filho Joaquim foi seu sucessor.

⁷Depois disso, o rei do Egito não se atreveu a sair de suas fronteiras, pois o rei da Babilônia conquistou toda a região que antes havia pertencido ao Egito, desde o ribeiro do Egito até o rio Eufrates.

---

[a]**23.24** É provável que o termo hebraico (lit. *coisas redondas*) se refira a esterco. [b]**23.29** Em hebraico, *mas ele*. [c]**23.33a** O significado do hebraico é incerto. [d]**23.33b** Em hebraico, *100 talentos de prata e 1 talento de ouro*. [e]**24.2** Ou *caldeus*.

Joaquim reina em Judá

⁸Joaquim tinha 18 anos quando começou a reinar, e reinou em Jerusalém por três meses. Sua mãe se chamava Neústa e era filha de Elnatã, de Jerusalém. ⁹Fez o que era mau aos olhos do Senhor, como seus antepassados.

¹⁰Durante o reinado de Joaquim, os oficiais de Nabucodonosor, rei da Babilônia, subiram contra Jerusalém e a cercaram. ¹¹O próprio Nabucodonosor chegou à cidade durante o cerco. ¹²Então Joaquim, rei de Judá, a rainha-mãe, os conselheiros, os comandantes e os oficiais se renderam aos babilônios.

No oitavo ano de seu reinado, Nabucodonosor levou Joaquim como prisioneiro. ¹³Conforme o Senhor havia declarado de antemão, Nabucodonosor levou embora todos os tesouros do templo do Senhor e do palácio real. Removeu[a] todos os utensílios de ouro que Salomão, rei de Israel, havia colocado no templo. ¹⁴O rei Nabucodonosor deportou gente de toda a cidade de Jerusalém, incluindo todos os comandantes e os melhores soldados, artífices e ferreiros, dez mil pessoas ao todo. Só ficaram na terra os mais pobres.

¹⁵Nabucodonosor levou cativos para a Babilônia o rei Joaquim, a rainha-mãe, as esposas e os oficiais do rei e todos os nobres de Jerusalém. ¹⁶Também deportou sete mil soldados, todos fortes e aptos para a guerra, além de mil artífices e ferreiros. ¹⁷Então o rei da Babilônia escolheu Matanias, tio de Joaquim,[b] como rei de Judá e mudou o nome dele para Zedequias.

Zedequias reina em Judá

¹⁸Zedequias tinha 21 anos quando começou a reinar, e reinou em Jerusalém por onze anos. Sua mãe se chamava Hamutal e era filha de Jeremias, de Libna. ¹⁹Fez o que era mau aos olhos do Senhor, como Jeoaquim antes dele. ²⁰Estas coisas aconteceram por causa da ira do Senhor contra o povo de Jerusalém e de Judá. Por fim, ele os expulsou de sua presença e os mandou para o exílio.

A queda de Jerusalém

Zedequias se rebelou contra o rei da Babilônia.

25 Assim, no dia 15 de janeiro,[c] durante o nono ano do reinado de Zedequias, Nabucodonosor, rei da Babilônia e todo o seu exército cercaram Jerusalém e construíram rampas de ataque contra os muros. ²Jerusalém permaneceu cercada até o décimo primeiro ano do reinado de Zedequias.

³Em 18 de julho, no décimo primeiro ano do reinado de Zedequias,[d] a fome na cidade tinha se tornado tão severa que não havia mais nenhum alimento. ⁴Assim, abriram uma brecha no muro da cidade. Como a cidade estava cercada pelos babilônios,[e] os soldados esperaram até o anoitecer e fugiram[f] pelo portão entre os dois muros atrás do jardim do rei. Então seguiram em direção ao vale do Jordão.[g]

⁵Contudo, o exército babilônio[h] perseguiu o rei e o alcançou nas planícies de Jericó, pois todos os seus soldados o haviam abandonado e se dispersado. ⁶Capturaram Zedequias e o levaram ao rei da Babilônia, em Ribla, onde ele recebeu sua sentença. ⁷Mataram seus filhos diante dele, depois lhe arrancaram os olhos, o prenderam com correntes de bronze e o levaram para a Babilônia.

O templo é destruído

⁸Em 14 de agosto daquele ano,[i] o décimo nono do reinado de Nabucodonosor, Nebuzaradã, capitão da guarda e oficial do rei da Babilônia, chegou a Jerusalém. ⁹Queimou o templo do Senhor, o palácio real e todas as casas de Jerusalém. Pôs fogo em todos os edifícios importantes[j] da cidade. ¹⁰Depois, supervisionou o exército babilônio na demolição de todos os muros de Jerusalém. ¹¹Em seguida, Nebuzaradã, capitão da guarda, deportou o povo que havia ficado na cidade, os desertores que se entregaram ao rei da Babilônia e o restante da população. ¹²Permitiu, no entanto, que alguns

---

[a] **24.13** Ou *Cortou em pedaços*. [b] **24.17** Em hebraico, *tio dele*. [c] **25.1** Em hebraico, *no décimo dia do décimo mês*, do antigo calendário lunar hebraico. Vários acontecimentos de 2Reis podem ser verificados com base em datas de registos babilônicos ainda existentes e relacionados com precisão ao calendário moderno. O ano foi 588 a.C. [d] **25.3** Em hebraico, *No nono dia do (quarto) mês* [do décimo primeiro ano do reinado de Zedequias] (cp. com Jr 39.2; 52.6 e as respectivas notas). O ano foi 586 a.C.; ver também nota em 25.1. [e] **25.4a** Ou *caldeus*; também em 25.5, 13, 24,25,26. [f] **25.4b** Conforme a Septuaginta (ver tb. Jr 39.4; 52.7); o hebraico não traz *fugiram*. [g] **25.4c** Em hebraico, *à Arabá*. [h] **25.5** Ou *caldeu*; também em 25.10. [i] **25.8** Em hebraico, *No sétimo dia do quinto mês*, do antigo calendário lunar hebraico. O ano foi 586 a.C.; ver também nota em 25.1. [j] **25.9** Ou *Incendiou as casas de todas as pessoas importantes*.

dos mais pobres ficassem para cuidar das videiras e dos campos.

¹³Os babilônios despedaçaram as colunas de bronze na frente do templo do Senhor, as bases móveis de bronze e o grande tanque de bronze chamado Mar, e levaram todo o bronze para a Babilônia. ¹⁴Também levaram os baldes para cinzas, as pás, os cortadores de pavios, as colheres e todos os outros utensílios de bronze usados para o serviço no templo. ¹⁵O capitão da guarda levou ainda os incensários e as bacias e todos os outros utensílios de ouro puro ou prata.

¹⁶Era impossível calcular o peso do bronze das duas colunas, do Mar e das bases móveis para levar água. Esses objetos tinham sido feitos para o templo do Senhor nos dias de Salomão. ¹⁷Cada coluna media 8,1 metros[a] de altura. O capitel de bronze no alto de cada coluna media cerca de 2,25 metros[b] de altura e era enfeitado ao redor com correntes entrelaçadas de romãs feitas de bronze.

¹⁸O capitão da guarda levou como prisioneiros o sumo sacerdote Seraías, o sacerdote auxiliar Sofonias e três dos principais guardas das portas. ¹⁹Dentre o povo que ainda estava escondido na cidade, levou um oficial responsável pelo exército de Judá, cinco dos conselheiros pessoais do rei, o secretário do comandante do exército, que era encarregado do alistamento de soldados, e outros sessenta homens do povo. ²⁰Nebuzaradã, capitão da guarda, levou-os ao rei da Babilônia, em Ribla. ²¹E ali em Ribla, na terra de Hamate, o rei da Babilônia mandou executá-los. Assim, o povo de Judá foi enviado para o exílio, para longe de sua terra.

Gedalias governa em Judá

²²Nabucodonosor, rei da Babilônia, nomeou Gedalias, filho de Aicam, filho de Safã, como governador do povo que ele havia deixado em Judá. ²³Quando os comandantes do exército e seus homens souberam que o rei da Babilônia havia nomeado Gedalias governador, foram vê-lo em Mispá. Entre eles estavam Ismael, filho de Netanias, Joanã, filho de Careá, Seraías, filho do netofatita Tanumete, Jezanias,[c] filho do maacatita, e todos os seus homens.

²⁴Gedalias jurou a eles que os oficiais babilônios não tinham intenção de lhes fazer nenhum mal. "Não tenham medo deles", disse. "Vivam na terra e sirvam ao rei da Babilônia, e tudo lhes irá bem."

²⁵Mas, no sétimo mês desse mesmo ano,[d] Ismael, filho de Netanias, filho de Elisama, que era da família real, foi com dez homens a Mispá e matou Gedalias. Também matou todos os judeus e babilônios que estavam com ele em Mispá.

²⁶Então todo o povo de Judá, dos mais simples até os mais importantes, bem como os comandantes do exército, fugiu para o Egito, com medo do que os babilônios lhe fariam.

Esperança para a linhagem real de Israel

²⁷No trigésimo sétimo ano do exílio de Joaquim, rei de Judá, Evil-Merodaque começou a reinar na Babilônia. Foi bondoso com[e] Joaquim e o libertou[f] da prisão em 2 de abril daquele ano.[g] ²⁸Falou com ele gentilmente e o colocou num lugar mais elevado que o de outros reis exilados na Babilônia. ²⁹Providenciou roupas novas para Joaquim, no lugar das roupas de prisioneiro, e permitiu que ele comesse na presença do rei enquanto vivesse. ³⁰Assim o rei lhe deu uma provisão diária de alimento pelo resto de sua vida.

---

[a] **25.17a** Em hebraico, *18 côvados*. [b] **25.17b** Conforme os textos paralelos em 1Rs 7.16; 2Cr 3.15; Jr 52.22, que trazem *5 côvados*; o hebraico traz *3 côvados*. [c] **25.23** Conforme o texto paralelo em Jr 40.8; o hebraico traz *Jazanias*, variação de Jezanias. [d] **25.25** Esse mês ocorreu entre outubro e novembro de 586 a.C.; ver também nota em 25.1. [e] **25.27a** Em hebraico, *Levantou a cabeça de*. [f] **25.27b** Conforme alguns manuscritos hebraicos, a Septuaginta e a versão siríaca (ver tb. Jr 52.31); o Texto Massorético não traz *e o libertou*. [g] **25.27c** Em hebraico, *no vigésimo sétimo dia do décimo segundo mês*, do antigo calendário lunar hebraico. O ano foi 561 a.C.; ver também nota em 25.1.

1 Crônicas

INTRODUÇÃO

Nome. O nome de Crônicas foi dado por Jerônimo. Elas eram as "palavras dos dias" e os tradutores da Septuaginta as chamavam de "coisas omitidas". Originalmente, 1 e 2 Crônicas eram um único livro.

Conteúdo. Começando com Adão, a história de Israel é reescrita até o retorno de Judá do cativeiro.

Conexão com os livros anteriores. Abrange o mesmo campo que todos os outros. A essa altura, os livros se encaixavam um no outro e formavam uma história contínua. Aqui, voltamos e revisamos toda a história, começando com Adão, e chegando ao edito de Ciro, que permitiu que os judeus exilados retornassem a Jerusalém.

Propósito religioso das narrativas. Várias coisas mostram que 1 e 2 Crônicas têm um propósito religioso: (1) O cuidado de Deus com Seu povo e o Seu propósito de salvá-lo recebe ênfase especial; (2) A construção do Templo tem muita proeminência; (3) Aos reis que serviram a Deus e destruíram ídolos é dado o lugar mais notório; (4) Segue a linhagem de Judá, apenas mencionando Israel, onde pareceu necessário. Desta forma, seguia a linhagem messiânica através de Davi; (5) O espírito sacerdotal permeia esses livros em vez dos elementos proféticos como nos livros históricos anteriores. O objetivo, portanto, parece ser ensinar, em vez de narrar. Parece ensinar que a virtude e os vícios, em assuntos privados ou nacionais, certamente receberão sua paga — que Deus deve ser levado em conta na vida dos indivíduos e das nações.

ESBOÇO

1. Genealogias, Caps. 1–9
2. O reinado de Davi, Caps. 10–29
    2.1. Início e grandes guerreiros, Caps. 10–12
    2.2. Zelo pela casa de Deus, Caps. 13–17
    2.3. Suas vitórias, Caps. 18–20
    2.4. O recenseamento do povo, Caps. 21
    2.5. Provisão para o Templo, Caps. 22–29

PARA ESTUDO E DISCUSSÃO

[1] Os grandes guerreiros de Davi.
[2] As diferentes vitórias conquistadas por Davi.
[3] Instruções de Davi a Salomão.
[4] Oração de Davi.

De Adão aos filhos de Noé

1 Os descendentes de Adão foram: Sete, Enos, ²Cainã, Maalalel, Jarede, ³Enoque, Matusalém, Lameque ⁴e Noé.

Os filhos de Noé foram:[a] Sem, Cam e Jafé.

Descendentes de Jafé

⁵Os descendentes de Jafé foram: Gômer, Magogue, Madai, Javã, Tubal, Meseque e Tirás.
⁶Os descendentes de Gômer foram: Asquenaz, Rifate[b] e Togarma.
⁷Os descendentes de Javã foram: Elisá, Társis, Quitim e Rodanim.

Descendentes de Cam

⁸Os descendentes de Cam foram: Cuxe, Mizraim,[c] Pute e Canaã.
⁹Os descendentes de Cuxe foram: Sebá, Havilá, Sabtá, Raamá e Sabtecá. Os descendentes de Raamá foram: Sabá e Dedã. ¹⁰Cuxe também foi o antepassado de Ninrode, o primeiro guerreiro valente da terra.
¹¹Mizraim foi o antepassado dos luditas, anamitas, leabitas, naftuítas, ¹²patrusitas, casluítas e dos caftoritas, dos quais descendem os filisteus.[d]
¹³O filho mais velho de Canaã foi Sidom. Canaã também foi o antepassado dos hititas,[e] ¹⁴jebuseus, amorreus, girgaseus, ¹⁵heveus, arqueus, sineus, ¹⁶arvadeus, zemareus e hamateus.

Descendentes de Sem

¹⁷Os descendentes de Sem foram: Elão, Assur, Arfaxade, Lude e Arã.

Os descendentes de Arã foram:[f] Uz, Hul, Géter e Más.[g]

¹⁸Arfaxade gerou Salá, e Salá gerou Héber.
¹⁹Héber teve dois filhos. O primeiro recebeu o nome de Pelegue,[h] pois em sua época a terra foi dividida. O irmão de Pelegue recebeu o nome de Joctã.
²⁰Joctã foi o antepassado de Almodá, Salefe, Hazarmavé, Jerá, ²¹Adorão, Uzal, Dicla, ²²Obal,[i] Abimael, Sabá, ²³Ofir, Havilá e Jobabe. Todos eles foram descendentes de Joctã.
²⁴Os descendentes de Sem foram: Arfaxade, Selá,[j] ²⁵Héber, Pelegue, Reú, ²⁶Serugue, Naor, Terá ²⁷e Abrão, mais tarde chamado de Abraão.

Descendentes de Abraão

²⁸Os filhos de Abraão foram: Isaque e Ismael.
²⁹Estes são seus registros genealógicos:

Os filhos de Ismael foram: Nebaiote, o mais velho, Quedar, Adbeel, Mibsão, ³⁰Misma, Dumá, Massá, Hadade, Temá, ³¹Jetur, Nafis e Quedemá. Esses foram os filhos de Ismael.

³²Estes foram os filhos de Quetura, concubina de Abraão: Zinrã, Jocsã, Medã, Midiã, Isbaque e Suá.

Os filhos de Jocsã foram: Sabá e Dedã.
³³Os filhos de Midiã foram: Efá, Éfer, Enoque, Abida e Elda.

Todos esses foram descendentes de Abraão com sua concubina Quetura.

Descendentes de Isaque

³⁴Abraão gerou Isaque. Os filhos de Isaque foram: Esaú e Israel.[k]

Descendentes de Esaú

³⁵Os filhos de Esaú foram: Elifaz, Reuel, Jeús, Jalão e Corá.
³⁶Os descendentes de Elifaz foram: Temã, Omar, Zefô,[l] Gaetã, Quenaz e Amaleque, que nasceu a Timna.[m]
³⁷Os descendentes de Reuel foram: Naate, Zerá, Samá e Mizá.

Povos de Edom

³⁸Os descendentes de Seir foram: Lotã, Sobal, Zibeão, Aná, Disom, Ézer e Disã.
³⁹Os descendentes de Lotã foram: Hori e Hemã.[n] A irmã de Lotã se chamava Timna.

---

[a] **1.4** Conforme a Septuaginta (ver tb. Gn 5.3-32); o hebraico não traz *Os filhos de Noé foram*. [b] **1.6** Conforme alguns manuscritos hebraicos e a Septuaginta (ver Gn 10.3); a maioria dos manuscritos hebraicos traz *Difate*. [c] **1.8** Ou *Egito*; também em 1.11. [d] **1.12** Em hebraico, *casluítas, dos quais descendem os filisteus, caftoritas*. Ver Jr 47.4; Am 9.7. [e] **1.13** Em hebraico, *antepassado de Hete*. [f] **1.17a** Conforme um manuscrito hebraico e alguns manuscritos gregos (ver tb. Gn 10.23); a maioria dos manuscritos hebraicos não traz *Os descendentes de Arã foram*. [g] **1.17b** Conforme o texto paralelo em Gn 10.23; o hebraico traz *e Meseque*. [h] **1.19** *Pelegue* significa "divisão". [i] **1.22** Conforme alguns manuscritos hebraicos e a versão siríaca (ver tb. Gn 10.28); a maioria dos manuscritos hebraicos traz *Ebal*. [j] **1.24** Alguns manuscritos gregos trazem *Arfaxade, Cainã, Selá*. Ver notas em Gn 10.24; 11.12-13. [k] **1.34** *Israel* é o nome que Deus deu a Jacó. [l] **1.36a** Conforme alguns manuscritos hebraicos e gregos (ver tb. Gn 36.11); a maioria dos manuscritos hebraicos traz *Zefi*. [m] **1.36b** Conforme alguns manuscritos gregos (ver tb. Gn 36.12); o hebraico traz *Quenaz, Timna e Amaleque*. [n] **1.39** Conforme o texto paralelo em Gn 36.22; o hebraico traz *e Homã*.

⁴⁰Os descendentes de Sobal foram: Alvã,ª Maanate, Ebal, Sefôᵇ e Onã.
Os descendentes de Zibeão foram: Aiá e Aná. ⁴¹O filho de Aná foi Disom.
Os descendentes de Disom foram: Hendã,ᶜ Esbã, Itrã e Querã.
⁴²Os descendentes de Ézer foram: Bilã, Zaavã e Acã.ᵈ
Os descendentes de Disãᵉ foram: Uz e Arã.

Reis de Edom

⁴³Estes são os reis que governaram na terra de Edom antes de os israelitas terem rei:ᶠ

Belá, filho de Beor, reinou na cidade de Dinabá.
⁴⁴Quando Belá morreu, Jobabe, filho de Zerá, de Bozra, foi seu sucessor.
⁴⁵Quando Jobabe morreu, Husã, da terra dos temanitas, foi seu sucessor.
⁴⁶Quando Husã morreu, Hadade, filho de Bedade, foi seu sucessor na cidade de Avite. Foi Hadade quem derrotou os midianitas na terra de Moabe.
⁴⁷Quando Hadade morreu, Samlá, da cidade de Masreca, foi seu sucessor.
⁴⁸Quando Samlá morreu, Saul, da cidade de Reobote, próxima ao Eufrates,ᵍ foi seu sucessor.
⁴⁹Quando Saul morreu, Baal-Hanã, filho de Acbor, foi seu sucessor.
⁵⁰Quando Baal-Hanã morreu, Hadade foi seu sucessor na cidade de Paú.ʰ Sua mulher era Meetabel, filha de Matrede e neta de Mezaabe. ⁵¹Então Hadade morreu.

Os chefes dos clãs de Edom foram: Timna, Alvá,ⁱ Jetete, ⁵²Oolibama, Elá, Pinom, ⁵³Quenaz, Temã, Mibzar, ⁵⁴Magdiel e Irã. Esses foram os chefes dos clãs de Edom.

Descendentes de Israel

2 Os filhos de Israelʲ foram: Rúben, Simeão, Levi, Judá, Issacar, Zebulom, ²Dã, José, Benjamim, Naftali, Gade e Aser.

Descendentes de Judá

³Judá teve três filhos com Bate-Suá, uma mulher cananeia: Er, Onã e Selá. Mas o Senhor viu que Er, o filho mais velho, era perverso, e por isso o matou. ⁴Algum tempo depois, Judá teve filhos gêmeos com sua nora, Tamar. Chamavam-se Perez e Zerá. Ao todo, Judá teve cinco filhos.
⁵Os filhos de Perez foram: Hezrom e Hamul.
⁶Os filhos de Zerá foram: Zinri, Etã, Hemã, Calcol e Darda,ᵏ cinco ao todo.
⁷O filho de Carmi se chamava Acãˡ e trouxe calamidade sobre Israel ao tomar para si despojos consagrados para o Senhor.
⁸O filho de Etã foi Azarias.

De Hezrom, neto de Judá, a Davi

⁹Os filhos de Hezrom foram: Jerameel, Rão e Calebe.ᵐ
¹⁰Rão gerou Aminadabe.
Aminadabe gerou Naassom, um dos líderes de Judá.
¹¹Naassom gerou Salmom.ⁿ
Salmom gerou Boaz.
¹²Boaz gerou Obede.
Obede gerou Jessé.
¹³O primeiro filho de Jessé foi Eliabe; o segundo, Abinadabe; o terceiro, Simeia; ¹⁴o quarto, Natanael; o quinto, Radai; ¹⁵o sexto, Ozém; e o sétimo, Davi.
¹⁶As irmãs deles se chamavam Zeruia e Abigail. Os três filhos de Zeruia foram: Abisai, Joabe e Asael. ¹⁷Abigail se casou com Jéter, um ismaelita, e tiveram um filho chamado Amasa.

ª **1.40a** Conforme alguns manuscritos hebraicos e gregos (ver tb. Gn 36.23); a maioria dos manuscritos hebraicos traz *Aliã*. ᵇ **1.40b** Conforme alguns manuscritos hebraicos (ver tb. Gn 36.23); a maioria dos manuscritos hebraicos traz *Sefi*. ᶜ **1.41** Conforme alguns manuscritos hebraicos e gregos (ver tb. Gn 36.26); a maioria dos manuscritos hebraicos traz *Hanrão*. ᵈ **1.42a** Conforme alguns manuscritos hebraicos e gregos (ver tb. Gn 36.27); a maioria dos manuscritos hebraicos traz *Jaacã*. ᵉ **1.42b** Em hebraico, *Disom*; comparar com 1.38 e o texto paralelo em Gn 36.28. ᶠ **1.43** Ou *antes de um rei israelita governá-los*. ᵍ **1.48** Em hebraico, *ao rio*. ʰ **1.50** Conforme alguns manuscritos hebraicos e gregos, a versão siríaca e a Vulgata (ver tb. Gn 36.39); a maioria dos manuscritos hebraicos traz *Paí*. ⁱ **1.51** Conforme uma leitura alternativa do Texto Massorético (ver tb. Gn 36.40); a outra leitura traz *Aliã*. ʲ **2.1** *Israel* é o nome que Deus deu a Jacó. ᵏ **2.6** Conforme alguns manuscritos hebraicos e gregos e a versão siríaca (ver tb. 1Rs 4.31); a maioria dos manuscritos hebraicos traz *Dara*. ˡ **2.7** Em hebraico, *Acar*; comparar com Js 7.1. *Acar* significa "calamidade". ᵐ **2.9** Em hebraico, *Quelubai*, variação de Calebe; comparar com 2.18. ⁿ **2.11** Conforme a Septuaginta (ver tb. Rt 4.21); o hebraico traz *Salma*.

Outros descendentes de Hezrom

¹⁸Calebe, filho de Hezrom, teve filhos com sua esposa Azuba e com Jeriote.ᵃ Os filhos de Azuba foram: Jeser, Sobabe e Ardom. ¹⁹Quando Azuba morreu, Calebe se casou com Efrata,ᵇ e teve com ela um filho chamado Hur. ²⁰Hur gerou Uri. Uri gerou Bezalel.

²¹Quando Hezrom tinha 60 anos, casou-se com a irmã de Gileade, filha de Maquir. Tiveram um filho chamado Segube. ²²Segube gerou Jair, que governou 23 cidades na terra de Gileade. ²³(Contudo, Gesur e Arã tomaram as Cidades de Jair,ᶜ além de Quenate e os sessenta povoados ao redor.) Todos esses foram descendentes de Maquir, pai de Gileade.

²⁴Logo depois que Hezrom morreu na cidade de Calebe-Efrata, sua esposa Abia deu à luz um filho chamado Asur, pai deᵈ Tecoa.

Descendentes de Jerameel, filho de Hezrom

²⁵Os filhos de Jerameel, filho mais velho de Hezrom, foram: Rão, o mais velho, Buna, Orém, Ozém e Aías. ²⁶Atara, segunda esposa de Jerameel, teve um filho chamado Onã.

²⁷Os filhos de Rão, filho mais velho de Jerameel, foram: Maaz, Jamim e Equer.

²⁸Os filhos de Onã foram: Samai e Jada.

Os filhos de Samai foram: Nadabe e Abisur.

²⁹Os filhos de Abisur com sua esposa Abiail foram: Abã e Molide.

³⁰Os filhos de Nadabe foram Selede e Apaim. Selede morreu sem filhos, ³¹mas Apaim teve um filho chamado Isi. O filho de Isi se chamava Sesã, e o filho de Sesã, Alai.

³²Os filhos de Jada, irmão de Samai, foram: Jéter e Jônatas. Jéter morreu sem filhos, ³³mas Jônatas teve dois filhos: Pelete e Zaza.

Todos esses foram descendentes de Jerameel.

³⁴Sesã não teve filhos, mas teve filhas. Tinha também um servo egípcio chamado Jará. ³⁵Sesã deu uma de suas filhas em casamento a Jará, e eles tiveram um filho chamado Atai.

³⁶Atai gerou Natã.

Natã gerou Zabade.

³⁷Zabade gerou Eflal.

Eflal gerou Obede.

³⁸Obede gerou Jeú.

Jeú gerou Azarias.

³⁹Azarias gerou Helez.

Helez gerou Eleasá.

⁴⁰Eleasá gerou Sismai.

Sismai gerou Salum.

⁴¹Salum gerou Jecamias.

Jecamias gerou Elisama.

Descendentes de Calebe, filho de Hezrom

⁴²Um dos descendentes de Calebe, irmão de Jerameel, foi Messa, o filho mais velho. Messa gerou Zife. Outros descendentes de Calebe foram os filhos de Maressa, pai de Hebrom.

⁴³Os filhos de Hebrom foram: Corá, Tapua, Requém e Sema. ⁴⁴Sema gerou Raão. Raão gerou Jorqueão. Requém gerou Samai. ⁴⁵O filho de Samai se chamava Maom. Maom foi o pai de Bete-Zur.

⁴⁶Efá, concubina de Calebe, deu à luz Harã, Moza e Gazez. Harã gerou Gazez.

⁴⁷Os filhos de Jadai foram: Regém, Jotão, Gesã, Pelete, Efá e Saafe.

⁴⁸Maaca, outra concubina de Calebe, deu à luz Seber e Tiraná. ⁴⁹Também deu à luz Saafe, pai de Madmana, e Seva, pai de Macbena e de Gibeá. Calebe também teve uma filha chamada Acsa.

⁵⁰Todos esses foram descendentes de Calebe.

Descendentes de Hur, filho de Calebe

Os filhos de Hur, filho mais velho de Efrata, esposa de Calebe, foram: Sobal, fundador de Quiriate-Jearim, ⁵¹Salma, fundador de Belém, e Harefe, fundador de Bete-Gader.

⁵²Os descendentes de Sobal, fundador de Quiriate-Jearim, foram: o povo de Haroé, metade dos manaatitas, ⁵³e os clãs de Quiriate-Jearim: os itritas, os fateus, os sumateus e os misraeus, dos quais descenderam os povos de Zorá e Estaol.

⁵⁴Os descendentes de Salma foram: o povo de Belém, os netofatitas, o povo de Atarote-Bete-Joabe, a outra metade dos manaatitas, os zoreus, ⁵⁵e as famílias dos escribas que viviam em Jabez: os tiratitas, os simeatitas e os sucatitas. Todos esses foram os queneus, descendentes de Hamate, pai do clã de Recabe.ᵉ

ᵃ **2.18** Ou *Azuba, também conhecida como Jeriote*. O significado do hebraico é incerto. ᵇ **2.19** Em hebraico, *Efrate*, variação de Efrata; comparar com 2.50 e 4.4. ᶜ **2.23** Ou *tomaram Havote-Jair*. ᵈ **2.24** Ou *fundador de*; também em 2.42,45,49. ᵉ **2.55** Ou *o fundador de Bete-Recabe*.

Descendentes de Davi

3 Estes são os filhos de Davi que nasceram em Hebrom:

O mais velho era Amnom, filho de Ainoã, de Jezreel.
O segundo era Daniel, filho de Abigail, do Carmelo.
²O terceiro era Absalão, filho de Maaca, filha de Talmai, rei de Gesur.
O quarto era Adonias, filho de Hagite.
³O quinto era Sefatias, filho de Abital.
O sexto era Itreão, filho de Eglá, esposa de Davi.
⁴Esses foram os seis filhos de Davi nascidos em Hebrom, onde ele reinou por sete anos e meio.

Depois Davi reinou por 33 anos em Jerusalém. ⁵Os filhos de Davi nascidos em Jerusalém foram: Samua,[a] Sobabe, Natã e Salomão; a mãe deles era Bate-Seba,[b] filha de Amiel. ⁶Davi também teve outros nove filhos: Ibar, Elisua,[c] Elpalete,[d] ⁷Nogá, Nefegue, Jafia, ⁸Elisama, Eliada e Elifelete.

⁹Todos esses foram filhos de Davi, além dos filhos que teve com suas concubinas. Davi também teve uma filha chamada Tamar.

Descendentes de Salomão

¹⁰Os descendentes de Salomão foram: Roboão, Abias, Asa, Josafá, ¹¹Jeorão,[e] Acazias, Joás, ¹²Amazias, Uzias,[f] Jotão, ¹³Acaz, Ezequias, Manassés,¹⁴Amom, Josias.
¹⁵Os filhos de Josias foram: o mais velho, Joanã; o segundo, Jeoaquim; o terceiro, Zedequias; e o quarto, Jeoacaz.[g]
¹⁶Os sucessores de Jeoaquim foram: seu filho Joaquim e seu irmão Zedequias.[h]

Descendentes de Joaquim

¹⁷Os filhos de Joaquim,[i] exilado pelos babilônios, foram: Sealtiel, ¹⁸Malquirão, Pedaías, Senazar, Jecamias, Hosama e Nedabias.

¹⁹Os filhos de Pedaías foram: Zorobabel e Simei.
Os filhos de Zorobabel foram: Mesulão e Hananias. A irmã deles se chamava Selomite. ²⁰Seus outros cinco filhos foram: Hasubá, Oel, Berequias, Hasadias e Jusabe-Hesede.
²¹Os filhos de Hananias foram: Pelatias e Jesaías. O filho de Jesaías foi Refaías. O filho de Refaías foi Arnã. O filho de Arnã foi Obadias. O filho de Obadias foi Secanias.[j]
²²Os descendentes de Secanias foram: Semaías e seus filhos Hatus, Igal, Bariá, Nearias e Safate, seis ao todo.
²³Os filhos de Nearias foram: Elioenai, Ezequias e Azricão, três ao todo.
²⁴Os filhos de Elioenai foram: Hodavias, Eliasibe, Pelaías, Acube, Joanã, Delaías e Anani, sete ao todo.

Outros descendentes de Judá

4 Os filhos de Judá foram: Perez, Hezrom, Carmi, Hur e Sobal.
²Reaías, filho de Sobal, gerou Jaate. Jaate gerou Aumai e Laade. Esses foram os clãs dos zoratitas.
³Os descendentes de[k] Etã foram: Jezreel, Isma e Idbás, sua irmã Hazelelponi, ⁴Penuel, pai de[l] Gedor, e Ézer, pai de Husá. Todos esses foram descendentes de Hur, o filho mais velho de Efrata, antepassado de Belém.
⁵Asur, pai de Tecoa, teve duas esposas: Helá e Naará. ⁶Naará deu à luz Auzã, Héfer, Temeni e Haastari. ⁷Helá deu à luz Zerete, Izar,[m] Etnã ⁸e Coz, antepassado de Anube, Zobeba e todos os clãs de Aarel, filho de Harum.
⁹Havia um homem chamado Jabez, mais respeitado que qualquer um de seus irmãos. Sua mãe lhe deu o nome de Jabez,[n] porque disse: "Eu o dei à luz com muita dor". ¹⁰Jabez orou ao Deus de Israel: "Ah, como seria bom se me abençoasses e expandisses meu território! Sê comigo em tudo que eu fizer e guarda-me

---

[a] **3.5a** Conforme a versão siríaca (ver tb. 14.4; 2Sm 5.14); o hebraico traz *Simeia*. [b] **3.5b** Em hebraico, *Bate-Sua*, variação de Bate-Seba. [c] **3.6a** Conforme alguns manuscritos hebraicos e gregos (ver tb. 14.5-7; 2Sm 5.15); a maioria dos manuscritos hebraicos traz *Elisama*. [d] **3.6b** Em hebraico, *Elifelete*; comparar com o texto paralelo em 14.5-7. [e] **3.11** Em hebraico, *Jorão*, variação de Jeorão. [f] **3.12** Em hebraico, *Azarias*, variação de Uzias. [g] **3.15** Em hebraico, *Salum*, outro nome para Jeoacaz. [h] **3.16** Em hebraico, *Os filhos de Jeoaquim foram: seu filho Jeconias* [variação de Joaquim] *e seu filho Zedequias*. [i] **3.17** Em hebraico, *Jeconias*, variação de Joaquim. [j] **3.21** Em hebraico, *Pelatias e Jesaías, os filhos de Refaías, os filhos de Arnã, os filhos de Obadias, os filhos de Secanias*. O significado do hebraico é incerto. [k] **4.3** Conforme a Septuaginta; o hebraico traz *O pai de*. O significado do hebraico é incerto. [l] **4.4** Ou *fundador de*; também em 4.5,12,14,17,18 e, talvez, em outras ocasiões em que o texto diz *pai de* ou *gerou*. [m] **4.7** Conforme leitura alternativa do Texto Massorético (ver tb. Vulgata); a outra leitura e a Septuaginta trazem *Zoar*. [n] **4.9** *Jabez* tem um som semelhante ao termo hebraico que significa "angústia" ou "dor".

de todo mal e aflição!". E Deus atendeu seu pedido.

¹¹Quelube, irmão de Suá, gerou Meir. Meir gerou Estom. ¹²Estom gerou Bete-Rafa, Paseia e Teína. Teína gerou Ir-Naás. Esses foram os habitantes de Reca.

¹³Os filhos de Quenaz foram: Otniel e Seraías. Os filhos de Otniel foram: Hatate e Meonotai.ᵃ ¹⁴Meonotai gerou Ofra. Seraías gerou Joabe, fundador de Ge-Harasim,ᵇ assim chamada porque seus habitantes eram artesãos.

¹⁵Os filhos de Calebe, filho de Jefoné, foram: Iru, Elá e Naã. O filho de Elá foi Quenaz.

¹⁶Os filhos de Jealelel foram: Zife, Zifa, Tiria e Asareel.

¹⁷Os filhos de Ezra foram: Jéter, Merede, Éfer e Jalom. Uma das esposas de Merede deu à luzᶜ Miriã, Samai e Isbá, pai de Estemoa. ¹⁸Ele se casou com uma mulher de Judá que deu à luz Jerede, pai de Gedor, Héber, pai de Socó, e Jecutiel, pai de Zanoa. Merede também se casou com Bitia, filha do faraó, e ela lhe deu filhos.

¹⁹A esposa de Hodias era irmã de Naã. Um de seus filhos gerou Queila, o garmita, e o outro gerou Estemoa, o maacatita.

²⁰Os filhos de Simão foram: Amnom, Rina, Ben-Hanã e Tilom.

Os filhos de Isi foram: Zoete e Ben-Zoete.

Descendentes de Selá, filho de Judá

²¹Os filhos de Selá, filho de Judá, foram: Er, pai de Leca; Laada, pai de Maressa; os clãs dos que trabalham com linho em Bete-Asbeia; ²²Joquim; os homens de Cozeba; Joás e Sarafe, que governaram Moabe e Jasubi-Leém. Esses nomes vêm de registros antigos. ²³Eram oleiros que habitavam em Netaim e em Gederá e que trabalhavam para o rei.

Descendentes de Simeão

²⁴Os filhos de Simeão foram: Jemuel,ᵈ Jamim, Jaribe, Zoareᵉ e Saul.

²⁵Os descendentes de Saul foram: Salum, Mibsão e Misma.

²⁶Os descendentes de Misma foram: Hamuel, Zacur e Simei.

²⁷Simei teve dezesseis filhos e seis filhas, mas nenhum de seus irmãos teve uma família grande. Por isso a tribo de Simeão nunca chegou a ser tão numerosa quanto a tribo de Judá.

²⁸Habitavam em Berseba, Moladá, Hazar-Sual, ²⁹Bila, Azém, Tolade, ³⁰Betuel, Hormá, Ziclague, ³¹Bete-Marcabote, Hazar-Susim, Bete-Biri e Saaraim. Essas cidades permaneceram sob seu controle até o tempo do rei Davi. ³²Seus descendentes também habitavam em Etã, Aim, Rimom, Toquém e Asã, cinco cidades ³³com os povoados ao seu redor, até Baalate.ᶠ Esse era seu território, e esses nomes estão listados em seus registros genealógicos.

³⁴Outros descendentes de Simeão foram: Mesobabe, Janleque, Josa, filho de Amazias; ³⁵Joel, Jeú, filho de Josibias, filho de Seraías, filho de Asiel; ³⁶Elioenai, Jaacobá, Jesoaías, Asaías, Adiel, Jesimiel, Benaia ³⁷e Ziza, filho de Sifi,

---

ᵃ **4.13** Conforme alguns manuscritos gregos e a Vulgata; o hebraico não traz *e Meonotai*. ᵇ **4.14** *Ge-Harasim* significa "vale dos artesãos". ᶜ **4.17** Ou *A esposa de Jéter deu à luz*; o hebraico traz *Ela foi mãe de*. ᵈ **4.24a** Conforme a versão siríaca (ver tb. Gn 46.10 e Êx 6.15); o hebraico traz *Nemuel*. ᵉ **4.24b** Conforme os textos paralelos em Gn 46.10 e Êx 6.15; o hebraico traz *Zerá*. ᶠ **4.33** Conforme alguns manuscritos gregos (ver tb. Js 19.8); o hebraico traz *Baal*.

4.23 [...] o texto menciona alguns deles chamados de oleiros. Não sei, mas eles podem fornecer um exemplo muito bom para professores da Escola Dominical. Que eles não se envergonhem da metáfora, porque alegremente me coloco com eles, pois espero que o ministro possa ter alguma reivindicação de ser classificado entre os oleiros do Rei. O que os oleiros fazem, a não ser pegar a argila enquanto ela ainda está maleável e flexível para colocá-la na roda fazendo-a girar e, em seguida, com o polegar e o dedo formar a argila, enquanto ela gira diante deles, a fim de fazer um vaso apropriado para uso do rei? [...] com os mais jovens – ó, que oportunidade há para fazer um mundo com eles. Não podemos modelá-los a menos que a mão do Senhor esteja com a nossa mão — a menos que Deus torne o coração deles maleável — a menos que Ele os coloque na roda para nós, mas se Ele fizer isso, ó como a mão de uma mãe pode moldar seu filho! Como o coração de um professor pode moldar o menino, ou a menina, comprometido com ele ou com ela e como, durante a vida, os homens e as mulheres do futuro carregarão sobre eles as marcas dos professores de hoje! Vocês são os oleiros do Rei. Que Ele os ajude a fazer o trabalho corretamente.

filho de Alom, filho de Jedaías, filho de Sinri e filho de Semaías.

³⁸Esses foram os nomes de alguns dos chefes dos clãs de Simeão. Suas famílias cresceram muito ³⁹e mudaram-se para a região de Gerar,ª na parte leste do vale, à procura de pastos para seus rebanhos. ⁴⁰Encontraram ali muitas pastagens boas, e a terra era ampla, tranquila e pacífica.

Alguns dos descendentes de Cam tinham vivido naquela região. ⁴¹Mas, durante o reinado de Ezequias, rei de Judá, esses líderes de Simeão invadiram a região e destruíram completamente as habitações dos descendentes de Cam e dos meunitas. Hoje não resta vestígio deles. Mataram todos que viviam ali e tomaram a terra para si, pois queriam bons pastos para seus rebanhos. ⁴²Quinhentos homens da tribo de Simeão invadiram o monte Seir, liderados por Pelatias, Nearias, Refaías e Uziel, filhos de Isi. ⁴³Destruíram os amalequitas que haviam sobrevivido, e habitam ali até hoje.

Descendentes de Rúben

5 O filho mais velho de Israelᵇ era Rúben, mas ele teve relações com uma das concubinas de seu pai e o desonrou.ᶜ Por isso seus direitos de filho mais velho foram dados aos filhos de seu irmão José. Desse modo, Rúben não aparece nos registros genealógicos como filho mais velho. ²Os descendentes de Judá se tornaram a tribo mais poderosa e dela veio um governante para a nação,ᵈ mas os direitos de filho mais velho pertenciam a José.

³Os filhos de Rúben, filho mais velho de Israel, foram: Enoque, Palu, Hezrom e Carmi.

⁴Os descendentes de Joel foram: Semaías, Gogue, Simei, ⁵Mica, Reaías, Baal ⁶e Beera. Beera era o chefe dos rubenitas quando foram levados ao cativeiro por Tiglate-Pileser,ᵉ rei da Assíria.

⁷Os parentes de Beera, listados em seus registros genealógicos de acordo com seus clãs, foram: Jeiel, o chefe, Zacarias ⁸e Belá, filho de Azaz, filho de Sema, filho de Joel.

Os rubenitas habitavam na região que se estende de Aroer até Nebo e Baal-Meom. ⁹Uma vez que tinham tantos rebanhos na terra de Gileade, espalharam-se para o leste, em direção ao limite do deserto que se estende para o rio Eufrates.

¹⁰Durante o reinado de Saul, os rubenitas guerrearam contra os hagarenos e os derrotaram. Então passaram a viver nos acampamentos deles em toda a região a leste de Gileade.

Descendentes de Gade

¹¹Ao lado dos rubenitas, ficaram os descendentes de Gade, que habitavam na terra de Basã até Salcá. ¹²Joel foi o chefe na terra de Basã, e Safã, o segundo no poder, seguido de Janai e Safate.

¹³Seus parentes, chefes de outros sete clãs, foram: Micael, Mesulão, Seba, Jorai, Jacã, Zia e Héber. ¹⁴Todos esses foram descendentes de Abiail, filho de Huri, filho de Jaroa, filho de Gileade, filho de Micael, filho de Jesisai, filho de Jado, filho de Buz. ¹⁵Aí, filho de Abdiel, filho de Guni, foi o chefe de seus clãs.

¹⁶Os gaditas habitaram na terra de Gileade, em Basã e em seus povoados, e em toda a região de pastagens de Sarom. ¹⁷Todos foram listados nos registros genealógicos no tempo de Jotão, rei de Judá, e de Jeroboão, rei de Israel.

As tribos a leste do Jordão

¹⁸Havia 44.760 homens aptos para a guerra nos exércitos de Rúben e Gade e da meia tribo de Manassés. Eram todos hábeis no combate e armados com escudos, espadas e arcos. ¹⁹Guerrearam contra os hagarenos e contra Jetur, Nafis e Nodabe. ²⁰Durante a batalha, clamaram a Deus e ele atendeu às orações, pois confiaram nele. Assim, os hagarenos e todos os seus aliados foram derrotados. ²¹Tomaram dos hagarenos como despojo 50 mil camelos, 250 mil ovelhas e 2 mil jumentos, e fizeram 100 mil prisioneiros. ²²Muitos dos hagarenos foram mortos na batalha, pois Deus lutou contra eles. As tribos se estabeleceram na terra deles, até que foram levadas para o exílio.

²³A meia tribo de Manassés era numerosa e se espalhou por toda a terra, desde Basã até Baal-Hermom, Senir e o monte Hermom. ²⁴Os chefes de seus clãs foram: Éfer, Isi, Eliel, Azriel,

---

ª **4.39** Conforme a Septuaginta; o hebraico traz *Gedor*. ᵇ **5.1a** *Israel* é o nome que Deus deu a Jacó. ᶜ **5.1b** Em hebraico, *ele desonrou o leito de seu pai*. Ver Gn 35.22; 49.8. ᵈ **5.2** Ou *e de Judá veio um príncipe*. ᵉ **5.6** Em hebraico, *Tiglate-Pilneser*, variação de Tiglate-Pileser; também em 5.26.

Jeremias, Hodavias e Jadiel. Esses homens foram guerreiros valentes de grande reputação e chefes de seus clãs.

²⁵Contudo, essas tribos foram infiéis ao Deus de seus antepassados. Adoraram os deuses das nações que Deus havia destruído diante deles. ²⁶Por isso, o Deus de Israel fez Pul, rei da Assíria, também conhecido como Tiglate-Pileser, invadir a terra e levar cativos os membros das tribos de Rúben e Gade e da meia tribo de Manassés. Os assírios os deportaram para Hala, Habor, Hara e para o rio Gozã, onde estão até hoje.

A linhagem sacerdotal

6 ¹ᵃOs filhos de Levi foram: Gérson, Coate e Merari.
²Os descendentes de Coate foram: Anrão, Isar, Hebrom e Uziel.
³Os filhos de Anrão foram: Arão, Moisés e Miriã.

Os filhos de Arão foram: Nadabe, Abiú, Eleazar e Itamar.
⁴Eleazar gerou Fineias.
Fineias gerou Abisua.
⁵Abisua gerou Buqui.
Buqui gerou Uzi.
⁶Uzi gerou Zeraías.
Zeraías gerou Meraiote.
⁷Meraiote gerou Amarias.
Amarias gerou Aitube.
⁸Aitube gerou Zadoque.
Zadoque gerou Aimaás.
⁹Aimaás gerou Azarias.
Azarias gerou Joanã.
¹⁰Joanã gerou Azarias, sumo sacerdote no templo que Salomão construiu em Jerusalém.
¹¹Azarias gerou Amarias.
Amarias gerou Aitube.
¹²Aitube gerou Zadoque.
Zadoque gerou Salum.
¹³Salum gerou Hilquias.
Hilquias gerou Azarias.
¹⁴Azarias gerou Seraías.
Seraías gerou Jeozadaque, ¹⁵que foi deportado quando o Senhor enviou o povo de Judá e de Jerusalém para o exílio por meio de Nabucodonosor.

Os clãs dos levitas

¹⁶ᵇOs filhos de Levi foram: Gérson,ᶜ Coate e Merari.
¹⁷Os descendentes de Gérson foram: Libni e Simei.
¹⁸Os descendentes de Coate foram: Anrão, Isar, Hebrom e Uziel.
¹⁹Os descendentes de Merari foram: Mali e Musi.

Estes foram os clãs dos levitas, listados de acordo com seus antepassados:

²⁰Os descendentes de Gérson foram: Libni, Jaate, Zima, ²¹Joá, Ido, Zerá e Jeaterai.
²²Os descendentes de Coate foram: Aminadabe, Coré, Assir, ²³Elcana, Abiasafe,ᵈ Assir, ²⁴Taate, Uriel, Uzias e Saul.
²⁵Os descendentes de Elcana foram: Amasai, Aimote, ²⁶Elcana, Zofai, Naate, ²⁷Eliabe, Jeroão, Elcana e Samuel.ᵉ
²⁸Os filhos de Samuel foram: Joel,ᶠ o mais velho, e Abias, o segundo.
²⁹As gerações de descendentes de Merari foram: Mali, Libni, Simei, Uzá, ³⁰Simeia, Hagias e Asaías.

Os músicos do templo

³¹Estes foram os homens que Davi nomeou para dirigirem a música na casa do Senhor depois que a arca foi colocada ali. ³²Ministravam com música no tabernáculo, na tenda do encontro, até que Salomão construiu o templo do Senhor em Jerusalém. Realizavam seu trabalho de acordo com as normas que lhes haviam sido transmitidas. ³³Estes são os homens que serviram ali, junto com seus filhos.

O músico Hemã era do clã de Coate. Os antepassados de Hemã foram: Joel, Samuel, ³⁴Elcana, Jeroão, Eliel, Toá, ³⁵Zufe, Elcana, Maate, Amasai, ³⁶Elcana, Joel, Azarias, Sofonias, ³⁷Taate, Assir, Abiasafe, Coré, ³⁸Isar, Coate, Levi e Israel.ᵍ

ᵃ **6.1** No texto hebraico, os versículos 6.1-15 são numerados 5.27-41. ᵇ **6.16a** No texto hebraico, os versículos 6.16-81 são numerados 6.1-66. ᶜ **6.16b** Em hebraico, *Gersom*, variação de Gérson (ver 6.1); também em 6.17,20,43,62,71. ᵈ **6.23** Em hebraico, *Ebiasafe*, variação de Abiasafe (ver tb. Êx 6.24); também em 6.37. ᵉ **6.27** Conforme alguns manuscritos gregos (ver tb. 6.33-34); o hebraico não traz *e Samuel*. ᶠ **6.28** Conforme alguns manuscritos gregos e a versão siríaca (ver tb. 6.33 e 1Sm 8.2); o hebraico não traz *Joel*. ᵍ **6.38** *Israel* é o nome que Deus deu a Jacó.

³⁹O primeiro ajudante de Hemã foi seu irmão Asafe. Os antepassados de Asafe foram: Berequias, Simeia, ⁴⁰Micael, Baaseias, Malquias, ⁴¹Etni, Zerá, Adaías, ⁴²Etã, Zima, Simei, ⁴³Jaate, Gérson e Levi.

⁴⁴O segundo ajudante de Hemã foi Etã, do clã de Merari. Os antepassados de Etã foram: Quisi, Abdi, Maluque, ⁴⁵Hasabias, Amazias, Hilquias, ⁴⁶Anzi, Bani, Sêmer, ⁴⁷Mali, Musi, Merari e Levi.

⁴⁸Seus parentes levitas foram encarregados de muitas outras tarefas no tabernáculo, a casa de Deus.

Descendentes de Arão

⁴⁹Somente Arão e seus descendentes serviam na função de sacerdotes. Apresentavam as ofertas no altar do holocausto e no altar de incenso e realizavam todas as tarefas relacionadas ao lugar santíssimo. Faziam expiação por Israel conforme tudo que Moisés, servo de Deus, havia ordenado.

⁵⁰Os descendentes de Arão foram: Eleazar, Fineias, Abisua, ⁵¹Buqui, Uzi, Zeraías, ⁵²Meraiote, Amarias, Aitube, ⁵³Zadoque e Aimaás.

Território para os levitas

⁵⁴Este é um registro das cidades e do território que, por sorteio, foram entregues aos descendentes de Arão, do clã de Coate. ⁵⁵Seu território abrangia Hebrom, em Judá, e as pastagens ao redor, ⁵⁶mas os campos e os povoados vizinhos foram entregues a Calebe, filho de Jefoné. ⁵⁷Assim, os descendentes de Arão receberam as seguintes cidades, cada uma com as pastagens ao redor: Hebrom (uma cidade de refúgio),ª Libna, Jatir, Estemoa, ⁵⁸Holom,ᵇ Debir, ⁵⁹Aim,ᶜ Jutáᵈ e Bete-Semes. ⁶⁰E, do território de Benjamim, receberam: Gibeom,ᵉ Geba, Alemete e Anatote, cada uma com suas pastagens. Ao todo, os descendentes de Arão receberam treze cidades, de acordo com seus clãs. ⁶¹Os demais descendentes de Coate receberam, por sorteio, dez cidades no território da meia tribo de Manassés.

⁶²Os descendentes de Gérson receberam, por sorteio, de acordo com seus clãs, treze cidades nos territórios de Issacar, Aser, Naftali e da região de Basã, de Manassés, a leste do Jordão.

⁶³Os descendentes de Merari receberam, por sorteio, de acordo com seus clãs, doze cidades nos territórios de Rúben, Gade e Zebulom.

⁶⁴Os israelitas entregaram todas essas cidades e pastagens aos levitas. ⁶⁵As cidades nos territórios de Judá, Simeão e Benjamim, mencionadas anteriormente, foram entregues por sorteio.

⁶⁶Os descendentes de Coate receberam as seguintes cidades no território de Efraim, cada uma com suas pastagens: ⁶⁷Siquém, uma das cidades de refúgio na região montanhosa de Efraim, e Gezer, ⁶⁸Jocmeão, Bete-Horom, ⁶⁹Aijalom e Gate-Rimom. ⁷⁰Os demais descendentes de Coate receberam as seguintes cidades no território da meia tribo de Manassés: Aner e Bileã, cada uma com suas pastagens.

⁷¹Os descendentes de Gérson receberam as cidades de Golã, em Basã, e Asterote, no território da meia tribo de Manassés, cada uma com suas pastagens. ⁷²No território de Issacar, receberam Quedes, Daberate, ⁷³Ramote e Aném, cada uma com suas pastagens. ⁷⁴No território de Aser, receberam Masal, Abdom, ⁷⁵Hucoque e Reobe, cada uma com suas pastagens. ⁷⁶No território de Naftali, receberam Quedes, na Galileia, Hamom e Quiriataim, cada uma com suas pastagens.

⁷⁷Os demais descendentes de Merari receberam as seguintes cidades: Jocneã, Carta,ᶠ Rimomᵍ e Tabor, no território de Zebulom, cada uma com suas pastagens. ⁷⁸No território de Rúben, a leste do rio Jordão, defronte de Jericó, receberam Bezer (uma cidade no deserto), Jaza, ⁷⁹Quedemote e Mefaate, cada uma com suas pastagens. ⁸⁰E, no território de Gade, receberam Ramote, em Gileade, Maanaim, ⁸¹Hesbom e Jazer, cada uma com suas pastagens.

Descendentes de Issacar

7 Os quatro filhos de Issacar foram: Tolá, Puá, Jasube e Sinrom.

ª **6.57** Conforme o texto paralelo em Js 21.13; o hebraico traz *receberam as cidades de refúgio: Hebrom e as seguintes cidades, com as pastagens ao redor*. ᵇ **6.58** Conforme o texto paralelo em Js 21.15; o hebraico traz *Hilez*; outros manuscritos trazem *Hilém*. ᶜ **6.59a** Conforme o texto paralelo em Js 21.16; o hebraico traz *Asã*. ᵈ **6.59b** Conforme a versão siríaca (ver tb. Js 21.16); o hebraico não traz *Jutá*. ᵉ **6.60** Conforme o texto paralelo em Js 21.17; o hebraico não traz *Gibeom*. ᶠ **6.77a** Conforme a Septuaginta (ver tb. Js 21.34); o hebraico não traz *Jocneã, Carta*. ᵍ **6.77b** Conforme a Septuaginta (ver tb. Js 19.13); o hebraico traz *Rimono*.

²Os filhos de Tolá foram: Uzi, Refaías, Jeriel, Jamai, Ibsão e Samuel. Cada um deles foi chefe de um clã. No tempo do rei Davi, o total de homens aptos para a guerra listados no registro desses clãs era de 22.600.
³O filho de Uzi foi Israías. Os filhos de Israías foram: Micael, Obadias, Joel e Issias. Os cinco foram chefes de clãs. ⁴Todos eles tiveram muitas esposas e muitos filhos, por isso o total de homens disponíveis para o serviço militar entre seus descendentes era de 36.000.
⁵O total de homens aptos para a guerra de todos os clãs da tribo de Issacar era de 87.000. Todos eles foram listados nos registros genealógicos.

Descendentes de Benjamim

⁶Os três filhos de Benjamim foram: Belá, Bequer e Jediael.
⁷Os cinco filhos de Belá foram: Esbom, Uzi, Uziel, Jerimote e Iri. Cada um deles foi chefe de um clã. O total de homens aptos para a guerra desses clãs era de 22.034, conforme listado nos registros genealógicos.
⁸Os filhos de Bequer foram: Zemira, Joás, Eliézer, Elioenai, Onri, Jeremote, Abias, Anatote e Alemete. ⁹Cada um deles foi chefe de um clã. O total de homens aptos para a guerra e chefes desses clãs era de 20.200, conforme listado nos registros genealógicos.
¹⁰O filho de Jediael foi Bilã. Os filhos de Bilã foram: Jeús, Benjamim, Eúde, Quenaaná, Zetã, Társis e Aisaar. ¹¹Cada um deles foi chefe de um clã. O total de homens aptos para a guerra desses clãs era de 17.200.
¹²Os filhos de Ir foram: Supim e Hupim. O filho de Aer foi Husim.

Descendentes de Naftali

¹³Os filhos de Naftali foram: Jazeel,ª Guni, Jezer e Silém.ᵇ Todos eles foram descendentes de Bila, concubina de Jacó.

Descendentes de Manassés

¹⁴Os descendentes de Manassés com sua concubina arameia foram: Asriel e Maquir, pai de Gileade. ¹⁵Maquir se casou com uma mulher do clã de Hupim e Supim. A irmã de Maquir se chamava Maaca. Outro descendente de Manassés foi Zelofeade, que só teve filhas.
¹⁶Maaca, esposa de Maquir, deu à luz um filho e lhe deu o nome de Perez. Seu irmão se chamava Seres. Os filhos de Perez foram: Ulão e Requém. ¹⁷O filho de Ulão foi Bedã. Todos esses foram descendentes de Gileade, filho de Maquir, filho de Manassés.
¹⁸Hamolequete, irmã de Maquir, deu à luz Isode, Abiezer e Maalá.
¹⁹Os filhos de Semida foram: Aiã, Siquém, Liqui e Anião.

Descendentes de Efraim

²⁰Os descendentes de Efraim foram: Sutela, Berede, Taate, Eleada, Taate, ²¹Zabade, Sutela, Ézer e Eleade. Estes dois foram mortos quando tentavam roubar o gado de moradores dos arredores de Gate. ²²Seu pai, Efraim, lamentou sua morte por muito tempo, e seus parentes vieram consolá-lo.
²³Depois, Efraim teve relações com sua esposa, e ela engravidou e deu à luz um filho. Efraim lhe deu o nome de Berias,ᶜ por causa da desgraça que sua família havia sofrido.
²⁴Sua filha se chamava Seerá. Ela construiu as cidades de Bete-Horom Baixa, Bete-Horom Alta e Uzém-Seerá.
²⁵Os descendentes de Efraim foram: Refa, Resefe, Telá, Taã, ²⁶Ladã, Amiúde, Elisama, ²⁷Num e Josué.

²⁸Os descendentes de Efraim habitavam no território que incluía Betel e seus povoados ao sul, Naarã a leste, Gezer e seus povoados a oeste, e Siquém e seus povoados ao norte, até Aiã e seus povoados. ²⁹Ao longo da divisa de Manassés, ficavam as cidades de Bete-Sã, Taanaque, Megido e Dor, com seus povoados. Os descendentes de José, filho de Israel,ᵈ habitavam nessas cidades.

Descendentes de Aser

³⁰Os filhos de Aser foram: Imna, Isvá, Isvi e Berias. A irmã deles se chamava Sera.
³¹Os filhos de Berias foram: Héber e Malquiel, pai de Birzavite.
³²Os filhos de Héber foram: Jaflete, Somer e Hotão. A irmã deles se chamava Suá.

ª**7.13a** Conforme o texto paralelo em Gn 46.24; o hebraico traz *Jaziel*, variação de Jazeel. ᵇ**7.13b** Conforme alguns manuscritos hebraicos e gregos (ver tb. Gn 46.24; Nm 26.49); a maioria dos manuscritos hebraicos traz *Salum*. ᶜ**7.23** *Berias* tem um som parecido com o termo hebraico que significa "tragédia" ou "desgraça". ᵈ**7.29** *Israel* é o nome que Deus deu a Jacó.

³³Os filhos de Jaflete foram: Pasaque, Bimal e Asvate.
³⁴Os filhos de Somer foram: Aí,ª Roga, Jeubá e Arã.
³⁵Os filhos de Helém,ᵇ irmão de Somer, foram: Zofa, Imna, Seles e Amal.
³⁶Os filhos de Zofa foram: Suá, Harnefer, Sual, Beri, Inra, ³⁷Bezer, Hode, Samá, Silsa, Itrãᶜ e Beera.
³⁸Os filhos de Jéter foram: Jefoné, Pispa e Ara.
³⁹Os filhos de Ula foram: Ará, Haniel e Rizia.
⁴⁰Cada um desses descendentes de Aser foi chefe de um clã. Eram todos homens escolhidos, guerreiros valentes e líderes de destaque. O total de homens disponíveis para o serviço militar era de 26.000, conforme listado nos registros genealógicos.

Descendentes de Benjamim

8 O primeiro filho de Benjamim foi Belá, o segundo, Asbel, o terceiro, Aará, ²o quarto, Noá, e o quinto, Rafa.
³Os filhos de Belá foram: Adar, Gera, Abiúde,ᵈ ⁴Abisua, Naamã, Aoá, ⁵Gera, Sefufá e Hurão.
⁶Os filhos de Eúde, chefes dos clãs que habitavam em Geba, foram deportados para Maanate. ⁷Os filhos de Eúde foram: Naamã, Aías e Gera. Gera, que os exilou, foi o pai de Uzá e Aiúde.ᵉ
⁸Depois que Saarim se divorciou de suas esposas Husim e Baara, teve filhos na terra de Moabe. ⁹Hodes, sua esposa, deu à luz Jobabe, Zíbia, Messa, Malcã, ¹⁰Jeús, Saquias e Mirma. Todos esses filhos foram chefes de clãs.
¹¹Husim, esposa de Saarim, deu à luz Abitube e Elpaal. ¹²Os filhos de Elpaal foram Héber, Misã, Semede (que construiu as cidades de Ono e Lode, com seus povoados), ¹³Berias e Sema. Todos eles foram chefes de clãs que habitavam em Aijalom; eles expulsaram os moradores de Gate.
¹⁴Aiô, Sasaque, Jeremote, ¹⁵Zebadias, Arade, Éder, ¹⁶Micael, Ispa e Joá foram os filhos de Berias.
¹⁷Zebadias, Mesulão, Hizqui, Héber, ¹⁸Ismerai, Izlias e Jobabe foram filhos de Elpaal.
¹⁹Jaquim, Zicri, Zabdi, ²⁰Elienai, Ziletai, Eliel, ²¹Adaías, Beraías e Sinrate foram filhos de Simei.
²²Ispã, Héber, Eliel, ²³Abdom, Zicri, Hanã, ²⁴Hananias, Elão, Antotias, ²⁵Ifdeias e Penuel foram filhos de Sasaque.
²⁶Sanserai, Searias, Atalias, ²⁷Jaaresias, Elias e Zicri foram filhos de Jeroão.
²⁸Esses foram os chefes dos clãs, conforme listados em seus registros genealógicos; todos moravam em Jerusalém.

A família de Saul

²⁹Jeiel,ᶠ pai deᵍ Gibeom, morava em Gibeom. Sua esposa se chamava Maaca, ³⁰e seu filho mais velho, Abdom. Os outros filhos de Jeiel foram: Zur, Quis, Baal, Ner,ʰ Nadabe, ³¹Gedor, Aiô, Zacariasⁱ ³²e Miclote, que gerou Simeão.ʲ Todos moravam com suas famílias, próximos uns dos outros, em Jerusalém.
³³Ner gerou Quis.
Quis gerou Saul.
Os filhos de Saul foram: Jônatas, Malquisua, Abinadabe e Isbosete.ᵏ
³⁴O filho de Jônatas se chamava Mefibosete.ˡ
Mefibosete gerou Mica.
³⁵Os filhos de Mica foram: Pitom, Meleque, Tareia e Acaz.
³⁶Acaz gerou Jadá.ᵐ
Os filhos de Jadá foram: Alemete, Azmavete e Zinri.
Zinri gerou Moza.
³⁷Moza gerou Bineá.
Bineá gerou Refaías.ⁿ
Refaías gerou Eleasá.
Eleasá gerou Azel.
³⁸Azel teve seis filhos: Azricão, Bocru, Ismael, Searias, Obadias e Hanã. Todos esses foram filhos de Azel.
³⁹Eseque, irmão de Azel, teve três filhos: o primeiro se chamava Ulão, o segundo, Jeús, e o terceiro, Elifelete. ⁴⁰Todos os filhos de Ulão

---

ª7.34 Ou *Os filhos de Somer, seu irmão, foram*. ᵇ7.35 Possivelmente outro nome para *Hotão*; comparar com 7.32. ᶜ7.37 Possivelmente outro nome para *Jéter*; comparar com 7.38. ᵈ8.3 Possivelmente *Gera, pai de Eúde*; comparar com 8.6. ᵉ8.7 Ou *Gera, isto é, Eglã, gerou Uzá e Aiúde*. ᶠ8.29a Conforme alguns manuscritos gregos (ver tb. 9.35); o hebraico não traz *Jeiel*. ᵍ8.29b Ou *fundador de*. ʰ8.30 Conforme alguns manuscritos gregos (ver tb. 9.36); o hebraico não traz *Ner*. ⁱ8.31 Conforme o texto paralelo em 9.37; o hebraico traz *Zequer*, variação de Zacarias. ʲ8.32 Conforme o texto paralelo em 9.38; o hebraico traz *Simeia*, variação de Simeão. ᵏ8.33 Em hebraico, *Esbaal*, outro nome para Isbosete (ver tb. 1Sm 14.49). ˡ8.34 Em hebraico, *Meribe-baal*, outro nome para Mefibosete (ver tb. 2Sm 4.4). ᵐ8.36 Conforme o texto paralelo em 9.42; o hebraico traz *Jeoada*, variação de Jadá. ⁿ8.37 Conforme o texto paralelo em 9.43; o hebraico traz *Rafa*, variação de Refaías.

foram guerreiros valentes e arqueiros habilidosos. Tiveram muitos filhos e netos, 150 ao todo.

Todos esses foram descendentes de Benjamim.

9 Todo o Israel foi listado nos registros genealógicos do *Livro dos Reis de Israel*.

Os exilados que voltaram

O povo de Judá foi exilado na Babilônia por causa de sua infidelidade. ²Os primeiros exilados a regressar a suas propriedades em suas respectivas cidades foram os sacerdotes, os levitas, os servidores do templo, além de outros israelitas. ³Alguns membros das tribos de Judá, Benjamim, Efraim e Manassés se estabeleceram em Jerusalém.

⁴Uma das famílias a voltar foi a de Utai, filho de Amiúde, filho de Onri, filho de Inri, filho de Bani, descendente de Perez, filho de Judá. ⁵Do clã dos silonitas, alguns dos que voltaram foram: Asaías, o mais velho, e seus filhos. ⁶Do clã dos zeraítas, alguns dos que voltaram foram: Jeuel e seus parentes.

Ao todo, voltaram 690 famílias da tribo de Judá.

⁷Da tribo de Benjamim, alguns dos que voltaram foram: Salu, filho de Mesulão, filho de Hodavias, filho de Hassenua; ⁸Ibneias, filho de Jeroão; Elá, filho de Uzi, filho de Micri; e Mesulão, filho de Sefatias, filho de Reuel, filho de Ibnias. ⁹Todos esses homens foram chefes de clãs e estão listados nos registros genealógicos. Ao todo, voltaram 956 famílias da tribo de Benjamim.

Os sacerdotes que voltaram

¹⁰Dos sacerdotes, alguns dos que voltaram foram: Jedaías, Jeoiaribe, Jaquim, ¹¹Azarias, filho de Hilquias, filho de Mesulão, filho de Zadoque, filho de Meraiote, filho de Aitube. Azarias era o principal encarregado da casa de Deus.

¹²Outros sacerdotes que voltaram foram: Adaías, filho de Jeroão, filho de Pasur, filho de Malquias; e Masai, filho de Adiel, filho de Jazera, filho de Mesulão, filho de Mesilemite, filho de Imer.

¹³Ao todo, voltaram 1.760 sacerdotes. Foram chefes de clãs e homens muito capazes. Eram responsáveis por servir na casa de Deus.

Os levitas que voltaram

¹⁴Dos levitas, os que voltaram foram: Semaías, filho de Hassube, filho de Azricão, filho de Hasabias, descendente de Merari; ¹⁵Baquebacar; Heres; Galal; Matanias, filho de Mica, filho de Zicri, filho de Asafe; ¹⁶Obadias, filho de Semaías, filho de Galal, filho de Jedutum; e Berequias, filho de Asa, filho de Elcana, que morava na região de Netofate.

¹⁷Dos guardas das portas, os que voltaram foram: Salum, Acube, Talmom, Aimã e seus parentes. Salum era o chefe dos guardas. ¹⁸Antes dessa época, eram responsáveis pela Porta do Rei, do lado leste. Eram guardas das portas dos acampamentos dos levitas. ¹⁹Salum era filho de Coré, descendente de Abiasafe,ª do clã de Corá. Ele e seus parentes, os coraítas, eram responsáveis por guardar a entrada do santuário, como seus antepassados haviam guardado a entrada do tabernáculo. ²⁰Naquele tempo, Fineias, filho de Eleazar, era o encarregado dos guardas das portas, e o Senhor estava com ele. ²¹Mais tarde, Zacarias, filho de Meselemias, foi o responsável por guardar a entrada.

²²Ao todo, havia 212 guardas das portas naquele tempo, e foram listados nos registros genealógicos de seus povoados. Os antepassados deles haviam sido nomeados por Davi e por Samuel, o vidente, porque eram homens de confiança. ²³Esses guardas das portas e seus descendentes, conforme suas divisões, eram responsáveis por guardar a entrada da casa do Senhor quando ela era uma tenda. ²⁴Os guardas das portas ficavam nos quatro lados: leste, oeste, norte e sul. ²⁵Seus parentes nos povoados vinham de tempo em tempo dividir essa responsabilidade com eles por períodos de sete dias.

²⁶Os quatro principais guardas das portas, todos levitas, eram oficiais de confiança, pois eram responsáveis pelas salas e pelos tesouros da casa de Deus. ²⁷Passavam a noite ao redor da casa de Deus, pois era seu dever guardá-la e abrir suas portas todas as manhãs.

ª **9.19** Em hebraico, *Ebiasafe*, variação de Abiasafe; comparar com Êx 6.24.

²⁸Alguns dos guardas das portas foram nomeados para cuidar dos diversos objetos usados no culto. Conferiam tudo que era retirado e devolvido, para que nada se perdesse. ²⁹Outros eram responsáveis pela mobília, pelos utensílios do santuário e pelos suprimentos, como farinha da melhor qualidade, vinho, azeite, incenso e especiarias. ³⁰Eram os sacerdotes, porém, que misturavam as especiarias. ³¹Matitias, levita e filho mais velho de Salum, o coraíta, era encarregado de assar os pães para as ofertas. ³²E alguns membros do clã de Coate eram encarregados de preparar os pães colocados sobre a mesa todos os sábados.

³³Os músicos, todos chefes de famílias levitas, moravam no templo. Eram isentos de outras responsabilidades, pois realizavam seu serviço dia e noite. ³⁴Todos esses homens moravam em Jerusalém. Eram chefes de famílias levitas, listados como líderes nos registros genealógicos.

Genealogia do rei Saul

³⁵Jeiel, pai de[a] Gibeom, morava na cidade de Gibeom. Sua esposa se chamava Maaca, ³⁶e seu filho mais velho, Abdom. Os outros filhos de Jeiel foram: Zur, Quis, Baal, Ner, Nadabe, ³⁷Gedor, Aiô, Zacarias e Miclote. ³⁸Miclote gerou Simeão. Todos moravam com suas famílias, próximos uns dos outros, em Jerusalém. ³⁹Ner gerou Quis.

Quis gerou Saul.

Os filhos de Saul foram: Jônatas, Malquisua, Abinadabe e Isbosete.[b]

⁴⁰Jônatas gerou Mefibosete.[c]

Mefibosete gerou Mica.

⁴¹Os filhos de Mica foram: Pitom, Meleque, Tareia e Acaz.[d]

⁴²Acaz gerou Jadá.[e]

Os filhos de Jadá foram: Alemete, Azmavete e Zinri.

Zinri gerou Moza.

⁴³Moza gerou Bineá.

O filho de Bineá foi Refaías.

O filho de Refaías foi Eleasá.

O filho de Eleasá foi Azel.

⁴⁴Estes foram os seis filhos de Azel: Azricão, Bocru, Ismael, Searias, Obadias e Hanã. Todos esses foram filhos de Azel.

A morte de Saul

10 Os filisteus atacaram Israel, e os israelitas fugiram deles. Muitos foram mortos nas encostas do monte Gilboa. ²Os filisteus cercaram Saul e seus filhos e mataram três deles: Jônatas, Abinadabe e Malquisua. ³O combate se tornou cada vez mais intenso em volta de Saul, e os arqueiros filisteus o alcançaram e o feriram.

⁴Saul disse a seu escudeiro: "Pegue sua espada e mate-me antes que esses filisteus incircuncisos venham e me torturem".

Mas o escudeiro teve medo e não quis matá-lo. Então Saul pegou sua própria espada e se lançou sobre ela. ⁵Quando viu que Saul estava morto, o escudeiro se lançou sobre sua espada e morreu. ⁶Saul e seus três filhos morreram juntos, e sua dinastia chegou ao fim.

⁷Quando os israelitas no vale de Jezreel viram que o exército israelita havia fugido e que Saul e seus filhos estavam mortos, abandonaram suas cidades e fugiram. Então os filisteus vieram e ocuparam essas cidades.

⁸No dia seguinte, quando os filisteus foram saquear os mortos, encontraram os corpos de Saul e seus três filhos no monte Gilboa. ⁹Removeram a armadura de Saul e cortaram sua cabeça. Então anunciaram o ocorrido diante de seus ídolos e ao povo de toda a terra da Filístia. ¹⁰Colocaram a armadura de Saul no templo de seus deuses e penduraram sua cabeça no templo de Dagom.

¹¹Quando os habitantes de Jabes-Gileade souberam o que os filisteus haviam feito a Saul, ¹²todos os seus guerreiros mais valentes foram e trouxeram os corpos de Saul e seus filhos de volta para Jabes. Enterraram os ossos debaixo de uma grande árvore em Jabes e jejuaram durante sete dias.

¹³Saul morreu porque foi infiel ao Senhor. Não obedeceu ao mandamento do Senhor e chegou a consultar uma médium, ¹⁴em vez de pedir orientação ao Senhor. Por isso o Senhor o matou e entregou o reino a Davi, filho de Jessé.

---

[a] 9.35 Ou *fundador de*. [b] 9.39 Em hebraico, *Esbaal*, outro nome para Isbosete (ver tb. 1Sm 14.49). [c] 9.40 Em hebraico, *Meribe-baal*, outro nome para Mefibosete (ver tb. 2Sm 4.4). [d] 9.41 Conforme a versão siríaca e a Vulgata (ver tb. 8.35); o hebraico não traz *e Acaz*. [e] 9.42 Conforme alguns manuscritos hebraicos e a Septuaginta (ver tb. 1Cr 8.36); o hebraico traz *Jaerá*.

Davi se torna rei de todo o Israel

11 Então todo o Israel se reuniu diante de Davi, em Hebrom. "Somos do mesmo povo e raça",[a] disseram. ²"No passado, quando Saul era rei, era você que liderava o exército de Israel. E o Senhor, seu Deus, lhe disse: 'Você será o pastor do meu povo, Israel. Será o líder do meu povo, Israel'."

³Então, ali em Hebrom, Davi fez um acordo diante do Senhor com todas as autoridades de Israel, e elas o ungiram rei de Israel, conforme o Senhor havia anunciado por meio de Samuel.

Davi conquista Jerusalém

⁴Então Davi e todo o Israel foram a Jerusalém (isto é, Jebus), onde moravam os jebuseus, que viviam naquele lugar. ⁵Os jebuseus zombaram de Davi: "Você jamais entrará aqui!", mas Davi tomou a fortaleza de Sião, que hoje é chamada de Cidade de Davi.

⁶Davi tinha dito a seus soldados: "O primeiro que atacar os jebuseus se tornará o comandante de meus exércitos!". Joabe, filho de Zeruia, foi o primeiro a atacar, e assim se tornou o comandante dos exércitos de Davi.

⁷Davi foi morar na fortaleza, e ela passou a ser chamada de Cidade de Davi. ⁸Ampliou a cidade, desde o aterro[b] até a região ao redor, enquanto Joabe reconstruiu o restante da cidade. ⁹Davi foi se tornando cada vez mais poderoso, pois o Senhor dos Exércitos estava com ele.

Os guerreiros mais valentes de Davi

¹⁰Estes foram os líderes dos guerreiros valentes de Davi. Junto com todo o Israel, apoiaram firmemente o reinado de Davi, conforme o Senhor havia prometido a respeito de Israel.

¹¹Este é o registro dos guerreiros mais valentes de Davi. O primeiro era Jasobeão, o hacmonita, líder dos Três, isto é, dos guerreiros mais valentes dentre os soldados de Davi.[c] Certa ocasião, usou sua lança para matar trezentos soldados inimigos numa só batalha.

¹²O segundo era Eleazar, filho de Dodai,[d] descendente de Aoí. ¹³Estava com Davi quando os filisteus se reuniram para a batalha em Pas-Damim e atacaram os israelitas numa plantação de cevada. O exército israelita fugiu, ¹⁴mas Eleazar e Davi[e] mantiveram sua posição no meio do campo e derrotaram os filisteus. O Senhor os salvou e lhes deu grande vitória.

¹⁵Certa vez, Davi estava na rocha junto à caverna de Adulão, e o exército filisteu estava acampado no vale de Refaim. Os Três — que faziam parte dos Trinta, um grupo de elite entre os valentes de Davi — desceram para encontrá-lo em Adulão. ¹⁶Nessa ocasião, Davi estava na fortaleza, e um destacamento filisteu havia ocupado a cidade de Belém.

¹⁷Davi comentou: "Ah, como seria bom beber a água pura do poço que fica junto ao portão de Belém!". ¹⁸Então os Três atravessaram as fileiras dos filisteus, tiraram água do poço junto ao portão de Belém e a trouxeram a Davi. Ele, porém, se recusou a bebê-la. Em vez disso, derramou-a no chão como oferta ao Senhor.

¹⁹"Que Deus não permita que eu beba desta água!", exclamou. "Ela é tão preciosa quanto o sangue destes homens[f] que arriscaram a vida para trazê-la." E Davi não a bebeu. Esses são exemplos dos feitos desses três guerreiros.

Os trinta valentes de Davi

²⁰Abisai, irmão de Joabe, era o líder dos Trinta.[g] Certa ocasião, usou sua lança para matar trezentos soldados inimigos numa só batalha. Foi por causa de feitos como esse que ele se tornou tão famoso quanto os Três. ²¹Abisai era o mais conhecido dos Trinta e era seu comandante, embora não fosse um dos Três.

²²Também havia Benaia, filho de Joiada, soldado valente[h] de Cabzeel. Realizou muitos feitos heroicos, como matar dois grandes guerreiros[i] de Moabe. Em outra ocasião, num dia de neve, perseguiu um leão até uma cova e o matou. ²³Uma vez, com apenas um cajado, matou um guerreiro egípcio de 2,25 metros[j] de altura armado com uma lança da grossura de um eixo de tecelão. Benaia arrancou a lança da mão do egípcio e com ela o matou. ²⁴Feitos como esses tornaram Benaia tão famoso quanto os três guerreiros mais valentes. ²⁵Foi mais honrado que qualquer outro membro dos

---

[a] **11.1** Em hebraico, *Somos seu osso e sua carne*. [b] **11.8** Em hebraico, *o Milo*. O significado do hebraico é incerto. [c] **11.11** Conforme alguns manuscritos gregos (ver tb. 2Sm 23.8); o hebraico traz *líder dos Trinta*, ou *líder dos capitães*. [d] **11.12** Conforme o texto paralelo em 2Sm 23.9 (ver tb. 27.4); o hebraico traz *Dodô*, variação de Dodai. [e] **11.14** Em hebraico, *eles*. [f] **11.19** Em hebraico, *Acaso beberei do sangue destes homens?* [g] **11.20** Conforme a versão siríaca; o hebraico traz *dos Três* (tb. em 11.21). [h] **11.22a** Ou *filho de Joiada, filho de Isai*. [i] **11.22b** Em hebraico, *dois de Ariel*. [j] **11.23** Em hebraico, *5 côvados*.

Trinta, embora não fosse um dos Três. Davi o nomeou comandante de sua guarda pessoal. ²⁶Outros guerreiros valentes de Davi foram:

Asael, irmão de Joabe;
Elanã, filho de Dodô, de Belém;
²⁷Samá, de Harode;ᵃ
Helez, de Pelom;
²⁸Ira, filho de Iques, de Tecoa;
Abiezer, de Anatote;
²⁹Sibecai, de Husate;
Zalmom,ᵇ de Aoí;
³⁰Maarai, de Netofate;
Helede, filho de Baaná, de Netofate;
³¹Itai, filho de Ribai, de Gibeá, na terra de Benjamim;
Benaia, de Piratom;
³²Hurai, de Naal-Gaás;ᶜ
Abi-Albom,ᵈ de Arbate;
³³Azmavete, de Baurim;ᵉ
Eliaba, de Saalbom;
³⁴os filhos de Jasém,ᶠ de Gizom;
Jônatas, filho de Sage, de Harar;
³⁵Aião, filho de Sarar,ᵍ de Harar;
Elifal, filho de Ur;
³⁶Héfer, de Maquerate;
Aías, de Pelom;
³⁷Hezro, do Carmelo;
Paarai,ʰ filho de Ezbai;
³⁸Joel, irmão de Natã;
Mibar, filho de Hagri;
³⁹Zeleque, de Amom;
Naarai, de Beerote, escudeiro de Joabe, filho de Zeruia;
⁴⁰Ira, de Jatir;
Garebe, de Jatir;
⁴¹Urias, o hitita;
Zabade, filho de Alai;
⁴²Adina, filho de Siza, líder rubenita que tinha consigo trinta homens;
⁴³Hanã, filho de Maaca;
Josafá, de Mitene;
⁴⁴Uzia, de Asterote;
Sama e Jeiel, filhos de Hotão, de Aroer;
⁴⁵Jediael, filho de Sinri;
Joá, de Tiz;
⁴⁶Eliel, de Maave;
Jeribai e Josavias, filhos de Elnaão;
Itma, de Moabe;
⁴⁷Eliel e Obede;
Jaasiel, de Zobá.ⁱ

Guerreiros se unem ao exército de Davi

12 Estes foram os homens que se juntaram a Davi em Ziclague, quando ele estava escondido de Saul, filho de Quis. Estavam entre os guerreiros que lutaram ao lado de Davi na batalha. ²Todos eles eram arqueiros habilidosos, capazes de atirar flechas com o arco, ou pedras com a funda, tanto com a mão esquerda como com a direita. Eram todos parentes de Saul, da tribo de Benjamim. ³Seu chefe era Aiezer, filho de Semaá, de Gibeá; seu irmão Joás era o segundo no comando. Os outros guerreiros foram:

Jeziel e Pelete, filhos de Azmavete;
Beraca;
Jeú, de Anatote;
⁴Ismaías, de Gibeom, guerreiro valente e líder entre os Trinta;
ʲJeremias, Jaaziel, Joanã e Jozabade, de Gederá;
⁵Eluzai, Jerimote, Bealias, Semarias e Sefatias, de Harufe;
⁶Elcana, Issias, Azareel, Joezer e Jasobeão, todos coraítas;
⁷Joela e Zebadias, filhos de Jeroão, de Gedor.

⁸Alguns guerreiros valentes e treinados para o combate da tribo de Gade também se juntaram a Davi quando ele estava na fortaleza no deserto. Eram hábeis com o escudo e a lança,

---

ᵃ**11.27** Conforme o texto paralelo em 2Sm 23.25; o hebraico traz *Samote, de Haror*. ᵇ**11.29** Conforme o texto paralelo em 2Sm 23.28; o hebraico traz *Ilai*. ᶜ**11.32a** Ou *dos ribeiros de Gaás*. ᵈ**11.32b** Conforme o texto paralelo em 2Sm 23.31; o hebraico traz *Abiel*. ᵉ**11.33** Conforme o texto paralelo em 2Sm 23.31; o hebraico traz *Baarum*. ᶠ**11.34** Conforme o texto paralelo em 2Sm 23.32; o hebraico traz *filhos de Hasém*. ᵍ**11.35** Conforme o texto paralelo em 2Sm 23.33; o hebraico traz *filho de Sacar*. ʰ**11.37** Conforme o texto paralelo em 2Sm 23.35; o hebraico traz *Naarai*. ⁱ**11.47** Ou *o mezobaíta*. ʲ**12.4** No texto hebraico, os versículos 12.4b-40 são numerados 12.5-41.

12.8-15 A primeira característica que lemos sobre [estes recrutas] é de que eles foram separados. "Da tribo de Gade também se juntaram a Davi" onze pessoas. Observe que eles se separaram e parecem ter sido capitães da milícia de sua tribo. O menor entre eles estava sobre cem, e o maior sobre mil, mas separaram-se de seus comandos sobre suas tribos — separaram-se de seus irmãos e de seus parentes. Ouso dizer que muitos

ferozes como leões e ágeis como gazelas nos montes.

⁹Ézer era o chefe;
Obadias, o segundo;
Eliabe, o terceiro;
¹⁰Mismana, o quarto;
Jeremias, o quinto;
¹¹Atai, o sexto;
Eliel, o sétimo;
¹²Joanã, o oitavo;
Elzabade, o nono;
¹³Jeremias, o décimo;
e Macbanai, o décimo primeiro.

¹⁴Esses guerreiros de Gade eram comandantes do exército. O mais fraco deles era capaz de enfrentar cem soldados, e o mais forte, capaz de enfrentar mil. ¹⁵Esses foram os homens que atravessaram o Jordão durante a época de cheia do rio, no início do ano, e expulsaram todos que habitavam nos vales nas margens leste e oeste.

¹⁶Outros de Benjamim e de Judá se juntaram a Davi na fortaleza. ¹⁷Davi foi ao encontro deles e lhes disse: "Se vieram em paz, para me ajudar, somos amigos. Mas, se vieram para me entregar a meus inimigos, embora eu seja inocente, que o Deus de seus antepassados veja isso e castigue vocês!".

¹⁸Então o Espírito veio sobre Amasai, chefe dos Trinta, e ele disse:

"Somos seus, Davi!
Estamos do seu lado, filho de Jessé!
Paz e prosperidade sejam com você
e com todos que o ajudam,
pois o seu Deus o ajuda!".

Davi os recebeu e os nomeou oficiais de suas tropas.

¹⁹Alguns homens de Manassés desertaram do exército israelita e se juntaram a Davi quando ele saiu com os filisteus para guerrear contra Saul. Os governantes filisteus, porém, não permitiram que Davi e seus homens fossem com eles. Depois de discutirem, mandaram-no embora, pois disseram: "Se Davi passar para o lado de Saul e voltar-se contra nós, isso custará nossa cabeça".

²⁰Os homens de Manassés que se uniram a Davi quando ele voltava para Ziclague foram: Adna, Jozabade, Jediael, Micael, Jozabade, Eliú e Ziletai. Cada um deles comandava mil soldados da tribo de Manassés. ²¹Ajudaram Davi a perseguir bandos de saqueadores, pois eram guerreiros valentes que se tornaram comandantes de seu exército. ²²A cada dia, mais homens se juntavam a Davi, até que ele passou a ter um grande exército, como o exército de Deus.

²³Estes são os números de guerreiros armados que se uniram a Davi em Hebrom. Todos queriam que Davi se tornasse rei no lugar de Saul, como o Senhor havia prometido.

²⁴Da tribo de Judá, 6.800 guerreiros armados com escudos e com lanças.
²⁵Da tribo de Simeão, 7.100 guerreiros valentes preparados para a guerra.
²⁶Da tribo de Levi, 4.600 guerreiros, ²⁷incluindo Joiada, chefe da família de Arão, com 3.700 homens sob seu comando, ²⁸e Zadoque, jovem guerreiro valente, com 22 oficiais, membros de sua família.
²⁹Da tribo de Benjamim, parente de Saul, 3.000 guerreiros. Até então, a maioria dos homens de Benjamim tinha permanecido leal a Saul.
³⁰Da tribo de Efraim, 20.800 guerreiros valentes, cada um deles muito respeitado em seu próprio clã.

---

de seus amigos lhes disseram: "Ora, que tolos vocês são! Devem estar loucos para abraçar a causa de um homem como Davi!". [...]

Queridos amigos, nestes tempos é muito importante que todo aquele que é cristão compreenda que deve separar-se do mundo. Você não pode servir a Cristo e ao mundo, também. Não se pode ser do mundo e da Igreja de Cristo. Você pode ser nominalmente da Igreja, mas na realidade do mundo — ser realmente do mundo e verdadeiramente da Igreja é impossível! O cristão deve diferir do mundo em muitas coisas. Sua linguagem não deve ser o discurso da Babilônia, mas a linguagem casta e pura que os cristãos usam. Suas ações, seus costumes, suas maneiras, seus hábitos, não devem ser como os de outros homens. Ele não deve ser cheio de pose e excentricidade. Não precisa adotar um traje peculiar, discurso em frases esquisitas ou falar com um timbre não natural. Tudo isso pode ser mero formalismo! Ainda assim, há amplo espaço para a separação naquilo que encontra o olho e se dirige ao ouvido do observador.

³¹Da meia tribo de Manassés a oeste do Jordão, 18.000 foram indicados por nome para ajudarem Davi a se tornar rei.
³²Da tribo de Issacar, 200 chefes com seus parentes. Todos eles entendiam bem os acontecimentos daquele tempo e sabiam qual era o melhor caminho para Israel seguir.
³³Da tribo de Zebulom, 50.000 guerreiros treinados. Estavam bem armados e preparados para a batalha e eram inteiramente leais a Davi.
³⁴Da tribo de Naftali, 1.000 oficiais e 37.000 guerreiros armados com escudos e lanças.
³⁵Da tribo de Dã, 28.600 guerreiros, todos preparados para a batalha.
³⁶Da tribo de Aser, 40.000 guerreiros treinados, todos preparados para a batalha.
³⁷Do lado leste do rio Jordão, onde habitavam as tribos de Rúben e Gade e a meia tribo de Manassés, 120.000 soldados equipados com todos os tipos de armas.

³⁸Todos esses soldados vieram a Hebrom em ordem de batalha, com o único propósito de fazer Davi rei sobre todo o Israel. Na verdade, todo o Israel concordava que ele devia ser seu rei. ³⁹Durante três dias, comeram e beberam com Davi, pois seus parentes haviam feito preparativos para recebê-los. ⁴⁰Pessoas de lugares tão distantes como Issacar, Zebulom e Naftali trouxeram provisões sobre jumentos, camelos, mulas e bois. Trouxeram grandes quantidades de farinha, bolos de figo, bolos de passas,ᵃ vinho, azeite, bois e ovelhas para a celebração. Houve grande alegria em todo o Israel.

Davi tenta levar a arca para Jerusalém

13 Davi consultou todos os seus oficiais, incluindo os generais e capitães de seu exército.ᵇ ²Em seguida, dirigiu-se a toda a comunidade de Israel e disse: "Se vocês estiverem de acordo, e se for da vontade do Senhor, nosso Deus, enviemos uma mensagem aos israelitas por toda a terra, incluindo os sacerdotes e levitas em suas cidades, com suas pastagens, para que se unam a nós. ³É hora de trazermos de volta a arca de nosso Deus, pois descuidamos dela durante o reinado de Saul".

⁴Toda a comunidade concordou, pois o povo entendeu que era a coisa certa a fazer. ⁵Então Davi convocou todos os israelitas, desde o ribeiro Sior, no Egito, ao sul, até Lebo-Hamate, ao norte, para trazerem a arca de Deus, que estava em Quiriate-Jearim. ⁶Davi e todo o Israel foram a Baalá de Judá (também chamada de Quiriate-Jearim), a fim de buscar a arca de Deus, junto à qual era invocado o nome do Senhor,ᶜ que está entronizado entre os querubins. ⁷Puseram a arca de Deus numa carroça nova e a levaram da casa de Abinadabe. Uzá e Aiô guiavam a carroça. ⁸Davi e todo o Israel se alegravam diante de Deus com todas as suas forças, entoando cânticos e tocando todo tipo de instrumentos musicais: liras, harpas, tamborins, címbalos e trombetas.

⁹Quando chegaram à eira de Nacom,ᵈ os bois que puxavam a carroça tropeçaram, e

---

ᵃ **12.40** Ou *cachos de passas*. ᵇ **13.1** Em hebraico, *comandantes de milhares e de centenas*. ᶜ **13.6** Ou *que é chamada pelo nome do Senhor*. ᵈ **13.9** Conforme o texto paralelo em 2Sm 6.6; o hebraico traz *Quidom*.

13.8,12 Uma omissão muito importante foi o fato de os sacerdotes não estarem em seus lugares apropriados. Parece que estiveram lá, mas evidentemente não foram tratados como sua posição lhes dava direito. Os homens de guerra foram trazidos para frente e os homens de culto eram empurrados para o lado. [...]

Estas pessoas não só não tinham os sacerdotes em seus lugares apropriados, mas também tinham um carro de boi, em vez de levitas, para levar a arca sagrada. Os bois de carga tomaram o lugar dos homens dispostos e designados por Deus para o serviço. Davi e todo o povo parecem ter esquecido os compromissos que Deus fez a respeito da arca, então eles caíram em problemas — e todos os seus esforços revelaram-se fracasso.

Em seguida, noto que, pela primeira vez, não houve sacrifícios. Puseram a arca sobre o carro de boi e foram adiante, atrás e ao redor dela, com seus instrumentos de música, mas não houve derramamento de sangue sacrificial. Eles haviam ficado tanto tempo sem o hábito de adorar a Deus da forma designada por Ele, que esqueceram como fazê-lo. Imagino que Davi não percebeu essa omissão fatal e não estou surpreso de que Uzá morreu, pois não há nenhuma menção da aspersão de sangue sobre o propiciatório naquele dia. E, amados, se deixarmos o sangue da expiação fora de nossa adoração, deixaremos fora aquilo que é a própria vida dele, pois o sangue é a própria vida! Se você não tiver respeito pelo sacrifício expiatório de Cristo, Deus não terá respeito por você.

Uzá estendeu a mão para segurar a arca. ¹⁰A ira do Senhor se acendeu contra Uzá, e ele o matou por haver tocado na arca. E Uzá morreu ali mesmo, na presença de Deus.

¹¹Davi ficou indignado porque a ira do Senhor irrompeu contra Uzá e chamou aquele lugar de Perez-Uzá,ᵃ como é conhecido até hoje.

¹²Davi teve medo do Senhor e perguntou: "Como poderei levar a arca do Senhor?". ¹³Assim, não transferiu a arca do Senhor para a Cidade de Davi. Em vez disso, levou-a para a casa de Obede-Edom, na cidade de Gate. ¹⁴A arca do Senhor ficou na casa de Obede-Edom por três meses, e o Senhor abençoou a família de Obede-Edom e tudo que ele possuía.

O palácio e a família de Davi

14 Hirão, rei de Tiro, enviou a Davi mensageiros com madeira de cedro, pedreiros e carpinteiros, para que lhe construíssem um palácio. ²E Davi compreendeu que o Senhor o havia confirmado como rei sobre Israel e exaltado seu reino por causa de seu povo, Israel.

³Em Jerusalém, Davi tomou para si outras mulheres, que lhe deram mais filhos e filhas. ⁴Estes são os nomes dos filhos de Davi que nasceram em Jerusalém: Samua, Sobabe, Natã, Salomão, ⁵Ibar, Elisua, Elpalete, ⁶Nogá, Nefegue, Jafia, ⁷Elisama, Eliadaᵇ e Elifelete.

Davi derrota os filisteus

⁸Quando os filisteus souberam que Davi tinha sido ungido rei de Israel, mobilizaram suas tropas para capturá-lo. Davi, porém, foi informado disso e saiu para enfrentá-los. ⁹Os filisteus chegaram e invadiram o vale de Refaim. ¹⁰Então Davi perguntou a Deus: "Devo sair e lutar contra os filisteus? Tu os entregarás em minhas mãos?".

O Senhor respondeu a Davi: "Sim, vá, pois eu certamente os entregarei em suas mãos".

¹¹Então Davi e seus soldados foram a Baal-Perazim e ali derrotaram os filisteus. Davi exclamou: "Por meu intermédio, Deus irrompeu no meio de meus inimigos como uma violenta inundação!". Por isso, chamou aquele lugar de Baal-Perazim.ᶜ ¹²Os filisteus haviam deixado seus ídolos ali, e Davi ordenou que fossem queimados.

¹³Pouco tempo depois, os filisteus voltaram a invadir o vale. ¹⁴Mais uma vez, Davi consultou a Deus. "Não os ataque pela frente", respondeu Deus. "Em vez disso, dê a volta por trás deles e ataque-os perto dos álamos.ᵈ ¹⁵Quando ouvir um som como de pés marchando por cima dos álamos, saia e ataque! É o sinal de que Deus vai à sua frente para derrotar o exército filisteu." ¹⁶Davi fez como Deus ordenou e derrotou os filisteus por todo o caminho, desde Gibeom até Gezer.

¹⁷Assim, a fama de Davi se espalhou por toda parte, e o Senhor fez que todas as nações o temessem.

Preparativos para transportar a arca

15 Davi construiu várias casas para si na Cidade de Davi. Também preparou um lugar para a arca de Deus e armou uma tenda especial para ela. ²Em seguida, ordenou: "Ninguém, a não ser os levitas, levará a arca de Deus. O Senhor os escolheu para carregarem a arca de Deus e o servirem para sempre".

³Então Davi convocou todo o Israel para ir a Jerusalém a fim de trazer a arca do Senhor para o lugar que ele havia preparado. ⁴Este é o número de descendentes de Arão e de levitas convocados:

⁵Do clã de Coate, 120, e seu chefe era Uriel.
⁶Do clã de Merari, 220, e seu chefe era Asaías.
⁷Do clã de Gérson,ᵉ 130, e seu chefe era Joel.
⁸Dos descendentes de Elisafã, 200, e seu chefe era Semaías.
⁹Dos descendentes de Hebrom, 80, e seu chefe era Eliel.
¹⁰Dos descendentes de Uziel, 112, e seu chefe era Aminadabe.

¹¹Em seguida, Davi convocou os sacerdotes Zadoque e Abiatar, e os chefes dos levitas Uriel, Asaías, Joel, Semaías, Eliel e Aminadabe. ¹²Disse-lhes: "Vocês são os chefes das famílias levitas. Consagrem-se, vocês e todos os seus parentes levitas, para trazerem a arca do Senhor, o Deus de Israel, para o lugar que

---

ᵃ **13.11** *Perez-Uzá* significa "irrompimento contra Uzá". ᵇ **14.7** Em hebraico, *Beeliada*, variação de Eliada; comparar com 3.8 e com o texto paralelo em 2Sm 5.16. ᶜ **14.11** *Baal-Perazim* significa "o Senhor que irrompe". ᵈ **14.14** Ou *das amoreiras*, ou *dos bálsamos*; também em 14.15. A identificação da árvore é incerta. ᵉ **15.7** Em hebraico, *Gersom*, variação de Gérson.

preparei para ela. ¹³A ira do Senhor irrompeu contra nós da primeira vez, pois não foram vocês, os levitas, que levaram a arca. Não consultamos a Deus sobre o modo apropriado de transportá-la". ¹⁴Então os sacerdotes e os levitas se consagraram a fim de trazer para Jerusalém a arca do Senhor, Deus de Israel. ¹⁵Os levitas carregaram a arca de Deus sobre os ombros, usando as varas presas a ela, conforme o Senhor havia instruído por meio de Moisés.

¹⁶Davi também ordenou aos chefes dos levitas que nomeassem cantores e músicos para entoarem cânticos alegres acompanhados por harpas, liras e címbalos. ¹⁷Os levitas escolheram Hemã, filho de Joel, e seus parentes levitas: Asafe, filho de Berequias, e Etã, filho de Cuxaías, do clã de Merari. ¹⁸Foram escolhidos como seus ajudantes os seguintes homens: Zacarias, Jaaziel,ª Semiramote, Jeiel, Uni, Eliabe, Benaia, Maaseias, Matitias, Elifeleu, Micneias e os guardas das portas: Obede-Edom e Jeiel.

¹⁹Os músicos Hemã, Asafe e Etã foram escolhidos para tocar os címbalos de bronze. ²⁰Zacarias, Aziel, Semiramote, Jeiel, Uni, Eliabe, Maaseias e Benaia foram escolhidos para tocar as harpas, em tons agudos.ᵇ ²¹Matitias, Elifeleu, Micneias, Obede-Edom, Azarias e Jeiel foram escolhidos para tocar as liras, em tons de oitava.ᶜ ²²Quenanias, chefe dos levitas, foi escolhido para dirigir o canto, pois tinha habilidade para isso.

²³Berequias e Elcana foram escolhidos para cuidarᵈ da arca. ²⁴Sebanias, Josafá, Natanael, Amasai, Zacarias, Benaia e Eliézer, todos sacerdotes, foram escolhidos para tocar as trombetas enquanto iam à frente da arca de Deus. Obede-Edom e Jeías também foram escolhidos para cuidar da arca.

A arca é levada para Jerusalém

²⁵Então Davi, as autoridades de Israel e os generais do exércitoᵉ foram à casa de Obede-Edom a fim de trazer a arca da aliança do Senhor para Jerusalém com grande celebração. ²⁶E, como Deus estava claramente ajudando os levitas enquanto carregavam a arca da

---

ª **15.18** Conforme alguns manuscritos hebraicos e a Septuaginta (ver tb. listas paralelas em 15.20; 16.5); a maioria dos manuscritos hebraicos traz *Zacarias ben* [ou *filho de*] *Jaaziel*. ᵇ **15.20** Em hebraico, *de acordo com Alamote*. O significado do hebraico é incerto. ᶜ **15.21** Em hebraico, *de acordo com Seminite*. O significado do hebraico é incerto. ᵈ **15.23** Em hebraico, *foram escolhidos como guardas das portas*; também em 15.24. ᵉ **15.25** Em hebraico, *comandantes de milhares*.

15.13 Quem entre nós, quando leu esta narrativa, não pensou que Uzá fora tratado com dureza? O quê? Ele não agiu por um motivo digno? Ele não podia suportar a ideia de que a arca caísse na lama e, portanto, estendeu sua mão. Bem, para o nosso modo de pensar, parecia ser apenas uma pequena ofensa e o motivo tão excelente que quase poderia ser justificado! Estou certo de que existe a disposição em nós para desculpar Uzá e pensar que esse julgamento que veio sobre ele não foi merecido. [...] Em verdade, meus irmãos e irmãs, o Senhor não vê como o homem vê! Não podemos perceber facilmente o mal, mas houve pecado ou então Ele não o teria punido. O Senhor é bom demais, justo demais, para ferir qualquer homem com mais severidade do que ele merece. Deus nunca exagera os nossos pecados; Ele olha para eles como são. E o que vocês pensam, meus ouvintes, se o mero pecado de tocar a arca trouxe a morte ao homem, o que nossos pecados nos teriam trazido se Deus tivesse nos provado "com a corda de medir da justiça e com o prumo da retidão"? Bem, todos nós já fizemos 10 mil vezes pior do que Uzá! Não, alguns de vocês estão vivendo em pecado neste mesmo dia; jamais se arrependeram de seus pecados, mas amam seus caminhos maus e, embora tenham sido advertidos muitas vezes (não como Uzá, que foi levado de repente), embora tenham sido advertidos muitas vezes, vocês ainda perseveram em suas iniquidades! Ó, a paciência de Deus não deve estar pressionada sob seus pecados? Será que Ele não se tornou como Amós, como um carro cheio de feixes, os eixos prontos para quebrar-se — e, então, vocês afundam continuamente para sempre no poço da ira eterna? Parece estranho que o fato de Eva comer o fruto deva ser a ruína do mundo inteiro; que a simples violação de uma árvore sagrada deva trazer a morte para o mundo, com toda a sua sucessão de males. Porém, isso decorre de não sabermos o quão tenebroso é o pecado! O menor pecado é tão grande mal, uma abominação tão excessivamente tenebrosa, que Deus seria justo se nos condenasse todos ao inferno no momento em que pensássemos algo sem valor, ou pronunciássemos uma única palavra errada! O pecado é um mal imensurável. O homem não consegue pesá-lo. É um golfo sem fundo. É um mal desesperado, o desespero que jamais conheceremos; a menos que, Deus nos livre, venhamos a sentir o seu terror no poço do inferno!

aliança do Senhor, ofereceram como sacrifício sete novilhos e sete carneiros. ²⁷Davi vestia um manto de linho fino, assim como os levitas que carregavam a arca, os músicos e Quenanias, o dirigente do canto. Davi também vestia um colete sacerdotal. ²⁸Assim, todo o Israel trouxe a arca da aliança do Senhor com gritos de alegria, ao som de trombetas, cornetas, címbalos, harpas e liras.

²⁹Enquanto a arca da aliança do Senhor entrava na Cidade de Davi, Mical, filha de Saul, olhava pela janela. Quando viu o rei Davi saltando e rindo de alegria, encheu-se de desprezo por ele.

16 Trouxeram a arca de Deus e a colocaram dentro da tenda especial que Davi tinha preparado para ela. Em seguida, apresentaram a Deus holocaustos e ofertas de paz. ²Quando Davi terminou de oferecer os holocaustos e ofertas de paz, abençoou o povo em nome do Senhor. ³Depois, para cada homem e mulher em todo o Israel, deu um pão, um bolo de tâmarasª e um bolo de passas.

⁴Davi nomeou os seguintes levitas para servirem diante da arca do Senhor, invocarem as bênçãos dele e darem graças e louvarem o Senhor, o Deus de Israel: ⁵Asafe, o chefe do grupo, tocava os címbalos. Depois dele vinha Zacarias, seguido de Jeiel, Semiramote, Jeiel, Matitias, Eliabe, Benaia, Obede-Edom e Jeiel, que tocavam harpas e liras. ⁶Os sacerdotes Benaia e Jaaziel tocavam trombetas continuamente diante da arca da aliança de Deus.

O cântico de louvor de Davi

⁷Naquele dia, Davi encarregou Asafe e seus parentes levitas de louvarem com ação de graças ao Senhor:

⁸"Deem graças ao Senhor e proclamem seu nome,
   anunciem entre os povos o que ele tem feito.
⁹Cantem a ele, sim, cantem louvores a ele,
   falem a todos de suas maravilhas.
¹⁰Exultem em seu santo nome,
   alegrem-se todos que buscam o Senhor.
¹¹Busquem o Senhor e sua força,
   busquem sua presença todo o tempo.
¹²Lembrem-se das maravilhas que ele fez,
   dos milagres que realizou e dos juízos que pronunciou,
¹³vocês que são filhos de seu servo Israel,
   descendentes de Jacó, seus escolhidos.
¹⁴"Ele é o Senhor, nosso Deus;
   vemos sua justiça em toda a terra.
¹⁵Lembrem-se de sua aliança para sempre,
   do compromisso que ele firmou com mil gerações.
¹⁶É a aliança que fez com Abraão,
   o juramento que fez a Isaque.
¹⁷Ele a confirmou a Jacó por decreto,
   ao povo de Israel como aliança sem fim:
¹⁸'Darei a vocês a terra de Canaã,
   como a porção de sua herança'.
¹⁹"Assim declarou quando vocês ainda eram poucos,
   um punhado de estrangeiros em Canaã.
²⁰Vagaram de uma nação a outra,
   de um reino a outro.
²¹E, no entanto, ele não permitiu que ninguém os oprimisse
   e, em seu favor, repreendeu reis:
²²'Não toquem em meu povo escolhido,ᵇ
   não façam mal a meus profetas'.
²³"Toda a terra cante ao Senhor!
   Proclamem todos os dias a sua salvação.
²⁴Anunciem a sua glória entre as nações,
   contem a todos as suas maravilhas.

ª **16.3** Ou *um pedaço de carne*. O significado do hebraico é incerto. ᵇ **16.22** Em hebraico, *em meus ungidos*.

16.9 [...] embora sejamos primeiramente convidados *a cantar para o louvor de Deus, dizem-nos, em seguida,* para narrar sobre as Suas obras maravilhosas. Há um louvor para a assembleia e uma conversa para junto à lareira — e ambos devem ser santos! O louvor deve ser animado, sincero, unânime, cheio de entusiasmo — a conversa deve ser igualmente sincera, igualmente séria, igualmente sagrada. Vocês não devem dizer "Fiz minha parte em relação ao louvor a Deus", quando o hino termina e vocês começam a abrir suas bocas para falar sobre assuntos comuns! Mas, na sua conversa comum, nos campos, no caminho, nas ruas e nos aposentos particulares, ainda devem continuar a louvar a Deus e a falar de todas as Suas maravilhas.

²⁵Grande é o Senhor! Digno de muito louvor!
Ele é mais temível que todos os deuses.
²⁶Os deuses de outros povos não passam de ídolos,
mas o Senhor fez os céus!
²⁷Glória e majestade o cercam,
força e alegria enchem sua habitação.
²⁸"Ó nações do mundo, reconheçam o Senhor,
reconheçam que o Senhor é glorioso e forte.
²⁹Deem ao Senhor a glória que seu nome merece,
tragam ofertas e venham à sua presença.
Adorem o Senhor em todo o seu santo esplendor;
³⁰toda a terra trema diante dele.
O mundo permanece firme
e não pode ser abalado.
³¹"Alegrem-se os céus e exulte a terra!
Digam entre as nações: 'O Senhor reina!'.
³²Deem louvor o mar e tudo que nele há!
Os campos e suas colheitas gritem de alegria!
³³As árvores do bosque exultem diante do Senhor,
pois ele vem para julgar a terra.
³⁴"Deem graças ao Senhor, porque ele é bom;
seu amor dura para sempre!
³⁵Clamem: 'Salva-nos, ó Deus de nossa salvação!
Reúne-nos e livra-nos das nações,
para darmos graças ao teu santo nome,
para nos alegrarmos no teu louvor'.
³⁶"Louvem o Senhor, o Deus de Israel,
que vive de eternidade a eternidade!".

Todo o povo disse em alta voz: "Amém!" e louvou o Senhor.

Culto em Jerusalém e em Gibeom

³⁷Davi providenciou que Asafe e seus parentes levitas servissem continuamente diante da arca da aliança do Senhor e cumprissem seus deveres de cada dia. ³⁸Faziam parte desse grupo: Obede-Edom, filho de Jedutum, Hosa e 68 levitas que eram guardas das portas.

³⁹Enquanto isso, Davi deixou o sacerdote Zadoque e seus parentes no tabernáculo do Senhor, no lugar de adoração em Gibeom, onde continuaram a servir diante do Senhor. ⁴⁰Todas as manhãs e todas as tardes, ofereciam holocaustos ao Senhor no altar separado para essa finalidade, em obediência a tudo que estava escrito na lei do Senhor, conforme ele tinha ordenado a Israel. ⁴¹Davi também designou Hemã, Jedutum e outros escolhidos por nome para darem graças ao Senhor, pois "seu amor dura para sempre". ⁴²Acompanhavam os cânticos de louvor a Deus com trombetas, címbalos e outros instrumentos. Os filhos de Jedutum foram nomeados guardas das portas.

⁴³Então todos voltaram para casa, e Davi também voltou para abençoar sua família.

A aliança do Senhor com Davi

17 Quando Davi já havia se estabelecido em seu palácio, mandou chamar o profeta Natã. Disse: "Veja, moro num palácio, uma casa de cedro, enquanto a arca da aliança do Senhor está lá fora, numa simples tenda".

²Natã respondeu a Davi: "Faça o que tem em mente, pois Deus está com o rei".

³Naquela mesma noite, porém, Deus disse a Natã:

⁴"Vá e diga a meu servo Davi que assim diz o Senhor: 'Não será você que construirá uma casa para eu habitar. ⁵Desde o dia em que tirei os israelitas do Egito até hoje, nunca morei numa casa. Sempre acompanhei o povo de um lugar para o outro numa tenda, num tabernáculo. ⁶E, no entanto, onde quer que tenha ido com os israelitas, nunca me queixei aos líderes de Israel, aos pastores de meu povo. Nunca lhes perguntei: Por que não construíram para mim um palácio, uma casa de cedro?'.

⁷"Agora vá e diga a meu servo Davi que assim diz o Senhor dos Exércitos: 'Eu o tirei das pastagens onde você cuidava das ovelhas e o escolhi para ser o líder de meu povo, Israel. ⁸Estive com você por onde andou e destruí todos os seus inimigos diante de seus olhos. Agora, tornarei seu nome tão conhecido quanto o dos homens mais importantes da terra! ⁹Providenciarei uma terra para meu

povo, Israel, e os plantarei num lugar seguro, onde jamais serão perturbados. Nações perversas não os oprimirão como fizeram no passado, ¹⁰desde o tempo em que nomeei juízes para governar meu povo, Israel. Também derrotarei todos os seus inimigos.

"'Além disso, eu declaro que o Senhor fará uma casa para você, uma dinastia real! ¹¹Pois, quando você morrer e se reunir a seus antepassados, escolherei um de seus filhos, de sua própria descendência, e estabelecerei seu reino. ¹²Ele é que construirá uma casa para mim, e estabelecerei seu trono para sempre. ¹³Eu serei seu pai, e ele será meu filho. Jamais retirarei dele meu favor, como o retirei daquele que governou antes de você. ¹⁴Eu o confirmarei para sempre como rei sobre minha casa e sobre meu reino, e seu trono será estabelecido para sempre'".

¹⁵Natã voltou até Davi e contou ao rei tudo que o Senhor lhe tinha revelado.

Oração de gratidão de Davi

¹⁶Então o rei Davi entrou no santuário, pôs-se diante do Senhor e orou:

"Quem sou eu, ó Senhor Deus, e o que é minha família, para que me trouxesses até aqui? ¹⁷E agora, ó Deus, como se isso não bastasse, dizes que darás a teu servo uma dinastia duradoura! Como alguém pode ser tão privilegiado, ó Senhor Deus?ᵃ

¹⁸"Que mais posso dizer sobre o modo como me honraste? Tu sabes como teu servo é de fato. ¹⁹Por causa de teu servo, ó Senhor, e de acordo com tua vontade, fizeste todas estas grandes coisas e as tornaste conhecidas.

²⁰"Ó Senhor, não há ninguém igual a ti! Jamais ouvimos falar de outro Deus como tu! ²¹Que outra nação na terra é como teu povo, Israel? Que outra nação, ó Deus, resgataste da escravidão para ser teu povo? Engrandeceste teu nome ao livrar teu povo do Egito. Realizaste milagres impressionantes e removeste as nações do caminho de teu povo. ²²Escolheste Israel para ser teu próprio povo para sempre, e tu, ó Senhor, te tornaste seu Deus.

²³"E agora, ó Senhor, sou teu servo; faze o que prometeste a meu respeito e de minha família. Confirma-o como uma promessa que durará para sempre. ²⁴Que o teu nome seja estabelecido e honrado para sempre, a fim de que todos digam: 'O Senhor dos Exércitos, o Deus de Israel, é Deus para Israel!'. E que a dinastia de teu servo Davi permaneça diante de ti para sempre.

²⁵"Ó Deus meu, tive a coragem de fazer-te esta oração porque revelaste a teu servo que farás uma casa para mim, uma dinastia real! ²⁶Pois tu és Deus, ó Senhor, e prometeste estas coisas boas a teu servo. ²⁷E agora, que seja do teu agrado abençoar a casa de teu servo, para que ela permaneça para sempre diante de ti. Pois, quando concedes uma bênção, ó Senhor, é uma bênção para sempre!".

Vitórias militares de Davi

18 Depois disso, Davi derrotou e sujeitou os filisteus, conquistando Gate e seus povoados. ²Também conquistou a terra de Moabe, e os moabitas que foram poupados se tornaram súditos de Davi e lhe pagaram tributo.

³Davi também destruiu o exército de Hadadezer, rei de Zobá, derrotando-o em Hamate, quando Hadadezer tentou fortalecer seu controle ao longo do rio Eufrates. ⁴Davi tomou mil carros de guerra, sete mil cavaleiros e vinte mil soldados da infantaria. Levou cavalos suficientes para cem carros de guerra e aleijou o restante.

⁵Quando os sírios de Damasco chegaram para ajudar Hadadezer, rei de Zobá, Davi matou 22 mil deles. ⁶Então colocou destacamentos de seu exércitoᵇ em Damasco, a capital dos sírios. Assim Davi sujeitou os sírios, e eles lhe pagaram tributo. O Senhor concedia vitórias a Davi por onde quer que ele fosse.

⁷Davi levou para Jerusalém os escudos de ouro dos oficiais de Hadadezer, ⁸bem como grande quantidade de bronze de Tebáᵃ e de Cum, cidades que pertenciam a Hadadezer. Mais tarde, Salomão derreteu o bronze e o usou para fazer o grande tanque de bronze

---

ᵃ **17.17** O significado do hebraico é incerto. ᵇ **18.6** Conforme a Septuaginta e a Vulgata (ver tb. 2Sm 8.6); o hebraico não traz *destacamentos de seu exército*. ᶜ **18.8** O hebraico traz *Tibate*, variação de Tebá; comparar com o texto paralelo em 2Sm 8.8.

chamado Mar, as colunas e os diversos utensílios de bronze do templo.

⁹Quando Toí,ᵃ rei de Hamate, soube que Davi tinha destruído todo o exército de Hadadezer, rei de Zobá, ¹⁰enviou seu filho Jorãoᵇ para parabenizar Davi por sua campanha bem-sucedida. Hadadezer e Toí eram inimigos e sempre estavam em guerra. Jorão presenteou Davi com objetos de prata, ouro e bronze.

¹¹O rei Davi dedicou todos esses presentes ao Senhor, junto com a prata e o ouro que ele havia tomado de outras nações: de Edom, Moabe, Amom, da Filístia e de Amaleque.

¹²Abisai, filho de Zeruia, destruiu dezoito mil edomitas no vale do Sal. ¹³Colocou destacamentos do exército em Edom e, assim, todos os edomitas se tornaram súditos de Davi. O Senhor concedia vitórias a Davi por onde quer que ele fosse.

¹⁴Davi reinou sobre todo o Israel e fazia o que era justo e correto para seu povo. ¹⁵Joabe, filho de Zeruia, era comandante de seu exército. Josafá, filho de Ailude, era o historiador do reino. ¹⁶Zadoque, filho de Aitube, e Aimeleque,ᶜ filho de Abiatar, eram sacerdotes. Seraíasᵈ era o secretário da corte. ¹⁷Benaia, filho de Joiada, era comandante da guarda pessoal do rei.ᵉ E os filhos de Davi eram seus assistentes diretos.

Davi derrota os amonitas

19 Algum tempo depois, morreu Naás, rei dos amonitas, e seu filho Hanumᶠ subiu ao trono. ²Davi disse: "Vou demonstrar lealdade a Hanum assim como seu pai, Naás, sempre foi leal a mim". Então Davi enviou representantes para expressar seu pesar a Hanum pela morte do pai dele.

Mas, quando os representantes de Davi chegaram à terra de Amom, ³os líderes amonitas disseram a Hanum: "O rei acredita mesmo que esses homens estão aqui para honrar seu pai? Não! Davi os enviou com o objetivo de espionar a terra para vir e conquistá-la!". ⁴Então Hanum prendeu os representantes de Davi, raspou a barba de cada um, cortou metade de suas roupas até as nádegas e os mandou de volta a Davi.

⁵Quando Davi soube do que havia acontecido, enviou mensageiros ao encontro dos homens, para que lhes dissessem: "Fiquem em Jericó até que sua barba tenha crescido e voltem em seguida", pois estavam muito envergonhados.

⁶Quando Hanum e os amonitas perceberam quanto haviam enfurecido Davi, enviaram 35 toneladasᵍ de prata para Arã-Naarim, Arã-Maaca e Zobá, a fim de contratarem seus carros de guerra e cavaleiros. ⁷Também contrataram 32 mil carros de guerra e obtiveram o apoio do rei de Maaca e de seu exército. Esses soldados acamparam em Medeba, onde se juntaram a eles tropas amonitas que Hanum havia recrutado em suas próprias cidades. ⁸Davi foi informado disso e enviou Joabe e todos os seus guerreiros para lutarem contra eles. ⁹As tropas amonitas avançaram e formaram sua frente de batalha à entrada da cidade, enquanto os outros reis se posicionaram para lutar nos campos abertos.

¹⁰Joabe viu que teria de lutar em duas frentes ao mesmo tempo, por isso escolheu alguns dos melhores guerreiros de Israel e os pôs sob seu comando pessoal para enfrentar os sírios. ¹¹Deixou o restante do exército sob o comando de seu irmão Abisai, que atacou os amonitas. ¹²Joabe disse a seu irmão: "Se os sírios forem fortes demais para mim, venha me ajudar. E, se os amonitas forem fortes demais para você, eu irei ajudá-lo. ¹³Coragem! Lutemos bravamente por nosso povo e pelas cidades de nosso Deus. E que seja feita a vontade do Senhor!".

¹⁴Joabe e suas tropas atacaram, e os sírios começaram a fugir. ¹⁵Quando os amonitas viram que os sírios batiam em retirada, também fugiram de Abisai e recuaram para dentro da cidade. Então Joabe voltou para Jerusalém.

¹⁶Os sírios viram que não tinham como enfrentar Israel. Assim, enviaram mensageiros para convocar mais soldados do outro lado

---

ᵃ **18.9** Conforme o texto paralelo em 2Sm 8.9; o hebraico traz *Toú*; também em 18.10. ᵇ **18.10** Conforme o texto paralelo em 2Sm 8.10; o hebraico traz *Adorão*. ᶜ **18.16a** Conforme alguns manuscritos hebraicos, a versão siríaca e a Vulgata (ver tb. 2Sm 8.17); a maioria dos manuscritos hebraicos traz *Abimeleque*. ᵈ **18.16b** Conforme o texto paralelo em 2Sm 8.17; o hebraico traz *Sausa*. ᵉ **18.17** Em hebraico, *dos queretitas e dos peletitas*. ᶠ **19.1** Conforme o texto paralelo em 2Sm 10.1; o hebraico não traz *Hanum*. ᵍ **19.6** Em hebraico, *1.000 talentos*.

do rio Eufrates.ª Essas tropas eram conduzidas por Sobaque,ᵇ comandante do exército de Hadadezer.

¹⁷Quando Davi foi informado do que estava acontecendo, reuniu todo o Israel, atravessou o Jordão e posicionou suas tropas em formação de batalha. Entrou em combate com os sírios, que lutaram contra ele. ¹⁸Mais uma vez, porém, os sírios fugiram dos israelitas. O exército de Davi matou sete mil homens em carros de guerra e quarenta mil soldados de infantaria, incluindo Sobaque, comandante de seu exército. ¹⁹Quando os aliados de Hadadezer viram que ele havia sido derrotado por Israel, renderam-se a Davi e se tornaram seus súditos. Depois disso, os sírios não quiseram mais ajudar os amonitas.

Davi conquista Rabá

20 No começo do ano,ᶜ época em que os reis costumavam ir à guerra, Joabe conduziu o exército israelita em ataques bem-sucedidos contra a terra dos amonitas. Durante essas operações, cercou a cidade de Rabá, a atacou e a destruiu. Mas Davi ficou em Jerusalém. Joabe conquistou Rabá e a destruiu.

²Então Davi chegou a Rabá, removeu a coroa da cabeça do rei,ᵈ e ela foi colocada sobre sua cabeça. A coroa era feita de ouro, enfeitada com pedras preciosas, e pesava cerca de 35 quilos.ᵉ Davi tomou grande quantidade de despojos da cidade. ³Também tornou os habitantes de Rabá seus escravos e os obrigou a trabalhar com serras, picaretas e machados de ferro.ᶠ Foi assim que Davi tratou o povo de todas as cidades amonitas. Então ele e todo o exército voltaram para Jerusalém.

Batalhas contra gigantes filisteus

⁴Depois disso, houve guerra contra os filisteus em Gezer. Enquanto lutavam, Sibecai, de Husate, matou Safe,ᵍ um descendente de gigantes,ʰ e, desse modo, os filisteus foram subjugados.

⁵Durante outra batalha contra os filisteus, Elanã, filho de Jair, matou Lami, irmão de Golias, de Gate. O cabo da lança de Lami era da grossura de um eixo de tecelão.

⁶Em outra batalha com os filisteus em Gate, havia um homem de grande estatura com seis dedos em cada mão e seis dedos em cada pé, 24 dedos ao todo, que também era descendente de gigantes. ⁷Mas, quando ele desafiou os israelitas e zombou deles, foi morto por Jônatas, filho de Simeia, irmão de Davi.

⁸Esses filisteus eram descendentes dos gigantes de Gate, mas Davi e seus guerreiros os mataram.

Davi realiza um censo

21 Satanásⁱ se levantou contra Israel e incitou Davi a fazer um censo. ²Davi disse a Joabe e aos comandantes do exército: "Façam uma contagem de todo o Israel, desde Berseba, ao sul, até Dã, ao norte, e tragam-me um relatório para que eu saiba o número exato do povo".

ª **19.16a** Em hebraico, *do rio*. ᵇ **19.16b** Conforme o texto paralelo em 2Sm 10.16; o hebraico traz *Sofaque*; também em 19.18. ᶜ **20.1** O primeiro dia do ano no antigo calendário lunar hebraico caía em março ou abril. ᵈ **20.2a** Ou *da cabeça de Milcom* (cf. Septuaginta e Vulgata), deus dos amonitas também chamado de Moloque. ᵉ **20.2b** Em hebraico, *1 talento*. ᶠ **20.3** Conforme o texto paralelo em 2Sm 12.31; o hebraico traz *e os cortou com serras, picaretas de ferro e serras*. ᵍ **20.4a** Conforme o texto paralelo em 2Sm 21.18; o hebraico traz *Sipai*. ʰ **20.4b** Em hebraico, *descendente dos refains*; também em 20.6,8. ⁱ **21.1** Ou *Um adversário*.

21.1-8 *V.1* Israel havia ofendido e entristecido muito a Deus, e devia ser punido. Deus puniu um pecado por outro — o pecado de Davi serve como punição a um povo pecador.

V.2 Ele ficou orgulhoso. Começou a depender do número de pessoas em seu povo. Na verdade, era uma *grande população sob seu domínio — cinco milhões ou mais* — e aquele que fora um menino pastor, que em sua juventude confiara em seu Deus — agora pensava de si mesmo como um grande homem, e demonstrando um pouco do espírito de Nabucodonosor, começa a dizer: "Vejam este grande reino que reuni e fundei".

V.3 O erro aumenta ainda mais se formos enquadrados nele, especialmente se formos pegos nele por um homem sem qualquer consciência, e ainda assim, apesar de sua rudeza, como a de Joabe, argumentar com você: "Mas por que meu senhor, o rei, deseja fazer essa contagem?". As pessoas geralmente entendiam que, quando eram recenseadas, havia o objetivo de tributá-las, o propósito era demonstrar a soberania de Davi sobre elas. Bem, Davi não era o soberano, o Senhor Deus era o Rei sobre elas — Davi era apenas o vice-rei — e quando ele começou a contá-las como se lhe pertencessem, isso foi motivo

³Joabe, porém, respondeu: "Que o SENHOR torne a população cem vezes mais numerosa do que é hoje! Mas por que meu senhor, o rei, deseja fazer essa contagem? Eles não são todos seus servos? Por que levar Israel a pecar?".
⁴Apesar da objeção de Joabe, o rei insistiu que fizessem o censo. Então Joabe saiu para contar o povo de Israel. Depois, voltou para Jerusalém ⁵e informou a Davi o número de pessoas. Havia em Israel 1.100.000 homens aptos para irem à guerra que sabiam manejar a espada e, em Judá, havia 470.000. ⁶Mas Joabe não incluiu no censo as tribos de Levi e Benjamim, pois achou absurda a ordem do rei.

Julgamento por causa do pecado de Davi
⁷Deus se desagradou muito do censo e castigou Israel por isso. ⁸Então Davi disse a Deus: "Pequei grandemente ao fazer essa contagem. Perdoe meu pecado, pois cometi uma insensatez".
⁹O SENHOR falou a Gade, o vidente de Davi. Esta foi a mensagem: ¹⁰"Vá e diga a Davi que assim diz o SENHOR: 'Darei a você três opções. Escolha um destes castigos, e eu o aplicarei a você'".
¹¹Gade foi a Davi e disse: "Estas são as três opções que o SENHOR lhe deu: ¹²três anos de fome, três meses de destruição pela espada de seus inimigos, ou três dias de praga intensa, durante os quais o anjo do SENHOR trará devastação sobre toda a terra de Israel. Decida o que devo responder àquele que me enviou".
¹³"Não tenho para onde correr nesta situação!", respondeu Davi a Gade. "Mas é melhor cair nas mãos do SENHOR, pois sua misericórdia é grande. Que eu não caia nas mãos de homens."

¹⁴Então o SENHOR enviou uma praga sobre Israel, e setenta mil pessoas morreram. ¹⁵E Deus enviou um anjo para destruir Jerusalém. Mas, quando o anjo estava prestes a fazê-lo, o SENHOR teve compaixão e disse ao anjo da morte: "Pare! Já basta!". Naquele momento, o anjo do SENHOR estava perto da eira de Araúna,ᵃ o jebuseu.
¹⁶Davi olhou para cima e viu o anjo do SENHOR entre o céu e a terra, com a espada desembainhada na mão, estendida sobre Jerusalém. Então Davi e as autoridades de Israel se vestiram de pano de saco e se prostraram com o rosto no chão. ¹⁷Davi disse a Deus: "Fui eu que ordenei o censo! Eu pequei e fiz o que era mau! Mas o povo é inocente, como ovelhas. O que fizeram? Ó SENHOR, meu Deus, que tua ira caia sobre mim e minha família, mas não castigue teu povo!".

Davi constrói um altar
¹⁸Então o anjo do SENHOR disse a Gade que mandasse Davi construir um altar ao SENHOR na eira de Araúna, o jebuseu. ¹⁹Davi subiu para lá a fim de cumprir a ordem que o SENHOR deu por meio de Gade. ²⁰Araúna debulhava o trigo quando virou-se e viu o anjo. Seus quatro filhos, que estavam com ele, fugiram e se esconderam. ²¹Quando Araúna viu que o rei se aproximava, saiu da eira e curvou-se diante de Davi com o rosto no chão.
²²Davi disse a Araúna: "Quero comprar de você esta eira pelo preço justo. Construirei nela um altar para o SENHOR, a fim de que ele faça cessar a praga".
²³"Pode ficar com a eira, meu senhor, o rei", disse Araúna. "Use-a como lhe parecer melhor. Eu lhe darei os bois para os holocaustos,

---

ᵃ 21.15 Conforme o texto paralelo em 2Sm 24.16; o hebraico traz *Orná*, outro nome de Araúna; também em 21.18-28.

---

de grande indignação para o Altíssimo. Tenho receio de que quando você e eu começamos a enumerar o que fizemos, começamos a considerar o quanto demos, ou o quanto realizamos para Deus, estamos começando a nos apropriar de uma medida de glória. É melhor deixar isso para lá, pois, embora o orgulho não pareça um grande pecado aos olhos dos homens, é certamente o que causa a maior ira no Altíssimo! Ele não pode suportar o orgulho, especialmente naqueles a quem Ele exaltou. O Senhor tirara Davi do aprisco e se agora Davi se tornara grande, devia ser rebaixado novamente.

Vv.7,8 Lemos que o próprio coração de Davi o feriu. Embora tivesse errado, ele era, no entanto, um homem bom, e quando um homem ambicioso peca é um grande pecado, mas não se demora nele — sua consciência é despertada — o Espírito de Deus está nele. O coração de Davi o feriu. É um golpe terrível quando o seu próprio coração o fere! Se você nunca sentiu qualquer outra pessoa o ferir, sentirá quando seu coração o ferir.

as tábuas de trilhar como lenha para o fogo do altar e o trigo como oferta de cereais. Eu lhe darei tudo, ó rei."

²⁴O rei Davi, porém, respondeu a Araúna: "Não! Faço questão de comprá-la pelo preço justo. Não tomarei o que é seu para oferecer ao Senhor. Não apresentarei holocaustos que nada me custaram". ²⁵Então Davi pagou a Araúna seiscentas peças[a] de ouro pela eira.

²⁶Davi construiu ali um altar ao Senhor e ofereceu holocaustos e ofertas de paz. E, quando Davi orou, o Senhor respondeu com fogo do céu para queimar a oferta sobre o altar. ²⁷Então o Senhor deu ordem para que o anjo pusesse a espada de volta na bainha.

²⁸Quando Davi percebeu que o Senhor havia respondido à sua oração, ofereceu sacrifícios ali na eira de Araúna, o jebuseu. ²⁹Naquela época, o tabernáculo do Senhor, que Moisés havia feito no deserto, e o altar de holocaustos estavam no lugar de adoração em Gibeom. ³⁰Mas Davi não podia ir até lá para consultar Deus, pois tinha pavor da espada do anjo do Senhor.

[a] 21.25 Em hebraico, *600 siclos*, cerca de 7,2 quilos.

22 Então Davi disse: "Este será o lugar do templo do Senhor Deus e o lugar do altar para os holocaustos de Israel!".

Preparativos para o templo

²Davi deu ordens para reunir os estrangeiros que viviam em Israel e os encarregou de preparar as pedras cortadas para a construção do templo de Deus. ³Davi providenciou grandes quantidades de ferro para os pregos necessários para as portas e suas dobradiças, e deu tanto bronze que não se podia pesar. ⁴Também providenciou inúmeras toras de cedro, pois os homens de Tiro e Sidom lhe haviam trazido grandes quantidades dessa madeira.

⁵Davi disse: "Meu filho Salomão ainda é jovem e inexperiente. Uma vez que o templo do Senhor deve ser um edifício magnífico, famoso e glorioso por todo o mundo, começarei desde já a fazer os preparativos". Assim, antes de sua morte, Davi juntou grandes quantidades de materiais para a construção.

⁶Então mandou chamar seu filho Salomão e lhe ordenou que construísse um templo para

---

21.28 Davi buscou durante muitos anos um lugar para o grande Templo que ele se propôs a construir para Javé, seu Deus. [...] Davi observou, e esperou, e orou, e no devido tempo recebeu o sinal. Deus conhecia o local e o havia consagrado muito antes por meio de Sua aparição a Abraão. [...] Sobre o monte Moriá, perto desse lugar em particular que fora chamado Javé-Jiré, o Templo deveria ser construído. Nesse local, Abraão havia desembainhado a faca para matar seu filho. Maravilhoso tipo do grandioso Pai, oferecendo Seu Unigênito pelos pecados dos homens! A cena desse grande acontecimento deveria ser o centro de adoração para o povo escolhido. Onde Abraão fez o sacrifício supremo, ali os seus descendentes deveriam apresentar as suas ofertas. Ou se olharmos para esse símbolo e virmos Deus ali apresentando Jesus como um sacrifício para os homens, seria mais adequado que o homem sacrificasse para sempre a Deus onde Deus fez um sacrifício por ele.

22.1 *Davi havia preparado o caminho para o Templo de Salomão*. Foi por sua luta que o tempo de paz veio e durante o qual o Templo poderia ser erguido. Embora ele fosse chamado de homem de sangue, ainda seria necessário que os inimigos de Israel fossem derrubados. Não poderia haver paz até que seus adversários tivessem sido esmagados e Davi o fez. Você não ouve muito sobre os homens que preparam o caminho para outros. Alguém desponta e aparentemente faz todo o trabalho – e seu nome é amplamente conhecido e honrado. Porém, Deus se lembra dos arautos, dos pioneiros, dos homens que preparam o caminho, aqueles que por expulsarem os demônios, derrotarem erros gravíssimos e realizarem as necessárias reformas, preparam o caminho para o triunfal progresso do evangelho.

Além disso, Davi encontrou o local para o Templo. Ele o descobriu. Comprou-o e o entregou a Salomão. Nem sempre nos lembramos dos homens que preparam os locais para os templos do Senhor. Lutero é justamente lembrado, mas houve reformadores antes de Lutero. Houve centenas de homens e mulheres que foram queimados por Cristo, ou que morreram na prisão, ou que foram mortos cruelmente por causa do evangelho. Lutero entra em cena quando a ocasião foi preparada para ele, e quando um local, sobre o qual construiria o templo de Deus, foi limpo para ele. Porém, Deus se lembra de todos aqueles heróis da pré-Reforma. Pode ser o seu dever, querido amigo, limpar um local e proporcionar a ocasião para os outros – e você pode morrer antes mesmo de ver até a pedra angular do seu trabalho colocada – mas será seu quando estiver terminado e Deus se lembrará do que você fez.

o Senhor, o Deus de Israel. ⁷Disse-lhe: "Meu filho, eu quis construir um templo em honra ao nome do Senhor, meu Deus, ⁸mas o Senhor me disse: 'Você matou muitos homens nas batalhas em que lutou. Derramou muito sangue diante de mim, por isso não será você quem construirá um templo em honra ao meu nome. ⁹Contudo, você terá um filho que será um homem de paz. Darei a ele descanso de seus inimigos de todas as terras vizinhas. Seu nome será Salomão,ᵃ e darei paz e tranquilidade a Israel durante seu reinado. ¹⁰Ele construirá um templo em honra ao meu nome. Ele será meu filho, e eu serei seu pai, e eu estabelecerei o trono de seu reino sobre Israel para sempre'.

¹¹"Agora, meu filho, que o Senhor seja com você e lhe dê êxito na construção do templo do Senhor, seu Deus, exatamente como ele prometeu a seu respeito. ¹²E que o Senhor lhe dê sabedoria e entendimento, para que você obedeça à lei do Senhor, seu Deus, ao governar Israel. ¹³Você terá êxito se for cuidadoso em obedecer aos decretos e estatutos que o Senhor ordenou a Israel por meio de Moisés. Seja forte e corajoso; não tenha medo nem desanime!

¹⁴"Trabalhei arduamente para providenciar os materiais para a construção do templo do Senhor: 3.500 toneladas de ouro, 35.000 toneladas de prataᵇ e tanto ferro e bronze que não se pode pesar. Também juntei madeira e pedra, embora talvez você precise providenciar mais. ¹⁵Você tem muitos trabalhadores habilidosos: cortadores de pedra, pedreiros, carpinteiros e artesãos de todo tipo, ¹⁶peritos nos trabalhos com ouro, prata, bronze e ferro. Agora comece a obra, e que o Senhor esteja com você!".

¹⁷Então Davi ordenou a todos os líderes de Israel que ajudassem Salomão nesse projeto. ¹⁸"O Senhor, seu Deus, está com vocês", declarou. "Ele lhes deu descanso das nações ao redor. Entregou-as em minhas mãos, e agora estão sujeitas ao Senhor e ao seu povo. ¹⁹Agora busquem o Senhor, seu Deus, de todo o coração e de toda a alma. Construam o santuário do Senhor Deus, a fim de trazer a arca da aliança do Senhor e os utensílios sagrados para o templo edificado em honra ao nome do Senhor."

Deveres dos levitas

23 Quando Davi já era bem idoso, nomeou seu filho Salomão rei sobre Israel. ²Convocou todos os líderes de Israel, e também os sacerdotes e os levitas. ³Foram contados os levitas com 30 anos ou mais, e o total chegou a 38 mil. ⁴De todos os levitas, 24 mil foram designados para supervisionar o trabalho no templo do Senhor, 6 mil para ser oficiais e juízes, ⁵4 mil para ser guardas das portas e 4 mil para louvar o Senhor com os instrumentos musicais que Davi fez para esse fim. ⁶Davi dividiu os levitas em grupos com os nomes dos clãs descendentes dos três filhos de Levi: Gérson, Coate e Merari.

Os gersonitas
⁷Os descendentes de Gérson foram: Libniᶜ e Simei, filhos de Gérson. ⁸Os três filhos de Libni foram: Jeiel, o chefe da família, Zetá e Joel. ⁹Esses foram os chefes da família de Libni.

Três descendentes de Simei foram: Selemote, Haziel e Harã. ¹⁰Outros quatro descendentes de Simei foram: Jaate, Ziza,ᵈ Jeús e Berias. ¹¹Jaate era o chefe da família, e Ziza, o segundo. Jeús e Berias foram contados como uma só família, pois nenhum dos dois teve muitos filhos.

Os coatitas
¹²Quatro descendentes de Coate foram: Anrão, Isar, Hebrom e Uziel.
¹³Os filhos de Anrão foram: Arão e Moisés. Arão e seus descendentes foram separados para consagrar as coisas santíssimas, queimar incenso na presença do Senhor, servi-lo e pronunciar bênçãos em seu nome para sempre.
¹⁴Quanto a Moisés, homem de Deus, seus filhos foram contados com a tribo de Levi. ¹⁵Os filhos de Moisés foram: Gérson e Eliézer. ¹⁶Um dos descendentes de Gérson foi Sebuel, chefe da família. ¹⁷Eliézer teve apenas um filho, Reabias, o chefe da família. Reabias teve muitos descendentes.

ᵃ **22.9** *Salomão* tem um som parecido com o termo hebraico que significa "paz" e provavelmente é derivado dele. ᵇ **22.14** Em hebraico, *100 mil talentos de ouro, 1 milhão de talentos de prata*. ᶜ **23.7** Em hebraico, *Ladã* (tb. em 23.8,9), variação de Libni; comparar com 6.17. ᵈ **23.10** Conforme a Septuaginta e a Vulgata (ver tb. 23.11); o hebraico traz *Zina*.

¹⁸Um dos descendentes de Isar foi Selomite, chefe da família.

¹⁹Os descendentes de Hebrom foram: Jerias, o chefe da família, Amarias, o segundo, Jaaziel, o terceiro, e Jecameão, o quarto.

²⁰Os descendentes de Uziel foram: Mica, o chefe da família, e Issias, o segundo.

Os meraritas

²¹Os descendentes de Merari foram: Mali e Musi.

Os filhos de Mali foram: Eleazar e Quis. ²²Eleazar morreu sem ter filhos; teve apenas filhas. Suas filhas se casaram com os primos delas, os filhos de Quis.

²³Três descendentes de Musi foram: Mali, Éder e Jeremote.

²⁴Estes foram os descendentes de Levi conforme seus clãs, os chefes de suas famílias, registrados por nome. Cada um precisava ter 20 anos ou mais a fim de se qualificar para o serviço na casa do Senhor. ²⁵Pois Davi disse: "O Senhor, Deus de Israel, nos deu paz e habitará sempre em Jerusalém. ²⁶Os levitas não precisam mais carregar o tabernáculo nem seus utensílios de um lugar para outro". ²⁷De acordo com as últimas instruções de Davi, foram registrados para o serviço todos os levitas de 20 anos ou mais.

²⁸O trabalho dos levitas era ajudar os sacerdotes, os descendentes de Arão, no serviço da casa do Senhor. Também cuidavam dos pátios e das salas laterais, ajudavam a realizar as cerimônias de purificação e serviam na casa de Deus de várias outras maneiras. ²⁹Eram encarregados dos pães da presença colocados sobre a mesa, da farinha da melhor qualidade para as ofertas de cereais, dos bolos sem fermento, dos pães assados em azeite e da mistura das massas. Eram responsáveis, ainda, por verificar todos os pesos e medidas. ³⁰Todas as manhãs e todas as tardes, apresentavam-se diante do Senhor para entoar cânticos de ação de graças e louvor. ³¹Ajudavam nos holocaustos oferecidos ao Senhor nos sábados, nas festas de lua nova e em todas as outras festas fixas. O número requerido de levitas estava sempre de serviço na presença do Senhor, e seguiam todos os procedimentos que lhes haviam sido prescritos.

³²E assim, sob a supervisão dos sacerdotes, os descendentes de Arão, os levitas guardavam a tenda do encontro e o santuário e cumpriam seus deveres no serviço da casa do Senhor.

Deveres dos sacerdotes

24 Os descendentes de Arão, os sacerdotes, foram divididos em turnos para o serviço. Os filhos de Arão foram: Nadabe, Abiú, Eleazar e Itamar. ²Mas Nadabe e Abiú morreram antes de seu pai e não tinham filhos. Então Eleazar e Itamar deram continuidade ao sacerdócio.

³Com a ajuda de Zadoque, descendente de Eleazar, e de Aimeleque, descendente de Itamar, Davi dividiu os descendentes de Arão em turnos, de acordo com suas responsabilidades. ⁴Os descendentes de Eleazar foram divididos em dezesseis turnos, e os de Itamar, em oito, pois havia mais chefes de família entre os descendentes de Eleazar.

⁵As tarefas foram designadas aos grupos por sorteio, para que não houvesse nenhuma preferência, pois havia entre os descendentes de Eleazar e de Itamar muitos líderes qualificados para servir a Deus no santuário. ⁶Semaías, filho do levita Natanael, foi o secretário e anotou os nomes e as tarefas na presença do rei, dos líderes, do sacerdote Zadoque, de Aimeleque, filho de Abiatar, e dos chefes das famílias dos sacerdotes e dos levitas. Os descendentes de Eleazar e de Itamar foram designados por sorteio alternadamente.

⁷A primeira sorte caiu para Jeoiaribe;
a segunda, para Jedaías;
⁸a terceira, para Harim;
a quarta, para Seorim;
⁹a quinta, para Malquias;
a sexta, para Miamim;
¹⁰a sétima, para Hacoz;
a oitava, para Abias;
¹¹a nona, para Jesua;
a décima, para Secanias;
¹²a décima primeira, para Eliasibe;
a décima segunda, para Jaquim;
¹³a décima terceira, para Hupá;
a décima quarta, para Jesebeabe;
¹⁴a décima quinta, para Bilga;
a décima sexta, para Imer;
¹⁵a décima sétima, para Hezir;

a décima oitava, para Hapises;
¹⁶a décima nona, para Petaías;
a vigésima, para Jeezquel;
¹⁷a vigésima primeira, para Jaquim;
a vigésima segunda, para Gamul;
¹⁸a vigésima terceira, para Delaías;
a vigésima quarta, para Maazias.

¹⁹Cada grupo realizava as tarefas que lhe haviam sido designadas na casa do Senhor, de acordo com os procedimentos definidos por seu antepassado Arão em obediência às ordens do Senhor, o Deus de Israel.

Chefes de famílias levitas

²⁰Os outros chefes de famílias descendentes de Levi foram:

Dos descendentes de Anrão: Sebuel.ᵃ
Dos descendentes de Sebuel: Jedias.
²¹Dos descendentes de Reabias: Issias.
²²Dos descendentes de Isar: Selomite.ᵇ
Dos descendentes de Selomite: Jaate.
²³Dos descendentes de Hebrom: Jerias, o chefe,ᶜ Amarias, o segundo, Jaaziel, o terceiro, e Jecameão, o quarto.
²⁴Dos descendentes de Uziel: Mica.
Dos descendentes de Mica: Samir ²⁵e Issias, irmão de Mica.
Dos descendentes de Issias: Zacarias.
²⁶Dos descendentes de Merari: Mali e Musi.
Dos descendentes de Jaazias: Beno.
²⁷Dos descendentes de Merari, por Jaazias: Beno, Soão, Zacur e Ibri.
²⁸Dos descendentes de Mali: Eleazar, que não teve filhos.
²⁹Dos descendentes de Quis: Jerameel.
³⁰Dos descendentes de Musi: Mali, Éder e Jerimote.

Esses foram os descendentes de Levi, de acordo com suas famílias. ³¹Como os descendentes de Arão, suas tarefas foram designadas por sorteio, sem distinção de idade nem de posição entre as famílias. As sortes foram lançadas na presença do rei Davi, de Zadoque, de Aimeleque e dos chefes das famílias dos sacerdotes e dos levitas.

Responsabilidades dos músicos

25 Depois, Davi e os comandantes do exército nomearam homens das famílias de Asafe, Hemã e Jedutum para profetizar, com o acompanhamento de liras, harpas e címbalos. Esta é a lista de seus nomes e de suas responsabilidades:

²Dos filhos de Asafe: Zacur, José, Netanias e Asarela. Trabalhavam sob a direção de seu pai, Asafe, que profetizava por ordem do rei. ³Dos filhos de Jedutum: Gedalias, Zeri, Jesaías, Simei,ᵈ Hasabias e Matitias, seis ao todo. Trabalhavam sob a direção de seu pai, Jedutum, que profetizava com o acompanhamento da lira, dando graças e louvando o Senhor.
⁴Dos filhos de Hemã: Buquias, Matanias, Uziel, Subael,ᵉ Jerimote, Hananias, Hanani, Eliata, Gidalti, Romanti-Ézer, Josbecasa, Maloti, Hotir e Maaziote. ⁵Todos eram filhos de Hemã, vidente do rei, pois Deus lhe tinha dado o privilégio de ter catorze filhos e filhas, de acordo com sua promessa.

⁶Todos esses homens estavam sob a direção de seus pais e serviam como músicos na casa do Senhor. Eram responsáveis por tocar címbalos, harpas e liras na casa de Deus. Asafe, Jedutum e Hemã se reportavam diretamente ao rei. ⁷Eles e suas famílias estavam preparados para cantar diante do Senhor, e todos, 288 no total, eram músicos talentosos. ⁸Os músicos foram nomeados para seu serviço por sorteio, tanto jovens como idosos, mestres ou aprendizes.

⁹A primeira sorte caiu para José, do clã de Asafe, e doze de seus filhos e parentes;ᶠ
a segunda, para Gedalias e doze de seus filhos e parentes;
¹⁰a terceira, para Zacur e doze de seus filhos e parentes;
¹¹a quarta, para Zeriᵍ e doze de seus filhos e parentes;
¹²a quinta, para Netanias e doze de seus filhos e parentes;
¹³a sexta, para Buquias e doze de seus filhos e parentes;

ᵃ**24.20** Em hebraico, *Subael* (tb. em 1Cr 24.20b), variação de Sebuel; comparar com 23.16 e 26.24. ᵇ**24.22** Em hebraico, *Selomote* (tb. em 1Cr 24.22b), variação de Selomite; comparar com 23.18. ᶜ**24.23** Em hebraico, *Dos descendentes de Jerias*; comparar com 23.19. ᵈ**25.3** Conforme um manuscrito hebraico e alguns manuscritos gregos (ver tb. 25.17); a maioria dos manuscritos hebraicos não traz *Simei*. ᵉ**25.4** Em hebraico, *Sebuel*, variação de Subael; comparar com 25.20. ᶠ**25.9** Conforme a Septuaginta; o hebraico não traz *e doze de seus filhos e parentes*. ᵍ**25.11** Em hebraico, *Izri*, variação de Zeri; comparar com 25.3.

¹⁴a sétima, para Asarela[a] e doze de seus filhos e parentes; ¹⁵a oitava, para Jesaías e doze de seus filhos e parentes; ¹⁶a nona, para Matanias e doze de seus filhos e parentes; ¹⁷a décima, para Simei e doze de seus filhos e parentes; ¹⁸a décima primeira, para Uziel[b] e doze de seus filhos e parentes; ¹⁹a décima segunda, para Hasabias e doze de seus filhos e parentes; ²⁰a décima terceira, para Subael e doze de seus filhos e parentes; ²¹a décima quarta, para Matitias e doze de seus filhos e parentes; ²²a décima quinta, para Jerimote[c] e doze de seus filhos e parentes; ²³a décima sexta, para Hananias e doze de seus filhos e parentes; ²⁴a décima sétima, para Josbecasa e doze de seus filhos e parentes; ²⁵a décima oitava, para Hanani e doze de seus filhos e parentes; ²⁶a décima nona, para Maloti e doze de seus filhos e parentes; ²⁷a vigésima, para Eliata e doze de seus filhos e parentes; ²⁸a vigésima primeira, para Hotir e doze de seus filhos e parentes; ²⁹a vigésima segunda, para Gidalti e doze de seus filhos e parentes; ³⁰a vigésima terceira, para Maaziote e doze de seus filhos e parentes; ³¹a vigésima quarta, para Romanti-Ézer e doze de seus filhos e parentes.

Deveres dos guardas das portas

26 Estas são as divisões dos guardas das portas:

Dos coraítas: Meselemias, filho de Coré, da família de Abiasafe.[d] ²O primeiro filho de Meselamias foi Zacarias, o segundo, Jediael, o terceiro, Zebadias, o quarto, Jatniel, ³o quinto, Elão, o sexto, Joanã, e o sétimo, Elioenai.

⁴O primeiro filho de Obede-Edom foi Semaías, o segundo, Jeozabade, o terceiro, Joá, o quarto, Sacar, o quinto, Natanael, ⁵o sexto, Amiel, o sétimo, Issacar, e o oitavo, Peuletai. Deus havia abençoado Obede-Edom.

⁶Semaías, filho de Obede-Edom, teve filhos muito capazes, que ocuparam posições de grande autoridade no clã. ⁷Estes eram os nomes deles: Otni, Rafael, Obede e Elzabade. Seus parentes, Eliú e Semaquias, também foram homens muito capazes.

⁸Todos esses descendentes de Obede-Edom, incluindo seus filhos e parentes, 62 ao todo, foram homens muito capazes e aptos para seu trabalho.

⁹Os dezoito filhos e parentes de Meselamias também foram homens muito capazes.

¹⁰Os filhos de Hosa, do clã de Merari, foram: Sinri, nomeado chefe por seu pai, embora não fosse o mais velho, ¹¹Hilquias, o segundo, Tebalias, o terceiro, e Zacarias, o quarto. Os filhos e parentes de Hosá foram treze ao todo.

¹²Essas divisões de guardas das portas foram feitas conforme os chefes de suas famílias. Os guardas, como os outros levitas, serviam na casa do S<small>ENHOR</small>. ¹³Foram encarregados de guardar as portas por sorteio, de acordo com as famílias, sem levar em conta idade ou treinamento.

¹⁴Meselemias[e] e seu grupo ficaram responsáveis pela porta leste. Seu filho Zacarias, conselheiro de grande sabedoria, ficou responsável pela porta norte. ¹⁵Obede-Edom ficou responsável pela porta sul, e seus filhos, pelo depósito. ¹⁶Supim e Hosa ficaram responsáveis pela porta oeste e pela passagem que dava para o templo.[f] O serviço dos guardas foi dividido de forma igual. ¹⁷Todos os dias, seis levitas ficavam encarregados da porta leste, quatro da porta norte, quatro da porta sul, e duas duplas do depósito. ¹⁸Cada dia, seis ficavam encarregados da porta oeste, quatro da passagem que dava para o templo, e dois do pátio.[g]

---

[a]**25.14** Em hebraico, *Jesarela*, variação de Asarela; comparar com 25.2. [b]**25.18** Em hebraico, *Azareel*, variação de Uziel; comparar com 25.4. [c]**25.22** Em hebraico, *Jeremote*, variação de Jerimote; comparar com 25.4. [d]**26.1** Conforme a Septuaginta (ver tb. Êx 6.24); o hebraico traz *Asafe*. [e]**26.14** Em hebraico, *Selemias*, variação de Meselemias; comparar com 26.2. [f]**26.16** Ou *pela porta de Salequete, na rua de cima* (tb. em 26.18). O significado do hebraico é incerto. [g]**26.18** Ou *da colunata*. O significado do hebraico é incerto.

¹⁹Essas foram as divisões dos guardas das portas dos clãs de Coré e de Merari.

Tesoureiros e outros oficiais

²⁰Outros levitas, sob a liderança de Aías, eram encarregados dos tesouros da casa de Deus e dos depósitos onde ficavam os objetos consagrados. ²¹Da família de Libni,[a] no clã de Gérson, Jeiel[b] era o chefe. ²²Os filhos de Jeiel, Zetã e seu irmão Joel, eram encarregados dos tesouros da casa do Senhor.

²³Os líderes descendentes de Anrão, de Isar, de Hebrom e de Uziel foram:

²⁴Do clã de Anrão, Sebuel foi descendente de Gérson, filho de Moisés. Era o oficial encarregado dos tesouros. ²⁵Suas gerações de parentes por parte de Eliézer foram: Reabias, Jesaías, Jorão, Zicri e Selemote.

²⁶Selemote e seus parentes eram encarregados dos tesouros que o rei Davi, os chefes das famílias, os generais e capitães[c] e outros oficiais do exército haviam dedicado ao Senhor. ²⁷Esses homens dedicaram parte dos despojos que haviam obtido nas batalhas para a manutenção da casa do Senhor. ²⁸Selemote[d] e seus parentes também cuidavam de todas as ofertas dedicadas ao Senhor pelo vidente Samuel, por Saul, filho de Quis, por Abner, filho de Ner, e por Joabe, filho de Zeruia. Eram responsáveis, ainda, pelas demais ofertas dedicadas ao Senhor.

²⁹Do clã de Isar, Quenanias e seus filhos receberam as responsabilidades administrativas[e] de Israel como oficiais e juízes.

³⁰Do clã de Hebrom, Hasabias e seus parentes, 1.700 homens capazes, foram encarregados das terras israelitas a oeste do rio Jordão. Eram responsáveis por todas as questões relacionadas ao serviço do Senhor e do rei nessa região.

³¹Também do clã de Hebrom, Jerias era o chefe dos hebronitas, de acordo com os registros genealógicos. No quadragésimo ano do reinado de Davi, fez-se uma busca nos registros e foram encontrados homens capazes do clã de Hebrom em Jazer, na terra de Gileade. ³²Havia 2.700 homens capazes e chefes de família entre os parentes de Jerias. O rei Davi os enviou para o lado leste do Jordão e os encarregou das tribos de Rúben e Gade e da meia tribo de Manassés. Eram responsáveis por todas as questões relacionadas a Deus e ao rei.

Comandantes e divisões militares

27 Esta é a lista dos israelitas, chefes de família, generais e capitães[f] que serviam o rei na supervisão das divisões do exército de serviço a cada mês do ano. Cada divisão tinha 24 mil homens e servia durante um mês.

²Jasobeão, filho de Zabdiel, era comandante da primeira divisão de 24 mil homens, de serviço durante o primeiro mês. ³Era descendente de Perez e chefe de todos os oficiais do exército para o primeiro mês.

⁴Dodai, descendente de Aoí, era comandante da segunda divisão de 24 mil homens, de serviço durante o segundo mês. Miclote era o chefe da divisão.

⁵Benaia, filho do sacerdote Joiada, era comandante da terceira divisão de 24 mil homens, de serviço durante o terceiro mês. ⁶Esse Benaia comandou o grupo militar de elite de Davi, conhecido como os Trinta. Seu filho Amizabade era o chefe da divisão.

⁷Asael, irmão de Joabe, era comandante da quarta divisão de 24 mil homens, de serviço durante o quarto mês. Asael foi sucedido por seu filho Zebadias.

⁸Sama,[g] o izraíta, era comandante da quinta divisão de 24 mil homens, de serviço durante o quinto mês.

⁹Ira, filho de Iques, de Tecoa, era comandante da sexta divisão de 24 mil homens, de serviço durante o sexto mês.

¹⁰Helez, de Pelom, descendente de Efraim, era comandante da sétima divisão de 24 mil homens, de serviço durante o sétimo mês.

¹¹Sibecai, de Husate, descendente de Zera, era comandante da oitava divisão de 24 mil homens, de serviço durante o oitavo mês.

---

[a] **26.21a** Em hebraico, *Ladã*, variação de Libni; comparar com 6.17. [b] **26.21b** Em hebraico, *Jeieli* (tb. em 26.22), variação de Jeiel; comparar com 23.8. [c] **26.26** Em hebraico, *comandantes de milhares e de centenas*. [d] **26.28** Em hebraico, *Selomite*, variação de Selomote. [e] **26.29** Ou *receberam responsabilidades externas*, ou *receberam responsabilidades fora da área do templo*. [f] **27.1** Em hebraico, *comandantes de milhares e de centenas*. [g] **27.8** Em hebraico, *Samute*, variação de Sama; comparar com 11.27 e 2Sm 23.25.

¹²Abiezer, de Anatote, da tribo de Benjamim, era comandante da nona divisão de 24 mil homens, de serviço durante o nono mês. ¹³Maarai, de Netofate, descendente de Zera, era comandante da décima divisão de 24 mil homens, de serviço durante o décimo mês. ¹⁴Benaia, de Piratom, em Efraim, era comandante da décima primeira divisão de 24 mil homens, de serviço durante o décimo primeiro mês. ¹⁵Helede,ª de Netofate, descendente de Otniel, era comandante da décima segunda divisão de 24 mil homens, de serviço durante o décimo segundo mês.

Líderes das tribos

¹⁶Estas foram as tribos de Israel e seus líderes:

da tribo de Rúben: Eliézer, filho de Zicri;
da tribo de Simeão: Sefatias, filho de Maaca;
¹⁷da tribo de Levi: Hasabias, filho de Quemuel;
da tribo de Arão: o sacerdote, Zadoque;
¹⁸da tribo de Judá: Eliú, irmão de Davi;
da tribo de Issacar: Onri, filho de Micael;
¹⁹da tribo de Zebulom: Ismaías, filho de Obadias;
da tribo de Naftali: Jeremote, filho de Azriel;
²⁰da tribo de Efraim: Oseias, filho de Azazias;
da tribo de Manassés, a oeste: Joel, filho de Pedaías;
²¹da tribo de Manassés, em Gileade, a leste: Ido, filho de Zacarias;
da tribo de Benjamim: Jaasiel, filho de Abner;
²²da tribo de Dã: Azareel, filho de Jeroão.

Esses foram os líderes das tribos de Israel.

²³Quando Davi fez o censo, não contou os que tinham menos de 20 anos, pois o Senhor havia prometido que os israelitas seriam numerosos como as estrelas no céu. ²⁴Joabe, filho de Zeruia, começou o censo, mas nunca o terminou, porque a ira de Deus caiu sobre Israel. O número total nunca foi anotado nos registros oficiais do rei Davi.

Oficiais do reino de Davi

²⁵Azmavete, filho de Adiel, era encarregado dos depósitos do palácio. Jônatas, filho de Uzias, era encarregado dos depósitos nos campos, nas cidades, nos povoados e nas fortalezas. ²⁶Ezri, filho de Quelube, era encarregado dos trabalhadores nos campos, que cultivavam as terras. ²⁷Simei, de Ramá, era encarregado dos vinhedos.

Zabdi, de Sifá, era encarregado das uvas e do fornecimento de vinho. ²⁸Baal-Hanã, de Giderá, era encarregado das plantações de oliveiras e figueiras-bravas do rei nas colinas de Judá.ᵇ

Joás era encarregado dos depósitos de azeite. ²⁹Sitrai, de Sarom, era encarregado do gado na planície de Sarom.

Safate, filho de Adlai, era encarregado do gado nos vales. ³⁰Obil, o ismaelita, era encarregado dos camelos.

Jedias, de Meronote, era encarregado dos jumentos. ³¹Jaziz, o hagareno, era encarregado das ovelhas.

Todos esses oficiais administravam as propriedades do rei Davi.

³²Jônatas, tio de Davi, era conselheiro do rei, homem sábio e também escriba. Jeiel, filho de Hacmoni, era responsável por ensinar os filhos do rei. ³³Aitofel era conselheiro do rei. Husai, o arquita, era amigo do rei. ³⁴Aitofel foi sucedido por Joiada, filho de Benaia, e por Abiatar. Joabe era comandante do exército do rei.

Instruções de Davi a Salomão

28 Davi convocou todos os oficiais de Israel para irem a Jerusalém: os líderes das tribos, os comandantes das divisões do exército, os generais e os capitães,ᶜ os administradores das propriedades e dos rebanhos do rei, os oficiais do palácio, os guerreiros valentes, e todos os outros soldados do reino. ²Davi se pôs em pé e disse: "Meus irmãos e meu povo! Era meu desejo construir um templo onde a arca da aliança do Senhor, o lugar de descanso dos pés de nosso Deus, repousasse para sempre. Fiz os preparativos necessários para construí-lo, ³mas Deus me disse: 'Você não construirá um templo em

---

ª **27.15** Em hebraico, *Heldai*, variação de Helede; comparar com 11.30 e 2Sm 23.29. ᵇ **27.28** Em hebraico, *na Sefelá*. ᶜ **28.1** Em hebraico, *os comandantes de milhares e os comandantes de centenas*.

honra ao meu nome, pois é homem de guerra e derramou muito sangue'.

⁴"Contudo, o SENHOR, o Deus de Israel, me escolheu dentre toda a família de meu pai para ser rei em Israel, para sempre. Escolheu a tribo de Judá para governar e, dentre as famílias de Judá, escolheu a de meu pai. Dentre os filhos de meu pai, agradou-se de me fazer rei sobre todo o Israel. ⁵E, dentre os muitos filhos que o SENHOR me deu, escolheu Salomão para ser meu sucessor no trono de Israel e para governar o reino do SENHOR. ⁶Ele me disse: 'Seu filho Salomão construirá meu templo e meus pátios, pois eu o escolhi para ser meu filho, e eu serei seu pai. ⁷E, se ele continuar a obedecer a meus mandamentos e estatutos, como obedece hoje, farei seu reino durar para sempre'.

⁸"Agora, portanto, com Deus como nossa testemunha, e diante de todo o Israel, a comunidade do SENHOR, eu lhes digo: tenham o cuidado de obedecer a todos os mandamentos do SENHOR, seu Deus, para que continuem a possuir esta boa terra e a deixem para seus filhos como herança permanente.

⁹"E você, meu filho Salomão, aprenda a conhecer o Deus de seus antepassados. Sirva-o de todo o coração e com a alma alegre. Pois o SENHOR vê todos os corações e conhece todos os planos e pensamentos. Se você o buscar, o encontrará. Mas, se você o abandonar, ele o rejeitará para sempre. ¹⁰Portanto, leve isto a sério. O SENHOR o escolheu para construir um templo que sirva de santuário. Seja forte e faça o trabalho".

¹¹Então Davi entregou a seu filho Salomão as plantas do templo e de tudo que ficava ao redor, incluindo a sala de entrada, os depósitos, as salas dos andares superiores, as salas internas e o lugar de expiação. ¹²Davi também entregou a Salomão as plantas de tudo que havia planejado para os pátios do templo do SENHOR, das salas externas, dos tesouros e dos depósitos para as ofertas dedicadas ao SENHOR. ¹³Deu, ainda, instruções a respeito das divisões dos sacerdotes e dos levitas, além das responsabilidades no templo do SENHOR e das especificações para os objetos usados no serviço do templo.

¹⁴Davi deu instruções a respeito de quanto ouro e quanta prata deviam ser usados para confeccionar esses objetos para o serviço. ¹⁵Informou a quantidade de ouro necessária para os candelabros e as lâmpadas de ouro, e a quantidade de prata necessária para os candelabros e as lâmpadas de prata, de acordo com o uso de cada um. ¹⁶Especificou a quantidade de ouro para a mesa sobre a qual seriam colocados os pães da presença, e a quantidade de prata para as outras mesas.

¹⁷Davi também especificou a quantidade de ouro puro para os garfos, as bacias, os jarros e as tigelas, bem como a quantidade de prata para as tigelas. ¹⁸Especificou, ainda, a quantidade de ouro refinado para o altar de incenso. E, por fim, entregou-lhe o projeto para o trono do SENHOR, os querubins[a] de ouro cujas asas se estendiam sobre a arca da aliança do SENHOR. ¹⁹Davi disse a Salomão: "Todos os detalhes dessas plantas me foram escritos sob a direção do SENHOR".

²⁰E continuou: "Seja forte e corajoso e faça o trabalho. Não tenha medo nem desanime, pois o SENHOR Deus, meu Deus, está com você. Ele não o deixará nem o abandonará durante toda a construção do templo do SENHOR. ²¹As divisões dos sacerdotes e dos levitas servirão no templo

---

ᵃ **28.18** Em hebraico, *para a carruagem de ouro do querubim*.

28.2,3 Admire a franqueza de Davi ao dizer ao povo o que Deus lhe dissera. Não há qualquer outra biografia no mundo como a Bíblia, pois ela conta as falhas e loucuras de pessoas cuja história é registrada em suas páginas. Davi era um homem segundo o coração de Deus, entretanto, como ele fora usado como uma espada para a defesa do povo de Deus e a destruição de seus inimigos, não poderia ser autorizado a construir o Templo. Ele diz francamente ao povo tudo o que Deus havia dito — não refletiria nenhuma honra sobre si mesmo — mas era verdade e, portanto, não esconde nada. Podemos nos apaixonar por Davi pela franqueza de seu discurso; quando, como rei e homem idoso — e prestes a morrer — ele conta ao povo toda a história.

28.19 No deserto, Israel tinha uma tenda coberta de peles como lugar de encontro entre Javé e o povo. Era uma estrutura simples, de fácil deslocamento. Mas agora o tabernáculo devia ser introduzido no Templo

do Senhor. Outros, com todo tipo de habilidade, se oferecerão para ajudar, e os oficiais e todo o povo estarão às suas ordens".

Ofertas para a construção do templo

29 O rei Davi se voltou para toda a comunidade e disse: "Meu filho Salomão, que Deus escolheu, ainda é jovem e inexperiente. O trabalho que ele tem pela frente é enorme, pois o templo que ele construirá não será para meros humanos, mas para o Senhor Deus. ²Usando todos os recursos a meu dispor, juntei o que pude para a construção do templo de meu Deus. Agora, há ouro, prata, bronze, ferro e madeira suficientes, bem como grandes quantidades de ônix e outras pedras preciosas, joias caras, todo tipo de pedra da melhor qualidade e mármore.

³"E agora, por causa de minha alegria com a construção do templo de meu Deus, entrego todos os meus tesouros pessoais, ouro e prata, para ajudar na construção, além de todos os materiais que juntei para o santo templo. ⁴Ofereço 105 toneladas de ouro de Ofir e 245 toneladas de prataª refinada para revestir as paredes das construções, ⁵e para os outros trabalhos em ouro e prata a serem feitos pelos artesãos. Quem seguirá meu exemplo e entregará, hoje, ofertas ao Senhor?".

⁶Então os chefes das famílias, os líderes das tribos, os generais e os capitães,ᵇ e os administradores do rei ofertaram voluntariamente. ⁷Para a construção do templo de Deus, entregaram 175 toneladas de ouro, 10.000 peças de ouro, 350 toneladas de prata, 630 toneladas de bronze e 3.500 toneladas de ferro.ᶜ ⁸Também contribuíram com pedras preciosas, que foram guardadas no tesouro da casa do Senhor, sob os cuidados de Jeiel, descendente de Gérson. ⁹O povo se alegrou com as ofertas, pois as entregou ao Senhor voluntariamente e de todo o coração, e o rei Davi também se encheu de alegria.

Oração de louvor de Davi

¹⁰Então Davi louvou o Senhor na presença de toda a comunidade:

"Ó Senhor, Deus de nosso antepassado Israel,ᵈ louvado sejas para sempre! ¹¹Ó Senhor, a ti pertencem a grandeza, o poder, a glória, a vitória e a majestade. Tudo que há nos céus e na terra é teu, ó Senhor, e este é teu reino. Tu estás acima de tudo. ¹²Riqueza e honra vêm somente de ti, pois tu governas sobre tudo. Poder e força estão em tuas mãos, e cabe a ti exaltar e dar força.

¹³"Ó nosso Deus, damos graças e louvamos teu nome glorioso! ¹⁴Mas quem sou eu, e quem é meu povo, para que pudéssemos te dar alguma coisa? Tudo que temos vem de ti, e demos apenas o que primeiro de ti recebemos! ¹⁵Somos estrangeiros e peregrinos na terra, como nossos antepassados antes de nós. Nossos dias na terra são como uma sombra, passam rápido, sem deixar vestígio.

¹⁶"Ó Senhor, nosso Deus, até mesmo estes materiais que juntamos para construir um

---

ª**29.4** Em hebraico, *3.000 talentos de ouro de Ofir e 7.000 talentos de prata.* ᵇ**29.6** Em hebraico, *os comandantes de milhares e os comandantes de centenas.* ᶜ**29.7** Em hebraico, *5.000 talentos de ouro, 10.000 dáricos* [uma moeda persa], *10.000 talentos de prata, 18.000 talentos de bronze e 100.000 talentos de ferro.* ᵈ**29.10** *Israel* é o nome que Deus deu a Jacó.

---

e, embora a forma geral do Templo nos lembre fortemente do tabernáculo, contudo Davi teve nova revelação e nova orientação sobre o que devia fazer. Gosto de ver um homem ater-se às coisas antigas, mas mesmo agindo assim, ele pode cometer um erro, pois pode haver coisas antigas que podem ser suplantadas por coisas novas e melhores. Mantenha os olhos erguidos para Deus, para quem nada é antigo e nada é novo! *Espere a Seus pés. Submeta seu coração*, como uma tábua, para que Ele escreva sobre ela todas as Suas instruções. E então faça o que Ele diz! [...]

Entre outras coisas, Deus revelou a Davi "tudo que ficava ao redor [do templo], incluindo a sala de entrada, os depósitos, as salas dos andares superiores, as salas internas e o lugar de expiação". Deus lhe ensinará, se você esperar nele, os detalhes de Sua obra, os detalhes de Seu evangelho e a explicação detalhada de sua experiência. "Busque a vontade dele [do Senhor] em tudo que fizer, e ele lhe mostrará o caminho que deve seguir". Como alguém me disse, um dia, e eu achei bastante sábio: "Deus dirige os passos de Seus servos e também as paradas de Seus servos quando eles não são capazes de dar qualquer passo, mas se sentem obrigados a ficar parados". Deus os dirige tanto a não agir quanto a agir! Você pode recorrer a Ele para buscar orientação detalhada, especialmente no que diz respeito ao Seu serviço.

templo em honra ao teu nome santo vêm de ti! Tudo pertence a ti! ¹⁷Eu sei, meu Deus, que examinas nosso coração e te regozijas quando nele encontras integridade. Tu sabes que fiz tudo isso com boas intenções e vi teu povo entregar ofertas voluntariamente e com alegria. ¹⁸Ó Senhor, o Deus de nossos antepassados Abraão, Isaque e Israel, leva teu povo a sempre desejar te obedecer. Mantém o coração deles sempre leal a ti. ¹⁹Dá a meu filho Salomão o desejo sincero de obedecer a todos os teus mandamentos, preceitos e decretos, e de fazer todo o necessário a fim de construir este templo, para o qual realizei estes preparativos".

²⁰Então Davi disse a toda a comunidade: "Louvem o Senhor, seu Deus!". E toda a comunidade louvou o Senhor, o Deus de seus antepassados, e eles se prostraram e se ajoelharam diante do Senhor e do rei.

Salomão é proclamado rei

²¹No dia seguinte, trouxeram mil novilhos, mil carneiros e mil cordeiros e os apresentaram ao Senhor como sacrifícios e holocaustos. Também trouxeram ofertas derramadas e muitos outros sacrifícios em favor de todo o Israel. ²²Naquele dia, festejaram e comeram na presença do Senhor com grande alegria.

Mais uma vez, proclamaram Salomão, filho de Davi, como rei. Ungiram Salomão diante do Senhor, como seu líder, e ungiram Zadoque como sacerdote. ²³Salomão se sentou no trono do Senhor em lugar de seu pai, Davi. Foi bem-sucedido em tudo, e todo o Israel lhe obedecia. ²⁴Todos os oficiais, os guerreiros e os filhos de Davi prometeram ser leais ao rei Salomão. ²⁵O Senhor exaltou Salomão diante de todo o Israel e lhe deu mais esplendor que qualquer outro rei de Israel antes dele.

Resumo do reinado de Davi

²⁶Davi, filho de Jessé, reinou sobre todo o Israel. ²⁷Reinou em Israel por quarenta anos, sete anos em Hebrom e 33 em Jerusalém. ²⁸Morreu em boa velhice, depois de desfrutar uma vida longa, cheia de riqueza e honra. Seu filho Salomão foi seu sucessor.

²⁹Todos os acontecimentos do reinado de Davi, do início ao fim, estão escritos no *Registro do Vidente Samuel*, no *Registro do Profeta Natã* e no *Registro do Vidente Gade*, ³⁰incluindo os grandes feitos de seu reinado e tudo que aconteceu com ele, com Israel e com todos os reinos vizinhos.

2 Crônicas

INTRODUÇÃO

Nome. O nome de Crônicas foi dado por Jerônimo. Elas eram as "palavras dos dias" e os tradutores da Septuaginta as chamavam de "coisas omitidas". Originalmente, 1 e 2 Crônicas eram um único livro.

Conteúdo. A história de Israel é reescrita até o retorno de Judá do cativeiro.

Conexão com os livros anteriores. Abrange o mesmo campo que todos os outros. A essa altura, os livros se encaixavam um no outro e formavam uma história contínua. Aqui, voltamos e revisamos toda a história, começando com Adão, e chegando ao edito de Ciro, que permitiu que os judeus exilados retornassem a Jerusalém.

Propósito religioso das narrativas. Várias coisas mostram que 1 e 2 Crônicas têm um propósito religioso: (1) O cuidado de Deus com Seu povo e o Seu propósito de salvá-lo recebe ênfase especial; (2) A construção do Templo tem muita proeminência; (3) Aos reis que serviram a Deus e destruíram ídolos é dado o lugar mais notório; (4) Segue a linhagem de Judá, apenas mencionando Israel, onde pareceu necessário. Desta forma, seguia a linhagem messiânica através de Davi; (5) O espírito sacerdotal permeia esses livros em vez dos elementos proféticos como nos livros históricos anteriores. O objetivo, portanto, parece ser ensinar, em vez de narrar. Parece ensinar que a virtude e os vícios, em assuntos privados ou nacionais, certamente receberão sua paga — que Deus deve ser levado em conta na vida dos indivíduos e das nações.

ESBOÇO

1. O reinado de Salomão, Caps. 1–9
   1.1. Construção do Templo, Caps. 1–4
   1.2. Dedicação do Templo, Caps. 5–7
   1.3. A grandeza e riqueza de Salomão, Caps. 8–9
2. Judá depois da revolta das dez tribos, Caps. 10–36
   2.1. Reinado de Roboão, Caps. 10–12
   2.2. Vitória de Abias, Cap. 13
   2.3. Reinado de Asa, Caps. 14–16
   2.4. Reinado de Josafá, Caps. 17–20
   2.5. Reinado de Jeorão e outros reis, Caps. 21–28
   2.6. Reinado de Ezequias, Caps. 29–32
   2.7. Reinado de Manassés e Amom, Cap. 33
   2.8. Reinado de Josias, Caps. 34–35
   2.9. O cativeiro, Cap. 36

PARA ESTUDO E DISCUSSÃO

[1] A dedicação do Templo, especialmente a oração.
[2] A riqueza e as loucuras de Salomão.
[3] As Escrituras e a casa de Deus como um meio e fonte de toda informação, veja: (a) A restauração do altar e seus vasos realizada pelo rei Asa; (b) Josafá ensina ao povo a Lei de Deus; (c) Joás e a casa restaurada de Deus; (d) As reformas de Josias.
[4] O reinado de Manassés.
[5] A natureza da adoração de Judá.
[6] O cativeiro.
[7] *O valor da verdadeira religião para uma nação.*
[8] Os resultados malignos da idolatria.

Salomão pede sabedoria

1 Salomão, filho de Davi, estabeleceu firme controle sobre seu reino, pois o Senhor, seu Deus, estava com ele e o tornou muito poderoso.

²Salomão convocou todas as autoridades de Israel: os generais e capitães do exército,ᵃ os juízes e todos os líderes e chefes dos clãs. ³Então conduziu toda a comunidade ao lugar de culto em Gibeom, pois ali ficava a tenda do encontro. Essa era a tenda que Moisés, servo do Senhor, havia feito no deserto.

⁴Davi tinha transportado a arca de Deus de Quiriate-Jearim para a tenda que ele havia preparado para ela em Jerusalém. ⁵Mas o altar de bronze feito por Bezalel, filho de Uri e neto de Hur, ainda estava aliᵇ em Gibeom, em frente ao tabernáculo do Senhor. Então Salomão e o povo se reuniram nesse local para consultar o Senhor.ᶜ ⁶Na presença do Senhor, Salomão ofereceu mil holocaustos sobre o altar de bronze, que estava na tenda do encontro.

⁷Naquela noite, Deus apareceu a Salomão e lhe disse: "Peça o que quiser, e eu lhe darei".

⁸Salomão respondeu a Deus: "Tu mostraste grande amor leal a meu pai, Davi, e agora me fizeste rei em seu lugar. ⁹Ó Senhor Deus, cumpre a promessa que fizeste a meu pai, Davi, pois me fizeste rei sobre um povo tão numeroso como o pó da terra! ¹⁰Dá-me sabedoria e conhecimento para que eu os lidere bem,ᵈ pois quem é capaz de governar este teu grande povo?".

¹¹Deus disse a Salomão: "Uma vez que esse é seu desejo, e não pediu riqueza, nem bens, nem fama, nem a morte de seus inimigos, nem vida longa, mas sabedoria e conhecimento para governar bem meu povo, sobre o qual o fiz rei, ¹²certamente lhe darei a sabedoria e o conhecimento que pediu. Também lhe darei riqueza, bens e fama como nenhum rei teve nem jamais terá".

¹³Então Salomão voltou da tenda do encontro, no lugar de culto em Gibeom, para Jerusalém, e reinou sobre todo o Israel.

¹⁴Salomão ajuntou muitos carros de guerra e cavalos. Possuía 1.400 carros de guerra e 12.000 cavalos. Mantinha alguns deles nas cidades designadas para guardar esses carros de guerra e outros perto dele, em Jerusalém. ¹⁵O rei tornou a prata e o ouro tão comuns em Jerusalém como as pedras. E havia tanta madeira valiosa de cedro como as figueiras-bravas que crescem nas colinas de Judá.ᵉ ¹⁶Os cavalos de Salomão eram importados do Egitoᶠ e da Cilícia;ᵍ os comerciantes do rei os adquiriam da Cilícia pelo preço de mercado. ¹⁷Naquela época, um carro de guerra do Egito custava 600 peçasʰ de prata, e um cavalo, 150 peçasⁱ de prata. Depois, eram exportados aos reis dos hititas e aos reis da Síria.

Preparativos para a construção do templo

2 ¹ʲSalomão resolveu construir um templo em honra ao nome do Senhor, e um palácio para si próprio. ²ᵏConvocou 70.000 carregadores, 80.000 homens para cortarem pedras na região montanhosa e 3.600 chefes para supervisionarem as obras.

³Salomão enviou a seguinte mensagem a Hirão,ˡ rei de Tiro:

"Peço que me forneça madeira de cedro, como fez com meu pai, Davi, quando ele construiu seu palácio. ⁴Estou para construir um templo em honra ao nome do Senhor, meu Deus. Será um lugar consagrado para queimar incenso aromático diante dele, para apresentar os pães da presença e para oferecer holocaustos todas as manhãs e todas as tardes, nos sábados, nas luas novas e nas festas fixas estabelecidas pelo Senhor, nosso Deus. Ele ordenou que Israel fizesse isso para sempre.

⁵"O templo que vou construir será imponente, pois nosso Deus é maior que todos os outros deuses. ⁶Contudo, quem poderia construir uma casa digna dele? Nem mesmo os mais altos céus seriam capazes de contê-lo! E quem sou eu para pensar em construir

---

ᵃ **1.2** Em hebraico, *comandantes de milhares e de centenas*. ᵇ **1.5a** Conforme a Septuaginta, a Vulgata e alguns manuscritos em hebraico; o Texto Massorético traz *ele colocou*. ᶜ **1.5b** Em hebraico, *para consultá-lo*. ᵈ **1.10** Em hebraico, *para sair e entrar diante deste povo*. ᵉ **1.15** Em hebraico, *na Sefelá*. ᶠ **1.16a** Possivelmente, *de Muzur*, região próxima da Cilícia; também em 1.17. ᵍ **1.16b** Em hebraico, *de Cuve*, provavelmente outro nome para Cilícia. ʰ **1.17a** Em hebraico, *600 (siclos)*, cerca de 7,2 quilos. ⁱ **1.17b** Em hebraico, *150 (siclos)*, cerca de 1,8 quilo. ʲ **2.1** No texto hebraico, o versículo 2.1 é numerado 1.18. ᵏ **2.2** No texto hebraico, os versículos 2.2-18 são numerados 2.1-17. ˡ **2.3** Em hebraico, *Hurão*, variação de Hirão; também em 2.11.

um templo para ele, a não ser como lugar para queimar sacrifícios diante dele?

⁷"Portanto, envie-me um mestre artífice competente, que saiba trabalhar com ouro, prata, bronze, ferro, com tecido púrpura, vermelho e azul, que seja habilidoso para fazer entalhes e que trabalhe com os artífices de Judá e Jerusalém que meu pai, Davi, escolheu.

⁸"Mande-me, também, madeira de cedro, cipreste e sândalo[a] do Líbano, pois sei que ninguém no Líbano corta madeira como seus servos. Enviarei meus servos para ajudá-los. ⁹Será necessária muita madeira, pois o templo que vou construir será grande e imponente. ¹⁰Como pagamento a seus cortadores de madeira, enviarei vinte mil cestos grandes de trigo batido, vinte mil cestos grandes de cevada,[b] vinte mil tonéis de vinho e vinte mil tonéis de azeite".[c]

¹¹Hirão, rei de Tiro, enviou esta resposta a Salomão:

"O Senhor ama seu povo, por isso o fez rei sobre ele! ¹²Louvado seja o Senhor, o Deus de Israel, que criou os céus e a terra! Ele deu ao rei Davi um filho sábio, que tem inteligência e entendimento, e que construirá um templo para o Senhor e um palácio para si próprio.

¹³"Envio-lhe Hurão-Abi, mestre artífice muito talentoso. ¹⁴Sua mãe é da tribo de Dã, em Israel, e seu pai é de Tiro. Ele tem habilidade para trabalhar com ouro, prata, bronze e ferro, e também com pedra, madeira, tecido púrpura, vermelho e azul e linho fino. É habilidoso para fazer entalhes e capaz de executar qualquer projeto que você lhe der. Ele trabalhará com seus artífices e com os homens indicados por meu senhor Davi, seu pai.

¹⁵"Agora, envie o trigo, a cevada, o azeite e o vinho, conforme meu senhor mencionou. ¹⁶Cortaremos toda a madeira necessária das montanhas do Líbano, colocaremos as toras em balsas e as faremos flutuar ao longo da costa do mar Mediterrâneo[d] até Jope. Dali você as transportará até Jerusalém".

¹⁷Salomão fez um censo de todos os estrangeiros na terra de Israel, como o censo que seu pai, Davi, havia feito, e descobriu que eram 153.600. ¹⁸Designou 70.000 deles como carregadores, 80.000 como cortadores de pedra na região montanhosa e 3.600 como chefes para supervisionar a obra.

Salomão constrói o templo

3 Então Salomão começou a construir o templo do Senhor em Jerusalém, no monte Moriá, onde o Senhor havia aparecido a seu pai, Davi. O templo foi construído na eira de Araúna,[e] o jebuseu, o local escolhido por Davi. ²A construção começou no segundo dia do

---

[a] **2.8** Ou *junípero*. [b] **2.10a** Em hebraico, *20.000 coros de trigo batido, 20.000 coros de cevada*, cerca de 4.400.000 litros, respectivamente. [c] **2.10b** Em hebraico, *20.000 batos de vinho e 20.000 batos de azeite*, cerca de 420.000 litros, respectivamente. [d] **2.16** Em hebraico, *do mar*. [e] **3.1** Em hebraico, *Ornã*, variação de Araúna; comparar com 2Sm 24.16.

2.11 Na carta, escrita por Hirão, observamos que ele declara a sua crença de que Salomão possuía tal caráter, que fazia de seu reinado uma bênção especial de Deus sobre Seu povo. Esse é o significado de nosso texto: "O Senhor ama seu povo, por isso o fez rei sobre ele!". Tal era o caráter de Salomão, naqueles primeiros dias antes de começar a declinar do esplendor de seu primeiro estado, que mesmo esse monarca pagão podia ver que Salomão era destinado a ser uma bênção para o povo. Desejo que a sua e a minha vida, *querido amigo*, possa ter sempre tal evidência a nosso respeito, o que deveria fazer até mesmo o mundano dizer: "É provável que aquele jovem seja uma bênção para a sua família. Essa mulher certamente deve ser uma bênção para seu marido e para seus filhos". Eu pediria a Deus que nosso caráter fosse tão transparente, tão verdadeiro, puro e bom, que todos que nos conhecessem pudessem sentir que somos uma bênção para aqueles com quem convivemos! Quero que você note, também, que Hirão aqui claramente reconhece que toda bênção vem de Deus. Se Salomão é uma bênção para seus súditos, Hirão atribui isso ao fato de Deus o ter colocado onde estava. Bem, se até um pagão podia considerar Deus como sendo a fonte da bênção, que tipo de pagão devem ser aqueles que nunca fazem nada do tipo, mas a consideram o que chamam de "boa sorte", ou "oportunidade", ou qualquer coisa que não Deus? Ó amados, sempre que houver algo de bom, qualquer coisa de excelência, qualquer coisa de felicidade que venha à nossa porta, vamos louvar e bendizer o Deus que a concedeu!

segundo mês[a] do quarto ano do reinado de Salomão.

³O alicerce do templo de Deus construído por Salomão tinha 27 metros de comprimento e 9 metros de largura,[b] conforme a medida antiga.[c] ⁴A sala de entrada na frente do templo media 9 metros[d] de largura, a mesma largura do templo, e 9 metros de altura.[e] Salomão revestiu seu interior com ouro puro.

⁵Cobriu todas as paredes do salão principal do templo com madeira de cipreste revestida com ouro puro e enfeitada com entalhes de palmeiras e de correntes. ⁶Enfeitou as paredes do templo com pedras preciosas e com ouro da terra de Parvaim. ⁷Revestiu com ouro as vigas, os batentes, as paredes e as portas de todo o templo e entalhou nas paredes figuras de querubins.

⁸Fez o lugar santíssimo com 9 metros de largura, a mesma largura do templo, e 9 metros de comprimento. Revestiu seu interior com 21 toneladas[f] de ouro puro. ⁹Cada um dos pregos de ouro pesava 600 gramas.[g] Também revestiu com ouro as paredes das salas superiores.

¹⁰Fez duas figuras em forma de querubins, as revestiu com ouro e as colocou no lugar santíssimo. ¹¹As asas abertas dos querubins mediam, juntas, 9 metros. Uma das asas do primeiro querubim media 2,25 metros[h] e tocava a parede do templo. A outra asa, que também media 2,25 metros, tocava a asa do segundo querubim. ¹²De igual modo, uma das asas do segundo querubim media 2,25 metros e tocava a parede oposta. A outra asa, que também media 2,25 metros, tocava a asa do primeiro querubim. ¹³Portanto, as asas abertas dos querubins mediam, juntas, 9 metros. Os querubins ficavam em pé, de frente para o salão principal do templo.

¹⁴Na entrada do lugar santíssimo, colocou uma cortina de linho fino, enfeitada com fio azul, púrpura e vermelho, e bordada com figuras de querubins.

¹⁵Para a frente do templo, fez duas colunas, cada uma com 8,1 metros[i] de altura e com um capitel de 2,25 metros de altura. ¹⁶Fez conjuntos de correntes entrelaçadas[j] e os colocou para enfeitar o alto das colunas. Também fez cem romãs decorativas e as prendeu às correntes. ¹⁷Depois, levantou as duas colunas na frente do templo, uma ao sul da entrada e outra ao norte. Chamou a coluna ao sul de Jaquim, e a coluna ao norte, de Boaz.[k]

A mobília do templo

4 Salomão[l] também fez um altar de bronze com 9 metros de comprimento, 9 metros de largura e 4,5 metros de altura.[m] ²Depois, fundiu um grande tanque redondo, chamado Mar. O tanque media 4,5 metros de uma borda à outra, 2,25 metros de profundidade e 13,5 metros de circunferência.[n] ³Logo abaixo da borda, tinha ao seu redor duas fileiras de figuras semelhantes a touros. Havia cerca de vinte figuras por metro[o] em toda a circunferência, formando uma única peça de fundição com o tanque.

⁴O tanque ficava apoiado sobre doze touros, todos voltados para fora: três voltados para o norte, três para o oeste, três para o sul e três para o leste. ⁵As paredes do tanque tinham oito centímetros[p] de espessura, e sua borda se projetava para fora como uma taça, semelhante a um lírio. Tinha capacidade para cerca de sessenta mil litros[q] de água.

⁶Fez também dez pias menores para lavar os utensílios para os holocaustos. Colocou cinco do lado sul e cinco do lado norte. Os sacerdotes, porém, se lavavam no tanque chamado Mar.

⁷Fez dez candelabros de ouro, de acordo com as especificações que havia recebido, e os colocou no templo, cinco do lado sul e cinco do lado norte.

---

[a] 3.2 Esse dia do antigo calendário lunar hebraico caía em abril ou maio. [b] 3.3a Em hebraico, *60 côvados de comprimento e 20 côvados de largura*. [c] 3.3b A "medida antiga" era o côvado de 45 centímetros; a medida nova era o côvado real, de 53 centímetros. [d] 3.4a Em hebraico, *20 côvados*; também em 3.8,11,13. [e] 3.4b Conforme alguns manuscritos gregos e siríacos, que trazem *20 côvados*; o hebraico traz *120 côvados*, isto é, 54 metros. [f] 3.8 Em hebraico, *600 talentos*. [g] 3.9 Em hebraico, *50 siclos*. [h] 3.11 Em hebraico, *5 côvados*; também em 3.11b,12,15. [i] 3.15 Conforme a versão siríaca (ver tb. 1Rs 7.15; 2Rs 25.17; Jr 52.21), que traz *18 côvados*; o hebraico traz *35 côvados*, isto é, 15,7 metros. [j] 3.16 Em hebraico, *Fez correntes no santuário interno*. O significado do hebraico é incerto. [k] 3.17 *Jaquim* provavelmente significa "ele estabelece"; *Boaz* provavelmente significa "nele há força". [l] 4.1a Ou *Hurão-Abi*; o hebraico traz *Ele*. [m] 4.1b Em hebraico, *20 côvados de comprimento, 20 côvados de largura e 10 côvados de altura*. [n] 4.2 Em hebraico, *10 côvados de uma borda à outra, 5 côvados de profundidade e 30 côvados de circunferência*. [o] 4.3 Em hebraico, *10 para cada côvado*. [p] 4.5a Em hebraico, *1 palmo menor*. [q] 4.5b Em hebraico, *3.000 batos*.

⁸Fez dez mesas e as colocou no templo, cinco do lado sul e cinco do lado norte. Também fez cem bacias de ouro.

⁹Depois, construiu o pátio dos sacerdotes e o grande pátio externo. Fez portas para as entradas dos pátios e as revestiu com bronze. ¹⁰O grande tanque de bronze chamado Mar foi colocado perto do canto sudeste do templo.

¹¹Hurão-Abi também fez as bacias, pás e tigelas necessárias.

Assim, Hurão-Abi terminou tudo que o rei Salomão havia ordenado que ele fizesse para o templo de Deus:

¹²as duas colunas;
os dois capitéis em forma de taça no alto das colunas;
os dois conjuntos de correntes entrelaçadas que enfeitavam os capitéis;
¹³as quatrocentas romãs penduradas nas correntes dos capitéis (duas fileiras de romãs para cada conjunto de correntes que enfeitavam os capitéis no alto das colunas);
¹⁴as bases móveis para levar água com as pias;
¹⁵o Mar e os doze bois debaixo dele;
¹⁶os baldes das cinzas, as pás, os garfos de carne e os demais utensílios.

Hurão-Abi fez todos esses utensílios de bronze polido para o templo do Senhor, conforme as instruções do rei Salomão. ¹⁷O rei ordenou que fossem fundidos em moldes de barro no vale do Jordão, entre Sucote e Zaretã.ᵃ ¹⁸Salomão usou uma quantidade tão grande de bronze que seu peso não pôde ser medido.

¹⁹Salomão também fez toda a mobília para o templo de Deus:

o altar de ouro;
as mesas para os pães da presença;
²⁰os candelabros e suas lâmpadas de ouro maciço, para serem acesas diante do lugar santíssimo, conforme determinado;
²¹os enfeites de flores, as lâmpadas e as tenazes, todos do ouro mais puro;
²²os cortadores de pavio, as tigelas, as colheres e os incensários, todos de ouro maciço; as dobradiças das portas de entrada do lugar santíssimo e do salão principal do templo, revestidas com ouro.

5 Assim, o rei Salomão concluiu toda a sua obra no templo do Senhor. Então trouxe todos os presentes que seu pai, Davi, havia consagrado — a prata, o ouro e os diversos objetos — e os guardou na tesouraria do templo de Deus.

O transporte da arca para o templo

²Em seguida, Salomão mandou chamar a Jerusalém todas as autoridades de Israel e todos os líderes das tribos, os chefes das famílias israelitas. Eles levariam a arca da aliança do Senhor do lugar onde estava, na Cidade de Davi, também conhecida como Sião, para o templo. ³Todos os homens de Israel se reuniram diante do rei durante a Festa das Cabanas, celebrada anualmente no sétimo mês.ᵇ

⁴Quando todos os líderes de Israel chegaram, os levitas ergueram a arca. ⁵Os sacerdotes e os levitas levaram a arca do Senhor, junto com a tenda do encontroᶜ e todos os seus utensílios sagrados. ⁶Ali, diante da arca, o rei Salomão e toda a comunidade de Israel ofereceram tantos sacrifícios de ovelhas e bois que não puderam ser contados.

⁷Então os sacerdotes levaram a arca da aliança do Senhor para o santuário interno do templo, o lugar santíssimo, e a colocaram sob as asas dos querubins. ⁸Os querubins tinham as asas abertas sobre a arca, e elas cobriam a arca e as varas usadas para transportá-la. ⁹Essas varas eram tão compridas que suas pontas podiam ser vistas do lugar santo,ᵈ diante do lugar santíssimo, mas não de fora; e estão ali até hoje. ¹⁰Na arca havia só as duas tábuas de pedra que Moisés tinha colocado dentro dela no monte Sinai,ᵉ onde o Senhor fez uma aliança com os israelitas depois que eles saíram da terra do Egito.

¹¹Então os sacerdotes saíram do lugar santo. Todos eles haviam se purificado, estivessem

---

ᵃ **4.17** Conforme o texto paralelo em 1Rs 7.46; o hebraico traz *Zeredá*. ᵇ **5.3** Em hebraico, *durante a festa no sétimo mês*. A Festa das Cabanas começava no décimo quinto dia do sétimo mês do antigo calendário lunar hebraico. Esse dia caía no final de setembro, em outubro, ou no início de novembro. ᶜ **5.5** Isto é, a tenda mencionada em 2Sm 6.17 e 1Cr 16.1. ᵈ **5.9** Conforme alguns manuscritos hebraicos e a Septuaginta (ver tb. 1Rs 8.8); o Texto Massorético traz *da arca*. ᵉ **5.10** Em hebraico, *Horebe*, outro nome para o Sinai.

ou não de serviço naquele dia. ¹²E os levitas que eram músicos — Asafe, Hemã, Jedutum, e todos os seus filhos e parentes — vestiam roupas de linho fino e estavam em pé do lado leste do altar, tocando címbalos, liras e harpas. Cento e vinte sacerdotes tocando trombetas os acompanhavam. ¹³Os que tocavam trombetas e os cantores, em uníssono, louvaram e agradeceram ao Senhor. Acompanhados de trombetas, címbalos e outros instrumentos, levantaram as vozes e louvaram o Senhor com estas palavras:

"Ele é bom!
Seu amor dura para sempre!".

Nesse momento, uma densa nuvem encheu o templo do Senhor. ¹⁴Com isso, os sacerdotes não puderam dar continuidade a seus serviços, pois a presença gloriosa do Senhor encheu o templo de Deus.

Salomão louva o Senhor

6 Então Salomão orou: "Ó Senhor, tu disseste que habitarias numa densa nuvem. ²Agora, construí para ti um templo majestoso, um lugar para habitares para sempre!".

³Então o rei se voltou para toda a comunidade de Israel que estava em pé diante dele e abençoou o povo. ⁴Em seguida, orou: "Louvado seja o Senhor, o Deus de Israel, que cumpriu o que prometeu a meu pai, Davi, pois lhe disse: ⁵'Desde o dia em que tirei meu povo da terra do Egito, não escolhi nenhuma cidade das tribos de Israel como lugar onde deveria ser construído um templo em honra ao meu nome. Também não escolhi um líder para meu povo, Israel. ⁶Agora, porém, escolhi Jerusalém como lugar para que meu nome seja honrado, e escolhi Davi para reinar sobre Israel, meu povo'".

⁷Salomão disse: "Meu pai, Davi, queria construir este templo em honra ao nome do Senhor, o Deus de Israel. ⁸Mas o Senhor lhe disse: 'Sua intenção de construir um templo em honra ao meu nome é boa, ⁹mas essa tarefa não caberá a você. Um de seus filhos construirá o templo em honra ao meu nome'.

5.13,14 Eles estavam louvando a Deus. Atentemo-nos à maneira como fizeram esse trabalho. Você perceberá que o fizeram *unanimemente*. "Os que tocavam trombetas e os cantores, em uníssono, louvaram e agradeceram ao Senhor". Que alegria é ouvir os milhares louvarem a Deus de uma só vez; cada homem contribuindo para a música; a voz pobre e não refinada que têm alguns de nós que jamais aprenderão música, não importa o quanto tentem; as vozes de flauta de nossas irmãs, o profundo e ressonante baixo suave do homem maduro; todos os diferentes tons, notas e vozes, talvez expressando nossos diferentes níveis e crescimento na graça, de nossas diferentes provações e nossos diferentes temperamentos, todos se unam para intensificar um hino comum que sobe ao trono de Deus! Todo homem que se recusa a louvar a Deus, arruína a canção. Todos os lábios mudos estragam a música. Toda língua silenciosa tem um efeito desastroso sobre a unanimidade e a unicidade do coro. Vamos todos louvar ao Senhor! [...]

Mas então, você percebe que eles não apenas cantaram em uníssono, mas "levantaram as vozes" *com entusiasmo*. Em algumas de nossas igrejas, há meia dúzia de pessoas vestidas de branco, que se levantam para louvar o Senhor, ou melhor, para exaltar o líder da música. Em muitas de nossas congregações dissidentes, cerca de cinco ou seis que são o coro cantam para o louvor e a glória de si mesmos, e as pessoas ficam quietas e escutam, sem ousar estragar tão magnífica música. Em muitos outros lugares, pensa-se mais semelhantemente em delegar o trabalho de corações, línguas e lábios a algum instrumento que deve louvar o Senhor. Que isso nunca aconteça aqui! Cada vez que nos reunirmos aqui, que a música suba ao Céu como a voz de muitas águas e como grandes trovões. Um deus pequeno pode merecer pequeno louvor, mas o grande Deus merece o grande louvor de todas as Suas criaturas! [...]

Então, perceba, em seguida, que o louvor deles era um *louvor bíblico*. Eles cantavam aquele antigo salmo: "Ele é bom! Seu amor dura para sempre!". Então você, ouso dizer, pensou, enquanto eu lia esse salmo, que não havia muita coisa nele. Era uma repetição — uma monotonia; estava soando a mesma nota repetidamente — apenas repetindo. Bem, isso mostra apenas que Deus não exige em nossa música a exibição de grande habilidade poética; Ele não precisa que os versos tenham em si movimentos de rapsódia ou sonhos de fantasia! Que a rima seja boa, sim; deixemos que as sílabas tenham o comprimento apropriado. Deus sempre deve ter o melhor do melhor; mas melhor é a música desarranjada do avivalista com a familiar melodia de rua, cantada da própria alma, do que a música mais nobre que já fora escrita, ou que já brotou de lábios humanos, se o coração estiver ausente e se a composição não estiver de acordo com a Palavra de Deus. Quanto mais bíblicos forem os nossos hinos, melhor.

¹⁰"O Senhor cumpriu sua promessa, pois eu sou o sucessor de meu pai, Davi, e agora ocupo o trono de Israel, como o Senhor havia prometido. Construí este templo em honra ao nome do Senhor, o Deus de Israel, ¹¹e coloquei nele a arca que contém a aliança que o Senhor fez com os israelitas".

Oração de dedicação do templo

¹²Então Salomão se pôs diante do altar do Senhor, na presença de toda a comunidade de Israel, e levantou as mãos para orar. ¹³Ele havia feito uma plataforma de bronze com 2,25 metros de comprimento, 2,25 metros de largura e 1,35 metro de altura,[a] e a havia colocado no centro do pátio externo do templo. Ficou em pé na plataforma e depois ajoelhou-se diante de toda a comunidade de Israel. Levantou as mãos para o céu ¹⁴e orou:

"Ó Senhor, o Deus de Israel, não há Deus como tu em cima, nos céus, nem embaixo, na terra. Tu guardas a tua aliança e mostras amor leal àqueles que andam diante de ti de todo o coração. ¹⁵Cumpriste tua promessa a teu servo Davi, meu pai. Fizeste essa promessa com a tua própria boca e hoje a cumpriste com as tuas próprias mãos.

¹⁶"Agora, ó Senhor, o Deus de Israel, cumpre a outra promessa que fizeste a teu servo Davi, meu pai, quando lhe disseste: 'Se seus descendentes viverem como devem e seguirem fielmente minha lei, como você fez, sempre haverá um deles no trono de Israel'. ¹⁷Agora, ó Senhor, o Deus de Israel, cumpre a promessa que fizeste a teu servo Davi.

¹⁸"Contudo, será possível que Deus habite na terra com os seres humanos? Nem mesmo os mais altos céus podem contê-lo, muito menos este templo que construí! ¹⁹Ainda assim, ouve minha oração e minha súplica, ó Senhor, meu Deus. Ouve o clamor e a oração que teu servo te faz hoje. ²⁰Guarda noite e dia este templo, o lugar no qual disseste que colocarias teu nome. Ouve sempre as orações que teu servo fizer voltado para este lugar. ²¹Ouve as súplicas de teu servo e de Israel, teu povo, quando orarmos voltados para este lugar. Sim, ouve-nos dos céus onde habitas e, quando ouvires, perdoa-nos.

²²"Se alguém pecar contra outra pessoa, e se for exigido que faça um juramento de inocência diante do teu altar neste templo, ²³ouve dos céus e julga entre teus servos, entre o acusador e o acusado. Castiga o culpado e declara justo o inocente, cada um conforme merece.

²⁴"Se o teu povo, Israel, for derrotado por seus inimigos porque pecou contra ti, e se voltar para ti, invocar teu nome e orar a ti neste templo, ²⁵ouve dos céus, perdoa o pecado de teu povo, Israel, e traze-o de volta a esta terra que deste a ele e a seus antepassados.

²⁶"Se o céu fechar e não houver chuva porque o povo pecou contra ti, e se eles orarem voltados para este templo, invocarem teu nome e se afastarem de seus pecados porque tu os castigaste, ²⁷ouve dos céus e perdoa os pecados de teus servos, o teu povo, Israel. Ensina-os a seguir o caminho certo e envia chuva à terra que deste por herança a teu povo.

²⁸"Se houver fome na terra, ou peste, ou praga nas lavouras, ou se elas forem atacadas por gafanhotos ou lagartas, ou se os inimigos do teu povo invadirem a terra e sitiarem suas cidades, seja qual for o desastre ou epidemia que ocorrer, ²⁹e se alguém do teu povo, ou toda a nação de Israel, orar a respeito de suas dificuldades e aflições com as mãos levantadas para este templo, ³⁰ouve dos céus onde habitas e perdoa. Trata o teu povo como ele

---

[a] 6.13 Em hebraico, *5 côvados de comprimento, 5 côvados de largura e 3 côvados de altura*.

6.28-30 O Templo devia ser o centro de oração para todos os filhos de Israel. Aqueles que *podiam* fazê-lo iam até ele certo número de vezes por ano. Outros, que estavam muito longe, oravam com a janela aberta em direção a Jerusalém, pois havia o propiciatório e, sob as asas dos querubins havia a luz brilhante da *Shekinah*, que era o indicador da Presença de Deus no meio do Seu povo. Portanto, não é de admirar que, quando Salomão dedicou o Templo que ele havia construído ao Senhor, sua grande petição foi que Deus ouvisse todas as orações que deveriam ser oferecidas naquele lugar ou em direção a esse lugar! [...] Nós não temos um lugar sagrado agora, amados amigos, para o qual nos voltamos quando oramos. [...] Nosso Templo é a

merece, pois somente tu conheces o coração de cada um. ³¹Assim eles te temerão e andarão em teus caminhos enquanto viverem na terra que deste a nossos antepassados.

³²"No futuro, estrangeiros que não pertencem a teu povo, Israel, ouvirão falar de ti. Virão de terras distantes quando ouvirem falar do teu grande nome, da tua mão forte e do teu braço poderoso. E, quando orarem voltados para este templo, ³³ouve dos céus onde habitas e concede o que pedem. Assim, todos os povos da terra conhecerão teu nome e te temerão, como faz teu povo, Israel. Também saberão que neste templo que construí teu nome é honrado.

³⁴"Se o teu povo sair para onde o enviares a fim de lutar contra seus inimigos, e se orarem a ti voltados para esta cidade que escolheste e para este templo, que construí em honra ao teu nome, ³⁵ouve dos céus suas orações e defende sua causa.

³⁶"Quando pecarem contra ti, pois não há quem não peque, tua ira cairá sobre eles e tu permitirás que seus inimigos os conquistem e os levem como escravos para terras estrangeiras, próximas ou distantes. ³⁷Se caírem em si nessa terra de exílio e se arrependerem, suplicando-te: 'Pecamos, praticamos o mal e agimos perversamente', ³⁸e se voltarem para ti de todo o coração e de toda a alma na terra de seu cativeiro e orarem voltados para a terra que deste a seus antepassados, para esta cidade que escolheste e para este templo que construí em honra ao teu nome, ³⁹ouve dos céus onde habitas suas orações e súplicas e defende sua causa. Perdoa teu povo que pecou contra ti.

⁴⁰"Ó meu Deus, olha e ouve atentamente todas as orações feitas a ti neste lugar.

⁴¹"E, agora, levanta-te, ó Senhor Deus,
e entra neste teu lugar de descanso,
junto à arca,
o símbolo do teu poder.
Estejam teus sacerdotes,
ó Senhor Deus,
vestidos de salvação;
alegrem-se teus servos leais
em tua bondade.
⁴²Ó Senhor Deus, não rejeites
o rei que ungiste.
Lembra-te do teu amor leal
por teu servo Davi".

A dedicação do templo

7 Quando Salomão terminou de orar, desceu fogo do céu e queimou os holocaustos e os sacrifícios, e a presença gloriosa do Senhor encheu o templo. ²Os sacerdotes não podiam entrar no templo do Senhor, pois a presença gloriosa do Senhor havia enchido o templo. ³Quando todos os israelitas viram o fogo descer e a presença gloriosa do Senhor encher o templo, prostraram-se com o rosto no chão, adoraram e louvaram o Senhor, dizendo:

"Ele é bom!
Seu amor dura para sempre!".

⁴Então o rei e todo o povo ofereceram sacrifícios ao Senhor. ⁵O rei Salomão apresentou um sacrifício de 22 mil bois e 120 mil ovelhas. Assim, o rei e todo o povo fizeram a dedicação do templo do Senhor. ⁶Os sacerdotes tomaram seus lugares designados, bem como os levitas, que cantavam: "Seu amor dura para sempre!". Os levitas acompanhavam o cântico com os instrumentos musicais que o rei Davi tinha feito para louvar o Senhor. Os sacerdotes, de frente para os levitas, tocavam as trombetas, e todo o Israel estava em pé.

⁷Em seguida, Salomão consagrou a parte central do pátio em frente ao templo do Senhor. Ali apresentou holocaustos e a gordura das ofertas de paz, pois o altar de bronze que

---

Pessoa do Senhor Jesus Cristo — "Pois nele habita em corpo humano toda a plenitude de Deus". Quando oramos, voltamos nossas faces para Ele. O Senhor disse aos fariseus: "há alguém aqui maior que o templo!", e assim Ele é. Embora Cristo represente para nós o mesmo que o Templo representava para Israel, Ele é infinitamente mais precioso e muito maior do que o Templo. E, quem quer que seja, não importa qual o problema, deve orar a Deus com seu rosto voltado a Jesus, olhando para as feridas incomparáveis através das quais Ele nos redimiu, ou a Pessoa glorificada na qual Ele nos representa e invoca a intercessão por nós diante do elevado Trono de Deus, e assim será ajudado, será perdoado, seja qual for a sua angústia ou seu pecado!

ele havia construído era pequeno demais para tantos holocaustos, ofertas de cereal e gordura das ofertas de paz.

⁸Durante os sete dias seguintes, Salomão e todo o Israel celebraram a Festa das Cabanas.ᵃ Uma grande multidão havia se reunido, de lugares distantes como Lebo-Hamate, ao norte, e o ribeiro do Egito, ao sul. ⁹No oitavo dia, foi realizada uma cerimônia de encerramento, pois haviam comemorado a dedicação do altar por sete dias e a Festa das Cabanas por mais sete dias. ¹⁰Terminada a festa,ᵇ Salomão mandou o povo para casa. Foram embora alegres e exultantes, pois o Senhor tinha mostrado toda a sua bondade a Davi, a Salomão e a seu povo, Israel.

A resposta do Senhor a Salomão

¹¹Salomão terminou o templo do Senhor e o palácio real. Concluiu tudo que havia planejado fazer na construção do templo e do palácio. ¹²Então, certa noite, o Senhor lhe apareceu e disse:

"Ouvi sua oração e escolhi este templo como o lugar para se fazer sacrifícios. ¹³Se, por vezes, eu fechar o céu para que não chova, ou ordenar que gafanhotos devorem suas colheitas, ou enviar pragas entre meu povo, ¹⁴então, se meu povo, que se chama pelo meu nome, humilhar-se e orar, buscar minha presença e afastar-se de seus maus caminhos, eu os ouvirei dos céus, perdoarei seus pecados e restaurarei sua terra. ¹⁵Olharei e ouvirei atentamente cada oração feita neste lugar. ¹⁶Pois escolhi e consagrei este templo, onde meu nome será honrado para sempre. Olharei continuamente para ele, com todo o meu coração.

¹⁷"Quanto a você, se me seguir fielmente, como fez seu pai, Davi, obedecendo a todos os meus mandamentos, decretos e estatutos, ¹⁸estabelecerei o trono de sua dinastia. Pois fiz esta aliança com seu pai, Davi: 'Um de seus descendentes sempre governará Israel'.

¹⁹"Mas, se você ou seus descendentes me abandonarem e desobedecerem a meus decretos e mandamentos, seguindo e adorando outros deuses, ²⁰arrancarei o povo desta terra que lhe dei. Rejeitarei este templo que consagrei em honra ao meu nome, e farei dele objeto de zombaria e desprezo entre as nações. ²¹E, embora este templo seja agora imponente, todos que passarem perto dele ficarão chocados. Perguntarão: 'Por que o Senhor fez coisas tão terríveis com esta terra e com este templo?'.

²²"E a resposta será: 'Porque os israelitas abandonaram o Senhor, o Deus de seus antepassados, que os tirou da terra do Egito e, em lugar dele, adoraram outros deuses e se prostraram diante deles. Por isso ele trouxe sobre eles todas essas calamidades'".

As muitas realizações de Salomão

8 Salomão levou vinte anos para construir o templo do Senhor e o palácio real. Depois desse tempo, ²voltou sua atenção para a reconstrução das cidades que o rei Hirãoᶜ lhe tinha dado e nelas estabeleceu israelitas.

³Salomão também lutou contra a cidade de Hamate-Zobá e a conquistou. ⁴Reconstruiu Tadmor, no deserto, e construiu na região de Hamate cidades para servirem como centros de armazenamento. ⁵Fortificou as cidades de Bete-Horom Alta e Bete-Horom Baixa, reconstruindo seus muros e colocando portões com trancas. ⁶Também reconstruiu Baalate e outros centros de armazenamento e construiu cidades para seus carros de guerra e cavalos. Construiu tudo que desejou em Jerusalém, no Líbano e em todo o reino.

⁷Ainda havia na terra habitantes que não eram israelitas: hititas, amorreus, ferezeus, heveus e jebuseus. ⁸Eram descendentes das nações que os israelitas não haviam destruído completamente. Salomão os recrutou para trabalhos forçados, e é nessa condição que trabalham até hoje. ⁹Mas Salomão não recrutou nenhum israelita para trabalhos forçados; eles o serviram como soldados, oficiais de seu exército, comandantes de carros de guerra e cavaleiros. ¹⁰Nomeou 250 oficiais para supervisionarem os trabalhadores.

¹¹Salomão transferiu a residência de sua esposa, a filha do faraó, da Cidade de Davi para

---

ᵃ 7.8 Em hebraico, *a festa*; também em 7.9; ver nota em 5.3. ᵇ 7.10 Em hebraico, *No vigésimo terceiro dia do sétimo mês*. Esse dia do antigo calendário lunar hebraico caía em outubro ou no início de novembro. ᶜ 8.2 Em hebraico, *Hurão*, variação de Hirão; também em 8.18.

o novo palácio que ele havia construído para ela. Disse: "Minha esposa não deve morar no palácio de Davi, rei de Israel, pois a arca do Senhor esteve ali, e é lugar sagrado".

¹²Depois, Salomão ofereceu holocaustos ao Senhor sobre o altar que havia construído para ele diante da sala de entrada do templo. ¹³Conforme Moisés havia ordenado, oferecia sacrifícios aos sábados, nas festas de lua nova e nas três festas anuais: a Páscoa, a Festa da Colheita[a] e a Festa das Cabanas.

¹⁴Segundo as instruções de seu pai, Davi, designou os turnos dos sacerdotes. Também encarregou os levitas de dirigirem o louvor e ajudarem os sacerdotes em suas responsabilidades diárias. Designou, por divisões, os guardas das portas, de acordo com as ordens de Davi, homem de Deus. ¹⁵Todas as ordens de Davi com respeito aos sacerdotes, aos levitas e aos tesouros foram cumpridas à risca.

¹⁶Salomão certificou-se de que fosse realizado todo o trabalho relacionado à construção do templo do Senhor, desde o dia em que foram lançados os alicerces até a conclusão das obras.

¹⁷Por fim, Salomão foi a Eziom-Geber e a Elate,[b] portos às margens do mar Vermelho,[c] na terra de Edom. ¹⁸Hirão lhe enviou embarcações comandadas por seus próprios oficiais, com uma tripulação de marinheiros experientes. Essas embarcações navegaram com os marinheiros de Salomão para Ofir e trouxeram de volta para o rei Salomão 15.750 quilos[d] de ouro.

A visita da rainha de Sabá

9 Quando a rainha de Sabá ouviu falar da fama de Salomão, foi até Jerusalém para pô-lo à prova com perguntas difíceis. Chegou à cidade com uma comitiva numerosa e uma imensa caravana de camelos carregados de especiarias, grande quantidade de ouro e pedras preciosas. Quando se encontrou com Salomão, conversou com ele a respeito de tudo que tinha em mente. ²Salomão respondeu a todas as suas perguntas; nada era difícil demais para ele explicar. ³Quando a rainha de Sabá percebeu quanto Salomão era sábio e viu o palácio que ele havia construído, ⁴a comida que era servida às mesas do rei, os alojamentos e a organização de seus oficiais e servos, os trajes esplêndidos que vestiam, os copeiros da corte e suas roupas, e os holocaustos[e] que Salomão oferecia no templo do Senhor, ficou muito admirada.

⁵Disse ela ao rei: "É verdade tudo que ouvi em meu país a respeito de suas realizações[f] e de sua sabedoria! ⁶Não acreditava no que diziam até que cheguei aqui e vi com os próprios olhos. Aliás, não tinham me contado nem a metade a respeito de sua grande sabedoria! Vai muito além do que ouvi. ⁷Como deve ser feliz o seu povo! Que privilégio para seus oficiais estarem em sua presença todos os dias, ouvindo sua sabedoria! ⁸Louvado seja o Senhor, seu Deus, que se agradou de você e o fez rei para governar para ele. Por causa do amor de Deus por Israel, e porque ele deseja estabelecer para sempre este reino, ele o fez rei para governar com justiça e retidão".

⁹Então ela presenteou o rei com 4.200 quilos[g] de ouro, especiarias em grande quantidade e pedras preciosas. Nunca houve especiarias tão finas como as que a rainha de Sabá deu ao rei Salomão.

¹⁰(Além disso, os marinheiros de Hirão e de Salomão trouxeram ouro de Ofir, madeira de sândalo[h] e pedras preciosas. ¹¹O rei usou a madeira de sândalo para fazer os degraus das escadas[i] do templo e do palácio real, e também liras e harpas para os músicos. Nunca se tinham visto coisas tão belas em Judá.)

¹²O rei Salomão deu à rainha de Sabá tudo que ela pediu, muito mais que os presentes que ela havia trazido. Então ela e sua comitiva regressaram para sua terra.

A riqueza e o esplendor de Salomão

¹³A cada ano, Salomão recebia 23.300 quilos[j] de ouro, ¹⁴sem contar a renda adicional proveniente dos mercadores e comerciantes. Todos

---

[a] 8.13 Ou *Festa das Semanas*. [b] 8.17a Conforme a Septuaginta (ver tb. 2Rs 14.22; 16.6); o hebraico traz *Elote*, variação de Elate. [c] 8.17b Conforme o texto paralelo em 1Rs 9.26; o hebraico traz *do mar*. [d] 8.18 Em hebraico, *450 talentos*. [e] 9.4 Conforme a Septuaginta e a versão siríaca (ver tb. 1Rs 10.5); o hebraico traz *e a subida*. [f] 9.5 Em hebraico, *suas palavras*. [g] 9.9 Em hebraico, *120 talentos*. [h] 9.10 Ou *madeira de juníparo*; também em 9.11. [i] 9.11 Ou *os portais*. O significado do hebraico é incerto. [j] 9.13 Em hebraico, *666 talentos*.

os reis da Arábia e os governadores das províncias também lhe traziam ouro e prata.

¹⁵O rei Salomão fez duzentos escudos grandes de ouro batido, cada um pesando 7,2 quilos.ᵃ ¹⁶Também fez trezentos escudos menores de ouro batido, cada um pesando 3,6 quilos.ᵇ O rei colocou esses escudos no Palácio da Floresta do Líbano.

¹⁷Então o rei fez um grande trono de marfim revestido de ouro puro. ¹⁸O trono tinha seis degraus e um lugar de descanso para os pés feito de ouro. De cada lado do assento havia um apoio para o braço e, junto de cada apoio, a escultura de um leão. ¹⁹Também havia outros doze leões, um de cada lado dos seis degraus. Nenhum outro trono em todo o mundo se comparava ao de Salomão.

²⁰Todas as taças do rei Salomão eram de ouro, e todos os utensílios do Palácio da Floresta do Líbano eram de ouro puro. Não eram de prata, pois nos dias de Salomão a prata era considerada um metal sem valor.

²¹O rei tinha uma frota de navios mercantesᶜ que navegavam com os marinheiros enviados por Hirão.ᵈ Uma vez a cada três anos, as embarcações voltavam trazendo ouro, prata, marfim, macacos e pavões.ᵉ

²²Salomão se tornou o mais rico e sábio de todos os reis da terra. ²³Reis de todas as nações vinham consultá-lo e ouvir a sabedoria que Deus lhe tinha dado. ²⁴A cada ano, os visitantes traziam presentes de prata e ouro, roupas, armas, especiarias, cavalos e mulas.

²⁵Salomão tinha quatro mil estábulos para seus cavalos e carros de guerra, e doze mil cavalos. Mantinha alguns deles nas cidades designadas para guardar esses carros de guerra e outros perto dele, em Jerusalém. ²⁶Governava sobre todos os reis, desde o rio Eufrates,ᶠ ao norte, até a terra dos filisteus e a fronteira do Egito, ao sul. ²⁷O rei tornou a prata tão comum em Jerusalém como as pedras. E havia tanta madeira valiosa de cedro como as figueiras-bravas que crescem nas colinas de Judá.ᵍ ²⁸Os cavalos de Salomão eram importados do Egitoʰ e de muitos outros países.

Resumo do reinado de Salomão

²⁹Os demais acontecimentos do reinado de Salomão, do início ao fim, estão anotados no *Registro do Profeta Natã*, na *Profecia de Aías, de Siló* e nas *Visões do Vidente Ido*, acerca de Jeroboão, filho de Nebate. ³⁰Salomão reinou por quarenta anos sobre todo o Israel, em Jerusalém. ³¹Quando morreu e se reuniu a seus antepassados, foi sepultado na Cidade de Davi, seu pai. Seu filho Roboão foi seu sucessor.

As tribos do norte se rebelam

10 Roboão foi a Siquém, onde todo o Israel havia se reunido para proclamá-lo rei. ²Quando Jeroboão, filho de Nebate, soube disso, voltou do Egito, para onde havia fugido do rei Salomão. ³Os líderes de Israel convocaram Jeroboão, e ele e todo o Israel foram falar com Roboão. ⁴"Seu pai foi muito duro conosco", disseram. "Alivie a carga pesada de trabalho e de impostos altos que seu pai nos obrigou a carregar. Então seremos seus súditos leais."

⁵Roboão respondeu: "Voltem daqui três dias para saber minha resposta". E o povo foi embora.

⁶O rei Roboão discutiu o assunto com os homens mais velhos que haviam sido conselheiros de seu pai, Salomão. "O que vocês aconselham?", perguntou ele. "Como devo responder a este povo?"

⁷Eles disseram: "Se o senhor tratar este povo com bondade, se agradá-los e lhes der uma resposta favorável, eles serão seus súditos leais para sempre".

⁸Mas Roboão rejeitou o conselho dos homens mais velhos e pediu a opinião dos jovens que haviam crescido com ele e agora o acompanhavam. ⁹"O que vocês aconselham?", perguntou ele. "Como devemos responder a este povo que deseja que eu alivie as cargas impostas por meu pai?"

¹⁰Os jovens responderam: "Você deve dizer o seguinte a essa gente que diz que seu pai foi muito duro com eles e que pede alívio: 'Meu dedo mínimo é mais grosso que a cintura de meu pai! ¹¹Sim, meu pai lhes impôs cargas pesadas, mas eu as tornarei ainda mais pesadas!

ᵃ 9.15 Em hebraico, *600 [siclos]*. ᵇ 9.16 Em hebraico, *300 [siclos]*. ᶜ 9.21a Em hebraico, *navios que podiam ir para Társis*. ᵈ 9.21b Em hebraico, *Hurão*, variação de Hirão. ᵉ 9.21c Ou *babuínos*. ᶠ 9.26 Em hebraico, *o rio*. ᵍ 9.27 Em hebraico, *na Sefelá*. ʰ 9.28 Possivelmente, *de Muzur*, região próxima da Cilícia.

Meu pai os castigou com chicotes comuns, mas eu os castigarei com chicotes de pontas de metal!'".[a]

¹²Três dias depois, Jeroboão e todo o povo voltaram para saber a decisão do rei, como ele havia ordenado. ¹³Roboão lhes respondeu com aspereza, pois rejeitou o conselho dos homens mais velhos ¹⁴e seguiu o conselho dos mais jovens. Disse ao povo: "Meu pai lhes impôs[b] cargas pesadas, mas eu as tornarei ainda mais pesadas! Meu pai os castigou com chicotes comuns, mas eu os castigarei com chicotes de pontas de metal!".

¹⁵Assim, o rei não atendeu o povo. Essa mudança nos acontecimentos foi da vontade de Deus, pois cumpriu a mensagem do Senhor a Jeroboão, filho de Nebate, por meio do profeta Aías, de Siló.

¹⁶Quando todo o Israel viu[c] que o rei não iria atender a seu pedido, respondeu:

"Abaixo a dinastia de Davi!
O filho de Jessé nada tem a nos oferecer!
Volte para casa, Israel!
E você, Davi, cuide de sua própria casa!".

Então todo o povo de Israel voltou para casa. ¹⁷Roboão, porém, continuou a governar sobre os israelitas que moravam nas cidades de Judá. ¹⁸O rei Roboão enviou Adonirão,[d] encarregado dos trabalhos forçados, para restaurar a ordem, mas o povo de Israel o apedrejou até a morte. Quando essa notícia chegou ao rei Roboão, subiu rapidamente em sua carruagem e fugiu para Jerusalém. ¹⁹E até hoje as tribos do norte de Israel se recusam a ser governadas por um descendente de Davi.

A profecia de Semaías

11 Quando Roboão chegou a Jerusalém, mobilizou os homens das tribos de Judá e Benjamim, 180 mil dos melhores soldados, para guerrearem contra Israel e recuperarem o reino.

²O Senhor, porém, disse a Semaías, homem de Deus: ³"Diga a Roboão, filho de Salomão, rei de Judá, e a todos os israelitas em Judá e Benjamim: ⁴'Assim diz o Senhor: Não lutem contra seus compatriotas. Voltem para casa, pois eu mesmo fiz isto acontecer!'". Eles obedeceram à palavra do Senhor e não lutaram contra Jeroboão.

Roboão fortifica Judá

⁵Roboão permaneceu em Jerusalém e fortificou várias cidades para defender Judá. ⁶Fortificou Belém, Etã, Tecoa, ⁷Bete-Zur, Socó, Adulão, ⁸Gate, Maressa, Zife, ⁹Adoraim, Laquis, Azeca, ¹⁰Zorá, Aijalom e Hebrom. Essas cidades foram fortificadas em Judá e em Benjamim. ¹¹Roboão fortaleceu suas defesas, colocou nelas comandantes e armazenou provisões de alimento, azeite e vinho. ¹²Também colocou nessas cidades escudos e lanças, fortalecendo-as ainda mais. Assim, apenas Judá e Benjamim permaneceram sob seu controle.

¹³Todos os sacerdotes e levitas que moravam nas tribos do norte de Israel apoiaram Roboão. ¹⁴Os levitas abandonaram suas pastagens e seus bens e se mudaram para Judá e Jerusalém, pois Jeroboão e seus filhos não permitiam que eles servissem ao Senhor como sacerdotes. ¹⁵Jeroboão nomeou seus próprios sacerdotes para servirem nos santuários idólatras, onde prestavam culto aos ídolos em forma de bodes e bezerros que ele havia feito. ¹⁶De todas as tribos de Israel, aqueles que desejavam sinceramente adorar o Senhor, o Deus de Israel, acompanharam os levitas até Jerusalém, onde podiam oferecer sacrifícios ao Senhor, o Deus de seus antepassados. ¹⁷Fortaleceram o reino de Judá e, durante três anos, apoiaram Roboão, filho de Salomão, pois durante esse tempo seguiram fielmente os passos de Davi e de Salomão.

A família de Roboão

¹⁸Roboão se casou com sua prima Maalate, filha de Jerimote, filho de Davi. A mãe dela era Abiail, filha de Eliabe, filho de Jessé. ¹⁹Maalate deu à luz três filhos: Jeús, Semarias e Zaão.

²⁰Depois Roboão se casou com Maaca, neta de Absalão. Maaca deu à luz Abias, Atai, Ziza e Selomite. ²¹Roboão amava Maaca mais que a qualquer outra de suas esposas e concubinas.

---

[a] 10.11 Em hebraico, *com escorpiões*; também em 10.14. [b] 10.14 Conforme a Septuaginta e alguns manuscritos hebraicos (ver tb. 1Rs 12.14); o Texto Massorético traz *Eu lhes imporei*. [c] 10.16 Conforme a versão siríaca, a Vulgata e alguns manuscritos hebraicos (ver tb. 1Rs 12.16); o Texto Massorético não traz *viu*. [d] 10.18 Em hebraico, *Adorão*, variação de Adonirão; comparar com 1Rs 4.6; 5.14; 12.18.

Ao todo, teve 18 esposas e 60 concubinas, que deram à luz 28 filhos e 60 filhas.

²²Roboão nomeou Abias, filho de Maaca, como líder entre seus irmãos e, desse modo, deixou claro que ele seria seu sucessor. ²³Com inteligência, espalhou os outros filhos por toda a terra de Judá e de Benjamim e por todas as cidades fortificadas. Deu-lhes grande quantidade de suprimentos e arranjou muitas esposas para eles.

O Egito invade Judá

12 Quando Roboão havia se fortalecido e se estabelecido firmemente, ele e todo o Israel abandonaram a lei do Senhor. ²Por causa dessa infidelidade ao Senhor, no quinto ano do reinado de Roboão, Sisaque, rei do Egito, subiu e atacou Jerusalém. ³Veio com 1.200 carros de guerra, 60.000 cavaleiros e um exército incontável de soldados de infantaria líbios, suquitas e etíopes.ª ⁴Sisaque conquistou as cidades fortificadas de Judá e avançou para atacar Jerusalém.

⁵Então o profeta Semaías foi ao encontro de Roboão e dos líderes de Judá, que haviam todos fugido para Jerusalém por causa de Sisaque. Semaías lhes disse: "Assim diz o Senhor: 'Vocês me abandonaram, por isso agora eu os abandonei, entregando-os nas mãos de Sisaque'".

⁶Então os líderes de Israel e o rei se humilharam e disseram: "O Senhor é justo!".

⁷Quando o Senhor viu que eles se humilharam, deu a Semaías esta mensagem: "Visto que se humilharam, não os destruirei completamente, mas logo lhes darei algum alívio. Não usarei Sisaque para derramar minha ira sobre Jerusalém. ⁸Eles, contudo, se tornarão servos dele, para que aprendam a diferença entre servir a mim e servir aos governantes da terra".

⁹Então Sisaque, rei do Egito, subiu e atacou Jerusalém. Saqueou os tesouros do templo do Senhor e do palácio real; levou tudo, incluindo os escudos de ouro que Salomão havia feito. ¹⁰Mais tarde, o rei Roboão fez escudos de bronze para substituí-los e os confiou aos oficiais da guarda que protegiam a entrada do palácio real. ¹¹Sempre que o rei ia ao templo do Senhor, os guardas levavam os escudos e, em seguida, os devolviam à sala da guarda. ¹²Porque Roboão se humilhou, a ira do Senhor se afastou dele, e ele não foi completamente destruído. Ainda havia coisas boas na terra de Judá.

Resumo do reinado de Roboão

¹³O rei Roboão se estabeleceu firmemente em Jerusalém e continuou a reinar. Tinha 41 anos quando começou a reinar, e reinou por dezessete anos em Jerusalém, a cidade que o Senhor havia escolhido dentre todas as tribos de Israel como lugar para o seu nome. A mãe de Roboão se chamava Naamá e era de Amom. ¹⁴Ele foi um rei perverso, pois não buscou o Senhor de todo o coração.

¹⁵Os demais acontecimentos do reinado de Roboão, do início ao fim, estão anotados no *Registro do Profeta Semaías* e no *Registro do Vidente Ido*, que fazem parte do registro genealógico. Houve guerra constante entre Roboão e Jeroboão. ¹⁶Quando Roboão morreu e se reuniu a seus antepassados, foi sepultado na Cidade de Davi. Seu filho Abias foi seu sucessor.

ª 12.3 Em hebraico, *e cuxitas*.

12.8 Não é muito triste pensar que o grande Deus, que fez os Céus e a Terra, deveria ter apenas uma nação dentre todos os habitantes do mundo; e estes, sendo Seus por escolha, por chamado e por aliança, ainda assim, continuamente, se cansassem do Senhor? Outros povos não trocaram seus deuses. Era raro uma nação lançar fora seus ídolos naqueles dias. Mas Israel, que era o único que tinha o verdadeiro Deus enquanto o restante tinha deuses que eram apenas ídolos, abandonou o Deus vivo e verdadeiro para colocar em Seu lugar os deuses dos pagãos que não poderiam lhes fazer bem algum! Esse fenômeno da natureza humana, seguir os ídolos e deixar o verdadeiro Deus se renova constantemente. Temos a mesma coisa, até mesmo, na Igreja do Senhor, que parece nunca estar satisfeita com o amor casto por Cristo, mas continuamente vai atrás de um ou de outro amante estrangeiro. Assim, a verdade pura de Cristo é abandonada por algum erro brilhante! E a Sua simples adoração é abandonada em troca de alguma invenção humana! Mesmo quando Deus falou através de Seu servo Semaías, o profeta, os homens de Judá estavam ansiosos por seguirem seus ídolos e suspirando para se afastarem de Deus!

A guerra entre Abias e Jeroboão

13 No décimo oitavo ano do reinado de Jeroboão em Israel, Abias começou a reinar em Judá. ²Reinou por três anos em Jerusalém. Sua mãe se chamava Maaca[a] e era filha de Uriel, de Gibeá.

Houve guerra entre Abias e Jeroboão. ³Judá, sob o comando do rei Abias, foi à batalha com quatrocentos mil de seus melhores soldados, e Jeroboão reuniu oitocentos mil dos melhores soldados de Israel.

⁴Quando o exército de Judá chegou à região montanhosa de Efraim, Abias ficou em pé no alto do monte Zemaraim e gritou para Jeroboão e todo o Israel: "Ouçam-me! ⁵Não sabem que o Senhor, o Deus de Israel, fez uma aliança permanente[b] com Davi e deu o trono de Israel a seus descendentes para sempre? ⁶Mesmo assim, Jeroboão, filho de Nebate, servo de Salomão, filho de Davi, rebelou-se contra seu senhor. ⁷Homens desocupados e perversos se juntaram a ele e conspiraram contra Roboão, filho de Salomão, quando ele era jovem, inexperiente e incapaz de enfrentá-los.

⁸"Vocês acreditam, de fato, que podem resistir ao reino do Senhor, que ele entregou aos descendentes de Davi? Seu exército é enorme, e vocês têm os bezerros de ouro que Jeroboão fez para serem seus deuses. ⁹No entanto, expulsaram os sacerdotes do Senhor, descendentes de Arão, e os levitas e nomearam seus próprios sacerdotes, como fazem as outras nações. Qualquer um que se apresente com um novilho ou sete carneiros para ser consagrado pode se tornar sacerdote de seus falsos deuses!

¹⁰"Quanto a nós, o Senhor é nosso Deus, e não o abandonamos. Somente os descendentes de Arão servem ao Senhor como sacerdotes, e somente os levitas os ajudam em seu trabalho. ¹¹Eles apresentam holocaustos e incenso aromático ao Senhor todas as manhãs e todas as tardes. Colocam os pães da presença sobre a mesa sagrada e todas as tardes acendem o candelabro de ouro. Nós seguimos as instruções do Senhor, nosso Deus, mas vocês o abandonaram. ¹²Podem ver, portanto, que Deus está conosco. Ele é nosso líder. Os sacerdotes dele tocam as trombetas e nos conduzem à batalha contra vocês. Ó israelitas, não lutem contra o Senhor, o Deus de seus antepassados, pois não serao bem-sucedidos!".

¹³Enquanto isso, Jeroboão tinha mandado uma parte de seu exército dar a volta por trás do exército de Judá, formando uma emboscada. ¹⁴Quando os homens de Judá perceberam que eram atacados pela frente e por trás, clamaram ao Senhor. Então os sacerdotes tocaram as trombetas, ¹⁵e os homens de Judá gritaram. Ao som desse brado de guerra, Deus derrotou Jeroboão e dispersou todo o Israel diante de Abias e do exército de Judá.

¹⁶Os israelitas fugiram dos soldados de Judá, e Deus os entregou em suas mãos. ¹⁷Abias e seu exército lhes infligiram grandes perdas; quinhentos mil dos melhores soldados de Israel foram mortos naquele dia. ¹⁸Nessa ocasião, portanto, o exército de Judá derrotou os israelitas, pois confiou no Senhor, o Deus de seus antepassados. ¹⁹Abias e seu exército perseguiram os soldados de Jeroboão e conquistaram as cidades de Betel, Jesana e Efrom, e os povoados ao redor.

²⁰Jeroboão, rei de Israel, não recuperou seu poder enquanto Abias viveu; por fim, o Senhor feriu Jeroboão, e ele morreu. ²¹Enquanto isso, Abias de Judá se tornou cada vez mais poderoso. Casou-se com 14 mulheres e teve 22 filhos e 16 filhas.

²²Os demais acontecimentos do reinado de Abias, incluindo suas palavras e seus atos, estão registrados no *Comentário do Profeta Ido*.

Os primeiros anos do reinado de Asa

14 ¹[c]Quando Abias morreu e se reuniu a seus antepassados, foi sepultado na Cidade de Davi. Seu filho Asa foi seu sucessor. Houve paz na terra durante dez anos. ²[d]Asa fez o que era bom e certo aos olhos do Senhor, seu Deus. ³Removeu os altares estrangeiros e os santuários idólatras, despedaçou as colunas sagradas e derrubou os postes de Aserá. ⁴Ordenou ao povo de Judá que buscasse o Senhor, o Deus de seus antepassados, e obedecesse a suas leis e a seus mandamentos.

---

[a] 13.2 Conforme a maioria dos manuscritos gregos e a versão siríaca (ver tb. 2Cr 11.20-21; 1Rs 15.2); o hebraico traz *Micaías*, variação de Maaca. [b] 13.5 Em hebraico, *uma aliança de sal*. [c] 14.1 No texto hebraico, o versículo 14.1 é numerado 13.23. [d] 14.2 No texto hebraico, os versículos 14.2-15 são numerados 14.1-14.

⁵Asa também removeu os santuários idólatras e os altares de incenso de todas as cidades de Judá. Assim, o reino de Asa desfrutou um tempo de paz. ⁶Nesse período, ele construiu cidades fortificadas em toda a terra de Judá. Ninguém lutou contra ele durante esses anos, pois o Senhor lhe deu descanso.

⁷Asa disse ao povo de Judá: "Vamos construir essas cidades e fortificá-las com muros, torres, portões e trancas. A terra ainda é nossa porque buscamos o Senhor, nosso Deus, e ele nos deu descanso de todos os lados". Assim, eles prosseguiram com os projetos e os concluíram com êxito.

⁸O rei Asa tinha um exército de 300 mil guerreiros da tribo de Judá, armados com escudos grandes e lanças. Também tinha um exército de 280 mil guerreiros da tribo de Benjamim, armados com escudos pequenos e arcos. Os dois exércitos eram formados por homens valentes.

⁹Certa vez, um etíope[a] chamado Zerá atacou Judá com um exército de um milhão de soldados[b] e trezentos carros de guerra. Avançaram até a cidade de Maressa, ¹⁰de modo que Asa saiu com seu exército para a batalha no vale ao norte de Maressa.[c] ¹¹Então Asa clamou ao Senhor, seu Deus: "Ó Senhor, ninguém além de ti pode ajudar os fracos contra os poderosos! Ajuda-nos, ó Senhor, nosso Deus, pois em ti confiamos. Em teu nome enfrentamos esse exército imenso. Ó Senhor, tu és nosso Deus; não permitas que simples homens prevaleçam contra ti!".

¹²Então o Senhor derrotou os etíopes[d] diante de Asa e do exército de Judá, e eles fugiram. ¹³Asa e seu exército os perseguiram até Gerar, e caíram tantos etíopes que não conseguiram se recuperar. Foram destruídos pelo Senhor e por seu exército, e os soldados de Judá levaram grande quantidade de despojos.

¹⁴Enquanto estavam em Gerar, atacaram todas as cidades da região, e o terror do Senhor veio sobre o povo dali. Como resultado, os soldados de Judá levaram muitos despojos também dessas cidades. ¹⁵Atacaram, ainda, os acampamentos onde havia rebanhos e levaram muitas ovelhas e camelos. Em seguida, voltaram para Jerusalém.

As reformas religiosas de Asa

15 Então o Espírito de Deus veio sobre Azarias, filho de Odede, ²e ele foi ao encontro do rei Asa. "Ouça-me, Asa!", disse ele. "Ouça-me todo o povo de Judá e de Benjamim! O Senhor estará com vocês enquanto estiverem com ele! Sempre que o buscarem, o encontrarão. Mas, se o abandonarem, ele os abandonará. ³Durante muito tempo, Israel esteve sem o verdadeiro Deus, sem sacerdote para ensiná-los e sem lei para instruí-los. ⁴No entanto, sempre que se viram em dificuldades e se voltaram para o Senhor, o Deus de Israel, e o buscaram, eles o encontraram.

⁵"Naquele tempo, não era seguro viajar. Problemas afligiam os habitantes de todas as terras. ⁶Uma nação lutava contra outra, e uma cidade contra outra, pois Deus os afligia com todo tipo de angústia. ⁷Quanto a vocês, porém, sejam fortes e corajosos, pois seu trabalho será recompensado."

⁸Quando Asa ouviu essa mensagem do profeta Azarias,[e] encheu-se de coragem e removeu todos os ídolos repulsivos da terra de Judá e de Benjamim e das cidades que ele havia capturado na região montanhosa de Efraim. Além disso, restaurou o altar do Senhor, que ficava na frente da sala de entrada do templo do Senhor.

⁹Depois, Asa reuniu todo o povo de Judá e de Benjamim, e também o povo de Efraim, de Manassés e de Simeão que havia se estabelecido entre eles. Muita gente de Israel tinha se mudado para Judá no reinado de Asa, quando viu que o Senhor, seu Deus, estava com ele. ¹⁰Reuniram-se em Jerusalém no terceiro mês[f] do décimo quinto ano do reinado de Asa.

¹¹Naquele dia, sacrificaram ao Senhor setecentos bois e sete mil ovelhas dos despojos que haviam tomado na batalha. ¹²Então fizeram um acordo de buscar o Senhor, o Deus de seus antepassados, de todo o coração e de toda a alma. ¹³Concordaram que qualquer um que

---

[a] 14.9a Em hebraico, *um cuxita*. [b] 14.9b Ou *um exército de milhares e milhares*; o hebraico traz *um exército de mil milhares*. [c] 14.10 Conforme a Septuaginta; o hebraico traz *no vale de Zefatá, perto de Maressa*. [d] 14.12 Em hebraico, *os cuxitas*; também em 14.13. [e] 15.8 Conforme a versão siríaca e a Vulgata (ver tb. 15.1); o hebraico traz *do profeta Odede*. [f] 15.10 Esse mês do antigo calendário lunar hebraico caía entre os meses de maio e junho.

não buscasse o Senhor, o Deus de Israel, deveria morrer, jovem ou idoso, homem ou mulher. ¹⁴Fizeram esse juramento de lealdade ao Senhor em alta voz, ao som de trombetas e clarins. ¹⁵Todo o Judá se alegrou com esse acordo, pois o fizeram de todo o coração. Buscaram o Senhor com sinceridade e o encontraram. E o Senhor lhes deu descanso de todos os lados.

¹⁶O rei Asa chegou a depor sua avó[a] Maaca da posição de rainha-mãe, pois ela havia feito um poste obsceno para a deusa Aserá. Derrubou esse poste obsceno, o quebrou e o queimou no vale de Cedrom. ¹⁷Embora os santuários idólatras não tivessem sido removidos de Israel, o coração de Asa permaneceu inteiramente fiel durante toda a sua vida. ¹⁸Ele trouxe para o templo de Deus a prata, o ouro e os diversos utensílios que ele e seu pai haviam consagrado.

¹⁹Não houve mais guerra até o trigésimo quinto ano do reinado de Asa.

Os últimos anos do reinado de Asa

16 No trigésimo sexto ano do reinado de Asa, Baasa, rei de Israel, invadiu Judá e fortificou Ramá, a fim de impedir que qualquer um entrasse ou saísse do território de Asa, rei de Judá.

²Em resposta, Asa removeu a prata e o ouro dos tesouros do templo do Senhor e do palácio real. Enviou a prata e o ouro a Ben-Hadade, rei da Síria, que governava em Damasco, com a seguinte mensagem:

³"Façamos um acordo, você e eu, como aquele que houve entre seu pai e o meu. Envio-lhe prata e ouro. Rompa seu acordo com Baasa, rei de Israel, para que ele me deixe em paz".

⁴Ben-Hadade aceitou a proposta do rei Asa e enviou os comandantes de seu exército para atacarem as cidades de Israel. Eles conquistaram Ijom, Dã, Abel-Bete-Maaca[b] e todas as cidades de Naftali que serviam como centros de armazenamento. ⁵Quando Baasa, rei de Israel, soube o que havia acontecido, abandonou seu projeto de fortificar Ramá e parou todas as obras ali. ⁶Então o rei Asa ordenou aos homens de Judá que levassem embora as pedras e a madeira usadas por Baasa para fortificar Ramá. Asa empregou esses materiais para fortificar as cidades de Geba e Mispá.

⁷Por esse tempo, o vidente Hanani foi a Asa, rei de Judá, e lhe disse: "Uma vez que você confiou no rei da Síria, em vez de confiar no Senhor, seu Deus, perdeu a oportunidade de destruir o exército do rei da Síria. ⁸Você não se lembra do que aconteceu aos etíopes,[c] aos líbios e a seu exército enorme, com todos os seus carros de guerra e cavaleiros? Naquela ocasião, você confiou no Senhor, e ele os

---

[a] **15.16** Em hebraico, *sua mãe*. [b] **16.4** Conforme o texto paralelo em 1Rs 15.20; o hebraico traz *Abel-Maim*, outro nome para Abel-Bete-Maaca. [c] **16.8** Em hebraico, *aos cuxitas*.

16.7-9 [Asa] foi ameaçado por Baasa, o rei do território vizinho de Israel; ele não foi atacado diretamente pela guerra, mas Baasa começou a construir uma fortaleza que regulava a passagem entre os dois países e impedia que o povo de Israel se instalasse na terra de Judá, ou fizesse suas peregrinações anuais a Jerusalém. Bem, naturalmente, alguém esperaria, com base na conduta anterior de Asa, que ele teria feito pouco de Baasa, ou então teria levado o caso a Deus, como fizera anteriormente, na questão dos etíopes. E este era um problema menor, e de alguma forma, imagino, foi *por* ser um problema menor, que Asa pensou que pudesse controlá-lo muito bem sozinho com a ajuda de um braço de carne e osso. No caso da invasão por inúmeras hordas de etíopes, Asa deve ter percebido que era inútil chamar Ben-Hadade, o rei da Síria, ou pedir a qualquer das nações para ajudá-lo, pois com toda a sua ajuda ele não teria se igualado à tremenda luta! Por isso foi conduzido a Deus. Mas nesta, sendo uma provação menor, não parece que tenha ficado tão completamente separado da confiança no homem; ele olhou ao redor e pensou que Ben-Hadade, o rei pagão da Síria, poderia ser persuadido a atacar o rei de Israel, e assim desviou sua atenção da construção do novo forte. Isso também dividiria a sua atenção, paralisaria os seus recursos e daria a Judá uma bela oportunidade de atacá-lo.

Os crentes, frequentemente, comportam-se pior em pequenas provações do que nas grandes. Conheço alguns filhos de Deus que suportaram com tranquilidade a perda de quase tudo o que possuíam e que, no entanto, ficaram perplexos, distraídos e induzidos a todos os tipos de dúvida e falta de confiança por problemas que não merecem nem ser mencionados! [...] Isso vem a confirmar que não é a *severidade* da provação: o fator determinante é o ter ou não a presença de Deus!

entregou em suas mãos. ⁹Os olhos do Senhor passam por toda a terra para mostrar sua força àqueles cujo coração é inteiramente dedicado a ele. Como você foi tolo! De agora em diante, haverá guerras contra você".

¹⁰Asa se irou tanto com o vidente por lhe ter dito isso que mandou prendê-lo e colocá-lo no tronco. Nessa época, Asa também começou a oprimir duramente alguns do povo.

Resumo do reinado de Asa

¹¹Os demais acontecimentos do reinado de Asa, do início ao fim, estão registrados no *Livro dos Reis de Judá e de Israel*. ¹²No trigésimo nono ano de seu reinado, Asa foi atacado por uma doença nos pés. Embora a doença fosse muito grave, ele não buscou a ajuda do Senhor, mas só dos médicos. ¹³Então, no quadragésimo primeiro ano de seu reinado, morreu e se reuniu a seus antepassados. ¹⁴Foi sepultado no túmulo que havia mandado abrir na Cidade de Davi. Foi colocado num leito perfumado com especiarias e vários óleos aromáticos, e o povo fez uma imensa fogueira em sua honra.

Josafá reina em Judá

17 Josafá, filho de Asa, foi seu sucessor. Ele fortaleceu Judá, para que pudesse resistir a Israel. ²Colocou tropas em todas as cidades fortificadas de Judá e designou guarnições adicionais para a terra de Judá e para as cidades de Efraim que seu pai, Asa, havia conquistado.

³O Senhor esteve com Josafá, pois ele seguiu o exemplo dos primeiros anos de seu pai[a] e não adorou as imagens de Baal. ⁴Buscou o Deus de seu pai e obedeceu a seus mandamentos, em vez de seguir as práticas perversas do reino de Israel. ⁵Por isso, o Senhor estabeleceu o controle de Josafá sobre o reino de Judá.

Todo o povo de Judá trazia tributos a Josafá, e ele se tornou muito rico e respeitado. ⁶Comprometeu-se de coração a seguir os caminhos do Senhor. Removeu de Judá os santuários idólatras e os postes de Aserá.

⁷No terceiro ano de seu reinado, enviou seus oficiais Ben-Hail, Obadias, Zacarias, Natanael e Micaías para ensinarem em todas as cidades de Judá. ⁸Com eles foram os levitas Semaías, Netanias, Zebadias, Asael, Semiramote, Jônatas, Adonias, Tobias e Tobe-Adonias e os sacerdotes Elisama e Jeorão. ⁹Eles levaram consigo cópias do Livro da Lei do Senhor e foram por todas as cidades de Judá, ensinando o povo.

¹⁰Então o temor do Senhor caiu sobre todos os reinos vizinhos, de modo que nenhum deles declarou guerra a Josafá. ¹¹Alguns filisteus trouxeram presentes e prata como tributo, e os árabes trouxeram 7.700 carneiros e 7.700 bodes.

¹²Josafá se tornou cada vez mais poderoso e construiu fortalezas e cidades para servirem como centros de armazenamento em toda a terra de Judá. ¹³Guardou muitos suprimentos nas cidades de Judá e colocou em Jerusalém um exército com guerreiros experientes. ¹⁴Seu exército foi registrado de acordo com os clãs.

De Judá havia 300 mil soldados organizados em grupos de mil, sob o comando de Adna. ¹⁵Em seguida, vinha Joanã, que comandava 280 mil soldados. ¹⁶Depois dele vinha Amazias, filho de Zicri, que se apresentou voluntariamente para o serviço do Senhor e que comandava 200 mil soldados.

¹⁷De Benjamim havia 200 mil soldados equipados com arcos e escudos. Seu comandante era Eliada, guerreiro experiente. ¹⁸Em seguida, vinha Jozabade, que comandava 180 mil homens armados.

---

[a] **17.3** Alguns manuscritos hebraicos trazem *o exemplo de seu pai Davi*.

17.16 Amazias se distingue dos outros valentes do rei Josafá pelo fato de ter tornado a sua vida frutífera para servir o Senhor. Ele "se apresentou voluntariamente para o serviço do Senhor", foi aceito e tornou-se servo do Senhor, o Deus de Israel, por toda a vida. Não deveria ser necessário muita conversa para fazer os homens compreenderem que este é um serviço racional. Servir o seu Criador, que o criou para que você o glorificasse, certamente é algo natural a se fazer, e se torna algo mais esperado quando você é chamado para servir o seu Redentor, que derramou o Seu sangue para que você possa ser liberto do pecado e oferecer-se como servos "à vida de justiça, para que se tornem santos" [N.E.: Rm 6.19]. Não seria correto você se oferecer Àquele que se ofereceu à morte por nós? [...]

Além disso, este é um serviço *honroso*. Os homens gostam de um serviço que pareça refletir sobre eles algum tipo de glória. Servir um grande homem faz até

¹⁹Essas eram as tropas que estavam à disposição do rei, além daquelas que ele havia colocado nas cidades fortificadas em toda a terra de Judá.

Josafá e Acabe

18 Josafá, muito rico e respeitado, aliou-se a Acabe por meio do casamento de seu filho com a filha de Acabe. ²Alguns anos depois, foi a Samaria visitar Acabe, que ofereceu a ele e a seus oficiais um enorme banquete, para o qual abateu um grande número de ovelhas e bois. Então Acabe persuadiu Josafá a unir forças com ele para recuperar Ramote-Gileade.

³Acabe, rei de Israel, perguntou a Josafá, rei de Judá: "Você irá comigo a Ramote-Gileade?".

Josafá respondeu: "Claro que sim! Você e eu somos como um só. Meus soldados são seus soldados. Certamente iremos com você à batalha!". ⁴E acrescentou: "Antes, porém, consulte o Senhor".

⁵Então o rei de Israel convocou os profetas, cerca de quatrocentos no total, e perguntou: "Devemos ir à guerra contra Ramote-Gileade ou não?".

Todos eles responderam: "Sim, devem! Deus entregará o inimigo nas mãos do rei".

⁶Josafá, porém perguntou: "Acaso não há aqui um profeta do Senhor? Devemos consultá-lo também".

⁷O rei de Israel respondeu a Josafá: "Há mais um homem que pode consultar o Senhor para nós, mas eu o odeio, pois nunca profetiza nada de bom a meu respeito, só coisas ruins! Chama-se Micaías, filho de Inlá".

"O rei não devia falar assim", respondeu Josafá.

⁸Então o rei de Israel chamou um de seus oficiais e disse: "Traga Micaías, filho de Inlá. Rápido!".

Micaías profetiza contra Acabe

⁹Vestidos com seus trajes reais, o rei de Israel e Josafá, rei de Judá, estavam sentados cada um em seu trono na eira junto à porta de Samaria. Todos os profetas estavam profetizando diante deles. ¹⁰Um dos profetas, Zedequias, filho de Quenaaná, fez chifres de ferro e declarou: "Assim diz o Senhor: 'Com estes chifres o rei ferirá os sírios até a morte!'".

¹¹Todos os outros profetas concordaram, dizendo: "Sim, suba a Ramote-Gileade e seja vitorioso, pois o Senhor a entregará nas mãos do rei!".

¹²Enquanto isso, o mensageiro que foi buscar Micaías lhe disse: "Veja, todos os profetas prometem vitória para o rei. Concorde com eles e também prometa sucesso".

¹³Micaías, porém, respondeu: "Tão certo como vive o Senhor, direi apenas o que meu Deus ordenar".

¹⁴Quando Micaías chegou, o rei lhe perguntou: "Micaías, devemos ir à guerra contra Ramote-Gileade ou não?".

Micaías respondeu: "Sim, suba e será vitorioso, pois eles serão entregues em suas mãos!".

¹⁵Mas o rei disse: "Quantas vezes preciso exigir que diga somente a verdade quando falar em nome do Senhor?".

---

mesmo o lacaio sentir-se como se fosse um grande homem; pelo menos, tenho visto alguns desses cavalheiros tornarem-se arrogantes, sob a noção de que eles são tão grandiosos quanto seus mestres. Mas servir a Deus realmente dá honra e glória. Senhores, se isso não for feito apenas pretensamente, mas em verdade, que grande vida deve levar aquele que é servo de Deus! Servir Àquele a quem anjos e arcanjos servem, cujo serviço é a liberdade perfeita, é o serviço mais honrado a que um homem pode alcançar. Não há nada de humilhante ou degradante nesse serviço, mas há nele tudo o que tende a nos elevar e nos fazer crescer em força espiritual. Servir a Deus é reinar. Todo homem se torna um rei na proporção em que realmente serve ao Senhor.

Além do mais, este é um serviço remunerado, *o mais remunerado* em todo o mundo. O diabo disse uma verdade que não desejaria falar quando afirmou: "É verdade, mas Jó tem bons motivos para temer a Deus". O Senhor Deus nunca deixa Seus servos o servirem em vão. Ele nem sempre lhes dará ouro ou prosperidade mundana, mas lhes dará uma recompensa que lhes será mais satisfatória do que essas coisas, que agradará mais aos seus corações do que todos os tesouros das Índias. Nunca encontrei um homem que servisse a Deus e se queixasse de sua paga. Não. É obra da graça divina, de tal forma que o trabalho em si é uma dádiva para nós. O privilégio de servir a Deus — sim, chame-o de grande honra, o deleite, o grande ganho de ser servo do Senhor — se não houvesse outra recompensa, isso nos bastaria.

¹⁶Então Micaías respondeu: "Vi todo o Israel espalhado pelos montes, como ovelhas sem pastor. E o Senhor disse: 'Seu líder foi morto.ᵃ Mande-os para casa em paz'".

¹⁷O rei de Israel disse a Josafá: "Não falei? Ele nunca profetiza nada de bom a meu respeito, mas apenas coisas ruins".

¹⁸Micaías prosseguiu: "Ouça o que o Senhor diz! Vi o Senhor sentado em seu trono, com todo o exército do céu ao redor, à sua direita e à sua esquerda. ¹⁹E o Senhor perguntou: 'Quem enganará Acabe, rei de Israel, para que vá à guerra contra Ramote-Gileade e seja morto ali?'.

"Houve muitas sugestões, ²⁰até que, por fim, um espírito se aproximou do Senhor e disse: 'Eu o enganarei!'.

"'De que maneira?', perguntou o Senhor.

²¹"E o espírito respondeu: 'Sairei e porei um espírito mentiroso na boca de todos os seus profetas'.

"O Senhor disse: 'Você conseguirá enganá-lo. Vá e faça isso!'.

²²"Como vê, o Senhor pôs um espírito mentiroso na boca de todos os seus profetas, pois o Senhor decretou sua desgraça".

²³Então Zedequias, filho de Quenaaná, se aproximou de Micaías e lhe deu uma bofetada. "Como foi que o Espírito do Senhor me deixou para falar com você?",ᵇ perguntou ele.

²⁴Micaías respondeu: "Você descobrirá em breve, quando tentar se esconder em algum quarto secreto!".

²⁵Então o rei de Israel ordenou: "Prendam Micaías e levem-no de volta a Amom, governador da cidade, e a meu filho Joás, ²⁶com a seguinte ordem: 'Ponham este homem na prisão e deem-lhe apenas pão e água até que eu volte da batalha em segurança!'".

²⁷Micaías, porém, respondeu: "Se voltar em segurança, significará que o Senhor não falou por meu intermédio!". E acrescentou aos que estavam ao redor: "Todos vocês, prestem atenção às minhas palavras!".

A morte de Acabe

²⁸Então o rei de Israel e Josafá, rei de Judá, levaram seus exércitos para atacar Ramote-Gileade. ²⁹O rei de Israel disse a Josafá: "Quando entrarmos no combate, usarei um disfarce para que ninguém me reconheça, mas você vestirá seus trajes reais". O rei de Israel se disfarçou, e os dois foram à batalha.

³⁰Enquanto isso, o rei da Síria tinha dado as seguintes ordens aos comandantes dos carros de guerra: "Ataquem somente o rei de Israel. Não lutem contra ninguém mais!". ³¹Quando os comandantes dos carros de guerra sírios viram Josafá em seus trajes reais, foram atrás dele. "É o rei de Israel!", disseram. Contudo, Josafá clamou, e o Senhor o salvou. Deus o ajudou e afastou dele seus inimigos. ³²Assim que os comandantes dos carros perceberam que ele não era o rei de Israel, pararam de persegui-lo.

³³Então um soldado sírio disparou uma flecha a esmo e acertou o rei de Israel entre as juntas de sua armadura. "Dê a volta e tire-me daqui!", exclamou Acabe para o condutor de seu carro. "Estou gravemente ferido!".

³⁴A batalha, cada vez mais violenta, prosseguiu durante todo o dia, e o rei permaneceu em pé, apoiado em seu carro, de frente para os sírios. Ao entardecer, quando o sol se punha, ele morreu.

Josafá nomeia juízes

19 Quando Josafá, rei de Judá, voltou em segurança a seu palácio, em Jerusalém, ²o vidente Jeú, filho de Hanani, saiu ao encontro dele. "Por que o rei ajuda os perversos e ama os que odeiam o Senhor?", perguntou-lhe Hanani. "Por causa disso, o Senhor está muito irado com você. ³Mas ainda há algo de bom em você, pois removeu os postes de Aserá de toda a terra e buscou a Deus de todo o coração."

⁴Josafá morava em Jerusalém, mas saía para visitar o povo por todo o território, desde Berseba até a região montanhosa de Efraim, a fim de animar todos a voltarem para o Senhor, o Deus de seus antepassados. ⁵Nomeou juízes na terra, em todas as cidades fortificadas, ⁶e lhes disse: "Sejam cuidadosos! Lembrem-se de que não estão julgando para agradar as pessoas, mas para agradar o Senhor. Ele estará com vocês sempre que derem um veredito. ⁷Temam o Senhor e julguem com integridade, pois o Senhor, nosso Deus, não tolera injustiça, nem parcialidade, nem suborno."

ᵃ 18.16 Em hebraico, *Esse povo não tem senhor.* ᵇ 18.23 Ou *Por onde saiu o Espírito do Senhor para falar com você?*

⁸Em Jerusalém, Josafá nomeou alguns levitas, sacerdotes e chefes de famílias de Israel para julgarem os casos que envolvessem a lei do Senhor e questões civis. ⁹Estas foram suas ordens para eles: "Ajam sempre no temor do Senhor, com fidelidade e coração íntegro. ¹⁰Toda vez que chegar até vocês uma causa de seus compatriotas israelitas de outras cidades, seja de homicídio, seja de outra violação da lei, dos mandamentos, dos decretos ou dos estatutos de Deus, advirtam-nos para que eles não pequem contra o Senhor, a fim de que a ira dele não venha sobre vocês e sobre eles. Se agirem desse modo, estarão livres de culpa. ¹¹Amarias, o sumo sacerdote, terá a última palavra nos casos relacionados ao Senhor. Zebadias, filho de Ismael, líder da tribo de Judá, terá a última palavra em todas as questões relativas ao reino. Os levitas os ajudarão nesses trabalhos. Sejam corajosos no cumprimento de seus deveres, e que o Senhor esteja com aqueles que agirem corretamente!".

Guerra com as nações vizinhas

20 Depois disso, os exércitos dos moabitas e dos amonitas e alguns meunitas[a] declararam guerra a Josafá. ²Mensageiros informaram a Josafá: "Um exército enorme de Edom[b] vem de além do mar Morto[c] contra o rei. Já está em Hazazom-Tamar (isto é, em En-Gedi)".

³Josafá ficou amedrontado com essa notícia e pediu orientação ao Senhor. Ordenou um jejum em todo Judá, ⁴e habitantes de todas as cidades de Judá vieram a Jerusalém para buscar a ajuda do Senhor.

⁵Josafá se pôs em pé diante da comunidade de Judá e de Jerusalém, em frente ao pátio novo do templo do Senhor, ⁶e orou: "Ó Senhor, o Deus de nossos antepassados, somente tu és o Deus que está nos céus. Tu governas todos os reinos da terra. És forte e poderoso, e ninguém pode resistir a ti. ⁷Ó nosso Deus, acaso não expulsaste os habitantes desta terra quando Israel, teu povo, chegou? Não deste esta terra para sempre aos descendentes de teu amigo Abraão? ⁸Teu povo se estabeleceu aqui e construiu este templo em honra ao teu nome. ⁹Disseram: 'Se enfrentarmos alguma calamidade, como guerra, praga ou fome, nos colocaremos em tua presença diante deste templo onde teu nome é honrado. Clamaremos a ti em nossa angústia, e tu nos ouvirás e nos salvarás'.

¹⁰"Agora, vê o que fazem os exércitos de Amom, de Moabe e do monte Seir. Tu não permitiste que nossos antepassados invadissem essas nações quando Israel saiu do Egito, por isso os israelitas se desviaram deles e não os destruíram. ¹¹Vê como nos retribuem! Vieram nos expulsar de nossa terra, que nos deste por herança. ¹²Ó nosso Deus, não os castigarás por isso? Não temos forças para lutar com esse exército imenso que está prestes a nos atacar. Não sabemos o que fazer, mas esperamos o socorro que vem de ti".

¹³Enquanto todos os homens de Judá estavam diante do Senhor com suas crianças de colo, suas esposas e seus filhos, ¹⁴o Espírito do Senhor veio sobre um homem ali no meio. Seu nome era Jaaziel, filho de Zacarias, filho de Benaia, filho de Jeiel, filho de Matanias, levita descendente de Asafe.

¹⁵Ele disse: "Escutem-me, todos vocês, povo de Judá e de Jerusalém! Escute, rei Josafá! Assim diz o Senhor: Não tenham medo! Não fiquem

---

[a] **20.1** Conforme alguns manuscritos gregos (ver tb. 26.7); o hebraico repete *amonitas*. [b] **20.2a** Conforme um manuscrito hebraico; a maioria dos manuscritos hebraicos e versões antigas traz *da Síria*. [c] **20.2b** Em hebraico, *do mar*.

20.4-6 Como [o povo de Judá] pediu ajuda? A resposta é, *eles pediram ajuda, expressando sua confiança*. Se começarmos por duvidar, nossa oração capengará. A fé é o tendão de Aquiles e, se esse é cortado, não nos é possível lutar com Deus. Mas, enquanto tivermos esse tendão forte, esse poderoso tendão sadio, podemos prevalecer com Deus em oração. É uma regra do Reino, embora Deus muitas vezes vá além dela, "Seja feito conforme a sua fé". Sei que Ele nos dá cem vezes mais do que a nossa fé, mas, irmãos e irmãs, nunca o vi nos conceder menos! Isso não seria possível. Esta é Sua regra mínima, posso dizer: "Seja feito conforme a sua fé". Quando, portanto, em tempo de dificuldade você pedir ajuda a Deus, peça-a crendo que Ele é capaz de concedê-la! Peça-a esperando que Ele a concederá. Não entristeça o Espírito de Deus com dúvidas e desconfianças indignas — estas coisas serão como dardos inflamados em sua própria alma e beberão a sua força vital. Por mais árdua que seja a luta e difícil a provação, se você buscar o Senhor, busque-o com a confiança que Ele merece.

desanimados por causa desse exército imenso, pois a batalha não é sua, mas de Deus. ¹⁶Amanhã, marchem contra eles. Vocês os encontrarão vindo pela subida de Ziz, no fim do vale que abre para o deserto de Jeruel. ¹⁷Quando os encontrarem, porém, não terão de lutar. Tomem suas posições; depois, fiquem parados e vejam o livramento do Senhor. Ele está com vocês, povo de Judá e de Jerusalém. Não tenham medo nem desanimem. Saiam para enfrentá-los amanhã, pois o Senhor está com vocês!".

¹⁸Então o rei Josafá se prostrou com o rosto no chão, e todo o povo de Judá e de Jerusalém fez o mesmo, em adoração ao Senhor. ¹⁹Em seguida, os levitas dos clãs de Coate e de Coré se levantaram para louvar em alta voz o Senhor, o Deus de Israel.

²⁰Bem cedo, na manhã seguinte, o exército de Judá saiu para o deserto de Tecoa. No caminho, Josafá parou e disse: "Escutem-me, povo de Judá e de Jerusalém! Creiam no Senhor, seu Deus, e permanecerão firmes. Creiam em seus profetas e terão êxito".

²¹Depois de consultar o povo, o rei nomeou cantores para irem adiante do exército, cantando e louvando o Senhor por sua santa majestade.ª Cantavam assim:

"Deem graças ao Senhor;
  seu amor dura para sempre!".

²²No momento em que começaram a cantar e louvar, o Senhor trouxe confusão sobreᵇ os exércitos de Amom, Moabe e do monte Seir, e eles começaram a lutar entre si. ²³Os exércitos de Moabe e Amom se voltaram contra seus aliados do monte Seir e mataram todos eles. Depois que haviam destruído o exército de Seir, começaram a atacar uns aos outros. ²⁴Quando os homens de Judá chegaram ao local de onde se avista o deserto, viram apenas cadáveres no chão, até onde se podia enxergar. Não escapou nem um só dos inimigos.

²⁵O rei Josafá e seus homens saíram para recolher os despojos. Encontraram grande quantidade de suprimentos, roupasᶜ e outros objetos de valor, mais do que eram capazes de carregar. Havia tantos despojos que levaram três dias para recolher tudo. ²⁶No quarto dia, reuniram-se no vale de Beracá,ᵈ que recebeu esse nome depois daquele dia, pois louvaram o Senhor ali. Por isso, até hoje é chamado de vale de Beracá.

²⁷Então todos os soldados de Judá e de Jerusalém voltaram, com Josafá à frente, muito alegres porque o Senhor lhes tinha dado vitória sobre seus inimigos. ²⁸Entraram marchando em Jerusalém, ao som de harpas, liras e trombetas, e foram ao templo do Senhor.

²⁹Quando todos os reinos vizinhos souberam que o próprio Senhor havia lutado contra os inimigos de Israel, o temor de Deus veio sobre eles. ³⁰E o reino de Josafá teve paz, pois seu Deus lhe deu descanso de todos os lados.

Resumo do reinado de Josafá

³¹Assim, Josafá reinou sobre a terra de Judá. Tinha 35 anos quando começou a reinar, e reinou em Jerusalém por 25 anos. Sua mãe se chamava Azuba e era filha de Sili.

³²Josafá foi um bom rei, que seguiu o exemplo de seu pai, Asa, e fez o que era certo aos olhos do Senhor. ³³Contudo, não removeu todos os santuários idólatras, e o povo não se comprometeu a seguir o Deus de seus antepassados.

³⁴Os demais acontecimentos do reinado de Josafá, do início ao fim, estão anotados nos *Registros de Jeú, filho de Hanani*, e foram incluídos no *Livro dos Reis de Israel*.

³⁵Algum tempo depois, Josafá, rei de Judá, fez um acordo com Acazias, rei de Israel, que era um homem muito perverso.ᵉ ³⁶Juntos, construíram uma frota de navios mercantesᶠ no porto em Eziom-Geber. ³⁷Então Eliézer, filho de Dodava, de Maressa, profetizou contra Josafá, dizendo: "Porque você se aliou ao rei Acazias, o Senhor destruirá o que você construiu". Assim, as embarcações naufragaram e nunca chegaram a navegar.ᵍ

Jeorão reina em Judá

21 Quando Josafá morreu, foi sepultado com seus antepassados na Cidade de Davi. Seu filho Jeorão foi seu sucessor.

²Os irmãos de Jeorão, os outros filhos de Josafá, foram: Azarias, Jeiel, Zacarias, Micael e

---

ᵃ **20.21** Ou *com vestimentas sagradas*. ᵇ **20.22** Em hebraico, *montou emboscadas para*. ᶜ **20.25** Conforme alguns manuscritos hebraicos e a Vulgata; a maioria dos manuscritos traz *cadáveres*. ᵈ **20.26** *Beracá* significa "bênção" ou "louvor"; também em 20.26b. ᵉ **20.35** Ou *que o levou a praticar o mal*. ᶠ **20.36** Em hebraico, *navios que podiam ir para Társis*. ᵍ **20.37** Ou *nunca foram para Társis*.

Sefatias; todos foram filhos de Josafá, rei de Judá.[a] ³Seu pai tinha dado a cada um deles presentes caros de prata, ouro e objetos de valor, e também algumas das cidades fortificadas de Judá. Contudo, nomeou Jeorão para ser seu sucessor, pois era o filho mais velho. ⁴Quando Jeorão havia se estabelecido firmemente no reino de seu pai, matou todos os seus irmãos e outros líderes de Judá.

⁵Jeorão tinha 32 anos quando começou a reinar, e reinou em Jerusalém por oito anos. ⁶Seguiu o exemplo dos reis de Israel e foi tão perverso quanto a família do rei Acabe, pois se casou com uma das filhas de Acabe. Jeorão fez o que era mau aos olhos do SENHOR. ⁷Mas o SENHOR não quis destruir a dinastia de Davi, pois havia feito uma aliança com Davi e prometido que seus descendentes continuariam a brilhar como uma lâmpada para sempre.

⁸Durante o reinado de Jeorão, os edomitas se rebelaram contra Judá e proclamaram seu próprio rei. ⁹Então Jeorão saiu com todo o seu exército e todos os seus carros de guerra. Os edomitas cercaram o rei e os comandantes de seus carros, mas ele saiu à noite e os atacou.[b] ¹⁰Ainda assim, até hoje Edom é independente de Judá. A cidade de Libna também se rebelou nessa ocasião. Tudo isso aconteceu porque Jeorão havia abandonado o SENHOR, o Deus de seus antepassados. ¹¹Havia construído santuários idólatras na região montanhosa de Judá e levado o povo de Judá e de Jerusalém a prostituir-se e desviar-se.

¹²Então o profeta Elias escreveu esta carta para Jeorão:

"Assim diz o SENHOR, o Deus de seu antepassado Davi: Você não seguiu o bom exemplo de seu pai, Josafá, nem de seu avô, Asa, rei de Judá. ¹³Em vez disso, tem sido tão perverso quanto os reis de Israel e tem levado o povo de Jerusalém e de Judá a prostituir-se, como fez o rei Acabe em Israel. E chegou a matar seus próprios irmãos, homens melhores que você. ¹⁴Por isso, agora o SENHOR está prestes a castigar você, seu povo, seus filhos, suas esposas e tudo que lhe pertence, com uma terrível praga. ¹⁵Você sofrerá de uma séria doença intestinal que se agravará a cada dia, até que seus intestinos saiam do corpo".

¹⁶Então o SENHOR instigou os filisteus e os árabes que moravam perto dos etíopes[c] a atacarem Jeorão. ¹⁷Eles marcharam contra Judá, romperam suas defesas e levaram tudo que era de valor do palácio real, e também os filhos e as esposas do rei. Somente Acazias,[d] seu filho mais novo, foi poupado.

¹⁸Depois de tudo isso, o SENHOR feriu Jeorão com uma doença intestinal incurável. ¹⁹Ela se tornou cada vez mais grave e, ao fim de dois anos, seus intestinos saíram do corpo e ele morreu em agonia. Seu povo não fez nenhuma fogueira em sua homenagem, como havia feito para seus antepassados.

²⁰Jeorão tinha 32 anos quando começou a reinar, e reinou em Jerusalém por oito anos. Ninguém lamentou sua morte. Ele foi sepultado na Cidade de Davi, mas não no cemitério dos reis.

Acazias reina em Judá

22 Então o povo de Jerusalém proclamou Acazias, filho mais novo de Jeorão, o novo rei, pois os bandos de saqueadores que vieram com os árabes[e] tinham matado todos os filhos mais velhos de Jeorão. Assim, Acazias, filho de Jeorão, reinou em Judá.

²Acazias tinha 22 anos[f] quando começou a reinar, e reinou em Jerusalém por um ano. Sua mãe era Atalia, neta do rei Onri. ³Acazias também seguiu o exemplo da família do rei Acabe, pois sua mãe o incentivou a praticar o mal. ⁴Fez o que era mau aos olhos do SENHOR, como a família de Acabe. Depois da morte de seu pai, eles se tornaram seus conselheiros e o levaram à ruína.

⁵Seguindo o conselho deles, Acazias se uniu a Jorão,[g] filho de Acabe, rei de Israel, na guerra contra Hazael, rei da Síria, em Ramote-Gileade. Quando os sírios[h] feriram Jorão na batalha,

---

[a] 21.2 O Texto Massorético traz *de Israel*; também em 21.4. Para o autor de Crônicas, Judá representa o verdadeiro Israel. (Alguns manuscritos hebraicos, a Septuaginta, a versão siríaca e a Vulgata trazem *Judá*.) [b] 21.9 Ou *ele saiu e escapou*. O significado do hebraico é incerto. [c] 21.16 Em hebraico, *dos cuxitas*. [d] 21.17 Em hebraico, *Jeoacaz*, variação de Acazias; comparar com 22.1. [e] 22.1 Ou *bandos de saqueadores árabes*. [f] 22.2 Conforme alguns manuscritos gregos e a versão siríaca (ver tb. 2Rs 8.26); o hebraico traz *42 anos*. [g] 22.5a Em hebraico, *Jeorão*, variação de Jorão; também em 22.6,7. [h] 22.5b Conforme dois manuscritos hebraicos e a Vulgata (ver tb. 2Rs 8.28); o Texto Massorético traz *os arqueiros*.

⁶ele voltou a Jezreel para se recuperar dos ferimentos sofridos em Ramote.ª Visto que Jorão estava ferido, Acazias,ᵇ rei de Judá, foi visitá-lo em Jezreel.

⁷Deus havia decidido que essa visita seria a ruína de Acazias. Enquanto Acazias estava em Jezreel, saiu com Jorão ao encontro de Jeú, neto de Ninsi,ᶜ a quem o Senhor havia escolhido para destruir a dinastia de Acabe.

⁸Quando Jeú executava o juízo contra a família de Acabe, encontrou alguns oficiais de Judá e parentes de Acaziasᵈ que o serviam, e os matou. ⁹Então os homens de Jeú partiram em busca de Acazias e o encontraram escondido na cidade de Samaria. Eles o trouxeram a Jeú e o mataram. Acazias recebeu um sepultamento digno, pois o povo disse: "Ele era neto de Josafá, homem que buscou o Senhor de todo o coração". Contudo, nenhum dos membros da família de Acazias que sobreviveram conseguiu reinar em seu lugar.

A rainha Atalia reina em Judá

¹⁰Quando Atalia, mãe de Acazias, rei de Judá, soube que seu filho estava morto, mandou exterminar o restante da família real de Judá. ¹¹Mas Jeoseba,ᵉ filha do rei Jeorão, pegou Joás, o filho ainda pequeno de Acazias, dentre os outros filhos do rei que estavam para ser mortos, e o colocou num quarto com sua ama. Assim, Jeoseba, esposa do sacerdote Joiada e irmã de Acazias, escondeu o menino para que Atalia não o matasse. ¹²Joás ficou escondido com eles no templo de Deus durante seis anos, enquanto Atalia governava o país.

Rebelião contra Atalia

23 No sétimo ano do reinado de Atalia, o sacerdote Joiada decidiu agir. Criou coragem e fez um acordo com os comandantes dos batalhões: Azarias, filho de Jeroão; Ismael, filho de Joanã; Azarias, filho de Obede; Maaseias, filho de Adaías; e Elisafate, filho de Zicri. ²Esses homens viajaram por todo o reino de Judá e convocaram os levitas e os chefes das famílias de todas as cidades para irem a Jerusalém. ³Todos se reuniram no templo de Deus, onde firmaram um pacto solene com o jovem rei Joás.

Joiada lhes disse: "Aqui está o filho do rei! Chegou a hora de ele governar! O Senhor prometeu que um descendente de Davi seria nosso rei. ⁴Vocês devem fazer o seguinte: quando os sacerdotes e os levitas entrarem em serviço no sábado, uma terça parte de vocês ficará de guarda nas portas. ⁵Outra terça parte irá ao palácio real. E a última terça parte ficará de guarda na Porta do Alicerce. Os demais permanecerão nos pátios do templo do Senhor. ⁶Lembrem-se: apenas os sacerdotes e os levitas de serviço podem entrar no templo do Senhor, pois foram consagrados. O restante do povo deve obedecer às instruções do Senhor e ficar do lado de fora. ⁷Vocês, levitas, posicionem-se em volta do rei, de armas na mão. Matem qualquer pessoa que tentar entrar no templo. Permaneçam com o rei aonde ele for".

⁸Então os levitas e o povo de Judá fizeram tudo que o sacerdote Joiada ordenou. Os comandantes se encarregaram dos homens que iam entrar em serviço naquele sábado e dos que iam sair. O sacerdote Joiada não deixou ninguém ir para casa no fim do turno. ⁹Depois, Joiada forneceu aos comandantes as lanças e os escudos grandes e pequenos que haviam pertencido ao rei Davi e que estavam guardados no templo de Deus. ¹⁰Posicionou todos os homens em volta do rei, de armas na mão. Formaram uma fileira desde o lado sul do templo até o lado norte e ao redor do altar.

¹¹Então Joiada e seus filhos trouxeram Joás, o filho do rei, para fora, puseram a coroa em sua cabeça e lhe entregaram uma cópia da lei.ᶠ Depois, ungiram Joás e o proclamaram rei, e todos gritaram: "Viva o rei!".

A morte de Atalia

¹²Quando Atalia ouviu o barulho do povo correndo e os gritos de louvor ao rei, foi para o templo do Senhor, onde o povo estava reunido. ¹³Ao chegar, viu o rei em pé, no lugar de honra junto à coluna na entrada do templo. Estava rodeado pelos comandantes e tocadores de trombeta, e gente de toda a terra se alegrava e

---

ª **22.6a** Em hebraico, *Ramá*, variação de Ramote. ᵇ **22.6b** Conforme alguns manuscritos hebraicos, a Septuaginta, a versão siríaca e a Vulgata (ver tb. 2Rs 8.29); a maioria dos manuscritos hebraicos traz *Azarias*. ᶜ **22.7** Em hebraico, *filho de Ninsi*; comparar com 2Rs 9.2,14. ᵈ **22.8** Conforme a Septuaginta (ver tb. 2Rs 10.13); o hebraico traz *e filhos dos irmãos de Acazias*. ᵉ **22.11** Em hebraico, *Jeosabeate*, variação de Jeoseba. ᶠ **23.11** Ou *uma cópia da aliança*; o hebraico traz *entregaram o testemunho*.

tocava trombetas. Cantores com instrumentos musicais dirigiam o povo numa grande celebração. Quando Atalia viu tudo isso, rasgou suas roupas e gritou: "Traição! Traição!".

¹⁴Então o sacerdote Joiada ordenou aos comandantes encarregados das tropas: "Levem-na aos soldados que estão na frente do templo[a] e matem qualquer pessoa que a seguir". Pois o sacerdote tinha dito: "Ela não deve ser morta dentro do templo do Senhor". ¹⁵Eles a prenderam e a levaram à porta dos Cavalos, no terreno do palácio, e a mataram ali.

As reformas religiosas de Joiada

¹⁶Joiada fez uma aliança entre ele, o povo e o rei, estabelecendo que eles seriam o povo do Senhor. ¹⁷Todo o povo foi ao templo de Baal e o derrubou. Demoliram os altares, despedaçaram os ídolos e executaram Matã, sacerdote de Baal, em frente aos altares.

¹⁸Joiada encarregou os sacerdotes e os levitas de cuidarem do templo do Senhor, segundo as instruções de Davi. Ordenou que apresentassem holocaustos ao Senhor, como ordenava a lei de Moisés, com cânticos e alegria, conforme Davi tinha instruído. ¹⁹Também pôs guardas às portas do templo do Senhor, para que não entrasse ninguém que, por algum motivo, estivesse cerimonialmente impuro.

²⁰Então os comandantes dos batalhões, os nobres, os governantes e todo o povo da terra escoltaram o rei para fora do templo do Senhor. Passaram pela porta Superior e entraram no palácio, onde o rei se sentou no trono real. ²¹Todo o povo do reino se alegrou e a cidade ficou em paz, pois Atalia tinha sido morta.

Joás faz reparos no templo

24 Joás tinha 7 anos quando começou a reinar, e reinou em Jerusalém por quarenta anos. Sua mãe se chamava Zíbia e era de Berseba. ²Joás fez o que era certo aos olhos do Senhor enquanto o sacerdote Joiada estava vivo. ³Joiada escolheu duas esposas para Joás, e ele teve filhos e filhas.

⁴Algum tempo depois, Joás resolveu fazer reparos no templo do Senhor. ⁵Reuniu os sacerdotes e os levitas e lhes deu as seguintes instruções: "Vão a todas as cidades de Judá e recolham o imposto anual para fazer os reparos no templo do Senhor. Façam isso logo!". Os levitas, porém, não se apressaram.

⁶Então o rei mandou chamar o sumo sacerdote Joiada e lhe perguntou: "Por que você não exigiu que os levitas saíssem e recolhessem os impostos que as cidades de Judá e a cidade de Jerusalém devem pagar para o templo? Moisés, servo do Senhor, estabeleceu que a comunidade de Israel pagasse esse imposto para a manutenção do tabernáculo da aliança".[b]

⁷Ao longo dos anos, os seguidores da perversa Atalia haviam arrombado o templo de Deus e usado os objetos sagrados do templo do Senhor para adorar as imagens de Baal.

⁸Por isso, o rei ordenou que fizessem uma caixa grande e a colocassem do lado de fora da porta do templo do Senhor. ⁹Então foi proclamado em Judá e em Jerusalém que o povo devia trazer ao Senhor o imposto que Moisés, servo de Deus, havia requerido dos israelitas no deserto. ¹⁰Isso agradou todos os líderes e o povo, e eles trouxeram de bom grado suas contribuições e as colocaram na caixa até enchê-la.

¹¹Sempre que a caixa ficava cheia, os levitas a levavam aos oficiais do rei. O secretário da corte e um oficial do sumo sacerdote a esvaziavam e a levavam de volta ao templo. Assim faziam diariamente e reuniram muitos recursos. ¹²O rei e Joiada entregavam o valor aos supervisores da construção, que contratavam pedreiros, carpinteiros e artífices que trabalhavam com ferro e bronze para reformar o templo do Senhor.

¹³Os homens encarregados da reforma trabalhavam com dedicação, e a obra foi progredindo. Restauraram o templo de Deus de acordo com o modelo original e o reforçaram. ¹⁴Quando todos os reparos foram concluídos, trouxeram ao rei e a Joiada os recursos que sobraram. O valor foi usado para fazer diversos objetos para o templo do Senhor, utensílios para o serviço e para os holocaustos, além de vasilhas e outros objetos de ouro e de prata. Enquanto o sacerdote Joiada viveu, os

---

[a] **23.14** Ou *Tirem-na dentre as fileiras e levem-na para fora*, ou *Tirem-na das dependências do templo*. O significado do hebraico é incerto. [b] **24.6** Em hebraico, *tenda do testemunho*.

holocaustos eram oferecidos continuamente no templo do Senhor.

¹⁵Joiada viveu muitos anos e morreu em idade avançada, com 130 anos. ¹⁶Foi sepultado entre os reis na Cidade de Davi, pois havia feito o bem em Israel para Deus e seu templo.

As reformas de Joiada são desfeitas

¹⁷Depois da morte de Joiada, os líderes de Judá vieram ao rei Joás e se curvaram diante dele, e ele ouviu seus conselhos. ¹⁸Abandonaram o templo do Senhor, o Deus de seus antepassados, e adoraram postes de Aserá e ídolos. Por causa desse pecado, a ira de Deus veio sobre Judá e Jerusalém. ¹⁹Ainda assim, o Senhor enviou profetas para trazê-los de volta para ele. Os profetas os advertiram, mas o povo não quis ouvir.

²⁰Então o Espírito de Deus veio sobre Zacarias, filho do sacerdote Joiada. Ele se pôs em pé diante do povo e disse: "Isto é o que Deus diz: 'Por que vocês desobedecem aos mandamentos do Senhor e, com isso, deixam de prosperar? Visto que abandonaram o Senhor, agora ele os abandonou!'"

²¹Então os líderes conspiraram contra Zacarias, e o rei ordenou que ele fosse morto por apedrejamento no pátio do templo do Senhor. ²²O rei Joás não levou em conta a lealdade que Joiada, pai de Zacarias, lhe havia demonstrado, e matou seu filho. As últimas palavras de Zacarias antes de morrer foram: "Que o Senhor veja o que estão fazendo e vingue a minha morte!".

O fim do reinado de Joás

²³Na virada do ano,ᵃ o exército sírio marchou contra Joás. Invadiram Judá e Jerusalém e mataram todos os líderes do povo. Enviaram para seu rei em Damasco tudo que haviam saqueado. ²⁴Embora os sírios tivessem atacado com apenas um exército pequeno, o Senhor entregou em suas mãos o exército muito maior de Judá. O povo de Judá havia abandonado o Senhor, o Deus de seus antepassados, por isso o juízo foi executado contra Joás.

²⁵Os sírios se retiraram e deixaram Joás gravemente ferido. Seus próprios oficiais conspiraram contra ele porque havia assassinado o filho do sacerdote Joiada e o mataram em sua cama. Ele foi sepultado na Cidade de Davi, mas não no cemitério dos reis. ²⁶Os assassinos foram Jozacar,ᵇ filho de uma amonita chamada Simeate, e Jeozabade, filho de uma moabita chamada Somer.ᶜ

²⁷O relato sobre os filhos de Joás, as muitas profecias a respeito dele e o registro da reforma do templo de Deus estão registrados no

---

ᵃ **24.23** O primeiro dia do ano no antigo calendário lunar hebraico caía em março ou abril. ᵇ **24.26a** Conforme o texto paralelo em 2Rs 12.21; o hebraico traz *Zabade*. ᶜ **24.26b** Conforme o texto paralelo em 2Rs 12.21; o hebraico traz *Sinrite*, variação de Somer.

24.17-25 *V.17* Estes lisonjeadores vieram com todas as suas maneiras mais delicadas e fizeram reverência ao rei, e "e ele ouviu seus conselhos". Durante todos os dias de Joiada, estes príncipes tiveram medo de estabelecer o culto da moda, o culto aos baalins, que tinha sido introduzido pela rainha sidônia Jezabel, aquela mulher perversa de espírito forte e autoritário. Essa religião mundana e falsa havia sido derrubada pela mão forte de Joiada; no entanto, quando seus adeptos pensaram ter uma chance de voltar à linha de frente novamente, vieram e lisonjearam o rei, e "e ele ouviu seus conselhos".

Vv.18,19 "Estes antigos puritanos voltaram de novo", disseram eles. "Não os ouviremos". O povo comum ainda era principalmente adorador do Senhor; mas os grandes da terra haviam se voltado aos ídolos e não podiam suportar que um ou outro dos profetas, muitas vezes homens muito humildes e indoutos, viessem e testemunhassem do Senhor.

V.20 Ele falou com moderação e carinhosamente. A advertência foi fiel, mas foi entregue no melhor e mais amável espírito. Mas, veja agora o que os homens perversos fizeram.

V.21 Este é provavelmente o profeta a quem Cristo faz alusão quando fala de Zacarias, "morto entre o altar e o santuário". Foi um crime muito grave assassinar o filho de Joiada, um dos que tinham ajudado a colocar a coroa sobre a cabeça do rei. Praticar esta ação perversa "no pátio do templo do Senhor", quando o profeta estava envolvido nos assuntos de seu Mestre, e entregando uma mensagem divina, era amontoar pecado sobre pecado.

Vv.22,23 Deus não se demora em castigar os malfeitores. Quando os Seus servos forem perseguidos, Ele vingará rapidamente os seus eleitos: "mataram todos os líderes do povo". Isso não foi notável? Estes eram os autores do pecado; e eles tinham que, principalmente, suportar a punição. Não é sempre que os invasores atacam apenas os líderes, e os matam; mas esses sírios o fizeram.

Comentário sobre o Livro dos Reis. Seu filho Amazias foi seu sucessor.

Amazias reina em Judá

25 Amazias tinha 25 anos quando começou a reinar, e reinou em Jerusalém por 29 anos. Sua mãe se chamava Jeoadã e era de Jerusalém. ²Amazias fez o que era certo aos olhos do S*enhor*, mas não de todo o coração.

³Quando Amazias se firmou no poder, executou os oficiais que haviam assassinado seu pai. ⁴Contudo, não matou os filhos dos assassinos, em obediência ao mandamento do S*enhor* registrado por Moisés no Livro da Lei: "Os pais não serão executados por causa do pecado dos filhos, nem os filhos por causa do pecado dos pais. Aqueles que merecem morrer deverão ser executados por causa de seus próprios crimes".ᵃ

⁵Amazias organizou o exército e nomeou generais e capitãesᵇ para todo o Judá e para Benjamim. Fez um censo e constatou que tinha um exército de trezentos mil soldados de elite, com mais de 20 anos, todos treinados no uso da espada e do escudo. ⁶Também pagou 3.500 quilosᶜ de prata para contratar cem mil guerreiros experientes de Israel.

⁷Então um homem de Deus foi até ele e lhe disse: "Ó rei, não contrate soldados de Israel, pois o S*enhor* não está com Israel. Ele não ajudará o povo de Efraim! ⁸Se deixar que acompanhem seus soldados na batalha, mesmo que lutem com coragem, serão derrotados pelo inimigo. Deus o derrubará, pois ele tem poder para ajudá-lo ou fazê-lo tropeçar".

⁹Amazias perguntou ao homem de Deus: "E quanto à prata que paguei para contratar o exército de Israel?".

O homem de Deus respondeu: "O S*enhor* pode lhe dar muito mais que isso!". ¹⁰Então Amazias dispensou os soldados que havia contratado e os mandou de volta para Efraim. Eles ficaram furiosos com Judá e voltaram para casa indignados.

¹¹Amazias criou coragem e conduziu seu exército até o vale do Sal, onde mataram dez mil soldados edomitas da região de Seir. ¹²Capturaram outros dez mil e os levaram para o alto de um penhasco, de onde os atiraram, e eles se despedaçaram.

¹³Enquanto isso, os soldados que Amazias havia contratado e depois mandado de volta atacaram muitas cidades de Judá entre Samaria e Bete-Horom. Mataram três mil pessoas e levaram grande quantidade de despojos.

¹⁴Quando o rei Amazias voltou da matança dos edomitas, trouxe os deuses que havia tomado do povo de Seir. Estabeleceu-os como seus próprios deuses, prostrou-se diante deles e ofereceu-lhes sacrifícios. ¹⁵O S*enhor* se irou grandemente e lhe enviou um profeta para perguntar: "Por que você se volta para deuses que não foram capazes nem de salvar de suas mãos o próprio povo deles?".

¹⁶O rei, porém, o interrompeu e disse: "Desde quando você é conselheiro do rei? Cale-se antes que eu mande matá-lo!".

O profeta parou, mas o advertiu: "Sei que Deus resolveu destruí-lo, porque você fez isso e porque não quis aceitar meu conselho".

¹⁷Depois de consultar seus conselheiros, Amazias, rei de Judá, enviou este desafio a Jeoás,ᵈ filho de Jeoacaz e neto de Jeú, rei de Israel: "Venha enfrentar-me numa batalha!".

¹⁸Mas Jeoás, rei de Israel, respondeu a Amazias, rei de Judá, com a seguinte história: "Nos montes do Líbano, o espinheiro enviou esta mensagem ao poderoso cedro: 'Dê sua filha em casamento a meu filho'. No entanto, um animal selvagem do Líbano veio, pisoteou o espinheiro e o esmagou.

¹⁹"Você diz: 'Derrotei Edom', e está muito orgulhoso disso. Mas meu conselho é que fique em casa. Por que causar problemas que só trarão desgraça sobre você e o povo de Judá?".

²⁰Amazias, porém, se recusou a ouvir, pois Deus havia resolvido destruí-lo por ter se voltado para os deuses de Edom. ²¹Então Jeoás, rei de Israel, mobilizou seu exército contra Amazias, rei de Judá. Os dois exércitos se enfrentaram em Bete-Semes, em Judá. ²²O exército de Judá foi derrotado pelo exército de Israel, e os soldados fugiram para casa. ²³Jeoás, rei de Israel, capturou Amazias, filho de Joás e neto de Acazias, em Bete-Semes. Trouxe-o para Jerusalém, onde destruiu 180 metrosᵉ

ᵃ 25.4 Dt 24.16. ᵇ 25.5 Em hebraico, *comandantes de milhares e comandantes de centenas*. ᶜ 25.6 Em hebraico, *100 talentos*. ᵈ 25.17 Em hebraico, *Joás*, variação de Jeoás; também em 25.18,21,23,25. ᵉ 25.23 Em hebraico, *400 côvados*.

do muro da cidade, desde a porta de Efraim até a porta da Esquina. ²⁴Levou embora todo o ouro, toda a prata e todos os utensílios do templo de Deus guardados por Obede-Edom. Também levou os tesouros do palácio real e fez reféns; depois, voltou para Samaria.

²⁵Amazias, filho de Joás, rei de Judá, viveu ainda mais quinze anos depois da morte de Jeoás, filho de Jeoacaz, rei de Israel. ²⁶Os demais acontecimentos do reinado de Amazias, do início ao fim, estão registrados no *Livro dos Reis de Judá e de Israel*.

²⁷Depois que Amazias se afastou do Senhor, houve uma conspiração contra ele em Jerusalém, e ele fugiu para Laquis. Seus inimigos, porém, mandaram assassinos atrás dele e o mataram ali. ²⁸Seu corpo foi trazido de volta para Jerusalém num cavalo, e ele foi sepultado com seus antepassados na Cidade de Davi.ᵃ

Uzias governa em Judá

26 Todo o povo de Judá proclamou Uzias, de 16 anos, rei, como sucessor de seu pai, Amazias. ²Depois que seu pai morreu e se reuniu a seus antepassados, Uzias reconstruiu a cidade de Elateᵇ e a recuperou para Judá.

³Uzias tinha 16 anos quando começou a reinar, e reinou em Jerusalém por 52 anos. Sua mãe se chamava Jecolias e era de Jerusalém. ⁴Fez o que era certo aos olhos do Senhor, como seu pai, Amazias. ⁵Uzias buscou a Deus durante a vida de Zacarias, que o ensinou a temer a Deus.ᶜ Enquanto o rei buscou a direção do Senhor, Deus lhe deu êxito.

⁶Uzias declarou guerra contra os filisteus e derrubou os muros de Gate, Jabne e Asdode. Ele construiu novas cidades na região de Asdode e em outras partes da Filístia. ⁷Deus o ajudou nas guerras contra os filisteus, nas batalhas contra os árabes de Gurᵈ e nas guerras contra os meunitas. ⁸Os meunitasᵉ lhe pagavam tributo anual, e sua fama se espalhou até o Egito, pois ele havia se tornado muito poderoso.

⁹Uzias construiu torres fortificadas em Jerusalém, junto à porta da Esquina, à porta do Vale e no canto do muro. ¹⁰Também construiu fortalezas no deserto e cavou muitas cisternas, pois tinha grandes rebanhos nas colinas de Judáᶠ e na planície. Era um homem que amava a terra. Tinha muitos trabalhadores que cuidavam de seus campos e vinhedos, tanto nas colinas como nos vales férteis.

¹¹Uzias tinha um exército de guerreiros bem treinados, prontos para irem à batalha, divididos em tropas. Esse exército havia sido convocado e organizado pelo secretário Jeiel e pelo oficial Maaseias. Estavam sob o comando de Hananias, um dos oficiais do rei. ¹²As tropas de guerreiros valentes eram comandadas por 2.600 chefes de famílias. ¹³O exército era formado por uma elite de 307.500 homens, preparados para ajudar o rei contra qualquer inimigo.

¹⁴Uzias providenciou para todo o exército escudos, lanças, capacetes, couraças, arcos e fundas de atirar pedras. ¹⁵Construiu sobre os muros de Jerusalém máquinas de guerra criadas por peritos; elas atiravam flechas e lançavam grandes pedras das torres e dos cantos dos muros. Sua fama se espalhou até lugares distantes, pois o Senhor o ajudou extraordinariamente e ele se tornou muito poderoso.

O pecado e o castigo de Uzias

¹⁶Quando Uzias se tornou poderoso, também se encheu de orgulho, o que o levou à ruína. Pecou contra o Senhor, seu Deus, ao entrar no santuário do templo do Senhor para queimar incenso no altar de incenso. ¹⁷O sacerdote Azarias foi atrás dele com outros oitenta sacerdotes do Senhor, todos homens corajosos. ¹⁸Confrontaram o rei Uzias e disseram: "Não cabe a você, Uzias, queimar incenso ao Senhor. Isso é tarefa somente dos sacerdotes, os descendentes de Arão, consagrados para esse trabalho. Saia do santuário, pois você pecou. O Senhor Deus não o honrará".

¹⁹Uzias, que segurava um incensário, ficou indignado. Enquanto ele demonstrava sua raiva contra os sacerdotes diante do altar de incenso no templo do Senhor, apareceu leprag

---

ᵃ **25.28** Conforme alguns manuscritos hebraicos e outras versões antigas (ver tb. 2Rs 14.20); a maioria dos manuscritos hebraicos traz *na cidade de Judá*. ᵇ **26.2** Conforme a Septuaginta (ver tb. 2Rs 14.22; 16.6); o hebraico traz *Elote*, variação de Elate. ᶜ **26.5** Conforme a Septuaginta e a versão siríaca; o hebraico traz *que o instruiu em visões divinas*. ᵈ **26.7** Conforme a Septuaginta; o hebraico traz *Gur-Baal*. ᵉ **26.8** Conforme a Septuaginta; o hebraico traz *amonitas*. Comparar com 26.7. ᶠ **26.10** Em hebraico, *na Sefelá*. ᵍ **26.19** O termo hebraico não se refere somente à hanseníase, mas também a diversas doenças de pele.

em sua testa. ²⁰Quando viram a lepra, o sumo sacerdote Azarias e todos os outros sacerdotes o expulsaram imediatamente do templo. O próprio rei se apressou em sair dali, pois o Senhor o havia ferido. ²¹O rei Uzias ficou leproso até o dia de sua morte. Vivia isolado, numa casa separada, e havia sido excluído do templo do Senhor. Seu filho Jotão tomava conta do palácio e governava o povo.

²²Os demais acontecimentos do reinado de Uzias, do início ao fim, foram registrados pelo profeta Isaías, filho de Amoz. ²³Quando Uzias morreu, foi sepultado com seus antepassados. Seu túmulo ficava num campo próximo que pertencia aos reis, pois o povo disse: "Era leproso". Seu filho Jotão foi seu sucessor.

Jotão reina em Judá

27 Jotão tinha 25 anos quando começou a reinar, e reinou em Jerusalém por dezesseis anos. Sua mãe se chamava Jerusa e era filha de Zadoque.

²Jotão fez o que era certo aos olhos do Senhor, como seu pai, Uzias, mas não cometeu o pecado de entrar no templo do Senhor. Mesmo assim, o povo continuou com suas práticas perversas.

³Jotão reconstruiu a porta superior do templo do Senhor. Também realizou trabalhos extensos de reparo no muro, sobre o monte Ofel. ⁴Construiu cidades na região montanhosa de Judá e edificou fortalezas e torres nos bosques. ⁵Guerreou contra os amonitas e os derrotou.

Durante os três anos seguintes, recebeu deles um tributo anual de 3.500 quilosª de prata, dez mil cestos grandes de trigo e dez mil cestos grandes de cevada.ᵇ

⁶O rei Jotão se tornou poderoso porque teve o cuidado de viver em obediência ao Senhor, seu Deus.

⁷Os demais acontecimentos do reinado de Jotão, incluindo suas guerras e outras atividades, estão registrados no *Livro dos Reis de Israel e de Judá*. ⁸Tinha 25 anos quando começou a reinar, e reinou em Jerusalém por dezesseis anos. ⁹Quando Jotão morreu e se reuniu a seus antepassados, foi sepultado na Cidade de Davi. Seu filho Acaz foi seu sucessor.

Acaz reina em Judá

28 Acaz tinha 20 anos quando começou a reinar, e reinou em Jerusalém por dezesseis anos. Ao contrário de seu antepassado Davi, não fez o que era certo aos olhos do Senhor. ²Em vez disso, seguiu o exemplo dos reis de Israel. Fez ídolos de metal para adorar Baal, ³queimou incenso no vale de Ben-Hinom e chegou a sacrificar os próprios filhos no fogo. Desse modo, seguiu as práticas detestáveis das nações que o Senhor havia expulsado da terra diante dos israelitas. ⁴Ofereceu sacrifícios e queimou incenso nos santuários idólatras, nos montes e debaixo de toda árvore verdejante.

⁵Por isso, o Senhor, seu Deus, entregou Acaz nas mãos do rei da Síria, que o derrotou e levou muitos de seu povo para o exílio em Damasco.

ª**27.5a** Em hebraico, *100 talentos*. ᵇ**27.5b** Em hebraico, *10.000 coros de trigo e 10.000 coros de cevada*, cerca de 2.200.000 litros, respectivamente.

27.6 É uma grande coisa ter um homem de resoluções que tem um propósito elevado diante de si e que pretende realizá-lo. Esse é o único homem que é digno de ser chamado de homem. Quanto a esta pobre criatura que se parece com um homem, mas sem a mente ou vontade própria — que tem seus ouvidos atraídos, primeiro para cá, e então para lá, por quem quer que goste de atraí-lo — qual é a utilidade de tal criatura na face da Terra? Mas Jotão não era homem desse tipo. Ele buscou conselho do Senhor para saber o que deveria fazer. Julgou honesta e cuidadosamente, à vista de Deus, qual era o certo a fazer. E, quando o descobriu, firmou os pés e disse: "É isso que eu vou fazer". Era inútil qualquer um de seus súditos lhe dizer: "Mas talvez isso não seja algo prudente a fazer". Ele acreditava que ser correto é ser verdadeiramente prudente. Não adiantava ninguém dizer a Jotão: "Mas este seu modo pode nos envolver, assim como ao senhor, em sérios problemas". Ele sabia perfeitamente que, se o certo, às vezes, traz problemas, o errado sempre traz dez vezes mais! E sempre que o fazer o certo trouxer problemas, deveria ser o deleite daquele de bom coração suportar esse problema alegremente. Jotão era determinado em suas resoluções, como um homem tem o direito de ser quando sabe que sua resolução é a correta. E aquele homem que prepara seu coração e seus caminhos com o olhar na glória de Deus, resolvendo apenas fazer a coisa certa, não importando o que possa acontecer, é o homem que tem o direito de dizer: "Vou fazer" e "Eu o farei". E ele é o homem que, em longo prazo, será respeitado pelos seus semelhantes.

Também o entregou nas mãos do rei de Israel, que derrotou Acaz e matou muitos de seus soldados. ⁶Em um só dia, Peca, filho de Remalias, matou 120 mil soldados de Judá, todos guerreiros experientes, pois haviam abandonado o Senhor, o Deus de seus antepassados. ⁷Então Zicri, um guerreiro de Efraim, matou Maaseias, filho do rei, Azricão, oficial encarregado do palácio do rei, e Elcana, o segundo no comando depois do rei. ⁸Os soldados de Israel capturaram duzentas mil mulheres e crianças de Judá e tomaram enormes quantidades de despojos, que levaram para Samaria.

⁹Odede, profeta do Senhor, estava em Samaria quando o exército de Israel voltou. Saiu ao encontro deles e lhes disse: "O Senhor, o Deus de seus antepassados, estava irado com Judá e o entregou em suas mãos, mas vocês foram longe demais e os mataram com fúria que chegou até os céus. ¹⁰Agora, pretendem escravizar esse povo de Judá e de Jerusalém. E quanto a seus próprios pecados contra o Senhor, seu Deus? ¹¹Ouçam-me e mandem de volta esses prisioneiros que vocês capturaram, pois são seus parentes. Tenham cuidado, pois a ira ardente do Senhor se voltou contra vocês!".

¹²Então alguns dos líderes de Israel[a] — Azarias, filho de Joanã, Berequias, filho de Mesilemote, Jeizquias, filho de Salum, e Amasa, filho de Hadlai — confrontaram os homens que voltavam da batalha. ¹³"Não tragam os prisioneiros para cá!", disseram. "Se o fizerem, aumentaremos nossos pecados e nossa culpa diante do Senhor. Nossa culpa já é grande, e a ira ardente do Senhor se voltou contra Israel!"

¹⁴Então os guerreiros libertaram os prisioneiros e colocaram os despojos diante dos líderes do povo. ¹⁵Os quatro homens já mencionados por nome vieram à frente e deram roupas dos despojos aos presos que estavam nus. Vestiram-nos, deram-lhes sandálias, providenciaram comida e bebida para eles e aplicaram bálsamo sobre seus ferimentos. Puseram sobre jumentos aqueles que estavam fracos e levaram todos os prisioneiros de volta para seu povo em Jericó, a cidade das palmeiras. Depois, voltaram para Samaria.

Acaz fecha o templo

¹⁶Nessa época, o rei Acaz pediu ajuda ao rei da Assíria. ¹⁷Os exércitos de Edom tinham invadido Judá outra vez e levado prisioneiros. ¹⁸Os filisteus haviam atacado cidades nas colinas de Judá[b] e no Neguebe. Conquistaram e ocuparam Bete-Semes, Aijalom e Gederote, além de Socó, Timna e Ginzo, com seus povoados. ¹⁹O Senhor humilhou Judá por causa de Acaz, rei de Judá,[c] pois ele havia incentivado o povo a pecar e havia sido inteiramente infiel ao Senhor.

²⁰Quando Tiglate-Pileser,[d] rei da Assíria, chegou, atacou Acaz em vez de ajudá-lo. ²¹Acaz tomou objetos de valor do templo do Senhor, do palácio real e das casas de seus oficiais e os entregou ao rei da Assíria como tributo, mas de nada adiantou.

²²Mesmo nesse tempo de grande dificuldade, o rei Acaz foi ainda mais infiel ao Senhor. ²³Ofereceu sacrifícios aos deuses de Damasco que o haviam derrotado, pois disse: "Visto que esses deuses ajudaram o rei da Síria, também me ajudarão se eu lhes oferecer sacrifícios".

---

[a] **28.12** Em hebraico, *de Efraim*, referência a Israel, o reino do norte. [b] **28.18** Em hebraico, *na Sefelá*. [c] **28.19** O Texto Massorético traz *de Israel*; também em 28.23,27. Para o autor de Crônicas, Judá representa o verdadeiro Israel. (Alguns manuscritos hebraicos, a Septuaginta, a versão siríaca e a Vulgata trazem *Judá*.) [d] **28.20** Em hebraico, *Tiglate-Pileser*, variação de Tiglate-Pileser.

28.23 Acaz *era extremamente inteligente*. Ele disse: "Farei amizade com Tiglate-Pileser, rei da Assíria, e ele me protegerá; eu me colocarei como vassalo dele, e então os pequenos reis da Síria e Israel terão medo de me tocar, e eu ficarei em paz". Ah! Os homens, às vezes, são muito inteligentes em seus pecados; pelo menos, assim eles pensam. Não se renderão a Deus, não se tornarão cristãos, não são tão tolos; são tão brilhantes, se sairão bem o suficiente! Eles têm um amigo em algum lugar, têm uma carta na manga e um esquema que, quando for revelado, o surpreenderá. Eles se sairão bem o suficiente sem Deus; que aqueles que buscam a Deus orem para Ele. No entanto, seus pecados serão sua ruína, pois os homens inteligentes serão apanhados em sua própria astúcia, e serão destruídos pelos próprios instrumentos com os quais procuraram promover sua prosperidade, assim como foi este homem; pois, quando veio o rei da Assíria, saqueou o palácio de Acaz e levou sua riqueza, mas não o ajudou em nada. [...]

Este homem, Acaz, tinha outro pensamento em mente; ou seja, que *ele imitaria os pecadores prósperos*. "Olhe", ele disse, "para o rei da Síria; veja como ele

Em vez disso, porém, eles foram a causa de sua ruína e da ruína de todo o Judá. ²⁴Acaz pegou os utensílios do templo de Deus e os despedaçou. Trancou as portas do templo do Senhor para que ninguém pudesse adorar ali e fez altares idólatras em cada esquina de Jerusalém. ²⁵Colocou santuários idólatras em todas as cidades de Judá para queimar incenso a outros deuses. Com isso, provocou a ira do Senhor, o Deus de seus antepassados.

²⁶Os demais acontecimentos do reinado de Acaz e tudo que ele fez, do início ao fim, estão registrados no *Livro dos Reis de Judá e de Israel*. ²⁷Quando Acaz morreu e se reuniu a seus antepassados, foi sepultado em Jerusalém, mas não no cemitério dos reis de Judá. Seu filho Ezequias foi seu sucessor.

Ezequias reina em Judá

29 Ezequias tinha 25 anos quando começou a reinar, e reinou em Jerusalém por 29 anos. Sua mãe se chamava Abia e era filha de Zacarias. ²Fez o que era certo aos olhos do Senhor, como seu antepassado Davi.

Ezequias reabre o templo

³Logo no primeiro mês do primeiro ano de seu reinado, Ezequias reabriu as portas do templo do Senhor e as consertou. ⁴Mandou chamar os sacerdotes e os levitas para se encontrarem com ele na praça do lado leste do templo. ⁵"Ouçam-me, levitas!", disse ele. "Purifiquem-se e purifiquem o templo do Senhor, o Deus de seus antepassados. Removam do santuário todos os objetos impuros. ⁶Nossos antepassados foram infiéis e fizeram o que era mau aos olhos do Senhor, nosso Deus. Abandonaram o Senhor e seu lugar de habitação; deram as costas para ele. ⁷Também fecharam as portas da sala de entrada do templo e apagaram as lâmpadas. Deixaram de queimar incenso e de apresentar holocaustos no santuário do Deus de Israel. ⁸"Por isso a ira do Senhor veio sobre Judá e sobre Jerusalém. Ele fez deles objeto de espanto, horror e zombaria, como vocês veem com os próprios olhos. ⁹Por causa disso, nossos pais foram mortos pela espada, e nossos filhos, filhas e esposas foram capturados. ¹⁰Agora, porém, farei uma aliança com o Senhor, o Deus de Israel, para que sua ira ardente se afaste de nós. ¹¹Meus filhos, não sejam mais negligentes quanto a seus deveres! O Senhor os escolheu para estarem diante dele, para o servirem, para dirigirem o povo no culto e para lhe queimarem incenso."

¹²Os levitas que começaram a trabalhar de imediato foram:

Do clã de Coate: Maate, filho de Amasai, e Joel, filho de Azarias.
Do clã de Merari: Quis, filho de Abdi, e Azarias, filho de Jealelel.
Do clã de Gérson: Joá, filho de Zima, e Éden, filho de Joá.
¹³Da família de Elisafã: Sinri e Jeuel.
Da família de Asafe: Zacarias e Matanias.
¹⁴Da família de Hemã: Jeuel e Simei.
Da família de Jedutum: Semaías e Uziel.

¹⁵Esses homens reuniram seus parentes levitas, e todos se purificaram. Em seguida, começaram a purificar o templo do Senhor, obedecendo às ordens do rei, de acordo com as instruções do Senhor. ¹⁶Os sacerdotes foram até o interior do templo do Senhor para purificá-lo e trouxeram para fora, ao pátio do templo, todas as coisas impuras que encontraram. Os levitas as levaram dali para o vale de Cedrom.

¹⁷Começaram o trabalho no primeiro dia do primeiro mês[a] e, em oito dias, haviam chegado

---

[a] 29.17 Esse dia do antigo calendário lunar hebraico caiu em março ou no início de abril de 715 a.C.

---

prospera! Adorarei os seus deuses, e então também prosperarei"; mas "eles foram a causa de sua ruína". É aí que entra a ênfase do texto. Sei que um homem diz em ações, se não em palavras, "Eu sei o que farei. Não tenho confiança em Deus, nem em Sua providência; mas há fulano de tal, que tem uma maneira muito inteligente de ganhar dinheiro, farei o que ele faz". Ó, há muitos que descobriram que esse modo de ação foi a ruína deles, quando se soltaram dos elos de integridade e justiça, e começaram a jogar rápido e levianamente com a honestidade e a verdade! Tomem cuidado, queridos amigos, para não imitar o pecador próspero, pois se o fizerem, vocês podem ter certeza de que seguir seus planos será a ruína de vocês. Não invejem o homem que se enriquece com o que não é reto; pois ele terá um péssimo fim.

à sala de entrada do templo do Senhor. Depois, levaram oito dias para purificar o templo do Senhor, de modo que todo o trabalho foi completado em dezesseis dias.

A rededicação do templo

¹⁸Então os levitas foram ao rei Ezequias e lhe relataram: "Purificamos todo o templo do Senhor, o altar de holocaustos com todos os seus utensílios e a mesa dos pães da presença com todos os seus utensílios. ¹⁹Recuperamos todos os objetos que o rei Acaz jogou fora quando foi infiel e fechou o templo. Agora estão diante do altar do Senhor, purificados e prontos para o uso".

²⁰Logo cedo na manhã seguinte, o rei Ezequias reuniu os líderes da cidade e subiu ao templo do Senhor. ²¹Trouxeram sete novilhos, sete carneiros e sete cordeiros como holocausto e sete bodes como oferta pelo pecado em favor do reino, do templo e de Judá. O rei ordenou que os sacerdotes, descendentes de Arão, sacrificassem os animais no altar do Senhor.

²²Os sacerdotes abateram os novilhos, pegaram o sangue e o aspergiram no altar. Em seguida, abateram os carneiros e aspergiram o sangue sobre o altar. Por fim, fizeram o mesmo com os cordeiros. ²³Os bodes para a oferta pelo pecado foram levados para diante do rei e da comunidade, que impuseram as mãos sobre eles. ²⁴Depois disso, os sacerdotes abateram os bodes como oferta pelo pecado e aspergiram o sangue sobre o altar para fazer expiação pelos pecados de todo o Israel. O rei havia ordenado que o holocausto e a oferta pelo pecado fossem apresentados em favor de todo o Israel.

²⁵O rei Ezequias colocou os levitas no templo do Senhor, com címbalos, harpas e liras. Ele obedeceu a todas as instruções que o Senhor tinha dado ao rei Davi por meio de Gade, o vidente do rei, e por meio do profeta Natã. ²⁶Os levitas tomaram seus lugares com os instrumentos musicais de Davi, e os sacerdotes tomaram seus lugares com as trombetas.

²⁷Ezequias ordenou que o holocausto fosse oferecido sobre o altar. *Enquanto o sacrifício era oferecido, tiveram início os cânticos de louvor ao* Senhor, acompanhados das trombetas e dos outros instrumentos musicais de Davi, rei de Israel. ²⁸Toda a comunidade adorou ao som dos cânticos dos músicos e do toque das trombetas, até que terminaram todos os holocaustos. ²⁹Em seguida, o rei e todos ali presentes se prostraram em adoração. ³⁰O rei Ezequias e os oficiais ordenaram aos levitas que louvassem o Senhor com os cânticos escritos por Davi e pelo vidente Asafe. Eles o louvaram com alegria e se prostraram em adoração.

³¹Então Ezequias declarou: "Agora que vocês se consagraram ao Senhor, tragam seus sacrifícios e ofertas de gratidão ao templo do Senhor". E a comunidade trouxe sacrifícios e ofertas de gratidão, e alguns, voluntariamente, também trouxeram holocaustos. ³²No total, a comunidade ofereceu ao Senhor setenta novilhos, cem carneiros e duzentos cordeiros como holocaustos. ³³Também trouxeram seiscentos bois e três mil ovelhas como ofertas consagradas.

³⁴Não havia, porém, sacerdotes em número suficiente para preparar todos os holocaustos. Então seus parentes, os levitas, os ajudaram até que o trabalho fosse concluído e mais sacerdotes fossem purificados, pois os levitas haviam respondido mais depressa que os sacerdotes à ordem para se purificarem. ³⁵Houve grande quantidade de holocaustos, além das ofertas derramadas que os acompanhavam e da gordura das muitas ofertas de paz.

Assim, o templo do Senhor foi restaurado para o culto. ³⁶Ezequias e todo o povo se alegraram com o que Deus havia feito pelo povo, pois tudo foi realizado sem demora.

Preparativos para a Páscoa

30 O rei Ezequias enviou uma mensagem a todo o Israel e Judá e escreveu cartas para o povo de Efraim e Manassés. Convidou todos a virem ao templo do Senhor em Jerusalém para celebrar a Páscoa do Senhor, o Deus de Israel. ²O rei, seus oficiais e toda a comunidade de Jerusalém decidiram celebrar a Páscoa um mês depois da data estabelecida.ᵃ ³Não conseguiram celebrá-la na data prescrita, porque não havia como purificar sacerdotes em número suficiente até esse dia, e o povo ainda não tinha se reunido em Jerusalém.

ᵃ **30.2** Em hebraico, *no segundo mês*. Costumava-se celebrar a Páscoa no primeiro mês do antigo calendário lunar hebraico.

⁴Esse plano para celebrar a Páscoa pareceu bom ao rei e a toda a comunidade. ⁵Assim, fizeram uma proclamação em todo o Israel, desde Berseba, ao sul, até Dã, ao norte, convidando todos a virem a Jerusalém para celebrar a Páscoa do Senhor, o Deus de Israel. Fazia tempo que essa festa não era celebrada por um grande número de pessoas,ª como a lei exigia.

⁶Por ordem do rei, mensageiros foram enviados a todo o Israel e Judá. Levavam cartas que diziam:

"Ó israelitas, voltem para o Senhor, o Deus de Abraão, Isaque e Israel,ᵇ para que ele se volte para nós, os poucos que sobrevivemos à conquista pelos reis assírios. ⁷Não sejam como seus antepassados e parentes que foram infiéis ao Senhor, o Deus de seus antepassados, e se tornaram objeto de desprezo, como vocês mesmos podem ver. ⁸Não sejam teimosos, como eles foram, mas submetam-se ao Senhor. Venham a este templo que ele consagrou para sempre. Adorem o Senhor, seu Deus, para que sua ira ardente se desvie de vocês.

⁹"Pois, se voltarem para o Senhor, seus parentes e seus filhos serão tratados com bondade por aqueles que os capturaram e voltarão a esta terra. Pois o Senhor, seu Deus, é cheio de graça e compaixão. Não os rejeitará se voltarem para ele".

A celebração da Páscoa

¹⁰Os mensageiros foram de cidade em cidade em Efraim e Manassés e até o território de Zebulom, mas a maioria do povo riu e zombou deles. ¹¹Contudo, alguns de Aser, Manassés e Zebulom se humilharam e vieram a Jerusalém.

¹²Ao mesmo tempo, a mão de Deus estava sobre o povo da terra de Judá, dando-lhes um só coração para obedecer às ordens do rei e de seus oficiais, conforme a palavra do Senhor. ¹³Assim, uma grande multidão se reuniu em Jerusalém no segundo mês,ᶜ para comemorar a Festa dos Pães sem Fermento. ¹⁴Começaram a trabalhar e removeram os santuários idólatras de Jerusalém. Também removeram todos os altares de incenso e os jogaram no vale de Cedrom.

¹⁵No décimo quarto dia do segundo mês,ᵈ o povo abateu o cordeiro pascal. Isso deixou os sacerdotes e levitas envergonhados, por isso se purificaram e trouxeram holocaustos ao templo do Senhor. ¹⁶Tomaram seus lugares no templo, conforme a instrução da lei de Moisés, homem de Deus. Os levitas trouxeram sangue dos sacrifícios para os sacerdotes, que o aspergiram sobre o altar.

¹⁷Visto que muitas pessoas não haviam se purificado, os levitas tiveram de abater para elas o cordeiro pascal, a fim de consagrá-las ao Senhor. ¹⁸A maioria dos que vieram de Efraim, Manassés, Issacar e Zebulom não havia se purificado. Mas o rei Ezequias orou por eles e foi permitido que comessem a refeição pascal, embora isso fosse contrário aos requisitos da lei. Pois Ezequias orou: "Que o Senhor, que é bondoso, perdoe ¹⁹aqueles que resolveram buscar o Senhor, o Deus de seus antepassados, mesmo que não estejam devidamente purificados conforme os padrões do santuário". ²⁰E o Senhor ouviu a oração de Ezequias e perdooueᵉ o povo.

²¹Então os israelitas que estavam em Jerusalém comemoraram com grande alegria durante sete dias a Festa dos Pães sem Fermento. A cada dia, os levitas e os sacerdotes louvavam o Senhor com instrumentos ressoantes.ᶠ ²²Ezequias elogiou todos os levitas pela aptidão que demonstraram no serviço ao Senhor. A celebração prosseguiu por sete dias. Apresentaram ofertas de paz, e o povo agradeceu ao Senhor, o Deus de seus antepassados.

²³Toda a comunidade resolveu continuar com a festa por mais sete dias, de modo que celebraram com alegria por mais uma semana. ²⁴Ezequias, rei de Judá, deu à comunidade mil novilhos e sete mil ovelhas para as ofertas, e os oficiais deram mil novilhos e dez mil ovelhas e cabras. Nesse meio-tempo, muitos outros sacerdotes se purificaram.

ª **30.5** O significado do hebraico é incerto. ᵇ **30.6** *Israel* é o nome que Deus deu a Jacó. ᶜ **30.13** O segundo mês do antigo calendário lunar hebraico normalmente caía entre os meses de abril e maio. ᵈ **30.15** Normalmente a Páscoa começava no décimo quarto dia do primeiro mês (ver Lv 23.5). ᵉ **30.20** Em hebraico, *curou*. ᶠ **30.21** Ou *cantavam ao Senhor com toda a força*.

²⁵Toda a comunidade de Judá se alegrou, incluindo os sacerdotes, os levitas, todos que vieram da terra de Israel, os estrangeiros residentes em Israel que vieram para a festa e todos que moravam em Judá. ²⁶Houve grande alegria em Jerusalém, pois a cidade não via uma celebração como essa desde os dias de Salomão, filho do rei Davi.

²⁷Então os sacerdotes e os levitas se levantaram e abençoaram o povo, e Deus, de sua santa habitação nos céus, ouviu sua oração.

As reformas religiosas de Ezequias

31 Quando a festa terminou, os israelitas que haviam participado saíram pelas cidades de Judá, Benjamim, Efraim e Manassés e despedaçaram todas as colunas sagradas, derrubaram os postes de Aserá e removeram os santuários e altares idólatras. Depois disso, voltaram para suas cidades e casas.

²Ezequias organizou os sacerdotes e os levitas em divisões, para oferecerem os holocaustos e as ofertas de paz e para servirem, darem graças e louvarem ao Senhor junto às portas da habitação do Senhor. ³O rei também contribuiu pessoalmente com animais para os holocaustos diários da manhã e da tarde e para os holocaustos dos sábados, das festas da lua nova e das festas anuais prescritas pela lei do Senhor.

⁴Além disso, ordenou ao povo de Jerusalém que trouxesse uma parte de seus bens para os sacerdotes e os levitas, a fim de que pudessem se dedicar inteiramente à lei do Senhor.

⁵Quando os israelitas souberam dessa exigência, responderam generosamente e trouxeram a primeira porção de seus cereais, do vinho novo, do azeite, do mel e de tudo que os campos produziam. Trouxeram uma grande quantidade, o dízimo de tudo que haviam produzido. ⁶Os habitantes de Israel que tinham se mudado para Judá, e os próprios habitantes de Judá, trouxeram o dízimo do gado, das ovelhas, bem como das coisas que haviam sido consagradas ao Senhor, seu Deus, e juntaram tudo em vários montões. ⁷Começaram a amontoar as ofertas no terceiro mês e terminaram no sétimo.ᵃ ⁸Quando Ezequias e seus oficiais viram esses montões, agradeceram ao Senhor e a seu povo, Israel.

⁹"De onde veio tudo isto?", perguntou Ezequias aos sacerdotes e aos levitas.

¹⁰Azarias, o sumo sacerdote, da família de Zadoque, respondeu: "Desde que o povo começou a trazer ofertas para o templo do Senhor, temos alimento suficiente e ainda tem sobrado muito. O Senhor abençoou seu povo, e tudo isto é o que sobra".

¹¹Ezequias mandou preparar depósitos no templo do Senhor. Quando estavam prontos, ¹²o povo trouxe fielmente as ofertas, os dízimos e os objetos consagrados para serem usados no templo. O levita Conanias foi encarregado desses depósitos, e seu irmão Simei era seu auxiliar. ¹³Os supervisores subordinados a eles eram Jeiel, Azazias, Naate, Asael, Jerimote, Jozabade, Eliel, Ismaquias, Maate e Benaia. As nomeações foram feitas pelo rei Ezequias e por Azarias, o principal encarregado do templo de Deus.

¹⁴Coré, filho do levita Imna, guarda da porta do Leste, foi encarregado de distribuir as ofertas voluntárias feitas a Deus, as contribuições e os objetos consagrados ao Senhor. ¹⁵Seus assistentes fiéis eram Éden, Miniamim, Jesua, Semaías, Amarias e Secanias. Distribuíam as ofertas entre as famílias dos sacerdotes em suas cidades, de acordo com suas divisões, e as repartiam por igual entre idosos e jovens. ¹⁶Distribuíam as ofertas a todos os homens e meninos, de 3 anos para cima, que constavam dos registros genealógicos. A distribuição incluía todos que vinham ao templo do Senhor para realizar suas tarefas diárias, de acordo com suas divisões. ¹⁷Repartiam as ofertas entre os sacerdotes que estavam listados nos registros genealógicos, de acordo com suas famílias, e entre os levitas de 20 anos para cima, anotados de acordo com suas tarefas e divisões. ¹⁸Também entregavam porções de alimento às famílias de todos que estavam listados nos registros genealógicos, incluindo as crianças pequenas, as esposas, os filhos e as filhas, pois toda a comunidade havia sido fiel ao se purificar.

ᵃ **31.7** O terceiro mês do antigo calendário lunar hebraico normalmente caía entre maio e junho; o sétimo mês, entre setembro e outubro.

¹⁹Quanto aos sacerdotes, os descendentes de Arão, que viviam nos campos ao redor das cidades, foram nomeados homens para distribuir em porções a todos os sacerdotes e a todos os levitas listados nos registros genealógicos.

²⁰Assim, o rei Ezequias organizou a distribuição em todo o Judá, e fez o que era bom, certo e verdadeiro aos olhos do Senhor, seu Deus. ²¹Em tudo que fez no serviço do templo de Deus e em seus esforços para obedecer à lei e aos mandamentos de Deus, Ezequias buscou seu Deus de todo o coração. Como resultado, foi muito bem-sucedido.

A Assíria invade Judá

32 Depois de Ezequias ter sido tão fiel em todas essas situações, Senaqueribe, rei da Assíria, invadiu Judá. Cercou as cidades fortificadas e deu ordem para que seu exército rompesse os muros. ²Quando Ezequias percebeu que Senaqueribe também pretendia atacar Jerusalém, ³consultou seus oficiais e conselheiros militares, e eles resolveram fechar a passagem das águas das fontes que havia do lado de fora da cidade. ⁴Organizaram uma enorme equipe de trabalho para fechar as fontes de água e o riacho que atravessava os campos, pois disseram: "Não devemos permitir que os reis da Assíria encontrem toda essa água quando chegarem aqui".

⁵Então Ezequias se dedicou a reparar todos os trechos onde o muro estava quebrado, construiu torres e fez outro muro do lado de fora do primeiro. Também reforçou o aterro[a] da Cidade de Davi e fabricou grande quantidade de armas e escudos. ⁶Nomeou oficiais militares sobre o povo, os reuniu diante dele na praça junto à porta da cidade e os encorajou, dizendo: ⁷"Sejam fortes e corajosos! Não tenham medo nem desanimem por causa do rei da Assíria e de seu exército poderoso, pois um poder muito maior está do nosso lado! ⁸Ele tem um grande exército, mas são apenas homens. Nós, porém, temos o Senhor, nosso Deus, para nos ajudar e lutar nossas batalhas!". As palavras de Ezequias deram grande ânimo a seu povo.

Senaqueribe ameaça Jerusalém

⁹Enquanto Senaqueribe, rei da Assíria, cercava a cidade de Laquis, enviou seus oficiais a Jerusalém com esta mensagem para Ezequias, rei de Judá, e para todo o povo da cidade:

¹⁰"Assim diz Senaqueribe, rei da Assíria: Em que vocês confiam, para imaginar que sobreviverão quando eu cercar Jerusalém? ¹¹Ezequias disse: 'O Senhor, nosso Deus, nos salvará do rei da Assíria'. Não é verdade! Ele está enganando vocês e os condenando a morrer de fome e sede! ¹²Não percebem que o próprio Ezequias destruiu todos os santuários e altares do Senhor? Ordenou que Judá e Jerusalém adorassem somente no altar do templo e queimassem incenso apenas ali.

¹³"Sem dúvida, vocês sabem o que eu e os reis da Assíria antes de mim fizemos a todos os povos da terra! Acaso algum dos deuses dessas nações livrou seu povo de minhas mãos? ¹⁴Qual de seus deuses foi capaz de salvar seu povo do poder destruidor de meus

---

[a] **32.5** Em hebraico, *o Milo*. O significado do hebraico é incerto.

31.21 Isso não é uma ocorrência incomum; na verdade, parece ser a regra geral do universo moral, que aqueles homens que prosperam fazem seu trabalho de todo o coração, enquanto está quase certo que outros vão fracassar, pois vão para o seu trabalho deixando metade do seu coração para trás. Olhe para os negócios ao seu redor. Quem são os jovens que progridem nas suas funções? Não são os seus homens que dormem atrás do balcão, que ficam felizes em evitar um cliente. Os empregadores logo descobrem aqueles que colocam energia em seu trabalho, e eles gostam de um jovem que se "esforça" nele; ele tem grandes possibilidades de ser promovido, e com o tempo vai se tornar um comerciante por conta própria. [...] Se um homem fizesse descobertas na ciência, ele não toparia com ela por acidente; mas, estando no caminho, a ciência encontra-se com ele. Para um homem se tornar famoso como médico, ele deve andar pelos hospitais. Para alcançar posição na advocacia, deve dedicar dias e noites aos fólios da lei. Não há esperança para um homem nestes tempos, em nada, a menos que ele proceda com todo o seu coração! É o mesmo na religião como nas outras coisas. Não gostaria que você tratasse a religião como se fosse um negócio, mas que colocasse tanta força, poder, energia, cordialidade e seriedade na religião como sempre faz ao efetuar negócios e, devo acrescentar que ela merece muito mais!

antecessores? O que os faz pensar que seu Deus poderá livrá-los de minhas mãos? ¹⁵Não permitam que Ezequias os engane! Não se deixem iludir por ele! Volto a dizer: nenhum deus de qualquer nação ou reino foi capaz de livrar seu povo das minhas mãos ou das mãos de meus antepassados. Muito menos o Deus de vocês os salvará de meu poder!".

¹⁶Os oficiais de Senaqueribe zombaram ainda mais do Senhor Deus e de seu servo Ezequias. ¹⁷O rei Senaqueribe também enviou cartas insultando o Senhor, o Deus de Israel. Escreveu: "Assim como os deuses de todas as outras nações não foram capazes de salvar seu povo das minhas mãos, também o Deus de Ezequias fracassará". ¹⁸Os oficiais assírios que trouxeram as cartas gritaram isso em hebraico[a] para o povo sobre os muros da cidade, tentando amedrontá-lo para que fosse mais fácil conquistar a cidade. ¹⁹Falaram do Deus de Jerusalém como se fosse um dos deuses estrangeiros, feito por mãos humanas.

²⁰Então o rei Ezequias e o profeta Isaías, filho de Amoz, oraram e clamaram aos céus. ²¹E o Senhor enviou um anjo que destruiu o exército assírio com todos os seus comandantes e oficiais. O rei da Assíria voltou envergonhado para sua terra. Quando entrou no templo de seu deus, alguns de seus próprios filhos o mataram ali à espada.

²²Foi assim que o Senhor salvou Ezequias e o povo de Jerusalém das mãos de Senaqueribe, rei da Assíria, e de todos os outros que os ameaçavam. Então houve paz em toda a terra. ²³Daquela ocasião em diante, o rei Ezequias se tornou muito respeitado entre todas as nações, e muitos traziam a Jerusalém ofertas para o Senhor e presentes valiosos para o rei.

A doença e a recuperação de Ezequias

²⁴Por esse tempo, Ezequias ficou doente e estava para morrer. Orou ao Senhor, que respondeu à sua oração e lhe deu um sinal miraculoso. ²⁵Ezequias, porém, não correspondeu como devia à bondade com que foi tratado e se tornou orgulhoso. Por isso, a ira do Senhor veio sobre ele e sobre Judá e Jerusalém. ²⁶Então Ezequias se humilhou e se arrependeu de seu orgulho, como também os habitantes de Jerusalém. Com isso, a ira do Senhor não caiu sobre eles durante a vida de Ezequias.

²⁷Ezequias era muito rico e respeitado. Construiu depósitos especiais para guardar prata, ouro, pedras preciosas, especiarias, escudos e outros objetos de valor que lhe pertenciam. ²⁸Também construiu armazéns para guardar cereais, vinho novo e azeite e fez muitos estábulos para o gado e currais para as ovelhas. ²⁹Construiu cidades e adquiriu muitos rebanhos e gado, pois o Senhor lhe deu grande riqueza. ³⁰Bloqueou a fonte superior de Giom e trouxe a água por um túnel para o lado oeste da Cidade de Davi. Ezequias foi bem-sucedido em tudo que fez.

³¹No entanto, quando chegaram representantes da Babilônia para perguntar sobre os acontecimentos extraordinários que haviam ocorrido na terra, Deus se afastou de Ezequias para testá-lo e ver o que havia, de fato, em seu coração.

Resumo do reinado de Ezequias

³²Os demais acontecimentos do reinado de Ezequias e seus atos de devoção estão registrados na *Visão do Profeta Isaías, Filho de Amoz*, incluída no *Livro dos Reis de Judá e de Israel*. ³³Quando Ezequias morreu e se reuniu a seus antepassados, foi sepultado na parte superior do cemitério dos reis, e todo o Judá e os habitantes de Jerusalém o honraram por ocasião de sua morte. Seu filho Manassés foi seu sucessor.

Manassés reina em Judá

33 Manassés tinha 12 anos quando começou a reinar, e reinou em Jerusalém por 55 anos. ²Fez o que era mau aos olhos do

---

[a] 32.18 Em hebraico, *no dialeto de Judá*.

33.1-17 *Vv.1,2* Contudo, quem poderia ter um pai melhor do que Manassés teve? Ele foi dado a Ezequias durante aqueles 15 anos que Deus graciosamente acrescentou àquela vida do bom rei. Manassés foi, portanto, sem dúvida, cuidadosamente treinado e considerado como alguém que manteria a adoração a Deus e a honra do nome de seu pai. Mas a graça não corre no sangue — e os melhores pais podem ter os piores filhos.

Senhor e seguiu as práticas detestáveis das nações que o Senhor havia expulsado de diante dos israelitas. ³Reconstruiu os santuários idólatras que seu pai, Ezequias, havia destruído. Construiu altares para Baal e ergueu postes de Aserá. Também se curvou diante de todos os astros dos céus e lhes prestou culto.

⁴Construiu altares idólatras no templo do Senhor, sobre o qual o Senhor tinha dito: "Meu nome permanecerá em Jerusalém para sempre". ⁵Nos dois pátios do templo do Senhor, construiu altares para os astros do céu. ⁶Manassés também sacrificou seus filhos no fogo no vale de Ben-Hinom. Praticou feitiçaria, adivinhação e magia e consultou médiuns e praticantes do ocultismo. Fez muitas coisas perversas aos olhos do Senhor e, com isso, provocou sua ira.

⁷Manassés chegou a fazer uma imagem esculpida e colocá-la no templo de Deus, sobre o qual Deus tinha dito a Davi e a seu filho Salomão: "Meu nome será honrado para sempre neste templo e em Jerusalém, a cidade que escolhi dentre todas as tribos de Israel. ⁸Se os israelitas tiverem o cuidado de obedecer a meus mandamentos, todas as leis, estatutos e decretos que meu servo Moisés lhes deu, não os expulsarei desta terra que dei a seus antepassados". ⁹Manassés, porém, levou o povo de Judá e de Jerusalém a fazer coisas piores do que as nações que o Senhor tinha destruído diante dos israelitas.

¹⁰O Senhor falou a Manassés e a seu povo, mas eles ignoraram seus avisos. ¹¹Por isso, o Senhor enviou os comandantes dos exércitos assírios, e eles capturaram Manassés. Puseram um gancho em seu nariz, o prenderam com correntes de bronze e o levaram para a Babilônia. ¹²Em sua angústia, Manassés buscou o Senhor, seu Deus, e se humilhou com sinceridade diante do Deus de seus antepassados. ¹³Quando ele orou, Deus ouviu sua súplica, atendeu a seu pedido e o trouxe de volta a Jerusalém e a seu reino. Então Manassés reconheceu que o Senhor é Deus.

¹⁴Depois disso, Manassés reconstruiu o muro externo da Cidade de Davi, bem alto, desde o oeste da fonte de Giom, no vale de Cedrom, até a porta do Peixe e ao redor da colina de Ofel. Colocou comandantes militares em todas as cidades fortificadas de Judá. ¹⁵Manassés também removeu do templo do Senhor os deuses estrangeiros e o ídolo que havia colocado ali. Derrubou todos os altares que havia construído na colina do templo e todos os altares em Jerusalém e os jogou fora da cidade. ¹⁶Depois, restaurou o altar do Senhor e apresentou sobre ele sacrifícios de paz e ofertas de gratidão. Também incentivou o povo de Judá a adorar o Senhor, o Deus de Israel. ¹⁷O povo continuou a sacrificar naqueles lugares de adoração, mas somente ao Senhor, seu Deus.

¹⁸Os demais acontecimentos do reinado de Manassés, sua oração a Deus e as palavras que

---

Assim, Manassés, embora fosse filho de Ezequias, "fez o que era mau aos olhos do Senhor". Isso muitas vezes acontece quando os filhos dos homens bons se tornam maus, estão entre os piores dos homens. Os que pervertem um bom exemplo geralmente correm de cabeça erguida para a destruição.

Vv.5,6 Talvez Manassés tenha dado alguns deles realmente para serem queimados em homenagem a seus falsos deuses. Mas, se não, alguns de seus filhos foram forçados a passar pelo fogo e foram assim dedicados aos ídolos.

Vv.12,13 Ele parece ter ido tão longe quanto qualquer ser humano poderia e, no entanto, você percebe, quando ele se humilhou diante do Senhor e elevou seu coração em súplica, Deus perdoou seu pecado e o restaurou à sua posição anterior em Jerusalém.

V.15 Quando a graça divina entra no coração de qualquer homem, certamente haverá uma mudança em suas ações. Manassés "removeu do templo do Senhor os deuses estrangeiros". Os pecados que antes eram tão agradáveis para ele, agora são abominações à sua vista — e ele os lança por sobre os muros da cidade como coisas impuras! No próprio vale do Filho de Hinom, onde ele dedicou seus filhos aos ídolos, agora dá fim a seus deuses ídolos como coisas sujas e ofensivas, para serem jogados fora com todos os refugos da cidade!

V.17 O trabalho da reforma é lento — você pode levar os homens ao pecado tão rapidamente quanto quiser, esse é um trabalho em declive — mas fazê-los trabalhar com você morro acima em direção ao certo, não é tão fácil.

os videntes lhe disseram em nome do Senhor, o Deus de Israel, estão registrados no *Livro dos Reis de Israel*. ¹⁹A oração de Manassés, o modo como Deus lhe respondeu e um relato de todos os seus pecados e de sua infidelidade se encontram no *Registro dos Videntes*.ᵃ Inclui uma lista dos locais onde ele construiu altares idólatras e levantou postes de Aserá e ídolos antes de se humilhar e se arrepender. ²⁰Quando Manassés morreu e se reuniu a seus antepassados, foi sepultado em seu palácio. Seu filho Amom foi seu sucessor.

Amom reina em Judá

²¹Amom tinha 22 anos quando começou a reinar, e reinou em Jerusalém por dois anos. ²²Fez o que era mau aos olhos do Senhor, como seu pai, Manassés. Adorou todos os ídolos que seu pai havia feito e lhes ofereceu sacrifícios. ²³Mas, ao contrário de seu pai, não se humilhou diante do Senhor. Em vez disso, Amom pecou ainda mais.

²⁴Os próprios oficiais de Amom conspiraram contra ele e o assassinaram em seu palácio. ²⁵O povo de Judá, porém, matou todos que haviam conspirado contra o rei Amom e proclamou seu filho Josias como rei em seu lugar.

Josias reina em Judá

34 Josias tinha 8 anos quando começou a reinar, e reinou em Jerusalém por 31 anos. ²Fez o que era certo aos olhos do Senhor e seguiu o exemplo de seu antepassado Davi, não se desviando nem para um lado nem para o outro.

³No oitavo ano de seu reinado, enquanto ainda era jovem, começou a buscar o Deus de seu antepassado Davi. Então, no décimo segundo ano, começou a purificar Judá e Jerusalém, destruindo os santuários idólatras, os postes de Aserá, os ídolos esculpidos e as imagens de metal. ⁴Deu ordens para que fossem destruídos os altares de Baal e despedaçados os altares de incenso que ficavam acima deles. Também ordenou que os postes de Aserá, *os ídolos esculpidos e as imagens de metal* fossem despedaçados e espalhados sobre os túmulos daqueles que lhes haviam oferecido sacrifícios. ⁵Queimou os ossos dos sacerdotes idólatras sobre seus próprios altares e, com isso, purificou Judá e Jerusalém.

⁶Fez a mesma coisa nas cidades de Manassés, Efraim e Simeão, e até na distante Naftali, bem como nas ruínasᵃ ao seu redor. ⁷Destruiu os santuários idólatras e os postes de Aserá, reduziu os ídolos a pó e despedaçou todos os altares de incenso em toda a terra de Israel. Por fim, voltou a Jerusalém.

⁸No décimo oitavo ano do reinado de Josias, depois de ele purificar a terra e o templo, nomeou Safã, filho de Azalias, Maaseias, governador de Jerusalém, e Joá, filho de Joacaz, o historiador do reino, para restaurarem o templo do Senhor, seu Deus. ⁹Eles entregaram ao sumo sacerdote Hilquias a prata recolhida pelos levitas que guardavam as portas do templo de Deus. As ofertas foram trazidas pelo povo de Manassés, de Efraim e de todo o remanescente de Israel, bem como de Judá e de Benjamim, e pelos habitantes de Jerusalém.

¹⁰Hilquias e os outros líderes entregaram a prata aos homens encarregados de supervisionar a reforma do templo do Senhor. Eles pagaram os trabalhadores que faziam os reparos e a restauração do templo. ¹¹Também contrataram carpinteiros e construtores que compraram pedras cortadas para as paredes e madeira para os suportes e as vigas. Restauraram aquilo que reis anteriores de Judá haviam deixado ficar em ruínas.

¹²Os trabalhadores realizaram a obra com fidelidade, sob a liderança de Jaate e Obadias, levitas do clã de Merari, e de Zacarias e Mesulão, levitas do clã de Coate. Outros levitas, todos músicos talentosos, ¹³ficaram responsáveis pelos carregadores e pelos trabalhadores em várias funções. Ainda outros auxiliavam como secretários, oficiais e guardas das portas.

Hilquias encontra a lei de Deus

¹⁴Enquanto estavam retirando a prata recolhida no templo do Senhor, o sacerdote Hilquias encontrou o Livro da Lei do Senhor, escrito por Moisés. ¹⁵Hilquias disse a Safã, secretário da corte: "Encontrei o Livro da Lei no templo do Senhor!". E Hilquias entregou o livro a Safã.

ᵃ **33.19** Ou *Registro de Hozai*. ᵇ **34.6** O significado do hebraico é incerto.

¹⁶Safã levou o livro ao rei e relatou: "Seus oficiais estão fazendo tudo que lhes foi ordenado. ¹⁷A prata recolhida no templo do Senhor foi entregue aos supervisores e trabalhadores". ¹⁸Safã também disse ao rei: "O sacerdote Hilquias me entregou um livro". E Safã leu o livro para o rei.

¹⁹Quando o rei ouviu o que estava escrito na Lei, rasgou suas roupas. ²⁰Em seguida, deu estas ordens a Hilquias, a Aicam, filho de Safã, a Acbor, filho de Micaías,[a] a Safã, secretário da corte, e a Asaías, conselheiro pessoal do rei: ²¹"Vão consultar o Senhor por mim e por todo o remanescente de Israel e de Judá. Perguntem a respeito das palavras escritas no livro que foi encontrado. A grande ira do Senhor foi derramada sobre nós, pois nossos antepassados não obedeceram à palavra do Senhor. Não temos feito o que este livro ordena".

²²Então Hilquias e os outros homens foram ao Bairro Novo[b] de Jerusalém consultar a profetisa Hulda. Ela era esposa de Salum, filho de Tocate, filho de Harás,[c] responsável pelo guarda-roupa do templo.

²³Ela lhes disse: "O Senhor, o Deus de Israel, falou! Voltem e digam ao homem que os enviou ²⁴que assim diz o Senhor: 'Trarei desgraça sobre esta cidade[d] e sobre seus habitantes. Todas as maldições escritas no livro que foi lido para o rei de Judá se cumprirão. ²⁵Pois o meu povo me abandonou e queimou incenso a outros deuses, e estou grandemente irado com eles por tudo que fizeram. Minha ira será derramada sobre este lugar e não será apagada'.

²⁶"Mas vão ao rei de Judá que os enviou para consultarem o Senhor e digam-lhe que assim diz o Senhor, o Deus de Israel, a respeito da mensagem que acabaram de ouvir: ²⁷'Você se arrependeu e se humilhou diante de Deus quando ouviu as palavras dele contra esta cidade e contra seus habitantes. Você se humilhou, rasgou suas roupas e chorou diante de mim. E eu certamente o ouvi, diz o Senhor. ²⁸Portanto, só enviarei a calamidade anunciada depois que você tiver se reunido a seus antepassados e tiver sido sepultado em paz. Você não verá a desgraça que trarei sobre esta cidade e sobre seus habitantes'".

Então eles levaram a mensagem ao rei.

As reformas religiosas de Josias

²⁹Josias mandou chamar todas as autoridades de Judá e de Jerusalém. ³⁰Subiu ao templo do Senhor com os sacerdotes e os levitas e com todo o povo de Judá e de Jerusalém, dos mais

---

[a] **34.20** Conforme o texto paralelo em 2Rs 22.12; o hebraico traz *Abdom, filho de Mica.* [b] **34.22a** Ou *Segundo Bairro*, uma parte mais nova de Jerusalém. O hebraico traz *o Mishneh.* [c] **34.22b** Conforme o texto paralelo em 2Rs 22.14; o hebraico traz *filho de Tocate, filho de Hasrá.* [d] **34.24** Em hebraico, *este lugar*; também em 34.27,28.

34.15,18,19 Parece que, conforme essa narrativa, cópias da Palavra de Deus tinham se tornado extremamente raras, pois nenhuma outra cópia era conhecida. Se alguém soubesse onde havia rolos do Pentateuco, o sacerdote teria sabido, ou o piedoso secretário do rei teria sido informado disso. Estes parecem ter sido homens graciosos, homens cultos — e a quem o povo recorria. Certamente, se tal coisa pudesse ser encontrada, eles teriam possuído uma cópia da Lei do Senhor. Talvez os fiéis espalhados por Israel e Judá tivessem cópias do Livro, mas estavam tão acostumados a ocultá-las de seus perseguidores que mantiveram o segredo para si mesmos. Se houvesse outros rolos, eles não eram conhecidos por aqueles que tinham o melhor meio para descobri-los.

Quando Hilquias descobriu esta cópia da Palavra de Deus, ele ficou muito surpreso e feliz. Que providência singular que o Livro não estivesse completamente destruído! Que felicidade que essa única cópia tivesse sido deixada! Muitos creem — e acho que estão certos — que esta era uma cópia padrão. Se não era a original, ainda era uma transcrição autorizada que devia ser considerada como o texto correto — e havia sido colocada na arca do Senhor para esse propósito. Talvez em algum momento sombrio, por medo de que fosse descoberta mesmo no santuário secreto do tabernáculo, um sacerdote a havia escondido. Diz a tradição que ela foi enterrada sob um monte de pedras quando Acaz estava procurando cópias da palavra para destruí-las. Pela providência de Deus, esta única cópia padrão havia sido preservada e agora aparecera! Pode ter sido escondida cuidadosamente e então a providência divina provera o zelador. Pode ter sido jogada fora de forma descuidada — e na sequência tal providência fez com que esse descuido fosse o meio de preservar o tesouro. Em qualquer caso, a Lei ainda estava entre os homens e agora havia caído em mãos cuidadosas e reverentes. O Deus que a deu a preservara!

importantes até os mais simples. Leu para eles todo o Livro da Aliança encontrado no templo do Senhor. ³¹O rei tomou seu lugar de honra junto à coluna e renovou a aliança na presença do Senhor. Comprometeu-se a obedecer ao Senhor e a cumprir seus mandamentos, preceitos e decretos de todo o coração e de toda a alma. Prometeu cumprir todos os termos da aliança escritos no livro. ³²Exigiu o mesmo de todos em Jerusalém e do povo de Benjamim. Os habitantes de Jerusalém fizeram essa promessa e renovaram sua aliança com Deus, o Deus de seus antepassados.

³³Josias removeu todos os ídolos repulsivos de toda a terra de Israel e exigiu que todos adorassem o Senhor, seu Deus. E, pelo restante da vida do rei, eles não se afastaram do Senhor, o Deus de seus antepassados.

Josias celebra a Páscoa

35 Então Josias celebrou a Páscoa do Senhor em Jerusalém, e assim o cordeiro pascal foi abatido no décimo quarto dia do primeiro mês.ᵃ ²Josias também nomeou os sacerdotes para suas atribuições e os encorajou a realizar seu trabalho no templo do Senhor. ³Deu a seguinte ordem aos levitas encarregados de instruir todo o Israel e consagrados para servir ao Senhor: "Coloquem a arca sagrada no templo construído por Salomão, filho de Davi, rei de Israel. Não precisam mais levá-la de um lado para outro sobre os ombros. Agora, dediquem seu tempo a servir ao Senhor, seu Deus, e a seu povo, Israel. ⁴Apresentem-se para o serviço de acordo com as divisões de seus antepassados por famílias, conforme as instruções de Davi, rei de Israel, e de seu filho Salomão.

⁵"Fiquem no santuário, no lugar indicado para cada divisão, e ajudem as famílias das quais foram encarregados quando elas trouxerem suas ofertas ao templo. ⁶Abatam os cordeiros pascais, consagrem-se e preparem-se para ajudar os que chegarem. Sigam todas as instruções que o Senhor deu por meio de Moisés".

⁷Então Josias deu ao povo 30.000 cordeiros e cabritos para as ofertas de Páscoa, além de 3.000 bois, todos dos rebanhos e do gado do rei. ⁸Os oficiais do rei também deram contribuições voluntárias para o povo, para os sacerdotes e para os levitas. Hilquias, Zacarias e Jeiel, os chefes do templo de Deus, deram aos sacerdotes 2.600 cordeiros e cabritos e 300 bois como ofertas de Páscoa. ⁹Os líderes dos levitas — Conanias e seus irmãos Semaías e Natanael, bem como Hasabias, Jeiel e Jozabade — deram 5.000 cordeiros e cabritos e 500 bois aos levitas para suas ofertas de Páscoa.

¹⁰Quando tudo estava pronto para a comemoração da Páscoa, os sacerdotes e os levitas tomaram seus lugares, organizados de acordo com suas divisões, conforme o rei havia ordenado. ¹¹Então os levitas abateram os cordeiros da Páscoa e apresentaram o sangue aos sacerdotes, que o aspergiram sobre o altar enquanto os levitas preparavam os animais. ¹²Repartiram os holocaustos entre o povo de acordo com suas divisões, para que as famílias os oferecessem ao Senhor conforme prescrito no Livro de Moisés, e fizeram o mesmo com os bois. ¹³Assaram os cordeiros da Páscoa, como prescrito, cozinharam as ofertas sagradas em potes, caldeirões e panelas e os levaram depressa ao povo.

¹⁴Em seguida, os levitas prepararam as ofertas de Páscoa para si mesmos e para os sacerdotes, os descendentes de Arão, pois os sacerdotes haviam ficado ocupados desde a manhã até a noite, oferecendo os holocaustos e as porções de gordura. Os levitas se encarregaram de todos os preparativos.

¹⁵Os músicos, descendentes de Asafe, estavam em seus lugares, segundo as ordens de Davi, Asafe, Hemã e Jedutum, vidente do rei. Os guardas das portas não precisaram deixar seus postos, pois seus parentes, os levitas, também lhes prepararam as ofertas de Páscoa.

¹⁶Toda a cerimônia para a Páscoa do Senhor foi realizada naquele dia. Os holocaustos foram sacrificados no altar do Senhor, como o rei Josias havia ordenado. ¹⁷Todos os israelitas presentes em Jerusalém celebraram a Páscoa e a Festa dos Pães sem Fermento por sete dias. ¹⁸A Páscoa não havia sido celebrada dessa maneira desde o tempo do profeta Samuel. Nenhum dos reis de Israel havia comemorado a Páscoa como o rei Josias, com todos os sacerdotes e os levitas, os habitantes de Jerusalém

---

ᵃ **35.1** Esse dia do antigo calendário lunar hebraico correspondeu a 5 de abril de 622 a.C.

e o povo de todo o Judá e Israel que estavam presentes na cidade. [19]Essa comemoração de Páscoa ocorreu no décimo oitavo ano do reinado de Josias.

Josias morre na batalha

[20]Depois que Josias terminou de restaurar o templo, Neco, rei do Egito, levou seu exército para Carquemis, junto ao rio Eufrates, e Josias e seu exército saíram para lutar contra ele. [21]O rei Neco, porém, enviou mensageiros a Josias para lhe dizer:

"O que quer comigo, rei de Judá? Hoje não tenho nada contra você! Estou a caminho da batalha contra outra nação, e Deus ordenou que eu me apressasse! Não interfira com Deus, que está comigo, ou ele o destruirá".

[22]Josias, porém, não deu ouvidos às palavras de Neco, que ele havia falado a mando de Deus, e não quis voltar atrás. Em vez disso, disfarçou-se e levou seu exército para a batalha na planície de Megido. [23]Arqueiros do inimigo atingiram o rei Josias com suas flechas, e ele gritou para seus homens: "Tirem-me da batalha, pois estou gravemente ferido!".

[24]Então tiraram Josias de sua carruagem e o colocaram em outra. Levaram-no de volta para Jerusalém, onde morreu e foi sepultado no cemitério dos reis. Todo o Judá e Jerusalém lamentaram por ele. [25]O profeta Jeremias compôs cânticos fúnebres em homenagem a Josias, e até hoje os cantores e cantoras ainda entoam esses lamentos sobre sua morte. Eles se tornaram uma tradição e estão registrados no *Livro das Lamentações*.

[26]Os demais acontecimentos do reinado de Josias e seus atos de devoção, realizados de acordo com a lei do Senhor, [27]do início ao fim, estão registrados no *Livro dos Reis de Israel e de Judá*.

Jeoacaz reina em Judá

36 O povo da terra proclamou Jeoacaz, filho de Josias, como seu sucessor em Jerusalém. [2]Jeoacaz[a] tinha 23 anos quando começou a reinar, e reinou em Jerusalém por três meses.

[3]Foi deposto pelo rei do Egito, que exigiu de Judá o pagamento de 3.500 quilos de prata e 35 quilos de ouro[b] como tributo.

Jeoaquim reina em Judá

[4]O rei do Egito nomeou Eliaquim, irmão de Jeoacaz, rei sobre Judá e sobre Jerusalém, e mudou o nome dele para Jeoaquim. Depois, Neco levou Jeoacaz para o Egito como prisioneiro.

[5]Jeoaquim tinha 25 anos quando começou a reinar, e reinou em Jerusalém por onze anos. Fez o que era mau aos olhos do Senhor, seu Deus.

[6]Então Nabucodonosor, rei da Babilônia, atacou Jerusalém e prendeu Jeoaquim com correntes de bronze. Depois, levou-o para a Babilônia. [7]Nabucodonosor também levou alguns dos tesouros do templo do Senhor e os colocou em seu palácio,[c] na Babilônia.

[8]Os demais acontecimentos do reinado de Jeoaquim, incluindo todas as coisas detestáveis que fez e tudo que foi achado contra ele, estão registrados no *Livro dos Reis de Israel e de Judá*. Seu filho Joaquim foi seu sucessor.

Joaquim reina em Judá

[9]Joaquim tinha 18 anos[d] quando começou a reinar, e reinou em Jerusalém por três meses e dez dias. Fez o que era mau aos olhos do Senhor.

[10]Na virada do ano,[e] o rei Nabucodonosor levou Joaquim para a Babilônia. Nessa ocasião, também levou os tesouros do templo do Senhor. Nabucodonosor nomeou Zedequias, tio[f] de Joaquim, rei sobre Judá e sobre Jerusalém.

Zedequias reina em Judá

[11]Zedequias tinha 21 anos quando começou a reinar, e reinou em Jerusalém por onze anos. [12]Zedequias fez o que era mau aos olhos do Senhor, seu Deus, e não se humilhou quando o profeta Jeremias lhe falou diretamente da parte do Senhor. [13]Também se rebelou contra o rei Nabucodonosor, embora lhe tivesse jurado lealdade em nome de Deus. Zedequias era um homem duro e teimoso e se recusou a voltar para o Senhor, o Deus de Israel.

---

[a] **36.2** Em hebraico, *Joacaz*, variação de Jeoacaz; também em 36.4. [b] **36.3** Em hebraico, *100 talentos de prata e 1 talento de ouro*. [c] **36.7** Ou *em seu templo*. [d] **36.9** Conforme um manuscrito hebraico, alguns manuscritos gregos e a versão siríaca (ver tb. 2Rs 24.8); a maioria dos manuscritos hebraicos traz *8 anos*. [e] **36.10a** Esse dia do antigo calendário lunar hebraico correspondeu a 13 de abril de 597 a.C. [f] **36.10b** Conforme o texto paralelo em 2Rs 24.17; o hebraico traz *irmão*, ou *parente*.

¹⁴Da mesma forma, todos os líderes dos sacerdotes e o povo se tornaram cada vez mais infiéis. Seguiram todas as práticas detestáveis das nações vizinhas e profanaram o templo do Senhor que havia sido consagrado em Jerusalém.

¹⁵Repetidamente, o Senhor, o Deus de seus antepassados, enviou profetas para adverti-los, pois tinha compaixão de seu povo e do lugar de sua habitação. ¹⁶No entanto, eles zombaram dos mensageiros de Deus e desprezaram suas palavras. Caçoaram dos profetas até que a ira do Senhor não pôde mais ser contida e nada mais se pôde fazer.

A queda de Jerusalém

¹⁷Então o Senhor trouxe o rei da Babilônia contra eles. Os babilônios[a] mataram os jovens e foram atrás deles até dentro do santuário. Não tiveram piedade nem dos rapazes, nem das moças, nem dos idosos e doentes. Deus os entregou todos nas mãos do rei. ¹⁸Ele levou para a Babilônia todos os utensílios, grandes e pequenos, do templo de Deus e todos os tesouros do templo do Senhor e do palácio do rei e de seus oficiais. ¹⁹Seu exército queimou o templo de Deus, derrubou os muros de Jerusalém, queimou todos os palácios e destruiu tudo que era de valor.[b] ²⁰Os poucos habitantes que sobreviveram foram levados para o exílio na Babilônia e se tornaram servos do rei e de seus filhos, até que o reino da Pérsia conquistou o poder.

²¹Cumpriu-se, desse modo, a mensagem do Senhor transmitida por Jeremias. A terra finalmente desfrutou seu descanso sabático e permaneceu desolada até que se completaram os setenta anos, conforme o profeta havia anunciado.

Ciro permite que os exilados regressem

²²No primeiro ano do reinado de Ciro, rei da Pérsia,[c] o Senhor cumpriu a profecia que havia anunciado por meio de Jeremias.[d] O Senhor despertou o coração de Ciro para registrar por escrito a seguinte proclamação e enviá-la a todo o seu reino:

²³"Assim diz Ciro, rei da Pérsia:

"O Senhor, o Deus dos céus, me deu todos os reinos da terra. Ele me encarregou de construir para ele um templo em Jerusalém, na terra de Judá. Quem pertence ao povo dele, volte para realizar essa tarefa. E que o Senhor, seu Deus, esteja com vocês!".

---

[a] **36.17** Ou *Os caldeus*. [b] **36.19** Ou *destruiu todos os objetos de valor do templo*. [c] **36.22a** O primeiro ano do reinado de Ciro sobre a Babilônia foi 538 a.C. [d] **36.22b** Ver Jr 25.11-12; 29.10.

Esdras

INTRODUÇÃO

Esdras e Neemias

Nome. Esdras e Neemias, anteriormente, eram considerados como um único livro. Eles contêm o relato do retorno dos exilados a Jerusalém e o restabelecimento do culto. Logo passaram a ser chamados de 1 e 2 Esdras. Jerônimo foi o primeiro a intitular o segundo livro de Neemias. Wycliffe os chamou de 1 e 2 Esdras e mais tarde os chamaram de livros de Esdras. Os nomes atuais apareceram pela primeira vez na Bíblia de Genebra (1560). Esdras recebe o nome do autor e do personagem principal, esse nome significa "ajuda". Neemias recebe o nome do personagem principal, cujo significado é "Deus conforta".

Outros livros. Três outros livros devem ser lidos em conjunto com este estudo. (1) O livro de Ester, que se refere a esta época e deve ser lido entre os capítulos 6 e 7 do livro de Esdras. (2) Os livros de Ageu e Zacarias. Estes dois profetas foram associados ao primeiro retorno de Zorobabel e suas palavras incitaram os judeus a terminarem a reconstrução do Templo apesar da oposição.

Retorno do cativeiro. O retorno consistiu em três expedições lideradas, respectivamente, por Zorobabel, Esdras e Neemias. O tempo que abrange não pode ser calculado com precisão. Provavelmente não é menos de 90 anos. Alguns acreditam que podem abranger até 110 anos.

ESBOÇO

1. A reconstrução do Templo, Caps. 1–6
    1.1. A proclamação de Ciro, Cap. 1
    1.2. Os que retornaram, Cap. 2
    1.3. A fundação é lançada, Cap. 3
    1.4. O trabalho interrompido, Cap. 4
    1.5. O trabalho finalizado, Caps. 5–6
2. As reformas de Esdras, Caps. 7–10
    2.1. A jornada de Esdras, Caps. 7–8
    2.2. A confissão de pecado, Cap. 9
    2.3. A aliança para guardar a Lei, Cap. 10

PARA ESTUDO E DISCUSSÃO

[1] Os traços de caráter demonstrados por Esdras.
[2] As reformas de Esdras. Quais foram elas? Paralelos com as condições de hoje.
[3] Os adversários de Judá. Quem eram eles? A natureza desta oposição.
[4] O decreto de Ciro.
[5] A expedição de Zorobabel e Esdras.
[6] A comissão de Esdras e as ordens do rei, 7.1-26.
[7] Amigos e inimigos usados por de Deus no cumprimento de Seus propósitos.

Ciro permite que os exilados regressem

1 No primeiro ano de Ciro, rei da Pérsia,[a] o SENHOR cumpriu a profecia que havia anunciado por meio de Jeremias.[b] Despertou o coração de Ciro para registrar por escrito a seguinte proclamação e enviá-la a todo o seu reino:

²"Assim diz Ciro, rei da Pérsia:

"O SENHOR, o Deus dos céus, me deu todos os reinos da terra. Ele me encarregou de lhe construir um templo em Jerusalém, em Judá. ³Quem pertence ao povo de Deus, volte a Jerusalém, em Judá, para reconstruir o templo do SENHOR, o Deus de Israel, que habita em Jerusalém. E que seu Deus esteja com vocês! ⁴Onde quer que se encontre esse remanescente judeu, que seus vizinhos ajudem com as despesas, dando-lhes prata e ouro, suprimentos e animais, além de ofertas voluntárias para o templo de Deus, em Jerusalém".

⁵Então o SENHOR despertou o coração dos sacerdotes, dos levitas e dos chefes das tribos de Judá e Benjamim, para que fossem a Jerusalém e reconstruíssem o templo do SENHOR. ⁶Todos os seus vizinhos ajudaram, dando-lhes utensílios de prata e ouro, suprimentos e animais. Também lhes deram muitos presentes valiosos, além de todas as ofertas voluntárias.

⁷O rei Ciro tirou os utensílios que o rei Nabucodonosor havia levado do templo do SENHOR, em Jerusalém, e colocado no templo de seus próprios deuses. ⁸Ciro, rei da Pérsia, deu instruções a Mitredate, seu tesoureiro, para que contasse esses utensílios e os entregasse a Sesbazar, líder dos exilados que voltavam para Judá.[c] ⁹Esta é uma lista dos objetos que foram devolvidos:

30 bacias de ouro,
1.000 bacias de prata,
29 incensários[d] de prata,
¹⁰30 tigelas de ouro,
410 tigelas de prata,
1.000 objetos diversos.

¹¹Ao todo, havia 5.400 utensílios de ouro e prata. Sesbazar trouxe tudo isso consigo quando os exilados voltaram da Babilônia para Jerusalém.

Exilados que regressaram com Zorobabel

2 Esta é uma lista dos judeus da província que regressaram do cativeiro. O rei Nabucodonosor os havia deportado para a Babilônia, mas eles voltaram para Jerusalém e Judá, cada um para sua cidade de origem. ²Seus líderes eram Zorobabel, Jesua, Neemias, Seraías, Reelaías, Mardoqueu, Bilsã, Mispar, Bigvai, Reum e Baaná.

Este é o número de homens de Israel que regressaram do exílio:

³da família de Parós, 2.172;
⁴da família de Sefatias, 372;
⁵da família de Ará, 775;
⁶da família de Paate-Moabe (descendentes de Jesua e Joabe), 2.812;
⁷da família de Elão, 1.254;
⁸da família de Zatu, 945;
⁹da família de Zacai, 760;
¹⁰da família de Bani, 642;
¹¹da família de Bebai, 623;
¹²da família de Azgade, 1.222;
¹³da família de Adonicam, 666;
¹⁴da família de Bigvai, 2.056;
¹⁵da família de Adim, 454;
¹⁶da família de Ater (descendentes de Ezequias), 98;
¹⁷da família de Bezai, 323;
¹⁸da família de Jora, 112;
¹⁹da família de Hasum, 223;
²⁰da família de Gibar, 95;
²¹do povo de Belém, 123;
²²do povo de Netofa, 56;
²³do povo de Anatote, 128;
²⁴do povo de Bete-Azmavete,[e] 42;
²⁵do povo de Quiriate-Jearim,[f] Quefira e Beerote, 743;
²⁶do povo de Ramá e Geba, 621;
²⁷do povo de Micmás, 122;
²⁸do povo de Betel e Ai, 223;
²⁹dos cidadãos de Nebo, 52;
³⁰dos cidadãos de Magbis, 156;
³¹dos cidadãos de Elão Ocidental,[g] 1.254;
³²dos cidadãos de Harim, 320;
³³dos cidadãos de Lode, Hadide e Ono, 725;

---

[a]**1.1** O primeiro ano do reinado de Ciro sobre a Babilônia foi 538 a.C. [b]**1.1** Ver Jr 25.11-12; 29.10. [c]**1.8** Em hebraico, *Sesbazar, príncipe de Judá*. [d]**1.9** O significado do termo hebraico é incerto. [e]**2.24** Conforme o texto paralelo em Ne 7.28; o hebraico traz *Azmavete*. [f]**2.25** Conforme alguns manuscritos hebraicos e a Septuaginta (ver tb. Ne 7.29); o hebraico traz *Quiriate-Arim*. [g]**2.31** Ou *do outro Elão*.

³⁴dos cidadãos de Jericó, 345;
³⁵dos cidadãos de Senaá, 3.630.

³⁶Estes são os sacerdotes que regressaram do exílio:
da família de Jedaías (da linhagem de Jesua), 973;
³⁷da família de Imer, 1.052;
³⁸da família de Pasur, 1.247;
³⁹da família de Harim, 1.017.

⁴⁰Estes são os levitas que regressaram do exílio:
das famílias de Jesua e Cadmiel (descendentes de Hodavias), 74;
⁴¹os cantores da família de Asafe, 128;
⁴²os guardas das portas das famílias de Salum, Ater, Talmom, Acube, Hatita e Sobai, 139.

⁴³Os descendentes destes servidores do templo regressaram do exílio:
Zia, Hasufa, Tabaote,
⁴⁴Queros, Sia, Padom,
⁴⁵Lebana, Hagaba, Acube,
⁴⁶Hagabe, Salmai,ᵃ Hanã,
⁴⁷Gidel, Gaar, Reaías,
⁴⁸Rezim, Necoda, Gazão,
⁴⁹Uzá, Paseá, Besai,
⁵⁰Asná, Meunim, Nefusim,
⁵¹Baquebuque, Hacufa, Harur,
⁵²Baslute, Meída, Harsa,
⁵³Barcos, Sísera, Tamá,
⁵⁴Nesias, Hatifa.

⁵⁵Os descendentes destes servidores do rei Salomão regressaram do exílio:
Sotai, Soferete, Peruda,
⁵⁶Jaala, Darcom, Gidel,
⁵⁷Sefatias, Hatil, Poquerete-Hazebaim e Ami.

⁵⁸Ao todo, os servidores do templo e os descendentes dos servos de Salomão eram 392.

⁵⁹Nessa ocasião, outro grupo regressou das cidades de Tel-Melá, Tel-Harsa, Querube, Adã e Imer. Contudo, não puderam comprovar que eles ou suas famílias eram descendentes de Israel. ⁶⁰Estavam nesse grupo as famílias de Delaías, Tobias e Necoda, 652 pessoas ao todo.

⁶¹Também regressaram as famílias de três sacerdotes: Habaías, Hacoz e Barzilai. (Esse Barzilai havia se casado com uma mulher descendente de Barzilai, de Gileade, e assumido o nome da família dela.) ⁶²Procuraram seus nomes nos registros genealógicos, mas não os encontraram, por isso não se qualificaram para servir como sacerdotes. ⁶³O governador ordenou que não comessem das porções dos sacrifícios separadas para os sacerdotes até que um sacerdote consultasse o Senhor a esse respeito usando o Urim e o Tumim.

⁶⁴Portanto, os que regressaram para Judá foram 42.360, ⁶⁵além dos 7.337 servos e servas e dos 200 cantores e cantoras. ⁶⁶Levaram consigo 736 cavalos, 245 mulas, ⁶⁷435 camelos e 6.720 jumentos.

⁶⁸Quando chegaram ao templo do Senhor, em Jerusalém, alguns dos chefes das famílias entregaram ofertas voluntárias para a reconstrução do templo de Deus em seu local original. ⁶⁹Cada chefe contribuiu com o que pôde. Suas ofertas totalizaram 525 quilos de ouro, 3.000 quilos de prataᵇ e 100 vestes para os sacerdotes.

⁷⁰Assim, os sacerdotes, os levitas, os cantores, os guardas das portas, os servidores do templo e alguns do povo se estabeleceram em povoados perto de Jerusalém. O restante do povo regressou às suas cidades em todo o Israel.

A reconstrução do altar

3 No sétimo mês,ᶜ quando os israelitas já haviam se estabelecido em suas cidades, todo o povo se reuniu em Jerusalém com um só propósito. ²Então Jesua, filho de Jeozadaque,ᵈ juntou-se a seus colegas, os sacerdotes, e a Zorobabel, filho de Sealtiel, e seus companheiros, para reconstruir o altar do Deus de Israel. Queriam apresentar holocaustos ali, conforme a instrução da lei de Moisés, homem de Deus. ³Embora o povo tivesse medo dos habitantes daquela região, reconstruíram o altar no mesmo lugar original. Assim, começaram a oferecer holocaustos no altar do Senhor todas as manhãs e todas as tardes.

ᵃ**2.46** Conforme leitura alternativa do Texto Massorético (ver tb. Ne 7.48); a outra leitura traz *Samlai*. ᵇ**2.69** Em hebraico, *61.000 dáricos de ouro, 5.000 minas de prata*. ᶜ**3.1** O ano não é especificado, de modo que pode ter sido no primeiro ano do reinado de Ciro (538 a.C.) ou no segundo (537 a.C.). Esse sétimo mês do antigo calendário lunar hebraico caiu entre setembro e outubro de 538 a.C., ou entre outubro e novembro de 537 a.C. ᵈ**3.2** Em hebraico, *Jozadaque*, variação de Jeozadaque; também em 3.8.

⁴Celebraram a Festa das Cabanas, conforme prescrito pela lei, e ofereceram o número de holocaustos especificado para cada dia da festa. ⁵Ofereceram ainda os holocaustos regulares e as ofertas exigidas para as celebrações da lua nova e para as festas anuais do Senhor. O povo também trouxe ofertas voluntárias para o Senhor. ⁶Quinze dias antes do início da Festa das Cabanas,ᵃ os sacerdotes haviam começado a oferecer ao Senhor os holocaustos, antes mesmo de lançarem os alicerces do templo do Senhor.

O povo começa a reconstruir o templo

⁷Então contrataram pedreiros e carpinteiros e lhes pagaram com moedas de prata. Também compraram toras de cedro dos povos de Tiro e de Sidom e lhes pagaram com alimento, vinho e azeite. As toras eram trazidas dos montes do Líbanoᵇ até Jope, pois Ciro, rei da Pérsia, havia permitido que assim se fizesse.

⁸A construção do templo de Deus começou no segundo mêsᶜ do segundo ano depois da chegada a Jerusalém. O grupo de trabalhadores era constituído de todos que haviam regressado do exílio, incluindo Zorobabel, filho de Sealtiel, Jesua, filho de Jeozadaque, e seus colegas, os sacerdotes, bem como todos os levitas. Os levitas de 20 anos para cima foram encarregados de supervisionar a construção do templo do Senhor. ⁹Jesua, seus filhos e seus parentes, Cadmiel e seus filhos e os descendentes de Hodaviasᵈ supervisionavam aqueles que trabalhavam no templo de Deus. Os levitas da família de Henadade os auxiliavam nessa tarefa.

¹⁰Quando os construtores terminaram os alicerces do templo do Senhor, os sacerdotes puseram suas vestes e tomaram seus lugares para tocar as trombetas. Os levitas, descendentes de Asafe, fizeram soar os címbalos para louvar o Senhor, conforme o rei Davi havia prescrito. ¹¹Com louvores e ação de graças, entoaram este cântico ao Senhor:

"Ele é bom!
Seu amor por Israel dura para sempre!".

Então todo o povo louvou o Senhor em alta voz, pois haviam sido lançados os alicerces do templo do Senhor.

¹²Muitos dos sacerdotes, dos levitas e dos outros chefes de família mais velhos, que tinham visto o primeiro templo, choraram alto quando viram os alicerces do novo templo. Outros tantos, porém, gritavam de alegria. ¹³Os gritos alegres e o choro se misturavam num barulho tão forte que se podia ouvir de muito longe.

Inimigos se opõem à reconstrução

4 Os inimigos de Judá e Benjamim souberam que os exilados estavam reconstruindo o templo do Senhor, o Deus de Israel. ²Eles foram a Zorobabel e aos outros chefes de família e disseram: "Queremos participar da construção, pois também adoramos seu Deus, como vocês. Temos oferecido sacrifícios para ele desde que Esar-Hadom, rei da Assíria, nos trouxe para cá".

³Mas Zorobabel, Jesua e os outros chefes de família de Israel responderam: "De maneira nenhuma! Vocês não podem participar desse trabalho. Somente nós construiremos o templo para o Senhor, o Deus de Israel, conforme Ciro, rei da Pérsia, nos ordenou".

⁴Então os habitantes da região tentaram desanimar e amedrontar o povo de Judá, para que não continuassem a construção. ⁵Subornaram agentes para trabalhar contra eles e frustrar seus planos. Isso prosseguiu durante todo o reinado de Ciro, rei da Pérsia, até que Dario, rei da Pérsia, subiu ao poder.ᵉ

Oposição durante os reinados de Xerxes e Artaxerxes

⁶Anos depois, quando Xerxesᶠ começou a reinar, os inimigos de Judá escreveram uma carta de acusação contra o povo de Judá e de Jerusalém.

⁷Mais tarde, durante o reinado de Artaxerxes, rei da Pérsia,ᵍ os inimigos de Judá, liderados

---

ᵃ**3.6** Em hebraico, *No primeiro dia do sétimo mês*. Esse dia do antigo calendário lunar hebraico caía em setembro ou outubro. A Festa das Cabanas começava no décimo quinto dia do sétimo mês. ᵇ**3.7** Em hebraico, *do mar*. ᶜ**3.8** Esse segundo mês do antigo calendário lunar hebraico caiu entre abril e maio de 536 a.C. ᵈ**3.9** Em hebraico, *os filhos de Judá* (i.e., *bene Yehudah*). *Bene* também pode ser lido aqui como o nome próprio Binui; é provável que *Yehudah* seja outro nome para Hodavias. Comparar com 2.40; Ne 7.43. ᵉ**4.5** Dario reinou de 521 a 486 a.C. ᶠ**4.6** Em hebraico, *Assuero*, outro nome para Xerxes. Ele reinou de 486 a 465 a.C. ᵍ**4.7** Artaxerxes reinou de 465 a 424 a.C.

por Bislão, Mitredate e Tabeel, enviaram a Artaxerxes uma carta em aramaico, que foi traduzida para o rei.

⁸ᵃO comandante Reum e o secretário da corte Sinsai escreveram a carta, na qual apresentaram ao rei Artaxerxes um relatório negativo sobre Jerusalém. ⁹Saudaram o rei em nome de todos os seus colegas: os juízes e as autoridades locais, o povo de Tarpel, os persas, os babilônios e o povo de Ereque e de Susã (isto é, Elão). ¹⁰Também enviaram saudações do restante do povo que o grande e renomado Assurbanípalᵇ havia deportado e estabelecido em Samaria e em todas as terras vizinhas da província a oeste do rio Eufrates.ᶜ ¹¹Esta é uma cópia da carta:

"Ao rei Artaxerxes, de seus súditos leais na província a oeste do rio Eufrates.

¹²"Informamos ao rei que os judeus que saíram da Babilônia para Jerusalém estão reconstruindo esta cidade rebelde e má. Já restauraram os alicerces e, em breve, terminarão os muros. ¹³É bom o rei saber que, se esta cidade for reconstruída e seus muros forem concluídos, haverá grande prejuízo para o tesouro real, pois os judeus se recusarão a lhe pagar tributos, impostos e taxas.

¹⁴"Visto que somos seus súditos leaisᵈ e não desejamos vê-lo desonrado desse modo, enviamos ao rei estas informações. ¹⁵Sugerimos que se faça uma busca no registro de seus antepassados, no qual o rei descobrirá como esta cidade foi rebelde em outros tempos. Aliás, foi destruída por causa de sua longa e problemática história de rebelião contra os reis e as nações que a dominavam. ¹⁶Declaramos ao rei que, se esta cidade for reconstruída e seus muros forem concluídos, o rei perderá a província a oeste do rio Eufrates".

¹⁷O rei Artaxerxes enviou a seguinte resposta:

"Ao comandante Reum, ao secretário da corte Sinsai, e a seus companheiros em Samaria e em toda a província a oeste do rio Eufrates. Saudações.

¹⁸"A carta que vocês enviaram foi traduzida e lida para mim. ¹⁹Ordenei que se fizesse uma busca nos registros e descobri que, de fato, Jerusalém tem sido, ao longo dos anos, foco de insurreição contra vários reis. Aliás, rebeliões e revoltas são normais

---

ᵃ**4.8** O texto original de 4.8—6.18 está em aramaico. ᵇ**4.10a** Em aramaico, *Osnapar*, outro nome para Assurbanípal. ᶜ**4.10b** Em aramaico, *província além do rio*; também em 4.11,16,17,20. ᵈ**4.14** Em aramaico, *Visto que comemos o sal do palácio.*

4.14 Bem, deixe-me tirar essas palavras daquelas bocas más e colocá-las na minha e na sua. Elas nos servirão bem se as apresentarmos ao grande Rei dos reis. [...] Sem dúvida você verá a força do argumento sem necessidade de muita explicação. É um bom raciocínio; se eram alimentados no palácio do rei, não seria correto que permanecessem ali e vissem o rei desonrado. O raciocínio torna-se claro para nós. Se somos tão favorecidos — nós, que somos crentes — com tal porção de escolha, não é certo sentarmos e vermos nosso Deus desonrado. Por todos os sentidos de decência, somos obrigados a não ver Deus desonrado por nós mesmos. É bom começar em casa. Você está fazendo algo que desonra o seu Deus, cristão — qualquer coisa em casa, qualquer coisa em sua ocupação diária, qualquer coisa no modo de conduzir seus negócios? Existe alguma coisa em sua conversa, qualquer coisa em suas ações, qualquer coisa em sua leitura, qualquer coisa naquilo que escreve, qualquer coisa em seu discurso que desonra a Deus? [...]

Talvez essa desonra possa vir daqueles que habitam sob o nosso teto e vivem em nossa própria casa. Encarrego os que são pais e mestres para que observem isso. Não tolerem nada naqueles sobre quem vocês têm controle que traga desonra a Deus. Lembre-se de Eli; ele não conteve seus filhos, e eles se comportaram de modo vergonhoso. Eram filhos do ministro, e por não terem sido contidos, Deus destituiu a casa de Eli, e fizeram coisas terríveis que os ouvidos daquele que o ouvir podem latejar. Josué disse: "Quanto a mim, eu e minha família serviremos ao Senhor". Não podemos dar a nossos filhos corações novos, mas podemos nos certificar de que não haverá nada para dentro de nossas portas que seja depreciativo à religião de Jesus Cristo. E os encarrego de cuidarem com isso. Mas vocês dizem que não podem controlar seus filhos. Então o Senhor tenha misericórdia de vocês! É seu dever fazê-lo, e devem fazê-lo, ou então descobrirão que seus filhos os controlarão. E ninguém sabe que julgamento virá de Deus sobre aqueles que permitem que o pecado de crianças e de servos fiquem sem repreensão. Não, se somos sustentados pelo palácio do rei, não desonremos o rei.

ali. ²⁰Reis poderosos governaram sobre Jerusalém e sobre toda a província a oeste do rio Eufrates e receberam tributos, impostos e taxas. ²¹Portanto, deem ordens para que esses homens parem seu trabalho. A cidade não deve ser reconstruída enquanto eu não mandar. ²²Sejam diligentes e não descuidem desse assunto, pois não devemos permitir que a situação prejudique os interesses do rei".

²³Quando a carta do rei Artaxerxes foi lida para Reum, Sinsai e seus companheiros, eles foram depressa a Jerusalém e, fazendo uso de força, obrigaram os judeus a parar a construção.

A reconstrução é retomada

²⁴Assim, a obra no templo de Deus em Jerusalém foi interrompida e ficou parada até o segundo ano do reinado de Dario, rei da Pérsia.[a]

5 Nessa época, os profetas Ageu e Zacarias, filho de Ido, profetizaram aos judeus de Judá e Jerusalém. Falavam em nome do Deus de Israel, que estava sobre eles. ²Em resposta, Zorobabel, filho de Sealtiel, e Jesua, filho de Jeozadaque,[b] começaram outra vez a reconstruir o templo de Deus em Jerusalém. E os profetas de Deus estavam com eles e os auxiliavam.

³Tatenai, governador da província a oeste do rio Eufrates,[c] Setar-Bozenai e seus companheiros foram a Jerusalém e perguntaram: "Quem lhes deu permissão para reconstruir este templo e restaurar esta estrutura?". ⁴Também perguntaram[d] os nomes de todos os homens que trabalhavam no templo. ⁵Mas os olhos de Deus estavam sobre os líderes judeus, e eles não foram impedidos de prosseguir com a construção até que um relatório fosse enviado a Dario e ele comunicasse sua decisão.

A carta de Tatenai ao rei Dario

⁶Esta é uma cópia da carta que o governador Tatenai, Setar-Bozenai e os outros oficiais da província a oeste do rio Eufrates enviaram ao rei Dario:

⁷"Ao rei Dario. Saudações.

⁸"Informamos ao rei que fomos até o local da construção do templo do grande Deus na província de Judá. O templo está sendo reconstruído com pedras especialmente preparadas, e as vigas já estão sendo colocadas nas paredes. A obra avança com muita energia e êxito.

⁹"Perguntamos aos líderes: 'Quem lhes deu permissão para reconstruir este templo e restaurar esta estrutura?'. ¹⁰E exigimos os nomes deles, para que pudéssemos dizer ao rei quem eram os líderes.

¹¹"Esta foi a resposta: 'Somos servos do Deus dos céus e da terra e estamos reconstruindo o templo que foi construído aqui muitos anos atrás, por um grande rei de Israel. ¹²Nossos antepassados, porém, provocaram a ira do Deus dos céus, e ele os entregou a Nabucodonosor, rei da Babilônia,[e] que destruiu este templo e deportou o povo para a Babilônia. ¹³No entanto, Ciro, rei da Babilônia,[f] no primeiro ano de seu reinado, publicou um decreto ordenando que o templo de Deus fosse reconstruído. ¹⁴O rei Ciro também devolveu os utensílios de ouro e de prata que Nabucodonosor havia tirado do templo de Deus, em Jerusalém, e colocado no templo da Babilônia. Esses utensílios foram removidos dali e entregues a um homem chamado Sesbazar, a quem o rei Ciro nomeou governador de Judá. ¹⁵O rei instruiu Sesbazar a colocar os utensílios de volta em seu lugar, em Jerusalém, e a reconstruir o templo de Deus em seu antigo local. ¹⁶Então Sesbazar veio e lançou os alicerces do templo de Deus em Jerusalém. O povo tem trabalhado nele desde então, embora ainda não esteja acabado'.

¹⁷"Portanto, se parecer bem ao rei, pedimos que se faça uma busca nos arquivos reais da Babilônia, para descobrir se o rei Ciro de fato publicou esse decreto ordenando a reconstrução do templo de Deus, em Jerusalém. E que o rei nos informe sua decisão sobre esse assunto".

---

[a] **4.24** O segundo ano do reinado de Dario foi 520 a.C. O versículo 24 retoma a narrativa iniciada em 4.1-5. [b] **5.2** Em aramaico, *Jozadaque*, variação de Jeozadaque. [c] **5.3** Em aramaico, *província além do rio*; também em 5.6. [d] **5.4** Conforme um manuscrito hebraico, a Septuaginta e a versão siríaca; o Texto Massorético traz *Então lhes dissemos*. [e] **5.12** Em aramaico, *Nabucodonosor, o caldeu*. [f] **5.13** Ciro, rei da Pérsia, é identificado aqui como rei da Babilônia porque a Pérsia havia conquistado o império babilônico.

Dario aprova a reconstrução

6 Então o rei Dario ordenou que se fizesse uma busca nos arquivos da Babilônia, que ficavam guardados junto aos tesouros. ²Mas foi na fortaleza em Ecbatana, na província da Média, que se encontrou um documento que dizia:

"Memorando:

³"No primeiro ano do reinado do rei Ciro, foi publicado um decreto a respeito do templo de Deus, em Jerusalém.

"Que o templo seja reconstruído para ser um local onde se ofereçam sacrifícios, usando os alicerces originais. Ele terá 27 metros de altura e 27 metros de largura.ª ⁴A cada três camadas de grandes pedras, será colocada uma camada de madeira. Todas as despesas serão pagas pela tesouraria real. ⁵Além disso, os utensílios de ouro e de prata que Nabucodonosor levou do templo de Deus, em Jerusalém, para a Babilônia devem ser devolvidos a Jerusalém e colocados em seus devidos lugares. Que sejam levados de volta ao templo de Deus".

⁶O rei Dario enviou esta mensagem:

"Agora, portanto, Tatenai, governador da província a oeste do rio Eufrates,ᵇ Setar-Bozenai, seus companheiros e outros oficiais a oeste do rio Eufrates, permaneçam afastados de lá! ⁷Não interfiram na construção do templo de Deus. Deixem que seja reconstruído em seu antigo local, e não impeçam o governador de Judá e os líderes dos judeus de realizarem seu trabalho.

⁸"Além disso, decreto que ajudem esses líderes dos judeus a reconstruir o templo de Deus. Paguem, sem demora, todos os custos da construção, usando os impostos recolhidos na província a oeste do rio Eufrates, para que a obra não seja interrompida.

⁹"Deem aos sacerdotes em Jerusalém tudo que eles precisarem: novilhos, carneiros e cordeiros para os holocaustos oferecidos ao Deus dos céus. Providenciem, sem falta, a quantidade de trigo, sal, vinho e azeite que for necessária para cada dia. ¹⁰Assim, eles poderão oferecer sacrifícios agradáveis ao Deus dos céus e orar pelo bem-estar do rei e de seus filhos.

¹¹"Se alguém desobedecer a este decreto de alguma maneira, terá uma viga de sua casa arrancada. Ele será amarrado a essa viga e pendurado nela, e sua casa será transformada num monte de entulho.ᶜ ¹²Que o Deus que escolheu a cidade de Jerusalém como lugar para que seu nome seja honrado destrua qualquer rei ou nação que desobedecer a esta ordem e destruir este templo.

"Eu, Dario, publiquei este decreto. Que ele seja obedecido com toda a diligência".

A dedicação do templo

¹³Tatenai, governador da província a oeste do rio Eufrates, Setar-Bozenai e seus companheiros obedeceram de imediato à ordem do rei Dario. ¹⁴Com isso, os líderes dos judeus puderam continuar seu trabalho e foram encorajados pela pregação dos profetas Ageu e Zacarias, filho de Ido. Finalmente, o templo foi terminado, como havia sido ordenado pelo Deus de Israel e decretado por Ciro, Dario e Artaxerxes, reis da Pérsia. ¹⁵O templo foi concluído no dia 12 de março,ᵈ no sexto ano do reinado do rei Dario.

¹⁶Então o templo de Deus foi dedicado com grande alegria pelos israelitas, pelos sacerdotes, pelos levitas e pelo restante do povo que regressou do exílio. ¹⁷Durante a cerimônia de dedicação, foram sacrificados cem novilhos, duzentos carneiros e quatrocentos cordeiros. Doze bodes foram apresentados como oferta pelo pecado de todo o Israel, de acordo com o número das tribos. ¹⁸Em seguida, os sacerdotes e os levitas foram divididos em vários grupos para servirem no templo de Deus, em Jerusalém, conforme prescrito no Livro de Moisés.

A celebração da Páscoa

¹⁹No dia 21 de abril,ᵉ o povo que havia regressado do exílio celebrou a Páscoa. ²⁰Os

---

ª **6.3** Em aramaico, *60 côvados de altura e 60 côvados de largura*. ᵇ **6.6** Em aramaico, *província além do rio*; também em 6.6b,8,13. ᶜ **6.11** Em aramaico, *num monte de esterco*. ᵈ **6.15** Em aramaico, *no terceiro dia do mês de adar*, do antigo calendário lunar hebraico. Vários acontecimentos em Esdras podem ser confirmados por datas em registros persas que sobreviveram ao tempo e relacionados com precisão ao calendário moderno. O ano foi 515 a.C. ᵉ **6.19** Em aramaico, *No décimo quarto dia do primeiro mês*, do antigo calendário lunar hebraico. O ano foi 515 a.C.; ver também nota em 6.15.

sacerdotes e os levitas haviam se purificado e estavam cerimonialmente puros. Abateram o cordeiro da Páscoa por todos que regressaram, por seus colegas, os sacerdotes, e por si mesmos. ²¹Todo o povo de Israel que havia regressado do exílio participou da refeição de Páscoa, junto com todos que haviam deixado os costumes impuros dos povos que ali viviam a fim de adorar o SENHOR, o Deus de Israel. ²²Em seguida, comemoraram durante sete dias a Festa dos Pães sem Fermento. Houve grande alegria em toda a terra, pois o SENHOR tornou o rei da Assíria[a] favorável a eles e o levou a ajudá-los a reconstruir o templo de Deus, o Deus de Israel.

Esdras chega a Jerusalém

7 Muitos anos depois, durante o reinado de Artaxerxes, rei da Pérsia,[b] havia um homem chamado Esdras. Ele era filho de[c] Seraías, filho de Azarias, filho de Hilquias, ²filho de Salum, filho de Zadoque, filho de Aitube, ³filho de Amarias, filho de Azarias, filho de[d] Meraiote, ⁴filho de Zeraías, filho de Uzi, filho de Buqui, ⁵filho de Abisua, filho de Fineias, filho de Eleazar, filho do sumo sacerdote[e] Arão. ⁶Esdras era escriba, conhecedor da lei de Moisés, dada ao povo pelo SENHOR, o Deus de Israel. Esdras foi da Babilônia a Jerusalém, e o rei lhe deu tudo que ele pediu, porque a mão do SENHOR, seu Deus, estava sobre ele. ⁷Alguns dos israelitas, e também alguns sacerdotes, levitas, cantores, guardas das portas e servidores do templo, viajaram com ele para Jerusalém no sétimo ano do reinado de Artaxerxes.

⁸Esdras chegou a Jerusalém em agosto[f] desse mesmo ano. ⁹Partiu da Babilônia em 8 de abril, o primeiro dia do novo ano,[g] e chegou a Jerusalém em 4 de agosto,[h] porque a bondosa mão do SENHOR, seu Deus, estava sobre ele. ¹⁰Pois Esdras tinha decidido estudar a lei do SENHOR, obedecer a ela e ensinar seus decretos e estatutos ao povo de Israel.

A carta de Artaxerxes a Esdras

¹¹O rei Artaxerxes tinha dado uma cópia da seguinte carta a Esdras, o sacerdote e escriba que estudava os mandamentos e decretos do SENHOR e os ensinava a Israel:

¹²[i]"De Artaxerxes, rei dos reis, ao sacerdote Esdras, mestre da lei do Deus dos céus. Saudações.

¹³"Eu decreto que qualquer israelita em meu reino, incluindo os sacerdotes e os levitas, que desejar regressar com você para Jerusalém, poderá ir. ¹⁴Eu e meus sete conselheiros o instruímos a investigar a situação em Judá e em Jerusalém, com base na lei de seu Deus, que está em suas mãos. ¹⁵Também o encarregamos de levar consigo a prata e o ouro que lhe entregamos voluntariamente como oferta para o Deus de Israel, que habita em Jerusalém.

¹⁶"Além disso, você levará toda prata e todo ouro que obtiver na província da Babilônia, bem como as ofertas voluntárias do povo e dos sacerdotes para o templo de seu Deus, em Jerusalém. ¹⁷Use esses recursos para comprar novilhos, carneiros, cordeiros e as respectivas ofertas de cereal e ofertas derramadas. Tudo isso será oferecido no altar do templo de seu Deus, em Jerusalém. ¹⁸A prata e o ouro que restarem poderão ser usados como parecer melhor a você e a seu povo, conforme a vontade de Deus.

¹⁹"Quanto aos utensílios que lhe confiamos para o serviço no templo de seu Deus, entregue-os todos diante do Deus de Jerusalém. ²⁰Se precisar de mais alguma coisa para o templo de seu Deus, ou para qualquer necessidade semelhante, use recursos da tesouraria real.

²¹"Eu, o rei Artaxerxes, envio o seguinte decreto a todos os tesoureiros da província a oeste do rio Eufrates:[j] 'Deem a Esdras, sacerdote e mestre da lei do Deus dos céus, tudo que ele requisitar. ²²Deem-lhe até 3.500

---

[a] **6.22** Dario, rei da Pérsia, é identificado aqui como rei da Assíria porque a Pérsia havia conquistado o império babilônico, que incluía o império assírio, anterior ao babilônico. [b] **7.1a** Artaxerxes reinou de 465 a 424 a.C. [c] **7.1b** Ou *descendente de*; ver 1Cr 6.14. [d] **7.3** Ou *descendente de*; ver 1Cr 6.6-10. [e] **7.5** Ou *do primeiro sacerdote*. [f] **7.8** Em hebraico, *no quinto mês*, do antigo calendário lunar hebraico. O ano foi 458 a.C. [g] **7.9a** Em hebraico, *no primeiro dia do primeiro mês*, do antigo calendário lunar hebraico. O ano foi 458 a.C.; ver também nota em 6.15. [h] **7.9b** Em hebraico, *no primeiro dia do quinto mês*, do antigo calendário lunar hebraico. O ano foi 458 a.C.; ver também nota em 6.15. [i] **7.12** O texto original de 7.12-26 está em aramaico. [j] **7.21** Em aramaico, *província além do rio*; também em 7.25.

quilos[a] de prata, 100 cestos grandes[b] de trigo, 100 tonéis de vinho, 100 tonéis de azeite[c] e sal à vontade. ²³Tenham o cuidado de providenciar tudo que o Deus dos céus ordenar para seu templo; afinal, por que provocar a ira de Deus contra este império do rei e de seus filhos? ²⁴Também decreto que nenhum sacerdote, levita, cantor, guarda das portas, servidor do templo, nem qualquer outro trabalhador no templo será obrigado a pagar tributos, impostos e taxas de qualquer tipo'.

²⁵"E você, Esdras, use a sabedoria que seu Deus lhe deu para nomear magistrados e juízes que conheçam as leis de seu Deus para governarem todo o povo na província a oeste do rio Eufrates. Ensine a lei a todos que não a conhecem. ²⁶Qualquer um que se recusar a obedecer à lei de seu Deus e do rei será castigado de imediato com a morte, com o exílio, com o confisco dos bens ou com a prisão".

Esdras louva o SENHOR

²⁷Louvem o SENHOR, o Deus de nossos antepassados, que colocou no coração do rei o desejo de embelezar o templo do SENHOR, em Jerusalém, ²⁸e que me mostrou seu amor leal ao honrar-me diante do rei, de seu conselho e de todos os seus oficiais poderosos! Senti-me encorajado porque a mão do SENHOR, meu Deus, estava sobre mim e reuni alguns dos líderes de Israel para voltar comigo a Jerusalém.

Exilados que regressaram com Esdras

8 Esta é uma lista dos chefes de família, com suas genealogias, aqueles que regressaram comigo da Babilônia durante o reinado do rei Artaxerxes:

²da família de Fineias: Gérson;
da família de Itamar: Daniel;
da família de Davi: Hatus, ³descendente de Secanias;
da família de Parós: Zacarias e 150 homens registrados com ele;
⁴da família de Paate-Moabe: Elioenai, filho de Zeraías, e 200 homens registrados com ele;
⁵da família de Zatu:[d] Secanias, filho de Jaaziel, e 300 homens registrados com ele;
⁶da família de Adim: Ebede, filho de Jônatas, e 50 homens registrados com ele;
⁷da família de Elão: Jesaías, filho de Atalias, e 70 homens registrados com ele;
⁸da família de Sefatias: Zebadias, filho de Micael, e 80 homens registrados com ele;
⁹da família de Joabe: Obadias, filho de Jeiel, e 218 homens registrados com ele;
¹⁰da família de Bani:[e] Selomite, filho de Josifias, e 160 homens registrados com ele;

---

[a] **7.22a** Em aramaico, *100 talentos*. [b] **7.22b** Em aramaico, *100 coros*, cerca de 22.000 litros. [c] **7.22c** Em aramaico, *100 batos de vinho, 100 batos de azeite*, cerca de 2.100 litros. [d] **8.5** Conforme alguns manuscritos gregos; o hebraico não traz *Zatu*. [e] **8.10** Conforme alguns manuscritos gregos; o hebraico não traz *Bani*.

7.22 O sal era usado em toda oferta queimada ao Senhor; e por suas propriedades de conservação e de purificação era o símbolo aceitável da graça divina na alma. Com respeito a isso é importante prestarmos atenção que Artaxerxes deu sal a Esdras, o sacerdote, sem estabelecer limite de quantidade; e podemos ter certeza que o Rei dos reis, quando distribui graça entre o Seu sacerdócio real, Seu estoque não fica diminuído. Geralmente somos limitados por nós mesmos, mas nunca pelo Senhor. Aquele que escolhe ajuntar muito maná descobrirá, no fim das contas, que tem exatamente a quantidade que desejava. Não há fome em Jerusalém para que os cidadãos pesem o pão antes de comê-lo ou calculem o quanto de água bebem. Algumas coisas na economia da graça são mensuradas, por exemplo: nosso vinagre e nosso fel nos são concedidos com tanta exatidão que nunca temos uma gota a mais, contudo para o sal da graça não há limitação [...] "Peçam, e receberão." Os pais precisam fechar o armário de frutas e jarros de doces, mas não há necessidade de guardar a embalagem de sal trancada a chave, pois poucas crianças o comerão com avidez. Um homem pode ter dinheiro ou honra demais, mas nunca graça demais.

Quando Jesurum engordou, ele abandonou a Deus, mas não há como temer que o homem fique cheio demais da graça. Uma *superabundância* de graça é impossível. Mais riqueza traz mais preocupação, porém mais graça traz mais alegria. Sabedoria ampliada é sinônimo de tristeza ampliada, mas a abundância do Espírito é plenitude de alegria. Cristão, vá ao trono para receber grande estoque do sal celestial. Ele condimentará suas aflições, que são insípidas sem o sal; preservará seu coração que se corrompe se não houver sal, e exterminará seus pecados como o sal mata lesmas. Você precisa de muito, então busque muito e obtenha muito.

¹¹da família de Bebai: Zacarias, filho de Bebai, e 28 homens registrados com ele;
¹²da família de Azgade: Joanã, filho de Hacatã, e 110 homens registrados com ele;
¹³da família de Adonicam, que chegaram depois:ᵃ Elifelete, Jeiel e Semaías, e 60 homens registrados com eles;
¹⁴da família de Bigvai: Utai e Zacur,ᵇ e 70 homens registrados com eles.

A viagem de Esdras a Jerusalém

¹⁵Reuni os exilados perto do canal de Aava, e acampamos ali por três dias enquanto eu revisava as listas do povo e dos sacerdotes que haviam chegado. Descobri que nenhum levita se havia oferecido para nos acompanhar. ¹⁶Por isso, mandei chamar Eliézer, Ariel, Semaías, Elnatã, Jaribe, Elnatã, Natã, Zacarias e Mesulão, líderes do povo. Também mandei chamar Joiaribe e Elnatã, dois homens com discernimento. ¹⁷Enviei-os a Ido, chefe dos levitas em Casifia, para que pedissem a ele, a seus parentes e aos servidores do templo que nos enviassem ministros para o templo de Deus, em Jerusalém.

¹⁸Visto que a bondosa mão de nosso Deus estava sobre nós, eles nos enviaram Serebias, junto com 18 de seus filhos e parentes. Era um homem inteligente, descendente de Mali, descendente de Levi, filho de Israel.ᶜ ¹⁹Também nos enviaram Hasabias, junto com Jesaías, dos descendentes de Merari, 20 de seus filhos e parentes, ²⁰e 220 servidores do templo. Os servidores do templo eram assistentes dos levitas, um grupo de trabalhadores do templo instituído pelo rei Davi e por seus oficiais. Todos estavam registrados por nome.

²¹Ali, junto ao canal de Aava, ordenei que todos nós jejuássemos e nos humilhássemos diante de nosso Deus. Oramos para que ele nos proporcionasse uma viagem segura e nos protegesse, como também a nossos filhos e a nossos bens. ²²Pois tive vergonha de pedir ao rei soldados e cavaleiros para nos acompanhar e nos proteger de inimigos ao longo do caminho. Afinal, tínhamos dito ao rei: "A bondosa mão de nosso Deus está sobre todos que o adoram, mas seu poder e sua ira estão contra todos que o abandonam". ²³Assim, jejuamos e pedimos com fervor que nosso Deus cuidasse de nós, e ele atendeu à nossa oração.

²⁴Nomeei doze chefes dos sacerdotes — Serebias, Hasabias e outros dez sacerdotes — ²⁵para ficarem encarregados do transporte da prata, do ouro e dos outros objetos que o rei, seu conselho, seus oficiais e todo o povo de Israel haviam doado para o templo de Deus. ²⁶Pesei o tesouro ao entregá-lo, e seu total era:

22.750 quilosᵈ de prata,

ᵃ **8.13** Ou *que foram os últimos de sua família*. ᵇ **8.14** Conforme a Septuaginta, a versão siríaca e uma leitura alternativa do Texto Massorético; a outra leitura traz *Zabude*. ᶜ **8.18** *Israel* é o nome que Deus deu a Jacó. ᵈ **8.26a** Em hebraico, *650 talentos*. Cada talento equivalia a 35 quilos.

8.22 Um comboio teria sido proveitoso por muitas razões para o bando de peregrinos, mas uma vergonha santa não permitiu que Esdras fosse em busca de tal auxílio. Ele temia que o rei bárbaro pensasse que sua profissão de fé em Deus fosse mera hipocrisia, ou imaginasse que o Deus de Israel não era capaz de preservar Seus adoradores. Não conseguia convencer sua mente a apoiar-se em um exército humano em uma questão tão evidentemente relacionada ao Senhor e, portanto, a caravana saiu sem proteção visível, guardada por Aquele que é a espada e o escudo de Seu povo. Devemos nos preocupar com o fato de que poucos cristãos sentem esse santo zelo por Deus; mesmo aqueles *que em certa medida caminham por fé*, *ocasionalmente* arruínam o brilho de sua vida ao almejar a ajuda de homens. É muito abençoador não ter acessórios ou esteios, mas colocar-se em pé na Rocha Eterna, sustentado somente pelo Senhor. Algum cristão buscaria doações para sua igreja, caso se lembrasse de que o Senhor é desonrado quando buscam o auxílio de César? Como se o Senhor não pudesse suprir as necessidades de Sua própria causa! Deveríamos correr tão apressadamente a amigos e relacionamentos pedindo ajuda, se nos lembrássemos de que o Senhor é magnificado por nossa confiança tácita somente em Seu braço? Minh'alma, espere apenas no seu Deus. "Mas", alguém dirá: "não devo fazer uso de algum recurso?" Seguramente sim; mas nosso erro raramente está em negligenciar recursos; muito mais frequentemente erramos por tolamente *acreditar nos recursos*, em vez de crer em Deus. Poucos são os que negligenciam exageradamente o braço da criatura; mas muitos são os que pecam grandemente ao conceder-lhe grande importância. Aprenda, caro leitor, a glorificar o Senhor deixando recursos inutilizados se, ao utilizá-los, você desonrar o nome de Deus.

3.500 quilos[a] de utensílios de prata, 3.500 quilos de ouro, ²⁷20 tigelas de ouro, cada uma pesando 8,6 quilos;[b] 2 utensílios finos de bronze polido, tão valiosos como ouro.

²⁸Eu disse aos sacerdotes: "Vocês e esses tesouros foram consagrados ao SENHOR. A prata e o ouro são ofertas voluntárias ao SENHOR, o Deus de nossos antepassados. ²⁹Guardem bem esses tesouros até que os apresentem aos líderes dos sacerdotes, aos levitas e aos chefes de família de Israel, que os pesarão nos depósitos do templo do SENHOR, em Jerusalém". ³⁰Os sacerdotes e os levitas aceitaram a responsabilidade de transportar esses tesouros de prata e de ouro até o templo de nosso Deus, em Jerusalém.

³¹Levantamos acampamento junto ao canal de Aava, no dia 19 de abril,[c] e partimos para Jerusalém. E a mão de nosso Deus nos protegeu e nos guardou de inimigos e bandidos ao longo do caminho. ³²Assim, chegamos em segurança a Jerusalém, onde descansamos por três dias.

³³No quarto dia depois de nossa chegada, a prata, o ouro e os utensílios valiosos foram pesados no templo de nosso Deus e entregues a Meremote, filho do sacerdote Urias. Estavam com ele Eleazar, filho de Fineias, e os levitas Jozabade, filho de Jesua, e Noadias, filho de Binui. ³⁴Pesaram e contaram tudo, e o peso total foi registrado oficialmente.

³⁵Os exilados que haviam regressado do cativeiro ofereceram holocaustos ao Deus de Israel. Apresentaram 12 touros por todo o povo de Israel, 96 carneiros e 77 cordeiros. Também apresentaram 12 bodes como oferta pelo pecado. Tudo isso foi oferecido como holocausto ao SENHOR. ³⁶Os decretos do rei foram entregues aos oficiais que ocupavam os cargos mais elevados e aos governadores da província a oeste do rio Eufrates,[d] que passaram a apoiar o povo e o templo de Deus.

A oração de Esdras a respeito dos casamentos mistos

9 Depois que essas coisas foram feitas, os líderes judeus vieram e me disseram: "Muitos israelitas, e até mesmo alguns sacerdotes e levitas, não se mantiveram separados dos outros povos que habitam nesta terra. Adotaram as práticas detestáveis dos cananeus, dos hititas, dos ferezeus, dos jebuseus, dos amonitas, dos moabitas, dos egípcios e dos amorreus. ²Os homens de Israel se casaram com mulheres desses povos e as tomaram como esposas para seus filhos. A descendência santa se contaminou por meio desses casamentos mistos. E, pior ainda, os líderes e os oficiais foram os primeiros a cometer essa infidelidade".

³Quando ouvi isso, rasguei minha túnica e meu manto, arranquei cabelos da cabeça e da barba e me sentei, absolutamente pasmo. ⁴Então todos que tremiam diante das palavras do Deus de Israel vieram e sentaram-se comigo por causa dessa infidelidade cometida pelos exilados que haviam regressado. E fiquei sentado ali, atônito, até o sacrifício da tarde.

⁵Na hora do sacrifício, levantei-me de onde havia sentado em lamentação, com as roupas rasgadas. Caí de joelhos, ergui as mãos ao SENHOR, meu Deus, ⁶e orei:

"Ó meu Deus, estou profundamente humilhado e tenho vergonha de levantar meu rosto para ti. Pois nossos pecados se elevam acima de nossa cabeça, e nossa culpa chegou até os céus. ⁷Desde os dias de nossos antepassados até agora, temos vivido cheios de pecado. Por isso, nós, nossos reis e nossos sacerdotes fomos entregues nas mãos dos reis da terra. Fomos mortos, capturados, roubados e desprezados, como acontece hoje.

⁸"Agora, porém, a graça do SENHOR, nosso Deus, nos foi concedida por um breve momento. Ele permitiu que alguns de nós sobrevivêssemos como um remanescente e nos deu segurança neste lugar santo. Nosso Deus iluminou nossos olhos e nos concedeu um pouco de alívio de nossa escravidão.

---

[a] **8.26b** Em hebraico, *100 talentos*; também em 8.26c. [b] **8.27** Em hebraico, *1.000 dáricos*. [c] **8.31** Em hebraico, *no décimo segundo dia do primeiro mês*, do antigo calendário lunar hebraico. O ano foi 458 a.C.; ver também nota em 6.15. [d] **8.36** Em hebraico, *província além do rio*.

⁹Éramos escravos, mas, em seu amor leal, nosso Deus não nos abandonou na escravidão. Em vez disso, fez os reis da Pérsia nos tratarem com bondade. Ele renovou nossas forças, para que reconstruíssemos o templo de nosso Deus e restaurássemos suas ruínas. Deu-nos um muro de proteção em Judá e em Jerusalém.

¹⁰"Agora, ó nosso Deus, o que podemos dizer depois de tudo isso? Pois, mais uma vez, abandonamos teus mandamentos! ¹¹Tu nos advertiste por meio de teus servos, os profetas, quando eles disseram: 'A terra em que estão entrando está inteiramente contaminada pelas práticas detestáveis dos povos que nela habitam. Está cheia de corrupção, de uma extremidade à outra. ¹²Não permitam que suas filhas se casem com os filhos deles, nem tomem as filhas deles como esposas para seus filhos. Jamais promovam a paz e a prosperidade dessas nações. Se seguirem essas instruções, serão fortes, desfrutarão das coisas boas que a terra produz e deixarão essa prosperidade como herança para seus filhos para sempre'.

¹³"Tudo que nos aconteceu é castigo de nossa maldade e de nossa grande culpa. Ainda assim, recebemos um castigo muito menor do que merecíamos, pois tu, nosso Deus, permitiste que alguns de nós sobrevivêssemos como um remanescente. ¹⁴E, no entanto, quebramos teus mandamentos outra vez e nos casamos com pessoas que praticam essas coisas detestáveis. Acaso tua ira não será suficiente para nos destruir, a ponto de não sobreviver nem mesmo este pequeno remanescente? ¹⁵Ó SENHOR, Deus de Israel, tu és justo. Aqui estamos diante de ti com nossa culpa, um mero remanescente que escapou, embora, por sermos culpados, nenhum de nós tenha o direito de estar em tua presença".

O povo confessa seu pecado

10 Enquanto Esdras orava e fazia essa *confissão, chorando e com o rosto no* chão diante do templo de Deus, uma grande multidão de israelitas — homens, mulheres e crianças — se reuniu e chorou amargamente com ele. ²Então Secanias, filho de Jeiel, descendente de Elão, disse a Esdras: "Fomos infiéis a nosso Deus, pois nos casamos com mulheres estrangeiras, dos povos desta terra. Apesar disso, há esperança para Israel. ³Façamos agora uma aliança com nosso Deus, firmando que nos divorciaremos de nossas esposas estrangeiras e as mandaremos embora com seus filhos. Seguiremos seu conselho e o conselho dos outros que tremem diante dos mandamentos de nosso Deus. Que tudo seja feito de acordo com a lei de Deus. ⁴Levante-se, pois é seu dever nos dizer como corrigir esta situação. Nós o apoiaremos; portanto, seja forte e faça o que tem de ser feito!".

⁵Então Esdras se levantou e exigiu que os líderes dos sacerdotes, os levitas e todo o povo de Israel jurassem que fariam o que Secanias tinha dito. E todos fizeram um juramento solene. ⁶Em seguida, Esdras se retirou de diante do templo de Deus e foi à sala de Joanã, filho de Eliasibe. Não bebeu nem comeu nada enquanto esteve ali, pois ainda lamentava a infidelidade dos exilados que haviam regressado.

⁷Depois disso, foi feita uma proclamação por todo o Judá e Jerusalém, para que todos os que vieram do exílio se reunissem em Jerusalém. ⁸Aqueles que não viessem em três dias perderiam todas as suas propriedades e seriam expulsos da comunidade dos exilados, conforme a decisão dos líderes e das autoridades.

⁹Dentro de três dias, todo o povo de Judá e de Benjamim havia se reunido em Jerusalém. A reunião aconteceu no dia 19 de dezembro,ᵃ e todo o povo estava sentado na praça diante do templo de Deus. Tremiam por causa da seriedade do assunto e porque chovia. ¹⁰Então o sacerdote Esdras se levantou e disse: "Vocês agiram de modo infiel. Aumentaram a culpa de Israel ao se casar com mulheres estrangeiras. ¹¹Agora, confessem seu pecado ao SENHOR, o Deus de seus antepassados, e façam o que agrada a ele. Separem-se do povo da terra e dessas mulheres estrangeiras".

¹²Toda a comunidade respondeu em alta voz: "Você tem razão! Faremos o que disse! ¹³No entanto, não é algo que possa ser feito

---

ᵃ **10.9** Em hebraico, *no vigésimo dia do nono mês*, do antigo calendário lunar hebraico. O ano foi 458 a.C.; ver também nota em 6.15.

em um dia ou dois, pois há muitos de nós envolvidos neste grande pecado. E agora é a estação das chuvas, portanto não podemos ficar aqui fora por muito mais tempo. ¹⁴Que nossos líderes decidam por toda a comunidade. Todo aquele que tiver uma esposa estrangeira virá num dia marcado, acompanhado das autoridades e dos juízes de sua cidade, para que a ira ardente de nosso Deus a esse respeito seja afastada de nós".

¹⁵Os únicos que se opuseram à proposta foram Jônatas, filho de Asael, e Jazeías, filho de Ticvá, apoiados por Mesulão e pelo levita Sabetai.

¹⁶Foi esse, portanto, o plano que seguiram. Esdras escolheu líderes para representarem suas famílias e designou cada representante por nome. No dia 29 de dezembro,ᵃ os líderes se reuniram para tratar da questão. ¹⁷Assim, em 27 de março, o primeiro dia do novo ano,ᵇ haviam terminado de resolver todos os casos de homens que tinham se casado com mulheres estrangeiras.

Os culpados de casamento misto

¹⁸Os sacerdotes que se casaram com mulheres estrangeiras foram:
Da família de Jesua, filho de Jeozadaque,ᶜ e de seus irmãos: Maaseias, Eliézer, Jaribe e Gedalias. ¹⁹Assumiram o compromisso de divorciar-se de suas esposas, e cada um ofereceu um carneiro como sacrifício por causa de sua culpa.
²⁰Da família de Imer: Hanani e Zebadias.
²¹Da família de Harim: Maaseias, Elias, Semaías, Jeiel e Uzias.
²²Da família de Pasur: Elioenai, Maaseias, Ismael, Natanael, Jozabade e Elasa.
²³Os levitas culpados desse pecado foram: Jozabade, Simei, Quelaías (também chamado Quelita), Petaías, Judá e Eliézer.
²⁴O cantor culpado desse pecado foi: Eliasibe. Os porteiros culpados desse pecado foram: Salum, Telém e Uri.
²⁵Os outros israelitas culpados desse pecado foram:
Da família de Parós: Ramias, Jezias, Malquias, Miamim, Eleazar, Malquias e Benaia.
²⁶Da família de Elão: Matanias, Zacarias, Jeiel, Abdi, Jeremote e Elias.
²⁷Da família de Zatu: Elioenai, Eliasibe, Matanias, Jeremote, Zabade e Aziza.
²⁸Da família de Bebai: Joanã, Hananias, Zabai e Atlai.
²⁹Da família de Bani: Mesulão, Maluque, Adaías, Jasube, Seal e Jeremote.
³⁰Da família de Paate-Moabe: Adna, Quelal, Benaia, Maaseias, Matanias, Bezaleel, Binui e Manassés.
³¹Da família de Harim: Eliézer, Issias, Malquias, Semaías, Simeão, ³²Benjamim, Maluque e Semarias.
³³Da família de Hasum: Matenai, Matatá, Zabade, Elifelete, Jeremai, Manassés e Simei.
³⁴Da família de Bani: Maadai, Anrão, Uel, ³⁵Benaia, Bedias, Queluí, ³⁶Vanias, Meremote, Eliasibe, ³⁷Matanias, Matenai e Jaasai.
³⁸Da família de Binui:ᵈ Simei, ³⁹Selemias, Natã, Adaías, ⁴⁰Macnadbai, Sasai, Sarai, ⁴¹Azareel, Selemias, Semarias, ⁴²Salum, Amarias e José.
⁴³Da família de Nebo: Jeiel, Matitias, Zabade, Zebina, Jadai, Joel e Benaia.

⁴⁴Todos esses homens se casaram com mulheres estrangeiras, e alguns tiveram filhos com essas esposas.ᵉ

ᵃ**10.16** Em hebraico, *No primeiro dia do décimo mês*, do antigo calendário lunar hebraico. O ano foi 458 a.C.; ver também nota em 6.15. ᵇ**10.17** Em hebraico, *No primeiro dia do primeiro mês*, do antigo calendário lunar hebraico. O ano foi 457 a.C.; ver também nota em 6.15. ᶜ**10.18** Em hebraico, *Jozadaque*, variação de Jeozadaque. ᵈ**10.37-38** Conforme a Septuaginta; o hebraico traz *Jaasai, ³⁸Bani, Binui*. ᵉ**10.44** Ou *e as mandaram embora com seus filhos*. O significado do hebraico é incerto.

Neemias

INTRODUÇÃO

Esdras e Neemias

Nome. Esdras e Neemias, anteriormente, eram considerados como um único livro. Eles contêm o relato do retorno dos exilados a Jerusalém e o restabelecimento do culto. Logo passaram a ser chamados de 1 e 2 Esdras. Jerônimo foi o primeiro a intitular o segundo livro de Neemias. Wycliffe os chamou de 1 e 2 Esdras e mais tarde os chamaram de livros de Esdras. Os nomes atuais apareceram pela primeira vez na Bíblia de Genebra (1560). Esdras recebe o nome do autor e do personagem principal, esse nome significa "ajuda". Neemias recebe o nome do personagem principal, cujo significado é "Deus conforta".

Outros livros. Três outros livros devem ser lidos em conjunto com este estudo. (1) O livro de Ester, que se refere a esta época e deve ser lido entre os capítulos 6 e 7 do livro de Esdras. (2) Os livros de Ageu e Zacarias. Estes dois profetas foram associados ao primeiro retorno de Zorobabel e suas palavras incitaram os judeus a terminarem a reconstrução do Templo apesar da oposição.

Retorno do cativeiro. O retorno consistiu em três expedições lideradas, respectivamente, por Zorobabel, Esdras e Neemias. O tempo que abrange não pode ser calculado com precisão. Provavelmente não é menos de 90 anos. Alguns acreditam que podem abranger até 110 anos.

ESBOÇO

1. A reconstrução dos muros, Caps. 1–7
    1.1. Neemias recebe permissão para ir a Jerusalém, Caps. 1–2
    1.2. O trabalho nos muros e sua interrupção, Caps. 3–7
2. A aliança para guardar a Lei, Caps. 8–10
    2.1. A Lei é lida, Cap. 8
    2.2. Confissão é feita, Cap. 9
    2.3. Aliança estabelecida, Cap. 10
3. A dedicação dos muros e a reforma de Neemias, Caps. 11–13
    3.1. Os que habitavam a cidade, 11.1–12.26
    3.2. Os muros dedicados, 12.27-47
    3.3. A correção dos males, Cap. 13

PARA ESTUDO E DISCUSSÃO

[1] Indique elementos de força no caráter e obra de Neemias.
[2] A grandeza e a dificuldade da tarefa de Neemias: (a) o lixo; (b) o tamanho e o comprimento dos muros; (c) a força de seus inimigos.
[3] As reformas de Neemias: (a) religiosas; (b) morais; (c) políticas.
[4] A reunião pública e a Festa das Cabanas, Cap. 8.
[5] A aliança, Caps. 9–10.
[6] O repovoamento de Jerusalém, Caps. 11–12.

1 Estas são as memórias de Neemias, filho de Hacalias.

A preocupação de Neemias com Jerusalém

No mês de quisleu, no vigésimo ano do reinado do rei Artaxerxes,[a] eu estava na fortaleza de Susã. ²Hanani, um de meus irmãos, veio me visitar com alguns homens que haviam chegado de Judá. Perguntei-lhes a respeito dos judeus que haviam regressado do cativeiro e da situação em Jerusalém.

³Eles responderam: "As coisas não vão bem para os que regressaram à província de Judá. Eles estão passando por dificuldades e humilhações. O muro de Jerusalém foi derrubado, e suas portas foram destruídas pelo fogo".

⁴Quando ouvi isso, sentei-me e chorei. Durante alguns dias, lamentei, jejuei e orei ao Deus dos céus. ⁵Então disse:

"Ó Senhor, Deus dos céus, Deus grande e temível, que guardas tua aliança de amor leal para com os que te amam e obedecem a teus mandamentos, ⁶ouve minha oração! Olha do alto e vê que oro noite e dia por teu povo, Israel. Confesso que temos pecado contra ti. Sim, minha própria família e eu temos pecado! ⁷Temos pecado terrivelmente contra ti. Não temos obedecido a teus mandamentos, decretos e estatutos, que nos deste por meio de teu servo Moisés.

⁸"Por favor, lembra-te do que disseste a teu servo Moisés: 'Se forem infiéis a mim, eu os dispersarei entre as nações, ⁹mas, se voltarem para mim e obedecerem a meus mandamentos e viverem de acordo com eles, então, mesmo que estejam exilados nos confins da terra,[b] eu os reunirei e os trarei de volta ao lugar que escolhi para estabelecer meu nome'.

¹⁰"O povo que tu resgataste com teu grande poder e com tua forte mão é teu servo. ¹¹Ó Senhor, por favor, ouve a oração deste teu servo! Ouve as orações de teus servos que se agradam em te honrar. Peço que me concedas êxito hoje e que o rei me seja favorável".[c]

Nesse tempo, eu era copeiro do rei.

Neemias recebe permissão para ir a Jerusalém

2 No mês de nisã,[d] no vigésimo ano do reinado do rei Artaxerxes, eu estava servindo vinho ao rei. Nunca eu tinha estado triste em sua presença. ²O rei me perguntou: "Por que está com o rosto tão triste? Você não parece doente. Deve estar profundamente angustiado".

Fiquei com muito medo, ³mas respondi: "Que o rei viva para sempre! Como meu rosto

---

[a] 1.1 Em hebraico, *No mês de quisleu do vigésimo ano*. Vários acontecimentos em Neemias podem ser confirmados por datas em registros persas que sobreviveram ao tempo e relacionados com precisão ao calendário moderno. Esse mês do antigo calendário lunar hebraico caiu entre novembro e dezembro de 446 a.C. O *vigésimo ano* provavelmente se refere ao reinado de Artaxerxes I; comparar com 2.1; 5.14. [b] 1.9 Em hebraico, *dos céus*. [c] 1.11 Em hebraico, *hoje aos olhos deste homem*. [d] 2.1 Esse mês do antigo calendário lunar hebraico caiu entre abril e maio de 445 a.C.

1.11 Neemias foi sincero em sua oração pelo bem de sua nação aflijida, mas não cometeu o erro de pensar que era o único homem no mundo que orava. Disse: "por favor, ouve a oração deste teu servo! Ouve as orações de teus servos que se agradam em te honrar". Nesse aspecto, gosto mais de Neemias do que de Elias. Ambos eram homens nobres e muito preocupados com o maior bem-estar de seus conterrâneos, mas, pelo menos uma vez, Elias não teve uma estimativa verdadeira ou justa das coisas como elas realmente eram. [...] Que nenhum de nós caia no erro que Elias cometeu. [...] Se você chegar a supor que é o único homem que mantém a sã doutrina, se tornará um intolerante. E se pensar ser o único homem que ora na face da Terra, provavelmente provará que quer autojustificar-se! Se você achar que é o único homem que tem uma profunda experiência espiritual, provavelmente estará fazendo um grande mal a outros servos de seu Senhor e falando mal daqueles a quem Ele aceitou. [..] Penso que seria melhor ir um pouco mais longe e acreditar que se você é sincero, há outros que são ainda mais sinceros, e que se você possui uma piedade profunda, há alguns que têm ainda mais do que a sua. Assim, em vez de separar-se de seus irmãos e irmãs em Cristo, como se estivesse acima de tudo e à frente de todos – tenha a esperança e acredite que você é apenas uma pequena estrela em uma grande constelação – uma mancha minúscula na Via Láctea da luz divina com a qual Deus ainda pontilha o céu da noite da história deste mundo. Tenha uma visão esperançosa das coisas e será mais provável estar perto do ponto do que se você julgar severamente os outros e imaginar-se como sendo o único servo fiel do Senhor.

não pareceria triste? A cidade onde estão sepultados meus antepassados está em ruínas, e suas portas foram destruídas pelo fogo".

⁴"O que você deseja que eu faça?", perguntou o rei.

Depois de orar ao Deus dos céus, ⁵respondi: "Se lhe parecer bem, e se o rei for favorável a mim, seu servo, peço que me envie a Judá para reconstruir a cidade onde meus antepassados estão sepultados".

⁶O rei, com a rainha sentada ao seu lado, perguntou: "Quanto tempo você ficará ausente? Quando voltará?". Respondi ao rei quanto tempo ficaria ausente, e ele atendeu a meu pedido.

⁷Disse também: "Se lhe parecer bem, gostaria que o rei me desse cartas para levar aos governadores da província a oeste do rio Eufrates,ᵃ com instruções para que eles permitam que eu viaje em segurança por seus territórios até chegar a Judá. ⁸Peço ainda que o rei me dê uma carta para levar a Asafe, administrador da floresta real, com instruções para que me forneça madeira. Precisarei desse material para as vigas das portas da fortaleza junto ao templo, para o muro da cidade e para minha própria casa". O rei atendeu a esses pedidos, pois a bondosa mão de Deus estava sobre mim.

⁹Fui aos governadores da província a oeste do rio Eufrates e lhes entreguei as cartas do rei. Além disso, o rei enviou oficiais do exército e cavaleiros para me protegerem. ¹⁰Mas, quando Sambalate, o horonita, e Tobias, o oficial amonita, souberam de minha chegada, ficaram muito irritados porque alguém veio promover o bem dos israelitas.

Neemias inspeciona o muro de Jerusalém

¹¹Assim, cheguei a Jerusalém. Três dias depois, ¹²saí discretamente durante a noite, levando comigo uns poucos homens. Não havia contado a ninguém os planos para Jerusalém que Deus tinha colocado em meu coração. Não levamos nenhum animal de carga além daquele que eu montava. ¹³Depois que escureceu, saí pela porta do Vale, passei pelo poço do Chacalᵇ e fui até a porta do Esterco para inspecionar o muro de Jerusalém, que tinha sido derrubado, e as portas, que haviam sido destruídas pelo fogo. ¹⁴Em seguida, fui à porta da Fonte e ao tanque do Rei, mas, por causa do entulho, não havia espaço para meu animal passar. ¹⁵Por isso, embora ainda estivesse escuro, subi pelo vale de Cedromᶜ e inspecionei os muros ali, antes de voltar e entrar de novo pela porta do Vale.

¹⁶Os oficiais da cidade não sabiam aonde eu tinha ido nem o que estava fazendo, pois não havia contado meus planos a ninguém. Ainda não tinha falado com os líderes judeus: os sacerdotes, os nobres, os oficiais e outros que realizariam o trabalho. ¹⁷Mas, então, eu lhes disse: "Vocês sabem muito bem da terrível situação em que estamos. Jerusalém está em ruínas, e suas portas foram destruídas pelo fogo. Venham, vamos reconstruir o muro de Jerusalém e acabar com essa vergonha!". ¹⁸Então lhes contei como a mão de Deus tinha estado sobre mim e lhes relatei minha conversa com o rei.

Eles responderam: "Sim, vamos reconstruir o muro!", e ficaram animados para realizar essa boa obra.

ᵃ **2.7** Em hebraico, *província além do rio*; também em 2.9. ᵇ **2.13** Ou *poço da Serpente*. ᶜ **2.15** Em hebraico, *pelo vale*.

2.12 Neemias, ao que parece, preparou-se para a ação fazendo um levantamento das necessidades do caso. Embora tenha vivido antes da época de nosso Salvador, certamente agiu sobre uma das máximas de Cristo sobre calcular o custo, para que, depois de ter começado a *construir, não possamos ser capazes de terminar*. Gosto de imaginar aquele homem de Deus, à luz da Lua, passando em volta de todos os lugares desolados da cidade, forçado aqui e ali a descer do cavalo por causa de entulhos, transpondo as pedras caídas, pulando, às vezes, agilmente de penhasco a penhasco dos muros da cidade — tendo em sua mente uma ideia clara de toda a desolação — e sentindo em seu coração o peso, a pressão e a carga da responsabilidade que Deus lhe havia imposto. Se ele tivesse começado a sua obra descuidadamente e sem pensar, poderia ter fracassado, mas tendo começado meses antes com oração, tendo sido guiado pela providência até aquele momento, ainda assim o primeiro passo a ser dado agora é fazer um levantamento pessoal da obra e uma minuciosa compreensão pessoal das necessidades do caso.

¹⁹Mas, quando Sambalate, o horonita, Tobias, o oficial amonita, e Gesém, o árabe, souberam de nosso plano, zombaram de nós com desprezo e perguntaram: "O que estão fazendo? Estão se rebelando contra o rei?". ²⁰Eu lhes respondi: "O Deus dos céus nos dará êxito. Nós, seus servos, começaremos a reconstruir este muro. Vocês, porém, não têm nenhuma parte, nenhum direito legal ou histórico sobre Jerusalém".

A reconstrução do muro de Jerusalém

3 Então o sumo sacerdote Eliasibe e os outros sacerdotes começaram a reconstruir a porta das Ovelhas. Eles a consagraram, colocaram as portas no lugar e reconstruíram o muro até a torre dos Cem, que também consagraram, e até a torre de Hananel. ²Os habitantes da cidade de Jericó trabalharam ao lado deles, e mais adiante estava Zacur, filho de Inri.

³A porta do Peixe foi construída pelos filhos de Hassenaá. Colocaram as vigas, levantaram as portas e puseram os ferrolhos e as trancas. ⁴Meremote, filho de Urias e neto de Hacoz, consertou o trecho seguinte do muro. Ao seu lado estava Mesulão, filho de Berequias e neto de Mesezabel, e mais adiante, Zadoque, filho de Baaná. ⁵Os habitantes de Tecoa consertaram o trecho seguinte, embora seus líderes se recusassem a trabalhar com os supervisores da construção.

⁶Os reparos da porta Antiga[a] foram realizados por Joiada, filho de Paseia, e por Mesulão, filho de Besodias. Colocaram as vigas, levantaram as portas e puseram os ferrolhos e as trancas. ⁷Ao lado deles estavam Melatias, de Gibeom, Jadom, de Meronote, homens de Gibeom e homens de Mispá, cidades sob a autoridade do governador da província a oeste do rio Eufrates.[b] ⁸Uziel, filho de Haraías, ourives de profissão, consertou o trecho seguinte, e mais adiante estava Hananias, fabricante de perfumes. Reconstruíram Jerusalém até o muro Largo.

⁹Refaías, filho de Hur, governador de metade do distrito de Jerusalém, trabalhou ao lado deles no muro. ¹⁰No trecho seguinte, Jedaías, filho de Harumafe, consertou o muro em frente de sua própria casa, e ao lado dele estava Hatus, filho de Hasabneias. ¹¹Em seguida vinham Malquias, filho de Harim, e Hassube, filho de Paate-Moabe, que consertaram outra parte do muro e a torre dos Fornos. ¹²Salum, filho de Haloes, e as filhas dele, consertaram o trecho seguinte. Salum era governador da outra metade do distrito de Jerusalém.

¹³Os reparos da porta do Vale foram realizados pelos habitantes de Zanoa, sob a liderança de Hanum. Levantaram as portas e puseram os ferrolhos e as trancas. Também consertaram os 450 metros[c] seguintes do muro até a porta do Esterco.

¹⁴Os reparos da porta do Esterco foram realizados por Malquias, filho de Recabe, governador do distrito de Bete-Haquerém. Ele a reconstruiu, levantou as portas e pôs os ferrolhos e as trancas.

¹⁵Os reparos da porta da Fonte foram realizados por Salum, filho de Col-Hozé, governador do distrito de Mispá. Ele a reconstruiu, colocou o telhado, levantou as portas e pôs os

[a] 3.6 Ou *porta de Mishneh*, ou *porta de Jesana*. [b] 3.7 Em hebraico, *província além do rio*. [c] 3.13 Em hebraico, *1.000 côvados*.

3.8 E então, os muros largos eram destinados a *perspectivas e pontos de vista*. O cidadão subia nos muros e desviava o olhar da fumaça e da sujeira que havia dentro da cidade, direto à frente para os campos verdes, o rio reluzente e as montanhas distantes! Eles se encantavam em assistir o corte de feno, ou a colheita de milho, ou o pôr do sol atrás das colinas distantes. Era um dos prazeres comuns do cidadão de qualquer cidade murada subir no alto do muro, a fim de ter uma visão de longe. Então, quando um homem adentra as altitudes da doutrina do evangelho e aprende a compreender o amor de Deus em Cristo Jesus, que pontos de vista amplos ele pode ter! Como ele encara com desprezo as tristezas da vida! Como olha além daquele pequeno e estreito córrego de morte! Como, às vezes, quando o tempo está claro o suficiente para que use o telescópio, ele pode ver dentro dos portões de pérola e contemplar as alegrias que nenhum olho mortal viu e ouvir as músicas que nenhum ouvido mortal ouviu, pois estas são coisas, não para olhos e ouvidos, mas para corações e espíritos! Bem-aventurado o homem que habita na Igreja do Senhor, pois ele pode encontrar em seus muros largos lugares de onde pode ver o Rei em Sua beleza e a terra que está muito longe!

ferrolhos e as trancas. Além disso, consertou o muro do tanque de Siloé,[a] perto do jardim do rei, e reconstruiu o muro até os degraus que descem da Cidade de Davi. [16]Ao lado dele estava Neemias, filho de Azbuque, governador de metade do distrito de Bete-Zur. Ele reconstruiu o muro desde o lugar em frente dos túmulos da família de Davi até o reservatório de água e até a Casa dos Guerreiros.

[17]Os reparos do trecho seguinte foram realizados por um grupo de levitas que trabalharam sob a supervisão de Reum, filho de Bani. Depois deles vinha Hasabias, governador de metade do distrito de Queila, representando seu distrito. [18]No trecho seguinte trabalharam seus parentes, liderados por Binui,[b] filho de Henadade, governador da outra metade do distrito de Queila.

[19]Ézer, filho de Jesua, governador do distrito de Mispá, consertou o trecho seguinte do muro, desde o lugar em frente da subida para a casa das armas até a esquina do muro. [20]Mais adiante, Baruque, filho de Zabai, consertou com grande zelo o trecho desde a esquina do muro até a entrada da casa do sumo sacerdote Eliasibe. [21]Meremote, filho de Urias e neto de Hacoz, reconstruiu o trecho do muro desde a entrada da casa de Eliasibe até o fim da casa.

[22]Os reparos do trecho seguinte foram realizados pelos sacerdotes que moravam ao redor da cidade. [23]Ao seu lado, Benjamim e Hassube consertaram o trecho em frente de suas casas, e Azarias, filho de Maaseias e neto de Ananias, consertou o trecho ao lado de sua casa. [24]Em seguida vinha Binui, filho de Henadade, que consertou o trecho desde a casa de Azarias até a esquina do muro. [25]Palal, filho de Uzai, consertou o trecho em frente da esquina do muro e da torre do palácio real, ao lado do pátio da guarda. Ao lado dele estavam Pedaías, filho de Parós, [26]e os servidores do templo que moravam na colina de Ofel, que consertaram o muro até o lugar em frente da porta das Águas, a leste, e da torre do palácio. [27]Mais adiante, os habitantes de Tecoa consertaram outro trecho, desde o lugar em frente da grande torre alta até o muro de Ofel.

[28]Os reparos acima da porta dos Cavalos foram realizados pelos sacerdotes; cada um consertou o trecho do muro em frente de sua própria casa. [29]Depois deles, Zadoque, filho de Imer, também consertou o trecho do muro em frente de sua casa. Ao seu lado estava Semaías, filho de Secanias, guarda da porta Oriental. [30]Hananias, filho de Selemias, e Hanum, sexto filho de Zalafe, consertaram o trecho seguinte, enquanto Mesulão, filho de Berequias, consertou o trecho em frente de onde ele morava. [31]Malquias, um dos ourives, consertou o muro até as casas para os servidores do templo e para os negociantes, em frente da porta da Guarda; então continuou o trabalho até a sala superior da esquina. [32]Os outros ourives e negociantes consertaram o muro desde a sala superior da esquina até a porta das Ovelhas.

Inimigos se opõem à reconstrução

4 [2c]Sambalate ficou furioso quando soube que estávamos reconstruindo o muro. Indignou-se e zombou dos judeus. [2]Disse na presença de seus companheiros e dos oficiais do exército samaritano: "O que esse punhado de judeus fracos pensa que está fazendo? Imaginam que serão capazes de construir o muro em um dia só porque ofereceram alguns sacrifícios?[d] Pensam que podem fazer algo com as pedras queimadas que tiraram de um monte de entulho?".

[3]Tobias, o amonita, estava ao seu lado e comentou: "Basta uma raposa subir lá, e esse muro de pedra desaba!".

[4]Então orei: "Ouve-nos, nosso Deus, pois estamos sendo ridicularizados. Que essa zombaria caia sobre a cabeça deles, e que eles próprios se tornem prisioneiros numa terra estrangeira! [5]Não ignores sua culpa. Não apagues seus pecados, pois provocaram tua ira aqui, diante[e] dos construtores".

[6]Por fim, o muro foi reconstruído até metade de sua altura ao redor de toda a cidade, pois o povo trabalhou com entusiasmo.

[7f]No entanto, quando Sambalate, Tobias, os árabes, os amonitas e os asdoditas souberam que a obra avançava e que as brechas no muro de Jerusalém estavam sendo fechadas,

---

[a] **3.15** Em hebraico, *tanque de Selá*, outro nome para o tanque de Siloé. [b] **3.18** Conforme alguns manuscritos hebraicos, alguns manuscritos gregos e a versão siríaca (ver tb. 3.24; 10.9); a maioria dos manuscritos hebraicos traz *Bavai*. [c] **4.1** No texto hebraico, os versículos 4.1-6 são numerados 3.33-38. [d] **4.2** O significado do hebraico, é incerto. [e] **4.5** Ou *porque lançaram insultos no rosto*. [f] **4.7** No texto hebraico, os versículos 4.7-23 são numerados 4.1-17.

encheram-se de ira. ⁸Eles planejaram vir, lutar contra Jerusalém e causar confusão em nosso meio. ⁹Mas nós oramos a nosso Deus e colocamos guardas na cidade de dia e de noite para nos proteger.

¹⁰Então o povo de Judá começou a se queixar: "Os trabalhadores estão cansados, e ainda há muito entulho para remover. Não seremos capazes de construir o muro sozinhos".

¹¹Enquanto isso, nossos inimigos diziam: "Antes que eles se deem conta do que está acontecendo, cairemos sobre eles e os mataremos, acabando com seu trabalho".

¹²Os judeus que moravam perto dos inimigos nos disseram diversas vezes: "Eles virão de todas as direções e nos atacarão!".ᵃ ¹³Por isso, coloquei guardas armados atrás das partes mais baixas do muro e nos lugares mais expostos. Dividi-os por famílias, para que montassem guarda armados com espadas, lanças e arcos.

¹⁴Examinei a situação, reuni os nobres, os oficiais e o restante do povo e lhes disse: "Não tenham medo do inimigo! Lembrem-se do Senhor, que é grande e temível, e lutem por seus irmãos, seus filhos, suas filhas, suas esposas e seus lares!".

¹⁵Quando nossos inimigos descobriram que sabíamos de seus planos e que Deus os havia frustrado, todos nós voltamos ao trabalho no muro. ¹⁶Dali em diante, porém, apenas metade de meus homens trabalhava, pois a outra metade ficava de guarda com lanças, escudos, arcos e couraças. Os líderes ficavam na retaguarda de todo o povo de Judá, ¹⁷que construía o muro. Os trabalhadores prosseguiram com a obra; com uma das mãos levavam as cargas, enquanto, com a outra, seguravam uma arma. ¹⁸Todos os construtores tinham uma espada presa à cintura. O tocador de trombeta ficava comigo para dar o sinal de alerta.

¹⁹Então expliquei aos nobres, aos oficiais e ao restante do povo: "A obra é extensa, e estamos muito separados uns dos outros ao longo do muro. ²⁰Quando ouvirem o toque da trombeta, corram para onde ele soar. Nosso Deus lutará por nós".

²¹Trabalhávamos o dia inteiro, do nascer ao pôr do sol, e metade dos homens estava sempre de guarda. ²²Nessa ocasião, eu disse aos que moravam fora dos muros que passassem a noite em Jerusalém. Assim, eles e seus servos poderiam ajudar na guarda à noite e trabalhar durante o dia. ²³Nenhum de nós — nem eu, nem meus parentes, nem meus servos, nem os guardas que estavam comigo — trocava de roupa. Carregávamos sempre nossas armas, até mesmo quando íamos beber água.ᵇ

Neemias defende os oprimidos

5 Por esse tempo, alguns homens e suas esposas fizeram um grande protesto contra seus irmãos judeus. ²Alguns deles diziam: "Nossas famílias são grandes; precisamos de mais alimento para sobreviver".

³Outros diziam: "Hipotecamos nossos campos, nossas videiras e nossas casas para

---

ᵃ 4.12 O significado do hebraico é incerto. ᵇ 4.23 Ou *Cada um carregava sua arma na mão direita*. O significado do hebraico é incerto.

4.9 Estas pessoas não tinham apenas que construir os muros de Jerusalém, mas também vigiar os seus inimigos ao mesmo tempo. O caso deles é o nosso. Temos que trabalhar para Cristo. Espero que todos nós que o amamos estejamos fazendo o que pudermos para edificar o Seu reino — mas precisamos também vigiar contra inimigos mortais. Se eles puderem nos destruir, naturalmente também destruirão nosso trabalho. Farão os dois se puderem. Os poderes do mal estão contra o povo de Deus. Se puderem, de alguma forma, nos ferir ou incomodar, tenha a certeza de que o farão. Não deixarão pedra sobre pedra se isso puder servir ao seu propósito. [...]

Neemias fora advertido sobre o ataque que deveria ser feito sobre a cidade. Os judeus que viviam perto desses samaritanos haviam ouvido a conversa deles sobre o que pretendiam fazer e vieram contar a Neemias sobre a conspiração dos adversários. Nós também fomos avisados. Como o nosso Senhor disse a Pedro: "Simão, Simão, Satanás pediu para peneirar cada um de vocês como trigo", assim Ele nos disse em Sua Palavra que há um grande e terrível poder perverso que está buscando nossa destruição. Se Satanás puder fazê-lo, ele não apenas vai nos peneirar como trigo, mas nos lançará no fogo para que possamos ser destruídos. Irmãos, "conhecemos seus planos malignos". Vocês não são deixados em um paraíso imaginário para sonhar com a proteção da provação e imaginar que já superaram a tentação.

conseguir comida durante este período de escassez".

⁴Ainda outros diziam: "Tomamos dinheiro emprestado para pagar os impostos do rei sobre nossos campos e vinhedos. ⁵Somos da mesma família que os ricos, e nossos filhos são iguais aos filhos deles. Contudo, somos obrigados a vender nossos filhos como escravos só para termos dinheiro suficiente para viver. Já vendemos algumas de nossas filhas, e não há nada que possamos fazer, pois nossos campos e vinhedos agora pertencem a outros".

⁶Quando ouvi essas reclamações, fiquei muito indignado. ⁷Depois de pensar bem na questão, repreendi os nobres e os oficiais, dizendo: "Vocês estão prejudicando seus próprios irmãos ao cobrar juros quando lhes pedem dinheiro emprestado!". Em seguida, convoquei uma reunião pública para tratar do problema.

⁸Na reunião, eu lhes disse: "Temos feito todo o possível para resgatar nossos irmãos judeus que se venderam a estrangeiros, mas agora vocês os vendem de volta à escravidão. Quantas vezes precisaremos resgatá-los?". E eles não tinham nada a dizer em sua defesa.

⁹Então prossegui: "O que vocês estão fazendo não é certo! Acaso não deviam andar no temor de nosso Deus, para evitar a zombaria das nações inimigas? ¹⁰Eu, meus irmãos e os homens que trabalham para mim temos emprestado dinheiro e cereal para o povo. Agora, porém, deixemos de cobrar juros! ¹¹Devolvam-lhes hoje mesmo seus campos, seus vinhedos, seus olivais e suas casas. Devolvam também a centésima parte, os juros que cobraram quando lhes emprestaram dinheiro, cereais, vinho novo e azeite".

¹²Eles responderam: "Devolveremos tudo e não exigiremos mais nada do povo. Faremos conforme você diz". Então chamei os sacerdotes e fiz os nobres e os oficiais jurarem que cumpririam sua promessa.

¹³Depois, sacudi as dobras de meu manto e disse: "Que Deus assim os sacuda de seus lares e de suas propriedades se vocês não cumprirem o que prometeram! Que fiquem sem absolutamente nada!".

Toda a comunidade respondeu: "Amém", e louvaram o Senhor. E o povo cumpriu o que havia prometido.

¹⁴Durante os doze anos em que fui governador de Judá, do vigésimo ano ao trigésimo segundo ano do reinado do rei Artaxerxes,ᵃ nem eu nem meus oficiais cobramos o tributo de alimentação ao qual tínhamos direito. ¹⁵Os governadores anteriores, no entanto, haviam colocado cargas pesadas sobre o povo; exigiam uma porção de alimento e de vinho, além de quarenta peçasᵇ de prata. Até mesmo os oficiais deles se aproveitavam do povo. Mas, por temor a Deus, não agi dessa maneira.

ᵃ **5.14** Isto é, de 445 a 433 a.C. ᵇ **5.15** Em hebraico, *40 siclos*, cerca de 480 gramas.

5.7 [...] quando alguns dos judeus voltaram com Neemias para Jerusalém, muitos estavam em circunstâncias muito difíceis e, contrariamente à lei judaica, os judeus mais ricos emprestavam-lhes dinheiro cobrando juros com usura que chegavam à centésima parte mês, ou 12% ao ano. Eles tiravam as terras de seus irmãos mais pobres, ou colocavam uma pesada hipoteca sobre eles; e em alguns casos levavam os próprios homens para serem escravos em troca das dívidas que inevitavelmente incorriam. Como todos sabem, todo judeu era proprietário de terras e se estas fossem hipotecadas por algum tempo, deviam retornar gratuitamente *para ele no 50º ano. E, embora um judeu pudesse, por algum tempo, se tornar servo de seu irmão judeu* — ele deveria ser liberto ao final do 7º ano. Só poderia estar obrigado à servidão por um curto período. Neemias chamou, pois, os anciãos, os nobres e os príncipes de Jerusalém e mostrou-lhes como estavam errados por manterem os seus irmãos mais pobres na escravidão. "Vocês estão prejudicando seus próprios irmãos ao cobrar juros", disse ele. E os repreendeu duramente por isso. Quando descobriu que suas próprias palavras não eram suficientemente poderosas, reuniu o povo e deixou que todos tivessem voz, pois nas muitas vozes havia poder. "Convoquei", disse ele, "uma reunião pública para tratar do problema". Algumas pessoas são surdas à voz da justiça até que seja repetida em voz alta por milhares de seus semelhantes. À voz silenciosa de princípio e direito não ouvirão, e a suave repreensão de algum amigo fiel, desprezarão — mas quando a justiça alista a opinião pública a seu lado — quando muitos são vistos como seus defensores, então essas mesmas pessoas mostrarão que têm vestígios de consciência, e cederão às exigências corretas, porque as consideram não apenas justas, mas populares.

¹⁶Dediquei-me ao trabalho no muro e não adquiri terras. Exigi que todos os meus servos também trabalhassem no muro. ¹⁷Não pedi nada, embora 150 judeus e oficiais comessem com frequência à minha mesa, além de todos os visitantes de outras terras. ¹⁸Os suprimentos pelos quais eu pagava todos os dias eram um boi, seis das melhores ovelhas, e muitas aves. Além disso, a cada dez dias, precisávamos de uma grande quantidade de vinhos de todo tipo. E, no entanto, não cobrei o tributo de alimentação a que o governador tinha direito, pois o trabalho que o povo realizava já representava uma carga pesada.

¹⁹Lembra-te, ó meu Deus, de tudo que tenho feito por este povo, e abençoa-me por isso.

A oposição continua

6 Sambalate, Tobias, Gesém, o árabe, e o restante de nossos inimigos descobriram que eu havia terminado de reconstruir o muro e que não restavam brechas, embora as portas ainda não tivessem sido colocadas em seus lugares. ²Então Sambalate e Gesém enviaram uma mensagem pedindo que eu me encontrasse com eles num dos povoados[a] da planície de Ono.

Sabendo que eles planejavam me fazer mal, ³respondi com a seguinte mensagem: "Estou envolvido com uma obra muito importante e não posso ir. Por que eu deveria interromper o trabalho para me encontrar com vocês?".

⁴Quatro vezes eles enviaram a mesma mensagem, e cada vez lhes respondi da mesma forma. ⁵Na quinta vez, o servo de Sambalate trouxe nas mãos uma carta aberta, ⁶que dizia:

"Há um boato entre as nações vizinhas, e Gesém[b] o confirma, que você e os judeus planejam se rebelar e, por isso, estão reconstruindo o muro. De acordo com esses relatos, você planeja se tornar o rei deles. ⁷Corre a notícia de que você nomeou profetas em Jerusalém para proclamarem a seu respeito: 'Olhem! Há um rei em Judá!'.

"Pode ter certeza de que essa informação chegará ao conhecimento do rei. Sugiro, portanto, que venha conversar comigo".

⁸Eu lhe respondi: "Nada do que você diz é verdade. É tudo invenção sua".

⁹Estavam apenas tentando nos intimidar e imaginavam que iríamos interromper a obra. Assim, continuei o trabalho com determinação ainda maior.[c]

¹⁰Algum tempo depois, fui visitar Semaías, filho de Delaías e neto de Meetabel, que não podia sair de sua casa. Ele disse: "Vamos nos encontrar no templo de Deus e trancar as portas. Esta noite seus inimigos virão matá-lo".

¹¹Eu, porém, respondi: "Alguém de minha posição deve fugir do perigo? Alguém como eu deve entrar no templo para salvar a vida? Não farei isso!". ¹²Percebi que Deus não tinha falado com Semaías, mas que ele havia sido contratado por Sambalate e Tobias para anunciar essa profecia contra mim. ¹³Eles esperavam me intimidar e me fazer pecar. Assim, poderiam me difamar e me desacreditar.

¹⁴Lembra-te, ó meu Deus, de todo mal feito por Tobias e Sambalate. E lembra-te da profetisa Noadia e de todos os outros profetas que tentaram me intimidar.

Os construtores terminam o muro

¹⁵Por fim, no dia 2 de outubro,[d] 52 dias depois de começarmos o trabalho, o muro ficou pronto. ¹⁶Quando nossos inimigos e as nações vizinhas souberam disso, ficaram assustados e sentiram-se humilhados. Perceberam que a obra havia sido realizada com a ajuda de nosso Deus.

¹⁷Durante esses 52 dias, Tobias e os nobres de Judá trocaram várias cartas. ¹⁸Muitos em Judá haviam jurado lealdade a Tobias, pois seu sogro era Secanias, filho de Ará, e seu filho Joanã era casado com a filha de Mesulão, filho de Berequias. ¹⁹Eles sempre me falavam das boas ações de Tobias e lhe contavam tudo que eu dizia. E Tobias continuava a mandar cartas de ameaça para me intimidar.

7 Depois que o muro foi terminado e que eu havia colocado as portas em seus lugares, foram nomeados os guardas das portas, os cantores e os levitas. ²Entreguei a responsabilidade de governar Jerusalém a meu irmão

---

[a] **6.2** Conforme a Septuaginta; o hebraico traz *em Quefirim*. [b] **6.6** Em hebraico, *Gasmu*, variação de Gesém. [c] **6.9** Conforme a Septuaginta; o hebraico traz *Mas, agora, fortalece minhas mãos*. [d] **6.15** Em hebraico, *no vigésimo quinto dia do mês de elul*, do antigo calendário lunar hebraico. O ano foi 445 a.C.; ver também nota em 1.1.

Hanani e a Hananias, comandante da fortaleza, pois era um homem fiel que temia a Deus mais do que a maioria dos homens. ³Eu lhes disse: "Não deixem as portas abertas durante a parte mais quente do dia.ª Mesmo quando os guardas das portas estiverem de serviço, deverão fechá-las e trancá-las. Nomeiem moradores de Jerusalém para montar guarda, todos em turnos regulares. Alguns ficarão em postos de sentinela, e outros, em frente de suas casas".

Neemias registra o povo

⁴Nesse tempo, a cidade era grande e espaçosa, mas a população era pequena e nenhuma das casas havia sido reconstruída. ⁵Então meu Deus me deu a ideia de convocar todos os nobres e as autoridades da cidade e todos os cidadãos comuns para registrá-los. Eu havia encontrado o registro genealógico dos primeiros a regressar a Judá. Nele estava escrito:

⁶Esta é uma lista dos judeus da província que regressaram do cativeiro. O rei Nabucodonosor os havia deportado para a Babilônia, mas eles voltaram para Jerusalém e Judá, cada um para sua cidade de origem. ⁷Seus líderes eram Zorobabel, Jesua, Neemias, Seraías,ᵇ Reelaías,ᶜ Naamani, Mardoqueu, Bilsã, Mispar,ᵈ Bigvai, Reumᵉ e Baaná.

Este é o número de homens de Israel que regressaram do exílio:

⁸da família de Parós, 2.172;
⁹da família de Sefatias, 372;
¹⁰da família de Ará, 652;
¹¹da família de Paate-Moabe (descendentes de Jesua e de Joabe), 2.818;
¹²da família de Elão, 1.254;
¹³da família de Zatu, 845;
¹⁴da família de Zacai, 760;
¹⁵da família de Bani,ᶠ 648;
¹⁶da família de Bebai, 628;
¹⁷da família de Azgade, 2.322;
¹⁸da família de Adonicam, 667;
¹⁹da família de Bigvai, 2.067;
²⁰da família de Adim, 655;
²¹da família de Ater (descendentes de Ezequias), 98;
²²da família de Hassum, 328;
²³da família de Bezai, 324;
²⁴da família de Jora,ᵍ 112;
²⁵da família de Gibar,ʰ 95;
²⁶do povo de Belém e Netofa, 188;
²⁷do povo de Anatote, 128;
²⁸do povo de Bete-Azmavete, 42;
²⁹do povo de Quiriate-Jearim, Quefira e Beerote, 743;
³⁰do povo de Ramá e Geba, 621;
³¹do povo de Micmás, 122;
³²do povo de Betel e Ai, 123;
³³do povo de Nebo Ocidental,ⁱ 52;
³⁴dos cidadãos de Elão Ocidental,ʲ 1.254;
³⁵os cidadãos de Harim, 320;
³⁶os cidadãos de Jericó, 345;
³⁷os cidadãos de Lode, Hadide e Ono, 721;
³⁸os cidadãos de Senaá, 3.930.

³⁹Estes são os sacerdotes que regressaram do exílio:

da família de Jedaías (da linhagem de Jesua), 973;
⁴⁰da família de Imer, 1.052;
⁴¹da família de Pasur, 1.247;
⁴²da família de Harim, 1.017.

⁴³Estes são os levitas que regressaram do exílio:

das famílias de Jesua e Cadmiel (descendentes de Hodavias),ᵏ 74;
⁴⁴os cantores da família de Asafe, 148;
⁴⁵os guardas das portas das famílias de Salum, Ater, Talmom, Acube, Hatita e Sobai, 138.

⁴⁶Os descendentes destes servidores do templo regressaram do exílio:

Zia, Hasufa, Tabaote,
⁴⁷Queros, Sia, Padom,
⁴⁸Lebana, Hagaba, Salmai,
⁴⁹Hanã, Gidel, Gaar,
⁵⁰Reaías, Rezim, Necoda,
⁵¹Gazão, Uzá, Paseia,

ª**7.3** Ou *Mantenham as portas de Jerusalém fechadas até que o sol esteja quente.* ᵇ**7.7a** Conforme o texto paralelo em Ed 2.2; o hebraico traz *Azarias*. ᶜ**7.7b** Conforme o texto paralelo em Ed 2.2; o hebraico traz *Raamias*. ᵈ**7.7c** Conforme o texto paralelo em Ed 2.2; o hebraico traz *Misperete*. ᵉ**7.7d** Conforme o texto paralelo em Ed 2.2; o hebraico traz *Neum*. ᶠ**7.15** Conforme o texto paralelo em Ed 2.10; o hebraico traz *Binui*. ᵍ**7.24** Conforme o texto paralelo em Ed 2.18; o hebraico traz *Harife*. ʰ**7.25** Conforme o texto paralelo em Ed 2.20; o hebraico traz *Gibeão*. ⁱ**7.33** Ou *do outro Nebo*. ʲ**7.34** Ou *do outro Elão*. ᵏ**7.43** Conforme o texto paralelo em Ed 2.40; o hebraico traz *Hodeva*.

⁵²Besai, Meunim, Nefusim,ª
⁵³Baquebuque, Hacufa, Harur,
⁵⁴Baslute,ᵇ Meída, Harsa,
⁵⁵Barcos, Sísera, Tamá,
⁵⁶Nesias e Hatifa.

⁵⁷Os descendentes destes servos do rei Salomão regressaram do exílio:
Sotai, Soferete, Peruda,ᶜ
⁵⁸Jaala, Darcom, Gidel,
⁵⁹Sefatias, Hatil, Poquerete-Hazebaim e Ami.ᵈ

⁶⁰Ao todo, os servidores do templo e os descendentes dos servos de Salomão eram 392.

⁶¹Nessa ocasião, outro grupo regressou das cidades de Tel-Melá, Tel-Harsa, Querube, Adãᵉ e Imer. Contudo, não puderam comprovar que eles ou suas famílias eram descendentes de Israel. ⁶²Estavam nesse grupo as famílias de Delaías, Tobias e Necoda, 642 pessoas ao todo.

⁶³Também regressaram as famílias de três sacerdotes: Habaías, Hacoz e Barzilai. (Esse Barzilai havia se casado com uma mulher descendente de Barzilai, de Gileade, e assumido o nome da família dela.) ⁶⁴Procuraram seus nomes nos registros genealógicos, mas não os encontraram, por isso não se qualificaram para servir como sacerdotes. ⁶⁵O governador ordenou que não comessem das porções dos sacrifícios separadas para os sacerdotes até que um sacerdote consultasse o Senhor a esse respeito usando o Urim e o Tumim.

⁶⁶Portanto, os que regressaram para Judá foram 42.360, ⁶⁷além dos 7.337 servos e servas e dos 245 cantores e cantoras. ⁶⁸Levaram consigo 736 cavalos, 245 mulas,ᶠ ⁶⁹435 camelos e 6.720 jumentos.

⁷⁰Alguns dos chefes das famílias fizeram donativos para a obra. O governador deu à tesouraria o total de 8,6 quilos de ouro,ᵍ 50 bacias de ouro e 530 vestes para os sacerdotes. ⁷¹Os outros líderes deram à tesouraria o total de 172 quilosʰ de ouro e 1.320 quilosⁱ de prata. ⁷²O restante do povo deu 172 quilos de ouro, 1.200 quilosʲ de prata e 67 vestes para os sacerdotes.

⁷³Assim, os sacerdotes, os levitas, os guardas das portas, os cantores, os servidores do templo e alguns do povo se estabeleceram perto de Jerusalém. O restante do povo regressou às suas cidades em todo o Israel.

Esdras faz a leitura da Lei

8 Em outubro,ᵏ quando os israelitas já haviam se estabelecido em suas cidades,ˡ todo o povo se reuniu com um só propósito na praça em frente da porta das Águas. Pediram ao escriba Esdras que trouxesse o Livro da Lei de Moisés, que o Senhor tinha dado a Israel.

²Assim, no dia 8 de outubro,ᵐ o sacerdote Esdras trouxe o Livro da Lei perante a comunidade constituída de homens e mulheres e de todas as crianças com idade suficiente para entender. ³Ficou de frente para a praça, junto à porta das Águas, desde o amanhecer até o meio-dia, e leu em voz alta para todos que podiam entender. Todo o povo ouviu com atenção a leitura do Livro da Lei.

⁴O escriba Esdras estava em pé sobre uma plataforma de madeira feita para a ocasião. À sua direita estavam Matitias, Sema, Anaías, Urias, Hilquias e Maaseias; à sua esquerda, Pedaías, Misael, Malquias, Hasum, Hasbadana, Zacarias e Mesulão. ⁵Esdras estava sobre a plataforma, à vista de todo o povo. Quando o viram abrir o Livro da Lei, todos se levantaram.

⁶Esdras louvou o Senhor, o grande Deus, e todo o povo disse: "Amém! Amém!", com as mãos erguidas. Depois, prostraram-se com o rosto no chão e adoraram o Senhor.

⁷Em seguida, os levitas Jesua, Bani, Serebias, Jamim, Acube, Sabetai, Hodias, Maaseias, Quelita, Azarias, Jozabade, Hanã e Pelaías

---

ª**7.52** Conforme o texto paralelo em Ed 2.50; o hebraico traz *Nefusesim*. ᵇ**7.54** Conforme o texto paralelo em Ed 2.52; o hebraico traz *Baslite*. ᶜ**7.57** Conforme o texto paralelo em Ed 2.55; o hebraico traz *Perida*. ᵈ**7.59** Conforme o texto paralelo em Ed 2.57; o hebraico traz *Amom*. ᵉ**7.61** Conforme o texto paralelo em Ed 2.59; o hebraico traz *Adom*. ᶠ**7.68** Conforme alguns manuscritos hebraicos (ver tb. Ed 2.66); a maioria dos manuscritos hebraicos não traz este versículo. No texto hebraico, os versículos 7.69-73 são numerados 7.68-72. ᵍ**7.70** Em hebraico, *1.000 dáricos de ouro*. ʰ**7.71a** Em hebraico, *20.000 dáricos*; também em 7.72. ⁱ**7.71b** Em hebraico, *2.200 minas*. ʲ**7.72** Em hebraico, *2.000 minas*. ᵏ**8.1a** Em hebraico, *No sétimo mês*. Esse mês do antigo calendário lunar hebraico caiu entre outubro e novembro de 445 a.C. ˡ**8.1b** No texto hebraico, a primeira parte do versículo é numerada 7.73. ᵐ**8.2** Em hebraico, *no primeiro dia do sétimo mês*, do antigo calendário lunar hebraico. O ano foi 445 a.C.; ver também nota em 1.1.

instruíram o povo acerca da Lei, e todos permaneceram em seus lugares. ⁸Liam o Livro da Lei de Deus, explicavam com clareza o significado do que era lido e ajudavam o povo a entender cada passagem.

⁹Então o governador Neemias, o sacerdote e escriba Esdras e os levitas que instruíam o povo disseram: "Não se lamentem nem chorem num dia como este! Hoje é um dia consagrado ao Senhor, seu Deus!". Pois todo o povo chorava enquanto ouvia as palavras da Lei.

¹⁰E Neemias[a] prosseguiu: "Vão e comemorem com um banquete de comidas saborosas e bebidas doces e repartam o alimento com aqueles do povo que não prepararam nada. Este é um dia consagrado ao nosso Senhor. Não fiquem tristes, pois a alegria do Senhor é sua força!".

¹¹Os levitas também acalmaram o povo, dizendo: "Aquietem-se! Não fiquem tristes! Hoje é um dia santo!". ¹²Então o povo saiu para comer e beber numa refeição festiva, para repartir o alimento e celebrar com grande alegria, pois tinham ouvido e entendido as palavras de Deus.

A Festa das Cabanas

¹³No dia 9 de outubro,[b] os chefes de todas as famílias do povo, junto com os sacerdotes e os levitas, reuniram-se com o escriba Esdras para examinar a Lei mais atentamente. ¹⁴Enquanto estudavam a Lei, descobriram que o Senhor havia ordenado por meio de Moisés que os israelitas morassem em cabanas durante a festa a ser comemorada naquele mês.[c] ¹⁵Ele tinha dito que se devia fazer uma proclamação por todas as suas cidades e em Jerusalém, para que o povo fosse até os montes apanhar ramos de oliveiras cultivadas e oliveiras silvestres,[d] ramos de murtas, de palmeiras e de outras árvores frondosas. Deviam usar esses ramos para construir as cabanas, conforme prescrito pela Lei.

¹⁶O povo saiu, cortou ramos e os usou para construir cabanas nos terraços das casas, nos seus pátios, nos pátios do templo de Deus, na praça junto à porta das Águas e na praça junto à porta de Efraim. ¹⁷Então todos que haviam regressado do cativeiro moraram nessas cabanas durante a festa, e todos estavam cheios de grande alegria. Os israelitas não celebravam a festa dessa maneira desde os dias de Josué,[e] filho de Num.

---

[a] 8.10 Em hebraico, *ele*. [b] 8.13 Em hebraico, *No segundo dia*, do sétimo mês do antigo calendário lunar hebraico. O ano foi 445 a.C.; ver também notas em 1.1 e 8.2. [c] 8.14 Em hebraico, *no sétimo mês*. Esse mês do antigo calendário lunar hebraico geralmente caía entre setembro e outubro. Ver Lv 23.39-43. [d] 8.15 Ou *pinho*; o hebraico traz *árvore de azeite*. [e] 8.17 O hebraico traz *Jesua*, variação de Josué.

8.10 A vasta congregação diante da Porta das Águas, sob o ensinamento de Esdras, foi despertada e ferida no seu íntimo; eles sentiram a lâmina da Lei de Deus como uma espada que abriu seus corações, rasgando, cortando e matando, e puderam lamentar-se. Depois chegou o momento de deixá-los sentir o bálsamo do evangelho e ouvir sua música e, portanto, os antigos filhos do trovão canalizaram suas notas e tornaram-se filhos da consolação, dizendo-lhes: "Vão e comemorem com um banquete de comidas saborosas e bebidas doces e repartam o alimento com aqueles do povo que não prepararam nada. Este é um dia consagrado ao nosso Senhor. Não fiquem tristes, pois a alegria do Senhor é sua força!". Agora que estavam penitentes, e se voltaram sinceramente para o seu Deus, eles se propuseram *a se alegrar*. Como certos tecidos precisam ser umedecidos antes que tomem as cores vibrantes com as quais devem ser adornados, assim são nossos espíritos, que precisam do embelezamento do arrependimento antes que possam receber a coloração radiante do deleite. As alegres novas do evangelho só podem ser impressas em papel molhado. Você já viu um brilho mais claro do que aquele que vem após uma chuva? O Sol transforma os pingos de chuva em pedras preciosas, as flores olham para cima com sorrisos e rostos mais renovados brilhando por causa de seu refrescante banho; e os pássaros, de entre os ramos gotejantes, cantam com notas mais arrebatadoras, porque tiveram que parar por um tempo. Portanto, quando a alma estiver saturada com a chuva de penitência, o claro brilho do amor perdoador faz as flores de alegria florescerem ao redor. Os degraus pelos quais subimos ao palácio do deleite geralmente estão molhados com lágrimas. O sofrimento pelo pecado é o pórtico da bela casa, onde os convidados estão cheios da "alegria do Senhor". Espero, então, que os lamentadores, a quem esse discurso se dirige, descubram e desfrutem do significado dessa bênção divina no Sermão do Monte: "Felizes os que choram, pois serão consolados".

¹⁸Durante os sete dias da festa, Esdras leu o Livro da Lei de Deus a cada dia. Então, no oitavo dia, realizaram uma reunião solene, conforme prescrito.

O povo confessa seus pecados

9 No dia 31 de outubro,ᵇ o povo de Israel se reuniu novamente; dessa vez, jejuaram, vestiram pano de saco e jogaram terra sobre a cabeça. ²Os que eram de descendência israelita se separaram de todos os estrangeiros. Levantaram-se e confessaram seus pecados e as maldades de seus antepassados. ³Durante três horas,ᶜ permaneceram em pé no mesmo lugar enquanto o Livro da Lei do Senhor, seu Deus, era lido para eles em voz alta. Depois, confessaram seus pecados e adoraram o Senhor, seu Deus, durante mais três horas. ⁴Os levitas Jesua, Bani, Cadmiel, Sebanias, Buni, Serebias, Bani e Quenani estavam em pé em sua plataforma e clamavam em alta voz ao Senhor, seu Deus.

⁵Então os levitas Jesua, Cadmiel, Bani, Hasabneias, Serebias, Hodias, Sebanias e Petaías disseram ao povo: "Levantem-se e louvem o Senhor, seu Deus, que vive desde sempre e para sempre!". Em seguida, oraram:

"Louvado seja teu nome glorioso! Exaltado seja acima de toda bênção e todo louvor! ⁶"Somente tu és o Senhor. Fizeste o céu e os céus além do céu, e todas as estrelas. Fizeste a terra, os mares, e tudo que neles há. Preservas todos os seres com vida, e o exército dos céus te presta adoração.

⁷"Tu és o Senhor Deus, que escolheste Abrão, o trouxeste de Ur dos caldeus e lhe deste o nome de Abraão. ⁸Viste a fidelidade de seu coração e fizeste com ele uma aliança, para dar a ele e à sua descendência a terra dos cananeus, dos hititas, dos amorreus, dos ferezeus, dos jebuseus e dos girgaseus. E cumpriste tua promessa, pois és sempre fiel à tua palavra.

⁹"Viste a aflição de nossos antepassados no Egito e ouviste os clamores deles junto ao mar Vermelho.ᵈ ¹⁰Fizeste sinais e maravilhas contra o faraó, seus oficiais e todo o seu povo, pois sabias como tratavam arrogantemente nossos antepassados. Tens uma fama tremenda, que não foi esquecida. ¹¹Dividiste o mar, para que teu povo atravessasse em terra seca, e depois lançaste seus inimigos nas profundezas do mar, e eles afundaram como pedras nas águas impetuosas. ¹²Conduziste nossos antepassados com uma coluna de nuvem durante o dia e uma coluna de fogo durante a noite, para que encontrassem o caminho por onde deviam ir.

¹³"Desceste ao monte Sinai e falaste com eles do céu. Deste estatutos justos, leis verdadeiras e decretos e mandamentos bons. ¹⁴Tu os instruíste a respeito de teu sábado santo. Ordenaste, por meio de teu servo Moisés, que obedecessem a teus mandamentos, decretos e leis.

¹⁵"Providenciaste-lhes pão do céu quando tiveram fome e água da rocha quando tiveram sede. Ordenaste que fossem e tomassem posse da terra que juraste lhes dar.

¹⁶"Nossos antepassados, porém, eram orgulhosos e teimosos e não deram atenção a teus mandamentos. ¹⁷Não quiseram obedecer e não se lembraram dos milagres que havias realizado em favor deles. Em vez disso, rebelaram-se e nomearam um líder para levá-los de volta à escravidão no Egito.ᵈ Mas tu és

---

ᵃ **9.1** Em hebraico, *No vigésimo quarto dia desse mesmo mês*, o sétimo mês do antigo calendário lunar hebraico. O ano foi 445 a.C.; ver também notas em 1.1 e 8.2. ᵇ **9.3** Em hebraico, *Por um quarto de dia*; também em 9.3b. ᶜ **9.9** Em hebraico, *mar de juncos*. ᵈ **9.17** Conforme a Septuaginta; o hebraico traz *em sua rebelião*.

9.17 Estas pessoas *se rebelaram deliberadamente*, pois os versículos 16 e 17 nos dizem "eram orgulhosos e teimosos e não deram atenção a teus mandamentos. Não quiseram obedecer". Não foi que cometeram erros; não foi que eles caíram em enganos ou foram enganados; eles não quiseram fazer o certo e se recusaram a conhecer qual era a vontade e a mente de Deus! Eles taparam seus ouvidos e fecharam seus olhos! Quando pediram que as palavras que o Senhor falou do Sinai não mais lhes fossem faladas, era natural que temessem o terror do som da trombeta; mas no fundo de seus corações também havia desgosto por uma Lei tão pura, tão santa. Seus corações estavam firmados na maldade, e não iam ser conduzidos no caminho da obediência; seus ouvidos estavam voltados a Corá, Datã e Abirão, que pregavam a conspiração; estavam prontos para serem

Deus de perdão, misericordioso e compassivo, lento para se irar e cheio de amor. Não os abandonaste, ¹⁸mesmo quando fizeram um ídolo em forma de bezerro e disseram: 'Este é seu deus que os tirou do Egito!'. Sim, cometeram blasfêmias terríveis!

¹⁹"Mas, em tua grande misericórdia, não os abandonaste para morrer no deserto. A coluna de nuvem continuava a conduzi-los durante o dia, e a coluna de fogo lhes mostrava o caminho durante a noite. ²⁰Enviaste teu bom Espírito para instruí-los e não deixaste de lhes dar maná do céu para se alimentarem, nem água para matarem a sede. ²¹Tu os sustentaste no deserto durante quarenta anos, e nada lhes faltou. Suas roupas não se desgastaram, nem seus pés ficaram inchados.

²²"Depois, entregaste reinos e nações a nossos antepassados e distribuíste teu povo por todos os cantos da terra. Eles tomaram posse da terra de Seom, rei de Hesbom, e da terra de Ogue, rei de Basã. ²³Tornaste seus descendentes tão numerosos como as estrelas do céu e os trouxeste para a terra que havias prometido a seus antepassados.

²⁴"Eles entraram e tomaram posse da terra. Tu derrotaste nações inteiras diante deles e entregaste nas mãos de teu povo os cananeus que habitavam na terra. Teu povo fez o que quis com essas nações e seus reis. ²⁵Nossos antepassados conquistaram cidades fortificadas e terras férteis. Apossaram-se de casas cheias de coisas boas, com cisternas já escavadas e com vinhedos, olivais e muitas árvores frutíferas. Comeram até se fartar, engordaram e desfrutaram de tuas muitas bênçãos.

²⁶"Apesar de tudo isso, foram desobedientes e se rebelaram contra ti. Deram as costas para tua Lei, mataram os profetas que enviaste para adverti-los a voltarem para ti e cometeram blasfêmias terríveis. ²⁷Por isso, tu os entregaste nas mãos de seus inimigos, que os fizeram sofrer. Nos momentos de angústia, porém, clamaram a ti, e tu os ouviste do céu. Em tua grande misericórdia, enviaste libertadores que os livraram de seus inimigos.

²⁸"Mas, assim que teu povo tinha descanso, voltava a praticar o mal diante de ti. Portanto, permitiste que seus inimigos os dominassem. E, no entanto, quando teu povo voltava para ti e pedia socorro, tu os ouvias novamente. Em tua misericórdia, tu os resgataste muitas vezes.

²⁹"Tu os advertiste a voltarem para tua Lei, mas eles se tornaram orgulhosos e desobedeceram a teus mandamentos. Não cumpriram teus estatutos, que dão vida a quem lhes obedece. Em rebeldia, deram as costas para ti e, teimosamente, não quiseram ouvir. ³⁰Por muitos anos, foste paciente com eles. Enviaste teu Espírito, que os advertiu por meio dos profetas. Ainda assim, eles se recusaram a ouvir. Por isso, mais uma vez, permitiste que os povos da terra os dominassem. ³¹Em tua grande misericórdia, porém, não os destruíste completamente nem os abandonaste para sempre. Que Deus bondoso e compassivo tu és!

³²"Agora, nosso Deus, o grande, poderoso e temível Deus, que guardas tua aliança de amor leal, não permitas que te pareçam insignificantes todas as dificuldades que enfrentamos. Grande aflição veio sobre nós e sobre nossos reis, líderes, sacerdotes, profetas e antepassados, sobre todo o teu

---

conduzidos em cerimônias idólatras e atos de luxúria pelas mulheres moabitas; mas diante do Senhor eram como novilhos desacostumados ao jugo! Ouviriam a qualquer um e a todos, exceto a Deus! Tiveram uma consideração tão pequena ao Senhor que lançaram fora as Suas ordenanças e preceitos, *e pecaram repetidas vezes com determinação.* Muitas vezes, desviaram-se, embora fossem frequentemente reprovados; não eram meros erro e engano — o coração deles estava voltado para o mal! A vontade acrescenta muito à atrocidade do pecado, e é triste quando temos de nos acusar disso; a repetição da mesma ofensa também mostra um estado de coração muito próximo da determinação, pois tem toda a aparência de uma recusa deliberada de vigiar contra a tentação, e de uma determinação fixa de tratar a voz de Deus com indiferença! É lamentável que devamos ser tão facilmente engodados pelas iscas do mal, e tão fragilmente seguros pelos cordões de bondade! Senhor, quando te provocarmos dessa maneira, sê propício em mostrar-te um Deus pronto a perdoar!

povo, desde os dias em que os reis da Assíria triunfaram sobre nós até hoje. ³³Foste justo todas as vezes que nos castigaste. Agimos perversamente e nos deste apenas o que merecíamos. ³⁴Nossos reis, líderes, sacerdotes e antepassados não obedeceram a tua lei nem deram ouvidos às advertências em teus mandamentos e preceitos. ³⁵Mesmo quando tinham seu próprio reino, não te serviram, apesar de teres derramado tua bondade sobre eles. Deste-lhes uma terra ampla e fértil, mas eles não quiseram servir-te nem abandonar sua perversidade.

³⁶"Por isso, hoje somos escravos na terra de fartura que deste a nossos antepassados para que desfrutassem dela. Somos escravos aqui nesta boa terra. ³⁷A grande produção desta terra se acumula nas mãos dos reis que puseste sobre nós por causa de nossos pecados. Eles têm poder sobre nós e sobre nossos rebanhos. Nós lhes servimos como eles querem e estamos em grande angústia".

O povo concorda em obedecer

³⁸ᵃO povo respondeu: "Em vista disso tudo,ᵇ fazemos uma aliança solene e a registramos por escrito. Neste documento selado estão os nomes de nossos líderes, levitas e sacerdotes".

10 ¹ᶜOs que assinaram e selaram o documento foram:

O governador Neemias, filho de Hacalias, e Zedequias.
²Os sacerdotes Seraías, Azarias, Jeremias, ³Pasur, Amarias, Malquias, ⁴Hatus, Sebanias, Maluque, ⁵Harim, Meremote, Obadias, ⁶Daniel, Ginetom, Baruque, ⁷Mesulão, Abias, Miamim, ⁸Maazias, Bilgai e Semaías.
⁹Os levitas Jesua, filho de Azanias, Binui, dos descendentes de Henadade, Cadmiel, ¹⁰Sebanias, Hodias, Quelita, Pelaías, Hanã, ¹¹Mica, Reobe, Hasabias, ¹²Zacur, Serebias, Sebanias, ¹³Hodias, Bani e Beninu.
¹⁴Os líderes do povo Parós, Paate-Moabe, Elão, Zatu, Bani, ¹⁵Buni, Azgade, Bebai, ¹⁶Adonias, Bigvai, Adim, ¹⁷Ater, Ezequias, Azur, ¹⁸Hodias, Hasum, Besai, ¹⁹Harife, Anatote, Nebai, ²⁰Magpias, Mesulão, Hezir, ²¹Mesezabel, Zadoque, Jadua, ²²Pelatias, Hanã, Anaías, ²³Oseias, Hananias, Hassube, ²⁴Haloes, Pílea, Sobeque, ²⁵Reum, Hasabná, Maaseias, ²⁶Aías, Hanã, Anã, ²⁷Maluque, Harim e Baaná.

O compromisso do povo

²⁸Então o restante do povo — os sacerdotes, os levitas, os guardas das portas, os cantores, os servidores do templo e todos que haviam se separado dos povos estrangeiros da terra a fim de obedecer à Lei de Deus, na companhia de suas esposas, seus filhos, suas filhas e de todos que tinham idade para entender — ²⁹uniu-se a seus líderes e assumiu um compromisso solene. Juraram que seriam amaldiçoados se não obedecessem à Lei de Deus, dada por seu servo Moisés, e prometeram obedecer atentamente a todos os mandamentos, estatutos e decretos do SENHOR, nosso Senhor:

³⁰"Prometemos não permitir que nossas filhas se casem com os habitantes desta terra, nem permitir que as filhas deles se casem com nossos filhos.

³¹"Também prometemos que, se os habitantes desta terra trouxerem mercadorias ou cereais para vender no sábado ou em qualquer outro dia santo, não compraremos deles. A cada sete anos, deixaremos a terra descansar e cancelaremos todas as dívidas.

³²"Além disso, prometemos obedecer ao mandamento de pagar o imposto anual de quatro gramas de prataᵈ para o serviço do templo de nosso Deus. ³³Esse imposto também será usado para providenciar os pães da presença, as ofertas regulares de cereais e os holocaustos, as ofertas para os sábados, para as celebrações da lua nova e para as festas anuais, as ofertas sagradas e as ofertas pelo pecado para fazer expiação por Israel. Será usado para tudo que for necessário para o trabalho no templo de nosso Deus.

³⁴"Fizemos um sorteio a fim de definir uma escala anual regular para que as famílias dos sacerdotes, dos levitas e do povo tragam ao templo de nosso Deus a lenha para ser queimada no altar do SENHOR, nosso Deus, conforme prescrito na Lei.

ᵃ**9.38a** No texto hebraico, o versículo 9.38 é numerado 10.1. ᵇ**9.38b** Ou *Apesar disso tudo*. ᶜ**10.1** No texto hebraico, os versículos 10.1-39 são numerados 10.2-40. ᵈ**10.32** Em hebraico, *o imposto de um terço de siclo*.

³⁵"Prometemos trazer anualmente ao templo do Senhor os primeiros frutos de todas as colheitas, tanto dos produtos da terra como das árvores frutíferas. ³⁶Concordamos em entregar a Deus nossos filhos mais velhos e as primeiras crias de todos os nossos rebanhos, tanto de bois como de ovelhas, conforme prescrito pela Lei. Nós os apresentaremos aos sacerdotes que ministram no templo de nosso Deus. ³⁷Armazenaremos os produtos da terra nos depósitos do templo de nosso Deus. Traremos o melhor de nossa farinha e outras ofertas de cereal, o melhor de nossos frutos, de nosso vinho novo e de nosso azeite. Prometemos ainda entregar aos levitas um décimo de tudo que nossa terra produzir, pois são os levitas que recolhem os dízimos em todas as cidades onde trabalhamos.

³⁸"Um sacerdote descendente de Arão acompanhará os levitas quando receberem esses dízimos. A décima parte de tudo que for recolhido como dízimo será entregue pelos levitas ao templo de nosso Deus e colocada nos depósitos. ³⁹O povo e os levitas deverão trazer essas ofertas de cereal, de vinho novo e de azeite para os depósitos e colocá-las nos recipientes sagrados perto dos sacerdotes que ali estiverem ministrando, dos guardas das portas e dos cantores.

"Prometemos não descuidar do templo de nosso Deus".

O repovoamento de Jerusalém

11 Os líderes do povo passaram a morar em Jerusalém, a cidade santa. Um décimo do povo das outras cidades foi escolhido por sorteio para morar lá também, enquanto o restante permaneceu onde estava. ²O povo abençoou todos que se ofereceram para morar em Jerusalém.

³Esta é uma lista dos nomes dos líderes das províncias que foram morar em Jerusalém. A maioria do povo, dos sacerdotes, dos levitas, dos servidores do templo e dos descendentes dos servos de Salomão continuou *a viver em suas próprias casas* nas várias cidades de Judá, ⁴mas alguns do povo de Judá e de Benjamim se mudaram para Jerusalém.

Da tribo de Judá:
Ataías, filho de Uzias, filho de Zacarias, filho de Amarias, filho de Sefatias, filho de Maalaleel, da descendência de Perez; ⁵também Maaseias, filho de Baruque, filho de Col-Hozé, filho de Hazaías, filho de Adaías, filho de Joiaribe, filho de Zacarias, da família de Selá.ᵃ ⁶Dos descendentes de Perez, 468 foram morar em Jerusalém. Eram todos homens valorosos.

⁷Da tribo de Benjamim:
Salu, filho de Mesulão, filho de Joede, filho de Pedaías, filho de Colaías, filho de Maaseias, filho de Itiel, filho de Jesaías; ⁸depois dele, Gabai e Salai e 928 parentes ao todo. ⁹O chefe deles era Joel, filho de Zicri, auxiliado por Judá, filho de Hassenua, o segundo no comando da cidade.

¹⁰Dos sacerdotes:
Jedaías, filho de Joiaribe, Jaquim ¹¹e Seraías, filho de Hilquias, filho de Mesulão, filho de Zadoque, filho de Meraiote, filho de Aitube, principal encarregado do templo de Deus; ¹²também 822 colegas que serviam no templo; Adaías, filho de Jeroão, filho de Pelalias, filho de Anzi, filho de Zacarias, filho de Pasur, filho de Malquias, ¹³junto com 242 colegas, chefes de suas famílias; e ainda Amassai, filho de Azareel, filho de Azai, filho de Mesilemote, filho de Imer, ¹⁴e 128 de seus colegas, homens valorosos. O chefe deles era Zabdiel, filho de Gedolim.

¹⁵Dos levitas:
Semaías, filho de Hassube, filho de Azricam, filho de Hasabias, filho de Buni; ¹⁶também Sabetai e Jozabade, líderes dos levitas, encarregados do trabalho fora do templo de Deus; ¹⁷e ainda Matanias, filho de Mica, filho de Zabdi, descendente de Asafe, que dirigia as ações de graças e as orações; também Baquebuquias, assistente de Matanias, e Abda, filho de Samua, filho de Galal, filho de Jedutum. ¹⁸Havia ao todo 284 levitas na cidade santa.

¹⁹Dos guardas das portas:
Acube e Talmom e 172 colegas que guardavam as portas.

²⁰Os outros sacerdotes e levitas e o restante dos israelitas moravam cada um na propriedade de sua família nas outras cidades de Judá. ²¹Mas os servidores do templo, sob a

---

ᵃ **11.5** Em hebraico, *filho do silonita*.

liderança de Zia e Gispa, moravam todos na colina de Ofel.

²²O chefe dos levitas em Jerusalém era Uzi, filho de Bani, filho de Hasabias, filho de Matanias, filho de Mica, descendente de Asafe. Os membros da família de Asafe eram cantores no templo de Deus. ²³Exerciam suas responsabilidades diárias de acordo com os termos de uma ordem do rei.

²⁴Petaías, filho de Mesezabel, descendente de Zera, filho de Judá, era o conselheiro do rei em todos os assuntos referentes ao povo.

²⁵Quanto aos povoados vizinhos, com seus campos, alguns do povo de Judá foram morar em Quiriate-Arba e seus povoados, em Dibom e seus povoados e em Jecabzeel e seus povoados. ²⁶Também foram morar em Jesua, em Moladá, em Bete-Palete, ²⁷em Hazar-Sual, em Berseba e seus povoados, ²⁸em Ziclague e em Meconá e seus povoados. ²⁹E ainda, em En-Rimom, em Zorá, em Jarmute, ³⁰em Zanoa e em Adulão e seus povoados, em Laquis, com seus campos, e em Azeca e seus povoados. Assim, o povo de Judá se estabeleceu desde Berseba, no sul, até o vale de Hinom.

³¹Alguns do povo de Benjamim foram morar em Geba, em Micmás, em Aia e em Betel e seus povoados. ³²Também foram morar em Anatote, em Nobe, em Ananias, ³³em Hazor, em Ramá, em Gitaim, ³⁴em Hadide, em Zeboim, em Nebalate, ³⁵em Lode, em Ono e em Ge-Harasim.ᵃ ³⁶Alguns dos levitas que viviam em Judá foram morar com a tribo de Benjamim.

A lista dos sacerdotes e dos levitas

12 Os sacerdotes e levitas que regressaram com Zorobabel, filho de Sealtiel, e com Jesua, o sumo sacerdote, foram:

Seraías, Jeremias, Esdras,
²Amarias, Maluque, Hatus,
³Secanias, Harim,ᵇ Meremote,
⁴Ido, Ginetom,ᶜ Abias,
⁵Miniamim, Moadias,ᵈ Bilga,
⁶Semaías, Joiaribe, Jedaías,
⁷Salu, Amoque, Hilquias e Jedaías.

Esses foram os líderes dos sacerdotes e seus companheiros nos dias de Jesua.

⁸Os levitas que regressaram com eles foram: Jesua, Binui, Cadmiel, Serebias, Judá e também Matanias, que, com seus companheiros, era encarregado dos cânticos de ação de graças. ⁹Seus companheiros Baquebuquias e Uni ficavam em frente deles durante o culto.

¹⁰O sumo sacerdote Jesua gerou Joiaquim;
Joiaquim gerou Eliasibe;
Eliasibe gerou Joiada;
¹¹Joiada gerou Joanã;ᵉ
Joanã gerou Jadua.

¹²Quando Joiaquim era sumo sacerdote, os chefes das famílias dos sacerdotes foram:

Meraías, chefe da família de Seraías;
Hananias, chefe da família de Jeremias;
¹³Mesulão, chefe da família de Esdras;
Joanã, chefe da família de Amarias;
¹⁴Jônatas, chefe da família de Maluqui;
José, chefe da família de Secanias;ᶠ
¹⁵Adna, chefe da família de Harim;
Helcai, chefe da família de Meremote;ᵍ
¹⁶Zacarias, chefe da família de Ido;
Mesulão, chefe da família de Ginetom;
¹⁷Zicri, chefe da família de Abias;
umʰ chefe da família de Miniamin;
Piltai, chefe da família de Moadias;
¹⁸Samua, chefe da família de Bilga;
Jônatas, chefe da família de Semaías;
¹⁹Matenai, chefe da família de Joiaribe;
Uzi, chefe da família de Jedaías;
²⁰Calai, chefe da família de Salu;ⁱ
Héber, chefe da família de Amoque;
²¹Hasabias, chefe da família de Hilquias;
Netanel, chefe da família de Jedaías.

²²Nos dias de Eliasibe, Joiada, Joanã e Jadua, manteve-se um registro dos chefes das famílias dos levitas. Durante o reinado de Dario, o persa,ʲ manteve-se um registro dos sacerdotes. ²³Até os dias de Joanã, netoᵏ de Eliasibe, manteve-se um

---

ᵃ **11.35** *Ge-Harasim* quer dizer "vale dos artesãos". ᵇ **12.3** Em hebraico, *Reum*; comparar com 7.42; 12.15; Ed 2.39. ᶜ **12.4** Conforme alguns manuscritos hebraicos e a Vulgata (ver tb. 12.16); a maioria dos manuscritos hebraicos traz *Ginetoi*. ᵈ **12.5** Em hebraico, *Miamim, Maadias*; comparar com 12.17. ᵉ **12.11** Em hebraico, *Jônatas*; comparar com 12.22. ᶠ **12.14** Conforme alguns manuscritos hebraicos e gregos e a versão siríaca (ver tb. 12.3); a maioria dos manuscritos hebraicos traz *Sebanias*. ᵍ **12.15** Conforme alguns manuscritos gregos (ver tb. 12.3); o hebraico traz *Meraiote*. ʰ **12.17** O hebraico não traz o nome desse chefe de família. ⁱ **12.20** Em hebraico *Salai*; comparar com 12.7. ʲ **12.22** Provavelmente Dario II, que reinou de 423 a 404 a.C., ou talvez Dario III, que reinou de 336 a 331 a.C. ᵏ **12.23** Em hebraico, *descendente*; comparar com 12.10-11.

registro dos chefes das famílias dos levitas no *Livro da História*.

²⁴Estes foram os chefes das famílias dos levitas: Hasabias, Serebias, Jesua, Binui,ª Cadmiel e outros companheiros que ficavam em frente deles durante as cerimônias de louvor e ação de graças; um lado respondia ao outro, conforme ordenado por Davi, homem de Deus.

²⁵Matanias, Baquebuquias, Obadias, Mesulão, Talmom e Acube eram os guardas das portas encarregados dos depósitos junto às portas. ²⁶Todos eles serviam nos dias de Joiaquim, filho de Jesua, filho de Jeozadaque,ᵇ e nos dias do governador Neemias e do sacerdote e escriba Esdras.

A dedicação do muro de Jerusalém

²⁷Para a dedicação do novo muro de Jerusalém, pediu-se que os levitas de toda a terra viessem a Jerusalém para auxiliar nas cerimônias. Deviam participar dessa ocasião alegre com cânticos de ação de graças e com música de címbalos, harpas e liras. ²⁸Os cantores foram reunidos da região ao redor de Jerusalém e dos povoados dos netofatitas. ²⁹Também vieram de Bete-Gilgal e das regiões rurais próximas de Geba e de Azmavete, pois os cantores haviam construído seus próprios povoados ao redor de Jerusalém. ³⁰Primeiro, os sacerdotes e os levitas purificaram a si mesmos; depois, purificaram o povo, as portas e o muro.

³¹Eu conduzi os líderes de Judá até o alto do muro e organizei dois grandes coros. Um dos coros foi para o sul pelo alto do muro,ᶜ até a porta do Esterco. ³²Hosaías e metade dos líderes de Judá seguiram o coro, ³³junto com Azarias, Esdras, Mesulão, ³⁴Judá, Benjamim, Semaías e Jeremias. ³⁵Depois deles vinham alguns sacerdotes que tocavam trombetas: Zacarias, filho de Jônatas, filho de Semaías, filho de Matanias, filho de Micaías, filho de Zacur, descendente de Asafe. ³⁶Os companheiros de Zacarias eram Semaías, Azarel, Milalai, Gilalai, Maai, Natanel, Judá e Hanani. Eles tocavam os instrumentos musicais prescritos por Davi, homem de Deus. O escriba Esdras ia à frente deles. ³⁷Quando chegaram à porta da Fonte, foram em frente e subiram pelos degraus que levavam até a Cidade de Davi. Passaram pela casa de Davi e, de lá, foram até a porta das Águas, a leste.

³⁸O segundo coro foi para o norte,ᵈ no sentido oposto, para encontrar-se com o primeiro coro. Fui com eles e com a outra metade do povo pelo alto do muro, passando pela torre dos Fornos, até o muro Largo, ³⁹e depois desde a porta de Efraim até a porta Antiga,ᵉ passando pela porta do Peixe e pela torre de Hananel e prosseguindo até a torre dos Cem. Dali, continuamos para a porta das Ovelhas e paramos junto à porta da Guarda.

⁴⁰Os dois corais seguiram, então, para o templo de Deus, onde tomaram seus lugares. Eu fiz o mesmo, junto com os líderes que estavam comigo. ⁴¹Acompanhamos os sacerdotes que tocavam trombetas: Eliaquim, Maaseias, Miniamim, Micaías, Elioenai, Zacarias e Hananias, ⁴²e os cantores: Maaseias, Semaías, Eleazar, Uzi, Joanã, Malquias, Elão e Ézer. Eles tocavam e cantavam bem alto, sob a direção de Jezraías.

⁴³Naquele dia alegre, foram oferecidos muitos sacrifícios, pois Deus tinha dado ao povo motivo para se alegrar. As mulheres e as

---

ª **12.24** Em hebraico, *filho de* [i.e., *ben*], que provavelmente deve ser lido aqui como o nome próprio Binui; comparar com Ed 3.9 e respectiva nota. ᵇ **12.26** Em hebraico, *Jozadaque*, variação de Jeozadaque. ᶜ **12.31** Em hebraico, *para a direita*. ᵈ **12.38** Em hebraico, *para a esquerda*. ᵉ **12.39** Ou *porta de Mishneh*, ou *porta de Jesana*.

12.42,43 Qual é o dia no qual a Igreja do Senhor, atualmente, faz grandes sacrifícios? Não o encontro no calendário nos últimos dias. E, infelizmente, se os homens fizerem *algum* sacrifício, eles o farão de forma que indicaria que escapariam da inflexão, caso pudessem! Poucos são os que fazem grandes sacrifícios e *se alegram*; você pode *persuadir* alguém a dar uma soma considerável, muitos argumentos, por fim, o sobrepujam, e ele o faz porque se sentiria envergonhado se assim não fosse. Contudo, em seu coração, preferiria que você não tivesse tocado no assunto e que fosse a outro doador. O sacrifício mais aceitável a Deus é aquele que é ofertado com alegria. É bom sentir que, qualquer que seja o bem que sua oferta trouxer à igreja, ou ao pobre, ou ao enfermo, o benefício de *quem* doa é duas vezes maior. É bom que doemos, porque *amamos* doar, como a flor que espalha seu perfume, pois jamais considerou fazer o contrário; como o pássaro que se agita entre canções, pois é um pássaro e encontra prazer em suas notas musicais; ou como o Sol que brilha, não por força, mas sendo Sol, deve brilhar; ou

crianças também participaram da celebração, e podia-se ouvir de longe a alegria do povo de Jerusalém.

Provisões para o culto no templo

⁴⁴Naquele dia, foram nomeados os homens encarregados dos depósitos para as ofertas e os primeiros frutos da colheita e para os dízimos. Eram responsáveis por recolher dos campos fora das cidades as porções exigidas pela lei para os sacerdotes e os levitas, pois todo o povo estava alegre com os sacerdotes e os levitas e com seu trabalho. ⁴⁵Tanto eles como os cantores e os guardas das portas realizavam o serviço de seu Deus e o serviço de purificação, conforme Davi e seu filho Salomão haviam ordenado. ⁴⁶O costume de ter regentes do coro para dirigir os hinos de louvor e de ação de graças a Deus havia começado muito tempo antes, nos dias de Davi e Asafe. ⁴⁷Por isso, agora, nos dias de Zorobabel e de Neemias, todo o Israel trazia uma provisão diária de alimentos para os cantores, os guardas das portas e os levitas. Os levitas, por sua vez, entregavam uma porção daquilo que recebiam aos sacerdotes, os descendentes de Arão.

As diversas reformas realizadas por Neemias

13 Naquele mesmo dia, enquanto o Livro de Moisés era lido para o povo, encontrou-se escrito nele que jamais se deveria permitir que amonitas ou moabitas fizessem parte da comunidade de Deus,ᵃ ²pois não tinham dado aos israelitas alimento e água no deserto. Em vez disso, tinham contratado Balaão para amaldiçoá-los. Nosso Deus, porém, transformou a maldição em bênção. ³Quando o povo ouviu esse trecho da Lei, mandou embora todos os descendentes de estrangeiros.

⁴Antes disso, o sacerdote Eliasibe havia sido nomeado para supervisionar os depósitos no templo de nosso Deus. Ele era parente de Tobias ⁵e tinha colocado à disposição dele uma grande sala junto ao templo. Anteriormente, esse lugar era usado para armazenar as ofertas de cereal, o incenso, diversos utensílios do templo e os dízimos dos cereais, do vinho novo e do azeite (prescritos para os levitas, os cantores e os guardas das portas), e também as ofertas para os sacerdotes.

⁶Nesse tempo, eu não estava em Jerusalém, pois tinha voltado a Artaxerxes, rei da Babilônia, no trigésimo segundo ano de seu reinado.ᵇ Mais tarde, porém, pedi sua permissão para regressar. ⁷Quando cheguei a Jerusalém, soube da maldade que Eliasibe havia feito ao providenciar para Tobias uma sala nos pátios do templo de Deus. ⁸Fiquei extremamente indignado e joguei todos os pertences de Tobias para fora da sala. ⁹Em seguida, ordenei que as salas fossem purificadas e trouxe de volta os utensílios do templo de Deus, as ofertas de cereal e o incenso.

¹⁰Descobri também que os levitas não haviam recebido as porções de alimento que lhes eram devidas, de modo que eles e os cantores responsáveis pelos cultos de adoração tinham todos voltado a trabalhar em seus campos. ¹¹De imediato, confrontei as autoridades e lhes perguntei: "Por que o templo de Deus foi abandonado?". Então chamei de volta todos os levitas e os coloquei de novo em seus postos. ¹²Assim, mais uma vez, todo o povo de Judá começou a trazer para os depósitos do templo os dízimos dos cereais, do vinho novo e do azeite.

¹³Nomeei supervisores para os depósitos: o sacerdote Selemias, o escriba Zadoque e o levita Pedaías. Designei Hanã, filho de Zacur e neto de Matanias, para ser seu ajudante. Eles eram homens de confiança e ficaram

---

ᵃ **13.1** Ver Dt 23.3-6. ᵇ **13.6** Artaxerxes, rei da Pérsia, é identificado como rei da Babilônia porque a Pérsia havia conquistado o império babilônico. O trigésimo segundo ano de Artaxerxes foi 433 a.C.

---

como as ondas do mar que refletem o brilho do Sol, pois é sua natureza refletir e não reservar a luz! Ó, que tenhamos tal graça em nosso coração para que alegremente ofereçamos sacrifícios a nosso Deus! Permita Deus que tenhamos muito dessa alegria, pois trazer nossos dízimos à casa do Tesouro é o caminho para a bênção.

Como dizem as Escrituras: "'Tragam todos os seus dízimos aos depósitos do templo, para que haja provisão em minha casa. Se o fizerem', diz o Senhor dos Exércitos, 'abrirei as janelas do céu para vocês. Derramarei tantas bênçãos que não haverá espaço para guardá-las! Sim, ponham-me à prova!'"

encarregados de repartir as provisões entre seus colegas levitas.

¹⁴Lembra-te desta boa obra, ó meu Deus, e não te esqueças de tudo que tenho feito com fidelidade pelo templo de meu Deus e pelo culto ali prestado.

¹⁵Naqueles dias, vi homens de Judá trabalhando nas prensas de uvas no sábado. Também ajuntavam cereais, que colocavam sobre jumentos, e traziam vinho, uvas, figos e produtos de toda espécie a Jerusalém para vendê-los no sábado. Então os repreendi por venderem seus produtos nesse dia. ¹⁶Alguns homens de Tiro que moravam em Jerusalém traziam peixes e mercadorias de todo tipo. No sábado, vendiam para o povo de Judá, e isso em Jerusalém!

¹⁷Assim, confrontei os nobres de Judá e lhes perguntei: "Por que fazem tamanho mal profanando o sábado? ¹⁸Acaso nossos antepassados não cometeram o mesmo erro, fazendo nosso Deus trazer toda esta desgraça sobre nós e sobre nossa cidade? Agora vocês trazem ainda mais ira contra Israel ao permitir que o sábado seja profanado desse modo!".

¹⁹Em seguida, ordenei que as portas de Jerusalém fossem fechadas no dia antes do sábado, assim que começasse a escurecer, e só fossem abertas depois que o sábado tivesse terminado. Enviei alguns de meus servos para guardar as portas, a fim de que não entrasse nenhuma mercadoria no sábado. ²⁰Os comerciantes e vendedores de vários produtos acamparam do lado de fora de Jerusalém uma ou duas vezes, ²¹mas falei duramente com eles: "O que fazem aqui, acampados ao redor do muro? Se fizerem isso de novo, mandarei prendê-los!". E essa foi a última vez que vieram no sábado. ²²Então ordenei que os levitas se purificassem e guardassem as portas, para manter o sábado como um dia sagrado.

Lembra-te também desta boa obra, ó meu Deus! Tem compaixão de mim de acordo com teu grande amor leal!

²³Nessa mesma época, vi que alguns homens de Judá haviam se casado com mulheres de Asdode, de Amom e de Moabe. ²⁴Além disso, a metade de seus filhos falava a língua de Asdode ou de algum outro povo, mas não sabia falar a língua de Judá. ²⁵Por isso, confrontei esses homens e invoquei maldições sobre eles. Bati em alguns deles e arranquei seus cabelos. Também os fiz jurar em nome de Deus que não permitiriam que suas filhas se casassem com os filhos dos povos da terra, nem que as filhas deles se casassem com seus filhos ou com eles mesmos.

²⁶"Não foi exatamente isso que levou Salomão, rei de Israel, a pecar?", perguntei-lhes. "Não havia nenhum rei igual a ele entre as nações, e Deus o amou e o fez rei sobre todo o Israel. Até mesmo ele, porém, foi levado a pecar por suas esposas estrangeiras. ²⁷Como puderam ao menos pensar em cometer essa grande maldade e ser infiéis a Deus casando com mulheres estrangeiras?"

²⁸Um dos filhos de Joiada, filho do sumo sacerdote Eliasibe, havia se casado com uma filha de Sambalate, o horonita, por isso o expulsei de minha presença.

²⁹Lembra-te deles, ó meu Deus, pois profanaram o sacerdócio e a aliança dos sacerdotes e dos levitas.

³⁰Assim, eliminei tudo que era estrangeiro e designei tarefas específicas para os sacerdotes e os levitas. ³¹Também me certifiquei de que a provisão de lenha para o altar e os primeiros frutos da colheita fossem trazidos nas datas estabelecidas.

Lembra-te disso em meu favor, ó meu Deus.

Ester

INTRODUÇÃO

Nome. É derivado de seu personagem principal, Ester, uma donzela judia que se tornou esposa de um rei persa.

Propósito. Para explicar a origem da festa de Purim, ação providencial de Deus sobre o Seu povo.

Época. Os eventos narrados podem ter ocorrido cerca de 56 anos após o primeiro retorno do povo com Zorobabel, em 536 a.C. O rei na ocasião seria Xerxes, o Grande, e o banquete pode ter sido um preparativo para a invasão da Grécia no terceiro ano de seu reinado.

Conexão com outros livros. Não há conexão entre Ester e os outros livros da Bíblia. Embora seja uma história da época em que os judeus estavam retornando a Jerusalém, e muito provavelmente deveria vir entre o primeiro e o segundo retorno do povo, e, portanto, entre o sexto e o sétimo capítulo de Esdras, esta ocorrência permanece isolada. Sem ele, perderíamos muito do nosso conhecimento desse período.

História. Enquanto Ester se destaca como personagem principal, toda a história gira em torno da recusa de Mardoqueu em se curvar diante de Hamã, o que serviria para mostrar-lhe honra divina. Ele não odiava Hamã, mas, como judeu não podia adorar qualquer outro que não Deus. Ele ousou defender seus princípios sob o risco de perder sua vida.

O nome de Deus. Uma das peculiaridades do livro é que em nenhum lugar menciona-se o nome de Deus, ou se faz qualquer referência a Ele. Isso pode ter ocorrido porque Seu nome foi mantido em segredo e sagrado naquela época. No entanto, o poder de Deus e Seus cuidados por Seu povo são demonstrados em cada parte do livro.

ESBOÇO

1. Ester se torna rainha, Caps. 1-2
    1.1. Rainha Vasti deposta, Cap. 1
    1.2. Ester feita rainha, Cap. 2
2. A trama de Hamã e sua derrota, Caps. 3-8
    2.1. Hamã trama a destruição dos judeus, Cap. 3
    2.2. O lamento dos judeus e o pedido de Mardoqueu a Ester, Cap. 4
    2.3. Ester oferece banquetes a Hamã e ao rei, Cap. 5
    2.4. Mardoqueu é altamente honrado por serviços anteriores, Cap. 6
    2.5. O apelo de Ester é atendido e Hamã é enforcado, Cap. 7
    2.6. Os judeus recebem permissão para se defender e Mardoqueu prospera, Cap. 8
3. O livramento dos Judeus, Caps. 9-10
    3.1. Os inimigos são mortos, 9.1-16
    3.2. Um memorial é estabelecido, 9.17-32
    3.3. Mardoqueu é exaltado, Cap. 10

PARA ESTUDO E DISCUSSÃO

[1] O caráter do rei, Vasti, Mardoqueu, Ester e Hamã.
[2] O pedido de Mardoqueu a Ester.
[3] Mardoqueu é honrado e Hamã humilhado, Cap. 6.
[4] A destruição de seus inimigos.
[5] A festa de Purim, 9.17-32.
[6] A verdade sobre Deus demonstrada neste livro.
[7] Por que não nomear o livro de Mardoqueu ou de Vasti — eles não são tão heróis quanto Ester?
[8] A devoção racial dos judeus, na época e agora.
[9] A vida dos persas, como se vê no livro.

O banquete do rei

1 Estes acontecimentos ocorreram nos dias do rei Xerxes,[a] que reinou sobre 127 províncias, desde a Índia até a Etiópia.[b] ²Do trono real na fortaleza de Susã, Xerxes governava seu império. ³No terceiro ano de reinado, ofereceu um banquete a todos os seus nobres e oficiais. Convidou todos os oficiais militares da Pérsia e da Média e os príncipes e nobres das províncias. ⁴A festa durou 180 dias e foi uma demonstração formidável da grande riqueza do império e da pompa e esplendor de sua majestade.

⁵Terminada a celebração, o rei ofereceu um banquete para todo o povo que estava na fortaleza de Susã, desde os mais importantes até os mais humildes. O banquete durou sete dias e foi realizado no pátio do jardim do palácio real. ⁶O pátio estava enfeitado com cortinas brancas de algodão e com tapeçarias azuis, presas com cordas de linho branco e fitas vermelhas a argolas de prata fixadas a colunas de mármore. Havia sofás com armação de ouro e de prata sobre um piso de mosaico de pórfiro, mármore, madrepérola e outras pedras preciosas.

⁷As bebidas eram servidas em taças de ouro de diversos modelos, e havia grande quantidade de vinho real, para mostrar a generosidade do rei. ⁸Por ordem do rei, podia-se beber à vontade, pois ele havia instruído os oficiais de seu palácio a servirem quanto vinho cada convidado quisesse.

⁹Na mesma ocasião, a rainha Vasti ofereceu um banquete para as mulheres no palácio do rei Xerxes.

A rainha Vasti é deposta

¹⁰No sétimo dia da festa, quando o rei Xerxes estava muito alegre por causa do vinho, ordenou aos sete eunucos que o serviam — Meumã, Bizta, Harbona, Bigtá, Abagta, Zetar e Carcas — ¹¹que lhe trouxessem a rainha Vasti, usando a coroa real. Ele queria que os nobres e os demais convidados contemplassem sua beleza, pois era uma mulher muito bonita. ¹²Mas, quando transmitiram a ordem do rei à rainha Vasti, ela se recusou a ir. O rei ficou furioso e indignado.

¹³Então o rei consultou seus sábios, que entendiam das leis e dos costumes dos persas, e aos quais ele sempre pedia conselhos. ¹⁴Seus nomes eram Carsena, Setar, Admata, Társis, Meres, Marsena e Memucã, sete nobres da Pérsia e da Média. Tinham acesso direto ao rei e ocupavam os cargos mais altos do império.

¹⁵"O que se deve fazer com a rainha Vasti?", perguntou o rei. "De acordo com a lei, qual é o castigo para uma rainha que se recusa a obedecer às ordens do rei, transmitidas pelos eunucos?"

¹⁶Memucã respondeu ao rei e aos nobres: "A rainha Vasti ofendeu não somente o rei, mas todos os nobres e cidadãos das províncias do império. ¹⁷Mulheres de toda parte começarão a desprezar o marido quando souberem que a rainha Vasti se recusou a comparecer diante do rei. ¹⁸Antes de terminar este dia, as esposas dos nobres do rei em toda a Pérsia e a Média saberão o que a rainha fez e começarão a tratar o marido da mesma forma. Haverá grande desprezo e indignação sem fim.

¹⁹"Portanto, se parecer bem ao rei, sugerimos que publique um decreto real, uma lei dos medos e dos persas que não pode ser revogada. Determinará que a rainha Vasti seja expulsa para sempre da presença do rei Xerxes e que o rei escolha outra rainha mais digna que ela. ²⁰Quando o decreto for publicado em todo o vasto império do rei, maridos de toda parte, seja qual for a posição social, serão respeitados pela esposa".

²¹O conselho pareceu razoável ao rei e a seus nobres, e ele aceitou a proposta de Memucã. ²²Enviou cartas a todas as partes do império, a cada província, em sua própria escrita e língua, proclamando que todo homem devia ser o chefe de sua própria casa e ter sempre a última palavra.[c]

Ester se torna rainha

2 Passada a indignação de Xerxes, ele começou a pensar em Vasti, naquilo que ela havia feito e no decreto que ele havia publicado. ²Então seus conselheiros sugeriram: "Permita que procuremos em todo o império moças belas e virgens para o rei. ³E que o rei nomeie agentes em cada província para que tragam

---

[a] **1.1a** Em hebraico, *Assuero*, outro nome para Xerxes; também em todo o livro de Ester. Xerxes reinou de 486 a 465 a.C. [b] **1.1b** Em hebraico, *até Cuxe*. [c] **1.22** Ou *e devia falar a língua de seu próprio povo*.

essas lindas moças ao harém na fortaleza em Susã. Hegai, eunuco do rei e encarregado do harém, providenciará que elas recebam tratamentos de beleza. ⁴Depois disso, a moça que mais agradar o rei se tornará rainha em lugar de Vasti". O rei gostou muito desse conselho e o pôs em prática.

⁵Nesse tempo, havia na fortaleza de Susã um judeu chamado Mardoqueu, filho de Jair. Era da tribo de Benjamim e descendente de Quis e Simei. ⁶Sua família[a] estava entre aqueles que, com Joaquim,[b] rei de Judá, tinham sido deportados de Jerusalém para a Babilônia pelo rei Nabucodonosor. ⁷Mardoqueu tinha uma prima jovem, muito bonita e atraente, chamada Hadassa, também conhecida como Ester. Quando o pai e a mãe de Ester morreram, Mardoqueu a criou como sua própria filha.

⁸Como resultado do decreto do rei, Ester e muitas outras moças foram trazidas ao palácio real, na fortaleza de Susã, e colocadas sob os cuidados de Hegai, o encarregado do harém. ⁹Hegai ficou muito impressionado com a beleza de Ester e a tratou com bondade. Sem demora, providenciou que ela recebesse comida especial e tratamentos de beleza. Também lhe designou sete moças escolhidas do palácio real e a transferiu, com as jovens, para o melhor lugar do harém.

¹⁰Mardoqueu havia instruído Ester a não revelar a ninguém sua nacionalidade nem a origem de sua família. ¹¹Todos os dias, Mardoqueu caminhava perto do pátio do harém para saber notícias de Ester e descobrir o que estava acontecendo.

¹²Antes de ser levada aos aposentos reais, cada moça recebia os doze meses prescritos de tratamentos de beleza: seis meses com óleo de mirra e seis meses com perfumes e cosméticos. ¹³Quando chegava sua vez de ir aos aposentos reais, podia escolher do harém as roupas e as joias que quisesse. ¹⁴À tarde, era conduzida aos aposentos reais e, na manhã seguinte, ia para outra parte do harém,[c] onde moravam as mulheres do rei. Ali, ficava sob os cuidados de Saasgaz, eunuco do rei encarregado das concubinas. Ela não voltaria a se encontrar com o rei a menos que ele tivesse gostado muito dela e mandasse chamá-la pelo nome.

¹⁵Ester era filha de Abiail, tio de Mardoqueu. (Mardoqueu havia adotado Ester, sua prima mais nova, como filha.) Quando chegou a vez de Ester se apresentar ao rei, ela aceitou o conselho de Hegai, eunuco encarregado do harém. Não pediu nada além do que ele sugeriu e agradou a todos que a viram.

¹⁶Ester foi levada ao rei Xerxes no palácio real no mês de dezembro,[d] no sétimo ano de seu reinado. ¹⁷O rei gostou mais de Ester que de qualquer outra moça. Agradou-se tanto dela que pôs a coroa real sobre sua cabeça e a declarou rainha em lugar de Vasti. ¹⁸Para comemorar a ocasião, ofereceu a todos os seus nobres e oficiais um grande banquete em homenagem a Ester. Declarou aquele dia feriado em todas as províncias e distribuiu presentes generosos para todos.

¹⁹Mesmo depois que todas as moças haviam sido transferidas para a outra parte do harém e que Mardoqueu tinha se tornado um dos oficiais do palácio,[e] ²⁰Ester continuou a manter em segredo sua nacionalidade e a origem de sua família. Ainda seguia as instruções de Mardoqueu como havia feito quando vivia sob os seus cuidados.

A lealdade de Mardoqueu ao rei

²¹Certo dia, quando Mardoqueu estava de serviço junto à porta do palácio real, dois eunucos do rei, Bigtana[f] e Teres, guardas da porta dos aposentos do rei, se indignaram com Xerxes e conspiraram para matá-lo. ²²Mardoqueu, porém, soube do plano e transmitiu a informação à rainha Ester, que contou ao rei em nome de Mardoqueu. ²³Quando o caso foi investigado e descobriu-se que o relato de Mardoqueu era verdadeiro, os dois homens foram enforcados. Tudo isso está registrado no *Livro da História do Reinado do Rei Xerxes*.

A conspiração de Hamã contra os judeus

3 Algum tempo depois, o rei Xerxes promoveu Hamã, filho de Hamedata, o agagita, e

---

[a]**2.6a** Em hebraico, *Ele.* [b]**2.6b** Em hebraico, *Jeconias*, variação de Joaquim. [c]**2.14** Ou *para o segundo harém*; também em 2.19. [d]**2.16** Em hebraico, *no décimo mês, o mês de tebete*. Vários acontecimentos em Ester podem ser confirmados por datas em registros persas que sobreviveram ao tempo e relacionados com precisão ao calendário moderno. Esse mês do antigo calendário lunar hebraico caiu entre dezembro de 479 a.C. e janeiro de 478 a.C. [e]**2.19** Em hebraico, *e que Mardoqueu estava sentado à porta do rei*. [f]**2.21** Em hebraico, *Bigtã*; comparar com 6.2.

lhe deu posição de autoridade sobre todos os nobres do império. ²Quando Hamã passava, todos os oficiais do palácio real se curvavam diante dele para lhe demonstrar respeito, pois o rei assim havia ordenado. Mardoqueu porém, não se curvava diante dele para lhe demonstrar respeito.

³Então os oficiais do palácio real perguntaram a Mardoqueu: "Por que você desobedece à ordem do rei?". ⁴Todos os dias lhe diziam isso, mas, ainda assim, ele não dava ouvidos. Então contaram tudo a Hamã, para ver se ele iria tolerar a conduta de Mardoqueu, pois Mardoqueu lhes tinha dito que era judeu.

⁵Quando Hamã viu que Mardoqueu não se curvava para lhe demonstrar respeito, ficou furioso. ⁶Foi informado da nacionalidade de Mardoqueu e decidiu que não bastava matar somente a ele. Em vez disso, procurou um modo de destruir todos os judeus, o povo de Mardoqueu, do império de Xerxes.

⁷Em abril,[a] no décimo segundo ano do reinado de Xerxes, foram lançadas sortes (chamadas purim) na presença de Hamã, a fim de determinar o melhor dia e mês para executar o plano. A data sorteada foi 7 de março, quase um ano depois.[b]

⁸Então Hamã foi ao rei Xerxes e disse: "Há certo povo espalhado por todas as províncias de seu império que se mantém separado dos demais. Eles têm leis diferentes das leis dos outros povos e não obedecem às leis do rei. Portanto, não é do interesse do rei deixar que vivam. ⁹Se parecer bem ao rei, publique um decreto para que eles sejam destruídos, e eu darei 350 toneladas[c] de prata aos administradores do governo para serem depositadas nos tesouros do rei".

¹⁰O rei concordou e, para confirmar sua decisão, tirou do dedo o anel com o selo real e o entregou a Hamã, filho de Hamedata, o agagita, inimigo dos judeus. ¹¹O rei disse: "A prata e o povo são seus; faça com eles o que lhe parecer melhor".

¹²Assim, no dia 17 de abril,[d] os secretários do rei foram convocados, e um decreto foi redigido exatamente da forma como Hamã ditou. Em seguida, foi enviado aos mais altos oficiais do rei, aos governadores das respectivas províncias e aos nobres de cada província, em sua própria escrita e língua. O decreto foi redigido em nome do rei Xerxes e selado com seu anel. ¹³As cartas foram enviadas por mensageiros a todas as províncias do império, com ordens para que todos os judeus — jovens e idosos, mulheres e crianças — fossem destruídos, mortos e aniquilados num único dia. A data marcada para que isso acontecesse era 7 de março do ano seguinte.[e] Os bens dos judeus seriam entregues a quem os matasse.

¹⁴Uma cópia do decreto devia ser publicada como lei em cada província e proclamada a todos os povos, a fim de que estivessem preparados para cumprir seu dever na data marcada. ¹⁵Por ordem do rei, o decreto foi rapidamente enviado por mensageiros e também foi proclamado na fortaleza de Susã. Então o rei e Hamã se sentaram para beber, enquanto a confusão se espalhava pela cidade de Susã.

Mardoqueu pede ajuda a Ester

4 Quando Mardoqueu soube de tudo que havia acontecido, rasgou suas roupas, vestiu-se de pano de saco, cobriu-se de cinzas e saiu pela cidade, chorando alto e amargamente. ²Foi até a porta do palácio, mas ninguém que estivesse usando roupas de luto tinha permissão para entrar. ³Quando a notícia do decreto chegou a todas as províncias, houve grande pranto entre os judeus. Jejuaram, choraram e lamentaram, e muitos se deitaram em pano de saco e em cinzas.

⁴Quando as criadas de Ester e os eunucos vieram e lhe contaram sobre Mardoqueu, ela ficou muito angustiada. Enviou-lhe roupas para vestir em lugar do pano de saco, mas ele não aceitou. ⁵Então Ester mandou chamar Hataque, um dos eunucos do rei que havia sido nomeado para servi-la. Ordenou que ele fosse até Mardoqueu e descobrisse o que o perturbava

---

[a] **3.7a** Em hebraico, *No primeiro mês, o mês de nisã*. Esse mês do antigo calendário lunar hebraico caiu entre abril e maio de 474 a.C.; ver também nota em 2.16. [b] **3.7b** Conforme 3.13, que traz *o décimo terceiro dia do décimo segundo mês, o mês de adar*. O hebraico traz *no décimo segundo mês*, do antigo calendário lunar hebraico. O ano foi 473 a.C.; ver também nota em 2.16. [c] **3.9** Em hebraico, *10.000 talentos*. [d] **3.12** Em hebraico, *no décimo terceiro dia do primeiro mês*, do antigo calendário lunar hebraico. O ano foi 474 a.C.; ver também nota em 2.16. [e] **3.13** Em hebraico, *o décimo terceiro dia do décimo segundo mês*, do antigo calendário lunar hebraico. O ano foi 473 a.C.; ver também nota em 2.16.

e por que ele estava de luto. ⁶Hataque foi até Mardoqueu na praça da cidade, em frente à porta do palácio.

⁷Mardoqueu lhe contou tudo e lhe informou a quantidade exata de prata que Hamã havia prometido pagar ao tesouro real pela destruição dos judeus. ⁸Mardoqueu entregou a Hataque uma cópia do decreto publicado em Susã que ordenava o extermínio de todos os judeus. Pediu a Hataque que mostrasse o decreto a Ester e lhe explicasse a situação. Também pediu a Hataque que a orientasse a ir falar com o rei para implorar por misericórdia e interceder em favor de seu povo. ⁹Hataque voltou a Ester com o recado de Mardoqueu.

¹⁰Então Ester mandou Hataque dizer a Mardoqueu: ¹¹"Todos os oficiais do rei, e até mesmo o povo das províncias, sabem que qualquer pessoa que se apresenta diante do rei no pátio interno sem ter sido convidada está condenada a morrer, a menos que o rei lhe estenda seu cetro de ouro. Além do mais, há trinta dias o rei não me chama à sua presença". ¹²E o recado de Ester foi transmitido a Mardoqueu.

¹³Mardoqueu enviou esta resposta a Ester: "Não pense que por estar no palácio você escapará quando todos os outros judeus forem mortos. ¹⁴Se ficar calada num momento como este, alívio e livramento virão de outra parte para os judeus, mas você e seus parentes morrerão. Quem sabe não foi justamente para uma ocasião como esta que você chegou à posição de rainha?".

¹⁵Então Ester enviou esta resposta a Mardoqueu: ¹⁶"Vá, reúna todos os judeus de Susã e jejuem por mim. Não comam nem bebam durante três dias e três noites. Minhas criadas e eu faremos o mesmo. Depois, irei à presença do rei, mesmo que seja contra a lei. Se eu tiver de morrer, morrerei". ¹⁷Mardoqueu foi e fez tudo conforme as instruções de Ester.

O pedido de Ester ao rei

5 No terceiro dia do jejum, Ester vestiu seus trajes reais e entrou no pátio interno do palácio, em frente do salão do rei. O rei estava sentado no trono, voltado para a entrada. ²Quando viu a rainha Ester ali no pátio interno, ele a recebeu de bom grado e lhe estendeu o cetro de ouro. Ester se aproximou e tocou a ponta do cetro.

³"O que você deseja, rainha Ester?", perguntou o rei. "Qual é seu pedido? Eu atenderei, mesmo que peça metade do reino!"

⁴Ester respondeu: "Se lhe parecer bem, venha hoje com Hamã a um banquete que preparei para o rei".

⁵O rei se voltou para seus servos e disse: "Digam a Hamã que venha depressa para um banquete, como Ester pediu". Então o rei e Hamã foram ao banquete que Ester havia preparado.

⁶Enquanto bebiam vinho, o rei disse a Ester: "Agora diga-me o que você deseja. Qual é seu pedido? Eu atenderei, mesmo que peça metade do reino!".

⁷Ester respondeu: "Este é meu pedido e meu desejo: ⁸Se conto com o favor do rei e se lhe parecer bem atender a meu pedido, venha

---

4.13,14 Meus irmãos, é maravilhosamente fácil denunciar as falhas de um governo ou de uma nação, reclamar do que está sendo feito, e daquilo que está sendo deixado de lado, e esta diversão pode apenas servir para desviar a nossa consciência dos deveres domésticos mais benéficos. Porém, considere o assunto e lembre-se de que, em um Estado livre, cada um é parte integrante da nação e do governo, e somos, cada um pessoalmente, responsáveis, no que nos diz respeito, por todos os atos da nação. É uma questão fácil amarrar nosso país ao tronco, como um criminoso e, em seguida, açoitá-lo sem misericórdia. Seria muito mais benéfico usar o chicote da crítica sobre nós mesmos. O mesmo é verdadeiro em relação à Igreja. Os homens são muito aptos a condenar no coletivo o que toleram em si mesmos como indivíduos. Mas por que estamos tão prontos a acusar as igrejas? Por que somos tão censuradores, quanto ao que as igrejas fazem, e ao que elas são? Quem compõe as igrejas? Ora, cada um de nós, por influência, ajuda a fazer as igrejas boas, ou ruins, ou indiferentes, conforme o caso. Portanto, não vou perder tempo em generalidades, mas vou chegar a personalidades. Seguirei o rumo de Mardoqueu e falarei somente a Ester, isto é, a cada um que possa estar aqui a quem Deus confiou oportunidade, talento e posição. Exorto-os a lembrar que há algo para cada crente fazer, uma obra que não pode ser delegada a outro, uma tarefa que é seu privilégio realizar, o que será para sua solene desgraça e detrimento se ele não a executar, mas que será para a sua glória eterna sob a autoridade de Deus, se for achado fiel em relação a ela.

amanhã com Hamã ao banquete que lhes prepararei. Então explicarei do que se trata".

O plano de Hamã para matar Mardoqueu

⁹Hamã saiu do banquete muito feliz e animado. Contudo, ficou furioso quando viu que Mardoqueu, sentado à porta do palácio, não se levantou nem demonstrou nervosismo em sua presença. ¹⁰Hamã, porém, se conteve e foi para casa.

Então reuniu seus amigos e sua esposa, Zeres, ¹¹e gabou-se de sua grande riqueza e de seus muitos filhos. Vangloriou-se das honras que o rei lhe havia concedido e de como havia sido promovido acima de todos os outros nobres e oficiais.

¹²Disse também: "Se isso não bastasse, a rainha Ester convidou somente o rei e a mim para um banquete que ela preparou! E ainda me convidou para outro banquete com ela e com o rei amanhã!". ¹³Depois, acrescentou: "Nada disso, porém, me satisfará enquanto eu vir o judeu Mardoqueu sentado à porta do palácio".

¹⁴Então Zeres, esposa de Hamã, e todos os amigos dele sugeriram: "Mande fazer uma forca de mais de vinte metros[a] e, pela manhã, peça ao rei que Mardoqueu seja enforcado nela. Depois disso, você poderá ir alegremente ao banquete com o rei". A sugestão agradou Hamã, e ele mandou fazer a forca.

O rei honra Mardoqueu

6 Naquela noite, o rei não conseguia dormir; então mandou que trouxessem o livro da história de seu reinado e o lessem para ele. ²Nesses registros ele descobriu que Mardoqueu havia denunciado Bigtana e Teres, os dois eunucos que guardavam a porta dos aposentos reais e que haviam conspirado para matar o rei Xerxes.

³"Que recompensa ou reconhecimento Mardoqueu recebeu por isso?", quis saber o rei.

Seus servos responderam: "Não se fez nada por ele".

⁴"Quem está no pátio?", perguntou o rei. Hamã tinha acabado de entrar no pátio externo do palácio para pedir ao rei que Mardoqueu fosse executado na forca que ele havia preparado.

⁵Os servos responderam: "É Hamã que está no pátio".

"Digam a ele que entre", ordenou o rei. ⁶Hamã entrou, e o rei lhe perguntou: "O que devo fazer para honrar um homem que muito me agrada?".

Hamã pensou: "A quem o rei desejaria honrar senão a mim?". ⁷Por isso, respondeu: "Se o rei deseja honrar alguém, ⁸mande trazer um dos mantos que o rei costuma usar, e um cavalo no qual o rei costuma montar, e que tenha o emblema real na cabeça. ⁹Ordene que o manto e o cavalo sejam entregues a um dos mais nobres oficiais do rei e que ele ponha o manto sobre o homem que o rei deseja honrar e o conduza pela praça da cidade sobre o cavalo do rei. Mande que o oficial proclame em alta voz: 'Assim o rei faz a quem ele deseja honrar!'".

¹⁰"Excelente!", disse o rei a Hamã. "Vá depressa pegar meu manto e meu cavalo e faça ao judeu Mardoqueu, que está sentado à porta do palácio, exatamente o que você sugeriu. Não se esqueça de nenhum detalhe!"

¹¹Então Hamã pegou o manto e o cavalo do rei, vestiu Mardoqueu com o manto e o conduziu sobre o cavalo pela praça da cidade, proclamando em alta voz: "Assim o rei faz a quem ele deseja honrar!". ¹²Depois disso, Mardoqueu voltou para a porta do palácio, mas Hamã correu para casa, abatido e humilhado.

¹³Quando Hamã contou a Zeres, sua esposa, e a todos os seus amigos o que havia acontecido, seus conselheiros e sua esposa disseram: "Visto que Mardoqueu, diante de quem você foi humilhado, é judeu de nascimento, seus planos contra ele jamais serão bem-sucedidos. Você ficará arruinado se continuar a se opor a ele".

¹⁴Enquanto ainda falavam, os eunucos do rei chegaram e, sem demora, levaram Hamã ao banquete que Ester havia preparado.

O rei manda executar Hamã

7 O rei e Hamã foram ao banquete da rainha Ester. ²Mais uma vez, enquanto bebiam vinho, o rei perguntou a Ester: "Diga-me o que deseja, rainha Ester. Qual é seu pedido? Eu atenderei, mesmo que peça metade do reino!".

---

[a] 5.14 Em hebraico, *50 côvados*, isto é, 22,5 metros.

³A rainha Ester respondeu: "Se conto com o favor do rei, e se lhe parecer bem atender meu pedido, poupe minha vida e a vida de meu povo. ⁴Pois eu e meu povo fomos vendidos para sermos destruídos, mortos e aniquilados. Se fosse apenas o caso de termos sido vendidos como escravos, eu teria permanecido calada, pois não teria cabimento perturbar o rei com um assunto de tão pouca importância".

⁵"Quem faria uma coisa dessas?", perguntou o rei Xerxes. "Onde está o homem que teria a audácia de fazer isso?"

⁶Ester respondeu: "Nosso inimigo e adversário é Hamã, este homem perverso". Hamã ficou apavorado diante do rei e da rainha. ⁷Furioso, o rei se levantou e saiu para o jardim do palácio. Hamã, porém, ficou ali, implorando por sua vida à rainha Ester, pois sabia que o rei certamente o condenaria à morte. ⁸Em desespero, atirou-se sobre o sofá onde a rainha Ester estava reclinada e, nesse exato momento, o rei voltou do jardim do palácio.

O rei exclamou: "Ele se atreve até a violentar a rainha aqui no palácio, diante de meus próprios olhos?". E, assim que o rei falou, seus servos cobriram o rosto de Hamã.

⁹Harbona, um dos eunucos do rei, disse: "Hamã construiu uma forca de mais de vinte metros[a] no pátio da casa dele. Pretendia usá-la para enforcar Mardoqueu, o homem que salvou o rei de ser assassinado".

"Usem-na para enforcar Hamã!", ordenou o rei. ¹⁰Assim, executaram Hamã na forca que ele havia construído para Mardoqueu; e a ira do rei se acalmou.

Um decreto em favor dos judeus

8 Naquele mesmo dia, o rei Xerxes entregou à rainha Ester os bens de Hamã, inimigo dos judeus. Então Mardoqueu foi trazido à presença do rei, pois Ester havia contado ao rei que ele era seu parente. ²O rei tirou do dedo o anel com o selo real, que ele havia tomado de volta de Hamã, e o entregou a Mardoqueu. Assim, Ester o nomeou administrador dos bens de Hamã.

³Então Ester voltou a apresentar-se ao rei e, caindo a seus pés, suplicou com lágrimas que ele cancelasse o plano perverso de Hamã, o agagita, contra os judeus. ⁴Mais uma vez, o rei estendeu o cetro de ouro para Ester. Ela se levantou e ficou em pé diante dele.

⁵Disse ela: "Se parecer bem ao rei, se conto com seu favor, se o rei considerar correto e se o tenho agradado, que seja publicado um decreto anulando as ordens de Hamã, filho de Hamedata, o agagita, para aniquilar os judeus em todas as províncias do rei. ⁶Pois como eu suportaria ver meu povo passar por tal calamidade? Acaso poderia assistir à destruição de minha família?".

⁷O rei Xerxes disse à rainha Ester e ao judeu Mardoqueu: "Entreguei a Ester os bens de Hamã, e ele foi enforcado porque tentou destruir os judeus. ⁸Agora, enviem aos judeus um decreto em nome do rei, dizendo o que vocês acharem melhor, e selem-no com o anel do rei. Lembrem-se, porém, de que o que já foi escrito em nome do rei e selado com seu anel não pode ser revogado".

⁹Assim, no dia 25 de junho,[b] os secretários do rei foram convocados, e um decreto foi redigido exatamente da forma como Mardoqueu ditou. O decreto foi enviado aos judeus, aos mais altos oficiais do rei, aos governadores e aos nobres de todas as 127 províncias, desde a Índia até a Etiópia.[c] As ordens foram redigidas na escrita e na língua de cada povo do império, incluindo as dos judeus. ¹⁰Mardoqueu escreveu o decreto em nome do rei Xerxes e o selou com o anel do rei. Enviou as cartas por mensageiros montados em cavalos velozes criados nas estrebarias do rei.

¹¹O decreto do rei concedia aos judeus de todas as cidades autoridade para se reunirem e defenderem a própria vida. Permitia que destruíssem, matassem e aniquilassem qualquer exército, de qualquer nacionalidade ou província, que os atacasse ou a seus filhos e esposas. Também permitia que tomassem os bens de seus inimigos. ¹²A data marcada para que isso acontecesse em todas as províncias do rei Xerxes era 7 de março do ano seguinte.[d]

---

[a] 7.9 Em hebraico, *50 côvados*, isto é, 22,5 metros. [b] 8.9a Em hebraico, *no vigésimo terceiro dia do terceiro mês, o mês de sivã*, do antigo calendário lunar hebraico. O ano foi 474 a.C.; ver também nota em 2.16. [c] 8.9b Em hebraico, *até Cuxe*. [d] 8.12 Em hebraico, *o décimo terceiro dia do décimo segundo mês, o mês de adar*, do antigo calendário lunar hebraico. O ano foi 473 a.C.; ver também nota em 2.16.

¹³Uma cópia do decreto devia ser publicada como lei em cada província e proclamada a todos os povos, a fim de que os judeus estivessem preparados para se vingar de seus inimigos na data marcada. ¹⁴Por ordem do rei, os mensageiros saíram a toda pressa, montados em cavalos velozes criados nas estrebarias do rei. O decreto também foi proclamado na fortaleza de Susã.

¹⁵Mardoqueu saiu da presença do rei vestido com trajes reais em azul e branco, uma grande coroa de ouro e um manto de linho fino e tecido vermelho; e o povo de Susã comemorou alegremente o novo decreto. ¹⁶Os judeus se encheram de felicidade e alegria e foram honrados em toda parte. ¹⁷Em cada província e cidade, em cada lugar aonde o decreto do rei chegava, os judeus se alegravam muito e comemoravam com grandes banquetes, festas e feriados. Muitos que pertenciam a outros povos do império se tornaram judeus, porque temiam o que os judeus pudessem fazer com eles.

A vitória dos judeus

9 Assim, no dia 7 de março,ᵃ os dois decretos do rei entraram em vigor. Nesse dia, os inimigos dos judeus esperavam dominá-los, mas aconteceu o contrário; os judeus dominaram seus inimigos. ²Reuniram-se em suas cidades em todas as províncias do rei Xerxes para atacar qualquer um que procurasse lhes fazer mal. Ninguém conseguiu resistir-lhes, pois todos tinham muito medo deles. ³E todos os nobres das províncias, os mais altos oficiais, os governadores e os oficiais do rei ajudaram os judeus, pois temiam Mardoqueu. ⁴Ele havia sido promovido no palácio do rei e, à medida que se tornava mais poderoso, sua fama se espalhava por todas as províncias.

⁵Portanto, na data marcada, os judeus feriram seus inimigos à espada. Mataram e aniquilaram seus inimigos e fizeram o que queriam com aqueles que os odiavam. ⁶Só na fortaleza de Susã, os judeus atacaram e mataram quinhentos homens. ⁷Também mataram Parsandata, Dalfom, Aspata, ⁸Porata, Adalia, Aridata, ⁹Parmasta, Arisai, Aridai e Vaizata, ¹⁰os dez filhos de Hamã, filho de Hamedata, inimigo dos judeus. No entanto, não tomaram nenhum despojo.

¹¹Naquele mesmo dia, quando o rei foi informado do número de pessoas mortas na fortaleza de Susã, ¹²mandou chamar a rainha Ester e disse: "Só na fortaleza de Susã, os judeus mataram quinhentos homens, além dos filhos de Hamã. Se fizeram isso aqui, o que terão feito nas províncias? E agora, o que mais deseja? Seu pedido será atendido; diga-me e será feito".

¹³Ester respondeu: "Se parecer bem ao rei, dê permissão aos judeus de Susã para que façam novamente amanhã o mesmo que fizeram hoje; e que os corpos dos dez filhos de Hamã sejam pendurados na forca".

¹⁴O rei concordou e publicou o decreto em Susã, e os corpos dos dez filhos de Hamã foram pendurados na forca. ¹⁵Então, no dia 8 de

---

ᵃ **9.1** Em hebraico, *no décimo terceiro dia do décimo segundo mês, o mês de adar*, do antigo calendário lunar hebraico. O ano foi 473 a.C.; ver também nota em 2.16.

9.1 Um homem jamais foi tão derrotado quanto Hamã! Nunca, um projeto foi tão completamente frustrado! Ele foi apanhado em sua própria armadilha, e ele e seus filhos foram enforcados na forca armada para Mardoqueu! Quanto aos judeus, estavam neste perigo em particular, de que seriam destruídos em certo dia, e embora Ester tivesse apelado ao rei pela vida deles, este não fora capaz de alterar o seu decreto! Embora disposto a fazê-lo, era uma regra da constituição que a lei dos medos e persas não *poderia ser alterada*. [...] Bem, o que devia ser feito? Aqui estava a porta de fuga — foi emitido outro decreto dando permissão aos judeus para se defenderem e tomarem a propriedade de qualquer um que ousasse atacá-los! Assim, um decreto efetivamente neutralizava o outro! Com grande pressa, este mandato foi enviado por todo o reino, e no dia marcado os judeus se levantaram e mataram seus inimigos! [...]

Deus, por vezes, lançou raios de Sua luz através da densa escuridão, e que raio de luz deve ter sido este! Todo o povo ficou perplexo quando descobriu que os hebreus poderiam ser condenados à morte, mas devem ter ficado muito mais surpresos quando veio o decreto para que pudessem se defender! O mundo inteiro perguntou: "Por que isso?". E a resposta foi: "O Deus vivo a quem os judeus adoram revelou Sua sabedoria e resgatou Seu povo". Todas as nações foram obrigadas a reconhecer que havia um Deus em Israel, e assim o propósito divino foi plenamente realizado; Seu povo foi protegido, e Seu nome foi glorificado até os confins do mundo!

março,[a] os judeus de Susã se reuniram e mataram trezentos homens. Mais uma vez, porém, não tomaram nenhum despojo.

[16]Enquanto isso, os outros judeus em todas as províncias do rei haviam se reunido para defender a própria vida. Livraram-se de seus inimigos ao matar 75 mil dos que odiavam os judeus. No entanto, não tomaram nenhum despojo. [17]Isso foi feito em todas as províncias no dia 7 de março, e no dia 8[b] descansaram e comemoraram sua vitória com um dia de festa e alegria. [18](Os judeus de Susã mataram seus inimigos nos dias 7 e 8 de março e descansaram no dia 9,[c] fazendo dele um dia de festa e alegria.) [19]Por isso, os judeus que vivem em povoados nas regiões rurais celebram a festa anual nesse dia determinado,[d] data em que se alegram, festejam e presenteiam uns aos outros com alimentos.

A Festa de Purim

[20]Mardoqueu registrou esses acontecimentos e enviou cartas aos judeus em todas as províncias do rei Xerxes, tanto aos de perto como aos de longe, [21]instruindo-os a celebrar uma festa anual nesses dois dias.[e] [22]Ordenou que celebrassem com festas e alegria, presenteando uns aos outros com alimentos e distribuindo presentes aos pobres. Assim, recordariam a ocasião em que os judeus se livraram de seus inimigos e em que sua tristeza foi transformada em alegria, e seu lamento, em dia de festa.

[23]Os judeus aceitaram a orientação de Mardoqueu e adotaram esse costume anual. [24]Hamã, filho de Hamedata, o agagita, inimigo dos judeus, havia tramado destruí-los numa data determinada pelo lançamento de sortes (chamadas purim). [25]Mas, quando Ester foi à presença do rei, ele publicou um decreto que fez o plano perverso de Hamã se voltar contra ele, e Hamã e seus filhos foram pendurados numa forca. [26]Por isso, essa comemoração se chama Purim, palavra que se usava antigamente para "lançar sortes".[f]

Assim, por causa da carta de Mardoqueu e daquilo que lhes havia acontecido, [27]os judeus em todo o reino concordaram em dar início a essa tradição e transmiti-la a seus descendentes e a todos que se tornassem judeus. Declararam que não deixariam de celebrar anualmente esses dois dias na data determinada. [28]Esses dias seriam lembrados e comemorados de geração em geração, por todas as famílias, em todas as províncias e cidades do império. A Festa de Purim jamais deixaria de ser celebrada pelos judeus, nem a lembrança do que havia acontecido se apagaria entre seus descendentes.

[29]Então a rainha Ester, filha de Abiail, e o judeu Mardoqueu escreveram outra carta com toda a autoridade para confirmar a carta de Mardoqueu e estabelecer a Festa de Purim. [30]Enviaram cartas a todos os judeus das 127 províncias do império de Xerxes, desejando-lhes paz e segurança. [31]Essas cartas estabeleciam a Festa de Purim, uma celebração anual desses dias na data determinada, conforme decretado tanto pelo judeu Mardoqueu como pela rainha Ester. O povo resolveu celebrar essa festa, assim como haviam estabelecido para si e seus descendentes os tempos de jejum e de lamentação. [32]Assim, o decreto de Ester confirmou as orientações para a Festa de Purim, e tudo foi escrito nos registros.

A grandeza de Xerxes e de Mardoqueu

10 O rei Xerxes impôs tributos a todo o seu império, incluindo as distantes regiões do litoral. [2]Suas grandes realizações e o relato completo da grandeza de Mardoqueu, a quem o rei havia promovido, estão registrados no *Livro da História dos Reis da Média e da Pérsia*. [3]O judeu Mardoqueu ocupou o cargo mais alto do reino, abaixo apenas do próprio rei Xerxes. Era muito importante entre os judeus, que o tinham em alta consideração, pois ele continuou a trabalhar para o bem de seu povo e a buscar o bem-estar de todos os seus descendentes.

---

[a]9.15 Em hebraico, *no décimo quarto dia do mês de adar*, do antigo calendário lunar hebraico. O ano foi 473 a.C.; ver também nota em 2.16. [b]9.17 Em hebraico, *no décimo terceiro dia do mês de adar, e no décimo quarto dia*, do antigo calendário lunar hebraico. O ano foi 473 a.C.; ver também nota em 2.16. [c]9.18 Em hebraico, *no décimo terceiro e no décimo quarto dia e descansaram no décimo quinto dia*, do antigo calendário lunar hebraico. O ano foi 473 a.C.; ver também nota em 2.16. [d]9.19 Esse dia do antigo calendário lunar hebraico caía entre fevereiro e março. [e]9.21 Em hebraico, *no décimo quarto e no décimo quinto dias de adar*, do antigo calendário lunar hebraico. [f]9.26 Em hebraico, *Purim, do nome pur*.

Jó

INTRODUÇÃO

Nome. Jó, oriundo de seu principal personagem, ou herói, e significa "Perseguido".

Data. Nem a data nem o autor podem ser determinados com certeza. A tendência é crer na teoria da autoria de Jó.

Conexão com outros livros. Ele está isolado, sendo um dos chamados livros de sabedoria da Bíblia. Em nenhum lugar dele se faz alusão à Lei mosaica ou à história de Israel.

Características literárias. Os capítulos 1 e 2 e partes do capítulo 42 são prosa. O restante é poesia. Os diferentes oradores podem ter sido oradores reais ou personagens criados por um escritor para narrar a história. Há, no entanto, poucas dúvidas de que a história se baseia em fatos históricos.

Problemas do livro. Este livro levanta várias excelentes questões, que são comuns à humanidade e, direta ou indiretamente, as discute. Entre essas questões, as seguintes são as mais importantes. (1) Existe alguma bondade sem recompensa? "Jó tem bons motivos para temer a Deus"? (2) Por que os justos sofrem e por que o pecador fica impune? (3) Deus realmente cuida e protege do Seu povo que o teme? (4) A adversidade e a aflição são um sinal de que o sofredor é perverso? (5) Deus é o Deus de piedade e misericórdia?

Argumento. O argumento prossegue da seguinte forma: (1) Há uma conversa entre Deus e Satanás e a consequente aflição de Jó. (2) O primeiro ciclo de discussão com seus três amigos em que estes acusam Jó de pecar e ele nega a acusação. (3) O segundo ciclo de discussão. Neste, os amigos de Jó argumentam que sua afirmação de inocência é uma evidência adicional de sua culpa e perigo iminente. (4) O terceiro ciclo. Neste, os amigos de Jó argumentam que suas aflições são apenas as que viriam a alguém que cedeu a tentações como aquelas a que ele está sujeito. Em cada um dos três ciclos de discussão com seus amigos, Elifaz, Bildade e Zofar, cada um discute com Jó, exceto Zofar que permanece em silêncio no terceiro ciclo. Eles falam na mesma ordem cada vez. (5) Eliú mostra como Jó acusa Deus erroneamente enquanto se justifica e afirma que o sofrimento nos instrui na justiça e nos impede de pecar. (6) Deus intervém e em dois discursos instrui Jó. No primeiro discurso, Jó vê o poder criativo do Todo-Poderoso e sua própria insensatez em responder a Deus a quem os animais temem por instinto. No segundo discurso, Jó vê que se deve saber como governar o mundo e corrigir seus males antes de se queixar ou acusar a Deus. (7) Jó ora e é restaurado.

Propósito. O propósito do livro, portanto, é justificar a sabedoria e a bondade de Deus em questões sobre o sofrimento humano e, em especial, demonstrar que nem todo sofrimento é punitivo.

Provação de Jó. A provação de Jó aconteceu em etapas e consistiu principalmente em uma série de perdas da seguinte forma: (1) Sua propriedade; (2) Seus filhos; (3) Sua saúde; (4) A confiança de sua esposa — ela queria que ele amaldiçoasse a Deus e morresse; (5) Seus amigos que agora o consideravam um pecador; (6) A alegria da vida — ele amaldiçoou o dia de seu nascimento; (7) Sua confiança na bondade de Deus — ele disse a Deus: "Por que fizeste de mim o teu alvo?". Em sua resposta a Eliú, ele duvida da justiça, senão da própria existência de Deus.

ESBOÇO

1. A prosperidade e aflição de Jó, Caps. 1–2
2. A discussão de Jó e seus três amigos, Caps. 3–31
    2.1. Primeiro ciclo, Caps. 3–14
    2.2. Segundo ciclo, Caps. 15–21
    2.3. Terceiro ciclo, Caps. 22–31
3. O discurso de Eliú, Caps. 32–37
4. Os pronunciamentos de Deus, Caps. 38–41
    4.1. Primeiro pronunciamento, Caps. 38–39
    4.2. Segundo pronunciamento, Caps. 40–41
5. A restauração de Jó, Cap. 42

PARA ESTUDO E DISCUSSÃO

[1] A personalidade e a maldade de Satanás. Indique suas falsas acusações contra Jó e Deus, e também os sinais de seu poder.
[2] No que diz respeito ao homem, procure evidências sobre: (a) A insensatez da justiça própria; (b) A maldade do homem mais perfeito aos olhos de Deus; (c) A impossibilidade do homem de, pela sabedoria, separado da graça, encontrar a Deus.
[3] A respeito de Deus, reúna evidências de Sua sabedoria, perfeição e bondade.
[4] A decepção de Jó com seus amigos.
[5] Elementos de verdade e de falsidade na teoria dos amigos de Jó.
[6] O desespero de Jó pelo presente, sua visão do *Sheol* e sua visão do futuro. Ele acredita em uma vida futura ou pensa que tudo termina na sepultura?
[7] O livro realmente explica por que os justos sofrem?
[8] Faça uma lista das passagens mais marcantes, especialmente as que são dignas de serem lembradas.

Prólogo

1 Havia um homem chamado Jó que vivia na terra de Uz. Ele era íntegro e correto, temia a Deus e se mantinha afastado do mal. ²Tinha sete filhos e três filhas. ³Era dono de sete mil ovelhas, três mil camelos, quinhentas juntas de bois e quinhentas jumentas. Também tinha muitos servos. Na verdade, era o homem mais rico de toda aquela região.

⁴Os filhos de Jó se revezavam em preparar banquetes em suas casas e convidavam suas três irmãs para celebrar com eles. ⁵Quando terminavam esses dias de festas, Jó mandava chamar seus filhos, a fim de purificá-los. Levantava-se de manhã bem cedo e oferecia um holocausto em favor de cada um deles, pois pensava: "Pode ser que meus filhos tenham pecado e amaldiçoado a Deus em seu coração". Essa era a prática habitual de Jó.

A primeira provação de Jó

⁶Certo dia, os anjos[a] vieram à presença do Senhor, e Satanás, o acusador,[b] veio com eles. ⁷"De onde você vem?", perguntou o Senhor.

Satanás respondeu: "Estive rodeando a terra, observando o que nela acontece".

⁸Então o Senhor perguntou: "Você reparou em meu servo Jó? Não há ninguém na terra como ele. É homem íntegro e correto, teme a Deus e se mantém afastado do mal".

⁹Satanás respondeu: "É verdade, mas Jó tem bons motivos para temer a Deus. ¹⁰Tu puseste um muro de proteção ao redor dele, de sua família e de seus bens e o abençoaste em tudo que ele faz. Vê como ele é rico! ¹¹Estende tua mão e toma tudo que ele tem, e certamente ele te amaldiçoará na tua face!".

¹²"Pois bem, você pode prová-lo", disse o Senhor. "Faça o que quiser com tudo que ele possui, mas não lhe cause nenhum dano físico." Então Satanás saiu da presença do Senhor.

¹³Certo dia, quando os filhos e as filhas de Jó estavam num banquete na casa do irmão mais velho, ¹⁴chegou à casa de Jó um mensageiro com esta notícia: "Seus bois estavam arando, e os jumentos, pastando perto deles, ¹⁵quando os sabeus nos atacaram. Roubaram todos os animais e mataram todos os empregados. Só eu escapei para lhe contar".

¹⁶Enquanto ele falava, outro mensageiro chegou com esta notícia: "O fogo de Deus caiu do céu e queimou suas ovelhas e todos os seus pastores. Só eu escapei para lhe contar".

¹⁷Enquanto ele falava, outro mensageiro chegou com esta notícia: "Três bandos de saqueadores caldeus roubaram seus camelos e mataram seus servos. Só eu escapei para lhe contar".

¹⁸Enquanto ele falava, ainda outro mensageiro chegou com esta notícia: "Seus filhos e suas filhas estavam num banquete na casa do irmão mais velho. ¹⁹De repente, veio do deserto um vendaval terrível e atingiu a casa de todos os lados. A casa desabou, e todos os seus filhos morreram. Só eu escapei para lhe contar".

²⁰Então Jó se levantou e rasgou seu manto. Depois, raspou a cabeça, prostrou-se com o rosto no chão em adoração ²¹e disse:

"Saí nu do ventre de minha mãe,
    e estarei nu quando partir.
O Senhor me deu o que eu tinha,
    e o Senhor o tomou.
Louvado seja o nome do Senhor!".

²²Em tudo isso, Jó não pecou nem culpou a Deus.

---

[a] **1.6a** Em hebraico, *os filhos de Deus*. [b] **1.6b** Em hebraico, *e o satanás*; também ao longo de todo este capítulo.

1.20-22 É muito agradável observar que, quando Jó rasgou suas roupas segundo o costume oriental e raspou a cabeça (da maneira que, em seus dias, não era proibido, mas que debaixo da Lei mosaica o era, pois não podiam cortar seus cabelos por motivo de luto como faziam os pagãos), e, depois que o patriarca lançou-se ao chão, ele adorou. Jó não resmungou nem se lamentou — muito menos começou a blasfemar e usar linguagem injustificável e imprópria — mas "prostrou-se com o rosto no chão em adoração". Ó querido amigo, quando o seu pesar o pressionar para o pó, adore lá mesmo! Se esse lugar passou a ser o seu Getsêmani, então, apresente lá o seu clamor "com lágrimas" para o seu Deus! [...] Vire o vaso de cabeça para baixo! É bom esvaziá-lo, pois esse sofrimento pode fermentar e se tornar algo mais azedo. Vire o vaso de cabeça para baixo e deixe escorrer cada

A segunda provação de Jó

2 Certo dia, os anjos[a] vieram outra vez à presença do Senhor, e Satanás, o acusador,[b] veio com eles. ²"De onde você vem?", perguntou o Senhor.

Satanás respondeu: "Estive rodeando a terra, observando o que nela acontece".

³Então o Senhor perguntou: "Você reparou em meu servo Jó? Não há ninguém na terra como ele. É homem íntegro e correto, teme a Deus e se mantém afastado do mal. E não perdeu sua integridade, apesar de você me ter instigado a prejudicá-lo sem motivo".

⁴Satanás respondeu: "Pele por pele! Um homem dará tudo que tem para salvar a própria vida. ⁵Estende tua mão e tira a saúde dele, e certamente ele te amaldiçoará na tua face!".

⁶"Pois bem", disse o Senhor. "Faça o que quiser com ele, mas poupe-lhe a vida." ⁷Então Satanás saiu da presença do Senhor e causou em Jó feridas terríveis, da sola dos pés ao alto da cabeça.

⁸Jó, sentado em meio a cinzas, raspava a pele com um caco de cerâmica. ⁹Sua esposa lhe disse: "Você ainda tenta manter sua integridade? Amaldiçoe a Deus e morra!".

¹⁰Jó respondeu: "Você fala como uma mulher insensata. Aceitaremos da mão de Deus apenas as coisas boas e nunca o mal?". Em tudo isso, Jó não pecou com seus lábios.

Os três amigos de Jó compartilham de sua angústia

¹¹Quando três amigos de Jó souberam das tragédias que o haviam atingido, cada um saiu de onde vivia e os três foram juntos consolá-lo e animá-lo. Seus nomes eram Elifaz, de Temã, Bildade, de Suá, e Zofar, de Naamá. ¹²Quando viram Jó de longe, mal o reconheceram. Choraram alto, rasgaram seus mantos e jogaram terra ao ar, sobre a cabeça. ¹³Depois, sentaram-se no chão com ele durante sete dias e sete noites. Não disseram nada, pois viram que o sofrimento de Jó era grande demais.

O primeiro discurso de Jó

3 Por fim, Jó falou e amaldiçoou o dia de seu nascimento. ²Disse ele:

³"Apagado seja o dia em que nasci
  e a noite em que fui concebido.
⁴Transforme-se esse dia em escuridão;
  Deus, lá do alto, o ignore,
  e luz nenhuma brilhe sobre ele.
⁵Domine esse dia a escuridão absoluta;
  uma nuvem negra o cubra,
  e densa escuridão o encha de terror.
⁶Apodere-se dessa noite a escuridão;
  nunca mais seja contada entre os dias do ano,
  nunca mais seja incluída entre os meses.
⁷Sim, estéril seja essa noite,
  desprovida de toda a alegria.
⁸Amaldiçoem esse dia os que vivem a amaldiçoar,
  aqueles que podem despertar o Leviatã.[c]
⁹Escureçam-se suas estrelas matutinas;
  espere o dia pela luz, mas em vão,
  e jamais veja a luz do amanhecer.
¹⁰Amaldiçoado seja esse dia
  por não fechar o ventre de minha mãe,
  por permitir que eu nascesse,
  para presenciar todo este sofrimento.

¹¹"Por que eu não nasci morto?
  Por que não morri ao sair do ventre?
¹²Por que me deitaram no colo de minha mãe?
  Por que ela me amamentou no seio?
¹³Se eu tivesse morrido ao nascer, agora estaria em paz;

---

[a] 2.1a Em hebraico, *os filhos de Deus*. [b] 2.1b Em hebraico, *e o satanás*; também ao longo de todo este capítulo. [c] 3.8 A identificação do *Leviatã* é controversa; as propostas vão desde uma criatura terrestre até um monstro marinho mítico da literatura antiga.

---

gota — mas que seja diante do Senhor. "Ó meu povo, [...] derrame o coração diante dele, pois Deus é nosso refúgio." Quando você estiver sob pesado fardo de tristeza, especialmente então, comece a cultuar o Senhor, esse tipo de culto é adoração a Deus — e renda-se totalmente à vontade divina — para que você possa dizer com Jó: "Ainda que Deus me mate, [...] apresentarei a ele minha causa". Esse tipo de adoração que reside na subjugação da vontade, no despertar das afeições, no despertar de toda a mente e coração, e na apresentação de si mesmo novamente a Deus, em consagração solene, deve tender a adoçar a tristeza e a tirar o ferrão dela.

sim, dormiria e repousaria.
¹⁴Descansaria com os reis da terra e seus
conselheiros,
cujos edifícios agora estão em ruínas.
¹⁵Descansaria com os príncipes, ricos em
ouro,
cujos palácios eram cheios de prata.
¹⁶Por que não me sepultaram como uma
criança que nasceu morta,
como um bebê que nunca viu a luz?
¹⁷Pois na morte os perversos já não causam
problemas,
e os cansados repousam.
¹⁸Até mesmo os cativos encontram sossego
nela,
onde não há capatazes para ameaçá-los.
¹⁹Os ricos e os pobres estão ali,
e o escravo se vê livre de seu senhor.

²⁰"Por que conceder luz aos miseráveis
e vida aos amargurados?
²¹Anseiam pela morte, e ela não vem;
cavam à procura dela mais que de
tesouros ocultos.
²²Enchem-se de alegria quando enfim
morrem
e exultam quando chegam ao túmulo.
²³Por que conceder luz aos que não têm
futuro,
aos que Deus cercou de todos os lados?
²⁴De tanto gemer, não consigo comer;
meus gritos de dor se derramam como
água.
²⁵O que sempre temi veio sobre mim,
o que tanto receava me aconteceu.

²⁶Não tenho paz, nem sossego;
não tenho descanso, só aflição".

A primeira resposta de Elifaz a Jó

4 Então Elifaz, de Temã, respondeu a Jó:

²"Você terá paciência e me permitirá
dizer algo?
Afinal, quem poderia permanecer
calado?
³Você já deu ânimo a muita gente
e deu força aos fracos.
⁴Suas palavras sustentaram os que
tropeçavam,
e você deu apoio aos vacilantes.
⁵Mas agora, quando vem a aflição, você
desanima;
quando é atingido por ela, entra em
pânico.
⁶Seu temor a Deus não lhe dá confiança?
Sua vida íntegra não lhe traz esperança?

⁷"Pense bem! Acaso os inocentes morrem?
Quando os justos foram destruídos?
⁸Pelo que tenho observado, os que
cultivam a maldade
e semeiam a opressão, isso também é o
que colhem.
⁹Um sopro de Deus os destrói;
desaparecem com uma rajada de sua ira.
¹⁰O leão ruge e seu filhote rosna,
mas os dentes dos leões jovens são
quebrados.
¹¹O leão feroz morre de fome porque não
há presa,
e os filhotes da leoa se dispersam.

3.23 Ou seja: "Por que Deus permite que os homens vivam quando as suas almas estão sob profunda depressão e tristeza? Por que Ele não os deixa morrer de uma vez? Quando os seus dias se passam no enfado e suas noites não lhes dão descanso nem renovação — quando olham para cima e não veem nada para lhes dar esperança, ou adiante, e nada contemplam além daquilo que é ainda mais terrível do que o presente — por que Deus continua a vida para os que estão em circunstâncias tão tristes?". Bem, queridos *amigos, se a vida continuasse apenas para os que têm brilho nos olhos, são ágeis e de coração alegres, poucos viveriam! E se a primeira vez que a escuridão caísse sobre o caminho de um homem, ele tivesse permissão para morrer, bem, então, toda a população do globo em breve seria varrida! Se a nossa murmuração e petulância exigisse que devêssemos morrer em vez de sofrer, então morreríamos e desapareceríamos logo. [...] Podemos ter a certeza de que deve haver resposta a tal pergunta, uma boa resposta e que seja em conformidade com o caráter de Deus. Se houver homens e mulheres que se encontrem ainda acomodados na escuridão do sofrimento e da tristeza e lhes perguntarmos por que lhes é permitido continuar a viver, há uma resposta a essa indagação e ela é consistente com a graça ilimitada e a compaixão infinita, mas, veja bem, essa resposta pode jamais ser dada, ou, se for, podemos ser incapazes de entendê-la! Muito do que Deus faz não pode ser entendido, até mesmo por esses grandes homens dos tempos modernos que se sentariam alegremente no Trono do Eterno e o julgariam.

¹²"Esta verdade me foi revelada em segredo,
  como que sussurrada em meu ouvido.
¹³Ela veio à noite, numa visão perturbadora,
  quando todos estão em sono profundo.
¹⁴O medo e o terror se apoderaram de mim
  e fizeram estremecer meus ossos
¹⁵Um espírito[a] passou diante de meu rosto,
  e os pelos de meu corpo se arrepiaram.[b]
¹⁶O espírito parou, mas não pude ver sua forma;
  um vulto estava diante de meus olhos.
No silêncio, ouvi uma voz dizer:
¹⁷'Pode algum mortal ser inocente perante Deus?
  Pode o homem ser puro diante do Criador?'.
¹⁸"Se Deus não confia nos próprios anjos
  e acusa seus mensageiros de insensatez,
¹⁹quanto menos confiará em pessoas feitas de barro!
Vêm do pó e são facilmente destruídas, como traças.
²⁰Estão vivas pela manhã e mortas ao entardecer;
  desaparecem para sempre, sem deixar vestígio.
²¹As cordas de sua tenda são arrancadas e a tenda desaba,
  e na ignorância morrem."

Continuação da resposta de Elifaz

5 ¹"Grite por socorro, mas alguém responderá?
  Qual dos anjos[c] o ajudará?
²Por certo, o ressentimento destrói o insensato,
  e a inveja mata o tolo.
³Observei que os insensatos têm sucesso por um tempo,
  mas desgraça repentina vem sobre eles.
⁴Seus filhos perdem toda e qualquer segurança;
  são oprimidos no tribunal, e não há quem os defenda.
⁵Os famintos devoram sua colheita,
  mesmo quando protegida por espinheiros,[d]
  e os sedentos anseiam por sua riqueza.[e]
⁶Embora o mal não surja do solo,
  nem as dificuldades brotem da terra,
⁷o ser humano nasce para enfrentar aflições,
  tão certo como as faíscas do fogo voam para o alto.

⁸"Se eu fosse você, buscaria a Deus
  e lhe apresentaria minha causa.
⁹Ele faz grandes coisas, maravilhosas demais para entender,
  e realiza milagres incontáveis.
¹⁰Dá chuva à terra
  e água aos campos.
¹¹Exalta os humildes
  e protege os que sofrem.
¹²Frustra os planos dos maliciosos,
  para que as obras de suas mãos fracassem.
¹³Apanha os sábios em sua própria astúcia
  e frustra as intrigas dos ardilosos.
¹⁴Ficam na escuridão em pleno dia
  e tateiam ao meio-dia como se fosse noite.
¹⁵Ele salva os pobres das ofensas dos fortes
  e os livra das garras dos poderosos.
¹⁶Por fim, os desamparados têm esperança,
  e a boca dos perversos é fechada.

¹⁷"Mas como são felizes os que Deus corrige!
  Não despreze, portanto, a disciplina do Todo-poderoso.
¹⁸Pois ele fere, mas enfaixa a ferida;
  bate, mas suas mãos curam.
¹⁹Ele o livrará de seis desgraças,
  e até mesmo na sétima o guardará do mal.
²⁰Ele o livrará da morte no tempo de fome
  e do poder da espada no tempo de guerra.
²¹Você estará protegido das calúnias
  e não terá medo quando vier a destruição.
²²Rirá da destruição e da fome,
  e animais selvagens não o assustarão.
²³Fará um pacto com as pedras do campo,
  e os animais selvagens estarão em paz com você.

---

[a] **4.15a** Ou *vento*; também em 4.16. [b] **4.15b** Ou *seu vento me deu calafrios*. [c] **5.1** Em hebraico, *santos*. [d] **5.5a** O significado do hebraico é incerto. [e] **5.5b** Conforme a Septuaginta e a versão siríaca; o hebraico traz *e um laço apanha sua riqueza*.

²⁴Saberá que seu lar está seguro;
ao contar seus bens, de nada achará falta.
²⁵Terá muitos filhos,
tantos descendentes como o capim no pasto.
²⁶Em boa velhice irá para a sepultura,
como um feixe de cereal colhido no tempo certo.
²⁷"Observamos a vida e vimos que tudo isso é verdade;
ouça meu conselho e aplique-o à sua vida".

O segundo discurso de Jó: resposta a Elifaz

6 Então Jó falou novamente:
²"Se fosse possível pesar minha aflição
e pôr numa balança meu sofrimento,
³pesariam mais que toda a areia do mar;
por isso falei de modo impulsivo.
⁴Pois o Todo-poderoso me derrubou com suas flechas,
e minha alma bebe o veneno delas;
os terrores de Deus se alinham contra mim.
⁵Os jumentos selvagens não zurram ao não encontrar capim?
Os bois não mugem quando não têm alimento?
⁶As pessoas não se queixam quando falta sal na comida?
Alguém gosta da clara de ovo,ᵃ que não tem sabor?
⁷Perco o apetite só de olhar para ela;
tenho enjoo só de pensar em comê-la!
⁸"Quem dera meu pedido fosse atendido,
e Deus concedesse meu desejo.
⁹Quem dera ele me esmagasse,
estendesse a mão e acabasse comigo.
¹⁰Ao menos tenho este consolo e alegria:
apesar da dor, não neguei as palavras do Santo.
¹¹Contudo, faltam-me forças para prosseguir;
não vejo motivo para viver.
¹²Acaso tenho a força de uma pedra?
Meu corpo é feito de bronze?
¹³Não! Estou completamente desamparado,
sem chance alguma de sucesso.
¹⁴"É preciso ter compaixão de um amigo abatido,
mas vocês me acusam sem nenhum temor do Todo-poderoso.ᵇ
¹⁵Meus irmãos, vocês se mostraram indignos de confiança,
como um riacho intermitente que transborda sobre as margens,
¹⁶quando fica turvo por causa do gelo,
e a neve sobre ele se amontoa.
¹⁷Mas, chegado o tempo de seca, a água desaparece,
e o riacho some no calor.
¹⁸As caravanas saem de suas rotas,
mas não há o que beber, e morrem ali.
¹⁹As caravanas de Temá procuram essa água,
e os viajantes de Sabá esperam encontrá-la.

ᵃ **6.6** Ou *do suco da malva.* ᵇ **6.14** Ou *para que ele não perca o temor do Todo-poderoso.*

6.10 Jó não se absteve de confessar abertamente a sua fé em Deus — ele era conhecido nos portões da cidade como um adorador do Senhor, um homem "íntegro e correto" — que "temia a Deus e se mantinha afastado do mal". Ele jamais esconderá a sua fé, mas reconhecia o Deus a quem, aqui, chama de Santo. Enquanto muitos deuses e senhores dividiam a lealdade das nações, Jó era fiel ao único Deus e acreditava nas Suas palavras como elas lhes foram reveladas. Não estava apenas satisfeito em confessar abertamente a sua própria fé, mas também comunicava continuamente aos outros o que ele sabia. Jó ensinara sua família — ali, onde todo o ensino deveria começar. Havia ensinado seus concidadãos por meio de seu exemplo — o mais poderoso de todos os ensinamentos. Nunca se envolveu com idolatria, nem adorou o Sol quando este brilhava, ou beijou a sua mão em honra à rainha dos céus; pelo contrário, confessava, sem temor, o primeiro e único Senhor. Ele pergunta: "Mantive-me calado e não saí de casa, por medo da multidão ou do desprezo do povo?". Jó tinha sido tão fiel a ponto de exclamar: "Que Deus me pese numa balança justa, pois conhecerá minha integridade". Este era um posicionamento sério e honesto, mas evidentemente fortaleceu o coração do bom homem para suportar seus problemas e o mesmo ocorrerá conosco, se pudermos conquistar o mesmo testemunho de nossa consciência.

²⁰Contam com ela, mas se decepcionam;
  quando chegam, suas esperanças são
  frustradas.
²¹Da mesma forma, vocês não me
  ajudaram;
  viram minha desgraça e ficaram com
  medo.
²²Mas por quê? Alguma vez lhes pedi
  presentes?
  Supliquei que me dessem algo seu?
²³Pedi que me livrassem de meus inimigos
  ou que me resgatassem de meus
  opressores?
²⁴Ensinem-me, e eu me calarei;
  mostrem-me onde errei.
²⁵Palavras honestas são dolorosas,
  mas de que servem suas críticas?
²⁶Consideram suas palavras convincentes,
  enquanto ignoram meu clamor de
  desespero?
²⁷Seriam capazes de apostar um órfão num
  jogo de azar;
  sim, venderiam até mesmo um amigo.
²⁸Olhem para mim!
  Acaso eu mentiria para vocês?
²⁹Não pressuponham que sou culpado,
  pois nada fiz de errado.
³⁰Pensam que sou mentiroso?
  Acaso não sei mais distinguir entre bem
  e mal?"

7

¹"Acaso a vida na terra não é uma luta?
  Nossos dias são como os de um
  trabalhador braçal,
²como o servo que anseia pela sombra,
  como o empregado à espera do
  pagamento.
³Recebi de herança meses de puro vazio,
  fui condenado a passar noites longas em
  aflição.
⁴Deitado na cama, penso: 'Quando chegará
  a manhã?',
  mas a noite se arrasta e reviro-me até o
  amanhecer.
⁵Meu corpo está coberto de vermes e
  crostas de feridas;
  minha pele se racha e vaza pus."

Jó clama a Deus

⁶"Meus dias correm mais depressa que a
  lançadeira de um tecelão
  e terminam sem esperança.
⁷Lembra-te, ó Deus, de que minha vida é
  apenas um sopro;
  nunca mais voltarei a ver a felicidade.
⁸Tu me vês agora, mas em breve não me
  verás;
  procurarás por mim, mas já não existirei.
⁹Como uma nuvem que se dissipa e some,
  os que descem à sepultura[a] não voltam
  mais.
¹⁰Deixam seu lar para sempre,
  e ninguém se lembrará deles novamente.

¹¹"Não posso me calar, tenho de expressar
  minha angústia;
  minha alma amargurada precisa se
  queixar.
¹²Acaso sou eu o mar revolto ou algum
  monstro marinho,
  para que me ponhas sob vigilância?
¹³Penso: 'Na cama encontrarei descanso,
  e o leito me aliviará o sofrimento',
¹⁴mas tu me assustas com sonhos
  e me aterrorizas com visões.
¹⁵Preferiria ser estrangulado;
  melhor morrer que sofrer assim.
¹⁶Odeio minha vida e não quero continuar
  a viver;
  deixa-me em paz, pois meus dias passam
  como um sopro.

¹⁷"O que é o ser humano, para que lhe dês
  tanta importância
  e penses nele com tanta atenção?
¹⁸Pois o examinas todas as manhãs
  e o pões à prova a cada instante.
¹⁹Por que não me deixas em paz?
  Dá-me tempo pelo menos para engolir a
  saliva!
²⁰Se eu pequei, o que te fiz,
  ó Vigia de toda a humanidade?
  Por que fizeste de mim o teu alvo?
  Acaso sou um fardo para ti?[b]
²¹Por que não perdoas meu pecado
  e removes minha culpa?
  Pois em breve me deitarei no pó e
  morrerei;

---

[a] **7.9** Em hebraico, *ao Sheol*. [b] **7.20** Conforme a Septuaginta; o hebraico traz *o teu alvo, para que eu fosse um fardo para mim mesmo*?

quando procurares por mim, já não existirei".

A primeira resposta de Bildade a Jó

8 Então Bildade, de Suá, respondeu a Jó:

² "Até quando continuará a falar assim?
 Suas palavras parecem um vendaval!
³ Acaso Deus perverte o que é justo?
 O Todo-poderoso distorce o que é certo?
⁴ Certamente seus filhos pecaram contra ele
 e, por isso, receberam o castigo devido.
⁵ Mas, se você buscar a Deus
 e clamar ao Todo-poderoso,
⁶ e, se for puro e íntegro, ele
 sem demora agirá em seu favor
 e devolverá o que por direito lhe pertence.
⁷ E, embora tenha começado com pouco,
 no final você terá muito.

⁸ "Pergunte às gerações anteriores,
 atente à experiência dos antepassados.
⁹ Pois nós nascemos ontem e nada sabemos;
 nossos dias na terra passam como uma sombra.
¹⁰ Mas os que vieram antes de nós o instruirão;
 eles lhe ensinarão a sabedoria de outrora.

¹¹ "Pode o papiro crescer fora do brejo?
 O junco se desenvolve sem água?
¹² Quando ainda estão florescendo, antes de ser cortados,
 começam a secar mais depressa que a grama.
¹³ O mesmo acontece com todos que se esquecem de Deus;
 as esperanças do ímpio se evaporam.
¹⁴ A confiança dele está por um fio;
 apoia-se numa teia de aranha.
¹⁵ Busca segurança no lar, mas ela não durará;
 tenta agarrá-la com força, mas ela não permanecerá.
¹⁶ O ímpio é como a planta verdejante que cresce ao sol;
 seus ramos se espalham pelo jardim,
¹⁷ suas raízes se aprofundam por entre um montão de pedras
 e num leito de rochas se firmam.
¹⁸ Mas, quando a planta é arrancada,
 é como se nunca houvesse existido!
¹⁹ Esse é o fim de sua vida,
 e do solo brotam outras plantas que tomam seu lugar.

²⁰ "Mas uma coisa é certa: Deus não rejeitará o íntegro,
 nem estenderá a mão ao perverso.

8.7 As coisas más podem parecer começar bem, mas acabam mal. Há a elegância e o brilho, mas depois a escuridão e a cinza negra. Elas prometem muito — o sol nasce no zênite e depois se põe rapidamente, para nunca mais se levantar. As coisas más começam como montanhas; terminam como montículos. Primeiramente, você navega em seu oceano e, ao velejar adiante, ele se transforma em um rio e depois num leito seco, se não em areias ardentes! Preste atenção em Satanás no jardim do Éden. O pecado começa com a promessa: "Vocês serão como Deus!". Que grande é o seu início! Onde termina? Tremendo debaixo das árvores do Éden, reclamando da nudez, o pecado chega ao fim. [...] O mal vai em direção descendente. No início, tem suas coisas grandiosas, e por último suas coisas terríveis. Com o bem, no entanto, é diferente. Com o bem, o começo é até pequeno; mas o seu final realmente cresce muito. "O caminho dos justos é como a primeira luz do amanhecer", que inicialmente lança alguns raios cintilantes, combatendo a escuridão; no entanto, ela "brilha cada vez mais até o dia pleno clarear". Assim como o surgir das estrelas no entardecer, quando primeiro uma, depois outra e ainda outra luta através da escuridão, daí, finalmente, toda a hoste celeste é reunida nas planícies celestiais — assim é com o bem — começa com grãos de areia, torna-se em colinas, e mais tarde eleva-se a montanhas! Começa com a fonte ondulante, em seguida, uma pequena cascata lança-se do seu local secreto de nascimento e mergulha montanha abaixo; e intensifica-se num ribeiro alegre, em que os peixes saltam — mais tarde, torna-se um rio cuja superfície impacta a navegação das nações e depois passa finalmente por um oceano que envolve o globo. As coisas boas avançam! São como a escada de Jacó — sobem gradualmente. Começamos como homens, terminamos como anjos! Subimos até que a promessa de Satanás seja cumprida num sentido em que ele jamais compreendeu. Tornamo-nos como deuses e somos feitos participantes do divino, sendo reconciliados com Deus e tendo a graça de Deus derramada em nós!

²¹Voltará a encher sua boca de riso,
e seus lábios, de gritos de alegria.
²²Os que odeiam você serão cobertos de vergonha,
e o lar dos perversos será destruído".

O terceiro discurso de Jó: resposta a Bildade

9 Então Jó falou novamente:

²"Sim, eu sei que tudo isso é verdade de modo geral,
mas como alguém pode ser inocente aos olhos de Deus?
³Se uma pessoa quisesse levar Deus ao tribunal,ᵃ
acaso poderia lhe responder uma vez em mil?
⁴Pois Deus é muito sábio e poderoso:
quem alguma vez o enfrentou e saiu vencedor?
⁵"Ele move montanhas sem dar aviso,
e, em sua ira, as põe abaixo.
⁶Sacode a terra de seu lugar
e faz tremer seus alicerces.
⁷Se ele ordena, o sol não nasce
e as estrelas não brilham.
⁸Ele, sozinho, estendeu os céus
e marcha sobre as ondas do mar.
⁹Criou todas as estrelas: a Ursa e o Órion,
as Plêiades e as constelações do sul.
¹⁰Ele faz grandes coisas, maravilhosas demais para entender,
e realiza milagres incontáveis.
¹¹"Quando se aproxima de mim, não posso vê-lo;
quando passa, não percebo sua presença.
¹²Se ele toma à força, quem o fará devolver?
Quem ousa perguntar: 'O que estás fazendo?'.
¹³E Deus não refreia sua ira;
até os monstros marinhosᵇ são esmagados sob os seus pés.
¹⁴"Quem sou eu, então, para tentar responder a Deus,
ou mesmo argumentar com ele?
¹⁵Ainda que fosse inocente, seria incapaz de me defender;
poderia apenas implorar por misericórdia ao meu Juiz.
¹⁶E, mesmo que eu o chamasse e ele me respondesse,
não acredito que me daria atenção.
¹⁷Pois ele me ataca com uma tempestade
e, sem motivo, me fere repetidas vezes.
¹⁸Não permite que eu recupere o fôlego,
mas enche minha vida de amargura.
¹⁹Se é uma questão de força, ele é o forte;
se é uma questão de justiça, quem ousa levá-loᶜ ao tribunal?
²⁰Embora eu seja inocente, minha própria boca me declararia culpado;

ᵃ **9.3** Ou *Se Deus quisesse levar alguém ao tribunal*. ᵇ **9.13** Em hebraico, *Até os ajudantes de Raabe*, monstro marinho mítico que, na literatura antiga, representava o caos. ᶜ **9.19** Conforme a Septuaginta; o hebraico traz *levar-me*.

9.20 [...] é Jó quem fala assim, porque, se houve algum homem neste mundo que possa ter sido justificado diante de Deus por suas próprias obras, foi Jó. Não foi o Senhor mesmo que falou sobre ele a Satanás dizendo: "Não há ninguém na terra como ele. É homem íntegro e correto, teme a Deus e se mantém afastado do mal"? No entanto, Jó estava tão distante de imaginar que tivesse alcançado uma condição sem pecado que declara sobre si mesmo: "Embora eu seja inocente, minha própria boca me declararia culpado. [...] Sou íntegro, mas isso não faz diferença para mim; desprezo minha vida". Além da excelência de caráter de Jó, ele dedicava piedosa atenção às observâncias religiosas. Quando seus filhos se reuniam para se deleitarem, ele ordenava sacrifícios especiais em seus nomes, dizendo: "Pode ser que meus filhos tenham pecado e amaldiçoado a Deus em seu coração". Jó era, evidentemente, tão devoto em relação a Deus quanto era reto em relação aos homens, ainda assim, veja, ele nos diz que se fosse se justificar, sua própria boca o condenaria! Além disso, como para nos mostrar como Jó era digno em todos os aspectos, ele tinha, além de seu excelente caráter e seu espírito devocional, aflições das mais impressionantes. Mas, reunindo todas as suas boas obras, todas as suas observâncias religiosas e todas as suas aflições, ele diz: "Embora eu seja inocente, minha própria boca me declararia culpado". De qualquer forma, Jó não era um daqueles que imaginava que pudesse desenvolver, por si mesmo, a retidão que poderia ser aceitável aos olhos de Deus!

embora eu seja íntegro, ela[a] provaria que
sou perverso.

²¹"Sou íntegro, mas isso não faz diferença
para mim;
desprezo minha vida.
²²Íntegro ou perverso, é tudo a mesma
coisa;
por isso digo: 'Ele destrói tanto o íntegro
como o perverso'.
²³Quando uma praga[b] vem
repentinamente,
ele ri da morte dos inocentes.
²⁴A terra está nas mãos dos perversos,
e ele cega os olhos dos juízes;
se não é Deus quem faz isso, então
quem é?

²⁵"Minha vida corre mais depressa que um
atleta,
foge sem jamais ver a alegria.
²⁶Desaparece como um barco veloz de
papiro,
como a águia que se lança sobre a presa.
²⁷Se eu decidisse esquecer minhas queixas,
deixar de lado a tristeza e exibir um
rosto alegre,
²⁸ainda assim temeria todos os meus
sofrimentos,
pois sei, ó Deus, que não me
considerarás inocente.
²⁹Não importa o que aconteça, serei
considerado culpado;
então de que adianta continuar
lutando?
³⁰Mesmo que eu me lave com sabão
e limpe as mãos com soda,
³¹tu me lançarás num poço de lodo,
e até minhas roupas terão nojo de mim.

³²"Deus não é ser humano, como eu;
não posso discutir com ele nem levá-lo
ao tribunal.
³³Se ao menos houvesse um mediador
entre nós,
alguém que nos aproximasse um do
outro![c]
³⁴Ele afastaria de mim o castigo de Deus,
e eu já não viveria aterrorizado.

³⁵Então falaria com ele sem medo,
mas, sozinho, não consigo fazê-lo."

Jó expressa seu pedido a Deus

10 ¹"Estou cansado de minha vida, vou me
queixar abertamente;
minha alma amargurada precisa se
expressar.
²Direi a Deus: 'Não apenas me condenes;
dize-me que acusações tens contra mim.
³Que vantagem tens em me oprimir?
Por que me rejeitas, se sou obra de tuas
mãos,
enquanto sorris para as tramas dos
perversos?
⁴Acaso teus olhos são como os nossos?
Vês as coisas como um ser humano
qualquer?
⁵Tua vida é tão breve como a nossa?
Vives tão pouco, como o homem,
⁶que precisas, sem demora, investigar
minha culpa
e procurar meu pecado?
⁷Embora saibas que não sou culpado,
não há quem possa livrar-me de tuas
mãos.

⁸"'Tu me formaste com tuas mãos; tu me
fizeste
e, no entanto, me destróis por completo.
⁹Lembra-te de que do barro me fizeste;
acaso me farás voltar tão depressa ao
pó?
¹⁰Tu guiaste minha concepção
e me moldaste no ventre materno.[d]
¹¹Com carne e pele me vestiste
e me teceste os ossos com meus tendões.
¹²Tu me deste vida e me mostraste teu
amor,
e com teu cuidado me preservaste.

¹³"'Teu verdadeiro motivo, porém,
tua real intenção,
¹⁴era me vigiar e, se eu pecasse,
não perdoar minha culpa.
¹⁵Se sou culpado, pior para mim;
e, mesmo que eu seja inocente,
não posso manter a cabeça erguida,

[a]9.20 Ou *ele*. [b]9.23 Ou *uma calamidade*. [c]9.33 Em hebraico, *impusesse as mãos sobre nós dois*. [d]10.10 Em hebraico, *Tu me derramaste como leite / e me coalhaste como queijo*.

pois estou cheio de vergonha e sofrimento.
¹⁶Se mantenho a cabeça erguida, tu me caças como um leão
e manifestas contra mim teu imenso poder.
¹⁷Repetidas vezes depões contra mim;
sobre mim derramas tua ira crescente
e me atacas com um exército após o outro.
¹⁸"'Por que, então, me tiraste do ventre de minha mãe?
Por que não me deixaste morrer antes de vir ao mundo?
¹⁹Seria como se eu nunca tivesse existido;
iria direto do ventre para o túmulo.
²⁰Restam-me apenas alguns dias;
por favor, deixa-me em paz,
para que eu tenha um instante de alívio
²¹antes de partir para a terra de escuridão e densas sombras,
para nunca mais voltar.
²²É uma terra escura como a meia-noite,
terra de profunda escuridão e desordem,
onde até mesmo a luz é escura como a meia-noite'".

A primeira resposta de Zofar a Jó

11 Então Zofar, de Naamá, respondeu a Jó:
²"Não haverá resposta a essa torrente de palavras?
Uma pessoa é inocentada só por falar muito?
³Devem todos calar-se enquanto você continua a tagarelar?
Quando zomba de Deus, ninguém o repreenderá?
⁴Você afirma: 'Minhas crenças são puras'
e 'Sou limpo aos olhos de Deus'.
⁵Se ao menos Deus se pronunciasse
e lhe dissesse o que pensa!
⁶Se ao menos lhe revelasse os segredos da sabedoria,
pois a verdadeira sabedoria não é coisa simples!
Escute! Deus sem dúvida o está castigando muito menos do que você merece.
⁷"Acaso você pode desvendar os mistérios de Deus
e descobrir tudo sobre o Todo-poderoso?
⁸Esse conhecimento é mais alto que os céus,
e o que você pode fazer?
É mais profundo que o abismo,ᵃ
e o que você pode saber?
⁹É mais vasto que a terra
e mais amplo que o mar.
¹⁰Se Deus passa e prende alguém
ou convoca o tribunal, quem pode detê-lo?
¹¹Pois ele conhece os falsos
e registra seus pecados.

ᵃ **11.8** Em hebraico, *que o Sheol*.

11.1-3,7 Vv.1-3 Este foi um discurso muito amargo e cruel. Zofar não estava usando a linguagem da amizade, nem mesmo da cortesia. Primeiro, ele acusou Jó de ser um grande falador, um tagarela. Sem dúvida, Jó falava bem e eloquentemente, mas contra-argumentar que ele era um homem que falava demais era algo muito cruel, especialmente quando ele se encontrava em tal condição de aflição e sofrimento. No entanto, queridos amigos, é mau ser homens de muito falar e pouco agir. É terrível ser homens — ou mulheres — tagarelas e, portanto, não ter espaço para mais nada. Há algumas pessoas que parecem pensar que, simplesmente por sua inconstância, podem superar tudo que têm diante de si! Nesse caso, podemos dizer com Zofar: "Não haverá resposta a essa torrente de palavras? Uma pessoa é inocentada só por falar muito?". Mas ele foi além destas perguntas e acusou Jó de ser mentiroso, porque ele havia declarado sua própria inocência — "Devem todos calar-se enquanto você continua a tagarelar?". Zofar também insinuou que Jó exasperou-se e espumou, por assim dizer, falou loucura, o que ele certamente não fez, pois falou em sobriedade solene e sincera, como jamais fez um homem.

V.7 Que perguntas incríveis são estas! Como elas devem convencer aqueles que falam de Deus sem hesitação como se pudessem medi-lo com uma régua e entender exatamente o que Ele deveria fazer e deveria ser. Estamos constantemente nos deparando com declarações de que tal e tal coisa, que é revelada nas Escrituras, não pode ser verdade porque é inconsistente com a ideia moderna da benevolência de Deus! Nossa única resposta para o que discute é: "Acaso você pode desvendar os mistérios de Deus e descobrir tudo sobre o Todo-poderoso?"

¹²É tão impossível um tolo tornar-se sábio
como um jumento selvagem dar à luz
uma criança.
¹³"Se ao menos você preparasse o coração
e levantasse as mãos a Deus em oração!
¹⁴Livre-se de seus pecados
e deixe toda a maldade para trás.
¹⁵Então seu rosto se iluminará com a
inocência;
você será forte e não terá medo.
¹⁶Você se esquecerá de seus sofrimentos;
serão como águas passadas.
¹⁷Sua vida será mais luminosa que o meio-
dia;
até a escuridão será clara como a manhã.
¹⁸Você se sentirá seguro, pois terá
esperança;
estará protegido e descansará tranquilo.
¹⁹Sem medo se deitará,
e muitos buscarão sua ajuda.
²⁰Os perversos, porém, ficarão cegos,
sem ter para onde fugir;
sua única esperança será a morte".

O quarto discurso de Jó: resposta a Zofar

12 Então Jó falou novamente:
²"Vocês de fato sabem tudo, não é?
Mas, quando morrerem, a sabedoria
morrerá com vocês!
³Pois bem, eu também sei algumas coisas,
e vocês não são melhores que eu;
qualquer um sabe aquilo que me
disseram.
⁴Meus amigos, contudo, riem de mim,
pois clamo a Deus e espero uma
resposta.
Sou justo e íntegro,
e, no entanto, eles riem de mim.
⁵Quem está tranquilo zomba de quem
sofre;
dá um empurrão em quem tropeça.
⁶Os ladrões, porém, são deixados em paz,
e os que provocam a Deus vivem em
segurança,
embora Deus os mantenha sob o seu
poder.ᵃ
⁷"Pergunte aos animais, e eles lhe
ensinarão;
pergunte às aves do céu, e elas lhe dirão.
⁸Fale com a terra, e ela o instruirá;
deixe que os peixes do mar o informem.
⁹Pois todos eles sabem
que meu sofrimento veio da mão do
Senhor.

ᵃ **12.6** Ou *embora o seu deus seja seu próprio poder*. O significado do hebraico é incerto.

12.9, 10 Há muita ira aqui, mas também há muito bom senso. Gostaria que tivéssemos outro Jó para castigar a linguagem de alto teor dos teólogos modernos. Há em nosso meio homens que, se não são hereges na doutrina, são alienados no discurso. São homens descritos pelos antigos pregadores que dizem: "Vejam!", mas não há nada a se ver; e que gritam: "Observem!", mas não há nada a se observar, exceto a falta de tudo o que vale a pena observar! [...] Há algo tão atraente e ainda tão frágil na escola teológica moderna, que me sinto obrigado a adverti-lo constantemente contra isso — seu mistério é absurdo e sua profundidade é pomposa ignorância! Não há teologia nela; é um dispositivo inútil para ocultar a necessidade do conhecimento teológico! Um homem com uma educação que pode *ser completa em todos os aspectos*, exceto naquele em que ele deve se destacar, se levanta e ensina aos cristãos que tudo o que aprenderam aos pés de Paulo foi um erro; que uma nova teologia foi descoberta — que as frases antigas que usamos estão desatualizadas — que os antigos credos foram rompidos! Bem, o que devemos fazer com esses espertalhões e seus pares? Servi-los? Onde quer que você os encontre, ou seus discípulos, como Jó fez a Zofar — ria deles, destrua sua linguagem e relembre-os de que as melhores coisas que eles nos dizem são apenas o que os peixes do mar ou as aves do ar já sabiam antes deles, e que suas maiores descobertas são apenas banalidades que toda criança já conheceu antes, ou então são heresias que devem ser retiradas da Terra!

A verdade de Deus sobre a qual Jó falou foi esta: ele queria demonstrar que a presença de Deus em todas as coisas é tão claramente discernível, que os homens não precisam tomar emprestado a asa da águia para subir ao Céu; nem precisam entrar no coração do Leviatã para encontrar uma carruagem com a qual entrar nas profundezas do mar. "Não", disse, "não! Os animais proclamam divindade presente". A existência real e a obra constante do Deus Eterno são cantadas pelas próprias aves do céu, e os peixes mudos do mar saltam e, em seus alegres saltos, parecem dizer: "O mar é dele, pois ele o criou"!

¹⁰Em suas mãos está a vida de todas as criaturas
e o fôlego de toda a humanidade.
¹¹O ouvido prova as palavras que ouve,
assim como a língua distingue os sabores.
¹²A sabedoria pertence aos idosos,
e o entendimento, aos mais velhos.
¹³"Em Deus, porém, estão a sabedoria e o poder;
a ele pertencem o conselho e o entendimento.
¹⁴Ninguém pode reconstruir o que ele derruba,
ninguém pode libertar quem ele aprisiona.
¹⁵Se ele retém a chuva, a terra se transforma em deserto;
se ele libera as águas, há inundações em toda parte.
¹⁶Sim, a ele pertencem a força e a sabedoria;
enganadores e enganados estão sob seu poder.
¹⁷Ele destitui os conselheiros e os dispensa;
faz de tolos juízes sábios.
¹⁸Tira o manto dos reis
e lhes amarra uma corda na cintura.
¹⁹Destitui os sacerdotes e os dispensa;
derruba os que estão no poder há muitos anos.
²⁰Silencia o conselheiro de confiança
e retira o entendimento dos anciãos.
²¹Derrama desonra sobre os príncipes
e deixa os fortes desarmados.
²²"Ele revela mistérios ocultos nas trevas
e ilumina a escuridão mais profunda.
²³Exalta nações e as destrói,
expande nações e as abandona.
²⁴Despoja os reis de entendimento
e os deixa vagar por um deserto sem caminhos.
²⁵Andam tateando na escuridão, sem luz;
ele os faz cambalear como bêbados."

Jó quer defender sua causa diante de Deus

13 ¹"Vi tudo isso com os próprios olhos;
ouvi com os próprios ouvidos, e agora entendo.
²O que vocês sabem, eu também sei;
não são melhores que eu.
³Quero falar diretamente com o Todo-poderoso,
quero defender minha causa diante de Deus.
⁴Vocês me difamam com mentiras;
são médicos incapazes de curar.
⁵Se ao menos se calassem!
É a atitude mais sábia que poderiam tomar.
⁶Ouçam minha defesa,
prestem atenção a meus argumentos.
⁷"Vocês querem defender Deus com mentiras?
Apresentam argumentos desonestos em nome dele?
⁸Distorcem seu testemunho em favor dele?
Acaso são advogados de Deus?
⁹O que acontecerá quando ele decidir investigá-los?
Conseguirão enganá-lo como enganam qualquer pessoa?
¹⁰Não! Certamente ele os repreenderá
se distorcerem às escondidas seu testemunho em favor dele.
¹¹Acaso a majestade dele não os aterrorizará?
O terror dele não cairá sobre vocês?
¹²Suas frases feitas valem tanto quanto cinzas;
sua defesa é fraca como um pote de barro.
¹³"Calem-se e deixem-me em paz!
Permitam-me falar, e eu arcarei com as consequências.
¹⁴Sim, porei minha vida em risco
e direi o que penso de fato.
¹⁵Ainda que Deus me mate, ele é minha única esperança;
apresentarei a ele minha causa.
¹⁶Isto, porém, é o que me salvará: não sou ímpio;
se o fosse, não poderia me colocar diante dele.
¹⁷"Escutem bem o que vou dizer,
ouçam-me com atenção.
¹⁸Preparei minha defesa;

serei declarado inocente.
¹⁹Quem pode discutir comigo a esse respeito?
E, se provarem que estou errado, me calarei e morrerei."

Jó pergunta qual foi seu pecado
²⁰"Ó Deus, concede-me estas duas coisas,
e não me esconderei de ti.
²¹Remove tua mão de cima de mim
e não me assustes com tua temível presença.
²²Chama-me, e eu responderei;
ou permita que eu fale e responde-me.
²³Diga-me, o que fiz de errado?
Mostra-me minha rebeldia e meu pecado.
²⁴Por que te afastas de mim?
Por que me tratas como teu inimigo?
²⁵Atormentarias uma folha soprada pelo vento?
Perseguirias a palha seca?
²⁶"Escreves acusações amargas contra mim
e trazes à tona os pecados de minha juventude.
²⁷Prendes meus pés com correntes,
vigias todos os meus caminhos
e examinas todas as minhas pegadas.
²⁸Eu me consumo como madeira que apodrece,
como roupa comida pela traça."

14
¹"Como é frágil o ser humano!
Sua vida é breve e cheia de aflições.
²Como uma flor, nasce e depois murcha;
como uma sombra passageira, some depressa.
³É preciso que vigies uma criatura tão frágil
e exijas que te preste contas?

⁴Quem pode extrair pureza de algo impuro?
Ninguém!
⁵Estabeleceste a extensão de nossa vida;
sabes quantos meses viveremos,
e não recebemos nem um dia a mais.
⁶Portanto, dá-nos sossego, deixa-nos descansar!
Somos como trabalhadores braçais;
permite que terminemos nosso trabalho em paz.

⁷"Até mesmo uma árvore tem mais esperança,
pois, se for cortada, voltará a brotar e dar novos ramos.
⁸Ainda que as raízes tenham envelhecido na terra
e o tronco esteja podre,
⁹com o cheiro da água, voltará a brotar
e dar ramos, como uma planta nova.
¹⁰"Mas, quando as pessoas morrem, perdem as forças;
dão o último suspiro e, depois, onde estão?
¹¹Como a água evapora do lago
e o rio desaparece na seca,
¹²são colocadas no túmulo e não voltam a se levantar.
Até que os céus deixem de existir, não acordarão;
não serão despertadas de seu sono.

¹³"Quem dera tu me escondesses na sepultura[a]
e me esquecesses ali até tua ira passar!
Quem dera me desses um tempo de descanso,
para que só então te lembrasses de mim!

---

[a] **14.13** Em hebraico, *no Sheol.*

13.25 [...] uma confissão de fraqueza toca seu coração quando vem de seu próprio filho. Você deterá sua mão, se seu filho estiver sendo punido, confessar o seu erro e lhe implorar! Ou, se o filho estiver doente e algo que lhe for feito provoque dor, se, enquanto a ação estiver sendo realizada, ele olhar para você, no rosto, e disser: "Pai, poupe seu filho! Eu não aguento mais!", você terá sentido mais do que pode fazê-lo sentir, imediatamente suas próprias lágrimas o cegarão e você deterá sua mão. "O Senhor é como um pai para seus filhos, bondoso e compassivo para os que o temem". Se você tiver fé para trazer suas fraquezas diante de Deus com o sentimento de um filho em relação a Ele, você certamente prevalecerá. Venham, vocês com tremor tímido diante de seu Pai que está no Céu, use esse argumento: "Atormentarias uma folha soprada pelo vento?".

¹⁴Podem os mortos voltar a viver?
Assim eu teria esperança durante todos os meus anos de luta
e aguardaria a libertação que a morte traz.
¹⁵Tu chamarias, e eu responderia;
tu ansiarias por mim, a obra de tuas mãos.
¹⁶Assim, tu protegerias meus passos,
em vez de vigiares meus pecados.
¹⁷Meus pecados seriam fechados num saco,
e tu cobririas minha culpa.
¹⁸"Em vez disso, assim como os montes desmoronam
e as rochas caem de onde estão,
¹⁹como a água desgasta as pedras
e as enchentes arrastam a terra,
tu destróis a esperança do ser humano.
²⁰Tu prevaleces sempre sobre ele, e ele se vai;
tu o desfiguras na morte e o mandas embora.
²¹Não sabe se os filhos crescerão com honra
ou afundarão no esquecimento.
²²Ele sofre sua própria dor
e lamenta apenas por si mesmo".

A segunda resposta de Elifaz a Jó

15 Então Elifaz, de Temã, respondeu:
²"Um homem sábio não responderia com esse falatório!
Suas palavras não passam de vento.
³O sábio não se envolve em conversas sem propósito,
nem usa palavras sem sentido.
⁴De fato, você não tem temor a Deus
e não lhe mostra reverência.
⁵Seus pecados dizem à boca o que ela deve falar;
suas palavras se baseiam em engano astuto.
⁶Sua própria boca o condena, não eu;
seus próprios lábios depõem contra você.
⁷"Acaso você foi o primeiro ser humano a nascer?
Veio ao mundo antes de serem criados os montes?
⁸Estava presente no conselho secreto de Deus?
Só você é dono da sabedoria?
⁹O que você sabe que nós não sabemos?
Que compreensão tem que nós não temos?
¹⁰Homens idosos, de cabelo grisalho, mais velhos que seu pai,
pensam exatamente como nós!
¹¹"A consolação de Deus não é suficiente para você?
Palavras amáveis não lhe bastam?
¹²O que o fez perder a razão?
Por que seus olhos chegam a faiscar
¹³quando você se volta contra Deus
e diz tais absurdos?
¹⁴O que é o ser humano, para se considerar puro?

14.14 Jó estava bem próximo do desespero pelo terrível tormento de suas dores corporais, pelas irritantes observações de seus amigos e pela sugestão mordaz de sua esposa. Não é de admirar que ele tenha ficado um pouco impaciente. Nunca as palavras de queixa foram mais justificáveis do que no triste caso de Jó quando ele exclamou: "Quem dera tu me escondesses na sepultura"! Tudo o que poderia fazer a vida suportável foi tirado dele, e todo mal que poderia tornar a morte desejável veio sobre ele. No entanto, depois que Jó havia proferido essas exclamações, ele parecia estar meio envergonhado de sua fraqueza e, cingindo os lombos, argumenta consigo mesmo, levando sua alma a raciocinar de forma mais fria e calma. Jó enfrenta sua realidade e percebe que sua batalha é severa, mas lembra de que haverá um fim, e que quando esse fim vier e a vitória triunfar, não haverá mais luta. Portanto, ele se encoraja a suportar as suas dores no presente e, mesmo com os males futuros, sejam eles quais forem, registra essa solene resolução — muito mais gloriosa do que a determinação de Alexandre [N.E.: O Grande.] de conquistar o mundo — conquistar a si mesmo e permanecer com paciência na vontade de Deus. Colocou firmemente em seu coração que suportaria o decreto divino com constância de resignação por todos os seus dias determinados até que uma mudança viesse. Nenhum de nós pode se dar ao luxo de lançar uma pedra no patriarca por suspirar e reclamar, pois nós mesmos não faríamos nem a metade melhor.

Pode alguém nascido de mulher ser justo?
¹⁵Deus não confia nem nos anjos!ᵃ
Aos olhos dele, nem mesmo os céus são puros.
¹⁶Quanto menos um ser humano detestável e corrupto,
que tem sede de perversidade!

¹⁷"Escute, e eu lhe mostrarei;
falarei com base em minha experiência.
¹⁸Ela é confirmada pelo relato de homens sábios,
que ouviram as mesmas verdades de seus antepassados,
¹⁹daqueles aos quais foi dada a terra,
muito antes de chegar qualquer estrangeiro.

²⁰"Os perversos se contorcem de dor a vida toda;
aos cruéis estão reservados tempos de sofrimento.
²¹Em seus ouvidos ressoam sons de terror,
e mesmo em dias tranquilos temem o ataque do destruidor.
²²Não se atrevem a sair no escuro,
por medo de serem mortos pela espada.
²³Ficam perambulando e dizendo: 'Onde posso encontrar pão?';ᵇ
sabem que o dia de sua destruição se aproxima.
²⁴Vivem angustiados e aflitos, cheios de terror,
como um rei que se prepara para a batalha,
²⁵pois agitam os punhos contra Deus
e desafiam arrogantemente o Todo-poderoso.
²⁶Com seus fortes escudos levantados,
avançam contra ele em rebeldia.

²⁷"Em sua prosperidade, o rosto dos perversos inchou,
e sua barriga acumulou gordura.
²⁸Suas cidades, porém, serão arruinadas;
habitarão em casas abandonadas,
prestes a desabar.
²⁹Suas riquezas não durarão, seus bens não permanecerão,
e suas propriedades não se estenderão pela terra.

³⁰"Não escaparão das trevas;
o sol abrasador queimará seus ramos,
e o sopro de Deus os destruirá.
³¹Que não se iludam mais ao confiar em riquezas vazias,
pois o vazio será sua única recompensa.
³²Serão cortados na flor da idade;
seus ramos jamais voltarão a verdejar.
³³Serão como a videira cujas uvas são colhidas cedo demais,
como a oliveira que perde as flores antes que se formem os frutos.
³⁴Pois os ímpios não têm futuro;ᶜ
o fogo destruirá suas casas enriquecidas com subornos.
³⁵Concebem desgraça e dão à luz maldade;
seu ventre só gera engano".

O quinto discurso de Jó: resposta a Elifaz

16 Então Jó falou novamente:
²"Já ouvi tudo isso antes;
que péssimos consoladores são vocês!
³Será que nunca vão parar de tagarelar?
Que perturbação os faz continuar falando?
⁴Eu poderia dizer as mesmas coisas se estivessem em meu lugar,
poderia berrar críticas e balançar a cabeça contra vocês.
⁵Mas eu faria diferente: eu lhes daria ânimo
e tentaria aliviar seu sofrimento.
⁶Em vez disso, sofro se me defendo,
e sofro igualmente se me recuso a falar.

⁷"Ó Deus, tu me esgotaste
e destruíste toda a minha família!
⁸Reduziste-me a pele e osso, como para provar que pequei;
minha magreza depõe contra mim.
⁹Deus me odeia e, em sua ira, me despedaçou;
range os dentes contra mim

ᵃ **15.15** Em hebraico, *nem nos santos*. ᵇ **15.23** A Septuaginta traz *São designados como comida para os abutres*. ᶜ **15.34** Ou *os ímpios são estéreis*.

e me transpassa com seu olhar.
¹⁰As pessoas zombam e riem de mim
e, com desprezo, me dão tapas no rosto;
sim, uma multidão se junta contra mim.
¹¹Deus me entregou aos pecadores,
atirou-me nas mãos dos perversos.
¹²"Eu vivia tranquilo, até que ele me despedaçou;
pelo pescoço me agarrou e me quebrou ao meio.
Fez de mim seu alvo,
¹³e agora seus arqueiros me cercam.
Suas flechas me perfuram sem misericórdia,
e meu sangue[a] molha o chão.
¹⁴Repetidamente, ele se lança contra mim
e me ataca como um guerreiro.
¹⁵Em minha tristeza, visto pano de saco;
meu orgulho se revolve no pó.
¹⁶Meu rosto está vermelho de tanto chorar,
e sombras escuras me circundam os olhos.
¹⁷No entanto, nada fiz de errado,
e minha oração é pura.
¹⁸"Ó terra, não esconda meu sangue!
Não permita que meu clamor permaneça oculto.
¹⁹Agora mesmo, minha testemunha está nos céus,
meu advogado está nas alturas.
²⁰Meus amigos me desprezam,
mas derramo minhas lágrimas diante de Deus.
²¹Preciso de um mediador entre mim e Deus,
como alguém que intercede por seu amigo.
²²Pois em breve seguirei pelo caminho do qual jamais voltarei."

Jó continua a defender sua inocência

17 ¹"Meu espírito está quebrado, e minha vida, quase apagada;
o túmulo está pronto para me receber.
²Estou cercado de zombadores;
seus insultos estão sempre diante de mim.
³"Dá-me garantia de que me defenderás, ó Deus,
pois ninguém mais tomará meu partido.
⁴Fechaste a mente deles para o entendimento,
mas não permitas que triunfem.
⁵Traem os amigos em benefício próprio;
deixa que os filhos deles desfaleçam de fome.
⁶"Deus me transformou em motivo de zombaria;
as pessoas cospem em meu rosto.
⁷Meus olhos estão inchados de tanto chorar;
sou apenas sombra do que já fui.
⁸Os virtuosos ficam horrorizados quando me veem,

---

[a] 16.13 Em hebraico, *minha bile*.

16.20 Jó disse que seus inimigos o desprezaram e por que você deveria escapar disso, ou esperar sair-se melhor do que Jó? Confio que isso, na essência, será algo bom para você. E o fará sentir-se menos dependente da força da carne. Isto o aproximará de Deus, e tenho certeza de que tornará os cristãos mais fortes, aqueles que se destacarão mais distintivamente de seus irmãos. Este é o maior prazer. Os *Covenanters* [N.E.: do Movimento Presbiteriano Escocês] nos contam que as épocas mais felizes de suas vidas foram entre os charcos, os pântanos, as montanhas e as lamacentas charnecas da Escócia quando os dragões de Claverhouse estavam atrás deles! Nesse contexto, Cristo lhes parecia duplamente precioso, quando o mundo os expulsava para as charnecas. Ó, não há conversa com Cristo tão doce quanto a que Ele tem com Seu povo quando caminha no lado sombrio da colina com Ele, com a neve soprando nos dentes! Então, Ele os cobre com o manto do Seu amor e libera Sua alma em demonstrações de amor, consolo e prazer para eles! Alguns de vocês que não sofrem perseguição podem quase desejar conhecer esses desejáveis prazeres, a comunhão íntima que Cristo dá ao Seu povo no dia da batalha e em tempo de tormento! Seus amigos podem desprezá-lo, mas "o verdadeiro amigo é mais próximo que um irmão". Venha até Cristo e Ele não o desprezará, mas será seu grande Consolador!

e os inocentes se levantam contra os ímpios.
⁹Os justos prosseguem em seu caminho, e os de mãos limpas se fortalecem cada vez mais.
¹⁰"Quanto a vocês, voltem com um argumento melhor;
ainda assim, não encontrarei sábio algum em seu meio.
¹¹Meus dias chegaram ao fim e minhas esperanças se foram;
os desejos de meu coração não se realizaram.
¹²Esses homens dizem que a noite é dia, afirmam que a escuridão é luz.
¹³E se eu descer à sepultura[a] e arrumar minha cama na escuridão?
¹⁴E se eu chamar o túmulo[b] de pai e o verme, de mãe ou irmã?
¹⁵Onde está, então, minha esperança? Há alguém que possa encontrá-la?
¹⁶Não, minha esperança descerá comigo à sepultura;
descansaremos juntos no pó".

A segunda resposta de Bildade a Jó

18 Então Bildade, de Suá, respondeu:

²"Até onde você vai com suas palavras? Mostre sensatez, se deseja que respondamos!
³Imagina que somos animais? Pensa que somos ignorantes?
⁴Ainda que arranque os cabelos de raiva, acaso isso destruirá a terra?
Fará as rochas mudarem de lugar?

⁵"Por certo, a luz do perverso se apagará; as faíscas de seu fogo deixarão de brilhar.
⁶A luz de sua tenda se escurecerá; a lâmpada pendurada sobre ele se extinguirá.
⁷Os passos confiantes do perverso serão encurtados;
será arruinado pelas próprias tramas.
⁸*O perverso caminha direto para a rede; cai num alçapão.*
⁹Uma armadilha o pega pelo calcanhar, um laço o prende com força.
¹⁰Há uma cilada escondida na terra, uma corda estendida em seu caminho.
¹¹"Terrores cercam o perverso e o perseguem a cada passo.
¹²A fome esgota suas forças, e a calamidade aguarda seu tropeço.
¹³A doença consumirá sua pele, e uma morte horrível devorará seus membros.
¹⁴É arrancado da segurança de seu lar e levado ao rei dos terrores.
¹⁵O lar do perverso será consumido pelo fogo,
e enxofre se espalhará sobre sua casa.
¹⁶Por baixo, suas raízes secarão; por cima, seus ramos murcharão.
¹⁷Toda lembrança de sua existência desaparecerá da terra;
ninguém recordará seu nome.
¹⁸Será lançado da luz para as trevas, expulso do mundo.
¹⁹Não terá filhos nem netos, nem haverá sobreviventes no lugar onde morava.
²⁰No oeste, ficarão espantados com seu destino;
no leste, serão tomados de horror.
²¹Dirão: 'Esta era a habitação do perverso, o lugar de alguém que não conheceu a Deus'".

O sexto discurso de Jó: resposta a Bildade

19 Então Jó falou novamente:

²"Até quando vocês vão me atormentar?
Até quando vão me esmagar com suas palavras?
³Dez vezes já me insultaram; deveriam se envergonhar de me tratar tão mal.
⁴Ainda que eu tivesse pecado, seria problema meu, e não de vocês.
⁵Pensam que são melhores que eu; usam minha humilhação como prova de meu pecado.
⁶Mas Deus é que foi injusto comigo e me prendeu em sua rede.

---

[a] 17.13 Em hebraico, *ao Sheol*; também em 17.16. [b] 17.14 Ou *a decomposição*.

⁷"Clamo: 'Socorro!', mas ninguém responde;
grito em protesto, mas não há justiça.
⁸Deus fechou meu caminho para eu não passar
e cobriu de escuridão minha estrada.
⁹Despojou-me de minha honra
e removeu a coroa de minha cabeça.
¹⁰Destruiu-me por todos os lados, e estou acabado;
como se eu fosse uma árvore, arrancou minha esperança pela raiz.
¹¹Sua ira arde contra mim;
ele me considera seu inimigo.
¹²Suas tropas avançam e abrem caminhos para me atacar;
acampam ao redor de minha tenda.
¹³"Meus irmãos se mantêm afastados,
meus conhecidos se voltaram contra mim.
¹⁴Minha família se foi,
meus amigos chegados me esqueceram.
¹⁵Meus hóspedes e criadas me consideram um estranho;
para eles, sou como um estrangeiro.
¹⁶Quando chamo meu servo, ele não vem;
tenho de suplicar!
¹⁷Meu hálito enoja minha esposa;
sou rejeitado pela própria família.
¹⁸Até as crianças me desprezam;
quando me levanto para falar, me dão as costas.
¹⁹Meus amigos chegados me detestam;
aqueles que eu amo se voltaram contra mim.
²⁰Fui reduzido a pele e osso;
escapei da morte por um triz.ᵃ
²¹"Tenham misericórdia de mim, meus amigos!
Tenham misericórdia, pois a mão de Deus me feriu.
²²Será que também precisam me perseguir, como Deus me persegue?
Já não me criticaram o suficiente?
²³"Quem dera minhas palavras fossem registradas!
Quem dera fossem escritas num monumento,
²⁴entalhadas com um cinzel de ferro e preenchidas com chumbo,
gravadas para sempre na rocha!
²⁵"Quanto a mim, sei que meu Redentor vive
e que um dia, por fim, ele se levantará sobre a terra.
²⁶E, depois que meu corpo tiver se decomposto,
ainda assim, em meu corpo,ᵇ verei a Deus!
²⁷Eu o verei por mim mesmo,
sim, o verei com meus próprios olhos;
meu coração muito anseia por esse dia!
²⁸"Como vocês se atrevem a me perseguir
e dizer: 'É culpa dele'?

ᵃ **19.20** Em hebraico, *escapei só com a pele de meus dentes*. ᵇ**19.26** Ou *sem meu corpo*. O significado do hebraico é incerto.

19.7,25 *V.7* Pobre Jó! Quando nossa oração não é ouvida, ou pensamos que não é, então as nuvens acima de nós ficam de fato escuras. Vocês que estão passando por um tempo de oração não respondida — não imaginem que sejam os primeiros a viajar por esse triste caminho! Poderão ver as pegadas dos outros nessa desolada terra arenosa. Jó sabia o que significava essa experiência. Davi e também o nosso bendito Senhor. Leia o Salmo 22.2 e ouça Jesus dizer: "Todos os dias clamo a ti, meu Deus, mas não respondes; todas as noites levanto a voz, mas não encontro alívio".

V.25 Jó teve um amigo verdadeiro em meio a seus amigos equivocados. Esses homens foram consoladores miseráveis, mas Jó tinha um Consolador verdadeiro. Eles lhe eram estranhos, mas Jó tinha um verdadeiro Amigo, e então disse: "Quanto a mim, sei que meu Goel vive". Essa é a palavra hebraica. Suponho que todos vocês saibam o que significa: a pessoa mais próxima dele que, por ser o mais próximo, estava obrigado a aceitar sua causa. Se um homem fosse morto por acidente, o goel perseguia aquele que o tinha matado na tentativa de vingar a morte de seu protegido. Se uma pessoa ficasse endividada e fosse vendida como escrava por causa da dívida, seu goel, se pudesse, tinha que resgatá-la — e, portanto, temos a palavra "redentor".

Ou se as propriedades fossem hipotecadas por falta de recursos, era dever do parente mais próximo resgatá-las, se possível, e assim, novamente, temos a ideia de redentor. [...] Jó, em meio aos seus falsos amigos, tinha Aquele a quem chamou seu Redentor.

²⁹Deveriam temer o castigo,
pois sua atitude merece ser punida;
então saberão que há juízo".

A segunda resposta de Zofar a Jó

20 Então Zofar, de Naamá, respondeu:
²"Preciso falar,
pois é profundo meu incômodo.
³Tive de suportar seus insultos,
mas agora meu espírito me leva a responder.

⁴"Você não sabe que, desde a antiguidade,
desde que o ser humano foi posto na terra,
⁵o triunfo dos perversos dura pouco,
e a alegria dos ímpios é apenas temporária?
⁶Embora seu orgulho chegue aos céus,
e sua cabeça toque as nuvens,
⁷eles desaparecerão para sempre,
lançados fora como seu próprio excremento.
Seus conhecidos perguntarão:
'Onde estão eles?'.
⁸Passarão como um sonho e não serão encontrados;
desaparecerão como uma visão na noite.
⁹Aqueles que os viram, não os verão mais;
suas famílias não os reconhecerão.
¹⁰Seus filhos pedirão esmolas aos pobres,
pois terão de devolver as riquezas que roubaram.
¹¹Embora sejam jovens e vigorosos,
seus ossos serão deitados no pó.

¹²"Desfrutaram o doce gosto da perversidade
e a deixaram derreter sob a língua.
¹³Ficaram com ela na boca,
para melhor saboreá-la.
¹⁴De repente, a comida azeda em seu estômago;
torna-se veneno de serpente em seu interior.
¹⁵Vomitarão a riqueza que engoliram;
Deus não permitirá que a retenham.
¹⁶Sugarão veneno de cobra;
a língua da víbora os matará.
¹⁷Nunca mais desfrutarão os ribeiros,
os rios de onde emanam leite e mel.
¹⁸Devolverão tudo pelo que trabalharam;
sua riqueza não lhes trará alegria.
¹⁹Pois oprimiram os pobres e os deixaram desamparados;
tomaram casas que não haviam construído.
²⁰Sempre gananciosos, nunca satisfeitos;
perderam tudo com que sonharam.
²¹Comem até se fartar e, depois, não sobra coisa alguma;
por isso, sua prosperidade não durará.

²²"Em meio à fartura, enfrentarão aflições,
e o sofrimento os dominará.
²³Que Deus lhes encha o estômago de problemas;
que Deus faça chover sobre eles sua ira ardente!
²⁴Quando tentarem escapar da arma de ferro,
a flecha com ponta de bronze os atravessará.
²⁵Quando a flecha lhes for arrancada das costas,
a ponta brilhará com sangue.ᵃ
O terror da morte virá sobre eles;
²⁶seus tesouros serão lançados em profunda escuridão.
Um fogo descontrolado os devorará
e consumirá tudo que lhes resta.
²⁷Os céus revelarão a culpa dos perversos;
a terra se levantará contra eles.
²⁸Uma inundação arrastará suas casas;
a ira de Deus cairá sobre eles como chuva torrencial.
²⁹Essa é a recompensa que Deus dá aos perversos;
é a herança decretada por Deus".

O sétimo discurso de Jó: resposta a Zofar

21 Então Jó falou novamente:
²"Escutem com atenção o que eu digo;
essa é a consolação que podem me dar.
³Enquanto eu estiver falando, tenham paciência;
depois que tiver falado, podem continuar a zombar de mim.

ᵃ **20.25** Em hebraico, *com bile*.

⁴"Minha queixa não é contra seres humanos;
 tenho bons motivos para estar impaciente.
⁵Olhem para mim, e ficarão pasmos;
 assustados, colocarão a mão sobre a boca.
⁶Quando penso no que estou dizendo, fico arrepiado;
 todo o meu corpo estremece.

⁷"Por que os perversos continuam com vida,
 chegam à velhice e se tornam poderosos?
⁸Veem seus filhos crescer e se estabelecer
 e desfrutam a companhia de seus netos.
⁹Seus lares são seguros e livres de todo medo,
 e Deus não os castiga.
¹⁰Seus touros nunca deixam de procriar,
 suas vacas dão crias e não abortam.
¹¹Deixam seus filhos brincar como cordeiros;
 seus pequeninos saltam e dançam.
¹²Cantam com tamborins e harpas
 e celebram ao som da flauta.
¹³Passam os dias em prosperidade
 e descem à sepultura[a] em paz.
¹⁴E, no entanto, dizem a Deus: 'Deixa-nos em paz!
 Não queremos saber de ti nem de teus caminhos.
¹⁵Quem é o Todo-poderoso e por que deveríamos lhe obedecer?
 De que nos adiantará orar?'.
¹⁶Acreditam que a prosperidade depende de si mesmos,
 mas eu quero distância desse modo de pensar.

¹⁷"Quantas vezes a luz dos perversos se apaga?
 Quantas vezes sofrem desgraças?
 Acaso Deus, em sua ira, lhes reparte tristezas?
¹⁸Quantas vezes são carregados pelo vento, como palha,
 ou levados embora pela tempestade, como ciscos?

¹⁹"Vocês dizem: 'Ao menos Deus castiga os filhos deles!'.
 Mas eu digo que ele deveria castigar os pais,
 para que entendam seu juízo.
²⁰Que seus próprios olhos vejam sua destruição;
 que eles mesmos bebam da ira do Todo-poderoso!
²¹Afinal, depois de mortos,
 não se importarão com o que acontece à sua família.

²²"Mas quem pode dar lições a Deus,
 uma vez que ele julga até os mais poderosos?
²³Um morre em prosperidade,
 confortável e seguro,
²⁴um retrato perfeito de boa saúde,
 em excelente forma e cheio de vigor.
²⁵Outro morre em amarga pobreza,
 sem nunca ter experimentado as coisas boas da vida.
²⁶Ambos, porém, são enterrados no mesmo pó;
 ambos são comidos pelos mesmos vermes.

²⁷"Sei o que estão pensando,
 sei dos planos que tramam contra mim.
²⁸'Onde está a casa dos ricos?', vocês me dirão.
 'Onde está a casa dos perversos?'
²⁹Perguntem, porém, àqueles que viajam,
 e eles lhes dirão a verdade.
³⁰Os perversos são poupados no dia da calamidade
 e socorridos no dia da fúria.
³¹Ninguém os critica abertamente,
 nem lhes dá o que merecem por seus atos.
³²Quando são levados à sepultura,
 uma guarda de honra vigia seu túmulo.
³³A terra lhes dá doce repouso,
 e uma grande multidão acompanha o funeral

---

[a] **21.13** Em hebraico, *ao Sheol*.

e presta homenagens enquanto o corpo é sepultado.

³⁴"Como podem suas palavras vazias me consolar?
Suas explicações não passam de mentiras!".

A terceira resposta de Elifaz a Jó

22 Então Elifaz, de Temã, respondeu:

²"Pode alguém fazer algo para ajudar a Deus?
Pode alguém, ainda que sábio, lhe ser útil?

³Que vantagem há para o Todo-poderoso em você ser justo?
Ele ganharia alguma coisa se você fosse perfeito?

⁴É por causa de seu temor que ele o acusa e traz juízo contra você?

⁵Não! É por causa de sua perversidade; seus pecados não têm limites!

⁶"Por certo você emprestou dinheiro a seu amigo
e exigiu roupas dele como garantia; sim, você o deixou sem ter o que vestir.

⁷Recusou-se a dar água ao sedento e comida ao faminto.

⁸Pensou que a terra pertencia aos poderosos
e que somente os privilegiados tinham direito a ela.

⁹Mandou a viúva embora de mãos vazias e acabou com as esperanças dos órfãos.

¹⁰Por isso está cercado de armadilhas e estremece com temores repentinos.

¹¹Por isso está em trevas e não consegue ver,
e ondas de águas o cobrem.

¹²"Deus é grande, mais alto que os céus, mais alto que as estrelas mais distantes.

¹³Você, porém, responde: 'Por isso Deus não vê o que faço!
Como pode julgar através da densa escuridão?

¹⁴Nuvens espessas se movem ao seu redor, e ele não pode nos ver;
está lá no alto, caminhando pela abóbada do céu!'.

¹⁵"Você continuará nos velhos caminhos, nos quais sempre andaram os perversos?

¹⁶Eles foram levados em tenra idade; os alicerces de sua vida foram arrastados pela correnteza.

¹⁷Pois disseram a Deus: 'Deixa-nos em paz! O que o Todo-poderoso pode fazer conosco?'.

¹⁸E, no entanto, foi ele que lhes encheu o lar de coisas boas;
por isso quero distância desse modo de pensar.

¹⁹"Os justos se alegrarão ao ver a destruição dos perversos,
e, com desprezo, os inocentes zombarão deles.

22.15-17 *O velho caminho era um caminho de egoísmo.* Por que Eva tomou daquele fruto? Foi porque ela acreditava que ao comer dele satisfaria seu apetite e também a tornaria sábia. [...] Este é o velho caminho no qual os homens perversos caminharam, e temo que seja um caminho bem-sucedido hoje. Como a massa da humanidade grita? "Mostre-nos qualquer coisa boa! Mostre-nos algo que nos dê prazer, diversão, esporte — pouco nos importa o que seja; contanto que seja decente e respeitável, se assim for, mas, de qualquer forma, *que nos divirtamos, e encontremos prazer,* ou ganhemos, ou que juntemos para nós honra!" O homem ainda busca encontrar-se, e essa é a raiz do pecado humano. Ele não pode crer que para ele se encontrar, não deve buscar a si mesmo; não pode crer no testemunho do Salvador de que aquele que salvar sua vida deve se contentar em perdê-la; que ao zelar por Deus e ao negar o *eu*, seguimos o caminho mais alto e seguro para promover nossa própria felicidade. Não, o pecador decide servir o *eu* primeiro, e então talvez ele condescenda a seguir a Deus por amor próprio, e seja religioso e devoto, e adore a Deus de sua própria maneira, para se salvar, ainda buscando o *eu* aos pés do trono de Deus! Bem, querido amigo, você deve viver para Deus, e não para si mesmo; se ainda segue seus próprios fins e objetivos, e se o objetivo principal da sua vida é adquirir riqueza, obter posição, viver com conforto, ou se entregar às suas paixões — então conte com isso, você está pisando no velho caminho pelo qual os homens perversos seguiram, e como sempre terminou em decepção, assim será com você!

²⁰Dirão: 'Vejam, nossos inimigos foram destruídos,
e suas riquezas, consumidas pelo fogo'.
²¹"Sujeite-se a Deus, e terá paz;
então as coisas lhe irão bem.
²²Ouça as instruções de Deus
e guarde-as no coração.
²³Se voltar para o Todo-poderoso, será restaurado;
portanto, coloque sua vida em ordem.
²⁴Se abrir mão de sua cobiça por dinheiro
e lançar no rio seu ouro precioso,
²⁵o Todo-poderoso será seu tesouro;
ele será sua prata de grande valor!
²⁶"Então você se alegrará no Todo-poderoso
e levantará os olhos para ele.
²⁷Orará a Deus, e ele o ouvirá,
e você cumprirá seus votos.
²⁸Será bem-sucedido em tudo que decidir fazer,
e a luz brilhará em seu caminho.
²⁹Se outros estiverem em dificuldade e você disser: 'Ajuda-os',
Deus os salvará.
³⁰Até mesmo pecadores serão resgatados;
sim, serão resgatados porque você tem mãos puras".

O oitavo discurso de Jó: resposta a Elifaz

23 Então Jó falou novamente:
²"Minha queixa hoje ainda é amarga,
e me esforço para não gemer.
³Se ao menos eu soubesse onde encontrar a Deus,
iria a seu tribunal.
⁴Exporia minha causa
e apresentaria meus argumentos.
⁵Ouviria sua resposta
e entenderia o que ele me dissesse.
⁶Acaso ele usaria seu grande poder para discutir comigo?
Não! Ele me ouviria com imparcialidade.
⁷Os justos podem lhe apresentar sua causa;
meu Juiz me absolveria de uma vez por todas.
⁸Se vou para o leste, lá ele não está;
sigo para o oeste, mas não consigo encontrá-lo.
⁹Não o vejo no norte, pois está escondido;
quando olho para o sul, ele está oculto.
¹⁰"E, no entanto, ele sabe aonde vou;

23.4-6,10,12 "Consoladores de Jó", até mesmo hoje, são considerados como aqueles cuja ausência é preferida à sua presença. Como resultado de todas as provações pelas quais Jó foi chamado a passar, há neste capítulo um pouco de amargura. Não precisamos nos admirar disso — a surpresa é que não há ainda mais. Você deveria, ao estimar as ações ou palavras de um homem, julgar suas circunstâncias na ocasião. Não tome as palavras de Jó sozinhas, mas considere em que condição ele estava. Pense no que você teria feito se estivesse no lugar dele — e você não o censuraria como naturalmente faria.

V.4 Ele sentiu que ousava implorar diante de Deus. Não era culpado das coisas colocadas a seu encargo, portanto, seria ousado em falar mesmo diante do tribunal de julgamento de Deus. Se Jó conhecesse um pouco mais de Deus, como o conheceu antes de sua vida terminar, talvez não tivesse falado tão desembaraçadamente sobre dispor sua causa diante dele e encher sua boca com argumentos. Lembramos de como ele falou depois ao Senhor: "Antes, eu só te conhecia de ouvir falar; agora, eu te vi com meus próprios olhos. Retiro tudo que disse e me sento arrependido no pó e nas cinzas". Quem de nós desejaria vir e discutir nosso caso com Deus sem o nosso Advogado celestial?

V.5 Ele estava disposto a ouvir o lado de Deus no argumento, estava também paciente e ansioso para entender a mente de Deus a quem desejava implorar. Por enquanto, tudo bem. Há alguns que não desejam saber o que Deus lhes diria. Contanto que possam expressar seus próprios ardentes desejos, eles não têm ouvidos e coração à espera de ouvir a voz de Deus.

V.6 Ele tem confiança no Senhor de que, se pudesse ter uma audiência com Ele, Deus não usaria Seu poder contra ele, mas, ao contrário, o fortaleceria para que pudesse apresentar a sua causa. Falo com o coração perturbado? Venha a Deus com seu fardo. Ele não usará o Seu poder contra você, mas o ajudará a implorar-lhe. Você que treme, venha e se curve aos Seus pés! Ele não o desprezará. Ele o exaltará. Você que está desesperado, olhe para o Senhor! Ele não lançará a Sua ira sobre você, mas o ajudará a implorar-lhe. "Acaso ele usaria seu grande poder para discutir comigo? Não! Ele me ouviria com imparcialidade".

V.10 Aqui, o verdadeiro Jó vem à frente. Você vê o homem gracioso mais uma vez em pé. Ele cambaleou

quando ele me provar, sairei puro como o ouro.
¹¹Pois permaneci nos caminhos de Deus;
segui seus passos e nunca me desviei.
¹²Não me afastei de seus mandamentos;
dei mais valor a suas palavras que ao alimento diário.
¹³Mas, quando ele toma sua decisão, quem pode fazê-lo mudar de ideia?
Ele faz o que bem deseja.
¹⁴Portanto, fará comigo tudo que planejou; ele controla meu destino.
¹⁵Não é de admirar que eu me apavore em sua presença;
quando penso nisso, entro em pânico.
¹⁶Deus fez meu coração desfalecer;
o Todo-poderoso me encheu de medo.
¹⁷A escuridão me cerca;
há trevas densas e impenetráveis por toda parte."

Jó pergunta por que os perversos não são castigados

24 ¹"Por que o Todo-poderoso não marca uma data para seu juízo?
Por que os que o conhecem esperam por ele em vão?
²Os perversos mudam os marcos das divisas,
roubam rebanhos e os trazem para seus pastos.
³Levam o jumento que pertence ao órfão
e exigem o boi da viúva como penhor.
⁴Os pobres são empurrados para fora do caminho,
e os necessitados se escondem para se proteger.
⁵Como jumentos selvagens nas regiões áridas,
passam todo o tempo em busca de comida;
até no deserto procuram alimento para os filhos.
⁶Fazem a colheita de um campo que não semearam
e recolhem as uvas nas videiras dos perversos.
⁷Passam a noite nus e com frio,
pois não têm roupas nem cobertas.
⁸Encharcados pelas chuvas das montanhas, encolhem-se junto às rochas por falta de abrigo.
⁹"Os perversos arrancam o filho da viúva do seio dela;
tomam o bebê como garantia por um empréstimo.
¹⁰Os pobres andam nus por falta de roupas;
colhem alimento para outros, enquanto passam fome.
¹¹Espremem azeitonas para obter azeite, mas não podem prová-lo;
pisam uvas para fazer vinho, enquanto passam sede.
¹²Os gemidos dos que estão para morrer sobem da cidade,
e os feridos clamam por socorro,
mas Deus não faz caso de seus lamentos.
¹³"Os perversos se revoltam contra a luz;
não reconhecem os caminhos dela,
nem permanecem em suas estradas.
¹⁴O assassino se levanta bem cedo,
para matar os pobres e os necessitados;
à noite ele se torna ladrão.
¹⁵O adúltero espera o cair da noite,
pois pensa: 'Ninguém me verá';
esconde o rosto para ninguém o reconhecer.

---

um pouco, mas está firme agora — "quando ele me provar, sairei puro como o ouro". Você também sairá como ouro, minha irmã que passa por provação, meu irmão aflito. A provação de sua fé é apenas por um tempo — *essa fornalha chegará a um fim*. E quando Deus o provar, testá-lo e tirar a sua impureza — Ele o apresentará e você será ouro puro — apropriado para o uso do Mestre.

V.12 Jó era um homem feliz por poder dizer isso. Espero que muitos de vocês possam dizer o mesmo. Se você fosse provado com grande dor corporal e depressão de espírito, você poderia dizer, por meio da graça divina: "Não me afastei de Deus". Estes são dias em que precisamos de homens de princípios — homens que podem firmar o pé e manter-se inabaláveis — homens que não podem ser desviados. Alguns chamam essa firmeza de "fanatismo". No entanto, é apenas outro nome para a hombridade cristã. Se você se atrever a fazer o bem e enfrentar um mundo desdenhoso, você terá o reconhecimento de Deus: "Muito bem, meu servo bom e fiel".

¹⁶Os bandidos arrombam casas à noite
e dormem durante o dia;
não estão acostumados com a luz.
¹⁷A noite escura é sua manhã;
aliam-se aos terrores da escuridão.

¹⁸"Mas, como espuma num rio,
desaparecem;
tudo que possuem é amaldiçoado,
e temem entrar nas próprias videiras.
¹⁹A sepultura ͣ consome os pecadores,
como a seca e o calor consomem a
neve.
²⁰Sua própria mãe se esquecerá deles;
para os vermes, terão sabor doce.
Ninguém se lembrará deles;
os perversos serão derrubados como
árvores.
²¹Enganam a mulher que não tem filhos
para defendê-la;
não socorrem a viúva necessitada.

²²"Deus, em seu poder, leva embora os
ricos;
ainda que prosperem, não têm garantia
de que viverão.
²³Talvez lhes seja permitido ficar em
segurança,
mas Deus os vigia sem cessar.
²⁴Ainda que sejam importantes agora,
depressa desaparecerão, como todos os
outros,
cortados como espigas de cereal.
²⁵Acaso alguém pode afirmar o contrário?
Quem pode provar que estou errado?".

A terceira resposta de Bildade a Jó

25 Então Bildade, de Suá, respondeu:

²"Deus é poderoso e temível;
ele impõe a paz nos céus.
³Quem pode contar seu exército celestial?
Acaso sua luz não brilha sobre toda a
terra?
⁴Pode algum mortal ser inocente perante
Deus?
Pode alguém nascido de mulher ser
puro?
⁵Deus é mais glorioso que a lua;
brilha mais que as estrelas.

⁶Comparados a ele, somos larvas;
nós, mortais, não passamos de vermes".

O nono discurso de Jó: resposta a Bildade

26 Então Jó falou novamente:

²"Grande ajuda você deu aos
indefesos!
Belo socorro prestou aos fracos!
³Como esclareceu minha ignorância!
Sábio conselho ofereceu!
⁴De onde tirou todas essas palavras de
sabedoria?
De quem é o espírito que fala por seu
intermédio?

⁵"Tremem os mortos,
aqueles que vivem debaixo das águas.
⁶O lugar dos mortos ᵇ está nu diante de
Deus;
o lugar de destruição ͨ está descoberto.
⁷Deus estende o céu do norte sobre o vazio
e suspende a terra sobre o nada.
⁸Envolve a chuva com densas nuvens,
e elas não se rompem com o peso da água.
⁹Encobre a face da lua ᵈ
e a esconde com suas nuvens.
¹⁰Criou o horizonte ao separar as águas
e definiu o limite entre dia e noite.
¹¹Tremem os alicerces do céu,
estremecem diante de sua repreensão.
¹²Com seu poder, acalmou o mar;
com sua habilidade, despedaçou o
monstro marinho. ͤ
¹³Com seu sopro, ᶠ trouxe beleza aos céus;
com sua mão, feriu a serpente veloz.
¹⁴Isso é apenas o começo de tudo que ele
faz,
um mero sussurro de sua força;
quem pode compreender o trovão de
seu poder?".

O discurso final de Jó

27 Jó continuou a falar:

²"Juro pelo Deus vivo, que tirou de mim
meus direitos,
pelo Todo-poderoso, que me encheu a
alma de amargura:
³enquanto eu viver
e tiver o fôlego de Deus nas narinas,

ᵃ**24.19** Em hebraico, *O Sheol.* ᵇ**26.6a** Em hebraico, *O Sheol.* ͨ**26.6b** Em hebraico, *Abadom.* ᵈ**26.9** Ou *Cobre seu trono.* ͤ**26.12** Em hebraico, *Raabe*, monstro marinho mítico que, na literatura antiga, representava o caos. ᶠ**26.13** Ou *seu Espírito.*

⁴meus lábios não pronunciarão maldades,
e minha língua não falará mentiras.
⁵Jamais darei razão a vocês;
defenderei até a morte minha integridade.
⁶Afirmarei minha inocência sem hesitar;
por toda a vida, terei a consciência limpa.
⁷"Que meu inimigo seja castigado como os perversos,
e meu adversário, como os que praticam o mal.
⁸Pois que esperança têm os ímpios quando Deus os elimina,
quando ele lhes tira a vida?
⁹Acaso Deus lhes ouvirá o clamor
quando vier sobre eles o sofrimento?
¹⁰Acaso se alegram no Todo-poderoso?
Podem clamar a Deus a qualquer momento?
¹¹Eu lhes ensinarei sobre o poder de Deus;
não esconderei nada a respeito do Todo-poderoso.
¹²Vocês, porém, já viram tudo isso
e, no entanto, dizem essas coisas inúteis.

¹³"Isto é o que os perversos receberão de Deus,
esta é a herança que o Todo-poderoso dará aos opressores.
¹⁴Pode ser que tenham grandes famílias,
mas seus filhos morrerão em guerras ou de fome.
¹⁵Uma praga eliminará os que sobreviverem,
e nem mesmo suas viúvas chorarão por eles.
¹⁶"Pode ser que os perversos tenham muita riqueza
e acumulem montes de roupas,
¹⁷mas os justos vestirão essas roupas,
e os inocentes repartirão essas riquezas.
¹⁸Os perversos constroem casas frágeis como teias de aranha,ᵃ
precárias como o abrigo temporário do vigia.
¹⁹Os perversos são ricos quando vão dormir,
mas, ao acordar, veem que toda a sua riqueza se foi.
²⁰O terror os encobre, como uma inundação,

ᵃ **27.18** Conforme a Septuaginta e a versão siríaca (ver tb. 8.14); o hebraico traz *como a traça*.

27.1-5,7,8 *Vv.1-5* Ele sentiu que seria terrível confessar o que nunca havia feito; seria um engano reconhecer crimes que jamais cometera. Portanto, declara solenemente, pelo Deus vivo, que nunca permitirá que a falsidade passe por seus lábios. Ele não havia transgredido contra Deus da forma como seus amigos insinuavam, e não confessaria que o tivesse feito.

Somos obrigados a nos limitarmos à verdade. Ninguém tem permissão, com humildade simulada, de se tornar o que não é. Jó estava certo, até então, em defender a integridade de seu caráter, pois era um homem de tal retidão que nem mesmo o diabo conseguia achar falhas nele. Era um homem tão santo que Deus pôde dizer a Satanás: "Você reparou em meu servo Jó? Não há ninguém na terra como ele. É homem íntegro e correto, teme a Deus e se mantém afastado do mal". E tudo o que o diabo podia fazer era insinuar que ele tinha um motivo egoísta para sua bondade. "Tu puseste um muro de proteção ao redor dele, de sua família e de seus bens e o abençoaste em tudo que ele faz. Vê como ele é rico! Estende tua mão e toma tudo que ele tem, e certamente ele te amaldiçoará na tua face!". Jó era reto, contudo, jamais somos tão corretos, mas há uma pequena mistura de erro com o nosso acerto. Um homem pode facilmente se autojustificar quando está defendendo seu próprio caráter; pode haver uma falta de admissão de falhas não percebidas; pode haver uma cegueira das falhas que deveriam ter sido percebidas; e algo dessa imperfeição, sem dúvida, estava no patriarca.

Vv.7,8 Esta é uma pergunta solene e perscrutadora; se um homem tentar comportar-se de maneira irresponsável e imoral com Deus, se for um hipócrita, e se lucrar com sua hipocrisia, tudo o que tentar ganhar, a saber, a reputação entre os homens, "que esperança têm os ímpios quando Deus os elimina, quando ele lhes tira a vida?". Então, sua esperança é transformada em horror, pois ele deve estar diante daquele que não pode ser enganado, que o lê do começo ao fim, e o lança fora porque ele ousou insultar seu Criador tentando enganar a onisciência. Ó, que você e eu jamais nos comportemos como hipócritas! Não pode haver algo mais insensato; nem mais terrível.

e são arrastados pelas tempestades da noite.

²¹Um vento do leste os carrega, e desaparecem;
arranca-os de seu lugar.
²²Sopra violentamente sobre eles, sem piedade;
lutam para escapar de seu poder.
²³Então todos batem palmas
e riem deles com desprezo."

Jó fala de sabedoria e entendimento

28 ¹"As pessoas sabem de onde extrair a prata
e onde refinar o ouro.
²Sabem de onde tirar o ferro da terra
e como separar o cobre da rocha.
³Sabem fazer brilhar luz na escuridão
e procurar minério nas regiões mais distantes,
em meio às trevas profundas.
⁴Cavam entradas para minas,
em lugares onde ninguém vive.
Descem por meio de cordas,
balançando de um lado para o outro.
⁵O alimento cresce na superfície,
mas, abaixo dela, a terra é derretida
como que por fogo.
⁶Ali, as rochas contêm safiras,
e, no pó, se encontra ouro.
⁷São tesouros que nenhuma ave de rapina consegue enxergar,
nem o olho do falcão pode ver.
⁸Nenhum animal selvagem pisou nessas riquezas,
nenhum leão pôs a pata sobre elas.

⁹As pessoas sabem como despedaçar as rochas mais duras
e como revirar até as raízes dos montes.
¹⁰Abrem túneis nas rochas
e encontram pedras preciosas.
¹¹Represam a água dos ribeiros
e trazem à luz tesouros ocultos.

¹²"Mas onde se pode encontrar sabedoria?
Onde se pode achar entendimento?
¹³Ninguém sabe onde encontrá-la,[a]
pois ela não se acha entre os vivos.
¹⁴'Não está aqui', diz o abismo,
'Nem aqui', diz o mar.
¹⁵Não se pode comprá-la com ouro,
nem adquiri-la com prata.
¹⁶Vale mais que todo o ouro de Ofir,
mais que o ônix precioso e a safira.
¹⁷A sabedoria é mais valiosa que ouro e cristal;
não se pode comprá-la com joias de ouro fino.
¹⁸Coral e jaspe não se comparam a ela;
o preço da sabedoria ultrapassa o dos rubis.
¹⁹Não se pode trocá-la pelo precioso topázio da Etiópia;[b]
ela vale mais que o ouro puríssimo.

²⁰"Onde, afinal, está a sabedoria?
Onde está o entendimento?
²¹Está escondida dos olhos de toda a humanidade;
nem mesmo as aves do céu conseguem descobri-la.
²²A Destruição[c] e a Morte dizem:

[a] **28.13** Conforme a Septuaginta; o hebraico traz *sabe seu valor*. [b] **28.19** Em hebraico, *de Cuxe*. [c] **28.22** Em hebraico, *Abadom*.

28.7,8 Durante toda a história, Deus parece mirar para certa marca, no entanto, Sua flecha não atinge o alvo como você e eu podemos julgar. Muitas vezes Ele parece fazer o que o atirador faz, sabedor de que se atirasse o projétil em linha reta para o alvo, ele erraria, faz concessão para certas deflexões que serão causadas pela força da atração, pelo vento e várias outras influências opostas, e mira de acordo. Deus, muitas vezes, prova que o caminho mais próximo para alcançar Seu fim é dar uma volta — portanto, quando Ele quer limpar um homem, às vezes o Senhor permite que ele primeiro se torne mais sujo! Quando Deus pretende vesti-lo, primeiro o deixa nu. Quando resolve enriquecê-lo, primeiro o torna tão pobre quanto Lázaro na porta do rico. E, por estranho que possa parecer, quando Deus quer fazer com que ele viva, Ele o mata. Os modos de procedimento divinos, então, permitem a deflexão e qualquer outro tipo de influência — e não devem ser compreendidos por nós. Se você tomar toda a história e observá-la com atenção, será obrigado a sentir que, se Deus estiver trabalhando nela, como estamos bastante seguros de que está, e ordenando todas as coisas com sabedoria final, então o caminho dele através do mundo é aquele que os olhos de nenhum abutre jamais viram e que nenhum leão ou filhote de leão já pisou.

'Ouvimos apenas rumores de onde encontrá-la'.

²³"Somente Deus conhece o caminho para a sabedoria;
ele sabe onde encontrá-la.
²⁴Pois ele enxerga toda a terra;
vê tudo que há debaixo do céu.
²⁵Determina a força dos ventos
e o volume das águas.
²⁶Fez as leis para controlar a chuva
e definiu o caminho dos relâmpagos.
²⁷Então viu a sabedoria e a avaliou;
em seu lugar a pôs e cuidadosamente a examinou.
²⁸É isto que ele diz a toda a humanidade:
'O temor do Senhor é a verdadeira sabedoria;
afastar-se do mal é o verdadeiro entendimento'".

Jó fala das bênçãos do passado

29 Jó continuou a falar:

²"Tenho saudade dos tempos que passaram,
dos dias em que Deus cuidava de mim.
³Ele iluminava o caminho à minha frente,
e eu andava em segurança em meio à escuridão.
⁴Na flor de minha idade,
a amizade de Deus estava presente em meu lar.
⁵O Todo-poderoso ainda estava comigo,
e eu tinha meus filhos ao redor.
⁶Meus pés eram lavados em leite,
e ribeiros de azeite corriam das rochas para mim.

⁷"Naquele tempo, eu ia até a porta da cidade
e tomava meu lugar entre os líderes.
⁸Os jovens abriam caminho ao me ver,
e até os idosos se punham em pé.
⁹As autoridades se calavam
e colocavam a mão sobre a boca.
¹⁰Os mais altos oficiais da cidade faziam silêncio
e refreavam a língua em sinal de respeito.

¹¹"Todos que me ouviam me elogiavam,
todos que me viam falavam bem de mim.
¹²Pois eu auxiliava os pobres que pediam ajuda
e os órfãos que precisavam de socorro.
¹³Os que estavam à beira da morte me abençoavam;
eu trazia alegria ao coração das viúvas.
¹⁴Era honesto em tudo que fazia;
a retidão me cobria como manto,
e a justiça eu usava como turbante.
¹⁵Servia de olhos para os cegos
e de pés para os aleijados.
¹⁶Era um pai para os pobres
e defendia a causa dos estrangeiros.
¹⁷Quebrava as mandíbulas dos ímpios
e de seus dentes resgatava as vítimas.
¹⁸'Por certo morrerei rodeado por minha família',
pensava, 'depois de uma vida longa e boa.ᵃ
¹⁹Pois sou como a árvore cujas raízes chegam até a água,
cujos ramos são refrescados pelo orvalho.
²⁰Recebo sempre novas honras,
e minha força vive renovada.'

²¹"Todos escutavam meus conselhos;
ficavam em silêncio e esperavam que eu falasse.
²²E, depois que eu falava, nada tinham a acrescentar,
pois o que eu dizia os satisfazia.
²³Esperavam minhas palavras como quem espera a chuva;
bebiam-nas como chuva de primavera.
²⁴Quando estavam desanimados, eu sorria para eles;
valorizavam meu olhar de aprovação.
²⁵Como um líder, eu lhes dizia o que fazer;
vivia como rei entre suas tropas e consolava os que choravam."

Jó fala de sua angústia

30 ¹"Agora, porém, os mais jovens zombam de mim,

ᵃ **29.18** Em hebraico, *depois que eu tiver contado meus dias como areia.*

rapazes cujos pais não são dignos de
correr com meus cães pastores.
²De que me serve a força deles?
Seu vigor já desapareceu!
³Enfraquecidos pela pobreza e pela fome,
roem a terra seca, em regiões sombrias e desoladas.
⁴Colhem ervas silvestres entre os arbustos
e comem as raízes das giestas.
⁵São expulsos, aos gritos, da companhia das pessoas,
como se fossem ladrões.
⁶Agora, moram em desfiladeiros medonhos,
em cavernas e entre as rochas.
⁷Uivam como animais no meio dos arbustos
e ajuntam-se debaixo dos espinheiros.
⁸São gente insensata, sem nome nem valor;
foram expulsos da terra.

⁹"Agora, divertem-se às minhas custas!
Sou alvo de piadas e canções vulgares.
¹⁰Desprezam-me e ficam longe de mim;
só se aproximam para cuspir em meu rosto.
¹¹Pois Deus cortou a corda de meu arco;
já que ele me humilhou,
eles não se refreiam mais.
¹²Essa gente desprezível se opõe a mim abertamente;
lançam-me de um lado para o outro
e planejam minha desgraça.
¹³Bloqueiam meu caminho
e fazem de tudo para me destruir.
Sabem que não tenho quem me ajude;
¹⁴atacam-me de todos os lados.
Quando estou caído, lançam-se sobre mim;
¹⁵vivo aterrorizado.
O vento carregou minha honra;
minha prosperidade passou como uma nuvem.

¹⁶"Agora, minha vida se esvai;
a aflição me persegue durante o dia.
¹⁷A noite corrói meus ossos;
a dor que me atormenta não descansa.
¹⁸Com mão forte, Deus agarra minha roupa;ᵃ
pega-me pela gola de minha túnica.
¹⁹Lança-me na lama;
não passo de pó e cinza.

²⁰"Clamo a ti, ó Deus, e não me respondes;
fico em pé diante de ti, mas não me dás atenção.
²¹Tu me tratas com crueldade
e usas teu poder para me perseguir.
²²Tu me lanças no redemoinho
e me destróis na tempestade.
²³E sei que me envias para a morte,
para o destino de todos os que vivem.

²⁴"Por certo, ninguém se voltaria contra os necessitados,
quando clamam por socorro em suas dificuldades.
²⁵Acaso eu não chorava pelos aflitos?
Não me angustiava pelos pobres?
²⁶Esperava o bem, mas em seu lugar veio o mal;
aguardava a luz, mas em seu lugar veio a escuridão.

ᵃ **30.18** Conforme a Septuaginta; o hebraico traz *minha mão, minha veste está desfigurada*.

30.25 Na tentativa de justificar os caminhos de Deus, os três amigos de Jó chegaram à dura conclusão de que ele não teria sido tão severamente afligido se não fosse um grande pecador. Entre outras acusações contra o aflito patriarca, Elifaz, o temanita, teve a crueldade de colocar isso diante dele: "Recusou-se a dar água ao sedento e comida ao faminto". Tal calúnia pode ser descrita como "falar perversidade em favor de Deus", pois em sua ignorância das grandes leis da providência em relação aos santos nesta vida, o temanita havia proferido uma mentira para explicar o procedimento divino. O próprio testemunho de Deus sobre Jó é que ele era um "homem íntegro e correto, teme a Deus e se mantém afastado do mal". E certamente ele nunca poderia ter conquistado o *status* de "perfeito" se fosse destituído de piedade pelos pobres! [...]. Nas duas questões do meu texto, Jó declara algo mais do que apenas ter ajudado os pobres com presentes, ele declara que chorou e se entristeceu por eles. Sua caridade vinha do coração. Ele levou em consideração o caso deles, colocou suas dores em sua própria alma, e deixou seus olhos chorarem, e seu coração lamentar. "Acaso eu não chorava pelos aflitos? Não me angustiava pelos pobres?"

²⁷Meu coração está agitado e não sossega;
dias de aflição me atormentam.
²⁸Ando nas sombras, sem a luz do sol;
levanto-me em praça pública e clamo por socorro.
²⁹Contudo, sou considerado irmão dos chacais
e companheiro das corujas.
³⁰Minha pele escureceu,
e meus ossos ardem de febre.
³¹Minha harpa toca canções fúnebres,
e minha flauta acompanha os que choram."

Jó defende sua inocência pela última vez

31 ¹"Fiz uma aliança com meus olhos
de não olhar com cobiça para nenhuma jovem.
²Pois o que Deus, lá de cima, escolheu para nós?
Qual é nossa herança do Todo-poderoso,
que está lá no alto?
³Não é calamidade para os perversos
e desgraça para os que praticam o mal?
⁴Afinal, ele não vê tudo que faço
e cada passo que dou?

⁵"Se minha conduta foi falsa,
e se procurei enganar alguém,
⁶que Deus me pese numa balança justa,
pois conhecerá minha integridade.
⁷Se me desviei de seu caminho,
se meu coração cobiçou o que os olhos viram,
ou se sou culpado de algum outro pecado,
⁸que outros comam o que semeei;
que minhas plantações sejam arrancadas pela raiz.

⁹"Se meu coração foi seduzido por uma mulher,
ou se cobicei a esposa de meu próximo,
¹⁰que minha esposa se torne serva de outro homem;ᵃ
que outros durmam com ela.
¹¹Pois a cobiça é um pecado vergonhoso,
um crime que merece castigo.
¹²É fogo que tudo consome, levando à destruição,ᵇ
capaz de destruir tudo que tenho.

¹³"Se fui injusto com meus servos e servas
quando me apresentaram suas queixas,
¹⁴que farei quando Deus me confrontar?
Que direi quando ele me chamar para prestar contas?
¹⁵Pois o mesmo Deus que me criou,
também criou meus servos;
formou no ventre materno tanto eles como eu.

¹⁶"Acaso me recusei a ajudar os pobres
ou acabei com a esperança da viúva?
¹⁷Fui mesquinho com meu alimento
e me recusei a compartilhá-lo com os órfãos?
¹⁸Não! Desde a juventude, tenho cuidado dos órfãos como um pai
e, por toda a vida, tenho ajudado as viúvas.
¹⁹Sempre que via alguém passar frio por falta de roupa,
e o pobre que não tinha o que vestir,
²⁰acaso eles não me abençoavam
por lhes prover roupas de lã para aquecê-los?

²¹"Se levantei a mão contra o órfão,
certo de que os juízes tomariam meu partido,
²²que meu ombro seja deslocado
e meu braço, arrancado da articulação!
²³Seria melhor que enfrentar o castigo de Deus;
pois, se a majestade de Deus é contra mim, que esperança resta?

²⁴"Acaso confiei no dinheiro
ou me senti seguro por causa de meu ouro?
²⁵Acaso me vangloriei de minha riqueza
e de tudo que possuo?
²⁶Olhei para o sol, que brilha no céu,
ou para a lua, que percorre seu resplendor,
²⁷e, em segredo, meu coração foi seduzido
a lhes lançar beijos de adoração?
²⁸Se o fiz, devo ser castigado pelos juízes,

ᵃ**31.10** Em hebraico, *que minha esposa moa para outro homem.* ᵇ**31.12** Em hebraico, *a Abadom.*

pois significa que neguei o Deus que está
  lá no alto.
²⁹"Alguma vez me alegrei com a desgraça
  de meus inimigos,
ou exultei porque lhes aconteceu algum
  mal?
³⁰Não, jamais cometi o pecado de
  amaldiçoar alguém
ou de pedir sua morte como vingança.
³¹"Meus servos nunca disseram:
  'Ele deixa os outros passar fome'.
³²Nunca deixei o estrangeiro dormir na
  rua;
minha porta sempre esteve aberta para
  todos.
³³"Acaso procurei encobrir meus pecados,
  como outros fazem,
e esconder a culpa em meu coração?
³⁴Mantive-me calado e não saí de casa,
  por medo da multidão ou do desprezo
  do povo?
³⁵"Se ao menos alguém me ouvisse!
Vejam, aqui está minha defesa assinada.
Que o Todo-poderoso me responda;
  que meu adversário registre sua
  denúncia por escrito.
³⁶Eu enfrentaria a acusação de peito aberto
e a usaria como coroa.
³⁷Pois eu diria a Deus exatamente o que
  tenho feito;
compareceria diante dele como um
  príncipe.
³⁸"Se a terra protestar contra mim,
  se todos os seus sulcos clamarem,
³⁹se roubei suas colheitas,
  ou se matei seus donos,
⁴⁰que cresçam espinhos em lugar de trigo
  e ervas daninhas em lugar de cevada".

Assim terminam as palavras de Jó.

Eliú responde aos amigos de Jó

32 Os três amigos de Jó pararam de lhe responder, pois ele insistia em dizer que era inocente.
²Então Eliú, filho de Baraquel, o buzita, da família de Rão, ficou irado. Indignou-se porque Jó se achava mais justo que Deus. ³Também indignou-se com os três amigos de Jó, pois não conseguiram responder a seus argumentos, a fim de demonstrar que Jó[a] estava errado. ⁴Eliú havia esperado os outros falarem, pois eram mais velhos que ele. ⁵Mas, quando viu que não tinham mais nada a dizer, expressou sua indignação. ⁶Assim, Eliú, filho de Baraquel, o buzita, disse:

"Eu sou jovem, e vocês são idosos;
  por isso me contive e não dei minha
  opinião.
⁷Pensei: 'Os mais velhos devem falar,
  pois a sabedoria vem com o tempo'.
⁸Contudo, há um espírito[b] dentro de cada
  um,
o sopro do Todo-poderoso, que lhe dá
  entendimento.
⁹Nem sempre os de mais idade são sábios;
  às vezes, os velhos não entendem o que
  é justo.
¹⁰Portanto, ouçam-me,
  e eu lhes direi o que penso.
¹¹"Esperei todo esse tempo,
  ouvindo seus argumentos atentamente,
  observando enquanto procuravam
  palavras.
¹²Dei-lhes toda a atenção,
  mas nenhum de vocês provou que Jó
  está errado,
  nem respondeu a seus argumentos.
¹³Não venham me dizer: 'Ele é sábio
  demais para nós;
só Deus pode convencê-lo'.
¹⁴Se Jó tivesse discutido comigo,
  eu não teria respondido como vocês.
¹⁵Estão aí perplexos, sem resposta,
  sem terem mais o que dizer.
¹⁶Devo continuar a esperar, agora que se
  calaram?
Devo também permanecer em silêncio?
¹⁷Não! Darei minha resposta;
  também expressarei minha opinião.
¹⁸Pois tenho muito a dizer,
  e o espírito em mim me impulsiona a
  falar.

---

[a] 32.3 Conforme o Texto Massorético; uma antiga tradição dos escribas hebreus traz *Deus*. [b] 32.8 Ou *o Espírito*; também em 32.18.

¹⁹Sou como um barril de vinho sem respiradouro,
como uma vasilha de couro prestes a romper.
²⁰Preciso falar para ter alívio;
sim, deixem-me responder!
²¹Não tomarei partido,
nem tentarei bajular ninguém.
²²Pois, se tentasse usar de bajulação,
meu Criador logo me destruiria."

Eliú apresenta seus argumentos contra Jó

33 ¹"Jó, ouça minhas palavras,
preste atenção ao que vou dizer.
²Chegou minha vez de falar;
as palavras estão na ponta da língua.
³Falo com toda a sinceridade,
digo a pura verdade.
⁴O Espírito de Deus me criou,
o sopro do Todo-poderoso me dá vida.
⁵Responda-me, se puder;
apresente seus argumentos e defina sua posição.
⁶Você e eu somos iguais diante de Deus;
eu também fui formado do barro.
⁷Portanto, não tenha medo de mim;
não serei severo demais com você.

⁸"Você falou em minha presença,
e ouvi bem suas palavras.
⁹Você disse: 'Sou puro e não tenho pecado;
sou inocente e não tenho culpa.
¹⁰Deus procura motivos para se opor a mim
e me considera seu inimigo.
¹¹Prende meus pés no tronco
e vigia todos os meus movimentos'.
¹²"Mas você está enganado, e eu lhe mostrarei o motivo,
pois Deus é maior que qualquer ser humano.
¹³Sendo assim, por que você o acusa?
Por que diz que ele não responde às queixas humanas?
¹⁴Pois Deus fala repetidamente,
embora as pessoas não prestem atenção.
¹⁵Fala em sonhos, em visões durante a noite,
quando o sono profundo cai sobre todos,
enquanto dormem em suas camas.
¹⁶Sussurra em seus ouvidos
e aterroriza-os com advertências.
¹⁷Faz que deixem de praticar o mal
e livra-os do orgulho.
¹⁸Preserva-os do túmulo
e de serem atravessados pela espada.

¹⁹"Deus os disciplina no leito de enfermidade,
com dores constantes nos ossos.
²⁰Eles perdem a vontade de comer;
nem mesmo o alimento mais delicioso lhes apetece.
²¹Sua carne definha a olhos nus,
e seus ossos ficam à vista.
²²Estão cada vez mais perto do túmulo;
os mensageiros da morte os esperam.
²³"Mas, se um dos milhares de anjos do céu aparecer,
para interceder por alguém e declará-lo justo,
²⁴Deus terá compaixão e dirá: 'Livre-o do túmulo,
pois encontrei resgate por sua vida'.
²⁵Então seu corpo se tornará saudável como o de um menino;
será forte e jovem outra vez.

33.13 Não é nosso papel convocar Deus para comparecer diante de nós, como se Ele fosse nosso servo e nós fôssemos o Seus mestres, ou para ordená-lo diante de nosso tribunal e sentar-se lá como se o Santo de Israel fosse um criminoso que devesse responder por Seus crimes! É alta traição e blasfêmia contra o Altíssimo pensarmos em nos sentar para exercer juízo sobre Ele! Esta foi a maneira de Paulo colocar o assunto quando alguém levantou uma questão sobre o decreto divino. Paulo não respondeu o questionador, exceto por dizer: "Ora, quem é você, mero ser humano, para discutir com Deus?!" Deixe a mariposa contender com a chama, deixe a cera com o fogo, deixe o restolho se esforçar contra o redemoinho, mas quanto a nós que somos *menos do que nada*, não tenhamos disputas com Deus! O fato é que os tratos de Deus conosco têm um objetivo — Ele nos trata, às vezes, com severidade para o nosso próprio bem. Não podemos sempre ver o fim a partir do início, mas Deus tem um fim e um fim gracioso, também, em todos os Seus tratos com o Seu povo.

²⁶Quando ele orar a Deus,
  será aceito.
Deus o receberá com alegria
  e o restituirá à condição de justo.
²⁷Ele declarará a seus amigos:
  'Pequei e perverti o que é correto,
  mas não valeu a pena.ᵃ
²⁸Deus me livrou do túmulo;
  agora minha vida contempla a luz'.
²⁹"Sim, Deus faz essas coisas acontecerem
  repetidas vezes com as pessoas.
³⁰Ele as livra da sepultura,
  para que desfrutem a luz da vida.
³¹Preste atenção, Jó; fique quieto e ouça-me,
  pois tenho mais coisas para falar.
³²Mas, se você tem algo a dizer, responda;
  fale, pois quero que seja absolvido.
³³Se não tem nada a dizer, fique quieto e ouça-me,
  e eu lhe ensinarei a sabedoria".

Eliú acusa Jó de arrogância

34 Então Eliú disse:
²"Ouçam-me, vocês que são sábios;
  prestem atenção, vocês que têm
  conhecimento.
³Jó disse: 'O ouvido prova as palavras que
  ouve,
  assim como a língua distingue os
  sabores'.
⁴Portanto, vamos discernir para nós
  mesmos o que é certo;
  vamos descobrir juntos o que é bom.
⁵Pois Jó também disse: 'Sou inocente,
  mas Deus tirou de mim meus direitos.
⁶Sou inocente, mas eles me chamam de
  mentiroso;
  minha dor é incurável, embora eu não
  tenha pecado'.
⁷"Digam-me, alguma vez houve um
  homem como Jó,
  com sua sede por palavras irreverentes?
⁸Escolhe como companheiros os que
  praticam o mal
  e anda com homens perversos.
⁹Chegou até a dizer: 'Por que desperdiçar
  meu tempo
  tentando agradar a Deus?'.

¹⁰"Ouçam-me, vocês que têm
  entendimento:
  Deus não peca de forma alguma!
  O Todo-poderoso não pratica o mal!
¹¹Ele retribui a cada um de acordo com
  seus atos;
  trata as pessoas como merecem.
¹²Na verdade, Deus não fará o mal;
  o Todo-poderoso não cometerá
  injustiça.
¹³Quem entregou a terra aos cuidados de
  Deus?
  Quem o fez responsável por todo o
  mundo?
¹⁴Se Deus retirasse seu espírito
  e removesse seu sopro,
¹⁵toda a vida cessaria,
  e a humanidade voltaria ao pó.
¹⁶"Portanto, se você é sábio, ouça-me;
  preste atenção ao que digo.
¹⁷Acaso Deus poderia governar se odiasse
  a justiça?
  Você pretende condenar o Juiz todo-
  -poderoso?
¹⁸Ele diz aos reis: 'Vocês são perversos',
  e aos nobres: 'Vocês são injustos'.
¹⁹Para Deus, não importa a posição da
  pessoa;
  ele não dá mais atenção aos ricos que
  aos pobres,
  pois todos foram criados por ele.
²⁰Morrem de repente, falecem no meio da
  noite;
  os poderosos são removidos sem a ajuda
  de mãos humanas.
²¹"Pois Deus observa como as pessoas
  vivem;
  ele vê tudo que fazem.
²²Não há escuridão densa o bastante
  onde os perversos possam se esconder
  de seus olhos.
²³Não são as pessoas que decidem o
  momento
  em que comparecerão diante de Deus
  para ser julgadas.
²⁴Ele destrói os poderosos sem consultar
  ninguém

ᵃ **33.27** A Septuaginta traz *mas ele [Deus] não me castigou como meu pecado merecia*.

e põe outros em seu lugar.
²⁵Ele sabe o que fazem
e à noite os derruba e os destrói.
²⁶Ele os fere porque são perversos
e os castiga em público, para que todos vejam.
²⁷Pois deixaram de segui-lo
e não têm respeito algum por seus caminhos.
²⁸Fazem os pobres clamar e chamar a atenção de Deus,
e ele ouve os gritos dos aflitos.
²⁹Mas, se ele permanecer calado,
quem o criticará?
Quando ele esconde seu rosto,
ninguém pode encontrá-lo, nem indivíduo nem nação.
³⁰Ele impede que os ímpios governem,
para que não sejam uma cilada para o povo.
³¹"Por que ninguém diz a Deus:
'Pequei, mas não voltarei a pecar'?
³²Ou: 'Não sei qual foi meu erro; mostra--me se fiz o mal,
e deixarei de fazê-lo de imediato'?
³³"Acaso Deus deve adaptar a justiça dele a suas exigências?
Você o rejeitou!
A escolha é sua, não minha;
compartilhe sua sabedoria conosco.
³⁴Afinal, pessoas inteligentes me dirão,
e os sábios que me ouvem falarão:
³⁵'Jó fala por ignorância;
suas palavras não fazem sentido'.
³⁶Jó, você merece o castigo mais severo pelo modo perverso como falou.
³⁷Pois, ao seu pecado, acrescentou a rebeldia;
não mostra respeito e não para de falar contra Deus".

Eliú lembra Jó da justiça de Deus

35 Então Eliú disse:
²"Você acha certo afirmar:
'Sou justo diante de Deus'?
³Pois você também pergunta: 'O que eu ganho com isso?
Que vantagem há em não pecar?'.
⁴"Responderei a você
e a todos os seus amigos.
⁵Olhe para o céu,
e veja as nuvens lá no alto, muito acima de você.
⁶Se você pecar, em que isso afetará Deus?
Mesmo que peque repetidamente,
que efeito terá sobre ele?
⁷Se você for justo, isso será um grande presente para ele?
O que você tem para lhe dar?
⁸Seus pecados só afetam gente como você;
suas boas ações só afetam outros humanos.
⁹"As pessoas clamam por socorro quando oprimidas;
gritam pedindo ajuda sob a força dos poderosos.
¹⁰E, no entanto, não perguntam: 'Onde está Deus, meu Criador,

---

35.10 Qualquer homem pode cantar de dia. Quando o copo está cheio, o homem inspira-se nisso; quando a riqueza rola em abundância em torno dele, qualquer homem pode cantar para o louvor do Deus que concede uma colheita abundante, ou envia para casa uma frota de navios carregados. É muito fácil uma harpa eólica sussurrar música quando sopram os ventos; a dificuldade é produzir música quando nenhum vento sopra. É fácil cantar quando podemos ler as notas à luz do dia; mas o cantor que é habilidoso pode cantar quando não há um raio de luz para ler — quem canta com seu coração e não a partir de um livro que se pode ver, pois ele não tem meios de ler, a não ser desse livro interior de seu próprio espírito vivo, de onde notas de gratidão se derramam em canções de louvor. Ninguém pode fazer uma canção na escuridão da noite; ele pode tentar, mas perceberá o quão difícil é. Não é natural cantar em meio aos problemas, pois "Todo o meu ser louve o Senhor; louvarei seu santo nome de todo o coração" é uma canção da luz do dia. Mas foi uma canção divina que Habacuque cantou na noite em que disse: "Ainda que a figueira não floresça", e assim por diante, "mesmo assim me alegrarei no Senhor; exultarei no Deus de minha salvação!". Penso que, às margens do mar Vermelho, qualquer homem poderia ter feito uma música como aquela de Moisés: "Lançou no mar os carros de guerra e as tropas do faraó;

aquele que me dá canções durante a noite?'
¹¹Onde está aquele que nos torna mais inteligentes que os animais
e mais sábios que as aves do céu?'.
¹²Quando clamam, Deus não responde, por causa do orgulho dos maus.
¹³É errado, porém, dizer que Deus não ouve
e afirmar que o Todo-poderoso não se importa.
¹⁴Você diz que não vê Deus,
mas espere, e ele lhe fará justiça.ª
¹⁵Você diz que Deus, em sua ira, não castiga os pecadores,
e, portanto, não faz muito caso da perversidade.ᵇ
¹⁶Você não sabe o que diz, Jó; fala como um tolo".

36 Eliú continuou a falar:
²"Deixe-me prosseguir e lhe mostrarei a verdade,
pois ainda não terminei de defender a Deus!
³Apresentarei argumentos profundos em favor da justiça de meu Criador.
⁴Digo somente a verdade,
pois sou homem de pleno conhecimento.

⁵"Deus é poderoso, mas não despreza ninguém;
ele é grande em força e entendimento.
⁶Não permite que os perversos vivam, mas faz justiça aos aflitos.
⁷Observa atentamente os justos,

ª**35.13-14** Esses versículos podem ser traduzidos da seguinte forma: ¹³*De fato, Deus não ouve sua súplica vazia; / O Todo-poderoso não se importa. / ¹⁴Muito menos ouvirá quando você diz que não o vê, / e que sua causa está diante dele e você espera justiça.*
ᵇ**35.15** Conforme a Septuaginta e a Vulgata; o significado desse termo hebraico é incerto

---

os melhores oficiais egípcios se afogaram no mar Vermelho". A dificuldade teria sido compor uma música antes que o mar Vermelho tivesse sido dividido e cantar antes que os exércitos de Faraó tivessem se afogado, enquanto ainda a escuridão da dúvida e do medo estava sobre os exércitos de Israel. As canções da noite vêm somente de Deus; elas não surgem na força humana.

Mas o que significa o texto, quando afirma que Deus concede canções durante a noite? [Normalmente] na noite da experiência de um cristão, Deus é sua única canção. Se for dia no meu coração, posso cantar canções a respeito de meus agradecimentos, canções a respeito de minhas doces experiências, canções a respeito dos meus deveres, a respeito dos meus labores; mas, quando a noite chega, meus agradecimentos parecem ter murchado; minhas evidências, embora estejam lá, estão escondidas; agora não tenho nada sobre o que cantar a não ser sobre o meu Deus.

36.5 Os fatos são argumentos convincentes e, se você observar cuidadosamente, verá que, geralmente, as pessoas que desprezam os outros são fracas e, se não são fracas em outros aspectos, são fracas em entendimento. Esses homenzinhos vestidos com pouca autoridade são frequentemente rígidos e tiranos, mas os verdadeiramente grandes são gentis, ternos e atenciosos. Os fortes não têm motivos para desconfiar e ter ciúmes e, portanto, estão livres de inveja. Eles não têm medo do poder dos outros e, portanto, ficam ansiosos de que seu próprio poder não seja opressivo aos fracos que os rodeiam. Eles se tornam atenciosos aos outros, visto que isso cria uma atmosfera adequada para o uso de sua força. Aquele homem que é apenas forte na aparência, e, na realidade, é muito fraco, despreza os outros porque os teme — e sabendo o quanto ele mesmo merece ser desprezado, finge desprezar seu próximo. É o seu homem parcialmente instruído que zomba. É o que finge ser refinado que rejeita. Sempre que qualquer coisa é simples pretensão, ela se esforça para se proteger da crítica lançando sarcasmos contra seus rivais. Diz-se dos fariseus que eles confiavam em si mesmos, que eram justos e desprezavam os outros. Se tivessem sido verdadeiramente justos, eles não teriam desprezado o próximo, mas porque tinham mera aparência de religião, um verniz superficial ou revestimento superficial de justiça, ou algo parecido com justiça, eles desprezavam com supremo desprezo todos os que não se mostravam como eles mesmos. Deus é tão grande em todas as coisas que Ele não despreza ninguém. Ele não tem rivais e não precisa se suster reduzindo a reputação dos outros. Deus é supremamente real, tão verdadeiro e completo que, nele, jamais haverá o pensamento de desprezar qualquer um para se proteger. Seu poder não é rapidamente despertado para a guerra, porque não tem oposição ao medo. Seu poder está associado à gentileza, e a fúria não está nele porque a força é tão grande que, quando está em ação, devora os Seus adversários, como a chama consome o restolho. Deus é grande demais para ser desdenhoso, poderoso demais para ser altivo.

coloca-os em tronos com reis e exalta-os
para sempre.
⁸Se estão acorrentados
e amarrados com cordas de aflição,
⁹ele faz que vejam o motivo;
mostra-lhes que pecaram, sendo
orgulhosos.
¹⁰Chama-lhes a atenção
e ordena que se afastem do mal.
¹¹"Se obedecerem e servirem a Deus,
serão abençoados com prosperidade a
vida inteira;
todos os seus dias serão agradáveis.
¹²Se, porém, não o ouvirem,
serão atravessados pela espada
e perecerão por falta de entendimento.
¹³Pois os ímpios são cheios de
ressentimento;
mesmo quando Deus os castiga, não
clamam por socorro.
¹⁴Morrem em plena juventude,
depois de desperdiçar a vida em
imoralidade.
¹⁵Mas, por meio do sofrimento, ele livra os
que sofrem
e, por meio da adversidade, obtém sua
atenção.
¹⁶"Jó, Deus também quer afastá-lo do
sofrimento
e levá-lo a um lugar onde não há
aflição;
quer pôr em sua mesa as comidas mais
saborosas.
¹⁷Você, porém, insiste em saber se os
perversos serão julgados;
só consegue pensar no juízo e na justiça.
¹⁸Tome cuidado, para que a riqueza não o
seduza;ᵃ
não deixe que o suborno o leve a pecar.
¹⁹Acaso toda a sua riquezaᵇ ou todos os
seus grandes esforços
poderiam guardá-lo da aflição?
²⁰Não deseje a proteção da noite,
pois é quando as pessoas serão
destruídas.ᶜ
²¹Fique atento! Afaste-se do mal,

pois Deus enviou este sofrimento
para guardá-lo de uma vida de maldade."

Eliú lembra Jó do poder de Deus

²²"Deus é muito poderoso;
quem é mestre como ele?
²³Ninguém pode lhe ordenar o que fazer,
nem lhe dizer: 'Agiste mal'.
²⁴Você deve, sim, dar glória a Deus por suas
obras poderosas
e entoar cânticos de louvor.
²⁵Todos viram suas obras,
ainda que apenas de longe.
²⁶"Deus é tão grande que não podemos
compreender;
não há como calcular os anos de sua
existência.
²⁷Ele faz a água subir como vapor
e depois a destila em chuva.
²⁸As nuvens derramam a chuva,
e a humanidade toda se beneficia.
²⁹Quem pode entender a extensão das
nuvens
e o trovão que ressoa do céu?
³⁰Deus espalha relâmpagos em volta de si
e cobre as profundezas do mar.
³¹Com esses atos poderosos, governa os
povos
e lhes dá comida com fartura.
³²Enche as mãos de relâmpagos
e atira cada um em seu alvo.
³³O trovão anuncia sua presença,
e a tempestade, sua ira indignada."ᵈ

37

¹"Quando penso nisso, meu coração
bate mais depressa
e estremece dentro de mim.
²Ouça com atenção o estrondo da voz de
Deus,
que da boca dele troveja.
³Ressoa pelo céu,
e seus relâmpagos brilham em todas as
direções.
⁴Depois vem o rugido de trovões,
a voz tremenda de sua majestade;
quando ele fala, não a refreia.
⁵A voz de Deus é gloriosa no trovão;

ᵃ **36.18** Ou *Não deixe, porém, que sua ira o leve a zombar.* ᵇ **36.19** Ou *Acaso todos os seus gritos por socorro.* ᶜ **36.16-20** O significado do hebraico nessa passagem é incerto. ᵈ **36.33** Ou *até mesmo o gado sabe quando a tempestade se aproxima*. O significado do hebraico é incerto.

é impossível imaginar a grandeza de seu poder!

⁶"Ele diz à neve: 'Venha sobre a terra!',
e ordena à chuva: 'Caia em torrentes!'.
⁷Todos param de trabalhar,
a fim de observar seu poder.
⁸Os animais selvagens buscam abrigo
e ficam em suas tocas.
⁹A tempestade sai de seus aposentos,
e ventos fortes trazem o frio.
¹⁰O sopro de Deus envia o gelo
e congela grandes extensões de água.
¹¹Ele carrega de umidade as nuvens
e espalha entre elas seus relâmpagos.
¹²As nuvens se agitam sob sua direção
e cumprem suas ordens sobre toda a terra.
¹³Deus faz tudo isso para castigar as pessoas,
ou para mostrar seu amor.

¹⁴"Preste atenção, Jó!
Pare e pense nos feitos maravilhosos de Deus!
¹⁵Você sabe como Deus controla a tempestade
e faz os relâmpagos brilharem nas nuvens?
¹⁶Você entende como ele move as nuvens
com perfeição e conhecimento maravilhosos?
¹⁷Enquanto você fica sufocado de calor em sua roupa,
e o vento sul perde a força e tudo se acalma,
¹⁸ele faz o céu refletir o calor como um espelho de bronze;
acaso você pode fazer o mesmo?

¹⁹"Ensina-nos, então, o que dizer a Deus;
somos ignorantes demais para apresentar nossos argumentos.
²⁰Deus deve ser avisado de que desejo falar?
É possível falar quando se está confuso?ᵃ
²¹Não podemos olhar para o sol,
pois ele brilha intensamente no céu,
quando o vento dispersa as nuvens.
²²Da mesma forma, dourado esplendor vem do monte de Deus;ᵇ
ele está vestido de tremenda majestade.
²³O Todo-poderoso está além de nossa compreensão;
apesar de seu grande poder,
a ninguém oprime em sua justiça e retidão.
²⁴Por isso em toda parte as pessoas o temem;
todos os sábios lhe mostram devoção".ᶜ

O Senhor desafia Jó

38 Então, do meio de um redemoinho, o Senhor respondeu a Jó:

²"Quem é esse que questiona minha sabedoria
com palavras tão ignorantes?
³Prepare-se como um guerreiro,
pois lhe farei algumas perguntas,
e você me responderá.

⁴"Onde você estava quando eu lancei os alicerces do mundo?
Diga-me, já que sabe tanto.
⁵Quem definiu suas dimensões e estendeu a linha de medir?
Vamos, você deve saber.
⁶O que sustenta seus alicerces
e quem lançou sua pedra angular,
⁷enquanto as estrelas da manhã cantavam juntas,
e os anjosᶜ davam gritos de alegria?

⁸"Quem estabeleceu os limites do mar
quando do ventre ele brotou,
⁹quando eu o vesti com nuvens
e o envolvi em escuridão profunda?
¹⁰Pois o contive atrás de portas com trancas,
para delimitar seus litorais.
¹¹Disse: 'Daqui não pode passar;
aqui suas ondas orgulhosas devem parar!'.

¹²"Você alguma vez deu ordem para que a manhã aparecesse
e fez o amanhecer se levantar no leste?
¹³Fez a luz do dia se espalhar até os confins da terra,
para acabar com a perversidade da noite?
¹⁴À medida que a luz se aproxima,

ᵃ**37.20** Ou *falar sem ser engolido?* ᵇ**37.22** Ou *do norte*, ou *da habitação*. ᶜ**37.24** Conforme a Septuaginta; o hebraico traz *ele não se impressiona com os sábios*. ᶜ**38.7** Em hebraico, *os filhos de Deus*.

a terra toma forma, como o barro sob
um anel de selar;
como uma veste, seus contornos se
mostram.ª
¹⁵A luz incomoda os perversos
e detém o braço levantado para cometer
violência.
¹⁶"Você explorou as nascentes do mar?
Percorreu suas profundezas?
¹⁷Sabe onde ficam as portas da morte?
Viu as portas da escuridão absoluta?
¹⁸Tem ideia da extensão da terra?
Responda-me, se é que você sabe!
¹⁹"De onde vem a luz,
e para onde vai a escuridão?
²⁰Você é capaz de levar cada uma a seu
lugar?
Sabe como chegar lá?
²¹Claro que sabe de tudo isso!
Afinal, já havia nascido antes de tudo ser
criado
e tem muita experiência!
²²"Você alguma vez visitou os depósitos de
neve
ou viu onde fica guardado o granizo?
²³Eu os reservo como armas para os
tempos de angústia,
para o dia de batalha e guerra.
²⁴Onde os relâmpagos se dividem?
De onde se dispersa o vento leste?

²⁵"Quem abriu um canal para as chuvas
torrenciais?
Quem definiu o percurso dos
relâmpagos?
²⁶Quem faz a chuva cair sobre a terra árida,
no deserto, onde ninguém habita?
²⁷Quem envia a chuva para saciar a terra
seca
e fazer brotar o capim novo?
²⁸"Acaso a chuva tem pai?
Quem gera o orvalho?
²⁹Quem é a mãe do gelo?
Quem dá à luz a geada que vem do céu?
³⁰Pois a água se transforma em gelo, duro
como pedra,
e a superfície das águas profundas se
congela.
³¹"Você é capaz de controlar as estrelas
e amarrar o grupo das Plêiades
ou afrouxar as cordas do Órion?
³²Pode fazer aparecer no tempo exato as
constelações,
ou guiar a Ursa e seus filhotes pelo céu?
³³Conhece as leis do universo?
Pode usá-las para governar a terra?
³⁴"Pode gritar para as nuvens
e fazer chover?
³⁵Pode fazer os raios aparecerem
e lhes dizer onde cair?
³⁶Quem dá intuição ao coração
e instinto à mente?ᵇ

ª**38.14** Ou *veste-se de cores brilhantes.* ᵇ**38.36** Ou *Quem dá intuição à íbis e percepção ao galo?* O significado do hebraico é incerto.

38.31 A maioria de vocês conhece esse belo conjunto de estrelas singularmente chamado de Plêiades, muito pequeno, mas intensamente brilhante. Elas são mais visíveis na primavera e, portanto, na poesia, as influências vernais que despertam a terra e a cobrem com a relva verde, e as flores de multicoloridas, estão conectadas com as Plêiades. Por sua doce influência, entendemos, em linguagem simples, aquelas influências benignas que produzem a primavera e o verão; *dizem que ninguém pode contê-los.* O Órion, uma constelação muito conspícua com seu cinturão brilhante, é visto melhor no final do outono, pouco antes da chegada do inverno. É um sinal sulino e invernal, e, portanto, poeticamente, o inverno é ligado ao cinturão de Órion, e o texto nos diz, literalmente, que nenhum homem é capaz de afrouxar os laços da geada, ou verificar a chegada do frio. Em outras palavras, todo o versículo afirma que ninguém pode parar as revoluções das estações. Quando Deus ordena a primavera, os meses brilhantes chegam rindo; e quando novamente Ele chama o inverno, a neve e o gelo devem governar a triste hora. [...] Este é o simples ensinamento do versículo, mas foi, sem dúvida, usado para instruir Jó de que, da mesma forma que ele não podia alterar as ordenanças do céu, tampouco poderia mudar os propósitos de Deus nos eventos da providência. Você não pode acelerar a primavera nem adiar o inverno, nem pode evitar essas calamidades que mergulham nações no perigo, nem proibir as misericórdias que levam tribos à prosperidade.

³⁷Quem é sábio o suficiente para contar
todas as nuvens?
Quem pode inclinar as vasilhas de água
do céu,
³⁸quando a terra está seca
e o solo se endureceu em torrões?
³⁹"Acaso você pode caçar a presa para a
leoa
e saciar a fome dos leõezinhos,
⁴⁰enquanto eles se agacham na toca
ou ficam à espreita no mato?
⁴¹Quem providencia alimento para os
corvos
quando seus filhotes clamam a Deus
e, famintos, andam de um lado para o
outro?"

O SENHOR continua com seu desafio

39

¹"Você sabe quando as cabras
monteses dão à luz?
Viu as corças nascerem?
²Sabe quantos meses dura sua gestação?
Sabe qual é o momento do parto?
³Elas se agacham para dar à luz seus
filhotes,
e assim suas crias nascem.
⁴Os filhotes crescem nos campos abertos
e vão embora, para nunca mais voltar.
⁵"Quem deu ao jumento sua liberdade?
Quem desatou suas cordas?
⁶Eu o coloquei no deserto;
as terras estéreis são seu lar.
⁷Ele despreza o barulho da cidade
e não faz caso dos gritos do condutor.
⁸Os montes são seu pasto,
onde ele procura o capim.
⁹"Acaso o boi selvagem aceitará ser
domado?
Passará a noite no curral?
¹⁰Você consegue prendê-lo ao arado?
Acaso ele lavrará um campo para você?
¹¹Sendo ele muito forte, pode-se confiar
nele?
Você pode ir embora, certo de que ele
fará seu trabalho?
¹²Pode depender dele para recolher o trigo
e levá-lo ao lugar de debulhar os grãos?
¹³"A avestruz bate as asas, alegre,
mas não tem a plumagem da cegonha.

¹⁴Ela põe seus ovos na terra,
para que sejam aquecidos no pó.
¹⁵Não se preocupa que alguém possa pisá-
-los
ou que um animal selvagem os destrua.
¹⁶Trata seus filhotes com dureza, como se
não fossem seus;
não se importa se eles morrem.
¹⁷Pois Deus não lhe deu sabedoria,
nem lhe concedeu entendimento.
¹⁸Quando, porém, ela se levanta para
correr,
zomba até mesmo do cavalo mais veloz e
seu cavaleiro.
¹⁹"Acaso você deu força ao cavalo
ou lhe cobriu o pescoço com a crina?
²⁰Deu-lhe a habilidade de pular como um
gafanhoto?
Seu bufar majestoso é assustador!
²¹Ele revolve o chão com as patas e alegra-
-se em sua força
quando corre para a batalha.
²²Ri do medo e nada teme;
não foge da espada.
²³Flechas voam ao seu redor,
lanças e dardos faíscam.
²⁴Agitado e enfurecido, devora o caminho;
lança-se à batalha quando a trombeta
ressoa.
²⁵Relincha ao toque da trombeta e fareja
de longe a batalha,
à espera das ordens do capitão e do
ruído de luta.
²⁶"Acaso é sua sabedoria que faz o falcão
voar alto,
e abrir as asas para o sul?
²⁷É por ordem sua que a águia se eleva
e faz o ninho lá no alto?
²⁸Ela mora nos rochedos;
constrói seu ninho nas pedras mais altas.
²⁹Dali, ela caça sua presa;
de longe, seus olhos a avistam.
³⁰Seus filhotes bebem sangue;
onde há um animal morto, ali ela está".

40

Então o SENHOR disse a Jó:

²"Ainda quer discutir com o Todo-
-poderoso?

Você critica Deus, mas será que tem as respostas?".

Jó responde ao Senhor

³Então Jó respondeu ao Senhor:

⁴"Eu não sou nada; como poderia
  encontrar as respostas?
 Cobrirei minha boca com a mão.
⁵Já falei demais;
 não tenho mais nada a dizer".

O Senhor desafia Jó outra vez

⁶Então, do meio do redemoinho, o Senhor respondeu a Jó:

⁷"Prepare-se como um guerreiro,
 pois lhe farei algumas perguntas,
 e você responderá.

⁸"Porá em dúvida minha justiça
 e me condenará só para provar que tem razão?
⁹Você é tão forte quanto Deus?
 Sua voz pode trovejar como a dele?
¹⁰Então vista-se de glória e esplendor,
 de honra e majestade.
¹¹Dê vazão à sua ira,
 deixe-a transbordar contra os orgulhosos.
¹²Humilhe-os com um olhar,
 pise os perversos onde estiverem.
¹³Enterre-os no pó,
 prenda-os no mundo dos mortos.
¹⁴Então eu mesmo reconheceria
 que você pode se salvar por sua própria força.

¹⁵"Veja o Beemote,ᵃ
 que eu criei, assim como criei você;
 ele come capim, como o boi.
¹⁶Veja a força que ele tem nos lombos
 e o vigor nos músculos da barriga.
¹⁷Sua cauda é forte como o cedro,
 e os tendões de suas coxas são entrelaçados.
¹⁸Seus ossos são canos de bronze,
 e suas pernas, barras de ferro.
¹⁹É ótimo exemplo das obras de Deus,
 e somente seu Criador é capaz de ameaçá-lo.
²⁰Os montes lhe oferecem seu melhor alimento,
 e ali brincam os animais selvagens.
²¹Ele se deita sob arbustos espinhosos,ᵇ
 onde os juncos do brejo o escondem.
²²Os arbustos lhe dão sombra
 entre os salgueiros junto ao riacho.
²³Ele não se perturba com as enchentes do rio,
 nem se preocupa quando o Jordão
 transborda e se agita ao redor.
²⁴Ninguém o pega de surpresa,
 nem lhe prende um anel no nariz."

O Senhor continua seu desafio

41 ¹ᶜ"Você é capaz de pegar o Leviatãᵈ
 com um anzol
 ou prender sua língua com um laço?
²É capaz de amarrá-lo, passando uma corda por seu nariz,
 ou atravessar seu queixo com um gancho?
³Acaso ele implorará por misericórdia
 ou suplicará por piedade?
⁴Aceitará trabalhar para você
 e ser seu escravo para o resto da vida?
⁵Fará dele um animal de estimação, como um pássaro,
 ou deixará que suas meninas brinquem com ele?
⁶Comerciantes o comprarão
 para vendê-lo no mercado?
⁷É possível furar sua pele com lanças
 ou ferir sua cabeça com arpões?
⁸Se você encostar a mão nele,
 o resultado será uma batalha que você não esquecerá,
 e nunca mais tentará fazê-lo!
⁹ᵉNão! É inútil procurar capturá-lo;
 o caçador que tentar será derrubado.
¹⁰E, visto que ninguém ousa perturbá-lo,
 quem será capaz de me enfrentar?
¹¹Quem me deu alguma coisa, para que eu precise retribuir depois?
 Tudo debaixo do céu me pertence.

ᵃ**40.15** A identificação do *Beemote* é controversa; as propostas vão desde uma criatura terrestre até um monstro marinho mítico da literatura antiga. ᵇ**40.21** Ou *lotos*; também em 40.22. ᶜ**41.1a** No texto hebraico, os versículos 41.1-8 são numerados 40.25-32. ᵈ**41.1b** A identificação do *Leviatã* é controversa; as propostas vão desde uma criatura terrestre até um monstro marinho mítico da literatura antiga. ᵉ**41.9** No texto hebraico, os versículos 41.9-34 são numerados 41.1-26.

¹²"Quero destacar as pernas do Leviatã,
sua enorme força e sua forma perfeita.
¹³Quem é capaz de arrancar seu couro?
Quem pode atravessar sua couraça dupla?ᵃ
¹⁴Quem é capaz de fazê-lo abrir a boca?
Seus dentes são aterrorizantes!
¹⁵As escamas de suas costas são comoᵇ
fileiras de escudos
firmemente unidos uns aos outros.
¹⁶São tão próximas umas às outras
que nem mesmo ar passa entre elas.
¹⁷Cada escama é presa à vizinha;
são entrelaçadas e nada pode atravessá--las.

¹⁸"Seu forte sopro atira lampejos de luz,
seus olhos são como o sol do amanhecer.
¹⁹De sua boca saltam relâmpagos;
saem chamas de fogo.
²⁰Suas narinas soltam fumaça,
como vapor de uma panela aquecida
numa fogueira de juncos.
²¹Seu hálito faria acender carvão,
pois chamas saltam de sua boca.

²²"A força tremenda do pescoço do Leviatã
espalha terror por onde ele passa.
²³Sua carne é dura e firme
e não se pode atravessá-la.
²⁴Seu coração é duro como rocha,
como pedra de moinho.
²⁵Quando ele se levanta, os valentes se enchem de medo
e são tomados de pavor.
²⁶Nenhuma espada pode detê-lo,
nem lança, nem dardo, nem arpão.
²⁷Para essa criatura, ferro é como palha,
e bronze, como madeira podre.
²⁸Flechas não o levam a fugir,
pedras lançadas de uma funda são como ciscos.
²⁹Bastões são como folhas de capim,
e ele ri do zunido das lanças.
³⁰Sua barriga é coberta de escamas afiadas como vidro;
quando ela se arrasta na lama, escava como um arado.

³¹"O Leviatã faz as profundezas se agitarem como uma panela
e o mar se revolver como um pote de óleo.
³²Deixa na água um rastro luminoso,
que faz o mar parecer branco.
³³Não há nada na terra semelhante a ele,
nenhuma criatura tão destemida.
³⁴De todas as criaturas, ele é a mais imponente;
é o rei de todos os animais selvagens".

Jó responde ao SENHOR

42 Então Jó respondeu ao SENHOR:
²"Sei que podes fazer todas as coisas,
e ninguém pode frustrar teus planos.
³Perguntaste: 'Quem é esse que, com tanta ignorância,
questiona minha sabedoria?'.
Sou eu; falei de coisas de que eu não entendia,
coisas maravilhosas demais que eu não conhecia.
⁴Disseste: 'Ouça, e eu falarei!
Eu lhe farei algumas perguntas,
e você responderá'.
⁵Antes, eu só te conhecia de ouvir falar;
agora, eu te vi com meus próprios olhos.
⁶Retiro tudo que disse
e me sento arrependido no pó e nas cinzas".

ᵃ **41.13** Conforme a Septuaginta; o hebraico traz *sua rédea?* ᵇ **41.15** Conforme alguns manuscritos gregos e a Vulgata; o hebraico traz *Seu orgulho está em suas.*

42.4,5 Observe que para que Jó tivesse essa visão conclusiva a respeito de Deus, a aflição teve que vir sobre ele. Não foi até depois que ele se raspou com o caco de cerâmica, nem até que seus amigos o rasparam com algo pior do que os cacos de cerâmica, que Jó pôde dizer: "Eu te vi com meus próprios olhos". Não até que todos os camelos e todas as ovelhas tivessem sido roubados e todos os filhos estivessem mortos, que o patriarca aflito pudesse gritar: "Agora, eu te vi com meus próprios olhos". Bem-aventurado é aquele homem que, na prosperidade, pode ouvir a voz de Deus no tilintar dos sinos das ovelhas de seus abundantes rebanhos, ou ouvi-lo no mugido dos bois que cobrem os seus campos e nas vozes amorosas dos queridos filhos ao seu redor. Mas,

Conclusão: o SENHOR abençoa Jó

⁷Depois que o SENHOR terminou de falar com Jó, disse a Elifaz, de Temã: "Estou muito irado com você e com seus dois amigos, pois não falaram o que é certo a meu respeito, como fez meu servo Jó. ⁸Por isso, peguem sete novilhos e sete carneiros, levem os animais a meu servo Jó e ofereçam holocaustos em favor de si mesmos. Meu servo Jó orará por vocês, e eu aceitarei a oração dele. Não tratarei vocês como merecem por sua insensatez, pois não falaram o que é certo a meu respeito, como fez meu servo Jó". ⁹Então Elifaz, de Temã, Bildade, de Suá, e Zofar, de Naamá, fizeram o que o SENHOR havia ordenado, e o SENHOR aceitou a oração de Jó.

¹⁰Quando Jó orou por seus amigos, o SENHOR o tornou próspero de novo. Na verdade, o SENHOR lhe deu o dobro do que tinha antes. ¹¹Todos os seus irmãos, suas irmãs e seus amigos de outros tempos vieram e festejaram com ele à mesa de sua casa. Eles o consolaram e o confortaram por todas as provações que o SENHOR tinha enviado contra ele, e cada um lhe trouxe um presente de prata[a] e um anel de ouro.

¹²O SENHOR abençoou Jó na segunda parte de sua vida ainda mais que na primeira. Ele teve catorze mil ovelhas, seis mil camelos, mil juntas de bois e mil jumentas. ¹³Deus também deu a Jó sete filhos e três filhas. ¹⁴Jó chamou a primeira filha de Jemima, a segunda, de Quézia, e a terceira, de Quéren-Hapuque. ¹⁵Em toda a terra, não havia mulheres tão lindas como as filhas de Jó. E seu pai lhes deu herança junto com os irmãos delas.

¹⁶Depois disso, Jó viveu 140 anos e viu quatro gerações de filhos e netos. ¹⁷Então, morreu, depois de uma vida longa e plena.

---

[a] 42.11 Em hebraico, *uma quesita*; não se sabe mais o valor ou o peso da quesita.

---

preste atenção! A prosperidade é uma janela pintada que torna opaca grande parte da claridade da luz de Deus, e *somente quando o azul, o carmesim e o tom dourado são removidos, o vidro é restaurado à sua total transparência*. A adversidade tira o tom, a cor e a escuridão, e vemos nosso Deus muito melhor do que antes, se nossos olhos estiverem preparados para a luz. O Senhor havia retirado tudo de Jó, e isso abriu o caminho para que Ele lhe desse mais de si mesmo. Na ausência de outros bens, o bom Deus é a melhor visão. Na prosperidade Deus é ouvido, e isso é uma bênção, mas na adversidade Deus é visto, e isso é uma bênção ainda maior. A adversidade santificada acelera nossa sensibilidade espiritual. Tristeza após tristeza despertará o espírito, e isso infundirá nele uma delicadeza de percepção que, talvez, muitas vezes não chegue a nós de nenhuma outra maneira.

Salmos

INTRODUÇÃO

Nome. A palavra hebraica significa louvores ou hinos, enquanto a palavra grega significa salmos. Pode bem ser chamado de "Livro de oração e louvor hebraico". O tom predominante é de louvor, embora alguns sejam tristes e lamuriosos, enquanto outros são filosóficos.

Autores. Dos 150 salmos, não há como determinar a autoria de 50 deles. Os autores dos outros são Davi, Asafe, os filhos de Corá, Hemã, Etã, Moisés e Salomão. Dos 100 cuja autoria é indicada, Davi é autor de 73, e no Novo Testamento ele é conhecido como o autor deles (Lc 20.42).

Relação com os outros livros do Antigo Testamento. O livro de Salmos tem sido chamado de o coração de toda a Bíblia, mas sua relação com o Antigo Testamento é especialmente íntima. Todas as manifestações divinas são vistas em relação à sua influência na experiência interior. A história é interpretada à luz de uma paixão pela verdade e justiça e como demonstração da proximidade de nosso relacionamento com Deus.

Assuntos dos Salmos. É muito difícil fazer qualquer tipo de classificação dos salmos e qualquer classificação está aberta a críticas. Por esse motivo, muitos agrupamentos foram sugeridos. O seguinte, tomado de diferentes fontes, pode servir de ajuda. (1) Hinos de louvor: 8; 18; 19; 104; 145; 147 etc. (2) Hinos nacionais: 105; 106; 114 etc. (3) Hinos do templo ou hinos para o culto público: 15; 24; 87 etc. (4) Hinos relacionados à provação e calamidade: 9; 22; 55; 56; 109 etc. (5) Salmos messiânicos: 2; 16; 40; 72; 110 etc. (6) Hinos de caráter religioso em geral: 89; 90; 91; 121; 127 etc.

A seguinte classificação foi dada na esperança de sugerir as características religiosas mais proeminentes dos salmos. (1) Aqueles que reconhecem o Deus infinito, que sabe todas as coisas e é onipotente. (2) Aqueles que reconhecem a universalidade de Seu amor, providência e bondade. (3) Aqueles que demonstram repulsa a todos os ídolos e a rejeição a todas as divindades subordinadas. (4) Aqueles que dão vislumbres proféticos do Filho Divino e de Sua obra redentora na Terra. (5) Aqueles que mostram a terrível natureza do pecado, a ira divina por ele e julgamento de Deus sobre os pecadores. (6) Aqueles que ensinam as doutrinas do perdão, da misericórdia divina e do dever de arrependimento. (7) Aqueles que enfatizam a beleza da santidade, a importância da fé e o privilégio da alma de desfrutar comunhão com Deus.

ESBOÇO

1. Salmos davídicos, Caps. 1–41
   Esses não são apenas atribuídos a ele, mas refletem muito de sua vida e fé.

2. Salmos históricos, Caps. 42–72
   Esses são atribuídos a vários autores, os dos filhos de Corá sendo proeminentes e são especialmente repletos de fatos históricos.

3. Salmos litúrgicos ou ritualísticos, Caps. 73–89
   A maioria deles é atribuída a Asafe e, além de serem especialmente prescritos para adoração, eles são fortemente históricos.

4. Outros salmos pré-exílicos, Caps. 90–106
   Dez são anônimos, um é de Moisés (Sl 90) e o restante de Davi. Eles refletem muito do sentimento e história pré-exílicos.

5. Salmos do exílio e do retorno, Caps. 107–150
   Assuntos pertinentes ao exílio e retorno a Jerusalém.

PARA ESTUDO E DISCUSSÃO

[1] Ocasiões em que, provavelmente, os seguintes salmos foram compostos: (a) Salmo 3 (2Sm 15); (b) Salmo 24 (2Sm 6.12-17); (c) Salmo 56 (1Sm 21.10-15); (d) Salmos 75 e 76 (2Rs 19.32-37); (e) Salmo 109 (1Sm 22.9-23); (f) Salmo 74 (2Rs 25.2-18); (g) Salmo 60 (1Cr 18.11-13).

[2] Qual é o assunto dos Salmos 23; 84; 103; 133 e 137?
[3] Que doutrina, a respeito do caráter divino, é ensinada em cada um dos seguintes Salmos: 8; 19; 33; 46; 93; 115 e 139?

Livro 1 (Salmos 1—41)

1 ¹Feliz é aquele que não segue o conselho dos perversos,
não se detém no caminho dos pecadores,
nem se junta à roda dos zombadores.
²Pelo contrário, tem prazer na lei do Senhor
e nela medita dia e noite.
³Ele é como a árvore plantada à margem do rio,
que dá seu fruto no tempo certo.
Suas folhas nunca murcham,
e ele prospera em tudo que faz.
⁴O mesmo não acontece com os perversos!
São como palha levada pelo vento.
⁵Serão condenados quando vier o juízo;
os pecadores não terão lugar entre os justos.
⁶Pois o Senhor guarda o caminho dos justos,
mas o caminho dos perversos leva à destruição.

2 ¹Por que as nações se enfurecem tanto?
Por que perdem seu tempo com planos inúteis?
²Os reis da terra se preparam para a batalha;
os governantes conspiram juntos,
contra o Senhor
e contra seu ungido.
³"Vamos quebrar estas correntes!", eles dizem.
"Vamos nos libertar da escravidão!"
⁴Aquele que governa nos céus ri;
o Senhor zomba deles.
⁵Então, em sua ira, ele os repreende
e, com sua fúria, os aterroriza.
⁶Ele diz: "Estabeleci meu rei no trono
em Sião, em meu santo monte".
⁷O rei proclama o decreto do Senhor:
"O Senhor me disse: 'Você é meu filho;[a]
hoje eu o gerei.[b]
⁸Basta pedir e lhe darei as nações como herança,
a terra inteira como sua propriedade.
⁹Você as quebrará[c] com cetro de ferro
e as despedaçará como vasos de barro'".
¹⁰Portanto, reis, sejam prudentes!
Aceitem a advertência, governantes da terra!
¹¹Sirvam ao Senhor com temor,
alegrem-se nele com tremor.
¹²Sujeitem-se ao filho,[d] para que ele não se ire

---

[a] **2.7a** Ou *Filho*; também em 2.12. [b] **2.7b** Ou *hoje eu o revelo como meu filho*. [c] **2.9** A Septuaginta traz *governará*. Comparar com Ap 2.27. [d] **2.12** O significado do hebraico é incerto.

1.1-3 A descrição dada do [homem feliz] é simplesmente esta, que ele é um homem. Há qualidades morais determinadas, mas a única coisa dita sobre ele, em primeiro lugar, é que ele é um homem. Aqui está algo muito sugestivo, pois ele é alguém *sujeito às tristezas comuns da humanidade*. Se ouvirmos falar de uma pessoa muito abençoada pelo sentido da presença de Cristo e, assim, capacitada a caminhar em santidade e muita serventia, alimentará a ilusão de que ele deve ter sido melhor do que outros homens comuns, certamente não uma pessoa *como nós*! Ah, mas que grande erro! Deus molda todos os corações igualmente e se há distinções, são de graça divina, não de ser melhor por natureza! O homem mais feliz ainda é um homem. Ele deve sofrer dor ou enfermidade grave, suportar perdas e cruzes — e, no entanto, em tudo isso ser um homem feliz!

2.4,8 *V.4* O que os mortais podem ser, se comparados com o Eterno? O fogo pode facilmente consumir os galhos. Os homens se colocarão em oposição à onipotência e esperarão prosperar? E quando Deus determina glorificar Seu ungido Filho, os vermes do pó o impedirão de fazê-lo? O que pode vir de toda a sua oposição? Deus simplesmente zomba deles, Javé os tem por escárnio!

V.8 Cristo está pedindo a Seu Pai — mesmo Ele não pode ter o que deseja sem pedir! A oração é tão essencial para o progresso do reino de Cristo que mesmo o próprio Cristo deve pedir! Mas então Deus prometeu dar a Cristo as nações por Sua herança, e as extremidades da Terra para ser Sua posse. Esta é a grande força de todos os empreendimentos missionários. Queridos amigos, podemos estar certos de que a Terra será cheia do conhecimento do Senhor quando lemos um texto como este: Eu "lhe darei as nações como herança, a terra inteira como sua propriedade". Se os homens não cederem ao Senhor quando Ele se fizer conhecido; se eles resistirem à atração do amor divino, o que acontecerá?

e vocês não sejam destruídos de repente,
pois sua ira se acende num instante;
felizes, porém, os que nele se refugiam!

3
Salmo de Davi, quando fugia de Absalão, seu filho.

¹Ó Senhor, tenho tantos inimigos;
tanta gente é contra mim!
²São muitos os que dizem:
"Deus nunca o livrará!".

*Interlúdio*ª

³Mas tu, Senhor, és um escudo ao meu redor;
és minha glória e manténs minha cabeça erguida.
⁴Clamei ao Senhor,
e ele me respondeu de seu santo monte.

Interlúdio

⁵Deitei-me e dormi;
acordei em segurança,
pois o Senhor me guardava.
⁶Não tenho medo de dez mil inimigos
que me cercam de todos os lados.

⁷Levanta-te, Senhor!
Salva-me, Deus meu!
Acerta meus inimigos no queixo
e quebra os dentes dos perversos.
⁸De ti, Senhor, vem o livramento;
abençoa o teu povo!

Interlúdio

4
Ao regente do coral: salmo de Davi, para ser acompanhado com instrumentos de cordas.

¹Responde-me quando clamo a ti,
ó Deus que me faz justiça.
Livra-me de minha angústia;
tem compaixão de mim e ouve minha oração.

²Até quando vocês jogarão minha reputação na lama?
Até quando farão acusações infundadas
e continuarão a mentir?

Interlúdio

³Estejam certos disto:
o Senhor separa o fiel para si;
o Senhor responderá quando eu clamar a ele.

⁴Não pequem ao permitir que a ira os controle;
reflitam durante a noite e permaneçam em silêncio.

Interlúdio

⁵Ofereçam os sacrifícios exigidos
e confiem no Senhor.

⁶Muitos dizem: "Quem nos mostrará o bem?".
Que a luz do teu rosto brilhe sobre nós, Senhor!
⁷Tu me deste alegria maior que a daqueles
que têm fartas colheitas de cereais e vinho novo.
⁸Em paz me deitarei e dormirei,
pois somente tu, Senhor, me guardas em segurança.

5
Ao regente do coral: salmo de Davi, para ser acompanhado com flauta.

¹Ó Senhor, ouve minhas palavras

ª**3.2** Em hebraico, *Selá*. O significado da palavra é incerto, embora se trate, provavelmente, de um termo musical ou literário. É traduzido como *Interlúdio* ao longo de todo o livro de Salmos.

4.1,7 *V.1* Os homens bons querem ser ouvidos quando oram. Eles não ficam satisfeitos apenas orando — eles precisam ter as respostas de Deus às suas súplicas. Veja como Davi implora a misericórdia antes recebida de Deus — "Livra-me de minha angústia". Meu coração não pode voltar à misericórdia de Deus nos tempos passados? Ah, sim! Então, como *Ele é o mesmo* Deus, o que Ele fez no passado é um argumento para o que fará no futuro!

V.7 A colheita e a safra de vinho eram as duas épocas de maior alegria no Oriente. Eles gritavam: "Colheita", com alegria, pois os frutos da terra haviam sido novamente reunidos, e bebiam o vinho novo e dançavam de alegria. Mas Davi diz ao Senhor: "Tu me deste alegria maior que a daqueles que têm fartas colheitas de cereais e vinho novo". Quando Deus coloca alegria no coração, ela é verdadeira, pois Deus não é doador de falsa alegria! É uma alegria duradoura, pois Deus não concede dádivas temporárias. Davi declara: "Tu me deste alegria maior", e depois a compara com a alegria dos filhos dos homens, e diz que sua alegria era maior do que a deles, quando as reservas terrenas deles foram aumentadas. Boaz foi dormir na eira, mas o que dorme no peito do Senhor tem uma cama muito mais macia do que essa!

e presta atenção a meus gemidos.
²Atende a meu clamor por socorro, meu Rei e meu Deus,
pois é somente a ti que oro.
³Escuta minha voz logo cedo, SENHOR;
toda manhã te apresento meus pedidos e fico à espera.

⁴Ó Deus, tu não tens prazer algum na maldade
e não toleras o pecado dos perversos.
⁵Os orgulhosos não terão lugar em tua presença,
pois odeias todos que praticam o mal.
⁶Tu destróis os mentirosos;
o SENHOR detesta assassinos e enganadores.

⁷Por causa do teu grande amor entrarei em tua casa;
adorarei em teu templo com profunda reverência.
⁸Conduz-me pela tua justiça, SENHOR,
para que meus inimigos não me vençam.
Remove os obstáculos do teu caminho,
para que eu o siga.

⁹Meus inimigos são incapazes de falar a verdade;
seu desejo mais intenso é destruir.
Sua conversa é repulsiva, como o mau cheiro de um túmulo aberto;
sua língua é cheia de bajulação.ᵃ
¹⁰Ó Deus, declara-os culpados;
que eles caiam nas próprias armadilhas.
Expulsa-os por causa de seus muitos pecados,
pois se rebelaram contra ti.

¹¹Alegrem-se, porém, todos que em ti se refugiam;
que cantem alegres louvores para sempre.
Estende sobre eles tua proteção,
para que exultem todos que amam teu nome.
¹²Pois tu, SENHOR, abençoas os justos;
com teu favor os proteges como um escudo.

6 *Ao regente do coral: salmo de Davi, para ser acompanhado com instrumento de oito cordas.*ᵇ

¹Ó SENHOR, não me repreendas em tua ira,
nem me disciplines em tua fúria.
²Tem compaixão de mim, SENHOR, pois estou fraco;
cura-me, SENHOR, pois meus ossos agonizam.
³Meu coração está muito angustiado;
SENHOR, quando virás me restaurar?

⁴Volta-te, SENHOR, e livra-me!
Salva-me por causa do teu amor.
⁵Pois os mortos não se lembram de ti;
quem te louvará da sepultura?ᶜ

⁶Estou exausto de tanto gemer;
à noite inundo a cama de tanto chorar,
e de lágrimas a encharco.
⁷A tristeza me embaça a vista;
meus olhos estão cansados por causa de todos os meus inimigos.

⁸Afastem-se de mim, todos vocês que praticam o mal,
pois o SENHOR ouviu meu pranto.
⁹O SENHOR ouviu minha súplica;
o SENHOR responderá à minha oração.
¹⁰Sejam humilhados e aterrorizados todos os meus inimigos;
recuem de repente, envergonhados.

7 *Salmo*ᵈ *que Davi cantou ao SENHOR sobre Cuxe, da tribo de Benjamim.*

¹Em ti me refugio, SENHOR, meu Deus;
salva-me dos que me perseguem e livra-me!
²Do contrário, eles me atacarão como leões
e me despedaçarão, sem que ninguém me resgate.

³Ó SENHOR, meu Deus, se fiz o mal,
se cometi alguma injustiça,
⁴se traí um amigo
ou saqueei meu adversário sem razão,
⁵que meus inimigos me persigam e capturem;

ᵃ**5.9** A Septuaginta traz *de mentiras*. Comparar com Rm 3.13. ᵇ**6 título** Em hebraico, *com instrumentos de cordas; de acordo com o sheminith.* ᶜ**6.5** Em hebraico, *do Sheol?* ᵈ**7 título** Em hebraico, *Shiggaion*, possivelmente indicação de uma forma musical para o salmo.

que me pisoteiem no chão
e no pó arrastem minha honra.

Interlúdio

⁶Levanta-te, Senhor, em tua ira!
Ergue-te contra a fúria de meus inimigos!
Desperta, meu Deus, e faz justiça!
⁷Reúne as nações diante de ti
e toma teu lugar de autoridade sobre elas.
⁸O Senhor julga as nações;
declara-me justo, ó Senhor,
pois sou inocente, ó Altíssimo!
⁹Faz cessar a maldade dos perversos
e dá segurança ao justo.
Pois tu sondas a mente e o coração,
ó Deus justo.
¹⁰Deus é meu escudo;
ele salva os que têm coração íntegro.
¹¹Deus é justo juiz;
todos os dias ele mostra sua ira contra os perversos.
¹²Se eles não se arrependerem, Deus[a] afiará sua espada;
armará seu arco para disparar,
¹³preparará suas armas mortais
e acenderá suas flechas com fogo.
¹⁴Sim, o perverso gera o mal;
concebe o sofrimento e dá à luz a mentira.
¹⁵Abre uma cova profunda,
mas ele próprio cai em sua armadilha.
¹⁶Sua maldade se volta contra ele;
sua violência lhe cai sobre a cabeça.
¹⁷Darei graças ao Senhor porque ele é justo;
cantarei louvores ao nome do Senhor Altíssimo.

8

Ao regente do coral: salmo de Davi, para ser acompanhado com instrumento de cordas.[b]

¹Ó Senhor, nosso Senhor, teu nome majestoso enche a terra;
tua glória é mais alta que os céus!
²Tu ensinaste crianças e bebês
a anunciarem tua força;[c]
assim calaste teus inimigos
e todos que a ti se opõem.
³Quando olho para o céu e contemplo a obra de teus dedos,
a lua e as estrelas que ali puseste, pergunto:
⁴Quem são os simples mortais, para que penses neles?
Quem são os seres humanos, para que com eles te importes?[d]
⁵E, no entanto, os fizeste apenas um pouco menores que Deus[e]

---

[a]**7.12** Em hebraico, *ele*. [b]**8 título** Em hebraico, *de acordo com o gittith*. [c]**8.2** A Septuaginta traz *a te louvarem*. Comparar com Mt 21.16. [d]**8.4** Em hebraico, *O que é o homem, para que penses nele, / o filho do homem, para que com ele te importes?* [e]**8.5a** Ou *E, no entanto, os fizeste apenas um pouco menores que os anjos*; o hebraico traz *E, no entanto o fizeste* [i.e., o homem] *apenas um pouco abaixo de Elohim*.

7.12 Então, Deus tem uma espada e Ele punirá o homem por causa da sua iniquidade. Esta geração perversa tem trabalhado para retirar de Deus a espada de Sua justiça. Eles têm se esforçado para provar a si mesmos que Deus absolverá "o culpado" e, de modo algum, trará "as consequências do pecado". Há 200 anos, a tensão predominante do púlpito era de terror: era como o monte Sinai. Ele trovejava a ira terrível de Deus e dos lábios de um Baxter ou de um Bunyan, ouviam-se os mais terríveis sermões, cheios até a borda com advertências de julgamento vindouro! Talvez alguns dos pais puritanos tenham ido longe demais e tenham dado uma grande proeminência aos terrores do Senhor em seu ministério. Mas a época em que vivemos tem procurado esquecer esses horrores completamente, e, se nos atrevemos a dizer aos homens que Deus os punirá por seus pecados, é-nos imputado o querer intimidá-los à religião! E se dissermos, fiel e sinceramente aos nossos ouvintes, que o pecado traz certa destruição em seu rastro, nos é dito que estamos tentando assustá-los, forçando-os ao bem! Bem, não nos importamos com o que os homens nos imputem com zombaria — sentimos que é nosso dever, quando os homens pecam, dizer-lhes que serão punidos — e que enquanto o mundo não desistir de seu pecado, sentimos que não devemos cessar nossas advertências. Mas o clamor desta era é que Deus é misericordioso, que Deus é amor! Sim, quem disse que Ele não é? Mas lembre-se de que, é *igualmente* verdade que Deus é justo, severa e inflexivelmente justo! Se Ele não fosse Deus, Ele não seria justo! E Ele não poderia ser misericordioso se não fosse justo, pois a punição dos ímpios é exigida pela maior misericórdia ao restante da humanidade!

e os[a] coroaste de glória e honra.
⁶Tu os encarregaste de tudo que criaste
e puseste sob a autoridade deles todas as coisas:
⁷os rebanhos, o gado
e todos os animais selvagens;
⁸as aves do céu, os peixes do mar
e tudo que percorre as correntes dos oceanos.
⁹Ó Senhor, nosso Senhor, teu nome majestoso enche a terra!

9

Ao regente do coral: salmo de Davi, para ser cantado com a melodia "A morte do filho".

¹Eu te louvarei, Senhor, de todo o meu coração;
anunciarei as maravilhas que fizeste.
²Por causa de ti, me alegrarei e celebrarei;
cantarei louvores ao teu nome, ó Altíssimo.

³Meus inimigos recuaram;
tropeçaram e morreram diante de tua presença.
⁴Pois julgaste meu direito e minha causa;
de teu trono julgaste com justiça.
⁵Repreendeste as nações e destruíste os perversos;
apagaste o nome deles de uma vez por todas.
⁶O inimigo está acabado, arruinado para sempre;
arrasaste suas cidades e elas caíram em esquecimento.

⁷O Senhor, porém, reina para sempre;
de seu trono, executa o julgamento.
⁸Julgará o mundo com justiça
e governará as nações com imparcialidade.
⁹O Senhor é abrigo para os oprimidos,
refúgio em tempos de aflição.
¹⁰Quem conhece teu nome confia em ti,
pois tu, Senhor, não abandonas quem te busca.

¹¹Cantem louvores ao Senhor, que reina em Sião;
anunciem ao mundo seus feitos.
¹²Pois aquele que vinga o sangue derramado não se esquece dos aflitos;
ele não ignora seu clamor.

¹³Senhor, tem misericórdia de mim!
Vê como meus inimigos me atormentam
e livra-me das garras da morte.
¹⁴Salva-me, para que eu te louve às portas de Jerusalém;[b]
para que eu me alegre por teu resgate.

¹⁵As nações caíram na cova que abriram;
seus pés ficaram presos no laço que esconderam.
¹⁶O Senhor é conhecido por sua justiça;
os perversos são pegos nas próprias armadilhas.

Interlúdio silencioso[c]

¹⁷Os perversos descerão à sepultura;[d]
esse é o destino de todas as nações que se esquecem de Deus.
¹⁸O necessitado, porém, não será esquecido para sempre;
a esperança dos pobres nunca mais será frustrada.

¹⁹Levanta-te, Senhor!

---

[a]**8.5b** Em hebraico, *o* [i.e., o homem]; também em 8.6. [b]**9.14** Em hebraico, *às portas da filha de Sião*. [c]**9.16** Em hebraico, *Higgaion Selá*. O significado dessa expressão é incerto. [d]**9.17** Em hebraico, *ao Sheol*.

9.12 Não há conforto nessas palavras para alguns de vocês? Você foi humilhado e derrubado do seu alto lugar. Agora, então, é sua hora de chorar — e quando o fizer, provará que Ele "não se esquece dos aflitos; ele não ignora seu clamor". Há muitos que prestam atenção às petições de seus companheiros necessitados e sentem a força delas por um tempo — mas estão envolvidos em negócios, ou ocupados de outras maneiras — e logo se esquecem. Outras coisas se somam à petição do necessitado e, portanto, ele fica sem ajuda. Mas nunca é assim com Deus — Ele "não se esquece dos aflitos; ele não ignora seu clamor". Observe no versículo seguinte como Davi se beneficia da mesma Verdade. Ele parece dizer: "É verdade que Deus não se esquece do clamor dos aflitos? Então eu clamarei a Ele e meu humilde clamor subirá ao Seu ouvido e ao Seu coração".

Não permitas que simples mortais te desafiem!
Julga as nações!
²⁰Faze-as tremer de medo, Senhor;
que as nações saibam que não passam de simples mortais.

Interlúdio

10

¹Ó Senhor, por que permaneces distante?
Por que te escondes em tempos de aflição?
²O perverso, em sua arrogância, persegue o pobre;
que seja pego em suas próprias tramas.
³Pois conta vantagem de seus desejos maus;
elogia os gananciosos e amaldiçoa o Senhor.
⁴O perverso é orgulhoso demais para buscá-lo;
seus planos não levam em conta que Deus existe.
⁵No entanto, é bem-sucedido em tudo que faz;
não vê que teu castigo o aguarda
e despreza todos os seus inimigos.
⁶Pensa: "Nenhum mal nos atingirá;
nunca teremos problemas!".
⁷Sua boca é cheia de maldições, mentiras e ameaças;[a]
em sua língua há violência e maldade.
⁸Fica de tocaia nos povoados, à espera para matar inocentes;
está sempre à procura de vítimas indefesas.
⁹Como o leão à espreita em seu esconderijo,
aguarda para atacar os desamparados.
Como o caçador, ele os apanha
e os arrasta dali.
¹⁰As vítimas indefesas são esmagadas;
caem sob a força do perverso.
¹¹O perverso diz consigo: "Deus não se importa!
Fechou os olhos e não vê o que faço!".
¹²Levanta-te, Senhor!
Castiga o perverso, ó Deus!
Não te esqueças dos indefesos!
¹³Por que o perverso continua a desprezar a Deus?
Ele pensa: "Deus jamais me pedirá contas".
¹⁴Tu, porém, vês o sofrimento e a angústia que ele causa;
observa-o e castiga-o.
O indefeso confia em ti;
tu amparas o órfão.
¹⁵Quebra os braços dessa gente má e perversa;
pede contas de sua maldade até nada mais restar.
¹⁶O Senhor é rei para todo o sempre!
As nações desaparecerão de sua terra.
¹⁷Tu, Senhor, conheces o desejo dos humildes;
ouvirás seu clamor e os confortarás.

[a]10.7 A Septuaginta traz *maldições e amarguras*. Comparar com Rm 3.14.

10.17 Observe, no início, a lógica deste versículo. É uma lógica muito simples, muito poderosa e muito precisa. Ela se apresenta assim: *"Ouvirás"*, *"Confortarás"*. "Tu, Senhor, conheces o desejo dos humildes; ouvirás seu clamor e os confortarás". Quando você sabe que o Senhor Deus é imutável, "é o mesmo ontem, hoje e para sempre", você pode concluir, sem erro, que o que Ele fez, Ele está preparado para fazer de novo. O argumento do passado para o futuro seria uma lástima se você estivesse lidando com um homem falível, pois o que o homem fez não é garantia segura do que ele poderá fazer. Ele é uma criatura cheia de aberrações e excentricidades, mas quando você tem que tratar com o Deus Eterno, que é fiel e verdadeiro, e não muda, você pode considerar com segurança que o que foi é o que será. O apóstolo bem afirmou: "Ele nos livrou do perigo mortal, e nos livrará outra vez. Nele depositamos nossa esperança, e ele continuará a nos livrar".

Ao olhar para o texto novamente, você verá que a mesma lógica bendita é levada a um passo adiante, pois lê "Confortarás" e, depois, "Farás", "os confortarás. Farás justiça". A fé, antes de tudo, conclui que Deus abençoará por causa de antigas bênçãos, e então ela está tão segura de sua conclusão de que, a partir daí, está preparada para aumentar a confiança. Esta é uma fé nobre, digna de imitação, mas não é de modo algum comum — nem uma centésima parte tão comum quanto deveria ser. Para a mente duvidosa, é difícil até mesmo inferir

¹⁸Farás justiça ao órfão e ao oprimido,
para que nenhum simples mortal volte a lhes causar terror.

11
Ao regente do coral: salmo de Davi.

¹No Senhor eu me refugio.
Por que, então, vocês me dizem:
"Voe para os montes, como um pássaro!
²Os perversos preparam seus arcos
e colocam as flechas nas cordas.
Das sombras eles atiram
contra os que têm coração íntegro.
³Os alicerces ruíram;
o que pode fazer o justo?".

⁴O Senhor, porém, está em seu santo templo;
o Senhor governa dos céus.
Observa a todos com atenção,
examina cada pessoa na terra.
⁵O Senhor põe à prova tanto o justo como o perverso;
ele odeia quem ama a violência.
⁶Fará chover brasas vivas e enxofre sobre os perversos
e com ventos abrasadores os castigará.
⁷Pois o Senhor é justo e ama a justiça;
os íntegros verão sua face.

12
Ao regente do coral: salmo de Davi, para ser acompanhado com instrumento de oito cordas.[a]

¹Socorro, Senhor, pois os fiéis estão desaparecendo depressa!
Os que te temem sumiram da terra!
²Todos mentem uns aos outros;
falam com lábios bajuladores e coração fingido.

³Que o Senhor corte os lábios bajuladores
e cale a língua arrogante.
⁴Eles dizem: "Mentiremos quanto quisermos.
Os lábios são nossos; quem nos impedirá?".

⁵O Senhor responde:
"Vi a violência cometida contra os indefesos
e ouvi o gemido dos pobres.
Agora me levantarei para salvá-los,
como eles tanto desejam".
⁶As promessas do Senhor são puras
como prata refinada no forno,
purificada sete vezes.
⁷Portanto, Senhor, sabemos que protegerás os oprimidos
e para sempre os guardarás desta geração mentirosa,
⁸ainda que os perversos andem confiantes,
e a maldade seja elogiada em toda a terra.

13
Ao diretor do coral: salmo de Davi.

¹Até quando, Senhor, te esquecerás de mim? Será para sempre?
Até quando esconderás de mim o teu rosto?
²Até quando terei de lutar com a angústia em minha alma,
com a tristeza em meu coração a cada dia?
Até quando meu inimigo terá vantagem sobre mim?

³Volta-te e responde-me, Senhor, meu Deus!

ᵃ **12 título** Em hebraico, *de acordo com o sheminith.*

---

o futuro a partir de um fato presente imediatamente diante de seus olhos, mas para o coração que crê, é fácil fazer algo mais do que isso, a saber, traçar uma inferência de esperança a partir de uma antiga inferência de esperança. A fé constrói uma morada segura com pedras invisíveis. Ela espera porque experimentou e experimenta o que ela espera. Por que não? Não é a fé "a realidade daquilo que esperamos"; ela não nos fornece a "convicção de coisas que não vemos"? Como aquilo que acreditamos é certeiro, é válido que seja o alicerce de uma fé maior.

Salmo 13 [...] a primeira coisa que Davi fez foi implorar a Deus. Ele apresentou sua causa ao Senhor. Mencionou os detalhes particulares dela e então suplicou. Para vocês que choram, o primeiro passo para o conforto é *levar o assunto ao seu Deus*. [...] Diga-lhe tudo sobre seu problema e sua dificuldade e quando tiver feito isso, deixe-o com Ele. Você, então, logo começará a cantar. [...] A outra coisa é que Davi, tendo orado e trazido a sua causa diante de Deus, confiou no Senhor. Este é o ponto principal. [...] Este é o remédio para a doença do pecado e para a doença do coração; confie em Jesus!

Restaura o brilho de meus olhos, ou
  morrerei.
⁴Não permitas que meus inimigos digam:
  "Nós o derrotamos!";
não deixes que se alegrem com meu
  tropeço.
⁵Eu, porém, confio em teu amor;
  por teu livramento me alegrarei.
⁶Cantarei ao Senhor,
  porque ele é bom para mim.

14 *Ao regente do coral: salmo de Davi.*

¹Os tolos dizem em seu coração:
  "Não há Deus".
São corruptos e praticam o mal;
  nenhum deles faz o bem.

²O Senhor olha dos céus
  para toda a humanidade,
para ver se alguém é sábio,
  se alguém busca a Deus.
³Todos, porém, se desviaram;
  todos se corromperam.ᵃ
Ninguém faz o bem,
  nem um sequer!

⁴Acaso os que praticam o mal jamais
  aprenderão?
Devoram meu povo como se fosse pão
  e nem pensam em orar ao Senhor.
⁵Grande terror se apoderará deles,
  pois Deus está com os que lhe
  obedecem.
⁶Os perversos frustram os planos dos
  oprimidos,
  mas o Senhor protegerá seu povo.

⁷Quem virá do monte Sião para salvar
  Israel?
Quando o Senhor restaurar seu povo,
Jacó dará gritos de alegria, e Israel
  exultará.

15 *Salmo de Davi.*

¹Senhor, quem pode ter acesso a teu
  santuário?
Quem pode permanecer em teu santo
  monte?
²Quem leva uma vida íntegra e pratica a
  justiça;
  quem, de coração, fala a verdade.
³Quem não difama os outros,
  não prejudica o próximo,
  nem fala mal dos amigos.
⁴Quem despreza os que têm conduta
  reprovável,
  e honra os que temem o Senhor,
  e cumpre suas promessas mesmo
  quando é prejudicado.
⁵Quem empresta dinheiro sem visar lucro
  e não aceita suborno para mentir sobre
  o inocente.
Quem age assim jamais será abalado.

16 *Salmoᵇ de Davi.*

¹Guarda-me, ó Deus,
  pois em ti me refugio.

²Eu disse ao Senhor: "Tu és meu Senhor!
  Tudo que tenho de bom vem de ti".
³Os que são fiéis aqui na terra
  são os verdadeiros heróis;
  tenho prazer na companhia deles.
⁴Muitas são as aflições dos que correm
  atrás de outros deuses;
  não participarei de seus sacrifícios de
  sangue,
  nem invocarei o nome deles.

⁵Somente tu, Senhor, és minha herança,
  meu cálice de bênçãos;

ᵃ **14.3** A Septuaginta traz *se tornaram inúteis*. Comparar com Rm 3.12. ᵇ **16 título** Em hebraico, *miktam*, possivelmente um termo literário ou musical.

16.1,4 *V.1* Observe como o salmista insiste no apelo da fé. Um Deus confiável será um Deus que preserva. Se você, crente, pode realmente dizer que confia em Deus em qualquer momento de problema ou perigo, você estará seguro o suficiente com a Sua guarda.

V.4 Devemos ser fiéis a Deus — ao Deus que nos foi revelado no Livro de Deus, o Deus do Antigo Testamento e do Novo Testamento, Deus e Pai de nosso Senhor Jesus Cristo! Devemos ser fiéis a Ele, não fazer outro deus segundo a nossa própria imaginação. É uma idolatria na prática, mesmo conceber Deus de outra forma do que Ele é revelado nas Sagradas Escrituras. Não devemos fazer isto, mas dizer, a respeito do Deus da Bíblia: "Pois assim é nosso Deus; ele é nosso Deus para todo o sempre".

tu guardas tudo que possuo.
⁶A terra que me deste é agradável;
que herança maravilhosa!
⁷Louvarei o Senhor, que me guia;
mesmo à noite meu coração me ensina.
⁸Sei que o Senhor está sempre comigo;
não serei abalado, pois ele está à minha direita.
⁹Não é de admirar que meu coração esteja alegre e eu exulte;ᵃ
meu corpo repousa em segurança.
¹⁰Pois tu não deixarás minha alma entre os mortos,ᵇ
nem permitirás que teu santoᶜ apodreça no túmulo.
¹¹Tu me mostrarás o caminho da vida
e me darás a alegria de tua presença
e o prazer de viver contigo para sempre.ᵈ

17 Oração de Davi.

¹Ouve, Senhor, minha súplica por justiça;
atende a meu clamor por socorro.
Escuta minha oração,
pois ela vem de lábios sinceros.
²Declara-me inocente, pois teus olhos veem com imparcialidade.
³Tu puseste à prova meus pensamentos;
durante a noite, examinaste meu coração.
Tu me sondaste e não encontraste nenhum mal;
estou decidido a não pecar com minhas palavras.
⁴Quanto ao modo de agir, segui teus mandamentos,
que me guardam de imitar as ações de pessoas cruéis.
⁵Meus passos permaneceram em teu caminho,
meus pés não se desviaram dele.
⁶Clamo a ti, ó Deus, pois sei que responderás;
inclina-te e ouve minha oração.
⁷Mostra-me as maravilhas do teu amor;
com teu poder, tu livras os que buscam em ti refúgio dos inimigos.
⁸Protege-me, como a menina de teus olhos;
esconde-me à sombra de tuas asas.
⁹Guarda-me dos perversos que me atacam,
dos inimigos mortais que me cercam.
¹⁰Eles não têm compaixão;
ouve como contam vantagem!
¹¹Seguem meus passos e me rodeiam,
prontos para me derrubar.
¹²São como leões famintos, ansiosos para me despedaçar,
como jovens leões escondidos, de tocaia.
¹³Levanta-te, ó Senhor!
Enfrenta-os e faze-os cair de joelhos!
Com tua espada, livra-me dos perversos!
¹⁴Pelo poder de tua mão, Senhor,
destrói os que buscam neste mundo sua recompensa.

ᵃ**16.9** A Septuaginta traz *e minha língua o louve*. Comparar com At 2.26. ᵇ**16.10a** Em hebraico, *no Sheol*. ᶜ**16.10b** Ou *teu Santo*. ᵈ**16.11** A Septuaginta traz *Tu me mostraste o caminho da vida / e me encherás da alegria de tua presença*. Comparar com At 2.28.

17.1,3 *V.1* Os homens bons são muitas vezes caluniados e incompreendidos; e, nessas ocasiões, o primeiro versículo deste salmo se encaixará bem em seus lábios: "Ouve, Senhor, minha súplica por justiça". E, em todos os momentos, é uma grande bênção quando um suplicante pode dizer a Deus: "Escuta minha oração, pois ela vem de lábios sinceros". Deve ser uma coisa terrível orar com lábios que não falam a verdade. Quando os pensamentos dos homens estão longe de suas orações, e estão murmurando palavras piedosas, mas seu coração está ausente, que zombaria deve ser à vista de Deus! Uma oração morta — quem será o dono dela? É como a criança sobre quem uma das mães dormiu nos dias de Salomão, nenhuma das duas mulheres queria ser mãe dela. Cuidado com as orações mortas. Você pode revesti-las de forma tão fina quanto quiser; mas, se não houver vida nelas, de que adiantarão?

V.3 Bem-aventurado é o homem que não tem medo de que Deus venha a ele repentinamente à noite, ou que se apresente a ele, por assim dizer, a qualquer hora do dia, pois, sempre que vier, o Senhor encontrará Seu servo agindo de tal forma que não se importará com quem examina a sua conduta. Ele está guardando seus lábios, com o objetivo de não transgredir a Lei de Deus, e governa todo o seu corpo da mesma maneira. Somente a graça de Deus pode nos capacitar a fazer isso.

Satisfaz, porém, a fome dos que te são preciosos;
que os filhos deles tenham fartura
e deixem herança para os netos.
¹⁵Porque sou justo, verei a ti;ª
quando acordar, te verei face a face e me satisfarei.

18

Ao regente do coral: salmo de Davi, servo do Senhor. Ele entoou este cântico ao Senhor no dia em que o Senhor o livrou de todos os seus inimigos e de Saul. Cantou:

¹Eu te amo, Senhor;
tu és minha força.
²O Senhor é minha rocha, minha fortaleza
e meu libertador;
meu Deus é meu rochedo,
em quem encontro proteção.
Ele é meu escudo, o poder que me salva
e meu lugar seguro.
³Clamei ao Senhor, que é digno de louvor,
e ele me livrou de meus inimigos.

⁴Os laços da morte me cercaram,
torrentes de destruição caíram sobre mim.
⁵A sepulturaᵇ me envolveu em seus laços,
a morte pôs uma armadilha em meu caminho.
⁶Em minha aflição, clamei ao Senhor;
sim, pedi socorro a meu Deus.
De seu santuário ele me ouviu;
meu clamor chegou a seus ouvidos.

⁷A terra se abalou e estremeceu;
tremeram os fundamentos dos montes,
agitaram-se por causa de sua ira.
⁸De suas narinas saiu fumaça,
de sua boca, fogo consumidor;
brasas vivas saíram dele.
⁹Ele abriu os céus e desceu,
com nuvens escuras de tempestade sob os pés.
¹⁰Montado num querubim,
pairava sobre as asas do vento.
¹¹Envolveu-se num manto de escuridão,
em densas nuvens de chuva.
¹²Nuvens espessas escondiam o brilho ao seu redor
e faziam chover granizo e brasas vivas.ᶜ
¹³O Senhor trovejou dos céus;
a voz do Altíssimo ressoou,
em meio ao granizo e às brasas vivas.
¹⁴Atirou flechas e dispersou seus inimigos,
lançou muitos raios e os fez fugir em confusão.
¹⁵Então, por tua ordem, Senhor,
com o forte sopro de tuas narinas,
o fundo do mar apareceu,
e os alicerces da terra ficaram expostos.

¹⁶Dos céus estendeu a mão e me resgatou;
tirou-me de águas profundas.
¹⁷Livrou-me de inimigos poderosos,
dos que me odiavam e eram fortes demais para mim.
¹⁸Quando eu estava angustiado, eles me atacaram,
mas o Senhor me sustentou.

ª**17.14-15** Ou ¹⁴*Satisfaz com riquezas seu apetite; / que seus filhos tenham fartura, e que sobre até para os netos. /* ¹⁵*Eu, porém, sou justo e verei a ti.* ᵇ**18.5** Em hebraico, *O Sheol.* ᶜ**18.12** Ou *raios;* também em 18.13.

18.8,17 *V.8* Esta é uma imagem maravilhosa da ira de Deus. Os hebreus sempre relacionavam manifestações de raiva com o nariz e a boca, assim como atribuíam várias paixões e sentimentos aos diferentes membros do corpo. Então, Davi declara: "De suas narinas saiu fumaça, de sua boca, fogo consumidor". Alguém pergunta: "A oração pode mover Deus dessa maneira?". Sim, parece que sim. É claro que Davi teve que falar de acordo com a linguagem dos homens — não há outra maneira pela qual os homens possam falar, então ele descreve Deus como sendo assim tocado pelo clamor de Seu pobre filho quando este chegou aos Seus ouvidos. Nada mexe mais com o humor de um homem do que um dano causado a seu filho. E Deus, como Pai, não pode suportar ter Seus filhos feridos. "Quem lhes faz mal, faz mal à menina dos meus olhos."

V.17 É essa a razão pela qual Deus interveio em nome de Davi? Então, permita que todos os Seus débeis filhos encontrem conforto no fato de que quando nossos inimigos são muito fortes para nós, Deus virá e nos livrará! Sejamos agradecidos pelos fardos que são muito pesados para suportarmos e os lancemos sobre os poderosos ombros que podem facilmente sustentá-los. Se pudéssemos fazê-lo sem Deus, nós o faríamos sem Deus, mas, como não podemos, Deus virá até nós e nos ajudará e nos livrará!

¹⁹Ele me levou a um lugar seguro
e me livrou porque se agrada de mim.
²⁰O Senhor me recompensou por minha justiça;
por causa de minha inocência, me restaurou.
²¹Pois guardei os caminhos do Senhor;
não me afastei de meu Deus para seguir o mal.
²²Cumpri todos os seus estatutos
e nunca abandonei seus decretos.
²³Sou inculpável diante de Deus;
do pecado me guardei.
²⁴O Senhor me recompensou por minha justiça;
ele viu minha inocência.

²⁵Aos fiéis te mostras fiel,
e, aos íntegros, mostras integridade.
²⁶Aos puros te mostras puro,
mas, aos perversos, te mostras astuto.
²⁷Livras os humildes,
mas humilhas os orgulhosos.
²⁸Manténs acesa minha lâmpada;
o Senhor, meu Deus, ilumina minha escuridão.
²⁹Com tua força, posso atacar qualquer exército;
com meu Deus, posso saltar qualquer muralha.

³⁰O caminho de Deus é perfeito;
as promessas[a] do Senhor sempre se cumprem;
ele é escudo para todos que nele se refugiam.
³¹Pois quem é Deus, senão o Senhor?
Quem é rocha firme, senão o nosso Deus?
³²Deus me reveste de força
e remove os obstáculos de meu caminho.
³³Torna meus pés ágeis como os da corça
e me sustenta quando ando pelos montes.
³⁴Treina minhas mãos para a batalha
e fortalece meus braços para vergar o arco de bronze.
³⁵Tu me deste teu escudo de vitória;
tua mão direita me sustenta,
teu socorro[b] me engrandece.
³⁶Abriste um caminho largo para meus pés,
de modo que não vacilem.

³⁷Persegui meus inimigos e os alcancei;
não retornei enquanto não foram derrotados.
³⁸Eu os feri até que não pudessem se levantar;
tombaram diante de meus pés.
³⁹Tu me armaste fortemente para a batalha;
ajoelhaste meus inimigos diante de mim.
⁴⁰Puseste o pescoço deles sob meus pés;
destruí todos que me odiavam.
⁴¹Pediram ajuda, mas ninguém os socorreu;
clamaram ao Senhor, mas ele não respondeu.
⁴²Eu os moí tão fino como o pó da terra;
eu os lancei fora como a lama das ruas.

⁴³Tu me livraste de meus acusadores
e me puseste como governante das nações;
povos que eu não conhecia agora me servem.
⁴⁴Rendem-se assim que ouvem sobre meus feitos;
nações estrangeiras se encolhem diante de mim.
⁴⁵Todos eles perdem a coragem
e, tremendo, saem de suas fortalezas.

⁴⁶O Senhor vive! Louvada seja minha Rocha!
Exaltado seja o Deus de minha salvação!
⁴⁷Ele é o Deus que se vinga dos que me fazem o mal;
sujeita as nações ao meu poder
⁴⁸e me livra de meus adversários.
Tu me manténs em segurança, fora do alcance de meus inimigos;
de homens violentos me livras.
⁴⁹Por isso, ó Senhor, te louvarei entre as nações;
sim, cantarei louvores ao teu nome.
⁵⁰Concedes grandes vitórias ao teu rei
e mostras amor por teu ungido,
por Davi e todos os seus descendentes,
para sempre!

---

[a] 18.30 Em hebraico, *a palavra*. [b] 18.35 Em hebraico, *tua humildade*; comparar com 2Sm 22.36.

19

Ao regente do coral: salmo de Davi.

¹Os céus proclamam a glória de Deus;
o firmamento demonstra a habilidade
de suas mãos.
²Dia após dia, eles continuam a falar;
noite após noite, eles o tornam
conhecido.
³Não há som nem palavras,
nunca se ouve o que eles dizem.ª
⁴Sua mensagem, porém, chegou a toda a
terra,
e suas palavras, aos confins do mundo.

Deus preparou no céu
uma morada para o sol.
⁵Dela o sol irrompe como o noivo depois
do casamento;
alegra-se como o valente guerreiro em
seu caminho.
⁶O sol nasce numa extremidade do céu
e realiza seu trajeto até a outra
extremidade;
nada pode se esconder de seu calor.

⁷A lei do SENHOR é perfeita
e revigora a alma.
Os decretos do SENHOR são dignos de
confiança
e dão sabedoria aos ingênuos.
⁸Os preceitos do SENHOR são justos
e alegram o coração.
Os mandamentos do SENHOR são límpidos
e iluminam a vida.
⁹O temor do SENHOR é puro
e dura para sempre.
As instruções do SENHOR são verdadeiras
e todas elas são corretas.
¹⁰São mais desejáveis que o ouro,
mesmo o ouro puro.
São mais doces que o mel,
mesmo o mel que goteja do favo.
¹¹São uma advertência para teu servo,
grande recompensa para quem os
cumpre.

¹²Quem é capaz de distinguir os próprios
erros?
Absolve-me das faltas que me são
ocultas.
¹³Livra teu servo dos pecados intencionais!
Não permitas que me controlem.
Então serei inculpável
e inocente de grande pecado.

¹⁴Que as palavras da minha boca
e a meditação do meu coração
sejam agradáveis a ti, SENHOR,
minha rocha e meu redentor!

20

Ao regente do coral: salmo de Davi.

¹Que o SENHOR responda ao seu clamor
em tempos de sofrimento;
o nome do Deus de Jacó o guarde de
todo mal.
²Que, de seu santuário, ele lhe envie
socorro
e, de Sião, o fortaleça.

ª 19.3 Ou *Não há discurso nem linguagem em que não se ouça sua voz.*

19.7-9 Seis frases, de acordo com os paralelos da poesia hebraica, todas em louvor à Palavra de Deus! Consideremos sempre este Livro Sagrado como a Palavra de Javé! Que jamais consideremos a Bíblia como se estivesse no nível de outros livros. A Palavra do Senhor é a nossa Suprema Corte de recurso final — aceitamos seu ensino como infalível, obedecemos seus mandamentos, desejamos refletir sua pureza. "A lei do Senhor é perfeita". Nada pode ser retirado dela e nada adicionado, pois é perfeita como está. É sem mescla de erro e sem adulteração de falsidade. E prova seu poder sobrenatural convertendo os homens do erro de seus caminhos. Que outro livro pode converter a alma do homem, exceto o que contém a verdade bíblica? "Os preceitos do Senhor são justos". Não existe outro código moral tão puro quanto àquele revelado na Bíblia. O evangelho reflete a glória em todas as perfeições de Deus e, portanto, dá "sabedoria aos ingênuos". Pobres pessoas de coração simples, conscientes de sua própria ignorância, venham a este Livro e não somente encontrem sabedoria nele, mas também se tornem sábios por meio dele.

20.1,3 *V.1* Esta é uma oração para Davi, uma oração para Jesus e uma oração para cada filho de Deus: "Que o Senhor responda ao seu clamor em tempos de sofrimento". O que você quer? Lembre-se de que o Senhor lhe dá esta promessa: "Clamem a mim em tempos de aflição; eu os livrarei, e vocês me darão glória". O Deus que cuidou de Jacó quando dormiu com uma pedra como seu travesseiro; o Deus que o guardou quando era estrangeiro em uma terra estranha, e o trouxe novamente

³Que ele se lembre de todas as suas ofertas
e olhe com favor para os seus
holocaustos.

Interlúdio

⁴Que ele conceda os desejos do seu
coração
e lhe dê sucesso em todos os seus
planos.
⁵Daremos gritos de alegria pela sua vitória
e hastearemos bandeiras em nome de
nosso Deus.
Que o Senhor responda a todas as suas
orações.

⁶Agora sei que o Senhor salva seu ungido;
ele responderá de seu santo céu
e o livrará com seu grande poder.
⁷Alguns povos confiam em carros de
guerra, outros, em cavalos,
mas nós confiamos no nome do Senhor,
nosso Deus.
⁸Tais nações perdem as forças e caem,
mas nós nos levantamos e
permanecemos firmes.

⁹Dá vitória ao teu rei, ó Senhor!
Responde ao nosso clamor por socorro.

21

Ao regente do coral: salmo de Davi.

¹Em tua força, Senhor, o rei se alegra;
grita de alegria porque lhe dás vitória.
²Concedeste o desejo de seu coração
e não negaste nada do que ele pediu.

Interlúdio

³Tu o recebeste com riqueza de bênçãos;
puseste em sua cabeça uma coroa de
ouro puro.
⁴Ele pediu que lhe preservasses a vida,
e tu atendeste a seu pedido;
seus dias se estendem para sempre.
⁵Tua vitória lhe dá grande honra,
e tu o cobriste de esplendor e majestade.
⁶A ele deste bênçãos eternas
e a alegria de tua presença.
⁷Pois o rei confia no Senhor;
o amor do Altíssimo não permitirá que
ele se abale.

⁸Tu alcançarás todos os teus inimigos;
tua forte mão direita apanhará todos que
te odeiam.
⁹Quando te manifestares,
tu os lançarás numa fornalha ardente.
Em sua ira, o Senhor os consumirá;
sim, fogo os devorará.
¹⁰Eliminarás da face da terra seus filhos;
jamais terão descendentes.
¹¹Embora conspirem contra ti,
suas tramas perversas não terão sucesso.
¹²Pois darão meia-volta e fugirão
quando virem tuas flechas apontadas
para eles.

¹³Levanta-te, ó Senhor, em teu poder!
Com música e cânticos celebraremos tua
força.

22

Ao regente do coral: salmo de Davi, para ser cantado com a melodia "Corça da manhã".

¹Meu Deus, meu Deus, por que me
abandonaste?

---

para casa; o Deus que lutou com ele em Jaboque, o Deus que fez tudo cooperar para ele, em vez de contra ele, como ele temia — "o nome" — o caráter, os atributos, a glória — "do Deus de Jacó o guarde de todo mal".

V.3 Este Deus fez a Seu Filho amado, e isto Ele está preparado para fazer a todo o Seu povo. Sempre que damos qualquer coisa à causa de Deus, devemos fazê-lo com toda essa solenidade e toda a disposição que foi vista no próprio povo de Deus nos tempos antigos; lembrando de que é a Ele que a trazemos; e o essencial para nossa consideração é: *Ele a aceitará?*

22.1,9,10 Este salmo é uma espécie de janela através da qual podemos olhar para dentro do coração do nosso Salvador crucificado. Vemos toda a parte exterior da crucificação através das quatro janelas dos evangelhos, mas este Salmo 22 nos leva à recâmara mais íntima do Rei, e aqui percebemos os sofrimentos secretos de Sua alma. Você pode muito bem conceber o Senhor Jesus Cristo, quando Ele estava na cruz, começando a falar na linguagem do primeiro versículo deste salmo, e encerrando com as últimas palavras encontradas nele — "Ele fez", que podem ser corretamente interpretadas como "está consumado".

V.1 Esse foi o clímax do sofrimento do nosso Senhor na cruz: era necessário que o próprio Pai o abandonasse. A punição para o pecado é que Deus deve abandonar o homem que tem o pecado sobre si, mesmo que

Por que estás tão distante de meus
    gemidos por socorro?
²Todos os dias clamo a ti, meu Deus, mas
    não respondes;
  todas as noites levanto a voz, mas não
    encontro alívio.

³Tu, porém, és santo
  e estás entronizado sobre os louvores de
    Israel.
⁴Nossos antepassados confiaram em ti,
  e tu os livraste.
⁵Clamaram a ti e foram libertos;
  em ti confiaram e jamais foram
    envergonhados.

⁶Mas eu sou um verme, e não um homem;
  todos me insultam e me desprezam.
⁷Os que me veem zombam de mim;
  riem com maldade e balançam a cabeça:
⁸"Esse é o que confia no Senhor?
  Que ele o livre!
Que o liberte,
  se dele se agrada!".

⁹Tu, porém, me tiraste a salvo do ventre de
    minha mãe
  e me deste segurança quando ela ainda
    me amamentava.
¹⁰Fui colocado em teus braços assim que
    nasci;
  desde o ventre de minha mãe, tens sido
    meu Deus.

¹¹Não permaneças distante de mim,
  pois o sofrimento está próximo,
  e ninguém mais pode me ajudar.
¹²Meus inimigos me rodeiam como
    touros;
  sim, touros ferozes de Basã me cercam.
¹³Abrem a boca contra mim como leões
  que rugem e despedaçam a presa.
¹⁴Minha vida é derramada como água;
  todos os meus ossos estão
    desconjuntados.
Meu coração é como cera
  que se derrete dentro de mim.
¹⁵Minha força secou, como um caco de
    barro,
  minha língua está grudada ao céu da
    boca;
  tu me deitaste no pó, à beira da morte.
¹⁶Meus inimigos me rodeiam como cães,
  um bando de perversos me cerca;
  perfuraram[a] minhas mãos e meus pés.
¹⁷Posso contar todos os meus ossos;
  meus inimigos me encaram e
    desdenham de mim.
¹⁸Repartem minhas roupas entre si
  e lançam sortes por minha veste.

¹⁹Ó Senhor, não permaneças distante!
  És minha força; vem depressa me ajudar.
²⁰Livra-me da espada
  e não permitas que esses cães me tirem
    a vida.

[a] 22.16 Conforme alguns manuscritos hebraicos, a Septuaginta e a versão siríaca; a maioria dos manuscritos hebraicos traz *são como um leão em*.

---

seja por imputação — e Deus abandonou este homem maravilhoso, este homem perfeito, em quem não havia pecado, mas sobre quem o pecado de Seu povo havia sido colocado. "Ele mesmo carregou nossos pecados em seu corpo na cruz", e, portanto, o Pai teve que abandoná-lo. No entanto, foi uma experiência amarga para o nosso Salvador ter até mesmo as Suas orações não ouvidas quando estas se tornaram tão roucas a ponto de se assemelharem mais ao rugido de um animal ferido, do que à expressão articulada de um homem. "Meu Deus, meu Deus, por que me abandonaste? Por que estás tão distante de meus gemidos por socorro?"

Vv.9,10 Nosso Salvador lembra-se de seu próprio maravilhoso nascimento que se diferenciou do nosso em alguns aspectos — e lembra como o Pai cuidou dele naquele momento. Deus não preservou o Seu Filho quando José e Maria fugiram para o Egito da ira de Herodes? Não houve um poder singular que controlou os movimentos dos sábios, e os advertiu a voltarem para o seu próprio país por outro caminho, para que o infante Cristo não fosse descoberto e destruído? Jesus na cruz se lembra dessa notável preservação! E sugiro aos que estão envelhecendo para que se consolem, pois quando vocês eram crianças e não conseguiam cuidar de si mesmos, o Senhor cuidou de vocês. E se vocês chegarem a uma segunda infância — se passarem a viver tão indefesos quanto quando eram crianças — o Deus que os guardou no começo os guardará até o fim! Lembrem-se de que o Senhor disse: "Serei o seu Deus por toda a sua vida, até que seus cabelos fiquem brancos. Eu os criei e cuidarei de vocês, eu os carregarei e os salvarei".

²¹Salva-me da boca do leão
e dos chifres dos bois selvagens.

²²Proclamarei teu nome a meus irmãos;
no meio de teu povo reunido te louvarei.
²³Louvem o SENHOR, todos que o temem!
Glorifiquem-no, todos os descendentes
de Jacó!
Reverenciem-no, todos os descendentes
de Israel!
²⁴Pois ele não desprezou nem desdenhou o
sofrimento dos aflitos;
não lhes deu as costas, mas ouviu seus
clamores por socorro.

²⁵Eu te louvarei na grande congregação;
cumprirei meus votos na presença dos
que te adoram.
²⁶Os pobres comerão e se saciarão;
todos que buscam o SENHOR o louvarão
e terão o coração cheio de alegria sem
fim.
²⁷Toda a terra reconhecerá o SENHOR e
voltará para ele;
diante dele se prostrarão todas as
famílias das nações.
²⁸Pois o SENHOR reina e governa
sobre todos os povos.

²⁹Que os ricos da terra celebrem e o
adorem;
todos os mortais se prostrem diante dele,
todos cuja vida terminará como pó.
³⁰Nossos filhos também o servirão,
as gerações futuras ouvirão sobre o
Senhor.
³¹Proclamarão sua justiça aos que ainda
não nasceram
e falarão a respeito de tudo que ele fez.

ª **23.4** Ou *pelo vale mais escuro*.

23 *Salmo de Davi.*

¹O SENHOR é meu pastor,
e nada me faltará.
²Ele me faz repousar em verdes pastos
e me leva para junto de riachos
tranquilos.
³Renova minhas forças
e me guia pelos caminhos da justiça;
assim, ele honra o seu nome.
⁴Mesmo quando eu andar
pelo escuro vale da morte,ª
não terei medo,
pois tu estás ao meu lado.
Tua vara e teu cajado
me protegem.
⁵Preparas um banquete para mim
na presença de meus inimigos.
Unges minha cabeça com óleo;
meu cálice transborda.
⁶Certamente a bondade e o amor me
seguirão
todos os dias de minha vida,
e viverei na casa do SENHOR
para sempre.

24 *Salmo de Davi.*

¹A terra e tudo que nela há são do
SENHOR;
o mundo e todos os seus habitantes lhe
pertencem.
²Pois sobre os mares ele edificou os
alicerces da terra
e sobre as profundezas do oceano a
estabeleceu.

³Quem pode subir o monte do SENHOR?
Quem pode permanecer em seu santo
lugar?

23.1 [...] *o pastor oriental era o guia de seu rebanho.* As ovelhas nunca iam adiante dele — seria uma anomalia na natureza as ovelhas irem à frente e o pastor as seguir. Elas não tinham necessidade de conhecer o caminho através do deserto sem trilhas — era suficiente que o pastor o soubesse. Não precisavam saber onde havia pastagens verdes durante as secas do verão, ou onde havia lugares de repouso silencioso onde poderiam deitar-se ao meio-dia. Era-lhes suficiente que o pastor o soubesse — tudo o que precisavam fazer era, pacientemente, seguir para onde ele as conduzia. Davi, sem dúvida, sempre foi à frente de seu rebanho, pensando ansiosamente com o coração sobre o lugar para onde as conduziria. E quando olhava para elas, podia ver que o seguiam pacientemente, sem distrações para incomodar seus pobres cérebros e sem aflições para preocupar suas mentes tranquilas. Felizes porque possuíam o que precisavam, pastavam enquanto seguiam pelo caminho, não sabendo e não precisando saber para onde estavam indo, mas bastante satisfeitas porque o seu pastor as conduzia pelo caminho.

⁴Somente os que têm as mãos puras e o coração limpo,
que não se entregam aos ídolos
e não juram em falso.
⁵Eles receberão a bênção do Senhor
e a justiça do Deus de sua salvação.
⁶São esses os que te buscam
e adoram em tua presença, ó Deus de Jacó.ᵃ

Interlúdio

⁷Abram-se, portões da cidade!
Abram-se, antigos portais,
para que entre o Rei da glória.
⁸Quem é o Rei da glória?
O Senhor, forte e poderoso.
O Senhor, invencível nas batalhas.
⁹Abram-se, portões da cidade!
Abram-se, antigos portais,
para que entre o Rei da glória.
¹⁰Quem é o Rei da glória?
O Senhor dos Exércitos;
ele é o Rei da glória.

25 ᵇ *Salmo de Davi.*

¹Ó Senhor, a ti entrego minha vida;
²confio em ti, meu Deus!
Não permitas que eu seja envergonhado,
nem que meus inimigos se alegrem com minha derrota.
³Quem confia em ti jamais será envergonhado,
mas os que buscam enganar o próximo serão envergonhados.
⁴Mostra-me o caminho certo, Senhor,
ensina-me por onde devo andar.
⁵Guia-me pela tua verdade e ensina-me,
pois és o Deus que me salva;
em ti ponho minha esperança todo o dia.
⁶Lembra-te, Senhor, de tua compaixão e de teu amor,
que tens mostrado desde tempos antigos.
⁷Não te lembres dos pecados e da rebeldia de minha juventude;
lembra-te de mim segundo o teu amor,
pois és misericordioso, ó Senhor.
⁸O Senhor é bom e justo;
mostra o caminho correto aos que se desviam.
⁹Guia os humildes na justiça
e ensina-lhes seu caminho.
¹⁰O Senhor conduz com amor e fidelidade
a todos que cumprem sua aliança e obedecem a seus preceitos.
¹¹Por causa do teu nome, ó Senhor,
perdoa meus pecados, que são muitos.
¹²Quem são os que temem o Senhor?
Ele lhes mostrará o caminho que devem escolher.
¹³Viverão em prosperidade,
e seus filhos herdarão a terra.

ᵃ24.6 Conforme dois manuscritos hebraicos, a Septuaginta e a versão siríaca; a maioria dos manuscritos hebraicos traz *ó Jacó*.
ᵇ25 Em hebraico este salmo é um poema acróstico; cada versículo começa com uma letra sucessiva do alfabeto hebraico.

25.2,7,9 *V.2* Aconteça comigo o que for, confio em ti. Desça a âncora — esse navio nunca vai se afastar para o mar. "Deus meu, em ti confio". Vocês podem dizer isso, caros amigos? Se estiverem no escuro, vocês estarão tão seguros quanto se estivessem à luz, pois essa âncora ainda os sustém. "Deus meu, em ti confio". "Nem exultem sobre mim os meus inimigos". Eles o farão, se puderem me levar de volta para o mundo. Se puderem me seduzir para fora dos caminhos da santidade, que gritos de alegria haverá no acampamento do inimigo! "Sustenta-me, e serei salvo".

V.7 Neste versículo e no que o antecede, há três "lembra-te" — primeiro, que Deus se lembrasse de Suas ternas misericórdias e das bondades. Em seguida, que Ele não se lembrasse de nossos pecados e nossas transgressões e, por último, que Ele se lembrasse de nós segundo Sua misericórdia e graça. Este último pedido pode nos lembrar a oração do ladrão na cruz: "Jesus, lembra-te de mim". E isso pode nos servir como uma oração de arrependimento. "Lembra-te de mim, segundo a tua misericórdia, por causa da tua bondade, ó Senhor."

V.9 Não o homem orgulhoso, mas o humilde — os aprendizes — os ensináveis! Aqueles que, como crianças pequenas, estão dispostas a acreditar no que lhes é dito sobre a verdadeira autoridade. Ah, que todos nós possamos estar entre os mansos! O cavalo treinado é fácil de conduzir, mas algumas pessoas são tão teimosas e obstinadas que são "como o cavalo ou a mula, sem entendimento, os quais com freios e cabrestos são dominados; de outra sorte não te obedecem". Ó, que sejamos sensíveis ao menor toque da mão divina e sempre prontos e ansiosos para sermos instruídos pelo Senhor!

¹⁴O Senhor é amigo dos que o temem;
ele lhes ensina sua aliança.
¹⁵Meus olhos estão sempre voltados para o Senhor,
pois ele livra meus pés de armadilhas.
¹⁶Volta-te para mim e tem misericórdia,
pois estou sozinho e aflito.
¹⁷Meus problemas só aumentam;
livra-me de toda a minha angústia!
¹⁸Atenta para minha dor e para meu sofrimento;
perdoa todos os meus pecados.
¹⁹Vê quantos inimigos tenho
e a crueldade com que me odeiam.
²⁰Protege minha vida e livra-me!
Não permitas que eu seja envergonhado,
pois em ti me refugio.
²¹Que a integridade e a retidão me guardem,
pois em ti ponho minha esperança.
²²Ó Deus, resgata Israel
de todas as suas angústias.

26 *Salmo de Davi.*

¹Declara-me inocente, Senhor,
pois tenho vivido com integridade;
tenho confiado no Senhor sem vacilar.
²Põe-me à prova, Senhor, e examina-me;
investiga meu coração e minha mente.
³Pois estou sempre consciente do teu amor
e tenho vivido de acordo com a tua verdade.
⁴Não passo tempo com mentirosos,
nem ando com hipócritas.
⁵Detesto as reuniões dos que praticam o mal
e não me associo aos perversos.
⁶Lavo as mãos para declarar minha inocência.
Venho ao teu altar, ó Senhor,
⁷para entoar um cântico de gratidão
e anunciar todas as tuas maravilhas.
⁸Amo o teu santuário, Senhor,
o lugar onde habita tua presença gloriosa.
⁹Não permitas que eu tenha o destino dos pecadores,
não me condenes junto com os assassinos.
¹⁰Eles têm as mãos sujas de tramas perversas
e vivem a aceitar subornos.
¹¹Eu, porém, vivo com integridade;
resgata-me e tem misericórdia de mim.

26.1,2 *V.1 Declara-me inocente, Senhor —* Como se ele se afastasse de todos os outros juízes, subornados e falsos, como provaram ser no seu caso, e se colocasse em julgamento diante de Deus.

[...] pois tenho vivido com integridade; tenho confiado no Senhor sem vacilar. Ele clama por duas coisas. Primeira, a vida exterior e, segunda, a fé interior, que, como é a força motriz e a fonte da vida exterior de integridade, é também a mais importante das duas. Observe que, como o caso é entre ele e seus acusadores, ele implora por sua vida, pois, embora sejamos justificados diante de Deus pela fé e não pelas obras, ainda diante dos homens devemos ser justificados por nossas obras, e não por nossa fé. É em vão que eu clame por minha fé quando sou caluniado. A única resposta que efetivamente pode fechar a boca do adversário é demonstrar uma vida irrepreensível. Portanto, neste caso, ele não apenas traz sua fé diante de seu Deus, mas também traz o resultado de sua fé. Observe a inferência que ele extrai da misericórdia de Deus para si, permitindo que ele caminhe corretamente e confie no Senhor — portanto, "sem vacilar". Ele descansa, pois, o futuro está sobre o seu Deus! Sua posição era escorregadia, seus inimigos sempre estavam ocupados tentando superá-lo, mas ele declara: "sem vacilar".

V.2 Este é um versículo maravilhoso. Talvez ninguém ousasse fazer dele uma oração. Aqui estão três tipos de provações. De acordo com a etimologia do hebraico, o primeiro é a provação pelo cheiro: "Põe-me à prova". O seguinte é a provação pelo toque: "examina-me". E o outro é a provação pelo fogo — "investiga meu coração e minha mente". Você percebe quão ansioso ele está para que Deus realmente decida o assunto. "Senhor, sonda-me completamente. Tu sabes que não sou hipócrita". Agora, quem ousa dizer isso, senão aquele verdadeiro homem de Deus, cuja alma está totalmente restaurada no Senhor? O coração e a mente são mencionados porque se acreditava serem o centro das afeições — e quando as afeições são corretas, o homem está correto por inteiro. O coração é a fonte da qual os assuntos da vida correm e, se a fonte é pura, as correntes de água não podem ser impuras — daí ele pede principalmente que o exame seja dirigido à sua mente e ao seu coração.

¹²Agora estou em solo firme
e louvarei o Senhor no meio do povo.

27 *Salmo de Davi.*

¹O Senhor é minha luz e minha salvação;
então, por que ter medo?
O Senhor é a fortaleza de minha vida;
então, por que estremecer?
²Quando os maus vierem para me destruir,
quando meus inimigos e adversários me atacarem,
eles tropeçarão e cairão.
³Ainda que um exército me cerque,
meu coração não temerá.
Ainda que invistam contra mim,
permanecerei confiante.
⁴A única coisa que peço ao Senhor,
o meu maior desejo,
é morar na casa do Senhor todos os dias de minha vida,
para contemplar a beleza do Senhor
e meditar em seu templo.
⁵Pois ali me abrigará em tempos de aflição
e em seu santuário me esconderá;
em segurança, numa rocha alta, me colocará.
⁶Então manterei a cabeça erguida,
acima dos inimigos que me cercam.
Em seu santuário, oferecerei sacrifícios com gritos de alegria;
cantarei e louvarei o Senhor com música.
⁷Ouve minha oração, ó Senhor;
tem compaixão e responde-me!
⁸Meu coração ouviu tua voz dizer: "Venha e entre na minha presença",
e meu coração respondeu: "Senhor, eu irei!".
⁹Não voltes as costas para mim;
em tua ira, não rejeites teu servo.
Sempre foste meu auxílio;
não me deixes agora, não me abandones, ó Deus de minha salvação!
¹⁰Mesmo que meu pai e minha mãe me abandonem,
o Senhor me acolherá.
¹¹Ensina-me a viver, Senhor;
guia-me pelo caminho certo,
pois meus inimigos estão à minha espera.
¹²Não permitas que eu caia nas mãos deles,
pois me acusam de coisas que nunca fiz
e me ameaçam, respirando violência.
¹³Ainda assim, confio que verei a bondade do Senhor
enquanto estiver aqui, na terra dos vivos.
¹⁴Espere pelo Senhor
e seja valente e corajoso;
sim, espere pelo Senhor.

28 *Salmo de Davi.*

¹A ti eu clamo, ó Senhor, minha rocha;
não feches teus ouvidos para mim.
Pois, se permaneceres calado,
será melhor que eu desista e morra.
²Ouve minha súplica por misericórdia,
quando eu clamar por socorro,

27.4 Davi desejava não só habitar na casa de Deus, mas que pudesse passar o tempo em adoração contemplativa da beleza de seu Deus: "para contemplar a beleza do Senhor". Você já pensou nas maravilhosas belezas que existem no caráter do Altíssimo? Se você quiser vê-las, olhe para aquele que é completamente amável, em quem o Pai deve ser visto com maior clareza, embora velado em carne humana! Este também deve ser o nosso trabalho vitalício: estudar, compreender e desfrutar da beleza do Senhor, "e meditar em seu templo", não só para vê-lo, mas para falar com Ele e para ouvi-lo falar. O cristão é aquele que faz perguntas sobre o seu Deus — é um inquiridor quando começa, e deve sê-lo até que termine. O apóstolo Pedro nos diz que os anjos pertencem à honrosa companhia de inquiridores sobre "às coisas melhores que pertencem à salvação". "É algo tão maravilhoso que até os anjos anseiam observar". Os cristãos devem ir a Deus com suas perguntas e quando eles vêm ao culto público de adoração, este deve ser o grandioso objetivo: "meditar em seu templo".

28.2,4 *V.2* É assim que você ora, caro amigo? Sei que há alguns que, se tiverem proferido certas boas palavras — feito a oração de certa forma — satisfazem-se perfeitamente. Quanto a Deus ouvi-los ou não, isso não os incomoda. Mas se você for um verdadeiro filho de Deus, o seu principal objetivo na oração será: "Ele me ouvirá? Ele me ouvirá? Ele me responderá?". E você não dará valor algum à oração, a não ser que esteja persuadido e confortavelmente convicto de que a sua oração chegou

quando levantar as mãos para o teu
  santuário.
³Não me arrastes com os perversos,
  com os que praticam o mal,
que dirigem palavras amigáveis ao
    próximo,
  enquanto tramam maldades no coração.
⁴Dá o castigo pelo que fizeram,
  segundo a medida de sua perversidade.
Retribui-lhes por seus atos
  e faz que recebam o que merecem.
⁵Eles não se importam com as obras do
    Senhor,
  nem com o que suas mãos criaram.
Por isso ele os derrubará,
  e nunca mais voltarão a se erguer.

⁶Louvado seja o Senhor,
  pois ouviu meu clamor por misericórdia!
⁷O Senhor é minha força e meu escudo;
  confio nele de todo o coração.
Ele me ajuda, e meu coração se enche de
    alegria;
  por isso lhe dou graças com meus
    cânticos.

⁸O Senhor é a força de seu povo,
  fortaleza segura para seu ungido.
⁹Salva o teu povo!
  Abençoa os que pertencem a ti!
Conduze-os como pastor
  e leva-os em teus braços para sempre.

29 *Salmo de Davi.*

¹Honrem o Senhor, seres celestiais,ª
  honrem o Senhor por sua glória e força.
²Honrem o Senhor pela glória de seu nome,
  adorem o Senhor no esplendor de sua
    santidade.

³A voz do Senhor ecoa sobre o mar,
  o Deus da glória troveja;
  sobre o imenso mar, o Senhor fala.
⁴A voz do Senhor é poderosa,
  a voz do Senhor é majestosa.
⁵A voz do Senhor quebra os grandes
    cedros,
  o Senhor despedaça os cedros do
    Líbano.
⁶Faz os montes do Líbano saltarem como
    bezerros,
  faz o monte Hermomᵇ pular como
    novilhos selvagens.
⁷A voz do Senhor risca o céu
  com relâmpagos.
⁸A voz do Senhor sacode o deserto,
  o Senhor faz tremer o deserto de Cades.
⁹A voz do Senhor torce os fortes
    carvalhosᶜ
  e arranca as folhas dos bosques;
em seu templo todos proclamam:
  "Glória!".

¹⁰O Senhor comanda as águas da
    inundação,
  o Senhor governa como Rei para sempre.
¹¹O Senhor dá força ao seu povo,
  o Senhor os abençoa com paz.

30 *Salmo de Davi; cântico para a dedicação do templo.*

¹Eu te exaltarei, Senhor, pois me livraste;
  não permitiste que meus inimigos
    rissem de mim.

ª **29.1** Em hebraico, *filhos de Deus*. ᵇ **29.6** Em hebraico, *Siriom*, outro nome para o monte Hermom. ᶜ **29.9** Ou *faz a corça se retorcer de dor no parto*.

---

ao ouvido e ao coração de Deus. Ó, acredite em nós, pois sabemos por experiência que a oração é algo verdadeiro! Não é repetição de palavras. É realmente o coração falando ao ouvido de Deus — e o Senhor responde graciosamente quando a oração lhe é verdadeiramente oferecida.

V.4 E a mente que é justa, sente que esse deve ser o caso. Deus é um juiz e punirá o pecado — e os homens piedosos não desejam que seja de outra forma. O cristão volta seu olhar amoroso mesmo para aquele lado terrível do caráter de Deus que é visto em Sua vingança contra os ímpios. Ele não é reconciliado à metade de um deus ou a um deus com metade dos atributos de Deus, ou seja, amor e ternura, mas ele ama a Deus à medida que o conhece. Ama ao Deus que "é um fogo consumidor"! Eu temeria se não pudesse amar a Deus sob qualquer aspecto em que Ele me é apresentado, da mesma forma como sentiria que não amo verdadeiramente um homem se dissesse: "não posso suportar tal caráter". Sentiria que há uma diferença entre mim e ele. Devemos amar a Deus em todos os aspectos — no trono da justiça, bem como no assento do amor.

²S͟ᴇɴʜᴏʀ, meu Deus, clamei a ti por socorro,
  e restauraste minha saúde.
³S͟ᴇɴʜᴏʀ, da sepultura[a] me tiraste
  e não me deixaste cair na cova da morte.
⁴Cantem ao S͟ᴇɴʜᴏʀ, todos que lhe são fiéis!
  Louvem seu santo nome,
⁵pois sua ira dura apenas um instante,
  mas seu favor, a vida inteira!
O choro pode durar toda a noite,
  mas a alegria vem com o amanhecer.
⁶Quando eu era próspero, dizia:
  "Agora, nada pode me derrubar!".
⁷Ó S͟ᴇɴʜᴏʀ, teu favor me mantinha firme
  como uma montanha;
então o S͟ᴇɴʜᴏʀ me deu as costas, e entrei
  em pânico.
⁸Clamei a ti, S͟ᴇɴʜᴏʀ,
  supliquei ao Senhor por misericórdia:
⁹"Que vantagem terás se eu morrer,
  se eu descer à cova?
Acaso o pó te louvará?
  Falará de tua fidelidade?
¹⁰Ouve-me, S͟ᴇɴʜᴏʀ, e tem misericórdia de
  mim;
  ajuda-me, S͟ᴇɴʜᴏʀ!".
¹¹Transformaste meu pranto em dança;
  tiraste minhas roupas de luto e me
  vestiste de alegria,
¹²para que eu cante louvores a ti e não me
  cale.
S͟ᴇɴʜᴏʀ, meu Deus, te darei graças para
  sempre!

31 *Ao regente do coral: salmo de Davi.*

¹Em ti, S͟ᴇɴʜᴏʀ, me refugio;
  não permitas que eu seja envergonhado.
Salva-me por causa da tua justiça;
  ²inclina o teu ouvido para me escutar
  e livra-me depressa.
Que tu sejas para mim rocha de proteção,
  fortaleza onde estarei seguro.
³És minha rocha e minha fortaleza;
  por causa do teu nome, guia-me e
  conduze-me.
⁴Tira-me da armadilha que me prepararam,
  pois só em ti encontro proteção.
⁵Em tuas mãos entrego meu espírito;
  resgata-me, S͟ᴇɴʜᴏʀ, pois és Deus fiel.
⁶Detesto os que adoram ídolos inúteis;
  eu, porém, confio no S͟ᴇɴʜᴏʀ.
⁷Exultarei e me alegrarei em teu amor,
  pois viste minha aflição e te importas
  com minha angústia.
⁸Não me entregaste a meus inimigos,
  mas me puseste em lugar seguro.
⁹Tem misericórdia de mim, S͟ᴇɴʜᴏʀ, pois
  estou angustiado;

---

[a] 30.3 Em hebraico, *do Sheol*.

30.2,5 É intitulado "Salmo de Davi; cântico para a dedicação do templo". Ou, em vez disso, "Um salmo; uma canção de dedicação para o templo por Davi". Esta era uma canção de fé, já que Davi não viveu para testemunhar a dedicação do Templo que planejara em seu coração e pelo qual havia esperado. Embora soubesse que não teria a permissão de Deus para construí-lo, ele se deleitou ao escrever um salmo que poderia ser cantado na inauguração do Templo.

V.2 O rei e o povo haviam sido feridos com a doença por causa de seu pecado, mas o Senhor, com misericórdia, ordenou ao anjo destruidor que a sua espada estivesse "perto da eira de Araúna, o jebuseu" — exatamente o lugar que depois se tornou o local onde o Templo foi construído! Foi bem, portanto, na sua inauguração, louvar o Deus que cura o Seu povo. Devemos louvar o Senhor mais do que fazemos quando nos recuperamos de enfermidade. Use o médico se quiser, mas, quando a cura vier, magnifique o Senhor por ela e atribua a glória ao Seu santo nome!

V.5 Como o orvalho é apropriado para a noite, assim é o choro aparentemente para nós quando Jesus nos oculta o Seu rosto. Os filhos da recâmara da noiva podem bem lamentar quando o Noivo celestial lhes é tirado, mas é só por uma noite. A manhã acabará com o nosso luto. Nossa tristeza noturna é para a noite, mas nossas alegrias são para um dia que não conhecerá a noite!

31.2 *V.2* [Davi] se lembrou de Adulão e En-Gedi e transformou estes lugares em sua súplica. A oração de um homem deveria ser o índice da história de sua vida. As cenas com as quais ele está mais acostumado devem se levantar vividamente diante do seu espírito quando ele está no Trono da Graça. Foi assim com Davi — "Que tu sejas para mim rocha de proteção, fortaleza onde estarei seguro".

lágrimas me embaçam os olhos,
e meu corpo e minha alma definham.
¹⁰A tristeza me consome,
e meus dias se encurtam com gemidos.
Minha força se esvai por causa do pecado,
e meus ossos se desgastam.
¹¹Todos os meus inimigos zombam de mim,
e meus vizinhos me desprezam;
até meus amigos têm medo de se
aproximar.
Quando me veem na rua,
correm para o outro lado.
¹²Não se lembram de mim, como se eu
estivesse morto,
como se fosse um jarro quebrado.
¹³Ouço muitos boatos a meu respeito,
e o terror me cerca.
Conspiram contra mim,
tramam tirar minha vida.
¹⁴Eu, porém, confio em ti, Senhor,
e digo: "Tu és meu Deus!".
¹⁵Meu futuro está em tuas mãos;
livra-me dos que me perseguem sem
cessar.
¹⁶Que a luz do teu rosto brilhe sobre teu
servo;
salva-me por causa do teu amor.
¹⁷Não permitas que eu seja envergonhado,
Senhor,
pois clamo a ti.
Que os perversos sejam envergonhados,
que fiquem calados na sepultura.ᵃ
¹⁸Silencia seus lábios mentirosos,
lábios orgulhosos e arrogantes que
acusam os justos.
¹⁹Grande é a bondade
que reservaste para os que te temem!

Tu a concedes aos que em ti se refugiam
e os abençoas à vista de todos.
²⁰Tu os escondes em tua presença,
a salvo de todos que contra eles
conspiram.
Tu os proteges num abrigo,
longe das línguas acusadoras.
²¹Louvado seja o Senhor,
pois ele me mostrou as maravilhas de
seu amor;
manteve-me a salvo numa cidade
cercada de inimigos.
²²Apavorado, clamei:
"Estou separado de tua presença!".
Mas ele ouviu a minha súplica por
misericórdia
e respondeu ao meu clamor por socorro.
²³Amem o Senhor, todos vocês que lhe são
fiéis,
pois o Senhor protege quem nele confia,
mas castiga severamente o arrogante.
²⁴Portanto, sejam fortes e corajosos,
todos vocês que põem sua esperança no
Senhor!

32 Salmoᵇ de Davi.

¹Como é feliz aquele
cuja desobediência é perdoada,
cujo pecado é coberto!
²Sim, como é feliz aquele
cuja culpaᶜ o Senhor não leva em conta,
cuja consciência é sempre sincera!
³Enquanto me recusei a confessar meu
pecado,
meu corpo definhou,
e eu gemia o dia inteiro.
⁴Dia e noite, tua mão pesava sobre mim;

ᵃ 31.17 Em hebraico, *no Sheol*. ᵇ 32 título Em hebraico, *maskil*, possivelmente um termo literário ou musical. ᶜ 32.2 A Septuaginta traz *cujo pecado*. Comparar com Rm 4.7.

32.3,4 Entendo que isso tenha sido o sentimento de Davi após o seu grande pecado — antes de tê-lo confessado. Ele tentou se desculpar em sua consciência. Alguns pensam que Davi esteve, durante pelo menos nove meses, num estado muito insensível. Mas ele não parece ter ficado assim. Todo o tempo, até que o seu pecado foi confessado e reconhecido, ele sentia-se miserável. O pecado não podia habitar confortavelmente em seu interior visto que havia a graça divina em seu coração. Ele não reconhecia seu pecado diante do juízo de Deus declarando-se culpado e aguardando julgamento e, enquanto guardou o silêncio, o pecado alimentou-se dele de tal forma que sua vida secou por inteiro — "meu corpo definhou" — isso significa que pele, carne e ossos foram afetados. Até os ossos, esses pilares sólidos de sustentação da

minha força evaporou como água no calor do verão.
Interlúdio

⁵Finalmente, confessei a ti todos os meus pecados
e não escondi mais a minha culpa.
Disse comigo: "Confessarei ao Senhor a minha rebeldia",
e tu perdoaste toda a minha culpa.
Interlúdio

⁶Portanto, todos que forem fiéis orem a ti enquanto há tempo,
para que não se afoguem quando vier a inundação.
⁷Pois és meu esconderijo;
tu me guardas da aflição
e me cercas de cânticos de vitória.
Interlúdio

⁸O Senhor diz:
"Eu o guiarei pelo melhor caminho para sua vida,
lhe darei conselhos e cuidarei de você.
⁹Não sejam como o cavalo ou a mula, que não têm entendimento
e precisam de freios e rédeas para ser controlados".

¹⁰O perverso tem muitas tristezas,
mas o que confia no Senhor é cercado de amor.
¹¹Portanto, alegrem-se no Senhor e exultem,
todos vocês que são justos!
Gritem de alegria,
todos vocês que têm coração íntegro!

33

¹Cantem de alegria ao Senhor, vocês que são justos;
é apropriado que os íntegros o louvem.
²Celebrem ao Senhor com melodias da harpa,
toquem música para ele com instrumento de dez cordas.
³Entoem para ele um novo cântico,
toquem com habilidade e cantem com alegria.
⁴Pois a palavra do Senhor é verdadeira
e podemos confiar em tudo que ele faz.
⁵Ele ama o que é justo e bom;
o amor do Senhor enche a terra.
⁶O Senhor falou, e os céus foram criados;
pelo sopro de sua boca as estrelas nasceram.
⁷Determinou os limites do mar
e juntou os oceanos em reservatórios.
⁸Que o mundo inteiro tema o Senhor,
e todos os habitantes da terra tremam diante dele.
⁹Pois, quando ele falou, o mundo veio a existir;
tudo surgiu por sua ordem.
¹⁰O Senhor desfaz os planos das nações
e frustra os projetos dos povos.
¹¹Mas os planos do Senhor permanecem para sempre;
seus propósitos jamais serão abalados.
¹²Como é feliz a nação cujo Deus é o Senhor,
cujo povo ele escolheu para lhe pertencer!
¹³O Senhor olha dos céus
e vê toda a humanidade.
¹⁴De seu trono ele observa
todos os habitantes da terra.
¹⁵Formou o coração de cada um;
por isso, entende tudo que fazem.
¹⁶Nem mesmo um poderoso exército pode salvar um rei;
grande força não é suficiente para livrar um guerreiro.
¹⁷Não confie em seu cavalo de guerra para obter vitória;
apesar de toda a sua força, ele não é capaz de salvá-lo.
¹⁸O Senhor, porém, está atento aos que o temem,
aos que esperam por seu amor.

---

hombridade tremeram e estavam abalados por causa de sua terrível sensação de pecado. Você não pode ser filho de Deus e pecar — e em seguida ser feliz. Outros homens podem pecar facilmente, mas você não. Se você for um homem segundo o coração de Deus e se aventurar na impureza, o pecado vai picá-lo como uma víbora — e queimará no interior dos seus ossos como os carvões de zimbro.

¹⁹Ele os livra da morte
   e os conserva com vida em tempos de
      fome.
²⁰Nossa esperança está no Senhor;
   ele é nosso auxílio e nosso escudo.
²¹Nele nosso coração se alegra,
   pois confiamos em seu santo nome.
²²Que o teu amor nos cerque, Senhor,
   pois só em ti temos esperança.

34 [a] *Salmo de Davi sobre a ocasião em que se fingiu de louco diante de Abimeleque, que o expulsou de sua presença.*

¹Louvarei o Senhor em todo o tempo;
   meus lábios sempre o louvarão.
²Somente no Senhor me gloriarei;
   que todos os humildes se alegrem.
³Venham, proclamemos a grandeza do
      Senhor;
   juntos, exaltemos o seu nome.
⁴Busquei o Senhor, e ele me respondeu;
   livrou-me de todos os meus temores.
⁵Os que olham para ele ficarão radiantes;
   no rosto deles não haverá sombra de
      decepção.
⁶Clamei ao Senhor em meu desespero, e ele
      me ouviu;
   livrou-me de todas as minhas angústias.
⁷O anjo do Senhor é guardião;
   ele cerca e defende os que o temem.
⁸Provem e vejam que o Senhor é bom!
   Como é feliz o que nele se refugia!
⁹Temam o Senhor, vocês que lhe são fiéis,
   pois os que o temem terão tudo de que
      precisam.
¹⁰Até mesmo os leões jovens e fortes
      passam fome,
   mas aos que buscam o Senhor nada de
      bom faltará.
¹¹Venham, meus filhos, e ouçam-me;
   eu os ensinarei a temer o Senhor.
¹²Quem deseja ter uma vida
      longa e próspera?
¹³Refreie a língua de falar maldades
   e os lábios de dizerem mentiras.
¹⁴Afaste-se do mal e faça o bem;
   busque a paz e esforce-se para mantê-la.
¹⁵Os olhos do Senhor estão sobre os justos,
   e seus ouvidos, abertos para seus
      clamores.
¹⁶O Senhor, porém, volta o rosto contra os
      que praticam o mal;
   apagará da terra qualquer lembrança
      deles.
¹⁷O Senhor ouve os justos quando clamam
      por socorro;
   ele os livra de todas as suas angústias.
¹⁸O Senhor está perto dos que têm o
      coração quebrantado
   e resgata os de espírito oprimido.
¹⁹O justo enfrenta muitas dificuldades,
   mas o Senhor o livra de todas elas.
²⁰Pois o Senhor protege os ossos do justo;
   nem um sequer será quebrado.
²¹A calamidade certamente destruirá os
      perversos,
   e os que odeiam o justo serão castigados.
²²O Senhor, porém, resgatará os que o
      servem;
   ninguém que nele se refugia será
      condenado.

35 *Salmo de Davi.*

¹Ó Senhor, defende-me dos que me
   acusam;

---

[a] 34 Em hebraico este salmo é um poema acróstico; cada versículo começa com uma letra sucessiva do alfabeto hebraico.

34.11-13 Aquele que consegue governar sua língua pode governar todo o seu corpo, pois a língua é o leme do navio. E se isso for feito da maneira adequada, o navio será corretamente conduzido. Se você quiser escapar das areias movediças e das rochas, cuide bem da sua língua! Guarde-a do mal, que não fale nem blasfêmia contra Deus nem calúnia contra seus semelhantes. E mantenha os seus lábios longe da fraude, isto é, do engano do duplo sentido, de dizer uma coisa significando outra, ou de fazer outras pessoas pensarem que você quer dizer outra coisa — uma arte muito bem compreendida nestes dias. Deus nos faz homens de linguagem clara, que dizem o que querem dizer e querem dizer o que dizem! Quando, pela graça de Deus, aprendermos a fazer isso, teremos aprendido uma boa lição.

luta contra os que lutam contra mim.
²Põe tua armadura e toma teu escudo,
prepara-te para a batalha e vem me socorrer.
³Levanta tua lança e teu dardo
contra aqueles que me perseguem.
Que eu te ouça dizer:
"Eu lhe darei vitória!".
⁴Sejam derrotados e humilhados os que procuram me matar,
recuem envergonhados os que planejam me prejudicar.
⁵Sopra-os para longe, como palha ao vento,
e que o anjo do Senhor os disperse.
⁶Torna o caminho deles escuro e escorregadio,
e que o anjo do Senhor os persiga.
⁷Não lhes fiz mal algum, mas eles me prepararam uma armadilha;
sem motivo, abriram uma cova para me pegar.
⁸Portanto, que venha sobre eles destruição repentina!
Sejam pegos na armadilha que me prepararam,
sejam destruídos na cova que abriram para mim.
⁹Então me alegrarei no Senhor,
exultarei porque ele me salva.
¹⁰Eu o louvarei com todos os ossos de meu corpo:
"Senhor, quem se compara a ti?
Quem além de ti resgata o indefeso das mãos do forte?

Quem protege o pobre e o humilde daqueles que os exploram?".
¹¹Testemunhas maldosas depõem contra mim
e me acusam de crimes que não cometi.
¹²Pagam-me o bem com o mal;
estou desesperado!
¹³Quando eles ficavam doentes, eu lamentava;
humilhava-me com jejuns por eles,
mas minhas orações não eram respondidas.
¹⁴Como se fossem meus amigos ou familiares, eu me entristecia,
como se lamentasse por minha própria mãe.
¹⁵Mas agora, em minha aflição, eles se alegram;
triunfantes, juntam-se contra mim.
Pessoas que nem conheço me atacam,
agridem-me sem cessar.
¹⁶Zombam de mim e me insultam,
rosnam e me mostram os dentes.
¹⁷Até quando, Senhor, ficarás olhando?
Salva-me de seus ataques ferozes,
livra-me desses leões!
¹⁸Então te darei graças diante da comunidade
e te louvarei perante todo o povo.
¹⁹Não permitas que meus inimigos traiçoeiros riam de mim,
não deixes que me desprezem os que me odeiam sem razão.

35.3 Este texto pode ser perfeitamente entendido como um pedido de que Deus ensine a alma a descansar nele durante dificuldades momentâneas, apuros e angústias. Todos nós estamos preparados para tentar produzir nossa própria libertação. Voltaríamos para o Egito, ou escalaríamos a rocha à nossa direita, ou, se fosse possível, forçaríamos uma passagem à esquerda, mas quando o mar Vermelho estivesse à nossa frente, quando Faraó estivesse atrás e houvesse rochas amedrontadoras à direita e à esquerda, esta maravilhosa verdade de Deus seria aprendida — e provavelmente seja a única ocasião em que podemos aprendê-la — Deus é a nossa salvação! Se você estiver com problemas, cristão, pergunte quem o trouxe até então, pois Ele o livrará de lá de novo. Se você estiver muito irritado e profundamente aflito, por que deveria buscar um braço humano para obter ajuda, ou colocar os olhos nos cavalos e nos carros de Faraó? Eleve seus olhos para o alto, de onde veio o seu socorro, e no silêncio solene de sua alma ouça a palavra suave e animadora: "Eu sou a tua salvação; de seis angústias te livrei, e nenhum mal te tocou; agora eu te trouxe para outra angústia, mas eu te livrarei de todas elas; invocar-me-ás no dia da angústia, e Eu te livrarei". Ó crente, o nervo mais forte em um braço de carne vai se romper e a força humana mais forte vai ceder! Mas confie no Senhor para sempre, pois no Senhor Deus há força eterna! Aprenda a aquietar-se e a ver a salvação de Deus, como Ele lhe diz: "Eu, o onipotente; Eu, o onipresente; Eu que tenho servos em todos os lugares, executarei o seu resgate, porque Eu sou a sua salvação".

²⁰Não falam de paz;
  tramam contra os que vivem tranquilos na terra.
²¹Gritam: "Ah! Agora o pegamos!
  Nós o vimos com os próprios olhos!".
²²Viste tudo isso, Senhor;
  não permaneças calado, Senhor, e não me abandones agora.
²³Desperta! Levanta-te para me fazeres justiça!
  Defende minha causa, meu Deus e meu Senhor.
²⁴Julga-me, Senhor, meu Deus, conforme a tua justiça;
  não permitas que meus inimigos riam às minhas custas.
²⁵Não deixes que digam: "Conseguimos o que queríamos!
  Agora vamos acabar com ele!".
²⁶Sejam envergonhados e humilhados
  os que se alegram com a minha desgraça.
  Sejam cobertos de vergonha e desonra
  os que triunfam sobre mim.
²⁷Exultem e alegrem-se, porém, os que me defendem;
  que eles digam sempre: "Grande é o Senhor,
  que se agrada de abençoar seu servo com paz!".
²⁸Então proclamarei tua justiça
  e te louvarei o dia todo.

36 *Ao regente do coral: salmo de Davi, servo do Senhor.*

¹O pecado do ímpio sussurra ao seu coração;ᵃ
  ele não tem o menor temor de Deus.
²Em sua cega presunção,
  não percebe quão grande é sua *perversidade*.
³Tudo que diz é distorcido e enganoso;
  não quer agir com prudência nem fazer o bem.
⁴Mesmo à noite, trama maldades;
  suas ações nunca são boas,
  e não se esforça para fugir do mal.
⁵Teu amor, Senhor, é imenso como os céus;
  tua fidelidade vai além das nuvens.
⁶Tua justiça é como os montes imponentes,
  teus decretos, como as profundezas do oceano;
  tu, Senhor, cuidas tanto das pessoas como dos animais.
⁷Como é precioso o teu amor, ó Deus!
  Toda a humanidade encontra abrigo à sombra de tuas asas.
⁸Tu os alimentas com a fartura de tua casa
  e deixas que bebam de teu rio de delícias.
⁹Pois és a fonte de vida,
  a luz pela qual vemos.
¹⁰Derrama teu amor sobre os que te conhecem,
  concede justiça aos sinceros de coração.
¹¹Não permitas que os arrogantes me pisoteiem,
  nem que os perversos me empurrem.
¹²Vejam! Caíram os que praticam o mal!
  Foram derrubados e nunca mais se levantarão.

37 ᵇ *Salmo de Davi.*

¹Não se preocupe com os perversos,
  nem tenha inveja dos que praticam o mal.
²Pois, como o capim, logo secarão
  e, como a grama verde, logo murcharão.
³Confie no Senhor e faça o bem,
  e você viverá seguro na terra e prosperará.
⁴Busque no Senhor a sua alegria,
  e ele lhe dará os desejos de seu coração.

ᵃ**36.1** Conforme alguns manuscritos hebraicos e a versão siríaca; o Texto Massorético traz *ao meu coração*. ᵇ**37** Em hebraico este salmo é um poema acróstico; cada estrofe começa com uma letra sucessiva do alfabeto hebraico.

37.3,4,6 *Vv.3,4* Aqui está um dever que é tanto um prazer quanto um dever — não, é ainda mais um prazer do que um dever — "Busque no Senhor a sua alegria". Aqui está um mandamento para ser feliz da maneira mais segura possível. De todos os prazeres, o melhor é buscar alegria em Deus, e para isso somos ordenados. Mas que privilégio lhe está atrelado — "ele lhe dará os desejos de seu coração". Por que isso?

⁵Entregue seu caminho ao Senhor;
  confie nele, e ele o ajudará.
⁶Tornará sua inocência radiante como o amanhecer,
  e a justiça de sua causa, como o sol do meio-dia.

⁷Aquiete-se na presença do Senhor,
  espere nele com paciência.
Não se preocupe com o perverso que prospera,
  nem se aborreça com seus planos maldosos.
⁸Deixe a ira de lado!
  Não se enfureça!
Não perca a calma;
  isso só lhe trará prejuízo.
⁹Pois os perversos serão destruídos,
  mas os que confiam no Senhor possuirão a terra.

¹⁰Em breve, o perverso desaparecerá;
  ainda que o procure, não o encontrará.
¹¹Os humildes possuirão a terra
  e viverão em paz e prosperidade.

¹²O perverso trama contra o justo;
  rosna e lhe mostra os dentes.
¹³Mas o Senhor ri,
  pois vê que o dia do julgamento se aproxima.

¹⁴Os perversos puxam suas espadas
  e preparam seus arcos,
para matar o pobre e o oprimido,
  para massacrar os que são corretos.
¹⁵Suas espadas, porém, lhes atravessarão o próprio coração,
  e seus arcos serão quebrados.

¹⁶Melhor ser justo e ter pouco
  que ser perverso e rico.
¹⁷Pois a força dos perversos será despedaçada,
  mas o Senhor sustenta os justos.

¹⁸A cada dia, o Senhor cuida dos íntegros;
  eles receberão uma herança que dura para sempre.
¹⁹Em tempos de calamidade, não serão envergonhados;
  mesmo em dias de fome, terão mais que o suficiente.

²⁰Os perversos, contudo, morrerão;
  os inimigos do Senhor são como flores do campo
  e desaparecerão como fumaça.

²¹O perverso toma emprestado e nunca paga,
  mas o justo dá com generosidade.
²²Aqueles a quem o Senhor abençoa possuirão a terra,
  mas aqueles a quem amaldiçoa serão destruídos.

²³O Senhor dirige os passos do justo;
  ele se agrada de quem anda em seu caminho.
²⁴Ainda que tropece, não cairá,
  pois o Senhor o segura pela mão.

²⁵Fui jovem e agora sou velho,
  mas nunca vi o justo ser abandonado,
  nem seus filhos mendigarem pão.
²⁶O justo é generoso e empresta de boa vontade,
  e seus filhos são uma bênção.

²⁷Afaste-se do mal e faça o bem,
  e você viverá na terra para sempre.
²⁸Pois o Senhor ama a justiça
  e jamais abandonará seu povo fiel.
Ele sempre os protegerá,
  mas os filhos dos perversos serão destruídos.
²⁹Os justos possuirão a terra
  e nela habitarão para sempre.

³⁰O justo oferece conselhos sábios
  e ensina o que é certo.

Porque, quando você busca em Deus a sua alegria, seus desejos serão tais que Ele pode concedê-los com segurança. Alegrando-se no Senhor, você só desejará o que for para a Sua glória e, portanto, sem restrições, Ele pode lhe prometer e conceder-lhe os desejos de seu coração.

V.6 Você não pode criar a luz e o meio-dia — é uma obra muito além do seu poder — mas o seu Deus pode lhe dar a luz e o meio-dia. Ele pode limpar o seu caráter de qualquer calúnia que o possa ter sujado e pode coroá-lo com honra e glória no lugar do desprezo que agora é lançado sobre você.

³¹Guarda no coração a lei de Deus,
  por isso seus passos são firmes.
³²O perverso fica à espreita do justo
  e procura matá-lo.
³³O Senhor, porém, não deixará que o
  perverso tenha sucesso,
  nem condenará o justo quando ele for
  julgado.
³⁴Ponha sua esperança no Senhor
  e ande com firmeza pelo caminho dele.
Ele o honrará e lhe dará a terra,
  e você verá os perversos serem
  destruídos.
³⁵Vi pessoas más e cruéis
  florescerem como árvores em solo nativo.
³⁶Mas, quando voltei a olhar, tinham
  desaparecido;
  procurei por elas, mas não as encontrei.
³⁷Observe os que são íntegros e justos;
  um futuro maravilhoso espera os que
  amam a paz.
³⁸Os rebeldes, porém, serão destruídos de
  uma só vez;
  não têm futuro algum.
³⁹O Senhor salva os justos;
  ele é sua fortaleza em tempos de aflição.
⁴⁰O Senhor os socorre
  e os livra dos perversos.
Ele os salva,
  porque nele se refugiam.

38
Salmo de Davi, em que pede a Deus que se lembre dele.

¹Ó Senhor, não me repreendas em tua ira,
  nem me disciplines em tua fúria!
²Tuas flechas se cravam fundo em mim,
  e o peso de tua mão me esmaga.
³Por causa de tua ira, todo o meu corpo
  adoece;
  minha saúde está arruinada, por causa
  de meu pecado.
⁴Minha culpa me sufoca;
  é um fardo pesado e insuportável.
⁵Minhas feridas infeccionaram e cheiram
  mal,
  por causa de minha insensatez.
⁶Estou encurvado e atormentado;
  entristecido, ando o dia todo de um lado
  para o outro.
⁷Meu corpo arde em febre,
  minha saúde está arruinada.
⁸Estou exausto e abatido;
  meus gemidos vêm de um coração
  angustiado.
⁹Tu conheces meus desejos, Senhor,
  e ouves cada um de meus suspiros.
¹⁰Meu coração bate depressa, minhas
  forças se esvaem,
  e a luz de meus olhos se apaga.
¹¹Amigos e conhecidos se afastam de mim,
  por causa de minha doença,
  e até minha família se mantém distante.
¹²Meus inimigos preparam armadilhas
  para me matar;
  os que desejam meu mal tramam para
  me arruinar
  e passam o dia planejando sua traição.
¹³Eu, porém, me faço de surdo para suas
  ameaças;
  como mudo, permaneço calado diante
  deles.

38.10,11,12-15 Vv.10,11 Se você já teve muitos problemas, perceberá que os seus amigos são bastante escassos nessas ocasiões. Os amigos são muito parecidos com as andorinhas; elas gorjeiam sobre nós no verão, e constroem seus ninhos debaixo de nossos beirais; mas onde estão elas no inverno? Ah! Onde elas estão? Você pode fazer a pergunta, mas quem pode respondê-la? A tristeza não é uma coisa que atrai companhia; os homens naturalmente se escondem de companheiros aflitos.

Vv.12-15 É bom não dar ouvidos quando você é caluniado e é melhor ainda nunca responder à calúnia. Sempre tentei ter um ouvido surdo e um olho cego; e creio que o ouvido surdo é o melhor ouvido, e o olho cego, de longe, o mais útil dos dois. Não se lembre do prejuízo que lhe foi causado; tente esquecer e superá-lo. Não saia pelo mundo determinado a resolver toda ira ardente que qualquer tolo colocar diante de você. Esqueça-se disso. Será para o seu próprio bem e para a glória de Deus ser muito paciente quando estiver debaixo da calúnia dos ímpios.

Assim, o salmista, pelo seu exemplo, os encoraja a levar os seus problemas a Deus e a não lidar com eles por si mesmos. Derrame-os diante dele, e confie no Senhor para livrá-lo no Seu próprio tempo e modo.

¹⁴Escolhi nada ouvir
   e nada responder.
¹⁵Pois espero por ti, ó Senhor;
   responde por mim, Senhor, meu Deus.
¹⁶Orei: "Não deixes que meus inimigos
      zombem de mim,
   nem que se divirtam com minha queda".
¹⁷Estou à beira de um colapso;
   enfrento dor constante.
¹⁸Confesso, porém, minha culpa;
   sinto profundo lamento do que fiz.
¹⁹Meus inimigos são muitos e fortes;
   eles me odeiam sem razão.
²⁰Pagam o bem com o mal
   e opõem-se a mim porque procuro o
      bem.
²¹Não me abandones, Senhor;
   não permaneças distante, meu Deus.
²²Vem depressa me ajudar,
   ó Senhor, meu salvador!

39

Para Jedutum, regente do coral: salmo de Davi.

¹Disse comigo: "Tomarei cuidado com o
      que faço
   e não pecarei no que digo.
Ficarei calado
   enquanto o perverso estiver por perto".
²Mas, enquanto eu estava em silêncio,
   sem falar sequer de coisas boas,
   a angústia cresceu dentro de mim.
³Quanto mais eu pensava,
   mais ardia meu coração;
   então, decidi falar:
⁴"Mostra-me, Senhor, como é breve meu
      tempo na terra;
   mostra-me que meus dias estão
      contados
   e que minha vida é passageira.
⁵A vida que me deste não é mais longa que
      alguns palmos,
   e diante de ti toda a minha existência
      não passa de um momento;

na verdade, o ser humano não passa de
   um sopro".
                                    Interlúdio
⁶Somos apenas sombras que se movem,
   e nossas inquietações não dão em nada.
Acumulamos riquezas
   sem saber quem as gastará.
⁷Agora, Senhor, o que devo esperar?
   És minha única esperança.
⁸Livra-me de minha rebeldia
   e não permitas que os tolos zombem de
      mim.
⁹Estou calado; não direi uma só palavra,
   pois minha punição vem de ti.
¹⁰Mas, por favor, para de me castigar;
   os golpes de tua mão me reduzem a
      nada!
¹¹Quando nos disciplinas por nossos
      pecados,
   consomes como a traça o que nos é mais
      precioso;
   o ser humano não passa de um sopro.
                                    Interlúdio
¹²Ouve minha oração, Senhor!
   Escuta meus clamores por socorro!
   Não ignores minhas lágrimas,
pois sou como estrangeiro diante de ti,
   um viajante que está só de passagem,
   como eram meus antepassados.
¹³Desvia de mim o olhar, para que eu volte
      a sorrir,
   antes que eu me vá e deixe de existir.

40

Ao regente do coral: salmo de Davi.

¹Esperei com paciência pelo Senhor;
   ele se voltou para mim e ouviu meu
      clamor.
²Tirou-me de um poço de desespero,
   de um atoleiro de lama.
Pôs meus pés sobre uma rocha
   e firmou meus passos.
³Deu-me um novo cântico para entoar,
   um hino de louvor a nosso Deus.
Muitos verão o que ele fez,

40.2 Esta é uma canção maravilhosa, cheia de alegria arrebatadora. Os orientais eram acostumados a lançar seus prisioneiros em poços, e esses poços eram frequentemente horrivelmente profundos, escuros e úmidos; e a lama no fundo era tal que um homem se afundava nela. Davi canta ao Senhor: "Tirou-me de um poço de desespero, de um atoleiro de lama". Que maravilhoso resgate foi esse; e, como Deus nunca faz nada pela metade,

temerão e confiarão no Senhor.

⁴Como é feliz o que confia no Senhor,
que não depende dos arrogantes,
nem dos que se desviam para a mentira!
⁵Senhor, meu Deus, tu nos fizeste muitas maravilhas,
e teus planos para nós são tantos que não se pode contá-los;
não há ninguém igual a ti.
Se eu tentasse relatar todos os teus feitos,
jamais chegaria ao fim.
⁶Não tens prazer em ofertas nem em sacrifícios;
agora que me fizeste ouvir, compreendo:ᵃ
tu não exiges holocaustos nem ofertas pelo pecado.
⁷Então eu disse: "Aqui estou,
conforme está escrito a meu respeito no livro.
⁸Tenho prazer em fazer tua vontade, meu Deus,
pois a tua lei está em meu coração".
⁹Anunciei a tua justiça a toda a comunidade;
não tive medo de falar,
como bem sabes, ó Senhor.
¹⁰Não escondi em meu coração a tua justiça;
falei de tua fidelidade e de tua salvação.
Proclamei a toda a comunidade
o teu amor e a tua verdade.
¹¹Senhor, não retenhas de mim a tua compaixão;
que o teu amor e a tua verdade sempre me protejam.
¹²Pois as dificuldades me cercam;
são tantas que não se pode contá-las.
Meus pecados se acumularam de tal modo
que não consigo enxergar saída.
São mais numerosos que os cabelos de minha cabeça;
por isso, perdi todo o ânimo.
¹³Por favor, Senhor, livra-me!
Vem depressa, Senhor, e ajuda-me!
¹⁴Sejam envergonhados e humilhados
os que procuram me matar.
Voltem atrás em desonra
os que se alegram com a minha desgraça.
¹⁵Recuem horrorizados com a própria vergonha,
pois disseram: "Ah! Agora o pegamos!".
¹⁶Alegrem-se e exultem, porém,
todos que te buscam.
Todos que amam tua salvação,
digam sempre: "Grande é o Senhor!".
¹⁷Quanto a mim, pobre e aflito,
que o Senhor me mantenha em seus pensamentos.
Tu és meu auxílio e minha salvação;
ó meu Deus, não te demores!

41
Ao regente do coral: salmo de Davi.

¹Como é feliz aquele que se importa com o pobre!
Em tempos de aflição, o Senhor o livra.
²O Senhor o protege
e lhe conserva a vida.
Ele o faz prosperar na terra
e o livra de seus inimigos.
³O Senhor cuida dele quando fica doente
e lhe restaura a saúde.
⁴Orei: "Ó Senhor, tem misericórdia de mim!
Cura-me, pois pequei contra ti!".
⁵Meus inimigos, porém, só falam mal de mim:
"Quando ele morrerá e será esquecido?".
⁶Visitam-me como se fossem meus amigos,
mas todo o tempo reúnem calúnias contra mim
e depois as espalham por aí.

ᵃ **40.6** A Septuaginta traz *tu me deste um corpo*. Comparar com Hb 10.5.

Ele não deixou Seu servo voltar a escorregar, pois Davi acrescentou: "Pôs meus pés sobre uma rocha e firmou meus passos". "Firmou meus passos". Quando Deus firma os passos de um homem, esses passos estão bem firmados; não há deslizes, nem escorregões. O Senhor colocou os pés de Davi sobre uma rocha; e, mais do que isso, estabeleceu sua caminhada, os firmou, de modo que quando ele se movia, não tropeçava.

⁷Todos que me odeiam falam de mim em sussurros
 e imaginam o pior.
⁸"Ele está com uma doença mortal", dizem,
 "nunca mais se levantará da cama!"
⁹Até meu melhor amigo, em quem eu confiava
 e com quem repartia meu pão, voltou-se contra mim.
¹⁰Senhor, tem misericórdia de mim!
 Devolve-me a saúde, para que eu lhes dê o que merecem.
¹¹Sei que te agradas de mim,
 pois não deixaste que meus inimigos triunfassem.
¹²Preservaste minha vida porque sou inocente
 e trouxeste-me à tua presença para sempre.
¹³Louvado seja o Senhor, o Deus de Israel,
 de eternidade a eternidade.
 Amém e amém!

Livro 2 (Salmos 42—72)

42 *Ao regente do coral: salmo*ᵃ *dos descendentes de Corá.*

¹Como a corça anseia pelas correntes de água,
 assim minha alma anseia por ti, ó Deus.
²Tenho sede de Deus, do Deus vivo;
 quando poderei estar na presença dele?
³Dia e noite, as lágrimas têm sido meu alimento,
 enquanto zombam de mim o tempo todo,
 dizendo: "Onde está o seu Deus?".
⁴Meu coração se enche de tristeza,
 pois me lembro de como eu andava com a multidão de adoradores,
 à frente do cortejo que subia até a casa de Deus,
 cantando de alegria e dando graças,
 em meio aos sons de uma grande festa.
⁵Por que você está tão abatida, ó minha alma?
 Por que está tão triste?
 Espere em Deus!
 Ainda voltarei a louvá-lo,
 meu Salvador e ⁶meu Deus!

Agora estou profundamente abatido,
 mas me lembro de ti,
desde o distante monte Hermom, onde nasce o Jordão,
 desde a terra do monte Mizar.
⁷Ouço o tumulto do mar revolto,
 enquanto suas ondas e correntezas passam sobre mim.
⁸Durante o dia, porém, o Senhor me derrama seu amor,
 e à noite entoo seus cânticos
 e faço orações ao Deus que me dá vida.
⁹Clamo: "Ó Deus, minha rocha,
 por que te esqueceste de mim?

ᵃ**42 título** Em hebraico, *maskil*, possivelmente um termo literário ou musical.

42.1 É o "cervo" que suspira e, no hebraico, a palavra está no feminino. Os antigos naturalistas dizem que a fêmea tem maior sede do que o macho e que ela a demonstra mais, pois tem mais fraqueza de corpo e menos poder de resistência. Dizem que o cervo é, naturalmente, uma criatura com muita sede, e quando é caçado por muito tempo, sua sede parece insaciável. O salmista não diz: "minha alma anseia por comida", mas *"minha alma anseia por água"*. O homem pode suportar a fome muito mais do que pode suportar a sede; pode ficar sem comida por dias, mas não sem água. Assim, o salmista menciona a criatura mais sedenta e a mais ardente das paixões naturais — "Como a corça anseia pelas correntes de água". Ele não diz apenas "pelos ribeiros", mas, "pelas correntes das águas". Por quê? Acho que porque há muitos ribeiros que ficam secos em determinadas estações e o cervo suspira por aqueles que têm água. Então, o cristão tem sede, não só pelos meios da graça — estes são as correntes — mas anseia por Deus nesses meios. Quando a Graça está presente nos meios da graça, então, de fato, estes são como as correntes. "Assim minha alma anseia por ti, ó Deus". Ele não diz: "Assim, suspiro pela minha antiga grandeza", ou "Assim, suspiro por meu amigo", mas "minha alma anseia por ti". Sua alma tinha apenas um desejo, uma sede — e todo poder e toda paixão se uniram a esse desejo — "Assim minha alma anseia por ti, ó Deus".

Por que tenho de andar entristecido,
  oprimido por meus inimigos?".
¹⁰Os insultos deles me quebram os ossos;
  zombam de mim o tempo todo,
  dizendo: "Onde está o seu Deus?".
¹¹Por que você está tão abatida, ó minha
    alma?
  Por que está tão triste?
  Espere em Deus!
    Ainda voltarei a louvá-lo,
    meu Salvador e meu Deus!

43

¹Declara-me inocente, ó Deus!
  Defende-me desse povo mau,
  livra-me dos falsos e injustos.
²Pois tu és minha fortaleza, ó Deus;
  por que me rejeitaste?
  Por que tenho de andar entristecido,
  oprimido por meus inimigos?
³Envia a tua luz e a tua verdade,
  para que me guiem.
  Que elas me conduzam ao teu santo
    monte,
  ao lugar onde habitas.
⁴Ali, irei ao altar de Deus,
  a Deus, fonte de toda a minha alegria.
  Eu te louvarei com minha harpa,
  ó Deus, meu Deus!
⁵Por que você está tão abatida, ó minha
    alma?
  Por que está tão triste?
  Espere em Deus!
    Ainda voltarei a louvá-lo,
    meu Salvador e meu Deus!

44

*Ao regente do coral: salmo*ᵃ *dos descendentes de Corá.*

¹Ó Deus, ouvimos com os próprios ouvidos;
  nossos antepassados nos contaram
  tudo que fizeste em seus dias,
    muito tempo atrás.
²Com teu poder, expulsaste as nações
  e estabeleceste teu povo na terra.
  Esmagaste os povos inimigos
  e libertaste nossos antepassados.
³Não foi por suas espadas que eles
    conquistaram a terra,
  não foi pela força de seus braços que
    alcançaram vitória.
  Foi pela tua mão direita e pelo teu braço
    forte,
  pela luz intensa do teu rosto;
  foi por causa do teu amor por eles.
⁴Tu és meu Rei e meu Deus;
  decretas vitórias para Israel.ᵇ
⁵Com teu poder, afastamos nossos
    inimigos;
  em teu nome, pisoteamos nossos
    adversários.
⁶Não confio em meu arco,
  não conto com minha espada para me
    salvar.
⁷Tu nos concedes vitória sobre nossos
    inimigos
  e envergonhas os que nos odeiam.
⁸Ó Deus, o dia todo te damos glória
  e louvamos teu nome para sempre.
                                Interlúdio

⁹Agora, porém, tu nos rejeitaste e nos
    envergonhaste;
  já não conduzes nossos exércitos para as
    batalhas.
¹⁰Tu nos fazes bater em retirada diante de
    nossos inimigos
  e permites que sejamos saqueados por
    aqueles que nos odeiam.
¹¹Entregaste-nos como ovelhas para o
    matadouro
  e espalhaste-nos entre as nações.
¹²Vendeste teu povo precioso por uma
    ninharia
  e não tiveste lucro com a venda.
¹³Permitiste que as nações vizinhas
    zombassem de nós;
  somos objeto de desprezo e ridículo para
    os que nos rodeiam.
¹⁴Fizeste de nós motivo de riso entre as
    nações;
  com desdém, balançam a cabeça para
    nós.
¹⁵Não há como escapar da humilhação
    constante;
  temos o rosto coberto de vergonha.

ᵃ **44 título** Em hebraico, *maskil*, possivelmente um termo literário ou musical. ᵇ **44.4** Em hebraico, *para Jacó*. Os nomes "Jacó" e "Israel" são usados de forma intercambiável ao longo de todo o Antigo Testamento e se referem, por vezes, ao patriarca e, em outras ocasiões, à nação.

ⁱ⁶Não ouvimos outra coisa,
  senão os insultos dos que zombam de nós.
Não vemos outra coisa,
  senão os inimigos que desejam vingança.
¹⁷Tudo isso aconteceu sem que nos esquecêssemos de ti,
  sem que fôssemos infiéis à tua aliança.
¹⁸Nosso coração não te abandonou,
  não desviamos os pés de teu caminho.
¹⁹Tu, porém, nos esmagaste no deserto,
  onde vivem os chacais,
  e nos cobriste de escuridão e morte.
²⁰Se tivéssemos nos esquecido do nome de nosso Deus,
  ou estendido as mãos em oração a deuses estrangeiros,
²¹Deus com certeza saberia,
  pois ele conhece os segredos de cada coração.
²²Mas, por causa de ti, enfrentamos a morte todos os dias;
  somos como ovelhas levadas para o matadouro.
²³Desperta, Senhor! Por que dormes?
  Levanta-te! Não nos rejeites para sempre!
²⁴Por que escondes o rosto de nós?
  Por que te esqueces de nosso sofrimento e opressão?
²⁵Desfalecemos no pó,
  caídos com o corpo no chão.
²⁶Levanta-te e ajuda-nos!
  Resgata-nos por causa do teu amor!

45

Ao regente do coral: canção de amor para ser cantada com a melodia "Lírios". Salmo[a] dos descendentes de Corá.

¹Lindas palavras comovem meu coração;
  recitarei um belo poema a respeito do rei,
  pois minha língua é como a pena de um habilidoso escritor.
²Tu és o mais belo de todos;
  palavras graciosas fluem de teus lábios.
  Sim, Deus te abençoou para sempre.
³Põe tua espada à cintura, ó poderoso guerreiro;
  tu és glorioso e majestoso!
⁴Em tua majestade, cavalga para a vitória
  e defende a verdade, a humildade e a justiça;
  avança e realiza feitos notáveis.
⁵Tuas flechas são agudas e atravessam o coração de teus inimigos;
  as nações caem a teus pés.
⁶Teu trono, ó Deus,[b] permanece para todo o sempre;
  tu governas com cetro de justiça.
⁷Amas a justiça e odeias o mal;
  por isso, Deus, o teu Deus, te ungiu.
  Derramou sobre ti o óleo da alegria
  mais que sobre qualquer outro.
⁸Mirra, aloés e cássia perfumam tuas roupas;
  em palácios de marfim, instrumentos de cordas te alegram.
⁹Entre as mulheres de tua corte há filhas de reis;
  à tua direita, está a rainha,
  usando joias de ouro puro de Ofir.

[a]45 título Em hebraico, *maskil*, possivelmente um termo literário ou musical. [b]45.6 Ou *Teu trono divino*.

45.3,4,9 *Vv.3,4* O coração nunca brilha com amor por Cristo, a menos que, em consequência, haja um anseio de que o Seu reino possa ser ampliado. É instintivo a um coração amoroso desejar a honra do objeto de seu amor. Desejamos que Cristo governe e reine simplesmente porque o amamos. Ó, que Ele coloque a Sua *mão direita em Sua obra* nesses tempos de lerdeza! Quão pouco está sendo feito comparativamente! Ó, por uma hora do braço direito de Jesus! Se apenas Ele mesmo viesse para a batalha, e o brado de um Rei fosse ouvido em nossos acampamentos, que vitórias seriam conquistadas! Clame a Ele, ó você que o ama. Ele virá ao seu clamor!

V.9 Bendita rainha de Cristo – Sua Igreja. Que nunca a desprezemos! Há alguns que estão sempre gritando "a igreja", "a igreja", "a igreja" – mas essa não é a verdadeira igreja, a que tenta tomar o lugar de Cristo. É o anticristo! A verdadeira Igreja tem seu lugar, entretanto, e é à mão direita de seu marido, onde ela se assenta revestida do melhor dos melhores – em ouro – e é ouro de Ofir, pois Ele não poupa nada para sua beleza e sua glória.

¹⁰Ouça, ó filha de rei; leve a sério o que digo.
  Esqueça seu povo e sua família,
¹¹pois o rei, seu marido, se encanta com sua beleza;
  honre-o, pois ele é seu senhor.
¹²A cidade de Tiro ᵃ a cobrirá de presentes,
  os ricos suplicarão por seu favor.
¹³A princesa é uma linda noiva,
  belíssima em seu vestido dourado.
¹⁴Em suas roupas bordadas, é levada até o rei,
  acompanhada de suas damas de honra.
¹⁵Formam um grupo alegre e festivo
  que entra no palácio real.
¹⁶Teus filhos serão reis, como o pai deles;
  tu os farás governantes de muitas terras.
¹⁷Eu darei honra ao teu nome por todas as gerações;
  por isso, as nações te louvarão para todo o sempre.

46
Ao regente do coral: cântico dos descendentes de Corá, para ser cantado com vozes de soprano. ᵇ

¹Deus é nosso refúgio e nossa força,
  sempre pronto a nos socorrer em tempos de aflição.
²Portanto, não temeremos quando vierem terremotos
  e montes desabarem no mar.
³Que o oceano estrondeie e espumeje!
  Que os montes estremeçam enquanto as águas se elevam!
            Interlúdio
⁴Um rio e seus canais alegram a cidade de nosso Deus,
  o santo lugar do Altíssimo.
⁵Deus habita nessa cidade, e ela não será destruída;
  desde o amanhecer, Deus a protegerá.
⁶As nações estão em confusão,
  e seus reinos desmoronam.
A voz de Deus troveja,
  e a terra se dissolve.
⁷O Senhor dos Exércitos está entre nós;
  o Deus de Jacó é nossa fortaleza.
            Interlúdio
⁸Venham, contemplem as gloriosas obras do Senhor!
  Vejam como ele traz destruição sobre o mundo!
⁹Acaba com as guerras em toda a terra,
  quebra o arco e parte ao meio a lança,
  e destrói os escudos com fogo.
¹⁰"Aquietem-se e saibam que eu sou Deus!
  Serei honrado entre todas as nações;
  serei honrado no mundo inteiro."
¹¹O Senhor dos Exércitos está entre nós;
  o Deus de Jacó é nossa fortaleza.
            Interlúdio

47
Ao regente do coral: salmo dos descendentes de Corá.

¹Batam palmas, todos os povos!
  Celebrem a Deus em alta voz!
²Pois o Senhor Altíssimo é temível;
  é o grande Rei de toda a terra.

ᵃ**45.12** Ou *A princesa de Tiro*; o hebraico traz *A filha de Tiro.* ᵇ**46 título** Em hebraico, *de acordo com alamoth.*

46.2,3 Aqui temos, você percebe, uma menção das maiores convulsões da natureza, mas o crente não teme! Sem dúvida, esses versículos também se destinam a ser uma imagem das grandes convulsões que ocorrem nas relações providenciais de Deus. Estados e reinos que parecem ser tão sólidos quanto a Terra serão removidos um dia. Dinastias que parecem tão firmes como montanhas podem, em breve, ser varridas para o mar do esquecimento. Podemos ter fome, guerra, pestilência e anarquia até que toda a Terra pareça ser como o mar numa grande tempestade! Sim, a esperança pode falhar com muitos e os corações mais fortes podem tremer no orgulho. No entanto, deixe o pior chegar ao pior, o povo de Deus ainda está seguro! Como diz um velho escritor: "Embora Deus devesse, para usar suas palavras em relação a Jerusalém, limpar a Terra como alguém limpa um prato, limpando-o e virando-o de cabeça para baixo, sim, embora Ele devesse quebrá-lo em mil pedaços, no entanto, Seu povo não precisa temer, pois se Ele não os proteger debaixo do Céu, Ele os levará para estar com Ele no Céu!". Se o Céu e a Terra pudessem se misturar, e o caos pudesse retornar, ainda assim, enquanto Deus for Deus, não há razão para o crente temer!

³Ele derrota os povos diante de nós
e põe as nações sob nossos pés.
⁴Escolheu para nós uma terra como
herança,
o orgulho dos descendentes de Jacó, a
quem ele ama.

Interlúdio

⁵Deus subiu em meio a gritos de alegria;
o S<small>ENHOR</small> se elevou ao forte som de
trombetas.
⁶Cantem louvores a Deus, cantem louvores,
cantem louvores ao nosso Rei, cantem
louvores!
⁷Pois Deus é o Rei de toda a terra;
louvem-no com um salmo.ᵃ
⁸Deus reina sobre as nações,
sentado em seu santo trono.
⁹Os governantes do mundo se juntaram
ao povo do Deus de Abraão.
Pois todos os reis da terra pertencem a
Deus;
ele é grandemente exaltado em toda
parte.

48
Cântico; salmo dos descendentes de Corá.

¹Grande é o S<small>ENHOR</small>
e muito digno de louvor,
na cidade de nosso Deus,
em seu santo monte.
²O monte Sião, o santo monte,ᵇ
é alto e magnífico;
toda a terra se alegra em vê-lo;
é a cidade do grande Rei.
³O próprio Deus está em suas torres
e se revela como seu protetor.

⁴Os reis da terra uniram forças
e avançaram contra a cidade.
⁵Mas, quando a viram, ficaram espantados
e fugiram aterrorizados.
⁶Foram tomados de medo
e se contorceram de dores, como a
mulher no parto.
⁷Tu os destruíste como os navios de
Társis,
despedaçados por um forte vento do
leste.

⁸Tínhamos ouvido falar da glória da
cidade,
mas agora a vimos com os próprios
olhos,
a cidade do S<small>ENHOR</small> dos Exércitos.
É a cidade de nosso Deus,
que a manterá segura para sempre.

Interlúdio

⁹Ó Deus, em teu amor meditamos
enquanto adoramos em teu templo.
¹⁰Como teu nome merece, ó Deus,
serás louvado até os confins da terra;
tua forte mão direita está cheia de
vitória.
¹¹Alegre-se o povo no monte Sião!

ᵃ**47.7** Em hebraico, *maskil*, possivelmente um termo literário ou musical. ᵇ**48.2** Ou *monte Sião, no extremo norte*; o hebraico traz *monte Sião, as alturas de Zafom*.

48.8 É muito importante que escutemos testemunhas verdadeiras, pois, de outra forma, não poderemos dizer: "Tínhamos ouvido falar da glória da cidade, mas agora a vimos com os próprios olhos". Se ouvirmos testemunhas falsas, quanto mais acreditarmos nelas, pior será para nós; não será fé, mas credulidade, e no devido tempo haverá um despertar triste de sonhos ociosos. É da maior importância que vocês ouçam a Palavra de Deus, e recebam a verdade como está em Jesus, de modo que, tanto na abundância de vida, quanto quando você se encontra à beira da morte, e no estado imutável da eternidade, você possa dizer: "Agradecemos a Deus pelo evangelho que ouvimos, pois o que ouvimos com nossos ouvidos foi verificado em nossa vida".

Os israelitas que cantavam este Salmo 48 tinham ouvido falar de Jerusalém e do seu Templo, de Javé, e da Sua defesa em prol de Sua cidade escolhida; como haviam ouvido falar sobre isso? Ouviram sobre isso lendo por si mesmos ou ouvindo a leitura da *Palavra de Deus*. Possuíam os cinco livros de Moisés e outros escritos. Nesses livros, eles leram histórias maravilhosas sobre o que Javé havia feito por Seu povo. [...]

Meus irmãos, atentem cuidadosamente para o que este livro registra e revela. Ele agora está ampliado para sua maior edificação. Que esse registro seja o relatório que vocês ouçam em relação ao Senhor nosso Deus e Seus caminhos de graça. Prestemos sincera atenção aos profetas, aos apóstolos e aos evangelistas, que escreveram em nome do Senhor, pois, nesse caso, ouviremos as verdades que serão verificadas pela experiência, para fazer-nos exultar de alegria: "Tínhamos ouvido falar [...], mas agora a vimos com os próprios olhos".

Todas as cidades de Judá exultem
por causa de teus decretos!

¹²Percorram a cidade de Sião,
vão e contem suas muitas torres.
¹³Observem os muros fortificados
e caminhem por todas as cidadelas,
para que possam descrevê-las
às gerações futuras.
¹⁴Pois assim é nosso Deus;
ele é nosso Deus para todo o sempre
e nos guiará até o dia de nossa morte.

49

Ao regente do coral: salmo dos descendentes de Corá.

¹Ouçam isto, todos os povos!
Escutem, todos os habitantes da terra!
²Toda a humanidade, sem exceção,
tanto ricos como pobres, prestem atenção!
³Pois minhas palavras são sábias,
e meus pensamentos, cheios de entendimento.
⁴Ouço muitos provérbios com atenção
e, ao som da harpa, explico enigmas.

⁵Por que terei medo quando vierem as dificuldades,
quando inimigos perversos me cercarem?
⁶Eles confiam em seus bens
e contam vantagem de suas grandes riquezas.
⁷Mas não são capazes de se redimir da morte[a]
e pagar um resgate a Deus.
⁸O preço para resgatar uma vida é altíssimo,
e ninguém é capaz de pagar o suficiente
⁹para viver para sempre
e jamais ver a sepultura.

¹⁰Os sábios, no fim, morrerão,
como os tolos e os ignorantes,
que deixam toda a sua riqueza para trás.
¹¹A sepultura[b] é seu lar eterno,
onde ficarão para sempre.
Dão o próprio nome às suas terras,
¹²mas a sua fama não durará;
como os animais, eles também morrerão.
¹³Esse é o destino dos tolos,
embora sejam admirados pelo que dizem.[c]

Interlúdio

¹⁴Como ovelhas, são levados à sepultura,[d]
onde a morte será seu pastor.
Pela manhã, os justos governarão sobre eles;
seus corpos apodrecerão na sepultura,
longe de suas grandes propriedades.
¹⁵Quanto a mim, Deus resgatará minha vida
e me livrará do poder da sepultura.

Interlúdio

¹⁶Portanto, não desanimem quando o perverso enriquecer
e sua casa se tornar ainda mais luxuosa.
¹⁷Pois, quando morrer, nada levará consigo;
sua riqueza não o acompanhará ao túmulo.
¹⁸Nesta vida, ele se considera afortunado
e é elogiado por seu sucesso.
¹⁹Contudo, morrerá como todos os seus antepassados
e nunca mais voltará a ver a luz do dia.
²⁰Os que contam vantagem de suas riquezas nada entendem;
como os animais, também morrerão.

50

Salmo de Asafe.

¹O S ENHOR, o Deus Poderoso, falou;
convocou toda a humanidade,
desde onde o sol nasce até onde se põe.
²Do monte Sião, lugar de perfeita beleza,
Deus resplandece.
³Nosso Deus se aproxima
e não está em silêncio.
Fogo devora tudo em seu caminho,
e ao seu redor há uma grande tempestade.
⁴Ele convoca os céus em cima e a terra embaixo,
para testemunharem o julgamento de seu povo.

---

[a]**49.7** Alguns manuscritos hebraicos trazem *Ninguém é capaz de redimir a vida de outra pessoa.* [b]**49.11** Conforme a Septuaginta e a versão siríaca; o hebraico traz *O seu [pensamento] interior.* [c]**49.13** Ou *embora sejam lembrados como sábios.* O significado do hebraico é incerto. [d]**49.14** Em hebraico, *Sheol*; também em 49.14b,15.

⁵"Tragam aqui os que me são fiéis,
os que fizeram comigo uma aliança de oferta de sacrifícios."
⁶Então, que os céus proclamem sua justiça,
pois o próprio Deus será o juiz.

Interlúdio

⁷"Ó meu povo, ouça o que direi,
estas são minhas acusações contra você, ó Israel:
Eu sou Deus, o seu Deus!
⁸Não o reprovo por seus sacrifícios,
nem pelos holocaustos que sempre oferecem.
⁹Não preciso, contudo, dos novilhos de seus estábulos,
nem dos bodes de seus currais.
¹⁰Pois são meus todos os animais dos bosques,
e sou dono do gado nos milhares de colinas.
¹¹Conheço cada pássaro dos montes,
e todos os animais dos campos me pertencem.
¹²Se eu tivesse fome, não lhes diria,
pois meu é o mundo inteiro e tudo que nele há.
¹³Acaso como a carne de touros
ou bebo o sangue de bodes?
¹⁴Ofereçam a Deus seu sacrifício de gratidão
e cumpram os votos que fizerem ao Altíssimo.
¹⁵Então clamem a mim em tempos de aflição;
eu os livrarei,
e vocês me darão glória."

¹⁶Ao perverso, porém, Deus diz:
"De que adianta recitar meus decretos
e falar a respeito de minha aliança?
¹⁷Pois você recusa minha disciplina
e trata minhas palavras como lixo.
¹⁸Quando vê ladrões, aprova o que fazem
e passa seu tempo com adúlteros.
¹⁹Sua boca está cheia de maldade,
e sua língua, repleta de mentiras.
²⁰Vive a caluniar seu irmão,
filho de sua própria mãe.
²¹Enquanto você assim agia, permaneci calado,
e você pensou que éramos iguais.
Agora, porém, o repreenderei;
contra você apresentarei minhas acusações.
²²Pensem bem e arrependam-se
todos vocês que de mim se esquecem;
caso contrário, eu os despedaçarei
e ninguém os ajudará.

50.1-6, 10, 11, 16, 23 *Vv. 1-4* Professar ser o povo de Deus é uma coisa muito solene, pois o apóstolo Pedro nos diz que "chegou a hora do julgamento, que deve começar pela casa de Deus". Aqueles que professam ser o Seu povo serão como o trigo na eira. João Batista, preparando o caminho para a primeira vinda de Cristo, declara o seguinte: "Ele já tem na mão a pá, e com ela separará a palha do trigo e limpará a área onde os cereais são debulhados". Quando o Senhor Jesus voltar, Ele separará o precioso do vil, o verdadeiro santo do mero impostor!

Vv. 5, 6 Deus não vai delegar este ofício a outro. Ele conhece os detalhes de cada caso, conhece os motivos que estão por trás de cada ação, conhece a lei e sabe que sentença deve ser dada em todas as ocasiões. "O próprio Deus será o juiz".

Vv. 10, 11 Se algum homem pensar que pode tornar Deus seu devedor por qualquer oferta que lhe trouxer, que grande erro comete! De tudo o que você trouxer a Deus, terá trazido somente o que já é dele! A prata e o ouro são dele, bem como "todos os animais dos bosques" e "gado nos milhares de colinas". O que voluntariamente lhe trazemos por gratidão sincera, Ele aceitará graciosamente, mas se imaginarmos que existe algum mérito no que damos, Ele não terá nada a ver com isso.

V. 16 Havia, naqueles dias, sacerdotes perversos que ensinavam às pessoas o que eles próprios não praticavam, assim como há, nestes dias, homens que, por sua posição oficial, ousaram se levantar e declarar o evangelho de Cristo pelo qual eles mesmos não foram salvos! E, na verdade, no qual eles nem mesmo creem! São eles os homens para pregar a verdade de Deus? São adequados para ensinar aos outros? Certamente não! "Aos perversos, porém, Deus diz: 'De que adianta recitar meus decretos e falar a respeito de minha aliança?'".

V. 23 Então, o que Deus realmente deseja é corações vivos e amáveis e vidas santas e, portanto, se não lhe dermos nosso coração e nossa vida — nossos sacrifícios e ofertas serão todos em vão — uma abominação à Sua vista!

²³A gratidão, porém, é um sacrifício que de fato me honra;
se permanecerem em meus caminhos, eu lhes revelarei a salvação de Deus".

51
Ao regente do coral: salmo de Davi, sobre a ocasião em que o profeta Natã veio falar com Davi após o adultério com Bate-Seba.

¹Tem misericórdia de mim, ó Deus,
por causa do teu amor.
Por causa da tua grande compaixão,
apaga as manchas de minha rebeldia.
²Lava-me de toda a minha culpa,
purifica-me do meu pecado.
³Pois reconheço minha rebeldia;
meu pecado me persegue todo o tempo.
⁴Pequei contra ti, somente contra ti;
fiz o que é mau aos teus olhos.
Por isso, tens razão no que dizes,
e é justo teu julgamento contra mim.ª
⁵Pois sou pecador desde que nasci,
sim, desde que minha mãe me concebeu.
⁶Tu, porém, desejas a verdade no íntimo
e no coração me mostras a sabedoria.ᵇ
⁷Purifica-me de minha impureza,ᶜ e ficarei limpo;
lava-me, e ficarei mais branco que a neve.
⁸Devolve-me a alegria e a felicidade!
Tu me quebraste;
agora, permite que eu exulte outra vez.
⁹Não continues a olhar para meus pecados;
remove as manchas de minha culpa.
¹⁰Cria em mim, ó Deus, um coração puro;
renova dentro de mim um espírito firme.
¹¹Não me expulses de tua presença
e não retires de mim teu Santo Espírito.ᵈ
¹²Restaura em mim a alegria de tua salvação
e torna-me disposto a te obedecer.
¹³Então ensinarei teus caminhos aos rebeldes,
e eles voltarão a ti.
¹⁴Perdoa-me por ter derramado sangue, ó Deus de minha salvação;
então, com alegria, anunciarei tua justiça.
¹⁵Abre meus lábios, Senhor,
para que minha boca te louve.
¹⁶Tu não desejas sacrifícios, do contrário eu os ofereceria;
também não queres holocaustos.
¹⁷O sacrifício que desejas é um espírito quebrantado;
não rejeitarás um coração humilde e arrependido.
¹⁸Olha com favor para Sião e ajuda-a;
reconstrói os muros de Jerusalém.
¹⁹Então te agradarás dos sacrifícios de justiça,
dos holocaustos e das ofertas queimadas;
e sobre teu altar novilhos voltarão a ser sacrificados.

ª**51.4** A Septuaginta traz *e ganharás tua causa no juízo.* Comparar com Rm 3.4. ᵇ**51.6** Ou *Tu, porém, desejas a verdade desde o ventre, / e mesmo ali me ensinavas sabedoria.* ᶜ**51.7** Em hebraico, *Purifica-me com o ramo de hissopo.* ᵈ**51.11** Ou *teu espírito de santidade.*

51.1,7 *V.1* "Tu não podes apagar essas multidões de pecados, a menos que tenhas multidões de misericórdia, mas na medida em que não há conta de Tuas misericórdias mais do que dos meus pecados, que as gotas brilhantes da Tua compaixão sejam iguais às gotas negras da minha transgressão. Quando vejo o meu pecado em sua escuridão, então clamo por misericórdia de acordo com a Tua bondade amorosa. E quando vejo a multidão das minhas transgressões, então clamo por perdão 'por causa da tua grande compaixão'". Não é essa uma bendita oração? Não poderia ter vindo de Davi se ele não tivesse sentido a grandeza de seu pecado – e não lhes será adequado, caros amigos, a menos que vocês, também, sejam ensinados pelo Espírito de Deus sobre quão amargo é o pecado.

V.7 Este é um apelo maravilhoso por parte de Davi. Ele tinha visto cerimônias de purificação ministradas a pessoas com lepra. O sacerdote pegava ramos de uma planta conhecida como hissopo, mergulhava-os no sangue [N.E.: Êxodo 12.22] e depois espargia-o sobre o leproso. Então, sua oração é: "Senhor, dê-me a purificação através da expiação. 'Purifica-me de minha impureza, e ficarei limpo' ". É necessária fé vigorosa, quando sob um profundo senso de pecado, para se ter a certeza de que Deus pode afastar o pecado. É sublime poder dizer: "Lava-me, e ficarei mais branco que a neve".

52

Ao regente do coral: salmo[a] de Davi sobre a ocasião em que Doegue, o edomita, disse a Saul: "Davi foi à casa de Aimeleque".

¹Por que conta vantagem de seus crimes,
  grande guerreiro?
 Não sabe que o amor de Deus dura para
  sempre?
²O dia todo você trama destruição;
 sua língua mentirosa corta como navalha
  afiada.
³Ama o mal mais que o bem
 e fala mais mentiras que verdades.
  Interlúdio

⁴Você gosta de destruir os outros com suas
  palavras,
 seu mentiroso!
⁵Por isso, Deus o destruirá de uma vez por
  todas;
 ele o tirará de sua casa e o arrancará da
  terra dos vivos.
  Interlúdio

⁶Os justos verão isso e temerão;
 rirão de você e dirão:
⁷"Vejam o que acontece aos poderosos
  guerreiros
 que não fazem de Deus sua fortaleza!
 Confiam em suas muitas riquezas
 e se refugiam em sua maldade".

⁸Eu, porém, sou como a oliveira que
  floresce na casa de Deus;
 sempre confiarei no amor de Deus.
⁹Eu te louvarei para sempre, ó Deus,
 por aquilo que fizeste.
 Confiarei em teu bom nome,
 na presença de teu povo fiel.

53

Ao regente do coral: meditação; salmo[b] de Davi.

¹Os tolos dizem em seu coração:
 "Não há Deus".
 São corruptos e praticam o mal;
 nenhum deles faz o bem.
²Deus olha dos céus
 para toda a humanidade,
 para ver se alguém é sábio,
 se alguém busca a Deus.
³Todos, porém, se desviaram;
 todos se corromperam.[c]
 Ninguém faz o bem,
 nem um sequer!

⁴Acaso os que praticam o mal jamais
  aprenderão?
 Devoram meu povo como se fosse pão
 e nem pensam em orar a Deus.
⁵Grande terror se apoderará deles,
 terror como nunca experimentaram.[d]
 Deus espalhará os ossos dos que atacam
  seu povo;
 serão humilhados, pois Deus os rejeitou.

⁶Quem virá do monte Sião para salvar
  Israel?
 Quando Deus restaurar seu povo,
 Jacó dará gritos de alegria, e Israel
  exultará.

54

Ao regente do coral: salmo[e] de Davi sobre a ocasião em que os zifeus vieram e disseram a Saul: "Davi está escondido entre nós". Para ser acompanhado com instrumentos de cordas.

¹Vem com a força do teu nome, ó Deus, e
  salva-me!
 Defende-me com teu grande poder.
²Ouve minha oração, ó Deus;
 escuta minha súplica.
³Pois desconhecidos me atacam,
 pessoas violentas tentam me matar;
 eles não se importam com Deus.
  Interlúdio

⁴Deus, porém, é meu auxílio;
 o Senhor me mantém com vida.
⁵Que as tramas perversas de meus
  inimigos se voltem contra eles;
 destrói-os, como prometeste.

⁶Oferecerei a ti um sacrifício voluntário;
 louvarei teu nome, ó Senhor,
 porque és bom.
⁷Pois me livraste de minhas aflições
 e me ajudaste a vencer meus inimigos.

---

[a] **52 título** Em hebraico, *maskil*, possivelmente um termo literário ou musical. [b] **53 título** Em hebraico, *de acordo com mahalath; um maskil*, possivelmente termos literários ou musicais. [c] **53.3** A Septuaginta traz *se tornaram inúteis*. Comparar com Rm 3.12. [d] **53.5** Ou *mesmo quando não havia motivo para temer*. [e] **54 título** Em hebraico, *maskil*, possivelmente um termo literário ou musical.

55 *Ao regente do coral: salmo[a] de Davi, para ser acompanhado com instrumentos de cordas.*

¹Ouve minha oração, ó Deus!
  Não ignores meu clamor por socorro!
²Ouve-me e responde-me,
  pois estou sobrecarregado e confuso.
³Meus inimigos gritam contra mim
  e fazem ameaças perversas.
Sobre mim trazem desgraças
  e me perseguem furiosamente.
⁴Dentro do peito, meu coração acelera;
  o terror da morte se apodera de mim.
⁵Sou tomado de medo e pânico,
  e não consigo parar de tremer.
⁶Quem dera eu tivesse asas como a pomba;
  voaria para longe e encontraria descanso.
⁷Sim, fugiria para bem longe,
  para o sossego do deserto.

Interlúdio

⁸Sim, eu me apressaria em escapar
  para um lugar distante do vendaval e da tempestade.
⁹Confunde-os, Senhor, e frustra seus planos,
  pois vejo violência e conflito na cidade.
¹⁰Dia e noite os muros são guardados de invasores,
  mas a perversidade e a maldade estão do lado de dentro.
¹¹Tudo está desmoronando;
  ameaça e engano correm soltos pelas ruas.
¹²Não é meu inimigo que me insulta;
  se fosse, eu poderia suportar.
Não são meus adversários que se levantam contra mim;
  deles eu poderia me esconder.
¹³Antes, é você, meu igual,
  meu companheiro e amigo chegado.
¹⁴Como era agradável a comunhão que desfrutávamos
  quando acompanhávamos a multidão à casa de Deus!
¹⁵Que a morte apanhe meus inimigos de surpresa;
  que desçam vivos à sepultura,[b]
  pois a maldade mora dentro deles.
¹⁶Eu, porém, invocarei a Deus,
  e o Senhor me livrará.
¹⁷Pela manhã, ao meio-dia e à noite,
  clamo angustiado,
  e ele ouve minha voz.

[a]**55 título** Em hebraico, *maskil*, possivelmente um termo literário ou musical. [b]**55.15** Em hebraico, *ao Sheol*.

55.1,2,5-7 *Vv.1,2* Três vezes ele implora a Deus para que lhe dê ouvidos. Isso me faz lembrar o pedido de nosso Senhor no Getsêmani quando Ele orou três vezes usando as mesmas palavras. Aqui Davi começa — em uma oração com um clamor triplo a Deus. "Ouve minha oração, ó Deus! Não ignores meu clamor por socorro! Ouve-me e responde-me".

Estou sobrecarregado e confuso. Às vezes, a oração dificilmente é articulada. Estou "confuso". Ele estava muito à vontade com Deus. Falou com o coração o melhor que *seu coração falaria* — e parecia divagar. Creio que algumas de nossas orações docemente compostas não têm qualquer oração em si — e algumas de nossas débeis petições são aquelas que alcançam o coração de Deus. "Gemidos que não podem ser expressos em palavras" são orações que não podem ser recusadas! Pode haver mais força na paixão da alma quando há menos ordem na expressão da alma. "Estou sobrecarregado e confuso".

Vv.5,6 Se ele não pôde ter as asas de uma águia para lutar contra o conflito, implorou por asas de uma pomba para voar de lá! Mas o que você e eu faríamos se tivéssemos asas? Onde poderíamos ir se tivéssemos asas, senão, como a pomba de Noé, voar para o Senhor? Contudo podemos chegar lá sem asas, irmãos e irmãs! Podemos chegar lá pela fé em Deus. É um desejo vago, e ainda quantos suspiraram: "Ó, para uma pousada em um vasto deserto, alguma contiguidade ilimitada de sombra onde o rumor da opressão e o engano nunca poderiam me alcançar". Ah, suspiramos por solidão, e quando temos solidão — suspiramos para sair dela!

V.7 Ora, Davi estava no deserto e depois suspirou para voltar ao templo de Deus! Mas que criaturas tolas somos nós em toda nossa sabedoria que não sabemos pelo que suspiramos! Foi bom para Davi que ele não tivesse asas, e é bom para você que não possa fugir. Deus não fez sequer uma armadura para as suas costas visto que você deve seguir em frente. Há muito tempo Ele queimou os nossos barcos. Não podemos retornar. Devemos ir "adiante", agora, para as vitórias eternas em Sua força!

¹⁸Ele me resgata e me mantém a salvo na batalha,
  embora muitos ainda estejam contra mim.
¹⁹Deus, que governa desde a eternidade,
  me ouvirá e lhes dará o que merecem.
                                  Interlúdio

Pois meus inimigos não querem mudar sua conduta;
  eles não temem a Deus.

²⁰Quanto a meu companheiro, ele traiu seus amigos
  e não cumpriu suas promessas.
²¹Sua fala é macia como manteiga,
  mas em seu coração há guerra.
Suas palavras são suaves como azeite,
  mas na verdade são punhais.

²²Entregue suas aflições ao Senhor,
  e ele cuidará de você;
  jamais permitirá que o justo tropece e caia.

²³Tu, porém, ó Deus, lançarás os perversos no abismo de destruição.
Assassinos e mentirosos morrerão ainda jovens,
  mas eu sempre confiarei em ti.

56 *Ao regente do coral: salmo[a] de Davi sobre a ocasião em que os filisteus o prenderam em Gate. Para ser cantado com a melodia "Pomba em carvalhos distantes".*

¹Ó Deus, tem misericórdia de mim,
  pois sofro perseguição;
  meus inimigos me atacam o dia todo.
²Vivo perseguido por aqueles que me caluniam,
  e muitos me atacam abertamente.
³Quando eu tiver medo, porém,
  confiarei em ti.
⁴Louvo a Deus por suas promessas,
  confio em Deus e não temerei;
  o que me podem fazer os simples mortais?

⁵Sempre distorcem o que digo
  e passam dias tramando me prejudicar.
⁶Reúnem-se para me espionar
  e vigiam meus passos, ansiosos para me matar.
⁷Castiga-os por sua maldade;
  ó Deus, derruba-os em tua ira.

⁸Conheces bem todas as minhas angústias;[b]
  recolheste minhas lágrimas num jarro
  e em teu livro registraste cada uma delas.

⁹Meus inimigos baterão em retirada quando eu clamar a ti;
  uma coisa sei: Deus está do meu lado!
¹⁰Louvo a Deus por suas promessas,
  sim, louvo o Senhor por suas promessas.
¹¹Confio em Deus e não temerei;
  o que me podem fazer os simples mortais?

¹²Cumprirei os votos que fiz a ti, ó Deus,
  e te oferecerei um sacrifício de gratidão.

---

[a] **56 título** Em hebraico, *miktam*, possivelmente um termo literário ou musical. [b] **56.8** Ou *minhas andanças*.

56.8 A vida de Davi foi de peregrinação, dos rebanhos até a casa de seu pai, depois para o palácio de Saul, em seguida para o acampamento de Israel, para o palácio, novamente, depois para a caverna de Adulão, e finalmente entre os filisteus — eu mal me lembro de todos os lugares onde ele foi, mas houve pelo menos 12 grandes mudanças na vida de Davi. E Deus as têm todas registradas e, da mesma forma, Ele tem todas as suas, vocês que creem em Jesus — todas as suas angústias estão registradas porque Deus atribui alto valor a tudo o que acontece com você! Nenhum pardal cai no chão sem Ele perceber, e você não dá um único passo sem que Ele tome conhecimento.

Recolheste minhas lágrimas num jarro. Algumas pessoas pensam que essa é uma alusão a um antigo costume romano de colocar as lágrimas dos amigos do moribundo em um lacrimatório, ou pequena garrafa, e depois enterrá-las no túmulo deste. Não vejo motivos para acreditar que Davi quis dizer algo tão absurdo! Provavelmente há um significado muito melhor do que esse a ser atribuído a essas palavras. Garrafas, garrafas grandes e amplas, eram usadas para coletar as copiosas gotas que fluíam da prensa de vinho e Davi sentiu que suas lágrimas seriam, à vista de Deus, tão preciosas e tão abundantes como as gotas extraídas da uva, e que uma grande garrafa seria necessária para guardá-las — uma garrafa que os judeus usavam para guardar leite ou vinho. Embora sua alma tenha sofrido muita tristeza, ele acreditava que Deus valorizaria tudo — "Recolheste minhas lágrimas num jarro".

¹³Pois me livraste da morte;
  não deixaste que meus pés tropeçassem.
Agora, posso andar em tua presença, ó Deus,
  em tua luz que dá vida.

57
Ao regente do coral: salmo[a] de Davi sobre a ocasião em que ele fugiu de Saul para a caverna. Para ser cantado com a melodia "Não destruas!".

¹Tem misericórdia de mim, ó Deus, tem misericórdia!
  Em ti me refugio.
À sombra de tuas asas me esconderei,
  até que passe o perigo.
²Clamo ao Deus Altíssimo,[b]
  ao Deus que cumpre seus propósitos para mim.
³Dos céus ele enviará socorro para me salvar
  e envergonhará os que me perseguem.
                               Interlúdio
Meu Deus enviará seu amor e sua fidelidade!

⁴Estou cercado de leões ferozes,
  ansiosos para devorar suas presas humanas.
Seus dentes são como lanças e flechas,
  e sua língua corta como espada afiada.
⁵Sê exaltado, ó Deus, acima dos mais altos céus;
  que a tua glória brilhe sobre toda a terra!
⁶Meus inimigos me prepararam uma armadilha;
  estou exausto de tanta angústia.
Abriram uma cova profunda em meu caminho,
  mas eles próprios caíram nela.
                               Interlúdio

⁷Meu coração está firme em ti, ó Deus,
  meu coração está firme;
  por isso canto louvores a ti!
⁸Desperte, minha alma!
  Despertem, lira e harpa!
Quero acordar o amanhecer com a minha canção.
⁹Eu te darei graças, Senhor, no meio dos povos;
  cantarei louvores a ti entre as nações.
¹⁰Pois o teu amor se eleva até os céus;
  a tua fidelidade alcança as nuvens.
¹¹Sê exaltado, ó Deus, acima dos mais altos céus;
  que a tua glória brilhe sobre toda a terra!

58
Ao regente do coral: salmo[c] de Davi, para ser cantado com a melodia "Não destruas!".

¹Vocês, governantes,[d] sabem o que significa justiça?
  Acaso julgam o povo com imparcialidade?
²De modo algum! Tramam injustiça em seu coração
  e espalham violência por toda a terra.
³Os perversos são pecadores desde o ventre materno;
  mentem e se corrompem desde o nascimento.
⁴São venenosos como serpentes,
  como cobras que se fazem de surdas,
⁵para não ouvir a música dos encantadores,
  ainda que eles toquem com habilidade.

⁶Quebra os dentes dos perversos, ó Deus!
  Despedaça, Senhor, a mandíbula desses leões!
⁷Que desapareçam como água em terra sedenta,
  que se tornem inúteis as armas em suas mãos.[e]
⁸Que sejam como a lesma que se desmancha em lodo,
  como a criança que nasce morta e nunca verá o sol.
⁹Deus os eliminará, tanto os jovens como os velhos,
  mais depressa que um fogo de espinhos esquenta uma panela.

---

[a] **57 título** Em hebraico, *miktam*, possivelmente um termo literário ou musical. [b] **57.2** Em hebraico, *Elohim-Elyon*. [c] **58 título** Em hebraico, *miktam*, possivelmente um termo literário ou musical. [d] **58.1** Ou *Vocês, deuses*. [e] **58.7** Ou *que eles sejam pisoteados e sequem como grama*. O significado do hebraico é incerto.

¹⁰O justo se alegrará quando vir a vingança
   contra a injustiça;
   no sangue do perverso, lavará os pés.
¹¹Então, por fim, alguém dirá:
   "De fato, há recompensa para o justo;
   com certeza há um Deus que faz justiça
   na terra".

59

Ao regente do coral: salmo[a] de Davi, sobre a ocasião em que Saul enviou soldados para vigiar a casa de Davi a fim de matá-lo. Para ser cantado com a melodia "Não destruas!".

¹Livra-me de meus inimigos, ó Deus,
   protege-me dos que vieram me destruir.
²Livra-me dos criminosos,
   salva-me dos assassinos.
³Armaram uma emboscada para mim;
   inimigos ferozes estão à minha espera,
   Senhor,
   embora eu não tenha pecado nem os
   tenha ofendido.
⁴Sou inocente,
   mas eles se apressam em me atacar.
   Desperta! Vê o que está acontecendo e
   ajuda-me!
⁵Ó Senhor, Deus dos Exércitos, Deus de
   Israel,
   desperta e castiga as nações;
   não tenhas misericórdia dos traidores
   perversos.
                                              Interlúdio

⁶Eles saem à noite,
   rosnando como cães ferozes
   enquanto rondam a cidade.
⁷Ouve as coisas imundas que lhes saem da
   boca;
   suas palavras cortam como espadas.
   "Afinal, quem nos ouvirá?", dizem com
   desprezo.
⁸Mas tu, Senhor, ris deles;
   zombas das nações.
⁹És minha força; em ti espero,
   pois tu, ó Deus, és minha fortaleza.
¹⁰Em seu amor, meu Deus estará comigo;
   permitirá que eu triunfe sobre meus
   inimigos.

¹¹Não os mates, para que meu povo não se
   esqueça depressa;
   dispersa-os com teu poder e derruba-os,
   ó Senhor, nosso escudo.
¹²Pelas coisas pecaminosas que dizem,
   pelo mal que há em seus lábios,
   que sejam apanhados em seu orgulho,
   em suas maldições e mentiras.
¹³Destrói-os em tua ira!
   Extermina-os por completo!
   Então o mundo todo saberá
   que Deus reina em Israel.[b]
                                              Interlúdio

¹⁴Eles saem à noite,
   rosnando como cães ferozes
   enquanto rondam a cidade.
¹⁵Andam à procura de alimento,
   mas vão dormir insatisfeitos.[c]
¹⁶Eu, porém, cantarei sobre o teu poder;
   cada manhã, cantarei com alegria sobre
   o teu amor.
   Pois tu tens sido minha fortaleza,
   lugar seguro em minha aflição.
¹⁷Ó minha Força, a ti canto louvores,
   pois tu, ó Deus, és minha fortaleza,
   o Deus que mostra amor por mim.

60

Ao regente do coral: salmo[d] de Davi, útil para o ensino, sobre a ocasião em que Davi lutou contra Arã-Naaraim e Arã-Zobá, e Joabe regressou e matou doze mil edomitas no vale do Sal. Para ser cantado com a melodia "Lírio do testemunho".

¹Tu nos rejeitaste, ó Deus, e quebraste
   nossas defesas;
   sobre nós derramaste tua ira; agora,
   restaura-nos.
²Sacudiste nossa terra e nela abriste
   fendas;
   repara as brechas, pois a terra
   estremece.
³Foste muito severo conosco, teu povo,
   e nos fizeste beber vinho que nos deixou
   atordoados.
⁴Contudo, levantaste uma bandeira para os
   que te temem,

---

[a] **59 título** Em hebraico, *miktam*, possivelmente um termo literário ou musical. [b] **59.13** Em hebraico, *em Jacó*. Ver nota em 44.4. [c] **59.15** Ou *rosnam se não conseguem o suficiente*. [d] **60 título** Em hebraico, *miktam*, possivelmente um termo literário ou musical.

um ponto de abrigo em meio ao ataque.
                        Interlúdio

⁵Agora, livra teu povo amado;
   responde-nos e salva-nos por teu
   poder.
⁶Deus, em seu santuário,ᵃ prometeu:
   "Com alegria dividirei Siquém
   e medirei o vale de Sucote.
⁷Gileade é minha, e também Manassés;
   Efraim é meu capacete,
   e Judá, meu cetro.
⁸Moabe é minha bacia de lavar;
   sobre Edom limparei os pés
   e darei um grito de triunfo sobre a
   Filístia".
⁹Quem me levará à cidade fortificada?
   Quem me guiará até Edom?
¹⁰Acaso nos rejeitaste, ó Deus?
   Não marcharás mais com nossos
   exércitos?
¹¹Ajuda-nos contra nossos inimigos,
   pois todo socorro humano é inútil.
¹²Com o auxílio de Deus, realizaremos
   grandes feitos,
   pois ele pisará os nossos inimigos.

61 *Ao regente do coral: salmo de Davi, para ser acompanhado com instrumentos de cordas.*

¹Ó Deus, ouve meu clamor!
   Escuta minha oração!
²Dos confins da terra clamo a ti,
   com meu coração sobrecarregado.
Leva-me à rocha alta e segura,
³pois és meu refúgio e minha fortaleza,
   onde meus inimigos não me alcançarão.
⁴Permite-me viver para sempre em teu
   santuário,
   seguro sob o abrigo de tuas asas!
                        Interlúdio

ᵃ 60.6 Ou *em sua santidade*.

⁵Pois ouviste meus votos, ó Deus,
   e me deste a bênção reservada para os
   que temem teu nome.
⁶Acrescenta muitos anos à vida do rei!
   Que ele viva por muitas gerações!
⁷Que ele reine na presença de Deus para
   sempre,
   e que o teu amor e a tua fidelidade o
   guardem.
⁸Então cantarei para sempre louvores ao
   teu nome,
   enquanto cumpro meus votos a cada
   dia.

62 *Para Jedutum, regente do coral: salmo de Davi.*

¹Em silêncio diante de Deus, minha alma
   espera,
   pois dele vem minha vitória.
²Somente ele é minha rocha e minha
   salvação,
   minha fortaleza onde jamais serei
   abalado.
³São tantos os inimigos contra um só
   homem;
   todos tentam me matar.
Para eles, não passo de um muro inclinado
   ou uma cerca prestes a cair.
⁴Planejam me derrubar de minha posição
   elevada;
   têm prazer em contar mentiras.
Diante de mim, me elogiam;
   em seu coração, porém, me
   amaldiçoam.
                        Interlúdio

⁵Que minha alma espere em silêncio
   diante de Deus,
   pois nele está minha esperança.
⁶Somente ele é minha rocha e minha
   salvação,

60.4 A maioria dos escritores, depois de terem atribuído a bandeira ao reino de Davi, diz que aqui neste salmo há uma referência ao Messias. Acreditamos que haja, e essa referência não é uma alusão obscura. No Senhor Jesus, encontramos a pista à história e a solução da profecia. Ele é a bandeira — Ele é o emblema que é levantado diante das pessoas. Ele é Javé-Nissi, "o Senhor é a minha bandeira", e é nossa alegria segui-lo e nosso prazer nos reunirmos em torno dele. Não vamos nos deter em provar — embora possamos prontamente fazê-lo — que a bandeira aqui indicada não é outra senão o Senhor Jesus Cristo na majestade de Sua Pessoa — na eficácia do Seu mérito — na completude da Sua justiça — no sucesso do Seu triunfo — na glória do Seu advento.

minha fortaleza onde não serei abalado.
⁷Minha vitória e minha honra vêm
somente de Deus;
ele é meu refúgio, uma rocha segura.
⁸Ó meu povo, confie nele em todo tempo;
derrame o coração diante dele,
pois Deus é nosso refúgio.

Interlúdio

⁹As pessoas são vazias e enganosas,
como uma rajada de vento.
Se fosse colocada numa balança,
toda a humanidade pesaria menos que
um sopro.
¹⁰Não ganhem a vida por meio da
extorsão,
nem ponham sua esperança em coisas
roubadas.
Se suas riquezas aumentarem,
não façam delas o centro de sua vida.
¹¹Deus falou claramente,
e eu ouvi várias vezes:
O poder, ó Deus, pertence a ti;
¹²o amor, Senhor, é teu.
Certamente retribuirás a cada um
conforme suas ações.

63
Salmo de Davi, sobre a ocasião em que estava no deserto de Judá.

¹Ó Deus, tu és meu Deus;
eu te busco de todo o coração.
Minha alma tem sede de ti;
todo o meu corpo anseia por ti
nesta terra seca, exausta
e sem água.
²Eu te vi em teu santuário
e contemplei teu poder e tua glória.
³Teu amor é melhor que a própria vida;
com meus lábios te louvarei.
⁴Sim, te louvarei enquanto viver;
a ti em oração levantarei as mãos.
⁵Tu me satisfazes mais que um rico
banquete;
com cânticos de alegria te louvarei.
⁶Quando me deito, fico acordado
pensando em ti,
meditando a teu respeito a noite toda.
⁷Pois tu és meu auxílio;
à sombra de tuas asas canto de alegria.
⁸Minha alma se apega a ti;
tua forte mão direita me sustenta.
⁹Aqueles, porém, que tramam me destruir

62.9 Os homens plebeus, por si só, eram vaidade, mas quando os homens de fina estirpe foram colocados com eles, tornaram-se mais fracos do que a vaidade; de modo que parece haver uma propensão nos homens de fina estirpe tornar aqueles que são plebeus ainda mais fracos do que são por natureza! E se os homens são de fina estirpe ou plebeus, se confiarmos neles, seremos enganados! Aquele que tenta basear sua felicidade sobre a boa opinião de seu próximo; aquele cuja felicidade depende da estima humana não constrói na areia, mas no mero sopro; que não é mais sólido do que as bolhas que nossos filhos sopram.

63.1 Considera-se este como um "Salmo de Davi, sobre a ocasião em que estava no deserto de Judá". Suponho, portanto, que foi composto quando ele fugiu de Jerusalém por causa da cruel traição de seu filho, Absalão. Ele devia estar de coração partido e sentindo a maior tristeza possível enquanto fugia com seus fiéis seguidores para o deserto de Judá. Porém, mesmo lá, ele louvou ao seu Deus — e não cantou a Ele salmos antigos e ultrapassados, mas uma nova canção! Como ele deveria estar descansado e calmo, em sua grande tristeza, para se sentar, mesmo no deserto de Judá, e fazer um novo hino de louvor ao Senhor! De que forma gloriosa ele começa!

Eu te busco de todo o coração. As pessoas no deserto têm camas duras para se deitar e dormem menos horas. Davi acordava cedo e começava o dia com uma oração a Deus: "Eu te busco de todo o coração". "Enquanto o orvalho estiver sobre a grama, o orvalho do Espírito estará sobre minha alma". Ele também quer dizer: "Eu te buscarei imediatamente, agora, sem demora". Mas como poderia buscar o Deus que já era seu Deus? "Tu és meu Deus; eu te busco de todo o coração". Irmãos e irmãs, ninguém busca o Deus de outro homem. Até que Deus seja seu Deus, você não vai querer buscá-lo. Mas quando você o tiver, você o buscará ainda mais e mais!

Meu corpo anseia por ti. Mesmo sua carne, seu corpo — não sua natureza carnal — mas seu corpo dominado por sua alma, foi levado a render sua pequena ajuda na composição deste versículo: "Meu corpo anseia por ti".

Nesta terra seca, exausta e sem água. E este mundo é exatamente assim. Para a maioria dos cristãos, os seis dias da semana os levam pelo deserto e o sábado os leva a um oásis no deserto, um Elim, um lugar onde há poços de água viva! Mas ó, que anseios eles têm por Deus!

descerão às profundezas da terra.
¹⁰Morrerão pela espada
e servirão de comida para os chacais.
¹¹O rei, contudo, se alegrará em Deus;
todos que juraram falar a verdade o louvarão,
mas os mentirosos serão calados.

64
Ao regente do coral: salmo de Davi.

¹Ó Deus, ouve minha queixa;
protege-me das ameaças de meus inimigos.
²Esconde-me das tramas dessa multidão perversa,
do tumulto dos que praticam o mal.
³Eles afiam a língua como espada
e apontam palavras amargas como flechas.
⁴De emboscadas, atiram nos inocentes;
atacam de repente, sem medo algum.
⁵Animam uns aos outros a fazer o mal
e planejam como preparar armadilhas em segredo.
"Quem nos verá?", perguntam.
⁶Enquanto tramam seus crimes, dizem:
"Criamos o plano perfeito!".
Sim, o coração e a mente do ser humano são astutos.

⁷Deus, porém, os atingirá com suas flechas
e repentinamente os derrubará.
⁸A própria língua os levará à ruína,
e todos que os virem balançarão a cabeça em desprezo.
⁹Quando isso acontecer, todos temerão;
proclamarão as obras de Deus
e entenderão o que ele faz.
¹⁰Os justos se alegrarão no Senhor
e nele encontrarão refúgio,
e os que têm coração íntegro o louvarão.

65
Ao regente do coral: cântico; salmo de Davi.

¹Que grande louvor, ó Deus,
te aguarda em Sião!
Cumpriremos os votos que te fizemos,
²pois respondes às nossas orações;
todos virão a ti.
³Embora sejam muitos os nossos pecados,
tu perdoas nossa rebeldia.
⁴Como é feliz aquele que tu escolhes para se aproximar de ti,
aquele que vive em teus pátios.
Quantas coisas boas nos saciarão em tua casa,
em teu santo templo.
⁵Tu respondes às nossas orações com notáveis feitos de justiça,
ó Deus de nossa salvação.
És a esperança de todos na terra,
e até dos que navegam por mares distantes.
⁶Formaste os montes com teu poder
e de grande força te armaste.
⁷Acalmaste a fúria dos mares e as ondas impetuosas,
e calaste o tumulto das nações.
⁸Os habitantes dos confins da terra
se admiram com tuas maravilhas.
Desde onde o sol nasce até onde se põe,
despertas gritos de alegria.

⁹Cuidas da terra e a regas,
tornando-a rica e fértil.
O rio de Deus tem muita água;
proporciona fartura de cereais,
porque assim ordenaste.
¹⁰Encharcas o solo arado,
dissolves os torrões e nivelas os sulcos.
Amoleces a terra com chuvas
e abençoas suas plantações.
¹¹Coroas o ano com boas colheitas;
tuas pegadas deixam um rastro de fartura.
¹²Os pastos no deserto ficam verdes,
e as encostas dos montes florescem de alegria.
¹³Os campos estão cobertos de rebanhos,
e os vales, forrados de cereais;
toda a terra grita e canta de alegria!

66
Ao regente do coral: cântico; salmo.

¹Aclamem a Deus, todos os habitantes da terra!
²Cantem a glória de seu nome,
anunciem ao mundo quão glorioso ele é.
³Digam a Deus: "Como são notáveis os teus feitos!
Teus inimigos rastejam diante do teu grande poder.

⁴Tudo que há na terra te adorará;
   cantará louvores a ti
   e anunciará teu nome em cânticos".
Interlúdio

⁵Venham e vejam as obras de Deus!
   Que feitos notáveis ele realiza em favor das pessoas!
⁶Abriu um caminho seco pelo meio do mar,
   e seu povo atravessou a pé;
   ali nos alegramos nele.
⁷Com seu grande poder, ele governa para sempre
   e vigia cada movimento das nações;
   que nenhum rebelde se levante contra ele.
Interlúdio

⁸Que o mundo inteiro celebre nosso Deus
   e cante louvores a ele em alta voz!
⁹Nossa vida está em suas mãos;
   ele não permite que nossos pés tropecem.
¹⁰Tu nos puseste à prova, ó Deus,
   e nos purificaste como prata.
¹¹Tu nos prendeste em tua armadilha
   e colocaste sobre nossas costas o fardo da opressão.
¹²Permitiste que inimigos nos pisoteassem;
   passamos pelo fogo e pela água,
   mas tu nos trouxeste a um lugar de grande fartura.

¹³Agora venho ao teu templo com holocaustos
   para cumprir os votos que fiz a ti,
¹⁴sim, os votos sagrados que fiz
   quando estava em grande aflição.
¹⁵Por isso te apresentarei holocaustos:
   meus melhores carneiros, como aroma agradável,
   e um sacrifício de novilhos e cabritos.
Interlúdio

¹⁶Venham e ouçam, todos vocês que temem a Deus,
   e eu lhes contarei o que ele fez por mim.
¹⁷Pois a ele clamei por socorro
   e o louvei enquanto falava.
¹⁸Se eu não tivesse confessado o pecado em meu coração,
   o Senhor não teria ouvido.
¹⁹Mas Deus ouviu!
   Ele atendeu à minha oração.
²⁰Louvado seja Deus, que não rejeitou minha oração,
   nem afastou de mim o seu amor.

67
Ao regente do coral: cântico; salmo para ser acompanhado com instrumentos de cordas.

¹Que Deus seja misericordioso e nos abençoe.
   Que a luz de seu rosto brilhe sobre nós.
Interlúdio

²Que teus caminhos sejam conhecidos em toda a terra,

66.3,8,9 *V.3* Nossos louvores devem ser direcionados a Deus — "Digam a Deus". Nossos hinos devem ser uma forma de falar ao Altíssimo, e uma atribuição a Ele de Sua própria glória. O primeiro atributo de Deus que influencia os homens é o atributo do poder — que os enche de terror de Sua terrível majestade e poder. Na sequência, eles percebem mais do Seu amor, bondade, sabedoria e outros atributos. Mas, a princípio — sim, e talvez, por fim — há um momento em que há muita música solene e majestosa nesta expressão: "Que tremendos são os teus feitos!".

Vv.8,9 Bendigo a Deus por este versículo e todos vocês que o consideram verdadeiro também deveriam louvar e bendizê-lo. Observem as duas coisas que são mencionadas aqui — viver e permanecer em pé: "Nossa vida está em suas mãos; ele não permite que nossos pés tropecem". Há alguns que têm certa posição na igreja e que mantém a sua reputação entre os membros, contudo, não estão espiritualmente vivos. É terrível estar em pé e não estar vivo — como aqueles em Sardes que só estavam vivendo de aparência. Então, há aqueles que estão vivendo, mas não estão em pé — pelo menos não estão firmes. São sempre vistos tropeçando, caindo e se ferindo. Eles vão com ossos quebrados a caminho para o Céu por causa de suas muitas quedas. Mas que bênção é manter-se vivo e em pé, e que razão há para bendizer a Deus por essa grande misericórdia — não nos felicitando por nossa firmeza e nos exaltando e sendo orgulhosos, mas magnificando o Senhor por Sua graça ao nos conceder essa dupla bênção — viver e permanecer em pé!

e tua salvação, entre as nações de toda
  parte.
³Que os povos te louvem, ó Deus,
  sim, que todos os povos te louvem.
⁴Que o mundo inteiro cante de alegria,
  pois governas os povos com justiça
  e guias as nações de toda a terra.
                              Interlúdio

⁵Que os povos te louvem, ó Deus,
  sim, que todos os povos te louvem.
⁶Então a terra dará suas colheitas,
  e Deus, o nosso Deus, nos abençoará
  ricamente.
⁷Sim, Deus nos abençoará,
  e todos os habitantes da terra o temerão.

68
Ao regente do coral: cântico; salmo de Davi.

¹Levanta-te, ó Deus, e dispersa teus inimigos;
  fujam de ti todos que te odeiam.
²Sopra-os para longe como fumaça
  e derrete-os como cera no fogo.
  Que os perversos sejam destruídos
  na presença de Deus.
³Que os justos, porém, se alegrem;
  exultem na presença de Deus
  e sejam cheios de alegria.
⁴Cantem louvores a Deus e a seu nome,
  exaltem aquele que cavalga sobre as
  nuvens.[a]
  Seu nome é SENHOR;
  alegrem-se em sua presença!
⁵Pai dos órfãos, defensor das viúvas,
  esse é Deus, cuja habitação é santa.
⁶Deus dá uma família aos que vivem sós;
  liberta os presos e os faz prosperar.
  Os rebeldes, porém, ele faz morar
  em terra árida.

⁷Ó Deus, quando conduziste teu povo,
  quando marchaste através do deserto,
                              Interlúdio
⁸a terra tremeu, e o céu derramou chuva,
  diante de ti, o Deus do Sinai,
  diante de ti, o Deus de Israel.
⁹Enviaste muitas chuvas, ó Deus,
  para refrescar a terra exausta.
¹⁰Ali teu povo se estabeleceu,
  e com farta colheita, ó Deus,
  proveste aos necessitados.
¹¹O Senhor dá a ordem,
  e um grande exército[b] traz boas notícias.
¹²Reis inimigos e seus exércitos fogem,
  enquanto as mulheres repartem em casa
  os despojos.
¹³Mesmo os que viviam entre os currais de
  ovelhas
  encontraram pombas com asas de prata
  e penas de ouro.
¹⁴O Todo-poderoso dispersou os reis,
  como uma tempestade de neve sobre o
  monte Zalmom.

¹⁵Os montes de Basã são majestosos,
  com cumes altos que chegam até o céu.
¹⁶Ó montes elevados, por que olham com
  inveja
  para o monte Sião, onde Deus escolheu
  habitar,
  onde o SENHOR habitará para sempre?
¹⁷Cercado de milhares e milhares de
  carruagens,
  o Senhor veio do monte Sinai para seu
  santuário.
¹⁸Quando subiste às alturas,
  levaste muitos prisioneiros;
  recebeste dádivas do povo,

---

[a]**68.4** Ou *cavalga pelos desertos*. [b]**68.11** Ou *um exército de mulheres*.

68.17,18 Este foi um salmo cantado quando a arca foi removida e transportada até seu lugar de descanso no monte Sião. Todas as tribos foram reunidas e, com muita pompa, marcharam junto ao baú sagrado. [...] Como a arca subiu a colina de Sião, assim Cristo também ascendeu à glória eterna! Ele é a verdadeira Arca da Aliança e Ele também é o verdadeiro Propiciatório. Portanto, que o nosso coração se alegre com o nosso Salvador que ascendeu ao Céu e "levou muitos prisioneiros". "Recebeste dádivas do povo, até mesmo dos que se rebelaram". "Cristo veio na hora certa e morreu por nós, pecadores". "Intercedeu pelos pecadores". Que os pecadores rebeldes entendam essa grande verdade de Deus e, tocados pelo amor e pela graça de Deus, parem de se rebelar por mais tempo.

até mesmo dos que se rebelaram contra ti.
Agora o Senhor Deus viverá ali, em nosso meio.

¹⁹Louvado seja o Senhor; louvado seja Deus, nosso salvador!
A cada dia ele nos carrega em seus braços.

Interlúdio

²⁰O nosso Deus é Deus que salva!
O Senhor Soberano nos livra da morte.
²¹Deus esmagará a cabeça de seus inimigos,
esmagará o crânio dos que insistem em pecar.
²²O Senhor diz: "De Basã farei descer meus inimigos;
das profundezas do mar os farei subir.
²³Você, meu povo, lavará[a] os pés no sangue deles,
e até seus cães terão sua porção!".
²⁴Já se vê teu cortejo, ó Deus,
o cortejo de meu Deus e Rei, entrando no santuário.
²⁵À frente vão os cantores, atrás vêm os músicos,
no meio vêm as moças tocando tamborins.
²⁶Louvem a Deus, todos vocês,
louvem o Senhor, a fonte de vida de Israel.
²⁷Vejam, à frente vai a pequena tribo de Benjamim;
logo atrás vem a grande multidão de governantes de Judá
e todos os governantes de Zebulom e Naftali.
²⁸Manifesta tua força, ó Deus,[b]
mostra teu poder divino por nós, como fizeste no passado.
²⁹Os reis levam tributos
ao teu templo, em Jerusalém.
³⁰Repreende-os, esses animais selvagens à espreita entre os juncos,
essa manada de touros no meio de bezerros fracos.
Faze-os trazer barras de prata como humilde tributo,
dispersa as nações que têm prazer em guerrear.
³¹Que o Egito venha com dádivas de metais preciosos,[c]
que a Etiópia[d] traga tributos a Deus.
³²Cantem a Deus, reinos da terra,
cantem louvores ao Senhor!

Interlúdio

³³Cantem àquele que cavalga pelos céus antigos,
cuja voz poderosa troveja dos céus.
³⁴Anunciem a todos o poder de Deus;
sua majestade está sobre Israel,
sua força é poderosa nos céus.
³⁵Deus é temível em seu santuário;
o Deus de Israel dá poder e força a seu povo.
Louvado seja Deus!

69

Ao regente do coral: salmo de Davi, para ser cantado com a melodia "Lírios".

¹Salva-me, ó Deus,
pois as águas subiram até meu pescoço.
²Afundo cada vez mais na lama
e não tenho onde apoiar os pés.
Entrei em águas profundas,
e as correntezas me cobrem.
³Estou exausto de tanto clamar;
minha garganta está seca.
Meus olhos estão inchados de tanto chorar,
à espera de meu Deus.
⁴Os que me odeiam sem razão
são mais numerosos que os cabelos de minha cabeça.
Muitos inimigos tentam me destruir com mentiras;
exigem que eu devolva o que não roubei.
⁵Ó Deus, tu sabes como sou tolo;
é impossível esconder de ti meus pecados.

---

[a] **68.23** Conforme a Septuaginta e a versão siríaca; o hebraico traz *despedaçará*. [b] **68.28** Conforme alguns manuscritos hebraicos, a Septuaginta e a versão siríaca; a maioria dos manuscritos hebraicos traz *Seu Deus ordenou sua força*. [c] **68.31a** Ou *de ricos tecidos*. [d] **68.31b** Em hebraico, *Cuxe*.

⁶Não permitas que por minha causa sejam envergonhados
os que em ti confiam,
ó Soberano SENHOR dos Exércitos.
Não deixes que por minha causa sejam humilhados,
ó Deus de Israel.
⁷Pois, por tua causa, suporto insultos;
meu rosto está coberto de vergonha.
⁸Até meus irmãos fingem não me conhecer;
tratam-me como um desconhecido.
⁹O zelo por tua casa me consome;
os insultos dos que te insultam caíram sobre mim.
¹⁰Quando choro e jejuo,
eles zombam de mim.
¹¹Quando visto pano de saco,
eles riem de mim.
¹²Sou o assunto principal de suas conversas,
e os bêbados cantam a meu respeito.
¹³Eu, porém, continuo orando a ti, SENHOR,
na esperança de que, desta vez,
mostrarás teu favor.
Responde-me, ó Deus, por teu grande amor;
salva-me por tua fidelidade.
¹⁴Livra-me do atoleiro,
não permitas que eu afunde ainda mais.
Salva-me dos que me odeiam,
tira-me destas águas profundas.
¹⁵Não deixes que as correntezas me cubram,
nem que as águas profundas me engulam,
nem que a cova da morte me devore.
¹⁶Responde às minhas orações, ó SENHOR,
pois o teu amor é bom.
Cuida de mim,
pois a tua misericórdia é imensa.
¹⁷Não te escondas de teu servo;
responde-me sem demora, pois estou aflito.
¹⁸Vem e resgata-me;
livra-me de meus inimigos!
¹⁹Tu sabes que sofro zombaria, vergonha e humilhação;
vês tudo que meus inimigos fazem.
²⁰Os insultos deles me partiram o coração;
estou desesperado!
Se ao menos alguém tivesse piedade de mim;
quem dera viessem me consolar.
²¹Em vez disso, põem veneno[a] em minha comida;
oferecem vinagre para matar minha sede.
²²Que a mesa farta diante deles se transforme em laço,
e que sua prosperidade se torne armadilha.[b]
²³Que seus olhos se escureçam para que não vejam,
e que seu corpo trema sem parar.[c]
²⁴Derrama tua fúria sobre eles,
consome-os com o ardor de tua ira.
²⁵Que as casas deles fiquem desoladas,
e que não reste ninguém em suas tendas.
²⁶Pois insultam aquele a quem castigaste,
acrescentam dor a quem feriste.
²⁷Amontoa uns sobre os outros os pecados deles;
não permitas que sejam absolvidos.
²⁸Apaga o nome deles do Livro da Vida;
não deixes que sejam incluídos entre os justos.
²⁹Estou aflito e sofro;
socorre-me, ó Deus, com tua salvação!
³⁰Então louvarei o nome de Deus com cânticos
e o exaltarei com ações de graças.
³¹Pois isso agrada o SENHOR mais que sacrifícios de bois,
mais que ofertas de touros com chifres e cascos.
³²Os humildes verão Deus agir e se alegrarão;
animem-se todos que buscam socorro em Deus.
³³Pois o SENHOR ouve o clamor dos pobres;
não despreza seu povo aprisionado.

---

[a] **69.21** Ou *fel*. [b] **69.22** A Septuaginta traz *Que sua mesa farta diante deles se transforme em laço, / em armadilha que os faça pensar que tudo vai bem. / Que suas bênçãos os façam tropeçar, / e que recebam o que merecem.* Comparar com Rm 11.9. [c] **69.23** A Septuaginta traz *que suas costas se curvem para sempre*. Comparar com Rm 11.10.

³⁴Louvem-no, céus e terra,
 os mares e tudo que neles se move.
³⁵Pois Deus salvará Sião
 e reconstruirá as cidades de Judá.
Seu povo viverá ali
 e em sua própria terra se estabelecerá.
³⁶Os descendentes dos que o servem
 herdarão a terra,
e os que o amam ali viverão, em
 segurança.

70

Ao regente do coral: salmo de Davi pedindo a Deus que se lembre dele.

¹Por favor, Deus, livra-me!
 Vem depressa, Senhor, e ajuda-me!
²Sejam envergonhados e humilhados
 os que procuram me matar.
Voltem atrás em desonra
 os que se alegram com a minha desgraça.
³Recuem horrorizados com a própria
 vergonha,
 pois disseram: "Ah! Agora o pegamos!".
⁴Alegrem-se e exultem, porém,
 todos que te buscam.
Todos que amam tua salvação,
 digam sempre: "Deus é grande!".
⁵Quanto a mim, pobre e aflito,
 vem depressa me socorrer, ó Deus.
Tu és meu auxílio e minha salvação;
 ó Senhor, não te demores!

71

¹Em ti, Senhor, me refugio;
 não permitas que eu seja
 envergonhado.
²Salva-me e resgata-me,
 pois tu és justo.
Inclina teu ouvido para me escutar
 e livra-me.
³Sê minha rocha de refúgio,
 onde sempre posso me esconder.
Dá ordem para que eu seja liberto,
 pois és minha rocha e minha fortaleza.
⁴Livra-me, meu Deus, do poder dos
 perversos,
 das garras dos opressores cruéis.
⁵Só tu, Senhor, és minha esperança;
 confio em ti, Senhor, desde a infância.
⁶Sim, de ti dependo desde meu
 nascimento;
 cuidas de mim desde o ventre de minha
 mãe.
Sempre te louvarei!
⁷Minha vida é exemplo para muitos,
 pois tens sido minha força e meu
 refúgio.
⁸Por isso, não deixo de te louvar;
 o dia todo declaro tua glória.
⁹Não me rejeites agora, em minha velhice;
 não me abandones quando me faltam as
 forças.
¹⁰Pois meus inimigos falam contra mim;
 juntos, planejam me matar.
¹¹Dizem: "Deus o abandonou!
Vamos persegui-lo e prendê-lo,
 pois agora ninguém o livrará".
¹²Ó Deus, não permaneças distante;
 vem depressa me socorrer, meu Deus.
¹³Traz vergonha e destruição sobre meus
 acusadores,
 cobre de vergonha e humilhação os que
 desejam me prejudicar.
¹⁴Eu, porém, continuarei a esperar em ti
 e te louvarei cada vez mais.
¹⁵Falarei a todos de tua justiça;
 o dia todo, anunciarei tua salvação,

71.6 Este salmo, escrito por um ancião, é especialmente adequado para os idosos. [...] mas também é apropriado a todos nós, tendo em vista a probabilidade dos dias de fragilidade que nos virão, mais cedo ou mais tarde, se chegarmos a envelhecer. [...] Não pensamos, com a frequência que deveríamos, no que devemos a Deus por Seu cuidado conosco no momento do nosso nascimento. Nossas mães agradeceram em seu próprio nome e nos nossos, mas, quando olhamos para o passado, somos compelidos a agradecer, também, por aquele amável cuidado de Deus em nossa extrema sensibilidade — quando a pequena vela da vida mal estava acesa e poderia ter sido tão facilmente apagada. Da mesma forma que Deus cuidou de nós por ocasião de nossa primeira infância, você não acha que Ele cuidará de nós quando entrarmos em nossa segunda infância? Provavelmente nunca seremos tão fracos quanto éramos então, mas, como o Senhor nos protegeu naquele momento, não nos protegerá nesses dias sombrios que já estão próximos de alguns de nós? Claro que sim! Portanto, tenha bom ânimo, pois ele fortalecerá o seu coração e o seu louvor será continuamente para Ele.

embora não seja habilidoso com as palavras.ᵃ

¹⁶Louvarei teus feitos poderosos, Senhor Soberano;
contarei a todos que somente tu és justo.
¹⁷Ó Deus, desde a infância me tens ensinado,
e até hoje anuncio tuas maravilhas.
¹⁸Não me abandones, ó Deus,
agora que estou velho, de cabelos brancos.
Deixe-me proclamar tua força a esta nova geração,
teu poder a todos que vierem depois de mim.
¹⁹Tua justiça, ó Deus, chega até os mais altos céus;
tens feito coisas grandiosas.
Quem se compara a ti, ó Deus?
²⁰Permitiste que eu passasse por muito sofrimento,
mas ainda restaurarás minha vida
e me farás subir das profundezas da terra.
²¹Tu me darás ainda mais honra
e voltarás a me confortar.

²²Então te louvarei com instrumento de cordas,
pois és fiel às tuas promessas, ó meu Deus.
Cantarei louvores a ti com a harpa,
ó Santo de Israel.
²³Darei gritos de alegria e cantarei louvores a ti,
pois tu me resgataste.
²⁴Anunciarei, o dia todo, teus feitos de justiça,
pois foram envergonhados e humilhados todos que tentaram me prejudicar.

72 Salmo de Salomão.

¹Dá ao rei tua justiça, ó Deus,
e concede retidão ao filho do rei.
²Ajuda-o a julgar teu povo corretamente;
que os pobres sejam tratados com imparcialidade.
³Que os montes produzam prosperidade para todos,
e que as colinas deem muitos frutos.
⁴Ajuda-o a defender os pobres dentre o povo,
a salvar os filhos dos necessitados
e a esmagar seus opressores.
⁵Que eles te temamᵇ enquanto o sol brilhar,
enquanto a lua permanecer no céu;
sim, para sempre!
⁶Que o governo do rei seja como a chuva sobre a grama recém-cortada,
como os aguaceiros que regam a terra.
⁷Que todos os justos floresçam durante seu reinado,
que haja grande paz até que a lua deixe de existir.

ᵃ71.15 Ou *embora não seja capaz de contá-la*. ᵇ72.5 A Septuaginta traz *Que eles permaneçam*.

72.2 *Ajuda-o a julgar teu povo corretamente.* Revestido com autoridade divina, Ele o usará em favor da nação favorecida, para quem se mostrará forte, para que não sejam julgados erroneamente, caluniados ou de qualquer maneira tratados com maldade. Sua sentença silenciará seus acusadores e atribuirá aos santos *sua verdadeira* posição como aceitos pelo Senhor. Que consolo sentir que ninguém pode sofrer mal no reino de Cristo; Ele se assenta no grande trono branco, sem nenhuma mancha sequer por uma única ação de injustiça ou mesmo erro de julgamento: as reputações estão suficientemente seguras com Ele.

Que os pobres sejam tratados com imparcialidade. A verdadeira sabedoria é manifesta em todas as decisões do rei de Sião. Nem sempre entendemos os Seus feitos, mas eles sempre estão certos. Muitas vezes têm sido demonstrada parcialidade a grandes homens ricos, mas o Rei da última e melhor das monarquias trata a justiça com imparcialidade, para o deleite dos pobres e desprezados. Aqui, temos os pobres mencionados lado a lado com o seu Rei. A soberania de Deus é um tema encantador para os pobres de espírito; eles amam ver o Senhor exaltado, e não discutem com Ele por exercer as prerrogativas de Sua coroa. A riqueza fictícia, que trabalha para esconder a verdadeira pobreza, faz os homens esquivarem-se do Senhor que reina, mas um profundo senso de necessidade espiritual prepara o coração para adorar lealmente o Rei Redentor. Por outro lado, o Rei tem prazer especial nos corações humilhados dos Seus contritos, e exerce todo Seu poder e sabedoria em favor deles, assim como José no Egito governou para o bem-estar de seus irmãos.

⁸Que ele reine de mar a mar,
  e do rio Eufratesª até os confins da terra.
⁹Nômades do deserto se curvarão diante dele,
  seus inimigos lamberão o pó a seus pés.
¹⁰Os reis de Társis e de outras terras distantes
  lhe pagarão tributos.
Os reis de Sabá e de Sebá
  lhe darão presentes.
¹¹Todos os reis se curvarão diante dele,
  e todas as nações o servirão.
¹²Ele livrará o pobre que clamar por socorro
  e ajudará o oprimido indefeso.
¹³Ele tem compaixão do fraco e do necessitado
  e os salvará.
¹⁴Ele os resgatará da opressão e da violência,
  pois considera preciosa a vida deles.

¹⁵Viva o rei!
  Que ele receba o ouro de Sabá.
Que o povo sempre ore por ele
  e o abençoe o dia todo.
¹⁶Que haja fartura de cereais em toda a terra,
  crescendo até o alto dos montes.
Que as árvores frutíferas sejam como as do Líbano,
  e que o povo prospere como grama no campo.
¹⁷Que o nome do rei permaneça para sempre,
  que dure enquanto o sol brilhar.
Que todas as nações sejam abençoadas por meio dele
  e o louvem.

¹⁸Louvado seja o Senhor Deus, o Deus de Israel,
  o único que realiza tais maravilhas!
¹⁹Louvado seja seu nome glorioso para sempre!
  Que sua glória encha toda a terra.
  Amém e amém!

²⁰Terminam aqui as orações de Davi, filho de Jessé.

ª72.8 Em hebraico, *do rio*.

Livro 3 (Salmos 73—89)

73 *Salmo de Asafe.*

¹Certamente Deus é bom para Israel,
  para os que têm coração puro.
²Quanto a mim, quase tropecei;
  meus pés escorregaram e quase caí.
³Pois tive inveja dos orgulhosos
  quando os vi prosperar apesar de sua perversidade.
⁴Levam uma vida sem sofrimento
  e têm o corpo saudável e forte.
⁵Não enfrentam dificuldades,
  nem estão cheios de problemas, como os demais.
⁶Ostentam o orgulho como um colar de pedras preciosas
  e vestem-se de crueldade.
⁷Seus olhos cobiçam sempre mais,
  e o coração vive cheio de más intenções.
⁸Zombam e falam somente maldades;
  em seu orgulho, ameaçam usar de violência.
⁹Falam como se fossem donos dos céus,
  e suas palavras arrogantes percorrem a terra.
¹⁰Por isso, o povo se volta para eles
  e bebe todas as suas palavras.
¹¹"O que Deus sabe?", perguntam.
  "Acaso o Altíssimo tem conhecimento disso?"
¹²Vejam como os perversos desfrutam uma vida tranquila,
  enquanto suas riquezas se multiplicam.

¹³Foi à toa que mantive o coração puro?
  Foi em vão que agi de modo íntegro?
¹⁴O dia todo só enfrento problemas;
  cada manhã sou castigado.

¹⁵Se eu tivesse falado como eles,
  teria traído teu povo.
¹⁶Tentei compreender por que prosperam;
  que tarefa difícil!
¹⁷Então, entrei em teu santuário, ó Deus,
  e por fim entendi o destino deles.
¹⁸Tu os puseste num caminho escorregadio
  e os fizeste cair do precipício para a destruição.
¹⁹São destruídos de repente,

completamente tomados de pavor.
²⁰Quando te levantares, ó Senhor,
rirás das ideias tolas deles,
como quem ri de um sonho pela manhã.
²¹Percebi, então, que meu coração se amargurou
e que eu estava despedaçado por dentro.
²²Fui tolo e ignorante;
a teus olhos devo ter parecido um animal irracional.
²³E, no entanto, ainda pertenço a ti;
tu seguras minha mão direita.
²⁴Tu me guias com teu conselho
e me conduzes a um destino glorioso.
²⁵Quem mais eu tenho no céu senão a ti?
Eu te desejo mais que a qualquer coisa na terra.
²⁶Minha saúde pode acabar e meu espírito fraquejar,
mas Deus continua sendo a força de meu coração;
ele é minha possessão para sempre.
²⁷Os que te abandonam perecerão,
pois destróis os que de ti se afastam.
²⁸Quanto a mim, como é bom estar perto de Deus!
Fiz do SENHOR Soberano meu refúgio
e anunciarei a todos tuas maravilhas.

74 Salmo[a] de Asafe.

¹Ó Deus, por que nos rejeitaste por tanto tempo?
Por que é tão intensa tua ira contra as ovelhas de teu pasto?
²Lembra-te de que somos o povo que adquiriste muito tempo atrás,
a tribo que resgataste como tua propriedade;
lembra-te ainda do monte Sião, a tua habitação.
³Caminha pelas ruínas assustadoras da cidade;
vê como o inimigo destruiu teu santuário.
⁴Ali teus inimigos deram gritos de vitória;
ali, hastearam suas bandeiras de guerra.
⁵Usaram seus machados
como lenhadores no bosque.
⁶Com machados e picaretas,
despedaçaram os painéis entalhados.
⁷Incendiaram todo o teu santuário,
profanaram o lugar de habitação do teu nome.
⁸Pensaram: "Vamos destruir tudo!",
e queimaram todos os lugares de adoração a Deus.
⁹Já não vemos teus sinais;
não há mais profetas,
e ninguém sabe quando isso acabará.
¹⁰Até quando, ó Deus, permitirás que nossos inimigos te insultem?
Acaso deixarás que blasfemem teu nome para sempre?
¹¹Por que retens tua forte mão direita?
Estende-a com poder e destrói-os!
¹²Tu, ó Deus, és meu rei desde a antiguidade
e trazes salvação à terra.
¹³Com tua força, dividiste o mar
e despedaçaste as cabeças dos monstros marinhos.
¹⁴Esmagaste as cabeças do Leviatã[b]
e o deste como alimento aos animais do deserto.
¹⁵Fizestes jorrar fontes e riachos
e secaste rios de águas torrenciais.

---

[a] **74 título** Em hebraico, *maskil*, possivelmente um termo literário ou musical. [b] **74.14** A identificação do *Leviatã* é controversa; as propostas vão desde uma criatura terrestre até um monstro marinho mítico da literatura antiga.

73.19-28 Aqui você tem o salmista desfalecido. Ele permitiu que a carne conquistasse o espírito. O olho observador da razão, durante algum tempo, reduziu a visão clara da fé. [...] É um homem de Deus que fala assim sobre si mesmo. Ele sente que estava agindo e pensando como um animal, pois este apenas calcula as coisas de acordo com o tempo presente — cultiva a grama, está satisfeito e se deita. No entanto, um homem imortal deve pensar além e não apenas no hoje e nesta vida presente, mas sobre o fim dos tempos e na eternidade que está além desse estado mortal presente. E porque ele falhou em fazê-lo, chama a si mesmo de "tolo e ignorante". [No final] ele encontra todo o seu conforto em seu Deus. E chega à conclusão de que, seja qual for a porção dos ímpios, a sua é infinitamente melhor do que a deles, porque eles não têm Deus e ele tem o Deus que é tudo em todos!

¹⁶Tanto o dia como a noite pertencem a ti;
  criaste a luz das estrelas[a] e o sol.
¹⁷Determinaste os limites da terra
  e fizeste o verão e o inverno.
¹⁸Vê como os inimigos te insultam, S<small>ENHOR</small>;
  uma nação insensata blasfemou teu
    nome.
¹⁹Não permitas que esses animais
    selvagens destruam tua pomba;
  não te esqueças para sempre de teu povo
    aflito.
²⁰Lembra-te das promessas da aliança,
  pois a terra está cheia de escuridão e
    violência.
²¹Não permitas que os oprimidos voltem a
    ser humilhados;
  em vez disso, que os pobres e os
    necessitados louvem teu nome.
²²Levanta-te, ó Deus, e defende tua causa;
  lembra-te de como esses tolos te
    insultam o dia todo.
²³Não ignores o que teus inimigos
    disseram,
  nem o tumulto que cresce sem parar.

75
Ao regente do coral: salmo de Asafe. Para ser cantado com a melodia "Não destruas!".

¹Graças te damos, ó Deus!
  Graças te damos porque estás próximo;
  em toda parte se fala de tuas maravilhas.
²Tu disseste: "No tempo que determinei,
    julgarei com justiça.
³Quando a terra e seus moradores
    estremecem,
  sou eu que mantenho firmes seus
    alicerces.
                                  Interlúdio
⁴"Adverti aos orgulhosos: 'Parem de contar
    vantagem!'.
  Disse aos perversos: 'Não levantem os
    punhos!
⁵Não levantem os punhos aos céus em
    rebeldia,
  nem falem com tamanha arrogância'".
⁶Pois ninguém na terra, de leste a oeste,
  nem mesmo no deserto,
    deve exaltar a si mesmo.[b]
⁷Somente Deus é quem julga;
  ele decide quem se levantará e quem
    cairá.
⁸Pois o S<small>ENHOR</small> tem na mão um cálice
  cujo vinho espuma misturado com
    especiarias.
Ele derrama o vinho,
  e todos os perversos o bebem até a
    última gota.
⁹Quanto a mim, sempre anunciarei o que
    Deus tem feito;
  cantarei louvores ao Deus de Jacó.
¹⁰Pois Deus disse: "Acabarei com a força
    dos perversos,
  mas farei crescer o poder dos justos".

76
Ao regente do coral: salmo de Asafe, para ser acompanhado com instrumentos de cordas.

¹Deus é honrado em Judá,
  grande é seu nome em Israel.
²Jerusalém[c] é onde ele habita,
  o monte Sião é seu lar.
³Quebrou ali as flechas flamejantes do
    inimigo,
  os escudos, as espadas e as armas de
    guerra.
                                  Interlúdio
⁴Tu és glorioso e mais majestoso
  que os montes eternos.[d]
⁵Os inimigos mais valentes foram
    saqueados
  e jazem no sono da morte;
  nenhum guerreiro foi capaz de levantar
    as mãos.
⁶Quando os repreendeste, ó Deus de Jacó,
  cavalos e cavaleiros ficaram imóveis.
⁷Não é de admirar que sejas tão temido!
  Quem pode permanecer diante de ti
    quando irrompe a tua ira?
⁸Dos céus pronunciaste tua sentença;
  a terra estremeceu e se calou.
⁹Tu te levantaste para julgar, ó Deus,
  para salvar os oprimidos da terra.
                                  Interlúdio

[a] 74.16 Ou *a lua*; o hebraico traz *luz*. [b] 75.6 O significado do hebraico é incerto. [c] 76.2 Em hebraico, *Salém*, outro nome para Jerusalém. [d] 76.4 Conforme a Septuaginta; o hebraico traz *que os montes cheios de animais de presa*.

¹⁰A rebeldia humana resultará em tua
glória,
pois tu a usas como arma.ᵃ
¹¹Façam votos ao Senhor, seu Deus, e
cumpram-nos;
todos paguem tributos àquele que deve
ser temido.
¹²Pois ele acaba com o orgulho dos
príncipes,
e os reis da terra o temem.

77 *Para Jedutum, regente do coral: salmo de Asafe.*

¹Clamo a Deus; sim, grito bem alto.
Quem dera Deus me ouvisse!
²Quando eu estava angustiado,
busquei o Senhor.
Orei a noite toda, de mãos estendidas para
o céu,
mas minha alma recusou ser consolada.
³Lembro-me de Deus e começo a gemer;
desfaleço, ansioso por sua ajuda.
Interlúdio

⁴Tu não me deixas dormir;
estou tão desesperado que nem consigo
falar!
⁵Penso nos dias que passaram,
nos anos que há muito se foram.
⁶À noite, relembro canções alegres;
consulto minha alma e procuro
compreender minha situação.
⁷Acaso o Senhor me rejeitou em
definitivo?
Jamais voltará a ser bondoso comigo?
⁸Seu amor se foi para nunca mais voltar?
Deixou de cumprir suas promessas para
sempre?
⁹Deus se esqueceu de ser bondoso?
Em sua ira, fechou a porta para a
compaixão?
Interlúdio

¹⁰Pensei: "É por esta razão que sofro;
o Altíssimo voltou sua mão direita contra
mim".
¹¹Depois, porém, lembro-me de tudo que
fizeste, Senhor;
recordo-me de tuas maravilhas do
passado.
¹²Estão sempre em meus pensamentos;
não deixo de refletir sobre teus
poderosos feitos.
¹³Teus caminhos, ó Deus, são santos;
que deus é poderoso como o nosso Deus?
¹⁴És o Deus que realiza maravilhas;
mostras o teu poder entre as nações!
¹⁵Com teu braço forte resgataste teu povo,
os descendentes de Jacó e José.
Interlúdio

¹⁶As águas te viram, ó Deus,
as águas te viram e estremeceram;
até as profundezas do mar se agitaram.
¹⁷As nuvens derramaram chuva,
os trovões ressoaram nas alturas,
os teus relâmpagos riscaram os céus.
¹⁸No redemoinho ouviu-se o estrondo de
teu trovão;
os relâmpagos iluminaram o mundo,
e a terra tremeu e se abalou.
¹⁹Teu caminho passou pelo mar,
teu trajeto, pelas águas poderosas,
e ninguém percebeu teus passos.
²⁰Conduziste teu povo como um rebanho
de ovelhas,
pelas mãos de Moisés e Arão.

ᵃ**76.10** O significado do hebraico é incerto.

77.16-20 Aqui, o salmista nos dá uma descrição, como penso que seja, da travessia pelo mar Vermelho — sendo que essa travessia é uma espécie de modelo da forma com a qual Deus sempre livrará o Seu povo até o fim dos tempos. Imagine esta cena apenas por um momento. Você será liberto e Deus será glorificado em sua libertação, tal como Ele foi na saída do Egito, mas será por um caminho misterioso, talvez um caminho pouco imaginado por você. O caminho de Deus será nas grandes águas. Você verá o poder, mas antes de vê-lo, fará uma pequena suposição de como ele será demonstrado. Somente siga para onde Deus conduz, pois, como no trovão e no relâmpago, Ele conduziu o Seu povo tão calmamente quanto um pastor conduz o seu rebanho. Da mesma maneira você, aconteça o que acontecer, com Javé como seu pastor, será conduzido com segurança até chegar à cidade celestial! Cantemos a canção do mar Vermelho.

78 Salmo[a] de Asafe.

¹Ó meu povo, ouça minhas instruções!
Abra os ouvidos para o que direi,
²pois lhe falarei por meio de parábola.
Ensinarei enigmas de nosso passado,
³histórias que ouvimos e conhecemos,
que nossos antepassados nos transmitiram.
⁴Não esconderemos essas verdades de nossos filhos;
contaremos à geração seguinte
os feitos gloriosos do S\ENHOR,
seu poder e suas maravilhas.
⁵Pois ele estabeleceu seus preceitos a Jacó,
deu sua lei a Israel.
Ordenou a nossos antepassados
que a ensinassem a seus filhos,
⁶para que a geração seguinte, os filhos ainda por nascer,
a conhecesse,
e eles, por sua vez, a ensinarão a seus filhos.
⁷Portanto, cada geração deve pôr sua esperança em Deus,
não esquecer seus poderosos feitos
e obedecer a seus mandamentos.
⁸Assim, não serão como seus antepassados,
teimosos, rebeldes e infiéis,
que se recusaram a confiar em Deus de todo o coração.
⁹Os guerreiros de Efraim, embora armados de arcos,
deram meia-volta e fugiram no dia da batalha.
¹⁰Não cumpriram a aliança de Deus,
não quiseram viver de acordo com sua lei.
¹¹Esqueceram o que ele havia feito,
as maravilhas que lhes tinha mostrado,
¹²os milagres que realizara para seus antepassados
na planície de Zoã, na terra do Egito.
¹³Pois ele dividiu o mar e os conduziu na travessia;
fez as águas se erguerem como muralhas.
¹⁴Durante o dia, os guiava com uma nuvem,
durante a noite, com a luz do fogo.
¹⁵No deserto, partiu as rochas para lhes dar água,
como a que jorra de um manancial.
¹⁶Da pedra, fez brotar riachos
e correr água como um rio.

[a] 78 título Em hebraico, *maskil*, possivelmente um termo literário ou musical.

78.12,13,19,34-36,57-64 *Vv.12,13* Que maravilhoso milagre foi a divisão do mar Vermelho! Não causou uma impressão permanente sobre eles? Sou obrigado a dizer que muitos deles disseram: "Jamais duvidaremos de Deus novamente". No entanto, logo duvidaram, murmuraram e se rebelaram contra Ele.

V.19 Então vocês veem, queridos amigos, o que realmente significa falar contra Deus! Receio que nós, também, tenhamos feito isso com frequência. Questionar o poder de Deus é falar contra Ele. Talvez você não tenha dado muita importância aos seus discursos incrédulos, mas Deus não os desconsidera — em minha opinião parece que não há quase nada que o aflija tanto quanto as dúvidas de Seu povo a respeito dele.

Vv.34-36 Alguns homens são como animais estúpidos que não sairão do lugar sem o chicote. Muitos não se mantêm corretos sem constante aflição. Se o nosso Deus nos propiciar uma caminhada um pouco mais suave, adormeceremos ou tropeçaremos. E assim Ele é obrigado, por assim dizer, a tornar nosso caminho muito áspero, e muitas vezes nos bater com a vara para evitar que caiamos juntos em um sono pecaminoso. Quantos há que, quando parecem se voltar para Deus em tempos de enfermidade, não são verdadeiramente penitentes! Um arrependimento no leito de morte pode ser verdade, mas, ó, que risco existe de que ele seja falso!

Vv.57-64 Eles ficaram emudecidos com excesso de tristeza. Quando Deus castiga os Seus filhos, Ele não brinca com isso. Às vezes, quando está zangado com o pecado deles, desfere golpes rápidos e pesados até que os ossos deles sejam quebrados, para que possam odiar o pecado como Deus o odeia, e buscar a santidade, assim como o Senhor a ama. Deste modo, queridos amigos, oro para que, se algum de nós perdeu as consolações de Deus e está sentindo o peso de Sua vara, possamos começar a indagar que coisa secreta está em nós que o zangou, que voltemos para Ele e busquemos ficar diante dele como já o fizemos uma vez. Pois, caso contrário, Ele ferirá, e ferirá, e ferirá repetidamente. Porém, observe que o Senhor jamais se deleita em castigar Seus filhos. Ele se alegra por ter feito a necessária correção.

¹⁷Ainda assim, continuaram a pecar contra ele
e se rebelaram contra o Altíssimo no deserto.
¹⁸Puseram Deus à prova em seu coração
e exigiram a comida que tanto queriam.
¹⁹Chegaram a falar contra o próprio Deus, dizendo:
"Deus não é capaz de nos dar comida no deserto.
²⁰Sim, ele pode bater numa rocha e dela fazer brotar água,
mas não é capaz de dar pão e carne a seu povo".
²¹Quando o Senhor os ouviu, se enfureceu;
o fogo de sua ira ardeu contra Jacó.
Sim, sua ira se levantou contra Israel,
²²pois não creram em Deus
nem confiaram em seu cuidado.
²³Apesar disso, ele deu ordem às nuvens;
abriu as portas dos céus.
²⁴Fez chover maná para alimentá-los;
deu-lhes pão dos céus.
²⁵Eles comeram o pão dos anjos;
receberam comida à vontade.
²⁶Ele enviou dos céus o vento do leste
e, por seu poder, guiou o vento do sul.
²⁷Fez chover carne como se fosse pó,
muitas e muitas aves, como a areia da praia.
²⁸Fez as aves caírem dentro do acampamento,
ao redor de suas tendas.
²⁹O povo comeu à vontade;
ele atendeu ao desejo deles.
³⁰Mas, antes que estivessem satisfeitos,
enquanto ainda tinham comida na boca,
³¹a ira de Deus se levantou contra eles.
Ele matou seus homens mais fortes;
feriu mortalmente os jovens de Israel.
³²Ainda assim, continuaram a pecar;
não confiaram em Deus, apesar de suas maravilhas.
³³Por isso, reduziu a vida deles a um sopro
e fez seus dias terminarem em terror.
³⁴Quando Deus começou a matá-los, finalmente o buscaram;
arrependeram-se e levaram Deus a sério.
³⁵Então lembraram que Deus era sua rocha,
que o Deus Altíssimo[a] era seu redentor.
³⁶Contudo, foi só da boca para fora;
mentiram para ele com os lábios.
³⁷Pois o coração não era leal a Deus;
não foram fiéis à sua aliança.
³⁸E, no entanto, ele foi misericordioso;
perdoou seus pecados e não os destruiu.
Muitas vezes conteve sua ira
e não se enfureceu contra eles.
³⁹Pois se lembrou de que eram simples mortais;
passam como o vento, que não volta mais.
⁴⁰Quantas vezes se rebelaram contra ele no deserto
e o entristeceram naquela terra desolada!
⁴¹Repetidamente, puseram Deus à prova
e provocaram o Santo de Israel.
⁴²Não se recordaram do seu poder,
nem do dia em que ele os resgatou de seus inimigos.
⁴³Não se lembraram dos sinais que ele fizera no Egito,
das maravilhas realizadas na planície de Zoã.
⁴⁴Ele transformou os rios em sangue,
para que ninguém bebesse de suas águas.
⁴⁵Enviou enxames de moscas para devorá-los
e rãs para destruí-los.
⁴⁶Entregou suas plantações às lagartas
e suas colheitas, aos gafanhotos.
⁴⁷Destruiu as videiras com granizo
e as figueiras, com geadas.
⁴⁸Entregou seu gado à chuva de pedras
e seus rebanhos, aos raios.
⁴⁹Lançou sobre eles sua ira ardente,
sua fúria, indignação e hostilidade.
Enviou contra eles
muitos anjos destruidores.
⁵⁰Voltou sua ira contra eles;
não lhes poupou a vida,
mas os devastou com a peste.
⁵¹Matou todos os filhos mais velhos do Egito,
a flor da juventude na terra de Cam.

---

[a] **78.35** Em hebraico, *El-Elyon*.

⁵²Mas conduziu seu povo como um rebanho de ovelhas
e os guiou em segurança pelo deserto.
⁵³Manteve-os a salvo, e não tiveram medo;
o mar cobriu seus inimigos.
⁵⁴Levou o povo até a fronteira de sua terra santa,
à região montanhosa que para eles conquistou.
⁵⁵Diante deles expulsou as nações
e repartiu entre eles sua herança;
estabeleceu as tribos de Israel em seus lugares.
⁵⁶Ainda assim, continuaram a pôr à prova o Deus Altíssimo
e a se rebelar contra ele;
não obedeceram a seus preceitos.
⁵⁷Voltaram atrás e foram infiéis, como seus antepassados;
mostraram-se indignos de confiança, como um arco defeituoso.
⁵⁸Provocaram a ira de Deus ao construir altares para outros deuses;
com seus ídolos, despertaram nele ciúmes.
⁵⁹Quando Deus os ouviu, se enfureceu
e rejeitou por completo Israel.
⁶⁰Abandonou sua habitação em Siló,
o tabernáculo onde vivia no meio do povo.
⁶¹Deixou que a arca de seu poder fosse capturada,
entregou sua glória nas mãos de inimigos.
⁶²Permitiu que seu povo fosse morto à espada,
pois se enfureceu com eles, sua propriedade.
⁶³Os jovens foram consumidos pelo fogo,
e as moças não puderam entoar canções de núpcias.
⁶⁴Os sacerdotes foram mortos à espada,
e as viúvas não puderam lamentar as mortes.
⁶⁵Então o Senhor se levantou, como de um sono,
como o guerreiro que desperta da embriaguez.
⁶⁶Fez os inimigos recuarem
e os entregou à vergonha para sempre.
⁶⁷Rejeitou, porém, os descendentes de José;
não escolheu a tribo de Efraim.
⁶⁸Antes, escolheu a tribo de Judá,
o monte Sião, que ele amou.
⁶⁹Ali construiu seu santuário, alto como os céus,
firme e duradouro como a terra.
⁷⁰Escolheu Davi, seu servo,
e dos currais o chamou.
⁷¹Tirou-o do pastoreio de ovelhas e cordeiros
e tornou-o pastor dos descendentes de Jacó,
o povo que a Deus pertence, Israel.
⁷²Com coração sincero, Davi cuidou deles
e os conduziu com sensatez.

79 *Salmo de Asafe.*

¹Ó Deus, as nações invadiram a terra que te pertence;
profanaram teu santo templo
e transformaram Jerusalém num monte de ruínas.
²Deixaram os corpos de teus servos
para servirem de alimento às aves do céu.
A carne de teus fiéis
se tornou comida para os animais selvagens.
³O sangue correu como água ao redor de Jerusalém,
e não resta ninguém para sepultar os mortos.
⁴Nossos vizinhos zombam de nós;
somos objeto de riso e desprezo para os que nos rodeiam.
⁵Até quando, Senhor, ficarás irado conosco? Será para sempre?
Até quando teu zelo arderá como fogo?
⁶Derrama tua fúria sobre as nações que não te reconhecem,
sobre os reinos que não invocam teu nome.
⁷Pois devoraram teu povo, Israel,[a]
e transformaram suas casas em ruínas.
⁸Não nos culpes pelos pecados de nossos antepassados!

---

[a] **79.7** Em hebraico, *devoraram Jacó*. Ver nota em 44.4.

Que a tua compaixão venha depressa
  nos socorrer,
  pois é grande o nosso desespero!
⁹Ajuda-nos, ó Deus de nossa salvação,
  pela glória do teu nome.
Livra-nos e perdoa nossos pecados,
  pela honra do teu nome.
¹⁰Por que permitir que as nações digam:
  "Onde está o seu Deus?"
Mostra-nos tua vingança contra as nações,
  pois elas derramaram o sangue de teus
  servos.
¹¹Ouve os gemidos dos prisioneiros;
  por teu grande poder, salva os
  condenados à morte.
¹²Ó Senhor, retribui sete vezes mais a
  nossos vizinhos
  pelos insultos que lançaram contra ti.
¹³Então nós, teu povo, ovelhas do teu pasto,
  para sempre te daremos graças
  e louvaremos tua grandeza por todas as
  gerações.

80

Ao regente do coral: salmo de Asafe, para ser cantado com a melodia "Lírios da aliança".

¹Ouve, ó Pastor de Israel,
  que conduz os descendentes de José
  como um rebanho.
Tu que estás entronizado acima dos
  querubins,
  manifesta teu esplendor
²a Efraim, a Benjamim e a Manassés.
Mostra-nos teu poder
  e vem salvar-nos!

³Restaura-nos, ó Deus!
  Que a luz do teu rosto brilhe sobre nós;
  só então seremos salvos.
⁴Ó Senhor, Deus dos Exércitos,
  até quando ficarás irado com as orações
  do teu povo?
⁵Tu nos deste tristeza como alimento
  e nos fizeste beber copos cheios de
  lágrimas.
⁶Tu nos tornaste motivo de desprezo das[a]
  nações vizinhas;
  agora nossos inimigos zombam de nós.
⁷Restaura-nos, ó Deus dos Exércitos!
  Que a luz do teu rosto brilhe sobre nós;
  só então seremos salvos.
⁸Tu nos trouxeste do Egito, como uma
  videira;
  expulsaste as nações e nos plantaste no
  solo.
⁹Limpaste o terreno para nós;
  fincamos raízes e enchemos a terra.
¹⁰Nossa sombra se estendeu por cima dos
  montes,
  nossos ramos cobriram os altos cedros.
¹¹Estendemos nossos ramos até o
  Mediterrâneo,
  nossos brotos se espalharam até o
  Eufrates.[b]
¹²Mas, agora, por que derrubaste nossos
  muros?
  Todos que passam roubam nossos
  frutos.
¹³Os javalis da floresta devoram a videira,
  animais selvagens se alimentam dela.
¹⁴Ó Deus dos Exércitos, suplicamos que
  voltes!
  Olha dos céus e vê a nossa aflição.
Cuida desta videira ¹⁵que tu mesmo
  plantaste,

---

[a]**80.6** Conforme a versão siríaca; o hebraico traz *contenda para as*. [b]**80.11** Em hebraico, *até o mar [...] até o rio*.

80.1-7 *Vv.1-3* A quem Israel poderia ir, em tempos de angústia, senão a seu Deus? Era bom que seus salmistas lhe ensinassem a orar assim. Observe a forma desta oração: "Vem salvar-nos! Restaura-nos, ó Deus!". Não podemos ser salvos, a não ser que sejamos restaurados dos caminhos do pecado para o caminho da santidade. Mas quem nos restaurará? Que poder é capaz de reverter a tendência da alma humana? Assim como o Niágara não poderia começar a subir seu leito por si mesmo, o homem não pode se voltar para Deus, exceto quando Deus o restaurar!

Vv.4-7 Evidentemente, Israel enfrentava angústia muito profunda, mas ainda era o povo de Deus. O fato de bebermos "copos cheios de lágrimas" não evidencia que tenhamos deixado de ser o povo de Deus. Não devemos imaginar que o Senhor nos abandonou porque Ele nos corrige. Não, em vez disso, devemos argumentar o contrário: "Pois o Senhor corrige quem ele ama".

o filho que criaste para ti.
¹⁶Somos cortados e queimados por nossos inimigos;
que eles pereçam ao ver a repreensão em tua face!
¹⁷Fortalece aquele a quem amas,
o filho que criaste para ti.
¹⁸Então jamais te abandonaremos;
reanima-nos, para que invoquemos o teu nome.

¹⁹Restaura-nos, ó S<small>ENHOR</small>, o Deus dos Exércitos!
Que a luz do teu rosto brilhe sobre nós;
só então seremos salvos.

81 *Ao regente do coral: salmo de Asafe, para ser acompanhado com instrumento de cordas.*[a]

¹Cantem louvores a Deus, nossa força!
Aclamem ao Deus de Jacó.
²Cantem! Façam soar o tamborim,
a doce lira e a harpa.
³Toquem a trombeta na lua nova e na lua cheia,
para convocar a nossa festa.
⁴Pois assim exigem os estatutos de Israel;
esse é o decreto do Deus de Jacó.
⁵Ele o ordenou como lei para Israel,[b]
quando atacou o Egito para nos libertar.
Ouvi uma voz desconhecida dizer:
⁶"Agora removerei o peso de seus ombros
e libertarei suas mãos das tarefas pesadas.
⁷Vocês clamaram a mim em sua aflição, e eu os salvei;
da nuvem de tempestade lhes respondi

e pus vocês à prova quando não havia água em Meribá.
Interlúdio

⁸"Ó meu povo, ouça minhas advertências;
quem dera você me escutasse, ó Israel!
⁹Jamais tenha em seu meio outro deus;
não se curve diante de deus estrangeiro.
¹⁰Pois fui eu, o S<small>ENHOR</small>, seu Deus,
que o tirei da terra do Egito.
Abra bem a boca,
e a encherei de coisas boas.

¹¹"Meu povo, no entanto, não quis ouvir;
Israel não me obedeceu.
¹²Por isso, deixei que seguissem seus desejos teimosos
e vivessem de acordo com suas próprias ideias.

¹³Ah, se meu povo me escutasse;
quem dera Israel andasse em meus caminhos!
¹⁴Então eu derrotaria seus inimigos sem demora;
minhas mãos cairiam sobre seus adversários.
¹⁵Os que odeiam o S<small>ENHOR</small> se encolheriam diante dele,
condenados para sempre.
¹⁶Vocês, porém, eu alimentaria com trigo da melhor qualidade
e os saciaria com mel silvestre tirado da rocha".

82 *Salmo de Asafe.*

¹Deus preside a assembleia dos céus;
no meio dos seres celestiais,[c] anuncia seu julgamento:

---

[a] **81 título** Em hebraico, *de acordo com o gittîth.* [b] **81.5** Em hebraico, *para José.* [c] **82.1** Ou *dos deuses.*

81.1-4,8 *V.1* Outros deuses, como Moloque e Astarote, são adorados com gritos lúgubres e tristes lamentações. Mas o Deus de Jacó, o Deus que ouve a oração, o Deus da salvação, o Deus da aliança, deve ser adorado com alegria. Ele é o Deus feliz, e Ele ama os adoradores felizes: "Aclamem ao Deus de Jacó". Você não precisa ser forçado a louvá-lo, mas o fará com espontaneidade e prazer; a grande doçura da sua canção consistirá na alegria dela: "Aclamem ao Deus de Jacó".

Vv.2-4 É "estatuto" que devemos louvar a Deus; é "lei" que devemos celebrá-lo com alegria. Lei feliz e homens felizes que estão sob tal lei! Sejamos rápidos em obedecê-la, e que o estatuto do Rei não seja desconsiderado por qualquer um de nós.

V.8 O quê? Há alguma dúvida sobre se o povo de Deus o ouvirá ou não? Infelizmente, sim! Às vezes tornamos os nossos ouvidos tão pesados, estamos tão ocupados com os cuidados deste mundo, tão sonolentos enquanto passamos pelo Solo Enfeitiçado [N.E.: Do livro *A peregrina*, de John Bunyan.], que deixamos de ouvir a doce voz à qual devemos prestar atenção quando ela diz: "Ó meu povo, ouça [...]; quem dera você me escutasse".

²"Até quando tomarão decisões injustas
que favoreçam a causa dos perversos?
Interlúdio
³"Façam justiça ao pobre e ao órfão,
defendam os direitos do oprimido e do
desamparado.
⁴Livrem o pobre e o necessitado,
libertem-nos das garras dos perversos.
⁵Esses opressores nada entendem;
são completos ignorantes!
Andam sem rumo na escuridão,
enquanto os alicerces da terra
estremecem.
⁶Eu digo: 'Vocês são deuses,
são todos filhos do Altíssimo.
⁷Morrerão, porém, como simples mortais
e cairão como qualquer governante'".
⁸Levanta-te, ó Deus, e julga a terra,
pois todas as nações te pertencem.

83 *Cântico; salmo de Asafe.*

¹Ó Deus, não fiques em silêncio!
Não feches os ouvidos
e não permaneças calado, ó Deus!
²Não ouves o tumulto de teus adversários?
Não vês que teus inimigos te desafiam?
³Tramam com astúcia contra o teu povo;
conspiram contra os teus protegidos.
⁴Dizem: "Venham, exterminemos a nação
de Israel,
para que ninguém se lembre de sua
existência".
⁵Sim, em unanimidade decidiram;
fizeram um tratado e aliaram-se contra ti
⁶os edomitas e os ismaelitas,
os moabitas e os hagarenos,
⁷os gebalitas, os amonitas e os amalequitas,
os povos da Filístia e de Tiro.
⁸A eles também se uniram os assírios
e se aliaram aos descendentes de Ló.
Interlúdio
⁹Trata-os como trataste os midianitas,
como trataste Sísera e Jabim no rio
Quisom.
¹⁰Foram destruídos em En-Dor;
tornaram-se adubo para a terra.
¹¹Que seus nobres morram como Orebe e
Zeebe,
e todos os seus príncipes, como Zeba e
Zalmuna,
¹²pois disseram: "Vamos nos apossar
das pastagens de Deus!".

83.1,2,4,11,12 De acordo com o título, é "Cântico; salmo de Asafe". Asafe é parte do pequeno grupo de poetas que floresceu lado a lado com Davi. Este é um hino patriótico. A nação estava prestes a ser atacada por muitos adversários; então, como um verdadeiro patriota, o poeta desejava que Deus desse a vitória ao Seu povo e os livrasse. Você pode considerar este salmo como uma profecia; é uma oração ou o desejo do escritor, e, sem dúvida é assim; mas também pode ser visto como uma profecia do que acontecerá aos inimigos do povo de Deus.

Vv.1,2 Os inimigos de Deus estão fazendo barulho, e a oração do salmista é para que o próprio Senhor lhes fale e responda. A voz de Deus fez os Céus e a Terra: "Pois, quando ele falou, o mundo veio a existir; tudo surgiu por sua ordem". Uma única palavra dele ganhará o dia. A oração do poeta não é: "Conceda um líder ousado e corajoso", mas, "Ó Deus, não fiques em silêncio! [...] Não ouves o tumulto de teus adversários?". Os inimigos de Israel eram adversários de Deus. Se fossem apenas nossos inimigos, poderíamos ficar em silêncio; mas como também são inimigos de Deus, nossa lealdade ao Senhor nos compele a clamar a Deus para que fale contra eles.

V.4 A ira dessas nações contra o povo de Deus era tão terrível que nada os contentaria senão a destruição de Israel, a exclusão de seu próprio nome da lembrança dos homens; e estou certo de que, se dependesse do desejo do mundo, este extinguiria a Igreja de Cristo. Você percebe que, nestes dias de ostensiva liberalidade e pretensa caridade, esta caridade é apenas para o engano; no entanto, não existe caridade para com o antigo evangelho. O clamor a respeito é: "Deixe-o ser cortado em pedaços; deixe-o ser destruído. É uma antiga tolice; elimine-o". É assim que os inimigos de Deus teriam agido: "para que ninguém se lembre" do nome de Israel.

Vv.11,12 Estes foram quatro príncipes que foram mortos por Gideão e seus aliados; dois deles possuíam nomes de lobo e corvo — nomes cruéis, mas a guerra é sempre cruel. Mas o que esses homens de armas, esses poderosos guerreiros haviam feito? Eles não estavam contentes com suas próprias casas, queriam as casas de Deus; e há alguns homens que nunca podem descansar, exceto quando estão causando prejuízos à causa e à cruz de Cristo. Ai deles, porque o destino de Orebe e Zeebe será deles no devido tempo!

¹³Ó meu Deus, espalha-os como folhas
   num redemoinho,
   como palha ao vento.
¹⁴Assim como o fogo consome o bosque,
   como a chama incendeia os montes,
¹⁵persegue-os com a tua tempestade,
   enche-os de medo com o teu vendaval.
¹⁶Faze-os cair na desgraça mais profunda,
   até que se sujeitem ao teu nome, SENHOR.
¹⁷Sejam envergonhados e aterrorizados
   para sempre
   e morram em desonra.
¹⁸Então aprenderão que somente tu és
   chamado SENHOR,
   somente tu és o Altíssimo,
   supremo sobre toda a terra.

84
*Ao regente do coral: salmo dos descendentes de Corá, para ser acompanhado com instrumento de cordas.*ᵃ

¹Como é agradável o lugar de tua
   habitação,
   ó SENHOR dos Exércitos!
²Sinto desejo profundo, sim, morro de
   vontade
   de entrar nos pátios do SENHOR.
   Com todo o meu coração e todo o meu
   ser,
   aclamarei ao Deus vivo.
³Até o pardal encontra um lar,
   e a andorinha faz um ninho e cria seus
   filhotes
   perto do teu altar,
   ó SENHOR dos Exércitos, meu Rei e meu
   Deus!
⁴Como são felizes os que habitam em tua
   casa,
   sempre cantando louvores a ti!
                                         Interlúdio
⁵Como são felizes os que de ti recebem
   forças,
   os que decidem percorrer os teus
   caminhos.
⁶Quando passarem pelo vale do Choro,ᵇ
   ele se transformará num lugar de fontes
   revigorantes;
   as primeiras chuvas o cobrirão de
   bênçãos.
⁷Eles continuarão a se fortalecer,
   e cada um deles se apresentará diante de
   Deus, em Sião.
⁸Ó SENHOR, Deus dos Exércitos, ouve minha
   oração;
   escuta, ó Deus de Jacó!
                                         Interlúdio
⁹Ó Deus, olha com favor para o rei, nosso
   escudo;
   mostra bondade ao teu ungido!
¹⁰Um só dia em teus pátios
   é melhor que mil dias em qualquer outro
   lugar.
   Prefiro ser porteiro da casa de meu Deus
   a viver na morada dos perversos.
¹¹Pois o SENHOR Deus é nosso sol e nosso
   escudo;
   ele nos dá graça e honra.
   O SENHOR não negará bem algum
   àqueles que andam no caminho certo.
¹²Ó SENHOR dos Exércitos,
   como são felizes os que confiam em ti!

ᵃ**84 título** Em hebraico, *de acordo com o gittith.* ᵇ**84.6** Ou *vale dos Choupos*; o hebraico traz *vale de Baca.*

84.1,2 O Templo não havia sido construído. A casa do Senhor ainda era apenas uma tenda [o tabernáculo], de modo que não é a glória da arquitetura que faz a casa ser amável — a glória dela é o Deus que habita em seu interior. "Como é agradável o lugar de tua habitação", ou seja, cada parte dele é amável. O pátio externo, o lugar santo, o lugar santíssimo, todas as diferentes partes desse antigo santuário sagrado eram amáveis aos olhos do salmista. [...] Sua alma desejava até, por assim dizer, ficar pálida — para que o hebraico possa ser interpretado — ficava branca, desfalecida na intensidade de seu desejo de entrar no lugar onde Deus era encontrado. Deus é um Rei. Seu antigo tabernáculo era um dos Seus palácios reais, portanto, Davi desejava ser um cortesão lá para que pudesse habitar nos pátios de Javé. [...] Se também é assim com vocês, meus irmãos e irmãs, neste momento, vocês terão um banquete de coisas gordurosas! Aquele que vem à mesa de Deus com um bom apetite nunca sairá dela insatisfeito. É a falta de desejo que muitas vezes nos impede do prazer espiritual, mas quando o desejo é estabelecido em Deus, ele será satisfeito!

85
Ao regente do coral: salmo dos descendentes de Corá.

¹S‌ENHOR, abençoaste a tua terra;
  restauraste a condição de Israel.ᵃ
²Perdoaste a culpa do teu povo;
  cobriste todos os seus pecados.
                              Interlúdio
³Reprimiste tua fúria,
  sim, refreaste tua ira ardente.
⁴Agora, ó Deus de nossa salvação, restaura-nos;
  deixa de lado tua ira contra nós.
⁵Ficarás indignado conosco para sempre?
  Prolongarás tua ira por todas as gerações?
⁶Não nos reanimarás,
  para que o teu povo se alegre em ti?
⁷Mostra-nos o teu amor, S‌ENHOR,
  e concede-nos a tua salvação.

⁸Ouço com atenção o que Deus, o S‌ENHOR, diz,
  pois ele fala de paz a seu povo fiel;
  que não voltem, porém, a seus caminhos insensatos.
⁹Certamente sua salvação está perto dos que o temem;
  então nossa terra se encherá de sua glória.

¹⁰O amor e a verdade se encontraram,
  a justiça e a paz se beijaram.
¹¹A verdade brota da terra,
  e a justiça sorri dos céus.
¹²Sim, o S‌ENHOR dará suas bênçãos;
  nossa terra produzirá uma farta colheita.
¹³A justiça vai adiante dele
  e prepara o caminho para os seus passos.

86
Oração de Davi.

¹Inclina-te, S‌ENHOR, e ouve minha oração;
  responde-me, pois estou aflito e necessitado.
²Protege-me, pois sou fiel a ti;
  salva-me, pois sou teu servo e em ti confio.
  Tu és meu Deus!
³Tem misericórdia de mim, ó Senhor,
  pois clamo a ti sem parar.
⁴Alegra-me, Senhor,
  pois a ti me entrego.
⁵Ó Senhor, tu és tão bom, tão pronto a perdoar,
  tão cheio de amor por todos que te buscam.
⁶Ouve minha oração, S‌ENHOR,
  e atende a meu clamor.
⁷Em tempos de aflição, clamarei a ti,
  e tu me responderás.

⁸Nenhum dos deuses é semelhante a ti, Senhor,
  nenhum deles pode fazer o que tu fazes.
⁹Todas as nações que criaste virão e se prostrarão diante de ti, Senhor,
  e glorificarão o teu nome.
¹⁰Pois tu és grande e realizas maravilhas;
  só tu és Deus.

¹¹Ensina-me os teus caminhos, S‌ENHOR,
  para que eu viva segundo a tua verdade.
  Concede-me pureza de coração,
  para que eu honre o teu nome.
¹²Ó Senhor, meu Deus, de todo o meu coração te louvarei;
  glorificarei o teu nome para sempre.
¹³Pois grande é o teu amor por mim;
  tu me livraste das profundezas da morte.ᵇ

¹⁴Ó Deus, os arrogantes se levantam contra mim,
  pessoas violentas tentam me matar;
  não se importam contigo.
¹⁵Mas tu, Senhor,
  és Deus de compaixão e misericórdia,
  lento para se irar
  e cheio de amor e fidelidade.
¹⁶Olha para cá e tem compaixão de mim!
  Dá tua força a teu servo;
  sim, salva teu humilde servo.
¹⁷Mostra-me um sinal do teu favor;
  então serão envergonhados os que me odeiam,
  pois tu, S‌ENHOR, me ajudas e me consolas.

87
Cântico; salmo dos descendentes de Corá.

¹No monte santo
  está a cidade fundada pelo S‌ENHOR.

ᵃ **85.1** Em hebraico, *de Jacó*. Ver nota em 44.4. ᵇ **86.13** Em hebraico, *do Sheol*.

²Ele ama a cidade de Jerusalém,
  mais que qualquer outro lugar em
    Israel.ᵃ
³Ó cidade de Deus,
  que coisas gloriosas são ditas a seu
    respeito!
            Interlúdio

⁴Incluirei o Egitoᵇ e a Babilônia entre os
    que me conhecem,
  também a Filístia e Tiro, e até a distante
    Etiópia;ᶜ
  ali todos se tornaram seus cidadãos!
⁵A respeito de Jerusalémᵈ se dirá:
  "Ali todos desfrutam os direitos de
    cidadãos",
  e o próprio Altíssimo abençoará a
    cidade.
⁶Quando o Senhor registrar as nações, dirá:
  "Ali todos se tornaram seus cidadãos!".
            Interlúdio

⁷O povo tocará flautasᵉ e cantará:
  "A fonte de minha vida brota de
    Jerusalém!".

88 *Ao regente do coral: salmo dos descendentes de Corá, para ser cantado com a melodia "O sofrimento da aflição". Salmo*ᶠ *de Hemã, o ezraíta.*

¹Ó Senhor, Deus de minha salvação,
  clamo a ti de dia,
  venho a ti de noite.
²Agora, ouve minha oração;
  escuta meu clamor.

³Pois minha vida está cheia de problemas,
  e a morteᵍ se aproxima.
⁴Fui considerado morto,
  alguém que já não tem forças.
⁵Deixaram-me entre os mortos,
  estendido como um cadáver no túmulo.
Caí no esquecimento
  e estou separado do teu cuidado.
⁶Tu me lançaste na cova mais funda,
  nas profundezas mais escuras.
⁷Tua ira pesa sobre mim;
  uma após a outra, tuas ondas me
    encobrem.
            Interlúdio

⁸Afastaste de mim os meus amigos
  e para eles me tornaste repulsivo;
  estou preso numa armadilha, e não há
    como escapar.
⁹As lágrimas de aflição me cegaram os
    olhos;
  todos os dias, clamo por ti, Senhor,
  e a ti levanto as mãos.
¹⁰Será que tuas maravilhas têm algum uso
    para os mortos?
  Acaso os mortos se levantam e te
    louvam?
            Interlúdio

¹¹Podem os que estão no túmulo anunciar
    teu amor?
  Podem proclamar tua fidelidade no
    lugar de destruição?ʰ
¹²Acaso as trevas falam de tuas maravilhas?

ᵃ**87.2** Em hebraico, *ele ama as portas de Sião mais que todas as habitações de Jacó.* Ver nota em 44.4. ᵇ**87.4a** Em hebraico, *Raabe*, nome de um monstro marinho mítico que representa o caos na literatura antiga. O termo é usado aqui como nome poético para o Egito. ᶜ**87.4b** Em hebraico, *Cuxe.* ᵈ**87.5** Em hebraico, *Sião.* ᵉ**87.7** Ou *dançará.* ᶠ**88 título** Em hebraico, *maskil*, possivelmente um termo literário ou musical. ᵍ**88.3** Em hebraico, *o Sheol.* ʰ**88.11** Em hebraico, *em Abadom?*

88.10,15-18 Creio que este seja o mais sombrio de todos os salmos — quase não há um ponto de luz nele. As únicas palavras de brilho que conheço estão no primeiro versículo. O restante do salmo é muito escuro e muito triste.

V.10 "Acaso os mortos se levantam e te louvam?" Não nesta vida, embora os piedosos louvarão ao Senhor no mundo vindouro. Mas agora, quando um cristão morre, Deus perde um corista dos coros da Terra — há um a menos para cantar seus louvores aqui — e o salmista, portanto, argumenta: "Senhor, se eu viver, tu mostrarás maravilhas a mim; mas 'Será que tuas maravilhas têm algum uso para os mortos?' Se eu estiver vivo, poderei te louvar; entretanto 'Acaso os mortos se levantam e te louvam?'"

Vv.15-18 Aí termina o salmo. É um lamento triste, e chega ao fim quando não se espera que termine. Realmente não há um final para ele — como quando os homens terminam suas músicas com um fechamento adequado — está partido como um lírio quebrado na haste. Li para vocês este Salmo 88 como um exemplo de oração perseverante. O homem que o escreveu: "Hemã, o ezraíta" — continuou a orar mesmo quando não parecia ser ouvido e, assim, ele é um padrão para nós.

Pode alguém na terra do esquecimento
contar de tua justiça?
¹³A ti, Senhor, eu clamo;
dia após dia, continuarei a suplicar.
¹⁴Ó Senhor, por que me rejeitas?
Por que escondes de mim o rosto?
¹⁵Desde a juventude estive doente e à beira da morte;
teus terrores me deixaram indefeso e desesperado.
¹⁶Sim, tua ira intensa me esmagou,
teus terrores acabaram comigo.
¹⁷O dia todo, agitam-se ao meu redor como uma inundação
e me encobrem por completo.
¹⁸Tiraste de mim meus companheiros e pessoas queridas;
a escuridão é a minha amiga mais chegada.

89

*Salmo*ᵃ *de Etã, o ezraíta.*

¹Cantarei para sempre o teu amor, ó Senhor!
Anunciarei a tua fidelidade a todas as gerações.
²Pois sei que o teu amor dura para sempre,
e a tua fidelidade permanece firme como os céus.
³Tu disseste: "Fiz uma aliança com Davi, meu servo escolhido.
A ele fiz este juramento:
⁴'Estabelecerei seus descendentes como reis para sempre;
eles se sentarão em seu trono de geração em geração'".

Interlúdio

⁵Ó Senhor, os céus louvam as tuas maravilhas;
multidões de anjos te exaltam por tua fidelidade.
⁶Pois quem nos céus se compara ao Senhor?
Quem é semelhante ao Senhor entre os seres celestiais?
⁷Os mais altos poderes angelicais reverenciam a Deus;
ele é mais temível que todos que rodeiam seu trono.
⁸Ó Senhor, Deus dos Exércitos,
quem é poderoso como tu, Senhor?
Tu és totalmente fiel!
⁹Governas os mares revoltos
e acalmas as ondas agitadas.
¹⁰Esmagaste o grande monstro marinho;ᵇ
com o teu braço poderoso, dispersaste teus inimigos.
¹¹Os céus são teus, a terra é tua,
tudo que há no mundo pertence a ti;
tu fizeste todas as coisas.
¹²Criaste o norte e o sul;
o monte Tabor e o monte Hermom louvam o teu nome.
¹³Teu braço é poderoso! Tua mão é forte!
Tua mão direita se levanta com força gloriosa.
¹⁴Justiça e retidão são os alicerces do teu trono,
amor e verdade vão à tua frente.
¹⁵Feliz é o povo que ouve o alegre chamado para adorar,
pois andará na luz de tua presença, Senhor.
¹⁶O dia todo eles se alegram em teu nome
e exultam em tua justiça.
¹⁷Tu és a força gloriosa deles;
é do teu agrado nos fortalecer.
¹⁸Sim, nossa proteção vem do Senhor;
ele, o Santo de Israel, nos deu nosso rei.
¹⁹Muito tempo atrás, numa visão, falaste a teus fiéis
e disseste: "Levantei um guerreiro;
dentre o povo o escolhi para ser rei.
²⁰Encontrei meu servo Davi
e o ungi com meu santo óleo.
²¹Com minha mão o firmarei,
com meu braço o fortalecerei.
²²Seus inimigos não o derrotarão,
os perversos não o dominarão.
²³Esmagarei seus adversários diante dele,
destruirei aqueles que o odeiam.
²⁴Minha fidelidade e meu amor o acompanharão;
em meu nome, ele crescerá em poder.

ᵃ**89 título** Em hebraico, *maskil*, possivelmente um termo literário ou musical. ᵇ**89.10** Em hebraico, *Raabe*, nome de um monstro marinho mítico que representa o caos na literatura antiga.

²⁵Estenderei seu governo sobre o mar,
    seu domínio, sobre os rios.
²⁶Ele me dirá: 'Tu és meu Pai,
    meu Deus e a Rocha de minha salvação'.
²⁷Darei a ele os privilégios de filho mais velho,
    e ele será o rei mais poderoso da terra.
²⁸Eu o amarei e lhe serei bondoso para sempre;
    minha aliança com ele jamais será quebrada.
²⁹Farei que ele sempre tenha herdeiros;
    enquanto existirem os céus, seu trono não terá fim.
³⁰Se, porém, seus descendentes abandonarem minha lei
    e não seguirem meus estatutos,
³¹se não obedecerem aos meus decretos
    e não guardarem meus mandamentos,
³²castigarei seu pecado com a vara
    e sua desobediência, com açoites.
³³Contudo, não desistirei de amá-lo,
    nem deixarei de lhe ser fiel.
³⁴Não quebrarei minha aliança,
    não voltarei atrás em minhas palavras.
³⁵Fiz um juramento a Davi
    e, em minha santidade, não minto.
³⁶Sua dinastia continuará para sempre,
    seu reino permanecerá como o sol.
³⁷Será duradouro como a lua,
    minha fiel testemunha no céu".

Interlúdio

³⁸Agora, porém, tu o rejeitaste e o descartaste;
    estás irado com o teu ungido.
³⁹Renunciaste tua aliança com ele
    e jogaste sua coroa no pó.
⁴⁰Derrubaste os muros que o protegiam
    e destruíste as fortalezas que o defendiam.
⁴¹Todos que por ali passam o saqueiam,
    e ele se tornou motivo de zombaria para seus vizinhos.
⁴²Tu fortaleceste seus inimigos
    e lhes deste razão para celebrar.
⁴³Tornaste inútil sua espada
    e não o ajudaste na batalha.
⁴⁴Acabaste com seu esplendor
    e derrubaste seu trono.
⁴⁵Fizeste-o envelhecer antes do tempo
    e o envergonhaste em público.

Interlúdio

⁴⁶Até quando, S‌ENHOR, esta situação continuará?
    Acaso te esconderás para sempre?
    Até quando tua ira arderá como fogo?
⁴⁷Lembra-te de como minha vida é curta,
    de como é vazia a existência humana!
⁴⁸Ninguém vive para sempre, todos morrem;
    ninguém escapa das garras da sepultura.[a]

Interlúdio

⁴⁹Onde está, Senhor, o teu antigo amor?
    Tu o prometeste a Davi com um juramento fiel.
⁵⁰Considera, Senhor, como teus servos passam vergonha;
    levo no coração os insultos de muitos.
⁵¹Teus inimigos, S‌ENHOR, têm zombado de mim;
    zombam do teu ungido por onde ele vai.
⁵²Louvado seja o S‌ENHOR para sempre!
    Amém e amém!

LIVRO 4 (SALMOS 90—106)

90 *Oração de Moisés, homem de Deus.*

¹Senhor, tu tens sido nosso refúgio
    ao longo das gerações.
²Antes que os montes nascessem,
    antes que formasses a terra e o mundo,
    de eternidade a eternidade, tu és Deus.
³Fazes as pessoas voltarem ao pó quando dizes:
    "Retornem ao pó, mortais".
⁴Para ti, mil anos são como um dia que passa,
    breves como algumas horas da noite.
⁵Arrastas as pessoas como numa enchente;
    elas são como sonhos que desaparecem.
São como a grama que nasce pela manhã;
⁶pela manhã, brota e floresce,
    mas, à tarde, murcha e seca.

---

[a] **89.48** Em hebraico, *do Sheol*.

⁷Somos consumidos por tua ira,
ficamos apavorados com tua fúria.
⁸Tu pões diante de ti os nossos pecados,
nossos pecados secretos, e vês todos eles.
⁹Passamos a vida debaixo de tua ira
e terminamos nossos dias com um gemido.
¹⁰Recebemos setenta anos,
alguns chegam aos oitenta.
Mas até os melhores anos são cheios de dor e desgosto;
logo desaparecem, e nós voamos.
¹¹Quem conhece o poder de tua ira?
Grande é a tua fúria, como o temor de que és digno.
¹²Ajuda-nos a entender como a vida é breve,
para que vivamos com sabedoria.
¹³Ó SENHOR, volta-te para nós!
Até quando te demorarás?
Tem compaixão de teus servos.
¹⁴Satisfaze-nos a cada manhã com o teu amor,
para que cantemos de alegria até o final da vida.
¹⁵Dá-nos alegria proporcional aos dias de aflição;
compensa-nos pelos anos em que sofremos.
¹⁶Que nós, teus servos, vejamos teus feitos outra vez;
que nossos filhos vejam a tua glória.
¹⁷Seja sobre nós a bondade do Senhor, nosso Deus;
faze prosperar nossos esforços,
sim, faze prosperar nossos esforços.

91

¹Aquele que habita no abrigo do Altíssimo
encontrará descanso à sombra do Todo-poderoso.
²Isto eu declaro a respeito do SENHOR:
ele é meu refúgio, meu lugar seguro,
ele é meu Deus e nele confio.
³Pois ele o livrará das armadilhas da vida
e o protegerá de doenças mortais.
⁴Ele o cobrirá com as suas penas
e o abrigará sob as suas asas;
a sua fidelidade é armadura e proteção.

90.11,12 Poderemos entender este salmo, se nos lembrarmos das circunstâncias que cercavam Moisés quando ele estava no deserto. Por 40 anos, ele teve que ver toda uma geração de seu povo morrer no deserto. Além das mortes que poderiam ocorrer entre aqueles que nasciam no deserto, todo aquele grande exército que saiu do Egito, provavelmente entre dois e três milhões de pessoas, baixava à sua sepultura no deserto, de forma que havia funerais constantemente. A marcha dos filhos de Israel poderia ser percebida ao longo da trilha do deserto pelas sepulturas que deixavam para trás. Você não se admirará, portanto, com essa expressão do temor de "Moisés, homem de Deus", já que ele era sempre lembrado da mortalidade humana. E observe o quão reverente e confiantemente ele se volta para o Deus vivo e eterno e descansa nele.

Vv.11,12 Foi dito de maneira apropriada que muitos homens contam suas vacas e contam suas moedas, mas se esquecem de contar os seus dias! No entanto, essa é uma espécie de aritmética que seria extremamente lucrativa para aqueles que a praticassem corretamente. Ao contar nossos dias e descobrir que são poucos, deveríamos procurar usá-los discretamente – não deveríamos sequer cogitar perder um deles! Quem seria esbanjador de um estoque tão pequeno como este que nos pertence?

91.1 Não é todo adorador que vem até ali que deve ser privilegiado, mas os que ali habitam, como Simeão e Ana habitavam no Templo. Portanto, há alguns que permanecem em Cristo e as Suas palavras permanecem neles. Eles vivem perto de Deus e, portanto, recebem mais favores seletos do que aqueles que apenas vêm e vão. "Aquele que habita no abrigo do Altíssimo". Aquele que aprendeu a permanecer no Lugar Santíssimo, perto do sangue espargido no propiciatório, para quem a oração é uma questão de constante privilégio e prazer – ele habita no abrigo do Senhor! Tal homem, vivendo próximo a Deus, permanecerá sob a sombra do Todo-poderoso. Você sabe que quando caminha com um amigo, devido a determinadas posições do Sol, a sombra desse seu amigo incide sobre você, mas você não poderá estar à sombra do seu amigo, a menos que esteja perto dele. Lemos em Cânticos dos cânticos: "À sua sombra agradável eu me sento". Deve haver proximidade para se estar sob a sombra! Portanto, deve haver grande acesso a Deus – elevada familiaridade com Ele – deve haver algo da garantia da fé antes de podermos entender tal palavra como a que se segue neste salmo. Leia-o novamente e, se você não o compreender, esforce-se até consegui-lo!

⁵Não tenha medo dos terrores da noite,
 nem da flecha que voa durante o dia.
⁶Não tema a praga que se aproxima na escuridão,
 nem a calamidade que devasta ao meio-dia.
⁷Ainda que mil caiam ao seu lado
 e dez mil morram ao seu redor,
 você não será atingido.
⁸Basta abrir os olhos,
 e verá como são castigados os perversos.
⁹Se você se refugiar no Senhor,
 se fizer do Altíssimo seu abrigo,
¹⁰nenhum mal o atingirá,
 nenhuma praga se aproximará de sua casa.
¹¹Pois ele ordenará a seus anjos
 que o protejam aonde quer que você vá.
¹²Eles o sustentarão com as mãos,
 para que não machuque o pé em alguma pedra.
¹³Você pisará leões e cobras,
 esmagará leões ferozes e serpentes debaixo dos pés.
¹⁴O Senhor diz: "Livrarei aquele que me ama,
 protegerei o que confia em meu nome.
¹⁵Quando clamar por mim, eu responderei
 e estarei com ele em meio às dificuldades;
 eu o resgatarei e lhe darei honra.
¹⁶Com vida longa o recompensarei
 e lhe darei minha salvação".

92

Salmo; cântico para ser entoado no sábado.

¹É bom dar graças ao Senhor
 e cantar louvores ao Altíssimo.
²É bom proclamar de manhã o teu amor
 e, de noite, a tua fidelidade,
³ao som de um instrumento de dez cordas,
 da harpa e da melodia da lira.
⁴Tu me alegras, Senhor, com tudo que tens feito;
 canto de alegria por causa de tuas obras.
⁵Quão grandes, Senhor, são os teus feitos
 e profundos os teus pensamentos!
⁶Só o ignorante não sabe,
 só o tolo não entende:
⁷embora os perversos brotem como a grama
 e floresçam os que praticam o mal,
 eles serão destruídos para sempre.
⁸Mas tu, Senhor, serás eternamente exaltado!
⁹Teus inimigos, Senhor, perecerão;
 todos que praticam o mal serão dispersados.
¹⁰Tu, porém, me tornaste forte como o boi selvagem
 e me ungiste com óleo da melhor qualidade.
¹¹Meus olhos viram a queda de meus inimigos,
 meus ouvidos ouviram a derrota de meus perversos adversários.
¹²Os justos, porém, florescerão como palmeiras
 e crescerão como os cedros do Líbano.

92.2,15 *V.2 Comece o dia proclamando o amor do Senhor.* Foi o amor dele que o guardou quando você ficou inconsciente e indefeso e, portanto, não pôde se proteger. Foi o Seu amor que descortinou a noite, que tocou suas pálpebras e o despertou daquele sono que era a imagem da morte e o convidou a olhar para o sol nascente. Portanto, pegue a chave da manhã para abrir o dia, e permita que esta seja a chave dourada do louvor! Proclame o amor do Senhor pela manhã. E quando a noite voltar, *cante a fidelidade de Deus.* Nós a experimentamos por mais outro dia, vamos louvá-lo por isso. Agora vemos como Ele nos gerou, perdoou, preservou, supriu nossas necessidades e continuou a nos ensinar ao longo de outro dia. Vamos, portanto, louvar e bendizer o Seu santo nome e, assim, terminar o dia nos comprometendo a dormir novamente sob a Sua divina proteção.

V.15 Nele não há injustiça. Diga isso quando tiver perdido a pessoa mais querida que você já conheceu! Diga isso quando sua propriedade tiver derretido como a geada pela manhã. Diga isso quando cada osso em seu corpo estiver doendo e alguma doença estiver acelerando a sua ida precocemente a sepultura! "Nele não há injustiça". Há quanto tempo você o conhece? Se faz 70 anos, ou mais do que isso, Ele nunca lhe foi infiel, e não permitiu que uma única promessa Sua falhasse! Escreva isso como o testemunho da experiência de todo o povo de Deus: "Nele não há injustiça".

¹³Pois estão plantados na casa do Senhor;
  florescerão nos pátios de nosso Deus.
¹⁴Mesmo na velhice produzirão frutos;
  continuarão verdejantes e cheios de
    vida.
¹⁵Anunciarão: "O Senhor é justo!
  Ele é minha rocha;
  nele não há injustiça".

93

¹O Senhor reina!
  Está vestido de majestade;
sim, o Senhor está vestido de majestade
  e armado de força.
O mundo permanece firme
  e não será abalado.
²Teu trono permanece desde os tempos
    antigos;
  tu existes desde a eternidade.
³As águas subiram, ó Senhor,
  as águas rugiram como trovão,
  as águas levantaram ondas impetuosas.
⁴Mais poderoso que o estrondo dos mares,
  mais poderoso que as ondas que
    rebentam na praia,
  mais poderoso que tudo isso é o Senhor
    nas alturas.
⁵Teus preceitos soberanos não podem ser
    alterados;
  teu reino, Senhor, é santo para todo o
    sempre!

94

¹Ó Senhor, Deus da vingança,
  ó Deus da vingança, manifesta teu
    esplendor!
²Levanta-te, ó Juiz da terra,
  dá aos orgulhosos o que merecem.
³Até quando, Senhor?
  Até quando os perversos se alegrarão de
    suas maldades?
⁴Até quando falarão com arrogância?
  Até quando os que praticam o mal
    contarão vantagens?
⁵Esmagam o teu povo, Senhor,
  oprimem os que pertencem a ti.
⁶Matam viúvas e estrangeiros
  e assassinam órfãos.
⁷"O Senhor não vê", eles dizem.
  "O Deus de Israelª não se importa."
⁸Pensem melhor, tolos!
  Quando vocês, insensatos, entenderão?
⁹Acaso é surdo aquele que fez os ouvidos?
  É cego aquele que formou os olhos?
¹⁰Aquele que castiga as nações não os
    castigará?
  Aquele que tudo sabe não sabe o que
    vocês fazem?
¹¹O Senhor conhece os pensamentos de
    cada um;
  sabe que nada valem.
¹²Feliz é aquele a quem disciplinas, Senhor,
  aquele a quem ensinas tua lei.

ª94.7 Em hebraico, de Jacó. Ver nota em 44.4.

94.6-9 *V.6 Você se admira de que o salmista orou: "Ó Deus da vingança, manifesta teu esplendor!"?* Você pode ver o órfão roubado, a viúva e o estrangeiro oprimidos, sem sentir o calor da indignação? Aquele que nunca fica indignado não tem virtude em si. Aquele que não pode queimar como brasas de zimbro contra o mal, não ama verdadeiramente a justiça. O salmista não era um homem desse tipo; ele estava justamente irado contra os ímpios, que matavam a viúva e o estrangeiro, e assassinavam os órfãos.

V.7 Eles eram praticamente ateus; pois, se tivessem um deus nominalmente, o consideravam um deus que não observava os pecados, uma divindade cega, um deus que não notava o mal. Você não acha que esta é a religião predominante de hoje? Não há muitos que dizem: "O Senhor não vê [...]. O Deus de Israel não se importa"? Deus não está em todos os seus pensamentos; para eles, Ele é insignificante, não o Javé Onisciente, e quase nunca uma pessoa, mas uma espécie de poder secundário ou uma força débil, algo desconhecido ou sem muita importância: "O Senhor não vê", eles dizem. "O Deus de Israel não se importa."

Vv.8,9 Pensem melhor, tolos! Quando um homem se afasta de Deus, ele joga fora a sua hombridade; deixa de ser um homem, e se torna como um bruto, um javali, pois assim esta expressão pode ser lida: "Vocês, javalis, dentre o povo".

Quando vocês, insensatos, entenderão? Aquele que colocou o ouvido, não ouvirá? O Senhor fez os ouvidos dos homens e os colocou perto do cérebro no melhor lugar para ouvir, e Ele mesmo não ouvirá? O argumento é impressionante. Deus nos deu ouvidos e nos fez ouvir; seria Ele mesmo surdo?

¹³Tu lhe dás alívio em tempos de aflição,
até que se abra uma cova para os perversos.
¹⁴Pois o Senhor não rejeitará seu povo;
não abandonará os que lhe pertencem.
¹⁵Os julgamentos voltarão a se basear na justiça,
e os de coração íntegro a buscarão.
¹⁶Quem me protegerá dos perversos?
Quem me defenderá dos que praticam o mal?
¹⁷Se o Senhor não tivesse me ajudado,
eu já estaria no silêncio do túmulo.
¹⁸Gritei: "Estou caindo!",
mas o teu amor, Senhor, me sustentou.
¹⁹Quando minha mente estava cheia de dúvidas,
teu consolo me deu esperança e ânimo.
²⁰Podem os líderes injustos,
aqueles cujos decretos permitem a injustiça,
afirmar que Deus está do lado deles?
²¹Juntam-se contra os justos
e condenam os inocentes à morte.
²²Mas o Senhor é a minha fortaleza;
meu Deus é a rocha onde me refugio.
²³Deus fará os pecados dos perversos caírem sobre eles;
ele os destruirá por suas maldades.
O Senhor, nosso Deus, os destruirá.

95

¹Venham, vamos cantar ao Senhor!
Vamos aclamar a Rocha de nossa salvação.
²Vamos chegar diante dele com ações de graças
e cantar a ele salmos de louvor.
³Pois o Senhor é o grande Deus,
o grande Rei acima de todos os deuses.
⁴Em suas mãos estão as profundezas da terra,
a ele pertencem os mais altos montes.
⁵O mar é dele, pois ele o criou;
suas mãos formaram a terra firme.
⁶Venham, vamos adorar e nos prostrar,
vamos nos ajoelhar diante do Senhor, nosso Criador,
⁷pois ele é o nosso Deus.
Somos o povo que ele pastoreia,
o rebanho sob o seu cuidado.

Quem dera hoje vocês ouvissem a voz do Senhor!
⁸Pois ele diz: "Não endureçam o coração,
como fizeram seus antepassados em Meribá,
como fizeram em Massá, no deserto.
⁹Ali eles me tentaram e me puseram à prova,
apesar de terem visto tudo que fiz.
¹⁰Por quarenta anos estive irado com eles e disse:
'São um povo cujo coração sempre se afasta de mim;
recusam-se a andar em meus caminhos'.
¹¹Assim, jurei em minha ira:
'Jamais entrarão em meu descanso'".

96

¹Cantem ao Senhor um cântico novo!
Toda a terra cante ao Senhor!

96.1-3 [...] tenha cuidado com as instruções do salmista. Que o cântico que você entoa seja um novo cântico. Não o cântico de sua antiga servidão legal, que você costumava cantar tão tremulamente, com o medo de um escravo. [...] não temos, queridos irmãos e irmãs, novas graças? Portanto, cantemos com a nossa nova fé, nosso novo amor e a nossa nova esperança! Alguns de vocês se tornaram nova criação em Cristo Jesus bem recentemente — cantem ao Senhor um novo cântico.

Certamente Ele fez grandes coisas por vocês, por isso vocês estão felizes. Outros estão convertidos há anos, no entanto, se o seu interior está sendo renovado a cada dia, seus louvores serão sempre novos. Lutero costumava dizer que as feridas de Cristo lhe pareciam sangrar no dia de hoje como se nunca tivessem sangrado antes, pois ele encontrava tal refrigério em seu Mestre. Você arranca uma flor e logo ela perde o seu aroma e começa a murchar, mas o nosso doce Senhor Jesus tem um sabor em Seu nome que jamais se finda. Levamos o Seu nome para deitar como um feixe de hena toda a noite em nosso peito e pela manhã cheira tão doce como quando dormimos. E quando viermos a morrer, esse lírio dos vales vai cair com a mesma profusão do que quando, com nossas mãos jovens, primeiro o arrancamos e viemos a Jesus lhe entregando toda nossa confiança! "Cantem ao Senhor um cântico novo!" Deixe que o frescor da sua alegria e a plenitude dos seus agradecimentos sejam perenes como os dias do Céu!

²Cantem ao Senhor e louvem o seu nome;
  proclamem todos os dias a sua salvação.
³Anunciem a sua glória entre as nações,
  contem a todos as suas maravilhas.
⁴Grande é o Senhor! Digno de muito louvor!
  Ele é mais temível que todos os deuses.
⁵Os deuses de outros povos não passam de
    ídolos,
  mas o Senhor fez os céus!
⁶Glória e majestade o cercam,
  força e beleza enchem seu santuário.
⁷Ó nações do mundo, reconheçam o Senhor;
  reconheçam que o Senhor é forte e
    glorioso.
⁸Deem ao Senhor a glória que seu nome
    merece,
  tragam ofertas e entrem em seus pátios.
⁹Adorem o Senhor em todo o seu santo
    esplendor;
  toda a terra trema diante dele.
¹⁰Digam entre as nações: "O Senhor reina!";
  ele firmou o mundo para que não seja
    abalado
  e com imparcialidade julgará todos os
    povos.
¹¹Alegrem-se os céus e exulte a terra!
  Deem louvor o mar e tudo que nele há!
¹²Os campos e suas colheitas gritem de
    alegria!
  As árvores do bosque exultem
¹³diante do Senhor, pois ele vem;
  ele vem julgar a terra.
Julgará o mundo com justiça
  e as nações, com sua verdade.

97

¹O Senhor reina!
  Alegre-se a terra,
  exultem os litorais mais distantes.
²Nuvens escuras o cercam;
  justiça e retidão são a base de seu trono.
³Fogo se espalha adiante dele,
  queimando todos os seus inimigos.
⁴Seus relâmpagos iluminam o mundo;
  a terra os vê e estremece.
⁵Os montes se derretem como cera diante
    do Senhor,
  diante do Senhor de toda a terra.
⁶Os céus proclamam sua justiça;
  todos os povos veem sua glória.
⁷Sejam envergonhados os que adoram
    ídolos,
  os que contam vantagem de seus deuses
    inúteis,
  pois todos os deuses se prostram diante
    dele.
⁸Sião ouviu e se alegrou,
  e todas as cidades de Judá exultam,
  por causa de tua justiça, ó Senhor.
⁹Pois tu, Senhor, és supremo sobre toda a
    terra;
  és exaltado muito acima de todos os
    deuses.
¹⁰Vocês que amam o Senhor, odeiem o
    mal!
  Ele protege a vida de seus fiéis
  e os resgata da mão dos perversos.
¹¹A luz brilha sobre os justos,
  e a alegria, sobre os que têm coração
    íntegro.
¹²Alegrem-se no Senhor todos os justos
  e louvem seu santo nome!

98

Salmo.
¹Cantem ao Senhor um cântico novo,
  pois ele fez maravilhas;
  sua mão direita e seu braço santo
    conquistaram a vitória!
²O Senhor anunciou seu poder de salvar
  e revelou sua justiça às nações.
³Lembrou-se de seu amor e fidelidade a
    Israel;
  os confins da terra viram a vitória de
    nosso Deus.
⁴Aclamem ao Senhor todos os habitantes
    da terra;
  louvem-no em alta voz com alegres
    cânticos!
⁵Cantem louvores ao Senhor com a harpa,
  com a harpa e com cânticos
    harmoniosos,
⁶com trombetas e ao som de cornetas;
  exultem e cantem diante do Senhor, o
    Rei!
⁷Deem gritos de louvor o mar e tudo que
    nele há,
  e também a terra e todos os seres vivos.
⁸Os rios batam palmas,
  e os montes cantem de alegria

9diante do SENHOR,
pois ele vem julgar a terra.
Julgará o mundo com justiça
e as nações, com imparcialidade.

99

1O SENHOR reina!
Tremam os povos!
Ele está sentado em seu trono acima dos querubins.
Trema toda a terra!
2O SENHOR é soberano em Sião,
exaltado acima de todos os povos.
3Seja louvado teu grande e temível nome,
pois é santo!
4Rei poderoso, que ama a justiça,
tu estabeleceste a imparcialidade.
Agiste com justiça
e retidão em Israel.[a]
5Exaltem o SENHOR, nosso Deus;
prostrem-se a seus pés, pois ele é santo!
6Moisés e Arão estavam entre seus sacerdotes,
e Samuel também invocava seu nome.
Clamavam ao SENHOR,
e ele lhes respondia.
7Da coluna de nuvem lhes falava,
e eles seguiam os preceitos e os decretos que ele lhes dava.
8Ó SENHOR, nosso Deus, tu lhes respondias;
eras para eles Deus perdoador,
mas os castigava quando se desviavam.
9Exaltem o SENHOR, nosso Deus,
e prostrem-se em seu santo monte,
pois o SENHOR, nosso Deus, é santo!

100

Salmo de ações de graças.

1Aclamem ao SENHOR todos os habitantes da terra!
2Sirvam ao SENHOR com alegria,
apresentem-se diante dele com cânticos.
3Reconheçam que o SENHOR é Deus!
Ele nos criou e a ele pertencemos;[b]
somos seu povo, o rebanho que ele pastoreia.

[a]**99.4** Em hebraico, *Jacó*. Ver nota em 44.4. [b]**100.3** Conforme leitura alternativa do Texto Massorético; outra leitura e algumas versões antigas trazem *e não nós mesmos*.

99.1 Nenhuma doutrina em toda a Palavra de Deus tem suscitado mais o ódio da humanidade do que a verdade da soberania absoluta de Deus. O fato de que "o Senhor reina" é incontestável — e é esse fato que provoca a maior oposição no coração não renovado do ser humano. "Os reis da terra se preparam para a batalha; os governantes conspiram juntos, contra o Senhor e contra seu ungido. 'Vamos quebrar estas correntes!', eles dizem. 'Vamos nos libertar da escravidão!'". Sabemos o que o Senhor pensa da rebelião deles contra Ele: "Aquele que governa nos céus ri; o Senhor zomba deles. Então, em sua ira, ele os repreende e, com sua fúria, os aterroriza". Amados, não estejamos entre aqueles que se recusam a acreditar nesta grande verdade de Deus, mas que possamos nos prostrar humildes diante desse soberano temor que faz como Ele quer entre os exércitos do Céu e entre os habitantes deste mundo inferior.

100.2 [...] por servir a Deus não queremos meramente dizer ir a um local de adoração; pois, para nós, em certo sentido, não há lugares de adoração. Todos os lugares são lugares de adoração para um cristão; onde quer que ele esteja deve estar com uma disposição mental para adorar. Irmãos e irmãs, quando servimos a Deus no altar da família, tentemos, como pais, mesclar alegria ao culto. É um grande erro os pais cristãos fazerem da leitura e oração em família algo tedioso e monótono. Que sejamos animados e alegres na adoração em família. Em sua devoção particular você também deve servir ao Senhor com alegria. Quando você tiver meia hora ou mais com o Altíssimo, peça-lhe que o capacite a cumprir o mandamento no Salmo 100: "Sirvam ao Senhor com alegria". No entanto, o serviço de um cristão a Deus dura o dia inteiro! O cristão genuíno sabe que pode servir a Deus na loja da mesma forma que na igreja; sabe que o serviço a Deus pode ser conduzido no campo ou no mercado; enquanto compra e vende, tão bem quanto com cânticos e oração. Não prestaríamos um serviço melhor se o víssemos sob essa luz? Não seria afortunado se, concernente a todo nossa obra de servir a Deus, o fizéssemos com alegria? Talvez seu trabalho seja muito difícil; bem, não seja um servo cuidadoso apenas quando é observado ou alguém que busca agradar aos homens antes de a Deus, mas com singeleza de coração sirva a Deus neste trabalho, e você o executará com alegria. Talvez sua situação seja a de uma labuta muito árdua. Leve em consideração que Deus o colocou aí. Se não puder ver uma porta ou escape, aceite o que o Senhor lhe concedeu; e aceitando-a das mãos do Pai, você será capacitado a servi-lo em alegria. A verdadeira religião nos acompanha em cada ato da vida diária: é fingida a religião que se demonstra apenas quando se está ajoelhado.

⁴Entrem por suas portas com ações de graças
e, em seus pátios, com cânticos de louvor;
deem-lhe graças e louvem o seu nome.
⁵Pois o Senhor é bom!
Seu amor dura para sempre,
e sua fidelidade, por todas as gerações.

101 *Salmo de Davi.*

¹Cantarei o teu amor e a tua justiça, Senhor;
com cânticos te louvarei.
²Buscarei viver de modo inculpável;
quando virás me ajudar?
Viverei com integridade
em minha própria casa.
³Não olharei para coisa alguma
que seja má e vulgar.
Odeio todos que agem de forma desonesta;
não terei nada a ver com eles.
⁴Rejeitarei ideias perversas
e me manterei afastado de todo mal.
⁵Não tolerarei quem difama seu próximo,
não suportarei presunção nem orgulho.
⁶Irei à procura dos fiéis
para conviverem comigo.
Só terão permissão de me servir
os que andam no caminho certo.
⁷Não permitirei que enganadores habitem em minha casa,
nem que mentirosos permaneçam em minha presença.
⁸Minha tarefa diária será acabar com os perversos
e expulsar da cidade do Senhor os que praticam o mal.

102 *Oração de um aflito que derrama seus problemas diante do Senhor.*

¹Senhor, ouve minha oração,
escuta minha súplica!
²Não escondas de mim o rosto
na hora de minha aflição.
Inclina-te para ouvir
e responde-me depressa quando clamo a ti.
³Pois meus dias somem como fumaça;
como brasas ardentes, meus ossos queimam.
⁴Meu coração está esgotado, secou-se como capim;
até perdi o apetite.
⁵Por causa de minha ansiedade,
não passo de pele e osso.
⁶Sou como a coruja no deserto,
como a pequena coruja num lugar desolado.
⁷Não consigo dormir;
sou como o pássaro solitário no telhado.
⁸Todos os dias meus inimigos me insultam;
zombam de mim e me amaldiçoam.
⁹As cinzas são meu alimento,
e as lágrimas se misturam com minha bebida,
¹⁰por causa de tua ira e de tua fúria,
pois me levantaste e depois me lançaste fora.
¹¹Minha vida passa rápido, como as sombras que se vão;
vou murchando, como o capim.
¹²Tu, porém, Senhor, reinarás para sempre;
teu nome será lembrado por todas as gerações.
¹³Tu te levantarás e terás misericórdia de Sião;
já é tempo de lhe mostrar compaixão,
este é o momento esperado.
¹⁴Pois teus servos amam cada pedra de seus muros
e estimam até mesmo o pó em suas ruas.
¹⁵As nações temerão o nome do Senhor,
os reis da terra estremecerão diante de sua glória.
¹⁶Pois o Senhor reconstruirá Sião;
ele aparecerá em sua glória.
¹⁷Ouvirá as orações dos indefesos
e não rejeitará suas súplicas.
¹⁸Fique isto registrado para as gerações futuras,
para que um povo ainda não criado louve o Senhor.
¹⁹Contem-lhes que o Senhor olhou para baixo,
de seu santuário celeste.
Do alto olhou para a terra,
²⁰para ouvir o gemido dos prisioneiros,
para libertar os condenados à morte.

²¹Assim, o nome do Senhor será
proclamado em Sião,
seu louvor, em Jerusalém,
²²quando os povos se reunirem
e os reinos vierem para servir ao
Senhor.
²³No meio de minha vida, ele me tirou as
forças
e me encurtou os dias.
²⁴Mas eu clamei a ele: "Ó meu Deus, que
vive para sempre,
não tires minha vida enquanto ainda sou
jovem!".
²⁵Muito tempo atrás, lançaste os
fundamentos da terra
e com as tuas mãos formaste os céus.
²⁶Eles deixarão de existir, mas tu
permanecerás para sempre;
eles se desgastarão, como roupa velha.
Tu os trocarás, como se fossem vestuário,
e os jogarás fora.
²⁷Tu, porém, és sempre o mesmo;
teus dias jamais terão fim.
²⁸Os filhos de teus servos viverão em
segurança,
e seus descendentes prosperarão em tua
presença.

103 *Salmo de Davi.*

¹Todo o meu ser louve o Senhor;
louvarei seu santo nome de todo o
coração.
²Todo o meu ser louve o Senhor;
que eu jamais me esqueça de suas
bênçãos.
³Ele perdoa todos os meus pecados
e cura todas as minhas doenças.
⁴Ele me resgata da morte
e me coroa de amor e misericórdia.
⁵Ele enche minha vida de coisas boas;
minha juventude é renovada como a
águia!
⁶O Senhor faz justiça
e defende a causa dos oprimidos.
⁷Revelou seus planos a Moisés
e seus feitos, aos israelitas.
⁸O Senhor é compassivo e misericordioso,
lento para se irar e cheio de amor.
⁹Não nos acusará o tempo todo,
nem permanecerá irado para sempre.
¹⁰Não nos castiga por nossos pecados,
nem nos trata como merecemos.
¹¹Pois seu amor por aqueles que o temem
é imenso como a distância entre os céus
e a terra.
¹²De nós ele afastou nossos pecados,
tanto como o Oriente está longe do
Ocidente.
¹³O Senhor é como um pai para seus filhos,
bondoso e compassivo para os que o
temem.
¹⁴Pois ele sabe como somos fracos;
lembra que não passamos de pó.
¹⁵Nossos dias na terra são como o capim;
como as flores do campo,
desabrochamos.
¹⁶O vento sopra, porém, e desaparecemos,
como se nunca tivéssemos existido.
¹⁷Mas o amor do Senhor por aqueles que o
temem
dura de eternidade a eternidade.
Sua justiça se estende até os filhos dos
filhos

103.12 O texto diz: "De nós ele afastou nossos pecados, tanto como o Oriente está longe do Ocidente." Alguém pode dizer qual a distância entre o Leste e o Oeste? Você começa a calcular, talvez, na superfície do globo, mas eu digo: "Não, não é assim. O Leste está mais distante do que qualquer distância que você possa viajar neste globo. Olhe para o sol distante". Então você começa a medir dentro dos limites do sistema solar para o leste. Mas eu digo: "Não. O sistema solar é apenas uma mancha no Universo; devo ter uma medida maior do que essa". "Vamos medir o espaço, então", alguém diz. O espaço! O que você quer dizer com isso? Você quer dizer tudo o que já foi visto pelo telescópio do astrônomo quando ele observou a noite na Via Láctea? Ah, mas isso é apenas um canto de espaço ilimitado! Devo medir o infinito, e você seguirá naquela direção com sua linha para o leste, e eu irei naquela direção com a minha linha para o oeste — e você me dirá até que ponto os dois estão separados. Bem, o intervalo é ilimitado! Isso significa uma distância infinita! Ora, Deus levou os pecados do Seu povo a uma distância infinita, isto é, não há medo de que esses pecados algum dia retornem. Os pecados se foram, se foram, se foram; se foram completamente!

¹⁸dos que guardam sua aliança,
dos que obedecem a seus mandamentos.

¹⁹O Senhor fez dos céus o seu trono,
de onde reina sobre todas as coisas.

²⁰Louvem o Senhor todos os anjos,
os poderosos que executam seus planos,
os que cumprem cada uma de suas ordens.

²¹Sim, louvem o Senhor os exércitos de anjos,
os que o servem e fazem sua vontade.

²²Louve o Senhor tudo o que ele criou,
todas as coisas em todo o seu reino.

Todo o meu ser louve o Senhor.

104

¹Todo o meu ser louve o Senhor.

Ó Senhor, meu Deus, como és grandioso!
Estás vestido de glória e majestade,
²envolto num manto de luz.
Estendes a cortina estrelada dos céus,
³pões as vigas de tua casa nas nuvens de chuva.
Fazes das nuvens o teu carro de combate,
cavalgas nas asas do vento.

⁴Os ventos são teus mensageiros,
e as chamas de fogo, teus servos.ᵃ

⁵Firmaste o mundo sobre seus alicerces,
para que jamais seja abalado.

⁶Vestiste a terra com torrentes de água,
com água que cobriu até os montes.

⁷Por tua ordem, as águas fugiram;
ao som de teu trovão, saíram correndo.

⁸Montes se ergueram e vales afundaram,
ao nível que tu decretaste.

⁹Estabeleceste um limite para as águas,
para que nunca mais cobrissem a terra.

¹⁰Fazes as fontes derramarem água nos vales,
e os riachos correm entre os montes.

¹¹Todos os animais bebem dessa água,
e os jumentos selvagens matam a sede.

¹²As aves fazem ninhos junto aos riachos
e cantam entre os ramos das árvores.

¹³De tua habitação celeste, envias chuva sobre os montes
e enches a terra com o fruto do teu trabalho.

¹⁴Fazes o pasto crescer para os animais,
e as plantas, para as pessoas cultivarem.
Permites que, da terra, colham seu alimento:
¹⁵vinho para alegrar o coração,
azeite para fazer brilhar a pele,
pão para dar forças.

¹⁶As árvores do Senhor são bem cuidadas,
os cedros do Líbano que ele plantou.

¹⁷Nelas as aves fazem seus ninhos,
nos ciprestes as cegonhas têm seu lar.

¹⁸No alto dos montes vivem as cabras selvagens,
nas rochas se escondem os coelhos silvestres.ᵇ

¹⁹Fizeste a lua para marcar as estações,
e o sol sabe a hora de se pôr.

ᵃ **104.4** A Septuaginta traz *Ele envia seus anjos como ventos, / e seus servos, como chamas de fogo.* Comparar com Hb 1.7.
ᵇ **104.18** Ou *híraces*, ou *arganazes*.

104.10-12,18,27 Creio que já sentimos algo de bem-estar santo enquanto os nossos corações e vozes louvam o Senhor nosso Deus. Talvez este salmo possa nos ajudar a nos manter em um estado de espírito de louvor. Antes de tudo, Davi cantava a majestade de Deus em Suas obras. Por isso parece como se o espírito de louvor dentro dele se tornou como um anjo de fortes asas e, ao entrar no céu, começou a subir alto sobre as várias paisagens do mundo até o sol se pôr. E mesmo assim, ele continuou movendo-se através da escuridão até o Sol se levantar novamente e o achou ainda louvando a seu Deus! Observaremos, ao lermos o salmo, esse voo estranho e misterioso do espírito de louvor.

Vv.10-12 Não conheço nenhum lugar que pareça trazer alegria e louvor melhor do que estar ao lado de um riacho ondulante que cai pelas fendas entre as rochas, ver os animais vir beber dele e ouvir os pássaros cantarem alegremente entre os ramos, ou pendurarem-se e mergulharem nesse riacho! Até mesmo a leitura deste salmo pode ser como uma brisa fresca e refrescante para você neste momento — e sua alma pode, na imaginação, voar com Davi, enquanto você também louva e bendiz o seu Deus!

Vv.18,19 Para que não haja nenhuma parte da Terra em que não esteja cheia da bondade de Deus! Mesmo as rochas, que não produzem nada para o arado, fornecem

²⁰Envias a escuridão e se faz noite,
quando vagueiam os animais do bosque.
²¹Os leões jovens rugem por sua presa,
saem à procura do alimento que Deus lhes provê.
²²Ao amanhecer eles se recolhem,
voltam à toca para descansar.
²³Então as pessoas saem para o serviço,
onde trabalham até o entardecer.
²⁴Ó Senhor, que variedade de coisas criaste!
Fizeste todas elas com sabedoria;
a terra está cheia de tuas criaturas.
²⁵Ali está o oceano, vasto e imenso,
cheio de seres de todo tipo,
grandes e pequenos.
²⁶Por ele passam navios,
e o Leviatã,ᵃ que criaste para brincar no mar.
²⁷Todos dependem de ti
para lhes proveres o alimento de que necessitam.
²⁸Quando tu lhes dás, eles o recolhem;
abres a mão para alimentá-los,
e eles ficam satisfeitos.
²⁹Se te afastas deles, porém, enchem-se de medo;
quando lhes retiras o fôlego,
morrem e voltam ao pó.
³⁰Quando sopras teu fôlego,ᵇ
novos seres são gerados,
e renovas a face da terra.
³¹Que a glória do Senhor permaneça para sempre;
o Senhor tem prazer em tudo que criou!
³²Basta um olhar, e a terra estremece;
com um simples toque, faz fumegar os montes.
³³Cantarei ao Senhor enquanto viver,
louvarei meu Deus até meu último suspiro.
³⁴Todos os meus pensamentos lhe sejam agradáveis;
no Senhor me alegrarei.
³⁵Desapareçam da terra todos os pecadores,
deixem de existir para sempre os perversos.

Todo o meu ser louve o Senhor.

Louvado seja o Senhor!

105

¹Deem graças ao Senhor e proclamem seu nome;
anunciem entre os povos o que ele tem feito.
²Cantem a ele, sim, cantem louvores a ele;
falem a todos de suas maravilhas.
³Exultem em seu santo nome,
alegrem-se todos que buscam o Senhor.
⁴Busquem o Senhor e sua força,
busquem sua presença continuamente.
⁵Lembrem-se das maravilhas que ele fez,
dos milagres que realizou e dos juízos que pronunciou,
⁶vocês que são filhos de seu servo Abraão,
descendentes de Jacó, seus escolhidos.
⁷Ele é o Senhor, nosso Deus;
vemos sua justiça em toda a terra.
⁸Ele é fiel à sua aliança para sempre,
ao compromisso que firmou com mil gerações.
⁹É a aliança que fez com Abraão,
o juramento que fez a Isaque.
¹⁰Ele a confirmou a Jacó por decreto,
ao povo de Israel como aliança sem fim:

ᵃ **104.26** A identificação do *Leviatã* é controversa; as propostas vão desde uma criatura terrestre até um monstro marinho mítico da literatura antiga. ᵇ **104.30** Ou *Quando envias o teu Espírito*.

---

um refúgio para os coelhos, e as colinas altas são um lar para as cabras selvagens, enquanto a terra fértil embaixo torna o coração do homem feliz. À medida que o espírito de louvor voa sobre os picos das montanhas, o sol se põe. O salmista testemunha essa grande visão, um pôr do sol oriental.

V.27 Meus irmãos e irmãs, que ideia temos aqui de Deus suprindo assim todas as criaturas da terra e do mar! Elas estão todas esperando por Ele — e não podem ir a nenhuma outra despensa senão a dele — nenhum outro celeiro pode suprir suas necessidades! Certamente, não precisamos temer que Ele falhará conosco. Se Ele alimenta o leviatã, com suas grandes necessidades e os muitos pássaros com suas pequenas necessidades, não esquecerá os Seus filhos! Jamais reterá tudo que é bom daqueles que andam de maneira correta.

¹¹"Darei a vocês a terra de Canaã,
como a porção de sua herança".
¹²Assim declarou quando eles ainda eram poucos,
um punhado de estrangeiros em Canaã.
¹³Vagaram de uma nação a outra,
de um reino a outro.
¹⁴E, no entanto, não permitiu que ninguém os oprimisse
e, em seu favor, repreendeu reis:
¹⁵"Não toquem em meu povo escolhido,[a]
não façam mal a meus profetas".

¹⁶Mandou vir fome sobre a terra de Canaã
e cortou a provisão de alimento.
¹⁷Então enviou um homem adiante deles,
José, que foi vendido como escravo.
¹⁸Feriram seus pés com correntes
e com ferros prenderam seu pescoço.
¹⁹O Senhor pôs José à prova,
até chegar a hora de cumprir sua palavra.
²⁰O faraó mandou chamar José e o libertou;
o governante de nações lhe abriu a porta da prisão.
²¹José foi encarregado do palácio real
e se tornou administrador de todos os seus bens.
²²Tinha toda a liberdade de instruir[b] os assistentes do faraó
e de ensinar os conselheiros da corte.

²³Então Israel chegou ao Egito;
Jacó viveu como estrangeiro na terra de Cam.
²⁴O Senhor multiplicou seu povo,
até que se tornaram mais numerosos que seus opressores.
²⁵Voltou os egípcios contra seu povo,
e eles tramaram contra os servos do Senhor.
²⁶Mas o Senhor enviou Moisés, seu servo,
e Arão, a quem havia escolhido.
²⁷Eles realizaram sinais entre os egípcios,
maravilhas na terra de Cam.
²⁸O Senhor cobriu o Egito com trevas,
pois desobedeceram[c] à ordem para deixar seu povo ir.
²⁹Transformou as águas em sangue
e matou os peixes.
³⁰Rãs infestaram a terra
e invadiram até os aposentos do rei.
³¹Por sua ordem, moscas desceram sobre os egípcios,
e piolhos encheram todo o seu território.
³²Enviou-lhes granizo em lugar de chuva,
e relâmpagos faiscaram sobre a terra.
³³Destruiu as videiras e as figueiras
e despedaçou todas as árvores.
³⁴Por sua ordem, vieram enxames de gafanhotos,
incontáveis gafanhotos jovens.
³⁵Devoraram toda a vegetação da terra
e destruíram toda a plantação nos campos.
³⁶Depois, matou o filho mais velho de todos os lares egípcios,
a força e o orgulho de cada família.

³⁷Tirou seu povo do Egito cheio de prata e de ouro,
e ninguém das tribos de Israel sequer tropeçou.
³⁸Os egípcios se alegraram quando eles partiram,
pois muito os temiam.
³⁹O Senhor estendeu sobre o povo uma cobertura de nuvem
e lhe deu fogo para iluminar a escuridão.
⁴⁰Quando pediram carne, enviou codornas;
saciou sua fome com o pão do céu.
⁴¹Partiu uma rocha, e jorrou água,
que correu como um rio pelo deserto.
⁴²Pois ele se lembrou da santa promessa
que havia feito a seu servo Abraão.
⁴³Tirou seu povo do Egito com alegria,
seus escolhidos, com celebração.
⁴⁴Deu a seu povo as terras das nações,
e eles colheram o que outros haviam plantado.
⁴⁵Tudo isso aconteceu para que guardassem seus decretos
e obedecessem a suas leis.

Louvado seja o Senhor!

---

[a] 105.15 Em hebraico, *em meus ungidos*. [b] 105.22 Conforme a Septuaginta e a versão siríaca; o hebraico traz *amarrar* ou *aprisionar*. [c] 105.28 Conforme a Septuaginta e a versão siríaca; o hebraico traz *não desobedeceram*.

106

¹Louvado seja o Senhor!
Deem graças ao Senhor porque ele é bom;
seu amor dura para sempre!
²Quem poderá contar os feitos poderosos do Senhor?
Quem poderá louvá-lo como ele merece?
³Como são felizes os que fazem o que é certo
e praticam a justiça todo o tempo!
⁴Lembra-te de mim, Senhor, quando mostrares favor ao teu povo;
aproxima-te e resgata-me.
⁵Que eu compartilhe da prosperidade dos teus escolhidos;
que eu me alegre na alegria do teu povo
e exulte com aqueles que pertencem a ti.
⁶Pecamos, como nossos antepassados;
fomos desobedientes e rebeldes.
⁷No Egito, nossos antepassados não deram valor às maravilhas do Senhor.
Não se lembraram de seus muitos atos de bondade;
rebelaram-se contra ele junto ao mar Vermelho.ᵃ
⁸Assim mesmo ele os resgatou,
para proteger a honra de seu nome,
para mostrar seu grande poder.
⁹Ordenou que o mar Vermelhoᵇ secasse
e os conduziu pelas águas como por um deserto.
¹⁰Ele os resgatou das mãos de seus inimigos
e os libertou das garras de seus adversários.
¹¹As águas se fecharam e cobriram seus opressores;
nenhum deles sobreviveu.
¹²Então creram em suas promessas
e cantaram louvores a ele.
¹³Depressa, porém, esqueceram-se do que ele havia feito;
não quiseram esperar por seus conselhos.
¹⁴No deserto, os desejos do povo se tornaram insaciáveis;
puseram Deus à prova naquela terra desolada.
¹⁵Ele atendeu a seus pedidos,
mas também lhes enviou uma praga.
¹⁶No acampamento, tiveram inveja de Moisés
e de Arão, o sacerdote consagrado ao Senhor.
¹⁷Por isso, a terra se abriu;
engoliu Datã
e sepultou Abirão e os outros rebeldes.
¹⁸Fogo desceu sobre aqueles que os seguiam;
uma chama consumiu os perversos.
¹⁹No monte Sinai,ᶜ fizeram um bezerro;
prostraram-se diante de uma imagem de metal.
²⁰Trocaram seu Deus glorioso
pela estátua de um boi que come capim.
²¹Esqueceram-se de Deus, seu salvador,
que havia feito coisas grandiosas no Egito,
²²atos maravilhosos na terra de Cam,
feitos notáveis no mar Vermelho.
²³Por isso, declarou que os destruiria,

ᵃ**106.7** Em hebraico, *ao mar, ao mar de juncos*. ᵇ**106.9** Em hebraico, *o mar de juncos*; também em 106.22. ᶜ**106.19** Em hebraico, *Em Horebe*, outro nome para o Sinai.

106.9 A providência colocou o mar Vermelho lá e empilhou as rochas de cada lado. A providência representada pela brilhante coluna de nuvem os tinha conduzido à costa e *os conduziu ao problema*; e agora a mesma coluna de providência veio em sua ajuda! Eles não chegaram lá sem serem direcionados e, portanto, não ficariam desprotegidos ali, pois a mesma coluna de nuvem que os guiou até lá, os seguiu para protegê-los! Portanto, alegrem-se, herdeiros da graça! Qual é a sua provação? A providência a trouxe sobre vocês? Se assim for, a sabedoria infalível os livrará disso. Sobre o que vocês agora exercitam? Tão certo quanto vocês estão vivos, Deus o removerá! Vocês acham que a coluna de nuvem de Deus em algum momento os levaria a um lugar onde o braço direito de Deus lhes faltaria? Imaginam que Ele os guiaria a tal problema do qual não poderia retirá-los novamente? A providência que, aparentemente, os desorienta, será, na verdade, sua amiga!

mas Moisés, seu escolhido, pôs-se entre
ele e o povo
e suplicou-lhe que afastasse sua ira e não
os destruísse.
²⁴Eles, porém, se recusaram a entrar na
terra agradável,
pois não creram na promessa.
²⁵Em vez disso, resmungaram em suas
tendas
e não deram ouvidos ao Senhor.
²⁶Assim, ele jurou solenemente
que os mataria no deserto,
²⁷que dispersaria[a] seus descendentes entre
as nações
e os enviaria para o exílio em terras
distantes.
²⁸Depois, juntaram-se aos adoradores de
Baal em Peor;
chegaram a comer sacrifícios oferecidos
a mortos.
²⁹Com todos esses atos, provocaram a ira
do Senhor,
por isso uma praga se espalhou entre
eles.
³⁰Fineias, porém, teve coragem de intervir,
e a praga foi detida.
³¹Assim, desde então,
ele foi considerado justo.
³²Também em Meribá, provocaram a ira do
Senhor,
e causaram sérios problemas a Moisés.
³³Fizeram Moisés se irar,[b]
e ele falou sem refletir.
³⁴Não destruíram as nações que habitavam
na terra,
como o Senhor lhes havia ordenado.
³⁵Em vez disso, misturaram-se com elas
e adotaram seus costumes.
³⁶Adoraram ídolos estrangeiros,
o que causou sua ruína.
³⁷Chegaram a sacrificar aos demônios
seus filhos e filhas.
³⁸Derramaram sangue inocente,
o sangue de seus filhos e filhas.
Ao oferecer sacrifícios aos ídolos de
Canaã,
contaminaram a terra com sangue.
³⁹A si mesmos contaminaram com seus
atos perversos;
seu amor aos ídolos foi adultério.
⁴⁰Por isso, a ira do Senhor se acendeu,
e ele sentiu aversão por seu povo, sua
propriedade.
⁴¹Entregou-os às nações,
e foram dominados por aqueles que os
odiavam.
⁴²Seus inimigos os oprimiram
e os sujeitaram ao seu poder cruel.
⁴³Muitas vezes os livrou,
mas escolheram se rebelar contra ele;
por fim, seu pecado os destruiu.
⁴⁴Ainda assim, ele viu a aflição do povo
e ouviu seus clamores.
⁴⁵Lembrou-se de sua aliança com eles
e teve compaixão por causa do seu
grande amor.
⁴⁶Fez que seus captores
os tratassem com misericórdia.
⁴⁷Salva-nos, Senhor, nosso Deus!
Reúne-nos dentre as nações,
para darmos graças ao teu santo nome,
para nos alegrarmos no teu louvor!
⁴⁸Louvem o Senhor, o Deus de Israel,
que vive de eternidade a eternidade.
Todos digam "Amém"!

Louvado seja o Senhor!

Livro 5 (Salmos 107—150)

107
¹Deem graças ao Senhor, porque ele
é bom;
seu amor dura para sempre!
²O Senhor os resgatou? Proclamem em alta
voz!
Contem a todos que ele os resgatou de
seus inimigos.
³Pois ele reuniu os que estavam exilados
em muitas terras,
do leste e do oeste,
do norte e do sul.[c]

⁴Eles vagavam pelo deserto,
perdidos e sem lar.

---

[a] 106.27 Conforme a versão siríaca; o hebraico traz *que derrubaria*. [b] 106.33 Em hebraico, *Amarguraram seu espírito*. [c] 107.3 Em hebraico, *e do mar*.

⁵Famintos e sedentos,
  chegaram à beira da morte.
⁶Em sua aflição, clamaram ao Senhor,
  e ele os livrou de seus sofrimentos.
⁷Conduziu-os por um caminho seguro,
  a uma cidade onde pudessem morar.
⁸Que louvem o Senhor por seu grande amor
  e pelas maravilhas que fez pela humanidade.
⁹Pois ele sacia o sedento
  e enche de coisas boas o faminto.

¹⁰Estavam sentados na escuridão e em trevas profundas,
  presos com as algemas de ferro do sofrimento.
¹¹Rebelaram-se contra as palavras de Deus
  e desprezaram o conselho do Altíssimo.
¹²Por isso ele os sujeitou a trabalhos pesados;
  caíram, e não houve quem os ajudasse.
¹³Em sua aflição, clamaram ao Senhor,
  e ele os livrou de seus sofrimentos.
¹⁴Tirou-os da escuridão e das trevas profundas
  e quebrou suas algemas.
¹⁵Que louvem o Senhor por seu grande amor
  e pelas maravilhas que fez pela humanidade.
¹⁶Pois ele quebrou as portas de bronze da prisão
  e partiu as trancas de ferro.

¹⁷Foram tolos;
  rebelaram-se e sofreram por causa de seus pecados.
¹⁸Não conseguiam nem pensar em comer
  e estavam às portas da morte.
¹⁹Em sua aflição, clamaram ao Senhor,
  e ele os livrou de seus sofrimentos.
²⁰Enviou sua palavra e os curou,
  e os resgatou da morte.
²¹Que louvem o Senhor por seu grande amor
  e pelas maravilhas que fez pela humanidade.
²²Que ofereçam sacrifícios de ações de graças
  e anunciem suas obras com canções alegres.

²³Viajaram pelo mundo em navios;
  percorreram as rotas comerciais dos mares.
²⁴Também eles viram as obras do Senhor
  e suas maravilhas nas águas mais profundas.
²⁵Por sua ordem, os ventos se levantaram
  e agitaram as ondas.
²⁶Seus navios eram lançados aos céus,
  depois desciam às profundezas;
  foram tomados de pavor.
²⁷Cambaleavam e tropeçavam, como bêbados,
  e não sabiam mais o que fazer.
²⁸Em sua aflição, clamaram ao Senhor,
  e ele os livrou de seus sofrimentos.
²⁹Acalmou a tempestade
  e aquietou as ondas.
³⁰A calmaria os alegrou,
  e ele os levou ao porto em segurança.
³¹Que louvem o Senhor por sua bondade
  e pelas maravilhas que fez pela humanidade.
³²Que o exaltem em público,
  diante da comunidade e dos líderes do povo.

³³Ele transforma rios em desertos,
  e fontes de água em terra seca.
³⁴Torna a terra fértil em solo inútil,
  por causa da perversidade de seus habitantes.
³⁵Também transforma os desertos em açudes
  e a terra seca em fontes de água.
³⁶Leva os famintos para ali se estabelecerem
  e construírem suas cidades.
³⁷Eles semeiam campos, plantam videiras
  e têm grandes colheitas.
³⁸Sim, ele os abençoa!
  Ali, criam famílias numerosas,
  e seus rebanhos não param de crescer.
³⁹Mas, quando diminuem em número e empobrecem
  por causa da opressão, da miséria e da tristeza,

⁴⁰O Senhor lança desprezo sobre seus príncipes
e os faz vagar num deserto sem caminhos.
⁴¹Contudo, livra do sofrimento os pobres
e aumenta suas famílias como rebanhos de ovelhas.
⁴²Os justos verão essas coisas e se alegrarão,
enquanto os perversos serão calados.
⁴³Quem é sábio levará tudo isso a sério;
perceberá como tem sido leal o amor do Senhor.

108 *Cântico; salmo de Davi.*

¹Meu coração está firme em ti, ó Deus;
por isso te cantarei louvores com todo o meu ser.
²Despertem, lira e harpa!
Quero acordar o amanhecer com a minha canção.
³Eu te darei graças, Senhor, no meio dos povos;
cantarei louvores a ti entre as nações.
⁴Pois o teu amor é mais alto que os céus;
a tua fidelidade chega até as nuvens.
⁵Sê exaltado, ó Deus, acima dos mais altos céus;
que a tua glória brilhe sobre toda a terra!
⁶Agora, livra teu povo amado;
responde-nos e salva-nos por teu poder.
⁷Deus, em seu santuário,ᵃ prometeu:
"Com alegria dividirei Siquém
e medirei o vale de Sucote.
⁸Gileade é minha, e também Manassés;
Efraim é meu capacete,
e Judá, meu cetro.
⁹Moabe é minha bacia de lavar;
limparei os pés sobre Edom
e darei um grito de triunfo sobre a Filístia".
¹⁰Quem me levará à cidade fortificada?
Quem me guiará até Edom?
¹¹Acaso nos rejeitaste, ó Deus?
Não marcharás mais com nossos exércitos?
¹²Ajuda-nos contra nossos inimigos,
pois todo socorro humano é inútil.
¹³Com o auxílio de Deus, realizaremos grandes feitos,
pois ele pisará os nossos inimigos.

109 *Ao regente do coral: salmo de Davi.*

¹Ó Deus, a quem eu louvo,
não permaneças calado,
²enquanto os perversos me caluniam
e falam mentiras a meu respeito.
³Eles me cercam de palavras odiosas
e me atacam sem motivo.
⁴Retribuem meu amor com acusações,
mesmo enquanto oro por eles.
⁵Pagam-me o bem com o mal,
e o amor, com o ódio.
⁶Que um perverso testemunhe contra ele,
e um acusador o leve a julgamento.
⁷Quando julgarem sua causa,
que o declarem culpado;
considerem pecado suas orações.
⁸Que sua vida seja curta,

ᵃ**108.7** Ou *em sua santidade*.

108.7 Por qual motivo você pode confiar na Palavra de Deus? Certamente é por saber que se Deus falar, *Ele o fará*. Por Sua Palavra, Ele fez os Céus e a Terra — e é por Sua Palavra que os Céus e a Terra continuam como estão até hoje! [...] Portanto, amados irmãos e irmãs, se há uma promessa de Deus de ajudá-lo num momento de tribulação, ou de preservá-lo numa hora da tentação, ou de livrá-lo da provação, ou de lhe dar a Graça Divina de acordo com o seu dia — essa promessa é tão boa quanto se já tivesse sido realizada já que a Palavra de Deus certamente será seguida por seu cumprimento no devido tempo! Peço-lhe, então, enquanto você lê a promessa, que diga a si mesmo: "É feito como Deus disse". Se algum homem de posses, com quem você faz negócios, lhe der um cheque no valor que ele lhe deve, você não diz que ele lhe pagou? No entanto, ele não lhe entregou nem um centavo em dinheiro — nem uma nota ou moeda de ouro e prata trocou de mão entre vocês — mas você diz, com razão, que ele o pagou porque a assinatura dele no cheque é tão válida quanto o dinheiro. E a Palavra de Deus não é tão boa quanto a do homem? Sim, é, e muito melhor! Então, assim, considere-a — Ó! Que a fé o faça neste exato momento!

e outro ocupe seu lugar.
⁹Que seus filhos se tornem órfãos,
e sua esposa, viúva.
¹⁰Que seus filhos andem sem rumo, como mendigos,
e sejam expulsos deª suas casas em ruínas.
¹¹Que os credores tomem todos os seus bens,
e estranhos levem o fruto de seu trabalho.
¹²Que ninguém o trate com bondade,
nem tenha compaixão de seus órfãos.
¹³Que todos os seus descendentes morram;
que o nome de sua família seja apagado na geração seguinte.
¹⁴Que o Senhor nunca se esqueça dos pecados de seus antepassados;
que os pecados de sua mãe jamais sejam apagados.
¹⁵Que o Senhor se lembre sempre de sua culpa;
que seu nome seja de todo esquecido.
¹⁶Pois não quis ser bondoso com os outros;
foi no encalço dos pobres e necessitados
e perseguiu até a morte os de coração quebrantado.
¹⁷Gostava de amaldiçoar;
agora, que ele próprio seja amaldiçoado.
Não tinha prazer em abençoar;
agora, que ele não seja abençoado.
¹⁸Para ele, amaldiçoar é como a roupa que ele veste,
como a água que bebe,
como os alimentos saborosos que come.
¹⁹Agora, que suas maldições voltem para ele;
apeguem-se a seu corpo como roupas,
amarrem-se em torno dele como um cinto.
²⁰Que essas maldições se tornem castigo do Senhor
para meus acusadores,
para os que falam mal de mim.
²¹Quanto a mim, ó Senhor Soberano, trata-me bem,
por causa do teu nome;
livra-me, porque és fiel e bom.

²²Pois sou pobre e necessitado,
e meu coração está ferido.
²³Vou desaparecendo, como a sombra ao entardecer;
sou lançado para longe, como um gafanhoto.
²⁴De tanto jejuar, meus joelhos estão fracos;
não passo de pele e osso.
²⁵Sou motivo de zombaria em todo lugar;
quando me veem, balançam a cabeça em desprezo.
²⁶Ajuda-me, Senhor, meu Deus;
salva-me por causa do teu amor!
²⁷Que eles reconheçam que isso veio de ti,
que tu mesmo o fizeste, Senhor.
²⁸Que importa se me amaldiçoarem?
Tu me abençoarás!
Quando me atacarem, serão envergonhados;
mas eu, teu servo, continuarei a me alegrar!
²⁹Que meus acusadores sejam vestidos de humilhação,
que a vergonha os cubra como um manto.
³⁰Eu, porém, sempre darei graças ao Senhor;
louvarei seu nome diante de todos.
³¹Pois ele está junto aos necessitados,
pronto para salvá-los dos que os condenam.

110 *Salmo de Davi.*

¹O Senhor disse ao meu Senhor:ᵇ
"Sente-se no lugar de honra à minha direita,
até que eu humilhe seus inimigos
e os ponha debaixo de seus pés".
²O Senhor estenderá seu reino poderoso desde Sião;
você governará seus inimigos.
³Quando você for à guerra,
seu povo o servirá de livre vontade.
Você está envolto em vestes santas,
e sua força será renovada a cada dia,
como o orvalho da manhã.

ª**109.10** Conforme a Septuaginta; o hebraico traz *e busquem*. ᵇ**110.1** Ou *meu senhor*.

⁴O Senhor jurou e não voltará atrás:
"Você é sacerdote para sempre, segundo a ordem de Melquisedeque".
⁵O Senhor está à sua direita para protegê-lo;
esmagará muitos reis no dia de sua ira.
⁶Castigarás as nações e encherá suas terras de cadáveres;
esmagará cabeças por todo o mundo.
⁷Ele próprio, contudo, se refrescará em riachos ao longo do caminho;
ele será vitorioso.

111 ᵃ¹Louvado seja o Senhor!
De todo o meu coração darei graças ao Senhor
quando me reunir com os justos.
²Como são grandiosas as obras do Senhor!
Todos que têm prazer nele devem nelas meditar.
³Tudo que ele faz revela sua glória e majestade;
sua justiça permanece para sempre.
⁴Ele nos faz recordar suas maravilhas;
o Senhor é compassivo e misericordioso.
⁵Dá alimento aos que o temem,
lembra-se sempre de sua aliança.
⁶Mostrou seu poder ao seu povo
ao lhe dar as terras de outras nações.
⁷Tudo que ele faz é justo e bom;
todos os seus mandamentos são confiáveis.
⁸São verdadeiros para sempre;
devem ser obedecidos com fidelidade e retidão.
⁹Ele pagou o resgate por seu povo,
garantiu para sempre sua aliança com eles;
seu nome é santo e temível!
¹⁰O temor do Senhor é o princípio do conhecimento;
todos que obedecem a seus mandamentos mostram bom senso.

Louvem-no para sempre!

112 ᵇ¹Louvado seja o Senhor!
Como é feliz aquele que teme o Senhor
e tem prazer em obedecer a seus mandamentos!
²Seus filhos serão bem-sucedidos em toda a terra;
uma geração inteira de justos será abençoada.
³Em sua casa, haverá riqueza e prosperidade,
e suas boas ações permanecerão para sempre.
⁴A luz brilha na escuridão para o justo;
ele é compassivo, misericordioso e íntegro.

ᵃ111 Em hebraico este salmo é um poema acróstico; depois da nota introdutória de louvor, cada linha começa com uma letra sucessiva do alfabeto hebraico. ᵇ112 Em hebraico este salmo é um poema acróstico; depois da nota introdutória de louvor, cada linha começa com uma letra sucessiva do alfabeto hebraico.

110.2-4 *V.2* Assim que Cristo subiu ao Céu, do meio de Sua Igreja — a Sião terrena — o cetro de Seu poder foi expandido e Sua força foi demonstrada entre os filhos dos homens. Testemunhe o que aconteceu no dia de Pentecostes, que foi apenas o início do governo de Cristo no meio de Seus inimigos, que então se tornaram Seus amigos, e renderam a Ele o seu coração e vida; de modo que Jerusalém, onde Ele fora crucificado, tornou-se o centro de Seu reino na Terra, de onde Seus servos saíram para evangelizar o mundo.

V.3 Isto é, assim que Cristo subiu aos Céus e começou Seu reinado no Céu, e o poder de Sua Igreja começou a ser sentido na Terra, houve um povo disposto a avançar, na beleza da santidade, como sacerdotes vestidos em suas vestes sagradas. Assim eram verdadeiramente os primeiros cristãos; e eles eram tão numerosos, tão revigorantes e tão brilhantes para o mundo como o orvalho cintilante da manhã. Então, de fato, Cristo teve o orvalho de Sua juventude mais claramente manifestado. Multidões de corações jovens se entregaram a Ele, e Sua Igreja na Terra pareceu ter um novo dia de nascimento quando "ele subiu às alturas, levou muitos prisioneiros e concedeu dádivas ao povo".

V.4 Isto é, um Sacerdote sem antecessor ou sucessor — um sacerdote que era ao mesmo tempo um rei — um sacerdote do Deus Altíssimo, que era maior até do que Abraão, o amigo de Deus. Jesus, nosso Senhor, não é um sacerdote segundo a ordem de Arão, pois não veio dessa linhagem, mas Ele "é sacerdote para sempre, segundo a ordem de Melquisedeque".

⁵Feliz é o que empresta com generosidade
e conduz seus negócios honestamente.
⁶Ele não será abalado;
sua lembrança durará por muito tempo.
⁷Não teme más notícias;
confia plenamente no cuidado do
Senhor.
⁸É confiante e destemido;
olha com triunfo para seus inimigos.
⁹Compartilha generosamente com os
pobres,
e seus atos de justiça serão lembrados
para sempre;
ele terá influência e honra.
¹⁰O perverso verá isso e ficará furioso,
rangerá os dentes de raiva e
desaparecerá;
seus desejos serão frustrados.

113

¹Louvado seja o Senhor!
Sim, louvem, ó servos do Senhor,
louvem o nome do Senhor!
²Bendito seja o nome do Senhor,
agora e para sempre.

³Em todo lugar, do Oriente ao Ocidente,
louvem o nome do Senhor.
⁴Pois o Senhor é engrandecido acima das
nações;
sua glória está acima dos céus.
⁵Quem se compara ao Senhor, nosso Deus,
entronizado nas alturas?
⁶Ele se inclina para ver
o que acontece nos céus e na terra.
⁷Levanta do pó o necessitado
e ergue do lixo o pobre.
⁸Coloca-os entre príncipes,
entre os príncipes de seu povo.
⁹Dá uma família à mulher estéril
e a torna uma mãe feliz.
Louvado seja o Senhor!

114

¹Quando o povo de Israel saiu do
Egito,
quando a família de Jacó deixou aquela
terra estrangeira,
²a terra de Judá se tornou o santuário de
Deus,
e Israel se tornou seu domínio.

Salmo 114 Que forma linda o salmista usa para descrever a divisão do mar Vermelho! Ele representa as águas como percebendo a presença de Deus e fugindo, não porque Israel chegou à margem, mas porque Deus estava no meio do Seu povo: "O mar Vermelho os viu chegando e se abriu" — como se estivesse atormentado diante da presença do seu Criador, alarmado com o terror do poder de Deus. Assim foi com o Jordão, esse rio que corre rapidamente, suas águas "recuaram" por um milagre muito especial. A divisão do mar Vermelho foi um ato maravilhoso do poder de Deus, mas um rio que corre velozmente recuar, tem em si alguns pontos peculiares. E tudo isso aconteceu porque Deus estava presente. O mar se abre diante dele, o rio recua por Ele. Da mesma forma, meus irmãos, se Deus estiver no meio de nossa igreja, nada pode resistir o seu avanço. Se o Senhor estiver em qualquer homem, esse homem não precisa nem pensar nem falar em dificuldades, pois com Deus nada é impossível. Tão poderosa foi a influência da presença de Deus que as próprias montanhas começaram a se mover e até saltar como carneiros e pular como cordeiros. Havia algum temor ali, pois eles tremiam em seus sólidos pedestais, "na presença do Deus de Jacó". Também havia alegria. Falamos das "antigas colinas", entretanto o salmista as retrata sendo tão móveis quanto os cordeiros se divertem nos prados na primavera: "Os montes saltaram como carneiros, e as colinas, como cordeiros". Como é grandiosa a expressão poética! "Que aconteceu, ó mar Vermelho, para que se abrisse? Que aconteceu, ó rio Jordão, para que recuasse?" "Você não podia mais correr em seu leito de rio costumeiro, mas devia necessariamente retornar à fonte de onde veio. O que aconteceu, ó montanhas, que tremem como se uma paralisia tivesse se apoderado de vocês? 'O que vocês têm, ó pequenas colinas?'" Agora vem a resposta, que ainda não é dada na forma de uma resposta. O poeta inspirado, para aumentar a grandeza de sua linguagem, manteve o nome de Deus fora do salmo até chegar ao fim, quando respondeu seu próprio enigma: "Estremeça, ó terra, na presença do Senhor, na presença do Deus de Jacó. Ele transformou a rocha em açude; sim, do rochedo fez nascer uma fonte de água" — outro milagre, porque Deus multiplicou Suas maravilhas. Tendo levado o Seu povo para fora do Egito, conduziu-o pelo deserto e fez as colinas se moverem à Sua majestosa presença, agora Ele faz uma obra de conversão, transformando a rocha numa lagoa ou lago, tão abundante foi a efusão de água, e fazendo a pedra jorrar como um verdadeiro rio, que seguiu os filhos de Israel pelo deserto, pois, como Paulo diz, "e todos beberam da mesma água espiritual, pois beberam da rocha espiritual que os acompanhava, e essa rocha era Cristo".

³O mar Vermelhoᵃ os viu chegando e se abriu,
e as águas do rio Jordão recuaram.
⁴Os montes saltaram como carneiros,
e as colinas, como cordeiros.
⁵Que aconteceu, ó mar Vermelho, para que se abrisse?
Que aconteceu, ó rio Jordão, para que recuasse?
⁶Por que, ó montes, saltaram como carneiros?
Por que, ó colinas, saltaram como cordeiros?
⁷Estremeça, ó terra, na presença do Senhor,
na presença do Deus de Jacó.
⁸Ele transformou a rocha em açude;
sim, do rochedo fez nascer uma fonte de água.

115

¹Não a nós, Senhor, não a nós,
mas ao teu nome seja toda a glória,
por teu amor e por tua fidelidade.
²Por que as nações dizem:
"Onde está o deus deles?".
³Nosso Deus está nos céus
e faz tudo como deseja.
⁴Seus ídolos não passam de objetos de prata e ouro,
formados por mãos humanas.
⁵Têm boca, mas não falam;
olhos, mas não veem.
⁶Têm ouvidos, mas não ouvem;
nariz, mas não respiram.
⁷Têm mãos, mas não apalpam;
pés, mas não andam;
garganta, mas não emitem som.
⁸Aqueles que fazem ídolos e neles confiam
são exatamente iguais a eles.

⁹Ó Israel, confie no Senhor;
ele é seu auxílio e seu escudo!
¹⁰Ó sacerdotes, descendentes de Arão,
confiem no Senhor;
ele é seu auxílio e seu escudo!
¹¹Todos vocês que temem o Senhor,
confiem nele;
ele é seu auxílio e seu escudo!

¹²O Senhor se lembra de nós e nos abençoará;
sim, abençoará o povo de Israel
e os sacerdotes, descendentes de Arão.
¹³Abençoará os que temem o Senhor,
tanto os grandes como os pequenos.

¹⁴Que o Senhor multiplique bênçãos
para vocês e seus filhos.
¹⁵Sejam abençoados pelo Senhor,
que fez os céus e a terra.

¹⁶Os céus pertencem ao Senhor,
mas ele deu a terra à humanidade.
¹⁷Os mortos não cantam louvores ao Senhor,
pois desceram ao silêncio da sepultura.
¹⁸Nós, porém, louvaremos o Senhor
agora e para sempre.

Louvado seja o Senhor!

116

¹Amo o Senhor, porque ele ouve a minha voz
e as minhas orações.
²Porque ele se inclina para ouvir,
orarei enquanto viver.
³A morte me envolveu com suas cordas,
e os terrores da sepulturaᵇ me dominaram;
não via outra coisa senão sofrimento e tristeza.
⁴Então clamei pelo nome do Senhor:

ᵃ**114.3** Em hebraico, *o mar*; também em 114.5. ᵇ**116.3** Em hebraico, *do Sheol*.

115.1 Quando vou ler as Escrituras, para saber em que devo acreditar, para aprender o que deve ser meu credo — mesmo antes de abrir minha Bíblia, é bom dizer — "Não a nós, Senhor, não a nós, mas ao teu nome seja toda a glória, por teu amor e por tua fidelidade". Isto é, em minha opinião, uma prova do que é verdadeiro e do que é falso. Se você se deparar com um sistema de teologia que engrandece o homem, fuja dele o máximo que puder! Se o ministro, que você costuma ouvir, tentar fazer do homem uma pessoa muito boa e disser muitas coisas em seu louvor, você deve deixá-lo sozinho. Este será um teste infalível para você sobre o ministério de qualquer pessoa. Se for para o engrandecimento e honra do homem, não é de Deus!

116.3,4,10,11 *V.3 A morte me envolveu com suas cordas*. Elas estavam todas à minha volta. Fizeram um círculo. Não consegui encontrar uma brecha. Elas me envolveram. Cordas, cordas mortais, as próprias cordas de morte! E *os terrores da sepultura me dominaram*.

"Livra-me, Senhor!".
⁵O Senhor é compassivo e justo;
  o nosso Deus é misericordioso!
⁶O Senhor protege os ingênuos;
  eu estava diante da morte, e ele me
  salvou.
⁷Volte, minha alma, a descansar,
  pois o Senhor lhe tem sido bom.
⁸Ele livrou minha alma da morte,
  meus olhos, das lágrimas,
  meus pés, da queda.
⁹Por isso, andarei na presença do Senhor
  enquanto viver aqui na terra.
¹⁰Eu cri, por isso disse:
  "Estou profundamente aflito!".
¹¹Em meu desespero, declarei:
  "Todos são mentirosos!".
¹²Que posso oferecer ao Senhor
  por tudo que ele me tem feito?
¹³Celebrarei meu livramento[a]
  e louvarei o nome do Senhor.
¹⁴Cumprirei meus votos ao Senhor
  na presença de todo o seu povo.
¹⁵O Senhor se importa profundamente
  com a morte de seus fiéis.
¹⁶Ó Senhor, sou teu servo,
  sim, teu servo, teu humilde servo;
  tu me livraste de minhas correntes.
¹⁷Oferecerei a ti um sacrifício de ação de
  graças

[a] 116.13 Ou *Tomarei o cálice da salvação*.

e louvarei o nome do Senhor.
¹⁸Cumprirei meus votos ao Senhor
  na presença de todo o seu povo,
¹⁹na casa do Senhor,
  no meio de Jerusalém.

Louvado seja o Senhor!

117
¹Louvem o Senhor todas as nações;
  louvem-no todos os povos.
²Pois grande é o seu amor por nós;
  a fidelidade do Senhor dura para sempre.

Louvado seja o Senhor!

118
¹Deem graças ao Senhor, porque ele
  é bom;
  seu amor dura para sempre!
²Todo o Israel diga:
  "Seu amor dura para sempre!".
³Os sacerdotes, descendentes de Arão,
  digam:
  "Seu amor dura para sempre!".
⁴Todos que temem o Senhor digam:
  "Seu amor dura para sempre!".
⁵Em minha angústia, orei ao Senhor;
  o Senhor me ouviu e me livrou.
⁶O Senhor está comigo, portanto não
  temerei;
  o que me podem fazer os simples
  mortais?

Eles entraram no círculo e me dominaram. Eu era como aquele que se encontrava debaixo do leão. Ele parecia me abocanhar e me rasgar. "E os terrores da sepultura me dominaram". Você já sabia disso? Eu sabia. Ó, nunca posso esquecer, pois as cicatrizes estão em minha mente até hoje quando os terrores da sepultura se apoderaram de mim! Dizem que não há inferno. Nunca dirá isso aquele que já sentiu as angústias de uma consciência culpada — as dores do pecado não perdoado a uma alma que é vivificada pelo Espírito de Deus! "Os terrores da sepultura me dominaram". *Não via outra coisa senão sofrimento e tristeza*. Uma *descoberta inesperada. Eles estavam escondidos — esses duplos inimigos — escondidos sob meus prazeres, sob meus pecados, sob minha justiça própria*. "Não via outra coisa senão sofrimento e tristeza".

V.4 A melhor hora para a oração é o momento da nossa maior angústia. Quando você não puder fazer nada além de orar, então esse será o melhor momento para orar! Quando você parece calado para a oração, que silêncio abençoado é esse! "Então clamei pelo nome do Senhor". E qual foi a oração dele? Muito curta. Muito plena — uma espécie de oração de soldado.

Vv.10,11 E ele se aproximou da verdade de forma incomum, mesmo que estivesse com pressa em dizê-lo: se você confiar em qualquer homem, eles lhe serão mentirosos. Eles o frustrarão ou por falta de fidelidade ou por falta de poder. Há angústias onde a mão mais gentil não pode ajudar. Há momentos de tristeza quando ela, que é a parceira do seu peito, não pode achar seu conforto. Então você terá que ir a Deus, e apenas Deus, e Ele nunca o frustrará! Os ribeiros da terra estão secos no verão e congelados no inverno. Todas as minhas fontes de água fresca estão em ti, meu Deus, e não pode haver geada nem seca. Bendito o homem que se afastou de tudo por causa de Seu Deus!

⁷Sim, o Senhor está comigo, e ele me ajudará;
  olharei com triunfo para os que me odeiam.
⁸É melhor refugiar-se no Senhor
  que confiar em pessoas.
⁹É melhor refugiar-se no Senhor
  que confiar em príncipes.
¹⁰Todas as nações hostis me cercaram,
  mas eu as destruí em nome do Senhor.
¹¹Sim, elas me cercaram de todos os lados,
  mas eu as destruí em nome do Senhor.
¹²Como um enxame de abelhas me rodearam
  e arderam contra mim como um fogo crepitante,
  mas eu as destruí em nome do Senhor.
¹³Meus inimigos fizeram todo o possível para me derrubar,
  mas o Senhor me sustentou.
¹⁴O Senhor é minha força e meu cântico;
  ele é minha salvação.
¹⁵No acampamento dos justos há cânticos de alegria e vitória;
  a mão direita do Senhor realizou grandes feitos!
¹⁶A mão direita do Senhor se levanta em triunfo;
  a mão direita do Senhor realizou grandes feitos!
¹⁷Não morrerei; pelo contrário, viverei
  para contar o que o Senhor fez.
¹⁸O Senhor me castigou severamente,
  mas não me deixou morrer.
¹⁹Abram para mim as portas por onde entram os justos;
  entrarei e darei graças ao Senhor.
²⁰Essas portas conduzem à presença do Senhor,
  e os justos entram por elas.
²¹Eu te dou graças porque respondeste à minha oração
  e me deste vitória!
²²A pedra que os construtores rejeitaram
  se tornou a pedra angular.
²³Isso é obra do Senhor
  e é maravilhosa de ver.
²⁴Este é o dia que o Senhor fez;
  nele nos alegraremos e exultaremos.
²⁵Ó Senhor, por favor, salva-nos!
  Ó Senhor, dá-nos sucesso!
²⁶Bendito é o que vem em nome do Senhor;
  nós os abençoamos da casa do Senhor.
²⁷O Senhor é Deus e resplandece sobre nós;
  peguem o sacrifício e amarrem-no com cordas sobre o altar.
²⁸Tu és meu Deus, e eu te louvarei!
  Tu és meu Deus, e eu te exaltarei!
²⁹Deem graças ao Senhor, porque ele é bom;
  seu amor dura para sempre!

119 [a] *Álef*

¹Como são felizes os íntegros,
  os que seguem a lei do Senhor!
²Como são felizes os que obedecem a seus preceitos
  e o buscam de todo o coração.
³Não praticam o mal
  e andam em seus caminhos.
⁴Tu nos encarregaste
  de seguir fielmente tuas ordens.
⁵Meu grande desejo é que minhas ações sempre reflitam teus decretos.
⁶Então não ficarei envergonhado
  quando meditar em todos os teus mandamentos.
⁷Eu te darei graças por viver corretamente,
  à medida que aprender teus justos estatutos.
⁸Obedecerei a teus decretos;
  por favor, não desistas de mim!

Bêt

⁹Como pode o jovem se manter puro?
  Obedecendo à tua palavra.
¹⁰De todo o meu coração te busquei;
  não permitas que eu me desvie de teus mandamentos.
¹¹Guardei tua palavra em meu coração,
  para não pecar contra ti.
¹²Eu te louvo, ó Senhor;
  ensina-me teus decretos.
¹³Recitei em voz alta
  todos os estatutos que nos deste.

---

[a] 119 Em hebraico este salmo é um poema acróstico; tem 22 estrofes, uma para cada letra sucessiva do alfabeto hebraico. Cada um dos 8 versículos dentro de cada estrofe começa com a letra hebraica indicada em seu subtítulo.

¹⁴Alegrei-me com o caminho apontado por teus preceitos
tanto quanto com muitas riquezas.
¹⁵Meditarei em tuas ordens
e refletirei sobre teus caminhos.
¹⁶Terei prazer em teus decretos
e não me esquecerei de tua palavra.

Guímel
¹⁷Trata teu servo com bondade,
para que eu viva e obedeça à tua palavra.
¹⁸Abre meus olhos,
para que eu veja as maravilhas de tua lei.
¹⁹Sou estrangeiro na terra;
não escondas de mim teus mandamentos.
²⁰Tenho sempre intenso desejo
por teus estatutos.
²¹Tu repreendes os arrogantes;
são malditos os que se desviam de teus mandamentos.
²²Não permitas que zombem de mim e me desprezem,
pois tenho obedecido a teus preceitos.
²³Até os príncipes se reúnem e falam contra mim,
mas eu meditarei em teus decretos.
²⁴Tenho prazer em teus preceitos;
eles me dão conselhos sábios.

Dálet
²⁵Estou prostrado no pó;
restaura minha vida com a tua palavra.
²⁶Relatei meus planos a ti, e me respondeste;
agora, ensina-me teus decretos.
²⁷Ajuda-me a entender tuas ordens
e eu meditarei em tuas maravilhas.
²⁸Minha alma chora de tristeza;
fortalece-me com tua palavra.
²⁹Afasta de mim o caminho da mentira;
dá-me o privilégio de conhecer tua lei.
³⁰Escolhi o caminho da verdade;
decidi viver de acordo com teus estatutos.
³¹Apego-me a teus preceitos;
Senhor, não permitas que eu seja envergonhado!
³²Buscarei teus mandamentos,
pois tu aumentas meu entendimento.

He
³³Ensina-me teus decretos, ó Senhor,
e eu os guardarei até o fim.
³⁴Dá-me entendimento e obedecerei à tua lei;
de todo o coração a porei em prática.
³⁵Faze-me andar em teus mandamentos,
pois neles tenho prazer.
³⁶Dá-me entusiasmo por teus preceitos,
e não pela ganância!
³⁷Desvia meus olhos de coisas inúteis
e restaura-me por meio de tua palavra.ᵃ
³⁸Confirma a teu servo a tua promessa,
que fizeste aos que te temem.

ᵃ119.37 Alguns manuscritos trazem *em teus caminhos*.

119.13,14 A caminhada de um homem estará correta quando seu prazer for desse tipo, pois onde o coração for, a vida irá. Para algumas pessoas, a religião é uma tarefa. Nunca terá muito poder sobre elas. Mas quando ela se torna um deleite, aí então sua caminhada será afetada. Um infiel bem conhecido e renomado da última geração, viajando pelo País de Gales, disse a uma menina que estava lendo sua Bíblia: "Bem, minha querida, vejo que você está fazendo sua tarefa". Ela respondeu: "Tarefa, senhor? O que quer dizer? Estou lendo a Bíblia". Ele disse: "Pensei que sua mãe tinha lhe dado um capítulo para ler". "Não, senhor. Se minha mãe quisesse me punir, ela não me faria ler a Bíblia. É o livro mais delicioso do mundo inteiro e é uma grande alegria para mim quando posso passar um pouco de tempo lendo a minha Bíblia". Isso tocou o seu coração. Ele confessou mais tarde que ficou encantado em encontrar a religião genuína. E quando você encontrar prazer na religião, então ela será genuína!

119.37 O salmista parece se acusar e desabafar diante de Deus, lamentando, de fato, uma tendência natural para as coisas inúteis. O quê? É assim, no final das contas, que Davi conheceu a comunhão com o mundo? A vaidade ainda o atrai? O quê? Quando a aliança de Deus se tornou particularmente um deleite para o rei-pastor, a alegria e a folia deste mundo e as futilidades terrenas ainda o atraíam? Ele parece confessar. Não precisaria que seus olhos se afastassem da vaidade se não houvesse algo em seu coração que a seguisse! Não pediria a Deus que os fechasse, a menos que ele sentisse que precisava de um braço mais forte do que o seu próprio para restringi-lo adequadamente! É muito fácil para nós nos levantarmos e bancarmos os sábios — sim, e no secreto orar como sábios. [...] Todo herdeiro do Céu entende que há dentro de si mesmo uma grande quantidade de vaidades — seus gostos perversos respondem aos vis componentes da Terra.

⁳⁹Afasta-me de meus caminhos vergonhosos,
pois teus estatutos são bons.
⁴⁰Anseio por obedecer às tuas ordens;
restaura minha vida por tua justiça.

Vav
⁴¹Senhor, dá-me o teu amor,
a salvação que me prometeste.
⁴²Então poderei responder aos que me insultam,
pois confio em tua palavra.
⁴³Não retires de mim a palavra da verdade,
pois teus estatutos são minha esperança.
⁴⁴Continuarei a obedecer à tua lei
para todo o sempre.
⁴⁵Andarei em liberdade,
pois me dediquei às tuas ordens.
⁴⁶Falarei de teus preceitos a reis,
e não me envergonharei.
⁴⁷Como tenho prazer em teus mandamentos!
Como eu os amo!
⁴⁸Celebro teus mandamentos, que amo,
e em teus decretos medito.

Zain
⁴⁹Lembra-te da promessa que fizeste a este teu servo;
ela é minha esperança.
⁵⁰Tua promessa renova minhas forças;
ela me consola em minha aflição.
⁵¹O tempo todo os orgulhosos me desprezam,
mas eu não me desvio de tua lei.
⁵²Medito em teus estatutos tão antigos;
ó Senhor, eles me consolam!
⁵³Fico furioso com os perversos,
pois eles rejeitam tua lei.
⁵⁴Teus decretos são o tema de minhas canções,
na casa onde tenho vivido.
⁵⁵À noite, penso em quem tu és, Senhor;
portanto, obedeço à tua lei.
⁵⁶Assim passo meus dias:
obedecendo às tuas ordens.

Hêt
⁵⁷Senhor, tu és minha herança;
prometo obedecer às tuas palavras!
⁵⁸Busco teu favor de todo o coração;
tem misericórdia de mim, como prometeste.
⁵⁹Refleti sobre o rumo de minha vida
e resolvi seguir teus preceitos.
⁶⁰Eu me apressarei e, sem demora,
obedecerei a teus mandamentos.
⁶¹Os perversos tentam me arrastar,
mas não me esquecerei de tua lei.
⁶²Levanto-me à meia-noite para te dar graças
por teus justos estatutos.
⁶³Sou amigo de todos que te temem,
dos que obedecem às tuas ordens.
⁶⁴Ó Senhor, o teu amor enche a terra;
ensina-me teus decretos.

Tét
⁶⁵Muitas coisas boas me tens feito, Senhor,
como prometeste.
⁶⁶Ensina-me bom senso e dá-me conhecimento,
pois creio em teus mandamentos.
⁶⁷Antes de me disciplinares, eu vivia desviado;
agora, porém, sigo tua palavra de perto.
⁶⁸Tu és bom e fazes somente o bem;
ensina-me teus decretos.
⁶⁹Os arrogantes mentem a meu respeito,
mas eu obedeço às tuas ordens de todo o coração.
⁷⁰O coração deles é tolo e insensível,
mas eu tenho prazer em tua lei.
⁷¹O sofrimento foi bom para mim,
pois me ensinou a dar atenção a teus decretos.
⁷²Tua lei é mais valiosa para mim
que milhares de peças de ouro e de prata.

Iode
⁷³Tu me fizeste, tu me formaste;
dá-me entendimento para aprender teus mandamentos.

119.73,78,82 *V.73* Esta é uma oração muito instrutiva. O salmista faz bem em dizer: "Senhor, tu me fizeste uma vez; faz-me novamente. Tu fizeste meu corpo; molda meu espírito, forma meu caráter, dá-me entendimento". Se Deus nos fizesse e depois nos deixasse sem entendimento, que criaturas imperfeitas seríamos! Um homem desprovido de entendimento é apenas uma criação de carne e sangue e, portanto, o salmista faz bem em orar:

⁷⁴Que eu seja motivo de alegria para os que te temem,
  pois em tua palavra depositei minha esperança.
⁷⁵Eu sei, ó Senhor, que teus estatutos são justos;
  tu me disciplinaste por tua fidelidade.
⁷⁶Agora, que o teu amor me console,
  como prometeste a este teu servo.
⁷⁷Cerca-me de tua compaixão, para que eu viva,
  pois tenho prazer em tua lei.
⁷⁸Sejam envergonhados os arrogantes que mentiram a meu respeito;
  eu, porém, meditarei em tuas ordens.
⁷⁹Unam-se a mim todos que te temem,
  os que conhecem teus preceitos.
⁸⁰Que eu seja inculpável na obediência a teus decretos;
  então jamais serei envergonhado.

Kaf
⁸¹Estou exausto de tanto esperar por teu livramento,
  mas depositei minha esperança em tua palavra.
⁸²Meus olhos se esforçam para ver tua promessa se cumprir;
  quando me consolarás?
⁸³Mesmo enrugado, como uma vasilha de couro na fumaça,
  não me esqueci de teus decretos.
⁸⁴Até quando terei de esperar?
  Quando castigarás os que me perseguem?
⁸⁵Os arrogantes, que não seguem tua lei,
  abriram covas fundas para me pegar.
⁸⁶Todos os teus mandamentos são confiáveis;
  protege-me dos que me perseguem sem motivo.
⁸⁷Quase acabaram comigo,
  mas eu não abandonei tuas ordens.
⁸⁸Por teu amor, preserva minha vida;
  então continuarei a obedecer a teus preceitos.

Lâmed
⁸⁹Tua palavra eterna, ó Senhor,
  está firme nos céus.
⁹⁰Tua fidelidade se estende de uma geração a outra,
  duradoura como a terra que estabeleceste.
⁹¹Teus estatutos permanecem até hoje,
  pois tudo está a serviço de teus planos.
⁹²Se tua lei não fosse meu prazer,
  eu teria morrido em meu sofrimento.
⁹³Jamais me esquecerei de tuas ordens,
  pois é por meio delas que me dás vida.
⁹⁴Sou teu; salva-me,
  pois tenho buscado tuas ordens.
⁹⁵Embora os perversos fiquem à espreita para me matar,

"Tu me fizeste, tu me formaste; dá-me entendimento para aprender teus mandamentos". Mas que tipo de entendimento é desejado? Para que eu possa aprender a discutir e disputar? Não, "para aprender teus mandamentos", pois a santidade é o melhor da sabedoria e a prova mais segura de um entendimento correto é a obediência aos mandamentos de Deus.

V.78 Essa é uma prazerosa mudança de assunto: "Os arrogantes que mentiram a meu respeito"; mas Davi não diz: "Eu invejarei o orgulhoso", ou "serei rancoroso com eles", ou "me afligirei por causa deles". Não, ele parece dizer: "Eles podem fazer o que quiserem, porém, eu 'meditarei em tuas ordens'". Quando alguém o tratar desdenhosa ou perversamente sem razão, em vez de se ressentir, volte-se para sua Bíblia!

Medite nos preceitos de Deus! É o caminho mais nobre e, ao mesmo tempo, o mais bem-sucedido de lutar contra o desprezo, tanto para desconsiderar o desprezo dos homens quanto para se alegrar em seus pensamentos sobre Deus e Sua verdade!

V.82 "Procuro-a até meus olhos doerem! Esforço meus olhos para ver Tua Palavra, vigiando até que minha visão se esmoreça de tanto esperar! 'Meus olhos se esforçam para ver tua promessa se cumprir'". Ó, então seus olhos podiam falar! Sim, os olhos podem dizer muitas coisas! E benditos sejam os olhos que aprenderam a clamar: "Quando me consolarás?". Às vezes, ficar sem falar nada é uma boa maneira de orar, mas sentar-se quieto e olhar para cima. Os olhos podem dizer o que os lábios e a língua não podem, então aprendam bem a linguagem dos olhos e conversem com Deus usando-os, assim como Ele fala com vocês com os Seus olhos. "Eu o guiarei", Ele diz, "cuidarei de você". Seja, portanto, capaz de conversar com Deus com seus olhos, como Davi o foi quando escreveu: "Meus olhos se esforçam para ver tua promessa se cumprir; quando me consolarás?".

meditarei em teus preceitos.
⁹⁶Percebi que até mesmo a perfeição tem limite,
mas não há limite para teu mandamento.

Mem
⁹⁷Como eu amo a tua lei;
penso nela o dia todo!
⁹⁸Teus mandamentos me fazem mais sábio que meus inimigos,
pois sempre me guiam.
⁹⁹Sim, tenho mais prudência que meus mestres,
pois vivo a meditar em teus preceitos.
¹⁰⁰Tenho mais entendimento que os anciãos,
pois obedeço às tuas ordens.
¹⁰¹Recuso-me a andar em todo caminho mau,
a fim de obedecer à tua palavra.
¹⁰²Não me afastei de teus estatutos,
pois tu me ensinaste bem.
¹⁰³Como são doces as tuas palavras;
são mais doces que o mel!
¹⁰⁴Tuas ordens me dão discernimento;
por isso odeio todo caminho falso.

Nun
¹⁰⁵Tua palavra é lâmpada para meus pés
e luz para meu caminho.
¹⁰⁶Prometi uma vez e volto a prometer:
obedecerei a teus justos estatutos.
¹⁰⁷Sofri muito, ó Senhor;
restaura minha vida, como prometeste.
¹⁰⁸Senhor, aceita minha oferta de louvor
e ensina-me teus estatutos.
¹⁰⁹Minha vida está sempre por um fio,
mas não me esquecerei de tua lei.
¹¹⁰Os perversos me prepararam armadilhas,
mas não me desviarei de tuas ordens.
¹¹¹Teus preceitos são meu tesouro permanente;
são o prazer do meu coração.
¹¹²Estou decidido a cumprir teus estatutos
para sempre, até o fim.

Sâmeq
¹¹³Odeio pessoas inconstantes,
mas amo a tua lei.
¹¹⁴Tu és meu refúgio e meu escudo;
tua palavra é minha esperança.
¹¹⁵Afastem-se de mim, vocês que praticam o mal,
pois obedecerei aos mandamentos de meu Deus.
¹¹⁶Sustenta-me como prometeste, Senhor, para que eu viva;
não permitas que minha esperança seja frustrada.
¹¹⁷Sustenta-me e serei salvo;
então meditarei continuamente em teus decretos.
¹¹⁸Rejeitaste, porém, todos que se afastam de teus decretos,
os que só enganam a si mesmos.
¹¹⁹Removes os ímpios da terra como coisa desprezível;
por isso, amo teus preceitos.
¹²⁰Estremeço de medo de ti;
tenho temor reverente por teus estatutos.

Áin
¹²¹Não me entregues a meus inimigos,
pois tenho feito o que é justo e certo.
¹²²Garantas o bem deste teu servo;
não permitas que os arrogantes me oprimam.
¹²³Meus olhos se esforçam para ver teu livramento,
o cumprimento de tua promessa de justiça.
¹²⁴Sou teu servo; trata-me conforme o teu amor
e ensina-me os teus decretos.
¹²⁵Dá discernimento a este teu servo;
então entenderei teus preceitos.
¹²⁶Senhor, é tempo de agires,
pois violaram a tua lei.
¹²⁷Por isso amo teus mandamentos,
mais que o ouro, mais que o ouro puro.
¹²⁸Cada um de teus mandamentos é reto;
por isso, odeio todo caminho falso.

Pê
¹²⁹Teus preceitos são maravilhosos;
por isso eu lhes obedeço!
¹³⁰O ensinamento de tua palavra esclarece,
e até os ingênuos entendem.
¹³¹Abro a boca e suspiro,
pois anseio por teus mandamentos.
¹³²Vem e mostra-me tua misericórdia,

como fazes por todos que amam o teu nome.
¹³³Firma meus passos conforme a tua palavra,
para que o pecado não me domine.
¹³⁴Livra-me da opressão das pessoas;
então poderei obedecer às tuas ordens.
¹³⁵Olha para mim com favor;
ensina-me teus decretos.
¹³⁶Rios de lágrimas brotam de meus olhos,
porque as pessoas não cumprem tua lei.

Tsade
¹³⁷Tu, Senhor, és justo,
e imparciais são teus estatutos.
¹³⁸Teus preceitos são perfeitos,
de todo confiáveis.
¹³⁹Sou tomado de indignação,
pois meus inimigos desprezam tuas palavras.
¹⁴⁰Tua promessa foi plenamente comprovada;
por isso este teu servo tanto a ama.
¹⁴¹Sou insignificante e desprezado,
mas não me esqueço de tuas ordens.
¹⁴²Tua justiça é eterna,
e tua lei é verdadeira.
¹⁴³Quando aflição e angústia pesam sobre mim,
encontro prazer em teus mandamentos.
¹⁴⁴Teus preceitos são sempre justos;
ajuda-me a entendê-los, para que eu viva!

Qof
¹⁴⁵Oro de todo o coração; responde-me, Senhor!
Obedecerei a teus decretos.
¹⁴⁶Clamo a ti; livra-me,
para que eu obedeça a teus preceitos.
¹⁴⁷Levanto-me cedo, antes de o sol nascer;
clamo e ponho minha esperança em tuas promessas.
¹⁴⁸Desperto de madrugada,
para refletir em tuas palavras.
¹⁴⁹Por teu amor, ó Senhor, ouve meu clamor;
restaura minha vida conforme teus estatutos.
¹⁵⁰Pessoas más aproximam-se para me atacar;
elas estão distantes de tua lei.
¹⁵¹Mas tu, Senhor, estás perto,
e todos os teus mandamentos são verdadeiros.
¹⁵²Sei, há muito tempo,
que teus preceitos durarão para sempre.

Rêsh
¹⁵³Vê meu sofrimento e livra-me,
pois não me esqueci de tua lei.
¹⁵⁴Defende minha causa e liberta-me;
protege minha vida, como prometeste.
¹⁵⁵Os perversos estão longe da salvação,
pois não dão importância a teus decretos.
¹⁵⁶Senhor, como é grande a tua misericórdia;
restaura minha vida conforme teus estatutos!
¹⁵⁷São muitos os que me perseguem e me afligem,
mas não me desviei de teus preceitos.
¹⁵⁸Ver esses traidores me dá desgosto,
pois não obedecem à tua palavra.
¹⁵⁹Vê, Senhor, como eu amo tuas ordens;
restaura minha vida por causa do teu amor.
¹⁶⁰A própria essência de tuas palavras é verdade;
todos os teus justos estatutos permanecerão para sempre.

Shin
¹⁶¹Os poderosos me perseguem sem motivo,
mas só diante de tua palavra meu coração treme.
¹⁶²Alegro-me em tua palavra,
como quem descobre um grande tesouro.
¹⁶³Odeio e detesto a falsidade,
mas amo a tua lei.
¹⁶⁴Sete vezes por dia te louvarei,
porque teus estatutos são justos.
¹⁶⁵Os que amam tua lei estão totalmente seguros
e não tropeçam.
¹⁶⁶Anseio por teu livramento, Senhor;
tenho cumprido teus mandamentos.
¹⁶⁷Tenho obedecido a teus preceitos,
pois os amo muito.

¹⁶⁸Sim, obedeço às tuas ordens e aos teus preceitos,
pois vês tudo que faço.

Tau
¹⁶⁹Ó Senhor, ouve meu clamor;
dá-me entendimento, como prometeste.
¹⁷⁰Ouve minha oração;
livra-me, conforme tua palavra.
¹⁷¹Que louvor transborde de meus lábios,
pois tu me ensinas teus decretos.
¹⁷²Que minha língua cante sobre tua palavra,
pois todos os teus mandamentos são justos.
¹⁷³Estende a tua mão para me ajudar,
pois escolhi seguir tuas ordens.
¹⁷⁴Ó Senhor, anseio por teu livramento;
tua lei é meu prazer.
¹⁷⁵Que eu viva para poder te louvar,
e que teus estatutos me ajudem.
¹⁷⁶Andei sem rumo, como ovelha perdida;
vem buscar teu servo,
pois não me esqueci de teus mandamentos.

120 *Cântico para os peregrinos a caminho de Jerusalém.*

¹Em minha angústia, clamei ao Senhor,
e ele respondeu à minha oração.
²Livra-me, Senhor, dos mentirosos
e dos enganadores.
³Ó língua mentirosa, o que Deus fará com você?
Como aumentará seu castigo?
⁴Ele a atravessará com flechas afiadas
e a queimará com brasas vivas.
⁵Como sofro na distante Meseque!
É doloroso viver entre os moradores de Quedar!
⁶Estou cansado de habitar
entre os que odeiam a paz.
⁷Procuro a paz,
mas, quando falo de paz, eles querem guerra!

121 *Cântico para os peregrinos a caminho de Jerusalém.*

¹Olho para os montes e pergunto:
"De onde me virá socorro?".
²Meu socorro vem do Senhor,

120.1,3 *V.1* A calúnia ocasiona o mais grave tipo de angústia. Aqueles que sentiram o fio de uma língua cruel sabem com certeza que é mais afiada do que a espada. A calúnia desperta a nossa indignação por um sentimento de injustiça e, no entanto, nos sentimos impotentes para lutar contra o mal ou para agir em nossa própria defesa. Podemos evitar os golpes de um cutelo, mas não temos escudo contra a língua de um mentiroso! O silêncio para o homem e a oração a Deus são as melhores curas para o mal da calúnia. É pouco útil apelar para os nossos companheiros em caso de calúnia, pois quanto mais mexemos nela, mais ela se espalha. Não é útil apelar para a honra do caluniador, pois eles não têm nenhuma, e as mais pungentes exigências de justiça aumentarão sua maldade e o encorajarão a insultar novamente! No entanto, quando os clamores ao homem são nossa fraqueza, os clamores a Deus serão nossa força! O ouvido de nosso Deus não é surdo, nem mesmo pesado. Ele ouve atentamente; Ele capta o primeiro traço de súplica. Faz que cada um de Seus filhos confesse: "Ele respondeu à minha oração".

V.3 A língua é macia, mas quando é "língua mentirosa", ela suga a vida do caráter e é tão assassina quanto navalhas. A língua jamais deve ficar vermelha com o sangue da reputação de homens honestos, nem untada com mentiras perversas. A faculdade de falar torna-se uma maldição quando é rebaixada a uma arma para matar homens pelas costas. Aqueles que adulam e lisonjeiam e durante todo o tempo têm inimizade em seus corações, são seres horríveis! Eles são a semente do diabo e ele trabalha neles de acordo com sua própria natureza enganosa. É melhor encontrar animais selvagens e serpentes do que enganadores! Estes são um tipo de monstro cujo nascimento advém de baixo e cujo fim está muito mais *abaixo*.

O salmista parece perdido para sugerir uma punição apropriada! É a pior das ofensas – esse insulto, calúnia e difamação. O julgamento incisivo e esmagador seria a medida para isso se os homens fossem visitados por causa de suas transgressões. Mas que punição poderia ser suficientemente pesada? O que Deus fará com línguas mentirosas? Ele proferiu Suas mais terríveis ameaças contra elas – e Ele as executará terrivelmente no devido tempo.

121.1,6 *V.1* É sábio olhar para o forte para obter força. Os moradores dos vales estão sujeitos a muitos transtornos para os quais não há cura senão uma permanência em lugares altos. E é bom quando eles sacodem a

que fez os céus e a terra!
³Ele não deixará que você tropece;
 aquele que o protege não cochilará.
⁴Aquele que guarda Israel
 não cochila nem dorme.
⁵O Senhor é seu protetor!
 O Senhor está ao seu lado,
 como sombra que o abriga.
⁶O sol não lhe fará mal de dia,
 nem a lua, de noite.
⁷O Senhor o guarda de todo mal
 e protege sua vida.
⁸O Senhor o guarda em tudo que você faz,
 agora e para sempre.

122 Cântico para os peregrinos a caminho de Jerusalém; salmo de Davi.

¹Alegrei-me quando me disseram:
 "Vamos à casa do Senhor".
²Agora estamos aqui,
 junto às suas portas, ó Jerusalém.
³Jerusalém é cidade bem construída,
 com muros firmes e compactos.
⁴Todas as tribos de Israel, o povo do
 Senhor,
 sobem para cá.
Vêm para dar graças ao nome do Senhor,
 conforme a lei requer.
⁵Aqui estão os tronos de onde se
 pronunciam julgamentos,
 os tronos da dinastia de Davi.
⁶Orem pela paz de Jerusalém;
 sejam prósperos todos que amam esta
 cidade.
⁷Que haja paz dentro de seus muros
 e prosperidade em seus palácios.
⁸Em favor de minha família e amigos, direi:
 "Que você tenha paz, ó Jerusalém!".
⁹Em favor da casa do Senhor, nosso Deus,
 buscarei o seu bem.

123 Cântico para os peregrinos a caminho de Jerusalém.

¹Levanto meus olhos para ti,
 ó Deus que habitas nos céus!
²Continuamos a olhar para o Senhor, nosso
 Deus,
 esperando sua compaixão,
como os servos que olham para as mãos de
 seus senhores,
 e a serva que olha para a mão de sua
 senhora.
³Tem misericórdia de nós, Senhor, tem
 misericórdia,
 pois estamos cansados de tanto desprezo.
⁴Estamos exaustos de tanta zombaria dos
 orgulhosos
 e do desprezo dos arrogantes.

---

letargia e resolvem fazer a escalada. O santo homem que aqui canta um soneto escolhido desviou o olhar dos caluniadores por quem ele foi atormentado, para o Senhor que via tudo do Seu alto lugar e estava pronto para enviar o socorro para Seu servo ferido. A ajuda aos santos vem apenas do alto! Eles olham para outro lugar em vão. Que elevemos nossos olhos com esperança, expectativa, desejo e confiança! Satanás se esforçará para manter nosso olhar sobre as nossas tristezas para nos desanimar e desencorajar. Que resolvamos firmemente olhar para fora e para cima, pois há bom ânimo para os olhos — e aqueles que elevam seu olhar para as colinas eternas logo terão o seu coração elevado também! *Os propósitos de Deus — os atributos divinos,* as promessas imutáveis, a aliança ordenada em todas as coisas e com certeza — a providência, a predestinação e a fidelidade comprovada do Senhor — estas são as coisas para as quais devemos elevar nossos olhos, pois delas nossa ajuda deve vir!

V.6 Portanto, quando você pode se ferir? Se você está protegido tanto de dia quanto de noite, isso significa o tempo todo. Deus não faz um novo Sol para o Seu povo; o Sol nos feriria bem como aos outros, mas Ele tira a fúria do brilho excessivo do sol. E temos a mesma Lua insalubre que os outros, com as mesmas influências sobre nós; mas Deus cuida para que os raios dela não causem dano ao Seu povo. Nem o sol da prosperidade nem a noite da adversidade, nem a luz da verdade, nem mesmo a penumbra do mistério, ferirão uma das sementes escolhidas.

122.4 Nós devemos ir até a casa de Deus, então, por dois propósitos. Primeiro, pelo testemunho de Israel, isto é, ouvir o que Deus testifica para nós, e também para declarar publicamente a nossa confiança nele. E, em seguida, devemos subir "para dar graças ao nome do Senhor". Especialmente devemos fazer isso quando somos restaurados do leito de doença e dor ou quando saímos da casa de luto.

124 Cântico para os peregrinos a caminho de Jerusalém; salmo de Davi.

¹E se o Senhor não estivesse ao nosso lado?
  Que todo o Israel diga:
²E se o Senhor não estivesse ao nosso lado
  quando os inimigos nos atacaram?
³Eles nos teriam engolido vivos
  com sua ira ardente contra nós.
⁴As águas nos teriam encoberto,
  a correnteza nos teria afogado.
⁵Sim, as águas violentas de sua fúria
  nos teriam afogado.

⁶Louvado seja o Senhor,
  que não permitiu que nos
  despedaçassem com seus dentes!
⁷Escapamos como um pássaro que foge da
  armadilha do caçador;
  a armadilha se quebrou, e estamos livres!
⁸Nosso socorro vem do Senhor,
  que fez os céus e a terra.

125 Cântico para os peregrinos a caminho de Jerusalém.

¹Os que confiam no Senhor são como o
  monte Sião;
  não serão abalados, mas permanecerão
  para sempre.
²Assim como os montes cercam
  Jerusalém,
  o Senhor se põe ao redor de seu povo,
  agora e para sempre.
³Os perversos não governarão a terra dos
  justos,
  para que os justos não sejam tentados a
  fazer o mal.
⁴Ó Senhor, faze o bem àqueles que são
  bons,
  aos que têm o coração sincero.
⁵Expulsa, porém, os que andam por
  caminhos tortuosos, ó Senhor;
  leva-os embora junto com os que
  praticam o mal.

Que Israel tenha paz!

126 Cântico para os peregrinos a caminho de Jerusalém.

¹Quando o Senhor trouxe os exilados de
  volta a Sião,
  foi como um sonho.
²Nossa boca se encheu de riso,
  e cantamos de alegria.
As outras nações disseram:
  "O Senhor fez coisas grandiosas por
  eles".

124.7 Que canção alegre a ser cantada por uma alma que escapou! Sempre que um cristão cai em dificuldades por não andar de maneira correta, quando ele se desvia do caminho certo e é apanhado na armadilha do caçador — e está com tanta dificuldade que não sabe o que fazer — então Deus vem e quebra a armadilha, talvez, com o machado afiado da aflição, e a alma aprisionada novamente encontra a libertação das associações mundanas e a alegre liberdade no serviço a Deus. Não conheço uma canção mais doce do que esta que ele e outros pássaros resgatados de Deus podem cantar enquanto se aproximam da luz clara do semblante do Senhor.

125.1 Este é o primeiro versículo de um dos cânticos de peregrinação. Estes cânticos eram, provavelmente, cantados pelos peregrinos quando subiam a Jerusalém, enquanto paravam nas várias estações ou passavam por certos lugares de interesse. É muito possível que este salmo tenha saído dos lábios felizes no primeiro momento em que Sião fora avistada, e os adoradores contemplavam a cidade de suas solenidades. Peregrinos felizes! Eles haviam deixado para trás muitos vales sombrios e matas perigosas, agora tinham a visão completa do fim da jornada e, portanto, cantavam com toda a alegria dos dias passados. Eles não poderiam estar tão exultantes se não tivessem estado tão tristes anteriormente. A mesma verdade pode ser aprendida com o uso do termo "Cântico *para os peregrinos a caminho de Jerusalém*" [ou Cântico de degraus]. Ele nos comunica que este salmo se eleva daquele que o precedeu, como um degrau de uma escada se eleva acima do anterior. Davi não teria cantado o Salmo 125 se não tivesse aprendido a cantar o 124. Se ele não tivesse estado onde os homens ameaçaram tragá-lo rapidamente, e descoberto que, nesse caso, o Senhor estava ao seu lado, ele não poderia ter tido tanta certeza de que "Os que confiam no Senhor são como o monte Sião; não serão abalados". Nossas experiências são nossos instrutores. Elas iluminam umas às outras, e nós aprendemos o suficiente com uma provação para começar a desvendar os mistérios de outra. O Salmo 124 deve, em primeiro lugar, ser lido todo, para que vejamos que toda a nossa ajuda está no Senhor, ou então nunca alcançaremos a grandiosa positividade do Salmo 125.

³Sim, o Senhor fez coisas grandiosas por nós;
que alegria!

⁴Restaura, Senhor, nossa situação,
como os riachos revigoram o deserto.
⁵Os que semeiam com lágrimas
colherão com gritos de alegria.
⁶Choram enquanto lançam as sementes,
mas cantam quando voltam com a colheita.

127 Cântico para os peregrinos a caminho de Jerusalém; salmo de Salomão.

¹Se o Senhor não constrói a casa,
o trabalho dos construtores é vão.
Se o Senhor não protege a cidade,
de nada adianta guardá-la com sentinelas.
²É inútil trabalhar tanto,
desde a madrugada até tarde da noite,
e se preocupar em conseguir o alimento,
pois Deus cuida de seus amados
enquanto dormem.ᵃ

³Os filhos são um presente do Senhor,
uma recompensa que ele dá.
⁴Os filhos que o homem tem em sua juventude
são como flechas na mão do guerreiro.

ᵃ **127.2** Ou *Deus dá descanso a seus amados*.

⁵Feliz é o que tem uma aljava cheia delas;
não será envergonhado
quando enfrentar seus inimigos às portas da cidade.

128 Cântico para os peregrinos a caminho de Jerusalém.

¹Como é feliz aquele que teme o Senhor,
que anda em seus caminhos!
²Você desfrutará o fruto de seu trabalho;
será feliz e próspero.
³Sua esposa será como videira frutífera
que floresce em seu lar.
Seus filhos serão como brotos de oliveiras
ao redor de sua mesa.
⁴Esta é a bênção do Senhor
para aquele que o teme.

⁵Que o Senhor o abençoe desde Sião.
Que você veja a prosperidade de Jerusalém enquanto viver.
⁶Que você viva para ver seus netos.
Que Israel tenha paz!

129 Cântico para os peregrinos a caminho de Jerusalém.

¹Desde minha juventude, meus inimigos me perseguem.
Que todo o Israel diga:

126.5,6 Tome isso por certo; registre-o como um provérbio das Escrituras. Quando Deus nos envia um tempo chuvoso, e temos que semear em ambiente úmido e nebuloso, não importa, há dias melhores por vir. Devemos colher em meio aos raios do sol, e levar para casa nossos feixes com alegria. Vocês, obreiros desconsolados, vocês que tem apenas um punhado de sementes, voltarão com muitos feixes. Vocês voltarão com júbilo, embora saiam entristecidos, porque o Senhor disse isso; portanto, tenham bom ânimo.

127.2 Salomão dormia com homens armados em volta de sua cama e, assim, repousava em segurança. Mas seu pai Davi dormiu uma noite no chão — não num palácio — sem fosso em volta dos muros do castelo — e dormiu com tanta segurança quanto seu filho, pois Davi declarou: "Deitei-me e dormi; acordei em segurança, pois o Senhor me guardava". Bem, algumas pessoas nunca se sentem seguras neste mundo. [...] há um sono, meus queridos amigos, de segurança que é desfrutado na Terra, mesmo em meio aos maiores problemas. Vocês se lembram daquela passagem no livro de Ezequiel onde é dito: "poderá acampar em segurança no deserto e dormir sem medo nos bosques"? O bosque é um lugar estranho para se dormir. Há lobos por lá. Há tigres na selva; águias estão voando; uma horda de ladrões habita na floresta escura. "Não importa", diz o filho de Deus —

"Aquele que fez de Deus seu refúgio,
Encontrará a morada mais segura!
Andará o dia todo sob a Sua sombra,
E ali, à noite, descansará sua cabeça."

129.1,2 As provações de algumas pessoas pertencentes a Deus começam muito cedo. Logo que colocamos a armadura de Deus, o adversário geralmente se torna muito feroz contra nós. Alguns de nossos velhos amigos e conhecidos não suportam ver a mudança em nós — e se nos opõem amargamente — para que os filhos de Deus possam dizer: "Desde a minha juventude, meus inimigos me perseguem". Mas você não deve pensar

²Desde minha juventude, meus inimigos
me perseguem,
mas nunca me derrotaram.
³Minhas costas estão cobertas de feridas,
como os longos sulcos feitos pelo arado
na terra.
⁴O Senhor, porém, é justo;
ele me livrou das cordas dos perversos.

⁵Recuem envergonhados e derrotados
todos que odeiam Sião.
⁶Sejam inúteis como o capim que cresce
no telhado,
que seca antes de crescer por inteiro,
⁷capim que não é colhido pelo ceifeiro,
deixado de lado por aquele que amarra
os feixes.
⁸Que ninguém que passar por eles diga:
"O Senhor os abençoe;
nós os abençoamos em nome do
Senhor".

130 Cântico para os peregrinos a caminho de Jerusalém.

¹Das profundezas do desespero, Senhor,
clamo a ti.
²Escuta minha voz, ó Senhor;
dá ouvidos à minha oração.

³Senhor, se mantivesses um registro de
nossos pecados,
quem, ó Senhor, sobreviveria?
⁴Tu, porém, ofereces perdão,
para que aprendamos a te temer.

⁵Espero no Senhor,
sim, espero nele;
em sua palavra, depositei minha
esperança.
⁶Anseio pelo Senhor,
mais que as sentinelas anseiam pelo
amanhecer;
sim, mais que as sentinelas anseiam pelo
amanhecer.

⁷Ó Israel, ponha sua esperança no Senhor;
pois no Senhor há amor
e transbordante redenção.
⁸Ele próprio resgatará Israel
de todos os seus pecados.

131 Cântico para os peregrinos a caminho de Jerusalém; salmo de Davi.

¹Senhor, meu coração não é orgulhoso,
e meus olhos não são arrogantes.
Não me envolvo com questões grandiosas
ou maravilhosas demais para minha
compreensão.

---

que o começo das dores será o fim deles. Ah não! "Meus inimigos me perseguem". Os filhos de Deus são frequentemente chamados a passar debaixo da vara, e a vara frequentemente está nas mãos dos filhos dos homens. O seu Salvador carregou a cruz e Ele espera que você a carregue também. Ele não lhe diz para que a carregue de vez em quando, mas que a carregue sempre, e o siga voluntariamente, levando-a alegremente por amor ao Seu nome. "Desde minha juventude, meus inimigos me perseguem, mas..." — que forma doce de se colocar! — "mas nunca me derrotaram". Você se lembra como os irmãos de José o invejavam e, por fim, o venderam para o Egito? No entanto, do cárcere ele subiu ao trono e pôde dizer: "mas nunca me derrotaram". Se você é da semente real, um dos escolhidos de Deus, eles não prevalecerão contra você! Até mesmo o orgulhoso Hamã, com todas as suas conspirações, não conseguiu superar o pobre Mordecai! E o Senhor, seu Deus, o preservará da fúria de todos e de todo o mal que seus adversários tentam lhe fazer, Ele lhe trará o bem a despeito de todo mal que intentarem contra você.

130.1 O mais eminente dos santos de Deus esteve nas profundezas. Assim sendo, devo murmurar se tiver que suportar provações? Quem sou eu para estar isento da guerra? Como posso esperar ganhar a coroa sem primeiro levar a cruz? Davi viu as profundezas — e assim deve ser com você e comigo. Porém, Davi aprendeu a clamar a Deus nas profundezas. Aprenda, portanto, que não há lugar tão profundo de onde a oração não possa chegar saindo do fundo do poço até Deus, e então o longo braço de Deus poderá nos alcançar e nos tirar da profundeza! "Das profundezas do desespero, Senhor, clamo a ti". Não diga: "Das profundezas conversei com os meus vizinhos e procurei consolo dos meus amigos".

131.1 Davi podia dizer: "Senhor, meu coração não é orgulhoso". Seu irmão, Eliabe, disse que Davi era orgulhoso quando este desceu para levar o presente de seu pai a seus irmãos que eram soldados no exército de Israel, mas não era assim. Seu coração estava contente por estar com as ovelhas — estava bastante disposto a cuidar das ovelhas e suas crias. Quando estava na corte de Saul, eles o consideraram ambicioso, mas ele

²Pelo contrário, acalmei e aquietei a alma,
como criança desmamada que não
chora mais pelo leite da mãe.
Sim, minha alma dentro de mim
é como uma criança desmamada.
³Ó Israel, ponha sua esperança no Senhor,
agora e para sempre!

132 Cântico para os peregrinos a caminho de Jerusalém.

¹Senhor, lembra-te de Davi
e de tudo que ele sofreu.
²Ele fez uma promessa solene ao Senhor;
jurou ao Poderoso de Jacó:
³"Não voltarei para casa,
não descansarei em minha cama,
⁴não deixarei que meus olhos durmam,
nem fecharei as pálpebras para cochilar,
⁵enquanto não encontrar lugar para a
habitação do Senhor,
o santuário para o Poderoso de Jacó".
⁶Ouvimos dizer que a arca estava em
Efrata
e a encontramos nos campos de Jaar.
⁷Vamos ao santuário do Senhor;
adoremos diante de seu trono!
⁸Levanta-te, Senhor, e entra no teu lugar de
descanso,
junto com a arca, o símbolo do teu
poder.

---

não era — estava bastante satisfeito por ser um servo lá, por lutar as batalhas de Israel. A posição de capitão sobre um bando errante foi forçada sobre ele, mas ele teria preferido permanecer em casa. E quando se tornou rei, não se exaltou. Quando Absalão aspirava ao reino, ele era um homem muito mais notável para se contemplar do que seu pai Davi, pois este caminhou em humildade de espírito perante o Senhor. Quaisquer que fossem as falhas de Davi, certamente a vaidade não era uma delas, nem se embriagava em seu espírito com aquilo que Deus fizera por ele. Bem, é uma grande bênção quando o Espírito de Deus nos impede de sermos soberbos e nossa aparência de ser altiva. Nunca seremos como uma "criança desmamada" até que cheguemos a isso, pois uma "criança desmamada" nada pensa sobre si mesma. Ela é apenas um bebezinho! Seja qual for a consciência que tenha sobre o assunto, não é relacionada a nenhuma força ou sabedoria. É totalmente dependente do cuidado de sua mãe. E abençoado é aquele homem que é levado a muito prostrar-se em seu próprio espírito perante o Senhor, descansando no seio do infinito amor.

132.6,7 Este salmo é uma oração e súplica da aliança, tal oração como poderia ter sido oferecida por Salomão na dedicação do Templo, ou por qualquer descendente de Davi, em seus tempos de alegria ou em suas épocas de aflição. Ele se divide em três partes. Nos primeiros sete versículos, é feita menção ao zelo de Davi pela arca e pela casa do Senhor. Em seguida, em mais três versículos, segue a oração ao mover a arca; e por fim os últimos versículos mencionam a aliança que Deus fez com o seu servo Davi, que é invocada pelos descendentes de Davi em anos posteriores.

Vv.6,7 Isto é o que Davi fez, e você vê quanto esforço assumiu nesta questão; mesmo assim, não foi autorizado a construir uma casa para Deus. No entanto, ele teve a mesma recompensa que teria se a tivesse construído, porque Deus edificou sua casa e estabeleceu sua dinastia por muitas gerações. Deus, muitas vezes, toma a vontade por ação com relação a Seus servos; e quando eles desejam fazer um bom trabalho, e há algum motivo para que não executem seus planos, o Senhor o leva em consideração e lhes dá a mesma recompensa como se tivessem cumprido sua tarefa. Afinal, queridos amigos, Davi desejou construir uma casa para Deus, embora tenha sido muito correto e apropriado em si, ainda assim, à vista de Deus, era apenas uma questão sem muito interesse. O Senhor deu pouca importância ao Templo de Salomão, embora este fosse magnífico. Você deve se lembrar da maneira como Estêvão falou, como uma espécie de comentário passageiro sem grande importância: "Mas foi Salomão quem o construiu. O Altíssimo, porém, não habita em templos feitos por mãos humanas". E é um fato muito curioso na história que, desde o dia em que o grande Templo foi dedicado, a religião espiritual começou a declinar na terra deles. A adoração a Deus nunca foi mais pura do que quando era praticada em uma tenda de maneira humilde, mas, assim que o grande Templo dourado foi erguido e a pompa sacerdotal começou a ser exibida, parece que os homens começaram a se afastar da adoração espiritual a Javé. Com muita frequência, quanto mais lindo é o cerimonial, menos sincero e menos espiritual, a adoração se torna! Nosso grande e glorioso Deus, que enche o Céu e a Terra, dá pouca importância à nobre arquitetura e a pompa e esplendor terrenos, ou à doçura da música ou às fumaças de incenso. Ele está muito acima de tudo que é meramente sensorial; mas se deleita em habitar onde há corações feridos que Ele possa sarar, e onde os cristãos genuínos o adoram em espírito e em verdade.

⁹Que teus sacerdotes se vistam de justiça,
que teus fiéis cantem de alegria.
¹⁰Por causa do teu servo Davi,
não rejeites aquele que ungiste.
¹¹O Senhor fez um juramento solene a Davi
e prometeu jamais voltar atrás:
"Colocarei em seu trono
um de seus descendentes.
¹²Se os seus descendentes obedecerem aos termos de minha aliança
e aos preceitos que eu lhes ensino,
sua linhagem real continuará
para todo o sempre".
¹³Pois o Senhor escolheu Sião;
desejou-a para ser sua habitação.
¹⁴"Este é meu descanso para sempre", disse ele.
"Habitarei aqui, pois este é o lugar que desejei.
¹⁵Abençoarei esta cidade e a tornarei próspera;
saciarei seus pobres com alimento.
¹⁶Vestirei seus sacerdotes com salvação;
seus fiéis cantarão de alegria.
¹⁷Aqui aumentarei o poder de Davi;
meu ungido será luz para meu povo.
¹⁸Vestirei de vergonha seus inimigos,
mas ele usará uma coroa gloriosa."

133 *Cântico para os peregrinos a caminho de Jerusalém; salmo de Davi.*

¹Como é bom e agradável
quando os irmãos vivem em união!
²Pois a união é preciosa como o óleo da unção,
que era derramado sobre a cabeça de Arão
e descia por sua barba,
até a bainha de suas vestes.
³É revigorante como o orvalho do monte Hermom
que desce sobre os montes de Sião.
Ali o Senhor pronuncia sua bênção
e dá vida para sempre.

134 *Cântico para os peregrinos a caminho de Jerusalém.*

¹Louvem o Senhor todos vocês, servos do Senhor,
todos que servem de noite na casa do Senhor.
²Levantem suas mãos para o santuário
e louvem o Senhor.
³De Sião os abençoe o Senhor,
que fez os céus e a terra!

135

¹Louvado seja o Senhor!
Louvem o nome do Senhor!
Louvem-no vocês, servos do Senhor,
²vocês que servem na casa do Senhor,
nos pátios da casa de nosso Deus.
³Louvem o Senhor, porque o Senhor é bom;
celebrem seu nome amável com música.
⁴Pois o Senhor escolheu Jacó para si;
Israel é seu tesouro especial.
⁵Sim, conheço a grandeza do Senhor;
nosso Senhor é maior que qualquer outro deus.
⁶O Senhor faz tudo como deseja,
nos céus e na terra,
nos mares e em suas profundezas.
⁷Faz as nuvens subirem sobre toda a terra,
envia os relâmpagos que acompanham a chuva
e manda o vento sair de seus depósitos.

135.1,7 *V.1* "Louvem o nome do Senhor" [ou Aleluia] é a nota principal deste salmo. Então, este é um dos salmos de Aleluia, pois assim começa; e se você observar a conclusão, verá que ele se encerra da mesma maneira. Há Aleluia novamente. Todo este salmo é cercado, do início e até o final com o "Louvem o Senhor", que é tanto nosso dever quanto nosso deleite: "Louvado seja o Senhor".

V.7 Faz as nuvens subirem sobre toda a terra; essa é uma obra maravilhosa; quantos milhões de toneladas de água são todos os dias transformados em vapor e sobem de diferentes regiões da Terra para cair novamente em forma de chuva alegre e refrescante! O que faríamos se esse processo fosse suspenso? Este é o próprio sangue doador de vida ao mundo. *Envia os relâmpagos que acompanham a chuva*; dizem que a Bíblia foi escrita para nos ensinar religião, não ciência. Isso é muito verdadeiro, mas a Bíblia nunca cometeu um erro em sua ciência; e eu prefiro concordar com os escritores antigos, que consideravam que a Bíblia continha toda ciência, do que ir com aqueles que, de forma blasfema, fingem corrigir o Espírito Santo, e o moldam de

⁸Matou o filho mais velho de todos os lares egípcios,
 tanto das pessoas como dos animais.
⁹Realizou sinais e maravilhas no Egito,
 contra o faraó e todo o seu povo.
¹⁰Destruiu grandes nações
 e matou reis poderosos:
¹¹Seom, rei dos amorreus,
 Ogue, rei de Basã,
 e todos os reis de Canaã.
¹²Entregou a terra deles como herança,
 sim, como herança a seu povo, Israel.

¹³Teu nome, ó Senhor, permanece para sempre;
 tua fama, ó Senhor, é conhecida por todas as gerações.
¹⁴Pois o Senhor fará justiça ao seu povo
 e terá compaixão de seus servos.

¹⁵Os ídolos das nações não passam de objetos de prata e de ouro,
 formados por mãos humanas.
¹⁶Têm boca, mas não falam;
 olhos, mas não veem.
¹⁷Têm ouvidos, mas não ouvem;
 em sua boca, não há fôlego de vida.

¹⁸Aqueles que fazem ídolos e neles confiam
 são exatamente iguais a eles.

¹⁹Ó Israel, louve o Senhor!
 Ó sacerdotes, descendentes de Arão, louvem o Senhor!
²⁰Ó levitas, louvem o Senhor!
 Todos vocês que temem o Senhor, louvem o Senhor!
²¹O Senhor seja louvado desde Sião,
 pois ele habita em Jerusalém.

Louvado seja o Senhor!

136

¹Deem graças ao Senhor, porque ele é bom.
 Seu amor dura para sempre!
²Deem graças ao Deus dos deuses.
 Seu amor dura para sempre!
³Deem graças ao Senhor dos senhores.
 Seu amor dura para sempre!
⁴Deem graças ao único que realiza grandes maravilhas.
 Seu amor dura para sempre!
⁵Deem graças àquele que criou os céus com muita habilidade.
 Seu amor dura para sempre!

---

acordo com a geologia, e não sei mais o quê. Em longo prazo, provar-se-á que o antigo Livro supera todos os cientistas; e quando eles tiverem feito alguma descoberta maravilhosa, acabarão por perceber que tudo já estava registrado na Bíblia muito antes disso. "*Envia os relâmpagos que acompanham a chuva*". Existe uma conexão íntima entre eletricidade e a formação da chuva; e no Oriente isso é muito claro, pois estamos constantemente lendo em livros de viagens sobre tempestades quase sempre acompanhadas de tempestades de raios e trovões. *Manda o vento sair de seus depósitos.* O vento nunca vem soprando ao nosso redor de acordo com seu próprio capricho; mas "Manda o vento sair de seus depósitos", contando-o e gastando como os homens fazem com seu dinheiro, não permitindo mais vento soprar do que é necessário para os elevados propósitos de Seu sábio governo. Que o louvor por isso seja dado ao Deus da natureza que governa sobre todos, e sempre age como quer.

136.1-3 Aqui, você pode ver, temos três títulos para Deus, primeiro como Javé, segundo como *Elohim*, e terceiro como *Adonai*, ou Senhor. Por qualquer nome que Deus seja conhecido, Ele é digno de nosso mais alto louvor. Seja o nome que se refere à Sua Autoexistência, ou o nome relativo aos compromissos de Sua Aliança, ou o nome que se aplica especialmente ao Seu domínio e governo — em todas e quaisquer situações, louvemos ao Senhor. Observe que cada um desses três versículos começa com: "Deem graças". Devemos louvar o Senhor por Sua grandeza e dar-lhe graças por Sua bondade. Nosso louvor deve consistir em grande parte do elemento de gratidão à medida que pensamos em tudo o que Ele fez por nós. Embora eu não enfatize o fato de que esses versículos sejam três e os nomes de Deus sejam três, ainda assim é muito digno de nota que, ao longo do Antigo Testamento, mesmo quando não há nítida alusão à doutrina da Trindade, ainda assim o louvor triplo está constantemente sendo repetido, como se esta sublime verdade de Deus permanecesse latente, embora não desconhecida por aqueles piedosos que mergulhavam profundamente no mistério da Unidade Triúna de Deus. Nós que temos essa Verdade tão claramente revelada, agradeçamos ao Deus Triúno com todos os poderes de nossa tríplice natureza: corpo, alma e espírito.

⁶Deem graças àquele que colocou a terra no meio das águas.
Seu amor dura para sempre!
⁷Deem graças àquele que fez as luzes celestes:
Seu amor dura para sempre!
⁸o sol para governar o dia,
Seu amor dura para sempre!
⁹a lua e as estrelas para governarem a noite.
Seu amor dura para sempre!
¹⁰Deem graças àquele que matou os filhos mais velhos dos egípcios.
Seu amor dura para sempre!
¹¹Ele tirou Israel do Egito.
Seu amor dura para sempre!
¹²Agiu com mão forte e braço poderoso.
Seu amor dura para sempre!
¹³Deem graças àquele que abriu o mar Vermelho[a] ao meio.
Seu amor dura para sempre!
¹⁴Fez Israel atravessá-lo a salvo,
Seu amor dura para sempre!
¹⁵mas lançou o faraó e seu exército no mar Vermelho.
Seu amor dura para sempre!
¹⁶Deem graças àquele que guiou seu povo pelo deserto.
Seu amor dura para sempre!

¹⁷Deem graças àquele que feriu mortalmente grandes reis.
Seu amor dura para sempre!
¹⁸Ele matou reis poderosos:
Seu amor dura para sempre!
¹⁹Seom, rei dos amorreus,
Seu amor dura para sempre!
²⁰e Ogue, rei de Basã.
Seu amor dura para sempre!
²¹Entregou a terra desses reis como herança,
Seu amor dura para sempre!
²²sim, como herança a seu servo, Israel.
Seu amor dura para sempre!
²³Ele se lembrou de nós em nossa humilhação.
Seu amor dura para sempre!
²⁴Livrou-nos de nossos inimigos.
Seu amor dura para sempre!
²⁵Ele dá alimento a todos os seres vivos.
Seu amor dura para sempre!
²⁶Deem graças ao Deus dos céus.
Seu amor dura para sempre!

137

¹Junto aos rios da Babilônia, sentamos e choramos, ao nos lembrarmos de Sião.
²Pusemos de lado nossas harpas e as penduramos nos galhos dos salgueiros.

---

[a] 136.13 Em hebraico, *mar de juncos*; também em 136.15.

137.1-3 A Babilônia era cheia de canais e rios. Os israelitas cativos buscavam lugares solitários onde pudessem estar afastados de seus opressores e, na companhia de seus compatriotas, derramar a triste corrente de seus sofrimentos e lamentações. Os "rios da Babilônia" lhes pareciam agradáveis e eles misturavam suas lágrimas com as águas que deles fluíam. Eles se sentavam junto a esses rios como se sentissem que ficariam ali por um longo tempo e não voltariam logo à sua própria terra. E choravam — não apenas por causa do seu banimento e problemas, mas também por causa da triste condição de sua amada Sião, que fora devastada pelos caldeus, arada como campo e entregue à desolação. Alguns desses pobres cativos haviam sido cantores nos pátios da Casa do Senhor, que fora destruída pelo fogo. Outros haviam trazido suas "harpas" consigo para o cativeiro, mas não conseguiam encontrar música em seus corações e, assim, não conseguiam extrair doces notas das cordas de suas harpas. No entanto, eles não quebraram esses instrumentos musicais, pois poderiam precisar delas algum dia. Desta forma, penduraram-nas nos salgueiros que abundavam próximos às águas. Em seguida, enfrentaram uma das maiores provações que já tinham tido — uma crueldade tamanha por parte de seus opressores que não possuíam compaixão pelos pobres cativos que arrancaram de sua própria terra.

Essas pobres pessoas estavam cabisbaixas e totalmente deprimidas, mesmo assim seus inimigos diziam: "Cantem-nos canções alegres para nós, cantem uma de suas canções sagradas!". Os babilônios queriam somente rir deles, ou, no máximo, ouvi-las simplesmente como uma peça musical que poderiam criticar, então diziam: "Cantem para nós uma das canções de Sião!". Contudo, os cativos não poderiam e não cantariam para qualquer propósito. As canções de Sião não foram compostas para serem cantadas para mero entretenimento, nem eram cânticos feitos para ser tema de zombaria e ridicularização pelos impiedosos.

³Os que nos levaram cativos queriam que cantássemos;
nossos opressores exigiam uma canção alegre:
"Cantem para nós uma das canções de Sião!".
⁴Mas como poderíamos cantar as canções do Senhor
estando em terra estrangeira?
⁵Se eu me esquecer de ti, ó Jerusalém,
que minha mão direita perca sua habilidade.
⁶Que minha língua se prenda ao céu da boca
se eu não me lembrar de ti,
se não fizer de Jerusalém minha maior alegria.
⁷Ó Senhor, lembra-te do que os edomitas fizeram
no dia em que Jerusalém foi conquistada.
Disseram: "Destruam-na! Arrasem-na até o chão!".
⁸Ó Babilônia, você será destruída;
feliz é aquele que lhe retribuir
por tudo que fez contra nós.
⁹Feliz aquele que pegar suas crianças
e as esmagar contra a rocha.

138 *Salmo de Davi.*

¹Graças te dou, Senhor, de todo o meu coração;
cantarei louvores a ti diante dos deuses.
²Prostro-me diante do teu santo templo;
louvo teu nome por teu amor e tua fidelidade,
pois engradeceste acima de tudo teu nome e tua palavra.
³Quando eu clamo, tu me respondes;
coragem e força me dás.
⁴Os reis de toda a terra te darão graças, Senhor,
pois todos eles ouvirão tuas palavras.
⁵Sim, cantarão a respeito dos caminhos do Senhor,
pois a glória do Senhor é grande.

⁶Mesmo nas alturas, o Senhor cuida dos humildes,
mas mantém distância dos orgulhosos.
⁷Ainda que eu esteja cercado de aflições,
tu me protegerás da ira de meus inimigos.
Estendes tua mão,
e o poder de tua mão direita me liberta.
⁸O Senhor cumprirá seus planos para minha vida,
pois teu amor, ó Senhor, dura para sempre;
não me abandones, pois tu me fizeste.

139 *Ao regente do coral: salmo de Davi.*

¹Ó Senhor, tu examinas meu coração
e conheces tudo a meu respeito.
²Sabes quando me sento e quando me levanto;
mesmo de longe, conheces meus pensamentos.
³Tu me vês quando viajo e quando descanso;
sabes tudo que faço.
⁴Antes mesmo de eu falar, Senhor,
sabes o que vou dizer.
⁵Vais adiante de mim e me segues;
pões sobre mim a tua mão.
⁶Esse conhecimento é maravilhoso demais para mim;
é grande demais para eu compreender!
⁷É impossível escapar do teu Espírito;
não há como fugir da tua presença.
⁸Se subo aos céus, lá estás;
se desço ao mundo dos mortos,ᵃ lá estás também.
⁹Se eu tomar as asas do amanhecer,
se habitar do outro lado do oceano,
¹⁰mesmo ali tua mão me guiará,
e tua força me sustentará.
¹¹Eu poderia pedir à escuridão que me escondesse,
e à luz ao meu redor que se tornasse noite,
¹²mas nem mesmo na escuridão posso me esconder de ti.
Para ti, a noite é tão clara como o dia;
escuridão e luz são a mesma coisa.

ᵃ 139.8 Em hebraico, *ao Sheol*.

¹³Tu formaste o meu interior
e me teceste no ventre de minha mãe.
¹⁴Eu te agradeço por me teres feito de
modo tão extraordinário;
tuas obras são maravilhosas, e disso eu
sei muito bem.
¹⁵Tu me observavas quando eu estava
sendo formado em segredo,
enquanto eu era tecido na escuridão.
¹⁶Tu me viste quando eu ainda estava no
ventre;
cada dia de minha vida estava registrado
em teu livro,
cada momento foi estabelecido quando
ainda nenhum deles existia.
¹⁷Como são preciosos os teus pensamentos
a meu respeito,ᵃ ó Deus;
é impossível enumerá-los!
¹⁸Não sou capaz de contá-los;
são mais numerosos que os grãos de
areia.
E, quando acordo,
tu ainda estás comigo.
¹⁹Ó Deus, quem dera destruísses os
perversos;
afastem-se de mim, assassinos!
²⁰Eles blasfemam contra ti;
teus inimigos usam teu nome em vão.
²¹Acaso, Senhor, não devo odiar os que te
odeiam?
Não devo desprezar os que se opõem a
ti?
²²Sim, eu os odeio com todas as minhas
forças,

ᵃ 139.17 Ou *Como teus pensamentos são preciosos para mim*.

pois teus inimigos são meus inimigos.
²³Examina-me, ó Deus, e conhece meu
coração;
prova-me e vê meus pensamentos.
²⁴Mostra-me se há em mim algo que te
ofende
e conduze-me pelo caminho eterno.

140 *Ao regente do coral: salmo de Davi.*

¹Ó Senhor, livra-me dos perversos;
protege-me dos violentos,
²dos que tramam o mal em seu coração
e provocam tumultos o tempo todo.
³Sua língua fere como uma serpente;
veneno de víbora goteja de seus lábios.
Interlúdio

⁴Ó Senhor, protege-me das mãos dos
perversos;
guarda-me dos violentos,
pois eles tramam contra mim.
⁵Os orgulhosos me prepararam uma
armadilha;
estenderam uma rede
e armaram ciladas ao longo do caminho.
Interlúdio

⁶Eu disse ao Senhor: "Tu és meu Deus!";
ouve, Senhor, as minhas súplicas.
⁷Ó Soberano Senhor,
meu salvador poderoso,
tu me protegeste no dia da batalha.
⁸Senhor, não dês aos perversos o que
desejam;

139.14 Qualquer um que entenda de anatomia lhe dirá que o homem é singularmente formado. Fomos criados de "modo tão extraordinário" que nossa vida está em perigo constante — parece que cada fôlego pode ser o último e cada pulsação pode acabar rapidamente com a nossa existência. Você não pode examinar um vaso sanguíneo, especialmente alguns dos muito pequenos, através de um microscópio sem ficar totalmente espantado. Qualquer médico lhe dirá que muitas vezes, em uma só hora — talvez mesmo em um só minuto — algo muito básico poderia colocar nossa vida em iminente perigo de destruição! Todo ser humano é um universo de maravilhas. Ele não precisa ir ao exterior para ver milagres, pois ele mesmo é uma combinação maravilhosa e milagrosa! *As tuas obras são maravilhosas, e disso eu sei muito bem.* Como pode haver um composto de espírito e matéria — como a terra em que pisamos pode entrar em nossa composição e, ainda assim, sermos semelhantes aos anjos? Como pode haver algo sobre nós que nos liga ao pó, e ainda muito sobre nós que nos une ao próprio Deus — são coisas extraordinárias que não compreendemos. Onde está o ponto em que o espírito toca a matéria? Como a vontade pode mover a mão ou o dedo? Como o espírito age sobre a matéria? Essas são perguntas mais fáceis de serem feitas do que respondidas.

não permitas que seus planos maldosos
  tenham sucesso,
para que não se encham de orgulho.
Interlúdio

⁹Sejam destruídos meus inimigos
  pelo mesmo mal que tramaram contra
  mim.
¹⁰Caiam sobre eles brasas ardentes;
  sejam atirados no fogo,
  ou em poços fundos de onde não
  poderão escapar.
¹¹Não permitas que os mentirosos
  prosperem em nossa terra;
  derrama a calamidade sobre os
  violentos.

¹²Sei, porém, que o Senhor defenderá a
  causa dos aflitos;
  ele fará justiça aos pobres.
¹³Certamente os justos louvarão teu nome;
  os íntegros viverão em tua presença.

141 *Salmo de Davi.*

¹Ó Senhor, eu clamo a ti; vem
  depressa!
Ouve quando peço tua ajuda.
²Aceita minha oração, como incenso
  oferecido a ti,
  e minhas mãos levantadas, como oferta
  da tarde.
³Assume o controle do que eu digo, Senhor,
  e guarda meus lábios.
⁴Não permitas que eu me desvie para o mal,
  ou me envolva em atos perversos.
Não deixes que eu participe dos banquetes
  dos que praticam o mal.

⁵Firam-me os justos!
  Será um favor!
Se eles me corrigirem, será remédio que
  dá alívio;
  não permitas que eu o recuse.

Contudo, oro constantemente,
  contra os perversos e tudo que eles
  fazem.
⁶Quando seus líderes forem lançados num
  precipício,
  ouvirão minhas palavras e saberão que
  são verdadeiras.
⁷Como pedras que o arado traz à
  superfície,
  seus ossos ficarão espalhados, sem que
  ninguém os enterre.ᵃ

⁸Espero por tua ajuda, Senhor Soberano!
  És meu refúgio; não permitas que me
  matem.
⁹Guarda-me das armadilhas que me
  prepararam,
  dos laços dos que praticam o mal.
¹⁰Que os perversos caiam em suas próprias
  redes,
  mas que eu consiga escapar.

142 *Salmoᵇ de Davi a respeito de sua experiência na caverna; uma oração.*

¹Clamo em alta voz ao Senhor;
  suplico pela misericórdia do Senhor.
²Derramo diante dele minhas queixas
  e lhe apresento minhas angústias.
³Quando estou abatido,
  somente tu sabes o caminho que devo
  seguir.

ᵃ**141.7** Em hebraico, *ficarão espalhados junto à boca do Sheol.* ᵇ**142 título** Em hebraico, *maskil*, possivelmente um termo literário ou musical.

142.1-3 V.1 Orações silenciosas são frequentemente orações verdadeiras, mas há momentos em que, no extremo do sofrimento, é muito útil expressar a agonia da alma. Conheço alguns amigos que jamais conseguem orar por seu próprio conforto, a menos que possam ouvir suas próprias vozes. Acredito que seja bom para a maioria de nós nos retirarmos para um lugar privado onde não possamos ser ouvidos pelos homens e onde possamos, portanto, usar livremente nossas vozes em oração. Muitas vezes, o uso da voz ajuda a evitar que os pensamentos vagueiem e também dá intensidade aos desejos. Você percebe que Davi particularmente menciona aqui que clamou ao Senhor com a sua voz. Sem dúvida, muitas de suas orações subiram a Deus saindo do coração de Davi em silêncio, mas aqui o clamor com a voz uniu-se aos desejos de seu coração.

V.2 Essa é uma bela expressão: "Derramo diante dele minhas queixas" — da mesma maneira que você vira um jarro de cabeça para baixo e deixa todo o conteúdo escorrer! "Derramo diante dele minhas queixas". Normalmente, estamos prontos o suficiente para fazer isso, só costumamos ir a algum amigo, ou a algum inimigo

Aonde quer que eu vá,
  prepararam armadilhas contra mim.
⁴Procuro alguém que venha me ajudar,
  mas ninguém sequer lembra que eu existo.
Não tenho onde me abrigar,
  ninguém se importa com o que acontece comigo.
⁵Então clamo a ti, Senhor,
  e digo: "Tu és meu refúgio,
  és tudo que desejo na vida.
⁶Ouve meu clamor,
  pois estou muito fraco.
Livra-me dos que me perseguem,
  pois são fortes demais para mim.
⁷Tira-me da prisão,
  para que eu te dê graças.
Os justos se juntarão ao meu redor,
  pois tu és bom para mim".

143 *Salmo de Davi.*
¹Ouve minha oração, Senhor;
  escuta minha súplica!
Responde-me, pois és fiel e justo.
²Não leves teu servo a julgamento,
  pois diante de ti ninguém é inocente.
³Meu inimigo me perseguiu;
  derrubou-me no chão
  e obrigou-me a morar em trevas, como as do túmulo.
⁴Vou perdendo todo o ânimo;
  estou tomado de medo.
⁵Lembro-me de tempos passados;
  reflito em todas as tuas obras
  e penso em tudo que fizeste.
⁶Levanto minhas mãos a ti em oração;
  anseio por ti, como a terra seca tem sede de chuva.
Interlúdio
⁷Vem depressa, Senhor, e responde-me,
  pois meu ânimo se esvai.
Não te afastes de mim,
  ou morrerei.
⁸Faze-me ouvir do teu amor a cada manhã,
  pois confio em ti.

---

e derramar nossa queixa em seu ouvido. Porém, qual é o benefício em fazê-lo? Davi tomou um caminho muito mais sábio! "Derramo diante dele minhas queixas". *E lhe apresento minhas angústias.* Desvendo-a e a coloco diante dele. Deus podia vê-la, mas Davi sabia que era a sua função e privilégio apresentá-la diante dele.

V.3 Muitos dos santos do Senhor conhecem o significado dessa frase: "Quando estou abatido". Eles são como um navio que afundou no mar e está completamente coberto pelas ondas. Davi estava em tal situação — ele não conhecia seu próprio paradeiro, mas aqui estava a misericórdia — "Somente tu sabes o caminho que devo seguir". É muito melhor que Deus conheça o nosso caminho do que nós mesmos o conheçamos, pois podemos vir a conhecê-lo e ser levados ao desespero por causa desse conhecimento. Mas o conhecimento de Deus sobre o nosso caminho nos leva a nos *mantermos nesse caminho*, ou a nos livrar dele.

143.3-6 *Vv.3,4* Algum de vocês está passando por essa experiência de provação? Em caso afirmativo, isso não o encoraja a encontrar outra pessoa que já passou por esse caminho antes de você? A estrada é muito difícil, mas há a pegada de um homem lá, a pegada de um homem que Deus muito amou, o homem segundo o próprio coração de Deus! Ah, queridos amigos, nas suas profundas tristezas, vocês não estão sozinhos — Davi passou por esse caminho antes de vocês e, o que é ainda melhor, o Senhor de Davi já percorreu esta estrada acidentada! Em todas as nossas aflições, Ele foi afligido. Ele foi tentado em todos os aspectos, como nós o somos, dessa maneira Ele pode perfeitamente se compadecer de todos nós em todos os problemas pelos quais somos chamados a passar.

Vv.5,6 Uma das coisas que o povo de Deus tem por hábito fazer, quando estão em grandes dificuldades, é olhar para trás para suas experiências passadas. Você pode ter visto os barqueiros no canal irem para trás para poderem impulsionar a barcaça à frente e, às vezes, nós que acreditamos em Jesus Cristo temos que ir para trás — olhar para nossas experiências passadas, a fim de obter coragem renovada para a presente hora de provações. De modo que o salmista declara: "Lembro-me de tempos passados; reflito em todas as tuas obras e penso em tudo que fizeste". No entanto, no dia de angústia de Davi, ao meditar em suas experiências do passado, isso não o satisfez. Ele queria o seu Deus, por isso clamou ao Senhor: "Levanto minhas mãos a ti em oração; anseio por ti, como a terra seca tem sede de chuva". Quando os campos estão secos por muito tempo por não haver chuva, é possível ver como a terra se abre em grandes rachaduras, como se estivesse de boca aberta para a chuva que tão sedentamente precisa — e a alma de Davi parecia assim aberta com o forte desejo do Deus vivo — "anseio por ti, como a terra seca tem sede de chuva".

Mostra-me por onde devo andar,
  pois me entrego a ti.
⁹Livra-me de meus inimigos, Senhor,
  pois me refugio em ti.
¹⁰Ensina-me a fazer tua vontade,
  pois tu és meu Deus.
Que o teu Espírito bondoso me conduza adiante
  por um caminho reto e seguro.
¹¹Pela honra do teu nome, Senhor,
  preserva minha vida.
Por tua justiça,
  tira-me deste sofrimento.
¹²Por teu amor, acaba com meus inimigos
  e destrói meus adversários,
  pois sou teu servo.

144 *Salmo de Davi.*

¹Louvado seja o Senhor, minha rocha;
  ele treina minhas mãos para a guerra
  e dá a meus dedos habilidade para a batalha.
²Ele é meu aliado infalível e minha fortaleza,
  minha torre segura e meu libertador.
Ele é meu escudo, em quem me refugio;
  faz as nações se sujeitarem[a] a mim.

³Ó Senhor, quem são os seres humanos,
  para que prestes atenção neles?
Quem são os simples mortais, para que penses neles?
⁴São como uma brisa;
  seus dias são como uma sombra que passa.

⁵Abre os céus, Senhor, e desce;
  toca os montes para que soltem fumaça.
⁶Lança teus relâmpagos e dispersa os inimigos;
  atira tuas flechas e confunde-os.
⁷Estende tua mão desde os céus e salva-me;
  tira-me das águas profundas,
  livra-me do poder de meus inimigos.
⁸Eles têm a boca cheia de mentiras;
  juram dizer a verdade, mas mentem.

⁹Cantarei a ti, ó Deus, um cântico novo;
  cantarei louvores a ti com instrumento de dez cordas.
¹⁰Pois tu concedes vitória aos reis;
  livraste teu servo Davi da espada mortal.
¹¹Salva-me!
Livra-me do poder de meus inimigos.
Eles têm a boca cheia de mentiras;
  juram dizer a verdade, mas mentem.

¹²Que nossos filhos floresçam na juventude
  como plantas viçosas.
Que nossas filhas sejam como colunas graciosas,
  esculpidas para enfeitar um palácio.
¹³Que nossos celeiros fiquem cheios
  de colheitas de todo tipo.
Que os rebanhos em nossos campos se multipliquem aos milhares,
  e até às dezenas de milhares,
¹⁴e que nossos bois fiquem carregados de alimentos.
Que nenhum inimigo consiga romper nossos muros,
  que ninguém seja levado ao cativeiro,
  nem haja gritos de angústia em nossas praças.
¹⁵Como são felizes os que vivem desse modo!
Verdadeiramente são felizes aqueles cujo Deus é o Senhor!

145 [b] *Salmo de louvor de Davi.*

¹Eu te exaltarei, meu Deus e Rei,
  louvarei teu nome para todo o sempre.
²Todos os dias te louvarei,
  sim, louvarei teu nome para sempre.

---

[a]144.2 Alguns manuscritos trazem *meu povo se sujeitar.* [b]145 Em hebraico este salmo é um poema acróstico; cada versículo (incluindo 13b) começa com uma letra sucessiva do alfabeto hebraico.

Salmo 145 Quando chegamos ao Salmo 145, entramos na *Beulah* [Desposada] Terra dos Salmos. Daqui em diante, chegou a hora do cantar dos pássaros e vamos de um Aleluia a outro! No hebraico, este é um dos salmos alfabéticos, mas uma letra (*nun*) é omitida, talvez, como o Dr. Bonar sugere, "devemos evitar a ênfase na mera forma da composição". Esses cantores antigos cantavam usando o alfabeto de A a Z, e também é bom para nós começarmos a louvar o Senhor enquanto ainda somos crianças e continuar louvando-o até chegarmos ao "Z", exatamente na hora da morte, exprimindo Seus louvores até chegarmos à eternidade.

³Grande é o Senhor! Ele é digno de muito louvor!
   É impossível medir sua grandeza.
⁴Que cada geração conte a seus filhos sobre tuas obras
   e proclame teu poder.
⁵Meditarei em teu majestoso e glorioso esplendor
   e em tuas maravilhas.
⁶Todos falarão de teus feitos notáveis,
   e eu anunciarei tua grandeza.
⁷Todos contarão a história de tua imensa bondade
   e cantarão de alegria sobre tua justiça.
⁸O Senhor é misericordioso e compassivo,
   lento para se irar e cheio de amor.
⁹O Senhor é bom para todos;
   derrama misericórdia sobre toda a sua criação.
¹⁰Todas as tuas obras te darão graças, ó Senhor,
   e teus fiéis te louvarão.
¹¹Falarão da glória do teu reino
   e proclamarão o teu poder.
¹²Anunciarão teus feitos poderosos
   e a majestade e glória do teu reino.
¹³Pois o teu reino é reino para sempre;
   tu governas por todas as gerações.

O Senhor sempre cumpre suas promessas;
   é bondoso em tudo que faz.ᵃ
¹⁴O Senhor ajuda os que caíram
   e levanta os que estão encurvados sob o peso de suas cargas.
¹⁵Os olhos de todos estão voltados para ti com esperança;
   tu lhes provês o alimento conforme necessitam.
¹⁶Quando abres tua mão,
   satisfazes o anseio de todos os seres vivos.
¹⁷O Senhor é justo em tudo que faz;
   é cheio de bondade.
¹⁸O Senhor está perto de todos que o invocam,
   sim, de todos que o invocam com sinceridade.
¹⁹Ele concede os desejos dos que o temem;
   ouve seus clamores e os livra.
²⁰O Senhor protege todos que o amam,
   mas destrói os perversos.
²¹Louvarei o Senhor,
   e que todos na terra louvem seu santo nome,
   para todo o sempre!

146

¹Louvado seja o Senhor!
   Que todo o meu ser louve o Senhor.
²Louvarei o Senhor enquanto eu viver;
   cantarei a meu Deus até o último suspiro.
³Não confiem nos poderosos;
   não é neles que encontrarão salvação.
⁴Quando sua vida se vai, voltam ao pó,
   e todos os seus planos morrem com eles.
⁵Como são felizes os que têm o Deus de Jacó como seu auxílio,
   os que põem sua esperança no Senhor, seu Deus.
⁶Ele fez os céus e a terra,
   o mar e tudo que neles há;
   ele cumpre suas promessas para sempre.
⁷Faz justiça aos oprimidos
   e alimenta os famintos.
O Senhor liberta os prisioneiros.
   ⁸O Senhor abre os olhos dos cegos.
O Senhor levanta os abatidos.
   O Senhor ama os justos.
⁹O Senhor protege os estrangeiros
   e cuida dos órfãos e das viúvas,
   mas frustra os planos dos perversos.
¹⁰O Senhor reinará para sempre;
   ele será seu Deus, ó Sião, por todas as gerações.
Louvado seja o Senhor!

147

¹Louvado seja o Senhor!
   Como é bom cantar louvores a nosso Deus!
Como é agradável e apropriado!
²O Senhor reconstrói Jerusalém
   e traz os exilados de volta a Israel.
³Ele cura os de coração quebrantado
   e enfaixa suas feridas.

ᵃ145.13 Conforme os manuscritos do mar Morto, a Septuaginta e a versão siríaca; o Texto Massorético não traz as duas últimas linhas deste versículo.

⁴Conta as estrelas
e chama cada uma pelo nome.
⁵Nosso Senhor é grande! Seu poder é absoluto!
É impossível medir seu entendimento.
⁶O Senhor protege os humildes,
mas lança os perversos no pó.
⁷Cantem com ações de graças ao Senhor,
cantem ao nosso Deus louvores com a harpa.
⁸Ele cobre os céus de nuvens,
provê chuva para a terra
e faz o capim crescer nos montes.
⁹Alimenta os animais selvagens
e dá de comer aos filhotes dos corvos quando pedem.
¹⁰Seu prazer não está na força do cavalo,
nem no poder humano.
¹¹O Senhor se agrada dos que o temem,
dos que põem a esperança em seu amor.
¹²Exalte o Senhor, ó Jerusalém!
Louve seu Deus, ó Sião!
¹³Pois ele reforçou as trancas de suas portas
e abençoou seus filhos dentro de seus muros.
¹⁴Ele conserva a paz em suas fronteiras
e satisfaz sua fome com o melhor trigo.
¹⁵Ele envia suas ordens ao mundo,
e sua palavra corre veloz.
¹⁶Envia a neve como lã branca
e espalha a geada sobre a terra como cinzas.
¹⁷Lança granizo como pedras;[a]
quem é capaz de suportar o frio intenso?
¹⁸Então, por sua ordem, tudo se dissolve;
envia seus ventos, e o gelo derrete.
¹⁹Ele revelou sua palavra a Jacó,
seus decretos e estatutos, a Israel.
²⁰Não fez o mesmo com nenhuma outra nação;
elas não conhecem seus estatutos.
Louvado seja o Senhor!

148

¹Louvado seja o Senhor!
Louvem o Senhor desde os céus!
Louvem-no desde as alturas!
²Louvem-no, todos os seus anjos!
Louvem-no, todos os exércitos celestiais!
³Louvem-no, sol e lua!
Louvem-no, todas as estrelas brilhantes!
⁴Louvem-no, altos céus!

[a] 147.17 Em hebraico, *como migalhas de pão.*

147.11, 15-17 *V.11* Como os reis se gloriaram em suas tropas, Deus também se gloria em corações ternos que o temem e que esperam em Sua misericórdia! Amo essa dupla descrição — "dos que o temem" e "dos que põem a esperança em seu amor". Há uma mistura aqui — temor e esperança — mas a mistura faz um doce amálgama de graça! É como uma rede de pescadores — há o chumbo para afundá-la e há a cortiça para fazê-la flutuar! Se você só espera em Seu amor, não voltará vazio do grande banquete do amor eterno — "O Senhor se agrada dos que o temem, dos que põem a esperança em seu amor".

V.15 Os grandes reis tentaram fazer com que os seus procedimentos de envios postais atuassem com rapidez. Nos tempos antigos, eles usavam dromedários rápidos para esse propósito, mas "sua palavra corre veloz". Quando Deus tem uma mensagem para enviar, Ele pode anunciá-la pelo raio, ou enviá-la em um instante por um de seus anjos — "sua palavra corre veloz". Gostaria que isso corresse até alguns de vocês que estão se apressando para o pecado, e que isso os atingisse plenamente os cativasse e os levasse ao arrependimento e à fé em Deus!

Vv.16,17 Quero que você perceba como, nos tempos antigos, bons homens sentiram muito perto a presença de Deus. Eles pensavam que tudo isso era causado por Deus — "Envia a neve como lã branca e espalha a geada sobre a terra como cinzas" — e falam de Seu gelo e Seu frio. Os filósofos fizeram pouquíssimo progresso ao tentar nos afastar de Deus mais do que costumávamos estar, mas bendigo o Seu nome por Ele estar mais perto do que jamais esteve daqueles que creem nele! Eles podem ver a Sua obra e sentir o toque da Sua mão! Mas que Deus de maravilhas é este que usa a neve para aquecer a Terra e faz com que as geadas ajam como cinzas — sim, que faz pão do próprio gelo, pois quando não há clima gelado, as colheitas não são tão boas — as próprias geadas quebram os torrões e ajudam a criar pão para os homens! O Senhor trabalha com os contrários. Talvez, no momento em que Ele quer salvá-lo, você pensará que Ele o está destruindo. Se Ele quiser curá-lo, Ele o ferirá! Se quiser exaltá-lo, Ele o humilhará! Por isso, aprenda a entender o Seu método, pois este é o modo de Seu trabalho.

Louvem-no, vapores acima das nuvens!
⁵Todas as coisas criadas louvem o nome do Senhor,
    pois ele ordenou, e elas vieram a existir.
⁶Ele as pôs em seu lugar para todo o sempre;
    seu decreto jamais será revogado.

⁷Louvem o Senhor desde a terra,
    vocês criaturas das profundezas do oceano,
⁸fogo e granizo, neve e nuvens,ᵃ
    ventos tempestuosos que lhe obedecem,
⁹montanhas e colinas,
    árvores frutíferas e cedros,
¹⁰animais selvagens e domésticos,
    seres que rastejam e os que voam,
¹¹reis da terra e todos os povos,
    governantes e juízes da terra,
¹²rapazes e moças,
    idosos e crianças.

¹³Louvem todos o nome do Senhor,
    pois exaltado é seu nome;
    sua glória está acima da terra e dos céus!
¹⁴Ele deu força a seu povo
    e honra a seus fiéis,
    o povo de Israel, que lhe é chegado.

Louvado seja o Senhor!

ᵃ148.8 Ou *nevoeiro*, ou *fumaça*.

149

¹Louvado seja o Senhor!
Cantem ao Senhor um cântico novo,
    cantem louvores a ele na congregação dos fiéis.
²Ó Israel, alegre-se em seu Criador!
    Ó povo de Sião, exulte em seu Rei!
³Louvem o nome dele com danças,
    acompanhadas de tamborins e harpas.
⁴Pois o Senhor tem prazer em seu povo;
    ele coroa os humildes com vitória.
⁵Alegrem-se os fiéis porque ele os honra;
    cantem de alegria em suas camas.

⁶Louvores a Deus estejam em seus lábios,
    e uma espada afiada em suas mãos,
⁷para se vingarem das nações
    e castigarem os povos,
⁸para prenderem seus reis com algemas
    e seus líderes, com correntes de ferro,
⁹para executarem a sentença escrita contra eles,
    esse é o glorioso privilégio de seus fiéis.

Louvado seja o Senhor!

150

¹Louvado seja o Senhor!
Louvem o Senhor em seu santuário,
    louvem-no em seu majestoso céu!
²Louvem-no por seus feitos poderosos,
    louvem sua grandeza sem igual!

149.1,6-8 *V.1* Você teve novas misericórdias do Senhor; dê-lhe, em troca, um novo cântico! Você tem uma nova compreensão da Sua misericórdia. Vocês que vivem sob esta dispensação do evangelho têm algo a mais sobre o que cantar do que o próprio Davi experimentou! Portanto, "Cantem ao Senhor um cântico novo"; lancem seus corações sobre ele! Não deixem que se torne uma questão de rotina, mas que toda a sua alma, com todo seu vigor e frescor, chame a atenção para o louvor de Deus!

V.6 "Em suas gargantas", diz o hebraico, porque os santos de Deus cantam do fundo de suas gargantas. Há uma música profundamente enraizada quando louvamos a Deus, que é completamente diferente das meras sílabas dos lábios que vêm da língua de um hipócrita. *Espada afiada.* Pois temos que lutar, hoje, contra principados, poderes e perversidades em todos os lugares! Com a espada do Espírito em nossas mãos, lutamos as batalhas do Príncipe da Paz!

Vv.7-9 Assim foi quando Israel entrou em Canaã, ordenado a executar a vingança de Deus sobre as nações pagãs. Não temos esse mandado nem esse dever tão doloroso; mas há um príncipe que será preso com cadeias e com grilhões de ferro um dia. Em breve, o Senhor esmagará Satanás debaixo de nossos pés e, enquanto isso, lutamos contra todos os tipos de poderes do mal. Ó, que Deus nos ajude a prender o Rei Embriaguez com cadeias e o Rei Infidelidade com grilhões de ferro! Quem dera o dia viesse quando a impureza, que contamina a tantos, fosse vencida e subjugada pela espada afiada do Espírito de Deus! *Para executarem a sentença escrita contra eles, esse é o glorioso privilégio de seus fiéis.* Ou pode ser lido: "Ele é a honra de todos os Seus santos". "Sim, vocês, os que creem, reconhecem a honra que lhe é devida", ou "Ele é uma honra", diz o apóstolo, e não há honra como essa que vem de estar unido a Deus, viver nele e viver para Ele!

³Louvem-no com o toque da trombeta,
louvem-no com a lira e a harpa!
⁴Louvem-no com tamborins e danças,
louvem-no com instrumentos de cordas
e flautas!

⁵Louvem-no com o som dos címbalos,
louvem-no com címbalos ressonantes!
⁶Tudo que respira louve ao Senhor!

Louvado seja o Senhor!

150.3,4 Todo o Livro dos Salmos é cheio de louvor, mas o louvor culmina no seu encerramento. Há cinco "Salmos de Aleluia" ao final do livro. Eles são assim chamados porque começam e terminam com a expressão "Louvado seja o Senhor!". Para as pessoas reverentes deve ser motivo de intenso pesar descobrir que a declaração *Louvado seja Deus! ou Aleluia*, é hoje usada de tal forma que se tornou banal em vez de uma exclamação muito sagrada. Aquele que usa esta declaração de forma irreverente é culpado de tomar o nome do Senhor em vão!

Vv.3,4 Assim, naqueles dias, havia todos os tipos de música para louvar a Deus; e também de instrumentos: a trombeta, a lira, a harpa, os tamborins, as flautas e os címbalos. Tudo que pode louvar a Deus deve louvá-lo. O significado espiritual desses versículos é este: que os homens de condições e tipos diferentes louvem o Senhor; homens, mulheres, crianças, aqueles que são profundamente instruídos e aqueles que sabem pouco, aqueles que são grandes e aqueles que são pequenos. Que cada coração se considere como um instrumento de louvor e se permita ser completamente usado para o louvor do Senhor. O salmista foi até o ponto de lembrar-se de que havia címbalos de bronze, que ressoavam, produzindo um som para ser ouvido a grande distância.

Provérbios

INTRODUÇÃO

Valor prático do livro de Provérbios. Os provérbios enfatizam a vida religiosa exterior. Eles ensinam como praticar a religião e superar as tentações diárias. Expressam a crença em Deus e Seu domínio sobre o Universo e, portanto, procuram fazer de sua religião a motivação predominante na vida e na conduta. Exalam uma profunda essência religiosa e uma elevada concepção religiosa, mas colocam a maior ênfase sobre o exercer a religião em todas as relações da vida. Davison diz: "Para os escritores de Provérbios, a religião significa bom senso, a religião significa domínio dos assuntos, significa força, virilidade e sucesso, significa um intelecto bem formado empregando os melhores meios para alcançar os fins mais elevados". Esta afirmação é correta no que diz respeito ao aspecto do dever que é enfatizado.

Natureza dos provérbios. (1) Há uma voz sábia que profere palavras de sabedoria, compreensão, conhecimento, prudência, sutileza, instrução, discrição e temor a Deus, e nos provê de bons conselhos para todas as condições da vida. (2) Há uma voz de insensatez que pronuncia palavras insensatas, simplicidade, estupidez, ignorância, brutalidade e maldade, e levanta sua voz onde quer que a sabedoria fale. (3) A sabedoria é contrastada com a insensatez, que frequentemente gera simplicidade e desprezo. (4) A sabedoria é personificada, como se fosse Deus falando sobre os deveres práticos, morais, intelectuais e religiosos dos homens. (5) Cristo encontra-se no livro, Lc 24.27, e se Cristo fosse substituído pela sabedoria, onde é encontrado, um novo e maravilhoso poder seria visto no livro. Organização das considerações encontradas em Provérbios. A primeira esfera — a casa, pai e filhos, 1.8,9 e Caps. 2–7. A palavra-chave aqui é "meu filho". A segunda esfera — amizade; companheiros é a palavra importante, 1.10-19. A terceira esfera — o mundo.

ESBOÇO

1. Valor da sabedoria, Caps. 1–9
   Isso é mostrado pelo contraste com a insensatez.
   1.1. O planejamento e algumas máximas fundamentais, 1.1-19
   1.2. Advertências da Sabedoria, 1.20-33
   1.3. A Sabedoria revelará Deus e a justiça, e salvará do homem perverso e da mulher imoral, Cap. 2
   1.4. Descrição da vida da sabedoria, Cap. 3
   1.5. A Sabedoria, o melhor caminho, Cap. 4
   1.6. A mulher imoral, Cap. 5
   1.7. Contra vários males, Cap. 6
   1.8. Advertências da Sabedoria contra as seduções de uma mulher imoral, Cap. 7
   1.9. A Sabedoria faz um apelo, Cap. 8
   1.10. A Sabedoria faz seus convites, Cap. 9
2. Provérbios práticos de Salomão, 10.1–22.16
   Eles estão separados e não podem ser classificados.
3. Palavras do sábio, 22.17–24.34
   Às vezes, chamados de recomendações de justiça. Há vários autores, mas nenhum tópico em comum.
4. Provérbios de Salomão, copiados pelos escribas de Ezequias, Caps. 25–29
5. Palavras de Agur, Cap. 30
   Daquele que tentou "descobrir Deus na perfeição e encontrou a tarefa acima dele".
6. Palavras de Lemuel, Cap. 31
   6.1. O dever dos reis, vv.1-9
   6.2. O valor de uma mulher virtuosa ou boa esposa, vv.10-31

PARA ESTUDO E DISCUSSÃO

[1] Reúna passagens que indicam as recompensas da virtude e da piedade.
[2] Cite passagens que mostram os males da: preguiça ou indolência, do beber vinho e da embriaguez, de falatórios, de discórdias familiares.
[3] Faça uma lista dos principais pensamentos do livro sobre Deus, o homem e outros grandes ensinamentos religiosos de nossos dias.
[4] O que é dito de um homem que governa seu próprio coração, de um bom nome, de obediência aos pais, de palavras proferidas adequadamente, de uma bela mulher que não possui discrição, de uma alma liberal, de um falso equilíbrio, de uma resposta suave, de um filho sábio. Encontre onde as respostas são encontradas.
[5] O perigo de seguir um amor imoral (mulher), Cap. 5.
[6] Insensatez em ceder às artimanhas de uma prostituta, Cap. 7.
[7] A descrição de uma mulher virtuosa, 31.10-31.

A finalidade dos provérbios

1 Estes são os provérbios de Salomão, filho de Davi, rei de Israel.

²Sua finalidade é ensinar sabedoria e disciplina às pessoas
e ajudá-las a compreender as instruções dos sábios.
³Sua finalidade é ensinar-lhes uma vida disciplinada e bem-sucedida
e ajudá-las a fazer o que é certo, justo e imparcial.
⁴Estes provérbios darão juízo aos ingênuos
e conhecimento e discernimento aos jovens.
⁵O sábio que os ouvir se tornará ainda mais sábio.
Quem tem entendimento receberá orientação,
⁶ao examinar o significado destes provérbios e parábolas,
das palavras dos sábios e seus enigmas.

⁷O temor do Senhor é o princípio do conhecimento,
mas os tolos desprezam a sabedoria e a disciplina.

O conselho de um pai: adquira sabedoria

⁸Meu filho, preste atenção à correção de seu pai
e não deixe de lado a instrução de sua mãe.
⁹O que aprender com eles será coroa de graça em sua cabeça
e colar de honra em seu pescoço.

¹⁰Meu filho, se pecadores quiserem seduzi-lo,
não permita que isso aconteça.
¹¹Talvez lhe digam: "Venha conosco!
Vamos nos esconder e matar alguém.
Armaremos emboscada contra inocentes,
só para passar o tempo.
¹²Vamos engoli-los vivos, como a sepultura;[a]
vamos engoli-los inteiros, como os que descem à cova.
¹³Encontraremos todo tipo de riquezas
e encheremos nossas casas com tudo que roubarmos.
¹⁴Venha, junte-se a nós!
Dividiremos igualmente os despojos".

¹⁵Meu filho, não vá com eles!
Afaste-se de seus caminhos.
¹⁶Eles correm para fazer o mal;
apressam-se em derramar sangue.
¹⁷Se um pássaro vê alguém montar a armadilha,
sabe que não deve se aproximar.
¹⁸Eles, porém, armam emboscadas para si mesmos;
tentam acabar com a própria vida.
¹⁹Esse é o destino de todos os gananciosos;
sua própria cobiça os destrói.

A Sabedoria grita nas ruas

²⁰A Sabedoria grita nas ruas
e levanta a voz na praça pública.
²¹Sim, proclama nas avenidas
e anuncia em frente à porta da cidade:
²²"Até quando vocês, ingênuos,
insistirão em sua ingenuidade?
Até quando vocês, zombadores,
terão prazer na zombaria?
Até quando vocês, tolos,
detestarão o conhecimento?
²³Venham e ouçam minhas advertências;
abrirei meu coração para vocês
e os tornarei sábios.

²⁴"Muitas vezes eu os chamei, mas não quiseram vir;
estendi-lhes a mão, mas não me deram atenção.
²⁵Desprezaram meu conselho
e rejeitaram minha repreensão.
²⁶Por isso, rirei quando estiverem em dificuldades;
zombarei quando estiverem em apuros,
²⁷quando a calamidade lhes sobrevier como a tempestade,
e a desgraça os envolver como o furacão,
e a angústia e a aflição os dominarem.

²⁸"Quando clamarem por socorro, não responderei;
ainda que me procurem, não me encontrarão.

---

[a] **1.12** Em hebraico, *o Sheol*.

²⁹Porque detestaram o conhecimento
  e escolheram não temer o Senhor.
³⁰Rejeitaram meu conselho
  e ignoraram minha repreensão.
³¹Portanto, comerão os frutos amargos de
    seu estilo de vida
  e engasgarão em suas próprias intrigas.
³²Pois os ingênuos se afastam de mim e
    rumam para a morte;
  os tolos são destruídos por sua própria
    acomodação.
³³Os que me ouvem, porém, viverão em
    paz,
  tranquilos e sem temer o mal".

Os benefícios da sabedoria

2 ¹Meu filho, preste atenção às minhas
    palavras
  e guarde meus mandamentos como um
    tesouro.
²Dê ouvidos à sabedoria
  e concentre o coração no entendimento.
³Clame por inteligência
  e peça entendimento.
⁴Busque-os como a prata,
  procure-os como a tesouros escondidos.
⁵Então entenderá o que é o temor do
    Senhor
  e obterá o conhecimento de Deus.
⁶Pois o Senhor concede sabedoria;
  de sua boca vêm conhecimento e
    entendimento.
⁷Ele reserva bom senso aos honestos
  e é escudo para os íntegros.
⁸Guarda os caminhos dos justos
  e protege seus fiéis por onde andam.

⁹Então você entenderá o que é certo, justo
    e imparcial
  e saberá o bom caminho a seguir.
¹⁰Pois a sabedoria entrará em seu coração,
  e o conhecimento o encherá de alegria.
¹¹As escolhas sábias o guardarão,
  e o entendimento o protegerá.

¹²A sabedoria o livrará das ações dos maus,
  daqueles cujas palavras são perversas.
¹³Eles se afastam do rumo certo
  e andam por caminhos sombrios.
¹⁴Têm prazer em praticar o mal
  e aplaudem a maldade dos perversos.
¹⁵Suas ações são desonestas,
  e seus caminhos, tortuosos.

¹⁶A sabedoria o livrará da mulher imoral,
  das palavras sedutoras da promíscua.
¹⁷Ela abandona o marido, o companheiro
    de sua juventude,
  e ignora a aliança que fez diante de
    Deus.
¹⁸Entrar na casa dela leva à morte;
  é a estrada para a sepultura.ᵃ
¹⁹O homem que a visita está perdido;
  jamais alcançará os caminhos da vida.

²⁰Portanto, siga os passos dos bons
  e permaneça nos caminhos dos justos.
²¹Pois os retos viverão na terra,
  e os íntegros nela permanecerão.
²²Os perversos, porém, serão eliminados da
    terra,
  e os desleais, arrancados dela.

Confiança no Senhor

3 ¹Meu filho, não se esqueça de minhas
    instruções;
  guarde meus mandamentos em seu
    coração.
²Se assim fizer, viverá muitos anos,
  e sua vida será cheia de paz.
³Não permita que a bondade e a lealdade o
    abandonem;
  prenda-as ao redor do pescoço
  e escreva-as no fundo do coração.
⁴Então você conseguirá favor e boa
    reputação,
  diante de Deus e das pessoas.

⁵Confie no Senhor de todo o coração;
  não dependa de seu próprio
    entendimento.
⁶Busque a vontade dele em tudo que fizer,
  e ele lhe mostrará o caminho que deve
    seguir.
⁷Não se impressione com sua própria
    sabedoria;
  tema o Senhor e afaste-se do mal.
⁸Então você terá saúde para o corpo
  e força para os ossos.

⁹Honre o Senhor com suas riquezas

ᵃ **2.18** Em hebraico, *para os espíritos dos mortos.*

e com a melhor parte de tudo que
   produzir.
¹⁰Então seus celeiros se encherão de
   cereais,
   e seus tonéis transbordarão de vinho.

¹¹Meu filho, não rejeite a disciplina do
   Senhor;
   não desanime quando ele o corrigir.
¹²Pois o Senhor corrige quem ele ama,
   assim como o pai corrige o filho a quem
     ele quer bem.ᵃ

¹³Feliz é a pessoa que encontra sabedoria,
   aquela que adquire entendimento.
¹⁴Pois a sabedoria dá mais lucro que a
     prata
   e rende mais que o ouro.
¹⁵A sabedoria vale muito mais que rubis;
   nada do que você deseja se compara a
     ela.
¹⁶Com a mão direita, ela oferece vida longa;
   com a esquerda, riqueza e honra.
¹⁷Ela o guiará por estradas agradáveis;
   todos os seus caminhos levam a uma
     vida de paz.
¹⁸A sabedoria é árvore de vida para quem
     dela toma posse;
   felizes os que se apegam a ela com
     firmeza.

¹⁹Por meio da sabedoria, o Senhor fundou
     a terra;
   por meio do entendimento, estabeleceu
     os céus.
²⁰Por seu conhecimento, brotam as fontes
     profundas
   e do céu cai o orvalho durante a noite.

²¹Meu filho, não perca de vista o bom
     senso e o discernimento;
   apegue-se a eles,
²²pois darão vigor à sua alma
   e serão como joias em seu pescoço.
²³Eles o manterão seguro em seu caminho,
   e seus pés não tropeçarão.
²⁴Quando for dormir, não sentirá medo;
   quando se deitar, terá sono tranquilo.
²⁵Não precisará temer o desastre
     repentino,
   nem a destruição que vem sobre os
     perversos.
²⁶Pois o Senhor será sua segurança;
   não permitirá que seu pé fique preso
     numa armadilha.

²⁷Não deixe de fazer o bem àqueles que
     precisarem,
   sempre que isso estiver ao seu alcance.
²⁸Se você pode ajudar seu próximo agora,
     não lhe diga:
   "Volte amanhã, e lhe darei algo".

²⁹Não planeje o mal contra seu próximo,
   pois quem mora por perto confia em
     você.
³⁰Não procure motivos para brigar,
   se ninguém lhe fez mal.

³¹Não tenha inveja dos violentos,
   nem imite sua conduta.
³²Esses perversos são detestáveis para o
     Senhor,
   mas aos justos ele oferece sua amizade.
³³O Senhor amaldiçoa a casa dos perversos,
   mas abençoa o lar dos justos.
³⁴O Senhor zomba dos zombadores,
   mas concede graça aos humildes.
³⁵Os sábios recebem honra como herança,
   mas os tolos são envergonhados em
     público.

O conselho sábio de um pai

4 ¹Meus filhos, ouçam quando seu pai lhes
     ensina;
   prestem atenção e aprendam a ter
     discernimento.
²Pois a orientação que lhes dou é boa;
   não se afastem de minhas instruções.

³Quando eu era filho de meu pai,
   filho único, amado por minha mãe,
⁴meu pai me ensinava:
   "Leve minhas palavras a sério!
   Siga meus mandamentos, e viverá.
⁵Adquira sabedoria e aprenda a ter
     discernimento;
   não se esqueça de minhas palavras nem
     se afaste delas.

ᵃ **3.12** A Septuaginta traz *e castiga a quem ele aceita como filho*. Comparar com Hb 12.6.

⁶Não abandone a sabedoria, pois ela o protegerá;
ame-a, e ela o guardará.
⁷Adquirir sabedoria é a coisa mais sábia que você pode fazer;
em tudo o mais, aprenda a ter discernimento.
⁸Se você der valor à sabedoria, ela o engrandecerá;
abrace-a, e ela o honrará.
⁹Ela lhe colocará uma bela grinalda na cabeça
e o presenteará com uma linda coroa".
¹⁰Meu filho, ouça minhas palavras e ponha-as em prática,
e terá uma vida longa e boa.
¹¹Eu lhe ensinarei o caminho da sabedoria
e o conduzirei por uma estrada reta.
¹²Quando andar por ele, nada o deterá;
quando correr, não tropeçará.
¹³Apegue-se às minhas instruções e não as solte;
guarde-as bem, pois são a chave da vida.
¹⁴Não imite a conduta dos perversos,
nem siga pelos caminhos dos maus.
¹⁵Nem pense nisso, não vá por esse caminho;
desvie-se dele e siga adiante.
¹⁶Pois os perversos não dormem enquanto não praticam o mal;
não descansam enquanto não fazem alguém tropeçar.
¹⁷Comem o pão da perversidade
e bebem o vinho da violência.
¹⁸O caminho dos justos é como a primeira luz do amanhecer,
que brilha cada vez mais até o dia pleno clarear.
¹⁹O caminho dos perversos é como a mais absoluta escuridão;
nem sequer sabem o que os faz tropeçar.
²⁰Meu filho, preste atenção ao que digo;
ouça bem minhas palavras.
²¹Não as perca de vista;
mantenha-as no fundo do coração.
²²Pois elas dão vida a quem as encontra
e saúde a todo o corpo.
²³Acima de todas as coisas, guarde seu coração,
pois ele dirige o rumo de sua vida.
²⁴Evite toda conversa maldosa;
afaste-se das palavras perversas.
²⁵Olhe sempre para frente;
mantenha os olhos fixos no que está diante de você.
²⁶Estabeleça um caminho reto para seus pés;
permaneça na estrada segura.

4.23 Os meros moralistas muitas vezes esquecem o coração e lidam exclusivamente com os poderes menores. Alguns deles dizem: "Se a vida de um homem estiver errada, é melhor alterar os princípios sobre os quais sua conduta está moldada — é melhor adotarmos outro plano de vida. A sociedade deve ser remodelada para que o homem possa ter a oportunidade de exibir virtudes e ser menos tentado a se entregar à perversão". É como se o reservatório estivesse cheio de líquido venenoso ou poluído, e algum sábio conselheiro propusesse que todas as tubulações fossem retiradas e canos novos fossem instalados para que a água pudesse correr por eles. Mas quem não percebe que seria tudo em vão? Se a fonte estiver poluída, não importa que os canais estejam limpos. Então, vãs são as regras pelas quais os homens esperam modelar suas vidas. Vão é o regime pelo qual procuramos nos restringir à aparência da bondade — a menos que o *coração* seja reto, o melhor plano de vida cairá por terra e deixará de produzir seu efeito! Outros dizem: "Bem, se a vida estiver errada, seria melhor estabelecer o *entendimento* de forma correta. Você deve informar o julgamento do homem, educá-lo, ensiná-lo melhor e, quando sua cabeça estiver bem informada, sua vida será aperfeiçoada". Assim, a *compreensão* é, se é que posso usar tal figura de linguagem, o cronômetro que controla as emoções. Ela, ou as deixa fluir, ou as detém. E é como se um homem muito sábio propusesse que deveria se contratar uma nova pessoa para abrir ou fechar a água de um reservatório que fora envenenado, na esperança de que toda a dificuldade fosse assim descartada. Se seguíssemos o conselho dele — se encontrássemos o homem mais sábio do mundo para ter o controle da fonte — o Sr. Entendimento [N.E.: Personagem do livro *A guerra santa* de John Bunyan (1628–88).] ainda seria incapaz de nos fornecer correntes de água saudáveis até que tivéssemos primeiramente limpado a cisterna de onde elas fluíam.

²⁷Não se desvie nem para a direita nem
para a esquerda;
não permita que seus pés sigam o mal.

Evite mulheres imorais

5 ¹Meu filho, preste atenção à minha
sabedoria;
ouça bem meu conselho prudente.
²Assim você mostrará discernimento,
e seus lábios expressarão o que
aprendeu.
³Pois os lábios da mulher imoral são doces
como mel,
e sua boca é mais suave que azeite.
⁴No fim, porém, ela é amarga como veneno
e afiada como uma espada de dois
gumes.
⁵Seus pés descem para a morte;
seus passos conduzem direto à
sepultura.ª
⁶Pois ela não se interessa pelo caminho da
vida;
não se dá conta de que anda sem rumo
por uma trilha tortuosa.

⁷Portanto, meu filho, preste atenção;
nunca se desvie do que irei lhe dizer.
⁸Mantenha distância dessa mulher;
não se aproxime da porta de sua casa!
⁹Se o fizer, perderá sua honra
e entregará a homens impiedosos tudo
que conquistou.
¹⁰Estranhos consumirão sua riqueza,
e outros desfrutarão o fruto de seu
trabalho.
¹¹No final, você gemerá de angústia,
quando a doença lhe consumir o corpo.
¹²Dirá: "Como odiei a disciplina!
Se ao menos não tivesse desprezado as
advertências!
¹³Por que não ouvi meus mestres?
Por que não dei atenção aos que me
instruíam?
¹⁴Cheguei à beira da ruína total,
e agora todos saberão de minha
vergonha!".

¹⁵Beba a água de sua própria cisterna,
compartilhe seu amor somente com sua
esposa.ᵇ
¹⁶Por que derramar pelas ruas a água de
suas fontes,
ao ter sexo com qualquer mulher?ᶜ
¹⁷Reserve essa água apenas para vocês;
não a reparta com estranhos.

¹⁸Seja abençoada a sua fonte!
Alegre-se com a mulher de sua
juventude!
¹⁹Ela é gazela amorosa, corça graciosa;
que os seios de sua esposa o satisfaçam
sempre
e você seja cativado por seu amor todo o
tempo!
²⁰Por que, meu filho, se deixar cativar pela
mulher imoral,

ª**5.5** Em hebraico, *ao Sheol.* ᵇ**5.15** Em hebraico, *Beba água de sua própria cisterna, / água que brota de seu próprio poço.* ᶜ**5.16** Em hebraico, *Por que derramar suas fontes nas ruas, / seus riachos nas praças da cidade?*

5.11 O sábio viu o jovem e simples entrando na casa da mulher imoral. A casa parecia tão completamente diferente daquilo que o sábio tinha conhecimento do que era, que ele desejou lançar uma luz sobre ela para que o jovem não pudesse pecar no escuro, mas tivesse a oportunidade de entender a natureza de seus feitos. O sábio olhou para fora e viu apenas uma lâmpada adequada ao seu propósito, a lâmpada denominada "No final". Então, agarrando-a, ele a segurou no meio do antro de infâmia dessa mulher, e tudo mudou do que era antes — a verdade viera à luz, e o engano havia desaparecido. O jovem sonhava com o prazer, com flerte lascivo onde esperava encontrar deleite; mas quando a lâmpada do "No final" começou a brilhar, ele viu a podridão em seus ossos, a imundície em sua carne, as dores, as angústias e as tristezas, como as consequências necessárias do pecado e, sabiamente guiado, sabiamente ensinado, o ingênuo voltou ao início e ouviu as admoestações do mestre: "Sua casa [da mulher imoral] é o caminho para a sepultura, seu quarto é a câmara da morte".

Bem, se esta lâmpada do "No final" foi tão útil neste caso em particular, acho que deve ser igualmente útil em qualquer outro lugar, e pode ajudar a todos a entenderem a verdade, se a olharmos à luz desta maravilhosa lâmpada. Só posso comparar meu texto em seu poder incomparável com a lança de Ituriel [N.E.: Um dos personagens do livro *Paraíso perdido* de autoria de John Milton (1608-74).] com a qual, esse anjo, tocou o monstro e logo Satanás apareceu demonstrando quais eram suas verdadeiras intenções.

ou acariciar os seios da promíscua?
²¹Pois o Senhor vê com clareza o que o homem faz
e examina todos os seus caminhos.
²²O perverso é cativo dos próprios pecados;
são cordas que o apanham e o prendem.
²³Ele morrerá por falta de disciplina
e se perderá por sua grande insensatez.

Lições para a vida diária

6 ¹Meu filho, se você aceitou ser fiador de seu amigo
ou se concordou em garantir a dívida de um estranho,
²se caiu numa armadilha por causa do acordo feito
e se está preso por suas palavras,
³siga meu conselho e livre-se dessa obrigação,
pois você se colocou nas mãos de seu amigo.
Procure-o, humilhe-se
e insista com ele.
⁴Não deixe para amanhã;
não descanse enquanto não resolver essa situação.
⁵Livre-se como a gazela que escapa do caçador,
como o pássaro que foge da rede.
⁶Aprenda com a formiga, preguiçoso!
Observe como ela age e seja sábio.
⁷Embora não tenha príncipe,
nem autoridade, nem governante,
⁸ela trabalha duro durante todo o verão,
juntando comida para o inverno.
⁹Mas você, preguiçoso, até quando dormirá?
Quando sairá da cama?
¹⁰Um pouco mais de sono, mais um cochilo,
mais um descanso com os braços cruzados,
¹¹e a pobreza o assaltará como um bandido;
a escassez o atacará como um ladrão armado.

¹²Como são os desprezíveis e os perversos?
Eles vivem mentindo:
¹³demonstram sua falsidade com um piscar de olho,
com um movimento do pé ou por sinais com os dedos.
¹⁴Seu coração pervertido trama a maldade,
e andam sempre criando problemas.
¹⁵Por isso, serão destruídos de repente,
despedaçados num instante sem que possam se recuperar.

¹⁶Há seis coisas que o Senhor odeia,
ou melhor, sete coisas que ele considera detestáveis:
¹⁷olhos arrogantes,
língua mentirosa,
mãos que matam o inocente,
¹⁸coração que trama a maldade,
pés que se apressam em fazer o mal,
¹⁹testemunha falsa que diz mentiras,
e aquele que semeia desentendimento entre irmãos.

²⁰Meu filho, obedeça aos mandamentos de seu pai
e não deixe de lado a instrução de sua mãe.
²¹Guarde as palavras deles em seu coração
e amarre-as em seu pescoço.

6.20-23 Salomão nos diz que façamos duas coisas com os ensinamentos que aprendemos com nossos pais. Primeiro, diz: "Guarde as palavras deles em seu coração", *pois são dignos de um apego amoroso*. Mostre que você ama estas coisas guardando-as ao seu coração. O coração é o ponto vital; permita que a piedade permaneça nele; ame as *coisas de Deus*. [...] E, em seguida, Salomão, visto que ele não nos faria manter essas coisas em segredo como se tivéssemos vergonha delas, acrescenta: "amarre-as em seu pescoço", *pois elas são dignas de uma exibição mais ousada*. [...] Agora, então, você que tem algum amor a Deus, pendure sua religião ao seu pescoço! Não tenha vergonha dela, vista-a como um ornamento; use-a como o prefeito faz com sua condecoração! Quando você entrar em uma empresa, nunca tenha vergonha de dizer que você é cristão, e se há alguma empresa onde você não pode ir como cristão, bem, não vá lá. Diga a si mesmo: "Não irei onde não posso apresentar o meu Mestre. Não irei ao lugar em que Ele não possa ir comigo". Você descobrirá que essa decisão lhe será de grande ajuda na escolha sobre aonde irá ou não; portanto, guarde-a ao seu coração, amarre-a ao seu pescoço! Que Deus o ajude a fazer isso e, assim, a seguir aqueles piedosos que vieram antes de você!

²²Quando você andar, os conselhos de seus
   pais o guiarão;
 quando dormir, eles o protegerão;
 quando acordar, eles o orientarão.
²³Pois o mandamento é lâmpada,
   e a instrução é luz;
 e as correções da disciplina
   são o caminho que conduz à vida.
²⁴Eles o protegerão da mulher imoral,
   das palavras sedutoras da promíscua.
²⁵Não cobice sua beleza;
   não deixe que seus olhares o seduzam.
²⁶Pois a prostituta o levará à pobreza,ᵃ
   mas dormir com a esposa de outro
   homem lhe custará a vida.
²⁷Pode um homem carregar fogo junto ao
   peito
 sem que a roupa se queime?
²⁸Pode alguém caminhar sobre brasas
 sem que os pés se queimem?
²⁹Assim acontece com quem dorme com a
   mulher de outro;
 aquele que a toca não ficará sem castigo.

³⁰Pode-se encontrar desculpa para o ladrão
   que rouba porque está com fome.
³¹Ainda assim, se for apanhado, terá de
   pagar sete vezes o que roubou,
 mesmo que precise vender tudo que há
   em sua casa.
³²Mas o homem que comete adultério não
   tem juízo,
 pois destrói a si mesmo.
³³Será ferido e desonrado,
   e sua vergonha jamais se apagará.
³⁴Porque o marido ciumento ficará furioso
   e não terá misericórdia quando se
   vingar.
³⁵Não aceitará compensação alguma,
   nem se satisfará com os presentes mais
   valiosos.

Outra advertência sobre mulheres imorais

7 ¹Meu filho, siga meu conselho;
   guarde meus mandamentos como um
   tesouro.
²Obedeça a meus mandamentos e viva;
   cuide de minhas instruções como da
   menina de seus olhos.
³Amarre-as aos dedos como lembrança
   e escreva-as no fundo do coração.
⁴Ame a sabedoria como se fosse sua irmã
   e faça do discernimento um membro da
   família.
⁵Eles o guardarão da mulher imoral,
   das palavras sedutoras da promíscua.

⁶Enquanto estava à janela de minha casa
   e olhava pela cortina,
⁷vi alguns rapazes ingênuos
   e percebi um entre eles que não tinha
   juízo.
⁸Ele atravessava a rua, perto da esquina
   onde morava certa mulher,
 e caminhava em direção à casa dela.
⁹Era o crepúsculo, o anoitecer,
   quando caía a escuridão profunda.
¹⁰A mulher se aproximou dele,
   com roupas provocantes e coração
   malicioso.
¹¹Era ousada e inquieta,
   do tipo que nunca para em casa.
¹²Está sempre nas ruas e nos mercados,
   à espreita em cada esquina.
¹³Abraçou o rapaz e o beijou
   e, sem a menor vergonha, lhe disse:
¹⁴"Hoje apresentei uma oferta de paz
   e cumpri meus votos.
¹⁵Por isso, estava à sua procura;
   saí para encontrá-lo, e agora o achei!
¹⁶Estendi lindas cobertas sobre minha
   cama
 e lençóis coloridos de linho egípcio.
¹⁷Perfumei minha cama
   com mirra, aloés e canela.
¹⁸Venha, vamos nos embriagar de amor até
   o amanhecer!
 Vamos desfrutar as carícias um do outro,
¹⁹pois meu marido não está em casa.
 Ele partiu numa longa viagem;
²⁰levou consigo uma bolsa cheia de
   dinheiro
 e só voltará no fim do mês".ᵇ

²¹Assim ela o seduziu com palavras
   agradáveis
 e com elogios doces o atraiu.
²²Ele a acompanhou de imediato,

ᵃ **6.26** Em hebraico, *a prostituta o reduzirá a um pedaço de pão*. ᵇ **7.20** Em hebraico, *quando a lua estiver cheia*.

como boi que vai para o matadouro,
como cervo que caiu na armadilha[a]
²³à espera da flecha que lhe atravessará o coração,
como o pássaro que voa direto para o laço,
sem saber que lhe custará a vida.
²⁴Portanto, meu filho, ouça-me;
preste atenção às minhas palavras.
²⁵Não deixe que seu coração se desvie para ela,
não se perca em seus caminhos tortuosos.
²⁶Pois ela causou a ruína de muitos;
não são poucas as suas vítimas.
²⁷Sua casa é o caminho para a sepultura,[b]
seu quarto é a câmara da morte.

A Sabedoria pede para ser ouvida

8 ¹Escutem, pois a Sabedoria chama!
Ouçam, porque o entendimento levanta a voz!
²No alto dos montes, junto ao caminho,
a Sabedoria se coloca nas encruzilhadas.
³Ao lado das portas da cidade,
na entrada, ela anuncia:
⁴"A vocês eu clamo, a todos vocês!
Levanto minha voz para todo o povo.
⁵Vocês, inexperientes, mostrem discernimento!
Vocês, tolos, mostrem entendimento!
⁶Ouçam, pois tenho coisas importantes a lhes dizer.
Tudo que digo é correto,
⁷pois falo a verdade,
e toda espécie de engano é detestável para mim.
⁸Meu conselho é justo;
não há nada nele que distorça a verdade ou dela se desvie.
⁹Minhas palavras são claras para os que têm entendimento
e corretas para os que têm conhecimento.
¹⁰Escolham minha instrução em vez da prata
e o conhecimento em vez do ouro puro.
¹¹Pois a sabedoria vale muito mais que rubis;
nada do que você deseja se compara a ela.

¹²"Eu, a Sabedoria, moro com a prudência;
sei onde encontrar conhecimento e discernimento.
¹³Quem teme o Senhor odeia o mal;
portanto, odeio o orgulho e a arrogância,
a corrupção e as palavras perversas.
¹⁴O bom senso e o sucesso me pertencem,
o discernimento e o poder são meus.
¹⁵Graças a mim, os reis governam
e as autoridades emitem decretos justos.
¹⁶Com minha ajuda, as autoridades lideram
e os nobres julgam com justiça.[c]

¹⁷"Amo os que me amam;
os que me procuram por certo me encontrarão.
¹⁸Tenho riquezas e honra,
bens duradouros e justiça.
¹⁹Minha dádiva vale mais que ouro, mais que ouro puro;
meu rendimento é melhor que a fina prata.
²⁰Ando em retidão,
nos caminhos da justiça.
²¹Os que me amam recebem riquezas como herança;
sim, encherei seus tesouros!

²²"O Senhor me estabeleceu desde o princípio,
antes de criar qualquer outra coisa.
²³Fui designada desde eras passadas,
logo no início, antes de a terra existir.
²⁴Nasci antes que os oceanos fossem criados,
antes que a água brotasse de suas fontes.
²⁵Nasci antes de serem formados os montes,
antes de existirem as colinas,
²⁶quando ele ainda não havia feito a terra e os campos,
nem o primeiro punhado de terra.
²⁷Eu estava lá quando ele estabeleceu o céu,
quando traçou o horizonte sobre os oceanos.

---

[a]**7.22** Conforme a Septuaginta e a versão siríaca; o hebraico traz *como as algemas para a disciplina do tolo.* [b]**7.27** Em hebraico, *o Sheol.* [c]**8.16** Alguns manuscritos hebraicos e a Septuaginta trazem *e os nobres são juízes sobre a terra.*

²⁸Estava lá quando ele pôs as nuvens no alto,
  quando estabeleceu fontes nas profundezas da terra.
²⁹Estava lá quando ele determinou os limites do mar,
  para que não avançasse além de suas divisas.
E, quando ele demarcou os alicerces da terra,
³⁰eu estava ao seu lado como arquiteta.
Eu era sua alegria constante,
  sempre exultando em sua presença.
³¹Como me alegrei com o mundo que ele criou!
  Como exultei com a humanidade!
³²"Por isso, meus filhos, ouçam-me,
  pois todos que seguem meus caminhos são felizes.
³³Ouçam minha instrução e sejam sábios;
  não a desprezem.
³⁴Felizes os que me ouvem, que ficam à minha porta todos os dias,
  esperando por mim na entrada de minha casa!
³⁵Pois quem me encontra, encontra vida
  e recebe o favor do SENHOR.
³⁶Quem não me encontra, prejudica a si mesmo;
  todos que me odeiam amam a morte".

9

¹A Sabedoria construiu sua casa
  e ergueu suas sete colunas.
²Preparou um grande banquete;
  misturou os vinhos e arrumou a mesa.
³Enviou suas servas para convidarem a todos;
  do ponto mais alto da cidade, ela clama:
⁴"Venham à minha casa todos os ingênuos",
  e aos que não têm juízo ela diz:
⁵"Venham, comam de meu banquete
  e bebam do vinho que misturei.
⁶Deixem sua ingenuidade para trás e vivam;
  andem pelo caminho do discernimento".
⁷Quem repreende o zombador recebe insulto como resposta;
  quem corrige o perverso prejudica a si mesmo.
⁸Não se dê o trabalho de repreender o zombador, pois ele o odiará;
  repreenda, porém, o sábio, e ele o amará.
⁹Instrua o sábio, e ele crescerá na sabedoria;
  ensine o justo, e ele aprenderá ainda mais.
¹⁰O temor do SENHOR é o princípio da sabedoria;
  o conhecimento do Santo resulta em discernimento.
¹¹A sabedoria multiplicará seus dias
  e tornará sua vida mais longa.
¹²Se você se tornar sábio, o benefício será seu;
  se desprezar a sabedoria, sofrerá as consequências.

A Insensatez pede para ser ouvida

¹³A mulher chamada Insensatez é atrevida;
  é ignorante e nem se dá conta disso.
¹⁴Senta-se à porta de sua casa,
  no ponto mais alto da cidade.
¹⁵Clama aos que passam pelo caminho,
  ocupados com seus próprios assuntos:
¹⁶"Venham à minha casa todos os ingênuos",
  e aos que não têm juízo ela diz:
¹⁷"Água roubada é mais refrescante!
  Pão comido às escondidas é mais saboroso!".
¹⁸Mal sabem, porém, que ali estão os mortos;
  seus convidados estão nas profundezas da sepultura.[a]

Provérbios de Salomão

10

Os provérbios de Salomão:

O filho sábio alegra seu pai,
  o filho tolo entristece sua mãe.
²As riquezas de origem desonesta não têm valor duradouro,
  mas uma vida justa livra da morte.
³O SENHOR não deixa o justo passar fome,
  mas se recusa a satisfazer o desejo dos perversos.
⁴O preguiçoso logo empobrece,
  mas os que trabalham com dedicação enriquecem.
⁵O jovem sábio faz a colheita no verão,

---

[a] **9.18** Em hebraico, *do Sheol*.

mas o que dorme durante a colheita é uma vergonha.

⁶O justo é coberto de bênçãos,
mas as palavras dos perversos ocultam violência.

⁷O justo deixa boas lembranças,
mas o nome dos perversos apodrece.

⁸O sábio recebe os mandamentos de bom grado,
mas as palavras do insensato causam sua ruína.

⁹Quem anda em integridade anda em segurança;
quem segue caminhos tortuosos será exposto.

¹⁰Quem fecha os olhos para a maldade causa problemas,
mas a repreensão clara promove a paz.ᵃ

¹¹As palavras do justo são fonte de vida;
as palavras dos perversos ocultam intenções violentas.

¹²O ódio provoca brigas,
mas o amor cobre todas as ofensas.

¹³Palavras sábias vêm dos lábios de quem tem entendimento,
mas quem não tem juízo é castigado com a vara.

¹⁴Os sábios guardam o conhecimento como um tesouro,
mas a conversa do insensato só conduz à desgraça.

¹⁵A riqueza do rico é sua fortaleza;
a pobreza dos pobres é sua destruição.

¹⁶O salário do justo produz vida,
mas o dinheiro do perverso o conduz ao pecado.

¹⁷Quem aceita a disciplina está no caminho da vida,
mas o que despreza a repreensão se desvia dele.

¹⁸Quem esconde o ódio se torna mentiroso;
quem espalha calúnias é tolo.

¹⁹Quem fala demais acaba pecando;
quem é prudente fica de boca fechada.

²⁰As palavras do justo são como a fina prata;
o coração do perverso não tem valor algum.

²¹As palavras do justo dão ânimo a muitos,
mas os insensatos são destruídos por falta de juízo.

²²A bênção do Senhor traz riqueza,
e ele não permite que a tristeza a acompanhe.

²³O tolo se diverte em fazer o mal,
mas o sensato tem prazer em viver com sabedoria.

²⁴Os temores do perverso se tornarão realidade;
as esperanças dos justos lhe serão concedidas.

²⁵As tempestades da vida levam embora o perverso,
mas o justo tem alicerce duradouro.

²⁶Como vinagre nos dentes ou fumaça nos olhos,
assim o preguiçoso irrita seus chefes.

²⁷O temor do Senhor prolonga a vida,
mas os dias dos perversos são encurtados.

²⁸As esperanças dos justos resultam em alegria;
as expectativas dos perversos não dão em nada.

²⁹O caminho do Senhor é fortaleza para os íntegros,
mas é destruição para os que praticam o mal.

³⁰O justo jamais será abalado,
mas os perversos serão removidos da terra.

³¹A boca do justo oferece conselhos sábios,
mas a língua que engana será cortada.

³²Dos lábios do justo vêm palavras proveitosas,
mas da boca dos perversos só vêm palavras más.

ᵃ **10.10** Conforme a Septuaginta; o hebraico traz *mas o insensato que não mede o que diz causa a própria ruína.*

11 ¹O uso de balanças desonestas é detestável para o Senhor, mas ele se alegra com pesos exatos.

²O orgulho leva à desgraça, mas com a humildade vem a sabedoria.

³A honestidade guia os justos; a desonestidade destrói os desleais.

⁴As riquezas de nada ajudarão no dia do juízo, mas uma vida justa livra da morte.

⁵A integridade dirige os passos do justo, mas o peso do pecado cai sob os perversos.

⁶A justiça dos justos os livra; a ambição dos desleais os apanha numa armadilha.

⁷Quando o perverso morre, sua esperança morre com ele, pois confiou na própria força.

⁸O justo é salvo da angústia, mas o perverso a recebe em lugar dele.

⁹O hipócrita, com suas palavras, destrói seus amigos, mas o conhecimento livra os justos.

¹⁰A cidade inteira comemora o sucesso dos justos; todos gritam de alegria quando morrem os perversos.

¹¹A cidade prospera pelos benefícios que os justos trazem, mas as palavras dos perversos a destroem.

¹²É falta de bom senso desprezar o próximo; a pessoa sensata permanece calada.

¹³O fofoqueiro espalha segredos, mas a pessoa confiável sabe guardar confidências.

¹⁴Sem uma liderança sábia, a nação cai; ter muitos conselheiros lhe dá segurança.

¹⁵Quem aceita ser fiador terá problemas; quem evita esse compromisso está seguro.

¹⁶A mulher bondosa ganha respeito; tudo que os homens cruéis obtêm é riqueza.

¹⁷Quem faz o bem beneficia a si mesmo; quem pratica o mal só se prejudica.

¹⁸A riqueza do perverso dura apenas um momento, mas a recompensa do justo é duradoura.

¹⁹O justo encontra a vida; o perverso encontra a morte.

²⁰Os perversos de coração são detestáveis para o Senhor, mas ele se alegra com os que andam em integridade.

²¹O perverso certamente será castigado, mas os justos serão poupados.

²²A mulher bonita, mas indiscreta, é como anel de ouro em focinho de porco.

²³Os justos têm a expectativa de uma recompensa, enquanto os perversos só podem esperar o juízo.

²⁴Quem dá com generosidade se torna mais rico, mas o mesquinho perde tudo.

²⁵O generoso prospera; quem revigora outros será revigorado.

²⁶O povo amaldiçoa quem esconde os cereais, mas abençoa quem os vende no tempo de necessidade.

11.26 Nos dias de Salomão, havia fome muito frequentemente. A comunicação entre uma nação e outra era tão difícil que o transporte de cereais em grandes quantidades não era nem cogitado; portanto, se uma falha nas plantações ocorresse em um distrito, a escassez naquela vizinhança não era compensada pela abundância em outra, e terríveis fomes prevaleciam. Algumas pessoas naqueles dias não apenas armazenavam todo o milho que crescia em seus próprios campos, mas compravam o quanto podiam dos outros, de modo a elevar o preço de mercado acima do seu nível natural; isto, sob as circunstâncias, era uma afronta muito

²⁷Quem procura o bem encontra favor;
 quem procura o mal será encontrado
 por ele.

²⁸Quem confia em seu dinheiro cairá,
 mas o justo floresce como a verde
 folhagem.

²⁹Quem causa problemas à família herda o
 vento;
 o insensato se torna servo do sábio.

³⁰O fruto do justo é árvore de vida;
 o sábio conquista pessoas.ᵃ

³¹Se o justo recebe o que merece aqui na
 terra,
 quanto mais o pecador perverso.ᵇ

12

¹Para aprender, é preciso amar a
 disciplina;
 é estupidez odiar a repreensão.

²O Senhor aprova a pessoa de bem,
 mas condena quem planeja o mal.

³A perversidade nunca traz estabilidade,
 mas a raiz dos justos permanecerá
 firme.

⁴A mulher virtuosa coroa de honra seu
 marido,
 mas a que age vergonhosamente é como
 câncer em seus ossos.

⁵Os planos do justo são corretos,
 mas os conselhos do perverso são
 traiçoeiros.

⁶As palavras do perverso são emboscada
 mortal,
 mas as palavras dos justos salvam vidas.

⁷Os perversos morrem e desaparecem,
 mas a família dos justos permanece
 firme.

⁸O sensato recebe elogios,
 mas o perverso de coração é desprezado.

⁹É melhor ser uma pessoa simples e ter
 quem a ajude
 que aparentar ser quem não é e não ter o
 que comer.

¹⁰O justo cuida de seus animais,
 mas os perversos são sempre cruéis.

¹¹Quem trabalha com dedicação tem
 fartura de alimento;
 quem corre atrás de fantasias não tem
 juízo.

¹²Os ladrões invejam o despojo uns dos
 outros,
 mas os justos estão bem arraigados e
 florescem.

¹³O perverso é apanhado na armadilha das
 próprias palavras,
 mas o justo escapa dessa aflição.

¹⁴As palavras sábias produzem muitos
 benefícios,
 e o trabalho árduo é recompensado.

¹⁵O insensato pensa que sua conduta é
 correta,
 mas o sábio dá ouvidos aos conselhos.

¹⁶O insensato se ira com facilidade,
 mas o sábio ignora a ofensa.

¹⁷A testemunha honesta diz a verdade;
 a testemunha falsa conta mentiras.

¹⁸Os comentários de algumas pessoas
 ferem,
 mas as palavras dos sábios trazem cura.

¹⁹Palavras verdadeiras resistem à prova do
 tempo,
 mas as mentiras logo ficam evidentes.

²⁰O engano enche o coração dos que
 tramam o mal;
 a alegria enche o coração dos que
 promovem a paz.

ᵃ**11.30** Ou *quem ganha almas é sábio*. ᵇ**11.31** A Septuaginta traz *Se o justo é salvo por um triz, / o que será do pecador perverso?* Comparar com 1Pe 4.18.

---

grande a Deus, pois, em vez de cumprirem sua parte em Seus julgamentos, estes homens se enriquecem à custa da pobreza de seus vizinhos famintos. Pessoas desse tipo existem desde os dias de Salomão e, embora o atual sistema de livre comércio tenha quase acabado com esse tipo de coisa, sem dúvida, ainda existe alguns que novamente reteriam o seu milho, mesmo ao custo da fome, se pudessem aumentar o preço ainda mais.

²¹Nenhum mal vem sobre o justo,
mas os perversos enfrentam todo tipo de dificuldade.

²²Os lábios mentirosos são detestáveis para o Senhor,
mas os que dizem a verdade lhe trazem alegria.

²³O sábio não se gaba de seu conhecimento,
mas os tolos mostram a todos sua insensatez.

²⁴Quem trabalha com dedicação chega a ser líder,
mas o preguiçoso se torna escravo.

²⁵A preocupação deprime a pessoa,
mas uma palavra de incentivo a anima.

²⁶O justo dá bons conselhos a seus amigos,[a]
mas os perversos os desencaminham.

²⁷O preguiçoso nem mesmo cozinha o animal que caçou,
mas o que trabalha com dedicação valoriza tudo que possui.

²⁸O caminho dos justos conduz à vida;
é uma estrada que não leva à morte.

13

¹O filho sábio aceita a disciplina de seu pai;
o zombador se recusa a ouvir a repreensão.

²Com palavras sábias consegue-se uma boa refeição,
mas os desleais têm fome de violência.

³Quem controla a língua terá vida longa;
quem fala demais acaba se arruinando.

⁴O preguiçoso muito quer e nada alcança,
mas os que trabalham com dedicação prosperam.

⁵O justo odeia mentiras;
o perverso causa vergonha e desonra.

⁶A justiça guarda o caminho do íntegro,
mas a perversidade desencaminha o pecador.

⁷Alguns que são pobres fingem ser ricos;
outros que são ricos fingem ser pobres.

⁸O rico tem como pagar resgate por sua vida;
o pobre nem sequer é ameaçado.

⁹A vida dos justos brilha alegremente,
mas a luz dos perversos se apagará.

¹⁰O orgulho só traz conflitos,
mas os que aceitam conselhos são sábios.

¹¹O dinheiro ganho por meios ilícitos logo acaba;
a riqueza conquistada com trabalho árduo cresce com o tempo.

¹²A esperança adiada faz o coração ficar doente,
mas o sonho realizado é árvore de vida.

¹³Quem despreza o bom conselho se envolve em dificuldades;
quem respeita o mandamento será bem-sucedido.

¹⁴A instrução do sábio é fonte de vida;
quem a aceita escapa das armadilhas da morte.

¹⁵O sensato é respeitado;
o desleal caminha para a destruição.[b]

¹⁶O sábio pensa antes de agir;
os tolos se gabam de sua insensatez.

¹⁷O mensageiro desleal depara com dificuldades,
mas o mensageiro confiável traz cura.

¹⁸Quem despreza a disciplina acabará em pobreza e vergonha;
quem aceita a repreensão será honrado.

¹⁹É agradável ver sonhos se realizarem,
mas os tolos se recusam a se afastar do mal.

²⁰Quem anda com os sábios se torna sábio,
mas quem anda com os tolos sofrerá as consequências.

²¹Desgraças perseguem os pecadores,
enquanto bênçãos recompensam os justos.

---

[a] **12.26** Ou *O justo é cauteloso nas amizades*, ou *O justo é livrado do mal*. O significado do hebraico é incerto. [b] **13.15** Conforme a Septuaginta; o hebraico traz *o caminho do desleal é duradouro*.

²²A pessoa de bem deixa herança para os netos,
mas a riqueza do pecador vai para as mãos do justo.

²³As terras dos pobres produzem muito alimento,
mas a injustiça tudo consome.

²⁴Quem não corrige os filhos mostra que não os ama;
quem ama os filhos se preocupa em discipliná-los.

²⁵O justo come até se satisfazer,
mas o estômago dos perversos fica vazio.

14

¹A mulher sábia edifica o lar,
mas a insensata o destrói com as próprias mãos.

²Quem anda pelo caminho reto teme o Senhor;
quem escolhe estradas tortuosas o despreza.

³A conversa arrogante do insensato se torna uma vara que o castiga,
mas as palavras do sábio o protegem.

⁴Um estábulo sem bois permanece limpo,
mas é a força do boi que provê a colheita farta.

⁵A testemunha honesta não mente;
a testemunha falsa respira mentiras.

⁶O zombador procura sabedoria e nunca a encontra,
mas para o que tem discernimento o conhecimento vem fácil.

⁷Afaste-se do tolo,
pois em seus lábios não achará conhecimento.

⁸O prudente sabe para onde vai,
mas os insensatos enganam a si mesmos.

⁹Os insensatos zombam da própria culpa,
mas os justos a reconhecem e buscam reconciliação.

¹⁰Cada coração conhece sua própria amargura,
e ninguém pode compartilhar de toda a sua alegria.

¹¹A casa dos perversos será destruída,
mas a tenda dos justos florescerá.

¹²Há caminhos que a pessoa considera corretos,
mas que acabam levando à estrada da morte.

¹³O riso pode esconder o coração aflito,
mas, quando a alegria se extingue, a dor permanece.

¹⁴O desleal recebe o que merece,
mas a pessoa de bem é recompensada.

¹⁵O ingênuo acredita em tudo que ouve;
o prudente examina seus passos com cuidado.

¹⁶O sábio é cauteloso[a] e evita o perigo;
o tolo confia demais em si mesmo e se precipita.

¹⁷Quem se ira com facilidade faz coisas tolas;
quem trama o mal é odiado.

¹⁸Os ingênuos são revestidos de insensatez,[b]
enquanto os prudentes são coroados de conhecimento.

¹⁹Os maus se prostrarão diante dos bons;
os perversos se curvarão à porta dos justos.

²⁰Os pobres são desprezados pelos vizinhos,
enquanto os ricos têm muitos amigos.

²¹É pecado desprezar o próximo;
feliz o que ajuda os pobres.

²²Os que tramam fazer o mal se perdem,
mas os que planejam fazer o bem encontram amor e fidelidade.

²³O trabalho árduo produz lucro,
mas a conversa fiada leva à pobreza.

²⁴A riqueza é coroa para os sábios,
mas a insensatez dos tolos só resulta em mais insensatez.

²⁵A testemunha confiável salva vidas,
mas a testemunha falsa é traidora.

---

[a] 14.16 Em hebraico, *O sábio teme*. [b] 14.18 Ou *herdam a insensatez*.

²⁶Quem teme o Senhor está seguro;
    ele é refúgio para seus filhos.

²⁷O temor do Senhor é fonte de vida;
    ajuda a escapar das armadilhas da morte.

²⁸Uma população que cresce é a glória do rei,
    mas a falta de súditos é a ruína do príncipe.

²⁹Quem tem entendimento controla sua raiva;
    quem se ira facilmente demonstra grande insensatez.

³⁰O contentamento dá saúde ao corpo;
    a inveja é como câncer nos ossos.

³¹Quem oprime o pobre insulta seu Criador,
    mas quem ajuda o necessitado honra a Deus.

³²O perverso é destruído por sua maldade,
    mas o justo encontra refúgio mesmo na hora da morte.

³³A sabedoria é preservada no coração sensato;
    não[a] é possível encontrá-la entre os tolos.

³⁴A justiça engrandece a nação,
    mas o pecado é vergonha para qualquer povo.

³⁵O rei se alegra em seus servos prudentes,
    mas se enfurece contra os que o envergonham.

15

¹A resposta gentil desvia o furor,
    mas a palavra ríspida desperta a ira.

²A língua dos sábios torna atraente o conhecimento,
    mas a boca dos tolos despeja a insensatez.

³Os olhos do Senhor estão em todo lugar;
    observam tanto os maus como os bons.

⁴Palavras suaves são árvore de vida,
    mas a língua enganosa esmaga o espírito.

⁵O insensato despreza a instrução de seu pai,
    mas quem aprende com a repreensão demonstra prudência.

⁶Há tesouros na casa do justo,
    mas os rendimentos dos perversos causam problemas.

⁷A boca dos sábios espalha conhecimento;
    o coração dos tolos nada tem a oferecer.

⁸Os sacrifícios dos perversos são detestáveis para o Senhor,
    mas ele tem prazer nas orações dos justos.

⁹Os caminhos dos perversos são detestáveis para o Senhor,
    mas ele ama aquele que busca a justiça.

¹⁰Quem abandona o caminho correto sofrerá disciplina severa;
    quem odeia a repreensão morrerá.

¹¹A Morte e a Destruição[b] nada escondem do Senhor,
    quanto mais o coração humano!

---

[a]14.33 Conforme a Septuaginta e a versão siríaca; o hebraico omite *não*. [b]15.11 Em hebraico, *O Sheol e o Abadom*.

14.26 Tenha coragem, pois este é um sublime pensamento para você que teme e confia no Senhor; você terá um *lugar de refúgio! Veja o caso de* Noé. O mundo todo está prestes a submergir. Escalar até os cumes das montanhas será em vão, pois as águas cobrirão os mais altos pináculos. Noé deve se afogar, então? A destruição dele é inevitável? Não, sem dúvida, há uma arca para ele. Deus não abrirá as comportas do céu até que Noé esteja seguro na arca. Veja o caso de Ló — o perverso Ló. Ele tem agido muito mal, e decaiu em Sodoma. Ainda assim, ele é um filho de Deus, e está irritado com a conversa suja dos ímpios, provando que ainda tem algum temor de Deus em seu coração. Bem, o que o Senhor diz? "Vá logo!", Ele diz, "pois não posso fazer nada enquanto você não chegar lá". Ló deve chegar a Zoar. Deve haver uma pequena cidade para abrigar Ló. Deus não pode destruir Sodoma e Gomorra até que tenha conseguido salvar Ló. Ele deve encontrar um refúgio para os Seus filhos.

15.11 Posso lhe fazer uma pergunta — apenas uma? Seu Deus pode tanto ver e ouvir — sua conduta seria, em qualquer aspecto, diferente se você tivesse um deus como o que os pagãos adoram? Suponhamos por um minuto que Javé, que é nominalmente adorado nesta Terra, pudesse ser (embora seja quase uma

¹²O zombador odeia ser repreendido,
por isso se afasta dos sábios.

¹³O coração contente alegra o rosto,
mas o coração triste abate o espírito.

¹⁴O sábio tem fome de conhecimento,
enquanto os tolos se alimentam de insensatez.

¹⁵Para os aflitos, todos os dias são difíceis;
para o coração alegre, a vida é um banquete contínuo.

¹⁶É melhor ter pouco e temer o Senhor
que ter um grande tesouro e viver ansioso.

¹⁷Um prato de verduras ao lado de quem você ama
é melhor que carne saborosa junto de alguém que você odeia.

¹⁸Quem se ira facilmente provoca brigas,
mas quem tem paciência acalma a discussão.

¹⁹O caminho do preguiçoso é bloqueado por espinhos,
mas o caminho do justo é uma estrada aberta.

²⁰O filho sensato alegra seu pai;
o filho tolo despreza sua mãe.

²¹A insensatez alegra quem não tem juízo,
mas quem tem bom senso permanece no caminho certo.

²²Planos fracassam onde não há conselho,
mas têm êxito quando há muitos conselheiros.

²³Todos se alegram quando dão a resposta apropriada;
como é bom dizer a coisa certa na hora certa!

²⁴O caminho da vida leva o prudente para cima;
ele deixa a sepultura[a] para trás.

²⁵O Senhor derruba a casa dos orgulhosos,
mas protege a propriedade da viúva.

²⁶Os planos perversos são detestáveis para o Senhor,
mas ele tem prazer nas palavras puras.

²⁷A cobiça traz aflição para toda a família,
mas quem odeia subornos viverá.

²⁸O coração do justo pensa bem antes de falar;
a boca dos perversos transborda de palavras maldosas.

²⁹O Senhor está longe dos perversos,
mas ouve as orações dos justos.

³⁰O olhar animador alegra o coração;
boas notícias dão vigor ao corpo.

³¹Quem dá ouvidos à crítica construtiva
se sente à vontade entre os sábios.

³²Quem rejeita a disciplina prejudica a si mesmo,
mas quem dá ouvidos à repreensão adquire entendimento.

---

[a] 15.24 Em hebraico, *o Sheol*.

---

blasfêmia supor isso) atingido com tal cegueira que Ele não pudesse ver as obras e conhecer os pensamentos do homem? Você se tornaria mais descuidado em relação a Ele do que é agora? Eu acho que não. Nove entre dez casos, e talvez numa proporção muito maior e mais triste, a doutrina da onisciência divina, embora seja recebida e acreditada, não tem nenhum efeito prático *sobre a nossa vida*. A grande massa da humanidade se esquece de Deus — nações inteiras que conhecem a Sua existência e acreditam que Ele as contempla, vivem como se não houvesse Deus! Comerciantes, agricultores, lojistas em seus estabelecimentos e áreas de atuação; os maridos em suas famílias e esposas em seus lares vivem como se não houvesse Deus — sem olhos inspecionando-os, sem ouvidos ouvindo a voz de seus lábios e nenhuma mente eterna mantendo sempre a lembrança de seus atos! Ah, somos ateus práticos, grande parte de nós! Sim, todos, exceto aqueles que nasceram de novo, e passaram da morte para a vida, sejam seus credos o que forem, são ateus, afinal, na vida! Se não houvesse Deus e nem futuro, multidões de homens nunca seriam afetadas pela mudança — elas viveriam da mesma forma que vivem agora — com sua vida tão cheia de desrespeito a Deus e a Seus caminhos, que a ausência de Deus não poderia afetá-las de maneira alguma!

³³O temor do Senhor ensina sabedoria;
a humildade precede a honra.

16

¹É da natureza humana fazer planos,
mas a resposta certa vem do Senhor.

²Ainda que as pessoas se considerem puras,
o Senhor examina as intenções de cada um.

³Confie ao Senhor tudo que você faz,
e seus planos serão bem-sucedidos.

⁴O Senhor fez tudo com propósito,
até mesmo o perverso para o dia da calamidade.

⁵Os orgulhosos são detestáveis para o Senhor;
certamente serão castigados.

⁶Amor e fidelidade fazem expiação pelo pecado;
o temor do Senhor evita o mal.

⁷Quando a vida de uma pessoa agrada o Senhor,
até seus inimigos vivem em paz com ela.

⁸É melhor ter pouco com justiça
que ser rico com desonestidade.

⁹É da natureza humana fazer planos,
mas é o Senhor quem dirige nossos passos.

¹⁰As decisões do rei têm grande autoridade;
ele nunca deve julgar de modo injusto.

¹¹O Senhor exige balanças e pesos exatos;
ele determina os padrões da imparcialidade.

¹²A maldade é detestável para o rei,
pois seu governo é estabelecido sobre a justiça.

¹³O rei se agrada de palavras que vêm de lábios justos
e ama quem fala o que é certo.

¹⁴A ira do rei é como uma sentença de morte,
mas o sábio procura acalmá-lo.

¹⁵Quando o rei sorri, há vida;
seu favor refresca como chuva de primavera.

¹⁶É melhor adquirir sabedoria que ouro,
e é melhor obter discernimento que prata.

¹⁷O caminho dos justos os afasta do mal;
quem segue esse caminho está seguro.

¹⁸O orgulho precede a destruição;
a arrogância precede a queda.

¹⁹É melhor viver humildemente com os pobres
que repartir o despojo com os orgulhosos.

²⁰Quem ouve a instrução prospera;
quem confia no Senhor é feliz.

²¹O sábio é conhecido por seu discernimento;
palavras agradáveis são convincentes.

²²A sensatez é fonte de vida para quem a possui,
mas é desperdício disciplinar os insensatos.

²³Da mente sábia vêm conselhos sábios;
as palavras dos sábios são convincentes.

²⁴Palavras bondosas são como mel:
doces para a alma e saudáveis para o corpo.

²⁵Há caminhos que a pessoa considera corretos,
mas acabam levando à estrada da morte.

²⁶É bom que os trabalhadores tenham apetite;
o estômago vazio os impulsiona.

²⁷A pessoa sem caráter cria problemas;
suas palavras são fogo destruidor.

²⁸O perverso semeia discórdia;
o difamador separa até os melhores amigos.

²⁹A pessoa violenta engana os companheiros
e os leva para o mau caminho.

³⁰Com olhos semicerrados as pessoas tramam o mal;
com sorriso malicioso o põem em prática.

³¹Os cabelos brancos são coroa de glória,

para quem andou nos caminhos da
  justiça.
³²É melhor ser paciente que poderoso;
  é melhor ter autocontrole que
  conquistar uma cidade.
³³As pessoas podem lançar as sortes,
  mas quem determina o resultado é o
  Senhor.

17

¹É melhor um pedaço de pão seco e paz
  que uma casa cheia de banquetes e
  conflitos.
²O servo prudente governará sobre o filho
  que envergonha o pai
  e terá parte na herança com os filhos de
  seu senhor.
³O fogo prova a pureza da prata e do ouro,
  mas o Senhor prova o coração.
⁴A pessoa má gosta de ouvir maldades;
  o mentiroso dá atenção a palavras
  destrutivas.
⁵Quem zomba do pobre insulta seu
  Criador;
  quem se alegra com a desgraça alheia
  será castigado.
⁶Os netos são coroa de honra para os
  idosos;
  os pais são o orgulho de seus filhos.
⁷Não convém ao tolo falar com eloquência,
  e muito menos ao governante mentir.
⁸O suborno é como um amuleto da sorte;
  quem o oferece sempre alcança o que
  quer.
⁹Quem perdoa a ofensa mostra amor,
  mas quem insiste nela separa amigos.
¹⁰Uma repreensão é mais eficaz para o
  prudente
  que cem açoites para o tolo.
¹¹A pessoa má sempre procura razão para
  se rebelar,
  por isso será severamente castigada.
¹²É melhor deparar com uma ursa da qual
  roubaram os filhotes
  que confrontar um tolo em sua
  insensatez.
¹³Quem paga o bem com o mal
  sempre terá o mal em sua casa.
¹⁴Começar uma briga é como abrir a
  comporta de uma represa;
  portanto, pare antes que irrompa a
  discussão.
¹⁵Absolver o culpado e condenar o
  inocente
  são duas coisas detestáveis para o
  Senhor.
¹⁶De nada adianta pagar para instruir o
  tolo,
  pois ele não tem vontade de aprender.
¹⁷O amigo é sempre leal,
  e um irmão nasce na hora da
  dificuldade.
¹⁸É falta de juízo dar garantia pela dívida
  de alguém
  ou aceitar ser fiador de um amigo.
¹⁹Quem gosta de brigar ama o pecado;
  quem confia em muralhas procura a
  própria ruína.
²⁰O coração perverso não prospera;
  a língua mentirosa se mete em
  dificuldades.
²¹O filho tolo causa tristeza ao pai;
  não há alegria para o pai de um rebelde.
²²O coração alegre é um bom remédio,
  mas o espírito abatido consome as
  forças.
²³O perverso recebe suborno em segredo,
  para desviar o rumo da justiça.
²⁴O sensato mantém os olhos fixos na
  sabedoria,
  mas os olhos do tolo vagueiam até os
  confins da terra.
²⁵O filho tolo causa tristeza a seu pai
  e amargura àquela que o deu à luz.
²⁶É errado castigar os justos por serem
  bons
  e açoitar os líderes por serem honestos.
²⁷Quem é verdadeiramente sábio usa
  poucas palavras;

quem tem entendimento controla suas emoções.

²⁸Até o insensato passa por sábio quando fica calado;
de boca fechada, até parece inteligente.

18

¹Quem vive isolado se preocupa apenas consigo
e rejeita todo bom senso.

²O tolo não se interessa pelo entendimento;
só quer saber de expressar suas opiniões.

³A prática do mal resulta em desonra;
o comportamento vergonhoso causa desprezo.

⁴Palavras sábias são como águas profundas;
a sabedoria flui do sábio como riacho transbordante.

⁵Não é certo absolver o culpado
nem negar justiça ao inocente.

⁶As palavras do tolo o envolvem em brigas;
ele pede para receber uma surra.

⁷A boca do tolo é sua ruína;
ele cai na armadilha dos próprios lábios.

⁸Calúnias são petiscos saborosos
que descem até o íntimo de quem ouve.

⁹Quem é relaxado em seu trabalho
causa tanto estrago quanto aquele que destrói.

¹⁰O nome do Senhor é fortaleza segura;
o justo corre para ele e fica protegido.

¹¹O rico vê sua riqueza como uma cidade fortificada;
imagina que é uma muralha alta e segura.

¹²A arrogância precede a destruição;
a humildade precede a honra.

¹³Falar sem antes ouvir os fatos
é vergonhoso e insensato.

¹⁴O espírito da pessoa sustenta seu corpo enfermo,
mas quem pode suportar o espírito abatido?

¹⁵Quem tem discernimento está sempre pronto a aprender;
seus ouvidos estão abertos para o conhecimento.

¹⁶As portas se abrem para quem dá presentes;
eles dão acesso a pessoas importantes.

¹⁷Quem fala primeiro no tribunal parece ter razão,
até que seu oponente comece a lhe fazer perguntas.

¹⁸Lançar sortes acaba com discussões
e resolve contendas entre adversários poderosos.

¹⁹É mais difícil reconquistar um amigo ofendido que uma cidade fortificada;
as discussões separam amigos como um portão trancado.

²⁰As palavras sábias saciam como uma boa refeição;
as palavras certas dão satisfação.

18.12 Quase todos os acontecimentos têm seu prelúdio profético. Este é um antigo e comum ditado que diz: "os eventos futuros lançam suas sombras diante de si". O sábio nos ensina a mesma lição no versículo que temos diante de nós. Quando a destruição atravessa a terra, ela lança sua sombra — na forma de orgulho. Quando a honra visita a casa de um homem, ela lança sua sombra diante de si — na forma de humildade. "A arrogância precede a destruição". A arrogância é com certeza o sinal de destruição, assim como a mudança do mercúrio no barômetro é sinal de chuva! E muito mais infalível é isto: "a humildade precede a honra", assim como antes do verão, os adoráveis passarinhos retornam para cantar em nossa terra! Tudo tem seu prelúdio. O prelúdio da destruição é a arrogância, e da honra, a humildade. Não há nada em que o coração do homem caia tão facilmente como o orgulho; e não há nenhuma perversidade que seja mais frequente, mais enfática e mais eloquentemente condenada nas Escrituras! Contra o orgulho os profetas levantaram suas vozes, os evangelistas falaram e os professores discursaram. Sim, mais do que isso — o Deus eterno sobe às alturas da eloquência para condenar a arrogância do homem!

²¹ A língua tem poder para trazer morte ou vida;
quem gosta de falar arcará com as consequências.

²² O homem que encontra uma esposa encontra um bem precioso
e recebe o favor do Senhor.

²³ O pobre suplica por misericórdia;
o rico responde com insultos.

²⁴ Alguns que se dizem amigos destroem uns aos outros,
mas o verdadeiro amigo é mais próximo que um irmão.

19

¹ É melhor ser pobre e honesto que ser desonesto e tolo.

² De nada adianta o entusiasmo sem conhecimento;
a pressa resulta em escolhas erradas.

³ O insensato arruína a própria vida
e depois se ira contra o Senhor.

⁴ A riqueza atrai muitos que se dizem amigos,
mas a pobreza afasta todos eles.

⁵ A testemunha falsa não ficará sem castigo;
o mentiroso também não escapará.

⁶ Muitos buscam o favor de quem governa;
todos querem ser amigos daquele que dá presentes.

⁷ Se até os parentes do pobre o desprezam, quanto mais seus amigos o evitarão!
Ainda que o pobre suplique,
eles todos o abandonam.

⁸ Quem adquire bom senso ama a si mesmo;
quem dá valor ao entendimento prospera.

⁹ A testemunha falsa não ficará sem castigo;
o mentiroso será destruído.

¹⁰ Não é certo o tolo viver no luxo
nem o escravo governar sobre príncipes.

¹¹ O sensato não perde a calma,
mas conquista respeito ao ignorar as ofensas.

¹² A ira do rei é como o rugido do leão,
mas seu favor é como o orvalho sobre a grama.

¹³ O filho tolo é uma desgraça para o pai;
a esposa briguenta é irritante como uma goteira.

¹⁴ Os pais deixam casas e riquezas como herança para os filhos,
mas apenas o Senhor pode dar uma esposa prudente.

¹⁵ O preguiçoso dorme profundamente,
mas sua apatia o leva a passar fome.

¹⁶ Quem guarda os mandamentos preserva a vida;
quem os despreza morrerá.

¹⁷ Quem ajuda os pobres empresta ao Senhor;
ele o recompensará.

¹⁸ Discipline seus filhos enquanto há esperança;
do contrário, você destruirá a vida deles.[a]

¹⁹ A pessoa que se ira facilmente deve sofrer as consequências;
se você a livrar uma vez, terá de fazê-lo novamente.

²⁰ Obtenha todo conselho e instrução que puder,
e você será sábio para o resto da vida.

²¹ É da natureza humana fazer planos,
mas o propósito do Senhor prevalecerá.

²² A lealdade torna a pessoa cativante;
é melhor ser pobre que desonesto.

²³ O temor do Senhor conduz à vida;
dá segurança e proteção contra o mal.

²⁴ O preguiçoso pega a comida na mão,
mas não se dá o trabalho de levá-la à boca.

²⁵ Se você castigar o zombador, o ingênuo aprenderá uma lição;

---

[a] **19.18** Ou *mas não se exceda a ponto de matá-lo.*

se corrigir o sábio, ele se tornará ainda
mais sábio.

²⁶O filho que maltrata o pai ou manda
embora a mãe
causa vergonha e desonra pública.

²⁷Meu filho, se você deixar de ouvir a
instrução,
dará as costas para o conhecimento.

²⁸A testemunha corrupta zomba da justiça;
a boca do perverso devora o mal.

²⁹O castigo está preparado para os
zombadores,
assim como o açoite para as costas dos
tolos.

20

¹O vinho produz zombadores; o álcool
leva a brigas;
quem é dominado pela bebida não é
sábio.

²O furor do rei é como o rugido do leão;
quem provoca sua ira põe a vida em
risco.

³Evitar contendas é sinal de honra;
apenas o insensato insiste em brigar.

⁴Quem tem preguiça de arar a terra na
época certa
não terá comida no tempo da colheita.

⁵Os bons conselhos ficam no fundo do
coração,
mas a pessoa sensata os traz à tona.

⁶Muitos se dizem amigos leais,
mas quem pode encontrar alguém
realmente confiável?

⁷O justo anda em integridade;
felizes os filhos que seguem seus passos.

⁸Quando o rei se senta para julgar, analisa
todas as provas
e distingue entre o mal e o bem.

⁹Quem pode dizer: "Purifiquei o coração;
estou limpo e sem pecado"?

¹⁰Dois pesos e duas medidas:ᵃ
toda espécie de desonestidade é
detestável para o SENHOR.

¹¹Até crianças mostram quem são, por sua
conduta,
se agem de modo puro e correto.

¹²Ouvidos para ouvir e olhos para ver:
ambos são dádivas do SENHOR.

¹³Se você ama o sono, acabará pobre;
mantenha os olhos abertos e terá fartura
de alimento!

¹⁴O comprador pechincha e diz: "Não vale
nada",
mas depois conta vantagem de seu bom
negócio.

¹⁵As palavras que transmitem
conhecimento são mais valiosas
que grandes quantidades de ouro e
rubis.

¹⁶Quem aceita ser fiador de um
desconhecido perderá a roupa do
corpo;
ela ficará como pagamento de quem
garante a dívida do estranho.ᵇ

¹⁷Pão roubado tem sabor doce,
mas depois será como areia na boca.

¹⁸Com bons conselhos os planos são bem-
sucedidos;
não saia para a guerra sem boas
orientações.

¹⁹O fofoqueiro vive espalhando segredos;
portanto, evite a companhia de quem
fala demais.

²⁰Quem insulta o pai ou a mãe
terá sua luz apagada na mais absoluta
escuridão.

²¹A herança obtida antes da hora
acaba não sendo bênção no final.

²²Não diga: "Vou me vingar deste mal";
espere o SENHOR resolver a questão.

²³A desonestidade é detestável para o
SENHOR;
ele não se agrada de balanças
adulteradas.

²⁴É o SENHOR que dirige nossos passos;

ᵃ 20.10 Em hebraico, *Uma pedra e uma pedra, um efa e um efa.* ᵇ 20.16 A tradição oral hebraica traz *de uma mulher promíscua.*

então por que tentar entender tudo ao longo do caminho?

²⁵É uma armadilha prometer algo a Deus apressadamente
e só depois calcular o custo.

²⁶O rei sábio espalha os perversos como trigo
e passa sobre eles a roda de debulhar.

²⁷A luz do Senhor penetra o espírito humano[a]
e revela todas as intenções ocultas.

²⁸Bondade e fidelidade protegem o rei;
seu trono é firmado pelo amor.

²⁹A glória dos jovens está em sua força,
e o esplendor dos idosos, em seus cabelos brancos.

³⁰O castigo físico elimina o mal;[b]
essa disciplina purifica o coração.

21

¹O coração do rei é como canais de águas controlados pelo Senhor;
ele os conduz para onde quer.

²Ainda que as pessoas se considerem corretas,
o Senhor examina o coração de cada um.

³O Senhor se agrada mais ao fazermos o que é certo e justo
do que ao lhe oferecermos sacrifícios.

⁴Olhos arrogantes, coração orgulhoso
e atos perversos: tudo isso é pecado.

⁵Quem planeja bem e trabalha com dedicação prospera;
quem se apressa e toma atalhos fica pobre.

⁶A riqueza obtida por meio de mentiras
é neblina que se dissipa e armadilha mortal.[c]

⁷A violência dos perversos os destruirá,
pois se recusam a fazer o que é justo.

⁸O culpado anda por um caminho tortuoso;
o inocente percorre uma estrada reta.

⁹É melhor viver sozinho no canto de um sótão
que morar com uma esposa briguenta numa bela casa.

¹⁰O perverso deseja o mal
e não tem compaixão do próximo.

¹¹Quando o zombador é castigado, o ingênuo se torna sábio;
quando o sábio é instruído, adquire ainda mais conhecimento.

¹²Deus, o Justo,[d] sabe o que se passa na casa dos perversos
e trará desgraça sobre eles.

¹³Quem fecha os ouvidos aos clamores dos pobres
será ignorado quando passar necessidade.

¹⁴O presente entregue em segredo acalma a ira;
o suborno oferecido às escondidas abranda a fúria.

¹⁵A justiça é alegria para o justo,
mas causa pavor nos que praticam o mal.

¹⁶Quem se desvia do caminho da prudência
acabará na companhia dos mortos.

¹⁷Quem ama os prazeres ficará pobre;
quem ama o vinho e o luxo nunca enriquecerá.

¹⁸Os perversos são castigados em lugar dos justos,
e os desleais, em lugar dos honestos.

¹⁹É melhor viver sozinho no deserto
que morar com uma esposa briguenta que só sabe reclamar.

²⁰O sábio possui riqueza e luxo,
mas o tolo gasta tudo que tem.

²¹Quem busca a justiça e o amor
encontra vida, justiça e honra.

²²O sábio conquista a cidade dos fortes
e derruba a fortaleza em que eles confiam.

---

[a] 20.27 Ou *O espírito humano é a luz do Senhor*. [b] 20.30 O significado do hebraico é incerto. [c] 21.6 Conforme a Septuaginta; o hebraico traz *é neblina para quem procura a morte*. [d] 21.12 Ou *O homem justo*.

²³Cuide da língua e fique de boca fechada,
e você não se meterá em apuros.

²⁴O zombador é orgulhoso e convencido
e age com extrema arrogância.

²⁵O preguiçoso deseja muitas coisas, mas
acaba em ruína,
pois suas mãos se recusam a trabalhar.

²⁶Algumas pessoas cobiçam o tempo todo,
mas o justo gosta de repartir o que tem.

²⁷O sacrifício do perverso é detestável,
especialmente quando oferecido com
más intenções.

²⁸A testemunha falsa será morta;
a testemunha confiável terá permissão
de falar.

²⁹A teimosia do perverso transparece em
seu rosto,
mas o justo pensa antes de agir.

³⁰Não há sabedoria, entendimento, nem
conselho humano
capaz de resistir ao Senhor.

³¹O cavalo é preparado para o dia da
batalha,
mas quem dá a vitória é o Senhor.

22

¹A boa reputação vale mais que
grandes riquezas;
ser estimado é melhor que prata e ouro.

²O rico e o pobre têm isto em comum:
o Senhor criou os dois.

³O prudente antevê o perigo e toma
precauções;
o ingênuo avança às cegas e sofre as
consequências.

⁴A humildade e o temor do Senhor
trazem riquezas, honra e vida longa.

⁵O perverso anda por um caminho cheio
de espinhos e perigos;
quem dá valor à vida se afasta dele.

⁶Ensine seus filhos no caminho certo,
e, mesmo quando envelhecerem, não se
desviarão dele.

⁷Assim como o rico domina sobre o pobre,
quem toma emprestado se torna servo
de quem empresta.

⁸Quem semeia injustiça colhe desgraça,
e seu reino de terror chegará ao fim.[a]

⁹A pessoa generosa será abençoada,
pois alimenta o pobre.

¹⁰Mande embora o zombador e cessarão as
brigas;
não haverá mais contendas nem insultos.

¹¹Quem ama o coração puro e fala de modo
agradável
terá o rei como amigo.

¹²O Senhor preserva aquele que tem
conhecimento,
mas frustra os planos dos desleais.

¹³O preguiçoso diz: 'Há um leão lá fora!
Se eu sair, ele me matará!".

---

[a]22.8 A Septuaginta inclui outro provérbio: *Deus abençoa o homem que dá com alegria, / mas as obras inúteis chegarão ao fim.* Comparar com 2Co 9.7.

22.13 "Há um leão lá fora! Se eu sair, ele me matará!" Ou seja, é hora de ele ir à vinha para trabalhar, mas ele não se levanta, finge que é melhor ficar na cama, pois há um leão do lado de fora da porta. Você o faria arriscar sua preciosa vida, tão valiosa, pelo menos, para si mesmo, se é que não o é para alguém mais? Ele se vira na cama para dormir novamente, pois isso é muito mais confortável do que encontrar-se com um leão e cair como presa em seus dentes. Ele quer dizer, penso eu, que há uma grande dificuldade — uma dificuldade terrível, uma grande dificuldade para ele superar. Ouviu falar de domadores de leões e matadores de leões, mas ele não é um deles. Ele não tem a força e o vigor para atacar esse terrível inimigo. Até confessará que não tem coragem suficiente para tal encontro. A terrível dificuldade que ele prevê é mais do que ele pode enfrentar, é um leão, e ele não é Sansão, nem Davi, tampouco Daniel, e, portanto, preferiu deixar o monstro em paz. Não há muitos aqui que dizem o mesmo? "Ó", dizem ao pregador, "você não conhece nossa situação, nem as circunstâncias peculiares e as provações especiais debaixo das quais labutamos! Nós, com prazer, seríamos salvos, mas não podemos viver como cristãos, nosso ofício é uma dificuldade, nossa pobreza é uma dificuldade, nossa

¹⁴A conversa da mulher imoral é cova profunda;
quem provoca a ira do Senhor nela cairá.

¹⁵O coração da criança é inclinado à insensatez,
mas a vara da disciplina a afastará dela.

¹⁶Quem explora os pobres ou cobre os ricos de presentes para progredir na vida
acabará na pobreza.

Ditados dos sábios

¹⁷Ouça as palavras dos sábios;
dedique o coração à minha instrução.

¹⁸Porque é bom guardar no coração estes ditados
e tê-los sempre na ponta da língua.

¹⁹Hoje eu as ensino a você,
para que confie no Senhor.

²⁰Escrevi para você estes trinta ditados[a]
cheios de conselhos e conhecimento.

²¹Assim você saberá a verdade
e transmitirá um relato preciso àqueles que o enviaram.

²²Não explore o pobre só porque tem oportunidade,
nem se aproveite do necessitado no tribunal.

²³Pois o Senhor defenderá a causa deles;
pagará na mesma medida a todos que os exploram.

²⁴Não faça amizade com os briguentos,
nem ande com quem se ira facilmente,

²⁵pois aprenderá a ser igual a eles
e colocará a si mesmo em perigo.

²⁶Não se comprometa a garantir a dívida de outro,
nem aceite servir de fiador.

²⁷Se você não tiver como pagar a dívida,
até a cama em que dorme será tomada.

²⁸Não mude de lugar os antigos marcadores de divisa
estabelecidos pelas gerações anteriores.

²⁹Você já viu alguém muito competente no que faz?
Ele servirá reis em vez de trabalhar para gente comum.

23

¹Quando se sentar para comer com uma autoridade,
preste atenção a quem está[b] diante de você.

²Se você costuma comer demais,
controle o apetite;[c]

³não deseje as iguarias que ele lhe oferece,
pois talvez queira enganá-lo.

⁴Não se desgaste tentando ficar rico;
tenha discernimento para saber quando parar.

⁵Num piscar de olhos a riqueza desaparecerá;
criará asas e voará para longe, como uma águia.

⁶Não coma com pessoas mesquinhas,
nem deseje suas iguarias.

⁷Elas pensam sempre no custo daquilo que oferecem;[d]
insistem: "Coma e beba", mas não falam com sinceridade.

⁸Você vomitará o pouco que comeu
e desperdiçará seus elogios.

---

[a] 22.20 Ou *ditados excelentes*; o significado do hebraico é incerto. [b] 23.1 Ou *no que for colocado*. [c] 23.2 Em hebraico, *ponha uma faca na garganta*. [d] 23.7 O significado do hebraico é incerto.

---

falta de educação é uma barreira, e tudo isso junto o torna impossível; há um leão no caminho". [...]

No caso desse preguiçoso era um leão muito feroz. O hebraico da segunda parte indica que era um leão muito poderoso que estava nas ruas. Sua imaginação o retratou como um monstro excepcional, muito maior que o normal. E desse modo, meus queridos amigos, vocês têm uma dificuldade muito maior do que qualquer um jamais teve, pelo menos, vocês falam como se assim fosse. Verdade, os mártires nadaram em sangue para conquistar a coroa, e milhares foram queimados até as cinzas em estacas para que fossem achados fiéis a Cristo. Mas parece por sua conversa que aqueles leões não eram nada comparados ao seu, que é gigantesco em dimensões e extraordinário em ferocidade. O que pode ser esse leão? Talvez se eu examinasse mais de perto pode ser que você seja um covarde, e o seu leão um desprezível cão vira-lata que não merece atenção. Seu leão não passa de um rato. Onde está sua hombridade para tremer diante de uma provação tão insignificante?

⁹Não perca tempo falando com o tolo,
pois ele despreza até os conselhos mais sensatos.
¹⁰Não mude de lugar os antigos marcadores de divisa;
não tome as terras dos órfãos.
¹¹Pois o Resgatador[a] deles é forte;
ele próprio apresentará as acusações contra você.
¹²Dedique-se à instrução;
ouça atentamente as palavras de conhecimento.
¹³Não deixe de disciplinar seus filhos;
a vara da disciplina não os matará.
¹⁴Sim, a vara da disciplina
pode muito bem salvá-los da morte.[b]
¹⁵Meu filho, se seu coração for sábio,
meu coração se alegrará!
¹⁶Sentirei profunda alegria
quando seus lábios expressarem o que é certo.
¹⁷Não tenha inveja dos pecadores,
mas tema sempre o Senhor.
¹⁸Você será recompensado por isso;
sua esperança não será frustrada.
¹⁹Ouça, meu filho, e seja sábio:
mantenha seu coração no rumo certo.
²⁰Não ande com os beberrões,
nem se envolva com os comilões,
²¹pois eles caminham para a pobreza
e, de tanto dormirem, terão apenas trapos para vestir.
²²Ouça seu pai, que lhe deu vida,
e não despreze sua mãe quando ela envelhecer.
²³Adquira a verdade e não a venda;
obtenha sabedoria, instrução e discernimento.
²⁴O pai dos justos tem motivos para se alegrar;
é uma grande alegria ter filhos sábios.
²⁵Portanto, alegre seu pai e sua mãe;
que seja feliz aquela que o deu à luz.
²⁶Meu filho, dê-me seu coração;
que seus olhos tenham prazer em seguir meus caminhos.
²⁷A prostituta é uma cova profunda;
a promíscua é perigosa como um poço estreito.
²⁸Ela se esconde e espera, como ladrão,
ansiosa para conduzir mais homens à infidelidade.
²⁹Quem se sente angustiado e triste?
Quem vive brigando e se queixando?
Quem sofre ferimentos desnecessários?
Quem tem os olhos sempre vermelhos?
³⁰Aquele que passa horas tomando vinho
e experimentando bebidas fortes.
³¹Não olhe demoradamente para o vinho,
observando quanto ele é vermelho;
como brilha no copo e desce suavemente.
³²Pois, no fim, ele morde como cobra venenosa;
pica como víbora.
³³Você terá alucinações
e dirá coisas sem sentido.
³⁴Ficará tonto como marinheiro em alto-mar,
agarrado ao mastro em meio à tempestade.
³⁵Dirá: "Bateram em mim, mas não senti;
nem percebi quando levei uma surra.
Quando acordarei
para beber de novo?".

[a] 23.11 Ou *redentor*. [b] 23.14 Em hebraico, *do Sheol*.

23.23 Jamais tenha medo da verdade. Nunca tenha medo de ver seus preconceitos se extinguirem. Sempre seja determinado, venha o que vier, mesmo que a verdade prove que você é um tolo, ainda assim, aceite a verdade — e, embora ela possa lhe custar muito, ainda assim persiga-a, pois, em longo prazo, aqueles que constroem meras especulações, fantasias e erros, ainda que possam parecer construir estruturas adequadas para o momento, descobrirão que essas estruturas são madeira, feno e restolho e serão consumidas. Mas aquele que se limita ao que sabe, aos fatos e à verdade, constrói ouro, prata e pedras preciosas, que o fogo dos tempos vindouros não será capaz de destruir!

PROVÉRBIOS 24

24 ¹Não tenha inveja dos maus,
nem deseje a companhia deles.
²Pois tramam violência no coração,
e suas palavras sempre causam problemas.

³Com sabedoria se constrói a casa,
e com entendimento ela se fortalece.
⁴Pelo conhecimento seus cômodos se enchem
de toda espécie de bens preciosos e desejáveis.

⁵O sábio é mais poderoso que o forte;[a]
quem tem conhecimento se fortalece sempre mais.
⁶Portanto, não saia para guerrear sem boa orientação;
com muitos conselheiros se obtém a vitória.

⁷A sabedoria é elevada demais para o insensato;
entre os líderes à porta da cidade, nada tem a dizer.

⁸Quem planeja o mal
se torna conhecido como criador de problemas.
⁹Os planos do insensato são pecado;
o zombador é detestável para todos.

¹⁰Se você vacilar no momento de dificuldade,
sua força será pequena.

¹¹Liberte os que foram injustamente condenados a morrer;
salve-os enquanto vão tropeçando para a morte.
¹²Não se desculpe, dizendo: "Não sabia o que estava acontecendo";
lembre-se de que Deus conhece cada coração.
Aquele que zela por sua vida sabe que você estava ciente;
ele retribuirá a cada um conforme suas ações.

¹³Meu filho, coma mel, pois é bom,
e o favo é doce ao paladar.
¹⁴Da mesma forma, a sabedoria é doce para a alma;
se você a encontrar, terá um futuro brilhante,
e suas esperanças não serão frustradas.

¹⁵Não seja como o perverso, que fica de tocaia na frente da casa do justo,
nem ataque a moradia dele.
¹⁶Ainda que o justo tropece sete vezes, voltará a se levantar,
mas uma só calamidade é suficiente para derrubar o perverso.

¹⁷Não se alegre quando seu inimigo cair;
não exulte quando ele tropeçar.
¹⁸Pois o Senhor se desagradará disso
e dele desviará sua ira.

¹⁹Não se perturbe por causa dos maus;
não tenha inveja dos perversos.
²⁰Pois os maus não têm futuro;
a luz dos perversos se apagará.

²¹Meu filho, tema o Senhor e o rei
e não se associe com os rebeldes,
²²pois serão destruídos repentinamente;
quem sabe que castigo virá do Senhor e do rei?

Mais ditados dos sábios

²³Estes são mais alguns ditados dos sábios:

É errado tomar partido
quando se julga um caso.
²⁴O juiz que diz ao perverso: "Você é inocente",
será amaldiçoado pelo povo e odiado pelas nações.
²⁵Mas as coisas irão bem para os que condenam o culpado;
eles receberão grandes bênçãos.

²⁶Uma resposta honesta
é como um beijo de amizade.

²⁷Antes de construir sua casa,
planeje-se e prepare os campos.

²⁸Não testemunhe contra o próximo sem motivo;
não minta a respeito dele.
²⁹E não diga: "Agora vou me vingar do que ele me fez!

---

[a] **24.5** Conforme a Septuaginta; o hebraico traz *O homem sábio é força.*

Vou acertar as contas com ele!".

³⁰Passei pelo campo do preguiçoso,
pelo vinhedo daquele que não tem juízo.
³¹Tudo estava cheio de espinhos e coberto de ervas daninhas,
e seu muro de pedras, em ruínas.
³²Então, enquanto observava e pensava no que via,
aprendi esta lição:
³³Um pouco mais de sono, mais um cochilo,
mais um descanso com os braços cruzados,
³⁴e a pobreza o assaltará como um bandido;
a escassez o atacará como um ladrão armado.

Mais provérbios de Salomão

25 Estes são mais provérbios de Salomão, reunidos pelos conselheiros de Ezequias, rei de Judá.

²É direito de Deus ocultar certas coisas,
e é direito do rei tentar descobri-las.
³Ninguém consegue compreender a altura do céu e a profundidade da terra;
de igual modo, ninguém sabe o que se passa na mente do rei.
⁴Remova as impurezas da prata,
e o ourives poderá com ela criar um vaso.
⁵Remova os perversos da corte do rei,
e seu reinado se firmará na justiça.
⁶Não chame atenção para si diante do rei,
nem exija um lugar entre as pessoas importantes.
⁷É melhor esperar até ser convidado perante os nobres
que ser mandado embora e humilhado em público.
Só porque você viu algo,
⁸não se apresse em ir ao tribunal.
Pois o que você fará no final
se seu oponente lhe provar que está errado?
⁹Quando discutir com o próximo,
não revele os segredos de outra pessoa.
¹⁰Do contrário, você ganhará má fama
e nunca mais se livrará dela.
¹¹O conselho oferecido na hora certa é agradável
como maçãs de ouro numa bandeja de prata.
¹²Para quem se dispõe a ouvir, a crítica construtiva
é como brinco de ouro ou joia de ouro puro.
¹³O mensageiro confiável é como a neve no verão;
reanima o espírito de seu senhor.
¹⁴A pessoa que promete um presente, mas não o entrega,
é como nuvens e ventos que não trazem chuva.
¹⁵A paciência pode convencer o príncipe,
e palavras suaves podem quebrar ossos.
¹⁶Se você encontrar mel,
não coma demais, para não enjoar e vomitar.
¹⁷Não visite seu vizinho com muita frequência,
pois deixará de ser bem-vindo.
¹⁸Mentir a respeito de outra pessoa
faz tanto mal quanto agredi-la com um pedaço de pau,
feri-la com uma espada
ou atingi-la com uma flecha afiada.
¹⁹Confiar numa pessoa desleal
em tempos de dificuldade
é como mastigar com um dente quebrado
ou caminhar com um pé aleijado.
²⁰Entoar canções alegres para uma pessoa com o coração aflito
é como tirar o agasalho de alguém num dia de frio
ou derramar vinagre sobre uma ferida.[a]
²¹Se seus inimigos tiverem fome, dê-lhes de comer;
se tiverem sede, dê-lhes de beber.

---

[a] **25.20** Conforme a Septuaginta; o hebraico traz *derramar vinagre sobre a soda*.

²²Você amontoará brasas vivas sobre a cabeça deles,
e o Senhor o recompensará.

²³Tão certo como o vento do norte traz chuva,
a língua que espalha boatos provoca a ira.

²⁴É melhor viver sozinho no canto de um sótão
que morar com uma esposa briguenta numa bela casa.

²⁵Boas notícias vindas de uma terra distante
são como água fresca para o sedento.

²⁶O justo que cede à pressão do perverso
é como nascente poluída ou fonte cheia de lama.

²⁷Não faz bem comer mel demais,
nem é bom procurar honras para si.

²⁸Quem não tem domínio próprio
é como uma cidade sem muros.

26

¹Como neve no verão e chuva na colheita,
assim a honra é imprópria para o tolo.

²Como o pardal que alça voo e a andorinha que atravessa o céu,
a maldição imerecida não pousa sobre quem ela é dirigida.

³Conduza o cavalo com o chicote, o jumento com o freio
e o tolo com a vara nas costas.

⁴Não responda aos argumentos insensatos do tolo,
para que não se torne tolo como ele.

⁵Responda aos argumentos insensatos do tolo,
para que ele não se considere sábio.

⁶Confiar ao tolo a responsabilidade de transmitir uma mensagem
é como cortar o próprio pé ou beber veneno.

⁷Um provérbio na boca do tolo
é tão inútil quanto uma perna paralisada.

⁸Honrar o tolo
é tão insensato quanto amarrar a pedra à atiradeira.

⁹Um provérbio na boca do tolo
é como um ramo cheio de espinhos na mão de um bêbado.

25.25 Este provérbio é verdadeiro na sua interpretação mais literal. Quando estamos em um país distante, separados daqueles que amamos, não há prazer maior do que o de receber notícias sobre o bem-estar deles. Mesmo os pequenos detalhes sobre os assuntos domésticos — os pequenos acontecimentos que não teríamos quase percebido se estivéssemos lá — tornam-se extremamente interessantes para nós e quanto mais tempo estivermos longe de casa, tudo se torna mais precioso para nós quando recebemos notícias no país distante que, por um tempo, se tornou nosso quinhão. Suponho que os comerciantes que têm empreendimentos onerosos em lugares distantes, também desejam boas notícias de seu país longínquo, que ainda é o seu lar, independentemente de qual país seja. Salomão enviou seus navios para vários *países estrangeiros e*, quando vieram notícias de Jope de que os navios estavam à vista e que haviam retornado da Índia, ou dos Pilares de Hércules, trazendo todo tipo de coisas preciosas, o príncipe mercante ficou muito satisfeito e sentiu que: "Boas notícias vindas de uma terra distante são como água fresca para o sedento".

Este é um texto para o verão, e não para uma noite de inverno. Somente em um de nossos dias de verão mais quentes que podemos apreciar plenamente a ilustração aqui empregada. Precisamos estar com muita sede para poder sentir o valor da água fresca para matar nossa sede. Ao mesmo tempo, penso que podemos, sem grande imaginação, nos colocar na posição de alguns para quem a água fresca é quase como a vida vindo da morte. Olhe para Agar no deserto com seu filho, a quem ela colocou sob um dos arbustos para que não o visse morrer. Já não há água na botija e ela anseia por um gole refrescante que poderia salvar a vida do menino. Então, o Senhor abriu os olhos dela para que visse um poço de água no deserto e, quando ela encheu a botija, entendeu o que a água fresca é para uma alma sedenta. Pense também em toda a nação de Israel no deserto, clamando em agonia porque não havia mais água para beberem. Nessa altura, eles começaram a murmurar contra o Senhor e contra Moisés, mas como se alegraram quando da rocha ferida jorrou água fresca e eles correram a ela para beberem o máximo que podiam.

¹⁰Quem contrata um tolo ou o primeiro que passa
é como o arqueiro que atira ao acaso.

¹¹Como o cão volta a seu vômito,
assim o tolo repete sua insensatez.

¹²Há mais esperança para o tolo
que para aquele que se considera sábio.

¹³O preguiçoso diz: "Há um leão no caminho!
Tenho certeza de que há um leão lá fora!".

¹⁴Como a porta gira nas dobradiças,
assim o preguiçoso se revira na cama.

¹⁵O preguiçoso pega a comida na mão,
mas não se dá o trabalho de levá-la à boca.

¹⁶O preguiçoso se considera mais esperto
que sete conselheiros sábios.

¹⁷Meter-se em discussão alheia
é como puxar um cachorro pelas orelhas.

¹⁸O louco que atira com arma mortal
causa tanto estrago
¹⁹quanto quem mente para um amigo
e depois diz: "Estava só brincando!".

²⁰Sem lenha, o fogo apaga;
sem intrigas, as brigas cessam.

²¹Como as brasas acendem o carvão e o fogo acende a lenha,
assim o briguento provoca conflitos.

²²Calúnias são como petiscos saborosos
que descem até o íntimo de quem ouve.

²³Palavras suaves[a] podem esconder um coração perverso,
como uma camada de esmalte cobre o vaso de barro.

²⁴As pessoas podem encobrir o ódio com palavras agradáveis,
mas isso não passa de engano.

²⁵Ainda que pareçam amáveis, não acredite nelas;
seu coração está cheio de maldade.[b]

²⁶Mesmo que escondam o ódio dissimuladamente,
sua maldade será exposta em público.

²⁷Quem prepara uma armadilha para outros nela cairá;
quem rola uma pedra sobre outros por ela será esmagado.

²⁸A língua mentirosa odeia suas vítimas;
palavras bajuladoras causam ruína.

27

¹Não conte vantagem a respeito do futuro,
pois você não sabe o que o amanhã trará.

²Deixe que outro o elogie, e não sua própria boca;
alguém desconhecido, e não seus próprios lábios.

³A pedra é pesada, e a areia também,
mas pesa ainda mais o ressentimento causado pelo insensato.

⁴A ira é cruel, e a fúria, como a inundação,
mas a inveja é ainda mais perigosa.

⁵A repreensão franca
é melhor que o amor escondido.

⁶As feridas feitas por um amigo sincero
são melhores que os beijos de um inimigo.

⁷Quem está satisfeito recusa o mel,
mas para o faminto até o alimento amargo é doce.

⁸Quem anda distante de casa
é como pássaro longe do ninho.

⁹O conselho sincero de um amigo
é agradável como perfume e incenso.

¹⁰Jamais abandone um amigo, nem o seu nem o de seu pai.
Quando vier a calamidade, não peça ajuda a seu irmão;
é melhor recorrer a um vizinho próximo que a um irmão distante.

¹¹Meu filho, seja sábio e alegre meu coração;
então poderei responder aos que me criticam.

---

[a]**26.23** Conforme a Septuaginta; o hebraico traz *ardentes*. [b]**26.25** Em hebraico, *de sete males*.

¹²O prudente antevê o perigo e toma precauções;
o ingênuo avança às cegas e sofre as consequências.
¹³Quem aceita ser fiador de um desconhecido perderá a roupa do corpo;
ela ficará como pagamento de quem garante a dívida do estranho.ᵃ
¹⁴A saudação ruidosa logo cedo será recebida como maldição.
¹⁵A esposa briguenta é irritante como a goteira num dia de chuva.
¹⁶Tentar contê-la é como deter o vento ou agarrar o óleo com a mão.
¹⁷Como o ferro afia o ferro, assim um amigo afia o outro.
¹⁸Quem cuida da figueira comerá de seus frutos;
quem protege os interesses de seu senhor será recompensado.
¹⁹Como a água reflete o rosto, assim o coração reflete quem a pessoa é.
²⁰Como a Morte e a Destruiçãoᵇ nunca se satisfazem,
assim os desejos do homem nunca são saciados.
²¹O fogo prova a pureza da prata e do ouro,
mas a pessoa é provada pelos elogios que recebe.ᶜ
²²Ainda que se moa o insensato como cereal no pilão,
é impossível separá-lo de sua insensatez.
²³Tome conhecimento do estado de suas ovelhas
e dedique-se a cuidar de seus rebanhos,
²⁴pois a riqueza não dura para sempre,
e pode ser que a coroa não passe para a geração seguinte.
²⁵Depois de recolhido o feno, geminada a nova plantação
e reunido o capim dos montes,
²⁶os carneiros darão lã para suas roupas
e os bodes poderão ser vendidos pelo preço de um campo.
²⁷Você terá leite de cabra suficiente para si, para sua família e para suas servas.

28

¹Os perversos fogem mesmo quando ninguém os persegue,
mas o justo é valente como o leão.
²A corrupção moral de uma nação faz cair seu governo,
mas o líder sábio e prudente traz estabilidade.
³O pobre que oprime os pobres
é como a chuva torrencial que destrói a plantação.
⁴Quem despreza a lei exalta os perversos;
quem obedece à lei luta contra eles.
⁵Os que praticam o mal não compreendem a justiça,

ᵃ**27.13** Conforme a Septuaginta e a Vulgata (ver tb. Pv 20.16); o hebraico traz *de uma mulher promíscua*. ᵇ**27.20** Em hebraico, *O Sheol e o Abadom*. ᶜ**27.21** Ou *pela bajulação*.

27.10 O amigo na necessidade é amigo de verdade, e esses são escassos. Se você encontrar esse homem e provar a sinceridade de sua amizade; se ele tiver sido fiel ao seu pai e a você, agarre-o com ganchos de aço e jamais o deixe partir! Pode ser que, por ser um amigo fiel, às vezes ele o irrite e o deixe zangado. Veja como Salomão coloca isso neste capítulo — "A repreensão franca é melhor que o amor escondido. As feridas feitas *por um amigo sincero são melhores que os beijos de um inimigo*". É preciso muita amizade para poder mostrar a um homem suas falhas. Não é amizade a que lisonjeia! É a pequena amizade que retém sua língua quando deve falar. Mas é verdadeira a amizade que pode falar no momento certo e, se necessário, até mesmo falar com tanta força que venha a causar um ferimento. Se você é como muitos outros tolos, ficará zangado com o homem que é tão seu amigo a ponto de lhe dizer a verdade. Se você não é digno de seu amigo, começará a ficar cansado dele quando ele estiver executando o ato mais heroico de pura caridade para seu bem, ao alertá-lo sobre seu perigo e lembrando-o de sua imperfeição! Salomão, levando em conta essa possibilidade e sabendo que esse é um dos maiores testes de amizade entre seres tão pobres e imperfeitos como nós, nos diz para não o abandonarmos por esse motivo, nem mesmo por qualquer outro motivo, o homem que tem sido um verdadeiro amigo para nós e nossa família.

mas os que buscam o Senhor a entendem plenamente.

⁶É melhor ser pobre e honesto
que ser rico e desonesto.

⁷O filho que obedece à lei demonstra prudência;
aquele que anda com libertinos envergonha seu pai.

⁸O lucro obtido da cobrança de juros altos terminará no bolso de alguém que trata os pobres com bondade.

⁹As orações de quem se recusa a ouvir a lei são detestáveis para Deus.

¹⁰Quem leva os justos para o mau caminho cairá na própria armadilha,
mas os íntegros herdarão o bem.

¹¹O rico pode se considerar sábio,
mas não engana o pobre que tem discernimento.

¹²Quando os justos são bem-sucedidos, todos se alegram;
quando os perversos assumem o poder, as pessoas se escondem.

¹³Quem oculta seus pecados não prospera;
quem os confessa e os abandona recebe misericórdia.

¹⁴Quem teme fazer o mal[a] é feliz,
mas quem endurece o coração cai em desgraça.

¹⁵O governante perverso é tão perigoso para os pobres
quanto o leão que ruge ou o urso que ataca.

¹⁶O governante que não tem entendimento oprime seu povo,
mas o que odeia a corrupção tem vida longa.

¹⁷A consciência atormentada do assassino o levará à sepultura;
ninguém tente detê-lo.

¹⁸O íntegro será salvo do perigo,
mas o perverso será destruído repentinamente.

¹⁹Quem trabalha com dedicação tem fartura de alimento,
mas quem corre atrás de fantasias acaba na miséria.

²⁰A pessoa fiel obterá grande recompensa,
mas o que deseja enriquecer depressa se meterá em apuros.

²¹Nunca é bom agir com parcialidade,
mas há quem faça o mal até por um pedaço de pão.

²²O ganancioso tenta enriquecer depressa,
mas não percebe que caminha para a pobreza.

²³No fim, as pessoas apreciam a crítica honesta
muito mais que a bajulação.

²⁴Quem rouba de seu pai e de sua mãe e diz: "Que mal há nisso?",
não é melhor que o assassino.

²⁵A ganância provoca brigas;
a confiança no Senhor conduz à prosperidade.

²⁶Quem confia no próprio entendimento é tolo;
quem anda com sabedoria está seguro.

²⁷Quem ajuda os pobres não passará necessidade,
mas quem fecha os olhos para a pobreza será amaldiçoado.

²⁸Quando os perversos assumem o poder, as pessoas se escondem;
quando eles são destruídos, os justos prosperam.

29

¹Quem sempre se recusa a aceitar a repreensão
será destruído de repente, sem que possa se recuperar.

²Quando os justos governam, o povo se alegra;
quando os perversos estão no poder, o povo geme.

³O homem que ama a sabedoria alegra seu pai,

---

[a] 28.14 Ou *Quem teme o Senhor*; o hebraico traz *Aquele que teme*.

mas o que anda com prostitutas
   desperdiça sua riqueza.
⁴O rei justo dá estabilidade à nação,
   mas o que exige subornos a destrói.
⁵Quem bajula os amigos
   prepara uma armadilha para os pés
   deles.
⁶A pessoa má é pega no laço do próprio
   pecado,
   mas o justo escapa e grita de alegria.
⁷O justo se preocupa com os direitos dos
   pobres,
   mas o perverso não dá a mínima atenção
   para isso.
⁸Os zombadores alvoroçam a cidade inteira,
   mas os sábios acalmam a ira.
⁹Se o sábio levar o insensato ao tribunal,
   haverá tumulto e zombaria, mas nada se
   resolverá.
¹⁰Os sanguinários odeiam o íntegro,
   mas os justos procuram ajudá-lo.[a]
¹¹O tolo mostra toda a sua ira,
   mas o sábio a controla em silêncio.
¹²Se um governante der atenção aos
   mentirosos,
   todos os seus conselheiros serão
   perversos.
¹³O pobre e o opressor têm isto em
   comum:
   o Senhor permite que ambos enxerguem.
¹⁴Se o rei julgar os pobres com justiça,
   seu trono durará para sempre.

¹⁵A criança que é corrigida se torna sábia,
   mas o filho indisciplinado envergonha
   sua mãe.
¹⁶Quando os perversos estão no poder, o
   pecado se multiplica,
   mas os justos verão sua queda.
¹⁷Discipline seus filhos, e eles darão paz a
   seu espírito
   e alegria a seu coração.
¹⁸O povo que não aceita a orientação divina
   se corrompe,
   mas quem obedece à lei é feliz.
¹⁹Para corrigir o servo é preciso mais que
   palavras;
   ainda que ele as entenda, não obedecerá.
²⁰Há mais esperança para o tolo
   que para alguém que fala sem pensar.
²¹O servo mimado desde a infância
   se tornará rebelde.
²²A pessoa irada provoca conflitos;
   quem perde a calma facilmente comete
   muitos pecados.
²³O orgulho termina em humilhação,
   mas a humildade alcança a honra.
²⁴Quem ajuda o ladrão prejudica a si
   mesmo;
   sob juramento, não ousa testemunhar.
²⁵Temer as pessoas é uma armadilha
   perigosa,
   mas quem confia no Senhor está seguro.
²⁶Muitos buscam o favor do governante,
   mas a justiça vem do Senhor.

[a] 29.10 Ou *Os sanguinários odeiam o íntegro / e procuram matar os justos*; o hebraico traz *Os sanguinários odeiam o íntegro; / quanto aos justos, eles procuram sua vida.*

29.25 Temos aqui dois antigos provérbios. Cada um deles é verdadeiro como um Provérbio separado, eles são igualmente verdadeiros quando juntos. A proposição independente, de que temer ao homem é uma *armadilha*, é uma *verdade de Deus* que a experiência tem ensinado a muitos. A outra proposição, de que o que confia no Senhor está seguro, tem sido considerada muito abençoadamente verdadeira por todos aqueles que a testam. Então, junte as duas proposições — que o temer ao homem lhe arma uma cilada, e que a confiança no Senhor é a maneira segura e certa de evitar essa armadilha — e isso também será verdade. [...]

É um mal muito comum ao homem; temer perder a aprovação humana, de incorrer na ira humana. Existem milhares de homens que não têm temor de Deus, mas que têm grande medo do homem. Eles quebram as leis de Deus sem qualquer receio das consequências que podem advir, mas têm medo de quebrar as leis do homem porque temem a punição que possivelmente receberão. Não têm medo do inferno, mas

²⁷O justo despreza o injusto;
o perverso despreza o íntegro.

Ditados de Agur

30 Os ditados de Agur, filho de Jaque, contêm esta mensagem:ᵃ

Estou cansado, ó Deus;
estou cansado e exausto, ó Deus.ᵇ
²Sou o mais tolo dos homens;
não tenho discernimento.
³Não aprendi a sabedoria humana,
nem tenho conhecimento do Santo.
⁴Quem é capaz de subir aos céus e descer?
Quem segura o vento nas mãos?
Quem envolve os oceanos em sua capa?
Quem criou o mundo inteiro?
Qual é seu nome? E qual é o nome de seu filho?
Diga-me, se é que sabe!
⁵Toda palavra de Deus se prova verdadeira;
ele é escudo para quem busca sua proteção.
⁶Não acrescente nada às palavras dele;
se o fizer, ele o repreenderá e mostrará
que você é mentiroso.
⁷Ó Deus, eu te peço dois favores;
concede-os antes que eu morra.
⁸Primeiro, ajuda-me a ficar longe da
falsidade e da mentira.
Segundo, não me dês nem pobreza nem
riqueza;
dá-me apenas o que for necessário.
⁹Pois, se eu ficar rico, pode ser que te
negue e diga:
"Quem é o Senhor?".
E, se eu for pobre demais, pode ser que
roube
e, com isso, desonre o nome do meu Deus.
¹⁰Não fale mal do servo a seu senhor;
do contrário, o servo o amaldiçoará, e
você sofrerá as consequências.
¹¹Alguns amaldicoam o pai
e são ingratos com a mãe.
¹²Consideram-se puros,
mas são imundos e nunca foram lavados.
¹³Olham ao redor com orgulho
e lançam olhares de desprezo.
¹⁴Seus dentes são como espadas,
e suas presas, como facas.
Devoram da terra os pobres
e, da humanidade, os necessitados.
¹⁵A sanguessuga tem duas bocas
que dizem: "Mais, mais!".ᶜ
Há três coisas que nunca se satisfazem,

ᵃ **30.1a** Ou *filho de Jaque, de Massá*; ou *filho de Jaque, um oráculo.* ᵇ **30.1b** Ou *O homem declara isto a Itiel, / a Itiel e a Ucal.*
ᶜ **30.15** Em hebraico, *tem duas filhas que gritam: "Dá, dá!".*

---

têm medo de uma prisão terrena! Não temem o braço do Todo-Poderoso, mas temem um braço de carne. [...]

Eu deveria ter pensado que Salomão diria: "Temer as pessoas é uma armadilha perigosa, mas quem *teme o Senhor* está seguro". Isso teria soado muito bem e seria verdade. Mas não teria expressado a verdade divina especial que Salomão tinha em mente. Não é o temor, mas a fé, que é a cura para a covardia. Confie no Senhor e você poderá então clamar "A quem temerei?", pois sentirá que tem a força do Todo-Poderoso em sua retaguarda. Confiando em Deus, sentimos que somos um com Ele e por isso somos fortes. Essa força gera coragem e nos permite questionar com ousadia: "Se Deus é por nós, quem será contra nós?". Essa coragem nos leva a calcular o custo de fazer o certo e, depois de calculá-lo, sentimos que, na força de Deus, podemos suportar isso e mil vezes mais, se necessário. E, portanto, dizemos: "Venha o que vier, serviremos ao Senhor". E com o Espírito Santo sobre nós, avançamos com firmeza à vitória no Seu poder. Para que a confiança em Deus, ao nos dar a força de Deus e consequentemente coragem e decisão, nos eleve acima do medo do homem!

30.2,3 Esse homem [Agur] era naturalista. Não temos nada dele, exceto este capítulo, mas suas alusões à história natural ao longo dele são extremamente abundantes. Ele era um cientista instruído, mas sentiu que não poderia, por simples pesquisa, descobrir Deus ou formar uma ideia sobre Ele a partir de seus próprios pensamentos. Quando ele ouviu falar das grandes descobertas daqueles que se julgavam ser pessoas superiores, ele rejeitou tal sabedoria. [...] A filosofia falhou, e a revelação era sua ÚNICA confiança. Quanto a si mesmo, ele não reivindicou esse grau de percepção e profundidade que lhe permitiu pensar muito bem em Deus, mas foi ao próprio Deus, e aprendeu com Ele, em primeira mão, através da sabedoria do Senhor revelada.

ou melhor, quatro que nunca dizem: "É suficiente!":
¹⁶a sepultura,ᵃ
o ventre estéril,
o deserto sedento
e o fogo abrasador.
¹⁷O olho de quem zomba do pai
e despreza as instruções da mãe
será arrancado pelos corvos do vale
e devorado pelos abutres.
¹⁸Há três coisas que me deixam maravilhado,
ou melhor, quatro coisas que não entendo:
¹⁹como a águia plana no céu,
como a serpente rasteja sobre a rocha,
como a embarcação navega no mar,
e como o homem ama a mulher.
²⁰A mulher adúltera devora o homem,
depois limpa a boca e diz: "Não fiz nada de errado".
²¹Há três coisas que fazem a terra estremecer,
ou melhor, quatro que ela não pode suportar:
²²o servo que se torna rei,
o tolo arrogante que prospera,
²³a mulher amargurada que enfim arranja um marido,
e a serva que toma o lugar de sua senhora.
²⁴Quatro coisas na terra são pequenas, mas muito sábias:
²⁵as formigas, que, embora não sejam fortes,
armazenam alimento no verão,
²⁶os coelhos silvestres,ᵇ que, embora não sejam poderosos,
fazem sua toca nas rochas,
²⁷os gafanhotos, que, embora não tenham rei,
marcham em fileira,

²⁸e as lagartixas, que, embora sejam fáceis de apanhar,
vivem até nos palácios dos reis.
²⁹Há três seres vivos que caminham com passo elegante,
ou melhor, quatro que se movem de modo imponente:
³⁰o leão, rei dos animais, que não abre caminho para ninguém,
³¹o galo, que anda de peito estufado,
o bode,
e o rei à frente de seu exército.
³²Se você agiu como tolo e foi orgulhoso ou tramou o mal,
tape a boca em sinal de vergonha.
³³Como bater o leite produz manteiga,
e um soco no nariz o faz sangrar,
provocar a ira resulta em brigas.

Ditados do rei Lemuel

31 Os ditados do rei Lemuel contêm esta mensagem,ᶜ que sua mãe lhe ensinou:
²Meu filho, filho de meu ventre,
filho de meus votos,
³não desperdice sua força com mulheres,
nem sua vida com aquelas que destroem reis.
⁴Não convém aos reis, ó Lemuel, tomar muito vinho;
os governantes não devem desejar bebida alcoólica.
⁵Se beberem, pode ser que se esqueçam da lei
e deixem de fazer justiça aos oprimidos.
⁶O álcool é para os que estão morrendo,
e o vinho, para os que estão amargurados.
⁷Que bebam para se esquecer de sua pobreza
e não se lembrar de suas dificuldades.

ᵃ **30.16** Em hebraico, *o Sheol.* ᵇ **30.26** Ou *híraces*, ou *arganazes.* ᶜ **31.1** Ou *de Lemuel, rei de Massá*; ou *do rei Lemuel, um oráculo.*

31.6,7 Os judeus tinham o hábito de dar uma taça de bebida forte, geralmente aliada a alguma droga potente, para atordoar aqueles que estavam prestes a serem executados. Talvez esse seja o significado das palavras: "O álcool é para os que estão morrendo". Sabemos, também, que pessoas que estavam muito fracas e doentes, à beira da sepultura, muitas vezes eram aliviadas de forma medicinal pelo vinho que lhes era ofertado, pelo fato de

⁸Fale em favor daqueles que não podem se defender;
 garanta justiça para os que estão aflitos.
⁹Sim, fale em favor dos pobres e desamparados,
 e providencie que recebam justiça.

A mulher virtuosa

¹⁰ᵃQuem encontrará uma mulher virtuosa?
 Ela é mais preciosa que rubis.
¹¹O marido tem plena confiança nela,
 e ela lhe enriquecerá a vida grandemente.
¹²Ela lhe faz bem, e não mal,
 todos os dias de sua vida.
¹³Ela adquire lã e linho
 e, com alegria, trabalha os fios com as mãos.
¹⁴Como navio mercante,
 traz alimentos de longe.
¹⁵Levanta-se de madrugada para preparar a refeição da família
 e planeja as tarefas do dia para suas servas.
¹⁶Vai examinar um campo e o compra;
 com o que ganha, planta um vinhedo.
¹⁷É cheia de energia,
 forte e trabalhadora.
¹⁸Certifica-se de que seus negócios sejam lucrativos;
 sua lâmpada permanece acesa à noite.
¹⁹Suas mãos operam o tear,
 e seus dedos manejam a roca.
²⁰Estende a mão para ajudar os pobres
 e abre os braços para os necessitados.
²¹Quando chega o inverno, não se preocupa,
 pois todos em sua família têm roupas quentes.ᵇ
²²Faz suas próprias cobertas
 e usa vestidos de linho fino e tecido vermelho.
²³Seu marido é respeitado na porta da cidade,
 onde se senta com as demais autoridades.
²⁴Faz roupas de linho com cintos
 e faixas para vender aos comerciantes.
²⁵Veste-se de força e dignidade
 e ri sem medo do futuro.
²⁶Quando ela fala, suas palavras são sábias;
 quando dá instruções, demonstra bondade.
²⁷Cuida bem de tudo em sua casa
 e nunca dá lugar à preguiça.
²⁸Seus filhos se levantam e a chamam de "abençoada",
 e seu marido a elogia:
²⁹"Há muitas mulheres virtuosas neste mundo,
 mas você supera todas elas!".
³⁰Os encantos são enganosos, e a beleza não dura para sempre,
 mas a mulher que teme o Senhor será elogiada.
³¹Recompensem-na por tudo que ela faz;
 que suas obras a elogiem publicamente.

ᵃ**31.10** Os versículos 10-31 formam um poema acróstico; cada versículo começa com uma letra sucessiva do alfabeto hebraico.
ᵇ**31.21** Conforme a Septuaginta e a Vulgata; o hebraico traz *escarlates*.

---

elas próprias não poderem comprá-lo. Acredito que este seja o significado literal do texto e que, se algum homem for perverso o suficiente para tirar disso a inferência de que poderia esquecer sua miséria e pobreza bebendo, ele logo se veria terrivelmente equivocado, pois se *antes* já era miserável, depois ficaria 10 vezes mais miserável! E se fosse anteriormente pobre, ficaria em pobreza ainda maior depois. Aqueles que se apressam para a garrafa em busca de consolo podem, no futuro, voar para o inferno em busca de um Céu e, em vez de ajudá-los a se esquecer de sua pobreza, a embriaguez só os afundará ainda mais na lama!

Eclesiastes

INTRODUÇÃO

Nome. A palavra hebraica significa pregador e se refere ou significa alguém que convoca e se dirige a assembleias.

Elemento pessoal ou humano. Expressões como "Sei", "Dediquei", "Observei" etc., indicam que não é a vontade de Deus que é estabelecida, mas um homem que está contando sobre seus próprios empreendimentos e fracasso total.

Visão Geral. A visão geral ou a frase-chave é "debaixo do sol", com o triste refrão "Nada faz sentido", e revela como um homem nas melhores condições possíveis buscou alegria e paz, tentando usar da melhor forma todos os recursos dos quais dispunha. Ele teve o melhor que poderia ser obtido, da sabedoria humana, da riqueza, do prazer mundano, da honra mundana, apenas para descobrir que "Nada faz sentido; é como correr atrás do vento". É o que um homem, com o conhecimento de que o Deus santo trará todos para o juízo, aprendeu do vazio das coisas "debaixo do sol" e do dever de todo o homem: "tema a Deus e obedeça a seus mandamentos".

Propósito do livro. O propósito, portanto, não é expressar as dúvidas ou o ceticismo do escritor, não é registrar a queixa de um espírito amargo. O livro não é a história de um pessimista ou de um homem mau que se torna moralista. Mas pretende mostrar que, se alguém pudesse perceber todos os objetivos, esperanças e aspirações da vida, eles não trariam satisfação ao coração. Sua experiência é usada para exemplificar o resultado do mundo exitoso e satisfação própria, em contraste com o resultado da sabedoria mais elevada da vida piedosa. Vemos que o homem não fora criado somente para este mundo, para realização ou gratificação egoísta, mas para cumprir o grande plano de Deus para ele, o qual se concretizará por meio da sua obediência e do seu serviço a Deus.

Data e autoria. O versículo inicial e outras passagens, como algumas das condições, bem como o caráter das pessoas representadas no livro, dão a impressão de que Salomão o escreveu, mas há outras evidências que indicam outro autor. Nem o autor nem a data de redação estão definitivamente determinados.

ESBOÇO

1. A futilidade da vida, visto na experiência e na observação, Caps. 1–4
   1.1. O que ele experimentou, Caps. 1–2
   1.2. O que ele observou, Caps. 3–4
2. Sabedoria prática, Caps. 5–7
   2.1. Algumas máximas sobre a prudência, Cap. 5
   2.2. Algumas futilidades, Cap. 6
   2.3. A melhor forma de progredir na vida, Cap. 7
3. Regras para uma vida feliz, Caps. 8–11
4. Conclusão de tudo, Cap. 12

PARA ESTUDO E DISCUSSÃO

[1] Faça uma lista de todas as coisas diferentes enumeradas como fracasso ou futilidade.
[2] Faça uma lista daquilo que chega a nós como dádiva da providência de Deus.
[3] Faça uma lista de máximas ou regras de prudência que ensinam a viver corretamente e nos elevam acima das tribulações e do fracasso na vida.
[4] O autor pensa que a busca pelo prazer traz o verdadeiro sentido à vida?
[5] O autor nega o valor do serviço altruísta?
[6] O autor acredita na vida futura e em recompensas futuras?

1 Estas são as palavras do Mestre,[a] filho de Davi, que reinou em Jerusalém.

Nada faz sentido

²"Nada faz sentido", diz o Mestre. "Nada faz o menor sentido."

³O que as pessoas ganham com todo o seu árduo trabalho debaixo do sol? ⁴Gerações vêm e gerações vão, mas a terra permanece a mesma. ⁵O sol nasce, o sol se põe e, logo, retorna a seu lugar para nascer outra vez. ⁶O vento sopra para o sul, depois para o norte; dá voltas e mais voltas, soprando em círculos. ⁷Os rios correm para o mar, mas ele nunca se enche; a água retorna aos rios e corre novamente para o mar. ⁸Tudo é tão cansativo que não há como descrever. Não importa quanto vemos, nunca ficamos satisfeitos; não importa quanto ouvimos, nunca nos contentamos.

⁹A história simplesmente se repete. O que foi feito antes será feito outra vez. Nada debaixo do sol é realmente novo. ¹⁰De vez em quando, alguém diz: "Isto é novidade!". O fato, porém, é que nada é realmente novo. ¹¹Não nos lembramos do que aconteceu no passado, e as gerações futuras tampouco se lembrarão do que fazemos hoje.

A inutilidade da sabedoria

¹²Eu, o Mestre, fui rei de Israel e vivi em Jerusalém. ¹³Dediquei-me a buscar o entendimento e a usar a sabedoria para examinar tudo que se faz debaixo do céu. Descobri que Deus deu uma existência trágica à humanidade. ¹⁴Observei tudo que acontece debaixo do sol e, de fato, nada faz sentido; é como correr atrás do vento.

¹⁵O que está errado não pode ser corrigido;
o que ainda falta não pode ser recuperado.

¹⁶Disse a mim mesmo: "Sou mais sábio que todos os reis que governaram em Jerusalém antes de mim. Tenho mais sabedoria e conhecimento que eles". ¹⁷Então me dediquei a aprender de tudo: desde a sabedoria até a loucura e a insensatez. Descobri, por experiência, que procurar essas coisas também é como correr atrás do vento.

¹⁸Quanto maior a sabedoria, maior a aflição;
quanto maior o conhecimento, maior a tristeza.

A inutilidade dos prazeres

2 Disse a mim mesmo: "Venha, vamos experimentar o prazer; vamos procurar as coisas boas da vida!". Descobri, porém, que isso também não fazia sentido. ²Portanto, disse: "O riso é tolice. De que adianta buscar o prazer?". ³Depois de pensar muito, resolvi me animar com vinho. E, enquanto ainda buscava a sabedoria, apeguei-me à insensatez. Assim, procurei experimentar o que haveria de melhor para as pessoas em sua curta vida debaixo do sol.

⁴Dediquei-me a projetos grandiosos, construindo casas enormes e plantando belos vinhedos. ⁵Fiz jardins e parques e os enchi de árvores frutíferas de toda espécie. ⁶Construí açudes para juntar água e regar meus pomares verdejantes. ⁷Comprei escravos e escravas, e outros nasceram em minha casa. Tive muito gado e rebanhos, mais que todos os que viveram em Jerusalém antes de mim. ⁸Juntei grande quantidade de prata e ouro, tesouros de muitos reis e províncias. Contratei cantores e cantoras e tive muitas concubinas. Tive tudo que um homem pode desejar!

⁹Tornei-me mais importante que todos os que viveram em Jerusalém antes de mim, e nunca me faltou sabedoria. ¹⁰Tudo que desejei, busquei e consegui. Não me neguei prazer algum. No trabalho árduo, encontrei grande prazer, a recompensa por meus esforços. ¹¹Mas, ao olhar para tudo que havia me esforçado tanto para realizar, vi que nada fazia sentido; era como correr atrás do vento. Não havia nada que valesse a pena debaixo do sol.

O sábio e o tolo

¹²Então resolvi comparar a sabedoria com a loucura e a insensatez (pois quem pode fazê--lo melhor que eu, o rei?[b]). ¹³Pensei: "A sabedoria é melhor que a insensatez, assim como a luz é melhor que as trevas. ¹⁴O sábio vê para onde está indo, mas o tolo anda na escuridão". Apesar disso, vi que o sábio e o tolo têm o mesmo destino. ¹⁵Disse a mim mesmo: "Uma vez

---

[a] **1.1** Em hebraico, *Qoheleth*; o termo é traduzido por "o Mestre" em todo o livro de Eclesiastes. [b] **2.12** O significado do hebraico é incerto.

que terei o mesmo fim do tolo, de que vale toda a minha sabedoria? Nada disso faz sentido!". ¹⁶Pois nem o sábio nem o tolo serão lembrados por muito tempo; ambos morrerão, e logo serão esquecidos.

¹⁷Por isso, passei a odiar minha vida, pois tudo que é feito debaixo do sol é frustrante. Nada faz sentido; é como correr atrás do vento.

A inutilidade do trabalho

¹⁸Passei a odiar todo o meu árduo trabalho debaixo do sol, pois deixarei para meus sucessores tudo que me esforcei para obter. ¹⁹E quem pode dizer se eles serão sábios ou tolos? No entanto, terão controle sobre tudo que consegui debaixo do sol, com minha habilidade e meu esforço. Isso não faz o menor sentido! ²⁰Assim, cheguei a me desesperar e questionei o valor de todo o meu árduo trabalho debaixo do sol.

²¹Algumas pessoas trabalham com sabedoria, conhecimento e habilidade, mas terão de deixar o resultado de seu trabalho para alguém que não se esforçou. Isso também não faz sentido; é uma grande tragédia. ²²O que as pessoas ganham com tanto esforço e ansiedade debaixo do sol? ²³Seus dias de trabalho são cheios de dor e tristeza, e nem mesmo à noite sua mente descansa. Nada faz sentido.

²⁴Por isso, concluí que a melhor coisa a fazer é desfrutar a comida e a bebida e encontrar satisfação no trabalho. Percebi, então, que esses prazeres vêm da mão de Deus. ²⁵Pois quem pode comer ou desfrutar algo sem ele?[a] ²⁶Deus concede sabedoria, conhecimento e alegria àqueles que lhe agradam. Se, porém, um pecador enriquece, Deus lhe toma a riqueza e a entrega àqueles que lhe agradam. Isso também não faz sentido; é como correr atrás do vento.

Tudo tem seu tempo

3 ¹Há um momento certo para tudo, um tempo para cada atividade debaixo do céu.

²Há tempo de nascer, e tempo de morrer;
tempo de plantar, e tempo de colher.
³Tempo de matar, e tempo de curar;
tempo de derrubar, e tempo de construir.
⁴Tempo de chorar, e tempo de rir;
tempo de se entristecer, e tempo de dançar.
⁵Tempo de espalhar pedras, e tempo de ajuntá-las;
tempo de abraçar, e tempo de se afastar.
⁶Tempo de procurar, e tempo de deixar de buscar;
tempo de guardar, e tempo de jogar fora.
⁷Tempo de rasgar, e tempo de remendar;
tempo de calar, e tempo de falar.
⁸Tempo de amar, e tempo de odiar;
tempo de guerra, e tempo de paz.

⁹O que as pessoas ganham com tanto trabalho árduo? ¹⁰Vi o fardo que Deus pôs sobre toda a humanidade. ¹¹E, no entanto, Deus fez tudo apropriado para seu devido tempo. Ele colocou um senso de eternidade no coração humano, mas mesmo assim ninguém é capaz de entender toda a obra de Deus, do começo ao fim. ¹²Concluí, portanto, que a melhor coisa a fazer é ser feliz e desfrutar a vida enquanto é possível. ¹³Cada um deve comer e beber e desfrutar os frutos de seu trabalho, pois são presentes de Deus.

¹⁴E sei que tudo que Deus faz é definitivo; não se pode acrescentar ou tirar nada. O propósito de Deus é que as pessoas o temam. ¹⁵O que acontece agora já aconteceu antes, e o que acontecerá no futuro também já aconteceu, pois Deus faz as mesmas coisas acontecerem repetidamente.

As injustiças da vida

¹⁶Observei também que debaixo do sol há maldade onde deveria haver justiça. Sim, até os tribunais são corruptos. ¹⁷Disse a mim

---

[a] **2.25** Conforme a Septuaginta e a versão siríaca; o hebraico traz *sem mim*?

3.8 Se você olhar para o nosso texto ["tempo de amar"], verá que ele é ameaçadoramente seguido pelas palavras "e tempo de odiar". Somos criaturas mutáveis e vivemos em um mundo em constante mudança — e este capítulo fornece um resumo preciso de como passamos a maior parte de nossa vida! Nossa vida é cheia de altos e baixos. Não demoramos em nenhum estado e mudamos rapidamente de uma condição a outra — o que às vezes é melhor, mas às vezes, pior.

mesmo: "No devido tempo, Deus julgará tanto os justos como os perversos, por tudo que fizeram".

¹⁸Também refleti sobre a condição humana, como Deus mostra às pessoas que elas não são melhores que os animais. ¹⁹Pois tanto pessoas como animais têm o mesmo destino: ambos respiram[a] e ambos morrem. As pessoas não têm vantagem alguma sobre os animais. Isso não faz o menor sentido! ²⁰Todos vão para o mesmo lugar: vieram do pó e a ele retornam. ²¹Afinal, quem pode afirmar que o espírito dos seres humanos vai para cima e o espírito dos animais desce para a terra? ²²Vi, portanto, que a melhor coisa a fazer é alegrar-se com seu trabalho. É isso que nos cabe na vida. Ninguém nos trará de volta para ver o que acontece depois que morremos.

4 Observei, ainda, toda a opressão que ocorre debaixo do sol. Vi as lágrimas dos oprimidos, e ninguém para consolá-los. Os opressores são poderosos, e suas vítimas, indefesas. ²Concluí, portanto, que os mortos são mais felizes que os vivos. ³Mais felizes que todos, porém, são os que ainda não nasceram, pois não viram o mal que se faz debaixo do sol.

⁴Então observei que todo esforço e trabalho é motivado pela inveja que as pessoas sentem umas das outras. Isso também não faz sentido; é como correr atrás do vento.

⁵"Os tolos cruzam os braços
 e se arruínam."

⁶E, no entanto,

"É melhor ter um punhado com
 tranquilidade
que dois punhados com trabalho árduo
 e correr atrás do vento".

As vantagens do companheirismo

⁷Observei outra coisa que não faz sentido debaixo do sol. ⁸É o caso do homem que vive completamente sozinho, sem filho nem irmão, mas que ainda assim se esforça para obter toda riqueza que puder. A certa altura, porém, ele se pergunta: "Para quem trabalho? Por que deixo de aproveitar tantos prazeres?". Nada faz sentido, e é tudo angustiante.

⁹É melhor serem dois que um, pois um ajuda o outro a alcançar o sucesso. ¹⁰Se um cair, o outro o ajuda a levantar-se. Mas quem cai sem ter quem o ajude está em sérios apuros. ¹¹Da mesma forma, duas pessoas que se deitam juntas aquecem uma à outra. Mas como fazer para se aquecer sozinho? ¹²Sozinha, a pessoa corre o risco de ser atacada e vencida, mas duas pessoas juntas podem se defender melhor. Se houver três, melhor ainda, pois uma corda trançada com três fios não arrebenta facilmente.

A inutilidade do poder político

¹³É melhor ser um jovem pobre e sábio que um rei velho e tolo, que não aceita conselhos. ¹⁴Pode acontecer de o jovem sair da pobreza e ser bem-sucedido, e até tornar-se rei, mesmo que tenha estado na prisão. ¹⁵Em pouco tempo, porém, todos correm para o lado de outro jovem,[b] que o sucede. ¹⁶Multidões incontáveis o cercam,[c] mas depois surge uma nova geração que o rejeita. Isso também não faz sentido; é como correr atrás do vento.

Instruções para se aproximar de Deus

5 ¹[d]Quando você entrar na casa de Deus, tome cuidado com o que faz e ouça com atenção. Age mal quem apresenta ofertas a Deus sem pensar. ²[e]Não se precipite em fazer promessas nem em apresentar suas questões a Deus. Afinal, Deus está nos céus, e você, na terra; portanto, fale pouco.

³Do excesso de trabalho vem o sonho agitado; do excesso de palavras vêm as promessas do tolo.

⁴Quando fizer uma promessa a Deus, não demore a cumpri-la, pois ele não se agrada dos tolos. Cumpra todas as promessas que fizer. ⁵É melhor não dizer nada que fazer uma promessa e não cumprir. ⁶Não permita que sua boca o leve a pecar. E não se defenda dizendo ao mensageiro do templo que a promessa foi um engano. Isso deixaria Deus irado, e ele poderia destruir tudo que você conquistou.

---

[a] 3.19 Ou *ambos têm o mesmo espírito*. [b] 4.15 Em hebraico, *do segundo jovem*. [c] 4.16 Em hebraico, *Não há fim para todo o povo, para todos que estão diante dele*. [d] 5.1 No texto em hebraico, o versículo 5.1 é numerado 4.17. [e] 5.2 No texto hebraico, os versículos 5.2-20 são numerados 5.1-19.

⁷Sonhar demais é inútil, assim como falar muito. Em vez disso, tema a Deus.

A inutilidade das riquezas

⁸Não se surpreenda se, em toda a terra, você vir os pobres sofrendo opressão pelos poderosos, e a justiça e o direito sendo pervertidos. Cada oficial é subordinado a uma autoridade superior, e a justiça se perde em meio à burocracia. ⁹Até mesmo o rei tira para si o máximo proveito da terra.ᵃ

¹⁰Quem ama o dinheiro nunca terá o suficiente. Quem ama a riqueza nunca se satisfará com o que ganha. Não faz sentido viver desse modo! ¹¹Quanto mais você tem, mais pessoas aparecem para ajudá-lo a gastar. Portanto, de que serve a riqueza, senão para vê-la escapar por entre os dedos?

¹²Quem trabalha com dedicação dorme bem, quer coma pouco, quer muito. As muitas riquezas, porém, não deixam o rico dormir.

¹³Observei ainda outro grave problema debaixo do sol: o acúmulo de riquezas prejudica seu dono. ¹⁴Se o dinheiro é colocado em investimentos arriscados e eles dão errado, perde-se tudo. No final, não sobra nada para deixar aos filhos. ¹⁵Todos nós chegamos ao fim da vida nus e de mãos vazias, como no dia em que nascemos. Não levamos conosco o fruto de nosso trabalho.

¹⁶Isto também é um grande mal: as pessoas vão embora deste mundo como vieram. Todo o seu esforço é inútil, como trabalhar para o vento. ¹⁷Passam a vida sob uma nuvem escura de frustração, doença e indignação.

¹⁸Ainda assim, observei pelo menos uma coisa positiva: é bom que as pessoas comam, bebam e desfrutem os resultados de seu trabalho debaixo do sol durante a vida curta que Deus lhes dá e aceitem a parte que lhes cabe.

¹⁹Também é bom receber de Deus riqueza e boa saúde para aproveitá-la. Alegrar-se com seu trabalho e aceitar a parte que lhe cabe na vida são, sem dúvida, presentes de Deus. ²⁰Deus mantém as pessoas tão ocupadas com as alegrias da vida que não lhes sobra tempo para refletir sobre o passado.

6 Vi debaixo do sol outra grande tragédia que pesa sobre a humanidade. ²Deus concede a alguns muita riqueza, honra e tudo que desejam, mas não lhes dá a oportunidade de usufruir disso. Eles morrem e outro acaba usufruindo de todas essas coisas! Isso também não faz sentido; é uma verdadeira desgraça.

³Um homem pode ter cem filhos e viver muitos anos. Se, porém, não encontrar satisfação alguma na vida e não tiver nem mesmo um enterro digno, teria sido melhor que houvesse nascido morto. ⁴Pois assim seu nascimento teria sido inútil, e ele teria desaparecido na escuridão. Não teria recebido sequer um nome, ⁵e jamais teria visto o sol, nem saberia de sua existência. E, no entanto, teria desfrutado mais paz que se houvesse crescido e se tornado um homem infeliz. ⁶Mesmo que vivesse dois mil anos, não acharia contentamento. E, visto que deve morrer como todos os outros, de que adiantaria?

⁷Todos passam a vida se esforçando para ter o que comer, mas nunca parece suficiente. ⁸Será, então, que o sábio tem alguma vantagem sobre o tolo? O pobre ganha algo por saber como agir diante dos outros?

⁹Aproveite o que você tem em vez de desejar o que não tem. Querer cada vez mais não faz sentido; é como correr atrás do vento.

O futuro: definido e desconhecido

¹⁰Tudo já foi decidido; sabia-se há muito tempo o que cada pessoa seria. Portanto, não adianta discutir com Deus sobre nosso destino.

ᵃ5.8-9 Ou *Pois um oficial vigia sobre o outro, e há oficiais superiores acima destes.* ⁹ *A terra se beneficia de um rei que cultiva a terra.* O significado do hebraico é incerto.

6.10 O homem, por melhor que seja, é apenas um homem, e Davi pôde bem perguntar: "Quem são os seres humanos?". Em parte, eles são apenas um barro vermelho, como foi Adão quando saiu das mãos do Criador. Salomão afirma: "Tudo já foi decidido; sabia-se há muito tempo o que cada pessoa seria". Quem vive, por mais sábio e bom que seja, é apenas um ser humano. Some-o, coloque tudo junto — as belezas de seu corpo, a habilidade de sua mente, mesmo as virtudes de seu espírito — e o que ele é, mesmo assim, apenas um homem? E o homem é apenas um vapor que aparece por um momento e depois desaparece! É tão frágil e tênue, e sem substância como seu próprio fôlego! Ele vem e vai — está aqui há tão pouco que dificilmente

¹¹Quanto mais palavras são ditas, mais vazias elas são. Então, que diferença fazem?
¹²Nesta vida breve e sem sentido, quem sabe como é melhor passar os dias? A vida é como a sombra. Quem sabe o que acontecerá debaixo do sol depois que tivermos partido?

Sabedoria para a vida

7 ¹Uma boa reputação vale mais que perfume caro,
e o dia da morte é melhor que o do nascimento.
²É melhor ir a funerais que ir a festas;
afinal, todos morrem,
e é bom que os vivos se lembrem disso.
³A tristeza é melhor que o riso,
pois aperfeiçoa o coração.
⁴O sábio pensa na morte com frequência,
enquanto o tolo só pensa em se divertir.
⁵É melhor ouvir a repreensão do sábio
que o elogio do tolo.
⁶O riso do tolo some depressa,
como espinhos que estalam no fogo;
isso também não faz sentido.
⁷A extorsão transforma o sábio em tolo,
e os subornos corrompem o coração.
⁸Terminar algo é melhor que começar;
a paciência é melhor que o orgulho.
⁹Não se ire facilmente,
pois a raiva é a marca dos tolos.
¹⁰Não viva saudoso dos "bons e velhos tempos";
isso não é sábio.
¹¹A sabedoria é ainda melhor quando acompanhada do dinheiro;
ambos são proveitosos debaixo do sol.
¹²Tanto sabedoria como dinheiro dão proteção,
mas somente a sabedoria preserva a vida.
¹³Aceite o modo como Deus faz as coisas;
afinal, quem é capaz de endireitar o que ele fez torto?
¹⁴Desfrute a prosperidade enquanto pode,
mas, quando chegarem os tempos difíceis,

---

pode ser dito que está, pois ele começa a ser antes de deixar de ser no que diz respeito ao mundo.

Como o ser humano é tão frágil quanto a própria futilidade, Salomão insiste em que é ocioso e vão tentar contender com Deus. Ele diz assim: "Portanto, não adianta discutir com Deus". É sempre insensato contender com alguém que é mais poderoso do que você, mas quando a disparidade é tão grande quanto entre o homem e Deus — a criatura que dura uma hora, e o autoexistente Criador, o pobre e fraco verme chamado homem, e o poderoso Deus invencível — você vê imediatamente que é loucura até mesmo pensar em lutar contra Ele! É um tolo, na verdade, aquele que discutiria com o Criador! O caco do artefato se esforçará para quebrar o varão de ferro? Ou a cera faria guerra contra o fogo? Não há esperança para nós em tal disputa, contudo, com que frequência nós — até mesmo os que somos Seus filhos — começamos a discutir com o nosso Deus! Se Ele nos pune, se retira de nós nossos confortos, se nos permite ficar frustrados com nossas aspirações, logo começamos a questionar: "Por que isso?" [...]

Não, amados, não podemos discutir com o nosso Criador. Somos mais sábios do que Ele? Compreendemos a providência melhor do que Ele? Podemos nos sentar para julgá-lo? Ousamos pensar em julgar o grande Juiz de todos em nosso tribunal? Pensemos nele de forma correta, e diremos: "Estou calado; não direi uma só palavra, pois minha punição vem de ti". E, pela graça de Deus, iremos ainda além e poderemos dizer como o patriarca Jó: "O Senhor me deu o que eu tinha, e o Senhor o tomou. Louvado seja o nome do Senhor! [...] Aceitaremos da mão de Deus apenas as coisas boas e nunca o mal?". Muitas vezes carecemos do espírito de completa submissão.

7.8 [...] o texto não deve ser considerado absoluta e indiscriminadamente verdadeiro em todos os casos. Com um pouco de precaução, no entanto, acho que é uma máxima digna de Salomão. "Terminar algo é melhor que começar". Algumas imagens na natureza ilustrarão isto. Comparamos o começo e o fim. O semeador parte numa manhã úmida e de chuvisco com seu punhado de sementes preciosas, que ele não deseja guardar. E enquanto ele as espalha, o vento forte sopra em seu rosto e a geada fere sua bochecha e, literalmente, pode-se dizer que ele semeia "com lágrimas". O princípio, portanto, de forma alguma é agradável. Em seguida vem a colheita, com as canções e danças de donzelas sorridentes e alegres jovens camponeses, quando o resultado dos campos é seguramente estocado — esse é seu término. Creio que todos podem ver que a colheita é melhor do que a semeadura!

reconheça que ambos vêm de Deus; lembre-se de que nada é garantido nesta vida.

Os limites da sabedoria humana

¹⁵Vi de tudo nesta vida sem sentido, incluindo justos que morrem cedo e perversos que têm vida longa. ¹⁶Portanto, não seja justo nem sábio demais! Por que destruir a si mesmo? ¹⁷Tampouco seja perverso demais. Não seja tolo; por que morrer antes da hora? ¹⁸Preste atenção a estas instruções, pois quem teme a Deus evita os dois extremos.ᵃ

¹⁹A sabedoria torna o sábio mais poderoso que dez líderes de uma cidade.

²⁰Não há uma única pessoa na terra que sempre faça o bem e nunca peque.

²¹Não escute a conversa alheia às escondidas; pode ser que ouça seu servo falar mal a seu respeito. ²²Pois você sabe que muitas vezes você mesmo falou mal de outros.

²³Sempre me esforcei para que a sabedoria guiasse meus pensamentos e ações. Disse a mim mesmo: "Serei sábio", mas não adiantou. ²⁴A sabedoria está sempre distante e é difícil de encontrar. ²⁵Procurei por toda parte, decidido a encontrar sabedoria e entender a razão dos acontecimentos. Resolvi provar a mim mesmo que a perversidade é tolice, e a insensatez, loucura.

²⁶Descobri que a mulher sedutoraᵇ é mais amarga que a morte. Sua paixão é um laço, e suas mãos são correntes. Quem agrada a Deus escapará dela, mas o pecador será pego em sua armadilha.

²⁷"Esta é a minha conclusão", diz o Mestre. "Descobri isso depois de analisar a questão por todos os ângulos. ²⁸Embora tenha procurado repetidamente, ainda não encontrei o que busco. Entre mil homens, somente um é sábio; mas entre as mulheres não achei uma sequer! ²⁹Foi isto, porém, que descobri: Deus criou os seres humanos para serem justos, mas eles buscaram todo tipo de maldade."

8 ¹Como é maravilhoso ser sábio, *analisar e interpretar as coisas!*
A sabedoria ilumina o rosto
e abranda a dureza das feições.

Obediência ao rei

²Obedeça ao rei, como jurou a Deus que faria. ³Não procure evitar seu dever, nem se junte aos que tramam o mal, pois o rei faz o que bem entende. ⁴Suas ordens têm respaldo em seu grande poder. Ninguém pode resistir a elas nem as questionar. ⁵Quem obedece às suas ordens não será castigado. Quem é sábio encontrará o tempo e o modo apropriado de fazer o que é certo, ⁶pois há um tempo e um modo para tudo, mesmo em meio às dificuldades.

⁷Aliás, como é possível evitar o que não se sabe que acontecerá? ⁸Ninguém pode impedir o próprio espírito de partir.ᶜ Ninguém é capaz de evitar o dia de sua morte; não há como fugir dessa batalha. E, diante da morte, a maldade certamente não livrará o perverso.

Os perversos e os justos

⁹Pensei muito sobre tudo que acontece debaixo do sol, onde as pessoas têm poder para prejudicar umas às outras. ¹⁰Vi perversos serem sepultados com honra; frequentavam o templo e hoje são elogiadosᵈ na mesma cidade em que cometeram seus crimes. Isso também não faz sentido. ¹¹Quando um crime não é castigado de imediato, as pessoas se veem incentivadas a fazer o mal. ¹²Mas, ainda que alguém peque cem vezes e continue a viver por muito tempo, sei que aqueles que temem a Deus terminarão em situação melhor. ¹³Os perversos não prosperarão, pois não temem a Deus. Seus dias, como as sombras do anoitecer, não se prolongarão.

¹⁴Há mais uma coisa que não faz sentido em nosso mundo. Nesta vida, justos muitas vezes são tratados como se fossem perversos, e perversos, como se fossem justos. Isso não faz sentido algum!

¹⁵Recomendo, portanto, que as pessoas aproveitem a vida, pois a melhor coisa a fazer neste mundo é comer, beber e alegrar-se. Assim, terão algo que os acompanhe em todo o árduo trabalho que Deus lhes dá debaixo do sol.

¹⁶Enquanto procurava sabedoria e observava os fardos pesados que as pessoas carregam

---

ᵃ**7.18** Ou *seguirá ambas as coisas.* ᵇ**7.26** Em hebraico, *uma mulher.* ᶜ**8.8** Ou *Ninguém pode controlar o vento.* ᵈ**8.10** Conforme alguns manuscritos hebraicos e a Septuaginta; a maioria dos manuscritos hebraicos traz *são esquecidos.*

aqui na terra, vi que, dia e noite, sua atividade não cessa. ¹⁷Percebi que ninguém é capaz de descobrir tudo que Deus faz debaixo do sol. Nem mesmo os mais sábios conseguem compreender tudo, embora afirmem o contrário.

A morte chega para todos

9 Dediquei-me também a investigar isto: embora os justos e os sábios, e também suas ações, estejam nas mãos de Deus, ninguém sabe o que os aguarda, se amor ou ódio. ²No fim, todos têm o mesmo destino, seja a pessoa justa ou perversa, boa ou má,[a] cerimonialmente pura ou impura, religiosa ou não.[b] Ocorre o mesmo à pessoa de bem e ao pecador; aquele que faz promessas a Deus é tratado como o que teme fazê-lo.

³É uma grande tragédia que todos debaixo do sol tenham o mesmo destino. Além disso, o coração das pessoas está cheio de maldade. Elas seguem seu próprio caminho de loucura, pois não há nada adiante, senão a morte. ⁴Só para os vivos há esperança. Como dizem: "Melhor ser um cão vivo que um leão morto".

⁵Os vivos pelo menos sabem que vão morrer, mas os mortos nada sabem. Já não têm recompensas para receber e caem no esquecimento. ⁶Amar, odiar, invejar, tudo que já fizeram ao longo da vida passou há muito tempo. Já não participam de coisa alguma que acontece debaixo do sol. ⁷Portanto, coma sua comida com prazer e beba seu vinho com alegria, pois Deus se agrada disso. ⁸Vista roupas elegantes e use perfume.

⁹Viva alegremente com a mulher que você ama todos os dias desta vida sem sentido que Deus lhe deu debaixo do sol, pois essa é a recompensa por todos os seus esforços neste mundo. ¹⁰Tudo que fizer, faça bem feito, pois quando descer à sepultura[c] não haverá trabalho, nem planos, nem conhecimento, nem sabedoria.

¹¹Observei outra coisa debaixo do sol. Aquele que corre mais rápido nem sempre ganha a corrida, e o guerreiro mais forte nem sempre vence a batalha. Às vezes os sábios passam fome, os sensatos não enriquecem, e os instruídos não alcançam sucesso. Tudo depende de se estar no lugar certo na hora certa.

¹²Ninguém é capaz de prever quando virão os tempos difíceis. Como peixe na rede ou pássaro na armadilha, as pessoas caem em desgraça de modo repentino.

Considerações sobre a sabedoria e a insensatez

¹³Outro exemplo de sabedoria me impressionou enquanto eu observava como as coisas funcionam debaixo do sol. ¹⁴Havia uma cidade pequena, com poucos habitantes, e um grande rei veio com seu exército e a cercou. ¹⁵Um homem sábio, mas muito pobre, usou sua sabedoria para salvar a cidade. Depois, porém, ninguém se lembrou de lhe agradecer. ¹⁶Por isso, pensei: embora a sabedoria seja melhor que a força, o sábio é desprezado quando é pobre. Suas palavras logo são esquecidas.

---

[a]**9.2a** Conforme a Septuaginta, a versão siríaca e a Vulgata; o hebraico não traz *ou má*. [b]**9.2b** Em hebraico, *ofereça sacrifícios ou não*. [c]**9.10** Em hebraico, *ao Sheol*.

9.10 Creio que estas palavras, e aquelas que as precedem, foram consideradas por alguns como um discurso sarcástico para aquelas pessoas de espírito epicurista que consideram este mundo como tudo, e não acreditarão que haja um mundo vindouro. São convidados a comer a gordura e beber o doce, e aproveitar a vida enquanto podem, e se eles têm qualquer coisa que desejam fazer, devem fazê-lo o mais rápido possível, porque não há trabalho nem expediente na sepultura. Se esse é o significado, devemos considerá-lo como sendo-lhes dito a partir de seu próprio ponto de vista, e isso equivale a sua máxima favorita: "Comamos e bebamos, porque amanhã morreremos!". É possível que o rei-pregador pretendesse que nosso texto fosse sarcasmo, mas não penso assim. Creio que a interpretação comum é a verdadeira, e isso faria um paralelo com a afirmação de nosso Senhor: "Devemos cumprir logo as tarefas que nos foram dadas [...] A noite se aproxima, quando ninguém pode trabalhar". É um discurso aos homens, recomendando prontidão, determinação e seriedade prática. Na medida em que eles têm apenas uma vida aqui na Terra, devem ser diligentes para realizar todos os propósitos certos que eles formaram para este mundo. Vendo que uma vez mortos, não podem retornar e nem na sepultura podem realizar qualquer decisão, eles devem fazer rapidamente o que querem fazer. Que Deus nos dê graça para fazer o uso correto dessa exortação!

¹⁷É melhor ouvir as palavras calmas da pessoa sábia
que os gritos do rei tolo.
¹⁸É melhor ter sabedoria que armas de guerra,
mas um só pecador destrói muitas coisas boas.

10 ¹Como moscas mortas produzem mau cheiro até num frasco de perfume,
assim um pouco de insensatez estraga muita sabedoria e honra.
²O sábio escolhe o caminho certo,
mas o tolo toma o rumo errado.
³Os tolos podem ser identificados
apenas por seu modo de andar.
⁴Se uma autoridade se irar contra você,
não abandone seu posto;
o espírito calmo pode superar até mesmo grandes erros.

As ironias da vida

⁵Observei outro mal debaixo do sol. Governantes cometem um erro grave ⁶quando dão grande autoridade aos tolos e colocam pessoas valorosas[a] em cargos inferiores. ⁷Cheguei a ver servos andando a cavalo, como príncipes, e príncipes andando a pé, como servos!

⁸Quem cava um poço
corre o risco de cair nele.
Quem derruba um muro
corre o risco de ser mordido por uma cobra.
⁹Quem trabalha numa pedreira
corre o risco de ser ferido pelas pedras.
Quem corta lenha
corre perigo a cada golpe do machado.
¹⁰Trabalhar com um machado sem corte exige muito mais esforço;
portanto, afie a lâmina.
Esse é o valor da sabedoria:
ela o ajuda a ser bem-sucedido.
¹¹Se a cobra morde antes de ser encantada,
de que adianta ser encantador de serpentes?
¹²As palavras do sábio trazem aprovação,
mas o tolo é destruído por aquilo que ele mesmo diz.
¹³O tolo baseia seus argumentos em ideias insensatas,
por isso suas conclusões são perversa loucura;
¹⁴mesmo assim, fala sem parar.
Ninguém sabe de fato o que acontecerá;
ninguém é capaz de prever o futuro.
¹⁵O tolo fica tão exausto com seu trabalho
que nem consegue encontrar o caminho de casa.
¹⁶Como é triste a terra governada por uma pessoa imatura,[b]
cujas autoridades fazem banquetes logo de manhã.
¹⁷Como é feliz a terra que tem como rei um líder nobre,
cujas autoridades fazem banquetes no momento apropriado,
para recuperarem as forças, e não para se embebedarem.
¹⁸Por causa da preguiça, o telhado enverga;
por causa do ócio, surgem goteiras na casa.
¹⁹A festa proporciona riso,
o vinho proporciona alegria,
e o dinheiro proporciona isso tudo!
²⁰Nunca faça pouco do rei,
nem mesmo em pensamento.
Não zombe dos poderosos,
nem mesmo em seu quarto.
Pois um passarinho poderia contar a eles tudo que você disse.

As incertezas da vida

11 ¹Envie os grãos de sua colheita mar afora,
e com o tempo isso lhe trará retorno.[c]
²Invista seus recursos em vários lugares,[d]
pois desconhece os riscos adiante.
³Quando as nuvens estão carregadas, vêm as chuvas;
quando a árvore cai, para o norte ou para o sul, ali permanece.

---

[a] 10.6 Ou *ricos*. [b] 10.16 Ou *uma criança*, ou *um servo*. [c] 11.1 Ou *Dê com generosidade, / pois mais adiante suas dádivas voltarão para você*. [d] 11.2 Em hebraico, *entre sete ou mesmo oito*.

⁴O agricultor que espera condições de tempo perfeitas nunca semeia; se ele fica observando cada nuvem, não colhe.

⁵Assim como é impossível entender o caminho do vento ou o mistério do crescimento do bebê no ventre da mãe[a], também é impossível entender as obras de Deus, que faz todas as coisas.

⁶Semeie pela manhã e continue a trabalhar à tarde, pois você não sabe se o lucro virá de uma atividade ou de outra, ou talvez de ambas.

Conselhos para jovens e idosos

⁷A luz é doce; como é bom ver o nascer de um novo dia.

⁸Se você chegar à velhice, desfrute cada dia de sua vida. Lembre-se, porém, que haverá muitos dias sombrios. Nada do que ainda está por vir faz sentido.

⁹Jovem, alegre-se em sua juventude! Aproveite cada momento. Faça tudo que desejar; não perca nada! Lembre-se, porém, que Deus lhe pedirá contas de tudo que fizer. ¹⁰Não se preocupe com coisa alguma e mantenha o corpo saudável. Lembre-se, porém, que a juventude, e a vida inteira diante de você, não fazem sentido.

12 Não se esqueça de seu Criador nos dias de sua juventude. Honre-o enquanto você é jovem, antes que venham os tempos difíceis e cheguem os anos em que você dirá: "Não tenho mais prazer em viver". ²Lembre-se dele antes que o sol, a lua e as estrelas percam o brilho aos seus olhos, e as nuvens voltem a cobrir o céu depois da chuva. ³Lembre-se dele antes que suas pernas comecem a tremer, e antes que seus ombros se encurvem. Lembre-se dele antes que os poucos dentes que lhe restam já não possam mastigar, e antes que seus olhos deixem de ver com clareza.[b]

⁴Lembre-se dele antes que seus ouvidos fiquem fracos e você já não ouça o som das pessoas trabalhando nas ruas.[c] Hoje você levanta com o primeiro canto dos pássaros, mas um dia não os ouvirá mais.

⁵Lembre-se dele antes que você tenha medo de cair e se preocupe com os perigos nas ruas; antes que seus cabelos fiquem brancos como a amendoeira em flor, e você se arraste como um gafanhoto prestes a morrer; e antes que você perca o desejo.[d] Lembre-se dele antes que falte pouco para descer ao túmulo, seu lar eterno, quando os pranteadores chorarão em seu funeral.

⁶Sim, lembre-se de seu Criador agora, enquanto você é jovem, antes que o fio de prata da vida se rompa e antes que a taça de ouro se quebre. Não espere até que o cântaro se despedace junto à fonte e a roldana se parta junto ao poço. ⁷Pois, então, o pó voltará à terra e o espírito voltará a Deus, que o deu.

Reflexões finais a respeito do Mestre

⁸"Nada faz sentido", diz o Mestre. "Nada faz o menor sentido."

---

[a] **11.5** Alguns manuscritos trazem *Assim como é impossível entender como o bebê recebe o fôlego da vida no ventre da mãe.*
[b] **12.3** Em hebraico, *antes que os guardas da casa tremam, os homens fortes se encurvem, os moedores cessem porque são poucos e os que olham pela janela se escureçam.* [c] **12.4** Em hebraico, *antes que as portas da rua se fechem e o som da moedura diminua.*
[d] **12.5** Em hebraico, *antes que a alcaparra perca o efeito.*

11.4 Semeie quando chegar a hora, não importando se o vento soprar. Colha quando a hora chegar, não importando *as nuvens no céu.* Há, no entanto, provérbios qualificados que devem influenciar nossas ações. Não devemos descartar a prudência na escolha do tempo para o nosso trabalho. "Há um momento certo para tudo, um tempo para cada atividade debaixo do céu". É bom semear quando o clima é propício. É sábio "aproveitar a oportunidade enquanto ela existe". Corte o seu milho quando houver a probabilidade de ele secar. Mas Salomão aqui está enfatizando o outro lado do assunto. Ele tinha visto a prudência tornar-se ociosidade. Observara algumas pessoas esperarem por uma estação mais conveniente que nunca chegou. Vira o preguiçoso com desculpas esfarrapadas. Então ele, com uma palavra contundente, generaliza para tornar *a verdade mais efetiva.* Sem se preocupar com as exceções à regra, ele a declara amplamente assim — "Não se preocupe com os ventos ou as nuvens. Continue com o seu trabalho, aconteça o que acontecer".

12.1,14 *V.1* Agora estamos em terreno sólido. Há uma ironia no conselho: "Jovem, alegre-se em sua juventude! Aproveite cada momento. Faça tudo que desejar; não perca nada!". Não há ironia aqui — há um conselho sólido e saudável — "Não se esqueça de seu Criador nos

⁹O Mestre era considerado sábio e ensinou ao povo tudo que sabia. Com muita atenção, ouviu, examinou e organizou muitos provérbios. ¹⁰O Mestre se esforçou para usar as palavras certas a fim de expressar verdades com clareza.ᵃ

¹¹As palavras do sábio são como hastes de ferro, e a coleção de seus ditados, como pregos bem fixados, que o pastor usa para conduzir as ovelhas.

¹²Meu filho, deixe-me dar-lhe mais um conselho: tenha cuidado, pois escrever livros não tem fim, e estudar demais é cansativo.

¹³Aqui termina meu relato. Esta é minha conclusão: tema a Deus e obedeça a seus mandamentos, pois esse é o dever de todos. ¹⁴Deus nos julgará por todos os nossos atos, incluindo o que fazemos em segredo, seja o bem, seja o mal.

ᵃ **12.10** Ou *procurou escrever o que era correto e verdadeiro.*

---

dias de sua juventude". Que todos os jovens possam tomar esse conselho e cumpri-lo!

V.14 Confie que será assim mesmo. No último grande dia, haverá uma revelação de tudo, seja bom ou mau. Não há necessidade de os justos temerem essa revelação, pois eles apenas magnificarão, naquele dia, a incrível graça de Deus que destruiu todas as iniquidades deles — e então todos os homens saberão quão grande foi a graça de Deus em não considerar a iniquidade, a transgressão e o pecado.

Cântico dos Cânticos

INTRODUÇÃO

Nome. Como os demais livros do Antigo Testamento, o título, no hebraico, deriva das primeiras palavras do texto. O formato "Cântico dos Cânticos" indica a formação de um superlativo, semelhante a "céu dos céus", indicando que este é o melhor cântico de amor da realeza.

Embora haja objeção de alguns estudiosos, a interpretação desse texto bíblico fica mais adequada quando, em vez de vê-lo como uma compilação de vários cânticos, entende-se todo o conteúdo compondo apenas uma canção com revezamento de vozes.

Autor. No título hebraico temos "Cântico dos Cânticos *a-ser* Salomão", que pode significar: (1) de Salomão; (2) para Salomão; (3) sobre Salomão; (4) nos dias de Salomão; (5) à moda de Salomão. Devido a isso e à possibilidade de algumas evidências internas parecerem apontar para outra autoria, alguns comentaristas bíblicos questionam ser Salomão o autor deste livro. No entanto, essas objeções encontram respostas históricas, geográficas e culturais para apoiar a autoria Salomônica.

Inclusão no cânon. Inicialmente a canonicidade de Cântico dos Cânticos era incontestada. Foi incorporado à Septuaginta (Tradução do Antigo Testamento para o grego realizada entre o 3º e o 2º séculos a.C.) e incluído no catálogo dos livros sagrados de Flávio Josefo, historiador judeu do 1º século da Era Cristã.

No entanto, por causa de seu conteúdo incomum, mais tarde, ele experimentou dificuldade para ser aceito como canônico. Seu reconhecimento final como livro sagrado, entre os judeus, ocorreu apenas no em 90 d.C., no Concílio de Jâmnia. Atualmente, é o primeiro de cinco livros que compõe o Megillot (Cinco Rolos) da seção "Escritos" nas Escrituras Hebraicas. Esses livros são lidos publicamente durante algumas festas sagradas anuais, como a seguir:

1. Cântico dos Cânticos – Páscoa
2. Rute – Pentecoste
3. Eclesiastes – Cabanas ou Tabernáculos
4. Ester – Purim
5. Lamentações – Memorial da Destruição de Jerusalém

Interpretações. Há três formas em que o livro pode ser interpretado: (1) Uma alegoria do amor de Javé por Israel; (2) Uma alegoria do amor de Cristo pela Igreja; (3) Canções tradicionais de matrimônio. Nesta Bíblia é apresentado o segundo viés interpretativo.

ESBOÇO

1. A amada pensa em Salomão no palácio, 1.1–3.5
2. A amada aceita o noivado e aguarda ansiosamente pelas alegrias do casamento, 3.6–5.1
3. A amada sonha que perdeu o amado e depois o reencontra, 5.2–6.3
4. A amada e o amado elogiam-se mutuamente com amor apaixonado, 6.4–8.14

PARA ESTUDO E DISCUSSÃO

[1] Faça uma lista das passagens nas quais a beleza da mulher é descrita.
[2] Passagens que sugerem o relacionamento da alma salva com Cristo.
[3] Passagens que sugerem a glória da Igreja.
[4] Algumas das passagens que descrevem o amor da mulher e do rei.
[5] A base do amor humano (2.2,3).
[6] A força do amor humano (8.6,7).
[7] A interpretação do amor humano em termos do amor divino.

1

Este é o cântico dos cânticos de Salomão.

A Amada[a]

²Beije-me, beije-me mais uma vez,
  pois seu amor é mais doce que o vinho.
³Como é agradável seu perfume;
  seu nome é como a fragrância que se espalha.
  Não é de admirar que todas as moças o amem!
⁴Leve-me com você; venha, vamos depressa!
  O rei me trouxe ao quarto dele.

As mulheres de Jerusalém

  Ó rei, estamos alegres e felizes por sua causa!
  Celebraremos seu amor mais que o vinho.

A Amada

  Com razão elas o amam.
⁵Sou morena e bela,
  ó mulheres de Jerusalém;
morena como as tendas de Quedar,
  bela como as cortinas de Salomão.
⁶Não me olhem assim porque sou morena;
  o sol me escureceu a pele.
Meus irmãos se zangaram comigo
  e me obrigaram a cuidar de seus vinhedos;
de mim mesma, de minha videira, não pude cuidar.

⁷Diga-me, meu amor, aonde levará seu rebanho hoje?
  Onde fará suas ovelhas descansarem ao meio-dia?
Por que eu andaria sem rumo, como uma prostituta,[b]
  entre seus amigos e os rebanhos deles?

O Amado

⁸Se você não sabe, mais bela de todas as mulheres,
  siga a trilha de meu rebanho
  e leve seus cabritos para pastar junto às tendas dos pastores.
⁹Você é cativante, minha querida,
  como uma égua entre os cavalos do faraó.
¹⁰Como são belas suas faces;
  seus brincos realçam sua beleza!
Como é lindo seu pescoço,
  enfeitado com um colar de joias!
¹¹Faremos para você brincos de ouro
  com enfeites de prata.

A Amada

¹²O rei está deitado em seu sofá,
  encantado com a fragrância de meu perfume.
¹³Meu amado é como uma delicada bolsa de mirra
  que repousa entre meus seios.
¹⁴É como um ramo de flores de hena
  dos vinhedos de En-Gedi.

O Amado

¹⁵Como você é linda, minha querida,
  como você é linda!
  Seus olhos são como pombas.

A Amada

¹⁶Como você é belo, meu amor,
  como você é encantador!
A grama macia é nosso leito;

---

[a]1.1 Os subtítulos identificam os interlocutores e não fazem parte do texto original, embora o hebraico geralmente forneça indicações por meio do gênero de quem fala. [b]1.7 Em hebraico, *como uma mulher com véu*.

1.4 *Leve-me com você; venha, vamos depressa!* Ela sente, talvez, como vocês agora, amados irmãos e irmãs, o coração pesaroso. Ela não pode voar, nem alcançar seu senhor, mas seu coração anseia por Ele, então ela clama: "Leve-me com você; venha, vamos depressa!". Enquanto *ela faz essa oração, outras sentem ser-lhes* também adequado e, então, juntam-se a ela. Quando Cristo nos leva, não apenas andamos, mas nos apressamos atrás dele! Não há pesar nessa ida! Quando Cristo nos leva, quão rapidamente voamos como a pomba para o pombo quando a Graça de Jesus nos atrai! O apressar-se logo traz a esposa para seu Senhor, pois observe a próxima frase – *O rei me trouxe ao quarto dele*. Está feito — "O rei me trouxe ao quarto dele." Venha a Ele em oração e, talvez, enquanto você ainda estiver falando, Ele o ouvirá! Enquanto estiver meditando, o fogo arderá e você poderá dizer: "Sim, Ele me trouxe para perto de si, para o quarto retirado onde eu posso estar sozinho com Ele, para o quarto de riquezas e delícias, onde posso me alegrar com Ele".

¹⁷os ramos perfumados do cedro são as
vigas de nossa casa,
e os pinheiros aromáticos, os caibros do
telhado.

A Amada

2 ¹Eu sou a flor que nasce na planície de
Sarom,ª
o lírio que cresce no vale.

O Amado

²Como um lírio entre os espinhos,
assim é minha querida entre as moças.

A Amada

³Como uma macieira entre as árvores do
bosque,
assim é meu amado entre os rapazes.
À sua sombra agradável eu me sento
e saboreio seus deliciosos frutos.
⁴Ele me trouxe ao salão de banquetes;
seu grande amor por mim é evidente.ᵇ
⁵Fortaleçam-me com bolos de passas,
revigorem-me com maçãs,
pois desfaleço de amor.
⁶Seu braço esquerdo está sob a minha
cabeça,
e o direito me abraça.
⁷Prometam, ó mulheres de Jerusalém,
pelas gazelas e corças selvagens,
que não despertarão o amor antes do
tempo.ᶜ
⁸Ah, ouço meu amado chegando!
Ele salta sobre os montes,
pula sobre as colinas.
⁹Meu amado é como a gazela,
como o jovem cervo.
Vejam, lá está ele atrás do muro,
observando pelas janelas,
espiando por entre as grades.
¹⁰Meu amado me disse:
"Levante-se, minha querida!
Venha comigo, minha bela!
¹¹Veja, o inverno acabou,
e as chuvas passaram.
¹²As flores estão brotando;
chegou a época das canções,ᵈ
e o arrulhar das pombas enche o ar.
¹³As figueiras começam a dar frutos,
e as videiras perfumadas florescem.
Levante-se, minha querida!
Venha comigo, minha bela!".

O Amado

¹⁴Minha pomba está escondida entre as
pedras,
oculta nas fendas das rochas.
Mostre-me seu rosto
e deixe-me ouvir sua voz.
Pois sua voz é doce,
e seu rosto é lindo.

As mulheres de Jerusalém

¹⁵Peguem todas as raposas,
as raposinhas,
antes que destruam o vinhedo do amor,
pois as videiras estão em flor!

A Amada

¹⁶Meu amado é meu, e eu sou dele;
ele pastoreia entre os lírios.
¹⁷Antes que soprem as brisas do
amanhecer,
e fujam as sombras da noite,
volte para mim, meu amor, como a gazela,
como o jovem cervo nos montes
íngremes.ᵉ

A Amada

3 ¹Certa noite, na cama, ansiei por meu
amado;
ansiei por ele, mas ele não veio.
²Pensei: "Vou me levantar e andar pela
cidade,
vou procurá-lo em todas as ruas e praças;
sim, vou em busca de meu amado".
Procurei por toda parte,
mas não o encontrei.
³Os guardas me pararam enquanto faziam
a ronda,
e eu lhes perguntei: "Vocês viram meu
amado?".
⁴Pouco depois de me afastar deles,
encontrei meu amado!
Segurei-o e abracei-o com força;
levei-o à casa de minha mãe,
à cama onde fui concebida.
⁵Prometam, ó mulheres de Jerusalém,

ª**2.1** Traduzido tradicionalmente como *Eu sou a rosa de Sarom*, região na planície costeira da Palestina. ᵇ**2.4** Ou *seu estandarte de amor está sobre mim.* ᶜ**2.7** Ou *enquanto não estiver pronto.* ᵈ**2.12** Ou *época das podas.* ᵉ**2.17** Ou *nos montes de Beter.*

pelas gazelas e corças selvagens,
que não despertarão o amor antes do tempo.ª

As mulheres de Jerusalém
⁶O que é isso que vem subindo do deserto,
como nuvem de fumaça?
De onde vem esse perfume de mirra e incenso,
o aroma de todo tipo de especiaria?
⁷Vejam, é a liteira de Salomão,
cercada por sessenta homens valentes,
os melhores soldados de Israel!
⁸São todos habilidosos com a espada,
guerreiros experientes.
Cada um traz sua espada,
pronto para defender o rei dos perigos da noite.
⁹A liteira do rei Salomão é feita
de madeira importada do Líbano.
¹⁰As colunas são de prata,
a coberturaᵇ é de ouro,
as almofadas são de tecido púrpura.
Foi enfeitada com carinho
pelas mulheres de Jerusalém.

A Amada
¹¹Mulheres de Sião,
venham ver o rei Salomão!
Ele usa a coroa que sua mãe lhe deu no dia em que ele se casou,
no dia mais feliz de sua vida.

O Amado
4 ¹Você é linda, minha querida,
como você é linda!
Seus olhos por trás do véu
são como pombas.
Seu cabelo é como um rebanho de cabras
que desce pelas encostas de Gileade.
²Seus dentes são brancos como ovelhas recém-tosquiadas e lavadas.
Seu sorriso é perfeito;
cada dente tem seu par ideal.ᶜ
³Seus lábios são como uma fita vermelha;
sua boca é linda.
Suas faces por trás do véu
são rosadas como romãs.
⁴Seu pescoço é belo, como a torre de Davi,
enfeitada com escudos de mil guerreiros valentes.
⁵Seus dois seios são como duas crias de gazela,
filhotes gêmeos que se alimentam entre os lírios.
⁶Antes que soprem as brisas do amanhecer,
e fujam as sombras da noite,
irei ao monte de mirra
e à colina de incenso.
⁷Você é inteiramente linda, minha querida;
não há em você defeito algum!

⁸Venha comigo do Líbano, minha noiva,
venha comigo do Líbano.
Desçaᵈ do monte Amana,
dos cumes do Senir e do Hermom,
onde os leões têm suas tocas
e os leopardos vivem nas montanhas.
⁹Você conquistou meu coração,
minha amiga,ᵉ minha noiva.
Você o cativou com um só olhar de relance,
com um só enfeite de seu colar.
¹⁰Seu amor é delicioso,
minha amiga, minha noiva.
Seu amor é melhor que vinho;

ª3.5 Ou *enquanto não estiver pronto.* ᵇ3.10 Ou *encosto,* ou *base.* O significado do hebraico é incerto. ᶜ4.2 Em hebraico, *Nenhum está faltando; / cada um tem um gêmeo.* ᵈ4.8 Ou *Olhe para baixo.* ᵉ4.9 Em hebraico, *minha irmã;* também em 4.10,12.

3.6-11 Os grandes príncipes do Oriente tinham o hábito de viajar em liteiras esplêndidas, que são ao mesmo tempo carruagens e camas. A pessoa se reclina dentro dela, protegida da vista dos outros por cortinas; um *guarda-costas protege o equipamento dos assaltantes e* as tochas flamejantes iluminam o caminho ao longo do qual os viajantes seguem. O rei Salomão, neste cântico, descreve a Igreja de Cristo, e o próprio Cristo, labutando pelo mundo em tal liteira. Chegará o dia em que o nosso divino Senhor e a Sua noiva escolhida serão revelados em glória diante dos olhos de todos os homens. A era do homem é um período de dissimulação — o Salomão místico e sua amada Sólima [N.E.: Relativo a Jerusalém.] estão na Terra, mas não são vistos pelos homens. Como a arca de antigamente, eles habitam dentro de cortinas — apenas os sacerdotes ungidos de Deus podem discernir suas belezas, e até mesmo eles olham mais pela fé do que pela vista.

seu perfume é mais agradável que
especiarias.
¹¹Seus lábios são doces como néctar, minha
noiva;
debaixo de sua língua há mel e leite.
Seus vestidos são perfumados
como os cedros do Líbano.
¹²Você é meu jardim particular, minha
amiga, minha noiva,
nascente fechada, fonte escondida.
¹³Seus renovos guardam um paraíso de
romãs
com especiarias raras:
hena e nardo,
¹⁴nardo e açafrão,
cálamo perfumado e canela,
com todas as árvores de incenso, com
mirra, aloés
e todas as outras especiarias finas.
¹⁵Você é uma fonte de jardim,
um poço de água fresca
que desce dos montes do Líbano.

A Amada
¹⁶Desperte, vento norte!
Levante-se, vento sul!
Soprem em meu jardim
e espalhem sua fragrância por toda
parte.
Entre em seu jardim, meu amor,
e saboreie seus melhores frutos.

O Amado

5 ¹Entrei em meu jardim, minha amiga,[a]
minha noiva!
Recolhi mirra com minhas especiarias,
comi meu favo com mel,
bebi meu vinho com leite.

As mulheres de Jerusalém
Comam e bebam, amado e amada!
Sim, bebam de seu amor quanto
puderem!

A Amada
²Eu dormia, mas meu coração estava
desperto,
quando ouvi meu amado bater à porta e
chamar:
"Abra a porta para mim, minha amiga,
minha querida,
minha pomba, minha perfeita.
Minha cabeça está molhada de orvalho,
e meu cabelo, úmido do sereno da
noite".

³Eu respondi:
"Já tirei a túnica;
vou ter de me vestir de novo?
Já lavei os pés;
vou ter de sujá-los?".

⁴Meu amado tentou destrancar a porta,
e meu coração se agitou.
⁵Levantei-me de um salto para abrir a
porta ao meu amor.
Minhas mãos destilavam perfume

---

[a] **5.1** Em hebraico, *minha irmã*; também em 5.2.

5.1 Note bem que o Noivo toma gentilmente como Seu tudo o que está no jardim. Sua esposa falou de Seus excelentes frutos, e Ele reconhece o menor e mais caseiro deles como sendo dele. E repete a partícula possessiva: "Meu"; "Meu jardim, Minha mirra, Minha especiaria, Meu favo com mel, Meu vinho, Meu leite". Não despreza nada que o jardim de Sua noiva produz. Ele gosta da noção de herança conjunta, assim como em outro lugar, Ele disse: "Meu Pai e Pai de vocês, meu Deus e Deus de vocês". Vamos também valorizar os pronomes pessoais possessivos; a doçura das promessas reside neles. Eles são os nossos braços com os quais abraçamos as promessas. Amados irmãos em Cristo Jesus, não é encantador ver nosso Senhor se apropriando de nós, e tudo o que somos, tudo o que temos, tudo o que cresce dentro de nós e todas as várias formas de Sua graça, que são o resultado de Sua própria obra dentro de nosso coração? Dentro de nós, certas coisas são amargas, mas saudáveis, e Ele diz: "Recolhi mirra". Algumas coisas são doces, embora caseiras, e Ele diz: "Meu favo com mel". Outras são de um tipo mais raro, e Ele afirma: "Minhas especiarias", enquanto outros são suficientemente comuns, e Ele diz: "Meu leite". Nosso Senhor não faz exceção a nenhum dos verdadeiros produtos do jardim, seja a mirra ou o leite, e Ele não pede nada além do que o jardim possa produzir; está satisfeito sem a manteiga das vacas, ou carne de animais alimentados, satisfazendo-se com o mel fresco da colmeia.

e de meus dedos pingava mirra,
  quando puxei o ferrolho.
⁶Abri para meu amado,
  mas ele já havia partido!
Meu coração quase parou de tristeza.
Procurei por ele,
  mas não o encontrei.
Chamei por ele,
  mas ele não respondeu.
⁷Os guardas me encontraram
  enquanto faziam a ronda.
Bateram-me e feriram-me,
  arrancaram-me o manto,
  aqueles guardas dos muros.
⁸Prometam, ó mulheres de Jerusalém:
Se encontrarem meu amado,
  digam-lhe que desfaleço de amor.

As mulheres de Jerusalém
⁹Diga-nos, mulher de beleza incomparável:
  Por que seu amado é melhor que todos os outros?
O que ele tem de tão especial
  para fazermos a você essa promessa?

A Amada
¹⁰Meu amado é moreno e fascinante;
  ele se destaca no meio da multidão!
¹¹Sua cabeça é como o ouro puro,
  seu cabelo ondulado, preto como o corvo.
¹²Seus olhos são como pombas
  junto aos riachos,
incrustados como joias
  lavadas em leite.
¹³Suas faces são como jardins de especiarias
  que espalham sua fragrância.
Seus lábios são como lírios
  perfumados com mirra.
¹⁴Seus braços são como barras redondas de ouro,
  enfeitadas com berilo.
Seu ventre é como marfim polido,
  que resplandece com safiras.
¹⁵Suas pernas são como *colunas de mármore*
  apoiadas em bases de ouro puro.
Seu porte é majestoso,
  como o dos cedros do Líbano.
¹⁶Sua voz é a própria doçura;
  ele é desejável em todos os sentidos.
Esse, ó mulheres de Jerusalém,
  é meu amado, meu amigo.

As mulheres de Jerusalém

6 ¹Para onde foi seu amado,
  ó mulher de beleza incomparável?
Diga-nos que caminho ele tomou,
  e a ajudaremos a encontrá-lo.

A Amada
²Meu amado desceu a seu jardim,
  aos canteiros de especiarias,
para pastorear nos jardins
  e para colher lírios.
³Eu sou de meu amado, e meu amado é meu;
  ele pastoreia entre os lírios.

O Amado
⁴Você é linda, minha querida,
  como a bela cidade de Tirza.
Sim, é linda como Jerusalém,
  majestosa como um exército com bandeiras ao vento.
⁵Desvie de mim seus olhos,
  pois eles me dominam.
Seu cabelo é como um rebanho de cabras
  que desce pelas encostas de Gileade.
⁶Seus dentes são brancos como ovelhas recém-lavadas.
Seu sorriso é perfeito;
  cada dente tem seu par ideal.ᵃ
⁷Suas faces por trás do véu
  são rosadas como romãs.

⁸Mesmo entre sessenta rainhas,
  oitenta concubinas
  e incontáveis moças,
⁹eu ainda escolheria minha pomba, minha perfeita,
  a predileta de sua mãe,
  muito amada por aquela que a deu à luz.
As moças a veem e dizem que ela é feliz;
  até mesmo as rainhas e as concubinas do rei a elogiam:
¹⁰"Quem é essa que se levanta como o amanhecer,
  bela como a lua,

ᵃ **6.6** Em hebraico, *Nenhum está faltando; cada um tem um gêmeo.*

brilhante como o sol,
   majestosa como um exército com
   bandeiras ao vento?".

A Amada
¹¹Desci ao bosque das nogueiras
   e fui ao vale ver as novas plantas,
   ver se as videiras tinham brotado
   e se as romãs tinham florescido.
¹²Antes que eu me desse conta,
   meu desejo me levou à carruagem de um
      nobre.ª

As mulheres de Jerusalém
¹³ᵇVolte, volte para junto de nós, sulamita!
   Volte, volte para que a vejamos outra vez!

O Amado
Por que vocês olham para a sulamita
   enquanto ela se move com tanta graça
   entre duas fileiras de dançarinas?ᶜ

7 ¹ᵈComo são lindos seus pés calçados com
      sandálias,
   moça com porte de princesa!
As curvas de seus quadris são como joias,
   trabalho de artífice habilidoso.
²Seu umbigo tem forma perfeita,
   como taça cheia de vinho de boa
      mistura.
Sua cintura é como um monte de trigo
   cercado de lírios.
³Seus dois seios são como duas crias,
   como filhotes gêmeos da gazela.
⁴Seu pescoço é gracioso
   como uma torre de marfim.
Seus olhos são como os açudes cristalinos
      de Hesbom,
   junto à porta de Bete-Rabim.
Seu nariz é belo como a torre do Líbano,
   de onde se avista Damasco.
⁵Sua cabeça é majestosa como o monte
      Carmelo,
   e o brilho de seu cabelo irradia nobreza;
   o rei é prisioneiro de suas tranças.
⁶Como você é linda!
   Como você é agradável, meu amor,
   e cheia de delícias!
⁷É esbelta como uma palmeira,
   e seus seios são como os cachos de
      frutos.
⁸Eu disse: "Subirei a palmeira
   e me apossarei de seus frutos".
Que seus seios sejam como cachos de uva,
   e que o aroma de sua respiração tenha o
      perfume das maçãs.
⁹Que seus beijos sejam como o melhor
      vinho.

A Amada
Sim, vinho que escorre para meu amado,
   que flui suave por lábios e dentes.ᵉ
¹⁰Eu sou de meu amado,
   e ele me deseja.
¹¹Venha, meu amor, vamos aos campos,
   passar a noite entre as flores silvestres.ᶠ
¹²Vamos levantar cedo para ir aos vinhedos
   ver se as videiras brotaram,

ª**6.12** Ou *me levou aos carros reais de meu povo*, ou *aos carros de Aminadabe*. O significado do hebraico é incerto. ᵇ**6.13a** No texto hebraico, o versículo 6.13 é numerado 7.1. ᶜ**6.13b** Ou *como olhariam os movimentos de dois exércitos?*, ou *como olhariam a dança de Maanaim?* O significado do hebraico é incerto. ᵈ**7.1** No texto hebraico, os versículos 7.1-13 são numerados 7.2-14. ᵉ**7.9** Conforme a Septuaginta, a versão siríaca e a Vulgata; o hebraico traz *sobre os lábios dos que dormem*. ᶠ**7.11** Ou *nas vilas*.

7.10 "Eu sou do meu amado, e ele me deseja". Um cristão nunca estará forte para o serviço enquanto não souber se Cristo o ama ou não; se isso é uma dúvida, você apagou o único fogo que pode gerar a força que deve fazer funcionar a máquina do seu espírito; você deve saber sem dúvida que Jesus o ama, e se entregou por você! Deve sentir que Ele o está amando agora, que Seu coração está olhando através dos tenros olhos que uma vez choraram sobre Jerusalém, e que o significado de Seu olhar amoroso é: "Alma, eu a amo! Amei-a tanto que me entreguei por você, e não retomei essa dádiva. Eu a amo ainda tanto quanto a amei no madeiro sangrento do Calvário". É força sentir ainda que "Seu desejo é para comigo". Ó, quando você sente: "Jesus me ama, Jesus deseja que eu mostre meu amor por Ele; Jesus neste momento pensa em mim, e se agrada de mim" — isso o tornará forte como um gigante na causa do seu Amado! Um homem se arriscaria entre as mandíbulas da morte, se sentisse que o amor de Cristo está posto sobre ele! O amor a Jesus é a fonte de coragem, a mãe da abnegação e a ama da constância! Esforce-se, então, por uma sensação bem segura do amor do Salvador. Não se contente até você o possuir, pois será saúde para o seu espírito e medula para os seus ossos — será um cinto de força para seus lombos e uma corrente de honra em torno de seu pescoço.

se as flores abriram
    e se as romãs já estão em flor;
    ali eu lhe darei meu amor.
¹³Ali as mandrágoras espalham sua
        fragrância,
    e os melhores frutos estão à nossa porta,
    delícias novas e antigas,
    que guardei para você, meu amado.

A Amada

8 ¹Quem dera você fosse meu irmão,
    amamentado nos seios de minha mãe.
Então eu poderia beijá-lo publicamente,
    e ninguém me criticaria.
²Eu o levaria ao lar de minha infância,
    e ali você me ensinaria.[a]
Eu lhe daria de beber vinho com
        especiarias,
    o néctar de minhas romãs.
³Seu braço esquerdo estaria sob a minha
        cabeça,
    e o direito me abraçaria.

⁴Prometam, ó mulheres de Jerusalém,
    que não despertarão o amor antes do
        tempo.[b]

As mulheres de Jerusalém

⁵Quem é essa que vem subindo do deserto,
    apoiada em seu amado?

A Amada

Despertei você debaixo da macieira,
    onde sua mãe o deu à luz,
onde, com muitas dores, ela o trouxe ao
        mundo.
⁶Coloque-me como selo sobre seu coração,
    como selo sobre seu braço.
Pois o amor é forte como a morte,
    e o ciúme, exigente[c] como a sepultura.[d]
O amor arde como fogo,
    como as labaredas mais intensas.
⁷As muitas águas não podem apagar o
        amor,
    nem os rios podem afogá-lo.
Se algum homem tentasse usar todas as
        suas riquezas
    para comprar o amor,
    sua oferta seria por completo
        desprezada.

Os irmãos da Amada

⁸Temos uma irmãzinha,
    que ainda é jovem demais para ter seios.
O que faremos por nossa irmã,
    se alguém a pedir em casamento?
⁹Se ela for um muro,
    nós a protegeremos com uma torre de
        prata.
Se ela for uma porta,
    nós a fecharemos com uma tranca de
        cedro.

A Amada

¹⁰Eu sou um muro,
    e meus seios são suas torres.
Quando meu amado olha para mim,
    ele se agrada do que vê.

---

[a] 8.2 Ou *ali ela me ensinará*. [b] 8.4 Ou *enquanto não estiver pronto*. [c] 8.6a Ou *a paixão é duradoura*. [d] 8.6b Em hebraico, *o Sheol*.

8.7 O amor de nosso Senhor Jesus Cristo é completamente impossível de se comprar. Deve ser completamente impossível comprar o amor de Cristo, porque é inconcebível que Ele possa ser mercenário. Seria profano! Certamente seria uma blasfêmia e em grau muito elevado, supor que o amor de Seu coração poderia ser comprado com ouro, prata ou provisões terrenas. Não, se Ele ama, deve ser tudo de graça, como Seu próprio eu real. Se Ele se dá ao cuidado de lançar o Seu olhar para baixo, *a fim de ver as criaturas efêmeras e colocar* Seu amor sobre elas, para que Seus deleites estejam com os filhos dos homens, não é possível que Ele possa ganhar alguma coisa da parte deles! Não, se fôssemos anjos, não poderíamos pensar que Ele nos amaria por causa de algum serviço que viéssemos a realizar, ou algum preço que pudéssemos lhe pagar!

A simples ideia se choca e contraria tudo o que conhecemos de Jesus. É uma total contradição de todas as nossas crenças e todo nosso conhecimento a respeito dele. Ele nos ama porque tem compaixão de nós, mas não porque há um honorário quando Ele vem a nós como o Grande Médico. Ele nos instrui porque se aflige por nossa ignorância e porque conhece a dor dela — e quer que *aprendamos com Ele*. No entanto, Suas instruções não são dadas para que possamos, cada um, levar nosso pagamento semanal à Sua escola. Jesus trabalha, é verdade, mas ninguém deve dizer que Ele trabalha por salário, embora, se Ele pedisse a todos por Seu salário, poderia muito bem reivindicá-lo por trabalhos como os que realizou!

¹¹Salomão tem um vinhedo em Baal-
   -Hamom,
que ele arrenda para lavradores.
Cada um lhe paga mil peças de prata
   para colher os frutos.
¹²Quanto a meu vinhedo, faço dele o que
   quero,
e Salomão não precisa pagar mil peças
   de prata.
Darei, contudo, duzentas peças
   aos que cuidam de seus frutos.

O Amado
¹³Minha querida, que mora nos jardins,
   seus companheiros ouvem atentamente
   sua voz;
deixe-me ouvi-la também!

A Amada
¹⁴Venha correndo, meu amado! Seja como
   a gazela,
como o jovem cervo sobre os montes de
   especiarias.

Isaías

INTRODUÇÃO

Profeta. No estudo das mensagens dos profetas, devemos entender que o significado do termo profetas pode ser: (1) Uma pessoa com a função de expressar publicamente o discurso religioso, muito semelhante ao pregador de hoje. Esta foi a função mais comum do profeta. Alguns foram reformadores, enquanto outros foram evangelistas ou avivalistas. (2) Aquele que realizava a função dos escribas e escrevia a história e a biografia e os anais de suas nações. Nessa função, compilaram ou escreveram grandes porções dos livros do Antigo Testamento. (3) Aquele que era capaz de discernir o futuro e prever eventos que se tornariam públicos mais tarde.

Os livros proféticos. Todos recebem o nome dos profetas cujas mensagens eles apresentam. São escritos em grande parte no estilo poético e geralmente são divididos em dois grupos. (1) Os profetas maiores que incluem Isaías, Jeremias, Lamentações, Ezequiel e Daniel. (2) Os profetas menores, incluindo os outros doze. Esta divisão baseia-se na extensão do material nos livros e é tendenciosa e não científica, uma vez que sugere que alguns são mais importantes do que outros. É mais adequado dividi-los de acordo com seu lugar na ordem profética ou o período da história de Israel quando eles profetizaram, algo assim: 1. Os profetas pré-exílicos, ou aqueles que profetizaram antes do exílio. São eles: (1) Jonas, Amós e Oseias, profetas de Israel. (2) Obadias, Joel, Isaías, Miqueias, Naum, Habacuque, Sofonias e Jeremias, profetas de Judá. 2. Os profetas exílicos, Ezequiel e Daniel. 3. Os profetas pós-exílicos, profetas que atuaram após o cativeiro. Todos são de Judá, e são Ageu, Zacarias e Malaquias.

O ministério de Jeremias talvez tenha se estendido ao período do cativeiro. Há uma grande incerteza sobre a cronologia de Obadias, Joel e Jonas. Há diferenças de opinião sobre se alguns dos profetas pertencem a Judá ou a Israel. Miqueias é um exemplo.

Estudo dos profetas. O estudante deve ter em mente que o profeta lida principalmente com as condições morais e religiosas de seu próprio povo no período de seu ministério. Suas denúncias, advertências e exortações não são, portanto, princípios abstratos, mas são locais e para Israel. O profeta era, em primeiro lugar, um patriota judeu e um avivalista cheio do Espírito Santo e com zelo por Israel.

Os elementos proféticos desses livros devem ser interpretados à luz de: (1) um cumprimento próximo ou local, como a dispersão e restauração, e (2) um cumprimento distante e maior do qual o primeiro é apenas um precursor, como o advento do Messias e Seu reinado glorioso sobre toda a Terra. A interpretação da profecia deve geralmente estar no significado literal, natural e espontâneo das palavras. As seguintes passagens mostrarão como a profecia, já cumprida, foi cumprida literalmente e não alegoricamente: Gn 15.13-16; 16.11,12; Dt 28.62-67; Sl 22.1,7,8,15-18; Is 7.14; 53.2-9; Os 3.4; Jl 2.28,29; Mq 5.2; Mt 2.4-6; 21.4,5; Lc 1.20,31; 21.16,17,24; At 1.5; 2.16-18; 21.10,11.

Cada determinado livro de profecia deve ser lido atentamente e todos os assuntos tratados, observados. Isso deve ser seguido por um estudo cuidadoso para encontrar o que é dito sobre os vários tópicos já encontrados. Para ilustrar, o profeta pode mencionar a si mesmo, Jerusalém, Israel, Judá, Babilônia ou Egito etc. É preciso aprender o que é dito sobre cada um. Será necessário que o estudante aprenda tudo o que puder sobre a história dos diferentes assuntos mencionados para que ele possa entender a profecia sobre ele.

O profeta Isaías. Várias coisas são conhecidas sobre ele. (1) Ele foi chamado ao ministério no último ano do reinado de Uzias. (2) Morava em Jerusalém durante os reinados de Uzias, Jotão, Acaz e Ezequias e parece que passou a maior parte de sua vida como uma espécie de pregador da corte ou capelão do rei. (3) Ele é o mais renomado de todos os profetas do Antigo Testamento, suas visões não estão restritas ao seu próprio país e época. Falou por todas as nações e por todas as épocas, mesmo restrito ao seu país e época. Foi um homem intelectualmente poderoso, de grande integridade e notável força de caráter. (4) É citado no Novo Testamento mais do que qualquer um dos outros profetas e, devido a relação de seu ensino com a época e os ensinamentos do Novo Testamento, suas profecias foram chamadas de "Ponte entre a antiga e a *nova aliança*". (5) Ele se casou e teve dois filhos.

Natureza de seus ensinamentos. *Em sua visão inaugural registrada no capítulo 6, Isaías imprimiu sobre si algumas verdades que moldaram* toda a sua trajetória. Ele viu: (1) A santidade e a majestade de Deus; (2) A corrupção daqueles ao seu redor; (3) A certeza do terrível julgamento sobre os ímpios; (4) A bênção àqueles cuja vida é aprovada por Deus; e (5) a salvação de um remanescente que virá a ser a semente de um novo Israel. Com essas verdades ardendo em sua alma, imprimiu a batalha da justiça em todas as esferas da vida. Ele se esforçou para regenerar toda a vida nacional. Tentou fazer não só o culto religioso, mas o comércio e a política tão puros que tudo poderia se tornar um culto aceitável a Deus. Portanto, tornou-se um mestre religioso, pregador, reformador social, estadista e profeta.

Condições de Israel (Reino do Norte). Isaías começou a profetizar quando o reino era exteriormente rico e próspero sob o governo de Jeroboão II. Interiormente, o reino era muito corrupto. No entanto, logo ficou fragmentado (621 a.C.), e foi conquistado e levado ao cativeiro pelos assírios.

Condições de Judá (Reino do Sul). Durante os reinados de Acaz, Jotão e Uzias, a opressão, a perversidade e a idolatria existiam em todos os lugares. Acaz fez aliança com a Assíria, que finalmente trouxe destruição a Israel, mas Ezequias ouviu Isaías e fez reformas, e Deus destruiu o exército assírio antes que Jerusalém fosse destruída.

Natureza dos conteúdos do livro. O conteúdo do livro inclui: (1) Advertências e ameaças contra o seu próprio povo por causa de seus pecados. (2) Esboços da história de sua época. (3) Profecias do retorno de Israel do cativeiro. (4) Profecias sobre a vinda do Messias. (5) Previsões do julgamento de Deus sobre outras nações. (6) Discursos que exigem a reforma moral e religiosa de Israel. (7) Visões da futura glória e prosperidade da Igreja. (8) Expressões de ação de graças e louvores.

Centro de interesse. O profeta lida principalmente com a nação e não com o indivíduo. Ele fala essencialmente do presente e não do futuro. Estes dois fatos devem ser constantemente mantidos em mente durante a leitura e interpretação do livro.

ESBOÇO

1. Discursos a respeito de Judá e Israel, Caps. 1–12
   1.1. Algumas promessas e repreensões, Caps. 1–6
   1.2. O livro de Emanuel, Caps. 7–12
2. Profecias contra nações estrangeiras, Caps. 13–23
3. O julgamento do mundo e o triunfo do povo de Deus, Caps. 24–27
   3.1. Os julgamentos. Cap. 24
   3.2. O triunfo, Caps. 25–27
4. A relação de Judá com o Egito e a Assíria, Caps. 28–32
5. O grande livramento de Jerusalém, Caps. 33–39
6. O livro da consolação, Caps. 40–66
   6.1. A preparação de Deus para certo livramento, Caps. 40–48
   6.2. O servo de Deus, o Messias, trará este livramento, Caps. 49–57
   6.3. A restauração de Sião e o reino messiânico, com promessas e avisos para o futuro, Caps. 58–66

PARA ESTUDO E DISCUSSÃO

[1] Os pecados de Israel e a repressão a Judá.
[2] Outras nações contra as quais ele faz previsões e o que ele disse sobre cada uma.
[3] O chamado de Isaías, Cap. 6.
[4] A mensagem de Isaías a Acaz, Cap. 7.
[5] A maneira pela qual Isaías coloca a divindade de Deus como apoio para sua capacidade de prever o futuro, Cap. 41. Dê outras ilustrações.
[6] As predições expressas sobre o Messias cumpridas em Jesus.
[7] Indique as passagens que retratam a futura glória da Igreja e a prosperidade espiritual do povo escolhido.
[8] Passagens que preveem a restauração dos judeus do cativeiro.
[9] Algumas profecias já cumpridas: (a) Os julgamentos de Deus sobre os reis de Israel e a nação de Israel, Cap. 7. (b) A queda de Senaqueribe, Caps. 13 e 37. (c) Catástrofes que viriam sobre a Babilônia, Damasco, Egito, Moabe e Edom, Caps. 13, 15, 18, 19 e 34. (d) Descrições vivas e maravilhosas do destino final da Babilônia e Edom, 13.19-22; 34.10-17.
[10] A teologia de Isaías ou suas opiniões sobre assuntos como a condição moral do homem, a necessidade de um redentor, as consequências da redenção, a divina providência, a majestade e a santidade de Deus, a vida futura etc.

1 Estas são as visões de Isaías, filho de Amoz, acerca de Judá e Jerusalém. Ele teve estas visões durante os anos em que Uzias, Jotão, Acaz e Ezequias eram reis de Judá.[a]

Mensagem para o povo rebelde de Judá

²Ouçam, ó céus! Preste atenção, ó terra!
   Assim diz o SENHOR:
"Os filhos que criei e dos quais cuidei
   se rebelaram contra mim.
³Até mesmo o boi conhece seu dono,
   e o jumento reconhece o cuidado de seu senhor,
mas Israel não conhece seu Senhor;
   meu povo não reconhece meu cuidado por ele".
⁴Ah, como é pecadora esta nação,
   sobrecarregada pelo peso da culpa!
São um povo perverso,
   filhos corruptos que rejeitaram o SENHOR.
Desprezaram o Santo de Israel
   e deram as costas para ele.

⁵Por que continuam a atrair castigo sobre si?
   Vão se rebelar para sempre?
Sua cabeça está ferida,
   seu coração está enfermo.
⁶Estão machucados da cabeça aos pés,
   cheios de contusões, vergões e feridas abertas,
   e não há ataduras nem óleo para dar alívio.
⁷Sua terra está em ruínas,
   suas cidades foram queimadas.
Estrangeiros saqueiam seus campos diante de vocês
   e destroem tudo que veem pela frente.
⁸A bela Sião[b] está abandonada,
   como o abrigo do vigia no vinhedo,
como a cabana numa plantação de pepinos,
   como a cidade que foi sitiada.
⁹Se o SENHOR dos Exércitos
   não houvesse poupado alguns de nós,[c]
teríamos sido exterminados como Sodoma
   e destruídos como Gomorra.

¹⁰Ouçam a palavra do SENHOR, líderes de "Sodoma"!
   Prestem atenção à lei de nosso Deus, povo de "Gomorra"!
¹¹"O que os faz pensar que desejo seus muitos sacrifícios?",
   diz o SENHOR.
"Estou farto de holocaustos de carneiros
   e da gordura de novilhos gordos.
Não tenho prazer no sangue de touros,
   de cordeiros e de bodes.
¹²Quem lhes pediu que fizessem esse alvoroço por meus pátios
   quando vêm me adorar?
¹³Parem de trazer ofertas inúteis;
   o incenso que oferecem me dá náusea!
Suas festas de lua nova, seus sábados
   e seus dias especiais de jejum
são pecaminosos e falsos;
   não aguento mais suas reuniões solenes!

---

[a] 1.1 Os reis citados governaram entre 792 e 686 a.C. [b] 1.8 Em hebraico, *A filha de Sião*. [c] 1.9 A Septuaginta traz *alguns de nossos filhos*. Comparar com Rm 9.29.

---

1 Está claro a partir deste capítulo que o SENHOR vê o pecado da humanidade com imenso desgosto. Somos obrigados a falar dele segundo a maneira dos homens, e ao fazê-lo, estamos claramente autorizados a dizer que Ele não olha o pecado humano apenas com o olhar de um juiz que o condena, mas com o olhar de um amigo que, enquanto censura o ofensor, lamenta profundamente que haja tais falhas para condenar. "Ouçam, ó céus! Preste atenção, ó terra! *Assim diz o* SENHOR: '*Os filhos que criei e dos quais cuidei se rebelaram contra mim*'", não é simplesmente uma exclamação de surpresa ou uma acusação de justiça ofendida, mas contém uma nota de tristeza, como se o Altíssimo se apresentasse a nós entristecido como um pai desprezado e lamentando que, depois de ter tratado tão bem Seus filhos, eles, em resposta, o trataram dessa forma. Deus se entristece por causa do pecado do homem. Esse pensamento deveria encorajar todos os que estão conscientes de ter ofendido a Deus a voltar para Ele. Se você lamenta por sua transgressão, o Senhor também *a lamenta*. Aqui há um ponto de solidariedade. Ele não virá a você com termos rígidos, dizendo: "Por sua própria escolha, você pecou, e agora o que lhe resta senão suportar a pena?". Não, Ele se alegrará com o seu retorno, ainda que tenha se entristecido quando você se afastou dele!

¹⁴Odeio suas festas de lua nova e
celebrações anuais;
são um peso para mim, não as suporto!
¹⁵Não olharei para vocês quando
levantarem as mãos para orar;
ainda que ofereçam muitas orações, não
os ouvirei,
pois suas mãos estão cobertas de sangue.
¹⁶Lavem-se e limpem-se!
Removam seus pecados de minha vista
e parem de fazer o mal.
¹⁷Aprendam a fazer o bem
e busquem a justiça.
Ajudem os oprimidos,
defendam a causa dos órfãos,
lutem pelos direitos das viúvas.

¹⁸"Venham, vamos resolver este assunto",
diz o Senhor.
"Embora seus pecados sejam como o
escarlate,
eu os tornarei brancos como a neve;
embora sejam vermelhos como o
carmesim,
eu os tornarei brancos como a lã.
¹⁹Se estiverem dispostos a me obedecer,
terão comida com fartura.
²⁰Se, porém, se desviarem e se recusarem
a ouvir,
serão devorados pela espada.
Eu, o Senhor, falei!"

Jerusalém, cidade infiel
²¹Vejam como a cidade antes tão fiel
tornou-se uma prostituta.
Antes era o centro da justiça e da retidão,
agora está cheia de assassinos.
²²Antes era como prata,
agora se tornou coisa desprezível.
Antes era pura,
agora é como vinho misturado com
água.
²³Seus líderes são rebeldes,
companheiros de ladrões.
Todos eles amam subornos
e exigem propinas,
mas não defendem a causa dos órfãos
nem se preocupam com os direitos das
viúvas.
²⁴Por isso o Soberano Senhor dos Exércitos,
o Poderoso de Israel, diz:

"Eu me vingarei de meus inimigos;
darei a meus adversários o que eles
merecem!
²⁵Levantarei o punho contra você;
o derreterei e separarei o que é
descartável
e removerei todas as suas impurezas.
²⁶Eu lhe darei bons juízes e conselheiros
sábios,
como tinha no passado.
Então você voltará a ser chamada de
Centro da Justiça
e Cidade Fiel".

²⁷Sião será redimida pela justiça,
e os que se arrependerem serão
restaurados pela retidão.
²⁸Mas os rebeldes e os pecadores serão
destruídos,
e serão consumidos os que
abandonarem o Senhor.

²⁹Vocês se envergonharão de sua idolatria
em bosques de carvalhos.
Ficarão desconcertados de terem
adorado
em jardins dedicados a ídolos.
³⁰Serão como uma grande árvore com
folhas murchas,
como um jardim sem água.
³¹Os mais fortes em seu meio
desaparecerão como palha;
seus atos perversos serão a faísca que a
incendeia.
Queimarão junto com suas obras,
e ninguém conseguirá apagar o fogo.

O reinado futuro do Senhor

2 Esta é uma visão que Isaías, filho de Amoz, teve acerca de Judá e Jerusalém:

²Nos últimos dias, o monte da casa do
Senhor
será o mais alto de todos.
Será elevado acima de todos os outros
montes,
e povos de todo o mundo irão até lá para
adorar.
³Gente de muitas nações virá e dirá:
"Venham, vamos subir ao monte do
Senhor,
à casa do Deus de Jacó.

Ali ele nos ensinará seus caminhos,
e neles andaremos".
Pois a lei do Senhor sairá de Sião;
sua palavra virá de Jerusalém.
⁴O Senhor será mediador entre os povos
e resolverá os conflitos das nações.
Os povos transformarão suas espadas em arados
e suas lanças em podadeiras.
As nações deixarão de lutar entre si
e já não treinarão para a guerra.

Advertência sobre o julgamento

⁵Venham, descendentes de Jacó,
vamos andar na luz do Senhor!
⁶Pois tu, Senhor, rejeitaste teu povo,
os descendentes de Jacó,
porque encheram a terra com práticas do oriente e feiticeiros,
como é costume dos filisteus;
sim, fizeram acordos com nações estrangeiras.
⁷Israel está cheia de prata e ouro;
seus tesouros são incontáveis.
Sua terra está cheia de cavalos de guerra;
seus carros de combate não têm fim.
⁸Sua terra está cheia de ídolos;
o povo adora objetos que fez com as próprias mãos.
⁹Por isso, agora serão humilhados,
e todos serão rebaixados;
não os perdoes!
¹⁰Escondam-se em cavernas no meio das rochas,
escondam-se no pó,
para escaparem do terror do Senhor
e da glória de sua majestade.
¹¹O orgulho humano será rebaixado,
a arrogância humana será humilhada.
Somente o Senhor será exaltado
naquele dia de julgamento.
¹²Pois o Senhor dos Exércitos
tem um dia de acerto de contas.
Ele castigará os orgulhosos e os poderosos
e derrubará tudo que se exalta.
¹³Cortará os cedros imponentes do Líbano
e os grandes carvalhos de Basã.
¹⁴Arrasará os montes altos
e as colinas elevadas.
¹⁵Derrubará as torres altas
e os muros fortificados.
¹⁶Afundará os grandes navios mercantes[a]
e todas as magníficas embarcações.
¹⁷O orgulho humano será humilhado,

---

[a] 2.16 Em hebraico, *todos os navios de Társis*.

2.3,13-16 *V.3* Nestes dias felizes que, em certa medida, começaram, mas que, em sua plenitude, ainda não se manifestaram a nós, o Espírito do Senhor colocará no coração de multidões de pessoas um desejo por Deus. Eles terão vontade de adorá-lo — dirão: "Venham, vamos subir ao monte do Senhor". Ficarão ansiosos para aprender o que Ele ensinará. Esta será a razão pela qual eles irão: "ele nos ensinará seus caminhos". Não apenas desejarão aprender, mas serão rápidos em praticar — "e neles andaremos". Às vezes, temos que reclamar da humanidade por abandonar completamente a adoração a Deus. E muitas vezes aqueles que se reúnem achegam-se com alguma motivação inferior — não para serem ensinados por Deus. E mesmo alguns que são, de certa forma, ensinados, são lentos para obedecer. O Senhor lhes ensina por meio dos Seus ministros, mas eles *não andam nos Seus caminhos. Dias abençoados, aqueles quando tudo isso se reverterá* e as multidões virão juntas para a Igreja e para o Cristo!

Vv.13-16 Não importa o que o homem estabeleça, por melhor ou mais grandioso que seja, se ele se atrever a trazê-lo para competir com Deus, a mão de Deus está contra ele e o Senhor o quebrará em pedaços! Sempre que Deus sai do Seu lugar secreto, é o fim daquilo que compete com Ele. Deus veio contra Babilônia e contra Nínive. Sim, pergunte ao viajante que desejava descer para aqueles vastos montes: "Onde estão aquelas poderosas monarquias agora?". Onde está o poder de Senaqueribe e o poder de Nabucodonosor? Eles se foram. A poeira é o seu único monumento. Retornem, mais recentemente, ao grande poder de Roma e, quando se caminha por essa cidade, esse vasto mausoléu de um império — onde em cada passo se pisa sobre o pó de um império — o que você pensa, a não ser que Deus quebrou o reino do ferro e fez o que parecia ser um poder onipotente sumir da face da Terra? Ai de tudo o que é grande e de tudo o que é elevado e de tudo o que se exalta acima de Deus! Seja um poder temporal, ou espiritual, passará como um sonho da noite, ou uma visão do ar, pois o Senhor É — e tudo mais é *nada*.

a arrogância humana será rebaixada.
Somente o Senhor será exaltado
naquele dia de julgamento.
¹⁸Os ídolos desaparecerão por completo.
¹⁹Quando o Senhor se levantar para sacudir a terra,
seus inimigos rastejarão para dentro de buracos no chão.
Em cavernas no meio das rochas,
se esconderão do terror do Senhor
e da glória de sua majestade.
²⁰Naquele dia, abandonarão os ídolos de ouro e prata
que eles próprios fizeram para adorar.
Deixarão seus deuses para roedores e morcegos,
²¹enquanto rastejam para dentro de cavernas
e se escondem entre as rochas dos desfiladeiros.
Tentarão escapar do terror do Senhor
e da glória de sua majestade
quando ele se levantar para sacudir a terra.
²²Não ponham sua confiança em simples mortais;
são frágeis como um sopro.
Que valor eles têm?

Julgamento contra Judá

3 ¹O Soberano Senhor dos Exércitos,
tirará de Jerusalém e de Judá
tudo aquilo de que dependem:
cada pedaço de pão,
cada gota de água,
²todos os seus heróis e soldados,
juízes e profetas,
adivinhos e autoridades,
³oficiais do exército e altos funcionários,
conselheiros, magos e astrólogos.

⁴Nomearei meninos como seus líderes,
crianças pequenas para governá-los.
⁵As pessoas oprimirão umas às outras:
homem contra homem,
vizinho contra vizinho.
Os jovens insultarão os idosos,
e os canalhas desprezarão os honrados.

⁶Naquele dia, um homem dirá a seu irmão:
"Você tem roupas; seja nosso líder!
Assuma o governo deste monte de ruínas".
⁷Mas ele responderá:
"Não posso ajudar!
Não tenho roupa nem comida sobrando;
não me escolham como líder".
⁸Jerusalém tropeçará,
e Judá cairá,
pois falam contra o Senhor e não querem lhe obedecer;
rebelam-se abertamente contra sua glória.
⁹A expressão do rosto os denuncia;
exibem seu pecado como o povo de Sodoma,
nem sequer procuram escondê-lo.
Estão perdidos!
Trouxeram desgraça sobre si mesmos.
¹⁰Digam aos justos que tudo lhes irá bem;
desfrutarão a recompensa de seus esforços.
¹¹Os perversos, porém, estão perdidos,
pois receberão exatamente o que merecem.

¹²Líderes imaturos oprimem meu povo,
mulheres o governam.
Ó meu povo, seus líderes o enganam
e o conduzem pelo caminho errado.

¹³O Senhor toma seu lugar no tribunal
e apresenta sua causa contra seu povo.[a]
¹⁴O Senhor se apresenta para pronunciar julgamento
sobre as autoridades do povo e seus governantes:
"Vocês acabaram com Israel, minha videira;
o que roubaram dos pobres agora enche suas casas.
¹⁵Como ousam esmagar meu povo
e esfregar o rosto dos pobres no pó?".
Quem exige uma resposta é o Soberano Senhor dos Exércitos.

Advertência a Jerusalém

¹⁶O Senhor diz: "A bela Sião[b] é arrogante;
estica seu pescoço elegante

---

[a] **3.13** Conforme a Septuaginta e a versão siríaca; o hebraico traz *contra os povos*. [b] **3.16** Ou *As mulheres de Sião* (com mudanças correspondentes à forma plural até o v. 24); o hebraico traz *As filhas de Sião*; também em 3.17.

e lança olhares atrevidos,
    caminhando com passos curtos,
    fazendo tinir os enfeites de seus
        tornozelos.
¹⁷Por isso, o Senhor fará surgir crostas em
    sua cabeça;
    o Senhor deixará calva a bela Sião".

¹⁸Naquele dia, o Senhor removerá tudo que
    a embeleza:
    os enfeites, as tiaras, os colares em
        forma de meia-lua,
¹⁹os brincos, as pulseiras e os véus;
²⁰os lenços, os enfeites para o tornozelo, os
        cintos,
    os perfumes e os amuletos;
²¹os anéis, as joias do nariz,
²²as roupas de festa, os vestidos, os
        mantos e as bolsas;
²³os espelhos, as roupas de linho fino,
    os adornos para a cabeça e os xales.

²⁴Em vez de exalar perfume agradável, ela
    terá mau cheiro;
    usará cordas como cinto e perderá todo o
        seu lindo cabelo.
Vestirá pano de saco em vez de roupas
    finas,
    e a vergonha tomará o lugar de sua
        beleza.ª
²⁵Os homens da cidade serão mortos à
    espada,
    e seus guerreiros morrerão na batalha.
²⁶Os portões de Sião chorarão e se
    lamentarão;
    a cidade será como uma mulher
        devastada,
    encolhida no chão.

4 Naquele dia, restarão tão poucos homens que sete mulheres brigarão por um só e dirão: "Deixe que todas nós nos casemos com você! Providenciaremos nossa comida e nossas roupas. Só queremos seu sobrenome, para que não zombem de nós!".

Promessa de restauração
²Naquele dia, porém, o renovoᵇ do Senhor
    será belo e glorioso;
    o fruto da terra será o orgulho e o
        esplendor
    de todos que sobreviverem em Israel.
³Todos que restarem em Sião
    serão um povo santo,
    aqueles que permanecerem em Jerusalém,
    que estiverem registrados entre os vivos.
⁴O Senhor lavará a imundície da bela Sião;ᶜ
    removerá de Jerusalém as manchas de
        sangue
    com o quente sopro de julgamento
        abrasador.
⁵Então o Senhor proverá sombra para o
    monte Sião,
    e todos se reunirão ali.
Durante o dia, proverá uma camada de
    nuvem
    e, à noite, de fumaça e fogo ardente,
    que cobrirá a terra gloriosa.
⁶Será abrigo contra o calor do dia
    e esconderijo contra tempestades e
        chuvas.

Cântico sobre o vinhedo do Senhor
5 ¹Agora, cantarei a meu amado
    uma canção sobre seu vinhedo:
Meu amado tinha um vinhedo
    numa colina muito fértil.

ª**3.24** Conforme os manuscritos do mar Morto; o Texto Massorético traz *roupas finas / porque em lugar de beleza*. ᵇ**4.2** Ou *o Renovo*. ᶜ**4.4** Ou *das mulheres de Sião*; o hebraico traz *das filhas de Sião*.

===

5.1-2 O vinhedo foi bem escolhido quanto à situação. A videira foi cuidadosamente selecionada. Tudo foi murado para protegê-la de intrusos. Todos os preparativos foram feitos para a colheita dos frutos. O lagar estava lá, no entanto, quando chegou o tempo das uvas doces e gostosas, o que vieram foram *as uvas bravas! Você sabe o que isso significa. Tem sido assim conosco? Temos recompensado o Bem-Amado, assim, de forma ingrata, por todas as Suas dores? Temos lhe ofertado dureza de coração em vez de arrependimento? Temos* lhe dado incredulidade em vez de fé; indiferença em vez de amor; ociosidade em vez de trabalho sagrado; impureza em vez de santidade? É esse o meu caso? É o seu caso, queridos amigos? Até nossa religião tem sido falsa? Tem sido como uvas bravas ou bagas venenosas? Já estivemos, às vezes, certos apenas por acidente, e nunca procuramos cuidadosa e diligentemente servir o nosso Senhor, ou dar fruto para o Seu louvor? Ó Senhor, tu o sabes! Julguemo-nos sobre esse assunto para que não sejamos julgados.

²Ele arou a terra, tirou as pedras
 e plantou as melhores videiras.
No meio do vinhedo, construiu uma torre de vigia
 e, junto às rochas, fez um tanque de prensar.
Então esperou pela colheita de uvas doces,
 mas o vinhedo só produziu uvas amargas.
³Agora, habitantes de Jerusalém e Judá,
 julguem entre mim e meu vinhedo.
⁴O que mais poderia ter feito por meu vinhedo
 que já não fiz?
Por que, quando esperava uvas doces,
 ele produziu uvas amargas?
⁵Agora lhes digo
 o que farei com meu vinhedo:
Removerei suas cercas
 e deixarei que seja destruído.
Derrubarei seus muros
 e deixarei que seja pisoteado.
⁶Farei dele um lugar desolado,
 onde as videiras não são podadas e a terra não é capinada,
 um lugar cheio de espinhos e mato.
Darei ordem às nuvens
 para que não derramem chuva sobre ele.
⁷A nação de Israel é o vinhedo do Senhor dos Exércitos,
 o povo de Judá é seu jardim agradável.
Ele esperava colher justiça,
 mas encontrou opressão.
Esperava colher retidão,
 mas ouviu gritos de angústia.

A culpa e o julgamento de Judá

⁸Que aflição espera vocês
 que compram casas e mais casas,
 campos e mais campos,
 até não haver lugar para outros
 e vocês se tornarem os únicos donos da terra!
⁹Mas eu ouvi o Senhor dos Exércitos fazer um juramento solene:
 "Muitas casas ficarão desertas;
 até as belas mansões ficarão vazias.
¹⁰Um vinhedo de dez jeiras[a] não produzirá vinte litros[b] de vinho;
 dez cestos grandes[c] de sementes só produzirão um cesto[d] de cereais".
¹¹Que aflição espera os que se levantam cedo pela manhã,
 para começar a beber,
e passam a noite tomando vinho,
 para ficar embriagados.
¹²Em suas festas sempre há vinho e belas músicas,
 de lira e harpa, tamborim e flauta,
mas nunca pensam no Senhor,
 não se dão conta do que ele faz.
¹³Por isso meu povo irá para o exílio num lugar distante,
 pois não me conhece.
Os nobres morrerão de fome,
 e a multidão morrerá de sede.
¹⁴A sepultura[e] saliva de ansiedade,
 com a boca bem aberta.
Os mais importantes e os mais simples
 e toda a multidão embriagada serão devorados.
¹⁵A humanidade será abatida, o povo será rebaixado;
 até os arrogantes baixarão o olhar em humilhação.
¹⁶O Senhor dos Exércitos, porém, será exaltado em sua justiça;
 a santidade de Deus será demonstrada em sua retidão.
¹⁷Naquele dia, os cordeiros encontrarão bons pastos;
 as ovelhas gordas e os cabritos[f] comerão entre as ruínas.
¹⁸Que aflição espera os que arrastam sua perversidade
 com cordas feitas de mentiras,
que arrastam atrás de si o pecado
 como quem puxa uma carroça!
¹⁹Zombam de Deus e dizem:
 "Anda logo! Toma uma providência!
 Queremos ver o que és capaz de fazer.

---

[a] **5.10a** O equivalente à terra arada por dez juntas de bois em um dia. [b] **5.10b** Em hebraico, *1 bato*, cerca de 21 litros. [c] **5.10c** Em hebraico, *1 ômer*, cerca de 220 litros. [d] **5.10d** Em hebraico, *1 efa*, cerca de 20 litros. [e] **5.14** Em hebraico, *O Sheol*. [f] **5.17** Conforme a Septuaginta; o hebraico traz *e os estrangeiros*.

Que o Santo de Israel realize seu plano,
  pois queremos saber o que é".
²⁰Que aflição espera os que chamam
  o mal de bem e o bem de mal,
a escuridão de luz e a luz de escuridão,
  o amargo de doce e o doce de amargo!
²¹Que aflição espera os que são sábios aos
  próprios olhos
  e pensam ter entendimento!
²²Que aflição espera os que são heróis em
  tomar vinho
  e se gabam de quanta bebida conseguem
  ingerir!
²³Aceitam subornos para deixar o perverso
  em liberdade
  e negam justiça ao inocente.
²⁴Portanto, assim como o fogo consome a
  palha
  e o capim seco se desfaz com a chama,
suas raízes apodrecerão
  e suas flores murcharão.
Pois rejeitaram a lei do Senhor dos
  Exércitos,
  desprezaram a palavra do Santo de Israel.
²⁵Por isso a ira do Senhor se acende contra
  seu povo,
  por isso ele levantou sua mão para
  esmagá-los.
Os montes estremecem,
  e os cadáveres do povo estão espalhados
  pelas ruas como lixo.
Mesmo assim, a ira do Senhor não se
  satisfará;
  sua mão ainda está levantada para
  castigar.
²⁶Ele enviará um sinal a nações distantes,
  assobiará para os que estão nos confins
  da terra;
eles virão correndo.
²⁷Não se cansarão nem tropeçarão;
  ninguém descansará nem dormirá.
Nenhum cinto estará solto,
  nenhuma correia de sandália se
  arrebentará.
²⁸Suas flechas estarão afiadas,
  seus arcos, prontos para a batalha.
Os cascos de seus cavalos soltarão faíscas,
  as rodas de seus carros girarão como um
  turbilhão.
²⁹Rugirão como leões,
  como os leões mais fortes.
Rosnarão e se lançarão sobre suas vítimas,
  e as levarão embora;
  ninguém poderá livrá-las.
³⁰Naquele dia, rugirão sobre suas vítimas
  como ruge o mar.
Se alguém olhar por toda a terra,
  só verá trevas e aflição;
  até a luz será obscurecida pelas nuvens.

A purificação e o chamado de Isaías

6 No ano em que o rei Uzias morreu,[a] eu vi o Senhor. Ele estava sentado em um trono alto, e a borda de seu manto enchia o templo. ²Acima dele havia serafins, cada um com seis asas: com duas asas cobriam o rosto, com duas cobriam os pés e com duas voavam. ³Diziam em alta voz uns aos outros:

"Santo, santo, santo é o Senhor dos
  Exércitos;
  toda a terra está cheia de sua glória!"

⁴Suas vozes sacudiam o templo até os alicerces, e todo o edifício estava cheio de fumaça. ⁵Então eu disse: "Estou perdido! É o meu fim, pois sou um homem de lábios impuros e vivo no meio de pessoas de lábios impuros. Meus olhos, porém, viram o Rei, o Senhor dos Exércitos!".

---

[a] **6.1** Isto é, no ano 740 a.C.

6.1,8 [...] vejamos *a visão de glória* que Isaías contemplou. Era necessário que ele a visse para que fosse levado à condição de coração da qual deveria vir a plenitude de consagração: "aqui estou, envia-me". Observe o que ele viu. Primeiramente, *a suprema glória de Deus*. "Eu vi o *Senhor*", *disse ele*, "Ele estava sentado em um trono alto, e a borda de seu manto enchia o templo". Foi Jesus que ele viu? Esta foi uma das antecipações da Sua encarnação futura? Provavelmente sim, pois João escreve em seu capítulo 12, no versículo 41: "As palavras de Isaías referiam-se a Jesus, pois viu sua glória e *falou sobre ele*" — referindo-se ao Senhor Jesus Cristo. No entanto, não insistiremos nessa interpretação, pois a palavra "Senhor", sem dúvida, incluía toda a divindade e, portanto, a visão pode ter representado o próprio Senhor revelado em forma visível. O olho não pode contemplar o

⁶Então um dos serafins voou em minha direção, trazendo uma brasa ardente que ele havia tirado do altar com uma tenaz. ⁷Tocou meus lábios com a brasa e disse: "Veja, esta brasa tocou seus lábios. Sua culpa foi removida, e seus pecados foram perdoados".

⁸Então ouvi o Senhor perguntar: "Quem enviarei como mensageiro a este povo? Quem irá por nós?".

E eu respondi: "Aqui estou; envia-me".

⁹Ele disse: "Vá e diga a este povo:

'Ouçam com atenção, mas não entendam;
 observem bem, mas não aprendam'.
¹⁰Endureça o coração deste povo;
 tape os ouvidos e feche os olhos deles.
Assim, não verão com os olhos,
 nem ouvirão com os ouvidos,
não entenderão com o coração,
 nem se voltarão para mim a fim de
  serem curados".ᵃ

¹¹Então eu disse: "Senhor, até quando isso vai durar?",

e ele respondeu:

"Até que as cidades fiquem vazias,
 e as casas, abandonadas,
 e toda a terra seja devastada;
¹²até que o Senhor tenha mandado todos
  embora,
 e toda a terra de Israel esteja deserta.
¹³Se ainda sobreviver uma décima parte,
  um remanescente,
 ela será invadida outra vez e queimada.
Mas, assim como o terebinto e o carvalho
 deixam um toco quando cortados,
 o toco de Israel será uma semente
  santa".

Mensagem para Acaz

7 Quando Acaz, filho de Jotão e neto de Uzias, era rei de Judá, Rezim, rei da Síria,ᵇ e Peca, filho de Remalias, rei de Israel, saíram para atacar Jerusalém. Contudo, não conseguiram executar seu plano.

²Havia chegado à corte de Judá a seguinte notícia: "A Síria se aliou com Israelᶜ contra nós!". O coração do rei e de seu povo estremeceu de medo, como árvores se agitam numa tempestade.

³Então o Senhor disse a Isaías: "Pegue seu filho, Sear-Jasube,ᵈ e vá encontrar-se com o rei Acaz. Ele estará no final do aqueduto que abastece o tanque superior, perto do caminho para o campo onde se lavaᵉ roupa. ⁴Diga a Acaz que pare de se preocupar e que não precisa ter medo da ira ardente daquelas duas brasas apagadas, Rezim, rei da Síria, e Peca, filho de Remalias. ⁵É verdade que os reis da Síria e de Israel tramam contra ele e dizem: ⁶'Atacaremos Judá e a conquistaremos; então colocaremos o filho de Tabeal para reinar sobre Judá'. ⁷Mas assim diz o Senhor Soberano:

"Essa invasão não acontecerá;
 jamais ocorrerá,
⁸pois a Síria não é mais forte que sua
  capital, Damasco,
 e Damasco não é mais forte que seu rei,
  Rezim.
Quanto a Israel, em sessenta e cinco anos,
 será esmagada e completamente
  destruída.
⁹Israel não é mais forte que sua capital,
  Samaria,
 e Samaria não é mais forte que seu rei,
  Peca, filho de Remalias.
Se vocês não crerem com firmeza,
 não permanecerão firmes".

ᵃ**6.9-10** A Septuaginta traz *Ele disse: "Vá e diga a este povo: / 'Quando ouvirem o que digo, não entenderão. / Quando virem o que faço, não compreenderão'. / Pois o coração deste povo está endurecido; / ouvem com dificuldade, e têm os olhos fechados, / de modo que seus olhos não veem, / e seus ouvidos não ouvem, / e seu coração não entende, / e não se voltam para mim, nem permitem que eu os cure"*. Comparar com Mt 13.14-15; Mc 4.12; Lc 8.10; At 28.26-27. ᵇ**7.1** Em hebraico, *Arã*; também em 7.2,4,5,8. ᶜ**7.2** Em hebraico, *Efraim*, referência a Israel, o reino do norte; também em 7.5,8,9,17. ᵈ**7.3a** *Sear-Jasube* significa "um remanescente voltará". ᵉ**7.3b** Ou *branqueia*.

Senhor quanto à Sua essência absoluta, mas Ele escolhe fazer uma aparição de si mesmo — revelando-se entre os homens de forma tal que possa estar sob a compreensão dos sentidos deles. Bem, irmãos, não conhecemos nada que ofereça melhor motivação para o trabalho missionário, ou para o esforço cristão de qualquer tipo, do que a visão da glória divina. Este é um dos impulsos mais fortes que a alma pode sentir. Eis, ó crentes na Palavra divina, neste dia, o Senhor Deus, não está destronado, mas está assentado no trono da Sua glória.

O sinal de Emanuel

¹⁰Depois, o Senhor enviou esta mensagem ao rei Acaz: ¹¹"Peça ao Senhor, seu Deus, um sinal de confirmação. Pode ser algo difícil, alto como os céus ou profundo como o lugar dos mortos".ª

¹²O rei Acaz, porém, respondeu: "Não porei o Senhor à prova desse modo".

¹³Então o profeta disse: "Ouçam bem, descendentes de Davi! Não basta esgotarem a paciência das pessoas? Agora também querem esgotar a paciência de meu Deus? ¹⁴Por isso, o Senhor mesmo lhes dará um sinal. Vejam! A virgemᵇ ficará grávida! Ela dará à luz um filho e o chamará de Emanuel.ᶜ ¹⁵Quando essa criança tiver idade suficiente para escolher o bem e rejeitar o mal, comerá coalhadaᵈ e mel. ¹⁶Pois, antes de a criança chegar a essa idade, as terras dos dois reis que vocês tanto temem ficarão desertas.

¹⁷"Então o Senhor trará sobre vocês, sua nação e sua família, coisas como nunca houve desde que Israel se separou de Judá; trará contra vocês o rei da Assíria!".

¹⁸Naquele dia, o Senhor assobiará para chamar o exército do sul do Egito e o exército da Assíria, e eles os cercarão como enxames de moscas e abelhas. ¹⁹Virão em grandes multidões e ocuparão as regiões férteis e também os vales desolados, as cavernas e os lugares tomados de espinhos. ²⁰Naquele dia, o Senhor alugará uma "navalha" que virá de além do rio Eufratesᵉ — o rei da Assíria — e a usará para raspar tudo: sua terra, suas plantações e seu povo.ᶠ

²¹Naquele dia, o camponês terá sorte se lhe sobrarem uma vaca e duas ovelhas. ²²Ainda assim, haverá leite suficiente para todos, pois restarão poucas pessoas na terra. Comerão coalhada e mel até ficarem satisfeitos. ²³Naquele dia, os vinhedos prósperos, que hoje valem mil peçasᵍ de prata, se tornarão terrenos cheios de espinhos e mato. ²⁴Toda a terra ficará coberta de espinhos e mato, e será uma região de caça cheia de animais selvagens. ²⁵Ninguém irá às encostas férteis das colinas, onde antes cresciam jardins, pois estarão tomadas de espinhos e mato. Ali bois e ovelhas pastarão.

A futura invasão assíria

8 Então o Senhor me disse: "Faça uma grande placa e escreva de modo bem claro o seguinte nome: Maher-Shalal-Hash-Baz".ʰ ²Pedi ao sacerdote Urias e a Zacarias, filho de Jeberequias, dois homens conhecidos por sua honestidade, que fossem testemunhas do que fiz.

³Então deitei-me com minha esposa, e ela ficou grávida e deu à luz um filho. E o Senhor disse: "Dê-lhe o nome Maher-Shalal-Hash-Baz. ⁴Pois, antes que esse menino tenha idade suficiente para dizer 'papai' ou 'mamãe', o rei da Assíria levará embora os bens de Damasco e as riquezas de Samaria".

⁵Mais uma vez, o Senhor falou comigo e disse: ⁶"Meu cuidado pelo povo de Judá é como as águas de Siloé, que fluem suavemente. Contudo, eles me rejeitaram e agora se alegram com o que acontecerá aosⁱ reis Rezim e Peca.ʲ ⁷Portanto, o Senhor fará vir sobre eles uma grande inundação do rio Eufrates:ᵏ o rei da Assíria com toda a sua glória. A inundação fará transbordar todos os seus canais ⁸e cobrirá Judá até o pescoço. Abrirá as asas e submergirá sua terra de um extremo ao outro, ó Emanuel.

⁹"Reúnam-se, nações, e fiquem
   aterrorizadas;
 prestem atenção, todas as terras
   distantes.
 Preparem-se para a batalha, mas serão
   destruídas;
 sim, preparem-se para a batalha, mas
   serão destruídas.
¹⁰Convoquem conselhos de guerra, mas de
   nada adiantará;
 desenvolvam estratégias, mas não terão
   sucesso.
 Pois Deus está conosco!"ˡ

ª**7.11** Em hebraico, *como o Sheol*. ᵇ**7.14a** Ou *a jovem*. ᶜ**7.14b** *Emanuel* significa "Deus conosco". ᵈ**7.15** Ou *iogurte*; também em 7.22. ᵉ**7.20a** Em hebraico, *do rio*. ᶠ**7.20b** Em hebraico, *para raspar a cabeça, os pelos das pernas e a barba*. ᵍ**7.23** Em hebraico, *mil (siclos)*, cerca de 12 quilos. ʰ**8.1** *Maher-Shalal-Hash-Baz* significa "Veloz para saquear e rápido para levar embora". ⁱ**8.6a** Ou *agora se alegram por causa dos*. ʲ**8.6b** Em hebraico, *a Rezim e ao filho de Remalias*. ᵏ**8.7** Em hebraico, *do rio*. ˡ**8.10** Em hebraico, *Emanuel*.

Chamado para confiar no SENHOR

¹¹O SENHOR me advertiu firmemente de que não pensasse como todos os outros. Disse ele:

¹²"Não chame tudo de conspiração, como eles fazem;
não viva com medo do que eles temem.
¹³Considere o SENHOR dos Exércitos santo em sua vida;
é a ele que você deve temer.
Ele é quem deve fazê-lo estremecer;
¹⁴ele o manterá seguro.
Mas, para Israel e Judá,
ele será pedra de tropeço,
rocha que os faz cair.
Para o povo de Jerusalém,
será armadilha e laço.
¹⁵Muitos tropeçarão e cairão
e nunca mais se levantarão;
serão presos no laço e capturados".

¹⁶Preserve os ensinamentos de Deus;
confie a lei àqueles que me seguem.
¹⁷Esperarei pelo SENHOR,
que se afastou dos descendentes de Jacó;
porei nele minha esperança.

¹⁸Eu e os filhos que o SENHOR me deu serviremos de sinal e advertência para Israel da parte do SENHOR dos Exércitos, que habita no monte Sião.

¹⁹Talvez alguém lhes diga: "Vamos perguntar aos médiuns e aos que consultam os espíritos dos mortos. Com sussurros e murmúrios eles nos dirão o que fazer". Mas será que o povo não deve pedir orientação a Deus? Será que os vivos devem buscar a orientação de mortos?

²⁰Consultem a lei e os ensinamentos de Deus! Aqueles que contradizem sua palavra jamais verão a luz. ²¹Andam sem rumo, cansados e famintos. E, por causa da fome, amaldiçoam seu rei e seu Deus. Olharão para o céu, ²²depois olharão para a terra, mas para onde voltarem os olhos só haverá problemas, angústia e sombrio desespero. Serão lançados nas trevas.

Esperança no Messias

9 ¹ᵃEsse tempo de escuridão e desespero, no entanto, não durará para sempre. A terra de Zebulom e de Naftali será humilhada, mas no futuro a Galileia dos gentios, localizada junto

---

ᵃ**9.1** No texto hebraico, o versículo 9.1 é numerado 8.23.

8.18 Jesus é chamado de *Pai*. Bem, isso não está de acordo com a teologia exata, ou de acordo com as declarações doutrinárias mais formais das Escrituras, portanto, devemos cuidar para que não nos confundamos. Jesus não é "o Pai", e devemos sempre manter cuidadosamente a distinção de pessoas na divindade. O Filho de Deus é um com o Pai, mas Ele não é o Pai; e devemos cuidar para que não atribuamos ao Filho os atos que são peculiares do Pai. [...]

Ainda assim, o título de Pai é muito aplicável ao nosso Senhor Jesus Cristo por muitas razões. Primeiro, porque Ele é o nosso *cabeça absoluto*. Falamos corretamente "pai Adão", e Jesus é o Segundo Adão que encabeça a nossa nova raça, e é o homem representativo da humanidade redimida. Somente Ele, entre toda a humanidade, se posiciona para os outros como Adão se posicionou — como o cabeça de uma aliança e envolvendo outros em Seus atos. O Segundo Adão, portanto, pode nos considerar como Seus filhos em quem a promessa da aliança é cumprida: "Farei que ele sempre tenha herdeiros". Como o primeiro Adão olhando os séculos sobre nós, pode muito bem clamar com assombro: "Eu e os filhos que o SENHOR me deu". Então,

Jesus, vendo a ampla companhia dos fiéis, vê neles a Sua semente, e encontra neles uma satisfação sagrada pela árdua labuta de Sua alma. [...]

Ele diz: "Eu e os filhos que o SENHOR me deu". O Senhor *reconhece* os Seus filhos. Às vezes eles têm vergonha de reconhecê-lo. Ele sempre poderia ter vergonha de reivindicá-los, mas Ele jamais o tem! O Senhor fala deles sem hesitação. É, "Eu e os filhos que o SENHOR me deu". Eles são contaminados e indignos; caíram na lama e rasgaram suas roupas, e não sei mais o que, mas Ele diz: "Eles são meus filhos". E nunca pensa em lançá-los fora. Admira-me o que Ele faz para reivindicá-los — mas é o Seu amor infinito por eles, e Sua ilimitada satisfação neles que os fazem dizer — "eu o chamei pelo nome, você é meu". Não só Jesus os reivindica como Seus publicamente, mas *se gloria neles* como sendo o presente de Deus para si — "os filhos que o SENHOR *me deu*", como se eles fossem algo *mais* do que filhos comuns! Eles são o fruto prometido de "sua angústia". Eles são a recompensa que Javé jurou conferir-lhe por Suas agonias e morte! Ele os olha como o despojo de Sua grande batalha da vida, como a coroa do labor de Sua vida!

à estrada entre o Jordão e o mar, se encherá de glória.

²ᵃO povo que anda na escuridão
verá grande luz.
Para os que vivem na terra de trevas profundas,ᵇ
uma luz brilhará.
³Tu multiplicarás a nação de Israel,
e seu povo se alegrará.
Eles se alegrarão diante de ti
como os camponeses se alegram na colheita,
como os guerreiros ao repartir os despojos.
⁴Pois tu quebrarás o jugo de escravidão que os oprimia
e levantarás o fardo que lhes pesava sobre os ombros.
Quebrarás a vara do opressor,
como fizeste ao destruir o exército de Midiã.
⁵As botas dos guerreiros
e os uniformes manchados de sangue das batalhas
serão queimados;
servirão de lenha para o fogo.

⁶Pois um menino nos nasceu,
um filho nos foi dado.
O governo estará sobre seus ombros,
e ele será chamado de
Maravilhoso Conselheiro,ᶜ Deus Poderoso,
Pai Eterno e Príncipe da Paz.

⁷Seu governo e sua paz
jamais terão fim.
Reinará com imparcialidade e justiça no trono de Davi,
para todo o sempre.
O zelo do SENHOR dos Exércitos
fará que isso aconteça!

A ira do SENHOR contra Israel

⁸O Senhor se pronunciou contra Jacó,
seu julgamento caiu sobre Israel.
⁹Os habitantes de Israelᵈ e de Samaria,
que falaram com tanto orgulho e arrogância,
logo ficarão sabendo.
¹⁰Disseram: "No lugar dos tijolos quebrados de nossas ruínas,
colocaremos pedras trabalhadas,
e no lugar das figueiras-bravas derrubadas,
plantaremos cedros".
¹¹O SENHOR, porém, trará os inimigos de Rezim contra Israel
e instigará seus adversários.
¹²Os síriosᵉ do leste e os filisteus do oeste
mostrarão suas presas e devorarão Israel.
Mesmo assim, a ira do SENHOR não se satisfará;
sua mão ainda está levantada para castigar.

¹³Pois mesmo depois do castigo, o povo não se arrependerá;
não buscará o SENHOR dos Exércitos.

ᵃ**9.2a** No texto hebraico, os versículos 9.2-21 são numerados 9.1-20. ᵇ**9.2b** A Septuaginta traz *numa terra onde a morte lança sua sombra*. Comparar com Mt 4.16. ᶜ**9.6** Ou *Maravilhoso, Conselheiro*. ᵈ**9.9** Em hebraico, *de Efraim*, referência a Israel, o reino do norte. ᵉ**9.12** Em hebraico, *os arameus*.

9.6 [...] Cristo é chamado de Maravilhoso porque Ele o é! Deus Pai jamais deu a Seu Filho um nome que Ele não merecesse. Não há elogios aqui, não há lisonjas. É apenas o simples nome que Ele merece. [...] Creio que esse nome pode ter duas ou três interpretações. A palavra é, às vezes, nas Escrituras traduzida, "maravilha". Jesus Cristo pode ser chamado maravilha, e um erudito intérprete alemão diz que, sem dúvida, o significado de *milagroso* também está contido nele. Cristo é a maravilha das maravilhas, o milagre dos milagres! "*Seu nome será Milagroso*", pois Ele é *mais do que um homem*, Ele é o maior milagre de Deus! "É o grande segredo de nossa fé: Cristo foi revelado em corpo humano".

Também pode significar *separado* ou *distinto*, e Jesus Cristo pode bem ser chamado assim, pois, como Saul se destacava dentre os todos os homens, desde os ombros para cima se sobressaía, assim Cristo também se destacou acima de todos os homens! Ele é ungido com o óleo da alegria mais que sobre qualquer outro, e em Seu caráter e em Seus atos Ele está infinitamente longe de qualquer comparação com qualquer um dos filhos dos homens. "Tu és o mais belo de todos; palavras graciosas fluem de teus lábios". Ele é "meu amado e ele se destaca no meio da multidão". Seu nome será chamado *o Separado, o Destacado, o Nobre* diferenciado da raça humana comum.

¹⁴Portanto, em um só dia, o Senhor
   destruirá a cabeça e a cauda,
   o ramo da palmeira e o junco.
¹⁵Os líderes de Israel são a cabeça,
   os profetas mentirosos são a cauda.
¹⁶Pois esses líderes enganaram o povo
   e o conduziram pelo caminho da
      destruição.
¹⁷Por isso o Senhor não se agrada dos
      jovens,
   nem mostra compaixão pelas viúvas e
      pelos órfãos.
Pois todos são hipócritas perversos;
   todos falam tolices.
Mesmo assim, a ira do Senhor não se
      satisfará;
   sua mão ainda está levantada para
      castigar.
¹⁸Essa maldade é como incêndio num
      matagal;
   consome não apenas os espinhos e o
      mato,
mas também queima os bosques
   e faz subir nuvens de fumaça.
¹⁹A terra ficará ressecada,
   por causa da fúria do Senhor dos
      Exércitos.
O povo servirá de lenha para o fogo,
   e ninguém poupará sequer seu irmão.
²⁰Atacarão o vizinho à direita,
   mas continuarão com fome.
Devorarão o vizinho à esquerda,
   mas não se saciarão;
   por fim, comerão os próprios filhos.[a]
²¹Manassés se alimentará de Efraim,
   Efraim se alimentará de Manassés,
   ambos devorarão Judá.
Mesmo assim, a ira do Senhor não se
      satisfará;
   *sua mão ainda está levantada para
      castigar.*

10

¹Que aflição espera os juízes injustos
   e os que decretam leis opressoras!
²Não fazem justiça aos pobres
   e negam os direitos dos necessitados de
      meu povo.
Exploram as viúvas

e tiram proveito dos órfãos.
³O que farão quando eu os castigar,
   quando trouxer de uma terra distante
      calamidade sobre vocês?
A quem pedirão ajuda?
   Onde seus tesouros estarão seguros?
⁴Serão levados como prisioneiros
   ou ficarão caídos entre os mortos.
Mesmo assim a ira do Senhor não se
      satisfará;
   sua mão ainda está levantada para
      castigar.

Julgamento contra a Assíria

⁵"Que aflição espera a Assíria, a vara de
      minha ira;
   uso-a como bastão para expressar minha
      fúria!
⁶Envio a Assíria contra uma nação ímpia,
   contra o povo com o qual estou irado.
A Assíria os saqueará
   e os pisará como pó sob os seus pés.
⁷O rei da Assíria, porém, não entenderá
   que é meu instrumento;
   esse não é seu modo de pensar.
Seu plano é somente destruir,
   derrubar uma nação após a outra.
⁸Ele dirá:
   'Em breve cada um de meus príncipes
      será rei.
⁹'Destruímos Calno, como fizemos com
      Carquemis,
   Hamate caiu diante de nós, como
      aconteceu com Arpade,
   e derrotamos Samaria, como fizemos
      com Damasco.
¹⁰Sim, acabamos com muitos reinos,
   cujos deuses eram mais poderosos que
      os de Jerusalém e Samaria.
¹¹Portanto, derrotaremos Jerusalém e seus
      deuses,
   como destruímos Samaria e seus
      deuses'".

¹²Depois que o Senhor tiver usado o rei da Assíria para realizar seus propósitos no monte Sião e em Jerusalém, ele se voltará contra o rei da Assíria e o castigará, pois o rei é orgulhoso e arrogante. ¹³Ele diz:

[a] 9.20 Ou *os próprios braços.*

"Fiz isto com meu braço poderoso,
com minha astuta sabedoria o planejei.
Destruí as defesas das nações
e levei seus tesouros;
como um touro, derrubei seus reis.
¹⁴Roubei as riquezas de seus ninhos
e ajuntei reinos como o camponês ajunta ovos.
Ninguém pode bater as asas contra mim,
nem dar um pio de protesto".

¹⁵Mas será que o machado pode se
orgulhar de ser mais poderoso
que aquele que o usa?
É a serra mais importante que a pessoa
que com ela corta?
Pode a vara golpear se não houver quem a mova?
Acaso o cajado de madeira anda sozinho?
¹⁶Por isso, o Soberano Senhor dos Exércitos
enviará uma praga sobre as tropas
orgulhosas da Assíria,
e fogo ardente consumirá sua glória.
¹⁷O Senhor, a Luz de Israel, será o fogo;
o Santo será a chama.
Devorará como fogo os espinhos e o mato
e queimará o inimigo em um só dia.
¹⁸O Senhor consumirá a glória da Assíria,
como o fogo consome um bosque em terra fértil;
ela definhará como os enfermos durante uma praga.
¹⁹De todo esse bosque glorioso, restarão
apenas algumas árvores,
tão poucas que uma criança poderá contá-las.

Esperança para o povo do Senhor

²⁰Naquele dia, o remanescente de Israel,
os sobreviventes da família de Jacó,
não dependerão mais de aliados
que procuram destruí-los.
Confiarão fielmente no Senhor,
o Santo de Israel.
²¹Um remanescente voltará,ᵃ
sim, o remanescente de Jacó voltará para o Deus Poderoso.
²²Embora o povo de Israel seja numeroso
como a areia do mar,
apenas um remanescente voltará.
O Senhor, em sua justiça, decidiu destruir seu povo;
²³sim, o Soberano Senhor dos Exércitos,
já decidiu destruir toda a terra.ᵇ

²⁴Portanto, assim diz o Soberano Senhor dos Exércitos: "Ó meu povo em Sião, não tema os assírios quando oprimirem vocês com vara e bastão, como fizeram os egípcios muito tempo atrás. ²⁵Em breve, minha fúria contra vocês passará, e minha ira se levantará para destruir os assírios". ²⁶O Senhor dos Exércitos os castigará com seu chicote, como fez quando Gideão venceu os midianitas na rocha de Orebe, ou quando o Senhor ergueu sua vara para afogar o exército egípcio no mar.

²⁷Naquele dia, o Senhor acabará
com a servidão de seu povo;
quebrará o jugo de escravidão
e o levantará de seus ombros.ᶜ

²⁸Vejam, agora os assírios estão em Aiate;
passam por Migrom,
e guardam seus pertences em Micmás.
²⁹Atravessam o desfiladeiro
e acampam em Geba.
A cidade de Ramá está tomada de medo;
o povo de Gibeá, cidade natal de Saul,
foge para se salvar.
³⁰Gritem de terror,
habitantes de Galim!
Alertem Laís!
Ah, pobre Anatote!
³¹O povo de Madmena foge,
e os habitantes de Gebim tentam se esconder.
³²O inimigo para em Nobe pelo resto do dia;
sacode o punho contra o belo monte Sião, o monte de Jerusalém.

ᵃ **10.21** Em hebraico, *Sear-Jasube*. Ver 7.3; 8.18. ᵇ **10.23** A Septuaginta traz *apenas um remanescente deles será salvo. / Pois ele executará sua sentença rapidamente, de modo decisivo e justo; / pois Deus executará sua sentença sobre todo o mundo de modo decisivo*. Comparar com Rm 9.27-28. ᶜ **10.27** Conforme a Septuaginta; o hebraico traz *o jugo será quebrado, / pois você se tornou tão gordo*.

³³Mas, vejam, o Soberano Senhor dos Exércitos
cortará com grande força a poderosa árvore da Assíria!
Ele derrubará os orgulhosos;
a árvore imponente será lançada por terra.
³⁴Cortará as árvores do bosque com um machado;
o Líbano cairá pelas mãos do Poderoso.ᵃ

O ramo da linhagem de Jessé

11 ¹Do tronco da linhagem de Jesséᵇ brotará um renovo;
sim, um novo Ramo que de suas raízes dará frutos.
²E o Espírito do Senhor estará sobre ele,
o Espírito de sabedoria e discernimento,
o Espírito de conselho e poder,
o Espírito de conhecimento e temor do Senhor.
³Ele terá prazer em obedecer ao Senhor;
não julgará pela aparência,
nem acusará com base em rumores.
⁴Fará justiça aos pobres
e tomará decisões imparciais em favor dos oprimidos.
A terra estremecerá com a força de sua palavra,
e o sopro de sua boca destruirá os perversos.
⁵Vestirá a justiça como um cinto
e a verdade como uma cinta nos quadris.

⁶Naquele dia, o lobo viverá com o cordeiro,
e o leopardo se deitará junto ao cabrito.
O bezerro estará seguro perto do leão,
e uma criança os guiará.
⁷A vaca pastará perto do urso,
e seus filhotes descansarão juntos;
o leão comerá capim, como a vaca.
⁸O bebê brincará em segurança perto da toca da cobra;
sim, a criancinha colocará a mão num ninho de víboras.
⁹Em todo o meu santo monte, não se fará mal nem haverá destruição,
pois, como as águas enchem o mar,
a terra estará cheia de gente que conhece o Senhor.

¹⁰Naquele dia, o descendente de Jesséᶜ
será uma bandeira de salvação para todo o mundo.
As nações se reunirão junto a ele,
e a terra onde ele habita será um lugar glorioso.ᵈ
¹¹Naquele dia, o Senhor estenderá a mão pela segunda vez,
para trazer de volta o remanescente de seu povo,
aqueles que restarem na Assíria e no norte do Egito,
no sul do Egito, na Etiópiaᵉ e em Elão,
na Babilônia,ᶠ em Hamate e nas distantes terras costeiras.
¹²Levantará uma bandeira entre as nações
e reunirá os exilados de Israel.
Ajuntará o povo disperso de Judá,
desde os confins da terra.

¹³Então, por fim, acabará o ciúme entre Israelᵍ e Judá,
e deixarão de ser rivais.
¹⁴Unirão forças para vir sobre a Filístia no oeste;
juntos, atacarão e saquearão as nações do leste.
Ocuparão as terras de Edom e Moabe,
e Amom lhes obedecerá.
¹⁵O Senhor abrirá um caminho seco no golfo do mar Vermelho,ʰ
moverá a mão sobre o rio Eufratesⁱ
e enviará um vento forte que o dividirá em sete riachos,
para que possa ser atravessado a pé.
¹⁶Fará uma estrada para o remanescente de seu povo,
o remanescente que virá da Assíria,
como fez por Israel muito tempo atrás,
quando o povo voltou do Egito.

ᵃ**10.34** Ou *com um machado, / como até mesmo as árvores poderosas do Líbano caem*. ᵇ**11.1** Em hebraico, *Do toco de Jessé*, o pai do rei Davi. ᶜ**11.10a** Em hebraico, *a raiz de Jessé*. ᵈ**11.10b** A Septuaginta traz *Naquele dia, a raiz de Jessé virá / e reinará sobre os gentios. / Nele depositarão suas esperanças*. Comparar com Rm 15.12. ᵉ**11.11a** Em hebraico, *em Patros, em Cuxe*. ᶠ**11.11b** Em hebraico, *em Sinar*. ᵍ**11.13** Em hebraico, *Efraim*, referência a Israel, o reino do norte. ʰ**11.15a** Em hebraico, *destruirá a língua do mar do Egito*. ⁱ**11.15b** Em hebraico, *o rio*.

Cânticos de louvor pela salvação

12 ¹Naquele dia, vocês cantarão:
"Eu te louvarei, ó Senhor!
Estavas irado comigo, mas tua ira passou;
    agora tu me consolas.
²Vejam, Deus veio me salvar;
    confiarei nele e não terei medo.
O Senhor Deus é minha força e meu cântico;
    ele me deu vitória!".
³Com alegria vocês beberão
    das fontes da salvação.
⁴Naquele dia, cantarão:
"Deem graças ao Senhor! Louvem seu nome!
Contem aos povos o que ele fez,
    anunciem que seu nome é magnífico.
⁵Cantem ao Senhor, pois ele tem feito maravilhas;
    tornem seu louvor conhecido em todo o mundo.
⁶Todos os habitantes de Sião celebrem em alta voz,
    pois grande é o Santo de Israel que vive em seu meio".

Mensagem a respeito da Babilônia

13 Isaías, filho de Amoz, recebeu esta mensagem acerca da Babilônia:

²"Levantem uma bandeira no topo descoberto de uma colina;
    convoquem um exército contra a Babilônia.
Quando eles entrarem nos palácios dos grandes e poderosos,
    acenem com a mão para encorajá-los.
³Eu, o Senhor, consagrei esses soldados;
    sim, chamei guerreiros valentes para executar minha ira,
    e eles se alegrarão quando eu for exaltado".

⁴Ouçam o barulho nos montes!
    Escutem os grandes exércitos marchando!
São ruídos e gritos de muitas nações;
    o Senhor dos Exércitos reuniu essas tropas.
⁵Vêm de países distantes,
    dos mais longínquos horizontes.
São as armas do Senhor para executar sua ira;
    com elas destruirá toda a terra.

⁶Gritem de terror, pois o dia do Senhor chegou,
    o dia em que o Todo-poderoso virá para destruir.
⁷Todo braço está paralisado de medo,
    todo coração se derrete,
⁸todos estão apavorados.
São tomados de dores agudas de aflição,
    como as dores da mulher no parto.
Apavorados, olham uns para os outros,
    com o rosto ardendo de medo.

12.1 Alguns afirmam que esta profecia se refere à invasão por Senaqueribe. Essa calamidade ameaçava ser uma terrível exibição da ira divina. Parecia inevitável que o poder assírio traria a desolação final de toda a Judeia, mas a promessa de Deus de que Ele se interpolaria para o livramento do Seu povo e puniria o intrépido coração do rei da Assíria, levaria Seu povo a dizer, naquele dia: "Nós te louvaremos, pois embora estivesses irado conosco e, portanto, enviastes o monarca assírio para nos castigar, a Tua ira se desviou e tu nos confortas". Se este é o significado da profecia, é um exemplo de aflição santificada; *uma lição de que sempre que formos feridos sob a vara, podemos nutrir a expectativa do tempo em que esta será afastada. E também uma admoestação de que quando somos libertos da provação deveríamos ter atenção em celebrar o acontecimento com gratos louvores. Ergamos a coluna memorial, derramemos o óleo da gratidão sobre ela e a adornemos com canções louvando ao Senhor cuja ira dura apenas um momento, mas cuja misericórdia é para sempre e eternamente.*

Outros afirmam que o texto se refere, principalmente, aos últimos dias, e penso que seria impossível ler o capítulo 11 sem sentir que tal referência é clara. Chegará o tempo em que o lobo viverá com o cordeiro, o leão pastará como a vaca e a criança desmamada colocará sua mão na toca da serpente. "Naquele dia o Senhor estenderá Sua mão pela segunda vez, para trazer de volta o remanescente de seu povo"; então Ele repetirá Suas maravilhosas obras no Egito e no mar Vermelho, de forma que a canção de Moisés será novamente entoada: "O Senhor é minha força e minha canção; ele é meu salvador. É o meu Deus e eu o louvarei; é o Deus de meu pai e eu o exaltarei".

⁹Vejam, o dia do Senhor está chegando,
o dia terrível de sua fúria e ira ardente!
A terra ficará desolada,
e os pecadores serão destruídos.
¹⁰Os céus acima deles escurecerão,
e as estrelas deixarão de brilhar.
O sol estará escuro ao nascer,
e a lua não iluminará.

¹¹"Eu, o Senhor, castigarei o mundo por sua maldade,
os perversos por seu pecado.
Esmagarei a pretensão dos arrogantes,
humilharei o orgulho dos poderosos.
¹²Tornarei as pessoas mais escassas que o ouro,
mais raras que o ouro puro de Ofir.
¹³Pois sacudirei os céus;
a terra se moverá de seu lugar,
quando o Senhor dos Exércitos mostrar sua fúria,
no dia de sua ira ardente."

¹⁴Todos na Babilônia correrão como uma gazela perseguida,
como ovelhas sem pastor.
Tentarão encontrar seu povo
e fugir para sua terra.
¹⁵Quem for capturado será morto,
atravessado com a espada.
¹⁶Suas crianças serão massacradas diante de seus olhos;
suas casas serão saqueadas, e suas esposas, violentadas.

¹⁷"Vejam, instigarei o reino da Média contra a Babilônia;
não se poderá comprá-lo com prata,
nem suborná-lo com ouro.
¹⁸Matarão os jovens com flechas,
não terão misericórdia dos bebês indefesos,
nem compaixão das crianças."

¹⁹A Babilônia, o mais glorioso dos reinos,
o esplendor e o orgulho dos caldeus,
será devastada como Sodoma e Gomorra,
quando Deus as destruiu.
²⁰A Babilônia jamais voltará a ser habitada;
permanecerá vazia geração após geração.
Nômades não acamparão ali,
pastores não levarão suas ovelhas para passar a noite.
²¹Animais do deserto habitarão na cidade arruinada,
criaturas uivantes rondarão as casas.
Corujas viverão entre as ruínas,
bodes selvagens ali saltarão.
²²Hienas uivarão nas fortalezas,
chacais farão tocas nos palácios luxuosos.
Os dias da Babilônia estão contados;
logo chegará a hora de sua destruição.

Consolo para Israel

14 O Senhor, porém, terá misericórdia dos descendentes de Jacó. Mais uma vez, escolherá Israel para ser seu povo. Ele os trará de volta e os estabelecerá em sua própria terra. Gente de muitas nações virá, se juntará a eles ali e se unirá ao povo de Israel.[a] ²As nações do mundo ajudarão o povo de Israel a retornar, e aqueles que vierem morar na terra do Senhor os servirão. Os que conquistaram Israel serão conquistados, e Israel dominará seus opressores.

Zombaria do rei da Babilônia

³Naquele dia, quando o Senhor der a seu povo descanso da tristeza, do medo e da terrível

---

[a] 14.1 Em hebraico, *à casa de Jacó*. Os nomes "Jacó" e "Israel" são usados de forma intercambiável ao longo de todo o Antigo Testamento e se referem, por vezes, ao patriarca e, em outras ocasiões, à nação.

14.1,3,4,11-15 *V.1* Esta promessa cumpriu-se em parte quando Israel fora trazido da Babilônia. E ainda é verdade que, quando o povo de Deus chega ao seu pior estado, sempre há algo melhor diante deles. Por outro lado, é igualmente certo que, quando os pecadores chegam ao seu melhor estado, sempre há algo terrível esperando por eles. O apóstolo Paulo escreveu aos romanos: "Deus não rejeitou seu povo, que conheceu de antemão". E a sua declaração está de acordo com esta profecia: "O Senhor, porém, terá misericórdia dos descendentes de Jacó. Mais uma vez, escolherá Israel para ser seu povo. Ele os trará de volta e os estabelecerá em sua própria terra". Creio que haverá um cumprimento muito maior desta profecia naquele dia em que Deus trará de volta o Seu povo escolhido para o seu próprio país — e também será a plenitude da bênção para

escravidão a que foram submetidos, ⁴vocês zombarão do rei da Babilônia e dirão:

"O homem poderoso foi destruído;
  acabou sua insolência.ᵃ
⁵O Senhor esmagou seu poder perverso
  e derrubou seu reino de maldade.
⁶Você feriu o povo com incontáveis golpes de fúria;
  cheio de ira, dominou as nações
  com tirania implacável.
⁷Mas, por fim, a terra descansa tranquila;
  agora pode voltar a cantar!
⁸Até as árvores do bosque,
  os ciprestes e os cedros do Líbano,
  entoam esta alegre canção:
'Agora que você foi derrubado,
  ninguém virá nos derrubar!'.
⁹"O lugar dos mortosᵇ se empolga
  com a sua chegada.
Líderes e reis mortos há muito tempo
  se levantam para vê-lo.
¹⁰A uma só voz eles clamam:
'Agora você é tão fraco quanto nós!
¹¹Seu orgulho foi enterrado com você;ᶜ
  o som da harpa em seu palácio cessou.
Agora larvas são seu lençol,
  e vermes, sua coberta'.
¹²"Como você caiu dos céus,
  ó estrela brilhante, filho da alvorada!
Foi lançado à terra,
  você que destruía as nações.
¹³Pois dizia consigo:

'Subirei aos céus
  e colocarei meu trono acima das estrelas de Deus.
Dominarei no monte dos deuses,
  nos lugares distantes do norte.ᵈ
¹⁴Subirei aos mais altos céus
  e serei como o Altíssimo'.
¹⁵Em vez disso, será lançado ao lugar dos mortos,
  ao mais profundo abismo.
¹⁶Todos olharão para você e perguntarão:
'É esse o homem que fazia a terra tremer
  e abalava os reinos do mundo?
¹⁷É esse o rei que destruiu a terra
  e a transformou em deserto?
É ele que arrasava as grandes cidades
  e não tinha misericórdia de seus prisioneiros?'.
¹⁸"Os reis das nações foram sepultados em glória majestosa,
  cada um em seu túmulo,
¹⁹mas você será lançado fora de sua sepultura,
  como um galho inútil.
Como um cadáver pisoteado,
  será jogado numa vala comum,
  com os que foram mortos na batalha.
Descerá ao abismo
²⁰e não terá um sepultamento digno,
pois destruiu sua nação
  e massacrou seu povo.
Os descendentes de alguém tão perverso
  nunca mais receberão honras.

ᵃ**14.4** Conforme os manuscritos do mar Morto; o significado do Texto Massorético é incerto. ᵇ**14.9** Em hebraico, *Sheol*; também em 14.15. ᶜ**14.11** Em hebraico, *foi baixado ao Sheol*. ᵈ**14.13** Ou *nas alturas de Zafom*.

---

os gentios: "Gente de muitas nações virá, se juntará a eles ali e se unirá ao povo de Israel".

Vv.3,4 Ó filho de Deus, você terá, por sua vez, um tempo glorioso de descanso! Hoje é o seu tempo de trabalho. Você está agora debaixo de dura escravidão, mas ainda entrará na plenitude de sua liberdade em Cristo Jesus. Naquele dia, o próprio Javé lhe dará descanso de toda sua dor e temores. Você obterá alegria e satisfação, *e a tristeza e o suspirar irão embora*. Esta foi uma grande profecia pronunciada por Isaías, pois, em seus dias, não havia poder na Terra igual ao da Babilônia. Essa grande cidade abundava em palácios e riquezas extraordinárias — e seu poder era tal que nenhum reino poderia resistir-lhe. Por um tempo, quebraram-se em pedaços todos

aqueles que lutaram contra ela, mas Deus quebrou a Babilônia em Seu próprio tempo. E aqui está uma canção de regozijo em antecipação à sua queda: "O homem poderoso foi destruído; acabou sua insolência".

Vv.11-15 Deus odeia o orgulho com um ódio completo! Ele conduz a Sua espada através do coração e o corta em pedaços. Ninguém pode ser grande e poderoso, e se vangloriar do que pode fazer sem provocar o Rei dos reis a colocar contra eles parte de Seu grande poder! Ó, não falemos sobre subir ao Céu por causa de nossas boas obras, ou chegar lá por nossos méritos, para que também não aconteça conosco, que venhamos a ser precipitados para o reino dos mortos, no mais profundo do abismo.

²¹Matem os filhos desse homem!
   Que morram por causa dos pecados do
      pai,
para que não se levantem a fim de
      conquistar a terra
   e encher o mundo com suas cidades".
²²Assim diz o Senhor dos Exércitos:
   "Eu mesmo me levantei contra a
      Babilônia!
Destruirei seus filhos e os filhos de seus
      filhos",
   diz o Senhor.
²³"Transformarei a Babilônia em lugar para
      corujas,
   cheio de pântanos e brejos;
varrerei a terra com a vassoura da
      destruição.
   Eu, o Senhor dos Exércitos, falei!"

Mensagem a respeito da Assíria
²⁴O Senhor dos Exércitos jurou:

"Tudo acontecerá como planejei;
   será conforme decidi.
²⁵Derrubarei os assírios quando estiverem
      em Israel
   e os pisotearei em meus montes.
Meu povo não será mais seu escravo,
   nem se curvará sob o peso de suas
      cargas.
²⁶Tenho um plano para toda a terra;
   minha mão está sobre todas as nações.
²⁷O Senhor dos Exércitos falou;
   quem pode mudar seus planos?
Quando levanta sua mão,
   quem pode detê-la?".

Mensagem a respeito da Filístia
²⁸Recebi esta mensagem no ano em que o rei
Acaz morreu:ᵃ

²⁹Não se alegrem, filisteus,
   por estar morto o rei que os feriu.
Pois dessa cobra nascerá outra mais
      venenosa,
   uma serpente terrível e abrasadora!
³⁰Alimentarei os pobres em meus pastos,
   e os necessitados se deitarão em paz.
Quanto a vocês, eu os matarei de fome
   e destruirei os poucos que restarem.

³¹Lamentem junto aos portões! Chorem
      alto nas cidades!
   Derretam-se de medo, filisteus!
Um exército poderoso vem do norte, como
      fumaça;
   cada soldado avança depressa, ansioso
      para lutar.

³²Que diremos aos mensageiros filisteus?
Digam-lhes:

"O Senhor reconstruiu Sião;
   dentro de seus muros seu povo oprimido
      encontrará refúgio".

Mensagem a respeito de Moabe

15 Recebi esta mensagem acerca de Moabe:

Em uma só noite, a cidade de Ar será
      arrasada,
   e a cidade de Quir, destruída.
²Seu povo irá ao templo em Dibom para
      lamentar,
   aos lugares de culto nos montes para
      chorar.
Chorarão pelo destino de Nebo e Medeba,
   rasparão a cabeça e cortarão a barba.
³Vestirão pano de saco e vagarão pelas
      ruas;
   de todas as casas e praças públicas virão
      gemidos de lamento.
⁴Os habitantes de Hesbom e Eleale
      clamarão;
   suas vozes serão ouvidas até em Jaaz.
Os guerreiros mais valentes de Moabe
      gritarão de terror;
   indefesos, tremerão de medo.

⁵Meu coração chora por Moabe;
   seus habitantes fogem para Zoar e para
      Eglate-Selisia.
Sobem chorando pelo caminho de Luíte;
   seus clamores de angústia são ouvidos
      por toda a estrada de Horonaim.
⁶Até as águas de Ninrim secaram;
   a vegetação às suas margens murchou.
As plantas morreram;
   todo verde desapareceu.
⁷O povo reúne seus bens
   e os carrega para o outro lado do riacho
      dos Salgueiros.

ᵃ **14.28** Isto é, no ano 715 a.C.

⁸Um clamor de angústia ecoa pela terra de Moabe,
   de uma extremidade à outra,
   de Eglaim até Beer-Elim.
⁹O riacho perto de Dibom[a] está vermelho de sangue,
   mas ainda não terminei de castigar Dibom!
Leões caçarão os sobreviventes,
   tanto os que tentarem fugir
   como os que ficarem para trás.

16 ¹Enviem cordeiros desde Selá,
   como tributo ao governante da terra.
Enviem-nos pelo deserto,
   para o monte da bela Sião.[b]
²As mulheres de Moabe foram abandonadas, como aves sem ninho,
   nas partes rasas do rio Arnom.
³"Ajudem-nos!", elas clamam.
   "Defendam-nos como uma sombra ao meio-dia!
Protejam os fugitivos;
   não nos traiam agora que escapamos.
⁴Deixem que o povo de Moabe more com vocês;
   escondam nossos refugiados do inimigo,
   até que passe o terror."

Quando a opressão e a destruição tiverem terminado,
   quando os invasores inimigos tiverem partido,
⁵Deus estabelecerá como rei um dos descendentes de Davi.
   Ele reinará com misericórdia e verdade,
julgará sempre com imparcialidade
   e buscará fazer o que é justo.

⁶Ouvimos falar da arrogante Moabe,
   de seu orgulho, sua altivez e sua fúria,
   mas toda essa soberba desapareceu.
⁷Toda a terra de Moabe chora,
   sim, todos em Moabe lamentam
ao lembrar dos bolos de passas de Quir-Haresete;
   não resta um sequer.
⁸As plantações de Hesbom estão abandonadas,
   os vinhedos de Sibma, desertos.
Os governantes das nações derrubaram Moabe,
   essa bela videira.
Seus ramos se estendiam para o norte, até a cidade de Jazar,
   e se espalhavam para o leste, até o deserto.
Seus brotos se estendiam tão longe para o oeste
   que atravessavam o mar Morto.[c]

⁹Por isso, agora choro por Jazar e pelos vinhedos de Sibma;
   minhas lágrimas correrão por Hesbom e por Eleale.
Não há mais gritos de alegria
   por seus frutos de verão e suas colheitas.
¹⁰Encerrou-se a alegria,
   acabou-se a celebração pela colheita.
Já não haverá cânticos nos vinhedos,
   nem gritos de exultação,
ninguém pisará as uvas nos tanques de prensar;
   acabei com toda a alegria de suas colheitas.
¹¹O clamor de meu coração por Moabe é como o lamento de uma harpa;
   estou cheio de angústia por Quir-Haresete.[d]
¹²O povo de Moabe adorará em seus santuários idólatras,
   mas de nada lhe adiantará.
Clamarão aos deuses em seus templos,
   mas ninguém poderá salvá-los.

¹³O Senhor já havia anunciado essas coisas sobre Moabe no passado. ¹⁴Agora, porém, o Senhor diz: "Dentro de três anos, contando cada dia,[e] a glória de Moabe chegará ao fim. De sua grande população, restarão uns poucos sobreviventes".

Mensagem a respeito de Damasco e de Israel

17 ¹Recebi esta mensagem acerca de Damasco:

"Vejam, a cidade de Damasco desaparecerá;
   ela se tornará um monte de ruínas!

---

[a] 15.9 Conforme os manuscritos do mar Morto, alguns manuscritos gregos e a Vulgata; o Texto Massorético traz *Dimom*; também em 15.9b. [b] 16.1 Em hebraico, *filha de Sião*. [c] 16.8 Em hebraico, *o mar*. [d] 16.11 Em hebraico, *Quir-Heres*, variação de Quir-Haresete. [e] 16.14 Em hebraico, *Dentro de três anos, como um servo obrigado por contrato os contaria*.

²As cidades de Aroer ficarão desertas;
  rebanhos pastarão nas ruas e ali se
    deitarão,
  sem que ninguém os espante.
³As cidades fortificadas de Israel[a] também
    serão destruídas,
  e acabará o poder do reino de Damasco.
Tudo que restar da Síria[b]
  terá o mesmo destino da glória de
    Israel",
declara o Senhor dos Exércitos.

⁴"Naquele dia, a glória de Israel[c] perderá
    seu brilho;
  seu corpo robusto definhará.
⁵A terra toda parecerá um campo de
    cereais
  depois que os ceifeiros colheram as
    espigas.
Ficará desolada,
  como os campos no vale de Refaim
    depois da colheita.
⁶Restarão apenas uns poucos de seu povo,
  como as azeitonas que sobram quando a
    árvore é sacudida.
Apenas duas ou três restam nos galhos
    mais altos,
  quatro ou cinco aqui e ali em seus ramos",
declara o Senhor, o Deus de Israel.

⁷Naquele dia, enfim, as pessoas olharão
    para seu Criador
  e voltarão os olhos para o Santo de
    Israel.
⁸Não buscarão mais a ajuda de seus ídolos,
  nem adorarão aquilo que suas próprias
    mãos fizeram.
Já não se curvarão para seus postes de
    Aserá,
  nem adorarão nos santuários idólatras
    que construíram.
⁹Suas maiores cidades ficarão como um
    bosque desabitado,
  como a terra que os heveus e os
    amorreus abandonaram[d]
quando os israelitas vieram para cá tanto
    tempo atrás;
  tudo ficará desolado.

¹⁰Pois você se afastou do Deus que o salva,
  se esqueceu da Rocha que o protege.
Por isso, pode até plantar as melhores
    videiras
  e importar as mudas mais caras.
¹¹Pode ser que elas brotem no dia em que
    as puser na terra,
  pode ser que floresçam na manhã em
    que as plantar,
mas você jamais colherá delas uma uva
    sequer;
  sua colheita será apenas tristeza e dor
    contínua.

¹²Ouça! As tropas de muitas nações rugem
    como ruge o mar.
Escute o estrondo dos exércitos,
  que avançam como ondas estrondosas.
¹³Embora rujam como a rebentação na
    praia,
  Deus os calará e eles fugirão,
como palha dispersada pelo vento,
  como folhas num redemoinho antes da
    tempestade.
¹⁴Ao cair da tarde, Israel espera, cheio de
    pavor,
  mas, ao amanhecer, seus inimigos estão
    mortos.
Esse é o castigo merecido dos que nos
    saqueiam,
  o fim apropriado para os que nos
    destroem.

Mensagem a respeito da Etiópia

18 ¹Que aflição espera você, Etiópia,[e] terra
    de velas tremulantes[f]
  junto à nascente do Nilo,
²que envia embaixadores
  pelo rio em rápidas embarcações!

Vão, velozes mensageiros!
  Levem a mensagem a um povo alto, de
    pele lisa,
  temido em toda parte por suas conquistas
    e destruição,
  cuja terra é dividida por rios.

³Todos vocês, povos do mundo,
  todos os habitantes da terra,

---

[a]**17.3a** Em hebraico, *Efraim*, referência a Israel, o reino do norte. [b]**17.3b** Em hebraico, *Arã*. [c]**17.4** Em hebraico, *de Jacó*. Ver nota em 14.1. [d]**17.9** Conforme a Septuaginta; o hebraico traz *como lugares do bosque e do ramo mais alto*. [e]**18.1a** Em hebraico, *Cuxe*. [f]**18.1b** Ou *terra de muitos gafanhotos*; o hebraico traz *terra do zumbido de asas*.

olhem quando eu erguer sobre o monte
   minha bandeira de guerra;
ouçam quando eu soar a trombeta!
⁴Pois o Senhor me disse:
"Do lugar onde habito observarei quieto,
   como sobe o calor num dia de verão,
   como se forma o orvalho da manhã
   durante a colheita".
⁵Antes de começarem a atacar,
   enquanto seus planos amadurecem
      como uvas,
o Senhor cortará seus brotos com a
   podadeira;
   removerá os ramos que se espalharam e
   os lançará fora.
⁶Seu exército poderoso será deixado
   morto nos campos,
para os abutres dos montes e para os
   animais selvagens.
Abutres despedaçarão os cadáveres no
   verão,
   e animais selvagens roerão os ossos no
   inverno.
⁷Naquele tempo, o Senhor dos Exércitos
   receberá presentes dessa terra
   dividida por rios,
desse povo alto, de pele lisa,
   temido em toda parte por suas
   conquistas e destruição.
Levarão presentes ao monte Sião,
   onde habita o Senhor dos Exércitos.

Mensagem a respeito do Egito

19 Recebi esta mensagem acerca do Egito:
Vejam, o Senhor avança contra o Egito,
montado em uma nuvem veloz!
Os ídolos do Egito estremecem diante
   dele;
   o coração dos egípcios se derrete de
   medo.
²"Farei egípcio lutar contra egípcio,
   irmão contra irmão,
vizinho contra vizinho,
   cidade contra cidade,
   província contra província.
³Os egípcios se desesperarão,
   e eu confundirei seus planos.
Pedirão sabedoria a seus ídolos
   e invocarão espíritos;
consultarão médiuns
   e praticantes do ocultismo.
⁴Entregarei o Egito
   a um senhor cruel;
um rei feroz os governará",
   declara o Soberano Senhor dos Exércitos.

⁵As águas do Nilo deixarão de inundar os
   campos;
   o leito do rio ficará seco e árido.
⁶Os canais do Nilo secarão;
   os ribeiros do Egito terão mau cheiro,
   e juncos e canas apodrecerão.
⁷Toda a vegetação às margens do rio,
   todas as plantações junto a ele,
   secarão e serão levadas pelo vento.
⁸Os pescadores lamentarão,
   os que lançam anzóis no Nilo gemerão,
   e os que usam redes perderão o ânimo.
⁹Não haverá linho para os ceifeiros,
   nem fio para os tecelões.
¹⁰Ficarão todos desesperados;
   os trabalhadores se encherão de tristeza.

¹¹Como são tolos os oficiais de Zoã;
   seus conselhos ao rei do Egito são
   absurdos!
Ainda assim, contarão vantagem ao faraó?
   Ousarão se gabar da sabedoria de seus
   antepassados?
¹²Onde estão seus grandes conselheiros,
   faraó?
Que lhe informem os planos de Deus,
   o que o Senhor dos Exércitos fará ao
   Egito.
¹³Os oficiais de Zoã são tolos,
   os oficiais de Mênfis[a] foram enganados.
As autoridades do povo
   fizeram o Egito se desviar.
¹⁴O Senhor enviou sobre eles um espírito
   de confusão;
   estão equivocados em tudo que dizem.
Fazem o Egito cambalear,
   como um bêbado em seu vômito.
¹⁵Não há nada que o Egito possa fazer;
   todos estão indefesos:
a cabeça e a cauda,
   o ramo da palmeira e o junco.

---

[a] **19.13** Em hebraico, *Nofe*.

¹⁶Naquele dia, os egípcios serão frágeis como mulheres. Eles se encolherão de medo debaixo da mão levantada do Senhor dos Exércitos. ¹⁷A simples menção à terra de Judá os encherá de terror, pois o Senhor dos Exércitos traçou seus planos contra eles.

¹⁸Naquele dia, cinco cidades egípcias seguirão o Senhor dos Exércitos e até começarão a falar a língua de Canaã. Uma dessas cidades será Heliópolis, a Cidade do Sol.[a]

¹⁹Naquele dia, haverá um altar ao Senhor no centro do Egito e um monumento ao Senhor em sua fronteira. ²⁰Serão sinal e testemunho de que o Senhor dos Exércitos é adorado na terra do Egito. Quando o povo clamar ao Senhor por causa de seus opressores, ele enviará um salvador que lutará por eles e os livrará. ²¹Naquele dia, o Senhor se revelará aos egípcios. Sim, eles conhecerão o Senhor e lhe apresentarão sacrifícios e ofertas. Farão um voto ao Senhor e o cumprirão. ²²O Senhor ferirá o Egito, mas depois trará cura. Pois os egípcios se voltarão para o Senhor, e ele ouvirá suas súplicas e lhes dará cura.

²³Naquele dia, o Egito e a Assíria serão ligados por uma estrada. Os egípcios e os assírios viajarão livremente entre seus países e adorarão juntos. ²⁴Naquele dia, Israel será o terceiro, junto com o Egito e a Assíria, uma bênção no meio da terra. ²⁵Porque o Senhor dos Exércitos dirá: "Bendito seja o Egito, meu povo. Bendita seja a Assíria, a terra que criei. Bendito seja Israel, minha propriedade especial".

Mensagem a respeito do Egito e da Etiópia

20 No ano em que Sargom, rei da Assíria, enviou seu comandante em chefe para conquistar a cidade de Asdode, na Filístia,[b] ²o Senhor disse a Isaías, filho de Amoz: "Tire o pano de saco que você está vestindo e as sandálias que está calçando". Isaías obedeceu e passou a andar nu e descalço.

³Então o Senhor disse: "Meu servo Isaías andou nu e descalço durante três anos como sinal e advertência das dificuldades terríveis que trarei sobre o Egito e a Etiópia.[c] ⁴O rei da Assíria levará como prisioneiros os egípcios e os etíopes,[d] tanto jovens como velhos. Ele os fará andar nus e descalços, com as nádegas descobertas, para vergonha do Egito. ⁵Então os filisteus entrarão em pânico, pois contavam com o poder da Etiópia e se gabavam de seus aliados no Egito. ⁶Dirão: 'Se isso aconteceu com aqueles que eram nossa esperança de socorro, o que será de nós? Confiávamos que eles nos protegeriam do rei da Assíria!'".

Mensagem a respeito da Babilônia

21 Recebi esta mensagem acerca da Babilônia, o deserto junto ao mar:[e]

O desastre se aproxima, vindo do deserto,
como um vendaval impetuoso que chega
do Neguebe.

²Tenho uma visão assustadora:

---

[a]**19.18** Ou *será a Cidade da Destruição.* [b]**20.1** Isto é, no ano 711 a.C. [c]**20.3** Em hebraico, *Cuxe*; também em 20.5. [d]**20.4** Em hebraico, *cuxitas.* [e]**21.1** Em hebraico, *a respeito do deserto junto ao mar.*

19.18-25 Se você entrar no Museu Britânico, ainda verá os gatos, os crocodilos, os íbis escarlates que [os egípcios] costumavam adorar. Além disso, era sarcasmo entre os poetas romanos que os egípcios adoravam deuses que eles criavam em seus próprios jardins. Eles tinham o besouro sagrado, o rato sagrado e não sei mais o quê. E, no entanto, degradados como eram pela idolatria, a graça de Deus devia chegar a eles!

O homem pode ter ido longe na superstição — pode ter degradado até mesmo o seu próprio intelecto pelo que tentou acreditar e se forçou a descer até as profundidades da superstição — no entanto, por tudo isso, a graça de Deus pode chegar até ele e levantá-lo! Os egípcios estavam também degradados politicamente, pois lemos em uma passagem dos profetas que o Egito será a mais humilde de todas as nações e ainda assim, embora seja a mais humilde a esse respeito, a graça de Deus virá sobre eles! Ó, que maravilhosa é a soberania de Deus! O diabo não pode colorir uma alma tão escarlate no pecado, mas o sangue de Cristo pode torná-la branca como a neve! Satanás não pode conduzir uma ovelha escolhida de Cristo longe o suficiente até as montanhas da vaidade, ou para os desertos do pecado, de forma que o grande Pastor das ovelhas não possa encontrá-la e trazê-la de volta! Há esperança para o mais atolado dos homens. Há esperança para aqueles que se arrastam e que afundam na lama! A infinita compaixão de Deus pode alcançá-los e o eterno poder de Deus pode levantá-los!

vejo o traidor trair,
  o destruidor destruir.
Prossigam, elamitas e medos,
  ataquem e cerquem as cidades.
Porei fim a todos os gemidos
  que ela causou.
³Sinto pontadas intensas no estômago;
  sou tomado de dores agudas,
  como as dores da mulher em trabalho de parto.
Desfaleço quando ouço o que Deus planeja fazer;
  não consigo olhar de tanto medo.
⁴Minha mente está confusa e meu coração dispara;
  desejava que a noite chegasse,
  mas agora a escuridão me aterroriza.
⁵Eles preparam um grande banquete,
  estendem tapetes para que os convidados se sentem;
  todos comem e bebem.
Rápido, levantem-se!
  Peguem seus escudos e preparem-se para a batalha!
⁶Enquanto isso, o Senhor me disse:
"Coloque um vigia no muro da cidade;
  ele deve anunciar em alta voz o que vê.
⁷Deve ficar atento a carros de guerra
  puxados por pares de cavalos,
e a cavaleiros montados em jumentos e em camelos.
  Que o vigia permaneça bem alerta!".
⁸Então o vigia[a] gritou:
"Meu senhor, todos os dias fico na torre de vigia,
  todas as noites permaneço em meu posto.
⁹Agora, veja! Finalmente!
  Aí vem um homem num carro de guerra, com um par de cavalos!".
Então o vigia disse:
  "Ela caiu! A Babilônia caiu!
Todos os ídolos da Babilônia
  estão despedaçados no chão".
¹⁰Ó meu povo, moído e peneirado,
  eu lhes anunciei tudo que o Senhor dos Exércitos disse,
  tudo que o Deus de Israel me falou.

Mensagem a respeito de Edom

¹¹Recebi esta mensagem acerca de Edom:[b]

Alguém em Edom[c] grita para mim:
  "Guarda, quanto falta para amanhecer?
  Quando terminará a noite?".
¹²O guarda responde:
  "O amanhecer está próximo, mas logo a noite voltará;
  se quiser perguntar de novo, volte e pergunte".

Mensagem a respeito da Arábia

¹³Recebi esta mensagem acerca da Arábia:

Ó caravanas de Dedã,
  escondam-se nos bosques da Arábia.
¹⁴Ó habitantes de Temá,
  tragam água para essa gente sedenta,
  alimento para esses refugiados exaustos.
¹⁵Fugiram da espada,
  da espada desembainhada,
do arco preparado
  e dos terrores da batalha.

¹⁶O Senhor me disse: "Dentro de um ano, contando cada dia,[d] toda a glória de Quedar chegará ao fim. ¹⁷Somente alguns de seus arqueiros valentes sobreviverão. Eu, o Senhor, o Deus de Israel, falei!".

Mensagem a respeito de Jerusalém

22 Recebi esta mensagem acerca de Jerusalém, o vale da Visão:[e]

O que está acontecendo?
  Por que todos correm para os terraços?
²A cidade inteira está em grande agitação.
  O que vejo nesta cidade festiva?
Há cadáveres por toda parte;
  não morreram pela espada, nem na batalha.
³Todos os seus líderes fugiram;
  renderam-se sem resistir.
O povo tentou escapar,
  mas também foi capturado.

ᵃ21.8 Conforme os manuscritos do mar Morto e a versão siríaca; o Texto Massorético traz *um leão*. ᵇ21.11a Em hebraico, *Dumá*, que significa "silêncio" ou "quietude"; é um trocadilho com a palavra *Edom*. ᶜ21.11b Em hebraico, *Seir*, outro nome para Edom. ᵈ21.16 Em hebraico, *Dentro de um ano, como um servo obrigado por contrato o contaria*. Alguns manuscritos antigos trazem *Dentro de três anos*, como em 16.14. ᵉ22.1 Em hebraico, *acerca do vale da Visão*.

⁴Por isso eu disse: "Deixem-me chorar em paz;
não tentem me consolar.
Deixem-me chorar por meu povo,
enquanto vejo sua destruição".

⁵Que dia de grande aflição!
Que dia de confusão e terror
enviado pelo Soberano Senhor dos Exércitos
sobre o vale da Visão!
Os muros de Jerusalém foram derrubados;
lamentos ressoam das encostas dos montes.
⁶Os elamitas são arqueiros,
com seus carros e cavaleiros;
os homens de Quir levantam os escudos.
⁷Carros de guerra enchem seus lindos vales,
cavaleiros atacam seus portões.
⁸As defesas de Judá foram removidas;
vocês correm ao arsenalª para pegar suas armas.
⁹Inspecionam as brechas nos muros de Jerusalém;ᵇ
guardam água no tanque inferior.
¹⁰Examinam as casas e derrubam algumas;
usam suas pedras para reforçar os muros.
¹¹Entre os muros da cidade constroem um reservatório,
para guardar a água do tanque velho.
Em nenhum momento, pedem ajuda
àquele que fez tudo isso;
não levam em conta aquele que há muito
planejou essas coisas.

¹²Naquele dia, o Soberano Senhor dos Exércitos,
os chamou para que chorassem e lamentassem.
Disse-lhes que raspassem a cabeça
e vestissem pano de saco.
¹³Em vez disso, vocês dançam e brincam;
abatem gado e matam ovelhas,
comem carne e bebem vinho.
Dizem: "Comamos e bebamos,
porque amanhã morreremos!".

¹⁴O Senhor dos Exércitos me revelou o seguinte: "Até o dia em que vocês morrerem, esse terrível pecado não será perdoado. Eu, o Soberano Senhor dos Exércitos, falei!".

Mensagem para Sebna

¹⁵O Soberano Senhor dos Exércitos me disse: "Confronte Sebna, administrador do palácio, e transmita-lhe esta mensagem:

¹⁶"Quem você pensa que é,
e o que está fazendo aqui,
construindo uma bela sepultura para si,
um monumento no alto da rocha?
¹⁷Pois o Senhor está prestes a lançá-lo para longe,
ó homem poderoso!
Ele o pegará com firmeza,
¹⁸o embrulhará como uma bola
e o atirará para uma terra distante.
Você morrerá naquele lugar,
e seus gloriosos carros de guerra lá ficarão.
Você é uma vergonha para seu senhor!

¹⁹"Sim, eu o expulsarei de seu cargo", diz o Senhor. "Eu o removerei de sua posição. ²⁰Então chamarei meu servo Eliaquim, filho de Hilquias, para ocupar seu lugar. ²¹Vestirei Eliaquim com as roupas oficiais que você usava e lhe darei seu título e autoridade. Ele será como um pai para o povo de Jerusalém e de Judá. ²²Darei a ele a chave da casa de Davi, o cargo mais elevado da corte. Quando ele abrir portas, ninguém poderá fechá-las; quando fechar portas, ninguém poderá abri-las. ²³Trará honra ao nome de seus familiares, pois o colocarei firmemente no lugar, como um prego na parede. ²⁴A família toda dependerá dele, e ele honrará até o membro mais humilde de sua casa."ᶜ

²⁵Contudo, o Senhor dos Exércitos também disse: "Chegará o dia em que arrancarei o prego

---

ª **22.8** Em hebraico, *ao Palácio da Floresta*; ver 1Rs 7.2-5. ᵇ **22.9** Em hebraico, *da cidade de Davi*. ᶜ **22.24** Em hebraico, *Nele pendurarão toda a glória da casa de seu pai: sua prole e seus descendentes, todas as vasilhas de menor importância, das tigelas aos jarros.*

22.25 Sebna, o escriba, ao tornar-se orgulhoso e vaidoso, deveria ser afastado e seu lugar ocupado por um homem melhor, sobre quem Deus prometera estabelecer o Seu favor. Quando Sebna foi afastado, foi como tirar um prego que, aparentemente, fora bem fixado, e tudo o que estava per durado sobre ele caiu com sua queda. Assim, a família de Sebna sofreu por seu pecado. É assim também no mundo nestes dias. Seria bom se

que parecia tão firme. Ele será derrubado e cairá no chão. Tudo que nele se apoia cairá com ele. Eu, o Senhor, falei!".

Mensagem a respeito de Tiro

23 Recebi esta mensagem acerca de Tiro:

Lamentem, navios de Társis,
  pois o porto e as casas de Tiro foram destruídos!
Os boatos que vocês ouviram em Chipre[a]
  são verdadeiros.
² Chorem em silêncio, moradores do litoral
  e comerciantes de Sidom!
Seus negociantes atravessavam o mar[b]
³ e navegavam em águas profundas.
Traziam-lhe os cereais do Egito[c]
  e as colheitas do Nilo.
Você era o mercado das nações.

⁴ Agora, porém, será envergonhada, cidade de Sidom,
  pois Tiro, a fortaleza do mar, diz:[d]
"Nunca tive dores de parto nem dei à luz;
  não tenho filhos nem filhas".
⁵ Quando o Egito receber a notícia sobre Tiro,
  haverá grande tristeza.
⁶ Avisem Társis!
Lamentem, moradores do litoral!
⁷ Essas ruínas são tudo que resta de sua cidade antes tão alegre?
Como foi longa sua história!
Quantos colonizadores enviaram para lugares distantes!
⁸ Quem trouxe essa calamidade sobre Tiro, a grande fundadora de reinos?
Seus comerciantes eram todos príncipes,
  seus negociantes eram os nobres da terra.

⁹ O Senhor dos Exércitos fez isso
  para acabar com seu orgulho,
  para rebaixar os nobres da terra.
¹⁰ Venham, habitantes de Társis,
  percorram a terra como faz o Nilo,
  pois Tiro está indefesa.[e]
¹¹ O Senhor estendeu a mão sobre o mar
  e sacudiu os reinos da terra.
Pronunciou-se contra a Fenícia[f]
  e ordenou que suas fortalezas fossem destruídas.
¹² Disse: "Você nunca mais se alegrará,
  ó filha de Sidom, pois foi esmagada.
Mesmo que fuja para Chipre,
  não encontrará descanso".

¹³ Olhem para a terra da Babilônia;[g]
  seu povo não existe mais!
Os assírios entregaram a Babilônia
  aos animais selvagens do deserto.
Construíram rampas de ataque junto a seus muros,
  demoliram seus palácios
  e transformaram a cidade num monte de ruínas.

¹⁴ Lamentem, navios de Társis,
  pois seu porto está destruído!

¹⁵ Durante setenta anos, o tempo de vida de um rei, Tiro ficará esquecida. Depois disso, porém, a cidade voltará à vida, como na canção sobre a prostituta:

¹⁶ Pegue a harpa e ande pelas ruas,
  ó prostituta esquecida.
Cante uma doce melodia e entoe suas canções,
  para que voltem a lembrar-se de você.

---

[a] **23.1** Em hebraico, *Quitim*; também em 23.12. [b] **23.2** Conforme os manuscritos do mar Morto e a Septuaginta; o Texto Massorético traz *Aqueles que atravessaram o mar deixaram vocês cheios*. [c] **23.3** Em hebraico, *de Sior*, braço do rio Nilo. [d] **23.4** Ou *pois o deus do mar diz*; o hebraico traz *pois o mar, a fortaleza do mar, diz*. [e] **23.10** O significado do hebraico é incerto. [f] **23.11** Em hebraico, *Canaã*. [g] **23.13** Ou *Caldeia*.

---

alguns homens que entraram em caminhos do mal considerassem isso. Não são eles, sozinhos, que sofrem. A ordem e a constituição da sociedade humana afirmam que quando o marido peca, a família sentirá uma dor lancinante. Muitas vezes, a esposa e filhos, experimentam a taça de amargura, da qual são forçados a beber, não por sua própria culpa, mas por culpa do chefe da família. Se houver algum homem aqui [...] que considera colocar as mãos naquilo que não é bom, embora assuma o risco das consequências para seu próprio prazer, ainda assim, por causa de seus próprios filhos e da esposa de seu coração, que pare, a menos que queira encher a vida de sua família de amargura, ou enviá-los para suas sepulturas prematuramente em pobreza e vergonha.

¹⁷Depois de setenta anos, o Senhor fará Tiro renascer. Contudo, não será diferente do que era antes. Voltará a ser prostituta de todos os reinos do mundo. ¹⁸No final, porém, seu lucro será entregue ao Senhor. Suas riquezas não serão acumuladas, mas proverão comida farta e roupas finas para os servos do Senhor.

A destruição da terra

24 ¹Vejam, o Senhor está prestes a destruir a terra
e transformá-la num enorme deserto!
Ele devasta sua superfície
  e dispersa seus habitantes.
²Sacerdotes e povo,
  servos e senhores,
servas e senhoras,
  os que compram e os que vendem,
os que emprestam e os que tomam emprestado,
  credores e devedores, ninguém será poupado.
³A terra será completamente esvaziada e saqueada.
  O Senhor falou!

⁴A terra lamenta e seca,
  sim, o mundo definha e murcha;
  até mesmo os mais nobres da terra definham.
⁵A terra sofre por causa do pecado de seus habitantes,
  pois transgrediram as leis de Deus,
violaram seus decretos
  e quebraram sua aliança eterna.
⁶Por isso, a maldição consome a terra;
  seus habitantes pagam por seus pecados.
São destruídos pelo fogo,
  e apenas alguns sobrevivem.
⁷O vinho novo seca,
  e as videiras murcham;
  os que festejavam agora gemem.
⁸O som animado dos tamborins cessou,
  e já não se ouvem os gritos alegres de celebração;
  os acordes melodiosos da harpa se calaram.
⁹Acabaram-se as alegrias do vinho e das canções;
  a bebida forte tem gosto amargo.
¹⁰A cidade se contorce em meio ao caos;
  todas as casas estão trancadas, para que ninguém entre.
¹¹Nas ruas, multidões clamam por vinho;
  a alegria se transformou em tristeza,
  a celebração foi expulsa da terra.
¹²A cidade foi deixada em ruínas;
  seus portões foram despedaçados.
¹³Assim é em toda a terra:
  sobrou apenas um remanescente,
como as azeitonas que sobram quando a árvore é sacudida,
  como as uvas que restam na videira depois da colheita.

¹⁴Mas todos que restaram gritam e cantam de alegria;
  os que moram no oeste louvam a majestade do Senhor.
¹⁵Nas terras do leste, deem glória ao Senhor;
  nas terras além do mar, louvem o nome do Senhor, o Deus de Israel!
¹⁶Ouvimos cânticos de louvor desde os confins da terra,
  cânticos que glorificam o Justo!

Meu coração, porém, está pesado de angústia;
  chorem por mim, pois desfaleço.
O engano ainda prevalece;
  há traição por toda parte.
¹⁷Terror, armadilhas e laços esperam por vocês,
  habitantes da terra.
¹⁸Os que fogem apavorados cairão numa armadilha;
  os que escaparem da armadilha serão pegos num laço.

Destruição cai dos céus como chuva;
  os alicerces da terra estremecem.
¹⁹A terra se despedaçou;
  está totalmente destruída
  e é sacudida com violência.
²⁰A terra cambaleia como um bêbado,
  estremece como uma tenda na tempestade.
Cai e não voltará a se levantar,
  pois a culpa de sua rebelião é pesada demais.

²¹Naquele dia, o Senhor castigará os
   poderes celestiais nos céus
  e os governantes das nações na terra.
²²Serão reunidos e presos,
   trancados na prisão
  e, por fim, castigados.
²³Então o esplendor da lua minguará,
  e o brilho do sol se apagará,
  pois o Senhor dos Exércitos reinará no
   monte Sião;
  reinará com grande glória em Jerusalém,
   diante das autoridades do povo.

Louvor pelo julgamento e pela salvação

25 ¹Ó Senhor, honrarei e louvarei teu nome,
   pois és meu Deus.
 Fazes coisas maravilhosas!
  Tu as planejaste há muito tempo
  e agora as realizaste.
²Transformas cidades poderosas em
   montes de ruínas;
  cidades com muros fortes se tornam
   escombros.
 Belos palácios em terras distantes são
   destruídos
  e jamais serão reconstruídos.
³Por isso, nações fortes declararão tua
   glória;
  povos cruéis te temerão.

⁴Mas tu, Senhor, és fortaleza para os pobres,
  torre de refúgio para os necessitados em
   sua angústia.
 És abrigo contra a tempestade
  e sombra contra o calor.
 Pois os atos opressores dos cruéis
  são como tempestade que açoita um
   muro,
⁵como o calor implacável do deserto.
 Tu, porém, calas o rugido das nações
   estrangeiras;
  como a sombra de uma nuvem diminui o
   calor implacável,
  assim os cânticos de soberba dos cruéis
   são silenciados.
⁶Em Jerusalém,ᵃ o Senhor dos Exércitos
   oferecerá um grande banquete
  para todos os povos do mundo.
 Será um banquete delicioso,
  com vinho puro e envelhecido e carne da
   melhor qualidade.
⁷Ali removerá a nuvem de tristeza,
  a sombra escura que cobre toda a terra.
⁸Ele engolirá a morte para sempre;
  o Senhor Soberano enxugará todas as
   lágrimas!
 Removerá para sempre todo insulto,
  contra sua terra e seu povo.
 O Senhor falou!

⁹Naquele dia, o povo dirá: "Este é nosso
   Deus!
  Confiamos nele, e ele nos salvou!
 Este é o Senhor, em quem confiamos;
  alegremo-nos em seu livramento!".
¹⁰Pois a mão do Senhor descansará sobre
   Jerusalém.
  Moabe, porém, será esmagada;
   será como palha pisada e deixada para
    apodrecer.
¹¹Deus empurrará para baixo o povo de
   Moabe,
  como um nadador empurra a água para
   baixo com as mãos.
 Acabará com seu orgulho
  e com todas as suas obras perversas.
¹²Os muros altos de Moabe serão
   demolidos;
  serão derrubados por terra,
   até o pó.

Cântico de louvor ao Senhor

26 Naquele dia, todos na terra de Judá entoarão este cântico:

 Nossa cidade é forte;

ᵃ **25.6** Em hebraico, *Neste monte*; também em 25.10.

26.1-3 Esta canção de uma cidade pode pertencer a nós tanto quanto aos homens de Judá, e podemos lançar nela um sentido mais profundo do qual eles não estavam cientes. Anteriormente, estávamos desprotegidos do mal espiritual, e passávamos nossos dias em constante medo, mas o Senhor encontrou para nós uma cidade de defesa, um castelo de refúgio. Temos um local na Nova Jerusalém, que é a mãe de todos nós, e dentro dessa cidade

estamos cercados pelos muros da
salvação de Deus!
²Abram os portões para os justos,
deixem entrar os fiéis.
³Tu guardarás em perfeita paz
todos que em ti confiam,
aqueles cujos propósitos estão firmes
em ti.
⁴Confiem sempre no Senhor,
pois o Senhor Deus é a Rocha eterna.
⁵Ele humilha os orgulhosos;
rebaixa a cidade arrogante
e a lança ao pó.
⁶Os pobres a pisoteiam,
e os necessitados caminham sobre ela.
⁷Para os justos, porém,
o caminho é reto.
Tu, que ages com retidão,
tornas plano o caminho adiante deles.
⁸Senhor, ao seguir tuas justas decisões,
depositamos em ti nossa esperança;
o desejo de nosso coração é glorificar
teu nome.
⁹À noite eu te procuro, ó Deus;
pela manhãª te busco de todo o coração.
Pois só quando vens julgar a terra
as pessoas aprendem a justiça.
¹⁰Tua bondade com os perversos
não os leva a fazer o bem.
Embora outros pratiquem a justiça, eles
continuam a fazer o mal;
não levam em conta a majestade do
Senhor.
¹¹Ó Senhor, eles não prestam atenção à tua
mão levantada;
mostra-lhes teu zelo em defender teu
povo.
Então serão envergonhados;
que o fogo de tua ira consuma teus
inimigos!
¹²Senhor, tu nos concederás paz;
sim, tudo que realizamos vem de ti.
¹³Ó Senhor, nosso Deus, outros senhores
nos governaram,
mas só a ti adoramos.
¹⁴Aqueles a quem servimos estão mortos;
seus espíritos jamais voltarão a viver.
Tu os atacaste e os destruíste;
há muito caíram no esquecimento.
¹⁵Ó Senhor, engrandeceste nosso povo;
sim, tu nos tornaste grandes.
Expandiste nossas fronteiras
e foste glorificado.
¹⁶Senhor, em angústia te buscamos;
oramos sob o peso de tua disciplina.
¹⁷Como a mulher grávida
que se contorce e grita de dor quando dá
à luz,
assim estávamos em tua presença, Senhor.
¹⁸Nós também nos contorcemos de dor
intensa,
mas nosso sofrimento em nada resultou.
Não trouxemos salvação à terra,
nem vida ao mundo.
¹⁹Teus mortos, porém, viverão;
seus corpos ressuscitarão.
Aqueles que dormem na terra
se levantarão e cantarão de alegria.
Pois tua luz que dá vida descerá como o
orvalho
sobre teu povo no lugar dos mortos.

ª **26.9** Em hebraico, *dentro de mim.*

---

fortificada, habitamos com segurança. Vamos cantar esta manhã: *"Nossa cidade é forte"*. O homem que entra em comunhão com Deus através do sacrifício expiatório, entra em um lugar de segurança perfeita, onde pode habitar, sim, morar para sempre, sem medo de ataque. Não somos mais perseguidos por hostes de medos, e espezinhados por desesperos sombrios, mas temos uma cidade forte que supera o inimigo e nos acalma. Nossos hinos evangélicos são as canções de homens que, no mais verdadeiro sentido espiritual, viram o fim do temor, aceitando a provisão de Deus contra problemas do coração. [...]

O Senhor nosso Deus colocou círculo sobre círculo, defesa sobre defesa, em torno de Seu povo. Todos os poderes da providência e da graça protegem os santos. As forças materiais e espirituais também o cercam. O Senhor mantém Seu povo duplamente cercado por muros e baluartes, e, portanto, fala de uma paz dobrada. "Tu guardarás em perfeita paz, paz", diz o hebraico. Deus não faz nada pela metade, mas tudo em dobro. Sua salvação e decretada e determinada, e esta é a base para a serenidade ininterrupta de todos os Seus escolhidos.

Restauração para Israel

²⁰Vá para casa, meu povo,
  e tranque as portas!
Esconda-se por um breve tempo,
  até que tenha passado a ira do Senhor.
²¹Vejam, o Senhor vem dos céus
  para castigar os habitantes da terra por
    seus pecados!
A terra já não esconderá os que foram
    mortos;
  ela os mostrará para que todos os vejam.

27 Naquele dia, o Senhor tomará sua veloz e terrível espada e castigará o Leviatã,ᵃ a serpente que se move com rapidez, a serpente que se enrola e se contorce. Ele matará o dragão do mar.

²"Naquele dia,
  cantem sobre a videira frutífera.
³Eu, o Senhor, a vigiarei
  e a regarei com cuidado.
Dia e noite a vigiarei,
  para que ninguém lhe cause dano.
⁴Minha ira terá passado;
  se houver espinhos e mato crescendo ali,
eu os atacarei e os queimarei,
  ⁵a menos que se voltem para mim e me
    peçam ajuda.
Que façam as pazes comigo,
  sim, que façam as pazes comigo."
⁶Está chegando o tempo em que os
  descendentes de Jacó criarão raízes;
  Israel brotará e florescerá
  e encherá de frutos toda a terra!

⁷Acaso o Senhor feriu Israel
  como feriu seus inimigos?
Destruiu o povo
  como destruiu seus adversários?
⁸Não, mas os exilou para que lhe
    prestassem contas;
  foram exilados de sua terra,
  como se um vento oriental os tivesse
    soprado para longe.
⁹O Senhor fez isso para purificar Israelᵇ de
    sua perversidade,
  para remover todo o seu pecado.

Por isso, todos os santuários idólatras
  serão reduzidos a pó;
  nenhum poste de Aserá ou altar de
    incenso continuará em pé.
¹⁰As cidades fortificadas ficarão
    silenciosas e vazias,
  as casas, abandonadas,
  as ruas, cobertas de ervas daninhas.
Bezerros pastarão ali
  e mastigarão brotos e ramos.
¹¹Israel é como os ramos secos de uma
    árvore,
  quebrados e usados para acender o fogo
    sob as panelas;
  é nação tola e insensata.
Por isso, aquele que os criou
  não terá compaixão nem misericórdia.

¹²Chegará o dia, porém, em que o Senhor os ajuntará como grãos colhidos à mão. Um por um, ele os reunirá, desde o rio Eufrates,ᶜ no leste, até o ribeiro do Egito, no oeste. ¹³Naquele dia, soará a grande trombeta. Muitos que estavam perecendo no exílio na Assíria e no Egito voltarão a Jerusalém para adorar o Senhor em seu santo monte.

Mensagem a respeito de Samaria

28 ¹Que aflição espera a orgulhosa cidade de Samaria,
  a coroa gloriosa dos bêbados de Israel!ᵈ
Fica na parte alta de um vale fértil,
  mas sua beleza gloriosa murchará como
    uma flor.
Ela é o orgulho de um povo
  que o vinho derrubou.
²O Senhor enviará um exército poderoso
    contra ela;
  como forte tempestade de granizo,
chuva torrencial,
  ou violenta inundação,
eles irromperão contra ela
  e a derrubarão por terra.
³A orgulhosa cidade de Samaria,
  a coroa gloriosa dos bêbados de Israel,
  será pisoteada pelos inimigos.
⁴Fica na parte alta de um vale fértil,

ᵃ **27.1** A identificação do *Leviatã* é controversa; as propostas vão desde uma criatura terrestre até um monstro marinho mítico da literatura antiga. ᵇ **27.9** Em hebraico, *Jacó*. Ver nota em 14.1. ᶜ **27.12** Em hebraico, *o rio*. ᵈ **28.1** Em hebraico, *Que aflição espera a coroa de glória dos bêbados de Efraim*, referência a Samaria, capital de Israel, o reino do norte; também em 28.3.

mas sua beleza gloriosa murchará como
uma flor.
Quem a vir a apanhará,
como o figo temporão que alguém
apanha e come.

⁵Naquele dia, o próprio Senhor dos
Exércitos
será a coroa gloriosa de Israel.
Será o orgulho e a alegria
do remanescente de seu povo.
⁶Dará a seus juízes anseio pela justiça
e coragem aos guerreiros que defendem
seus portões.

⁷Agora, porém, Israel é conduzida por
bêbados,
que vacilam por causa do vinho
e cambaleiam por causa do álcool.
Os sacerdotes e os profetas cambaleiam
por causa da bebida forte
e ficam tontos por causa do vinho.
Vacilam quando têm visões
e cambaleiam quando pronunciam suas
decisões.
⁸Suas mesas estão cobertas de vômito;
há sujeira por toda parte.
⁹Perguntam: "Quem o Senhor pensa que
somos?
Por que fala conosco dessa maneira?
Acaso somos crianças pequenas,
recém-desmamadas?
¹⁰Ele nos diz as mesmas coisas
repetidamente,
uma linha de cada vez,
uma linha mais uma vez,
um pouco aqui,
um pouco ali!".

¹¹Agora o Senhor terá de falar a seu povo
por meio de opressores estrangeiros de
língua estranha.
¹²Ele disse a seu povo:
"Este é o lugar de descanso;
que os exaustos repousem aqui.
Este é o lugar de conforto",
mas eles não quiseram ouvir.
¹³Por isso, mais uma vez,
o Senhor lhes explicará sua mensagem,
uma linha de cada vez,
uma linha mais uma vez,
um pouco aqui,
um pouco ali,
para que tropecem e caiam;
serão feridos, pegos em armadilhas e
capturados.

¹⁴Portanto, ouçam esta mensagem do
Senhor,
vocês, governantes zombadores em
Jerusalém.
¹⁵Dizem: "Fizemos um acordo para
enganar a morte,
uma negociação para evitar a sepultura.[a]
A destruição que se aproxima jamais nos
tocará,
pois construímos um forte refúgio feito
de mentiras e engano".
¹⁶Por isso, assim diz o Senhor Soberano:
"Vejam, ponho em Sião uma pedra
angular,
uma pedra firme e testada!
É uma pedra angular preciosa,
sobre a qual se pode construir com
segurança;
quem crer jamais será abalado.[b]
¹⁷Provarei vocês com a corda de medir da
justiça
e com o prumo da retidão.
Porque seu refúgio é feito de mentiras,
uma tempestade de granizo o derrubará.
Porque é feito de engano,
uma inundação o arrastará.
¹⁸Cancelarei o acordo que fizeram para
enganar a morte,
acabarei com sua negociação para evitar
a sepultura.
Quando o terrível inimigo chegar,
vocês serão pisoteados.
¹⁹A inundação virá repetidamente,
a cada manhã,
dia e noite,
até que sejam levados embora".
Essa mensagem deixará seu povo
aterrorizado.

---

[a] **28.15** Em hebraico, *o Sheol*; também em 28.18. [b] **28.16** A Septuaginta traz *Vejam, ponho uma pedra no alicerce de Sião, / uma pedra angular preciosa para seu alicerce, escolhida para grande honra; / quem confiar nele jamais será envergonhado*. Comparar com Rm 9.33; 1Pe 2.6.

²⁰A cama que vocês fizeram é curta demais
para se deitarem,
os cobertores são muito estreitos para se
cobrirem.
²¹O Senhor virá, como fez contra os
filisteus no monte Perazim
e contra os amorreus em Gibeão.
Virá para fazer algo estranho,
para realizar um ato incomum.
²²Pois o Soberano Senhor dos Exércitos
disse claramente que está decidido a
destruir toda a terra.
Portanto, deixem de zombar,
ou seu castigo será ainda maior.
²³Ouçam o que vou dizer;
escutem e prestem muita atenção.
²⁴Acaso o agricultor vive arando a terra,
mas nunca semeia?
Vive preparando o solo, mas nunca
planta?
²⁵Por fim, não lança as sementes
de endro, cominho, trigo, cevada e trigo
candeal,
cada uma de maneira apropriada,
cada uma em seu devido lugar?
²⁶O agricultor sabe exatamente o que
fazer,
pois Deus lhe deu entendimento.
²⁷Não se debulha o endro com uma
marreta;
ele é malhado com uma vara.
Não se passa uma roda de trilhar sobre o
cominho;
ele é batido de leve com uma ripa.
²⁸É fácil moer o cereal para o pão,
portanto ele não o soca demais.
Ele o debulha sob as rodas de uma carroça,
mas não o tritura até virar pó.
²⁹O Senhor dos Exércitos é excelente
mestre
e dá grande sabedoria ao agricultor.

Mensagem a respeito de Jerusalém

29 ¹"Que aflição espera Ariel,ᵃ
a cidade de Davi!
Ano após ano celebram suas festas.
²Contudo, trarei calamidade sobre vocês;
haverá muito choro e tristeza.
Ariel se tornará exatamente o que significa
seu nome:
um altar coberto de sangue.
³Serei seu inimigo,
cercarei Jerusalém e atacarei seus
muros.
Levantarei torres de cerco
e a destruirei.
⁴Então, das profundezas da terra, você
falará;
suas palavras virão do pó.
Sua voz sussurrará do chão,
como um fantasma chamado da
sepultura.

ᵃ29.1 *Ariel* tem um som semelhante a um termo hebraico que significa "lareira" ou "altar".

28.27,28 Reflitam, meus irmãos e irmãs, que a sua e a minha debulha *estão nas mãos de Deus*. Nosso castigo não é deixado aos servos; muito menos aos inimigos — somos castigados pelo Senhor! O próprio grande Agricultor ordena pessoalmente aos trabalhadores que façam isso e aquilo, pois eles não conhecem o tempo ou a forma correta, exceto quando a sabedoria divina os direciona — eles giram a roda sobre o cominho ou tentam debulhar o trigo com uma vara! Vi os servos de Deus tentando ambas as loucuras — eles arrasavam os fracos e ternos e lidavam com parcialidade e suavidade com aqueles que precisavam ser severamente repreendidos! Com que rudeza alguns ministros, alguns anciãos, alguns bons homens e mulheres tratam com almas tímidas e ternas! No entanto, não precisamos temer que destruam os verdadeiros corações, pois por muito que eles possam vexá-los, o Senhor não deixará os Seus escolhidos nas mãos deles, mas anulará sua severidade equivocada e preservará os Seus de serem destruídos por isso! [...]

Da mesma forma como o Senhor não nos deixou no poder do homem, também Ele não nos deixou no poder do diabo; Satanás pode nos peneirar como trigo, mas ele não pode nos debulhar como cominho preto. Ele pode soprar a palha de nós, mesmo com o seu mau hálito, mas não terá o controle do milho do Senhor — Deus preserva os justos. Nenhum ato de providência é deixado ao acaso — o Senhor ordena e organiza o tempo, a força e o lugar dela. O decreto divino não deixa nada incerto! A jurisdição do amor supremo se ocupa dos menores eventos de nossa vida diária!

⁵"De repente, porém, seus inimigos cruéis
   serão esmagados
   como o mais fino pó.
Seus muitos agressores serão expulsos
   como palha ao vento.
De repente, num instante,
   ⁶eu, o Senhor dos Exércitos, entrarei em
      ação
com trovão, terremoto e grande estrondo,
   com vendaval, tempestade e fogo
      consumidor.
⁷Todas as nações que lutam contra Ariel
   desaparecerão como um sonho.
Os que atacam seus muros
   sumirão como uma visão noturna.
⁸O faminto sonha que está comendo,
   mas ao acordar ainda sente fome.
O sedento sonha que está bebendo,
   mas ao amanhecer ainda sente sede.
Assim será com seus muitos inimigos,
   aqueles que atacam o monte Sião".

⁹Estão espantados? Não acreditam?
   Continuem cegos, se quiserem.
Estão entorpecidos, mas não é pelo vinho;
   cambaleiam, mas não é por bebida forte.
¹⁰É porque o Senhor derramou sobre vocês
   um espírito de sono profundo;
   fechou os olhos de seus profetas e
      videntes.

¹¹Para eles, todos os acontecimentos futuros desta visão são um livro selado. Quando você o entregar aos que sabem ler, dirão: "Não podemos ler, pois está selado". ¹²Quando o entregar aos que não sabem ler, dirão: "Não sabemos ler".

¹³Portanto, o Senhor diz:
"Este povo fala que me pertence;
   honra-me com os lábios,
   mas o coração está longe de mim.
A adoração que me prestam
   não passa de regras ensinadas por
      homens.ᵃ
¹⁴Por isso, mais uma vez deixarei este povo
   maravilhado
   com obras maravilhosas.
A sabedoria dos sábios passará,
   e a inteligência dos inteligentes
      desaparecerá".

¹⁵Que aflição espera os que procuram
   esconder seus planos do Senhor,
   que realizam seus atos perversos na
      escuridão!
Dizem: "O Senhor não nos vê;
   não sabe o que se passa".
¹⁶Como são tolos!
   Ele é o oleiro e certamente é maior que
      vocês, o barro.
Pode o objeto criado dizer sobre aquele
      que o criou:
   "Ele não me fez"?
Pode o vaso dizer:
   "O oleiro não sabe o que faz"?

¹⁷Logo, em pouco tempo,
   os bosques do Líbano se tornarão campo
      fértil,
   e o campo fértil produzirá colheitas
      fartas.
¹⁸Naquele dia, os surdos ouvirão as
      palavras lidas de um livro,
   e os cegos verão no meio da escuridão e
      das trevas.
¹⁹Os humildes ficarão cheios de alegria do
      Senhor,
   e os pobres exultarão no Santo de Israel.
²⁰O opressor já não existirá,
   o arrogante desaparecerá,
   e os que tramam o mal serão destruídos.
²¹Os que condenam os inocentes
   com testemunhos falsos desaparecerão.
O mesmo acontecerá aos que trapaceiam
      para perverter a justiça
   e contam mentiras para destruir os
      inocentes.

²²Por isso o Senhor, que resgatou Abraão, diz ao povo de Israel:ᵇ

"Meu povo não será mais envergonhado,
   nem ficará pálido de medo.
²³Quando virem seus muitos filhos
   e todas as bênçãos que lhes dei,
reconhecerão a santidade do Santo de
      Jacó
   e temerão o Deus de Israel.

ᵃ**29.13** A Septuaginta traz *Sua adoração é uma farsa, / pois ensinam ideias humanas como se fossem mandamentos divinos.* Comparar com Mc 7.7. ᵇ**29.22** Em hebraico, *de Jacó*. Ver nota em 14.1.

²⁴Os que se desviam terão discernimento,
e os que se queixam aceitarão instrução."

A inútil aliança entre Judá e o Egito

30 ¹"Que aflição espera meus filhos rebeldes!",
diz o Senhor.
"Vocês fazem planos contrários aos meus,
acordos não dirigidos por mim;
com isso, amontoam pecado sobre pecado.
²Pois, sem me consultar,
desceram ao Egito em busca de ajuda.
Puseram sua confiança na proteção do faraó;
tentaram esconder-se na sombra dele.
³Mas, ao confiar no faraó, serão envergonhados;
ao esconder-se nele, serão humilhados.
⁴Pois, embora o poder dele se estenda até Zoã,
e seus embaixadores tenham chegado a Hanes,
⁵todos que confiam nele serão envergonhados;
ele de nada os ajudará,
mas sim lhes trará humilhação e desonra."

⁶Recebi esta mensagem acerca dos animais do Neguebe:

As caravanas se movem lentamente pelo terrível deserto,
lugar de leoas e leões,
de serpentes e cobras venenosas.
Seguem em direção ao Egito,
com jumentos carregados de riquezas,
camelos levando muitos tesouros,
pagamentos em troca de proteção.
O Egito nada dará como retribuição;
⁷as promessas do Egito não têm valor algum!
Por isso eu o chamo de Raabe,
o Dragão Inofensivo.ᵃ

Advertência para o povo rebelde de Judá

⁸Agora vá e escreva estas palavras;
registre-as num livro.
Elas permanecerão até o fim dos tempos
como testemunha
⁹de que esse povo é rebelde e teimoso
e se recusa a ouvir a lei do Senhor.
¹⁰Dizem aos videntes:
"Não tenham mais visões!",
e aos profetas:
"Não nos digam o que é certo.
Falem de coisas agradáveis,
contem-nos mentiras.
¹¹Esqueçam a verdade,
saiam do caminho estreito.
Parem de nos falar
do Santo de Israel".
¹²Esta é a resposta do Santo de Israel:

"Porque desprezam o que lhes digo
e preferem confiar em opressão e mentiras,
¹³a calamidade virá sobre vocês de repente,
como um muro inclinado que se rompe e desmorona.
Num instante desabará
e cairá por terra.
¹⁴Serão despedaçados como vasilha de barro,
esmigalhados tão completamente
que não sobrará um caco grande o suficiente
para tirar brasas da lareira
ou um pouco de água do poço".

¹⁵Assim diz o Senhor Soberano,
o Santo de Israel:
"Vocês só serão salvos
se voltarem para mim e em mim descansarem.
Na tranquilidade e na confiança está sua força,
mas vocês não quiseram saber.
¹⁶Disseram: 'Nada disso! Entraremos na batalha,
montados em cavalos velozes'.
A única velocidade que verão, porém,
será a de seus inimigos os perseguindo!
¹⁷Cada um deles perseguirá mil de vocês;
cinco deles farão todos vocês fugirem.

ᵃ **30.7** Em hebraico, *Raabe, que permanece imóvel*. Raabe é o nome de um monstro marinho mítico que, na literatura antiga, representa o caos. É usado aqui como nome poético para o Egito.

Serão deixados como mastro solitário
numa colina,
como bandeira no alto de um monte
distante".

Bênçãos para o povo do Senhor

¹⁸Portanto, o Senhor esperará até que
voltem para ele,
para lhes mostrar seu amor e compaixão.
Pois o Senhor é Deus fiel;
felizes os que nele esperam.

¹⁹Ó povo de Sião, que mora em Jerusalém,
você não chorará mais!
Ele será bondoso quando lhe pedirem
ajuda;
certamente atenderá a seus clamores.
²⁰Embora o Senhor lhes tenha dado
angústia como alimento
e aflição como bebida,
ele permanecerá com vocês para lhes
ensinar.
Vocês verão seu mestre com os próprios
olhos,
²¹e seus ouvidos o ouvirão.
Uma voz atrás de vocês dirá:
"Este é o caminho pelo qual devem
andar",
quer se voltem para a direita, quer para a
esquerda.
²²Então vocês destruirão todos os seus
ídolos de prata
e suas valiosas imagens de ouro.
Jogarão tudo fora como se fossem trapos
imundos
e dirão: "Já vai tarde!".

²³Então o Senhor os abençoará com chuva na época de plantar. Terão colheitas fartas e muita pastagem para seus animais. ²⁴Os bois e os jumentos que lavram a terra comerão cereais de boa qualidade, e o vento levará a palha. ²⁵No dia em que seus inimigos forem massacrados e as torres caírem, haverá riachos correndo em todos os montes e colinas. ²⁶A lua será tão brilhante quanto o sol, e o sol será sete vezes mais claro, como a luz de sete dias em um só! Assim será quando o Senhor começar a sarar seu povo e a curar as feridas que lhe causou.

²⁷Vejam, o Senhor vem de longe,
ardendo de ira,
cercado de densas nuvens de fumaça!
Seus lábios estão cheios de fúria,
suas palavras consomem como fogo.
²⁸Seu sopro é como inundação
que sobe até o pescoço de seus inimigos.
Com sua peneira, separará as nações para
a destruição;
colocará nelas um freio e as levará à
ruína.

²⁹Mas vocês entoarão um cântico de
alegria,
como os cânticos das festas sagradas.
Vocês se alegrarão,
como quando o flautista conduz um
grupo de peregrinos
a Jerusalém, o monte do Senhor,
a Rocha de Israel.
³⁰O Senhor fará ouvir sua voz majestosa

30.18 As pessoas estavam com muita pressa de serem libertas de seus inimigos. Os assírios vieram com grande força e estavam cobrindo a terra com seus exércitos. Eles já haviam destruído Israel, o reino vizinho, e, portanto, *os homens de Judá temiam que fossem engolidos rapidamente, assim como a palha seca é devorada pelo fogo*. O profeta ordenou que os habitantes de Jerusalém permanecessem onde estavam, acrescentando: "Vocês só serão salvos se voltarem para mim [o Senhor] e em mim descansarem. Na tranquilidade e na confiança está sua força". Mas eles não ouviram o conselho da sabedoria, preferiram seguir a sugestão de seus medos e descer para o Egito em busca de proteção. Estavam impacientes porque eram incrédulos. Foram lentos para obedecer, mas rápidos para se rebelar. [...] Não confiaram em seu Deus, e assim olharam para a terra da víbora e da serpente, e foram picados com amarga decepção, pois vapor e vazio foram a ajuda do Egito. [...] Repetidamente, Isaías exortou-os a ficarem quietos, dizendo: "as promessas do Egito não têm valor algum", mas eles não aprenderam que a precipitação é uma péssima forma de pressa. Eles não conseguiam ficar quietos por causa de seu medo e loucura, mas o Senhor esperou e não se desviou da Sua longa paciência. Nas palavras do nosso texto, Ele mostrou que, se os mortais não pudessem esperar, seu Criador poderia: "o Senhor esperará até que voltem para ele", e os assegurou mais uma vez que se eles aprendessem a esperar, encontrariam sua sabedoria e felicidade, pois "felizes os que nele esperam".

e mostrará a força de seu braço poderoso.
Em sua ira, descerá com chamas devoradoras,
chuvas torrenciais, tempestades e pedras de granizo.
³¹Por ordem do Senhor, os assírios serão despedaçados;
ele os ferirá mortalmente com seu cetro.
³²Quando o Senhor os ferir com sua vara de castigo,ª
seu povo celebrará com tamborins e harpas.
Ele levantará seu braço poderoso
e lutará contra seus inimigos.
³³Tofete, o lugar de fogo, há muito está pronto para o rei assírio;
um monte de lenha aguarda sobre a fogueira.
O sopro do Senhor, como fogo de um vulcão,
a acenderá.

É inútil confiar no Egito

31 ¹Que aflição espera os que buscam a ajuda do Egito,
que confiam em seus cavalos, carros e cavaleiros
e dependem da força de exércitos humanos em vez de olhar para o Senhor,
o Santo de Israel!
²Em sua sabedoria, o Senhor enviará grande calamidade;
não mudará de ideia.
Ele se levantará contra os perversos
e contra aqueles que os ajudam.
³Pois os egípcios são simples mortais, e não Deus!
Seus cavalos são apenas carne, e não espírito!
Quando o Senhor levantar a mão contra eles,
tropeçarão aqueles que ajudam
e aqueles que são ajudados;
todos cairão e morrerão juntos.

⁴Pois o Senhor me disse:
"Quando um leão jovem e forte
ruge sobre a ovelha que ele matou,
não se assusta com os gritos nem com os ruídos
de um bando de pastores.
De igual modo, o Senhor dos Exércitos
descerá e lutará sobre o monte Sião.
⁵O Senhor dos Exércitos sobrevoará Jerusalém
e a protegerá como uma ave protege o ninho.
Defenderá e livrará a cidade,
passará sobre ela e a salvará".

⁶Ó israelitas, embora sejam rebeldes e perversos, voltem para o Senhor. ⁷Chegará o dia em que cada um de vocês jogará fora os ídolos de ouro e as imagens de prata que suas mãos pecaminosas fizeram.

⁸"Os assírios serão destruídos,
mas não por espadas de homens.
A espada de Deus os ferirá;
entrarão em pânico e fugirão.
Os jovens assírios
serão levados como escravos.
⁹Até os mais fortes tremerão de pavor,
e os príncipes fugirão ao ver suas bandeiras de guerra."
Assim diz o Senhor, cujo fogo queima em Sião,
cujas chamas ardem em Jerusalém.

O livramento final de Israel

32 ¹Vejam, aí vem um rei justo!
Seus príncipes governarão com retidão.
²Cada um será como abrigo contra o vento
e refúgio contra a tempestade,
como riacho no deserto

ª 30.32 Conforme alguns manuscritos hebraicos e a versão siríaca; o Texto Massorético traz *vara estabelecida*.

32.2 É possível que, em primeira instância, meu texto se refira a Ezequias, o rei de Judá. Os assírios haviam invadido a terra, e o exército e a nação estavam impotentes para defender seu território. Parecia que as casas das pessoas seriam completamente destruídas pelo fogo e que os habitantes seriam mortos pela espada ou levados para o cativeiro. Mas havia um homem, chamado Ezequias, que, embora não tivesse um grande exército, tinha grande fé no poder da oração a Deus. E então, ele tomou a carta blasfema de Rabsaqué e a apresentou perante o Senhor

e sombra de uma grande pedra em terra seca.

³Então todos que têm olhos verão a verdade,
e todos que têm ouvidos a ouvirão.
⁴Até os que se iram depressa terão bom senso e entendimento,
e os que gaguejam falarão com clareza.
⁵Naquele dia, os tolos não serão considerados heróis,
e as pessoas sem caráter não serão respeitadas.
⁶Pois os tolos dizem tolices
e planejam o mal.
Praticam a perversidade
e espalham falsos ensinamentos a respeito do Senhor.
Negam comida aos famintos
e não dão água aos sedentos.
⁷As artimanhas dessa gente sem caráter são perversas;
tramam planos maldosos
e mentem para condenar os pobres, mesmo quando a causa dos pobres é justa.
⁸Os generosos, porém, planejam fazer o que é generoso
e permanecem firmes em sua generosidade.
⁹Ouçam, mulheres negligentes;
prestem atenção, vocês que são tão arrogantes.
¹⁰Em breve, pouco mais de um ano, vocês, presunçosas, ficarão apavoradas.
Suas plantações de frutas nada produzirão,
e não haverá colheitas.
¹¹Tremam, mulheres negligentes,
deixem de lado sua arrogância.
Arranquem suas lindas roupas
e vistam-se de pano de saco.
¹²Batam no peito em lamento por suas belas propriedades
e videiras frutíferas.
¹³Pois suas terras ficarão cobertas de espinhos e mato;
seus lares alegres e suas cidades felizes desaparecerão.
¹⁴O palácio será abandonado,
e a cidade, sempre agitada, ficará vazia.
Jumentos selvagens andarão soltos,
e rebanhos pastarão nas fortalezasᵃ e nas torres de vigia,
¹⁵até que, por fim, o Espírito seja derramado
do céu sobre nós.
Então o deserto se tornará campo fértil,
e o campo fértil produzirá colheitas fartas.
¹⁶A retidão governará no deserto,
e a justiça, no campo fértil.
¹⁷E essa justiça trará paz;
haverá sossego e confiança para sempre.
¹⁸Meu povo viverá em paz, tranquilo em seu lar;

ᵃ **32.14** Em hebraico, *em Ofel*.

---

com súplicas. Enviou uma mensagem a outro homem fiel, o profeta Isaías, implorando-lhe que elevasse sua oração a Deus — e o profeta enviou ao rei a alegre informação de que o monarca assírio não poderia entrar em Jerusalém, mas que seria levado de volta para sua própria cidade de Nínive — e que deveria ser morto pela espada na sua própria terra! Ezequias e Isaías foram, para a Judeia, um esconderijo do vento e um refúgio conta o temporal naquele tempo tenso e tempestuoso. [...]

No entanto, tenho que falar de outro Homem a quem este texto se refere mais especialmente. É o Messias, o Homem Cristo Jesus, o Mediador entre Deus e os homens — a maior dádiva de Deus aos homens, o Nazareno, Jesus Cristo da casa de Davi — que é o verdadeiro esconderijo contra o vento, e refúgio contra a tempestade para todos os que nele se abrigam. [...] É o homem Cristo Jesus, que, no entanto, deve ser adorado como "aquele que governa sobre todas as coisas e é digno de louvor eterno", reinando, como Ele faz agora, nos mais elevado dos Céus, coroado de glória e honra. Convido todos vocês que têm medo das tempestades da dúvida, ou provação, ou tentação, ou da ira de Deus, a confiar no Senhor Jesus Cristo, porque, sendo Deus, é Onipotente e, portanto, nada pode ser difícil demais para Ele. Uma vez em Suas mãos, onde está o poder que pode chegar até você, ou arrancá-lo delas? Se o seu escudo for o próprio Todo-Poderoso, então você está seguro de todas as dores ou danos!

terá descanso e segurança.
¹⁹Ainda que os bosques sejam destruídos
e a cidade seja arrasada,
²⁰o povo será abençoado.
Onde quer que semeiem, terão colheitas fartas;
seu gado e seus jumentos pastarão livremente.

Mensagem a respeito da Assíria

33 ¹Que aflição espera vocês, assírios, que destroem os outros,[a]
mas nunca foram destruídos!
Traem outros,
mas nunca foram traídos.
Quando terminarem de destruir,
serão destruídos.
Quando terminarem de trair,
serão traídos.
²Mas tem misericórdia de nós, S{\sc enhor},
pois esperamos em ti.
Sê nosso braço forte a cada dia,
nossa salvação em tempos de angústia.
³O inimigo corre quando ouve tua voz;
quando te levantas, as nações fogem.
⁴Como os campos são despojados por lagartas e gafanhotos,
assim o exército da Assíria será despojado!
⁵Embora o S{\sc enhor} seja grandioso e viva nos céus,
fará de Sião a habitação de sua justiça e retidão.
⁶Ele será seu firme alicerce
e lhe proverá farto suprimento de salvação,
sabedoria e conhecimento;
o temor do S{\sc enhor} será seu tesouro.
⁷Agora, porém, seus guerreiros valentes choram em público;
seus embaixadores da paz derramam lágrimas de amargura.
⁸Suas estradas estão desertas;
ninguém mais viaja por elas.
Quebraram o tratado de paz
e não se importam com as promessas
que fizeram perante testemunhas;[b]
não têm respeito por ninguém.
⁹A terra de Israel murcha de tanto chorar;
o Líbano seca de vergonha.
A planície de Sarom agora é um deserto;
Basã e Carmelo foram saqueados.
¹⁰O S{\sc enhor}, no entanto, diz: "Agora me levantarei;
agora mostrarei meu poder e minha força.
¹¹Vocês só produzem capim seco e palha;
seu sopro se transformará em fogo e os consumirá.
¹²Seu povo será completamente queimado,
como espinheiros cortados e lançados no fogo.
¹³Prestem atenção ao que fiz, nações distantes!
Vocês que estão próximas, reconheçam meu poder!".

¹⁴Os pecadores em Sião tremem de medo;
o terror se apodera dos ímpios.
"Quem pode conviver com esse fogo consumidor?
Quem pode sobreviver a essas chamas devoradoras?"
¹⁵Os que são justos e íntegros,
que não lucram por meios desonestos,
que se mantêm afastados de subornos,
que não dão ouvidos aos que tramam assassinatos,
que fecham os olhos para toda tentação de fazer o mal,
¹⁶esses habitarão nas alturas;
as rochas dos montes serão sua fortaleza.
Terão provisão de alimento
e não lhes faltará água.
¹⁷Seus olhos verão o rei em todo o seu esplendor,
verão uma terra que se estende para longe.
¹⁸Vocês se lembrarão deste tempo de terror e perguntarão:
"Onde estão os oficiais
que contaram nossas torres?
Onde estão os que registraram o despojo

---

[a] **33.1** Em hebraico, *Que aflição o espera, ó Destruidor*. O texto hebraico não especifica a Assíria como objeto da profecia deste capítulo. [b] **33.8** Conforme os manuscritos do mar Morto; o Texto Massorético traz *não se importam com as cidades*.

tirado de nossa cidade derrotada?".
¹⁹Não verão mais esse povo arrogante,
que fala uma língua estranha e
desconhecida.
²⁰Em vez disso, verão Sião como lugar de
festas sagradas;
verão Jerusalém, cidade tranquila e
segura.
Será como uma tenda com as cordas bem
esticadas
e estacas firmemente cravadas no chão.
²¹O Senhor será nosso Poderoso;
será como um largo rio de proteção
que nenhum adversário consegue
atravessar,
em que nenhuma embarcação inimiga
consegue navegar.
²²Pois o Senhor é nosso juiz,
nosso comandante e nosso rei;
ele nos livrará.
²³As velas dos inimigos pendem soltas de
mastros quebrados,
presas com cordas inúteis.
Seu tesouro será repartido entre o povo de
Israel;
até mesmo os deficientes físicos
receberão sua parte.
²⁴O povo já não dirá:
"Estamos doentes e indefesos",
pois o Senhor perdoará seus pecados.

Mensagem para as nações

34 ¹Venham e escutem, nações da terra;
o mundo e tudo que nele há, ouçam
minhas palavras!
²Pois é grande a ira do Senhor com as
nações;
está furioso com todos os seus exércitos.
Ele as destruirá por completo,
ele as condenará à matança.
³Seus mortos não serão sepultados;
o fedor de seus cadáveres encherá a
terra,
e o sangue escorrerá pelos montes.
⁴Os céus lá no alto se dissolverão
e desaparecerão como pergaminho
enrolado.
As estrelas cairão do céu,
como folhas secas da videira,
como figos murchos da figueira.
⁵E, quando minha espada tiver terminado
seu trabalho nos céus,
cairá sobre Edom,
a nação que condenei à destruição.
⁶A espada do Senhor está banhada em
sangue
e coberta de gordura,
de sangue de cordeiros e bodes,
de gordura de carneiros.
Sim, o Senhor oferecerá um sacrifício na
cidade de Bozra,
fará grande matança em Edom.
⁷Até homens fortes como bois morrerão,
tanto os mais jovens como os mais
velhos.
A terra ficará ensopada de sangue,
e o solo, cheio de gordura.
⁸Pois é o dia da vingança do Senhor,
o ano em que retribuirá a Edom por tudo
que fez a Israel.[a]
⁹Os riachos de Edom se encherão de piche
ardente,
e a terra ficará coberta de fogo e
enxofre.
¹⁰Esse julgamento sobre Edom jamais terá
fim;
sua fumaça subirá para sempre.
A terra ficará deserta de geração em
geração;
ninguém voltará a habitar nela.
¹¹Ali viverão a coruja do deserto e o mocho,
o corujão e o corvo.[b]
Pois Deus medirá aquela terra com
cuidado;
ele a medirá para o caos e para a
destruição.
¹²Ela se chamará Terra do Nada,
e logo seus nobres desaparecerão.[c]
¹³Espinhos invadirão seus palácios,
urtigas e cardos crescerão em suas
fortalezas.
As ruínas serão morada de chacais
e habitação de corujas.
¹⁴Animais do deserto se misturarão ali com
hienas,

[a] 34.8 Em hebraico, *a Sião*. [b] 34.11 A identificação de algumas dessas aves é incerta. [c] 34.12 O significado do hebraico é incerto.

bodes selvagens berrarão uns para os
outros entre as ruínas,
criaturas da noite[a] irão até lá para
descansar.
¹⁵Ali a coruja fará seu ninho e porá seus
ovos;
chocará os filhotinhos e os cobrirá com
suas asas.
Os abutres também irão para lá,
cada um com seu par.
¹⁶Procurem no livro do Senhor
e vejam o que ele fará.
Não faltará nenhum desses animais,
nenhum deles ficará sem par,
pois o Senhor assim prometeu;
seu Espírito fará tudo se realizar.
¹⁷Ele lançou sortes e dividiu a terra
e a entregou a essas criaturas como
propriedade.
Elas a possuirão para sempre,
de geração em geração.

Esperança de restauração

35 ¹As regiões desabitadas e o deserto
exultarão;
a terra desolada se alegrará e florescerá
como o açafrão.
²Haverá muitas flores,
cânticos e alegria!

Os desertos se tornarão verdes como os
montes do Líbano,
belos como o monte Carmelo e a planície
de Sarom.
Ali o Senhor mostrará sua glória,
o esplendor de nosso Deus.
³Fortaleçam os de mãos cansadas,
apoiem os de joelhos fracos.
⁴Digam aos de coração temeroso:
"Sejam fortes e não temam,
pois seu Deus vem para vingar-se de seus
inimigos;
ele vem para salvá-los".
⁵Quando ele vier, abrirá os olhos dos cegos
e os ouvidos dos surdos.
⁶Os aleijados pularão como o cervo,
e os mudos cantarão de alegria.
Fontes brotarão no deserto,
e rios correrão na região desolada.
⁷O solo ressecado se tornará um açude,
e a terra sedenta, mananciais de água.
O capim, a cana e o junco florescerão
onde antes viviam os chacais do deserto.
⁸Um caminho largo atravessará a terra
antes desabitada
e será chamado Caminho de Santidade;
os impuros jamais passarão por ele.
Será somente para os que andam nos
caminhos de Deus;

---

[a] **34.14** Em hebraico, *lilith*, possivelmente uma referência a um demônio mítico da noite.

35.2,7 *V.2* Uma visão maravilhosa para se ter, pois lá está uma das mais belas vistas no mundo quando a glória e a excelência de Deus são vistas nas obras da Sua graça no Seu próprio povo. É uma visão que faz os homens se regozijarem em seu coração e depois se regozijarem com suas línguas. Eles "cantarão e se alegrarão", que é a dupla alegria do coração e dos lábios. Bem, estas devem ser pessoas favorecidas que, onde quer que vão, podem agradar os outros desta forma! Irmãos e irmãs, essas pessoas devem estar plenas, caso contrário não poderão transbordar! Elas devem estar vivas, caso contrário, não poderão vivificar os lugares desertos. Devem estar em flor, florescendo como a rosa, caso contrário, não poderão tornar o deserto tão cheio de verdor. Permita o Senhor que possamos estar nesse estado, que possamos entrar no deserto. Há algumas pessoas do povo de Deus que não podem confiar em si mesmas para ir onde são necessárias porque não têm graça divina suficiente. São tão fracas que parecem o homem fraco em pé na beira do rio, que não pode pular para resgatar um homem que se afoga com medo de que ele mesmo se afogue também. Mas, ó, são abençoados os que, de fato, se atrevem a entrar nos desertos e nos lugares solitários, e levar a bênção transformadora do Céu com eles até que o deserto mude sua aparência — e o castanho da areia árida dê lugar ao rubor da rosa — porque Deus veio para lá com o Seu povo!

V.7 Os pontos mais verdes sobre os quais seus olhos já foram postos são apenas onde a grama está tão enraizada no pântano que é sempre verde com um matiz delicado, e os juncos brotam abundantemente. Ó Deus, faça os pobres corações ressequidos se tornarem assim! Vocês estéreis, vocês desolados — Ele pode dar-lhes o melhor verdor que é possível! Seus corações serão tão verdes e renovados quanto os locais onde há grama com juncos.

os tolos jamais andarão por ele.
⁹Ao longo desse trajeto, leões não ficarão à espreita,
nem qualquer outro animal feroz.
Não haverá nenhum perigo;
somente os redimidos andarão por ele.
¹⁰Os que foram resgatados pelo Senhor voltarão;
entrarão cantando em Sião,
coroados com alegria sem fim.
A tristeza e o lamento desaparecerão,
e eles ficarão cheios de alegria e felicidade.

A Assíria invade Judá

36 No décimo quarto ano do reinado de Ezequias,ª Senaqueribe, rei da Assíria, atacou as cidades fortificadas de Judá e as conquistou. ²Então o rei da Assíria enviou, de Laquis, seu comandante em chefe,ᵇ junto com um grande exército, para confrontarem o rei Ezequias em Jerusalém. Os assírios se posicionaram ao lado do aqueduto que abastece o tanque superior, perto do caminho para o campo onde se lavaᶜ roupa.

³Estes são os oficiais que saíram ao encontro deles: Eliaquim, filho de Hilquias, o administrador do palácio; Sebna, o secretário da corte; e Joá, filho de Asafe, o historiador do reino.

Senaqueribe ameaça Jerusalém

⁴O porta-voz do rei assírio mandou que transmitissem esta mensagem a Ezequias:

"Assim diz o grande rei da Assíria: Em que você confia, que lhe dá tanta segurança? ⁵Pensaᵈ que meras palavras podem substituir experiência e força militar? Com quem você conta para se rebelar contra mim? ⁶Com o Egito? Se você se apoiar no Egito, ele será como um junco que se quebra sob seu peso e perfura sua mão. O faraó, rei do Egito, não é digno de nenhuma confiança! ⁷"Talvez vocês digam: 'Confiamos no Senhor, nosso Deus!'. Mas não foi a ele que Ezequias insultou? Ezequias não destruiu os santuários e altares dele e obrigou todos em Judá e Jerusalém a adorarem somente no altar em Jerusalém?

⁸"Vou lhes dizer uma coisa: Façam um acordo com meu senhor, o rei da Assíria. Eu lhes darei dois mil cavalos se forem capazes de encontrar homens em número suficiente para montá-los! ⁹Com seu exército minúsculo, como podem pensar em desafiar até o contingente mais fraco do exército de meu senhor, mesmo com a ajuda dos carros e dos cavaleiros do Egito? ¹⁰Além disso, imaginam que invadimos sua terra sem a direção do Senhor? Foi o próprio Senhor que nos disse: 'Ataquem essa terra e destruam-na!'".

¹¹Então Eliaquim, Sebna e Joá disseram ao porta-voz: "Por favor, fale conosco em aramaico, pois entendemos bem essa língua. Não fale em hebraico,ᵉ pois o povo sobre o muro o ouvirá".

¹²O porta-voz, no entanto, respondeu: "Vocês pensam que meu senhor enviou essa mensagem apenas para vocês e para seu senhor? Ele quer que todo o povo a ouça, pois, quando cercarmos esta cidade, eles sofrerão junto com vocês. Ficarão tão famintos e sedentos que comerão as próprias fezes e beberão a própria urina!".

¹³Então o porta-voz se levantou e gritou em hebraico: "Ouçam esta mensagem do grande rei da Assíria! ¹⁴Assim diz o rei: Não deixem que Ezequias os engane. Ele jamais será capaz de livrá-los. ¹⁵Não deixem que ele os convença a confiar no Senhor, dizendo: 'Certamente o Senhor nos livrará; esta cidade jamais cairá nas mãos do rei da Assíria'.

¹⁶"Não deem ouvidos a Ezequias! Estas são as condições que o rei da Assíria oferece: Façam as pazes comigo, abram as portas e saiam. Então, cada um de vocês continuará a comer de sua própria videira e de sua própria figueira e a beber de seu próprio poço. ¹⁷Depois, providenciarei que sejam levados a outra terra como esta, uma terra com cereais e vinho novo, com pão e vinhedos.

¹⁸"Não deixem Ezequias enganá-los, dizendo: 'O Senhor nos livrará!'. Acaso os deuses de alguma outra nação livraram seu povo do rei da Assíria? ¹⁹O que aconteceu aos deuses de

---

ª **36.1** Isto é, no ano 701 a.C. ᵇ **36.2a** Ou *o rabsaqué*; também em 36.4,11,12,22. ᶜ **36.2b** Ou *branqueia*. ᵈ **36.5** Conforme os manuscritos do mar Morto (ver tb. 2Rs 18.20); o Texto Massorético traz *Penso*. ᵉ **36.11** Em hebraico, *no dialeto de Judá*; também em 36.13.

Hamate e de Arpade? E quanto aos deuses de Sefarvaim? Acaso algum deus livrou Samaria de meu poder? ²⁰Qual dos deuses de qualquer nação foi capaz de livrar seu povo de meu poder? O que os faz pensar que o Senhor pode livrar Jerusalém de minhas mãos?".

²¹Mas o povo permaneceu em silêncio e não disse uma palavra sequer, pois Ezequias havia ordenado: "Não lhe respondam".

²²Então Eliaquim, filho de Hilquias, administrador do palácio, Sebna, secretário da corte, e Joá, filho de Asafe, historiador do reino, voltaram a Ezequias. Rasgaram suas roupas e foram contar ao rei o que o porta-voz tinha dito.

Ezequias busca a ajuda do Senhor

37 Quando o rei Ezequias ouviu esse relato, rasgou as roupas, vestiu-se com panos de saco e entrou no templo do Senhor. ²Enviou Eliaquim, o administrador do palácio, Sebna, o secretário da corte, e os principais sacerdotes, todos vestidos com panos de saco, ao profeta Isaías, filho de Amoz. ³Eles lhe disseram: "Assim diz o rei Ezequias: 'Hoje é um dia de angústia, insulto e humilhação. É como quando a criança está prestes a nascer, mas a mãe não tem forças para dar à luz. ⁴Contudo, talvez o Senhor, seu Deus, tenha ouvido o porta-voz[a] que o rei da Assíria enviou para desafiar o Deus vivo e o castigue por suas palavras. Por favor, ore por nós que restamos!'".

⁵Depois que os oficiais do rei Ezequias transmitiram a mensagem ao profeta Isaías, ⁶ele respondeu: "Digam ao rei que assim diz o Senhor: 'Não se assuste com os insultos que os mensageiros do rei da Assíria lançaram contra mim. ⁷Ouça! Eu mesmo agirei contra o rei da Assíria,[b] e ele receberá notícias que o farão voltar para sua terra. Ali eu providenciarei que ele seja morto à espada'".

⁸Enquanto isso, o porta-voz partiu de Jerusalém e foi consultar o rei da Assíria, pois tinha sido informado de que o rei havia deixado Laquis e estava atacando Libna.

⁹Logo depois, o rei Senaqueribe recebeu a notícia de que Tiraca, rei da Etiópia,[c] havia saído com seu exército para lutar contra ele. Então enviou seus homens de volta a Ezequias em Jerusalém com a seguinte mensagem:

¹⁰"Esta é uma mensagem para Ezequias, rei de Judá. Não deixe que seu Deus, em quem você confia, o engane com promessas de que Jerusalém não será conquistada pelo rei da Assíria. ¹¹Você sabe muito bem o que os reis da Assíria fizeram por onde passaram. Destruíram completamente todos que atravessaram seu caminho! Quem é você para escapar? ¹²Acaso os deuses de outras nações, como Gozã, Harã, Rezefe, e o povo de Éden, que estava em Telassar, as livraram? Meus antecessores destruíram todos eles! ¹³O que aconteceu ao rei de Hamate e ao rei de Arpade? O que aconteceu aos reis de Sefarvaim, de Hena e de Iva?".

¹⁴Depois que Ezequias recebeu a carta dos mensageiros e a leu, subiu ao templo do Senhor e a estendeu diante do Senhor. ¹⁵Então Ezequias fez esta oração na presença do Senhor: ¹⁶"Ó Senhor dos Exércitos, o Deus de Israel, que estás entronizado entre os querubins! Só tu és Deus de todos os reinos da terra. Sim, tu criaste os céus e a terra. ¹⁷Inclina teus ouvidos, ó Senhor, e ouve! Abre teus olhos, ó Senhor, e vê! Ouve as palavras com as quais Senaqueribe desafia o Deus vivo!

¹⁸"É verdade, Senhor, que os reis da Assíria destruíram todas essas nações. ¹⁹Lançaram os deuses dessas nações no fogo e os queimaram. É claro que os assírios conseguiram destruí-los! Não eram deuses de verdade, mas apenas ídolos de madeira e pedra moldados por mãos humanas. ²⁰Agora, Senhor, nosso Deus, salva-nos do poder desse rei; então todos os reinos da terra saberão que somente tu, Senhor, és Deus".[d]

Isaías prediz o livramento de Judá

²¹Então Isaías, filho de Amoz, enviou esta mensagem a Ezequias: "Assim diz o Senhor, o Deus de Israel: Visto que você orou a mim a respeito de Senaqueribe, rei da Assíria, ²²o Senhor proferiu esta palavra contra ele:

"A filha virgem de Sião
   o despreza e ri de você.

---

[a] 37.4 Ou *o rabsaqué*; também em 37.8. [b] 37.7 Em hebraico, *Eu porei nele um espírito*. [c] 37.9 Em hebraico, *de Cuxe*. [d] 37.20 Conforme os manuscritos do mar Morto (ver tb. 2Rs 19.19); o Texto Massorético traz *somente tu és o Senhor*.

A filha de Jerusalém
  balança a cabeça com desdém enquanto você foge.
²³"A quem você desafiou e de quem zombou?
  Contra quem levantou a voz?
Para quem olhou com arrogância?
  Para o Santo de Israel!
²⁴Por meio de seus mensageiros, desafiou o Senhor.
  Disse: 'Com meus numerosos carros de guerra,
conquistei os montes mais elevados,
  sim, os picos mais remotos do Líbano.
Cortei seus cedros mais altos
  e seus melhores ciprestes.
Cheguei a suas maiores alturas
  e explorei suas florestas mais densas.
²⁵Cavei poços em muitas terras estrangeirasª
  e me refresquei com sua água.
Com a sola de meu pé,
  sequei todos os rios do Egito!'.
²⁶"Mas você não sabe?
  Eu decidi tudo isso há muito tempo.
Planejei essas coisas no passado distante,
  e agora as realizo.
Planejei que você transformaria cidades fortificadas
  em montes de escombros.
²⁷Por isso, seus habitantes perdem as forças
  e ficam assustados e envergonhados.
São frágeis como a relva,
  indefesos como brotos verdes e tenros.
São como capim que surge no telhado,
  queimadoᵇ antes de crescer.
²⁸"Mas eu o conheço bem;
  sei onde está
e sei de suas idas e vindas;
  sei como se enfureceu contra mim.
²⁹E, por causa de sua raiva contra mim
  e de sua arrogância, que eu mesmo ouvi,
porei minha argola em seu nariz
  e meu freio em sua boca.
Eu o farei voltar
  pelo mesmo caminho por onde veio".

³⁰Então Isaías disse a Ezequias: "Esta é a prova de que minhas palavras são verdadeiras:

"Neste ano vocês comerão somente o que crescer por si,
  e no ano seguinte, o que brotar disso.
Mas, no terceiro ano, semeiem e colham,
  cuidem de suas videiras e comam de seus frutos.
³¹Vocês que restarem em Judá,
  os que escaparem da destruição,
lançarão raízes em seu próprio solo,
  crescerão e darão frutos.
³²Pois um remanescente de meu povo sairá de Jerusalém,
  um grupo de sobreviventes partirá do monte Sião.
O zelo do Senhor dos Exércitos
  fará que isso aconteça!

³³"E assim diz o Senhor a respeito do rei da Assíria:

"Seus exércitos não entrarão em Jerusalém,
  nem dispararão contra ela uma só flecha.
Não marcharão com escudos fora de seus portões,
  nem construirão rampas de terra contra seus muros.
³⁴O rei voltará à terra dele
  pelo mesmo caminho por onde veio.
Não entrará na cidade,
  diz o Senhor.
³⁵Por minha própria honra e por causa de meu servo Davi,
  defenderei esta cidade e a libertarei".

³⁶Naquela noite, o anjo do Senhor foi ao acampamento assírio e matou 185 mil soldados assírios. Quando os sobreviventesᶜ acordaram na manhã seguinte, encontraram cadáveres por toda parte. ³⁷Então Senaqueribe, rei da Assíria, levantou acampamento e partiu para sua terra. Voltou para Nínive e ali ficou. ³⁸Certo dia, enquanto ele adorava no templo de seu deus Nisroque, seus filhos Adrameleque e Sarezer o mataram à espada. Fugiram para a

---

ª**37.25** Conforme os manuscritos do mar Morto (ver tb. 2Rs 19.24); o Texto Massorético não traz *em muitas terras estrangeiras*. ᵇ**37.27** Conforme os manuscritos do mar Morto e alguns manuscritos gregos (ver tb. 2Rs 19 26); a maioria dos manuscritos hebraicos traz *como um campo com terraços*. ᶜ**37.36** Em hebraico, *Quando eles*.

terra de Arate, e outro filho, Esar-Hadom, se tornou seu sucessor na Assíria.

A doença e a recuperação de Ezequias

38 Por esse tempo, Ezequias ficou doente e estava para morrer. O profeta Isaías, filho de Amoz, foi visitá-lo e transmitiu-lhe a seguinte mensagem: "Assim diz o SENHOR: 'Ponha suas coisas em ordem, pois você vai morrer. Não se recuperará dessa doença'".

²Quando Ezequias ouviu isso, virou o rosto para a parede e orou ao SENHOR: ³"Ó SENHOR, lembra-te de como sempre te servi com fidelidade e devoção, e de como sempre fiz o que é certo aos teus olhos". Depois, o rei chorou amargamente.

⁴Então Isaías recebeu esta mensagem do SENHOR: ⁵"Volte a Ezequias e diga-lhe: Assim diz o SENHOR, o Deus de seu antepassado Davi: 'Ouvi sua oração e vi suas lágrimas. Acrescentarei quinze anos à sua vida ⁶e livrarei você e esta cidade do rei da Assíria. Sim, defenderei esta cidade.

⁷"'Este é o sinal do SENHOR de que cumprirá o que prometeu. ⁸Farei a sombra do sol recuar dez graus no relógio de sol[a] de Acaz'". Então a sombra no relógio de sol de Acaz recuou dez graus.

Poema de louvor de Ezequias

⁹Quando o rei Ezequias se recuperou, escreveu este poema:

¹⁰Eu disse: "No pleno vigor de minha vida,
devo entrar no lugar dos mortos?[b]
Serei roubado do restante de meus anos?".
¹¹Eu disse: "Nunca mais verei o SENHOR Deus
na terra dos vivos.
Nunca mais verei pessoa alguma,
nem estarei com os que vivem neste mundo.
¹²Minha vida foi levada embora,
como uma tenda de pastor na tempestade.
Foi cortada como o tecelão corta o tecido do tear;
de repente, minha vida se acabou.
¹³Esperei a noite inteira com paciência,
mas era como se leões me despedaçassem;
de repente, minha vida se acabou.
¹⁴Delirante, chilreava como a andorinha ou como o grou,
depois gemia como a pomba.
Meus olhos se cansaram de olhar para o céu à espera de socorro.
Estou aflito, Senhor;
responde-me!".

¹⁵Mas o que posso dizer?
Ele mesmo enviou esta doença.
Agora, andarei humildemente toda a vida,
por causa da angústia que senti.[c]
¹⁶Senhor, tua disciplina é boa,
pois conduz à vida e à saúde.
Tu restauras minha saúde
e permites que eu viva!

---

[a] 38.8 Em hebraico, *nos degraus.* [b] 38.10 Em hebraico, *entrar pelas portas do Sheol?* [c] 38.15 O significado do hebraico é incerto.

38.1 Esta vida mortal, e tudo que lhe diz respeito, é comparada a uma casa e o primeiro ponto da semelhança será visto se questionarmos: quem é o senhorio? A primeira resposta é que *certamente não somos nós*. Para todos os homens, pode-se dizer com sinceridade: "Você não pertence a si mesmo". Somos inquilinos, mas não detentores de direitos. Somos meros inquilinos sem contrato. A casa terrena deste tabernáculo pertence Àquele que a construiu. Aquele que a sustenta mantém os títulos em Sua própria posse. [...] Ele a criou e a criou para a Sua própria glória. Sua alma veio à existência por Sua palavra. Suas forças corporais foram todas concedidas por Sua mão. Você é criação do Todo-Poderoso! Em todas as veias, tendões e nervos do seu corpo há vestígios da habilidade do Bordador Divino. Você é de Deus em todos os acontecimentos e questões mais secretas de sua vida, pois deve a posse contínua de sua existência a Ele todos os dias. [...] Se o poder sustentador de Deus for retirado, sua casa corporal cai em ruína de morte e total dissolução de corrupção! Tudo o que você tem ao seu redor está na mesma situação, pois comida e roupas, casa e bens, são dádivas de Deus para você. A força da mão ou a agilidade do cérebro que lhe permitiu acumular riqueza, ou viver em conforto, tudo veio dele! Dia após dia você é um plebeu na mesa da recompensa divina, um dependente, em todos os momentos, da infinita misericórdia de Deus. Você não tem nada e não é nada senão o que apraz a Deus! Você deve tudo o que tem e tudo o que é a Ele.

¹⁷Sim, a angústia me fez bem,
  pois tu me livraste da morte
  e perdoaste todos os meus pecados.
¹⁸Pois os mortos[a] não podem exaltar-te;
  não podem entoar louvores.
  Aqueles que descem à cova
  já não podem esperar em tua fidelidade.
¹⁹Somente os vivos te louvam como faço hoje;
  cada geração fala de tua fidelidade à geração seguinte.
²⁰Sim, o Senhor está disposto a me curar!
  Com instrumentos de cordas, entoarei louvores
  todos os dias de minha vida,
  no templo do Senhor.

²¹Isaías tinha dito aos servos de Ezequias: "Preparem uma pasta de figos e coloquem-na sobre a ferida, e Ezequias se recuperará".

²²Ezequias tinha perguntado: "Que sinal o Senhor dará como prova de que irei ao templo do Senhor?".

Mensageiros da Babilônia

39 Pouco tempo depois, Merodaque-Baladã, filho de Baladã, rei da Babilônia, enviou cartas e um presente para Ezequias, pois soube que o rei tinha estado muito doente e havia se recuperado. ²Ezequias recebeu com alegria os mensageiros babilônios e lhes mostrou tudo que havia na casa do tesouro: a prata, o ouro, as especiarias e os óleos aromáticos. Também os levou para conhecer seu arsenal e lhes mostrou tudo que havia nos tesouros do rei. Não houve nada em seu palácio nem em seu reino que Ezequias não lhes mostrasse.

³Então o profeta Isaías foi ver o rei Ezequias e lhe perguntou: "O que esses homens queriam? De onde vieram?".

Ezequias respondeu: "Vieram da Babilônia, uma terra distante".

⁴"O que viram em seu palácio?", perguntou Isaías.

"Viram tudo", Ezequias respondeu. "Eu lhes mostrei tudo que possuo, todos os meus tesouros."

⁵Então Isaías disse a Ezequias: "Ouça esta mensagem do Senhor dos Exércitos: ⁶'Está chegando o dia em que tudo em seu palácio, todos os tesouros que seus antepassados acumularam até agora, será levado para a Babilônia. Não ficará coisa alguma', diz o Senhor. ⁷Até mesmo alguns de seus descendentes serão levados para o exílio. Eles se tornarão eunucos e servirão no palácio do rei da Babilônia'".

⁸Ezequias disse a Isaías: "A mensagem do Senhor que você transmitiu é boa". Pois o rei pensava: "Pelo menos haverá paz e segurança durante minha vida".

Consolo para o povo de Deus

40 ¹"Consolem, consolem meu povo",
  diz o seu Deus.
²"Falem com carinho a Jerusalém;
  digam-lhe que seus dias de luta acabaram
  e que seus pecados foram perdoados.
  Sim, o Senhor a castigou em dobro
  por todos os seus pecados."

³Ouçam! Uma voz clama:
  "Abram caminho no deserto para o Senhor![b]
  Preparem para nosso Deus
  uma estrada reta na terra desolada!
⁴Aterrem os vales,
  nivelem os montes e as colinas.
  Endireitem as curvas,
  tornem planos os trechos acidentados.
⁵Então a glória do Senhor será revelada,
  e todos a verão.

---

[a] 38.18 Em hebraico, *o Sheol*. [b] 40.3 Ou *Uma voz clama no deserto: "Abram caminho para o Senhor!"*

40.2-4,12-14 *V.2* O primeiro significado dessas palavras era que, como Jerusalém havia passado por um momento de grande tribulação, ela deveria ter um tempo de descanso. Mas o grande significado do evangelho para você e para mim é que nosso Senhor Jesus lutou nossa batalha e conquistou a vitória para nós — que Ele pagou nossa dívida e à justiça divina o dobro de todos os nossos pecados e, portanto, nossa iniquidade está perdoada! Creio que isso seja suficiente para deixar alguém feliz. É a melhor coisa que até mesmo o próprio Isaías poderia dizer, ou que o próprio Deus poderia dizer por intermédio de Isaías, quando seu objetivo era consolar o povo provado do Senhor.

Vv.3,4 Quando Deus decide vir aos homens, nada pode deter ou bloquear o Seu caminho. Ele nivelará montanhas e cobrirá vales, mas virá a Seu povo de uma

O Senhor falou!".ᵃ

⁶Uma voz disse: "Clame!".
Eu perguntei: "O que devo clamar?".

"Anuncie que os seres humanos são como capim;
sua beleza passa depressa,
como as flores do campo.
⁷O capim seca e as flores murcham
quando o Senhor sopra sobre elas;
o mesmo acontece aos seres humanos.
⁸O capim seca e as flores murcham,
mas a palavra de nosso Deus permanece
para sempre."

⁹Ó Sião, mensageiro de boas notícias,
grite do alto dos montes!
Grite mais forte, ó Jerusalém,ᵇ
grite sem medo!
Diga às cidades de Judá:
"Seu Deus está chegando!".
¹⁰Sim, o Senhor Soberano vem com poder;
com braço forte governará.
Vejam, ele traz consigo sua recompensa!
¹¹Como pastor, ele alimentará seu rebanho;
levará os cordeirinhos nos braços
e os carregará junto ao coração;
conduzirá ternamente as ovelhas com
suas crias.

Não há outro como o Senhor

¹²Quem mais segurou os oceanos nas mãos?
Quem mediu os céus com os dedos?
Quem mais sabe o peso da terra
ou pesou na balança os montes e as colinas?
¹³Quem pode orientar o Espírito do Senhor?ᶜ
Quem sabe o suficiente para aconselhá-lo ou instruí-lo?
¹⁴Acaso o Senhor já precisou do conselho de alguém?
Necessita que o instruam a respeito do que é bom?
Alguém lhe ensinou o que é certo
ou lhe mostrou o caminho da sabedoria?

¹⁵Não, pois todas as nações do mundo
não passam de uma gota num balde.
Não são nada mais
que pó sobre a balança.
Ele levanta toda a terra
como se fosse um grão de areia.
¹⁶Nem toda a madeira nos bosques do Líbano
nem todos os seus animais seriam suficientes
para um holocausto digno de nosso Deus.
¹⁷As nações do mundo não têm valor para ele;
aos seus olhos, valem menos que nada,
são apenas vazio.

¹⁸A quem vocês podem comparar Deus?
Que imagem usarão para representá-lo?
¹⁹Acaso pode ser comparado a um ídolo feito num molde,
coberto de ouro e enfeitado com correntes de prata?
²⁰Quem é pobre demais para ter um ídolo desses
pode escolher madeira que não apodrece
e um artesão habilidoso
para entalhar uma imagem que não tombe?

ᵃ**40.3-5** A Septuaginta traz *Ele é uma voz que clama no deserto: / "Preparem o caminho para a vinda do Senhor! / Abram uma estrada para nosso Deus! / Aterrem os vales, / nivelem os montes e colinas. / Então a glória do Senhor será revelada, / e todos verão a salvação enviada por Deus. / O Senhor falou!".* Comparar com Mt 3.3; Mc 1.3; Lc 3.4-6. ᵇ**40.9** Ou *Ó mensageiro de boas notícias, grite do alto dos montes para Sião! Grite mais forte para Jerusalém.* ᶜ**40.13** A Septuaginta traz *Quem conhece os pensamentos do Senhor?* Comparar com Rm 11.34; 1Co 2.16.

---

forma ou de outra. E quando Deus vier a eles, se encontrar muitas coisas tortas a respeito deles, Ele endireitará o torto e os lugares acidentados, Ele aplainará.

Vv.12-14 E, no entanto, amados, às vezes agimos como se fôssemos professores de Deus, como se tivéssemos de instruí-lo no que Ele deveria fazer! E pelo fato de não podermos ver o nosso caminho, quase sonhamos que Ele também não possa. E porque estamos confusos, concebemos que a Sabedoria infinita deve estar em um estado de perplexidade — mas não é assim. O Senhor estava cheio de sabedoria quando não havia ninguém de quem pudesse receber conselhos — e Ele ainda é sábio no mais alto grau!

²¹Acaso não ouviram? Não entendem?
Estão surdos para as palavras de Deus,
palavras que ele falou antes que o mundo existisse?
Será que são tão ignorantes?
²²Deus se senta acima do círculo da terra;
para ele, as pessoas lá embaixo parecem gafanhotos.
Estende os céus como uma cortina
e faz com eles sua tenda.
²³Julga os poderosos do mundo
e reduz todos eles a nada.
²⁴Mal são plantados, mal chegam a criar raízes,
logo murcham, quando sopra sobre eles;
o vento os leva embora como palha.
²⁵"A quem vocês me compararão?
Quem é igual a mim?", pergunta o Santo.
²⁶Olhem para os céus;
quem criou as estrelas?
Ele as faz sair como um exército, uma após a outra,
e chama cada uma pelo nome.
Por causa de seu grande poder e sua força incomparável,
nenhuma delas ousa se ausentar.
²⁷Ó Jacó, como pode dizer que o SENHOR não vê o que se passa?
Ó Israel, como pode dizer que Deus não se importa com seus direitos?
²⁸Você não ouviu?
Não entendeu?
O SENHOR é o Deus eterno,
o Criador de toda a terra.
Ele nunca perde as forças nem se cansa,
e ninguém pode medir a profundidade de sua sabedoria.
²⁹Dá forças aos cansados
e vigor aos fracos.
³⁰Até os jovens perdem as forças e se cansam,
e os rapazes tropeçam de tão exaustos.
³¹Mas os que confiam no SENHOR renovam suas forças;
voam alto, como águias.
Correm e não se cansam,
caminham e não desfalecem.

O auxílio de Deus para Israel

41 ¹"Ouçam em silêncio diante de mim,
povos do outro lado do mar;
preparem seus argumentos mais convincentes.
Venham agora e falem;
o tribunal está pronto para ouvir seu caso.

²"Quem instigou esse rei que vem do leste
e o chamou para o justo serviço de Deus?
Quem lhe dá vitória sobre muitas nações
e permite que ele pisoteie seus reis?
Com sua espada, reduz exércitos a pó;
com seu arco, dispersa-os como palha ao vento.
³Ele os persegue e segue adiante em segurança,
mesmo que caminhe em território desconhecido.
⁴Quem realizou feitos tão poderosos
e chamou cada nova geração, desde o princípio dos tempos?
Eu, o SENHOR, o Primeiro e o Último, somente eu."

⁵Os povos do outro lado do mar observam com temor;
terras distantes estremecem e se aprontam para a guerra.
⁶Cada um encoraja seu amigo,
dizendo: "Seja forte!".
⁷O escultor anima o ourives,
e o que faz moldes ajuda na bigorna.
"Muito bem", dizem, "está ficando bom."
Com todo o cuidado, juntam as partes
e fixam o ídolo com pregos, para que não tombe.

⁸"Quanto a você, meu servo Israel,
Jacó, meu escolhido,
descendente de meu amigo Abraão,
⁹eu o chamei de volta dos confins da terra
e disse: 'Você é meu servo'.
Pois eu o escolhi
e não o lançarei fora.
¹⁰Não tenha medo, pois estou com você;
não desanime, pois sou o seu Deus.
Eu o fortalecerei e o ajudarei;
com minha vitoriosa mão direita o sustentarei.

¹¹"Sim, todos os seus furiosos inimigos
   ficarão confusos e humilhados.
Quem se opuser a você morrerá
   e não dará em nada.
¹²Você procurará e não encontrará
   aqueles que tentaram conquistá-lo.
Quem o atacar
   será reduzido a nada.
¹³Pois eu o seguro pela mão direita,
   eu, o Senhor, seu Deus,
e lhe digo:
   'Não tenha medo, estou aqui para
      ajudá-lo.
¹⁴Embora você não passe de um verme, ó
      Jacó,
   não tenha medo, pequenino Israel, pois
      eu o ajudarei.
Eu sou o Senhor, seu Redentor,
   eu sou o Santo de Israel'.
¹⁵Você será um novo instrumento de
      debulhar,
   com muitos dentes afiados.
Despedaçará seus inimigos
   e transformará os montes em palha.
¹⁶Você os lançará para o alto,
   e o vento os levará embora;
   um redemoinho os espalhará.
Então você se alegrará no Senhor
   e se gloriará no Santo de Israel.

¹⁷"Quando os pobres e necessitados
      procurarem água e não a
      encontrarem,
   e tiverem a língua ressequida de sede,
eu, o Senhor, os ouvirei;
   eu, o Deus de Israel, jamais os
      abandonarei.
¹⁸Abrirei rios para eles nos planaltos
   e lhes darei fontes de água nos vales.
Encherei o deserto de açudes
   e a terra seca, de mananciais.
¹⁹Plantarei árvores no deserto:
   cedro, acácia, murta, oliveira, cipreste,
      abeto e pinheiro.
²⁰Assim, todos que virem esse milagre
   entenderão o que ele significa:
o Senhor fez isso,
   o Santo de Israel o criou.

²¹"Apresentem a causa de seus ídolos",
   diz o Senhor.
"Que eles mostrem o que são capazes de
      fazer",
   diz o Rei de Israel.ᵃ
²²"Que nos digam o que aconteceu há
      muito tempo,
   para que analisemos as provas,
ou digam o que o futuro reserva,
   para que saibamos o que acontecerá.
²³Sim, anunciem o que acontecerá nos dias
      por vir;
   então saberemos que são deuses de
      fato.
Façam alguma coisa, boa ou má!
   Façam algo que cause espanto e nos
      encha de medo.
²⁴Mas não! Vocês são menos que nada e
      nada podem fazer;
   os que escolhem vocês contaminam a si
      mesmos.

²⁵"Eu, porém, levantei um líder que virá do
      norte;
   desde o leste ele invocará meu nome.
Eu lhe darei vitória sobre os líderes dos
      povos;
   ele os pisará como o oleiro pisa o barro.
²⁶"Quem lhes falou desde o começo
   que isto aconteceria?
Quem previu estas coisas
   e os fez admitir que tinha razão?
   Ninguém disse coisa alguma, nem uma
      só palavra!
²⁷Eu fui o primeiro a dizer a Sião:
   'Veja! O socorro está a caminho!'.ᵇ
   Enviarei a Jerusalém um mensageiro
      com boas notícias.
²⁸Nenhum de seus ídolos lhes disse isso,
   nenhum deles respondeu quando
      perguntei.
²⁹São objetos tolos e sem valor;
   todos os seus ídolos são vazios como o
      vento."

O servo escolhido do Senhor

42 ¹"Vejam meu servo, que eu fortaleço;
   ele é meu escolhido, que me dá
      alegria.

ᵃ**41.21** Em hebraico, *o rei de Jacó*. Ver nota em 14.1. ᵇ**41.27** Ou *Veja! Eles estão voltando para casa!*

Pus sobre ele meu Espírito;
  ele trará justiça às nações.
²Não gritará,
  nem levantará a voz em público.
³Não esmagará a cana quebrada,
  nem apagará a chama que já está fraca;
  fará justiça a todos os injustiçados.
⁴Não vacilará nem desanimará,
  enquanto não fizer a justiça prevalecer
  em toda a terra.
Até mesmo terras distantes, do outro lado
  do mar,
  aguardarão suas instruções."ª

⁵Deus, o SENHOR, criou os céus e os
  estendeu;
  criou a terra e tudo que nela há.
Dá fôlego a cada um
  e vida a todos que caminham sobre a
  terra.
É ele quem diz:
⁶"Eu, o SENHOR, o chamei para mostrar
  minha justiça;
  eu o tomarei pela mão e o protegerei.
Eu o darei a meu povo, Israel,
  como símbolo de minha aliança com
  eles,
e você será luz para guiar as nações:
  ⁷abrirá os olhos dos cegos,
libertará da prisão os cativos,
  livrará os que estão em calabouços
  escuros.

⁸"Eu sou o SENHOR; este é meu nome!
  Não darei minha glória a ninguém,
  não repartirei meu louvor com ídolos
  esculpidos.
⁹Tudo que profetizei se cumpriu,
  e agora profetizarei novamente;
  eu lhes falarei do futuro antes que
  aconteça".

Cântico de louvor ao SENHOR

¹⁰Cantem um novo cântico ao SENHOR,
  cantem seu louvor desde os confins da
  terra!
Cantem, vocês que navegam pelos mares,
  todos vocês que moram em litorais
  distantes!
¹¹Levantem a voz, cidades do deserto,
  alegrem-se as vilas de Quedar!
Exultem, habitantes de Sela,
  aclamem do alto dos montes!
¹²Que o mundo inteiro glorifique o SENHOR
  e cante seu louvor!
¹³O SENHOR marchará como herói
  poderoso;
  sairá como guerreiro, cheio de fúria.
Dará seu grito de guerra
  e esmagará todos os seus inimigos.

¹⁴"Durante muito tempo, fiquei em
  silêncio;
  sim, me contive.
Agora, porém, como a mulher no parto,
  gritarei, gemerei e ficarei ofegante.

ª **42.4** A Septuaginta traz *E seu nome será a esperança de todo o mundo.* Comparar com Mt 12.21.

42.1 Verdadeiramente esta profecia diz respeito ao Senhor Jesus Cristo. Observe o título que Ele recebe. Ele é chamado de servo de Deus. O Pai o chama Seu servo. Acima de tudo, o Cristo é o servo da maior dignidade para se tornar o Servo dos servos, embora Ele seja o Rei dos reis. "Que eu fortaleço" — que pode ser lido de duas maneiras. De acordo com algumas traduções, deve ser: "a quem me inclino" — como se Deus colocasse todo o peso de Sua glória sobre Cristo e entregasse a obra da graça em Suas mãos — isto é, se o texto for lido passivamente. Se ativamente, flui como em nossa passagem, "que eu fortaleço". E ambas são verdadeiras. Deus se inclina em Cristo. Cristo extrai Sua força de Deus. Eles cooperam, e a glória é mútua.

"Meu escolhido". Esse é o primeiro eleito. "Meu escolhido", pois não há nenhuma outra escolha senão Cristo.

"Meu escolhido", pois Cristo é o principal da eleição. Somos escolhidos nele desde antes da fundação do mundo para que Deus o chame especialmente de "Meu escolhido". "Que me dá alegria". A satisfação do Pai no Filho é infinita. Ele se deleitou em Sua pessoa. Agora, Ele se deleita na obra que o Filho realizou. O prazer do Pai está em Cristo, e Ele se alegra em nós porque estamos nele. [...]

"Pus sobre ele meu Espírito". Isso foi feito publicamente quando Ele foi batizado no Jordão. O Espírito sem medida repousa e permanece nele, nossa principal aliança. "Ele trará justiça às nações". Alegrai-vos, então, gentios! No início, a Palavra de Deus veio apenas aos judeus, mas Ele deu ao homem, Cristo Jesus, que trouxe julgamento sobre os gentios

¹⁵Arrasarei os montes e as colinas
e acabarei com sua vegetação.
Tornarei os rios em terra seca
e secarei os açudes.
¹⁶Conduzirei este povo cego por um novo caminho
e o guiarei por um rumo desconhecido.
Transformarei em luz a escuridão diante dele
e tornarei planos os trechos acidentados.
Sim, farei estas coisas;
não o abandonarei.
¹⁷Mas os que confiam em ídolos
e dizem: 'Vocês são nossos deuses',
sofrerão vergonhosa derrota."

Israel não ouve nem vê

¹⁸"Ouçam, surdos!
Olhem e vejam, cegos!
¹⁹Quem é cego como meu povo, meu servo?
Quem é surdo como meu mensageiro?
Quem é cego como meu povo escolhido,
o servo do Senhor?
²⁰Vocês veem e reconhecem o que é certo,
mas se recusam a fazê-lo.
Ouvem com os ouvidos,
mas não prestam atenção."
²¹Porque o Senhor é justo,
ele exaltou sua lei gloriosa.
²²Seu povo, porém, foi roubado e saqueado,
escravizado, aprisionado e apanhado numa armadilha.
São presa fácil para qualquer um
e não têm quem os proteja,
ninguém que os leve de volta para casa.
²³Quem ouvirá essas lições do passado
e verá a ruína que os espera no futuro?
²⁴Quem permitiu que Israel fosse roubado e ferido?
Foi o Senhor, contra quem pecamos,
pois seu povo não andou em seu caminho,
nem obedeceu à sua lei.
²⁵Por isso ele derramou sobre eles sua ira ardente
e os destruiu na batalha.
Ficaram envoltos em chamas,
mas se recusaram a entender.
Foram consumidos pelo fogo,
mas não aprenderam a lição.

O Salvador de Israel

43 ¹Mas agora, ó Jacó, ouça o Senhor que o criou;
ó Israel, assim diz aquele que o formou:
"Não tema, pois eu o resgatei;
eu o chamei pelo nome, você é meu.
²Quando passar por águas profundas,
estarei a seu lado.
Quando atravessar rios,
não se afogará.
Quando passar pelo fogo,
não se queimará;
as chamas não lhe farão mal.
³Pois eu sou o Senhor, seu Deus,
o Santo de Israel, seu Salvador.
Dei o Egito como resgate por sua liberdade;

43.2,3 Ah, irmãos e irmãs, se você e eu estivermos confiando em qualquer coisa que não seja o Deus vivo e verdadeiro, os rios nos dominarão e os incêndios nos consumirão! Mas se a nossa fé viva recai sobre o Deus vivo, não é possível que tenhamos motivos para ter vergonha ou confusão, para sempre! Pergunto sem qualquer receio quanto à resposta que me pode ser dada — algum homem já confiou em Deus e se viu abandonado? Já aconteceu, em toda a história da Igreja do Senhor, que *um único herdeiro do Céu* teve motivo de ter vergonha de sua esperança e de sua crença em seu Deus? Se você confiar em um braço humano, logo descobrirá que ele falhará. Se você se voltar para os ídolos e sacerdotes terrenos, todos eles serão inúteis para você no momento de sua provação — mas não é assim com quem confia no Senhor! Não vimos os santos em seus leitos de morte? Sim, os vi com dores terríveis e em profunda depressão de espírito! No entanto, eles nunca se envergonharam de permanecerem em seu Deus. Sempre acharam essa proteção infalível no tempo de sua necessidade mais profunda — "Eu sou Javé". Bem, filho de Deus, você tem medo do fogo ou do dilúvio quando tem o Deus autoexistente, eterno, onipotente e imutável em quem confiar? Ó homem, tenha medo de ter medo, e medo de temer, mas confie em Deus em todos os momentos! E, com intrépida coragem, vá para onde Ele o conduzir ou indicar o caminho! É o Deus vivo em quem você confia, portanto, quando atravessar os rios, eles não o cobrirão! Quando atravessar o fogo, você não será queimado!

em troca de você, dei a Etiópiaᵃ e Sebá.
⁴Outros foram entregues em seu lugar,
troquei a vida deles pela sua.
Pois você é precioso para mim,
é honrado e eu o amo.

⁵"Não tema, pois estou com você;
reunirei você e seus descendentes desde o leste e o oeste.
⁶Direi ao norte e ao sul:
'Tragam de volta meus filhos e filhas,
desde os confins da terra.
⁷Tragam todos que me reconhecem como seu Deus,
pois eu os criei para minha glória;
fui eu quem os formou'".

⁸Tragam o povo que tem olhos, mas é cego,
que tem ouvidos, mas é surdo.
⁹Reúnam as nações!
Juntem os povos do mundo!
Qual de seus ídolos predisse coisas semelhantes a estas?
Qual deles pode prever o que acontecerá amanhã?
Onde estão as testemunhas dessas previsões?
Quem pode comprovar que disseram a verdade?

¹⁰"Você é minha testemunha, ó Israel!", diz o SENHOR.
"Você é meu servo.
Foi escolhido para me conhecer, para crer em mim,
para entender que somente eu sou Deus.
Não há outro Deus,
nunca houve e nunca haverá.
¹¹Eu, somente eu, sou o SENHOR,
e não há outro Salvador.
¹²Primeiro, previ sua salvação,
então o salvei e proclamei isso ao mundo.
Nenhum deus estrangeiro jamais fez algo assim;
você, Israel, é testemunha de que sou o único Deus",
diz o SENHOR.
¹³"Desde a eternidade, eu sou Deus;
não há quem possa livrar alguém de minha mão,
não há quem possa desfazer o que eu fiz."

O SENHOR promete vitória

¹⁴Assim diz o SENHOR, seu Redentor, o Santo de Israel:

"Por sua causa, enviarei um exército contra a Babilônia;
obrigarei os babilôniosᵇ a fugir
nos navios de que tanto se orgulham.
¹⁵Eu sou o SENHOR, seu Santo,
Criador e Rei de Israel.
¹⁶Eu sou o SENHOR, que abriu uma passagem no meio das águas,
um caminho seco pelo mar.
¹⁷Chamei o exército poderoso do Egito,
com seus carros e cavalos.
Eu os submergi nas ondas, e eles se afogaram;
sua vida se apagou como um pavio fumegante.

¹⁸"Esqueçam tudo isso,
não é nada comparado ao que vou fazer.
¹⁹Pois estou prestes a realizar algo novo.
Vejam, já comecei! Não percebem?
Abrirei um caminho no meio do deserto,
farei rios na terra seca.
²⁰Os animais selvagens nos campos me glorificarão,
e também os chacais e as corujas,
por lhes dar água no deserto.
Sim, farei rios na terra seca,
para que meu povo escolhido se refresque.
²¹Formei este povo para mim mesmo;
um dia, ele me honrará perante o mundo.

²²"Mas você, ó Jacó, não clama por mim;
você se cansou de mim, ó Israel!
²³Não me trouxe ovelhas nem bodes para holocaustos,
não me honrou com sacrifícios,
embora eu não o tenha sobrecarregado nem cansado
com exigências de ofertas de cereal e incenso.

ᵃ **43.3** Em hebraico, *Cuxe*. ᵇ **43.14** Ou *os caldeus*.

²⁴Você não me trouxe cálamo perfumado,
nem me agradou com a gordura de
sacrifícios.
Em vez disso, me sobrecarregou com seus
pecados
e me cansou com suas maldades.
²⁵"Eu, somente eu, por minha própria
causa, apagarei seus pecados
e nunca mais voltarei a pensar neles.
²⁶Relembremos juntos a situação,
apresente sua defesa para provar
inocência.
²⁷Desde o princípio, seu primeiro
antepassado pecou,
e seus líderes se rebelaram contra mim.
²⁸Por isso, humilhei seus sacerdotes;
decretei destruição total para Jacó,
vergonha para Israel."

44

¹"Agora ouça-me, meu servo Jacó,
Israel, meu escolhido.
²O Senhor, que o criou e que o ajuda, diz:
Não tema, ó Jacó, meu servo,
ó querido Israel,ᵃ meu escolhido.
³Pois eu derramarei água para matar sua
sede
e regar seus campos secos.
Derramarei meu Espírito sobre seus
descendentes
e minha bênção sobre suas futuras
gerações.
⁴Eles crescerão como capim regado,
como salgueiros à beira do rio."

ᵃ**44.2** Em hebraico, *Jesurum*, termo carinhoso para Israel.

⁵Alguns afirmarão: 'Pertenço ao Senhor',
outros dirão: 'Sou descendente de Jacó'.
Alguns escreverão nas mãos o nome do
Senhor
e tomarão para si o nome Israel."

A insensatez da idolatria

⁶Assim diz o Senhor, Rei e Redentor de Israel,
o Senhor dos Exércitos:

"Eu sou o Primeiro e o Último;
não há outro Deus.
⁷Quem é semelhante a mim?
Que se apresente à minha frente!
Que faça o que eu fiz desde os tempos
antigos,
quando estabeleci um povo e anunciei
seu futuro.
⁸Não tremam, não tenham medo;
acaso não lhes anunciei meus propósitos
há muito tempo?
Vocês são minhas testemunhas: há outro
Deus além de mim?
Não! Não há nenhuma outra Rocha,
nenhuma sequer!".
⁹Como são tolos os que fabricam ídolos!
Esses objetos que tanto estimam não
têm valor algum.
Os que adoram ídolos não sabem disso,
por isso serão envergonhados.
¹⁰Quem senão um tolo faria seu próprio
deus,
um ídolo que em nada pode ajudá-lo?

44.1-3, 15-17 *W.1,2* Deus não pode suportar ver o Seu povo triste; Ele se deleita em afugentar o medo, o tremor e a desconfiança. Ele ama a fé, porque a fé traz confiança, esperança, descanso. Por isso, Ele nos diz: "Não tema, não tema, não tenha medo". É o próprio Deus, que nos criou, e que nos escolheu, que nos diz: "Não tema". Venham, queridos corações, lancem fora suas inquietações; se Deus lhes ordena lançar fora o medo, vocês não o farão? Não há nada como a voz da mãe para fazer um bebê dormir. Deixe a voz de Deus acalmá-lo de forma doce e abençoada sempre que você estiver perturbado e cheio de medo.

V.3 Pois eu derramarei água para matar sua sede e regar seus campos secos: Deus jamais fará algo pela metade. Ele não apenas enviará chuva, mas derramará as águas vindas do céu. Não apenas umedecerá a superfície do solo seco; enviará inundações para saturá-lo. Deus é grandioso em oferecer a Sua graça. Quando você chegar à região da graça, terá entrado na região da abundância, até mesmo nas riquezas da graça indescritível de Deus. Se, queridos amigos, vocês não têm, até o momento, nenhum poder espiritual, e unção, e sabor, e amor, poderão obtê-los, porque aqui está a própria promessa do Senhor: "Pois eu derramarei água para matar sua sede e regar seus campos secos". *Derramarei meu Espírito sobre seus descendentes e minha bênção sobre suas futuras gerações.* Seu grande fardo é um problema que tem com seu filho? Sua querida menina o aflige? Bem, Aquele que abençoa o pai e a mãe abençoará os filhos; o Deus de Abraão é o Deus de Isaque. Ore para

¹¹Todos que adoram ídolos serão envergonhados,
bem como todos esses artesãos,
simples mortais que se dizem capazes de fazer um deus.
Ainda que unam forças,
estarão unidos em terror e vergonha.
¹²O ferreiro trabalha na forja para criar uma ferramenta afiada;
martela e modela com toda a força.
De tanto trabalhar, sente fome e fraqueza,
fica sedento e desfalece.
¹³O escultor, por sua vez, mede um bloco de madeira
e nele desenha um esboço.
Trabalha com cinzel e plaina
e entalha a imagem de uma pessoa.
Dá à imagem beleza humana
e a coloca num pequeno santuário.
¹⁴Corta cedros,
escolhe cipreste e carvalho,
planta um pinheiro no bosque,
para que a chuva o faça crescer.
¹⁵Então, usa parte da madeira para fazer fogo
e com ele se aquece e assa o pão.
Depois, pega o que resta
e faz para si um deus para adorar.
Faz um ídolo
e se curva diante dele.
¹⁶Queima parte da árvore para assar carne,
come e se mantém aquecido.
"Que fogo bom!", diz.
"Já não sinto frio!"
¹⁷Então, pega o que resta
e faz seu deus: um ídolo esculpido.
Curva-se diante dele e o adora,
ora a ele e diz:
"Livra-me,
pois tu és meu deus!".
¹⁸Quanta estupidez e ignorância!
Seus olhos estão fechados, e ele não consegue ver,
sua mente está fechada, e não consegue compreender.
¹⁹Aquele que fez o ídolo não para e pensa:
"Queimei metade da madeira para me aquecer
e para assar o pão e a carne;
como é possível o restante ser um deus?
Vou me curvar para adorar um pedaço de madeira?".
²⁰Tal pessoa se alimenta de cinzas e engana a si mesma,
confia em algo que em nada pode ajudá-la.
E, no entanto, não é capaz de perguntar:
"Será que este ídolo que tenho em mãos não é uma mentira?".

Restauração para Jerusalém
²¹"Preste atenção, ó Jacó,
pois você é meu servo, ó Israel.
Eu, o Senhor, o formei
e não me esquecerei de você.
²²Afastei seus pecados para longe, como uma nuvem;
dispersei suas maldades, como a névoa da manhã.
Volte para mim,
pois paguei o preço do seu resgate."
²³Cantem, ó céus, pois o Senhor fez esta maravilha!
Gritem de alegria, ó profundezas da terra!
Irrompam em cânticos,
ó montes, bosques e todas as árvores!
Pois o Senhor resgatou Jacó
e é glorificado em Israel.
²⁴Assim diz o Senhor,
seu Redentor e Criador:
"Eu sou o Senhor, que fiz todas as coisas;
sozinho estendi os céus.

---

que esta promessa possa ser cumprida para você, para que sua semente possa receber uma porção desse Espírito da graça que lhe foi dado.

Vv.15-17 Ó, a loucura da idolatria! Talvez vocês não vejam a sua própria loucura, vocês que estão adorando-se a si mesmos. Um homem que adora seu ventre é pior idólatra do que aquele que adora um deus de madeira. Aquele que adora ouro e prata, se esse ouro e prata tomarem a forma de dinheiro, não é um pouco mais justificado em sua idolatria do que se ele o tivesse feito na forma de um bezerro e tivesse se curvado diante dele em homenagem e reverência idólatras.

Quem estava comigo
 quando criei a terra?
²⁵Mostro que os falsos profetas são
 mentirosos
 e faço os adivinhos parecerem tolos.
Faço os sábios errarem suas previsões
 e assim provo que são insensatos.
²⁶Mas cumpro as previsões de meus
 profetas!
Por meio deles, digo a Jerusalém:
 'Este lugar voltará a ser habitado',
 e às cidades de Judá:
'Vocês serão reconstruídas;
 restaurarei todas as suas ruínas'.
²⁷Quando eu falar aos rios: 'Sequem',
 eles secarão.
²⁸Quando disser a respeito de Ciro: 'Ele é
 meu pastor',
ele certamente fará tudo que eu quiser.
Ele dirá: 'Reconstruam Jerusalém!'
 e ordenará: 'Restaurem o templo!'".

Ciro, o escolhido do SENHOR

45 ¹É isto que diz o SENHOR a Ciro, seu ungido,
 cuja mão direita ele fortalecerá.
Diante dele, reis poderosos ficarão
 paralisados de medo;
os portões de suas fortalezas se abrirão
 e nunca mais se fecharão.
²Assim diz ele:

"Irei à sua frente, Ciro,
 e tornarei planos os montes;
quebrarei os portões de bronze
 e destruirei as trancas de ferro.
³Eu lhe darei tesouros escondidos na
 escuridão,
sim, riquezas secretas.
Farei isso para que saiba que eu sou o
 SENHOR,
 o Deus de Israel, que chama você pelo
 nome.
⁴"Foi por causa de Jacó, meu servo,
 Israel, meu escolhido,
 que o chamei para realizar essa tarefa.
Por isso o chamei pelo nome,
 quando você não me conhecia.
⁵Eu sou o SENHOR;
 não há outro Deus.
Eu o preparei para a batalha,
 embora você não me conheça,
⁶para que todo o mundo, de leste a oeste,
 saiba que não há outro Deus;
 eu sou o SENHOR, e não há outro.
⁷Formo a luz e crio as trevas,
 trago a paz e crio a calamidade;
 eu, o SENHOR, faço essas coisas.
⁸"Abram-se, ó céus,
 e derramem justiça.
Abra-se a terra,
 para que brote a salvação e, com ela, a
 justiça;
 eu, o SENHOR, as criei.
⁹"Que aflição espera quem contesta seu
 Criador!
Acaso o pote de barro discute com o
 oleiro?
O barro argumenta com aquele que lhe dá
 forma e diz:
 'Você não está fazendo direito!',
ou exclama:
 'Você não sabe trabalhar!'?

45.2-4,16-19 *Vv.2,3* Sempre que Deus chama alguém para fazer qualquer obra, por mais difícil e impossível que possa parecer, essa pessoa certamente a realizará porque tem Deus consigo. O Senhor cingirá seus lombos e o fortalecerá — e todas as forças da providência cooperarão para a realização do propósito divino. Deus lhe deu alguma obra para realizar? Pode ser uma tarefa muito mais fácil do que a de Ciro. Assim, da mesma forma como o Senhor o capacitou para que ele tivesse sucesso em seu grande empreendimento, você pode ter confiança de que o Seu poder é suficiente para lhe dar sucesso também! Pode lhe parecer presunção empreender tal obra, no entanto, se você é chamado por Deus para realizá-la, continue sem sombra de dúvida, pois Ele tornará planos os montes e quebrará os portões de bronze, e destruirá as trancas de ferro. Não devemos esquecer que tudo o que Deus fez em relação a Ciro visava o bem-estar de Seu próprio povo.

V.4 E todos os poderes e príncipes que surgem neste mundo, Deus pode usar para o bem de Sua Igreja! Todas as nações, os reinos e os poderes que existem são apenas como andaimes para a construção da própria casa de Deus — e Ele faz uso deles como quer. No entanto,

¹⁰Que terrível seria se uma criança dissesse ao pai:
'Por que você me gerou?',
e à mãe:
'Por que me trouxe ao mundo?'".

¹¹Assim diz o Senhor,
  o Santo de Israel e seu Criador:
"Querem questionar o que farei por meus filhos?
  Querem dar ordens a respeito do que minhas mãos fizeram?
¹²Eu fiz a terra
  e criei os seres humanos para nela habitarem.
Com minhas mãos, estendi os céus,
  e todas as estrelas estão às minhas ordens.
¹³Levantarei esse homem para que cumpra meu justo propósito
  e guiarei suas ações.
Ele restaurará minha cidade e libertará meu povo cativo,
  sem exigir recompensa nem tributo.
Eu, o Senhor dos Exércitos, falei!".

Conversão futura dos gentios
¹⁴Assim diz o Senhor:

"Você governará os egípcios,
  os etíopes[a] e os sabeus.
Eles lhe trarão toda a sua mercadoria,
  e ela será sua.
Caminharão atrás de você, como prisioneiros acorrentados;
  cairão de joelhos à sua frente e dirão:
'Deus está com você, e ele é o único Deus;
  não há outro além dele'".

¹⁵De fato, ó Deus de Israel, nosso Salvador,
  tu ages de formas misteriosas.
¹⁶Todos os artesãos que fazem ídolos serão humilhados;
  juntos, serão envergonhados.
¹⁷Mas o Senhor salvará o povo de Israel com salvação permanente;
  nunca mais serão humilhados e envergonhados.

¹⁸Pois o Senhor é Deus;
  criou os céus e a terra
  e pôs todas as coisas no devido lugar.
Fez o mundo para ser habitado,
  e não para ser um lugar de vazio e caos.
Ele diz: "Eu sou o Senhor,
  e não há outro.
¹⁹Não sussurro coisas obscuras em algum canto escondido,
  nem teria dito ao povo de Israel[b] que me buscasse
  se não fosse possível me encontrar.
Eu, o Senhor falo apenas a verdade
  e declaro somente o que é certo.

²⁰"Reúnam-se e venham,
  fugitivos de nações vizinhas!
Como são tolos os que levam consigo seus ídolos de madeira
  e oram a deuses que não podem salvar!
²¹Consultem uns aos outros e defendam sua causa,
  juntem-se e decidam o que dizer.
Quem anunciou essas coisas tanto tempo atrás?
  Quem lhes disse o que aconteceria?
Não fui eu, o Senhor?
  Pois não há outro Deus além de mim,
Deus justo e Salvador;
  não há outro além de mim.

[a] 45.14 Em hebraico, *os cuxitas*. [b] 45.19 Em hebraico, *de Jacó*. Ver nota em 14.1.

---

muitas vezes, as pessoas não sabem o que o Senhor está fazendo com elas!

Vv. 16-19 Você pode ter certeza disso, que não há nada no livro secreto dos decretos de Deus, e nada no livro selado de profecia que seja contrário às graciosas promessas da aliança que Deus revelou ao Seu povo em Sua Palavra. Ele não diz uma coisa, querendo dizer outra. Você pode ter a certeza de que todas as revelações que ainda devem ser dadas, se houver alguma, (e há alguns que estão sempre falando sobre uma nova luz que vem da Palavra), jamais contradirão o que foi revelado anteriormente! Deus não contou ao Seu antigo povo qualquer coisa que contradiga o que Ele nos disse. Os mais pobres e maus do Seu povo que foram capazes de expor na Palavra de Deus seu direito e título à herança divina, podem confiar que, se algum sábio vier até eles com alguma descoberta maravilhosa que contradiga a Bíblia, ele simplesmente terá vindo com uma mentira. Deus nunca contradiz o que revelou claramente nas Escrituras!

²²"Que todo o mundo se volte para mim
   para ser salvo!
Pois eu sou Deus, e não há nenhum
   outro.
²³Jurei por meu próprio nome,
   disse o que é justo
e não voltarei atrás em minha palavra:
Diante de mim todo joelho se dobrará,
   e toda língua me declarará lealdade".ª
²⁴O povo dirá:
"O Senhor é a única fonte de minha
   justiça e força".
E todos que contra ele se iraram
   virão até ele e serão envergonhados.
²⁵No Senhor, todas as gerações de Israel
   serão justificadas
e nele se gloriarão.

Os falsos deuses da Babilônia

46 ¹Bel e Nebo, os deuses da Babilônia,
   se curvam enquanto são postos no
   chão.
São transportados em carros de boi,
   e os pobres animais tropeçam por causa
   do peso;
²tanto os ídolos como seus donos se
   curvam.
Os deuses não podem proteger o povo,
   e o povo não pode proteger os deuses;
   vão juntos para o cativeiro.

³"Ouçam-me, descendentes de Jacó,
   todos vocês que restam em Israel.
Eu os carreguei desde que nasceram,
   cuidei de vocês desde que estavam no
   ventre.
⁴Serei o seu Deus por toda a sua vida,
   até que seus cabelos fiquem brancos.
Eu os criei e cuidarei de vocês,
   eu os carregarei e os salvarei.

⁵"A quem vocês me compararão?
   Que imagem usarão para me
   representar?
⁶Alguns gastam seu ouro e sua prata
   e contratam um artesão para lhes fazer
   um deus;
então se curvam diante dele e o adoram!
⁷Levam-no consigo sobre os ombros
e, quando o põem no lugar, ali ele fica;
   não pode nem mesmo se mexer!
Quando alguém lhe faz uma oração, ele
   não responde;
não pode livrar as pessoas de suas
   aflições.

⁸"Não se esqueçam disto; tenham-no em
   mente!
Lembrem-se bem, ó rebeldes!
⁹Lembrem-se do que fiz no passado,
   pois somente eu sou Deus;
eu sou Deus, e não há outro semelhante
   a mim.
¹⁰Só eu posso lhes anunciar, desde já,
   o que acontecerá no futuro.
Todos os meus planos se cumprirão,
   pois faço tudo que desejo.
¹¹Chamarei do leste uma ave de rapina
   veloz,
um líder de uma terra distante,
   para que cumpra minhas ordens.
O que eu disse,
   isso farei.

¹²"Ouça-me, povo teimoso
   que está longe da justiça.
¹³Pois estou pronto para endireitar as
   coisas,
não no futuro distante, mas agora!
Estou pronto para salvar Sião
   e para mostrar minha glória a Israel."

Queda da Babilônia

47 ¹"Desça, ó Babilônia,ᵇ e sente-se no pó,
   pois chegaram ao fim seus dias no
   trono.
A bela Babilôniaᶜ nunca voltará a ser
   princesa encantadora e delicada.
²Pegue as pedras de moer e faça farinha,
   remova seu véu e tire seu manto;
   exponha-se à vista de todos.ᵈ
³Você ficará nua e envergonhada;
   eu me vingarei e não terei compaixão."

⁴Nosso Redentor, cujo nome é Senhor dos
   Exércitos,
é o Santo de Israel.

⁵"Ó bela Babilônia, sente-se na escuridão e
   no silêncio;

ª **45.23** Em hebraico, *confessará*; a Septuaginta traz *declarará lealdade a Deus.* Comparar com Rm 14.11. ᵇ **47.1a** Em hebraico, *filha virgem da Babilônia.* ᶜ **47.1b** Ou *filha dos caldeus;* também em 47.5. ᵈ **47.2** Em hebraico, *desnude as pernas, atravesse os rios.*

nunca mais será conhecida como rainha
de reinos.
⁶Pois eu estava irado com meu povo escolhido
e, para castigá-los, os entreguei em suas mãos.
Mas você não teve compaixão deles
e oprimiu até os idosos.
⁷Disse: 'Serei rainha para sempre!'.
Não refletiu sobre suas ações,
nem pensou nas consequências.

⁸"Ouça isto, você que ama o prazer,
que vive despreocupada, sentindo-se segura.
Você diz: 'Sou a única, e não há outra;
nunca serei viúva nem perderei meus filhos'.
⁹Estas duas coisas lhe acontecerão no mesmo instante:
ficará viúva e perderá seus filhos.
Sim, essas calamidades virão sobre você,
apesar de toda a sua feitiçaria e magia.
¹⁰"Sentia-se segura em sua maldade
e dizia: 'Ninguém me vê'.
Sua sabedoria e seu conhecimento a enganavam,
e pensava: 'Sou a única, não há outra'.
¹¹Por isso a desgraça a alcançará,
e você não poderá evitá-la com encantamentos.
A calamidade cairá sobre você,
e não terá como comprar seu livramento.
Uma catástrofe a atingirá de repente,
e não estará preparada para ela.

¹²"Use sua magia!
Use os encantamentos a que se dedicou todos esses anos!
Talvez eles tenham algum proveito,
talvez assustem alguém.
¹³Você está cansada de tantos conselhos;
onde estão seus astrólogos,
que observam as estrelas e fazem previsões todos os meses?
Que se levantem e a salvem do que o futuro lhe reserva!
¹⁴Mas eles são como palha que queima no fogo;
não podem salvar a si mesmos das chamas.
Você não receberá deles ajuda alguma;
a fogueira deles não aquece ninguém.
¹⁵Seus amigos,
com quem você negociou desde a juventude,
seguirão cada um o próprio caminho,
e não haverá ninguém que a salve."

O teimoso povo de Deus

48 ¹"Ouça-me, ó família de Jacó,
vocês que são chamados pelo nome de Israel
e vieram da linhagem de Judá.
Escutem, vocês que juram em nome do SENHOR
e invocam o Deus de Israel,
mas não em verdade e em justiça.
²Vocês se chamam de habitantes da cidade santa
e dizem que confiam no Deus de Israel,
cujo nome é SENHOR dos Exércitos.
³Muito tempo atrás, eu lhes disse o que aconteceria;
então agi de modo repentino,
e todas as minhas previsões se cumpriram.
⁴Pois sei como vocês são teimosos;
seu pescoço é rígido como ferro,
e sua cabeça, dura como bronze.
⁵Por isso lhes falei o que aconteceria,
anunciei de antemão o que faria,
para que vocês não dissessem:
'Meus ídolos fizeram isso;
minha imagem de madeira e meu deus de metal
ordenaram que acontecesse!'.
⁶Vocês ouviram minhas previsões e as viram se cumprir,
mas não querem admitir.
Agora lhes anuncio coisas novas,
segredos que vocês ainda não conheciam.
⁷São coisas novíssimas, não do passado,
para que não digam: 'Já sabíamos disso!'.
⁸"Sim, eu lhes falarei de coisas totalmente novas,
sobre as quais nunca ouviram.
Pois sei muito bem que são traidores,

rebeldes desde que nasceram.
⁹Contudo, por causa do meu nome e minha honra,
refrearei minha ira e não os exterminarei.
¹⁰Eu os purifiquei, não como a prata é purificada,
mas na fornalha do sofrimento.
¹¹Faço isso por minha própria causa,
sim, por minha própria causa.
Não permitirei que meu nome seja manchado
e não repartirei minha glória com outros."

Libertos da Babilônia

¹²"Ouça-me, ó família de Jacó,
Israel, meu escolhido!
Somente eu sou Deus,
o Primeiro e o Último.
¹³Minha mão lançou os alicerces da terra,
minha mão direita estendeu os céus lá no alto.
Quando chamo as estrelas,
elas aparecem todas em ordem."
¹⁴Acaso algum de seus ídolos lhes disse isso?

ᵃ 48.14 Ou *caldeus*.

Venham todos vocês e ouçam:
O Senhor escolheu seu aliado
e o usará para acabar com o império da Babilônia
e destruir os exércitos babilônios.ᵃ
¹⁵"Eu disse: Eu o chamei!
Sim, eu o enviarei nesta missão e o ajudarei a ter êxito.
¹⁶Cheguem mais perto e ouçam;
desde o princípio, eu lhes disse claramente o que aconteceria."

Agora, o Senhor Soberano e seu Espírito
me enviaram com esta mensagem:
¹⁷Assim diz o Senhor,
seu Redentor, o Santo de Israel:
"Eu sou o Senhor, seu Deus,
que lhe ensina o que é bom
e o conduz pelo caminho que deve seguir.
¹⁸Quem dera tivesse prestado atenção às minhas ordens!
Teria experimentado paz que flui como um rio,
justiça que o cobriria como as ondas do mar.
¹⁹Seus descendentes seriam incontáveis,
como a areia da praia!

48.9-11 O Senhor estava zangado com a Sua herança e, por isso, entregou a Sua santa e bela casa ao fogo, e as suas obras esculpidas foram destruídas com martelos, enquanto todo o Estado judeu foi totalmente destruído. Do reino não ficou nenhuma pedra em pé sobre outra que não tivesse sido destruída. Contudo, tal é a imutabilidade de Deus em Sua afeição, que logo depois de Ele ter enviado o Seu povo para o cativeiro, o Seu coração já ansiava por eles novamente. Deus lançou o Seu olhar para Babilônia e viu o Seu escolhido sentado tristemente à margem de rios distantes, pendurando suas harpas silenciosas sobre os salgueiros e chorando ao se lembrar de Sião; e o Senhor disse a si mesmo: "Eu escolhi este povo de antigamente, e amei seus pais, e os fiz ser povo para mim acima de todos os povos que estão sobre a face da terra; por isso, novamente, eu terei misericórdia deles". Então o Senhor procurou encontrar um motivo de misericórdia na conduta passada do povo, mas não encontrou nenhum. Olhou para o caráter presente deles buscando um apelo, e não encontrou nenhum, pois, mesmo quando estavam sob a vara, demonstravam dureza de coração, de modo que mesmo os olhos de misericórdia não podiam ver nenhum motivo para favorecê-los. O que o Senhor deveria fazer? Ele não agiria sem uma razão: deve haver algo para justificar a Sua misericórdia e mostrar a sabedoria do Seu agir. Uma vez que ela não existe no agressor, onde a misericórdia achará seu apelo? Eis a inventividade do amor eterno! O Senhor recorre a si mesmo, e dentro de si encontra uma razão para a Sua graça. "Contudo, por causa do meu nome e minha honra, refrearei minha ira e não os exterminarei. Faço isso por minha própria causa, sim, por minha própria causa. Não permitirei que meu nome seja manchado e não repartirei minha glória com outros." Ao encontrar um motivo em Sua própria glória, que estava ligada à existência de Israel, e teria sido comprometida com a destruição de Seu povo, Ele se voltou para eles em amor e bondade: Ciro escreveu o decreto de emancipação, os israelitas voltaram para a terra, e mais uma vez sentaram-se cada um sob a sua própria videira e figueira, e comeram do bom da terra.

Não teria sido necessário destruí-lo,
  nem eliminar o nome de sua família".

²⁰Saiam do cativeiro!
  Deixem a Babilônia e os babilônios!ᵃ
Proclamem esta mensagem!
  Anunciem-na em alta voz para os
    confins da terra!
O Senhor resgatou seus servos,
  o povo de Israel.ᵇ
²¹Não passaram sede
  quando ele os guiou pelo deserto.
Ele partiu a rocha,
  e água jorrou para que bebessem.
²²"Mas para os perversos não há paz",
  diz o Senhor.

A comissão do servo do Senhor

49 ¹Ouçam-me, vocês em terras distantes!
  Prestem atenção, vocês que estão
    longe!
O Senhor me chamou antes de meu
    nascimento;
  desde o ventre ele me chamou pelo
    nome.
²Tornou minhas palavras de juízo afiadas
    como espada,
  escondeu-me na sombra de sua mão;
  sou como flecha afiada em sua aljava.
³Ele me disse: "Você é meu servo, Israel,
  e me trará glória".
⁴Respondi: "Mas meu trabalho parece tão
    inútil!
  Esforcei-me em vão, sem propósito
    algum.
No entanto, deixo tudo nas mãos do
    Senhor;
  confio que Deus me recompensará".
⁵Agora, fala o Senhor,
  aquele que no ventre me formou para
    ser seu servo,
  que me encarregou de trazer Israel de
    volta para ele.
O Senhor me honrou,
  meu Deus me fortaleceu.
⁶Ele diz: "Você fará mais que restaurar o
    povo de Israel para mim;
  eu o farei luz para os gentios,
  e você levará minha salvação aos confins
    da terra".

⁷O Senhor, o Redentor e o Santo de Israel,
  diz àquele que é desprezado e rejeitado
    pelas nações,
  àquele que é servo dos governantes:
"Reis se levantarão quando você passar,
  príncipes se curvarão até o chão,
por causa do Senhor, que é fiel,
  por causa do Santo de Israel, que o
    escolheu".

Promessas da restauração de Israel

⁸Assim diz o Senhor:
"No tempo certo, eu lhe responderei;ᶜ
  no dia da salvação, o ajudarei.
Eu o protegerei e o darei ao povo,
  para que seja símbolo da minha aliança
    com eles.
Por seu intermédio, restabelecerei a terra
    de Israel
  e a devolverei a seu povo.
⁹Direi aos prisioneiros: 'Saiam em
    liberdade!',
  e aos que estão na escuridão: 'Venham
    para a luz!'.
Serão minhas ovelhas e se alimentarão em
    pastos verdes
  e nas colinas que antes eram estéreis.
¹⁰Não terão fome nem sede,
  e o sol ardente não os atingirá.
Pois o Senhor, em sua misericórdia, os
    guiará;
  ele os conduzirá a águas frescas.
¹¹Transformará os montes em caminhos
    planos,
  e as estradas serão erguidas acima dos
    vales.
¹²Vejam, meu povo retornará de longe,
  de terras ao norte e a oeste,
  e de lugares distantes ao sul, como o
    Egito".ᵈ

¹³Cantem, ó céus!
  Alegre-se, ó terra!
Irrompam em cânticos, ó montes!

ᵃ **48.20a** Ou *os caldeus*. ᵇ **48.20b** Em hebraico, *seu servo Jacó*. Ver nota em 14.1. ᶜ **49.8** A Septuaginta traz *eu o ouvirei*. Comparar com 2Co 6.2. ᵈ **49.12** Conforme os manuscritos do mar Morto, que trazem *da região de Assuã*, no sul do Egito; o Texto Massorético traz *da região de Sinim*.

Pois o Senhor consolou seu povo
e terá compaixão dele em meio ao
  sofrimento.
¹⁴Sião, porém, diz: "O Senhor nos
  abandonou,
o Senhor se esqueceu de nós".
¹⁵"Pode a mãe se esquecer do filho que
  ainda mama?
Pode deixar de sentir amor pelo filho
  que ela deu à luz?
Mesmo que isso fosse possível,
  eu não me esqueceria de vocês!
¹⁶Vejam, escrevi seu nome na palma de
  minhas mãos;
seus muros em ruínas estão sempre em
  minha mente.
¹⁷Em breve, seus descendentes voltarão,
e todos que procuram destruí-la irão
  embora.
¹⁸Olhe ao redor e veja,
pois todos os seus filhos voltarão para
  você.
Tão certo como eu vivo", diz o Senhor,
"eles serão como joias, e você se
  enfeitará com eles,
como uma noiva se enfeita.
¹⁹"Seu povo logo encherá
até as regiões mais desoladas de sua
  terra abandonada.
Seus inimigos, que a escravizaram,
  estarão bem longe.
²⁰As gerações nascidas no exílio voltarão e
  dirão:
'Precisamos de mais espaço!
Esta terra é pequena demais!'.
²¹Então você pensará:
'Quem me deu todos esses
  descendentes?
Quase todos os meus filhos foram mortos,
e os que restaram foram levados para o
  exílio;
fiquei aqui sozinha.
De onde veio tanta gente?
Quem os criou para mim?'"
²²Assim diz o Senhor Soberano:
"Vejam, darei um sinal às nações;
elas trarão os filhos pequenos de Israel de
  volta nos braços
e carregarão as filhas nos ombros.
²³Reis e rainhas os servirão
e atenderão a todas as suas
  necessidades.
Eles se curvarão diante de você com o
  rosto no chão
e lamberão o pó de seus pés.
Então você saberá que eu sou o Senhor;
quem confia em mim jamais será
  envergonhado".

49.15-18 *V.15* A criança está em uma condição em que lembra sua própria mãe de que é seu filho — sua criança de peito. A mãe consegue esquecê-la? Não é natural. O que é verdadeiro sobre a Igreja do Senhor como um todo, é verdadeiro para cada membro dela. Se algum de vocês imagina que Deus o tem ignorado, a você, um dos Seus filhos, o que pensa é falso. Ele não pode fazer isso. Seria contrário à Sua natureza. Enquanto Ele for Deus, Ele deve lembrar-se do Seu povo.

V.16 Ao olhar as marcas dos cravos, Cristo pode dizer com tanta propriedade: "Eis que nas palmas das minhas mãos te gravei!". [...] Jesus não pode conceder nada, Ele não pode tirar nada, Ele não pode fazer nada, Ele não pode segurar nada sem se lembrar de Seu povo: "Eis que nas palmas das minhas mãos te gravei!". Como amo esse verso do hino de Toplady que fala dessa verdade abençoada!

  Meu nome das palmas de Suas mãos
  A eternidade não removerá.
  Permanecerá gravado em Seu coração

  Nas marcas da graça que não se apagará.
  Sim, e para sempre resistirei,
  Na certeza do penhor pago;
  Não mais seguro, porém mais feliz serei,
  No Céu, meu espírito glorificado.

V.17 Todos que procuram destruí-la irão embora. Gostaria que isso acontecesse. Se assim fosse, muitas igrejas de Cristo que são atormentadas com falsas doutrinas e hábitos mundanos, que espalham a ruína, seriam libertas dessas maldições. Os inimigos do outro lado dos muros, por mais perversos que sejam, nunca serão tão perversos como os traidores de dentro da fortaleza. Salve Troia do cavalo de madeira e salve Sião dos traidores em seu meio que procuram fazer-lhe mal.

V.18 Que ornamento para uma igreja são os seus convertidos! Estas são as nossas joias. Não damos importância à bela arquitetura ou música grandiosa no culto a Deus. Nosso verdadeiro edifício é composto por nossos convertidos — nossa melhor música é a sua confissão de fé. Que Deus nos conceda mais disso!

²⁴Quem pode tirar o despojo das mãos de um guerreiro?
Quem pode exigir que um tirano ͣ liberte seus prisioneiros?
²⁵Mas o Senhor diz:
"Os cativos dos guerreiros serão libertos,
e o despojo dos tiranos será retomado.
Pois lutarei contra os que lutam contra você
e salvarei seus filhos.
²⁶Alimentarei seus inimigos com a própria carne deles,
ficarão bêbados com rios do próprio sangue.
Todo o mundo saberá que eu, o Senhor, sou seu Salvador e seu Redentor,
o Poderoso de Israel". ᵇ

50

Assim diz o Senhor:
"Acaso sua mãe foi mandada embora porque me divorciei dela?
Vendi vocês como escravos para meus credores?
Não, foram vendidos por causa de seus pecados,
e sua mãe se foi por causa da rebeldia de vocês.
²Por que ninguém apareceu quando eu vim?
Por que ninguém respondeu quando chamei?
É porque não tenho poder para libertar?
Pois eu, com uma simples palavra, seco o mar
e transformo rios em desertos cheios de peixes mortos.
³Visto os céus com escuridão
e cubro-os com roupas de luto".

O obediente servo do Senhor

⁴O Senhor Soberano me deu suas palavras de sabedoria,
para que eu saiba consolar os cansados.
Todas as manhãs ele me acorda
e abre meu entendimento para ouvi-lo.
⁵O Senhor Soberano falou comigo,
e eu ouvi;
não me rebelei nem me afastei.
⁶Ofereci as costas aos que me batiam
e a face aos que me arrancavam a barba.
Não escondi o rosto
daqueles que zombavam de mim e em mim cuspiam.
⁷Porque o Senhor Soberano me ajuda,
não serei envergonhado.
Por isso, firmei o rosto como uma pedra
e sei que não serei envergonhado.
⁸Aquele que me faz justiça está perto;
quem se atreverá a se queixar de mim?
Onde estão meus acusadores?
Que se apresentem!
⁹Vejam, o Senhor Soberano está do meu lado!
Quem me declarará culpado?
Todos os meus inimigos serão destruídos como roupas velhas, comidas pelas traças.
¹⁰Quem entre vocês teme o Senhor
e obedece a seu servo?
Se vocês caminham na escuridão,
sem um raio de luz sequer,
confiem no Senhor
e apoiem-se em seu Deus.
¹¹Mas tenham cuidado, vocês que vivem em sua própria luz
e se aquecem em seu próprio fogo.
Esta é a recompensa que receberão de mim:
em breve cairão em grande tormento.

Chamado para confiar no Senhor

51

¹"Ouçam-me, todos que procuram justiça,
todos que buscam o Senhor!

ͣ **49.24** Conforme os manuscritos do mar Morto, a versão siríaca e a Vulgata (ver tb. 49.25); o Texto Massorético traz *um justo*.
ᵇ **49.26** Em hebraico, *de Jacó*. Ver nota em 14.1.

51.1-3,6,7 *Vv.1,2* Isto é para o seu consolo, queridos amigos. Se Deus pôde formar de Abraão e Sara tão grande nação como a de Israel, o que Ele não pode fazer? Você diz que a causa de Deus está em decadência nesses dias maus? Essa causa não está tão decadente hoje, quanto quando parecia não haver ninguém fiel além de Abraão em todo o mundo! No entanto, Deus fez aquele homem poderoso ser como um fundamento

Olhem para a rocha da qual foram cortados,
    para a pedreira de onde foram extraídos.
²Sim, pensem em Abraão, seu antepassado,
    e em Sara, que deu à luz sua nação.
Abraão era apenas um quando eu o chamei,
    mas o abençoei e o tornei uma grande nação."

³O Senhor voltará a consolar Sião
    e terá compaixão de suas ruínas.
Seu deserto florescerá como o Éden,
    sua terra desolada, como o jardim do Senhor.
Ali haverá alegria e exultação,
    e cânticos de gratidão encherão o ar.

⁴"Ouça-me, povo meu;
    escute-me, nação minha,
pois minha lei será proclamada,
    e meu juízo se tornará luz para as nações.
⁵Minha justiça logo virá,
    minha salvação está a caminho;
    meu braço forte julgará as nações.
Todas as terras distantes olharão para mim
    e aguardarão com esperança meu braço poderoso.
⁶Levantem os olhos para os céus lá no alto
    e olhem para a terra embaixo.
Os céus desaparecerão como fumaça,
    e a terra se gastará como uma peça de roupa.
Os habitantes da terra morrerão como moscas,
    mas minha salvação é permanente;
    meu governo justo não terá fim!

⁷"Ouçam-me, vocês que sabem a diferença entre certo e errado,
    que têm minha lei no coração.
Não se assustem com o desprezo das pessoas,
    nem temam seus insultos.
⁸Pois a traça os comerá como se fossem uma roupa;
    o verme os devorará como se fossem lã.
Minha justiça, porém, durará para sempre;
    minha salvação continuará de geração em geração!"

⁹Desperta, desperta, ó Senhor! Veste-te de força!
    Move teu braço poderoso!
Levanta-te como fizeste nos dias passados,
    quando mataste o Egito, o dragão do Nilo.[a]
¹⁰Não és o mesmo hoje,
    aquele que secou as águas
e fez um caminho no fundo do mar
    para que seu povo atravessasse?
¹¹Os que foram resgatados pelo Senhor voltarão;
    entrarão em Sião cantando,
    coroados de alegria sem fim.
Tristeza e lamento desaparecerão,

---

[a] **51.9** Em hebraico, *mataste Raabe, transpassaste o dragão*. Ver nota em 30.7.

---

sobre o qual Ele edificou o povo escolhido, a quem ordenou a guarda dos oráculos sagrados. E se Ele fez isso, o que Ele não pode fazer? Por mais para baixo que possam afundar individualmente, ou por mais fracos que possam se sentir, olhem para Abraão e aprendam com sua experiência o que Deus pode fazer com vocês.

V.3 Quando o seu deserto for como o Éden e a sua solidão como o jardim do Senhor, como serão os seus lugares cultivados? Ó, que grandes momentos ainda estão por vir para a Igreja do Deus vivo! Vamos continuar esperando, orando e trabalhando, nunca duvidando, pois, como John Wesley disse: "O melhor de tudo é que Deus está conosco". E se Ele está conosco, tudo tem que estar bem!

V.6 Que misericórdia é possuir algo que nunca se desgastará e que nunca poderá acabar — algo contra o qual o tempo se inquietará em vão! Esta coisa permanente e indestrutível é a salvação eterna — a justiça eterna — que o Senhor Jesus estabeleceu e apresentou para o Seu povo! Povo feliz o que tem este tesouro por sua herança eterna!

V.7 Vocês que sabem a diferença entre certo e errado, que têm minha lei no coração. Não se assustem com o desprezo das pessoas, nem temam seus insultos. Se você for fiel a Deus, certamente será injuriado. Um cristão não deve esperar ir ao Céu intacto. É parte da natureza das serpentes e das cobras na grama tentar, se puderem, abocanhar o calcanhar do filho de Deus. Mesmo a velha serpente, o diabo, feriu o calcanhar dAquele que esmagou a cabeça do dragão. "Não se assustem com o desprezo das pessoas, nem temam seus insultos", pois o seu Mestre sofreu da mesma forma há muito tempo.

e eles se encherão de alegria e
    exultação.
¹²"Sim, sou eu quem os consola;
    por que, então, temem simples mortais,
    que murcham como o capim e
        desaparecem?
¹³Vocês, porém, se esqueceram do Senhor,
    seu Criador,
    aquele que estendeu os céus
    e lançou os alicerces da terra.
Viverão com medo de opressores
    humanos?
Continuarão a temer a ira de seus
    inimigos?
Onde está a fúria deles agora?
¹⁴Em breve, todos vocês cativos serão
    libertos;
    prisão, fome e morte não serão seu
        destino!
¹⁵Pois eu sou o Senhor, seu Deus,
    que agita os mares e faz as ondas rugirem;
    meu nome é Senhor dos Exércitos.
¹⁶Pus minhas palavras em sua boca
    e o escondi em segurança em minha
        mão.
Estendi[a] os céus
    e lancei os alicerces da terra.
Sou eu quem diz a Israel:
    'Tu és meu povo!'."

¹⁷Desperte, desperte, ó Jerusalém!
    Você bebeu do cálice da ira do Senhor,
    bebeu do cálice do terror,
    virou-o até a última gota.
¹⁸Não sobrou nenhum de seus filhos
    para pegá-la pela mão e guiá-la.
¹⁹Duas calamidades a atingiram:
    desolação e destruição, fome e guerra.
E quem restou para ter compaixão de você?
    Quem restou para consolá-la?[b]
²⁰Seus filhos desmaiaram e estão caídos
    pelas ruas,
    indefesos como antílopes pegos numa
        rede.
O Senhor derramou sua ira,
    sim, Deus os repreendeu.

²¹Agora, porém, ouçam isto, vocês que
    estão aflitos
    e completamente embriagados,
    mas não com vinho.
²²Assim diz o Senhor Soberano,
    seu Deus e Defensor:
"Vejam, tirei de suas mãos o cálice terrível;
    não beberão mais de minha ira.
²³Agora, darei esse cálice aos que os
    atormentaram
    e lhes disseram:
'Pisaremos em vocês no pó
    e andaremos sobre suas costas'".

Livramento para Jerusalém

52 ¹Desperte, desperte, ó Sião!
    Vista-se de força!
Ponha suas lindas roupas, ó cidade santa
    de Jerusalém,
    pois os incircuncisos e os impuros não
        entrarão mais por seus portões.
²Levante-se do pó, ó Jerusalém,
    sente-se no lugar de honra.
Tire de seu pescoço as correntes de
    escravidão,
    ó cativa Sião.[c]
³Pois assim diz o Senhor:
"Quando eu a vendi ao exílio,
    não recebi pagamento algum.
Agora a resgatarei
    sem ter de pagar por você".

⁴Assim diz o Senhor Soberano: "Há muito tempo, meu povo escolheu morar no Egito. Agora, a Assíria os oprime sem nenhuma razão. ⁵O que é isso?", pergunta o Senhor. "Por que meu povo foi escravizado novamente? Aqueles que os dominam gritam de alegria.[d] Meu nome é blasfemado o dia inteiro.[e] ⁶Mas eu revelarei meu nome ao meu povo, e eles, por fim, reconhecerão que sou eu quem fala com eles."

⁷Como são belos sobre os montes
    os pés do mensageiro que traz boas-
        -novas,
    boas-novas de paz e salvação,
    de que o Deus de Israel[f] reina!

---

[a]**51.16** Conforme a versão siríaca (ver tb. 51.13); o hebraico traz *Plantei*. [b]**51.19** Conforme os manuscritos do mar Morto, a Septuaginta, a versão siríaca e a Vulgata; o Texto Massorético traz *Como posso consolá-la?* [c]**52.2** Em hebraico, *filha de Sião*. [d]**52.5a** Conforme os manuscritos do mar Morto; o Texto Massorético traz *Aqueles que os dominam se lamentam*. [e]**52.5b** A Septuaginta traz *Os gentios continuam a blasfemar meu nome por causa de vocês*. Comparar com Rm 2.24. [f]**52.7** Em hebraico, *de Sião*.

⁸Os vigias gritam e cantam de alegria,
pois, com os próprios olhos,
veem o Senhor voltar a Sião.
⁹Que as ruínas de Jerusalém gritem de alegria,
pois o Senhor consolou seu povo;
ele resgatou Jerusalém.
¹⁰O Senhor mostrou seu santo poder
diante dos olhos de todas as nações.
Todos os confins da terra verão
a salvação de nosso Deus.
¹¹Saiam! Saiam e deixem para trás o cativeiro,
não toquem no que é impuro.
Saiam daí e purifiquem-se,
vocês que levam de volta os objetos sagrados do Senhor.
¹²Não partirão às pressas,
como quem foge para salvar a vida,
pois o Senhor irá à sua frente;
sim, o Deus de Israel os protegerá na retaguarda.

O servo sofredor

¹³Vejam, meu servo terá êxito;
será muito exaltado.
¹⁴Muitos, porém, ficaram espantados quando o viram:ᵃ
seu rosto estava tão desfigurado que mal parecia humano;
por seu aspecto, quase não era possível reconhecê-lo como homem.
¹⁵Ele causará assombro emᵇ muitas nações;
reis ficarão mudos diante dele,
pois verão aquilo que ninguém lhes havia falado,
entenderão aquilo que nunca tinham ouvido.ᶜ

53
¹Quem creu em nossa mensagem?
A quem o Senhor revelou seu braço forte?
²Meu servo cresceu em sua presença,
como tenro broto verde,
como raiz em terra seca.
Não havia nada de belo nem majestoso em sua aparência,
nada que nos atraísse.
³Foi desprezado e rejeitado,
homem de dores, que conhece o sofrimento mais profundo.
Demos as costas para ele e desviamos o olhar;
ele foi desprezado, e não nos importamos.
⁴Apesar disso, foram as nossas enfermidades que ele tomou sobre si,
e foram as nossas doenças que pesaram sobre ele.
Pensamos que seu sofrimento era castigo de Deus,
castigo por sua culpa.
⁵Mas ele foi ferido por causa de nossa rebeldia
e esmagado por causa de nossos pecados.
Sofreu o castigo para que fôssemos restaurados
e recebeu açoites para que fôssemos curados.
⁶Todos nós nos desviamos como ovelhas;
deixamos os caminhos de Deus
para seguir os nossos caminhos.
E, no entanto, o Senhor fez cair sobre ele os pecados de todos nós.
⁷Ele foi oprimido e humilhado,
mas não disse uma só palavra.

ᵃ**52.14** Conforme a versão siríaca; o hebraico traz *viram você*. ᵇ**52.15a** Ou *purificará*. ᶜ**52.15b** A Septuaginta traz *Aqueles aos quais ele nunca foi anunciado verão, / e os que nunca ouviram falar dele entenderão*. Comparar com Rm 15.21.

53.2,10 *V.2* Uma raiz que brota em um campo farto e fértil deve muito ao solo no qual ela cresce. Não nos admiramos que algumas plantas se desenvolvam abundantemente, pois o terreno em que são plantadas é particularmente propício para o seu crescimento. Mas se vemos uma raiz ou uma árvore sobre uma rocha firme ou no meio de terreno árido, ficamos surpresos e a admiramos com a obra de Deus. Nosso Salvador é uma raiz que nada retira do solo em que cresce, mas coloca tudo nesse mesmo solo; Cristo não vive por causa do que há em redor, mas Ele faz viver aqueles que estão ao Seu redor. Da mesma forma, o cristianismo, neste mundo, não retira nada do mundo, exceto aquilo que o adultera e o prejudica, mas transmite todas as bênçãos

Foi levado como cordeiro para o matadouro;
como ovelha muda diante dos tosquiadores,
não abriu a boca.
⁸Condenado injustamente,
foi levado embora.ᵃ
Ninguém se importou de ele morrer sem deixar descendentes,
de sua vida ser cortada no meio do caminho.ᵇ
Mas ele foi ferido mortalmente
por causa da rebeldia do meu povo.
⁹Não havia cometido nenhuma injustiça
e jamais havia enganado alguém.
Ainda assim, foi sepultado como criminoso,
colocado no túmulo de um homem rico.
¹⁰Fazia parte do plano do Senhor esmagá-lo
e causar-lhe dor.
Quando, porém, sua vida for entregue
como oferta pelo pecado,
ele terá muitos descendentes.
Terá vida longa,
e o plano do Senhor prosperará em suas mãos.
¹¹Quando ele vir tudo que resultar de sua angústia,
ficará satisfeito.
E, por causa de tudo que meu servo justo passou,
ele fará que muitos sejam considerados justos,
pois levará sobre si os pecados deles.
¹²Eu lhe darei as honras de um soldado vitorioso,
pois ele se expôs à morte.
Foi contado entre os rebeldes;
levou sobre si a culpa de muitos e
intercedeu pelos pecadores.

A glória futura de Jerusalém

54 ¹"Cante, ó mulher sem filhos,
você que nunca deu à luz!
Cante alegremente, em alta voz, ó Jerusalém,
você que nunca esteve em trabalho de parto!
Pois a abandonada agora tem mais filhos
que a mulher que vive com o marido",
diz o Senhor.
²"Amplie o lugar onde mora, construa mais um cômodo,
aumente sua casa, e não economize nisso!
³Pois logo você transbordará para todos os lados;
seus descendentes ocuparão outras nações
e povoarão as cidades arruinadas.
⁴"Não se assuste; você não será envergonhada.
Não tenha medo; você não sofrerá humilhação.
Não se lembrará mais da vergonha de sua juventude,
nem da tristeza da viuvez.
⁵Pois seu marido será aquele que a fez;
o Senhor dos Exércitos é seu nome!
Ele é seu Redentor, o Santo de Israel,
o Deus de toda a terra.
⁶Pois o Senhor a chamou de volta de seu lamento,
você que era como uma jovem esposa abandonada",
diz o seu Deus.

ᵃ**53.8a** A Septuaginta traz *Foi humilhado e a justiça lhe foi negada*. Comparar com At 8.33. ᵇ**53.8b** Ou *Quanto a seus contemporâneos, / quem se importou que sua vida foi cortada no meio do caminho?* A Septuaginta traz *Quem pode falar de seus descendentes? / Pois sua vida foi tirada da terra*. Comparar com At 8.33.

---

ao lugar em que chega. Observe, então, esta verdade de Deus, que Cristo é sempre "como raiz em terra seca" — Ele não retira nada de nada, mas é autossuficiente e autossustentado em toda a força e excelência que Ele manifesta. Permaneçamos nessa verdade.

V.10 A morte, no caso de nosso Senhor, era o caminho para a extensão da vida. Ele morre para que possa ver Sua semente. Como Ele mesmo disse aos Seus discípulos: "se o grão de trigo não for plantado na terra e não morrer, ficará só. Sua morte, porém, produzirá muitos novos grãos". Para Cristo, o caminho para o êxito era por meio de adversidades. O prazer do Senhor prosperará em Suas mãos, porque agradou ao Pai esmagá-lo. E, muitas vezes, será com o servo como foi com o Mestre — agradará ao Senhor ferir e afligi-lo, para que nos dias posteriores o prazer do Senhor alcance êxito em suas mãos.

⁷"Por um breve tempo eu a abandonei,
  mas com grande compaixão a receberei
  de volta.
⁸Num ímpeto de fúria, escondi meu rosto
  de você por um momento,
  mas com amor eterno terei compaixão
  de você",
  diz o Senhor, seu Redentor.
⁹"Assim como jurei no tempo de Noé
  que nunca mais cobriria a terra com um
  dilúvio,
agora juro que nunca mais ficarei irado
  com você
  nem a castigarei.
¹⁰Pois, ainda que os montes se movam
  e as colinas desapareçam,
  meu amor por você permanecerá.
A aliança de minha bênção jamais será
  quebrada",
  diz o Senhor, que tem compaixão de
  você.
¹¹"Ó cidade açoitada por tempestades,
  aflita e desolada!
Eu a reconstruirei com pedras preciosas
  e edificarei seus alicerces com safiras.
¹²Farei suas torres de rubis cintilantes,
  seus portões, de joias brilhantes,
  seus muros, de pedras preciosas.
¹³Ensinarei seus filhos,
  e eles terão grande paz.
¹⁴Você estará segura sob um governo justo
  e imparcial,

e seus inimigos se manterão afastados.
Viverá em paz,
  e nenhum terror se aproximará.
¹⁵Se alguma nação vier lutar contra você,
  não será porque eu a enviei;
  todos que a atacarem serão derrotados.
¹⁶"Eu criei o ferreiro
  que abana as brasas do fogo
  e produz armas de destruição,
  e criei os exércitos que destroem.
¹⁷Naquele dia, porém,
  nenhuma arma voltada contra você
  prevalecerá.
Você calará toda voz
  que se levantar para acusá-la.
É assim que o Senhor agirá em favor de
  seus servos;
  eu lhes farei justiça.
Eu, o Senhor, falei!"

Convite à salvação

55 ¹"Alguém tem sede?
  Venha e beba, mesmo que não tenha
  dinheiro!
Venha, beba vinho ou leite;
  é tudo de graça!
²Por que gastar seu dinheiro com comida
  que não fortalece?
Por que pagar por aquilo que não
  satisfaz?
Ouçam-me, e vocês comerão o que é bom
  e se deliciarão com os alimentos mais
  saborosos.

55.1-3 *V.1* Veja a liberalidade do amor divino! Veja como Deus, que conhece as necessidades da alma, lhe fornece todas as coisas necessárias – água – a água da vida. E, como se não fosse o suficiente, o vinho da alegria, o leite da satisfação – e Ele os oferece gratuitamente. No entanto, não há ganho para Ele – o ganho é para nós, pois Ele diz: "Venha e beba, mesmo que não tenha dinheiro! Venha, beba vinho ou leite; é tudo de graça!". Tudo o que você precisa, querido amigo, Deus está pronto a lhe dar. Você precisa dessas coisas boas? Então, venha e seja bem-vindo! É Deus quem o ordena a vir.

V.2 Por que vocês procuram obter conforto para suas almas onde nunca o encontrarão? Por que tentam satisfazer suas naturezas imortais com coisas que perecerão? Não há nada aqui embaixo que possa satisfazê-los! Por que gastar seu dinheiro, então, por essas coisas, e seu trabalho por nada? *Ouçam-me, e vocês comerão*

o que é bom e se deliciarão com os alimentos mais saborosos. Deus tem comida de verdade para sua alma – algo que vai fazê-lo realmente feliz! Ele o satisfará, não com a palavra bondade, mas com tudo o que ela representa. Se você a quiser, apenas venha buscá-la. E terá abundância – terá prazer – se você estiver disposto a vir e receber!

V.3 Parece uma coisa muito pequena a fazer, não? Simplesmente ouvir – inclinar o ouvido; todavia, esse é o caminho da salvação: "Portanto, a fé vem por ouvir, isto é, por ouvir as boas-novas a respeito de Cristo". Infelizmente, hoje em dia, a multidão não ouvirá a mensagem de misericórdia de Deus; as pessoas a ignoram como se ela fosse um velho e desgastado conto sobre o qual já sabem o bastante. Ouça, então, o que Deus diz à Sua pobre e esquecida criatura: "escutem, e encontrarão vida".

³"Venham a mim com os ouvidos bem abertos;
escutem, e encontrarão vida.
Farei com vocês uma aliança permanente,
o amor que fielmente prometi a Davi.
⁴Vejam como eu o usei para mostrar meu poder aos povos;
eu o fiz governante das nações.
⁵Vocês também darão ordens a nações que não conhecem,
e povos desconhecidos virão correndo lhes obedecer.
Pois eu, o Senhor, seu Deus,
o Santo de Israel, os tornei gloriosos."

⁶Busquem o Senhor enquanto podem achá-lo;
invoquem-no agora, enquanto ele está perto.
⁷Que os perversos mudem de conduta
e deixem de lado até mesmo a ideia de fazer o mal.
Que se voltem para o Senhor, para que ele tenha misericórdia deles;
sim, voltem-se para nosso Deus, pois ele os perdoará generosamente.

⁸"Meus pensamentos são muito diferentes dos seus", diz o Senhor,
"e meus caminhos vão muito além de seus caminhos.
⁹Pois, assim como os céus são mais altos que a terra,
meus caminhos são mais altos que seus caminhos,
e meus pensamentos, mais altos que seus pensamentos.

¹⁰"A chuva e a neve descem dos céus
e na terra permanecem até regá-la.
Fazem brotar os cereais
e produzem sementes para o agricultor
e pão para os famintos.
¹¹O mesmo acontece à minha palavra:
eu a envio, e ela sempre produz frutos.
Ela fará o que desejo
e prosperará aonde quer que eu a enviar.
¹²Vocês viverão com alegria e paz;
os montes e as colinas cantarão,
e as árvores do campo baterão palmas.
¹³Onde antes havia espinhos, crescerá o cipreste;
onde antes havia urtigas, brotará a murta.
Isso resultará em glória para o nome do Senhor;
será sinal permanente, que nunca será destruído."

Bênçãos para todas as nações

56 Assim diz o Senhor:
"Sejam justos e façam o que é certo,
pois logo virei para livrá-los
e para mostrar minha justiça entre vocês.
²Feliz é aquele
que tiver o cuidado de agir desse modo.
Feliz é aquele que honrar meus sábados
e evitar fazer o mal.

³"Não permitam que o estrangeiro comprometido com o Senhor diga:
'O Senhor jamais me deixará fazer parte de seu povo'.
E não permitam que o eunuco diga:
'Sou uma árvore seca, sem filhos e sem futuro'.
⁴Pois assim diz o Senhor:
Eu abençoarei os eunucos
que guardarem meus sábados
e fizerem o que me agrada
e se apegarem à minha aliança.
⁵Eu lhes darei, dentro dos muros de minha casa,
um memorial e um nome
muito maior que filhos e filhas.
Pois o nome que lhes darei é permanente;
nunca desaparecerá!

⁶"Abençoarei também os estrangeiros comprometidos com o Senhor,
que o servem e amam seu nome,
que o adoram e não profanam o sábado
e que se apegam firmemente à minha aliança.
⁷Eu os levarei ao meu santo monte
e os encherei de alegria em minha casa de oração.
Aceitarei seus holocaustos e sacrifícios,
pois meu templo será chamado casa de oração para todas as nações.

⁸Pois o Senhor Soberano,
   que traz de volta os exilados, diz:
   Também trarei outros de volta,
   além do meu povo, Israel".

Condenação dos líderes pecadores
⁹Venham, animais do campo!
   Venham, animais do bosque!
   Venham e devorem!
¹⁰Pois os vigias do meu povo
   são cegos e ignorantes.
São como cães de guarda mudos,
   que não avisam quando o perigo se
      aproxima.
Gostam de ficar deitados, dormindo e
      sonhando;
¹¹como cães gulosos, nunca estão
      satisfeitos.
São pastores ignorantes;
   cada um segue seu caminho
   e procura seus interesses.
¹²Dizem: "Venham, vamos arranjar vinho e
      dar uma festa;
   vamos nos embebedar.
Amanhã faremos a mesma coisa,
   e daremos uma festa ainda maior!".

57
¹O justo perece,
   e o fiel muitas vezes morre cedo,
mas ninguém parece se importar
   nem se perguntar por quê.
Ninguém parece entender
   que Deus os poupa do mal que virá.
²Pois quem anda por caminhos íntegros
   descansará em paz quando morrer.

Condenação da idolatria
³"Mas vocês, filhos de feiticeiras,
      venham cá!
   Aproximem-se, filhos de adúlteros e de
      prostitutas!
⁴De quem vocês zombam,
   fazendo caretas e mostrando a língua?
Vocês são filhos de pecadores e de
      mentirosos!
⁵Adoram seus ídolos com ardente paixão,
   debaixo dos carvalhos e de toda árvore
      verdejante.
Sacrificam os filhos nos vales,
   entre as rochas dos desfiladeiros.

⁶Seus deuses são as pedras lisas nos vales;
   vocês os adoram com ofertas
      derramadas e ofertas de cereais.
Eles, e não eu, são sua herança;
   pensam que tudo isso me agrada?
⁷Cometeram adultério em todos os montes
      altos;
   ali adoraram seus ídolos
   e foram infiéis a mim.
⁸Puseram símbolos pagãos
   nos batentes e atrás das portas.
Abandonaram-me
   e foram para a cama com esses deuses
      detestáveis.
Comprometeram-se com eles
   e gostam de olhar seus corpos nus.
⁹Foram até Moloque,ᵃ
   com óleo de azeite e muitos perfumes,
   e enviaram para longe seus mensageiros,
   até mesmo ao mundo dos mortos.ᵇ
¹⁰Cansaram-se de tanto procurar,
   mas nunca desistiram.
O desejo renovou suas forças,
   de modo que não ficaram exaustos.
¹¹"Vocês temem esses ídolos?
   Eles os apavoram?
Foi por isso que mentiram para mim
   e se esqueceram de mim e de minhas
      palavras?
Foi por causa do meu longo silêncio
   que deixaram de me temer?
¹²Agora mostrarei a todos essas suas boas
      obras;
   nenhuma delas os ajudará.
¹³Vejamos se seus ídolos os salvarão
   quando clamarem por socorro.
Até um sopro de vento é capaz de
      derrubá-los;
   basta alguém respirar sobre eles para
      que tombem!
Mas quem confia em mim herdará a terra
   e possuirá meu santo monte."

Deus perdoa os arrependidos
¹⁴Deus diz: "Preparem o caminho!
   Tirem do meio da estrada as rochas e as
      pedras,
   para que meu povo passe!".

ᵃ 57.9a Ou *Foram ao rei*. ᵇ 57.9b Em hebraico, *até o Sheol*.

¹⁵O Alto e Sublime, que vive na
   eternidade,
   o Santo diz:
"Habito nos lugares altos e santos,
   e também com os de espírito oprimido e
   humilde.
Dou novo ânimo aos abatidos
   e coragem aos de coração arrependido.
¹⁶Porque não lutarei contra vocês para
   sempre,
   nem ficarei eternamente irado.
Se o fizesse, todos morreriam,
   sim, todos os seres que eu criei.
¹⁷Por causa da cobiça do meu povo,
   fiquei furioso e os castiguei.
Afastei-me deles,
   mas continuaram a seguir seu caminho
   obstinado.
¹⁸Tenho visto o que fazem,
   mas ainda assim irei curá-los.
Eu os guiarei,
   consolarei os que choram,
¹⁹porei em seus lábios palavras de louvor.
Que eles tenham muita paz,
   tanto os que estão perto como os que
   estão longe",
   diz o Senhor, que os cura.
²⁰"Os perversos, porém, são como o mar
   agitado
   que nunca se aquieta
   e revolve lama e sujeira sem parar.
²¹Para os perversos não há paz",
   diz o meu Deus.

Verdadeira e falsa adoração

58 ¹"Grite alto, com todas as suas forças!
   Grite alto, como o som da trombeta!
Fale ao meu povo, Israel,ᵃ
   sobre sua rebeldia e seus pecados!
²Apesar disso, agem como se fossem
   piedosos!
Vêm ao templo todos os dias
   e parecem ter prazer em aprender a meu
   respeito.

ᵃ**58.1** Em hebraico, *Jacó*. Ver nota em 14.1.

57.19 A dispersão de Babel veio do discurso humano quando as línguas se multiplicaram, e a raça unida se separou em fragmentos. As guerras e as lutas, o ódio e o derramamento de sangue surgiram de conversa e fúria — estes são frutos *mortais*, cuja simples menção traz dor ao coração — certamente é vão procurar colher algo que valha a pena daquilo que procede de bocas e línguas! Os grandes faladores são proverbialmente pequenos *realizadores*, e quanto mais conversa, menos trabalho. Podemos vir por anos para buscar frutas nesta figueira e não encontraremos nenhuma. Nada além de folhas será reunido por aqueles que buscam nos lábios uma colheita que encha o celeiro. Isso é muito verdadeiro. Se você não controla os lábios, eles produzem maldades e problemas, e não muito mais do que isso. [...]

No entanto, há um tópico conhecido sobre o qual os lábios sempre devem ser hábeis no falar e esse assunto abençoado está resumido em duas palavras de meu texto: "muita paz". "Porei em seus lábios palavras e louvor. Que eles tenham muita paz". Os lábios devem se ocupar com o assunto da paz. Esse deve ser seu respirar. Da mesma forma que Saul respirava ameaças, nós deveríamos respirar a paz, e muita paz — paz em dobro em nossos lábios. Da boca da verdade deveriam vir beijos de paz, palavras de paz, o fôlego da paz. Esta é a melhor saudação para os lábios — "paz". Nada pode trazer mais frescor ao hálito do que "muita paz". Nada pode trazer mais sabor ao paladar e alegria ao coração quanto "muita paz", sentida no interior e exalada. [...] Discursos ardorosos não são amáveis. Ameaças e protestos destroem a beleza. O encanto dos lábios é a paz!

58.1-4 Vejam, amigos, como os homens são desinteressados por natureza? Os mensageiros de Deus não devem apenas falar, devem falar com força e vigor; devem falar como o som de uma trombeta antes que os homens as ouçam! Entre os mais desinteressados de todos estão aqueles que pensam que são povo de Deus, mas que na realidade e espiritualmente não o são. É difícil alcançar o pecador comum, mas é mais difícil, ainda, alcançar o pecador batizado, o homem que professa ser cristão, mas que vive apenas baseado no nome enquanto está espiritualmente morto. Eles têm o cuidado de oferecer orações matinais; não iniciam seus afazeres sem dobrar o joelho diante de Deus; e são ouvintes ansiosos e atentos na casa do Senhor.

É muito fácil abster-se de comer certos alimentos, mas você pode ter outro tipo de comida como muito palatável. E enquanto você está descansando, pode estar obrigando outros a trabalhar para você. O que é isso senão hipocrisia? Creio que seja um ditado comum entre os árabes e os egípcios, quando um homem tem um terrível temperamento: "Alguém pode pensar que ele esteja jejuando", visto que muitas vezes acontece

Agem como nação justa
  que jamais abandonaria as leis de seu Deus.
Pedem que eu atue em favor deles
  e fingem querer estar perto de mim.
³Dizem: 'Jejuamos diante de ti!
  Por que não prestas atenção?
Nós nos humilhamos com severidade,
  e tu nem reparas!'.

"Vou lhes dizer por quê", eu respondo.
  "É porque jejuam para satisfazer a si mesmos.
Enquanto isso,
  oprimem seus empregados.
⁴De que adianta jejuar,
  se continuam a brigar e discutir?
Com esse tipo de jejum,
  não ouvirei suas orações.
⁵Vocês se humilham
  ao cumprir os rituais:
curvam a cabeça,
  como junco ao vento,
vestem-se de pano de saco
  e cobrem-se de cinzas.
É isso que chamam de jejum?
  Acreditam mesmo que agradará o Senhor?

⁶"Este é o tipo de jejum que desejo:
Soltem os que foram presos injustamente,
  aliviem as cargas de seus empregados.
Libertem os oprimidos,
  removam as correntes que prendem as pessoas.
⁷Repartam seu alimento com os famintos,
  ofereçam abrigo aos que não têm casa.
Deem roupas aos que precisam,
  não se escondam dos que carecem de ajuda.

⁸"Então sua luz virá como o amanhecer,
  e suas feridas sararão num instante.
Sua justiça os conduzirá adiante,
  e a glória do Senhor os protegerá na retaguarda.
⁹Então vocês clamarão, e o Senhor responderá.
  'Aqui estou', ele dirá.

"Removam o jugo pesado de opressão,
  parem de fazer acusações e espalhar boatos maldosos.
¹⁰Deem alimento aos famintos
  e ajudem os aflitos.
Então sua luz brilhará na escuridão,
  e a escuridão ao redor se tornará clara como o meio-dia.
¹¹O Senhor os guiará continuamente,
  lhes dará água quando tiverem sede
  e restaurará suas forças.
Vocês serão como um jardim bem regado,
  como a fonte que não para de jorrar.
¹²Reconstruirão as ruínas desertas de suas cidades
  e serão conhecidos como reparadores de muros
  e restauradores de ruas e casas.

¹³"Guardem o sábado como dia santo;
  não usem esse dia para cuidar de seus interesses.
Desfrutem o sábado
  e falem dele com prazer, como dia santo do Senhor.
Honrem o sábado com tudo que fizerem nesse dia;
  não sigam seus desejos, nem falem coisas inúteis.
¹⁴Então o Senhor será sua alegria;
  grande honra lhes darei
e os sustentarei com a propriedade que prometi a seu antepassado Jacó.
  Eu, o Senhor, falei!"

Advertências contra o pecado

59 ¹Ouçam! O braço do Senhor não é fraco demais para salvá-los,
  nem seu ouvido é surdo para ouvi-los.

---

nos prolongados jejuns que os homens fiquem irritados. Mesmo em seus jejuns, eles disputavam uns com os outros! Um deles dizia que o jejum deveria ser em tal dia, outro o observaria em outro dia; e sem dúvida, há alguns cristãos professos que são muito zelosos, principalmente por maldade contra outros professos; eles, com tanto zelo, observam dias de jejum ou dias de festa do jeito errado enquanto outros o fazem da maneira correta! É uma pena quando este tipo de espírito de festa se mistura com as observâncias da religião!

²Foram suas maldades que os separaram
  de Deus;
 por causa de seus pecados, ele se afastou
  e já não os ouvirá.
³Suas mãos estão manchadas de sangue,
  e seus dedos, imundos de pecado.
Seus lábios estão cheios de mentiras,
  e sua boca transborda de corrupção.

⁴Ninguém se preocupa em ser justo e
  íntegro;
 os processos judiciais se baseiam em
  mentiras.
As pessoas concebem maldades
  e dão à luz o pecado.
⁵Chocam serpentes venenosas
  e tecem teias de aranha.
Quem comer seus ovos morrerá,
  quem neles pisar fará sair uma víbora.
⁶Suas teias não servem de roupa,
  e ninguém pode se cobrir com elas.
Tudo que fazem é cheio de pecado,
  e a violência é sua marca.
⁷Seus pés correm para fazer o mal
  e se apressam em cometer homicídio.
Pensam somente em pecar;
  por onde passam, deixam sofrimento e
  destruição.
⁸Não sabem onde encontrar paz,
  não entendem o que significa ser justo.
Traçaram caminhos tortuosos,
  e quem os segue não sabe o que é paz.

⁹Não há retidão em nosso meio,
  não sabemos viver de modo justo.
Procuramos luz, mas só encontramos
  trevas;
 procuramos claridade, mas andamos na
  escuridão.
¹⁰Apalpamos as paredes, como cegos;
  andamos tateando, como quem não tem
  olhos.
Mesmo no mais claro meio-dia,
  tropeçamos como se fosse noite.
Entre os vivos,
  somos como os mortos.
¹¹Rugimos como ursos,
  gememos como pombas.
Procuramos justiça, mas ela nunca chega;
  procuramos salvação, mas ela está
  distante de nós.
¹²Nossos pecados estão amontoados diante
  de Deus
 e testemunham contra nós;
 sim, sabemos que somos pecadores.
¹³Sabemos que nos rebelamos e negamos
  o Senhor;
 demos as costas para nosso Deus.
Sabemos que fomos injustos e opressores;
 planejamos cada uma de nossas
  mentiras.
¹⁴Nossos tribunais se opõem ao que é
  certo;
 não há justiça em parte alguma.
A verdade anda tropeçando pelas ruas,
  e a honestidade foi banida.
¹⁵Sim, a verdade sumiu,
  e quem rejeita o mal é perseguido.

O Senhor viu tudo isso e se desagradou
  de não encontrar justiça alguma.
¹⁶Admirou-se porque ninguém se
  apresentou
 para ajudar os oprimidos.
Então ele mesmo interveio para salvá-los
  com seu braço forte,
  e sua justiça o susteve.
¹⁷Vestiu a justiça como armadura
  e pôs na cabeça o capacete da salvação.
Cobriu-se com a túnica da vingança
  e envolveu-se com o manto do zelo.
¹⁸Ele retribuirá a seus inimigos pelo mal
  que fizeram;
 sua fúria cairá sobre seus adversários,
  e até os confins da terra lhes dará o
  castigo merecido.
¹⁹No oeste, temerão o nome do Senhor;
  no leste, o glorificarão.
Pois ele virá como uma forte correnteza,
  impelida pelo sopro do Senhor.[a]

²⁰"O Redentor virá a Jerusalém
  para resgatar em Israel
 aqueles que se afastaram de seus
  pecados",[b]
  diz o Senhor.

---

[a] 59.19 Ou *Quando o inimigo vier como uma corrente impetuosa, / o Espírito do Senhor o fará recuar.* [b] 59.20 Em hebraico, *O Redentor virá a Sião / para resgatar aqueles que estão em Jacó, / aqueles que se afastaram de seus pecados.* A Septuaginta traz *O libertador virá em favor de Sião / e afastará Jacó da impiedade.* Comparar com Rm 11.26.

²¹"E esta é minha aliança com eles", diz o Senhor. "Meu Espírito não os deixará, nem estas palavras que lhes dei. Estarão em seus lábios, nos lábios de seus filhos e nos lábios de seus descendentes, para sempre. Eu, o Senhor, falei!"

A glória futura de Jerusalém

60 ¹"Levante-se, Jerusalém!
Que sua luz brilhe para que todos a vejam,
  pois sobre você se levanta e reluz a glória do Senhor.
²Trevas escuras como a noite cobrem as nações da terra,
  mas sobre você se levanta e se manifesta a glória do Senhor.
³As nações virão à sua luz,
  os reis verão o seu esplendor.
⁴"Levante os olhos e veja,
  pois todos se reúnem e voltam para casa!
Seus filhos vêm de terras distantes,
  e suas filhas pequenas são carregadas nos braços.
⁵Você os verá,
  e seu coração vibrará de alegria,
pois comerciantes do mundo todo virão até você
  e lhe trarão as riquezas de muitas nações.
⁶Grandes caravanas de camelos cobrirão sua terra,
  camelos vindos de Midiã e de Efá.
O povo de Sabá trará ouro e incenso
  e adorará o Senhor.
⁷Entregarão a você os rebanhos de Quedar
  e trarão para meus altares os carneiros de Nebaiote.
Aceitarei suas ofertas
  e tornarei meu templo ainda mais glorioso.
⁸"O que vejo voando como nuvens para Israel,
  como pombas para seus ninhos?
⁹São navios dos confins da terra,
  de nações que confiam em mim.
À frente vêm as grandes embarcações de Társis,
  trazendo de volta o povo de Israel,
  que vem de lugares distantes com sua prata e seu ouro.
Eles honrarão o Senhor, seu Deus,
  o Santo de Israel,
  pois ele a encheu de esplendor.
¹⁰"Estrangeiros virão para reconstruir suas cidades,
  e seus reis a servirão.
Pois, ainda que eu a tenha destruído em minha ira,
  por causa de minha graça terei misericórdia de você.
¹¹Seus portões ficarão abertos dia e noite
  para receber as riquezas de muitas nações.
Os reis do mundo serão conduzidos como prisioneiros
  num desfile de vitória.
¹²Pois as nações que não a servirem serão destruídas.

60.8 O capítulo do qual o nosso texto é retirado prevê tempos muito gloriosos para a verdadeira Igreja do Senhor. As promessas registradas neste capítulo foram, em certa medida, cumpridas quando judeus e gentios foram reunidos no aprisco de Cristo em grandes números nos dias dos apóstolos. Mas as promessas de Deus não são como as do homem. Quando um homem cumpre sua promessa uma vez, ela não permanece mais válida — mas as promessas de Deus podem ser cumpridas cem vezes e, no entanto, permanecem tão válidas quanto quando foram proferidas. Então, aquilo que Deus fez para a Sua Igreja no Pentecostes, Ele está preparado para fazer hoje — e o fará em uma escala ainda maior nos tempos felizes que ainda estão por vir — os últimos dias para os quais olhamos e ansiamos alegremente! [...]

Você entenderá a metáfora usada aqui, se eu apenas lhe disser que um viajante do Oriente viu, perto de Isfahan, grandes torres arredondadas coroadas por espirais cônicos através dos quais os pombos desciam. No interior, eram como um grande favo de mel, perfurado com mil buracos, em cada um dos quais os pombos podiam construir seus ninhos. E ele disse que, quando os via voltar para as suas casas à noite, eram tão numerosos e tão compactos que podiam ser comparados a uma nuvem — e a rapidez com que voavam forçosamente para o seu pombal o fazia lembrar-se dessa passagem "O que vejo voando como nuvens para Israel, como pombas para seus ninhos?" Temos aqui, então, uma bela imagem de almas vindo a Cristo e à Igreja de Cristo, em grande número e com grande velocidade!

¹³"A glória do Líbano será sua:
os bosques de ciprestes, abetos e pinheiros.
Ela adornará meu santuário;
meu templo será glorioso!
¹⁴Os descendentes de seus opressores
virão e se curvarão diante de você.
Aqueles que a desprezavam
beijarão seus pés.
Eles a chamarão de Cidade do Senhor,
a Sião do Santo de Israel.

¹⁵"Antes você era desprezada e odiada,
e ninguém sequer passava por você,
mas agora eu a tornarei majestosa para sempre,
uma alegria para todas as gerações.
¹⁶Reis poderosos e grandes nações
atenderão a todas as suas necessidades,
como se você fosse uma criança
amamentada por uma rainha.
Você saberá, enfim, que eu, o Senhor,
sou seu Salvador e seu Redentor,
o Poderoso de Israel.[a]
¹⁷Trocarei seu bronze por ouro,
seu ferro por prata,
sua madeira por bronze,
e suas pedras por ferro.
A paz será seu líder,
e a justiça, seu governante.
¹⁸A violência desaparecerá de sua terra;
a desolação e a destruição da guerra chegarão ao fim.
A salvação a rodeará como os muros de uma cidade,
e o louvor estará nos lábios de todos que ali entrarem.

¹⁹"Você não precisará do brilho do sol durante o dia,
nem da claridade da lua durante a noite,
pois o Senhor será sua luz eterna;
seu Deus será sua glória.
²⁰Seu sol nunca se porá,
sua lua nunca deixará de brilhar.
Pois o Senhor será sua luz eterna;
seus dias de lamento chegarão ao fim.
²¹Todo o seu povo será justo;
possuirão a terra para sempre.
Pois eu os plantarei ali com as próprias mãos,
para manifestar minha glória.
²²A menor família se tornará mil pessoas,
e o grupo mais minúsculo, uma nação poderosa.
No tempo certo, eu, o Senhor,
farei isso acontecer."

Boas-novas para os oprimidos

61 ¹O Espírito do Senhor Soberano está sobre mim,
pois o Senhor me ungiu
para levar boas-novas aos pobres.
Ele me enviou para consolar os de coração quebrantado
e para proclamar que os cativos serão soltos
e os prisioneiros, libertos.[b]
²Ele me enviou para dizer aos que choram
que é chegado o tempo do favor do Senhor[c]
e o dia da ira de Deus contra seus inimigos.
³A todos que choram em Sião
ele dará uma bela coroa em vez de cinzas,
uma alegre bênção em vez de lamento,
louvores festivos em vez de desespero.
Em sua justiça, serão como grandes carvalhos
que o Senhor plantou para sua glória.

⁴Reconstruirão as antigas ruínas,
restaurarão os lugares desde muito destruídos
e renovarão as cidades
devastadas há gerações e gerações.
⁵Estrangeiros serão seus servos;
alimentarão seus rebanhos,
lavrarão seus campos
e cuidarão de suas videiras.
⁶Vocês serão chamados de sacerdotes do Senhor,
ministros de nosso Deus.
Das riquezas das nações se alimentarão
e se orgulharão de possuírem os tesouros delas.
⁷Em lugar de vergonha e desonra,

---

[a] **60.16** Em hebraico, *de Jacó*. Ver nota em 14.1. [b] **61.1** A Septuaginta traz *e os cegos verão*. Comparar com Lc 4.18. [c] **61.2** Ou *para proclamar o ano aceitável do Senhor*.

desfrutarão uma porção dupla de honra.
Terão prosperidade em dobro em sua
    terra
e alegria sem fim.
⁸"Pois eu, o Senhor, amo a justiça
e odeio o roubo e a maldade.
Recompensarei meu povo fielmente
e farei com ele aliança permanente.
⁹Seus descendentes serão reconhecidos
e honrados entre as nações.
Todos saberão que eles são um povo
    abençoado pelo Senhor."
¹⁰É imensa a minha alegria no Senhor, meu
    Deus!
Pois ele me vestiu com roupas de
    salvação
e pôs sobre mim um manto de justiça.
Sou como o noivo com suas vestes de
    casamento,
como a noiva com suas joias.
¹¹O Senhor Soberano mostrará sua justiça
    às nações do mundo;
todos o louvarão!
Será como um jardim no começo da
    primavera,
quando as plantas brotam por toda
    parte.

Oração de Isaías por Jerusalém

62 ¹Por causa de Sião,
não permanecerei quieto.
Por causa de Jerusalém,
    não ficarei calado,
até sua justiça brilhar como o amanhecer
e sua salvação resplandecer como uma
    tocha acesa.
²As nações verão sua justiça,
reis de todo o mundo contemplarão sua
    glória.
E você receberá um novo nome,
da boca do Senhor.
³Será uma esplêndida coroa na mão do
    Senhor,
erguida na mão de Deus para que todos
    a vejam.
⁴Nunca mais será chamada de "Cidade
    Abandonada"ᵃ
nem de "Terra Desolada".ᵇ
Seu novo nome será "Cidade do Prazer de
    Deus"ᶜ
e "Esposa de Deus",ᵈ
pois o Senhor tem prazer em você
e a tomará como esposa.
⁵Seus filhos se comprometerão com você,
como o jovem se compromete com sua
    noiva.
Então Deus se alegrará por você,
como o noivo se alegra por sua noiva.
⁶Ó Jerusalém, coloquei vigias sobre seus
    muros;
eles vigiarão continuamente, dia e noite.
Não descansem, vocês que oram ao
    Senhor!
⁷Não deem descanso ao Senhor até que ele
    complete sua obra,
até que ele torne Jerusalém motivo de
    orgulho de toda a terra.

ᵃ**62.4a** Em hebraico, *Azubá*, que significa "abandonada". ᵇ**62.4b** Em hebraico, *Semamá*, que significa "desolada". ᶜ**62.4c** Em hebraico, *Hefzibá*, que significa "nela tenho prazer". ᵈ**62.4d** Em hebraico, *Beulá*, que significa "casada".

61.10 Você já viu a sua alma nua sentindo vergonha diante dos olhos do Javé que tudo vê? Já tentou se esconder de Deus porque estava sob um profundo senso de pecado? E você ouviu a Sua penetrante voz chamando-o, como Ele chamou Adão no jardim, "Onde você está? Onde você está? Onde você está?". Você afastou-se da adoração divina e ainda ouviu em sua *alma a pergunta do Senhor: "Onde você está?"*. Tentou enterrar-se no trabalho para esquecer essa urgente pergunta e a fez enquanto ela ainda soava em seus ouvidos: "Onde você está?". Correu para algum lugar de diversão e tentou, em meio a companheiros mundanos, se esquecer de si mesmo e de seu Deus? E a voz ainda o seguiu, sempre chamando: "Onde você está? Onde você está?". E, finalmente, você foi obrigado a ficar tremendo perante o Senhor, sem um trapo para cobri-lo, suas folhas de figo todas murchas devido o olhar do Seu olho de fogo? E Ele então o cobriu com as vestes da salvação? Ó, então, você entendeu o significado do meu texto, quando já não estava envergonhado, porque estava coberto com a túnica da justiça de Cristo! Você estava vestido com as vestes de salvação e pôde dizer: "É imensa a minha alegria no Senhor, meu Deus!". Que todos os filhos de Deus aqui se regozijem por estarem vestidos com as vestes da salvação! Da cabeça aos pés, você está vestido de salvação.

⁸O Senhor jurou a Jerusalém por sua própria força:
"Nunca mais a entregarei a seus inimigos;
nunca mais virão guerreiros de outras nações
para levar seu cereal e seu vinho novo.
⁹Vocês que colherem o cereal o comerão
e louvarão o Senhor.
Nos pátios do templo
beberão o vinho que prensaram".
¹⁰Saiam pelos portões! Saiam pelos portões!
Preparem o caminho para meu povo retornar!
Aplanem, aplanem a estrada e removam as pedras,
levantem uma bandeira para que todas as nações a vejam!
¹¹O Senhor enviou esta mensagem até os confins da terra:
"Digam ao povo de Sião:ᵃ
Vejam, seu Salvador se aproxima!
Olhem, ele traz consigo sua recompensa!".
¹²Eles serão chamados de "Povo Santo"
e "Povo que o Senhor Resgatou".
E Jerusalém será conhecida como "Lugar Desejável"
e "Cidade Não Abandonada".

Julgamento dos inimigos do Senhor

63 ¹Quem é este que vem de Edom, da cidade de Bozra,
com as roupas manchadas de vermelho?
Quem é este vestido de trajes reais,
que marcha em sua grande força?
"Sou eu, o Senhor, anunciando sua justiça!
Sou eu, o Senhor, poderoso para salvar!"
²Por que suas roupas estão vermelhas,
como se você tivesse pisado uvas?
³"Pisei uvas sozinho no tanque de prensar;
não havia ninguém para me ajudar.
Em minha ira, esmaguei meus inimigos
como se fossem uvas.
Em minha fúria, pisoteei meus adversários;
seu sangue manchou minhas roupas.
⁴Chegou a hora de vingar meu povo,
de resgatá-los de seus opressores.
⁵Admirei-me porque ninguém se apresentou
para ajudar os oprimidos.
Então eu mesmo intervim para salvá-los
com meu braço forte,
e minha fúria me susteve.
⁶Em minha ira, esmaguei as nações;
eu as fiz cambalear e cair
e derramei seu sangue na terra."

Louvor pelo livramento

⁷Falarei do amor do Senhor,
louvarei o Senhor por tudo que tem feito.
Eu me alegrarei em sua grande bondade por Israel,
que ele concedeu
conforme sua misericórdia e seu imenso amor.
⁸Ele disse: "São meu próprio povo;
certamente não me trairão outra vez";
por isso ele se tornou seu Salvador.
⁹Em todo o sofrimento deles, ele também sofreu
e ele mesmo os salvou.ᵇ
Em seu amor e misericórdia, ele os resgatou;

ᵃ**62.11** Em hebraico, *Digam à filha de Sião.* ᵇ**63.9** Em hebraico, *e o anjo de sua presença os salvou.*

===

63.1-4,19 V.1 O que veio para nos salvar é majestoso em Sua pessoa, mas Ele também é poderoso em Seu poder de salvar! Quando perguntamos: "Quem é este?", a resposta nos vem: "Sou eu, o Senhor, poderoso para salvar!". Ouçam isso, vocês que sentem que são grandes pecadores, vocês que sabem que precisam de um poderoso Salvador! Aqui está um capaz de fazer por vocês tudo o que precisam! Ele vem do campo de batalha, do lugar de conquista, onde lutou em seu favor e conquistou para vocês a vitória sobre o pecado, a morte e o inferno.

Vv.2,3 Em toda a obra redentora de Cristo, Ele estava sozinho. Ninguém poderia ajudá-lo a redimir o Seu povo. Ele teve, sozinho, que pagar o preço do resgate. Ninguém poderia ajudá-lo em Sua última grande batalha, quando Ele se apresentou como o único Campeão de todos os quais Seu Pai lhe tinha dado.

V.4 Foi o dia da vingança contra os inimigos de Deus, a vingança sobre o pecado e a morte, e o inferno. E foi o ano da redenção para o grande exército de crentes em Cristo, para quem Suas vestes foram tingidas em Seu

levantou-os e nos braços os carregou
ao longo dos anos.
¹⁰Mas eles se rebelaram
e entristeceram seu Espírito Santo.
Por isso ele se tornou seu inimigo
e lutou contra eles.

¹¹Então eles se lembraram dos dias passados,
quando Moisés tirou o povo do Egito.
Clamaram: "Onde está aquele que
conduziu Israel através do mar,
com Moisés como pastor?
Onde está aquele que enviou seu Espírito Santo
para estar no meio de seu povo?
¹²Onde está aquele que manifestou seu poder
quando Moisés levantou a mão,
que dividiu o mar diante deles
e assim tornou seu nome conhecido
para sempre?
¹³Onde está aquele que os conduziu pelo
fundo do mar?
Eram como magníficos cavalos selvagens,
correndo pelo deserto sem tropeçar.
¹⁴Como o gado que desce para um vale tranquilo,
o Espírito do Senhor lhes deu descanso.
Sim, tu conduziste teu povo
e tornaste teu nome glorioso".

Súplica por misericórdia e perdão

¹⁵Ó Senhor, olha dos céus!
Olha para nós de tua santa e gloriosa habitação!
Onde estão o zelo e o poder
que costumavas mostrar em nosso favor?
Onde estão tua misericórdia e compaixão?
¹⁶Certamente ainda és nosso Pai!
Ainda que Abraão e Jacó[a] nos deserdassem,
continuarias, Senhor, a ser nosso Pai;
és nosso Redentor desde as eras passadas.
¹⁷Por que permitiste, Senhor, que nos
desviássemos de teus caminhos?
Por que nos endureceste o coração, para
que deixássemos de te temer?
Volta, pois somos teus servos,
as tribos que são tua propriedade.
¹⁸Por pouco tempo teu povo santo possuiu
teu lugar santo;
agora nossos inimigos o destruíram.
¹⁹Parece que nunca pertencemos a ti;
é como se nunca tivéssemos sido teu povo.

64

¹ᵇQuem dera abrisses os céus e descesses!
Os montes tremeriam em tua presença!
²ᶜAssim como o fogo faz a lenha queimar
e a água ferver,
tua vinda faria as nações estremecerem;
então seus inimigos entenderiam a razão
de tua fama!
³Quando desceste muito tempo atrás,
realizaste coisas maravilhosas que não esperávamos;
ah, como os montes tremeram diante de ti!

ᵃ63.16 Em hebraico, *Israel*. Ver nota em 14.1. ᵇ64.1 No texto hebraico, o versículo 64.1 faz parte de 63.19. ᶜ64.2 No texto hebraico, os versículos 64.2-12 são numerados 64.1-11.

---

próprio sangue mais precioso. Observe como o grande Redentor fala de Seu povo escolhido: "Meu povo".

V.19 "Tu nos deste a terra através de uma aliança eterna; mas nós a tivemos apenas por um pouco de tempo. Eis que o inimigo veio e expulsou Seu Israel de sua herança! Pode ser assim sempre, Senhor?" Os tempos felizes parecem muito curtos quando terminam e quando são sucedidos por escuras provações, dizemos: "Só por breve tempo foi o país possuído pelo teu santo povo; nossos adversários pisaram o teu santuário. Tornamo-nos (pois esta é a verdadeira representação da passagem) como aqueles sobre quem tu nunca dominaste e como os que nunca se chamaram pelo teu nome". Essa é uma condição triste para a Igreja do Senhor e receio que ela esteja agora entrando nesse estado, submergindo em um nível com o mundo, abandonando seu elevado chamado, desistindo do caminho do povo separado e tornando-se como aqueles a quem Deus nunca conheceu e que jamais foram chamados pelo Seu nome.

64.1-3,5 *V.1* As colinas eternas são feitas para derreter ao toque do pé de Deus. As montanhas são as últimas coisas a se mover, mas Deus as move quando delas se aproxima. Como esquecemos com frequência

⁴Porque desde o começo do mundo,
    nenhum ouvido ouviu
e nenhum olho viu um Deus semelhante
        a ti,
    que trabalha em favor dos que nele
        esperam.
⁵Recebes de braços abertos os que
        praticam a justiça com alegria,
    os que seguem teus caminhos.
Mas ficaste muito irado conosco,
    pois pecamos constantemente;
    como seremos salvos?
⁶Estamos todos impuros por causa de
        nosso pecado;
    quando mostramos nossos atos de
        justiça,
    não passam de trapos imundos.
Como as folhas das árvores, murchamos e
        caímos,
    e nossos pecados nos levam embora
        como o vento.
⁷Ainda assim, ninguém invoca teu nome
    nem suplica por tua misericórdia.
Por isso te afastaste de nós
    e nos entregasteᵃ a nossos pecados.
⁸Apesar de tudo, ó Senhor, és nosso Pai.
    Nós somos o barro, e tu és o oleiro;
    somos todos formados por tua mão.
⁹Não te ires tanto conosco, Senhor,
    não te lembres para sempre de nossos
        pecados.
Pedimos que olhes para nós
    e vejas que somos teu povo.
¹⁰Tuas cidades santas estão destruídas;
    Sião é um deserto,
    sim, Jerusalém é uma ruína desolada.
¹¹O santo e belo templo,
    onde nossos antepassados te louvavam,
    foi queimado;
    tudo que era precioso foi destruído.
¹²Depois disso tudo, Senhor, ainda te
        recusarás a nos ajudar?
Permanecerás calado e continuarás a
        nos castigar?

Julgamento e salvação finais

65 O Senhor diz:
    "Estava pronto para atender, mas
        ninguém pediu ajuda;
    estava pronto para ser encontrado, mas
        ninguém me procurou.
A uma nação que não invocava meu
        nome,ᵇ
    eu disse: 'Aqui estou! Aqui estou!'.

ᵃ **64.7** Conforme a Septuaginta e as versões siríaca e aramaica; o hebraico traz *nos derreteste*. ᵇ **65.1** Ou *a uma nação que não levava meu nome*.

---

a onipotência! Esse é um fator que estamos bastante dispostos a deixar de fora de nossos cálculos; e, no entanto, meus irmãos, a onipotência está por trás de toda a nossa fraqueza, quando essa fraqueza está com a verdade e o certo, e está engajada no serviço de Deus.

Vv.2,3 Onde Deus estiver, tudo começa a derreter. Ele toca as montanhas e as faz ferver com lava, como vulcões em atividade; ao Seu toque, o próprio mar começa a ferver com o calor ardente do poder divino. Nessa altura, quando esses maravilhosos resultados são percebidos, até os inimigos de Deus são obrigados a dizer: "Isso é o dedo de Deus", e eles tremem diante de Sua presença. Nunca saberemos, irmãos, quais grandes coisas Deus fará, pois não conhecemos tudo o que Ele pode fazer; mas cremos que todas as coisas são possíveis para o Onipotente Javé. Quando Ele traz Suas forças de reserva ao campo, a batalha é curta. "Quando desceste muito tempo atrás, realizaste coisas maravilhosas que não esperávamos". Foi assim quando Senaqueribe, nos dias de Isaías, sitiou a cidade de Jerusalém. Não havia, aparentemente, nenhum meio de escapar das estupendas hordas do poderoso monarca; mas o anjo do Senhor atingiu 185 mil deles em uma noite, e os derrubou completamente. Deus tem que simplesmente aparecer em Seu poder terrível, e Seus adversários tremem diante de Sua presença, ou são destruídos num instante.

V.5 Deus vem nos encontrar antes de chegarmos a Ele, e então há um encontro abençoado: "Recebes de braços abertos os que praticam a justiça com alegria". Se você fizer o bem, Deus o encontrará; mas Ele o encontrará muito mais cedo se você puder se alegrar ao mesmo tempo, pois não há adoração para Deus que lhe seja tão aceitável como aquela que é feita com prazer: "Recebes de braços abertos os que praticam a justiça com alegria". Quando estamos felizes em servir a Deus, quando nos deleitamos em sofrer por causa do Seu nome, então Deus virá e nos encontrará com certeza. Não precisamos pensar que, em tais circunstâncias, Ele nos deixará sozinhos: "Recebes de braços abertos os que praticam a justiça com alegria".

²O dia todo abri os braços para um povo rebelde,ᵃ
    mas eles seguiram seus caminhos perversos
    e suas ideias distorcidas.
³O dia todo me insultam abertamente,
    ao adorarem ídolos em seus jardins
    e queimarem incenso em seus altares.
⁴À noite, andam no meio das sepulturas
    e consultam os mortos.
Comem carne de porco
    e fazem ensopados com outros alimentos proibidos.
⁵Apesar disso, dizem uns aos outros:
    'Não se aproxime, pois vai me contaminar!
    Sou mais santo que você!'.
Essa gente é fedor em minhas narinas,
    fumaça irritante que nunca passa.

⁶"Vejam, meu decreto está escritoᵇ diante de mim:
    Não permanecerei calado;
retribuirei conforme merecem!
    Sim, eu lhes darei o que merecem,
⁷tanto por seus pecados
    como pelos pecados de seus antepassados",
    diz o Senhor.
"Pois eles também queimaram incenso nos montes
    e me insultaram nas colinas;
    eu lhes darei o que merecem!

⁸"Contudo, não destruirei todos eles",
    diz o Senhor.
"É possível encontrar uvas boas num cacho de uvas podres;
    pois alguém dirá: 'Não jogue todas fora, algumas ainda estão boas!'.
Assim também não destruirei todo o Israel,
    pois ainda tenho ali servos fiéis.
⁹Preservarei um remanescente do povo de Israelᶜ
    e de Judá para possuir minha terra.
Aqueles que eu escolhi a herdarão,
    e meus servos ali habitarão.
¹⁰A planície de Sarom voltará a ficar cheia de rebanhos
    para meu povo que me buscou,
    e o vale de Acor servirá de pasto para o gado.

¹¹"Mas, porque vocês abandonaram o Senhor
    e se esqueceram de seu santo monte,
e porque prepararam banquetes para honrar a deusa Sorte
    e oferecer vinho misturado ao deus Destino,
¹²hoje eu os destinarei à espada;
    todos vocês se curvarão diante do carrasco.
Pois, quando chamei, não responderam;
    quando falei, não ouviram.
Praticaram o mal, bem diante dos meus olhos,
    e escolheram fazer o que desprezo."

¹³Portanto, assim diz o Senhor Soberano:
"Meus servos comerão,
    mas vocês passarão fome.
Meus servos beberão,
    mas vocês terão sede.
Meus servos se alegrarão,
    mas vocês serão humilhados.
¹⁴Meus servos cantarão de alegria,
    mas vocês gritarão de tristeza e desespero.
¹⁵Seu nome será maldição entre meu povo escolhido,
    pois o Senhor Soberano os destruirá
    e chamará seus servos por outro nome.
¹⁶Todos que pedem uma bênção ou fazem um juramento
    o farão pelo Deus da verdade.
Pois deixarei de lado minha ira
    e me esquecerei das maldades cometidas no passado.

¹⁷"Vejam! Crio novos céus e nova terra,
    e ninguém mais pensará nas coisas passadas.
¹⁸Alegrem-se e exultem para sempre em minha criação!
Vejam! Criarei Jerusalém para ser um lugar de celebração;
    seu povo será fonte de alegria.

ᵃ**65.1-2** A Septuaginta traz *Fui encontrado por aqueles que não me procuravam, / revelei-me àqueles que não perguntavam por mim. / O dia todo abri meus braços para eles, / mas eles foram desobedientes e rebeldes.* Comparar com Rm 10.20-21. ᵇ**65.6** Ou *seus pecados estão escritos*; o hebraico traz *está escrito*. ᶜ**65.9** Em hebraico, *remanescente de Jacó*. Ver nota em 14.1.

¹⁹Eu me alegrarei por Jerusalém
    e terei prazer em meu povo.
Nela não se ouvirá mais
    o som de pranto e clamor.

²⁰"Nunca mais morrerão bebês de poucos dias,
    nunca mais morrerão adultos antes de terem uma vida plena.
Ninguém mais será considerado velho aos cem anos;
    somente os amaldiçoados morrerão jovens.
²¹Naqueles dias, habitarão nas casas que construíram
    e comerão dos frutos de suas próprias videiras.
²²Invasores não habitarão em suas casas,
    nem lhes tomarão suas videiras.
Pois meu povo terá vida longa como as árvores;
    meus escolhidos terão tempo para desfrutar
    tudo que conseguiram com grande esforço.
²³Não trabalharão inutilmente,
    e seus filhos não serão condenados à desgraça.
Pois são um povo abençoado pelo Senhor,
    e seus filhos também serão abençoados.
²⁴Eu os atenderei antes mesmo de clamarem a mim;
    enquanto ainda estiverem falando de suas necessidades,
    responderei a suas orações!

²⁵O lobo e o cordeiro comerão juntos,
    o leão se alimentará de palha como o boi,
    mas as serpentes comerão pó.
Em meu santo monte, ninguém será ferido nem destruído;
    eu, o Senhor falei!".

66

Assim diz o Senhor:
"O céu é meu trono,
    e a terra é o suporte de meus pés.
Acaso construiriam para mim um templo assim tão bom?
    Que lugar de descanso me poderiam fazer?
²Minhas mãos criaram os céus e a terra;
    eles e tudo que neles há são meus.ª
Eu, o Senhor, falei!

"Abençoarei os de coração humilde e oprimido,
    os que tremem diante de minha palavra.
³Quanto aos que escolhem seguir os próprios caminhos,
    que têm prazer em seus pecados detestáveis,
    não aceitarei suas ofertas.
Quando oferecem um boi,
    é tão inaceitável quanto um sacrifício humano.
Quando sacrificam um cordeiro,
    é como se tivessem oferecido um cão.
Quando trazem uma oferta de cereal,
    é como uma oferta de sangue de porco.
Quando queimam incenso,
    é como se tivessem abençoado um ídolo.

ª**66.2** Conforme a Septuaginta, a versão siríaca e a Vulgata; o hebraico traz *essas coisas são minhas*.

66.1,2 Houve um momento em que se podia dizer que havia uma casa de Deus na Terra; esse foi um tempo de símbolos, quando a Igreja do Senhor ainda estava em sua infância; estava sendo lhe ensinado o ABC, lendo seus livros ilustrados, pois ela ainda não podia ler a Palavra de Deus, por assim dizer, em letras. Ela necessitava de figuras colocadas diante dela, padrões das coisas celestiais. Naquela ocasião, mesmo assim, os esclarecidos dentre os judeus sabiam muito bem que Deus não habitava entre cortinas, e que não era possível que Ele pudesse ser contido no lugar santíssimo atrás do véu — tudo era apenas símbolo de Sua presença! A coluna de fogo ardente era apenas uma indicação de que Ele estava lá naquele tabernáculo, onde Ele ficava satisfeito em dizer que se revelou singularmente. Mas o tempo dos símbolos já passou completamente; naquele momento em que o Salvador inclinou a cabeça e disse: "Está consumado!" [...] Observem, amados, que Deus escolhe habitar no coração dos homens. Ele é Espírito, e Ele toma o nosso espírito para ser o lugar de descanso do Seu Espírito. [...] Bem, Deus tem prazer em dizer que o homem que treme diante de Sua Palavra, o homem de coração contrito, o homem que é pobre em espírito, é esse para quem Ele olhará — estes são os Seus templos — estes, e estes somente, os homens e mulheres em quem Ele habitará!

⁴Enviarei sobre eles grande aflição,
　tudo que mais temem.
Pois, quando chamei, não responderam;
　quando falei, não ouviram.
Praticaram o mal, bem diante dos meus olhos,
　e escolheram fazer o que desprezo".

⁵Ouçam esta mensagem do S<small>ENHOR</small>,
　todos vocês que tremem diante de suas palavras:
"Seu próprio povo os odeia
　e os expulsa porque são leais ao meu nome.
Zombam: 'Que o S<small>ENHOR</small> seja glorificado!
　Alegrem-se nele!',
　mas eles serão envergonhados.
⁶Que tumulto é esse na cidade?
　Que barulho é esse que vem do templo?
É a voz do S<small>ENHOR</small>,
　vingando-se de seus inimigos.

⁷"Antes mesmo que comecem as dores de parto,
　Jerusalém dá à luz um filho.
⁸Quem ouviu falar de algo tão estranho?
　Quem viu uma coisa dessas?
Acaso algum país nasceu em um só dia?
　Alguma nação veio a existir num instante?
Mas, quando começarem as dores de parto de Sião,
　seus filhos já terão nascido.
⁹Acaso eu levaria esta nação à hora do parto
　e não a faria nascer?", diz o S<small>ENHOR</small>.
"Não! Jamais a impediria de nascer",
　diz o seu Deus.

¹⁰"Alegrem-se com Jerusalém!
　Exultem por ela, todos que a amam
　e todos que por ela choraram!
¹¹Bebam de sua glória até se fartarem,
　como a criancinha mama e é confortada
　　no seio da mãe."

¹²Assim diz o S<small>ENHOR</small>:
"Darei a Jerusalém um rio de paz e prosperidade;
　as riquezas das nações fluirão para ela.
Seus filhos serão amamentados em seus seios,
　levados em seus braços e acalentados em seus joelhos.
¹³Eu os consolarei em Jerusalém,
　como a mãe consola seu filho".

¹⁴Quando virem essas coisas, seu coração se alegrará;
　vocês florescerão como uma planta viçosa!
Todos verão a mão do S<small>ENHOR</small> abençoar seus servos
　e sua ira pesar contra seus inimigos.
¹⁵Vejam, o S<small>ENHOR</small> vem com fogo,
　e seus carros de guerra são velozes como um vendaval.
Trará castigo com a fúria de sua ira
　e com o fogo ardente de sua repreensão.
¹⁶O S<small>ENHOR</small> julgará o mundo com fogo e sua espada,
　e muitos serão mortos por ele.

¹⁷"Os que se consagram e se purificam num jardim sagrado com um ídolo no centro, que comem carne de porco e de rato e outras carnes detestáveis, terão um fim terrível", diz o S<small>ENHOR</small>.

¹⁸"Eu vejo o que fazem e sei o que pensam. Por isso, reunirei todas as nações e todos os povos, e eles verão minha glória. ¹⁹Realizarei um sinal no meio deles. Enviarei os sobreviventes como mensageiros às nações: a Társis, aos líbios,[a] aos lídios[b] (flecheiros famosos), a Tubal e à Grécia[c] e a todas as terras além do mar que não ouviram falar de minha fama nem viram minha glória. Ali, anunciarão minha glória às nações. ²⁰Trarão de volta das nações os remanescentes do povo e os levarão ao meu santo monte em Jerusalém, como se fossem ofertas de cereais levadas ao templo do S<small>ENHOR</small>. Virão em cavalos, em carruagens e em carroças, em mulas e em camelos", diz o S<small>ENHOR</small>. ²¹"E eu nomearei alguns deles para serem meus sacerdotes e levitas. Eu, o S<small>ENHOR</small>, falei!

²²"Tão certo como meus novos céus e minha nova terra permanecerão,

---

[a] **66.19a** Conforme alguns manuscritos gregos, que trazem *Pute* [i.e., Líbia]; o hebraico traz *Pul*. [b] **66.19b** Em hebraico, *Lude*. [c] **66.19c** Em hebraico, *Javã*.

vocês sempre serão meu povo,
com um nome que jamais desaparecerá",
diz o S{\sc enhor}.
²³"Toda a humanidade virá me adorar
uma semana após a outra,
um mês após o outro.
²⁴Quando saírem, verão os cadáveres
dos que se rebelaram contra mim.
Pois os vermes que os devoram nunca morrerão,
e o fogo que os queima nunca se apagará.
Todos que passarem por ali
os verão com o mais absoluto horror."

Jeremias

INTRODUÇÃO

Autor. (1) Seu nome significa "Exaltado de Deus", e seu livro ocupa o segundo lugar entre os grandes escritores do Antigo Testamento. (2) Viveu no final do sexto e início do quinto século antes de Cristo. Seu ministério começou em 626 a.C., o décimo terceiro ano de Josias, e prolongou-se por cerca de 40 anos. Provavelmente morreu na Babilônia durante os primeiros anos do cativeiro. (3) Era de natureza sensível, suave, tímido e inclinado à melancolia. Ele era devotamente religioso e, naturalmente, evitou causar dor aos outros. (4) Era incrivelmente ousado e corajoso ao declarar a mensagem de Deus, que era impopular e isso o submeteu ao ódio e até ao sofrimento. Era impiedoso nas denúncias e repreensões administradas à sua nação, não poupou nem mesmo o príncipe. (5) É chamado de o profeta chorão. Ficou angustiado pela desobediência e pela apostasia de Israel e pelo mal que ele previu. Sendo tão devotamente religioso, sofreu pela impiedade reinante em sua época.

Condição das nações. (1) Israel, o Reino do Norte, havia sido levado para o cativeiro e Judá ficou sozinho contra seus inimigos. (2) Judá estava em péssima situação, mas Josias, que reinou quando Jeremias começou seu ministério, tentou fazer reformas e restaurar a antiga ordem. Após a sua morte, no entanto, a perversidade cresceu cada vez mais até que, na última parte da vida de Jeremias, Jerusalém e o Templo foram destruídos por Nabucodonosor e Judá foi levado para o cativeiro. (3) As potências mundiais do tempo do nascimento de Jeremias eram a Assíria e o Egito. Elas estavam lutando pela supremacia. Contudo, Jeremias viveu para ver ambas subjugadas e a Babilônia, tornar-se a senhora do mundo. Ele previu também como a Babilônia cairia e como um reino maior do que todos iria surgir, onde haveria justiça e paz.

Jeremias. O livro de Jeremias é composto principalmente de esboços de biografia, história e profecia, mas os acontecimentos e capítulos não estão em ordem cronológica. Ele fecha o período da monarquia, marca a destruição da cidade santa e do santuário e conta a agonia da morte da nação de Israel, o povo escolhido de Deus. Porém, ele viu muito além dos julgamentos do futuro próximo para um dia mais brilhante, quando o propósito eterno da graça divina seria realizado. O livro, portanto, enfatiza a futura glória do reino de Deus que deve durar apesar de Israel perecer. Ele fez duas contribuições especiais para a verdade, conforme entendido em sua época. (1) A espiritualidade da religião. Ele viu a queda de sua religião nacional e formal e percebeu que, para sobreviver a essa crise, a religião não deve ser nacional, mas individual e espiritual. (2) Responsabilidade pessoal (31.29,30). Se a religião devia ser uma condição espiritual do indivíduo, a doutrina da responsabilidade pessoal era uma necessidade lógica. Esses dois ensinamentos constituem um grande passo à frente.

ESBOÇO

1. O chamado e a convicção do profeta, Cap. 1
2. Judá conclamada ao arrependimento, Caps. 2–22
    2.1. Apresentados os pecados de Judá, Caps. 2–6
    2.2. O chamado ao arrependimento, Caps. 7–10
    2.3. O convite à aliança, Caps. 11–13
    2.4. Rejeição e cativeiro preditos, Caps. 14–22
3. O livro da consolação, Caps. 23–33
    3.1. A restauração do remanescente, Caps. 23–29
    3.2. A restauração completa, Caps. 30–33
4. A ruína de Jerusalém devido à perversidade do povo, Caps. 34–36
5. A história de Jeremias e sua época, Caps. 37–45
6. Profecias contra nações estrangeiras, Caps. 46–51
7. Apêndice histórico, Cap. 52

PARA ESTUDO E DISCUSSÃO

[1] Faça uma lista dos males previstos contra o povo por causa de seus pecados (Exemplo 19.7-9).
[2] Faça uma relação dos diferentes pecados e males dos quais Jeremias acusa Israel (Exemplo 2.13; 3.20 etc.)
[3] Destaque todas as profecias sobre o juízo divino contra outras nações e analise a punição profetizada (Exemplo 5.18-25).
[4] Estude o caso de fidelidade fornecido no capítulo 35.
[5] O sinal e o tipo de destruição da nação, Caps. 13-14.
[6] O oleiro, uma ilustração do poder de Deus sobre as nações, Caps. 18-19.
[7] A ilustração do retorno, representada nos figos, Cap. 24.
[8] A carta de Jeremias aos cativos, Cap. 29.

JEREMIAS 1

1 Estas são as palavras de Jeremias, filho de Hilquias, um dos sacerdotes da cidade de Anatote, na terra de Benjamim. ²O SENHOR lhe deu esta mensagem no décimo terceiro ano do reinado de Josias, filho de Amom, rei de Judá.ª ³Também lhe deu outras mensagens durante todo o reinado de Jeoaquim, filho de Josias, rei de Judá, até o décimo primeiro ano do reinado de Zedequias, outro filho de Josias. Em agosto daquele ano,[b] o povo de Jerusalém foi levado para o exílio.

O chamado de Jeremias e suas primeiras visões

⁴O SENHOR me deu esta mensagem:

⁵"Eu o conheci antes de formá-lo no ventre de sua mãe;
antes de você nascer, eu o separei
e o nomeei para ser meu profeta às nações".

⁶Então eu disse: "Ó Soberano SENHOR, não sou capaz de falar em teu nome! Sou jovem demais para isso!".

⁷O SENHOR respondeu: "Não diga: 'Sou jovem demais', pois você irá aonde eu o enviar e dirá o que eu lhe ordenar. ⁸E não tenha medo do povo, pois estarei com você e o protegerei. Eu, o SENHOR, falei!". ⁹Então o SENHOR estendeu a mão, tocou minha boca e disse:

"Veja, coloquei minhas palavras em sua boca!

¹⁰Hoje lhe dou autoridade para enfrentar nações e reinos,
para arrancar e derrubar,
para destruir e arrasar,
para edificar e plantar".

¹¹Então o SENHOR me disse: "O que você vê, Jeremias?".

Eu respondi: "Vejo o ramo de uma amendoeira".

¹²"Você viu bem", disse o SENHOR. "Isso significa que estou vigiando[c] e certamente realizarei todos os meus planos."

¹³Então o SENHOR falou comigo outra vez e perguntou: "O que vê agora?".

Respondi: "Vejo uma panela fervendo, derramando-se do norte para cá".

¹⁴O SENHOR disse: "Terror vindo do norte ferverá e se derramará sobre o povo desta terra. ¹⁵Ouça! Estou convocando todos os exércitos dos reinos do norte. Eu, o SENHOR, falei!

"Eles colocarão seus tronos
junto aos portões de Jerusalém.
Atacarão seus muros
e todas as outras cidades de Judá.
¹⁶Pronunciarei julgamento
contra meu povo por toda a sua maldade,
por terem me abandonado e queimado incenso para outros deuses;
adoram ídolos que fizeram com as próprias mãos!

---

[a] 1.2 Isto é, no ano 627 a.C. [b] 1.3 Em hebraico, *No quinto mês*, do antigo calendário lunar hebraico. Vários acontecimentos de Jeremias podem ser comparados com datas de registros babilônios ainda existentes e relacionados com precisão ao calendário moderno. O quinto mês caiu entre agosto e setembro de 586 a.C. [c] 1.12 Os termos hebraicos para "vigiar" (*shoqed*) e "amendoeira" (*shaqed*) têm sonoridade semelhante.

1.1-6 Jeremias era jovem quando foi chamado para o ofício profético e foi enviado por Deus, como um jovem profeta, para ajudar o jovem rei, Josias. Sua vida pública, portanto, iniciou-se de maneira um tanto feliz. Mas, depois da morte de Josias, reis perversos se assentaram no trono e isso foi doloroso. No entanto, em alguns aspectos, era privilégio deste profeta chorão ser escolhido e enviado à missão de seu Mestre, repetidamente, a um povo desobediente e contradizente que lhe pagava apenas com o mal, enquanto ele buscava o bem deles. O Espírito Santo, veja, tem o cuidado de observar datas importantes na história dos servos de Deus — e você e eu também devemos manter um registro dos momentos em que Deus nos coloca para trabalhar e quando Ele nos dá graça especial para o serviço ao qual Ele nos chamou. Ele era jovem e, quando jovens são chamados para serem embaixadores de Deus, cabe-lhes sentir o peso da responsabilidade que reside sobre si — e terem consciência de sua falta de experiência e de sua necessidade de adequação ao trabalho. Nessa consciência de inaptidão, muitas vezes reside a evidência de sua aptidão para a tarefa que lhes foi confiada. Talvez através da fraqueza, eles serão fortalecidos, mas se eles não sentirem sua debilidade, provavelmente não clamarão a Deus por ajuda, e nem a receberão dele. "Ó Soberano SENHOR", disse o jovem Jeremias, "não sou capaz de falar em teu nome! Sou jovem demais para isso!".

¹⁷"Levante-se e prepare-se para agir;
 diga-lhes tudo que eu ordenar.
Não tenha medo deles,
 senão o farei parecer medroso diante
 deles.
¹⁸Pois hoje eu o fortaleci como uma cidade
 fortificada,
 como uma coluna de ferro ou um muro
 de bronze.
Você enfrentará toda esta terra:
 os reis, os oficiais, os sacerdotes e o povo
 de Judá.
¹⁹Eles lutarão contra você, mas não
 vencerão,
 pois estou com você e o protegerei.
 Eu, o Senhor, falei!".

O Senhor acusa seu povo

2 O Senhor me deu outra mensagem: ²"Vá e proclame esta mensagem para Jerusalém. Assim diz o Senhor:

"Lembro-me de como você desejava me
 agradar,
 quando era uma jovem noiva, muito
 tempo atrás.
Você me amava e me seguia
 até mesmo no deserto.
³Naqueles dias, Israel era santo para o
 Senhor,
 era como os primeiros frutos de sua
 colheita.
Todos que faziam mal a seu povo eram
 declarados culpados,
 e sobre eles vinha calamidade.
 Eu, o Senhor, falei!".

⁴Ouçam a palavra do Senhor, descendentes de Jacó e todas as famílias de Israel! ⁵Assim diz o Senhor:

"Que defeito seus antepassados
 encontraram em mim,
 para que se afastassem tanto?
Foram atrás de ídolos inúteis,
 e eles próprios se tornaram inúteis.
⁶Não perguntaram: 'Onde está o Senhor,
 que nos tirou do Egito em segurança
 e nos conduziu pelo deserto,
 uma terra árida e cheia de covas,
 terra de seca e densa escuridão,
 onde ninguém vive e pela qual ninguém
 passa?'.
⁷"E, quando eu os trouxe para uma terra
 fértil,
 para desfrutar sua fartura e as coisas
 boas que ela produzia,
vocês contaminaram minha terra
 e corromperam a herança que eu lhes
 tinha dado.
⁸Os sacerdotes não perguntaram:
 'Onde está o Senhor?'.
Os que ensinavam minha lei não me
 deram atenção,
 os governantes se voltaram contra mim,
 os profetas falaram em nome de Baal
 e foram atrás de ídolos inúteis.
⁹Portanto, apresentarei minha acusação
 contra vocês",
 diz o Senhor.
"Também apresentarei acusações
 contra seus descendentes.

¹⁰"Vão para a terra de Chipre,[a] no oeste, e
 vejam;
 vão para a terra de Quedar, no leste, e
 prestem atenção.
Alguém já ouviu falar
 de algo parecido?
¹¹Alguma vez uma nação trocou seus
 deuses por outros,
 mesmo que não sejam deuses de
 verdade?
Meu povo, no entanto, trocou seu Deus
 glorioso[b]
 por ídolos inúteis!
¹²Os céus se espantam diante disso,
 ficam horrorizados e abalados",
 diz o Senhor.
¹³"Pois meu povo cometeu duas maldades:
Abandonaram a mim,
 a fonte de água viva,
 e cavaram para si cisternas rachadas,
 que não podem reter água."

Os resultados do pecado de Israel

¹⁴"Por que Israel se tornou escravo?
 Por que foi levado como despojo?
¹⁵Leões rugiram contra ele,
 e a terra foi destruída.

---

[a] 2.10 Em hebraico, *Quitim*. [b] 2.11 Em hebraico, *sua glória*.

As cidades estão arruinadas,
e ninguém mais vive nelas.
¹⁶Egípcios vindos de Mênfis[a] e de Tafnes
destruíram o orgulho de Israel.[b]
¹⁷E você mesmo é responsável por isso,
pois abandonou o Senhor, seu Deus,
embora ele o guiasse pelo caminho!

¹⁸"Que lucro você teve com seus tratados
com o Egito
e seus acordos com a Assíria?
De que lhe adiantam as águas do Nilo[c]
ou as águas do Eufrates?[d]
¹⁹Sua maldade trará seu próprio castigo;
será envergonhado por ter se afastado
de mim
e verá como é mau e amargo
abandonar o Senhor, seu Deus, e não o
temer.
Eu, o Soberano Senhor dos Exércitos,
falei!

²⁰"Há muito tempo, quebrei o jugo que o
oprimia
e despedacei as correntes de sua
escravidão.
Ainda assim, você disse:
'Jamais o servirei'.
No alto dos montes e debaixo de toda
árvore verdejante,
você se prostituiu ao se curvar para
ídolos.
²¹Contudo, eu o plantei,
como videira de origem pura, da melhor
qualidade;
como você se transformou em videira
silvestre e degenerada?
²²Por mais sabão ou soda que use, não
consegue se limpar;
ainda vejo a mancha de sua culpa.
Eu, o Senhor Soberano, falei!"

Israel, esposa infiel

²³Você diz: 'Não tenho mancha nenhuma!
Não adorei as imagens de Baal!'.
Mas como pode dizer isso?
Vá a qualquer vale da terra e veja como
agiu!
Reconheça o que fez!
Você é como a fêmea do camelo,
inquieta e desesperada para encontrar
um macho.
²⁴É como a jumenta selvagem,
que fareja o vento na época do
acasalamento.
Quem é capaz de conter seu desejo?
Os que a desejam não precisam procurá-
-la,
pois você vai correndo até eles!
²⁵Quando parará de correr?
Quando deixará de ofegar por outros
deuses?
Mas você diz: 'Não adianta falar comigo;
estou apaixonada pelos deuses
estrangeiros
e irei atrás deles'.

²⁶"A nação de Israel é como ladrão
que só fica envergonhado quando é pego
em flagrante.
O povo, seus reis, oficiais, sacerdotes e
profetas
são todos iguais.
²⁷Dizem a um pedaço de madeira:
'Você é meu pai',
e a um bloco de pedra:
'Você é minha mãe'.
Dão as costas para mim,
mas, em tempos de aflição, clamam:
'Vem nos salvar!'.
²⁸Por que não clamam aos deuses que
vocês mesmos fizeram?
Que eles os salvem quando vier a aflição!
Pois seus deuses são tão numerosos
quanto as cidades de Judá.
²⁹Por que me acusam de fazer o mal?
Foram vocês que se rebelaram",
diz o Senhor.
³⁰"Eu castiguei seus filhos,
mas eles não aceitaram minha
disciplina.
Vocês mesmos mataram seus profetas,
como um leão mata sua presa.
³¹Ó meu povo, ouça as palavras do Senhor!
Acaso tenho sido como um deserto para
Israel?

---

[a] **2.16a** Em hebraico, *Nofe*. [b] **2.16b** Em hebraico, *rasparam sua cabeça*. [c] **2.18a** Em hebraico, *de Sior*, braço do rio Nilo. [d] **2.18b** Em hebraico, *do rio*?

Tenho sido como uma terra de profunda escuridão?
Por que, então, meu povo diz:
'Finalmente nos livramos de Deus!
Não precisamos mais dele!'?
³²Acaso uma jovem se esquece de suas joias
ou a noiva esconde seu vestido?
Contudo, por anos a fio,
meu povo se esqueceu de mim.

³³"Você trama a melhor forma de conquistar seus amantes;
até uma prostituta poderia aprender com você!
³⁴Suas roupas estão manchadas com o sangue dos inocentes e dos pobres,
embora você não os tenha pego arrombando sua casa.
³⁵Ainda assim, você diz:
'Não fiz nada de errado;
certamente Deus não está irado comigo'.
Agora, porém, eu a julgarei severamente,
pois você afirma que não pecou.
³⁶Primeiro aqui, depois ali,
vai de um aliado a outro pedindo ajuda.
Mas seus novos amigos no Egito a decepcionarão,
como fez a Assíria.
³⁷Em desespero, será levada para o exílio
com as mãos sobre a cabeça,
pois o Senhor rejeitou as nações em que você confia;
elas em nada a ajudarão."

3 ¹"Se um homem se divorciar da esposa
e ela se casar com outro homem,
ele não a receberá de volta,
pois isso contaminaria a terra.
Você, porém, se prostituiu com muitos amantes
e, no entanto, quer voltar para mim?",
diz o Senhor.
²"Olhe para o alto dos montes:
existe um só lugar em que você não tenha se contaminado
pelo adultério com outros deuses?
Senta-se à beira do caminho,
como uma prostituta à espera de um cliente,
sozinha, como um nômade no deserto.
Contaminou a terra com sua prostituição
e sua perversidade.
³Por isso não vieram as chuvas de primavera,
pois você é uma prostituta descarada,
que não tem vergonha alguma.
⁴Ainda assim, você me diz:
'Pai, tens me conduzido desde minha juventude.
⁵Certamente não ficarás irado para sempre!
Certamente te esquecerás do que aconteceu!'.
Você fala desse modo,
mas continua a praticar todo o mal possível."

Judá segue o exemplo de Israel

⁶Durante o reinado de Josias, o Senhor me disse: "Viu o que fez a infiel nação de Israel? Como esposa que comete adultério, Israel adorou outros deuses no alto dos montes e debaixo de toda árvore verdejante. ⁷Pensei: 'Depois de fazer tudo isso, ela voltará para mim', mas não voltou, e Judá, sua irmã traiçoeira, viu isso. ⁸Ela viu[a] que me divorciei da infiel Israel por causa de seu adultério. Mas Judá, irmã traiçoeira, não teve temor algum; também me deixou e se entregou à prostituição. ⁹Israel não se preocupou nem um pouco em cometer adultério ao adorar ídolos feitos de madeira e pedra. Agora, a terra está contaminada. ¹⁰Apesar de tudo isso, Judá, sua irmã traiçoeira, não voltou para mim com sinceridade. Apenas fingiu estar arrependida. Eu, o Senhor, falei!".

Esperança para a rebelde Israel

¹¹Então o Senhor me disse: "Até mesmo a infiel Israel é menos culpada que a traiçoeira Judá! ¹²Portanto, vá e proclame esta mensagem a Israel.[b] Assim diz o Senhor:

"Ó Israel, meu povo infiel,
volte para mim,
pois sou misericordioso;

---

[a] **3.8** Conforme os manuscritos do mar Morto, um manuscrito grego e a versão siríaca; o Texto Massorético traz *Eu vi*. [b] **3.12** Em hebraico, *ao norte*.

não ficarei irado com você para sempre.
¹³Reconheça sua culpa;
  admita que se rebelou contra o Senhor,
    seu Deus,
e cometeu adultério contra ele
  ao adorar ídolos debaixo de toda árvore
    verdejante.
Confesse que não quis ouvir minha voz.
  Eu, o Senhor falei!".

¹⁴O Senhor diz:
"Voltem para casa, filhos rebeldes,
  pois eu sou seu mestre.
Eu os trarei de volta a Sião —
  um desta cidade, dois daquela família —
  de onde quer que estejam dispersos.
¹⁵Eu lhes darei líderes segundo meu
    coração,
  que os guiarão com conhecimento e
    entendimento.

¹⁶"E, quando sua terra voltar a ficar cheia de gente", diz o Senhor, "vocês não terão mais saudades da época em que tinham a arca da aliança do Senhor. Não sentirão falta da arca nem se lembrarão dela, e não será necessário reconstruí-la. ¹⁷Então Jerusalém será conhecida como 'O Trono do Senhor'. Todas as nações irão até lá para honrar o Senhor. Não seguirão mais os desejos teimosos de seu coração perverso. ¹⁸Naqueles dias, o povo de Judá e o povo de Israel voltarão juntos do exílio no norte, para a terra que dei a seus antepassados como herança para sempre.

¹⁹"Disse comigo:
Como eu gostaria de tratá-los como
    filhos!
Meu maior desejo era lhes dar esta linda
    terra,
  a herança mais excelente do mundo.
Queria que me chamassem de 'Pai'
  e que jamais se afastassem de mim.
²⁰Mas você me traiu, povo de Israel!
  Foi como esposa infiel que abandona o
    marido.
  Eu, o Senhor, falei."

²¹Ouvem-se vozes no alto dos montes,
  choro e súplicas dos israelitas,
porque escolheram caminhos tortuosos
  e se esqueceram do Senhor, seu Deus.

²²"Meus filhos rebeldes", diz o Senhor,
  "voltem para mim, e eu curarei a
    rebeldia de seu coração."
"Sim, nós voltaremos", o povo responde,
  "pois tu és o Senhor, nosso Deus.
²³Nossa idolatria nas colinas
  e as orgias religiosas nos montes
  não passam de ilusão.
Somente no Senhor, nosso Deus,
  Israel encontrará salvação.
²⁴Desde a juventude observamos nossos
    antepassados

3.15,20,21 *V.15* Os rebeldes, quando voltarem, não serão deixados fora do rebanho, mas terão pastores para cuidar deles. E eles não serão deixados a uma pastagem magra, mas serão alimentados com conhecimento e inteligência. Esta é uma boa comida para a alma faminta! O conhecimento é bom, mas a compreensão é melhor. O saber pode ser de pouca utilidade, a menos que tenhamos o conhecimento interior e mais profundo com esse mesmo saber e entendamos o que sabemos. Estes pastores os alimentarão com conhecimento e compreensão. Eles não apenas ensinarão, mas ensinarão para que vocês não possam deixar *de aprender!*

V.v.20,21 O pior dos crimes — que uma esposa seja falsa em seus votos matrimoniais e se afaste de seu esposo a quem ela deve amar! Muito raramente um marido chama de volta a mulher que o traiu — mas Deus, em Sua infinita misericórdia, odeia o repúdio. Ele não suporta o divórcio. E ainda se atém ao objeto de Seu amor, portanto, reclama em doce fidelidade de afeição, sobre a traição de Israel. E enquanto Ele o faz, ouve-se uma voz nos lugares altos, choro e súplicas dos filhos de Israel, pois eles perverteram seus caminhos e esqueceram de Javé o seu Deus — e, portanto, o que havia para eles, senão tristeza? Estavam em seus lugares altos oferecendo sacrifícios e incenso aos seus novos deuses! E em vez de alegria e santos salmos e hinos de louvor, eles estavam chorando como os sacerdotes de Baal, se cortando e torturando! Deus ouviu o choro e as súplicas, que eram não para Ele, pois Seu povo pervertera seus caminhos. A tristeza deles não veio do Senhor, pois haviam se esquecido do Senhor, o seu Deus. Mas aquela tristeza tinha algo de esperançoso nela. Eles não encontraram alegria em seus novos deuses e não obtiveram conforto de suas rebeldias.

desperdiçarem com algo vergonhoso
tudo que trabalharam para ter:
rebanhos e gado, filhos e filhas.
²⁵Que a vergonha nos sirva de cama,
e a desonra, de cobertor,
pois nós e nossos antepassados pecamos
contra o Senhor, nosso Deus.
Desde a juventude até hoje,
nunca lhe obedecemos."

4 ¹"Ó Israel", diz o Senhor,
"se quisesse, poderia voltar para mim.
Poderia jogar fora seus ídolos detestáveis
e nunca mais se desviar.
²Quando jurasse por meu nome e dissesse:
'Tão certo como vive o Senhor',
poderia fazê-lo em verdade, justiça e retidão.
Então você seria uma bênção para as nações do mundo,
e todos os povos viriam e louvariam meu nome."

Julgamento futuro contra Judá
³Assim diz o Senhor ao povo de Judá e de Jerusalém:

"Passem o arado na terra endurecida!
Não desperdicem sementes entre os espinhos!
⁴Ó povo de Judá e habitantes de Jerusalém,
removam os obstáculos de seu coração
e mudem sua atitude perante o Senhor.ᵃ
Do contrário, por causa de seus pecados,
minha ira arderá como fogo que ninguém pode apagar.

⁵"Anunciem em Judá e proclamem em Jerusalém!
Mandem tocar a trombeta em toda a terra e avisem:
'Reúnam-se! Corram para as cidades fortificadas!'.

⁶Levantem a bandeira para advertir Sião:
'Fujam agora mesmo! Não demorem!'.
Pois, do norte, trago sobre vocês terrível destruição!".

⁷Um leão saiu de seu abrigo,
um destruidor de nações.
Saiu de sua toca e se encaminha até vocês;
ele devastará sua terra.
Suas cidades serão arruinadas,
e ninguém viverá nelas.
⁸Portanto, vistam roupas de luto,
chorem e lamentem,
pois a ira ardente do Senhor
ainda está sobre nós.

⁹"Naquele dia", diz o Senhor,
"os reis e os oficiais estremecerão de medo.
Os sacerdotes ficarão horrorizados,
e os profetas, espantados."

¹⁰Então eu disse: "Ó Soberano Senhor,
o povo foi enganado por aquilo que disseste,
pois prometeste paz a Jerusalém,
mas a espada está em nossa garganta!".

¹¹Naquele dia, o Senhor dirá
ao povo de Jerusalém:
"Meu povo querido, do deserto sopra um vento abrasador,
e não uma brisa suave para separar a palha dos cereais.
¹²É uma rajada violenta, que eu enviei;
agora pronunciarei sua sentença".

¹³Os inimigos avançam sobre nós como nuvens de tempestade;
seus carros de guerra são como vendavais,
seus cavalos, mais velozes que águias.
Que terrível será! Estamos perdidos!
¹⁴Ó Jerusalém, purifique seu coração,
para que seja salva.

ᵃ **4.4** Em hebraico, *circuncidem-se ao Senhor e removam o prepúcio de seu coração*.

4.14 "Até quando abrigará pensamentos malignos?" Maus inquilinos! Algumas pessoas admitiram hóspedes ruins em suas recâmaras. Conheci muitas pessoas incomodadas com eles, e não há qualquer benefício em mantê-los — eles devem ser deixados à deriva.

Assim, o texto diz: "Até quando abrigará pensamentos malignos?" Isso significa que não devemos demorar em avisá-los a sair, pois não deveriam ser tolerados entre humanos. [...] Maus pensamentos entram em nossas mentes e corações, e lá fazem morada, e

Até quando abrigará
pensamentos malignos?
¹⁵Sua destruição foi anunciada desde Dã
até a região montanhosa de Efraim.

¹⁶Avisem as nações ao redor
e anunciem a Jerusalém:
Os inimigos vêm de uma terra distante
e dão gritos de guerra contra as cidades
de Judá.
¹⁷Cercam Jerusalém como guardas ao
redor de um campo,
pois meu povo se rebelou contra mim",
diz o Senhor.
¹⁸"Suas próprias ações trouxeram isso
sobre vocês;
é um castigo amargo, que atinge o seu
coração!"

Jeremias chora por seu povo

¹⁹Meu coração, meu coração! Estou me
contorcendo de dor!
Meu coração bate forte dentro de mim;
não consigo me aquietar!
Pois ouvi o som das trombetas dos
inimigos
e o rugido de seus gritos de guerra.
²⁰Ondas de destruição cobrem a terra,
até deixá-la inteiramente desolada.
De repente, minhas tendas foram
destruídas;
meus abrigos foram derrubados num
instante.

²¹Até quando terei de ver as bandeiras
e ouvir o som das trombetas?
²²"Meu povo é tolo
e não me conhece", diz o Senhor.
"São crianças sem juízo,
que não entendem coisa alguma.
São astutos para fazer o mal,
mas não têm ideia de como fazer o bem."

Jeremias vê a calamidade que se aproxima

²³Olhei para a terra, e ela estava sem forma
e vazia;
olhei para os céus, e não havia luz
alguma.
²⁴Olhei para os montes e para as colinas,
e eles estremeciam e balançavam.
²⁵Olhei, e todo o povo tinha desaparecido;
as aves do céu voaram para longe.
²⁶Olhei, e os campos férteis haviam se
transformado em deserto;
as cidades estavam em ruínas,
por causa da ira ardente do Senhor.
²⁷Assim diz o Senhor:
"Toda a terra será devastada,
mas não a destruirei por completo.
²⁸A terra lamentará
e os céus escurecerão,
por causa de meu decreto contra meu
povo;
estou decidido e não voltarei atrás".

---

maldades sem fim. Eles correm para cima e para baixo, e em toda a casa, e se multiplicam todos os dias. São pragas terríveis — os piores hóspedes que a alma pode abrigar. [...]

Vejamos o que fazer com esses maus hóspedes. A primeira coisa é dar-lhes aviso para sair imediatamente. Que não haja espera. Quando um homem é convertido, isso é feito de uma só vez. Pode haver um longo processo pelo qual ele deva passar, e pode haver uma longa sucessão da luz de Deus antes de ele entender claramente isso, mas há um ponto de mudança. Há uma linha, tênue como o fio de uma navalha, que separa a *morte da vida — um ponto de decisão que separa o salvo do perdido.* Você já notou, na parábola do filho pródigo de nosso Senhor, a decisão do arrependido? Ele disse: "Vou retornar à casa de meu pai" — e ele se levantou e foi ter com seu pai. E, conforme ouvi de um fantástico teólogo, ele não deu ao seu patrão um dia de aviso prévio. A narrativa nos diz que ele se juntou a um cidadão daquele país, que o enviou ao campo para alimentar porcos. Ele fugiu, naquele instante, assim como estava! Se tivesse ido ver seu patrão e tivesse dito: "Senhor, tenho a obrigação de ir para casa e ver meu pai", ou se tivesse parado para se limpar — se tivesse parado para comprar um linho melhor e uma roupa melhor antes de ir para casa, teria morrido de fome diante do cocho dos porcos. Mas, em vez disso, ele fez a coisa certa — fugiu para salvar sua vida — e é isso o que você também deve fazer. "Bem, espero fazer isso", diz alguém. Você nunca o fará, meu amigo, se não for além disso! Isso deve ser feito de imediato. E, possivelmente, é "agora ou nunca" — antes que o relógio bata novamente. Você terá Cristo, e irá para o Céu, ou ficará com seus pecados e irá para o inferno? Rápido! Já! Que Deus o ajude a responder corretamente, pois dessa resposta podem depender coisas eternas! Creio que é sempre assim.

²⁹Ao som de cavaleiros e arqueiros,
os habitantes da cidade fogem.
Escondem-se entre os arbustos
e correm para os montes.
Todas as cidades foram abandonadas;
não resta uma pessoa sequer!
³⁰O que você está fazendo,
cidade devastada?
Por que se veste com belas roupas
e põe joias de ouro?
Por que pinta os olhos?
De nada adiantará enfeitar-se toda!
Seus aliados, que eram seus amantes,
a desprezam e tentam matá-la.

³¹Ouço gritos, como os da mulher em trabalho de parto,
gemidos de quem dá à luz o primeiro filho.
É a bela Sião,ᵃ que grita ofegante:
"Socorro, estão me matando!".

Os pecados de Judá

5 ¹"Corram por todas as ruas de Jerusalém",
diz o Senhor.
"Procurem por toda parte, busquem em cada lugar!
Se encontrarem ao menos uma pessoa justa e honesta,
não destruirei a cidade.
²Contudo, mesmo quando estão sob juramento
e declaram: 'Tão certo como vive o Senhor',
continuam a mentir!"

³Senhor, tu procuras honestidade;
feriste teu povo,
mas eles não se importaram.
Tu os esmagaste,
mas eles se recusaram a ser corrigidos.
São teimosos, duros como pedra;
não querem se arrepender.

⁴Então eu pensei: "O que se pode esperar dos pobres?
Eles nada sabem.
Não conhecem os caminhos do Senhor,
não entendem o que a justiça de Deus exige.

⁵Portanto, irei a seus líderes e falarei com eles;
por certo conhecem os caminhos do Senhor
e entendem o que a justiça de Deus exige.
Mas os líderes também, de comum acordo,
livraram-se do jugo de Deus
e quebraram suas correntes.
⁶Agora, um leão do bosque os atacará;
um lobo do deserto os destruirá.
Um leopardo ficará à espreita nos arredores de suas cidades
e despedaçará qualquer um que se arriscar a sair.
Pois sua rebeldia é grande,
e muitos são seus pecados.

⁷"Como posso perdoá-los?
Até mesmo seus filhos se afastaram de mim;
juram por deuses que, na verdade, não são deuses!
Eu os alimentei até que estivessem satisfeitos,
e, no entanto, cometeram adultério
e se reuniram para ir a prostíbulos!
⁸São garanhões bem alimentados e cheios de desejo,
cada um relinchando para a esposa de seu próximo.
⁹Acaso não devo castigá-los por isso?", diz o Senhor.
"Não devo me vingar de uma nação como esta?

¹⁰"Vão por entre as fileiras dos vinhedos e destruam as videiras,
mas deixem algumas vivas.
Cortem os ramos das videiras,
pois essa gente não pertence ao Senhor.
¹¹O povo de Israel e o povo de Judá têm me traído",
diz o Senhor.
¹²"Mentiram a respeito do Senhor
e disseram: 'Ele não vai nos incomodar!
Nenhuma calamidade virá sobre nós;
não haverá guerra nem fome.

ᵃ 4.31 Em hebraico, *a filha de Sião*.

¹³Os profetas que ele envia são uns tagarelas
que não falam em nome dele.
Que suas previsões de calamidade
caiam sobre eles mesmos!'."

¹⁴Portanto, assim me diz o Senhor, o Deus dos Exércitos:

"Porque meu povo fala desse modo,
minhas mensagens sairão de sua boca como chamas de fogo
e queimarão o povo como lenha.
¹⁵Ó Israel, trarei uma nação distante para atacá-lo",
diz o Senhor.
"É uma nação poderosa,
nação antiga,
cuja língua você não conhece,
cuja fala você não entende.
¹⁶Suas armas são mortais,
seus guerreiros são valentes.
¹⁷Devorarão suas colheitas e seu alimento,
seus filhos e suas filhas.
Devorarão seus rebanhos e seu gado,
suas uvas e seus figos.
Destruirão suas cidades fortificadas,
que vocês consideram tão seguras.

¹⁸"Mesmo naqueles dias, porém, eu não os destruirei completamente", diz o Senhor. ¹⁹"E, quando o povo lhe perguntar: 'Por que o Senhor, nosso Deus, fez tudo isso conosco?', responda: 'Vocês o rejeitaram e se entregaram a deuses estrangeiros em sua própria terra. Agora, servirão estrangeiros numa terra que não é de vocês'."

Advertência para o povo de Deus

²⁰"Anuncie a Israel,[a]
diga a Judá:
²¹Ouça, povo tolo e insensato,
que tem olhos, mas não vê,
que tem ouvidos, mas não ouve.
²²Acaso não me temem?
Por que não tremem diante de mim?
Eu, o Senhor, pus a areia como limite do mar,
limite permanente que as águas não podem atravessar.
Ainda que as ondas se levantem e se agitem,
não ultrapassam os limites que estabeleci.
²³Mas este povo tem coração teimoso e rebelde;
afastaram-se de mim e me abandonaram.
²⁴Não dizem com sinceridade:
'Vivamos com temor do Senhor, nosso Deus,
pois ele nos dá as chuvas de outono e de primavera
e nos garante a colheita no tempo certo'.
²⁵Sua perversidade afastou de vocês essas bênçãos maravilhosas;
seu pecado lhes tomou todas essas coisas boas.

²⁶"No meio do meu povo existem homens perversos

---

[a] **5.20** Em hebraico, *à casa de Jacó*. Os nomes "Jacó" e "Israel" são usados de forma intercambiável ao longo de todo o Antigo Testamento e se referem, por vezes, ao patriarca e, em outras ocasiões, à nação.

5.24 Na Palestina, o agricultor deve ter chuva; deve receber a primeira chuva logo depois que o milho é colocado no solo, caso contrário, a planta apodrecerá ou será levada com o pó, visto que seus campos se transformam em uma espécie de pó impalpável pelo sol do verão. Ele precisa ter a última chuva antes do tempo *da colheita, caso contrário, as espigas que necessitam da umidade para enchê-las, tornar-se-ão magras e finas, mal valerá a pena colhê-las* — na verdade, elas não produzirão farinha para o alimento humano. O agricultor depende inteiramente das primeiras e últimas chuvas, e se elas não caírem abundantemente na estação própria, virá um tempo de fome. [...] Assim como é no mundo exterior, também o é no interior; como é no físico, também no espiritual; o homem é um microcosmo, um pequeno mundo, e todo o clima e as estações encontram sua imagem nele! A Terra depende da chuva do Céu; assim como as almas dos homens; e também as suas obras sagradas dependem da chuva de graça que vem do grande Pai da luz, o doador de toda boa e perfeita dádiva. Se a chuva fosse retida, certamente haveria fome no Oriente — do mesmo modo, desastres espirituais do pior tipo aconteceriam se a graça de Deus fosse retida!

que espreitam suas vítimas como o
  caçador de tocaia.
Estão sempre colocando armadilhas
  para apanhar as pessoas.
²⁷Como uma gaiola cheia de pássaros,
  a casa deles é cheia de tramas
  perversas.
Por isso, são poderosos e ricos,
²⁸gordos e de aparência saudável.
Suas maldades não têm limites;
  não querem fazer justiça aos órfãos
  e negam os direitos dos pobres.
²⁹Acaso não devo castigá-los por isso?", diz
  o S ENHOR.
"Não devo me vingar de uma nação
  como esta?
³⁰Algo horrível e espantoso
  ocorre nesta terra:
³¹os profetas fazem profecias falsas,
  os sacerdotes governam com mão de
  ferro,
e, pior ainda, meu povo fica feliz com isso!
  O que farão, porém, quando o fim
  chegar?"

Última advertência para Jerusalém

6 ¹"Fujam, habitantes de Benjamim!
  Saiam de Jerusalém!
Toquem a trombeta em Tecoa!
  Enviem um sinal para Bete-Haquerém!
Um exército poderoso vem do norte,
  trazendo calamidade e destruição.
²Ó Sião, você é minha bela e delicada filha,
  mas eu a destruirei!
³Inimigos a cercarão, como pastores
  acampados ao redor da cidade;
  cada um escolherá um lugar para suas
  tropas devorarem.
⁴Gritam: 'Preparem-se para a batalha!
  Ataquem ao meio-dia!'.
'Não! É tarde demais; o dia está quase no
  fim,
  e as sombras da noite já vêm.'
⁵'Então, vamos atacar à noite
  e destruir seus palácios!'"

⁶Assim diz o S ENHOR dos Exércitos:
"Cortem árvores e construam rampas de
  ataque
  contra os muros de Jerusalém.
Essa cidade deve ser castigada,
  pois dentro dela só há opressão.
⁷Dela brota maldade, como água de uma
  fonte;
  pelas ruas se ouve o som de violência e
  destruição,
  e vejo somente doenças e feridas.
⁸Ouça esta advertência, Jerusalém,
  ou me afastarei de você.
Ouça, para que eu não a transforme num
  monte de ruínas,
  numa terra onde ninguém vive".

⁹Assim diz o S ENHOR dos Exércitos:
"Até os poucos que restarem em Israel
  serão colhidos,
como faz o lavrador que examina cada
  videira novamente
para apanhar as uvas que deixou
  escapar".

A rebelião constante de Judá

¹⁰A quem darei esta advertência?
  Quem ouvirá quando eu falar?
Seus ouvidos estão tapados
  e não conseguem escutar.
Desprezam a palavra do S ENHOR
  e detestam ouvi-la.
¹¹Por isso, estou cheio da ira do S ENHOR;
  estou cansado de contê-la dentro de
  mim!

"Derramarei minha ira sobre as crianças
  nas ruas
  e sobre os jovens reunidos em grupo;
sobre maridos e esposas
  e sobre pessoas de idade.
¹²Suas casas serão entregues a seus
  inimigos,
  e também seus campos e esposas.
Pois levantarei minha mão poderosa.
  contra o povo desta terra",
  diz o S ENHOR.
¹³"Desde o mais humilde até o mais
  importante,
  sua vida é dominada pela ganância.
Desde os profetas até os sacerdotes,
  são todos impostores.
¹⁴Oferecem curativos superficiais
  para a ferida mortal do meu povo.
Dão garantias de paz,
  quando não há paz alguma.

¹⁵Acaso se envergonham de sua conduta detestável?
De maneira alguma! Nem sabem o que é vergonha!
Portanto, estarão entre os que caírem no massacre;
ficarão arruinados quando eu os castigar",
diz o Senhor.

Judá rejeita o caminho do Senhor

¹⁶Assim diz o Senhor:

"Parem nas encruzilhadas e olhem ao redor,
perguntem qual é o caminho antigo, o bom caminho;
andem por ele e encontrarão descanso para a alma.
Vocês, porém, respondem:
'Não é esse o caminho que queremos seguir'.
¹⁷Coloquei sobre vocês vigias que disseram:
'Fiquem atentos ao som da trombeta'.
Vocês, porém, respondem:
'Não vamos prestar atenção'.
¹⁸"Portanto, ouçam isto, todas as nações,
considerem a situação do meu povo.
¹⁹Ouça, toda a terra:
Trarei calamidade sobre meu povo.
Será fruto de suas próprias intrigas,
pois não querem me ouvir;
rejeitaram a minha lei.
²⁰De nada adianta me oferecerem incenso doce de Sabá;
fiquem com seu cálamo perfumado, importado de terras distantes!
Não aceitarei seus holocaustos;
seus sacrifícios não têm aroma agradável para mim".

²¹Portanto, assim diz o Senhor:

"Colocarei obstáculos no caminho deste povo;
pais e filhos tropeçarão neles,
vizinhos e amigos morrerão".

Uma invasão vinda do norte

²²Assim diz o Senhor:

"Vejam, um exército vem do norte!
De terras distantes se levanta uma grande nação.
²³Estão armados com arcos e lanças;
são cruéis e não têm misericórdia.
Quando avançam montados em cavalos,
o barulho é como o rugido do mar.
Vêm em formação de batalha
com o intuito de destruí-la, bela Sião".[a]

²⁴Ouvimos relatos sobre o inimigo,
e nossas mãos tremem de medo.
Somos tomados de pontadas de angústia,
como as dores da mulher em trabalho de parto.
²⁵Não saiam para os campos!
Não viagem pelas estradas!
A espada do inimigo está por toda parte
e nos aterroriza a cada passo.
²⁶Ó meu povo, vista-se de pano de saco
e sente-se sobre as cinzas.
Lamente e chore amargamente, como quem perdeu o único filho,
pois, de repente, o destruidor virá sobre você.
²⁷"Jeremias, fiz de você um examinador de metais,[b]
para que determine a qualidade do meu povo.
²⁸São rebeldes da pior espécie
e vivem espalhando calúnias.
São duros como o bronze e o ferro
e corrompem as pessoas.
²⁹O fole assopra o fogo com força
para separar as impurezas,
mas não os purifica,
pois sua maldade permanece.
³⁰São chamados de 'Prata Rejeitada',
pois eu, o Senhor, os rejeito."

Jeremias fala no templo

7 O Senhor deu outra mensagem a Jeremias: ²"Vá à entrada do templo do Senhor e proclame esta mensagem ao povo: 'Ó Judá, ouça esta mensagem do Senhor! Escutem, todos vocês que adoram neste lugar! ³Assim diz o Senhor dos Exércitos, o Deus de Israel:

"'Se vocês abandonarem seus maus caminhos, deixarei que fiquem em sua própria terra. ⁴Não se deixem enganar por aqueles

---

[a] 6.23 Em hebraico, *filha de Sião*. [b] 6.27 Conforme a Septuaginta; o hebraico traz *um examinador do meu povo, uma fortaleza*.

que lhes fazem falsas promessas e repetem: 'O templo do Senhor está aqui! O templo do Senhor está aqui!'. ⁵Contudo, só serei misericordioso se vocês abandonarem seus pensamentos e atos perversos e começarem a tratar uns aos outros com justiça, ⁶se pararem de explorar os estrangeiros, os órfãos e as viúvas, se pararem de cometer homicídio e se deixarem de prejudicar a si mesmos ao adorar outros deuses. ⁷Então permitirei que fiquem nesta terra que há muito tempo dei a seus antepassados para sempre.

⁸"'Não se deixem enganar por falsas promessas e conversas inúteis. ⁹Acreditam mesmo que podem roubar, matar, cometer adultério, mentir e queimar incenso para Baal e para todos os seus outros novos deuses ¹⁰e depois vir aqui, se apresentar diante de mim em meu templo e dizer: 'Estamos seguros!', para depois voltar a praticar todas essas coisas detestáveis? ¹¹Vocês mesmos não reconhecem que este templo, que leva meu nome, se transformou em esconderijo de ladrões? Certamente vejo todo o mal que acontece nele. Eu, o Senhor, falei!

¹²"'Agora, vão a Siló, o primeiro lugar onde coloquei a tenda que levava meu nome. Vejam o que fiz ali por causa da perversidade do meu povo, os israelitas. ¹³Enquanto vocês praticavam essas maldades, diz o Senhor, eu lhes falei repetidamente, mas vocês não quiseram ouvir. Eu os chamei, mas vocês se recusaram a responder. ¹⁴Portanto, assim como destruí Siló, agora destruirei este templo que leva meu nome, este templo no qual vocês confiam, este lugar que dei a vocês e a seus antepassados. ¹⁵Expulsarei vocês de minha presença e os enviarei para longe, como fiz com seus parentes, o povo de Israel'."ᵃ

A idolatria persistente de Judá

¹⁶"Jeremias, não interceda mais por este povo. Não chore nem faça orações por eles, e não suplique para que eu os ajude, pois não o ouvirei. ¹⁷Não vê o que fazem nas cidades de Judá e nas ruas de Jerusalém? ¹⁸Veja como as crianças juntam lenha e os pais acendem fogo para os sacrifícios. Veja como as mulheres preparam a massa e fazem bolos para a Rainha dos Céus. Além disso, apresentam ofertas derramadas para outros deuses. Tenho razão para estar tão irado! ¹⁹Acaso é a mim que eles prejudicam?", pergunta o Senhor. "Na verdade, prejudicam a si mesmos, para sua própria vergonha."

²⁰Portanto, assim diz o Senhor Soberano: "Derramarei minha ira ardente sobre este lugar. Seus habitantes, seus animais, suas árvores e suas colheitas serão consumidos pelo fogo de minha ira, que ninguém pode apagar".

²¹Assim diz o Senhor dos Exércitos, o Deus de Israel: "Peguem seus holocaustos e demais sacrifícios e comam a carne vocês mesmos! ²²Quando tirei seus antepassados do Egito, não eram ofertas e holocaustos que eu queria

---

ᵃ**7.15** Em hebraico, *de Efraim*, referência a Israel, o reino do norte.

7.1-3, 4-7, 11-16 Vv.1-3 Muitos pensaram que se eles subissem ao Templo, tudo ficaria bem. Se eles passassem pelo ritual exterior, certamente seriam aceitos. Devem ter ficado espantados quando Jeremias, o profeta chorão, os encontrou a porta do Templo e lhes disse que a melhor adoração a Deus era a santidade — não a mera cerimônia exterior, mas a renovação da vida, a purificação do coração diante dele.

Vv.4-7 A bênção não é para o Templo e os adoradores do Templo — a bênção é para os homens santos, para os que amam a justiça, para os que obedecem ao Deus vivo e fazem justiça entre os homens — e especialmente entre eles mesmos e os pobres e necessitados da Terra. É preciso dizer isso mesmo agora, pois há alguns que falam sobre serem regenerados pelo batismo, de serem salvos pelos sacramentos — eles confiam em seus sacerdotes e se fiam naquilo que eles próprios fazem.

"Não se deixem enganar por aqueles que lhes fazem falsas promessas" — essa é a descrição bíblica de todo esse tipo de coisa — apenas palavras falsas e nada mais!

Vv.11-16 Você sabe como, através do pecado dos filhos de Eli, Deus abandonou Siló — e a tenda de Sua casa e a arca da Sua aliança foram removidas — e Siló tornou-se completa desolação. Assim Deus fará a qualquer igreja que se torne infiel a Ele! [...] Não pense que Deus esteja preso a qualquer lugar ou a qualquer ministério. Se não andarmos diante dele de forma correta, Ele pode tirar o candelabro do seu lugar! Ele pode tirar o talento e entregá-lo a outros e então, "Icabode" [N.E.: 1Sm 4.21] será escrito nas paredes, seja de Siló ou de Jerusalém! Jeremias, portanto, nos mostrou claramente que não se pode colocar qualquer confiança em lugares sagrados ou em cerimônias exteriores — o estado do coração e da vida são o que de fato importam!

deles. ²³Esta foi minha ordem: 'Obedeçam ao que digo, e eu serei o seu Deus, e vocês serão o meu povo. Façam o que ordeno, e tudo lhes irá bem'.

²⁴"Meu povo, porém, não me deu ouvidos. Continuaram a fazer o que bem queriam e a seguir os desejos teimosos de seu coração perverso. Andaram para trás em vez de avançar. ²⁵Desde o dia em que seus antepassados saíram do Egito até agora, continuo a enviar meus servos, os profetas, dia após dia. ²⁶Meu povo, porém, não me deu ouvidos. Foram ainda mais teimosos e desobedientes que seus antepassados.

²⁷"Diga-lhes tudo isso, mas eles não escutarão. Anuncie estas advertências, mas eles não responderão. ²⁸Diga-lhes: 'Esta é a nação que não obedece ao Senhor, seu Deus, e não quer ser ensinada. A verdade já não existe no meio deles; desapareceu de seus lábios. ²⁹Raspem a cabeça em sinal de luto e chorem nos montes. Pois o Senhor rejeitou e abandonou esta geração que provocou sua ira'."

O vale da matança

³⁰"O povo de Judá pecou diante dos meus olhos", diz o Senhor. "Colocaram ídolos detestáveis no templo que leva meu nome e o contaminaram. ³¹Construíram santuários idólatras em Tofete, no vale de Ben-Hinom, e ali sacrificaram seus filhos e filhas no fogo. Jamais ordenei tamanha maldade; nunca me passou pela mente! ³²Portanto, tenham cuidado", diz o Senhor, "pois está chegando o dia em que não se chamará mais Tofete, nem vale de Ben-Hinom, mas vale da Matança. Sepultarão corpos em Tofete até não haver mais lugar. ³³Os cadáveres deste povo servirão de alimento para os abutres e os animais selvagens, e não restará ninguém para espantá-los. ³⁴Acabarei com os cânticos alegres e com o riso nas ruas de Jerusalém, e já não se ouvirão as vozes felizes de noivos e de noivas nas cidades de Judá. A terra ficará inteiramente desolada."

8 "Naquele tempo", diz o Senhor, "os inimigos abrirão as sepulturas dos reis e dos oficiais de Judá, e os túmulos dos sacerdotes, dos profetas e dos habitantes de Jerusalém. ²Espalharão os ossos no chão, diante do sol, da lua e das estrelas, os deuses que meu povo amou, serviu, seguiu, buscou e adorou. Seus ossos não serão recolhidos nem sepultados outra vez, mas ficarão espalhados no chão como esterco. ³E o povo que sobreviver dessa nação perversa preferirá a morte a viver nos lugares para onde os enviarei. Eu, o Senhor dos Exércitos, falei!"

O engano dos falsos profetas

⁴"Jeremias, diga ao povo: 'Assim diz o Senhor:

"'Quando uma pessoa cai, não volta a se levantar?
Quando descobre que está no caminho errado, não dá meia-volta?
⁵Então por que este povo de Jerusalém continua em seu caminho
e se recusa a voltar?
Apegam-se firmemente a suas mentiras
e não querem retornar.
⁶Escuto suas conversas
e não ouço uma só palavra verdadeira.
Acaso alguém está arrependido de sua maldade?
Alguém diz: 'Que coisa terrível eu fiz'?
Não! Todos correm pelo caminho do pecado,
velozes como cavalos galopando para a batalha.
⁷Até a cegonha que voa pelos céus
sabe a época de migrar,
assim como a rolinha, a andorinha e o grou;ᵃ
todos voltam no tempo certo a cada ano.
Meu povo, contudo,
não conhece os decretos do Senhor.

⁸"'Como podem dizer: 'Somos sábios, pois temos a lei do Senhor',
se seus mestres a distorcem escrevendo mentiras?
⁹Esses mestres sábios serão envergonhados
e cairão na armadilha de sua insensatez,
pois rejeitaram a palavra do Senhor;
afinal, será que são mesmo tão sábios?
¹⁰Entregarei suas esposas a outros
e darei seus campos a estranhos.

ᵃ 8.7 A identificação de algumas dessas aves é incerta.

Desde o mais humilde até o mais
importante,
sua vida é dominada pela ganância.
Até meus profetas e sacerdotes agem
desse modo;
são todos impostores.
¹¹Oferecem curativos superficiais
para a ferida mortal do meu povo.
Dão garantias de paz,
quando não há paz alguma.
¹²Acaso se envergonham de sua conduta
detestável?
De maneira nenhuma! Nem sabem o que
é vergonha!
Portanto, estarão entre os que caírem no
massacre;
ficarão arruinados quando eu os
castigar, diz o SENHOR.
¹³Certamente os consumirei;
não haverá mais colheita de figos nem
de uvas.
Suas árvores frutíferas morrerão,
tudo que lhes dei em breve acabará.
Eu, o SENHOR, falei!'.
¹⁴"Então o povo dirá:
'Por que devemos ficar parados
esperando?
Venham, vamos para as cidades
fortificadas e morramos ali!
Pois o SENHOR, nosso Deus, decretou
nossa destruição
e nos deu um cálice de veneno para beber,
pois pecamos contra o SENHOR.
¹⁵Esperávamos paz, mas ela não veio;
esperávamos tempo de cura, mas só
encontramos terror'.
¹⁶"Desde a terra de Dã, ao norte,
pode-se ouvir o bufar dos cavalos de
guerra dos inimigos.

O relinchar de seus garanhões faz a terra
tremer;
vêm para devorar a terra e tudo que nela
há,
tanto as cidades como seus habitantes.
¹⁷Enviarei essas tropas inimigas entre vocês,
serpentes venenosas que ninguém
consegue encantar;
elas os morderão, e vocês morrerão.
Eu, o SENHOR, falei!"

Jeremias chora por Judá
¹⁸Minha tristeza não tem cura;
meu coração está enfermo.
¹⁹Escutem o choro do meu povo,
pode-se ouvi-lo por toda a terra:
"Acaso o SENHOR abandonou Sião?
Seu rei não está mais ali?".
"Por que provocaram minha ira com ídolos
esculpidos
e seus inúteis deuses estrangeiros?", diz
o SENHOR.
²⁰O povo se lamenta: "A colheita chegou ao
fim, o verão acabou,
e, no entanto, não estamos salvos!".
²¹Sofro com a dor do meu povo,
lamento e sou tomado de tristeza.
²²Não há remédio em Gileade?
Não há médico ali?
Por que não há cura
para as feridas do meu povo?

9
¹ᵃQuem dera minha cabeça fosse uma
represa,
e meus olhos, uma fonte de lágrimas!
Choraria dia e noite
por meu povo que foi massacrado.
²ᵇQuem dera pudesse ir para bem longe,
morar numa cabana no deserto e me
esquecer do meu povo!
Pois todos são adúlteros,
um bando de traidores.

ᵃ9.1 No texto hebraico, o versículo 9.1 é numerado 8.23. ᵇ9.2 No texto hebraico, os versículos 9.2-26 são numerados 9.1-25.

9.1-9 Jeremias previu que os caldeus apareceriam e tantos seriam mortos que [Judá] seria quase destruída. Ele lamentou por causa da desgraça que os aguardava, mas também lamentou por causa do pecado que traria essa condenação sobre eles. Esse povo fez uso da língua, como se fosse um arco, para disparar mentiras.

É uma descrição muito explícita dos homens dos dias de Jeremias. Ele mergulha sua pena no sangue de seu coração enquanto escreve sobre eles.

Era uma época perversa, de fato, quando mesmo no círculo doméstico não podia haver confiança fraterna. "Pois irmão engana irmão". O nome de Jacó, você se

Julgamento pela desobediência

³"Meu povo curva a língua como um arco
para disparar mentiras.
Não querem defender a verdade;
vão de mal a pior
e não me conhecem",
diz o Senhor.

⁴"Cuidado com seu amigo!
Não confie nem mesmo em seu irmão!
Pois irmão engana irmão,
e amigo calunia amigo.
⁵Todos trapaceiam e mentem,
ninguém diz a verdade.
Com língua experiente, contam mentiras;
cansam-se de tanto pecar.
⁶Amontoam falsidade sobre falsidade
e se recusam a me conhecer",
diz o Senhor.

⁷Portanto, assim diz o Senhor dos Exércitos:
"Vejam, eu os purificarei e os provarei,
como se faz com o metal;
que mais posso fazer com meu povo?ᵃ
⁸Pois sua língua dispara mentiras como
flechas envenenadas;
falam palavras amigáveis a seus
vizinhos
enquanto, no coração, tramam matá-los.
⁹Acaso não devo castigá-los por isso?", diz
o Senhor.
"Não devo me vingar de uma nação
como esta?"

¹⁰Chorarei pelos montes
e lamentarei pelas pastagens no deserto.
Pois estão desolados e sem vida;
não se ouve mais o mugido do gado,
e as aves e os animais selvagens fugiram.
¹¹"Farei de Jerusalém um monte de ruínas;
será morada de chacais.
As cidades de Judá serão abandonadas,
e ninguém viverá nelas", diz o Senhor.

¹²Quem é sábio o bastante para entender todas essas coisas? Quem foi instruído pelo Senhor para explicá-las? Por que a terra foi arruinada de tal modo que ninguém tem coragem de passar por ela?

¹³O Senhor responde: "Isso aconteceu porque meu povo abandonou a minha lei; não quiseram obedecer às minhas instruções. ¹⁴Em vez disso, seguiram os desejos teimosos de seu coração e adoraram imagens de Baal, como seus antepassados lhes ensinaram. ¹⁵Agora, assim diz o Senhor dos Exércitos, o Deus de Israel: Ouçam! Eu os alimentarei com amargura e lhes darei veneno para beber. ¹⁶Eu os espalharei por todo o mundo, até lugares de que nem eles nem seus antepassados ouviram falar. Mesmo lá, eu os perseguirei com a espada até que os tenha destruído por completo".

Pranto em Jerusalém

¹⁷Assim diz o Senhor dos Exércitos:
"Considerem tudo isso e chamem as
mulheres que pranteiam;
mandem trazer aquelas que choram em
funerais.
¹⁸Venham depressa! Comecem a lamentar!
Que seus olhos se encham de lágrimas.
¹⁹Ouçam o pranto desesperado do povo de
Sião:
'Estamos arruinados! Que humilhação!
Temos de deixar nossa terra,
pois nossas casas foram destruídas!'".

²⁰Ouçam, mulheres, as palavras do Senhor,
abram os ouvidos para o que ele tem a
dizer.
Ensinem as filhas a prantear,
ensinem umas às outras a lamentar.

ᵃ 9.7 Em hebraico, *com a filha do meu povo?* A Septuaginta traz *com a filha perversa do meu povo?*

---

lembra, era suplantador e todos esses homens eram Jacós, cada um pronto para enganar seu irmão, para colocá-lo de lado a fim de ocupar seu lugar. Quanto ao espírito de vizinhança, sequer havia — os vizinhos fofocavam e caluniavam uns aos outros. Que situação triste a deles! Suas línguas falavam mentiras sem qualquer ensinamento, mas os tornaram escolados na arte de mentir. Cada um tinha um doutorado em dissimulação — dominavam essa arte completamente. Ensinaram sua língua a falar mentiras e tinham cometido tanto mal que até se cansaram de fazê-lo. A justiça divina incendeia a indignação. Nada provoca mais a ira de Deus do que contínuas mentiras e enganos, crueldade, conduta não fraternal e vida sem santidade. Junte todos esses males e você terá pecados mais do que suficientes para provocar a visitação da vingança de Deus.

²¹Pois a morte subiu por nossas janelas
e entrou em nossas mansões.
Exterminou as crianças que brincavam nas ruas
e os jovens que se reuniam nas praças.

²²Assim diz o SENHOR:
"Corpos ficarão espalhados pelos campos
como montes de esterco,
como feixes de cereal depois da colheita;
não restará ninguém para enterrá-los".

²³Assim diz o SENHOR:
"Que o sábio não se orgulhe de sua sabedoria,
nem o poderoso de seu poder,
nem o rico de suas riquezas.
²⁴Aquele que deseja se orgulhar,
que se orgulhe somente disto:
de me conhecer e entender que eu sou o SENHOR,
que demonstra amor leal
e traz justiça e retidão à terra;
isso é o que me agrada.
Eu, o SENHOR, falei!

²⁵"Está chegando o dia", diz o SENHOR, "em que castigarei todos, tanto circuncidados como incircuncisos: ²⁶os egípcios, os edomitas, os amonitas, os moabitas, os povos que vivem no deserto, em lugares distantes,ª e até mesmo o povo de Judá. Pois, como todas essas nações, o povo de Israel também tem o coração incircunciso."

ª9.26 Ou *no deserto e cortam os cantos do cabelo*.

A idolatria traz destruição

10 Ó Israel, ouça esta palavra do SENHOR para você! ²Assim diz o SENHOR:

"Não se comportem como as outras nações,
que tentam ler seu futuro nas estrelas.
Não tenham medo de suas previsões,
ainda que elas encham outras nações de terror.
³Os costumes dessas nações são inúteis:
cortam uma árvore, e dela o artesão esculpe um ídolo.
⁴Enfeitam-no com ouro e prata
e fixam-no com martelo e pregos,
para que não tombe.
⁵Seus deuses são como
espantalhos numa plantação de pepinos.
Não são capazes de falar
e precisam ser carregados, pois não conseguem andar.
Não tenham medo desses deuses,
pois não podem lhes fazer nem mal, nem bem".

⁶SENHOR, não há ninguém semelhante a ti!
Tu és grande, e teu nome é poderoso.
⁷Quem não te temeria, ó Rei das nações?
Esse título pertence a ti somente!
Entre todos os sábios da terra
e em todos os reinos do mundo,
não há ninguém semelhante a ti.

⁸Os que adoram ídolos são tolos e insensatos;
adoram objetos feitos de madeira.

10.1-4,17,18 *Vv.1,2* Entre os pagãos, quando certas estrelas estavam em conjunção era considerado má sorte. E certos dias da semana também eram considerados de má sorte, assim como hoje há pessoas que acham que não é bom começar qualquer coisa na sexta-feira. Há muitas superstições tolas presentes nesse mundo néscio, mas vocês cristãos, nunca deveriam permitir que tais loucuras tivessem alguma influência sobre vocês. Nem os demônios do inferno, nem as estrelas do céu podem causar danos àqueles que depositam sua confiança em Deus!

Vv.3,4 Os antigos profetas pareciam se deleitar em escarnecer dos deuses fabricados dos pagãos. Até mesmo os poetas pagãos zombaram da confecção de deuses! Um deles disse com muita sabedoria que seria mais razoável adorar os artífices que fizeram o deus do que adorar o deus que os artífices tinham feito!

Vv.17,18 Eles haviam fugido para suas fortalezas para se protegerem, porque os babilônios estavam se aproximando deles. Mas nenhuma esperança de libertação lhes foi concedida e receberam instruções para arrumar seus poucos pertences, pois iriam para um país distante como cativos do poderoso rei Nabucodonosor. Deus compara o cativeiro deles com o arremesso forçado de pedras de um estilingue: "Lançarei fora repentinamente todos vocês que vivem nesta terra". Deus castigou o Seu

⁹Trazem placas de prata batida de Társis
e ouro de Ufaz
e entregam a artesãos habilidosos,
que fazem seus ídolos.
Vestem-nos com mantos azuis e roxos,
feitos por hábeis alfaiates.
¹⁰Mas o Senhor é o único Deus verdadeiro;
ele é o Deus vivo e o Rei eterno!
A terra treme com sua ira;
as nações não podem suportar sua fúria.

¹¹Diga isto àqueles que adoram outros deuses: "Esses deuses, que não fizeram os céus nem a terra, desaparecerão da terra e de debaixo dos céus".[a]

¹²O Senhor, porém, fez a terra com seu
poder
e a estabeleceu com sua sabedoria.
Com seu entendimento,
estendeu os céus.
¹³Quando fala no meio do trovão,
as chuvas rugem nos céus.
Eleva as nuvens acima da terra,
envia relâmpagos com a chuva
e ordena que o vento saia de seus
depósitos.
¹⁴Todo ser humano é tolo e não tem
conhecimento!
Os artesãos são envergonhados pelos
ídolos que fazem,
pois as imagens que esculpiram são uma
fraude;
não têm fôlego nem poder.
¹⁵Os ídolos são inúteis, são mentiras
ridículas;
no dia do acerto de contas, serão todos
destruídos.
¹⁶Mas o Deus de Israel[b] não é como esses
ídolos;
ele é o Criador de todas as coisas,
incluindo Israel, a nação que lhe pertence.
Seu nome é Senhor dos Exércitos!

A destruição que se aproxima

¹⁷Reúnam seus pertences e preparem-se
para partir;
o cerco está para começar.
¹⁸Pois assim diz o Senhor:
"Lançarei fora repentinamente
todos vocês que vivem nesta terra.
Derramarei sobre vocês grandes aflições;
finalmente sentirão minha ira".

¹⁹Minha ferida é grave,
e minha dor é grande.
Minha doença não tem cura,
mas devo suportá-la.
²⁰Destruíram minha casa,
e não resta ninguém que me ajude a
reconstruí-la.
Levaram meus filhos;
nunca mais os verei.
²¹Os pastores do meu povo perderam a
razão;
não buscam mais o Senhor.
Por isso fracassaram,
e seus rebanhos estão espalhados.
²²Ouçam o ruído assustador dos grandes
exércitos
que avançam do norte!
As cidades de Judá serão destruídas
e se tornarão morada de chacais.

A oração de Jeremias

²³Eu sei, ó Senhor, que nossa vida não nos
pertence;
não somos capazes de planejar o próprio
caminho.
²⁴Por isso, Senhor, corrige-me, mas não
sejas severo demais;
não uses tua ira, pois se o fizesses eu
morreria.
²⁵Derrama tua fúria sobre as nações que
não te conhecem,
sobre os povos que não invocam teu
nome.

---

[a] 10.11 No texto original, o versículo 10.11 está em aramaico. [b] 10.16 Em hebraico, *a Porção de Jacó*. Ver nota em 5.20.

---

povo severamente nos dias de Jeremias! No entanto, quando pensamos em suas inúmeras provocações e em como se revoltaram repetidamente contra o Senhor, não nos surpreendemos que, finalmente, o Senhor os tenha enviado para o cativeiro.

V.19 Ah, filho de Deus, você também precisa aprender a dizer isso! Há algumas provações e problemas que vêm sobre você contra os quais não pode contender, mas deve dizer: "Minha ferida é grave, e minha dor é grande. Minha doença não tem cura, mas devo suportá-la".

Pois devoraram teu povo, Israel;[a]
sim, o devoraram e o consumiram,
transformando a terra num lugar desolado.

Judá quebra a aliança

11 O S<small>ENHOR</small> deu outra mensagem a Jeremias: ²"Lembre os habitantes de Judá e de Jerusalém dos termos de minha aliança com eles. ³Diga-lhes: 'Assim diz o S<small>ENHOR</small>, o Deus de Israel: Maldito será aquele que não obedecer aos termos de minha aliança! ⁴Pois eu disse a seus antepassados quando os tirei do Egito, uma fornalha de fundir ferro: 'Se vocês me obedecerem e fizerem tudo que ordeno, serão o meu povo, e eu serei o seu Deus'. ⁵Disse isso para cumprir a promessa que fiz a seus antepassados de lhes dar uma terra que produzisse leite e mel com fartura, a terra em que hoje vocês habitam'".

Então eu respondi: "Que assim seja, S<small>ENHOR</small>!".

⁶E o S<small>ENHOR</small> disse: "Proclame esta mensagem nas cidades de Judá e nas ruas de Jerusalém. Diga: 'Lembrem-se da antiga aliança e de todas as suas exigências. ⁷Pois adverti solenemente seus antepassados quando os tirei do Egito: 'Obedeçam-me!'. Repeti essa advertência inúmeras vezes até hoje, ⁸mas seus antepassados não me deram ouvidos nem prestaram atenção. Pelo contrário, seguiram os desejos teimosos de seu coração perverso. E, porque se recusaram a obedecer, eu trouxe sobre eles todas as maldições descritas nesta aliança'".

⁹O S<small>ENHOR</small> falou comigo novamente e disse: "Descobri uma conspiração contra mim entre os habitantes de Judá e de Jerusalém. ¹⁰Voltaram aos pecados de seus antepassados. Não quiseram me ouvir e adoraram outros deuses. Israel e Judá quebraram a aliança que fiz com seus antepassados. ¹¹Por isso, assim diz o S<small>ENHOR</small>: Trarei calamidade sobre eles, e não escaparão. Ainda que me supliquem, não ouvirei seu clamor. ¹²Os habitantes de Judá e de Jerusalém clamarão a seus ídolos e queimarão incenso para eles, mas os ídolos não os salvarão quando vier a calamidade. ¹³Vejam, habitantes de Judá, seus deuses são tão numerosos quanto suas cidades! Seus altares vergonhosos, altares para queimar incenso a Baal, são tão numerosos quanto as ruas de Jerusalém!

¹⁴"Portanto, Jeremias, não ore mais por este povo. Não chore por eles, pois não os ouvirei quando clamarem a mim em sua aflição.

¹⁵"Que direito tem meu povo amado de vir
ao meu templo
depois de ter cometido tanta
imoralidade?
Acaso seus votos e sacrifícios poderão
evitar sua destruição?
A verdade é que se alegram em praticar
o mal.

¹⁶Eu, o S<small>ENHOR</small>, os chamava de oliveira
verdejante,
bonita de ver e cheia de bons frutos.
Agora, porém, enviei a fúria de seus
inimigos
para incendiar e destruir seus ramos.

¹⁷"Eu, o S<small>ENHOR</small> dos Exércitos, que plantei essa oliveira, ordenei que fosse destruída. Pois o povo de Israel e o povo de Judá fizeram o mal e provocaram minha ira ao queimar incenso a Baal".

Conspiração contra Jeremias

¹⁸Então o S<small>ENHOR</small> me falou das conspirações que meus inimigos tramavam contra mim. ¹⁹Eu era como cordeiro levado para o matadouro. Não fazia ideia de que planejavam me matar. "Vamos destruir esse homem e suas palavras!",[b] diziam. "Vamos derrubá-lo para que seu nome seja esquecido para sempre!"

²⁰Ó S<small>ENHOR</small> dos Exércitos,
tu julgas com justiça
e examinas pensamentos e emoções.
Permite que eu veja tua vingança contra
eles,
pois coloquei minha causa em tuas
mãos.

²¹Assim diz o S<small>ENHOR</small> a respeito dos homens de Anatote que queriam me ver morto. Eles tinham dito: "Nós o mataremos se não parar de profetizar em nome do S<small>ENHOR</small>". ²²Portanto, assim diz o S<small>ENHOR</small> dos Exércitos a respeito deles: "Eu os castigarei! Seus jovens morrerão na batalha, e seus filhos e filhas morrerão de fome. ²³Nenhum dos conspiradores de Anatote

---

[a] 10.25 Em hebraico, *devoraram Jacó*. Ver nota em 5.20. [b] 11.19 Em hebraico, *Vamos derrubar a árvore e seu pão*.

sobreviverá, pois eu trarei calamidade sobre eles quando chegar a hora de seu castigo".

Jeremias questiona a justiça do Senhor

12 ¹Senhor, tu sempre me fazes justiça
quando apresento uma causa diante de ti.
Portanto, desejo te fazer esta queixa:
Por que os perversos são tão prósperos?
Por que os desonestos vivem em paz?
²Tu os plantaste,
e eles criaram raízes e deram frutos.
Teu nome está em seus lábios,
mas tu estás longe de seu coração.
³Quanto a mim, Senhor, tu me conheces;
tu me vês e provas meus pensamentos.
Arrasta essa gente como ovelhas para o matadouro;
separa-os para a matança!

⁴Até quando esta terra ficará de luto?
Até o capim nos campos secou.
Os animais selvagens e as aves desapareceram
por causa da maldade dos que nela habitam.
Pois o povo disse:
"O Senhor não vê o que o futuro nos reserva!".

A resposta do Senhor a Jeremias

⁵"Se correr com homens o deixa cansado,
como poderá competir com cavalos?
Se tropeça e cai em campo aberto,
o que fará nas matas junto ao Jordão?
⁶Até seus irmãos, membros de sua família,
se voltaram contra você;
conspiram e se queixam a seu respeito.
Não confie neles,
por mais agradáveis que sejam suas palavras.

⁷"Abandonei meu povo, a nação que me pertence;
entreguei aqueles que eu mais amo a seus inimigos.
⁸Meu povo escolhido rugiu contra mim como leão no bosque,
por isso os tratei com desprezo.
⁹Meu povo escolhido age como ave de rapina,ᵃ

mas ele próprio será cercado por abutres;
tragam os animais selvagens para devorar os cadáveres!

¹⁰"Muitos governantes destruíram meu vinhedo;
pisotearam minha propriedade
e transformaram sua beleza em deserto.
¹¹Fizeram dela uma terra devastada;
ouço seu triste lamento.
Toda a terra está desolada,
e ninguém se importa.
¹²Pode-se ver exércitos destruidores
no alto dos montes.
A espada do Senhor devora o povo
de uma extremidade à outra da terra;
ninguém escapará!
¹³Meu povo semeou trigo,
mas colhe espinhos.
Esforçou-se muito,
mas de nada adiantou.
Terá uma colheita de vergonha
por causa da ira ardente do Senhor."

Uma mensagem para os vizinhos de Israel

¹⁴Assim diz o Senhor: "Arrancarei de suas terras todas as nações perversas que se apossam da herança que dei ao meu povo, Israel. E arrancarei Judá do meio delas. ¹⁵Depois disso, porém, voltarei e terei compaixão de todos eles. Eu os trarei de volta às suas terras, cada nação à sua herança. ¹⁶E se, verdadeiramente, essas nações aprenderem os caminhos do meu povo e jurarem por meu nome: 'Tão certo como vive o Senhor' — como ensinaram meu povo a jurar pelo nome de Baal —, elas receberão um lugar no meio do meu povo. ¹⁷Mas qualquer nação que não quiser me obedecer será arrancada e destruída. Eu, o Senhor, falei!".

O cinto de linho de Jeremias

13 O Senhor me disse: "Vá, compre um cinto de linho e vista-o, mas não o lave". ²Comprei o cinto de linho, como o Senhor me havia instruído, e o vesti.

³Então recebi outra mensagem do Senhor: ⁴"Pegue o cinto de linho que está vestindo e vá

ᵃ **12.9** Ou *hienas malhadas*.

ao rio Eufrates.ª ⁵Esconda-o ali, num buraco entre as pedras". ⁵Fui e o escondi junto ao Eufrates, como o Senhor me havia ordenado.

⁶Depois de muito tempo, o Senhor me disse: "Volte ao rio Eufrates e pegue o cinto que eu lhe disse que escondesse ali". ⁷Fui ao Eufrates, cavei onde havia escondido o cinto e o tirei dali. Mas o cinto tinha apodrecido e não servia para nada.

⁸Então recebi esta mensagem do Senhor: ⁹"Assim diz o Senhor: Do mesmo modo farei apodrecer o orgulho de Judá e de Jerusalém.

¹⁰Este povo perverso não quer me ouvir. Seguem os desejos teimosos de seu coração e adoram outros deuses. Portanto, eles se tornarão semelhantes a esse cinto: não servirão para nada! ¹¹Assim como o cinto se apega à cintura do homem, eu criei Judá e Israel para se apegarem a mim, diz o Senhor. Deveriam ser meu povo, meu louvor e minha glória, uma honra para meu nome. Mas não quiseram me ouvir.

¹²"Portanto, diga-lhes: 'Assim diz o Senhor, o Deus de Israel: Que todas as suas vasilhas

ª13.4 Em hebraico, *Perate*; também em 13.5,6,7.

13.1-11 Deus havia tomado esse povo para estar *unido a Ele*. O Senhor os levou a estar tão perto dele quanto o cinto está do oriental quando ele o coloca na cintura. O comerciante oriental ou o trabalhador não sai sem cinto. É parte essencial de sua vestimenta, mantendo unido todo o restante. Assim o Senhor declara que tomou o Seu povo e os amarrou sobre si mesmo para estarem perto dele e atados a Ele, de modo que o Senhor não partiria sem eles. Muitas vezes Deus fala deles como o povo "que lhe é chegado". [...]

Mas o cinto de Jeremias era de linho. Um cinto peculiar dos sacerdotes, pois esse profeta também era sacerdote. Ele era "filho de Hilquias, um dos sacerdotes da cidade de Anatote". Assim, o tipo representa os homens escolhidos como unidos a Deus *em conexão com o sacrifício*. O povo do Senhor é o próprio cinto do Altíssimo neste sentido, que, se houver trabalho sacerdotal a ser feito, Ele nos coloca junto a si e nos faz ser instrumentos para esse serviço sagrado. Para nós, nosso bendito Senhor se cingiu com um cinto de linho; para nós, Ele, mesmo agora está cingido à altura do peito com uma cinta de ouro. E agora, para Ele, também nos tornamos sacerdotes e reis para Deus e o Seu trabalho sacerdotal contínuo entre os homens é feito por nós. [...]

Mas agora, infelizmente! Temos que afastar nossos olhos tristemente desta insuperável glória. Essas pessoas que poderiam ter sido o glorioso cinto de Deus exibiram em si próprias uma omissão fatal. Você percebeu isso? Assim diz o Senhor a Jeremias: "Vá, compre um cinto de linho e vista-o, *mas não o lave*". Ah, eu! Há a maldade. O cinto não lavado tipifica as pessoas profanas que nunca receberam a *grande purificação*. Deus é puro e santo, e usará roupas limpas, mas desta roupa é dito: "não o lave". Os sacerdotes de Javé se lavavam continuamente, mas sobre este cinto, lemos: "não o lave". [...]

Na sequência, essa falha fatal, no caso aqui mencionado, conduziu a um terceiro momento, a um julgamento grave. Foi um julgamento solene sobre o cinto, olhando-o como um símbolo do povo de Israel. Primeiro, o cinto, depois de Jeremias ter feito sua longa caminhada com ele, foi retirado e *guardado*. É algo horrível quando Deus tira o homem que antes parecia estar com Ele e o põe de lado, como o fez com Saul quando o Senhor finalmente o abandonou e tirou o reino dele. Sim, e também é grave, quando Deus tira o homem que estava realmente ligado a Ele, e por um momento o deixa de lado e diz: "Eu não posso usá-lo. Não posso vesti-lo como meu. Não posso agir por seu intermédio. Você não pode ser ornamento para mim. Você está contaminado". Ele guarda o cinto apodrecido. Em outras palavras, o Senhor não age mais nos professores que se desviam.

Depois que o cinto foi colocado de lado, o próximo passo foi *esconder e enterrar*. Foi colocado em uma fenda da rocha junto ao rio do cativeiro e deixado lá. Muitos hipócritas servem dessa maneira. Pois a matéria-prima da hipocrisia logo se deteriora e se transforma em repugnância. As piores coisas são frequentemente o apodrecido das melhores coisas e, portanto, os piores personagens surgem daqueles que, aparentemente, já foram os melhores.

Assim, este cinto foi guardado, escondido e deixado de lado. Deus não terá nada a ver com ele. O Senhor o deixou de lado. E agora o *cinto apodrece*. Foi posto, ouso dizer, onde a saturação e a umidade agirام sobre ele, e então, quando em cerca de 70 dias, Jeremias voltou ao local, não havia nada além de um pano velho, em vez do que antes fora um cinto de puro linho branco. Ele diz: "o cinto tinha apodrecido e não servia para nada". Portanto, se Deus deixasse algum de nós, os melhores homens e as melhores mulheres entre nós, logo nos tornaríamos nada além de cintos podres, em vez de sermos tão brancos quanto o linho.

fiquem cheias de vinho'. E eles responderão: 'Claro! As vasilhas são feitas para ficar cheias de vinho'.

¹³"Então diga-lhes: 'Assim diz o Senhor: Deixarei todos nesta terra completamente embriagados, desde o rei sentado no trono de Davi até os sacerdotes e os profetas, e todos os habitantes de Jerusalém. ¹⁴Eu os despedaçarei, colocando uns contra os outros, até mesmo pais contra filhos, diz o Senhor. Não deixarei que minha piedade, nem minha misericórdia, nem minha compaixão me impeçam de destruí-los'".

Advertência a respeito do orgulho

¹⁵Ouçam e prestem atenção;
  não sejam arrogantes, pois o Senhor falou.
¹⁶Deem glória ao Senhor, seu Deus,
  antes que as trevas venham sobre vocês,
  antes que ele os faça tropeçar e cair nos montes sombrios.
Então, quando procurarem luz,
  só encontrarão escuridão densa e terrível.
¹⁷E, se ainda assim não quiserem ouvir,
  chorarei sozinho por causa de seu orgulho.
Lágrimas amargas se derramarão de meus olhos,
  pois o rebanho do Senhor será levado para o exílio.

¹⁸Diga ao rei e à mãe dele:
"Desçam de seus tronos
  e sentem-se no pó,
pois sua coroa gloriosa
  será arrancada de sua cabeça".
¹⁹As cidades do Neguebe fecharão os portões,
  e ninguém conseguirá abri-los.
Os habitantes de Judá serão levados como prisioneiros;
  todos irão para o exílio.

²⁰Abra os olhos e veja
  os exércitos que vêm do norte!
Onde está seu rebanho,
  o lindo rebanho de que ele a encarregou de cuidar?
²¹O que dirá quando o Senhor colocar
  seus antigos aliados para a dominarem?
Pontadas de angústia tomarão conta de você,
  como as dores da mulher em trabalho de parto.
²²Você se perguntará: "Por que isso me aconteceu?".
Foi por causa de seus muitos pecados!
Por isso os exércitos invasores
  arrancaram suas roupas e a violentaram.
²³Acaso o etíopeª pode mudar a cor de sua pele?
Pode o leopardo tirar suas manchas?
De igual modo, você é incapaz de fazer o bem,
  pois se acostumou a fazer o mal.
²⁴"Eu a dispersarei como palha
  levada pelos ventos do deserto.
²⁵Esta é sua parte,
  a porção que lhe reservei",
  diz o Senhor,
"pois você se esqueceu de mim
  e confiou em falsos deuses.
²⁶Eu mesmo arrancarei suas roupas,
  para que apareça sua vergonha.
²⁷Vi seu adultério e sua lascívia,
  sua idolatria detestável nos campos e sobre as colinas.
Que aflição a espera, Jerusalém!
  Quando você se purificará?"

Seca terrível em Judá

14 Jeremias recebeu esta mensagem do Senhor acerca da grande seca:

²"Judá anda chorando;
  o comércio às portas da cidade parou.
O povo senta-se no chão, pois está de luto;
  de Jerusalém sobe um grande clamor.

ª 13.23 Em hebraico, *cuxita*.

14.2-6 A angústia na terra era tão grande que as portas da cidade onde, em tempos mais prósperos, transações comerciais ocorriam e havia reuniões de pessoas, estavam abandonadas. Não havia nada que pudesse ser feito enquanto a nação estava em tal tristeza — e um grande clamor de agonia subiu da capital do país — "de Jerusalém sobe um grande clamor". Os mais poderosos da nação enviavam seus filhos para ir atrás

³Os nobres mandam os servos buscarem
água,
  mas todos os poços secaram.
Confusos e desesperados,
  voltam com jarros vazios
  e cobrem a cabeça, entristecidos.
⁴A terra está seca
  e rachada por falta de chuva.
Preocupados, os lavradores
  também cobrem a cabeça.
⁵Até a corça abandona sua cria,
  pois não há capim no campo.
⁶Os jumentos selvagens ficam no alto dos
montes
  e ofegam como chacais sedentos.
Forçam a vista para achar pastagem,
  mas nada encontram".

⁷"Nossa maldade nos alcançou, Senhor",
  diz o povo,
"ainda assim, ajuda-nos por causa do teu
nome.
De ti nos afastamos
  e contra ti pecamos repetidamente.
⁸Ó Esperança de Israel, nosso Salvador em
tempos de angústia,
  por que és como estrangeiro entre nós?
Por que és como viajante de passagem pela
terra,
  que fica só uma noite?
⁹Acaso também estás surpreso?
  Nosso guerreiro valente não tem poder
  para nos salvar?
Tu estás em nosso meio, Senhor,
  somos conhecidos como teu povo;
  por favor, não nos abandones!"

¹⁰Assim diz o Senhor a seu povo:

"Vocês gostam de andar longe de mim
  e não controlam os pés.
Por isso, não me agradarei mais de vocês;
  agora me lembrarei de toda a sua
  perversidade
  e os castigarei por seus pecados".

O Senhor proíbe Jeremias de interceder

¹¹Então o Senhor me disse: "Não ore mais pelo bem deste povo. ¹²Quando jejuarem, não darei atenção a seu clamor. Quando apresentarem seus holocaustos e ofertas de cereal, não me agradarei. Em vez disso, os devorarei com guerra, fome e doença".

¹³Então eu disse: "Ó Soberano Senhor, os profetas dizem ao povo: 'Tudo está bem. Não haverá guerra nem fome. O Senhor certamente lhes dará paz'".

¹⁴O Senhor me disse: "Esses profetas contam mentiras em meu nome. Não os enviei nem ordenei que falassem. Não lhes dei mensagem alguma. Profetizam a respeito de visões e revelações que nunca viram nem ouviram. Dizem tolices que inventaram em seu próprio coração mentiroso. ¹⁵Por isso, assim diz o Senhor: Castigarei esses profetas mentirosos, pois falam em meu nome, embora eu não os tenha enviado. Dizem que não haverá guerra nem fome, mas eles próprios morrerão por guerra e fome. ¹⁶Quanto ao povo para o qual profetizam, terão o corpo jogado nas ruas de Jerusalém, vítimas da fome e da guerra. Não restará ninguém para enterrá-los. Maridos, esposas, filhos e filhas, todos morrerão. Pois derramarei sobre eles sua própria maldade. ¹⁷Portanto, diga-lhes o seguinte:

---

de um pouco de água para beber. Eles foram às cisternas onde alguma água poderia ter sido encontrada, mas não encontraram nenhuma — "Confusos e desesperados, voltam com jarros vazios e cobrem a cabeça, entristecidos". Cobrir a cabeça era sinal de tristeza. [...] O chão tinha sido reduzido, pela seca, a tal estado de dureza que era inútil arar, pois não havia esperança de que houvesse qualquer colheita. Até mesmo as criaturas selvagens do campo compartilhavam o sofrimento geral. A corça, que é considerada pelos orientais o animal mais afeiçoado à sua cria, abandonou seu filhote e deixou que ele perecesse porque não havia comida. E os jumentos selvagens, que são capazes de suportar a sede melhor do que outras criaturas, e sempre são rápidos em perceber água se houver alguma, tentavam em vão sentir o cheiro dela em qualquer lugar. "Os jumentos selvagens ficam no alto dos montes e ofegam como chacais sedentos" — como víboras, ou serpentes, ou chacais, como a palavra pode ser diversificada — mas eles sorviam o ar em vão, e seus olhos se tornaram como carvões em sua cabeça. Eles "Forçam a vista para achar pastagem, mas nada encontram". E então? Bem, o profeta se volta para a oração como o único meio de obter alívio!

"Noite e dia, meus olhos se enchem de lágrimas;
não consigo parar de chorar,
pois minha filha virgem, meu povo precioso,
foi derrubada
e está mortalmente ferida.
¹⁸Se saio aos campos,
vejo os corpos daqueles que o inimigo matou.
Se ando pelas ruas,
vejo aqueles que morreram de fome.
Os profetas e sacerdotes prosseguem com seu trabalho,
mas não sabem o que fazem".

Oração por cura

¹⁹Senhor, tu rejeitaste Judá completamente?
Acaso odeias Sião?
Por que nos feriste a ponto de não podermos ser curados?
Esperávamos paz, mas ela não veio;
esperávamos tempo de cura, mas só encontramos terror.
²⁰Senhor, confessamos a nossa maldade
e a maldade de nossos antepassados;
todos pecamos contra ti.
²¹Por causa do teu nome, Senhor, não nos abandones;
não desonres teu trono glorioso.
Lembra-te de nós
e não quebres tua aliança conosco.
²²Acaso algum desses deuses estrangeiros pode enviar a chuva?
Ela cai por si mesma do céu?
Somente tu, ó Senhor, nosso Deus,
podes fazer essas coisas;
por isso esperamos teu socorro.

A inevitável condenação de Judá

15 Então o Senhor me disse: "Mesmo que Moisés e Samuel intercedessem diante de mim em favor deste povo, eu não ajudaria. Fora com eles! Expulse-os de minha presença! ²E se lhe perguntarem: 'Para onde iremos?', diga-lhes: 'Assim diz o Senhor:

"'Os destinados à morte, para a morte;
os destinados à guerra, para a guerra;
os destinados à fome, para a fome;
os destinados ao cativeiro, para o cativeiro'.

³"Enviarei contra eles quatro tipos de destruidores", diz o Senhor. "Enviarei espada para matá-los, cães para arrastá-los, abutres para devorá-los e animais selvagens para acabar com o que tiver sobrado. ⁴Por causa das maldades que Manassés, filho de Ezequias, rei de Judá, fez em Jerusalém, farei de meu povo objeto de horror para todos os reinos da terra.

⁵"Quem terá compaixão de você, Jerusalém?
Quem chorará por você?
Quem se dará o trabalho de perguntar se está bem?
⁶Você me abandonou
e me deu as costas",
diz o Senhor.
"Portanto, levantarei a mão para destruí-la;
estou cansado de mostrar compaixão.
⁷Às portas das cidades, eu os espalharei ao vento,
como palha separada do cereal,
e levarei seus filhos queridos.
Destruirei meu próprio povo,
pois não querem abandonar seus maus caminhos.
⁸Haverá mais viúvas
que grãos de areia do mar.
Ao meio-dia, trarei um destruidor
contra as mães dos jovens.
Farei cair sobre elas
angústia e terror repentinos.
⁹A mãe de sete filhos desmaia e respira com dificuldade;
para ela, o sol se pôs enquanto ainda era dia.
Agora está sem filhos,
envergonhada e humilhada.
Entregarei os que restarem
para serem mortos pelo inimigo.
Eu, o Senhor falei!"

A queixa de Jeremias

¹⁰Então eu disse:

"Como estou aflito, minha mãe!
Quem dera eu tivesse morrido ao nascer!
Sou odiado em todo lugar

Não sou um credor que ameaça cobrar a dívida,
nem um devedor que se recusa a pagá-la;
ainda assim, todos me amaldiçoam".

¹¹O Senhor respondeu:

"Eu cuidarei de você;
em tempos de calamidade e aflição,
seus inimigos lhe pedirão que interceda por eles.
¹²Alguém é capaz de quebrar uma barra de ferro do norte
ou uma barra de bronze?
¹³Entregarei de graça
sua riqueza e seus tesouros
como despojo a seus inimigos,
pois o pecado corre solto pela terra.
¹⁴Farei que seus inimigos os levem
como prisioneiros para uma terra estrangeira.
Pois minha ira se acendeu como fogo
e arderá contra vocês".ª

¹⁵Então eu disse:

"Senhor, tu sabes o que me tem acontecido;
intervém, ajuda-me e castiga meus perseguidores!
Dá-me tempo, não permitas que eu morra ainda jovem;
é por teu nome que tenho sofrido humilhações.
¹⁶Quando descobri tuas palavras,
devorei-as;
são minha alegria e dão prazer a meu coração,
pois pertenço a ti,
ó Senhor, Deus dos Exércitos.
¹⁷Nunca participei dos banquetes alegres do povo;
sentei-me sozinho, porque tua mão pesava sobre mim,
e enchi-me de indignação com os pecados deles.
¹⁸Por que, então, continuo a sofrer?
Por que minha ferida não tem cura?
Teu socorro parece incerto como um riacho inconstante;
é como uma fonte que secou".

¹⁹Assim diz o Senhor:

"Se voltar para mim, eu o restaurarei,
para que possa continuar a me servir.
Se disser palavras de valor, em vez de palavras inúteis,
será meu porta-voz.
Você os influenciará,
mas não deixará que o influenciem.
²⁰Lutarão contra você como um exército,
mas o tornarei invencível como uma muralha de bronze.
Não o vencerão,
pois estou com você para protegê-lo e livrá-lo.
Eu, o Senhor, falei!
²¹Certamente o livrarei desses homens perversos
e o resgatarei de suas mãos cruéis".

ª 15.14 Conforme a maioria dos manuscritos hebraicos; alguns manuscritos hebraicos (ver tb. 17.4) trazem *arderá para sempre*.

15.16 Jeremias era muito perseguido por causa de sua fidelidade ao entregar a palavra de Deus. Ele nos diz o motivo da sua continuidade em uma obra que lhe trouxe recompensa tão dolorosa. Faz-nos entender que ele fora fiel ao entregar a Palavra de Deus, porque essa palavra era preciosa demais para sua própria alma. Ele não podia deixar de falar a verdade de Deus, porque essa verdade era seu próprio alimento diário. Não recebia nada além de maus-tratos daqueles a quem se dirigia; eles o vilipendiaram em todos os sentidos; ele fora colocado no calabouço mais desprezível; tinha-lhe sido negado até mesmo o pão e a água; tudo, exceto a morte, era-lhe infligido por seus ingratos compatriotas; mas mesmo assim, ele continuou a profetizar. Não podia se calar. Embora sua profecia não lhe trouxesse mais do que lágrimas, ainda assim ele continuou a profetizar; pois a palavra de Deus vinha com tanta doçura à sua própria alma, e enchia o seu coração com tantas alegrias e deleite, que ele não pôde deixar de dizer aos seus compatriotas o que lhe causava tanto regozijo. Creio que esse seja o segredo para cada ministério vivaz. O ministério que é alimentado com lisonjas, e lisonjeia aqueles que o lisonjeiam, é falsidade pobre e fraca, e Deus nunca o abençoará; mas o ministério que, sob grandes dificuldades e feroz oposição, continua sustentado porque o pregador não pode deixar de prosseguir, este é o que Deus abençoará.

Jeremias é proibido de casar-se

16 Recebi outra mensagem do Senhor. Ele disse: ²"Não se case nem tenha filhos neste lugar. ³Pois assim diz o Senhor a respeito dos filhos e das filhas que nascerem nesta terra e a respeito de suas mães e seus pais: ⁴Eles morrerão de doenças terríveis. Ninguém chorará por eles, nem os enterrará; ficarão espalhados pela terra como esterco. Morrerão por guerra e fome, e seus cadáveres servirão de alimento para os abutres e os animais selvagens".

Castigo que virá sobre Judá

⁵Assim diz o Senhor: "Não vá a funerais para prantear, nem demonstre compaixão por este povo, pois tirei dele minha proteção; removi minha bondade e minha misericórdia. ⁶Tanto os mais importantes como os mais simples morrerão nesta terra. Ninguém os sepultará nem chorará por eles. Seus amigos não se cortarão nem rasparão a cabeça em sinal de tristeza. ⁷Ninguém oferecerá uma refeição para consolar os que estiverem de luto, nem mesmo pela morte da mãe ou do pai. Ninguém lhe dará um cálice de vinho para consolá-los.

⁸"Não vá a seus banquetes e a suas festas. Não coma nem beba com eles. ⁹Pois assim diz o Senhor dos Exércitos, o Deus de Israel: Durante sua vida, diante de seus olhos, acabarei com os cânticos alegres e com o riso nesta terra, e não se ouvirão mais as vozes felizes de noivos e de noivas.

¹⁰"Quando você anunciar tudo isso ao povo, eles perguntarão: 'Por que o Senhor decretou coisas tão terríveis contra nós? O que fizemos para ser tratados desse modo? Qual foi nosso pecado contra o Senhor, nosso Deus?'.

¹¹"Então você lhes responderá que assim diz o Senhor: 'Seus antepassados me deixaram. Adoraram e serviram outros deuses, me abandonaram e não obedeceram à minha lei. ¹²E vocês são ainda piores que seus antepassados! Seguem os desejos teimosos de seu coração perverso e não querem me ouvir. ¹³Por isso os expulsarei desta terra e os enviarei a uma terra estrangeira, onde vocês e seus antepassados nunca estiveram. Ali poderão adorar deuses dia e noite, e não lhes concederei nenhum favor'."

Esperança apesar da calamidade

¹⁴"Mas está chegando o dia", diz o Senhor, "em que, ao fazer um juramento, ninguém mais dirá: 'Tão certo como vive o Senhor, que tirou o povo de Israel da terra do Egito'. ¹⁵Em vez disso, dirá: 'Tão certo como vive o Senhor, que trouxe o povo de Israel de volta da terra do norte e de todas as nações onde os havia exilado'. Pois eu os trarei de volta à terra que dei a seus antepassados.

¹⁶"Agora, porém, envio muitos pescadores que os pescarão", diz o Senhor, "e envio caçadores que os caçarão nos montes, nas colinas e nas cavernas. ¹⁷Eu os observo de perto e vejo cada pecado. É impossível se esconderem de mim. ¹⁸Eu os castigarei em dobro por todos os seus pecados, pois contaminaram minha terra com as imagens sem vida de seus ídolos repulsivos e encheram minha terra com suas práticas detestáveis."

Jeremias expressa confiança

¹⁹Senhor, és minha força e fortaleza,
    meu refúgio no dia da angústia.
Nações de todo o mundo
    virão a ti e dirão:
"Nossos antepassados nos deixaram uma
    herança enganosa,
    pois adoraram ídolos inúteis.
²⁰Acaso alguém pode fazer seus próprios
    deuses?
De maneira nenhuma são deuses
    verdadeiros!".

²¹O Senhor diz:
"Agora lhes mostrarei meu poder,
    agora lhes mostrarei minha força.
Finalmente entenderão
    e saberão que eu sou o Senhor."

O pecado e o castigo de Judá

17 ¹"O pecado de Judá
    está escrito com cinzel de ferro,
gravado com ponta de diamante em seu
    coração de pedra
    e nas pontas de seus altares.
²Até seus filhos adoram
    nos altares e nos postes dedicados a
    Aserá,
debaixo de toda árvore verdejante
    e no alto das colinas,
³nos montes e nos campos.

Entregarei todas as suas riquezas, seus tesouros
e seus santuários idólatras
como despojo para seus inimigos,
porque o pecado corre solto na terra.
⁴A herança que reservei para vocês
lhes escapará por entre os dedos.
Farei que seus inimigos os levem
como prisioneiros para uma terra estrangeira.
Pois minha ira se acendeu como fogo
e arderá para sempre".

Sabedoria do Senhor
⁵Assim diz o Senhor:
"Maldito é quem confia nas pessoas,
que se apoia na força humana
e afasta seu coração do Senhor.
⁶É como arbusto solitário no deserto;
não tem esperança alguma.
Habitará em lugares desolados e estéreis,
numa terra salgada, onde ninguém vive.
⁷"Feliz é quem confia no Senhor,
cuja esperança é o Senhor.
⁸É como árvore plantada junto ao rio,
com raízes que se estendem até as correntes de água.
Não se incomoda com o calor,
e suas folhas continuam verdes.
Não teme os longos meses de seca,
e nunca deixa de produzir frutos.
⁹"O coração humano é mais enganoso que qualquer coisa
e é extremamente perverso;
quem sabe, de fato, o quanto é mau?
¹⁰Eu, o Senhor, examino o coração
e provo os pensamentos.
Dou a cada pessoa a devida recompensa,
de acordo com suas ações".

A confiança de Jeremias no Senhor
¹¹Como a perdiz que choca ovos de outro pássaro,
assim são os que obtêm riquezas por meios injustos.
Na metade da vida, perderão suas riquezas;
no final, não passarão de velhos tolos.
¹²Nós, porém, adoramos diante do teu trono
eterno, exaltado e glorioso.
¹³Ó Senhor, esperança de Israel,
todos que se afastarem de ti serão envergonhados.
Serão enterrados no pó da terra,
pois abandonaram o Senhor, a fonte de água viva.
¹⁴Ó Senhor, se me curares, serei verdadeiramente curado;
se me salvares, serei verdadeiramente salvo.
Louvo somente a ti!
¹⁵As pessoas zombam de mim e dizem:
"Onde está a mensagem do Senhor?
Por que suas profecias não se cumprem?".
¹⁶Senhor, não abandonei meu trabalho
como pastor do teu povo.
Não pedi que enviasses calamidades;
ouviste tudo que eu disse.
¹⁷Senhor, não me aterrorizes;
somente tu és meu refúgio no dia da calamidade.
¹⁸Traze vergonha e desespero sobre os que me perseguem,

17.12-14 Parece-me que, nesta passagem, o profeta entristecido está sentado sozinho em comunhão com seu Deus, falando claramente de sua fé firme e lavando os pés de suas dores na pia das promessas. A mudança singular do pronome *Ti* para *Me* mostra quão perto estava o Senhor dele, tão perto, de fato, que Deus não fala apenas pelo profeta, mas intervém com linguagem pessoal e Ele mesmo fala. Todos os homens que têm que lidar com grandes multidões de pessoas, por Deus, devem estar muito sozinhos ou perderão seu poder. Jeremias estava cansado, pois profetizava, mas ninguém lhe dava crédito; ele suplicou e persuadiu, mas seus apelos afetuosos foram rejeitados. Ele viu a nação indo rapidamente para a destruição e não podia evitar a desgraça. Tudo isso o fez clamar com a angústia de sua alma: "Eu sou aquele que viu as aflições". Portanto, não poderia ter vivido se não tivesse encontrado o santuário em seu Deus. Jeremias, muitas vezes, se afastou para lugares secretos, para que derramasse seu coração quebrantado perante o Senhor e se entregasse ao cuidado suave dAquele a quem o profeta servia tão fielmente. Vamos imitá-lo, e superar nossas tristezas por meio da comunhão secreta com o Deus que é alegre.

mas não permitas que eu fique envergonhado e desesperado.
Traze sobre eles um dia de calamidade, sim, traze sobre eles destruição em dobro!

Guardar o sábado

¹⁹Assim me disse o Senhor: "Vá e fique junto aos portões de Jerusalém, primeiro junto ao portão por onde o rei entra e sai, depois junto a cada um dos outros portões. ²⁰Diga ao povo: 'Ouçam esta mensagem do Senhor, reis de Judá, todo o povo de Judá e todos os habitantes de Jerusalém, vocês todos que passam por estes portões. ²¹Assim diz o Senhor: Ouçam minha advertência! Parem de negociar junto aos portões de Jerusalém no dia de sábado. ²²Não trabalhem no sábado, mas façam dele um dia santo. Foi o que ordenei a seus antepassados, ²³mas eles não deram ouvidos nem obedeceram. Recusaram-se teimosamente a prestar atenção e não aceitaram minha disciplina.

²⁴"'Se, contudo, vocês me obedecerem, diz o Senhor, e não negociarem junto aos portões da cidade nem trabalharem no sábado, se o guardarem como dia santo, ²⁵então o rei e seus oficiais entrarão e sairão por estes portões para sempre. Sempre haverá um descendente de Davi sentado no trono em Jerusalém. Os reis e seus oficiais entrarão e sairão em carruagens e a cavalo no meio do povo de Judá, e esta cidade permanecerá para sempre. ²⁶De todas as partes ao redor de Jerusalém, das cidades de Judá e Benjamim, das colinas do oeste,ᵃ da região montanhosa e do Neguebe, virá gente para apresentar holocaustos e sacrifícios. Trarão ofertas de cereal, incenso e ofertas de gratidão ao templo do Senhor.

²⁷"'Mas, se vocês não me ouvirem e não guardarem o sábado como dia santo e se, nesse dia, trouxerem cargas de mercadorias pelos portões de Jerusalém como nos outros dias, porei fogo nestes portões. O fogo se espalhará até os palácios e os consumirá, e ninguém será capaz de apagar as chamas'".

O oleiro e o barro

18 O Senhor deu outra mensagem a Jeremias: ²"Desça até a casa do oleiro, e eu lhe falarei ali". ³Fui à casa do oleiro e o encontrei trabalhando na roda. ⁴Mas o vaso de barro que ele estava fazendo não saiu como desejava, por isso ele amassou o barro e começou novamente.

⁵Então o Senhor me deu esta mensagem: ⁶"Ó Israel, acaso não posso fazer com vocês o mesmo que o oleiro fez com o barro? Como o barro está nas mãos do oleiro, vocês estão em minhas mãos. ⁷Se eu anunciar que uma nação ou reino será arrancado, derrubado e destruído, ⁸mas essa nação abandonar seus maus caminhos, não a destruirei como havia planejado. ⁹E, se eu anunciar que plantarei e edificarei uma nação ou reino, ¹⁰mas essa nação praticar o mal e não quiser me obedecer, não a abençoarei como havia declarado.

¹¹"Portanto, Jeremias, vá e proclame a todo o povo de Judá e aos habitantes de Jerusalém: 'Assim diz o Senhor: Planejo calamidade para vocês, e não o bem. Por isso, cada um abandone seus maus caminhos e faça o que é certo'".

ᵃ **17.26** Em hebraico, *da Sefelá*.

18.11 A imagem é a de um homem que está indo no caminho errado. Ele está invadindo, está em terreno proibido, avança por uma estrada perigosa. E se continuar a seguir nessa direção, chegará, em pouco, a um terrível precipício no qual cairá e lá será destruído. Uma voz clama para ele, "Retorne"! O que significa essa palavra? É muito simples e para que eu *possa torná-la ainda mais simples*, talvez, para fins práticos, deixe-me dizer que a primeira coisa que esse homem faria seria *parar*. [...] Eu gostaria que todos vocês que estão se afastando de Deus parassem e considerassem para onde estão indo. [...] Suponha que o homem *realmente* parou.

Isso não é *retornar*. É apenas o começo de um retorno quando um homem *para*, mas será necessário que ele, em seguida, *se vire*. A ordem que ele tem que obedecer é "Meia volta". Ele deve virar o rosto na direção oposta daquela em que estava indo. [...] Quando Deus diz: "Retorne", está claro que Ele quer dizer: "Vire o seu rosto exatamente na direção oposta daquela que ele agora está virado. Ame o que agora você odeia! Odeie o que você ama agora. Faça o que você deixou de fazer. Abandone o que você está acostumado a fazer". Se você está realmente disposto a obedecer à ordem "Retorne", deve haver uma mudança total e radical em você.

¹²"Não perca seu tempo", o povo respondeu. "Continuaremos a viver como quisermos e a seguir os desejos teimosos de nosso coração perverso."

¹³Portanto, assim diz o Senhor:

"Quem ouviu coisa igual a essa,
  mesmo entre as outras nações?
Israel, minha filha virgem,
  fez algo terrível!
¹⁴Pode a neve desaparecer do alto dos
    montes do Líbano?
  Podem secar-se os riachos que correm
    desses montes distantes?
¹⁵Meu povo, contudo, me abandonou
  e queima incenso para ídolos inúteis.
Tropeçaram e saíram dos caminhos
    antigos
  e andam por trilhas lamacentas.
¹⁶Portanto, sua terra ficará desolada;
  será um monumento à sua tolice.
Todos que passarem por lá ficarão pasmos
  e balançarão a cabeça em espanto.
¹⁷Espalharei meu povo diante de seus
    inimigos,
  como o vento leste espalha o pó.
Darei as costas para eles
  e não os ajudarei em sua calamidade".

Conspiração contra Jeremias

¹⁸Então o povo disse: "Venham, vamos planejar um jeito de nos livrarmos de Jeremias. Temos vários sacerdotes, e também homens sábios e profetas. Não precisamos que ele nos ensine a lei, e não precisamos de seus conselhos e profecias. Vamos espalhar boatos a seu respeito e ignorar o que ele diz".

¹⁹Senhor, olha para mim!
  Ouve o que dizem meus inimigos!
²⁰Acaso se paga o bem com o mal?
  Cavaram um buraco para me matar,
mesmo eu tendo intercedido por eles
  e tentado protegê-los de tua ira.
²¹Portanto, que os filhos deles morram de
    fome!
  Que morram pela espada!
Que suas esposas se tornem viúvas e
    fiquem sem filhos!
  Que os mais velhos sejam mortos por
      uma praga,
  e os jovens, na batalha!
²²Que se ouçam gritos vindos de suas casas
  quando guerreiros atacarem
    repentinamente,
pois cavaram um buraco para mim
  e esconderam armadilhas ao longo do
    meu caminho.
²³Senhor, tu conheces os planos que
    fizeram para me matar;
  não os perdoes por seus crimes nem
    apagues seus pecados.
Que eles morram diante de ti;
  trata-os de acordo com a tua ira.

O vaso despedaçado

19 Assim me disse o Senhor: "Vá e compre um vaso de barro. Depois, peça a alguns líderes do povo e dos sacerdotes que o acompanhem. ²Vá ao depósito de lixo no vale de Ben-Hinom, que fica junto ao portão dos Cacos, e proclame esta mensagem: ³'Ouçam esta mensagem do Senhor, reis de Judá e habitantes de Jerusalém! Assim diz o Senhor dos Exércitos, o Deus de Israel: Trarei calamidade sobre este lugar, calamidade tão terrível que fará tinir os ouvidos de quem ouvir a respeito!

⁴"'Pois o povo me abandonou e transformou este vale num lugar de perversidade. Queimam incenso a deuses estrangeiros, ídolos até então desconhecidos desta geração, de seus antepassados e dos reis de Judá. Encheram este lugar com o sangue de crianças inocentes. ⁵Construíram lugares de adoração a Baal e lhe queimaram os filhos como sacrifício. Jamais ordenei tamanha maldade; nunca me passou pela mente! ⁶Portanto, tomem cuidado, diz o Senhor, pois está chegando o dia em que este lugar não se chamará mais Tofete, nem vale de Ben-Hinom, mas vale da Matança.

⁷"'Pois eu transtornarei os planos minuciosos de Judá e Jerusalém. Permitirei que seu povo seja massacrado por exércitos invasores e deixarei seus cadáveres para servirem de alimento para os abutres e os animais selvagens. ⁸Transformarei Jerusalém em um monte de escombros; será um monumento à sua tolice. Todos que passarem por lá ficarão pasmos e abrirão a boca de espanto quando virem suas ruínas. ⁹Farei os inimigos cercarem a cidade, até que acabe toda a comida. Então, os que estiverem presos dentro dela comerão os

próprios filhos, filhas e amigos. Serão levados ao mais absoluto desespero'.

¹⁰"Então, Jeremias, você quebrará o vaso à vista desses homens ¹¹e lhes dirá: 'Assim diz o Senhor dos Exércitos: Como este vaso está despedaçado, assim despedaçarei o povo de Judá e o povo de Jerusalém, e não haverá quem possa restaurá-los. Enterrarão os corpos aqui em Tofete, até que não haja mais espaço. ¹²Assim farei a este lugar e a seu povo, diz o Senhor. Farei a cidade ficar contaminada como Tofete. ¹³Sim, todas as casas de Jerusalém, incluindo o palácio dos reis de Judá, se tornarão como Tofete, todas as casas em que vocês queimaram incenso nos terraços para adorar as estrelas e apresentaram ofertas derramadas para seus ídolos'".

¹⁴Então Jeremias voltou de Tofete, onde havia anunciado essa mensagem, e parou diante do templo do Senhor. Ali, disse ao povo: ¹⁵"Assim diz o Senhor dos Exércitos, o Deus de Israel: Trarei calamidade sobre esta cidade e sobre os povoados ao redor conforme prometi, pois vocês se recusaram teimosamente a me ouvir".

Jeremias e Pasur

20 Pasur, filho de Imer, sacerdote encarregado do templo do Senhor, ouviu o que Jeremias profetizava. ²Mandou prender o profeta Jeremias e ordenou que o açoitassem e o pusessem no tronco junto à porta de Benjamim, no templo do Senhor.

³No dia seguinte, Pasur o soltou, e Jeremias disse: "Pasur, o Senhor mudou seu nome. De agora em diante, você será chamado de 'Homem que Vive em Terror'.ᵃ ⁴Pois assim diz o Senhor: 'Enviarei terror sobre você e sobre todos os seus amigos, e você verá quando forem mortos pelas espadas do inimigo. Entregarei o povo de Judá ao rei da Babilônia, e ele os levará presos para a Babilônia ou os atravessará com a espada. ⁵Entregarei Jerusalém nas mãos de seus inimigos, e eles saquearão todos os tesouros da cidade — as pedras preciosas, o ouro e a prata de seus reis — e levarão para a Babilônia. ⁶Você, Pasur, e todos em sua casa serão levados para o exílio na Babilônia. Ali morrerão e serão sepultados, você e todos os seus amigos a quem você profetizou mentiras'".

A queixa de Jeremias

⁷Ó Senhor, tu me constrangeste,
   e eu me deixei constranger.
És mais forte que eu
   e prevaleceste.
Agora, sou motivo de zombaria todos os dias;
   todos riem de mim.
⁸Pois, sempre que abro a boca, é para gritar:
   "Violência e destruição!".
Essas mensagens do Senhor
   me transformaram em alvo constante de piadas.
⁹Mas, se digo que nunca mais mencionarei o Senhor,
   nem falarei em seu nome,
sua palavra arde como fogo em meu coração;
   é como fogo em meus ossos.
Estou cansado de tentar contê-la;
   é impossível!
¹⁰Ouvi muitos boatos a meu respeito;
   me chamam de "Homem que Vive em Terror"
   e me ameaçam: "Se disser alguma coisa, o denunciaremos".
Até os que se dizem amigos íntimos me vigiam
   e esperam que eu cometa algum erro fatal.
Dizem: "Ele cairá em sua própria armadilha;
   então nos vingaremos dele".

¹¹O Senhor, porém, está ao meu lado
   como poderoso guerreiro.
Diante dele meus perseguidores tropeçarão;
   não conseguirão me derrotar.
Fracassarão e serão totalmente humilhados;
   sua desonra jamais será esquecida.
¹²Ó Senhor dos Exércitos,
   tu provas o justo
   e examinas pensamentos e emoções.

ᵃ **20.3** Em hebraico, *Magor-Missabibe*, que significa "cercado de terror"; também em 20.10.

Permite que eu veja tua vingança contra eles,
pois coloquei minha causa em tuas mãos.
¹³Cantem ao Senhor!
Louvem o Senhor!
Pois ele salva o pobre e necessitado
da mão de seus opressores.

¹⁴E, no entanto, amaldiçoo o dia em que nasci;
ninguém celebre o dia em que minha mãe me deu à luz.
¹⁵Maldito o mensageiro que disse a meu pai:
"Tenho boas notícias! Alegre-se, seu filho nasceu!".
¹⁶Que ele seja destruído como as cidades antigas
que o Senhor arrasou sem compaixão.
Que seja aterrorizado todo o dia com gritos de guerra,
¹⁷pois não me matou quando nasci.
Quem dera eu tivesse morrido no ventre de minha mãe
e seu corpo tivesse sido minha sepultura!
¹⁸Por que eu nasci?
Toda a minha vida é apenas sofrimento, tristeza e vergonha.

Judá não escapará da Babilônia

21 O Senhor deu esta mensagem a Jeremias quando o rei Zedequias enviou Pasur, filho de Malquias, e o sacerdote Sofonias, filho de Maaseias, para falarem com o profeta. Suplicaram a Jeremias: ²"Consulte o Senhor por nós e peça que nos ajude. Nabucodonosor, rei da Babilônia, está atacando Judá. Quem sabe o Senhor não fará um de seus milagres poderosos, como no passado, e obrigará Nabucodonosor a retirar seus exércitos".

³Jeremias respondeu: "Voltem ao rei Zedequias e digam-lhe: ⁴'Assim diz o Senhor, o Deus de Israel: Tornarei inúteis suas armas contra o rei da Babilônia e os babilônios[a] que os atacam do lado de fora de seus muros. Trarei seus inimigos para dentro desta cidade. ⁵Eu mesmo lutarei contra vocês com mão forte e braço poderoso, pois é grande a minha ira. Sim, vocês me deixaram furioso! ⁶Enviarei sobre esta cidade uma peste terrível, e tanto as pessoas como os animais morrerão. ⁷Depois de tudo isso, diz o Senhor, entregarei o rei Zedequias, seus servos, e todos os habitantes desta cidade que sobreviverem à doença, à guerra e à fome a Nabucodonosor, rei da Babilônia, e a seus outros inimigos. Nabucodonosor os matará sem misericórdia, nem piedade, nem compaixão'.

⁸"Digam a todo o povo: 'Assim diz o Senhor: Escolham entre a vida e a morte! ⁹Quem ficar em Jerusalém morrerá por guerra, fome ou doença, mas os que saírem e se renderem aos babilônios viverão. Sua recompensa será a vida. ¹⁰Pois decidi trazer calamidade, e não o bem, sobre esta cidade, diz o Senhor. Será entregue ao rei da Babilônia, e ele a queimará de alto a baixo'."

Julgamento dos reis de Judá

¹¹"Digam à família real de Judá: 'Ouçam esta mensagem do Senhor! ¹²Assim diz o Senhor à dinastia de Davi:

"'A cada manhã, façam justiça ao povo que vocês julgam;
ajudem os que são explorados
e livrem-nos de seus opressores.
Do contrário, minha ira arderá como fogo
que ninguém é capaz de apagar,
por causa de todos os seus pecados.
¹³Eu mesmo lutarei contra os habitantes de Jerusalém,
essa fortaleza poderosa,
contra o povo que diz: 'Estamos seguros aqui;
ninguém conseguirá entrar'.
¹⁴Eu mesmo os castigarei por tudo que fizeram,
diz o Senhor.
Acenderei um fogo em seus bosques,
e ele queimará tudo ao redor'".

Mensagem para os reis de Judá

22 O Senhor me disse: "Vá e fale diretamente com o rei de Judá. Diga-lhe: ²'Ouça esta mensagem do Senhor, ó rei de Judá, sentado no trono de Davi. Que seus servos e todo o seu povo também escutem. ³Assim diz o Senhor: Sejam imparciais e justos. Ajudem os que são explorados e livrem-nos de seus opressores.

---

[a] **21.4** Ou *caldeus*; também em 21.9.

Abandonem suas maldades: não maltratem os estrangeiros, nem os órfãos, nem as viúvas e parem de matar inocentes! ⁴Se me obedecerem, sempre haverá um descendente de Davi sentado no trono em Jerusalém. O rei passará pelas portas do palácio em carruagens e cavalos, acompanhado de seus servos e súditos. ⁵Mas, se vocês não derem ouvidos a esta advertência, juro por meu próprio nome, diz o Senhor, que este palácio se tornará um monte de escombros'".

Mensagem a respeito do palácio

⁶Assim diz o Senhor acerca do palácio de Judá:

"Eu o amo tanto quanto a fértil floresta de Gileade
e os bosques verdes do Líbano.
Contudo, o transformarei num deserto,
e ninguém habitará dentro de seus muros.
⁷Chamarei demolidores,
que trarão consigo suas ferramentas.
Arrancarão suas belas vigas de cedro
e as lançarão no fogo.

⁸"Pessoas de muitas nações passarão pelas ruínas desta cidade e dirão umas às outras: 'Por que o Senhor destruiu esta grande cidade?'. ⁹E a resposta será: 'Porque eles quebraram sua aliança com o Senhor, seu Deus, ao adorar e servir outros deuses'".

Mensagem a respeito de Jeoacaz

¹⁰Não chorem pelo rei morto nem lamentem sua perda;
chorem, porém, pelo rei que foi levado como prisioneiro,
pois nunca mais voltará nem verá sua terra natal.

¹¹Pois assim diz o Senhor acerca de Jeoacaz,ᵃ que sucedeu seu pai, o rei Josias, e foi levado para o exílio: "Ele jamais voltará. ¹²Morrerá exilado numa terra distante e nunca mais verá sua terra natal".

Mensagem a respeito de Jeoaquim

¹³"Que aflição espera Jeoaquim,ᵇ
que edifica seu palácio de forma desonesta!
Constrói suas paredes com injustiça,
pois obriga gente do seu povo a trabalhar sem pagar salário.
¹⁴Diz: 'Construirei para mim um palácio magnífico,
com salas espaçosas e muitas janelas.
Revestirei tudo com painéis de cedro
e pintarei de vermelho vívido'.
¹⁵Mas um belo palácio de cedro não faz um grande rei!
Josias, seu pai, também tinha muita comida e bebida,
mas em tudo que fazia era justo e íntegro;
por isso tudo deu certo para ele.
¹⁶Fez justiça ao pobre e ao necessitado e os ajudou,
e tudo lhe correu bem.
Não é isso que significa me conhecer?",
diz o Senhor.
¹⁷"Você, porém, só tem olhos para a cobiça
e a desonestidade;
derrama sangue inocente
e reina com crueldade e opressão."

¹⁸Portanto, assim diz o Senhor acerca de Jeoaquim, filho de Josias, rei de Judá:

"O povo não lamentará por ele, nem clamará:
'Que tristeza, meu irmão! Que tristeza, minha irmã!'.
Seus súditos não lamentarão por ele, nem clamarão:
'Que tristeza, nosso senhor morreu!
Que tristeza, sua majestade se foi!'.
¹⁹Será enterrado como se enterra um jumento:
arrastado e jogado fora dos portões de Jerusalém.
²⁰Chore por seus aliados no Líbano,
grite por eles em Basã.
Procure-os nas regiões a oeste do rio;ᶜ
veja, foram todos destruídos!
²¹Eu o adverti quando você era próspero,
mas você respondeu: 'Recuso-me a ouvir'.
Sempre foi assim, desde a juventude;
nunca me obedece!
²²Agora o vento levará para longe seus aliados;
todos os seus amigos serão levados para o exílio.

ᵃ**22.11** Em hebraico, *Salum*, outro nome de Jeoacaz. ᵇ**22.13** Irmão e sucessor do exilado Jeoacaz. Ver 22.18. ᶜ**22.20** Ou *em Abarim*.

Então certamente verá sua perversidade
e ficará envergonhado.
²³Você que mora num lindo palácio,
todo revestido de madeira de cedro do Líbano,
logo gemerá com pontadas de angústia,
como as dores da mulher em trabalho de parto."

Mensagem para Joaquim

²⁴"Tão certo como eu vivo", diz o Senhor, "eu o abandonarei, Joaquim,[a] filho de Jeoaquim, rei de Judá. Mesmo que você fosse o anel de selar em minha mão direita, eu o arrancaria. ²⁵Eu o entregarei àqueles que procuram matá-lo, àqueles que você tanto teme: o rei Nabucodonosor da Babilônia e o exército babilônio.[b] ²⁶Expulsarei você e sua mãe desta terra e vocês morrerão em nação estrangeira, e não em sua terra natal. ²⁷Jamais voltarão à terra pela qual anseiam.

²⁸"Por que esse homem, Joaquim, é como um vaso quebrado, jogado fora?
Por que ele e seus filhos serão exilados em terra estrangeira?
²⁹Ó terra, terra, terra de Judá!
Ouça esta mensagem do Senhor!
³⁰Assim diz o Senhor:
'Registrem Joaquim como homem sem filhos.
Ele não terá êxito,
pois não terá filhos que o sucedam no trono de Davi
para reinar em Judá'."

O descendente justo

23 "Que aflição espera os pastores de minhas ovelhas, pois destruíram e dispersaram aqueles de quem deviam cuidar", diz o Senhor.
²Portanto, assim diz o Senhor, o Deus de Israel, a esses líderes do povo: "Em vez de cuidarem do meu rebanho e o conduzirem em segurança, vocês o abandonaram e o levaram à destruição. Agora, eu os castigarei pelo mal que fizeram. ³Contudo, reunirei o remanescente do meu rebanho das terras para onde os expulsei. Eu os trarei de volta para seu curral, e eles serão férteis e se multiplicarão. ⁴Em seguida, nomearei bons pastores que cuidarão dessas ovelhas. Elas nunca mais terão medo, e nenhuma delas se perderá. Eu, o Senhor, falei!

⁵"Pois está chegando o dia",
diz o Senhor,
"em que levantarei um Renovo, um descendente justo,
da linhagem do rei Davi.
Ele reinará com sabedoria
e fará o que é justo e certo
em toda a terra.
⁶E este será seu nome:
'O Senhor é nossa justiça'.[c]
Nesse dia, Judá será salvo,
e Israel viverá em segurança.

⁷"Está chegando o dia", diz o Senhor, "em que as pessoas que fizerem um juramento não dirão: 'Tão certo como vive o Senhor, que tirou o povo de Israel da terra do Egito'. ⁸Em vez disso, dirão: 'Tão certo como vive o Senhor, que trouxe o povo de Israel de volta da terra do norte e de todas as nações onde os havia exilado'. Então viverão em sua própria terra."

Julgamento dos falsos profetas

⁹Meu coração está quebrantado por causa dos falsos profetas,
e todos os meus ossos tremem.
Cambaleio como um bêbado,
como alguém vencido pelo vinho,
por causa das santas palavras
que o Senhor pronunciou contra eles.
¹⁰Pois a terra está cheia de adultério
e debaixo de maldição.
A terra está de luto;
os pastos do deserto secaram.
Pois todos praticam o mal
e abusam do poder.

¹¹"Até os sacerdotes e profetas
são homens corrompidos.
Vi seus atos desprezíveis
aqui mesmo, em meu templo",
diz o Senhor.
¹²"Portanto, os caminhos deles
se tornarão escorregadios.
Serão perseguidos na escuridão,
e ali cairão.
Pois trarei calamidade sobre eles

---

[a] 22.24 Em hebraico, *Conias*, variação de Joaquim; também em 22.28. [b] 22.25 Ou *caldeu*. [c] 23.6 Em hebraico, *Javé-Tsidqenu*.

no tempo determinado para seu castigo.
Eu, o Senhor, falei!'

¹³"Vi que os profetas de Samaria eram
 terríveis,
pois profetizavam em nome de Baal
 e faziam Israel, meu povo, pecar.
¹⁴Agora, porém, vejo que os profetas de
 Jerusalém são ainda piores;
cometem adultério, gostam da
 desonestidade
e incentivam quem pratica o mal,
 para que ninguém se arrependa de sua
 maldade.
Esses profetas são tão perversos
 quanto os habitantes de Sodoma e
 Gomorra."

¹⁵Portanto, assim diz o Senhor dos Exércitos
acerca dos profetas:

"Eu os alimentarei com amargura
 e lhes darei veneno para beber,
pois foi por causa dos profetas de
 Jerusalém
que a perversidade encheu esta terra."

¹⁶Assim diz o Senhor dos Exércitos a seu povo:

"Não deem ouvidos a esses profetas quando
 profetizam para vocês
e os enchem de falsas esperanças.
Eles inventam tudo que dizem;
 não falam da parte do Senhor.
¹⁷Vivem repetindo aos que desprezam
 minha palavra:
'O Senhor diz que terão paz!'.
E aos que seguem os desejos teimosos de
 seu coração, dizem:
'Nada de mal lhes acontecerá!'.

¹⁸"Acaso algum desses profetas esteve na
 presença do Senhor
para ouvir suas palavras?
Algum deles prestou atenção e
 obedeceu?
¹⁹Vejam, a ira do Senhor irrompe como
 uma tempestade,
um vendaval sobre a cabeça dos
 perversos!
²⁰A ira do Senhor não passará
 até que ele cumpra tudo que planejou.
Em dias futuros,
 vocês entenderão tudo isso claramente.

²¹"Não enviei esses profetas,
 mas eles correm de um lado para o
 outro.
Não lhes dei mensagem alguma,
 e ainda assim continuam a profetizar.
²²Se houvessem estado diante de mim e me
 ouvido,
teriam anunciado minhas palavras
e levado meu povo a se arrepender
 de seus maus caminhos e suas más
 ações.
²³Acaso sou Deus apenas de perto?", diz o
 Senhor.

"Não sou Deus também de longe?
²⁴Pode alguém se esconder de mim onde
 eu não veja?
Não estou em toda parte, nos céus e na
 terra?",
diz o Senhor.

²⁵"Ouvi esses profetas dizerem: 'Tive um
 sonho! Tive um sonho!' e depois contarem
mentiras em meu nome. ²⁶Até quando isso
continuará? Se são profetas, são profetas do
engano e inventam tudo que dizem. ²⁷Relatando esses sonhos falsos, procuram fazer meu
povo se esquecer de mim, como seus antepassados se esqueceram de mim ao adorar os ídolos de Baal.

²⁸"Que esses falsos profetas relatem seus
 sonhos,
mas que meus verdadeiros mensageiros
 proclamem fielmente todas as minhas
 palavras;
há diferença entre palha e trigo!
²⁹Acaso minha palavra não arde como
 fogo?",
diz o Senhor.

23.29 Os falsos profetas não tinham tal força em suas palavras. Eles não alegavam ter nenhum fogo no que diziam. Falavam de forma muito agradável e lisonjeira — tornavam as pessoas vãs — diziam-lhes, na verdade, que nada aconteceria senão o que os satisfizesse! Elas poderiam continuar em seus pecados, mas tudo ficaria bem. Poderiam satisfazer as mais sombrias esperanças de que tudo no futuro seria de acordo com seus

"Não é como martelo
que despedaça a rocha?

³⁰"Portanto", diz o Senhor, "sou contra esses profetas que roubam palavras uns dos outros e afirmam que as receberam de mim. ³¹Sou contra esses profetas cheios de lábia que dizem: 'Esta profecia é do Senhor!'. ³²Sou contra esses falsos profetas. Seus sonhos imaginários são mentiras descaradas que fazem meu povo pecar. Não os enviei nem os nomeei, e eles não têm nada a dizer a este povo. Eu, o Senhor, falei!"

Falsas profecias e falsos profetas

³³"Se alguém do povo, ou algum dos profetas ou dos sacerdotes lhe perguntar: 'Que palavras pesadas o Senhor lhe deu para anunciar hoje?', responda: 'Vocês são o peso!ᵃ O Senhor diz que os abandonará!'.

³⁴"Se algum profeta, sacerdote ou qualquer outra pessoa disser: 'Tenho uma profecia do Senhor', castigarei essa pessoa e toda a sua família. ³⁵Perguntem uns aos outros: 'Qual é a resposta do Senhor?', ou 'O que o Senhor diz?'. ³⁶Mas parem de usar a expressão 'profecia do Senhor'. Pois alguns a usam para conferir autoridade às próprias ideias e distorcem as palavras de nosso Deus, o Deus vivo, o Senhor dos Exércitos.

³⁷"Isto é o que você dirá aos profetas: 'Qual é a resposta do Senhor?', ou 'O que o Senhor diz?'. ³⁸Mas, se responderem: 'Esta é uma profecia do Senhor!', você deve dizer: 'Assim diz o Senhor: Porque usaram a expressão 'profecia do Senhor', embora eu os tenha advertido de que não a usassem, ³⁹eu me esquecerei completamente de vocês.ᵇ Sim, os expulsarei de minha presença, junto com esta cidade que dei a vocês e a seus antepassados. ⁴⁰Farei de vocês objeto de ridículo, e seu nome será infame para sempre'."

Figos bons e figos ruins

24 Depois que Nabucodonosor, rei da Babilônia, levou para o exílio o rei Joaquim,ᶜ filho de Jeoaquim, junto com os oficiais de Judá e seus artífices e artesãos, o Senhor me deu esta visão. Vi dois cestos de figos postos diante do templo do Senhor, em Jerusalém. ²Um cesto estava cheio de figos frescos e maduros, e o outro, cheio de figos ruins e tão estragados que não serviam para comer.

³Então o Senhor me disse: "O que você vê, Jeremias?".

"Figos", respondi. "Alguns muito bons e outros muito ruins, tão estragados que não servem para comer."

⁴Então o Senhor me deu esta mensagem: ⁵"Assim diz o Senhor, o Deus de Israel: Os figos bons representam os exilados que enviei de Judá para a terra dos babilônios.ᵈ ⁶Eu os guardarei e cuidarei deles e os trarei de volta para cá. Eu os edificarei, e não os derrubarei. Eu os plantarei, e não os arrancarei. ⁷Darei a eles coração capaz de reconhecer que eu sou o Senhor. Eles serão o meu povo, e eu serei o seu Deus, pois eles se voltarão para mim de todo o coração.

⁸"Os figos ruins", diz o Senhor, "representam Zedequias, rei de Judá, seus oficiais, o povo que restou em Jerusalém e aqueles que moram no Egito. Eu os tratarei como figos ruins, tão estragados que não servem para comer. ⁹Farei deles objeto de horror e símbolo de calamidade para todas as nações na terra. Em todos os lugares por onde eu os espalhar, serão alvo de vergonha e zombaria, insulto e maldição. ¹⁰E eu enviarei guerra, fome e doença até que

---

ᵃ23.33 Conforme a Septuaginta e a Vulgata; o hebraico traz *Que peso?* ᵇ23.39 Alguns manuscritos hebraicos e a Septuaginta trazem *eu certamente os levantarei*. ᶜ24.1 Em hebraico, *Jeconias*, variação de Joaquim. ᵈ24.5 Ou *caldeus*.

---

próprios desejos. Essa era a palavra do homem, mas quando o Senhor falou por seu servo, Jeremias, Sua Palavra foi "como fogo". Havia algo ardente — a natureza humana não gostava disso — mas a natureza humana foi feita para sentir sua força e poder! Quando os falsos profetas falavam, eles se curvavam e se encolhiam para as pessoas e diziam todo tipo de coisas suaves e agradáveis. Mas quando Jeremias falava em nome de Javé, toda Palavra parecia informar seus ouvintes! Era como quando um homem muito forte que levanta uma marreta e bate com toda a força sobre a pedra que ele quer quebrar. A mensagem não confortava os ímpios, mas partia o coração deles, pois o profeta buscava, se possível, afastá-los dos seus pecados.

tenham desaparecido da terra de Israel, que dei a eles e a seus antepassados."

Setenta anos de cativeiro

25 Jeremias recebeu do Senhor esta mensagem para todo o povo de Judá no quarto ano do reinado de Jeoaquim,[a] filho de Josias, rei de Judá. Nesse mesmo ano, Nabucodonosor, rei da Babilônia, começou a reinar.

²O profeta Jeremias disse a todo o povo de Judá e a todos os habitantes de Jerusalém: ³"Durante 23 anos, desde o décimo terceiro ano do reinado de Josias, filho de Amom,[b] rei de Judá, até hoje, o Senhor me tem dado suas mensagens. Eu as anunciei fielmente, mas vocês não ouviram.

⁴"Repetidamente, o Senhor tem enviado seus servos, os profetas, mas vocês não ouviram nem prestaram atenção. ⁵Todas as vezes a mensagem foi a mesma: 'Abandonem seus maus caminhos e suas más ações. Só então habitarão nesta terra que o Senhor deu a vocês e a seus antepassados para sempre. ⁶Não provoquem minha ira ao adorar deuses que vocês fizeram com suas próprias mãos. Então, não lhes farei mal algum'.

⁷"Mas vocês não me deram ouvidos", diz o Senhor. "Provocaram minha ira ao adorar ídolos que vocês fizeram com as próprias mãos e trouxeram calamidades sobre si mesmos. ⁸Agora, o Senhor dos Exércitos diz: Porque não me escutaram, ⁹reunirei todos os exércitos do norte sob o comando de meu servo Nabucodonosor, rei da Babilônia. Eu os trarei contra esta terra e seus habitantes e contra as nações vizinhas. Destruirei vocês completamente e os transformarei para sempre em ruínas e em objeto de horror e desprezo. ¹⁰Acabarei com seus cânticos alegres e seu riso, e não se ouvirão mais as vozes felizes de noivos e de noivas. As pedras de moinho se calarão, e as luzes das casas se apagarão. ¹¹Esta terra inteira se transformará em desolação e ruína. Israel e as nações vizinhas servirão ao rei da Babilônia durante setenta anos.

¹²"Então, quando terminarem os setenta anos de exílio, castigarei o rei e o povo da Babilônia por seus pecados", diz o Senhor. "Transformarei a terra dos babilônios[c] em ruínas para sempre. ¹³Trarei sobre eles todos os terrores que prometi neste livro, todos os castigos anunciados por Jeremias contra as nações. ¹⁴Muitas nações e muitos grandes reis escravizarão os babilônios, assim como eles escravizaram meu povo. Eu os castigarei na mesma proporção do sofrimento que causaram com suas ações."

O cálice da ira do Senhor

¹⁵Assim me disse o Senhor, o Deus de Israel: "Pegue da minha mão este cálice cheio do vinho de minha ira e faça que bebam dele todas as nações às quais eu o enviar. ¹⁶Quando beberem, ficarão cambaleando, enlouquecidas por causa das guerras que enviarei contra elas".

¹⁷Então peguei o cálice da ira do Senhor e fiz todas as nações beberem dele, cada uma das nações às quais o Senhor me enviou. ¹⁸Fui a Jerusalém e às outras cidades de Judá, e seus reis e oficiais beberam do cálice. Hoje, não passam de ruína desolada, objeto de horror, desprezo e maldição. ¹⁹Dei o cálice ao faraó, rei do Egito, a seus servos e oficiais e a todo o seu povo, ²⁰bem como aos estrangeiros que vivem naquela terra. Também o dei a todos os reis da terra de Uz e aos reis das cidades filisteias de Ascalom, Gaza, Ecrom, e ao que resta de Asdode. ²¹Dei o cálice às nações de Edom, Moabe e Amom, ²²aos reis de Tiro e Sidom e aos reis das regiões além do mar. ²³Dei-o também a Dedã, Temá, Buz e àqueles que vivem em lugares distantes.[d] ²⁴Dei-o aos reis da Arábia, aos reis das tribos nômades do deserto ²⁵e aos reis de Zinri, de Elão e da Média. ²⁶Dei-o ainda aos reis das terras do norte, próximas e distantes, uma após a outra, a todos os reinos do mundo. E, por fim, o próprio rei da Babilônia[e] bebeu do cálice.

²⁷Então o Senhor me disse: "Agora diga-lhes: 'Assim diz o Senhor dos Exércitos, o Deus de Israel: Bebam do cálice, fiquem embriagados e vomitem; caiam para nunca mais levantar, pois envio contra vocês guerras terríveis'. ²⁸E, se não quiserem aceitar o cálice, diga-lhes: 'Assim diz o Senhor dos Exércitos: Vocês serão obrigados a beber. ²⁹Comecei a castigar Jerusalém, a cidade que leva meu nome. Acaso deixarei que

---

[a] 25.1 Isto é, no ano 605 a.C. [b] 25.3 Isto é, no ano 627 a.C. [c] 25.12 Ou *caldeus*. [d] 25.23 Ou *que cortam os cantos do cabelo*. [e] 25.26 Em hebraico, *de Sesaque*, codinome para a Babilônia.

escapem do castigo? Não, vocês não escaparão. Trarei guerra contra todas as nações da terra. Eu, o Senhor dos Exércitos, falei!'.

³⁰"Agora, profetize todas essas coisas e diga-lhes:

"'De sua santa habitação nos céus
    o Senhor rugirá contra sua terra.
Gritará como aqueles que pisam uvas,
    gritará contra todos os habitantes da terra.
³¹O estrondo de sua voz chegará aos confins da terra,
    pois o Senhor apresentará sua causa contra as nações.
Julgará toda a humanidade
    e matará os perversos à espada.
    Eu, o Senhor, falei!'".

³²Assim diz o Senhor dos Exércitos:
"Vejam, a calamidade virá sobre uma nação após a outra!
Um grande vendaval está se formando nos confins da terra!".

³³Nesse dia, aqueles que o Senhor tiver massacrado encherão a terra de uma extremidade à outra. Ninguém chorará por eles nem ajuntará seus corpos para enterrá-los. Ficarão espalhados pela terra como esterco.

³⁴Chorem e gemam, pastores perversos!
    Rolem no pó, líderes do rebanho!
O dia de sua matança chegou;
    vocês cairão e se despedaçarão como um vaso frágil.
³⁵Não encontrarão lugar para se esconder,
    não terão como escapar.
³⁶Ouçam os gritos desesperados dos pastores,
    o lamento dos líderes do rebanho,
    pois o Senhor está destruindo o pasto deles.
³⁷Campos tranquilos serão devastados
    pela ira ardente do Senhor.
³⁸Como um leão forte à procura de alimento, ele saiu da toca;
    a terra dos pastores ficará em ruínas por causa da espada[a] do inimigo
    e da ira ardente do Senhor.

Jeremias escapa da morte

26 Jeremias recebeu esta mensagem do Senhor no início do reinado de Jeoaquim, filho de Josias,[b] rei de Judá: ²"Assim diz o Senhor: Vá ao pátio do templo do Senhor e fale aos habitantes das cidades de Judá que vieram adorar no templo. Transmita-lhes minha mensagem completa, sem que falte uma só palavra. ³Talvez eles escutem e abandonem seus maus caminhos. Então voltarei atrás e não enviarei a calamidade que estou prestes a derramar sobre eles por causa de seus pecados.

⁴"Diga-lhes: 'Assim diz o Senhor: Se vocês não me derem ouvidos e não obedecerem à minha lei, que lhes dei, ⁵e se não derem ouvidos a meus servos, os profetas — pois eu os enviei repetidamente para adverti-los, mas vocês não quiseram ouvir —, ⁶então destruirei o templo, como destruí Siló, o lugar onde ficava o tabernáculo. Farei de Jerusalém objeto de maldição entre todas as nações da terra'".

⁷Os sacerdotes, os profetas e todo o povo ouviram Jeremias falar na frente do templo do Senhor. ⁸Quando Jeremias terminou sua mensagem e disse tudo que o Senhor lhe havia ordenado, os sacerdotes, os profetas e todo o povo o atacaram e gritaram: "Vamos matá-lo! ⁹Que direito você tem de profetizar, em nome do Senhor, que este templo será destruído como Siló? Que história é essa de que Jerusalém será destruída e ficará desabitada?". E todo o povo o ameaçava em frente ao templo do Senhor.

¹⁰Quando os oficiais de Judá ouviram o que estava acontecendo, correram do palácio até o templo e sentaram-se para julgar à entrada da porta Nova do templo do Senhor. ¹¹Os sacerdotes e os profetas apresentaram suas acusações aos oficiais e ao povo. "Este homem deve ser condenado à morte", disseram. "Vocês ouviram com os próprios ouvidos que ele profetizou contra esta cidade!"

¹²Então Jeremias disse aos oficiais e ao povo: "O Senhor me enviou para profetizar contra este templo e esta cidade. O Senhor me deu cada palavra que lhes falei. ¹³Se, contudo, vocês deixarem de pecar e começarem a obedecer ao Senhor, seu Deus, ele voltará

---

[a] **25.38** Conforme alguns manuscritos hebraicos e a Septuaginta; o Texto Massorético traz *por causa da ira*. [b] **26.1** Isto é, no ano 608 a.C.

atrás e não enviará a calamidade que anunciou contra vocês. ¹⁴Quanto a mim, estou em suas mãos. Façam comigo o que lhes parecer melhor. ¹⁵Se me matarem, porém, saibam que derramarão sangue inocente. Vocês, esta cidade e cada um de seus habitantes serão responsabilizados por isso. Pois é verdade que o Senhor me enviou para dizer cada palavra que ouviram".

¹⁶Então os oficiais e o povo disseram aos sacerdotes e aos profetas: "Este homem não merece a sentença de morte, pois nos falou em nome do Senhor, nosso Deus". ¹⁷Então alguns dos anciãos do povo se levantaram e falaram a todos que estavam reunidos ali. ¹⁸Disseram: "Lembrem-se de quando Miqueias, de Moresete, profetizou durante o reinado de Ezequias, rei de Judá. Ele disse ao povo de Judá:

'Assim diz o Senhor dos Exércitos:
O monte Sião será lavrado como um
    campo aberto;
Jerusalém será transformada em ruínas.
Mato cobrirá o monte
    onde hoje está o templo'.ᵃ

¹⁹Acaso o rei Ezequias e o povo o mataram porque ele disse isso? Não, mas temeram o Senhor e lhe suplicaram por misericórdia. Então o Senhor voltou atrás e não enviou a calamidade que havia pronunciado contra eles. Estamos prestes a fazer grande mal a nós mesmos".

²⁰Urias, filho de Semaías, de Quiriate-Jearim, também profetizava nessa época em nome do Senhor. E, como Jeremias, previu a mesma calamidade sobre a cidade e a nação. ²¹Quando o rei Jeoaquim, os comandantes do exército e os oficiais ouviram o que Urias disse, o rei planejou matá-lo. Urias, porém, soube do plano e, com medo, fugiu para o Egito. ²²Então o rei Jeoaquim enviou Elnatã, filho de Acbor, e outros homens ao Egito para capturar Urias. ²³Eles o prenderam e o levaram de volta ao rei Jeoaquim. O rei matou Urias com uma espada e mandou sepultá-lo numa vala comum.

²⁴Apesar disso, Aicam, filho de Safã, protegeu Jeremias e convenceu o tribunal a não o entregar à multidão para ser morto.

Jeremias usa um jugo de boi

27 Jeremias recebeu esta mensagem do Senhor no início do reinado de Zedequias,ᵇ filho de Josias, rei de Judá.

²Assim me disse o Senhor: "Faça um jugo, ponha-o sobre o pescoço e prenda-o com cordas de couro. ³Depois, envie mensagens aos reis de Edom, Moabe, Amom, Tiro e Sidom por meio dos embaixadores que vieram ver o rei Zedequias em Jerusalém. ⁴Diga-lhes que transmitam esta mensagem a seus senhores: 'Assim diz o Senhor dos Exércitos, o Deus de Israel: ⁵Com minha grande força e meu braço poderoso, fiz a terra, todas as pessoas e todos os animais. Isso tudo é meu, e posso entregá-lo a quem eu quiser. ⁶Agora, entregarei suas nações a meu servo, Nabucodonosor, rei da Babilônia. Coloquei tudo debaixo de seu controle, até os animais selvagens. ⁷Todas as nações servirão a ele, seu filho e seu neto, até terminar o tempo deles. Então, muitas nações e grandes reis conquistarão e dominarão a Babilônia. ⁸Submetam-se, portanto, ao rei da Babilônia e sirvam-no. Coloquem o pescoço debaixo do jugo da Babilônia. Eu castigarei qualquer nação que se recusar a servi-lo. Enviarei guerra, fome e doença sobre essa nação até que a Babilônia a conquiste.

⁹"'Não deem ouvidos a seus falsos profetas, adivinhos, intérpretes de sonhos, médiuns e feiticeiros, que dizem: 'O rei da Babilônia não os dominará'. ¹⁰São todos mentirosos, e suas mentiras os levarão a ser expulsos da terra. Eu os expulsarei e os enviarei para longe, e vocês morrerão. ¹¹Mas a nação que se sujeitar ao rei da Babilônia poderá continuar em sua terra e cultivá-la. Eu, o Senhor, falei!'".

¹²Depois, repeti a mesma mensagem a Zedequias, rei de Judá: "Submeta-se ao jugo do rei da Babilônia e de seu povo, e vocês viverão. ¹³Por que você e seu povo morreriam? Por que escolher guerra, fome e doença que o Senhor trará contra toda nação que não se submeter ao rei da Babilônia? ¹⁴Não deem ouvidos aos falsos profetas que lhes dizem: 'O rei da Babilônia não os dominará'. São mentirosos. ¹⁵Assim diz o Senhor: 'Não enviei esses profetas. Eles contam mentiras em meu nome. Por isso

---

ᵃ**26.18** Mq 3.12. ᵇ**27.1** Conforme alguns manuscritos hebraicos e a versão siríaca (ver tb. 27.3,12); a maioria dos manuscritos hebraicos traz *Jeoaquim*.

expulsarei vocês desta terra. Todos vocês morrerão, junto com todos esses profetas'".

¹⁶Então falei aos sacerdotes e ao povo e disse: "Assim diz o SENHOR: 'Não deem ouvidos aos profetas que afirmam que, em breve, serão devolvidos os objetos preciosos que foram tirados do meu templo e levados para a Babilônia. É tudo mentira. ¹⁷Não lhes deem ouvidos. Submetam-se ao rei da Babilônia, e viverão. Por que provocar a destruição desta cidade inteira? ¹⁸Se, de fato, eles são profetas e transmitem mensagens do SENHOR, que orem ao SENHOR dos Exércitos e supliquem que os objetos que restam no templo do SENHOR, no palácio do rei e em Jerusalém não sejam levados para a Babilônia'.

¹⁹"Pois assim diz o SENHOR dos Exércitos acerca das colunas à entrada do templo, do tanque de bronze chamado Mar, das bases móveis e de todos os outros objetos cerimoniais. ²⁰Nabucodonosor, rei da Babilônia, os deixou aqui quando levou Joaquim,ª filho de Jeoaquim, rei de Judá, para o exílio na Babilônia com todos os nobres de Judá e Jerusalém. ²¹Assim diz o SENHOR dos Exércitos, o Deus de Israel, a respeito dos objetos preciosos que restaram no templo e no palácio do rei de Judá: ²²'Todos eles serão levados para a Babilônia e ali ficarão até que eu mande buscá-los', diz o SENHOR. 'Então os trarei de volta a Jerusalém'".

Jeremias condena Hananias

28 Naquele mesmo ano, o quarto ano do reinado de Zedequias, rei de Judá, no mês de agosto,ᵇ Hananias, filho de Azur, um profeta de Gibeom, se dirigiu a mim publicamente no templo, diante de todos os sacerdotes e do povo, e disse: ²"Assim diz o SENHOR dos Exércitos, o Deus de Israel: 'Removerei do seu pescoço o jugo do rei da Babilônia. ³Dentro de dois anos, trarei de volta todos os objetos preciosos do templo que o rei Nabucodonosor levou para a Babilônia. ⁴Também trarei de volta Joaquim,ᶜ filho de Jeoaquim, rei de Judá, e todos os outros exilados de Judá levados para a Babilônia. Certamente quebrarei o jugo que o rei da Babilônia colocou sobre seu pescoço. Eu, o SENHOR, falei!'".

⁵Jeremias respondeu a Hananias diante de todos os sacerdotes e do povo que estava no templo do SENHOR: ⁶"Amém! Que sua profecia se cumpra! Espero que o SENHOR faça tudo que você anunciou. Espero que ele traga de volta da Babilônia os objetos preciosos do templo e todos os exilados. ⁷Agora, porém, ouça as palavras que lhe digo na presença de todo o povo. ⁸Os antigos profetas, que vieram antes de você e de mim, falaram contra muitas nações e grandes reinos, e sempre advertiram a respeito de guerra, calamidade e doença. ⁹Portanto, um profeta que anuncia paz precisa esperar que suas previsões se cumpram antes de ser considerado, de fato, enviado pelo SENHOR".

¹⁰Então o profeta Hananias tirou do pescoço de Jeremias o jugo e o quebrou em pedaços. ¹¹E disse novamente a todo o povo: "Assim diz o SENHOR: 'Assim como este jugo foi quebrado,

---

ª27.20 Em hebraico, *Jeconias*, variação de Joaquim. ᵇ28.1 Em hebraico, *no quinto mês*, do antigo calendário lunar hebraico. Esse mês caiu entre agosto e setembro de 593 a.C. Ver também nota em 1.3. ᶜ28.4 Em hebraico, *Jeconias*, variação de Joaquim.

---

28 Em todo o livro de Jeremias, você observará que o profeta ensinou as pessoas não apenas por palavras, mas por símbolos; em um momento, ele pegou o seu cinto e o escondeu "num buraco entre as pedras" até *que este ficou sujo e desgastado, e em seguida o vestiu* e ensinou algo a eles. Em outro momento, ele pegou um vaso de barro e o quebrou na presença deles; e nesta ocasião ele colocou um jugo sobre seu próprio pescoço como sinal de que Israel deveria ser subjugado sob o poder de Nabucodonosor. [...]

Hananias retirou o jugo simbólico, o jugo de madeira, do pescoço de Jeremias e o quebrou. Jeremias volta e diz: "Você quebrou o jugo de madeira, mas em seu lugar colocou um jugo de ferro". Eles não foram beneficiados, portanto, pela mudança. Pelo o contrário. Isto sugere um princípio amplo; a partir do símbolo, que era aplicável em um caso, retiramos uma verdade geral de Deus. Sempre que os homens dizem de Deus: "Vamos quebrar estas correntes! Vamos nos libertar da escravidão!", eles podem fazê-lo se quiserem, mas em vez dos jugos de madeira, eles terão certeza de obter jugos de ferro. Se não se submeterem ao governo de Cristo, terão que submeter-se à tirania de Satanás. Algum jugo eles terão que usar, e se rejeitarem o jugo manso do Cristo de Deus, o jugo de madeira, por assim dizer, que Ele coloca nos homens, serão feitos para eles jugo de ferro que não poderão quebrar nem mesmo suportar.

dentro de dois anos quebrarei o jugo de opressão de todas as nações que agora estão sujeitas a Nabucodonosor, rei da Babilônia'". Depois disso, Jeremias saiu dali.

¹²Logo após o confronto com Hananias, o Senhor deu esta mensagem a Jeremias: ¹³"Vá e diga a Hananias: 'Assim diz o Senhor: Você quebrou o jugo de madeira, mas em seu lugar colocou um jugo de ferro. ¹⁴O Senhor dos Exércitos, o Deus de Israel, diz: Coloquei um jugo de ferro sobre o pescoço de todas essas nações para serem escravas de Nabucodonosor, rei da Babilônia. Coloquei tudo debaixo de seu controle, até os animais selvagens'".

¹⁵Então Jeremias disse a Hananias: "Ouça, Hananias! O Senhor não enviou você, mas o povo acredita em suas mentiras. ¹⁶Por isso, assim diz o Senhor: 'Você morrerá. Sua vida chegará ao fim ainda este ano, pois você se rebelou contra o Senhor'".

¹⁷Naquele mesmo ano, dois meses depois,ᵃ o profeta Hananias morreu.

Uma carta para os exilados

29 O profeta Jeremias escreveu uma carta e a enviou de Jerusalém aos líderes, sacerdotes, profetas e a todo o povo que o rei Nabucodonosor havia levado para a Babilônia. ²Isso aconteceu depois que o rei Joaquim,ᵇ a rainha-mãe, os oficiais do palácio e os outros oficiais de Judá, bem como todos os artífices e artesãos, foram deportados de Jerusalém. ³Ele enviou a carta por meio de Elasa, filho de Safã, e de Gemarias, filho de Hilquias, quando eles foram à Babilônia como embaixadores de Zedequias a Nabucodonosor. A carta de Jeremias dizia:

⁴Assim diz o Senhor dos Exércitos, o Deus de Israel, a todos os exilados que ele deportou de Jerusalém para a Babilônia: ⁵"Construam casas e estabeleçam-se nelas. Plantem pomares e comam os frutos que eles produzirem. ⁶Casem-se e tenham filhos. Encontrem esposas para seus filhos e maridos para suas filhas, a fim de que vocês tenham muitos netos. Multipliquem-se! Não diminuam! ⁷Trabalhem pela paz e pela prosperidade da cidade para a qual os deportei. Orem por ela ao Senhor, pois a prosperidade de vocês depende da prosperidade dela".

⁸Assim diz o Senhor dos Exércitos, o Deus de Israel: "Não se deixem enganar pelos profetas e adivinhos que há no meio de vocês na terra da Babilônia. Não deem ouvidos aos sonhos deles, porque sonham o que vocês querem ouvir. ⁹Eles contam mentiras em meu nome. Eu não os enviei", diz o Senhor.

¹⁰Assim diz o Senhor: "Vocês ficarão na Babilônia durante setenta anos. Depois disso, eu virei e cumprirei todas as boas promessas que lhes fiz e os trarei de volta para casa. ¹¹Porque eu sei os planos que tenho para vocês", diz o Senhor. "São planos de bem, e não de mal, para lhes dar o futuro pelo qual anseiam. ¹²Naqueles dias, quando vocês clamarem por mim em oração, eu os ouvirei. ¹³Se me buscarem de todo o coração, me encontrarão. ¹⁴Serei encontrado por vocês", diz

---

ᵃ**28.17** Em hebraico, *no sétimo mês*. Ver 28.1 e respectiva nota. ᵇ**29.2** Em hebraico, *Jeconias*, variação de Joaquim.

29.10,11 Um povo em tal posição como os judeus na Babilônia estava em perigo de duas maneiras: se empolgar com falsas esperanças, e assim cair em expectativas tolas; ou cair no desespero, não ter nenhuma esperança, e assim tornar-se uma raça sombria e degradada, que seria inadequada para a restauração e incapaz de realizar a parte que Deus lhes ordenou na história da humanidade. O profeta tinha *o duplo dever de derrubar suas falsas esperanças e sustentar suas expectativas corretas*. Ele, portanto, os avisou claramente contra esperar mais do que Deus havia prometido e os despertou para buscar o cumprimento do que Ele havia prometido. Leia o versículo 10, e note essa agradável expressão: "Cumprirei todas as boas promessas que lhes fiz". Atualmente, a igreja precisa de ambas as advertências. Expectativas que não estão garantidas estão sendo levantadas em muitos lugares, e estão levando a delírios sérios. Ouvimos homens clamando, "Eis aqui!" e "Eis lá!" Esta maravilha e aquele prodígio são exaltados. [...] Não dê atenção a tudo isso. Não vá além do registro. Por outro lado, precisamos ser instados a acreditar em nosso Senhor de forma implícita e a nos apegar a Sua Palavra com fé firme, saudável e realizadora, assegurando-nos de que, mesmo que Deus *não faça* o que lhe propomos, ainda assim, Ele *fará* o que prometeu. Os falsos profetas serão deixados no abandono, mas a palavra do Senhor resistirá.

o Senhor. "Acabarei com seu exílio e os restaurarei. Eu os reunirei de todas as nações para as quais os enviei e os trarei de volta para casa, para sua terra."

¹⁵Vocês dizem que o Senhor levantou profetas para vocês na Babilônia. ¹⁶Mas assim diz o Senhor acerca do rei sentado no trono de Davi e de todos que ainda moram aqui em Jerusalém, seus compatriotas que não foram enviados para o exílio na Babilônia. ¹⁷Assim diz o Senhor dos Exércitos: "Enviarei guerra, fome e doença sobre eles e farei que sejam como figos ruins, tão estragados que não servem para comer. ¹⁸Sim, eu os perseguirei com guerra, fome e doença e os espalharei pelo mundo. Em todas as nações para onde eu os enviar, farei deles objeto de condenação, horror, desprezo e zombaria. ¹⁹Pois não querem me ouvir, embora eu lhes tenha falado repetidamente por meio dos profetas que enviei. E vocês que estão no exílio também não deram ouvidos", diz o Senhor.

²⁰Portanto, ouçam esta mensagem do Senhor, todos vocês exilados na Babilônia. ²¹Assim diz o Senhor dos Exércitos, o Deus de Israel, acerca de seus profetas — Acabe, filho de Colaías, e Zedequias, filho de Maaseias — que contam mentiras em meu nome: "Eu os entregarei a Nabucodonosor, rei da Babilônia, para que sejam mortos diante de vocês. ²²O terrível destino deles se tornará notório; por isso, quando os exilados judeus quiserem amaldiçoar alguém, dirão: 'Que o Senhor faça com você o que fez com Zedequias e Acabe, que foram queimados vivos pelo rei da Babilônia!'. ²³Pois esses homens fizeram coisas horríveis entre meu povo: cometeram adultério com a esposa de seu próximo e mentiram em meu nome, dizendo coisas que eu não havia ordenado. E eu sou testemunha disso. Eu, o Senhor, falei".

Mensagem para Semaías

²⁴O Senhor enviou esta mensagem a Semaías, o neelamita: ²⁵"Assim diz o Senhor dos Exércitos, o Deus de Israel: Você escreveu uma carta em seu próprio nome para o sacerdote Sofonias, filho de Maaseias, e enviou cópias para outros sacerdotes e para o povo em Jerusalém. Você escreveu:

²⁶"O Senhor o nomeou para substituir Joiada, o sacerdote encarregado do templo do Senhor. É responsabilidade sua prender no tronco e colocar uma corrente de ferro no pescoço de qualquer louco que afirmar ser profeta. ²⁷Por que, então, não fez nada para deter Jeremias, de Anatote, que finge ser profeta entre vocês? ²⁸Jeremias enviou uma carta à Babilônia e previu que nosso exílio seria longo. Disse: 'Construam casas e estabeleçam-se nelas. Plantem pomares e comam os frutos que eles produzirem'".

²⁹Quando o sacerdote Sofonias recebeu essa carta, leu-a para Jeremias. ³⁰Então o Senhor deu esta mensagem a Jeremias: ³¹"Envie uma carta aberta a todos os exilados na Babilônia. Diga-lhes: 'Assim diz o Senhor acerca de Semaías, o neelamita: Porque ele profetizou a vocês sem que eu o tivesse enviado e os fez acreditar em suas mentiras, ³²castigarei a ele e a sua família. Nenhum de seus descendentes verá as coisas boas que farei por meu povo, pois ele os incitou a se rebelarem contra mim. Eu, o Senhor, falei!'".

Promessas de livramento

30 O Senhor deu outra mensagem a Jeremias: ²"Assim diz o Senhor, o Deus de Israel: Jeremias, registre por escrito tudo que eu lhe disse. ³Porque está chegando o dia em que restaurarei meu povo de Israel e de Judá. Eu os trarei para casa, para esta terra que dei a seus antepassados, e eles voltarão a possuí-la. Eu, o Senhor, falei!".

30.1,2,9,10,15-17 Vv.1,2 Nós acreditamos na inspiração verbal e, embora algumas pessoas tratem com desprezo as origens das palavras que estão sendo inspiradas, tenha certeza disso, se você não tiver palavras inspiradas, provavelmente não terá homens inspirados! Além disso, as palavras são para o pensamento o que a casca é para o ovo, e se você quebrar a casca, você terá destruído o ovo. De uma forma ou de outra, o pensamento se dissipará, a menos que seja transmitido nas próprias palavras de Deus. Observe que o Senhor não diz

⁴Esta é a mensagem do Senhor acerca de Israel e de Judá. ⁵Assim diz o Senhor:

"Ouço gritos de medo;
  há terror, e não paz.
⁶Parem e pensem:
  Acaso homens dão à luz?
Então por que estão aí, com o rosto pálido
  e as mãos na barriga,
  como a mulher em trabalho de parto?
⁷Em toda a história, nunca houve uma
    ocasião de tanto terror;
  será um tempo de angústia para Israel.[a]
  No final, porém, ele será resgatado!
⁸Pois naquele dia",
  diz o Senhor dos Exércitos,
"quebrarei o jugo que está sobre seu
    pescoço
  e arrebatarei suas correntes;
  não serão mais escravizados por
    estrangeiros.
⁹Pois meu povo servirá ao Senhor, seu
    Deus,
  e ao descendente de Davi,
  o rei que estabelecerei para eles.
¹⁰"Portanto, não tenha medo, meu servo
    Jacó;
  não desanime, ó Israel,
  diz o Senhor.
"Pois o trarei de volta de terras distantes,
  e seus descendentes retornarão do
    exílio.
Israel voltará a ter uma vida de paz e
    sossego,
  e ninguém o assustará.
¹¹Porque estou com você e o resgatarei",
  diz o Senhor.
"Destruirei completamente todas as
    nações
  entre as quais o espalhei,
  mas você não será completamente
    destruído.
Eu o disciplinarei, mas com justiça;
  não posso permitir que fique impune."

¹²Assim diz o Senhor:
"Seu ferimento é incurável;
  é uma ferida grave.
¹³Não há ninguém para socorrê-la,
  não há remédio que cure sua ferida.
¹⁴Todos os seus amantes a abandonaram;
  não se importam com você.
Eu a feri cruelmente,
  como se fosse meu inimigo.
Pois seus pecados são muitos,
  e sua culpa é grande.
¹⁵Por que se queixa de seu castigo,
  dessa ferida que não tem cura?
Tive de castigá-la,
  pois seus pecados são muitos,
  e sua culpa é grande.

---

[a] 30.7 Em hebraico, *Jacó*; também em 30.10b,18. Ver nota em 5.20.

---

a Jeremias: "Escreva você todo o pensamento que lhe dei", mas "registre por escrito tudo que eu lhe disse".

Vv.9,10 Há grandes coisas reservadas para o antigo povo de Deus, Israel, mas não há menos para o Israel espiritual de Deus, pois, por eles, será cumprida a maior realização da promessa! De fato, ficarão serenos, e ninguém os amedrontará. Note que estes são os próprios homens que tiveram suas mãos em seus lombos, e cujos rostos estavam pálidos de susto! Estes são aqueles que estavam prontos para morrer de desgosto! No entanto, eles, pela rica graça de Deus, estarão em repouso e tranquilos — e ninguém os fará temer. Gostaria que todos nós pudéssemos perceber o cumprimento dessa promessa agora mesmo, e que nosso gracioso Deus habitasse conosco, como Ele é conhecido por permanecer com aqueles que levam o Seu nome e, assim, nos conceder aquele silêncio e descanso bendito de que tanto necessitamos.

Vv.15-17 E que surpresa nos dá quando a lemos! Podemos ter pensado depois de o Senhor ter falado como o fez, que Ele teria entregado o Seu povo aos seus inimigos, mas, em vez de o fazer, Ele diz: "Mas todos os que a devorarem serão devorados". Você notou essa palavra, "mas", no versículo 16? Você pode ver algum "mas" nele — qualquer conclusão lógica que possa ser extraída dos pressupostos do profeta? O argumento parece ser: "Porque sua doença é incurável, portanto, eu restaurarei a saúde para você. Porque ninguém mais pode curar suas feridas, portanto, vou curá-las". É uma coisa abençoada sentir que você é incurável, pois então é que Deus vai curá-lo! Quando você chegar ao fim, então começará com Deus! Mas enquanto estiver cheio de si mesmo ou de pecado, esta passagem será cumprida para você: "Encheu de coisas boas os famintos e despediu de mãos vazias os ricos".

¹⁶"Mas todos que a devorarem serão
    devorados,
todos os seus inimigos serão enviados
    para o exílio.
Todos que a saquearem serão saqueados,
todos que a despojarem serão
    despojados.
¹⁷Restaurarei sua saúde
    e curarei suas feridas", diz o Senhor.
"Pois a chamam de rejeitada,
    'Sião, cidade com que ninguém se
    importa'."
¹⁸Assim diz o Senhor:
"Quando eu trouxer Israel de volta do
    exílio
e restaurar sua situação,
Jerusalém será reconstruída sobre suas
    ruínas,
e o palácio voltará a ser habitado.
¹⁹Haverá alegria e cânticos de gratidão,
    e eu farei meu povo se multiplicar, e não
    diminuir;
eu os honrarei, e não os humilharei.
²⁰Seus filhos prosperarão, como no
    passado;
eu os estabelecerei como nação diante
    de mim
e castigarei quem lhes fizer mal.
²¹Voltarão a ter o próprio governante,
    e ele virá do meio deles.
Eu o aproximarei de mim", diz o Senhor,
    "pois quem ousaria se aproximar por
    conta própria?
²²Vocês serão o meu povo,
    e eu serei o seu Deus."
²³Vejam, a ira do Senhor irrompe como
    uma tempestade,
um vendaval sobre a cabeça dos
    perversos!
²⁴A ira ardente do Senhor não passará
    até que ele cumpra tudo que planejou.
Em dias futuros,
    vocês entenderão tudo isso.

Esperança de restauração

31 "Naquele tempo", diz o Senhor, "eu serei o Deus de todas as famílias de Israel,
e eles serão o meu povo. ²Assim diz o Senhor:

"Os que sobreviverem à destruição que
    está por vir
encontrarão favor até no deserto,
    pois darei descanso ao povo de Israel."

³Há muito tempo, o Senhor disse a Israel:
"Eu amei você com amor eterno,
    com amor leal a atraí para mim.
⁴Eu a reconstruirei, Israel, minha filha
    virgem;
você voltará a ser feliz
    e a dançar alegremente com seus
    tamborins.
⁵Voltará a plantar suas videiras nos montes
    de Samaria
e ali comerá de seus frutos.
⁶Virá o dia em que os vigias gritarão
    da região montanhosa de Efraim:
'Venham, vamos subir a Sião
    para adorar o Senhor, nosso Deus!'".

⁷Assim diz o Senhor:
"Cantem de alegria por causa de Israel,ᵃ
    pois ela é a maior das nações!
Cantem alegres louvores, dizendo:
    'Ó Senhor, salva teu povo,
    o remanescente de Israel!'.
⁸Pois eu os trarei de volta do norte

ᵃ **31.7** Em hebraico, *Jacó*; também em 31.11. Ver nota em 5.20.

31.1,6,12,14 *V.1* Durante o banimento dos israelitas para a Babilônia, a aliança de Deus com eles estava, por assim dizer, suspensa. Mas nesta promessa da restauração deles, Ele a traz adiante, novamente, e Ele lhe dá uma virada peculiarmente graciosa — "serei o Deus de todas as famílias de Israel". Que misericórdia é ter um Deus da família e ter toda a nossa família em Cristo! Irmãos e irmãs, vocês têm uma família firmada na Bíblia e têm, espero, um altar da família — que toda a sua família pertença a Deus!

V.6 Os homens de Efraim não subiram a Sião para adorar — abandonaram aquele altar em Jerusalém. Mas chegará o dia em que se voltarão para o Senhor novamente! Os sentinelas devem estar atentos aos inimigos, mas virá o dia em que até eles sairão de suas torres de vigia e dirão: "Venham, vamos subir a Sião para adorar o Senhor, nosso Deus!" Algum de vocês está vigiando agora mesmo com olhar ansioso? Têm vigiado durante toda a noite? Bem, vocês não viram muito e seus olhos doem de tanto vigiar o mal — então deixem de vigiar,

e dos confins da terra.
Não me esquecerei dos cegos nem dos aleijados,
nem das grávidas nem das mulheres em trabalho de parto;
uma grande multidão voltará!
⁹Virão com lágrimas de alegria,
e eu os conduzirei para casa com grande cuidado.
Andarão junto a riachos tranquilos
e em caminhos planos, onde não tropeçarão.
Pois eu sou o pai de Israel,
e Efraim é meu filho mais velho.
¹⁰"Ouçam esta mensagem do Senhor, ó nações,
anunciem estas palavras nos litorais distantes:
Aquele que espalhou seu povo
o reunirá e o guardará,
como um pastor cuida de seu rebanho.
¹¹Pois o Senhor resgatou Israel
daqueles que eram mais fortes que ele.
¹²Eles virão e cantarão de alegria no alto do monte Sião;
estarão radiantes pelas boas dádivas do Senhor:
cereais, vinho novo, azeite,
rebanhos e gado.
Sua vida será como um jardim regado,
e não haverá mais tristeza.
¹³As moças dançarão de alegria,
e os homens — jovens e idosos — tomarão parte na celebração.
Transformarei seu pranto em alegria;
eu os consolarei e lhes darei exultação em lugar de tristeza.
¹⁴Seus sacerdotes terão fartura de alimento,
e meu povo se saciará com minhas boas dádivas.
Eu, o Senhor, falei!"

A tristeza de Raquel se transforma em alegria

¹⁵Assim diz o Senhor:

"Ouve-se um clamor em Ramá,
angústia profunda e pranto amargo.
Raquel chora por seus filhos
e se recusa a ser consolada,
pois eles já não existem".

¹⁶Agora, porém, assim diz o Senhor:
"Não chore mais,
pois eu a recompensarei por seu choro",
diz o Senhor.
"Seus filhos voltarão
da terra do inimigo.
¹⁷Há esperança para seu futuro", diz o Senhor.
"Seus filhos voltarão para sua terra.
¹⁸Ouvi Israel[a] dizer:
'Tu me disciplinaste severamente,
como bezerro que precisa ser domesticado.
Faze-me voltar para ti e restaura-me,
pois somente tu és o Senhor, meu Deus.
¹⁹Afastei-me de Deus,
mas depois me arrependi.
Indignei-me comigo mesmo
por causa de minha estupidez.
Senti profunda vergonha de tudo que fiz quando era jovem'.

²⁰"Acaso Israel não continua a ser
meu filho querido?", diz o Senhor.
"Tenho de castigá-lo com frequência,
mas ainda assim o amo.
Por isso meu coração anseia por ele
e dele certamente terei misericórdia.
²¹Ponha sinais na estrada,

---

[a] 31.18 Em hebraico, *Efraim*, referência a Israel, o reino do norte; também em 31.20.

---

agora, e digam um ao outro: "Vamos subir a Sião para adorar o Senhor, nosso Deus!".

Vv.12,14 Estas são todas misericórdias temporais e é uma grande bênção ver a bondade de Deus nelas. Se Deus abençoa as misericórdias comuns, elas são bênçãos, na verdade! Mas, sem a Sua bênção, elas podem se tornar ídolos e assim tornarem-se maldições. *Sua vida será como um jardim regado*. Que analogia agradável! É de pouca utilidade para o corpo ser alimentado a menos que a alma também esteja bem nutrida! *Sua vida será como um jardim regado*.

Deus dará aos líderes espirituais de Seu povo o suficiente e mais que o suficiente — mais do que eles podem receber — Ele os saciará com gordura.

coloque postes indicadores.
Preste atenção no caminho
  pelo qual você veio.
Volte, ó minha filha virgem, Israel,
  volte para suas cidades.
²²Até quando andará sem rumo,
  minha filha rebelde?
Porque o Senhor fará algo novo acontecer:
  Israel abraçará seu Deus."ᵃ

²³Assim diz o Senhor dos Exércitos, o Deus de Israel: "Quando eu restaurar o povo, os habitantes de Judá e de suas cidades dirão novamente: 'O Senhor a abençoe, ó morada justa, ó monte santo!'. ²⁴O povo das cidades, os lavradores e os pastores habitarão juntos em Judá. ²⁵Pois dei descanso aos exaustos e alegria aos aflitos".

²⁶Então acordei e olhei ao redor. Meu sono havia sido muito agradável.

²⁷"Está chegando o dia", diz o Senhor, "em que farei aumentar o número de pessoas e de animais em Israel e em Judá. ²⁸No passado, tive o cuidado de arrancar e derrubar esta nação. Eu a arrasei e a destruí e trouxe calamidade sobre ela. No futuro, porém, terei o mesmo cuidado de edificá-la e plantá-la. Eu, o Senhor, falei!

²⁹"O povo não citará mais este provérbio:
  'Os pais comeram uvas azedas,
    mas os dentes dos filhos é que estragaram'.

³⁰Cada um morrerá por seus próprios pecados; quem comer uvas azedas é que ficará com os dentes estragados.

³¹"Está chegando o dia", diz o Senhor, "em que farei uma nova aliança com o povo de Israel e de Judá. ³²Não será como a aliança que fiz com seus antepassados, quando os tomei pela mão e os tirei da terra do Egito. Embora eu os amasse como o marido ama a esposa, eles quebraram a aliança", diz o Senhor.

³³"E esta é a nova aliança que farei com o povo de Israel depois daqueles dias", diz o Senhor. "Porei minhas leis em sua mente e as escreverei em seu coração. Serei o seu Deus, e eles serão o meu povo. ³⁴E não será necessário ensinarem a seus vizinhos e parentes, dizendo: 'Você precisa conhecer o Senhor'. Pois todos, desde o mais humilde até o mais importante, me conhecerão", diz o Senhor. "E eu perdoarei sua maldade e nunca mais me lembrarei de seus pecados."

³⁵O Senhor dá o sol para iluminar o dia
  e a lua e as estrelas para iluminarem a noite;
  agita o mar e faz rugir as ondas.
Seu nome é Senhor dos Exércitos,
  e é isto o que ele diz:
³⁶"Assim como não anulo as leis da natureza,
  não descartarei meu povo, Israel".
³⁷Assim diz o Senhor:
"Assim como não se pode medir os céus
  nem explorar os alicerces da terra,
não rejeitarei o povo de Israel
  pelo mal que fizeram.
Eu, o Senhor, falei!".

³⁸"Está chegando o dia", diz o Senhor, "em que Jerusalém será reconstruída para mim, desde a torre de Hananeel até o portão da Esquina. ³⁹Uma linha de medir será estendida sobre a colina de Garebe até Goa. ⁴⁰Toda a região, incluindo o cemitério e o lugar onde se jogavam as cinzas, e todos os campos a leste, até o vale de Cedrom e até o portão dos Cavalos, serão santos para o Senhor. Jerusalém nunca mais será conquistada nem destruída."

Jeremias compra um campo

32 Jeremias recebeu esta mensagem do Senhor no décimo ano do reinado de Zedequias, rei de Judá. Esse também foi o décimo oitavo ano do reinado de Nabucodonosor.ᵇ ²Nessa ocasião, o exército babilônio cercava Jerusalém, e Jeremias estava preso no pátio da guarda, no palácio real. ³Zedequias, rei de Judá, o havia colocado ali e perguntado por que ele continuava a anunciar esta profecia: "Assim diz o Senhor: 'Estou prestes a entregar esta cidade ao rei da Babilônia, e ele a conquistará. ⁴O rei Zedequias será capturado pelos babilôniosᶜ e levado para falar face a face com o rei da Babilônia. ⁵O rei levará Zedequias para a Babilônia, onde lidarei com ele', diz o Senhor. 'Vocês

---

ᵃ**31.22** Em hebraico, *uma mulher cercará um homem*. ᵇ**32.1** Isto é, o ano 587 a.C. ᶜ**32.4** Ou *caldeus*; também em 32.5,24,25,28,29,43.

não serão bem-sucedidos se lutarem contra os babilônios'".

⁶Nesse tempo, o Senhor me enviou uma mensagem: ⁷"Seu primo Hanameel, filho de Salum, virá e lhe dirá: 'Compre meu campo em Anatote. Pela lei, você tem direito de comprá-lo antes que eu o ofereça a outro'".

⁸Exatamente como o Senhor tinha dito, meu primo Hanameel veio me visitar na prisão e disse: "Compre meu campo em Anatote, na terra de Benjamim. Pela lei, você tem direito de comprá-lo antes que eu o ofereça a outro. Portanto, compre-o para si". Então entendi que a mensagem que eu tinha ouvido era do Senhor.

⁹Assim, comprei o campo em Anatote e paguei a Hanameel dezessete peças ᵃ de prata. ¹⁰Assinei e selei a escritura diante de testemunhas, pesei a prata e lhe paguei. ¹¹Em seguida, peguei a escritura selada e uma cópia não selada com os termos e as condições da compra ¹²e as entreguei a Baruque, filho de Nerias, neto de Maaseias. Fiz tudo isso na presença de meu primo Hanameel, das testemunhas que assinaram a escritura e dos homens de Judá que estavam no pátio da guarda.

¹³Então, na presença deles, disse a Baruque: ¹⁴"Assim diz o Senhor dos Exércitos, o Deus de Israel: 'Pegue a escritura selada e a cópia não selada e coloque-as num vaso de barro, a fim de conservá-las por muito tempo'. ¹⁵Pois assim diz o Senhor dos Exércitos, o Deus de Israel: 'Algum dia, as pessoas voltarão a ter propriedades nesta terra e comprarão e venderão casas, vinhedos e campos'".

A oração de Jeremias

¹⁶Depois que entreguei os documentos a Baruque, filho de Nerias, orei ao Senhor:

¹⁷"Ó Soberano Senhor! Tu fizeste os céus e a terra com tua mão forte e teu braço poderoso. Nada é difícil demais para ti! ¹⁸Mostras tua bondade a milhares de pessoas, mas também permites que as consequências do pecado de uma geração recaiam sobre a geração seguinte. Tu és Deus grande e poderoso, o Senhor dos Exércitos. ¹⁹Tens toda sabedoria e fazes grandes milagres. Vês a conduta de todos e lhes dás o que merecem. ²⁰Realizaste sinais e maravilhas na terra do Egito, feitos lembrados ainda hoje. E continuas a fazer grandes milagres em Israel e em todo o mundo. Por isso o teu nome é famoso até hoje.

²¹"Tiraste Israel do Egito com sinais e maravilhas, com mão forte e braço poderoso e com grande terror. ²²Deste ao povo de Israel esta terra que havias prometido a seus antepassados muito tempo atrás, terra que produz leite e mel com fartura. ²³Nossos antepassados vieram e tomaram posse da terra, mas não quiseram te obedecer nem seguir tuas instruções. Não fizeram nada do que lhes ordenaste. Por isso enviaste sobre eles esta terrível calamidade.

²⁴"Vê como foram construídas rampas junto aos muros da cidade! Por meio de guerra,

---

ᵃ**32.9** Em hebraico, *17 siclos*, cerca de 194 gramas.

32.9-12,25,26 Vv.9,10 Isto era, em todos os aspectos, uma transação muito extraordinária. Lembre-se de que os caldeus já estavam sitiando Jerusalém, e estavam por toda a terra, carregando fogo e espada em todas as partes. Jerusalém estava fechada, para que nenhum dos habitantes pudesse sair da cidade; no entanto, aqui está Jeremias, ele próprio um prisioneiro, comprando uma terra que praticamente não valia nada; mas ele cria tão firmemente que os caldeus ainda permitiriam que os judeus vivessem sem problemas naquela terra que pagou o dinheiro da compra pelo campo e procedeu a execução legal da escritura de transferência, assim como você ou eu teríamos feito se estivéssemos comprando um terreno em nosso próprio país. Este é um exemplo notável do triunfo da fé sobre situações desfavoráveis e também da obediência do profeta à Palavra do Senhor.

Vv.11,12 Jeremias fez tudo isso abertamente. O que eles podem ter pensado ser uma ação absurda, ele não fez em particular; mas na presença de todos. A verdadeira fé em Deus não entra em transações furtivas. A fé pode fazer seus negócios à luz do sol. A fé acredita em Deus sob todas as circunstâncias e acredita que o verdadeiro senso comum é obedecer a Sua Palavra. Portanto, ela não se envergonha do que faz; nem terá razão de sentir vergonha ou confundir-se, para sempre. Existe

fome e doença, a cidade será entregue aos babilônios, que a conquistarão. Tudo aconteceu exatamente como anunciaste. ²⁵E, no entanto, ó Soberano Senhor, ordenaste que eu comprasse o campo e pagasse um bom preço por ele diante destas testemunhas, embora a cidade esteja prestes a ser entregue aos babilônios".

Profecia da queda de Jerusalém

²⁶Então Jeremias recebeu esta mensagem do Senhor: ²⁷"Eu sou o Senhor, o Deus de toda a humanidade. Acaso alguma coisa é difícil demais para mim? ²⁸Portanto, assim diz o Senhor: Entregarei esta cidade aos babilônios e a Nabucodonosor, rei da Babilônia, e ele a conquistará. ²⁹Os babilônios que estão cercando os muros entrarão na cidade e a incendiarão. Queimarão todas as casas em que o povo provocou minha ira queimando incenso a Baal em seus terraços e apresentando ofertas derramadas a outros deuses. ³⁰Desde o princípio, Israel e Judá fizeram somente o mal. Provocaram minha ira com suas maldades", diz o Senhor. ³¹"Desde o dia em que esta cidade foi construída até hoje, não fez outra coisa senão despertar minha fúria, por isso estou decidido a me livrar dela.

³²"Os pecados de Israel e de Judá — os pecados do povo de Jerusalém, dos reis, dos oficiais, dos sacerdotes e dos profetas — provocaram minha ira. ³³Meu povo deu as costas para mim e se recusou a voltar. Embora eu os tenha ensinado repetidamente, não quiseram receber instrução nem obedecer. ³⁴Colocaram seus ídolos detestáveis em meu templo e o profanaram. ³⁵Construíram lugares de adoração a Baal no vale de Ben-Hinom e ali sacrificaram seus filhos e filhas a Moloque. Jamais ordenei tamanha maldade; nunca me passou pela mente! Esse terrível mal fez Israel pecar."

Promessa de restauração

³⁶"Agora, quero dizer algo mais a respeito desta cidade. Vocês afirmam: 'Ela será entregue ao rei da Babilônia por meio de guerra, fome e doença'. Mas assim diz o Senhor, o Deus de Israel: ³⁷Certamente trarei meu povo de volta de todas as nações entre as quais o espalhei em minha fúria. Eu os trarei de volta para este lugar e farei que vivam em segurança. ³⁸Eles serão o meu povo, e eu serei o seu Deus. ³⁹Eu lhes darei um só coração e um só propósito: adorar-me para sempre, para o seu próprio bem e para o bem de seus descendentes. ⁴⁰Estabelecerei com eles uma aliança permanente: jamais deixarei de lhes fazer o bem. Porei em seu coração o desejo de me adorar, e eles nunca se afastarão de mim. ⁴¹Terei alegria em lhes fazer o bem e os plantarei nesta terra firmemente, de todo o coração.

⁴²"Assim diz o Senhor: Assim como trouxe todas essas calamidades sobre eles, também lhes farei todo o bem que prometi. ⁴³Campos voltarão a ser comprados e vendidos nesta terra sobre a qual hoje vocês dizem: 'Foi arrasada pelos babilônios, é uma terra desolada, em que não há mais pessoas nem animais'. ⁴⁴Sim, campos voltarão a ser comprados e vendidos e escrituras serão assinadas na terra de Benjamim, aqui em Jerusalém, nas cidades de Judá, na região montanhosa, nas colinas de Judá[a] e no Neguebe. Pois, um dia, eu os restaurarei à sua terra. Eu, o Senhor, falei!"

Promessas de paz e prosperidade

33 Enquanto Jeremias estava preso no pátio da guarda, o Senhor lhe deu outra mensagem: ²"Assim diz o Senhor, o Senhor que fez a

---

[a]32.44 Em hebraico, *na Sefelá*.

---

um Deus vivo; e se fizermos o que Ele nos ordena, o bem virá como consequência. Nenhum dano acontecerá ao homem que descansa com confiança no Altíssimo.

Vv.25,26 Suponho que, embora Jeremias, com fé inquestionável, tivesse feito como Deus lhe ordenara, depois, quando estava sozinho na cela da prisão, começou a repensar o assunto; e embora não tivesse dúvidas verdadeiras, ele provavelmente, deve ter sentido alguma ansiedade quanto às questões do caso, como um todo. Ele não conseguia entendê-lo, então o colocou sabiamente diante do Senhor. Alguns de vocês, que verdadeiramente têm confiado em Deus, ainda agora podem estar perplexos com ansiedade de um ou outro tipo. Bem, então, relatem tudo ao Senhor; vão imediatamente à Sua presença, e apresentem o caso diante dele, como Jeremias o fez.

terra, que a formou e a estabeleceu; o Senhor é seu nome: ³Pergunte-me e eu lhe contarei coisas maravilhosas, segredos que você não sabe, a respeito do que está por vir. ⁴Pois assim diz o Senhor, o Deus de Israel: Vocês derrubaram as casas desta cidade e até o palácio do rei a fim de obter material para fortalecer os muros contra as rampas de cerco e as espadas dos inimigos. ⁵Esperam lutar contra os babilônios,ª mas os homens desta cidade já estão praticamente mortos, pois, em minha ira ardente, decidi destruí-los. Abandonei-os por causa de toda a sua maldade.

⁶"Virá o dia, porém, em que curarei as feridas de Jerusalém e lhe darei prosperidade e paz verdadeira. ⁷Restaurarei o povo de Judá e de Israel à sua terra e reconstruirei suas cidades. ⁸Eu as purificarei de suas maldades contra mim e perdoarei todos os seus pecados de rebeldia. ⁹Então esta cidade me trará louvor, glória e honra diante de todas as nações da terra! Os povos do mundo verão todo o bem que faço por meu povo e tremerão de espanto diante da paz e da prosperidade que lhes dou.

¹⁰"Assim diz o Senhor: Vocês disseram: 'Esta é uma terra desolada, onde não há mais pessoas nem animais'. Contudo, nas ruas vazias de Jerusalém e das outras cidades de Judá serão ouvidos novamente ¹¹os sons de alegria e de riso. As vozes felizes de noivos e de noivas voltarão a ser ouvidas, e também os cânticos alegres dos que trazem ofertas de gratidão ao Senhor. Cantarão:

'Deem graças ao Senhor dos Exércitos,
  porque o Senhor é bom;
seu amor dura para sempre!'.

Pois eu restaurarei a situação desta terra ao que era no passado, diz o Senhor.

¹²"Assim diz o Senhor dos Exércitos: Embora hoje esta terra esteja desolada e não tenha pessoas nem animais, um dia voltará a ter pastos para os quais os pastores levarão seus rebanhos. ¹³Os pastores voltarão a contar seus rebanhos nas cidades da região montanhosa, nas colinas de Judá,ᵇ no Neguebe, na terra de Benjamim, nos arredores de Jerusalém e em todas as cidades de Judá. Eu, o Senhor, falei!

¹⁴"Virá o dia, diz o Senhor, em que farei por Israel e por Judá todo o bem que lhes prometi.

¹⁵"Naquele dia e naquele tempo,
  levantarei um Renovo, um descendente justo
    da linhagem do rei Davi.
Ele fará o que é justo e certo
  em toda a terra.
¹⁶Nesse dia, Judá será salvo,
  e Jerusalém viverá em segurança.
E este será seu nome:
  'O Senhor é nossa justiça'.ᶜ

ª**33.5** Ou *caldeus.* ᵇ**33.13** Em hebraico, *na Sefelá.* ᶜ**33.16** Em hebraico, *Javé-Tsidqenu.*

33.3 Devemos ficar muito contentes por Deus nos ter dado esta ordem *em Sua Palavra* para que isso seja seguro e permanente. Você pode recorrer a 50 passagens onde o mesmo preceito é proferido. Poucas vezes leio nas Escrituras: "Não mate", "Não cobice". A lei é dada duas vezes, mas sempre leio os preceitos dos evangelhos, pois se a lei é dada duas vezes, o evangelho é dado 70 x 7. Para cada preceito que não consigo guardar por causa da minha fraqueza carnal, encontro mil preceitos que são doces e agradáveis de se cumprir, por causa do poder do Espírito Santo que *habita nos filhos de Deus; e esta ordem para orar é* dada repetidas vezes. Para alguns de vocês, descobrir com que frequência nas Escrituras nos é dito para orar, pode ser um exercício oportuno. Você se surpreenderá ao descobrir quantas vezes palavras como essas nos são dadas — "Pergunte-me e eu lhe contarei coisas maravilhosas". "Derrame o coração diante dele". "Busquem o Senhor enquanto podem achá-lo; invoquem-no agora, enquanto ele está perto". "Peçam, e receberão. Procurem, e encontrarão. Batam, e a porta lhes será aberta". "Vigiem e orem para que não cedam à tentação". "Nunca deixem de orar". "Aproximemo-nos com toda confiança do trono da graça". "Aproximem-se de Deus, e ele se aproximará de vocês". "Não parem de orar". Não preciso acrescentar aquilo que possivelmente, eu não poderia exaurir. Escolho dois ou três dessa grande bolsa repleta de pérolas. Venha, cristão, você nunca deve questionar se tem o direito de orar; nunca deveria perguntar: "Tenho permissão para entrar em Sua presença?" Quando se tem tantas ordens (e as ordens de Deus são todas promessas, e todas favoráveis), pode-se vir confiadamente ao trono da graça pelo Caminho novo e vivo através do véu rasgado.

¹⁷Porque assim diz o Senhor: Sempre haverá um descendente de Davi no trono de Israel. ¹⁸E sempre haverá sacerdotes levitas para me oferecer holocaustos, ofertas de cereais e sacrifícios".

¹⁹Então Jeremias recebeu esta mensagem do Senhor: ²⁰"Assim diz o Senhor: Se alguém conseguisse anular minha aliança com o dia e com a noite, de modo que um não viesse depois do outro, ²¹então se anularia minha aliança com meu servo Davi. Só então deixaria de haver um descendente para reinar em seu trono. O mesmo se aplica à minha aliança com os sacerdotes levitas que me servem. ²²Como não se pode contar as estrelas no céu nem medir a areia na beira do mar, assim também tornarei incontáveis os descendentes de meu servo Davi e os levitas que me servem".

²³O Senhor deu outra mensagem a Jeremias: ²⁴"Você observou o que o povo anda dizendo? 'O Senhor escolheu Judá e Israel e depois os abandonou!' Desprezam meu povo e dizem que não deve ser considerada nação. ²⁵Mas assim diz o Senhor: Como não anularei minhas leis que governam o dia e a noite, o céu e a terra, assim também não rejeitarei meu povo. ²⁶Jamais abandonarei os descendentes de Jacó e de meu servo Davi, nem mudarei o plano de que os descendentes de Davi governem os descendentes de Abraão, Isaque e Jacó. Pelo contrário, eu os restaurarei à sua terra e terei compaixão deles".

Advertência para Zedequias

34 Nabucodonosor, rei da Babilônia, veio com todos os exércitos dos reinos que ele governava e lutou contra Jerusalém e contra as cidades de Judá. Naquela ocasião, Jeremias recebeu esta mensagem do Senhor: ²"Vá a Zedequias, rei de Judá, e diga-lhe: 'Assim diz o Senhor, o Deus de Israel: Estou prestes a entregar esta cidade ao rei da Babilônia, e ele a queimará de alto a baixo. ³Você não escapará das mãos dele, mas será capturado e levado para falar face a face com o rei da Babilônia. Então será enviado para o exílio na Babilônia.

⁴"'Ouça, porém, esta promessa do Senhor, ó Zedequias, rei de Judá. Assim diz o Senhor: Você não morrerá na guerra, ⁵mas em paz. O povo queimará incenso em sua honra, como fizeram em honra de seus antepassados, os reis que o precederam. Chorarão por você e lamentarão: 'Que tristeza! Nosso rei morreu!'. Eu decretei isso, diz o Senhor'".

⁶O profeta Jeremias transmitiu essa mensagem a Zedequias, rei de Judá. ⁷Nessa época, o exército babilônio cercava Jerusalém, Laquis e Azeca, as únicas cidades fortificadas de Judá que ainda não tinham sido conquistadas.

Libertação dos escravos hebreus

⁸Jeremias recebeu esta mensagem do Senhor depois que o rei Zedequias fez uma aliança com o povo para libertar os escravos. ⁹Ele havia ordenado que todo o povo libertasse suas escravas e seus escravos hebreus. Ninguém devia manter em escravidão alguém de seu próprio povo. ¹⁰Os oficiais e todo o povo tinham obedecido à ordem do rei e libertado cada um de seus escravos, ¹¹mas depois mudaram de ideia. Tomaram de volta os homens e as mulheres que haviam libertado e os obrigaram a ser escravos novamente.

¹²Então o Senhor lhes deu esta mensagem por meio de Jeremias: ¹³"Assim diz o Senhor, o Deus de Israel: Fiz uma aliança com seus antepassados muito tempo atrás, quando os livrei da escravidão no Egito. ¹⁴Disse-lhes que todo escravo hebreu deveria ser liberto depois de servir durante seis anos. Contudo, seus antepassados não me deram ouvidos nem me obedeceram. ¹⁵Há pouco tempo, vocês se arrependeram e fizeram o que era certo aos meus olhos. Libertaram os escravos e fizeram comigo uma aliança solene no templo que leva meu nome. ¹⁶Agora, porém, voltaram atrás em seu juramento e profanaram meu nome ao pegar de volta os homens e as mulheres que haviam libertado e os obrigar a ser escravos novamente.

¹⁷"Portanto, assim diz o Senhor: Vocês não me obedeceram e não libertaram seu povo. Por isso lhes darei liberdade para serem destruídos por guerra, doença e fome. Vocês serão objeto de horror para todas as nações da terra. ¹⁸Porque não cumpriram os termos de minha aliança, eu os cortarei ao meio, como vocês cortaram o bezerro e caminharam entre as duas partes para confirmar seus votos. ¹⁹Sim, cortarei ao meio todos

que se comprometeram com a aliança, quer sejam oficiais de Judá e de Jerusalém, oficiais do palácio, sacerdotes ou gente comum. ²⁰Eu os entregarei a seus inimigos, e eles os matarão. Seus corpos servirão de alimento para os abutres e os animais selvagens.

²¹"Entregarei Zedequias, rei de Judá, e seus oficiais ao exército do rei da Babilônia. E, embora tenham se retirado de Jerusalém por um tempo, ²²chamarei de volta os exércitos babilônios. Eles lutarão contra a cidade, a conquistarão e a queimarão de alto a baixo. Farei que todas as cidades de Judá sejam destruídas e que ninguém more nelas".

A fidelidade dos recabitas

35 O Senhor deu esta mensagem a Jeremias quando Jeoaquim, filho de Josias, era rei de Judá: ²"Vá ao local onde moram os recabitas e convide-os para vir ao templo do Senhor. Leve-os para uma das salas internas e ofereça-lhes vinho".

³Então fui buscar Jazanias, filho de Jeremias e neto de Habazinias, e todos os seus irmãos e filhos, que representavam todas as famílias dos recabitas. ⁴Levei-os ao templo do Senhor e fomos à sala dos filhos de Hanã, filho de Jigdalias, homem de Deus. Ficava ao lado da sala usada pelos oficiais do templo, logo acima da sala de Maaseias, filho de Salum, porteiro do templo.

⁵Coloquei diante deles taças e jarras cheias de vinho e os convidei a beber, ⁶mas eles recusaram, dizendo: "Não bebemos vinho, pois nosso antepassado, Jonadabe, filho de Recabe, nos deu esta ordem: 'Nunca bebam vinho, nem vocês nem seus descendentes. ⁷Não construam casas, não plantem lavouras nem possuam vinhedos; vivam sempre em tendas. Com isso, terão vida longa e feliz nesta terra'. ⁸Assim, temos obedecido a tudo que ele nos ordenou. Nunca bebemos vinho, nem nós, nem nossas esposas, nem nossos filhos e filhas. ⁹Não construímos casas, nem possuímos vinhedos e campos, nem plantamos lavouras. ¹⁰Temos vivido em tendas e obedecido fielmente a todas as ordens de nosso antepassado Jonadabe. ¹¹Mas, quando Nabucodonosor, rei da Babilônia, atacou esta terra, tivemos medo dos exércitos babilônios e sírios[a] e resolvemos nos mudar para Jerusalém. Por isso estamos aqui".

¹²Então o Senhor deu esta mensagem a Jeremias: ¹³"Assim diz o Senhor dos Exércitos, o Deus de Israel: Vá e diga aos habitantes de Judá e de Jerusalém: 'Venham e aprendam uma lição sobre como obedecer às minhas palavras, diz o Senhor. ¹⁴Os recabitas não bebem vinho até hoje em obediência à ordem de seu antepassado Jonadabe, filho de Recabe. Mas eu tenho falado a vocês repetidamente e se recusam a obedecer. ¹⁵Tenho enviado meus profetas vez após vez para lhes dizer: 'Abandonem seus maus caminhos e façam o que é certo. Deixem de adorar outros deuses. Assim, viverão em paz nesta terra que dei a vocês e a seus antepassados'. Mas vocês não quiseram ouvir nem obedecer. ¹⁶Os descendentes de Jonadabe, filho de Recabe, têm obedecido fielmente a seu antepassado, mas este povo se recusa a me ouvir'.

¹⁷"Portanto, assim diz o Senhor Deus dos Exércitos, o Deus de Israel: 'Porque não querem me ouvir nem responder quando os chamo, enviarei sobre Judá e sobre Jerusalém todas as calamidades que prometi'".

¹⁸Então Jeremias se voltou para os recabitas e disse: "Assim diz o Senhor dos Exércitos, o Deus de Israel: 'Vocês obedeceram a todas as ordens de seu antepassado Jonadabe e seguiram todas as suas instruções'. ¹⁹Por isso, assim diz o Senhor dos Exércitos, o Deus de Israel: 'Sempre haverá descendentes de Jonadabe, filho de Recabe, para me servir'".

Baruque lê as mensagens do Senhor

36 No quarto ano do reinado de Jeoaquim, filho de Josias, rei de Judá,[b] o Senhor deu esta mensagem a Jeremias: ²"Pegue um rolo e escreva nele todas as minhas mensagens contra Israel, Judá e as outras nações. Comece com a primeira mensagem, do tempo de Josias, e escreva todas, até hoje. ³Talvez o povo de Judá se arrependa ao ouvir novamente todas as coisas terríveis que planejei para eles. Então perdoarei sua maldade e seus pecados".

⁴Jeremias mandou chamar Baruque, filho de Nerias, e enquanto Jeremias ditava para ele

[a] 35.11 Ou *caldeus e arameus*. [b] 36.1 Isto é, no ano 605 a.C.

todas as profecias que o Senhor lhe tinha dado, Baruque as escrevia no rolo. ⁵Depois, Jeremias disse a Baruque: "Estou preso aqui e não posso ir ao templo. ⁶Portanto, vá você ao templo no próximo dia de jejum e leia as mensagens do Senhor que ditei para que as escrevesse no rolo. Leia as mensagens para o povo de todas as cidades de Judá que estiver no templo. ⁷Quem sabe eles abandonem seus maus caminhos e peçam perdão ao Senhor antes que seja tarde demais, pois o Senhor os ameaçou com sua ira ardente".

⁸Baruque, filho de Nerias, fez tudo conforme Jeremias lhe ordenou e leu as mensagens do Senhor para o povo que estava no templo. ⁹Fez isso num dia de jejum sagrado, no final do outono,ᵃ no quinto ano do reinado de Jeoaquim, filho de Josias. Gente de todas as cidades de Judá tinha ido a Jerusalém para participar da adoração no templo naquele dia. ¹⁰Baruque leu para todo o povo as palavras de Jeremias escritas no rolo. Estava diante da sala de Gemarias, filho do secretário Safã. A sala ficava no pátio superior do templo, perto do portão Novo.

¹¹Quando Micaías, filho de Gemarias e neto de Safã, ouviu as mensagens do Senhor escritas no rolo, ¹²desceu à sala do secretário no palácio onde estavam reunidos os oficiais administrativos. Lá estavam o secretário Elisama, Delaías, filho de Semaías, Elnatã, filho de Acbor, Gemarias, filho de Safã, Zedequias, filho de Hananias, e todos os outros oficiais. ¹³Quando Micaías lhes falou das mensagens que Baruque estava lendo para o povo, ¹⁴os oficiais enviaram Jeudi, filho de Netanias, neto de Selemias e bisneto de Cusi, para dizer a Baruque: "Venha e leia as mensagens para nós também". Então Baruque, filho de Nerias, pegou o rolo e foi até eles. ¹⁵"Sente-se e leia o rolo para nós", disseram os oficiais, e Baruque *fez o que pediram*.

¹⁶Quando ouviram as mensagens, olharam uns para os outros assustados. "Precisamos relatar ao rei o que ouvimos", disseram a Baruque. ¹⁷"Mas, primeiro, diga-nos como você recebeu essas mensagens. Vieram diretamente de Jeremias?"

¹⁸Baruque explicou: "Jeremias as ditou e eu as escrevi com tinta neste rolo, palavra por palavra".

¹⁹"Você e Jeremias devem se esconder!", os oficiais disseram a Baruque. "Não digam a ninguém onde estão." ²⁰Então os oficiais deixaram o rolo guardado na sala do secretário Elisama e foram contar ao rei o que tinham ouvido.

O rei Jeoaquim queima o rolo

²¹O rei mandou Jeudi buscar o rolo. Jeudi o levou da sala do secretário Elisama e o leu para o rei e para todos os oficiais presentes. ²²Era final do outono, e o rei estava numa parte do palácio usada durante o inverno, sentado diante de um braseiro para se aquecer. ²³Cada vez que Jeudi terminava de ler três ou quatro colunas, o rei pegava uma faca, cortava aquela parte do rolo e a jogava no fogo. Assim, pedaço por pedaço, o rolo inteiro foi queimado. ²⁴Nem o rei nem seus servos mostraram qualquer sinal de medo ou remorso diante do que tinham ouvido. ²⁵Mesmo quando Elnatã, Delaías e Gemarias imploraram ao rei que não queimasse o rolo, ele não lhes deu atenção.

²⁶Em seguida, o rei ordenou a seu filho Jerameel, a Seraías, filho de Azriel, e a Selemias, filho de Abdeel, que prendessem o profeta Jeremias e seu secretário, Baruque. O Senhor, porém, os tinha escondido.

Jeremias reescreve o rolo

²⁷Depois que o rei havia queimado o rolo no qual Baruque tinha escrito as palavras de Jeremias, o Senhor deu esta mensagem a Jeremias: ²⁸"Pegue outro rolo e escreva novamente tudo que estava no primeiro rolo, que o rei Jeoaquim queimou. ²⁹Depois, diga ao rei: 'Assim diz o Senhor: Você queimou o rolo porque ele dizia que o rei da Babilônia destruiria esta terra e acabaria com as pessoas e os animais. ³⁰Agora, assim diz o Senhor a respeito de Jeoaquim, rei de Judá: Ele não terá herdeiros para se sentarem no trono de Davi. Seu corpo será lançado fora e não será enterrado; ficará exposto ao calor do dia e à geada da noite. ³¹Castigarei o rei, sua família e seus servos por seus pecados. Derramarei sobre eles e sobre todos os habitantes de Jerusalém e de Judá todas as

---

ᵃ **36.9** Em hebraico, *no nono mês*, do antigo calendário lunar hebraico. Esse mês caiu entre novembro e dezembro de 604 a.C., outono no hemisfério norte; também em 36.22. Ver ainda nota em 1.3.

calamidades que prometi, pois não quiseram dar ouvidos às minhas advertências'".

³²Então Jeremias pegou outro rolo e ditou novamente a seu secretário, Baruque, filho de Nerias. Escreveu tudo que estava no rolo que o rei Jeoaquim havia queimado. Dessa vez, porém, acrescentou muitas outras coisas.

Zedequias manda chamar Jeremias

37 Zedequias, filho de Josias, foi sucessor de Joaquim,[a] filho de Jeoaquim, no trono de Judá. Foi nomeado por Nabucodonosor, rei da Babilônia. ²Mas nem Zedequias, nem seus servos, nem o povo que restou na terra de Judá deram ouvidos ao que o SENHOR tinha dito por intermédio do profeta Jeremias.

³Ainda assim, o rei Zedequias enviou Jucal, filho de Selemias, e o sacerdote Sofonias, filho de Maseeias, para pedirem a Jeremias: "Ore por nós ao SENHOR, nosso Deus". ⁴Jeremias ainda não havia sido preso, de modo que podia circular livremente entre o povo.

⁵Nessa época, o exército do faraó do Egito partiu de sua terra, preparado para guerrear. Quando o exército babilônio[b] soube disso, suspendeu o cerco de Jerusalém.

⁶Então o SENHOR deu esta mensagem a Jeremias: ⁷"Assim diz o SENHOR, o Deus de Israel: O rei de Judá os enviou para me consultar a respeito do que acontecerá. Digam-lhe: 'Embora o exército do faraó tenha vindo para ajudá-los, logo voltará ao Egito. ⁸Os babilônios[c] retornarão, conquistarão esta cidade e a queimarão de alto a baixo'.

⁹"Assim diz o SENHOR: Não se iludam, imaginando que os babilônios foram embora para sempre. Eles voltarão! ¹⁰Ainda que vocês destruíssem todo o exército babilônio e restasse apenas um punhado de sobreviventes feridos, eles sairiam de suas tendas e queimariam esta cidade de alto a baixo".

Jeremias é preso

¹¹Quando o exército babilônio se retirou de Jerusalém por causa do exército do faraó, que se aproximava, ¹²Jeremias resolveu sair da cidade para ir ao território de Benjamim e tomar posse de sua propriedade ali, entre seus parentes. ¹³Quando passava pelo portão de Benjamim, um guarda o prendeu e disse: "Você está desertando para o lado dos babilônios!". O guarda que o prendeu foi Jerias, filho de Selemias e neto de Hananias.

¹⁴"Não é verdade!", disse Jeremias. "Não estou desertando para o lado dos babilônios." Jerias, porém, não deu ouvidos e levou Jeremias aos oficiais. ¹⁵Eles ficaram furiosos com Jeremias e mandaram açoitá-lo e prendê-lo na casa do secretário Jônatas, que havia sido transformada em prisão. ¹⁶Jeremias foi colocado numa cela do calabouço e ali ficou por muitos dias.

¹⁷Mais tarde, em segredo, o rei Zedequias mandou buscar Jeremias e levá-lo ao palácio, onde lhe perguntou: "Você tem alguma mensagem do SENHOR?".

"Sim, tenho", disse Jeremias. "Você será entregue ao rei da Babilônia."

¹⁸Então Jeremias perguntou ao rei: "Que crime cometi? O que fiz contra o rei, contra seus servos ou contra o povo para ser preso? ¹⁹Onde estão seus profetas, que lhe disseram que o rei da Babilônia não atacaria nem o rei nem esta terra? ²⁰Suplico que me ouça, ó meu senhor, o rei. Não me mande de volta para o calabouço na casa do secretário Jônatas, pois morrerei naquele lugar".

²¹Então o rei Zedequias ordenou que Jeremias fosse levado ao pátio da guarda do palácio e ficasse preso ali. O rei também ordenou que Jeremias recebesse um pão fresco diariamente enquanto houvesse pão na cidade. Assim, Jeremias foi colocado na prisão do palácio.

Jeremias no poço

38 Sefatias, filho de Matã, Gedalias, filho de Pasur, Jucal, filho de Semelias, e Pasur, filho de Maquias, ouviram o que Jeremias dizia a todo o povo: ²"Assim diz o SENHOR: 'Todos que ficarem em Jerusalém morrerão por guerra, fome ou doença, mas os que se renderem aos babilônios[d] viverão. A recompensa deles será a vida; eles viverão!'. ³Assim diz o SENHOR: 'A cidade de Jerusalém certamente será entregue ao exército do rei da Babilônia, que a conquistará'".

---

[a] **37.1** Em hebraico, *Conias*, variação de Joaquim. [b] **37.5** Ou *caldeu*; também em 37.10,11. [c] **37.8** Ou *caldeus*; também em 37.9,13. [d] **38.2** Ou *caldeus*; também em 38.18,19,23.

⁴Então esses oficiais foram ver o rei e disseram: "Esse homem deve morrer! Suas palavras vão desanimar os poucos soldados que restam, bem como todo o povo. Ele não busca o bem, mas a desgraça da nação".

⁵O rei Zedequias concordou e disse: "Façam o que quiserem com ele. Não posso impedi-los".

⁶Então os oficiais tiraram Jeremias de sua cela e o baixaram por meio de cordas para dentro de um poço vazio no pátio da prisão. O poço pertencia a Malquias, membro da família real. Não tinha água, mas havia uma camada de lama no fundo, e Jeremias ficou atolado nela.

⁷O etíope[a] Ebede-Meleque, oficial importante da corte, soube que Jeremias estava no poço. Naquele momento, o rei julgava um caso junto ao portão de Benjamim; ⁸então Ebede-Meleque saiu apressadamente do palácio para falar com ele. ⁹"Ó meu senhor, o rei", disse, "estes homens fizeram muito mal em colocar o profeta Jeremias no poço. Logo ele morrerá de fome, pois não há mais pão na cidade".

¹⁰Então o rei disse a Ebede-Meleque: "Leve trinta homens sob suas ordens e tire Jeremias do poço antes que ele morra".

¹¹Ebede-Meleque levou os homens e foi à sala do palácio debaixo da tesouraria, onde encontrou alguns pedaços de pano e roupas velhas. Levou-os até o poço e, por meio de cordas, os desceu para Jeremias. ¹²Ebede-Meleque disse a Jeremias: "Coloque os pedaços de pano debaixo dos braços, para que as cordas não o machuquem". Quando Jeremias estava pronto, ¹³puxaram-no para cima. Jeremias foi levado de volta para o pátio da guarda e permaneceu preso ali.

Zedequias interroga Jeremias

¹⁴Certo dia, o rei Zedequias mandou buscar Jeremias para se encontrar com ele na terceira entrada do templo do Senhor. "Quero lhe fazer uma pergunta", disse o rei. "Não tente esconder a verdade".

¹⁵Jeremias disse: "Se eu lhe disser a verdade, você me matará. E, se eu lhe der conselhos, você não me ouvirá".

¹⁶Então o rei Zedequias lhe prometeu em segredo: "Tão certo como vive o Senhor, que nos criou, não o matarei nem o entregarei aos homens que desejam tirar sua vida".

¹⁷Então Jeremias disse a Zedequias: "Assim diz o Senhor, o Deus dos Exércitos, o Deus de Israel: 'Se você se render aos oficiais babilônios, você e sua família viverão, e a cidade não será queimada. ¹⁸Mas, se não se render, não escapará! A cidade será entregue aos babilônios, e eles a queimarão de alto a baixo'".

¹⁹"Tenho medo de me render", disse o rei, "pois pode acontecer de os babilônios me entregarem aos judeus que passaram para o lado deles. Quem sabe que crueldades farão comigo!"

²⁰Jeremias respondeu: "Você não será entregue a eles se obedecer ao Senhor. Sua vida será poupada, e tudo lhe irá bem. ²¹Mas, se não quiser se render, foi isto que o Senhor me revelou:

[a] 38.7 Em hebraico, *cuxita*.

38.5 Zedequias era o tipo de cavalheiro maravilhoso que é comum encontrarmos nos dias atuais. Um homem de bom temperamento, fácil de lidar; seus nobres poderiam obter o que quisessem dele. Ele tinha grande respeito pelo profeta — gostava de visitá-lo e saber qual mensagem ele tinha recebido de Deus. Não queria que se tornasse conhecido que ele o consultava, mesmo assim gostava de sair às escondidas e conversar com o homem de Deus. Zedequias respeitava muito o homem tão triste, e ainda tão heroico. Mas quando os príncipes vieram ao seu redor, embora ele fosse um rei autocrático e pudesse ter eliminado esses cavalheiros imediatamente, contudo meia dúzia deles, com muita lábia, o persuadiram com muita facilidade. Ele não queria ter qualquer incômodo — faria qualquer coisa por uma vida tranquila. [...] Este é aquele rei, Zedequias — ele não governa, mas é governado pelos príncipes, a quem deveria dar ordens. "Ó", diz um, "você não quer insinuar que temos um Zedequias agora?" Não vou insinuar nada, mas declaro corajosamente que esses seres macios e moluscos representam uma grande proporção da população! Ficarei muito feliz se o que eu disser os fizer sentirem-se muito envergonhados e com que clamem a Deus para dar-lhes novo coração e espírito reto! Não será minha culpa se eles não sentirem seu assento se endurecer e a casa se aquecer. Gostaria de fazê-los orar a Deus para colocar algum tipo de espinha dorsal moral, a fim de que, quando conhecerem o certo, possam defendê-lo e não ceder fracamente às persuasões daqueles que os tentam. Que o Espírito Santo esteja aqui para convencer homens de pecado sobre este assunto!

²²Todas as mulheres que restaram em seu palácio serão trazidas para fora e entregues aos oficiais do exército babilônio. Então as mulheres lhe dirão:

'Que belos amigos você tem!
 Traíram você e o enganaram.
Quando seus pés atolaram na lama,
 abandonaram-no à própria sorte'.

²³Todas as suas esposas e todos os seus filhos serão levados pelos babilônios, e você não escapará. Será capturado pelo rei da Babilônia, e esta cidade será queimada de alto a baixo".

²⁴Então Zedequias disse a Jeremias: "Se alguém souber dessa conversa, você morrerá! ²⁵Pode ser que meus oficiais fiquem sabendo que falei com você e digam: 'Conte-nos sobre o que você e o rei conversaram. Se não nos contar, o mataremos'. ²⁶Se isso acontecer, diga-lhes apenas que suplicou para não ser levado de volta ao calabouço de Jônatas, pois tem medo de morrer ali".

²⁷De fato, pouco depois, os oficiais do rei foram ver Jeremias e lhe perguntaram por que o rei tinha mandado chamá-lo. Jeremias, porém, seguiu as instruções do rei, e os oficiais foram embora sem descobrir a verdade. Ninguém tinha ouvido a conversa entre Jeremias e o rei. ²⁸Jeremias continuou preso no pátio da guarda até o dia em que Jerusalém foi conquistada.

A queda de Jerusalém

39 Em janeiro[a] do nono ano do reinado de Zedequias, rei de Judá, Nabucodonosor, rei da Babilônia, chegou com todo o seu exército para cercar Jerusalém. ²Dois anos e meio depois, em 18 de julho,[b] no décimo primeiro ano do reinado de Zedequias, foi aberta uma brecha no muro da cidade. ³Todos os oficiais do exército babilônio entraram e se sentaram junto ao portão do Meio: Nergal-Sarezer, de Sangar, Nebo-Sarsequim,[c] um dos chefes dos oficiais, Nergal-Sarezer, conselheiro real, e todos os outros oficiais do rei da Babilônia.

⁴Zedequias, o rei de Judá, e todos os soldados fugiram quando viram que os babilônios tinham invadido a cidade. Esperaram até o anoitecer, passaram pelo portão entre os dois muros atrás do jardim do rei e fugiram em direção ao vale do Jordão.[d]

⁵Contudo, os soldados babilônios[e] os perseguiram e alcançaram o rei Zedequias nas planícies de Jericó. Eles o capturaram e o levaram a Nabucodonosor em Ribla, na terra de Hamate. Ali o rei da Babilônia sentenciou Zedequias. ⁶Obrigou Zedequias a testemunhar a matança de seus filhos e de todos os nobres de Judá. ⁷Depois, arrancou seus olhos, o prendeu com correntes de bronze e o levou para a Babilônia.

⁸Os babilônios queimaram Jerusalém, incluindo o palácio real e as casas do povo, e derrubaram os muros da cidade. ⁹Nebuzaradã, capitão da guarda, deportou para a Babilônia o restante do povo que havia ficado na cidade, os desertores que tinham passado para seu lado e todos os outros sobreviventes. ¹⁰Permitiu, no entanto, que alguns dos mais pobres ficassem na terra de Judá para cuidar dos vinhedos e dos campos.

Jeremias permanece em Judá

¹¹O rei Nabucodonosor tinha ordenado a Nebuzaradã, capitão da guarda, que encontrasse Jeremias. ¹²"Cuide que ele não seja ferido", disse. "Tome conta dele e providencie tudo que ele pedir." ¹³Então Nebuzaradã, capitão da guarda, Nebusazbã, um dos chefes dos oficiais, Nergal-Sarezer, conselheiro real, e os outros oficiais do rei da Babilônia ¹⁴mandaram tirar Jeremias da prisão. Entregaram-no aos cuidados de Gedalias, filho de Aicam e neto de Safã, que o levou para sua casa. Jeremias permaneceu em Judá, no meio de seu povo.

¹⁵Enquanto Jeremias ainda estava na prisão, o Senhor lhe tinha dado a seguinte mensagem: ¹⁶"Diga ao etíope[f] Ebede-Meleque: 'Assim diz o Senhor dos Exércitos, o Deus de Israel: Farei a esta cidade tudo que prometi. Enviarei calamidade, e não o bem. Você a verá ser destruída, ¹⁷mas eu o livrarei daqueles que você tanto teme. ¹⁸Porque confiou em mim, darei a você sua vida como recompensa. Eu o resgatarei e o protegerei. Eu, o Senhor, falei!'".

---

[a]**39.1** Em hebraico, *No décimo mês*, do antigo calendário lunar hebraico. Esse acontecimento ocorreu em 15 de janeiro de 588 a.C.; ver também nota em 1.3. [b]**39.2** Em hebraico, *No novo dia do quarto mês*. O ano foi 586 a.C.; ver também nota em 1.3. [c]**39.3** Ou *Nergal-Sarezer, Sangar-Nebo e Sarsequim*. [d]**39.4** Em hebraico, *à Arabá*. [e]**39.5** Ou *caldeus*; também em 39.8. [f]**39.16** Em hebraico, *cuxita*.

40 O Senhor deu uma mensagem a Jeremias depois que Nebuzaradã, capitão da guarda, o pôs em liberdade em Ramá. Ele havia encontrado Jeremias acorrentado entre todos os prisioneiros de Jerusalém e Judá que estavam sendo levados para o exílio na Babilônia. ²O capitão da guarda mandou chamar Jeremias e disse: "O Senhor, seu Deus, trouxe esta calamidade sobre esta terra. ³O Senhor cumpriu o que tinha dito, pois esse povo pecou contra o Senhor e lhe desobedeceu. Por isso aconteceram todas essas coisas. ⁴Mas eu vou tirar suas correntes e libertá-lo. Se quiser ir comigo para a Babilônia, está bem. Providenciarei que cuidem de você. Se não quiser ir, fique aqui. Toda a terra está diante de você; vá para onde quiser. ⁵Se resolver ficar, volte para Gedalias, filho de Aicam e neto de Safã. O rei da Babilônia o nomeou governador de Judá. Fique com o povo que ele governa. E, se quiser ir para algum outro lugar, faça o que lhe parecer melhor".

Então Nebuzaradã, capitão da guarda, deu a Jeremias um pouco de alimento e dinheiro e o deixou partir. ⁶Jeremias voltou para Gedalias, filho de Aicam, em Mispá, e habitou em Judá com os poucos que haviam ficado na terra.

Gedalias governa em Judá

⁷Os comandantes dos grupos de soldados que estavam no interior de Judá souberam que o rei da Babilônia havia nomeado Gedalias, filho de Aicam, para governar o povo pobre que tinha ficado em Judá, isto é, os homens, as mulheres e as crianças que não haviam sido enviados para o exílio na Babilônia. ⁸Então foram ver Gedalias em Mispá. Entre eles estavam Ismael, filho de Netanias, Joanã e Jônatas, filhos de Careá, Seraías, filho de Tanumete, os filhos de Efai, o netofatita, Jazanias, filho do maacatita, e todos os seus homens.

⁹Gedalias jurou a eles que os babilônios[a] não tinham intenção de lhes fazer mal. "Não tenham medo de servi-los. Vivam na terra e sirvam ao rei da Babilônia, e tudo lhes irá bem", ele prometeu. ¹⁰"Quanto a mim, ficarei em Mispá e os representarei diante dos babilônios que vierem se encontrar conosco. Estabeleçam-se nas cidades que tomaram e vivam dos frutos da terra. Colham uvas, frutas de verão e azeitonas e armazenem tudo."

¹¹Quando os judeus em Moabe, Amom, Edom e outras terras vizinhas souberam que o rei da Babilônia tinha deixado um remanescente do povo em Judá e que Gedalias era o governador, ¹²começaram a voltar para Judá dos lugares para os quais haviam fugido. Pararam em Mispá, onde se encontraram com Gedalias. Depois, seguiram para os campos em Judá e tiveram uma farta colheita de uvas e frutas de verão.

Conspiração contra Gedalias

¹³Algum tempo depois, Joanã, filho de Careá, e os outros comandantes dos soldados que estavam no interior foram até Gedalias, em Mispá, ¹⁴e lhe disseram: "Você sabia que Baalis, rei de Amom, enviou Ismael, filho de Netanias, para assassiná-lo?". Gedalias, porém, não acreditou neles.

¹⁵Mais tarde, Joanã falou com Gedalias em particular e se ofereceu para matar Ismael em segredo. "Por que deixar que ele venha e mate você?", Joanã perguntou. "O que será, então, dos judeus que voltaram? Se isso acontecer, os poucos que restaram ficarão espalhados e perdidos."

¹⁶Gedalias, porém, disse a Joanã: "Eu o proíbo de fazer isso, pois você está mentindo a respeito de Ismael".

O assassinato de Gedalias

41 Em outubro daquele ano,[b] Ismael, filho de Netanias e neto de Elisama, que era da família real e que havia sido um alto oficial do rei, foi a Mispá com dez homens para se encontrar com Gedalias, filho de Aicam e neto de Safã. Enquanto faziam uma refeição juntos, ²Ismael e os dez homens se levantaram de um salto, puxaram suas espadas e mataram Gedalias, que o rei da Babilônia havia nomeado governador. ³Ismael também matou todos os soldados judeus e babilônios[c] que estavam com Gedalias em Mispá.

⁴No dia seguinte, antes que alguém soubesse do assassinato de Gedalias, ⁵oitenta homens chegaram de Siquém, Siló e Samaria para adorar no templo do Senhor. Tinham raspado a

---

[a] **40.9** Ou *caldeus*; também em 40.10. [b] **41.1** Em hebraico, *No sétimo mês*, do antigo calendário lunar hebraico. Esse mês caiu entre outubro e novembro de 586 a.C.; ver também nota em 1.3. [c] **41.3** Ou *caldeus*; também em 41.18.

cabeça, rasgado as roupas e se cortado e traziam ofertas de cereal e incenso. ⁶Ismael, filho de Netanias, saiu de Mispá e foi ao encontro deles, chorando ao longo do caminho. Quando os encontrou, disse: "Venham e vejam o que aconteceu a Gedalias, filho de Aicam".

⁷Assim que todos entraram na cidade, Ismael e os homens que o acompanhavam mataram setenta deles e jogaram os corpos numa cisterna. ⁸Os outros dez sobreviveram, pois haviam convencido Ismael a soltá-los ao prometer lhes trazer os suprimentos de trigo, cevada, azeite e mel que haviam escondido. ⁹A cisterna em que Ismael jogou os corpos dos homens que ele assassinou era a grande cisternaª cavada pelo rei Asa, quando ele fortificou a cidade para se defender de Baasa, rei de Israel. Ismael, filho de Netanias, a encheu de cadáveres.

¹⁰Então Ismael prendeu as filhas do rei e outras pessoas que Nebuzaradã, capitão da guarda, havia deixado em Mispá aos cuidados de Gedalias. Ismael partiu para a terra de Amom levando os prisioneiros.

¹¹Quando Joanã, filho de Careá, e os outros comandantes que o acompanhavam souberam dos crimes de Ismael, ¹²reuniram todos os seus soldados e partiram para lutar contra ele. Eles o alcançaram no grande açude perto de Gibeom. ¹³O povo que Ismael tinha capturado gritou de alegria quando viu Joanã e os outros comandantes. ¹⁴Todos os prisioneiros de Mispá escaparam e começaram a ajudar Joanã. ¹⁵Enquanto isso, Ismael e oito dos homens que estavam com ele escaparam de Joanã e foram para a terra de Amom.

¹⁶Então Joanã, filho de Careá, e os outros comandantes levaram todo o povo que tinham resgatado em Gibeom: os soldados, as mulheres, as crianças e os oficiais do palácioᵇ que Ismael havia capturado em Mispá depois de matar Gedalias. ¹⁷Foram todos para o povoado de Gerute-Quimã, perto de Belém, de onde planejavam fugir para o Egito. ¹⁸Tinham medo daquilo que os babilônios fariam quando soubessem que Ismael havia assassinado Gedalias, o governador nomeado pelo rei da Babilônia.

Advertência para permanecer em Judá

42 Então todos os comandantes dos grupos de soldados, incluindo Joanã, filho de Careá, e Jezanias,ᶜ filho de Hosaías, e todo o povo, desde o mais humilde até o mais importante, procuraram ²o profeta Jeremias e disseram: "Ore por nós ao Senhor, seu Deus. Como pode ver, somos apenas um pequeno e humilde remanescente comparado ao que éramos antes. ³Ore para que o Senhor, seu Deus, nos mostre o que devemos fazer e para onde devemos ir".

⁴"Está bem", disse Jeremias. "Orarei ao Senhor, seu Deus, como vocês pediram, e lhes direi tudo que ele responder. Não esconderei nada de vocês."

⁵Então disseram a Jeremias: "Que o Senhor, seu Deus, seja testemunha verdadeira e fiel contra nós se não obedecermos a tudo que ele nos ordenar! ⁶Quer suas ordens nos agradem quer não, obedeceremos ao Senhor, nosso Deus, a quem o enviamos com nossa súplica. Pois, se obedecermos ao Senhor, nosso Deus, tudo irá bem para nós".

⁷Dez dias depois, o Senhor enviou sua resposta a Jeremias. ⁸Então o profeta chamou Joanã, filho de Careá, os outros comandantes e todo o povo, desde o mais humilde até o mais importante, ⁹e disse-lhes: "Vocês me enviaram ao Senhor, o Deus de Israel, com seu pedido, e esta é a resposta: ¹⁰'Se ficarem nesta terra, eu os edificarei, e não os derrubarei; eu os plantarei, e não os arrancarei. Pois lamento pela calamidade que trouxe sobre vocês. ¹¹Não precisam mais ter medo do rei da Babilônia', diz o Senhor. 'Pois eu estou com vocês; eu os salvarei e os livrarei das mãos dele. ¹²Terei compaixão de vocês e farei que ele também tenha e permita que fiquem nesta terra.'

¹³"Mas, se vocês se recusarem a obedecer ao Senhor, seu Deus, e se disserem: 'Não ficaremos nesta terra; ¹⁴iremos para o Egito onde não há guerra, nem convocação para lutar, nem fome, e ali viveremos', ¹⁵então ouçam a mensagem do Senhor para o remanescente de Judá. Assim diz o Senhor dos Exércitos, o Deus de Israel: 'Se vocês estão decididos a ir para o Egito e morar lá, ¹⁶a guerra e a fome que tanto temem os alcançarão e ali vocês morrerão. ¹⁷Isso é o que

---

ª **41.9** Conforme a Septuaginta; o hebraico traz *assassinou porque Gedalias era aquele*. ᵇ **41.16** Ou *eunucos*. ᶜ **42.1** A Septuaginta traz *Azarias*; comparar com 43.2.

espera todos que insistirem em partir e morar no Egito. Sim, morrerão por guerra, fome e doença. Ninguém escapará da calamidade que trarei sobre vocês'.

¹⁸"Assim diz o SENHOR dos Exércitos, o Deus de Israel: 'Assim como derramei minha ira e minha fúria sobre os habitantes de Jerusalém, também as derramarei sobre vocês quando entrarem no Egito. Serão objeto de condenação, horror, maldição e zombaria. Nunca mais verão sua terra natal'.

¹⁹"Ouça, ó remanescente de Judá. O SENHOR lhes disse: 'Não vão para o Egito!'. Não se esqueçam dessa advertência que hoje lhes dei. ²⁰Pois vocês não foram honestos quando me enviaram para orar ao SENHOR, seu Deus, por vocês. Disseram: 'Diga-nos tudo que o SENHOR, nosso Deus, falar, e nós o faremos'. ²¹Hoje lhes disse exatamente o que ele falou, mas vocês não obedecerão ao SENHOR, seu Deus, como não lhe obedeceram no passado. ²²Estejam certos, portanto, de que morrerão por guerra, fome e doença no Egito, para onde insistem em ir".

Jeremias é levado para o Egito

43 Quando Jeremias acabou de transmitir a todo o povo a mensagem do SENHOR, seu Deus, ²Azarias, filho de Hosaías, e Joanã, filho de Careá, e todos os outros homens arrogantes disseram a Jeremias: "Você está mentindo! O SENHOR, nosso Deus, não nos proibiu de ir morar no Egito! ³Baruque, filho de Nerias, o convenceu a dizer isso, pois ele deseja que fiquemos aqui e sejamos mortos pelos babilônios[a] ou levados para o exílio".

⁴Joanã, os outros comandantes e todo o povo não obedeceram à ordem do SENHOR para que ficassem em Judá. ⁵Joanã e os outros comandantes levaram consigo todo o povo que tinha regressado das nações vizinhas para morar em Judá. ⁶Havia na multidão homens, mulheres e crianças, as filhas do rei e todos que Nebuzaradã, o capitão da guarda, havia deixado com Gedalias, filho de Aicam e neto de Safã. Também levaram o profeta Jeremias e Baruque, filho de Nerias. ⁷O povo não obedeceu ao SENHOR e foi para o Egito, até a cidade de Tafnes.

⁸Quando chegaram a Tafnes, o SENHOR deu outra mensagem a Jeremias: ⁹"Pegue algumas pedras grandes e, diante do povo de Judá, enterre-as debaixo das pedras do pavimento na entrada do palácio do faraó, aqui em Tafnes. ¹⁰Então, diga ao povo: 'Assim diz o SENHOR dos Exércitos, o Deus de Israel: Certamente trarei meu servo Nabucodonosor, rei da Babilônia, aqui para o Egito. Colocarei seu trono sobre estas pedras que escondi. Ele estenderá sobre elas sua tenda real. ¹¹E, quando ele vier, destruirá a terra do Egito. Trará morte aos destinados à morte, exílio aos destinados ao exílio e guerra aos destinados à guerra. ¹²Incendiará os templos dos deuses egípcios; queimará os templos e levará os ídolos como despojo. Limpará a terra do Egito, como um pastor que tira os piolhos de seu manto, e sairá dali sem sofrer dano algum. ¹³Quebrará as colunas no templo do sol,[b] no Egito, e queimará os templos dos deuses egípcios'".

Julgamento por causa da idolatria

44 Jeremias recebeu esta mensagem acerca dos judeus que viviam no norte do Egito, nas cidades de Migdol, Tafnes e Mênfis,[c] e também no sul do Egito:[d] ²"Assim diz o SENHOR dos Exércitos, o Deus de Israel: Vocês viram a calamidade que eu trouxe sobre Jerusalém e sobre todas as cidades de Judá. Hoje elas estão desertas e em ruínas, ³porque provocaram minha ira com sua perversidade. Queimaram incenso e adoraram outros deuses que nem eles, nem vocês, nem seus antepassados jamais conheceram.

⁴"Repetidamente, enviei meu servos, os profetas, para lhes dizer: 'Não façam essas coisas terríveis que eu tanto detesto!'. ⁵Mas eles não deram ouvidos nem abandonaram sua

---

[a] **43.3** Ou *caldeus*. [b] **43.13** Ou *em Heliópolis*. [c] **44.1a** Em hebraico, *Nofe*. [d] **44.1b** Em hebraico, *em Patros*.

44.4 Este versículo retrata o que um ministro deve ser e a imagem é um fardo para o meu coração e consciência, pois mostra que o verdadeiro pregador, ou o profeta, ou o homem de Deus, deve ser alguém a quem Deus envia repetidamente para fazer Sua obra. É, por assim dizer, como se o seu Mestre estivesse de manhã cedo, pedindo que ele se apressasse a ir ao Seu serviço e não deixasse a grama crescer debaixo de seus pés, pois os homens

perversidade, e continuaram a queimar incenso para esses deuses. ⁶Por isso minha fúria transbordou e caiu como fogo sobre as cidades de Judá e as ruas de Jerusalém, que até hoje são ruínas desoladas.

⁷"Agora, o Senhor dos Exércitos, o Deus de Israel, lhes pergunta: Por que destroem a si mesmos? Nenhum de vocês sobreviverá: nenhum homem, mulher, criança ou recém-nascido que veio de Judá. ⁸Por que provocar minha ira queimando incenso para os ídolos que vocês fizeram aqui no Egito? Destruirão a si mesmos e se tornarão objeto de maldição e zombaria para todas as nações. ⁹Acaso se esqueceram dos pecados de seus antepassados, dos pecados dos reis e das rainhas de Judá, e dos pecados que vocês e suas esposas cometeram em Judá e em Jerusalém? ¹⁰Até hoje, não mostraram remorso nem temor. Ninguém escolheu obedecer à minha lei e aos decretos que dei a vocês e a seus antepassados.

¹¹"Portanto, assim diz o Senhor dos Exércitos, o Deus de Israel: Estou decidido a destruir cada um de vocês! ¹²Tomarei o remanescente de Judá, aqueles que teimaram em vir para o Egito e morar aqui, e os consumirei. Cairão no Egito, mortos por guerra e fome. Todos morrerão, desde o mais humilde até o mais importante. Serão objeto de condenação, horror, maldição e zombaria. ¹³Eu os castigarei no Egito como os castiguei em Jerusalém, com guerra, fome e doença. ¹⁴Desse remanescente que fugiu para o Egito, na esperança de um dia voltar para Judá, ninguém sobreviverá. Embora anseiem voltar para sua terra, apenas uns poucos retornarão".

¹⁵Então todas as mulheres que estavam presentes e todos os homens que sabiam que suas esposas haviam queimado incenso para ídolos, uma grande multidão de todos os judeus que viviam no norte e no sul do Egito,[a] responderam a Jeremias: ¹⁶"Não ouviremos as mensagens que você transmite em nome do Senhor! ¹⁷Faremos o que bem entendermos. Queimaremos incenso e apresentaremos ofertas derramadas para a Rainha do Céu, como nós, nossos antepassados e nossos reis e oficiais sempre fizemos nas cidades de Judá e nas ruas de Jerusalém. Naqueles dias, havia alimento com fartura, éramos prósperos e não tínhamos problemas! ¹⁸Mas desde que paramos de queimar incenso para a Rainha do Céu e deixamos de adorá-la com ofertas derramadas, temos enfrentado grandes aflições e morrido por guerra e fome".

¹⁹"Além disso", acrescentaram as mulheres, "você imagina que queimávamos incenso, apresentávamos ofertas derramadas à Rainha do Céu e fazíamos bolos que retratavam

[a] 44.15 Em hebraico, *no Egito, em Patros.*

---

estão pecando — e tê-los pecando continuamente sem serem repreendidos, mesmo que por uma hora, é verdadeiramente terrível. É como se uma pessoa deixasse uma casa em chamas sem dar um alarme e chamar os bombeiros, ou ver uma pessoa em perigo iminente na rua sem tentar imediatamente fazer algo para ajudá-la. [...] O ministro também deve ser aquele que fala como representante de Deus; não apenas declarando a verdade de Deus, mas, como é o certo, falando-a com a boca de Deus. Ele não deve dizer: "Não façam essas coisas terríveis que Deus tanto detesta", mas devem personificar a Deus, colocando-se em Seu lugar, e dizer como se Ele próprio dissesse: "Não façam essas coisas terríveis que *eu* tanto detesto". Falar por Deus desta forma é responsabilidade e privilégio para um homem. Paulo referia-se a isso quando disse aos coríntios: "Agora, portanto, somos embaixadores de Cristo; Deus faz seu apelo por nosso intermédio. Falamos em nome de Cristo quando dizemos: 'Reconciliem-se com Deus!'". É elevada honra, mas tremenda responsabilidade ter de fazer o apelo de Cristo, ser o intercessor em nome do Intercessor, levantar-se e pronunciar os pensamentos divinos, como se Ele tivesse nos separado, por um tempo, para ser Seus porta-vozes, e insistir com os filhos dos homens em Seu nome. À medida que vou me conscientizando desta responsabilidade, às vezes, temo meu ofício com temor indescritível, muito embora eu jamais o trocaria para me tornar o governante de todos os impérios da Terra, ou, até mesmo, para me tornar um arcanjo no Céu, pois considero que, ser até mesmo o primeiro entre os anjos não é nada comparado com o ser um instrumento, nas mãos de Deus, para a salvação da alma dos homens. Mesmo assim, que coisa terrível e solene é para qualquer homem ser chamado para se levantar e falar como se Deus tivesse falado por meio dele e dizer: "Não façam essas coisas terríveis que eu tanto detesto".

sua imagem sem o conhecimento e a ajuda de nossos maridos?"

²⁰Então Jeremias disse a todos, tanto homens como mulheres, que lhe tinham dado essa resposta: ²¹"Vocês pensam que o Senhor não sabia que vocês, seus antepassados, seus reis e oficiais e todo o povo queimavam incenso a ídolos nas cidades de Judá e nas ruas de Jerusalém? ²²O Senhor fez de sua terra objeto de maldição, ruína desolada e sem habitantes, como está hoje, porque não suportava mais suas práticas detestáveis. ²³Todas essas coisas terríveis aconteceram a vocês porque queimaram incenso a ídolos e pecaram contra o Senhor. Não obedeceram à sua voz nem seguiram sua lei, seus decretos e seus preceitos!".

²⁴Então Jeremias disse a todos, inclusive às mulheres: "Ouçam esta mensagem do Senhor, todos vocês judeus que agora vivem no Egito. ²⁵Assim diz o Senhor dos Exércitos, o Deus de Israel: 'Vocês e suas esposas disseram: 'Cumpriremos nossa promessa de queimar incenso e apresentar ofertas derramadas à Rainha do Céu', e provaram com suas ações que estavam falando sério. Portanto, cumpram as promessas e votos que fizeram para ela'.

²⁶"Ouçam, porém, esta mensagem do Senhor, todos vocês judeus que agora vivem no Egito: 'Jurei por meu grande nome', diz o Senhor, 'que nenhum judeu na terra do Egito pronunciará meu nome. Nenhum de vocês invocará meu nome nem o usará para jurar: 'Tão certo como vive o Senhor Soberano'. ²⁷Pois eu os vigiarei para trazer sobre vocês calamidade, e não bem. Os judeus que hoje vivem no Egito sofrerão guerra e fome até que estejam todos mortos. ²⁸Apenas uns poucos escaparão da morte e voltarão do Egito para Judá. Então todos que vieram para o Egito saberão quais palavras são *verdadeiras: as minhas ou as deles!*

²⁹"'E esta é a prova que lhes dou', diz o Senhor, 'de que todas as minhas palavras se cumprirão e de que eu os castigarei aqui.' ³⁰Assim diz o Senhor: 'Entregarei o faraó Hofra, rei do Egito, nas mãos de seus inimigos que desejam matá-lo, assim como entreguei Zedequias, rei de Judá, a Nabucodonosor, rei da Babilônia'".

Mensagem para Baruque

45 O profeta Jeremias transmitiu esta mensagem a Baruque, filho de Nerias, no quarto ano do reinado de Jeoaquim, filho de Josias,[a] depois que Baruque escreveu tudo que Jeremias havia ditado: ²"Assim diz o Senhor, o Deus de Israel, a você, Baruque: ³Você disse: 'Estou cercado de aflições! Será que já não sofri o suficiente? E agora o Senhor acrescentou ainda mais dor! Estou exausto de tanto gemer e não encontro descanso'.

⁴"Baruque, assim diz o Senhor: 'Destruirei esta nação que edifiquei; arrancarei o que plantei. ⁵Você procura grandes coisas para si mesmo? Não faça isso! Trarei calamidade sobre todo este povo; a você, porém, darei sua vida como recompensa aonde quer que vá. Eu, o Senhor, falei!'".

Mensagens para as nações

46 O profeta Jeremias recebeu do Senhor estas mensagens acerca das nações.

Mensagens a respeito do Egito

²Esta mensagem acerca do Egito foi anunciada no quarto ano do reinado de Jeoaquim, filho de Josias, rei de Judá, quando o faraó Neco, rei do Egito, e seu exército foram derrotados junto ao rio Eufrates por Nabucodonosor, rei da Babilônia, na batalha de Carquemis.[b]

³"Preparem seus escudos
    e avancem para a batalha!
⁴Selem os cavalos
    e montem neles, cavaleiros!
Tomem suas posições
    e coloquem os capacetes.
Afiem as lanças
    e vistam as armaduras.
⁵Mas o que vejo?
    O exército egípcio foge, apavorado.
Seus guerreiros mais valentes
    correm sem olhar para trás.
Estão cercados de terror",
    diz o Senhor.
⁶"Os mais velozes não conseguem fugir,
    os mais fortes não podem escapar.
No norte, junto ao rio Eufrates,
    tropeçam e caem.

---

[a] 45.1 Isto é, no ano 605 a.C. [b] 46.2 Isto é, no ano 605 a.C.

⁷"Quem é este que sobe como o Nilo no tempo das cheias
e inunda toda a terra?
⁸É o exército egípcio
que inunda toda a terra.
Conta vantagem de que a cobrirá como uma enchente
e destruirá as cidades e seus habitantes.
⁹Avancem, cavalos e carros de guerra,
ataquem, guerreiros valentes do Egito!
Venham todos vocês, aliados da Etiópia, da Líbia e da Lídia,ᵃ
hábeis com o escudo e o arco.
¹⁰Porque este é o dia do Soberano SENHOR dos Exércitos,
dia de vingar-se de seus inimigos.
A espada devorará até se fartar,
sim, até se embriagar com seu sangue.
O Soberano SENHOR dos Exércitos receberá hoje um sacrifício
na terra do norte, junto ao rio Eufrates.

¹¹"Suba a Gileade para buscar remédio,
ó filha virgem do Egito!
Mas de nada adiantarão seus muitos medicamentos,
pois não há cura para você.
¹²As nações ouviram falar de sua humilhação,
a terra está cheia de seus gritos de desespero.
Seus guerreiros mais valentes tropeçarão uns nos outros
e juntos cairão."

¹³Então o SENHOR deu ao profeta Jeremias esta mensagem acerca dos planos de Nabucodonosor, rei da Babilônia, para atacar o Egito.

¹⁴"Anunciem esta mensagem no Egito,
proclamem-na em Migdol, Mênfisᵇ e Tafnes!
Preparem-se para a batalha,
pois a espada devorará todos ao seu redor.
¹⁵Por que seus guerreiros caíram?
Não conseguem ficar em pé, pois o SENHOR os derrubou.
¹⁶Tropeçam e caem uns sobre os outros
e dizem entre si:
'Venham, vamos voltar ao nosso povo,
à nossa terra natal;
vamos fugir da espada do inimigo!'.
¹⁷Ali eles dirão:
'O faraó, o rei do Egito, só faz barulho;
perdeu sua oportunidade!'.

¹⁸"Tão certo como eu vivo", diz o Rei,
cujo nome é SENHOR dos Exércitos,
"vem contra o Egito alguém
alto como o monte Tabor,
como o monte Carmelo junto ao mar.
¹⁹Arrume a bagagem!
Prepare-se para ir ao exílio, povo do Egito!
A cidade de Mênfis será destruída,
e não restará um só habitante.
²⁰O Egito é formoso como uma bela novilha,
mas uma grande mosca do norte está a caminho.
²¹Os mercenários do Egito são fortes como bezerros gordos,
mas eles também darão meia-volta e fugirão,
pois este é um dia de grande calamidade para o Egito,
o tempo de seu castigo.
²²O Egito foge como uma serpente que desliza para longe;
os exércitos invasores avançam e vêm contra ele com machados,
como se fossem lenhadores.
²³Cortarão seu povo como árvores", diz o SENHOR,
"pois são mais numerosos que gafanhotos.
²⁴O Egito será humilhado;
será entregue ao povo do norte."

²⁵Assim diz o SENHOR dos Exércitos, o Deus de Israel: "Castigarei Amom, o deus de Tebas,ᶜ e todos os outros deuses do Egito. Castigarei seus governantes, o faraó e todos que nele confiam. ²⁶Eu os entregarei àqueles que desejam matá-los, a Nabucodonosor, rei da Babilônia, e a seu exército. Depois disso, porém, a terra voltará a ser habitada, como no passado. Eu, o SENHOR, falei!

ᵃ46.9 Em hebraico, *de Cuxe, Pute e Lude*. ᵇ46.14 Em hebraico, *Nofe*; também em 46.19. ᶜ46.25 Em hebraico, *de Nô*.

²⁷"Mas não tenha medo, meu servo Jacó;
  não desanime, ó Israel.
Pois eu o trarei de volta de terras distantes,
  e seus descendentes retornarão do
    exílio.
Israel[a] voltará a ter uma vida de paz e
    sossego,
  e ninguém o assustará.
²⁸Não tenha medo, meu servo Jacó,
  pois estou com você",
  diz o Senhor.
"Destruirei completamente todas as
    nações
  entre as quais o espalhei,
  mas você não será completamente
    destruído.
Eu o disciplinarei, mas com justiça;
  não posso permitir que fique impune."

Mensagem a respeito da Filístia

47 O Senhor deu esta mensagem ao profeta Jeremias acerca dos filisteus de Gaza, antes de ela ser derrotada pelo exército egípcio. ²Assim diz o Senhor:

"Do norte se aproxima uma enchente
  para inundar a terra.
Destruirá a terra e tudo que nela há,
  tanto as cidades como seus habitantes.
O povo gritará de terror,
  e todos na terra se lamentarão.
³Ouçam o ruído dos cascos de cavalos,
  o barulho dos carros de guerra e o
    estrondo de suas rodas.
Os pais fogem apavorados,
  sem olhar para trás, para seus filhos
    indefesos.

⁴"Chegou o dia de destruir os filisteus
  e seus aliados de Tiro e de Sidom.
Sim, o Senhor destruirá os filisteus,
  o remanescente da ilha de Creta.[b]
⁵Gaza será humilhada, e sua cabeça será
    raspada;
  Ascalom ficará em silêncio.
E você, remanescente da planície costeira,
  até quando cortará a si mesmo em sinal
    de lamento?

⁶"Ó espada do Senhor,
  quando descansará?
Volte para sua bainha;
  repouse e aquiete-se.

⁷"Mas como pode se aquietar
  se o Senhor a enviou numa missão?
Deve destruir a cidade de Ascalom
  e o povo que vive no litoral".

[a]**46.27** Em hebraico, *Jacó*. Ver nota em 5.20. [b]**47.4** Em hebraico, *de Caftor*.

47.5 Os viajantes no Oriente nos contam que entre as cenas mais melancólicas que testemunham estão as seguintes — os homens infligem voluntariamente sobre si feridas muito graves e, em seguida, se exibem em público. Chegam a desfigurar-se com arranhões e cortes na presença de multidões alvoroçadas. [...] O fanatismo oriental ultrapassa a crença; você poderia pensar que as criaturas delirantes estão prestes a cometer suicídio, entretanto, há um método em sua loucura. Dificilmente poderia se pensar que homens, em pleno uso de suas faculdades mentais, se torturariam e se desfigurariam como eles fazem, mas eles sabem o que estão fazendo e só estão cumprindo o seu programa. O Senhor proibiu expressamente o Seu povo, os judeus, de perpetrar tal loucura. Eles não deviam sequer raspar os cantos das barbas ou cortar os cabelos, como fazem os orientais na hora do sofrimento, e além disso, os judeus eram proibidos de ferir seus corpos com a seguinte ordem: "não façam cortes no corpo nem marcas na pele" (Lv 19.28). Os homens nas terras orientais, não só em relação ao fanatismo, mas em referência aos assuntos domésticos, se cortarão para expressar o seu sofrimento e angústia, ou para que outras pessoas acreditem que estão sentindo tal pesar e angústia.

O profeta aqui fala aos filisteus que estavam prestes a sofrer pelos tremendos juízos de Deus e, de fato, serem esmagados como nação pelos egípcios e pelos caldeus, e ele diz à Filístia: "Até quando cortará a si mesmo?". Gaza deveria ficar calva com o golpe do Faraó, Asquelom deveria ser destruída, e toda a nação sentiria a espada do Senhor, que não descansaria na bainha. Até quando eles continuariam a trazer sobre si mesmos tão terríveis julgamentos? A expressão é usada, primeiramente, quase em desespero. A pergunta é feita com pouca esperança; como se o autotorturador nunca fosse parar, mas continuaria a se mutilar indefinidamente.

Mensagem a respeito de Moabe

48 Esta é a mensagem acerca de Moabe. Assim diz o Senhor dos Exércitos, o Deus de Israel:

"Que aflição espera a cidade de Nebo;
  logo ela estará em ruínas!
A cidade de Quiriataim será humilhada e conquistada;
  a fortaleza será envergonhada e derrubada.
²Ninguém mais se orgulhará de Moabe,
  pois em Hesbom tramam destruí-la.
Dizem: 'Venham, vamos acabar com aquela nação!'.
  A cidade de Madmém[a] também será silenciada;
  a espada a perseguirá.
³Ouçam os gritos de Horonaim,
  gritos de devastação e de grande destruição.
⁴Toda a terra de Moabe está destruída;
  suas crianças gritarão aos prantos.
⁵Seus refugiados não param de chorar
  enquanto sobem a ladeira para Luíte.
Gritam de terror
  no caminho que desce para Horonaim.
⁶Fujam para salvar a vida!
  Escondam-se[b] no deserto!
⁷Porque confiaram em sua riqueza e habilidade,
  serão capturados.
Seu deus, Camos, será levado para terras distantes,
  junto com seus sacerdotes e oficiais.
⁸"Todas as cidades serão destruídas,
  e ninguém escapará,
nem nos planaltos nem nos vales,
  pois o Senhor falou.
⁹Quem dera Moabe tivesse asas
  para que pudesse voar para longe,[c]
pois suas cidades ficarão desertas,
  sem nenhum habitante.
¹⁰Maldito aquele que não cumprir
  diligentemente o trabalho do Senhor,
que impedir sua espada de derramar sangue!
¹¹"Desde o início de sua história, Moabe viveu em paz;
  nunca foi para o exílio.
É como o vinho deixado em repouso;
  não foi passado de uma vasilha para a outra

[a]48.2 *Madmém* tem um som parecido com o do termo hebraico para "silêncio". [b]48.6 Ou *Escondam-se como um jumento selvagem*; ou *Escondam-se como um arbusto de zimbro*; ou *Sejam como [a cidade de] Aroer*. O significado do hebraico é incerto. [c]48.9 Ou *Ponham sal em Moabe, / pois ela será devastada*.

48.11,12 Por um tempo considerável, a nação de Moabe tinha estado livre das incursões de guerra e dos terrores da pestilência. Havia, portanto, se tornado tão presunçosamente segura, que o Senhor disse: "Todos nós ouvimos falar do orgulho de Moabe, pois seu orgulho é muito grande. Sabemos de sua soberba, sua arrogância e seu coração altivo". O povo tornou-se vão, dominador, jactancioso e zombador de seus aflitos vizinhos, os israelitas, manifestando alegria mesquinha em suas tristezas. "Você não zombou dos israelitas? Acaso foram encontrados na companhia de ladrões para que os desprezassem dessa forma?" A partir desse orgulho surgiu o luxo e todos os outros males que acham um covil conveniente no repouso da prosperidade ininterrupta. Os guerreiros de Moabe disseram: "Somos fortes, guerreiros valentes". Como pecadores vaidosos, eles desafiaram toda Lei e poder; confiando em Camos, desprezaram Javé e magnificaram-se a si mesmos contra o Senhor. O profeta compara esse país com o vinho que recebeu permissão para se manter concentrado e intocável — ele se assenta no seu sedimento, matura, retém o seu aroma e diariamente adquire as características de sua essência e volatilidade. "Mas", diz ele: "chegará o dia em que Deus agitará esta bebida imperturbada, quando Ele enviará grupos errantes de caldeus que destruirão o país, de modo que as garrafas serão despejadas e os jarros serão despedaçados, e a prosperidade orgulhosa de Moabe terminará em absoluta desolação". O repouso incomum de Moabe fora causa de inveja para o povo de Israel, mas eles poderiam muito bem deixar de invejar quando entendessem quão repentinamente um fogo deveria sair de Hesbom, e uma chama do meio de Seom, e devorar a extremidade de Moabe, e com que rapidez o uivo deveria ser ouvido: "Que aflição a espera, ó Moabe! O povo do deus Camos será destruído! Seus filhos e suas filhas foram levados para o exílio". O fato de a contínua prosperidade gerar segurança carnal não é apenas comprovado pelo exemplo de Moabe, mas é lamentavelmente confirmado na história de outros.

e agora está aromático e suave.
¹²Mas está chegando o dia", diz o Senhor,
"em que enviarei homens para tirar o vinho da vasilha.
Eles o despejarão
e despedaçarão a vasilha.
¹³Enfim Moabe terá vergonha de seu deus, Camos,
como o povo de Israel se envergonhou do bezerro de ouro em Betel.[a]
¹⁴"Você costumava dizer:
'Somos fortes,
guerreiros valentes'.
¹⁵Agora, porém, Moabe e suas cidades serão destruídas;
seus jovens mais promissores morrerão",
diz o Rei, cujo nome é Senhor dos Exércitos.
¹⁶"A destruição de Moabe vem depressa,
a calamidade se aproxima.
¹⁷Vocês, amigos de Moabe,
lamentem por ela e chorem!
Vejam como o cajado forte está quebrado,
como o cetro glorioso está em pedaços!
¹⁸"Desçam de sua glória
e sentem-se no pó, habitantes de Dibom,
pois os destruidores de Moabe também os arrasarão;
derrubarão todas as suas torres.
¹⁹Fiquem à beira do caminho e vigiem,
habitantes de Aroer.
Perguntem àqueles que fogem de Moabe:
'O que aconteceu?'.
²⁰"A resposta será:
'Moabe está em ruínas, humilhada;
chorem e lamentem!
Anunciem nas margens do rio Arnom:
Moabe foi destruída!'.
²¹O julgamento chegou às cidades do planalto:
a Holom, Jaza e Mefaate,
²²a Dibom, Nebo e Bete-Diblataim,
²³a Quiriataim, Bete-Gamul e Bete--Meom,
²⁴a Queriote e Bozra e a todas as cidades de Moabe,
distantes e próximas.
²⁵"A força de Moabe acabou;
seu braço foi quebrado", diz o Senhor.
²⁶"Que ela cambaleie e caia como um bêbado,
pois se rebelou contra o Senhor.
Moabe se revolverá no próprio vômito,
e todos zombarão dela.
²⁷Você não zombou dos israelitas?
Acaso foram encontrados na companhia de ladrões
para que os desprezassem dessa forma?
²⁸"Fujam de suas cidades e morem em cavernas
habitantes de Moabe.
Escondam-se como pombas que fazem seus ninhos
nas fendas dos rochedos.
²⁹Todos nós ouvimos falar do orgulho de Moabe,
pois seu orgulho é muito grande.
Sabemos de sua soberba,
sua arrogância e seu coração altivo.
³⁰Conheço sua insolência",
diz o Senhor,
"mas sua arrogância é vazia,
tão vazia quanto seus atos.
³¹Agora, chorarei por Moabe,
sim, gritarei de tristeza por Moabe;
lamentarei pelos homens de Quir-Haresete.[b]
³²"Habitantes de Sibma, cheia de videiras,
chorarei por vocês mais do que chorei por Jazer.
Seus ramos se estendiam até o mar Morto,[c]
mas o destruidor acabou com tudo;
colheu suas uvas e seus frutos de verão.
³³Alegria e exultação desapareceram da fértil Moabe;
os tanques de prensar deixaram de produzir vinho.
Ninguém mais pisa as uvas com gritos alegres;
há gritos, mas não de alegria.

---

[a] **48.13** Em hebraico, *se envergonhou quando confiou em Betel.* [b] **48.31** Em hebraico, *Quir-Heres*, variação de Quir-Haresete; também em 48.36. [c] **48.32** Em hebraico, *o mar de Jazer.*

³⁴"Seus gritos de terror são ouvidos desde Hesbom até Eleale e Jaaz; desde Zoar até Horonaim e Eglate-Selisia. Agora, até as águas de Ninrim secaram.

³⁵"Darei fim a Moabe", diz o Senhor, "pois o povo oferece sacrifícios nos santuários idólatras e queima incenso a seus falsos deuses. ³⁶Meu coração geme como uma flauta por Moabe e por Quir-Haresete, pois toda a sua riqueza se foi. ³⁷Seus habitantes raspam a cabeça e a barba, fazem cortes nas mãos e vestem panos de saco. ³⁸Há choro e tristeza em todas as casas e ruas de Moabe, pois eu a despedacei como um jarro velho que ninguém quer", diz o Senhor. ³⁹"Como se estilhaçou! Ouçam o choro! Vejam a humilhação de Moabe! Tornou-se objeto de zombaria, exemplo de ruína para todos os seus vizinhos."

⁴⁰Assim diz o Senhor:

"Veja, o inimigo desce veloz, como águia,
   e abre suas asas sobre Moabe!
⁴¹Suas cidades cairão,
   e suas fortalezas serão conquistadas.
Até os guerreiros mais valentes ficarão em agonia,
   como a mulher em trabalho de parto.
⁴²Moabe deixará de ser nação,
   pois se exaltou diante do Senhor.

⁴³"Terror, armadilhas e laços a esperam,
   ó Moabe!", diz o Senhor.
⁴⁴"Quem fugir do terror cairá na armadilha,
   quem escapar da armadilha será apanhado no laço.
Não deixarei que ninguém escape,
   pois a hora de seu castigo chegou",
   diz o Senhor.
⁴⁵"O povo foge até Hesbom,
   mas não consegue seguir adiante,
pois de Hesbom, antiga cidade do rei Seom,
   vem fogo para devorar toda a terra
   e seus rebeldes habitantes.
⁴⁶"Que aflição a espera, ó Moabe!
   O povo do deus Camos será destruído!
Seus filhos e suas filhas
   foram levados para o exílio.

⁴⁷No futuro, porém,
   restaurarei a situação de Moabe.
   Eu, o Senhor, falei!"

Aqui termina a profecia de Jeremias contra Moabe.

Mensagem a respeito de Amom

49 Esta é a mensagem acerca dos amonitas. Assim diz o Senhor:

"Acaso não há descendentes de Israel
   para herdar a terra de Gade?
Por que vocês, que adoram Moloque,[a]
   habitam nas cidades de Gade?
²Está chegando o dia", diz o Senhor,
   "em que farei soar o grito de guerra
   contra a cidade de Rabá.
Ela se tornará um monte de ruínas,
   e os povoados vizinhos serão queimados.
Então Israel tomará de volta
   as terras que vocês tiraram dele", diz o Senhor.

³"Grite, ó Hesbom,
   pois a cidade de Ai está destruída.
Chorem, ó habitantes de Rabá,
   e vistam roupas de luto.
Lamentem e escondam-se entre os muros,
   pois seu deus, Moloque, será levado para terras distantes,
   junto com seus sacerdotes e oficiais.
⁴Você se orgulha de seus vales férteis,
   ó filha rebelde.
Confiou em suas riquezas
   e pensou que ninguém jamais lhe faria mal.
⁵Mas eu trarei terror sobre você",
   diz o Soberano, o Senhor dos Exércitos.
"Seus vizinhos a expulsarão de sua terra,
   e ninguém ajudará seus habitantes quando fugirem.
⁶No futuro, porém,
   restaurarei a situação dos amonitas.
   Eu, o Senhor, falei."

Mensagem a respeito de Edom

⁷Esta é a mensagem acerca de Edom. Assim diz o Senhor dos Exércitos:

---

[a] 49.1 Em hebraico, *Malcã*, variação de Moloque; também em 49.3.

"Não há sabedoria em Temã?
Não resta ninguém para dar bons
conselhos?
Sua sabedoria desapareceu?
⁸Deem meia-volta e fujam!
Escondam-se em cavernas profundas, ó
habitantes de Dedã!
Pois, quando eu trouxer calamidade sobre
Edom,[a]
castigarei vocês também.
⁹Aqueles que colhem uvas
sempre deixam algumas para os pobres.
Se ladrões viessem à noite,
não levariam tudo.
¹⁰Mas eu despojarei completamente a terra
de Edom,
e não restará lugar algum para se
esconder.
Seus filhos, irmãos e vizinhos
serão todos destruídos,
e Edom deixará de existir.
¹¹Protegerei, contudo, os órfãos que
restarem em seu meio,
e as viúvas também podem esperar
minha ajuda".

¹²Assim diz o Senhor: "Se os inocentes têm de sofrer, quanto mais vocês! Não ficarão impunes; também beberão deste cálice. ¹³Pois jurei por meu próprio nome", diz o Senhor, "que Bozra se tornará objeto de horror e um monte de ruínas; será motivo de zombaria e maldição. Todas as suas cidades ficarão desoladas para sempre."

¹⁴Ouvi uma mensagem do Senhor,
que um embaixador foi enviado às
nações para dizer:
"Formem uma coalizão contra Edom
e preparem-se para a batalha!".

¹⁵Assim diz o Senhor a Edom:
"Eu a tornarei pequena entre as nações;
será desprezada por todos.
¹⁶Você foi iludida pelo medo que provoca
e por seu orgulho.
Vive numa fortaleza de pedra
e controla os altos dos montes.
Mas ainda que faça seu ninho nas alturas
com as águias,
eu a derrubarei",
diz o Senhor.

¹⁷"Edom será objeto de horror;
todos que passarem por ela ficarão
pasmos
e abrirão a boca de espanto quando
virem suas ruínas.
¹⁸Será como a destruição de Sodoma e
Gomorra
e de suas cidades vizinhas", diz o Senhor.
"Ninguém viverá ali,
ninguém habitará nela.
¹⁹Virei como um leão da mata do Jordão
que ataca as ovelhas no pasto.
Expulsarei Edom de sua terra
e ali colocarei o líder que eu escolher.
Pois quem é semelhante a mim e quem
pode me desafiar?
Que governante pode se opor à minha
vontade?"

²⁰Ouçam o que o Senhor planejou contra
Edom
e contra os habitantes de Temã.
Até as crianças serão arrastadas como
ovelhas,
e suas casas, destruídas.
²¹A terra tremerá com o estrondo da queda
de Edom,
e até do mar Vermelho[b] se ouvirá seu
clamor.
²²Veja, o inimigo desce veloz, como águia,
e abre suas asas sobre Bozra!
Até os guerreiros mais valentes ficarão em
agonia,
como a mulher em trabalho de parto.

Mensagem a respeito de Damasco
²³Esta é a mensagem acerca de Damasco:

"O medo tomou conta das cidades de
Hamate e Arpade,
pois ouviram a notícia de sua destruição.
Seu coração está agitado,
como o mar numa tempestade.
²⁴Damasco se enfraqueceu,
e todos os seus habitantes se preparam
para fugir.
Medo, angústia e dor se apoderam dela,
como da mulher em trabalho de parto.

---
[a] **49.8** Em hebraico, *Esaú*; também em 49.10. [b] **49.21** Em hebraico, *mar de juncos*.

²⁵A cidade famosa, antes tão alegre,
   será abandonada.
²⁶Seus jovens cairão nas ruas,
   todos os seus soldados serão mortos",
   diz o Senhor dos Exércitos.
²⁷"Acenderei fogo nos muros de Damasco,
   e ele queimará os palácios de Ben-
      Hadade."

Mensagem a respeito de Quedar e de Hazor

²⁸Esta é a mensagem acerca de Quedar e dos reinos de Hazor, que Nabucodonosor, rei da Babilônia, atacou. Assim diz o Senhor:

"Avancem contra Quedar!
   Destruam o povo do Oriente!
²⁹Tomarão seus rebanhos e tendas
   e levarão seus bens e camelos.
Por toda parte se ouvirão gritos de pânico:
   'Estamos cercados de terror!'.
³⁰Corram para salvar a vida", diz o Senhor.
   "Escondam-se em cavernas profundas,
      habitantes de Hazor,
pois Nabucodonosor, rei da Babilônia,
   está se preparando para destruí-los.
³¹"Subam e ataquem essa nação confiante",
   diz o Senhor.
"Seu povo vive sozinho no deserto;
   não tem muros nem portões.
³²Vocês tomarão como despojo os
      camelos
   e todos os outros animais deles.
Espalharei ao vento essa gente
   que vive em lugares distantes.ᵃ
Trarei calamidade sobre eles
   de todos os lados", diz o Senhor.
³³"Hazor se tornará morada de chacais
   e ficará desolada para sempre.
Ninguém viverá ali,
   ninguém habitará nela."

Mensagem a respeito de Elão

³⁴O profeta Jeremias recebeu esta mensagem do Senhor acerca de Elão no início do reinado de Zedequias, rei de Judá. ³⁵Assim diz o Senhor dos Exércitos:

"Destruirei os arqueiros de Elão,
   os melhores soldados de seus exércitos.
³⁶Trarei inimigos de todos os lados
   e espalharei os habitantes de Elão aos
      quatro ventos;
serão exilados em nações do mundo
   inteiro.
³⁷Irei com os inimigos de Elão para
      despedaçá-la;
   em minha ira ardente, trarei calamidade
      sobre os elamitas", diz o Senhor.
"Seus inimigos os perseguirão com a
      espada
   até que os tenham destruído
      completamente.
³⁸Colocarei meu trono em Elão", diz o
   Senhor,
"e destruirei seu rei e seus oficiais.
³⁹No futuro, porém,
   restaurarei a situação de Elão.
Eu, o Senhor, falei!"

Mensagem a respeito da Babilônia

50 O Senhor deu ao profeta Jeremias esta mensagem acerca da Babilônia e da terra dos babilônios:ᵇ

²"Anunciem a todo o mundo,
   não escondam nada.
Levantem uma bandeira
   para proclamar a todos que a Babilônia
      cairá.
Suas imagens e seus ídolosᶜ serão
      despedaçados;
   seus deuses, Bel e Merodaque, sofrerão
      completa humilhação.
³Porque do norte uma nação virá e trará
      tamanha destruição
   que ninguém voltará a habitar ali.
Tudo desaparecerá;
   tanto pessoas como animais fugirão."

Esperança para Israel e Judá

⁴"Naqueles dias e naquele tempo",
   diz o Senhor,
"o povo de Israel voltará
   com o povo de Judá.
Virão chorando
   e buscando o Senhor, seu Deus.
⁵Perguntarão pelo caminho para Sião
   e voltarão para casa.

ᵃ **49.32** Ou *que corta os cantos do cabelo*. ᵇ **50.1** Ou *caldeus*; também em 50.8,25,35,45. ᶜ **50.2** É provável que o termo hebraico (lit., *coisas redondas*) se refira a esterco.

Eles se apegarão ao Senhor
  numa aliança permanente que jamais
    será esquecida.

⁶"Meu povo tem sido como ovelhas
    perdidas;
  seus pastores as fizeram desviar do
    caminho
  e as soltaram nos montes.
Elas perderam o rumo
  e não lembram como voltar para o
    curral.
⁷Todos que as encontraram as devoraram.
  Seus inimigos disseram:
  'Não fizemos nada de errado ao atacá-las,
    pois pecaram contra o Senhor,
  seu verdadeiro lugar de descanso,
    a esperança de seus antepassados'.

⁸"Agora, porém, fujam da Babilônia!
  Saiam da terra dos babilônios!
Como bodes que vão adiante do rebanho,
  guiem meu povo de volta para casa.
⁹Pois estou levantando um exército
  de grandes nações do norte.
Unirão forças para atacar a Babilônia
  e a conquistarão.
As flechas do inimigo serão certeiras;
  irão direto para o alvo!
¹⁰A Babilôniaª será saqueada
  até que os saqueadores estejam cheios
    de despojos.
  Eu, o Senhor, falei!"

A Babilônia cairá
¹¹"Vocês se alegram e exultam,
  vocês que saquearam a nação que me
    pertence.
Saltam como bezerros na campina
  e relincham como garanhões.
¹²Mas sua terra natalᵇ será coberta
  de vergonha e desonra.
Vocês se tornarão a menor das nações,
  um deserto, uma terra seca e desolada.
¹³Por causa da fúria do Senhor,
  a Babilônia ficará vazia;
  ninguém viverá nela.
Todos que passarem por lá ficarão pasmos
  e abrirão a boca de espanto quando
    virem suas ruínas.

¹⁴"Todas vocês, nações vizinhas,
  preparem-se para atacar a Babilônia.
Que seus arqueiros atirem contra ela e não
    poupem flechas,
  pois ela pecou contra o Senhor.
¹⁵De todos os lados, deem gritos de guerra
    contra ela.
  Vejam, está se rendendo!
  Seus muros caíram!
É a vingança do Senhor,
  portanto vinguem-se dela;
  façam a ela o mesmo que ela fez a
    outros!
¹⁶Eliminem da Babilônia todos que
    plantam lavouras
  e mandem embora todos que colhem.
Por causa da espada do inimigo,
  todos fugirão para sua própria terra."

Esperança para o povo de Deus
¹⁷"Os israelitas são como ovelhas
    dispersadas por leões.
Primeiro o rei da Assíria os devorou,
  depois Nabucodonosor, rei da Babilônia,
    quebrou seus ossos."

ª**50.10** Ou *Caldeia*. ᵇ**50.12** Em hebraico, *sua mãe*.

50.4,5 Em tais momentos, quando o Senhor está levando os homens a buscar a Sua face, surgem as perguntas, as angústias abundam e as dificuldades se multiplicam. As tribos perdidas não podiam voltar da Babilônia simplesmente por pensar em voltar, o caminho era longo e perigoso, os trajetos eram desconhecidos e difíceis, e aqueles que voltaram a Sião descobriram que a viagem não era um passeio agradável ou um desfile de pompa. É assim com os desterrados do Senhor quando Ele lhes dá o desejo e a vontade para retornarem a Ele, eles não são, portanto, devolvidos à casa do Pai de imediato. Podem ter que perseverar por meses de cansativa peregrinação antes de chegarem à sua morada desejada. Como eu já disse, os tempos de retorno são tempos de ansiedade. Os homens vagam sem pensar, mas não retornam sem antes ter pensamentos solenes e sérias considerações. Desejo sinceramente ser um instrumento nas mãos de Deus para responder perguntas, remover medos e abrir o caminho para aqueles que começaram a buscar o Senhor. Eles lamentam, e eu alegremente os consolo. Perguntam pelo caminho, e eu prazerosamente os conduzo. Anseiam unir-se ao Senhor, eu os ajudo.

¹⁸Portanto, assim diz o Senhor dos Exércitos,
   o Deus de Israel:
"Castigarei o rei da Babilônia e sua terra,
   assim como castiguei o rei da Assíria.
¹⁹Trarei Israel de volta para sua própria terra,
   para pastar nos campos no Carmelo e em Basã
e para saciar-se novamente
   na região montanhosa de Efraim e em Gileade.
²⁰Naqueles dias", diz o Senhor,
   "não se encontrará pecado algum em Israel nem em Judá,
   pois perdoarei o remanescente que eu preservar."

Julgamento divino sobre a Babilônia

²¹"Subam, guerreiros, contra a terra de Merataim
   e contra os habitantes de Pecode!
Persigam-nos, matem-nos e destruam-nos completamente,
   como lhes ordenei", diz o Senhor.
²²"Façam ouvir na terra o grito de guerra,
   o estrondo de grande destruição.
²³A Babilônia, o martelo de toda a terra,
   está quebrada e despedaçada;
   está desolada entre as nações.
²⁴Preparei uma armadilha para você, Babilônia;
   foi surpreendida e apanhada, pois lutou contra o Senhor.
²⁵O Senhor abriu seu arsenal
   e trouxe para fora as armas de sua fúria.
Sim, o Soberano Senhor dos Exércitos,
   agirá na terra dos babilônios.
²⁶Venham contra ela de terras distantes,
   arrombem seus celeiros,
   transformem seus muros e casas em montes de escombros.
Destruam-na completamente,
   não deixem sobrar coisa alguma.
²⁷Ataquem todos os seus jovens guerreiros
   e acabem com eles.
Que aflição os espera,
   pois chegou o dia do castigo da Babilônia!
²⁸Escutem o povo que escapou da Babilônia
   contar em Sião
como o Senhor, nosso Deus,
   se vingou dos que destruíram seu templo.
²⁹"Convoquem os arqueiros para virem à Babilônia,
   cerquem a cidade para que ninguém escape.
Façam a ela o mesmo que ela fez a outros,
   pois desafiou o Senhor, o Santo de Israel.
³⁰Seus jovens cairão nas ruas,
   todos os seus soldados serão mortos",
   diz o Senhor.
³¹"Veja, sou seu inimigo, povo arrogante",
   diz o Soberano Senhor dos Exércitos.
"O dia do acerto de contas chegou,
   o dia em que eu o castigarei.
³²Ó povo insolente, você tropeçará e cairá,
   e ninguém o levantará.
Pois acendi um fogo nas cidades da Babilônia
   que queimará tudo ao seu redor."

³³Assim diz o Senhor dos Exércitos:
"O povo de Israel e o povo de Judá foram oprimidos;
   seus captores os prenderam e não querem soltá-los.
³⁴Mas seu Redentor é forte;
   seu nome é Senhor dos Exércitos.
Ele os defenderá
   e voltará a lhes dar descanso em Israel.
Mas para o povo da Babilônia
   não haverá descanso!
³⁵"A espada de guerra virá sobre os babilônios",
   diz o Senhor.
"Virá sobre o povo da Babilônia,
   sobre seus oficiais e seus sábios.
³⁶A espada virá sobre seus falsos profetas,
   e eles se tornarão tolos.
Virá sobre seus guerreiros valentes,
   e eles se apavorarão.
³⁷A espada virá sobre cavalos e carros de guerra
   e sobre os estrangeiros que ali habitam,
   e eles se tornarão como mulheres.

Virá sobre seus tesouros,
   e todos eles serão saqueados.
³⁸A seca^a virá até mesmo sobre suas fontes
      de água,
   e elas secarão.
Por que tudo isso acontecerá?
   Porque toda a terra se encheu de ídolos,
   e o povo está enlouquecido por eles.

³⁹"Em breve a Babilônia servirá de morada
      para animais do deserto e hienas;
   corujas farão ali seus ninhos.
Jamais voltará a ser habitada,
   ficará desolada para sempre.
⁴⁰Eu a destruirei como destruí^b Sodoma e
      Gomorra
   e as cidades vizinhas", diz o Senhor.
"Ninguém viverá ali,
   ninguém habitará nela.

⁴¹"Vejam, um grande exército vem do
      norte!
   Uma grande nação e muitos reis se
      levantam,
   de terras distantes, contra vocês.
⁴²Estão armados com arcos e lanças,
   são cruéis e não têm compaixão.
Quando avançam montados em cavalos,
   o barulho é como o rugido do mar.
Vêm em formação de batalha
   com o intuito de destruí-la, Babilônia.
⁴³O rei da Babilônia ouviu relatos sobre o
      inimigo,
   e suas mãos tremem de medo.
Pontadas de angústia tomam conta dele,
   como as dores da mulher em trabalho de
      parto.
⁴⁴"Virei como um leão da mata do Jordão
   que ataca as ovelhas no pasto.
Expulsarei a Babilônia de sua terra
   e ali colocarei o líder que eu escolher.
Pois quem é semelhante a mim e quem
      pode me desafiar?
   Que governante pode se opor à minha
      vontade?"

⁴⁵Ouçam o que o Senhor planejou contra a
      Babilônia
   e contra a terra dos babilônios.
Até as crianças serão arrastadas como
      ovelhas,
   e suas casas, destruídas.
⁴⁶A terra tremerá com a queda da
      Babilônia,
   e por todo o mundo se ouvirá seu grito
      de desespero.

51

¹Assim diz o Senhor:
"Levantarei um vento destruidor contra
      a Babilônia
   e os habitantes daquela terra.^c
²Estrangeiros virão para peneirá-la
   e soprá-la para longe, como palha.
Virão de todos os lados
   para atacá-la no dia da calamidade.
³Não deem tempo para os arqueiros
      vestirem suas couraças,
   nem armarem seus arcos.
Não poupem nem mesmo seus melhores
      soldados;
   destruam seu exército completamente.
⁴Cairão mortos na terra dos babilônios,^d
   feridos em suas ruas.
⁵Pois o Senhor dos Exércitos
   não abandonou Israel nem Judá.
Ele ainda é seu Deus,
   embora a terra em que vivem esteja
      cheia de pecado
   contra o Santo de Israel".

⁶Fujam da Babilônia! Salvem-se!
   Não sejam castigados com ela!
Chegou o tempo da vingança do Senhor;
   ele dará à Babilônia o castigo merecido.
⁷A Babilônia foi como uma taça de ouro
      nas mãos do Senhor,
   uma taça que embriagou o mundo
      inteiro.
As nações beberam do vinho da Babilônia
   e enlouqueceram.
⁸Mas, de repente, a Babilônia também caiu;
   chorem por ela,
deem-lhe remédio,
   talvez ela ainda possa ser curada.
⁹Tentamos ajudar a Babilônia,
   mas já era tarde demais.
Deixem-na,
   voltem para sua própria terra.

^a**50.38** Ou *espada*; os termos hebraicos para "espada" e "seca" são similares. ^b**50.40** Em hebraico, *como Deus destruiu*. ^c**51.1** Em hebraico, *de Lebe-Camai*, codinome para Babilônia. ^d**51.4** Ou *caldeus*; também em 51.54.

Pois o castigo dela chega até os céus;
  é tão grande que não pode ser medido.
¹⁰O Senhor nos fez justiça;
  venham, vamos anunciar em Sião
  tudo que o Senhor, nosso Deus, tem feito.
¹¹Afiem as flechas!
  Levantem os escudos!ª
Pois o Senhor incitou os reis da Média
  a marcharem contra a Babilônia e a
  destruírem.
Essa é sua vingança contra aqueles
  que profanaram seu templo.
¹²Levantem a bandeira de guerra contra a
  Babilônia,
  reforcem a guarda e coloquem vigias.
Preparem uma emboscada,
  pois o Senhor realizará tudo que
  planejou contra seus moradores.
¹³Você fica junto a um grande rio
  e está repleta de tesouros.

Mas seu fim chegou;
  o fio de sua vida foi cortado.
¹⁴O Senhor dos Exércitos jurou por seu
  próprio nome:
"Suas cidades se encherão de inimigos,
como campos cobertos de gafanhotos,
  e eles darão gritos de vitória".

Cântico de louvor ao Senhor

¹⁵O Senhor fez a terra com seu poder
  e a estabeleceu com sua sabedoria.
Com seu entendimento,
  estendeu os céus.
¹⁶Quando fala no meio do trovão,
  as chuvas rugem nos céus.
Eleva as nuvens acima da terra,
  envia relâmpagos com a chuva
  e ordena que o vento saia de seus
  depósitos.
¹⁷Todo ser humano é tolo e não tem
  conhecimento!

ª**51.11** A Septuaginta traz *Encham as aljavas*.

51.10 Esta mensagem do Senhor foi escrita pelo profeta Jeremias aos judeus que foram levados para a Babilônia ou até mesmo para lugares mais distantes. Foi-lhes implorado para que não se esquecessem da cidade sagrada onde haviam adorado a Deus em Seu Templo. Entre todos os seus pensamentos, receberam ordens para cuidar que a lembrança de Jerusalém viesse muitas vezes à sua mente. Isso os impediria de se estabelecer nos lugares para onde foram levados como cativos. Eles sempre estavam muito prontos para se misturar com outras nações e esquecer-se de que Deus os havia separado para serem um povo para si mesmo para sempre. Assim, Jeremias lhes implorou que guardassem a cidade santa em suas mentes, para que eles não se julgassem como sendo persas ou babilônios, mas que se lembrassem de que eram israelitas e que Jerusalém era sua cidade mãe e lar. Além disso, esse tipo de meditação aumentaria no coração deles ardentes anseios para retornar. "Pensem em seu lar em Jerusalém", isto é, "suspire por ele. Tenha desejo sincero de voltar a ele e, ao cortar os vários laços que o ligam à terra distante, permita que as ligações que *o unem a Jerusalém se tornem cada vez mais fortes*". Sabemos, através do Salmo 137, que é exatamente isso o que os cativos fizeram [...]. Esta era uma prova de que eles tinham o país onde moravam — e onde muitos deles prosperaram e se tornaram grandes — como um lugar de banimento. Seu lamento patético provou que eles nunca poderiam ser verdadeiramente felizes até que estivessem de volta ao lugar das assembleias solenes de Israel, o lugar que fora especialmente dedicado ao culto do Altíssimo.

O sentimento de que eles eram estrangeiros numa terra estranha e seu ansioso desejo de retornar ao seu país natal os tornariam rápidos em observar tudo o que poderia cooperar para o bem de Jerusalém. Se algum deles viesse a ser o copeiro do rei, como Neemias, ou ocupasse qualquer cargo na corte, como Mordecai e Ester, eles estariam atentos às oportunidades de trabalhar pelo bem de sua amada cidade, e aproveitariam todas as ocasiões para proteger e beneficiar a raça à qual pertenciam. Este era o desejo do profeta e também era o propósito do Senhor, que eles não encontrassem satisfação permanente na Babilônia, mas sempre suspirassem pela cidade de suas festividades, "alta e magnífica" — que nunca cantassem os louvores de Susã, mas que pudessem reservar toda a sua admiração por Sião, onde Deus se revelou ao Seu povo, como nunca fez a outras nações da Terra.

Considerando tudo isso, eu imploro a vocês, que são o povo do Senhor, para se lembrarem da Jerusalém *espiritual* e, por razões semelhantes, que possam sentir que este mundo não é o seu descanso, que a sua cidadania não é desta Terra, mas do Céu, para que possam cantar de todo o coração —

"Jerusalém, meu lar feliz!
Minh'alma ainda anseia por ti".

Os artesãos são envergonhados pelos
   ídolos que fazem,
pois as imagens que esculpiram são uma
   fraude;
   não têm fôlego nem poder.
¹⁸Os ídolos são inúteis, são mentiras
   ridículas;
   no dia do acerto de contas, serão todos
   destruídos.
¹⁹Mas o Deus de Israelᵃ não é como esses
   ídolos;
   ele é o Criador de todas as coisas,
incluindo Israel, a nação que lhe pertence.
Seu nome é Senhor dos Exércitos!

O grande castigo da Babilônia

²⁰"Vocêᵇ é meu martelo e minha espada",
   diz o Senhor.
"Com você despedaçarei nações
   e destruirei muitos reinos.
²¹Com você destruirei o cavalo, o cavaleiro,
   o carro de guerra e o condutor.
²²Com você despedaçarei homens e
   mulheres,
   velhos e crianças,
   rapazes e moças.
²³Com você despedaçarei pastores e
   rebanhos,
   lavradores e bois,
   capitães e oficiais.

²⁴"Retribuirei à Babilônia
   e aos habitantes daquela terraᶜ
por todo o mal que fizeram
   ao meu povo em Sião", diz o Senhor.

²⁵"Veja, ó montanha poderosa, destruidora
   da terra!
   Sou seu inimigo", diz o Senhor.
"Levantarei minha mão contra você,
   e a derrubarei das alturas.
Quando eu terminar,
   você não passará de um monte de
   escombros queimados.
²⁶Nem mesmo suas pedras serão
   reaproveitadas
   para outras construções.
Ficará completamente arruinada",
   diz o Senhor.

²⁷Levantem uma bandeira para as nações!
   Façam soar o toque de guerra!
Mobilizem-nas contra a Babilônia,
   convoquem os exércitos de Ararate, Mini
   e Asquenaz.
Nomeiem um comandante e tragam
   muitos cavalos,
   como um enxame de gafanhotos.
²⁸Reúnam contra ela os exércitos das
   nações
   comandados pelos reis da Média
   e todos os seus capitães e oficiais.

²⁹A terra estremece e se contorce de dor,
   pois todos os planos do Senhor contra a
   Babilônia
permanecem inalterados;
   a Babilônia ficará desolada, sem um só
   habitante.
³⁰Seus guerreiros valentes pararam de lutar
   e permanecem em seus quartéis, sem
   coragem alguma;
   tornaram-se como mulheres.
Os invasores queimaram as casas
   e quebraram os portões da cidade.
³¹Mensageiros correm apressados para
   contar ao rei
   que sua cidade foi conquistada.
³²Todas as rotas de fuga estão fechadas;
   os juncos dos pântanos foram
   incendiados,
   e o exército está em pânico.

³³Assim diz o Senhor dos Exércitos,
   o Deus de Israel:
"A Babilônia é como o trigo na eira,
   prestes a ser pisado.
Em breve,
   começará sua colheita".

³⁴"Nabucodonosor, rei da Babilônia, nos
   devorou, nos esmagou
   e nos deixou sem forças.
Ele nos engoliu como um monstro;
   encheu o estômago com nossas riquezas
   e nos vomitou de nossa terra.
³⁵Que a Babilônia sofra da mesma forma
   que nos fez sofrer",
   diz o povo de Sião.

ᵃ**51.19** Em hebraico, *a Porção de Jacó*. Ver nota em 5.20. ᵇ**51.20** Possivelmente Ciro, que Deus usou para conquistar a Babilônia. Comparar com Is 44.28; 45.1. ᶜ**51.24** Ou *da Caldeia*; também em 51.35b.

"Que seus habitantes paguem por terem
derramado nosso sangue",
diz Jerusalém.

A vingança do Senhor contra a Babilônia

³⁶Assim diz o Senhor a Jerusalém:

"Defenderei sua causa
e os vingarei.
Secarei o rio da Babilônia,
e também suas fontes,
³⁷e ela se tornará um monte de ruínas,
morada de chacais.
Será objeto de horror e desprezo,
um lugar onde ninguém vive.
³⁸Seus habitantes rugirão juntos, como
leões fortes;
rosnarão como leõezinhos.
³⁹E, enquanto estiverem inflamados de
tanto beber,
prepararei para eles outro tipo de
banquete.
Eu os farei beber até que caiam no sono,
e nunca mais acordarão",
diz o Senhor.
⁴⁰"Eu os levarei como cordeiros para o
matadouro,
como carneiros e bodes.

⁴¹"Como caiu a Babilônia,ᵃ
a grande Babilônia, admirada em toda a
terra!
Tornou-se objeto de horror
entre as nações.
⁴²O mar se levantou sobre a Babilônia;
está coberta de ondas violentas.
⁴³Suas cidades estão em ruínas;
é uma terra seca e deserta,
onde ninguém vive e por onde ninguém
passa.
⁴⁴Castigarei Bel, o deus dos babilônios,
e o farei vomitar tudo que engoliu.
As nações não virão mais para adorá-lo;
o muro da Babilônia caiu!

Uma mensagem para os exilados

⁴⁵"Saia da Babilônia, meu povo!
Salvem-se da ira ardente do Senhor!
⁴⁶Mas não entrem em pânico;
não tenham medo quando ouvirem os
primeiros rumores,
pois continuarão a chegar rumores ano
após ano.
Haverá violência na terra,
e governantes lutarão uns contra os
outros.
⁴⁷Pois certamente está chegando o dia
em que castigarei a Babilônia e todos os
seus ídolos.
Toda a sua terra será envergonhada,
e seus mortos ficarão espalhados pelas
ruas.
⁴⁸Então os céus e a terra se alegrarão,
porque do norte virão exércitos
destruidores
contra a Babilônia", diz o Senhor.
⁴⁹"Assim como a Babilônia matou o povo
de Israel
e outros povos de todo o mundo,
também seu povo será morto.
⁵⁰Saiam, todos vocês que escaparam da
espada!
Não fiquem parados, fujam enquanto
podem!
Embora estejam numa terra distante,
lembrem-se do Senhor
e pensem em seu lar em Jerusalém."

⁵¹"Estamos envergonhados", diz o povo.
"Fomos insultados e humilhados,
pois estrangeiros
profanaram o templo do Senhor."

⁵²"Sim", diz o Senhor, "mas está chegando
o dia
em que eu destruirei os ídolos da
Babilônia.
Por toda a terra se ouvirão
os gemidos de seu povo ferido.
⁵³Ainda que a Babilônia chegue até os céus
e construa fortalezas poderosas,
enviarei inimigos para destruí-la.
Eu, o Senhor, falei!"

A destruição total da Babilônia

⁵⁴"Ouçam os gritos que vêm da Babilônia,
o som de grande destruição daquela
terra!
⁵⁵Pois o Senhor está destruindo a Babilônia;

ᵃ **51.41** Em hebraico, *Sesaque*, codinome para Babilônia.

ele calará sua voz estrondosa.
Ondas de inimigos a atingem com
 violência;
 pela cidade ressoam ruídos da batalha.
⁵⁶Exércitos destruidores vêm contra a
 Babilônia;
 seus homens valentes são capturados,
 seus arcos se quebram em suas mãos.
Pois o S<small>ENHOR</small> é Deus que dá o justo castigo;
 sempre retribui em plena medida.
⁵⁷Deixarei embriagados seus líderes e seus
 sábios,
 bem como seus capitães, oficiais e
 guerreiros.
Eles cairão no sono
 e nunca mais acordarão!",
diz o Rei, cujo nome é
 S<small>ENHOR</small> dos Exércitos.

⁵⁸Assim diz o S<small>ENHOR</small> dos Exércitos:
"Os largos muros da Babilônia serão
 arrasados,
 e seus grandes portões, queimados.
Construtores de muitas nações
 trabalharam em vão,
 pois sua obra será destruída pelo fogo".

A mensagem de Jeremias é enviada para a Babilônia

⁵⁹O profeta Jeremias transmitiu esta mensagem a Seraías, filho de Nerias e neto de Maaseias, chefe dos assessores do rei, quando Seraías foi à Babilônia com Zedequias, rei de Judá. Isso aconteceu no quarto ano do reinado de Zedequias.ª ⁶⁰Jeremias havia registrado num rolo todas as calamidades que viriam em breve sobre a Babilônia, todas as palavras escritas aqui. ⁶¹Jeremias disse a Seraías: "Quando chegar à Babilônia, leia em voz alta tudo que está neste rolo. ⁶²Depois, diga: 'S<small>ENHOR</small>, tu disseste que destruirás a Babilônia, de modo que não restarão aqui nem pessoas nem animais. Ela ficará desolada para sempre'. ⁶³Quando tiver terminado de ler o rolo, amarre-o a uma pedra e jogue-o no rio Eufrates. ⁶⁴Em seguida, diga: 'Da mesma forma, a Babilônia e seu povo afundarão e nunca mais se levantarão por causa das calamidades que trarei sobre ela'".

Aqui terminam as mensagens de Jeremias.

A queda de Jerusalém

52 Zedequias tinha 21 anos quando começou a reinar, e reinou em Jerusalém por onze anos. Sua mãe se chamava Hamutal e era filha de Jeremias, de Libna. ²Fez o que era mau aos olhos do S<small>ENHOR</small>, como Jeoaquim antes dele. ³Estas coisas aconteceram por causa da ira do S<small>ENHOR</small> contra o povo de Jerusalém e de Judá. Por fim, ele os expulsou de sua presença.

Zedequias se rebelou contra o rei da Babilônia. ⁴Assim, em 15 de janeiro,ᵇ durante o nono ano de reinado de Zedequias, Nabucodonosor, rei de Babilônia, e todo o seu exército cercaram Jerusalém e construíram rampas de ataque contra os muros. ⁵Jerusalém permaneceu cercada até o décimo primeiro ano do reinado de Zedequias.

⁶Em 18 de julho, no décimo primeiro ano do reinado de Zedequias,ᶜ a fome na cidade tinha se tornado tão severa que não havia mais nenhum alimento. ⁷Assim, abriram uma brecha no muro da cidade, e todos os soldados fugiram. Como a cidade estava cercada pelos babilônios,ᵈ os soldados esperaram até o anoitecer. Então, passaram pelo portão entre os dois muros atrás do jardim do rei e fugiram em direção ao vale do Jordão.ᵉ

⁸Contudo, o exército babilônio perseguiu o rei Zedequias e o alcançou nas planícies de Jericó, pois todos os seus soldados o haviam abandonado e se dispersado. ⁹Capturaram Zedequias e o levaram ao rei da Babilônia, em Ribla, na terra de Hamate. Ali o rei da Babilônia sentenciou Zedequias. ¹⁰Obrigou Zedequias a vê-lo matar seus filhos e todos os oficiais de Judá. ¹¹Depois, arrancou seus olhos, o prendeu com correntes de bronze e o levou para a Babilônia. Zedequias permaneceu preso até o dia de sua morte.

O templo é destruído

¹²Em 17 de agosto daquele ano,ᶠ o décimo nono ano do reinado de Nabucodonosor,

---

ª**51.59** Isto é, no ano 593 a.C. ᵇ**52.4** Em hebraico, *no décimo dia do décimo mês*, do antigo calendário lunar hebraico. O ano foi 588 a.C.; ver também nota em 1.3. ᶜ**52.6** Em hebraico, *No nono dia do quarto mês* [do décimo primeiro ano do reinado de Zedequias]. O ano foi 586 a.C.; ver também nota em 1.3. ᵈ**52.7a** Ou *caldeus*; também em 52.8,17. ᵉ**52.7b** Em hebraico, *à Arabá*. ᶠ**52.12** Em hebraico, *No décimo dia do quinto mês*, do antigo calendário lunar hebraico. O ano foi 586 a.C.; ver também nota em 1.3.

Nebuzaradã, capitão da guarda e oficial do rei babilônio, chegou a Jerusalém. ¹³Queimou o templo do Senhor, o palácio real e todas as casas de Jerusalém. Queimou também todos os edifícios importantes da cidade. ¹⁴Depois, supervisionou o exército babilônio[a] na demolição de todos os muros de Jerusalém. ¹⁵Em seguida, Nebuzaradã, capitão da guarda, deportou alguns dos mais pobres, o povo que havia ficado na cidade, os desertores de Judá que se entregaram ao rei da Babilônia e o restante dos artesãos. ¹⁶Permitiu, no entanto, que alguns dos mais pobres ficassem para cuidar dos vinhedos e dos campos.

¹⁷Os babilônios despedaçaram as colunas de bronze na frente do templo do Senhor, as bases móveis de bronze e o grande tanque de bronze chamado Mar, e levaram todo o bronze para a Babilônia. ¹⁸Também levaram os baldes para cinzas, as pás, os cortadores de pavios, as bacias, as vasilhas e todos os outros utensílios de bronze usados para o serviço no templo. ¹⁹O capitão da guarda também levou os baldes pequenos, os incensários, as bacias, as panelas, os candeeiros, as colheres, as vasilhas usadas para as ofertas derramadas e todos os outros utensílios de ouro puro ou de prata.

²⁰Era impossível calcular o peso do bronze das duas colunas, do Mar com os doze touros de bronze debaixo dele e das bases móveis. Esses objetos tinham sido feitos para o templo do Senhor por ordem do rei Salomão. ²¹Cada coluna media 8,3 metros de altura e tinha 5,5 metros de circunferência.[b] Era oca, e suas paredes tinham cerca de 8 centímetros de espessura.[c] ²²O capitel de bronze no alto de cada coluna media cerca de 2,25 metros[d] de altura e era enfeitado ao redor com correntes entrelaçadas de romãs feitas de bronze. ²³Havia 96 romãs nos lados, e nas correntes entrelaçadas ao redor do topo havia, ao todo, cem romãs.

²⁴Nebuzaradã, capitão da guarda, levou como prisioneiros o sumo sacerdote Seraías, o sacerdote auxiliar Sofonias e três dos principais guardas das portas. ²⁵Dentre o povo que ainda estava escondido na cidade, levou um oficial responsável pelo exército, sete dos conselheiros pessoais do rei, o secretário do comandante do exército, que era encarregado do alistamento, e outros sessenta homens do povo. ²⁶Nebuzaradã, capitão da guarda, levou-os ao rei da Babilônia, em Ribla. ²⁷E ali em Ribla, na terra de Hamate, o rei da Babilônia mandou executá-los. Assim, o povo de Judá foi enviado para o exílio, para longe de sua terra.

²⁸No sétimo ano do reinado de Nabucodonosor,[e] 3.023 judeus foram levados para o exílio na Babilônia. ²⁹No décimo oitavo ano de Nabucodonosor,[f] mais 832 pessoas foram exiladas de Jerusalém. ³⁰No vigésimo terceiro ano de Nabucodonosor,[g] ele enviou Nebuzaradã, capitão da guarda, que levou mais 745 judeus. Ao todo, 4.600 pessoas foram exiladas.

Esperança para a dinastia de Israel

³¹No trigésimo sétimo ano do exílio de Joaquim, rei de Judá, Evil-Merodaque começou a reinar na Babilônia. Foi bondoso com[h] Joaquim e o libertou da prisão em 31 de março daquele ano.[i] ³²Falou com ele gentilmente e o colocou num lugar mais elevado que o de outros reis exilados na Babilônia. ³³Providenciou-lhe roupas novas, no lugar das roupas de prisioneiro, e permitiu que ele comesse na presença do rei enquanto vivesse. ³⁴Joaquim recebeu do rei da Babilônia uma provisão diária de alimento enquanto viveu, até o dia de sua morte.

---

[a]**52.14** Ou *caldeu*. [b]**52.21a** Em hebraico, *18 côvados de altura e 12 côvados de circunferência*. [c]**52.21b** Em hebraico, *4 dedos de espessura*. [d]**52.22** Em hebraico, *5 côvados*. [e]**52.28** Isto é, no ano 597 a.C. [f]**5.29** Isto é, no ano 586 a.C. [g]**52.30** Isto é, no ano 581 a.C. [h]**52.31a** Em hebraico, *Levantou a cabeça de*. [i]**52.31b** Em hebraico, *no vigésimo quinto dia do décimo segundo mês*, do antigo calendário lunar hebraico. O ano foi 561 a.C.; ver também nota em 1.3.

Lamentações

INTRODUÇÃO

Autor. (1) Seu nome significa "Exaltado de Deus", e ocupa o segundo lugar entre os grandes escritores do Antigo Testamento. (2) Ele viveu no final do sexto e início do quinto século antes de Cristo. Seu ministério começou em 626 a.C., o décimo terceiro ano de Josias, e durou cerca de 40 anos. Provavelmente morreu na Babilônia durante os primeiros anos do cativeiro. (3) Era de natureza sensível, suave, tímido e inclinado à melancolia. Era devotamente religioso e, naturalmente, evitou causar dor aos outros. (4) Ele era incrivelmente ousado e corajoso ao declarar a mensagem de Deus que era impopular e o submeteu ao ódio e até ao sofrimento. Era impiedoso nas denúncias e repreensões administradas a sua nação, não poupou nem mesmo o príncipe. (5) É chamado de o profeta chorão. Ficou angustiado pela desobediência e pela apostasia de Israel e pelo mal que ele previu. Sendo tão devotamente religioso, sofreu pela impiedade reinante em sua época.

Condição das nações. (1) Israel, o Reino do Norte, fora levado para o cativeiro e Judá ficou sozinho contra seus inimigos. (2) Judá caíra em péssima situação, mas Josias, que reinou quando Jeremias começou seu ministério, tentou fazer reformas e restaurar a antiga ordem. Após a sua morte, no entanto, a perversidade cresceu cada vez mais até que, na última parte da vida de Jeremias, Jerusalém e o Templo foram destruídos por Nabucodonosor e Judá foi levado para o cativeiro. (3) As potências mundiais do tempo do nascimento de Jeremias eram a Assíria e o Egito. Elas estavam lutando pela supremacia. Contudo, Jeremias viveu para ver ambas subjugadas e a Babilônia, tornar-se a senhora do mundo. Ele previu também como a Babilônia cairia e como um reino maior do que todos iria surgir, onde haveria justiça e paz.

Lamentações. O nome significa elegias ou poemas lúgubres ou lamuriosos. Anteriormente fazia parte do livro de Jeremias e representa as lamentações do profeta quando as calamidades que ele tinha predito aconteceram com seu povo, que muitas vezes o desprezara e o rejeitara por suas mensagens. Ele escolheu viver com eles em seus sofrimentos e o seu choro os direcionou para uma estrela de esperança. Os cinco capítulos são independentes e escritos em forma poética. Os capítulos 1, 2, 4 e 5 têm 22 versículos ou apenas o número de letras do alfabeto hebraico. O Capítulo 3 tem 66 versículos ou três vezes o número do alfabeto. Os primeiros quatro capítulos são acrósticos, isto é, que cada versículo começa com uma letra do alfabeto hebraico. No capítulo três, cada letra é usada em ordem e é repetida três vezes como a letra inicial de três linhas sucessivas.

ESBOÇO

1. A miséria de Jerusalém, Cap. 1
2. A causa do sofrimento do povo, Cap. 2
3. A base da esperança, Cap. 3
4. O passado e o presente de Israel, Cap. 4
5. O apelo final para restauração, Cap. 5

PARA ESTUDO E DISCUSSÃO

[1] Reúna todas as passagens em Jeremias e Lamentações que falam do Messias e dos tempos messiânicos e faça um estudo de cada uma (Exemplo 23.5,6).
[2] Selecione algumas das passagens surpreendentes de Lamentações e mostre como elas se aplicam aos fatos da história.
[3] O amor de Jeremias por Judá — ele viu as suas falhas, repreendeu-os pelos seus pecados, mas não os abandonou quando estavam sofrendo, porque desprezaram o seu conselho.

Grande tristeza em Jerusalém

1 [a]**1** A cidade que antes era cheia de gente
agora está deserta.
Antes era grande entre as nações,
agora está sozinha, como uma viúva.
Antes era rainha de toda a terra,
agora é escrava.

2 Ela passa a noite aos prantos;
lágrimas correm por seu rosto.
De todos os seus amantes,
não resta um sequer para consolá-la.
Todos os seus amigos a traíram
e se tornaram seus inimigos.

3 Judá foi levada para o exílio
e oprimida com cruel escravidão.
Vive entre as nações
e não tem lugar para descansar.
Seus inimigos a perseguiram,
e ela não tem a quem recorrer.

4 As estradas para Sião estão de luto,
pois as multidões já não vêm celebrar as festas.
Os portões da cidade estão em silêncio,
os sacerdotes gemem,
as moças choram.
Como é amargo seu destino!

5 Seus adversários se tornaram seus senhores,
e seus inimigos prosperam,
pois o SENHOR castigou Jerusalém
por seus muitos pecados.
Seus filhos foram capturados
e levados para o exílio.

6 A bela Sião[b]
foi despojada de toda a sua majestade.
Seus príncipes são como cervos famintos
em busca de pasto.
Estão fracos demais para fugir
do inimigo que os persegue.

7 Em meio à sua tristeza e às suas andanças,
Jerusalém se lembra de seu antigo esplendor.
Agora, porém, caiu nas mãos de seu inimigo,
e não há quem a ajude.
Seu inimigo a derrubou
e zombou de sua queda.

8 Jerusalém pecou terrivelmente,
por isso foi jogada fora como trapo imundo.
Todos que antes a honravam agora a desprezam,
pois a viram nua e humilhada.
Só resta a ela gemer
e esconder o rosto.

9 Com sua impureza, contaminou as vestes
e não pensou nas consequências.
Agora está caída no chão,
e não há quem a levante.
"SENHOR, vê minha aflição", ela diz.
"O inimigo triunfou."

10 O inimigo a saqueou
e levou todos os seus valiosos bens.
Ela viu estrangeiros profanarem seu templo sagrado,
o lugar em que o SENHOR os proibira de entrar.

11 Seu povo geme, à procura de pão;
trocaram seus tesouros por alimento
para sobreviver.
"Olha, SENHOR", ela se lamenta,
"e vê como sou desprezada!"

12 "Isso tudo nada significa para vocês que passam por mim?
Olhem ao redor e vejam se há dor igual à minha,
que o SENHOR trouxe sobre mim
quando se acendeu sua ira.

---

[a]**1** Cada um dos 4 primeiros capítulos do livro é um acróstico, apresentado na sequência do alfabeto hebraico. A primeira palavra de cada versículo começa com uma letra hebraica sucessiva. Os capítulos 1, 2 e 4 têm um versículo para cada uma das 22 letras hebraicas. O capítulo 3 tem 22 estrofes de 3 versículos cada. Embora o capítulo 5 tenha 22 versículos, não é um acróstico.
[b]**1.6** Em hebraico, *A filha de Sião*.

1.12 A compaixão com os que sofrem nunca se contenta em fazer sua parte sozinha. O homem que se entristece em favor de outro está pronto a convidar outros a se juntarem a ele em sua compaixão. Parece-lhe algo tão triste que ele deseja que todos os homens chorem sobre a situação com ele. É um sentimento tão grande que ele cobre o Céu com escuridão e o mundo com saco. Por isso, Jeremias, quando viu as tristezas de Jerusalém,

¹³"Do céu enviou fogo que me queima os ossos;
pôs uma armadilha em meu caminho e me fez voltar atrás.
Deixou-me devastada,
atormentada o dia todo por uma doença.

¹⁴"Trançou meus pecados como uma corda para me prender ao jugo do exílio.
O Senhor me tirou a força e me entregou a meus inimigos;
estou indefesa nas mãos deles.

¹⁵"O Senhor tratou meus homens valentes com desprezo.
Por ordem sua, um grande exército veio para esmagar meus jovens guerreiros.
O Senhor pisou a amada cidade de Jerusalém[a]
como se pisam uvas no tanque de prensar.

¹⁶"Choro por todas essas coisas,
lágrimas correm por meu rosto.
Não resta ninguém para me consolar,
estão longe os que poderiam me animar.
Meus filhos não têm futuro,
pois o inimigo nos conquistou."

¹⁷Sião estende as mãos,
mas ninguém a consola.
O Senhor disse
a respeito de seu povo, Israel:[b]
"Que seus vizinhos sejam seus inimigos!
Que Jerusalém seja jogada fora como trapo imundo!".

¹⁸"O Senhor é justo", diz Jerusalém,
"pois me rebelei contra ele.
Ouçam todos os povos
e vejam minha angústia,
pois meus filhos e filhas
foram levados para o exílio.

¹⁹"Pedi ajuda a meus aliados,
mas eles me traíram.
Meus sacerdotes e meus líderes morreram de fome na cidade,
enquanto procuravam alimento para sobreviver.

²⁰"Senhor, vê minha angústia!
Meu coração está aflito,
e minha alma, desesperada,
pois me rebelei terrivelmente contra ti.
Nas ruas, a espada mata,
e, em casa, só há morte.

²¹"Outros ouviram meus gemidos,
mas ninguém veio me consolar.
Quando meus inimigos souberam de minha desgraça,
se alegraram de ver o que tu havias feito.
Ah, traze o dia que prometeste,
em que eles sofrerão como eu sofri!

²²"Vê todas as maldades deles, Senhor,
e castiga-os
como me castigaste,
por todos os meus pecados.
Meus gemidos são muitos,
e meu coração está enfermo."

A ira de Deus pelo pecado

2 ¹Em sua ira, o Senhor
cobriu com uma sombra a bela Sião.[c]
A mais gloriosa das cidades de Israel
foi lançada por terra das alturas dos céus.
No dia de sua grande ira,
o Senhor não teve compaixão nem mesmo de seu templo.[d]

---

[a]**1.15** Em hebraico, *a filha virgem de Judá*. [b]**1.17** Em hebraico, *Jacó*. Os nomes "Jacó" e "Israel" são usados de forma intercambiável ao longo de todo o Antigo Testamento e se referem, por vezes, ao patriarca e, em outras ocasiões, à nação. [c]**2.1a** Em hebraico, *a filha de Sião*; também em 2.4,8,10,18. [d]**2.1b** Em hebraico, *do suporte de seus pés*.

---

queixou-se de todos os que ousaram passar por ela sem lamentar. Ele contemplou aquela cidade antiga e gloriosa sitiada por seus adversários, invadida por seus exércitos ferozes e entregue ao saque, ao assassinato, ao fogo e à desolação. Ele contemplou o sangue de seus filhos e filhas correndo pelas ruas, suas casas derrubadas e seu glorioso Templo contaminado e reduzido a cinzas. Você se questiona por ele ter chorado e recorrido aos outros para chorar com ele? Ele imaginava que Jerusalém estivesse sentada ao lado do caminho, como uma donzela que foi muito ferida e que estava em amargo sofrimento, gritando em sua beleza e angústia: "Isso tudo nada significa para vocês que passam por mim? Olhem ao redor e vejam se há dor igual à minha".

²Sem piedade, o Senhor destruiu
  todas as casas de Israel.ᵃ
Em sua ira, derrubou
  os muros fortificados da bela
    Jerusalém.ᵇ
Jogou-os por terra
  e humilhou o reino e seus governantes.

³Toda a força de Israel
  desapareceu sob a sua ira ardente.
Retirou sua proteção
  durante os ataques do inimigo.
Como labaredas de fogo,
  consome tudo ao redor.

⁴Prepara o arco para atacar seu povo,
  como se fosse seu inimigo.
Usa contra eles sua força
  para matar os melhores jovens.
Derrama como fogo sua fúria
  sobre a tenda da bela Sião.

⁵Sim, o Senhor derrotou Israel
  como se fosse seu inimigo.
Destruiu seus palácios
  e demoliu suas fortalezas.
Trouxe tristeza e choro sem fim
  sobre a bela Jerusalém.

⁶Derrubou com violência seu templo,
  como uma cabana num jardim.
O Senhor fez cair no esquecimento
  as festas sagradas e os sábados.
Reis e sacerdotes caíram juntos
  diante de sua ira ardente.

⁷O Senhor rejeitou seu altar
  e desprezou seu santuário.
Entregou os palácios de Jerusalém
  a seus inimigos.
No templo do Senhor, gritam
  como se fosse um dia de celebração.

⁸O Senhor se decidiu
  a derrubar os muros da bela Sião.
Traçou planos detalhados para sua
    destruição
  e fez o que planejou.
Por isso as fortificações e os muros
  caíram diante dele.

⁹Os portões de Jerusalém afundaram na
    terra;
  ele despedaçou suas trancas.
Seu rei e seus príncipes foram exilados
    entre as nações;
  sua lei deixou de existir.
Seus profetas não recebem mais
  visões do Senhor.

¹⁰Os líderes da bela Jerusalém
  sentam-se no chão em silêncio.
Vestem-se de pano de saco
  e jogam pó sobre a cabeça.
As moças de Jerusalém
  abaixam a cabeça, envergonhadas.

¹¹Chorei até que não tivesse mais lágrimas;
  meu coração está aflito.
Meu espírito se derrama de angústia,
  quando vejo a calamidade de meu povo.
Crianças pequenas e bebês
  desfalecem e morrem nas ruas.

¹²Clamam às mães:
  "Estamos com fome e sede!".
Desfalecem nas ruas,
  como o guerreiro ferido na batalha.
Lutam para respirar
  e morrem lentamente nos braços
    maternos.

¹³Que posso dizer a seu respeito?
  Quem alguma vez viu tamanha tristeza?
Ó filha de Jerusalém, a que posso
    compará-la em sua angústia?
Ó filha virgem de Sião, como posso
    consolá-la?
Sua ferida é mais profunda que o mar;
  quem pode curá-la?

¹⁴Seus profetas anunciaram
  visões inúteis e mentiras.
Não lhe mostraram seus pecados
  para salvá-la do exílio.
Em vez disso, anunciaram mensagens
    enganosas
  e a encheram de falsa esperança.

¹⁵Todos que passam caçoam de você;
  zombam da bela Jerusalémᶜ e a insultam:

ᵃ **2.2a** Em hebraico, *Jacó*; também em 2.3b. Ver nota em 1.17. ᵇ **2.2b** Em hebraico, *da filha de Judá*; também em 2.5. ᶜ **2.15** Em hebraico, *da filha de Jerusalém*.

"Esta é a cidade chamada de 'A Mais Bela
  do Mundo'
e 'Alegria de Toda a Terra'?".

¹⁶Todos os seus inimigos falam mal de você;
  zombam, rosnam e dizem:
"Finalmente a destruímos!
  Esperamos tanto por este dia,
  e enfim ele chegou!".

¹⁷Mas foi o Senhor que fez tudo que
    planejou;
  cumpriu as promessas de trazer
    calamidade
  feitas muito tempo atrás.
Destruiu Jerusalém sem compaixão;
  fez seus inimigos se alegrarem com sua
    derrota
  e lhes deu poder sobre ela.

¹⁸Chorem em alta voz[a] diante do Senhor,
  ó muros da bela Sião!
Que suas lágrimas corram
  dia e noite como um rio.
Não se permitam descanso algum,
  nem deem alívio a seus olhos.

¹⁹Levantem-se no meio da noite e clamem,
  derramem como água o coração diante
    do Senhor.
Levantem as mãos em oração
  e supliquem por seus filhos,
pois desfalecem de fome
  pelas ruas.

²⁰"Ó Senhor, pensa nisso!
  Acaso deves tratar teu povo dessa
    maneira?
Devem as mães comer os próprios filhos,
  que elas criaram com tanto carinho?
Devem os sacerdotes e os profetas ser
    mortos
  dentro do templo do Senhor?

²¹"Estão jogados nas ruas,
  jovens e velhos,
rapazes e moças,
  mortos pelas espadas do inimigo.
Tu os mataste em tua ira
  e os massacraste sem piedade.

²²"Convocaste terrores de todos os lados,
  como se os chamasses para uma ocasião
    solene.
No dia da ira do Senhor,
  ninguém escapou nem sobreviveu.
Os filhos que levei em meus braços e criei
  o inimigo destruiu."

Esperança na fidelidade do Senhor

3 ¹Eu sou aquele que viu as aflições
  trazidas pela vara da ira do Senhor.
²Ele me conduziu para a escuridão
  e removeu toda a luz.
³Voltou sua mão contra mim
  repetidamente, o dia todo.

⁴Fez minha pele e minha carne
    envelhecerem
  e me quebrou os ossos.
⁵Sitiou-me e cercou-me
  de angústia e aflição.
⁶Enterrou-me num lugar escuro,
  como os que há muito morreram.

⁷Cercou-me de muros, e não consigo
    escapar;
  prendeu-me com pesadas correntes.
⁸E, ainda que eu clame e grite,
  ele fechou os ouvidos para minha
    oração.
⁹Com um muro de pedra, impediu meu
    caminho;
  tornou minha estrada tortuosa.

¹⁰Escondeu-se como um urso ou um leão
  que espera para atacar.
¹¹Arrastou-me para fora do caminho e
    despedaçou-me;
  deixou-me devastado.
¹²Preparou seu arco
  e me fez alvo de suas flechas.

¹³As flechas que ele atirou
  entraram fundo em meu coração.
¹⁴Meu povo ri de mim;
  o dia inteiro entoam canções de
    zombaria.
¹⁵De amargura ele me encheu
  e me fez beber um amargo cálice de dor.

¹⁶Fez-me comer pedrinhas até quebrar os
    dentes
  e cobriu-me de pó.

---

[a] **2.18** Em hebraico, *Seu coração chorou*.

¹⁷Tirou-me a paz,
e já não sei o que é prosperar.
¹⁸Grito: "Meu esplendor se foi!
Tudo que eu esperava do Senhor se perdeu!".
¹⁹Como é amargo[a] recordar meu sofrimento
e meu desamparo!
²⁰Lembro-me sempre destes dias terríveis
enquanto lamento minha perda.
²¹Ainda ouso, porém, ter esperança
quando me recordo disto:
²²O amor do Senhor não tem fim![b]
Suas misericórdias são inesgotáveis.
²³Grande é sua fidelidade;
suas misericórdias se renovam cada manhã.
²⁴Digo a mim mesmo: "O Senhor é minha porção;
por isso, esperarei nele!".
²⁵O Senhor é bom para os que dependem dele,
para os que o buscam.
²⁶Portanto, é bom esperar em silêncio
pela salvação do Senhor.
²⁷É bom as pessoas se sujeitarem, ainda jovens,
ao jugo de sua disciplina.
²⁸Que permaneçam sozinhas e em silêncio
sob o jugo do Senhor.
²⁹Que se deitem com o rosto no pó,
pois talvez ainda haja esperança.
³⁰Que deem a outra face para os que os ferem
e aceitem os insultos de seus inimigos.
³¹Pois o Senhor
não abandona ninguém para sempre.
³²Embora traga tristeza, também mostra compaixão,
por causa da grandeza de seu amor.
³³Pois não tem prazer em afligir as pessoas,
nem em lhes causar tristeza.
³⁴Quando alguém esmaga sob os pés
todos os prisioneiros da terra,
³⁵quando nega a outros seus direitos
em oposição ao Altíssimo,
³⁶quando distorce a justiça nos tribunais,
será que o Senhor não vê tudo isso?
³⁷Quem pode ordenar que algo aconteça
sem a permissão do Senhor?
³⁸Acaso o Altíssimo
não envia tanto a calamidade como o bem?
³⁹Então por que nós, humanos, nos queixamos
quando somos castigados por nossos pecados?
⁴⁰Em vez disso, examinemos nossos caminhos
e voltemos para o Senhor.

[a] **3.19** Ou *É absinto e fel*. [b] **3.22** Conforme a versão siríaca; o hebraico traz *O Senhor nos guarda da destruição*.

3.21 A memória é muitas vezes a serva do desânimo. As mentes desesperadas trazem à memória todos os pressentimentos obscuros do passado e todas as características sombrias do presente. A memória se põe como uma serva vestida de pano de saco, apresentando ao seu senhor uma taça de amargura e ressentimento. Como Mercúrio, ela se apressa com calcanhar alado para colher espinhos novos para encher o travesseiro desconfortável e amarrar varas novas com as quais flagelar o coração já sangrando. No entanto, não há necessidade para isso. A sabedoria transformará a memória em um anjo de conforto. Essa mesma lembrança, que pode, na sua mão esquerda, trazer tantos presságios obscuros e sombrios, pode ser treinada para carregar em sua mão direita uma riqueza de sinais esperançosos. Ela não precisa usar uma coroa de ferro, ela pode contornar sua sobrancelha com um filete de ouro, todos decorados com estrelas. [...] Observe que o texto registra um ato de lembrança por parte de Jeremias — "Ainda ouso, porém, ter esperança quando me recordo disto". No versículo anterior, ele nos diz que a memória o levou ao desespero. E agora, ele nos diz que esta mesma lembrança o trouxe à vida e ao consolo, mais uma vez. Deixamos, então, como um princípio geral, que se exercitássemos as nossas memórias um pouco mais, poderíamos, em nossa angústia mais profunda e mais sombria, acender um fósforo que instantaneamente acenderia a lamparina do consolo. Não há necessidade de Deus criar algo novo, para restaurar a alegria aos crentes. Se eles varressem as cinzas do passado, encontrariam luz para o presente; e se eles se voltassem para o livro da verdade e para o trono da graça, sua vela logo brilharia como antes.

⁴¹Levantemos o coração e as mãos
para Deus nos céus e digamos:
⁴²"Pecamos e nos rebelamos,
e tu não nos perdoaste.
⁴³"Com tua ira nos envolveste, nos perseguiste
e nos massacraste sem piedade.
⁴⁴Tu te escondeste numa nuvem,
para que nossas orações não chegassem a ti.
⁴⁵Como refugo e lixo, nos lançaste fora,
no meio das nações.
⁴⁶"Todos os nossos inimigos
falam contra nós.
⁴⁷Vivemos cheios de medo,
pois estamos presos numa armadilha,
devastados e arruinados".
⁴⁸Rios de lágrimas correm de meus olhos
pela destruição de meu povo.
⁴⁹Minhas lágrimas correm sem parar;
não cessarão
⁵⁰até que o Senhor se incline
dos céus e veja.
⁵¹Meu coração está aflito
pelo destino das mulheres de Jerusalém.
⁵²Meus inimigos, a quem nunca fiz mal,
caçaram-me como se eu fosse um pássaro.
⁵³Num poço me jogaram
e atiraram pedras sobre mim.
⁵⁴A água subiu acima de minha cabeça
e clamei: "É o fim!".
⁵⁵Mas, lá do fundo do poço,
invoquei teu nome, Senhor.
⁵⁶Tu me ouviste quando clamei: "Ouve minha súplica!
Escuta meu clamor por socorro!".
⁵⁷Sim, tu vieste quando clamei
e disseste: "Não tenha medo".
⁵⁸Senhor, defende minha causa,
pois redimiste minha vida.
⁵⁹Viste a injustiça que me fizeram, Senhor;
demonstra tua justiça.
⁶⁰Viste os planos vingativos,
que meus inimigos tramaram contra mim.
⁶¹Senhor, ouviste os insultos deles;
sabes muito bem dos planos que tramaram.
⁶²Meus inimigos me acusam
e conspiram contra mim o dia todo.
⁶³Olha para eles! Sentados ou em pé,
zombam de mim com suas canções.
⁶⁴Senhor, dá-lhes o que merecem
por todo o mal que fizeram.
⁶⁵Dá-lhes coração duro e teimoso,
e que tuas maldições caiam sobre eles.
⁶⁶Persegue-os em tua ira
e destrói-os sob os céus do Senhor.

A ira do Senhor é satisfeita

4 ¹Como o ouro perdeu seu brilho!
Até o ouro mais puro ficou embaçado.
As pedras sagradas
estão espalhadas pelas ruas.

²Vejam como os filhos preciosos de Sião,
que valem seu peso em ouro puro,
são tratados como vasos de barro
feitos por um oleiro qualquer.

³Até os chacais amamentam seus filhotes,
mas meu povo não age assim.
Como as avestruzes no deserto,
ignora cruelmente o clamor de seus filhos.

⁴A língua seca dos bebês
gruda no céu da boca, por causa da sede.
As crianças imploram por um pedaço de pão,
mas ninguém as atende.

⁵Os que antes comiam as comidas mais finas
agora morrem de fome nas ruas.
Os que antes vestiam roupas da melhor qualidade
agora reviram os montes de lixo.

⁶A culpa[a] de meu povo
é maior que a de Sodoma,
que foi destruída de repente,
e ninguém ofereceu ajuda.

⁷Nossos príncipes eram radiantes de saúde,

---

[a] **4.6** Ou *O castigo*.

mais brilhantes que a neve e mais
    brancos que o leite.
Seu rosto era rosado como rubis,
    e sua aparência, como safiras.ª

⁸Agora, porém, seu rosto está mais escuro
    que fuligem;
ninguém os reconhece nas ruas.
Sua pele está pegada aos ossos,
    seca como madeira.

⁹Os que morreram pela espada foram
    mais felizes
que os que morrem de inanição.
Famintos, definham
    por falta de alimento dos campos.

¹⁰Mulheres de bom coração
    cozinharam os próprios filhos.
Elas os comeram
    para sobreviver ao cerco.

¹¹Agora, porém, a ira do Senhor está
    satisfeita;
sua ira ardente foi derramada.
Em Sião ele acendeu um fogo
    que queimou a cidade até seus
    alicerces.

¹²Nenhum rei em toda a terra,
    ninguém no mundo inteiro,
poderia imaginar que o inimigo
    entraria pelas portas de Jerusalém.

¹³Mas foi o que aconteceu por causa do
    pecado de seus profetas
e da maldade de seus sacerdotes,
que profanaram a cidade
    ao derramar sangue inocente.

¹⁴Andavam sem destino pelas ruas,
    como cegos,
tão contaminados de sangue
    que ninguém se atrevia a tocar neles.

¹⁵"Afastem-se!", gritavam para eles.
    "Estão contaminados! Não toquem em
    nós!"
Fugiram para terras distantes
    e andaram sem rumo entre as nações,
    mas nenhuma permitiu que ficassem.

¹⁶O Senhor, em sua ira, os espalhou
    e deixou de ajudá-los.

Ninguém mais respeita os sacerdotes
    nem honra os líderes.

¹⁷Esperamos em vão que nossos aliados
    viessem nos socorrer.
Buscamos a ajuda de nações
    incapazes de nos livrar.

¹⁸Não podíamos sair às ruas,
    pois nossos passos eram vigiados.
Nosso fim se aproximava, nossos dias
    estavam contados;
estávamos condenados!

¹⁹Nossos inimigos eram mais rápidos que
    as águias no céu;
fugimos para as montanhas, mas eles
    nos perseguiram.
No deserto nos escondemos,
    mas eles estavam ali, esperando por
    nós.

²⁰Nosso rei, o ungido do Senhor, a vida de
    nossa nação,
foi capturado nos laços deles.
E nós pensávamos que sua sombra
    nos protegeria de qualquer nação da
    terra!

²¹Ó povo de Edom,
    você se alegra e exulta na terra de Uz?
Mas você também beberá do cálice da ira
    do Senhor;
também ficará embriagado e será
    despido.

²²Ó bela Sião,ᵇ o castigo de sua maldade
    chegará ao fim;
logo voltará do exílio.
Mas para você, Edom, o castigo está só
    começando;
logo seus muitos pecados serão
    expostos.

Súplica por restauração

5 ¹Lembra-te, Senhor, do que aconteceu
    conosco
e vê como fomos humilhados!
²Nossa herança foi entregue a estranhos,
    e nossas casas, a estrangeiros.
³Somos órfãos e já não temos pai,
    e nossa mãe ficou viúva.

ª **4.7** Ou *lápis-lazúlis.* ᵇ **4.22** Em hebraico, *Ó filha de Sião.*

⁴Temos de pagar pela água que bebemos,
e até a lenha nos custa caro.
⁵Os que nos perseguem estão bem perto;
estamos exaustos, mas não nos deixam
descansar.
⁶Ao Egito e à Assíria nos sujeitamos,
para conseguir alimento e sobreviver.
⁷Nossos antepassados pecaram e já
morreram,
e nós recebemos o castigo que eles
mereciam.
⁸Escravos se tornaram nossos senhores;
não restou ninguém para nos resgatar.
⁹Arriscamos a vida à procura de alimento,
pois a violência tomou conta do deserto.
¹⁰A fome nos escureceu a pele,
como se tivesse sido queimada no forno.
¹¹As mulheres de Sião e as moças das
cidades de Judá
são violentadas por nossos inimigos.
¹²Os príncipes são pendurados pelas mãos,
os idosos são tratados com desprezo.
¹³Os rapazes são levados para trabalhar nos
moinhos,
os meninos cambaleiam sob os pesados
fardos de lenha.

¹⁴As autoridades não se sentam mais à
porta das cidades,
os rapazes não tocam mais música.
¹⁵A alegria desapareceu de nosso coração,
nossas danças se transformaram em
pranto.
¹⁶A coroa caiu de nossa cabeça;
que aflição por causa de nosso pecado!
¹⁷Nosso coração desfalece,
nossos olhos se embaçaram de lágrimas,
¹⁸pois o monte Sião está desolado;
tornou-se morada de chacais.

¹⁹Mas tu, Senhor, reinas eternamente!
Teu trono permanece de geração em
geração.
²⁰Por que continuas a te esquecer de nós?
Por que nos abandonaste por tanto
tempo?
²¹Restaura-nos, Senhor, e faze-nos voltar
para ti!
Devolve-nos a alegria que tínhamos
antes!
²²Ou será que nos rejeitaste
completamente?
Ainda estás irado conosco?

Ezequiel

INTRODUÇÃO

Profeta. Seu nome significa "Deus fortalecerá". Ele era sacerdote e foi levado ao cativeiro por Nabucodonosor (597 a.C.). Possuía uma casa no rio Quebar, onde os anciãos de Judá estavam acostumados a se encontrar. Sua esposa morreu no nono ano de seu cativeiro. Ele era um homem de muito poder intelectual e, aparentemente, das melhores classes de pessoas levadas ao cativeiro. É menos atrativo que Isaías e menos constante no curso de seu pensamento do que Jeremias. Não é tão tímido ou sensível como Jeremias, mas tem todo o seu horror pelo pecado e toda a sua dor ocasionados pela perversidade de seu povo e pelo sofrimento que suportaram. Em sua ousadia de expressão, ele não foi superado por seus predecessores.

Natureza da profecia. A natureza da profecia ou os métodos pelos quais ele exerce ou manifesta seu dom profético difere da dos outros profetas. Ele tem mais visões do que profetiza. Alegorias, parábolas, similitudes e visões abundam em seu livro, algumas são simbólicas a respeito do futuro e outras são de fatos e condições existentes. O profeta permanece às margens de Quebar e em espírito é transportado para Jerusalém e para o Templo. Grande parte do livro é de caráter semelhante ao Apocalipse e, embora os assuntos gerais sejam muito simples, muito do significado dos símbolos é obscuro. Há, no entanto, discursos poderosos e previsões eloquentes de julgamentos divinos sobre as nações. Provavelmente, devido aos serviços de Ezequiel, a religião de Israel foi preservada durante o exílio.

Principais aspectos do seu ensino. (1) A denúncia dos pecados de Judá e a queda de Jerusalém, Caps. 1–24. (2) Julgamentos sobre nações estrangeiras, Caps. 25–32. (3) Arrependimento como condição de salvação, 18.30-32. (4) A gloriosa restauração de Israel, 16.60ss; 20.40ss; 27.22-24; 36.16ss; Caps. 33–48. (5) A liberdade e a responsabilidade da alma individualmente diante de Deus. 18.20-32. (6) A necessidade de um novo coração e um novo espírito, 11.19; 18.31; 36.26.

Condição dos judeus. (1) *Condição política e social.* Eles são cativos vivendo na Babilônia, mas são tratados como colonos e não como escravos. Aumentaram em número e acumularam grandes riquezas e alguns deles ocuparam cargos mais elevados. (2) *A condição ou perspectiva religiosa.* Eles tinham liberdade religiosa e, nesse período, abandonaram a idolatria para sempre. Procuraram pelos livros da Lei, revisaram o cânon, escreveram alguns livros novos e talvez instauraram o culto na sinagoga, algo que mais tarde se tornou muito poderoso.

ESBOÇO

1. O chamado de Ezequiel, Caps. 1–3
    1.1. Visão preliminar, Cap. 1
    1.2. O chamado, Caps. 2–3
2. A destruição de Jerusalém, Caps. 4–24
    2.1. O cerco e o julgamento categórico da cidade, Caps. 4–7
    2.2. A condição da cidade e os pecados do povo, Caps. 8–19
    2.3. Evidências renovadas e previsões da queda de Judá e Jerusalém, Caps. 20–24
3. Previsões contra as nações e cidades estrangeiras, Caps. 25–32
4. Profecias a respeito da restauração, Caps. 33–48
    4.1. A restauração de Judá à Terra Prometida, Caps. 33–39
    4.2. Os tempos messiânicos, Caps. 40–48

PARA ESTUDO E DISCUSSÃO

[1] A condição, o pecado particular e o julgamento prometido sobre cada uma das nações mencionadas — a previsão foi cumprida?
[2] Deveres e responsabilidades de um pregador, conforme ilustrado pelo vigia de Ezequiel, Cap. 33.
[3] Visão dos ossos secos, Cap. 37.

[4] Judá e Israel sob a figura de uma perversa mulher, Cap. 23.
[5] Águas vivificadoras, 47.1-12.
[6] Ensinamentos sobre a restauração, nas seguintes passagens: 24.11-24; 36.8,9,25-27,29,30,34,35; 37.1-14, 22,26,27; 43.11,12.
[7] Os símbolos e os tipos do livro.

Visão dos seres vivos

1 Em 31 de julho[a] de meu trigésimo ano,[b] enquanto eu estava com os exilados judeus junto ao rio Quebar, na Babilônia, os céus se abriram e tive visões de Deus. ²Isso aconteceu no quinto ano do exílio do rei Joaquim. ³(O Senhor deu essa mensagem ao sacerdote Ezequiel, filho de Buzi, junto ao rio Quebar, na terra dos babilônios,[c] e a mão do Senhor estava sobre ele.)

⁴Quando olhei, vi uma grande tempestade que vinha do norte. Uma nuvem faiscava com relâmpagos e brilhava com luz intensa. Dentro da nuvem havia fogo e, no meio do fogo, resplandecia algo semelhante a âmbar reluzente.[d] ⁵Do centro da nuvem surgiram quatro seres vivos de aparência humana, ⁶porém cada um tinha quatro rostos e quatro asas. ⁷Suas pernas eram retas, e seus pés tinham cascos como os de bezerro e brilhavam como bronze polido. ⁸Debaixo de cada uma das quatro asas, vi mãos humanas. Assim, cada um dos quatro seres tinha quatro rostos e quatro asas. ⁹As asas de cada um dos seres tocavam as asas dos seres ao seu lado. Cada um se movia para a frente, sem se virar.

¹⁰Cada um dos quatro seres tinha rosto humano na frente, rosto de leão à direita, rosto de boi à esquerda e rosto de águia atrás. ¹¹Cada um tinha dois pares de asas estendidas: com um par tocava as asas dos seres de cada lado e com o outro par cobria o corpo. ¹²Deslocavam-se em qualquer direção que o espírito indicava e moviam-se para a frente, sem se virar.

¹³Os seres vivos eram semelhantes a brasas acesas ou tochas reluzentes, e relâmpagos pareciam faiscar entre eles. ¹⁴Os seres vivos se deslocavam de um lado para o outro rapidamente, como relâmpagos.

¹⁵Enquanto eu olhava para esses seres, vi quatro rodas que tocavam o chão junto a eles, uma roda para cada um. ¹⁶As rodas brilhavam, como se fossem feitas de berilo. As quatro rodas eram semelhantes e feitas da mesma forma; cada uma tinha dentro dela outra roda que girava na transversal. ¹⁷Os seres podiam se deslocar em qualquer uma das quatro direções, sem se virar enquanto se moviam. ¹⁸Os aros das rodas eram altos e assustadores, cobertos de olhos em todo o redor.

¹⁹Quando os seres vivos se moviam, as rodas se moviam com eles. Quando eles voavam para cima, as rodas também subiam. ²⁰O espírito dos seres vivos estava nas rodas; aonde quer que o espírito fosse, as rodas e os seres vivos o acompanhavam. ²¹Quando os seres se moviam, as rodas também se moviam. Quando os seres paravam, as rodas também paravam.

---

[a]1.1a Em hebraico, *No quinto dia do quarto mês*, do antigo calendário lunar hebraico. Várias datas em Ezequiel podem ser comparadas com datas de registros babilônios que sobreviveram ao tempo e relacionadas com precisão ao calendário moderno. O ano foi 593 a.C. [b]1.1b Ou *no trigésimo ano*. [c]1.3 Ou *caldeus*. [d]1.4 Ou *metal polido*; também em 1.27.

1.15-19 Quando o profeta viu os seres vivos, que em minha compreensão eram anjos, ele abriu os olhos novamente e viu uma maravilhosa ilustração da providência divina; e essa exibição era na figura de uma roda. Você deve saber que este não é o único lugar onde esta comparação é encontrada, pois os romanos e gregos estavam acostumados a comparar os maravilhosos feitos de Deus em providência com as rotações de uma roda. [...] Às vezes, esta parte é exaltada e logo deixada ao pó. Em seguida, é elevada ao ar e depois novamente, por uma única rotação, vai à terra novamente. Assim é também com a nossa vida. Às vezes estamos em humilde pobreza e quase não sabemos o que vamos fazer para obter o pão. Logo a roda gira e somos trazidos para o conforto da riqueza; nossos pés estão em um quarto espaçoso, somos alimentados com cereais e vinho; bebemos de um copo que transborda.

[...] A grande roda da providência ainda é revolvida por um anjo. Quando há algum problema que parece parar essa roda, algum querubim poderoso faz um esforço concentrado e a faz girar; e faz a carruagem da providência de Deus prosseguir. Os anjos têm muito mais a ver conosco do que imaginamos. Não sei, mas esses espíritos às vezes descem e sussurram pensamentos em nossos ouvidos. [...] não foi um anjo enviado para fortalecer Cristo no jardim do Getsêmani? Como você acha que o anjo o fortaleceu? Bem, colocando pensamentos na mente de Cristo! Ele não poderia fazê-lo de nenhuma outra maneira; não poderia fortalecê-lo com um emplastro, ou por qualquer meio físico, mas injetando pensamentos santos! O mesmo ocorre conosco. [...] A roda tinha quatro faces, [...] ensinando-nos que a providência é universal, olhando para todas as partes do globo.

Quando os seres voavam para cima, as rodas também subiam, pois o espírito dos seres vivos estava nas rodas.

²²Acima deles estendia-se uma superfície como o céu, brilhante como cristal. ²³Abaixo dessa superfície as asas de cada ser vivo se estendiam de modo a tocar as asas dos outros, e as outras duas asas cobriam seu corpo. ²⁴Quando voavam, o estrondo de suas asas soava para mim como ondas do mar quebrando na praia, como a voz do Todo-poderoso,ᵃ ou como os gritos de um grande exército. Quando os seres pararam, abaixaram as asas. ²⁵Enquanto estavam com as asas abaixadas, uma voz falou de além da superfície acima deles.

²⁶Acima dessa superfície havia algo parecido com um trono de safira. No trono, bem no alto, havia uma figura semelhante a um homem. ²⁷Da cintura para cima, tinha a aparência de âmbar reluzente que cintilava como o fogo, e, da cintura para baixo, parecia uma chama ardente que brilhava com esplendor. ²⁸Estava rodeado por um aro luminoso, como arco-íris que resplandece entre as nuvens num dia de chuva. Essa era a aparência da glória do Senhor para mim. Quando a vi, prostrei-me com o rosto no chão e ouvi a voz de alguém que falava comigo.

O chamado e a comissão de Ezequiel

2 "Levante-se, filho do homem", disse a voz. "Quero falar com você." ²Enquanto ele falava, o Espírito entrou em mim e me pôs em pé, e eu ouvi suas palavras com atenção. ³"Filho do homem", disse ele, "eu o envio à nação de Israel, uma nação rebelde, que se revoltou contra mim. Até hoje, eles e seus antepassados têm se revoltado contra mim. ⁴São um povo teimoso, de coração duro. Mas eu o envio para lhes dizer: 'Assim diz o Senhor Soberano!'. ⁵E, quer eles ouçam quer não — lembre-se de que são rebeldes —, pelo menos saberão que tiveram um profeta no meio deles.

⁶"Filho do homem, não tenha medo deles nem de suas palavras. Não tema, ainda que suas ameaças o cerquem como urtigas, espinhos e escorpiões. Não desanime com seus olhares raivosos, pois são um povo rebelde. ⁷Anuncie-lhes minha mensagem, quer eles ouçam quer não, pois são completamente rebeldes. ⁸Filho do homem, preste atenção ao que lhe digo. Não seja rebelde como eles. Abra sua boca e coma o que lhe dou."

⁹Então olhei e vi a mão de alguém estendida para mim. Segurava um rolo, ¹⁰que ela abriu. Vi que de ambos os lados estavam escritos cânticos fúnebres, lamentações e palavras de condenação.

3 A voz me disse: "Filho do homem, coma o que lhe dou. Coma este rolo! Depois, vá e fale ao povo de Israel". ²Então abri a boca, e ele me deu o rolo para eu comer. ³"Filho do homem, encha seu estômago com ele", disse a voz. Quando comi, o sabor era doce como mel em minha boca.

⁴Em seguida, ele disse: "Filho do homem, vá ao povo de Israel e transmita-lhe minhas mensagens. ⁵Não o envio a um povo estrangeiro, cuja língua você não entende, mas ao povo de Israel. ⁶Não, eu não o envio a um povo de língua estrangeira e difícil. Se o fizesse, eles lhe dariam ouvidos! ⁷O povo de Israel, porém, não lhe dará ouvidos, assim como não deu ouvidos a mim. Pois todos eles têm o coração duro e são teimosos. ⁸Mas eu tornei você tão obstinado e inflexível quanto eles. ⁹Endureci sua testa como a pedra mais dura. Portanto, não tenha medo deles nem tema seus olhares raivosos, pois são um povo rebelde".

¹⁰Então ele acrescentou: "Filho do homem, primeiro deixe que minhas palavras entrem até o fundo de seu coração. Ouça-as com atenção. ¹¹Depois, vá a seu povo no exílio e diga-lhes: 'Assim diz o Senhor Soberano!'. Faça isso quer eles ouçam quer não".

¹²Em seguida, o Espírito me pôs em pé, e eu ouvi uma estrondosa proclamação atrás de mim. (Que a glória do Senhor seja louvada em sua habitação!)ᵇ ¹³Era o som das asas dos seres vivos que tocavam umas nas outras e o barulho das rodas debaixo deles.

¹⁴O Espírito me levantou e me tirou de lá. Saí amargurado e agitado, mas a mão do Senhor era forte sobre mim. ¹⁵Cheguei à colônia dos exilados judeus em Tel-Abibe, junto ao rio

---

ᵃ**1.24** Em hebraico, *Shaddai*. ᵇ**3.12** Ou *Então o Espírito me pôs em pé e, enquanto a glória do Senhor se elevava de seu lugar, ouvi um som estrondoso atrás de mim.*

Quebar. Estava atônito e permaneci no meio deles durante sete dias.

Um vigia para Israel

¹⁶Depois de sete dias, o Senhor me deu uma mensagem: ¹⁷"Filho do homem, eu o nomeei vigia de Israel. Sempre que receber uma mensagem minha, advirta o povo. ¹⁸Se eu avisar os perversos: 'Vocês estão condenados à morte', mas você não lhes transmitir a advertência, para que mudem sua conduta perversa e salvem a vida, eles morrerão em seus pecados. E eu o considerarei responsável pela morte deles. ¹⁹Se você os advertir, mas eles não quiserem se arrepender e continuarem a pecar, eles morrerão em seus pecados. Você, porém, salvará sua vida.

²⁰"Se os justos se desviarem de sua conduta justa e não prestarem atenção aos obstáculos que eu puser em seu caminho, eles morrerão. E, se você não os advertir, eles morrerão em seus pecados. Nenhum dos atos de justiça deles será lembrado, e eu o considerarei responsável pela morte deles. ²¹Mas, se você advertir os justos a não pecarem e eles lhe derem ouvidos e não pecarem, eles viverão. E você também salvará sua vida".

²²A mão do Senhor veio sobre mim, e ele disse: "Levante-se e vá até o vale, e eu lhe falarei ali". ²³Levantei-me, fui até o vale e ali vi a glória do Senhor, como na primeira visão junto ao rio Quebar, e prostrei-me com o rosto no chão.

²⁴Então o Espírito entrou em mim e me pôs em pé. "Vá para sua casa e tranque-se dentro dela", disse ele. ²⁵"Ali, filho do homem, você será amarrado com cordas e não poderá sair para o meio do povo. ²⁶Farei sua língua se prender ao céu da boca, para que fique mudo e não possa repreendê-los, pois são rebeldes. ²⁷Mas, quando eu lhe der uma mensagem, desprenderei sua língua e deixarei que fale. Então você lhes dirá: 'Assim diz o Senhor Soberano!'. Quem escolher ouvir, ouvirá, mas quem se recusar, não ouvirá, pois são um povo rebelde."

Sinal do cerco que está para vir

4 "Agora, filho do homem, pegue um tijolo de barro, coloque-o à sua frente e desenhe nele a cidade de Jerusalém. ²Retrate a cidade cercada. Construa um muro ao redor dela, arme o acampamento inimigo e cerque a cidade com rampas e troncos de ataque. ³Pegue uma panela de ferro e coloque-a entre você e a cidade. Volte-se para a cidade e mostre como será o cerco de Jerusalém. Isso será um sinal de advertência para o povo de Israel.

⁴"Agora, deite-se sobre o lado esquerdo e ponha sobre si os pecados de Israel. Você terá de carregar os pecados de Israel pelo número de dias que ficar deitado sobre o lado esquerdo. ⁵Determinei que carregará os pecados de Israel por 390 dias, um dia para cada ano de pecado do povo. ⁶Depois, deite-se sobre o lado direito durante quarenta dias, um dia para cada ano de pecado de Judá.

⁷"Enquanto isso, continue a olhar para o cerco de Jerusalém. Deite-se com o braço descoberto e profetize contra a cidade. ⁸Eu o

---

3.17 Esperamos, em oração, que tenhamos nossos Ezequiéis a quem o Senhor dirá: "Filho do homem, eu o nomeei vigia de Israel". Mas ainda assim, amado, quando o campo está em perigo iminente, todo homem deve se tornar um vigia. E, embora as sentinelas especiais devam manter suas posições, fazer suas rondas e devam, com dupla vigilância, agir como se tudo dependesse delas, ainda todo o restante do exército também deve montar guarda e ajudar a manter a vigilância de dia e de noite. [...] Até mesmo o vigia nomeado é indicado *apenas para avisar as pessoas*. Ele não tem que encantá-las com eloquência, nem as eletrificar com novidades de oratória. Ele simplesmente deve avisá-las, e a linguagem mais simples pode ser suficiente para isso. Com certeza, um erro grave dos tempos atuais é o fato de os homens pensarem que seus pregadores são obrigados a ser oradores e poéticos. Por que essa habilidade surpreendente deve ser exibida se o objetivo é avisar um pecador para fugir da ira vindoura? [...]

Estou feliz que vocês, cristãos, possam fazer parte do serviço do seu Mestre, já que esse serviço é avisar quem estiver à sua volta. Você nunca apresentará discursos sensacionais e tenho certeza de que não precisa se lamentar por essa incapacidade. Mas você pode entregar admoestações de Deus aos homens. Pode avisar as crianças, seus próprios filhos, para começar. Pode avisar seus vizinhos. Pode avisar aqueles de sua própria posição e idade. Pode avisar todos os que estão no seu caminho, pois é simplesmente falar do perigo e recomendar o caminho da fuga. Irmãos, com apenas parco conhecimento e discurso gago, podemos admoestar e assim o faremos.

amarrarei com cordas para que você não possa virar-se de um lado para o outro, até que tenha completado os dias do cerco.

⁹"Pegue um pouco de trigo, cevada, feijão, lentilha, milho-miúdo e trigo candeal e misture-os numa vasilha. Use-os para preparar seu pão durante os 390 dias em que ficará deitado sobre o lado esquerdo. ¹⁰Racione suas porções, 240 gramas[a] por dia, e coma-as em horas determinadas. ¹¹Depois, meça pouco mais de meio litro[b] de água para cada dia e beba-a em horas determinadas. ¹²Prepare e coma esse alimento como faria com bolos de cevada. Asse-o diante de todo o povo, usando fezes humanas secas como combustível." ¹³E o Senhor disse: "Assim os israelitas comerão pão impuro na terra dos gentios, para onde eu os expulsarei".

¹⁴Então eu disse: "Ó Senhor Soberano, jamais me contaminei! Desde a infância, nunca comi animais mortos por doença ou despedaçados por outros animais. Nunca comi carne alguma proibida pela lei".

¹⁵Então ele me disse: "Em lugar de fezes humanas, você pode usar esterco de vaca para assar o pão". ¹⁶E acrescentou: "Filho do homem, tornarei a comida extremamente escassa em Jerusalém. Será pesada com grande cuidado e consumida com medo. A água será racionada, e o povo beberá com desespero. ¹⁷Diante da falta de comida e água, olharão uns para os outros aterrorizados e definharão debaixo de seu castigo."

Sinal do julgamento que está para vir

5 "Filho do homem, pegue uma espada afiada e use-a como navalha para raspar sua cabeça e sua barba. Use uma balança para pesar o cabelo e dividi-lo em três partes. ²Coloque uma terça parte no meio do desenho de Jerusalém e, depois de encenar o cerco à cidade, queime o cabelo ali. Espalhe outra terça parte ao redor do desenho e corte-a com a espada. Espalhe a terceira parte ao vento, pois eu espalharei meu povo com a espada. ³Guarde apenas um pouco de cabelo e amarre-o em seu manto. ⁴Então, pegue alguns desses fios de cabelo e jogue-os no fogo, para que se queimem. Dali um fogo se espalhará e destruirá todo o Israel.

⁵"Assim diz o Senhor Soberano: Esta é uma ilustração do que acontecerá a Jerusalém. Coloquei-a no centro das nações, ⁶mas ela se revoltou contra meus estatutos e decretos e foi mais perversa que as nações ao seu redor. Não quis obedecer a meus estatutos e decretos.

⁷"Portanto, assim diz o Senhor Soberano: Vocês são mais rebeldes que as nações vizinhas e não quiseram obedecer a meus decretos e estatutos. Nem sequer viveram de acordo com os padrões de justiça das nações ao seu redor. ⁸Portanto, eu mesmo, o Senhor Soberano, estou contra vocês. Eu os castigarei publicamente diante de todas as nações. ⁹Por causa de seus ídolos detestáveis, punirei vocês como nunca fiz antes e nunca voltarei a fazer. ¹⁰Pais devorarão os filhos, e filhos devorarão os pais. Eu os castigarei e espalharei aos quatro ventos os poucos que sobreviverem.

¹¹"Tão certo como eu vivo, diz o Senhor Soberano, eu os destruirei completamente. Não terei compaixão alguma de vocês, pois profanaram meu templo com imagens repugnantes e pecados detestáveis. ¹²Uma terça parte de seu povo morrerá na cidade por doença e fome, uma terça parte será morta pelo inimigo fora dos muros da cidade, e eu espalharei uma terça parte aos quatro ventos e os perseguirei com minha espada. ¹³Por fim, minha ira se completará, e ficarei satisfeito. E, quando minha fúria contra eles tiver passado, todo o Israel saberá que eu, o Senhor, lhes falei segundo o meu zelo.

¹⁴"Portanto, eu o transformarei em uma ruína, em objeto de insulto aos olhos das nações ao redor e para todos que passarem por ali. ¹⁵Você se tornará alvo de insultos, zombarias e horror, e servirá de advertência para todas as nações ao redor. Elas verão o que acontece quando o Senhor, em sua ira, castiga uma nação e a repreende, diz o Senhor.

¹⁶"Farei chover sobre você as flechas mortais da fome, para destruí-la. A fome se tornará cada vez mais severa, até que desapareça todo suprimento. ¹⁷Além da fome, enviarei animais selvagens para atacá-la e devorar seus filhos. Doença e guerra a alcançarão, e trarei contra você a espada do inimigo. Eu, o Senhor, falei!".

---

[a] 4.10 Em hebraico, *20 siclos*. [b] 4.11 Em hebraico, *1/6 de him*.

Julgamento contra os montes de Israel

6 Recebi outra mensagem do Senhor: ²"Filho do homem, volte o rosto para os montes de Israel e profetize contra eles. ³Proclame esta mensagem do Senhor Soberano contra os montes de Israel. Assim diz o Senhor Soberano aos montes, às colinas, aos desfiladeiros e aos vales: Estou prestes a trazer guerra sobre vocês e destruir seus santuários idólatras. ⁴Todos os seus altares serão demolidos, e seus lugares de adoração serão destruídos. Matarei o povo diante de seus ídolos.[a] ⁵Porei os cadáveres dos israelitas diante de seus ídolos e espalharei os ossos ao redor de seus altares. ⁶Onde quer que vocês vivam, haverá desolação, e destruirei os santuários idólatras. Seus altares serão demolidos, seus ídolos serão despedaçados, seus lugares de adoração serão derrubados e todos os objetos religiosos que vocês fizeram serão destruídos. ⁷O lugar ficará cheio de cadáveres, e vocês saberão que somente eu sou o Senhor.

⁸"Deixarei, porém, que alguns do meu povo escapem da destruição, e eles serão espalhados entre as nações do mundo. ⁹Então, quando estiverem exilados entre as nações, se lembrarão de mim. Reconhecerão quanto me entristece seu coração infiel e seus olhos lascivos por seus ídolos. Por fim, terão nojo de si mesmos por causa de todos os seus pecados detestáveis. ¹⁰Saberão que somente eu sou o Senhor e que falava sério quando disse que traria sobre eles essa calamidade.

¹¹"Assim diz o Senhor Soberano: Batam palmas de horror e batam os pés. Gritem por causa de todos os pecados detestáveis que o povo de Israel cometeu. Agora, morrerão de guerra, fome e doença. ¹²A doença matará os que estiverem exilados em lugares distantes, a guerra destruirá os que estiverem por perto, e os que sobrarem morrerão de fome. Enfim derramarei toda a minha fúria sobre eles. ¹³Eles saberão que sou o Senhor quando seus mortos estiverem espalhados entre os ídolos e os altares em todas as colinas e montes, debaixo de toda árvore verdejante e de todo carvalho que dá sombra, os lugares onde ofereciam sacrifícios a seus ídolos. ¹⁴Eu os arrasarei e deixarei suas cidades desoladas, desde o deserto, no sul, até Ribla,[b] no norte. Então saberão que eu sou o Senhor".

O fim se aproxima

7 Então recebi esta mensagem do Senhor: ²"Filho do homem, assim diz o Senhor Soberano a Israel:

"Chegou o fim!
  Para onde quer que vocês olhem,
norte, sul, leste ou oeste,
  sua terra está acabada.
³Não resta esperança,
  pois lançarei minha ira contra vocês.
Eu os chamarei para prestar contas
  de todos os seus pecados detestáveis.
⁴Não os pouparei nem terei piedade;
  darei a vocês o que merecem
por todos os seus pecados detestáveis.
  Então saberão que eu sou o Senhor.

⁵"Assim diz o Senhor Soberano:
  Desgraça após desgraça
  se aproximam!
⁶Chegou o fim,
  finalmente chegou;
  sua condenação os espera!
⁷Ó povo de Israel, já amanhece o dia de sua destruição;
  chegou a hora, o tempo da aflição está próximo.
Nos montes se ouvem gritos de angústia,
  e não de alegria.
⁸Em breve derramarei sobre vocês minha fúria
  e contra vocês lançarei minha ira.
Eu os chamarei para prestar contas
  de todos os seus pecados detestáveis.
⁹Não os pouparei nem terei piedade;
  darei a vocês o que merecem
por todos os seus pecados detestáveis.
  Então saberão que eu, o Senhor, os feri.

¹⁰"O dia do juízo chegou;
  sua destruição os espera!
A vara da perversidade brotou,
  sim, o orgulho do povo floresceu.
¹¹Sua violência se transformou numa vara
  que os castigará por sua maldade.
Nenhum dos orgulhosos sobreviverá;

---

[a] **6.4** É provável que o termo hebraico (lit., *coisas redondas*) se refira a esterco; também em 6.5,6,9,13. [b] **6.14** Conforme alguns manuscritos hebraicos; a maioria dos manuscritos hebraicos traz *Dibla*.

toda a sua riqueza e prestígio
  desaparecerão.
¹²Sim, chegou a hora;
  este é o dia!
Que os compradores não se alegrem,
  nem os vendedores se entristeçam,
pois todos eles cairão
  sob a minha ira ardente.
¹³Ainda que os comerciantes sobrevivam,
  jamais voltarão a seus negócios.
Pois a profecia contra o povo
  não mudará.
Ninguém cuja vida é corrompida pelo
    pecado
  se recuperará."

A desolação de Israel
¹⁴"A trombeta convoca o exército,
  mas ninguém sai para guerrear,
  pois minha fúria está contra todos eles.
¹⁵Fora da cidade há guerra,
  e dentro dela, doença e fome.
Quem estiver fora dos muros
  será morto pela espada do inimigo.
Quem estiver dentro da cidade
  morrerá de fome e doença.
¹⁶Os sobreviventes que fugirem para os
    montes
  gemerão como pombas, por causa de
    seus pecados.
¹⁷Suas mãos ficarão fracas,
  e seus joelhos, frouxos como água.
¹⁸De pano de saco se vestirão
  e ficarão cobertos de horror.
Rasparão a cabeça,
  em sinal de tristeza e remorso.

¹⁹"Jogarão seu dinheiro na rua,
  o lançarão fora como se fosse lixo.
Seu ouro e sua prata não os salvarão
  no dia da ira do Senhor.
Não os saciarão nem os alimentarão,
  pois sua ganância só os faz tropeçar.
²⁰Tinham orgulho de suas lindas joias
  e com elas fizeram ídolos detestáveis e
    imagens repugnantes.
Por isso farei que todas as suas riquezas se
    tornem
  repulsivas para eles

²¹e as entregarei como despojo a
    estrangeiros,
  às nações perversas,
  e elas as profanarão.
²²Desviarei deles meu olhar
  quando ladrões invadirem e profanarem
    minha terra preciosa.

²³"Preparem correntes para meu povo,
  pois o sangue de crimes terríveis cobre
    a terra;
Jerusalém[a] está cheia de violência.
²⁴Trarei as nações mais cruéis
  para ocuparem suas casas.
Acabarei com o orgulho dos poderosos
  e profanarei seus santuários.
²⁵O terror tomará conta do povo;
  buscarão a paz, mas não a encontrarão.
²⁶Virá uma calamidade após a outra,
  um rumor após o outro.
Buscarão sem sucesso
  uma visão dos profetas.
Não receberão ensinamentos dos
    sacerdotes
  nem conselhos das autoridades.
²⁷O rei e o príncipe ficarão desamparados
  e chorarão de desespero;
as mãos do povo
  tremerão de medo.
Trarei sobre eles
  o mal que fizeram a outros,
e receberão o castigo
  que tanto merecem.
Então saberão que eu sou o Senhor".

Idolatria no templo

8 Em 17 de setembro,[b] no sexto ano do exílio do rei Joaquim, enquanto as autoridades de Judá estavam em minha casa, a mão do Senhor Soberano veio sobre mim. ²Vi uma figura semelhante a um homem:[c] da cintura para baixo, parecia uma chama ardente, e, da cintura para cima, tinha a aparência de âmbar reluzente.[d] ³Ele estendeu algo que parecia uma mão e me pegou pelos cabelos. Então o Espírito me elevou entre a terra e o céu e me transportou para Jerusalém, numa visão dada por Deus. Fui levado à porta norte do pátio interno do templo, onde havia um ídolo que provocou o ciúme do

---
[a]**7.23** Em hebraico, *a cidade*. [b]**8.1** Em hebraico, *No quinto [dia] do sexto mês*, do antigo calendário lunar hebraico. O ano foi 592 a.C.; ver também nota em 1.1. [c]**8.2a** Conforme a Septuaginta; o hebraico traz *semelhante a fogo*. [d]**8.2b** Ou *de metal polido*.

Senhor. ⁴De repente, estava ali a glória do Deus de Israel, como eu tinha visto antes no vale.

⁵Então o Senhor me disse: "Filho do homem, olhe para o norte". Olhei para o norte e ali, perto da entrada da porta junto ao altar, estava o ídolo que havia provocado o ciúme do Senhor.

⁶"Filho do homem", disse ele, "você vê o que estão fazendo? Vê os pecados detestáveis que o povo de Israel comete para me afastar de meu templo? Venha, e eu lhe mostrarei pecados ainda mais detestáveis que estes!" ⁷Então ele me levou à porta do pátio do templo, onde vi um buraco no muro. ⁸Disse-me: "Agora, filho do homem, cave no muro". Cavei no muro e encontrei uma passagem escondida.

⁹"Entre", disse ele, "e veja os pecados perversos e detestáveis que cometem ali!" ¹⁰Entrei e vi as paredes cobertas de desenhos de toda espécie de animal que rasteja e de criaturas detestáveis. Também vi diversos ídolos[a] adorados pelos israelitas. ¹¹Estavam ali setenta autoridades de Israel, e no meio estava Jazanias, filho de Safã. Cada um deles segurava um incensário do qual subia uma nuvem de incenso.

¹²Então o Senhor me disse: "Filho do homem, você vê o que as autoridades de Israel fazem com seus ídolos em salas escuras? Dizem: 'O Senhor não nos vê; o Senhor abandonou nossa terra!'". ¹³E acrescentou: "Venha, e eu lhe mostrarei pecados ainda mais detestáveis que estes!".

¹⁴Em seguida, levou-me até a porta norte do templo do Senhor, onde algumas mulheres estavam sentadas chorando pelo deus Tamuz. ¹⁵"Filho do homem, você vê isso?", ele perguntou. "Venha, e eu lhe mostrarei pecados ainda mais detestáveis que estes!"

¹⁶Em seguida, levou-me para o pátio interno do templo do Senhor. Na entrada do templo, entre o pórtico e o altar, havia cerca de 25 homens com as costas para o templo do Senhor. Estavam voltados para o leste, prostrados no chão, e adoravam o sol.

¹⁷"Filho do homem, você vê isso?", perguntou ele. "Será que não significa nada para o povo de Judá cometer esses pecados detestáveis que levam a nação inteira à violência, que a fazem zombar de mim[b] e provocar minha ira? ¹⁸Por isso responderei com fúria. Não os pouparei nem terei piedade. Mesmo que clamem bem alto, não os ouvirei."

A matança dos idólatras

9 Então o Senhor disse em alta voz: "Tragam os homens escolhidos para castigar a cidade! Digam-lhes que venham com suas armas de destruição!". ²Logo surgiram seis homens, vindos da porta superior, voltada para o norte, e cada um tinha na mão uma arma mortal. Estava com eles um homem vestido de linho, que levava na cintura um estojo com material de escrever. Todos entraram no pátio do templo e ficaram junto ao altar de bronze.

³Então a glória do Deus de Israel se levantou do meio dos querubins, onde havia estado, e se moveu para a entrada do templo. O Senhor chamou o homem vestido de linho que carregava o estojo com material de escrever ⁴e lhe disse: "Ande pelas ruas de Jerusalém e ponha um sinal na testa de todos que choram e gemem por causa dos pecados detestáveis cometidos em sua cidade".

⁵Em seguida, ouvi o Senhor dizer aos outros homens: "Sigam-no pela cidade e matem todos cuja testa não estiver marcada. Não mostrem compaixão nem tenham piedade! ⁶Matem todos: idosos e jovens, meninas, mulheres e crianças pequenas. Mas não toquem naqueles que tiverem o sinal. Comecem aqui mesmo, no templo!". E eles começaram pelos setenta líderes, na entrada do templo.

⁷"Profanem o templo!", o Senhor ordenou. "Encham seus pátios de cadáveres. Vão!" Então eles saíram e começaram a matança em toda a cidade.

⁸Enquanto isso, fiquei sozinho. Prostrei-me com o rosto no chão e clamei: "Ó Senhor Soberano! Acaso tua fúria contra Jerusalém exterminará todos que restam em Israel?".

---

[a] 8.10 É provável que o termo hebraico (lit., *coisas redondas*) se refira a esterco. [b] 8.17 Em hebraico, *que põem o ramo junto ao nariz*.

9.8 Ezequiel, em visão, viu os homens matadores batendo à direita e à esquerda sob a égide da justiça divina. E, como ele ficou ileso entre os montes dos mortos, surpreso exclamou: "Fiquei sozinho". Pode ser que venha o dia em que, também, clamaremos com solene alegria: "E eu, também, por graça soberana, fui poupado enquanto

⁹Então ele me disse: "Os pecados do povo de Israel e de Judá são muito, muito grandes. Toda a terra se encheu de homicídio; a cidade está repleta de injustiça. Eles dizem: 'O Senhor não nos vê; o Senhor abandonou nossa terra!'. ¹⁰Por isso não os pouparei nem terei piedade deles. Eu lhes darei o que merecem por tudo que fizeram".

¹¹Então o homem vestido de linho, que carregava o estojo com material de escrever, voltou para relatar: "Fiz o que ordenaste".

A glória do Senhor deixa o templo

10 Olhei e vi algo que se parecia com um trono de safira sobre uma superfície de cristal acima da cabeça dos querubins. ²Então o Senhor disse ao homem vestido de linho: "Vá entre as rodas que estão debaixo dos querubins, pegue um punhado de brasas ardentes e espalhe-as sobre a cidade". Ele assim fez enquanto eu observava.

³Os querubins estavam na extremidade sul do templo quando o homem entrou, e a nuvem de glória encheu o pátio interno. ⁴Então a glória do Senhor se elevou acima dos querubins e foi para a porta do templo. Essa nuvem encheu o templo, e o pátio resplandeceu com a glória do Senhor. ⁵O movimento das asas dos querubins fazia um som como a voz do Deus Todo-poderoso,[a] e podia-se ouvi-lo até no pátio externo.

⁶O Senhor ordenou ao homem vestido de linho: "Vá entre os querubins e pegue algumas brasas ardentes que estão entre as rodas". O homem foi e colocou-se ao lado das rodas. ⁷Em seguida, um dos querubins estendeu a mão e pegou algumas brasas ardentes do fogo que estava entre os querubins. Colocou as brasas nas mãos do homem vestido de linho, e o homem as recebeu e saiu. ⁸(Todos os querubins tinham debaixo das asas o que se parecia com mãos humanas.)

⁹Olhei e vi que cada um dos quatro querubins tinha ao seu lado uma roda, e as rodas brilhavam como berilo. ¹⁰As quatro rodas eram semelhantes e feitas da mesma forma; cada uma tinha dentro dela outra roda que girava na transversal. ¹¹Os querubins podiam se deslocar em qualquer uma das quatro direções, sem se virar enquanto se moviam. Deslocavam-se para a frente, sem se virar. ¹²Tanto os querubins como as rodas eram cobertos de olhos. Os querubins tinham olhos por todo o corpo, inclusive nas mãos, nas costas e nas asas. ¹³Ouvi alguém se referir às rodas como "rodas giratórias". ¹⁴Cada um dos quatro querubins tinha quatro rostos: o primeiro era rosto de boi,[b] o segundo, de homem, o terceiro, de leão, e o quarto, de águia.

¹⁵Então os querubins se elevaram. Eram os mesmos seres vivos que eu tinha visto junto ao rio Quebar. ¹⁶Quando os querubins se moviam,

---

[a]**10.5** Em hebraico, *El-Shaddai*. [b]**10.14** Em hebraico, *rosto de querubim*; comparar com 1.10.

===

outros pereçam". A graça especial nos deixará maravilhados. Enfaticamente, será assim no último dia pavoroso.

Leia a história da idolatria repugnante do povo de Jerusalém, conforme registrado no capítulo 8 da profecia de Ezequiel, e você não se admirará com o julgamento com o qual o Senhor derrubou a cidade por completo. Apliquemos nosso coração a refletir sobre como o Senhor lidou com os culpados. "Logo surgiram seis homens, vindos da porta superior, voltada para o norte, e cada um tinha na mão uma arma mortal". A destruição realizada por esses executores foi rápida e terrível — e foi típica de outras solenes visitas. Ao longo da história, o olho observador percebe linhas de justiça, marcas vermelhas na página onde o Juiz de toda a Terra finalmente considerou necessário decretar uma visita terrível a um povo culpado. Todas essas exibições passadas de vingança divina apontam para o julgamento que vem ainda mais completo e esmagador. O passado profetiza o futuro! O dia certamente virá quando o Senhor Jesus, que veio uma vez para salvar, descerá uma segunda vez para julgar! A misericórdia desprezada sempre foi sucedida por merecida ira — e assim deve ser no final de todas as coisas. "Mas quem poderá suportar quando ele vier? Quem permanecerá em pé em sua presença quando ele aparecer?" Quando os pecadores forem feridos, quem será poupado? Ele deve levantar as balanças da justiça e desnudar a espada da execução. Quando os seus anjos vingadores juntarem a vindima da Terra, quem dentre nós exclamará com gratidão maravilhada: "Fiquei sozinho"? Essa será uma maravilha da graça, de fato, digno de se classificar com aquelas maravilhas de graça de que falamos em muitos discursos anteriores neste lugar! A cada um de vocês, coloco essa pergunta — você será um exemplo dessa graça e clamará "fiquei sozinho"?

as rodas se moviam com eles. Quando levantavam as asas para voar, as rodas os acompanhavam. ¹⁷Quando os querubins paravam, as rodas paravam. Quando voavam para cima, as rodas subiam, pois o espírito dos seres vivos estava nas rodas.

¹⁸Então a glória do Senhor se afastou da porta do templo e parou sobre os querubins. ¹⁹E, enquanto eu observava, os querubins voaram, acompanhados de suas rodas, até a porta leste do templo do Senhor. E a glória do Deus de Israel pairava sobre eles.

²⁰Esses seres vivos eram os mesmos que eu tinha visto debaixo do Deus de Israel quando estava junto ao rio Quebar. Eu sabia que eram querubins, ²¹pois cada um tinha quatro rostos, quatro asas e o que se parecia com mãos humanas debaixo das asas. ²²E seus rostos eram iguais aos dos seres que eu tinha visto no Quebar, e se deslocavam para a frente, como os outros.

Julgamento contra os líderes de Israel

11 Então o Espírito me pôs em pé e me levou à porta leste do templo do Senhor, onde vi 25 homens. Entre eles estavam Jazanias, filho de Azur, e Pelatias, filho de Benaia, líderes do povo.

²O Espírito me disse: "Filho do homem, estes são os homens que planejam o mal e dão conselhos perversos nesta cidade. ³Dizem ao povo: 'Não acham que é uma boa hora para construir casas? Esta cidade é como uma panela de ferro; estamos seguros dentro dela, como a carne na panela'.ᵃ ⁴Portanto, filho do homem, profetize contra eles em alta voz".

⁵Então o Espírito do Senhor veio sobre mim e ordenou que eu dissesse: "Assim diz o Senhor ao povo de Israel: Eu sei o que vocês dizem, pois conheço cada pensamento que lhes vem à mente. ⁶Assassinaram muitos nesta cidade e encheram suas ruas de cadáveres.

⁷"Portanto, assim diz o Senhor Soberano: De fato, esta cidade é a panela de ferro, mas os pedaços de carne são aqueles que vocês mataram. Quanto a vocês, em breve os arrancarei da panela. ⁸Trarei sobre vocês a espada de guerra que tanto temem, diz o Senhor Soberano. ⁹Eu os expulsarei de Jerusalém e os entregarei a estrangeiros, que executarão meus julgamentos contra vocês. ¹⁰Vocês serão massacrados até as fronteiras de Israel. Eu os julgarei, e vocês saberão que eu sou o Senhor. ¹¹Esta cidade não será para vocês como uma panela de ferro, e vocês não serão como a carne, segura dentro dela. Eu os julgarei até as fronteiras de Israel, ¹²e vocês saberão que eu sou o Senhor. Pois não quiseram seguir meus decretos e estatutos; em vez disso, imitaram as práticas das nações ao seu redor".

¹³Enquanto eu ainda profetizava, Pelatias, filho de Benaia, morreu. Então prostrei-me com

---

ᵃ 11.3 Em hebraico, *Esta cidade é a panela, e nós somos a carne.*

11.5 "Assim diz o Senhor" é a única autoridade na Igreja de Deus. Quando o tabernáculo foi estabelecido no deserto, qual era a autoridade para o seu comprimento e largura? Por que o altar do incenso foi colocado aqui, e a bacia de bronze lá? Por que tantos cordeiros ou novilhos para serem oferecidos em um determinado dia? Por que o cordeiro da Páscoa devia ser assado inteiro e não cozido? Simplesmente e somente porque Deus mostrara todas essas coisas a Moisés no monte sagrado; e assim Javé dissera: "Cuide para que tudo seja feito de acordo com o modelo que eu lhe mostrei aqui no monte". É também assim na Igreja no presente; os verdadeiros servos de Deus exigem guardar todas as ordenanças e doutrinas da Igreja, a autoridade expressa do único Mestre e Senhor da Igreja. Eles lembram que o Senhor Jesus ordenou aos apóstolos que ensinassem os cristãos a observar tudo o que Ele lhes tinha ordenado — e Ele não deu a eles, nem a nenhum outro, poder para alterar os Seus mandamentos. O Espírito Santo revelou grande parte da preciosa verdade e do santo preceito pelos apóstolos, e ao Seu ensinamento, damos atenção sincera; mas quando os homens citam a autoridade dos pais, dos conselhos e dos bispos, damos lugar à sujeição? Não! Nem por uma hora! Eles podem citar Irineu ou Cipriano, Agostinho ou Crisóstomo; eles podem nos lembrar dos dogmas de Lutero ou Calvino; eles podem encontrar autoridade em Simeon, ou Wesley, ou Gill — vamos ouvir as opiniões desses grandes homens com o respeito que eles merecem como homens, mas, tendo feito isso, negamos que tenhamos algo a ver com esses homens em questão de autoridade na Igreja do Senhor, pois na Igreja de Deus nada tem autoridade senão: "Assim diz o Senhor dos exércitos".

o rosto no chão e clamei: "Ó Senhor Soberano, matarás todos que restarem em Israel?".

Esperança para Israel no exílio

¹⁴Então recebi esta mensagem do Senhor: ¹⁵"Filho do homem, aqueles que ainda restam em Jerusalém falam de você, de seus parentes e de todo o povo de Israel que está no exílio. Dizem: 'Estão longe do Senhor, por isso agora ele nos deu a terra deles!'.

¹⁶"Portanto, diga aos exilados: 'Assim diz o Senhor Soberano: Embora eu os tenha espalhado entre as nações do mundo, serei um santuário para vocês durante seu tempo no exílio. ¹⁷Eu, o Senhor Soberano, digo que os reunirei das nações onde foram espalhados e lhes devolverei a terra de Israel'.

¹⁸"Quando eles regressarem para sua terra natal, removerão todos os resquícios de suas imagens repugnantes e de seus ídolos detestáveis. ¹⁹Eu lhes darei um só coração e colocarei dentro deles um novo espírito. Removerei seu coração de pedra e lhes darei coração de carne, ²⁰para que obedeçam a meus decretos e estatutos. Então eles serão o meu povo, e eu serei o seu Deus. ²¹Quanto àqueles que anseiam por suas imagens repugnantes e seus ídolos detestáveis, darei a eles o castigo merecido por seus pecados. Eu, o Senhor Soberano, falei!".

A glória do Senhor deixa Jerusalém

²²Então os querubins levantaram as asas, acompanhados de suas rodas, e a glória do Deus de Israel pairava sobre eles. ²³Então a glória do Senhor subiu da cidade e parou acima do monte a leste.

²⁴Depois disso, o Espírito de Deus me levou de volta à Babilônia,[a] para o povo no exílio. Assim terminou a minha visão. ²⁵E eu relatei aos exilados tudo que o Senhor me tinha mostrado.

Sinais do exílio que está para acontecer

12 Recebi mais uma mensagem do Senhor: ²"Filho do homem, você vive entre rebeldes que têm olhos, mas não querem ver, que têm ouvidos, mas não querem ouvir, pois são um povo rebelde.

³"Portanto, filho do homem, prepare sua bagagem com os poucos pertences que um exilado conseguiria carregar, saia de sua casa e vá para outro lugar, como se tivesse sido enviado para o exílio. Faça isso diante de todos, para que o vejam. Talvez prestem atenção, embora sejam rebeldes. ⁴Leve sua bagagem para fora durante o dia, à vista de todos. E, ao anoitecer, enquanto o observam, saia de sua casa, como fazem os exilados. ⁵Faça um buraco no muro e saia por ele diante de todos. ⁶Enquanto o observam, coloque sua bagagem nos ombros e caminhe na escuridão da noite. Cubra o rosto para não ver a terra que está deixando para trás, pois fiz de você um sinal para o povo de Israel".

⁷Assim, fiz o que me foi ordenado. À luz do dia, carreguei para fora minha bagagem, com as coisas que levaria para o exílio. Ao anoitecer, enquanto o povo observava, fiz um buraco no muro com as mãos e caminhei na escuridão da noite, com a bagagem sobre os ombros.

⁸Na manhã seguinte, recebi esta mensagem do Senhor: ⁹"Filho do homem, esses rebeldes, o povo de Israel, lhe perguntaram o que significa tudo isso que você fez. ¹⁰Diga-lhes: 'Assim diz o Senhor Soberano: Essas ações contêm uma advertência para o rei Zedequias, em Jerusalém,[b] e para todo o povo de Israel'. ¹¹Diga a todos que suas ações são um sinal para mostrar o que lhes acontecerá em breve, pois serão levados como prisioneiros para o exílio.

¹²"Até mesmo Zedequias sairá de Jerusalém durante a noite, por um buraco no muro, levando somente o que conseguir carregar. Cobrirá o rosto, e seus olhos não verão a terra que ele está deixando para trás. ¹³Então lançarei minha rede sobre ele e o prenderei em meu laço. Eu o levarei à Babilônia, à terra dos babilônios,[c] mas ele não a verá, e nela morrerá. ¹⁴Espalharei seus servos e seus guerreiros aos quatro ventos e enviarei a espada para persegui-los. ¹⁵E, quando eu os espalhar entre as nações, eles saberão que eu sou o Senhor. ¹⁶Contudo, livrarei uns poucos da morte por fome, guerra ou doença, para que confessem às nações para onde forem levados todos os seus pecados detestáveis. Então saberão que eu sou o Senhor".

¹⁷Depois, recebi esta mensagem do Senhor: ¹⁸"Filho do homem, trema ao comer sua comida

---

[a]11.24 Ou *Caldeia*. [b]12.10 Em hebraico, *o príncipe em Jerusalém*; também em 12.12. [c]12.13 Ou *caldeus*.

e estremeça de medo ao beber sua água. ¹⁹Diga ao povo: 'Assim diz o Senhor Soberano acerca dos habitantes de Israel e de Jerusalém: Com ansiedade comerão sua comida e com desespero beberão sua água, pois sua terra será completamente despojada por causa da violência dos que nela habitam. ²⁰As cidades serão destruídas, e os campos ficarão devastados. Então vocês saberão que eu sou o Senhor'".

Um novo provérbio para Israel

²¹Recebi outra mensagem do Senhor: ²²"Filho do homem, você ouviu o provérbio que citam em Israel: 'O tempo passa e as profecias dão em nada'. ²³Por isso, diga ao povo: 'Assim diz o Senhor Soberano: Acabarei com esse provérbio, e logo vocês deixarão de citá-lo'. Agora, anuncie-lhes: 'Chegou o dia de todas as profecias se cumprirem!'.

²⁴"Não haverá mais visões falsas nem previsões lisonjeiras em Israel. ²⁵Pois eu sou o Senhor; o que eu disser, acontecerá. Não haverá mais demora, ó rebeldes de Israel. Cumprirei minhas palavras durante sua vida. Eu, o Senhor, falei!".

²⁶Então recebi esta mensagem do Senhor: ²⁷"Filho do homem, o povo de Israel diz: 'Ele fala do futuro distante. Levará muito tempo para que suas visões se cumpram'. ²⁸Portanto, diga-lhes: 'Assim diz o Senhor Soberano: Não haverá mais demora. Agora cumprirei todas as minhas palavras. Eu, o Senhor Soberano, falei!'".

Julgamento contra os falsos profetas

13 Então recebi esta mensagem do Senhor: ²"Filho do homem, profetize contra os falsos profetas de Israel, que falam o que lhes vem à mente. Diga-lhes: 'Ouçam a palavra do Senhor. ³Assim diz o Senhor Soberano: Que aflição espera esses profetas insensatos, que seguem a própria imaginação e que não viram coisa alguma!'.

⁴"Ó povo de Israel, seus profetas são como chacais no meio de ruínas. ⁵Não tomaram nenhuma providência para consertar as brechas nos muros que rodeiam a nação, para que permanecesse firme na batalha no dia do Senhor. ⁶Em vez disso, anunciaram visões falsas e fizeram previsões mentirosas. Dizem: 'Esta mensagem é do Senhor', embora o Senhor jamais os tenha enviado. E, no entanto, esperam que as palavras que profetizam se cumpram! ⁷Acaso não são falsas suas visões e mentirosas suas previsões, se vocês afirmam: 'Esta mensagem é do Senhor', quando nem sequer falei com vocês?

⁸"Portanto, assim diz o Senhor Soberano: Porque suas palavras são falsas e suas visões, mentirosas, eu me colocarei contra vocês, diz o Senhor Soberano. ⁹Levantarei minha mão contra todos os profetas que têm visões falsas e fazem previsões mentirosas, e eles serão expulsos

---

12.27 Os homens apresentam grande habilidade em dar desculpas para rejeitar a mensagem do amor de Deus; exibem habilidade maravilhosa, não na *busca da salvação*, mas na criação de motivos para *recusá-la*; são habilidosos para evitar a graça divina e para garantir sua própria ruína! Primeiro, seguram este escudo, e depois o outro para afastar as graciosas setas do evangelho de Jesus Cristo, que são apenas para matar os pecados capitais que se escondem em seu peito. O argumento maligno que é mencionado no texto tem sido usado desde os dias de Ezequiel até o presente momento, e serve a Satanás em dezenas de milhares de casos! Por essa razão, os homens permanecem no inferno. Os filhos dos homens, quando ouvem falar da *grande expiação feita na cruz pelo Senhor Jesus*, e tentam apoderar-se da vida eterna nele, ainda dizem a respeito do evangelho: "Ele fala do futuro distante. Levará muito tempo para que suas visões se cumpram". Ou seja, fingem que os assuntos do qual falamos não são de importância imediata, e podem ser adiados com segurança; imaginam que a religião é para a fraqueza dos moribundos e a enfermidade dos idosos, mas não para homens e mulheres saudáveis! Eles conhecem nosso urgente convite: "Venham, o banquete está pronto", com a resposta: "A religião é para nos preparar para a *eternidade*, mas ainda estamos longe disso e ainda estamos no auge de nosso ser! Há muito tempo para aqueles preparativos lúgubres para a morte; sua religião cheira a sepultura e a verme! Sejamos felizes enquanto pudermos; haverá espaço para considerações mais sérias quando tivermos desfrutado a vida um pouco, ou tivermos nos estabelecido nos negócios, ou pudermos nos aposentar para viver de nossas economias. A religião é para a folha seca e amarela do outono, quando a vida estará desaparecendo, mas não para o início da primavera, quando os pássaros estão emparelhando, e as prímulas sorrindo para o sol que retorna! Você profetiza sobre um futuro distante, levará muito tempo para que suas visões se cumpram".

da comunidade de Israel. Apagarei seus nomes dos registros de Israel, e eles nunca voltarão a pisar em sua própria terra. Então vocês saberão que eu sou o SENHOR Soberano.

¹⁰"Isso acontecerá porque esses profetas enganam meu povo, dizendo: 'Tudo está em paz', quando não há paz alguma. É como se o povo tivesse construído um muro precário e esses profetas o cobrissem com cal! ¹¹Diga aos que passam cal que o muro logo cairá. Uma forte tempestade virá, e grandes pedras de granizo e ventos impetuosos o derrubarão. ¹²E, quando o muro cair, o povo dirá: 'O que aconteceu com a cal que vocês passaram?'.

¹³"Portanto, assim diz o SENHOR Soberano: Destruirei esse muro com ventos impetuosos de indignação, com forte tempestade de ira e com pedras de granizo de fúria. ¹⁴Despedaçarei seu muro coberto de cal até os alicerces e, quando ele cair, esmagará vocês. Então vocês saberão que eu sou o SENHOR. ¹⁵Enfim satisfarei minha fúria contra o muro e contra aqueles que o cobriram com cal. Em seguida, direi a vocês: 'O muro e aqueles que o cobriram com cal não existem mais. ¹⁶Eram os profetas de Israel, que anunciavam visões de paz para Jerusalém, quando não há paz alguma. Eu, o SENHOR Soberano, falei!'."

Julgamento contra as falsas profetisas

¹⁷"Agora, filho do homem, pronuncie-se contra as mulheres que profetizam o que lhes vem à mente. ¹⁸Assim diz o SENHOR Soberano: Que aflição espera vocês, mulheres que enlaçam a alma de meu povo, tanto dos jovens como dos idosos! Amarram amuletos no pulso deles e lhes fazem véus para a cabeça. Pensam que podem enlaçar outros sem provocar a própria destruição? ¹⁹Vocês me desonram no meio de meu povo em troca de uns punhados de cevada ou um pedaço de pão. Quando mentem ao meu povo, que gosta de ouvir mentiras, vocês matam aqueles que não deviam morrer e prometem vida àqueles que não deviam viver.

²⁰"Assim diz o SENHOR Soberano: Estou contra todos os seus amuletos, que vocês usam para enlaçar meu povo. Eu os arrancarei de seus braços e libertarei meu povo, como pássaros que alguém solta de uma gaiola. ²¹Arrancarei os véus e livrarei meu povo de suas mãos, e eles não serão mais suas vítimas. Então vocês saberão que eu sou o SENHOR. ²²Com suas mentiras, vocês desanimaram os justos, mas eu não queria que eles se entristecessem. Também encorajaram os perversos ao lhes prometer vida, embora eles continuem a pecar. ²³Por causa de tudo isso, vocês não falarão mais de visões que nunca tiveram, nem farão previsões enganosas. Pois eu livrarei meu povo de suas mãos. Então vocês saberão que eu sou o SENHOR".

A idolatria dos líderes de Israel

14 Então alguns dos líderes de Israel me visitaram e, enquanto estavam sentados comigo, ²recebi esta mensagem do SENHOR: ³"Filho do homem, esses homens levantaram ídolos[a]

---

[a] 14.3 É provável que o termo hebraico (lit., *coisas redondas*) se refira a esterco; também em 14.4,5,6,7.

13.10-12 É fato notável que os homens mais ímpios, que persistem em pecar de maneira desafiadora, apesar disso ficam muito satisfeitos se conseguem encontrar alguma defesa para seus pecados. Estes homens de Jerusalém ficaram extremamente satisfeitos quando conseguiram um muro, por mais danificado que estivesse, por trás do qual puderam se abrigar. Alguns são infratores tão escandalosos que podem pecar corajosamente com um rosto descarado e desdenhar em inventar uma desculpa, mas 999 em cada 1.000 preferem ter algum tipo de desculpa, algum tipo de esperança, algum refúgio para o qual eles possam fugir na hora do perigo. Os homens olham em redor deles para descobrir algum tipo de muro ou outra coisa atrás do qual se abrigar da consciência e ameaças divinas. Suponho que isso ocorra porque a consciência não está completamente morta em algum homem; em alguns homens, ela tem estado tão dopada e anestesiada que parece sempre agir sem vigor, e quando fala é apenas com uma voz fraca e trepidante, e não com o trovão que a sua voz deveria ter na mente de homens; ainda que o pouco vestígio de consciência que com um microscópio você pode detectar em todos os homens, isso precisa ser pacificado, e os homens se alegram, se por meio de qualquer mentira, por mais deslavada que seja, puderem criar uma desculpa pela qual consigam continuar silenciosamente em seus pecados. Cante aos homens uma suave canção de paz no pecado, e segurança longe de Cristo, e eles proclamarão seu nome até os céus. Você precisa ter um mercado pronto, pois todo homem será seu comprador.

em seu coração e seguem coisas que os farão cair em pecado. Por que eu ouviria os pedidos deles? ⁴Por isso, diga-lhes: 'Assim diz o Senhor Soberano: O povo de Israel levanta ídolos em seu coração e cai em pecado, e depois vai consultar um profeta. Portanto, eu, o Senhor, lhes darei o tipo de resposta que sua grande idolatria merece. ⁵Farei isso para conquistar o coração de todo o meu povo, que se afastou de mim para seguir ídolos'.

⁶"Portanto, diga ao povo de Israel: 'Assim diz o Senhor Soberano: Arrependam-se e afastem-se de seus ídolos; parem de cometer pecados detestáveis! ⁷Pois eu, o Senhor, responderei a todos, tanto israelitas como estrangeiros, que se afastam de mim, levantam ídolos em seu coração e, desse modo, caem em pecado, e depois procuram um profeta para me consultar. ⁸Eu me voltarei contra essas pessoas e farei delas um exemplo ao eliminá-las do meio de meu povo. Então vocês saberão que eu sou o Senhor.

⁹"'E, se um profeta é enganado e levado a transmitir uma mensagem, é porque eu, o Senhor, o enganei. Levantarei minha mão contra esses profetas e os eliminarei do meio de Israel. ¹⁰Tanto os falsos profetas como os que buscam a orientação deles serão castigados por seus pecados. ¹¹Assim, o povo de Israel aprenderá a não se desviar mais de mim nem se contaminar com todos os seus pecados. Eles serão o meu povo, e eu serei o seu Deus. Eu, o Senhor Soberano, falei!'".

A certeza do julgamento divino

¹²Então recebi esta mensagem do Senhor: ¹³"Filho do homem, suponhamos que o povo de uma terra tivesse pecado contra mim, e eu levantasse minha mão para esmagá-lo, cortasse seu suprimento de comida e enviasse fome para destruir tanto pessoas como animais. ¹⁴Mesmo que Noé, Daniel e Jó estivessem ali, sua justiça não salvaria ninguém a não ser eles mesmos, diz o Senhor Soberano.

¹⁵"Ou suponhamos que eu enviasse animais selvagens para invadir a nação e tornar a terra tão desolada e perigosa que ninguém poderia passar por ela. ¹⁶Tão certo como eu vivo, diz o Senhor Soberano, mesmo que esses três homens estivessem ali, não seriam capazes de salvar seus filhos nem suas filhas. Apenas eles seriam salvos, mas a terra seria arrasada.

¹⁷"Ou suponhamos que eu trouxesse guerra contra a terra e enviasse exércitos inimigos para destruir tanto pessoas como animais. ¹⁸Tão certo como eu vivo, diz o Senhor Soberano, mesmo que esses três homens estivessem ali, não seriam capazes de salvar seus filhos nem suas filhas. Apenas eles seriam salvos.

¹⁹"Ou suponhamos que eu derramasse minha fúria ao enviar uma epidemia sobre a terra e essa doença matasse tanto pessoas como animais. ²⁰Tão certo como eu vivo, diz o Senhor Soberano, ainda que Noé, Daniel e Jó estivessem ali, não seriam capazes de salvar seus filhos nem suas filhas. Somente eles seriam salvos por sua justiça.

14.20 Noé é o próprio padrão do temor piedoso, um modelo de que "o temor do Senhor é o princípio da sabedoria", assim como Abraão foi um modelo de fé e o pai dos fiéis. Movido pelo temor, Noé construiu uma arca para salvar sua família. Sem pensar na zombaria de muitos sobre si, ele construiu um enorme navio em terra firme. Tornou-se um pregador da justiça e, embora poucos, se é que houve algum, foram convertidos por essa pregação, ele perseverou por 120 anos, obedientemente fazendo o que Deus lhe ordenara, para testemunho contra os ímpios. Dificilmente podemos encontrar um homem melhor do que este segundo pai da raça humana, de quem todos nós viemos. Ao lado dele, mencionamos *Daniel*. Ele estava vivo no momento em que Ezequiel escreveu, um jovem, suponho, de cerca de 30 anos. É muito singular que ele seja colocado entre Noé e Jó — dois homens do mundo antigo. Ele deve ter sido altamente estimado em sua própria geração. Ezequiel, movido pelo Espírito Santo, junta-o àqueles que a história canonizou. Ele foi um homem muito amado por Deus, e sem dúvida, era muito querido por seus contemporâneos. A virtude notável e a elevação do caráter acima do padrão comum de um homem bom seriam indispensáveis para a sua posição nesse triunvirato tão notável. [...] Para completar o trio, há *Jó*, de quem temos testemunho infalível de que era "íntegro e correto". O próprio Satanás não pôde encontrar culpa no caráter de Jó, embora com maldade diabólica insinuou um motivo sinistro para a escrupulosa integridade de Jó. [...] Você se lembra de que ele não

²¹"Agora, assim diz o SENHOR Soberano: Como será terrível quando esses quatro castigos terríveis — guerra, fome, animais selvagens e doença — caírem sobre Jerusalém e destruírem todo o seu povo e seus animais! ²²Contudo, haverá sobreviventes, que se juntarão a vocês no exílio na Babilônia. Vocês verão com os próprios olhos como eles são perversos e se sentirão consolados diante da calamidade que eu trouxe sobre Jerusalém. ²³Quando se encontrarem com eles, entenderão que não foi sem motivo que fiz essas coisas a Israel. Eu, o SENHOR Soberano, falei!".

Jerusalém, uma videira inútil

15 Recebi esta mensagem do SENHOR: ²"Filho do homem, como comparar uma videira com uma árvore? Acaso a madeira da videira é útil como a da árvore? ³Pode ser usada para fazer objetos, como ganchos para pendurar vasilhas e panelas? ⁴Não, ela serve apenas como lenha e, mesmo assim, queima depressa demais. ⁵As videiras são inúteis tanto antes como depois de serem lançadas no fogo.

⁶"Assim diz o SENHOR Soberano: Os habitantes de Jerusalém são como videiras que crescem no meio das árvores do bosque. Porque são inúteis, eu os lancei no fogo para serem queimados. ⁷E, se escaparem de um fogo, providenciarei outro para os consumir. Quando eu me voltar contra eles, vocês saberão que eu sou o SENHOR. ⁸Deixarei a terra desolada, pois meu povo foi infiel a mim. Eu, o SENHOR Soberano falei!".

Jerusalém, esposa infiel

16 Então recebi outra mensagem do SENHOR: ²"Filho do homem, faça Jerusalém

---

amaldiçoou a Deus, mas o bendisse, e sua fé triunfou sobre sua irritação, mesmo no monturo de sua pobreza, quando estava coberto de feridas e cheio de angústia. Certamente, Jó é um modelo de excelência. [...]

Bem, se tivéssemos qualquer um desses três homens para implorar por nós, deveríamos admirá-lo como se colocássemos um grande peso na balança. Se tivéssemos por nosso vizinho, ou irmão, ou pai, qualquer um desses — se houvesse alguma transferência de justiça de um homem para outro, deveríamos esperar ficar debaixo da sombra das asas de Noé, ou de Daniel, ou de Jó. Mas aqui o Senhor declara que, se os três fossem colocados juntos, não deveriam poupar o filho ou a filha. Não, queridos amigos: "Vocês devem nascer de novo", *vocês* devem ser justificados, cada um individualmente, ou então, se tivessem todos esses amigos no tribunal, o que não é verdade, eles seriam incapazes de evitar o curso da justiça, ou obter-lhes o menor favor.

15.1,2 Ao olhar para todas as várias árvores, observamos que a videira se distingue entre elas — de modo que, na antiga parábola de Jotão, as árvores confiavam na videira e disseram-lhe: "Seja nosso rei". Mas, meramente olhando para a videira, sem considerar a sua fecunda produtividade, não veríamos nenhuma realeza nela acima das outras árvores. Em tamanho, forma, beleza ou utilidade, não tem a menor vantagem. Não podemos fazer nada com a madeira da videira. "Pode ser usada para fazer objetos, como ganchos para pendurar vasilhas e panelas?" É uma planta inútil, exceto por seu fruto. Às vezes a vemos em beleza, formadas ao lado de nossos muros e no oriente, pode ser vista em toda a sua exuberância, pois ela recebe grande cuidado durante o seu desenvolvimento. Mas deixe a videira desenvolver-se por si só e considere-a separada de sua produtividade — é a mais insignificante e desprezível de todas as coisas que carregam o nome de árvore! Bem, amados, isso é para a humilhação do povo de Deus. Eles são chamados de videira de Deus. Mas o que eles são por natureza mais do que outros? Os outros são tão bons quanto eles. Sim, os outros são ainda maiores e melhores que eles. Eles, pela bondade de Deus, tornaram-se frutíferos, tendo sido plantados em um bom solo. O Senhor os formou sobre os muros do santuário e eles produzem frutos para a Sua glória. Mas o que são eles sem o seu Deus? O que são eles sem a contínua influência do Espírito gerando fecundidade neles? [...]

Você se exalta? Ó, estranho mistério, que você, que tomou tudo emprestado, deva se exaltar! Que você, que não tem nada de sua propriedade, mas ainda tem que recorrer à graça deveria se orgulhar? Um pobre dependente da generosidade do seu Salvador e ainda orgulhoso? Aquele que tem uma vida que só pode viver por causa das correntes de vida de Jesus e ainda orgulhoso! Vá pendurar o seu orgulho na forca, tão alto quanto Hamã — pendure-o lá para apodrecer e fique em pé debaixo dele e denuncie-o por toda a eternidade, pois certamente de tudo que deve ser amaldiçoado e desprezado está o orgulho de um cristão! Ele, de todos os homens, tem dez mil vezes mais razão do que qualquer outro para ser humilde e andar humildemente com seu Deus, com bondade e humildade em relação a seus semelhantes. Permita que isso o torne humilde, cristão: a videira não é mais do que qualquer outra árvore, salvo somente pela fecundidade que Deus lhe deu.

ver como são detestáveis seus pecados. ³Transmita-lhe esta mensagem do Senhor Soberano: Você não passa de uma cananeia! Seu pai era amorreu, e sua mãe era hitita. ⁴No dia em que você nasceu, ninguém cortou seu cordão umbilical, nem a lavou, nem a esfregou com sal, nem a enrolou em panos. ⁵Ninguém teve compaixão nem cuidou de você. No dia em que nasceu, você foi rejeitada e abandonada num campo.

⁶"Mas eu passei por lá e a vi, indefesa, esperneando em seu sangue, e lhe disse: 'Viva!'. ⁷Eu a fiz desenvolver-se, como uma planta no campo. Você cresceu e se tornou uma linda joia. Seus seios se formaram e seu cabelo cresceu, mas você continuava nua. ⁸Quando passei por você outra vez, vi que já tinha idade suficiente para amar. Eu a envolvi com meu manto para cobrir sua nudez e pronunciei meus votos de casamento. Fiz uma aliança com você, diz o Senhor Soberano, e você se tornou minha.

⁹"Então lavei você, limpei o sangue e passei óleo perfumado em sua pele. ¹⁰Eu lhe dei roupas caras de linho fino e de seda com lindos bordados e sandálias feitas do mais excelente couro de cabra. ¹¹Também lhe dei belas joias, pulseiras e lindos colares, ¹²uma argola para o nariz, brincos para as orelhas e uma bela coroa para a cabeça. ¹³Assim, você foi enfeitada com ouro e prata. Suas roupas eram feitas de linho fino e seda e tinham lindos bordados. Você comia os alimentos mais seletos — farinha da melhor qualidade, mel e azeite — e se tornou mais linda que nunca. Parecia uma rainha, e de fato era! ¹⁴Sua fama logo se espalhou por todo o mundo, por causa de sua beleza. Eu a vesti com meu esplendor e aperfeiçoei sua beleza, diz o Senhor Soberano.

¹⁵"No entanto, você pensou que era dona de sua fama e de sua beleza. Então, entregou-se como prostituta a todo homem que passava. Sua beleza estava à disposição de quem a pedisse. ¹⁶Usou os presentes lindos que lhe dei para fazer altares para seus ídolos e ali se prostituiu. Nunca se viu uma coisa dessas! ¹⁷Pegou as joias e os enfeites de ouro e prata que lhe dei, fez estátuas de homens e as adorou. Desse modo, cometeu adultério contra mim. ¹⁸Com as lindas roupas bordadas que lhe dei, vestiu seus ídolos e usou meu óleo perfumado e meu incenso para adorá-los. ¹⁹Colocou diante deles como sacrifício a farinha da melhor qualidade, o azeite e o mel com que cuidei de você, diz o Senhor Soberano.

²⁰"Depois, pegou seus filhos e suas filhas, que havia gerado para mim, e os sacrificou a seus deuses. Acaso não bastou você se prostituir? ²¹Também teve de matar meus filhos como sacrifício a ídolos? ²²Em todo o seu pecado detestável e em seu adultério, você não se lembrou daqueles dias, muito tempo atrás, em que estava nua e abandonada, esperneando em seu sangue.

²³"Que aflição a espera!, diz o Senhor Soberano. Além de todas as suas maldades, ²⁴você construiu um lugar de adoração e ergueu altares a ídolos em todas as praças da cidade. ²⁵Em cada esquina, contaminou sua beleza e ofereceu seu corpo a todos que passavam, aumentando sua prostituição. ²⁶Então acrescentou a seus amantes o lascivo Egito e provocou minha ira com promiscuidade cada vez maior. ²⁷Por isso

---

16.3,4,15,16 *Vv.3,4* Abraão, o pai da nação, veio de além do dilúvio. Mas aqui, por causa do pecado do povo, Deus atribui o nascimento deles ao lugar de seus assentamentos e não a esse homem escolhido e nobre. Eles haviam vivido por tanto tempo em Canaã que se tornaram cananeus. Seus hábitos eram tão maus que havia pouca diferença entre os israelitas e os amorreus e os heteus, *que Deus havia ferido em Sua ira*. Deste modo o Senhor diz: "Você não passa de uma cananeia! Seu pai era amorreu, e sua mãe era hitita". E no quinto versículo, Ele descreve a condição da nação quando estava no Egito, quando ninguém se importava com isso.

Vv.15,16 Assim que os israelitas se tornaram ricos e poderosos, começaram a construir altares para os falsos deuses! Os próprios tesouros que Deus lhes tinha dado, eles profanaram para a criação de ídolos! Deus chama isto de prostituição espiritual, desviar-se do único Deus verdadeiro, que era o Esposo da nação, para seguir após deuses falsos. É um sinal perverso em qualquer um de nós quando as bênçãos de Deus são, elas próprias, transformadas em ídolos. Se você começar a adorar sua riqueza, sua saúde, seus filhos, seu aprendizado, ou qualquer coisa que Deus lhe deu, isso é extremamente ofensivo ao Altíssimo! É uma violação da aliança matrimonial entre sua alma e Deus!

eu a feri com minha mão e reduzi seu território. Entreguei-a a seus inimigos, os filisteus, e até eles ficaram espantados com sua conduta depravada. ²⁸Você também se prostituiu com os assírios. Parece que nunca se cansa de procurar amantes! E, mesmo depois de se prostituir com eles, não ficou satisfeita. ²⁹Acrescentou a seus amantes a Babilônia,ᵃ terra de comerciantes, mas ainda assim não se contentou.

³⁰"Como seu coração é fraco, diz o Senhor Soberano, para fazer essas coisas e se comportar como uma prostituta desavergonhada! ³¹Constrói lugares de adoração em todas as esquinas e altares a seus ídolos em todas as praças. Na verdade, você foi pior que uma prostituta, pois nem exigiu pagamento. ³²Sim, você é uma esposa adúltera que acolhe estranhos em vez do marido. ³³As prostitutas cobram por seus serviços, mas você não! Oferece presentes a seus amantes e os suborna para adulterarem com você. ³⁴Faz, portanto, o contrário de outras prostitutas. Paga seus amantes em vez de eles pagarem você!"

Julgamento contra Jerusalém por sua prostituição

³⁵"Portanto, prostituta, ouça esta mensagem do Senhor. ³⁶Assim diz o Senhor Soberano: Visto que você derramou sua lascívia e se expôs em prostituição a todos os seus amantes, adorou ídolos detestáveisᵇ e matou seus filhos como sacrifícios a seus deuses, ³⁷ouça o que farei. Reunirei todos os seus aliados — seus amantes com os quais você teve prazer, os que você amou e também os que odiou — e a deixarei nua diante deles, para que todos a vejam. ³⁸Eu a castigarei por homicídio e adultério e, na fúria de meu ciúme, a cobrirei de sangue. ³⁹Então a entregarei a esses muitos povos que são seus amantes, e eles a destruirão. Derrubarão seus lugares de adoração e os altares de seus ídolos. Arrancarão suas roupas, levarão suas lindas joias e a deixarão completamente nua. ⁴⁰Eles se juntarão e formarão uma multidão violenta que a apedrejará e a cortará com espadas. ⁴¹Queimarão suas casas e a castigarão diante de muitas mulheres. Eu porei fim à sua prostituição, e você não pagará mais seus muitos amantes.

⁴²"Por fim, satisfarei minha fúria contra você, e meu ciúme se acalmará. Ficarei tranquilo e já não ficarei irado com você. ⁴³Primeiro, porém, uma vez que você não se lembrou de sua juventude, mas provocou minha ira com todas as suas maldades, eu lhe darei o castigo merecido por sua conduta, diz o Senhor Soberano. Pois a todos os seus pecados detestáveis você acrescentou a depravação. ⁴⁴Todos que inventam provérbios dirão a seu respeito: 'Tal mãe, tal filha'. ⁴⁵Pois sua mãe detestava o marido e os filhos, e você faz o mesmo. É exatamente como suas irmãs, que também desprezaram marido e filhos. De fato, sua mãe era hitita, e seu pai, amorreu.

⁴⁶"Sua irmã mais velha era Samaria, que vivia com as filhas ao norte. Sua irmã mais nova era Sodoma, que vivia com as filhas ao sul. ⁴⁷Mas você não apenas imitou sua conduta e seus pecados detestáveis; em pouco tempo, você as superou em sua depravação. ⁴⁸Tão certo como eu vivo, diz o Senhor Soberano, Sodoma e suas filhas nunca foram tão perversas quanto você e suas filhas. ⁴⁹Sodoma cometia os pecados de orgulho, glutonaria e preguiça, enquanto os pobres e necessitados sofriam. ⁵⁰Era arrogante e cometia pecados detestáveis, por isso eu a exterminei, como você viu.ᶜ

⁵¹"Nem mesmo Samaria cometeu metade dos pecados que você cometeu. Você fez coisas muito mais detestáveis que suas irmãs. Comparadas a você, elas parecem justas. ⁵²Você deveria se envergonhar. Seus pecados são tão terríveis que fazem suas irmãs parecerem justas, e até mesmo puras. Que coisa vergonhosa!

⁵³"Um dia, porém, restaurarei Sodoma e Samaria, e você também. ⁵⁴Então você ficará verdadeiramente envergonhada de tudo que fez, pois seus pecados fazem suas irmãs se sentirem bem em comparação com você. ⁵⁵Quando suas irmãs, Sodoma e Samaria, e todos os seus habitantes forem restaurados, você também será restaurada. ⁵⁶Você, em seus dias de arrogância, desprezava Sodoma. ⁵⁷Agora, porém, sua perversidade se tornou evidente para todo o mundo, e você é desprezada por Edom,ᵈ por

---

ᵃ**16.29** Ou *Caldeia*. ᵇ**16.36** É provável que o termo hebraico (lit., *coisas redondas*) se refira a esterco. ᶜ**16.50** Conforme alguns manuscritos hebraicos e a Septuaginta; o Texto Massorético traz *como eu vi*. ᵈ**16.57** Conforme vários manuscritos hebraicos e a versão siríaca; o Texto Massorético traz *Arã*.

todos os vizinhos dele e pela Filístia. ⁵⁸Esse é o castigo por sua depravação e seus pecados detestáveis, diz o Senhor.

⁵⁹"Assim diz o Senhor Soberano: Eu lhe darei o que você merece, pois não levou a sério seus votos solenes e quebrou sua aliança. ⁶⁰Contudo, me lembrarei da aliança que fiz com você em sua juventude e estabelecerei com você uma aliança permanente. ⁶¹Então você se lembrará com vergonha de tudo que fez. Farei que suas irmãs, Samaria e Sodoma, se tornem suas filhas, embora elas não façam parte de nossa aliança. ⁶²Reafirmarei minha aliança com você, e você saberá que eu sou o Senhor. ⁶³Você se lembrará de seus pecados e ficará calada de tanta vergonha quando eu perdoar tudo que fez. Eu, o Senhor Soberano, falei!".

A parábola das duas águias

17 Recebi esta mensagem do Senhor: ²"Filho do homem, apresente esta parábola e conte esta história ao povo de Israel. ³Transmita-lhes a seguinte mensagem do Senhor Soberano:

"Uma grande águia, com asas grandes e
  penas longas,
    coberta com plumagem de várias cores,
    veio ao Líbano.
Agarrou a ponta de um cedro
⁴e arrancou seu galho mais alto.
Levou-o para uma terra de comerciantes
  e plantou-o numa cidade de mercadores.
⁵Também levou da terra uma semente
  e a plantou em solo fértil.
Colocou-a junto a um rio largo,
  onde pudesse crescer como um
    salgueiro.
⁶A planta criou raízes, cresceu
  e se tornou uma videira baixa, mas
    espalhada.
Os ramos se voltaram para a águia,
  e as raízes se aprofundaram no solo.
Produziu ramos fortes
  e deu brotos.
⁷Então, surgiu outra águia,
  com asas grandes e muita plumagem.
A videira lançou raízes e ramos
  na direção dela, em busca de água,
⁸embora já estivesse plantada em boa terra
  e tivesse água com fartura,
para que crescesse e se transformasse
  numa bela videira
  e produzisse ramos e frutos.

⁹"Agora, portanto, assim diz o Senhor
  Soberano:
Acaso essa videira prosperará?
  Não! Eu a arrancarei pela raiz!
Cortarei seus frutos
  e deixarei que suas folhas murchem.
Eu a arrancarei facilmente;
  não será necessário um braço forte nem
    um grande exército.
¹⁰Mas, quando a videira for replantada,
  acaso florescerá?
Pelo contrário, murchará
  quando o vento do leste soprar contra
    ela.
Morrerá na mesma terra
  onde havia crescido".

Explicação da parábola

¹¹Então recebi esta mensagem do Senhor: ¹²"Diga a este povo rebelde: Vocês não entendem o que significa essa parábola? O rei da Babilônia veio a Jerusalém e levou seu rei e seus príncipes para a Babilônia. ¹³Firmou um tratado com um membro da família real e o obrigou a jurar lealdade. Também exilou os líderes mais influentes de Israel, ¹⁴para que o reino não voltasse a se fortalecer nem se rebelasse. Ele só sobreviveria se cumprisse seu tratado com a Babilônia.

¹⁵"Contudo, esse homem da família real de Israel se rebelou contra a Babilônia e enviou embaixadores ao Egito, para pedir um grande exército e muitos cavalos. Acaso Israel pode deixar de cumprir os tratados que fez sob juramento e ficar impune? ¹⁶Tão certo como eu vivo, diz o Senhor Soberano, o rei de Israel morrerá na Babilônia, a terra do rei que o colocou no poder e cujo tratado ele desprezou e quebrou. ¹⁷O faraó e todo o seu exército poderoso não serão capazes de ajudar Israel quando o rei da Babilônia cercar Jerusalém novamente e destruir muitas vidas. ¹⁸Pois o rei de Israel desprezou seu tratado e o quebrou depois de jurar obediência; portanto, ele não escapará.

¹⁹"Por isso, assim diz o Senhor Soberano: Tão certo como eu vivo, eu o castigarei por quebrar

minha aliança e desprezar o voto solene que fez em meu nome. ²⁰Lançarei minha rede sobre ele e o pegarei em meu laço. Eu o levarei à Babilônia e o julgarei por sua traição contra mim. ²¹Todos os seus melhores guerreiros[a] serão mortos na batalha, e os que sobreviverem serão espalhados aos quatro ventos. Então você saberá que eu, o Senhor, falei.

²²"Assim diz o Senhor Soberano: Pegarei um ramo da ponta de um cedro alto e o plantarei no topo do monte mais elevado de Israel. ²³Ele se tornará um cedro majestoso que estenderá seus ramos e produzirá sementes. Aves de toda espécie farão ninhos ali e encontrarão abrigo à sombra de seus ramos. ²⁴E todas as árvores saberão que eu, o Senhor, derrubo a árvore alta e faço crescer a árvore baixa. Faço a árvore verde murchar e dou vida à árvore seca. Eu, o Senhor, falei e cumprirei o que prometi!".

A justiça de Deus

18 Recebi outra mensagem do Senhor: ²"Por que vocês citam este provérbio a respeito da terra de Israel: 'Os pais comeram uvas azedas, mas os dentes dos filhos é que estragaram'? ³Tão certo como eu vivo, diz o Senhor Soberano, vocês não citarão mais esse provérbio em Israel. ⁴Pois todos me pertencem, tanto pais como filhos. Aquele que pecar é que morrerá.

⁵"Suponhamos que um homem seja justo e faça o que é certo e direito. ⁶Não participa de banquetes nos lugares de adoração diante dos ídolos[b] de Israel nem os adora. Não comete adultério e não tem relações com a mulher quando ela está menstruada. ⁷É um credor misericordioso, que não fica com os objetos entregues como garantia pelos devedores pobres. Não rouba dos pobres; antes, dá alimento aos famintos e providencia roupas aos necessitados. ⁸Empresta dinheiro sem visar lucros, mantém-se afastado da injustiça, é honesto e imparcial quando julga ⁹e obedece fielmente a meus decretos e estatutos. Quem age desse modo é justo e certamente viverá, diz o Senhor Soberano.

¹⁰"Suponhamos, porém, que esse homem tenha um filho ladrão ou assassino, que se recusa a fazer o que é certo. ¹¹Suponhamos que esse filho faça todas as maldades que seu pai jamais faria: participe de banquetes oferecidos a ídolos nos lugares de adoração, cometa adultério, ¹²oprima os pobres e os desamparados, roube de seus devedores ao não lhes devolver sua garantia, adore ídolos, pratique pecados detestáveis ¹³e empreste dinheiro visando lucros. Acaso esse pecador deve viver? Não, ele será responsabilizado e morrerá.

¹⁴"Suponhamos, porém, que esse filho pecador tenha, por sua vez, um filho que vê a perversidade do pai e decide não viver desse modo. ¹⁵Esse filho não participa de banquetes nos lugares de adoração, não adora ídolos e não comete adultério. ¹⁶Não explora os pobres; antes, trata os devedores com imparcialidade e não rouba deles. Dá alimentos aos famintos e providencia roupas aos necessitados. ¹⁷Ajuda os pobres,[c] não empresta dinheiro visando lucros e obedece a todos os meus decretos e estatutos. Ele não morrerá por causa dos pecados de seu pai; certamente viverá. ¹⁸O pai, no entanto, morrerá por causa de seus muitos pecados, por ser cruel, roubar das pessoas e fazer o que era claramente errado no meio de seu povo.

¹⁹"Vocês, porém, perguntam: 'Como assim? O filho não paga pelos pecados do pai?'. Não! Pois se o filho faz o que é justo e certo e guarda meus decretos, ele certamente viverá. ²⁰Aquele que pecar é que morrerá. O filho não será castigado pelos pecados do pai, e o pai não será castigado pelos pecados do filho. Os justos serão recompensados por sua justiça, e os perversos serão castigados por sua perversidade. ²¹Mas, se os perversos abandonarem seus pecados e obedecerem a meus decretos e fizerem o que é justo e certo, com certeza viverão, e não morrerão. ²²Todos os pecados que cometeram no passado serão esquecidos, e eles viverão por causa de seus atos de justiça.

---

[a]**17.21** Conforme alguns manuscritos hebraicos; o Texto Massorético traz *seus guerreiros em fuga*. O significado é incerto. [b]**18.6** É provável que o termo hebraico (lit., *coisas redondas*) se refira a esterco; também em 18.12,15. [c]**18.17** A Septuaginta traz *Recusa-se a fazer o mal*.

²³"Vocês acham que eu gosto de ver os perversos morrerem?, diz o Senhor Soberano. Claro que não! Meu desejo é que eles se afastem de seus maus caminhos e vivam. ²⁴Contudo, se os justos se afastarem de sua justiça, cometerem pecados e agirem como outros pecadores, deve-se permitir que vivam? Claro que não! Todos os seus atos de justiça serão esquecidos, e eles morrerão por causa de seus pecados.

²⁵"Vocês, porém, dizem: 'O Senhor não é justo!'. Ouça, ó povo de Israel: quem é injusto, eu ou vocês? ²⁶Se os justos se afastarem de sua justiça e cometerem pecados, morrerão por causa disso. Sim, eles morrerão por causa de seus pecados. ²⁷E, se os perversos se afastarem de sua perversidade e fizerem o que é justo e certo, preservarão a vida. ²⁸Eles viverão, pois pensaram melhor e decidiram se afastar de seus pecados. ²⁹E, no entanto, o povo de Israel continua a dizer: 'O Senhor não é justo!'. Ó povo de Israel, vocês é que são injustos, e não eu!

³⁰"Portanto, julgarei cada um de vocês, ó povo de Israel, conforme suas ações, diz o Senhor Soberano. Arrependam-se e afastem-se de seus pecados, e não permitam que eles os derrubem. ³¹Deixem toda a sua rebeldia para trás e busquem um coração novo e um espírito novo. Por que morrer, ó povo de Israel? ³²Não é meu desejo que morram, diz o Senhor Soberano. Arrependam-se e vivam!"

Cântico fúnebre pelos reis de Israel

19 "Entoe este cântico fúnebre pelos príncipes de Israel:

²"Que é sua mãe?
  Uma leoa entre os leões!
Ela se deitava entre os leõezinhos
  e criava seus filhotes.
³Criou um deles
  para se tornar um leão forte.
Ele aprendeu a caçar e a despedaçar a
    presa
  e se tornou devorador de gente.
⁴As nações ouviram falar dele
  e o apanharam na cova que lhe
    prepararam.
Com ganchos o levaram
  para a terra do Egito.
⁵"Quando a leoa viu
  que sua esperança por ele estava
    perdida,
pegou outro filhote
  e o ensinou a ser um leão forte.
⁶Ele andava entre os leões
  e se destacava por sua força.
Aprendeu a caçar e a despedaçar a presa
  e também se tornou devorador de gente.
⁷Derrubou fortalezas[a]
  e destruiu cidades.
A terra e seus habitantes tremiam de medo
  quando ouviam seu rugido.
⁸Então os exércitos das nações o atacaram
  e o cercaram por todos os lados.
Lançaram uma rede sobre ele
  e o apanharam na cova que lhe
    prepararam.
⁹Com ganchos o arrastaram para dentro de
    uma jaula

---

[a]19.7 Conforme a Septuaginta; o hebraico traz *Conheceu viúvas*.

18.23 A duração da longanimidade de Deus antes do próprio Dia do Juízo vem provar como Ele não deseja a morte dos homens. [...] Alguns de vocês rejeitaram a Cristo depois de terem ouvido o evangelho por muitos anos, você suprimiu sua consciência quando ela clamou contra você, e o fez apesar do Espírito de Deus. Rebelou-se contra a luz e cometeu um pecado ainda maior, mas Deus não o destruiu. Se Ele tivesse achado prazer na sua morte, Ele teria suportado que você vivesse tanto tempo? [...] Alguns foram além de tudo isso, porque provocaram Deus com sua franca incredulidade e com seus abomináveis discursos contra Ele, Seu Filho e Seu povo. Eles tentaram enfiar o dedo no olho de Deus; cuspiram na face do Bem-amado e perseguiram-no na pessoa de Seu povo. No entanto, o Senhor não os matou sumariamente, como Ele poderia justamente ter feito. Você não ouviu a Sua espada se movendo na bainha? Ela teria saltado de sua bainha se a misericórdia não a tivesse empurrado para trás e implorado: "Ó espada do Senhor, quando descansarás? Volte para sua bainha; repouse e aquiete-se". É somente porque as Suas compaixões não falham que você é favorecido com os amorosos convites do evangelho. Somente por causa de Sua infinita paciência, a graça ainda luta com o pecado humano e a incredulidade.

e o levaram ao rei da Babilônia.
Eles o mantiveram preso,
para que nunca mais se ouvisse sua voz
nos montes de Israel.

¹⁰"Sua mãe era como uma videira
plantada junto à água.
Tinha folhagem viçosa e dava frutos,
porque havia muita água.
¹¹Seus ramos se tornaram fortes
o suficiente para serem cetros de reis.
Ela cresceu, ficou muito alta
e se elevou acima de todas as outras.
¹²Mas a videira foi arrancada pela raiz com fúria
e atirada ao chão.
O vento do deserto secou seus frutos
e quebrou seus fortes ramos,
por isso ela murchou
e foi consumida pelo fogo.
¹³Agora a videira está plantada no deserto,
onde o solo é duro e seco.
¹⁴De seus ramos saiu fogo
e consumiu seus frutos.
Os ramos que sobraram não são fortes
o suficiente para serem cetros de reis.

"Este é um cântico fúnebre e será entoado num funeral".

A rebelião de Israel

20 Em 14 de agosto,[a] durante o sétimo ano do exílio do rei Joaquim, alguns dos líderes de Israel vieram consultar o SENHOR e, enquanto estavam sentados comigo, ²recebi esta mensagem do SENHOR: ³"Filho do homem, diga aos líderes de Israel: 'Assim diz o SENHOR Soberano: Como ousam vir me consultar? Tão certo como eu vivo, diz o SENHOR Soberano, não lhes direi coisa alguma!'.

⁴"Filho do homem, apresente acusações contra eles e condene-os. Faça-os ver como eram detestáveis os pecados de seus antepassados. ⁵Transmita-lhes esta mensagem do SENHOR Soberano: Quando escolhi Israel, quando me revelei aos descendentes de Jacó, no Egito, jurei solenemente que eu, o SENHOR, seria o seu Deus. ⁶Naquele dia, jurei que os tiraria do Egito e os levaria para uma terra que havia encontrado para eles, uma terra boa, que produz leite e mel com fartura, a mais linda de todas as terras. ⁷Então lhes disse: 'Cada um de vocês livre-se de suas imagens repugnantes pelas quais está obcecado. Não se contamine com os ídolos[b] do Egito, pois eu sou o SENHOR, seu Deus'.

⁸"Eles, porém, se rebelaram contra mim e não quiseram ouvir. Não se livraram das imagens repugnantes pelas quais estavam obcecados, nem abandonaram os ídolos do Egito. Então ameacei derramar minha fúria sobre eles para satisfazer minha ira enquanto ainda estavam no Egito. ⁹Mas, por causa do meu nome, não o fiz. Não permiti que meu nome fosse desonrado entre as nações vizinhas diante das quais me revelei quando tirei os israelitas do Egito. ¹⁰Portanto, eu os tirei do Egito e os levei para o deserto. ¹¹Ali lhes dei meus decretos e estatutos, para que encontrassem vida ao praticá-los. ¹²Também lhes dei os sábados como sinal entre mim e eles, para lembrá-los de que eu sou o SENHOR, que os separou para serem santos.

¹³"O povo de Israel, no entanto, se rebelou contra mim e não quis obedecer a meus decretos no deserto. A obediência lhes teria dado vida, mas não seguiram meus estatutos. Além disso, profanaram meus sábados. Portanto, ameacei derramar minha fúria sobre eles e consumi-los inteiramente no deserto. ¹⁴Mais uma vez, porém, me contive por causa do meu nome, para que não fosse desonrado diante das nações que tinham visto meu poder quando tirei Israel do Egito. ¹⁵Contudo, fiz um juramento solene contra eles no deserto. Jurei que não os faria entrar na terra que lhes tinha dado, uma terra que produz leite e mel com fartura, a mais linda de todas as terras. ¹⁶Pois rejeitaram meus estatutos, recusaram-se a seguir meus decretos e profanaram meus sábados, porque entregaram o coração a seus ídolos. ¹⁷Apesar disso, tive compaixão deles e não os destruí no deserto.

¹⁸"Então adverti seus filhos no deserto a não seguirem os passos e o estilo de vida de seus pais, que se contaminaram com seus ídolos. ¹⁹Disse-lhes: 'Eu sou o SENHOR, seu Deus. Sigam meus decretos, obedeçam a meus estatutos ²⁰e

---

[a]20.1 Em hebraico, *No quinto mês, no décimo dia*, do antigo calendário lunar hebraico. O ano foi 591 a.C.; ver também nota em 1.1. [b]20.7 É provável que o termo hebraico (lit., *coisas redondas*) se refira a esterco; também em 20.8,16,18,24,31,39.

guardem meus sábados como dias santos, pois são um sinal entre mim e vocês para lembrá-los de que eu sou o Senhor, seu Deus'.

²¹"Seus filhos, porém, também se rebelaram contra mim. A obediência lhes teria dado vida, mas não guardaram meus decretos nem seguiram meus estatutos. Além disso, profanaram meus sábados. Portanto, mais uma vez, ameacei derramar minha fúria sobre eles no deserto para satisfazer minha ira. ²²No entanto, contive meu julgamento por causa do meu nome, para que não fosse desonrado diante das nações que tinham visto meu poder quando tirei Israel do Egito. ²³Contudo, fiz um juramento solene contra eles no deserto. Jurei que os espalharia entre todas as nações, ²⁴pois não obedeceram a meus estatutos. Desprezaram meus decretos, profanaram meus sábados e cobiçaram os ídolos de seus antepassados. ²⁵Eu os entreguei a decretos e estatutos inúteis, que não conduziriam à vida. ²⁶Deixei que se contaminassemᵃ com suas ofertas idólatras e permiti que oferecessem seus primeiros filhos como sacrifícios a seus deuses, para que eu os devastasse e lhes mostrasse que somente eu sou o Senhor."

Julgamento e restauração

²⁷"Portanto, filho do homem, transmita ao povo de Israel esta mensagem do Senhor Soberano: Seus antepassados continuaram a blasfemar contra mim e a me trair, ²⁸pois, quando os trouxe à terra que lhes havia prometido, eles ofereceram sacrifícios onde quer que vissem montes altos e árvores verdejantes. Provocaram minha fúria ao oferecer sacrifícios a seus deuses. Levaram perfumes e incenso e apresentaram ofertas derramadas. ²⁹Disse-lhes: 'Que lugar alto é este para onde vão?'. (Desde então, esse tipo de lugar é chamado de Bamá, 'lugar alto'.)

³⁰"Portanto, transmita ao povo de Israel esta mensagem do Senhor Soberano: Vocês continuarão a se contaminar, como fizeram seus antepassados? Vão se prostituir adorando imagens repugnantes? ³¹Pois, quando apresentam ofertas para elas e sacrificam seus filhos no fogo, continuam a se contaminar com ídolos até hoje. Acaso devo permitir que me consultem, ó povo de Israel? Tão certo como eu vivo, diz o Senhor Soberano, não lhes direi coisa alguma.

³²"Vocês dizem: 'Queremos ser como as nações ao redor, que servem a ídolos de madeira e de pedra'. Mas o que vocês planejam nunca acontecerá. ³³Tão certo como eu vivo, diz o Senhor Soberano, eu os governarei com mão de ferro, com grande ira e poder tremendo. ³⁴E com grande ira estenderei minha mão forte e meu braço poderoso e os trarei de voltaᵇ das

---

ᵃ 20.25-26 Ou *Eu lhes dei decretos e estatutos inúteis [...]. Eu os contaminei.* ᵇ 20.34 A Septuaginta traz *eu os receberei*. Comparar com 2Co 6.17.

20.32-38 Esse impressionante pronunciamento foi dado por esse célebre profeta Ezequiel, no momento em que os israelitas, espalhados por todos os países, tinham começado a esquecer de sua nacionalidade. Eles julgaram prudente e sábio, tanto quanto possível, disfarçar seu caráter peculiar, e misturar sua raça com os babilônios ou caldeus, e tornar-se como os pagãos. Deus, que escolheu o Seu povo de antigamente, não o permitiria, e Ele interveio com esta passagem impressionante — "Vocês dizem: 'Queremos ser como as nações ao redor, que servem a ídolos de madeira e de pedra'. Mas o que vocês planejam nunca acontecerá". O Senhor lhes diz que Ele os tinha por povo, e Sua intenção era mantê-los como povo. [...]

Queridos amigos, é algo tremendo professar pertencer ao povo de Deus. Se isto for verdade, é um grande privilégio, mas se for mentira é algo terrível, envolvendo sete julgamentos. Deus fará com que o povo que professa ser Seu seja diferente dos outros homens, e os que estão entre eles e que não são verdadeiramente deles, serão tratados de tal forma que seus dois ouvidos que ouvem isso terão comichão. Severidades especiais sobrepujarão os apóstatas professos; portanto, é melhor que eles saibam o que estão fazendo. Você não pode brincar com a fé cristã, não pode ser um traidor e sair sem ser notado, você será marcado como o filho da perdição, será conhecido como Judas, como alguém que teria sido melhor nunca ter nascido. Professar o cristianismo, sem que seja verdadeiramente, será um manto de fogo para aquele que o veste. Tal é a carreira desta passagem. Mas, ao mesmo tempo, lendo entre as linhas e considerando os versículos com muito cuidado, sugere-se outra leitura; se Deus não demonstrar o julgamento característico, exibirá a graça característica. Sem distorcer a passagem em absoluto, usarei toda ela, como anunciação do favor singular que Deus pretende exibir

terras onde foram espalhados. ³⁵Eu os levarei ao deserto das nações e ali os julgarei face a face. ³⁶Ali os julgarei como julguei seus antepassados no deserto depois de tirá-los do Egito, diz o Senhor Soberano. ³⁷Eu os examinarei cuidadosamenteª e os farei obedecer aos termos de minha aliança. ³⁸Tirarei de seu meio todos que se rebelam e se revoltam contra mim. Eu os farei sair das terras em que estão exilados, mas eles nunca entrarão na terra de Israel. Então vocês saberão que eu sou o Senhor.

³⁹"Quanto a vocês, povo de Israel, assim diz o Senhor Soberano: Continuem a adorar seus ídolos. Mais cedo ou mais tarde, porém, vocês me obedecerão e deixarão de desonrar meu santo nome com sua idolatria. ⁴⁰Pois em meu santo monte, o alto monte de Israel, diz o Senhor Soberano, todo o povo de Israel me adorará, e eu os aceitarei. Ali exigirei que tragam todas as suas ofertas, suas melhores dádivas e tudo que me consagrarem. ⁴¹Quando eu os trouxer de volta do exílio, vocês serão para mim como uma oferta agradável. E, por meio de vocês, demonstrarei minha santidade diante de todas as nações. ⁴²Então, quando eu os tiver trazido de volta à terra que, com juramento solene, prometi a seus antepassados, saberão que eu sou o Senhor. ⁴³Vocês se lembrarão de todas as formas pelas quais se contaminaram e terão nojo de si mesmos por todo o mal que fizeram. ⁴⁴Saberão que eu sou o Senhor, ó povo de Israel, quando, por causa do meu nome, eu os tratar com compaixão, apesar de toda a sua perversidade. Eu, o Senhor Soberano, falei!".

Julgamento contra o Neguebe

⁴⁵ᵇEntão recebi esta mensagem do Senhor: ⁴⁶"Filho do homem, volte o rosto para o sulᶜ e pronuncie-se contra ele; profetize contra os matagais do Neguebe. ⁴⁷Diga ao bosque do sul: 'Assim diz o Senhor Soberano: Ouça a palavra do Senhor! Eu o incendiarei, e todas as árvores, tanto as verdes como as secas, serão consumidas. As chamas ardentes não serão apagadas e queimarão tudo, desde o sul até o norte. ⁴⁸Todos verão que eu, o Senhor, acendi esse fogo, e ele não será apagado'".

⁴⁹Então eu disse: "Ó Senhor Soberano, eles dizem a meu respeito: 'Ele só fala por meio de parábolas!'".

A espada de julgamento do Senhor

21 ¹ᵈRecebi esta mensagem do Senhor: ²"Filho do homem, volte o rosto para Jerusalém e profetize contra Israel e seus santuários. ³Diga-lhe: 'Assim diz o Senhor: Sou seu inimigo, ó Israel, e estou prestes a tirar a espada da bainha para destruir seu povo, tanto os justos como os perversos. ⁴Sim, eliminarei tanto os justos como os perversos! Empunharei minha espada contra todos na terra, desde o sul até o norte. ⁵O mundo inteiro saberá que eu sou o Senhor. A espada está em minha mão, e ela não voltará à bainha'.

⁶"Filho do homem, comece a gemer! Comece a gemer diante do povo com amargura e coração quebrantado. ⁷Quando lhe perguntarem por que você está gemendo, diga-lhes: 'Estou gemendo por causa da notícia que recebi. Quando ela se realizar, até mesmo o coração mais valente se derreterá de medo; toda a força desaparecerá. Todo espírito se angustiará; joelhos fortes se tornarão frouxos como água. E o Senhor Soberano diz: Ela está vindo! Está a caminho!'".

ª20.37 Em hebraico, *os passarei debaixo de minha vara.* ᵇ20.45 No texto hebraico, os versículos 20.45-49 são numerados 21.1-5. ᶜ20.46 Em hebraico, *para Temã.* ᵈ21.1 No texto hebraico, os versículos 21.1-32 são numerados 21.6-37.

---

para os Seus escolhidos, favor ao qual eles estarão sujeitos, para o louvor da glória da Sua graça. Vejo dentro desta nuvem negra de ameaças uma luz brilhante de misericórdia infinita, um contorno prateado de amor. Um fio de graça de ouro atravessa esses versículos ameaçadores, pois o Senhor fala de retirar os rebeldes dentre o Seu povo, mas durante todo o tempo, por todo o tempo, quando Ele se dirige ao remanescente de Seu povo, Seu espírito é de graça. Ele ameaça solenemente com julgamentos, mas estes são preparativos para a misericórdia. Prega para eles por meio do profeta a respeito de misericórdia e julgamento, misturados em obra eficaz para a salvação. A bondade fundamenta e reveste a Sua ira. Ele faz cara fechada para sorrir. Trata asperamente os Seus escolhidos para que possa lidar com segurança com eles, matando-os para que Ele os vivifique, perfurando-os com as flechas da convicção para que possa derramar o vinho e o óleo da cura do Seu conforto.

⁸Em seguida, o Senhor me disse: ⁹"Filho do homem, transmita ao povo esta mensagem do Senhor:

"Uma espada, uma espada
  está sendo afiada e polida.
¹⁰Está sendo afiada para a matança
  e polida para faiscar como relâmpago.
Agora nos alegraremos com o cetro de
    meu filho,
  o governante de Judá?
  A espada despreza qualquer pedaço de
    madeira!ª
¹¹Sim, a espada está sendo afiada e polida,
  preparada para as mãos do carrasco.

¹²"Filho do homem, grite e lamente-se,
  bata nas coxas em sinal de angústia,
pois a espada matará meu povo e seus
    líderes;
  todos morrerão!
¹³Ela porá todos eles à prova;
  e o que acontecerá quando o cetro,
que a espada despreza, não mais existir?,ᵇ
  diz o Senhor Soberano.

¹⁴"Filho do homem, profetize para eles
  e bata palmas.
Depois, pegue a espada e golpeie duas
    vezes,
  ou mesmo três vezes,
para simbolizar a matança,
  a grande matança que os ameaça de
    todos os lados.
¹⁵Que o coração deles se derreta de terror,
  pois a espada reluz em todas as portas.
Faísca como relâmpago
  e está polida para a matança.
¹⁶Ó espada, golpeie à direita,
  golpeie à esquerda,
para onde se virar
  e onde quiser.
¹⁷Eu também baterei palmas
  e satisfarei minha fúria.
Eu, o Senhor, falei!".

Presságios para o rei da Babilônia
¹⁸Recebi esta mensagem do Senhor: ¹⁹"Filho do homem, desenhe um mapa e sobre ele trace dois caminhos para que a espada do rei da Babilônia os siga. Coloque um marco na estrada que sai da Babilônia, onde ela se divide em dois caminhos, ²⁰um para Amom e sua capital, Rabá, e outro para Judá e Jerusalém, a cidade fortificada. ²¹O rei da Babilônia está na encruzilhada, sem saber se deve atacar Jerusalém ou Rabá. Ele chama seus adivinhos para que façam previsões, e eles lançam sortes com flechas sacudidas da aljava, consultam seus ídolos e examinam o fígado de animais sacrificados. ²²O presságio em sua mão direita indica 'Jerusalém!'. Seus soldados atacarão as portas da cidade com troncos e darão gritos de guerra. Levantarão torres de cerco e construirão rampas contra os muros. ²³Os habitantes de Jerusalém pensarão que se trata de um presságio falso, por causa de seu acordo com os babilônios. Mas o rei da Babilônia os lembrará de sua rebeldia. Ele os atacará e os levará prisioneiros.

²⁴"Portanto, assim diz o Senhor Soberano: Repetidamente, vocês me lembram de seus pecados e sua rebeldia. Nem sequer tentam escondê-los! Em tudo que fazem, seus pecados ficam evidentes. Por isso, chegou a hora de seu castigo.

²⁵"Ó príncipe de Israel, corrupto e perverso, o dia do acerto de contas chegou! ²⁶Assim diz o Senhor Soberano:

"Tire sua coroa coberta de joias,
  pois o antigo sistema está para mudar.
Os humildes serão exaltados,
  e os orgulhosos, humilhados.
²⁷Destruição! Destruição!
  Certamente destruirei o reino,
e não será restaurado até que venha
  aquele que tem o direito de julgá-lo;
    então o entregarei a ele."

Mensagem para os amonitas
²⁸"Agora, filho do homem, profetize acerca dos amonitas e sua zombaria. Transmita-lhes esta mensagem do Senhor Soberano:

"Uma espada, uma espada
  está pronta para a matança.
Está polida para destruir
  e faísca como relâmpago.
²⁹Seus profetas lhes deram visões falsas,
  seus adivinhos lhes contaram mentiras.

ª21.10 O significado do hebraico é incerto. ᵇ21.13 O significado do hebraico é incerto.

A espada cairá sobre o pescoço dos perversos,
para quem chegou o dia do juízo.

³⁰"Agora, ponham a espada de volta na bainha,
pois em sua própria terra,
no lugar onde nasceram,
eu os julgarei.
³¹Derramarei minha fúria sobre vocês
e soprarei em vocês o fogo de minha ira.
Eu os entregarei a homens cruéis,
hábeis em destruir.
³²Vocês serão combustível para o fogo,
e seu sangue será derramado em sua própria terra.
Não haverá mais lembrança de vocês na história,
pois eu, o Senhor, falei!".

Os pecados de Jerusalém

22 Recebi esta mensagem do Senhor: ²"Filho do homem, você está preparado para pronunciar julgamento sobre Jerusalém, esta cidade de assassinos? Faça que ela veja como são detestáveis seus pecados ³e transmita-lhe esta mensagem do Senhor Soberano: Ó cidade de assassinos, condenada e maldita, cidade de ídolosª imundos e repugnantes, ⁴você é culpada pelo sangue que derramou e está contaminada pelos ídolos que fez. Seu dia de castigo se aproxima! Você chegou ao fim de seus anos, e farei de você objeto de zombaria no mundo inteiro. ⁵Ó cidade infame, cheia de confusão, povos distantes e próximos zombarão de você!

⁶"Todo líder de Israel que vive dentro de seus muros está decidido a derramar sangue. ⁷Pais e mães são tratados com desprezo, estrangeiros são obrigados a pagar por proteção, órfãos e viúvas são oprimidos em seu meio. ⁸Você despreza minhas coisas santas e profana meus sábados. ⁹Pessoas acusam outras falsamente e as condenam à morte. Em seu meio há idólatras e gente que faz coisas obscenas. ¹⁰Homens têm relações sexuais com a esposa do próprio pai e se impõem sobre mulheres menstruadas. ¹¹Há quem cometa adultério com a esposa do vizinho, quem contamine sua nora e quem violente a própria irmã. ¹²Por toda parte há assassinos de aluguel, agiotas que cobram juros abusivos e sujeitos que praticam extorsão. Não se lembram de mim, diz o Senhor Soberano.

¹³"Agora, porém, bato as mãos com indignação por causa do ganho desonesto e do derramamento de sangue em seu meio. ¹⁴Quão forte e corajosa você será no dia do acerto de contas? Eu, o Senhor, falei e cumprirei o que prometi. ¹⁵Espalharei você entre as nações e acabarei com sua perversidade. ¹⁶E, quando você tiver sido desonrada entre as nações,ᵇ saberá que eu sou o Senhor".

A fornalha de refinar do Senhor

¹⁷Então recebi esta mensagem do Senhor: ¹⁸"Filho do homem, o povo de Israel é a coisa desprezível, sem valor, que resta depois de fundir a prata. São refugo, uma mistura inútil de cobre, estanho, ferro e chumbo. ¹⁹Portanto, diga-lhes: 'Assim diz o Senhor Soberano: Porque vocês são coisa desprezível, sem valor, eu os reunirei em Jerusalém. ²⁰Como a prata, o cobre, o ferro, o chumbo e o estanho são derretidos na fornalha, assim eu os derreterei com o calor de minha ira ardente. ²¹Eu os reunirei e soprarei sobre vocês o fogo de minha fúria, ²²e vocês derreterão como a prata derrete no calor intenso. Então saberão que eu, o Senhor, derramei sobre vocês a minha fúria'".

Os pecados dos líderes de Israel

²³Recebi outra mensagem do Senhor: ²⁴"Filho do homem, transmita esta mensagem a Israel: No dia de minha indignação, vocês serão como uma terra contaminada, uma terra sem chuva. ²⁵Seus príncipesᶜ tramam conspirações, como leões à espreita da presa. Devoram inocentes, apropriam-se de tesouros, obtêm riquezas por extorsão e fazem muitas viúvas na terra. ²⁶Seus sacerdotes não guardaram minha lei e profanaram minhas coisas santas. Não fazem distinção entre sagrado e profano e não ensinam meu povo a distinguir entre cerimonialmente puro e impuro. Desrespeitam meus sábados, de modo que sou desonrado no meio deles. ²⁷Seus líderes são como lobos que despedaçam as vítimas. Destroem a vida das pessoas

---

ª**22.3** É provável que o termo hebraico (lit., *coisas redondas*) se refira a esterco; também em 22.4. ᵇ**22.16** Um manuscrito hebraico, a Septuaginta e a versão siríaca trazem *quando eu tiver sido desonrado entre as nações por sua causa.* ᶜ**22.25** Conforme a Septuaginta; o hebraico traz *profetas.*

por dinheiro! ²⁸E seus profetas encobrem tudo isso com visões falsas e previsões mentirosas. Dizem: 'Recebi esta mensagem do Senhor Soberano', quando, na verdade, o Senhor não lhes disse coisa alguma. ²⁹Até mesmo o povo oprime os pobres, rouba dos necessitados e nega justiça aos estrangeiros.

³⁰"Procurei alguém que reconstruísse o muro que guarda a terra, que se pusesse na brecha para que eu não a destruísse, mas não encontrei ninguém. ³¹Agora, portanto, derramarei minha fúria sobre eles e os consumirei com o fogo de minha ira. Farei cair sobre sua cabeça o castigo merecido por tudo que fizeram. Eu, o Senhor Soberano, falei!".

O adultério das duas irmãs

23 Recebi esta mensagem do Senhor: ²"Filho do homem, havia duas irmãs, filhas da mesma mãe. ³Elas se tornaram prostitutas no Egito. Quando ainda eram meninas, deixavam que homens acariciassem seus seios. ⁴A irmã mais velha se chamava Oolá, e a mais nova, Oolibá. Casei-me com elas, e me deram filhos e filhas. Refiro-me a Samaria e Jerusalém, pois Oolá é Samaria, e Oolibá, Jerusalém.

⁵"Então, embora fosse minha, Oolá desejou ardentemente outros amantes e se entregou aos assírios. ⁶Todos eles eram jovens atraentes, capitães e comandantes, com belas roupas azuis, montados a cavalo. ⁷Assim, ela se prostituiu com os homens mais desejáveis da Assíria, adorou seus ídolos[a] e se contaminou. ⁸Pois, quando ela saiu do Egito, não deixou para trás a prostituição. Continuou depravada como em sua juventude, quando os egípcios dormiram com ela, acariciaram seus seios e a usaram como prostituta.

⁹"Por isso eu a entreguei a seus amantes assírios, que ela tanto desejou. ¹⁰Eles arrancaram suas roupas, levaram seus filhos e filhas e então a mataram. Depois que ela recebeu esse castigo, sua reputação tornou-se conhecida entre todas as mulheres da terra.

¹¹"Contudo, embora Oolibá tenha visto o que aconteceu à sua irmã Oolá, seguiu pelo mesmo caminho. Na verdade, foi ainda mais depravada e se entregou ao desejo e à prostituição. ¹²Cobiçou os assírios — os capitães e comandantes em belos uniformes, montados a cavalo —, todos eles jovens atraentes. ¹³Vi que estava se contaminando, como sua irmã mais velha.

¹⁴"Então levou sua prostituição ainda mais longe e se apaixonou por figuras pintadas numa parede, figuras de oficiais babilônios,[b] com uniformes vermelhos chamativos ¹⁵e com belos cintos e turbantes de tecido fino. Estavam vestidos como oficiais da terra da Babilônia.[c] ¹⁶Quando ela viu essas pinturas, desejou ardentemente entregar-se a eles, por isso enviou mensageiros à Babilônia para convidá-los para a visitarem. ¹⁷Eles vieram, cometeram adultério com ela e a contaminaram na cama do amor. Depois de ser contaminada, porém, teve nojo deles e os rejeitou.

¹⁸"Da mesma forma, eu tive nojo de Oolibá e a rejeitei, como havia rejeitado sua irmã, porque ela se exibiu diante deles e a eles se entregou para satisfazer seus desejos. ¹⁹Entregou-se, porém, a prostituição ainda maior ao lembrar-se de sua juventude, quando era prostituta no Egito. ²⁰Desejou amantes com genitais grandes como de jumentos e ejaculação como de cavalos. ²¹E assim, Oolibá, você reviveu a depravação de sua juventude no Egito, quando permitiu que seus seios fossem acariciados."

O Senhor julga Oolibá

²²"Portanto, Oolibá, assim diz o Senhor Soberano: De todas as partes, enviarei seus amantes contra você, as mesmas nações das quais você se afastou com nojo. ²³Os babilônios virão com todos os caldeus de Pecode, Soa e Coa. E todos os assírios virão com eles, jovens atraentes, capitães, comandantes, oficiais dos carros de guerra e outros oficiais de alto escalão, todos a cavalo. ²⁴Virão do norte contra você[d] com carros de guerra, carroças e muitas armas, preparados para o ataque. Assumirão posições de batalha e a cercarão com soldados armados com escudos e capacetes. E eu a entregarei a eles para ser castigada, para que façam com você o que quiserem. ²⁵Voltarei contra você a ira do meu ciúme, e eles a tratarão com crueldade. Cortarão fora seu nariz e suas orelhas e matarão à espada os sobreviventes. Seus filhos serão levados como

---

[a] **23.7** É provável que o termo hebraico (lit., *coisas redondas*) se refira a esterco; também em 23.30,37,39,49. [b] **23.14** Ou *caldeus*. [c] **23.15** Ou *Caldeia*; também em 23.16. [d] **23.24** Conforme a Septuaginta; o significado do hebraico é incerto.

prisioneiros, e tudo que restar será queimado. ²⁶Arrancarão suas roupas e lindas joias. ²⁷Desse modo, acabarei com a depravação e a prostituição que você trouxe do Egito. Nunca mais você olhará com desejo para essas coisas, nem se lembrará mais com saudade de seu tempo no Egito.

²⁸"Pois assim diz o SENHOR Soberano: Certamente eu a entregarei a seus inimigos, àqueles que você detesta, àqueles que você rejeitou. ²⁹Eles a tratarão com ódio, tomarão tudo que você possui e a deixarão completamente nua. A vergonha de sua prostituição ficará exposta para todo o mundo. ³⁰Você trouxe tudo isso sobre si mesma ao se prostituir com outras nações, ao se contaminar com seus ídolos. ³¹Porque você seguiu pelo mesmo caminho que sua irmã, eu a obrigarei a beber do mesmo cálice de terror do qual ela bebeu.

³²"Assim diz o SENHOR Soberano:

"Você beberá do cálice de terror de sua
    irmã,
    um copo grande e fundo.
Ele está cheio até a borda
    de desprezo e zombaria.
³³Embriaguez e angústia se apossarão de
    você,
    pois seu cálice está cheio até a borda de
    desgraça e desolação,
    o mesmo copo do qual sua irmã,
    Samaria, bebeu.
³⁴Você beberá desse cálice de terror
    até a última gota.
Então o fará em pedaços
    e com os cacos mutilará seus seios.
Eu, o SENHOR Soberano, falei!

³⁵"E, porque você se esqueceu de mim e me deu as costas, assim diz o SENHOR Soberano: Você sofrerá as consequências de sua depravação e prostituição".

O SENHOR julga as duas irmãs

³⁶O SENHOR me disse: "Filho do homem, pronuncie julgamento sobre Oolá e Oolibá por todos os seus pecados detestáveis. ³⁷Elas cometeram adultério e assassinato: adultério ao adorarem ídolos e assassinato ao queimarem como sacrifício os filhos que geraram para mim. ³⁸Além disso, contaminaram meu templo e profanaram meu sábado. ³⁹No mesmo dia em que sacrificaram seus filhos aos ídolos, tiveram a ousadia de vir ao meu templo para adorar; entraram em minha casa e a profanaram.

⁴⁰"Vocês, irmãs, enviaram mensageiros a terras distantes para conseguir homens. Quando eles chegaram, vocês tomaram banho, pintaram os olhos e colocaram suas joias mais finas para recebê-los. ⁴¹Sentaram-se com eles num sofá com lindos bordados e colocaram meu incenso e meu óleo especial na mesa arrumada diante de vocês. ⁴²De seu quarto vinham sons de muitos homens bebendo e se divertindo. Eram homens do deserto, lascivos e beberrões,ᵃ que colocaram pulseiras em seus braços e lindas coroas em sua cabeça. ⁴³Então eu disse: 'Se eles querem mesmo ter relações com prostitutas velhas e acabadas como essas, que tenham!'. ⁴⁴E foi o que fizeram. Tiveram relações com Oolá e Oolibá, prostitutas desavergonhadas. ⁴⁵Mas os justos julgarão essas cidades irmãs de acordo com o que de fato são: adúlteras e assassinas.

⁴⁶"Agora, assim diz o SENHOR Soberano: Tragam um exército contra elas e entreguem-nas para serem aterrorizadas e saqueadas. ⁴⁷Seus inimigos as apedrejarão e as golpearão com espadas. Matarão seus filhos e filhas e queimarão suas casas. ⁴⁸Desse modo, acabarei com a depravação na terra, e meu julgamento servirá de advertência para que outras não sigam seu mau exemplo. ⁴⁹Vocês receberão o castigo merecido por sua prostituição e idolatria. Então saberão que eu sou o SENHOR Soberano".

O sinal da panela de cozinhar

24 Em 15 de janeiro,ᵇ durante o nono ano do exílio do rei Joaquim, recebi esta mensagem do SENHOR: ²"Filho do homem, registre esta data, pois hoje o rei da Babilônia começou a atacar Jerusalém. ³Depois, use uma ilustração para transmitir a esses rebeldes a seguinte mensagem do SENHOR Soberano:

"Coloque uma panela no fogo
    e ponha água dentro dela.

ᵃ**23.42** Ou *sabeus*. ᵇ**24.1** Em hebraico, *No décimo dia do décimo mês*, do antigo calendário lunar hebraico. O ano foi 588 a.C.; ver também nota em 1.1.

⁴Encha-a com os pedaços mais seletos de carne:
a coxa, o quarto dianteiro
e os cortes mais macios.
⁵Use somente as melhores ovelhas do rebanho
e amontoe lenha no fogo sob a panela.
Faça a água ferver
e cozinhe os ossos com a carne.

⁶"Agora, assim diz o Senhor Soberano:
Que aflição espera Jerusalém,
cidade de assassinos!
Ela é a panela enferrujada,
cuja sujeira não se pode limpar.
Pegue a carne sem escolhê-la,
pois nenhum pedaço é melhor que o outro.
⁷Porque o sangue que ela derramou
está espalhado sobre as pedras;
nem sequer foi derramado no chão,
onde o pó o cobriria.
⁸Portanto, espalharei seu sangue numa pedra,
para que todos vejam,
uma expressão de minha ira
e de minha vingança contra ela.

⁹"Assim diz o Senhor Soberano:
Que aflição espera Jerusalém,
cidade de assassinos;
eu mesmo amontoarei a lenha debaixo dela!
¹⁰Sim, amontoe a lenha;
que ardam as chamas para fazer a panela ferver.
Cozinhe a carne com diversos temperos,
depois queime os ossos.
¹¹Agora, coloque a panela vazia sobre as brasas,
esquente-a até ficar incandescente
e queime a ferrugem e a sujeira.
¹²Mas de nada adianta;
não se pode limpar a ferrugem,
nem mesmo com fogo.
¹³Sua impureza é sua depravação;
tentei limpá-la,
mas você não quis.
Portanto, agora ficará em sua impureza,
até que eu tenha satisfeito minha fúria contra você.

¹⁴"Eu, o Senhor, falei! Chegou a hora, e não me conterei. Não mudarei de ideia nem terei compaixão. Você será julgada de acordo com suas ações, diz o Senhor Soberano".

A morte da esposa de Ezequiel

¹⁵Recebi esta mensagem do Senhor: ¹⁶"Filho do homem, com um só golpe tirarei de você seu tesouro mais precioso. Contudo, você não deve mostrar tristeza alguma com a morte dela. Não chore, não derrame lágrimas. ¹⁷Sofra em silêncio, mas não lamente junto ao túmulo. Não descubra a cabeça nem tire as sandálias. Não siga os rituais de luto nem aceite comida de amigos que vierem consolá-lo".

¹⁸Pela manhã, anunciei essa mensagem ao povo e, à tarde, minha esposa morreu. No dia seguinte, fiz tudo que me havia sido ordenado. ¹⁹Então o povo perguntou: "O que significa tudo isso? O que você quer nos dizer?".

24.19 A esposa de Ezequiel morreu. Seu coração estava sangrando, mas ele recebeu ordens do seu divino Mestre de que não deveria lamentar, nem chorar, nem demonstrar qualquer sinal de luto. Fora uma ordem estranha, mas ele a obedeceu. O povo entendeu que Ezequiel era um profeta para eles em tudo o que ele fazia — suas ações não diziam respeito somente a si mesmo. Esse profeta era um mestre, não só por suas palavras, mas por suas ações, de maneira que as pessoas se juntaram ao redor dele e lhe disseram: "Qual é o significado disto? Isso tem alguma influência sobre nossa conduta; diga-nos o que tem a ver conosco". Ele logo lhes explicou que, em pouco tempo, eles, também, perderiam pela espada, pestilência e fome, os seus entes mais queridos, e não poderiam manifestar nenhum luto pelos mortos. Estariam em tal estado de angústia que os mortos não seriam lamentados, os vivos teriam o suficiente para lamentar por suas próprias tristezas pessoais. Foi uma lição horrível e ensinada de modo terrível. Bem, querido amigo, assim como Ezequiel, ao comando de seu Senhor, fez muitas coisas estranhas inteiramente com respeito a outras pessoas, devemos lembrar que muitas coisas que fazemos têm alguma relação com os outros. Enquanto estivermos aqui, nunca conseguiremos nos isolar de modo a nos tornarmos absolutamente independentes do nosso entorno. E muitas vezes é bom, quando notamos o comportamento de outras pessoas, dizer a alguém, se

²⁰Eu respondi: "Recebi uma mensagem do Senhor ²¹e fui instruído a transmiti-la ao povo de Israel. Assim diz o Senhor Soberano: 'Profanarei meu templo, a fonte de sua segurança e seu orgulho, o lugar que lhes dá prazer ao coração. Seus filhos e filhas, que vocês deixaram para trás, serão mortos à espada. ²²Então vocês farão como Ezequiel. Não seguirão os rituais de luto nem se consolarão com comida trazida pelos amigos. ²³Sua cabeça permanecerá coberta, e não tirarão as sandálias. Não prantearão nem chorarão, mas definharão por causa de seus pecados. Lamentarão uns com os outros por todo o mal que fizeram. ²⁴Ezequiel lhes serve de exemplo; farão exatamente o que ele fez. E, quando esse dia chegar, saberão que eu sou o Senhor Soberano'".

²⁵Então o Senhor me disse: "Filho do homem, no dia em que eu tirar deles sua fortaleza — sua alegria e sua glória, o desejo de seu coração e seu tesouro mais precioso —, também tirarei deles seus filhos e filhas. ²⁶Nesse dia, um sobrevivente de Jerusalém virá ao seu encontro na Babilônia e lhe contará o que aconteceu. ²⁷Quando ele chegar, você recuperará sua voz para que possa falar com ele, e isso será um sinal para o povo. Então eles saberão que eu sou o Senhor".

Mensagem para Amom

25 Então recebi esta mensagem do Senhor: ²"Filho do homem, volte o rosto para a terra de Amom e profetize contra seus habitantes. ³Transmita aos amonitas esta mensagem do Senhor Soberano: Ouçam a palavra do Senhor Soberano! Porque vocês se alegraram quando meu templo foi profanado, zombaram de Israel em sua desolação e riram de Judá quando ele foi enviado para o exílio, ⁴eu os entregarei aos nômades dos desertos do leste. Eles montarão acampamentos em seu meio e armarão tendas em sua terra. Colherão seus frutos e beberão o leite de seu gado. ⁵Transformarei a cidade de Rabá em pasto para camelos e todo o território dos amonitas em lugar de descanso para ovelhas. Então vocês saberão que eu sou o Senhor.

⁶"Assim diz o Senhor Soberano: Porque bateram palmas, dançaram e pularam exultantes com a destruição do povo de Israel, ⁷levantarei minha mão contra vocês. Eu os entregarei como despojo a muitas nações. Eliminarei vocês dentre os povos e os destruirei completamente. Então vocês saberão que eu sou o Senhor."

Mensagem para Moabe

⁸"Assim diz o Senhor Soberano: Porque o povo de Moabe[a] disse que Judá é como todas as outras nações, ⁹abrirei seu lado leste e acabarei com as imponentes cidades de sua fronteira: Bete-Jesimote, Baal-Meom e Quiriataim. ¹⁰Entregarei Moabe aos nômades dos desertos do leste, como entreguei Amom. Os amonitas não serão mais contados entre as nações. ¹¹Da mesma forma, trarei meu julgamento sobre os moabitas. Então eles saberão que eu sou o Senhor."

[a]25.8 Conforme a Septuaginta; o hebraico traz *de Moabe e Seir*.

---

não a elas, como as pessoas fizeram a Ezequiel: "O que significa tudo isso? O que você quer nos dizer?".

Primeiramente, então, esta deve ser a sua pergunta ao Senhor Jesus. Muito reverentemente, no entanto, no que me diz respeito, com muita fragilidade, aproximemo-nos do nosso divino Mestre e, olhando para Ele em Sua maravilhosa paixão, perguntemos com sinceridade: "O que significa tudo isso? O que você quer nos dizer?". Você o vê? Lá está Ele, entre a sombra escura das oliveiras, inclinando-se e implorando a Deus. Ele implora, implora, e implora de novo até que esteja coberto de suor. Suor, disse eu? É sangue — e é tão abundante que cai na terra, "como gotas de sangue". O homem derrama o suor pelo pão, que é a provisão para a vida, mas precisa de um suor de sangue para ganhar a vida, e Jesus faz isso! Querido Mestre, enquanto aquela taça amarga estiver em Teus lábios, podes ficar um minuto e nos dizer o que essas coisas que estás fazendo significam para nós? Sua resposta é: "O pecado é uma coisa extremamente amarga e, para removê-lo, custa-me a agonia da minha alma. Não é fácil suportar a ira de Deus. Eu clamei: 'Pai, se queres, afasta de mim este cálice!', mas se é para salvá-los, não é possível". Ouçam isso, meus irmãos e irmãs, escutem e aprendam bem! Jamais brinquem com o pecado! Nunca façam uma mancha que precisará de um suor de sangue para limpá-la! Jamais riam daquilo sobre o qual Cristo teve que agonizar. E nunca considerem como brincadeira a redenção quando para Ele foi o derramamento da Sua alma até a morte!

Mensagem para Edom

¹²"Assim diz o Senhor Soberano: O povo de Edom pecou grandemente quando se vingou do povo de Judá. ¹³Portanto, assim diz o Senhor Soberano: Levantarei minha mão contra Edom. Exterminarei seus habitantes e seus animais com a espada. Transformarei a terra em deserto, desde Temã até Dedã. ¹⁴Farei isso por meio de meu povo, Israel. Eles executarão minha vingança com terrível ira, e Edom saberá que essa vingança veio de mim. Eu, o Senhor Soberano, falei!"

Mensagem para a Filístia

¹⁵"Assim diz o Senhor Soberano: Os habitantes da Filístia atacaram Judá por vingança amarga e ódio profundo. ¹⁶Portanto, assim diz o Senhor Soberano: Levantarei minha mão contra os filisteus. Exterminarei os queretitas e destruirei completamente os habitantes do litoral. ¹⁷Executarei vingança terrível contra eles para castigá-los por aquilo que fizeram. E, quando eu tiver me vingado, eles saberão que eu sou o Senhor".

Mensagem para Tiro

26 Em 3 de fevereiro, no décimo segundo ano do exílio do rei Joaquim,[a] recebi esta mensagem do Senhor: ²"Filho do homem, Tiro se alegrou com a queda de Jerusalém e disse: 'Ah! Aquela que era a porta para as mais prósperas rotas comerciais do leste foi quebrada, e agora é minha vez! Porque ela está desolada, eu ficarei rico!'.

³"Portanto, assim diz o Senhor Soberano: Ó cidade de Tiro, sou seu inimigo e trarei muitas nações contra você, como ondas do mar que quebram em suas praias. ⁴Elas destruirão os muros de Tiro e derrubarão suas torres. Eu rasparei seu solo até torná-lo rocha bruta! ⁵Será apenas uma rocha no mar, um lugar para os pescadores estenderem suas redes, pois eu falei, diz o Senhor Soberano. Tiro se tornará presa de muitas nações, ⁶e seus povoados no continente serão destruídos pela espada. Então eles saberão que eu sou o Senhor.

⁷"Assim diz o Senhor Soberano: Do norte trarei contra Tiro o rei da Babilônia, Nabucodonosor. Ele é rei de reis e virá com seus cavalos, seus carros de guerra e condutores, e com um grande exército. ⁸Primeiro ele destruirá os povoados no continente, e depois, para atacá-la, construirá um muro de cerco e uma rampa e levantará uma barreira de escudos contra você. ⁹Usará troncos para atacar seus muros e demolirá suas torres com marretas. ¹⁰Os cascos dos cavalos dele encherão a cidade de poeira, e o barulho dos condutores e dos carros de guerra fará estremecer os muros quando passarem por suas portas quebradas. ¹¹Os cavaleiros pisotearão todas as ruas da cidade. Matarão seu povo à espada, e suas fortes colunas cairão.

¹²"Saquearão todas as suas riquezas e mercadorias e derrubarão seus muros. Destruirão suas lindas casas e lançarão ao mar suas pedras, suas vigas de madeira e até mesmo seu pó. ¹³Acabarei com a música de seus cânticos, e não se ouvirá mais o som da harpa no meio de seu povo. ¹⁴Transformarei sua ilha em rocha bruta, um lugar para os pescadores estenderem suas redes. Você jamais será reconstruída, pois eu, o Senhor, falei. Sim, o Senhor Soberano falou!"

Os efeitos da destruição de Tiro

¹⁵"Assim diz o Senhor Soberano à cidade de Tiro: Todo o litoral estremecerá com o estrondo de sua queda, enquanto os feridos gemem durante a matança. ¹⁶Os governantes das cidades portuárias descerão de seus tronos e removerão seus mantos e suas belas roupas. Sentarão no chão, tremendo de pavor por causa de sua destruição. ¹⁷Lamentarão por você e entoarão este cântico fúnebre:

"Ó famosa cidade da ilha,
   que governava o mar,
   como você foi destruída!
Seus habitantes, com poder naval,
   espalhavam medo por todo o mundo.
¹⁸Agora, as regiões litorâneas estremecem
   com sua queda;
   as ilhas se apavoram diante de sua ruína.

¹⁹"Assim diz o Senhor Soberano: Transformarei Tiro em ruínas desabitadas, como muitas outras. Eu a sepultarei debaixo das ondas terríveis, e grandes mares a engolirão. ²⁰Eu

---

[a] 26.1 Em hebraico, *No décimo primeiro ano, no primeiro dia do mês*, do antigo calendário lunar hebraico. Segundo estudiosos, a leitura provável seria *No décimo primeiro [mês do décimo segundo] ano, no primeiro dia do mês*. O ano, portanto, teria sido 585 a.C.; ver também nota em 1.1.

a enviarei à cova, para juntar-se àqueles que desceram até lá há muito tempo. Sua cidade permanecerá em ruínas, sepultada debaixo da terra, como aqueles que estão na cova, que entraram no mundo dos mortos. Você já não terá lugar na terra dos vivos. ²¹Eu lhe darei um fim terrível, e você deixará de existir. Procurarão por você, mas nunca mais a encontrarão. Eu, o Senhor Soberano, falei!".

O fim da glória de Tiro

27 Recebi esta mensagem do Senhor: ²"Filho do homem, entoe um cântico fúnebre para Tiro, ³essa cidade que é entrada para o mar, que estabelece relações comerciais com muitas nações. Transmita-lhe a seguinte mensagem do Senhor Soberano:

"Ó cidade de Tiro, você se gloriava:
 'Minha beleza é perfeita!'.
⁴Estendeu seus limites para o mar;
 seus construtores aperfeiçoaram sua
  beleza.
⁵Você era como uma grande embarcação,
 construída com os melhores ciprestes de
  Senir.ᵃ
Com um cedro do Líbano
 fabricaram seu mastro.
⁶Fizeram seus remos
 com carvalhos de Basã.
Seu convés de pinho dos litorais de
  Chipreᵇ
 era decorado com marfim.
⁷Suas velas eram de linho egípcio da
  melhor qualidade
 e esvoaçavam sobre você como uma
  bandeira.
Seus toldos eram azuis e vermelhos,
 coloridos com tinturas dos litorais de
  Elisá.
⁸Seus remadores eram de Sidom e Arvade,
 seus timoneiros, homens habilidosos de
  Tiro.
⁹Antigos e sábios artesãos de Gebal
 calafetaram a embarcação.
Navios de todas as nações vinham com
  mercadorias
 para negociar com você.

¹⁰"Homens das terras distantes da Pérsia, de Lídia e da Líbiaᶜ serviam em seu grande exército. Penduravam os escudos e os capacetes em seus muros e assim lhe davam muita honra. ¹¹Homens de Arvade e de Heleque montavam guarda no alto de seus muros, e em suas torres ficavam homens de Gamade. Os escudos deles, pendurados em seus muros, completavam sua beleza.

¹²"Társis enviava negociantes para comprar sua grande variedade de mercadorias em troca de prata, ferro, estanho e chumbo, ¹³e comerciantes da Grécia,ᵈ de Tubal e de Meseque traziam escravos e artigos de bronze para negociar com você.

¹⁴"De Bete-Togarma vinham cavalos de montaria, cavalos para carros de guerra e mulas para serem negociados por suas mercadorias, ¹⁵e comerciantes vinham de Dedã.ᵉ Você tinha o monopólio do mercado de várias regiões litorâneas, que lhe pagavam com presas de marfim e madeira de ébano.

¹⁶"A Síriaᶠ enviava negociantes para comprar sua grande variedade de mercadorias, e em troca lhe dava turquesa, tinturas vermelhas, bordados, linho fino e joias de coral e de rubis. ¹⁷Judá e Israel faziam comércio com você e pagavam com trigo de Minite, figos,ᵍ mel, azeite e bálsamo.

¹⁸"Damasco enviava negociantes para comprar sua grande variedade de mercadorias, e em troca lhe dava vinho de Helbom e lã de Zaar. ¹⁹Gregos de Uzalʰ vinham negociar suas mercadorias, e em troca traziam ferro trabalhado, cássia e cálamo perfumado.

²⁰"Dedã enviava negociantes para comercializar com você seus valiosos mantos para selas. ²¹Os árabes e os príncipes de Quedar enviavam comerciantes para negociar com você e pagavam com cordeiros, carneiros e bodes. ²²Negociantes de Sabá e de Ramá lhe davam especiarias de todo tipo, joias e ouro em troca de suas mercadorias.

²³"Harã, Cane, Éden, Sabá, Assur e Quilmade também vinham com seus negociantes. ²⁴Traziam tecidos da melhor qualidade para comercializar: tecido azul, bordados e tapetes

---

ᵃ**27.5** Ou *Hermom*. ᵇ**27.6** Em hebraico, *Quitim*. ᶜ**27.10** Em hebraico, *de Paras, Lude e Pute*. ᵈ**27.13** Em hebraico, *de Javã*. ᵉ**27.15** A Septuaginta traz *Rodes*. ᶠ**27.16** Em hebraico, *Arã*; alguns manuscritos trazem *Edom*. ᵍ**27.17** O significado do hebraico é incerto. ʰ**27.19** Em hebraico, *Vedã e Javã de Uzal*. O significado do hebraico é incerto.

multicoloridos enrolados e amarrados com cordões. ²⁵Os navios de Társis eram suas caravanas marítimas. Os depósitos em sua ilha viviam abarrotados!"

A destruição de Tiro

²⁶"Mas veja! Seus remadores
    a levaram para águas tempestuosas!
Um poderoso vento do leste
    a despedaçou no coração do mar.
²⁷Tudo se perdeu:
    riquezas e mercadorias,
    marinheiros e pilotos,
    construtores de navios, negociantes e guerreiros.
No dia de sua ruína,
    todos a bordo afundam até as profundezas do mar.
²⁸Suas cidades no litoral tremem,
    seus pilotos gritam de pavor.
²⁹Todos os remadores abandonam os navios,
    os marinheiros e os pilotos ficam na praia.
³⁰Gritam por você
    e choram amargamente.
Jogam pó sobre a cabeça
    e rolam em cinzas.
³¹Por sua causa raspam a cabeça
    e se vestem de pano de saco.
Choram com amarga angústia
    e profunda lamentação.
³²Enquanto lamentam e choram por você,
    entoam este triste cântico fúnebre:

ª27.36 Em hebraico, *assobiam para você*.

'Acaso houve alguma cidade como Tiro,
    que agora está em silêncio no fundo do mar?
³³As mercadorias que você negociava pelos mares
    satisfaziam os desejos de muitas nações.
Reis nos confins da terra
    se enriqueceram com seu comércio.
³⁴Agora você é um navio naufragado
    e quebrado no fundo do mar.
Suas mercadorias e seus tripulantes
    afundaram com você.
³⁵Todos que moram no litoral estão espantados
    com seu terrível destino.
Os reis estão horrorizados
    e olham com expressão perturbada.
³⁶Os comerciantes entre as nações
    balançam a cabeça quando a veem,ª
pois você chegou a um terrível fim
    e não mais existirá'".

Mensagem para o rei de Tiro

28 Recebi esta mensagem do S<small>ENHOR</small>: ²"Filho do homem, transmita ao príncipe de Tiro esta mensagem do S<small>ENHOR</small> Soberano:

"Em seu grande orgulho, você diz: 'Sou um deus!
    Sento-me num trono divino, no coração do mar'.
Mas você é apenas homem, e não deus,
    embora se considere sábio como um.
³Pensa que é mais sábio que Daniel

27.26 Isto foi falado pelo profeta sobre Tiro, aquela grande cidade mercantil onde todo o comércio do Oriente encontrava sua saída para o Ocidente. Tiro, quando os caldeus invadiram a Palestina, se alegrou muito com a queda de Jerusalém. Ela disse: "Ah! Aquela que era a porta para as mais prósperas rotas comerciais do leste foi quebrada, e agora é minha vez! Porque ela está desolada, eu ficarei rico". Foi uma exultação cruel e egoísta. Depois de um tempo, a cidade litorânea veio a sentir o peso do braço do grande opressor. [...] Durante treze anos, a cidade suportou um cerco sob Nabucodonosor, e foi sobre essa calamidade que o profeta disse: "Os teus remeiros te conduziram sobre grandes águas". Os príncipes mercadores de Tiro haviam manipulado os assuntos do Estado de tal maneira, que eles levaram os habitantes de Tiro ao desespero. Eles os incitaram a desafiar o grande rei e descobriram, no devido tempo, que estavam lutando contra um poder forte demais para eles. A política deles tinha sido um erro. Comparando Tiro com uma de suas próprias galés impulsionadas com remos, o profeta declara: "Seus remadores a levaram para águas tempestuosas!".

Todas as glórias e desgraças de Tiro estão, agora, terminadas. "Acaso houve alguma cidade como Tiro, que agora está em silêncio no fundo do mar?" A página da história foi virada, há muito tempo, para dar lugar à ascensão e à queda de outras cidades e impérios, mas a expressão profética permanece cheia de poder. Muitas pessoas em nossa própria época podem clamar com Ezequiel: "Seus remadores a levaram para águas tempestuosas!".

e imagina que nenhum segredo lhe está
   oculto.
⁴Com sua sabedoria e entendimento,
   acumulou grande riqueza:
   ouro e prata para seus tesouros.
⁵Sim, sua sabedoria o enriqueceu
      grandemente,
   e suas riquezas o tornaram muito
      orgulhoso.

⁶"Portanto, assim diz o Senhor Soberano:
   Uma vez que se considera sábio como
      um deus,
⁷trarei contra você um exército
      estrangeiro,
   o terror das nações.
Empunharão espadas contra sua sabedoria
      maravilhosa
   e profanarão seu esplendor.
⁸Eles o farão descer à cova,
   e você morrerá no fundo do mar,
   ferido violentamente.
⁹Acaso dirá àqueles que o matarem:
   'Sou um deus'?
Para eles você não será deus algum,
   mas apenas homem!
¹⁰Morrerá de forma vergonhosa[a]
   nas mãos de estrangeiros.
Eu, o Senhor Soberano, falei!".

¹¹Também recebi esta mensagem do Senhor:
¹²"Filho do homem, entoe este cântico fúnebre para o rei de Tiro. Transmita-lhe a seguinte mensagem do Senhor Soberano:

"Você era o modelo de perfeição,
   cheio de sabedoria e beleza.
¹³Estava no Éden,
   o jardim de Deus.
Suas roupas eram enfeitadas com todas as
      pedras preciosas:[b]
   rubi, topázio, esmeralda,
   crisólito, ônix e jaspe,
   safira, berilo e turquesa,
todas trabalhadas com cuidado para você
   sobre o ouro mais puro.
Foram-lhe entregues
   no dia em que você foi criado.
¹⁴Eu o escolhi e o ungi,
   como querubim guardião.

Você tinha acesso ao monte santo de Deus
   e andava entre as pedras cintilantes.
¹⁵"Era irrepreensível em tudo que fazia
   desde o dia em que foi criado,
   até que se achou maldade em você.
¹⁶Seu rico comércio o levou à violência,
   e você pecou.
Por isso o bani em desonra
   do monte de Deus.
Eu o expulsei, ó querubim guardião,
   de seu lugar entre as pedras cintilantes.
¹⁷Seu coração se encheu de orgulho
   por causa de sua beleza.
Sua sabedoria se corrompeu
   por causa de seu esplendor.
Por isso o atirei à terra
   e o expus ao olhar dos reis.
¹⁸Você profanou seus santuários
   com seus muitos pecados e seu
      comércio desonesto.
Por isso fiz sair de dentro de você
   um fogo que o consumiu.
Reduzi-o a cinzas no chão,
   à vista de todos que observavam.
¹⁹Todos que o conheciam estão
      horrorizados com seu destino,
   pois você chegou a um terrível fim,
   e não mais existirá".

Mensagem para Sidom

²⁰Então recebi outra mensagem do Senhor: ²¹"Filho do homem, volte o rosto para a cidade de Sidom e profetize contra ela. ²²Transmita aos habitantes de Sidom esta mensagem do Senhor Soberano:

"Ó Sidom, sou seu inimigo
   e revelarei minha glória naquilo que lhe
      fizer.
Quando eu trouxer julgamento sobre você
   e revelar minha santidade em seu meio,
todos que observam saberão
   que eu sou o Senhor.
²³Enviarei uma peste contra você,
   e sangue correrá em suas ruas.
O ataque virá de todos os lados:
   seus habitantes morrerão pela espada
   e ficarão estendidos no meio da cidade;
   então todos saberão que eu sou o Senhor.

---

[a] 28.10 Em hebraico, *Terá a morte dos incircuncisos.* [b] 28.13 A identificação de algumas dessas pedras preciosas é incerta.

²⁴Os vizinhos zombadores de Israel
deixarão de feri-lo e rasgá-lo como
roseiras silvestres e espinhos.
Pois eles saberão
que eu sou o Senhor Soberano."

Restauração para Israel

²⁵"Assim diz o Senhor Soberano: O povo de Israel voltará a viver em sua própria terra, a terra que dei a meu servo Jacó. Pois eu os reunirei das terras distantes onde os espalhei e, diante das nações do mundo, revelarei minha santidade no meio de meu povo. ²⁶Eles viverão em segurança em Israel, construirão casas e plantarão vinhedos. E, quando eu castigar as nações vizinhas que os trataram com desprezo, eles saberão que eu sou o Senhor, seu Deus".

Mensagem para o Egito

29 Em 7 de janeiro,ᵃ no décimo ano do exílio do rei Joaquim, recebi esta mensagem do Senhor: ²"Filho do homem, volte o rosto para o Egito e profetize contra o faraó, rei do Egito, e todo o seu povo. ³Transmita-lhes esta mensagem do Senhor Soberano:

"Sou seu inimigo, ó faraó, rei do Egito,
grande monstro à espreita nos ribeiros do Nilo!
Pois você disse: 'O rio Nilo é meu;
eu o fiz para mim'.
⁴Porei anzóis em seu queixo
e o arrastarei para a terra firme,
com peixes presos a suas escamas.
⁵Abandonarei no deserto, para morrerem,
você e todos os peixes de seu rio.
Ficará em campo aberto, sem ser enterrado,
pois o entreguei como alimento aos
animais selvagens e às aves.
⁶Todo o povo do Egito saberá que eu sou o Senhor,
pois, para Israel, você foi apenas um bordão de juncos.
⁷Quando Israel o usou como apoio,
você rachou e lhe feriu o ombro.
Quando ele colocou sobre você o peso,
você desmoronou e o fez machucar as costas.

⁸"Portanto, assim diz o Senhor Soberano: Trarei a espada contra você, ó Egito, e destruirei tanto pessoas como animais. ⁹A terra do Egito ficará seca e desolada, e os egípcios saberão que eu sou o Senhor.

"Porque você disse: 'O rio Nilo é meu; eu o fiz', ¹⁰agora sou seu inimigo e de seu rio. Tornarei a terra do Egito completamente seca e desolada, desde Migdol até Assuã, e até o sul, na fronteira com a Etiópia.ᵇ ¹¹Durante quarenta anos, ninguém habitará nem passará por ali, nem pessoas nem animais. ¹²Farei do Egito uma nação desolada, cercada por outras nações desoladas. Suas cidades ficarão vazias e devastadas durante quarenta anos, cercadas por outras cidades devastadas. Eu espalharei os egípcios entre as nações do mundo.

¹³"Mas assim diz o Senhor Soberano: Depois de quarenta anos, trarei os egípcios de volta das nações entre as quais foram espalhados. ¹⁴Restaurarei o Egito e trarei seu povo de volta à terra de Patros, no sul, de onde eles vieram. No entanto, continuará a ser um reino sem importância. ¹⁵Será a mais humilde das nações e nunca voltará a se elevar acima de seus vizinhos. Eu a tornarei tão pequena que não dominará mais nação alguma.

¹⁶"Então Israel não confiará mais na ajuda do Egito. O Egito ficará tão devastado que lembrará Israel do pecado que cometeu ao confiar nele no passado. Então saberão que eu sou o Senhor Soberano".

Nabucodonosor conquistará o Egito

¹⁷Em 26 de abril, o primeiro dia do ano novo,ᶜ durante o vigésimo sétimo ano do exílio do rei Joaquim, recebi esta mensagem do Senhor: ¹⁸"Filho do homem, o exército de Nabucodonosor, rei da Babilônia, lutou contra Tiro com tanto afinco que a cabeça de seus guerreiros foi esfregada até perder o cabelo e seus ombros ficarem esfolados. E, no entanto, Nabucodonosor e seu exército não conquistaram nenhum despojo para compensar todo o esforço. ¹⁹Portanto, assim diz o Senhor Soberano: Darei a terra do Egito a Nabucodonosor, rei da Babilônia. Ele levará sua riqueza e saqueará

ᵃ**29.1** Em hebraico, *No décimo segundo dia do décimo mês*, do antigo calendário lunar hebraico. O ano foi 587 a.C.; ver também nota em 1.1. ᵇ**29.10** Em hebraico, *de Migdol até Sevene, até a fronteira de Cuxe*. ᶜ**29.17** Em hebraico, *No primeiro dia do primeiro mês*, do antigo calendário lunar hebraico. O ano foi 571 a.C.; ver também nota em 1.1.

tudo que houver ali para pagar seu exército. ²⁰Sim, eu lhe dei a terra do Egito como recompensa por seu esforço, diz o Senhor Soberano, pois ele estava trabalhando para mim quando destruiu Tiro.

²¹"E virá o dia em que farei reviver a antiga glória de Israel,[a] e suas palavras, Ezequiel, serão ouvidas abertamente. Então eles saberão que eu sou o Senhor".

Um dia triste para o Egito

30 Recebi outra mensagem do Senhor: ²"Filho do homem, profetize e transmita esta mensagem do Senhor Soberano:

"Chorem e lamentem
  por esse dia,
³pois o dia terrível se aproxima,
  o dia do Senhor!
É um dia de nuvens densas,
  um dia de desespero para as nações.
⁴Uma espada virá contra o Egito,
  e o chão se cobrirá de mortos.
Sua riqueza será levada,
  e seus alicerces serão destruídos.
A terra da Etiópia[b] será saqueada;
  ⁵Etiópia, Líbia, Lídia, toda a Arábia[c]
e seus outros aliados
  serão destruídos nessa guerra.

⁶"Pois assim diz o Senhor:
Todos os aliados do Egito cairão,
  e acabará o orgulho de seu poder.
Desde Migdol até Assuã,[d]
  serão mortos pela espada,
  diz o Senhor Soberano.
⁷O Egito ficará desolado,
  cercado por outras nações desoladas,
e suas cidades ficarão devastadas,
  cercadas por outras cidades devastadas.
⁸Os egípcios saberão que eu sou o Senhor
  quando tiver incendiado o Egito
  e destruído todos os seus aliados.
⁹Naquele dia, enviarei mensageiros velozes
  em navios
  para aterrorizar os confiantes etíopes.
Grande angústia se apossará deles
  no dia da inevitável destruição do Egito!

¹⁰"Pois assim diz o Senhor Soberano:
Pelo poder de Nabucodonosor, rei da
  Babilônia,
  acabarei com as multidões do Egito.
¹¹Ele e seus exércitos, os mais cruéis de
  todos,
  serão enviados para destruir a terra.
Guerrearão contra o Egito
  até que o chão fique coberto de mortos.
¹²Secarei o rio Nilo
  e venderei a terra a homens maus.
Pelas mãos de estrangeiros,
  devastarei a terra do Egito e tudo que
    nela há.
Eu, o Senhor, falei!

¹³"Assim diz o Senhor Soberano:
Despedaçarei os ídolos[e] do Egito
  e as imagens em Mênfis.[f]
Não restarão governantes no Egito;
  o terror se espalhará por toda a terra.
¹⁴Destruirei o sul do Egito,[g]
  incendiarei Zoã
  e trarei julgamento contra Tebas.[h]
¹⁵Derramarei minha fúria sobre Pelúsio,[i]
  a fortaleza mais poderosa do Egito,
e exterminarei
  as multidões de Tebas.
¹⁶Sim, incendiarei todo o Egito:
  Pelúsio se contorcerá de dor,
Tebas será despedaçada,
  e Mênfis viverá em constante terror.
¹⁷Os jovens de Heliópolis e de Bubastis[j]
  morrerão na batalha,
  e as mulheres[k] serão levadas como
    escravas.
¹⁸Quando eu quebrar a força arrogante do
  Egito,
  também será um dia de trevas para
    Tafnes.
Uma nuvem escura a encobrirá,
  e suas filhas serão levadas como
    prisioneiras.
¹⁹Assim, trarei grande castigo sobre o Egito,
  e eles saberão que eu sou o Senhor".

---

[a]**29.21** Em hebraico, *farei brotar um chifre da casa de Israel.* [b]**30.4** Em hebraico, *Cuxe;* também em 30.9. [c]**30.5** Em hebraico, *Cuxe, Pute, Lude, toda a Arábia, Cube.* O nome *Cube* é desconhecido e não tem outras ocorrências; talvez seja uma variação de *Lube* (Líbia). [d]**30.6** Em hebraico, *Sevene.* [e]**30.13a** É provável que o termo hebraico (lit., *coisas redondas*) se refira a esterco. [f]**30.13b** Em hebraico, *Nofe;* também em 30.16. [g]**30.14a** Em hebraico, *Patros.* [h]**30.14b** Em hebraico, *Nô;* também em 30.15,16. [i]**30.15** Em hebraico, *Sim;* também em 30.16. [j]**30.17a** Em hebraico, *Áven e Pi-Besete.* [k]**30.17b** Ou *e suas cidades.*

Os braços quebrados do faraó

²⁰Em 29 de abril,ᵃ no décimo primeiro ano do exílio do rei Joaquim, recebi esta mensagem do Senhor: ²¹"Filho do homem, quebrei o braço do faraó, rei do Egito. Seu braço não foi enfaixado para sarar, e também não foram postas talas para fortalecê-lo de modo que pudesse segurar uma espada. ²²Portanto, assim diz o Senhor Soberano: Eu sou inimigo do faraó, rei do Egito! Quebrarei seus dois braços, o bom e o que já foi quebrado, e farei a espada cair de sua mão. ²³Espalharei os egípcios entre nações do mundo inteiro. ²⁴Fortalecerei os braços do rei da Babilônia e porei minha espada em sua mão, mas quebrarei os braços do faraó; ele ficará caído, mortalmente ferido, gemendo de dor. ²⁵Fortalecerei os braços do rei da Babilônia, enquanto os braços do faraó pendem inúteis. E, quando eu puser minha espada na mão do rei da Babilônia e ele a levantar contra o Egito, os egípcios saberão que eu sou o Senhor. ²⁶Espalharei os egípcios entre nações do mundo inteiro. Então eles saberão que eu sou o Senhor".

O Egito é comparado à Assíria derrotada

31 Em 21 de junho,ᵇ no décimo primeiro ano do exílio do rei Joaquim, recebi esta mensagem do Senhor. ²"Filho do homem, transmita esta mensagem ao faraó, rei do Egito, e a todas as suas multidões:

"Quem é comparável a você em grandeza?
³Veja a poderosa Assíria,
   que antes era como um cedro do Líbano,
com lindos ramos que davam muita
   sombra
   e cujo topo alcançava as nuvens.
⁴Fontes profundas o regavam
   e o faziam crescer e ficar viçoso.
A água corria à sua volta como um rio
   e fluía para todas as árvores do campo.
⁵Elevou-se acima de todas as árvores
   que havia ao seu redor.
Cresceu e deu ramos longos e espessos,
   pela fartura de água em suas raízes.
⁶As aves se aninhavam em seus ramos,
   e os animais selvagens davam crias à sua
   sombra.
Todas as grandes nações do mundo
   viviam sob seus galhos.
⁷Era forte e belo,
   com ramos amplos, que se espalhavam,
pois suas raízes eram profundas
   e chegavam às fontes de água.
⁸Nenhum outro cedro no jardim de Deus
   se comparava a ele.
Nenhum cipreste tinha ramos como os
   dele,
   nenhum plátano tinha galhos
   semelhantes.
Nenhuma árvore no jardim de Deus
   era tão bela quanto ele.
⁹Fiz esse cedro tão lindo
   e lhe dei folhagem tão magnífica
que ele era motivo de inveja de todas as
   árvores do Éden,
o jardim de Deus.

¹⁰"Portanto, assim diz o Senhor Soberano: Porque o Egitoᶜ se tornou orgulhoso e arrogante e se elevou tanto acima dos outros, e seu topo chegou até às nuvens, ¹¹eu o entregarei a uma nação poderosa que lhe dará o que merece por sua maldade. Sim, eu já o rejeitei. ¹²Um exército estrangeiro, o terror das nações, o derrubou e o deixou caído no chão. Seus ramos estão espalhados entre os montes e os vales da terra, e todos que viviam à sua sombra foram embora e o deixaram ali jogado.

¹³"As aves pousam em seu tronco caído,
   e os animais selvagens descansam entre
   seus ramos.
¹⁴Que nenhuma árvore de outra nação
   exulte com orgulho de sua prosperidade,
ainda que seja mais alta que as nuvens
   e muito bem regada.
Pois todas estão condenadas a morrer,
   a descer às profundezas da terra.
Cairão na cova
   com todo o resto do mundo.

¹⁵"Assim diz o Senhor Soberano: Quando a Assíria desceu à sepultura,ᵈ fiz as fontes

---

ᵃ**30.20** Em hebraico, *No sétimo dia do primeiro mês*, do antigo calendário lunar hebraico. O ano foi 587 a.C.; ver também nota em 1.1. ᵇ**31.1** Em hebraico, *No primeiro dia do terceiro mês*, do antigo calendário lunar hebraico. O ano foi 587 a.C.; ver também nota em 1.1. ᶜ**31.10** Em hebraico, *você*. ᵈ**31.15** Em hebraico, *ao Sheol*; também em 31.16,17.

profundas ficarem de luto. Detive o curso de seus rios e sequei suas muitas águas. Vesti o Líbano de preto e fiz as árvores do campo murcharem. ¹⁶Fiz as nações tremerem de medo ao som de sua queda, pois a enviei para a sepultura junto com todos que descem à cova. E todas as outras árvores do Éden, as mais belas e excelentes do Líbano, aquelas cujas raízes descem até as águas profundas, se consolaram nas profundezas da terra. ¹⁷Seus aliados também foram todos destruídos e morreram. Todas as nações que tinham vivido à sua sombra desceram à sepultura.

¹⁸"Ó Egito, a qual dessas árvores do Éden você comparará sua força e sua glória? Você também será lançado nas profundezas, junto com todas essas nações. Ficará caído no meio dos rejeitados[a] que morreram à espada. Esse será o destino do faraó e de todas as suas multidões. Eu, o S\enhor Soberano, falei!".

Advertência ao faraó

32 Em 3 de março,[b] no décimo segundo ano do exílio do rei Joaquim, recebi esta mensagem do S\enhor: ²"Filho do homem, lamente pelo faraó, rei do Egito, e transmita-lhe esta mensagem:

"Você se considera um leão forte entre as nações,
  mas na verdade é um monstro marinho
que se contorce em seus rios
  e revolve a lama com os pés.
³Portanto, assim diz o S\enhor Soberano:
  Enviarei muitos povos
para apanhá-lo em minha rede
  e arrastá-lo para fora da água.
⁴Eu o deixarei jogado no chão;
  todas as aves do céu pousarão sobre você,
e os animais selvagens de toda a terra
  o devorarão até se fartar.
⁵Espalharei sua carne pelos montes
  e encherei os vales com seus ossos.
⁶Encharcarei a terra com seu sangue;
  ele correrá até os montes
  e encherá os desfiladeiros até a borda.

⁷Quando eu exterminá-lo,
  cobrirei os céus e escurecerei as estrelas.
Taparei o sol com uma nuvem,
  e a lua não dará sua luz.
⁸Escurecerei as estrelas brilhantes lá no alto
  e cobrirei sua terra com trevas.
Eu, o S\enhor Soberano, falei!

⁹"Perturbarei o coração de muitos quando levar a notícia de sua destruição a nações distantes, que você não conheceu. ¹⁰Sim, causarei espanto em muitas terras, e os reis ficarão aterrorizados ao saber de seu destino. Tremerão de medo quando eu agitar minha espada diante deles no dia de sua queda. ¹¹Pois assim diz o S\enhor Soberano:

"A espada do rei da Babilônia
  virá contra você.
¹²Exterminarei suas multidões com
    espadas de poderosos guerreiros,
  o terror das nações.
Eles destruirão o orgulho do Egito,
  e todas as suas multidões serão vencidas.
¹³Acabarei com todos os seus rebanhos
  que pastam junto aos riachos.
Nunca mais nem pessoas nem animais
  levantarão lama naquelas águas com seus pés.
¹⁴Então farei que as águas do Egito se acalmem,
  e elas fluirão suavemente, como azeite,
  diz o S\enhor Soberano.
¹⁵Quando eu destruir o Egito,
  despojá-lo de todos os seus bens
e abater todo o seu povo,
  vocês saberão que eu sou o S\enhor.
¹⁶Sim, este é o cântico fúnebre
  que entoarão para o Egito.
Que as nações lamentem pelo Egito e por
    suas multidões.
  Eu, o S\enhor Soberano, falei!".

O Egito desce à cova

¹⁷Em 17 de março,[c] no décimo segundo ano, recebi outra mensagem do S\enhor: ¹⁸"Filho do

---

[a] 31.18 Em hebraico, *no meio dos incircuncisos.* [b] 32.1 Em hebraico, *No primeiro dia do décimo segundo mês,* do antigo calendário lunar hebraico. O ano foi 585 a.C.; ver também nota em 1.1. [c] 32.17 Em hebraico, *No décimo quinto dia do mês,* supostamente no décimo segundo mês do antigo calendário lunar hebraico (ver 32.1). O ano foi 585 a.C.; ver também nota em 1.1. A Septuaginta traz *No décimo quinto dia do primeiro mês,* isto é, em 27 de abril de 586 a.C., no início do décimo segundo ano do cativeiro de Joaquim.

homem, lamente pelas multidões do Egito e pelas outras nações poderosas,[a] pois eu as enviarei às profundezas da terra, junto com aqueles que descem à cova. ¹⁹Diga-lhes:

> 'Ó Egito, acaso você é mais belo que as outras nações?
> Desça à cova e fique ali, entre os rejeitados!'.[b]

²⁰Os egípcios cairão, junto com os muitos que morreram à espada, pois a espada está empunhada contra eles. O Egito e suas multidões serão arrastados para seu julgamento. ²¹Lá embaixo, no lugar dos mortos,[c] líderes poderosos receberão o Egito e seus aliados com zombaria, dizendo: 'Eles desceram; estão entre os rejeitados, entre as multidões mortas à espada'.

²²"A Assíria está ali, cercada pelas sepulturas de seu exército, aqueles que foram mortos à espada. ²³Suas sepulturas ficam no fundo da cova e estão cercadas por seus aliados. Causavam terror em toda parte, mas agora foram mortos à espada.

²⁴"Elão está ali, cercado pelas sepulturas de todas as suas multidões, aqueles que foram mortos à espada. Causavam terror em toda parte, mas agora estão nas profundezas da terra, como rejeitados. Sim, estão na cova, envergonhados, junto com aqueles que foram antes deles. ²⁵Têm um lugar para deitar entre os mortos, cercados pelas sepulturas de todas as suas multidões. Em vida eles aterrorizavam nações, mas agora estão envergonhados, junto com outros na cova, todos eles rejeitados, mortos à espada.

²⁶"Meseque e Tubal estão ali, cercados pelas sepulturas de todas as suas multidões. Causavam terror em toda parte, mas agora são rejeitados, todos mortos à espada. ²⁷Não foram sepultados com honras, como seus heróis caídos, que desceram ao lugar dos mortos com suas armas, com seus escudos cobrindo o corpo[d] e suas espadas debaixo da cabeça. Sua culpa está sobre eles, pois, em vida, aterrorizaram a todos.

²⁸"Também você, Egito, ficará ali, esmagado entre os rejeitados, todos mortos à espada.

²⁹"Edom está ali com seus reis e príncipes. Embora fossem poderosos, também estão entre os que foram mortos à espada, entre os rejeitados que desceram à cova.

³⁰"Todos os príncipes do norte e os sidônios estão ali, com os outros que morreram. Causavam terror com sua força, mas foram envergonhados. Estão ali como rejeitados, com outros que foram mortos à espada. Estão envergonhados, junto com aqueles que desceram à cova.

³¹"Quando o faraó e todo o seu exército chegarem, ficarão consolados porque não foram os únicos que perderam suas multidões na batalha, diz o Senhor Soberano. ³²Embora eu tenha feito esse terror vir sobre todos os vivos, o faraó e suas multidões ficarão ali entre os rejeitados que foram mortos à espada. Eu, o Senhor Soberano, falei!".

Ezequiel como vigia de Israel

33 Mais uma vez, recebi uma mensagem do Senhor: ²"Filho do homem, transmita esta mensagem a seu povo: 'Quando eu trago um

---

[a]32.18 O significado do hebraico é incerto. [b]32.19 Em hebraico, *os incircuncisos*; também em 32.21,24,25,26,28,29,30,32. [c]32.21 Em hebraico, *Sheol*; também em 32.27. [d]32.27 O significado do hebraico é incerto.

33.1-8 Vv.1-4 Nesse caso, o vigia é bastante claro. Ele cumpriu seu dever, soou o alarme, e um alarme apropriado, com a trombeta. Ele soou imediatamente, sem perder tempo ou atrasar. Não teve medo de provocar inquietação aos homens — cumpriu seu dever, sem medo de observação, e ele foi claro. Feliz também é aquele que sabe disso, ao dar atenção ao toque de advertência da trombeta, muitos escaparam da ameaça de perigo. Mesmo assim, parece que há alguns que ouvem a trombeta e não dão atenção ao aviso. Essa é a parte triste do nosso serviço — torna o ministério mais bem-sucedido obscurecido. Não pode ser só alegria para aquele que ganha muitas almas para Deus, pois às vezes ele pode compadecer-se de seus irmãos, os profetas, em seu triste questionamento: "Quem creu em nossa mensagem? A quem o Senhor revelou seu braço forte?". Ouçam isto, vocês que ouvem o evangelho e mesmo assim não se arrependem! Se vocês não derem atenção ao aviso, seu sangue estará sobre suas próprias cabeças!

Vv.5,6 Esta é uma solene verdade de Deus. Não se refere apenas a mim e aos muitos ministros de Cristo

exército contra um país, os habitantes dessa terra escolhem alguém para ser vigia. ³Quando o vigia vê o inimigo, ele dá o sinal de alarme para avisar o povo. ⁴Se aqueles que ouvirem o sinal de alarme não tomarem providências, serão culpados da própria morte. ⁵Ouviram o sinal de alarme, mas não deram atenção, de modo que a responsabilidade é deles. Se tivessem dado atenção à advertência, teriam salvado a vida. ⁶Se, contudo, o vigia vê o inimigo, mas não dá o sinal de alarme para advertir o povo, ele é responsável. Eles morrerão em seus pecados, mas considerarei o vigia responsável pela morte deles'.

⁷"Agora, filho do homem, eu o coloquei como vigia do povo de Israel. Portanto, ouça o que eu digo e advirta-os em meu nome. ⁸Se eu anunciar que alguns perversos certamente morrerão e você não lhes disser que mudem sua conduta, eles morrerão em seus pecados, mas considerarei você responsável pela morte deles. ⁹Se, contudo, você os advertir para que mudem sua conduta e eles não o fizerem, morrerão em seus pecados, mas você salvará a vida."

A mensagem do vigia
¹⁰"Filho do homem, transmita esta mensagem ao povo de Israel: Vocês dizem: 'Nossos pecados pesam sobre nós; estamos definhando! Como sobreviveremos?'. ¹¹Tão certo como eu vivo, diz o Senhor Soberano, não tenho prazer algum na morte dos perversos. Antes, meu desejo é que se afastem de seus maus caminhos, para que vivam. Arrependam-se! Afastem-se de sua maldade! Por que morrer, ó povo de Israel?

¹²"Filho do homem, transmita esta mensagem a seu povo: A conduta justa dos justos não os salvará se eles se voltarem para o pecado, nem a conduta perversa dos perversos os destruirá se eles se afastarem de seus pecados. ¹³Se eu disser aos justos que eles viverão, mas depois eles pecarem, confiando que sua justiça no passado os salvará, nenhum de seus atos de justiça será lembrado, e eles morrerão por causa de seus pecados. ¹⁴Suponhamos que eu diga aos perversos que eles certamente morrerão, mas depois eles se afastem de seus pecados e façam o que é justo e certo. ¹⁵Pode ser, por exemplo, que devolvam a garantia de um devedor, restituam o que roubaram, obedeçam a meus decretos que dão vida e não pratiquem mais o mal. Nesse caso, certamente viverão, e não morrerão. ¹⁶Nenhum de seus pecados do passado será lembrado, pois fizeram o que é justo e certo, e certamente viverão.

¹⁷"Seu povo diz: 'O Senhor não é justo', mas são eles os injustos. ¹⁸Pois, se os justos se afastarem de sua conduta justa e praticarem o mal, morrerão. ¹⁹Mas, se os perversos se afastarem de sua conduta perversa e fizerem o que é justo e certo, viverão. ²⁰Ó povo de Israel, vocês dizem: 'O Senhor não é justo'. Mas eu julgarei cada um de vocês de acordo com suas ações".

A queda de Jerusalém é explicada
²¹Em 8 de janeiro,ᵃ no décimo segundo ano de nosso exílio, um sobrevivente de Jerusalém veio a mim e disse: "A cidade caiu!". ²²Na noite anterior, a mão do Senhor tinha vindo sobre mim e me restaurado a voz. Por isso, consegui falar quando o homem chegou na manhã seguinte.

²³Então recebi esta mensagem do Senhor: ²⁴"Filho do homem, o remanescente de Israel, que vive espalhado entre as cidades arruinadas, anda dizendo: 'Abraão era um só e, no entanto, veio a possuir toda a terra. Nós somos muitos; certamente a terra nos foi dada como

---

ᵃ 33.21 Em hebraico, *No quinto dia do décimo mês*, do antigo calendário lunar hebraico. O ano foi 585 a.C.; ver também nota em 1.1.

---

que estão aqui, mas para todos vocês que conhecem o Senhor, pois vocês também foram estabelecidos como vigias para suas famílias, para seus vizinhos, para a classe que vocês ensinam, ou que deveriam ensinar, na Escola Dominical. Que Deus conceda que possamos, cada um de nós, ser liberto dos pecados de outros homens, pois podemos nos tornar participantes com eles em seu inquérito, a menos que possamos prestar nosso testemunho contra eles e adverti-los sobre as consequências de seus maus feitos!

V.8 Assim como Deus exigiu o sangue de Abel das mãos de Caim e o declarou amaldiçoado porque era culpado desse sangue, o Senhor exigirá o sangue dos homens que perecem das mãos dos Seus *vigias* e, se estes forem achados negligentes, virá sobre eles uma maldição.

propriedade'. ²⁵Portanto, diga-lhes: 'Assim diz o Senhor Soberano: Vocês comem carne com sangue, adoram ídolos{a} e assassinam inocentes. Acreditam mesmo que a terra deve ser sua? ²⁶Assassinos! Idólatras! Adúlteros! Acaso deveriam possuir a terra?'.

²⁷"Diga-lhes: 'Assim diz o Senhor Soberano: Tão certo como eu vivo, os que vivem nas ruínas morrerão à espada, os que vivem nos campos abertos serão devorados por animais selvagens que eu enviarei, e os que estão escondidos em fortalezas e em cavernas morrerão de doença. ²⁸Destruirei completamente a terra e arrasarei o orgulho de seu poder. Os montes de Israel ficarão desolados, e ninguém passará por eles. ²⁹Quando eu tiver destruído a terra completamente por causa de seus pecados detestáveis, eles saberão que eu sou o Senhor'.

³⁰"Filho do homem, seu povo fala de você em suas casas e junto às portas. Dizem uns aos outros: 'Venham, vamos ouvir o que o profeta tem a nos dizer da parte do Senhor'. ³¹Eles vêm, fingindo ser sinceros, e sentam-se diante de você. Ouvem suas palavras, mas não têm intenção alguma de pô-las em prática. Têm a boca cheia de palavras sensuais, e seu coração só quer dinheiro. ³²Eles o consideram um divertimento, como alguém que entoa canções de amor com uma linda voz ou toca belas músicas num instrumento. Ouvem suas palavras, mas não as põem em prática. ³³Quando, porém, todas essas terríveis coisas acontecerem, e elas certamente acontecerão, saberão que um profeta esteve no meio deles".

Os pastores de Israel

34 Então recebi esta mensagem do Senhor: ²"Filho do homem, profetize contra os pastores, os líderes de Israel. Transmita-lhes esta mensagem do Senhor Soberano: Que aflição os espera, pastores que alimentam a si mesmos! Acaso os pastores não deveriam alimentar seu rebanho? ³Vocês bebem o leite, vestem-se com a lã e abatem os melhores animais, mas deixam seu rebanho passar fome. ⁴Não cuidaram das ovelhas fracas, não curaram as doentes nem enfaixaram as que estavam feridas. Não foram procurar as que se desgarraram e se perderam. Em vez disso, conduziram-nas com dureza e crueldade. ⁵Por não terem pastor, minhas ovelhas se espalharam e se tornaram presa fácil para qualquer animal selvagem. ⁶Andam sem rumo pelos montes e pelas colinas, por toda a face da terra, mas ninguém saiu para procurá-las.

⁷"Por isso, pastores, ouçam a palavra do Senhor: ⁸Tão certo como eu vivo, diz o Senhor Soberano, vocês abandonaram meu rebanho e o deixaram ser atacado por animais selvagens. E, embora fossem meus pastores, não procuraram minhas ovelhas quando elas se perderam. Cuidaram de si mesmos e deixaram o rebanho passar fome. ⁹Portanto, pastores, ouçam a palavra do Senhor. ¹⁰Assim diz o Senhor Soberano: Agora considero esses pastores meus inimigos e os responsabilizarei pelo que aconteceu a meu rebanho. Não permitirei que continuem pastoreando meu rebanho e que continuem alimentando a si mesmos. Livrarei meu rebanho de sua boca; minhas ovelhas não serão mais sua presa."

O Bom Pastor

¹¹"Pois assim diz o Senhor Soberano: Eu mesmo procurarei minhas ovelhas e as encontrarei. ¹²Serei como o pastor que busca o rebanho espalhado. Encontrarei minhas ovelhas e as livrarei de todos os lugares para onde foram espalhadas naquele dia de nuvens e escuridão. ¹³Eu as tirarei do meio dos povos e das nações e as trarei de volta para sua terra. Eu as alimentarei nos montes de Israel, junto aos rios e em todos os lugares habitados. ¹⁴Sim, eu lhes darei bons pastos nas altas colinas de Israel. Elas se deitarão em lugares agradáveis e se alimentarão nos pastos verdes das colinas. ¹⁵Eu mesmo cuidarei delas e lhes darei lugar para descansar, diz o Senhor Soberano. ¹⁶Procurarei as perdidas que se desgarraram e as trarei de volta. Enfaixarei as ovelhas feridas e fortalecerei as fracas. Destruirei, porém, as gordas e poderosas. Sim, eu as alimentarei, mas com juízo!

¹⁷"Quanto a você, meu rebanho, assim diz o Senhor Soberano: Julgarei entre um animal e outro do rebanho e separarei as ovelhas dos bodes. ¹⁸Não lhes basta ficarem com os melhores pastos? Também precisam pisotear o resto? Não lhes basta beberem água pura? Também

---

{a} 33.25 É provável que o termo hebraico (lit., *coisas redondas*) se refira a esterco.

precisam enlamear o resto? ¹⁹Por que meu rebanho deve se alimentar dos pastos que vocês pisotearam e beber da água que vocês sujaram?

²⁰"Portanto, assim diz o Senhor Soberano: Certamente julgarei entre as ovelhas gordas e as magras. ²¹Pois vocês, ovelhas gordas, empurraram, chifraram e não deram espaço para meu rebanho doente e faminto, até que o espalharam para terras distantes. ²²Portanto, salvarei meu rebanho, e ele não será mais maltratado. Julgarei entre um animal e outro do rebanho. ²³Porei sobre as ovelhas um pastor, meu servo Davi; ele as alimentará e será seu pastor. ²⁴E eu, o Senhor, serei o seu Deus, e meu servo Davi será príncipe no meio de meu povo. Eu, o Senhor, falei!"

A aliança de paz do Senhor

²⁵"Farei uma aliança de paz com meu povo e expulsarei da terra os animais ferozes. Ele poderá acampar em segurança no deserto e dormir sem medo nos bosques. ²⁶Abençoarei meu povo e suas casas ao redor de meu santo monte. E, no devido tempo, enviarei as chuvas de que precisam; haverá chuvas de bênçãos. ²⁷Os pomares e os campos de meu povo darão colheitas fartas, e todos viverão em segurança. Quando eu tiver quebrado suas correntes de servidão e os resgatado daqueles que os escravizavam, eles saberão que eu sou o Senhor. ²⁸Não serão mais presa para outras nações, nem serão devorados por animais selvagens. Viverão em segurança, e ninguém lhes causará medo.

²⁹"Tornarei sua terra conhecida por suas colheitas, e eles nunca mais passarão fome nem sofrerão os insultos de nações estrangeiras. ³⁰Desse modo, saberão que eu, o Senhor, seu Deus, estou com eles. E saberão que eles, o povo de Israel, são meu povo, diz o Senhor Soberano. ³¹Vocês são o meu rebanho, ovelhas do meu pasto. Vocês são o meu povo, e eu sou o seu Deus. Eu, o Senhor Soberano, falei!".

Mensagem para Edom

35 Recebi outra mensagem do Senhor: ²"Filho do homem, volte o rosto para o monte Seir e profetize contra seu povo. ³Transmita-lhe esta mensagem do Senhor Soberano:

"Sou seu inimigo, ó monte Seir;
 levantarei minha mão contra você
 para destruí-lo completamente.
⁴Transformarei suas cidades em ruínas
 e as deixarei desoladas.
Então você saberá
 que eu sou o Senhor.

⁵"Seu ódio profundo dos israelitas o levou a matá-los quando estavam indefesos, quando eu já os havia castigado por todos os seus pecados. ⁶Tão certo como eu vivo, diz o Senhor Soberano, visto que vocês não mostraram aversão alguma ao sangue derramado, eu derramarei o seu sangue. Sua vez chegou! ⁷Deixarei o monte Seir completamente desolado e matarei todos que tentarem escapar e qualquer um que voltar. ⁸Encherei seus montes de cadáveres; suas colinas, seus vales e seus desfiladeiros ficarão cobertos de gente morta à espada. ⁹Eu o deixarei desolado para sempre; suas cidades jamais serão reconstruídas. Então você saberá que eu sou o Senhor.

¹⁰"Pois você disse: 'As terras de Israel e Judá serão minhas. Sim, tomarei posse delas. Que me importa se o Senhor está ali?'. ¹¹Portanto, tão certo como eu vivo, diz o Senhor Soberano, eu lhe darei o castigo merecido por sua ira, sua inveja e seu ódio. Eu me revelarei a Israel[a] por meio daquilo que fizer a você. ¹²Então você

---

[a]35.11 Em hebraico, *a eles*; a Septuaginta traz *a vocês*.

34.17-21 Às vezes, quando o povo de Deus busca forças em si mesmo, se orgulha e torna-se grandemente culpado! A verdade preciosa de Deus não é suficientemente boa para eles, a menos que seja falada de forma muito bela. Eles comeram e agora pisam o pasto e o estragam para os outros. Isso pode parecer uma ofensa muito pequena, mas o Grande Pastor não pensa assim — Ele olha com indignação para esses gordos e fortes que impregnam as águas com seus pés. Existe uma maneira de fazer isso. Alguns são tão grandes, tão severos, tão fechados em si mesmos, que se encontrarem um outro cristão em dificuldade, que tem menos confiança do que eles próprios, que parece ser menos útil do que eles mesmos — são todos para serem empurrados, cutucados, conduzidos e sei lá mais o quê! Cuide do que você está fazendo quando se intrometer com o pobre povo de Deus! Há algumas visões doutrinárias, algumas pretensões à perfeição, que equivalem a isso.

saberá que eu, o Senhor, ouvi todas as palavras de desprezo que você pronunciou contra os montes de Israel. Pois você disse: 'Estão desolados; foram entregues a mim como alimento!'. ¹³Com essas palavras, você se exaltou diante de mim, e eu ouvi tudo!

¹⁴"Assim diz o Senhor Soberano: O mundo todo se alegrará quando eu o deixar desolado. ¹⁵Você se alegrou com a desolação do território de Israel, e agora me alegrarei com sua desolação. Você, povo no monte Seir, e todos que vivem em Edom serão exterminados! Então saberão que eu sou o Senhor".

Restauração de Israel

36 "Filho do homem, profetize aos montes de Israel e transmita-lhes esta mensagem: Ó montes de Israel, ouçam a palavra do Senhor! ²Assim diz o Senhor Soberano: Seus inimigos zombaram de vocês, dizendo: 'Bem feito! Agora as antigas montanhas são nossas!'. ³Por isso, transmita aos montes de Israel esta mensagem do Senhor Soberano: Seus inimigos o atacaram de todos os lados e o tornaram propriedade de muitas nações e objeto de muita zombaria e calúnia. ⁴Portanto, ó montes de Israel, ouçam a palavra do Senhor Soberano. Ele fala às colinas e aos montes, aos desfiladeiros e aos vales, às ruínas arrasadas e às cidades desertas, destruídas e ridicularizadas pelas nações vizinhas. ⁵Assim diz o Senhor Soberano: A ira de meu zelo arde contra essas nações, especialmente contra Edom, porque me desprezaram completamente, se apossaram de minha terra com satisfação e a tomaram como despojo.

⁶"Portanto, profetize às colinas e aos montes, aos desfiladeiros e aos vales de Israel. Assim diz o Senhor Soberano: Estou furioso em meu zelo porque vocês passaram vergonha diante das nações vizinhas. ⁷Portanto, assim diz o Senhor Soberano: Jurei solenemente que essas nações logo passarão vergonha também.

⁸"Os montes de Israel, no entanto, produzirão colheitas fartas de frutos para meu povo, *pois em breve ele voltará para casa!* ⁹Pois estou com vocês e lhes darei atenção. Seu solo será arado, e suas lavouras serão plantadas. ¹⁰Multiplicarei a população de Israel, e as cidades arruinadas serão reconstruídas e ficarão cheias de gente. ¹¹Multiplicarei tanto as pessoas como os animais. Ó montes de Israel, trarei gente para habitá-los outra vez! Eu os tornarei ainda mais prósperos que antes. Então vocês saberão que eu sou o Senhor. ¹²Farei meu povo andar sobre vocês novamente, e serão território dele. Vocês nunca mais o deixarão sem filhos.

¹³"Assim diz o Senhor Soberano: As outras nações zombam de você e dizem: 'É uma terra que devora seu povo e os deixa sem filhos!'. ¹⁴Mas você nunca mais devorará seu povo nem o deixará sem filhos, diz o Senhor Soberano. ¹⁵Não o deixarei ouvir os insultos de outras nações, nem sua zombaria. Você não será uma terra que faz sua nação cair, diz o Senhor Soberano".

¹⁶Então recebi esta mensagem do Senhor: ¹⁷"Filho do homem, quando os israelitas viviam em sua própria terra, eles a profanaram com seu estilo de vida. Para mim, sua conduta foi tão impura como o fluxo menstrual de uma mulher. ¹⁸Eles contaminaram a terra com assassinato e adoração a ídolos,[a] por isso derramei sobre eles minha fúria. ¹⁹Eu os espalhei entre as nações para castigá-los por sua conduta. ²⁰Quando, porém, foram espalhados entre as nações, desonraram meu santo nome. Pois as nações diziam: 'Este é o povo do Senhor, mas ele não foi capaz de mantê-lo a salvo em sua própria terra!'. ²¹Tive consideração por meu santo nome, que meu povo desonrou entre as nações.

²²"Portanto, transmita ao povo de Israel esta mensagem do Senhor Soberano: Eu os trarei de volta, ó povo de Israel, mas não porque merecem. Farei isso por causa do meu santo nome, que vocês desonraram entre as nações. ²³Eu lhes mostrarei a santidade de meu grande nome, o nome que vocês desonraram entre as nações. E, quando eu mostrar minha santidade por meio de vocês diante das nações, diz o Senhor, elas saberão que eu sou o Senhor. ²⁴Pois eu os reunirei dentre as nações e os trarei de volta para sua terra.

²⁵"Então aspergirei sobre vocês água pura, e ficarão limpos. Eu os purificarei de sua

---

[a] **36.18** É provável que o termo hebraico (lit., *coisas redondas*) se refira a esterco; também em 36.25.

impureza e sua adoração a ídolos. ²⁶Eu lhes darei um novo coração e colocarei em vocês um novo espírito. Removerei seu coração de pedra e lhes darei coração de carne. ²⁷Porei dentro de vocês meu Espírito, para que sigam meus decretos e tenham o cuidado de obedecer a meus estatutos.

²⁸"Vocês habitarão em Israel, a terra que dei a seus antepassados. Vocês serão o meu povo, e eu serei o seu Deus. ²⁹Eu os livrarei de sua impureza. Aumentarei a produção de cereais e não enviarei mais fome à terra. ³⁰Darei colheitas fartas de suas árvores frutíferas e seus campos, e nunca mais as nações vizinhas zombarão de sua terra por causa da fome. ³¹Então se lembrarão dos pecados que cometeram no passado e terão aversão de si mesmos por todas as coisas detestáveis que fizeram. ³²Mas assim diz o Senhor Soberano: Lembrem-se de que não farei tudo isso porque vocês merecem. Ó meu povo de Israel, vocês deveriam se envergonhar profundamente de tudo que fizeram!

³³"Assim diz o Senhor Soberano: Quando eu os purificar de seus pecados, farei que suas cidades voltem a ser habitadas e as ruínas sejam reconstruídas. ³⁴Os campos que estavam vazios e desolados à vista de todos voltarão a ser cultivados. ³⁵E, quando eu trouxer vocês de volta, as pessoas dirão: 'Essa terra que antes era deserta agora é como o jardim do Éden! As cidades abandonadas e em ruínas agora têm muros fortes e estão cheias de gente!'. ³⁶Com isso, as nações vizinhas que restarem saberão que eu, o Senhor, reconstruí as ruínas e replantei onde estava deserto. Pois eu, o Senhor, falei e cumprirei o que prometi.

³⁷"Assim diz o Senhor Soberano: Estou disposto a ouvir as orações de Israel e a multiplicar seu povo como um rebanho. ³⁸Serão numerosos como os rebanhos consagrados que enchem as ruas de Jerusalém na época de suas festas. As cidades que estavam em ruínas voltarão a ficar cheias de gente, e todos saberão que eu sou o Senhor".

O vale dos ossos secos

37 A mão do Senhor veio sobre mim, e o Espírito do Senhor me levou a um vale cheio de ossos. ²Ele me conduziu por entre os ossos que cobriam o fundo do vale, espalhados por toda parte e completamente secos. ³Então ele me perguntou: "Filho do homem, acaso estes ossos podem voltar a viver?".

Respondi: "Ó Senhor Soberano, só tu o sabes".

⁴Então ele me disse: "Profetize a estes ossos e diga: 'Ossos secos, ouçam a palavra do Senhor! ⁵Assim diz o Senhor Soberano: Soprarei meu espírito[a] e os trarei de volta à vida! ⁶Porei carne e músculo em vocês e os cobrirei com pele. Darei fôlego a vocês, e voltarão à vida. Então saberão que eu sou o Senhor'".

⁷Assim, anunciei essa mensagem, como ele me havia ordenado. De repente, enquanto eu profetizava, ouviu-se em todo o vale o barulho de ossos batendo uns contra os outros, e os

---

[a] 37.5 O termo hebraico (*ruah*) também pode ser traduzido por "fôlego" ou "vento", jogo de palavras que se repete em toda a passagem.

36.26 "Eu lhes darei um novo coração". Gostaria de chamar sua atenção para o estilo da linguagem. É "*eu lhes darei*", e mais uma vez, "*lhes darei*". O Eu de Deus é a grande palavra. Não é "Eu lhes darei se", ou "talvez Eu lhes darei", ou "Eu lhes darei sob certas condições", mas — "Eu lhes darei". Ele fala em um tom divino; é linguagem de realeza, as próprias palavras daquele que disse: "Haja luz", e houve luz! Aquele que fez o mundo surgir por Sua palavra, agora faz o novo mundo de graça surgir pela mesma majestosa voz! [...] "Removerei seu coração de pedra". Não creio que o Senhor remova de imediato o coração *perverso* da carne de qualquer homem; ele continua a existir para ser combatido como os cananeus em Canaã, quando Israel entrou lá; para nos provar e testar. Mas Ele realmente tira o coração de pedra imediatamente; o coração de pedra é um coração duro; no momento em que qualquer coisa atinge uma pedra, ela repele o golpe; quando um coração duro ouve o evangelho, ele o repele novamente; não é tocado por ele; nem se afeta por ele. [...] Caros ouvintes, assim é o seu coração até que Deus os trate — apenas um pedaço de pedra! Claro que não falamos literalmente, mas *espiritualmente*, mesmo assim, o que afirmamos é um fato solene! Deus diz: "Removerei seu coração de pedra". Que intervenção maravilhosa é tirar uma pedra do coração! Mais maravilhoso ainda é extrair um coração de pedra e imediatamente criar um coração de carne em seu lugar!

ossos de cada corpo estavam se juntando. ⁸Então, enquanto eu observava, músculos e carne se formaram sobre os ossos. Em seguida, pele se formou para cobrir os corpos, mas ainda não respiravam.

⁹Então ele me disse: "Filho do homem, profetize aos ventos. Anuncie-lhes uma mensagem e diga: 'Assim diz o Senhor Soberano: Ó fôlego, venha dos quatro ventos! Sopre nesses corpos mortos para que voltem a viver!'".

¹⁰Anunciei a mensagem, como ele me havia ordenado, e espírito entrou nos corpos. Todos eles voltaram à vida e se levantaram, e formavam um grande exército.

¹¹Então ele me disse: "Filho do homem, esses ossos representam todo o povo de Israel. Eles dizem: 'Tornamo-nos ossos velhos e secos; não há mais esperança. Nossa nação acabou'. ¹²Portanto, profetize para eles e diga: 'Assim diz o Senhor Soberano: Ó meu povo, eu abrirei as sepulturas do exílio e os farei sair delas. Então os trarei de volta à terra de Israel. ¹³Quando isso acontecer, meu povo, vocês saberão que eu sou o Senhor. ¹⁴Soprarei meu espírito em vocês, e voltarão a viver, e eu os trarei de volta para sua terra. Então saberão que eu, o Senhor, falei e cumpri o que prometi. Sim, eu, o Senhor, falei!'".

Israel e Judá são reunidos

¹⁵Recebi outra mensagem do Senhor: ¹⁶"Filho do homem, pegue um pedaço de madeira e grave nele estas palavras: 'Isto representa Judá e suas tribos aliadas'. Depois, pegue outro pedaço de madeira e grave nele estas palavras: 'Isto representa Efraim e as tribos do norte de Israel'.[a] ¹⁷Agora, segure-os juntos em sua mão, como se fossem um só pedaço de madeira. ¹⁸Quando seus compatriotas lhe perguntarem o que isso significa, ¹⁹diga-lhes: 'Assim diz o Senhor Soberano: Pegarei Efraim e as tribos do norte, suas irmãs, e as juntarei a Judá. Farei delas um só pedaço de madeira em minha mão'.

²⁰"Em seguida, segure diante do povo os pedaços de madeira que você gravou, para que todos os vejam, ²¹e transmita esta mensagem do Senhor Soberano: Reunirei meu povo de Israel dentre as nações onde foram espalhados e os trarei de volta para sua terra. ²²Eu os reunirei em uma só nação nos montes de Israel. Um único rei os governará, e não serão mais divididos em duas nações nem em dois reinos. ²³Nunca mais se contaminarão com ídolos,[b] nem com imagens detestáveis, nem com qualquer de suas rebeliões, pois eu os salvarei de sua apostasia pecaminosa.[c] Sim, eu os purificarei; então eles serão o meu povo, e eu serei o seu Deus.

²⁴"Meu servo Davi será seu rei, e eles terão um só pastor. Seguirão meus estatutos e terão

---

[a] 37.16 Em hebraico, *Esta é a madeira de Efraim e representa José e todas as casas de Israel*; também em 37.19. [b] 37.23a É provável que o termo hebraico (lit., *coisas redondas*) se refira a esterco. [c] 37.23b Conforme alguns manuscritos hebraicos e a Septuaginta; o Texto Massorético traz *de seus lugares de habitação onde pecaram*.

37.11-13 Observe que Deus nos encontra em nosso próprio espaço e nos leva até onde estamos. Eles disseram: "Tornamo-nos ossos velhos e secos". "Sim", diz Deus, "e Eu os restaurarei". Mas o Senhor vai além de tudo o que eles sentiram ou disseram, pois eles não disseram que estavam enterrados. Não, eles estavam como ossos espalhados no vale, expostos, mas o Senhor sabe que estão piores do que pensam que estão, e assim Ele vai mais longe em misericórdia do que eles achavam que tinham ido em miséria. Deus diz: "eu abrirei as sepulturas", *e isso parece como se eles tivessem*, finalmente, sido colocados na sepultura. Mas o Senhor acrescenta: "E os farei sair dela". Ouça, pecador, você se descreveu de uma maneira muito angustiante, mas Deus aceita isso como verdade e trata com você da maneira como se descreve, ou pior ainda. Ele considera os homens não apenas como mortos, mas como sepultados, em um caso tão sem esperança como cadáveres contidos no sepulcro, e esquecidos como mortos fora do pensamento. Ó, a misericórdia do Senhor! Não há limites para ela. Bem, observe como a palavra traz conforto *ao apresentar outro ator na cena*. Você é como um osso seco, inútil, mas o próprio Senhor vem e diz: "Eu restaurarei, eu restaurarei". Ó, aquele grandioso "Eu"! "Eu abrirei as sepulturas do exílio e os farei sair delas". "Farei". Agora, escutem. Se Deus o salvará, você não pode ser salvo? Se tudo isso é graça da cabeça aos pés, você não pode ser salvo? Se em você não há mérito necessário, nenhuma bondade prévia para qualificá-lo, a salvação não pode vir a você? Se Cristo morreu pelos ímpios, você não pode ter parte em Sua morte, se Ele veio ao mundo para salvar os pecadores, então, por que não você?

o cuidado de guardar meus decretos. ²⁵Viverão na terra que dei a meu servo Jacó, a terra onde seus antepassados viveram. Eles, seus filhos e seus netos viverão ali para sempre, de geração em geração, e meu servo Davi será seu príncipe para sempre. ²⁶Farei com eles uma aliança de paz, uma aliança permanente. Eu lhes darei sua terra e os multiplicareiᵃ e estabelecerei meu templo no meio deles para sempre. ²⁷Sim, eu habitarei no meio deles. Serei o seu Deus, e eles serão o meu povo. ²⁸E, quando meu templo estiver entre eles para sempre, as nações saberão que eu sou o Senhor, que santifico Israel".

Mensagem para Gogue

38 Recebi esta mensagem do Senhor: ²"Filho do homem, volte o rosto para Gogue, da terra de Magogue, príncipe que governa as nações de Meseque e Tubal, e profetize contra ele. ³Transmita-lhe esta mensagem do Senhor Soberano: Gogue, príncipe de Meseque e Tubal, sou seu inimigo. ⁴Eu o farei voltar e colocarei argolas em seu queixo para levá-lo junto com todo o seu exército: seus cavalos e condutores de carros de guerra vestidos com sua armadura completa e uma grande multidão armada com escudos e espadas. ⁵A Pérsia, a Etiópia e a Líbia,ᵇ com todas as suas armas, o acompanharão. ⁶Gômer e todos os seus exércitos também se unirão a você, bem como os exércitos de Bete-Togarma, do extremo norte, e muitos outros.

⁷"Prepare-se; esteja pronto! Mantenha todos os exércitos ao seu redor de prontidão e assuma o comando deles. ⁸Daqui a muito tempo, você será convocado para entrar em ação. No futuro distante, você virá de repente sobre a terra de Israel, que viverá confiante depois de ter se recuperado da guerra e depois que seu povo tiver regressado de muitas terras para os montes de Israel. ⁹Você e todos os seus aliados, um exército imenso e assustador, virão sobre Israel como uma tempestade e cobrirão a terra como uma nuvem.

¹⁰"Assim diz o Senhor Soberano: Naquele dia, maus pensamentos lhe virão à mente e você tramará um plano perverso. ¹¹Dirá: 'Israel é uma terra desprotegida, cheia de povoados sem muros, sem portões e sem trancas. Marcharei contra ela e acabarei com esse povo que vive tão confiante. ¹²Irei às cidades antes desoladas, mas que agora estão cheias de gente que voltou do exílio em muitas nações. Tomarei grande quantidade de despojo, pois agora seus habitantes têm muito gado e outros bens. Pensam que o mundo gira em torno deles!'. ¹³Contudo, Sabá, Dedã e os comerciantes de Társis, com todos os seus jovens guerreiros, perguntarão: 'Você pensa mesmo que os grandes exércitos que reuniu podem tomar a prata e o ouro deles? Acham que podem levar seus rebanhos, apoderar-se de seus bens e tomar despojos?'.

¹⁴"Portanto, filho do homem, profetize contra Gogue. Transmita-lhe esta mensagem do Senhor Soberano: Quando meu povo estiver vivendo confiante na terra dele, então você despertará.ᶜ ¹⁵Virá de sua terra no extremo norte com sua grande cavalaria e seu exército poderoso, ¹⁶atacará meu povo, Israel, e cobrirá a terra como uma nuvem. Naquele dia, trarei você, Gogue, contra minha terra à vista de todos e mostrarei minha santidade por meio de tudo que lhe acontecer. Então todas as nações me conhecerão.

¹⁷"Assim diz o Senhor Soberano: Acaso você é aquele de quem falei muito tempo atrás, quando anunciei por meio de meus servos, os profetas de Israel, que, no futuro, o traria contra meu povo? ¹⁸Mas assim diz o Senhor Soberano: Quando Gogue invadir a terra de Israel, minha fúria transbordará! ¹⁹Pois, em meu zelo e em minha ira ardente, sacudirei a terra de Israel violentamente naquele dia. ²⁰Todos os seres vivos, os peixes do mar, as aves do céu, os animais do campo, os animais que rastejam pelo chão, e todas as pessoas da terra, tremerão em minha presença. Montes serão derrubados, despenhadeiros cairão e muros desabarão. ²¹Convocarei a espada contra você em todas as colinas de Israel, diz o Senhor Soberano, e seus homens voltarão as espadas uns contra os outros. ²²Castigarei você e seus exércitos com doença e derramamento de sangue; enviarei chuvas torrenciais, granizo,

---

ᵃ **37.26** Conforme o hebraico, que traz *Eu lhes darei e aumentarei seu número*; a Septuaginta omite toda essa frase. ᵇ **38.5** Em hebraico, *Paras, Cuxe e Pute*. ᶜ **38.14** Conforme a Septuaginta; o hebraico traz *então você saberá*.

fogo e enxofre! ²³Com isso mostrarei minha grandeza e santidade e me farei conhecido às nações do mundo. Então saberão que eu sou o Senhor."

O massacre das multidões de Gogue

39 "Filho do homem, profetize contra Gogue. Transmita-lhe esta mensagem do Senhor Soberano: Sou seu inimigo, ó Gogue, príncipe que governa as nações de Meseque e Tubal. ²Eu o farei dar a volta e o trarei do extremo norte, e o conduzirei em direção aos montes de Israel. ³Derrubarei o arco de sua mão esquerda e as flechas de sua mão direita. ⁴Você, seu exército e seus aliados morrerão nos montes. Eu os darei como alimento aos abutres e aos animais selvagens. ⁵Você cairá em campos abertos, pois eu falei, diz o Senhor Soberano. ⁶Enviarei fogo sobre Magogue e sobre todos os seus aliados que vivem em segurança no litoral. Então eles saberão que eu sou o Senhor.

⁷"Assim, farei conhecido meu santo nome no meio de meu povo, Israel. Não deixarei que ninguém desonre meu nome. E as nações também saberão que eu sou o Senhor, o Santo de Israel. ⁸Esse dia de julgamento virá, diz o Senhor Soberano. Tudo acontecerá como eu declarei.

⁹"Então os habitantes das cidades de Israel sairão e recolherão seus escudos pequenos e os grandes, seus arcos e flechas, seus dardos e lanças e os usarão como lenha. Haverá o suficiente para sete anos! ¹⁰Não precisarão cortar lenha dos campos nem dos bosques, pois essas armas fornecerão todo o combustível necessário. Eles saquearão aqueles que os saquearam e despojarão aqueles que os despojaram, diz o Senhor Soberano.

¹¹"Nesse dia, prepararei um enorme cemitério para Gogue e suas multidões no vale dos Viajantes, a leste do mar Morto.ᵃ Ele impedirá a passagem dos que viajam por ali, e eles mudarão o nome do lugar para vale das Multidões de Gogue. ¹²O povo de Israel levará sete meses para sepultar os corpos e purificar a terra. ¹³Todos em Israel ajudarão a sepultar, pois esse dia em que eu mostrar minha glória será uma data memorável para Israel, diz o Senhor Soberano.

¹⁴"Depois de sete meses, grupos de homens serão nomeados para percorrer a terra em busca de esqueletos para sepultar, a fim de que a terra seja purificada. ¹⁵Onde forem encontrados ossos, será colocado um sinal para que os coveiros os levem e os enterrem no vale das Multidões de Gogue. ¹⁶(Haverá ali uma cidade chamada Hamoná.ᵇ) E com isso, enfim, a terra será purificada.

¹⁷"Agora, filho do homem, assim diz o Senhor Soberano: Chame todas as aves e todos os animais selvagens e diga-lhes: Reúnam-se para meu grande banquete sacrificial. Venham, de longe e de perto, para os montes de Israel e ali comam carne e bebam sangue! ¹⁸Comam a carne de homens poderosos e bebam o sangue dos príncipes das nações como se fossem carneiros, cordeiros, bodes e touros, todos animais engordados de Basã. ¹⁹Devorem carne até se empanturrar e bebam sangue até se embriagar. Este é o banquete sacrificial que lhes preparei. ²⁰Comam com fartura à minha mesa; comam cavalos, condutores de carros de guerra, homens valentes e guerreiros de toda espécie, diz o Senhor Soberano.

²¹"Desse modo, mostrarei minha glória às nações. Todos verão o castigo que trouxe sobre eles e o poder de minha mão quando eu castigo. ²²E, daquele dia em diante, o povo de Israel saberá que sou o Senhor, seu Deus. ²³As nações saberão por que Israel foi enviado para o exílio: foi como castigo por causa do pecado, pois foram infiéis a seu Deus. Por isso me afastei deles e os entreguei a seus inimigos, para que os destruíssem. ²⁴Escondi deles o rosto e os castiguei por causa de sua impureza e de seus pecados."

Restauração do povo de Deus

²⁵"Portanto, assim diz o Senhor Soberano: Acabarei com o exílio de meu povo;ᶜ terei compaixão de todo o Israel, pois tenho zelo por meu santo nome. ²⁶Quando voltarem para sua terra e viverem em segurança, sem que ninguém lhes cause medo, assumirão a responsabilidade porᵈ sua vergonha e infidelidade no

---

ᵃ**39.11** Em hebraico, *do mar.* ᵇ**39.16** *Hamoná* significa "multidão". ᶜ**39.25** Em hebraico, *de Jacó.* ᵈ**39.26** Alguns manuscritos hebraicos trazem *eles se esquecerão de.*

passado. ²⁷Quando eu os trouxer de volta das terras de seus inimigos, mostrarei minha santidade no meio deles, para que todas as nações a vejam. ²⁸Então meu povo saberá que eu sou o Senhor, seu Deus, pois os enviei para o exílio entre as nações e os trouxe de volta para sua terra. Não deixarei nenhum deles para trás ²⁹e nunca mais me afastarei deles, pois derramarei meu Espírito sobre o povo de Israel. Eu, o Senhor Soberano, falei!".

A nova área do templo

40 Em 28 de abril,ᵃ no vigésimo quinto ano de nosso exílio, catorze anos depois da queda de Jerusalém, a mão do Senhor veio sobre mim, e ele me levou para lá. ²Numa visão, Deus me levou para a terra de Israel e me colocou num monte muito alto. Dali, vi em direção ao sul algo parecido com uma cidade. ³Quando ele me levou mais perto, vi um homem cuja face brilhava como bronze. Ele estava em pé junto a uma porta e tinha na mão uma corda de medir feita de linho e uma vara de medir.

⁴Disse-me: "Filho do homem, observe e ouça. Preste muita atenção a tudo que lhe mostrarei. Você foi trazido aqui para que eu lhe mostre várias coisas. Depois você voltará ao povo de Israel e contará tudo que vir".

A porta leste

⁵Vi um muro que cercava completamente a área do templo. O homem pegou a vara de medir de 3 metrosᵇ de comprimento e com ela mediu o muro, que tinha 3 metrosᶜ de espessura e 3 metros de altura.

⁶Em seguida, foi à porta leste. Subiu os degraus e mediu a soleira da porta, que tinha 3 metros de profundidade.ᵈ ⁷Na passagem de entrada, havia salas para guardas de cada lado. Cada uma das salas era quadrada e media 3 metros de cada lado, e a distância entre as salas era de 2,5 metrosᵉ ao longo da parede da passagem. A soleira interna da porta, que dava para o pórtico na extremidade interna da passagem de entrada, tinha 3 metros de profundidade. ⁸Ele também mediu o pórtico.ᶠ ⁹Tinha 4 metrosᵍ de extensão e suas colunas tinham

---

ᵃ**40.1** Em hebraico, *No início do ano, no décimo dia do mês*, do antigo calendário lunar hebraico. O ano foi 573 a.C.; ver também nota em 1.1. ᵇ**40.5a** Em hebraico, *6 côvados longos, cada um medindo 1 côvado* [45 centímetros] *e 4 dedos* [8 centímetros] *de comprimento*. ᶜ**40.5b** Em hebraico, *1 vara*; também em 40.5c,7. ᵈ**40.6** Conforme a Septuaginta, que traz *1 vara de profundidade*; o hebraico traz *1 vara de profundidade, 1 limiar, 1 vara*. ᵉ**40.7** Em hebraico, *5 côvados*; também em 40.48. ᶠ**40.8** Conforme alguns manuscritos hebraicos e a versão siríaca; outros manuscritos hebraicos acrescentam *que ficava voltado para dentro, em direção ao templo; tinha 1 vara de profundidade.* ⁹*Então ele mediu o pórtico da entrada.* ᵍ**40.9a** Em hebraico, *8 côvados*.

40.4 Aprendemos deste texto algo sobre o próprio Ezequiel. Ele certamente foi um dos maiores dos profetas. Suas visões nos lembram as de João, tanto pelo brilho, pelo esplendor quanto pela quantidade — e, no entanto, este profeta eminente foi denominado "filho do homem". Ele é continuamente chamado por esse nome. O título é usado repetidamente em todo o livro de suas profecias — "filho do homem" para lembrá-lo de que mesmo o vidente, o profeta, o inspirado, o homem que era favorecido com visão após visão — ainda era somente um homem. Os melhores homens são, na melhor das hipóteses, homens! Aqueles olhos que são fortalecidos para contemplar os querubins e olhar as estupendas rodas da providência ainda são apenas os olhos de um filho do homem!

O título foi usado para ensinar-lhe humildade e também para lembrá-lo da condescendência de Deus para com ele e para enchê-lo com admiração e maravilha por ter sido escolhido dentre o restante da humanidade, embora não mais do que eles, para ver tão maravilhosas coisas encobertas a outros olhos. Para nós, isso representa um aspecto muito promissor, pois se Deus pode revelar-se a um "filho do homem", por que não a outro? E se Deus pode falar, como Ele falou tão maravilhosamente através de Ezequiel, um filho do homem, por que não através de você? Por que não por meu intermédio? Pois nós também somos filhos de homens! Não temos nenhuma dignidade ou aptidão e nem Ezequiel reivindica ter. Ele é relembrado de sua linhagem — ainda é um dos filhos dos homens. Ó, conforte-se, você que pensa que Deus jamais pode usá-lo — você, que é pobre em espírito e deseja servi-lo — mas sente profundamente sua própria insignificância!

Lembre-se de que Deus pode fazer por você abundantemente além do que você pedir ou até mesmo pensar! Ele ainda pode revelar Seu Filho *em* você e a si mesmo *a* você e por você, através de métodos com os quais você jamais sonhou! E, possivelmente, a experiência dolorosa pela qual está passando, mesmo agora, talvez o esteja preparando para firmá-lo sobre montes ainda mais altos e para contemplar visões de Deus, que em dias mais felizes você contará à casa de Israel e pelas quais as multidões serão abençoadas por seu intermédio!

1 metro[a] de espessura. Esse pórtico era a extremidade interna da passagem de entrada e era voltado para o templo. [10]Havia três salas de cada lado da passagem de entrada. Cada uma tinha as mesmas medidas, e as paredes entre elas também eram idênticas. [11]Então o homem mediu a porta de entrada, que tinha 5 metros[b] de largura e 6,5 metros[c] de comprimento na passagem. [12]Em frente de cada sala havia uma mureta com 0,5 metro[d] de altura. As salas propriamente ditas tinham 3 metros[e] de cada lado.

[13]Então ele mediu toda a largura da porta, a distância desde a parede dos fundos de uma sala para guardas até a parede dos fundos de outra sala; essa distância era de 12,5 metros.[f] [14]Mediu as paredes divisórias ao longo de todo o interior da passagem até o pórtico; a distância era de 30 metros.[g] [15]O comprimento total da passagem, de uma extremidade à outra, era de 25 metros.[h] [16]Nas paredes das salas e em suas paredes divisórias havia janelas embutidas que se estreitavam em direção à parte interna. Também havia janelas no pórtico. As superfícies das paredes divisórias eram enfeitadas com entalhes de palmeiras.

O pátio externo

[17]Então o homem me levou pela entrada até o pátio externo do templo. Ao longo das paredes do pátio havia uma calçada e, junto às paredes, havia trinta salas que abriam para a calçada. [18]A calçada ladeava as portas, e seu comprimento desde os muros até o pátio era o mesmo da passagem de entrada. Essa era a calçada inferior. [19]Em seguida, o homem mediu a largura do pátio externo do templo, entre a entrada externa e a interna, e a distância era de 50 metros.[i]

A porta norte

[20]O homem mediu a porta norte da mesma forma que a leste. [21]Também ali havia três salas e um pórtico. Todas as medidas eram iguais às da porta leste. A passagem da entrada tinha 25 metros de comprimento e 12,5 metros de largura entre as paredes dos fundos de uma sala para guardas e a parede dos fundos de outra sala. [22]As janelas, o pórtico e os enfeites de palmeiras eram idênticos aos da porta leste. Havia sete degraus que davam para a passagem da entrada, e o pórtico ficava na extremidade interna da passagem de entrada. [23]Do lado norte, como do lado leste, havia outra porta que dava para o pátio interno do templo, oposta à entrada externa. A distância entre as duas entradas era de 50 metros.

A porta sul

[24]Então o homem me levou à porta sul e mediu suas partes, e eram exatamente iguais às medidas das outras portas. [25]Tinha janelas ao longo das paredes, como as outras, e um pórtico no qual a passagem de entrada abria para o pátio externo. E, como nas outras portas, a passagem de entrada tinha 25 metros de comprimento e 12,5 metros de largura. [26]Essa entrada também tinha uma escada com sete degraus que davam para ela, um pórtico na extremidade interna e enfeites de palmeiras nas paredes divisórias. [27]E aqui também havia outra entrada que dava para o pátio interno, oposta à entrada externa. A distância entre as duas entradas era de 50 metros.

Portas para o pátio interno

[28]Então o homem me levou à porta sul, que dava para o pátio interno. Ele a mediu, e tinha as mesmas medidas das outras portas. [29]Suas salas para guardas, suas paredes divisórias e seu pórtico eram do mesmo tamanho das outras portas, e havia janelas ao longo das paredes e no pórtico. E, como nas outras portas, a passagem da entrada tinha 25 metros de comprimento e 12,5 metros de largura. [30](Os pórticos que davam para o pátio interno tinham 4 metros de comprimento[j] e 12,5 metros de largura.) [31]O pórtico da porta sul ficava voltado para o pátio externo. Suas colunas eram enfeitadas com palmeiras, e oito degraus subiam até sua entrada.

[32]Então ele me levou à porta leste, que dava para o pátio interno. Ele a mediu, e tinha as mesmas medidas das outras portas. [33]Suas salas para guardas, suas paredes divisórias e seu

---

[a] **40.9b** Em hebraico, *2 côvados*. [b] **40.11a** Em hebraico, *10 côvados*. [c] **40.11b** Em hebraico, *13 côvados*. [d] **40.12a** Em hebraico, *1 côvado*. [e] **40.12b** Em hebraico, *6 côvados*. [f] **40.13** Em hebraico, *25 côvados*; também em 40.21,25,29,30,33,36. [g] **40.14** Em hebraico, *60 côvados*. A Septuaginta traz *20 côvados*. O significado do hebraico é incerto. [h] **40.15** Em hebraico, *50 côvados*; também em 40.21,25,29,33,36. [i] **40.19** Em hebraico, *100 côvados*; também em 40.23,27,47. [j] **40.30** Conforme 40.9, que traz *8 côvados*; o hebraico traz *5 côvados*. Esse versículo não aparece em alguns manuscritos hebraicos e na Septuaginta.

pórtico eram do mesmo tamanho das outras portas, e havia janelas ao longo das paredes e no pórtico. A passagem da entrada tinha 25 metros de comprimento e 12,5 metros de largura. ³⁴Seu pórtico ficava voltado para o pátio externo. Suas colunas eram enfeitadas com palmeiras, e oito degraus subiam até sua entrada.

³⁵Então ele me levou à porta norte, que dava para o pátio interno. Ele a mediu, e tinha as mesmas medidas das outras portas. ³⁶Suas salas para guardas, suas paredes divisórias e seu pórtico tinham as mesmas medidas das outras portas e janelas dispostas da mesma forma. A entrada da passagem tinha 25 metros de comprimento e 12,5 metros de largura. ³⁷Seu pórticoª ficava voltado para o pátio externo. Suas colunas eram enfeitadas com palmeiras, e oito degraus subiam até sua entrada.

Salas para o preparo dos sacrifícios

³⁸No pórtico de uma das entradas internas havia uma porta que dava para uma sala lateral onde era lavada a carne para os holocaustos. ³⁹De cada lado desse pórtico havia duas mesas onde os animais para os sacrifícios eram abatidos para os holocaustos, as ofertas pelo pecado e as ofertas pela culpa. ⁴⁰Do lado de fora do pórtico, de cada lado das escadas que subiam para a entrada norte, havia mais duas mesas. ⁴¹Havia, portanto, oito mesas no total, quatro do lado de dentro e quatro do lado de fora, onde se abatiam os sacrifícios. ⁴²Também havia quatro mesas de pedra cortada para o preparo dos holocaustos, cada uma com 75 centímetros de comprimento e de largura e 50 centímetros de altura.ᵇ Sobre essas mesas eram colocadas os instrumentos para abater os animais para os sacrifícios. ⁴³Havia ganchos, cada um com 8 centímetrosᶜ de comprimento, presos ao redor das paredes do pórtico. A carne dos sacrifícios era colocada sobre as mesas.

Salas para os sacerdotes

⁴⁴Dentro do pátio interno havia duas salas,ᵈ uma ao lado da porta norte, voltada para o sul,ᵉ e outra ao lado da porta sul, voltada para o norte. ⁴⁵E o homem me disse: "A sala ao lado da porta norte é para os sacerdotes que supervisionam a manutenção do templo. ⁴⁶A sala ao lado da porta sul é para os sacerdotes encarregados do altar, os descendentes de Zadoque, pois somente eles, dentre todos os levitas, podem se aproximar do Senhor, para servir diante dele".

O pátio interno e o templo

⁴⁷Então o homem mediu o pátio interno, e era um quadrado com 50 metros de largura e 50 metros de comprimento. O altar ficava no pátio em frente ao templo. ⁴⁸Então ele me levou ao pórtico do templo. Mediu as paredes de ambos os lados da passagem para o pórtico, e tinham 2,5 metros de espessura. A entrada propriamente dita tinha 7 metros de largura, e as paredes de cada lado da entrada tinham mais 1,5 metro de comprimento.ᶠ ⁴⁹O pórtico tinha 10 metrosᵍ de largura e 6 metrosʰ de profundidade. Dez degrausⁱ subiam para ele, com uma coluna de cada lado.

41 Depois disso, o homem me levou ao santuário do templo. Mediu as paredes de cada lado de sua porta,ʲ e tinham 3 metrosᵏ de espessura. ²A entrada tinha 5 metrosˡ de largura, e as paredes de cada lado tinham 2,5 metrosᵐ de comprimento. O santuário propriamente dito tinha 20 metros de comprimento e 10 metros de largura.ⁿ

³Então ele passou do santuário para a sala interna. Mediu as paredes de cada lado de sua entrada, e tinham 1 metroᵒ de espessura. A entrada tinha 3 metros de largura, e as paredes de cada lado da entrada tinham 3,5 metros de comprimento.ᵖ ⁴A sala interna do santuário tinha 10 metrosᵠ de comprimento

---

ª 40.37 Conforme a Septuaginta (ver tb. 40.26,31,34); o hebraico traz *Suas paredes divisórias*. ᵇ 40.42 Em hebraico, *1,5 côvado de comprimento e 1,5 côvado de largura e 1 côvado de altura*. ᶜ 40.43 Em hebraico, *4 dedos*. ᵈ 40.44a Conforme a Septuaginta; o hebraico traz *salas para cantores*. ᵉ 40.44b Conforme a Septuaginta; o hebraico traz *leste*. ᶠ 40.48 Conforme a Septuaginta, que traz *A entrada tinha 14 côvados de largura, e as paredes da entrada tinham 3 côvados de cada lado*. O hebraico não traz *14 côvados de largura, e as paredes da entrada tinham*. ᵍ 40.49a Em hebraico, *20 côvados*. ʰ 40.49b Conforme a Septuaginta, que traz *12 côvados*; o hebraico traz *11 côvados*, cerca de 5,5 metros. ⁱ 40.49c Conforme a Septuaginta; o hebraico traz apenas *degraus*. ʲ 41.1a Conforme a Septuaginta; o significado do hebraico é incerto. ᵏ 41.1b Em hebraico, *6 côvados*; também em 41.3,5. ˡ 41.2a Em hebraico, *10 côvados*. ᵐ 41.2b Em hebraico, *5 côvados*; também em 41.9,11. ⁿ 41.2c Em hebraico, *40 côvados de comprimento e 20 côvados de largura*. ᵒ 41.3a Em hebraico, *2 côvados*. ᵖ 41.3b Em hebraico, *7 côvados*. ᵠ 41.4 Em hebraico, *20 côvados*; também em 41.4b,10.

e 10 metros de largura. Ele me disse: "Este é o lugar santíssimo".

⁵Então ele mediu a parede do templo, e tinha 3 metros de espessura. Junto à parte externa da parede havia uma fileira de salas; cada sala tinha 2 metros[a] de largura. ⁶Essas salas laterais ficavam em três andares, uma acima da outra, e havia trinta salas em cada andar. Os pontos de sustentação das salas laterais ficavam apoiados em saliências externas na parede do templo; não se estendiam para dentro da parede. ⁷Cada andar era mais largo que o andar abaixo, acompanhando a inclinação da parede do templo. Uma escada subia do andar inferior para os andares do meio e de cima.

⁸Vi que o templo era construído sobre uma plataforma que servia de base para as salas laterais. Essa plataforma tinha 3 metros de altura.[b] ⁹A parede externa das salas laterais do templo tinha 2,5 metros de espessura. Havia, portanto, uma área aberta entre essas salas laterais ¹⁰e a fileira de salas junto à parede externa do pátio interno. Essa área aberta tinha 10 metros de largura e se estendia ao redor de todo o templo. ¹¹Duas portas nas salas laterais davam para a área aberta da plataforma, que tinha 2,5 metros de largura. Uma porta ficava voltada para o norte, e a outra, para o sul.

¹²Havia um edifício grande a oeste, voltado para o pátio do templo. Tinha 35 metros de largura e 45 metros de comprimento, e suas paredes tinham 2,5 metros de espessura.[c] ¹³Então o homem mediu o templo, e tinha 50 metros[d] de comprimento. O pátio ao redor do edifício, incluindo suas paredes, tinha mais 50 metros de comprimento. ¹⁴O pátio interno do lado leste do templo tinha 50 metros de largura. ¹⁵O edifício a oeste, incluindo suas duas paredes, também tinha 50 metros de largura.

O santuário, a sala interna e o pórtico do templo ¹⁶eram todos revestidos de madeira, assim como as armações das janelas embutidas. As paredes internas eram revestidas de madeira acima e abaixo das janelas. ¹⁷O espaço acima da porta que dava para a sala interna e suas paredes internas e externas também eram revestidos de madeira. ¹⁸Todas as paredes eram enfeitadas com entalhes de querubins, cada um com dois rostos, alternados com entalhes de palmeiras. ¹⁹Um dos rostos do querubim, o rosto de homem, ficava voltado para a palmeira de um lado. O outro rosto, o de leão forte, ficava voltado para a palmeira do outro lado. Havia figuras entalhadas ao redor de todo o templo, ²⁰desde o chão até o alto das paredes, inclusive na parede externa do santuário.

²¹Na entrada do santuário havia colunas quadradas, e as colunas na entrada do lugar santíssimo eram semelhantes. ²²Havia um altar de madeira com 1,5 metro de altura e 1 metro de cada lado.[e] Seus cantos, sua base e seus lados eram de madeira. O homem me disse: "Esta é a mesa que fica na presença do Senhor".

²³Tanto o santuário como o lugar santíssimo tinham portas duplas, ²⁴cada uma com duas folhas que se abriam para os dois lados. ²⁵As portas que davam para o santuário eram enfeitadas com entalhes de querubins e de palmeiras, assim como as paredes. E havia uma cobertura de madeira na frente do pórtico do templo. ²⁶Dos dois lados do pórtico havia janelas embutidas enfeitadas com entalhes de palmeiras. As salas laterais junto à parede externa também tinham coberturas.

Salas para os sacerdotes

42 Então o homem me levou ao pátio do templo, passando pela porta norte. Entramos no pátio externo e chegamos a um edifício com salas junto à parede do pátio interno. ²Esse edifício, cuja entrada dava para o norte, tinha 50 metros[f] de comprimento e 25 metros[g] de largura. ³Um conjunto de salas dava para o espaço do pátio interno, que tinha 10 metros[h] de largura. Outro conjunto de salas dava para a calçada do pátio externo. Os dois conjuntos tinham três andares e ficavam um de frente para o outro. ⁴Entre os dois conjuntos de salas havia uma passagem com 5 metros[i] de largura. Estendia-se ao longo dos 50 metros[j] do edifício, e todas as portas davam

---

[a] **41.5** Em hebraico, *4 côvados*. [b] **41.8** Em hebraico, *1vara, 6 côvados*. [c] **41.12** Em hebraico, *70 côvados de largura e 90 côvados de comprimento, e suas paredes tinham 5 côvados de espessura*. [d] **41.13** Em hebraico, *100 côvados*; também em 41.13b,14.15. [e] **41.22** Em hebraico, *3 côvados de altura e 2 côvados de cada lado*. [f] **42.2a** Em hebraico, *100 côvados*; também em 42.8. [g] **42.2b** Em hebraico, *50 côvados*; também em 42.7,8. [h] **42.3** Em hebraico, *20 [côvados]*. [i] **42.4a** Em hebraico, *10 côvados*. [j] **42.4b** Conforme a Septuaginta e a versão siríaca, que trazem *Seu comprimento era de 100 côvados*; o hebraico traz *e uma passagem e 1 côvado de largura*.

para o norte. ⁵Cada um dos dois andares superiores com salas era mais estreito que o andar abaixo, pois nos andares superiores precisava haver espaço para passagens na frente de cada um. ⁶Uma vez que havia três andares e eles não tinham colunas de sustentação como os pátios, cada andar superior era recuado em relação ao andar abaixo. ⁷Havia uma parede externa que servia de divisória entre as salas e o pátio externo e que tinha 25 metros de comprimento. ⁸Essa parede acrescentava comprimento ao conjunto externo de salas, que se estendia por apenas 25 metros, enquanto o conjunto interno, cujas salas eram voltadas para o templo, tinha 50 metros de comprimento. ⁹Havia uma entrada pelo lado leste do pátio externo para essas salas.

¹⁰Do lado sul[a] do templo havia dois conjuntos de salas ao sul do pátio interno, entre o templo e o pátio externo. A disposição dessas salas era semelhante à das salas do lado norte. ¹¹Havia uma passagem entre os dois conjuntos de salas, como do lado norte do templo. Esse conjunto de salas tinha o mesmo comprimento do outro, e também as mesmas entradas e portas. As dimensões deles eram idênticas. ¹²Havia, portanto, uma entrada na parede voltada para o conjunto interno de salas e outra na extremidade leste da passagem interior.

¹³Então o homem me disse: "Estas salas ao norte e ao sul que dão para o pátio do templo são santas. Aqui os sacerdotes que oferecem sacrifícios ao Senhor comerão as ofertas santíssimas. E, porque as salas são santas, serão usadas para guardar as ofertas sagradas: as ofertas de cereal, as ofertas pelo pecado e as ofertas pela culpa. ¹⁴Quando os sacerdotes saírem do santuário, não irão diretamente para o pátio externo. Primeiro, removerão as roupas que usaram enquanto serviam no templo, pois elas são santas. Vestirão outras roupas antes de entrar nas dependências abertas para o povo".

¹⁵Quando o homem terminou de medir a área interna do templo, ele me levou para fora pela porta leste a fim de medir toda a área ao redor. ¹⁶Mediu o lado leste com a vara de medir, e tinha 250 metros[b] de comprimento. ¹⁷Mediu o lado norte, e também tinha 250 metros. ¹⁸O lado sul tinha 250 metros, ¹⁹e o lado oeste também tinha 250 metros. ²⁰Portanto, a área tinha 250 metros de cada lado e um muro ao redor para separar o santo do comum.

A glória do Senhor volta ao templo

43 Depois disso, o homem me levou à porta leste. ²De repente, a glória do Deus de Israel surgiu, vindo do leste. O som de sua vinda era como o rugido de águas revoltas, e toda a paisagem se iluminou com sua glória. ³A visão era como as outras que eu havia tido, primeiro junto ao rio Quebar e depois quando ele veio[c] destruir Jerusalém. Prostrei-me com o rosto no chão, ⁴e a glória do Senhor entrou no templo pela porta leste.

⁵Então o Espírito me pôs em pé e me levou ao pátio interno, e a glória do Senhor encheu o templo. ⁶Ouvi alguém falar comigo de dentro do templo, enquanto o homem que havia tomado as medidas estava ao meu lado. ⁷O Senhor me disse: "Filho do homem, este é o lugar de meu trono e o lugar onde descanso meus pés. Habitarei aqui para sempre no meio do povo de Israel. Eles e seus reis nunca mais profanarão meu santo nome ao cometer adultério adorando outros deuses ou ao honrar relíquias de seus reis que morreram.[d] ⁸Puseram os altares de seus ídolos ao lado de meu altar, com apenas uma parede entre mim e eles. Profanaram meu santo nome com esse pecado detestável, por isso os consumi em minha ira. ⁹Agora, que deixem de adorar outros deuses e honrar as relíquias de seus reis, e eu habitarei no meio deles para sempre.

¹⁰"Filho do homem, descreva para o povo de Israel o templo que lhe mostrei, para que eles se envergonhem de todos os seus pecados. Que eles estudem a planta do templo ¹¹e fiquem envergonhados[e] de tudo que fizeram. Descreva-lhes todas as especificações do templo, incluindo as entradas e saídas, e todos os outros detalhes. Fale de seus decretos e suas leis. Escreva todas essas especificações e todos

---

[a] **42.10** Conforme a Septuaginta; o hebraico traz *leste*. [b] **42.16** Conforme 45.2 e a Septuaginta em 42.17, que traz *500 côvados*; o hebraico traz *500 varas*, cerca de 1.500 metros; também em 42.17,18,19,20. [c] **43.3** Conforme alguns manuscritos hebraicos e a Vulgata; o Texto Massorético traz *eu vim*. [d] **43.7** Ou *seus reis em lugares altos*. [e] **43.11** Conforme a Septuaginta; o hebraico traz *se ficarem envergonhados*.

esses decretos diante do povo, para que se lembrem deles e lhes obedeçam. ¹²E esta é a lei do templo: todo o alto do monte onde está o templo é santo. Sim, esta é a lei do templo."

O altar
¹³"Estas são as medidas do altar:ª há uma calha ao redor de todo o altar com 0,5 metro de profundidade e 0,5 metro de largura,ᵇ com uma borda de 23 centímetrosᶜ à sua volta. E esta é a alturaᵈ do altar: ¹⁴da calha o altar se eleva por 1 metroᵉ até uma borda inferior ao seu redor com 0,5 metroᶠ de largura. Da borda inferior o altar se eleva por 2 metrosᵍ até a borda superior, que também tem 0,5 metro de largura. ¹⁵A parte de cima do altar, onde fica o fogo, se eleva mais 2 metros, com um chifre em cada um dos quatro cantos. ¹⁶A parte de cima do altar é quadrada, com 6 metros de cada lado.ʰ ¹⁷A borda superior também forma um quadrado, com 7 metros de cada lado,ⁱ uma calha de 0,5 metro e uma saliência de 25 centímetrosʲ ao redor da borda. Há degraus do lado leste do altar".

¹⁸Então ele me disse: "Filho do homem, assim diz o Senhor Soberano: Estas serão as regras para a queima de ofertas e a aspersão de sangue depois que o altar for construído. ¹⁹Nessa ocasião, os sacerdotes levitas da família de Zadoque, aqueles que servem diante de mim, devem receber um novilho para uma oferta pelo pecado, diz o Senhor Soberano. ²⁰Você pegará um pouco do sangue do novilho e o aplicará aos quatro chifres do altar, aos quatro cantos da borda superior e à saliência em volta da borda. Com isso, purificará o altar e fará expiação por ele. ²¹Em seguida, pegará o novilho para a oferta pelo pecado e o queimará no lugar indicado, fora da área do templo.

²²"No segundo dia, apresentará como oferta pelo pecado um bode sem defeito. Em seguida, purificará o altar e fará expiação por ele novamente, como fez com o novilho. ²³Quando tiver terminado a cerimônia de purificação, apresentará outro novilho sem defeito e um carneiro perfeito do rebanho. ²⁴Você os oferecerá ao Senhor, e os sacerdotes espalharão sal sobre eles e os apresentarão como holocausto ao Senhor.

²⁵"Todos os dias, por sete dias, você apresentará um bode, um novilho e um carneiro do rebanho como oferta pelo pecado. Nenhum desses animais deve ter qualquer defeito. ²⁶Fará isso todos os dias, por sete dias, para purificar o altar e fazer expiação por ele e, desse modo, separá-lo para o uso sagrado. ²⁷No oitavo dia, e a cada dia depois disso, os sacerdotes oferecerão no altar os holocaustos e as ofertas de paz do povo. Então eu aceitarei vocês. Eu, o Senhor Soberano, falei!".

O príncipe, os levitas e os sacerdotes
44 Depois disso, o homem me levou de volta à porta leste no muro externo do templo, mas ela estava fechada. ²Então o Senhor me disse: "Esta porta deve permanecer fechada; nunca

---

ª**43.13a** Em hebraico, *medidas do altar em côvados longos, cada um medindo 1 côvado* [45 centímetros] *e 4 dedos* [8 centímetros] *de comprimento*. ᵇ**43.13b** Em hebraico, *1 côvado de profundidade e 1 côvado de altura*. ᶜ**43.13c** Em hebraico, *1 palmo*. ᵈ**43.13d** Conforme a Septuaginta; o hebraico traz *a base*. ᵉ**43.14a** Em hebraico, *2 côvados*. ᶠ**43.14b** Em hebraico, *1 côvado*; também em 43.14d. ᵍ**43.14c** Em hebraico, *4 côvados*; também em 43.15. ʰ**43.16** Em hebraico, *12 [côvados] de comprimento e 12 [côvados] de largura*. ⁱ**43.17a** Em hebraico, *14 [côvados] de comprimento e 14 [côvados] de largura*. ʲ**43.17b** Em hebraico, *uma calha de 1 côvado e uma saliência de 0,5 côvado*.

43.12 Creio que a casa da qual Ezequiel fala é típica da Igreja do Deus vivo. Nela, não vejo tanto a igreja visível quanto a Igreja espiritual e mística de Jesus Cristo, que é o único lugar da Sua morada. Encontra-se em um estado de graça na Terra e em plena glória no Céu. Abaixo dela está a santa igreja militante — acima está a *santa Igreja triunfante*. A Igreja é a única coisa na Terra que pode ser devidamente chamada de casa de Deus, pois Ele não habita em templos feitos por homens, isto é, em edifícios. [...]

Tudo o que tem a ver com a Igreja do Senhor deve ser santo! Aqui estão as palavras: "todo o alto do monte onde está o templo é santo". Observe que *tudo* deve ser santo. Não, observe novamente, deve ser *santíssimo*. No Templo antigo, havia apenas uma pequena câmara no centro que era santíssima — era chamada de Lugar Santíssimo, ou a santidade da santidade. Mas agora, na Igreja do Senhor, todas as câmaras, salas e pátios devem ser santíssimos. Como era o santuário velado em que ninguém entrava, exceto o sumo sacerdote e ele, apenas uma vez por ano, não sem sangue — como foi aquela majestosa habitação em que Deus resplandeceu entre os querubins! A Igreja toda deve ser santa, em todos os membros e em todos os ofícios.

mais será aberta. Ninguém jamais a abrirá nem passará por ela, pois o Senhor, o Deus de Israel, entrou por ela. Portanto, permanecerá sempre fechada. ³Somente o príncipe pode sentar-se junto a essa entrada para comer na presença do Senhor. Mas só pode entrar e sair pelo pórtico da entrada".

⁴Então o homem me levou para a frente do templo, passando pela porta norte. Olhei e vi a glória do Senhor encher o templo do Senhor, e prostrei-me com o rosto no chão. ⁵Então o Senhor me disse: "Filho do homem, preste atenção. Use seus olhos e seus ouvidos e escute atentamente tudo que lhe digo acerca das regras no templo do Senhor. Observe com atenção os procedimentos para o uso das entradas e saídas do templo. ⁶E transmita a esses rebeldes, o povo de Israel, esta mensagem do Senhor Soberano: Ó povo de Israel, basta de seus pecados detestáveis! ⁷Vocês trouxeram estrangeiros incircuncisos para dentro de meu santuário, gente incircuncisa de corpo e coração. Com isso, profanaram meu templo enquanto me ofereciam comida, a gordura e o sangue dos sacrifícios. Além de todos os seus outros pecados detestáveis, vocês quebraram minha aliança. ⁸Em vez de guardar minhas ordens sobre as coisas sagradas, contrataram estrangeiros para realizar o serviço de meu santuário.

⁹"Portanto, assim diz o Senhor Soberano: Nenhum estrangeiro, nem mesmo aqueles que vivem no meio do povo de Israel, entrará em meu santuário se não tiver sido circuncidado, de corpo e coração. ¹⁰E os homens da tribo de Levi que me abandonaram quando Israel se afastou de mim para adorar ídolos[a] sofrerão as consequências de seus pecados. ¹¹Ainda poderão ser guardas do templo e das portas, poderão abater os animais trazidos para os holocaustos e estar presentes para servir o povo. ¹²Contudo, incentivaram o povo a adorar ídolos e fizeram Israel cair em pecado profundo. Por isso, jurei solenemente que eles sofrerão as consequências de seus pecados, diz o Senhor Soberano. ¹³Não se aproximarão de mim para me servir como sacerdotes. Não tocarão em nenhuma das minhas coisas sagradas nem nas ofertas sagradas, pois carregarão a vergonha de todos os pecados detestáveis que cometeram. ¹⁴Cuidarão do templo e serão encarregados do trabalho de manutenção e dos serviços gerais.

¹⁵"Contudo, os sacerdotes levitas da família de Zadoque continuaram a servir fielmente no templo quando Israel me abandonou. Eles me servirão; estarão em minha presença e oferecerão a gordura e o sangue dos sacrifícios, diz o Senhor Soberano. ¹⁶Somente eles entrarão em meu santuário e se aproximarão de minha mesa para me servir. Eles cumprirão todas as minhas ordens.

¹⁷"Quando entrarem pela porta para o pátio interno, vestirão somente roupas de linho. Não usarão veste alguma de lã enquanto estiverem de serviço no pátio interno ou no templo propriamente dito. ¹⁸Usarão turbantes de linho e as roupas de baixo de linho. Nunca vestirão roupas que os façam transpirar. ¹⁹Quando voltarem ao pátio externo, onde o povo está, removerão as vestes que usam enquanto me servem. Deixarão essas vestes nas salas sagradas e vestirão outras roupas, a fim de não colocar ninguém em perigo ao consagrá-lo indevidamente por meio das vestes.

²⁰"Não rasparão a cabeça nem deixarão o cabelo comprido demais; antes, o manterão aparado. ²¹Os sacerdotes não beberão vinho antes de entrar no pátio interno. ²²Poderão escolher a esposa somente entre as virgens de Israel ou entre as viúvas dos sacerdotes. Não se casarão com outras viúvas nem com mulheres divorciadas. ²³Ensinarão meu povo a diferença entre sagrado e profano, entre cerimonialmente puro e impuro.

²⁴"Servirão como juízes para resolver desentendimentos entre membros de meu povo. Suas decisões serão baseadas em meus estatutos. E eles mesmos obedecerão às minhas instruções e aos meus decretos em todas as festas sagradas e se certificarão de que meus sábados sejam separados como dias santos. ²⁵"O sacerdote não deverá se contaminar por se aproximar de uma pessoa morta, a menos que seja seu pai, sua mãe, seu filho, sua filha, seu irmão ou sua irmã não casada. Nesses

---

[a] **44.10** É provável que o termo hebraico (lit., *coisas redondas*) se refira a esterco; também em 44.12.

casos, será permitido que se torne impuro. ²⁶Mesmo assim, só poderá retomar seus deveres no templo depois de se purificar cerimonialmente e esperar sete dias. ²⁷No primeiro dia em que voltar ao trabalho e entrar no pátio interno e no santuário, apresentará uma oferta pelo pecado por si mesmo, diz o Senhor Soberano.

²⁸"Os sacerdotes não terão propriedades nem porção alguma de terra, pois eu sou sua herança. ²⁹Seu alimento virá das ofertas e dos sacrifícios que os israelitas trouxerem para o templo: as ofertas de cereal, as ofertas pelo pecado e as ofertas pela culpa. Tudo que for consagrado para o Senhor pertencerá aos sacerdotes. ³⁰Os primeiros frutos maduros e todas as ofertas trazidas irão para os sacerdotes. As primeiras porções serão entregues aos sacerdotes, para que os lares de vocês sejam abençoados. ³¹Os sacerdotes não comerão carne de qualquer ave ou animal que morrer de causas naturais ou que for morto por outro animal."

Divisão da terra

45 "Quando vocês repartirem a terra entre as tribos de Israel, separem uma parte para o Senhor como sua porção santa. Ela terá 12,5 quilômetros de comprimento e 10 quilômetros de largura.ª Toda essa área será santa. ²Uma parte dessa terra, com 250 metros de cada lado,ᵇ será separada para o templo. Ao redor dela haverá um espaço aberto com 25 metrosᶜ de largura. ³Dentro da área santa maior, separem uma porção de terra com 12,5 quilômetros de comprimento e 5 quilômetros de largura.ᵈ Dentro dela ficará o santuário, o lugar santíssimo. ⁴Essa área será santa, separada para os sacerdotes que servem ao Senhor no santuário. Ali ficarão suas casas e meu templo. ⁵A faixa de terra sagrada ao lado dela, também com 12,5 quilômetros de comprimento e 5 quilômetros de largura, será destinada às casas dos levitas que trabalham no templo. Será propriedade deles e um lugar para seus povoados.ᵉ

⁶"Junto à área santa maior haverá uma faixa de terra com 12,5 quilômetros de comprimento e 2,5 quilômetros de largura.ᶠ Ela será separada para uma cidade onde qualquer um em Israel poderá morar.

⁷"Duas faixas de terra serão separadas para o príncipe. Uma delas fará divisa com o lado leste das terras sagradas e com a cidade, e a outra fará divisa com o lado oeste. As divisas no extremo leste e no extremo oeste das terras do príncipe ficarão junto às divisas leste e oeste dos territórios das tribos. ⁸Essas porções de terra serão separadas para o príncipe. Então meus príncipes não oprimirão mais meu povo; distribuirão o restante da terra entre o povo e separarão uma parte para cada tribo."

Regras para os príncipes

⁹"Assim diz o Senhor Soberano: Basta, príncipes de Israel! Parem com a violência e a opressão e façam o que é justo e certo. Parem de expulsar meu povo de suas casas, diz o Senhor Soberano. ¹⁰Usem somente pesos, medidas e balanças honestos para secos e líquidos.ᵍ ¹¹O ômerʰ será a unidade padrão para medir volume, e o efa e o batoⁱ medirão, cada um, um décimo de ômer. ¹²A medida padrão para pesos será o siclo de prata.ʲ Um siclo consistirá em vinte geras, e sessenta siclos corresponderão a uma mina."ᵏ

Ofertas especiais e comemorações

¹³"Esta é a oferta que vocês entregarão ao príncipe: um cesto de trigo ou de cevada para cada sessenta cestosˡ que colherem, ¹⁴um centésimo de seu azeite,ᵐ ¹⁵e uma ovelha ou um bode para cada duzentos de seus rebanhos em Israel. Serão ofertas de cereal, holocaustos e ofertas de paz que farão expiação por aqueles que os apresentarem, diz o Senhor Soberano. ¹⁶Todo

---

ª**45.1** Conforme a Septuaginta, que traz *25.000 (côvados) de comprimento e 20.000 (côvados) de largura*; o hebraico traz *25.000 (côvados) de comprimento e 10.000 (côvados) de largura*. Comparar com 45.3,5; 48.9. ᵇ**45.2a** Em hebraico, *500 (côvados) por 500 (côvados), um quadrado*. ᶜ**45.2b** Em hebraico, *50 côvados*. ᵈ**45.3** Em hebraico, *25.000 (côvados) de comprimento e 10.000 (côvados) de largura*; também em 45.5. ᵉ**45.5** Conforme a Septuaginta; o hebraico traz *Terão como propriedade vinte salas*. ᶠ**45.6** Em hebraico, *25.000 (côvados) de comprimento e 5.000 (côvados) de largura*. ᵍ**45.10** Em hebraico, *Usem balanças honestas, um efa honesto e um bato honesto*. ʰ**45.11a** O *ômer* equivalia a 220 litros. ⁱ**45.11b** O *efa* era uma medida de secos, e o *bato* era uma medida de líquidos; ambos equivaliam a cerca de 20 litros. ʲ**45.12a** O *siclo* equivalia a 12 gramas. ᵏ**45.12b** Em outras passagens, a *mina* é equiparada a 50 siclos. ˡ**45.13** Em hebraico, *1/6 de efa de cada ômer de trigo e 1/6 de efa de cada ômer de cevada*. ᵐ**45.14** Em hebraico, *1 porção de azeite medida pelo bato é 1/10 de 1 bato de cada coro, que consiste em 10 batos ou 1 ômer, pois 10 batos são equivalentes a 1 ômer*.

o povo de Israel levará essas ofertas ao príncipe. ¹⁷Caberá ao príncipe fornecer as ofertas apresentadas nas festas religiosas, nas comemorações da lua nova, aos sábados e em outras ocasiões semelhantes. Ele providenciará as ofertas pelo pecado, os holocaustos, as ofertas de cereal, as ofertas derramadas e as ofertas de paz para fazer expiação pelo povo de Israel.

¹⁸"Assim diz o Senhor Soberano: No primeiro dia do primeiro mês de cada ano,ᵃ vocês sacrificarão um novilho sem defeito para purificar o templo. ¹⁹O sacerdote pegará sangue dessa oferta pelo pecado e o aplicará aos batentes da porta do templo, aos quatro cantos da borda superior do altar e aos batentes da entrada do pátio interno. ²⁰Vocês farão o mesmo no sétimo dia do ano novo em favor de qualquer um que houver pecado sem intenção ou por ignorância. Assim, purificarãoᵇ o templo.

²¹"No décimo quarto dia do primeiro mês,ᶜ vocês celebrarão a Páscoa. Essa festa durará sete dias. O pão que comerem durante esses dias será feito sem fermento. ²²No dia da Páscoa, o príncipe fornecerá um novilho como oferta pelo pecado em favor de si mesmo e do povo de Israel. ²³A cada dia, durante os sete dias da festa, ele preparará um holocausto para o Senhor com sete novilhos e sete carneiros sem defeito. Também apresentará, a cada dia, um bode como oferta pelo pecado. ²⁴O príncipe fornecerá um cestoᵈ de farinha como oferta de cereal e um jarroᵉ de azeite com cada novilho e cada carneiro.

²⁵"Durante os sete dias da Festa das Cabanas, que ocorre a cada ano no décimo quinto dia do sétimo mês,ᶠ o príncipe fornecerá esses mesmos sacrifícios como oferta pelo pecado, holocausto e oferta de cereal, bem como a quantidade requerida de azeite."

46 "Assim diz o Senhor Soberano: A porta leste do pátio interno ficará fechada durante os seis dias de trabalho da semana, mas será aberta aos sábados e nas comemorações da lua nova. ²O príncipe entrará pelo pórtico da entrada, vindo de fora. Ficará em pé junto ao batente da porta enquanto o sacerdote apresenta os holocaustos e as ofertas de paz. Ele se curvará em adoração na passagem de entrada e depois sairá por onde entrou. A porta não será fechada até a tarde. ³O povo se curvará e adorará o Senhor junto a essa porta aos sábados e nas comemorações da lua nova.

⁴"A cada sábado o príncipe apresentará ao Senhor um holocausto de seis cordeiros e um carneiro, todos sem defeito. ⁵Apresentará uma oferta de cereal de um cesto de farinhaᵍ com o carneiro e a quantidade de farinha que puder com cada cordeiro; também oferecerá um jarroʰ de azeite para cada cesto de farinha. ⁶Nas comemorações da lua nova, trará um novilho, seis cordeiros e um carneiro, todos sem defeito. ⁷Junto com o novilho, apresentará um cesto de farinha da melhor qualidade como oferta de cereal. Junto com o carneiro, apresentará outro cesto de farinha. E, junto com cada cordeiro, apresentará a quantidade de farinha que desejar. Para cada cesto de farinha, oferecerá um jarro de azeite.

⁸"Quando o príncipe entrar, virá pelo pórtico e sairá por onde entrou. ⁹Mas, quando o povo entrar pela porta norte para adorar o Senhor durante as festas religiosas, sairá pela porta sul. E quem entrar pela porta sul sairá pela porta norte. Ninguém sairá pela mesma porta por onde entrou, mas sempre pela porta oposta. ¹⁰O príncipe entrará e sairá com o povo nessas ocasiões.

¹¹"Portanto, nas festas especiais e nas festas sagradas, a oferta de cereal será um cesto de farinha da melhor qualidade para cada novilho, mais outro cesto de farinha para cada carneiro e a quantidade de farinha que o adorador desejar oferecer com cada cordeiro. Para cada cesto de farinha será apresentado um jarro de azeite. ¹²Quando o príncipe oferecer voluntariamente ao Senhor um holocausto ou uma oferta de paz, a porta leste do pátio interno será aberta para ele, e ele oferecerá os sacrifícios como faz aos sábados. Então ele sairá e a porta será fechada.

ᵃ**45.18** Em hebraico, *No primeiro dia do primeiro mês*, do antigo calendário lunar hebraico. Esse dia caía em março ou abril. ᵇ**45.20** Ou *farão expiação pelo*. ᶜ**45.21** No antigo calendário lunar hebraico, esse dia caía em final de março, abril ou início de maio. ᵈ**45.24a** Em hebraico, *1 efa*, cerca de 20 litros. ᵉ**45.24b** Em hebraico, *1 him*, cerca de 3,8 litros. ᶠ**45.25** No antigo calendário lunar hebraico, esse dia caía em final de setembro, em outubro ou no início de novembro. ᵍ**46.5a** Em hebraico, *1 efa*, cerca de 20 litros; também em 46.7,11. ʰ**46.5b** Em hebraico, *1 him*, cerca de 3,8 litros; também em 46.7,11.

¹³"A cada manhã, vocês oferecerão um cordeiro de um ano sem defeito como holocausto ao Senhor. ¹⁴Junto com ele, apresentarão ao Senhor uma oferta de cereal com a sexta parte de um cesto[a] de farinha e um terço do jarro[b] de azeite para umedecer a farinha da melhor qualidade. Este será um decreto permanente para vocês. ¹⁵O cordeiro, a oferta de cereal e o azeite devem ser apresentados como sacrifício diário a cada manhã, sem falta.

¹⁶"Assim diz o Senhor Soberano: Se o príncipe der um pedaço de terra para um de seus filhos como herança, pertencerá a ele e a seus descendentes para sempre. ¹⁷Mas, se o príncipe der um pedaço de terra de sua herança para um de seus servos, o servo a manterá apenas até o Ano do Jubileu.[c] Nessa ocasião, a terra voltará para o príncipe. Contudo, aquilo que o príncipe der a seus filhos será permanente. ¹⁸Além disso, o príncipe não poderá tomar a propriedade de ninguém à força. Se ele der propriedades a seus filhos, terão de ser de suas próprias terras, pois não quero que meu povo seja despejado de suas propriedades".

As cozinhas do templo

¹⁹Depois disso, o homem me levou pela entrada ao lado da porta e me conduziu às salas sagradas reservadas para os sacerdotes e que ficavam voltadas para o norte. Mostrou-me um lugar na extremidade oeste dessas salas ²⁰e explicou: "Aqui os sacerdotes cozinharão a carne das ofertas pela culpa e das ofertas pelo pecado e assarão o pão feito com a farinha das ofertas de cereal. Farão isso aqui para não ter de carregar os sacrifícios pelo pátio externo e correr o risco de consagrar o povo indevidamente".

²¹Então ele me levou de volta ao pátio externo e me conduziu a cada um de seus quatro cantos. Em cada canto vi uma área cercada. ²²Cada uma dessas áreas cercadas tinha 20 metros de comprimento e 15 metros de largura[d] e era rodeada por um muro. ²³Ao longo da parte interna desses muros havia uma saliência de pedra, com lugares para acender fogo debaixo da saliência, em todo o redor. ²⁴O homem me disse: "Estas são as cozinhas onde os assistentes do templo cozinharão os sacrifícios oferecidos pelo povo".

O rio de cura

47 Depois disso, o homem me levou de volta à entrada do templo. Ali, notei que jorrava água para o leste por debaixo da porta do templo e passava à direita do altar, do lado sul. ²Ele me levou para fora do muro pela porta norte e me conduziu até a entrada leste. Ali, vi que a água corria pelo lado sul da porta leste.

³O homem me conduziu pela água e, enquanto caminhávamos, ele ia medindo. Quando percorremos quinhentos metros,[e] ele me levou para o outro lado do rio. Ali a água chegava a meus tornozelos. ⁴Ele mediu mais quinhentos metros e atravessamos o rio novamente. Dessa vez, a água chegava a meus joelhos. Depois de mais quinhentos metros, chegava a minha cintura. ⁵Então ele mediu mais quinhentos metros e ali a água era um rio fundo o suficiente para atravessar a nado, mas fundo demais para atravessar a pé.

⁶Ele me perguntou: "Filho do homem, você está vendo?", e me levou de volta à margem do rio. ⁷Ao voltar, fiquei surpreso de ver muitas árvores que cresciam dos dois lados do rio. ⁸Então ele me disse: "Este rio corre para o

---

[a]**46.14a** Em hebraico, *1/6 de efa*, cerca de 3,7 litros. [b]**46.14b** Em hebraico, *1/3 de him*, cerca de 1,3 litro. [c]**46.17** Em hebraico, *até o Ano da Libertação*; ver Lv 25.8-17. [d]**46.22** Em hebraico, *40 [côvados] de comprimento e 30 [côvados] de largura*. [e]**47.3** Em hebraico, *1.000 côvados*; também em 47.4,5.

47.5 O texto fala, de "um rio fundo o suficiente para atravessar a nado", e natação é uma excelente representação de *fé*. No ato de nadar, é necessário que o homem flutue — enquanto ele for passivo e a água o *fizer boiar*. Você deve manter a cabeça acima da água se quiser nadar. Dizem-nos que o corpo é naturalmente flutuante, e que se uma pessoa ficasse imóvel na água, não afundaria — mas se agitar-se, afundará! O primeiro sinal de fé é quando um homem aprende a recostar-se a Cristo — a entregar-se inteiramente a Ele; momento em que deixa de ser ativo e se torna passivo! Quando o homem não traz boas obras, nenhum esforço e nenhum mérito a Jesus por meio de recomendação, mas lança sua alma sobre o mérito eterno e a obra completa do Grande Substituto. [...] Mas o texto não fala de águas para *flutuar*, embora isto seja essencial. Muitas pessoas nunca ultrapassam esse período de flutuação, e concluem que estão seguras, e que tudo está bem porque acham que suas cabeças estão acima da água. Mas o homem que realmente é ensinado por Deus vai da

leste, pelo deserto, até o vale do mar Morto.ᵃ Sua água tornará pura a água salgada do mar Morto. ⁹Por onde a água deste rio passar,ᵇ haverá muitos seres vivos. O mar Morto ficará cheio de peixes, porque sua água se tornará pura. Surgirá vida por onde esta água fluir. ¹⁰Pescadores ficarão às margens do mar Morto. Desde En-Gedi até En-Eglaim, as praias ficarão cobertas de redes secando ao sol. O mar Morto se encherá de peixes de toda espécie, como os peixes do mar Mediterrâneo.ᶜ ¹¹Mas os brejos e os pântanos não serão purificados; continuarão salgados. ¹²Em ambas as margens do rio crescerão árvores frutíferas de toda espécie. As folhas dessas árvores nunca secarão nem cairão, e sempre haverá frutos em seus ramos. Produzirão uma nova colheita a cada mês, pois são regadas pela água do rio que nasce no templo. Seus frutos servirão de alimento, e suas folhas, de remédio".

As fronteiras da terra

¹³Assim diz o Senhor Soberano: "Dividam a terra desta forma entre as doze tribos de Israel: Os descendentes de José receberão duas porções de terra. ¹⁴As outras tribos receberão porções iguais. Jurei solenemente que daria esta terra a seus antepassados, e agora ela passará para vocês como sua herança.

¹⁵"Estas são as fronteiras da terra: A fronteira norte se estenderá do Mediterrâneo, passando por Hetlom, depois por Lebo-Hamate, até Zedade; ¹⁶dali seguirá para Berota e Sibraim,ᵈ que ficam na divisa entre Damasco e Hamate e, por fim, para Hazer-Haticom, na divisa com Haurã. ¹⁷Portanto, a fronteira norte se estenderá do Mediterrâneo até Hazar-Enã, na divisa entre Hamate, ao norte, e Damasco, ao sul.

¹⁸"A fronteira leste começará num ponto entre Haurã e Damasco e se estenderá para o sul ao longo do rio Jordão, entre Israel e Gileade, passando o mar Mortoᵉ e prosseguindo para o sul até Tamar.ᶠ Essa será a fronteira leste.

¹⁹"A fronteira sul se estenderá de Tamar até as águas de Meribá, em Cades,ᵍ e de lá seguirá o curso do ribeiro do Egito até o Mediterrâneo. Essa será a fronteira sul.

²⁰"Do lado oeste, o próprio Mediterrâneo será sua divisa desde a fronteira sul até o ponto em que começa a fronteira norte, de frente para Lebo-Hamate.

²¹"Dividam a terra dentro dessas fronteiras entre as tribos de Israel. ²²Distribuam a terra como herança para si mesmos e para todos os estrangeiros que vivem entre vocês e criam os filhos em seu meio. Eles serão para vocês como israelitas de nascimento e receberão herança entre as tribos. ²³Esses estrangeiros receberão terras dentro do território da tribo com a qual eles vivem. Eu, o Senhor Soberano, falei!"

A distribuição da terra

48 "Aqui está a lista das tribos de Israel e dos territórios que cada uma delas receberá. O território de Dã fica no extremo norte. Sua divisa segue a estrada de Hetlom até Lebo-Hamate e, de lá, para Hazar-Enã, na fronteira de Damasco, e com Hamate ao norte. O território de Dã se estende pela terra de Israel de leste a oeste.

²"O território de Aser fica ao sul do território de Dã e também se estende de leste a oeste.

ᵃ47.8 Em hebraico, *o mar*. ᵇ47.9 Conforme a Septuaginta e a versão siríaca; o hebraico traz *destes dois rios passar*. ᶜ47.10 Em hebraico, *o grande mar*; também em 47.15,17,19,20. ᵈ47.15-16 Conforme a Septuaginta; o Texto Massorético traz *depois por Lebo até Zedade;* ¹⁶*dali seguirá para Hamate, Berota e Sibraim*. ᵉ47.18a Em hebraico, *o mar oriental*. ᶠ47.18b Conforme a Septuaginta; o hebraico traz *vocês medirão*. ᵍ47.19 Em hebraico, *águas de Meribá-Cades*.

---

flutuação para a natação. Bem, a natação é um exercício *ativo*. O homem avança à medida que dá braçadas; ele vai para frente, mergulha e emerge — gira para a direita, nada para a esquerda, segue seu curso; vai para onde quer. Bem, a santa Palavra de Deus e o evangelho são "um rio fundo o suficiente para atravessar a nado". Muitos de vocês conhecem apenas as que são para flutuar; vocês estão descansando na verdade de Deus para sua salvação, mas não avançam nas coisas celestiais. Ó, amados, que aprendamos a *nadar* nessas águas; nadar nelas! Quero dizer, que aprendamos a confiar em Deus com empenho verdadeiro para a promoção de Seu reino; confiar nele em nossas tentativas para praticar o bem.

³A terra de Naftali fica ao sul da terra de Aser e também se estende de leste a oeste. ⁴Em seguida vem Manassés, ao sul de Naftali, e seu território também se estende de leste a oeste. ⁵Ao sul de Manassés fica Efraim, ⁶depois vem Rúben ⁷e, em seguida, Judá, todos com divisas que se estendem de leste a oeste.

⁸"Ao sul de Judá fica a terra separada para um propósito especial. Ela terá 12,5 quilômetros[a] de largura e terá as mesmas fronteiras a leste e a oeste que os territórios das tribos. No centro dela estará o templo.

⁹"A área separada para o SENHOR terá 12,5 quilômetros de comprimento e 10 quilômetros de largura.[b] ¹⁰Haverá uma faixa de terra para os sacerdotes, com 12,5 quilômetros de comprimento e 5 quilômetros de largura.[c] No centro dela estará o templo do SENHOR. ¹¹Essa área será separada para os sacerdotes consagrados, os descendentes de Zadoque que me serviram fielmente e que não se desviaram junto com o povo de Israel e com os outros levitas. ¹²Essa será sua porção especial quando a terra for distribuída, o território santíssimo. Junto ao território dos sacerdotes ficará a terra onde os outros levitas viverão.

¹³"A terra separada para os levitas terá o mesmo tamanho e a mesma forma da terra dos sacerdotes: 12,5 quilômetros de comprimento e 5 quilômetros de largura. Juntas, essas porções de terra terão 12,5 quilômetros de comprimento e 10 quilômetros de largura.[d] ¹⁴Nenhuma porção dessa terra especial poderá ser vendida, trocada ou usada por outros, pois pertence ao SENHOR; é consagrada.

¹⁵"Outra faixa de terra com 12,5 quilômetros de comprimento e 2,5 quilômetros de largura,[e] ao sul da área sagrada do templo, será para uso público: para casas, pastos e terras comuns. No centro dela estará a cidade. ¹⁶A cidade terá 2.250 metros[f] de cada lado: norte, sul, leste e oeste. ¹⁷Em volta da cidade haverá uma área aberta com 125 metros[g] em todas as direções. ¹⁸Fora da cidade haverá uma área para plantações que se estenderá por 5 quilômetros para leste e 5 quilômetros para oeste[h] junto à divisa com a área sagrada. Essa terra de cultivo produzirá alimento para os trabalhadores da cidade. ¹⁹Os que vierem das diversas tribos para trabalharem na cidade poderão cultivar essa terra. ²⁰A área toda, incluindo as terras sagradas e a cidade, formará um quadrado com 12,5 quilômetros[i] de cada lado.

²¹"As áreas que restarem para o leste e para o oeste das terras sagradas e da cidade serão do príncipe. Cada uma dessas áreas terá 12,5 quilômetros de comprimento e se estenderá, em direções opostas, para as fronteiras leste e oeste de Israel. No centro estarão as terras sagradas e o santuário do templo. ²²Portanto, as terras do príncipe incluirão toda a área entre os territórios separados para Judá e para Benjamim, exceto a parte separada para as terras sagradas e para a cidade.

²³"Estes são os territórios separados para as tribos restantes. O território de Benjamim se estende pela terra de Israel de leste a oeste. ²⁴Ao sul de Benjamim fica o território de Simeão, que também se estende de leste a oeste. ²⁵Em seguida vem o território de Issacar, com as mesmas divisas a leste e a oeste.

²⁶"Depois vem o território de Zebulom, que também se estende de leste a oeste. ²⁷O território de Gade fica ao sul de Zebulom, com as mesmas divisas a leste e a oeste. ²⁸A fronteira sul de Gade vai de Tamar até as águas de Meribá, em Cades,[j] depois segue o ribeiro do Egito até o Mediterrâneo.[k]

²⁹"Esses são os territórios que serão distribuídos como herança a cada tribo. Eu, o SENHOR Soberano, falei!"

As portas da cidade

³⁰"Estas serão as saídas da cidade: no muro norte, que tem 2.250 metros de comprimento, ³¹haverá três saídas, cada uma com o nome de uma das tribos de Israel. A primeira será chamada Rúben, a segunda, Judá, e a terceira, Levi. ³²No muro leste, que também tem 2.250

---

[a] 48.8 Em hebraico, *25.000 [côvados]*. [b] 48.9 Conforme um manuscrito grego e a leitura do grego em 45.1: *25.000 [côvados] de comprimento e 20.000 [côvados] de largura*; o hebraico traz *25.000 [côvados] de comprimento e 10.000 [côvados] de largura*. Também em 48.13b. Comparar com 45.1-5; 48.10-13. [c] 48.10 Em hebraico, *25.000 [côvados] de comprimento e 10.000 [côvados] de largura*; também em 48.13. [d] 48.13 Ver nota em 48.9. [e] 48.15 Em hebraico, *25.000 [côvados] de comprimento e 5.000 [côvados] de largura*. [f] 48.16 Em hebraico, *4.500 [côvados]*; também em 48.30,32,33,34. [g] 48.17 Em hebraico, *250 [côvados]*. [h] 48.18 Em hebraico, *10.000 [côvados] para leste e 10.000 [côvados] para oeste*. [i] 48.20 Em hebraico, *25.000 [côvados]*; também em 48.21. [j] 48.28a Em hebraico, *as águas de Meribá-Cades*. [k] 48.28b Em hebraico, *o grande mar*.

metros de comprimento, estarão as portas chamadas José, Benjamim e Dã. ³³No muro sul, que também tem 2.250 metros, estarão as portas chamadas Simeão, Issacar e Zebulom. ³⁴E no muro oeste, que também tem 2.250 metros de comprimento, estarão as portas chamadas Gade, Aser e Naftali.

³⁵"A distância ao redor de toda a cidade será de 9 quilômetros.ᵃ E, daquele dia em diante, o nome da cidade será 'O Senhor Está Ali'".ᵇ

ᵃ48.35a Em hebraico, *18.000 [côvados]*. ᵇ48.35b Em hebraico, *Javé-Shammah*.

48.35 Voando, como com a asa de uma pomba, para o futuro que está se aproximando, pensamos na verdade que deve haver uma era milenar — um tempo de glória, paz, alegria, verdade e justiça. Mas qual é a glória disso? Por que este Javé-Shamá — "o Senhor Está Ali"? O Senhor Jesus Cristo virá, e começará o Seu reinado pessoal na Terra entre os Seus anciãos. Da mesma maneira que Ele subiu ao Céu, e os discípulos o viram, assim Ele descerá uma segunda vez, para ser visto aqui entre os homens, e Sua presença gloriosa formará a era de ouro, os mil anos de paz. Então as nações clamarão: "O Senhor veio". Aleluias subirão ao Céu! Bem-vindo, bem-vindo, Filho de Deus! Como todos os Seus fiéis se regozijarão com alegria indescritível, cantarão e cantarão de novo, pois agora é chegado o dia da sua recompensa, e eles resplandecerão como o sol no Reino de seu Pai! Em toda a glória dos últimos dias, tudo se resume nesta única palavra, "o Senhor Está Ali".

Para cima, onde muitos de nossos amados já foram; para cima, dentro daquele portão de pérola onde os olhos ainda não podem ver. O que faz o Céu, com todos os seus deleites supremos? Não são as harpas de anjos, nem as brasas de serafins, mas este fato, "o Senhor está presente". O que deve ser estar com Deus? Ó alma que o ama, qual será a sua plenitude de prazer quando habitar com Aquele por quem sua alma tem fome e sede! Que alegria estar para sempre com o Senhor! Essa felicidade perfeita pode ser nossa neste mesmo dia. Pouco sabemos o quanto estamos perto da nossa glorificação com o nosso Senhor. É muito tênue o véu que separa o santificado do glorificado.

O fato de que "o Senhor Está Ali" é a alegria e a glória dessas mansões divinas. O cimo mais alto do Céu brilha para sempre nesta luz resplandecente — O Senhor Deus e o Cordeiro são a luz dali; "o Senhor Está Presente".

Daniel

INTRODUÇÃO

Nome. Daniel significa "Deus é meu Juiz".

Autor. Muito provavelmente foi Daniel, embora alguns pensem que pode ter sido um de seus companheiros, e outros ainda pensem que a história pode ter sido reunida e escrita cerca de 166 a.C.

Data. A data então teria sido entre o cativeiro, 605 a.C. e a morte de Daniel, 533 a.C., talvez no final de sua vida, ou se foi escrito por algum outro autor (o que não é provável), cerca de 166 a.C.

Profeta. Provavelmente nasceu em Jerusalém e foi um dos nobres jovens levados cativos na primeira leva ao cativeiro pelo rei Nabucodonosor. Ele foi educado por ordem do rei e logo ascendeu em favorecimento e foi escolhido para estar diante do rei em um dos mais altos cargos governamentais sob as dinastias dos caldeus, medos e persas. Viveu durante todo o período do cativeiro e provavelmente morreu na Babilônia. Dizem que nenhuma imperfeição de sua vida está registrada. O anjo repetidamente declara que ele "é muito precioso para Deus".

Impérios mundiais no livro. (1) *O Império Babilônico* (625–536 a.C.) com Nabucodonosor como o rei principal e aquele que levou o reino de Judá cativo. (2) *O Império Persa* (536–330 a.C.) que se tornou uma força mundial por meio de Ciro, sob o qual os judeus voltaram a Jerusalém. (3) *O Império Grego*, que, sob a liderança de Alexandre, o Grande, subjugou todo o mundo persa. (4) *O Império Romano*, que foi antevisto pelo Império Sírio e surgiu dele.

Propósito do livro. O propósito do livro parece ser: (1) Magnificar a Deus, que livra Seus servos, que é Deus de todas as nações, e que punirá a idolatria, que é puro e justo etc. (2) Para encorajar seus compatriotas a resistir às forças que ameaçam o fundamento de sua fé. Isto ocorreu pelo exemplo de Daniel e seus companheiros os quais Deus salvou. (3) Fornecer uma profecia ou visão de todos os tempos desde o dia de Daniel até o período messiânico. (4) Esboçar a filosofia religiosa da história que culminaria em um grande estado mundial, que o rei messiânico governaria por princípios de justiça e direito, e que subjugaria todos os reinos e teria o domínio eterno. A ideia principal é o triunfo final do reino de Deus. Em comparação com os livros proféticos que o antecederam, existem dois novos ensinamentos: (1) Sobre anjos; (2) Sobre ressurreição dos mortos.

ESBOÇO

1. A história de Daniel, Caps. 1–6
   1.1. Sua juventude e educação, Cap. 1
   1.2. Interpretação da imagem no sonho de Nabucodonosor, Cap. 2
   1.3. A fornalha ardente, Cap. 3
   1.4. Interpretação de outro sonho de Nabucodonosor, Cap. 4
   1.5. Interpretação para Belsazar da inscrição na parede, Cap. 5
   1.6. Na cova dos leões, Cap. 6.
2. A visão de Daniel sobre o reino, Caps. 7–12
   2.1. Os quatro animais, Cap. 7
   2.2. O carneiro e o bode, Cap. 8
   2.3. As setenta semanas, Cap. 9
   2.4. A visão final, Caps. 10–12

PARA ESTUDO E DISCUSSÃO

[1] Faça uma lista das várias visões de Daniel e familiarize-se com os conteúdos de cada uma delas.
[2] Faça uma relação de todas as passagens que se referem a prática de orar de Daniel, destacando algumas orações específicas e suas respostas.
[3] Indique as diferentes tentativas de prejudicar ou matar Daniel e relacione a causa, quem se opôs ao profeta e como ele escapou.
[4] Faça uma lista dos diferentes símbolos, como o leão, e aprenda sobre o simbolismo de cada animal.

[5] Indique os vários decretos expedidos pelos diferentes reis e aprenda o que motivou cada decreto, como isso afetou Daniel, a adoração das pessoas de sua nação, a adoração a Deus etc.
[6] A dificuldade e a possibilidade de viver corretamente em um ambiente ruim.
[7] A franqueza da conduta de Daniel.
[8] Os elementos de força de caráter demonstrados por Daniel.
[9] O inevitável conflito entre o bem e o mal.

Daniel na corte de Nabucodonosor

1 No terceiro ano do reinado de Jeoaquim, em Judá,[a] Nabucodonosor, rei da Babilônia, veio a Jerusalém e cercou a cidade. ²O Senhor lhe deu vitória sobre Jeoaquim, rei de Judá, e permitiu que levasse para a terra da Babilônia[b] alguns dos utensílios sagrados do templo de Deus. Nabucodonosor os colocou na casa do tesouro de seu deus.

³O rei ordenou que Aspenaz, o chefe de seus oficiais, trouxesse ao palácio alguns dos jovens israelitas da família real e de outras famílias da nobreza. ⁴Disse o rei: "Escolha somente rapazes saudáveis e de boa aparência, que sejam instruídos em diversas áreas do conhecimento, que tenham entendimento e bom senso e sejam capacitados para servir no palácio real. Ensine a esses jovens a língua e a literatura da Babilônia".[c] ⁵O rei determinou que recebessem, de suas próprias cozinhas, uma porção diária de alimento e vinho. Os rapazes seriam treinados durante três anos e depois passariam a servir ao rei.

⁶Daniel, Hananias, Misael e Azarias, todos da tribo de Judá, estavam entre os escolhidos. ⁷O chefe dos oficiais lhes deu novos nomes babilônios:

Daniel passou a ser chamado de Beltessazar;
Hananias, de Sadraque;
Misael, de Mesaque;
Azarias, de Abede-Nego.

⁸Daniel, porém, decidiu não se contaminar com a comida e o vinho que o rei lhes tinha dado. Pediu permissão ao chefe dos oficiais para não comer esses alimentos, a fim de não se contaminar. ⁹Deus havia feito que o chefe dos oficiais mostrasse compaixão e simpatia a Daniel. ¹⁰Apesar disso, Aspenaz disse: "Tenho medo de meu senhor, o rei. Ele determinou o alimento que vocês devem comer e o vinho que devem beber. Se ficarem com a aparência abatida em comparação com os outros rapazes de sua idade, temo que o rei mande cortar minha cabeça".

¹¹Daniel falou com o assistente designado pelo chefe dos oficiais para cuidar dele, de Hananias, Misael e Azarias. ¹²"Faça uma experiência conosco durante dez dias", disse. "Dê-nos apenas legumes para comer e água para beber. ¹³Terminados os dez dias, compare nossa aparência com a dos outros rapazes que comem a comida do rei. Depois, decida de acordo com o que você vir." ¹⁴O assistente concordou com a sugestão e fez a experiência com eles durante dez dias.

¹⁵Passados os dez dias, Daniel e seu três amigos pareciam mais saudáveis e bem nutridos que os outros rapazes que se alimentavam da comida do rei. ¹⁶Depois disso, o assistente só lhes dava legumes em vez da comida e do vinho servidos aos outros.

¹⁷Deus concedeu aos quatro rapazes aptidão incomum para entender todos os aspectos da literatura e da sabedoria, e a Daniel concedeu a capacidade especial de interpretar sonhos e visões.

¹⁸Ao término do período de treinamento ordenado pelo rei, o chefe dos oficiais levou todos os rapazes a Nabucodonosor. ¹⁹O rei conversou com eles, e nenhum o impressionou tanto quanto Daniel, Hananias, Misael e Azarias. E, assim, passaram a servir ao rei. ²⁰Sempre que o rei os consultava sobre alguma questão que exigia sabedoria e discernimento, observava que eles eram dez vezes mais capazes que todos os magos e encantadores de seu reino.

²¹Daniel continuou no palácio até o primeiro ano do reinado de Ciro.[d]

O sonho de Nabucodonosor

2 Certa noite, no segundo ano de seu reinado,[e] Nabucodonosor teve sonhos tão perturbadores que não conseguiu mais dormir. ²Chamou seus magos, encantadores, feiticeiros e astrólogos[f] e exigiu que lhe dissessem o que ele havia sonhado. Quando se apresentaram ao rei, ³ele disse: "Tive um sonho que muito me perturbou e preciso saber o que significa".

⁴Então os astrólogos responderam ao rei em aramaico:[g] "Que o rei viva para sempre! Conte-nos o sonho e nós lhe diremos o que ele significa".

⁵O rei, porém, disse aos astrólogos: "Estou falando sério! Se não me disserem qual foi o sonho e o que ele significa, vocês serão

---

[a] **1.1** Isto é, no ano 605 a.C. [b] **1.2** Em hebraico, *de Sinar*. [c] **1.4** Ou *dos caldeus*. [d] **1.21** Ciro começou a reinar sobre a Babilônia em 539 a.C. [e] **2.1** Isto é, no ano 603 a.C. [f] **2.2** Ou *caldeus*; também em 2.4,5,10. [g] **2.4** Daqui até o capítulo 7, o texto original está em aramaico.

despedaçados, e suas casas, transformadas em montes de escombros! ⁶Mas, se me disserem qual foi o sonho e o que ele significa, lhes darei muitos presentes, muitas recompensas e honras. Portanto, digam-me qual foi o sonho e o que ele significa!".

⁷Eles disseram novamente: "Ó rei, conte-nos o sonho e então lhe diremos o que ele significa".

⁸O rei respondeu: "Sei o que estão fazendo! Estão tentando ganhar tempo, pois sabem que falo sério quando digo: ⁹'Se não me contarem qual foi o sonho, estão condenados!'. Por isso, conspiraram para me dizer mentiras, na esperança de que mudarei de ideia. Digam-me, porém, qual foi o sonho e então saberei que podem explicar o que ele significa".

¹⁰Os astrólogos responderam ao rei: "Não há ninguém, em toda terra, capaz de dizer ao rei qual foi seu sonho! E nenhum rei, por maior e mais poderoso que fosse, pediu algo assim a um mago, encantador ou astrólogo! ¹¹É impossível cumprir a exigência do rei. Ninguém, exceto os deuses, pode dizer qual foi seu sonho, e os deuses não vivem entre os mortais".

¹²O rei ficou furioso e ordenou que todos os sábios da Babilônia fossem executados. ¹³E, por causa do decreto do rei, foram enviados homens para encontrar Daniel e seus amigos e matá-los.

¹⁴Quando Arioque, comandante da guarda do rei, veio matá-los, Daniel se dirigiu a ele com sabedoria e prudência. ¹⁵Perguntou-lhe: "Por que o rei publicou um decreto tão severo?", e Arioque lhe contou o que havia acontecido. ¹⁶Daniel foi ver o rei de imediato e pediu mais tempo para comunicar o significado do sonho.

¹⁷Em seguida, Daniel voltou para casa e contou a seus amigos Hananias, Misael e Azarias o que havia acontecido. ¹⁸Pediu que suplicassem ao Deus dos céus que tivesse misericórdia deles e lhes revelasse o segredo, para que não fossem mortos com os outros sábios da Babilônia. ¹⁹Naquela noite, o segredo foi revelado a Daniel numa visão. Então Daniel louvou o Deus dos céus ²⁰e disse:

"Louvado seja o nome de Deus para todo o sempre,

pois a ele pertencem a sabedoria e o poder.
²¹Ele muda o curso dos acontecimentos; remove reis de seus tronos e põe outros no lugar.
Dá sabedoria aos sábios e conhecimento aos eruditos.
²²Revela coisas profundas e misteriosas e sabe o que está escondido nas trevas, embora ele seja cercado de luz.
²³Eu te agradeço e te louvo, ó Deus de meus antepassados,
pois me deste sabedoria e força.
Tu me mostraste o que te pedimos; revelaste o que o rei exigiu".

Daniel interpreta o sonho

²⁴Então Daniel foi falar com Arioque, a quem o rei havia ordenado que executasse os sábios da Babilônia. "Não mate os sábios", disse. "Leve-me ao rei e eu interpretarei o sonho dele."

²⁵Sem demora, Arioque levou Daniel ao rei e disse: "Encontrei um dos exilados de Judá que dirá ao rei o significado do sonho!".

²⁶O rei disse a Daniel (também chamado Beltessazar): "Você pode mesmo me dizer qual foi meu sonho e o que ele significa?".

²⁷Daniel respondeu: "Não existem sábios, encantadores, magos nem adivinhos capazes de revelar o segredo do rei. ²⁸Mas há um Deus nos céus que revela segredos, e ele mostrou ao rei Nabucodonosor o que acontecerá no futuro. Agora lhe direi qual foi o sonho e as visões que o rei teve enquanto estava deitado em sua cama.

²⁹"Enquanto o rei dormia, sonhou com acontecimentos futuros. Aquele que revela segredos lhe mostrou o que acontecerá. ³⁰E eu sei o segredo de seu sonho não porque sou mais sábio que os outros, mas porque Deus deseja que o rei entenda o que se passava em seu coração.

³¹"Em sua visão, ó rei, havia à sua frente uma enorme estátua brilhante, e a aparência dela era assustadora. ³²A cabeça da estátua era feita de ouro puro. O peito e os braços eram de prata, a barriga e os quadris eram de bronze, ³³as pernas eram de ferro, e os pés, uma mistura de ferro e barro cozido. ³⁴Enquanto o rei observava, uma pedra foi cortada de uma montanha, mas não por mãos humanas. Ela atingiu os pés

de ferro e barro e os despedaçou. ³⁵Toda a estátua se desintegrou em minúsculos pedaços de ferro, barro, bronze, prata e ouro. Então o vento levou tudo, como se fosse palha na eira. Mas a pedra que derrubou a estátua se tornou uma grande montanha que cobriu toda a terra.

³⁶"Esse foi o sonho. Agora, direi ao rei o que ele significa. ³⁷Ó rei, o senhor é o maior de todos os reis. O Deus dos céus lhe deu soberania, poder, força e honra. ³⁸Ele o fez governante de todo o mundo habitado e pôs até os animais selvagens e as aves debaixo de seu controle. O senhor é a cabeça de ouro.

³⁹"Quando, porém, seu reino chegar ao fim, outro reino, inferior ao seu, se levantará em seu lugar. Depois que esse reino tiver caído, o terceiro reino, representado pelo bronze, se levantará para governar o mundo. ⁴⁰Depois dele haverá o quarto reino, forte como o ferro. Esse reino esmagará e despedaçará todos os impérios anteriores, como o ferro esmaga e despedaça tudo que ele atinge. ⁴¹Os pés e os dedos que o rei viu, uma mistura de ferro e barro cozido, mostram que esse reino será dividido. Como ferro misturado com barro, ele terá um tanto da força do ferro. ⁴²Algumas partes serão fortes como o ferro, mas outras serão fracas como o barro. ⁴³A mistura de ferro e barro também mostra que esses reinos tentarão se fortalecer ao formar alianças entre si por meio de casamentos. Contudo, não permanecerão unidos, da mesma forma que o ferro não se une ao barro.

⁴⁴"Enquanto esses reis estiverem no poder, o Deus dos céus estabelecerá um reino que jamais será destruído ou conquistado. Reduzirá os outros reinos a nada e permanecerá para sempre. ⁴⁵Esse é o significado da pedra cortada da montanha, mas não por mãos humanas, que despedaçou a estátua de ferro, bronze, barro, prata e ouro. O grande Deus está mostrando ao rei o que acontecerá no futuro. O sonho é verdadeiro, e seu significado é certo".

Nabucodonosor recompensa Daniel

⁴⁶Então o rei Nabucodonosor se curvou à frente dele e ordenou que o povo oferecesse sacrifícios e queimasse incenso diante de Daniel. ⁴⁷O rei lhe disse: "Verdadeiramente, seu Deus é o maior de todos os deuses, Senhor dos reis e revelador de mistérios, pois você conseguiu revelar esse segredo".

⁴⁸O rei colocou Daniel em um cargo elevado e lhe deu muitos presentes valiosos. Nomeou-o governador de toda a província da Babilônia e chefe de todos os sábios. ⁴⁹A pedido de Daniel, nomeou Sadraque, Mesaque e Abede-Nego para cuidarem de todos os negócios da província da Babilônia, enquanto Daniel permaneceu na corte do rei.

A estátua de ouro de Nabucodonosor

3 O rei Nabucodonosor fez uma estátua de ouro de 27 metros de altura e 2,7 metros de largura[a] e a colocou na planície de Dura, na província da Babilônia. ²Em seguida, enviou mensageiros a todos os altos funcionários, oficiais, governadores, conselheiros, tesoureiros, juízes, magistrados e todas as autoridades das províncias para que viessem à dedicação da estátua que ele havia levantado. ³Todas essas autoridades[b] vieram e ficaram diante da estátua que o rei Nabucodonosor havia levantado.

⁴Então o arauto gritou: "Povos de todas as raças, nações e línguas, ouçam a ordem do rei! ⁵Quando ouvirem o som da trombeta, da flauta, da cítara, da lira, da harpa, do pífaro e de outros instrumentos musicais,[c] prostrem-se no chão para adorar a estátua de ouro levantada pelo rei Nabucodonosor. ⁶Quem não obedecer será lançado de imediato na fornalha ardente!".

⁷Portanto, ao som dos instrumentos musicais,[d] todos, não importando sua raça, nação ou língua, se prostraram no chão e adoraram a estátua de ouro que o rei Nabucodonosor havia levantado.

⁸Alguns dos astrólogos,[e] porém, foram ao rei e denunciaram os judeus. ⁹Disseram ao rei Nabucodonosor: "Que o rei viva para sempre! ¹⁰O rei publicou um decreto exigindo que todos se prostrassem e adorassem a imagem de ouro quando ouvissem o som da trombeta, da flauta, da cítara, da lira, da harpa, do pífaro e

---

[a] 3.1 Em aramaico, *60 côvados de altura e 6 côvados de largura*. [b] 3.3 Em aramaico, *os altos funcionários, oficiais, governadores, conselheiros, tesoureiros, juízes, magistrados e todas as autoridades das províncias*. [c] 3.5 A identificação de alguns desses instrumentos musicais é incerta. [d] 3.7 Em aramaico, *da trombeta, da flauta, da cítara, da lira, da harpa, do pífaro e de outros instrumentos musicais*. [e] 3.8 Em aramaico, *caldeus*.

dos outros instrumentos musicais. ¹¹De acordo com esse decreto, quem não obedecer será lançado na fornalha ardente. ¹²Alguns judeus — Sadraque, Mesaque e Abede-Nego —, que o rei encarregou da província da Babilônia, não lhe dão atenção, ó rei. Recusam-se a servir seus deuses e não adoram a estátua de ouro que o rei levantou".

¹³Então Nabucodonosor se enfureceu e ordenou que lhe trouxessem Sadraque, Mesaque e Abede-Nego. Quando eles foram conduzidos à presença do rei, ¹⁴ele lhes disse: "Sadraque, Mesaque e Abede-Nego, é verdade que vocês se recusam a servir meus deuses e a adorar a estátua que levantei? ¹⁵Eu lhes darei mais uma chance de se prostrarem e adorarem a estátua que fiz quando ouvirem o som dos instrumentos musicais.ᵃ Se, contudo, vocês se recusarem, serão lançados de imediato na fornalha ardente. E então, que deus será capaz de livrá-los de minhas mãos?".

¹⁶Sadraque, Mesaque e Abede-Nego responderam: "Ó Nabucodonosor, não precisamos nos defender diante do rei. ¹⁷Se formos lançados na fornalha ardente, o Deus a quem servimos pode nos salvar. Sim, ele nos livrará de suas mãos, ó rei. ¹⁸Mas, ainda que ele não nos livre, queremos deixar claro, ó rei, que jamais serviremos seus deuses ou adoraremos a estátua de ouro que o rei levantou".

A fornalha ardente

¹⁹Nabucodonosor se enfureceu tanto com Sadraque, Mesaque e Abede-Nego que seu rosto ficou desfigurado de raiva. Então ordenou que a fornalha fosse aquecida sete vezes mais que de costume. ²⁰Deu ordens também para que alguns dos homens mais fortes de seu exército amarrassem Sadraque, Mesaque e Abede-Nego e os lançassem na fornalha ardente. ²¹Eles os amarraram e os lançaram na fornalha inteiramente vestidos, com túnicas, turbantes, mantos e outras roupas. ²²E, uma vez que o rei, em sua ira, havia exigido um fogo tão quente na fornalha, as chamas mataram os soldados que jogaram os três lá dentro. ²³Assim, Sadraque, Mesaque e Abede-Nego, amarrados, caíram nas chamas intensas.

²⁴De repente, porém, o rei Nabucodonosor se levantou espantado e disse a seus conselheiros: "Não foram três os homens que amarramos e lançamos na fornalha?".

"Sim, ó rei", eles responderam.

²⁵"Olhem!", disse Nabucodonosor. "Vejo quatro homens desamarrados andando no meio do fogo sem se queimar! E o quarto homem se parece com um filho de deuses!"

²⁶Então Nabucodonosor se aproximou o máximo que pôde da porta da fornalha ardente e gritou: "Sadraque, Mesaque e Abede-Nego, servos do Deus Altíssimo, saiam! Venham aqui!".

E Sadraque, Mesaque e Abede-Nego saíram do meio do fogo. ²⁷Os altos funcionários, os oficiais, os governadores e os conselheiros se juntaram ao redor deles e viram que o fogo não os havia tocado. Nem um fio de cabelo na cabeça deles estava chamuscado, e suas roupas não estavam queimadas. Nem sequer tinham cheiro de fumaça.

²⁸Então Nabucodonosor disse: "Louvado seja o Deus de Sadraque, Mesaque e Abede-Nego! Ele enviou seu anjo para livrar seus servos que nele confiaram. Eles desafiaram a ordem do rei e estavam dispostos a morrer em vez de servir ou adorar qualquer outro deus que não fosse seu próprio Deus. ²⁹Portanto, faço este

---

ᵃ 3.15 Em aramaico, *da trombeta, da flauta, da cítara, da lira, da harpa, do pífaro e de outros instrumentos musicais.*

3.16-18 "Ó Nabucodonosor, não precisamos nos defender diante do rei", o que significa, "Não vamos nos defender. Não devemos nos defender. Você trouxe outra Pessoa para dentro da conversa". Deixe-me ler as palavras que precedem o meu texto. Nabucodonosor disse-lhes: "Que deus será capaz de livrá-los de minhas mãos?". Na verdade, Sadraque, Mesaque e Abede-Nego responderam: "Não temos que nos defender. Há Outro que fará isso. Você desafiou Deus, e Deus deverá dar Sua própria resposta". Isso foi dito corajosamente. Eles lançaram o ônus desse assunto sobre o próprio Deus. Você também pode fazê-lo. Se fizer o certo, Deus o apoiará. Com as consequências, você não tem que se preocupar, exceto suportá-las pacientemente; as consequências devem ser de responsabilidade de Deus. Somente faça o certo. Acredite no Senhor Jesus Cristo, e obedeça-o, e guarde a ordem do Altíssimo, e então, o que quer que venha dela, não é culpa sua. Isso deve ser deixado com Deus.

decreto: Se qualquer pessoa, não importando sua raça, nação ou língua, disser uma palavra contra o Deus de Sadraque, Mesaque e Abede-Nego, ela será despedaçada, e sua casa, transformada num monte de escombros. Não há outro deus capaz de livrar dessa maneira!".

³⁰Então o rei promoveu Sadraque, Mesaque e Abede-Nego a cargos ainda mais elevados na província da Babilônia.

Nabucodonosor sonha com uma árvore

4 ¹ᵃO rei Nabucodonosor enviou esta mensagem a povos de todas as raças, nações e línguas em todo o mundo:

"Paz e prosperidade!
²Quero que todos saibam dos sinais e das maravilhas que o Deus Altíssimo realizou em meu favor.

³Como são grandes seus sinais,
  como são poderosas suas maravilhas!
Seu reino durará para sempre,
  e seu domínio, por todas as gerações.

⁴ᵇ"Eu, Nabucodonosor, vivia em meu palácio, com todo conforto e prosperidade. ⁵Certa noite, porém, tive um sonho que me assustou; enquanto estava deitado em minha cama, tive visões que me aterrorizaram. ⁶Por isso mandei chamar todos os sábios da Babilônia, para que me dissessem o que meu sonho significava. ⁷Quando todos os magos, encantadores, astrólogosᶜ e adivinhos vieram, eu lhes contei meu sonho, mas eles não foram capazes de me dizer o que ele significava. ⁸Finalmente, Daniel se apresentou diante de mim, e eu lhe contei o sonho. (Ele se chama Beltessazar, em homenagem a meu deus, e o espírito dos santos deuses está nele.)

⁹"Disse-lhe: 'Beltessazar, chefe dos magos, sei que o espírito dos santos deuses está em você e que não há mistério que não possa resolver. Agora, diga-me o que meu sonho significa.

¹⁰"'Enquanto estava deitado em minha cama, tive este sonho. Vi uma grande árvore no meio da terra. ¹¹A árvore cresceu e ficou muito alta e forte; chegava até o céu e podia ser vista por todo o mundo. ¹²Suas folhas eram verdes e novas, e ela era cheia de frutos para todos comerem. Animais selvagens viviam à sua sombra, e aves faziam ninhos em seus ramos. O mundo todo se alimentava dessa árvore.

¹³"'Então, enquanto eu sonhava, vi um mensageiro,ᵈ um ser santo, que descia do céu. ¹⁴O mensageiro gritou:

'Derrubem a árvore e cortem seus ramos!
  Arranquem suas folhas e espalhem
  seus frutos!
Espantem os animais selvagens de sua
  sombra
  e as aves, de seus ramos.
¹⁵Mas deixem na terra o toco, com suas
  raízes,
preso com um anel de ferro e bronze
  e cercado da relva verde.
Que seja molhado pelo orvalho do céu
  e viva com os animais selvagens,
  em meio às plantas do campo.
¹⁶Durante sete períodos,
  terá a mente de um animal selvagem
  em vez de mente humana.
¹⁷Pois isso foi decretado pelos
  mensageiros;ᵉ
foi ordenado pelos seres santos,
para que todos saibam
  que o Altíssimo domina sobre os
  reinos do mundo.
Ele os dá a quem quer,
  até mesmo à pessoa mais humilde'.

¹⁸"'Beltessazar, esse foi o sonho que eu, o rei Nabucodonosor, tive. Agora, diga-me o que ele significa, pois nenhum dos sábios de meu reino foi capaz de interpretá-lo. Mas você pode fazê-lo, pois o espírito dos santos deuses está em você'."

Daniel interpreta o sonho

¹⁹"Ao ouvir isso, Daniel (também chamado Beltessazar), ficou atônito por algum tempo, atemorizado com o significado do sonho. Então o rei lhe disse: 'Beltessazar, não se assuste com o sonho, nem com o seu significado'.

ᵃ **4.1** No texto aramaico, os versículos 4.1-3 são numerados 3.31-33. ᵇ **4.4** No texto aramaico, os versículos 4.4-37 são numerados 4.1-34. ᶜ **4.7** Ou *caldeus*. ᵈ **4.13** Ou *vigilante*; também em 4.23. ᵉ **4.17** Ou *vigilantes*.

"Beltessazar respondeu: 'Meu senhor, gostaria que os acontecimentos prenunciados nesse sonho ocorressem a seus inimigos, e não ao rei! ²⁰A árvore que o rei viu crescia e ficava alta e forte; chegava até o céu e podia ser vista por todo o mundo. ²¹Tinha folhas verdes e novas e era cheia de frutos para todos comerem. Animais selvagens viviam à sua sombra, e aves faziam ninhos em seus ramos. ²²Essa árvore é o próprio rei. Pois o rei cresceu e se tornou forte e grande; sua grandeza chega até o céu, e seu domínio, até os confins da terra.

²³"'Então o rei viu um mensageiro, um ser santo que descia do céu e que disse: 'Derrubem a árvore e destruam-na! Mas deixem na terra o toco, com suas raízes, preso com um anel de ferro e bronze e cercado da relva verde. Que seja molhado pelo orvalho do céu e viva com os animais do campo por sete períodos.

²⁴"'Este é o significado do sonho, ó rei, o que o Altíssimo declarou que acontecerá a meu senhor, o rei. ²⁵O rei será expulso do convívio humano e viverá nos campos, com os animais selvagens. Comerá capim, como os bois, e será molhado pelo orvalho do céu. Viverá desse modo por sete períodos, até entender que o Altíssimo domina sobre os reinos do mundo e os dá a quem ele quer. ²⁶As raízes e o toco, porém, foram deixados na terra. Isso significa que o senhor receberá seu reino de volta quando tiver aprendido que o céu domina.

²⁷"'Ó rei Nabucodonosor, aceite meu conselho. Pare de pecar e faça o que é certo. Deixe seus pecados para trás e tenha compaixão dos pobres. Quem sabe, então, o rei continuará a prosperar'."

O sonho se cumpre

²⁸"Tudo isso, porém, aconteceu ao rei Nabucodonosor. ²⁹Doze meses depois, ele caminhava sobre o terraço de seu palácio na Babilônia ³⁰e disse: 'Vejam a grande cidade da Babilônia! Com meu próprio poder, construí esta cidade para ser o centro de meu reino e para mostrar o esplendor de minha majestade'.

³¹"Enquanto essas palavras ainda estavam em sua boca, veio do céu uma voz e disse: 'Esta mensagem é para você, rei Nabucodonosor! Você não governa mais sobre este reino. ³²Será expulso do convívio humano. Viverá nos campos com os animais selvagens e comerá capim, como os bois. Viverá desse modo por sete períodos, até que entenda que o Altíssimo domina sobre os reinos do mundo e os dá a quem ele quer'.

³³"Naquela mesma hora, a sentença se cumpriu e Nabucodonosor foi expulso do convívio humano. Passou a comer capim, como os bois, e foi molhado pelo orvalho do céu. Viveu desse modo até seu cabelo crescer como as penas das águias e suas unhas se parecerem com garras de pássaros."

Nabucodonosor louva a Deus

³⁴"Passado esse tempo, eu, Nabucodonosor, olhei para o céu. Minha sanidade voltou,

---

4.34,35 Este reino divino pareceu muito claramente ser um reino eterno ao monarca da Babilônia; o reino do Eterno se estende como outros reinos não podem, "por todas as gerações". O rei mais poderoso herda o poder e logo cede seu cetro ao seu sucessor; o Senhor não tem início de dias nem fim de anos — antecessor ou sucessor são palavras inaplicáveis a Ele! Outras monarquias permanecem firmes enquanto seu poder não é subjugado, mas em uma hora má, um poder maior pode esmagá-las; não há poder maior do que Deus, não há outro poder senão o que procede do Senhor, pois "Deus falou claramente, e eu ouvi várias vezes: O poder, ó Deus, pertence a ti". Portanto, Sua monarquia não pode ser subjugada e deve ser eterna. As dinastias passaram, morrendo por falta de herdeiros, mas Deus, o Eterno, não pede a ninguém para sucedê-lo e perpetuar Seu nome. As corrupções internas muitas vezes destruíram impérios que se erguiam como árvores florestais, desafiando a tempestade, mas no centro a árvore estava podre, e em pouco tempo, enfraquecida pela deterioração, cambaleou e caiu. Mas o Deus infinitamente santo não tem injustiça, erro, parcialidade ou motivo maligno em Seu governo — tudo é organizado com santidade imaculada, justiça irrefutável, fidelidade imutável, verdade intacta, misericórdia incrível e amor transbordante. Todos os elementos do Seu reino são mais conservadores, porque está radicalmente certo; não há fermento maligno na câmara do conselho da Onisciência, nenhuma corrupção no tribunal do Céu; portanto, "justiça e retidão são os alicerces do teu trono". O trono do Senhor é santo, e nos alegramos porque nunca pode ser removido.

louvei e adorei o Altíssimo e honrei aquele que vive para sempre.

"Seu domínio é para sempre,
  seu reino, por todas as gerações.
³⁵Comparados a ele,
  os habitantes da terra são como nada.
Ele faz o que quer entre os anjos do céu
  e entre os habitantes da terra.
Ninguém pode detê-lo nem lhe dizer:
  'Por que fazes essas coisas?'.

³⁶"Quando minha sanidade voltou, também recuperei minha honra e a majestade de meu reino. Meus conselheiros e nobres me procuraram e fui restaurado ao meu reino, com muito mais honra que antes. ³⁷Agora eu, Nabucodonosor, louvo, glorifico e honro o Rei dos céus. Todos os seus atos são justos e verdadeiros, e ele tem poder para humilhar os orgulhosos".

A inscrição na parede

5 Muitos anos depois, o rei Belsazar deu um grande banquete para mil de seus nobres e bebeu vinho com eles. ²Enquanto Belsazar tomava vinho, ordenou que trouxessem as taças de ouro e prata que seu antecessor,ᵃ Nabucodonosor, havia tirado do templo em Jerusalém. Queria beber nessas taças com seus nobres, suas esposas e suas concubinas. ³Então trouxeram as taças de ouro do templo, a casa de Deus em Jerusalém, e o rei e seus nobres, suas esposas e concubinas beberam nelas. ⁴Enquanto tomavam o vinho, louvavam seus ídolos feitos de ouro, prata, bronze, ferro, madeira e pedra.

⁵De repente, viram dedos de mão humana escreverem no reboco da parede do palácio real, perto do candelabro. O próprio rei viu a mão enquanto ela escrevia, ⁶e seu rosto ficou pálido de medo. Seus joelhos batiam um contra o outro, e suas pernas vacilavam.

⁷Aos gritos, o rei mandou chamar os encantadores, os astrólogosᵇ e os adivinhos. Disse aos sábios da Babilônia: "Quem conseguir ler esta inscrição e me disser o que ela significa será vestido com um manto vermelho, e em seu pescoço será colocada uma corrente de ouro. Ele se tornará o terceiro em importância em meu reino!".

⁸Quando todos os sábios do rei chegaram, nenhum deles foi capaz de ler a inscrição nem de dizer o que ela significava. ⁹O rei ficou muito assustado, e seu rosto, ainda mais pálido. Seus nobres também ficaram abalados.

¹⁰A rainha-mãe soube do que estava acontecendo ao rei e seus nobres e foi depressa à sala de banquetes. Disse ela a Belsazar: "Que o rei viva para sempre! Não fique tão pálido e assustado. ¹¹Há em seu reino um homem que tem nele o espírito dos santos deuses. Durante o reinado de Nabucodonosor, esse homem demonstrou percepção, entendimento e sabedoria como a dos deuses. Seu antecessor, o rei Nabucodonosor, o nomeou chefe de todos os magos, encantadores, astrólogos e adivinhos da Babilônia. ¹²Esse homem, Daniel, a quem o rei deu o nome de Beltessazar, tem inteligência extraordinária e é cheio de conhecimento e entendimento. É capaz de interpretar sonhos, explicar enigmas e resolver problemas difíceis. Mande chamar Daniel, e ele lhe dirá o que significa a inscrição".

Daniel interpreta a inscrição

¹³Daniel foi levado à presença do rei, que lhe perguntou: "Você é Daniel, um dos exilados trazidos de Judá por meu antecessor, o rei Nabucodonosor? ¹⁴Soube que o espírito dos deuses está em você, e que é cheio de percepção, entendimento e sabedoria. ¹⁵Meus sábios e encantadores tentaram ler as palavras na parede e me dizer o que significam, mas não conseguiram. ¹⁶Soube que você é capaz de interpretar e resolver problemas difíceis. Se conseguir ler as palavras e disser o que significam, será vestido com um manto vermelho, e em seu pescoço será colocada uma corrente de ouro. Você se tornará o terceiro em importância em meu reino".

¹⁷Daniel respondeu ao rei: "Guarde seus presentes ou entregue-os a outra pessoa; mas eu lhe direi o que significa a inscrição. ¹⁸Ó rei, o Deus Altíssimo deu soberania, majestade, glória e honra a seu antecessor, Nabucodonosor. ¹⁹Ele o engrandeceu de tal modo que povos de todas as raças, nações e línguas estremeciam

---

ᵃ **5.2** Em aramaico, *seu pai*; também em 5.11,13,18.   ᵇ **5.7** Ou *caldeus*; também em 5.11.

de medo diante dele. Matava quem ele queria matar e poupava quem ele queria poupar; honrava quem ele queria honrar e humilhava quem ele queria humilhar. ²⁰Quando, porém, seu coração e sua mente se encheram de arrogância, ele foi tirado de seu trono e despojado de sua glória. ²¹Foi expulso do convívio humano. Sua mente se tornou como a de um animal, e ele viveu entre os jumentos selvagens. Passou a comer capim, como os bois, e foi molhado pelo orvalho do céu, até entender que o Deus Altíssimo domina sobre todos os reinos do mundo e nomeia quem ele quer para governar sobre eles.

²²"Ó Belsazar, o senhor é sucessor[a] dele e sabia de tudo isso, mas mesmo assim não se humilhou. ²³Desafiou o Senhor dos céus e mandou trazer essas taças do templo. O rei, seus nobres, suas esposas e suas concubinas beberam vinho dessas taças enquanto louvavam deuses de prata, ouro, bronze, ferro, madeira e pedra, deuses que não veem, não ouvem, nem sabem coisa alguma. Mas o rei não honrou ao Deus que lhe dá fôlego de vida e controla seu destino. ²⁴Por isso Deus enviou a mão que escreveu a mensagem.

²⁵"Esta é a mensagem que foi escrita: Mene, Mene, Tequel e Parsim. ²⁶E este é o significado das palavras:

Mene:[b] Deus contou os dias de seu reinado e determinou seu fim.
²⁷*Tequel*:[c] Você foi pesado na balança e não atingiu o peso necessário.
²⁸*Parsim*:[d] Seu reino será dividido e entregue aos medos e aos persas".

²⁹Então, por ordem de Belsazar, vestiram Daniel com um manto vermelho, colocaram em seu pescoço uma corrente de ouro e o declararam o terceiro em importância no reino.

³⁰Naquela mesma noite, Belsazar, rei da Babilônia,[e] foi morto.[f]

³¹[g]E Dario, o medo, tinha 62 anos quando se apoderou do reino.

Daniel na cova dos leões

6 ¹[h]O rei Dario resolveu dividir o reino em 120 províncias e nomeou um alto funcionário para governar cada uma delas. ²O rei também escolheu como administradores Daniel e outros dois homens, para que supervisionassem os altos funcionários e protegessem os interesses do rei. ³Em pouco tempo, Daniel se mostrou mais capaz que todos os outros administradores e altos funcionários. Por causa da grande capacidade de Daniel, o rei planejava colocá-lo à frente de todo o reino.

⁴Os outros administradores e altos funcionários começaram a procurar falhas no modo como Daniel conduzia as questões de governo, mas nada encontraram para criticar ou condenar. Ele era leal, sempre responsável e digno de confiança. ⁵Por isso, concluíram: "Nossa única chance de encontrar algum motivo para acusar Daniel será em relação às leis de seu Deus".

⁶Então os administradores e os altos funcionários foram até o rei e lhe disseram: "Que o rei Dario viva para sempre! ⁷Nós administradores, oficiais, altos funcionários, conselheiros e governadores estamos todos de acordo que o rei deve decretar uma lei a ser cumprida rigorosamente. Dê ordens para que, nos próximos trinta dias, qualquer pessoa que orar a alguém, divino ou humano, exceto ao rei, seja lançada na cova dos leões. ⁸Agora, ó rei, decrete e assine essa lei para que não possa ser mudada, como lei oficial dos medos e dos persas, que não pode ser revogada". ⁹E o rei Dario assinou a lei.

¹⁰Quando Daniel soube que a lei tinha sido assinada, foi para casa e, como de costume, ajoelhou-se no quarto no andar de cima, com as janelas abertas na direção de Jerusalém.

---

[a]**5.22** Em aramaico, *filho*. [b]**5.26** *Mene* significa "contado". [c]**5.27** *Tequel* significa "pesado". [d]**5.28** Em aramaico, *Peres*, singular de *Parsim*, que significa "dividido". [e]**5.30a** Ou *rei caldeu*. [f]**5.30b** Os persas e os medos conquistaram a Babilônia em outubro de 539 a.C. [g]**5.31** No texto aramaico, o versículo 5.31 é numerado 6.1. [h]**6.1** No texto aramaico, os versículos 6.1-28 são numerados 6.2-29.

6.10 Daniel fora exaltado por grande prosperidade terrena, mas sua alma também prosperou. Muitas vezes o avanço exterior significa declínio interior. Dezenas de milhares têm sido intoxicadas pelo sucesso. Embora tenham provavelmente começado a corrida da vida para ganhar o prêmio, eles foram tentados a se afastar para colher as maçãs douradas e, assim, perderam a coroa. Não foi assim com Daniel — ele era tão perfeito

Orava três vezes por dia e dava graças a seu Deus. ¹¹Os oficiais foram juntos à casa de Daniel e o encontraram orando e pedindo ajuda a Deus. ¹²Então foram diretamente ao rei e o lembraram da lei: "O rei não assinou um decreto ordenando que qualquer um que orasse a alguém, divino ou humano, exceto ao rei, fosse lançado na cova dos leões?".

"Sim", respondeu o rei. "Essa decisão está em vigor; é uma lei oficial dos medos e dos persas, que não pode ser revogada."

¹³Então disseram ao rei: "Aquele homem, Daniel, um dos exilados de Judá, não dá importância ao rei nem à sua lei. Continua a orar ao Deus dele três vezes por dia."

¹⁴Quando o rei ouviu isso, ficou muito angustiado e procurou uma forma de salvar Daniel. Passou o resto do dia pensando num modo de livrá-lo dessa situação.

¹⁵À noite, os homens foram juntos ao rei e disseram: "Ó rei, o senhor sabe que, conforme a lei dos medos e dos persas, nenhum decreto que o rei assina pode ser revogado".

¹⁶Por fim, o rei deu ordens para que Daniel fosse preso e lançado na cova dos leões. O rei lhe disse: "Que seu Deus, a quem você serve fielmente, o livre".

¹⁷Então trouxeram uma pedra e a colocaram sobre a abertura da cova. O rei selou a pedra com seu anel e com os anéis de seus nobres, para que ninguém pudesse resgatar Daniel. ¹⁸O rei voltou a seu palácio e passou a noite em jejum. Não quis nenhum dos divertimentos habituais e não conseguiu dormir a noite inteira.

¹⁹De manhã bem cedo, levantou-se e foi apressadamente à cova dos leões. ²⁰Quando chegou lá, gritou angustiado: "Daniel, servo do Deus vivo! O Deus a quem você serve tão fielmente pôde livrá-lo dos leões?".

²¹Daniel respondeu: "Que o rei viva para sempre! ²²Meu Deus enviou seu anjo para fechar a boca dos leões de modo que não me fizessem mal, pois fui considerado inocente aos olhos de Deus. Também não fiz coisa alguma contra o senhor, ó rei".

²³O rei ficou muito alegre e ordenou que tirassem Daniel da cova. Não havia sequer um arranhão nele, pois havia confiado em seu Deus.

²⁴Em seguida, o rei ordenou que prendessem os homens que haviam acusado Daniel. Ordenou que fossem lançados na cova dos leões junto com suas esposas e seus filhos. Os leões os atacaram e os despedaçaram antes que chegassem ao fundo da cova.

²⁵Então o rei Dario enviou esta mensagem a povos de todas as raças, nações e línguas em todo o mundo:

"Paz e prosperidade!

²⁶"Decreto que todos em meu reino devem tremer de medo diante do Deus de Daniel.

Pois ele é o Deus vivo
e permanecerá para sempre.
Seu reino jamais será destruído,
e seu domínio não terá fim.
²⁷Ele livra e salva seu povo;
realiza sinais e maravilhas
nos céus e na terra.
Foi ele que livrou Daniel
do poder dos leões".

²⁸Assim, Daniel prosperou durante o reinado de Dario e durante o reinado de Ciro, o persa.[a]

---

[a] 6.28 Ou *de Dario, isto é, o reinado de Ciro, o persa*.

---

diante de Deus em sua alta posição quanto em seus dias mais humildes; e isso deve ser explicado pelo fato de que ele sustentou a energia de sua profissão exterior por uma comunhão secreta constante com Deus. Sabemos que ele foi um homem de excelente temperamento e um homem de muita oração; sua cabeça não virou por causa de sua projeção, e o Senhor cumpriu nele Sua promessa: "Torna meus pés ágeis como os da corça e me sustenta quando ando pelos montes". No entanto, embora Daniel tenha preservado sua integridade, ele não fez de uma posição de grandeza o seu repouso. Da mesma forma que os pássaros bicam o fruto mais maduro, assim seus inimigos invejosos o assaltaram, e como os guerreiros mais destacados atraem as flechas do inimigo, as honras de Daniel trouxeram-lhe a inimizade de muitos. Não busque, então, amado, não busque, então, com excesso de desejo ou inquietude de ambição, ficar grande entre os grandes da Terra. Há coisas mais preciosas do que a honra e a riqueza.

Visão das quatro bestas

7 Anteriormente, durante o primeiro ano do reinado de Belsazar, rei da Babilônia,[a] Daniel teve um sonho e visões enquanto estava deitado em sua cama. Escreveu o que havia sonhado e foi isto que viu.

²Naquela noite em minha visão, eu, Daniel, vi uma tempestade que agitava o grande mar, com ventos fortes que sopravam de todas as direções. ³Então, saíram da água quatro bestas enormes, cada uma diferente das demais.

⁴A primeira besta era como um leão com asas de águia. Enquanto eu observava, suas asas foram arrancadas e ela ficou em pé no chão, sobre as duas patas traseiras, como um ser humano. E lhe foi dada mente humana.

⁵Vi, então, a segunda besta, e ela se parecia com um urso. Levantou-se sobre um dos lados e tinha na boca, entre os dentes, três costelas. E lhe foi dito: "Levante-se! Devore a carne de muitos!".

⁶Em seguida, surgiu a terceira dessas bestas, que se parecia com um leopardo. Tinha quatro asas de ave nas costas e quatro cabeças. E lhe foi dada grande autoridade.

⁷Então, em minha visão naquela noite, vi uma quarta besta, terrível, assustadora e muito forte. Devorava e despedaçava suas vítimas com grandes dentes de ferro e esmagava os restos debaixo de seus pés. Era diferente das outras três e tinha dez chifres.

⁸Enquanto eu olhava para os chifres, de repente apareceu no meio deles outro chifre pequeno. Três dos chifres maiores foram arrancados pela raiz para dar lugar a ele. Esse chifre pequeno tinha olhos, como de homem, e uma boca que falava com arrogância.

⁹Enquanto eu observava, foram colocados
   alguns tronos,
e o Ancião[b] se sentou para julgar.
Suas roupas eram brancas como a neve,
   e seu cabelo, como a mais pura lã.
Sentava-se num trono de fogo,
   com rodas de chamas ardentes,
¹⁰e um rio de fogo
   brotava de sua presença.
Milhões de anjos o serviam,
muitos milhões estavam diante dele.
O tribunal iniciou o julgamento,
   e os livros foram abertos.

¹¹Continuei a observar, pois podia ouvir as palavras arrogantes do pequeno chifre. Fiquei olhando até que a quarta besta foi morta e seu corpo, destruído e lançado ao fogo. ¹²Então foi tirada a autoridade das outras três bestas, mas elas tiveram permissão de viver por mais algum tempo.[c]

¹³Depois, em minha visão naquela noite, vi alguém semelhante a um filho de homem[d] vindo com as nuvens do céu. Ele se aproximou do Ancião e foi conduzido à sua presença. ¹⁴Recebeu autoridade, honra e soberania, para que povos de todas as raças, nações e línguas lhe obedecessem. Seu domínio é eterno; não terá fim. Seu reino jamais será destruído.

A visão é explicada

¹⁵Eu, Daniel, fiquei perturbado com tudo que tinha visto, e minhas visões me aterrorizaram. ¹⁶Por isso aproximei-me de um dos que estavam em pé junto ao trono e perguntei o que tudo aquilo significava. Ele explicou: ¹⁷"Essas quatro grandes bestas representam quatro reinos que surgirão da terra. ¹⁸No final, porém, o reino será entregue ao povo santo do Altíssimo, e eles dominarão para todo o sempre".

¹⁹Então eu quis saber o verdadeiro significado da quarta besta, tão diferente das demais e tão aterrorizante. Ela havia devorado e despedaçado suas vítimas com dentes de ferro e garras de bronze e esmagado os restos com os pés. ²⁰Também quis saber sobre os dez chifres em sua cabeça e o pequeno chifre que surgiu depois e derrubou três dos outros chifres. Esse chifre parecia mais forte que os demais e tinha olhos humanos e uma boca que falava com arrogância. ²¹Enquanto eu observava, esse chifre guerreava contra o povo santo de Deus e o derrotava, ²²até que o Ancião, o Altíssimo, veio e pronunciou a sentença em favor de seu povo santo. Então chegou o tempo de o povo santo tomar posse do reino.

²³Depois ele me disse: "A quarta besta é o quarto reino que dominará a terra, e será diferente de todos os outros. Devorará o mundo

---

[a] **7.1** O primeiro ano do reinado de Belsazar (corregente com seu pai, Nabônido) foi 556 a.C. (ou talvez até 553 a.C.). [b] **7.9** Em aramaico, *Ancião de Dias*; também em 7.13,22. [c] **7.12** Em aramaico, *por um período e um tempo*. [d] **7.13** Ou *ao Filho do Homem*.

inteiro, pisoteará e esmagará tudo que estiver em seu caminho. ²⁴Seus dez chifres são dez reis que governarão esse império. Então surgirá outro rei, diferente dos dez, que subjugará três reis. ²⁵Ele desafiará o Altíssimo e oprimirá o povo santo do Altíssimo. Tentará mudar suas festas sagradas e suas leis, e eles serão colocados sob o controle dele por um tempo, tempos e meio tempo.

²⁶"Contudo, o tribunal o julgará, e todo o seu poder será tirado e completamente destruído. ²⁷Então serão dados ao povo santo do Altíssimo a soberania, o poder e a grandeza de todos os reinos debaixo dos céus. O reino do Altíssimo permanecerá para sempre, e todos os governantes o servirão e lhe obedecerão".

²⁸Assim terminou a visão. Eu, Daniel, fiquei aterrorizado por causa de meus pensamentos e meu rosto ficou pálido de medo, mas não contei essas coisas a ninguém.

Visão de um carneiro e de um bode

8 ¹ᵃDurante o terceiro ano do reinado de Belsazar, eu, Daniel, tive outra visão, depois da primeira. ²Nessa visão eu estava na fortaleza de Susã, na província de Elão, em pé junto ao rio Ulai.ᵇ

³Quando levantei os olhos, vi um carneiro com dois chifres compridos, em pé junto ao rio.ᶜ Um dos chifres era mais comprido que o outro, embora tivesse crescido depois do outro. ⁴O carneiro dava chifradas em tudo em seu caminho para o oeste, para o norte e para o sul, e ninguém conseguia detê-lo nem ajudar suas vítimas. Ele fazia o que queria e se tornou muito poderoso.

⁵Enquanto eu observava, de repente um bode surgiu do oeste e atravessou a terra com tanta rapidez que nem sequer tocou o chão. Esse bode, que tinha um chifre enorme entre os olhos, ⁶foi na direção do carneiro de dois chifres que eu tinha visto em pé junto ao rio, e avançou sobre ele cheio de fúria. ⁷O bode atacou o carneiro furiosamente e o atingiu com um golpe que quebrou seus dois chifres. *O carneiro ficou sem forças para resistir*, e o bode o derrubou e o pisoteou. Ninguém foi capaz de livrar o carneiro do poder do bode.

⁸O bode se tornou muito poderoso, mas, no auge de seu poder, seu grande chifre foi quebrado. No lugar dele nasceram quatro chifres proeminentes, que apontavam para as quatro direções da terra. ⁹Então, de um dos chifres proeminentes surgiu um pequeno chifre, cujo poder se tornou muito grande. Estendeu-se para o sul e para o leste e em direção à terra gloriosa. ¹⁰Seu poder chegou aos céus, onde atacou o exército celestial, lançou à terra alguns do exército e algumas das estrelas e os pisoteou. ¹¹Chegou a desafiar o Comandante do exército celestial ao suspender os sacrifícios diários oferecidos a ele e destruir seu templo. ¹²Ao exército celestial não foi permitido reagir a essa rebelião. Portanto, o sacrifício diário foi interrompido, e a verdade, derrotada. O chifre teve êxito em tudo que fez.ᵈ

¹³Então ouvi dois seres santos conversando entre si. Um deles perguntou: "Quanto tempo durarão os acontecimentos dessa visão? Até quando a rebelião que causa profanação impedirá os sacrifícios diários? Até quando o templo e o exército celestial serão pisoteados?".

¹⁴O outro respondeu: "Levará 2.300 tardes e manhãs; então o templo será restaurado".

Gabriel explica a visão

¹⁵Enquanto eu, Daniel, tentava entender o significado dessa visão, alguém que parecia um homem parou diante de mim. ¹⁶E ouvi uma voz humana vinda do rio Ulai gritar: "Gabriel, explique a este homem o significado da visão!".

¹⁷Quando Gabriel se aproximou de onde eu estava, fiquei tão aterrorizado que me prostrei com o rosto no chão. Ele disse: "Filho de homem, você precisa entender que os acontecimentos da visão se referem ao tempo do fim".

¹⁸Enquanto ele falava, desmaiei e caí com o rosto no chão. Gabriel me despertou com um toque e me ajudou a ficar em pé.

¹⁹Então ele disse: "Estou aqui para lhe contar o que acontecerá depois, no tempo da ira, pois aquilo que você viu se refere ao fim dos tempos. ²⁰O carneiro com dois chifres representa os reis da Média e da Pérsia. ²¹O bode peludo representa o rei da Grécia,ᵉ e o grande chifre entre os olhos dele representa o primeiro rei

---

ᵃ**8.1** Daqui até o capítulo 12, o texto original está em hebraico. Ver nota em 2.4. ᵇ**8.2** Ou *à porta Ulai*; também em 8.16. ᶜ**8.3** Ou *junto à porta*; também em 8.6. ᵈ**8.11-12** O significado do hebraico é incerto. ᵉ**8.21** Em hebraico, *de Javã*.

do império grego. ²²Os quatro chifres proeminentes que apareceram no lugar do chifre grande mostram que o império grego se dividirá em quatro reinos, mas nenhum deles será tão grande quanto o primeiro.

²³"No final de seu reinado, quando o pecado estiver no auge, subirá ao poder um rei feroz, mestre de intrigas. ²⁴Ele se tornará muito forte, mas não por seu próprio poder. Causará terrível destruição e terá êxito em tudo que fizer. Destruirá líderes poderosos e devastará o povo santo. ²⁵Será um mestre do engano e se tornará arrogante; destruirá muitos sem aviso. Chegará a enfrentar na batalha o Príncipe dos príncipes, mas será quebrado, embora não por força humana.

²⁶"Essa visão das 2.300 tardes e manhãs[a] é verdadeira. Guarde, porém, a visão em segredo, pois esses acontecimentos só ocorrerão depois de muito tempo".

²⁷Então eu, Daniel, fiquei abatido e doente por vários dias. Depois, levantei-me e voltei a tratar dos negócios do rei, mas a visão me deixou muito perturbado e não consegui entendê-la.

A oração de Daniel por seu povo

9 Era o primeiro ano do reinado de Dario, o medo, filho de Assuero, que se tornou rei dos babilônios.[b] ²Nesse primeiro ano, eu, Daniel, ao estudar a palavra do Senhor revelada ao profeta Jeremias, compreendi que Jerusalém devia permanecer desolada por setenta anos.[c] ³Então me voltei para o Senhor Deus e supliquei a ele com oração e jejum. Também vesti pano de saco e coloquei cinzas sobre a cabeça.

⁴Orei ao Senhor, meu Deus, e confessei: "Ó Senhor, és Deus grande e temível! Tu guardas tua aliança de amor leal para com os que te amam e obedecem a teus mandamentos. ⁵Contudo, nós pecamos e fizemos o mal. Fomos rebeldes contra ti e desprezamos teus mandamentos e estatutos. ⁶Não demos ouvidos a teus servos, os profetas, que falaram em teu nome a nossos reis, príncipes, antepassados e a todo o povo da terra.

⁷"Senhor, tu és justo; mas, como vês, nosso rosto está coberto de vergonha. Todos estamos envergonhados, incluindo os habitantes de Judá e de Jerusalém e todo o Israel, espalhados em lugares próximos e distantes, para onde tu nos enviaste por causa de nossa deslealdade contigo. ⁸Ó Senhor, nós, nossos reis, príncipes e antepassados estamos cobertos de vergonha porque pecamos contra ti. ⁹Mas o Senhor, nosso Deus, é misericordioso e perdoador, embora tenhamos nos rebelado contra ele. ¹⁰Não obedecemos ao Senhor, nosso Deus, pois não seguimos as leis que ele nos deu por meio de seus servos, os profetas. ¹¹Todo o Israel desobedeceu às tuas leis, desviou-se e não quis ouvir tua voz.

"Por isso, agora as maldições solenes e os juízos escritos na lei de Moisés, servo de Deus, foram derramados sobre nós por causa de nosso pecado. ¹²Tu cumpriste tua palavra e fizeste conosco e com nossos governantes exatamente como havias advertido. Nunca houve calamidade tão terrível quanto a que aconteceu em Jerusalém. ¹³Todas as maldições escritas contra nós na lei de Moisés se cumpriram. E, no entanto, não quisemos buscar a misericórdia do Senhor, nosso Deus, não nos afastamos de nossos

---

[a] **8.26** Em hebraico, *das tardes e manhãs*; comparar com 8.14. [b] **9.1** Ou *dos caldeus*. [c] **9.2** Ver Jr 25.11-12; 29.10.

9.1-3 No caso diante de nós, Daniel esteve estudando o livro de Jeremias, e havia aprendido que Deus finalizaria 70 semanas na desolação de Jerusalém, mas sentiu que havia ainda mais para aprender, e se concentrou nisso. A sua mente era nobre e aguçada, e com todas as suas energias ele procurou se aproximar do significado profético; mas não confiou em seu próprio julgamento; e se comprometeu a orar imediatamente. A oração é essa formidável chave que desvenda mistérios. A quem devemos ir à busca de explicação se não podemos entender o que está escrito, senão ao autor do livro? Daniel apelou imediatamente ao Grande Autor, em cujas mãos Jeremias tinha sido a pena. [...] Para todos os estudantes da Palavra de Deus que se tornariam escribas bem instruídos, diríamos: "Com todos os meios que você empregar, com toda a sua pesquisa de comentários, com toda a sua descoberta nas línguas originais, com toda a sua pesquisa entre os sábios, junte a isso uma oração muito fervorosa". Como o Senhor disse a Israel: "Tempere com sal todas as suas ofertas de cereal", assim também a sabedoria nos diz: "A toda a sua pesquisa, e a todos os seus estudos, não deixarás faltar muita oração".

pecados nem reconhecemos sua verdade. ¹⁴Portanto, o Senhor trouxe sobre nós a calamidade que havia preparado. O Senhor, nosso Deus, foi justo em fazer todas essas coisas, pois não lhe obedecemos.

¹⁵"Ó Senhor, nosso Deus, tu trouxeste honra duradoura para teu nome ao resgatar teu povo do Egito com grande demonstração de poder. Mas nós pecamos e estamos cheios de maldade. ¹⁶De acordo com toda a tua justiça, Senhor, desvia tua ira furiosa de Jerusalém, tua cidade e teu santo monte. Como resultado de nossos pecados e dos pecados de nossos antepassados, todas as nações vizinhas zombam de Jerusalém e de teu povo.

¹⁷"Ó nosso Deus, ouve a oração de teu servo; ouve minha súplica. Por causa de ti mesmo, Senhor, volta a olhar com bondade para teu santuário desolado.

¹⁸"Ó meu Deus, inclina-te e ouve-me; abre teus olhos e vê nossa desolação. Vê como nossa cidade, a cidade que leva teu nome, está em ruínas. Fazemos esta súplica não porque merecemos, mas por causa de tua misericórdia.

¹⁹"Ó Senhor, ouve; ó Senhor, perdoa; ó Senhor, atende-nos e age! Por causa de ti mesmo, não te demores, ó meu Deus, pois teu povo e tua cidade carregam teu nome".

A mensagem de Gabriel a respeito do Ungido

²⁰Continuei a orar e a confessar meu pecado e o pecado de meu povo, Israel, suplicando ao Senhor, meu Deus, por Jerusalém, seu santo monte. ²¹Enquanto eu orava, Gabriel, que eu tinha visto na visão anterior, veio a mim depressa, na hora do sacrifício da tarde. ²²Ele explicou: "Daniel, vim lhe dar percepção e entendimento. ²³Assim que você começou a orar, foi dada uma ordem, e agora estou aqui para lhe dizer qual foi essa ordem, pois você é muito precioso para Deus. Ouça com atenção para entender o significado de sua visão.

²⁴"Um período de setenta semanas de sete[a] foi decretado ao seu povo e à sua cidade santa para dar fim à rebelião, acabar com o pecado, fazer expiação por sua culpa, trazer justiça eterna, confirmar a visão profética e ungir o lugar santíssimo.[b] ²⁵Agora ouça e entenda! Passarão sete semanas, mais 62 semanas[c] desde que for dada a ordem para reconstruir Jerusalém até a chegada do governante, o Ungido.[d] Apesar dos tempos difíceis, Jerusalém será reconstruída com ruas e fortes defesas.[e]

²⁶"Depois desse período de 62 semanas de sete,[f] o Ungido será morto, e nada dele restará.[g] Surgirá um governante cujos exércitos destruirão a cidade e o templo. O fim chegará com uma inundação, e a guerra e seus sofrimentos estão decretados desde esse tempo até o fim. ²⁷O governante fará um tratado com muitos por um período de uma semana,[h] mas depois de metade desse tempo ele acabará com os sacrifícios e com as ofertas. E, numa parte do templo,[i] ele colocará uma terrível profanação,[j] até que o destino declarado para esse profanador seja finalmente derramado sobre ele".

Visão do mensageiro

10 No terceiro ano do reinado de Ciro, rei da Pérsia,[k] Daniel (também chamado Beltessazar) teve outra visão. Ele entendeu que essa visão era verdadeira e se referia a certos acontecimentos que ocorreriam no futuro, tempos de guerra e de grande dificuldade.

²Eu, Daniel, recebi essa visão depois de passar três semanas de luto. ³Durante todo esse tempo, não havia comido nada saboroso. Não tinha provado nenhuma carne e nenhum vinho e não tinha usado nenhuma loção perfumada até passarem as três semanas.

⁴Em 23 de abril daquele ano,[l] estava em pé próximo ao grande rio Tigre. ⁵Levantei os olhos e vi um homem vestido com roupas de linho e um cinto de ouro puro. ⁶Seu corpo era semelhante a uma pedra preciosa. Seu rosto faiscava como relâmpago, e seus olhos eram

---

[a] 9.24a Em hebraico, *setenta setes*. [b] 9.24b Ou *o Santíssimo*. [c] 9.25a Em hebraico, *7 setes, mais 62 setes*. [d] 9.25b Ou *de um ungido*; também em 9.26. O hebraico traz *de um messias*. [e] 9.25c Ou *e um fosso*, ou *e trincheiras*. [f] 9.26a Em hebraico, *Depois de 62 setes*. [g] 9.26b O significado do hebraico é incerto. [h] 9.27a Em hebraico, *por 1 sete*. [i] 9.27b Em hebraico, *E na asa*; o significado do hebraico é incerto. [j] 9.27c Em hebraico, *uma abominação de desolação*. [k] 10.1 Isto é, no ano 536 a.C. [l] 10.4 Em hebraico, *No vigésimo quarto dia do primeiro mês*, do antigo calendário lunar hebraico. Essa data em Daniel é confirmada por datas em registros persas que sobreviveram ao tempo e pode ser relacionada com precisão ao calendário moderno. O ano foi 536 a.C.

como tochas acesas. Seus braços e seus pés brilhavam como bronze polido, e sua voz era como o som de uma grande multidão.

⁷Somente eu, Daniel, tive essa visão. Os homens que estavam comigo não viram coisa alguma. De repente, porém, eles se encheram de terror e correram para se esconder. ⁸Assim, fiquei ali sozinho e tive essa visão extraordinária. Perdi as forças, fiquei muito pálido e quase desfaleci. ⁹Então ouvi o homem falar e, ao som de sua voz, perdi os sentidos e fiquei ali estendido, com o rosto no chão.

¹⁰Nesse instante, a mão de alguém me tocou e me pôs, ainda trêmulo, sobre minhas mãos e meus joelhos. ¹¹E o homem me disse: "Daniel, você é muito precioso para Deus; por isso, ouça com atenção o que tenho a lhe dizer. Levante-se, pois fui enviado a você". Quando ele me disse isso, me levantei, ainda tremendo.

¹²Em seguida, ele disse: "Não tenha medo, Daniel. Pois, desde o primeiro dia em que você começou a orar por entendimento e a se humilhar diante de seu Deus, seu pedido foi ouvido. Eu vim em resposta à sua oração. ¹³Por 21 dias, porém, o príncipe do reino da Pérsia me impediu. Então Miguel, um dos príncipes mais importantes, veio me ajudar, e eu o deixei ali com os reis da Pérsia.ᵃ ¹⁴Agora estou aqui para explicar o que acontecerá com seu povo no futuro, pois essa visão se refere a um tempo que ainda está por vir".

¹⁵Enquanto ele falava comigo, eu olhava para o chão, sem conseguir dizer uma única palavra. ¹⁶Então aquele que se parecia com um homemᵇ tocou meus lábios, e eu abri a boca e comecei a falar. Disse àquele que estava diante de mim: "Meu senhor, estou angustiado por causa da visão que tive, e me sinto muito fraco. ¹⁷Como é possível alguém como eu, seu servo, falar com meu senhor? Minhas forças se foram, e mal consigo respirar".

ᵃ **10.13** O significado do hebraico é incerto. ᵇ **10.16** Conforme a maioria dos manuscritos do Texto Massorético; um manuscrito do Texto Massorético e uma versão grega trazem *Então algo que se parecia com a mão de um homem*.

10.11 Por Daniel ser "muito precioso para Deus", *ele foi provado inicialmente e capacitado a suportar.* Enquanto ele ainda era jovem, foi levado para a Babilônia e lá se recusou a comer os manjares ou a beber o vinho do rei. Colocou à prova se o alimentar-se de comida comum não o faria ficar mais saudável e melhor do que se ele se contaminasse com os manjares do rei. Bem, a religião não se firma na comida ou bebida, mas permita-me dizer que uma boa dose de irreligião sim — e pode se tornar um ponto muito importante para alguns quanto ao que eles comem e ao que bebem. Daniel foi provado inicialmente e porque era um homem muito amado de Deus, ele resistiu ao teste. Não cederia mesmo num pequeno ponto para o que era mau. [...]

Depois disso, Daniel *foi muito invejado, mas não cometeu falta alguma.* Ele estava cercado por inimigos invejosos que não podiam suportar que ele fosse promovido antes deles, embora Daniel merecesse toda a honra que recebeu. Desse modo, eles se reuniram e se consultaram entre si sobre como poderiam derrubá-lo. Foram obrigados a fazer esta confissão: "Nossa única chance de encontrar algum motivo para acusar Daniel será em relação às leis de seu Deus". Ó queridos amigos, vocês são muito preciosos se, quando seus inimigos se encontrarem para planejar algum esquema para sua queda, eles não puderem dizer nada contra vocês, exceto o que se basear em sua religião. Se, quando eles o examinam, seus olhos ansiosos e maldosos não conseguem detectar uma falha — e são obrigados a desistir de prejudicá-lo devido à sua piedade, chamando-a de hipocrisia ou algum outro nome torpe — você é alguém muito precioso.

Mais adiante, Daniel *foi liberto de um grande perigo.* Ele foi lançado na cova dos leões por ser um homem "muito precioso para Deus". Creio que vejo alguns se encolhendo e os ouço dizer: "Nós não queremos entrar na cova dos leões". Eles são pobres criaturas, mas Daniel valia a pena colocar na cova dos leões — havia o suficiente nele para que fosse colocado ali. Alguns homens ficariam desconfortáveis entre os leões — na verdade, os gatos seriam companheiros mais adequados para eles. [...] Não há coragem suficiente para trazê-los para um local fechado com o rei dos animais. Mesmo entre os nossos ouvintes, existem muitas criaturas pobres e fracas. Um homem inteligente prega uma doutrina falsa e eles dizem: "Muito bom. Posicionou-se bem, não achou?" Ó, sim! É tudo muito bom para alguns de vocês, que não podem discernir entre o verdadeiro e o falso, mas Daniel podia distinguir entre o bem e o mal e, portanto, ele foi jogado na cova dos leões. Foi, no entanto, a cova da qual ele foi liberto. Os leões não puderam comê-lo — Deus o amava muito. O Senhor preservou Daniel e Ele preservará você, querido amigo, se você pertencer ao "grupo de Daniel".

¹⁸Então aquele que se parecia com um homem tocou em mim novamente, e senti minhas forças voltarem. ¹⁹"Não tenha medo", ele disse, "pois você é muito precioso para Deus. Que a paz esteja com você! Tenha ânimo! Seja forte!"

Enquanto ele falava, logo me senti mais forte e disse: "Fale, meu senhor, pois me fortaleceu".

²⁰Então ele disse: "Você sabe por que eu vim? Em breve terei de voltar para lutar com o príncipe do reino da Pérsia e, depois disso, virá o príncipe do reino da Grécia.ᵃ ²¹Mas agora lhe direi o que está escrito no Livro da Verdade. (Ninguém me ajuda na luta contra esses príncipes, exceto Miguel, o príncipe de vocês.

11 Tenho acompanhado Miguel para apoiá-lo e fortalecê-lo desde o primeiro ano do reinado de Dario, o medo.)

Reis do sul e do norte

²"Agora, portanto, eu lhe revelarei a verdade. Outros três reis persas reinarão e serão sucedidos pelo quarto rei, muito mais rico que os outros. Ele usará sua riqueza para instigar todos a lutarem contra o reino da Grécia.ᵇ

³"Então surgirá um rei poderoso, que governará com grande autoridade e realizará tudo que desejar fazer. ⁴Mas, no auge de seu poder, seu reino será quebrado e dividido em quatro partes. Não será governado pelos descendentes do rei e o reino não terá a mesma autoridade de antes, pois seu império será arrancado fora e entregue a outros.

⁵"O rei do sul se tornará poderoso, mas um de seus oficiais se tornará ainda mais poderoso e governará seu reino com grande força.

⁶"Alguns anos depois, será formada uma aliança entre o rei do norte e o rei do sul. A filha do rei do sul se casará com o rei do norte para garantir a aliança, mas tanto ela como seu pai perderão a influência sobre ele. Ela será abandonada, junto com aqueles que a apoiam. ⁷Mas, quando um de seus parentesᶜ se tornar o rei do sul, ele reunirá um exército, entrará na fortaleza do rei do norte e o derrotará. ⁸Quando ele voltar ao Egito, levará os ídolos deles, e também objetos valiosos de ouro e prata. Por alguns anos, deixará o rei do norte em paz.

⁹"Mais tarde, o rei do norte invadirá o reino do sul, mas logo voltará para sua terra. ¹⁰Os filhos do rei do norte, porém, reunirão um exército poderoso que avançará como uma inundação e levará a batalha até a fortaleza do inimigo.

¹¹"Enfurecido, o rei do sul sairá para lutar contra o grande exército reunido pelo rei do norte e o derrotará. ¹²Depois que o exército inimigo for vencido, o rei do sul se tornará orgulhoso e executará muitos milhares de inimigos; sua vitória, porém, não durará muito tempo.

¹³"Alguns anos depois, o rei do norte voltará com um exército bem equipado, muito maior que antes. ¹⁴Nessa ocasião, haverá uma rebelião geral contra o rei do sul. Homens violentos de seu povo, Daniel, se juntarão a eles em cumprimento desta visão, mas serão derrotados. ¹⁵Então o rei do norte virá e cercará uma cidade fortificada e a conquistará. Nem as melhores tropas do sul conseguirão resistir a esse ataque.

¹⁶"O rei do norte continuará a avançar sem oposição; ninguém será capaz de resistir-lhe. Ele se deterá na terra gloriosa, decidido a destruí-la. ¹⁷Fará planos de vir com a força de todo o seu reino e formará uma aliança com o rei do sul. Dará sua filha em casamento a fim de derrubar o reino, mas seu plano falhará.

¹⁸"Depois disso, voltará sua atenção para o litoral e conquistará muitas cidades. No entanto, um comandante de outra terra acabará com sua insolência e o fará retirar-se, envergonhado. ¹⁹Ele se refugiará em sua própria fortaleza, mas tropeçará e nunca mais será visto.

²⁰"Seu sucessor enviará um cobrador de impostos para manter o esplendor real. Depois de um breve reinado, porém, ele morrerá, mas não como resultado de ira nem na batalha.

²¹"O próximo a subir ao poder será um homem desprezível, que não faz parte da linhagem real. Ele se infiltrará quando menos se espera e assumirá o controle do reino por meio de intrigas. ²²Diante dele, grandes exércitos serão arrasados, incluindo um príncipe da aliança. ²³Com promessas enganosas, fará várias alianças. Apesar de ter apenas um punhado de

---

ᵃ **10.20** Em hebraico, *de Javã*. ᵇ **11.2** Em hebraico, *de Javã*. ᶜ **11.7** Em hebraico, *um ramo de suas raízes*.

seguidores, ele se tornará forte. ²⁴Sem aviso, entrará nas regiões mais ricas da terra e distribuirá entre seus seguidores o despojo e os bens dos ricos, coisa que seus antecessores nunca fizeram. Fará planos para conquistar fortalezas, mas isso durará pouco tempo.

²⁵"Então juntará coragem e reunirá um grande exército contra o rei do sul. Este sairá para a batalha, mas de nada adiantará, pois haverá conspirações contra ele. ²⁶Sua derrota será causada por gente de sua própria confiança. Seu exército será arrasado, e muitos serão mortos. ²⁷Decididos a fazer o mal, esses reis tentarão enganar um ao outro enquanto estiverem à mesa de negociações; mas isso não fará diferença alguma, pois o fim chegará no tempo determinado.

²⁸"O rei do norte voltará para casa com muitas riquezas. No caminho, ele se colocará contra o povo da santa aliança e fará grandes estragos antes de seguir viagem.

²⁹"Então, no tempo determinado, ele voltará a invadir o sul, mas dessa vez o resultado será diferente. ³⁰Ele se assustará com os navios de guerra do litoral oeste[a] e voltará para casa. Então descarregará sua ira sobre o povo da santa aliança e recompensará os que abandonarem a aliança.

³¹"Seu exército tomará a fortaleza do templo, contaminará o santuário, acabará com os sacrifícios diários e colocará ali uma terrível profanação.[b] ³²Ele usará de adulação e conquistará os que violaram a aliança; mas aqueles que conhecem seu Deus serão fortes e resistirão.

³³"Líderes sábios instruirão a muitos, mas esses mestres morrerão pela espada e pelo fogo, ou serão capturados e saqueados. ³⁴Durante essas perseguições, receberão pouca ajuda, e muitos que se juntarem a eles não serão sinceros. ³⁵Alguns dos sábios serão vítimas de perseguição e, desse modo, serão refinados, purificados e limpos até o tempo do fim, pois o tempo determinado ainda está por vir.

³⁶"O rei fará o que bem entender, se exaltará, afirmará ser maior que todos os deuses e chegará a blasfemar contra o Deus dos deuses. Terá êxito, mas apenas até que se complete o tempo da ira; pois aquilo que foi determinado certamente acontecerá. ³⁷Ele não respeitará os deuses de seus antepassados, nem o deus preferido das mulheres, nem deus algum, pois dirá que é maior que todos eles. ³⁸Em lugar deles, adorará o deus da fortaleza, um deus que seus antepassados não conheceram, e lhe dará honras com ouro, prata, pedras preciosas e presentes caros. ³⁹Dizendo contar com a ajuda

[a] 11.30 Em hebraico, *de Quitim.* [b] 11.31 Em hebraico, *a abominação de desolação.*

11.32,33 Muitas vezes, a questão nos é colocada de maneira muito geral e vaga: "O conhecimento é bom ou não?". Espera-se que demos uma resposta prontamente e sem reservas; e se assim o fizermos, provavelmente cairemos numa armadilha. "Conhecimento — é algo bom em si mesmo ou não?" Isso depende de várias coisas. [...] A água é uma coisa boa? Mais uma vez respondo: "Sim", em suma. Muitas partículas aquosas são absolutamente necessárias para compor e sustentar a estrutura humana, que todo homem com sede sabe que a água é boa. No entanto, há água ruim; há poços envenenados — a água estagnada se torna pútrida e prejudicial à vida — a água é boa se considerada de forma generalizada. Mas há o conhecimento de que a água estagnada ou envenenada, pode destruir a alma. A Árvore do Conhecimento do Bem e do Mal estava no paraíso — preste atenção — mas arruinou o paraíso, preste atenção nisso também! Um homem pode saber muito e ainda pode estar firme em sua integridade — mas as chances são de que, enquanto os homens são o que são, haverá uma serpente na árvore do conhecimento, buscando a ruína das almas. Se você quiser julgar com respeito ao bem ou o mal do conhecimento, você deve se perguntar, *qual é a fonte dele?* Ter os lábios de uma pessoa tocados por uma brasa viva é uma grande bênção se o serafim traz essa brasa do altar de Deus; mas há línguas que são incendiadas no inferno — e quem deseja sentir tal chama maldita? Você precisa saber de onde a brasa vem antes de permitir que ela toque seus lábios. [...] Conhecer a Deus é a mais alta e melhor forma de conhecimento. Mas o que podemos saber de Deus? Nada além do que Ele tem prazer em nos revelar. Ele revelou algo de si mesmo no livro da natureza, e muito mais no livro da revelação; e ficou satisfeito em lançar uma luz vívida sobre o livro da revelação, manifestando-se a Seu povo como Ele não o faz ao mundo.

desse deus estrangeiro, atacará as fortalezas mais poderosas. Honrará os que se sujeitarem a ele, os nomeará para cargos de autoridade e dividirá a terra entre eles como recompensa.ª

⁴⁰"Então, no tempo do fim, o rei do sul lutará contra o rei do norte. O rei do norte atacará com carros de guerra e seus condutores e com muitos navios. Invadirá várias terras e as arrasará como uma inundação. ⁴¹Entrará na terra gloriosa e muitas nações cairão, mas Moabe, Edom e a maior parte de Amom escaparão. ⁴²Ele conquistará muitos países, e nem mesmo o Egito escapará. ⁴³Tomará para si o ouro, a prata e os tesouros do Egito, e os líbios e os etíopesᵇ serão seus servos.

⁴⁴"Mas, então, chegarão notícias do leste e do norte que o deixarão alarmado, e ele partirá enfurecido para destruir e aniquilar muitos. ⁴⁵Armará suas tendas entre o monte santo e glorioso e o mar. Enquanto estiver lá, porém, chegará a seu fim, e ninguém o ajudará."

O tempo do fim

12 "Nessa época, Miguel, o grande príncipe que guarda seu povo, se levantará. Haverá um tempo de angústia como nunca houve desde que as nações vieram a existir. Nesse tempo, porém, todos de seu povo que tiverem o nome escrito no livro serão salvos. ²Muitos dos que estão mortos e enterradosᶜ ressuscitarão, alguns para a vida eterna e outros para a vergonha e a desonra eterna. ³Os sábios brilharão intensamente como o esplendor do céu, e os que conduzem muitos à justiça resplandecerão como estrelas, para sempre. ⁴Mas você, Daniel, mantenha esta profecia em segredo; sele o livro até o tempo do fim, quando muitos correrão de um lado para o outro e o conhecimento aumentará".

⁵Então eu, Daniel, olhei e vi dois outros em pé em margens opostas do rio. ⁶Um deles perguntou ao homem vestido de linho, que agora estava sobre o rio: "Quanto tempo passará até que terminem esses acontecimentos espantosos?".

⁷O homem vestido de linho, que estava sobre o rio, levantou as duas mãos em direção ao céu, pronunciou um juramento solene àquele que vive para sempre e disse: "Passará um tempo, tempos e meio tempo. Quando o povo santo finalmente for quebrado, todas essas coisas se cumprirão".

⁸Ouvi o que ele disse, mas não entendi o significado. Por isso, perguntei: "Meu senhor, como estas coisas terminarão?".

⁹Ele respondeu: "Agora vá, Daniel, pois aquilo que eu disse será mantido em segredo e selado até o tempo do fim. ¹⁰Muitos serão purificados, limpos e refinados por essas provações. Os perversos, porém, continuarão em sua perversidade, e nenhum deles entenderá. Somente os sábios compreenderão seu significado.

¹¹"A partir do momento em que o sacrifício diário for suspenso e a terrível profanaçãoᵈ for colocada ali, haverá 1.290 dias. ¹²Feliz aquele que esperar e permanecer até o fim dos 1.335 dias!

¹³"Quanto a você, siga seu caminho até o fim. Você descansará e, no final dos dias, se levantará para receber sua herança".

ª**11.39** Ou *por um preço.* ᵇ**11.43** Em hebraico, *os cuxitas.* ᶜ**12.2** Em hebraico, *Muitos dos que dormem no pó da terra.* ᵈ**12.11** Em hebraico, *a abominação de desolação.*

Oseias

INTRODUÇÃO

Profeta. Ele é chamado de o "Profeta do amor divino". O nome, Oseias, significa "Livramento". Ele era um cidadão nativo de Israel e seguiu Amós a quem ele pode ter ouvido em Betel. Era contemporâneo de Isaías e testemunhou fielmente ao Israel corrupto no Norte, enquanto Isaías profetizou em Jerusalém. Oseias foi para Israel o que Jeremias se tornou para Judá. Ele ficou preparado para o seu trabalho através das lições que aprendeu com os pecados de sua infiel esposa. (1) Por meio do sofrimento que suportou por causa dos pecados dela, ele entendeu como Deus estava triste com a iniquidade de Israel e como os pecados dela não eram apenas contra a Lei de Deus, mas um insulto ao amor divino. (2) Em amor e grande custo, ele restaurou sua esposa rebelde e com esse ato viu a esperança de restauração e perdão para Israel. Seu ministério se estendeu por mais de 60 anos e foi talvez o mais longo de todos os registrados. Profetizou de 786 a 726 a.C., cobrindo os últimos anos do reinado de Jeroboão II, período ao qual os capítulos 1 a 3 pertencem, e o subsequente período de anarquia.

Estilo e método. Seu estilo é "abrupto, desigual, deselegante", mas também poético, alegórico e abundante em metáforas. Seus escritos devem ser interpretados com grande cuidado para se obter o que se entende por seu discurso simbólico. Ele lembra um dos reformadores e avivalistas modernos. Através de toda a ira que o livro revela, vemos também a imensa beleza do amor reconciliador. Vê-se em todos os lugares que o objetivo supremo, ao qual Oseias se dirige, é o restabelecimento da comunhão de vida e amor de Israel com Deus.

Condições de Israel. *Exteriormente*, havia prosperidade. A Síria e Moabe haviam sido conquistados; o comércio aumentara grandemente; as fronteiras da nação foram estendidas e as ofertas ao Templo eram abundantes. *Interiormente*, havia decadência. Foram introduzidas imoralidades repugnantes; a adoração estava sendo profanada e as massas do povo esmagadas, enquanto o Império Assírio estava avançando e pronto para aniquilar Israel, que, por causa de seus pecados, Deus o havia abandonado ao seu destino.

Eles toleravam a opressão, o assassinato, a mentira, o roubo, o juramento etc. Esqueceram-se da Lei e de guardar a aliança e substituíram a adoração a Deus pela adoração a Baal, tornando-se idólatras. Eles não buscavam mais a Deus em sua angústia, mas se voltavam para o Egito e para a Assíria para obter ajuda e, assim, colocavam segurança e prosperidade sobre uma base de força e sabedoria humanas, em vez de descansar sobre a esperança do favor divino.

ESBOÇO

1. O pecado de Israel, ilustrado pelo trágico e infeliz casamento de Oseias, Caps. 1–3
   1.1. A maldade de sua esposa e seus filhos, Cap. 1
   1.2. A infidelidade de Israel e o retorno a Deus vistos em mulheres infiéis, Cap. 2
   1.3. O amor de Deus restaura Israel assim como Oseias restaura sua esposa, Cap. 3
2. Discursos proféticos, Caps. 4–14
   2.1. O pecado de Israel, Caps. 4–8
   2.2. Punição vindoura de Israel, Caps. 9–11
   2.3. Arrependimento e restauração de Israel, Caps. 12–14

PARA ESTUDO E DISCUSSÃO

[1] Faça uma lista de todas as exortações à penitência e à reforma e estude-as.
[2] Indique os diferentes enunciados de julgamento sobre as pessoas.
[3] Faça uma relação de todos os diferentes pecados condenados.
[4] Faça uma lista das expressões do terno amor pelo rebelde e pelo desviado.
[5] Faça uma lista de todas as passagens que indicam dor e sofrimento por causa do pecado e perigo daquela que é amada.
[6] Apostasia política e religiosa.
[7] O pecado como infidelidade ao amor — como adultério espiritual.
[8] Os convites do livro.

OSEIAS 1

1 O Senhor revelou esta mensagem a Oseias, filho de Beeri, durante os anos em que Uzias, Jotão, Acaz e Ezequias eram reis de Judá, e Jeroboão, filho de Jeoás,[a] era rei de Israel.

A esposa e os filhos de Oseias

²Quando o Senhor começou a falar a Israel por meio de Oseias, disse-lhe: "Vá e case-se com uma prostituta,[b] para que os filhos dela sejam concebidos em prostituição. Isso mostrará como Israel agiu como prostituta ao afastar-se do Senhor".

³Então Oseias se casou com Gômer, filha de Diblaim. Ela ficou grávida e deu um filho a Oseias. ⁴E o Senhor disse: "Dê à criança o nome de Jezreel, 'Deus semeia', pois estou prestes a castigar a dinastia do rei Jeú para vingar os homicídios que ele cometeu em Jezreel. Sim, acabarei com o reino de Israel. ⁵Nesse dia, destruirei seu poder militar no vale de Jezreel".

⁶Pouco tempo depois, Gômer engravidou novamente e deu à luz uma filha. O Senhor disse a Oseias: "Dê à sua filha o nome de Lo-Ruama, 'Não Amada', pois não mostrarei mais amor ao povo de Israel, nem lhe perdoarei. ⁷Contudo, mostrarei amor ao povo de Judá. Eu, o Senhor, seu Deus, os livrarei de seus inimigos, não com armas e exércitos, nem com cavalos e carros de guerra, mas por meu poder".

⁸Depois de Gômer ter desmamado Lo-Ruama, ficou grávida mais uma vez e deu à luz outro filho. ⁹E o Senhor disse: "Dê-lhe o nome de Lo-Ami, 'Não Meu Povo', pois Israel não é meu povo, e eu não sou seu Deus.

¹⁰ᶜ"Virá o tempo, porém, em que o povo de Israel se tornará como a areia à beira do mar, que não se pode contar. Então, no lugar onde lhes foi dito: 'Vocês não são meu povo', se dirá: 'Vocês são filhos do Deus vivo'. ¹¹Nesse tempo, o povo de Judá e o povo de Israel se unirão. Escolherão para si um só líder e voltarão juntos do exílio. Que grande dia será o dia em que Deus semear seu povo novamente em sua terra!ᵈ

2 ¹ᵉ"Nesse dia, vocês chamarão seus irmãos de Ami, 'Meu Povo', e chamarão suas irmãs de Ruama, 'Minhas Amadas'."

Acusações contra a esposa infiel

²"Apresentem acusações contra sua mãe,
  pois ela já não é minha esposa,
  e eu já não sou seu marido.
Digam-lhe que remova do rosto a
  maquiagem de prostituta
e que tire as roupas que deixam os seios
  à mostra.
³Do contrário, eu a deixarei nua,
  como no dia em que nasceu.
Permitirei que morra de sede,
  como numa terra seca e desolada.
⁴E não amarei seus filhos,
  pois foram concebidos em prostituição.
⁵Sua mãe é uma prostituta indecente
  que engravidou de forma vergonhosa.
Disse: 'Irei atrás de outros amantes
  e me venderei a eles em troca de comida
    e água,
  em troca de roupas de lã e de linho,
  em troca de azeite e bebidas'.
⁶"Por isso a cercarei com espinheiros;
  levantarei um muro à frente dela

ᵃ**1.1** Em hebraico, *Joás*, variação de Jeoás. ᵇ**1.2** Ou *uma mulher promíscua*. ᶜ**1.10** No texto hebraico, os versículos 1.10-11 são numerados 2.1-2. ᵈ**1.11** Em hebraico, *o dia de Jezreel*. Ver 1.4. ᵉ**2.1** No texto hebraico, os versículos 2.1-23 são numerados 2.3-25.

2.5-7 Ó, simples ingratidão para o seu bondoso Javé! Infame atribuição de Sua glória às imagens esculpidas! Os prósperos pecadores cometem três grandes erros. No início, *eles dão às suas misérias temporais a primazia em seus corações*. Porque seus negócios prosperam, eles não consideram que suas almas estão *perecendo*; porque há o suficiente na mesa para si e para seus filhos, esquecem-se de que a alma deles está faminta por falta de pão do Céu. Eles colocam as sombras do tempo antes das realidades da eternidade. [...]

Um erro leva a outro e, portanto, essas pessoas mantêm suas coisas temporárias em uma posição errada. [...] Desviado, houve um tempo em que você confessou ser o mordomo de Deus quando disse: "Eu não me pertenço, mas fui comprado por alto preço", mas agora, você estabeleceu seu coração nas coisas mundanas, e toda sua conversa gira em torno disso — meus cavalos, minhas casas, minhas terras, meus lucros, meus filhos e uma lista interminável de coisas que você pensa ser totalmente suas. Bem, homem, elas não são suas; elas só foram emprestadas a você por um tempo; você é apenas o meirinho de Deus, tem posse

para fazê-la se perder em seu caminho.
⁷Quando correr atrás de seus amantes,
    não os alcançará.
Procurará por eles,
    mas não os encontrará.
Então pensará:
    'Voltarei para meu marido,
    pois com ele estava melhor que agora'.
⁸Ela não entende que tudo que tem foi
        dado por mim:
    o trigo, o vinho novo, o azeite.
Dei-lhe até mesmo prata e ouro,
    mas ela ofereceu meus presentes a Baal.

⁹"Agora, porém, tomarei de volta o trigo e
        o vinho
    que lhe providenciei a cada colheita.
Tomarei as roupas de lã e de linho
    que lhe dei para cobrir sua nudez.
¹⁰Eu a deixarei nua em público,
    à vista de todos os seus amantes.
Ninguém será capaz
    de livrá-la de minhas mãos.
¹¹Acabarei com suas celebrações,
    com suas festas de lua nova e seus
        sábados,
    com todos os seus feriados.
¹²Destruirei suas videiras e figueiras,
    que ela diz ter recebido de seus amantes.
Farei que se tornem densos matagais,
    onde animais selvagens comerão os
        frutos.
¹³Eu a castigarei por todas as vezes
    que queimou incenso a suas imagens de
        Baal,
    que colocou brincos e joias
    e saiu atrás de seus amantes,
mas se esqueceu de mim",
    diz o Senhor.

O amor do Senhor pela nação infiel de Israel

¹⁴"Contudo, eu a conquistarei de volta;
    ao deserto a levarei
    e lhe falarei com carinho.
¹⁵Devolverei suas videiras
    e transformarei o vale de Acor[a] numa
        porta de esperança.
Ela se entregará a mim,
    como fez há muito tempo, quando era
        jovem,
    quando eu a libertei da escravidão no
        Egito.
¹⁶Nesse dia", diz o Senhor,
    "você me chamará de 'meu marido',
    e não de 'meu senhor'.[b]
¹⁷Limparei de seus lábios os nomes de Baal,
    e você nunca mais os pronunciará.
¹⁸Nesse dia, farei uma aliança
    com todos os animais selvagens, com as
        aves do céu
    e com todos os animais que rastejam pelo
        chão,
    para que não lhe façam mal.
Removerei da terra todas as armas de
        guerra,
    as espadas e os arcos,
para que você viva
    em paz e segurança.
¹⁹Eu me casarei com você para sempre,
    e lhe mostrarei retidão e justiça,
    amor e compaixão.
²⁰Serei fiel a você e a tornarei minha,
    e você conhecerá a mim, o Senhor.

²¹"Naquele dia, eu responderei",
    diz o Senhor.
"Responderei aos céus,
    e os céus responderão à terra.
²²A terra responderá aos clamores
    do trigo, das videiras e das oliveiras.

[a]**2.15** *Vale de Acor* significa "vale da aflição". [b]**2.16** Em hebraico, *'meu baal'*.

---

apenas como inquilino, ou como um mutuário que possui um empréstimo. [...]

Então, além disso, os desviados estão aptos a *atribuir sua prosperidade e suas misericórdias aos seus pecados*. Eu até ouvi alguém dizer: "Desde que desisti de professar a religião, fiz mais progressos nos negócios do que antes". Alguns apóstatas se vangloriaram: "Desde que rompi com restrições puritanas e saí para uma companhia mundana, tenho sido melhor no ânimo e melhor no bolso do que nunca antes". Assim, eles atribuem as bênçãos que Deus lhes concedeu aos seus pecados, e se curvam perversamente diante de suas concupiscências, como Israel fez diante do bezerro de ouro, e clamam: "Ó Israel, estes são os seus deuses que o tiraram da terra do Egito!"

E eles, por sua vez, responderão:
'Deus semeia!'.ª
²³Então semearei uma safra de israelitas
e os farei crescer para mim mesmo.
Mostrarei amor
por aquela que chamei 'Não Amada',[b]
E àqueles que chamei 'Não Meu Povo',[c]
direi: 'Agora vocês são meu povo'.
E eles responderão:
'Tu és nosso Deus!'".

A esposa de Oseias é redimida

3 Então o Senhor me disse: "Vá e ame sua esposa outra vez, embora ela cometa adultério[d] com um amante. Isso mostrará que o Senhor ainda ama Israel, ainda que o povo tenha se voltado para outros deuses e sinta prazer em lhes trazer ofertas".[e]

²Assim, eu a comprei de volta por quinze peças de prata,[f] um barril grande de cevada e um odre de vinho.[g] ³Então eu lhe disse: "Você viverá em minha casa por muitos dias e deixará de se prostituir. Durante esse tempo, não terá relações sexuais com ninguém, e eu também esperarei por você".[h]

⁴Isso mostra que Israel ficará um longo tempo sem rei nem príncipe, sem sacrifícios nem colunas sagradas, sem sacerdotes[i] nem ídolos. ⁵Depois disso, porém, o povo retornará e buscará o Senhor, seu Deus, e o descendente de Davi, seu rei.[j] Naquele tempo, tremerão em reverência ao Senhor e à sua bondade.

Acusações do Senhor contra Israel

4 ¹Ó israelitas, ouçam a palavra do Senhor!
O Senhor apresentou acusações contra vocês:
"Não há fidelidade, nem bondade,
nem conhecimento de Deus em sua terra.
²Vocês fazem votos e não os cumprem;
matam, roubam e cometem adultério.
Há violência em toda parte,
um homicídio atrás do outro.
³Por isso sua terra está de luto,
e todos desfalecem.
Até os animais selvagens, as aves do céu
e os peixes do mar estão desaparecendo.

⁴"Não apontem o dedo para outra pessoa,
não tentem escapar da culpa!
Minha queixa é contra vocês,
sacerdotes![k]
⁵Vocês tropeçarão em plena luz do dia,
e seus profetas cairão com vocês durante a noite;
e eu destruirei Israel, sua mãe.
⁶Meu povo está sendo destruído
porque não me conhece.
Porque vocês, sacerdotes, não querem me conhecer,
eu não os reconhecerei como meus sacerdotes.
Porque se esqueceram da lei de seu Deus,
eu me esquecerei de seus filhos.
⁷Quanto maior o número de sacerdotes,
mais eles pecam contra mim.
Trocaram a glória de Deus
pela vergonha de ídolos.[l]

⁸"Quando o povo traz suas ofertas pelo pecado,
os sacerdotes se alimentam.
Por isso, eles se alegram
quando o povo peca!
⁹E, assim como são os sacerdotes,
assim é o povo.
Por isso, a ambos castigarei
por seus atos perversos.
¹⁰Eles comerão, mas ainda sentirão fome;
eles se prostituirão, mas nada receberão,
pois abandonaram o Senhor
¹¹para cometer adultério com outros deuses.

"O vinho tirou
o entendimento de meu povo.
¹²Pedem conselho a pedaços de madeira,
pensam que uma vara lhes dirá o futuro.
Seu desejo de ir atrás de ídolos
os tornou insensatos.

ª**2.22** Em hebraico, *Jezreel*; ver 1.4. [b]**2.23a** Em hebraico, *Lo-Ruama*; ver 1.6. [c]**2.23b** Em hebraico, *Lo-Ami*; ver 1.9. [d]**3.1a** Ou *Vá e ame uma mulher que comete adultério*. [e]**3.1b** Em hebraico, *ame seus bolos de passas*. [f]**3.2a** Em hebraico, *15 [siclos] de prata*, cerca de 170 gramas. [g]**3.2b** Conforme a Septuaginta, que traz *1 ômer de cevada e 1 odre de vinho*; o hebraico traz *1 ômer de cevada* [220 litros] *e 1 letek* [110 litros] *de cevada*. [h]**3.3** Ou *e eu viverei com você*. [i]**3.4** Em hebraico, *colete sacerdotal*. [j]**3.5** Em hebraico, *e Davi, seu rei*. [k]**4.4** O significado do hebraico é incerto. [l]**4.7** Conforme a versão siríaca e uma antiga tradição hebraica; o Texto Massorético traz *Transformarei sua glória em vergonha*.

Prostituíram-se cometendo adultério com outros deuses
e abandonando seu Deus.
¹³Oferecem sacrifícios a ídolos no alto dos montes;
sobem as colinas para queimar incenso
à sombra agradável de carvalhos, álamos e terebintos.

"Por isso suas filhas se voltam para a prostituição,
e suas noras cometem adultério.
¹⁴Mas por que eu as castigaria
por sua prostituição e adultério?
Pois seus homens fazem a mesma coisa,
pecando com prostitutas de rua e dos santuários.
Ó povo sem entendimento,
você segue rumo à destruição!

¹⁵"Embora você, Israel, se prostitua,
que Judá não seja culpado dessas coisas.
Não participe da falsa adoração em Gilgal
nem em Bete-Áven,ª
não faça juramentos ali em nome do Senhor.
¹⁶A nação de Israel é rebelde
como uma bezerra teimosa.
Acaso o Senhor deve alimentá-la
como um cordeiro em pastos verdes?
¹⁷Deixe Israelᵇ de lado,
pois se apegou à idolatria.
¹⁸Quando os governantes de Israel terminam de beber,
saem à procura de prostitutas;
amam a vergonha mais que a honra.ᶜ
¹⁹Por isso, um forte vento os levará para longe;
seus sacrifícios idólatras os envergonharão."

O fracasso dos líderes de Israel

5 ¹"Ouçam isto, sacerdotes!
Prestem atenção, líderes de Israel!
Escutem, membros da família real;
foi pronunciada a sentença contra vocês,
pois conduziram meu povo a uma armadilha,
em Mispá e em Tabor.
²Os rebeldes promoveram grande matança,ᵈ
mas eu os castigarei pelo que fizeram.
³Conheço você, Efraim;
não pode se esconder de mim, Israel.
Você me abandonou e se prostituiu;
está inteiramente contaminado.
⁴Suas ações não lhe permitem voltar para seu Deus;
a prostituição domina seu coração,
e você não conhece o Senhor.

⁵"A arrogância de Israel dá testemunho contra ele;
Israel e Efraim tropeçarão sob o peso da culpa,
e Judá também cairá com eles.
⁶Quando vierem com seus rebanhos e gado
para oferecer sacrifícios ao Senhor,
não o encontrarão,
pois ele se afastou deles.
⁷Traíram a honra do Senhor
ao gerar filhos que não lhe pertencem.
Agora, por ocasião da lua nova, serão devorados,
juntamente com sua riqueza.ᵉ

⁸"Soem o alarme em Gibeá!
Toquem a trombeta em Ramá!
Deem o grito de guerra em Bete-Áven!ᶠ
Entrem na batalha, guerreiros de Benjamim!
⁹Uma coisa é certa, Israel:ᵍ
no dia de seu castigo,
você se tornará um monte de ruínas.

¹⁰"Os líderes de Judá são trapaceiros e ladrões,ʰ
por isso derramarei minha ira sobre eles como água.
¹¹O povo de Israel será esmagado e quebrado por meu juízo,
pois está decidido a adorar ídolos.ⁱ

ª**4.15** *Bete-Áven* significa "casa da perversidade"; aqui é outro nome para Betel, isto é, "casa de Deus". ᵇ**4.17** Em hebraico, *Efraim*, referência a Israel, o reino do norte. ᶜ**4.18** Conforme a Septuaginta; o significado do hebraico é incerto. ᵈ**5.2** O significado do hebraico é incerto. ᵉ**5.7** O significado do hebraico é incerto. ᶠ**5.8** *Bete-Áven* significa "casa da perversidade"; aqui é outro nome para Betel, isto é, "casa de Deus". ᵍ**5.9** Em hebraico, *Efraim*, referência a Israel, o reino do norte; também em 5.11,12,13,14. ʰ**5.10** Em hebraico, *são como os que mudam um marco de limite*. ⁱ**5.11** Ou *está decidido a seguir ordens humanas*. O significado do hebraico é incerto.

¹²Destruirei Israel como a traça acaba com a lã,
tornarei Judá tão fraca quanto madeira podre.

¹³"Quando Israel e Judá viram como estavam doentes,
Israel se voltou para a Assíria,
para seu grande rei,
mas ele não foi capaz de curá-lo.
¹⁴Pois serei como um leão para Israel,
como um leão novo e forte para Judá,
e os despedaçarei.
Eu os levarei embora,
e não sobrará ninguém para resgatá-los.
¹⁵Então retornarei a meu lugar,
até que reconheçam sua culpa e voltem para mim.
Pois, assim que vier o sofrimento,
eles me buscarão ansiosamente."

Chamado ao arrependimento

6 ¹"Venham, voltemos para o SENHOR!
Ele nos despedaçou,
agora irá nos sarar.
Ele nos feriu,
agora nos fará curativos.
²Em pouco tempo[a] nos restaurará,
e logo[b] viveremos em sua presença.
³Ah, como precisamos conhecer o SENHOR;
busquemos conhecê-lo!
Ele nos responderá, tão certo como chega o amanhecer
ou vêm as chuvas da primavera."

⁴"Ó Israel[c] e Judá,
que farei com vocês?
Seu amor se dissipa como a neblina da manhã
e desaparece como o orvalho à luz do sol.

---

[a] **6.2a** Em hebraico, *Depois de dois dias.* [b] **6.2b** Em hebraico, *no terceiro dia.* [c] **6.4** Em hebraico, *Efraim*, referência a Israel, o reino do norte.

5.13 O braço de Javé não era suficiente para Judá — Judá devia confiar em uma força que poderia parecer imponente em sua origem. "Ó", disse o povo, "enviemos mensagem ao rei da Assíria para que ele nos forneça dezenas de milhares de soldados e nos ajude com seus homens poderosos para que possamos estar seguros! Assim, nosso Estado se recuperará". Mas se eles tivessem confiado em Deus, meus irmãos e irmãs, quão seguros teriam ficado! [...]

Não, eles não podem confiar no braço invisível. Precisam ter homens e instrumentos de homens. Eles precisam ter algo que possam ver. A menos que tenham a lança, a espada e o escudo do Estado assírio, não podem ter nenhuma sensação de segurança. Eles foram ao rei assírio — enviaram mensagem ao rei Jarebe, "mas ele não foi capaz de curá-lo". Como foram tolos em esperar que ele o pudesse, pois, assim que enviaram seus embaixadores ao rei da Assíria, ele se encheu de si enquanto falava com eles: "Ó, vocês querem ajuda, não querem? Vou enviar-lhe alguns soldados para ajudá-los". Lembre-se de que suas casas foram despojadas de todo o ouro e prata que continham para dar um presente ao rei da Assíria. "Eu lhes enviarei soldados para ajudá-los", lhes disse — e então sussurrou para si mesmo — "Depois que eles o ajudarem, ajudarão a si mesmos!". E assim eles fizeram. Quando vieram e, durante algum tempo, lutaram pelo povo de Israel e os libertaram, então se viraram contra os israelitas e os levaram cativos e os despojaram de tudo o que tinham! Esse é o resultado de confiar no homem. "Maldito é quem confia nas pessoas, que se apoia na força humana e afasta seu coração do SENHOR!"

6.3,4 *V.3* Estamos convencidos do amor imutável de Deus para com os Seus filhos, mas note que a conexão do texto nos leva a observar o seguinte fato: a constância de Deus ao Seu povo *não é ocasionada pela constância deles para com o Senhor*, pois Efraim e Judá, sobre quem este texto foi escrito, eram os mais volúveis e inconstantes dos povos; eram instáveis como água em direção ao seu Deus. Ele traz acusações como estas contra Seu povo — "A nação de Israel é rebelde como uma bezerra teimosa". "O povo de Israel será esmagado e quebrado por meu juízo, pois está decidido a adorar ídolos" —, isto é, o mandamento *perverso* de reis pagãos. Em todo o livro de Oseias, há exortações ao arrependimento devido ao retorno da rebeldia. Portanto, se Deus permaneceu fiel em relação a esse povo, não foi porque eles permaneceram fiéis ao Senhor! O fato é que, sempre que houver em qualquer cristão uma santa paciência e perseverança diligente, isto é a obra de *Deus* em sua alma, e é efetuada nele pela graça fiel e pela presença permanente de Deus! Não é a *nossa* fidelidade que faz Deus manter a Sua promessa, mas é a fidelidade de *Deus* que nos mantém próximos a Ele.

V.4 O amor de Deus é a manhã, a promessa justa do homem é apenas a nuvem da manhã. Uma névoa é

⁵Enviei meus profetas para despedaçar vocês,
para matá-los com minhas palavras,
com julgamentos inescapáveis como a luz.
⁶Quero que demonstrem amor,ª
e não que ofereçam sacrifícios.
Quero que me conheçam,ᵇ
mais do que desejo holocaustos.
⁷Como Adão,ᶜ porém, vocês quebraram minha aliança
e traíram minha confiança.
⁸"Gileade é uma cidade de pecadores,
cheia de marcas de sangue.
⁹Sacerdotes são como bandos de assaltantes,
de tocaia à espera de suas vítimas.
Assassinam viajantes ao longo da estrada para Siquém
e praticam todo tipo de perversidade.
¹⁰Sim, vi algo horrível em Efraim e em Israel:
meu povo se contaminou prostituindo-se com outros deuses!
¹¹"Ó Judá, uma colheita de castigo também espera por você,
embora eu quisesse restaurar a situação de meu povo."

Israel ama a maldade

7 ¹"Desejo curar Israel, mas seus pecadosᵈ são grandes demais;
Samaria está cheia de mentirosos.
Há ladrões do lado de dentro
e bandidos do lado de fora.
²Seu povo não percebe
que eu o observo.
Está cercado por seus atos pecaminosos,
e eu vejo todos eles.
³"Com suas maldades, divertem o rei,
e os príncipes riem de suas mentiras.
⁴São todos adúlteros,
sempre ardendo de paixão.
São como o forno mantido quente,
enquanto o padeiro bate a massa.
⁵No dia da festa do rei, os príncipes se embebedam com vinho
e dão as mãos aos zombadores.
⁶Seu coração é como um forno
que arde com intriga.
Sua trama queimaᵉ a noite toda
e, pela manhã, irrompe em chamas abrasadoras.

ª **6.6a** A Septuaginta traduz esse termo hebraico como *demonstrem misericórdia*. Comparar com Mt 9.13; 12.7. ᵇ **6.6b** Em hebraico, *que conheçam a Deus*. ᶜ **6.7** Ou *Em Adão*. ᵈ **7.1** Em hebraico, *os pecados de Efraim*, referência a Israel, o reino do norte; também em 7.8,11. ᵉ **7.6** Em hebraico, *Seu padeiro dorme*.

---

muitas vezes vista na Palestina no início da manhã e o agricultor espera que a seca acabe, mas ela zomba de suas esperanças, e não há chuva — a nuvem é evaporada pelo Sol e a terra fica tão seca como antes. O orvalho da manhã também é mencionado como uma coisa muito fugaz, um filho da noite, desaparece quando o Sol resplandece. Assim é com a religião de centenas de pessoas quem nós caridosamente julgamos com esperança, mas com relação às quais somos enganados. [...]

Irmãos e irmãs, vocês veem o caso diante de nós — veem como a esperança de alguns é para a realidade que está em outros — quão semelhante a neblina da manhã é da manhã, e o quanto esse orvalho assemelha-se à chuva celestial! Qual é a razão pela qual tantos assim enganam a si mesmos e a nós? Não é na maioria dos casos a falta de uma percepção profunda do pecado? Embora eu me regozije com conversões súbitas, levo em conta as graves suspeitas sobre aquelas pessoas tão repentinamente felizes que parecem nunca terem se entristecido com seus pecados. Tenho receio de que aqueles que tão ligeiramente vêm por sua religião a perdem com bastante rapidez. Saulo de Tarso se converteu repentinamente, mas nenhum homem passou por maior horror de escuridão antes que Ananias viesse a ele com palavras de conforto. Gosto do arar profundo — arar superficialmente é trabalho fraco! Rasgar o solo sob a superfície é muito necessário; afinal, os cristãos mais persistentes parecem ser aqueles que consideravam sua doença interior tão profundamente acomodada e repugnante, que, depois de algum tempo, são levados a ver a glória da mão curadora do Senhor Jesus à medida que Ele a apresentava no evangelho. Receio que, em muita religião moderna, haja falta de profundidade em todos os pontos; as pessoas nem tremem nem se regozijam muito; elas nem muito se desesperam nem creem muito. Ó, cuidado com a aparência piedosa! Cuidado com a religião que consiste em colocar uma camada fina de piedade sobre uma massa de carnalidade! Devemos passar por um trabalhar completo no interior!

⁷Como um forno ardente,
    consomem seus líderes.
Matam seus reis, um após o outro,
    e ninguém clama a mim por socorro.

⁸"O povo de Israel se mistura com outros povos
    e se torna imprestável como um bolo mal assado.
⁹Estrangeiros consomem suas forças,
    mas eles não sabem disso.
Seus cabelos ficam brancos,
    mas eles não se dão conta.
¹⁰Sua arrogância testemunha contra eles,
    e, no entanto, não se voltam para o Senhor, seu Deus,
    nem buscam encontrá-lo.
¹¹"O povo de Israel se tornou como pombas tolas e sem juízo,
    que primeiro chamam o Egito
    e depois voam até a Assíria para pedir socorro.
¹²Enquanto voam de um lado para o outro,
    lançarei sobre eles minha rede
    e os derrubarei como uma ave do céu;
    eu os castigarei por todo o mal que fizeram.ᵃ
¹³"Que aflição espera os que me abandonaram!
Que morram, pois se rebelaram contra mim.
Eu desejava resgatá-los,
    mas contaram mentiras a meu respeito.
¹⁴Não clamam a mim de coração sincero;
    em vez disso, gemem angustiados em suas camas.
Cortam-seᵇ ritualmente e suplicam por trigo e vinho novo,
    mas de mim se afastam.
¹⁵Eu os instruí e os fortaleci,
    mas agora tramam o mal contra mim.
¹⁶Olham para toda parte, menos para o Altíssimo;
    são inúteis, como um arco defeituoso.
Seus líderes serão mortos por seus inimigos,
    por causa de sua insolência contra mim.
Então o povo do Egito
    rirá deles."

Israel colhe vendaval

8 ¹"Soem o alarme!
    O inimigo desce como águia sobre o templo do Senhor.
Pois o povo quebrou minha aliança
    e se rebelou contra minha lei.
²Agora, Israel clama a mim:
    'Socorre-nos, pois és nosso Deus!'.
³Mas os israelitas rejeitaram o bem,
    e agora o inimigo os persegue.
⁴Nomearam reis sem que eu consentisse
    e escolheram príncipes sem minha aprovação.
Fizeram para si ídolos de prata e ouro

ᵃ 7.12 O significado do hebraico é incerto. ᵇ 7.14 Conforme a Septuaginta; o hebraico traz *Reúnem-se*.

8.1,2 Diferentes expositores deram várias interpretações a este versículo e aplicaram-no à praga em particular que estava, na época, prestes a cair sobre o povo israelita. Alguns dizem uma coisa e outros dizem outra. Não me interesso em entrar nestas divergências de interpretações — basta-me acreditar que há uma ameaça de visitação aqui contra a Igreja do Senhor. [...] Mas Deus deixará que algo venha contra Sua própria casa? Certamente, não pode ser assim! Ah, mas é assim — e o nome enfático de Deus, Javé, é usado, pois você vê a palavra Senhor, está em letras maiúsculas. Se o pecado entrar na casa de Deus, Ele não o poupará mais na Sua casa do que Ele o pouparia na casa do diabo. Deus odeia o pecado em todos os lugares e se o pecado entrar em Sua própria Igreja, Ele o lançará para fora com açoites. [...] Como isso tem sido verdade na Igreja de Cristo por muitas eras! Como já disse antes, Deus nunca deixou Seu povo escolhido, mas muitas vezes deixou igrejas distintas quando estas se mesclaram com o mundo. Olhe para as Sete Igrejas da Ásia. Seria uma viagem interessante e instrutiva ir a Sardes, a Pérgamo, a Tiatira e aos outros lugares onde uma vez havia as igrejas às quais João, o santo, escreveu uma parte do livro de Apocalipse. Veríamos [...] as ruínas de uma grandeza do passado distante [...] com, talvez, nem uma dúzia de cristãos a serem encontrados dentro de um raio de uns 20 quilômetros! Deus tirou o candelabro do seu lugar e apagou Sua Luz na escuridão.

e assim provocaram a própria destruição.

⁵"Ó Samaria, rejeito o bezerro que você fez!
Minha ira arde contra você;
até quando será incapaz de se manter inocente?
⁶Esse bezerro que você adora, ó Israel,
foi feito por suas próprias mãos;
ele não é Deus!
Portanto, deve ser despedaçado.
⁷"Semearam ventos
e colherão vendaval.
Os talos de trigo murcharão
e não produzirão alimento.
E, mesmo que haja trigo,
os estrangeiros o comerão.
⁸O povo de Israel foi engolido;
está abandonado entre as nações,
como utensílio que ninguém quer.
⁹Como jumento selvagem no cio,
subiram até a Assíria.
O povo de Israel[a] se vendeu
a muitos amantes.
¹⁰Embora tenham se vendido às nações,
agora eu os reunirei para o julgamento.
Começarão a definhar
sob a opressão do grande rei.
¹¹"O povo de Israel construiu muitos altares para remover o pecado,
mas esses mesmos altares se tornaram lugares para pecar.
¹²Embora eu lhes tenha dado minhas leis,
agem como se elas não se aplicassem a eles.
¹³Gostam de oferecer sacrifícios e comer de sua carne,
mas eu não aceito esses sacrifícios.
Pedirei conta de seus pecados e os castigarei;
eles voltarão para o Egito.
¹⁴Israel se esqueceu de seu Criador e construiu grandes palácios,
e Judá fortificou suas cidades.
Por isso, enviarei fogo sobre suas cidades
e queimarei suas fortalezas."

Oseias anuncia o castigo de Israel

9 ¹Ó povo de Israel,
não se alegre como as outras nações.
Pois vocês foram infiéis a seu Deus
e se venderam como prostituta
ao adorar outros deuses em toda eira de cereal.
²Agora, suas colheitas não bastarão para alimentá-los;
não haverá uvas para fazer vinho novo.
³Vocês não permanecerão na terra do Senhor;
em vez disso, voltarão para o Egito
e, na Assíria, comerão alimentos impuros.
⁴Ali não apresentarão ofertas de vinho ao Senhor;
seus sacrifícios não o agradarão.
Serão impuros, como o alimento tocado por uma pessoa de luto;
todos que apresentarem esses sacrifícios se contaminarão.
Eles próprios comerão o alimento,
mas não poderão oferecê-lo ao Senhor.
⁵O que oferecerão nos feriados sagrados?
Como celebrarão as festas do Senhor?
⁶Mesmo que escapem da destruição nas mãos da Assíria,
o Egito os conquistará, e Mênfis[b] os sepultará.
A urtiga cobrirá seus tesouros de prata,
e espinhos invadirão as ruínas de suas casas.

⁷Chegou o tempo do castigo de Israel,
o dia do acerto de contas;
sim, Israel se dará conta disso.
Por causa de seu grande pecado e sua hostilidade,
vocês dizem: "Os profetas enlouqueceram,
e os homens inspirados não passam de tolos!".
⁸O profeta é um vigia sobre Israel[c] para meu Deus,
mas, por onde vai, encontra armadilhas;
até no templo de Deus enfrenta hostilidade.

---

[a] 8.9 Em hebraico, *Efraim*, referência a Israel, o reino do norte; também em 8.11. [b] 9.6 *Mênfis* era a capital do norte do Egito. [c] 9.8 Em hebraico, *Efraim*, referência a Israel, o reino do norte; também em 9.11,13,16.

⁹Meu povo faz coisas depravadas
   como em Gibeá, muito tempo atrás.
Deus não esquecerá;
   certamente os castigará por seus
      pecados.

¹⁰"Quando encontrei você, Israel,
   foi como encontrar uvas no deserto.
Quando vi seus antepassados,
   foi como ver os primeiros figos
      maduros.
Mas eles me abandonaram por causa de
      Baal-Peor
   e se entregaram à vergonhosa idolatria.
Logo se tornaram tão repugnantes
   quanto o ídolo que adoravam.
¹¹A glória de Israel fugirá como uma ave,
   pois não lhes nascerão filhos;
não crescerão no ventre,
   nem sequer serão concebidos.
¹²Ainda que alguns de seus filhos cheguem
      a crescer,
   eu os tomarei de vocês.
Será um dia terrível quando eu me afastar
   e os deixar sozinhos.
¹³Vi Israel se tornar bela como Tiro;
   agora, porém, entregará seus filhos para
      o massacre."

¹⁴Ó Senhor, o que devo pedir para teu povo?
   Pedirei ventres que não deem à luz
   e seios que não deem leite.

¹⁵"Toda a perversidade deles começou em
      Gilgal;
   ali comecei a odiá-los.
Eu os expulsarei de minha terra
   por causa de suas maldades.
Não os amarei mais,
   porque todos os seus líderes são
      rebeldes.
¹⁶O povo de Israel está ferido;
   suas raízes secaram,
   e eles não darão mais frutos.
E, se derem à luz,
   eu matarei seus filhos queridos."

¹⁷Meu Deus rejeitará os israelitas,
   pois não lhe obedecem.
Andarão sem rumo,
   errantes entre as nações.

O julgamento do Senhor contra Israel

10 ¹Como Israel é próspero!
   É uma videira viçosa cheia de frutos.
Mas, quanto mais seu povo enriquece,
   mais altares idólatras constrói.
Quanto mais fartas suas colheitas,
   mais belas suas colunas sagradas.
²O coração dos israelitas é inconstante;
   são culpados e devem ser castigados.
O Senhor derrubará seus altares
   e despedaçará suas colunas.
³Então eles dirão: "Não temos rei,
   pois não tememos o Senhor.
Mas, ainda que tivéssemos rei,
   o que ele poderia fazer por nós?".
⁴Proferem palavras vazias
   e fazem alianças que não pretendem
      cumprir.
Por isso disputas legais brotam em seu
      meio,
   como ervas daninhas num campo arado.
⁵Os habitantes de Samaria tremem de
      medo

10.1,4,6 *V.1* É muito triste ver que quanto mais os homens recebem de Deus, mais eles pecam. Mas, na mesma proporção em que a terra de Israel era farta e fértil, eles montavam altares para falsos deuses e provocavam o Deus verdadeiro, que lhes havia concedido essas bênçãos. É ruim quando os homens se enriquecem e oferecem sacrifícios às suas próprias vaidades — quando reúnem aprendizado e o usam apenas para debater contra os simples ensinamentos de Deus — e, à medida que Deus os abençoa, deixam de bendizê-lo!

V.4 Proferem palavras vazias. O que eles falaram não era a verdade. Não podemos falar sem palavras, mas é uma coisa terrível quando nosso discurso não passa de palavras. Palavras, palavras, palavras — sem coração, sem verdade! *"Proferem palavras vazias". E fazem alianças que não pretendem cumprir. Por isso disputas legais brotam em seu meio, como ervas daninhas num campo arado.* Deus nos livre da falsidade, e especialmente da falta de verdade em relação a Ele mesmo. Você não pensa que muitas vezes, tanto em oração quanto em louvor, pode ser dito: "Proferem palavras vazias – nada mais"? Há uma falsidade na mais solene das relações com Deus. Ai de vocês, queridos amigos, se isso acontecer! Você pode enganar seus semelhantes se tiver coração para isso, mas você nunca poderá

por causa do bezerro em Bete-Áven,[a]
e por ele lamentam.
Embora seus sacerdotes idólatras se
    alegrem com o bezerro,
será removida[b] a glória de seu ídolo.
⁶Será levado para a Assíria,
    como presente para o grande rei de lá.
Efraim será humilhado, e Israel,
    envergonhado,
porque seu povo confiou nesse ídolo.
⁷Samaria e seu rei serão cortados fora
    e ficarão à deriva,
como um pedaço de madeira
    lançado no mar.
⁸Os santuários idólatras em Áven,[c] onde
    Israel pecou, serão destruídos;
espinhos e mato crescerão ao redor de
    seus altares.
O povo suplicará aos montes: "Soterrem-
    -nos!"
e pedirá às colinas: "Caiam sobre nós!".

⁹"Ó Israel, desde o tempo de Gibeá,
    só houve pecado e mais pecado!
Não foi com razão
    que os perversos de Gibeá foram
        atacados?
¹⁰Agora, quando me parecer melhor,
    eu também os atacarei.
Convocarei os exércitos das nações
    para castigá-los por seus muitos
        pecados.
¹¹"Israel[d] é como bezerra treinada que pisa
    o trigo,
    um trabalho fácil, que ela gosta de fazer.

Mas eu colocarei um jugo opressor sobre
    seu pescoço delicado;
obrigarei Judá a arar
    e farei Israel[e] lavrar o solo endurecido.
¹²Eu disse: 'Plantem boas sementes de
    justiça
e terão uma colheita de amor.
Arem o solo endurecido de seu coração,
    pois é hora de buscar o Senhor,
para que ele venha e faça chover
    justiça sobre vocês'.

¹³"Mas vocês cultivaram a maldade
    e juntaram uma farta colheita de
        pecados.
Comeram o fruto das mentiras
    ao confiar em carros de guerra.
    e em seus grandes exércitos.
¹⁴Agora os horrores da guerra
    surgirão no meio de seu povo.
Todas as suas fortalezas cairão,
    como quando Salmã destruiu Bete-
        -Arbel.
Até mães e crianças
    foram despedaçadas ali.
¹⁵O mesmo lhe acontecerá, Betel,
    por causa de sua grande maldade.
Quando amanhecer o dia do juízo,
    o rei de Israel será totalmente
        destruído."

O amor do Senhor por Israel

11 ¹"Quando Israel era menino, eu o amei,
    e do Egito chamei meu filho.
²Mas, quanto mais o chamava,
    mais ele se afastava de mim;[f]
oferecia sacrifícios às imagens de Baal
    e queimava incenso aos ídolos.

---

[a]10.5a *Bete-Áven* significa "casa da perversidade"; aqui é outro nome para Betel, isto é, "casa de Deus". [b]10.5b Ou *será levada para o exílio*. [c]10.8 Referência a Bete-Áven; ver 10.5a e respectiva nota. [d]10.11a Em hebraico, *Efraim*, referência a Israel, o reino do norte. [e]10.11b Em hebraico, *Jacó*. Os nomes "Jacó" e "Israel" são usados de forma intercambiável ao longo de todo o Antigo Testamento e se referem, por vezes, ao patriarca e, em outras ocasiões, à nação. [f]11.2 Conforme a Septuaginta; o hebraico traz *quanto mais eles o chamavam, mais ele se afastava deles*.

---

enganar o seu Deus! Ele não é zombado. "Proferem palavras vazias", diz Ele.

V.6 Esses bezerros de ouro motivaram os desejos do rei da Assíria, e ele os levou consigo. Esses deuses eram iscas para seus inimigos, em vez de base para sua confiança. Eles foram levados cativos com o povo — seus deuses, cativos — seus deuses derretidos para fazer imagens, ou para fazer dinheiro para o rei da Assíria! Ah, que vergonha Deus derrama sobre os idólatras! E que vergonha Ele derramará sobre nós se tivermos alguma confiança, exceto no Deus invisível, e se confiarmos em qualquer coisa além da aliança eterna de Sua imutável graça! Ó, irmãos e irmãs, tentemos fugir daquilo que é tão tentador — a confiança em um braço humano — e deixemos que nossa única confiança seja naquele que criou os Céus e a Terra, e em Seu Filho, Jesus Cristo!

³Ensinei Israel[a] a andar,
 conduzindo-o pela mão.
Mas ele não se deu conta
 de que era eu quem dele cuidava.
⁴Guiei Israel
 com meus laços de amor.
Tirei o jugo de seu pescoço
 e eu mesmo me inclinei para alimentá-lo.

⁵"Mas, porque meu povo não quer voltar
 para mim,
 voltará para o Egito
 e será obrigado a viver na Assíria.
⁶A guerra devastará suas cidades,
 e os inimigos derrubarão suas portas.
Destruirão os israelitas,
 por causa de suas tramas.
⁷Pois meu povo está decidido a me
 abandonar;
 eles me chamam Altíssimo,
 mas não me honram de verdade.

⁸"Como eu poderia desistir de você, Israel?
 Como poderia deixá-lo?
Como poderia destruí-lo como Admá
 ou arrasá-lo como Zeboim?
Meu coração está dilacerado,
 e minha compaixão transborda.
⁹Não enviarei minha ira furiosa,
 não destruirei Israel,
 pois sou Deus, e não um simples mortal.
Sou o Santo que vive entre vocês,
 e não virei com minha ira.
¹⁰Pois, um dia, meu povo me seguirá;
 eu, o SENHOR, rugirei como leão,
e, quando eu rugir,
 meu povo retornará, tremendo, desde o
 oeste.
¹¹Como um bando de aves, virão do Egito;
 tremendo como pombas, voltarão da
 Assíria.
Eu os trarei de volta para casa",
 diz o SENHOR.

Acusações contra Israel e Judá
¹²ᵇIsrael me cerca de mentiras e traições,
 mas Judá ainda obedece a Deus
 e é fiel ao Santo.[c]

12 ¹ᵈO povo de Israel[e] se alimenta de
 vento;
 corre atrás do vento leste o dia todo.
Acumula mentiras e violência,
 faz acordos com a Assíria

---

[a]**11.3** Em hebraico, *Efraim*, referência a Israel, o reino do norte; também em 11.8,9,12. [b]**11.12a** No texto hebraico, o versículo 11.12 é numerado 12.1. [c]**11.12b** Ou *e Judá é rebelde contra Deus, o Santo fiel*. O significado do hebraico é incerto. [d]**12.1a** No texto hebraico, os versículos 12.1-14 são numerados 12.2-15. [e]**12.1b** Em hebraico, *Efraim*, referência a Israel, o reino do norte; também em 12.8,14.

11.3-6,12 *V.3* O povo ouviu dos lábios de Moisés a ordem: "Ouça, ó Israel! O SENHOR, nosso Deus, o SENHOR é único", porém eles continuamente se desviaram para os ídolos das nações. Não somos alguns de nós, embora sejamos amados por Deus, infiéis a Ele? Não podemos olhar para trás, com grande arrependimento e tristeza, para nossos muitos tropeços e desvios? Se assim for, arrependamo-nos do nosso pecado e nunca mais o repitamos.

V.4 Como os homens fazem com seu gado quando estão lavrando, e chegam ao final do trabalho do dia, o arreio é removido, ou o jugo é retirado do lombo, e forragem apropriada é fornecida para o gado para que eles possam se recompor. Isto é o que Deus fez com o Seu povo Israel. Ele os tirou do Egito, onde tinham que realizar árduas tarefas, os fez descansar de seus trabalhos, e lhes deu tanto carne material quanto espiritual para comer. No entanto, eles foram ingratos com Deus. Dizemos que a ingratidão é o pior dos pecados, mas, infelizmente, é um dos males mais comuns, e nós mesmos somos ingratos com o nosso Deus!

V.5 Se tentarmos escapar do nosso problema sem ouvir a voz de Deus, encontraremos outro. Se, por nossa própria trama e planejamento, escaparmos do Egito, então o assírio será o nosso rei, e há uma pequena diferença entre a Assíria e o Egito. É sempre melhor submeter-se à tristeza que Deus designa, com medo de que, fugindo do urso, a serpente nos fira, e deste modo vamos do mal ao pior.

V.6 Essa é uma expressão muito marcante: "por causa de suas tramas". Deveria ser uma séria advertência para não seguirmos os mecanismos de nosso próprio coração quando vemos as consequências da caminhada de Israel segundo o seu próprio modo.

V.12 E foi para a honra de Judá que foi assim. Quando os outros são falsos, então é a hora para que os servos de Deus sejam verdadeiros. Se você segurou sua língua antes, fale por Deus e por Sua verdade no dia em que Deus estiver cercado com engano!

e, ao mesmo tempo, envia azeite
para comprar o apoio do Egito.

²Agora o Senhor apresenta acusações
contra Judá;
está prestes a castigar Jacó[a] por sua
conduta enganosa,
e lhe retribuir por tudo que fez.
³Ainda no ventre, Jacó agarrou
o calcanhar de seu irmão;
quando se tornou homem,
lutou com Deus.
⁴Sim, lutou com o anjo e venceu;
chorou e suplicou-lhe que o abençoasse.
Ali em Betel, encontrou Deus,
e Deus falou com ele.[b]
⁵O Senhor Deus dos Exércitos,
o Senhor é seu nome!
⁶Portanto, voltem para seu Deus;
pratiquem o amor e a justiça
e confiem sempre nele.

⁷O povo, no entanto, se comporta como
comerciantes astutos,
que usam balanças desonestas e gostam
de explorar.
⁸Israel diz: "Fiquei rico!
Fiz fortuna com meu próprio esforço!
Ninguém descobriu que enganei outros;
meu histórico é impecável!".

⁹"Mas eu sou o Senhor, seu Deus,
que os tirou do Egito.
Eu os farei morar em tendas outra vez,
como fazem em feriados sagrados.
¹⁰Enviei meus profetas para adverti-los
com muitas visões e parábolas."

¹¹Mas os habitantes de Gileade não valem
nada,
por causa de seu pecado.
Em Gilgal também sacrificam bois;
seus altares são enfileirados como
montes de pedras
à beira de um campo arado.
¹²Jacó fugiu para a terra de Arã
e ali cuidou[c] de ovelhas para obter uma
esposa.
¹³Então, por meio de um profeta,
o Senhor tirou do Egito os descendentes
de Jacó;[d]
e, por meio de um profeta,
eles foram protegidos.
¹⁴Mas o povo de Israel
provocou o Senhor amargamente.
Agora ele os sentenciará à morte
como pagamento por seus pecados.

A ira do Senhor contra Israel

13 ¹Quando a tribo de Efraim falava,
o povo tremia de medo,
pois essa tribo era importante em Israel.
Mas pecaram ao adorar Baal
e, com isso, selaram sua destruição.
²Agora, continuam a pecar ao fazer ídolos
de prata,
imagens modeladas por mãos humanas.
"Ofereçam-lhes sacrifícios!", eles dizem.
"Beijem os ídolos em forma de bezerro!"
³Por isso, desaparecerão como a neblina da
manhã,
como o orvalho à luz do sol,
como a palha soprada pelo vento,
como a fumaça que sai pela chaminé.

⁴"Eu sou o Senhor, seu Deus,
que os tirou do Egito.
Vocês não reconhecerão outro Deus além
de mim,
pois não existe outro salvador.
⁵Cuidei de vocês no deserto,
naquela terra seca e sedenta.
⁶Mas depois que comeram e se saciaram,
ficaram orgulhosos e se esqueceram de
mim.
⁷Agora, eu os atacarei como um leão,
como um leopardo à espreita no
caminho.
⁸Como uma ursa da qual roubaram os
filhotes,
arrancarei seu coração.
Como uma leoa faminta os devorarei,
e como um animal selvagem os
despedaçarei.
⁹Ó Israel, você está prestes a ser destruído
por mim,
seu único ajudador.

---

[a]12.2 O nome *Jacó* tem um som parecido com o termo hebraico para "enganador". [b]12.4 Conforme a Septuaginta e a versão siríaca; o hebraico traz *conosco*. [c]12.12 Em hebraico, *Israel cuidou*. Ver nota em 10.11b. [d]12.13 Em hebraico, *tirou Israel do Egito*. Ver nota em 10.11b.

¹⁰Agora, onde está* seu rei?
  Que ele salve suas cidades!
Onde estão os líderes da terra,
  os reis e os príncipes que vocês exigiram
    de mim?
¹¹Em minha ira, eu lhes dei reis
  e, em minha fúria, os tirei.

¹²"A culpa de Efraim foi acumulada,
  e seu pecado, armazenado para o
    castigo.
¹³O povo sentiu dores,
  como as dores do parto,
mas é insensato como uma criança
  que não quer nascer.
A hora do nascimento chegou,
  mas ele fica no ventre.

¹⁴"Devo resgatá-los da sepultura?[b]
  Devo redimi-los da morte?
Ó morte, traga seus horrores!
  Ó sepultura, traga suas pragas![c]
Pois não terei compaixão deles.
¹⁵Efraim é o mais próspero de seus irmãos,
  mas um vento leste, uma rajada do
    Senhor,
se levantará no deserto.
Suas fontes se esgotarão,
  e seus poços secarão.
Todas as suas riquezas
  serão saqueadas e levadas embora.
¹⁶[d]O povo de Samaria
  sofrerá as consequências de sua culpa,
  pois se rebelou contra seu Deus.
Serão mortos pela espada inimiga;
  suas crianças serão despedaçadas,
  e suas mulheres grávidas, abertas ao
    meio."

Cura para os arrependidos

14 ¹[e]Volte, ó Israel, para o Senhor, seu Deus,
  pois seus pecados causaram sua
    queda.
²Tragam suas confissões e voltem para o
  Senhor.
Digam-lhe:
"Perdoa nossos pecados e recebe-nos com
  bondade,
para que possamos oferecer-te nossos
  louvores.[f]
³A Assíria não pode nos salvar,
  nossos cavalos de guerra também não.
Nunca mais diremos aos ídolos que
  fizemos:
  'Vocês são nossos deuses'.
Somente em ti
  os órfãos encontram misericórdia".

⁴"Então eu os curarei de sua infidelidade
  e os amarei com todo o meu ser,
  pois minha ira desaparecerá para sempre.
⁵Serei para Israel
  como o orvalho refrescante.
Israel florescerá como o lírio;
  lançará raízes profundas no solo,
  como os cedros do Líbano.
⁶Seus ramos se estenderão como belas
  oliveiras,
  perfumados como os cedros do Líbano.
⁷Meu povo viverá novamente à minha
  sombra;
crescerá como o trigo e florescerá como
  a videira.
Seu aroma será agradável,
  como o dos vinhos do Líbano.

⁸"Ó Israel,[g] fique longe dos ídolos!
  Sou eu que respondo às suas orações e
    cuido de vocês.
Sou como a árvore sempre verde;

---

[a]**13.10** Conforme a Septuaginta, a versão siríaca e a Vulgata; o hebraico traz *eu serei*. [b]**13.14a** Em hebraico, *Sheol*; também em 13.14b. [c]**13.14b** A Septuaginta traz *Ó morte, onde está seu castigo? / Ó sepultura [Hades], onde está seu aguilhão?* Comparar com 1Co 15.55. [d]**13.16** No texto hebraico, o versículo 13.16 é numerado 14.1. [e]**14.1** No texto hebraico, os versículos 14.1-9 são numerados 14.2-10. [f]**14.2** Conforme a Septuaginta e a versão siríaca, que trazem *para que retribuamos os frutos de nossos lábios*; o hebraico traz *para que retribuamos os touros de nossos lábios*. [g]**14.8** Em hebraico, *Efraim*, referência a Israel, o reino do norte.

14.8 Os israelitas nunca se contentaram com os ídolos de um tipo só — eles foram para Moabe, para o Egito, para a Filístia, para a Assíria, para os Hititas e para qualquer outro ita — a fim de pedir ídolos emprestados. Introduziram ídolos novos de países distantes. Nunca ficaram satisfeitos com o número de suas imagens, mas agora, que Deus efetivamente agiu em seus corações, eles dizem, uma voz falando por todos: "Ó Israel, fique

todos os seus frutos vêm de mim."

⁹Quem for sábio, entenda estas coisas;
quem tiver discernimento, ouça com
atenção.

Os caminhos do S‌ENHOR são retos,
e neles andam os justos.
Mas, nesses mesmos caminhos,
os pecadores tropeçam e caem.

---

longe dos ídolos?" Note que essa mudança foi muito saudável e espontânea. Efraim não disse: "Eu gostaria de adorar ídolos, mas não me atrevo". Ele não disse: "Eu gostaria de criar imagens esculpidas, mas não devo". Pelo contrário, ele mesmo disse: "Fique longe dos ídolos!". [...]

Cada coisa que é má torna-se para o verdadeiro convertido uma coisa repugnante e desagradável. Ele não diz: "Ó, como eu gostaria disso! Como anseio por aquilo! Que fome eu tenho por aquele outro!". Se detectar em si mesmo o menor desejo pelo mal de qualquer tipo, ele clama: "Como sou miserável! Quem me libertará deste corpo mortal dominado pelo pecado?". Porém, na medida em que a obra do Espírito de Deus tenha sido trabalhada sobre ele, há uma grande e completa separação e divórcio das coisas que uma vez amou. Terá por elas um grande horror, na mesma proporção que uma vez as desejou.

Joel

INTRODUÇÃO

Profeta. Seu nome significa "Javé é Deus", mas seu lugar de nascimento e condições de vida são desconhecidos. Provavelmente profetizou em Judá (2.15-17) e o tempo de seu ministério é comumente aceito como sendo durante o reinado de Joás, rei de Israel, e Amazias, rei de Judá. Parece certo que ele é um dos primeiros (alguns pensam ser o primeiro) dos livros proféticos, e suas referências ao Templo e seus serviços levaram alguns a concluírem que ele era um sacerdote.

Profecia. (1) A ocasião da profecia foram quatro sucessivas pragas de insetos, particularmente os gafanhotos (2.25) e uma seca (2.23) sem precedentes. O profeta declara que essas calamidades são os resultados dos pecados do povo e devem chamá-los ao arrependimento, para que Deus possa abençoar em vez de amaldiçoar suas terras. (2) As pessoas se arrependem e a calamidade é removida. Isso é usado pelo profeta para anunciar a próxima destruição e restauração de Israel e essa restauração é também, sem dúvida, usada para prefigurar a Igreja Cristã e seu triunfo na Terra. (3) O grande tema são os terríveis julgamentos de Deus que estavam para vir sobre o povo por causa dos seus pecados. (4) Sua peculiar e grande profecia é 2.28-32 que foi cumprida no Dia de Pentecostes, Atos 2.16-21. (5) Em tudo isso, ele está enfatizando as recompensas do justo e o certo castigo dos ímpios e, assim, apelou tanto para as esperanças quanto para os temores dos homens. Mas o valor de consolo do livro é o seu otimismo. Havia uma vitória à frente, os justos finalmente triunfarão e serão salvos, e os inimigos de Deus serão destruídos. O conflito entre o bem e o mal e entre Israel e seus inimigos terminará em total e glorioso triunfo para Israel.

ESBOÇO

1. O chamado ao arrependimento, Caps. 1.1–2.17
   1.1. Pelo antigo flagelo dos gafanhotos e a seca, Cap. 1
   1.2. Pelo flagelo vindouro, 2.1-17
2. O arrependimento de Israel e a prometida bênção de Deus, 2.18–3.21
   2.1. Bênção material, 2.18-27
   2.2. Julgamento das nações, Cap. 3

PARA ESTUDO E DISCUSSÃO

[1] Indique as diferentes declarações sobre a seca e os gafanhotos que revelam a gravidade e os desastrosos efeitos do pecado.
[2] Reúna as passagens referentes à Era Messiânica e tente ver como ou o que cada uma prediz sobre essa era.
[3] Indique todas as referências aos pecados de Israel.
[4] Reúna evidências do governo divino sobre o Universo como é visto no livro.

1 O Senhor deu esta mensagem a Joel, filho de Petuel.

Lamentação pela praga de gafanhotos

²Ouçam isto, líderes do povo!
 Ouçam todos que habitam na terra!
Em toda a sua história,
 já ocorreu algo semelhante?
³Contem a seus filhos o que aconteceu,
 e que seus filhos contem aos filhos deles;
 transmitam esta história de geração em geração.
⁴Depois que os gafanhotos cortadores devoraram as colheitas,
 os gafanhotos migradores comeram o que restava;
então vieram os gafanhotos saltadores
 e, depois deles, os gafanhotos destruidores![a]

⁵Despertem e chorem, bêbados!
 Lamentem, vocês que tomam vinho!
Todas as uvas estão arruinadas,
 todo o seu vinho doce acabou.
⁶Uma nação imensa invadiu minha terra,
 um exército terrível, tão numeroso que não se pode contar.
Seus dentes são como os de leões,
 suas presas, como as da leoa.
⁷Destruiu minhas videiras
 e arruinou minhas figueiras.
Arrancou sua casca e as destruiu;
 seus galhos ficaram desfolhados.

⁸Chorem como a moça vestida de luto,
 que lamenta a morte do noivo.
⁹Pois não há cereal nem vinho
 para oferecer no templo do Senhor.
Por isso os sacerdotes estão de luto;
 aqueles que servem na casa do Senhor choram.
¹⁰Os campos estão arruinados,
 a terra está desolada.
O trigo está destruído,
 as uvas secaram
 e o azeite acabou.

¹¹Desesperem-se, agricultores!
 Lamentem, vocês que cuidam das videiras!
Chorem, pois o trigo e a cevada,
 todas as colheitas nos campos, estão arruinados.
¹²As videiras secaram,
 e as figueiras murcharam.
As romãzeiras, as palmeiras e as macieiras,
 todas as árvores frutíferas secaram,
 e com elas murchou a alegria do povo.

¹³Vistam-se de pano de saco e chorem, sacerdotes!
 Lamentem, vocês que servem diante do altar!
Venham, passem a noite vestidos de pano de saco,
 vocês que servem ao meu Deus.
Pois não há cereal nem vinho
 para oferecer no templo de seu Deus.
¹⁴Convoquem um tempo de jejum,
 juntem o povo para uma reunião solene.
Tragam os líderes e todos que habitam na terra
 para o templo do Senhor, seu Deus,
 e ali clamem a ele.
¹⁵O dia do Senhor está próximo,
 o dia em que virá destruição da parte do Todo-poderoso;
 que dia terrível será!

¹⁶Nosso alimento desaparece diante dos olhos;
 já não há alegria e exultação na casa de nosso Deus.
¹⁷As sementes morrem na terra seca,
 as colheitas de cereal se perdem.
Os celeiros estão vazios,
 os armazéns, abandonados.
¹⁸Como os animais gemem de fome!
 As manadas de gado vagam confusas,
pois não encontram pasto;
 os rebanhos de ovelhas sofrem.

¹⁹Socorro, Senhor!
 O fogo devorou os pastos do deserto,
 e as chamas queimaram as árvores do campo.
²⁰Até os animais selvagens clamam a ti,
 pois os riachos secaram,
 e o fogo devorou os pastos do deserto.

---

[a] **1.4** A identificação exata dos quatro tipos de gafanhotos é incerta.

Os gafanhotos invadem como um exército

2 ¹Toquem a trombeta em Sião!
Soem o alarme em meu santo monte!
Que todos tremam de medo,
pois está chegando o dia do Senhor.
²É um dia de escuridão e trevas,
um dia de densas nuvens e sombras profundas.
Como o amanhecer se estende pelos montes,
assim surge um grande e poderoso exército.
Nunca se viu algo parecido,
e nunca mais se verá.
³À frente deles o fogo arde,
atrás deles vêm chamas.
Diante deles a terra se estende,
bela como o jardim do Éden.
Atrás deles só há desolação;
nada escapa.
⁴Parecem cavalos,
atacam como cavalos de guerra.ᵃ
⁵Olhem para eles, saltando sobre o topo dos montes;
ouçam o barulho que fazem, como o estrondo de carros de guerra,
como o fogo crepitante que devora um campo cheio de palha,
como um exército poderoso que avança para a batalha.
⁶O medo toma conta do povo;
todo rosto fica pálido de terror.
⁷Os agressores marcham como guerreiros
e, como soldados, escalam os muros da cidade.
Marcham sempre em frente,
sem deixar suas fileiras.
⁸Não empurram uns aos outros;
cada um se move na posição correta.
Rompem as linhas de defesa,
sem desfazer a formação.
⁹Atacam a cidade
e correm ao longo de seus muros.
Entram em todas as casas
e sobem pelas janelas, como ladrões.
¹⁰A terra treme com seu avanço,
e os céus estremecem.
O sol e a lua escurecem,
e as estrelas deixam de brilhar.
¹¹O Senhor está à frente de seu exército;
com um grito, ele o comanda.
É seu exército poderoso
e segue suas ordens.
O dia do Senhor é espantoso e terrível;
quem poderá sobreviver?

Chamado ao arrependimento

¹²Por isso, o Senhor diz:
"Voltem para mim de todo o coração,
venham a mim com jejum, choro e lamento!
¹³Não rasguem as roupas em sinal de tristeza;
rasguem o coração!".
Voltem para o Senhor, seu Deus,
pois ele é misericordioso e compassivo,
lento para se irar e cheio de amor;
está sempre pronto a voltar atrás e não castigar.
¹⁴Quem sabe ele mude de ideia
e lhes envie bênção em lugar desse castigo.
Talvez possam apresentar ofertas de cereal e vinho
ao Senhor, seu Deus, como faziam antes.

¹⁵Toquem a trombeta em Sião!
Convoquem um tempo de jejum,
juntem o povo para uma reunião solene.
¹⁶Reúnam e consagrem todo o povo,
os anciãos, as crianças e até os bebês.
Chamem o noivo de seu aposento
e a noiva, de seu quarto.
¹⁷Que os sacerdotes, que servem na presença do Senhor,
chorem entre o pórtico do templo e o altar.
Que façam esta oração: "Poupa teu povo, Senhor!
Não permitas que a nação que pertence a ti se torne objeto de zombaria.
Não deixes que seja motivo de piada para as nações que dizem:
'Onde está o seu Deus?'".

ᵃ **2.4** Ou *como cavaleiros*.

O Senhor promete restauração

¹⁸Então o Senhor teve compaixão de seu povo
e com zelo guardou sua terra.
¹⁹O Senhor respondeu:
"Vejam! Eu lhes envio cereal, vinho novo e azeite,
suficientes para saciá-los.
Vocês não serão mais objeto de zombaria entre as nações vizinhas.
²⁰Expulsarei esses exércitos que vêm do norte
e os enviarei para uma terra seca e desolada.
Os que estão na vanguarda serão empurrados para o mar Morto,
e os da retaguarda, para o Mediterrâneo.ᵃ
O mau cheiro dos corpos em decomposição
se espalhará sobre a terra".

Certamente o Senhor tem feito grandes coisas!
²¹Não tema, ó terra;
alegre-se e exulte,
pois o Senhor tem feito grandes coisas.
²²Não tenham medo, animais do campo,
pois os pastos do deserto ficarão verdes.
As árvores voltarão a dar frutos,
as figueiras e as videiras ficarão carregadas.
²³Alegrem-se, vocês que habitam em Sião!
Exultem no Senhor, seu Deus!
Pois ele envia as chuvas na medida certa;
as chuvas de outono voltarão a cair,
e também as chuvas de primavera.
²⁴As eiras voltarão a se encher de trigo,
e os tanques de prensar transbordarão de vinho novo e azeite.

²⁵"Eu lhes devolverei o que perderam por causa
dos gafanhotos migradores, dos saltadores,
dos destruidores e dos cortadores;ᵇ
enviei esse grande exército devastador contra vocês.
²⁶Vocês voltarão a ter alimento até se saciar
e louvarão o Senhor, seu Deus,
que realiza esses milagres em seu favor;
nunca mais meu povo será envergonhado.
²⁷Então vocês saberão que estou no meio de Israel,
que sou o Senhor, seu Deus, e não há nenhum outro;
nunca mais meu povo será envergonhado."

O Senhor promete seu Espírito

²⁸ᶜ"Então, depois que eu tiver feito essas coisas,
derramarei meu Espírito sobre todo tipo de pessoa.
Seus filhos e suas filhas profetizarão;
os velhos terão sonhos,
e os jovens terão visões.

ᵃ**2.20** Em hebraico, *para o mar oriental [...] para o mar ocidental.* ᵇ**2.25** A identificação exata dos quatro tipos de gafanhotos é incerta. ᶜ**2.28** No texto hebraico, os versículos 2.28-32 são numerados 3.1-5.

2.25 Você não pode recuperar o seu tempo, mas há uma maneira estranha e maravilhosa em que Deus pode lhe devolver as bênçãos desperdiçadas, os frutos não maduros dos anos sobre os quais você lamentou. Os frutos dos anos desperdiçados podem ainda ser seus. É uma pena que eles tenham sido consumidos por sua insensatez e negligência. Mas se eles tiverem sido, não fique desesperado por eles. "Tudo é possível para aquele que crê". Existe um poder que está além de todas as coisas e pode fazer grandes maravilhas. Quem pode fazer o gafanhoto devastador devolver sua presa? Ninguém, por sabedoria ou poder, pode recuperar o que foi completamente destruído. Somente Deus pode fazer por você o que parece impossível. E aqui está a promessa de Sua graça — "Eu lhes devolverei o que perderam por causa dos gafanhotos". Ao dar ao Seu povo arrependido colheitas maiores do que a terra poderia naturalmente produzir, Deus poderia devolver-lhes, por assim dizer, tudo o que eles teriam se os gafanhotos nunca tivessem vindo. E Deus pode restaurar sua vida que até agora foi destruída e devorada pelo gafanhoto e pelo pecado, dando-lhe graça divina no presente e no futuro. Ele ainda pode torná-lo completo, abençoado e útil para o seu louvor e glória. É uma grande maravilha — mas Javé é o Deus de maravilhas e no reino da Sua graça, os milagres são coisas comuns.

²⁹Naqueles dias, derramarei meu Espírito
até mesmo sobre servos e servas.
³⁰Farei maravilhas nos céus e na terra:
sangue e fogo, e colunas de fumaça.
³¹O sol se escurecerá,
a lua se tornará vermelha como sangue
antes que chegue o grande e terrível[a] dia
do Senhor.
³²Mas todo aquele que invocar o nome do
Senhor
será salvo,
pois alguns no monte Sião, em Jerusalém,
escaparão,
como o Senhor prometeu.
Estarão entre os sobreviventes
que o Senhor chamou."

Julgamento contra as nações inimigas

3 ¹[b]"No tempo em que essas coisas
acontecerem,
quando eu restaurar Judá e Jerusalém,
²reunirei todas as nações
no vale de Josafá.[c]
Ali eu as julgarei
por terem maltratado Israel, minha
propriedade,
por terem espalhado meu povo entre as
nações
e repartido minha terra.
³Fizeram um sorteio para decidir quem de
meu povo
seria seu escravo.
Deram meninos em troca de prostitutas
e venderam meninas por vinho para se
embriagar.

⁴"O que vocês têm contra mim, Tiro, Sidom e cidades da Filístia? Estão tentando se vingar de mim? Se essa é sua intenção, tomem cuidado! Eu as atacarei sem demora e lhes darei o que merecem por suas ações. ⁵Roubaram minha prata, meu ouro e meus tesouros preciosos e os levaram para seus templos. ⁶Venderam aos gregos[d] os habitantes de Judá e Jerusalém, para que os levassem para longe de sua terra natal.

⁷"Mas eu os trarei de volta de todos os lugares para onde os venderam, e darei a vocês o que merecem. ⁸Venderei seus filhos e filhas aos habitantes de Judá, e eles os venderão ao povo da Arábia,[e] uma nação distante. Eu, o Senhor, falei!"

⁹Anunciem às nações de toda parte:
"Preparem-se para a guerra!
Convoquem seus melhores guerreiros;
que todos os seus soldados avancem
para a batalha.
¹⁰Forjem seus arados para fazer espadas
e transformem suas podadeiras em
lanças;
treinem até os mais fracos para serem
guerreiros.
¹¹Venham depressa, nações de toda parte;
reúnam-se no vale!".

E agora, ó Senhor, convoca teus guerreiros!

¹²"Que as nações se mobilizem para a
guerra
e marchem para o vale de Josafá!
Ali eu, o Senhor, me sentarei
para julgar todas elas.
¹³Lancem a foice,
pois a colheita está madura.[f]
Venham e pisem as uvas,
pois o tanque de prensar está cheio.
Os tonéis transbordam
com a perversidade das nações."

¹⁴Multidões e multidões esperam no vale
da decisão,
onde o dia do Senhor chegará em breve.
¹⁵O sol e a lua escurecerão,
e as estrelas deixarão de brilhar.
¹⁶A voz do Senhor rugirá desde Sião
e trovejará desde Jerusalém;
os céus e a terra tremerão.
Mas o Senhor será refúgio para seu povo,
uma fortaleza para o povo de Israel.

Bênçãos para o povo de Deus

¹⁷"Então vocês saberão que eu, o Senhor,
seu Deus,
habito em Sião, meu santo monte.
Jerusalém será santa,
e exércitos estrangeiros não voltarão a
conquistá-la.

---

[a] **2.31** A Septuaginta traz *glorioso*. [b] **3.1** No texto hebraico, os versículos 3.1-21 são numerados 4.1-21. [c] **3.2** *Josafá* significa "o Senhor julga". [d] **3.6** Em hebraico, *aos povos de Javã*. [e] **3.8** Em hebraico, *aos sabeus*. [f] **3.13** A Septuaginta traz *pois o tempo da colheita chegou*. Comparar com Mc 4.29.

¹⁸Naquele dia, vinho doce gotejará dos montes,
  e leite fluirá das colinas.
Água encherá o leito dos riachos de Judá;
  uma fonte brotará do templo do Senhor
  e regará o vale das Acácias.ᵃ
¹⁹O Egito, porém, se transformará numa terra desolada,
  e Edom se tornará um deserto,
pois atacaram o povo de Judá
  e mataram inocentes em sua terra.
²⁰"Judá, porém, ficará cheia de gente para sempre,
  e Jerusalém permanecerá por todas as gerações.
²¹Perdoarei os crimes de meu povo,
  que ainda não perdoei;
e eu, o Senhor, habitarei
  em Sião."

ᵃ **3.18** Em hebraico, *vale de Sitim*.

Amós

INTRODUÇÃO

Profeta. Seu nome significa "Fardo", e ele é chamado de o profeta da justiça. Sua casa estava em Tecoa, uma pequena cidade da Judeia, cerca de 19 quilômetros ao sul de Jerusalém, onde atuava como boieiro e colhedor de sicômoros. Era muito humilde, não vinha de linhagem profética, nem foi educado nas escolas dos profetas para esse ofício. Deus o chamou para sair de Judá, seu país natal, para ser um profeta para Israel, o Reino do Norte. Em obediência a este chamado, ele foi a Betel, onde estava o santuário, e entregou sua ousada profecia. Sua corajosa pregação em Betel contra a terra de Israel despertou Amazias, o principal sacerdote idólatra, que reclamou dele ao rei. Amós foi expulso do reino, depois de ter denunciado Amazias, que talvez tivesse o acusado de pregar como um negócio, 7.10-14, mas não sabemos mais nada sobre ele, exceto o que está neste livro, o que ele talvez tenha escrito depois de retornar de Tecoa.

Época da profecia. Foi durante o reinado de Uzias, rei de Judá e de Jeroboão II, rei de Israel, e foi externamente um período muito próspero no norte de Israel. Mas os males sociais estavam evidentes em todos os lugares, especialmente os pecados que se originavam de uma segregação entre os ricos e os pobres, 2.6-8 etc. A religião era baixa e formal, tendo sido adotado o culto pagão.

Significado da profecia. É necessário ler o livro de Amós para ver que ele espera que a condenação venha sobre as nações estrangeiras, que prediz a maldade dos judeus e a sua vindoura condenação, mostrando como a nação deveria ser dissolvida e entregue ao cativeiro e que prevê a glória e grandeza do reino messiânico. Ele pensa em Javé como o único Deus verdadeiro, alguém sábio, Todo-poderoso, onipresente, misericordioso e justo cujo favor só pode ser assegurado pela vida de justiça. Vê que a justiça entre os homens é o fundamento da sociedade, que os homens são responsáveis por seus atos, que o castigo virá depois da falha para medir nossa responsabilidade, que a adoração é um insulto a Deus, a menos que o adorador tente se conformar às exigências divinas.

ESBOÇO

1. A condenação das nações, Caps. 1-2
   1.1. Introdução, 1.1,2
   1.2. Os vizinhos de Israel serão punidos por seus pecados, 1.3-2.5
   1.3. Os pecados de Israel serão punidos, 2.6-16
2. A condenação de Israel, Caps. 3-6
   2.1. Por iniquidades civis, Cap. 3
   2.2. Por opressão do pobre e por idolatria, Cap. 4
   2.3. Anúncios repetidos de julgamento com apelos ao retorno e ao bem, Caps. 5-6
3. Cinco visões a respeito de Israel, Caps. 7.1-9.10
   3.1. Os gafanhotos, 7.1-3
   3.2. O fogo, 7.4-6
   3.3. O prumo (um teste), 7.7-9, um interlúdio histórico (o conflito com Amazias), 7.10-17
   3.4. Um cesto de frutas (iniquidade pronta à punição), Cap. 8
   3.5. A destruição do altar (cessam os cultos), 9.1-10
4. A restauração prometida e o reino messiânico, 9.11-15

PARA ESTUDO E DISCUSSÃO

[1] Indique ilustrações, expressões etc., que são retiradas de costumes rústicos ou agrícolas.
[2] Faça uma lista das diferentes nações contra as quais ele profetiza indicando o pecado de cada uma e a natureza do castigo a ser imposto a elas.
[3] Relacione as diferentes ilustrações usadas para mostrar a grandeza e o poder de Deus.
[4] O pecado da inter-relação errada das nações.
[5] A responsabilidade do resplandecer nacional.
[6] O arrependimento como visto neste livro.
[7] A evidência do livro sobre o luxo da época.

1 Esta mensagem acerca de Israel foi dada a Amós, pastor de ovelhas da cidade de Tecoa, em Judá. Ele a recebeu em visões dois anos antes do terremoto, quando Uzias era rei de Judá, e Jeroboão, filho de Jeoás,[a] era rei de Israel.

²Foi isto que ele viu e ouviu:

"A voz do Senhor rugirá desde Sião
e trovejará desde Jerusalém!
Os pastos verdes dos pastores secarão,
e o capim no monte Carmelo murchará e morrerá".

Julgamento sobre as nações vizinhas

³Assim diz o Senhor:

"Os habitantes de Damasco pecaram repetidamente;[b]
não deixarei que fiquem impunes!
Feriram meu povo em Gileade,
como o cereal é debulhado com trilhos de ferro.
⁴Por isso enviarei fogo sobre o palácio do rei Hazael,
e as fortalezas do rei Ben-Hadade serão destruídas.
⁵Derrubarei os portões de Damasco
e matarei todos que habitam no vale de Áven.
Destruirei o governante em Bete-Éden,
e o povo da Síria será levado como escravo para Quir",
diz o Senhor.

⁶Assim diz o Senhor:

"Os habitantes de Gaza pecaram repetidamente;
não deixarei que fiquem impunes!
Enviaram todo o povo para o exílio
e o entregaram como escravos para Edom.
⁷Por isso enviarei fogo sobre os muros de Gaza,
e suas fortalezas serão destruídas.
⁸Matarei os que habitam em Asdode
e destruirei o governante de Ascalom.
Então me voltarei para atacar Ecrom,
e os filisteus que restarem serão mortos",
diz o Senhor Soberano.

⁹Assim diz o Senhor:

"Os habitantes de Tiro pecaram repetidamente;
não deixarei que fiquem impunes!
Quebraram o pacto de irmãos com Israel
e entregaram todo o povo como escravo para Edom.
¹⁰Por isso enviarei fogo sobre os muros de Tiro,
e suas fortalezas serão destruídas".

¹¹Assim diz o Senhor:

"Os habitantes de Edom pecaram repetidamente;
não deixarei que fiquem impunes!
Com espadas perseguiram seus parentes, os israelitas,
e não tiveram compaixão deles.
Em sua fúria, os despedaçaram sem parar
e foram implacáveis em sua ira.
¹²Por isso enviarei fogo sobre Temã,
e as fortalezas de Bozra serão destruídas".

¹³Assim diz o Senhor:

"Os habitantes de Amom pecaram repetidamente;
não deixarei que fiquem impunes!
Quando atacaram Gileade para ampliar suas fronteiras,
abriram as mulheres grávidas ao meio com espadas.
¹⁴Por isso enviarei fogo sobre os muros de Rabá,
e suas fortalezas serão destruídas.
A batalha virá sobre eles com gritos,
como um redemoinho numa forte tempestade.
¹⁵Seu rei[c] e seus príncipes irão juntos para o exílio",
diz o Senhor.

2 Assim diz o Senhor:

"Os habitantes de Moabe pecaram repetidamente;[d]
não deixarei que fiquem impunes!
Queimaram os ossos do rei de Edom
até reduzi-los a cinzas.

---

[a] **1.1** Em hebraico, *Joás*, variação de Jeoás. [b] **1.3** Em hebraico, *cometeram três pecados, até quatro*; também em 1.6,9.11,13. [c] **1.15** Em hebraico, *malcam*, possível referência ao deus Moloque. [d] **2.1** Em hebraico, *cometeram três pecados, até quatro*; também em 2.4,6.

²Por isso enviarei fogo sobre a terra de Moabe,
e as fortalezas de Queriote serão destruídas.
Os que habitam nela cairão em meio ao ruído da batalha,
aos gritos dos guerreiros e ao som da trombeta.
³Destruirei seu rei
e matarei seus príncipes",
diz o Senhor.

Julgamento de Deus sobre Judá e Israel

⁴Assim diz o Senhor:

"Os habitantes de Judá pecaram repetidamente;
não deixarei que fiquem impunes!
Rejeitaram a lei do Senhor
e não obedeceram a seus decretos.
Foram desviados pelas mesmas mentiras
que enganaram seus antepassados.
⁵Por isso enviarei fogo sobre Judá,
e as fortalezas de Jerusalém serão destruídas".

⁶Assim diz o Senhor:

"Os habitantes de Israel pecaram repetidamente;
não deixarei que fiquem impunes!
Vendem por prata o justo
e, por um par de sandálias, o pobre.
⁷Pisoteiam a cabeça dos indefesos no pó
e empurram os oprimidos para fora do caminho.
Pai e filho dormem com a mesma mulher
e assim profanam meu santo nome.
⁸Aos pés dos altares reclinam-se com roupas
que seus devedores lhes deram como garantia.
Na casa de seus deuses,ª
bebem vinho comprado com multas injustas.

⁹"Diante dos olhos de meu povo,
destruí os amorreus,
embora fossem altos como cedros
e fortes como carvalhos.
Destruí os frutos de seus galhos
e arranquei suas raízes.
¹⁰Trouxe vocês do Egito
e os guiei quarenta anos pelo deserto,
para que possuíssem a terra dos amorreus.
¹¹Escolhi alguns de seus filhos para serem profetas
e outros, para serem nazireus.
Acaso podem negar isso, israelitas?",
diz o Senhor.
¹²"Mas vocês deram vinho para os nazireus beberem
e ordenaram a seus profetas:
'Chega de profecias!'.

¹³Por isso eu os esmagarei,
como uma carroça sobrecarregada de trigo amassa a terra.
¹⁴O que corre mais rápido não escapará,
o mais forte em seu meio se enfraquecerá,
nem o guerreiro valente se salvará.
¹⁵O arqueiro não manterá sua posição,
o corredor mais veloz não conseguirá escapar,
nem o que estiver a cavalo se salvará.
¹⁶Naquele dia, seus guerreiros mais corajosos
largarão as armas e fugirão",
diz o Senhor.

3 Povo de Israel, ouça esta mensagem que o Senhor pronunciou contra você, contra toda a família que ele trouxe do Egito:

²"De todas as famílias da terra,
só escolhi vocês.
Por isso devo castigá-los
por todos os seus pecados".

Testemunhas contra Israel

³Acaso duas pessoas podem andar juntas
se não estiverem de acordo?
⁴Acaso o leão ruge na floresta
sem antes encontrar sua presa?
O leão forte rosna em sua toca
se nada tiver caçado?
⁵A ave é pega na armadilha
se não houver isca?

ª **2.8** Ou *seu Deus*.

A armadilha se fecha
    se nada for apanhado?
⁶Quando a trombeta soa o alarme,
    o povo não fica assustado?
Acaso a calamidade sobrevém a uma
    cidade
    sem que o Senhor a tenha planejado?
⁷Certamente o Senhor Soberano não fará
    coisa alguma
    sem antes revelar seu plano a seus
    servos, os profetas.
⁸O leão rugiu,
    quem não temerá?
O Senhor Soberano falou,
    quem não profetizará?
⁹Anunciem aos líderes da Filístia[a]
    e aos poderosos do Egito:
"Reúnam-se nas colinas ao redor de
    Samaria
    e sejam testemunhas do caos e da
    opressão em Israel".
¹⁰"Meu povo esqueceu como fazer o que é
    certo",
    diz o Senhor.
"Suas fortalezas estão cheias de bens
    obtidos por meio de roubo e violência.
¹¹Por isso", diz o Senhor Soberano,
"um inimigo se aproxima.
Ele os cercará e acabará com suas defesas,
    e depois saqueará suas fortalezas."
¹²Assim diz o Senhor:

"Como o pastor que tenta arrancar uma
    ovelha da boca do leão
    e só consegue recuperar duas pernas ou
    um pedaço da orelha,
assim será o destino dos israelitas em
    Samaria,
    deitados em camas luxuosas
    e recostados em sofás com lençóis de
    Damasco.[b]
¹³"Agora ouçam estas palavras e anunciem-nas
em todo o Israel",[c] diz o Senhor Soberano, o
Deus dos Exércitos.

¹⁴"No mesmo dia em que eu castigar Israel
    por seus pecados,
    destruirei os altares idólatras em Betel.
As pontas do altar serão cortadas
    e cairão no chão.
¹⁵Destruirei as belas casas dos ricos,
    suas mansões de inverno e suas
    residências de verão,
todos os seus palácios cheios de marfim",
    diz o Senhor.

Israel não aprende

4 ¹Ouçam, vacas gordas[d] que vivem em
    Samaria,
    mulheres que oprimem os pobres,
    esmagam os necessitados
    e pedem aos maridos:
    "Tragam-nos mais bebida!".
²O Senhor Soberano jurou por sua santidade:
"Chegará o dia em que serão levadas
    com ganchos no nariz.

---

[a]**3.9** Em hebraico, *de Asdode*. [b]**3.12** O significado do hebraico é incerto. [c]**3.13** Em hebraico, *toda a casa de Jacó*. Os nomes "Jacó" e "Israel" são usados de forma intercambiável ao longo de todo o Antigo Testamento e se referem, por vezes, ao patriarca e, em outras ocasiões, à nação. [d]**4.1** Em hebraico, *vacas de Basã*.

3.3 O crente está de acordo com Deus. A guerra entre o Deus santíssimo e Suas criaturas ofensivas acabou, no caso dos pecadores lavados no sangue; não suspensa por uma trégua, mas finalizada para sempre por uma paz "que excede todo entendimento". [...]

O texto nos lembra de que esse acordo nos dá poder para caminhar com Deus. Que possamos reivindicar este privilégio que a graça divina nos concede — poder de caminhar com Deus em comunhão diária, habitual, amigável, íntima e alegre. Cristão, você pode andar com Deus neste mesmo dia! Ele está tão perto de você como estava de Abraão embaixo dos carvalhos em Manre, ou Moisés ao fim do deserto. Ele está tão disposto a mostrar-lhe o Seu amor como estava para se revelar a Daniel às margens do Ulai, ou de Ezequiel ao lado dos ribeiros de Quebar. [...]

Caminhar implica *ação*; e nossas ações deveriam estar sempre no Senhor. O que quer que o cristão coma, ou beba, ou faça, deve fazer tudo em nome do Senhor Jesus, dando graças ao Deus Pai por Ele. Caminhar tem em si o pensamento de *progresso*; mas todo nosso progresso deve ser com Deus. Como estamos enraizados e fundamentados em Cristo, devemos pedir para crescer nele, permanecendo sempre em nossos melhores momentos com Deus, e jamais imaginando ou concebendo qualquer progresso que nos remova da humilde confiança nele.

Até a última de vocês será arrastada
 como peixe no anzol!
³Serão levadas para fora pelas ruínas do muro
 e expulsas de suas fortalezas",[a]
 diz o Senhor.

⁴"Andem, vão a Betel cometer pecados!
 Continuem a desobedecer em Gilgal!
Ofereçam sacrifícios todas as manhãs
 e tragam seus dízimos a cada três dias.
⁵Apresentem seu pão com fermento
 como oferta de gratidão.
Entreguem suas ofertas voluntárias
 para saírem se gabando delas!
É o tipo de coisa que vocês, israelitas,
  gostam de fazer",
 diz o Senhor Soberano.

⁶"Eu trouxe fome sobre toda cidade,
 escassez de alimento sobre todo lugar.
Nem assim vocês voltaram para mim",
 diz o Senhor.

⁷"Segurei as chuvas
 quando suas plantações mais precisavam delas.[b]
Enviei chuva para uma cidade,
 mas a retive em outra.
Chovia sobre um campo,
 enquanto outro secava.
⁸Andavam de cidade em cidade em busca de água,
 mas nunca havia suficiente.
Nem assim vocês voltaram para mim",
 diz o Senhor.

⁹"Castiguei suas plantações e videiras com
  pragas e ferrugem;
 gafanhotos devoraram suas figueiras e
  oliveiras.
Nem assim vocês voltaram para mim",
 diz o Senhor.

¹⁰"Enviei pragas contra vocês,
 como as pragas que enviei contra o
  Egito.
Matei seus jovens na guerra
 e levei todos os seus cavalos;[c]
 o mau cheiro dos mortos encheu o ar.
Nem assim vocês voltaram para mim",
 diz o Senhor.

¹¹"Destruí algumas de suas cidades,
 como destruí[d] Sodoma e Gomorra.
Os que sobreviveram
 pareciam gravetos chamuscados, tirados
  do fogo.
Nem assim vocês voltaram para mim",
 diz o Senhor.

¹²"Portanto, farei tudo isso com você, ó
  Israel!
Prepare-se para encontrar seu Deus!"

¹³Pois aquele que formou os montes
 agita os ventos e revela seus
  pensamentos à humanidade.
Ele transforma a luz do amanhecer em
  escuridão
 e pisa sobre os lugares altos da terra;
 seu nome é Senhor, o Deus dos Exércitos!

Chamado ao arrependimento

5 Ouça, povo de Israel! Ouça este meu cântico fúnebre:

²"A virgem Israel caiu,
 para nunca mais se levantar!
Está estendida no chão,
 e não há quem a ajude a ficar em pé".

³O Senhor Soberano diz:

"Quando uma cidade mandar mil homens
 para a batalha,
 apenas cem retornarão.
Quando dela saírem cem,
 apenas dez voltarão com vida".

⁴Assim diz o Senhor ao povo de Israel:

"Busquem-me e vivam!
⁵Não adorem nos altares em Betel,
 não vão aos santuários em Gilgal ou
  Berseba.
Pois os habitantes de Gilgal serão levados
  para o exílio,
 e os de Betel serão reduzidos a nada".
⁶Busquem o Senhor e vivam!
Do contrário, ele passará por Israel[e] como
  um fogo

---

[a] **4.3** Ou *atiradas na direção do Harmom*, possível referência ao monte Hermom. [b] **4.7** Em hebraico, *quando ainda faltavam três meses para a colheita*. [c] **4.10** Ou *e matei seus cavalos capturados*. [d] **4.11** Em hebraico, *como quando Deus destruiu*. [e] **5.6** Em hebraico, *pela casa de José*.

e a destruirá por completo.
Não haverá em Betel
ninguém que possa apagar as chamas.
⁷Vocês transformam a retidão em
amargura
e tratam a justiça como lixo.

⁸Pois ele criou as estrelas,
as Plêiades e o Órion.
Transforma a escuridão em manhã
e o dia em noite.
Tira água dos oceanos
e a derrama sobre a terra;
seu nome é Senhor!
⁹Com rapidez tremenda, destrói os fortes
e esmaga suas defesas.

¹⁰Como vocês odeiam juízes honestos!
Como detestam os que dizem a verdade!
¹¹Oprimem os pobres
e roubam seu trigo com impostos
injustos.
Por isso, ainda que construam belas casas
de pedra,
jamais morarão nelas.
Ainda que plantem videiras verdejantes,
jamais beberão o vinho delas.
¹²Pois eu sei que seus atos de rebeldia são
muitos,
e seus pecados são grandes.
Afligem o justo aceitando subornos
e não fazem justiça ao pobre nos
tribunais.

¹³Quem for prudente ficará de boca
fechada,
pois este é um tempo de desgraça.

¹⁴Façam o bem e fujam do mal,
para que tenham vida!
Então o Senhor, o Deus dos Exércitos, os
ajudará,
como vocês afirmam.
¹⁵Odeiem o mal e amem o bem,
estabeleçam a justiça em seus tribunais.
Talvez o Senhor, o Deus dos Exércitos,
ainda tenha compaixão do
remanescente de seu povo.ᵃ

¹⁶Portanto, assim diz o Senhor Soberano, o
Deus dos Exércitos:

"Haverá choro nas praças públicas
e angústia nas ruas.
Chamem os lavradores para chorar com
vocês,
convoquem pranteadores para lamentar.
¹⁷Haverá lamento em cada videira,
pois destruirei todas elas",
diz o Senhor.

Advertência sobre o julgamento que está por vir

¹⁸Que aflição espera vocês que dizem:
"Se ao menos o dia do Senhor chegasse!".
Não fazem ideia do que desejam;
aquele dia trará escuridão, e não luz.
¹⁹Vocês serão como o homem que foge de
um leão

ᵃ **5.15** Em hebraico, *remanescente de José*.

5.8 Os motivos dados para buscar o Senhor são, espiritualmente, estes. O Senhor criou as Plêiades. E Ele também faz "Órion". Bem, as Plêiades eram consideradas como a constelação da primavera, prenunciadora do verão vindouro. Lemos sobre as cadeias das Plêiades. São mais visíveis no período vernal do ano. Por outro lado, o pastor oriental, como Amós era, quando via o Órion flamejando no alto, sabia bem que era o sinal de inverno. Tanto as Plêiades como Órion são ordenados pelo Senhor — *Ele faz nossas alegrias e nossos problemas*. Veja, então, a razão pela qual devemos buscar a Deus, porque se Órion estivesse agora em ascensão e se fôssemos visitados por um inverno de desânimo, gelados por ventos uivantes de medo e fortes geadas de consternação — se buscarmos a Deus, Ele pode retirar Órion e nos colocar sob o suave domínio das Plêiades da promessa, de modo que uma primavera de esperança e consolo animará nossa alma, para ser sucedida por um verão de delícias raras e alegrias frutíferas! Você ouve isso, pobre angustiado? Seja qual for a sua tristeza, o Deus que fez o Céu e a Terra pode repentinamente transformá-la em alegria mais brilhante! Pela dispensação de Sua Providência, Ele pode fazê-lo! Suas circunstâncias, que agora são tão desesperadoras, podem ser alteradas por um toque da mão do Senhor dentro de uma hora. A quem mais você pode recorrer por socorro? E se o seu coração estiver doente e triste com a sensação de pecado, e você estiver com remorso, Sua Graça pode prover um bálsamo e remédio para a sua consciência ferida que lhe dará paz imediatamente!

e acaba encontrando um urso,
que apoia a mão na parede de sua casa
e é picado por uma cobra.
²⁰Sim, o dia do Senhor será de escuridão, e não de luz;
não haverá um só raio de claridade no meio das trevas.

²¹"Sinto imenso desprezo de suas festas religiosas,
não suporto suas reuniões solenes.
²²Não aceitarei seus holocaustos
nem suas ofertas de cereal.
Não darei a mínima atenção
para suas melhores ofertas de paz.
²³Chega de seus ruidosos cânticos de louvor!
Não ouvirei a música de suas harpas.
²⁴Em vez disso, quero ver uma grande inundação de justiça,
um rio inesgotável de retidão.

²⁵"Foi a mim que vocês trouxeram sacrifícios e ofertas durante os quarenta anos no deserto, povo de Israel? ²⁶Não, vocês serviram Sicute, seu deus rei, e Quium, seu deus estrela, imagens que fizeram para si mesmos! ²⁷Por isso eu os enviarei para o exílio, para uma terra a leste de Damasco",ᵃ diz o Senhor, cujo nome é Deus dos Exércitos.

6

¹Que aflição espera vocês que vivem sossegados em Jerusalémᵇ
e vocês que se sentem seguros em Samaria!
São líderes famosos em Israel,
e as pessoas recorrem a vocês.
²Vão, porém, a Calné
e vejam o que aconteceu ali.
Depois, vão à grande cidade de Hamate
e desçam à cidade filisteia de Gate.
Vocês não são melhores que elas,
e vejam como foram destruídas.
³Vocês afastam qualquer pensamento de calamidade vindoura,
mas suas ações só apressam o dia do castigo.

⁴Que aflição espera vocês que se deitam em camas de marfim
e se espreguiçam em seus sofás,
comendo a carne de cordeiros do rebanho
e dos novilhos engordados no estábulo.
⁵Entoam canções ao som da harpa
e pensam ser grandes músicos, como Davi.
⁶Bebem vinho em taças enormes
e se perfumam com os melhores óleos aromáticos;
não se importam com a ruína da nação.ᶜ
⁷Por isso, serão os primeiros levados para o exílio;
as festas dos que viviam sossegados cessarão.

⁸O Senhor Soberano jurou por seu próprio nome, e é isto que ele, o Senhor, o Deus dos Exércitos, diz:

"Não suporto a arrogância de Israelᵈ
e odeio suas fortalezas.
Entregarei esta cidade
e tudo que nela há a seus inimigos".

⁹(Se restarem dez homens numa casa, todos morrerão. ¹⁰E, quando um parente responsável por sepultar os mortosᵉ entrar na casa para tirá-los de lá, perguntará ao que restou: "Há mais alguém com você?". E, quando o sobrevivente começar a responder: "Não, eu juro pelo...", o parente o interromperá e dirá: "Pare!ᶠ Nem sequer mencione o nome do Senhor".)

¹¹Quando o Senhor der a ordem,
as casas, grandes e pequenas, serão despedaçadas.
¹²Acaso os cavalos podem galopar sobre as rochas?
Alguém pode ará-las com bois?
Vocês transformam a retidão em veneno
e o fruto da justiça, em amargura.
¹³Contam vantagem pela conquista de Lo--Debar:ᵍ
"Acaso não conquistamos Carnaimʰ
com nossa própria força?".

ᵃ**5.26-27** A Septuaginta traz *Não, vocês carregaram o santuário de Moloque, a estrela de seu deus Refã e as imagens que vocês fizeram para si mesmos. Por isso eu os enviarei para o exílio, para uma terra a leste de Damasco*. Comparar com At 7.43. ᵇ**6.1** Em hebraico, *em Sião*. ᶜ**6.6** Em hebraico, *de José*. ᵈ**6.8** Em hebraico, *de Jacó*. Ver nota em 3.13. ᵉ**6.10a** Ou *queimar os mortos*. O significado do hebraico é incerto. ᶠ**6.10b** O significado do hebraico é incerto. ᵍ**6.13a** *Lo-Debar* significa "nada". ʰ**6.13b** *Carnaim* significa "chifres", termo que simboliza força.

¹⁴"Ó povo de Israel, estou prestes a trazer
  contra vocês uma nação",
diz o Senhor, o Deus dos Exércitos.
"Ela os oprimirá em toda a sua terra,
  desde Lebo-Hamate, ao norte,
  até o vale de Arabá, ao sul."

Visão dos gafanhotos

7 Foi isto que o Senhor Soberano me mostrou numa visão: ele se preparava para enviar sobre a terra um exército de gafanhotos. Isso foi depois que a porção do rei havia sido colhida dos campos, quando brotava a colheita principal. ²Em minha visão, os gafanhotos comeram todas as plantas da terra. Então eu disse: "Ó Senhor Soberano, perdoa-nos! Do contrário, não sobreviveremos, pois Israel[a] é muito pequeno".

³Então o Senhor voltou atrás e disse: "O que você viu não acontecerá".

Visão do fogo

⁴Foi isto que o Senhor Soberano me mostrou em outra visão: ele se preparava para castigar seu povo com um grande fogo. O fogo havia consumido as profundezas do mar e devorava toda a terra. ⁵Então eu disse: "Ó Senhor Soberano, imploro-te que pares. Do contrário, não sobreviveremos, pois Israel é muito pequeno".

⁶Então o Senhor Soberano voltou atrás e disse: "Isso também não acontecerá".

Visão do prumo

⁷Foi isto que ele me mostrou em outra visão: o Senhor estava em pé, junto a um muro que havia sido construído usando-se um prumo, e segurava o prumo em sua mão. ⁸O Senhor me perguntou: "Amós, o que você vê?".

Respondi: "Um prumo".

Então o Senhor disse: "Provarei meu povo com este prumo. Não fecharei mais os olhos para o que fazem. ⁹Os santuários idólatras de seus antepassados[b] ficarão em ruínas, e os lugares de adoração de Israel serão destruídos; trarei a espada contra a dinastia de Jeroboão".

Amós e Amazias

¹⁰Então Amazias, sacerdote de Betel, enviou uma mensagem a Jeroboão, rei de Israel: "Amós conspira contra o rei aqui mesmo, no meio do povo, falando coisas intoleráveis! ¹¹Assim diz ele: 'Em breve Jeroboão será morto pela espada, e o povo de Israel será enviado para o exílio'".

¹²Então Amazias ordenou a Amós: "Vá embora daqui, profeta! Volte para a terra de Judá e ganhe a vida profetizando ali! ¹³Não nos incomode com suas profecias aqui em Betel. Este é o santuário do rei e o lugar de adoração de todo o reino!".

¹⁴Amós respondeu: "Não sou profeta e nunca fui treinado para ser profeta.[c] Sou apenas um boiadeiro e colhedor de figos. ¹⁵Mas o Senhor me tirou de junto de meu rebanho e disse: 'Vá e profetize a meu povo, Israel'. ¹⁶Agora, portanto, ouça esta mensagem do Senhor:

"Você diz:
'Não profetize contra Israel;
  pare de pregar contra meu povo'.[d]
¹⁷Mas assim diz o Senhor:
'Sua esposa se tornará prostituta nesta
    cidade,
  e seus filhos e filhas serão mortos pela
    espada.
Sua terra será dividida,
  e você morrerá em terra estrangeira.
E o povo de Israel certamente será levado
    para o exílio,
  para longe de sua terra natal'".

Visão das frutas maduras

8 Em outra visão, o Senhor Soberano me mostrou um cesto cheio de frutas maduras ²e perguntou: "Amós, o que você vê?".

Respondi: "Um cesto cheio de frutas maduras".

Então o Senhor disse: "Assim como essas frutas, o povo de Israel já está maduro; não voltarei a adiar seu castigo. ³Naquele dia, os cânticos no templo se transformarão em lamentos. Haverá cadáveres espalhados por toda parte, e serão levados em silêncio para fora da cidade. Eu, o Senhor Soberano, falei!".

⁴Ouçam isto, vocês que roubam dos pobres
  e oprimem os necessitados!
⁵Não veem a hora de o sábado acabar
  e as festas religiosas terminarem

---

[a] 7.2 Em hebraico, *Jacó*; também em 7.5. Ver nota em 3.13. [b] 7.9 Em hebraico, *de Isaque*. [c] 7.14 Ou *Não sou profeta nem filho de profeta*. [d] 7.16 Em hebraico, *contra a casa de Isaque*.

para que voltem a fazer negócios.
Usam medidas falsas para medir o trigo
e enganam o comprador com balanças desonestas.ᵃ
⁶Misturam o trigo que vendem
com palha varrida do chão.
Escravizam os pobres por uma moeda de prata
ou um par de sandálias.

⁷O Senhor, a Glória de Israel,ᵇ
jurou por seu próprio nome:
"Jamais esquecerei
tudo que vocês fizeram!
⁸A terra tremerá por causa de suas maldades,
e todos que nela habitam lamentarão.
A terra se levantará como o Nilo, o rio do Egito, na época das enchentes;
ela se erguerá e depois afundará.

⁹"Naquele dia", diz o Senhor Soberano,
"farei o sol se pôr ao meio-dia
e em plena luz do dia escurecerei a terra.
¹⁰Transformarei suas festas em tempos de lamento
e seus cânticos, em canções fúnebres.
Vocês se vestirão de luto
e rasparão a cabeça,
como se seu único filho tivesse morrido;
será um dia de muita amargura!

¹¹"Está chegando o tempo", diz o Senhor Soberano,
"em que enviarei fome sobre a terra,
não fome de pão nem sede de água,
mas de ouvir as palavras do Senhor.
¹²As pessoas andarão sem rumo, de mar em mar
e de um extremo ao outro,ᶜ
em busca da palavra do Senhor,
mas não a encontrarão.
¹³Naquele dia, moças belas e rapazes fortes desmaiarão de sede.
¹⁴E aqueles que juram pelos ídolos de Samaria,
que fazem juramentos em nome do deus de Dã
e votos em nome do deus de Berseba,ᵈ
todos eles cairão
e nunca mais se levantarão."

Visão de Deus junto ao altar

9 Então vi o Senhor em pé junto ao altar. Ele disse:

"Golpeie o alto das colunas do templo,
para que os alicerces tremam.
Derrube o telhado
sobre a cabeça do povo que estiver embaixo.
Matarei à espada os que sobreviverem;
ninguém escapará!

²"Ainda que cavem até o lugar dos mortos,ᵉ
estenderei a mão e os arrancarei de lá.
Ainda que subam até os céus,
os farei descer.
³Ainda que se escondam no topo do monte Carmelo,
os buscarei e de lá os tirarei.
Ainda que se escondam no fundo do mar,
enviarei a serpente marinha para que os morda.
⁴Ainda que seus inimigos os levem para o exílio,
ordenarei que a espada os mate ali.
Estou decidido a trazer calamidade sobre eles,
e não o bem".

⁵O Soberano Senhor dos Exércitos
toca a terra e ela se derrete,
e todos que nela habitam lamentam.
A terra se levanta como o Nilo, o rio do Egito, na época das enchentes
e depois afunda.
⁶O Senhor constrói sua casa até os céus
e estabelece seus alicerces sobre a terra.
Ele tira água dos oceanos
e a derrama sobre a terra;
Senhor é o seu nome!

⁷"Acaso vocês, israelitas, são mais importantes para mim
que os etíopes?",ᶠ diz o Senhor.
"Tirei Israel do Egito,

ᵃ **8.5** Em hebraico, *tornam pequeno o efa e grande o siclo, e negociam falsamente ao usarem balanças enganosas*. ᵇ **8.7** Em hebraico, *de Jacó*. Ver nota em 3.13. ᶜ **8.12** Em hebraico, *do norte ao leste*. ᵈ **8.14** Em hebraico, *do caminho de Berseba*. ᵉ **9.2** Em hebraico, *Sheol*. ᶠ **9.7a** Em hebraico, *os cuxitas?*

mas também tirei os filisteus de Creta[a]
e os sírios de Quir.

⁸"Eu, o Senhor Soberano,
vigio a nação pecaminosa de Israel.
Eu a varrerei da face da terra,
mas jamais destruirei por completo o
povo de Israel",[b]
diz o Senhor.

⁹"Pois darei ordens
e sacudirei Israel com as outras nações,
como o trigo é sacudido na peneira;
mas nenhum grão se perderá.
¹⁰Todos os pecadores, porém, morrerão
pela espada,
todos que dizem:
'Nenhuma calamidade virá sobre nós.'"

Promessa de restauração

¹¹"Naquele dia, restaurarei a tenda caída de
Davi
e consertarei seus muros quebrados.
Das ruínas a reconstruirei
e restaurarei sua antiga glória.
¹²Israel possuirá o que restar de Edom
e de todas as nações que chamei para
serem minhas".[c]

O Senhor falou
e fará essas coisas.

¹³"Virá o tempo", diz o Senhor,
"em que o trigo e as uvas crescerão tão
rápido
que o povo não dará conta de colhê-los.
Vinho doce gotejará das videiras
no alto das colinas de Israel.
¹⁴Trarei meu povo exilado de Israel
de volta de terras distantes,
e eles reconstruirão as cidades destruídas
e voltarão a morar nelas.
Plantarão vinhedos e jardins,
comerão de suas colheitas e beberão de
seu vinho.
¹⁵Eu os plantarei firmemente ali,
em sua própria terra.
Nunca mais serão arrancados
da terra que lhes dei",
diz o Senhor, seu Deus.

[a] **9.7b** Em hebraico, *Caftor*. [b] **9.8** Em hebraico, *casa de Jacó*. Ver nota em 3.13. [c] **9.11b-12** A Septuaginta traz *e restaurarei sua antiga glória, / para que o restante da humanidade, incluindo os gentios, / todos os que chamei para serem meus, me busquem.* Comparar com At 15.16-17.

9.13 As promessas de Deus não se esgotam quando são cumpridas, pois uma vez realizadas, permanecem tão boas quanto antes — e podemos aguardar um segundo cumprimento delas. As promessas do homem, mesmo as melhores, são como uma cisterna que contém apenas uma provisão temporária; no entanto, as promessas de Deus são como uma fonte, jamais se esvazia, sempre transbordante, para que você possa tirar dela o todo daquilo que aparentemente contém e ainda permanecerá tão cheia quanto antes. Como consequência, você encontrará frequentemente uma promessa que contém um significado literal e espiritual. No sentido literal, já foi cumprida totalmente; no sentido espiritual, deverá também ser cumprida e nem um pingo ou til dela passará. Isso é verdade em relação à promessa em particular que está diante de nós. [...]

Contudo, queridos amigos, embora essa promessa será, sem dúvida, cumprida e cada uma de suas palavras confirmada, de forma que o topo das montanhas de Israel darão novamente o fruto da videira e a terra fluirá com vinho, tomo esta como uma promessa mais plenamente *espiritual* do que temporal. Creio que o início de seu cumprimento deve ser agora discernido e veremos a boa mão do Senhor sobre nós, de modo que "o povo não dará conta de colhê-los. Vinho doce gotejará das videiras no alto das colinas de Israel".

O dever da igreja não deve ser medido por seu sucesso. É dever do ministro pregar o evangelho tanto em tempos adversos como em tempos propícios. Não devemos pensar que se Deus retiver o orvalho, deveremos reter o arado. Não devemos imaginar que, se as estações infrutíferas vierem, deixaremos de semear a nossa semente. Nossa tarefa é com a ação, não com o resultado. A igreja precisa cumprir seu dever, mesmo que esse dever não lhe traga qualquer recompensa presente. Se "eles não quiserem se arrepender e continuarem a pecar, eles morrerão em seus pecados. Você, porém, salvará sua vida". Se semearmos a semente e o pássaro a devorar, teremos feito o que nos foi ordenado fazer e a tarefa é aceita mesmo que os pássaros devorem a semente. Podemos esperar ver um resultado abençoado, mas mesmo que ele não venha, não devemos deixar de cumprir nosso dever. No entanto, mesmo que isso seja verdade, deve ser uma motivação divina e santa para um obreiro do evangelho saber que Deus o está tornando bem-sucedido.

Obadias

INTRODUÇÃO

Profeta. Seu nome significa "Servo do Senhor", mas não sabemos nada sobre ele, exceto o que podemos obter de sua profecia.

Época. Foi, sem dúvida, escrito após a queda de Jerusalém sob Nabucodonosor, 587 a.C. e antes da destruição de Edom, 5 anos depois, o que daria cerca de 585 a.C. Isso faria dele contemporâneo de Jeremias.

A ocasião da profecia é a crueldade dos edomitas em regozijarem-se com a queda de Judá.

Os judeus. É dito ser um livro favorito para os judeus por causa da vingança que ele pronuncia sobre Edom, o irmão deles. Sua principal importância está em suas previsões de desgraça sobre Edom, os descendentes de Esaú, irmão gêmeo de Jacó, e o tipo de hostilidade imutável da carne ao que nasceu do espírito.

Ensinos. (1) Javé está especialmente interessado em Israel. (2) Ele estabelecerá um novo reino, com a Judeia e Jerusalém como o centro e com a santidade como principal característica.

ESBOÇO

1. A punição de Edom, vv.1-9
    1.1. A nação cairá, vv.1-4
    1.2. Seus aliados a abandonarão, vv.5-7
    1.3. Sua sabedoria fracassará, vv.8,9
2. O pecado de Edom, vv.10-14
    2.1. Culpa das nações, vv.15,16
    2.2. Judá será restaurada, vv.17-21

PARA ESTUDO E DISCUSSÃO

[1] O pecado do orgulho.
[2] O pecado de se regozijar com a desgraça dos outros.
[3] Punição de acordo com o nosso pecado e do mesmo tipo que foi o nosso pecado.

1 Esta é a visão que o Senhor Soberano revelou a Obadias acerca da terra de Edom.

O julgamento de Edom é anunciado

Ouvimos uma mensagem do Senhor,
  que um embaixador foi enviado às
    nações para dizer:
"Preparem-se, todos!
  Vamos reunir nossos exércitos e atacar
    Edom!".

²O Senhor diz a Edom:
"Eu o tornarei pequeno entre as nações;
  você será grandemente desprezado.
³Foi enganado por seu orgulho,
  pois vive numa fortaleza de pedra
  e mora no alto dos montes.
'Quem me derrubará daqui de cima?',
  pensa consigo.
⁴Mesmo que suba tão alto como as águias
  e faça seu ninho entre as estrelas,
de lá eu o derrubarei",
  diz o Senhor.

⁵"Se ladrões viessem durante a noite e o
    assaltassem
  (que calamidade o espera!),
    não levariam tudo,
e aqueles que colhem uvas
  sempre deixam algumas para os pobres.
⁶No entanto, todos os cantos de Edom[a]
  serão vasculhados e saqueados;
  todos os tesouros serão encontrados e
    levados embora.

⁷"Todos os seus aliados o expulsarão de
    sua terra;
  eles lhe prometerão paz
  enquanto tramam enganá-lo e
    conquistá-lo.
Seus amigos de confiança lhe prepararão
    armadilhas,
  e você nem se dará conta.
⁸Naquele dia, não restará
  um sábio sequer em toda a terra de
    Edom",
  diz o Senhor.
"Pois, nos montes de Edom,
  destruirei todos que têm entendimento.

⁹Os guerreiros mais poderosos de Temã
  ficarão aterrorizados,
e todos nos montes de Edom
  serão exterminados na matança."

Motivos para o castigo de Edom

¹⁰"Por causa da violência que cometeu
  contra seus parentes, os israelitas,[b]
você será coberto de vergonha
  e destruído para sempre.
¹¹Quando eles foram invadidos,
  você se manteve afastado e não quis
    ajudá-los.
Estrangeiros levaram a riqueza da nação
  e tiraram sortes para dividir Jerusalém,
  e você agiu como se fosse um deles.
¹²"Não deveria ter ficado satisfeito
  quando exilaram seus parentes em
    terras distantes.
Não deveria ter se alegrado
  quando o povo de Judá sofreu tamanha
    desgraça.
Não deveria ter falado com arrogância
  naquele tempo de aflição.
¹³Não deveria ter saqueado a terra de Israel
  naquele dia de calamidade.
Não deveria ter ficado satisfeito com sua
    destruição
  naquele dia de calamidade.
Não deveria ter roubado a riqueza deles
  naquele dia de calamidade.
¹⁴Não deveria ter ficado nas encruzilhadas
  para matar os que tentavam escapar.
Não deveria ter capturado e entregado os
    sobreviventes
  naquele tempo de aflição."

Edom é destruído, e Israel, restaurado

¹⁵"Está próximo o dia em que eu, o Senhor,
  julgarei todas as nações!
Como você fez a Israel,
  assim lhe será feito.
Toda a sua maldade
  cairá sobre sua cabeça.
¹⁶Assim como você engoliu meu povo
  em meu monte santo,
você e as nações vizinhas

---

[a] 1.6 Em hebraico, *Esaú*; também em 1.8b,9,18.19.21. [b] 1.10 Em hebraico, *contra seu irmão, Jacó*. Os nomes "Jacó" e "Israel" são usados de forma intercambiável ao longo de todo o Antigo Testamento e se referem, por vezes, ao patriarca e, em outras ocasiões, à nação.

engolirão o castigo contínuo que eu derramar sobre vocês.
Sim, todas as nações beberão, cambalearão e, por fim, desaparecerão.

¹⁷"Mas o monte Sião se tornará refúgio para os que escaparem;
será um lugar santo.
O povo de Israel[a] voltará para tomar posse de sua herança.
¹⁸O povo de Israel será um fogo intenso, e Edom será um campo de palha seca.
Os descendentes de José serão uma chama que passará pelo campo e consumirá tudo.
Não haverá sobreviventes em Edom; eu, o SENHOR, falei.

¹⁹"Então meu povo que vive no Neguebe ocupará os montes de Edom.
Os que vivem nas colinas de Judá[b] possuirão as planícies dos filisteus
e tomarão os campos de Efraim e de Samaria.
O povo de Benjamim ocupará a terra de Gileade.
²⁰Os exilados de Israel retornarão para sua terra
e ocuparão o litoral fenício até Sarepta.
Os cativos de Jerusalém, exilados no norte,[c]
voltarão para casa e ocuparão as cidades do Neguebe.
²¹Os que foram resgatados[d] subirão ao[e] monte Sião, em Jerusalém,
para governar sobre os montes de Edom; e o reino será do SENHOR."

---

[a] **1.17** Em hebraico, *A casa de Jacó*; também em 1.18. Ver nota em 1.10. [b] **1.19** Em hebraico, *na Sefelá*. [c] **1.20** Em hebraico, *em Sefarade*. [d] **1.21a** Conforme a Septuaginta e a versão siríaca; o hebraico traz *Os resgatadores*. [e] **1.21b** Ou *do*.

1.17 Para dar-lhe o significado das palavras que temos diante de nós, observo, primeiro, o que pode ser traduzido: "Mas o monte Sião se tornará refúgio para os que escaparem; será um lugar santo" — um santuário inviolável de Deus. O Seu povo é o templo de Deus. A Igreja do Senhor deve ser a habitação peculiar de Deus, onde Ele caminha como Rei em Seu próprio palácio. O templo da divindade é, primeiramente, a pessoa de Cristo, e depois a Igreja do Deus vivo. [...]

Algo grandioso que faz o povo de Deus ser santo é *a presença de Deus com eles*. Ele santifica *o lugar de Sua habitação e os que dele se aproximam*. É lugar santo onde Javé se revela, mesmo que seja apenas um arbusto. Deus está em toda parte, mas Ele não está em todos os lugares como está em Sua Igreja. Há uma presença especial e graciosa de Deus no meio do Seu povo escolhido, e isto é o que os torna santos ao Senhor. [...] Jamais somos tão santos como quando estamos perto de Deus! A presença ofuscante de Deus santifica o homem a quem ela cobre! Amados, *devemos* ter isso ou não podemos conquistar as nações! Se Deus não estiver conosco, e o grito de um Rei não estiver no acampamento, não haverá ações valentes realizadas na batalha! A Igreja precisa avivar-se espontaneamente. Ouvimos os homens falando sobre "promover um avivamento". Que conversa inútil é essa! Se a Igreja do Senhor se tornar espiritualmente ágil, o avivamento virá — mas não de outra maneira. Busquemos cuidadosamente a nossa *santidade*, e *Deus* cuidará de nosso *sucesso*.

Jonas

INTRODUÇÃO

Profeta. Seu nome significa "Pomba", e ele é filho de Amitai. Sua casa era em Gate-Hefer, uma aldeia de Zebulom, portanto, pertencia às dez tribos e não a Judá. É mencionado pela primeira vez em 2 Reis 14.28, onde profetizou o sucesso de Jeroboão II, na sua guerra contra a Síria, pelo qual ele restauraria o território que outras nações tinham tirado de Israel. Provavelmente profetizou em uma data anterior, embora todas as tentativas de determinar o tempo de sua profecia ou a data e o local de sua morte falharam.

Profecia. Ela difere de todas as outras, visto que é uma narrativa e mais a história de uma profecia do que a própria profecia. Todas as outras estão ocupadas principalmente com enunciados proféticos, enquanto este livro registra as experiências e a obra de Jonas, mas nos diz pouco sobre suas afirmações. A história de Jonas tem sido comparada à de Elias e Eliseu (1 Reis 17–19 e 2 Reis 4–6).

Embora cheio do elemento milagroso, o objetivo evidente é ensinar grandes lições morais e espirituais, e é lamentável que seu elemento sobrenatural tenha feito deste livro objeto de descrédito. Mas os fatos, embora extraordinários, não são de modo algum contraditórios ou inconsistentes. Na verdade, o Sr. Driver [N.E.: Samuel Rolles Driver, hebraísta e especialista em Antigo Testamento (1846–1914).] disse que "sem dúvida, as descrições da narrativa são históricas". Cristo falou de Jonas e o reconheceu comparando Sua própria morte por três dias aos três dias de Jonas na barriga do peixe.

Dos livros do Antigo Testamento, este é o mais "cristão" de todos, sendo a sua verdade central a universalidade do plano divino da redenção. Em nenhum outro lugar do Antigo Testamento, tal ênfase é imposta ao amor de Deus como abrangendo em seu escopo toda a raça humana.

ESBOÇO

1. O primeiro chamado de Jonas e sua fuga do dever, Caps. 1–2
    1.1. O chamado, a fuga e a punição, Cap. 1
    1.2. O arrependimento e o resgate, Cap. 2
2. O segundo chamado de Jonas e a sua pregação em Nínive, Cap. 3
    2.1. Seu segundo chamado, vv.1,2
    2.2. Sua pregação contra Nínive, vv.3,4
    2.3. Nínive se arrepende, vv.5-9
    2.4. Nínive é poupada, v.10
3. A ira de Jonas e a misericórdia de Deus, Cap. 4
    3.1. A ira de Jonas, vv.1-4
    3.2. As lições provenientes de uma planta, vv.5-11

PARA ESTUDO E DISCUSSÃO

[1] Os diferentes elementos perceptíveis no caráter de Jonas.
[2] Os perigos da desobediência, para si e para os outros.
[3] As possibilidades de influência para o homem comissionado por Deus. A influência de Jonas sobre os marinheiros e sobre Nínive.
[4] O cuidado de Deus pelas nações pagãs (4.11), e o apoio a Missões Mundiais.
[5] A natureza do verdadeiro arrependimento e o perdão de Deus.
[6] O profeta ou pregador — seu chamado, sua mensagem e seu local de ministério.

Jonas foge de Deus

1 ¹O Senhor deu esta mensagem a Jonas, filho de Amitai: ²"Apronte-se e vá à grande cidade de Nínive. Anuncie meu julgamento contra ela, pois vi como seu povo é perverso".

³Jonas se aprontou, mas foi na direção contrária, a fim de fugir do Senhor. Desceu ao porto de Jope, onde encontrou um navio que estava de partida para Társis. Comprou a passagem e embarcou para Társis, a fim de fugir do Senhor.

⁴O Senhor, porém, enviou sobre o mar um vento forte, e caiu uma tempestade tão violenta que o navio estava prestes a se despedaçar. ⁵Com muito medo, os marinheiros clamavam a seus deuses para que os socorressem e lançavam a carga ao mar para deixar o navio mais leve.

Enquanto isso, Jonas dormia profundamente no porão. ⁶Então o capitão desceu para falar com ele. "Como pode dormir numa situação dessas?", disse. "Levante-se e ore a seu deus! Quem sabe ele prestará atenção em nós e poupará nossa vida!"

⁷Então a tripulação tirou sortes para ver qual deles havia ofendido os deuses e causado a terrível tempestade. Quando tiraram as sortes, elas indicaram que Jonas era o culpado. ⁸"Por que essa terrível tempestade veio sobre nós?", perguntaram. "Quem é você? Qual é sua profissão? De onde vem? Qual é sua nacionalidade?"

⁹Jonas respondeu: "Sou hebreu e adoro o Senhor, o Deus dos céus, que fez o mar e a terra".

¹⁰Os marinheiros ficaram apavorados quando ouviram isso, pois Jonas já havia lhes contado que estava fugindo do Senhor. "Por que fez uma coisa dessas?", disseram. ¹¹E, visto que a tempestade piorava cada vez mais, perguntaram-lhe: "O que devemos fazer com você para que a tempestade se acalme?".

¹²Jonas respondeu: "Joguem-me ao mar, e ele voltará a ficar calmo. Eu sei que esta terrível tempestade é culpa minha".

¹³Em vez disso, os marinheiros remaram com ainda mais força para levar a embarcação à terra, mas não conseguiram, pois o mar tempestuoso havia se tornado muito violento. ¹⁴Então clamaram ao Senhor e disseram: "Ó Senhor, não nos deixes morrer por causa deste homem, e não nos responsabilizes pela morte dele! Ó Senhor, tu sabes os motivos por que enviaste esta tempestade sobre ele!".

¹⁵Depois, os marinheiros pegaram Jonas e o lançaram ao mar e, no mesmo instante, a furiosa tempestade se aquietou. ¹⁶Espantados com o grande poder do Senhor, os marinheiros lhe ofereceram um sacrifício e firmaram o compromisso de servi-lo.

¹⁷ᵃO Senhor fez que um grande peixe engolisse Jonas. E Jonas ficou dentro do peixe por três dias e três noites.

ᵃ**1.17** No texto hebraico, o versículo 1.17 é numerado 2.1.

1.1-3 Observe a má conduta do profeta Jonas. Ele recebeu uma ordem clara do Senhor e a reconheceu como tal, mas sentiu que a incumbência que lhe fora dada não seria agradável e honrosa para si mesmo e, portanto, recusou-se a cumpri-la. Vemos, através de sua atitude, como alguns que realmente conhecem a Deus podem agir como se não o conhecessem. Jonas sabia que Deus estava em todos os lugares, mas ele "foi na direção contrária, a fim de fugir do Senhor". Que estranhas inconsistências existem muitas vezes *em homens bons!* Aqui está um que é favorecido com uma incumbência divina — um que conhece Deus e o teme — ainda assim, diante de tudo isso, ele se aventura agindo como tolo em se esforçar para escapar do Onipresente! Ele "desceu ao porto de Jope", que era o porto de seu país, "encontrou um navio que estava de partida para Társis".

Aprenda com isso que somente a Providência não é um guia suficiente para nossas ações. Jonas pode ter dito: "Foi muito peculiar que houvesse um navio para Társis justamente quando cheguei ao porto. Deduzo disto que Deus não estava tão relutante que eu fosse para lá". Preceitos, e não Providências, devem orientar os crentes. E quando os cristãos citam uma Providência contra um Preceito — é como estabelecer Deus contra Deus — agem muito estranhamente. Há providências do diabo, bem como Providências divinas, e existem providências tentadoras, bem como Providências auxiliadoras, portanto, aprendam a julgar entre uma e outra.

A oração de Jonas

2 ¹ªEntão, de dentro do peixe, Jonas orou ao Senhor, seu Deus, ²e disse:

"Em minha angústia, clamei ao Senhor,
  e ele me respondeu.
Gritei da terra dos mortos,[b]
  e tu me ouviste.
³Nas profundezas do oceano me lançaste,
  e afundei até o coração do mar.
As águas me envolveram;
  fui encoberto por tuas tempestuosas ondas.
⁴Então eu disse: 'Tu me expulsaste de tua presença
  e, no entanto, olharei de novo para teu santo templo'.[c]
⁵"Afundei debaixo das ondas,
  e as águas se fecharam sobre mim;
algas marinhas se enrolaram em minha cabeça.
⁶Afundei até os alicerces dos montes;
  fiquei preso na terra,
  cujas portas se fecharam para sempre.
Mas tu, ó Senhor, meu Deus,
  me resgataste da morte!
⁷Quando minha vida se esvaía,
  me lembrei do Senhor,
e minha oração subiu a ti
  em teu santo templo.
⁸Os que adoram falsos deuses
  dão as costas para as misericórdias de Deus.
⁹Eu, porém, oferecerei sacrifícios a ti com cânticos de gratidão
  e cumprirei todos os meus votos,
  pois somente do Senhor vem o livramento".

¹⁰Então o Senhor ordenou que o peixe vomitasse Jonas na praia.

Jonas vai a Nínive

3 Depois disso, o Senhor falou com Jonas pela segunda vez: ²"Apronte-se, vá à grande cidade de Nínive e transmita a mensagem que eu lhe dei".

³Dessa vez, Jonas obedeceu à ordem do Senhor e foi a Nínive, uma cidade tão grande que eram necessários três dias para percorrê-la inteira.[d] ⁴No dia em que Jonas entrou na cidade, proclamou às multidões: "Daqui a quarenta dias Nínive será destruída!". ⁵Os habitantes de Nínive creram em Deus e, desde o mais importante até o mais humilde, declararam um jejum e se vestiram de pano de saco.

⁶Quando o rei de Nínive ouviu o que Jonas dizia, desceu do trono, tirou as vestes reais, vestiu-se de pano de saco e sentou-se sobre um monte de cinzas. ⁷Então o rei e seus nobres enviaram este decreto a toda a cidade:

"Ninguém, nem mesmo os animais de seu gado e de seus rebanhos, poderá comer ou beber coisa alguma. ⁸Tanto as pessoas como os animais devem se cobrir de pano de saco, e todos devem orar fervorosamente ao Senhor. Devem deixar seus maus caminhos e toda a sua violência. ⁹Quem sabe Deus voltará atrás, conterá sua ira ardente e não nos destruirá".

¹⁰Quando Deus viu o que fizeram e como deixaram seus maus caminhos, voltou atrás e não os destruiu como havia ameaçado.

A ira de Jonas por causa da misericórdia do Senhor

4 Isso tudo deixou Jonas aborrecido e muito irado. ²Então, orou ao Senhor: "Antes de eu sair de casa, não foi isso que eu disse que tu farias, ó Senhor? Por esse motivo fugi para Társis! Sabia que és Deus misericordioso e compassivo, lento para se irar e cheio de amor. Estás pronto a voltar atrás e não trazer calamidade. ³Agora tira minha vida, Senhor! Para mim é melhor morrer que viver desse modo".

⁴O Senhor respondeu: "Você acha certo ficar tão irado assim?".

⁵Então Jonas foi até um lugar a leste de Nínive e construiu um abrigo para sentar-se à sua sombra enquanto esperava para ver o que aconteceria à cidade. ⁶O Senhor Deus fez crescer ali uma planta, que logo espalhou suas folhas grandes sobre a cabeça de Jonas e o protegeu do sol. Isso aliviou o desconforto de Jonas, e ele ficou muito grato pela planta.

---

[a] 2.1 No texto hebraico, os versículos 2.1-10 são numerados 2.2-11. [b] 2.2 Em hebraico, *do Sheol*. [c] 2.4 Ou *algum dia olharei de novo para teu santo templo?* [d] 3.3 Em hebraico, *uma grande cidade para Deus, de três dias de jornada*.

⁷No dia seguinte, porém, ao amanhecer, Deus também mandou uma lagarta. Ela comeu o talo da planta, que secou. ⁸Quando o calor do sol se intensificou, Deus mandou um vento leste quente soprar sobre Jonas. O sol bateu em sua cabeça até ele sentir-se tão fraco que desejou morrer. "Para mim é melhor morrer que viver desse modo", disse ele.

⁹Deus perguntou a Jonas: "Você acha certo ficar tão irado por causa da planta?".

Jonas respondeu: "Sim, acho certo ficar tão irado a ponto de querer morrer!".

¹⁰Então o Senhor disse: "Você tem compaixão de uma planta, embora não tenha feito coisa alguma para que ela crescesse. Ela depressa apareceu e depressa murchou. ¹¹Nínive, porém, tem mais de 120 mil pessoas que não sabem decidir entre o certo e o errado,[a] sem falar de muitos animais. Acaso não devo ter compaixão dessa grande cidade?".

---

[a] 4.11 Em hebraico, *pessoas que não sabem distinguir a mão direita da mão esquerda*.

4.6-8 No meu texto, temos Deus muito evidente na vida de Seu servo Jonas, e quero destacar esta verdade de forma muito proeminente para que possamos também ver Deus em *nossa* vida em pontos semelhantes àqueles em que Ele mesmo se manifestou a Jonas. Então, vamos observar que, primeiro, *Deus está em nossas consolações* — "O Senhor Deus fez crescer ali uma planta". Segundo, *Deus está em nossos lutos e perdas* — "Deus também mandou uma lagarta". Terceiro, *Deus está em nossas piores provações* — "Deus mandou um vento leste quente". Então, em quarto, o que não está em palavras no texto, mas é a própria essência disso, *Deus preparou Jonas* — essas três coisas — a planta, a lagarta e o vento leste fizeram parte de sua preparação, foram os meios para torná-lo um homem mais adequado e melhor ao serviço de seu Senhor. Ele aprendeu com a planta, aprendeu com o verme e aprendeu com o quente vento leste. Eles foram uma espécie de jardim de infância para o qual o espírito infantil de Jonas tinha que ir. Ele precisava ser ensinado como crianças em sua infância aprendem por meio de lições com objetos e coisas concretas que elas possam ver. Então Jonas foi ao jardim de infância de Deus para aprender com a planta, com a lagarta e com o vento leste as lições que ele não aprenderia de nenhuma outra forma.

Miqueias

INTRODUÇÃO

Profeta. Seu nome significa "Quem é o Senhor?" e ele era de Moresete, uma pequena cidade de Gate. Era contemporâneo mais jovem de Isaías e profetizou tanto para Israel como para Judá durante o tempo de Jotão, Acaz e Ezequias, reis de Judá; e de Peca e Oseias, os dois últimos reis de Israel. Ele se compadeceu profundamente das pessoas comuns, sendo tocado pelos erros sociais de seu tempo (Caps. 2–3), e se tornou o advogado e defensor do povo, bem como seu acusador. Claramente expõe a maldade de Judá e Israel, seu castigo, sua restauração e o Cristo vindouro. Em comparação com Isaías, era um simples compatriota, nascido de pais desconhecidos e reconhecido como uma das classes camponesas, enquanto Isaías era um profeta da cidade, de alto nível social e conselheiro de reis.

As grandes verdades da profecia são: (1) A destruição de Israel (1.6,7). (2) A desolação de Jerusalém e do Templo (3.12; 7.13). (3) A ida dos judeus para a Babilônia (4.10). (4) O retorno do cativeiro com paz e prosperidade e com bênção espiritual (4.1-8; 7.11-17). (5) O governante (Messias) em Sião (4.8). (6) Onde e quando Ele deveria nascer (5.2). Esta é a sua grande profecia e é aceita como final no pronunciamento a Herodes.

ESBOÇO

1. A calamidade iminente, Cap. 1
2. Os pecados que causaram esta calamidade, Caps. 2–3
    2.1. Em sua maldade, eles se recusam a escutar o profeta e são levados ao cativeiro, 2.1-11
    2.2. A restauração prometida, 2.12,13
    2.3. Os pecados dos ricos e das autoridades, Cap. 3
3. A restauração e a glória prometidas, Caps. 4–5
    3.1. A restauração prometida à cidade de Sião, 4.1-5
    3.2. A restauração e a glória de Israel, 4.6-13
    3.3. O poderoso Rei messiânico a ser enviado, Cap. 5
4. A controvérsia de Deus com Israel, Caps. 6–7
    4.1. A acusação de Deus e ameaça contra o povo, Cap. 6
    4.2. Em lamento e paciência, o justo deve esperar por tempos melhores, 7.1-13
    4.3. Deus terá misericórdia e os restaurará, 7.14-20

PARA ESTUDO E DISCUSSÃO

[1] As várias acusações e ameaças contra Israel e Judá.
[2] As diferentes descrições da prosperidade vindoura de Israel e o período messiânico.
[3] A falsa autoridade dos governantes civis, dos líderes morais, dos mestres espirituais.

MIQUEIAS 1

1 O Senhor deu esta mensagem a Miqueias, de Moresete, durante os anos em que Jotão, Acaz e Ezequias foram reis de Judá. As visões diziam respeito a Samaria e a Jerusalém.

Grande tristeza por Samaria e Jerusalém

²Prestem atenção, todos os povos!
  Que a terra e tudo que nela há ouçam!
O Senhor Soberano faz acusações contra vocês;
  de seu santo templo o Senhor fala.
³Vejam, o Senhor se aproxima!
  Ele deixa seu trono nos céus
  e pisa sobre os lugares altos da terra.
⁴Os montes se derretem sob seus pés
  e escorrem para os vales,
como cera no fogo,
  como água que desce pela encosta.
⁵E por que isso acontece?
  Por causa da rebeldia de Israel,
  dos pecados dos descendentes de Jacó.
Quem é responsável pela rebeldia de Israel?
  Samaria, sua capital!
Onde fica o centro de idolatria de Judá?
  Em Jerusalém, sua capital!

⁶"Por isso, transformarei a cidade de Samaria
  num monte de ruínas.
Farei de suas ruas
  um campo para plantar videiras.
Atirarei no vale as pedras de seus muros,
  até que os alicerces fiquem descobertos.
⁷Todas as suas imagens esculpidas serão despedaçadas,
  todos os seus tesouros sagrados serão queimados.
Isso tudo foi comprado com o pagamento de sua prostituição
  e será levado embora
  para pagar prostitutas em outro lugar."

⁸Por isso, chorarei e lamentarei;
  andarei descalço e nu.
Uivarei como o chacal
  e gemerei como a coruja.

⁹Pois a ferida de meu povo
  não tem cura.
Chegou a Judá,
  até os portões de Jerusalém.
¹⁰Não contem isso a nossos inimigos em Gate;[a]
  não chorem.
Vocês, habitantes de Bete-Leafra,[b]
  rolem no pó.
¹¹Vocês, habitantes de Safir,[c]
  vão para o exílio, nus e envergonhados.
Os habitantes de Zaanã[d]
  não se atrevem a sair da cidade.
Os habitantes de Bete-Ezel[e] estão em prantos,
  pois não têm proteção.
¹²Os habitantes de Marote[f] anseiam por alívio,
  mas a calamidade do Senhor chega
  até às portas de Jerusalém.
¹³Atrelem os cavalos a suas carruagens e fujam,
  habitantes de Laquis.[g]
Você foi a primeira cidade em Judá
  a seguir Israel em sua rebeldia,
  e levou a bela Sião[h] a pecar.
¹⁴Deem presentes de despedida a Moresete-Gate;[i]
  a cidade de Aczibe[j] enganou os reis de Israel.
¹⁵Ó habitantes de Maressa,[k]
  trarei um conquistador para tomar sua cidade.
E a liderança[l] de Israel
  irá a Adulão.

¹⁶Ó habitantes de Judá, raspem a cabeça,
  pois seus filhos queridos serão levados para longe.
Fiquem calvos como a águia,
  pois seus pequenos serão exilados em terras distantes.

---

[a] **1.10a** *Gate* tem som parecido com o termo hebraico para "contar". [b] **1.10b** *Bete-Leafra* significa "casa do pó". [c] **1.11a** *Safir* significa "agradável". [d] **1.11b** *Zaanã* tem som parecido com o termo hebraico para "sair". [e] **1.11c** *Bete-Ezel* significa "casa adjacente". [f] **1.12** *Marote* tem som parecido com o termo hebraico para "amargo". [g] **1.13a** *Laquis* tem som parecido com o termo hebraico para "parelha de cavalos". [h] **1.13b** Em hebraico, *a filha de Sião*. [i] **1.14a** *Moresete* tem som parecido com o termo hebraico para "presente" ou "dote". [j] **1.14b** *Aczibe* tem som parecido com o termo hebraico para "engano". [k] **1.15a** *Maressa* tem som parecido com o termo hebraico para "conquistador". [l] **1.15b** Em hebraico, *a glória*.

Julgamento contra os opressores ricos

2 ¹Que aflição espera vocês que ficam acordados à noite
fazendo planos perversos!
Levantam-se ao amanhecer para realizá--los,
só porque têm poder para isso.
²Quando desejam um terreno,
encontram um modo de se apropriar dele.
Quando querem a casa de alguém,
tomam-na por meio de violência.
Oprimem um homem para que lhes entregue sua propriedade
e deixam a família dele sem herança.

³Portanto, assim diz o Senhor:
"Eu retribuirei sua maldade com maldade;
não conseguirão livrar o pescoço do laço.
Não andarão mais com arrogância,
pois será um tempo de calamidade".

⁴Naquele dia, seus inimigos zombarão de vocês
e entoarão canções de lamento a seu respeito:
"Estamos acabados, totalmente arruinados!
Deus confiscou nossa terra,
ele a tomou de nós.
Entregou nossos campos
àqueles que nos levaram cativos".

⁵Então outros estabelecerão suas divisas,
e o povo do Senhor será ignorado
na hora de repartir a terra.

Verdadeiros e falsos profetas

⁶"Não diga uma coisa dessas",
o povo responde.ª
"Não profetize dessa maneira;
essa desgraça jamais nos acontecerá!"

⁷Acaso deve falar desse modo, ó povo de Israel?ᵇ
O Espírito do Senhor terá paciência com essa conduta?
Se fizesse o que é certo,
minhas palavras lhe trariam consolo.
⁸Até agora, porém,
meu povo se rebela contra mim,
como se fosse um inimigo.
Roubam a túnica daqueles
que confiaram em vocês
e os deixam aos farrapos,
como quem volta da batalha.
⁹Expulsaram mulheres de seus lares confortáveis
e tomaram para sempre de seus filhos
tudo que Deus lhes deu.
¹⁰Levantem-se! Vão embora!
Esta não é mais sua terra nem seu lar,
pois vocês a encheram de pecado
e a arruinaram por completo.
¹¹Se um profeta que vive a mentir lhes dissesse:
"Proclamarei para vocês
as alegrias do vinho e da bebida forte",

ª **2.6** Ou *os profetas respondem*; em hebraico, *eles profetizam*. ᵇ **2.7** Em hebraico, *ó casa de Jacó?* Os nomes "Jacó" e "Israel" são usados de forma intercambiável ao longo de todo o Antigo Testamento e se referem, por vezes, ao patriarca e, em outras ocasiões, à nação.

2.10 Existe uma tendência miserável nos homens de se apegar a coisas que são visíveis. Embora o que contemplamos seja apenas temporal e sombrio, sem qualquer substância ou permanência verdadeira; ainda que as coisas ao nosso redor possam durar por pouco tempo, e então desapareçam; ainda assim, entregamos nosso coração a elas, e somos enredados por seu falso brilho e glamour. [...] É uma lástima quando os herdeiros do Céu desejam habitar no deserto, e quando os homens que têm uma herança do outro lado do Jordão se esquecem da terra que Deus lhes deu por aliança e procuram aproveitar a sua parte nessa vida. [...] Crentes descuidados, que uma vez correram bem, mas foram impedidos, e que agora estão satisfeitos com o mundo, como se fossem ficar aqui para sempre, precisam ser despertados de seu sono. "Desperte, você que dorme, levante-se dentre os mortos, e Cristo o iluminará." Deus pretende que Sua Igreja seja um povo separado na Terra. Nossa cidadania está no Céu, mas muitos de nós e, talvez, todos nós em alguns momentos, caímos nos caminhos dos não regenerados e temos comunhão com as obras infrutíferas das trevas, mesmo que as façamos nós mesmos. Por causa dessa tendência preguiçosa e carnal, mesmo no melhor de nós, é continuamente necessário que o chamado para despertar se faça presente: "Levantem-se! Vão embora! Esta não é mais sua terra nem seu lar".

de um profeta assim vocês se alegrariam!

Esperança de restauração

¹²"Algum dia, ó Israel,[a]
reunirei os que restaram.
Juntarei vocês novamente, como ovelhas no curral,
como rebanho em seu pasto.
Sim, sua terra voltará a se encher
do ruído das multidões.
¹³Seu líder abrirá o caminho
e os conduzirá para fora do exílio,
pelas portas das cidades inimigas,
de volta para sua terra.
Seu rei os conduzirá;
o próprio Senhor os guiará."

Julgamento contra os líderes de Israel

3 ¹Eu disse: "Ouçam, líderes de Israel!
Vocês deveriam saber o que é certo,
²mas odeiam o bem
e amam o mal.
Esfolam meu povo
e arrancam a carne de seus ossos.
³Sim, comem a carne de meu povo;
arrancam sua pele
e quebram seus ossos.
Cortam-no em pedaços,
como carne para a panela.
⁴Então, na hora da aflição, clamam ao Senhor;
esperam mesmo que ele responda?
Depois de todo o mal que fizeram,
ele nem olhará para vocês!".

⁵Assim diz o Senhor:
"Vocês, falsos profetas, fazem meu povo se desviar!
Prometem paz aos que lhes dão comida,
mas anunciam guerra aos que não os alimentam.
⁶Agora, a noite se fechará ao seu redor
e acabará com suas visões.
A escuridão os cobrirá
e dará fim a suas predições.
O sol se porá para os profetas,
e seu dia chegará ao fim.
⁷Então vocês, videntes, serão envergonhados,
e vocês, adivinhos, serão humilhados.
Cobrirão a boca,
porque não há resposta de Deus".

⁸Quanto a mim, estou cheio de poder,
cheio do Espírito do Senhor.
Estou cheio de justiça e força
para anunciar o pecado e a rebeldia de Israel.
⁹Escutem, líderes de Israel!
Vocês odeiam a justiça e distorcem o que é certo.
¹⁰Constroem Jerusalém
sobre um alicerce de homicídio e corrupção.
¹¹Os governantes julgam conforme os subornos que recebem,
os sacerdotes cobram para ensinar a lei,
os profetas só profetizam quando são pagos,
e, no entanto, todos afirmam depender do Senhor.
Dizem: "Nenhum mal nos acontecerá,
pois o Senhor está em nosso meio".
¹²Por causa de vocês, o monte Sião será arado como um campo;
Jerusalém será transformada num monte de ruínas.
Crescerá mato na colina,
onde hoje fica o templo.

O reino futuro do Senhor

4 ¹Nos últimos dias, o monte da casa do Senhor
será o mais alto de todos.
Será elevado acima das colinas,
e povos de todo o mundo irão até lá.
²Gente de muitas nações virá e dirá:
"Venham, subamos ao monte do Senhor,
à casa do Deus de Jacó.
Ali ele nos ensinará como devemos viver
e andaremos em seus caminhos".
Pois a lei do Senhor sairá de Sião;
sua palavra sairá de Jerusalém.
³O Senhor será mediador entre povos
e resolverá conflitos entre nações poderosas e distantes.
Elas forjarão suas espadas para fazer arados
e transformarão suas lanças em podadeiras.

---

[a] **2.12** Em hebraico, *Jacó*. Ver nota em 2.7.

As nações já não lutarão entre si,
  nem treinarão mais para a guerra.
⁴Todos viverão em paz,
  sentados sob suas videiras e figueiras,
  pois não haverá nada a temer.
Assim prometeu
  o Senhor dos Exércitos!
⁵Embora as nações ao redor sigam seus deuses,
  nós seguiremos o Senhor, nosso Deus,
  para sempre.

Israel volta do exílio

⁶"Naquele dia", diz o Senhor,
  "reunirei os fracos,
  os que foram exilados,
  aqueles a quem feri.
⁷Os fracos sobreviverão como um remanescente,
  os exilados se tornarão uma nação forte.
Então eu, o Senhor,
  reinarei sobre eles no monte Sião, para sempre."
⁸Quanto a você, bela Sião,
  fortaleza do povo de Deus,ᵃ
voltará a ter força
  e poder soberano.
O reino de minha preciosa Jerusalémᵇ
  será restaurado.
⁹Agora, por que grita de terror?
  Acaso não tem rei para governá-la?
Morreram todos os seus sábios?
  Sim, você foi tomada de dor como a mulher que dá à luz.
¹⁰Ó habitantes da bela Sião,ᶜ
  contorçam-se e gemam, como a mulher em trabalho de parto,
pois terão de deixar a cidade
  para morar nos campos.
Vocês serão enviados ao exílio
  na distante Babilônia.
Ali, porém, o Senhor os libertará;
  ele os livrará das garras de seus inimigos.

¹¹Agora muitas nações se reuniram contra você,
  dizendo: "Que ela seja profanada!
  Vejamos a destruição de Sião!".
¹²Mas elas não conhecem os pensamentos do Senhor,
  nem entendem seu plano.
Essas nações não sabem
  que ele as reúne
para serem batidas e pisadas,
  como feixes de cereal na eira.

¹³"Levante-se e esmague as nações, ó bela Sião!ᵈ
Pois eu lhe darei chifres de ferro e cascos de bronze,
para que pisoteie muitas nações até despedaçá-las.

ᵃ **4.8a** Em hebraico, *Quanto a você, Migdal-Eder, / o Ofel da filha de Sião*. ᵇ **4.8b** Em hebraico, *da filha de Jerusalém*. ᶜ **4.10** Em hebraico, *filha de Sião*. ᵈ **4.13** Em hebraico, *Levante-se e debulhe, ó filha de Sião*.

4.6 A Igreja do Senhor nem sempre é tão vigorosa e próspera. Às vezes, ela pode correr sem cansaço e andar sem desanimar, mas outras vezes, ela começa a mancar e é coxa. Há deficiência em sua fé e mornidão em seu amor, surgem erros doutrinários e muitas coisas que a enfraquecem e a perturbam — e daí ela se torna como uma pessoa aleijada. E, na verdade, amados, quando comparo a Igreja do Senhor na atualidade com a Igreja Primitiva, ela pode ser chamada de "fraca". Ó, como ela saltava nos primeiros tempos pentecostais! Que força maravilhosa teve em toda a Judeia e todas as terras vizinhas! [...] Como a Igreja agora manca! Quão fraca de vigor, quão fraca em suas ações! Se eu comparar a Igreja agora com a Igreja nos tempos da Reforma, quando, em nossa própria terra [N.E.: Nesse caso, a Inglaterra.], nossos pais foram bravamente para a prisão e para a fogueira por testemunhar do Senhor Jesus! [...] naquele tempo, ela era poderosa, de fato, e não deve ser comparada com "o coxo", como temo que ela esteja agora nestes dias de negligência de doutrina e de vida — quando o erro é tolerado na igreja e a vida fácil é tolerada no mundo! [...]

Observe que o texto fala de um "dia". Assim, podemos esperar que Deus tenha seu próprio tempo de bênção. "'Naquele dia', diz o Senhor, 'reunirei os fracos'". Creio que seja um dia em que inquiriremos o Senhor, um dia em que estaremos orando, e ansiosos, no qual haverá uma agonia nas almas dos cristãos até o Senhor voltar para o Seu povo — um dia em que Cristo será revelado no testemunho da Igreja e o evangelho será totalmente pregado — naquele dia o Senhor congregará os fracos! Que esse dia chegue rapidamente!

Você dedicará ao Senhor as riquezas que elas roubaram;
dedicará seus tesouros ao Soberano de toda a terra."

5 ¹ᵃMobilizem-se! Reúnam suas tropas!
O inimigo cerca Jerusalém.
Com uma vara ferirá
o rosto do líder de Israel.

Um governante de Belém
²ᵇMas você, ó Belém Efrata,
é apenas uma pequena vila entre todo o povo de Judá.
E, no entanto, um governante de Israel,
cujas origens são do passado distante,
sairá de você em meu favor.
³O povo de Israel será entregue a seus inimigos,
até que a mulher em trabalho de parto dê à luz.
Por fim, seus compatriotas
voltarão do exílio para sua própria terra.
⁴Ele se levantará para conduzir seu rebanho com a força do Senhor
e a majestade do nome do Senhor, seu Deus.
Então seu povo viverá tranquilo,
pois ele será exaltado em todo o mundo
⁵e será a fonte de paz.

Quando os assírios invadirem nossa terra
e romperem nossas defesas,
nomearemos sete pastores para nos proteger,
oito príncipes para nos conduzir.
⁶Eles conquistarão a Assíria com a espada
e entrarão pelas portas da terra de Ninrode.
Ele nos livrará dos assírios,
quando eles passarem pelas fronteiras para invadir nossa terra.

A purificação do remanescente
⁷Então o remanescente de Israelᶜ
ocupará seu lugar entre as nações.
Será como o orvalho enviado pelo Senhor,
como a chuva que cai sobre a grama,
que ninguém *é capaz de conter*
e ninguém consegue deter.

⁸Sim, o remanescente de Israel
ocupará seu lugar entre as nações.
Será como o leão entre os animais no bosque,
como o leão forte no meio de rebanhos de ovelhas,
que as ataca e as despedaça quando passam,
sem que ninguém as livre.
⁹O povo de Israel enfrentará seus adversários,
e todos os seus inimigos serão exterminados.

¹⁰"Naquele dia", diz o Senhor,
"matarei seus cavalos
e destruirei seus carros de guerra.
¹¹Derrubarei seus muros
e demolirei suas fortalezas.
¹²Acabarei com a prática da feitiçaria,
e não haverá mais adivinhos.
¹³Destruirei seus ídolos e suas colunas sagradas,
para que vocês nunca mais adorem as obras de suas mãos.
¹⁴Acabarei com seus santuários e postes de Aserá
e destruirei suas cidades.
¹⁵Com terrível ira, derramarei minha vingança
sobre todas as nações que não me obedeceram."

As acusações do Senhor contra Israel
6 Ouçam o que o Senhor diz:
"Levantem-se e apresentem sua causa!
Que os montes e as colinas sejam testemunhas de suas queixas.
²E agora, ó montes e firmes alicerces da terra,
ouçam a queixa do Senhor.
Ele julgará seu povo,
fará acusações contra Israel.

³"Ó meu povo, o que fiz para se cansarem de mim?
Respondam-me!
⁴Eu os tirei do Egito e os resgatei da escravidão;
enviei Moisés, Arão e Miriã para guiá-los.

ᵃ**5.1** No texto hebraico, o versículo 5.1 é numerado 4.14. ᵇ**5.2** No texto hebraico, os versículos 5.2-15 são numerados 5.1-14. ᶜ**5.7** Em hebraico, *Jacó*; também em 5.8. Ver nota em 2.7.

⁵Ó meu povo, não se lembra de como
  Balaque, rei de Moabe,
  planejou que você fosse amaldiçoado,
  e como, em vez disso, Balaão, filho de
    Beor, o abençoou?
Não recorda sua viagem do vale das
    Acácias[a] a Gilgal,
  quando eu, o Senhor, lhe revelei minha
    fidelidade?"

⁶Que podemos apresentar ao Senhor?
  Devemos trazer holocaustos ao Deus
    Altíssimo?
Devemos nos prostrar diante dele
  com ofertas de bezerros de um ano?
⁷Devemos oferecer ao Senhor milhares de
    carneiros
  e dez mil rios de azeite?
Devemos sacrificar nossos filhos mais
    velhos
  para pagar por nossos pecados?

⁸Ó povo, o Senhor já lhe declarou o que é
    bom
  e o que ele requer de você:
que pratique a justiça, ame a misericórdia
  e ande humildemente com seu Deus.

A culpa e o castigo de Israel

⁹Se forem sábios, temam o Senhor!
  Sua voz clama a todos em Jerusalém:
"Ouçam os exércitos de destruição;
  o Senhor os envia.[b]
¹⁰Que direi sobre as casas dos perversos,
  cheias de tesouros obtidos pelo engano?
E quanto à prática repulsiva
  de calcular cereais com medidas falsas?[c]
¹¹Como posso aceitar seus comerciantes
  que usam balanças e pesos desonestos?
¹²Os ricos entre vocês enriqueceram
  por meio de extorsão e violência.
Seus habitantes estão acostumados a
    mentir;
  sua língua não consegue mais dizer a
    verdade.

¹³"Por isso eu a farei sofrer!
  Em ruínas a deixarei por causa de seus
    pecados.
¹⁴Você comerá, mas nunca se saciará;
  continuará a sentir as dores de fome.
E, embora tente economizar alguma coisa,
  no fim nada lhe sobrará.
O pouco que você ajuntar
  darei àqueles que a conquistarem.
¹⁵Você semeará plantações,
  mas não as colherá.
Espremerá azeitonas,
  mas não terá óleo suficiente para se
    ungir.
Pisará uvas,
  mas não obterá suco para fazer vinho.
¹⁶Você obedece apenas às leis do rei Onri
  e segue apenas as práticas do rei Acabe.
Por isso farei de você um exemplo
  e a levarei à ruína.
Será tratada com desprezo
  e insultada por todos que a virem".

Sofrimento transformado em esperança

7 ¹Pobre de mim!
  Sinto-me como quem apanha frutas
    depois da colheita
  e nada encontra para comer.
Não há um cacho de uvas sequer, nem um
    único figo novo
  para saciar minha fome.
²Os fiéis desaparecerão;
  não resta uma só pessoa honesta na terra.
São todos assassinos,
  que preparam armadilhas até para os
    próprios irmãos;
³suas mãos são hábeis para fazer o mal.
Governantes e juízes exigem subornos;
  os mais influentes conseguem o que
    querem
  e tramam juntos para perverter a justiça.
⁴Até o melhor deles é como um espinheiro,
  e o mais honesto é perigoso como uma
    cerca de espinhos.
Mas o dia anunciado se aproxima;
  está chegando a hora de seu castigo, um
    tempo de confusão.
⁵Não confie em ninguém,
  nem mesmo em seu melhor amigo,
  nem sequer em sua esposa.
⁶Pois o filho despreza o pai,
  a filha se rebela contra a mãe,

---

[a] 6.5 Em hebraico, *Sitim*. [b] 6.9 Em hebraico, *Ouçam a vara; / quem a nomeou?* [c] 6.10 Em hebraico, *usar o efa curto?* O efa era uma unidade para medir cereais.

a nora se rebela contra a sogra;
  seus inimigos estão em sua própria casa!

⁷Quanto a mim, busco o Senhor
  e espero confiante que Deus me salve;
  certamente meu Deus me ouvirá!
⁸Não se alegrem, meus inimigos;
  pois, mesmo que eu caia, voltarei a me
    levantar.
Ainda que eu esteja em trevas,
  o Senhor será minha luz.
⁹Serei paciente enquanto o Senhor me
    castiga,
  pois pequei contra ele.
Depois disso, ele defenderá minha causa
  e fará o que é direito.
O Senhor me levará para a luz,
  e verei sua justiça.
¹⁰Então meus inimigos verão que o Senhor
    está do meu lado
  e se envergonharão de ter dito:
"Onde está o Senhor,
  seu Deus?".
Com os próprios olhos eu os verei cair;
  serão pisados como lama nas ruas.

¹¹Naquele dia, Israel, seus muros serão
    reconstruídos,
  e suas fronteiras, ampliadas.
¹²Gente de muitas terras virá até você:
  desde a Assíria até as cidades do Egito,
  desde o Egito até o rio Eufrates,ᵃ
  e de mares e montes distantes.
¹³A terra, porém, ficará vazia e desolada,
  por causa da maldade dos que nela
    habitam.

A compaixão do Senhor por Israel

¹⁴Ó Senhor, protege teu povo com teu
    cajado de pastor;
  conduz este rebanho que pertence a ti!
Embora vivam sozinhos num bosque
  no alto do monte Carmelo,ᵇ
leva-os para pastar nos campos verdes de
    Basã e Gileade,
  como faziam muito tempo atrás.
¹⁵"Sim, realizarei grandes milagres em seu
    favor,
  como fiz quando os resgatei da terra do
    Egito."

¹⁶Todas as nações ficarão admiradas
  do que o Senhor fará por vocês.
Elas terão vergonha
  de seu pequeno poder;
cobrirão a boca com as mãos
  e taparão os ouvidos.
¹⁷Como serpentes que rastejam para fora
    de seus esconderijos,
  sairão ao encontro do Senhor, nosso
    Deus.
Terão muito temor dele
  e tremerão em sua presença.

¹⁸Que outro Deus há semelhante a ti,
  que perdoas a culpa do remanescente
  e esqueces os pecados dos que te
    pertencem?
Não permanecerás irado com teu povo
    para sempre,
  pois tens prazer em mostrar teu amor.
¹⁹Voltarás a ter compaixão de nós;
  pisarás nossas maldades sob teus pés
  e lançarás nossos pecados nas
    profundezas do mar.
²⁰Tu nos mostrarás tua fidelidade e teu
    amor
  como prometeste há muito tempo
  a Abraão e a Jacó, nossos antepassados.

ᵃ7.12 Em hebraico, *o rio*. ᵇ7.14 Ou *cercado por uma terra fértil*.

7.9 Ouça este testemunho do profeta, filho provado de Deus! Mesmo quando em sua própria casa você encontrar inimigos, confie em Deus, pois Ele ainda aparecerá para livrá-lo. Permita que isto seja a sua alegria! Sente-se quieto com humilde paciência e seja "paciente enquanto o Senhor o castiga", pois, mesmo que o problema seja imposto sobre você, este não é tão pesado como poderia ter sido — e não é tão grave como teria sido se o Senhor tivesse tratado com você com justiça rigorosa! Portanto, com paciência guarde sua alma e espere silenciosamente diante do seu Deus. Não se desespere. Espere, pois que Ele advogará a sua causa e executará o julgamento por você. Aguarde por Sua luz, que certamente virá, e na qual você contemplará não a sua própria justiça, mas a do Senhor!

Naum

INTRODUÇÃO

Profeta. Naum significa "Consolação" e "Vingança"; simbolizando a "consolação" para o povo de Deus e a "vingança" que viria sobre seus inimigos. Ele era de Elcós (1.1), que pode se referir ao lugar de seu nascimento ou o local onde exerceu seu ministério. As tentativas de se identificar essa cidade têm-se provado infrutíferas. Pode ser: (1) Um vilarejo ao norte da Galileia; (2) Al Qosh, situado ao norte do Iraque; (3) A localidade que no Novo Testamento é chamada de Cafarnaum, que quer dizer "cidade de Naum"; ou (4) Uma localidade ao sul de Judá (cf. 1.15). No entanto, essa informação não importa para a interpretação do livro.

Naum é um dos três profetas que profetizaram contra nações estrangeiras:
1. Naum, contra a Assíria
2. Obadias, contra Edom
3. Habacuque, contra a Babilônia

Data. A não menção de qualquer rei de Judá na introdução do livro, implica o uso de dados históricos para situar a profecia no tempo. A mensagem de julgamento contra Nínive deixa transparecer o poder intimidador do Império Assírio, o que leva à conclusão que foi anterior à queda de Nínive, em 612 a.C. A menção da queda de Tebas (3.8-10), em 663 a.C., e a omissão de sua nova ascensão, ocorrida 10 anos depois, sugere que Naum tenha profetizado durante o reinado de Manassés (695–642 a.C.).

Profecia. Naum escreveu em poesia, usando imagística e simbolismos. Seu objetivo era inspirar seus compatriotas, os judeus, com a certeza de que, independentemente de sua alarmante posição exposta aos ataques dos poderosos assírios, que já haviam exilado as dez tribos do Norte, Senaqueribe (imperador assírio) falharia em seu ataque a Jerusalém. Não somente isso, o próprio império seria derrubado, e isso não pelo exercício arbitrário do poder de Javé, mas por suas próprias iniquidades.

Ira divina. A descrição da ira de Deus, conforme encontrada no livro, pode causar desconforto aos seus leitores. No entanto, é importante que se reconheça que subjacente à ira divina contra Nínive há um profundo senso de preocupação com o sofrimento de muitas pessoas que haviam sido conquistadas, mortas, escravizadas e aterrorizadas pela Assíria (3.19). O julgamento do Senhor sobre o perverso está ligado à Sua compaixão pelas vítimas.

ESBOÇO

1. A destruição de Nínive é declarada, Cap.1
    1.1. O poder de Deus descrito, 1.2-8
    1.2. A punição divina é afirmada, 1.9-15
2. A destruição de Nínive é descrita, Cap. 2
    2.1. A cidade é atacada, 2.1-10
    2.2. A cidade é arruinada, 2.11-13
3. O julgamento de Nínive, Cap. 3
    3.1. Primeira acusação, 3.1-3
    3.2. Segunda acusação, 3.4-7
    3.3. Terceira acusação, 3.8-19

PARA ESTUDO E DISCUSSÃO

[1] A descrição do poder criador e destruidor de Deus.
[2] As acusações contra Nínive.
[3] Como entender a ira de Deus à luz de Seu amor?

1 Naum, que vivia em Elcós, recebeu numa visão esta mensagem acerca de Nínive.

A ira do SENHOR contra Nínive

²O SENHOR é Deus zeloso,
  cheio de vingança e ira.
Vinga-se de todos que a ele se opõem
  e reserva sua fúria para seus inimigos.
³O SENHOR é lento para se irar, mas tem grande poder
  e nunca deixa de castigar o culpado.
Demonstra seu poder no vendaval e na tempestade;
  as nuvens são poeira debaixo de seus pés.
⁴À sua ordem, os oceanos secam
  e os rios desaparecem.
Os pastos verdejantes de Basã e do Carmelo se esvaem,
  e os bosques do Líbano murcham.
⁵Em sua presença, os montes tremem
  e as colinas se derretem;
a terra estremece
  e seus habitantes são destruídos.
⁶Quem pode resistir à sua indignação?
  Quem pode sobreviver à sua ira ardente?
Sua fúria queima como fogo,
  e os montes desabam em sua presença.
⁷O SENHOR é bom;
  é forte refúgio quando vem a aflição.
Está perto dos que nele confiam,
  ⁸mas arrasará seus inimigos*ᵃ*
  com uma tremenda inundação.
Perseguirá seus adversários
  escuridão adentro.
⁹Por que vocês tramam contra o SENHOR?
  Ele os destruirá com um só golpe;
  não precisará vir outra vez.
¹⁰Seus inimigos, emaranhados como espinheiros
  e cambaleantes como bêbados,
  serão queimados como palha seca.
¹¹Ó Nínive, quem é esse seu conselheiro perverso,
  que trama o mal contra o SENHOR?
¹²Assim diz o SENHOR:
"Embora os assírios tenham muitos aliados,
  serão destruídos e desaparecerão.
Ó meu povo, eu o castiguei antes,
  mas não o castigarei outra vez.
¹³Agora quebrarei o jugo sobre seu pescoço
  e arrancarei as correntes de sua opressão".
¹⁴E assim diz o SENHOR acerca dos assírios:
"Vocês não terão mais filhos para dar continuidade ao seu nome;
destruirei todos os ídolos nos templos de seus deuses.
Estou preparando uma sepultura para vocês,
  pois são desprezíveis!".

ᵃ **1.8** Conforme a Septuaginta; o hebraico traz *arrasará seu lugar*.

1.3 [...] *o caminho de Deus geralmente é oculto*. Podemos inferir isso do próprio texto, considerando a conexão: "Demonstra seu poder no vendaval e na tempestade; as nuvens são poeira debaixo de seus pés". Quando Deus realiza as Suas maravilhas, Ele sempre se oculta. [...] Considere as Suas obras de salvação. De que maneira Ele se ocultou quando determinou salvar a humanidade? Ele não se revelou manifestamente aos nossos antepassados. Deu-lhes apenas uma luz fraca de profecia que brilhou em palavras como estas: "Ele lhe ferirá a cabeça, e você lhe ferirá o calcanhar". E por 4.000 anos *Deus ocultou Seu Filho* em mistério, *e ninguém* entendia o que o Filho de Deus devia ser. A fumaça do incenso tornou a visão deles nebulosa, e enquanto mostrava algo sobre Jesus, escondeu-o muito mais. A vítima queimada enviou sua fumaça ao céu, e foi somente através da névoa do sacrifício que os judeus piedosos puderam ver o Salvador. Sabemos que os próprios anjos desejaram olhar para os mistérios da redenção, embora, apesar de estarem com os olhos fixos nela até a hora em que a redenção se desenvolveu no Calvário, nem um único anjo pôde compreendê-la. O maior dos sábios poderia ter procurado descobrir como Deus pôde ser justo e ainda justificador dos ímpios, mas teria fracassado em suas investigações. [...] Deus jamais se digna em tornar as coisas muito claras para Suas criaturas. Ele sempre o faz de forma justa, e, portanto, quer que o Seu povo sempre acredite que Ele o faz de forma justa. Contudo, se Ele lhes mostrasse o que havia feito, não haveria espaço para a fé neles!

¹⁵ᵃVejam, um mensageiro vem pelas
    montanhas com boas notícias!
  Ele traz uma mensagem de paz.
Celebrem suas festas, ó habitantes de Judá,
    e cumpram seus votos,
  pois seus inimigos perversos nunca mais
    invadirão sua terra;
    serão completamente destruídos.

A queda de Nínive

2 ¹ᵇÓ Nínive, seu inimigo vem destruí-la.
  Guarde as muralhas! Vigie as estradas!
  Prepare suas defesas! Reúna suas forças!

²Embora os saqueadores tenham
    despojado Israel,
  o Senhor restaurará sua honra.
Os ramos da videira foram arrancados,
  mas ele restaurará seu esplendor.

³Os escudos de seus guerreiros são
    vermelhos;
  vejam os uniformes escarlates dos
    soldados valentes!
Observem seus reluzentes carros de
    guerra se alinharem,
  enquanto as lanças se agitam acima
    deles.
⁴Os implacáveis carros de guerra
    percorrem as ruas
  e atravessam velozes as praças.
Brilham como tochas de fogo
  e se movem com a rapidez de
    relâmpagos.
⁵Os oficiais são convocados
  e, de tanta pressa, saem tropeçando,
    correndo para os muros a fim de
    organizar as defesas.
⁶As comportas do rio foram abertas!
  O palácio está prestes a desabar!
⁷O exílio de Nínive foi decretado,
  e todas as servas lamentam sua derrota.
Gemem como pombas
  e batem no peito em sinal de tristeza.
⁸Nínive é como um açude rompido,
  que deixa vazar seu povo.
"Parem! Parem!", alguém grita,
  mas ninguém olha para trás.
⁹Saqueiem a prata!
  Levem o ouro!
Os tesouros de Nínive não têm fim;
  sua riqueza é incalculável.
¹⁰A cidade é saqueada e fica vazia e
    arruinada;
  corações se derretem e joelhos vacilam.
O povo fica angustiado,
  de rosto pálido, tremendo de medo.

¹¹Onde está agora a grande Nínive,
  toca cheia de leões?
Ali o povo, como leões e seus filhotes,
  andava livremente e sem temor.
¹²O leão despedaçava a carne para seus
    filhotes
  e estrangulava a presa para a leoa.
Enchia sua toca de presas
  e suas cavernas, de despojos.

¹³"Sou seu inimigo!",
  diz o Senhor dos Exércitos.
"Em breve seus carros serão queimados,
  e seus jovensᶜ morrerão na batalha.
Você nunca mais saqueará nações
    conquistadas;
  jamais se ouvirá novamente a voz de
    seus mensageiros."

Julgamento do Senhor contra Nínive

3 ¹Que aflição espera Nínive,
  cidade de homicídio e mentiras!
É cheia de riquezas tomadas à força,
  e nunca lhe faltam vítimas.
²Ouçam o estalo de chicotes,
  o estrondo de rodas!
Os cavalos vêm galopando,
  e os carros de guerra sacodem sem
    parar.
³Vejam as espadas faiscantes e as lanças
    reluzentes
  quando passa a cavalaria!
Há incontáveis mortos,
  montes de cadáveres.
Os corpos são tantos
  que os vivos neles tropeçam.
⁴Tudo isso porque Nínive,
  prostituta bela,
  dona de encantamentos mortais,
  seduziu as nações com sua beleza.

ᵃ**1.15** No texto hebraico, o versículo 1.15 é numerado 2.1. ᵇ**2.1** No texto hebraico, os versículos 2.1-13 são numerados 2.2-14. ᶜ**2.13** Em hebraico, *leões jovens*.

Ensinou a elas sua magia
e enfeitiçou gente de toda parte.
⁵"Sou seu inimigo!",
diz o Senhor dos Exércitos.
"Agora levantarei suas vestes
e mostrarei às nações sua nudez e vergonha.
⁶Cobrirei você de sujeira
e mostrarei ao mundo como é desprezível.
⁷Todos que a virem se afastarão e dirão:
'Nínive está arruinada!
Onde estão os que choram por ela?'.
Alguém lamentará sua destruição?"

⁸Acaso você é melhor que a cidade de Tebas,ᵃ
situada junto ao rio Nilo e cercada de água?
Por todos os lados era protegida pelo rio,
e as águas eram seus muros.
⁹A Etiópiaᵇ e a terra do Egito
lhe davam apoio ilimitado.
A nação de Pute e a Líbia
estavam entre seus aliados.
¹⁰E, no entanto, Tebas foi conquistada,
e seus habitantes, levados como escravos.
Seus bebês foram lançados com violência
contra as pedras nas ruas.
Soldados tiraram sortes para decidir
quem levaria oficiais egípcios como servos;
todos os seus líderes foram acorrentados.

¹¹E você, Nínive, também tropeçará como um bêbado
e se esconderá de medo do inimigo que ataca.
¹²Todas as suas fortalezas cairão;
serão devoradas como figos maduros
que caem na boca
de quem sacode a árvore.

¹³Seus soldados ficarão fracos
e indefesos como mulheres.
Os portões de sua terra serão escancarados para o inimigo,
e fogo consumirá as trancas.
¹⁴Prepare-se para o cerco!
Estoque água!
Reforce suas defesas!
Entre nos buracos para pisar o barro,
coloque-o nas formas
e faça tijolos para reparar os muros!

¹⁵Mesmo assim, o fogo a devorará;
a espada a exterminará.
O inimigo a consumirá como gafanhotos
que devoram tudo pela frente.
Mesmo que você se multiplique como gafanhotos,
não haverá como escapar.
¹⁶Seus comerciantes se tornaram
mais numerosos que as estrelas do céu.
Mas, como nuvem de gafanhotos,
devastam a terra e voam para longe.
¹⁷Seus guardasᶜ e oficiais também são como gafanhotos,
que se ajuntam sobre os muros nos dias frios.
Mas, como gafanhotos que voam embora
quando o sol aparece,
todos vão para longe e desaparecem.

¹⁸Seus líderesᵈ dormem, ó rei assírio;
seus nobres estão mortos, estendidos no pó.
Seu povo está espalhado pelos montes,
e não há quem os reúna.
¹⁹Não há cura para sua ferida;
ela é mortal.
Todos que ouvirem sobre sua destruição
baterão palmas de alegria.
Onde se poderá encontrar alguém
que não sofreu com sua constante crueldade?

ᵃ **3.8** Em hebraico, *Nô-Amom*; também em 3.10. ᵇ **3.9** Em hebraico, *Cuxe*. ᶜ **3.17** Ou *príncipes*. ᵈ **3.18** Ou *pastores*.

Habacuque

INTRODUÇÃO

Profeta. Seu nome significa "Abraçar", e ele muito provavelmente era contemporâneo de Jeremias e profetizou entre 608 a.C. e 638 a.C. em um momento de crise política e moral. Pode ter sido um levita ligado à música do Templo.

Profecia. Como Naum profetizou a queda da Assíria por sua opressão contra Israel, Habacuque fala dos julgamentos de Deus sobre os caldeus por causa de sua opressão. O estilo é poético e exibe imagens muito sofisticadas. (1) Há um diálogo entre o profeta e o governante divino. (2) Há uma oração, ou salmo, do qual se diz que nenhum idioma o sobrepõe na grandeza de suas concepções poéticas e sublimidade de expressão.

Seu propósito surgiu do fato de que eles não estavam melhores sob o governo da Babilônia (caldeus), que havia derrubado a Assíria, do que estavam antes, enquanto a Assíria governava sobre eles. Pretendeu responder às perguntas: (1) Como Deus poderia usar um instrumento tão perverso quanto os caldeus (bárbaros) para executar Seus propósitos? (2) O propósito divino poderia ser justificado em tais eventos? A justiça de Deus precisava ser reivindicada ao povo. (3) Por que o perverso parece triunfar enquanto o justo sofre? Esta é a questão de Jó, aplicada à nação.

ESBOÇO

1. O problema do aparente triunfo do pecado, Cap. 1
    1.1. Por que o pecado fica sem punição?, 1.1-4
    1.2. Deus diz que Ele usou os caldeus para punir o pecado, 1.5-11
    1.3. Eles estão destinados ao mal para sempre, 1.12-17
2. A iminente punição dos caldeus, Cap. 2
    2.1. Esperando pela visão, 2.1-3
    2.2. Visão das cinco aflições, 2.4-20
3. Uma era de confiança em Deus, Cap.3
    3.1. Oração do inquieto profeta, 3.1-2
    3.2. A história passada mostrou que Deus finalmente destruirá os inimigos de Israel, 3.3-15
    3.3. O profeta deve confiar alegremente em Deus e esperar quando estiver em perplexidade, 3.16-19

PARA ESTUDO E DISCUSSÃO

[1] A moral do povo.
[2] O caráter e as ações dos caldeus.
[3] A supremacia universal de Deus.
[4] A atitude adequada em meio a um problema desconcertante.
[5] Fé e fidelidade como garantia da superação e da vida.

1

¹Esta é a mensagem que o profeta Habacuque recebeu numa visão.

A queixa de Habacuque

²Até quando, SENHOR, terei de pedir socorro?
Tu, porém, não ouves.
Clamo: "Há violência por toda parte!",
mas tu não vens salvar.
³Terei de ver estas maldades para sempre?
Por que preciso assistir a tanta opressão?
Para qualquer lugar que olho,
vejo destruição e violência.
Estou cercado de pessoas
que discutem e brigam o tempo todo.
⁴A lei está amortecida,
e não se faz justiça nos tribunais.
Os perversos são mais numerosos que os justos
e, com isso, a justiça é corrompida.

A resposta do SENHOR

⁵"Observem as nações ao redor;
olhem e admirem-se!ᵃ
Pois faço algo em seus dias,
algo em que vocês não acreditariam
mesmo que alguém lhes contasse.
⁶Estou levantando os babilônios,ᵇ
um povo cruel e violento.
Eles marcharão por todo o mundo
e conquistarão outras terras.
⁷São conhecidos por sua crueldade
e decidem por si mesmos o que é certo.
⁸Seus cavalos são mais velozes que leopardosᶜ
e mais ferozes que lobos ao anoitecer.
Seus cavaleiros atacam, vindos de longe;
como águias, lançam-se sobre a presa
para devorá-la.
⁹"Todos eles vêm prontos para agir com violência;
seus exércitos avançam como o vento do deserto,
ajuntando prisioneiros como se fossem areia.
¹⁰Zombam de reis e príncipes
e desprezam todas as suas fortalezas.
Constroem rampas de terra
contra seus muros e as conquistam.
¹¹Passam com rapidez, como o vento,
e desaparecem.
Sua culpa, porém, é grande,
pois têm como deus sua própria força."

A segunda queixa de Habacuque

¹²Ó SENHOR, meu Deus, meu Santo, tu que és eterno
certamente não planejas nos exterminar!
Ó SENHOR, nossa Rocha, enviaste os babilônios para nos disciplinar,
como castigo por nossos pecados.
¹³Mas tu és puro e não suportas ver o mal e a opressão;
permanecerás indiferente diante desses traiçoeiros?
Ficarás calado enquanto os perversos engolem os que são mais justos que eles?
¹⁴Somos apenas peixes para ser apanhados e mortos?
Somos apenas seres do mar, que não têm quem os guie?
¹⁵Seremos fisgados por seus anzóis
e pegos em suas redes enquanto eles se alegram e festejam?
¹⁶Então eles oferecerão sacrifícios a suas redes
e queimarão incenso diante delas, dizendo:
"Essas redes nos enriqueceram!".
¹⁷Deixarás que permaneçam impunes?
Continuarão a destruir cruelmente as nações?

2

¹Subirei até minha torre de vigia
e ficarei de guarda.

ᵃ**1.5** A Septuaginta traz *Olhem, zombadores; / olhem, admirem-se e morram*. Comparar com At 13.41. ᵇ**1.6** Ou *caldeus*. ᶜ**1.8** Ou *guepardos*.

2.1-4 Aprendemos com [Habacuque] que a atitude do servo do Senhor em relação a Deus é, primeiramente, uma *atitude atenta*. "Subirei até minha torre de vigia e ficarei de guarda. Ali esperarei para ver o que ele diz, que resposta dará à minha queixa." Se oferecemos a Deus ouvidos surdos, não devemos nos surpreender se Ele também nos oferecer uma língua muda. Se não ouvirmos o que Deus fala, não devemos esperar poder, por

Ali esperarei para ver o que ele diz,
que resposta dará[a] à minha queixa.

A segunda resposta do Senhor

²Então o Senhor me disse:

"Escreva minha resposta em tábuas,
para que se possa ler depressa e com clareza.
³Esta é uma visão do futuro;
descreve o fim, e tudo se cumprirá.
Se parecer que demora a vir, espere com paciência,
pois certamente acontecerá;
não se atrasará.

⁴"Olhe para os arrogantes, os perversos
que em si mesmos confiam;
o justo, porém, viverá por sua fidelidade a Deus.[b]
⁵A riqueza[c] é traiçoeira,
e os arrogantes nunca descansam.
Escancaram a boca como a sepultura[d]
e, como a morte, nunca se saciam.
Em sua cobiça, ajuntaram muitas nações
e engoliram muitos povos.
⁶"Em breve, porém, seus cativos os insultarão;
zombarão deles, dizendo:
'Que aflição espera vocês, ladrões!

[a]**2.1** Conforme a versão siríaca; o hebraico traz *darei*. [b]**2.3b-4** A Septuaginta traz *Se a visão se demorar, espere com paciência, / pois ela certamente virá e não se atrasará. / ⁴Não terei prazer algum em quem se desviar. / Mas o justo viverá por minha fé*. Comparar com Rm 1.17; Gl 3.11; Hb 10.37-38. [c]**2.5a** Conforme o manuscrito do mar Morto 1QpHab; outros manuscritos hebraicos trazem *O vinho*. [d]**2.5b** Em hebraico, *como o Sheol*.

---

nós mesmos, falar em Seu nome. Ou se derramarmos uma enchente de palavras, mesmo assim não devemos esperar que elas serão tais que Ele as aprovará e abençoará. Ó queridos amigos, se trabalhássemos para o Senhor no espírito correto, deveríamos começar como Jesus, de quem foi escrito em profecia muito antes que Ele viesse à Terra: "O Senhor Soberano me deu suas palavras de sabedoria, para que eu saiba consolar os cansados. Todas as manhãs ele me acorda e abre meu entendimento para ouvi-lo". No tempo certo, Jesus veio ao mundo e ensinou aos outros o que Ele havia aprendido em segredo, e se queremos ensinar, devemos, primeiramente, ser ensinados pelo Espírito de Deus. [...]

A seguir, a atitude deve ser de *paciência*. Observe o que Habacuque diz: "Ficarei de guarda". Não é meramente: "Ficarei de guarda por um momento", mas "tomarei meu lugar como uma sentinela que permanece em guarda até que o turno esteja terminado". Então, o profeta fala novamente: "Subirei até minha torre de vigia" — como se tomasse sua posição firme e resolutamente sobre a torre, para lá permanecer, e não se mover até que tenha visto e ouvido o que Deus, o Senhor, gostaria que ele visse e ouvisse. Vocês acham, queridos amigos, que estamos suficientemente resolvidos a conhecer a vontade de nosso Mestre? Com que frequência subimos as escadas, sozinhos, e, com nossas Bíblias abertas, buscamos o que Deus quer que aprendamos? E oramos sobre a Palavra até que tenhamos nos arrastado até o cerne da verdade de Deus — até que tenhamos nos embrenhado pelo caminho até ela, como os gorgulhos que devoram todo seu caminho até o centro do fruto e depois vive da polpa? Nós o fazemos? Colocamo-nos sobre a torre, determinados a não prosseguirmos a falar pelo Senhor até que Ele tenha falado a nós, para não seguirmos na missão como tolos, entregando nossas próprias confabulações, em vez de proclamar a verdade que vem do próprio Deus?

Sua atitude, meu irmão, se você é servo do Senhor, é de ter atenção e paciência. [...]

Observe, também, que a atitude de um filho de Deus que é chamado a ser profeta a seu povo — como reconheço que muitos de vocês são — é aquela na qual a mente precisa estar inteiramente *absorta*. O verdadeiro servo do Senhor não pensa em nada mais do que isso — "Subirei até minha torre de vigia e ficarei de guarda. Ali esperarei para ver o que ele diz, que resposta dará à minha queixa". Ele é totalmente tomado com esse único assunto! Muitos de vocês têm chamados seculares a seguir, no entanto, sem os negligenciar, podem permanecer vigilantes e esperando, em espírito, para ouvir a voz de Deus, pois Ele fala conosco não somente quando estamos em nosso escritório, ou ajoelhados ao lado de nossa cama, em oração, mas o Senhor tem formas de falar-nos enquanto estamos caminhando pela rua e, assim, faz nosso coração arder dentro em nós. Ele pode falar conosco no maior ajuntamento de pessoas, e talvez, alguns de nós jamais estiveram mais conscientes da voz de Deus do que em meio às apressadas rocas ou às abarrotadas ruas! Nesses momentos, o barulho e o tumulto deste mundo não conseguem afogar a gentil voz de Deus em nosso espírito. Que você, amado, esteja assim absorto! Se pretende servir o Senhor, entregue totalmente sua alma ao aprendizado de Sua verdade e ao ouvir o que Ele tem a lhe dizer, de forma que, após isso, você possa contar aos outros o que lhe foi ensinado por Deus.

Ficaram ricos pela extorsão;
até quando continuarão desse modo?'.
⁷De repente, seus credores tomarão providências;
eles se voltarão contra vocês e levarão tudo que têm,
enquanto vocês olham, trêmulos e indefesos.
⁸Porque saquearam muitas nações,
agora todos os sobreviventes os saquearão.
Cometeram homicídio nos campos
e encheram as cidades de violência.

⁹"Que aflição espera vocês que constroem casas enormes
com dinheiro obtido por meio de opressão!
Acreditam que a riqueza comprará segurança
e manterá sua família afastada do perigo.
¹⁰Mas, com os homicídios que cometeram,
envergonharam seu nome
e condenaram a própria vida.
¹¹As pedras das paredes clamam contra vocês,
e as vigas dos telhados também se queixam.

¹²"Que aflição espera vocês que constroem cidades
com dinheiro obtido por meio de homicídio e corrupção!
¹³Acaso o Senhor dos Exércitos não transformará em cinzas
as riquezas das nações?
Elas trabalham com afinco,
mas de nada adianta.
¹⁴Pois, assim como as águas enchem o mar,
a terra se encherá do conhecimento da glória do Senhor.

¹⁵"Que aflição espera vocês
que dão bebidas a seus companheiros!
Vocês os obrigam a se embriagar e depois se alegram, maldosos,
quando eles ficam nus e envergonhados.
¹⁶Em breve, porém, será sua vez de serem humilhados;
venham, bebam e fiquem despidos e expostos![a]
Bebam do cálice do Senhor,
e toda a sua glória será transformada em desonra.
¹⁷Derrubaram as florestas do Líbano,
agora vocês serão derrubados.
Destruíram os animais selvagens,
agora o terror deles virá sobre vocês.
Cometeram homicídio nos campos
e encheram as cidades de violência.

¹⁸"De que vale o ídolo esculpido por mãos humanas,
ou a imagem de metal que só os engana?
Como é tolo confiar em sua própria criação,
num deus que nem sequer é capaz de falar!
¹⁹Que aflição espera vocês que dizem a ídolos de madeira:
'Despertem!',
e que dizem a imagens mudas de pedra:
'Levantem-se!'.
Acaso um ídolo pode lhes dizer o que fazer?
Apesar de serem revestidos de ouro e prata,
não há vida dentro deles.
²⁰O Senhor, porém, está em seu santo templo;
toda a terra cale-se diante dele."

A oração de Habacuque

3 O profeta Habacuque entoou esta oração:[b]

²Ouvi a teu respeito, Senhor;
estou maravilhado com tuas obras.
Neste momento de tanta necessidade,
ajuda-nos outra vez, como fizeste no passado.
E, em tua ira,
lembra-te de tua misericórdia.

³Vejo Deus atravessar os desertos, vindo de Edom;[c]
o Santo vem do monte Parã.

Interlúdio[d]

---

[a] **2.16** Os manuscritos do mar Morto, a Septuaginta e a versão siríaca trazem *e cambaleiem!* [b] **3.1** O hebraico acrescenta *conforme sigionote*, provavelmente uma indicação do arranjo musical para a oração. [c] **3.3a** Em hebraico, *Temã.* [d] **3.3b** Em hebraico, *Selá*. O significado da palavra é incerto, embora se trate, provavelmente, de um termo musical ou literário; também em 3.9,13.

Seu esplendor envolve os céus,
  e a terra se enche de seu louvor.
⁴Sua vinda é radiante como o nascer do sol;
  raios de luz saem de suas mãos,
  onde está escondido seu poder.
⁵A peste marcha adiante dele,
  e a praga vem logo atrás.
⁶Quando ele para, a terra estremece;
  quando ele olha, as nações tremem.
Ele derruba os montes perpétuos
  e arrasa as colinas antigas;
  dele são os caminhos eternos.
⁷Vejo o povo de Cusã em aflição,
  e a nação de Midiã treme de terror.
⁸Foi com ira, Senhor, que feriste os rios
  e dividiste o mar?
Estavas furioso com eles?
  Não! Vinhas em tuas carruagens vitoriosas!
⁹Pegaste teu arco e tua aljava cheia de flechas
  e dividiste a terra com rios.

Interlúdio

¹⁰Os montes viram e tremeram,
  e as águas avançaram com violência.
O grande abismo clamou
  e levantou bem alto as mãos.
¹¹O sol e a lua pararam no céu
  enquanto tuas flechas brilhantes voavam
  e tua lança reluzente faiscava.
¹²Marchaste pela terra com ira
  e, furioso, pisaste as nações.
¹³Saíste para resgatar teu povo,
  para libertar teus ungidos.
Esmagaste a cabeça dos perversos
  e os descobriste até os ossos.

Interlúdio

¹⁴Com tuas armas destruíste o líder
  dos que avançaram como um vendaval,
  pensando que o povo fosse presa fácil.
¹⁵Marchaste sobre o mar com teus cavalos,
  e as águas poderosas se agitaram.

¹⁶Estremeci por dentro quando ouvi isso;
  meus lábios tremeram de medo.
Minhas pernas vacilaram,[a]
  e tremi de terror.
Esperarei em silêncio pelo dia
  em que a calamidade virá sobre nossos invasores.
¹⁷Ainda que a figueira não floresça
  e não haja frutos nas videiras,
ainda que a colheita de azeitonas não dê em nada
  e os campos fiquem vazios e improdutivos,
ainda que os rebanhos morram nos campos
  e os currais fiquem vazios,
¹⁸mesmo assim me alegrarei no Senhor;
  exultarei no Deus de minha salvação!
¹⁹O Senhor Soberano é minha força!
  Ele torna meus pés firmes como os da corça,[b]
para que eu possa andar em lugares altos.

(Ao regente do coral: Essa oração deve ser acompanhada por instrumentos de corda.)

---

[a] 3.16 Em hebraico, *A decomposição entrou em meus ossos.* [b] 3.19 Ou *Ele me dá a velocidade da corça.*

Sofonias

INTRODUÇÃO

Profeta. Profetizou cerca de 630 a.C. durante o reinado de Josias. Suas profecias podem ter ajudado a inaugurar e a levar ao sucesso as reformas de Josias. Seu nome significa "Escondido do Senhor", e supõe-se que ele tenha sido contemporâneo de Habacuque.

Profecia. A profecia parece basear-se nos castigos dos citas, a quem as nações temiam e a quem o Egito havia subornado, e olha para o julgamento do Senhor do qual não haverá escape. Seu tema, portanto, é "O grande Dia do Senhor", no qual o sofrimento virá sobre todas as nações as quais o profeta conhece, incluindo Jerusalém e toda a Judeia. Pessoas seriam convertidas em todas as partes do mundo e poderiam adorar a Deus, "cada uma em sua terra".

ESBOÇO

1. A chegada do Dia da Ira, Cap. 1
    1.1. A destruição de todas as coisas, 1.1-6
    1.2. O severo castigo de Judá, 1.7-18
2. Julgamento sobre as nações más, 2.1–3.7
    2.1. Apelo ao arrependimento, 2.1-3
    2.2. Juízo que abrangerá as nações, 2.4-15
    2.3. Obstinação de Judá em pecar, 3.1-7
3. A bênção prometida ao remanescente fiel, 3.8-20
    3.1. Por causa do pecado de Israel, a nação será purificada pelo castigo e convertida a Deus, 3.8-10
    3.2. O Israel purificado será honrado em toda a Terra, 3.11-20

PARA ESTUDO E DISCUSSÃO

[1] Faça uma lista de tudo o que é dito para induzir ao arrependimento ou ao afastamento do mal.
[2] Que pecados são condenados em Judá e outras nações. Faça uma lista deles.
[3] Indique as classes especiais que são condenadas, a exemplo dos príncipes.
[4] Faça uma relação das bênçãos prometidas aos vindouros dias messiânicos.
[5] O propósito dos julgamentos do Senhor.

SOFONIAS 1

1 O Senhor deu esta mensagem a Sofonias quando Josias, filho de Amom, era rei de Judá. Sofonias era filho de Cuchi, filho de Gedalias, filho de Amarias, filho de Ezequias.

Julgamento futuro contra Judá

²"Destruirei todas as coisas
  sobre a face da terra", diz o Senhor.
³"Destruirei tanto pessoas como animais,
  destruirei as aves do céu e os peixes do mar.
Reduzirei os perversos a montes de escombros[a]
  e exterminarei a humanidade da face da terra", diz o Senhor.
⁴"Esmagarei Judá e Jerusalém com meu punho
  e eliminarei até o último vestígio de seu culto a Baal.
Acabarei com os sacerdotes idólatras,
  de modo que todos se esquecerão deles.
⁵Pois eles sobem a seus terraços
  e se curvam para as estrelas e os astros.
Juram pelo nome do Senhor,
  mas também adoram Moloque.[b]
⁶Destruirei os que antes seguiam o Senhor,
  mas agora já não o fazem.
Não pedem a direção do Senhor,
  nem o buscam mais."

⁷Fiquem em silêncio na presença do
  Senhor Soberano,
  pois se aproxima o dia do Senhor.
O Senhor preparou seu povo para uma grande matança
  e escolheu seus carrascos.[c]
⁸"Naquele dia de julgamento", diz o Senhor,
  "castigarei os líderes e os príncipes de Judá
  e todos que seguem costumes estrangeiros.
⁹Sim, castigarei os que participam de cultos idólatras
  e enchem a casa de seus senhores de violência e engano."

¹⁰"Naquele dia", diz o Senhor,
  "um grito de alarme virá do portão dos Peixes
  e ressoará em todo o bairro novo[d] da cidade;
  um grande estrondo virá das colinas.
¹¹Lamentem, vocês que moram na região do mercado,[e]
  pois todos os comerciantes e negociantes serão destruídos.

¹²"Vasculharei com lamparinas os cantos mais escuros de Jerusalém,
  para castigar os que vivem acomodados em seus pecados.[f]
Pensam que o Senhor não lhes fará coisa alguma,
  nem boa nem má.
¹³Por isso, seus bens serão saqueados,
  e suas casas, destruídas.
Construirão casas novas,
  mas não habitarão nelas.
Plantarão videiras,
  mas não beberão de seu vinho.

¹⁴"Esse dia terrível do Senhor se aproxima;
  ele virá depressa.
Será um dia de amargura
  em que até os homens fortes gritarão.
¹⁵Será um dia em que o Senhor derramará sua ira,
  dia de sofrimento e angústia,
dia de ruína e desolação,
  dia de escuridão e trevas,
dia de nuvens sombrias e densas,
  ¹⁶dia de toque de trombetas e gritos de batalha.
Caem as cidades cercadas por muros
  e as fortalezas mais poderosas!

¹⁷"Porque pecaram contra o Senhor,
  eu os farei tatear no escuro como cegos.
Seu sangue será derramado no pó,
  e seus corpos apodrecerão sobre a terra."
¹⁸Seu ouro e sua prata não os salvarão
  no dia da ira do Senhor.
Pois toda a terra será consumida
  pelo fogo de seu zelo.
Ele dará um fim assustador
  a todos que habitam a terra.

---

[a] 1.3 O significado do hebraico é incerto. [b] 1.5 Em hebraico, *Milcom*, variação de Moloque; pode, ainda, significar *rei deles*. [c] 1.7 Em hebraico, *preparou um sacrifício e santificou seus convidados*. [d] 1.10 Ou *segundo bairro*, uma nova seção de Jerusalém. O hebraico traz *o Mishneh*. [e] 1.11 Ou *no vale*; o hebraico traz *a Maktesh*. [f] 1.12 Em hebraico, *os que estão sedimentados como borra [de vinho]*.

Chamado ao arrependimento

2 ¹Reúna-se, ajunte-se,
   ó nação desavergonhada!
²Reúna-se antes que comece o julgamento,
   antes que o tempo passe
   como palha levada pelo vento.
Tome uma providência agora,
   antes que caia a terrível fúria do Senhor
   e comece o dia da ira do Senhor.
³Todos vocês, humildes, busquem o Senhor
   e sigam suas ordens.
Busquem a justiça
   e vivam com humildade;
   talvez o Senhor os proteja no dia de sua ira.

Julgamento contra a Filístia

⁴Gaza e Ascalom serão abandonadas,
   Asdode e Ecrom, demolidas.
⁵Que aflição espera vocês, filisteus,[a]
   que vivem no litoral e na terra de Canaã,
   pois este julgamento também é contra vocês!
O Senhor os destruirá,
   até que não reste ninguém em seu meio.
⁶O litoral filisteu se transformará em pasto,
   lugar de acampamento de pastores
   e de currais para os rebanhos.
⁷O remanescente da tribo de Judá ali se alimentará
   e, à noite, descansará nas casas
   abandonadas de Ascalom.
Pois o Senhor, seu Deus, visitará seu povo
   e, em sua bondade, os restaurará.

Julgamento contra Moabe e Amom

⁸"Ouvi a zombaria dos moabitas
   e os insultos dos amonitas,
que riem de meu povo
   e invadem suas fronteiras.
⁹Agora, tão certo como eu vivo",
   diz o Senhor dos Exércitos, o Deus de Israel,
"Moabe e Amom serão destruídas,
   como Sodoma e Gomorra.
Sua terra será um lugar de urtigas,
   de poços de sal e desolação sem fim.
O remanescente de meu povo os saqueará
   e tomará sua terra."

¹⁰Eles receberão o castigo merecido por seu orgulho,
   pois zombaram do povo do Senhor dos Exércitos.
¹¹O Senhor os encherá de terror
   quando destruir todos os deuses da terra.
Então nações de todo o mundo adorarão o Senhor,
   cada uma em sua terra.

Julgamento contra a Etiópia e a Assíria

¹²"Vocês, etíopes,[b] também serão mortos
   por minha espada", diz o Senhor.
¹³E, com sua mão, ele ferirá as terras do norte
   e destruirá a terra da Assíria.
Fará de Nínive uma terra vazia e desolada,
   seca como um deserto.
¹⁴A cidade orgulhosa se tornará pasto para rebanhos e gado,
   e toda espécie de animal selvagem ali descansará.
A coruja do deserto e o mocho
   se alojarão no alto de suas colunas arruinadas,
   e pelas janelas se ouvirá o som das aves.
O entulho fechará as entradas,
   e os painéis de cedro ficarão expostos.
¹⁵Essa é a cidade barulhenta,
   que antes vivia em segurança.
Dizia com orgulho: "Sou a mais poderosa das cidades!
   Não há outra igual a mim!".
Agora, porém, vejam como ficou em ruínas,
   morada de animais selvagens.
Todos que passarem por ela rirão de desprezo
   e sacudirão o punho em provocação.

A rebeldia e a redenção de Jerusalém

3 ¹Que aflição espera Jerusalém,
   cidade rebelde e impura,
   cheia de violência e opressão!
²Ninguém pode lhe dizer coisa alguma;
   ela recusa toda correção.
Não confia no Senhor,
   nem se aproxima de seu Deus.

---

[a] 2.5 Em hebraico, *quereteus*. [b] 2.12 Em hebraico, *cuxitas*.

³Seus líderes são como leões que rugem,
   caçando suas vítimas.
Seus juízes são como lobos ao cair da
      noite,
   que não deixam vestígio de suas presas
      ao amanhecer.
⁴Seus profetas são mentirosos arrogantes
   que buscam os próprios interesses.
Seus sacerdotes profanam o templo
   ao transgredir a lei de Deus.
⁵Mas o Senhor ainda está na cidade
   e não pratica o mal.
A cada dia, ele faz justiça e nunca falha;
   os perversos, porém, não se
      envergonham.
⁶"Exterminei as nações,
   destruí suas torres.
Suas ruas ficaram desertas,
   suas cidades são ruínas caladas.
Não há sobreviventes,
   nem um sequer.
⁷Pensei: 'Agora eles me temerão!
   Certamente ouvirão minhas
      advertências!
Então não precisarei feri-los outra vez,
   nem destruir suas casas'.
Mas eles continuam a se levantar cedo
   para praticar todo tipo de maldade.
⁸Portanto, sejam pacientes", diz o Senhor,
   "pois em breve me levantarei para acusar
      essas nações.
Resolvi juntar os reinos da terra
   e derramar sobre eles minha ira ardente.
Toda a terra será consumida
   pelo fogo de meu zelo.
⁹"Então purificarei os lábios dos povos,
   para que possam se reunir e adorar o
      Senhor.

¹⁰Meu povo dispersado, que vive além dos
      rios da Etiópia,ᵃ
   virá para apresentar suas ofertas.
¹¹Naquele dia, vocês não precisarão se
      envergonhar,
   pois já não serão rebeldes contra mim.
Removerei de seu meio os orgulhosos;
   não haverá mais arrogância em meu
      santo monte.
¹²Só restarão os pobres e os humildes,
   pois eles confiam no nome do Senhor.
¹³O remanescente de Israel não cometerá
      injustiça;
   não mentirão nem enganarão uns aos
      outros.
Comerão e dormirão em segurança,
   e não haverá quem os atemorize."
¹⁴Cante, ó filha de Sião!
   Grite bem alto, ó Israel!
Alegre-se e exulte de todo o coração,
   ó preciosa Jerusalém!ᵇ
¹⁵Pois o Senhor removerá as acusações
      contra você
   e dispersará os exércitos de seu inimigo.
O Senhor, o rei de Israel,
   estará em seu meio,
   e você nunca mais temerá a calamidade.
¹⁶Naquele dia, se anunciará em Jerusalém:
   "Anime-se, ó Sião! Não tenha medo!
¹⁷Pois o Senhor, seu Deus, está em seu meio;
   ele é um Salvador poderoso.
Ele se agradará de vocês com exultação
   e acalmará todos os seus medos com
      amor;ᶜ
   ele se alegrará em vocês com gritos de
      alegria!".
¹⁸"Juntarei os que choram por não
      participarem das festas sagradas;

ᵃ**3.10** Em hebraico, *Cuxe*. ᵇ**3.14** Em hebraico, *filha de Jerusalém*. ᶜ**3.17** Ou *ele estará silencioso em seu amor*; a Septuaginta e a versão siríaca trazem *ele os renovará com seu amor*.

3.18,19 Assim, tenho pensado no fato de que seja um dia difícil para o povo de Deus quando as festas solenes são contaminadas; a Sua repreensão é um fardo para aqueles que são verdadeiramente cidadãos da Nova Jerusalém, e por isso eles são vistos como entristecidos. O Senhor diz aqui: "Juntarei os que choram por não participarem das festas sagradas". Eles podem muito bem estar entristecidos quando tal fardo é colocado em seus corações. Além disso, veem de cem diferentes maneiras o efeito perverso do mal que lamentam. Muitos são coxos e hesitantes, isto é insinuado na promessa do versículo 19: "salvarei os fracos e indefesos". Os peregrinos na estrada para Sião foram levados a enfraquecer na estrada porque os profetas eram

nunca mais serão envergonhados.ᵃ
¹⁹Tratarei severamente todos que os oprimiram;
salvarei os fracos e indefesos.
Aos que antes foram exilados, darei reconhecimento e honra
nas terras em que sofreram humilhação.

²⁰Naquele dia, reunirei vocês
e os trarei para casa.
Eu lhes darei honra e reconhecimento entre todas as nações da terra,
e os restaurarei diante dos olhos delas.
Eu, o Senhor, falei!"

ᵃ 3.18 O significado do hebraico é incerto.

"mentirosos arrogantes". Quando o puro evangelho não é pregado, o povo de Deus é roubado da força que precisa na jornada da vida. [...]

No entanto, amados, o tempo todo que o povo de Deus está neste perverso caso, eles não estão sem esperança, pois próximo a tudo isso está a promessa do Senhor de restaurar os Seus errantes. [...] Os adversários não podem silenciar *o testemunho eterno.* *Eles penduraram nosso* próprio Senhor no madeiro, *desceram o corpo dele e o sepultaram em um túmulo na rocha, e colocaram o selo sobre a pedra que rolaram na entrada do sepulcro.* Certamente agora, houve o fim do Cristo e da Sua causa. Não se vangloriem, vocês que são sacerdotes e fariseus! Vã é a vigília, a pedra, o selo! Quando o tempo determinado chegou, o Cristo vivo ressurgiu. Ele não pôde ser retido pelos laços de morte. Como são inúteis os seus sonhos! "Aquele que governa nos céus ri; o Senhor zomba deles". Amados, a repreensão ainda será afastada das festas sagradas; a verdade de Deus será mais uma vez proclamada com a língua de trompete, o Espírito de Deus reavivará Sua Igreja, e serão reunidos tantos convertidos quanto os feixes da colheita. Como os fiéis se regozijarão!

Ageu

INTRODUÇÃO

Profeta. Ageu nasceu na Babilônia e foi um dos que retornaram do cativeiro, sob o comando de Zorobabel, de acordo com o decreto de Ciro. Ele profetizou durante o período de reconstrução do Templo, conforme registrado em Esdras, e foi o primeiro profeta chamado a profetizar depois que os judeus voltaram do cativeiro babilônico. Começou seu ensino 16 anos após o retorno do primeiro grupo a Jerusalém.

Condições em que houve a profecia. Sob o decreto de Ciro, rei da Pérsia, Zorobabel, descendente do rei Davi, conduziu um grupo de cativos de volta a Jerusalém. Eles levantaram o altar e começaram a trabalhar no Templo, mas o trabalho foi interrompido pelos hostis samaritanos e outros. Por cerca de 14 anos, quase nada foi feito. Esses anos de inatividade diminuíram seu zelo e eles logo se acostumaram com a situação. Devido à sua fraqueza, em comparação com a grande tarefa diante deles, começaram a se desesperar em ver seu povo, a cidade amada e o Templo restaurados àquela glória retratada pelos profetas anteriores.

Profecia. Seu propósito era restaurar a esperança do povo e dar-lhes zelo pela causa de Deus. Isto foi realizado por meio de quatro visões distintas, cada uma delas mostra a insensatez deles em não completar a obra, em meio a promessas de bênção divina. Eles ouvem Deus dizer: "eu estou com vocês". O resultado é visto à medida em que são capacitados, apesar da oposição, a terminar o Templo e dedicá-lo dentro de 4 anos.

ESBOÇO

1. Apelo para reconstruir o Templo, Cap. 1
    1.1. O apelo, vv.1-11
    1.2. A preparação para a reconstrução, vv.12-15
2. O novo Templo, 2.1-19
    2.1. A glória superior dele, 2.1-9
    2.2. A bênção da santa adoração, 2.10-19
3. O reino messiânico, 2.20-23

PARA ESTUDO E DISCUSSÃO

[1] As repreensões proferidas pelo profeta.
[2] Os encorajamentos que ele oferece.
[3] A confirmação histórica dos fatos deste livro encontrados no livro de Esdras.
[4] Falso contentamento e descontentamento.
[5] Conclusões baseadas na força comparativa dos amigos e inimigos de uma proposição, deixando Deus de fora.

Chamado para reconstruir o templo

1 Em 29 de agosto[a] do segundo ano do reinado de Dario, o SENHOR transmitiu esta mensagem por meio do profeta Ageu ao governador de Judá, Zorobabel, filho de Sealtiel, e ao sumo sacerdote Josué, filho de Jeozadaque.

²"Assim diz o SENHOR dos Exércitos: Este povo diz: 'Ainda não chegou a hora de reconstruir a casa do SENHOR'".

³Então o SENHOR enviou esta mensagem por meio do profeta Ageu: ⁴"Por que vocês vivem em casas luxuosas enquanto minha casa continua em ruínas? ⁵Assim diz o SENHOR dos Exércitos: Vejam o que tem acontecido com vocês! ⁶Plantam muito, mas colhem pouco. Comem, mas não se saciam. Bebem, mas ainda têm sede. Vestem-se, mas não se aquecem. Seus salários desaparecem como se vocês os colocassem em bolsos furados.

⁷"Assim diz o SENHOR dos Exércitos: Vejam o que tem acontecido com vocês! ⁸Agora, subam as colinas, tragam madeira e reconstruam minha casa. Então me alegrarei nela e serei honrado, diz o SENHOR. ⁹Vocês esperavam colheitas fartas, mas elas foram escassas. E, quando trouxeram esse pouco para casa, eu o fiz desaparecer com um sopro. Por quê? Porque minha casa continua em ruínas, diz o SENHOR dos Exércitos, enquanto vocês estão ocupados construindo suas casas. ¹⁰É por causa de vocês que os céus retêm o orvalho e a terra não produz colheitas. ¹¹Enviei uma seca sobre seus campos e sobre as colinas, uma seca que fará murchar o trigo, as uvas, as azeitonas e todas as suas plantações, que fará vocês e seus animais passarem fome e destruirá tudo que vocês trabalharam para conseguir".

Obediência ao chamado de Deus

¹²Então Zorobabel, filho de Sealtiel, e o sumo sacerdote Josué, filho de Jeozadaque, e todo o remanescente do povo obedeceram à mensagem do SENHOR, seu Deus. Quando o povo ouviu as palavras do profeta Ageu, que o SENHOR, seu Deus, tinha enviado, temeu o SENHOR. ¹³Então Ageu, o mensageiro do SENHOR, transmitiu ao povo esta mensagem do SENHOR: "Estou com vocês, diz o SENHOR!".

¹⁴E o SENHOR deu ânimo ao governador de Judá, Zorobabel, filho de Sealtiel, ao sumo sacerdote Josué, filho de Jeozadaque, e a todo o remanescente do povo. Começaram a trabalhar na casa de seu Deus, o SENHOR dos Exércitos, ¹⁵em 21 de setembro[b] do segundo ano do reinado de Dario.

---

[a]**1.1** Em hebraico, *No primeiro dia do sexto mês*, do antigo calendário lunar hebraico. Várias datas em Ageu podem ser confirmadas por datas em registros persas que sobreviveram ao tempo e relacionadas com precisão ao calendário moderno. O ano foi 520 a.C. [b]**1.15** Em hebraico, *no vigésimo quarto dia do sexto mês*, do antigo calendário lunar hebraico. O ano foi 520 a.C.; ver também nota em 1.1.

1.1,2 Deus mantém um calendário e a data em que Ele fala, e é sempre importante. Há um tempo determinado para cada uma de Suas mensagens chegar aos homens — e Deus os faz atentar para todas as mensagens assim que elas lhes são entregues. Se eles não atentarem, o Senhor fará a contagem dos dias de sua demora e, portanto, Ele é minucioso em fazer com que Seus servos registrem a data exata de quando Sua mensagem foi entregue. [...]

Observe, além disso, que Deus também toma o cuidado de endereçar Suas mensagens para aqueles a quem elas se destinam. A palavra do Senhor veio pelo profeta Ageu a Zorobabel e a Josué. Deus sabe a quem Sua mensagem é especialmente dirigida hoje, e Ele não a deixará *perder seu alvo*. [...]

"Assim diz o SENHOR dos Exércitos: Este povo diz". Então, o Senhor observa o que o povo diz e, no devido tempo, relembra-lhes do que disseram. Às vezes, Ele faz com que os homens engulam suas próprias palavras, mas, se não, Ele, pelo menos, traz-lhes à lembrança: "Ainda não chegou a hora de reconstruir a casa do SENHOR". A demora sempre foi uma das mais fortes das tentações usadas por Satanás, mesmo em relação ao próprio povo de Deus. Eles muitas vezes dizem: "não chegou a hora", mesmo que preocupados com a obra do Senhor, que sabem que deveria ser feita. Quanto mais seria realizado para Deus se todos nós fizéssemos imediatamente o que deveria ser feito! Poderíamos então partir para outra coisa e tornar nossa vida ainda mais útil e frutífera. Mas demoramos tanto na realização de um bom propósito que não há oportunidade para outro. Se *algum de vocês*, cristãos, for tentado a adiar algum serviço para Deus que está em seu coração, oro para que se lembre das palavras do seu Senhor e imite a Sua ação imediata: "Devemos cumprir logo as tarefas que nos foram dadas por aquele que me enviou. A noite se aproxima, quando ninguém pode trabalhar".

O esplendor menor do novo templo

2 Então, em 17 de outubro desse mesmo ano,[a] o Senhor transmitiu outra mensagem por meio do profeta Ageu: ²"Diga ao governador de Judá, Zorobabel, filho de Sealtiel, e ao sumo sacerdote Josué, filho de Jeozadaque, e ao remanescente do povo: ³'Algum de vocês se lembra deste templo em sua antiga glória? Como ele lhes parece agora, em comparação com o anterior? Deve parecer insignificante! ⁴Mas assim diz o Senhor: Seja forte, Zorobabel! Seja forte, sumo sacerdote Josué, filho de Jeozadaque! Sejam fortes, todos vocês que restam na terra! Mãos à obra, pois eu estou com vocês, diz o Senhor dos Exércitos. ⁵Meu Espírito habita em seu meio, como prometi quando vocês saíram do Egito. Portanto, não tenham medo'.

⁶"Pois assim diz o Senhor dos Exércitos: Em pouco tempo sacudirei novamente os céus e a terra, os mares e a terra seca. ⁷Sacudirei todas as nações, e os tesouros das nações virão para este templo. Encherei este lugar de glória, diz o Senhor dos Exércitos. ⁸A prata e o ouro me pertencem, diz o Senhor dos Exércitos. ⁹A glória deste novo templo será maior que a glória do antigo, diz o Senhor dos Exércitos, e neste lugar estabelecerei a paz. Eu, o Senhor dos Exércitos, falei!".

Bênçãos prometidas aos obedientes

¹⁰Em 18 de dezembro[b] do segundo ano do reinado de Dario, o Senhor enviou esta mensagem ao profeta Ageu: ¹¹"Assim diz o Senhor dos Exércitos. Pergunte aos sacerdotes sobre a lei: ¹²'Se alguém levar em sua roupa a carne consagrada de um sacrifício, e se, por acaso, a roupa tocar num pão, num ensopado, em vinho, em azeite ou em qualquer outro tipo de alimento, esse alimento também se tornará consagrado?'".

"Não", responderam os sacerdotes.

¹³Em seguida, Ageu perguntou: "Se alguém se tornar cerimonialmente impuro ao tocar num cadáver e depois tocar num desses alimentos, o alimento ficará contaminado?".

"Sim", responderam os sacerdotes.

¹⁴Então Ageu disse: "É o que acontece com este povo e com esta nação, diz o Senhor. Tudo que fazem e oferecem é contaminado por seu pecado. ¹⁵Vejam o que estava acontecendo com vocês antes de começarem a lançar os alicerces do templo do Senhor. ¹⁶Quando esperavam uma colheita de vinte medidas, colhiam apenas dez. Quando esperavam tirar cinquenta medidas da prensa de uvas, tiravam apenas vinte. ¹⁷Enviei ferrugem, mofo e granizo para destruir tudo que vocês trabalharam para produzir. E, no entanto, vocês não voltaram para mim, diz o Senhor.

¹⁸"Pensem neste 18 de dezembro, o dia[c] em que foram lançados os alicerces do templo do Senhor. Sim, pensem bem. ¹⁹Eu lhes faço uma promessa agora, enquanto a semente ainda está no celeiro[d] e suas videiras, figueiras, romãzeiras e oliveiras ainda não deram frutos. Mas, de hoje em diante, eu os abençoarei".

Promessas para Zorobabel

²⁰Naquele mesmo dia, 18 de dezembro,[e] o Senhor enviou mais uma mensagem a Ageu: ²¹"Diga ao governador de Judá, Zorobabel, que estou prestes a sacudir os céus e a terra. ²²Derrubarei tronos e destruirei o poder de reinos estrangeiros. Derrubarei os carros de guerra e seus condutores; os cavalos cairão, e seus cavaleiros matarão uns aos outros.

²³"Naquele dia, diz o Senhor dos Exércitos, honrarei você, meu servo Zorobabel, filho de Sealtiel. Farei que você seja como um anel de selar em meu dedo, diz o Senhor, pois eu o escolhi. Eu, o Senhor dos Exércitos, falei!".

---

[a] **2.1** Em hebraico, *no vigésimo primeiro dia do sétimo mês*, do antigo calendário lunar hebraico. O ano foi 520 a.C.; ver também nota em 1.1. [b] **2.10** Em hebraico, *No vigésimo quarto dia do nono mês*, do antigo calendário lunar hebraico; também em 2.18. O ano foi 520 a.C.; ver também nota em 1.1. [c] **2.18** Ou *Neste 18 de dezembro, pensem no dia*. [d] **2.19** Ou *A semente ainda está no celeiro?* [e] **2.20** Em hebraico, *No vigésimo quarto dia do [nono] mês*; ver nota em 2.10.

Zacarias

INTRODUÇÃO

Profeta. Seu nome significa "Lembrado do Senhor" e, como Ageu, ele parece estar entre os cativos que retornaram da Babilônia com Zorobabel. Foi contemporâneo de Ageu, começando seu ministério dois meses depois e continuando no segundo ano que o seguiu. As condições da época eram as mesmas que as descritas em Ageu.

Profecia. O propósito é o mesmo que o de Ageu. A época dos primeiros oito capítulos é o da reconstrução do Templo, enquanto os capítulos restantes, 9–14, são considerados como escritos 30 anos depois. Distingue-se pelo: (1) Caráter simbólico de suas visões. (2) Riqueza das suas previsões messiânicas encontradas na segunda parte. (3) Grande lugar dado à mediação angelical no relacionamento com Deus.

Conteúdo. Sabe-se que o conteúdo apresenta: (1) Encorajamentos para conduzir o povo a se arrepender e a se renovar. (2) Discussões sobre manter os dias de jejum e de humilhação observados durante o cativeiro. (3) Reflexões de natureza moral e espiritual. (4) Denúncias contra algumas nações contemporâneas a eles. (5) Promessas da prosperidade do povo de Deus. (6) Várias previsões sobre Cristo e Seu reino.

ESBOÇO

1. Oito visões que encorajam a reconstrução do Templo, Caps. 1–6; Introdução, 1.1-6
   1.1. O cavaleiro entre as murteiras, 1.7-17
   1.2. Os quatro chifres e os quatro ferreiros, 1.18-21
   1.3. O homem com uma corda de medir, Cap. 2
   1.4. Josué, o sumo sacerdote, e Satanás, Cap. 3
   1.5. O candelabro de ouro, Cap. 4
   1.6. O rolo voante, 5.1-4
   1.7. A mulher e o cesto de medir cereais, 5.5-11
   1.8. Os quatro carros de guerra, 6.1-8
   1.9. Apêndice: Josué coroado, uma figura de Cristo, 6.9-15
2. Exigência da Lei e a restauração e a expansão de Israel, Caps. 7–8
   2.1. A obediência é melhor do que o jejum, 7.1-7
   2.2. Desobediência, a fonte de toda a miséria passada, 7.8-14
   2.3. A restauração e a expansão que prefiguram Cristo, "O Judeu", Cap.8
3. Visões do reino messiânico, Caps. 9–14
   3.1. O Rei Messiânico, Caps. 9–10
   3.2. O Pastor rejeitado, Cap. 11
   3.3. O povo restaurado e penitente, Caps. 12–13
   3.4. A soberania divina, Cap. 14

PARA ESTUDO E DISCUSSÃO

[1] Os símbolos e figuras usados nas várias visões.
[2] As diferentes formas de expressar ou planejar o sucesso do povo de Deus e a queda de seus inimigos.
[3] A discussão do jejum: eles deveriam mantê-lo? O que é superior a isso?
[4] As promessas destas profecias.
[5] As denúncias e julgamentos encontrados no livro.

Chamado para voltar ao SENHOR

1 Em novembro[a] do segundo ano do reinado de Dario, o SENHOR deu esta mensagem ao profeta Zacarias, filho de Berequias, neto de Ido:

²"Eu, o SENHOR, fiquei extremamente irado com seus antepassados. ³Portanto, diga ao povo: 'Assim diz o SENHOR dos Exércitos: Voltem-se para mim, e eu me voltarei para vocês, diz o SENHOR dos Exércitos'. ⁴Não sejam como seus antepassados, que não quiseram ouvir nem deram atenção quando os antigos profetas lhes disseram: 'Assim diz o SENHOR dos Exércitos: Deixem seus caminhos maus e abandonem suas práticas perversas'.

⁵"Onde estão agora seus antepassados? Morreram há muito tempo, assim como os profetas. ⁶Mas tudo que eu disse e ordenei por meio de meus servos, os profetas, aconteceu a seus antepassados. Por isso, eles se arrependeram e disseram: 'Recebemos do SENHOR dos Exércitos o que merecíamos. Ele fez o que havia prometido'".

Um homem entre as murtas

⁷Três meses depois, no dia 15 de fevereiro,[b] o SENHOR deu outra mensagem ao profeta Zacarias, filho de Berequias, neto de Ido.

⁸Numa visão durante a noite, vi um homem montado num cavalo vermelho, parado entre algumas murtas num desfiladeiro. Atrás dele, havia cavaleiros montados em cavalos vermelhos, marrons e brancos. ⁹Perguntei ao anjo que falava comigo: "Meu senhor, o que significam estes cavalos?".

"Eu lhe mostrarei", o anjo respondeu.

¹⁰O cavaleiro que estava entre as murtas explicou: "Eles são aqueles que o SENHOR enviou para percorrer a terra".

¹¹Então os outros cavaleiros disseram ao anjo do SENHOR, que estava entre as murtas: "Percorremos toda a terra, e ela está em paz".

¹²Quando o anjo do SENHOR ouviu isso, disse: "Ó SENHOR dos Exércitos, durante estes setenta anos tens estado irado com Jerusalém e as cidades de Judá. Quanto tempo levará para voltares a ter compaixão delas?". ¹³E, ao anjo que

---

[a]1.1 Em hebraico, *No oitavo mês*, do antigo calendário lunar hebraico. Várias datas em Zacarias podem ser comparadas com datas de registros persas que sobreviveram ao tempo e relacionadas com precisão ao calendário moderno. Esse mês caiu entre outubro e novembro de 520 a.C. [b]1.7 Em hebraico, *No vigésimo quarto dia do décimo primeiro mês, o mês de sebate, no segundo ano de Dario*. O ano foi 519 a.C.; ver também nota em 1.1.

1.7-17 Você percebe que a *primeira visão se inicia com uma visão da Igreja do Senhor*. Ela é descrita como uma murta que floresce em um desfiladeiro. A Igreja do Senhor está *escondida*, despercebida, separada como em um vale. O observador descuidado não a vê; ela não atrai honra; não é acompanhada de observação. [...] Quando Cristo veio, desprezado e rejeitado pelos homens, Sua glória não foi exposta — Ele era como o sol em uma névoa. A Igreja é como sua cabeça; ela tem uma glória, mas está escondida dos olhos carnais — perseguições, pecados, enfermidades e reprovações a cercam; o tempo de sua exposição em toda a sua glória ainda não chegou. Ela encontra-se no desfiladeiro onde ninguém, exceto um observador perspicaz pode descobri-la. [...]

Penso que há aqui a ideia de tranquila segurança — a murta no desfiladeiro ainda é tranquila e calma, enquanto a tempestade varre os cumes das montanhas. As tempestades exercem a força sobre os cumes escarpados dos Alpes, mas lá embaixo, onde o riacho corre, que alegra a cidade de Deus, as murtas florescem às margens de águas tranquilas, todas inabaláveis pelo vento impetuoso. Como é grande a tranquilidade interior da Igreja do Senhor! Ela pode ser caçada nas montanhas, mas em paz seus mártires guardam suas almas; ela pode se esconder nas catacumbas de Roma, mas os memoriais registrados em placas antigas nos asseguram que, nas catacumbas, os homens viviam em santa paz e morriam em alegria. [...]

Eis um homem andando sobre um cavalo vermelho. Este mesmo homem é chamado de Anjo do Senhor. Cristo manifesta-se entre o Seu povo como homem, já que Ele é o principal da nova raça dos homens. Como o homem Adão foi o representante de toda a humanidade caída, então Jesus ergue-se como o segundo Adão, o homem representante da humanidade duas vezes nascida e comprada pelo sangue. [...]

Montar no cavalo é um símbolo de Seu zelo. Ele vem com todo o Seu poder e força, voando com toda a velocidade para que ninguém de Seu povo pereça. Ele se mostra forte em nome daqueles que o servem, e tem ciúmes fervoroso deles. Mas por que um cavalo *vermelho*? Isso descreve Sua expiação? Será que retrata Seus sofrimentos? É Seu próprio sangue com o qual está coberto o cavalo? Ou Ele está salpicado com o sangue de Seus inimigos mortos em batalha? [...] Chegará o dia

falava comigo, o Senhor respondeu com palavras boas e consoladoras.

¹⁴Então o anjo me disse: "Proclame esta mensagem: 'Assim diz o Senhor dos Exércitos: Tenho grande zelo por Jerusalém e pelo monte Sião, ¹⁵mas estou extremamente irado com as outras nações que agora vivem tranquilas. Eu estava apenas um pouco irado com meu povo, mas as nações fizeram que ele sofresse muito.

¹⁶"'Portanto, assim diz o Senhor: Voltei a mostrar compaixão por Jerusalém. Meu templo será reconstruído, diz o Senhor dos Exércitos, e serão tiradas medidas para a reconstrução de Jerusalém'.ª

¹⁷"Diga também: 'Assim diz o Senhor dos Exércitos: As cidades de Israel voltarão a transbordar de prosperidade, e o Senhor voltará a consolar Sião e escolherá Jerusalém para si'".

Quatro chifres e quatro ferreiros

¹⁸ᵇEntão levantei os olhos e vi quatro chifres de animais. ¹⁹"O que significam estes chifres?", perguntei ao anjo que falava comigo.

Ele respondeu: "Estes chifres representam as nações que dispersaram Judá, Israel e Jerusalém".

²⁰Então o Senhor me mostrou quatro ferreiros. ²¹"O que estes homens vieram fazer?", perguntei.

O anjo respondeu: "Os quatro chifres são as nações que dispersaram e humilharam Judá. Agora, os ferreiros vieram para aterrorizar, derrubar e destruir essas nações".

A futura prosperidade de Jerusalém

2 ¹ᶜQuando levantei os olhos outra vez, vi um homem segurando uma corda de medir. ²"Aonde você vai?", perguntei.

Ele respondeu: "Vou medir Jerusalém para saber sua largura e seu comprimento".

³Então o anjo que estava comigo foi se encontrar com outro anjo que vinha em sua direção. ⁴O outro anjo disse: "Corra e diga àquele jovem: 'Um dia Jerusalém ficará tão cheia de pessoas e animais que não haverá muros na cidade, pois não caberão todos dentro dela. ⁵Então eu mesmo serei um muro de fogo ao redor de Jerusalém para protegê-la, diz o Senhor. E eu serei a glória no meio da cidade'".

Os exilados são chamados de volta

⁶O Senhor diz: "Saiam! Fujam da Babilônia, na terra do norte, pois eu os espalhei aos quatro ventos. ⁷Saia, povo de Sião exilado na Babilônia!".

⁸Depois de um período de glória, o Senhor dos Exércitos me enviouᵈ contra as nações que saquearam vocês e disse: "Quem lhes faz mal, faz mal à menina dos meus olhos. ⁹Levantarei minha mão para esmagar essas nações, e seus próprios escravos as saquearão". Então vocês saberão que o Senhor dos Exércitos me enviou.

¹⁰O Senhor diz: "Cante e alegre-se, ó bela Sião,ᵉ pois venho habitar em seu meio. ¹¹Naquele dia, muitas nações se juntarão ao Senhor, e elas também serão meu povo. Habitarei em seu meio, e vocês saberão que o Senhor dos Exércitos me enviou. ¹²A terra de Judá será a propriedade do Senhor na terra santa, e mais uma vez ele escolherá Jerusalém para ser sua cidade. ¹³Cale-se diante do Senhor toda a humanidade, pois ele se levanta de sua santa habitação".

A purificação do sumo sacerdote

3 Então o anjo me mostrou o sumo sacerdote Josué em pé diante do anjo do Senhor. Satanás, o acusador,ᶠ também estava ali, ao lado

---

ª1.16 Em hebraico, *o cordão de medir será estendido sobre Jerusalém*. ᵇ1.18 No texto hebraico, os versículos 1.18-21 são numerados 2.1-4. ᶜ2.1 No texto hebraico, os versículos 2.1-13 são numerados 2.5-17. ᵈ2.8 O significado do hebraico é incerto. ᵉ2.10 Em hebraico, *ó filha de Sião*. ᶠ3.1 Em hebraico, *O satanás*; também em 3.2.

---

em que Ele montará em Seu cavalo *branco* e sairá conquistando e a conquistar; mas hoje é o cavalo vermelho; porque a Sua Igreja ainda sofre; ainda está manchada com o sangue da perseguição. [...]

Esse mesmo Cristo, que está na Terra em espírito, sobre o cavalo vermelho, está no Céu pessoalmente, advogando diante do trono de Deus. Não falarei friamente sobre isso, mas elevem seus corações ao Céu. Creio que o vejo, o Anjo da aliança — Ele advoga — advoga por misericórdia. A misericórdia que o enviou à Terra — *misericórdia é a Sua petição agora*. Ele advoga por misericórdia presente. Seu clamor é: "Quanto tempo?" Em nome daquele que vive e ama e advoga diante do trono eterno, ergamos nosso estandarte; pois Deus colocou a vitória em nossas mãos em resposta aos pedidos de Seu Filho.

direito do anjo, e fazia acusações contra Josué. ²O Senhor disse a Satanás: "Eu, o Senhor, rejeito suas acusações, Satanás. Sim, o Senhor, que escolheu Jerusalém, o repreende. Este homem é como uma brasa tirada do fogo".

³Josué continuava em pé diante do anjo, e suas roupas estavam imundas. ⁴Então o anjo disse aos que ali estavam: "Tirem as roupas imundas dele". E, voltando-se para Josué, disse: "Veja, removi seus pecados e agora lhe dou roupas de festa".

⁵Eu disse: "Também precisam colocar um turbante limpo em sua cabeça". E eles colocaram um turbante limpo na cabeça dele e o vestiram com as roupas novas, enquanto o anjo do Senhor permanecia ali.

⁶Então o anjo do Senhor falou solenemente a Josué e disse: ⁷"Assim diz o Senhor dos Exércitos: Se você andar em meus caminhos e seguir meus preceitos, receberá autoridade sobre meu templo e seus pátios. Deixarei que ande junto com os outros que aqui estão.

⁸"Ouçam, ó sumo sacerdote Josué e todos os outros sacerdotes. Vocês são símbolo de coisas futuras. Em breve trarei meu servo, o Renovo. ⁹Agora, olhem para a pedra que coloquei diante de Josué, uma única pedra com sete faces.ᵃ Gravarei nela uma inscrição, diz o Senhor dos Exércitos, e em um só dia removerei os pecados desta terra.

¹⁰"E, naquele dia, diz o Senhor dos Exércitos, cada um de vocês convidará seu próximo para sentar-se debaixo de sua videira e de sua figueira".

Um candelabro e duas oliveiras

4 Então o anjo que falava comigo voltou e me despertou, como se eu tivesse estado dormindo. ²"O que você vê agora?", ele perguntou.

Respondi: "Vejo um candelabro de ouro maciço, com uma vasilha de azeite em cima. Ao redor da vasilha há sete lâmpadas, e cada lâmpada tem sete tubos com pavios. ³Vejo também duas oliveiras, uma de cada lado da vasilha". ⁴Então perguntei ao anjo: "O que é isto, meu senhor?".

⁵"Você não sabe?", perguntou o anjo.

"Não, meu senhor", respondi.

⁶Então ele me disse: "Assim diz o Senhor a Zorobabel: Não por força, nem por poder, mas pelo meu Espírito, diz o Senhor dos Exércitos. ⁷Nada será obstáculo para Zorobabel, nem mesmo uma grande montanha; diante dele ela se tornará uma planície! E, quando Zorobabel colocar no lugar a última pedra do templo, o povo gritará: 'É pela graça! É pela graça!'".

⁸Depois, recebi outra mensagem do Senhor: ⁹"Zorobabel lançou os alicerces deste templo, e ele o completará. Então vocês saberão que o Senhor dos Exércitos me enviou. ¹⁰Não desprezem os começos humildes, pois o Senhor se alegra ao ver a obra começar, ao ver o prumo na mão de Zorobabel".

(As sete lâmpadasᵇ representam os olhos do Senhor, que percorrem toda a terra.)

ᵃ3.9 Em hebraico, *sete olhos*. ᵇ4.10 Ou *As sete facetas* (ver 3.9); o hebraico traz *Estas sete*.

3.1-5 A intenção original desta visão era predizer o ressurgimento do Estado judeu após a sua longa depressão pelo cativeiro babilônico. Josué, o sumo sacerdote, com suas roupas esfarrapadas, deve ser considerado como alguém do povo judeu em sua profunda angústia. Ele estava ministrando diante do Senhor com roupas desgastadas e imundas, para mostrar de imediato o pecado de Israel e a pobreza em que tinham caído. Eles eram tão pobres que o serviço de Deus não podia ser conduzido em roupas adequadas, mas o próprio sumo sacerdote aparecia diante do altar com vestes impróprias para o seu trabalho sagrado. O tempo determinado para favorecer Sião está de acordo com as visões mais próximas. E Satanás, o velho adversário da raça escolhida, apressa-se para lhes resistir, e afastar deles o favor de Deus; mas aquele mesmo Anjo da aliança que conduziu o povo pelo deserto, e os sustentou durante todos os dias, está diante do trono como advogado deles e, a Seu pedido, Javé repreende Satanás e começa a abençoar o povo. Josué, o representante do povo, recebe uma muda de roupa, em testemunho de que o pecado do povo está perdoado e de que Deus aceita sua adoração. A visão então muda para o Dia do Senhor Jesus, e o coração do profeta Zacarias é alegrado com a visão de toda a nação restaurada à sua antiga paz e felicidade, sob o reinado do glorioso que se chama "meu servo, o Renovo".

4.10 Zacarias estava envolvido na construção do Templo. Quando os seus alicerces foram lançados,

¹¹Então perguntei ao anjo: "O que são as duas oliveiras, uma de cada lado do candelabro? ¹²E o que são os dois ramos de oliveira que derramam azeite dourado por dois tubos de ouro?".

¹³"Você não sabe?", ele perguntou.

"Não, meu senhor", respondi.

¹⁴Então ele me disse: "Eles representam os dois ungidos^a que ficam na presença do Senhor de toda a terra".

Um rolo que voava

5 Levantei os olhos novamente e vi um rolo que voava.

²"O que você vê?", perguntou o anjo.

"Vejo um rolo voando", respondi. "Parece ter uns nove metros de comprimento e a metade disso de largura."[b]

³Em seguida, ele me disse: "Nesse rolo está a maldição que sai para toda a terra. Uma maldição do rolo diz que os ladrões serão expulsos da terra; a outra maldição diz que os que juram falsamente serão expulsos da terra. ⁴E assim diz o Senhor dos Exércitos: Envio esta maldição à casa de todo ladrão e à casa de todo que jura falsamente pelo meu nome. E minha maldição permanecerá na casa e a destruirá completamente, até sua madeira e suas pedras".

Uma mulher num cesto

⁵Então o anjo que falava comigo se adiantou e disse: "Levante os olhos e veja o que está vindo".

⁶"O que é?", perguntei.

Ele respondeu: "É um cesto para medir cereais[c] e está cheio do pecado[d] de todos que habitam a terra".

⁷Então a tampa de chumbo do cesto foi levantada, e dentro dele havia uma mulher sentada. ⁸O anjo disse: "A mulher se chama Perversidade", e a empurrou de volta para dentro do cesto e fechou a tampa.

⁹Em seguida, levantei os olhos e vi duas mulheres voando em nossa direção, planando no vento. Suas asas pareciam asas de cegonha, e elas pegaram o cesto e o carregaram pelos ares.

¹⁰"Para onde estão levando o cesto?", perguntei ao anjo.

¹¹Ele respondeu: "Para a terra da Babilônia,[e] onde construirão um templo para ele. E, quando o templo estiver pronto, colocarão o cesto ali, em seu pedestal".

---

[a]**4.14** Ou *dois seres celestiais*; o hebraico traz *dois filhos de azeite novo.* [b]**5.2** Em hebraico, *20 côvados de comprimento e 10 côvados de largura.* [c]**5.6a** Em hebraico, *1 efa*, cerca de 20 litros; também em 5.7,8,9,10,11. [d]**5.6b** Conforme a Septuaginta; o hebraico traz *da aparência.* [e]**5.11** Em hebraico, *terra de Sinar.*

---

todos ficaram surpresos por ser um edifício muito pequeno em comparação à antiga e gloriosa estrutura de Salomão. Os amigos desse empreendimento lamentaram que fosse tão pequeno — os inimigos dele se alegraram e expressaram fortes expressões de desprezo! Tanto os amigos quanto os inimigos duvidaram que, mesmo nessa pequena escala, a estrutura seria algum dia finalizada. Eles podiam lançar as bases e podiam levantar um tanto das paredes, mas eram pessoas muito fracas, possuíam poucas riquezas e pouca força para realizar tal empreendimento. Era o dia dos começos humildes. Amigos tremiam. Os inimigos zombavam. Porém, o profeta repreendeu a ambos — repreendeu a incredulidade dos amigos e o desprezo dos inimigos, com essa afirmação — "Não desprezem os começos humildes" — e com uma profecia posterior eliminou o medo. [...]

Que as palavras que pronuncio sejam um encorajamento aos obreiros fracos coletivamente! Quando uma igreja começa, geralmente é pequena e o dia dos começos humildes é um tempo de ansiedade e medo consideráveis. Posso estar me dirigindo a alguns que são membros de uma igreja recém-organizada. Queridos irmãos e irmãs, não desprezem o dia dos humildes começos! Descansem na certeza de que Deus não salva por números, e que no reino espiritual os resultados não estão em proporção aos números! [...]

Agora tome o caso de cada cristão individualmente. Cada um de nós deve estar na obra por Cristo, mas a grande maioria de nós não pode fazer grandes coisas. Não desprezem, então, o dia dos humildes começos! Você só pode dar um centavo. Agora, então, Aquele que se sentou junto ao tesouro não desprezou as duas moedas da viúva que representavam uma miséria. Sua pequena oferta de ação de graças, se dada de coração, é tão aceitável como se tivesse sido cem vezes mais! Não negligencie, portanto, o pouco. Não despreze o dia dos humildes começos. Você só pode entregar um folheto na rua. Não diga: "Não vou fazer isso". Almas têm sido salvas pela distribuição de folhetos e sermões! Espalhe-os, espalhe-os! Eles serão uma boa semente. Você não sabe onde eles poderão cair.

Quatro carros de guerra

6 Então levantei os olhos novamente e vi quatro carros de guerra que saíam de entre dois montes de bronze. ²Cavalos vermelhos puxavam o primeiro carro, cavalos pretos puxavam o segundo, ³cavalos brancos puxavam o terceiro, e cavalos malhados e fortes puxavam o quarto. ⁴"O que significam estes cavalos, meu senhor?", perguntei ao anjo que falava comigo.

⁵O anjo respondeu: "Eles são os quatro espíritos[a] do céu que estão diante do Senhor de toda a terra. Saem para fazer o trabalho dele. ⁶O carro de guerra com cavalos pretos vai para o norte, o carro de guerra com cavalos brancos vai para o oeste[b] e o carro de guerra com cavalos malhados vai para o sul".

⁷Os cavalos fortes estavam impacientes para sair e percorrer a terra. Então o Senhor disse: "Vão e percorram a terra!", e eles partiram de imediato.

⁸Em seguida, o Senhor me chamou e disse: "Veja, os que foram para o norte deram descanso ao meu Espírito ali na terra do norte".

A coroação de Josué

⁹Então recebi outra mensagem do Senhor: ¹⁰"Heldai, Tobias e Jedaías trarão presentes de prata e de ouro dos judeus exilados na Babilônia. Assim que chegarem, vá ao encontro deles na casa de Josias, filho de Sofonias. ¹¹Aceite os presentes e faça uma coroa usando o ouro e a prata. Depois, coloque-a na cabeça do sumo sacerdote Josué, filho de Jeozadaque. ¹²Diga-lhe: 'Assim diz o Senhor dos Exércitos: Aqui está o homem chamado Renovo. Ele brotará de seu lugar e construirá o templo do Senhor. ¹³Sim, ele construirá o templo do Senhor. Então receberá a honra devida e, de seu trono, governará como rei. De seu trono, também servirá como sacerdote,[c] e haverá harmonia perfeita entre as duas funções'.

¹⁴"A coroa será um memorial no templo do Senhor para honrar aqueles que a ofereceram: Heldai,[d] Tobias, Jedaías e Josias,[e] filho de Sofonias".

¹⁵Pessoas virão de terras distantes para reconstruir o templo do Senhor. Quando isso acontecer, vocês saberão que o Senhor dos Exércitos me enviou. Tudo isso acontecerá se vocês obedecerem fielmente às ordens do Senhor, seu Deus.

Chamado à justiça e à misericórdia

7 Em 7 de dezembro[f] do quarto ano do reinado de Dario, o Senhor deu outra mensagem a Zacarias. ²O povo de Betel tinha enviado Sarezer, Regem-Meleque[g] e seus homens para buscar o favor do Senhor ³e para perguntar aos profetas e aos sacerdotes no templo do Senhor dos Exércitos: "Devemos continuar a lamentar e jejuar no quinto mês,[h] como temos feito por tantos anos?".

⁴Em resposta, o Senhor dos Exércitos me deu esta mensagem: ⁵"Diga a todo o seu povo

---

[a]6.5 Ou *os quatro ventos*. [b]6.6 Em hebraico, *vai atrás deles*. [c]6.13 Ou *Haverá um sacerdote junto a seu trono*. [d]6.14a Conforme a versão siríaca; o hebraico traz *Helém*. Comparar com 6.10. [e]6.14b Conforme a versão siríaca; o hebraico traz *Hem*. Comparar com 6.10. [f]7.1 Em hebraico, *No quarto dia do nono mês, o mês de quisleu*, do antigo calendário lunar hebraico. O ano foi 518 a.C.; ver também nota em 1.1. [g]7.2 Ou *Betel-Sarezer havia enviado Regem-Meleque*. [h]7.3 O templo havia sido destruído no quinto mês do antigo calendário lunar hebraico (em agosto de 586 a.C.); ver 2Rs 25.8.

7.5,6 Depois que o povo judeu foi completamente curado de suas tendências idólatras por seus 70 anos de cativeiro, eles caíram em outro mal; tornaram-se supersticiosamente muito presos a cerimônias, mas perderam a vida e o espírito de devoção, e negligenciaram os assuntos mais importantes da Lei. O espírito do fariseísmo havia começado no tempo de Zacarias. Grande atenção era dispensada às formalidades e aos aspectos exteriores do culto, mas a essencialidade da piedade era desconhecida. A hortelã, o anis, o cominho da religião — estes eram todos rigorosamente dizimados; mas a verdade, a misericórdia, a caridade, a justiça, foram pisoteadas. Eles multiplicaram cerimônias para si, separadas da Palavra de Deus. Tinham jejuns que Moisés nunca ordenou, e festas as quais o tabernáculo no deserto não conheceu. Haviam ordenado para si próprios certo jejum em memória do Templo incendiado pelos caldeus, e uma questão que lhes parecia muito importante surgiu: saber se este jejum devia ser observado agora que o Templo fora reconstruído. Os judeus na Pérsia enviaram uma delegação honrosa a Jerusalém para tratar desta importante questão. Eles não receberam resposta direta, pois não significava nada para o Senhor, seu Deus, se eles jejuavam ou não, já que Ele não havia ordenado, e não podia aceitar a adoração voluntária das mãos deles. Aprendam isso, então, em relação a quaisquer que forem

e a seus sacerdotes: 'Durante estes setenta anos de exílio, vocês jejuaram e lamentaram no quinto e no sétimo mês,ª mas foi, de fato, para mim que jejuaram? ⁶E, mesmo agora, não comem e bebem apenas para agradar a si mesmos? ⁷Não é esta a mesma mensagem que o Senhor proclamou por meio dos profetas no passado, quando Jerusalém e as cidades de Judá estavam cheias de gente, e quando havia muitos habitantes no Neguebe e nas colinas de Judá?'".ᵇ

⁸Então Zacarias recebeu esta mensagem do Senhor: ⁹"Assim diz o Senhor dos Exércitos: Julguem com justiça e mostrem compaixão e bondade uns pelos outros. ¹⁰Não oprimam as viúvas, nem os órfãos, nem os estrangeiros, nem os pobres. E não tramem o mal uns contra os outros.

¹¹"Seus antepassados não quiseram ouvir esta mensagem. Em rebeldia, deram-me as costas e taparam os ouvidos para não escutar. ¹²Tornaram o coração duro como pedra, para não ouvir as instruções nem as mensagens que o Senhor dos Exércitos lhes enviou por seu Espírito, por meio dos antigos profetas. Por isso o Senhor dos Exércitos ficou tão irado com eles.

¹³"Porque não quiseram ouvir quando eu os chamei, não os ouvi quando eles me chamaram, diz o Senhor dos Exércitos. ¹⁴Como um vendaval, eu os espalhei entre as nações distantes, que eles não conheciam. Sua terra ficou tão desolada que ninguém sequer passava por ela. Transformaram sua terra agradável num deserto".

Bênçãos prometidas para Jerusalém

8 Então recebi outra mensagem do Senhor dos Exércitos: ²"Assim diz o Senhor dos Exércitos: Tenho muito ciúme do monte Sião e sou consumido de zelo por ele!

³"Assim diz o Senhor: Voltarei para o monte Sião e habitarei em Jerusalém. Então Jerusalém será chamada Cidade Fiel, e o monte do Senhor dos Exércitos será chamado Monte Santo.

⁴"Assim diz o Senhor dos Exércitos: Homens e mulheres idosos voltarão a caminhar apoiados em suas bengalas nas ruas de Jerusalém e se sentarão juntos nas praças, ⁵e as ruas da cidade ficarão cheias de meninos e meninas brincando.

⁶"Assim diz o Senhor dos Exércitos: No momento, isso pode lhes parecer impossível, ó remanescente do povo. Mas acaso é impossível para mim?, diz o Senhor dos Exércitos.

⁷"Assim diz o Senhor dos Exércitos: Podem ter certeza de que resgatarei meu povo dos lugares para onde foram levados no leste e no oeste. ⁸Eu os trarei de volta para que habitem em Jerusalém. Eles serão o meu povo, e eu serei o seu Deus fiel e justo.

⁹"Assim diz o Senhor dos Exércitos: Sejam fortes e completem a tarefa! Desde que lançaram os alicerces do templo do Senhor dos Exércitos, vocês têm ouvido o que os profetas dizem a respeito de terminar a obra. ¹⁰Antes de iniciarem os trabalhos do templo, não havia dinheiro para contratar pessoas ou pagar por animais. Nenhum viajante estava seguro, pois havia inimigos por toda parte. Eu os havia incitado uns contra os outros.

¹¹"Agora, porém, não tratarei mais o remanescente de meu povo como o tratei no passado, diz o Senhor dos Exércitos. ¹²Pois, agora, plantarão as sementes em paz. As videiras ficarão carregadas de uvas, a terra produzirá suas colheitas, e os céus derramarão o orvalho. Darei essas bênçãos como herança ao

---

ª**7.5** No antigo calendário lunar hebraico, o quinto mês geralmente caía entre julho e agosto, e o sétimo, entre setembro e outubro; tanto o Dia da Expiação como a Festa das Cabanas eram celebrados no sétimo mês. ᵇ**7.7** Em hebraico, *e na Sefelá*.

---

as cerimônias religiosas! Se elas não são expressamente ordenadas por Deus, pouco *importa como os homens as observam; na verdade, seria muito melhor se as abandonassem*. [...] No entanto, embora esses emissários não tenham obtido resposta sobre esse assunto, uma vez que não era importante se eles jejuavam ou não, entretanto, tiveram alguma informação sobre um assunto muito mais importante. Foram informados pelas perguntas *que* lhes foram feitas, de que toda religião deve ter Deus como seu objetivo, ou então nada seria diante dele. A pergunta foi-lhes solenemente feita, e de sua resposta todos dependiam: "Mas foi, de fato, para mim que jejuaram? E, mesmo agora, não comem e bebem apenas para agradar a si mesmos?".

remanescente deste povo. ¹³Entre as outras nações, Judá e Israel se tornaram símbolo de nação amaldiçoada, mas não será mais assim! Agora eu os resgatarei e os transformarei em bênção. Portanto, não tenham medo. Sejam fortes e continuem a reconstruir o templo!

¹⁴"Pois assim diz o Senhor dos Exércitos: Eu estava decidido a castigá-los quando seus antepassados provocaram minha ira, e não voltei atrás, diz o Senhor dos Exércitos. ¹⁵Agora, porém, estou decidido a abençoar Jerusalém e o povo de Judá. Portanto, não tenham medo. ¹⁶Isto é o que vocês devem fazer: Digam a verdade uns aos outros. Em seus tribunais, pronunciem sentenças justas, que conduzam à paz. ¹⁷Não tramem o mal uns contra os outros. Não se agradem de fazer juramentos falsos. Odeio todas essas coisas, diz o Senhor".

¹⁸Esta é outra mensagem que recebi do Senhor dos Exércitos. ¹⁹"Assim diz o Senhor dos Exércitos: Os jejuns habituais que vocês têm observado no quarto mês, bem como no quinto, no sétimo e no décimo mês,ᵃ chegaram ao fim. Eles se tornarão festas de alegria e celebração para o povo de Judá. Portanto, amem a verdade e a paz.

²⁰"Assim diz o Senhor dos Exércitos: Pessoas de nações e cidades de todo lugar virão a Jerusalém. ²¹Os habitantes de uma cidade dirão aos habitantes de outra: 'Venham conosco a Jerusalém para pedir ao Senhor que nos abençoe. Vamos adorar o Senhor dos Exércitos. Estou decidido a ir'. ²²Muitos povos e nações poderosas virão a Jerusalém para buscar o Senhor dos Exércitos e pedir que ele os abençoe.

²³"Assim diz o Senhor dos Exércitos: Naquele dia, dez homens de nações e línguas diferentes agarrarão a barra das vestes de um judeu e dirão: 'Deixe que o acompanhemos, pois ouvimos dizer que Deus está com vocês'".

Julgamento contra os inimigos de Israel

9 Esta é a sentença do Senhor contra a terra de Hadraque e a cidade de Damasco, pois os olhos da humanidade, incluindo os de todas as tribos de Israel, estão voltados para o Senhor.ᵇ

²A destruição é garantida para Hamate,
 perto de Damasco,
e para as cidades de Tiro e Sidom,
 embora sejam tão astutas.
³Tiro construiu fortalezas
 e tornou a prata e o ouro
 tão comuns quanto o pó e a lama nas ruas.
⁴Mas o Senhor despojará Tiro de seus bens
 e lançará suas fortalezas no mar;
 a cidade será consumida pelo fogo.
⁵Ascalom verá a queda de Tiro
 e se encherá de medo.
Gaza tremerá de pavor,
 e o mesmo acontecerá a Ecrom,
 pois sua esperança será frustrada.
O rei de Gaza será morto,
 e Ascalom ficará deserta;
⁶estrangeiros ocuparão Asdode.
Sim, acabarei com o orgulho dos filisteus;

ᵃ**8.19** No antigo calendário lunar hebraico, o quarto mês geralmente caía entre junho e julho; o quinto, entre julho e agosto; o sétimo, entre setembro e outubro; e o décimo, entre dezembro e janeiro. ᵇ**9.1** Ou *pois os olhos do Senhor estão voltados para toda a humanidade e também para todas as tribos de Israel*.

9.2-5,8,13 *V.2-4* Esta profecia foi literalmente cumprida. Tiro foi atacada por Alexandre, o Grande, e *depois de resistir a um longo cerco, foi destruída por ele*. A força da cidade estava no fato de que fora construída diretamente no mar, e que era protegida por um vasto e enorme quebra-mar. Como era também um grande centro comercial, possuía enormes riquezas, e assim conseguiu contratar soldados mercenários. Mas todo seu poder e sua riqueza não poderiam preservá-la da destruição; e apesar de lermos sobre Tiro no Novo Testamento, agora é apenas um lugar para a secagem das redes de alguns pobres pescadores, assim como Ezequiel previu que seria (26:14). Quando Deus prediz a destruição, ela sempre vem; mas, bendito seja o Seu santo nome, quando Ele promete bênçãos, elas vêm de igual forma.

V.5 Quando Alexandre invadiu o país, os filisteus esperavam que ele fosse impedido pelos habitantes de Tiro; mas, quando Tiro caiu, os filisteus foram facilmente conquistados. Isso lhe mostra o significado da profecia, e como ela foi cumprida literalmente.

V.8 E assim foi. Alexandre foi a Jerusalém, depois de destruir Tiro, mas ele não atacou a cidade. Havia uma estranha restrição sobre ele que o impediu de tocar a casa do Deus vivo. Não preciso repetir a conhecida história de como ele foi recebido pelo sumo sacerdote, a

⁷arrancarei de sua boca a carne com sangue
 e de seus dentes tirarei os detestáveis sacrifícios.
Então os filisteus que sobreviverem adorarão o nosso Deus
 e se tornarão uma nova família em Judá.ª
Os filisteus de Ecrom se unirão ao meu povo,
 como fizeram em outros tempos os jebuseus.
⁸Guardarei meu templo
 e o protegerei de exércitos invasores.
Nunca mais estrangeiros opressores invadirão a terra de meu povo,
 pois agora eu a vigio de perto.

A vinda do rei de Sião

⁹Alegre-se, ó povo de Sião!ᵇ
 Exulte, ó preciosa Jerusalém!ᶜ
Vejam, seu rei está chegando;
 ele é justo e vitorioso,
mas também é humilde e vem montado num jumento,
 num jumentinho, cria de jumenta.
¹⁰Removerei de Israelᵈ os carros de guerra
 e, de Jerusalém, os cavalos.
Destruirei as armas usadas na batalha,
 e seu rei trará paz às nações.
Seu reino se estenderá de um mar a outro
 e do rio Eufratesᵉ até os confins da terra.
¹¹Por causa da aliança que fiz com vocês,
 aliança selada com sangue,
livrarei seus prisioneiros
 da morte em um poço sem água.
¹²Voltem para a fortaleza,
 todos vocês prisioneiros que ainda têm esperança!
Hoje mesmo proclamo
 que lhes darei o dobro do que perderam.
¹³Judá é meu arco,
 e Israel, minha flecha.
Os filhos de Sião são minha espada,
 e, como um guerreiro, eu a empunharei contra os gregos.ᶠ
¹⁴O Senhor aparecerá sobre seu povo;
 suas flechas sairão como relâmpagos!
O Senhor Soberano tocará a trombeta
 e atacará como um redemoinho vindo do sul.
¹⁵O Senhor dos Exércitos os protegerá,
 e eles lançarão pedras contra seus inimigos
 e os derrotarão.
Gritarão na batalha, como se estivessem embriagados de vinho;
 ficarão cheios de sangue, como uma bacia,
 cobertos de sangue, como os cantos do altar.
¹⁶Naquele dia, o Senhor, seu Deus, salvará seu povo,
 como o pastor salva suas ovelhas.
Eles brilharão em sua terra
 como joias numa coroa.
¹⁷Ah, como serão belos e maravilhosos!
 A fartura de trigo dará vigor aos rapazes,
 e o vinho novo fará florescer as moças.

O Senhor restaurará seu povo

10 ¹Peçam ao Senhor chuva na primavera,
 pois ele forma as nuvens de tempestade.

ª9.7 Ou *se tornarão líderes em Judá*. ᵇ9.9a Em hebraico, *filha de Sião*. ᶜ9.9b Em hebraico, *filha de Jerusalém*. ᵈ9.10a Em hebraico, *Efraim*, referência a Israel, o reino do norte; também em 9.13. ᵉ9.10b Em hebraico, *do rio*. ᶠ9.13 Em hebraico, *os filhos de Javã*.

---

quem reconheceu como o homem que viu em um sonho, e, apesar de ter ferido Tiro e a Filístia, permitiu que o povo de Deus ficasse livre.

V.13 Esta é uma passagem verdadeiramente maravilhosa, demonstrando *como Deus usará Seu povo como armas com as quais Ele conquistará o mundo*. Ele entesará Judá, e a fará curvar-se como um arco, e tomará Efraim, e a tornará uma flecha; e então atirará Sua seta estranhamente formada contra os Seus e nossos adversários! O que isso significa senão que Ele vai usar aqueles de nós, que são os Seus próprios salvos, para que possa conquistar o mundo por nosso intermédio? E que batalha abençoada é esta! "Os filhos de Sião são minha espada, e, como um guerreiro, eu a empunharei contra os gregos" — o simples crente contra o erudito sem fé — o humilde que confia no Senhor Jesus Cristo contra o homem que orgulhosamente se vangloria de seu próprio conhecimento e eloquência! Como acabará esta batalha? Sabemos qual lado vai ganhar, pois "O Senhor dos Exércitos está entre nós; o Deus de Jacó é nossa fortaleza".

E ele enviará aguaceiros,
para que todos os campos se tornem pastos verdes.
²Os ídolos do lar dão conselhos inúteis,
os adivinhadores só predizem mentiras,
e os que interpretam sonhos
proclamam falsidades que não trazem nenhuma consolação.
Por isso meu povo anda sem rumo,
como ovelhas perdidas que não têm pastor.
³"Minha ira arde contra seus pastores,
e eu castigarei esses líderes.[a]
Pois o Senhor dos Exércitos chegou
para cuidar de Judá, seu rebanho.
Ele o tornará forte e glorioso,
como um majestoso cavalo na batalha.
⁴De Judá virão a pedra angular,
a estaca da tenda,
o arco para a batalha,
e todos os governantes.
⁵Serão como guerreiros poderosos na batalha,
que pisam os inimigos na lama sob seus pés.
Pois o Senhor está com eles na luta,
e derrubarão até os cavaleiros do inimigo.
⁶"Fortalecerei Judá e livrarei Israel;[b]
eu os restaurarei, porque tenho compaixão deles.
Será como se eu nunca os houvesse rejeitado,
pois eu sou o Senhor, seu Deus,
e ouvirei seus clamores.
⁷Os habitantes de Israel[c] serão como guerreiros poderosos,
e seu coração se alegrará como se fosse pelo vinho.
Seus filhos também verão isso e exultarão;
sim, seu coração se alegrará no Senhor.
⁸Quando eu assobiar para eles, virão até mim,
pois os resgatei.
Eles crescerão
e se tornarão numerosos como antes.
⁹Embora eu os tenha espalhado entre as nações,
ainda se lembrarão de mim nas terras distantes.
Eles e seus filhos sobreviverão
e voltarão para Israel.
¹⁰Eu os trarei de volta do Egito
e os juntarei da Assíria.
Eu os estabelecerei outra vez em Gileade e no Líbano,
até que não haja mais espaço para todos.
¹¹Passarão pelo mar da aflição,[d]
pois as ondas do mar serão contidas,
e as águas do Nilo secarão.
O orgulho da Assíria será abatido,
e o domínio do Egito chegará ao fim.
¹²Por meu poder[e] fortalecerei meu povo,
e, pela autoridade de meu nome, viverão.
Eu, o Senhor, falei!"

11
¹Abra suas portas, ó Líbano,
para que o fogo devore seus bosques de cedro.
²Chorem, ciprestes, por todos os cedros caídos;
até os mais majestosos tombaram.
Chorem, carvalhos de Basã,
pois os densos bosques foram derrubados.
³Ouçam o gemido dos pastores,
pois os pastos verdes foram destruídos.
Ouçam os leões fortes rugirem,
pois as matas no vale do Jordão foram devastadas.

Os bons e os maus pastores
⁴Assim diz o Senhor, meu Deus: "Vá e cuide do rebanho destinado para a matança. ⁵Os compradores abatem suas ovelhas sem remorso, e

---

[a]10.3 Ou *esses bodes*. [b]10.6 Em hebraico, *livrarei a casa de José*. [c]10.7 Em hebraico, *de Efraim*. [d]10.11 Ou *mar do Egito*, referência ao mar Vermelho. [e]10.12 Em hebraico, *No Senhor*.

11.4,8,16,17 V.4 Esta é uma profecia profunda. Pode ser interpretada em relação a muitos acontecimentos, mas penso que se refere principalmente à separação do povo de Israel de Deus e à sua rejeição de Cristo. Ela tem a ver com a primeira vinda de Cristo, e o caminho no qual eles repudiaram o grande Pastor, e Ele os

os vendedores dizem: 'Louvado seja o Senhor, pois fiquei rico!'. Nem mesmo os pastores têm compaixão das ovelhas. ⁶Da mesma forma, não terei compaixão dos habitantes desta terra", diz o Senhor. "Eu os entregarei nas mãos uns dos outros e nas mãos de seu rei. Eles devastarão a terra, e eu não os livrarei."

⁷Portanto, cuidei do rebanho destinado para a matança, o rebanho oprimido. Então peguei duas varas de pastor e chamei uma delas de Favor e a outra de União. ⁸Num só mês, acabei com seus três pastores.

Contudo, perdi a paciência com as ovelhas, e elas também me odiaram. ⁹Então eu lhes disse: "Não serei mais seu pastor. Não me importarei se morrerem ou se forem devoradas. E, aquelas que restarem, comam a carne umas das outras!".

¹⁰Em seguida, peguei a vara chamada Favor e a quebrei ao meio, para mostrar que havia cancelado a aliança que tinha feito com todas as nações. ¹¹Assim acabou minha aliança com elas. O rebanho aflito me observava e entendeu que o Senhor falava por meio de minhas ações.

¹²Então eu lhes disse: "Se quiserem, paguem meu salário; mas, se não quiserem, não me paguem". E eles me pagaram trinta moedas de prata.

¹³Então o Senhor me disse: "Lance isso ao oleiro",ᵃ esse preço fabuloso pelo qual me avaliaram! Peguei as trinta moedas de prata e as lancei ao oleiro no templo do Senhor.

¹⁴Depois, peguei minha outra vara, União, e a quebrei ao meio, para mostrar que a união entre Judá e Israel havia se rompido.

¹⁵Então o Senhor me disse: "Volte e faça agora o papel de pastor inútil, ¹⁶para mostrar como entregarei esta nação a um pastor que não cuidará das ovelhas que estiverem morrendo, nem protegerá as pequenas; não curará as feridas, nem alimentará as saudáveis. Em vez disso, comerá a carne das ovelhas mais gordas e arrancará seus cascos.

¹⁷"Que aflição espera esse pastor inútil,
que abandona o rebanho!
A espada cortará seu braço
e atravessará seu olho direito.
O braço ficará imprestável,
e o olho direito, totalmente cego".

O livramento futuro de Jerusalém

12 Esta é a mensagem que o Senhor anunciou acerca do destino de Israel: "Mensagem do Senhor, que estendeu os céus, lançou os alicerces da terra e formou o espírito humano. ²Farei que Jerusalém seja como uma bebida que deixará as nações vizinhas cambaleando quando enviarem seus exércitos para cercar Jerusalém e Judá. ³Naquele dia, transformarei Jerusalém numa pedra pesada. Todas as nações se reunirão contra ela para tentar movê-la, mas só ferirão a si mesmas.

⁴"Naquele dia", diz o Senhor, "farei que todos os cavalos entrem em pânico e todos os cavaleiros enlouqueçam. Cuidarei do povo de Judá, mas cegarei todos os cavalos de seus inimigos. ⁵E as famílias de Judá pensarão: 'Os habitantes de Jerusalém encontraram força no Senhor dos Exércitos, seu Deus'.

⁶"Naquele dia, farei que as famílias de Judá sejam como uma chama que põe fogo num monte de lenha, ou como uma tocha acesa no meio de feixes de cereal. Elas incendiarão todas as nações vizinhas, à direita e à esquerda,

---

ᵃ**11.13** A versão siríaca traz *à tesouraria*; também em 11.13b. Comparar com Mt 27.6-10.

---

expulsou, de modo que Israel simplesmente foi destruído e espalhado por toda a Terra. Os mestres daqueles dias eram falsos em seu serviço.

V.8 Existe uma aversão mútua entre Deus e os homens ímpios. Eles, para quem Cristo veio, eram desse caráter — eles o odiavam. E o Senhor não podia suportá-los. Veja como Ele *clamou a eles*: "Que aflição os espera, mestres da lei e fariseus!". Havia uma séria divisão entre eles — e as próprias pessoas os nomearam seus pastores.

Vv.16,17 Estes foram os pastores com quem Israel ficou quando rejeitaram a Cristo. Eles não faziam nada pelo povo. Eram uma maldição para eles e eles mesmos eram cegos — seu próprio poder falhou. Bem, agora, o que aconteceu realmente em relação a Israel ocorre em relação a qualquer igreja que rejeita Cristo e Seus ensinamentos — torna-se um anticristo — e tudo certamente se cumpriu no grande sistema anticristo, que ainda não está morto, que destrói e fere! E neste dia seu braço completamente secará, e seu olho direito escurecerá totalmente. Temos uma descrição terrível do que Deus fará com aqueles que se afastam dele.

enquanto os habitantes de Jerusalém permanecerão em segurança.

⁷"O Senhor dará vitória primeiro ao restante de Judá, antes de Jerusalém, para que a honra dos habitantes de Jerusalém e da linhagem real de Davi não seja superior à honra do restante de Judá. ⁸Naquele dia, o Senhor defenderá os habitantes de Jerusalém; o mais fraco entre eles será como o rei Davi, e os descendentes do rei serão como Deus, como o anjo do Senhor que vai diante deles. ⁹Pois, naquele dia, começarei a destruir todas as nações que atacarem Jerusalém.

¹⁰"Então derramarei um espírito[a] de graça e oração sobre a linhagem de Davi e os habitantes de Jerusalém. Olharão para aquele a quem transpassaram e chorarão por ele como quem chora a morte do filho único; lamentarão amargamente por ele, como quem lamenta a perda do filho mais velho. ¹¹Naquele dia, o pranto em Jerusalém será como o grande pranto por Hadade-Rimom no vale de Megido. ¹²"Todo o Israel chorará, cada família separadamente, os maridos longe das esposas. A família de Davi chorará separadamente, bem como a família de Natã, ¹³a família de Levi e a família de Simei. ¹⁴Cada uma das famílias sobreviventes de Judá chorará separadamente, os maridos longe das esposas."

Uma fonte de purificação

13 "Naquele dia, uma fonte será aberta para a linhagem de Davi e para os habitantes de Jerusalém, uma fonte para purificá-los de todos os seus pecados e impurezas.

²"Naquele dia", diz o Senhor dos Exércitos, "eliminarei da terra a idolatria, de modo que até o nome dos ídolos será esquecido. Removerei da terra os falsos profetas e o espírito de impureza. ³Se alguém continuar a profetizar, seu próprio pai e sua própria mãe lhe dirão: 'Você deve morrer, pois profetizou mentiras em nome do Senhor'. E, enquanto ele estiver profetizando, seu pai e sua mãe o matarão.

⁴"Naquele dia, as pessoas terão vergonha de dizer que têm o dom de profetizar. Ninguém vestirá roupas de profeta para enganar outros. ⁵Dirá: 'Não sou profeta; sou lavrador. Comecei a trabalhar no campo quando era menino'. ⁶E se alguém perguntar: 'Que feridas são essas em seu peito?',[b] ele responderá: 'Fui ferido na casa de meus amigos'."

As ovelhas são dispersadas

⁷"Desperte, ó espada, contra meu pastor,
   o homem que é meu companheiro",
   diz o Senhor dos Exércitos.
"Fira o pastor,
   e as ovelhas serão dispersas,
   e eu me voltarei contra os cordeiros.
⁸Dois terços dos habitantes da terra
   serão feridos e morrerão", diz o Senhor,
   "mas restará um terço na terra.
⁹Farei essa terça parte passar pelo fogo
   e a purificarei.

---

[a] 12.10 Ou *o Espírito*. [b] 13.6 Em hebraico, *Que feridas são essas entre suas mãos?*

12.10 Você deve tomar o texto em seu principal significado, pois devemos tratar a Palavra de Deus de forma justa. Chegará o dia em que o antigo povo de Deus, que durante tanto tempo rejeitou a Jesus de Nazaré, descobrirá que Ele é o Messias e então um de seus primeiros sentimentos será o da profunda humilhação e amargo arrependimento perante Deus. [...]

Sua rejeição do Senhor Jesus foi muito determinada e levada ao máximo. Não foi suficiente para aquela geração em que Jesus viveu se tornar surda às Suas admoestações, eles precisavam tirar-lhe a Sua vida. Uma vez o teriam lançado de cabeça do alto de uma colina. Em outro momento, pegaram pedras para apedrejá-lo e por fim o pegaram e deram falso testemunho contra Ele, buscando ferozmente o Seu sangue. Por sua maldade, Ele foi entregue aos romanos e morto, não porque os romanos desejassem matá-lo, mas porque o clamor da multidão era: "Crucifique-o, crucifique-o" e suas vozes prevaleceram diante de Pilatos. Eles atraíram sobre suas cabeças Seu sangue, dizendo: "Que nós e nossos descendentes sejamos responsabilizados pela morte dele!". Eles forçaram a rejeição do Rei dos judeus ao máximo possível, pois não descansaram até que Ele foi pendurado no vergonhoso madeiro e a vida não estivesse mais nele. Pedro disse: "Irmãos, sei que vocês e seus líderes agiram por ignorância". Com que amargura eles se lamentarão quando essa ignorância for removida. Lamentarão como alguém que perdeu seu primogênito e filho único, como por uma perda que jamais será reparada.

Eu a refinarei como se refina a prata
e a purificarei como se purifica o ouro.
Ela invocará meu nome,
e eu lhe responderei.
Direi: 'Este é meu povo',
e ela dirá: 'O Senhor é nosso Deus'."

O Senhor governará a terra

14 Fiquem atentos, pois se aproxima o dia do Senhor, em que seus bens serão saqueados diante de vocês! ²Reunirei todas as nações para lutarem contra Jerusalém. A cidade será conquistada, as casas serão saqueadas, e as mulheres, violentadas. Metade da população será levada para o exílio, e o restante será deixado na cidade.

³Então o Senhor sairá para lutar contra essas nações, como fez no passado. ⁴Naquele dia, seus pés estarão sobre o monte das Oliveiras, a leste de Jerusalém. O monte se dividirá ao meio, formando um vale muito amplo, de leste a oeste. Metade do monte se deslocará para o norte e metade para o sul. ⁵Vocês fugirão pelo vale, pois ele se estenderá até Azal. Sim, vocês fugirão, como fugiram do terremoto nos dias de Uzias, rei de Judá. Então o Senhor, meu Deus, virá com todos os seus santos.ᵃ

⁶Naquele dia, as fontes de luz deixarão de brilhar;ᵇ ⁷ainda assim, sempre será dia! Só o Senhor sabe como isso acontecerá. Não haverá dia nem noite como sempre houve, pois mesmo à noite haverá claridade.

⁸Naquele dia, fluirão de Jerusalém águas que dão vida; metade das águas correrá para o mar Morto e metade para o Mediterrâneo.ᶜ Fluirão continuamente, tanto no verão como no inverno.

⁹E o Senhor será rei sobre toda a terra. Naquele dia, haverá um só Senhor, e somente seu nome será adorado.

¹⁰Toda a terra, desde Geba, ao norte de Judá, até Rimom, ao sul de Jerusalém, se tornará uma grande planície. Jerusalém, contudo, ficará em seu lugar elevado e será habitada desde o portão de Benjamim até o local do portão antigo, e dali até o portão da Esquina, e desde a torre de Hananel até as prensas de uvas do rei. ¹¹Jerusalém, por fim em segurança, ficará cheia de gente e nunca mais será amaldiçoada nem destruída.

¹²O Senhor enviará uma praga contra todos os povos que guerrearam contra Jerusalém. Eles se transformarão em cadáveres ambulantes, com a carne em decomposição. Seus olhos apodrecerão nas órbitas, e a língua apodrecerá na boca. ¹³Naquele dia, o Senhor os encherá de grande pânico, e eles lutarão uns contra os outros com as próprias mãos. ¹⁴Judá também lutará em Jerusalém. A riqueza de todas as nações vizinhas será recolhida, grandes quantidades de ouro e prata e de roupas. ¹⁵Essa mesma praga cairá sobre cavalos, mulas, camelos, jumentos e todos os outros animais dos acampamentos do inimigo.

¹⁶No final, os inimigos que sobreviverem à praga subirão a Jerusalém a cada ano para adorar o Rei, o Senhor dos Exércitos, e para celebrar a Festa das Cabanas. ¹⁷Se alguma nação não quiser ir a Jerusalém para adorar o Rei, o Senhor dos Exércitos, não receberá chuva. ¹⁸Se o povo do Egito não quiser ir à festa, o Senhor o castigaráᵈ com as mesmas pragas que enviará sobre as outras nações que

---

ᵃ**14.5** Conforme a Septuaginta; o hebraico traz *e todos os seus santos virão com vocês*. ᵇ**14.6** O significado do hebraico é incerto. ᶜ**14.8** Em hebraico, *metade para o mar oriental e metade para o mar ocidental*. ᵈ**14.18** Conforme alguns manuscritos hebraicos, a Septuaginta e a versão siríaca; o Texto Massorético traz *não o castigará*.

14.20 O texto, como você percebe, trata de cavalos impuros segundo a lei judaica; no entanto, no dia sobre o qual o texto se refere, os próprios cavalos serão purgados da indignidade ou da impureza, e seus arreios serão dedicados a *Deus* tão certamente quanto as *vestimentas* do próprio sumo sacerdote. Será um dia feliz, de fato, quando os homens que lidam com os cavalos, muitas vezes pessoas simplesmente honestas e otimistas, exibirão em seus negócios comuns uma consagração a Deus, de modo que nos ornamentos dos cavalos deve estar escrito: Santo para o Senhor. A palavra hebraica original traduzida como "sinos" é muito *singular*, porque ninguém sabe exatamente o que significa. O fato é que os hebreus sabiam tão pouco sobre os cavalos, devido seu uso ser proibido, que não tinham um vocabulário muito grande para descrever o arreio e outros equipamentos do cavalo. A palavra é traduzida por alguns críticos, "sinos", por outros, "cela", por

se recusarem a ir. ¹⁹O Egito e as outras nações serão castigados se não forem celebrar a Festa das Cabanas.

²⁰Naquele dia, até mesmo os sinos dos cavalos terão gravadas estas palavras: Santo para o Senhor. E as panelas no templo do Senhor serão tão sagradas quanto as bacias usadas junto ao altar. ²¹Na verdade, todas as panelas em Jerusalém e em Judá serão santas ao Senhor dos Exércitos. Todos que vierem oferecer sacrifícios poderão usar qualquer uma delas para cozinhá-los. E, naquele dia, não haverá mais comerciantes[a] no templo do Senhor dos Exércitos.

---

[a]**14.21** Em hebraico, *cananeus*.

---

alguns, "testeiras", e outros, "cabrestos", por alguns, e por Calvino, especialmente, "viseiras". Calvino também sugere que a palavra possa significar "estábulos". Isto quer dizer: "até mesmo os adornos dos cavalos terão gravadas estas palavras: Santo para o Senhor". Se for testeira, não há dúvida da comparação entre os cavalos e o sumo sacerdote – assim como o sumo sacerdote tinha em sua testa as letras hebraicas em ouro, "Santo para o Senhor", de igual modo a testeira dos cavalos teria "Santo para o Senhor". E, como o sumo sacerdote usava sinos sobre suas roupas, então os cavalos seriam ornamentados com seus sinos de prata, e nestes haverá, "Santo para o Senhor". E, se isso significa qualquer outro tipo de vestimenta, assim como nos próprios ornamentos do sacerdote, em seu éfode e peitoral, estava escrito santo, então, em todo artigo que seja para o cavalo, a Santidade para Deus seja manifestamente clara, sim, mesmo os estábulos impuros como se supõe que eles sempre devem permanecer, serão consagrados a Deus. Os prédios mais comuns, separados para os mais significativos usos, sendo frequentados pelos adoradores do Senhor tornar-se-ão templos daquele que habita em corações humildes e contritos.

O simples significado do texto é apenas este: que o dia virá quando na vida comum a Santidade será a estrela orientadora – quando as ações ordinárias da existência humana serão tanto a adoração de Deus quanto o sacrifício no altar ou a missão do sumo sacerdote quando ele entrava por trás do véu. Tudo o que era mais desprezado – os cavalos, os lugares que pareciam ser menos consagrados – os estábulos – e aquelas coisas que pareciam menos sagradas, mesmo os arreios dos cavalos – todos serão tão bem utilizados em obediência à vontade de Deus, que em toda parte haverá: "Santo para o Senhor". As coisas comuns, então, no dia mencionado por Zacarias, devem ser dedicadas a Deus e usadas para o Seu serviço.

Malaquias

INTRODUÇÃO

Profeta. Seu nome significa "Mensageiro do Senhor" ou "Meu Mensageiro". Ele estava associado ao movimento reformista de Neemias e Esdras e condenou os mesmos pecados que eles condenaram. Deve, portanto, ter vivido cerca de 100 anos após Ageu e Zacarias, ou cerca de 430–420 a.C. Foi o último dos profetas inspirados do Antigo Testamento.

Condição da época. O povo havia sido levado de volta a Jerusalém e o Templo e os muros reconstruídos. Eles se tornaram sensuais, egoístas e descuidados, assim negligenciaram o seu dever. Sua interpretação das brilhantes profecias dos profetas exílicos e pré-exílicos levou-os à expectativa de realizar o reino messiânico imediatamente após o retorno deles. Portanto, ficaram desencorajados e tornaram-se céticos (2.17) por causa das desigualdades da vida, vistas em todos os lugares. Essa dúvida sobre a justiça divina os levou a negligenciar a religião vital, e a verdadeira piedade deu lugar à mera formalidade. Eles não recaíram na idolatria, mas um espírito mundano havia se estabelecido e eles eram culpados de muitas maldades como o que vemos hoje em comunidades que professam ser cristãs.

Profecia. O propósito desta profecia era repreender o povo por se afastar do culto prescrito na Lei de Deus, chamar o povo de volta a Javé e revigorar seu espírito nacional. Há nela: (1) Denúncias impiedosas de males sociais e do povo de Israel. (2) Repreensões severas pela indiferença e hipocrisia dos sacerdotes. (3) Profecias da vinda do Messias e as características e modo de Sua vinda. (4) Profecias sobre o precursor do Messias.

ESBOÇO

1. Introdução: O amor de Deus por Israel, 1.1-5; É visto em contraste entre Israel e o Egito
   - 1.1. A falta de amor de Israel por Deus, 1.6–2.16; É comprovado:
   - 1.2. Por suas ofertas contaminadas, 1.6-14
   - 1.3. Pelos pecados dos sacerdotes, 2.1-9
   - 1.4. Por seus casamentos pagãos e seus divórcios, 2.10-16
2. Deus virá e julgará o Seu povo, 2.17–4.6
   - 2.1. Seu mensageiro separará o justo do perverso, 2.17–3.5
   - 2.2. Isso é visto no fato de eles reterem ou entregarem os dízimos, 3.6-15
   - 2.3. Os serviços fiéis serão recompensados, 3.16–4.6

PARA ESTUDO E DISCUSSÃO

[1] Liste os pecados repreendidos.
[2] Faça uma lista de todas as coisas diferentes ditas sobre o Messias e Sua missão e também a de Seu precursor.
[3] Analise e estude cada uma das sete controvérsias (1.2,7; 2.13,14,17; 3.7,8,14).
[4] Compare o destino dos justos e dos perversos como revelados neste livro, listando tudo o que é dito sobre cada um.
[5] Liste todas as promessas do livro.

dízimos aos depósitos do templo, para que haja provisão em minha casa. Se o fizerem", diz o Senhor dos Exércitos, "abrirei as janelas do céu para vocês. Derramarei tantas bênçãos que não haverá espaço para guardá-las! Sim, ponham-me à prova! ¹¹Suas colheitas serão fartas, pois as protegerei das pragas.ᵃ Suas uvas não cairão das videiras antes de amadurecerem", diz o Senhor dos Exércitos. ¹²"Então todas as nações os chamarão de abençoados, pois sua terra será cheia de alegria", diz o Senhor dos Exércitos.

¹³"Vocês falaram coisas terríveis contra mim", diz o Senhor.

"Mas vocês perguntam: 'O que falamos contra ti?'.

¹⁴"Vocês disseram: 'De que adianta servir a Deus? Que vantagem temos em obedecer a suas ordens ou chorar por nossos pecados diante do Senhor dos Exércitos? ¹⁵De agora em diante, chamaremos de abençoados os arrogantes. Pois os que praticam maldades enriquecem, e os que provocam a ira de Deus nenhum mal sofrem'."

O Senhor promete misericórdia

¹⁶Então aqueles que temiam o Senhor falaram uns com os outros, e o Senhor ouviu o que disseram. Na presença dele, foi escrito um livro memorial para registrar os nomes dos que o temiam e que sempre honravam seu nome.

¹⁷"Eles serão meu povo", diz o Senhor dos Exércitos. "No dia em que eu agir, eles serão

ᵃ**3.11** Em hebraico, *do devorador*.

3.17 O povo de Deus, às vezes, entra num terrível estado de ânimo — algumas pessoas que fazem parte da família do Senhor são indivíduos muito estranhos. Eu não falaria mal de dignitários — e todo filho de Deus é sacerdote e rei, portanto devo cuidar do que digo. Mas, realmente, alguns são pessoas estranhas. Pelo menos algumas vezes! [...] Creio, quer dizer, tenho certeza de que os ouvi dizer ao Senhor, com suas ações senão por palavras: "De que maneira nos amou?"

Isso aconteceu quando passaram por uma provação muito especial. Um deles disse: "O dia todo só enfrento problemas; cada manhã sou castigado". Como se dissesse que Deus o açoita a cada manhã, assim que ele se levanta, e continua açoitando-o por todo o dia. Ele também afirmou: "Pois tive inveja dos orgulhosos quando os vi prosperar apesar de sua perversidade. Levam uma vida sem sofrimento e têm o corpo saudável e forte. Não enfrentam dificuldades, nem estão cheios de problemas, como os demais". "Foi à toa", questionou, "que mantive o coração puro? Foi em vão que agi de modo íntegro?". "Ah", alguém diz, "foi Judas Iscariotes quem o falou". Não, não foi! Foi Asafe, um dos mais amáveis cantores de Israel! Contudo, ele estava se afastando muito do correto estado mental quando escreveu essas palavras! E somente a graça de Deus o trouxe de volta — e ele teve de confessar: "Fui tolo e ignorante; a teus olhos devo ter parecido um animal irracional". Essa foi uma maravilhosa confissão feita por um homem de Deus. "Ah", alguém afirma, "ele, então, merece ser muito condenado!". E ele o foi, porém cuide que você não tenha de ser condenado pelo mesmo motivo, pois quando um homem que, por certo tempo, foi abastado se torna muito pobre — quando também é assolado com enfermidades de modo que seus nervos são afetados, e seu espírito sucumbe, ele pode fazer o que outros fizeram antes dele! Nem assim, ele deve ser justificado ao falar ou pensar asperamente sobre Deus! É grande pecado, e grande erro sob quaisquer circunstâncias e, no entanto, é cometido. É deplorável que seja cometido! Oro para que todo o filho de Deus que o pratica o abandone antes que tenha que ser ferido sob a vara do Senhor! Deus não tolerará esse tipo de tratamento de sua parte! Ele lhe diz que o ama e quer que você creia nisso e que saiba que suas provações e lutas são enviadas em amor, e que, no final, você verá que todas as coisas cooperam para seu bem, desde que você ame a Deus e seja chamado de acordo com Seu propósito.

De quando em quando, este questionamento perverso acontece quando um verdadeiro filho de Deus se entristece e deprime. Um homem pode ser muito corajoso e cheio de alegria — e a mão de Deus, de repente, recair sobre ele, e seu espírito ser levado a quase submergir em desespero. Nessas ocasiões, embora pode ser que não seja o caso, acontece com frequência que o cristão comece a dizer: "Como podes ter me amado? Estou tão desanimado, tão triste, tão deprimido — não pode ser que tu me ames!". Não fale assim, caro amigo! Não entristeça o Espírito Santo dizendo coisas desse tipo! Mas volte-se para Deus e diga: "Ainda que Deus me mate, ele é minha única esperança". "É a vontade do Senhor. Que ele faça o que lhe parecer melhor." Ele lhe assegurou o Céu! Deu-lhe Cristo! Concedeu-lhe um novo coração e um espírito reto! E diz que, em breve, você estará entronizado com Ele, acima dos céus! Portanto, não comece a perguntar: "De que maneira me amou?".

meu tesouro especial. Terei compaixão deles como o pai tem compaixão de seu filho obediente. ¹⁸Então vocês verão outra vez a diferença entre o justo e o mau, entre o que serve a Deus e o que não serve."

O dia do julgamento se aproxima

4 ¹ᵃAssim diz o S{\sc enhor} dos Exércitos: "O dia do julgamento se aproxima e arde como uma fornalha. Naquele dia, serão queimados como palha os arrogantes e os perversos. Serão consumidos, desde as raízes até os ramos.

²"Mas, para vocês que temem meu nome, o sol da justiça se levantará, trazendo cura em suas asas. E vocês sairão e saltarão de alegria, como bezerros soltos no pasto. ³No dia em que eu agir, vocês pisarão sobre os perversos como se eles fossem pó sob os seus pés", diz o S{\sc enhor} dos Exércitos.

⁴"Lembrem-se de obedecer à lei de Moisés, meu servo, a todos os decretos e estatutos que dei a todo o Israel no monte Sinai.ᵇ

⁵"Vejam, eu lhes envio o profeta Elias antes da vinda do grande e terrível dia do S{\sc enhor}. ⁶Ele fará que o coração dos pais volte para seus filhos e o coração dos filhos volte para seus pais. Do contrário, eu virei e castigarei a terra com maldição."

ᵃ **4.1** No texto hebraico, os versículos 4.1-6 são numerados 3.19-24. ᵇ **4.4** Em hebraico, *Horebe*, outro nome para o Sinai.

NOVO TESTAMENTO

NOVO TESTAMENTO

Mateus

INTRODUÇÃO

Cada evangelho foi escrito com o objetivo único de apresentar Jesus sob as diferentes perspectivas de cada um de seus autores, de acordo com o público a quem são endereçados.

Data. Escrito aproximadamente em 60 d.C., mas depois de Marcos.

Autor. O autor sempre fala de si mesmo como "o cobrador de impostos", que pode indicar seu senso de humildade, sentido em ter sido elevado de uma condição tão baixa à de apóstolo. Ele era filho de Alfeu (Mc 2.14; Lc 5.27), e era chamado de Levi até Jesus o chamar e lhe dar o nome de Mateus, que significa "Presente de Deus". Não sabemos nada sobre seu trabalho, exceto sobre seu chamado e sua festa de despedida (9.9,10), e que ele estava com os apóstolos no Dia de Pentecostes. Assim, silencioso, observador e qualificado por sua antiga função, ele poderia muito bem ter redigido este livro. No entanto, existe a possibilidade de que ele tenha sido escolhido pelos outros para esta grande tarefa. Não sabemos nada sobre a sua morte.

CARACTERÍSTICAS E PROPÓSITO

1. Não é um evangelho cronológico, mas um evangelho sistemático e tópico. Existe uma ordem na organização dos assuntos para que um resultado definitivo possa ser produzido. Os assuntos são tratados em grupos, como os milagres nos capítulos 8 e 9 e as parábolas do capítulo 13. Há ordem e propósito também na organização desses grupos de milagres e parábolas. O primeiro milagre é a cura da lepra — um tipo para o pecado; enquanto o último é a figueira que seca — um símbolo de julgamento. A primeira parábola é a da semente do reino — um símbolo do início ou plantação do reino; a última é a dos talentos e profetiza o julgamento final no último dia. Esta mesma ordenada organização é observada também nas duas grandes partes do livro. A primeira grande parte, 4.17–16.20, apresenta especialmente a pessoa e a natureza de Jesus, enquanto a segunda parte, 16.21 até o fim, narra Sua grande obra em favor da humanidade, como visto em Sua morte e ressurreição.

2. É um evangelho didático ou pedagógico. Ao fornecer o relato de vários milagres, o livro é marcado por vários discursos de considerável extensão, como o Sermão do Monte, capítulos 5–7; a denúncia dos fariseus, capítulo 23; a profecia da destruição de Jerusalém e o fim do mundo, capítulos 24–25; a missão dada aos apóstolos, capítulo 10; e as doutrinas do reino, 17.24–20.16. Essas porções e as parábolas mencionadas acima indicam o quão grande é a porção do livro tomada por discursos. O estudante pode fazer listas de outras partes mais curtas de ensino.

3. É um evangelho de obscuridade e abatimento. Não há canções de alegria como as de Zacarias, Isabel, Maria, Simeão, Ana e a dos anjos, registradas em Lucas. Nem vemos Jesus como popular e sábio aos 12 anos. Em vez disso, temos Sua mãe quase repudiada e posta em desgraça por José, e salva devido a uma intervenção divina. Jerusalém está em dificuldades, os bebês do sexo masculino são mortos e as mães estão chorando por eles. O bebê Jesus é salvo por Seus pais terem fugido para o Egito. Toda a Sua vida após o retorno do Egito está coberta de esquecimento e Ele é um nazareno desprezado. A cruz é uma desolação sem nenhum ladrão penitente nem compaixão de ninguém, com Seus inimigos se revoltando, batendo no peito e passando por ela. Nem há muito otimismo ou expectativa de sucesso. Os discípulos serão rejeitados e perseguidos, como seu Senhor; muitos são chamados e poucos são escolhidos; apenas alguns encontram o caminho estreito; muitos reivindicam a entrada no *Reino visto que profetizaram em Seu nome e são rejeitados*. Mesmo o próprio Mateus é um publicano desprezado e rejeitado.

4. É um evangelho de realeza. A genealogia mostra a descendência real de Jesus. Os magos vieram buscando aquele que era "o recém-nascido rei dos judeus", e João Batista prega que o "Reino dos céus está próximo". Aqui temos as parábolas do reino, começando com "o Reino dos céus" etc. Em Lucas, certo homem fez uma grande ceia e tinha dois filhos, enquanto em Mateus era certo rei. Os outros evangelistas usam o termo evangelho, com uma exceção, Mateus sempre o coloca como "o evangelho do Reino". As "chaves do reino" são dadas a Pedro. Todas as nações se reunirão diante dele quando Ele se assentar no trono e "o Rei dirá" (25.34,40).

5. É um evangelho oficial e estruturado. Isso é sugerido no que Mateus representa Satanás como chefe de um reino; também, na medida em que aqueles relacionados com o nascimento de Jesus são pessoas oficiais, a maioria

das ações é oficial em sua natureza. Pilatos, o juiz, lavou as mãos do sangue de Jesus, a guarda romana o pronuncia o Cristo, e os guardas dizem que Ele não pôde ser mantido no túmulo, Jesus denuncia os oficiais e chama Seus próprios discípulos por nomes oficiais. É Pedro, não Simão, e Mateus, o nome apostólico, e não Levi como em Lucas. Jesus indica Sua capacidade oficial em rejeitar os judeus, dizendo-lhes que o reino é retirado deles (21.43). O Senhor se prepara para o estabelecimento de Seu próprio reino e lhes diz quem deve empunhar as chaves do reino que não está vinculada ao tempo ou às relações nacionais como era o antigo reino. Somente em Mateus encontramos instruções completas sobre a membresia, a disciplina e as ordenanças da Igreja. Somente aqui, recebemos nos evangelhos as ordens para batizar, para administrar a Santa Ceia e a bela fórmula para o batismo em nome do Pai, do Filho e do Espírito Santo, e aqui temos a Sua ordem oficial para "Ir" fundamentada em toda a Sua autoridade no Céu e na Terra.

Na busca por este trabalho oficial, encontramos Jesus dando especial reconhecimento aos crentes gentios — dando-lhes lugar pleno em Seu reino. A genealogia através da graça e fé inclui gentios; o segundo capítulo mostra como os magos gentios o honram; o centurião romano mostra uma fé superior à de qualquer israelita; a grande fé da mulher cananeia o levou a curar sua filha, e a esposa gentia de Pilatos, por causa de seus sonhos, envia-lhe um aviso para que ele não se envolva com Jesus. Tudo isso tende a mostrar a maneira oficial e estruturada em que o Senhor agiu.

6. É um evangelho de antagonismo e rejeição judaicos. Por um lado, os judeus antagonizam e rejeitam Jesus. Por outro, os judeus, especialmente os escribas e fariseus, são expostos e rejeitados por Jesus. Os fariseus conspiraram contra Jesus e se ressentiram de Cristo ter violado seus regulamentos e costumes sobre o sábado e seus rituais sobre comer e se lavar, bem como Sua associação com publicanos e pecadores. Essa oposição culminou em Sua morte. Por outro lado, Jesus também rejeita os judeus. João os chama de geração de víboras e Jesus os designou com termos como hipócritas, guias cegos e sepulcros caiados, atingindo o ápice no capítulo 23. É aqui que, em sua iniquidade, eles são incapazes de discernir entre a obra de Deus e a de Belzebu. Eles são informados da aplicação da profecia de Isaías, que eles têm ouvidos e não ouvem e que, por causa de sua indignidade, o reino é retirado deles. A maldição sobre a figueira com a qual os milagres de Mateus terminam revela qual será o destino da nação judaica.

7. É um evangelho judaico. Isso é visto em seu uso de símbolos judaicos, termos e números sem explicação. Ele nunca explicou o significado de uma palavra judaica, como Corbã, nem de um costume, de modo a dizer que os judeus não comem caso não se lavem. Os outros evangelistas dão explicações. Ele chama Jerusalém pelos termos judaicos, "Cidade do grande rei" e "Cidade santa", e Cristo, do "Filho de Davi" e o "Filho de Abraão". Ele fala do Templo judaico como o templo de Deus, a morada de Deus e o santo lugar. A genealogia é traçada até Abraão por três grandes eventos judaicos da história. Tudo isso seria calculado para conquistar os judeus, e, muito mais, as 65 citações do Antigo Testamento e a repetida tentativa de mostrar que os atos e os ditos registrados eram para que as Escrituras fossem cumpridas. Dificilmente podemos acreditar que todos os números, tão característicos dos judeus, ocorrem acidentalmente aqui. A genealogia tem três quatorzes sendo múltiplos de sete. Há quatorze parábolas, sete em um lugar e sete em outro. Há sete ais no capítulo 23. Há 20 milagres separados em duas dezenas. O número 7 geralmente, se não sempre, divide-se em quatro e três, o humano e o divino. Das sete parábolas no capítulo 13, quatro tocam o humano ou natural, enquanto três se referem ao lado divino ou espiritual de Seu reino. Há sete petições na oração do Senhor, as três primeiras referentes a Deus e as últimas quatro ao homem. Uma divisão semelhante talvez seja verdadeira nas bem-aventuranças.

Assunto. O reino de Deus ou do Céu.

ESBOÇO

1. O início do Reino, 1.1–4.16
    1.1. Jesus, o Rei, é o Messias do Antigo Testamento, Caps. 1–2
    1.2. Jesus, o Rei, está preparado para Sua obra, 3.1–4.16
2. A proclamação do Reino, 4.17–16.20
    2.1. O início da proclamação, 4.17-25
    2.2. Por meio do Sermão do Monte, Caps. 5–7
    2.3. Por meio dos milagres e ensinamentos correlatos, Caps. 8–9
    2.4. Pelo envio dos Doze e os ensinamentos e milagres subsequentes, Caps. 10–12
    2.5. Por meio das sete parábolas e milagres subsequentes, Caps. 13–14
    2.6. Pela denúncia dos fariseus com milagres e ensinamentos correspondentes, 15.1–16.12
    2.7. Por intermédio da confissão de Pedro, 16.12-20

3. A paixão do Reino, 16.21-27
   3.1. Quatro predições da paixão com a intervenção de discursos e milagres, 16.21-26.2
      a) Em Cesareia de Filipe, 16.21-17.21
      b) Na Galileia perto de Cafarnaum, 17.22-20.16
      c) Perto de Jerusalém, 20.17-22
      d) Em Jerusalém, 23.1-26.2
   3.2. Os eventos da paixão, 26.3-27
4. O triunfo do Reino, Cap. 28
   4.1. A ressurreição do Rei, vv.1-15
   4.2. Provisão para a propagação do Reino, vv.16-20

PARA ESTUDO E DISCUSSÃO

[1] Alguns eventos da infância de Cristo: (a) A história dos magos; (b) A matança dos bebês; (c) A fuga para o Egito; (d) O retorno a Nazaré.

[2] Dois milagres: (a) A cura do cego, 9.27-31; (b) O peixe com dinheiro em sua boca, 17.24-27.

[3] Dez parábolas: (a) O joio, 13.24-30; (b) A rede lançada, 13.47-50; (c) O servo incompassivo, 18.23-25; (d) Os trabalhadores na vinha, 20.1-16; (e) Os dois filhos, 21.28-32; (f) O casamento do filho do rei, 22.1-14; (g) O tesouro escondido, 13.44; (h) A pérola, 13.45,46; (i) As dez virgens, 25.1-13; (j) Os três servos, 25.14-30.

[4] Dez passagens nos discursos de Cristo: (a) Partes do Sermão do Monte, Caps. 5-7; (b) Revelação aos humildes, 11.25-27; (c) Convite aos cansados, 11.28-30; (d) Sobre palavras inúteis, 12.36,37; (e) Profecia para Pedro, 16.17-19; (f) Humildade e perdão, 18.15-35; (g) Rejeição dos judeus, 21.43; (h) A grande denúncia, Cap. 23; (i) A cena do julgamento, 23.31-46; (j) A grande comissão e promessa, 28.16-20.

[5] Alguns termos pelos quais Jesus é designado em Mateus devem ser estudados. Que o estudante faça uma lista dos diferentes lugares onde cada um dos seguintes termos é usado e, a partir de um estudo das passagens, em comparação a outras, forme opiniões sobre o significado do termo. (a) Filho de Abraão, (b) Filho de Davi, (c) Filho do Homem, (d) Filho de Deus, (e) Cristo, o Cristo, (f) Jesus, (g) Senhor, (h) Reino do Céu ou reino de Deus.

[6] Faça uma lista de todos os lugares onde a expressão "para que se cumpram as palavras dos profetas registradas nas Escrituras" e indique todas as coisas cumpridas.

[7] Relacione quantas vezes e onde a frase "O reino dos Céus" (ou de Deus) ocorre e, a partir do estudo dessas passagens, indique na lista, a natureza, as características e o propósito do Reino.

[8] Liste todos os locais mencionados e se familiarize com a história e a geografia de cada um deles e memorize os principais acontecimentos relacionados a cada um.

Os antepassados de Jesus Cristo

1 Este é o registro dos antepassados de Jesus Cristo,ª descendente de Davi e de Abraão:ᵇ

²Abraão gerou Isaque.
Isaque gerou Jacó.
Jacó gerou Judá e seus irmãos.
³Judá gerou Perez e Zerá, cuja mãe foi Tamar.
Perez gerou Esrom.
Esrom gerou Rão.ᶜ
⁴Rão gerou Aminadabe.
Aminadabe gerou Naassom.
Naassom gerou Salmom.
⁵Salmom gerou Boaz, cuja mãe foi Raabe.
Boaz gerou Obede, cuja mãe foi Rute.
Obede gerou Jessé.
⁶Jessé gerou o rei Davi.
Davi gerou Salomão, cuja mãe foi Bate-Seba, viúva de Urias.
⁷Salomão gerou Roboão.
Roboão gerou Abias.
Abias gerou Asa.ᵈ
⁸Asa gerou Josafá.
Josafá gerou Jeorão.ᵉ
Jeorão gerou Uzias.
⁹Uzias gerou Jotão.
Jotão gerou Acaz.
Acaz gerou Ezequias.
¹⁰Ezequias gerou Manassés.
Manassés gerou Amom.ᶠ
Amom gerou Josias.
¹¹Josias gerou Joaquimᵍ e seus irmãos, nascidos no tempo do exílio na Babilônia.
¹²Depois do exílio na Babilônia:
Joaquim gerou Salatiel.
Salatiel gerou Zorobabel.
¹³Zorobabel gerou Abiúde.
Abiúde gerou Eliaquim.
Eliaquim gerou Azor.
¹⁴Azor gerou Sadoque.
Sadoque gerou Aquim.
Aquim gerou Eliúde.
¹⁵Eliúde gerou Eleazar.
Eleazar gerou Matã.
Matã gerou Jacó.
¹⁶Jacó gerou José, marido de Maria.
Maria deu à luz Jesus, que é chamado Cristo.

¹⁷Portanto, são catorze gerações de Abraão até Davi, catorze de Davi até o exílio na Babilônia e catorze do exílio na Babilônia até Cristo.

O nascimento de Jesus Cristo

¹⁸Foi assim que nasceu Jesus Cristo. Maria, sua mãe, estava prometida para se casar com José. Antes do casamento, porém, ela engravidou pelo poder do Espírito Santo. ¹⁹José, seu noivo, era um homem justo e resolveu romper a união em segredo, pois não queria envergonhá-la com uma separação pública.

²⁰Enquanto ele pensava nisso, um anjo do Senhor lhe apareceu em sonho e disse: "José, filho de Davi, não tenha medo de receber Maria como esposa, pois a criança dentro dela foi concebida pelo Espírito Santo. ²¹Ela terá um filho, e você lhe dará o nome de Jesus,ʰ pois ele salvará seu povo dos seus pecados".

²²Tudo isso aconteceu para cumprir o que o Senhor tinha dito por meio do profeta:

²³"Vejam! A virgem ficará grávida!
Ela dará à luz um filho,

ª**1.1a** Ou *Messias*. Tanto *Messias* (do hebraico) como *Cristo* (do grego) significam "ungido". ᵇ**1.1b** Em grego, *filho de Davi e filho de Abraão*. ᶜ**1.3** Em grego, *Arão*, variação de Rão; também em 1.4. Ver 1Cr 2.9-10. ᵈ**1.7** Em grego, *Asafe*, variação de Asa; também em 1.8. Ver 1Cr 3.10. ᵉ**1.8** Em grego, *Jorão*, variação de Jeorão; também em 1.8b. Ver 1Rs 22.50 e nota em 1Cr 3.11. ᶠ**1.10** Em grego, *Amós*, variação de Amom; também em 1.10b. Ver 1Cr 3.14. ᵍ**1.11** Em grego, *Jeconias*, variação de Joaquim; também em 1.12. Ver 2Rs 24.6 e nota em 1Cr 3.16. ʰ**1.21** *Jesus* significa "O Senhor salva".

1.21 O anjo falou com [José] em um sonho. O nome Jesus é tão suave e doce que não interrompe o descanso de ninguém, mas produz uma paz incomparável, a paz de Deus. Com esse sonho, o sono de José foi mais abençoado do que o seu despertar. O nome tem sempre esse poder, pois, para aqueles que o conhecem, ele revela uma glória mais intensa do que os sonhos jamais retrataram. Sob o seu poder, os jovens têm visões e os velhos têm sonhos, e estes não zombam deles, todavia são profecias fiéis e verdadeiras. O nome de Jesus traz à nossa mente uma visão de glória nos últimos dias, quando Ele reinará de um canto a outro da Terra, e ainda outra visão de glória indescritível quando o Seu povo estiver com o Senhor onde Ele está. O nome de Jesus era doce no início por causa das palavras com que era acompanhado, pois elas foram destinadas a remover a perplexidade da mente de José e algumas delas fluíram assim: "Não tenha

e o chamarão Emanuel,ª
que significa 'Deus conosco'".

²⁴Quando José acordou, fez o que o anjo do Senhor lhe havia ordenado e recebeu Maria como esposa. ²⁵No entanto, não teve relações com ela até o menino nascer; e ele lhe deu o nome de Jesus.

Visitantes do Oriente

2 Jesus nasceu em Belém, na Judeia, durante o reinado de Herodes. Por esse tempo, alguns sábiosᵇ das terras do Oriente chegaram a Jerusalém ²e perguntaram: "Onde está o recém-nascido rei dos judeus? Vimos sua estrela no Oriente e viemos adorá-lo".

³Ao ouvir isso, o rei Herodes ficou perturbado, e com ele todo o povo de Jerusalém. ⁴Reuniu os principais sacerdotes e os mestres da lei e lhes perguntou: "Onde nascerá o Cristo?".

⁵Eles responderam: "Em Belém da Judeia, pois assim escreveu o profeta:

⁶'E você, Belém, na terra de Judá,
não é a menor entre as principais
     cidadesᶜ de Judá,
pois de você virá um governante
     que será o pastor do meu povo, Israel'".ᵈ

⁷Então Herodes convocou os sábios em segredo e soube por eles o momento em que a estrela tinha aparecido. ⁸"Vão a Belém e procurem o menino com atenção", disse ele. "Quando o encontrarem, voltem e digam-me, para que eu vá e também o adore."

⁹Após a conversa com o rei, os sábios seguiram seu caminho, guiados pela estrela que tinham visto no Oriente. Ela ia adiante deles, até que parou acima do lugar onde o menino estava. ¹⁰Quando viram a estrela, ficaram muito alegres. ¹¹Ao entrar na casa, viram o menino com Maria, sua mãe, e se prostraram e o adoraram. Então abriram seus tesouros e o presentearam com ouro, incenso e mirra.

¹²Quando chegou a hora de partir, retornaram para sua terra por outro caminho, pois haviam sido avisados em sonho para não voltar a Herodes.

A fuga para o Egito

¹³Depois que os sábios partiram, um anjo do Senhor apareceu a José em sonho. "Levante-se", disse o anjo. "Fuja para o Egito com o menino e sua mãe. Fique lá até eu lhe dizer que volte, pois Herodes vai procurar o menino a fim de matá-lo."

¹⁴Naquela mesma noite, José se levantou e partiu com o menino e Maria, sua mãe, para o Egito, ¹⁵onde ficaram até a morte de Herodes. Cumpriu-se, assim, o que o Senhor tinha dito por meio do profeta: "Do Egito chamei meu filho".ᵉ

¹⁶Quando Herodes se deu conta de que os sábios o haviam enganado, ficou furioso. Enviou soldados para matar todos os meninos de dois anos para baixo em Belém e seus arredores, tomando por base o relato dos sábios acerca da primeira aparição da estrela. ¹⁷Com isso, cumpriu-se o que foi dito por meio do profeta Jeremias:

¹⁸"Ouviu-se um clamor em Ramá,
     choro e grande lamentação.
Raquel chora por seus filhos
     e se recusa a ser consolada,
pois eles já não existem".ᶠ

A volta para Israel

¹⁹Quando Herodes morreu, um anjo do Senhor apareceu em sonho a José, no Egito. ²⁰"Levante-se", disse o anjo. "Leve o menino e a mãe de volta para a terra de Israel, pois já morreram os que tentavam matar o menino."

²¹Então José se levantou e se preparou para voltar à terra de Israel com o menino e sua mãe. ²²Soube, porém, que o novo governador da Judeia era Arquelau, filho de Herodes, e

---

ª**1.23** Is 7.14; 8.8,10, conforme a Septuaginta. ᵇ**2.1** Ou *astrólogos reais*. Em grego, *magos*; também em 2.7,16. ᶜ**2.6a** Em grego, *entre os governantes*. ᵈ**2.6b** Mq 5.2; 2Sm 5.2. ᵉ**2.15** Os 11.1. ᶠ**2.18** Jr 31.15.

---

medo". Verdadeiramente, nenhum nome pode extinguir o medo como o nome de Jesus. Ele é o começo da esperança e o fim do desespero. Que o pecador ouça sobre "o Salvador", se esqueça de morrer, tenha esperança de viver, levante-se da letargia mortal de sua desesperança e, olhando para cima, veja o Deus reconciliado e não tema mais. Especialmente, irmãos, esse nome está cheio de raras sensações de satisfação quando meditamos sobre a preciosidade infinita da pessoa a quem foi designado.

teve medo de ir para lá. Depois de ser avisado em sonho, partiu para a região da Galileia. ²³A família foi morar numa cidade chamada Nazaré, cumprindo-se, desse modo, o que os profetas haviam dito, que Jesus seria chamado nazareno.

João Batista prepara o caminho

3 Naqueles dias, João Batista apareceu no deserto da Judeia e começou a anunciar a seguinte mensagem: ²"Arrependam-se, pois o reino dos céus está próximo".ᵃ ³O profeta Isaías se referia a João quando disse:

"Ele é uma voz que clama no deserto:
'Preparem o caminho para a vinda do Senhor!ᵇ
Abram a estrada para ele!'".ᶜ

⁴As roupas de João eram tecidas com pelos de camelo, e ele usava um cinto de couro e alimentava-se de gafanhotos e mel silvestre. ⁵Gente de Jerusalém, de toda a Judeia e de todo o vale do Jordão ia até ele. ⁶Quando confessavam seus pecados, ele os batizava no rio Jordão.

⁷Mas, quando João viu que muitos fariseus e saduceus vinham ao lugar de batismo, ele os repreendeu abertamente. "Raça de víboras!", exclamou. "Quem os convenceu a fugir da ira que está por vir? ⁸Provem por suas ações que vocês se arrependeram. ⁹Não pensem que podem dizer uns aos outros: 'Estamos a salvo, pois somos filhos de Abraão'. Isso não significa nada, pois eu lhes digo que até destas pedras Deus pode fazer surgir filhos de Abraão. ¹⁰Agora mesmo o machado do julgamento está pronto para cortar as raízes das árvores. Toda árvore que não produz bons frutos será cortada e lançada ao fogo.

¹¹"Eu batizo comᵈ água aqueles que se arrependem. Depois de mim, porém, virá alguém mais poderoso que eu, alguém muito superior, cujas sandálias não sou digno de carregar. Ele os batizará com o Espírito Santo e com fogo.ᵉ ¹²Ele já tem na mão a pá, e com ela separará a palha do trigo e limpará a área onde os cereais são debulhados. Juntará o trigo no celeiro, mas queimará a palha no fogo que nunca se apaga."

O batismo de Jesus

¹³Jesus foi da Galileia ao rio Jordão para que João o batizasse. ¹⁴João, porém, tentou impedi-lo. "Eu é que preciso ser batizado pelo senhor", disse ele. "Então por que vem a mim?"

¹⁵Jesus respondeu: "É necessário que seja assim, pois devemos fazer tudo que Deus requer".ᶠ E João concordou em batizá-lo.

ᵃ**3.2** Ou *é chegado*, ou *vem em breve*. ᵇ**3.3a** Ou *Ele é uma voz que clama: "Preparem no deserto o caminho para a vinda do Senhor!"*. ᶜ**3.3b** Is 40.3, conforme a Septuaginta. ᵈ**3.11a** Ou *em*. ᵉ**3.11b** Ou *no Espírito Santo e em fogo*. ᶠ**3.15** Ou *devemos cumprir toda a justiça*.

3.1-7, 10-12 *Vv.1,2* Não há como entrar no reino dos Céus sem deixar o reino das trevas! Devemos nos arrepender do pecado, ou não poderemos receber as bênçãos da salvação! É necessário que todo homem se arrependa, seja quem for, quer seja exteriormente moral ou abertamente perverso. Essa é a porta da esperança — não há outro caminho para o reino — "Arrependam-se, pois o reino dos céus está próximo".

Vv.3,4 Suas vestes e sua alimentação eram como sua doutrina — rude e simples. Não havia meias palavras, nem frases bonitas vindas de João Batista! Sua mensagem era simplesmente: "Arrependam-se, pois o reino dos céus está próximo". Precisamos mais deste ensinamento de João Batista hoje em dia, para que os homens possam ser informados claramente sobre suas faltas e advertidos para as abandonarem a fim de que possam receber a Cristo Jesus como seu Salvador!

Vv.5-7 Estas eram as pessoas influentes da época — os fariseus eram os ritualistas daquela época, e os saduceus eram os racionalistas do período. Bem, João, você deveria ter suavizado um pouco sua língua, e dito algumas palavras mais agradáveis a esses grandes homens, pois, ao fazê-lo, talvez tivesse ganhado alguns desses fariseus ou persuadido alguns desses saduceus para o Reino! Ah, não, esse não é o método de João! Ele é direto, e lida de modo verdadeiro com seus ouvintes, pois sabe que conversões realizadas por meio de lisonjas são apenas conversões lisonjeiras que não têm valor real!

Vv.10-12 O Cristo é o ministro da misericórdia, mas há em relação a Sua doutrina um poder de busca e de dificuldade! Somente os de coração sincero poderão suportar a pá com a qual Cristo "limpará a área onde os cereais são debulhados". Quanto aos insinceros, eles serão separados como a palha o é do trigo — seu fim é destruição! Que Deus nos permita sermos contados entre o trigo que Cristo recolherá em Seu armazém celestial!

¹⁶Depois do batismo, enquanto Jesus saía da água, o céu se abriu,ᵃ e ele viu o Espírito de Deus descer como uma pomba e pousar sobre ele. ¹⁷E uma voz do céu disse: "Este é meu Filho amado, que me dá grande alegria".

A tentação de Jesus

4 Em seguida, Jesus foi conduzido pelo Espírito ao deserto para ser tentado pelo diabo. ²Depois de passar quarenta dias e quarenta noites sem comer, teve fome.

³O tentador veio e lhe disse: "Se você é o Filho de Deus, ordene que estas pedras se transformem em pães".

⁴Jesus, porém, respondeu: "As Escrituras dizem:

'Uma pessoa não vive só de pão,
    mas de toda palavra que vem da boca de Deus'".ᵇ

⁵Então o diabo o levou à cidade santa, até o ponto mais alto do templo, ⁶e disse: "Se você é o Filho de Deus, salte daqui. Pois as Escrituras dizem:

'Ele ordenará a seus anjos que o protejam.
Eles o sustentarão com as mãos,
    para que não machuque o pé em alguma pedra'".ᶜ

⁷Jesus respondeu: "As Escrituras também dizem:

'Não ponha à prova o Senhor, seu Deus'".ᵈ

⁸Em seguida, o diabo o levou até um monte muito alto e lhe mostrou todos os reinos do mundo e sua glória. ⁹"Eu lhe darei tudo isto", declarou. "Basta ajoelhar-se e adorar-me."

¹⁰"Saia daqui, Satanás!", disse Jesus. "Pois as Escrituras dizem:

'Adore o Senhor, seu Deus, e sirva somente a ele'."ᵉ

¹¹Então o diabo foi embora, e anjos vieram e serviram Jesus.

O início do ministério de Jesus

¹²Quando Jesus soube que João havia sido preso, voltou à Galileia. ¹³Saindo de Nazaré, mudou-se para Cafarnaum, junto ao mar da Galileia,ᶠ na região de Zebulom e Naftali. ¹⁴Cumpriu-se, desse modo, o que foi dito por meio do profeta Isaías:

¹⁵"Na terra de Zebulom e Naftali,
    junto ao mar, além do rio Jordão,
    na Galileia, onde vivem tantos gentios,
¹⁶o povo que vivia na escuridão
    viu uma grande luz,
e sobre os que viviam na terra
    onde a morte lança sua sombra,
    uma luz brilhou".ᵍ

¹⁷A partir de então, Jesus começou a anunciar sua mensagem: "Arrependam-se, pois o reino dos céus está próximo".ʰ

Os primeiros discípulos

¹⁸Enquanto andava à beira do mar da Galileia, Jesus viu dois irmãos, Simão, também chamado Pedro, e André. Jogavam redes ao mar, pois viviam da pesca. ¹⁹Jesus lhes disse: "Sigam-me, e eu farei de vocês pescadores de gente". ²⁰No mesmo instante, deixaram suas redes e o seguiram.

ᵃ**3.16** Alguns manuscritos acrescentam *diante dele*. ᵇ**4.4** Dt 8.3. ᶜ**4.6** Sl 91.11-12. ᵈ**4.7** Dt 6.16. ᵉ**4.10** Dt 6.13. ᶠ**4.13** Em grego, *junto ao mar*. ᵍ**4.15-16** Is 9.1-2, conforme a Septuaginta. ʰ**4.17** Ou *é chegado*, ou *vem em breve*.

4.1 Que mudança isso apresenta! Após a manifestação do Espírito Santo, Jesus é levado ao deserto para ser tentado pelo diabo! Queridos amigos, fiquem atentos especialmente após uma grande alegria espiritual, pois é justamente aí que vocês poderão passar por uma terrível tentação! Talvez a voz do Céu seja para prepará-los para combater o inimigo. Percebo que o Senhor tem dois períodos de tempo especiais para abençoar o Seu povo — às vezes, antes de uma grande provação, os prepara para isso — e, em outras, depois de uma grande aflição, remove a fraqueza que foi ocasionada. Não pensem que vocês sairão das águas do batismo e depois viverão sem qualquer vigilância! Não imaginem que estejam fora da mira do inimigo, porque o Espírito os selou e testificou com o seu espírito de que são filhos do Senhor. Ó, não! Naquele mesmo momento, ele estará preparando suas tentações mais sutis para vocês, assim como Jesus foi levado pelo Espírito ao deserto para ser tentado pelo diabo imediatamente após o Seu batismo e o testemunho de Seu Pai: "Este é meu Filho amado, que me dá grande alegria".

²¹Pouco adiante, Jesus viu outros dois irmãos, Tiago e João, consertando redes num barco com o pai, Zebedeu. Jesus os chamou, ²²e eles também o seguiram de imediato, deixando para trás o barco e o pai.

Multidões seguem Jesus

²³Jesus viajou por toda a região da Galileia, ensinando nas sinagogas, anunciando as boas-novas do reino e curando as pessoas de todo tipo de doenças. ²⁴As notícias a seu respeito se espalharam até a Síria, e logo o povo começou a lhe trazer todos que estavam enfermos. Qualquer que fosse a enfermidade ou dor, quer estivessem possuídos por demônio, quer sofressem de convulsões, quer fossem paralíticos, Jesus os curava. ²⁵Grandes multidões o seguiam, gente da Galileia, das Dez Cidades,ᵃ de Jerusalém, de toda a Judeia e da região a leste do rio Jordão.

O Sermão do Monte

5 Certo dia, quando Jesus viu que as multidões se ajuntavam, subiu a encosta do monte e ali sentou-se. Seus discípulos se reuniram ao redor, ²e ele começou a ensiná-los.

As bem-aventuranças

³"Felizes os pobres de espírito,
  pois o reino dos céus lhes pertence.
⁴Felizes os que choram,
  pois serão consolados.
⁵Felizes os humildes,
  pois herdarão a terra.
⁶Felizes os que têm fome e sede de justiça,
  pois serão saciados.
⁷Felizes os misericordiosos,
  pois serão tratados com misericórdia.
⁸Felizes os que têm coração puro,
  pois verão a Deus.
⁹Felizes os que promovem a paz,
  pois serão chamados filhos de Deus.
¹⁰Felizes os perseguidos por causa da justiça,
  pois o reino dos céus lhes pertence.

¹¹"Felizes são vocês quando, por minha causa, sofrerem zombaria e perseguição, e quando outros, mentindo, disserem todo tipo de maldade a seu respeito. ¹²Alegrem-se e exultem, porque uma grande recompensa os espera no céu. E lembrem-se de que os antigos profetas foram perseguidos da mesma forma."

Ensino sobre sal e luz

¹³"Vocês são o sal da terra. Mas, se o sal perder o sabor, para que servirá? É possível torná-lo salgado outra vez? Será jogado fora e pisado pelos que passam, pois já não serve para nada.

¹⁴"Vocês são a luz do mundo. É impossível esconder uma cidade construída no alto de um monte. ¹⁵Não faz sentido acender uma lâmpada e depois colocá-la sob um cesto. Pelo contrário, ela é colocada num pedestal, de onde ilumina todos que estão na casa. ¹⁶Da mesma forma, suas boas obras devem brilhar, para que todos as vejam e louvem seu Pai, que está no céu."

ᵃ **4.25** Em grego, *Decápolis*.

5.6 Obras teológicas dizem principalmente que esta é a justiça imputada ou a justiça implantada. Sem dúvida, essas coisas são verdadeiras, mas eu não me daria o trabalho de inserir um adjetivo onde não existe; o texto não diz "imputada" ou "implantada"; então, por que precisamos inseri-lo? É a *justiça* que o homem anseia — justiça em todos os seus significados. Primeiro, ele sente que não está bem com Deus e essa descoberta lhe traz grande angústia; o Espírito Santo lhe mostra que *ele está totalmente errado* com Deus, pois esse homem quebrou as leis que deveria ter guardado e não prestou a honra e o amor que eram justamente devidos. O mesmo Espírito o leva a ansiar por reconciliar-se com Deus. E, com a consciência despertada, ele não pode descansar até que isso seja feito. [...]

A fome agora toma outra forma; o homem perdoado e justificado deseja ser reto em sua conduta, linguagem e pensamento; anseia por ser justo em toda a sua *vida*. Ele passa a ser marcado pela integridade, bondade, misericórdia, amor e tudo o que faz parte de uma condição correta das coisas para com os outros; deseja ardentemente ser correto em seus sentimentos e conduta em relação a Deus — anseia, com razão, conhecer, obedecer, orar, louvar e amar seu Deus. Ele não pode descansar até que esteja diante de Deus e do homem, como deveria estar. Seu desejo não é de apenas ser tratado como justo por Deus, que é o resultado do sangue expiatório e da justiça do Senhor Jesus Cristo, mas de ser realmente justo diante do Deus que sonda o coração. Isso bastará para esse homem; não só sua conduta deve ser correta, mas ele próprio anseia ser justo.

Ensino sobre a Lei

¹⁷"Não pensem que eu vim abolir a lei de Moisés ou os escritos dos profetas; vim cumpri-los. ¹⁸Eu lhes digo a verdade: enquanto o céu e a terra existirem, nem a menor letra ou o menor traço da lei desaparecerá até que todas as coisas se cumpram. ¹⁹Portanto, quem desobedecer até ao menor mandamento, e ensinar outros a fazer o mesmo, será considerado o menor no reino dos céus. Mas aquele que obedecer à lei de Deus e ensiná-la será considerado grande no reino dos céus.

²⁰"Eu os advirto: a menos que sua justiça supere muito a justiça dos mestres da lei e dos fariseus, vocês jamais entrarão no reino dos céus."

Ensino sobre a ira

²¹"Vocês ouviram o que foi dito a seus antepassados: 'Não mate. Se cometer homicídio, estará sujeito a julgamento'.ᵃ ²²Eu, porém, lhes digo que basta irar-se contra alguémᵇ para estar sujeito a julgamento. Quem xingar alguém de estúpido,ᶜ corre o risco de ser levado ao tribunal. Quem chamar alguém de louco, corre o risco de ir para o inferno de fogo.ᵈ

²³"Portanto, se você estiver apresentando uma oferta no altar do templo e se lembrar de que alguém tem algo contra você, ²⁴deixe sua oferta ali no altar. Vá, reconcilie-se com a pessoa e então volte e apresente sua oferta.

²⁵"Quando você e seu adversário estiverem a caminho do tribunal, acertem logo suas diferenças. Do contrário, pode ser que o acusador o entregue ao juiz, e o juiz, a um oficial, e você seja lançado na prisão. ²⁶Eu lhe digo a verdade: você não será solto enquanto não tiver pago até o último centavo."ᵉ

Ensino sobre o adultério

²⁷"Vocês ouviram o que foi dito: 'Não cometa adultério'.ᶠ ²⁸Eu, porém, lhes digo que quem olhar para uma mulher com cobiça já cometeu adultério com ela em seu coração. ²⁹Se o olho direito o leva a pecar, arranque-o e jogue-o fora. É melhor perder uma parte do corpo que ser todo ele lançado no inferno.ᵍ ³⁰E, se a mão direita o leva a pecar, corte-a e jogue-a fora. É melhor perder uma parte do corpo que ser todo ele lançado no inferno."

Ensino sobre o divórcio

³¹"Também foi dito: 'Quem se divorciar da esposa deverá conceder-lhe um certificado de divórcio'.ʰ ³²Eu, porém, lhes digo que quem se divorcia da esposa, exceto por imoralidade, a faz cometer adultério. E quem se casa com uma mulher divorciada também comete adultério."

Ensino sobre juramentos e votos

³³"Vocês também ouviram o que foi dito a seus antepassados: 'Não quebre seus juramentos; cumpra os juramentos que fizer ao Senhor'.ⁱ ³⁴Eu, porém, lhes digo que não façam juramento algum. Não digam: 'Juro pelo céu', pois o céu é o trono de Deus. ³⁵Também não digam: 'Juro pela terra', pois a terra é onde ele descansa os pés. E não digam: 'Juro por Jerusalém', pois Jerusalém é a cidade do grande Rei. ³⁶Nem sequer digam: 'Juro pela minha cabeça', pois vocês não podem tornar branco ou preto um fio de cabelo sequer. ³⁷Quando disserem 'sim', seja de fato sim. Quando disserem 'não', seja de fato não. Qualquer coisa além disso vem do maligno."

Ensino sobre a vingança

³⁸"Vocês ouviram o que foi dito: 'Olho por olho, dente por dente'.ʲ ³⁹Eu, porém, lhes digo que não se oponham ao perverso. Se alguém lhe der um tapa na face direita, ofereça também a outra. ⁴⁰Se você for processado no tribunal e lhe tomarem a roupa do corpo, deixe que levem também a capa. ⁴¹Se alguém o forçar a caminhar uma milha com ele, caminhe duas. ⁴²Dê a quem pedir e não volte as costas a quem quiser tomar emprestado de você."

Ensino sobre o amor pelos inimigos

⁴³"Vocês ouviram o que foi dito: 'Ame o seu próximo'ᵏ e odeie o seu inimigo. ⁴⁴Eu, porém, lhes digo: amem os seus inimigosˡ e orem por quem os persegue. ⁴⁵Desse modo, vocês agirão como verdadeiros filhos de seu Pai, que está

ᵃ**5.21** Êx 20.13; Dt 5.17. ᵇ**5.22a** Alguns manuscritos acrescentam *sem causa*. ᶜ**5.22b** O grego usa um termo aramaico que expressa desprezo: *Quem disser a seu irmão "Raca"*. ᵈ**5.22c** Em grego, *Geena de fogo*. ᵉ**5.26** Em grego, *os últimos quadrantes*. ᶠ**5.27** Êx 20.14; Dt 5.18. ᵍ**5.29** Em grego, *Geena*; também em 5.30. ʰ**5.31** Dt 24.1. ⁱ**5.33** Nm 30.2. ʲ**5.38** Êx 21.24; Lv 24.20; Dt 19.21. ᵏ**5.43** Lv 19.18. ˡ**5.44** Alguns manuscritos acrescentam *abençoem quem os amaldiçoa, façam o bem aos que os odeia*. Comparar com Lc 6.27-28.

no céu. Pois ele dá a luz do sol tanto a maus como a bons e faz chover tanto sobre justos como injustos. ⁴⁶Se amarem apenas aqueles que os amam, que recompensa receberão? Até os cobradores de impostos fazem o mesmo. ⁴⁷Se cumprimentarem apenas seus amigos,ᵃ que estarão fazendo de mais? Até os gentios fazem isso. ⁴⁸Portanto, sejam perfeitos, como perfeito é seu Pai celestial."

Ensino sobre auxílio aos necessitados

6 "Tenham cuidado! Não pratiquem suas boas ações em público, para serem admirados por outros, pois não receberão a recompensa de seu Pai, que está no céu. ²Quando ajudarem alguém necessitado, não façam como os hipócritas que tocam trombetas nas sinagogas e nas ruas para serem elogiados pelos outros. Eu lhes digo a verdade: eles não receberão outra recompensa além dessa. ³Mas, quando ajudarem alguém necessitado, não deixem que a mão esquerda saiba o que a direita está fazendo. ⁴Deem sua ajuda em segredo, e seu Pai, que observa em segredo, os recompensará."

Ensino sobre oração

⁵"Quando vocês orarem, não sejam como os hipócritas, que gostam de orar em público nas sinagogas e nas esquinas, onde todos possam vê-los. Eu lhes digo a verdade: eles não receberão outra recompensa além dessa. ⁶Mas, quando orarem, cada um vá para seu quarto, feche a porta e ore a seu Pai, em segredo. Então seu Pai, que observa em segredo, os recompensará.

⁷"Ao orar, não repitam frases vazias sem parar, como fazem os gentios. Eles acham que, se repetirem as palavras várias vezes, suas orações serão respondidas. ⁸Não sejam como eles, pois seu Pai sabe exatamente do que vocês precisam antes mesmo de pedirem.

⁹"Portanto, orem da seguinte forma:

Pai nosso que estás no céu,
   santificado seja o teu nome.
¹⁰Venha o teu reino.
Seja feita a tua vontade,
   assim na terra como no céu.
¹¹Dá-nos hoje o pão para este dia,ᵇ
¹²e perdoa nossas dívidas,
   assim como perdoamos os nossos
   devedores.
¹³E não nos deixes cair em tentação,ᶜ
   mas livra-nos do mal.ᵈ
Pois teu é o reino, o poder e a glória para
   sempre. Amém.ᵉ

¹⁴"Seu Pai celestial os perdoará se perdoarem aqueles que pecam contra vocês. ¹⁵Mas, se vocês se recusarem a perdoar os outros, seu Pai não perdoará seus pecados."

Ensino sobre jejum

¹⁶"Quando jejuarem, não façam como os hipócritas, que se esforçam para parecer tristes e desarrumados a fim de que as pessoas percebam que estão jejuando. Eu lhes digo a verdade: eles não receberão outra recompensa além dessa. ¹⁷Mas, quando jejuarem, penteiem o cabeloᶠ e lavem o rosto. ¹⁸Desse modo, ninguém notará que estão jejuando, exceto seu Pai, que sabe o que vocês fazem em segredo. E seu Pai, que observa em segredo, os recompensará."

Ensino sobre dinheiro e bens

¹⁹"Não ajuntem tesouros aqui na terra, onde as traças e a ferrugem os destroem, e onde ladrões arrombam casas e os furtam. ²⁰Ajuntem seus tesouros no céu, onde traças e ferrugem não destroem, e onde ladrões não arrombam nem furtam. ²¹Onde seu tesouro estiver, ali também estará seu coração.

²²"Seus olhos são como uma lâmpada que ilumina todo o corpo. Quando os olhos são bons, todo o corpo se enche de luz. ²³Mas,

---

ᵃ**5.47** Em grego, *seus irmãos.* ᵇ**6.11** Ou *Dá-nos hoje o alimento de que precisamos*, ou *Dá-nos hoje o alimento para amanhã.* ᶜ**6.13a** Ou *E guarda-nos de sermos provados.* ᵈ**6.13b** Ou *do maligno.* ᵉ**6.13c** Alguns manuscritos não trazem *Pois teu é o reino, o poder e a glória para sempre. Amém.* ᶠ**6.17** Em grego, *unjam a cabeça.*

6.22,23 Tão cheio de significado é este enunciado do nosso Salvador, que nos seria absolutamente impossível tirarmos dele todas as suas analogias. [...] Devo considerar nosso texto como algo que tem a ver com o olho de nossa fé. [...] A fé para o homem espiritual é o seu olho. É com a fé que ele olha para Cristo — olha para o Senhor a quem ele trespassou e chora por seu pecado. É pela fé que ele caminha; não pela visão natural, mas pela visão que lhe é concedida por seu olho espiritual — sua fé. É através desta fé que ele vê coisas que ainda não são visíveis aos sentidos — percebe o invisível e contempla a essência das coisas esperadas, a evidência de coisas

quando os olhos são maus, o corpo se enche de escuridão. E, se a luz que há em vocês é, na verdade, escuridão, como é profunda essa escuridão!

²⁴"Ninguém pode servir a dois senhores, pois odiará um e amará o outro; será dedicado a um e desprezará o outro. Vocês não podem servir a Deus e ao dinheiro."ᵃ

Ensino sobre a preocupação

²⁵"Por isso eu lhes digo que não se preocupem com a vida diária, se terão o suficiente para comer, beber ou vestir. A vida não é mais que comida, e o corpo não é mais que roupa? ²⁶Observem os pássaros. Eles não plantam nem colhem, nem guardam alimento em celeiros, pois seu Pai celestial os alimenta. Acaso vocês não são muito mais valiosos que os pássaros? ²⁷Qual de vocês, por mais preocupado que esteja, pode acrescentar ao menos uma hora à sua vida?ᵇ

²⁸"E por que se preocupar com a roupa? Observem como crescem os lírios do campo. Não trabalham nem fazem roupas ²⁹e, no entanto, nem Salomão em toda a sua glória se vestiu como eles. ³⁰E, se Deus veste com tamanha beleza as flores silvestres que hoje estão aqui e amanhã são lançadas ao fogo, não será muito mais generoso com vocês, gente de pequena fé?

³¹"Portanto, não se preocupem, dizendo: 'O que vamos comer? O que vamos beber? O que vamos vestir?'. ³²Essas coisas ocupam o pensamento dos pagãos, mas seu Pai celestial já sabe do que vocês precisam. ³³Busquem, em primeiro lugar, o reino de Deus e a sua justiça, e todas essas coisas lhes serão dadas.

³⁴"Portanto, não se preocupem com o amanhã, pois o amanhã trará suas próprias inquietações. Bastam para hoje os problemas deste dia."

Não julguem os outros

7 "Não julguem para não serem julgados, ²pois vocês serão julgados pelo modo como julgam os outros. O padrão de medida que adotarem será usado para medi-los.

³"Por que você se preocupa com o cisco no olho de seu amigoᶜ enquanto há um tronco em seu próprio olho? ⁴Como pode dizer a seu amigo: 'Deixe-me ajudá-lo a tirar o cisco de seu olho', se não consegue ver o tronco em seu próprio olho? ⁵Hipócrita! Primeiro, livre-se do

---

ᵃ **6.24** Em grego, *a Deus e a Mamom.* ᵇ **6.27** Ou *ao menos um côvado à sua altura?* ᶜ **7.3** Em grego, *de seu irmão;* também em 7.4,5.

---

que o olho natural não pode discernir. A fé é para o cristão um olho rápido e aguçado, um olho que descobre o pecado, um olho que discerne a vontade do Mestre, um olho que olha adiante e para baixo para uma longa pista de corrida visando a recompensa que espera a todos aqueles que correm para receber o prêmio, olhando para Cristo Jesus. [...] A doença, quero dizer, em nossa fé trará doença para todo o homem espiritual, e a fraqueza aqui nos tornará fracos em todos os lugares. Se a nossa fé for também variável, se tiver seus altos e baixos, seus fluxos e refluxos, então, afetará em cada fluxo e refluxo todo o ser espiritual. Quando a fé está em sua maré de inundação, a alma flutua alegremente acima de todas as rochas — e não teme nem o pensamento da areia movediça! Mas quando a fé está em seu refluxo, então — bendito seja Deus, visto que a maré nunca fica tão baixa a ponto de destruir a embarcação — ainda que, às vezes, ela pareça bater na areia, ou as rochas raspam contra sua quilha.

7.3-6 *Vv.3-5* A capacidade de julgamento é mais bem empregada em casa. Nossa tendência é enxergar os ciscos nos olhos de outros homens e não ver o tronco no nosso! Em vez de contemplarmos, com o olhar gratificado, a pequena culpa do outro, devemos agir moderadamente se considerarmos penitentemente a nossa maior falta. É o tronco em nosso olho que nos cega ao nosso próprio erro! Mas tal cegueira não é suficiente para nos desculpar, já que evidentemente não fecha nossos olhos ao pequeno erro de nosso irmão. Essa intromissão finge bancar o oculista, mas na verdade ela banca o tolo! Imagine um homem com um tronco em seus olhos fingindo lidar com uma parte tão terna quanto o olho de outra pessoa e tentando remover uma coisa tão pequena como um cisco ou um estilhaço! Não seria ele um hipócrita que finge estar tão preocupado com os olhos de outros homens e, no entanto, nunca atenta para os dele? Jesus é gentil, mas Ele chama de "hipócrita" esse homem que se preocupa com coisas pequenas nos outros e não presta atenção a questões maiores em casa, em sua própria pessoa! As mudanças devem começar em nós mesmos, ou não são verdadeiras e não brotam de um motivo correto. Podemos repreender o pecado, mas não se nos satisfizermos nele! Podemos protestar contra o mal, mas não se o praticarmos voluntariamente! Os fariseus eram excelentes

tronco em seu olho; então você verá o suficiente para tirar o cisco do olho de seu amigo.

⁶"Não deem o que é santo aos cães, nem joguem pérolas aos porcos; pois os porcos pisotearão as pérolas, e os cães se voltarão contra vocês e os atacarão."

Oração eficaz
⁷"Peçam, e receberão. Procurem, e encontrarão. Batam, e a porta lhes será aberta. ⁸Pois todos que pedem, recebem. Todos que procuram, encontram. E, para todos que batem, a porta é aberta.

⁹"Respondam: Se seu filho lhe pedir pão, você lhe dará uma pedra? ¹⁰Ou, se pedir um peixe, você lhe dará uma cobra? ¹¹Portanto, se vocês, que são maus, sabem dar bons presentes a seus filhos, quanto mais seu Pai, que está no céu, dará bons presentes aos que lhe pedirem!"

A regra de ouro
¹²"Em todas as coisas façam aos outros o que vocês desejam que eles lhes façam. Essa é a essência de tudo que ensinam a lei e os profetas."

A porta estreita
¹³"Entrem pela porta estreita. A estrada que conduz à destruição é ampla, e larga é sua porta, e muitos escolhem esse caminho. ¹⁴Mas a porta para a vida é estreita, e o caminho é difícil, e são poucos os que o encontram."

A árvore e seus frutos
¹⁵"Tomem cuidado com falsos profetas que vêm disfarçados de ovelhas, mas que, na verdade, são lobos esfomeados. ¹⁶Vocês os identificarão por seus frutos. É possível colher uvas de espinheiros ou figos de ervas daninhas? ¹⁷Da mesma forma, a árvore boa produz frutos bons, e a árvore ruim produz frutos ruins. ¹⁸A árvore boa não pode produzir frutos ruins, e a árvore ruim não pode produzir frutos bons. ¹⁹Toda árvore que não produz bons frutos é cortada e lançada ao fogo. ²⁰Portanto, é possível identificar a pessoa por seus frutos."

Verdadeiros discípulos
²¹"Nem todos que me chamam: 'Senhor! Senhor!' entrarão no reino dos céus, mas apenas aqueles que, de fato, fazem a vontade de meu Pai, que está no céu. ²²No dia do juízo, muitos me dirão: 'Senhor! Senhor! Não profetizamos em teu nome, não expulsamos demônios em teu nome e não realizamos muitos milagres em teu nome?'. ²³Eu, porém, responderei: 'Nunca os conheci. Afastem-se de mim, vocês que desobedecem à lei!'."

Construir sobre um alicerce firme
²⁴"Quem ouve minhas palavras e as pratica é tão sábio como a pessoa que constrói sua casa sobre uma rocha firme. ²⁵Quando vierem as chuvas e as inundações, e os ventos castigarem a casa, ela não cairá, pois foi construída sobre rocha firme. ²⁶Mas quem ouve meu ensino e não o pratica é tão tolo como a pessoa que constrói sua casa sobre a areia. ²⁷Quando vierem as chuvas e as inundações

---

em censurar, mas lentos em corrigir. Nosso Senhor não terá o Seu reino composto de hipócritas teóricos — Ele pede obediência prática às regras da santidade! Depois de sermos santificados, somos compelidos a ser olhos para cegos e corretores de vida profana — mas não até que sejamos santificados. Até que tenhamos a piedade pessoal, a nossa pregação de piedade será pura hipocrisia! Que nenhum de nós provoque o Senhor a nos chamar: "Hipócrita!".

V.6 Quando os homens são, evidentemente, incapazes de perceber a pureza de uma grande verdade de Deus, não a coloque diante deles. Eles são como meros cães e, se você colocar coisas sagradas diante deles, eles "se voltarão contra vocês e os atacarão". As coisas sagradas não são para os profanos. "Do lado de fora da cidade ficam os cães " — eles não devem ser autorizados a entrar no lugar sagrado. Quando você está no meio dos perversos, que são como "porcos", não apresente os preciosos mistérios da fé, pois eles os desprezarão e os "pisotearão" na lama. Você não deve necessariamente provocar o ataque sobre si mesmo, ou sobre as verdades superiores do evangelho. Você não deve julgar, mas não deve agir sem julgamento. Não considere homens como cães ou porcos, mas quando eles se declaram serem como tais, ou por sua conduta agem como se fossem tais, não coloque ocasiões em seu caminho para exibir seu caráter maligno. Os santos não devem ser tolos — eles não devem ser juízes, mas também não devem ser tolos. *Grande Rei, quanta sabedoria Teus preceitos exigem! Preciso de ti, não só para abrir minha boca, mas também, às vezes, para mantê-la fechada!*

e os ventos castigarem a casa, ela cairá com grande estrondo".

Reação ao sermão

²⁸Quando Jesus acabou de dizer essas coisas, a multidão ficou maravilhada com seu ensino, ²⁹pois ele ensinava com verdadeira autoridade, diferentemente dos mestres da lei.

Jesus cura um leproso

8 Quando Jesus desceu a encosta do monte, grandes multidões o seguiram. ²Um leproso aproximou-se de Jesus, ajoelhou-se diante dele e disse: "Senhor, se quiser, pode me curar e me deixar limpo".

³Jesus estendeu a mão e tocou nele. "Eu quero", respondeu. "Seja curado e fique limpo!" No mesmo instante, o homem foi curado da lepra. ⁴Então Jesus disse ao homem: "Não conte isso a ninguém. Vá e apresente-se ao sacerdote para que ele o examine. Leve a oferta que a lei de Moisés exige.ᵃ Isso servirá como testemunho".

Um oficial romano demonstra fé

⁵Quando Jesus chegou a Cafarnaum, um oficial romanoᵇ se aproximou dele e suplicou: ⁶"Senhor, meu jovem servoᶜ está de cama, paralisado e com dores terríveis".

⁷Jesus disse: "Vou até lá para curá-lo".

⁸O oficial, porém, respondeu: "Senhor, não mereço que entre em minha casa. Basta uma ordem sua, e meu servo será curado. ⁹Sei disso porque estou sob a autoridade de meus superiores e tenho autoridade sobre meus soldados. Só preciso dizer 'Vão', e eles vão, ou 'Venham', e eles vêm. E, se digo a meus escravos: 'Façam isto', eles o fazem".

¹⁰Quando Jesus ouviu isso, ficou admirado e disse aos que o seguiam: "Eu lhes digo a verdade: jamais vi fé como esta em Israel! ¹¹E também lhes digo: muitos virão de toda parte, do leste e do oeste, e se sentarão com Abraão, Isaque e Jacó no banquete do reino dos céus. ¹²Mas muitos para os quais o reino foi preparado serão lançados fora, na escuridão, onde haverá choro e ranger de dentes".

¹³Então Jesus disse ao oficial romano: "Volte para casa. Tal como você creu, assim acontecerá". E o jovem servo foi curado na mesma hora.

Jesus cura muitas pessoas

¹⁴Quando Jesus chegou à casa de Pedro, viu que a sogra dele estava de cama, com febre. ¹⁵Jesus tocou em sua mão e a febre a deixou. Então ela se levantou e passou a servi-lo.

¹⁶Ao entardecer, trouxeram a Jesus muita gente possuída por demônios. Ele expulsou esses espíritos impuros com uma simples ordem e curou todos os enfermos. ¹⁷Cumpriu-se, desse modo, o que foi dito pelo profeta Isaías:

"Levou sobre si nossas enfermidades
e removeu nossas doenças".ᵈ

O preço de seguir Jesus

¹⁸Quando Jesus viu a grande multidão ao seu redor, ordenou que atravessassem para o outro lado do mar.

¹⁹Então um dos mestres da lei lhe disse: "Mestre, eu o seguirei aonde quer que vá".

²⁰Jesus respondeu: "As raposas têm tocas onde morar e as aves têm ninhos, mas o Filho do Homem não tem sequer um lugar para recostar a cabeça".

²¹Outro discípulo disse: "Senhor, deixe-me primeiro sepultar meu pai".

²²Jesus respondeu: "Siga-me agora. Deixe que os mortos sepultem seus próprios mortos".

Jesus acalma a tempestade

²³Em seguida, Jesus entrou no barco, e seus discípulos o acompanharam. ²⁴De repente, veio sobre o mar uma tempestade violenta, com ondas que cobriam o barco. Jesus, no entanto, dormia. ²⁵Os discípulos foram acordá-lo, clamando: "Senhor, salve-nos! Vamos morrer!".

²⁶"Por que vocês estão com medo?", perguntou ele. "Como é pequena a sua fé!" Então levantou-se, repreendeu o vento e o mar, e houve grande calmaria.

²⁷Os discípulos ficaram admirados. "Quem é este homem?", diziam eles. "Até os ventos e o mar lhe obedecem!"

Jesus exerce autoridade sobre demônios

²⁸Quando Jesus chegou ao outro lado do mar, à região dos gadarenos,ᵉ dois homens possuídos por demônios saíram do cemitério e foram ao

---

ᵃ**8.4** Ver Lv 14.2-32. ᵇ**8.5** Em grego, *centurião*; também em 8.8,13. ᶜ**8.6** Ou *filho*; também em 8.13. ᵈ**8.17** Is 53.4. ᵉ**8.28** Alguns manuscritos trazem *gerasenos*; outros, *gergesenos*. Comparar com Mc 5.1; Lc 8.26.

seu encontro. Eram tão violentos que ninguém podia passar por ali.

²⁹Eles começaram a gritar: "Por que vem nos importunar, Filho de Deus? Veio aqui para nos atormentar antes do tempo determinado?".

³⁰A certa distância deles, havia uma grande manada de porcos pastando. ³¹Então os demônios suplicaram: "Se vai nos expulsar, mande-nos entrar naquela manada de porcos".

³²"Vão!", ordenou Jesus. Os demônios saíram dos homens e entraram nos porcos, e toda a manada se atirou pela encosta íngreme do monte para dentro do mar e se afogou.

³³Os que cuidavam dos porcos fugiram para uma cidade próxima e contaram a todos o que havia ocorrido com os homens possuídos por demônios. ³⁴Os habitantes da cidade saíram ao encontro de Jesus e suplicaram que ele fosse embora da região.

Jesus cura um paralítico

9 Jesus entrou num barco e atravessou o mar até a cidade onde morava. ²Algumas pessoas lhe trouxeram um paralítico deitado numa maca. Ao ver a fé que eles tinham, Jesus disse ao paralítico: "Anime-se, filho! Seus pecados estão perdoados".

³Alguns mestres da lei disseram a si mesmos: "Isso é blasfêmia!".

⁴Jesus, percebendo o que pensavam, perguntou: "Por que vocês reagem com tanta maldade em seu coração? ⁵O que é mais fácil dizer: 'Seus pecados estão perdoados' ou 'Levante-se e ande'? ⁶Mas eu lhes mostrarei que o Filho do Homem tem autoridade na terra para perdoar pecados". Então disse ao paralítico: "Levante-se, pegue sua maca e vá para casa".

⁷O homem se levantou e foi para casa. ⁸Ao ver isso, a multidão se encheu de temor e louvou a Deus por ele ter dado tal autoridade aos seres humanos.

Jesus chama Mateus

⁹Enquanto Jesus caminhava, viu um homem chamado Mateus sentado onde se coletavam impostos. "Siga-me", disse-lhe Jesus, e Mateus se levantou e o seguiu.

¹⁰Mais tarde, na casa de Mateus, Jesus e seus discípulos estavam à mesa, acompanhados de um grande número de cobradores de impostos e pecadores. ¹¹Quando os fariseus viram isso, perguntaram aos discípulos: "Por que o seu mestre come com cobradores de impostos e pecadores?".

¹²Jesus ouviu o que disseram e respondeu: "As pessoas saudáveis não precisam de médico, mas sim os doentes". ¹³E acrescentou: "Agora vão e aprendam o significado desta passagem das Escrituras: 'Quero que demonstrem misericórdia, e não que ofereçam sacrifícios'.ᵃ Pois não vim para chamar os justos, mas sim os pecadores".

Discussão sobre o jejum

¹⁴Os discípulos de João Batista foram a Jesus e lhe perguntaram: "Por que seus discípulos não têm o hábito de jejuar, como nós e os fariseus?".

¹⁵Jesus respondeu: "Por acaso os convidados de um casamento ficam de luto enquanto festejam com o noivo? Um dia, porém, o noivo lhes será tirado, e então jejuarão.

¹⁶"Além disso, ninguém remendaria uma roupa velha usando pano novo. O pano rasgaria a roupa, deixando um buraco ainda maior.

¹⁷"E ninguém colocaria vinho novo em velhos recipientes de couro. O couro se arrebentaria, deixando vazar o vinho, e os recipientes velhos se estragariam. Vinho novo é guardado em recipientes novos, para que ambos se conservem".

Jesus cura em resposta à fé

¹⁸Enquanto Jesus ainda falava, o líder da sinagoga local veio e se ajoelhou diante dele. "Minha filha acaba de morrer", disse. "Mas, se o senhor vier e puser as mãos sobre ela, ela viverá."

¹⁹Então Jesus e seus discípulos se levantaram e foram com ele. ²⁰Nesse instante, uma mulher que havia doze anos sofria de hemorragia se aproximou por trás dele e tocou na borda de seu manto, ²¹pois pensava: "Se eu apenas tocar em seu manto, serei curada".

²²Jesus se voltou e, quando a viu, disse: "Filha, anime-se! Sua fé a curou". A partir daquele momento, a mulher ficou curada.

²³Quando Jesus chegou à casa do líder da sinagoga, viu a multidão agitada e ouviu a música fúnebre. ²⁴"Saiam daqui!", disse ele. "A

ᵃ **9.13** Os 6.6, conforme a Septuaginta.

menina não está morta; está apenas dormindo." Os que estavam ali riram dele. ²⁵Depois que a multidão foi colocada para fora, Jesus entrou e tomou a menina pela mão, e ela se levantou. ²⁶A notícia desse milagre se espalhou por toda a região.

Jesus cura dois cegos e um mudo

²⁷Depois que Jesus saiu dali, dois cegos foram atrás dele, gritando: "Filho de Davi, tenha misericórdia de nós!".

²⁸Quando Jesus entrou em casa, os cegos se aproximaram, e ele lhes perguntou: "Vocês creem que eu posso fazê-los ver?".

"Sim, Senhor", responderam eles.

²⁹Ele tocou nos olhos dos dois e disse: "Seja feito conforme a sua fé".

³⁰Então os olhos deles se abriram e puderam ver. Jesus os advertiu severamente: "Não contem a ninguém". ³¹Eles, porém, saíram e espalharam sua fama por toda a região.

³²Quando partiram, foi levado a Jesus um homem que não conseguia falar porque estava possuído por um demônio. ³³O demônio foi expulso e, em seguida, o homem começou a falar. As multidões ficaram admiradas. "Jamais aconteceu algo parecido em Israel!", exclamavam.

³⁴Os fariseus, contudo, disseram: "Ele expulsa demônios porque o príncipe dos demônios lhe dá poder".

A necessidade de trabalhadores

³⁵Jesus andava por todas as cidades e todos os povoados da região, ensinando nas sinagogas, anunciando as boas-novas do reino e curando todo tipo de enfermidade e doença. ³⁶Quando viu as multidões, teve compaixão delas, pois estavam confusas e desamparadas, como ovelhas sem pastor. ³⁷Disse aos discípulos: "A colheita é grande, mas os trabalhadores são poucos. ³⁸Orem ao Senhor da colheita; peçam que ele envie mais trabalhadores para seus campos".

Jesus envia os doze apóstolos

10 Jesus reuniu seus doze discípulos e lhes deu autoridade para expulsar espíritos impuros e curar todo tipo de enfermidade e doença. ²Estes são os nomes dos doze apóstolos:

primeiro, Simão, também chamado Pedro,
depois André, irmão de Pedro,
Tiago, filho de Zebedeu,
João, irmão de Tiago,
³Filipe,
Bartolomeu,
Tomé,
Mateus, o cobrador de impostos,
Tiago, filho de Alfeu,
Tadeu,ᵃ
⁴Simão, o cananeu,
Judas Iscariotes, que depois traiu Jesus.

⁵Jesus enviou os Doze com as seguintes instruções: "Não vão aos gentios nem aos samaritanos; ⁶vão, antes, às ovelhas perdidas do povo de Israel. ⁷Vão e anunciem que o reino dos céus está próximo.ᵇ ⁸Curem os doentes, ressuscitem os mortos, purifiquem os leprosos

---

ᵃ**10.3** Alguns manuscritos trazem *Lebeu*; outros, *Lebeu, que é chamado Tadeu.* ᵇ**10.7** Ou *é chegado*, ou *vem em breve*.

9.27-30 Esses cegos, em suas orações, honraram a Cristo, pois disseram: "Filho de Davi, tenha misericórdia de nós!". Os principais da Terra estavam relutantes em reconhecer nosso Senhor como sendo a semente real, mas esses cegos proclamaram o Filho de Davi com alegria. Eles eram cegos, mas podiam ver muito mais do que alguns com olhos aguçados, pois puderam ver que o Nazareno era o Messias, enviado de Deus para restaurar o reino a Israel. Eles entenderam dessa crença que, como o Messias deveria abrir olhos cegos, Jesus, sendo o Messias, poderia abrir *seus* olhos cegos, e assim suplicaram-lhe que executasse os sinais de Seu ofício, dessa forma honrando-o com fé real e prática. Esta é a maneira de oração que sempre chegará aos Céus com rapidez, a oração que coroa o Filho de Davi. Ore, glorificando a Cristo Jesus em suas orações, engrandecendo-o, implorando muito pelo mérito de Sua vida e morte, dando-lhe títulos gloriosos porque sua alma tem uma grande reverência e uma grande estima por Ele. As orações de adoração a Jesus têm nelas a força e a rapidez das asas das águias. Elas certamente sobem a Deus, pois os elementos do poder celestial são abundantes nelas. A oração que pouco engrandece a Cristo é a oração que Deus considerará pouco, mas a oração em que a alma glorifica o Redentor sobe como uma coluna perfumada de incenso do Santíssimo Lugar e o próprio Senhor sente o agradável aroma.

e expulsem os demônios. Deem de graça, pois também de graça vocês receberam. ⁹"Não levem no cinto moedas de ouro, prata ou mesmo de cobre. ¹⁰Não levem bolsa de viagem, nem outra muda de roupa, nem sandálias, nem cajado. Quem trabalha merece seu sustento.

¹¹"Sempre que entrarem em uma cidade ou povoado, procurem uma pessoa digna e fiquem em sua casa até partirem. ¹²Quando entrarem na casa, saúdem-na com a paz. ¹³Se o lar se revelar digno, que sua paz permaneça nela; se não, retirem a bênção. ¹⁴Se alguma casa ou cidade se recusar a recebê-los ou a ouvir sua mensagem, sacudam a poeira dos pés ao sair. ¹⁵Eu lhes digo a verdade: no dia do juízo, as cidades perversas de Sodoma e Gomorra serão tratadas com menos rigor que essa cidade.

¹⁶"Ouçam, eu os envio como ovelhas no meio de lobos. Portanto, sejam espertos como serpentes e simples como pombas. ¹⁷Tenham cuidado, pois vocês serão entregues aos tribunais e chicoteados nas sinagogas. ¹⁸Por minha causa serão julgados diante de governantes e reis, mas essa será a oportunidade de falar a meu respeito a eles e aos gentios.ᵃ ¹⁹Quando forem presos, não se preocupem com o modo como responderão nem com o que dirão. Naquele momento, as palavras certas lhes serão concedidas, ²⁰pois não serão vocês que falarão, mas o Espírito de seu Pai falará por meio de vocês.

²¹"O irmão trairá seu irmão e o entregará à morte, e assim também o pai a seu próprio filho. Os filhos se rebelarão contra os pais e os matarão. ²²Todos os odiarão por minha causa, mas quem perseverar até o fim será salvo. ²³Quando forem perseguidos numa cidade, fujam para outra. Eu lhes digo a verdade: o Filho do Homem voltará antes que tenham percorrido todas as cidades de Israel.

²⁴"O discípulo não está acima de seu mestre, nem o escravo acima de seu senhor. ²⁵Para o discípulo é suficiente ser como seu mestre, e o escravo, como seu senhor. Uma vez que o dono da casa foi chamado de Belzebu, os membros da família serão chamados de nomes ainda piores!

²⁶"Não tenham medo daqueles que os ameaçam, pois virá o dia em que tudo que está encoberto será revelado, e tudo que é secreto será divulgado. ²⁷O que agora lhes digo no escuro, anunciem às claras, e o que sussurro em seus ouvidos, proclamem dos telhados. ²⁸"Não tenham medo dos que querem matar o corpo; eles não podem tocar na alma. Temam somente a Deus, que pode destruir no infernoᵇ tanto a alma como o corpo. ²⁹Quanto custam dois pardais? Uma moeda de cobre?ᶜ No entanto, nenhum deles cai no chão sem o conhecimento de seu Pai. ³⁰Quanto a vocês, até os cabelos de sua cabeça estão contados. ³¹Portanto, não tenham medo; vocês são muito mais valiosos que um bando inteiro de pardais.

³²"Quem me reconhecer em público aqui na terra, eu o reconhecerei diante de meu Pai no céu. ³³Mas quem me negar aqui na terra, eu também o negarei diante de meu Pai no céu.

³⁴"Não imaginem que vim trazer paz à terra! Não vim trazer paz, mas a espada.

³⁵'Vim para pôr o homem contra seu pai,
  a filha contra sua mãe,
  e a nora contra sua sogra.
³⁶Seus inimigos estarão
  em sua própria casa'.ᵈ

³⁷"Quem ama seu pai ou sua mãe mais que a mim não é digno de mim; e quem ama seu filho ou sua filha mais que a mim não é digno de mim. ³⁸Quem se recusa a tomar sua cruz e me seguir não é digno de mim. ³⁹Quem se apegar à própria vida a perderá; mas quem abrir mão de sua vida por minha causa a encontrará.

⁴⁰"Quem recebe vocês recebe a mim, e quem me recebe também recebe aquele que me enviou. ⁴¹Quem acolhe um profeta como alguém que fala da parte de Deusᵉ recebe a mesma recompensa que um profeta. E quem acolhe um justo por causa de sua justiça recebe uma recompensa igual à dele. ⁴²Se alguém der um copo de água fria que seja ao menor de meus seguidores, certamente não perderá sua recompensa".

ᵃ**10.18** Ou *esse será o seu testemunho contra eles e os gentios.* ᵇ**10.28** Em grego, *Geena.* ᶜ**10.29** Em grego, *1 asarion*, isto é, 1 "asse", moeda romana equivalente a 1/16 de 1 denário. ᵈ**10.35-36** Mq 7.6. ᵉ**10.41** Em grego, *recebe um profeta em nome de um profeta.*

Jesus e João Batista

11 Quando Jesus terminou de dar essas instruções a seus doze discípulos, saiu para ensinar e anunciar sua mensagem nas cidades da região.

²João Batista, que estava na prisão, soube de todas as coisas que o Cristo estava fazendo. Por isso, enviou seus discípulos para perguntarem a Jesus: ³"O senhor é aquele que haveria de vir, ou devemos esperar algum outro?".

⁴Jesus respondeu: "Voltem a João e contem a ele o que vocês veem e ouvem: ⁵os cegos veem, os aleijados andam, os leprosos são purificados, os surdos ouvem, os mortos são ressuscitados e as boas-novas são anunciadas aos pobres". ⁶E disse ainda: "Felizes são aqueles que não se sentem ofendidos por minha causa".

⁷Enquanto os discípulos de João saíam, Jesus começou a falar a respeito dele para as multidões: "Que tipo de homem vocês foram ver no deserto? Um caniço que qualquer brisa agita? ⁸Afinal, o que esperavam ver? Um homem vestido com roupas caras? Não, quem veste roupas caras mora em palácios. ⁹Acaso procuravam um profeta? Sim, ele é mais que profeta. ¹⁰João é o homem ao qual as Escrituras se referem quando dizem:

'Envio meu mensageiro adiante de ti,
 e ele preparará teu caminho à tua
  frente!'.ª

¹¹"Eu lhes digo a verdade: de todos os que nasceram de mulher, nenhum é maior que João Batista. E, no entanto, até o menor no reino dos céus é maior que ele. ¹²Desde os dias em que João pregava, o reino dos céus sofre violência, e pessoas violentas o atacam.ᵇ ¹³Pois, antes de João vir, todos os profetas e a lei de Moisés falavam dos dias de João com grande expectativa, ¹⁴e, se vocês estiverem dispostos a aceitar o que eu digo,ᶜ ele é Elias, aquele que os profetas disseram que viria.ᵈ ¹⁵Quem é capaz de ouvir, ouça com atenção!

¹⁶"A que posso comparar esta geração? Ela se parece com crianças que brincam na praça. Queixam-se a seus amigos:

¹⁷'Tocamos flauta,
 e vocês não dançaram;
entoamos lamentos,
 e vocês não se entristeceram'.

¹⁸Quando João apareceu, não costumava comer nem beber em público, e vocês disseram: 'Está possuído por demônio'. ¹⁹O Filho do Homem, por sua vez, come e bebe, e vocês dizem: 'É comilão e beberrão, amigo de cobradores de impostos e pecadores'. Mas a sabedoria é comprovada pelos resultados que produz".

Julgamento para os que não creem

²⁰Então Jesus começou a denunciar as cidades onde ele havia feito muitos milagres, pois não tinham se arrependido. ²¹"Que aflição as espera, Corazim e Betsaida! Porque, se nas cidades de Tiro e Sidom tivessem sido realizados os milagres que realizei em vocês, há muito tempo seus habitantes teriam se arrependido e demonstrado isso vestindo panos de saco e jogando cinzas sobre a cabeça. ²²Eu lhes digo que, no dia do juízo, Tiro e Sidom serão tratadas com menos rigor que vocês.

²³"E você, Cafarnaum, será elevada até o céu? Não, descerá até o lugar dos mortos.ᵉ Porque, se na cidade de Sodoma tivessem sido realizados os milagres que realizei em você, ela estaria de pé ainda hoje. ²⁴Eu lhe digo que, no dia do juízo, Sodoma será tratada com menos rigor que você".

Jesus agradece ao Pai

²⁵Naquela ocasião, Jesus orou da seguinte maneira: "Pai, Senhor dos céus e da terra, eu te agradeço porque escondeste estas coisas dos que se consideram sábios e instruídos e as

---

ª**11.10** Ml 3.1. ᵇ**11.12** Ou *o reino dos céus avança à força, e quem se esforça se apossa dele*. ᶜ**11.14a** Ou *a aceitá-lo*. ᵈ**11.14b** Ver Ml 4.5. ᵉ**11.23** Em grego, *até o Hades*.

11.25,26,28 *Vv.25,26 Jesus exclamou*: a graça soberana é a resposta à culpa abundante. Com espírito de alegria, Jesus vê como a graça soberana vai ao encontro das abundâncias irracionais do pecado humano e escolhe os que são seus, de acordo com o bom prazer da vontade do Pai. Eis o espírito no qual considerar a graça eletiva de Deus: "Eu te agradeço". É motivo de profunda gratidão. Aqui está o autor da eleição: "Pai". É o Pai que faz a escolha e revela as bênçãos. Aqui está o direito dele de agir como age: Ele é "Senhor

revelaste aos que são como crianças. ²⁶Sim, Pai, foi do teu agrado fazê-lo assim.

²⁷"Meu Pai me confiou todas as coisas. Ninguém conhece verdadeiramente o Filho, a não ser o Pai, e ninguém conhece verdadeiramente o Pai, a não ser o Filho e aqueles a quem o Filho escolhe revelá-lo.

²⁸"Venham a mim todos vocês que estão cansados e sobrecarregados, e eu lhes darei descanso. ²⁹Tomem sobre vocês o meu jugo. Deixem que eu lhes ensine, pois sou manso e humilde de coração, e encontrarão descanso para a alma. ³⁰Meu jugo é fácil de carregar, e o fardo que lhes dou é leve".

Discussão sobre o sábado

12 Por aquele tempo, Jesus estava caminhando pelos campos de cereal, num sábado. Seus discípulos, sentindo fome, começaram a colher espigas e comê-las. ²Alguns fariseus os viram e protestaram: "Veja, seus discípulos desobedecem à lei colhendo cereal no sábado!".

³Jesus respondeu: "Vocês não leram nas Escrituras o que fez Davi quando ele e seus companheiros tiveram fome? ⁴Ele entrou na casa de Deus e, com seus companheiros, comeram os pães sagrados que só os sacerdotes tinham permissão de comer. ⁵E vocês não leram na lei de Moisés que os sacerdotes de serviço no templo podem trabalhar no sábado? ⁶Eu lhes digo: há alguém aqui maior que o templo! ⁷Vocês não teriam condenado meus discípulos inocentes se soubessem o significado das Escrituras: 'Quero que demonstrem misericórdia, e não que ofereçam sacrifícios'.ª ⁸Pois o Filho do Homem é senhor até mesmo do sábado".

Jesus cura no sábado

⁹Então Jesus foi à sinagoga local, ¹⁰onde viu um homem que tinha uma das mãos deformada. Os fariseus perguntaram a Jesus: "A lei permite curar no sábado?". Esperavam que ele dissesse "sim", para que pudessem acusá-lo.

¹¹Jesus respondeu: "Se um de vocês tivesse uma ovelha e ela caísse num poço no sábado, não trabalharia para tirá-la de lá? ¹²Quanto mais vale uma pessoa que uma ovelha! Sim, a lei permite que se faça o bem no sábado".

¹³Em seguida, disse ao homem: "Estenda a mão". Ele a estendeu, e ela foi restaurada e ficou igual à outra. ¹⁴Então os fariseus convocaram uma reunião para tramar um modo de matá-lo.

Jesus, o Servo escolhido de Deus

¹⁵Jesus, sabendo o que planejavam, retirou-se daquela região. Muitos o seguiram, e ele

---

ª **12.7** Os 6.6, conforme a Septuaginta.

---

dos céus e da terra". Quem questionará o bom prazer de Sua vontade? Aqui vemos os objetos de eleição, sob ambos os aspectos: o escolhido e o ignorado. As crianças veem porque as verdades sagradas lhes são reveladas, e não de outra forma. Elas são fracas e inexperientes, simples e pouco sofisticadas. Elas podem se apegar, confiar, chorar e amar; e às tais, o Senhor abre os tesouros da sabedoria. Os objetos de escolha divina são tais como estes. Senhor, faz-me um deles! As verdades do reino celestial são escondidas, por um ato judicial de Deus, de homens que, em sua própria estima, são "sábios e instruídos". Não podem ver, porque confiam em sua própria luz fraca e não aceitarão a luz de Deus. Aqui vemos, também, o motivo da eleição, a vontade divina: "Sim, Pai, foi do teu agrado fazê-lo assim". Não podemos ir além disso. A escolha pareceu boa Àquele que nunca erra, e, portanto, é boa. Isto permanece para os filhos de Deus como a razão que está acima de todas as razões. A vontade de Deus é suficiente para nós. Se Deus quer assim, assim deve ser.

V.28 Aqui está o convite gracioso do evangelho no qual as lágrimas e os sorrisos do Salvador foram misturados, como no arco-íris da aliança da promessa. "Venham": Ele não expulsa ninguém: Ele os chama para si. Sua palavra favorita é: "Venham". Não — "Vá a Moisés"; mas, "Venham a mim". Devemos ir ao próprio Jesus, através da confiança pessoal. Não devemos ir primeiramente à doutrina, ordenança ou ministério; mas ao Salvador pessoal. *Todos vocês que estão cansados e sobrecarregados* podem ir: Ele não limita o chamado ao sobrecarregado *espiritualmente*, mas todos os que estão cansados são chamados. É bom dar o maior sentido a todos os quais a misericórdia fala. Jesus *me* chama. Jesus promete "descanso" como Sua dádiva: Seu descanso imediato, pessoal e efetivo, Ele dá livremente a todos os que vierem a Ele pela fé. Ir a Ele é o primeiro passo, e Ele nos pede para aceitá-lo. Em si mesmo, como o grande sacrifício pelo pecado, a consciência, o coração, o entendimento obtém descanso completo. Quando obtivermos o descanso que Ele propicia, estaremos preparados para ouvir sobre outro descanso que *encontramos*.

curou todos os enfermos que havia entre eles. ¹⁶Contudo, advertiu-lhes que não revelassem quem ele era. ¹⁷Cumpriu-se, assim, a profecia de Isaías a seu respeito:

¹⁸"Vejam meu Servo, aquele que escolhi.
Ele é meu Amado; nele tenho grande alegria.
Porei sobre ele meu Espírito,
e ele proclamará justiça às nações.
¹⁹Não lutará nem gritará,
nem levantará a voz em público.
²⁰Não esmagará a cana quebrada,
nem apagará a chama que já está fraca.
Por fim, ele fará que a justiça
seja vitoriosa.
²¹E seu nome será a esperança
de todo o mundo".[a]

A fonte do poder de Jesus

²²Então levaram até Jesus um homem cego e mudo que estava possuído por um demônio. Jesus o curou, e ele passou a falar e ver. ²³Admirada, a multidão perguntou: "Será que este homem é o Filho de Davi?".

²⁴No entanto, quando os fariseus souberam do milagre, disseram: "Ele só expulsa demônios porque seu poder vem de Belzebu, o príncipe dos demônios".

²⁵Jesus conhecia os pensamentos deles e respondeu: "Todo reino dividido internamente está condenado à ruína. Uma cidade ou família dividida contra si mesma se desintegrará. ²⁶Se Satanás expulsa Satanás, está dividido e luta contra si mesmo. Seu reino não sobreviverá. ²⁷Se eu expulso demônios pelo poder de Belzebu, o que dizer de seus discípulos? Eles também expulsam demônios, de modo que condenarão vocês pelo que acabaram de dizer. ²⁸Mas, se expulso demônios pelo Espírito de Deus, então o reino de Deus já chegou até vocês.[b] ²⁹Afinal, quem tem poder para entrar na casa de um homem forte e saquear seus bens? Somente alguém ainda mais forte, alguém capaz de amarrá-lo e saquear sua casa.

³⁰"Quem não está comigo opõe-se a mim, e quem não trabalha comigo na verdade trabalha contra mim.

³¹"Por isso eu lhes digo: todo pecado e toda blasfêmia serão perdoados, mas a blasfêmia contra o Espírito não será perdoada. ³²Quem falar contra o Filho do Homem será perdoado, mas quem falar contra o Espírito Santo não será perdoado, nem neste mundo nem no mundo por vir.

³³"Uma árvore é identificada por seus frutos. Se a árvore é boa, os frutos serão bons. Se a árvore é ruim, os frutos serão ruins. ³⁴Raça de víboras! Como poderiam homens maus como vocês dizer o que é bom e correto? Pois a boca fala do que o coração está cheio. ³⁵A pessoa boa tira coisas boas do tesouro de um coração bom, e a pessoa má tira coisas más do tesouro de um coração mau. ³⁶Eu lhes digo: no dia do juízo, vocês prestarão contas de toda palavra inútil que falarem. ³⁷Por suas palavras vocês serão absolvidos, e por elas serão condenados".

O sinal de Jonas

³⁸Alguns dos mestres da lei e fariseus vieram a Jesus e disseram: "Mestre, queremos que nos mostre um sinal de sua autoridade".

³⁹Jesus, porém, respondeu: "Vocês pedem um sinal porque são uma geração perversa e adúltera, mas o único sinal que lhes darei será o do profeta Jonas. ⁴⁰Pois, assim como Jonas passou três dias e três noites no ventre do grande peixe, o Filho do Homem ficará três dias e três noites no coração da terra.

⁴¹"No dia do juízo, os habitantes de Nínive se levantarão contra esta geração e a condenarão, pois eles se arrependeram de seus pecados quando ouviram a mensagem anunciada por Jonas; e vocês têm à sua frente alguém maior que Jonas! ⁴²A rainha de Sabá[c] também se levantará contra esta geração no dia do juízo e a condenará, pois veio de uma terra distante para ouvir a sabedoria de Salomão; e vocês têm à sua frente alguém maior que Salomão!

⁴³"Quando um espírito impuro deixa uma pessoa, anda por lugares secos à procura de descanso, mas não o encontra. ⁴⁴Então, diz: 'Voltarei à casa da qual saí'. Ele volta para sua antiga casa e a encontra vazia, varrida e arrumada. ⁴⁵Então o espírito busca outros sete espíritos, piores que ele, e todos entram na pessoa e passam a morar nela, e a pessoa fica pior que antes. Assim acontecerá com esta geração perversa".

---

[a] 12.18-21 Is 42.1-4, conforme a Septuaginta para 42.4. [b] 12.28 Ou *está chegando até vocês*. [c] 12.42 Em grego, *A rainha do sul*.

A verdadeira família de Jesus

⁴⁶Enquanto Jesus falava à multidão, sua mãe e seus irmãos estavam do lado de fora, pedindo para falar com ele. ⁴⁷Alguém disse a Jesus: "Sua mãe e seus irmãos estão lá fora e querem falar com o senhor".ᵃ

⁴⁸Jesus respondeu: "Quem é minha mãe? Quem são meus irmãos?". ⁴⁹Então apontou para seus discípulos e disse: "Vejam, estes são minha mãe e meus irmãos. ⁵⁰Quem faz a vontade de meu Pai no céu é meu irmão, minha irmã e minha mãe".

A parábola do semeador

13 Mais tarde, naquele mesmo dia, Jesus saiu de casa e sentou-se à beira-mar. ²Logo, uma grande multidão se juntou ao seu redor. Então ele entrou num barco, sentou-se e ensinou o povo que permanecia na praia. ³Jesus contou várias parábolas, como esta:

"Um lavrador saiu para semear. ⁴Enquanto espalhava as sementes pelo campo, algumas caíram à beira do caminho, e as aves vieram e as comeram. ⁵Outras sementes caíram em solo rochoso e, não havendo muita terra, germinaram rapidamente, ⁶mas as plantas logo murcharam sob o calor do sol e secaram, pois não tinham raízes profundas. ⁷Outras sementes caíram entre espinhos, que cresceram e sufocaram os brotos. ⁸Ainda outras caíram em solo fértil e produziram uma colheita trinta, sessenta e até cem vezes maior que a quantidade semeada. ⁹Quem é capaz de ouvir, ouça com atenção!".

¹⁰Os discípulos vieram e lhe perguntaram: "Por que o senhor usa parábolas quando fala ao povo?".

¹¹Ele respondeu: "A vocês é permitido entender os segredosᵇ do reino dos céus, mas a outros não. ¹²Pois ao que tem, mais lhe será dado, e terá em grande quantia; mas do que nada tem, até o que tem lhe será tirado. ¹³É por isso que uso parábolas: eles olham, mas não veem; escutam, mas não ouvem nem entendem.

¹⁴"Cumpre-se, desse modo, a profecia de Isaías que diz:

'Quando ouvirem o que digo,
    não entenderão.
Quando virem o que faço,
    não compreenderão.

ᵃ **12.47** Alguns manuscritos não trazem o versículo 47. Comparar com Mc 3.31 e Lc 8.20. ᵇ **13.11** Em grego, *os mistérios*.

13.3-9, 17-19 *Vv.3-9* Em sua superfície, esta parábola ensina aos que devem semear que não devem esperar pelo direito de escolher o solo — e que tampouco somos capazes de escolher o assunto, mas somos obrigados a ir, como o semeador fez. Ele lançou um punhado de sementes sobre o solo duro, outro entre espinhos e urtigas, também onde não havia profundidade de terra e ainda, graças a Deus, um punhado em terreno com boas condições. Ainda assim, é um grande engano supormos que devemos classificar as pessoas e selecionar o solo! "Vão ao mundo inteiro e anunciem as boas-novas a todos". Uma diferença logo vai surgir! A semente será a grande investigadora do solo. Ela revelará como o solo é. Assim como Cristo na cruz é quem discerne os pensamentos dos homens, para que os pensamentos de muitos corações possam ser revelados, da mesma forma, a pregação do Cristo crucificado é o teste da condição humana! Você verá agora quem tem o solo honesto e bom, e quem não tem. Não por uma inspeção geológica, mas simplesmente lançando um punhado de sementes nele. Isso logo discernirá entre o precioso e o perverso.

Vv.17-19 Você percebe aqui a importância da Palavra de Deus? Porém quando ela é ouvida, mas não entendida, você suporia que o diabo poderia muito bem deixá-la permanecer onde estava, pois que mal ela poderia causar ao seu reino se o homem a ouvisse e não a entendesse? Porém, o diabo tem tanto medo da Palavra de Deus que ele vem, como um pássaro malvado, e a retira por medo de que mesmo permanecendo no coração duro sem entendimento, de alguma forma, ela possa gerar um entendimento! E assim ele a retira dos pensamentos e da memória, de tão temeroso que é. "Nada faz o diabo tremer como o evangelho", disse Martinho Lutero, e não duvido que todas as igrejas do mundo, com todas as suas cerimônias, sejam menos temidas pelo diabo do que uma única doutrina ou texto da Palavra de Deus! Então ele vem, como um pássaro malvado, e retira o que foi semeado no coração. Você deve esperar perder uma boa dose de seu ensinamento. Assim como os agricultores deixam cair vários grãos na terra e dizem: "Este é para a minhoca; este é para o corvo" — então há outro que eles esperam que brote — assim devemos esperar que fosse com nossos ensinamentos — muitos dos quais serão perdidos.

¹⁵Pois o coração deste povo está
endurecido;
ouvem com dificuldade
e têm os olhos fechados,
de modo que seus olhos não veem,
e seus ouvidos não ouvem,
e seu coração não entende,
e não se voltam para mim,
nem permitem que eu os cure'.ᵃ

¹⁶"Felizes, porém, são seus olhos, pois eles veem; e seus ouvidos, pois eles ouvem. ¹⁷Eu lhes digo a verdade: muitos profetas e justos desejaram ver o que vocês têm visto e ouvir o que vocês têm ouvido, mas não puderam.

¹⁸"Agora, ouçam a explicação da parábola sobre o lavrador que saiu para semear. ¹⁹As sementes que caíram à beira do caminho representam os que ouvem a mensagem sobre o reino e não a entendem. Então o maligno vem e arranca a semente que foi lançada em seu coração. ²⁰As que caíram no solo rochoso representam aqueles que ouvem a mensagem e, sem demora, a recebem com alegria. ²¹Contudo, uma vez que não têm raízes profundas, não duram muito. Assim que enfrentam problemas ou são perseguidos por causa da mensagem, cedo desanimam. ²²As que caíram entre os espinhos representam outros que ouvem a mensagem, mas logo ela é sufocada pelas preocupações desta vida e pela sedução da riqueza, de modo que não produzem fruto. ²³E as que caíram em solo fértil representam os que ouvem e entendem a mensagem e produzem uma colheita trinta, sessenta e até cem vezes maior que a quantidade semeada".

A parábola do trigo e do joio

²⁴Esta foi outra parábola que Jesus contou: "O reino dos céus é como um agricultor que semeou boas sementes em seu campo. ²⁵Enquanto os servos dormiam, seu inimigo veio, semeou joio no meio do trigo e foi embora. ²⁶Quando a plantação começou a crescer, o joio também cresceu.

²⁷"Os servos do agricultor vieram e disseram: 'O campo em que o senhor semeou as boas sementes está cheio de joio. De onde ele veio?'.

²⁸"'Um inimigo fez isso', respondeu o agricultor.

"'Devemos arrancar o joio?', perguntaram os servos.

²⁹"'Não', respondeu ele. 'Se tirarem o joio, pode acontecer de arrancarem também o trigo. ³⁰Deixem os dois crescerem juntos até a colheita. Então, direi aos ceifeiros que separem o joio, amarrem-no em feixes e queimem-no e, depois, guardem o trigo no celeiro'".

A parábola da semente de mostarda

³¹Então Jesus contou outra parábola: "O reino dos céus é como a semente de mostarda que alguém semeia num campo. ³²É a menor de todas as sementes, mas se torna a maior das hortaliças; cresce até se transformar em árvore, e vêm as aves e fazem ninho em seus galhos".

A parábola do fermento

³³Jesus também contou a seguinte parábola: "O reino dos céus é como o fermento usado por uma mulher para fazer pão. Embora ela coloque apenas uma pequena quantidade de fermento em três medidas de farinha, toda a massa fica fermentada".

As parábolas cumprem uma profecia

³⁴Jesus sempre usava histórias e comparações como essas quando falava às multidões. Na verdade, nunca lhes falava sem usar parábolas. ³⁵Cumpriu-se, desse modo, o que foi dito por meio do profeta:

"Eu lhes falarei por meio de parábolas;
explicarei coisas escondidas desde a
criação do mundo".ᵇ

Explicação da parábola do trigo e do joio

³⁶Em seguida, deixando as multidões do lado de fora, Jesus entrou em casa. Seus discípulos lhe pediram: "Por favor, explique-nos a história do joio no campo".

³⁷Jesus respondeu: "O Filho do Homem é o agricultor que planta as boas sementes. ³⁸O campo é o mundo, e as boas sementes são o povo do reino. O joio são as pessoas que pertencem ao maligno, ³⁹e o inimigo que plantou o joio no meio do trigo é o diabo. A colheita é o fim dos tempos,ᶜ e os que fazem a colheita são os anjos.

⁴⁰"Da mesma forma que o joio é separado e queimado no fogo, assim será no fim dos

---

ᵃ **13.14-15** Is 6.9-10, conforme a Septuaginta. ᵇ **13.35** Alguns manuscritos não trazem *do mundo*. Sl 78.2. ᶜ **13.39** Ou *da era*; também em 13.40,49.

tempos. ⁴¹O Filho do Homem enviará seus anjos, e eles removerão do reino tudo que produz pecado e todos que praticam o mal ⁴²e os lançarão numa fornalha ardente, onde haverá choro e ranger de dentes. ⁴³Então os justos brilharão como o sol no reino de seu Pai. Quem é capaz de ouvir, ouça com atenção!"

A parábola do tesouro escondido

⁴⁴"O reino dos céus é como um tesouro escondido que um homem descobriu num campo. Em seu entusiasmo, ele o escondeu novamente, vendeu tudo que tinha e, com o dinheiro da venda, comprou aquele campo."

A parábola da pérola

⁴⁵"O reino dos céus também é como um negociante que procurava pérolas da melhor qualidade. ⁴⁶Quando descobriu uma pérola de grande valor, vendeu tudo que tinha e, com o dinheiro da venda, comprou a tal pérola."

A parábola da rede de pesca

⁴⁷"O reino dos céus é, ainda, como uma rede de pesca que foi lançada ao mar e pegou peixes de todo tipo. ⁴⁸Quando a rede estava cheia, os pescadores a arrastaram até a praia, sentaram-se e juntaram os peixes bons em cestos, jogando fora os ruins. ⁴⁹Assim será no fim dos tempos. Os anjos virão, separarão os perversos dos justos ⁵⁰e os lançarão na fornalha ardente, onde haverá choro e ranger de dentes. ⁵¹Vocês entendem todas essas coisas?"

"Sim", responderam eles.

Mestres da lei no reino

⁵²Então ele acrescentou: "Todo mestre da lei que se torna discípulo no reino dos céus é como o dono de uma casa que tira do seu tesouro verdades preciosas, tanto novas como velhas".

Jesus é rejeitado em Nazaré

⁵³Quando Jesus terminou de contar essas parábolas, deixou aquela região ⁵⁴e voltou para Nazaré, cidade onde tinha morado. Enquanto ensinava na sinagoga, todos se admiravam e perguntavam: "De onde lhe vêm a sabedoria e o poder para realizar milagres? ⁵⁵Não é esse o filho do carpinteiro? Conhecemos Maria, sua mãe, e também seus irmãos, Tiago, José,[a] Simão e Judas. ⁵⁶Todas as suas irmãs moram aqui, entre nós. Onde ele aprendeu todas essas coisas?". ⁵⁷E sentiam-se muito ofendidos.

Então Jesus lhes disse: "Um profeta recebe honra em toda parte, menos em sua cidade e entre sua própria família". ⁵⁸E, por causa da incredulidade deles, realizou ali apenas uns poucos milagres.

Herodes e a morte de João Batista

14 Quando Herodes Antipas[b] ouviu falar de Jesus, ²disse a seus conselheiros: "Deve ser João Batista que ressuscitou dos mortos! Por isso ele tem poder para fazer esses milagres".

³Herodes havia mandado prender e encarcerar João para agradar Herodias, que era esposa de Filipe, seu irmão. ⁴João tinha dito repetidamente a Herodes: "É contra a lei que o senhor viva com ela". ⁵Herodes queria matá-lo, mas tinha medo de provocar uma revolta, pois o povo acreditava que João era profeta.

⁶Contudo, numa festa de aniversário de Herodes, a filha de Herodias dançou diante dos convidados e agradou muito o rei, ⁷e ele prometeu, sob juramento, que lhe daria qualquer coisa que ela pedisse. ⁸Instigada pela mãe, a moça disse: "Quero a cabeça de João Batista num prato!". ⁹O rei se arrependeu do que tinha dito, mas, por causa do juramento feito diante dos convidados, deu as ordens para que atendessem ao pedido. ¹⁰João foi decapitado na prisão, ¹¹e sua cabeça foi trazida num prato e entregue à moça, que a levou à sua mãe. ¹²Os discípulos de João vieram, levaram seu corpo e o sepultaram. Em seguida, foram a Jesus e lhe contaram o que havia acontecido.

A primeira multiplicação dos pães

¹³Logo que Jesus ouviu a notícia, partiu de barco para um lugar isolado, a fim de ficar só. As multidões, porém, descobriram para onde ele ia e o seguiram a pé, vindas de muitas cidades. ¹⁴Quando Jesus saiu do barco, viu a grande multidão, teve compaixão dela e curou os enfermos.

¹⁵Ao entardecer, os discípulos foram até ele e disseram: "Este lugar é isolado, e já está ficando tarde. Mande as multidões embora, para que possam ir aos povoados e comprar comida".

---

[a] **13.55** Alguns manuscritos trazem *Joses*; outros, *João*. [b] **14.1** Em grego, *Herodes, o tetrarca*. Herodes Antipas era filho do rei Herodes e governador da Galileia.

¹⁶"Não há necessidade", disse Jesus. "Providenciem vocês mesmos alimento para elas."

¹⁷Eles responderam: "Temos apenas cinco pães e dois peixes!".

¹⁸"Tragam para cá", disse ele. ¹⁹Em seguida, mandou o povo sentar-se na grama. Tomou os cinco pães e os dois peixes, olhou para o céu e os abençoou. Então, partiu os pães em pedaços e os entregou a seus discípulos, que distribuíram às multidões. ²⁰Todos comeram à vontade, e os discípulos recolheram doze cestos com as sobras. ²¹Os que comeram foram cerca de cinco mil homens, sem contar mulheres e crianças.

Jesus anda sobre as águas

²²Logo em seguida, Jesus insistiu com seus discípulos que voltassem ao barco e atravessassem até o outro lado do mar, enquanto ele despedia as multidões. ²³Depois de mandá-las para casa, Jesus subiu sozinho ao monte a fim de orar. Quando anoiteceu, ele ainda estava ali, sozinho.

²⁴Enquanto isso, os discípulos, distantes da terra firme, lutavam contra as ondas, pois um vento forte havia se levantado. ²⁵Por volta das três da madrugada,ᵃ Jesus foi até eles, caminhando sobre as águas. ²⁶Quando os discípulos o viram caminhando sobre as águas, ficaram aterrorizados. "É um fantasma!", gritaram, cheios de medo.

²⁷Imediatamente, porém, Jesus lhes disse: "Não tenham medo! Coragem, sou eu!".

²⁸Então Pedro gritou: "Se é realmente o senhor, ordene que eu vá caminhando sobre as águas até onde está!".

²⁹"Venha!", respondeu Jesus.

Então Pedro desceu do barco e caminhou sobre as águas em direção a Jesus. ³⁰Mas, quando reparou no vento forte e nas ondas, ficou aterrorizado, começou a afundar e gritou: "Senhor, salva-me!".

³¹No mesmo instante, Jesus estendeu a mão e o segurou. "Como é pequena a sua fé!", disse ele. "Por que você duvidou?"

³²Quando entraram no barco, o vento parou. ³³Então os outros discípulos o adoraram e exclamaram: "De fato, o senhor é o Filho de Deus!".

Jesus cura os enfermos

³⁴Depois de atravessarem o mar, chegaram a Genesaré. ³⁵Quando o povo reconheceu Jesus, a notícia de sua chegada se espalhou rapidamente por toda a região, e trouxeram os enfermos para que fossem curados. ³⁶Suplicavam que ele deixasse os enfermos apenas tocar na borda de seu manto, e todos que o tocavam eram curados.

Ensino sobre a pureza interior

15 Então alguns fariseus e mestres da lei chegaram de Jerusalém para ver Jesus e lhe perguntaram: ²"Por que seus discípulos desobedecem à tradição dos líderes religiosos? Eles não respeitam a cerimônia de lavar as mãos antes de comer!".

³Jesus respondeu: "E por que vocês, com suas tradições, desobedecem ao mandamento de Deus? ⁴Pois Deus ordenou: 'Honre seu pai e sua mãe'ᵇ e 'Quem insultar seu pai ou sua mãe será executado'.ᶜ ⁵Em vez disso, vocês ensinam que, se alguém disser a seus pais: 'Sinto muito, mas não posso ajudá-los; jurei entregar como oferta a Deus aquilo que eu teria dado a vocês', ⁶não precisará mais honrar seus pais. Com isso, vocês anulam a palavra de Deus em favor de sua própria tradição. ⁷Hipócritas! Isaías tinha razão quando assim profetizou a seu respeito:

> ⁸'Este povo me honra com os lábios,
> mas o coração está longe de mim.
> ⁹Sua adoração é uma farsa,
> pois ensinam ideias humanas
> como se fossem mandamentos
> divinos'".ᵈ

¹⁰Jesus chamou a multidão para perto de si e disse: "Ouçam e procurem entender. ¹¹Não é o que entra pela boca que os contamina; vocês se contaminam com as palavras que saem dela".

¹²Então os discípulos vieram e perguntaram: "O senhor sabe que ofendeu os fariseus com isso que acabou de dizer?".

¹³Jesus respondeu: "Toda planta que meu Pai celestial não plantou será arrancada pela raiz. ¹⁴Portanto, não façam caso deles. São

---

ᵃ**14.25** Em grego, *Na quarta vigília da noite*. ᵇ**15.4a** Êx 20.12; Dt 5.16. ᶜ**15.4b** Êx 21.17; Lv 20.9; conforme a Septuaginta. ᵈ**15.8-9** Is 29.13, conforme a Septuaginta.

guias cegos conduzindo cegos e, se um cego conduzir outro, ambos cairão numa vala".

¹⁵Então Pedro disse: "Explique-nos a parábola de que as pessoas não são contaminadas pelo que comem".

¹⁶"Ainda não entendem?", perguntou Jesus. ¹⁷"Tudo que comem passa pelo estômago e vai para o esgoto, ¹⁸mas as palavras vêm do coração, e é isso que os contamina. ¹⁹Pois do coração vêm maus pensamentos, homicídio, adultério, imoralidade sexual, roubo, mentiras e calúnias. ²⁰São essas coisas que os contaminam. Comer sem lavar as mãos não os contaminará."

A mulher cananeia

²¹Então Jesus deixou a Galileia, rumo ao norte, para a região de Tiro e Sidom. ²²Uma mulher cananeia que ali morava veio a ele, suplicando: "Senhor, Filho de Davi, tenha misericórdia de mim! Minha filha está possuída por um demônio que a atormenta terrivelmente".

²³Jesus não disse uma só palavra em resposta. Então os discípulos insistiram com ele: "Mande-a embora; ela não para de gritar atrás de nós".

²⁴Jesus disse à mulher: "Fui enviado para ajudar apenas as ovelhas perdidas do povo de Israel".

²⁵A mulher, porém, aproximou-se, ajoelhou-se diante dele e implorou mais uma vez: "Senhor, ajude-me!".

²⁶Jesus respondeu: "Não é certo tirar comida das crianças e jogá-la aos cachorros".

²⁷"Senhor, é verdade", disse a mulher. "No entanto, até os cachorros comem as migalhas que caem da mesa de seus donos."

²⁸"Mulher, sua fé é grande", disse-lhe Jesus. "Seu pedido será atendido." E, no mesmo instante, a filha dela foi curada.

Jesus cura muitas pessoas

²⁹Deixando aquele lugar, Jesus voltou ao mar da Galileia e subiu a um monte, onde se sentou. ³⁰Uma grande multidão veio e colocou diante dele aleijados, cegos, paralíticos, mudos e muitos outros, e ele curou a todos. ³¹As pessoas ficavam admiradas e louvavam o Deus de Israel, pois os que eram mudos agora falavam, os paralíticos estavam curados, os aleijados andavam e os cegos podiam ver.

A segunda multiplicação dos pães

³²Então Jesus chamou seus discípulos e disse: "Tenho compaixão dessa gente. Estão aqui comigo há três dias e não têm mais nada para comer. Se eu os mandar embora com fome, podem desmaiar no caminho".

³³Os discípulos disseram: "Onde conseguiríamos comida suficiente para tamanha multidão neste lugar deserto?".

³⁴Jesus perguntou: "Quantos pães vocês têm?".

"Sete, e alguns peixinhos", responderam eles.

³⁵Então Jesus mandou todo o povo sentar-se no chão. ³⁶Tomou os sete pães e os peixes, agradeceu a Deus e os partiu em pedaços. Em seguida, entregou-os aos discípulos, que os distribuíram à multidão.

³⁷Todos comeram à vontade, e os discípulos recolheram, ainda, sete cestos grandes com as sobras. ³⁸Os que comeram foram quatro mil homens, sem contar mulheres e crianças.

15.21-28 "Mulher, sua fé é grande", disse o nosso Senhor, visto que era grande mesmo, ainda que ela fosse gentia, pois fora muito provada. As provações de fé vindas dos discípulos são frequentemente muito severas, mas os discípulos a colocaram de lado e até pediram ao Senhor: "Mande-a embora". No entanto, as provações de fé vindas do próprio Mestre são ainda mais severas. Cristo se fazendo de surdo e mudo com você — isso é uma provação, e pior do que isso, receber palavras duras de um Mestre tão amoroso e terno como Ele, e até ser chamada de cachorrinho pelo grande Pastor de Israel, e ouvir que não era certo dar-lhe o pão dos filhos — estes foram testes pesados para a confiança dela! [...] Quando a porta se fecha em seu rosto, essa mulher simplesmente bate — e quando Cristo a chama de cachorro, ela só recolhe o que Cristo disse, como um bom cão que pega o graveto de seu mestre e o traz aos seus pés! Não havia como desconcertá-la. Se todos os demônios do inferno estivessem ocupados aqui, não apenas aquele terrível que possuía a sua filha, ela os teria vencido todos, pois tinha tanta fé — eu diria até, fé como a de um *cachorro* —, tão obstinada no Senhor Jesus Cristo, que ela obteria conforto ao ser chamada de cão! Possuía fé tão firme que devia obter o que procurava, e não iria embora sem isso.

³⁹Então Jesus os mandou para casa, entrou num barco e atravessou para a região de Magadã.

Os líderes exigem um sinal

16 Os fariseus e saduceus vieram pôr Jesus à prova, exigindo que lhes mostrasse um sinal do céu.

²Ele respondeu: "Vocês conhecem o ditado: 'Céu vermelho ao entardecer, bom tempo amanhã; ³céu vermelho e sombrio logo cedo, mau tempo o dia todo'. Vocês sabem identificar as condições do tempo no céu, mas não sabem interpretar os sinais dos tempos![a] ⁴Pedem um sinal porque são uma geração perversa e adúltera, mas o único sinal que lhes darei será o sinal do profeta Jonas". Então Jesus os deixou e se retirou.

O fermento dos fariseus e saduceus

⁵Mais tarde, depois de atravessar o mar, os discípulos descobriram que tinham se esquecido de levar pães. ⁶Jesus os advertiu: "Fiquem atentos! Tenham cuidado com o fermento dos fariseus e saduceus".

⁷Os discípulos começaram a discutir entre si por que não tinham trazido pão. ⁸Ao tomar conhecimento do que falavam, Jesus disse: "Como é pequena a sua fé! Por que vocês discutem entre si sobre a falta de pão? ⁹Ainda não entenderam? Não se lembram dos cinco pães para os cinco mil e dos cestos de sobras que recolheram? ¹⁰Nem dos sete pães para os quatro mil e dos cestos grandes de sobras que recolheram? ¹¹Como não conseguem entender que não estou falando de pão? Repito: tenham cuidado com o fermento dos fariseus e saduceus".

¹²Finalmente entenderam que ele não se referia ao fermento do pão, mas ao ensino dos fariseus e saduceus.

Pedro declara sua fé

¹³Quando Jesus chegou à região de Cesareia de Filipe, perguntou a seus discípulos: "Quem as pessoas dizem que o Filho do Homem é?".

¹⁴Eles responderam: "Alguns dizem que o senhor é João Batista; outros, que é Elias; e outros, ainda, que é Jeremias ou um dos profetas".

¹⁵"E vocês?", perguntou ele. "Quem vocês dizem que eu sou?"

¹⁶Simão Pedro respondeu: "O senhor é o Cristo, o Filho do Deus vivo!".

¹⁷Jesus disse: "Que grande privilégio você teve, Simão, filho de João![b] Foi meu Pai no céu quem lhe revelou isso. Nenhum ser humano saberia por si só.[c] ¹⁸Agora eu lhe digo que você é Pedro,[d] e sobre esta pedra edificarei minha igreja, e as forças da morte[e] não a conquistarão. ¹⁹Eu lhe darei as chaves do reino dos céus. O que você ligar na terra terá sido ligado no céu,[f] e o que você desligar na terra terá sido desligado no céu".[g]

²⁰Então ele advertiu a seus discípulos que não dissessem a ninguém que ele era o Cristo.

Jesus prediz sua morte

²¹Daquele momento em diante, Jesus[h] começou a falar claramente a seus discípulos que era necessário que ele fosse a Jerusalém e sofresse muitas coisas terríveis nas mãos dos líderes do povo, dos principais sacerdotes e dos mestres da lei. Seria morto, mas no terceiro dia ressuscitaria.

²²Pedro o chamou de lado e começou a repreendê-lo por dizer tais coisas. "Jamais, Senhor!", disse ele. "Isso nunca lhe acontecerá!"

²³Jesus se voltou para Pedro e disse: "Afaste-se de mim, Satanás! Você é uma pedra de tropeço para mim. Considera as coisas apenas do ponto de vista humano, e não da perspectiva de Deus".

Ensino sobre o discipulado

²⁴Então Jesus disse a seus discípulos: "Se alguém quer ser meu seguidor, negue a si mesmo, tome sua cruz e siga-me. ²⁵Se tentar se apegar à sua vida, a perderá. Mas, se abrir mão de sua vida por minha causa, a encontrará. ²⁶Que vantagem há em ganhar o mundo inteiro, mas perder a vida? E o que daria o homem em troca de sua vida? ²⁷Pois o Filho do Homem virá com seus anjos na glória de seu Pai e julgará cada pessoa de acordo com suas

---

[a] **16.2-3** Alguns manuscritos não trazem o trecho de 16.2-3 após *Ele respondeu*. [b] **16.17a** Em grego, *Simão bar-Jonas*. Ver Jo 1.42; 21.15-17. [c] **16.17b** Em grego, *Não foi carne e sangue quem lhe revelou isso*. [d] **16.18a** O nome *Pedro*, em grego, significa "pedra". [e] **16.18b** Em grego, *e as portas do Hades*. [f] **16.19a** Ou *fechar [...] fechado*. [g] **16.19b** Ou *abrir [...] aberto*. [h] **16.21** Alguns manuscritos trazem *Jesus Cristo*.

ações. ²⁸Eu lhes digo a verdade: alguns que estão aqui neste momento não morrerão antes de ver o Filho do Homem vindo em seu reino!".

A transfiguração

17 Seis dias depois, Jesus levou consigo Pedro e os dois irmãos, Tiago e João, até um monte alto. ²Enquanto os três observavam, a aparência de Jesus foi transformada de tal modo que seu rosto brilhava como o sol e suas roupas se tornaram brancas como a luz. ³De repente, Moisés e Elias apareceram e começaram a falar com Jesus.

⁴Pedro exclamou: "Senhor, é maravilhoso estarmos aqui! Se quiser, farei três tendas: uma será sua, uma de Moisés e outra de Elias".

⁵Enquanto ele ainda falava, uma nuvem brilhante os cobriu, e uma voz que vinha da nuvem disse: "Este é meu Filho amado, que me dá grande alegria. Ouçam-no!". ⁶Os discípulos ficaram aterrorizados e caíram com o rosto em terra.

⁷Então Jesus veio e os tocou. "Levantem-se", disse ele. "Não tenham medo." ⁸E, quando levantaram os olhos, viram apenas Jesus.

⁹Enquanto desciam do monte, Jesus lhes ordenou: "Não contem a ninguém o que viram, até que o Filho do Homem ressuscite dos mortos".

¹⁰Os discípulos lhe perguntaram: "Por que os mestres da lei afirmam que é necessário que Elias volte antes que o Cristo venha?".[a]

¹¹Jesus respondeu: "De fato, Elias vem e restaurará tudo. ¹²Eu, porém, lhes digo: Elias já veio, mas não o reconheceram e preferiram maltratá-lo. Da mesma forma, também farão o Filho do Homem sofrer". ¹³Então os discípulos entenderam que ele estava falando de João Batista.

Jesus cura um menino possuído por demônio

¹⁴Ao pé do monte, uma grande multidão os esperava. Um homem veio, ajoelhou-se diante de Jesus e disse: ¹⁵"Senhor, tenha misericórdia de meu filho. Ele tem convulsões e sofre terrivelmente. Muitas vezes, cai no fogo ou na água. ¹⁶Eu o trouxe a seus discípulos, mas eles não puderam curá-lo".

¹⁷Jesus disse: "Geração incrédula e corrompida! Até quando estarei com vocês? Até quando terei de suportá-los? Tragam o menino para cá". ¹⁸Então Jesus repreendeu o demônio, e ele saiu do menino, que ficou curado a partir daquele momento.

¹⁹Mais tarde, os discípulos perguntaram a Jesus em particular: "Por que não conseguimos expulsar aquele demônio?".

²⁰"Porque a sua fé é muito pequena", respondeu Jesus. "Eu lhes digo a verdade: se tivessem fé, ainda que do tamanho de uma semente de mostarda, poderiam dizer a este monte: 'Mova-se daqui para lá', e ele se moveria. Nada seria impossível para vocês, ²¹mas essa espécie não sai senão com oração e jejum."[b]

Jesus prediz sua morte pela segunda vez

²²Quando voltaram a se reunir na Galileia, Jesus lhes disse: "O Filho do Homem será traído e entregue em mãos humanas. ²³Será morto, mas no terceiro dia ressuscitará". E os discípulos se encheram de tristeza.

O pagamento do imposto do templo

²⁴Quando Jesus e seus discípulos chegaram a Cafarnaum, os cobradores do imposto do templo[c] abordaram Pedro e lhe perguntaram: "Seu mestre não paga o imposto do templo?".

²⁵"Sim, paga", respondeu Pedro. Em seguida, entrou em casa.

Antes que ele tivesse oportunidade de falar, Jesus lhe perguntou: "O que você acha, Simão? O que os reis costumam fazer: cobram impostos de seu povo ou dos povos conquistados?".[d]

²⁶"Cobram dos povos conquistados", respondeu Pedro.

"Pois bem", disse Jesus. "Os cidadãos[e] estão isentos. ²⁷Mas, como não queremos que se ofendam, desça até o mar e jogue o anzol. Abra a boca do primeiro peixe que pegar e ali encontrará uma moeda de prata.[f] Pegue-a e use-a para pagar os impostos por nós dois."

O maior no reino

18 Nessa ocasião, os discípulos vieram a Jesus e perguntaram: "Afinal, quem é o maior no reino dos céus?".

---

[a] **17.10** Em grego, *que Elias deve vir primeiro?* [b] **17.21** Alguns manuscritos não trazem o versículo 21. Comparar com Mc 9.29. [c] **17.24** Em grego, *(imposto de) didracmas*; também em 17.24b. Ver Êx 30.13-16; Ne 10.32-33. [d] **17.25** Em grego, *de seus filhos ou de outros?* [e] **17.26** Em grego, *Os filhos.* [f] **17.27** Em grego, *1 estáter*, moeda grega equivalente a quatro dracmas.

²Então Jesus chamou uma criança pequena e a colocou no meio deles. ³Em seguida, disse: "Eu lhes digo a verdade: a menos que vocês se convertam e se tornem como crianças, jamais entrarão no reino dos céus. ⁴Quem se torna humilde como esta criança é o maior no reino dos céus, ⁵e quem recebe uma criança como esta em meu nome recebe a mim."

Advertência para não causar pecado

⁶"Mas, se alguém fizer cair em pecado um destes pequeninos que em mim confiam, teria sido melhor ter amarrado uma grande pedra de moinho ao pescoço e se afogado nas profundezas do mar.

⁷"Quanto sofrimento haverá no mundo por causa das tentações para o pecado! Ainda que elas sejam inevitáveis, aquele que as provoca terá sofrimento ainda maior. ⁸Portanto, se sua mão ou seu pé o faz pecar, corte-o e jogue-o fora. É melhor entrar na vida eterna com apenas uma das mãos ou apenas um dos pés que ser lançado no fogo eterno com as duas mãos e os dois pés. ⁹E, se seu olho o faz pecar, arranque-o e jogue-o fora. É melhor entrar na vida eterna com apenas um dos olhos que ser lançado no inferno de fogo[a] com os dois olhos.

¹⁰"Tomem cuidado para não desprezar nenhum destes pequeninos. Pois eu lhes digo que, no céu, os anjos deles estão sempre na presença de meu Pai celestial. ¹¹E o Filho do Homem veio para salvar os que estão perdidos."[b]

A parábola da ovelha perdida

¹²"Se um homem tiver cem ovelhas e uma delas se perder, o que vocês acham que ele fará? Não deixará as outras noventa e nove nos montes e sairá à procura da perdida? ¹³E, se a encontrar, eu lhes digo a verdade: ele se alegrará por causa dela mais que pelas noventa e nove que não se perderam. ¹⁴Da mesma forma, não é da vontade de meu Pai, no céu, que nenhum destes pequeninos se perca."

Como corrigir um irmão

¹⁵"Se um irmão pecar contra você,[c] fale com ele em particular e chame-lhe a atenção para o erro. Se ele o ouvir, você terá recuperado seu irmão. ¹⁶Mas, se ele não o ouvir, leve consigo um ou dois outros e fale com ele novamente, para que tudo que você disser seja confirmado por duas ou três testemunhas. ¹⁷Se ainda assim ele se recusar a ouvir, apresente o caso à igreja. Então, se ele não aceitar nem mesmo a decisão da igreja, trate-o como gentio ou como cobrador de impostos.

¹⁸"Eu lhes digo a verdade: o que vocês ligarem na terra terá sido ligado no céu,[d] e o que desligarem na terra terá sido desligado no céu.[e]

¹⁹"Também lhes digo que, se dois de vocês concordarem aqui na terra a respeito de qualquer coisa que pedirem, meu Pai, no céu, os

---

[a] 18.9 Em grego, *Geena de fogo*. [b] 18.11 Alguns manuscritos não trazem o versículo 11. Comparar com Lc 19.10. [c] 18.15 Alguns manuscritos não trazem *contra você*. [d] 18.18a Ou *fecharem [...] fechado*. [e] 18.18b Ou *abrirem [...] aberto*.

18.4,10,15,19,20 V.4 Quanto mais humilhado, mais exaltado! Em certo sentido, o caminho para o Céu é descendente em nossa própria apreciação. "Ele deve se tornar cada vez maior, e eu, cada vez menor". E quando essa palavra tão altiva "eu", que frequentemente se torna tão proeminente, desaparecer completamente, até que não haja nem sombra dela, então nos tornaremos como nosso Senhor!

V.10 Há um anjo para vigiar cada filho de Deus! Os herdeiros do Céu têm esses santos espíritos que os vigiam e guardam. Essas inteligências santas que cuidam do povo de Deus, e ao mesmo tempo, contemplam a face de Deus! Eles obedecem a Suas ordens, escutando a voz da Sua Palavra e contemplando a Sua face todo o tempo. E se esses pequeninos são, assim, honrados pelos anjos do Senhor, nunca os desprezem! Eles podem estar vestidos com pompa ou usar o tecido mais pobre, mas sempre serão cuidados como príncipes — portanto, trate-os como tais.

V.15 Não diga: "Você deve vir até mim". Vá até ele — ele pecou contra você. É um assunto pessoal — vá buscá-lo. É inútil esperar a pessoa que causa o dano tentar fazer as pazes. É o *ofendido* quem sempre tem que perdoar, embora ele não tenha nada para ser perdoado! É sempre assim e é o ofendido quem deveria, caso tenha a mente de Cristo, ser aquele que inicia a reconciliação.

Vv.19,20 Não é uma grande igreja, portanto, cingida com o maravilhoso poder da oração, mas mesmo dois ou três! Cristo não nos deixará desprezar um. Ele não nos deixará desprezar dois ou três. Quem desprezou o dia das pequenas coisas? Pelo contrário, meça por qualidade, e não por quantidade — e mesmo se a qualidade falhar — meça pelo amor e não por alguma regra de justiça que você estabeleceu!

atenderá. ²⁰Pois, onde dois ou três se reúnem em meu nome, eu estou no meio deles".

A parábola sobre a importância do perdão

²¹Então Pedro se aproximou de Jesus e perguntou: "Senhor, quantas vezes devo perdoar alguém[a] que peca contra mim? Sete vezes?".

²²Jesus respondeu: "Não sete vezes, mas setenta vezes sete.[b]

²³"Portanto, o reino dos céus pode ser comparado a um senhor que decidiu pôr em dia as contas com os servos que lhe deviam. ²⁴No decorrer do processo, trouxeram diante dele um servo que lhe devia sessenta milhões de moedas.[c] ²⁵Uma vez que o homem não tinha como pagar, o senhor ordenou que ele, sua esposa, seus filhos e todos os seus bens fossem vendidos para quitar a dívida.

²⁶"O homem se curvou diante do senhor e suplicou: 'Por favor, tenha paciência comigo, e eu pagarei tudo'. ²⁷O senhor teve compaixão dele, soltou-o e perdoou-lhe a dívida.

²⁸"No entanto, quando o servo saiu da presença do senhor, foi procurar outro servo que trabalhava com ele e que lhe devia cem moedas de prata.[d] Agarrou-o pelo pescoço e exigiu que ele pagasse de imediato.

²⁹"O servo se curvou diante dele e suplicou: 'Tenha paciência comigo, e eu pagarei tudo'. ³⁰O credor, porém, não estava disposto a esperar. Mandou que o homem fosse lançado na prisão até que tivesse pago toda a dívida.

³¹"Quando outros servos, companheiros dele, viram isso, ficaram muito tristes. Foram ao senhor e lhe contaram tudo que havia acontecido. ³²Então o senhor chamou o homem cuja dívida ele havia perdoado e disse: 'Servo mau! Eu perdoei sua imensa dívida porque você me implorou. ³³Acaso não devia ter misericórdia de seu companheiro, como tive misericórdia de você?'. ³⁴E, irado, o senhor mandou o homem à prisão para ser torturado até que lhe pagasse toda a dívida.

³⁵"Assim também meu Pai celestial fará com vocês caso se recusem a perdoar de coração a seus irmãos".

Discussão sobre divórcio e casamento

19 Quando Jesus terminou de dizer essas coisas, deixou a Galileia e foi para a região da Judeia, a leste do rio Jordão. ²Grandes multidões o seguiram, e ele curou os enfermos.

³Alguns fariseus apareceram e tentaram apanhar Jesus numa armadilha, perguntando: "Deve-se permitir que um homem se divorcie de sua mulher por qualquer motivo?".

⁴"Vocês não leram as Escrituras?", respondeu Jesus. "Elas registram que, desde o princípio, o Criador 'os fez homem e mulher'[e] ⁵e disse: 'Por isso o homem deixa pai e mãe e se une à sua mulher, e os dois se tornam um só'.[f] ⁶Uma vez que já não são dois, mas um só, que ninguém separe o que Deus uniu."

⁷Eles perguntaram: "Então por que Moisés disse na lei que o homem poderia dar à esposa um certificado de divórcio e mandá-la embora?".[g]

⁸Jesus respondeu: "Moisés permitiu o divórcio apenas como concessão, pois o coração de vocês é duro, mas não era esse o propósito original. ⁹E eu lhes digo o seguinte: quem se divorciar de sua esposa, o que só poderá fazer em caso de imoralidade, e se casar com outra, cometerá adultério".[h]

¹⁰Os discípulos de Jesus disseram: "Se essa é a condição do homem em relação à sua mulher, é melhor não casar!".

¹¹"Nem todos têm como aceitar esse ensino", disse Jesus. "Só aqueles que recebem a ajuda de Deus. ¹²Alguns nascem eunucos, alguns foram feitos eunucos por outros e alguns a si mesmos se fazem eunucos por causa do reino dos céus. Quem puder, que aceite isso."

Jesus abençoa as crianças

¹³Certo dia, trouxeram crianças para que Jesus pusesse as mãos sobre elas e orasse em seu favor, mas os discípulos repreendiam aqueles que as traziam.

¹⁴Jesus, porém, disse: "Deixem que as crianças venham a mim. Não as impeçam, pois o reino dos céus pertence aos que são como elas". ¹⁵Então, antes de ir embora, pôs as mãos sobre a cabeça delas e as abençoou.

---

[a] **18.21** Em grego, *meu irmão*. [b] **18.22** Ou *setenta e sete vezes*. [c] **18.24** Em grego, *10.000 talentos*. O talento era uma medida de peso (de ouro ou prata) equivalente a 35 quilos, isto é, cerca de 6.000 denários. [d] **18.28** Em grego, *100 denários*. Um denário equivalia ao salário por um dia completo de trabalho. [e] **19.4** Gn 1.27; 5.2. [f] **19.5** Gn 2.24. [g] **19.7** Ver Dt 24.1. [h] **19.9** Alguns manuscritos acrescentam *E quem se casa com uma mulher divorciada comete adultério*. Comparar com Mt 5.32.

O homem rico

¹⁶Um homem veio a Jesus com a seguinte pergunta: "Mestre,ᵃ que boas ações devo fazer para obter a vida eterna?".

¹⁷"Por que você me pergunta sobre o que é bom?", perguntou Jesus. "Há somente um que é bom. Se você deseja entrar na vida eterna, guarde os mandamentos."

¹⁸"Quais?", perguntou o homem.

Jesus respondeu: "Não mate. Não cometa adultério. Não roube. Não dê falso testemunho. ¹⁹Honre seu pai e sua mãe. Ame o seu próximo como a si mesmo".ᵇ

²⁰"Tenho obedecido a todos esses mandamentos", disse o homem. "O que mais devo fazer?"

²¹Jesus respondeu: "Se você quer ser perfeito, vá, venda todos os seus bens e dê o dinheiro aos pobres. Então você terá um tesouro no céu. Depois, venha e siga-me".

²²Quando o rapaz ouviu isso, foi embora triste, porque tinha muitos bens.

As recompensas do discipulado

²³Então Jesus disse a seus discípulos: "Eu lhes digo a verdade: é muito difícil um rico entrar no reino dos céus. ²⁴Digo também: é mais fácil um camelo passar pelo buraco de uma agulha que um rico entrar no reino de Deus".

²⁵Ao ouvir isso, os discípulos ficaram perplexos e perguntaram: "Então quem pode ser salvo?".

²⁶Jesus olhou atentamente para eles e respondeu: "Para as pessoas isso é impossível, mas tudo é possível para Deus".

²⁷Então Pedro disse: "Deixamos tudo para segui-lo. Qual será nossa recompensa?".

²⁸Jesus respondeu: "Eu lhes garanto que, quando o mundo for renovadoᶜ e o Filho do Homem se sentar em seu trono glorioso, vocês, que foram meus seguidores, também se sentarão em doze tronos para julgar as doze tribos de Israel. ²⁹E todos que tiverem deixado casa, irmãos, irmãs, pai, mãe, filhos ou propriedades por minha causa receberão em troca cem vezes mais e herdarão a vida eterna. ³⁰Contudo, muitos primeiros serão os últimos, e muitos últimos serão os primeiros."

A parábola dos trabalhadores do vinhedo

20 "Pois o reino dos céus é como o dono de uma propriedade que saiu de manhã cedo a fim de contratar trabalhadores para seu vinhedo. ²Combinou de pagar uma moeda de prataᵈ por um dia de serviço e os mandou trabalhar.

³"Às nove da manhã, estava passando pela praça e viu por ali alguns desocupados. ⁴Contratou-os e disse-lhes que, no final do dia, pagaria o que fosse justo. ⁵E eles foram trabalhar no vinhedo. Ao meio-dia e às três da tarde, fez a mesma coisa.

⁶"Às cinco da tarde, estava outra vez na cidade e viu por ali mais algumas pessoas. 'Por que vocês não trabalharam hoje?', perguntou ele.

⁷"'Porque ninguém nos contratou', responderam.

"Então o proprietário disse: 'Vão e trabalhem com os outros no meu vinhedo'.

⁸"Ao entardecer, mandou o capataz chamar os trabalhadores e pagá-los, começando pelos que haviam sido contratados por último. ⁹Os que foram contratados às cinco da tarde vieram e receberam uma moeda de prata. ¹⁰Quando chegaram os que foram contratados primeiro, imaginaram que receberiam mais. Contudo, também receberam uma moeda de prata. ¹¹Ao receber o pagamento, queixaram-se ao proprietário: ¹²'Aqueles trabalharam apenas uma hora e, no entanto, o senhor lhes pagou a mesma quantia que a nós, que trabalhamos o dia todo no calor intenso'.

¹³"O proprietário respondeu a um deles: 'Amigo, não fui injusto. Você não concordou em trabalhar o dia inteiro por uma moeda de prata? ¹⁴Pegue seu dinheiro e vá. Eu quis pagar ao último trabalhador o mesmo que paguei a você. ¹⁵É contra a lei eu fazer o que quero com

---

ᵃ**19.16** Alguns manuscritos trazem *Bom mestre*. ᵇ**19.18-19** Êx 20.12-16; Dt 5.16-20; Lv 19.18. ᶜ**19.28** Ou *na regeneração*. ᵈ**20.2** Em grego, *1 denário*; também em 20.9,10,13.

20.15 Não há atributo de Deus mais reconfortante para os Seus filhos do que a doutrina da soberania divina. Sob as circunstâncias mais adversas, nos problemas mais severos, eles acreditam que a soberania ordenou suas aflições, que a soberania as anula e que a soberania os santificará a todos! Não há nada que os filhos de

o meu dinheiro? Ou você está com inveja porque fui bondoso com os outros?'.

¹⁶"Assim, os últimos serão os primeiros, e os primeiros serão os últimos".ᵃ

Jesus prediz sua morte e ressurreição

¹⁷Enquanto subia para Jerusalém, Jesus chamou os doze discípulos e lhes disse, em particular, o que aconteceria com ele: ¹⁸"Ouçam, estamos subindo para Jerusalém, onde o Filho do Homem será traído e entregue aos principais sacerdotes e aos mestres da lei. Eles o condenarão à morte ¹⁹e o entregarão aos gentios, para que zombem dele, o açoitem e o crucifiquem. No terceiro dia, porém, ele ressuscitará".

Jesus ensina sobre servir a outros

²⁰Então a mãe dos filhos de Zebedeu veio a Jesus com seus filhos. Ela se ajoelhou diante dele a fim de lhe pedir um favor.

²¹"O que você quer?", perguntou ele.

Ela respondeu: "Por favor, permita que, no seu reino, meus dois filhos se sentem em lugares de honra ao seu lado, um à sua direita e outro à sua esquerda".

²²Jesus respondeu: "Vocês não sabem o que estão pedindo! São capazes de beber do cálice que estou prestes a beber?".

"Somos!", disseram eles.

²³Então Jesus disse: "De fato, vocês beberão do meu cálice. Não cabe a mim, no entanto, dizer quem se sentará à minha direita ou à minha esquerda. Meu Pai preparou esses lugares para aqueles que ele escolheu".

²⁴Quando os outros dez discípulos souberam o que os dois irmãos haviam pedido, ficaram indignados. ²⁵Então Jesus os reuniu e disse: "Vocês sabem que os governantes deste mundo têm poder sobre o povo, e que os oficiais exercem sua autoridade sobre os súditos. ²⁶Entre vocês, porém, será diferente. Quem quiser ser o líder entre vocês, que seja servo, ²⁷e quem quiser ser o primeiro entre vocês, que se torne escravo. ²⁸Pois nem mesmo o Filho do Homem veio para ser servido, mas para servir e dar sua vida em resgate por muitos".

Jesus cura dois cegos

²⁹Quando Jesus e seus discípulos saíam de Jericó, uma grande multidão os seguiu. ³⁰Dois cegos estavam sentados à beira do caminho e, quando souberam que Jesus vinha naquela direção, começaram a gritar: "Senhor, Filho de Davi, tenha misericórdia de nós!".

³¹"Calem-se!", diziam aos brados os que estavam na multidão.

Eles, porém, gritavam ainda mais alto: "Senhor, Filho de Davi, tenha misericórdia de nós!".

³²Ao ouvi-los, Jesus parou e perguntou: "O que vocês querem que eu lhes faça?".

³³Eles responderam: "Senhor, nós queremos enxergar!".

³⁴Jesus teve compaixão deles e tocou-lhes nos olhos. No mesmo instante, passaram a enxergar e o seguiram.

ᵃ **20.16** Alguns manuscritos acrescentam *Pois muitos são chamados, mas poucos são escolhidos*.

Deus devam defender com mais fervor do que o domínio de seu Mestre sobre toda a Criação — a realeza de Deus sobre todas as obras de Suas próprias mãos — o Trono de Deus e o Seu direito de sentar-se sobre esse Trono! Por outro lado, não há doutrina mais odiada pelos mundanos, não há nenhuma verdade de Deus das quais eles trataram duramente, como a grande e estupenda, porém, mais certa doutrina do que a da soberania do *Infinito Javé*. *Os homens permitirão a Deus estar em todos os lugares, exceto em Seu Trono!* Eles lhe permitirão estar em Sua oficina para formar mundos e fazer estrelas. Permitir-lhe-ão estar em Seu lugar de esmolas para dar Suas esmolas e conceder Suas recompensas. Deixarão que sustente a Terra e suas colunas, ou ilumine as luminárias do céu, ou governe as ondas do oceano que estão sempre em movimento. Mas, quando Deus ascende ao Seu Trono, Suas criaturas, então, rangem os dentes — e quando proclamamos um Deus *entronizado* e Seu direito de fazer o que Ele bem entender com os Seus, dispor de Suas criaturas como Ele quiser, sem consultá-las sobre o assunto — então é que somos vaiados e amaldiçoados. E é então que os homens voltam seus ouvidos surdos para nós, pois Deus em Seu Trono não é o Deus que eles amam! Eles o amam mais em qualquer lugar do que quando Ele se senta com o Seu cetro na mão e Sua coroa sobre a cabeça! Entretanto, é Deus no Trono que amamos pregar. Confiamos em Deus entronizado.

A entrada de Jesus em Jerusalém

21 Quando já se aproximavam de Jerusalém, Jesus e seus discípulos chegaram a Betfagé, no monte das Oliveiras. Jesus enviou na frente dois discípulos. ²"Vão àquele povoado adiante", disse ele. "Assim que entrarem, verão uma jumenta amarrada, com seu jumentinho ao lado. Desamarrem os animais e tragam-nos para mim. ³Se alguém lhes perguntar o que estão fazendo, digam apenas: 'O Senhor precisa deles', e de imediato a pessoa deixará que vocês os levem."

⁴Isso aconteceu para cumprir o que foi dito por meio do profeta:

⁵"Digam ao povo de Sião:ᵃ
'Vejam, seu Rei se aproxima.
Ele é humilde e vem montado num jumento,
num jumentinho, cria de jumenta'".ᵇ

⁶Os dois discípulos fizeram como Jesus havia ordenado. ⁷Trouxeram a jumenta e o jumentinho e puseram seus mantos sobre o jumentinho, e Jesus montou nele.

⁸Grande parte da multidão estendeu seus mantos ao longo do caminho diante de Jesus, e outros cortaram ramos das árvores e os espalharam pelo chão. ⁹E as pessoas, tanto as que iam à frente como as que o seguiam, gritavam:

"Hosana,ᶜ Filho de Davi!
Bendito é o que vem em nome do Senhor!
Hosana no mais alto céu!".ᵈ

¹⁰Quando Jesus entrou em Jerusalém, toda a cidade estava em grande alvoroço. "Quem é este?", perguntavam.

¹¹A multidão respondia: "É Jesus, o profeta de Nazaré, da Galileia".

Jesus purifica o templo

¹²Então Jesus entrou no templo e começou a expulsar todos que ali estavam comprando e vendendo animais para os sacrifícios. Derrubou as mesas dos cambistas e as cadeiras dos que vendiam pombas, ¹³dizendo: "As Escrituras declaram: 'Meu templo será chamado casa de oração', mas vocês o transformaram num esconderijo de ladrões!".ᵉ

¹⁴Os cegos e os coxos vieram a Jesus no templo, e ele os curou. ¹⁵Quando os principais sacerdotes e mestres da lei viram esses milagres maravilhosos e ouviram até as crianças no templo gritar "Hosana, Filho de Davi", ficaram indignados. ¹⁶"Está ouvindo o que as crianças estão dizendo?", perguntaram a Jesus.

"Sim", respondeu ele. "Vocês nunca leram as Escrituras? Elas dizem: 'Ensinaste crianças e bebês a te dar louvor'."ᶠ ¹⁷Então ele voltou a Betânia, onde passou a noite.

Jesus amaldiçoa a figueira

¹⁸De manhã, enquanto voltava para Jerusalém, Jesus teve fome. ¹⁹Encontrando uma figueira à beira do caminho, foi ver se havia figos, mas só encontrou folhas. Então, disse à figueira: "Nunca mais dê frutos!". E, no mesmo instante, a figueira secou.

²⁰Quando os discípulos viram isso, ficaram admirados e perguntaram: "Como a figueira secou tão depressa?".

²¹Jesus respondeu: "Eu lhes digo a verdade: se vocês tiverem fé e não duvidarem, poderão fazer o mesmo que fiz com esta figueira, e muito mais. Poderão até dizer a este monte: 'Levante-se e atire-se no mar', e isso acontecerá. ²²Se crerem, receberão qualquer coisa que pedirem em oração".

A autoridade de Jesus é questionada

²³Quando Jesus voltou ao templo e começou a ensinar, os principais sacerdotes e líderes do povo vieram até ele e perguntaram: "Com que autoridade você faz essas coisas? Quem lhe deu esse direito?".

²⁴Jesus respondeu: "Eu lhes direi com que autoridade faço essas coisas se vocês responderem a uma pergunta: ²⁵A autoridade de João para batizar vinha do céu ou era apenas humana?".

Eles discutiram a questão entre si: "Se dissermos que vinha do céu, ele perguntará por que não cremos em João. ²⁶Mas, se dissermos que era apenas humana, seremos atacados pela multidão, pois todos pensam que João era

---

ᵃ**21.5a** Em grego, *à filha de Sião*. Is 62.11. ᵇ**21.5b** Zc 9.9. ᶜ**21.9a** Exclamação de louvor que, em sua forma hebraica, significa "Salva agora!"; também em 21.9b,15. ᵈ**21.9b** Sl 118.25-26; 148.1. ᵉ**21.13** Is 56.7; Jr 7.11. ᶠ**21.16** Sl 8.2, conforme a Septuaginta.

profeta". ²⁷Por fim, responderam a Jesus: "Não sabemos".

E Jesus replicou: "Então eu também não direi com que autoridade faço essas coisas."

A parábola dos dois filhos

²⁸"O que acham disto? Um homem que tinha dois filhos disse ao mais velho: 'Filho, vá trabalhar no vinhedo hoje'. ²⁹O filho respondeu: 'Não vou', mas depois mudou de ideia e foi. ³⁰Então o pai disse ao outro filho: 'Vá você', e ele respondeu: 'Sim senhor, eu vou', mas não foi.

³¹"Qual dos dois obedeceu ao pai?"

Eles responderam: "O primeiro".

Então Jesus explicou: "Eu lhes digo a verdade: cobradores de impostos e prostitutas entrarão no reino de Deus antes de vocês. ³²Pois João veio e mostrou o caminho da justiça, mas vocês não creram nele, enquanto cobradores de impostos e prostitutas creram. E, mesmo depois de verem isso, vocês se recusaram a mudar de ideia e crer nele."

A parábola dos lavradores maus

³³"Agora, ouçam outra parábola. O dono de uma propriedade plantou um vinhedo. Construiu uma cerca ao redor, um tanque de prensar e uma torre para o guarda. Depois, arrendou o vinhedo a alguns lavradores e partiu para um lugar distante. ³⁴No tempo da colheita da uva, enviou seus servos a fim de receber sua parte da colheita. ³⁵Os lavradores agarraram os servos, espancaram um deles, mataram outro e apedrejaram o terceiro. ³⁶Então o dono da propriedade enviou um grupo maior de servos para receber a parte dele, mas o resultado foi o mesmo.

³⁷"Por fim, o dono enviou seu filho, pois pensou: 'Certamente respeitarão meu filho'. ³⁸"No entanto, quando os lavradores viram o filho, disseram uns aos outros: 'Aí vem o herdeiro da propriedade. Vamos matá-lo e tomar posse desta terra!'. ³⁹Então o agarraram, o arrastaram para fora do vinhedo e o mataram.

⁴⁰"Quando o dono da terra voltar, o que vocês acham que ele fará com aqueles lavradores?", perguntou Jesus.

⁴¹Os líderes religiosos responderam: "Ele os matará cruelmente e arrendará o vinhedo para outros, que lhe darão sua parte depois de cada colheita".

⁴²Então Jesus disse: "Vocês nunca leram nas Escrituras:

'A pedra que os construtores rejeitaram
  se tornou a pedra angular.
Isso é obra do Senhor
  e é maravilhosa de ver'?ᵃ

⁴³Eu lhes digo que o reino de Deus lhes será tirado e entregue a um povo que produzirá os devidos frutos. ⁴⁴Quem tropeçar nesta pedra será despedaçado, e aquele sobre quem ela cair será reduzido a pó".ᵇ

⁴⁵Quando os principais sacerdotes e fariseus ouviram essa parábola, perceberam que eles eram os lavradores maus a que Jesus se referia. ⁴⁶Queriam prendê-lo, mas tinham medo das multidões, pois elas o consideravam um profeta.

A parábola do banquete de casamento

22 Jesus lhes contou outras parábolas. Disse ele: ²"O reino dos céus pode ser ilustrado com a história de um rei que preparou um grande banquete de casamento para seu filho. ³Quando o banquete estava pronto, o rei enviou seus servos para avisar os convidados, mas todos se recusaram a vir.

ᵃ**21.42** Sl 118.22-23. ᵇ**21.44** Alguns manuscritos não trazem o versículo 44. Comparar com Lc 20.18.

22.1-3,13 *Vv.1-3* Observe que foi um rei que fez esta festa de casamento; portanto, recusar-se a estar presente, quando a ordem implicava grande honra para aqueles *que tinham sido convidados, era* um insulto muito grande perpetrado contra o rei e seu filho. "Todos se recusaram a vir". Se aquele que os convidou fosse apenas uma pessoa comum, talvez comparecer não fosse um dever, e eles até poderiam ter sua recusa justificada. Mas foi um rei que enviou seus servos para convocar os convidados para o casamento de seu filho; e eu proclamo que a festa do casamento do evangelho, à qual você é convidado, não é somente a festa de um rei, mas do Rei dos reis, seu Criador e seu Deus. Quando se recusa a ir, em obediência à Sua ordem, você comete um ato de rebelião manifesto contra Sua divina Majestade. O "rei enviou seus servos para avisar os convidados, mas todos se recusaram a vir". Eles foram convidados, mas não quiseram ir; a partir

⁴"Então ele enviou outros servos para lhes dizer: 'Já preparei o banquete; os bois e novilhos gordos foram abatidos, e tudo está pronto. Venham para a festa!'. ⁵Mas os convidados não lhes deram atenção e foram embora: um para sua fazenda, outro para seus negócios. ⁶Outros, ainda, agarraram os mensageiros, os insultaram e os mataram.

⁷"O rei ficou furioso e enviou seu exército para destruir os assassinos e queimar a cidade deles. ⁸Disse a seus servos: 'O banquete de casamento está pronto, e meus convidados não são dignos dessa honra. ⁹Agora, saiam pelas esquinas e convidem todos que vocês encontrarem'. ¹⁰Então os servos trouxeram todos que encontraram, tanto bons como maus, e o salão do banquete se encheu de convidados.

¹¹"Quando o rei entrou para recebê-los, notou um homem que não estava vestido de forma apropriada para um casamento ¹²e perguntou-lhe: 'Amigo, como é que você se apresenta sem a roupa de casamento?'. O homem não teve o que responder. ¹³Então o rei disse: 'Amarrem-lhe as mãos e os pés e lancem-no para fora, na escuridão, onde haverá choro e ranger de dentes'.

¹⁴"Pois muitos são chamados, mas poucos são escolhidos".

Impostos para César

¹⁵Então os fariseus se reuniram para tramar um modo de levar Jesus a dizer algo que desse motivo para o prenderem. ¹⁶Enviaram alguns de seus discípulos, junto com os partidários de Herodes, para se encontrarem com ele. Disseram: "Mestre, sabemos como o senhor é honesto e ensina o caminho de Deus de acordo com a verdade. É imparcial e não demonstra favoritismo. ¹⁷Agora, diga-nos o que o senhor pensa a respeito disto: É certo pagar impostos a César ou não?".

¹⁸Jesus, porém, sabia de sua má intenção e disse: "Hipócritas! Por que vocês tentam me apanhar numa armadilha? ¹⁹Mostrem-me a moeda usada para pagar o imposto". Quando lhe deram uma moeda de prata,ᵃ ²⁰ele disse: "De quem são a imagem e o título nela gravados?".

²¹"De César", responderam.

"Então deem a César o que pertence a César, e deem a Deus o que pertence a Deus", disse ele.

²²Sua resposta os deixou admirados, e eles foram embora.

Discussão sobre a ressurreição dos mortos

²³No mesmo dia, vieram a Jesus alguns saduceus, líderes religiosos que afirmam não haver ressurreição dos mortos, ²⁴e perguntaram: "Mestre, Moisés disse: 'Se um homem morrer sem deixar filhos, o irmão dele deve se casar com a viúva e ter um filho, que dará continuidade ao nome do irmão'.ᵇ ²⁵Numa família havia sete irmãos. O mais velho se casou e morreu sem deixar filhos, de modo que seu irmão se casou com a viúva. ²⁶O segundo irmão também morreu, e o terceiro irmão se casou com ela. E assim por diante, até o sétimo irmão. ²⁷Por fim, a mulher também morreu. ²⁸Diga-nos, de quem ela será esposa na ressurreição? Afinal, os sete se casaram com ela".

²⁹Jesus respondeu: "O erro de vocês está em não conhecerem as Escrituras nem o poder de Deus, ³⁰pois, quando os mortos ressuscitarem,

---

ᵃ**22.19** Em grego, *1 denário*. ᵇ**22.24** Dt 25.5-6.

---

disso creio que aqueles que pensam que os convites do evangelho devem ser restritos a certos indivíduos, porque dizem que é inútil convidar os outros, erram "em não conhecerem as Escrituras". É de nossa conta a aparente inutilidade do que somos chamados a fazer? Nosso dever é distribuir o convite de acordo com as instruções do nosso Rei; apesar de não ser assunto nosso decidir se esse convite será aceito ou rejeitado. Nesse caso, sabemos o que aconteceu: "Todos se recusaram a vir".

V.13 Você consegue entrar na igreja, mesmo que não seja convertido; mas se não confia em Cristo, não é salvo, e sua falsa profissão de fé apenas tornará sua destruição mais terrível. Ai de nós, a menos que nos encontremos vestindo a justiça de Cristo — a menos que nossa vida seja santa pela influência graciosa de Seu Espírito bendito! Estas são as roupas de casamento que devemos vestir. Se não as tivermos, nossa presença na festa não nos servirá durante o grande tempo de provações que está chegando.

não se casarão nem se darão em casamento. Nesse sentido, serão como os anjos do céu.

³¹"Agora, quanto a haver ressurreição dos mortos, vocês não leram a esse respeito nas Escrituras? Deus disse: ³²'Eu sou o Deus de Abraão, o Deus de Isaque e o Deus de Jacó'.ᵃ Portanto, ele é o Deus dos vivos, e não dos mortos".

³³Quando as multidões o ouviram, ficaram admiradas com seu ensino.

O mandamento mais importante

³⁴Sabendo os fariseus que Jesus tinha calado os saduceus com essa resposta, reuniram-se novamente para interrogá-lo. ³⁵Um deles, especialista na lei, tentou apanhá-lo numa armadilha com a seguinte pergunta: ³⁶"Mestre, qual é o mandamento mais importante da lei de Moisés?".

³⁷Jesus respondeu: "'Ame o Senhor, seu Deus, de todo o seu coração, de toda a sua alma e de toda a sua mente'.ᵇ ³⁸Este é o primeiro e o maior mandamento. ³⁹O segundo é igualmente importante: 'Ame o seu próximo como a si mesmo'.ᶜ ⁴⁰Toda a lei e todas as exigências dos profetas se baseiam nesses dois mandamentos".

De quem o Cristo é filho?

⁴¹Então, rodeado pelos fariseus, Jesus lhes fez a seguinte pergunta: ⁴²"O que vocês pensam do Cristo? De quem ele é filho?".

Eles responderam: "É filho de Davi".

⁴³Jesus perguntou: "Então por que Davi, falando por meio do Espírito, chama o Cristo de 'meu Senhor'? Pois Davi disse:

⁴⁴'O Senhor disse ao meu Senhor:
Sente-se no lugar de honra à minha direita
até que eu humilhe seus inimigos
debaixo de seus pés'.ᵈ

⁴⁵Portanto, se Davi chamou o Cristo de 'meu Senhor', como ele pode ser filho de Davi?".

⁴⁶Ninguém conseguiu responder e, depois disso, *não se atreveram a lhe fazer mais perguntas*.

Jesus critica os líderes religiosos

23 Então Jesus disse às multidões e a seus discípulos: ²"Os mestres da lei e os fariseus ocuparam o lugar de intérpretes oficiais da lei de Moisés.ᵉ ³Portanto, pratiquem tudo que eles dizem e obedeçam-lhes, mas não sigam seu exemplo, pois eles não fazem o que ensinam. ⁴Oprimem as pessoas com exigências insuportáveis e não movem um dedo sequer para aliviar seus fardos.

⁵"Tudo que fazem é para se exibir. Usam nos braços filactériosᶠ mais largos que de costume e vestem mantos com franjas mais longas. ⁶Gostam de sentar-se à cabeceira da mesa nos banquetes e de ocupar os lugares de honra nas sinagogas. ⁷Gostam de receber saudações respeitosas enquanto andam pelas praças e de ser chamados de 'Rabi'.ᵍ

⁸"Não deixem que pessoa alguma os chame de 'Rabi', pois vocês têm somente um mestre, e todos vocês são irmãos. ⁹Não se dirijam a pessoa alguma aqui na terra como 'Pai', pois somente Deus no céu é seu Pai. ¹⁰Não deixem que pessoa alguma os chame de 'Mestre', pois vocês têm somente um mestre, o Cristo. ¹¹O mais importante entre vocês deve ser servo dos outros, ¹²pois os que se exaltam serão humilhados, e os que se humilham serão exaltados.

¹³"Que aflição os espera, mestres da lei e fariseus! Hipócritas! Fecham a porta do reino dos céus na cara das pessoas. Vocês mesmos não entram e não permitem que os outros entrem.

¹⁴"Que aflição os espera, mestres da lei e fariseus! Hipócritas! Tomam posse dos bens das viúvas de maneira desonesta e, depois, para dar a impressão de piedade, fazem longas orações em público. Por causa disso, serão duramente castigados.ʰ

¹⁵"Que aflição os espera, mestres da lei e fariseus! Hipócritas! Atravessam terra e mar para converter alguém e depois o tornam um filho do inferno,ⁱ duas vezes pior que vocês.

¹⁶"Que aflição os espera, guias cegos! Vocês dizem não haver importância se alguém jura 'pelo templo de Deus', mas se jurar 'pelo ouro

---

ᵃ**22.32** Êx 3.6. ᵇ**22.37** Dt 6.5. ᶜ**22.39** Lv 19.18. ᵈ**22.44** Sl 110.1. ᵉ**23.2** Em grego, *e os fariseus se sentam na cadeira de Moisés*. ᶠ**23.5** Pequenas caixas, usadas na oração, contendo versículos da lei de Moisés. ᵍ**23.7** Termo aramaico que significa "mestre" ou "professor". ʰ**23.14** Alguns manuscritos não trazem o versículo 14. Comparar com Mc 12.40 e Lc 20.47. ⁱ**23.15** Em grego, *do Geena*; também em 23.33.

do templo' será obrigado a cumprir o juramento. ¹⁷Tolos cegos! O que é mais importante: o ouro ou o templo, que torna o ouro sagrado? ¹⁸Dizem também não haver importância se alguém jura 'pelo altar', mas se jurar 'pelas ofertas sobre o altar' será obrigado a cumprir o juramento. ¹⁹Cegos! O que é mais importante: a oferta sobre o altar ou o altar, que torna a oferta sagrada? ²⁰Quando juram 'pelo altar', juram por ele e por tudo que está sobre ele. ²¹Quando juram 'pelo templo', juram por ele e por Deus, que nele habita. ²²Quando juram 'pelo céu', juram pelo trono de Deus e por Deus, que se senta no trono.

²³"Que aflição os espera, mestres da lei e fariseus! Hipócritas! Têm o cuidado de dar o dízimo da hortelã, do endro e do cominho, mas negligenciam os aspectos mais importantes da lei: justiça, misericórdia e fé. Sim, vocês deviam fazer essas coisas, mas sem descuidar das mais importantes. ²⁴Guias cegos! Coam a água para não engolir um mosquito, mas engolem um camelo!ᵃ

²⁵"Que aflição os espera, mestres da lei e fariseus! Hipócritas! Têm o cuidado de limpar a parte exterior do copo e do prato, enquanto o interior está imundo, cheio de ganância e falta de domínio próprio. ²⁶Fariseus cegos! Lavem primeiro o interior do copo e do prato,ᵇ e o exterior também ficará limpo.

²⁷"Que aflição os espera, mestres da lei e fariseus! Hipócritas! São como túmulos pintados de branco: bonitos por fora, mas cheios de ossos e de toda espécie de impureza por dentro. ²⁸Por fora parecem justos, mas por dentro seu coração está cheio de hipocrisia e maldade.

²⁹"Que aflição os espera, mestres da lei e fariseus! Hipócritas! Constroem túmulos para os profetas, enfeitam os monumentos dos justos ³⁰e depois dizem: 'Se tivéssemos vivido no tempo de nossos antepassados, não teríamos participado com eles do derramamento de sangue dos profetas'.

³¹"Ao dizer isso, porém, testemunham contra si mesmos que são, de fato, descendentes dos que assassinaram os profetas. ³²Vão e terminem o que seus antepassados começaram. ³³Serpentes! Raça de víboras! Como escaparão do julgamento do inferno?

³⁴"Por isso eu lhes envio profetas, homens sábios e mestres da lei. Vocês crucificarão alguns e açoitarão outros nas sinagogas, perseguindo-os de cidade em cidade. ³⁵Como resultado, serão responsabilizados pelo assassinato de todos os justos de todos os tempos, desde o assassinato do justo Abel até o de Zacarias, filho de Baraquias, que vocês mataram no templo, entre o santuário e o altar. ³⁶Eu lhes digo a verdade: esse julgamento cairá sobre a presente geração."

O lamento de Jesus sobre Jerusalém

³⁷"Jerusalém, Jerusalém, cidade que mata profetas e apedreja os mensageiros de Deus! Quantas vezes eu quis juntar seus filhos como a galinha protege os pintinhos sob as asas, mas você não deixou. ³⁸E, agora, sua casa foi abandonada e está deserta.ᶜ ³⁹Pois eu lhe digo: você nunca mais me verá, até que diga: 'Bendito é o que vem em nome do Senhor!'".ᵈ

Jesus fala de acontecimentos futuros

24 Quando Jesus saía da área do templo, seus discípulos lhe chamaram a atenção para as diversas construções do edifício. ²Ele, porém, disse: "Estão vendo todas estas construções? Eu lhes digo a verdade: elas serão completamente demolidas. Não restará pedra sobre pedra!".

³Mais tarde, Jesus sentou-se no monte das Oliveiras. Seus discípulos vieram até ele em particular e perguntaram: "Diga-nos, quando isso tudo vai acontecer? Que sinal indicará sua volta e o fim dos tempos?".ᵉ

⁴Jesus respondeu: "Não deixem que ninguém os engane, ⁵pois muitos virão em meu nome, dizendo: 'Eu sou o Cristo', e enganarão muitos. ⁶Vocês ouvirão falar de guerras e ameaças de guerras, mas não entrem em pânico. Sim, é necessário que essas coisas ocorram, mas ainda não será o fim. ⁷Uma nação guerreará contra a outra, e um reino contra o outro. Haverá fome e terremotos em várias partes do mundo. ⁸Tudo isso, porém, será apenas o começo das dores de parto.

ᵃ**23.24** Ver Lv 11.4,23. ᵇ**23.26** Alguns manuscritos não trazem *e do prato*. ᶜ**23.38** Alguns manuscritos não trazem *e está deserta*. ᵈ**23.39** Sl 118.26. ᵉ**24.3** Ou *da era?*

⁹"Então vocês serão presos, perseguidos e mortos. Por minha causa, serão odiados em todo o mundo. ¹⁰Muitos se afastarão de mim, e trairão e odiarão uns aos outros. ¹¹Falsos profetas surgirão em grande número e enganarão muitos. ¹²O pecado aumentará e o amor de muitos esfriará, ¹³mas quem se mantiver firme até o fim será salvo. ¹⁴As boas-novas a respeito do reino serão anunciadas em todo o mundo, para que todas as nações[a] as ouçam; então, virá o fim.

¹⁵"Chegará o dia em que vocês verão aquilo de que o profeta Daniel falou, a 'terrível profanação'[b] que será colocada no lugar santo. (Leitor, preste atenção!) ¹⁶Quem estiver na Judeia, fuja para os montes. ¹⁷Quem estiver no terraço no alto da casa, não desça para pegar suas coisas. ¹⁸Quem estiver no campo, não volte nem para pegar o manto. ¹⁹Que terríveis serão aqueles dias para as grávidas e para as mães que estiverem amamentando! ²⁰Orem para que a fuga de vocês não seja no inverno nem no sábado, ²¹pois haverá mais angústia que em qualquer outra ocasião desde o começo do mundo, e nunca mais haverá angústia tão grande. ²²De fato, se o tempo de calamidade não tivesse sido limitado, ninguém sobreviveria, mas esse tempo foi limitado por causa dos escolhidos.

²³"Portanto, se alguém lhes disser: 'Vejam, aqui está o Cristo!' ou 'Ali está ele!', não acreditem, ²⁴pois falsos cristos e falsos profetas surgirão e realizarão grandes sinais e maravilhas a fim de enganar, se possível, até os escolhidos. ²⁵Vejam que eu os avisei disso de antemão.

²⁶"Portanto, se alguém lhes disser: 'Ele está no deserto!', nem se deem ao trabalho de sair para procurá-lo. E se disserem: 'Está escondido aqui!', não acreditem. ²⁷Porque, assim como o relâmpago lampeja no leste e brilha no oeste, assim será a vinda do Filho do Homem. ²⁸Onde estiver o cadáver, ali se ajuntarão os abutres.

²⁹"Imediatamente depois da angústia daqueles dias,

'o sol escurecerá,
a lua não dará luz,
as estrelas cairão do céu
e os poderes dos céus serão abalados'.[c]

³⁰Então, por fim, aparecerá no céu o sinal da vinda do Filho do Homem, e haverá grande lamentação entre todos os povos da terra. Eles verão o Filho do Homem vindo nas nuvens do céu com poder e grande glória.[d] ³¹Ele enviará seus anjos com um forte sopro de trombeta, e eles reunirão os escolhidos de todas as partes do mundo,[e] de uma extremidade à outra do céu.

³²"Agora, aprendam a lição da figueira. Quando os ramos surgem e as folhas começam a brotar, vocês sabem que o verão está próximo. ³³Da mesma forma, quando virem todas essas coisas, saberão que o tempo está muito próximo, à porta. ³⁴Eu lhes digo a verdade: esta geração[f] certamente não passará até que todas essas coisas tenham acontecido. ³⁵O céu e

[a] **24.14** Ou *todos os povos*. [b] **24.15** Em grego, *a abominação da desolação*. Ver Dn 9.27; 11.31; 12.11. [c] **24.29** Ver Is 13.10; 34.4; Jl 2.10. [d] **24.30** Ver Dn 7.13. [e] **24.31** Em grego, *dos quatro ventos*. [f] **24.34** Ou *esta era*, ou *esta nação*.

24.11,12 O que não poderia ser realizado por perseguidores fora da igreja e traidores no interior dela, seria tentado por mestres de heresia: "Falsos profetas surgirão em grande número e enganarão muitos". Eles se levantaram em todas as épocas. Nestes tempos modernos, eles se levantaram em nuvens, como um exército de gafanhotos devoradores, até o ar estar *denso por conta deles!* Estes são os homens que inventam novas doutrinas e que parecem pensar que a religião de Jesus Cristo é algo que um homem pode distorcer em qualquer forma e formato que lhe agradar. É lamentável que tais mestres tenham discípulos! É duplamente triste que eles possam desviar "muitos".

No entanto, quando isso acontece, lembremos que o Rei disse que seria assim.

Não é de admirar que, onde o pecado prosperar e que tal ilegalidade aumente, "o amor de muitos esfriará"? Se os mestres enganam as pessoas e lhes dão "boas-novas, mas que não são boas-novas de maneira nenhuma", não é de admirar que haja falta de amor e zelo. A admiração é que reste algum amor e zelo depois de terem sido submetidos a processo tão arrepiante e assassino como o adotado pelos defensores da "crítica destrutiva" [N.E.: ou "Alta Crítica".] moderna. Na verdade, é justamente chamada de "destrutiva", pois ela destrói quase tudo o que vale a pena preservar!

a terra desaparecerão, mas as minhas palavras jamais desaparecerão.

³⁶"Contudo, ninguém sabe o dia nem a hora em que essas coisas acontecerão, nem mesmo os anjos no céu, nem o Filho.[a] Somente o Pai sabe.

³⁷"Quando o Filho do Homem voltar, será como no tempo de Noé. ³⁸Nos dias antes do dilúvio, o povo seguia sua rotina de banquetes, festas e casamentos, até o dia em que Noé entrou na arca. ³⁹Não perceberam o que estava para acontecer até que veio o dilúvio e levou todos. Assim será na vinda do Filho do Homem.

⁴⁰"Dois homens estarão trabalhando juntos no campo; um será levado, e o outro, deixado. ⁴¹Duas mulheres estarão moendo cereal no moinho; uma será levada, e a outra, deixada.

⁴²"Portanto, vigiem, pois não sabem em que ocasião o seu Senhor virá. ⁴³Entendam isto: se o dono da casa soubesse exatamente a que horas viria o ladrão, ficaria atento e não permitiria que a casa fosse arrombada. ⁴⁴Estejam também sempre preparados, pois o Filho do Homem virá quando menos esperam.

⁴⁵"O servo fiel e sensato é aquele a quem seu senhor encarrega de gerir os outros servos da casa e alimentá-los. ⁴⁶Se o senhor voltar e constatar que o servo fez um bom trabalho, haverá recompensa. ⁴⁷Eu lhes digo a verdade: ele colocará todos os seus bens sob os cuidados desse servo. ⁴⁸O que acontecerá, porém, se o servo for mau e pensar: 'Meu senhor não voltará tão cedo', ⁴⁹e começar a espancar os outros servos, a comer e a beber e se embriagar? ⁵⁰O senhor desse servo voltará em dia que não se espera e em hora que não se conhece, ⁵¹cortará o servo ao meio e lhe dará o mesmo destino dos hipócritas. Ali haverá choro e ranger de dentes."

A parábola das dez virgens

25 "Então o reino dos céus será como as dez virgens que pegaram suas lamparinas e saíram para encontrar-se com o noivo. ²Cinco delas eram insensatas, e cinco, prudentes. ³As cinco insensatas não levaram óleo suficiente para as lamparinas, ⁴mas as outras cinco tiveram o bom senso de levar óleo de reserva. ⁵Como o noivo demorou a chegar, todas ficaram sonolentas e adormeceram.

⁶"À meia-noite, foram acordadas pelo grito: 'Vejam, o noivo está chegando! Saiam para recebê-lo!'.

⁷"Todas as virgens se levantaram e prepararam suas lamparinas. ⁸Então as cinco insensatas pediram às outras: 'Por favor, deem-nos um pouco de óleo, pois nossas lamparinas estão se apagando'.

⁹"As outras, porém, responderam: 'Não temos o suficiente para todas. Vão e comprem óleo para vocês'.

¹⁰"Quando estavam fora comprando óleo, o noivo chegou. Então as cinco que estavam preparadas entraram com ele no banquete de casamento, e a porta foi trancada. ¹¹Mais tarde, quando as outras cinco voltaram, ficaram do lado de fora, chamando: 'Senhor! Senhor! Abra-nos a porta!'.

¹²"Mas ele respondeu: 'A verdade é que não as conheço'.

¹³"Portanto, vigiem, pois não sabem o dia nem a hora da volta."

A parábola dos três servos

¹⁴"O reino dos céus também pode ser ilustrado com a história de um homem que estava para fazer uma longa viagem. Ele reuniu seus servos e lhes confiou seu dinheiro, ¹⁵dividindo-o de forma proporcional à capacidade deles: ao primeiro entregou cinco talentos;[b] ao segundo, dois talentos; e ao último, um talento. Então foi viajar.

¹⁶"O servo que recebeu cinco talentos começou a investir o dinheiro e ganhou outros cinco. ¹⁷O servo que recebeu dois talentos também se pôs a trabalhar e ganhou outros dois. ¹⁸Mas o servo que recebeu um talento cavou um buraco no chão e ali escondeu o dinheiro de seu senhor.

¹⁹"Depois de muito tempo, o senhor voltou de viagem e os chamou para prestarem contas de como haviam usado o dinheiro. ²⁰O servo ao qual ele havia confiado cinco talentos se apresentou com mais cinco: 'O senhor me

---

[a]**24.36** Alguns manuscritos não trazem *nem o Filho*. [b]**25.15** O *talento* era uma medida de peso (de ouro ou prata) equivalente a 35 quilos.

deu cinco talentos para investir, e eu ganhei mais cinco'.

²¹"O senhor disse: 'Muito bem, meu servo bom e fiel. Você foi fiel na administração dessa quantia pequena, e agora lhe darei muitas outras responsabilidades. Venha celebrar comigo'.ᵃ

²²"O servo que havia recebido dois talentos se apresentou e disse: 'O senhor me deu dois talentos para investir, e eu ganhei mais dois'.

²³"O senhor disse: 'Muito bem, meu servo bom e fiel. Você foi fiel na administração dessa quantia pequena, e agora lhe darei muitas outras responsabilidades. Venha celebrar comigo'.

²⁴"Por último, o servo que havia recebido um talento veio e disse: 'Eu sabia que o senhor é homem severo, que colhe onde não plantou e ajunta onde não semeou. ²⁵Tive medo de perder seu dinheiro, por isso o escondi na terra. Aqui está ele'.

²⁶"O senhor, porém, respondeu: 'Servo mau e preguiçoso! Se você sabia que eu colho onde não plantei e ajunto onde não semeei, ²⁷por que não depositou meu dinheiro? Pelo menos eu teria recebido os juros.

²⁸"Em seguida, ordenou: 'Tirem o dinheiro deste servo e deem ao que tem os dez talentos. ²⁹Pois ao que tem, mais lhe será dado, e terá em grande quantia; mas do que nada tem, mesmo o que não tem lhe será tomado. ³⁰Agora lancem este servo inútil para fora, na escuridão, onde haverá choro e ranger de dentes'."

O juízo final

³¹"Quando o Filho do Homem vier em sua glória, acompanhado de todos os anjos, ele se sentará em seu trono glorioso. ³²Todas as naçõesᵇ serão reunidas em sua presença, e ele separará as pessoas como um pastor separa as ovelhas dos bodes. ³³Colocará as ovelhas à sua direita e os bodes à sua esquerda.

³⁴"Então o Rei dirá aos que estiverem à sua direita: 'Venham, vocês que são abençoados por meu Pai. Recebam como herança o reino que ele lhes preparou desde a criação do mundo. ³⁵Pois tive fome e vocês me deram de comer. Tive sede e me deram de beber. Era estrangeiro e me convidaram para a sua casa. ³⁶Estava nu e me vestiram. Estava doente e cuidaram de mim. Estava na prisão e me visitaram'.

³⁷"Então os justos responderão: 'Senhor, quando foi que o vimos faminto e lhe demos de comer? Ou sedento e lhe demos de beber? ³⁸Ou como estrangeiro e o convidamos para a nossa casa? Ou nu e o vestimos? ³⁹Quando foi que o vimos doente ou na prisão e o visitamos?'.

⁴⁰"E o Rei dirá: 'Eu lhes digo a verdade: quando fizeram isso ao menor destes meus irmãos, foi a mim que o fizeram'.

⁴¹"Em seguida, o Rei se voltará para os que estiverem à sua esquerda e dirá: 'Fora daqui, malditos, para o fogo eterno preparado para o diabo e seus anjos. ⁴²Pois tive fome, e vocês não me deram de comer. Tive sede, e não me deram de beber. ⁴³Era estrangeiro, e não me convidaram para a sua casa. Estava nu, e não me vestiram. Estava doente e na prisão, e não me visitaram'.

⁴⁴"Então eles dirão: 'Senhor, quando o vimos faminto, sedento, como estrangeiro, nu, doente ou na prisão, e não o ajudamos?'.

⁴⁵"Ele responderá: 'Eu lhes digo a verdade: quando se recusaram a ajudar o menor destes meus irmãos e irmãs, foi a mim que se recusaram a ajudar'.

⁴⁶"E estes irão para o castigo eterno, mas os justos irão para a vida eterna".

A conspiração para matar Jesus

26 Quando Jesus terminou de falar todas essas coisas, disse a seus discípulos: ²"Como vocês sabem, a Páscoa começa daqui a dois dias, e o Filho do Homem será entregue para ser crucificado".

³Naquela mesma hora, os principais sacerdotes e líderes do povo estavam reunidos na residência de Caifás, o sumo sacerdote, ⁴tramando uma forma de prender Jesus em segredo e matá-lo. ⁵"Mas não durante a festa da Páscoa, para não haver tumulto entre o povo", concordaram entre eles.

Jesus é ungido em Betânia

⁶Enquanto isso, Jesus estava em Betânia, na casa de Simão, o leproso. ⁷Quando ele estava à mesa, uma mulher entrou com um frasco de alabastro

---

ᵃ **25.21** Em grego, *Entre na alegria do seu senhor*; também em 25.23. ᵇ **25.32** Ou *Todos os povos*.

contendo um perfume caro e derramou o perfume sobre a cabeça dele. ⁸Ao ver isso, os discípulos ficaram indignados. "Que desperdício!", disseram. ⁹"O perfume poderia ter sido vendido por um alto preço, e o dinheiro, dado aos pobres!"

¹⁰Jesus, sabendo do que falavam, disse: "Por que criticam esta mulher por ter feito algo tão bom para mim? ¹¹Vocês sempre terão os pobres em seu meio, mas nem sempre terão a mim. ¹²Ela derramou este perfume em mim a fim de preparar meu corpo para o sepultamento. ¹³Eu lhes garanto: onde quer que as boas-novas sejam anunciadas pelo mundo, o que esta mulher fez será contado, e dela se lembrarão".

Judas concorda em trair Jesus

¹⁴Então Judas Iscariotes, um dos Doze, foi aos principais sacerdotes ¹⁵e perguntou: "Quanto vocês me pagarão se eu lhes entregar Jesus?". E eles lhe deram trinta moedas de prata. ¹⁶Daquele momento em diante, Judas começou a procurar uma oportunidade para trair Jesus.

A última Páscoa

¹⁷No primeiro dia da Festa dos Pães sem Fermento, os discípulos vieram a Jesus e perguntaram: "Onde quer que preparemos a refeição da Páscoa?".

¹⁸Ele respondeu: "Assim que entrarem na cidade, verão determinado homem. Digam-lhe: 'O Mestre diz: Meu tempo chegou e comerei em sua casa a refeição da Páscoa, com meus discípulos'". ¹⁹Então os discípulos fizeram como Jesus os havia instruído e ali prepararam a refeição da Páscoa.

²⁰Ao anoitecer, Jesus estava à mesa com os Doze. ²¹Enquanto comiam, disse: "Eu lhes digo a verdade: um de vocês vai me trair".

²²Muito aflitos, eles protestaram, um após o outro: "Certamente não serei eu, Senhor!".

²³Jesus respondeu: "Um de vocês que acabou de comer da mesma tigela comigo vai me trair. ²⁴O Filho do Homem deve morrer, como as Escrituras declararam há muito tempo. Mas que terrível será para aquele que o trair! Para esse homem seria melhor não ter nascido".

²⁵Judas, aquele que o trairia, também disse: "Certamente não serei eu, Rabi!".

E Jesus respondeu: "É como você diz".

²⁶Enquanto comiam, Jesus tomou o pão e o abençoou. Em seguida, partiu-o em pedaços e deu aos discípulos, dizendo: "Tomem e comam, porque este é o meu corpo".

²⁷Então tomou o cálice de vinho e agradeceu a Deus. Depois, entregou-o aos discípulos e disse: "Cada um beba dele, ²⁸porque este é o meu sangue, que confirma a aliança.ª Ele é derramado como sacrifício para perdoar os pecados de muitos. ²⁹Prestem atenção ao que eu lhes digo: não voltarei a beber vinho até aquele dia em que, com vocês, beberei vinho novo no reino de meu Pai".

³⁰Então cantaram um hino e saíram para o monte das Oliveiras.

Jesus prediz a negação de Pedro

³¹No caminho, Jesus disse: "Esta noite todos vocês me abandonarão, pois as Escrituras dizem:

ª**26.28** Alguns manuscritos trazem *a nova aliança*.

26.14-16,30,33 *Vv.14-16* Foi um dos Doze que foi aos principais sacerdotes negociar o preço da traição de seu Senhor! Ele nem sequer mencionou o nome de Cristo em sua pergunta infame: "Quanto vocês me pagarão se eu lhes entregar Jesus?". O valor acordado, *trinta moedas de prata*, era o preço de um escravo e mostrava quão pouco valor os principais sacerdotes deram a Jesus — e também revelou a ganância de Judas ao vender seu Mestre por uma quantia tão baixa. No entanto, muitos venderam Jesus por um preço menor do que o recebido por Judas — um sorriso ou um sussurro foi suficiente para induzi-los a trair seu Senhor! Que aqueles que foram redimidos com o precioso sangue de Cristo, que o valorizaram, tenham consideração por Ele e o louvem muito. Ao lembrarmos com vergonha e tristeza dessas 30 moedas de prata, que nunca o subestimemos, nem esqueçamos a preciosidade inestimável daquele que foi considerado não mais valioso do que um escravo.

V.30 Não foi verdadeiramente corajoso de nosso querido Senhor cantar sob tais circunstâncias? Ele estava indo para Seu pavoroso e último conflito, para o Getsêmani, Gabatá e Gólgota — entretanto, Ele foi com uma canção nos Seus lábios! Jesus deve ter liderado o cântico, pois os discípulos estavam muito tristes para iniciar o *Hallel* com o qual a festa pascal se encerrou. *Então cantaram um hino e saíram para o monte das Oliveiras.* Naquele

'Deus ferirá[a] o pastor,
e as ovelhas do rebanho serão dispersas'.

³²Mas, depois de ressuscitar, irei adiante de vocês à Galileia".

³³Pedro declarou: "Pode ser que todos os outros o abandonem, mas eu jamais o abandonarei".

³⁴Jesus respondeu: "Eu lhe digo a verdade: esta mesma noite, antes que o galo cante, você me negará três vezes".

³⁵Pedro, no entanto, insistiu: "Mesmo que eu tenha de morrer ao seu lado, jamais o negarei!". E todos os outros discípulos disseram o mesmo.

Jesus ora no Getsêmani
³⁶Então Jesus foi com eles a um lugar chamado Getsêmani e disse: "Sentem-se aqui enquanto vou ali orar". ³⁷Levou consigo Pedro e os dois filhos de Zebedeu e começou a ficar triste e angustiado. ³⁸"Minha alma está profundamente triste, a ponto de morrer", disse ele. "Fiquem aqui e vigiem comigo."

³⁹Ele avançou um pouco, curvou-se com o rosto no chão e orou: "Meu Pai! Se for possível, afasta de mim este cálice. Contudo, que seja feita a tua vontade, e não a minha".

⁴⁰Depois, voltou aos discípulos e os encontrou dormindo. "Vocês não puderam vigiar comigo nem por uma hora?", disse ele a Pedro. ⁴¹"Vigiem e orem para que não cedam à tentação, pois o espírito está disposto, mas a carne é fraca."

⁴²Então os deixou pela segunda vez e orou: "Meu Pai! Se não for possível afastar de mim este cálice[b] sem que eu o beba, faça-se a tua vontade". ⁴³Quando voltou pela segunda vez, encontrou-os dormindo de novo, pois não conseguiam manter os olhos abertos.

⁴⁴Foi orar pela terceira vez, dizendo novamente as mesmas coisas. ⁴⁵Em seguida, voltou aos discípulos e lhes disse: "Como é que vocês ainda dormem e descansam? Vejam, chegou a hora. O Filho do Homem está para ser entregue nas mãos de pecadores. ⁴⁶Levantem-se e vamos. Meu traidor chegou".

Jesus é traído e preso
⁴⁷Enquanto Jesus ainda falava, Judas, um dos Doze, chegou com uma grande multidão armada de espadas e pedaços de pau. Tinham sido enviados pelos principais sacerdotes e líderes do povo. ⁴⁸O traidor havia combinado com eles um sinal: "Vocês saberão a quem devem prender quando eu o cumprimentar com um beijo". ⁴⁹Então Judas veio diretamente a Jesus. "Saudações, Rabi!", exclamou ele, e o beijou.

⁵⁰Jesus disse: "Amigo, faça de uma vez o que veio fazer".

Então os outros agarraram Jesus e o prenderam. ⁵¹Um dos que estavam com Jesus puxou a espada e feriu o servo do sumo sacerdote, cortando-lhe a orelha.

⁵²"Guarde sua espada", disse Jesus. "Os que usam a espada morrerão pela espada. ⁵³Você não percebe que eu poderia pedir a meu Pai milhares[c] de anjos para me proteger, e ele os enviaria no mesmo instante? ⁵⁴Se eu o fizesse, porém, como se cumpririam as Escrituras, que descrevem o que é necessário que agora aconteça?"

⁵⁵Em seguida, Jesus disse à multidão: "Por acaso sou um revolucionário perigoso para que venham me prender com espadas e

---

[a]26.31 Em grego, *Eu ferirei*. Zc 13.7. [b]26.42 Alguns manuscritos trazem *afastar isto de mim*. [c]26.53 Em grego, *doze legiões*.

---

momento veio aquela luta desesperada na qual o grande Capitão de nossa salvação lutou até suar gotas de sangue e prevalecer.

V.33 Este foi um discurso muito presunçoso, não só *por causa da autoconfiança que traiu*, mas também porque era uma total contradição da declaração do Mestre! Jesus disse: "Esta noite todos vocês me abandonarão", mas Pedro achou que sabia mais do que Cristo, então respondeu: "Pode ser que todos os outros o abandonem, mas eu jamais o abandonarei". Não há dúvidas de que essas palavras foram ditas de seu coração, mas "O coração humano é mais enganoso que qualquer coisa e é extremamente perverso; quem sabe, de fato, o quanto é mau?". Pedro deve ter ficado espantado, na manhã seguinte, ao descobrir o engano e a perversidade de seu próprio coração manifestado em sua tripla negação de seu Senhor! Aquele que se considera muito mais forte do que seus irmãos será aquele que se tornará mais fraco do que muitos deles, como aconteceu com Pedro, não muitas horas depois de sua vanglória ter sido proferida.

pedaços de pau? Por que não me prenderam no templo? Ali estive todos os dias, ensinando. ⁵⁶Mas tudo isto está acontecendo para que se cumpram as palavras dos profetas registradas nas Escrituras". Nesse momento, todos os discípulos o abandonaram e fugiram.

O julgamento de Jesus diante do conselho

⁵⁷Então os que haviam prendido Jesus o levaram para a casa de Caifás, o sumo sacerdote, onde estavam reunidos os mestres da lei e os líderes do povo. ⁵⁸Enquanto isso, Pedro seguia Jesus de longe, até chegar ao pátio do sumo sacerdote. Entrou ali, sentou-se com os guardas e esperou para ver o que aconteceria.

⁵⁹Lá dentro, os principais sacerdotes e todo o conselho dos líderes do povo[a] tentavam encontrar testemunhas que mentissem a respeito de Jesus, para que pudessem condená-lo à morte. ⁶⁰Embora muitos estivessem dispostos a dar falso testemunho, não puderam usar o depoimento de ninguém. Por fim, apresentaram-se dois homens, ⁶¹que declararam: "Este homem disse: 'Sou capaz de destruir o templo de Deus e reconstruí-lo em três dias'".

⁶²Então o sumo sacerdote se levantou e disse a Jesus: "Você não vai responder a essas acusações? O que tem a dizer em sua defesa?". ⁶³Jesus, porém, permaneceu calado. O sumo sacerdote lhe disse: "Exijo em nome do Deus vivo que nos diga se é o Cristo, o Filho de Deus".

⁶⁴Jesus respondeu: "É como você diz. Eu lhes digo que, no futuro, verão o Filho do Homem sentado à direita do Deus Poderoso[b] e vindo sobre as nuvens do céu".[c]

⁶⁵Então o sumo sacerdote rasgou as vestes e disse: "Blasfêmia! Que necessidade temos de outras testemunhas? Todos ouviram a blasfêmia. ⁶⁶Qual é o veredicto?".

"Culpado!", responderam. "Ele merece morrer!"

⁶⁷Então começaram a cuspir no rosto de Jesus e a dar-lhe socos. Alguns lhe davam tapas ⁶⁸e zombavam: "Profetize para nós, Cristo! Quem foi que lhe bateu desta vez?".

Pedro nega Jesus

⁶⁹Enquanto isso, Pedro estava sentado do lado de fora, no pátio. Uma criada foi até ele e disse: "Você é um dos que estavam com Jesus, o galileu".

⁷⁰Mas Pedro o negou diante de todos. "Não sei do que você está falando", disse.

⁷¹Mais tarde, junto ao portão, outra criada o viu e disse aos que estavam ali: "Este homem estava com Jesus de Nazaré".[d]

⁷²Novamente, Pedro o negou, dessa vez com juramento. "Nem mesmo conheço esse homem!", disse ele.

⁷³Pouco depois, alguns dos outros ali presentes vieram a Pedro e disseram: "Você deve ser um deles; percebemos pelo seu sotaque galileu".

⁷⁴Pedro jurou: "Que eu seja amaldiçoado se estiver mentindo. Não conheço esse homem!". Imediatamente, o galo cantou.

⁷⁵Então Pedro se lembrou das palavras de Jesus: "Antes que o galo cante, você me negará três vezes". E saiu dali, chorando amargamente.

Judas se enforca

27 De manhã cedo, os principais sacerdotes e líderes do povo se reuniram outra vez para planejar uma maneira de levar Jesus à morte. ²Então o amarraram, o levaram e o entregaram a Pilatos, o governador romano.

³Quando Judas, que o havia traído, viu que Jesus tinha sido condenado à morte, encheu-se de remorso e devolveu as trinta moedas de prata aos principais sacerdotes e líderes do povo, ⁴dizendo: "Pequei, pois traí um homem inocente".

"Que nos importa?", retrucaram eles. "Isso é problema seu."

⁵Então Judas jogou as moedas de prata no templo, saiu e se enforcou.

⁶Os principais sacerdotes juntaram as moedas e disseram: "Não seria certo colocar este dinheiro no tesouro do templo, pois é dinheiro manchado de sangue". ⁷Então resolveram comprar o campo do oleiro e transformá-lo num cemitério para estrangeiros. ⁸Por isso, até hoje ele se chama Campo de Sangue.

---

[a] 26.59 Em grego, *o Sinédrio*. [b] 26.64a Em grego, *sentado à direita do poder*. Ver Sl 110.1. [c] 26.64b Ver Dn 7.13. [d] 26.71 Ou *Jesus, o nazareno*.

⁹Cumpriu-se, assim, a profecia de Jeremias que diz:

"Tomaram as trinta peças de prata,
preço pelo qual ele foi avaliado pelo povo de Israel,
¹⁰e compraram ᵃ o campo do oleiro, conforme o Senhor ordenou". ᵇ

O julgamento de Jesus diante de Pilatos

¹¹Agora Jesus estava diante de Pilatos, o governador romano, que lhe perguntou: "Você é o rei dos judeus?".

Jesus respondeu: "É como você diz".

¹²No entanto, quando os principais sacerdotes e os líderes do povo fizeram acusações contra ele, Jesus permaneceu calado. ¹³Então Pilatos perguntou: "Você não ouve essas acusações que fazem contra você?". ¹⁴Mas, para surpresa do governador, Jesus nada disse.

¹⁵A cada ano, durante a festa da Páscoa, era costume do governador libertar um prisioneiro, qualquer um que a multidão escolhesse. ¹⁶Nesse ano, havia um prisioneiro, famoso por sua maldade, chamado Barrabás.ᶜ ¹⁷Quando a multidão se reuniu diante de Pilatos naquela manhã, ele perguntou: "Quem vocês querem que eu solte: Barrabás ou Jesus, chamado Cristo?". ¹⁸Pois ele sabia muito bem que os líderes religiosos judeus tinham prendido Jesus por inveja.

¹⁹Nesse momento, enquanto Pilatos estava sentado no tribunal, sua esposa lhe mandou o seguinte recado: "Deixe esse homem inocente em paz. Na noite passada, tive um sonho a respeito dele e fiquei muito perturbada".

²⁰Enquanto isso, os principais sacerdotes e os líderes do povo convenceram a multidão a pedir que Barrabás fosse solto e Jesus executado. ²¹Então o governador perguntou outra vez: "Qual dos dois vocês querem que eu lhes solte?".

A multidão gritou em resposta: "Barrabás!".

²²Pilatos perguntou: "E o que farei com Jesus, chamado Cristo?".

"Crucifique-o!", gritou a multidão.

²³"Por quê?", quis saber Pilatos. "Que crime ele cometeu?".

Mas a multidão gritou ainda mais alto: "Crucifique-o!".

²⁴Pilatos viu que de nada adiantava insistir e que um tumulto se iniciava. Assim, mandou buscar uma bacia com água, lavou as mãos diante da multidão e disse: "Estou inocente do sangue deste homem. A responsabilidade é de vocês".

²⁵Todo o povo gritou em resposta: "Que nós e nossos descendentes sejamos responsabilizados pela morte dele!".ᵈ

²⁶Então Pilatos lhes soltou Barrabás. E, depois de mandar açoitar Jesus, entregou-o para ser crucificado.

Os soldados zombam de Jesus

²⁷Alguns dos soldados do governador levaram Jesus ao quartelᵉ e chamaram todo o regimento. ²⁸Tiraram as roupas de Jesus e puseram nele um manto vermelho. ²⁹Teceram uma coroa de espinhos e a colocaram em sua cabeça. Em sua mão direita, puseram um caniço, como se fosse um cetro. Ajoelhavam-se diante dele e zombavam: "Salve, rei dos judeus!". ³⁰Cuspiam nele, tomavam-lhe o caniço da mão e com ele batiam em sua cabeça. ³¹Quando se cansaram de zombar dele, tiraram o manto e o vestiram novamente com suas roupas. Então o levaram para ser crucificado.

A crucificação

³²No caminho, encontraram um homem chamado Simão, de Cirene,ᶠ e os soldados o obrigaram a carregar a cruz. ³³Então saíram para um lugar chamado Gólgota (que quer dizer "Lugar da Caveira"). ³⁴Os soldados lhe deram para beber vinho misturado com fel, mas, quando Jesus o provou, recusou-se a beber.

³⁵Depois de pregá-lo na cruz, os soldados tiraram sortes para dividir suas roupas.ᵍ ³⁶Então, sentaram-se em redor e montaram guarda. ³⁷Acima de sua cabeça estava presa uma tabuleta com a acusação feita contra ele: "Este é Jesus, o Rei dos judeus". ³⁸Dois criminosos foram

---

ᵃ**27.9-10a** Ou *Tomei [...] comprei*. ᵇ**27.9-10b** Em grego, *conforme o Senhor me dirigiu*. Zc 11.12-13; Jr 32.6-9. ᶜ**27.16** Alguns manuscritos trazem *Jesus Barrabás*; também em 27.17. ᵈ**27.25** Em grego, *Que seu sangue caia sobre nós e sobre nossos filhos.* ᵉ**27.27** Ou *ao Pretório*. ᶠ**27.32** *Cirene* era uma cidade ao norte da África. ᵍ**27.35** Alguns manuscritos acrescentam *Cumpriu-se, desse modo, a palavra do profeta: 'Repartiram minhas roupas entre si e lançaram sortes por minha veste.* Ver Sl 22.18.

crucificados com ele, um à sua direita e outro à sua esquerda.

³⁹O povo que passava por ali gritava insultos e sacudia a cabeça, em zombaria: ⁴⁰"Você disse que destruiria o templo e o reconstruiria em três dias. Pois bem, se é o Filho de Deus, salve a si mesmo e desça da cruz!".

⁴¹Os principais sacerdotes, os mestres da lei e os líderes do povo também zombavam de Jesus. ⁴²"Salvou os outros, mas não pode salvar a si mesmo!", diziam. "Quer dizer que ele é o rei de Israel? Que desça da cruz agora mesmo e creremos nele! ⁴³Ele confiou em Deus, então que Deus o salve agora, se quiser. Pois ele disse: 'Eu sou o Filho de Deus'." ⁴⁴Até os criminosos que tinham sido crucificados com ele o insultavam da mesma forma.

A morte de Jesus

⁴⁵Ao meio-dia, desceu sobre toda a terra uma escuridão que durou três horas. ⁴⁶Por volta das três da tarde, Jesus clamou em alta voz: *"Eli, Eli,ᵃ lamá sabactâni?"*, que quer dizer: "Meu Deus, meu Deus, por que me abandonaste?".ᵇ

⁴⁷Alguns dos que estavam ali pensaram que ele chamava o profeta Elias. ⁴⁸Um deles correu, ensopou uma esponja com vinagre e a ergueu num caniço para que ele bebesse. ⁴⁹Os outros, porém, disseram: "Esperem! Vamos ver se Elias vem salvá-lo".ᶜ

⁵⁰Então Jesus clamou em alta voz novamente e entregou seu espírito. ⁵¹Naquele momento, a cortina do santuário do templo se rasgou em duas partes, de cima até embaixo. A terra estremeceu, rochas se partiram ⁵²e sepulturas se abriram. Muitos do povo santo que haviam morrido ressuscitaram. ⁵³Saíram do cemitério depois da ressurreição de Jesus, entraram na cidade santa de Jerusalém e apareceram a muita gente.

⁵⁴O oficial romanoᵈ e os outros soldados que vigiavam Jesus ficaram aterrorizados com o terremoto e com tudo que havia acontecido, e disseram: "Este homem era verdadeiramente o Filho de Deus!".

⁵⁵Muitas mulheres que tinham vindo da Galileia com Jesus para servi-lo olhavam de longe. ⁵⁶Entre elas estavam Maria Madalena, Maria, mãe de Tiago e José, e a mãe dos filhos de Zebedeu.

O sepultamento de Jesus

⁵⁷Ao entardecer, José, um homem rico de Arimateia que tinha se tornado seguidor de Jesus, ⁵⁸foi a Pilatos e pediu o corpo de Jesus. Pilatos ordenou que lhe entregassem o corpo. ⁵⁹José tomou o corpo e o envolveu num lençol limpo, feito de linho, ⁶⁰e o colocou num túmulo novo, de sua propriedade, escavado na rocha. Então rolou uma grande pedra na entrada do túmulo e foi embora. ⁶¹Maria Madalena e a outra Maria estavam ali, sentadas em frente ao túmulo.

Os guardas no túmulo

⁶²No dia seguinte, no sábado,ᵉ os principais sacerdotes e os fariseus foram a Pilatos ⁶³e disseram: "Senhor, lembramos que, quando ainda vivia, aquele mentiroso disse: 'Depois de três dias ressuscitarei'. ⁶⁴Por isso, pedimos que lacre o túmulo até o terceiro dia. Isso impedirá que seus discípulos roubem o corpo e depois digam a todos que ele ressuscitou. Se isso acontecer, estaremos em pior situação que antes".

⁶⁵Pilatos respondeu: "Levem soldados e guardem o túmulo como acharem melhor". ⁶⁶Então eles lacraram o túmulo e puseram guardas para protegê-lo.

A ressurreição

28 Depois do sábado, no primeiro dia da semana, bem cedo, Maria Madalena e a outra Maria foram visitar o túmulo.

²De repente, houve um grande terremoto, pois um anjo do Senhor desceu do céu, rolou

---

ᵃ**27.46a** Alguns manuscritos trazem *Eloí, Eloí*. ᵇ**27.46b** Sl 22.1. ᶜ**27.49** Alguns manuscritos acrescentam *E outro pegou uma lança e furou seu lado, e dali correu sangue com água.* Comparar com Jo 19.34. ᵈ**27.54** Em grego, *centurião*. ᵉ**27.62** Ou *No dia seguinte, depois da preparação*.

28.1-10 E então, *essas mulheres seguiram seu caminho com maior alegria*. Elas não tinham grande medo, nem mesmo um pouco de medo, pois sua grande alegria havia tragado seu medo. Gostaria de tê-las visto irem aos apóstolos, exclamando: "Verdadeiramente, o Senhor ressuscitou!". Eles poderiam dizer: "Mas Maria, nós a vimos ontem à noite, sentindo-se tão miserável". "Ah!", ela responderia, "mas Cristo ressuscitou! Eu o vi,

a pedra da entrada e sentou-se sobre ela. ³Seu rosto brilhava como um relâmpago, e suas roupas eram brancas como a neve. ⁴Quando os guardas viram o anjo, tremeram de medo e caíram desmaiados, como mortos.

⁵Então o anjo falou com as mulheres. "Não tenham medo", disse ele. "Sei que vocês procuram Jesus, que foi crucificado. ⁶Ele não está aqui! Ressuscitou, como tinha dito que aconteceria. Venham, vejam onde seu corpo estava. ⁷Agora vão depressa e contem aos discípulos que ele ressuscitou e que vai adiante de vocês para a Galileia. Lá vocês o verão. Lembrem-se do que eu lhes disse!"

⁸As mulheres saíram apressadas do túmulo e, assustadas mas cheias de alegria, correram para transmitir aos discípulos a mensagem do anjo. ⁹No caminho, Jesus as encontrou e as cumprimentou. Elas correram para ele, abraçaram seus pés e o adoraram. ¹⁰Então Jesus lhes disse: "Não tenham medo! Vão e digam a meus irmãos que se dirijam à Galileia. Lá eles me verão".

O relato dos guardas
¹¹Enquanto as mulheres estavam a caminho, alguns dos guardas entraram na cidade e contaram aos principais sacerdotes o que havia acontecido. ¹²Eles convocaram uma reunião com os líderes do povo e decidiram subornar os guardas com uma grande soma de dinheiro. ¹³Instruíram os soldados: "Vocês devem dizer o seguinte: 'Os discípulos de Jesus vieram durante a noite, enquanto dormíamos, e roubaram o corpo'. ¹⁴Se o governador ficar sabendo disso, nós os defenderemos, para que não se compliquem". ¹⁵Os guardas aceitaram o suborno e falaram conforme tinham sido instruídos. Essa versão se espalhou entre os judeus, que continuam a contá-la até hoje.

A Grande Comissão
¹⁶Então os onze discípulos partiram para a Galileia e foram ao monte que Jesus havia indicado. ¹⁷Quando o viram, o adoraram; alguns deles, porém, duvidaram.

¹⁸Jesus se aproximou deles e disse: "Toda a autoridade no céu e na terra me foi dada. ¹⁹Portanto, vão e façam discípulos de todas as nações,ª batizando-os em nome do Pai, do Filho e do Espírito Santo. ²⁰Ensinem esses novos discípulos a obedecerem a todas as ordens que eu lhes dei. E lembrem-se disto: estou sempre com vocês, até o fim dos tempos".

ª**28.19** Ou *de todos os povos*.

---

e Ele me disse: 'Não tenham medo', e não estou com medo, nem dos judeus nem de qualquer outra pessoa, pois Ele ressuscitou! Ele me 'cumprimentou'! Tudo está bem, pois o Senhor ressuscitou!". Testificando de seu Senhor nesse espírito, elas *esperavam* que acreditassem nelas e eles acreditaram! Que o Senhor também o coloque em tal condição, para que você diga: "Agora sei mais do que jamais soube sobre a verdade do evangelho de meu Senhor, e a contarei como se pudesse não pensar que alguém duvidaria dela; vou contá-la esperando que acreditem nela!". E acreditarão, pois, de acordo com sua fé, assim será para você.

Marcos

INTRODUÇÃO

Data. Escrito provavelmente em 60 d.C., e antes de Mateus.

Autor. Ele não foi apóstolo e era designado de formas diferentes, como: (1) João, cujo sobrenome era Marcos, At 12.12,25; 13.5; 15.37,39; (2) Sempre Marcos depois disso, Cl 4.10; Fm 24; 2Tm 4.11; 1Pe 5.13. Era filho de Maria, uma mulher de Jerusalém (At 12.12). Sua casa era o lugar de encontro dos discípulos, para onde Pedro foi depois de ser liberto da prisão. Nessa ou em alguma outra visita, Marcos pode ter se convertido através da pregação de Pedro, e essa pode ter sido a causa de Pedro o chamar de "seu filho" (1Pe 5.13), que sem dúvida significa filho no ministério. Ele retorna com Paulo e Barnabé de Jerusalém para a Antioquia (At 12.25), e os acompanha, como ministro (At 13.5) na primeira grande viagem missionária até Perge (At 13.13). Lá, ele os deixou e voltou para casa. Na segunda viagem missionária, Paulo se recusou a levá-lo e separou-se de Barnabé, primo de Marcos (Cl 4.10), que escolheu Marcos como seu companheiro (At 15.37-39). Dez anos depois, ele parece estar com Paulo em sua prisão em Roma e certamente foi contado como um colega obreiro por esse apóstolo (Cl 4.10; Fm 24). Paulo o considerou útil e pediu a Timóteo para levá-lo até ele em sua última prisão (2Tm 4.11). Estava com Pedro quando este escreveu sua primeira epístola (1Pe 5.13).

O que Marcos sabia diretamente sobre a obra de Jesus nós desconhecemos, mas provavelmente não muito. Os primeiros escritores cristãos dizem universalmente que ele foi o intérprete de Pedro e que ele baseou seu evangelho em informações obtidas do apóstolo.

CARACTERÍSTICAS E PROPÓSITO

1. É um evangelho vívido e detalhista. Mostra o efeito do espanto e da maravilha produzido sobre os presentes devido às obras e aos ensinamentos de Jesus. Ele conta os detalhes das ações de Jesus e de Seus discípulos e das multidões. Jesus "olha ao redor", "sentou-se", "foi diante". Ele fica triste, com fome, irritado, indignado, maravilhado, dorme, repousa e comove com piedade. O galo canta duas vezes: "está na hora", "alta madrugada", ou "como fosse já tarde", "dois mil porcos", os discípulos e Jesus estão no mar, no monte das Oliveiras ou no pátio ou no pórtico. Tudo é retratado em detalhes.

2. É um evangelho de atividade e energia. Não há história da infância de Jesus, mas começa com "Princípio do evangelho de Jesus Cristo". Retrata a carreira ativa de Jesus na Terra. No entanto, Marcos enfatiza as obras em vez das palavras de Jesus. Possui poucos discursos de qualquer extensão e somente quatro das quinze parábolas de Mateus são apresentadas e estas de forma muito breve, enquanto dezoito dos milagres são apresentados em rápida revisão. A sucessão rápida é indicada pela palavra grega *euthys*, traduzida por "rapidamente", "logo", "depressa", "assim que", "no mesmo instante", "em seguida" e ocorre 41 vezes neste evangelho. O último significado, "em seguida", é mais verdadeiro para a ideia grega e pode ser chamada de palavra característica de Marcos. Indica como, com a velocidade de um atleta, ele correu e, assim, nos fornece uma narrativa de tirar o fôlego. Move-se como as cenas de um filme.

3. É um evangelho de poder sobre os demônios. Aqui, como em nenhum outro evangelho, os demônios se sujeitam a Jesus. Eles o reconhecem como o "Filho de Deus" e reconhecem sua subordinação a Ele ao implorarem ao Senhor quanto ao que deveria ser feito com eles (5.7,12).

4. É um evangelho de maravilhas. Em todos os lugares, Jesus é um homem de maravilhas que surpreende e causa espanto e maravilhamento aos que o veem e o ouvem. Alguns destes podem ser estudados, especialmente no grego, em 1.27; 2.13; 4.41; 5.28; 6.50,51; 7.37. Como o Arcebispo Thompson diz: "O Filho de Deus que faz maravilhas percorre seu Reino com a rapidez de um meteoro" e, assim, impressiona o coração dos observadores. Ele é "um homem heroico e misterioso, que inspira não só uma devoção passional, mas também assombro e adoração".

5. É um evangelho para os romanos. Os romanos eram homens de grande poder, trabalhadores poderosos que deixaram grandes conquistas para a bênção da humanidade, de modo que Marcos apela especialmente a eles registrando os atos poderosos de Jesus. Ele os deixa ver Alguém que tem poder para acalmar a tempestade, dominar a doença e a morte, e até mesmo poder para controlar o mundo invisível dos espíritos. Os romanos, que

encontravam divindade em um César como chefe de um poderoso império, se curvariam para alguém que se revelava Rei em todos os domínios e cujo Reino era tanto onipotente quanto eterno, tanto visível quanto invisível, tanto temporal como espiritual.

Os romanos também não se importavam com as Escrituras ou profecias judaicas e, assim, Marcos omite toda referência à Lei judaica, a palavra lei não é encontrada em parte alguma do livro. Ele se refere apenas uma ou duas vezes de certo modo às Escrituras judaicas. Omite a genealogia de Jesus que não teria valor para um romano. Então, também, explica todas as palavras judaicas duvidosas, como "Boanerges" (3.17), "Talita cumi" (5.41), "Corbã" (7.11). Preferiu mencionar a moeda romana, em vez do dinheiro judeu (12.42). Explica os costumes judeus como não sendo entendidos pelos romanos (Veja 7.3; 13.3; 14.12; 15.42).

E mais uma vez, pelo uso de termos familiares a si próprio – como centurião, contenda etc. – "Marcos mostrou aos romanos um homem que realmente era um homem". Ele mostrou a humanidade coroada de glória e poder; Jesus de Nazaré, o Filho de Deus; um Homem, mas um homem divino e sem pecado, entre homens pecadores e sofredores. Ele, o Deus-homem, nenhuma humilhação poderia degradá-lo, nenhuma morte derrotá-lo. Nem na cruz Ele pareceria menos do que Rei, Herói, o único Filho. E enquanto olhava para tal imagem, como poderia qualquer romano deixar de exclamar com o surpreendido Centurião: "Verdadeiramente, este homem era o Filho de Deus!"?

Assunto. Jesus, o Rei Todo-poderoso.

ESBOÇO

1. O Rei Todo-poderoso é revelado como o Filho de Deus, 1.1-13
   1.1. No batismo e ensino de João, vv.1-8
   1.2. No batismo de Jesus, vv.9-11
   1.3. Na tentação, vv.12,13
2. O Rei Todo-poderoso em ação na Galileia, 1.14–9
   2.1. Inicia Sua obra, 1.14-45
   2.2. Revela Seu Reino, Caps. 2–5
   2.3. Encontra oposição, 6.1–8.26
   2.4. Prepara Seus discípulos para o fim, 8.27–9
3. O Rei Todo-poderoso se prepara para morrer, 10.1–14.31
   3.1. Ele vai a Jerusalém, 10.1–11.11
   3.2. Em Jerusalém e vizinhança, 11.12–14.31
4. O Rei Todo-poderoso sofre nas mãos de Seus inimigos, 14.32–15.47
   4.1. Sua agonia no Getsêmani, 14.32-42
   4.2. Sua prisão, 14.43-52
   4.3. O julgamento judaico e a negação de Pedro, 14.53-72
   4.4. O julgamento diante de Pilatos, 15.1-15
   4.5. A crucificação, 15.16-41
   4.6. O sepultamento, 15.42-47
5. O Rei Todo-poderoso triunfa sobre Seus inimigos, Cap.16
   5.1. Sua ressurreição, vv.1-8
   5.2. Suas aparições, vv.9-18
   5.3. Sua ascensão, vv.19,20

PARA ESTUDO E DISCUSSÃO

[1] Temas peculiares a Marcos: (a) O crescimento da semente, 4.26-29; (b) A compaixão de Jesus pelas multidões, 7.32-37; (c) O cego curado gradualmente, 8.22-26; (d) Detalhes sobre o jumento etc., 11.1-11; (e) Sobre vigiar, 13.33-37; (f) Detalhes sobre as aparições de Cristo, 16.6-11.
[2] A condição espiritual dos afetados pelos milagres de Jesus. Recordar sua condição antes e depois do milagre: (a) Eles foram salvos, assim como curados? (b) Eles ou seus amigos exerceram fé, ou Jesus agiu voluntariamente sem qualquer expressão de fé?
[3] O que Jesus fez ao realizar o milagre? (a) Usou o toque? (b) Ele foi tocado? (c) Simplesmente ordenou etc.?

[4] Dos seguintes versículos 1.35; 3.7-12; 6.6,32,46; 8.27; 9.2; 11.11,19; 14.1-12, faça uma lista dos diferentes lugares para os quais Jesus se retirou e, em relação a cada um, indique (por escrito): (a) Foi antes ou depois de uma vitória ou conflito? (b) Foi em preparação ou descanso após a realização de uma grande obra? (c) Indique em cada caso se Ele foi sozinho ou acompanhado e, se acompanhado, por quem? (e) Em cada caso, também diga o que Jesus fez durante o período de descanso. Orou, ensinou, realizou milagres, outra coisa?

[5] Liste as expressões "Filho do Homem" e "Reino de Deus" e destaque a adequação e o significado de cada uma.

[6] Liste todas as referências a demônios e pessoas endemoninhadas e estude a obra delas, o caráter da obra delas, poder, sabedoria etc.

[7] Liste os fatos antecedentes à morte de Jesus, 14.1-15.14.

João Batista prepara o caminho

1 Este é o princípio das boas-novas a respeito de Jesus Cristo,ª o Filho de Deus.ᵇ ²Iniciou-se como o profeta Isaías escreveu:

"Envio meu mensageiro adiante de ti,
e ele preparará teu caminho.ᶜ
³Ele é uma voz que clama no deserto:
'Preparem o caminho para a vinda do Senhor!ᵈ
Abram a estrada para ele!'".ᵉ

⁴Esse mensageiro era João Batista. Ele apareceu no deserto, pregando o batismo como sinal de arrependimento para o perdão dos pecados. ⁵Gente de toda a Judeia, incluindo os moradores de Jerusalém, saía para ver e ouvir João. Quando confessavam seus pecados, ele os batizava no rio Jordão. ⁶João vestia roupas tecidas com pelos de camelo, usava um cinto de couro e alimentava-se de gafanhotos e mel silvestre.

⁷João anunciava: "Depois de mim virá alguém mais poderoso que eu, alguém tão superior que não sou digno de me abaixar e desamarrar as correias de suas sandálias. ⁸Eu os batizo comᶠ água, mas ele os batizará com o Espírito Santo!".

O batismo e a tentação de Jesus

⁹Certo dia, Jesus veio de Nazaré da Galileia, e João o batizou no rio Jordão. ¹⁰Enquanto saía da água, viu o céu se abrir e o Espírito Santo descer sobre ele como uma pomba. ¹¹E uma voz do céu disse: "Você é meu Filho amado, que me dá grande alegria".

¹²Em seguida, o Espírito conduziu Jesus ao deserto, ¹³onde ele foi tentado por Satanás durante quarenta dias. Estava entre animais selvagens, e anjos o serviam.

¹⁴Depois que João foi preso, Jesus foi para a Galileia, onde anunciou as boas-novas de Deus.ᵍ ¹⁵"Enfim chegou o tempo prometido!", proclamava. "O reino de Deus está próximo! Arrependam-se e creiam nas boas-novas!"

Os primeiros discípulos

¹⁶Enquanto andava à beira do mar da Galileia, Jesus viu Simãoʰ e seu irmão André. Jogavam redes ao mar, pois viviam da pesca. ¹⁷Jesus lhes disse: "Venham! Sigam-me, e eu farei de vocês pescadores de gente". ¹⁸No mesmo instante, deixaram suas redes e o seguiram.

¹⁹Pouco mais adiante, Jesus viu Tiago e João, filhos de Zebedeu, consertando redes num barco. ²⁰Chamou-os de imediato e eles também o seguiram, deixando seu pai, Zebedeu, no barco com os empregados.

Jesus expulsa um espírito impuro

²¹Jesus e seus seguidores foram à cidade de Cafarnaum. Quando chegou o sábado, entrou na sinagoga e começou a ensinar. ²²O povo ficou admirado com seu ensino, pois ele falava com verdadeira autoridade, diferentemente dos mestres da lei.

²³De repente, um homem ali na sinagoga, possuído por um espírito impuro, gritou: ²⁴"Por que vem nos importunar, Jesus de Nazaré? Veio para nos destruir? Sei quem é você: o Santo de Deus!".

²⁵"Cale-se!", repreendeu-o Jesus. "Saia deste homem!" ²⁶Então o espírito impuro soltou um grito, sacudiu o homem violentamente e saiu dele.

²⁷Todos os presentes ficaram admirados e começaram a discutir o que tinha acontecido. "Que ensinamento novo é esse?", perguntavam. "Como tem autoridade! Até os espíritos impuros obedecem às ordens dele!" ²⁸As notícias a respeito de Jesus se espalharam rapidamente por toda a região da Galileia.

Jesus cura muitas pessoas

²⁹Depois que Jesus saiu da sinagoga com Tiago e João, foram à casa de Simão e André.

ª**1.1a** Ou *Messias*. Tanto *Messias* (do hebraico) como *Cristo* (do grego) significam "ungido". ᵇ**1.1b** Alguns manuscritos não trazem *o Filho de Deus*. ᶜ**1.2** Ml 3.1. ᵈ**1.3a** Ou *Ele é uma voz que clama: 'Preparem no deserto o caminho para a vinda do Senhor!'*. ᵉ**1.3b** Is 40.3, conforme a Septuaginta. ᶠ**1.8** Ou *em*; também em 1.8b. ᵍ**1.14** Alguns manuscritos trazem *as boas-novas do reino de Deus*. ʰ**1.16** A partir de 3.16, *Simão* é chamado de Pedro.

1.29-34 A casa de Pedro não era, de forma alguma, o edifício mais notável da cidade de Cafarnaum. Provavelmente não era a moradia mais pobre do lugar, pois Pedro tinha um barco próprio, ou talvez direito à metade de um barco em sociedade com o seu irmão André. Ou possivelmente, ele e André, Tiago e João fossem proprietários de dois ou três barcos de pesca, pois eram sócios e parece que tinham empregados (Marcos 1.20). Pedro

³⁰A sogra de Simão estava de cama, com febre. Imediatamente, falaram a seu respeito para Jesus. ³¹Ele foi até ela, tomou-a pela mão e ajudou-a a levantar-se. A febre a deixou, e ela passou a servi-los. ³²Ao entardecer, depois que o sol se pôs, trouxeram a Jesus muitos enfermos e possuídos por demônios. ³³Toda a cidade se reuniu à porta da casa para observar. ³⁴Então Jesus curou muitas pessoas que sofriam de diversas enfermidades e expulsou muitos demônios. Não permitia, porém, que os demônios falassem, pois sabiam quem ele era.

Jesus anuncia sua mensagem na Galileia

³⁵No dia seguinte, antes do amanhecer, Jesus se levantou e foi a um lugar isolado para orar. ³⁶Mais tarde, Simão e os outros saíram para procurá-lo. ³⁷Quando o encontraram, disseram: "Todos estão à sua procura!".

³⁸Jesus respondeu: "Devemos prosseguir para outras cidades e lá também anunciar minha mensagem. Foi para isso que vim". ³⁹Então ele viajou por toda a região da Galileia, pregando nas sinagogas e expulsando demônios.

Jesus cura um leproso

⁴⁰Um leproso veio e ajoelhou-se diante de Jesus, implorando para ser curado: "Se o senhor quiser, pode me curar e me deixar limpo".

⁴¹Cheio de compaixão, Jesus estendeu a mão e tocou nele. "Eu quero", respondeu. "Seja curado e fique limpo!" ⁴²No mesmo instante, a lepra desapareceu e o homem foi curado. ⁴³Então Jesus se despediu dele com uma forte advertência: ⁴⁴"Não conte isso a ninguém. Vá e apresente-se ao sacerdote para que ele o examine. Leve a oferta que a lei de Moisés exige pela sua purificação.ª Isso servirá como testemunho".

⁴⁵O homem, porém, saiu e começou a contar a todos o que havia acontecido. Por isso, em pouco tempo, grandes multidões cercaram Jesus, e ele já não conseguia entrar publicamente em cidade alguma. E, embora se mantivesse em lugares isolados, gente de toda parte vinha até ele.

Jesus cura um paralítico

2 Dias depois, quando Jesus retornou a Cafarnaum, a notícia de que ele tinha voltado se espalhou rapidamente. ²Em pouco tempo, a casa onde estava hospedado ficou tão cheia que não havia lugar nem do lado de fora da porta. Enquanto ele anunciava a palavra de Deus, ³quatro homens vieram carregando um paralítico numa maca. ⁴Por causa da multidão, não tinham como levá-lo até Jesus. Então abriram um buraco no teto, acima de onde Jesus estava. Em seguida, baixaram o homem na maca, bem na frente dele. ⁵Ao ver a fé que eles tinham, Jesus disse ao paralítico: "Filho, seus pecados estão perdoados".

⁶Alguns dos mestres da lei que estavam ali sentados pensaram: ⁷"O que ele está dizendo? Isso é blasfêmia! Somente Deus pode perdoar pecados!".

⁸Jesus logo percebeu o que eles estavam pensando e perguntou: "Por que vocês questionam essas coisas em seu coração? ⁹O que é mais fácil dizer ao paralítico: 'Seus pecados estão perdoados' ou 'Levante-se, pegue sua maca e ande'? ¹⁰Mas eu lhes mostrarei que o Filho do Homem tem autoridade na terra para perdoar

---

ª **1.44** Ver Lv 14.2-32.

---

também não era rico nem famoso. Ele não era uma autoridade da sinagoga, nem um escriba eminente, e sua casa não era notável entre as habitações que constituíam a pequena aldeia de pesca à beira do mar. No entanto, Jesus foi a essa casa. Ele conhecia esse fato previamente e a escolhera desde a eternidade decidindo torná-la conhecida por Sua presença e poder milagroso. [...] Sob aquele humilde teto, Emanuel se dignou a revelar-se — Deus conosco mostrou-se Deus com Simão. [...]

Agora, querido amigo, pode ser que sua morada, embora muito querida para você, não receba muita consideração de ninguém. [...] No entanto, há algum motivo pelo qual o Senhor não deva visitá-lo e fazer de sua casa como a de Obede-Edom, onde a arca habitou, ou como a de Zaqueu, à qual veio a salvação? Nosso Senhor pode fazer da sua morada o centro de misericórdia para toda a região — um pequeno sol espalhando luz em todas as direções — um dispensário espiritual que distribui saúde às multidões ao redor. Não há razão, exceto em você mesmo, pela qual o Senhor não deveria fazer de sua morada uma bênção maior do que a catedral e todo o seu clero.

pecados". Então disse ao paralítico: ¹¹"Levante-se, pegue sua maca e vá para casa".

¹²O homem se levantou de um salto, pegou sua maca e saiu andando diante de todos. A multidão ficou admirada e louvava a Deus, exclamando: "Nunca vimos nada igual!".

Jesus chama Levi

¹³Em seguida, Jesus saiu outra vez para a beira do mar e ensinou as multidões que vinham até ele. ¹⁴Enquanto caminhava por ali, viu Levi,ᵃ filho de Alfeu, sentado no lugar onde se coletavam os impostos. "Siga-me", disse-lhe Jesus, e Levi se levantou e o seguiu.

¹⁵Mais tarde, na casa de Levi, Jesus e seus discípulos estavam à mesa, acompanhados de um grande número de cobradores de impostos e outros pecadores, pois eram muitos os que o seguiam. ¹⁶Quando alguns fariseus, mestres da lei,ᵇ viram Jesus comer com cobradores de impostos e outros pecadores, perguntaram a seus discípulos: "Por que ele come com cobradores de impostos e pecadores?".

¹⁷Ao ouvir isso, Jesus lhes disse: "As pessoas saudáveis não precisam de médico, mas sim os doentes. Não vim para chamar os justos, mas sim os pecadores".

Discussão sobre o jejum

¹⁸Certa vez, quando os discípulos de João e os fariseus estavam jejuando, algumas pessoas vieram a Jesus e perguntaram: "Por que seus discípulos não têm o hábito de jejuar como os discípulos de João e os discípulos dos fariseus?".

¹⁹Jesus respondeu: "Por acaso os convidados de um casamento jejuam enquanto festejam com o noivo? Não podem jejuar enquanto o noivo está com eles. ²⁰Um dia, porém, o noivo lhes será tirado, e então jejuarão.

²¹"Além disso, ninguém remendaria uma roupa velha usando pano novo. O pano novo encolheria a roupa velha e a rasgaria, deixando um buraco ainda maior.

²²"E ninguém colocaria vinho novo em velhos recipientes de couro. *O vinho os arrebentaria*, e tanto o vinho como os recipientes se estragariam. Vinho novo precisa de recipientes novos".

Discussão sobre o sábado

²³Num sábado, enquanto Jesus caminhava pelos campos de cereal, seus discípulos começaram a colher espigas. ²⁴Os fariseus lhe perguntaram: "Por que seus discípulos desobedecem à lei colhendo cereal no sábado?".

²⁵Jesus respondeu: "Vocês não leram nas Escrituras o que fez Davi quando ele e seus companheiros tiveram fome? ²⁶Ele entrou na casa de Deus, nos dias em que Abiatar era sumo sacerdote, comeu os pães sagrados que só os sacerdotes tinham permissão de comer e os deu também a seus companheiros".

²⁷Então Jesus disse: "O sábado foi feito por causa do homem, e não o homem por causa do sábado. ²⁸Portanto, o Filho do Homem é senhor até mesmo do sábado".

Jesus cura no sábado

3 Em outra ocasião, Jesus entrou na sinagoga e notou que havia ali um homem com uma das mãos deformada. ²Os inimigos de Jesus o observavam atentamente. Se ele curasse a mão do homem, planejavam acusá-lo, pois era sábado.

³Jesus disse ao homem com a mão deformada: "Venha e fique diante de todos". ⁴Em seguida, voltou-se para seus críticos e perguntou: "O que a lei permite fazer no sábado? O bem ou o mal? Salvar uma vida ou destruí-la?". Eles ficaram em silêncio.

⁵Jesus olhou para os que estavam ao seu redor, irado e muito triste pelo coração endurecido deles. Então disse ao homem: "Estenda a mão". O homem estendeu a mão, e ela foi restaurada. ⁶No mesmo instante, os fariseus saíram e se reuniram com os membros do partido de Herodes para tramar um modo de matá-lo.

Multidões seguem Jesus

⁷Jesus saiu para o mar com seus discípulos, e uma grande multidão os seguiu. Vinham de todas as partes da Galileia, da Judeia, ⁸de Jerusalém, da Idumeia, do leste do rio Jordão e até de lugares distantes ao norte, como Tiro e Sidom. A notícia de seus milagres havia se espalhado para longe, e um grande número de pessoas vinha vê-lo.

ᵃ**2.14** Isto é, Mateus. Ver Mt 9.9. ᵇ**2.16** Em grego, *os escribas dos fariseus*.

⁹Jesus instruiu seus discípulos a prepararem um barco para evitar que a multidão o esmagasse. ¹⁰Havia curado muitos naquele dia, e os enfermos se empurravam para chegar até ele e tocá-lo. ¹¹E, sempre que o viam, os espíritos impuros se atiravam no chão na frente dele e gritavam: "Você é o Filho de Deus!". ¹²Jesus, porém, lhes dava ordens severas para que não revelassem quem ele era.

Jesus escolhe os doze apóstolos

¹³Depois, Jesus subiu a um monte e chamou aqueles que ele desejava que o acompanhassem, e eles foram. ¹⁴Escolheu doze e os chamou seus apóstolos,[a] para que o seguissem e fossem enviados para anunciar sua mensagem, ¹⁵e lhes deu autoridade para expulsar demônios. ¹⁶Estes foram os doze que ele escolheu:

Simão, a quem ele chamou Pedro,
¹⁷Tiago e João, filhos de Zebedeu, aos quais deu o nome de Boanerges, que significa "filhos do trovão",
¹⁸André,
Filipe,
Bartolomeu,
Mateus,
Tomé,
Tiago, filho de Alfeu,
Tadeu,
Simão, o cananeu,
¹⁹Judas Iscariotes, que depois o traiu.

A fonte do poder de Jesus

²⁰Certo dia, Jesus entrou numa casa, e as multidões começaram a se juntar outra vez. Logo, ele e seus discípulos não tinham tempo nem para comer. ²¹Quando os familiares de Jesus souberam o que estava acontecendo, tentaram impedi-lo de continuar. "Está fora de si", diziam.

²²Então os mestres da lei, que tinham vindo de Jerusalém, disseram: "Está possuído por Belzebu, príncipe dos demônios. É dele que recebe poder para expulsar demônios".

²³Jesus os chamou e respondeu com uma comparação: "Como é possível Satanás expulsar Satanás?", perguntou. ²⁴"Um reino dividido internamente será destruído. ²⁵Da mesma forma, uma família dividida contra si mesma se desintegrará. ²⁶E, se Satanás está dividido e luta contra si mesmo, não pode se manter de pé; está acabado. ²⁷Quem tem poder para entrar na casa de um homem forte e saquear seus bens? Somente alguém ainda mais forte, alguém capaz de amarrá-lo e saquear sua casa.

²⁸"Eu lhes digo a verdade: todo pecado e toda blasfêmia podem ser perdoados, ²⁹mas quem blasfemar contra o Espírito Santo jamais será perdoado. Esse é um pecado com consequências eternas." ³⁰Ele disse isso porque afirmavam: "Está possuído por um espírito impuro".

A verdadeira família de Jesus

³¹Então a mãe e os irmãos de Jesus foram vê-lo. Ficaram do lado de fora e mandaram alguém avisá-lo para sair e falar com eles. ³²Havia muitas pessoas sentadas ao seu redor, e alguém disse: "Sua mãe e seus irmãos[b] estão lá fora e o procuram".

³³Jesus respondeu: "Quem é minha mãe? Quem são meus irmãos?". ³⁴Então olhou para aqueles que estavam ao seu redor e disse: "Vejam, estes são minha mãe e meus irmãos. ³⁵Quem faz a vontade de Deus é meu irmão, minha irmã e minha mãe".

A parábola do semeador

4 Mais uma vez, Jesus começou a ensinar à beira-mar. Em pouco tempo, uma grande multidão se juntou ao seu redor. Então ele entrou num barco e sentou-se, enquanto o povo ficou na praia. ²Ele os ensinou contando várias histórias na forma de parábolas, como esta:

³"Ouçam! Um lavrador saiu para semear. ⁴Enquanto espalhava as sementes pelo campo, algumas caíram à beira do caminho, e as aves vieram e as comeram. ⁵Outras sementes caíram em solo rochoso e, não havendo muita terra, germinaram rapidamente, ⁶mas as plantas logo murcharam sob o calor do sol e secaram, pois não tinham raízes profundas. ⁷Outras sementes caíram entre espinhos, que cresceram e sufocaram os brotos, sem nada produzirem. ⁸Ainda outras caíram em solo fértil e germinaram, cresceram e produziram uma colheita trinta, sessenta e até cem vezes maior que a quantidade semeada". ⁹Então

---

[a]**3.14** Alguns manuscritos não trazem *e os chamou seus apóstolos*. [b]**3.32** Alguns manuscritos acrescentam *e irmãs*.

ele disse: "Quem tem ouvidos para ouvir, ouça com atenção!".

¹⁰Mais tarde, quando Jesus estava sozinho com os Doze e os outros que estavam reunidos ao seu redor, perguntaram-lhe qual era o significado das parábolas.

¹¹Ele respondeu: "A vocês é permitido entender o segredo[a] do reino de Deus, mas uso parábolas para falar aos de fora, ¹²de modo que:

'Mesmo que vejam o que faço,
   não perceberão,
e ainda que ouçam o que digo,
   não compreenderão.
Do contrário, poderiam voltar-se para
   mim,
e ser perdoados'".[b]

¹³Então Jesus disse: "Se vocês não entendem o significado desta parábola, como entenderão as demais? ¹⁴O lavrador lança sementes ao anunciar a mensagem. ¹⁵As sementes que caíram à beira do caminho representam os que ouvem a mensagem, mas Satanás logo vem e a toma deles. ¹⁶As que caíram no solo rochoso representam aqueles que ouvem a mensagem e, sem demora, a recebem com alegria. ¹⁷Contudo, uma vez que não têm raízes profundas, não duram muito. Assim que enfrentam problemas ou são perseguidos por causa da mensagem, cedo desanimam. ¹⁸As que caíram entre os espinhos representam outros que ouvem a mensagem, ¹⁹mas logo ela é sufocada pelas preocupações desta vida, pela sedução da riqueza e pelo desejo por outras coisas, não produzindo fruto. ²⁰E as que caíram em solo fértil representam os que ouvem e aceitam a mensagem e produzem uma colheita trinta, sessenta ou até cem vezes maior que a quantidade semeada".

A parábola da lâmpada

²¹Em seguida, Jesus lhes perguntou: "Alguém acenderia uma lâmpada e a colocaria sob um cesto ou uma cama? Claro que não! A lâmpada é colocada num pedestal, de onde sua luz brilhará. ²²Da mesma forma, tudo que está escondido *será revelado*, e tudo que está oculto virá à luz. ²³Quem tem ouvidos para ouvir, ouça com atenção!".

²⁴Então acrescentou: "Prestem muita atenção ao que vão ouvir. Com o mesmo padrão de medida que adotarem, vocês serão medidos, e mais ainda lhes será acrescentado. ²⁵Pois ao que tem, mais lhe será dado; mas do que não tem, até o que tem lhe será tirado".

A parábola da semente que cresce

²⁶Jesus também disse: "O reino de Deus é como um lavrador que lança sementes sobre a terra. ²⁷Noite e dia, esteja ele dormindo ou acordado, as sementes germinam e crescem, mas ele não sabe como isso acontece. ²⁸A terra produz as colheitas por si própria. Primeiro aparece uma folha, depois se formam as espigas de trigo e, por fim, o cereal amadurece. ²⁹E, assim que o cereal está maduro, o lavrador vem e o corta com a foice, pois chegou o tempo da colheita".

A parábola da semente de mostarda

³⁰Jesus disse ainda: "Como posso descrever o reino de Deus? Que comparação devo usar para ilustrá-lo? ³¹É como uma semente de mostarda plantada na terra. É a menor das sementes, ³²mas se torna a maior de todas as hortaliças, com ramos tão grandes que as aves fazem ninhos à sua sombra".

³³Jesus usou muitas histórias e ilustrações semelhantes para ensinar o povo, conforme tinham condições de entender. ³⁴Na verdade, só usava parábolas para ensinar em público. Depois, quando estava sozinho com seus discípulos, explicava tudo para eles.

Jesus acalma a tempestade

³⁵Ao anoitecer, Jesus disse a seus discípulos: "Vamos atravessar para o outro lado do mar". ³⁶Com ele a bordo, partiram e deixaram a multidão para trás, embora outros barcos os seguissem. ³⁷Logo uma forte tempestade se levantou. As ondas arrebentavam sobre o barco, que começou a encher-se de água.

³⁸Jesus dormia na parte de trás do barco, com a cabeça numa almofada. Os discípulos o acordaram, clamando: "Mestre, vamos morrer! O senhor não se importa?".

³⁹Jesus despertou, repreendeu o vento e disse ao mar: "Silêncio! Aquiete-se!". De repente, o vento parou, e houve grande calmaria.

---

[a] **4.11** Em grego, *o mistério*. [b] **4.12** Is 6.9-10, conforme a Septuaginta.

⁴⁰Então Jesus lhes perguntou: "Por que estão com medo? Ainda não têm fé?".
⁴¹Apavorados, os discípulos diziam uns aos outros: "Quem é este homem? Até o vento e o mar lhe obedecem!".

Jesus exerce autoridade sobre demônios

5 Assim, chegaram ao outro lado do mar, à região dos gerasenos.ᵃ ²Quando Jesus desembarcou, imediatamente um homem possuído por um espírito impuro saiu do cemitério e veio ao seu encontro. ³Esse homem morava entre as cavernas usadas como túmulos e ninguém conseguia detê-lo, nem mesmo com correntes. ⁴Sempre que era acorrentado e algemado, quebrava as algemas dos pulsos e despedaçava as correntes dos pés. Ninguém era forte o suficiente para dominá-lo. ⁵Dia e noite, vagava entre os túmulos e pelos montes, gritando e cortando-se com pedras.

⁶Quando o homem viu Jesus, ainda a certa distância, correu ao seu encontro e se curvou diante dele. ⁷Então soltou um forte grito: "Por que vem me importunar, Jesus, Filho do Deus Altíssimo? Em nome de Deus, suplico que não me torture!". ⁸Pois Jesus já havia falado ao espírito: "Saia deste homem, espírito impuro!".

⁹Jesus lhe perguntou: "Qual é o seu nome?".

Ele respondeu: "Meu nome é Legião, porque há muitos de nós dentro deste homem". ¹⁰E os espíritos impuros suplicaram repetidamente que ele não os enviasse a algum lugar distante.

¹¹Havia uma grande manada de porcos pastando num monte ali perto. ¹²"Mande-nos para aqueles porcos", imploraram os espíritos. "Deixe que entremos neles."

¹³Jesus lhes deu permissão. Os espíritos impuros saíram do homem e entraram nos porcos, e toda a manada, cerca de dois mil porcos, se atirou pela encosta íngreme do monte para dentro do mar e se afogou.

¹⁴Os que cuidavam dos porcos fugiram para uma cidade próxima e para seus arredores, espalhando a notícia. O povo correu para ver o que havia ocorrido. ¹⁵Chegaram até onde Jesus estava e viram o homem que tinha sido possuído pela legião de demônios. Estava sentado ali, vestido e em perfeito juízo, e todos tiveram medo. ¹⁶Então os que presenciaram os acontecimentos contaram aos outros o que havia ocorrido com o homem possuído por demônios e com os porcos. ¹⁷A multidão começou a suplicar que Jesus fosse embora da região.

¹⁸Quando Jesus entrava no barco, o homem que tinha sido possuído por demônios implorou para ir com ele. ¹⁹Jesus, porém, não permitiu e disse: "Volte para sua casa e para sua família e conte-lhes tudo que o Senhor fez por você e como ele foi misericordioso". ²⁰Então o homem partiu e começou a anunciar pela região das Dez Cidadesᵇ quanto Jesus havia feito por ele, e todos se admiravam do que ele dizia.

Jesus cura em resposta à fé

²¹Jesus entrou novamente no barco e voltou para o outro lado do mar, onde uma grande multidão se juntou ao seu redor na praia. ²²Então chegou um dos líderes da sinagoga local, chamado Jairo. Quando viu Jesus, prostrou-se a seus pés e ²³suplicou repetidas vezes: "Minha filhinha está morrendo. Por favor, venha e ponha as mãos sobre ela; cure-a para que ela viva!".

ᵃ5.1 Alguns manuscritos trazem *gadarenos*; outros, *gergesenos*. Ver Mt 8.28; Lc 8.26. ᵇ5.20 Em grego, *Decápolis*.

4.40 Eu não deveria me questionar se os discípulos consideravam que tinham muita fé em Jesus, seu Mestre e Senhor. Eles tinham estado com Ele o dia todo, escutando os Seus ensinamentos e crendo neles mesmo quando não os entendiam. Depois, se reuniam ao redor dele em particular para ouvir as Suas explicações mais completas, e ficaram gratos por serem favorecidos com aquelas exposições nas quais seu Senhor se tornava o professor particular deles. Não questiono que cada um se considerava um crente firme em Jesus. Como poderiam tolerar uma dúvida? Contudo, meus irmãos, nenhum de nós tem ideia de quão parca a nossa fé realmente é. Quando a provação vem, o montão da eira torna-se muito pequeno sob a influência da pá. Depois de um dia de serviço calmo com Jesus, surgiu uma tempestade, e essa tempestade testou a fé desses discípulos, restando tão pouco dela, que Jesus lhes disse: "Por que estão com medo? Ainda não têm fé?". Lembre-se de que nossa fé nunca é tão grande quanto na hora da provação; mas tudo aquilo que não suporta ser testado é mera confiança carnal. A fé morna não é fé; a fé em Jesus Cristo somente é verdadeira quando pode confiar nele quando não pode encontrá-lo, e crer nele quando não consegue vê-lo.

²⁴Jesus foi com ele, e todo o povo o seguiu, apertando-se ao seu redor. ²⁵No meio da multidão estava uma mulher que havia doze anos sofria de hemorragia. ²⁶Tinha passado por muitas dificuldades nas mãos de vários médicos e, ao longo dos anos, gastou tudo que possuía, sem melhorar. Na verdade, havia piorado. ²⁷Tendo ouvido falar de Jesus, aproximou-se por trás dele no meio da multidão e tocou em seu manto, ²⁸pois pensava: "Se eu apenas tocar em seu manto, serei curada". ²⁹No mesmo instante, a hemorragia parou, e ela sentiu em seu corpo que tinha sido curada da enfermidade.

³⁰Jesus imediatamente percebeu que dele havia saído poder; por isso, virou-se para a multidão e perguntou: "Quem tocou em meu manto?".

³¹Seus discípulos disseram: "Veja a multidão que o aperta de todos os lados. Como o senhor ainda pergunta: 'Quem tocou em mim?'".

³²Jesus, porém, continuou a olhar ao redor para ver quem havia feito aquilo. ³³Então a mulher, assustada e tremendo pelo que lhe tinha acontecido, veio e, ajoelhando-se diante dele, contou o que havia feito. ³⁴Jesus lhe disse: "Filha, sua fé a curou. Vá em paz. Seu sofrimento acabou".

³⁵Enquanto Jesus ainda falava com a mulher, chegaram mensageiros da casa de Jairo, o líder da sinagoga, e lhe disseram: "Sua filha morreu. Para que continuar incomodando o mestre?".

³⁶Jesus, porém, ouviuª essas palavras e disse a Jairo: "Não tenha medo. Apenas creia".

³⁷Então Jesus deteve a multidão e não deixou que ninguém o acompanhasse, exceto Pedro, Tiago e João, irmão de Tiago. ³⁸Quando chegaram à casa do líder da sinagoga, Jesus viu um grande tumulto, com muito choro e lamentação. ³⁹Então entrou e perguntou: "Por que todo esse tumulto e choro? A criança não morreu; está apenas dormindo".

⁴⁰A multidão riu de Jesus. Ele, porém, fez todos saírem e levou o pai e a mãe da menina e os três discípulos para o quarto onde ela estava deitada. ⁴¹Segurando-a pela mão, disse-lhe: *"Talita cumi!"*, que quer dizer "Menina, levante-se!". ⁴²A menina, que tinha doze anos, levantou-se de imediato e começou a andar. Todos ficaram muito admirados. ⁴³Jesus deu ordens claras para que não contassem a ninguém o que havia acontecido e depois mandou que dessem alguma coisa para a menina comer.

Jesus é rejeitado em Nazaré

6 Jesus deixou essa região e voltou com seus discípulos para Nazaré, cidade onde tinha morado. ²No sábado seguinte, começou a ensinar na sinagoga, e muitos dos que o ouviam se admiraram e perguntavam: "De onde vem tanta sabedoria e poder para realizar esses milagres? ³Não é esse o carpinteiro, filho de Maria e irmão de Tiago, José,ᵇ Judas e Simão? Suas irmãs moram aqui, entre nós". E sentiam-se muito ofendidos.

⁴Então Jesus lhes disse: "Um profeta recebe honra em toda parte, menos em sua cidade e entre seus parentes e sua própria família". ⁵Por isso, não pôde realizar milagres ali, exceto pôr as mãos sobre alguns enfermos e curá-los. ⁶E ficou admirado com a incredulidade daquele povo.

Jesus envia os doze apóstolos

Então Jesus percorreu diversos povoados, ensinando a seus moradores. ⁷Reuniu os Doze e começou a enviá-los de dois em dois, dando-lhes autoridade para expulsar espíritos impuros. ⁸Instruiu-os a não levar coisa alguma na viagem, exceto um cajado. Não poderiam levar alimento, nem bolsa de viagem, nem dinheiro.ᶜ

ª**5.36** Alguns manuscritos trazem *ignorou*. ᵇ**6.3** Alguns manuscritos trazem *Joses*; ver Mt 13.55. ᶜ**6.8** Em grego, *nem moedas de cobre no cinto*.

5.27 "Tendo ouvido falar de Jesus". "Portanto, a fé vem por ouvir, isto é, por ouvir as boas-novas a respeito de Cristo". *Meus diletos ouvintes*, não importa o que vocês não ouvem, preocupem-se em ouvir muito de Jesus. Alguns pregam sobre a Igreja, de longe seria melhor se pregassem sobre o Cabeça da Igreja. Alguns pregam um credo, é mais sábio proclamar Aquele que é a essência do credo. Frequente os lugares onde muito é dito sobre Cristo, pois é ouvindo sobre Ele que você será mais abençoado do que foi essa pobre mulher. O que ela ouviu trouxe-a para Jesus e vir a Ele é a grande coisa a se desejar. Quando ela ouviu falar de Jesus, determinou-se a obter para si mesma a cura que Ele poderia conceder. Você tem essa determinação?

⁹Poderiam calçar sandálias, mas não levar uma muda de roupa extra.

¹⁰Disse ele: "Onde quer que forem, fiquem na mesma casa até partirem da cidade. ¹¹Mas, se algum povoado se recusar a recebê-los ou a ouvi-los, ao saírem, sacudam a poeira dos pés como sinal de reprovação".

¹²Então eles partiram, dizendo a todos que encontravam que se arrependessem. ¹³Expulsaram muitos demônios e curaram muitos enfermos, ungindo-os com óleo.

A morte de João Batista

¹⁴Logo o rei Herodes ouviu falar de Jesus, pois todos comentavam a seu respeito. Alguns diziam:[a] "João Batista ressuscitou dos mortos. Por isso tem poder para fazer esses milagres". ¹⁵Outros diziam: "É Elias". Ainda outros diziam: "É um profeta, como os profetas de antigamente".

¹⁶Quando Herodes ouviu falar de Jesus, disse: "João, o homem a quem decapitei, voltou dos mortos!".

¹⁷O rei havia mandado prender e encarcerar João para agradar Herodias. Ela era esposa de seu irmão, Filipe, mas Herodes tinha se casado com ela. ¹⁸João dizia a Herodes: "É contra a lei que o senhor viva com a esposa de seu irmão". ¹⁹Por isso Herodias guardava rancor de João e queria matá-lo, mas não podia fazê-lo, ²⁰pois Herodes o respeitava e o protegia, sabendo que ele era um homem justo e santo. Herodes ficava muito perturbado sempre que falava com João, mas mesmo assim gostava de ouvi-lo.

²¹Finalmente, no aniversário de Herodes, Herodias teve a oportunidade que procurava. Ele deu uma festa para os membros do alto escalão do governo, para seus oficiais militares e para os cidadãos mais importantes da Galileia. ²²Sua filha, também chamada Herodias,[b] entrou e apresentou uma dança que agradou muito Herodes e seus convidados. "Peça-me qualquer coisa que deseje, e eu lhe darei", disse o rei à moça. ²³E prometeu, sob juramento: "Eu lhe darei o que pedir, até metade do meu reino!".

²⁴Ela saiu e perguntou à mãe: "O que devo pedir?".

A mãe lhe disse: "Peça a cabeça de João Batista!".

²⁵A moça voltou depressa ao rei e disse: "Quero a cabeça de João Batista agora mesmo num prato!".

²⁶O rei muito se entristeceu com isso, mas, por causa do juramento que havia feito na frente dos convidados, não pôde negar o pedido. ²⁷Assim, enviou no mesmo instante um carrasco com ordens de cortar a cabeça de João e trazê-la. Ele decapitou João na prisão, ²⁸trouxe a cabeça num prato e a entregou à moça, que a levou à sua mãe. ²⁹Quando os discípulos de João souberam o que havia acontecido, foram buscar o corpo e o colocaram numa sepultura.

A primeira multiplicação dos pães

³⁰Os apóstolos voltaram de sua missão e contaram a Jesus tudo que tinham feito e ensinado. ³¹Jesus lhes disse: "Vamos sozinhos até um lugar tranquilo para descansar um pouco", pois tanta gente ia e vinha que eles não tinham tempo nem para comer.

³²Então saíram de barco para um lugar isolado, a fim de ficarem a sós. ³³Contudo, muitos os reconheceram e os viram partir, e pessoas de várias cidades correram e chegaram antes deles. ³⁴Quando Jesus saiu do barco, viu a grande multidão e teve compaixão dela, pois eram como ovelhas sem pastor. Então começou a lhes ensinar muitas coisas.

³⁵Ao entardecer, os discípulos foram até ele e disseram: "Este lugar é isolado, e já está tarde. ³⁶Mande as multidões embora, para que possam ir aos campos e povoados vizinhos e comprar algo para comer".

³⁷Jesus, porém, disse: "Providenciem vocês mesmos alimento para eles".

"Precisaríamos de muito dinheiro[c] para comprar comida para todo esse povo!", responderam.

³⁸"Quantos pães vocês têm?", perguntou ele. "Vão verificar."

Eles voltaram e informaram: "Cinco pães e dois peixes".

---

[a] **6.14** Alguns manuscritos trazem *Ele dizia*. [b] **6.22** Alguns manuscritos trazem *A filha de Herodias*. [c] **6.37** Em grego, *Precisaríamos de 200 denários*. Um denário equivalia ao salário por um dia completo de trabalho.

³⁹Então Jesus ordenou que fizessem a multidão sentar-se em grupos na grama verde. ⁴⁰Assim, eles se sentaram em grupos de cinquenta e de cem.

⁴¹Jesus tomou os cinco pães e os dois peixes, olhou para o céu e os abençoou. Então, à medida que ia partindo os pães, entregava-os aos discípulos para que os distribuíssem ao povo. Também dividiu os peixes para que todos recebessem uma porção. ⁴²Todos comeram à vontade, ⁴³e os discípulos recolheram doze cestos com os pães e peixes que sobraram. ⁴⁴Os que comeram[a] foram cinco mil homens.

Jesus anda sobre o mar

⁴⁵Logo em seguida, Jesus insistiu com seus discípulos que voltassem ao barco e atravessassem o mar até Betsaida, enquanto ele mandava o povo para casa. ⁴⁶Depois de se despedir de todos, subiu sozinho ao monte para orar.

⁴⁷Durante a noite, os discípulos estavam no barco, no meio do mar, e Jesus, sozinho em terra. ⁴⁸Ele viu que estavam em apuros, remando com força e lutando contra o vento e as ondas. Por volta das três da madrugada,[b] Jesus foi até eles caminhando sobre o mar. Sua intenção era passar por eles, ⁴⁹mas, quando o avistaram caminhando sobre as águas, gritaram de pavor, pensando que fosse um fantasma. ⁵⁰Ficaram todos aterrorizados ao vê-lo.

Imediatamente, porém, Jesus lhes disse: "Não tenham medo! Coragem, sou eu!". ⁵¹Em seguida, subiu no barco e o vento parou. Os discípulos ficaram admirados, ⁵²pois ainda não tinham entendido o milagre dos pães. O coração deles estava endurecido.

Jesus cura os enfermos

⁵³Depois de atravessarem o mar, chegaram a Genesaré. Levaram o barco até a margem ⁵⁴e desceram. As pessoas reconheceram Jesus assim que o viram. ⁵⁵Quando ouviam que Jesus estava em algum lugar, corriam por toda a região, levando os enfermos em macas para onde sabiam que ele estava. ⁵⁶Aonde quer que ele fosse — aos povoados, às cidades ou aos campos ao redor —, levavam *os enfermos* para as praças. Suplicavam que ele os deixasse pelo menos tocar na borda de seu manto, e todos que o tocavam eram curados.

Ensino sobre a pureza interior

7 Certo dia, alguns fariseus e mestres da lei chegaram de Jerusalém para ver Jesus. ²Observaram que alguns de seus discípulos comiam sua refeição com as mãos impuras, ou seja, sem lavá-las. ³(Pois todos os judeus, sobretudo os fariseus, não comem sem antes lavar cuidadosamente as mãos, como exige a tradição dos líderes religiosos. ⁴Quando chegam do mercado, não comem coisa alguma sem antes mergulhar as mãos em água. Essa é apenas uma das muitas tradições às quais se apegam, como a lavagem de copos, jarras e panelas.[c])

⁵Então os fariseus e mestres da lei lhe perguntaram: "Por que seus discípulos não seguem a tradição dos líderes religiosos? Eles comem sem antes realizar a cerimônia de lavar as mãos!".

⁶Jesus respondeu: "Hipócritas! Isaías tinha razão quando profetizou a seu respeito, pois escreveu:

'Este povo me honra com os lábios,
    mas o coração está longe de mim.
⁷Sua adoração é uma farsa,
    pois ensinam doutrinas humanas
    como se fossem mandamentos de
      Deus'.[d]

⁸Vocês desprezam a lei de Deus e a substituem por sua própria tradição".

⁹Disse ainda: "Vocês se esquivam com habilidade da lei de Deus para se apegar à sua própria tradição. ¹⁰Por exemplo, Moisés deu esta lei: 'Honre seu pai e sua mãe'[e] e 'Quem insultar seu pai ou sua mãe será executado'.[f] ¹¹Vocês, porém, ensinam que alguém pode dizer a seus pais: 'Não posso ajudá-los. Jurei entregar como oferta a Deus aquilo que eu teria dado a vocês'.[g] ¹²Com isso, desobrigam as pessoas de cuidarem dos pais, ¹³anulando a palavra de Deus a fim de transmitir sua própria tradição. E esse é apenas um exemplo entre muitos outros".

¹⁴Jesus chamou a multidão para perto de si e disse: "Ouçam, todos vocês, e procurem

---

[a] **6.44** Alguns manuscritos acrescentam *dos pães*. [b] **6.48** Em grego, *Por volta da quarta vigília da noite*. [c] **7.4** Alguns manuscritos acrescentam *e divãs*. [d] **7.7** Is 29.13, conforme a Septuaginta. [e] **7.10a** Êx 20.12; Dt 5.16. [f] **7.10b** Êx 21.17; Lv 20.9; ambos conforme a Septuaginta. [g] **7.11** Em grego, *O que eu teria lhes dado é Corbã, isto é, uma oferta*.

entender. ¹⁵Não é o que entra no corpo que os contamina; vocês se contaminam com o que sai do coração. ¹⁶Quem tem ouvidos para ouvir, ouça com atenção!".ᵃ

¹⁷Então Jesus entrou numa casa para se afastar da multidão, e seus discípulos lhe perguntaram o que ele queria dizer com a parábola que havia acabado de contar. ¹⁸"Vocês também ainda não entendem?", perguntou. "Não percebem que a comida que entra no corpo não pode contaminá-los? ¹⁹O alimento não vai para o coração, mas apenas passa pelo estômago e vai parar no esgoto." (Ao dizer isso, declarou que todo tipo de comida é aceitável.)

²⁰Em seguida, acrescentou: "Aquilo que vem de dentro é que os contamina. ²¹Pois, de dentro, do coração da pessoa, vêm maus pensamentos, imoralidade sexual, roubo, homicídio, ²²adultério, cobiça, perversidade, engano, paixões carnais, inveja, calúnias, orgulho e insensatez. ²³Todas essas coisas desprezíveis vêm de dentro; são elas que os contaminam".

A mulher siro-fenícia demonstra fé

²⁴Então Jesus deixou a Galileia e se dirigiu para o norte, para a região de Tiro.ᵇ Não queria que ninguém soubesse onde ele estava hospedado, mas não foi possível manter segredo. ²⁵De imediato, uma mulher que tinha ouvido falar dele veio e caiu a seus pés. A filha dela estava possuída por um espírito impuro, ²⁶e ela implorou que ele expulsasse o demônio que estava na menina.

Sendo ela grega, nascida na região da Fenícia, na Síria, ²⁷Jesus lhe disse: "Primeiro devem-se alimentar os filhos. Não é certo tirar comida das crianças e jogá-la aos cachorros".

²⁸"Senhor, é verdade", disse a mulher. "No entanto, até os cachorros, debaixo da mesa, comem as migalhas dos pratos dos filhos."

²⁹"Boa resposta!", disse Jesus. "Vá para casa, pois o demônio já deixou sua filha." ³⁰E, quando ela chegou à sua casa, sua filha estava deitada na cama, e o demônio a havia deixado.

Jesus cura um surdo

³¹Jesus saiu de Tiro e subiu para Sidom antes de voltar ao mar da Galileia e à região das Dez Cidades.ᶜ ³²Algumas pessoas lhe trouxeram um homem surdo e com dificuldade de fala, e lhe pediram que pusesse as mãos sobre ele e o curasse.

³³Jesus o afastou da multidão para ficar a sós com ele. Pôs os dedos nos ouvidos do homem e, em seguida, cuspiu nos dedos e tocou a língua dele. ³⁴Olhando para o céu, suspirou e disse: *"Efatá!"*, que significa "Abra-se!". ³⁵No mesmo instante, o homem passou a ouvir perfeitamente; sua língua ficou livre, e ele começou a falar com clareza.

³⁶Jesus ordenou à multidão que não contasse a ninguém, mas, quanto mais ele os proibia, mais divulgavam o que havia acontecido. ³⁷Estavam muito admirados e diziam repetidamente: "Tudo que ele faz é maravilhoso! Ele até faz o surdo ouvir e o mudo falar!".

A segunda multiplicação dos pães

8 Naqueles dias, outra grande multidão se reuniu e, mais uma vez, o povo ficou sem comida. Jesus chamou os discípulos e disse: ²"Tenho compaixão dessa gente. Estão aqui comigo há três dias e não têm mais nada para comer. ³Se eu os mandar embora com fome, desmaiarão no caminho. Alguns vieram de longe".

⁴Os discípulos disseram: "Como conseguiremos comida suficiente neste lugar deserto para alimentá-los?".

⁵Jesus perguntou: "Quantos pães vocês têm?".

"Sete", responderam eles.

⁶Então Jesus mandou todo o povo sentar-se no chão. Tomou os sete pães, agradeceu a Deus e os partiu em pedaços. Em seguida, entregou-os aos discípulos, que os distribuíram à multidão. ⁷Eles encontraram, ainda, alguns peixinhos; Jesus também os abençoou e mandou que os discípulos os distribuíssem.

⁸Todos comeram à vontade. Depois, os discípulos recolheram sete cestos grandes com as sobras. ⁹Naquele dia, havia cerca de quatro mil homens na multidão. Após comerem, Jesus os mandou para casa. ¹⁰Em seguida, entrou com seus discípulos num barco e atravessou para a região de Dalmanuta.

ᵃ**7.16** Alguns manuscritos não trazem o versículo 16. Comparar com 4.9,23. ᵇ**7.24** Alguns manuscritos acrescentam *e Sidom*.
ᶜ**7.31** Em grego, *Decápolis*.

Os fariseus exigem um sinal

¹¹Alguns fariseus vieram ao encontro de Jesus e começaram a discutir com ele. Para pô-lo à prova, exigiram que lhes mostrasse um sinal do céu.

¹²Ao ouvir isso, Jesus suspirou profundamente e disse: "Por que este povo insiste em pedir um sinal? Eu lhes digo a verdade: não darei sinal algum aos homens desta geração". ¹³Então ele os deixou, entrou de volta no barco e atravessou para o outro lado do mar.

O fermento dos fariseus e de Herodes

¹⁴Os discípulos, porém, se esqueceram de levar comida. Tinham no barco apenas um pão. ¹⁵Enquanto atravessavam o mar, Jesus os advertiu: "Fiquem atentos! Tenham cuidado com o fermento dos fariseus e de Herodes".

¹⁶Os discípulos começaram a discutir entre si porque não tinham trazido pão. ¹⁷Ao saber do que estavam falando, Jesus disse: "Por que discutem sobre a falta de pão? Ainda não sabem ou não entenderam? Seu coração está tão endurecido que não compreendem? ¹⁸Vocês têm olhos, mas não veem? Têm ouvidos, mas não ouvem?ᵃ Não se lembram de nada? ¹⁹Quando reparti os cinco pães entre os cinco mil, quantos cestos cheios de sobras vocês recolheram?".

"Doze", responderam eles.

²⁰"E quando reparti os sete pães entre os quatro mil, quantos cestos grandes cheios de sobras vocês recolheram?"

"Sete", responderam.

²¹"E vocês ainda não entendem?", perguntou.

ᵃ **8.18** Ver Jr 5.21.

Jesus cura um cego

²²Quando chegaram a Betsaida, algumas pessoas trouxeram um cego a Jesus e lhe pediram que o tocasse. ²³Ele tomou o cego pela mão e o levou para fora do povoado. Em seguida, cuspiu nos olhos do homem, pôs as mãos sobre ele e perguntou: "Vê alguma coisa?".

²⁴Recuperando aos poucos a vista, o homem respondeu: "Vejo pessoas, mas não as enxergo claramente. Parecem árvores andando".

²⁵Jesus pôs as mãos sobre os olhos do homem mais uma vez, e sua visão foi completamente restaurada; ele passou a ver tudo com nitidez. ²⁶Então Jesus se despediu dele e disse: "Ao voltar para casa, não entre no povoado".

Pedro declara sua fé

²⁷Jesus e seus discípulos deixaram a Galileia e foram para os povoados perto de Cesareia de Filipe. Enquanto caminhavam, Jesus lhes perguntou: "Quem as pessoas dizem que eu sou?".

²⁸Eles responderam: "Alguns dizem que o senhor é João Batista; outros, que é Elias ou um dos profetas".

²⁹"E vocês?", perguntou ele. "Quem vocês dizem que eu sou?"

Pedro respondeu: "O senhor é o Cristo!".

³⁰Mas Jesus os advertiu de que não falassem a ninguém a seu respeito.

Jesus prediz sua morte

³¹Então Jesus começou a lhes ensinar que era necessário que o Filho do Homem sofresse muitas coisas e fosse rejeitado pelos líderes do povo, pelos principais sacerdotes e pelos mestres da lei. Seria morto, mas três dias depois

---

8.14-21 O Senhor faz-lhes uma pergunta afetuosa: "Não se lembram de nada?". Irmãos, lembramos muito do que deveríamos esquecer, e esquecemos muito do que deveríamos lembrar. De nossa memória flui o lixo da cidade de Sodoma, e nós o reunimos diligentemente; contudo, do mesmo fluxo, desce a madeira nobre do Líbano, e sofremos vendo-a à deriva *passando por nós*. *Nossa peneira retém a palha e rejeita o cereal.* Não deveria ser assim. Olhemos para trás agora, para o passado de nossa vida, e nessa hora, com um olhar cuidadoso e observador, vejamos se não há o suficiente em nossos diários para condenar nossas dúvidas e enterrar nossas preocupações, ou pelo menos para trancar nossas ansiedades em uma gaiola feita com as barras de ouro da misericórdia passada, e ferrolhos feitos de joias de gratidão. "O S{\sc enhor} se lembra de nós e nos abençoará". Vamos nos gloriar no que o Senhor vai fazer e exaltar o Seu nome por Sua misericórdia, que ainda será revelada. Que cada um de nós cante com Davi: "Ali, irei ao altar de Deus, a Deus, fonte de toda a minha alegria. Eu te louvarei com minha harpa, ó Deus, meu Deus!". Daí sim, a memória terá feito a sua parte corretamente quando, dos altares do passado, ela tiver pegado um carvão vivo com o qual acenderá o incenso de hoje.

ressuscitaria. ³²Enquanto falava abertamente sobre isso com os discípulos, Pedro o chamou de lado e o repreendeu por dizer tais coisas. ³³Jesus se virou, olhou para seus discípulos e repreendeu Pedro. "Afaste-se de mim, Satanás!", disse ele. "Você considera as coisas apenas do ponto de vista humano, e não da perspectiva de Deus."

³⁴Depois, chamou a multidão e os discípulos e disse: "Se alguém quer ser meu seguidor, negue a si mesmo, tome sua cruz e siga-me. ³⁵Se tentar se apegar à sua vida, a perderá. Mas, se abrir mão de sua vida por minha causa e por causa das boas-novas, a salvará. ³⁶Que vantagem há em ganhar o mundo inteiro, mas perder a vida? ³⁷E o que daria o homem em troca de sua vida? ³⁸Se alguém se envergonhar de mim e de minha mensagem nesta época de adultério e pecado, o Filho do Homem se envergonhará dele quando vier na glória de seu Pai com os santos anjos".

9 Jesus prosseguiu: "Eu lhes digo a verdade: alguns que estão aqui neste momento não morrerão antes de ver o reino de Deus vindo com grande poder!".

A transfiguração

²Seis dias depois, Jesus levou consigo Pedro, Tiago e João até um monte alto, para estarem a sós. Ali, diante de seus olhos, a aparência de Jesus foi transformada. ³Suas roupas ficaram brancas e resplandecentes, muito mais claras do que qualquer lavandeiro seria capaz de deixá-las. ⁴Então Elias e Moisés apareceram e começaram a falar com Jesus.

⁵Pedro exclamou: "Rabi, é maravilhoso estarmos aqui! Vamos fazer três tendas: uma será sua, uma de Moisés e outra de Elias". ⁶Disse isso porque não sabia o que mais falar, pois estavam todos apavorados.

⁷Então uma nuvem os cobriu, e uma voz que vinha da nuvem disse: "Este é meu Filho amado. Ouçam-no!". ⁸De repente, quando olharam em volta, só Jesus estava com eles.

⁹Enquanto desciam o monte, Jesus ordenou que não contassem a ninguém o que tinham visto, até que o Filho do Homem tivesse ressuscitado dos mortos. ¹⁰Eles guardaram segredo, mas conversavam entre si com frequência sobre o que ele queria dizer com "ressuscitar dos mortos".

¹¹Então eles perguntaram a Jesus: "Por que os mestres da lei afirmam que é necessário que Elias volte antes que o Cristo venha?".[a]

¹²Jesus respondeu: "De fato, Elias vem primeiro para restaurar tudo. Então por que as Escrituras dizem que é necessário o Filho do Homem sofrer muito e ser tratado com desprezo? ¹³Eu, porém, lhes digo: Elias já veio e eles preferiram maltratá-lo, conforme as Escrituras haviam previsto".

Jesus cura um menino possuído por demônio

¹⁴Ao voltarem para junto dos outros discípulos, viram que estavam cercados por uma grande multidão e que alguns mestres da lei discutiam com eles. ¹⁵Quando a multidão viu Jesus, ficou muito admirada e correu para cumprimentá-lo.

¹⁶"Sobre o que discutem?", perguntou Jesus.

¹⁷Um dos homens na multidão respondeu: "Mestre, eu lhe trouxe meu filho, que está possuído por um espírito impuro que não o deixa falar. ¹⁸Sempre que o espírito se apodera dele, joga-o no chão, e ele espuma pela boca, range os dentes e fica rígido.[b] Pedi a seus discípulos que expulsassem o espírito impuro, mas eles não conseguiram".

¹⁹Jesus lhes disse:[c] "Geração incrédula! Até quando estarei com vocês? Até quando terei de suportá-los? Tragam o menino para cá".

²⁰Então o trouxeram. Quando o espírito impuro viu Jesus, causou uma convulsão intensa no menino e ele caiu no chão, contorcendo-se e espumando pela boca.

²¹Jesus perguntou ao pai do menino: "Há quanto tempo isso acontece com ele?".

"Desde que ele era pequeno", respondeu o pai. ²²"Muitas vezes o espírito o lança no fogo ou na água e tenta matá-lo. Tenha misericórdia de nós e ajude-nos, se puder."

²³"Se puder?", perguntou Jesus. "Tudo é possível para aquele que crê."

²⁴No mesmo instante, o pai respondeu: "Eu creio, mas ajude-me a superar minha incredulidade".

---

[a] 9.11 Em grego, *que Elias deve vir primeiro?* [b] 9.18 Ou *fica fraco*. [c] 9.19 Ou *disse a seus discípulos*.

²⁵Quando Jesus viu que a multidão aumentava, repreendeu o espírito impuro, dizendo: "Espírito que impede este menino de ouvir e falar, ordeno que saia e nunca mais entre nele!".

²⁶O espírito gritou, causou outra convulsão intensa no menino e saiu dele. O menino parecia morto. Um murmúrio correu pela multidão: "Ele morreu". ²⁷Mas Jesus o tomou pela mão e o ajudou a se levantar, e ele ficou em pé.

²⁸Depois, quando Jesus estava em casa com seus discípulos, eles perguntaram: "Por que não conseguimos expulsar aquele espírito impuro?".

²⁹Jesus respondeu: "Essa espécie só sai com oração".[a]

Jesus prediz sua morte pela segunda vez

³⁰Ao deixarem aquela região, viajaram pela Galileia. Jesus não queria que ninguém soubesse que ele estava lá, ³¹pois queria ensinar a seus discípulos. Ele lhes dizia: "O Filho do Homem será traído e entregue em mãos humanas. Será morto, mas três dias depois ressuscitará". ³²Eles, porém, não entendiam essas coisas e tinham medo de lhe perguntar.

O maior no reino

³³Depois que chegaram a Cafarnaum e se acomodaram numa casa, Jesus perguntou a seus discípulos: "Sobre o que vocês discutiam no caminho?". ³⁴Eles não responderam, pois tinham discutido sobre qual deles era o maior. ³⁵Jesus se sentou, chamou os Doze e disse: "Quem quiser ser o primeiro, que se torne o último e seja servo de todos".

³⁶Então colocou uma criança no meio deles, tomou-a nos braços e disse: ³⁷"Quem recebe uma criança pequena como esta em meu nome recebe a mim, e quem me recebe não recebe apenas a mim, mas também ao Pai, que me enviou".

Diversos ensinamentos de Jesus

³⁸João disse a Jesus: "Mestre, vimos alguém usar seu nome para expulsar demônios; nós o proibimos, pois ele não era do nosso grupo".

³⁹"Não o proíbam!", disse Jesus. "Ninguém que faça milagres em meu nome falará mal de mim a seguir. ⁴⁰Quem não é contra nós é a favor de nós. ⁴¹Eu lhes digo a verdade: se alguém lhes der um simples copo de água porque vocês são seguidores do Cristo, essa pessoa certamente será recompensada.

⁴²"Mas, se alguém fizer um destes pequeninos que confiam em mim cair em pecado, seria melhor que lhe amarrassem ao pescoço uma grande pedra de moinho e fosse jogado ao mar. ⁴³Se sua mão o leva a pecar, corte-a fora. É melhor entrar na vida eterna com apenas uma das mãos que ser lançado no fogo inextinguível do inferno[b] com as duas mãos. ⁴⁴Lá os vermes nunca morrem e o fogo nunca se apaga.[c] ⁴⁵Se seu pé o leva a pecar, corte-o fora. É melhor entrar na vida eterna com apenas um pé que ser lançado no inferno com os dois pés. ⁴⁶Lá os vermes nunca morrem e o fogo nunca se apaga.[d] ⁴⁷E, se seu olho o leva a pecar, lance-o fora. É melhor entrar no reino de Deus com apenas um dos olhos que ter os dois olhos e ser lançado no inferno. ⁴⁸Lá os vermes nunca morrem e o fogo nunca se apaga.[e]

⁴⁹"Pois cada um será provado com fogo.[f] ⁵⁰O sal é bom para temperar, mas, se perder o sabor, como torná-lo salgado outra vez? Tenham entre vocês as qualidades do bom sal e vivam em paz uns com os outros."

Discussão sobre divórcio e casamento

10 Então Jesus deixou Cafarnaum e foi para a região da Judeia, a leste do rio Jordão. Mais uma vez, multidões se juntaram ao seu redor e, como de costume, ele as ensinava.

²Alguns fariseus vieram e tentaram apanhar Jesus numa armadilha com a seguinte pergunta: "Deve-se permitir que um homem se divorcie de sua mulher?".

³Jesus respondeu: "O que Moisés disse na lei a respeito do divórcio?".

⁴"Ele o permitiu", responderam os fariseus. "Disse que um homem poderia dar à esposa um certificado de divórcio e mandá-la embora."[g]

⁵Jesus, porém, disse: "Moisés escreveu esse mandamento porque vocês têm o coração duro, ⁶mas 'Deus os fez homem e mulher'[h] desde o princípio da criação. ⁷Por isso o homem

---

[a]9.29 Alguns manuscritos acrescentam *e jejum.* [b]9.43 Em grego, *Geena*; também em 9.45,47. [c]9.44 Alguns manuscritos não trazem o versículo 44. Ver 9.48. [d]9.46 Alguns manuscritos não trazem o versículo 46. Ver 9.48. [e]9.48 Is 66.24. [f]9.49 Em grego, *salgado com fogo*; alguns manuscritos acrescentam *e todo sacrifício será salgado com sal.* [g]10.4 Ver Dt 24.1. [h]10.6 Gn 1.27; 5.2.

deixa pai e mãe e se une à sua mulher,ᵃ ⁸e os dois se tornam um só'.ᵇ Uma vez que já não são dois, mas um só, ⁹que ninguém separe o que Deus uniu".

¹⁰Mais tarde, quando Jesus estava em casa com seus discípulos, eles tocaram no assunto outra vez. ¹¹Jesus respondeu: "Quem se divorcia de sua esposa e se casa com outra mulher comete adultério contra ela. ¹²E, se a mulher se divorcia do marido e se casa com outro homem, comete adultério".

Jesus abençoa as crianças

¹³Certo dia, trouxeram crianças para que Jesus pusesse as mãos sobre elas, mas os discípulos repreendiam aqueles que as traziam.

¹⁴Ao ver isso, Jesus ficou indignado com os discípulos e disse: "Deixem que as crianças venham a mim. Não as impeçam, pois o reino de Deus pertence aos que são como elas. ¹⁵Eu lhes digo a verdade: quem não receber o reino de Deus como uma criança de modo algum entrará nele". ¹⁶Então tomou as crianças nos braços, pôs as mãos sobre a cabeça delas e as abençoou.

O homem rico

¹⁷Quando Jesus saía para Jerusalém, um homem veio correndo em sua direção, ajoelhou-se diante dele e perguntou: "Bom mestre, que devo fazer para herdar a vida eterna?".

¹⁸"Por que você me chama de bom?", perguntou Jesus. "Apenas Deus é verdadeiramente bom. ¹⁹Você conhece os mandamentos: 'Não mate. Não cometa adultério. Não roube. Não dê falso testemunho. Não engane ninguém. Honre seu pai e sua mãe'."ᶜ

²⁰O homem respondeu: "Mestre, tenho obedecido a todos esses mandamentos desde a juventude".

²¹Com amor, Jesus olhou para o homem e disse: "Ainda há uma coisa que você não fez. Vá, venda todos os seus bens e dê o dinheiro aos pobres. Então você terá um tesouro no céu. Depois, venha e siga-me".

²²Ao ouvir isso, o homem ficou desapontado e foi embora triste, pois tinha muitos bens.

As recompensas do discipulado

²³Jesus olhou ao redor e disse a seus discípulos: "Como é difícil os ricos entrarem no reino de Deus!". ²⁴Os discípulos se admiraram de suas palavras. Mas Jesus disse outra vez: "Filhos, entrar no reino de Deus é muito difícil.ᵈ ²⁵É mais fácil um camelo passar pelo buraco de uma agulha que um rico entrar no reino de Deus".

²⁶Perplexos, os discípulos perguntaram: "Então quem pode ser salvo?".

²⁷Jesus olhou atentamente para eles e respondeu: "Para as pessoas isso é impossível, mas não para Deus. Para Deus, tudo é possível".

²⁸Então Pedro começou a falar: "Deixamos tudo para segui-lo".

²⁹Jesus respondeu: "Eu lhes garanto que todos que deixaram casa, irmãos, irmãs, mãe, pai, filhos ou propriedades por minha causa e por causa das boas-novas ³⁰receberão em troca, neste mundo, cem vezes mais casas, irmãos, irmãs, mães, filhos e propriedades, com perseguição, e, no mundo futuro, terão a vida eterna. ³¹Contudo, muitos primeiros serão os últimos, e muitos últimos serão os primeiros".

Jesus prediz sua morte e ressurreição

³²Por esse tempo, subiam para Jerusalém, e Jesus ia à frente. Os discípulos estavam muito admirados, e o povo que os seguia tinha grande temor. Jesus chamou os Doze à parte e, mais uma vez, começou a descrever tudo que estava prestes a lhe acontecer.

³³"Ouçam", disse ele. "Estamos subindo para Jerusalém, onde o Filho do Homem será traído e entregue aos principais sacerdotes e aos mestres da lei. Eles o condenarão à morte e o entregarão aos gentios. ³⁴Zombarão dele, cuspirão nele, o açoitarão e o matarão, mas depois de três dias ele ressuscitará."

Jesus ensina sobre servir a outros

³⁵Então Tiago e João, filhos de Zebedeu, vieram e falaram com ele: "Mestre, queremos que nos faça um favor".

³⁶"Que favor é esse?", perguntou ele.

³⁷Eles responderam: "Quando o senhor se sentar em seu trono glorioso, queremos nos

---

ᵃ **10.7** Alguns manuscritos não trazem *e se une à sua mulher.* ᵇ **10.7-8** Gn 2.24. ᶜ **10.19** Êx 20.12-16; Dt 5.16-20. ᵈ **10.24** Alguns manuscritos acrescentam *para os que confiam em riquezas.*

sentar em lugares de honra ao seu lado, um à sua direita e outro à sua esquerda".

³⁸Jesus lhes disse: "Vocês não sabem o que estão pedindo! São capazes de beber do cálice que beberei? São capazes de ser batizados com o batismo com que serei batizado?".

³⁹"Somos!", responderam eles.

Então Jesus disse: "De fato, vocês beberão do meu cálice e serão batizados com o meu batismo. ⁴⁰Não cabe a mim, no entanto, dizer quem se sentará à minha direita ou à minha esquerda. Esses lugares serão daqueles para quem eles foram preparados".

⁴¹Quando os outros dez discípulos ouviram o que Tiago e João haviam pedido, ficaram indignados. ⁴²Então Jesus os reuniu e disse: "Vocês sabem que os que são considerados líderes neste mundo têm poder sobre o povo, e que os oficiais exercem sua autoridade sobre os súditos. ⁴³Entre vocês, porém, será diferente. Quem quiser ser o líder entre vocês, que seja servo, ⁴⁴e quem quiser ser o primeiro entre vocês, que se torne escravo de todos. ⁴⁵Pois nem mesmo o Filho do Homem veio para ser servido, mas para servir e dar sua vida em resgate por muitos".

Jesus cura o cego Bartimeu

⁴⁶Então chegaram a Jericó. Quando Jesus e seus discípulos saíam da cidade, uma grande multidão os seguiu. Um mendigo cego chamado Bartimeu, filho de Timeu, estava sentado à beira do caminho. ⁴⁷Quando Bartimeu soube que Jesus de Nazaré estava perto, começou a gritar: "Jesus, Filho de Davi, tenha misericórdia de mim!".

⁴⁸Muitos lhe diziam aos brados: "Cale-se!".

Ele, porém, gritava ainda mais alto: "Filho de Davi, tenha misericórdia de mim!".

⁴⁹Quando Jesus o ouviu, parou e disse: "Falem para ele vir aqui".

Então chamaram o cego. "Anime-se!", disseram. "Venha, ele o está chamando!" ⁵⁰Bartimeu jogou sua capa para o lado, levantou-se de um salto e foi até Jesus.

⁵¹"O que você quer que eu lhe faça?", perguntou Jesus.

O cego respondeu: "Rabi,ᵃ quero enxergar".

⁵²Jesus lhe disse: "Vá, pois sua fé o curou". No mesmo instante, o homem passou a ver e seguiu Jesus pelo caminho.

A entrada de Jesus em Jerusalém

11 Quando já se aproximavam de Jerusalém, Jesus e seus discípulos chegaram às cidades de Betfagé e Betânia, no monte das Oliveiras. Jesus enviou na frente dois discípulos. ²"Vão àquele povoado adiante", disse ele. "Assim que entrarem, verão amarrado ali um jumentinho, no qual ninguém jamais montou. Desamarrem-no e tragam-no para cá. ³Se alguém lhes perguntar: 'O que estão fazendo?', digam apenas: 'O Senhor precisa dele e o devolverá em breve'."

⁴Os dois discípulos foram e encontraram o jumentinho na rua, amarrado junto a uma porta. ⁵Enquanto o desamarravam, algumas pessoas que estavam ali perguntaram: "O que vocês estão fazendo, desamarrando esse jumentinho?". ⁶Responderam conforme Jesus havia instruído, e os deixaram levar o animal. ⁷Os discípulos trouxeram o jumentinho, puseram seus mantos sobre o animal, e Jesus montou nele.

⁸Muitos da multidão espalharam seus mantos ao longo do caminho diante de Jesus, e outros espalharam ramos que haviam cortado nos campos. ⁹E as pessoas, tanto as que iam à frente como as que o seguiam, gritavam:

"Hosana!ᵇ
Bendito é o que vem em nome do
  Senhor!
¹⁰Bendito é o reino que vem, o reino de
  nosso antepassado Davi!
Hosana no mais alto céu!".ᶜ

¹¹Jesus entrou em Jerusalém e foi ao templo. Depois de olhar tudo ao redor atentamente, voltou a Betânia com os Doze, porque já era tarde.

Jesus amaldiçoa a figueira

¹²Na manhã seguinte, quando saíam de Betânia, Jesus teve fome. ¹³Viu que, a certa distância, havia uma figueira cheia de folhas e foi ver se encontraria figos. No entanto, só havia folhas, pois ainda não era tempo de dar frutos.

ᵃ **10.51** O texto grego usa o termo hebraico *Raboni*. ᵇ **11.9** Exclamação de louvor que, em sua forma hebraica, significa "Salva agora!"; também em 11.10. ᶜ **11.9-10** Sl 118.25-26; 148.1.

¹⁴Então Jesus disse à árvore: "Nunca mais comam de seu fruto!". E os discípulos ouviram o que ele disse.

Jesus purifica o templo

¹⁵Quando voltaram a Jerusalém, Jesus entrou no templo e começou a expulsar os que compravam e vendiam animais para os sacrifícios. Derrubou as mesas dos cambistas e as cadeiras dos que vendiam pombas, ¹⁶impediu todos de usarem o templo como mercado[a] ¹⁷e os ensinava, dizendo: "As Escrituras declaram: 'Meu templo será chamado casa de oração para todas as nações', mas vocês o transformaram num esconderijo de ladrões!".[b]

¹⁸Quando os principais sacerdotes e mestres da lei souberam o que Jesus tinha feito, começaram a tramar um modo de matá-lo. Contudo, tinham medo dele, pois o povo estava muito admirado com seu ensino.

¹⁹Ao entardecer, Jesus e seus discípulos saíram[c] da cidade.

Ensino sobre a figueira

²⁰Na manhã seguinte, quando os discípulos passaram pela figueira que Jesus tinha amaldiçoado, notaram que ela estava seca desde a raiz. ²¹Pedro se lembrou do que Jesus tinha dito à árvore e exclamou: "Veja, Rabi! A figueira que o senhor amaldiçoou secou!".

²²Então Jesus disse aos discípulos: "Tenham fé em Deus. ²³Eu lhes digo a verdade: vocês poderão dizer a este monte: 'Levante-se e atire-se no mar', e isso acontecerá. É preciso, no entanto, crer que acontecerá, e não ter nenhuma dúvida em seu coração. ²⁴Digo-lhes que, se crerem que já receberam, qualquer coisa que pedirem em oração lhes será concedido. ²⁵Quando estiverem orando, se tiverem alguma coisa contra alguém, perdoem-no, para que seu Pai no céu também perdoe seus pecados. ²⁶Mas, se vocês se recusarem a perdoar, seu Pai no céu não perdoará seus pecados".[d]

A autoridade de Jesus é questionada

²⁷Mais uma vez, voltaram a Jerusalém. Enquanto Jesus passava pelo templo, os principais sacerdotes, os mestres da lei e os líderes do povo vieram até ele ²⁸e perguntaram: "Com que autoridade você faz essas coisas? Quem lhe deu esse direito?".

²⁹Jesus respondeu: "Eu lhes direi com que autoridade faço essas coisas se vocês responderem a uma pergunta: ³⁰A autoridade de João para batizar vinha do céu ou era apenas humana? Respondam-me!".

³¹Eles discutiram a questão entre si: "Se dissermos que vinha do céu, ele perguntará por que não cremos em João. ³²Mas será que ousamos dizer que era apenas humana?". Tinham medo do que o povo faria, pois todos acreditavam que João era profeta. ³³Por fim, responderam: "Não sabemos".

E Jesus replicou: "Então eu também não direi com que autoridade faço essas coisas".

---

[a]**11.16** Ou *de carregarem mercadorias pelo templo*. [b]**11.17** Is 56.7; Jr 7.11. [c]**11.19** Em grego, *eles saíram*. Alguns manuscritos trazem *ele saiu*. [d]**11.26** Alguns manuscritos não trazem o versículo 26. Comparar com Mt 6.15.

11.12-14 Bem, como a figueira ou produz o figo antes da folha ou então produz figos e folhas ao mesmo tempo, a maior parte das árvores, talvez todas elas, com exceção desta, estava inteiramente sem figos, e sem folhas, e ainda assim Jesus não amaldiçoou nenhuma *delas*, pois o tempo de figos ainda não havia chegado. [...] Observe que o nosso Senhor está com fome de frutas. Uma pessoa com fome anseia por algo que possa satisfazê-la — por frutas — não folhas! Jesus anseia por sua santidade. Uma expressão forte, você vai dizer, mas não duvido de sua precisão. Para o que fomos eleitos? Fomos predestinados a nos tornarmos semelhantes à imagem do Filho de Deus! Fomos escolhidos para *boas obras*, "que ele de antemão planejou para nós". Qual é o fim da nossa redenção? Por que Jesus Cristo morreu? "Ele entregou sua vida para nos libertar de todo pecado, para nos purificar e fazer de nós seu povo, inteiramente dedicado às *boas obras*". Por que fomos chamados, senão para sermos santos? Para qual finalidade são algumas das grandes ações da aliança da graça? Elas todas não apontam para nossa santidade? Se você pensar em qualquer privilégio que o Senhor confere ao Seu povo por intermédio de Cristo, perceberá que todos almejam pela *santificação* do povo escolhido — fazê-los produzir fruto para que Deus Pai possa ser glorificado neles. Ó cristão, por isto são as lágrimas do Salvador! Por isto a agonia e o suor de sangue! Por isto os cinco ferimentos mortais! Por isto o sepultamento e a ressurreição: para que Ele o faça santo, até mesmo perfeitamente santo, como Ele mesmo! E será que, quando o Senhor tiver fome de frutos, você não pensará em produzi-los?

A parábola dos lavradores maus

12 Então Jesus começou a lhes ensinar por meio de parábolas: "Um homem plantou um vinhedo. Construiu uma cerca ao seu redor, um tanque de prensar e uma torre para o guarda. Depois, arrendou o vinhedo a alguns lavradores e partiu para um lugar distante. ²No tempo da colheita da uva, enviou um de seus servos para receber sua parte da produção. ³Os lavradores agarraram o servo, o espancaram e o mandaram de volta de mãos vazias. ⁴Então o dono da terra enviou outro servo, mas eles o insultaram e bateram na cabeça dele. ⁵O próximo servo que ele mandou foi morto. Outros servos que ele enviou foram espancados ou mortos, ⁶até que só restou um: seu filho muito amado. Por fim, o dono o enviou, pois pensou: 'Certamente respeitarão meu filho'.

⁷"Os lavradores, porém, disseram uns aos outros: 'Aí vem o herdeiro da propriedade. Vamos matá-lo e tomar posse desta terra!'. ⁸Então o agarraram, o mataram e jogaram seu corpo para fora do vinhedo.

⁹"O que vocês acham que o dono do vinhedo fará?", perguntou Jesus. "Ele virá, matará os lavradores e arrendará o vinhedo a outros. ¹⁰Vocês nunca leram nas Escrituras:

'A pedra que os construtores rejeitaram
   se tornou a pedra angular.
¹¹Isso é obra do Senhor
   e é maravilhosa de ver'?"ᵃ

¹²Os líderes religiososᵇ queriam prender Jesus, pois perceberam que eram eles os lavradores maus a que Jesus se referia. No entanto, por medo da multidão, deixaram-no e foram embora.

Impostos para César

¹³Mais tarde, os líderes enviaram alguns fariseus e membros do partido de Herodes com o objetivo de levar Jesus a dizer algo que desse motivo para o prenderem. ¹⁴Disseram: "Mestre, sabemos como o senhor é honesto. É imparcial e não demonstra favoritismo. *Ensina o caminho de Deus* de acordo com a verdade. Agora, diga-nos: É certo pagar impostos a César ou não? ¹⁵Devemos pagar ou não?".

Jesus percebeu a hipocrisia deles e disse: "Por que vocês tentam me apanhar numa armadilha? Mostrem-me uma moeda de prata,ᶜ e eu lhes direi". ¹⁶Quando lhe deram a moeda, ele disse: "De quem são a imagem e o título nela gravados?".

"De César", responderam.

¹⁷"Então deem a César o que pertence a César, e deem a Deus o que pertence a Deus", disse ele.

Sua resposta os deixou muito admirados.

Discussão sobre a ressurreição dos mortos

¹⁸Depois vieram a Jesus alguns saduceus, líderes religiosos que afirmam não haver ressurreição dos mortos, e perguntaram: ¹⁹"Mestre, Moisés nos deu uma lei segundo a qual se um homem morrer sem deixar filhos, o irmão dele deve se casar com a viúva e ter um filho que dará continuidade ao nome do irmão.ᵈ ²⁰Numa família havia sete irmãos. O mais velho se casou e morreu sem deixar filhos. ²¹O segundo irmão se casou com a viúva, mas também morreu sem deixar filhos. Então o terceiro irmão se casou com ela. ²²O mesmo aconteceu até o sétimo irmão, e nenhum deixou filhos. Por fim, a mulher também morreu. ²³Diga-nos, de quem ela será esposa na ressurreição? Afinal, os sete se casaram com ela".

²⁴Jesus respondeu: "O erro de vocês está em não conhecerem as Escrituras nem o poder de Deus. ²⁵Pois, quando os mortos ressuscitarem, não se casarão nem se darão em casamento. Nesse sentido, serão como os anjos do céu.

²⁶"Agora, quanto a haver ressurreição dos mortos, vocês não leram a esse respeito nos escritos de Moisés, no relato sobre o arbusto em chamas? Deus disse a Moisés: 'Eu sou o Deus de Abraão, o Deus de Isaque e o Deus de Jacó'.ᵉ ²⁷Portanto, ele é o Deus dos vivos, e não dos mortos. Vocês estão completamente enganados!".

O mandamento mais importante

²⁸Um dos mestres da lei estava ali ouvindo a discussão. Ao perceber que Jesus tinha respondido bem, perguntou: "De todos os mandamentos, qual é o mais importante?".

ᵃ **12.10-11** Sl 118.22-23. ᵇ **12.12** Em grego, *Eles.* ᶜ **12.15** Em grego, *1 denário.* ᵈ **12.19** Ver Dt 25.5-6. ᵉ **12.26** Êx 3.6.

²⁹Jesus respondeu: "O mandamento mais importante é este: 'Ouça, ó Israel! O Senhor, nosso Deus, é o único Senhor. ³⁰Ame o Senhor, seu Deus, de todo o seu coração, de toda a sua alma, de toda a sua mente e de todas as suas forças'.ᵃ ³¹O segundo é igualmente importante: 'Ame o seu próximo como a si mesmo'.ᵇ Nenhum outro mandamento é maior que esses".

³²O mestre da lei respondeu: "Muito bem, mestre. O senhor falou a verdade ao dizer que há só um Deus, e nenhum outro. ³³E sei que é importante amá-lo de todo o meu coração, de todo o meu entendimento e de todas as minhas forças, e amar o meu próximo como a mim mesmo. É mais importante que oferecer todos os holocaustos e sacrifícios exigidos pela lei".

³⁴Ao perceber quanto o homem compreendia, Jesus disse: "Você não está longe do reino de Deus". Depois disso, ninguém se atreveu a lhe fazer mais perguntas.

De quem o Cristo é filho?

³⁵Mais tarde, enquanto ensinava o povo no templo, Jesus fez a seguinte pergunta: "Por que os mestres da lei afirmam que o Cristo é filho de Davi? ³⁶O próprio Davi, falando por meio do Espírito Santo, disse:

'O Senhor disse ao meu Senhor:
   Sente-se no lugar de honra à minha
      direita
   até que eu humilhe seus inimigos
      debaixo de seus pés'.ᶜ

³⁷Uma vez que Davi chamou o Cristo de 'meu Senhor', como ele pode ser filho de Davi?".

E a grande multidão o ouvia com prazer.

Jesus critica os mestres da lei

³⁸Jesus também ensinou: "Cuidado com os mestres da lei! Eles gostam de se exibir com vestes longas e de receber saudações respeitosas quando andam pelas praças. ³⁹E como gostam de sentar-se nos lugares de honra nas sinagogas e à cabeceira da mesa nos banquetes! ⁴⁰No entanto, tomam posse dos bens das viúvas de maneira desonesta e, depois, para dar a impressão de piedade, fazem longas orações em público. Por causa disso, serão duramente castigados".

A oferta da viúva

⁴¹Jesus sentou-se perto da caixa de ofertas do templo e ficou observando o povo colocar o dinheiro. Muitos ricos contribuíam com grandes quantias. ⁴²Então veio uma viúva pobre e colocou duas moedas pequenas.ᵈ

⁴³Jesus chamou seus discípulos e disse: "Eu lhes digo a verdade: essa viúva depositou na caixa de ofertas mais que todos os outros. ⁴⁴Eles deram uma parte do que lhes sobrava, mas ela, em sua pobreza, deu tudo que tinha".

Jesus fala de acontecimentos futuros

13 Quando Jesus saía do templo, um de seus discípulos disse: "Mestre, olhe que construções magníficas! Que pedras impressionantes!".

²Jesus respondeu: "Está vendo estas grandes construções? Serão completamente destruídas. Não restará pedra sobre pedra!".

³Mais tarde, Jesus sentou-se no monte das Oliveiras, do outro lado do vale, de frente para o templo. Pedro, Tiago, João e André vieram e lhe perguntaram em particular: ⁴"Diga-nos, quando isso tudo vai acontecer? Que sinais indicarão que essas coisas estão prestes a se cumprir?".

⁵Jesus respondeu: "Não deixem que ninguém os engane, ⁶pois muitos virão em meu nome, dizendo: 'Eu sou o Cristo',ᵉ e enganarão muitos. ⁷Vocês ouvirão falar de guerras e ameaças de guerras, mas não entrem em pânico. Sim, é necessário que essas coisas ocorram, mas ainda não será o fim. ⁸Uma nação guerreará contra a outra, e um reino contra o outro. Haverá terremotos em vários lugares, e também fome. Tudo isso, porém, será apenas o começo das dores de parto.

⁹"Tenham cuidado! Vocês serão entregues aos tribunais e açoitados nas sinagogas. Por minha causa, serão julgados diante de governadores e reis. Essa será sua oportunidade de lhes falar a meu respeito.ᶠ ¹⁰É necessário, primeiro, que as boas-novas sejam anunciadas a todas as nações.ᵍ ¹¹Quando forem presos e julgados, não se preocupem com o que dirão.

ᵃ**12.29-30** Dt 6.4-5. ᵇ**12.31** Lv 19.18. ᶜ**12.36** Sl 110.1. ᵈ**12.42** Em grego, *2 leptos, que valiam 1 quadrante*. ᵉ**13.6** Em grego, *dizendo: 'Eu sou'*. ᶠ**13.9** Ou *Esse será o seu testemunho contra eles*. ᵍ**13.10** Ou *todos os povos*.

Falem apenas o que lhes for concedido naquele momento, pois não serão vocês que falarão, mas o Espírito Santo.

¹²"O irmão trairá seu irmão e o entregará à morte, e assim também o pai a seu próprio filho. Os filhos se rebelarão contra os pais e os matarão. ¹³Todos os odiarão por minha causa, mas quem se mantiver firme até o fim será salvo.

¹⁴"Chegará o dia em que vocês verão a 'terrível profanação'[a] no lugar onde não deveria estar. (Leitor, preste atenção!) Então, quem estiver na Judeia, fuja para os montes. ¹⁵Quem estiver na parte de cima da casa, não desça nem entre para pegar coisa alguma. ¹⁶Quem estiver no campo, não volte nem para pegar o manto. ¹⁷Que terríveis serão aqueles dias para as grávidas e para as mães que estiverem amamentando! ¹⁸Orem para que a fuga de vocês não aconteça no inverno, ¹⁹pois haverá mais angústia naqueles dias que em qualquer outra ocasião desde que Deus criou o mundo, e nunca mais haverá angústia tão grande. ²⁰De fato, se o Senhor não tivesse limitado esse tempo, ninguém sobreviveria, mas, por causa de seus escolhidos, ele limitou aqueles dias.

²¹"Portanto, se alguém lhes disser: 'Vejam, aqui está o Cristo!' ou 'Vejam, ali está ele!', não acreditem, ²²pois falsos cristos e falsos profetas surgirão e realizarão sinais e maravilhas a fim de enganar, se possível, até os escolhidos. ²³Fiquem atentos! Eu os avisei a esse respeito de antemão.

²⁴"Naquele tempo, depois da angústia daqueles dias,

'o sol escurecerá,
 a lua não dará luz,
²⁵as estrelas cairão do céu,
 e os poderes dos céus serão abalados'.[b]

²⁶Então todos verão o Filho do Homem vindo nas nuvens com grande poder e glória.[c] ²⁷Ele enviará seus anjos para reunir seus escolhidos de todas as partes do mundo,[d] das extremidades da terra às extremidades do céu.

²⁸"Agora, aprendam a lição da figueira. Quando surgem seus ramos e suas folhas começam a brotar, vocês sabem que o verão está próximo. ²⁹Da mesma forma, quando virem todas essas coisas, saberão que o tempo está muito próximo, à porta. ³⁰Eu lhes digo a verdade: esta geração[e] certamente não passará até que todas essas coisas tenham acontecido. ³¹O céu e a terra desaparecerão, mas as minhas palavras jamais desaparecerão.

³²"Contudo, ninguém sabe o dia nem a hora em que essas coisas acontecerão, nem mesmo os anjos no céu, nem o Filho. Somente o Pai sabe. ³³E, uma vez que vocês não sabem quando virá esse tempo, vigiem! Fiquem atentos![f]

³⁴"A vinda do Filho do Homem pode ser ilustrada pela história de um homem que partiu numa longa viagem. Quando saiu de casa, deu instruções a cada um de seus servos sobre o que fazer e disse ao porteiro que vigiasse, à espera de sua volta. ³⁵Vocês também devem vigiar! Pois não sabem quando o dono da casa voltará: à tarde, à meia-noite, de madrugada ou ao amanhecer. ³⁶Que ele não os encontre dormindo quando chegar sem aviso. ³⁷Eu lhes digo o que digo a todos: vigiem!".

A conspiração para matar Jesus

14 Faltavam dois dias para a Páscoa e para a Festa dos Pães sem Fermento. Os principais sacerdotes e mestres da lei ainda procuravam uma oportunidade de prender Jesus em segredo e matá-lo. ²"Mas não durante a festa da Páscoa, para não haver tumulto entre o povo", concordaram entre eles.

Jesus é ungido em Betânia

³Enquanto isso, Jesus estava em Betânia, na casa de Simão, o leproso. Quando ele estava à mesa, uma mulher entrou com um frasco de alabastro contendo um perfume caro, feito de essência de nardo. Ela quebrou o frasco e derramou o perfume sobre a cabeça dele.

⁴Alguns dos que estavam à mesa ficaram indignados. "Por que desperdiçar um perfume tão caro?", perguntaram. ⁵"Poderia ter sido vendido por trezentas moedas de prata,[g] e o dinheiro, dado aos pobres!" E repreenderam a mulher severamente.

---

[a] **13.14** Em grego, *a abominação da desolação*. Ver Dn 9.27; 11.31; 12.11. [b] **13.24-25** Ver Is 13.10; 34.4; Jl 2.10. [c] **13.26** Ver Dn 7.13. [d] **13.27** Em grego, *dos quatro ventos*. [e] **13.30** Ou *esta era*, ou *esta nação*. [f] **13.33** Alguns manuscritos acrescentam *e orem*. [g] **14.5** Em grego, *300 denários*.

⁶Jesus, porém, disse: "Deixem-na em paz. Por que a criticam por ter feito algo tão bom para mim? ⁷Vocês sempre terão os pobres em seu meio e poderão ajudá-los sempre que desejarem, mas nem sempre terão a mim. ⁸Ela fez o que podia e ungiu meu corpo de antemão para o sepultamento. ⁹Eu lhes digo a verdade: onde quer que as boas-novas sejam anunciadas pelo mundo, o que esta mulher fez será contado, e dela se lembrarão".

Judas concorda em trair Jesus

¹⁰Então Judas Iscariotes, um dos Doze, foi aos principais sacerdotes para combinar de lhes entregar Jesus. ¹¹Quando souberam por que ele tinha vindo, ficaram muito satisfeitos e lhe prometeram dinheiro. Então ele começou a procurar uma oportunidade para trair Jesus.

A última ceia

¹²No primeiro dia da Festa dos Pães sem Fermento, quando o cordeiro pascal era sacrificado, os discípulos de Jesus lhe perguntaram: "Onde quer que lhe preparemos a refeição da Páscoa?".

¹³Então Jesus enviou dois deles a Jerusalém, com as seguintes instruções: "Ao entrarem na cidade, um homem carregando uma vasilha de água virá ao seu encontro. Sigam-no. ¹⁴Digam ao dono da casa em que ele entrar: 'O Mestre pergunta: Onde fica o aposento no qual comerei a refeição da Páscoa com meus discípulos?'. ¹⁵Ele os levará a uma sala grande no andar superior, que já estará arrumada. Preparem ali a refeição". ¹⁶Então os dois discípulos foram à cidade e encontraram tudo como Jesus tinha dito, e ali prepararam a refeição da Páscoa.

¹⁷Ao anoitecer, Jesus chegou com os Doze. ¹⁸Quando estavam à mesa, comendo, Jesus disse: "Eu lhes digo a verdade: um de vocês que está aqui comendo comigo vai me trair".

¹⁹Aflitos, eles protestaram: "Certamente não serei eu!".

²⁰Jesus respondeu: "É um dos Doze. É alguém que come comigo da mesma tigela. ²¹Pois o Filho do Homem deve morrer, como as Escrituras declararam há muito tempo. Mas que terrível será para aquele que o trair! Para esse homem seria melhor não ter nascido".

²²Enquanto comiam, Jesus tomou o pão e o abençoou. Em seguida, partiu-o em pedaços e deu aos discípulos, dizendo: "Tomem, porque este é o meu corpo".

²³Então tomou o cálice de vinho e agradeceu a Deus. Depois, entregou-o aos discípulos, e todos beberam. ²⁴Então Jesus disse: "Este é o meu sangue, que confirma a aliança.ᵃ Ele é derramado como sacrifício por muitos. ²⁵Eu lhes digo a verdade: não voltarei a beber vinho até aquele dia em que beberei um vinho novo no reino de Deus".

²⁶Então cantaram um hino e saíram para o monte das Oliveiras.

Jesus prediz a negação de Pedro

²⁷No caminho, Jesus disse: "Todos vocês me abandonarão, pois as Escrituras dizem:

ᵃ**14.24** Alguns manuscritos trazem *a nova aliança*.

14.5-9 Não sei se todos os discípulos se sentiram entristecidos, mas Mateus diz que "ficaram indignados", e parece estar falando deles como um corpo. [...] mas essa mulher teve este consolo que, posso garantir-lhe, a deixou completamente despreocupada com a censura dos discípulos, mesmo do maior deles, pois ela *agradou seu Mestre*. Ela podia ver, pelo próprio olhar que o Senhor lhe dirigiu, que Ele aceitara o que os Seus seguidores condenaram. Tinha consciência de que recebera a aprovação do Senhor, apesar de ter a desaprovação dos servos.

Ó, irmãos e irmãs, levemos sempre nosso caso ao tribunal divino, e vivamos diante do Senhor, e não como escravos dos homens! Se estivermos conscientes de que fizemos o que fizemos, sinceramente, como se tivéssemos feito ao Senhor, e se tivermos certeza de que *Ele* aprovou nosso serviço, a consequência do que os homens possam dizer sobre nós é mínima. Que nunca provoquemos nossos irmãos a se irritarem conosco, nem façamos qualquer coisa que possa ser justamente censurada, mas se formos um pouco além do costume comum no fervor do nosso espírito, que venhamos a responder como o jovem Davi a seus irmãos invejosos: "O que eu fiz agora?". As opiniões de outros homens não são uma regra para nós, temos nossas próprias obrigações para cumprir, e como nossa dívida de amor é maior do que a habitual, vamos tomar a liberdade de sermos tão cheios de amor e zelo quanto pudermos ser, lamentando apenas que não possamos ir ainda além no caminho do serviço sagrado.

'Deus ferirá[a] o pastor,
e as ovelhas serão dispersas'.

²⁸Mas, depois de ressuscitar, irei adiante de vocês à Galileia".

²⁹Pedro declarou: "Mesmo que todos os outros o abandonem, eu jamais farei isso".

³⁰Jesus respondeu: "Eu lhe digo a verdade: esta mesma noite, antes que o galo cante duas vezes, você me negará três vezes".

³¹Pedro, no entanto, insistiu enfaticamente: "Mesmo que eu tenha de morrer ao seu lado, jamais o negarei!". E todos os outros discípulos disseram o mesmo.

Jesus ora no Getsêmani

³²Então foram a um lugar chamado Getsêmani, e Jesus disse a seus discípulos: "Sentem-se aqui enquanto vou orar". ³³Levou consigo Pedro, Tiago e João e começou a sentir grande pavor e angústia. ³⁴"Minha alma está profundamente triste, a ponto de morrer", disse ele. "Fiquem aqui e vigiem."

³⁵Ele avançou um pouco e curvou-se até o chão. Então orou para que, se possível, a hora que o esperava fosse afastada dele. ³⁶E clamou: "Aba,[b] Pai, tudo é possível para ti. Peço que afastes de mim este cálice. Contudo, que seja feita a tua vontade, e não a minha".

³⁷Depois, voltou aos discípulos e os encontrou dormindo. "Simão, você está dormindo?", disse ele a Pedro. "Não pode vigiar comigo nem por uma hora? ³⁸Vigiem e orem para que não cedam à tentação, pois o espírito está disposto, mas a carne é fraca."

³⁹Então os deixou novamente e fez a mesma oração de antes. ⁴⁰Quando voltou pela segunda vez, mais uma vez encontrou os discípulos dormindo, pois não conseguiam manter os olhos abertos. Eles não sabiam o que dizer.

⁴¹Ao voltar pela terceira vez, disse: "Vocês ainda dormem e descansam? Basta; chegou a hora. O Filho do Homem está para ser entregue nas mãos de pecadores. ⁴²Levantem-se e vamos. Meu traidor chegou".

Jesus é traído e preso

⁴³*No mesmo instante, enquanto Jesus ainda falava*, Judas, um dos Doze, chegou com uma multidão armada de espadas e pedaços de pau. Tinham sido enviados pelos principais sacerdotes, mestres da lei e líderes do povo. ⁴⁴O traidor havia combinado com eles um sinal: "Vocês saberão a quem devem prender quando eu o cumprimentar com um beijo. Então poderão levá-lo em segurança". ⁴⁵Assim que chegaram, Judas se aproximou de Jesus. "Rabi!", exclamou ele, e o beijou.

⁴⁶Os outros agarraram Jesus e o prenderam. ⁴⁷Mas um dos que estavam com Jesus puxou a espada e feriu o servo do sumo sacerdote, cortando-lhe a orelha.

⁴⁸Jesus perguntou: "Por acaso sou um revolucionário perigoso, para que venham me prender com espadas e pedaços de pau? ⁴⁹Por que não me prenderam no templo? Todos os dias estive ali, no meio de vocês, ensinando. Mas estas coisas estão acontecendo para que se cumpra o que dizem as Escrituras".

⁵⁰Então todos o abandonaram e fugiram. ⁵¹Um jovem que os seguia vestia apenas um lençol de linho. Quando a multidão tentou agarrá-lo, ⁵²ele deixou para trás o lençol e escapou nu.

O julgamento de Jesus diante do conselho

⁵³Levaram Jesus para a casa do sumo sacerdote, onde estavam reunidos os principais sacerdotes, os líderes do povo e os mestres da lei. ⁵⁴Pedro seguia Jesus de longe e entrou no pátio do sumo sacerdote. Ali, sentou-se com os guardas para se aquecer junto ao fogo.

⁵⁵Lá dentro, os principais sacerdotes e todo o conselho dos líderes do povo[c] tentavam, sem sucesso, encontrar provas contra Jesus, para que pudessem condená-lo à morte. ⁵⁶Muitas testemunhas falsas deram depoimentos, mas elas se contradiziam. ⁵⁷Por fim, alguns homens se levantaram e apresentaram o seguinte testemunho falso: ⁵⁸"Nós o ouvimos dizer: 'Destruirei este templo feito por mãos humanas e em três dias construirei outro, não feito por mãos humanas'". ⁵⁹Mas nem assim seus depoimentos eram coerentes.

⁶⁰Então o sumo sacerdote se levantou diante dos demais e perguntou a Jesus: "Você não vai responder a essas acusações? O que tem a dizer em sua defesa?". ⁶¹Jesus, no entanto,

---

[a]**14.27** Em grego, *Eu ferirei*. Zc 13.7. [b]**14.36** *Aba* é um termo aramaico para "pai". [c]**14.55** Em grego, *o Sinédrio*.

permaneceu calado e não deu resposta alguma. Então o sumo sacerdote perguntou: "Você é o Cristo, o Filho do Deus Bendito?".

⁶²"Eu sou", disse Jesus. "E vocês verão o Filho do Homem sentado à direita do Deus Poderoso[a] e vindo sobre as nuvens do céu."[b]

⁶³Então o sumo sacerdote rasgou as vestes e disse: "Que necessidade temos de outras testemunhas? ⁶⁴Todos ouviram a blasfêmia. Qual é o veredicto?".

E todos o julgaram culpado e o condenaram à morte.

⁶⁵Então alguns deles começaram a cuspir em Jesus. Vendaram seus olhos e lhe deram socos. "Profetize para nós!", zombavam. E os guardas lhe davam tapas enquanto o levavam.

Pedro nega Jesus

⁶⁶Enquanto isso, Pedro estava lá embaixo, no pátio. Uma das criadas que trabalhava para o sumo sacerdote passou por ali ⁶⁷e viu Pedro se aquecendo junto ao fogo. Olhou bem para ele e disse: "Você é um dos que estavam com Jesus de Nazaré".[c]

⁶⁸Ele, porém, negou. "Não faço a menor ideia do que você está falando!", disse, e caminhou em direção à saída. Naquele instante, o galo cantou.[d]

⁶⁹Quando a criada o viu ali, começou a dizer aos outros: "Este homem com certeza é um deles!". ⁷⁰Mas Pedro negou novamente.

Um pouco mais tarde, alguns dos que estavam por lá confrontaram Pedro, dizendo: "Você deve ser um deles, pois é galileu".

⁷¹Ele, porém, começou a praguejar e jurou: "Não conheço esse homem de quem vocês estão falando!". ⁷²E, no mesmo instante, o galo cantou pela segunda vez.

Então Pedro se lembrou das palavras de Jesus: "Antes que o galo cante duas vezes, você me negará três vezes". E começou a chorar.

O julgamento de Jesus diante de Pilatos

15 De manhã bem cedo, os principais sacerdotes, os líderes do povo e os mestres da lei — todo o alto conselho[e] — se reuniram para discutir o que fariam em seguida. Então amarraram Jesus, o levaram e o entregaram a Pilatos.

²Pilatos lhe perguntou: "Você é o rei dos judeus?".

Jesus respondeu: "É como você diz".

³Os principais sacerdotes o acusaram de vários crimes, ⁴e Pilatos perguntou: "Você não vai responder? O que diz de todas essas acusações?". ⁵Mas, para surpresa de Pilatos, Jesus não disse coisa alguma.

⁶A cada ano, durante a festa da Páscoa, era costume libertar um prisioneiro, qualquer um que a multidão escolhesse. ⁷Um dos prisioneiros era Barrabás, um revolucionário que havia cometido assassinato durante uma revolta. ⁸A multidão foi a Pilatos e pediu que ele libertasse um prisioneiro, como de costume.

⁹Pilatos perguntou: "Querem que eu solte o 'rei dos judeus'?". ¹⁰(Pois havia percebido que os principais sacerdotes tinham prendido Jesus por inveja.) ¹¹Nesse momento, os principais sacerdotes instigaram a multidão a pedir a libertação de Barrabás em vez de Jesus. ¹²Pilatos lhes perguntou: "Então o que farei com este homem que vocês chamam de 'rei dos judeus'?".

¹³"Crucifique-o!", gritou a multidão.

¹⁴"Por quê?", quis saber Pilatos. "Que crime ele cometeu?"

Mas a multidão gritou ainda mais alto: "Crucifique-o!".

¹⁵Para acalmar a multidão, Pilatos lhes soltou Barrabás. Então, depois de mandar açoitar Jesus, entregou-o aos soldados romanos para que fosse crucificado.

Os soldados zombam de Jesus

¹⁶Os soldados levaram Jesus para o palácio do governador (lugar conhecido como Pretório) e chamaram todo o regimento. ¹⁷Vestiram Jesus com um manto vermelho, teceram uma coroa de espinhos e a colocaram em sua cabeça. ¹⁸Então o saudavam, zombando: "Salve, rei dos judeus!". ¹⁹Batiam em sua cabeça com uma vara, cuspiam nele e ajoelhavam-se, fingindo adorá-lo. ²⁰Quando se cansaram de zombar dele, tiraram o manto vermelho e o vestiram com suas roupas. Então o levaram para ser crucificado.

---

[a]**14.62a** Em grego, *sentado à direita do poder*. Ver Sl 110.1. [b]**14.62b** Ver Dn 7.13. [c]**14.67** Ou *Jesus, o nazareno*. [d]**14.68** Alguns manuscritos não trazem *Naquele instante, o galo cantou*. [e]**15.1** Em grego, *o Sinédrio*; também em 15.43.

A crucificação

²¹Um homem chamado Simão, de Cirene,ᵃ passava ali naquele momento, vindo do campo. Os soldados o obrigaram a carregar a cruz. (Simão era pai de Alexandre e Rufo.) ²²Levaram Jesus a um lugar chamado Gólgota (que quer dizer "Lugar da Caveira"). ²³Ofereceram-lhe vinho misturado com mirra, mas ele recusou.

²⁴Então os soldados o pregaram na cruz. Depois, dividiram as roupas dele e tiraram sortes para decidir quem ficava com cada peça. ²⁵Eram nove horas da manhã quando o crucificaram. ²⁶Uma tabuleta anunciava a acusação feita contra ele: "O Rei dos Judeus". ²⁷Dois criminosos foram crucificados com ele, um à sua direita e outro à sua esquerda. ²⁸Assim, cumpriram-se as Escrituras que diziam: "Ele foi contado entre os rebeldes".ᵇ

²⁹O povo que passava por ali gritava insultos e sacudia a cabeça em zombaria. "Olhe só!", gritavam. "Você disse que destruiria o templo e o reconstruiria em três dias. ³⁰Pois bem, salve a si mesmo e desça da cruz!"

³¹Os principais sacerdotes e os mestres da lei também zombavam de Jesus. "Salvou os outros, mas não pode salvar a si mesmo!", diziam. ³²"Que esse Cristo, o rei de Israel, desça da cruz agora mesmo para que vejamos e creiamos nele!" Até os homens crucificados com Jesus o insultavam.

A morte de Jesus

³³Ao meio-dia, desceu sobre toda a terra uma escuridão que durou três horas. ³⁴Por volta das três da tarde, Jesus clamou em alta voz: "*Eloí, Eloí, lamá sabactâni?*", que quer dizer: "Meu Deus, meu Deus, por que me abandonaste?".ᶜ

³⁵Alguns dos que estavam ali, ouvindo isso, disseram: "Ele está chamando Elias". ³⁶Um deles correu, ensopou uma esponja com vinagre e a ergueu num caniço para que ele bebesse. "Esperem!", disse ele. "Vamos ver se Elias vem tirá-lo daí."

³⁷Então Jesus clamou em alta voz e deu o último suspiro. ³⁸A cortina do santuário do templo se rasgou em duas partes, de cima até embaixo.

³⁹Quando o oficial romanoᵈ que estava diante deleᵉ viu como ele havia morrido, exclamou: "Este homem era verdadeiramente o Filho de Deus!".

⁴⁰Algumas mulheres observavam de longe. Entre elas estavam Maria Madalena, Maria, mãe de Tiago, o mais jovem, e de José,ᶠ e Salomé. ⁴¹Eram seguidoras de Jesus e o haviam servido na Galileia. Também estavam ali muitas mulheres que foram com ele a Jerusalém.

O sepultamento de Jesus

⁴²Tudo isso aconteceu na sexta-feira, o dia da preparação, antes do sábado. Ao entardecer, ⁴³José de Arimateia foi corajosamente a Pilatos e pediu o corpo de Jesus. (José era um membro respeitado do conselho dos líderes do povo e esperava a chegada do reino de Deus.) ⁴⁴Surpreso com o fato de Jesus já estar morto, Pilatos chamou o oficial romano e perguntou se fazia muito tempo que ele havia morrido. ⁴⁵O oficial confirmou que Jesus estava morto, e Pilatos disse a José que podia levar o corpo. ⁴⁶José comprou um lençol de linho, desceu o corpo de

---

ᵃ**15.21** *Cirene* era uma cidade no norte da África. ᵇ**15.28** Ver Is 53.12. Alguns manuscritos não trazem o versículo 28. Comparar com Lc 22.37. ᶜ**15.34** Sl 22.1. ᵈ**15.39a** Em grego, *centurião*; também em 15.44,45. ᵉ**15.39b** Alguns manuscritos acrescentam *ouviu o grito e*. ᶠ**15.40** Em grego, *Joses*; também em 15.47. Ver Mt 27.56.

15.23 Há uma ideia gloriosa concebida no fato de que o Salvador colocou a taça de vinho com mirra completamente longe dos Seus lábios. O Filho de Deus permanecia nas alturas do Céu, desde a antiguidade, e Ele inclinou Seu olhar e mediu a distância da maior profundeza da miséria. Calculou a soma total de todas as agonias que um homem *tem que suportar para descer até a maior profundidade* de dor e miséria. Determinou que para ser um sumo sacerdote fiel e, também, sofredor, Ele faria todo o caminho, do mais alto ao mais baixo, "do trono supremo na glória até a cruz da mais profunda aflição". A taça com mirra o teria parado pouco antes do limite máximo de miséria e, portanto, Ele disse: "Não vou parar no meio do caminho, mas irei até o fim. E se esta taça pode atenuar minha tristeza, essa é exatamente a razão pela qual não a beberei, pois determinei que irei ao máximo da miséria, que farei, e suportarei e sofrerei tudo o que, como Deus Encarnado, poderei suportar pelo meu povo, no meu próprio corpo mortal". Bem, amados, este é o fato que desejo manifestar diante de vocês — o fato de que Jesus Cristo veio a este mundo para sofrer — e uma vez que a taça com mirra o teria impedido de chegar ao menor passo da miséria, Ele a recusou.

Jesus da cruz, envolveu-o no lençol e colocou-o num túmulo escavado na rocha. Então rolou uma grande pedra na entrada do túmulo. ⁴⁷Maria Madalena e Maria, mãe de José, viram onde o corpo de Jesus tinha sido sepultado.

A ressurreição

16 Ao entardecer do dia seguinte, terminado o sábado, Maria Madalena, Maria, mãe de Tiago, e Salomé foram comprar especiarias para ungir o corpo de Jesus. ²No domingo de manhã, bem cedo,ᵃ ao nascer do sol, elas foram ao túmulo. ³No caminho, perguntavam umas às outras: "Quem removerá para nós a pedra da entrada do túmulo?". ⁴Mas, quando chegaram, foram verificar e viram que a pedra, que era muito grande, já havia sido removida.

⁵Ao entrarem no túmulo, viram um jovem vestido de branco sentado do lado direito. Ficaram assustadas, ⁶mas ele disse: "Não tenham medo. Vocês procuram Jesus de Nazaré,ᵇ que foi crucificado. Ele não está aqui. Ressuscitou! Vejam, este é o lugar onde haviam colocado seu corpo. ⁷Agora vão e digam aos discípulos, incluindo Pedro, que Jesus vai adiante deles à Galileia. Vocês o verão lá, como ele lhes disse".

⁸Trêmulas e desnorteadas, as mulheres fugiram do túmulo e não disseram coisa alguma a ninguém, pois estavam assustadas demais.ᶜ

⁹Quando Jesus ressuscitou dos mortos, no domingo de manhã, bem cedo, a primeira pessoa que o viu foi Maria Madalena, a mulher de quem ele havia expulsado sete demônios. ¹⁰Ela foi aos discípulos, que lamentavam e choravam, e contou o que havia acontecido. ¹¹Quando ela disse que Jesus estava vivo e que o tinha visto, eles não acreditaram.

¹²Depois, Jesus apareceu em outra forma a dois de seus seguidores, enquanto iam de Jerusalém para o campo. ¹³Voltaram correndo para contar aos outros, mas eles não acreditaram.

¹⁴Mais tarde, enquanto os onze discípulos comiam, Jesus lhes apareceu. Ele os repreendeu por sua incredulidade obstinada, pois se recusaram a crer naqueles que o tinham visto depois de sua ressurreição.

¹⁵Jesus lhes disse: "Vão ao mundo inteiro e anunciem as boas-novas a todos. ¹⁶Quem crer e for batizado será salvo, mas quem se recusar a crer será condenado. ¹⁷Os seguintes sinais acompanharão aqueles que crerem: em meu nome expulsarão demônios, falarão em novas línguas,ᵈ ¹⁸pegarão em serpentes sem correr perigo, se beberem algo venenoso, não lhes fará mal, e colocarão as mãos sobre os enfermos e eles serão curados".

¹⁹Quando o Senhor Jesus acabou de falar com eles, foi levado para o céu e sentou-se à direita de Deus. ²⁰Os discípulos foram a toda parte e anunciavam a mensagem, e o Senhor cooperava com eles, confirmando-a com muitos sinais.

ᵃ**16.2** Em grego, *No primeiro dia da semana*; também em 16.9. ᵇ**16.6** Ou *Jesus, o nazareno*. ᶜ**16.8** Os manuscritos mais antigos terminam aqui o evangelho de Marcos. A maioria dos manuscritos, porém, acrescenta os versículos 9-20. Outros ainda concluem no versículo 8, mas acrescentam: *Então, informaram tudo isso brevemente a Pedro e seus companheiros. Depois, o próprio Jesus os enviou de leste a oeste com a sagrada e incorruptível mensagem da salvação que dá vida eterna. Amém.* Um número pequeno de manuscritos inclui tanto o final curto quanto o final longo. ᵈ**16.17** Ou *novos idiomas*. Alguns manuscritos não trazem *novas*.

16.11-16 Antes de nosso Senhor comissionar os Seus discípulos, dirigiu-se a eles em tom de séria repreensão. Estabeleceu uma avaliação honrosa sobre o *testemunho*; e pronunciou uma censura acentuada sobre aqueles que negligenciaram esse testemunho! A reprimenda que receberam nessa ocasião pode muito bem servir de cautela para nós, porque a incredulidade incapacita o cristão para servir; é proporcionalmente à nossa fé pessoal no evangelho que nos tornamos testemunhas competentes para ensiná-lo aos outros; cada um de nós que receberia crédito pela sinceridade deve dizer com Davi: "Eu cri, por isso disse", ou então uma necessidade de fé dentro de nós mesmos privará efetivamente nosso discurso de todo seu poder sobre nossos semelhantes. Pode haver pouca dúvida de que uma das razões pelas quais o cristianismo não é tão agressivo agora como fora uma vez, e não exerce em todos os lugares a influência que teve nos tempos apostólicos, seja a fraqueza da nossa fé em Cristo em comparação com a total certeza da fé exercida pelos homens daqueles dias. Em vão, você esconde um coração tímido atrás de um rosto modesto, quando a atitude que deveríamos mostrar, e a força viva que deveria nos compelir é a confiança ousada no poder do Espírito Santo, e uma profunda convicção do poder da verdade de Deus que somos ensinados a proclamar! Irmãos e irmãs, se houver um avivamento da religião, ele deve começar em casa! A nossa própria alma deve, antes de tudo, ser cheia de fé e ardente entusiasmo, e então seremos fortes para fazer explorações e ganhar províncias para o domínio do Rei Jesus!

Lucas

INTRODUÇÃO

Data. Provavelmente foi escrito em 60 ou 63 d.C., certamente antes da queda de Jerusalém, 70 d.C., talvez enquanto Lucas estava com Paulo em Roma ou durante os dois anos em Cesareia.

Autor. O autor é Lucas, que também escreveu Atos e foi companheiro de Paulo em sua segunda viagem missionária (At 16.11-40). Ele se une a Paulo em Filipos (At 20.1-7) no retorno da terceira viagem missionária, permanecendo com ele em Cesareia e a caminho de Roma (At 20–28), ele é chamado de o "médico amado" (Cl 4.14) e "colaborador" de Paulo (Fm 24).

Do contexto de Cl 4.11ss, descobrimos que Lucas não era "da circuncisão" e, portanto, um gentio. De seu prefácio (Lc 1.1), descobrimos que ele não foi testemunha ocular do que escreveu. É considerado "o irmão" que é elogiado como pregador do evangelho por todas as igrejas (2Co 8.18), e, tradicionalmente, é declarado gentio e prosélito. Como é indicado pelo próprio livro, ele foi o mais culto de todos os escritores do evangelho.

CARACTERÍSTICAS E PROPÓSITO

1. É um evangelho de canção e louvor. Há uma série de canções, como o cântico de Maria (1.46-55), o cântico de Zacarias (1.68-79), o cântico dos anjos (2.14) e o cântico de Simeão (2.29-33). Há muitas expressões de louvor (2.20; 5.26; 7.16; 13.13, 17.15; 18.43; 23.47).

2. É um evangelho de oração. Jesus ora em Seu batismo, (3.21), depois de purificar o leproso (5.16), antes de chamar os Doze (6.12), em Sua transfiguração (9.28), antes de ensinar os discípulos a orar (11.1), por Seus algozes enquanto estava na cruz (23.34), com Seu último suspiro (23.46). Lucas nos fornece a ordem de Cristo para orar (21.36) e duas parábolas, o amigo importuno (11.5-13) e o juiz iníquo (18.1-8) para exemplificar os resultados certos e abençoados da oração contínua.

3. É um evangelho de feminilidade. Nenhum outro evangelho dá à mulher espaço tão grande como Lucas. Na verdade, todos os três primeiros capítulos ou uma parte maior de seus conteúdos podem ter lhe sido dados, já que ele investigou "tudo detalhadamente desde o início" (1.3), através de Maria e Isabel. Ele nos dá o louvor e a profecia de Isabel (1.42-45), o cântico de Maria (1.46-55). Ana e sua adoração (2.36-38), compaixão pela viúva de Naim (7.12-15), Maria Madalena, a pecadora (7.36-50), as mulheres que se associam a Jesus (8.1-3), palavras ternas para a mulher com hemorragia (8.48), Maria e Marta e a disposição delas (10.38-42), compaixão e ajuda para a "filha" de Abraão (13.16), o consolo às filhas de Jerusalém (23.28). Essas referências servem para mostrar como é grande o espaço dado à mulher neste evangelho.

4. É um evangelho dos pobres e marginalizados. Mais do que qualquer outro evangelista, Lucas relata esses ensinamentos e incidentes na vida de nosso Salvador que mostram como Sua obra é para abençoar os pobres e negligenciados e maus. Entre as passagens mais marcantes deste tipo estão as repetidas referências aos cobradores de impostos (3.12; 5.27,29,30 etc.), Maria Madalena, que era pecadora (7.36-50), a mulher com hemorragia (8.43-48), as prostitutas (15.30), o filho perdido (15.11-32), Lázaro, o mendigo (16.19-31), os pobres, aleijados, coxos e cegos convidados para a ceia (14.7-24), a história de Zaqueu (19.1-9), a declaração do Salvador de buscar e de salvar os perdidos (19.10), o ladrão moribundo salvo na cruz (23.39-43).

5. É um evangelho gentio. Está repleto em toda parte com um propósito mundial não tão plenamente expresso pelos outros evangelistas. Aqui temos os anjos, o anúncio de grande alegria que será para todas as pessoas (2.10) e o cântico sobre Jesus como "uma luz de revelação às nações" (2.32). A genealogia traça a linhagem de Cristo até Adão (3.38) e assim o conecta não com Abraão como representante da humanidade. O relato mais completo do envio dos Setenta (10.1-24), o *próprio número deles* que significava o suposto número de nações pagãs, que *iriam, não como os Doze* para as ovelhas perdidas da casa de Israel, mas para todas as cidades para onde o próprio Jesus iria, sugere esse propósito mais amplo de Lucas. O bom samaritano (10.29-37) é a ilustração de Cristo sobre quem é o verdadeiro próximo e, de alguma forma, também pretende mostrar a natureza da obra de Cristo que não teria nacionalidade. Dos dez leprosos curados (17.11-19), apenas um, um samaritano, voltou para louvá-lo, mostrando assim que outros não-judeus não só seriam abençoados por Ele, mas que fariam um serviço digno para

Ele. O ministério na Pereia, do outro lado do Jordão (9.51–18.4, provavelmente 9.51–19.28) é um ministério aos gentios e mostra quanto espaço Lucas dedica aos gentios na obra e bênçãos de Jesus.

6. É um evangelho para os gregos. Se Mateus escreveu para os judeus e Marcos para os romanos, é natural que alguém escrevesse de modo a atrair, especialmente, os gregos como a outra raça representativa. E, foi o que os escritores cristãos dos primeiros séculos pensaram ser o propósito de Lucas. Os gregos eram os representantes da razão e da humanidade e entendiam que sua missão era aperfeiçoar a raça. "O grego completamente maduro seria um perfeito homem do mundo", capaz de se unir a todos os homens no plano comum da raça. Todos os deuses gregos eram, portanto, imagens de alguma forma de humanidade perfeita. Os hindus podem adorar um emblema da força física, os romanos endeusaram o imperador, e os egípcios, toda e qualquer forma de vida, mas os gregos adoravam o homem com seu pensamento, beleza e fala, e, nesse sentido, se aproximavam mais da verdadeira concepção de Deus. Os judeus valorizavam os homens como descendentes de Abraão; os romanos conforme eles detinham impérios, mas os gregos com base no homem.

O evangelho para os gregos deve, portanto, apresentar o homem perfeito, e Lucas escreveu sobre o Homem-Deus como o Salvador de todos os homens. Cristo tocou o homem em todos os aspectos e está interessado nele como homem, seja ele humilde e vil ou elevado e nobre. Por meio de Sua vida, Ele mostra a loucura do pecado e a beleza da santidade. Ele aproxima Deus o suficiente para satisfazer os anseios da alma dos gregos e, assim, fornecer-lhes um padrão e um irmão adequado para todas as idades e todas as pessoas. As ações de Jesus são mantidas em segundo plano, enquanto muito é feito das canções dos outros e dos discursos de Jesus, pois eles foram calculados para atrair o grego culto. Se o grego pensa que tem uma missão para a humanidade, Lucas abre uma missão suficiente para o presente e oferece-lhe a imortalidade que o satisfará no futuro.

7. É um evangelho artístico. A delicadeza e precisão, caráter pitoresco e exatidão com que ele apresenta os diferentes incidentes é manifestamente a obra de um historiador treinado. Ele apresenta o mais belo grego e mostra os mais requintados toques de cultura de todos os evangelhos.

Assunto. Jesus, o Salvador do mundo.

ESBOÇO

Introdução. A dedicação do evangelho, 1.1-4

1. A manifestação do Salvador, 1.5–4.13
    1.1. O anúncio do precursor, 1.5-25
    1.2. O anúncio do Salvador, 1.26-38
    1.3. Ações de graças de Maria e Isabel, 1.29-56
    1.4. O nascimento e infância do precursor, 1.37-80
    1.5. O nascimento do Salvador, 2.1-20
    1.6. A infância do Salvador, 3.1–4.13
2. A obra do Salvador e Seus ensinos na Galileia, 4.14–9.50
    2.1. Ele prega na sinagoga em Nazaré, 4.14-30
    2.2. Ele age em Cafarnaum e em seus arredores, 4.31–6.11
    2.3. Trabalha enquanto viajava pela Galileia, 6.12–9.50
3. A obra e ensinos do Salvador após deixar a Galileia até entrar em Jerusalém, 9.31–19.27
    3.1. Ele viaja a Jerusalém, 9.51-62
    3.2. A missão dos Setenta e assuntos subsequentes, 10.1–11.13
    3.3. *Exposição da experiência e prática do dia, 11.14-12*
    3.4. Ensinos, avisos de milagres e parábolas, *13.1–18.30*
    3.5. Incidentes ligados à Sua aproximação final de Jerusalém, 18.31–19.27
4. A obra e ensinos do Salvador em Jerusalém, 19.28–22.38
    4.1. A entrada em Jerusalém, 19.28-48
    4.2. Perguntas e respostas, Cap. 20
    4.3. A pequena oferta da viúva, 21.1-4
    4.4. Preparação para o fim, 21.5–22.38
5. O Salvador sofre por amor ao mundo, 22.39–23.56
    5.1. A agonia no jardim, 22.39-46

5.2. A traição e prisão, 22.47-53
  5.3. O julgamento, 22.54-23.26
  5.4. A cruz, 23.27-49
  5.5. O sepultamento, 23.50-56
6. O Salvador é glorificado, Cap. 24
  6.1. Sua ressurreição, vv.1-12
  6.2. Sua aparição e ensinos, vv.13-49
  6.3. Sua ascensão, vv.50-53

PARA ESTUDO E DISCUSSÃO

[1] Seis milagres peculiares de Lucas: (a) A pesca maravilhosa, 5.4-11; (b) A ressurreição do filho da viúva, 7.11-18; (c) A mulher com o espírito de enfermidade, 13.11-17; (d) O homem com o corpo inchado, 14.1-6; (e) Os dez leprosos, 17.11-19; (f) A cura da orelha de Malco, 22.50-51.
[2] Onze parábolas peculiares de Lucas: (a) Os dois devedores, 7.41-43; (b) O bom samaritano, 10.29-37; (c) O amigo importuno, 11.5-8; (d) O rico tolo, 12.16-19; (e) A figueira estéril, 13.6-9; (f) A dracma perdida, 15.8-10; (g) O filho perdido, 15.11-32; (h) O administrador infiel, 16.1-13; (i) O rico e Lázaro, 16.19-31; (j) O juiz iníquo, 18.1-8; (l) O fariseu e o cobrador de impostos, 18.9-14.
[3] Algumas outras passagens principalmente peculiares de Lucas: (a) Caps. 1-2 e 9.51-18.14 são principalmente peculiares a Lucas; (b) A resposta de João Batista ao povo, 3.10-14; (c) A conversa com Moisés e Elias, 9.30,31; (d) O choro por Jerusalém, 19.41-44; (e) O suor de sangue, 22.44; (f) Jesus é enviado a Herodes, 23.7-12; (g) Jesus dirige-se às filhas de Jerusalém, 23.27-31; (h) "Pai, perdoa-lhes", 23.34; (i) O ladrão penitente, 23.40-43; (j) Os discípulos no caminho de Emaús, 24.13-31; (l) Detalhes sobre a ascensão, 24.50-53.
[4] As palavras e frases seguintes devem ser estudadas com a elaboração de uma lista das referências em que cada uma delas ocorre e um estudo de cada passagem em que ocorrem com o objetivo de obter a concepção de Lucas sobre o termo: (a) O "filho do homem" (22 vezes); (b) O "filho de Deus" (5 vezes); (c) O "reino de Deus" (25 vezes); (d) Referências à lei, advogado, legal (18 vezes); (f) Cobradores de impostos (5 vezes); (g) Pecador e pecadores (13 vezes). Estima-se que 59% de Lucas seja peculiar a si próprio. Há 541 ocorrências que não têm incidência nos outros evangelhos.

Introdução

1 Muitos se propuseram a escrever uma narração dos acontecimentos que se cumpriram entre nós. ²Usaram os relatos que nos foram transmitidos por aqueles que, desde o princípio, foram testemunhas oculares e servos da palavra. ³Depois de investigar tudo detalhadamente desde o início, também decidi escrever-lhe um relato preciso, excelentíssimo Teófilo, ⁴para que tenha plena certeza de tudo que lhe foi ensinado.

O anúncio do nascimento de João Batista

⁵Quando Herodes era rei da Judeia, havia um sacerdote chamado Zacarias, que fazia parte do grupo sacerdotal de Abias. Sua esposa, Isabel, também pertencia à linhagem sacerdotal de Arão. ⁶Zacarias e Isabel eram justos aos olhos de Deus e obedeciam cuidadosamente a todos os mandamentos e estatutos do Senhor. ⁷Não tinham filhos, pois Isabel era estéril, e ambos já estavam bem velhos.

⁸Certo dia, Zacarias estava servindo diante de Deus no templo, pois seu grupo realizava o trabalho sacerdotal, conforme a escala. ⁹Foi escolhido por sorteio, como era costume dos sacerdotes, para entrar no santuário do Senhor e queimar incenso. ¹⁰Enquanto o incenso era queimado, uma grande multidão orava do lado de fora.

¹¹Então um anjo do Senhor lhe apareceu, à direita do altar de incenso. ¹²Ao vê-lo, Zacarias ficou muito abalado e assustado. ¹³O anjo, porém, lhe disse: "Não tenha medo, Zacarias! Sua oração foi ouvida. Isabel, sua esposa, lhe dará um filho, e você o chamará João. ¹⁴Você terá grande satisfação e alegria, e muitos se alegrarão com o nascimento do menino, ¹⁵pois ele será grande aos olhos do Senhor. Nunca tomará vinho nem outra bebida forte. Será cheio do Espírito Santo, antes mesmo de nascer.[a] ¹⁶Fará muitos israelitas voltarem ao Senhor, seu Deus. ¹⁷Será um homem com o espírito e o poder de Elias, e preparará o povo para a vinda do Senhor. Fará o coração dos pais voltar para seus filhos[b] e levará os rebeldes a aceitarem a sabedoria dos justos".

¹⁸Zacarias disse ao anjo: "Como posso ter certeza de que isso acontecerá? Já sou velho, e minha mulher também é de idade avançada".

¹⁹O anjo respondeu: "Sou Gabriel, e estou sempre na presença de Deus. Foi ele quem me enviou para lhe trazer estas boas-novas. ²⁰Agora, porém, você ficará mudo até os dias em que essas coisas acontecerão, pois não acreditou em minhas palavras, que se cumprirão no devido tempo".

²¹Enquanto isso, o povo esperava Zacarias sair do santuário e se perguntava por que ele demorava tanto. ²²Quando finalmente saiu, não conseguia falar com eles, e perceberam por seus gestos e seu silêncio que ele havia tido uma visão no santuário.

²³Ao fim de seus dias de serviço no templo, Zacarias voltou para casa. ²⁴Pouco tempo depois, sua esposa, Isabel, engravidou e não saiu de casa[c] por cinco meses. ²⁵"Como o Senhor foi bom para mim em minha velhice!", exclamou ela. "Tirou de mim a humilhação pública de não ter filhos!"

O anúncio do nascimento de Jesus

²⁶No sexto mês da gestação de Isabel, Deus enviou o anjo Gabriel a Nazaré, uma cidade da Galileia, ²⁷a uma virgem de nome Maria. Ela estava prometida em casamento a um homem chamado José, descendente do rei Davi. ²⁸Gabriel apareceu a ela e lhe disse: "Alegre-se, mulher favorecida! O Senhor está com você!".[d]

²⁹Confusa, Maria tentou imaginar o que o anjo quis dizer. ³⁰"Não tenha medo, Maria", disse o anjo, "pois você encontrou favor diante de Deus. ³¹Ficará grávida e dará à luz um filho, e o chamará Jesus. ³²Ele será grande, e será chamado Filho do Altíssimo. O Senhor Deus lhe dará o trono de seu antepassado Davi, ³³e ele reinará sobre Israel[e] para sempre; seu reino jamais terá fim!"

³⁴Maria perguntou ao anjo: "Como isso acontecerá? Eu sou virgem!".

³⁵O anjo respondeu: "O Espírito Santo virá sobre você, e o poder do Altíssimo a cobrirá com sua sombra. Portanto, o bebê que vai nascer será santo, e será chamado Filho de Deus. ³⁶Além disso, sua parenta, Isabel, ficou grávida

---

[a] 1.15 Ou *desde o nascimento*. [b] 1.17 Ver Ml 4.5-6. [c] 1.24 Em grego, *escondeu-se em casa*. [d] 1.28 Alguns manuscritos acrescentam *Você é bendita entre as mulheres!* [e] 1.33 Em grego, *sobre a casa de Jacó*.

em idade avançada. As pessoas diziam que ela era estéril, mas ela concebeu um filho e está no sexto mês de gestação. ³⁷Pois nada é impossível para Deus".ᵃ

³⁸Maria disse: "Sou serva do Senhor. Que aconteça comigo tudo que foi dito a meu respeito". E o anjo a deixou.

Maria visita Isabel

³⁹Alguns dias depois, Maria dirigiu-se apressadamente à região montanhosa da Judeia, à cidade ⁴⁰onde Zacarias morava. Ela entrou na casa e saudou Isabel. ⁴¹Ao ouvir a saudação de Maria, o bebê de Isabel se agitou dentro dela, e Isabel ficou cheia do Espírito Santo.

⁴²Em alta voz, Isabel exclamou: "Você é abençoada entre as mulheres, e abençoada é a criança em seu ventre! ⁴³Por que tenho a grande honra de receber a visita da mãe do meu Senhor? ⁴⁴Quando ouvi sua saudação, o bebê em meu ventre se agitou de alegria. ⁴⁵Você é abençoada, pois creu no que o Senhor disse que faria!".

Magnificat: o cântico de louvor de Maria

⁴⁶Maria respondeu:

"Minha alma exalta ao Senhor!
⁴⁷Como meu espírito se alegra em Deus,
meu Salvador!
⁴⁸Pois ele observou sua humilde serva,
e, de agora em diante, todas as gerações
me chamarão abençoada.
⁴⁹Pois o Poderoso é santo,
e fez grandes coisas por mim.
⁵⁰Demonstra misericórdia a todos que o
temem,
geração após geração.
⁵¹Seu braço poderoso fez coisas
tremendas!
Dispersou os orgulhosos e os arrogantes.
⁵²Derrubou príncipes de seus tronos
e exaltou os humildes.
⁵³Encheu de coisas boas os famintos
e despediu de mãos vazias os ricos.
⁵⁴Ajudou seu servo Israel
e lembrou-se de ser misericordioso.
⁵⁵Pois assim prometeu a nossos
antepassados,
a Abraão e a seus descendentes para
sempre".

⁵⁶Maria ficou com Isabel cerca de três meses, e então voltou para casa.

O nascimento de João Batista

⁵⁷Chegado o tempo de seu bebê nascer, Isabel deu à luz um filho. ⁵⁸Vizinhos e parentes se alegraram ao tomar conhecimento de que o Senhor havia sido tão misericordioso com ela.

⁵⁹Quando o bebê estava com oito dias, eles vieram para a cerimônia de circuncisão. Queriam chamar o menino de Zacarias, como o pai, ⁶⁰mas Isabel disse: "Não! Seu nome é João!".

ᵃ **1.37** Alguns manuscritos trazem *Pois a palavra de Deus nunca falhará*.

1.46,47 O cântico de Maria era uma canção de fé. Talvez você pense que poderia facilmente ter cantado essa música se tivesse sido tão favorecido quanto ela, mas tem certeza de que poderia tê-lo feito? Você já se deu conta sob quais dificuldades este hino foi composto e cantado? Se não, deixe-me lembrá-lo de que o nascimento maravilhoso que lhe foi prometido não tinha sido realizado e, em sua mente, deve ter havido uma consciência de que muitos duvidariam de suas declarações. [...] Maria teria ficado fortemente perturbada se tivesse sido influenciada por seus sentimentos naturais e tivesse sido levada por circunstâncias *externas. Foi apenas sua maravilhosa fé* — em alguns aspectos, sua fé incomparável, pois nenhuma outra mulher jamais tivera uma provação de fé tão bendita como ela teve — foi apenas sua fé incomparável de que ela seria a mãe do santo filho Jesus que a sustentou. Ela foi verdadeiramente abençoada em acreditar nisso e, de fato, abençoada, pois, mesmo antes da concretização das coisas que o anjo lhe dissera, ela pôde cantar. A incredulidade teria dito: "Espere". O medo teria dito: "Fique em silêncio". Mas a fé não podia esperar e não podia ficar quieta! Ela devia cantar e cantou muito docemente. Chamo sua atenção para este fato porque quando nós mesmos temos uma canção para cantar ao Senhor, talvez possamos estar propensos a não cantar até que nossas esperanças sejam alcançadas e nossa fé tenha sido trocada por fatos. Irmãos e irmãs, se este for *o seu caso*, não espere, pois a sua música deteriorará se você o fizer! Há outra canção para ser cantada pela misericórdia alcançada, mas há uma canção a ser cantada agora pela misericórdia prometida! Portanto, não deixe que o momento presente perca a canção que lhe é devida.

⁶¹Então eles lhe disseram: "Não há ninguém em sua família com esse nome", ⁶²e com gestos perguntaram ao pai como queria chamar o bebê. ⁶³Ele pediu que lhe dessem uma tabuinha e, para surpresa de todos, escreveu: "Seu nome é João". ⁶⁴No mesmo instante, Zacarias voltou a falar e começou a louvar a Deus.

⁶⁵Toda a vizinhança se encheu de temor, e a notícia do que havia acontecido se espalhou por toda a região montanhosa da Judeia. ⁶⁶Todos que ficavam sabendo meditavam sobre esses acontecimentos e perguntavam: "O que vai ser esse menino?". Pois a mão do Senhor estava sobre ele.

Benedictus: a profecia de Zacarias

⁶⁷Então seu pai, Zacarias, ficou cheio do Espírito Santo e profetizou:

⁶⁸"Seja bendito o Senhor, o Deus de Israel,
  pois visitou e resgatou seu povo.
⁶⁹Ele nos enviou poderosa salvação
  da linhagem real de seu servo Davi,
⁷⁰como havia prometido muito tempo atrás
  por meio de seus santos profetas.
⁷¹Agora seremos salvos de nossos inimigos
  e de todos que nos odeiam.
⁷²Ele foi misericordioso com nossos antepassados
  ao lembrar-se de sua santa aliança,
⁷³o juramento solene
  que fez com nosso antepassado Abraão.
⁷⁴Prometeu livrar-nos de nossos inimigos
  para o servirmos sem medo,
⁷⁵em santidade e justiça,
  enquanto vivermos.
⁷⁶"E você, meu filhinho,
  será chamado profeta do Altíssimo,
  pois preparará o caminho para o Senhor.ᵃ
⁷⁷Dirá a seu povo como encontrar salvação
  por meio do perdão de seus pecados.
⁷⁸Graças à terna misericórdia de nosso Deus,
  a luz da manhã, vinda do céu,
  está prestes a raiar sobre nós,ᵇ
⁷⁹para iluminar aqueles que estão na escuridão
  e na sombra da morte
  e nos guiar ao caminho da paz".

⁸⁰João cresceu e se fortaleceu em espírito. E viveu no deserto até chegar o tempo de se apresentar ao povo de Israel.

O nascimento de Jesus

2 Naqueles dias, o imperador Augusto decretou um recenseamento em todo o império romano. ²(Esse foi o primeiro recenseamento realizado quando Quirino era governador da Síria.) ³Todos voltaram à cidade de origem para se registrar. ⁴Por ser descendente do rei Davi, José viajou da cidade de Nazaré da Galileia para Belém, na Judeia, terra natal de Davi, ⁵levando consigo Maria, sua noiva, que estava grávida.

⁶E, estando eles ali, chegou a hora de nascer o bebê. ⁷Ela deu à luz seu primeiro filho, um menino. Envolveu-o em faixas de pano e deitou-o numa manjedoura, porque não havia lugar para eles na hospedaria.

Os pastores e os anjos

⁸Naquela noite, havia alguns pastores nos campos próximos, vigiando rebanhos de ovelhas. ⁹De repente, um anjo do Senhor apareceu entre eles, e o brilho da glória do Senhor os cercou. Ficaram aterrorizados, ¹⁰mas o anjo lhes disse: "Não tenham medo! Trago boas notícias, que darão grande alegria a todo o povo. ¹¹Hoje em Belém, a cidade de Davi, nasceu o Salvador, que é Cristo,ᶜ o Senhor! ¹²Vocês o reconhecerão por este sinal: encontrarão o bebê enrolado em faixas de pano, deitado numa manjedoura".

¹³De repente, juntou-se ao anjo uma grande multidão do exército celestial, louvando a Deus e dizendo:

¹⁴"Glória a Deus nos mais altos céus,
  e paz na terra àqueles de que Deus se agrada!".

¹⁵Quando os anjos voltaram para o céu, os pastores disseram uns aos outros: "Vamos a Belém para ver esse acontecimento que o Senhor nos anunciou".

¹⁶Indo depressa ao povoado, encontraram Maria e José, e lá estava o bebê, deitado na

---

ᵃ 1.76 Ver Is 40.3. ᵇ 1.78 Ou *está prestes a nos visitar*. ᶜ 2.11 Ou *Messias*. Tanto *Messias* (do hebraico) como *Cristo* (do grego) significam "ungido".

manjedoura. ¹⁷Depois de o verem, os pastores contaram a todos o que o anjo tinha dito a respeito da criança, ¹⁸e todos que ouviam a história dos pastores ficavam admirados. ¹⁹Maria, porém, guardava todas essas coisas no coração e refletia sobre elas. ²⁰Os pastores voltaram, glorificando e louvando a Deus por tudo que tinham visto e ouvido. Tudo aconteceu como o anjo lhes havia anunciado.

Jesus é apresentado no templo

²¹Oito dias depois, quando o bebê foi circuncidado, chamaram-no Jesus, o nome que o anjo lhe tinha dado antes mesmo de ele ser concebido.

²²Então chegou o tempo da oferta de purificação, como era a exigência da lei de Moisés. Seus pais o levaram a Jerusalém para apresentá-lo ao Senhor, ²³pois a lei do Senhor dizia: "Se o primeiro filho for menino, será consagrado ao Senhor".ᵃ ²⁴Assim, ofereceram o sacrifício exigido pela lei do Senhor: "duas rolinhas ou dois pombinhos".ᵇ

A profecia de Simeão

²⁵Naquela época, vivia em Jerusalém um homem chamado Simeão. Ele era justo e devoto, e esperava ansiosamente pela restauração de Israel. O Espírito Santo estava sobre ele ²⁶e lhe havia revelado que ele não morreria enquanto não visse o Cristo enviado pelo Senhor. ²⁷Nesse dia, o Espírito o conduziu ao templo. Assim, quando Maria e José chegaram para apresentar o menino Jesus ao Senhor, como a lei exigia, ²⁸Simeão tomou a criança nos braços e louvou a Deus, dizendo:

> ²⁹"Soberano Deus, agora podes levar em paz o teu servo,
> como prometeste.
> ³⁰Vi a tua salvação,
> ³¹que preparaste para todos os povos.
> ³²Ele é uma luz de revelação às nações
> e é a glória do teu povo, Israel!".

³³Os pais de Jesus ficaram admirados com o que se dizia a respeito dele. ³⁴Então Simeão os abençoou e disse a Maria, a mãe do bebê: "Este menino está destinado a provocar a queda de muitos em Israel, mas também a ascensão de tantos outros. Foi enviado como sinal de Deus, mas muitos resistirão a ele. ³⁵Como resultado, serão revelados os pensamentos mais profundos de muitos corações, e você sentirá como se uma espada lhe atravessasse a alma".

A profecia de Ana

³⁶A profetisa Ana, filha de Fanuel, da tribo de Aser, também estava no templo. Era muito idosa e havia perdido o marido depois de sete anos de casados ³⁷e vivido como viúva até os 84 anos.ᶜ Nunca deixava o templo, adorando a Deus dia e noite, em jejum e oração. ³⁸Chegou ali naquele momento e começou a louvar a Deus. Falava a respeito da criança a todos que esperavam a redenção de Jerusalém.

A infância de Jesus em Nazaré

³⁹Após cumprirem todas as exigências da lei do Senhor, os pais de Jesus voltaram para casa em Nazaré, na Galileia. ⁴⁰Ali o menino foi crescendo, saudável e forte. Era cheio de sabedoria, e o favor de Deus estava sobre ele.

Jesus conversa com os mestres da lei

⁴¹Todos os anos, os pais de Jesus iam a Jerusalém para a festa da Páscoa. ⁴²Quando Jesus completou doze anos, foram à festa, como de costume. ⁴³Terminada a celebração, partiram de volta para Nazaré, mas Jesus ficou para trás, em Jerusalém, sem que seus pais notassem sua falta. ⁴⁴Pensaram que ele estivesse entre os demais viajantes, mas depois de caminharem um dia inteiro começaram a procurá-lo entre os parentes e amigos.

⁴⁵Como não o encontravam, voltaram a Jerusalém para procurá-lo. ⁴⁶Por fim, depois de três dias, acharam Jesus no templo, sentado entre os mestres da lei, ouvindo-os e fazendo perguntas. ⁴⁷Todos que o ouviam se admiravam de seu entendimento e de suas respostas.

⁴⁸Quando o viram, seus pais ficaram perplexos. Sua mãe lhe disse: "Filho, por que você fez isso conosco? Seu pai e eu estávamos aflitos, procurando você por toda parte".

⁴⁹"Mas por que me procuravam?", perguntou ele. "Não sabiam que eu devia estar na casa de meu Pai?"ᵈ ⁵⁰Não entenderam, porém, o que ele quis dizer.

ᵃ**2.23** Êx 13.2. ᵇ**2.24** Lv 12.8. ᶜ**2.37** Ou *tinha sido viúva por 84 anos*. ᵈ**2.49** Ou *Não sabiam que devo me ocupar dos assuntos de meu Pai?*

⁵¹Então voltou com os pais para Nazaré, e lhes era obediente. Sua mãe guardava todas essas coisas no coração. ⁵²Jesus crescia em sabedoria, em estatura e no favor de Deus e das pessoas.

João Batista prepara o caminho

3 Era o décimo quinto ano do reinado do imperador Tibério César. Pôncio Pilatos era governador da Judeia; Herodes Antipas governavaª a Galileia; seu irmão Filipe governavaᵇ a Itureia e Traconites; e Lisânias governava Abilene. ²Anás e Caifás eram os sumos sacerdotes. Nesse ano, veio uma mensagem de Deus a João, filho de Zacarias, que vivia no deserto. ³João percorreu os arredores do rio Jordão, pregando o batismo como sinal de arrependimento para o perdão dos pecados. ⁴O profeta Isaías se referia a João quando escreveu em seu livro:

"Ele é uma voz que clama no deserto:
 'Preparem o caminho para a vinda do
  Senhor!ᶜ
 Abram uma estrada para ele!
⁵Os vales serão aterrados,
 e os montes e as colinas, nivelados.
 As curvas serão endireitadas,
 e os lugares acidentados, aplanados.
⁶Então todos verão
 a salvação enviada por Deus'".ᵈ

⁷João dizia às multidões que vinham até ele para ser batizadas: "Raça de víboras! Quem os convenceu a fugir da ira que está por vir? ⁸Provem por suas ações que vocês se arrependeram. Não digam uns aos outros: 'Estamos a salvo, pois somos filhos de Abraão'. Isso não significa nada, pois eu lhes digo que até destas pedras Deus pode fazer surgir filhos de Abraão. ⁹Agora mesmo o machado do julgamento está pronto para cortar as raízes das árvores. Toda árvore que não produz bons frutos será cortada e lançada ao fogo".

¹⁰As multidões perguntavam: "O que devemos fazer?".

¹¹João respondeu: "Se tiverem duas vestimentas, deem uma a quem não tem. Se tiverem comida, dividam com quem passa fome".

¹²Cobradores de impostos também vinham para ser batizados e perguntavam: "Mestre, o que devemos fazer?".

¹³Ele respondeu: "Não cobrem impostos além daquilo que é exigido".

¹⁴"E nós?", perguntaram alguns soldados. "O que devemos fazer?"

João respondeu: "Não pratiquem extorsão nem façam acusações falsas. Contentem-se com seu salário".

¹⁵Todos esperavam que o Cristo viesse em breve, e estavam ansiosos para saber se João era ele. ¹⁶João respondeu às perguntas deles, dizendo: "Eu os batizo comᵉ água, mas em breve virá alguém mais poderoso que eu, alguém tão superior que não sou digno de desatar as correias de suas sandálias. Ele os batizará com o Espírito Santo e com fogo.ᶠ ¹⁷Ele já tem na mão a pá, e com ela separará a palha do trigo, a fim de limpar a área onde os cereais são debulhados. Juntará o trigo no celeiro, mas queimará a palha num fogo que nunca se apaga".

ª**3.1a** Em grego, *Herodes era tetrarca*. Herodes Antipas era filho do rei Herodes. ᵇ**3.1b** Em grego, *era tetrarca*; também em 3.1c. ᶜ**3.4** Ou *Ele é uma voz que clama: "Preparem no deserto o caminho para a vinda do Senhor!"*. ᵈ**3.4-6** Is 40.3-5, conforme a Septuaginta. ᵉ**3.16a** Ou *em*. ᶠ**3.16b** Ou *no Espírito Santo e em fogo*.

3.16 O calçar, descalçar e guardar as sandálias era um ofício geralmente exercido por servos humildes, não era trabalho de qualquer reputação ou honra, mas João Batista sentiu que seria uma grande honra ser até mesmo um servo humilde do Senhor Jesus. [...] João foi líder religioso, e se quisesse, tinha a oportunidade de se tornar o líder de uma poderosa seita. As pessoas estavam evidentemente dispostas a segui-lo; havia alguns, sem dúvida, que não teriam ido ao próprio Cristo, se João não os tivesse mandado ir e testificado: "Vejam! É o Cordeiro de Deus", e confessado repetidamente, dizendo: "Não sou o Cristo". Lemos sobre alguns, que anos depois da morte de João Batista, ainda eram seus discípulos, de modo que ele teve a oportunidade de liderar uma multidão, que se tornaria seus seguidores, e estabelecer seu próprio nome entre os homens; mas ele desprezou isso; a visão elevada de seu Mestre o impediu que nutrisse qualquer desejo de liderança pessoal. [...]

Em sua opinião, o que fez João sempre manter uma postura apropriada? Não foi por sua consideração e profunda reverência por seu Mestre? Ah, irmãos e irmãs, por causa de nosso pouco reconhecimento de Cristo, muitas vezes é inseguro o Senhor confiar em nós para qualquer posição, exceto as mais servis. Creio

¹⁸João usou muitas advertências semelhantes ao anunciar as boas-novas ao povo.

¹⁹João também criticou publicamente Herodes Antipas, o governador da Galileia,ᵃ por ter se casado com Herodias, esposa de seu irmão, e por muitas outras maldades que havia cometido. ²⁰A essas maldades Herodes acrescentou outra, mandando prender João.

O batismo de Jesus

²¹Certo dia, quando as multidões estavam sendo batizadas, Jesus também foi batizado. Enquanto ele orava, o céu se abriu, ²²e o Espírito Santo desceu sobre ele em forma corpórea como uma pomba. E uma voz do céu disse: "Você é meu filho amado, que me dá grande alegria".

Os antepassados de Jesus

²³Jesus estava com cerca de trinta anos quando começou seu ministério.

Jesus era conhecido como filho de José.
José era filho de Eli.
²⁴Eli era filho de Matate.
Matate era filho de Levi.
Levi era filho de Melqui.
Melqui era filho de Janai.
Janai era filho de José.
²⁵José era filho de Matatias.
Matatias era filho de Amós.
Amós era filho de Naum.
Naum era filho de Esli.
Esli era filho de Nagai.
²⁶Nagai era filho de Maate.
Maate era filho de Matatias.
Matatias era filho de Semei.
Semei era filho de Joseque.
Joseque era filho de Jodá.
²⁷Jodá era filho de Joanã.
Joanã era filho de Ressa.
Ressa era filho de Zorobabel.
Zorobabel era filho de Salatiel.
Salatiel era filho de Neri.
²⁸Neri era filho de Melqui.
Melqui era filho de Adi.
Adi era filho de Cosã.
Cosã era filho de Elmadã.
Elmadã era filho de Er.
²⁹Er era filho de Josué.
Josué era filho de Eliézer.
Eliézer era filho de Jorim.
Jorim era filho de Matate.
Matate era filho de Levi.
³⁰Levi era filho de Simeão.
Simeão era filho de Judá.
Judá era filho de José.
José era filho de Jonã.
Jonã era filho de Eliaquim.
³¹Eliaquim era filho de Meleá.
Meleá era filho de Mená.
Mená era filho de Matatá.
Matatá era filho de Natã.
Natã era filho de Davi.
³²Davi era filho de Jessé.
Jessé era filho de Obede.
Obede era filho de Boaz.
Boaz era filho de Salmom.ᵇ
Salmom era filho de Naassom.
³³Naassom era filho de Aminadabe.
Aminadabe era filho de Admim.
Admim era filho de Arni.ᶜ
Arni era filho de Esrom.
Esrom era filho de Perez.
Perez era filho de Judá.
³⁴Judá era filho de Jacó.
Jacó era filho de Isaque.
Isaque era filho de Abraão.
Abraão era filho de Terá.
Terá era filho de Naor.
³⁵Naor era filho de Serugue.
Serugue era filho de Ragaú.
Ragaú era filho de Faleque.

ᵃ**3.19** Em grego, *Herodes, o tetrarca*. ᵇ**3.32** Em grego, *Salá*, variação de Salmom; também em 3.32b. Ver Rt 4.20-21. ᶜ**3.33** Alguns manuscritos trazem *Aminadabe era filho de Arão*. *Arni* e *Arão* são variações de Rão. Ver 1Cr 2.9-10.

---

que muitos de nós talvez pudéssemos ter sido 10 vezes mais úteis, porém, não seria seguro Deus permitir que fôssemos assim, pois ficaríamos convencidos e, como Nabucodonosor, nos vangloriaríamos: "Vejam a grande cidade da Babilônia! Com meu próprio poder, construí esta cidade". [...] E, consequentemente, o ego logo teria se infiltrado e provocado nossa própria queda, para o sofrimento da Igreja e para a desonra do seu Senhor. Ó, por elevados pensamentos sobre Cristo, e humildes pensamentos sobre nós mesmos! Ó, para ver Jesus como tudo em todos, e nos vermos como menos do que nada diante do Senhor!

Faleque era filho de Éber.
Éber era filho de Salá.
³⁶Salá era filho de Cainã.
Cainã era filho de Arfaxade.
Arfaxade era filho de Sem.
Sem era filho de Noé.
Noé era filho de Lameque.
³⁷Lameque era filho de Matusalém.
Matusalém era filho de Enoque.
Enoque era filho de Jarede.
Jarede era filho de Maalaleel.
Maalaleel era filho de Cainã.
³⁸Cainã era filho de Enos.
Enos era filho de Sete.
Sete era filho de Adão.
Adão era filho de Deus.

A tentação de Jesus

4 Jesus, cheio do Espírito Santo, voltou do rio Jordão e foi conduzido pelo Espírito no deserto,ª ²onde foi tentado pelo diabo durante quarenta dias. Não comeu nada durante todo esse tempo, e teve fome.

³Então o diabo lhe disse: "Se você é o Filho de Deus, ordene que esta pedra se transforme em pão".

⁴Jesus, porém, respondeu: "As Escrituras dizem: 'Uma pessoa não vive só de pão'".ᵇ

⁵Então o diabo o levou a um lugar alto e, num momento, lhe mostrou todos os reinos do mundo. ⁶"Eu lhe darei a glória destes reinos e autoridade sobre eles, pois são meus e posso dá-los a quem eu quiser", disse o diabo. ⁷"Eu lhe darei tudo se me adorar."

⁸Jesus respondeu: "As Escrituras dizem:

'Adore o Senhor, seu Deus, e sirva somente a ele'".ᶜ

⁹Então o diabo o levou a Jerusalém, até o ponto mais alto do templo, e disse: "Se você é o Filho de Deus, salte daqui. ¹⁰Pois as Escrituras dizem:

'Ele ordenará a seus anjos que o protejam.
¹¹Eles o sustentarão com as mãos,
para que não machuque o pé em alguma pedra'".ᵈ

¹²Jesus respondeu: "As Escrituras dizem:

'Não ponha à prova o Senhor, seu Deus'".ᵉ

¹³Quando o diabo terminou de tentar Jesus, deixou-o até que surgisse outra oportunidade.

A volta à Galileia

¹⁴Então Jesus, cheio do poder do Espírito, voltou para a Galileia. Relatos a seu respeito se espalharam rapidamente por toda a região. ¹⁵Ele ensinava nas sinagogas, e todos o elogiavam.

Jesus é rejeitado em Nazaré

¹⁶Quando Jesus chegou a Nazaré, cidade de sua infância, foi à sinagoga no sábado, como de costume, e se levantou para ler as Escrituras. ¹⁷Entregaram-lhe o livro do profeta Isaías, e ele o abriu e encontrou o lugar onde estava escrito:

¹⁸"O Espírito do Senhor está sobre mim,
pois ele me ungiu para trazer as boas-
-novas aos pobres.

ª**4.1** Alguns manuscritos trazem *ao deserto.* ᵇ**4.4** Dt 8.3. ᶜ**4.8** Dt 6.13. ᵈ**4.10-11** Sl 91.11-12. ᵉ**4.12** Dt 6.16.

4.13 Satanás não desistirá até que tenha disparado a última flecha de sua aljava. A sua maldade é tanta que, enquanto ele puder tentar, tentará. Ele deseja a nossa total destruição, mas seu poder não é equivalente à sua vontade. Deus não lhe dá poder como ele gostaria de ter — sempre há um limite para seus ataques. Quando Satanás o tiver tentado completamente e acabado com todas as suas tentações, então ele o deixará. Você ainda não sofreu todas as formas de tentação, então não pode absolutamente esperar ser deixado de lado pelo arqui-inimigo. [...] Quando [Deus] permitiu que Satanás tocasse nas bênçãos de Jó e provasse sua sinceridade, Ele o deixou ir até esse ponto, mas não adiante. E quando ele pediu por força acional, ainda assim havia um limite. *Sempre* há um limite para o poder de Satanás e quando ele alcança esse ponto, será interrompido — não poderá fazer mais nada. Por mais que você esteja nas mãos de Satanás, jamais estará fora do alcance de Deus. Sendo você um crente em Cristo, jamais será tão tentado a ponto de não haver uma via de escape! Deus permite que sejamos provados por muitas razões que, talvez, não consigamos compreender completamente, mas que a Sua sabedoria infinita entende por nós. Mas o Senhor não permitirá que a vara dos ímpios prevaleça sobre a sorte dos justos. Pode cair ali, mas não deverá ali permanecer. O Senhor pode permitir que você seja posto no fogo, mas o fogo não será aquecido além do que você pode suportar. "Quando o diabo terminou de tentar Jesus, deixou-o".

Ele me enviou para anunciar que os cativos serão soltos,
os cegos verão,
os oprimidos serão libertos,
¹⁹e que é chegado o tempo do favor do Senhor".ᵃ

²⁰Jesus fechou o livro, devolveu-o ao assistente e sentou-se. Todos na sinagoga o olhavam atentamente. ²¹Então ele começou a dizer: "Hoje se cumpriram as Escrituras que vocês acabaram de ouvir".

²²Todos falavam bem dele e estavam admirados com as palavras de graça que saíam de seus lábios. Contudo, perguntavam: "Não é esse o filho de José?".

²³Então ele disse: "Sem dúvida, vocês citarão para mim o ditado: 'Médico, cure a si mesmo', ou seja, 'Faça aqui, em sua cidade, o mesmo que fez em Cafarnaum'. ²⁴Eu, porém, lhes digo a verdade: nenhum profeta é aceito em sua própria cidade.

²⁵"Por certo havia muitas viúvas necessitadas em Israel no tempo de Elias, quando o céu se fechou por três anos e meio e uma fome terrível devastou a terra. ²⁶E, no entanto, Elias não foi enviado a nenhuma delas, mas sim a uma estrangeira, uma viúva de Sarepta, na região de Sidom. ²⁷E havia muitos leprosos em Israel no tempo do profeta Eliseu, mas o único que ele curou foi Naamã, o sírio".

²⁸Quando ouviram isso, aqueles que estavam na sinagoga ficaram furiosos. ²⁹Levantaram-se, expulsaram Jesus da cidade e o arrastaram até a beira do monte sobre o qual a cidade tinha sido construída. Pretendiam empurrá-lo precipício abaixo, ³⁰mas ele passou por entre a multidão e seguiu seu caminho.

Jesus expulsa um espírito impuro

³¹Então Jesus foi a Cafarnaum, uma cidade na Galileia, onde ensinava na sinagoga aos sábados. ³²Ali também o povo ficou admirado com seu ensino, pois ele falava com autoridade.

³³Certa ocasião, estando ele na sinagoga, um homem possuído por um demônio, um espírito *impuro, gritou:* ³⁴*"Por que vem nos importunar, Jesus de Nazaré? Veio para nos destruir? Sei quem é você: o Santo de Deus!".*

³⁵Jesus o repreendeu, dizendo: "Cale-se! Saia deste homem!". Então o espírito jogou o homem no chão à vista da multidão e saiu dele, sem machucá-lo.

³⁶Admirado, o povo exclamava: "Que autoridade e poder ele tem! Até os espíritos impuros lhe obedecem e saem quando ele ordena!". ³⁷E as notícias a respeito de Jesus se espalharam pelos povoados de toda a região.

Jesus cura muitas pessoas

³⁸Depois de sair da sinagoga naquele dia, Jesus foi à casa de Simão, onde encontrou a sogra dele muito doente, com febre alta. Quando os presentes suplicaram por ela, ³⁹Jesus se pôs ao lado da cama e repreendeu a febre, que a deixou. Ela se levantou de imediato e passou a servi-los.

⁴⁰Quando o sol se pôs, as pessoas trouxeram seus familiares enfermos até ele. Qualquer que fosse a doença, ao pôr as mãos sobre eles, Jesus curava a todos. ⁴¹Muitos estavam possuídos por demônios, que saíam gritando: "Você é o Filho de Deus!". Jesus, no entanto, os repreendia e não permitia que falassem, pois sabiam que ele era o Cristo.

Jesus continua a pregar na Galileia

⁴²Logo cedo na manhã seguinte, Jesus retirou-se para um lugar isolado. As multidões o procuravam por toda parte e, quando finalmente o encontraram, suplicaram que não as deixasse. ⁴³Ele, porém, disse: "Preciso anunciar as boas-novas do reino de Deus também em outras cidades, pois para isso fui enviado". ⁴⁴E continuou a anunciar sua mensagem nas sinagogas da Judeia.ᵇ

Os primeiros discípulos

5 Estando Jesus à beira do lago de Genesaré,ᶜ grandes multidões se apertavam em volta dele para ouvir a palavra de Deus. ²Ele notou que, junto à praia, havia dois barcos vazios, deixados por pescadores que lavavam suas redes. ³Entrou num dos barcos e pediu a Simão,ᵈ seu dono, que o afastasse um pouco da praia. Então sentou-se no barco e dali ensinou as multidões.

⁴Quando terminou de falar, disse a Simão: "Agora vá para onde é mais fundo e lancem as redes para pescar".

ᵃ**4.18-19** Ou *para proclamar o ano aceitável do Senhor.* Is 61.1-2, conforme a Septuaginta. ᵇ**4.44** Alguns manuscritos trazem *Galileia.* ᶜ**5.1** Outro nome para o mar da Galileia. ᵈ**5.3** A partir de 6.14, *Simão* é chamado de Pedro.

⁵Simão respondeu: "Mestre, trabalhamos duro a noite toda e não pegamos nada. Mas, por ser o senhor quem nos pede, vou lançar as redes novamente". ⁶Dessa vez, as redes ficaram tão cheias de peixes que começaram a se rasgar. ⁷Então pediram ajuda aos companheiros do outro barco, e logo os dois barcos estavam tão cheios de peixes que quase afundaram.

⁸Quando Simão Pedro se deu conta do que havia acontecido, caiu de joelhos diante de Jesus e disse: "Por favor, Senhor, afaste-se de mim, porque sou homem pecador". ⁹Pois ele e seus companheiros ficaram espantados com a quantidade de peixes que haviam pescado, ¹⁰assim como seus sócios, Tiago e João, filhos de Zebedeu.

Jesus respondeu a Simão: "Não tenha medo! De agora em diante, você será pescador de gente". ¹¹E, assim que chegaram à praia, deixaram tudo e seguiram Jesus.

Jesus cura um leproso

¹²Num povoado, Jesus encontrou um homem coberto de lepra. Quando o homem viu Jesus, prostrou-se com o rosto em terra e suplicou para ser curado, dizendo: "Se o senhor quiser, pode me curar e me deixar limpo".

¹³Jesus estendeu a mão e o tocou. "Eu quero", respondeu. "Seja curado e fique limpo!" No mesmo instante, a lepra desapareceu. ¹⁴Então Jesus o instruiu a não contar a ninguém o que havia acontecido. "Vá e apresente-se ao sacerdote para que ele o examine", ordenou. "Leve a oferta que a lei de Moisés exige pela sua purificação. Isso servirá como testemunho."ᵃ

¹⁵Mas as notícias a seu respeito se espalhavam ainda mais, e grandes multidões vinham para ouvi-lo e para ser curadas de suas enfermidades. ¹⁶Ele, porém, se retirava para lugares isolados, a fim de orar.

Jesus cura um paralítico

¹⁷Certo dia, enquanto Jesus ensinava, alguns fariseus e mestres da lei estavam sentados por perto. Eles vinham de todos os povoados da Galileia, da Judeia e de Jerusalém. E o poder do Senhor para curar estava sobre Jesus.

¹⁸Alguns homens vieram carregando um paralítico numa maca. Tentaram levá-lo para dentro da casa, até Jesus, ¹⁹mas não conseguiram, por causa da multidão. Então subiram ao topo da casa e removeram uma parte do teto. Em seguida, baixaram o paralítico na maca até o meio da multidão, bem na frente dele. ²⁰Ao ver a fé que eles tinham, Jesus disse ao paralítico: "Homem, seus pecados estão perdoados".

²¹Mas os fariseus e mestres da lei pensavam: "Quem ele pensa que é? Isso é blasfêmia! Somente Deus pode perdoar pecados!".

²²Jesus, sabendo o que pensavam, perguntou: "Por que vocês questionam essas coisas em seu coração? ²³O que é mais fácil dizer: 'Seus pecados estão perdoados?' ou 'Levante-se e ande'? ²⁴Mas eu lhes mostrarei que o Filho do Homem tem autoridade na terra para perdoar pecados". Então disse ao paralítico: "Levante-se, pegue sua maca e vá para casa".

²⁵De imediato, à vista de todos, o homem se levantou, pegou sua maca e foi para casa louvando a Deus. ²⁶Todos ficaram muitos admirados e, cheios de temor, louvaram a Deus, exclamando: "Hoje vimos coisas maravilhosas!".

Jesus chama Levi

²⁷Depois disso, Jesus saiu da cidade e viu um cobrador de impostos chamado Leviᵇ sentado no local onde se coletavam impostos. "Siga-me", disse-lhe Jesus, ²⁸e Levi se levantou, deixou tudo e o seguiu.

²⁹Mais tarde, Levi ofereceu um banquete em sua casa, em honra de Jesus. Muitos cobradores de impostos e outros convidados comeram com eles, ³⁰mas os fariseus e mestres da lei se queixaram aos discípulos: "Por que vocês comem e bebem com cobradores de impostos e pecadores?".

³¹Jesus lhes respondeu: "As pessoas saudáveis não precisam de médico, mas sim os doentes. ³²Não vim para chamar os justos, mas sim os pecadores, para que se arrependam".

Discussão sobre o jejum

³³Algumas pessoas disseram a Jesus: "Os discípulos de João Batista jejuam e oram com frequência, e os discípulos dos fariseus também. Por que os seus vivem comendo e bebendo?".

³⁴Jesus respondeu: "Por acaso os convidados de um casamento jejuam enquanto festejam

---

ᶜ**5.14** Ver Lv 14.2-32. ᵃ**5.27** Isto é, Mateus. Ver Mt 9.9.

com o noivo? ³⁵Um dia, porém, o noivo lhes será tirado, e então jejuarão".

³⁶Jesus também lhes apresentou a seguinte ilustração: "Ninguém rasgaria um pedaço de tecido de uma roupa nova para remendar uma roupa velha. Se o fizesse, estragaria a roupa nova, e o remendo não se ajustaria à roupa velha.

³⁷"E ninguém colocaria vinho novo em velhos recipientes de couro. Os recipientes velhos se arrebentariam, deixando vazar o vinho e estragando o recipiente. ³⁸Vinho novo deve ser guardado em recipientes novos. ³⁹E ninguém que bebe o vinho velho escolhe beber o vinho novo, pois diz: 'O vinho velho é melhor'".

Discussão sobre o sábado

6 Num sábado, enquanto Jesus caminhava pelos campos de cereal, seus discípulos colheram espigas, removeram a casca com as mãos e comeram os grãos. ²Alguns fariseus lhes disseram: "Por que vocês desobedecem à lei colhendo cereal no sábado?".

³Jesus respondeu: "Vocês não leram nas Escrituras o que fez Davi quando ele e seus companheiros tiveram fome? ⁴Ele entrou na casa de Deus, comeu os pães sagrados que só os sacerdotes tinham permissão de comer e os deu também a seus companheiros". ⁵E acrescentou: "O Filho do Homem é senhor até mesmo do sábado".

Jesus cura no sábado

⁶Em outro sábado, enquanto Jesus ensinava na sinagoga, estava ali um homem cuja mão direita era deformada. ⁷Os mestres da lei e os fariseus observavam Jesus atentamente. Se ele curasse aquele homem, eles o acusariam, pois era sábado.

⁸Jesus, porém, sabia o que planejavam e disse ao homem com a mão deformada: "Venha e fique aqui, diante de todos", e o homem foi à frente. ⁹Então Jesus lhes disse: "Tenho uma pergunta para vocês: O que a lei permite fazer no sábado? O bem ou o mal? Salvar uma vida ou destruí-la?".

¹⁰Depois, olhando para cada um ao redor, disse ao homem: "Estenda a mão". O homem estendeu a mão, e ela foi restaurada. ¹¹Com isso, os inimigos de Jesus ficaram furiosos e começaram a discutir o que fazer contra ele.

Jesus escolhe os doze apóstolos

¹²Certo dia, pouco depois, Jesus subiu a um monte para orar e passou a noite orando a Deus. ¹³Quando amanheceu, reuniu seus discípulos e escolheu doze para serem apóstolos. Estes são seus nomes:

¹⁴Simão, a quem ele chamou Pedro,
André, irmão de Pedro,
Tiago,
João,
Filipe,
Bartolomeu,
¹⁵Mateus,
Tomé,
Tiago, filho de Alfeu,
Simão, apelidado de zelote,
¹⁶Judas, filho de Tiago,
Judas Iscariotes, que se tornou o traidor.

Multidões seguem Jesus

¹⁷Quando Jesus e os discípulos desceram do monte, pararam numa região plana e ampla. Havia ali muitos de seus seguidores e uma grande multidão vinda de todas as partes da Judeia, de Jerusalém e de lugares distantes ao norte, como o litoral de Tiro e Sidom. ¹⁸Tinham vindo para ouvi-lo e para ser curados de suas enfermidades, e os que eram atormentados por espíritos impuros eram curados. ¹⁹Todos procuravam tocar em Jesus, pois dele saía poder, e ele curava a todos.

Bênçãos e condenações

²⁰Então Jesus se voltou para seus discípulos e disse:

"Felizes são vocês, pobres,
    pois o reino de Deus lhes pertence.
²¹Felizes são vocês que agora estão famintos,
    pois serão saciados.
Felizes são vocês que agora choram,
    pois no devido tempo rirão.

²²Felizes são vocês quando os odiarem e os excluírem, quando zombarem de vocês e os caluniarem como se fossem maus porque seguem o Filho do Homem. ²³Quando isso acontecer, alegrem-se e exultem, porque uma grande recompensa os espera no céu. E lembrem-se de que os antepassados deles trataram os profetas da mesma forma.

²⁴"Que aflição espera vocês, ricos,
  pois já receberam sua consolação!
²⁵Que aflição espera vocês que agora têm fartura,
  pois um terrível tempo de fome os espera!
Que aflição espera vocês que agora riem,
  pois em breve seu riso se transformará em lamento e tristeza!
²⁶Que aflição espera vocês que são elogiados por todos,
  pois os antepassados deles também elogiaram falsos profetas!"

Amor pelos inimigos
²⁷"Mas a vocês que me ouvem, eu digo: amem os seus inimigos, façam o bem a quem os odeia, ²⁸abençoem quem os amaldiçoa, orem por quem os maltrata. ²⁹Se alguém lhe der um tapa numa face, ofereça também a outra. Se alguém exigir de você a roupa do corpo, deixe que leve também a capa. ³⁰Dê a quem pedir e, quando tomarem suas coisas, não tente recuperá-las. ³¹Façam aos outros o que vocês desejam que eles lhes façam.
³²Se vocês amam apenas aqueles que os amam, que mérito têm? Até os pecadores amam quem os ama. ³³E, se fazem o bem apenas aos que fazem o bem a vocês, que mérito têm? Até os pecadores agem desse modo. ³⁴E, se emprestam dinheiro apenas aos que podem devolver, que mérito têm? Até os pecadores emprestam a outros pecadores, na expectativa de receber tudo de volta.
³⁵Portanto, amem os seus inimigos, façam-lhes o bem e emprestem a eles sem esperar nada de volta. Então a recompensa que receberão do céu será grande e estarão agindo, de fato, como filhos do Altíssimo, pois ele é bondoso até mesmo com os ingratos e perversos. ³⁶Sejam misericordiosos, assim como seu Pai é misericordioso."

Não julguem os outros
³⁷"Não julguem e não serão julgados. Não condenem e não serão condenados. Perdoem e serão perdoados. ³⁸Deem e receberão. Sua dádiva lhes retornará em boa medida, compactada, sacudida para caber mais, transbordante e derramada sobre vocês. O padrão de medida que adotarem será usado para medi-los".
³⁹Jesus deu ainda a seguinte ilustração: "É possível um cego guiar outro cego? Não cairão os dois num buraco? ⁴⁰Os discípulos não são maiores que seu mestre. Mas o aluno bem instruído será como o mestre.
⁴¹Por que você se preocupa com o cisco no olho de seu amigo[a] enquanto há um tronco em seu próprio olho? ⁴²Como pode dizer: 'Amigo, deixe-me ajudá-lo a tirar o cisco de seu olho', se não consegue ver o tronco em seu próprio olho? Hipócrita! Primeiro, livre-se do tronco em seu olho; então você verá o suficiente para tirar o cisco do olho de seu amigo."

---

[a] 6.41 Em grego, *de seu irmão*; também em 6.42.

6.32-34 Tenho certeza de que não é necessário que haja graça no coração da maioria de vocês para fazê-los ser gentis com aqueles que os tratam de forma amigável! Vocês já chegaram tão longe e esse sentimento é bom — quanto mais, melhor! No entanto, não terão atingido a marca do ensinamento de Cristo, se fizerem só isso! Não é por isso que o Espírito Santo nos gerou de novo! Não é por isso que Cristo derramou o Seu precioso sangue! Existe maior virtude do que a de amar quem o ama! E aqui está — devemos amar aqueles que nos *odeiam* e nos tratam com desprezo! Vocês conseguem amar aqueles que não mencionarão o seu nome sem ranger os dentes com inveja ou zombar por desprezo? Aqueles que contradizem seu caráter, que fizeram o que podiam para arruiná-los e que farão o mesmo novamente? Vocês podem sentir em relação a eles um desejo sincero por seu bem-estar presente e eterno? [...] De fato, seria glorioso, especialmente se vocês pudessem manter-se afastados de todos os motivos egoístas em tal disputa de amor e fizessem tudo isso, não por quererem parecer heróis ou serem exaltados, mas simplesmente porque se deleitam em fazer o bem e sentem que é um prazer fazer esse bem, onde for mais necessário, ou seja, onde o espírito de inimizade tem o maior poder. Isso é elevado, e penso que ouço alguém dizendo: "Não consigo cumpri-lo! Posso amar aqueles que me amam, mas amar os que me odeiam, é outra questão. Terei de avaliar duas ou três vezes, antes que eu o tente". Ouso dizer que você o fará, meu amigo, e é por isso que a obra do próprio Deus é necessária para nos tornar cristãos! É preciso que o Pai, o Filho e o Espírito Santo realizem milagres da graça divina em nosso interior antes de nos tornarmos semelhantes ao Senhor. A piedade é a semelhança de Deus e isso não é fácil de se obter.

A árvore e seus frutos

⁴³"Uma árvore boa não produz frutos ruins, e uma árvore ruim não produz frutos bons. ⁴⁴Uma árvore é identificada por seus frutos. Ninguém colhe figos de espinheiros, nem uvas de arbustos espinhosos. ⁴⁵A pessoa boa tira coisas boas do tesouro de um coração bom, e a pessoa má tira coisas más do tesouro de um coração mau. Pois a boca fala do que o coração está cheio."

Construir sobre um alicerce firme

⁴⁶"Por que vocês me chamam 'Senhor! Senhor!', se não fazem o que eu digo? ⁴⁷Eu lhes mostrarei como é aquele que vem a mim, ouve as minhas palavras e as pratica. ⁴⁸Ele é como a pessoa que está construindo uma casa e que cava fundo e coloca os alicerces em rocha firme. Quando a água das enchentes sobe e bate contra essa casa, ela permanece firme, pois foi bem construída. ⁴⁹Mas quem ouve e não obedece é como a pessoa que constrói uma casa sobre o chão, sem alicerces. Quando a água bater nessa casa, ela cairá, deixando uma pilha de ruínas".

Um oficial romano demonstra fé

7 Quando Jesus terminou de dizer tudo isso à multidão, entrou em Cafarnaum. ²Naquela ocasião, um escravo muito estimado de um oficial romano[a] estava enfermo, à beira da morte. ³Quando o oficial ouviu falar de Jesus, mandou alguns líderes judeus lhe pedirem que fosse curar seu escravo. ⁴Os líderes suplicaram insistentemente que Jesus socorresse o homem, dizendo: "Ele merece sua ajuda, ⁵pois ama o povo judeu e até nos construiu uma sinagoga".

⁶Jesus foi com eles, mas, antes de chegarem à casa, o oficial mandou alguns amigos para dizer: "Senhor, não se incomode em vir à minha casa, pois não sou digno de tamanha honra. ⁷Não sou digno sequer de ir ao seu encontro. Basta uma ordem sua, e meu servo será curado. ⁸Sei disso porque estou sob a autoridade de meus superiores e tenho autoridade *sobre meus soldados. Só preciso dizer 'Vão', e eles vão, ou 'Venham', e eles vêm. E, se digo a meus escravos: 'Façam isto', eles fazem".

⁹Quando Jesus ouviu isso, ficou admirado. Voltou-se para a multidão que o seguia e disse: "Eu lhes digo a verdade: jamais vi fé como esta em Israel!". ¹⁰E, quando os amigos do oficial voltaram para a casa dele, encontraram o escravo em perfeita saúde.

Jesus ressuscita o filho de uma viúva

¹¹Logo depois, Jesus foi com seus discípulos à cidade de Naim, e uma grande multidão o seguiu. ¹²Quando ele se aproximou da porta da cidade, estava saindo o enterro do único filho de uma viúva, e uma grande multidão da cidade a acompanhava. ¹³Quando o Senhor a viu, sentiu profunda compaixão por ela. "Não chore!", disse ele. ¹⁴Então foi até o caixão, tocou nele e os carregadores pararam. E disse: "Jovem, eu lhe digo: levante-se!". ¹⁵O jovem que estava morto se levantou e começou a conversar, e Jesus o devolveu à sua mãe.

¹⁶Grande temor tomou conta da multidão, que louvava a Deus, dizendo: "Um profeta poderoso se levantou entre nós!" e "Hoje Deus visitou seu povo!". ¹⁷Essa notícia sobre Jesus se espalhou por toda a Judeia e seus arredores.

Jesus e João Batista

¹⁸Os discípulos de João Batista lhe contaram tudo que Jesus estava fazendo. Então João chamou dois de seus discípulos ¹⁹e os enviou ao Senhor, para lhe perguntar: "O senhor é aquele que haveria de vir, ou devemos esperar algum outro?".

²⁰Os dois discípulos de João encontraram Jesus e lhe disseram: "João Batista nos enviou para lhe perguntar: 'O senhor é aquele que haveria de vir, ou devemos esperar algum outro?'".

²¹Naquela mesma hora, Jesus curou muitas pessoas de suas doenças, enfermidades e espíritos impuros, e restaurou a visão a muitos cegos. ²²Em seguida, disse aos discípulos de João: "Voltem a João e contem a ele o que vocês viram e ouviram: os cegos veem, os aleijados andam, os leprosos são purificados, os surdos ouvem, os mortos são ressuscitados e as boas-novas são anunciadas aos pobres". ²³E disse ainda: "Felizes são aqueles que não se sentem ofendidos por minha causa".

²⁴Depois que os discípulos de João saíram, Jesus começou a falar a respeito dele para as

---

[a] 7.2 Em grego, *centurião*; também em 7.6.

multidões: "Que tipo de homem vocês foram ver no deserto? Um caniço que qualquer brisa agita? ²⁵Afinal, o que esperavam ver? Um homem vestido com roupas caras? Não, quem veste roupas caras e vive no luxo mora em palácios. ²⁶Acaso procuravam um profeta? Sim, ele é mais que profeta. ²⁷João é o homem ao qual as Escrituras se referem quando dizem:

'Envio meu mensageiro adiante de ti,
   e ele preparará teu caminho à tua frente'.ᵃ

²⁸Eu lhes digo: de todos que nasceram de mulher, nenhum é maior que João Batista. E, no entanto, até o menor no reino de Deus é maior que ele".

²⁹Todos que ouviram as palavras de Jesus, até mesmo os cobradores de impostos, concordaram que o caminho de Deus era justo,ᵇ pois tinham sido batizados por João. ³⁰Os fariseus e mestres da lei, no entanto, rejeitaram o propósito de Deus para eles, pois recusaram o batismo de João.

³¹"Assim, a que posso comparar o povo desta geração?", perguntou Jesus. ³²"Como posso descrevê-los? São como crianças que brincam na praça. Queixam-se a seus amigos:

'Tocamos flauta,
   e vocês não dançaram,
entoamos lamentos,
   e vocês não choraram'.

³³Quando João Batista apareceu, não costumava comer e beber em público, e vocês disseram: 'Está possuído por demônio'. ³⁴O Filho do Homem, por sua vez, come e bebe, e vocês dizem: 'É comilão e beberrão, amigo de cobradores de impostos e pecadores'. ³⁵Mas a sabedoria é comprovada pela vida daqueles que a seguem."ᶜ

Jesus é ungido por uma pecadora

³⁶Um dos fariseus convidou Jesus para jantar. Jesus foi à casa dele e tomou lugar à mesa. ³⁷Quando uma mulher daquela cidade, uma pecadora, soube que ele estava jantando ali, trouxe um frasco de alabastro contendo um perfume caro. ³⁸Em seguida, ajoelhou-se aos pés de Jesus, chorando. As lágrimas caíram sobre os pés dele, e ela os secou com seu cabelo; e continuou a beijá-los e a derramar perfume sobre eles.

³⁹Quando o fariseu que havia convidado Jesus viu isso, disse consigo: "Se este homem fosse profeta, saberia que tipo de mulher está tocando nele. Ela é uma pecadora!".

⁴⁰Jesus disse ao fariseu: "Simão, tenho algo a lhe dizer".

"Diga, mestre", respondeu Simão.

⁴¹Então Jesus lhe contou a seguinte história: "Um homem emprestou dinheiro a duas pessoas: quinhentas moedas de prataᵈ a uma delas e cinquenta à outra. ⁴²Como nenhum dos devedores conseguiu lhe pagar, ele generosamente perdoou ambos e cancelou suas dívidas. Qual deles o amou mais depois disso?".

⁴³Simão respondeu: "Suponho que aquele de quem ele perdoou a dívida maior".

"Você está certo", disse Jesus. ⁴⁴Então voltou-se para a mulher e disse a Simão: "Veja esta mulher ajoelhada aqui. Quando entrei em sua casa, você não ofereceu água para eu lavar os pés, mas ela os lavou com suas lágrimas e os secou com seus cabelos. ⁴⁵Você não me cumprimentou com um beijo, mas, desde a hora em que entrei, ela não parou de beijar meus pés. ⁴⁶Você não me ofereceu óleo para ungir minha cabeça, mas ela ungiu meus pés com um perfume raro.

⁴⁷"Eu lhe digo: os pecados dela, que são muitos, foram perdoados e, por isso, ela demonstrou muito amor por mim. Mas a pessoa a quem pouco foi perdoado demonstra pouco amor". ⁴⁸Então Jesus disse à mulher: "Seus pecados estão perdoados".

⁴⁹Os homens que estavam à mesa diziam entre si: "Quem é esse que anda por aí perdoando pecados?".

⁵⁰E Jesus disse à mulher: "Sua fé a salvou. Vá em paz".

Mulheres que seguiam Jesus

8 Pouco tempo depois, Jesus começou a percorrer as cidades e os povoados vizinhos, anunciando as boas-novas a respeito do reino de Deus. Iam com ele os Doze ²e também algumas mulheres que tinham sido curadas de

---

ᵃ**7.27** Ml 3.1. ᵇ**7.29** Ou *louvaram a Deus por sua justiça.* ᶜ**7.35** Ou *Mas a sabedoria é justificada por todos os seus filhos.* ᵈ**7.41** Em grego, *500 denários.* Um denário equivalia ao salário por um dia completo de trabalho.

espíritos impuros e enfermidades. Entre elas estavam Maria Madalena, de quem ele havia expulsado sete demônios; ³Joana, esposa de Cuza, administrador de Herodes; Susana, e muitas outras que contribuíam com seus próprios recursos para o sustento de Jesus e seus discípulos.

A parábola do semeador

⁴Certo dia, uma grande multidão, vinda de várias cidades, juntou-se para ouvir Jesus, e ele lhes contou uma parábola: ⁵"Um lavrador saiu para semear. Enquanto espalhava as sementes pelo campo, algumas caíram à beira do caminho, onde foram pisadas, e as aves vieram e as comeram. ⁶Outras caíram entre as pedras e começaram a crescer, mas as plantas logo murcharam por falta de umidade. ⁷Outras sementes caíram entre os espinhos, que cresceram com elas e sufocaram os brotos. ⁸Ainda outras caíram em solo fértil e produziram uma colheita cem vezes maior que a quantidade semeada". Quando ele terminou de dizer isso, declarou: "Quem é capaz de ouvir, ouça com atenção!".

⁹Seus discípulos lhe perguntaram o que a parábola significava. ¹⁰Ele respondeu: "A vocês é permitido entender os segredos[a] do reino de Deus, mas uso parábolas para ensinar os outros, a fim de que,

> 'Quando olharem, não vejam;
> quando escutarem, não entendam'.[b]

¹¹"Este é o significado da parábola: As sementes são a palavra de Deus. ¹²As sementes que caíram à beira do caminho representam os que ouvem a mensagem, mas o diabo vem e a arranca do coração deles e os impede de crer e ser salvos. ¹³As sementes no solo rochoso representam os que ouvem a mensagem e a recebem com alegria. Uma vez, porém, que não têm raízes profundas, creem apenas por um tempo e depois desanimam quando enfrentam provações. ¹⁴As que caíram entre os espinhos representam outros que ouvem a mensagem, mas logo ela é sufocada pelas preocupações, riquezas e prazeres desta vida, de modo que nunca amadurecem. ¹⁵E as que caíram em solo fértil representam os que, com coração bom e receptivo, ouvem a mensagem, a aceitam e, com paciência, produzem uma grande colheita."

---

[a] 8.10a Em grego, *mistérios*. [b] 8.10b Is 6.9, conforme a Septuaginta.

8.1-3 O capítulo anterior relata como a mulher na casa de Simão manifestou o seu amor ao Salvador. Demonstrou-o de certa forma, e muito especial. Porém, havia outros que tinham afeição semelhante por Ele, que a demonstraram de outras maneiras. O que é certo para uma pessoa pode não ser a coisa sábia ou correta para todos fazerem. Cristo não precisava de Seus pés lavados com lágrimas a cada minuto do dia, nem os ter ungidos com unguento precioso com frequência. Há alguns cristãos que deveriam fazer, e acredito que farão, algo extraordinário para Cristo — algo que não precisará de justificativa deles porque são pessoas extraordinárias, da mesma forma que costumavam ser pecadores extraordinários — e não seria correto eles correrem nos sulcos feitos por outros — devem procurar um modo distinto para si mesmos. Feliz é a Igreja que tem algum desses membros! Ainda mais feliz, se tiver muitos desses. Há outros que amam a Cristo tão verdadeiramente, porém devem se contentar *em mostrar-lhe seu amor de algum outro modo*, aparentemente mais comum, mas, talvez, em longo prazo, mais útil. Estas mulheres graciosas ministraram a Cristo com seus bens. Ele era apenas um pobre pregador itinerante que precisava do sustento diário. Algumas pessoas dizem que todo pregador deve ganhar seu próprio pão através do comércio ou profissão e pregar sem remuneração, mas o Senhor Jesus Cristo, o Príncipe dos Pregadores, não fez isso.

"Ah, mas Paulo fez!" Sim, Paulo alcançou uma honra muito elevada. Mas podemos estar perfeitamente satisfeitos, como servos do Senhor Jesus Cristo, alcançar um grau tão elevado de honra como o nosso Mestre alcançou e, na medida em que Ele nunca fez nenhum trabalho de carpintaria depois que começou a pregar, mas rendeu toda a Sua alma e ser à obra da pregação, Ele foi alimentado e cuidado pela bondade dessas mulheres piedosas que tinham satisfação em ministrar a Ele com seus bens. "O discípulo não está acima de seu mestre, nem o escravo acima de seu senhor. Para o discípulo é suficiente ser como seu mestre, e o escravo, como seu senhor". Portanto, como ministros de Cristo não precisamos ter vergonha de ministrar coisas espirituais às pessoas e em troca receber de suas coisas carnais. Estas mulheres, apesar de não lavarem os pés de Cristo com suas lágrimas, nem os ungirem com unguento precioso, fizeram bem, pois "contribuíam com seus próprios recursos para o sustento de Jesus e seus discípulos". Que todos nós façamos por Ele tudo o que pudermos.

A parábola da lâmpada

¹⁶"Não faz sentido acender uma lâmpada e depois cobri-la com uma vasilha ou escondê-la debaixo da cama. Pelo contrário, ela é colocada num pedestal, de onde sua luz pode ser vista pelos que entram na casa. ¹⁷Da mesma forma, tudo que está escondido será revelado, e tudo que está oculto virá à luz e será conhecido por todos.

¹⁸"Portanto, ouçam com atenção! Pois ao que tem, mais lhe será dado, mas do que não tem, até o que pensa ter lhe será tomado".

A verdadeira família de Jesus

¹⁹Então a mãe e os irmãos de Jesus foram vê-lo, mas não conseguiram chegar até ele por causa da multidão. ²⁰Alguém disse a Jesus: "Sua mãe e seus irmãos estão lá fora e querem vê-lo".

²¹Jesus respondeu: "Minha mãe e meus irmãos são aqueles que ouvem a palavra de Deus e a praticam".

Jesus acalma a tempestade

²²Certo dia, Jesus disse a seus discípulos: "Vamos para o outro lado do mar". Assim, entraram num barco e partiram. ²³Durante a travessia, Jesus caiu no sono. Logo, porém, veio sobre o mar uma forte tempestade. O barco começou a se encher de água, colocando-os em grande perigo.

²⁴Os discípulos foram acordá-lo, clamando: "Mestre, Mestre, vamos morrer!".

Quando Jesus despertou, repreendeu o vento e as ondas violentas. A tempestade parou, e tudo se acalmou. ²⁵Então ele lhes perguntou: "Onde está a sua fé?".

Admirados e temerosos, os discípulos diziam entre si: "Quem é este homem? Quando ele ordena, até os ventos e o mar lhe obedecem!".

Jesus exerce autoridade sobre demônios

²⁶Então chegaram à região dos gadarenos,[a] do outro lado do mar da Galileia. ²⁷Quando Jesus desembarcou, um homem possuído por demônios veio ao seu encontro. Fazia muito tempo que ele não tinha casa nem roupas e vivia num cemitério fora da cidade.

²⁸Assim que viu Jesus, gritou e caiu diante dele. Então disse em alta voz: "Por que vem me importunar, Jesus, Filho do Deus Altíssimo? Suplico que não me atormente!". ²⁹Pois Jesus já havia ordenado que o espírito impuro saísse dele. Esse espírito tinha dominado o homem em várias ocasiões. Mesmo quando era colocado sob guarda, com os pés e as mãos acorrentados, ele quebrava as correntes e, sob controle do demônio, corria para o deserto.

³⁰Jesus lhe perguntou: "Qual é o seu nome?". "Legião", respondeu ele, pois havia muitos demônios dentro do homem. ³¹E imploravam que Jesus não os mandasse para o abismo.[b]

³²Ali perto, uma grande manada de porcos pastava na encosta de uma colina, e os demônios suplicaram que ele os deixasse entrar nos porcos.

Jesus lhes deu permissão. ³³Os demônios saíram do homem e entraram nos porcos, e toda a manada se atirou pela encosta íngreme para dentro do mar e se afogou.

³⁴Quando os que cuidavam dos porcos viram isso, fugiram para uma cidade próxima e para seus arredores, espalhando a notícia. ³⁵O povo correu para ver o que havia ocorrido. Uma multidão se juntou ao redor de Jesus, e eles viram o homem que havia sido liberto dos demônios. Estava sentado aos pés de Jesus, vestido e em perfeito juízo, e todos tiveram medo. ³⁶Os que presenciaram os acontecimentos contaram aos demais como o homem possuído por demônios tinha sido curado. ³⁷Todo o povo da região dos gadarenos suplicou que Jesus fosse embora, pois ficaram muito assustados.

Então ele voltou ao barco e partiu. ³⁸O homem que tinha sido liberto dos demônios suplicou para ir com ele, mas Jesus o mandou para casa, dizendo: ³⁹"Volte para sua família e conte a eles tudo que Deus fez por você". E o homem foi pela cidade inteira, anunciando tudo que Jesus tinha feito por ele.

Jesus cura em resposta à fé

⁴⁰Do outro lado do mar, as multidões receberam Jesus com alegria, pois o estavam esperando. ⁴¹Então um homem chamado Jairo, um dos líderes da sinagoga local, veio e se prostrou aos pés de Jesus, suplicando que ele fosse à sua casa. ⁴²Sua única filha, de cerca de doze anos, estava à beira da morte.

---

[a] 8.26 Alguns manuscritos trazem *gerasenos*; outros, *gergesenos*; também em 8.37. Ver Mt 8.28; Mc 5.1. [b] 8.31 Ou *lugar dos mortos*.

Jesus o acompanhou, cercado pela multidão. ⁴³Uma mulher no meio do povo sofria havia doze anos de uma hemorragia,ᵃ sem encontrar cura. ⁴⁴Ela se aproximou por trás de Jesus e tocou na borda de seu manto. No mesmo instante, a hemorragia parou.

⁴⁵"Quem tocou em mim?", perguntou Jesus.

Todos negaram, e Pedro disse: "Mestre, a multidão toda se aperta em volta do senhor".

⁴⁶Jesus, no entanto, disse: "Alguém certamente tocou em mim, pois senti que de mim saiu poder". ⁴⁷Quando a mulher percebeu que não poderia permanecer despercebida, começou a tremer e caiu de joelhos diante dele. Todos a ouviram explicar por que havia tocado nele e como havia sido curada de imediato. ⁴⁸Então ele disse: "Filha, sua fé a curou. Vá em paz".

⁴⁹Enquanto Jesus ainda falava com a mulher, chegou um mensageiro da casa de Jairo, o líder da sinagoga, a quem disse: "Sua filha morreu. Não incomode mais o mestre".

⁵⁰Ao ouvir isso, Jesus disse a Jairo: "Não tenha medo. Apenas creia, e ela será curada".

⁵¹Quando chegaram à casa de Jairo, Jesus não deixou que ninguém o acompanhasse, exceto Pedro, João, Tiago e o pai e a mãe da menina. ⁵²A casa estava cheia de gente chorando e se lamentando, mas ele disse: "Parem de chorar! Ela não está morta; está apenas dormindo".

⁵³A multidão riu dele, pois todos sabiam que ela havia morrido. ⁵⁴Então Jesus a tomou pela mão e disse em voz alta: "Menina, levante-se!". ⁵⁵Naquele momento, ela voltou à vidaᵇ e levantou-se de imediato. Então Jesus ordenou que dessem alguma coisa para ela comer. ⁵⁶Os pais dela ficaram maravilhados, mas Jesus insistiu que não contassem a ninguém o que havia acontecido.

Jesus envia os doze apóstolos

9 Jesus reuniu os Dozeᶜ e lhes deu poder e autoridade para expulsar todos os demônios e curar enfermidades. ²Depois, enviou-os para anunciar o reino de Deus e curar os enfermos. ³Ele os instruiu, dizendo: "Não levem coisa alguma em sua jornada. Não levem cajado, nem bolsa de viagem, nem comida, nem dinheiro,ᵈ nem mesmo uma muda de roupa extra. ⁴Aonde quer que forem, hospedem-se na mesma casa até partirem da cidade. ⁵E, se uma cidade se recusar a recebê-los, sacudam a poeira dos pés ao saírem, em sinal de reprovação".

⁶Então começaram a percorrer os povoados, anunciando as boas-novas e curando os enfermos.

A perplexidade de Herodes

⁷Quando Herodes Antipasᵉ ouviu falar de tudo que Jesus fazia, ficou perplexo, pois alguns diziam que João Batista havia ressuscitado dos mortos. ⁸Outros acreditavam que Jesus era Elias, ou um dos antigos profetas que tinha voltado à vida.

⁹"Eu decapitei João", dizia Herodes. "Então quem é o homem sobre quem ouço essas histórias?" E procurava ver Jesus.

A primeira multiplicação dos pães

¹⁰Quando os apóstolos voltaram, contaram a Jesus tudo que tinham feito. Em seguida, Jesus se retirou para a cidade de Betsaida, a fim de estar a sós com eles. ¹¹As multidões descobriram seu paradeiro e o seguiram. Ele as recebeu, ensinou-lhes a respeito do reino de Deus e curou os que estavam enfermos.

¹²No fim da tarde, os Doze se aproximaram e lhe disseram: "Mande as multidões aos povoados e campos vizinhos, para que encontrem comida e abrigo para passar a noite, pois estamos num lugar isolado".

¹³Jesus, porém, disse: "Providenciem vocês mesmos alimento para eles".

"Temos apenas cinco pães e dois peixes", responderam. "Ou o senhor espera que compremos comida para todo esse povo?" ¹⁴Havia ali cerca de cinco mil homens.

Jesus respondeu: "Digam a eles que se sentem em grupos de cinquenta". ¹⁵Os discípulos seguiram sua instrução, e todos se sentaram. ¹⁶Jesus tomou os cinco pães e os dois peixes, olhou para o céu e os abençoou. Então, partiu-os em pedaços e os entregou aos discípulos para que distribuíssem ao povo. ¹⁷Todos comeram à vontade, e os discípulos encheram ainda doze cestos com as sobras.

ᵃ**8.43** Alguns manuscritos acrescentam *e tinha gastado tudo que possuía com médicos.* ᵇ**8.55** Ou *seu espírito voltou.* ᶜ**9.1** Alguns manuscritos trazem *os doze apóstolos.* ᵈ**9.3** Ou *moedas de prata.* ᵉ**9.7** Em grego, *Herodes, o tetrarca.*

Pedro declara sua fé

¹⁸Certo dia, Jesus orava em particular, acompanhado apenas dos discípulos. Ele lhes perguntou: "Quem as multidões dizem que eu sou?".

¹⁹Os discípulos responderam: "Alguns dizem que o senhor é João Batista; outros, que é Elias; e outros ainda, que é um dos profetas antigos que ressuscitou".

²⁰"E vocês?", perguntou ele. "Quem vocês dizem que eu sou?"

Pedro respondeu: "O senhor é o Cristo enviado por Deus!".

Jesus prediz sua morte

²¹Jesus advertiu severamente seus discípulos de que não dissessem a ninguém quem ele era. ²²"É necessário que o Filho do Homem sofra muitas coisas", disse. "Ele será rejeitado pelos líderes do povo, pelos principais sacerdotes e pelos mestres da lei. Será morto, mas no terceiro dia ressuscitará."

Ensino sobre discipulado

²³Disse ele à multidão: "Se alguém quer ser meu seguidor, negue a si mesmo, tome diariamente sua cruz e siga-me. ²⁴Se tentar se apegar à sua vida, a perderá. Mas, se abrir mão de sua vida por minha causa, a salvará. ²⁵Que vantagem há em ganhar o mundo inteiro, mas perder ou destruir a própria vida? ²⁶Se alguém se envergonhar de mim e de minha mensagem, o Filho do Homem se envergonhará dele quando vier em sua glória e na glória do Pai e dos santos anjos. ²⁷Eu lhes digo a verdade: alguns que aqui estão não morrerão antes de ver o reino de Deus!".

A transfiguração

²⁸Cerca de oito dias depois, Jesus levou consigo Pedro, João e Tiago a um monte para orar. ²⁹Enquanto ele orava, a aparência de seu rosto foi transformada, e suas roupas se tornaram brancas e resplandecentes. ³⁰De repente, Moisés e Elias apareceram e começaram a falar com Jesus. ³¹Tinham um aspecto glorioso e falavam sobre a partida de Jesus, que estava para se cumprir em Jerusalém.

³²Pedro e os outros lutavam contra o sono, mas acabaram despertando e viram a glória de Jesus e os dois homens que estavam com ele. ³³Quando Moisés e Elias iam se retirando, Pedro, sem saber o que dizia, falou: "Mestre, é maravilhoso estarmos aqui! Vamos fazer três tendas: uma será sua, uma de Moisés e outra de Elias". ³⁴Enquanto ele ainda falava, uma nuvem surgiu e os envolveu, enchendo-os de medo.

³⁵Então uma voz que vinha da nuvem disse: "Este é meu Filho, meu Escolhido.ᵃ Ouçam-no!". ³⁶Quando a voz silenciou, só Jesus estava ali. Naquela ocasião, os discípulos não contaram a ninguém o que tinham visto.

Jesus cura um menino possuído por demônio

³⁷No dia seguinte, quando desceram do monte, uma grande multidão veio ao encontro de Jesus. ³⁸Um homem na multidão gritou: "Mestre, suplico-lhe que veja meu filho, o único que

---

ᵃ **9.35** Alguns manuscritos trazem *Este é meu Filho muito amado*.

9.32 [...] para ver a glória de Cristo, é necessário que estejamos completamente acordados. Estamos completamente acordados? Existe um homem entre nós que tenha um olho bem aberto? Não há um canto dele ainda fechado? As nossas faculdades mentais e espirituais realmente estão no máximo, ou ainda não somos, em grande medida, como sonhadores em comparação com o que devemos ser na presença de Cristo? Venha agora, irmão, seus mais altos poderes estão completamente despertos? Creio que foi assim com Pedro, Tiago e João, e que pouca faculdade espiritual eles então possuíam, pois, nesse tempo, eram como bebês na graça, completamente despertos para aprenderem tudo o que poderia ser aprendido de seu Senhor e Mestre naquela manifestação misteriosa de Sua glória. Estamos em tal condição? Há muitas coisas que tendem a fazer a alma cair no sono; então, vamos acordar, pois, a menos que todos os nossos poderes de mente e coração estejam fixos em nosso Senhor, não iremos contemplar plenamente a Sua glória; e, se alguma vez, houve uma visão que exigiu e mereceu todos os poderes de visão de um homem, é a visão do glorioso Salvador que se rebaixou para morrer por nós e que agora está à mão direita do Pai, intercedendo por nós. Quando você ouvir o evangelho, ouça-o com seus dois ouvidos e com todo seu coração e alma. [...] não podemos esperar ter uma visão clara de Cristo até que estejamos completamente acordados como estes três apóstolos estavam no monte.

tenho! ³⁹Um espírito impuro se apodera dele e o faz gritar. Lança-o em convulsões e o faz espumar pela boca. Sacode-o violentamente e quase nunca o deixa em paz. ⁴⁰Supliquei a seus discípulos que o expulsassem, mas eles não conseguiram".

⁴¹Jesus disse: "Geração incrédula e corrompida! Até quando estarei com vocês e terei de suportá-los?". Então disse ao homem: "Traga-me seu filho".

⁴²Quando o menino se aproximou, o demônio o derrubou no chão, numa convulsão violenta. Jesus, porém, repreendeu o espírito impuro, curou o menino e o devolveu ao pai. ⁴³Todos se espantaram com a grandiosidade do poder de Deus.

Jesus prediz sua morte pela segunda vez
Enquanto todos se maravilhavam com seus feitos, Jesus disse aos discípulos: ⁴⁴"Ouçam-me e lembrem-se do que lhes digo: o Filho do Homem será traído e entregue em mãos humanas". ⁴⁵Eles, porém, não entendiam essas coisas. O significado estava escondido deles, de modo que não eram capazes de compreender e tinham medo de perguntar.

O maior no reino
⁴⁶Os discípulos começaram a discutir sobre qual deles seria o maior. ⁴⁷Jesus, conhecendo seus pensamentos, trouxe para junto de si uma criança pequena ⁴⁸e disse: "Quem recebe uma criança como esta em meu nome recebe a mim, e quem me recebe também recebe aquele que me enviou. Portanto, o menor entre vocês será o maior".

O uso do nome de Jesus
⁴⁹João disse a Jesus: "Mestre, vimos alguém usar seu nome para expulsar demônios; nós o proibimos, pois ele não era do nosso grupo".

⁵⁰"Não o proíbam!", disse Jesus. "Quem não é contra vocês é a favor de vocês."

A oposição dos samaritanos
⁵¹Como se aproximava o tempo de ser elevado ao céu, Jesus partiu com determinação para Jerusalém. ⁵²Enviou mensageiros adiante até um povoado samaritano, a fim de fazerem os preparativos para sua chegada. ⁵³Contudo, os habitantes do povoado não receberam Jesus, porque parecia evidente que ele estava a caminho de Jerusalém. ⁵⁴Percebendo isso, Tiago e João disseram a Jesus: "Senhor, quer que mandemos cair fogo do céu para consumi-los?".[a] ⁵⁵Jesus, porém, se voltou para eles e os repreendeu.[b] ⁵⁶E seguiram para outro povoado.

O preço de seguir Jesus
⁵⁷Quando andavam pelo caminho, alguém disse a Jesus: "Eu o seguirei aonde quer que vá".

⁵⁸Jesus respondeu: "As raposas têm tocas onde morar e as aves têm ninhos, mas o Filho do Homem não tem sequer um lugar para recostar a cabeça".

⁵⁹E a outra pessoa ele disse: "Siga-me".

O homem, porém, respondeu: "Senhor, deixe-me primeiro sepultar meu pai".

⁶⁰Jesus respondeu: "Deixe que os mortos sepultem seus próprios mortos. Você, porém, deve ir e anunciar o reino de Deus".

⁶¹Outro, ainda, disse: "Senhor, eu o seguirei, mas deixe que antes me despeça de minha família".

⁶²Mas Jesus lhe disse: "Quem põe a mão no arado e olha para trás não está apto para o reino de Deus".

Jesus envia seus discípulos
10 Depois disso, o Senhor escolheu outros setenta e dois[c] discípulos e os enviou adiante, dois a dois, às cidades e aos lugares que ele planejava visitar. ²Estas foram suas instruções: "A colheita é grande, mas os trabalhadores são poucos. Orem ao Senhor da colheita; peçam que ele envie mais trabalhadores para seus campos. ³Agora vão e lembrem-se de que eu os envio como cordeiros no meio de lobos. ⁴Não levem dinheiro algum, nem bolsa de viagem, nem um par de sandálias extras. E não se detenham para cumprimentar ninguém pelo caminho.

⁵"Quando entrarem numa casa, digam primeiro: 'Que a paz de Deus esteja nesta casa'. ⁶Se os que vivem ali forem gente de paz, a bênção permanecerá; se não forem, a bênção voltará a

---

[a] **9.54** Alguns manuscritos acrescentam *como fez Elias?* [b] **9.55-56** Alguns manuscritos acrescentam *E ele disse: "Vocês não sabem como é o seu coração. ⁵⁶Pois o Filho do Homem não veio destruir vidas, mas salvá-las".* [c] **10.1** Alguns manuscritos trazem *setenta*; também em 10.17.

vocês. ⁷Permaneçam naquela casa e comam e bebam o que lhes derem, pois quem trabalha merece seu salário. Não fiquem mudando de casa em casa.

⁸"Quando entrarem numa cidade e ela os receber bem, comam o que lhes oferecerem. ⁹Curem os enfermos e digam-lhes: 'Agora o reino de Deus chegou até vocês'.[a] ¹⁰Mas, se uma cidade se recusar a recebê-los, saiam pelas ruas e digam: ¹¹'Limpamos de nossos pés até o pó desta cidade em sinal de reprovação. E saibam disto: o reino de Deus chegou!'.[b] ¹²Eu lhes garanto que, no dia do juízo, até Sodoma será tratada com menos rigor que aquela cidade.

¹³"Que aflição as espera, Corazim e Betsaida! Porque, se nas cidades de Tiro e Sidom tivessem sido realizados os milagres que realizei em vocês, há muito tempo seus habitantes teriam se arrependido e demonstrado isso vestindo panos de saco e jogando cinzas sobre a cabeça. ¹⁴Eu lhes digo que, no dia do juízo, Tiro e Sidom serão tratadas com menos rigor que vocês. ¹⁵E você, Cafarnaum, será elevada até o céu? Não, descerá até o lugar dos mortos".[c]

¹⁶Então ele disse aos discípulos: "Quem aceita sua mensagem também me aceita, e quem os rejeita também me rejeita. E quem me rejeita também rejeita aquele que me enviou".

¹⁷Quando os setenta e dois discípulos voltaram, relataram com alegria: "Senhor, até os demônios nos obedecem pela sua autoridade!".

¹⁸Então ele lhes disse: "Vi Satanás caindo do céu como um relâmpago! ¹⁹Eu lhes dei autoridade para pisarem sobre cobras e escorpiões, e sobre todo o poder do inimigo. Nada lhes causará dano. ²⁰Mas não se alegrem porque os espíritos impuros lhes obedecem; alegrem-se porque seus nomes estão registrados no céu".

Jesus agradece ao Pai

²¹Naquele momento, Jesus foi tomado da alegria do Espírito Santo e disse: "Pai, Senhor dos céus e da terra, eu te agradeço porque escondeste estas coisas dos que se consideram sábios e inteligentes e as revelaste aos que são como crianças. Sim, Pai, foi do teu agrado fazê-lo assim.

²²"Meu Pai me confiou todas as coisas. Ninguém conhece verdadeiramente o Filho, a não ser o Pai, e ninguém conhece verdadeiramente o Pai, a não ser o Filho e aqueles a quem o Filho escolhe revelá-lo".

²³Então, em particular, ele se voltou para os discípulos e disse: "Felizes os olhos que veem o que vocês viram. ²⁴Eu lhes digo: muitos profetas e reis desejaram ver o que vocês têm visto e ouvir o que vocês têm ouvido, mas não puderam".

O mandamento mais importante

²⁵Certo dia, um especialista da lei se levantou para pôr Jesus à prova com esta pergunta: "Mestre, o que preciso fazer para herdar a vida eterna?".

²⁶Jesus respondeu: "O que diz a lei de Moisés? Como você a entende?".

²⁷O homem respondeu: "'Ame o Senhor, seu Deus, de todo o seu coração, de toda a sua alma, de toda a sua força e de toda a sua mente' e 'Ame o seu próximo como a si mesmo'".[d]

²⁸"Está correto!", disse Jesus. "Faça isso, e você viverá."

A parábola do bom samaritano

²⁹O homem, porém, querendo justificar suas ações, perguntou a Jesus: "E quem é o meu próximo?".

³⁰Jesus respondeu com uma história: "Certo homem descia de Jerusalém a Jericó, quando foi atacado por bandidos. Eles lhe tiraram as roupas, o espancaram e o deixaram quase morto à beira da estrada.

³¹"Por acaso, descia por ali um sacerdote. Quando viu o homem caído, atravessou para o outro lado da estrada. ³²Um levita fazia o mesmo caminho e viu o homem caído, mas também atravessou e passou longe.

³³"Então veio um samaritano e, ao ver o homem, teve compaixão dele. ³⁴Foi até ele, tratou de seus ferimentos com óleo e vinho e os enfaixou. Depois, colocou o homem em seu jumento e o levou a uma hospedaria, onde cuidou dele. ³⁵No dia seguinte, deu duas moedas de prata[e] ao dono da hospedaria e disse: 'Cuide deste homem. Se você precisar gastar a mais

---

[a] 10.9 Ou *está próximo de vocês*. [b] 10.11 Ou *está próximo*. [c] 10.15 Em grego, *até o Hades*. [d] 10.27 Dt 6.5; Lv 19.18. [e] 10.35 Em grego, *2 denários*.

com ele, eu lhe pagarei a diferença quando voltar'.

³⁶"Qual desses três você diria que foi o próximo do homem atacado pelos bandidos?", perguntou Jesus.

³⁷O especialista da lei respondeu: "Aquele que teve misericórdia dele".

Então Jesus disse: "Vá e faça o mesmo".

Jesus visita Marta e Maria

³⁸Jesus e seus discípulos seguiram viagem e chegaram a um povoado onde uma mulher chamada Marta os recebeu em sua casa. ³⁹Sua irmã, Maria, sentou-se aos pés de Jesus e ouvia o que ele ensinava. ⁴⁰Marta, porém, estava ocupada com seus muitos afazeres. Foi a Jesus e disse: "Senhor, não o incomoda que minha irmã fique aí sentada enquanto eu faço todo o trabalho? Diga-lhe que venha me ajudar!".

⁴¹Mas o Senhor respondeu: "Marta, Marta, você se preocupa e se inquieta com todos esses detalhes. ⁴²Apenas uma coisa é necessária. Quanto a Maria, ela fez a escolha certa, e ninguém tomará isso dela".

Ensino sobre a oração

11 Certo dia, Jesus estava orando em determinado lugar. Quando terminou, um de seus discípulos lhe disse: "Senhor, ensine-nos a orar, como João ensinou aos discípulos dele".

²Jesus disse: "Orem da seguinte forma:

"Pai,ᵃ santificado seja o teu nome.
Venha o teu reino.
³Dá-nos hoje o pão para este dia,ᵇ
⁴e perdoa nossos pecados,
assim como perdoamos aqueles que pecam contra nós.
E não nos deixes cair em tentação".ᶜ

⁵E ele prosseguiu: "Suponha que você fosse à casa de um amigo à meia-noite para pedir três pães, dizendo: ⁶'Um amigo meu acaba de chegar para me visitar e não tenho nada para lhe oferecer', ⁷e ele respondesse lá de dentro: 'Não me perturbe. A porta já está trancada, e minha família e eu já estamos deitados. Não posso ajudá-lo'. ⁸Eu lhes digo que, embora ele não o faça por amizade, se você continuar a bater à porta, ele se levantará e lhe dará o que precisa por causa da sua insistência.ᵈ

⁹"Portanto eu lhes digo: peçam, e receberão. Procurem, e encontrarão. Batam, e a porta lhes será aberta. ¹⁰Pois todos que pedem, recebem. Todos que procuram, encontram. E, para todos que batem, a porta é aberta.

¹¹"Vocês que são pais, respondam: Se seu filho lhe pedirᵉ um peixe, você lhe dará uma cobra? ¹²Ou, se lhe pedir um ovo, você lhe dará um escorpião? ¹³Portanto, se vocês que são pecadores sabem como dar bons presentes a seus filhos, quanto mais seu Pai no céu dará o Espírito Santo aos que lhe pedirem!".

A fonte do poder de Jesus

¹⁴Certo dia, Jesus expulsou um demônio que deixava um homem mudo e, quando o demônio saiu, o homem começou a falar. A multidão ficou admirada, ¹⁵mas alguns disseram: "É pelo poder de Belzebu, o príncipe dos demônios, que ele expulsa os demônios". ¹⁶Outros

---

ᵃ**11.2** Alguns manuscritos trazem *Pai nosso que estás no céu*. ᵇ**11.3** Ou *Dá-nos hoje o alimento de que precisamos*, ou *Dá-nos hoje o alimento para amanhã*. ᶜ**11.4** Ou *E guarda-nos de sermos provados*. ᵈ**11.8** Ou *para não passar vergonha*, ou *para que sua reputação não seja prejudicada*. ᵉ**11.11** Alguns manuscritos acrescentam *pão, você lhe dará uma pedra? Ou [se pedir]...*

11.1-3,17,18 *V.1* Parecia a este discípulo como se ele não soubesse orar depois de ter ouvido Cristo orar. A oração de Jesus foi tão infinitamente acima de tudo o que ele havia alcançado que pediu: "Senhor, ensine-nos a orar". E como se sentisse que precisava de um precedente para pedir instruções santas, ele disse: "ensine-nos a orar, *como João ensinou aos discípulos dele*". Todos nós devemos sentir que, se quisermos orar corretamente, devemos ser ensinados por Deus, pelo Seu Espírito Santo. Estamos cheios de enfermidades e, se houver algum momento em que nossas enfermidades são mais sentidas, é quando nos envolvemos na oração, mas "o Espírito nos ajuda em nossa fraqueza, pois não sabemos orar segundo a vontade de Deus". Que nós, então, sussurremos esta oração ao nosso grande Mestre: "Senhor, ensine-nos a orar".

V.2 Quando chegamos a Deus em oração, somos capazes de pensar primeiro em nossas próprias necessidades, mas, se chegássemos corretamente, no espírito de filiação, verdadeiramente dizendo: "Pai", deveríamos começar nossa oração assim: "'Santificado seja o teu nome'. Que todos os homens honrem, reverenciem e adorem o Teu santo nome. 'Venha o teu reino'. Não estamos satisfeitos de que devesses ser

exigiram que Jesus lhes desse um sinal do céu para provar sua autoridade.

¹⁷Jesus, conhecendo seus pensamentos, disse: "Todo reino dividido internamente está condenado à ruína. Uma família dividida contra si mesma se desintegrará. ¹⁸Vocês dizem que eu expulso demônios pelo poder de Belzebu. Mas, se Satanás está dividido e luta contra si mesmo, como o seu reino sobreviverá? ¹⁹E, se meu poder vem de Belzebu, o que dizer de seus discípulos? Eles também expulsam demônios, de modo que condenarão vocês pelo que acabaram de dizer. ²⁰Se, contudo, expulso demônios pelo poder de Deus,ª então o reino de Deus já chegou a vocês. ²¹Pois, quando um homem forte está bem armado e guarda seu palácio, seus bens estão seguros, ²²até que alguém ainda mais forte o ataque e o vença, tire dele suas armas e leve embora seus pertences.

²³"Quem não está comigo opõe-se a mim, e quem não trabalha comigo trabalha contra mim.

²⁴"Quando um espírito impuro sai de uma pessoa, anda por lugares secos à procura de descanso. Mas, não o encontrando, diz: 'Voltarei à casa da qual saí'. ²⁵Ele volta para sua antiga casa e a encontra vazia, varrida e arrumada. ²⁶Então o espírito busca outros sete espíritos, piores que ele, e todos entram na pessoa e passam a morar nela, e a pessoa fica pior que antes".

²⁷Enquanto ele falava, uma mulher na multidão gritou: "Feliz é sua mãe, que o deu à luz e o amamentou!".

²⁸Jesus, porém, respondeu: "Ainda mais felizes são os que ouvem a palavra de Deus e a praticam".

O sinal de Jonas

²⁹Enquanto a multidão se apertava contra Jesus, ele disse: "Esta geração perversa insiste que eu lhe mostre um sinal, mas o único sinal que lhes darei será o de Jonas. ³⁰O que aconteceu com ele foi um sinal para o povo de Nínive. O que acontecer com o Filho do Homem será um sinal para esta geração.

³¹"A rainha de Sabá\u1d47 se levantará contra esta geração no dia do juízo e a condenará, pois veio de uma terra distante para ouvir a sabedoria de Salomão; e vocês têm à sua frente alguém maior que Salomão! ³²Os habitantes de Nínive também se levantarão contra esta geração no dia do juízo e a condenarão, pois eles se arrependeram de seus pecados quando ouviram a mensagem anunciada por Jonas; e vocês têm à sua frente alguém maior que Jonas!"

Receber a luz

³³"Não faz sentido acender uma lâmpada e depois escondê-la ou colocá-la sob um cesto.ᶜ Pelo contrário, ela é colocada num pedestal, de onde sua luz é vista por todos que entram na casa.

³⁴"Seus olhos são como uma lâmpada que ilumina todo o corpo. Quando os olhos são bons, todo o corpo se enche de luz. Mas, quando são maus, o corpo se enche de escuridão. ³⁵Portanto, tomem cuidado para que sua luz não seja, na verdade, escuridão. ³⁶Se estiverem cheios de luz, sem nenhum canto escuro, sua

---

ª**11.20** Em grego, *pelo dedo de Deus*. ᵇ**11.31** Em grego, *rainha do sul*. ᶜ**11.33** Alguns manuscritos não trazem *ou colocá-la sob um cesto*.

---

qualquer coisa menos do que Rei! O desejo do nosso coração é: 'Reina, Deus gracioso sobre nós e sobre *todos os homens*'. 'Seja feita a tua vontade, assim na terra como no céu'. 'Que a Tua vontade seja feita', ao invés da nossa.

V.3 "Dá-nos, Senhor, o que realmente precisamos — não o que seria um luxo, mas o que é uma necessidade. 'Dá-nos', de acordo com a necessidade que precisamos dia após dia, o que realmente precisaremos — 'o pão para este dia'". Não estamos autorizados a pedir muito mais do que isso em questões temporais. Todas elas estão compreendidas nesta petição, contanto que sejam necessárias, mas Deus não nos deu carta branca para pedir riqueza, honra ou coisas tão perigosas. Não há mal em pedir pão — e Ele nos dará isso.

Vv.17,18 Se Satanás expulsasse Satanás, seu reino logo chegaria ao fim! Observe com quanta calma o Salvador confrontou estes escarnecedores e contradizentes. Não há vestígio de raiva nas palavras do Senhor — eles disseram o pior que poderiam dizer sobre Ele e Sua obra e, no entanto, da maneira mais educada possível, Ele fecha a boca deles no silêncio da vergonha. Deus nos garante graça para nos mantermos calmos e fortes mesmo quando somos mais furiosamente atacados! É quando estamos com pressa e perturbados que ficamos fracos.

vida inteira será radiante, como se uma lamparina os estivesse iluminando".

Jesus critica os líderes religiosos

37Quando Jesus terminou de falar, um dos fariseus o convidou para comer em sua casa. Ele foi e tomou lugar à mesa. **38**Seu anfitrião ficou surpreso por ele não realizar primeiro a cerimônia de lavar as mãos, como era costume entre os judeus. **39**Então o Senhor lhe disse: "Vocês, fariseus, têm o cuidado de limpar o exterior do copo e do prato, mas estão sujos por dentro, cheios de ganância e perversidade. **40**Tolos! Acaso Deus não fez tanto o interior como o exterior? **41**Portanto, limpem o interior dando ofertas aos necessitados e ficarão limpos por completo.

42"Que aflição os espera, fariseus! Vocês têm o cuidado de dar o dízimo da hortelã, da arruda e de todas as ervas, mas negligenciam a justiça e o amor de Deus. Sim, vocês deviam fazer essas coisas, mas sem descuidar das mais importantes.

43"Que aflição os espera, fariseus! Pois gostam de sentar-se nos lugares de honra nas sinagogas e de receber saudações respeitosas enquanto andam pelas praças. **44**Sim, que aflição os espera! Pois são como túmulos escondidos: as pessoas passam por cima deles sem saber onde estão pisando".

45Então um especialista da lei disse: "Mestre, o senhor insultou também a nós com o que acabou de dizer".

46Jesus respondeu: "Sim, que aflição também os espera, especialistas da lei! Pois oprimem as pessoas com exigências insuportáveis e não movem um dedo sequer para aliviar seus fardos. **47**Que aflição os espera! Pois constroem monumentos para os profetas que seus próprios antepassados assassinaram. **48**Com isso, porém, testemunham que concordam com o que seus antepassados fizeram. Eles mataram os profetas, e vocês cooperam com eles construindo os monumentos! **49**Foi a isto que Deus, em sua sabedoria, se referiu:ª 'Eu lhes enviarei profetas e apóstolos, mas eles matarão alguns e perseguirão outros'.

50"Portanto, esta geração será responsabilizada pelo assassinato de todos os profetas de Deus desde a criação do mundo, **51**desde o assassinato do justo Abel até o de Zacarias, morto entre o altar e o santuário. Sim, certamente esta geração será considerada responsável.

52"Que aflição os espera, especialistas da lei! Vocês se apossaram da chave do conhecimento e, além de não entrarem no reino, impedem que outros entrem".

53Quando Jesus se retirou dali, os mestres da lei e os fariseus ficaram extremamente irados e tentaram provocá-lo com muitas perguntas. **54**Queriam apanhá-lo numa armadilha, levando-o a dizer algo que pudessem usar contra ele.

Advertência acerca da hipocrisia

12 Quando as multidões cresceram a ponto de haver milhares de pessoas atropelando-se e pisando umas nas outras, Jesus concentrou

---

ª**11.49** Em grego, *Portanto, foi isto que disse a sabedoria de Deus.*

12.1 Esta era está cheia de farsa. A pretensão nunca se colocou em uma posição tão eminente como o faz atualmente. Há poucos, receio, que amam a verdade nua e crua — dificilmente podemos suportá-la em nossas casas! Você dificilmente faria comércio com um homem que a declarasse de forma absoluta. [...] A falsidade alcançou, em larga escala, tal eminência que é com a maior dificuldade que você pode detectá-la. A falsidade se aproxima tanto do genuíno que os olhos da própria sabedoria *precisam ser iluminados antes que ela possa discernir* a diferença! Especialmente é esse o caso em questões religiosas. Houve uma época de fanatismo intolerante — quando todo homem era pesado na balança e, se ele não fosse precisamente apto ao padrão ortodoxo do dia — o fogo o devorava. Mas, nesta era de caridade, e caridade mais virtuosa, somos muito propícios a permitir que a falsidade passe livremente e imaginar que a demonstração exterior é realmente tão benéfica quanto a realidade interior. Se alguma vez houve um momento em que era necessário dizer: "Tenham cuidado com o fermento dos fariseus, que é a hipocrisia" é agora! O ministro pode deixar de pregar essa doutrina nos dias da perseguição — quando a madeira do fogo estiver ardendo e quando a tortura estiver em plena ação, poucos homens serão hipócritas! Estes são os intensos detectores de impostores: o sofrimento, a dor e a morte, por amor a Cristo — não devem ser suportados por meros impostores! Mas, nesta era de seda, [...] é duplamente necessário que o ministro clame em voz alta e levante a voz como uma trombeta contra este pecado.

seu ensino nos discípulos, dizendo: "Tenham cuidado com o fermento dos fariseus, que é a hipocrisia. ²Virá o dia em que tudo que está encoberto será revelado, e tudo que é secreto será divulgado. ³O que vocês disseram no escuro será ouvido às claras, e o que conversaram a portas fechadas será proclamado dos telhados.

⁴"Meus amigos, não tenham medo daqueles que matam o corpo; depois disso, nada mais podem lhes fazer. ⁵Mas eu lhes direi a quem devem temer. Temam a Deus, que tem o poder de matar e lançar no inferno.ᵃ Sim, a esse vocês devem temer.

⁶"Qual é o preço de cinco pardais? Duas moedas de cobre?ᵇ E, no entanto, Deus não se esquece de nenhum deles. ⁷Até os cabelos de sua cabeça estão todos contados. Portanto, não tenham medo; vocês são muito mais valiosos que um bando inteiro de pardais.

⁸"Eu lhes digo a verdade: quem me reconhecer aqui, diante das pessoas, o Filho do Homem o reconhecerá na presença dos anjos de Deus. ⁹Mas quem me negar aqui será negado diante dos anjos de Deus. ¹⁰Quem falar contra o Filho do Homem será perdoado, mas quem blasfemar contra o Espírito Santo não será perdoado.

¹¹"Quando vocês forem julgados nas sinagogas e diante dos governantes e das autoridades, não se preocupem com o modo como se defenderão nem com o que dirão, ¹²pois o Espírito Santo, naquele momento, lhes dará as palavras certas".

A parábola do rico insensato

¹³Então alguém da multidão gritou: "Mestre, por favor, diga a meu irmão que divida comigo a herança de meu pai!".

¹⁴Jesus respondeu: "Amigo, quem me pôs como juiz sobre vocês para decidir essas coisas?". ¹⁵Em seguida, disse: "Cuidado! Guardem-se de todo tipo de ganância. A vida de uma pessoa não é definida pela quantidade de seus bens".

¹⁶Então lhes contou uma parábola: "Um homem rico tinha uma propriedade fértil que produziu boas colheitas. ¹⁷Pensou consigo: 'O que devo fazer? Não tenho espaço para toda a minha colheita'. ¹⁸Por fim, disse: 'Já sei! Vou derrubar os celeiros e construir outros maiores. Assim terei espaço suficiente para todo o meu trigo e meus outros bens. ¹⁹Então direi a mim mesmo: Amigo, você guardou o suficiente para muitos anos. Agora descanse! Coma, beba e alegre-se!'.

²⁰"Mas Deus lhe disse: 'Louco! Você morrerá esta noite. E, então, quem ficará com o fruto do seu trabalho?'.

²¹"Sim, é loucura acumular riquezas terrenas e não ser rico para com Deus".

Ensino sobre dinheiro e bens

²²Então, voltando-se para seus discípulos, Jesus disse: "Por isso eu lhes digo que não se preocupem com a vida diária, se terão o suficiente para comer, ou com o corpo, se terão o suficiente para vestir. ²³Pois a vida é mais que comida, e o corpo é mais que roupa. ²⁴Observem os corvos. Eles não plantam nem colhem, nem guardam comida em celeiros, pois Deus os alimenta. E vocês valem muito mais que qualquer pássaro. ²⁵Qual de vocês, por mais preocupado que esteja, pode acrescentar ao menos uma hora à sua vida?ᶜ ²⁶E, se não podem fazer uma coisa tão pequena, de que adianta se preocupar com as maiores?

²⁷"Observem como crescem os lírios. Não trabalham nem fazem suas roupas e, no entanto, nem Salomão em toda a sua glória se vestiu como eles. ²⁸E, se Deus veste com tamanha beleza as flores que hoje estão aqui e amanhã são lançadas ao fogo, não será muito mais generoso com vocês, gente de pequena fé?

²⁹"Não se inquietem com o que comer e o que beber. Não se preocupem com essas coisas. ³⁰Elas ocupam os pensamentos dos pagãos de todo o mundo, mas seu Pai já sabe do que vocês precisam. ³¹Busquem, acima de tudo, o reino de Deus, e todas essas coisas lhes serão dadas.

³²"Não tenham medo, pequeno rebanho, pois seu Pai tem grande alegria em lhes dar o reino.

³³"Vendam seus bens e deem aos necessitados. Com isso, ajuntarão tesouros no céu, e as bolsas no céu não se desgastam nem se desfazem. Seu tesouro estará seguro; nenhum

---

ᵃ**12.5** Em grego, *Geena*. ᵇ**12.6** Em grego, *2 asses*, moeda romana correspondente a 1/16 de 1 denário. ᶜ**12.25** Ou *ao menos um côvado à sua altura?*

ladrão o roubará e nenhuma traça o destruirá. ³⁴Onde seu tesouro estiver, ali também estará seu coração."

Estejam preparados para a vinda do Senhor

³⁵"Estejam vestidos, prontos para servir, e mantenham suas lâmpadas acesas, ³⁶como se esperassem o seu senhor voltar do banquete de casamento. Então poderão abrir-lhe a porta e deixá-lo entrar no momento em que ele chegar e bater. ³⁷Os servos que estiverem prontos, aguardando seu retorno, serão recompensados. Eu lhes digo a verdade: ele mesmo se vestirá como servo, indicará onde vocês se sentarão e os servirá enquanto estão à mesa! ³⁸Quer ele venha no meio da noite, quer de madrugada,ᵃ ele recompensará os servos que estiverem prontos.

³⁹"Entendam isto: se o dono da casa soubesse exatamente a que horas o ladrão viria, não permitiria que a casa fosse arrombada. ⁴⁰Estejam também sempre preparados, pois o Filho do Homem virá quando menos esperam".

⁴¹Então Pedro perguntou: "Senhor, essa ilustração se aplica apenas a nós, ou a todos?".

⁴²O Senhor respondeu: "O servo fiel e sensato é aquele a quem o senhor encarrega de chefiar os demais servos da casa e alimentá-los. ⁴³Se o senhor voltar e constatar que seu servo fez um bom trabalho, ⁴⁴eu lhes digo a verdade: ele colocará todos os seus bens sob os cuidados desse servo. ⁴⁵O que acontecerá, porém, se o servo pensar: 'Meu senhor não voltará tão cedo', e começar a espancar os outros servos, a comer e a beber e se embriagar? ⁴⁶O senhor desse servo voltará em dia em que não se espera e em hora que não se conhece, cortará o servo ao meio e lhe dará o mesmo destino dos incrédulos.

⁴⁷"O servo que conhece a vontade do seu senhor e não se prepara nem segue as instruções dele será duramente castigado. ⁴⁸Mas aquele que não a conhece e faz algo errado será castigado *com menos severidade. A quem muito foi dado, muito será pedido; e a quem muito foi confiado, ainda mais será exigido."

Jesus causa divisão

⁴⁹"Eu vim para incendiar a terra, e gostaria que já estivesse em chamas! ⁵⁰No entanto, tenho de passar por um batismo e estou angustiado até que ele se realize. ⁵¹Vocês pensam que vim trazer paz à terra? Não! Eu vim causar divisão! ⁵²De agora em diante, numa mesma casa cinco pessoas estarão divididas: três contra duas e duas contra três.

> ⁵³"O pai ficará contra o filho
> e o filho contra o pai;
> a mãe contra a filha
> e a filha contra a mãe;
> a sogra contra a nora
> e a nora contra a sogra".ᵇ

⁵⁴Então Jesus se voltou para a multidão e disse: "Quando vocês veem nuvens se formando no oeste, dizem: 'Vai chover'. E têm razão. ⁵⁵Quando sopra o vento sul, dizem: 'Hoje vai fazer calor'. E assim ocorre. ⁵⁶Hipócritas! Sabem interpretar as condições do tempo na terra e no céu, mas não sabem interpretar o tempo presente.

⁵⁷"Por que não decidem por si mesmos o que é certo? ⁵⁸Quando você e seu adversário estiverem a caminho do tribunal, procurem acertar as diferenças antes de chegar lá. Do contrário, pode ser que o acusador o entregue ao juiz, e o juiz, a um oficial que o lançará na prisão. ⁵⁹Eu lhe digo: você não será solto enquanto não tiver pago até o último centavo".ᶜ

Chamado ao arrependimento

13 Por essa época, Jesus foi informado de que Pilatos havia assassinado algumas pessoas da Galileia enquanto ofereciam sacrifícios. ²"Vocês pensam que esses galileus eram mais pecadores que todos os outros da Galileia?", perguntou Jesus. "Foi por isso que sofreram? ³De maneira alguma! Mas, se não se arrependerem, vocês também morrerão. ⁴E quanto aos dezoito que morreram quando a torre de Siloé caiu sobre eles? Eram mais pecadores que os demais de Jerusalém? ⁵Não! E eu volto a lhes dizer: a menos que se arrependam, todos vocês também morrerão."

ᵃ**12.38** Em grego, *na segunda ou terceira vigília da noite*. ᵇ**12.53** Mq 7.6. ᶜ**12.59** Em grego, *até o último lepto*, moeda de menor valor entre os judeus.

A parábola da figueira que não produz frutos

⁶Então Jesus contou a seguinte parábola: "Um homem tinha uma figueira em seu vinhedo e foi várias vezes procurar frutos nela, sem sucesso. ⁷Por fim, disse ao jardineiro: 'Esperei três anos e não encontrei um figo sequer. Corte a figueira, pois só está ocupando espaço no pomar'.

⁸"O jardineiro respondeu: 'Senhor, deixe-a mais um ano, e eu cuidarei dela e a adubarei. ⁹Se der figos no próximo ano, ótimo; se não, mande cortá-la'".

Jesus cura no sábado

¹⁰Certo sábado, quando Jesus ensinava numa sinagoga, ¹¹apareceu uma mulher enferma por causa de um espírito impuro. Andava encurvada havia dezoito anos e não conseguia se endireitar. ¹²Ao vê-la, Jesus a chamou para perto e disse: "Mulher, você está curada de sua doença!". ¹³Então ele a tocou e, no mesmo instante, ela conseguiu se endireitar e começou a louvar a Deus.

¹⁴O chefe da sinagoga ficou indignado porque Jesus a tinha curado no sábado. "Há seis dias na semana para trabalhar", disse ele à multidão. "Venham nesses dias para serem curados, e não no sábado."

¹⁵O Senhor, porém, respondeu: "Hipócritas! Todos vocês trabalham no sábado! Acaso não desamarram no sábado o boi ou o jumento do estábulo e o levam dali para lhe dar água? ¹⁶Esta mulher, uma filha de Abraão, foi mantida presa por Satanás durante dezoito anos. Não deveria ela ser liberta, mesmo que seja no sábado?".

¹⁷As palavras de Jesus envergonharam seus adversários, mas todo o povo se alegrava com as coisas maravilhosas que ele fazia.

A parábola da semente de mostarda

¹⁸Então Jesus disse: "Com que se parece o reino de Deus? Com o que posso compará-lo? ¹⁹É como a semente de mostarda que alguém plantou na horta. Ela cresce e se torna uma árvore, e os pássaros fazem ninhos em seus galhos".

A parábola do fermento

²⁰Disse também: "Com que mais se parece o reino de Deus? ²¹É como o fermento que uma mulher usa para fazer pão. Embora ela coloque apenas uma pequena quantidade de fermento em três medidas de farinha, toda a massa fica fermentada".

A porta estreita

²²Jesus foi pelas cidades e povoados ensinando ao longo do caminho, em direção a Jerusalém. ²³Alguém lhe perguntou: "Senhor, só alguns poucos serão salvos?".

Ele respondeu: ²⁴"Esforcem-se para entrar pela porta estreita, pois muitos tentarão entrar, mas não conseguirão. ²⁵Quando o dono da casa tiver trancado a porta, será tarde demais. Vocês ficarão do lado de fora, batendo e pedindo: 'Senhor, abra a porta para nós!'. Mas ele responderá: 'Não os conheço, nem sei de onde são'. ²⁶Então vocês dirão: 'Nós comemos e bebemos com o senhor, e o senhor ensinou em nossas ruas'. ²⁷E ele responderá: 'Não os conheço nem sei de onde são. Afastem-se de mim, todos vocês que praticam o mal!'.

²⁸"Haverá choro e ranger de dentes, pois verão Abraão, Isaque, Jacó e todos os profetas no reino de Deus, mas vocês serão lançados fora. ²⁹E virão pessoas de toda parte, do leste e do oeste, do norte e do sul, para ocupar seus lugares à mesa no reino de Deus. ³⁰E prestem atenção: alguns últimos serão os primeiros, e alguns primeiros serão os últimos".

A lamentação de Jesus sobre Jerusalém

³¹Naquele momento, alguns fariseus lhe disseram: "Vá embora daqui, pois Herodes Antipas quer matá-lo!".

³²Jesus respondeu: "Vão dizer àquela raposa que continuarei a expulsar demônios e a curar hoje e amanhã; e, no terceiro dia, realizarei meu propósito. ³³Sim, hoje, amanhã e depois de amanhã, devo seguir meu caminho. Pois nenhum profeta de Deus deve ser morto fora de Jerusalém!

³⁴"Jerusalém, Jerusalém, cidade que mata profetas e apedreja os mensageiros de Deus! Quantas vezes eu quis juntar seus filhos como a galinha protege os pintinhos sob as asas, mas você não deixou. ³⁵E, agora, sua casa foi abandonada, e você nunca mais me verá, até que diga: 'Bendito é o que vem em nome do Senhor!'".[a]

---

[a] **13.35** Sl 118.26.

Jesus cura no sábado

14 Certo sábado, Jesus foi comer na casa de um líder fariseu, onde o observavam atentamente. ²Estava ali um homem com o corpo muito inchado.ᵃ ³Jesus perguntou aos fariseus e aos especialistas da lei: "A lei permite ou não curar no sábado?". ⁴Eles nada responderam, e Jesus tocou no homem enfermo, o curou e o mandou embora. ⁵Depois, perguntou a eles: "Qual de vocês, se seu filhoᵇ ou seu boi cair num buraco, não se apressará em tirá-lo de lá, mesmo que seja sábado?". ⁶Mais uma vez, não puderam responder.

Jesus ensina sobre a humildade

⁷Quando Jesus observou que os convidados para o jantar procuravam ocupar os lugares de honra à mesa, deu-lhes este conselho: ⁸"Quando você for convidado para um banquete de casamento, não ocupe o lugar de honra. E se chegar algum convidado mais importante que você? ⁹O anfitrião virá e dirá: 'Dê o seu lugar a esta pessoa', e você, envergonhado, terá de sentar-se no último lugar da mesa.

¹⁰"Em vez disso, ocupe o lugar menos importante à mesa. Assim, quando o anfitrião o vir, dirá: 'Amigo, temos um lugar melhor para você!'. Então você será honrado diante de todos os convidados. ¹¹Pois os que se exaltam serão humilhados, e os que se humilham serão exaltados".

¹²Então Jesus se voltou para o anfitrião e disse: "Quando oferecer um banquete ou jantar, não convide amigos, irmãos, parentes e vizinhos ricos. Eles poderão retribuir o convite, e essa será sua única recompensa. ¹³Em vez disso, convide os pobres, os aleijados, os mancos e os cegos. ¹⁴Assim, na ressurreição dos justos, você será recompensado por ter convidado aqueles que não podiam lhe retribuir".

A parábola do grande banquete

¹⁵Ao ouvir isso, um homem que estava à mesa com Jesus exclamou: "Feliz será aquele que participar do banqueteᶜ no reino de Deus!".

¹⁶Jesus respondeu com a seguinte parábola: "Certo homem preparou um grande banquete e enviou muitos convites. ¹⁷Quando estava tudo pronto, mandou seu servo dizer aos convidados: 'Venham, o banquete está pronto'. ¹⁸Mas todos eles deram desculpas. Um disse: 'Acabei de comprar um campo e preciso inspecioná-lo. Peço que me desculpe'. ¹⁹Outro disse: 'Acabei de comprar cinco juntas de bois e quero experimentá-las. Sinto muito'. ²⁰Ainda outro disse: 'Acabei de me casar e não posso ir'.

²¹"O servo voltou e informou a seu senhor o que tinham dito. Ele ficou furioso e ordenou: 'Vá depressa pelas ruas e becos da cidade e convide os pobres, os aleijados, os cegos e os mancos'. ²²Depois de cumprir essa ordem, o servo informou: 'Ainda há lugar para mais gente'. ²³Então o senhor disse: 'Vá pelas estradas do campo e junto às cercas entre as videiras e insista com todos que encontrar para que venham, de modo que minha casa fique cheia. ²⁴Pois nenhum dos que antes foram convidados provará do meu banquete'".

O custo do discipulado

²⁵Uma grande multidão seguia Jesus, que se voltou para ela e disse: ²⁶"Se alguém que me segue amar pai e mãe, esposa e filhos, irmãos

---

ᵃ **14.2** Ou *que sofria de hidropsia*. ᵇ **14.5** Alguns manuscritos trazem *seu jumento*. ᶜ **14.15** Em grego, *comer pão*.

14.25-27,34 *Vv.25,26* Não entenda mal essa passagem. [...] Nosso Senhor quer dizer que o amor a todos estes deve ser secundário ao amor que temos por Ele. Comparado com nosso amor ao nosso Senhor, todo amor aos demais deve ser considerado inferior. Devemos estar dispostos a entregar tudo — entregar até a nós mesmos — todo o nosso ser — para Ele, pois Cristo terá tudo ou nada. Ele nunca compartilhará o coração humano com nenhum rival. Se professarmos servi-lo, devemos tê-lo por nosso único Mestre e não tentar servir a dois senhores. Receio que esta verdade precise ser cumprida hoje em dia, pois temos inúmeros pretensos cristãos, que são primeiro do mundo, e depois cristãos. Temos muitos crentes que podem ser descritos com precisão pelas palavras de uma menininha a respeito de seu pai. Quando alguém lhe perguntou: "Seu pai é cristão?", ela respondeu: "Sim, mas ele não tem se esforçado muito para isso ultimamente". Há muitos desse tipo. O cristianismo é seu comércio, seus negócios, sua profissão; mas eles não têm se esforçado muito para isso ultimamente, na verdade, vão adiante de forma muito superficial. Não seja assim conosco; se somos seguidores de Cristo, nosso coração deve ser por inteiro do Senhor.

e irmãs, e até mesmo a própria vida, mais que a mim, não pode ser meu discípulo. ²⁷E, se não tomar sua cruz e me seguir, não pode ser meu discípulo.

²⁸"Quem começa a construir uma torre sem antes calcular o custo e ver se possui dinheiro suficiente para terminá-la? ²⁹Pois, se completar apenas os alicerces e ficar sem dinheiro, todos rirão dele, ³⁰dizendo: 'Esse aí começou a construir, mas não conseguiu terminar!'.

³¹"Ou que rei iria à guerra sem antes avaliar se seu exército de dez mil poderia derrotar os vinte mil que vêm contra ele? ³²E, se concluir que não, o rei enviará uma delegação para negociar um acordo de paz enquanto o inimigo está longe. ³³Da mesma forma, ninguém pode se tornar meu discípulo sem abrir mão de tudo que possui.

³⁴"O sal é bom para temperar, mas, se perder o sabor, como torná-lo salgado outra vez? ³⁵O sal sem sabor não serve nem para o solo nem para adubo; é jogado fora. Quem é capaz de ouvir, ouça com atenção!".

A parábola da ovelha perdida

15 Cobradores de impostos e outros pecadores vinham ouvir Jesus ensinar. ²Os fariseus e mestres da lei o criticavam, dizendo: "Ele se reúne com pecadores e até come com eles!".

³Então Jesus lhes contou esta parábola: ⁴"Se um homem tiver cem ovelhas e uma delas se perder, o que acham que ele fará? Não deixará as outras noventa e nove no pasto e buscará a perdida até encontrá-la? ⁵E, quando a encontrar, ele a carregará alegremente nos ombros e a levará para casa. ⁶Quando chegar, reunirá os amigos e vizinhos e dirá: 'Alegrem-se comigo,

---

V.27 Se houver algum sacrifício em se levar a cruz no cristianismo — como a cruz de viver uma vida santa, ou a cruz de crer em doutrinas antiquadas, e não estar "ajustado aos tempos" — se houver algum tipo de cruz que esteja envolvida no desempenho consciente de nosso dever como seguidores de Cristo, devemos suportá-la, ou então não podemos ser Seus discípulos. As palavras de nosso Senhor são muito claras e explícitas: "Se não tomar sua cruz", seja essa pessoa quem for, quaisquer pretensões ou profissão de fé que ela possa fazer — "se não tomar sua cruz, e me seguir, não pode ser meu discípulo".

V.34 O cristianismo é bom; mas se a própria vida sair dele, o que você poderá fazer? O que professa a fé, estando morto, é a coisa mais corrupta debaixo do Céu. Há alguns que pensam que o sal de Deus pode perder seu sabor, e recuperá-lo novamente. Lembro-me de alguém que me disse que conhecia uma pessoa que havia nascido de novo quatro vezes. Essa doutrina de re-re-re-regeneração é aquela que nunca encontrei na Palavra de Deus. Creio que a regeneração verdadeira nunca deixa de produzir efeito, e que jamais perde esse efeito. Gera dentro da alma a vida que não pode morrer; mas, se essa vida pudesse morrer, nunca mais poderia ser trazida de volta. O apóstolo Paulo coloca este assunto fora de dúvida em Hebreus 6.4-6 — "Pois é impossível trazer de volta ao arrependimento aqueles que já foram iluminados, que já experimentaram as dádivas celestiais e se tornaram participantes do Espírito Santo, que provaram a bondade da palavra de Deus e os poderes do mundo por vir, e que depois se desviaram. Sim, é impossível trazê-los de volta ao arrependimento, pois, ao rejeitar o Filho de Deus, eles voltaram a pregá-lo na cruz, expondo-o à vergonha pública".

15.3-24 Só precisamos ler atentamente para descobrir que, nesta trindade de parábolas, temos de uma vez uma unidade de verdade essencial e distinção de descrição. Cada uma das parábolas é necessária à outra, e quando combinadas elas nos apresentam uma exposição muito mais completa de sua doutrina do que poderia ter sido transmitido por qualquer uma delas separadamente. Observe, por um momento, a primeira das três que traz para nós um pastor que procura uma ovelha perdida. [...] Não discernimos claramente o sempre-glorioso e bendito Grande Pastor das ovelhas, que dá Sua vida para salvá-las? Sem dúvida, vemos na primeira parábola a obra de nosso Senhor Jesus Cristo. A segunda parábola está bem colocada onde está. Isso, não duvido, representa a obra do Espírito Santo por meio da Igreja pelas almas perdidas, mas preciosas dos homens. A Igreja é aquela mulher, que varre sua casa para encontrar a moeda, e nela o Espírito gera Seus propósitos de amor; como obra do Espírito Santo segue a obra de Cristo! [...] A terceira parábola evidentemente representa o Pai divino em Seu amor abundante recebendo o filho perdido que volta para Ele; a terceira parábola provavelmente seria incompreendida sem a primeira e a segunda. [...] Se você colocar as três imagens em uma linha, elas representam toda a abrangência da salvação, mas cada uma apresenta a obra em referência a uma ou outra das pessoas divinas da Santíssima Trindade. O pastor, com muita dor e autossacrifício, busca a ovelha imprudente e errante; a mulher busca diligentemente a moeda despercebida, mas perdida; o pai recebe o pródigo que retorna.

pois encontrei minha ovelha perdida!'. ⁷Da mesma forma, há mais alegria no céu por causa do pecador perdido que se arrepende do que por noventa e nove justos que não precisam se arrepender."

A parábola da moeda perdida

⁸"Ou suponhamos que uma mulher tenha dez moedas de prata[a] e perca uma. Acaso não acenderá uma lâmpada, varrerá a casa inteira e procurará com cuidado até encontrá-la? ⁹E, quando a encontrar, reunirá as amigas e vizinhas e dirá: 'Alegrem-se comigo, pois encontrei a minha moeda perdida!'. ¹⁰Da mesma forma, há alegria na presença dos anjos de Deus quando um único pecador se arrepende".

A parábola do filho perdido

¹¹Jesus continuou: "Um homem tinha dois filhos. ¹²O filho mais jovem disse ao pai: 'Quero a minha parte da herança', e o pai dividiu seus bens entre os filhos.

¹³"Alguns dias depois, o filho mais jovem arrumou suas coisas e se mudou para uma terra distante, onde desperdiçou tudo que tinha por viver de forma desregrada. ¹⁴Quando seu dinheiro acabou, uma grande fome se espalhou pela terra, e ele começou a passar necessidade. ¹⁵Convenceu um fazendeiro da região a empregá-lo, e esse homem o mandou a seus campos para cuidar dos porcos. ¹⁶Embora quisesse saciar a fome com as vagens dadas aos porcos, ninguém lhe dava coisa alguma.

¹⁷"Quando finalmente caiu em si, disse: 'Até os empregados de meu pai têm comida de sobra, e eu estou aqui, morrendo de fome. ¹⁸Vou retornar à casa de meu pai e dizer: Pai, pequei contra o céu e contra o senhor, ¹⁹e não sou mais digno de ser chamado seu filho. Por favor, trate-me como seu empregado'.

²⁰"Então voltou para a casa de seu pai. Quando ele ainda estava longe, seu pai o viu. Cheio de compaixão, correu para o filho, o abraçou e o beijou. ²¹O filho disse: 'Pai, pequei contra o céu e contra o senhor, e não sou mais digno de ser chamado seu filho'.[b]

²²"O pai, no entanto, disse aos servos: 'Depressa! Tragam a melhor roupa da casa e vistam nele. Coloquem-lhe um anel no dedo e sandálias nos pés. ²³Matem o novilho gordo. Faremos um banquete e celebraremos, ²⁴pois este meu filho estava morto e voltou à vida. Estava perdido e foi achado!'. E começaram a festejar.

²⁵"Enquanto isso, o filho mais velho trabalhava no campo. Na volta para casa, ouviu música e dança, ²⁶e perguntou a um dos servos o que estava acontecendo. ²⁷O servo respondeu: 'Seu irmão voltou, e seu pai matou o novilho gordo, pois ele voltou são e salvo!'.

²⁸"O irmão mais velho se irou e não quis entrar. O pai saiu e insistiu com o filho, ²⁹mas ele respondeu: 'Todos esses anos, tenho trabalhado como um escravo para o senhor e nunca me recusei a obedecer às suas ordens. E o senhor nunca me deu nem mesmo um cabrito para eu festejar com meus amigos. ³⁰Mas, quando esse seu filho volta, depois de desperdiçar o seu dinheiro com prostitutas, o senhor comemora matando o novilho!'.

³¹"O pai lhe respondeu: 'Meu filho, você está sempre comigo, e tudo que eu tenho é seu. ³²Mas tínhamos de comemorar este dia feliz, pois seu irmão estava morto e voltou à vida. Estava perdido e foi achado!'"

A parábola do administrador astuto

16 Jesus contou a seguinte história a seus discípulos: "Um homem rico tinha um administrador que cuidava de seus negócios. Certo dia, foram-lhe contar que esse administrador estava desperdiçando seu dinheiro. ²Então mandou chamá-lo e disse: 'O que é isso que ouço a seu respeito? Preste contas de sua administração, pois não pode mais permanecer nesse cargo'.

³"O administrador pensou consigo: 'E agora? Meu patrão vai me demitir. Não tenho força para trabalhar no campo, e sou orgulhoso demais para mendigar. ⁴Já sei como garantir que as pessoas me recebam em suas casas quando eu for despedido!'.

⁵"Então ele convocou todos que deviam dinheiro a seu patrão. Perguntou ao primeiro: 'Quanto você deve a meu patrão?'. ⁶O homem respondeu: 'Devo cem tonéis de azeite'. Então

---

[a] **15.8** Em grego, *10 dracmas*. Uma dracma equivalia ao salário por um dia completo de trabalho. [b] **15.21** Alguns manuscritos acrescentam *Por favor, trate-me como seu empregado*.

o administrador lhe disse: 'Pegue depressa sua conta e mude-a para cinquenta tonéis'.ᵃ

⁷"'E quanto você deve a meu patrão?', perguntou ao segundo. "Devo cem cestos grandes de trigo', respondeu ele. E o administrador disse: 'Tome sua conta e mude-a para oitenta cestos'.ᵇ

⁸"O patrão elogiou o administrador desonesto por sua astúcia. E é verdade que os filhos deste mundo são mais astutos ao lidar com o mundo ao redor que os filhos da luz. ⁹Esta é a lição: usem a riqueza deste mundo para fazer amigos. Assim, quando suas posses se extinguirem, eles os receberão num lar eterno.ᶜ

¹⁰"Se forem fiéis nas pequenas coisas, também o serão nas grandes. Mas, se forem desonestos nas pequenas coisas, também o serão nas maiores. ¹¹E, se vocês não são confiáveis ao lidar com a riqueza injusta deste mundo, quem lhes confiará a verdadeira riqueza? ¹²E, se não são fiéis com os bens dos outros, por que alguém lhes confiaria o que é de vocês?

¹³"Ninguém pode servir a dois senhores, pois odiará um e amará o outro; será dedicado a um e desprezará o outro. Vocês não podem servir a Deus e ao dinheiro".ᵈ

Os fariseus e a lei

¹⁴Os fariseus, que tinham grande amor ao dinheiro, ouviam isso tudo e zombavam de Jesus. ¹⁵Então ele disse: "Vocês gostam de parecer justos em público, mas Deus conhece o seu coração. Aquilo que este mundo valoriza é detestável aos olhos de Deus.

¹⁶"Até a chegada de João, a lei de Moisés e a mensagem dos profetas eram seus guias. Agora, porém, as boas-novas do reino de Deus estão sendo anunciadas, e todos estão ansiosos para entrar.ᵉ ¹⁷É mais fácil o céu e a terra desaparecerem que ser anulado até o menor traço da lei de Deus.

¹⁸"Assim, o homem que se divorcia de sua esposa e se casa com outra mulher comete adultério. E o homem que se casa com uma mulher divorciada também comete adultério".

A história do rico e do mendigo

¹⁹Jesus disse: "Havia um homem rico que se vestia de púrpura e linho fino e vivia sempre cercado de luxos. ²⁰À sua porta ficava um mendigo coberto de feridas chamado Lázaro. ²¹Ele ansiava comer o que caía da mesa do homem rico, e os cachorros vinham lamber suas feridas abertas.

²²"Por fim, o mendigo morreu, e os anjos o levaram para junto de Abraão. O rico também morreu e foi sepultado, ²³e foi para o lugar dos mortos.ᶠ Ali, em tormento, ele viu Abraão de longe, com Lázaro ao seu lado.

²⁴"O rico gritou: 'Pai Abraão, tenha compaixão de mim! Mande Lázaro aqui para que molhe a ponta do dedo em água e refresque minha língua. Estou em agonia nestas chamas!'.

²⁵"Abraão, porém, respondeu: 'Filho, lembre-se de que durante a vida você teve tudo que queria e Lázaro não teve coisa alguma. Agora, ele está aqui sendo consolado, e você está em agonia. ²⁶Além do mais, há entre nós um grande abismo. Ninguém daqui pode atravessar para o seu lado, e ninguém daí pode atravessar para o nosso'.

²⁷"Então o rico disse: 'Por favor, Pai Abraão, pelo menos mande Lázaro à casa de meu pai, ²⁸pois tenho cinco irmãos e quero avisá-los para que não terminem neste lugar de tormento'.

²⁹"'Moisés e os profetas já os avisaram', respondeu Abraão. 'Seus irmãos podem ouvir o que eles disseram.'

³⁰"Então o rico disse: 'Não, Pai Abraão! Mas, se alguém dentre os mortos lhes fosse enviado, eles se arrependeriam!'.

³¹"Abraão, porém, disse: 'Se eles não ouvem Moisés e os profetas, não se convencerão, mesmo que alguém ressuscite dos mortos'".

Ensino sobre perdão e fé

17 Jesus disse a seus discípulos: "Sempre haverá o que leve as pessoas a cair em pecado, mas que aflição espera quem causa a tentação! ²Seria melhor ser lançado no mar com uma pedra de moinho amarrada ao pescoço que fazer um destes pequeninos pecar. ³Portanto, tenham cuidado!

"Se um irmão pecar, repreenda-o e, se ele se arrepender, perdoe-o. ⁴Mesmo que ele peque

---

ᵃ**16.6** Em grego, *100 batos [...] 50 [batos]*. Cada bato equivalia a cerca de 20 litros. ᵇ**16.7** Em grego, *100 coros [...] 80 [coros]*. Cada coro equivalia a cerca de 220 quilos. ᶜ**16.9** Ou *vocês serão recebidos em lares eternos*. ᵈ**16.13** Em grego, *a Deus e a Mamom*. ᵉ**16.16** Ou *todos são instados a entrar*. ᶠ**16.23** Em grego, *para o Hades*.

contra você sete vezes por dia e, a cada vez, se arrependa e peça perdão, perdoe-o".

⁵Os apóstolos disseram ao Senhor: "Faça nossa fé crescer!".

⁶O Senhor respondeu: "Se tivessem fé, ainda que tão pequena quanto um grão de mostarda, poderiam dizer a esta amoreira: 'Arranque-se e plante-se no mar', e ela lhes obedeceria.

⁷"Quando um servo chega do campo depois de arar ou cuidar das ovelhas, o senhor lhe diz: 'Venha logo para a mesa comer conosco'? ⁸Não, ele diz: 'Prepare minha refeição, apronte-se e sirva-me enquanto como e bebo. Você pode comer depois'. ⁹E acaso o senhor agradece ao servo por fazer o que lhe foi ordenado? ¹⁰Da mesma forma, quando vocês obedecem, devem dizer: 'Somos servos inúteis; apenas cumprimos nosso dever'".

A cura de dez leprosos

¹¹Dirigindo-se a Jerusalém, Jesus chegou à fronteira entre a Galileia e Samaria. ¹²Ao entrar num povoado dali, dez leprosos, mantendo certa distância, ¹³clamaram: "Jesus, Mestre, tenha misericórdia de nós!".

¹⁴Ele olhou para eles e disse: "Vão e apresentem-se aos sacerdotes".ª E, enquanto eles iam, foram curados da lepra.

¹⁵Um deles, ao ver-se curado, voltou a Jesus, louvando a Deus em alta voz. ¹⁶Lançou-se a seus pés, agradecendo-lhe pelo que havia feito. Esse homem era samaritano.

¹⁷Jesus perguntou: "Não curei dez homens? Onde estão os outros nove? ¹⁸Ninguém voltou para dar glórias a Deus, exceto este estrangeiro?". ¹⁹E disse ao homem: "Levante-se e vá. Sua fé o curou".ᵇ

A vinda do reino

²⁰Certo dia, os fariseus perguntaram a Jesus: "Quando virá o reino de Deus?".

Jesus respondeu: "O reino de Deus não é detectado por sinais visíveis.ᶜ ²¹Não se poderá dizer: 'Está aqui!' ou 'Está ali!', pois o reino de Deus já está entre vocês".ᵈ

²²Então ele disse a seus discípulos: "Aproximam-se os dias em que desejarão ver o tempo do Filho do Homem,ᵉ mas não o verão. ²³Dirão a vocês: 'Vejam, lá está!' ou 'Aqui está ele!', mas não os sigam. ²⁴Porque, assim como o relâmpago lampeja e ilumina o céu de uma extremidade a outra, assim será no diaᶠ em que vier o Filho do Homem. ²⁵Mas primeiro é necessário que ele sofra terrivelmenteᵍ e seja rejeitado por esta geração.

²⁶"Quando o Filho do Homem voltar, será como no tempo de Noé. ²⁷Naqueles dias, o povo seguia sua rotina de banquetes, festas e casamentos, até o dia em que Noé entrou na arca e veio o dilúvio, que destruiu a todos.

²⁸"E o mundo será como no tempo de Ló. O povo se ocupava de seus afazeres diários, comendo e bebendo, comprando e vendendo, cultivando e construindo, ²⁹até o dia em que Ló deixou Sodoma. Então fogo e enxofre ardente caíram do céu e destruíram a todos. ³⁰Sim, tudo será como sempre foi até o dia em que o Filho do Homem for revelado. ³¹Nesse dia, quem estiver na parte de cima da casa, não desça para pegar suas coisas. Quem estiver no campo, não volte para casa. ³²Lembrem-se do que aconteceu à esposa de Ló! ³³Quem se apegar à própria vida a perderá; quem abrir mão de sua vida a salvará. ³⁴Naquela noite, duas pessoas estarão dormindo na mesma cama; uma será levada, e a outra, deixada. ³⁵Duas mulheres estarão moendo cereal no moinho; uma será levada, e a outra, deixada. ³⁶Dois homens estarão trabalhando juntos num campo; um será levado, e o outro, deixado".ʰ

³⁷"Senhor, onde isso acontecerá?",ⁱ perguntaram os discípulos.

Jesus respondeu: "Onde estiver o cadáver, ali se ajuntarão os abutres".

A parábola da viúva persistente

18 Jesus contou a seus discípulos uma parábola para mostrar-lhes que deviam orar sempre e nunca desanimar. ²Disse ele: "Havia numa cidade um juiz que não temia a Deus nem se importava com as pessoas. ³Uma viúva daquela cidade vinha a ele com frequência e dizia: 'Faça-me justiça contra meu adversário'. ⁴Por algum tempo, o juiz não lhe deu atenção, mas, por fim, disse a si mesmo:

ª **17.14** Ver Lv 14.2-32. ᵇ **17.19** Ou *Sua fé o salvou*. ᶜ **17.20** Ou *por suas especulações*. ᵈ **17.21** Ou *dentro de vocês*, ou *ao seu alcance*. ᵉ **17.22** Ou *desejarão pelo menos um dia com o Filho do Homem*. ᶠ **17.24** Alguns manuscritos não trazem *no dia*. ᵍ **17.25** Ou *sofra muitas coisas*. ʰ **17.36** Alguns manuscritos não trazem o versículo 36. ⁱ **17.37** Em grego, *Onde, senhor?*

'Não temo a Deus e não me importo com as pessoas, ⁵mas essa viúva está me irritando. Vou lhe fazer justiça, pois assim deixará de me importunar'".

⁶Então o Senhor disse: "Aprendam uma lição com o juiz injusto. ⁷Acaso Deus não fará justiça a seus escolhidos que clamam a ele dia e noite? Continuará a adiar sua resposta? ⁸Eu afirmo que ele lhes fará justiça, e rápido! Mas, quando o Filho do Homem voltar, quantas pessoas com fé ele encontrará na terra?".

A parábola do fariseu e do cobrador de impostos

⁹Em seguida, Jesus contou a seguinte parábola àqueles que confiavam em sua própria justiça e desprezavam os demais: ¹⁰"Dois homens foram ao templo orar. Um deles era fariseu, e o outro, cobrador de impostos. ¹¹O fariseu, em pé, fazia esta oração: 'Eu te agradeço, Deus, porque não sou como as demais pessoas: desonestas, pecadoras, adúlteras. E, com certeza, não sou como aquele cobrador de impostos. ¹²Jejuo duas vezes por semana e dou o dízimo de tudo que ganho'.

¹³"Mas o cobrador de impostos ficou a distância e não tinha coragem nem de levantar os olhos para o céu enquanto orava. Em vez disso, batia no peito e dizia: 'Deus, tem misericórdia de mim, pois sou pecador'. ¹⁴Eu lhes digo que foi o cobrador de impostos, e não o fariseu, quem voltou para casa justificado diante de Deus. Pois aqueles que se exaltam serão humilhados, e aqueles que se humilham serão exaltados".

Jesus abençoa as crianças

¹⁵Certo dia, trouxeram crianças para que Jesus pusesse as mãos sobre elas. Ao ver isso, os discípulos repreenderam aqueles que as traziam.

¹⁶Jesus, porém, chamou as crianças para junto de si e disse aos discípulos: "Deixem que as crianças venham a mim. Não as impeçam, pois o reino de Deus pertence aos que são como elas. ¹⁷Eu lhes digo a verdade: quem não receber o reino de Deus como uma criança de modo algum entrará nele".

O homem rico

¹⁸Certa vez, um homem de alta posição perguntou a Jesus: "Bom mestre, que devo fazer para herdar a vida eterna?".

¹⁹"Por que você me chama de bom?", perguntou Jesus. "Apenas Deus é verdadeiramente bom. ²⁰Você conhece os mandamentos: 'Não cometa adultério. Não mate. Não roube. Não dê falso testemunho. Honre seu pai e sua mãe'."[a]

²¹O homem respondeu: "Tenho obedecido a todos esses mandamentos desde a juventude".

²²Quando Jesus ouviu sua resposta, disse: "Ainda há uma coisa que você não fez. Venda todos os seus bens e dê o dinheiro aos pobres. Então você terá um tesouro no céu. Depois, venha e siga-me".

²³Ao ouvir essas palavras, o homem se entristeceu, pois era muito rico.

[a]**18.20** Êx 20.12-16; Dt 5.16-20.

18.13 Foi culpa do fariseu que, embora tivesse subido ao Templo para orar, não orou; não há nenhuma oração em tudo o que ele disse. É uma virtude do cobrador de impostos o fato dele ter ido ao Templo para orar e ter orado; não há nada além de oração em tudo o que ele disse. Foi culpa do fariseu que, quando subiu ao Templo para orar, esqueceu uma parte essencial da oração, que é a confissão de pecado; ele falou como se não tivesse pecados para confessar, mas muitas virtudes para apresentar. [...] A oração do cobrador de impostos é admirável por sua plenitude de significado. Um expositor a chama de um *telegrama* [N.E.: Ou nos dias atuais um SMS.] *sagrado*, e certamente é tão compacta e tão condensada, tão livre de palavras supérfluas, que é digna de ser chamada por esse nome. [...] Ó, esse homem aprendeu a orar com menos linguagem e mais significado! Que grandes coisas estão embutidas nesta breve petição! Deus, misericórdia, pecado, propiciação e perdão!

Ele fala de grandes questões, e as ninharias não são cogitadas. Nada relacionado ao jejum duas vezes na semana, ou ao pagamento de dízimos, e coisas de segunda ordem; as questões de que ele trata são de ordem superior. Seu coração trêmulo se move entre sublimidades que o superam, e ele fala em tons consistentes a partir disso. Ele lida com as maiores coisas que podem haver, suplica por sua vida, por sua alma. Onde poderia encontrar temas mais pesados, mais vitais para seus interesses eternos? Ele não está brincando na oração, mas implorando em espantosa confiança.

As recompensas do discipulado

²⁴Ao ver a tristeza daquele homem, Jesus disse: "Como é difícil os ricos entrarem no reino de Deus! ²⁵Na verdade, é mais fácil um camelo passar pelo buraco de uma agulha que um rico entrar no reino de Deus".

²⁶Aqueles que o ouviram disseram: "Então quem pode ser salvo?".

²⁷Jesus respondeu: "O que é impossível para as pessoas é possível para Deus".

²⁸Pedro disse: "Deixamos nossos lares para segui-lo".

²⁹Jesus respondeu: "Eu lhes garanto que todos que deixaram casa, esposa, irmãos, pais ou filhos por causa do reino de Deus ³⁰receberão neste mundo uma recompensa muitas vezes maior e, no mundo futuro, terão a vida eterna".

Jesus prediz sua morte e ressurreição

³¹Jesus chamou os Doze à parte e disse: "Estamos subindo para Jerusalém, onde tudo que foi escrito pelos profetas a respeito do Filho do Homem se cumprirá. ³²Ele será entregue aos gentios, e zombarão dele, o insultarão e cuspirão nele. ³³Eles o açoitarão e o matarão, mas no terceiro dia ele ressuscitará".

³⁴Os discípulos, porém, não entenderam. O significado dessas palavras lhes estava oculto, e não sabiam do que ele falava.

Jesus cura um mendigo cego

³⁵Quando Jesus se aproximava de Jericó, havia um mendigo cego sentado à beira do caminho. ³⁶Ao ouvir o barulho da multidão que passava, perguntou o que estava acontecendo. ³⁷Disseram-lhe que Jesus de Nazaré estava passando por ali. ³⁸Então começou a gritar: "Jesus, Filho de Davi, tenha misericórdia de mim!".

³⁹Os que estavam mais à frente o repreendiam e ordenavam que se calasse. Mas ele gritava ainda mais alto: "Filho de Davi, tenha misericórdia de mim!".

⁴⁰Então Jesus parou e ordenou que lhe trouxessem o homem. Quando ele se aproximou, Jesus lhe perguntou: ⁴¹"O que você quer que eu lhe faça?".

"Senhor, eu quero ver!", respondeu o homem.

⁴²E Jesus disse: "Receba a visão! Sua fé o curou". ⁴³No mesmo instante, o homem passou a enxergar, e seguia Jesus, louvando a Deus. E todos que presenciaram isso também louvavam a Deus.

Jesus e Zaqueu

19 Jesus entrou em Jericó e atravessava a cidade. ²Havia ali um homem rico chamado Zaqueu, chefe dos cobradores de impostos. ³Tentava ver Jesus, mas era baixo demais e não conseguia olhar por cima da multidão. ⁴Por isso, correu adiante e subiu numa figueira-brava, no caminho por onde Jesus passaria.

⁵Quando Jesus chegou ali, olhou para cima e disse: "Zaqueu, desça depressa! Hoje devo hospedar-me em sua casa".

⁶Sem demora, Zaqueu desceu e, com alegria, recebeu Jesus em sua casa. ⁷Ao ver isso, o povo começou a se queixar: "Ele foi se hospedar na casa de um pecador!".

⁸Enquanto isso, Zaqueu se levantou e disse: "Senhor, darei metade das minhas riquezas aos pobres. E, se explorei alguém na cobrança de impostos, devolverei quatro vezes mais!".

⁹Jesus respondeu: "Hoje chegou a salvação a esta casa, pois este homem também é filho de Abraão. ¹⁰Porque o Filho do Homem veio buscar e salvar os perdidos".

A parábola dos dez servos

¹¹A multidão estava atenta ao que Jesus dizia. Então, como ele se aproximava de Jerusalém, contou-lhes uma parábola, pois o povo achava que o reino de Deus começaria de imediato. ¹²Disse ele: "Um nobre foi chamado a um país distante para ser coroado rei e depois voltar. ¹³Antes de partir, reuniu dez de seus servos e deu a cada um deles dez moedas de prata,[a] dizendo: 'Invistam esse dinheiro enquanto eu estiver fora'. ¹⁴Seu povo, porém, o odiava, e enviou uma delegação atrás dele para dizer: 'Não queremos que ele seja nosso rei'.

¹⁵"Depois de ser coroado, ele voltou e chamou os servos aos quais tinha confiado o dinheiro, pois queria saber quanto haviam lucrado. ¹⁶O primeiro servo informou: 'Senhor, investi seu dinheiro, e ele rendeu dez vezes a quantia recebida.

¹⁷"'Muito bem!', disse o rei. 'Você é um bom servo. Foi fiel no pouco que lhe confiei e, como recompensa, governará dez cidades.'

---

[a] **19.13** Em grego, *10 minas*. Uma mina equivalia a cerca de meio quilo de prata, o salário por três meses de trabalho.

¹⁸"O servo seguinte informou: 'Senhor, investi seu dinheiro, e ele rendeu cinco vezes a quantia recebida'.

¹⁹"'Muito bem!', disse o rei. 'Você governará cinco cidades.'

²⁰"O terceiro servo, porém, trouxe de volta apenas a quantia recebida e disse: 'Senhor, escondi seu dinheiro para mantê-lo seguro. ²¹Tive medo, pois o senhor é um homem severo. Toma o que não lhe pertence e colhe o que não plantou'.

²²"'Servo mau!', exclamou o senhor. 'Suas próprias palavras o condenam. Se você sabia que sou homem severo, que tomo o que não me pertence e colho o que não plantei, ²³por que não depositou meu dinheiro? Pelo menos eu teria recebido os juros.'

²⁴"Então, voltando-se para os outros que estavam ali perto, o rei ordenou: 'Tomem o dinheiro deste servo e deem ao que tem dez moedas.

²⁵"'Mas senhor!', disseram eles. 'Ele já tem dez!'

²⁶"Então o rei respondeu: 'Sim, ao que tem, mais lhe será dado; mas do que nada tem, até o que tem lhe será tomado. ²⁷E, quanto a esses meus inimigos que não queriam que eu fosse seu rei, tragam-nos aqui e executem-nos na minha presença'".

A entrada de Jesus em Jerusalém

²⁸Depois de contar essa história, Jesus prosseguiu rumo a Jerusalém. ²⁹Quando chegou a Betfagé e Betânia, próximo ao monte das Oliveiras, enviou dois de seus discípulos. ³⁰"Vão àquele povoado adiante", disse ele. "Assim que entrarem, verão amarrado ali um jumentinho no qual ninguém jamais montou. Desamarrem-no e tragam-no para cá. ³¹Se alguém perguntar: 'Por que estão soltando o jumentinho?', respondam apenas: 'O Senhor precisa dele'."

³²Eles foram e encontraram o jumentinho, exatamente como Jesus tinha dito. ³³E, enquanto o desamarravam, seus donos perguntaram: "Por que estão soltando o jumentinho?".

³⁴Os discípulos responderam: "O Senhor precisa dele". ³⁵Então trouxeram o jumentinho e lançaram seus mantos sobre o animal, para que Jesus montasse nele.

³⁶À medida que Jesus ia passando, as multidões espalhavam seus mantos ao longo do caminho diante dele. ³⁷Quando ele chegou próximo à descida do monte das Oliveiras, seus seguidores começaram a gritar e a cantar enquanto o acompanhavam, louvando a Deus por todos os milagres maravilhosos que tinham visto.

³⁸"Bendito é o Rei que vem em nome do Senhor!

Paz no céu e glória nas maiores alturas!". ª

³⁹Alguns dos fariseus que estavam entre a multidão disseram: "Mestre, repreenda seus seguidores por dizerem estas coisas!".

⁴⁰Ele, porém, respondeu: "Se eles se calarem, as próprias pedras clamarão!".

Jesus chora por Jerusalém

⁴¹Quando Jesus se aproximou de Jerusalém e viu a cidade, começou a chorar. ⁴²"Como eu gostaria que hoje você compreendesse o caminho para a paz!", disse ele. "Agora, porém, isso está oculto a seus olhos. ⁴³Chegará o tempo em que seus inimigos construirão rampas para atacar seus muros e a rodearão e apertarão o cerco por todos os lados. ⁴⁴Esmagarão você e seus filhos e

ª19.38 Sl 118.26; 148.1.

19.41-44 Nisto, nosso Senhor revela o próprio coração de Deus! Ele não disse: "Quem me vê, vê o Pai!"? Aqui, então, você vê o próprio Pai, mesmo aquele que disse antigamente: "Tão certo como eu vivo, diz o Senhor Soberano, não tenho prazer algum na morte dos perversos. Antes, meu desejo é que se afastem de seus maus caminhos, para que vivam". A condenação deve ser pronunciada, pois a justiça infinita exige isso, mas a misericórdia lamenta o que não lhe foi permitido impedir. As lágrimas caem em meio aos trovões, e embora a condenação esteja selada por obstinada impenitência, o julgamento é evidentemente um trabalho estranho para o paciente Juiz. Esta angústia mostrou quão terrível foi a sentença, então, como ela poderia agitar o Salvador se a destruição dos pecadores é um assunto irrelevante? Se a condenação da culpa é tão insignificante como alguns sonham, não entendo por que essas lágrimas! Toda a natureza

não deixarão pedra sobre pedra, pois você não reconheceu que Deus a visitou."[a]

Jesus purifica o templo

[45]Então Jesus entrou no templo e começou a expulsar os que ali vendiam, [46]dizendo: "As Escrituras declaram: 'Meu templo será casa de oração', mas vocês o transformaram num esconderijo de ladrões!".[b]

[47]Jesus ensinava todos os dias no templo, mas os principais sacerdotes, os mestres da lei e outros líderes do povo planejavam matá-lo. [48]Contudo, não conseguiam pensar num modo de fazê-lo, pois o povo ouvia atentamente tudo que ele dizia.

A autoridade de Jesus é questionada

20 Certo dia, quando Jesus ensinava o povo e anunciava as boas-novas no templo, os principais sacerdotes, os mestres da lei e os líderes do povo se aproximaram dele [2]e perguntaram: "Com que autoridade você faz essas coisas? Quem lhe deu esse direito?".

[3]"Primeiro, deixe-me fazer uma pergunta", respondeu ele. [4]"A autoridade de João para batizar vinha do céu ou era apenas humana?"

[5]Eles discutiram a questão entre si: "Se dissermos que vinha do céu, ele perguntará por que não cremos em João. [6]Mas, se dissermos que era apenas humana, seremos apedrejados pela multidão, pois todos estão convencidos de que João era profeta". [7]Por fim, responderam a Jesus que não sabiam.

[8]E Jesus replicou: "Então eu também não direi com que autoridade faço essas coisas".

A parábola dos lavradores maus

[9]Em seguida, Jesus se voltou para o povo e contou a seguinte parábola: "Um homem plantou um vinhedo e o arrendou a alguns lavradores. Depois, partiu para um lugar distante, onde passou um longo tempo. [10]Na época da colheita da uva, enviou um de seus servos para receber sua parte da produção. Os lavradores atacaram o servo, o espancaram e o mandaram de volta, de mãos vazias. [11]Então o dono da propriedade enviou outro servo, mas eles também o insultaram, o espancaram e o mandaram de volta, de mãos vazias. [12]Enviou ainda um terceiro, e eles o feriram e o expulsaram do vinhedo.

[13]"'Que farei?', disse o dono do vinhedo. 'Já sei; enviarei meu filho amado. Certamente eles o respeitarão.'

[14]"No entanto, quando os lavradores viram o filho, disseram uns aos outros: 'Aí vem o herdeiro da propriedade. Vamos matá-lo e tomar posse desta terra!'. [15]Então o arrastaram para fora do vinhedo e o mataram.

"O que vocês acham que o dono do vinhedo fará com eles?", perguntou Jesus. [16]"Ele virá, matará os lavradores, e arrendará o vinhedo a outros."

"Que isso jamais aconteça!", disseram os que o ouviam.

[17]Jesus olhou para eles e perguntou: "Então o que significa esta passagem das Escrituras:

'A pedra que os construtores rejeitaram
    se tornou a pedra angular'?[c]

[18]Quem tropeçar nessa pedra será despedaçado, e aquele sobre quem ela cair será reduzido a pó".

[19]Os mestres da lei e os principais sacerdotes queriam prender Jesus ali mesmo, pois perceberam que eles eram os lavradores maus a que Jesus se referia. No entanto, tinham medo da reação do povo.

O imposto para César

[20]Esperando uma oportunidade, os líderes enviaram espiões que fingiam ser pessoas sinceras. Tentaram fazer Jesus dizer algo que pudesse ser relatado ao governador romano, de modo que ele fosse preso. [21]Disseram: "Mestre, sabemos que o senhor fala e ensina

---

[a]19.44 Em grego, *não reconheceu o tempo de sua visitação*, referência à vinda do Messias. [b]19.46 Is 56.7; Jr 7.11. [c]20.17 Sl 118.22.

---

de Cristo é convulsionada enquanto Ele pensa, primeiro em Jerusalém arada como um campo, e seus filhos mortos até que o sangue deles corra como em rios, e depois, enquanto Ele contempla a condenação dos ímpios que devem ser expulsos de Sua presença e da glória de Seu poder para serem as terríveis testemunhas da justiça divina e do ódio de Deus pelo mal. Assim, parado no cume do monte das Oliveiras, o Filho do homem em lágrimas nos revela o coração de Deus — tardio para irar-se, de grande misericórdia, esperando para ser misericordioso e tardio na execução da Sua ira.

o que é certo, não se deixa influenciar por outros e ensina o caminho de Deus de acordo com a verdade. ²²Então, diga-nos: É certo pagar impostos a César ou não?".

²³Jesus percebeu a hipocrisia deles e disse: ²⁴"Mostrem-me uma moeda de prata.ᵃ De quem são a imagem e o título nela gravados?". "De César", responderam.

²⁵"Então deem a César o que pertence a César, e deem a Deus o que pertence a Deus", disse ele.

²⁶Eles não conseguiam apanhá-lo em nada que ele dizia diante do povo. Em vez disso, admiraram-se de sua resposta e se calaram.

Discussão sobre a ressurreição dos mortos

²⁷Então vieram a Jesus alguns saduceus, líderes religiosos que afirmam não haver ressurreição dos mortos, ²⁸e perguntaram: "Mestre, Moisés nos deu uma lei segundo a qual se um homem morrer e deixar a esposa sem filhos, o irmão dele deve se casar com a viúva e ter um filho que dará continuidade ao nome do irmão.ᵇ ²⁹Numa família havia sete irmãos. O mais velho se casou e morreu sem deixar filhos. ³⁰O segundo irmão se casou com a viúva, mas também morreu. ³¹Então o terceiro irmão se casou com ela. O mesmo aconteceu aos sete irmãos, que morreram sem deixar filhos. ³²Por fim, a mulher também morreu. ³³Diga-nos, de quem ela será esposa na ressurreição? Afinal, os sete se casaram com ela".

³⁴Jesus respondeu: "O casamento é para pessoas deste mundo. ³⁵Mas, na era futura, aqueles que forem considerados dignos de ser ressuscitados dos mortos não se casarão nem se darão em casamento, ³⁶e nunca mais morrerão. Nesse sentido, serão como os anjos. São filhos de Deus e filhos da ressurreição.

³⁷"Agora, quanto a haver ressurreição dos mortos, o próprio Moisés provou isso quando escreveu a respeito da do arbusto em chamas. Ele se referiu ao Senhor como 'o Deus de Abraão, o Deus de Isaque e o Deus de Jacó'.ᶜ ³⁸Portanto, ele é o Deus dos vivos, e não dos mortos, pois para ele todos vivem".

³⁹"Mestre, o senhor disse bem!", comentaram alguns mestres da lei. ⁴⁰E ninguém mais teve coragem de lhe fazer perguntas.

De quem o Cristo é filho?

⁴¹Então Jesus lhes perguntou: "Por que se diz que o Cristo é filho de Davi? ⁴²Afinal, o próprio Davi escreveu no Livro de Salmos:

'O Senhor disse ao meu Senhor,
   Sente-se no lugar de honra à minha direita
⁴³até que eu humilhe seus inimigos,
   e os ponha debaixo de seus pés'.ᵈ

⁴⁴Uma vez que Davi chamou o Cristo de 'meu Senhor', como ele pode ser filho de Davi?".

Jesus critica os mestres da lei

⁴⁵Então, enquanto as multidões o ouviam, Jesus se voltou para seus discípulos e disse: ⁴⁶"Cuidado com os mestres da lei! Eles gostam de se exibir com vestes longas e de receber saudações respeitosas quando andam pelas praças. E como gostam de sentar-se nos lugares de honra nas sinagogas e à cabeceira da mesa nos banquetes! ⁴⁷No entanto, tomam posse dos bens das viúvas de maneira desonesta e, depois, para dar a impressão de piedade, fazem longas orações em público. Por causa disso, serão duramente castigados".

A oferta da viúva

21 Estando Jesus no templo, observava os ricos depositarem suas contribuições na caixa de ofertas. ²Então uma viúva pobre veio e colocou duas moedas pequenas.ᵉ

³Jesus disse: "Eu lhes digo a verdade: esta viúva pobre deu mais que todos os outros. ⁴Eles deram uma parte do que lhes sobrava, mas ela, em sua pobreza, deu tudo que tinha".

Jesus fala de acontecimentos futuros

⁵Alguns de seus discípulos começaram a falar das pedras magníficas e das dádivas que adornavam o templo. Jesus, porém, disse: ⁶"Virá o dia em que estas coisas serão completamente demolidas. Não restará pedra sobre pedra!".

ᵃ **20.24** Em grego, *1 denário*. ᵇ **20.28** Ver Dt 25.5-6. ᶜ **20.37** Êx 3.6. ᵈ **20.42-43** Sl 110.1. ᵉ **21.2** Em grego, *2 leptos*, a moeda de menor valor entre os judeus.

⁷Então eles perguntaram: "Mestre, quando isso tudo acontecerá? Que sinal indicará que essas coisas estão prestes a se cumprir?".

⁸Ele respondeu: "Não deixem que ninguém os engane, pois muitos virão em meu nome, dizendo: 'Eu sou o Cristo'[a] e afirmando: 'Chegou a hora!', mas não acreditem neles. ⁹E, quando ouvirem falar de guerras e rebeliões, não entrem em pânico. Sim, é necessário que essas coisas aconteçam primeiro, mas ainda não será o fim". ¹⁰E continuou: "Uma nação guerreará contra a outra, e um reino contra o outro. ¹¹Haverá grandes terremotos, fome e peste em vários lugares, e acontecimentos terríveis e grandes sinais no céu.

¹²"Antes de tudo isso, porém, haverá um tempo de perseguição. Vocês serão arrastados para sinagogas e prisões e, por minha causa, serão julgados diante de reis e governadores. ¹³Essa, contudo, será sua oportunidade de lhes falar sobre mim.[b] ¹⁴Mais uma vez lhes digo que não se preocupem com o modo como responderão às acusações contra vocês, ¹⁵pois eu lhes darei as palavras certas e tanta sabedoria que seus adversários não serão capazes de responder nem contradizer. ¹⁶Até mesmo seus pais, irmãos, parentes e amigos os trairão, e até matarão alguns de vocês. ¹⁷Todos os odiarão por minha causa.[c] ¹⁸Mas nem um fio de cabelo de sua cabeça se perderá! ¹⁹É pela perseverança que obterão a vida.

²⁰"E, quando virem Jerusalém cercada de exércitos, saberão que chegou a hora de sua destruição. ²¹Então, quem estiver na Judeia, fuja para os montes. Quem estiver na cidade, saia. E quem estiver no campo, não volte para a cidade. ²²Pois aqueles serão os dias da vingança, e as palavras proféticas das Escrituras se cumprirão. ²³Que dias terríveis serão aqueles para as grávidas e para as mães que estiverem amamentando! Pois haverá calamidade na terra e grande ira contra este povo. ²⁴Serão mortos pela espada ou levados como prisioneiros para todas as nações do mundo. E Jerusalém será pisoteada pelos gentios até *que o tempo deles chegue ao fim*.

²⁵"Haverá sinais no sol, na lua e nas estrelas. E, na terra, as nações ficarão angustiadas, perplexas com o rugir dos mares e a agitação das ondas. ²⁶As pessoas ficarão aterrorizadas diante do que estará prestes a acontecer na terra, pois os poderes dos céus serão abalados. ²⁷Então todos verão o Filho do Homem vindo numa nuvem com poder e grande glória.[d] ²⁸Portanto, quando todas essas coisas começarem a acontecer, levantem-se e ergam a cabeça, pois a sua salvação estará próxima".

²⁹Em seguida, deu-lhes esta ilustração: "Observem a figueira, e todas as outras árvores. ³⁰Quando as folhas aparecem, vocês sabem reconhecer, por conta própria, que o verão está próximo. ³¹Da mesma forma, quando virem todas essas coisas acontecerem, saberão que o reino de Deus está próximo. ³²Eu lhes digo a verdade: esta geração[e] não passará até que todas essas coisas tenham acontecido. ³³O céu e a terra desaparecerão, mas as minhas palavras jamais desaparecerão.

³⁴"Tenham cuidado! Não deixem seu coração se entorpecer com farras e bebedeiras, nem com as preocupações desta vida. Não deixem que esse dia os pegue desprevenidos, ³⁵como uma armadilha. Pois esse dia virá sobre todos que vivem na terra. ³⁶Estejam sempre atentos e orem para serem considerados dignos de escapar[f] dos horrores que sucederão e de estar em pé na presença do Filho do Homem".

Jesus ensina diariamente

³⁷Todos os dias, Jesus ia ao templo ensinar e, à tarde, voltava para passar a noite no monte das Oliveiras. ³⁸Pela manhã, o povo se reunia bem cedo no templo para ouvi-lo falar.

Judas concorda em trair Jesus

22 A Festa dos Pães sem Fermento, também chamada de Páscoa, se aproximava. ²Os principais sacerdotes e mestres da lei tramavam uma forma de matar Jesus, mas tinham medo da reação do povo.

³Então Satanás entrou em Judas Iscariotes, um dos Doze, ⁴e ele foi aos principais sacerdotes e aos capitães da guarda do templo para combinar a melhor maneira de lhes entregar Jesus. ⁵Eles ficaram muito satisfeitos e lhe prometeram dinheiro. ⁶Judas concordou e começou a procurar uma oportunidade de

---

[a] 21.8 Em grego, *Eu sou*. [b] 21.13 Ou *este será o seu testemunho contra eles*. [c] 21.17 Em grego, *por causa do meu nome*. [d] 21.27 Ver Dn 7.13. [e] 21.32 Ou *esta era*, ou *esta nação*. [f] 21.36 Alguns manuscritos trazem *para terem forças para escapar*.

trair Jesus, para que o prendessem quando as multidões não estivessem por perto.

A última Páscoa

⁷Chegou o dia da Festa dos Pães sem Fermento, quando o cordeiro pascal era sacrificado. ⁸Jesus mandou Pedro e João na frente e disse: "Vão e preparem a refeição da Páscoa, para que a comamos juntos".

⁹"Onde o senhor quer que a preparemos?", perguntaram.

¹⁰Ele respondeu: "Logo que vocês entrarem em Jerusalém, um homem carregando uma vasilha de água virá ao seu encontro. Sigam-no. Na casa onde ele entrar, ¹¹digam ao dono: 'O Mestre pergunta: Onde fica o aposento no qual comerei a refeição da Páscoa com meus discípulos?'. ¹²Ele os levará a uma sala grande no andar superior, que já estará arrumada. Preparem ali a refeição". ¹³Eles foram e encontraram tudo como Jesus tinha dito, e ali prepararam a refeição da Páscoa.

¹⁴Quando chegou a hora, Jesus e seus apóstolos tomaram lugar à mesa. ¹⁵Jesus disse: "Estava ansioso para comer a refeição da Páscoa com vocês antes do meu sofrimento. ¹⁶Pois eu lhes digo agora que não voltarei a comê-la até que ela se cumpra no reino de Deus".

¹⁷Então tomou um cálice de vinho e agradeceu a Deus. Depois, disse: "Tomem isto e partilhem entre vocês. ¹⁸Pois não beberei vinho outra vez até que venha o reino de Deus".

¹⁹Tomou o pão e agradeceu a Deus. Depois, partiu-o e o deu aos discípulos, dizendo: "Este é o meu corpo, entregue por vocês. Façam isto em memória de mim".

²⁰Depois da ceia, Jesus tomou o cálice de vinho e disse: "Este é o cálice da nova aliança, confirmada com o meu sangue, que é derramado como sacrifício por vocês.[a]

²¹"Mas aqui, partilhando da mesa conosco, está o homem que vai me trair. ²²Pois foi determinado que o Filho do Homem deve morrer. Mas que aflição espera aquele que o trair!" ²³Os discípulos perguntavam uns aos outros qual deles faria uma coisa dessas.

²⁴Depois, começaram a discutir entre si qual deles era o mais importante. ²⁵Jesus lhes disse: "Neste mundo, os reis e os grandes homens exercem poder sobre o povo e, no entanto, são chamados de seus benfeitores. ²⁶Entre vocês, porém, será diferente. Que o maior entre vocês ocupe a posição inferior, e o líder seja o servo. ²⁷Quem é mais importante, o que está à mesa ou o que serve? Não é aquele que está à mesa? Mas não aqui! Pois eu estou entre vocês como quem serve.

²⁸"Vocês permaneceram comigo durante meu tempo de provação. ²⁹E, assim como meu Pai me concedeu um reino, eu agora lhes concedo o direito de ³⁰comer e beber à minha mesa, em meu reino. Vocês se sentarão em tronos e julgarão as doze tribos de Israel".

Jesus prediz a negação de Pedro

³¹Então o Senhor disse: "Simão, Simão, Satanás pediu para peneirar cada um de vocês como trigo. ³²Contudo, supliquei em oração por você, Simão, para que sua fé não vacile. Portanto, quando tiver se arrependido e voltado para mim, fortaleça seus irmãos".

³³Pedro disse: "Senhor, estou pronto a ir para a prisão, e até a morrer ao seu lado".

³⁴Jesus, porém, respondeu: "Pedro, vou lhe dizer uma coisa: hoje, antes que o galo cante, você negará três vezes que me conhece".

³⁵Em seguida, Jesus lhes perguntou: "Quando eu os enviei para anunciar as boas-novas sem dinheiro, sem bolsa de viagem e sem sandálias extras, alguma coisa lhes faltou?".

"Não", responderam eles.

³⁶Então ele disse: "Agora, porém, peguem dinheiro e uma bolsa de viagem. E, se não tiverem uma espada, vendam sua capa e comprem uma. ³⁷Pois é necessário que se cumpra esta profecia a meu respeito: 'Ele foi contado entre os rebeldes'.[b] Sim, tudo que os profetas escreveram a meu respeito se cumprirá".

³⁸Eles responderam: "Senhor, temos aqui duas espadas".

"É suficiente", disse ele.

Jesus ora no monte das Oliveiras

³⁹Então, acompanhado de seus discípulos, Jesus foi, como de costume, ao monte das Oliveiras. ⁴⁰Ao chegar, disse: "Orem para que vocês não cedam à tentação".

---

[a] **22.19-20** Alguns manuscritos não trazem 22.19b-20, *entregue por vocês [...] que é derramado como sacrifício por vocês.*
[b] **22.37** Is 53.12.

⁴¹Afastou-se a uma distância como de um arremesso de pedra, ajoelhou-se e orou: ⁴²"Pai, se queres, afasta de mim este cálice. Contudo, que seja feita a tua vontade, e não a minha". ⁴³Então apareceu um anjo do céu, que o fortalecia. ⁴⁴Ele orou com ainda mais fervor, e sua angústia era tanta que seu suor caía na terra como gotas de sangue.ª

⁴⁵Por fim, ele se levantou, voltou aos discípulos e os encontrou dormindo, exaustos de tristeza. ⁴⁶"Por que vocês dormem?", perguntou ele. "Levantem-se e orem para que não cedam à tentação."

Jesus é traído e preso

⁴⁷Enquanto Jesus ainda falava, chegou uma multidão conduzida por Judas, um dos Doze. Ele se aproximou de Jesus e o cumprimentou com um beijo. ⁴⁸Jesus, porém, lhe disse: "Judas, com um beijo você trai o Filho do Homem?".

⁴⁹Quando aqueles que estavam com Jesus viram o que ia acontecer, disseram: "Senhor, devemos lutar? Trouxemos as espadas!". ⁵⁰E um deles feriu o servo do sumo sacerdote, cortando-lhe a orelha direita.

⁵¹Mas Jesus disse: "Basta!". E, tocando a orelha do homem, curou-o.

⁵²Então Jesus se dirigiu aos principais sacerdotes, aos capitães da guarda do templo e aos líderes do povo que tinham vindo buscá-lo: "Por acaso sou um revolucionário perigoso para que venham me prender com espadas e pedaços de pau? ⁵³Por que não me prenderam no templo? Todos os dias eu estava ali, ensinando. Mas esta é a hora de vocês, o tempo em que reina o poder das trevas".

Pedro nega Jesus

⁵⁴Então eles o prenderam e o levaram à casa do sumo sacerdote. Pedro o seguiu de longe. ⁵⁵Os guardas acenderam uma fogueira no meio do pátio e sentaram-se em volta, e Pedro sentou-se com eles. ⁵⁶Uma criada o notou à luz da fogueira e começou a olhar fixamente para ele. Por fim, disse: "Este homem era um dos seguidores de Jesus!".

⁵⁷Mas Pedro negou, dizendo: "Mulher, eu nem o conheço!".

⁵⁸Pouco depois, um homem olhou para ele e disse: "Você também é um deles!".

"Não sou!", retrucou Pedro.

⁵⁹Cerca de uma hora mais tarde, outro homem afirmou: "Com certeza esse aí também estava com ele, pois também é galileu!".

⁶⁰Pedro, porém, respondeu: "Homem, eu não sei do que você está falando". E, no mesmo instante, o galo cantou.

⁶¹Então o Senhor se voltou e olhou para Pedro. E Pedro se lembrou das palavras dele: "Hoje, antes que o galo cante, você me negará três vezes". ⁶²E Pedro saiu dali, chorando amargamente.

⁶³Os guardas encarregados de Jesus começaram a zombar dele e a bater nele. ⁶⁴Vendaram seus olhos e diziam: "Profetize para nós! Quem foi que lhe bateu desta vez?". ⁶⁵E o insultavam de muitas outras maneiras.

ª**22.43-44** A maioria dos manuscritos antigos não traz os versículos 43 e 44.

22.44 Nosso Senhor, depois de ter comido a Páscoa e celebrado a Ceia com os Seus discípulos, foi com eles ao monte das Oliveiras e entrou no jardim de Getsêmani. O que o induziu a escolher aquele lugar para ser o cenário de Sua terrível agonia? Por que lá, em detrimento de qualquer outro lugar, Ele seria preso por Seus inimigos? Não podemos conceber que, como em um jardim, a autoindulgência de Adão nos arruinou, portanto, em outro jardim, as agonias do Segundo Adão deveriam nos restaurar? O Getsêmani fornece o remédio para os males que vieram como resultado do fruto proibido do Éden! Nenhuma das flores que floresceram nas margens do rio de quatro braços foi tão preciosa para a nossa raça quanto as ervas amargas que cresceram fortemente às margens do negro e carrancudo ribeiro de Cedrom. Nosso Senhor também pode não ter pensado em Davi, quando naquela ocasião memorável ele fugiu da cidade de seu filho rebelde, e está escrito: "também o rei passou o ribeiro de Cedrom", e ele e seu povo subiram de pés descalços e cabeças cobertas, chorando enquanto iam? Eis que o Davi Superior deixa o Templo ficar desolado e abandona a cidade que havia rejeitado as Suas admoestações, e com um coração ferido Ele cruza o ribeiro infame para encontrar na solidão um consolo para os Seus problemas. Nosso Senhor Jesus, além disso, quis nos mostrar que nosso pecado mudou tudo em relação a Ele em tristeza; transformou Suas riquezas em pobreza, Sua paz em labuta, Sua glória em vergonha e, assim, o lugar de Seu repouso pacífico, onde, em santa devoção, Ele tinha estado mais próximo do Céu em comunhão com Deus, nosso pecado transformou-se no foco de Sua tristeza, o centro de Sua aflição!

O julgamento de Jesus diante do conselho

⁶⁶Ao amanhecer, todos os líderes do povo se reuniram, incluindo os principais sacerdotes e os mestres da lei. Jesus foi conduzido à presença desse conselho,ᵃ ⁶⁷e eles perguntaram: "Diga-nos, você é o Cristo?".

Jesus respondeu: "Se eu lhes disser, de modo algum acreditarão em mim. ⁶⁸E, se eu lhes fizer uma pergunta, não responderão. ⁶⁹Mas, de agora em diante, o Filho do Homem se sentará à direita do Deus Poderoso".ᵇ

⁷⁰Todos gritaram: "Então você afirma que é o Filho de Deus?".

E ele respondeu: "Vocês dizem que eu sou".

⁷¹"Que necessidade temos de outras testemunhas?", disseram eles. "Nós mesmos o ouvimos de sua boca!"

O julgamento de Jesus diante de Pilatos

23 Então todo o conselho levou Jesus a Pilatos. ²Começaram a apresentar o caso: "Este homem corrompe o nosso povo, dizendo que não se deve pagar impostos ao governo romano e afirmando ser ele próprio o Cristo, o rei".

³Então Pilatos lhe perguntou: "Você é o rei dos judeus?".

Jesus respondeu: "É como você diz".

⁴Pilatos se voltou para os principais sacerdotes e para a multidão e disse: "Não vejo crime algum neste homem!".

⁵Mas eles insistiam: "Ele provoca revoltas em toda a Judeia com seus ensinamentos, começando pela Galileia e agora aqui, em Jerusalém!".

⁶"Então ele é galileu?", perguntou Pilatos. ⁷Quando responderam que sim, Pilatos o enviou a Herodes Antipas, pois a Galileia ficava sob sua jurisdição, e naqueles dias ele estava em Jerusalém.

⁸Herodes se animou com a oportunidade de ver Jesus, pois tinha ouvido falar a seu respeito e esperava, havia tempo, vê-lo realizar algum milagre. ⁹Fez uma série de perguntas a Jesus, mas ele não lhe respondeu. ¹⁰Enquanto isso, os principais sacerdotes e mestres da lei permaneciam ali, gritando acusações. ¹¹Então Herodes e seus soldados começaram a zombar de Jesus e ridicularizá-lo. Por fim, vestiram nele um manto real e o mandaram de volta a Pilatos. ¹²Naquele dia, Herodes e Pilatos, que eram inimigos, tornaram-se amigos.

¹³Então Pilatos reuniu os principais sacerdotes e outros líderes religiosos, juntamente com o povo, ¹⁴e anunciou seu veredicto: "Vocês me trouxeram este homem acusando-o de liderar uma revolta. Eu o interroguei minuciosamente a esse respeito na presença de vocês e vejo que não há nada que o condene. ¹⁵Herodes chegou à mesma conclusão e o enviou de volta a nós. Nada do que ele fez merece a pena de morte. ¹⁶Portanto, ordenarei que seja açoitado e o soltarei". ¹⁷(Era necessário libertar-lhes um prisioneiro durante a festa da Páscoa.)ᶜ

¹⁸Um grande clamor se levantou da multidão, e a uma só voz gritavam: "Mate-o! Solte-nos Barrabás!". ¹⁹Esse Barrabás estava preso por ter participado de uma revolta em Jerusalém contra o governo e ter cometido assassinato. ²⁰Pilatos discutiu com eles, pois desejava soltar Jesus. ²¹Eles, porém, continuaram gritando: "Crucifique-o! Crucifique-o!".

²²Pela terceira vez, ele perguntou: "Por quê? Que crime ele cometeu? Não encontrei motivo para condená-lo à morte. Portanto, ordenarei que seja açoitado e o soltarei".

²³A multidão gritava cada vez mais alto, exigindo que Jesus fosse crucificado, e seu clamor prevaleceu. ²⁴Então Pilatos condenou Jesus à morte, conforme exigiam. ²⁵A pedido deles, libertou Barrabás, o homem preso por revolta e assassinato. Depois, entregou-lhes Jesus para fazerem com ele o que quisessem.

A crucificação

²⁶Enquanto levavam Jesus, um homem chamado Simão, de Cirene,ᵈ vinha do campo. Os soldados o agarraram, puseram a cruz sobre ele e o obrigaram a carregá-la atrás de Jesus. ²⁷Uma grande multidão os seguia, incluindo muitas mulheres aflitas que choravam por ele. ²⁸Mas Jesus, dirigindo-se a elas, disse: "Filhas de Jerusalém, não chorem por mim; chorem por si mesmas e por seus filhos. ²⁹Pois estão chegando os dias em que dirão: 'Felizes as mulheres que

---

ᵃ**22.66** Em grego, *do Sinédrio*. ᵇ**22.69** Ver Sl 110.1. ᶜ**23.17** Alguns manuscritos não trazem o versículo 17. ᵈ**23.26** *Cirene* era uma cidade no norte da África.

nunca tiveram filhos e os seios que nunca amamentaram!'. ³⁰Suplicarão aos montes: 'Caiam sobre nós!' e pedirão às colinas: 'Soterrem-nos!'.ᵃ ³¹Pois, se fazem estas coisas com a árvore verde, o que acontecerá com a árvore seca?".

³²Dois outros homens, ambos criminosos, foram levados com ele a fim de também serem executados. ³³Quando chegaram ao lugar chamado Caveira,ᵇ o pregaram na cruz. Os criminosos também foram crucificados, um à sua direita e outro à sua esquerda.

³⁴Jesus disse: "Pai, perdoa-lhes, pois não sabem o que fazem".ᶜ E os soldados tiraram sortes para dividir entre si as roupas de Jesus.

³⁵A multidão observava, e os líderes zombavam. "Salvou os outros, salve a si mesmo, se é o Cristo, o escolhido de Deus", diziam. ³⁶Os soldados também zombavam dele, oferecendo-lhe vinagre para beber. ³⁷Diziam: "Se você é o Rei dos judeus, salve a si mesmo!". ³⁸Uma tabuleta presa acima dele dizia: "Este é o Rei dos Judeus".

³⁹Um dos criminosos, dependurado ao lado dele, zombava: "Então você é o Cristo? Salve a si mesmo e a nós também!".

⁴⁰Mas o outro criminoso o repreendeu: "Você não teme a Deus, nem mesmo ao ser condenado à morte? ⁴¹Nós merecemos morrer por nossos crimes, mas este homem não cometeu mal algum". ⁴²Então ele disse: "Jesus, lembre-se de mim quando vier no seu reino".

⁴³E Jesus lhe respondeu: "Eu lhe asseguro que hoje você estará comigo no paraíso".

A morte de Jesus

⁴⁴Já era cerca de meio-dia, e a escuridão cobriu toda a terra até as três horas da tarde. ⁴⁵A luz do sol desapareceu, e a cortina do santuário do templo rasgou-se ao meio. ⁴⁶Então Jesus clamou em alta voz: "Pai, em tuas mãos entrego meu espírito!".ᵈ E, com essas palavras, deu o último suspiro.

⁴⁷Quando o oficial romanoᵉ que supervisionava a execução viu o que havia acontecido, adorou a Deus e disse: "Sem dúvida este homem era inocente".ᶠ ⁴⁸E, quando toda a multidão que tinha ido assistir à crucificação viu isso, voltou para casa entristecida e batendo no peito. ⁴⁹Mas os amigos de Jesus, incluindo as mulheres que o seguiram desde a Galileia, olhavam de longe.

O sepultamento de Jesus

⁵⁰Havia um homem bom e justo chamado José, membro do conselho dos líderes do povo, ⁵¹mas que não tinha concordado com a decisão e os atos dos outros líderes religiosos. Era da cidade de Arimateia, na Judeia, e esperava a vinda do reino de Deus. ⁵²José foi a Pilatos e pediu o corpo de Jesus. ⁵³Desceu o corpo da cruz, enrolou-o num lençol de linho e o colocou num túmulo novo, escavado na rocha. ⁵⁴Isso aconteceu na sexta-feira à tarde, no dia da preparação,ᵍ quando o sábado estava para começar.

⁵⁵As mulheres da Galileia seguiram José e viram o túmulo onde o corpo de Jesus foi colocado. ⁵⁶Depois, foram para casa e prepararam especiarias e perfumes para ungir o corpo. No sábado, descansaram, conforme a lei exigia.

A ressurreição

24 No primeiro dia da semana, bem cedo, as mulheres foram ao túmulo, levando as especiarias que haviam preparado, ²e viram que a pedra tinha sido afastada da entrada. ³Quando entraram no túmulo, não encontraram o corpo do Senhor Jesus. ⁴Enquanto estavam ali, perplexas, dois homens apareceram, vestidos com mantos resplandecentes.

⁵As mulheres ficaram amedrontadas e se curvaram com o rosto em terra. Então os homens perguntaram: "Por que vocês procuram entre os mortos aquele que vive? ⁶Ele não está aqui. Ressuscitou! Lembrem-se do que ele lhes disse na Galileia: ⁷'É necessário que o Filho do Homem seja traído e entregue nas mãos de pecadores, seja crucificado e ressuscite no terceiro dia'".

⁸Então lembraram-se dessas palavras de Jesus ⁹e, voltando do túmulo, foram contar aos onze discípulos e a todos os outros o que havia acontecido. ¹⁰Maria Madalena, Joana, Maria, mãe de Tiago, e as outras mulheres que as acompanhavam relataram tudo aos apóstolos. ¹¹Para eles, porém, a história pareceu absurda,

---

ᵃ**23.30** Os 10.8. ᵇ**23.33** Nome traduzido, por vezes, como *Calvário*, do termo latino para "caveira". ᶜ**23.34** Alguns manuscritos não trazem a primeira parte do versículo. ᵈ**23.46** Sl 31.5. ᵉ**23.47a** Em grego, *centurião*. ᶠ**23.47b** Ou *justo*. ᵍ**23.54** Em grego, *Era o dia da preparação*.

e não acreditaram nelas. ¹²Mas Pedro se levantou e correu até o túmulo. Abaixando-se, olhou atentamente para dentro e viu os panos de linho vazios; então voltou para casa, admirado com o que havia acontecido.

O caminho de Emaús
¹³Naquele mesmo dia, dois dos seguidores de Jesus caminhavam para o povoado de Emaús, a onze quilômetros[a] de Jerusalém. ¹⁴No caminho, falavam a respeito de tudo que havia acontecido. ¹⁵Enquanto conversavam e discutiam, o próprio Jesus se aproximou e começou a andar com eles. ¹⁶Os olhos deles, porém, estavam como que impedidos de reconhecê-lo.

¹⁷Jesus lhes perguntou: "Sobre o que vocês tanto debatem enquanto caminham?".

Eles pararam, com o rosto entristecido. ¹⁸Então um deles, chamado Cleopas, respondeu: "Você deve ser a única pessoa em Jerusalém que não sabe das coisas que aconteceram lá nos últimos dias".

¹⁹"Que coisas?", perguntou Jesus.

"As coisas que aconteceram com Jesus de Nazaré", responderam eles. "Ele era um profeta de palavras e ações poderosas aos olhos de Deus e de todo o povo. ²⁰Mas os principais sacerdotes e outros líderes religiosos o entregaram para que fosse condenado à morte e o crucificaram. ²¹Tínhamos esperança de que ele fosse aquele que resgataria Israel. Isso tudo aconteceu há três dias.

²²"Algumas mulheres de nosso grupo foram até seu túmulo hoje bem cedo e voltaram contando uma história surpreendente. ²³Disseram que o corpo havia sumido e que viram anjos que lhes disseram que Jesus está vivo. ²⁴Alguns homens de nosso grupo correram até lá para ver e, de fato, tudo estava como as mulheres disseram, mas não o viram."

²⁵Então Jesus lhes disse: "Como vocês são tolos! Como custam a entender o que os profetas registraram nas Escrituras! ²⁶Não percebem que era necessário que o Cristo sofresse essas coisas antes de entrar em sua glória?". ²⁷Então Jesus os conduziu por todos os escritos de Moisés e dos profetas, explicando o que as Escrituras diziam a respeito dele.

²⁸Aproximando-se de Emaús, o destino deles, Jesus fez como quem seguiria viagem, ²⁹mas eles insistiram: "Fique conosco esta noite, pois já é tarde". E Jesus foi para casa com eles. ³⁰Quando estavam à mesa, ele tomou o pão e o abençoou. Depois, partiu-o e

---

[a]24.13 Em grego, *60 estádios*.

24.13-15,18-20,24,25 *Vv.13-15* Quando dois santos estão conversando, é muito provável que Jesus venha e se torne o terceiro entre eles! Fale sobre Jesus e logo você conversará com Ele. Eu gostaria que os cristãos falassem mais frequentemente um para o outro sobre as coisas de Deus! É dito que, nos tempos antigos, o povo de Deus falava com frequência, um ao outro, mas agora alteramos isso, e o povo de Deus fala com frequência um contra o outro. Isso é uma alteração, mas certamente não é uma melhoria. Que nos unamos, novamente, e, como esses dois discípulos, falemos de todas as coisas que aconteceram em Jerusalém há [21] séculos! Se tivermos menos argumentação do que eles, que tenhamos mais comunhão.

Vv.18-20 Estas eram coisas tristes sobre as quais falar. Eles pensavam que tinham perdido tudo quando perderam Cristo – e, entretanto, não há no mundo inteiro nenhum tema mais cheio de alegria do que falar sobre o Cristo crucificado! Isso é estranho, não é? Se olharmos sob a superfície, veremos que a ação mais tenebrosa que já foi perpetrada resultou ser a maior bênção para a humanidade – e que o crime mais cruel já cometido pelo homem mortal tornou-se o canal da maior bênção de Deus!

Vv.24,25 Ele os amava ternamente, mas os repreendeu fortemente – eu quase disse severamente: "Como vocês são tolos!". Receio que esse seja nosso nome – "tolos". Receio que possa ser dito de nós: "Como custam a entender!". Precisamos de tantas provas, que muito facilmente descremos, mas muito lentamente cremos! Se você tivesse um piano em sua casa e o deixasse por meses – e quando voltasse, o encontrasse em perfeita afinação, você teria certeza de que alguém deve ter estado lá para mantê-lo afinado! Mas se, por outro lado, você o deixasse sozinho, e ele ficasse desafinado, você diria que tal condição era o certo a se esperar. Por isso, é natural que desafinemos! Às vezes, tocamos música alegre nos címbalos altissonantes e elevamos aleluias de alegria exultante! Contudo, logo estamos, novamente, por baixo, nos abismos e tocamos uma nota menor. Somente a graça pode nos levantar! A natureza, infelizmente, sucumbe se deixada sozinha!

lhes deu. ³¹Então os olhos deles foram abertos e o reconheceram. Nesse momento, ele desapareceu.

³²Disseram um ao outro: "Não ardia o nosso coração quando ele falava conosco no caminho e nos explicava as Escrituras?". ³³E, na mesma hora, levantaram-se e voltaram para Jerusalém. Ali, encontraram os onze discípulos e os outros que estavam reunidos com eles, ³⁴que lhes disseram: "É verdade que o Senhor ressuscitou! Ele apareceu a Pedro!".ᵃ

Jesus aparece a seus discípulos

³⁵Então os dois contaram como Jesus tinha aparecido enquanto andavam pelo caminho, e como o haviam reconhecido quando ele partiu o pão. ³⁶Enquanto contavam isso, o próprio Jesus apareceu entre eles e lhes disse: "Paz seja com vocês!". ³⁷Eles se assustaram e ficaram amedrontados, pensando que viam um fantasma.

³⁸"Por que estão perturbados?", perguntou ele. "Por que seu coração está cheio de dúvida? ³⁹Vejam minhas mãos e meus pés. Sou eu mesmo! Toquem-me e vejam que não sou um fantasma, pois fantasmas não têm carne nem ossos e, como veem, eu tenho." ⁴⁰Enquanto falava, mostrou-lhes as mãos e os pés.

⁴¹Eles continuaram sem acreditar, cheios de alegria e espanto. Então Jesus perguntou: "Vocês têm aqui alguma coisa para comer?". ⁴²Eles lhe deram um pedaço de peixe assado, ⁴³e ele comeu diante de todos.

⁴⁴Em seguida, disse: "Enquanto ainda estava com vocês, eu lhes falei que devia se cumprir tudo que a lei de Moisés, os profetas e os salmos diziam a meu respeito". ⁴⁵Então ele lhes abriu a mente para que entendessem as Escrituras, ⁴⁶e disse: "Sim, está escrito que o Cristo haveria de sofrer, morrer e ressuscitar no terceiro dia, ⁴⁷e que a mensagem de arrependimento para o perdão dos pecados seria proclamada com a autoridade de seu nome a todas as nações,ᵇ começando por Jerusalém. ⁴⁸Vocês são testemunhas dessas coisas.

⁴⁹"Agora, envio a vocês a promessa de meu Pai. Mas fiquem na cidade até que sejam revestidos do poder do céu".

A ascensão

⁵⁰Depois Jesus os levou a Betânia e, levantando as mãos para o céu, os abençoou. ⁵¹Enquanto ainda os abençoava, deixou-os e foi elevado ao céu. ⁵²Então eles o adoraram e voltaram para Jerusalém cheios de grande alegria. ⁵³E estavam sempre no templo, louvando a Deus.

ᵃ **24.34** Em grego, *Simão*. ᵇ **24.47** Ou *todos os povos*.

João

INTRODUÇÃO

Autor. A partir da evidência encontrada no evangelho, podemos aprender várias coisas sobre o autor. (1) *Que ele era judeu*. Isto é visto em seu conhecimento evidente sobre opiniões judaicas a respeito de assuntos como: o Messias e seu conhecimento dos costumes judaicos, por exemplo a purificação. (2) *Ele foi testemunha ocular da maioria dos eventos que relatou*. Isto é percebido por seu conhecimento exato do tempo, quanto à hora ou período do dia em que um fato ocorreu; em seu conhecimento do número de pessoas ou coisas presentes, como a divisão das vestes de Cristo em quatro partes; na intensidade da narrativa que ele dificilmente teria, caso não tivesse presenciado tudo. (3) *Ele foi um apóstolo*. Isto é visto em seu conhecimento sobre os pensamentos dos discípulos (2.11,17); em seu conhecimento sobre as palavras ditas em particular pelos discípulos a Jesus e entre eles (4.31,33 etc.); em seu conhecimento dos locais de retiro dos discípulos (11.54 etc.); e em seu conhecimento sobre as intenções do Senhor etc. (2.24,25 etc.); e em seu conhecimento sobre os sentimentos de Cristo (11.33). (4) *Ele era filho de Zebedeu* (Mc 1.19,20), e provavelmente foi um dos dois discípulos de João, o Batista, que foram encaminhados a Jesus (1.40). (5) *Ele é um dos três mais proeminentes dos apóstolos*, sendo várias vezes honrado de forma especial (Mt 17.1-3 etc.) e é proeminente no trabalho da Igreja após a ascensão de Cristo, bem como em todo o seu trabalho antes de sua morte: (6) *Também escreveu três epístolas e o Apocalipse*. Ele viveu mais do que todos os outros apóstolos e pode ter morrido na Ilha de Patmos como exilado, em 100 d.C.

Época e circunstâncias dos escritos. Estes são tão diferentes daqueles que influenciaram os outros evangelistas que dificilmente alguém pode escapar do sentimento de que o evangelho de João é descrito de acordo. O evangelho havia sido pregado em todo o Império Romano e o cristianismo já não era considerado uma seita judaica, anexada à sinagoga. Jerusalém fora derrubada e o Templo destruído. Os cristãos estavam sendo extremamente perseguidos, mas tinham conseguido grandes triunfos em muitas regiões. Todo o restante do Novo Testamento, exceto o Apocalipse, já fora escrito. Surgiram alguns que discordavam da divindade de Jesus e, embora o evangelho não seja mera polêmica contra esse falso ensinamento, ele, ao estabelecer o verdadeiro ensinamento, destrói completamente o falso. Talvez tenha escrito aos cristãos de todas as nacionalidades, cuja história, a essa altura, havia sido enriquecida pelo sangue daqueles martirizados devido à fé. Em vez do Messias em quem os judeus encontrariam o Salvador, ou o poderoso obreiro considerado pelos romanos, ou o Homem Ideal considerado pelos gregos, João escreveu sobre a eterna Palavra Encarnada em cujo reino espiritual cada um, tendo perdido a sua mesquinhez e o preconceito racial, poderia estar unido para sempre.

Estilo e propósito. Este evangelho difere dos demais em linguagem e propósito. É tão profundo quanto simples e tem vários elementos de estilo como seguem: (1) *Simplicidade*. As frases são curtas e conectadas por conjunções coordenativas. Existem poucas citações diretas, e poucas orações subordinadas, e a maioria delas mostra a sequência de coisas, seja como causa ou propósito. (2) *Similaridade*. Isso decorre do método de tratar cada passo na narrativa como se fosse isolado e separado de todo o restante, em vez de unificá-lo com o todo. (3) *Repetição*, seja na narrativa própria ou nas palavras citadas do Senhor, é muito frequente. Os seguintes exemplos ilustrarão isso: "No princípio, aquele que é a Palavra já existia. A Palavra estava com Deus, e a Palavra era Deus". "A luz brilha na escuridão, e a escuridão nunca conseguiu apagá-la". "Eu sou o bom pastor. O bom pastor sacrifica sua vida pelas ovelhas". "Quando Jesus viu Maria chorar, e o povo também, sentiu profunda indignação e grande angústia". "Mas há outro que também testemunha sobre mim, e eu lhes asseguro que tudo que ele diz a meu respeito é verdadeiro". O estudante deverá elaborar uma lista de todas essas repetições. (4) *Paralelismo*, ou declarações que expressam as mesmas verdades ou verdades semelhantes, como as seguintes que são comuns. "Eu lhes deixo um presente, a minha plena paz. E essa paz que eu lhes dou é um presente"; "Não deixem que seu coração fique aflito. Creiam em Deus; creiam também em mim"; "Eu lhes dou a vida eterna, e elas nunca morrerão". Este paralelismo, que ao mesmo tempo se torna repetição, é visto da maneira como um assunto ou conclusão é declarada e, após elaboração, reafirmada de um modo novo e ampliado, ensinando assim a verdade em uma beleza e força que se desdobram gradualmente. Uma ilustração é encontrada na declaração: "E eu os ressuscitarei no último dia", 6.39,40,44. (5) *Contrastes*. O propósito é mais simples e mais facilmente visto do que o de qualquer outro dos evangelistas. Por um lado, ele mostra como o amor e a fé se desenvolvem no crente até que, no final, Tomé, que era o que tinha mais dúvidas de todos, pôde exclamar: "Meu Senhor e meu Deus". Por outro lado, mostra que o incrédulo avançou da simples indiferença para um ódio positivo que culminou na crucificação. Este propósito é levado a cabo por um processo de elementos contrastantes e separados que são opostos, tais como (a) Luz e escuridão; (b) Verdade e falsidade; (c) Bem e mal; (d) Vida e morte; (e) Deus e Satanás. Em tudo isso, ele está convencendo seu leitor de que Jesus é o Cristo, o Filho de Deus.

CARACTERÍSTICAS E PROPÓSITO

1. É um evangelho das Celebrações. Na verdade, se subtrairmos dele esses milagres e ensinamentos e outras obras realizadas, em conexão com as festas, ficamos apenas com alguns fragmentos restantes. O valor do livro seria destruído e os mais belos e profundos ensinamentos do evangelho perdidos.

O estudante se beneficiará com a seguinte lista de festas esforçando-se em agrupar sob cada uma os eventos que João registra: (a) A festa da Páscoa (2.13,23), Primeira Páscoa, 27 d.C.; (b) Uma festa dos judeus (5.1), provavelmente Purim; (c) Páscoa, uma festa dos judeus (6.4), Segunda Páscoa, 28 d.C.; (d) Festa das Cabanas (7.2); (f) Festa da Dedicação (10.22); (g) Páscoa (11.55,56; 12.1,12,20; 13.29; 18.28). Terceira Páscoa, 29 d.C.

2. É um evangelho de testemunho. João escreve para provar que Jesus é o Cristo. Ele assume a atitude de um advogado diante de um júri e apresenta testemunho até ter certeza de seu caso e depois encerra o testemunho com a certeza de que muito mais poderia ser oferecido se isso fosse necessário. Existem sete variedades de testemunho: (a) O testemunho de João Batista; (b) O testemunho de outros indivíduos; (c) O testemunho das obras de Jesus; (d) O testemunho do próprio Jesus (veja os "Eu sou"); (f) O testemunho da Escritura; (g) O testemunho do Pai; (h) O testemunho do Espírito Santo.

3. É um evangelho de convicção. O objetivo é produzir fé: vários exemplos de crença, mostrando o crescimento da fé; o segredo da fé, como ouvir ou receber a palavra; os resultados da fé, como vida eterna, liberdade, paz, poder etc.

4. É um evangelho espiritual. Ele representa as mediações mais profundas de João, que são moldadas para estabelecer uma grande doutrina que, em vez de relatos históricos, se tornou seu grande impulso. Para João, "história é doutrina" e ele a revê à luz da sua interpretação espiritual. Forneceu um grande baluarte contra os mestres gnósticos, que haviam negado a divindade de Jesus. Ele também enfatizou e detalhou sobre a humanidade de Jesus. Todo o seu propósito é "não tanto o registro histórico dos fatos quanto o desenvolvimento de seu mais íntimo sentido".

5. É um evangelho de símbolos. João era místico e gostava muito de símbolos místicos. Todo o livro fala na linguagem de símbolos. Os números místicos três e sete prevalecem ao longo do livro, não apenas nas coisas e palavras registradas, mas na organização dos assuntos. Cada um dos Oito Milagres é usado para um "sinal" ou símbolo, como na multiplicação dos pães para 5.000 em que Jesus aparece como o Pão ou o sustento da vida. As grandes alegorias do Bom Pastor, a ovelha e a videira; os nomes usados para designar Jesus como a Palavra, Luz, Caminho, Verdade, Vida etc., todas mostram como todo o evangelho contém um espírito de representação simbólica.

6. É o evangelho da encarnação. "Mateus explica Sua função messiânica; Marcos, Suas obras ativas e Lucas, Seu caráter como Salvador". João exalta Sua pessoa e em todos os lugares nos faz ver "a Palavra que se tornou ser humano, carne e osso". Deus não está distante de nós. Ele se tornou carne. A Palavra veio como homem encarnado. Jesus, este Homem Encarnado, é Deus e, como tal, preenche o livro inteiro, mas Ele, no entanto, tem sede e fome e conhece a experiência humana. Deus desceu até o homem para capacitá-lo a subir até Deus.

Assunto: Jesus, o Cristo, Filho de Deus.

ESBOÇO

Introdução ou prólogo, 1.1-18

(1) A natureza divina da Palavra, vv.1-5

(2) A manifestação da Palavra como o Salvador do mundo, vv.6-18

   1. O testemunho de Seu grande ministério público, 1.19–12.50
      1.1.   Ele é revelado, 1.19–2.12
      1.2.   Ele é reconhecido, 2.13–4.54
      1.3.   Ele é hostilizado, Caps. 5–11
      1.4.   Ele é honrado, Cap. 12

2. O testemunho de Seu ministério particular com Seus discípulos, Caps. 13-17
   2.1. Ele ensina e conforta Seus discípulos, Caps. 13-16
   2.2. Ele ora por Seus discípulos, Cap. 17
3. O testemunho de Sua Paixão. Caps. 18-19
   3.1. A traição, 18.1-11
   3.2. O julgamento judaico ou eclesiástico, 18.12-27
   3.3. O julgamento romano ou civil, 18.28-19.16
   3.4. Sua morte e sepultamento, 19.17-42
4. O testemunho de Sua ressurreição e manifestação, Caps. 20-21
   4.1. Sua ressurreição e manifestação aos Seus discípulos, Cap. 20
   4.2. Outras manifestações e instruções aos Seus discípulos, Cap. 21

PARA ESTUDO E DISCUSSÃO

[1] Os eventos e discursos relacionados com cada festa mencionada anteriormente.
[2] As sete variedades de testemunho mencionadas anteriormente. Liste exemplos de cada um deles.
[3] Os seguintes milagres, como "sinais", indicam o que eles simbolizam sobre Jesus: (a) O milagre de Caná, 2.1-15; (b) O filho do oficial do rei, 4.48-54; (c) O homem paralítico, 5.1-16; (d) Comida para 5.000, 6.3-14; (e) Andando sobre o mar, 6.16-20; (f) A cura do cego, 9; (g) A ressurreição de Lázaro, Cap. 11; (h) A rede cheia de peixes, 21.1-11.
[4] Os seguintes discursos: (a) A conversa com Nicodemos, Cap. 3; (b) A conversa com a mulher no poço, Cap. 4; (c) O discurso sobre o pastor e as ovelhas, Cap. 10; (d) As discussões do capítulo 13; (e) O discurso sobre a videira, Cap. 15; (f) A oração do Senhor, Cap. 17.
[5] Nas seguintes passagens, encontre a causa ou explicação para a incredulidade: 1.45-50; 3.11,19,20; 5.16,40,42,44; 6.42,52; 7.41,42,48; 8.13,14,45; 12.26,44; 20.9.
[6] Estude os resultados da incredulidade a partir destes textos: 3.18,20,36; 4.13,14; 6.35,53,58; 8.19,34,55; 14.1,28; 15.5; 16.6,9.
[7] Faça uma lista de todas as cenas noturnas do livro e estude-as.
[8] Estude cada exemplo de alguém adorando a Jesus.
[9] Nomeie cada capítulo do livro de modo a indicar algum acontecimento importante nele — assim como o capítulo da videira ou o capítulo do Bom Pastor.
[10] Descubra onde e quantas vezes cada uma das seguintes palavras e frases ocorre e estude-as: (a) Vida eterna, 18 vezes, apenas 13 em todos os outros evangelhos juntos; (b) crer; (c) enviado; (d) vida; (e) sinal ou sinais; (f) obra ou obras; (g) João Batista; (h) receber, recebi etc.; (i) testemunha, testemunhar, testemunho etc.; (j) verdade; (l) "Eu sou" (dito por Jesus).

Prólogo: Cristo, a Palavra eterna

1 ¹No princípio, aquele que é a Palavra já existia.
A Palavra estava com Deus,
e a Palavra era Deus.
²Ele existia no princípio com Deus.
³Por meio dele Deus criou todas as coisas,
e sem ele nada foi criado.
⁴Aquele que é a Palavra possuía a vida,
e sua vida trouxe luz a todos.
⁵A luz brilha na escuridão,
e a escuridão nunca conseguiu apagá-la.[a]

⁶Deus enviou um homem chamado João ⁷para falar a respeito da luz, a fim de que, por meio de seu testemunho, todos cressem. ⁸Ele não era a luz, mas veio para falar da luz. ⁹Aquele que é a verdadeira luz, que ilumina a todos, estava chegando ao mundo.

¹⁰Veio ao mundo que ele criou, mas o mundo não o reconheceu. ¹¹Veio a seu próprio povo, e eles o rejeitaram. ¹²Mas, a todos que creram nele e o aceitaram, ele deu o direito de se tornarem filhos de Deus. ¹³Estes não nasceram segundo a ordem natural, nem como resultado da paixão[b] ou da vontade humana, mas nasceram de Deus.

¹⁴Assim, a Palavra se tornou ser humano, carne e osso, e habitou entre nós. Ele era cheio de graça e verdade. E vimos sua glória, a glória do Filho único do Pai.

¹⁵João deu testemunho dele quando disse em alta voz: "Este é aquele a quem eu me referia quando disse: 'Alguém virá depois de mim, muito mais poderoso que eu, pois existia muito antes de mim'".

¹⁶De sua plenitude todos nós recebemos graça sobre graça. ¹⁷Pois a lei foi dada por meio de Moisés, mas a graça e a verdade vieram por meio de Jesus Cristo. ¹⁸Ninguém jamais viu a Deus, mas o Filho único,[c] que mantém comunhão íntima com o Pai, o revelou.

O testemunho de João Batista

¹⁹Este foi o testemunho de João quando os líderes judeus enviaram de Jerusalém sacerdotes e levitas para lhe perguntar: "Quem é você?". ²⁰Ele respondeu com toda franqueza: "Eu não sou o Cristo".[d]

²¹"Então quem é você?", perguntaram eles. "É Elias?"

"Não", respondeu ele.

"É o Profeta por quem temos esperado?"[e]

"Não."

²²"Afinal, quem é você? Precisamos de uma resposta para aqueles que nos enviaram. O que você tem a dizer de si mesmo?"

---

[a] 1.5 Ou *e a escuridão não a entendeu*. [b] 1.13 Em grego, *não nasceram do sangue, nem da vontade da carne*. [c] 1.18 Alguns manuscritos trazem *o Deus único*. [d] 1.20 Ou *Messias*. Tanto *Messias* (do hebraico) como *Cristo* (do grego) significam "ungido". [e] 1.21 Em grego, *É o Profeta?* Ver Dt 18.15,18; Ml 4.5-6.

1.14,17 Houve um tempo em que Deus comungou livremente com os homens. A voz do Senhor Deus era ouvida quando Ele caminhava pelo jardim, quando soprava a brisa do entardecer. Com o Adão não caído, o grande Deus teve amizade doce e íntima, mas o pecado veio e não apenas destruiu o jardim, mas destruiu a comunhão de Deus com Sua criatura, o homem. [...] O Senhor Deus, em amor infinito, decidiu que Ele mesmo encurtaria a distância e habitaria novamente com o homem, e, em sinal disso, Ele se manifestou à Sua nação escolhida, Israel, quando o povo estava no deserto. Ele ficou satisfeito por habitar em tipo e símbolo entre o Seu povo, no centro e *no coração do acampamento deles*. [...] O dia do "tipo" acabou, não vemos mais uma nação isolada de todas as outras e feita para ser como "a igreja no deserto". [...] No entanto, há uma verdadeira casa de Deus, um verdadeiro templo do Eterno, uma morada viva da divindade. A epístola aos Hebreus fala do "verdadeiro tabernáculo, o santuário construído pelo Senhor, e não por mãos humanas". Ainda existe um lugar secreto onde Deus encontra o homem e mantém comunhão com ele. Esse lugar é a pessoa do Senhor Jesus Cristo, "pois nele habita em corpo humano toda a plenitude de Deus". A humanidade de Cristo tornou-se para nós o antítipo dessa tenda no centro do acampamento. Deus está em Cristo Jesus, Cristo Jesus é Deus, e em Sua pessoa bendita, Deus habita no meio de nós como em uma tenda, pois tal é a força do original em nosso texto. "Assim, a Palavra se tornou ser humano, carne e osso, e tabernaculou", ou "habitou entre nós". Isto é, em Cristo Jesus, o Senhor habitou entre os homens, como o Deus dos antigos habitou no Seu santuário entre as tribos de Israel. Isso é muito prazeroso e esperançoso para nós; o Senhor Deus realmente habita entre nós mediante a encarnação de Seu Filho.

²³João respondeu com as palavras do profeta Isaías:

"Eu sou uma voz que clama no deserto:
'Preparem o caminho para a vinda do Senhor!'".ᵃ

²⁴Então os fariseus que tinham sido enviados ²⁵lhe perguntaram: "Se você não é o Cristo, nem Elias, nem o Profeta, que direito tem de batizar?".

²⁶João lhes disse: "Eu batizo comᵇ água, mas em seu meio há alguém que vocês não reconhecem. ²⁷Embora ele venha depois de mim, não sou digno de desamarrar as correias de sua sandália".

²⁸Esse encontro aconteceu em Betânia, um povoado a leste do rio Jordão, onde João estava batizando.

Jesus, o Cordeiro de Deus

²⁹No dia seguinte, João viu Jesus caminhando em sua direção e disse: "Vejam! É o Cordeiro de Deus, que tira o pecado do mundo! ³⁰Era a ele que eu me referia quando disse: 'Um homem virá depois de mim, muito mais poderoso que eu, pois existia muito antes de mim'. ³¹Eu não o conhecia, mas vim batizando com água para que ele fosse revelado a Israel".

³²Então João deu o seguinte testemunho: "Vi o Espírito Santo descer do céu na forma de uma pomba e permanecer sobre ele. ³³Eu não sabia quem ele era, mas, quando Deus me enviou para batizar com água, disse-me: 'Aquele sobre o qual você vir o Espírito descer e permanecer, esse é o que batizará com o Espírito Santo'. ³⁴Eu vi isso acontecer e, portanto, dou testemunho de que ele é o Filho de Deus".ᶜ

Os primeiros discípulos

³⁵No dia seguinte, João estava novamente com dois de seus discípulos. ³⁶Quando viu Jesus passar, olhou para ele e declarou: "Vejam! É o Cordeiro de Deus!". ³⁷Ao ouvirem isso, os dois discípulos de João seguiram Jesus.

³⁸Jesus olhou em volta e viu que o seguiam. "O que vocês querem?", perguntou.

Eles responderam: "Rabi (que significa 'Mestre'), onde o senhor está hospedado?".

³⁹"Venham e vejam", disse ele. Eram cerca de quatro horas da tarde quando o acompanharam até o lugar onde Jesus estava hospedado, e passaram o resto do dia com ele.

⁴⁰André, irmão de Simão Pedro, era um dos dois que ouviram o que João tinha dito e seguiram Jesus. ⁴¹André foi procurar seu irmão, Simão, e lhe disse: "Encontramos o Messias (isto é, o Cristo)".

⁴²Então André levou Simão para conhecer Jesus. Olhando para ele, Jesus disse: "Você é Simão, filho de João, mas será chamado Cefas (isto é, Pedro)".ᵈ

⁴³No dia seguinte, Jesus decidiu ir à Galileia. Encontrou Filipe e lhe disse: "Siga-me". ⁴⁴Filipe era de Betsaida, cidade natal de André e Pedro. ⁴⁵Filipe foi procurar Natanael e lhe disse: "Encontramos aquele sobre quem Moisés, na lei, e os profetas escreveram! Seu nome é Jesus de Nazaré, filho de José".

⁴⁶"Nazaré!", exclamou Natanael. "Pode vir alguma coisa boa de Nazaré?"

"Venha e veja você mesmo", respondeu Filipe.

⁴⁷Jesus viu Natanael se aproximar e disse: "Aí está um verdadeiro filho de Israel, um homem totalmente íntegro".

⁴⁸"Como o senhor sabe a meu respeito?", perguntou Natanael.

Jesus respondeu: "Vi você sob a figueira antes que Filipe o chamasse".

⁴⁹Então Natanael exclamou: "Rabi, o senhor é o Filho de Deus, o Rei de Israel!".

⁵⁰Jesus lhe perguntou: "Você crê nisso porque eu disse que o vi sob a figueira? Você verá coisas maiores que essa". ⁵¹E acrescentou: "Eu lhes digo a verdade: vocês verão o céu aberto e os anjos de Deus subindo e descendo sobre o Filho do Homem".

O casamento em Caná

2 Três dias depois, houve uma festa de casamento no povoado de Caná da Galileia. A mãe de Jesus estava ali, ²e Jesus e seus discípulos também foram convidados para a celebração. ³Durante a festa, o vinho acabou, e a mãe de Jesus lhe disse: "Eles não têm mais vinho".

ᵃ**1.23** Ou *Eu sou uma voz que clama: "Preparem no deserto o caminho para a vinda do Senhor!"*. Is 40.3. ᵇ**1.26** Ou *em*; também em 1.31,33. ᶜ**1.34** Alguns manuscritos trazem *o Escolhido de Deus*. ᵈ**1.42** Tanto *Cefas* (do aramaico) como *Pedro* (do grego) significam "pedra".

⁴"Mulher, isso não me diz respeito", respondeu Jesus. "Minha hora ainda não chegou."

⁵Sua mãe, porém, disse aos empregados: "Façam tudo que ele mandar".

⁶Havia ali perto seis potes de pedra usados na purificação cerimonial judaica. Cada um tinha capacidade entre 80 e 120 litros.[a] ⁷Jesus disse aos empregados: "Encham os potes com água". Quando os potes estavam cheios, ⁸disse: "Agora tirem um pouco e levem ao mestre de cerimônias". Os empregados seguiram suas instruções.

⁹O mestre de cerimônias provou a água transformada em vinho, sem conhecer sua procedência (embora os empregados obviamente soubessem). Então chamou o noivo. ¹⁰"O anfitrião sempre serve o melhor vinho primeiro", disse ele. "Depois, quando todos já beberam bastante, serve o vinho de menor qualidade. Mas você guardou o melhor vinho até agora!"

¹¹Esse sinal em Caná da Galileia foi o primeiro milagre que Jesus fez. Com isso ele manifestou sua glória, e seus discípulos creram nele.

¹²Depois do casamento, foi a Cafarnaum, onde passou alguns dias com sua mãe, seus irmãos e seus discípulos.

Jesus purifica o templo

¹³Era quase época da festa da Páscoa judaica, de modo que Jesus subiu a Jerusalém. ¹⁴No pátio do templo, viu comerciantes que vendiam bois, ovelhas e pombas para os sacrifícios; também viu negociantes, em mesas, trocando dinheiro estrangeiro. ¹⁵Jesus fez um chicote de cordas e os expulsou a todos do templo. Pôs para fora as ovelhas e os bois, espalhou as moedas dos negociantes no chão e virou as mesas. ¹⁶Depois, foi até aqueles que vendiam pombas e lhes disse: "Tirem essas coisas daqui! Parem de fazer da casa de meu Pai um mercado!".

¹⁷Então os discípulos se lembraram desta profecia das Escrituras: "O zelo pela casa de Deus me consumirá".[b]

¹⁸"O que você está fazendo?", questionaram os líderes judeus. "Que sinal você nos mostra para comprovar que tem autoridade para isso?"

¹⁹"Pois bem", respondeu Jesus. "Destruam este templo, e em três dias eu o levantarei."

²⁰Eles disseram: "Foram necessários 46 anos para construir este templo, e você o reconstruirá em três dias?". ²¹Mas quando Jesus disse "este templo", estava se referindo a seu próprio corpo. ²²Depois que ele ressuscitou dos mortos, seus discípulos se lembraram do que ele tinha dito e creram nas Escrituras e em suas palavras.

²³Por causa dos sinais que Jesus realizou em Jerusalém durante a festa da Páscoa, muitos creram nele. ²⁴Jesus, porém, não confiava neles, pois conhecia a todos. ²⁵Ninguém precisava lhe dizer como o ser humano é de fato, pois ele conhecia a natureza humana.

Nicodemos visita Jesus

3 Havia um fariseu chamado Nicodemos, líder religioso entre os judeus. ²Certa noite, veio falar com Jesus e disse: "Rabi, todos nós sabemos que Deus enviou o senhor para nos ensinar. Seus sinais são prova de que Deus está com o senhor".

---

[a] 2.6 Em grego, *2 ou 3 metretas*. [b] 2.17 Ou *A preocupação com a casa de Deus será minha ruína*. Sl 69.9.

3.1-5 *Vv.1,2* Talvez [Nicodemos] estivesse muito ocupado durante o dia. É melhor vir a Jesus à noite do que nunca vir a Ele. Todas as horas são convenientes para Cristo — você pode vir a Ele quando estiver em casa esta noite. Quando todo mundo estiver dormindo, Jesus ainda estará acordado. Contudo, com toda a probabilidade, Nicodemos não queria se comprometer vindo a Cristo de dia. Ele ainda não o tinha conhecido e testado, então não seria considerado seguidor de Cristo até que tivesse, primeiro, uma conversa particular e tranquila com o Senhor. Como autoridade dos judeus, foi sábio em agir de forma discreta. [...] Ele admitiu a verdade tanto quanto pôde vê-la. Os milagres de Cristo provaram que Jesus era um Mestre divinamente comissionado.

Esteja sempre disposto a ir tão longe quanto você puder à busca da verdade de Deus. Se você não puder ver tudo ao mesmo tempo, veja tudo o que puder ver. Não seja um espírito de sofismas — seja franco e ensinável como este homem foi.

V.3 A fórmula de Cristo: "Eu lhe digo a verdade", era um novo estilo de discurso para os fariseus ouvirem, porque eles citavam este ou aquele rabino — mas Jesus se

³Jesus respondeu: "Eu lhe digo a verdade: quem não nascer de novo,ª não verá o reino de Deus". ⁴"Como pode um homem velho nascer de novo?", perguntou Nicodemos. "Acaso ele pode voltar ao ventre da mãe e nascer uma segunda vez?" ⁵Jesus respondeu: "Eu lhe digo a verdade: ninguém pode entrar no reino de Deus sem nascer da água e do Espírito.ᵇ ⁶Os seres humanos podem gerar apenas vida humana, mas o Espírito dá à luz vida espiritual.ᶜ ⁷Portanto, não se surpreenda quando eu digo: 'É necessário nascer de novo'. ⁸O vento sopra onde quer. Assim como você ouve o vento, mas não é capaz de dizer de onde ele vem nem para onde vai, também é incapaz de explicar como as pessoas nascem do Espírito".

⁹"Como pode ser isso?", perguntou Nicodemos.

¹⁰Jesus respondeu: "Você é um mestre respeitado em Israel e não entende essas coisas? ¹¹Eu lhe digo a verdade: falamos daquilo que sabemos e vimos e, no entanto, vocês não creem em nosso testemunho. ¹²Se vocês não creem em mim quando falo de coisas terrenas, como crerão se eu falar de coisas celestiais? ¹³Ninguém jamais subiu ao céu, exceto aquele que de lá desceu, o Filho do Homem.ᵈ ¹⁴E, como Moisés, no deserto, levantou a serpente de bronze numa estaca, também é necessário que o Filho do Homem seja levantado, ¹⁵para que todo o que nele crer tenha a vida eterna.ᵉ

¹⁶"Porque Deus amou tanto o mundo que deu seu Filho único, para que todo o que nele crer não pereça, mas tenha a vida eterna. ¹⁷Deus enviou seu Filho ao mundo não para condenar o mundo, mas para salvá-lo por meio dele.

¹⁸"Não há condenação alguma para quem crê nele. Mas quem não crê nele já está condenado por não crer no Filho único de Deus. ¹⁹E a condenação se baseia nisto: a luz de Deus veio ao mundo, mas as pessoas amaram mais a escuridão que a luz, porque seus atos eram maus. ²⁰Quem pratica o mal odeia a luz e não se aproxima dela, pois teme que seus pecados sejam expostos. ²¹Mas quem pratica a verdade se aproxima da luz, para que outros vejam que ele faz a vontade de Deus".ᶠ

João Batista exalta Jesus

²²Então Jesus e seus discípulos saíram de Jerusalém e foram à região da Judeia. Jesus passou um tempo ali com eles, batizando.

²³Nessa época, João também batizava em Enom, perto de Salim, pois havia ali bastante água, e o povo ia até ele para ser batizado. ²⁴Isso aconteceu antes de João ser preso. ²⁵Surgiu uma discussão entre os discípulos de João e certo judeuᵍ a respeito da purificação cerimonial. ²⁶Os discípulos de João foram falar com ele e lhe disseram: "Rabi, o homem que o senhor encontrou no outro lado do rio Jordão, aquele de quem o senhor deu testemunho, também está batizando. Todos vão até ele".

²⁷João respondeu: "Ninguém pode receber coisa alguma, a menos que lhe seja concedida

---

ª**3.3** Ou *nascer do alto*; também em 3.4,7. ᵇ**3.5** O termo grego para *Espírito* também pode ser traduzido como *vento*. Ver 3.8. ᶜ**3.6** Em grego, *O que é nascido da carne é carne, e o que é nascido do Espírito é espírito.* ᵈ**3.13** Alguns manuscritos acrescentam *que hoje está no céu.* ᵉ**3.15** Ou *para que todo o que crer tenha a vida eterna nele.* ᶠ**3.21** Ou *para que vejam Deus operar por meio de suas ações.* ᵍ**3.25** Alguns manuscritos trazem *alguns judeus.*

---

apresenta como Sua própria autoridade suficiente, com um egoísmo que não pode ser culpável e que nenhum discípulo verdadeiro Seu jamais questiona, pois o próprio Cristo é a verdade, e tudo o que Ele disser é para ser humildemente recebido por todos os Seus seguidores. "Eu lhe digo a verdade: quem não nascer de novo, não verá o reino de Deus". Nicodemos não tem noção do que isso realmente seja. Nem consegue vê-lo, pois ele será cego até nascer de novo. É por esta razão que nossas explicações mais lúcidas do evangelho são completamente inúteis para homens e mulheres não regenerados. Por mais brilhante que Deus possa tornar nosso ministério, a luz brilhante não serve para homens cegos e eles devem nascer de novo antes de poderem ver o reino de Deus.

Vv.4,5 No início, Jesus disse que um homem não podia *ver* o reino de Deus se ele não nascesse novamente. Agora diz a Nicodemos que um homem não pode *entrar* no reino, exceto se for nascido da água e do Espírito. Deve haver uma purificação — ele deve "nascer da água". Deve haver uma vida espiritual — ele deve ser "nascido do Espírito", ou ele não pode entrar no reino de Deus.

do céu. ²⁸Vocês sabem que eu lhes disse claramente: 'Eu não sou o Cristo. Estou aqui apenas para preparar o caminho para ele'. ²⁹É o noivo que se casa com a noiva; o amigo do noivo simplesmente se alegra de estar ao lado dele e ouvir seus votos. Portanto, muito me alegro com o destaque dele. ³⁰Ele deve se tornar cada vez maior, e eu, cada vez menor".

A superioridade do Filho

³¹Aquele que veio do alto é superior a todos. Nós somos da terra e falamos de coisas terrenas, mas ele veio do céu e é superior a todos.[a] ³²Ele dá testemunho daquilo que viu e ouviu, mas como são poucos os que creem no que ele diz! ³³Todo aquele que aceita seu testemunho confirma que Deus é verdadeiro. ³⁴Pois ele foi enviado por Deus e fala as palavras de Deus, porque Deus lhe dá, sem limites, o Espírito. ³⁵O Pai ama o Filho e pôs tudo em suas mãos. ³⁶E quem crê no Filho de Deus tem a vida eterna. Quem não obedece ao Filho não tem a vida eterna, mas a ira de Deus permanece sobre ele.

A mulher samaritana junto ao poço

4 Jesus[b] sabia que os fariseus tinham ouvido dizer que ele batizava e fazia mais discípulos que João, ²embora Jesus mesmo não os batizasse, e sim seus discípulos. ³Assim, deixou a Judeia e voltou para a Galileia.

⁴No caminho, teve de passar por Samaria. ⁵Chegou ao povoado samaritano de Sicar, perto do campo que Jacó tinha dado a seu filho José. ⁶O poço de Jacó ficava ali, e Jesus, cansado da longa caminhada, sentou-se junto ao poço, por volta do meio-dia. ⁷Pouco depois, uma mulher samaritana veio tirar água, e Jesus lhe disse: "Por favor, dê-me um pouco de água para beber". ⁸Naquele momento, seus discípulos tinham ido ao povoado comprar comida.

⁹A mulher ficou surpresa, pois os judeus se recusam a ter qualquer contato com os samaritanos. "Você é judeu, e eu sou uma mulher samaritana", disse ela a Jesus. "Como é que me pede água para beber?"

¹⁰Jesus respondeu: "Se ao menos você soubesse que presente Deus tem para você e com quem está falando, você me pediria e eu lhe daria água viva".

¹¹"Mas você não tem corda nem balde, e o poço é muito fundo", disse ela. "De onde tiraria essa água viva? ¹²Além do mais, você se considera mais importante que nosso antepassado Jacó, que nos deu este poço? Como pode oferecer água melhor que esta que Jacó, seus filhos e seus animais bebiam?"

¹³Jesus respondeu: "Quem bebe desta água logo terá sede outra vez, ¹⁴mas quem bebe da água que eu dou nunca mais terá sede. Ela se torna uma fonte que brota dentro dele e lhe dá a vida eterna".

¹⁵"Por favor, senhor, dê-me dessa água!", disse a mulher. "Assim eu nunca mais terei sede nem precisarei vir aqui para tirar água."

¹⁶"Vá buscar seu marido", disse Jesus.

¹⁷"Não tenho marido", respondeu a mulher.

Jesus disse: "É verdade. Você não tem marido, ¹⁸pois teve cinco maridos e não é casada com o homem com quem vive agora. Certamente você disse a verdade".

¹⁹"O senhor deve ser profeta", disse a mulher. ²⁰"Então diga-me: por que os judeus insistem que Jerusalém é o único lugar de adoração, enquanto nós, os samaritanos, afirmamos que é aqui, no monte Gerizim,[c] onde nossos antepassados adoraram?"

²¹Jesus respondeu: "Creia em mim, mulher, está chegando a hora em que já não importará se você adora o Pai neste monte ou em Jerusalém. ²²Vocês, samaritanos, sabem muito pouco a respeito daquele a quem adoram. Nós adoramos com conhecimento, pois a salvação vem por meio dos judeus. ²³Mas está chegando a hora, e de fato já chegou, em que os verdadeiros adoradores adorarão o Pai em espírito e em verdade.[d] O Pai procura pessoas que o adorem desse modo. ²⁴Pois Deus é Espírito, e é necessário que seus adoradores o adorem em espírito e em verdade".

²⁵A mulher disse: "Eu sei que o Messias (aquele que é chamado Cristo) virá. Quando vier, ele nos explicará tudo".

²⁶Então Jesus lhe disse: "Sou eu, o que fala com você!"

---

[a] 3.31 Alguns manuscritos não trazem *e é superior a todos*. [b] 4.1 Alguns manuscritos trazem *O Senhor*. [c] 4.20 Em grego, *neste monte*. [d] 4.23 Ou *no Espírito e em verdade*, ou *de maneira verdadeiramente espiritual*; também em 4.24.

²⁷Naquele momento, seus discípulos voltaram. Ficaram surpresos de encontrá-lo falando com uma mulher, mas nenhum deles se atreveu a perguntar: "O que o senhor quer?" ou "Por que conversa com ela?". ²⁸A mulher deixou sua vasilha de água junto ao poço e correu de volta para o povoado, dizendo a todos: ²⁹"Venham ver um homem que me disse tudo que eu já fiz na vida! Será que não é ele o Cristo?". ³⁰Então as pessoas saíram do povoado para vê-lo.

³¹Enquanto isso, os discípulos insistiam com Jesus: "Rabi, coma alguma coisa".

³²Ele, porém, respondeu: "Eu tenho um tipo de alimento que vocês não conhecem".

³³Os discípulos perguntaram uns aos outros: "Será que alguém lhe trouxe comida?".

³⁴Então Jesus explicou: "Meu alimento consiste em fazer a vontade daquele que me enviou e em terminar a sua obra. ³⁵Vocês não costumam dizer: 'Ainda faltam quatro meses para a colheita'? Mas eu lhes digo: despertem e olhem em volta. Os campos estão maduros para a colheita. ³⁶Os que colhem já recebem salário, e os frutos que ajuntam são as pessoas que passam a ter a vida eterna. Que alegria espera tanto o que semeia como o que colhe! ³⁷Vocês conhecem o ditado: 'Um semeia e outro colhe'. E é verdade. ³⁸Eu envio vocês para colher onde não semearam; outros realizaram o trabalho, e agora vocês ajuntarão a colheita".

Muitos samaritanos creem
³⁹Muitos samaritanos do povoado creram em Jesus por causa daquilo que a mulher relatou: "Ele me disse tudo que eu já fiz!". ⁴⁰Quando saíram para vê-lo, insistiram que ficasse no povoado. Jesus permaneceu ali dois dias, ⁴¹e muitos outros ouviram sua palavra e creram. ⁴²Então disseram à mulher: "Agora cremos, não apenas por causa do que você nos contou, mas porque nós mesmos o ouvimos. Agora sabemos que ele é, de fato, o Salvador do mundo".

Jesus cura o filho de um oficial
⁴³Depois daqueles dois dias, Jesus partiu para a Galileia. ⁴⁴Ele mesmo tinha dito que um profeta não é honrado em sua própria terra. ⁴⁵Mas, uma vez que os galileus haviam estado em Jerusalém para a festa da Páscoa e visto tudo que Jesus fizera, eles o receberam.

⁴⁶Enquanto Jesus viajava pela Galileia, chegou a Caná, onde tinha transformado água em vinho. Perto dali, em Cafarnaum, havia um oficial do governo cujo filho estava muito doente. ⁴⁷Quando soube que Jesus viera da Judeia para a Galileia, foi até ele e suplicou que fosse a Cafarnaum para curar seu filho, que estava à beira da morte.

⁴⁸Jesus exclamou: "Jamais crerão, a menos que vejam sinais e maravilhas!".

⁴⁹O oficial implorou: "Senhor, por favor, venha antes que meu filho morra".

⁵⁰"Volte!", disse Jesus. "Seu filho viverá." O homem creu nas palavras de Jesus e partiu para casa.

⁵¹Enquanto estava a caminho, alguns de seus servos vieram a seu encontro com a notícia de que seu filho estava vivo e bem. ⁵²Ele perguntou quando o menino havia começado a

---

4.31-38 Quão condescendentemente nosso Senhor se aprofunda nesta expressão! Ele sequer diz: "Meu alimento consiste em fazer a vontade do meu Pai". Ele toma uma posição mais inferior do que a de filho e se preocupa principalmente com Sua missão, o serviço e a absorção na vontade de Deus que ela envolvia. Ele encontra Seu refrigério em ser o oficial comissionado de Deus e na execução dessa comissão. Ao ser um servo, obedecendo o querer de outro e fazendo o trabalho, Ele se sente tão à vontade, que só em pensar nisso sente-se revigorado. Outros foram revigorados ganhando honra para si mesmos; nosso Senhor é revigorado deixando essa honra de lado. A mente carnal encontra sua comida e bebida na vontade própria, mas Cristo ao fazer a vontade de Deus. [...] É assim com você, meu ouvinte: terá seu próprio modo e será seu próprio senhor e mestre? Você se alimenta de vento. É muito vazio o que procura, e, por fim, sua fome o devorará. Mas ó, cristão, você já provou o plano do seu Senhor? Já tomou o jugo de seu Senhor sobre si e aprendeu dele? Assim é que encontrará descanso para a sua alma. Não em si mesmo, mas na autoentrega, há plenitude para o coração. Você não deve mais viver para si mesmo, porque não se pertence, mas é servo daquele que o comprou por preço; e encontrará paz tomando seu próprio lugar. Seu trabalho de vida doravante não é uma escolha sua, mas o trabalho que o seu grande Senhor e Mestre escolheu para você. Os servos colocam suas vontades de lado e fazem o que são ordenados a fazer. Quando um homem entra completamente nessa condição, garanto que ele será revigorado por isso.

melhorar, e eles responderam: "Ontem à tarde, à uma hora, a febre subitamente desapareceu!". ⁵³Então o pai percebeu que havia sido naquele exato momento que Jesus tinha dito: "Seu filho viverá". E o oficial e todos de sua casa creram em Jesus. ⁵⁴Esse foi o segundo sinal que Jesus realizou na Galileia, depois que veio da Judeia.

Jesus cura um homem no sábado

5 Depois disso, Jesus voltou a Jerusalém para uma das festas religiosas dos judeus. ²Dentro da cidade, junto à porta das Ovelhas, ficava o tanque de Betesda,ª com cinco pátios cobertos. ³Ficavam ali cegos, mancos e paralíticos, uma multidão de enfermos, esperando um movimento da água, ⁴pois um anjo do Senhor descia de vez em quando e agitava a água. O primeiro que entrava no tanque após a água ser agitada era curado de qualquer enfermidade que tivesse.ᵇ ⁵Um dos homens ali estava doente havia 38 anos. ⁶Quando Jesus o viu e soube que estava enfermo por tanto tempo, perguntou-lhe: "Você gostaria de ser curado?".

⁷O homem respondeu: "Não consigo, senhor, pois não tenho quem me coloque no tanque quando a água se agita. Alguém sempre chega antes de mim".

⁸Jesus lhe disse: "Levante-se, pegue sua maca e ande!".

⁹No mesmo instante, o homem ficou curado. Ele pegou sua maca e começou a andar. Uma vez que esse milagre aconteceu no sábado, ¹⁰os líderes judeus disseram ao homem que havia sido curado: "Hoje é sábado! A lei não permite que você carregue essa maca!".

¹¹Mas ele respondeu: "O homem que me curou disse: 'Pegue sua maca e ande'".

¹²"Quem foi que lhe disse uma coisa dessas?", perguntaram eles.

¹³O homem não sabia, pois Jesus havia desaparecido no meio da multidão. ¹⁴Mais tarde, Jesus o encontrou no templo e lhe disse: "Agora você está curado; deixe de pecar, para que *nada pior lhe aconteça*". ¹⁵O homem foi até os líderes judeus e lhes disse que tinha sido Jesus quem o havia curado.

Jesus afirma ser o Filho de Deus

¹⁶Então os líderes judeus começaram a perseguir Jesus por não respeitar as regras do sábado. ¹⁷Jesus, porém, disse: "Meu Pai sempre trabalha, e eu também". ¹⁸Assim, os líderes judeus se empenharam ainda mais em encontrar um modo de matá-lo, pois ele não apenas violava o sábado, mas afirmava que Deus era seu Pai e, portanto, se igualava a Deus.

¹⁹Jesus respondeu: "Eu lhes digo a verdade: o Filho não pode fazer coisa alguma por sua própria conta. Ele faz apenas o que vê o Pai fazer. Aquilo que o Pai faz, o Filho também faz. ²⁰Pois o Pai ama o Filho e lhe mostra tudo que faz. Na verdade, o Pai lhe mostrará obras ainda maiores que estas, para que vocês fiquem admirados. ²¹Pois assim como o Pai dá vida àqueles que ele ressuscita dos mortos, também o Filho dá vida a quem ele quer. ²²Além disso, o Pai não julga ninguém, mas deu ao Filho autoridade absoluta para julgar, ²³para que todos honrem o Filho como honram o Pai. Quem não honra o Filho certamente não honra o Pai, que o enviou.

²⁴"Eu lhes digo a verdade: quem ouve minha mensagem e crê naquele que me enviou tem a vida eterna. Jamais será condenado, mas já passou da morte para a vida.

²⁵"E eu lhes asseguro que está chegando a hora, e de fato já chegou, em que os mortos ouvirão minha voz, a voz do Filho de Deus. E aqueles que a ouvirem viverão. ²⁶O Pai tem a vida em si mesmo, e concedeu a seu Filho igual poder de dar vida, ²⁷e lhe deu autoridade para julgar a todos, porque ele é o Filho do Homem. ²⁸Não fiquem tão surpresos! Na verdade, vem o tempo em que todos os mortos ouvirão, em seus túmulos, a voz do Filho de Deus ²⁹e ressuscitarão. Aqueles que fizeram o bem ressuscitarão para terem vida eterna, e aqueles que continuaram a fazer o mal ressuscitarão para serem julgados. ³⁰Não posso fazer coisa alguma por minha própria conta. Julgo conforme aquilo que Deus me diz. Logo, meu julgamento é justo, pois não faço minha própria vontade, mas a vontade do Pai, que me enviou."

ª**5.2** Alguns manuscritos trazem *Bet-zata*; outros, *Betsaida*. ᵇ**5.3-4** Alguns manuscritos não trazem a frase *esperando um movimento da água* e todo o versículo 4.

Testemunhas de Jesus

³¹"Se eu testemunhasse a respeito de mim mesmo, meu testemunho não seria válido. ³²Mas há outro que também testemunha sobre mim, e eu lhes asseguro que tudo que ele diz a meu respeito é verdadeiro. ³³Vocês enviaram investigadores para ouvir João, e o testemunho dele sobre mim é verdadeiro. ³⁴Claro que não tenho necessidade alguma de testemunhas humanas, mas digo estas coisas para que vocês sejam salvos. ³⁵João era como uma lâmpada que queimava e brilhava e, por algum tempo, vocês se empolgaram com a mensagem dele. ³⁶Mas eu tenho um testemunho maior que o de João: as obras que realizo. O Pai me deu essas obras para concluir, e elas provam que ele me enviou. ³⁷E o Pai, que me enviou, testemunhou, ele próprio, a meu respeito. Vocês nunca ouviram sua voz, nem o viram pessoalmente, ³⁸e não têm sua mensagem no coração, pois não creem em mim, aquele que foi enviado por ele.

³⁹"Vocês estudam minuciosamente as Escrituras porque creem que elas lhes dão vida eterna. Mas as Escrituras apontam para mim! ⁴⁰E, no entanto, vocês se recusam a vir a mim para receber essa vida.

⁴¹"Sua aprovação não vale nada para mim, ⁴²pois eu sei que o amor a Deus não está em vocês. ⁴³Eu vim em nome de meu Pai, e vocês me rejeitaram. Se outro vier em seu próprio nome, vocês o receberão. ⁴⁴Não é de admirar que não possam crer, pois vocês honram uns aos outros, mas não se importam com a honra que vem do único Deus![a]

⁴⁵"Mas não sou eu quem os acusará diante do Pai. Moisés os acusará! Sim, Moisés, em quem vocês põem sua esperança. ⁴⁶Se cressem, de fato, em Moisés, creriam em mim, pois ele escreveu a meu respeito. ⁴⁷Contudo, uma vez que não creem naquilo que ele escreveu, como crerão no que eu digo?".

A primeira multiplicação dos pães

6 Depois disso, Jesus atravessou o mar da Galileia, conhecido também como mar de Tiberíades. ²Uma grande multidão o seguia por toda parte, pois tinham visto os sinais que ele havia realizado ao curar os enfermos. ³Então Jesus subiu a um monte e sentou-se com seus discípulos. ⁴Era quase tempo da festa judaica da Páscoa. ⁵Jesus logo viu uma grande multidão que vinha a seu encontro. Voltando-se para Filipe, perguntou: "Onde podemos comprar pão para alimentar toda essa gente?". ⁶Disse isso para pôr Filipe à prova, pois já sabia o que ia fazer.

⁷Filipe respondeu: "Mesmo que trabalhássemos vários meses, não teríamos dinheiro suficiente[b] para dar alimento a todos!".

⁸Então um de seus discípulos, André, irmão de Simão Pedro, falou: ⁹"Aqui está um rapaz com cinco pães de cevada e dois peixes. Mas que adianta isso para tanta gente?".

¹⁰Jesus respondeu: "Digam ao povo que se sente". Todos se sentaram na grama que cobria o monte. Só os homens eram cerca de cinco mil. ¹¹Então Jesus tomou os pães, agradeceu a Deus e os repartiu entre o povo. Em seguida, fez o mesmo com os peixes. E todos comeram à vontade. ¹²Depois que todos estavam satisfeitos, Jesus disse a seus discípulos: "Agora juntem os pedaços que sobraram, para que nada se desperdice". ¹³Eles juntaram o que restou e encheram doze cestos com as sobras.

¹⁴Quando o povo viu Jesus fazer esse sinal, exclamou: "Sem dúvida ele é o profeta que haveria de vir ao mundo!".[c] ¹⁵Jesus sabia que pretendiam obrigá-lo a ser rei deles, de modo que se retirou, sozinho, para o monte.

Jesus anda sobre o mar

¹⁶Ao entardecer, os discípulos de Jesus desceram à praia, ¹⁷entraram no barco e atravessaram o mar em direção a Cafarnaum. Quando escureceu, porém, Jesus ainda não tinha vindo se encontrar com eles. ¹⁸Logo, um vento forte veio sobre eles, e o mar ficou muito agitado. ¹⁹Depois de remarem cinco ou seis quilômetros,[d] de repente viram Jesus caminhando sobre o mar, em direção ao barco. Ficaram aterrorizados, ²⁰mas ele lhes disse: "Sou eu! Não tenham medo". ²¹Eles o receberam no barco e, logo em seguida, chegaram a seu destino.

---

[a] **5.44** Alguns manuscritos trazem *do único.* [b] **6.7** Em grego, *200 denários não seriam suficientes.* Um denário equivalia ao salário de um dia de trabalho. [c] **6.14** Ver Dt 18.15,18; Ml 4.5-6. [d] **6.19** Em grego, *25 ou 30 estádios.*

Jesus, o pão da vida

²²No dia seguinte, a multidão que tinha ficado do outro lado do mar viu que os discípulos haviam pegado o único barco dali e que Jesus não fora com eles. ²³Alguns barcos de Tiberíades se aproximaram do lugar onde o povo tinha comido os pães depois que o Senhor os abençoou. ²⁴Quando a multidão viu que nem Jesus nem os discípulos estavam ali, todos entraram nos barcos e atravessaram para Cafarnaum, a fim de procurá-lo. ²⁵Encontraram-no do outro lado do mar e lhe perguntaram: "Rabi, quando o senhor chegou aqui?".

²⁶Jesus respondeu: "Eu lhes digo a verdade: vocês querem estar comigo não porque entenderam os sinais, mas porque lhes dei alimento. ²⁷Não se preocupem tanto com coisas que se estragam, como a comida, mas usem suas energias buscando o alimento que permanece para a vida eterna, o qual o Filho do Homem pode lhes dar. Pois Deus, o Pai, colocou em mim seu selo de aprovação".

²⁸"Nós também queremos realizar as obras de Deus", disseram eles. "O que devemos fazer?"

²⁹Jesus lhes disse: "Esta é a única obra que Deus quer de vocês: creiam naquele que ele enviou".

³⁰Eles responderam: "Se deseja que creiamos no senhor, mostre-nos um sinal. O que o senhor pode fazer? ³¹Afinal, nossos antepassados comeram maná no deserto! As Escrituras dizem: 'Moisés lhes deu de comer pão do céu'".ᵃ

³²Jesus disse: "Eu lhes digo a verdade: não foi Moisés quem lhes deu pão do céu. É meu Pai quem dá o verdadeiro pão do céu a vocês. ³³O verdadeiro pão de Deus é aquele que desce do céu e dá vida ao mundo".

³⁴"Senhor, dê-nos desse pão todos os dias", disseram eles.

³⁵Jesus respondeu: "Eu sou o pão da vida. Quem vem a mim nunca mais terá fome. Quem crê em mim nunca mais terá sede. ³⁶Mas vocês não creram em mim, embora me tenham visto. ³⁷Contudo, aqueles que o Pai me dá virão a mim, e eu jamais os rejeitarei. ³⁸Pois desci do céu para fazer a vontade daquele que me enviou, e não minha própria vontade. ³⁹E esta é a vontade de Deus: que eu não perca um sequer de todos que ele me deu, mas que ressuscite todos no último dia. ⁴⁰Pois é a vontade de meu Pai que todo aquele que olhar para o Filho e nele crer tenha a vida eterna. E eu o ressuscitarei no último dia".

⁴¹Então os judeus começaram a criticá-lo, pois ele havia afirmado: "Eu sou o pão que desceu do céu". ⁴²Diziam: "Este não é Jesus, filho de José? Conhecemos seu pai e sua mãe. Como ele pode dizer: 'Desci do céu?'".

⁴³Jesus, porém, respondeu: "Parem de me criticar. ⁴⁴Pois ninguém pode vir a mim se o Pai, que me enviou, não o trouxer a mim; e no último dia eu o ressuscitarei. ⁴⁵Como dizem as Escrituras:ᵇ 'Todos eles serão ensinados por Deus'. Todo aquele que ouve o Pai e aprende dele vem a mim. ⁴⁶Não que alguém tenha visto o Pai; somente eu, que fui enviado por Deus, o vi.

⁴⁷"Eu lhes digo a verdade: quem crê tem a vida eterna. ⁴⁸Sim, eu sou o pão da vida! ⁴⁹Seus antepassados comeram maná no deserto, mas morreram; ⁵⁰quem comer o pão do céu, no entanto, jamais morrerá. ⁵¹Eu sou o pão vivo que desceu do céu. Quem comer deste pão viverá para sempre; e este pão, que eu oferecerei para que o mundo viva, é a minha carne".

⁵²Então os judeus começaram a discutir entre si a respeito do que ele queria dizer. "Como pode esse homem nos dar sua carne para comer?", perguntavam.

⁵³Então Jesus disse novamente: "Eu lhes digo a verdade: se vocês não comerem a carne do Filho do Homem e não beberem o seu sangue, não terão a vida em si mesmos. ⁵⁴Mas

---

ᵃ **6.31** Êx 16.4; Sl 78.24. ᵇ **6.45** Em grego, *os profetas*. Is 54.13.

6.53-56 *Na alimentação saudável, há prazer.* Nenhuma pessoa saudável precisa ser açoitada para que seja convencida a comer, pois o paladar é consciente do contentamento enquanto nos alimentamos. E, verdadeiramente, ao alimentar-se de Jesus, há uma doçura deliciosa que permeia toda a alma. Suas guloseimas são excelentes! Nada pode deliciar mais os banqueteiros imortais do que Jesus delicia os crentes! Ele sacia a alma; mil Céus são provados no corpo e no sangue do Salvador. Se alguma vez você perder o seu prazer

quem come minha carne e bebe meu sangue terá a vida eterna, e eu o ressuscitarei no último dia. ⁵⁵Pois minha carne é a verdadeira comida, e meu sangue é a verdadeira bebida. ⁵⁶Quem come minha carne e bebe meu sangue permanece em mim, e eu nele. ⁵⁷Eu vivo por causa do Pai, que vive e me enviou; da mesma forma, quem se alimenta de mim viverá por minha causa. ⁵⁸Eu sou o verdadeiro pão que desceu do céu. Seus antepassados comeram maná e morreram; quem comer este pão não morrerá, mas viverá para sempre".

⁵⁹Ele disse essas coisas quando ensinava na sinagoga de Cafarnaum.

Muitos discípulos abandonam Jesus
⁶⁰Muitos de seus discípulos disseram: "Sua mensagem é dura. Quem é capaz de aceitá-la?".

⁶¹Jesus, sabendo que seus discípulos reclamavam, disse: "Isso os ofende? ⁶²Então o que pensarão se virem o Filho do Homem subir ao céu, onde estava antes? ⁶³Somente o Espírito dá vida. A natureza humana não realiza coisa alguma.ᵃ E as palavras que eu lhes disse são espírito e vida. ⁶⁴Mas alguns de vocês não creem em mim". Pois Jesus sabia, desde o princípio, quem não acreditava nele e quem iria traí-lo. ⁶⁵E acrescentou: "Por isso eu disse que ninguém pode vir a mim a menos que o Pai o dê a mim".

⁶⁶Nesse momento, muitos de seus discípulos se afastaram dele e o abandonaram. ⁶⁷Então Jesus se voltou para os Doze e perguntou: "Vocês também vão embora?".

⁶⁸Simão Pedro respondeu: "Senhor, para quem iremos? O senhor tem as palavras da vida eterna. ⁶⁹Nós cremos e sabemos que o senhor é o Santo de Deus".ᵇ

⁷⁰Então Jesus disse: "Eu escolhi vocês doze, mas um de vocês é um diabo". ⁷¹Ele se referia a Judas, filho de Simão Iscariotes, um dos Doze, que mais tarde o trairia.

Jesus e seus irmãos
7 Depois disso, Jesus viajou pela Galileia. Queria ficar longe da Judeia, onde os líderes judeus planejavam sua morte. ²Logo, porém, chegou o tempo da celebração judaica chamada Festa das Cabanas, ³e os irmãos de Jesus lhe disseram: "Saia daqui e vá à Judeia, onde seus seguidores poderão ver os milagres que realiza. ⁴Você não se tornará famoso escondendo-se dessa forma. Se você pode fazer coisas tão maravilhosas, mostre-se ao mundo!". ⁵Pois nem mesmo seus irmãos criam nele.

⁶Jesus respondeu: "Agora não é o momento certo de eu ir, mas vocês podem ir a qualquer hora. ⁷O mundo não pode odiá-los, mas a mim ele odeia, pois eu o acuso de fazer o mal. ⁸Vão vocês. Eu aindaᶜ não irei a essa festa, pois meu tempo ainda não chegou". ⁹Tendo dito isso, permaneceu na Galileia.

Jesus ensina abertamente no templo
¹⁰Contudo, depois que seus irmãos partiram para a festa, ele também foi, mas em segredo, permanecendo distante dos olhos do público. ¹¹Os líderes judeus tentavam encontrá-lo na festa e perguntavam se alguém o tinha visto. ¹²Havia muita discussão a seu respeito entre as multidões. Alguns afirmavam: "Ele é um homem bom", enquanto outros diziam: "Ele não passa de um impostor, que engana o povo". ¹³Mas ninguém tinha coragem de falar sobre ele em público, por medo dos líderes judeus.

ᵃ**6.63** Em grego, *A carne para nada aproveita.* ᵇ**6.69** Alguns manuscritos trazem *o senhor é o Cristo, o Santo de Deus*; outros, *o senhor é o Cristo, o Filho de Deus*; e ainda outros, *o senhor é o Cristo, o Filho do Deus vivo.* ᶜ**7.8** Alguns manuscritos não trazem *ainda*.

---

por Cristo, tenha a certeza de que não estará saudável; não pode haver sinal mais seguro de um triste estado de coração do que não se deleitar no Senhor Jesus Cristo; mas quando Ele for muito doce ao seu gosto; quando mesmo uma palavra sobre Ele, como uma gota do favo de mel, cai docemente em sua língua — então não há muito problema com você — seu coração está sadio em essência! Mesmo que você se sinta fraco, é uma fraqueza da natureza, e não um fracasso da graça! E se você se sentir doente, se for a doença por Aquele a quem sua alma ama, é uma doença da qual seria bom morrer!

A hora de comer para os nossos corpos vêm várias vezes por dia — então tome cuidado para que você participe da carne e do sangue de Jesus com frequência. Não fique satisfeito com o que recebeu ontem de Jesus, mas volte a receber o Senhor hoje; não viva em função de comunhão e experiências passadas, mas vá a Jesus *toda hora*, e não se contente até que Ele o encha novamente com Seu amor.

¹⁴Então, na metade da festa, Jesus subiu ao templo e começou a ensinar. ¹⁵Os judeus que estavam ali ficaram admirados ao ouvi-lo. "Como ele sabe tanto sem ter estudado?", perguntavam.

¹⁶Jesus lhes respondeu: "Minha mensagem não vem de mim mesmo; vem daquele que me enviou. ¹⁷Quem quiser fazer a vontade de Deus saberá se meu ensino vem dele ou se falo por mim mesmo. ¹⁸Aquele que fala por si mesmo busca sua própria glória, mas quem procura honrar aquele que o enviou diz a verdade, e não mentiras. ¹⁹Moisés lhes deu a lei, mas nenhum de vocês obedece a ela. Então por que procuram me matar?".

²⁰A multidão respondeu: "Você está possuído por demônio! Quem procura matá-lo?".

²¹Jesus respondeu: "Eu fiz um milagre no sábado, e vocês ficaram admirados. ²²No entanto, vocês também trabalham no sábado quando obedecem à lei da circuncisão que Moisés lhes deu, embora, na verdade, a circuncisão tenha começado com os patriarcas, muito antes da lei de Moisés. ²³Pois, se o tempo certo de circuncidar seu filho cai no sábado, vocês realizam a cerimônia, a fim de não quebrar a lei de Moisés. Então por que ficam indignados comigo pelo fato de eu curar um homem no sábado? ²⁴Não julguem de acordo com as aparências, mas julguem de maneira justa".

Jesus é o Messias?

²⁵Alguns do povo, que moravam em Jerusalém, começaram a perguntar uns aos outros: "Não é este o homem a quem procuram matar? ²⁶Aqui está ele, porém, falando em público, e não lhe dizem coisa alguma. Será que nossos líderes acreditam que ele é o Cristo? ²⁷Mas como pode ser este homem? Sabemos de onde ele vem. Quando o Cristo vier, ninguém saberá de onde ele é".

²⁸Enquanto ensinava no templo, Jesus disse em alta voz: "Sim, vocês me conhecem e sabem de onde eu venho. Mas não estou aqui por *minha própria conta*. Aquele que me enviou é verdadeiro, e vocês não o conhecem. ²⁹Mas eu o conheço, porque venho dele, e ele me enviou a vocês". ³⁰Então tentaram prendê-lo, mas ninguém pôs as mãos nele, porque ainda não havia chegado sua hora.

³¹Muitos entre as multidões no templo creram nele e diziam: "Afinal, alguém espera que o Cristo faça mais sinais do que este homem tem feito?".

³²Quando os fariseus ouviram que as multidões sussurravam essas coisas, eles e os principais sacerdotes enviaram guardas do templo para prendê-lo. ³³Jesus, porém, lhes disse: "Estarei com vocês só um pouco mais. Então voltarei para aquele que me enviou. ³⁴Vocês procurarão por mim, mas não me encontrarão. E não poderão ir para onde eu vou".

³⁵Os judeus se perguntavam: "Para onde ele pretende ir? Será que planeja partir e ir aos judeus em outras terras?ᵃ Talvez até ensine aos gregos! ³⁶O que ele quer dizer quando fala: 'Vocês procurarão por mim, mas não me encontrarão' e 'Não poderão ir para onde eu vou'?".

Jesus promete água viva

³⁷No último dia, o mais importante da festa, Jesus se levantou e disse em alta voz: "Quem tem sede, venha a mim e beba! ³⁸Pois as Escrituras declaram: 'Rios de água viva brotarão do interior de quem crer em mim'". ³⁹Quando ele falou de "água viva", estava se referindo ao Espírito que seria dado mais tarde a todos que nele cressem. Naquela ocasião o Espírito ainda não tinha sido dado, pois Jesus ainda não havia sido glorificado.

Divisão e descrença

⁴⁰Quando as multidões o ouviram dizer isso, alguns declararam: "Certamente este homem é o profeta por quem esperávamos".ᵇ ⁴¹Outros afirmaram: "Ele é o Cristo". E ainda outros disseram: "Não é possível! O Cristo virá da Galileia? ⁴²As Escrituras afirmam claramente que o Cristo nascerá da linhagem real de Davi, em Belém, o povoado onde o rei Davi nasceu".ᶜ ⁴³Assim, a multidão estava dividida a respeito de Jesus. ⁴⁴Alguns queriam que ele fosse preso, mas ninguém pôs as mãos nele.

⁴⁵Quando os guardas do templo voltaram sem ter prendido Jesus, os principais sacerdotes e fariseus perguntaram: "Por que vocês não o trouxeram?".

ᵃ **7.35** Ou *aos judeus que vivem entre os gregos*? ᵇ **7.40** Ver Dt 18.15,18; Ml 4.5-6. ᶜ **7.42** Ver Mq 5.2.

⁴⁶"Nunca ouvimos alguém falar como ele!", responderam.
⁴⁷"Vocês também foram enganados?", zombaram os fariseus. ⁴⁸"Por acaso um de nós que seja, entre os líderes ou fariseus, crê nele? ⁴⁹As multidões ignorantes o seguem, mas elas não têm conhecimento da lei. São amaldiçoadas!"
⁵⁰Então Nicodemos, o líder que antes havia se encontrado com Jesus, perguntou: ⁵¹"A lei permite condenar um homem antes mesmo de haver uma audiência?".
⁵²"Você também é da Galileia?", responderam eles. "Procure e veja por si mesmo: nenhum profeta vem da Galileia!"
⁵³Então todos foram para casa.ª

Uma mulher é pega em adultério

8 Jesus voltou ao monte das Oliveiras, ²mas na manhã seguinte, bem cedo, estava outra vez no templo. Logo se reuniu uma multidão, e ele se sentou e a ensinou. ³Então os mestres da lei e os fariseus lhe trouxeram uma mulher pega em adultério e a colocaram diante da multidão.
⁴"Mestre, esta mulher foi pega no ato de adultério", disseram eles a Jesus. ⁵"A lei de Moisés ordena que ela seja apedrejada. O que o senhor diz?"
⁶Procuravam apanhá-lo numa armadilha, ao fazê-lo dizer algo que pudessem usar contra ele. Jesus, porém, apenas se inclinou e começou a escrever com o dedo na terra. ⁷Eles continuaram a exigir uma resposta, de modo que ele se levantou e disse: "Aquele de vocês que nunca pecou atire a primeira pedra". ⁸Então inclinou-se novamente e voltou a escrever na terra.
⁹Quando ouviram isso, foram saindo, um de cada vez, começando pelos mais velhos, até que só restaram Jesus e a mulher no meio da multidão. ¹⁰Então Jesus se levantou de novo e disse à mulher: "Onde estão seus acusadores? Nenhum deles a condenou?".
¹¹"Não, Senhor", respondeu ela.
E Jesus disse: "Eu também não a condeno. Vá e não peque mais".

Jesus, a luz do mundo

¹²Jesus voltou a falar ao povo e disse: "Eu sou a luz do mundo. Se vocês me seguirem, não andarão no escuro, pois terão a luz da vida".
¹³Os fariseus disseram: "Você faz essas declarações a respeito de si mesmo! Seu testemunho não é válido".
¹⁴Jesus respondeu: "Meu testemunho é válido, embora eu mesmo o dê, pois eu sei de onde vim e para onde vou, mas vocês não sabem de onde vim nem para onde vou. ¹⁵Vocês julgam por padrões humanos, mas eu não julgo ninguém. ¹⁶E, mesmo que o fizesse, meu julgamento seria correto, pois não estou sozinho. O Pai, que me enviou, está comigo. ¹⁷A lei de vocês diz que, se duas pessoas concordarem sobre alguma coisa, seu testemunho é aceito como fato.ᵇ ¹⁸Eu sou uma testemunha, e meu Pai, que me enviou, é a outra".
¹⁹"Onde está seu Pai?", perguntaram eles.

ª**7.53** Alguns manuscritos não trazem os versículos 7.53—8.11. ᵇ**8.17** Ver Dt 19.15.

8.12 Ó, amados, a luz de Cristo brilha mais forte na cruz! Alguém o chamou de farol do mar deste mundo. Então, que seja. Este é o farol que lança seus feixes de luz nas águas escuras da culpa e da miséria humanas, adverte os homens sobre as rochas e os guia para o refúgio. Um Salvador! Deus em carne humana! Aquele que os profetas previram: "Vejam, aí vem um rei justo", aparece como o símbolo divino o representou — "um Cordeiro morto". Olhem para Ele derramando o Seu precioso sangue para expiar os pecados dos homens! Nunca tal luz brilhou na lei e nos profetas! Nunca tal luz iluminou a fé e a esperança de corações puros! Nunca tal luz irradiou o arrependimento e a conversão através dos quais os pecadores são recuperados! Veja o Sol à medida que Ele sai da Sua câmara e se alegra em terminar o Seu curso! Aquele, diante de cujos olhos Jesus Cristo foi evidentemente declarado crucificado, viu uma luz que brilha mais do que todo o esplendor terrestre! O pecado e a tristeza, a vergonha e a sentença, todos desaparecem quando vemos o Redentor morrer por nós! E, se escuridão da Sua morte, pode-se extrair tanto conforto, o que devemos dizer quando ressuscitou dos mortos? Seu sepulcro escuro reflete a glória agora que Ele se levantou dos mortos! A mortalha, o alvião e o túmulo estão despojados de seus terrores —

> Não há mais um necrotério para cercar
> As relíquias da perdida inocência,
> Uma abóbada de ruína e decadência —
> A pedra que aprisiona é feita rolar.

Jesus respondeu: "Uma vez que vocês não sabem quem sou eu, não sabem quem é meu Pai. Se vocês me conhecessem, também conheceriam meu Pai". ²⁰Jesus fez essas declarações enquanto ensinava na parte do templo onde eram colocadas as ofertas. No entanto, não foi preso, pois ainda não havia chegado sua hora.

O povo incrédulo é advertido

²¹Mais tarde, Jesus lhes disse outra vez: "Eu vou embora. Vocês procurarão por mim, mas morrerão em seus pecados. Não podem ir para onde eu vou".

²²Os judeus perguntaram: "Será que ele está planejando cometer suicídio? A que ele se refere quando diz: 'Não podem ir para onde eu vou'?".

²³Jesus prosseguiu: "Vocês são daqui de baixo; eu sou lá de cima. Vocês pertencem a este mundo; eu não. ²⁴Foi por isso que eu disse que vocês morrerão em seus pecados, pois a menos que creiam que eu sou lá de cima, morrerão em seus pecados".

²⁵"Quem é você?", perguntaram eles.

Jesus respondeu: "Sou aquele que sempre afirmei ser. ²⁶Tenho muito que dizer e julgar a respeito de vocês, mas não o farei. Digo ao mundo apenas o que ouvi daquele que me enviou, e ele é inteiramente verdadeiro". ²⁷Ainda assim, não entenderam que ele lhes falava a respeito do Pai.

²⁸Então Jesus disse: "Quando vocês me levantarem, entenderão que eu sou o Filho do Homem. Não faço coisa alguma por minha própria conta; digo apenas o que o Pai me ensinou. ²⁹E aquele que me enviou está comigo; ele não me abandonou, pois sempre faço o que lhe agrada". ³⁰Muitos que o ouviram dizer essas coisas creram nele.

Jesus e Abraão

³¹Jesus disse aos judeus que creram nele: "Vocês são verdadeiramente meus discípulos se permanecerem fiéis a meus ensinamentos. ³²Então conhecerão a verdade, e a verdade os libertará".

³³"Mas somos *descendentes de Abraão*", disseram eles. "Nunca fomos escravos de ninguém. O que quer dizer com 'Vocês serão libertos'?"

³⁴Jesus respondeu: "Eu lhes digo a verdade: todo o que peca é escravo do pecado. ³⁵O escravo não é membro permanente da família, mas o filho faz parte da família, para sempre. ³⁶Portanto, se o Filho os libertar, vocês serão livres de fato. ³⁷Sim, eu sei que vocês são descendentes de Abraão. E, no entanto, procuram me matar, pois não há lugar em seu coração para a minha mensagem. ³⁸Eu lhes digo o que vi quando estava com meu Pai, mas vocês seguem o conselho do pai de vocês".

³⁹"Nosso pai é Abraão!", declararam eles.

Jesus respondeu: "Se vocês fossem, de fato, filhos de Abraão, seguiriam o exemplo dele.[a] ⁴⁰Em vez disso, procuram me matar porque eu lhes disse a verdade que ouvi de Deus. Abraão nunca fez isso. ⁴¹Vocês estão imitando seu verdadeiro pai".

"Não somos filhos ilegítimos!", retrucaram. "O próprio Deus é nosso verdadeiro Pai!"

⁴²Jesus lhes disse: "Se Deus fosse seu Pai, vocês me amariam, porque eu venho até vocês da parte de Deus. Não estou aqui por minha própria conta, mas ele me enviou. ⁴³Por que vocês não entendem o que eu digo? É porque nem sequer conseguem me ouvir! ⁴⁴Pois são filhos de seu pai, o diabo, e gostam de fazer as coisas perversas que ele deseja. Ele foi assassino desde o princípio. Sempre odiou a verdade, pois não há verdade alguma nele. Quando ele mente, age de acordo com seu caráter, pois é mentiroso e pai da mentira. ⁴⁵Portanto, quando eu digo a verdade, é natural que não creiam em mim! ⁴⁶Qual de vocês pode me acusar de pecado? E, uma vez que lhes digo a verdade, por que não creem em mim? ⁴⁷Quem pertence a Deus ouve as palavras de Deus. Mas vocês não ouvem, pois não pertencem a Deus".

⁴⁸"Samaritano endemoninhado!", responderam os líderes judeus. "Não temos dito desde o início que está possuído por demônio?"

⁴⁹"Não tenho em mim demônio algum", disse Jesus. "Pelo contrário, honro meu Pai, e vocês me desonram. ⁵⁰Eu não procuro minha própria glória; há quem a procure para mim, e ele é o Juiz. ⁵¹Eu lhes digo a verdade: quem obedecer a meu ensino jamais morrerá!"

---

[a] 8.39 Alguns manuscritos trazem *Se vocês são mesmo filhos de Abraão, sigam o exemplo dele*.

⁵²Os líderes judeus disseram: "Agora sabemos que você está possuído por demônio. Até Abraão e os profetas morreram, mas você diz: 'Quem obedecer a meu ensino jamais morrerá!'. ⁵³Por acaso você é maior que nosso pai Abraão? Ele morreu, assim como os profetas. Quem você pensa que é?".

⁵⁴Jesus respondeu: "Se eu quisesse glória para mim mesmo, essa glória não contaria. Mas é meu Pai quem me glorifica. Vocês dizem: 'Ele é nosso Deus',ᵃ ⁵⁵mas nem o conhecem. Eu o conheço. Se eu dissesse que não o conheço, seria tão mentiroso quanto vocês! Mas eu o conheço e lhe obedeço. ⁵⁶Seu pai Abraão exultou com a expectativa da minha vinda. Ele a viu e se alegrou".

⁵⁷Os líderes judeus disseram: "Você não tem nem cinquenta anos. Como pode dizer que viu Abraão?".

⁵⁸Jesus respondeu: "Eu lhes digo a verdade: antes mesmo de Abraão nascer, Eu Sou!".ᵇ ⁵⁹Então apanharam pedras para atirar em Jesus, mas ele se ocultou deles e saiu do templo.

Jesus traz luz aos cegos

9 Enquanto caminhava, Jesus viu um homem cego de nascença. ²Seus discípulos perguntaram: "Rabi, por que este homem nasceu cego? Foi por causa de seus próprios pecados ou dos pecados de seus pais?".

³Jesus respondeu: "Nem uma coisa nem outra. Isso aconteceu para que o poder de Deus se manifestasse nele. ⁴Devemos cumprir logo as tarefas que nos foram dadas por aquele que me enviou. A noite se aproxima, quando ninguém pode trabalhar. ⁵Mas, enquanto estou aqui no mundo, eu sou a luz do mundo".

⁶Depois de dizer isso, Jesus cuspiu no chão, misturou a terra com saliva e aplicou-a nos olhos do cego. ⁷Em seguida, disse: "Vá lavar-se no tanque de Siloé" (que significa "enviado"). O homem foi, lavou-se e voltou enxergando.

⁸Seus vizinhos e outros que o conheciam como mendigo começaram a perguntar: "Não é este o homem que costumava ficar sentado pedindo esmolas?". ⁹Alguns diziam que sim, e outros diziam: "Não, apenas se parece com ele".

O mendigo, porém, insistia: "Sim, sou eu mesmo!".

¹⁰"Quem curou você?", perguntaram eles. "O que aconteceu?"

¹¹Ele respondeu: "O homem chamado Jesus misturou terra com saliva, colocou-a em meus olhos e disse: 'Vá lavar-se no tanque de Siloé'. Eu fui e me lavei, e agora posso ver!".

¹²"Onde está esse homem?", perguntaram.

"Não sei", respondeu ele.

¹³Então levaram aos fariseus o homem que havia sido cego, ¹⁴pois foi no sábado que Jesus misturou terra com saliva e o curou. ¹⁵Os fariseus encheram o homem de perguntas sobre o que havia acontecido, e ele respondeu: "Ele colocou terra com saliva em meus olhos e, depois que eu me lavei, passei a enxergar!".

¹⁶Alguns dos fariseus disseram: "Esse homem não é de Deus, pois trabalha no sábado". Outros disseram: "Mas como um pecador poderia fazer sinais como esse?". E havia entre eles uma divergência de opiniões.

¹⁷Os fariseus voltaram a perguntar ao homem que havia sido cego: "O que você diz desse homem que o curou?".

"Ele deve ser profeta", respondeu o homem.

¹⁸Os líderes judeus se recusavam a crer que ele havia sido cego e estava curado, por isso mandaram chamar os pais dele ¹⁹e perguntaram: "Ele é seu filho? Ele nasceu cego? Se foi, como pode ver agora?".

²⁰Os pais responderam: "Sabemos que ele é nosso filho e que nasceu cego, ²¹mas não sabemos como pode ver agora nem quem o curou. Ele tem idade suficiente para falar por si mesmo. Perguntem a ele". ²²Seus pais disseram isso por medo dos líderes judeus, pois estes haviam anunciado que, se alguém dissesse que Jesus era o Cristo, seria expulso da sinagoga. ²³Por isso disseram: "Ele tem idade suficiente. Perguntem a ele".

²⁴Então, pela segunda vez, chamaram o homem que havia sido cego e lhe disseram: "Deus é quem deve receber glória por aquilo que aconteceu, pois sabemos que esse Jesus é pecador".

²⁵"Não sei se ele é pecador", respondeu o homem. "Mas uma coisa sei: eu era cego e agora vejo!"

ᵃ **8.54** Alguns manuscritos trazem *Vocês dizem que ele é seu Deus*. ᵇ **8.58** Em grego, *antes que Abraão fosse, eu sou*. Ver Êx 3.14.

²⁶"Mas o que ele fez?", perguntaram. "Como ele o curou?"

²⁷"Eu já lhes disse!", exclamou o homem. "Vocês não ouviram? Por que querem ouvir outra vez? Por acaso também querem se tornar discípulos dele?"

²⁸Então eles o insultaram e disseram: "Você é discípulo dele, mas nós somos discípulos de Moisés! ²⁹Sabemos que Deus falou a Moisés, mas nem sabemos de onde vem esse homem".

³⁰"Que coisa mais estranha!", respondeu o homem. "Ele curou meus olhos e vocês não sabem de onde ele vem? ³¹Sabemos que Deus não atende pecadores, mas está pronto a ouvir aqueles que o adoram e fazem a sua vontade. ³²Desde o princípio do mundo, ninguém foi capaz de abrir os olhos de um cego de nascença. ³³Se esse homem não fosse de Deus, não teria conseguido fazê-lo."

³⁴"Você nasceu inteiramente pecador!", disseram eles. "E quer ensinar a nós?" Então o expulsaram da sinagoga.

Cegueira espiritual

³⁵Quando Jesus soube do que havia acontecido, procurou o homem e lhe disse: "Você crê no Filho do Homem?".ᵃ

³⁶"Quem é ele, senhor?", perguntou o homem. "Eu quero crer nele."

³⁷Jesus respondeu: "Você o viu, e ele está falando com você!".

³⁸"Sim, Senhor, eu creio!", declarou o homem. E adorou a Jesus.

³⁹Então Jesus disse:ᵇ "Eu vim a este mundo para julgar, para dar visão aos cegos e para fazer que os que veem se tornem cegos".

⁴⁰Alguns fariseus que estavam por perto o ouviram e perguntaram: "Você está dizendo que nós somos cegos?".

⁴¹"Se vocês fossem cegos, não seriam culpados", respondeu Jesus. "Mas a culpa de vocês permanece, pois afirmam que podem ver."

O Bom Pastor e suas ovelhas

10 "Eu lhes digo a verdade: quem entra no curral das ovelhas às escondidas, por sobre a cerca, em vez de passar pela porta, é certamente ladrão e assaltante! ²Mas quem entra pela porta é o pastor das ovelhas. ³O porteiro lhe abre a porta, e as ovelhas reconhecem sua voz e se aproximam. Ele chama suas ovelhas pelo nome e as conduz para fora. ⁴Depois de reuni-las, vai adiante delas, e elas o seguem porque conhecem sua voz. ⁵Nunca seguirão um desconhecido; antes, fugirão dele, pois não reconhecem sua voz."

⁶Os que ouviram Jesus usar essa ilustração não entenderam o que ele quis dizer, ⁷por isso ele a explicou: "Eu lhes digo a verdade: eu sou a porta das ovelhas. ⁸Todos que vieram antes de mim eram ladrões e assaltantes, mas as ovelhas não os ouviram. ⁹Sim, eu sou a porta. Quem entrar por mim será salvo.ᶜ Entrará e sairá e encontrará pasto. ¹⁰O ladrão vem para roubar, matar e destruir. Eu vim para lhes dar vida, uma vida plena, que satisfaz.

¹¹"Eu sou o bom pastor. O bom pastor sacrifica sua vida pelas ovelhas. ¹²O empregado foge

---

ᵃ**9.35** Alguns manuscritos trazem *Filho de Deus?* ᵇ**9.38-39a** Alguns manuscritos não trazem o versículo 38 e o início do versículo 39. ᶜ**10.9** Ou *encontrará segurança*.

10.3,4,11-13,27-31 *Vv.3,4* "vai adiante delas". Nunca há um ato prescrito por Cristo aos Seus seguidores que Ele mesmo primeiro não o faça — "vai adiante delas". Outros líderes professos conduziam o rebanho adiante deles. Os mestres judeus colocavam fardos pesados sobre os homens e difíceis de suportar, os quais eles próprios não tocavam com um de seus dedos. É a marca distintiva do Bom Pastor que, "Depois de reuni-las, vai adiante delas". Como servo, você não é obrigado a fazer o que o Mestre não faria. Mesmo que seja a ocupação mais humilde de lavar os pés dos santos, Ele mesmo o fez; você deve dar a sua vida pelos irmãos, pois o próprio Jesus fez isso: "vai adiante delas, e elas o seguem".

Vv.11-13 Quantos há de quem temos motivos para temer que sejam mercenários porque, quando veem falsas doutrinas e erros no exterior, não se opõem a isso! Estão dispostos a tolerar qualquer coisa por causa da paz e da tranquilidade. Fogem assim que veem o lobo; mas aquele que imita seu Mestre não fugirá de jeito nenhum. Certamente não fugirá quando os lobos vierem, pois não está ele preparado para a defesa da ovelha, para que possa perseguir o lobo, mesmo que receba arranhões e muitos ferimentos? Nosso Mestre jamais fugiu dos lobos. Ele poderia ter feito isso; nosso Bom Pastor poderia ter voltado ao Céu e escapado do Getsêmani, e dos flagelos cruéis

quando vê um lobo se aproximar. Abandona as ovelhas porque elas não lhe pertencem e ele não é seu pastor. Então o lobo as ataca e dispersa o rebanho. ¹³O empregado foge porque trabalha apenas por dinheiro e não se importa de fato com as ovelhas.

¹⁴"Eu sou o bom pastor. Conheço minhas ovelhas, e elas me conhecem, ¹⁵assim como meu Pai me conhece e eu o conheço; e eu sacrifico minha vida pelas ovelhas. ¹⁶Tenho outras ovelhas, que não estão neste curral. Devo trazê-las também. Elas ouvirão minha voz, e haverá um só rebanho e um só pastor.

¹⁷"O Pai me ama, pois sacrifico minha vida para tomá-la de volta. ¹⁸Ninguém a tira de mim, mas eu mesmo a dou. Tenho autoridade para entregá-la e também para tomá-la de volta, pois foi isso que meu Pai ordenou".

¹⁹Quando Jesus disse essas coisas, as opiniões dos judeus a respeito dele se dividiram outra vez. ²⁰Alguns diziam: "Ele está possuído por demônio e está louco. Por que ouvi-lo?". ²¹Outros diziam: "Ele não fala como alguém que está possuído por demônio. Pode um demônio abrir os olhos dos cegos?".

Jesus afirma ser o Filho de Deus

²²Era inverno, e Jesus estava em Jerusalém na celebração da Festa da Dedicação. ²³Ele caminhava pelo templo, na parte conhecida como Pórtico de Salomão, ²⁴quando os líderes judeus o rodearam e perguntaram: "Quanto tempo vai nos deixar em suspense? Se você é o Cristo, diga-nos claramente".

²⁵Jesus respondeu: "Eu já lhes disse, e vocês não creram em mim. A prova são as obras que realizo em nome de meu Pai. ²⁶Mas vocês não creem em mim porque não são minhas ovelhas. ²⁷Minhas ovelhas ouvem a minha voz; eu as conheço, e elas me seguem. ²⁸Eu lhes dou a vida eterna, e elas nunca morrerão. Ninguém pode arrancá-las de minha mão, ²⁹pois meu Pai as deu a mim, e ele é mais poderoso que todos.[a] Ninguém pode arrancá-las da mão de meu Pai. ³⁰O Pai e eu somos um".

³¹Mais uma vez, os líderes judeus pegaram pedras para atirar nele. ³²Jesus disse: "Por orientação de meu Pai, eu fiz muitas boas obras. Por qual delas vocês querem me apedrejar?".

³³Eles responderam: "Não vamos apedrejá-lo por nenhuma boa obra, mas por blasfêmia. Você, um simples homem, afirma que é Deus!".

³⁴Jesus respondeu: "As próprias Escrituras[b] de vocês afirmam que Deus disse a certos líderes do povo: 'Eu digo: vocês são deuses!'.[c] ³⁵E vocês sabem que as Escrituras não podem ser alteradas. Portanto, se aqueles que receberam a mensagem de Deus foram chamados de 'deuses', ³⁶por que vocês consideram blasfêmia quando eu digo: 'Eu sou o Filho de Deus'? Afinal, o Pai me consagrou e me enviou ao mundo. ³⁷Não creiam em mim se não realizo as obras de meu Pai. ³⁸Mas, se as realizo, creiam na prova, que são as obras, mesmo que não creiam em mim. Então vocês saberão e entenderão que o Pai está em mim, e que eu estou no Pai".

³⁹Novamente, tentaram prendê-lo, mas ele escapou e os deixou. ⁴⁰Foi para o outro lado do rio Jordão, perto do lugar onde João batizava no início, e ficou ali por algum tempo. ⁴¹Muitos o seguiram, comentando entre si: "João não realizou sinais, mas tudo que ele disse a

[a]**10.29** Alguns manuscritos trazem *pois aquilo que meu Pai me deu é mais poderoso que tudo*; outros, *pois, com respeito àquilo que meu Pai me deu, ele é mais poderoso que todos*. [b]**10.34a** Em grego, *A própria lei*. [c]**10.34b** Sl 82.6.

---

e das feridas sobre o madeiro; mas esse não era o Seu modo de agir. As ovelhas lhe pertenciam e, portanto, era-lhe uma alegria interpor-se entre elas e o destruidor, e Ele o fez.

Vv.27-31 Estes são os argumentos finais da incredulidade — pedras. Não há sentido nas pedras, nem razão na violência; no entanto, quando os homens ímpios não têm mais nada para usar, lançam pedras no Mestre da verdade. Isto é generoso? É sábio? Se você não acredita no testemunho, pelo menos, deixe a Testemunha em paz. No entanto, não é da natureza dos homens fazer isso. Suas pedras estão sempre prontas quando não conseguem responder a Cristo. "Mais uma vez, os líderes judeus pegaram pedras para atirar nele". Eles haviam feito isso anteriormente, quando Ele lhes disse: "antes mesmo de Abraão nascer, Eu Sou!", mas da mesma forma que escapou da maldade deles naquele momento, Ele também o fez aqui.

A ressurreição de Lázaro

11 Um homem chamado Lázaro estava doente. Ele morava em Betânia com suas irmãs, Maria e Marta. ²Foi Maria, a irmã de Lázaro, que mais tarde derramou perfume caro nos pés do Senhor e os enxugou com os cabelos.[a] ³As duas irmãs enviaram um recado a Jesus, dizendo: "Senhor, seu amigo querido está muito doente".

⁴Quando Jesus ouviu isso, disse: "A doença de Lázaro não acabará em morte. Ela aconteceu para a glória de Deus, para que o Filho de Deus receba glória por meio dela". ⁵Jesus amava Marta, Maria e Lázaro. ⁶Ouvindo, portanto, que Lázaro estava doente, ficou mais dois dias onde estava. ⁷Depois, disse a seus discípulos: "Vamos voltar para a Judeia".

⁸Os discípulos se opuseram, dizendo: "Rabi, apenas alguns dias atrás o povo da Judeia tentou apedrejá-lo. Ainda assim, o senhor vai voltar para lá?".

⁹Jesus respondeu: "Há doze horas de claridade todos os dias. Durante o dia, as pessoas podem andar com segurança. Conseguem enxergar, pois têm a luz deste mundo. ¹⁰À noite, porém, correm o risco de tropeçar, pois não há luz". ¹¹E acrescentou: "Nosso amigo Lázaro adormeceu, mas agora vou despertá-lo".

¹²Os discípulos disseram: "Senhor, se ele dorme é porque logo vai melhorar!". ¹³Pensavam que Jesus falava apenas do repouso do sono, mas ele se referia à morte de Lázaro.

¹⁴Então ele disse claramente: "Lázaro está morto. ¹⁵E, por causa de vocês, eu me alegro por não ter estado lá, pois agora vocês vão crer de fato. Venham, vamos até ele".

¹⁶Tomé, apelidado de Gêmeo,[b] disse aos outros discípulos: "Vamos até lá também para morrer com Jesus".

¹⁷Quando Jesus chegou a Betânia, disseram-lhe que Lázaro estava no túmulo havia quatro dias. ¹⁸Betânia ficava a cerca de três quilômetros[c] de Jerusalém, ¹⁹e muitos moradores da região tinham vindo consolar Marta e Maria pela perda do irmão. ²⁰Quando Marta soube que Jesus estava chegando, foi ao seu encontro. Maria, porém, ficou em casa. ²¹Marta disse a Jesus: "Se o Senhor estivesse aqui, meu irmão não teria morrido. ²²Mas sei que, mesmo agora, Deus lhe dará tudo que pedir".

²³Jesus lhe disse: "Seu irmão vai ressuscitar".

²⁴"Sim", respondeu Marta. "Ele vai ressuscitar quando todos ressuscitarem, no último dia."

²⁵Então Jesus disse: "Eu sou a ressurreição e a vida. Quem crê em mim viverá, mesmo depois de morrer. ²⁶Quem vive e crê em mim jamais morrerá. Você crê nisso, Marta?".

²⁷"Sim, Senhor", respondeu ela. "Eu creio que o senhor é o Cristo, o Filho de Deus, aquele que veio ao mundo da parte de Deus." ²⁸Em seguida, voltou para casa. Chamou Maria à parte e disse: "O Mestre está aqui e quer ver você". ²⁹Maria se levantou de imediato e foi até ele. ³⁰Jesus tinha ficado fora do povoado, no lugar onde Marta havia se encontrado com ele.

---

[a] **11.2** Episódio relatado no capítulo 12. [b] **11.16** Em grego, *Tomé, chamado Dídimo*. [c] **11.18** Em grego, *uns 15 estádios*.

11.14,15 Mesmo no pior, Cristo pode agir! Bem, em que péssimas condições eles estavam agora! Aqui estava um caso que havia chegado ao pior estado. Lázaro não está simplesmente morto — ele foi sepultado; a pedra foi rolada para a entrada do sepulcro — pior do que isso, ele estava pútrido. Aqui estão milagres; tantos, que devo descrever a ressurreição de Lázaro não como um milagre, mas como um conjunto de maravilhas. Não entraremos em detalhes, *mas basta dizer, não podemos supor* que nada seja uma exposição mais prodigiosa da força divina do que a restauração da saúde e da vida a um corpo através do qual os vermes entraram e se arrastaram! E, no entanto, neste pior caso, Cristo não fica perplexo quanto ao que fazer. Aqui estava um caso em que o poder humano evidentemente não podia fazer nada. Bem, traga o violino e a harpa, e permita a música tocar seus encantos. Agora, traga aqui, médico, sua mais potente dose para o verdadeiro *aqua vitae*! Veja o que você pode fazer agora. O quê? O medicamento falha? O médico se volta enojado, pois o mau cheiro pode destruir a vida do médico mais rapidamente do que ele restaurar o cadáver. Agora, procure em todo o mundo e pergunte a todos os homens que existem — Herodes e seus soldados armados, e César no trono imperial. "Você pode fazer alguma coisa aqui?". Não, a morte fica com um sorriso horrível zombando de todos eles. "Tenho Lázaro", diz ela, "além do seu alcance". Contudo, ainda aqui Jesus Cristo sai vencedor!

³¹Quando as pessoas que estavam na casa viram Maria sair apressadamente, imaginaram que ela ia ao túmulo de Lázaro chorar e a seguiram. ³²Assim que chegou ao lugar onde Jesus estava e o viu, caiu a seus pés e disse: "Se o Senhor estivesse aqui, meu irmão não teria morrido".

³³Quando Jesus viu Maria chorar, e o povo também, sentiu profunda indignação[a] e grande angústia. ³⁴"Onde vocês o colocaram?", perguntou.

Eles responderam: "Senhor, venha e veja". ³⁵Jesus chorou. ³⁶As pessoas que estavam por perto disseram: "Vejam como ele o amava!". ³⁷Outros, porém, disseram: "Este homem curou um cego. Não poderia ter impedido que Lázaro morresse?".

³⁸Jesus, sentindo-se novamente indignado, chegou ao túmulo, uma gruta com uma pedra fechando a entrada. ³⁹"Rolem a pedra para o lado", ordenou.

"Senhor, ele está morto há quatro dias", disse Marta, a irmã do falecido. "O mau cheiro será terrível."

⁴⁰Jesus respondeu: "Eu não lhe disse que, se você cresse, veria a glória de Deus?". ⁴¹Então rolaram a pedra para o lado. Jesus olhou para o céu e disse: "Pai, eu te agradeço porque me ouviste. ⁴²Tu sempre me ouves, mas eu disse isso por causa de todas as pessoas que estão aqui, para que elas creiam que tu me enviaste". ⁴³Então Jesus gritou: "Lázaro, venha para fora!". ⁴⁴E o morto saiu, com as mãos e os pés presos com faixas e o rosto envolto num pano. Jesus disse: "Desamarrem as faixas e deixem-no ir!".

A conspiração para matar Jesus

⁴⁵Muitos dos judeus que estavam com Maria creram em Jesus quando viram isso. ⁴⁶Alguns, no entanto, foram aos fariseus e contaram o que Jesus tinha feito. ⁴⁷Então os principais sacerdotes e fariseus reuniram o conselho dos líderes do povo.[b] "Que vamos fazer?", perguntavam uns aos outros. "Sem dúvida, este homem realiza muitos sinais. ⁴⁸Se permitirmos que continue assim, logo todos crerão nele. Então o exército romano virá e destruirá nosso templo[c] e nossa nação."

⁴⁹Caifás, o sumo sacerdote naquele ano, disse: "Vocês não sabem o que estão dizendo! ⁵⁰Não percebem que é melhor para vocês que um homem morra pelo povo em vez de a nação inteira ser destruída?".

⁵¹Não disse isso por si mesmo, mas, sendo o sumo sacerdote naquele ano, profetizou que Jesus morreria pela nação inteira. ⁵²E não apenas por aquela nação, mas para reunir em um só corpo todos os filhos de Deus espalhados ao redor do mundo.

⁵³Daquele dia em diante, começaram a tramar a morte de Jesus. ⁵⁴Por essa razão, Jesus parou de andar no meio do povo. Foi para um lugar próximo do deserto, para o povoado de Efraim, onde permaneceu com seus discípulos.

⁵⁵Faltava pouco tempo para a festa judaica da Páscoa, e muita gente de toda a região chegou a Jerusalém para participar da cerimônia de purificação, antes que a Páscoa começasse. ⁵⁶Continuavam procurando Jesus e, estando eles no templo, perguntavam uns aos outros: "O que vocês acham? Será que ele virá para a Páscoa?". ⁵⁷Enquanto isso, os principais sacerdotes e fariseus deram ordem para que, se alguém soubesse onde Jesus estava, o denunciasse de imediato, a fim de que o prendessem.

Jesus é ungido em Betânia

12 Seis dias antes de começar a Páscoa, Jesus chegou a Betânia, onde morava Lázaro, o homem que ele havia ressuscitado dos mortos. ²Prepararam um jantar em homenagem a Jesus; Marta servia, e Lázaro estava à mesa com ele. ³Então Maria pegou um frasco[d] de perfume caro feito de essência de óleo aromático, ungiu com ele os pés de Jesus e os enxugou com os cabelos. A casa se encheu com a fragrância do perfume.

⁴Mas Judas Iscariotes, o discípulo que em breve trairia Jesus, disse: ⁵"Este perfume valia trezentas moedas de prata.[e] Deveria ter sido vendido, e o dinheiro, dado aos pobres". ⁶Não que ele se importasse com os pobres; na verdade, era ladrão e, como responsável pelo dinheiro dos discípulos, muitas vezes roubava uma parte para si.

⁷Jesus respondeu: "Deixe-a em paz. Ela fez isto como preparação para meu sepultamento.

---

[a]11.33 Ou *irou-se em seu espírito*. [b]11.47 Em grego, *o Sinédrio*. [c]11.48 Ou *nossa posição*. Em grego, *nosso lugar*. [d]12.3 Em grego, *1 litra*, medida equivalente a cerca de 340 gramas. [e]12.5 Em grego, *300 denários*.

⁸Vocês sempre terão os pobres em seu meio, mas nem sempre terão a mim".

⁹Quando o povo soube da chegada de Jesus, correu para vê-lo, e também a Lázaro, a quem Jesus havia ressuscitado dos mortos. ¹⁰Então os principais sacerdotes decidiram matar também Lázaro, ¹¹pois, por causa dele, muitos do povo os haviam abandonado[a] e criam em Jesus.

A entrada de Jesus em Jerusalém

¹²No dia seguinte, correu pela cidade a notícia de que Jesus estava a caminho de Jerusalém. Uma grande multidão de visitantes que tinham vindo para a Páscoa ¹³tomou ramos de palmeiras e saiu ao seu encontro, gritando:

"Hosana![b]
Bendito é o que vem em nome do Senhor!
 Bendito é o Rei de Israel!".[c]

¹⁴Jesus conseguiu um jumentinho e montou nele, cumprindo a profecia que dizia:

¹⁵"Não tenha medo, povo de Sião.[d]
Vejam, seu Rei se aproxima,
 montado num jumentinho".[e]

¹⁶Seus discípulos não entenderam, naquele momento, que se tratava do cumprimento de uma profecia. Depois que Jesus foi glorificado, porém, eles se lembraram do que havia acontecido e perceberam que era a respeito dele que essas coisas tinham sido escritas.

¹⁷Muitos tinham visto quando Jesus mandou Lázaro sair do túmulo e o ressuscitou dos mortos, e contavam esse fato a outros.[f] ¹⁸Destes, muitos saíram ao encontro de Jesus, porque tinham ouvido falar desse sinal. ¹⁹Então os fariseus disseram uns aos outros: "Não podemos fazer nada. Vejam, todo mundo[g] o segue!".

Jesus prediz sua morte

²⁰Alguns gregos que tinham vindo a Jerusalém para adorar durante a festa da Páscoa ²¹procuraram Filipe, que era de Betsaida, da Galileia, e lhe disseram: "Por favor, gostaríamos de ver Jesus". ²²Filipe falou a esse respeito com André, e os dois foram juntos falar com Jesus.

²³*Jesus respondeu:* "Chegou a hora de o Filho do Homem ser glorificado. ²⁴Eu lhes digo a verdade: se o grão de trigo não for plantado na terra e não morrer, ficará só. Sua morte, porém, produzirá muitos novos grãos. ²⁵Quem ama sua vida neste mundo a perderá. Quem odeia sua vida neste mundo a conservará por toda a eternidade. ²⁶Se alguém quer ser meu discípulo, siga-me, pois meus servos devem estar onde eu estou. E o Pai honrará quem me servir.

²⁷"Agora minha alma está angustiada. Acaso devo orar 'Pai, salva-me desta hora'? Mas foi exatamente por esse motivo que eu vim! ²⁸Pai, glorifica teu nome!".

Então uma voz falou do céu: "Eu já glorifiquei meu nome, e o farei novamente em breve". ²⁹Quando a multidão ouviu a voz, alguns pensaram que era um trovão, enquanto outros afirmavam que um anjo havia falado com ele.

³⁰Então Jesus lhes disse: "A voz foi por causa de vocês, e não por minha causa. ³¹Chegou a hora de julgar o mundo; agora, o governante deste mundo será expulso. ³²E, quando eu for levantado da terra, atrairei todos a mim". ³³Ele disse isso para indicar como morreria.

³⁴A multidão disse: "Entendemos pelas Escrituras[h] que o Cristo viveria para sempre. Como pode dizer que o Filho do Homem morrerá? Afinal, quem é esse Filho do Homem?".

³⁵Jesus respondeu: "Minha luz brilhará para vocês só mais um pouco. Andem na luz enquanto podem, para que a escuridão não os pegue de surpresa. Quem anda na escuridão não consegue ver aonde vai. ³⁶Creiam na luz enquanto ainda há tempo; desse modo vocês se tornarão filhos da luz".

Depois de dizer essas coisas, Jesus foi embora e se ocultou deles.

A incredulidade do povo

³⁷Apesar de todos os sinais que Jesus havia realizado, não creram nele. ³⁸Aconteceu conforme o profeta Isaías tinha dito:

"Senhor, quem creu em nossa mensagem?
 A quem o Senhor revelou seu braço forte?".[i]

³⁹Mas o povo não podia crer, pois como Isaías também disse:

---

[a] **12.11** Ou *haviam abandonado suas tradições*. Em grego, *haviam desertado*. [b] **12.13a** Exclamação de louvor que, em sua forma hebraica, significa "Salva agora!". [c] **12.13b** Sl 118.25-26; Sf 3.15. [d] **12.15a** Em grego, *filha de Sião*. [e] **12.15b** Zc 9.9. [f] **12.17** Em grego, *davam testemunho disso*. [g] **12.19** Em grego, *o mundo*. [h] **12.34** Em grego, *pela lei*. [i] **12.38** Is 53.1.

⁴⁰"O Senhor cegou seus olhos
e endureceu seu coração
para que seus olhos não vejam,
e seu coração não entenda,
e não se voltem para mim,
nem permitam que eu os cure".ᵃ

⁴¹As palavras de Isaías referiam-se a Jesus, pois viu sua glória e falou sobre ele. ⁴²Ainda assim, muitos creram em Jesus, incluindo alguns dos líderes judeus. Eles, porém, não declararam sua fé abertamente, por medo de que os fariseus os expulsassem da sinagoga. ⁴³Amaram a aprovação das pessoas mais que a aprovação de Deus.

⁴⁴Jesus disse em alta voz às multidões: "Se vocês creem em mim, não creem apenas em mim, mas também naquele que me enviou. ⁴⁵Pois, quando veem a mim, veem aquele que me enviou. ⁴⁶Eu vim como luz para brilhar neste mundo, a fim de que todo aquele que crê em mim não permaneça na escuridão. ⁴⁷Não julgarei aqueles que me ouvem mas não me obedecem, pois vim para salvar o mundo, e não para julgá-lo. ⁴⁸Mas todos que me rejeitam e desprezam minha mensagem serão julgados no dia do julgamento pela verdade que tenho falado. ⁴⁹Não falo com minha própria autoridade. O Pai, que me enviou, me ordenou o que dizer. ⁵⁰E eu sei que o mandamento dele conduz à vida eterna; por isso digo tudo que o Pai me mandou dizer".

Jesus lava os pés de seus discípulos

13 Antes da festa da Páscoa, Jesus sabia que havia chegado sua hora de deixar este mundo e voltar para o Pai. Ele tinha amado seus discípulos durante seu ministério na terra, e os amou até o fim.ᵇ ²Estava na hora do jantar, e o diabo já havia instigado Judas, filho de Simão Iscariotes, a trair Jesus.ᶜ ³Jesus sabia que o Pai lhe dera autoridade sobre todas as coisas e que viera de Deus e voltaria para Deus. ⁴Assim, levantou-se da mesa, tirou a capa e enrolou uma toalha na cintura. ⁵Depois, derramou água numa bacia e começou a lavar os pés de seus discípulos, enxugando-os com a toalha que estava em sua cintura.

⁶Quando Jesus chegou a Simão Pedro, este lhe disse: "O Senhor vai lavar os meus pés?".

⁷Jesus respondeu: "Você não entende agora o que estou fazendo, mas algum dia entenderá".

⁸"Lavar os meus pés? De jeito nenhum!", protestou Pedro.

Jesus respondeu: "Se eu não os lavar, você não terá comunhão comigo".

⁹Simão Pedro exclamou: "Senhor, então lave também minhas mãos e minha cabeça, e não somente os pés!".

¹⁰Jesus respondeu: "A pessoa que tomou banho completo só precisa lavar os pés para ficar totalmente limpa. E vocês estão limpos, mas nem todos". ¹¹Pois Jesus sabia quem o trairia. Foi a isso que se referiu quando disse: "Nem todos vocês estão limpos".

ᵃ**12.40** Is 6.10. ᵇ**13.1** Ou *lhes mostrou toda a plenitude do seu amor*. ᶜ**13.2** Ou *o diabo já havia planejado que Judas, filho de Simão Iscariotes, trairia Jesus*.

13.3-5 Todos devemos ser lavados pelo Senhor com frequência — *isso é absolutamente necessário*. Há um "deve" no caso — como devemos nascer de novo, então devemos ser santos. Seria uma desonra para o nosso Senhor ser seguido por discípulos que não caminham em integridade e retidão. Como Ele mesmo é perfeitamente santo, deseja ter ao Seu redor um povo santo purificado de toda impureza. Ele está tão ansioso para ter tal povo que, antes que eles não sejam lavados, Ele mesmo realizará a função de um servo e lavará os pés deles. "Saiam daí e purifiquem-se, vocês que levam de volta os objetos sagrados do Senhor". Vocês que seguem os Seus passos, andem com pés limpos. Não se aproximem com a argila lamacenta ainda apegada a si, mas lavem-se, lavem-se diariamente e sigam seu puro Mestre com corações puros e limpos, com pés cuidadosos e obedientes, para que todos vejam que vocês são os discípulos do Imaculado. [...]

Este lavar deve ser espiritual — nenhuma forma exterior será suficiente. Cristo lavou os pés de Judas com água, mas visto que Judas jamais fora banhado na bacia de regeneração e purificado na fonte do amor perdoador, aquele lavar de seus pés, realizado por Cristo, não lhe fez nenhum bem espiritual. E você, meu amigo, pode usar as purificações exteriores que desejar e realizar quaisquer cerimônias religiosas que quiser, mas, a menos que seu espírito tenha sido renovado pelo Espírito Santo e seu coração purificado aos olhos de Deus, você ainda não tem parte nem porção com os discípulos de Cristo.

¹²Depois de lavar os pés deles, Jesus vestiu a capa novamente, retornou a seu lugar e perguntou: "Vocês entendem o que fiz? ¹³Vocês me chamam 'Mestre' e 'Senhor', e têm razão, porque eu sou. ¹⁴E uma vez que eu, seu Senhor e Mestre, lavei seus pés, vocês devem lavar os pés uns dos outros. ¹⁵Eu lhes dei um exemplo a ser seguido. Façam como eu fiz a vocês. ¹⁶Eu lhes digo a verdade: o escravo não é maior que o seu senhor, nem o mensageiro é mais importante que aquele que o envia. ¹⁷Agora que vocês sabem estas coisas, serão felizes se as praticarem."

Jesus prediz a traição de Judas

¹⁸"Não digo estas coisas a todos vocês; conheço os que escolhi. Mas isto cumpre as Escrituras que dizem: 'Aquele que come do meu alimento voltou-se contra mim'.ᵃ ¹⁹Eu lhes digo isso de antemão, para que, quando acontecer, vocês creiam que eu sou aquele de quem falam as Escrituras. ²⁰Eu lhes digo a verdade: quem recebe aquele que envio recebe a mim, e quem recebe a mim recebe o Pai, que me enviou".

²¹Então Jesus sentiu profunda angústiaᵇ e exclamou: "Eu lhes digo a verdade: um de vocês vai me trair!".

²²Os discípulos olharam uns para os outros, sem saber a quem ele se referia. ²³O discípulo a quem Jesus amava ocupava o lugar ao lado dele à mesa.ᶜ ²⁴Simão Pedro lhe fez um sinal para que perguntasse a quem Jesus se referia. ²⁵Então o discípulo se inclinou para Jesus e perguntou: "Senhor, quem é?".

²⁶Jesus respondeu: "É aquele a quem eu der o pedaço de pão que molhei na tigela". E, depois de molhar o pedaço de pão, deu-o a Judas, filho de Simão Iscariotes. ²⁷Quando Judas comeu o pão, Satanás entrou nele. Então Jesus lhe disse: "O que você vai fazer, faça logo". ²⁸Nenhum dos outros à mesa entendeu o que Jesus quis dizer. ²⁹Como Judas era o tesoureiro, alguns imaginaram que Jesus tinha mandado que ele comprasse o necessário para a festa ou desse algum dinheiro aos pobres. ³⁰Judas saiu depressa, e era noite.

Jesus prediz a negação de Pedro

³¹Assim que Judas saiu, Jesus disse: "Chegou a hora de o Filho do Homem ser glorificado e, por causa dele, Deus será glorificado. ³²Uma vez que Deus recebe glória por causa do Filho,ᵈ ele dará ao Filho sua glória, de uma vez por todas. ³³Meus filhos, estarei com vocês apenas mais um pouco. E, como eu disse aos líderes judeus, vocês me procurarão, mas não poderão ir para onde eu vou. ³⁴Por isso, agora eu lhes dou um novo mandamento: Amem uns aos outros. Assim como eu os amei, vocês devem amar uns aos outros. ³⁵Seu amor uns pelos outros provará ao mundo que são meus discípulos".

³⁶Simão Pedro perguntou: "Para onde o Senhor vai?".

Jesus respondeu: "Para onde vou vocês não podem ir agora, mas me seguirão mais tarde".

³⁷"Senhor, por que não posso ir agora?", perguntou ele. "Estou disposto a morrer pelo senhor".

³⁸"Morrer por mim?", disse Jesus. "Eu lhe digo a verdade, Pedro: antes que o galo cante, você me negará três vezes."

Jesus, o caminho para o Pai

14 "Não deixem que seu coração fique aflito. Creiam em Deus; creiam também em mim. ²Na casa de meu Pai há muitas moradas. Se não fosse assim, eu lhes teria dito. Vou

---

ᵃ**13.18** Sl 41.9. ᵇ**13.21** Em grego, *angustiou-se em espírito*. ᶜ**13.23** Em grego, *estava reclinado sobre o peito dele*. Provavelmente João; ver também 19.26; 20.2; 21.20. ᵈ**13.32** Alguns manuscritos não incluem a primeira parte do versículo 32.

14.1-4 Não é muito admirável que o Senhor Jesus pense tão cuidadosamente sobre Seus amigos em tal momento? Jesus estava indo para Sua última amarga agonia, e para a própria morte, e ainda assim Ele transbordou de compaixão por Seus seguidores. Se tivesse sido você ou eu, teríamos pedido empatia para nós mesmos. Nosso clamor teria sido: "Tenham piedade de mim, ó meus amigos, porque a mão de Deus me tocou!". Mas, em vez disso, nosso Senhor lançou Suas próprias tristezas esmagadoras ao chão e inclinou a Sua mente à obra de sustentar Seus escolhidos que estão sob tristezas muito inferiores. Ele sabia que estava prestes a ficar "profundamente triste, a ponto de morrer". Sabia que em breve estaria em agonia por suportar "o castigo para que fôssemos restaurados". Mas antes de ir fundo, Ele devia secar as lágrimas daqueles a quem tanto amava e, portanto, disse com mais emoção: "Não deixem que seu coração fique

preparar lugar para vocês[a] ³e, quando tudo estiver pronto, virei buscá-los, para que estejam sempre comigo, onde eu estiver. ⁴Vocês conhecem o caminho para onde vou."

⁵"Não sabemos para onde o Senhor vai", disse Tomé. "Como podemos conhecer o caminho?"

⁶Jesus disse: "Eu sou o caminho, a verdade e a vida. Ninguém pode vir ao Pai senão por mim. ⁷Se vocês realmente me conhecessem, saberiam quem é meu Pai.[b] Mas, de agora em diante, vão conhecer e ver o Pai".

⁸Filipe disse: "Senhor, mostre-nos o Pai, e ficaremos satisfeitos".

⁹Jesus respondeu: "Filipe, estive com vocês todo esse tempo e você ainda não sabe quem eu sou? Quem me vê, vê o Pai! Então por que me pede para mostrar o Pai? ¹⁰Você não crê que eu estou no Pai e o Pai está em mim? As palavras que eu digo não são minhas, mas de meu Pai, que permanece em mim e realiza suas obras por meu intermédio. ¹¹Apenas creiam que eu estou no Pai e que o Pai está em mim. Ou creiam pelo menos por causa das obras que vocês me viram realizar.

¹²"Eu lhes digo a verdade: quem crê em mim fará as mesmas obras que tenho realizado, e até maiores, pois eu vou para o Pai. ¹³Vocês podem pedir qualquer coisa em meu nome, e eu o farei, para que o Filho glorifique o Pai. ¹⁴Sim, peçam qualquer coisa em meu nome, e eu o farei!"

Jesus promete o Espírito Santo

¹⁵"Se vocês me amam, obedeçam[c] a meus mandamentos. ¹⁶E eu pedirei ao Pai, e ele lhes dará outro Encorajador,[d] que nunca os deixará. ¹⁷É o Espírito da verdade. O mundo não o pode receber, pois não o vê e não o conhece. Mas vocês o conhecem, pois ele habita com vocês agora e depois estará em vocês.[e] ¹⁸Não os deixarei órfãos; voltarei para vocês. ¹⁹Em breve o mundo não me verá mais, mas vocês me verão. Porque eu vivo, vocês também viverão. ²⁰No dia em que eu for ressuscitado, vocês saberão que eu estou em meu Pai, vocês em mim, e eu em vocês. ²¹Aqueles que aceitam meus mandamentos e lhes obedecem são os que me amam. E, porque me amam, serão amados por meu Pai. E eu também os amarei e me revelarei a cada um deles."

²²Judas (não o Iscariotes) disse: "Por que o Senhor vai se revelar somente a nós, e não ao mundo em geral?".

²³Jesus respondeu: "Quem me ama faz o que eu ordeno. Meu Pai o amará, e nós viremos para morar nele. ²⁴Quem não me ama não me obedece. E lembrem-se, estas palavras não são minhas; elas vêm do Pai, que me enviou. ²⁵Eu digo estas coisas enquanto ainda estou com vocês. ²⁶Mas quando o Pai enviar o Encorajador, o Espírito Santo, como meu representante, ele lhes ensinará todas as coisas e os fará lembrar tudo que eu lhes disse.

²⁷"Eu lhes deixo um presente, a minha plena paz. E essa paz que eu lhes dou é um presente que o mundo não pode dar. Portanto, não se aflijam nem tenham medo. ²⁸Lembrem-se do que eu lhes disse: 'Vou embora, mas voltarei para vocês'. Se o seu amor por mim é real, vocês deveriam estar felizes porque eu vou para o Pai, que é maior que eu. ²⁹Eu lhes disse estas coisas antes que aconteçam para que, quando acontecerem, vocês creiam.

³⁰"Não tenho muito tempo mais para falar com vocês, pois o governante deste mundo se aproxima. Ele não tem poder algum sobre mim, ³¹mas farei o que o Pai requer de mim,

---

[a]**14.2** Ou *eu lhes teria dito que vou preparar um lugar para vocês.* [b]**14.7** Alguns manuscritos trazem *Se vocês realmente me conheceram, saberão quem é meu Pai.* [c]**14.15** Alguns manuscritos trazem *obedecerão.* [d]**14.16** Ou *Conselheiro,* ou *Consolador.* O grego traz *parakletos*; também em 14.26. [e]**14.17** Alguns manuscritos trazem *e está em vocês.*

---

aflito". Ao passo que admiro essa ternura condescendente de amor, ao mesmo tempo não posso deixar de adorar a maravilhosa confiança do nosso bendito Senhor, que, embora soubesse que devia ser condenado a uma morte vergonhosa, contudo, não sente medo, mas ordena aos Seus discípulos que confiem nele implicitamente. A negra escuridão da horrível meia-noite estava começando a cercá-lo, no entanto, como são corajosas Suas palavras: "Creiam também em mim!". Ele sabia naquela hora ameaçadora que havia vindo do Pai e que estava no Pai e o Pai nele, e assim diz: "Creiam em Deus; creiam também em mim". A postura calma do Mestre deles deve ter fortalecido, grandemente, Seus servos na fé.

para que o mundo saiba que eu amo o Pai. Levantem-se e vamos embora!"

Jesus, a videira verdadeira

15 "Eu sou a videira verdadeira, e meu Pai é o lavrador. ²Todo ramo que, estando em mim, não dá fruto, ele corta. Todo ramo que dá fruto, ele poda, para que produza ainda mais. ³Vocês já foram limpos pela mensagem que eu lhes dei. ⁴Permaneçam em mim, e eu permanecerei em vocês. Pois, assim como um ramo não pode produzir fruto se não estiver na videira, vocês também não poderão produzir frutos a menos que permaneçam em mim.

⁵"Sim, eu sou a videira; vocês são os ramos. Quem permanece em mim, e eu nele, produz muito fruto. Pois, sem mim, vocês não podem fazer coisa alguma. ⁶Quem não permanece em mim é jogado fora, como um ramo imprestável, e seca. Esses ramos são ajuntados num monte para serem queimados. ⁷Mas, se vocês permanecerem em mim e minhas palavras permanecerem em vocês, pedirão o que quiserem, e isso lhes será concedido! ⁸Quando vocês produzem muitos frutos, trazem grande glória a meu Pai e demonstram que são meus discípulos de verdade.

⁹"Eu os amei como o Pai me amou. Permaneçam no meu amor. ¹⁰Quando vocês obedecem a meus mandamentos, permanecem no meu amor, assim como eu obedeço aos mandamentos de meu Pai e permaneço no amor dele. ¹¹Eu lhes disse estas coisas para que fiquem repletos da minha alegria. Sim, sua alegria transbordará! ¹²Este é meu mandamento: Amem uns aos outros como eu amo vocês. ¹³Não existe amor maior do que dar a vida por seus amigos. ¹⁴Vocês serão meus amigos se fizerem o que eu ordeno. ¹⁵Já não os chamo de escravos, pois o senhor não faz confidências a seus escravos. Agora vocês são meus amigos, pois eu lhes disse tudo que o Pai me disse. ¹⁶Vocês não me escolheram; eu os escolhi. Eu os chamei para irem e produzirem frutos duradouros, para que o Pai lhes dê tudo que pedirem em meu nome. ¹⁷Este é meu mandamento: Amem uns aos outros."

Os discípulos de Jesus e o mundo

¹⁸"Se o mundo os odeia, lembrem-se de que primeiro odiou a mim. ¹⁹O mundo os amaria se pertencessem a ele, mas vocês já não fazem parte do mundo. Eu os escolhi para que não mais pertençam ao mundo, e por isso o mundo os odeia. ²⁰Vocês se lembram do que eu lhes disse: 'O escravo não é maior que o seu senhor'? Uma vez que eles me perseguiram, também os perseguirão. E, se obedeceram à minha palavra, também obedecerão à sua. ²¹Farão tudo isso a vocês por minha causa, pois rejeitaram aquele que me enviou. ²²Eles não seriam culpados se eu não tivesse vindo nem lhes falado. Agora, porém, não têm desculpa por seu pecado. ²³Quem me odeia também odeia meu Pai. ²⁴Se eu não tivesse realizado no meio deles sinais que ninguém mais pode realizar, eles não seriam culpados. Agora, porém, viram tudo que fiz e, no entanto, ainda odeiam a mim e a meu Pai. ²⁵Isso cumpre o que

---

15.3,7 *V.3* A Palavra é muitas vezes a ferramenta com a qual o grande Viticultor poda a videira. E, irmãos e irmãs, se estivéssemos mais dispostos a sentir o fio da Palavra e deixá-la cortar mesmo algo que possa ser muito caro para nós, não precisaríamos de muita poda pela aflição. É porque essa primeira faca nem sempre produz o resultado desejado que outra ferramenta afiada é usada para eficazmente nos podar.

V.7 Não pense que todos os homens podem orar eficazmente de igual forma, pois não é assim. Há alguns que Deus ouvirá, e alguns a quem Deus não ouvirá. E há *alguns dos Seus* próprios filhos, a quem Ele ouvirá em coisas absolutamente vitais e essenciais, a quem Ele nunca deu carta branca de acordo com esse uso. "Pedirão o que quiserem, e isso lhes será concedido". Não, se você não ouvir as palavras de Deus, Ele não ouvirá as suas! E se as palavras dele não permanecem em você, suas palavras não terão poder com o Senhor. Elas podem ser direcionadas ao Céu, mas o Senhor não as escutará de modo a tê-las em consideração. Ó, é necessário uma caminhada muito afetuosa para alguém ser poderoso em oração! Você descobrirá que aqueles que tiveram sua vontade no trono de graça são homens que fizeram a vontade de Deus em outros lugares — deve ser assim. O maior favorito na corte terá uma dupla porção do zelo de seu monarca, e ele deve ter especial cuidado em dar passos corretos, ou então o rei não continuará a favorecê-lo como antes. Existe uma disciplina sagrada na casa de Cristo, uma parte da qual consiste nisto, que à medida que nossa obediência ao nosso Deus declina, ao mesmo tempo, nosso poder em oração também diminui.

está registrado nas Escrituras deles:ᵃ 'Odiaram-me sem motivo'.

²⁶"Mas eu enviarei a vocês o Encorajador,ᵇ o Espírito da verdade. Ele virá do Pai e testemunhará a meu respeito. ²⁷E vocês também devem testemunhar a meu respeito, porque estão comigo desde o início."

16 "Eu lhes digo estas coisas para que não desanimem da fé. ²Pois vocês serão expulsos das sinagogas, e virá o tempo em que aqueles que os matarem pensarão que estão prestando um serviço sagrado a Deus. ³Farão isso porque nunca conheceram nem o Pai nem a mim. ⁴Sim, eu lhes digo estas coisas agora para que, quando elas acontecerem, vocês se lembrem de que os avisei. Eu não lhes disse antes porque ainda estaria com vocês mais um pouco."

A obra do Espírito Santo

⁵"Agora, porém, vou para aquele que me enviou, e nenhum de vocês me pergunta para onde vou. ⁶Em vez disso, entristecem-se por causa do que eu lhes disse. ⁷Mas, na verdade, é melhor para vocês que eu vá, pois, se eu não for, o Encorajadorᶜ não virá. Se eu for, eu o enviarei a vocês. ⁸Quando ele vier, convencerá o mundo do pecado, da justiça e do juízo. ⁹Do pecado, porque o mundo se recusou a crer em mim; ¹⁰da justiça, porque eu voltarei para o Pai e não me verão mais; ¹¹do juízo, porque o governante deste mundo já foi condenado.

¹²"Há tanta coisa que ainda quero lhes dizer, mas vocês não podem suportar agora. ¹³Quando vier o Espírito da verdade, ele os conduzirá a toda a verdade. Não falará por si mesmo, mas lhes dirá o que ouviu e lhes anunciará o que ainda está para acontecer. ¹⁴Ele me glorificará porque lhes contará tudo que receber de mim. ¹⁵Tudo que pertence ao Pai é meu; por isso eu disse: 'O Espírito lhes contará tudo que receber de mim'."

A tristeza será transformada em alegria

¹⁶"Mais um pouco e vocês não me verão mais; algum tempo depois, me verão novamente."

¹⁷Alguns dos discípulos perguntaram entre si: "O que ele quer dizer com 'Mais um pouco e vocês não me verão' e 'algum tempo depois, me verão novamente' e 'vou para o Pai'? ¹⁸E o que ele quer dizer com 'mais um pouco'? Não entendemos".

¹⁹Jesus, percebendo que desejavam lhe perguntar sobre essas coisas, disse: "Vocês perguntam entre si o que eu quis dizer quando falei: 'Mais um pouco e vocês não me verão; algum tempo depois, me verão novamente'? ²⁰Eu lhes digo a verdade: vocês chorarão e se lamentarão pelo que acontecerá comigo, mas o mundo se alegrará. Ficarão tristes, mas sua

---

ᵃ **15.25** Em grego, *na lei deles*. Sl 35.19; 69.4. ᵇ**15.26** Ou *Conselheiro*, ou *Consolador*. O grego traz *parakletos*. ᶜ**16.7** Ou *Conselheiro*, ou *Consolador*. O grego traz *parakletos*.

16.2,13 *V.2* Os discípulos de Cristo deviam esperar oposição do tipo mais cruel. Eles deviam ser afastados daqueles com quem por muito tempo adoraram. Deviam até mesmo correr o risco de perder a vida; mas Jesus previu o que lhes aconteceria, para que não tropeçassem nisto. Tal foi o amor de seu Senhor por eles que Ele não os deixaria ser atacados desprevenidos; por Sua graça, eles continuariam e resistiriam, perseverariam até o fim; mas teria que haver uma batalha e para ajudá-los na luta, Jesus lhes conta tudo sobre ela antes que ela comece. Nós dizemos: "Um homem prevenido vale por dois". Assim os discípulos estavam; e você também. Seu Senhor lhe diz que você não vai chegar ao Céu sem provações: "Aqui no mundo vocês terão aflições". E lhe diz isso para que não venha a se surpreender quando ela vier, para que não possa agir sobre você como uma rajada repentina de vento que viraria um pequeno navio; mas para que você possa apenas manter tudo de maneira equilibrada aguardando a tempestade vir: "Eu lhes digo estas coisas para que não desanimem da fé".

V.13 Não falará por si mesmo. Esta é uma expressão muito maravilhosa: "não falará por si mesmo". Temos muitos homens, hoje em dia, que se vangloriam de que falam de si mesmos ou por si mesmos; isto é, eles professam não copiar de ninguém, nem mesmo de Deus. São pensadores originais, inventores; produzem novas coisas da profundidade de suas maravilhosas mentes; mas até mesmo o Espírito Santo aqui disse não "falar de si mesmo". *Mas lhes dirá o que ouviu*; essa é nossa tarefa, ouvir a mensagem de Deus, e depois transmiti-la; e se o Espírito Santo faz isso, e se Jesus o fez, também podemos ficar felizes em fazer o mesmo. Não somos inventores de grandes novidades; somos simplesmente os portadores da mensagem do Altíssimo, os declarantes das antigas verdades que Deus nos revelou.

tristeza se transformará em alegria. ²¹No trabalho de parto, a mulher sente dores, mas, quando o bebê nasce, sua angústia dá lugar à alegria, pois ela trouxe ao mundo uma criança. ²²Da mesma forma, agora vocês estão tristes, mas eu os verei novamente; então se alegrarão e ninguém lhes poderá tirar essa alegria. ²³Naquele dia, não terão necessidade de me perguntar coisa alguma. Eu lhes digo a verdade: vocês pedirão diretamente ao Pai e ele atenderá, porque pediram em meu nome. ²⁴Vocês nunca pediram desse modo. Peçam em meu nome e receberão, e terão alegria completa.

²⁵"Eu lhes falei destas coisas de maneira figurativa, mas em breve deixarei de usar esse tipo de linguagem e lhes falarei claramente a respeito do Pai. ²⁶Então vocês pedirão em meu nome. Não digo que pedirei ao Pai em seu favor, ²⁷pois o próprio Pai os ama, porque vocês me amam e creem que eu vim de Deus.ª ²⁸Sim, eu vim do Pai e entrei no mundo, e agora deixo o mundo e volto para o Pai".

²⁹Então os discípulos disseram: "Enfim o senhor fala claramente, e não de maneira figurativa. ³⁰Agora entendemos que o senhor sabe todas as coisas e não há necessidade de lhe fazer perguntas. Por isso cremos que o senhor veio de Deus".

³¹Jesus disse: "Enfim vocês creem? ³²Mas se aproxima o tempo, e de fato já chegou, em que vocês serão espalhados; cada um seguirá seu caminho e me deixará sozinho. Mas não ficarei sozinho, porque o Pai está comigo. ³³Eu lhes falei tudo isso para que tenham paz em mim. Aqui no mundo vocês terão aflições, mas animem-se, pois eu venci o mundo".

A oração de Jesus

17 Depois de dizer todas essas coisas, Jesus olhou para o céu e orou: "Pai, chegou a hora. Glorifica teu Filho, para que ele te glorifique, ²pois tu lhe deste autoridade sobre toda a humanidade. Ele concede vida eterna a cada um daqueles que lhe deste. ³E a vida eterna é isto: conhecer a ti, o único Deus verdadeiro, e a Jesus Cristo, a quem enviaste ao mundo. ⁴Eu te glorifiquei aqui na terra, completando a obra que me deste para realizar. ⁵Agora, Pai, glorifica-me e leva-me para junto de ti, para a glória que tive a teu lado antes do princípio do mundo.

⁶"Eu revelei teu nome àqueles que me deste do mundo. Eles sempre foram teus. Tu os deste a mim, e eles obedeceram à tua palavra. ⁷Agora eles sabem que tudo que eu tenho vem de ti, ⁸pois lhes transmiti a mensagem que me deste. Eles a aceitaram e sabem que eu vim de ti, e creem que tu me enviaste.

⁹"Minha oração não é por este mundo, mas por aqueles que me deste, pois eles pertencem a ti. ¹⁰Tudo que é meu pertence a ti, e tudo que é teu pertence a mim, e eu sou glorificado por meio deles. ¹¹Agora deixo este mundo; eles ficam aqui, mas eu vou para tua presença. Pai santo, tu me deste teu nome;ᵇ agora protege-os com o poder do teu nome para que eles estejam unidos, assim como nós estamos. ¹²Durante meu tempo aqui com eles, eu os protegi com o poder do nome que me deste.ᶜ Eu os guardei de modo que nenhum deles se perdeu, exceto

---

ª**16.27** Alguns manuscritos trazem *do Pai.* ᵇ**17.11** Alguns manuscritos trazem *tu me deste estes [discípulos].* ᶜ**17.12** Alguns manuscritos trazem *eu protegi aqueles que me deste, com o poder do teu nome.*

17.9,10 Se Cristo tivesse dito: "Eu os glorificarei", eu poderia ter entendido. Se Ele tivesse dito: "Estou satisfeito com eles", eu poderia ter atribuído isso à Sua grande bondade. Mas quando Ele diz: "eu sou glorificado por meio deles", é muito surpreendente. O Sol pode ser refletido, mas você precisa de objetos adequados para atuar como refletores — e quanto mais brilhantes forem, *melhor eles refletirão.* Você e eu não parecemos ter o poder de refletir a glória de Cristo. Dividimos os raios gloriosos que brilham sobre nós. Arruinamos muito do bem que recai sobre nós. No entanto, Cristo diz que Ele é glorificado em nós! [...]

Amados, *nós glorificamos ativamente Cristo quando mostramos bênçãos cristãs.* Vocês que são amorosos, perdoadores, de coração terno, gentis, mansos, altruístas — vocês o glorificam — Ele é glorificado em vocês. Os que são retos e não abandonarão sua integridade. Vocês que podem desprezar o ouro do pecador e não venderão sua consciência em troca dele. Vocês que são ousados e corajosos por Cristo. Vocês que podem suportar e sofrer pelo amor de Seu nome — todas as suas bênçãos vêm do Senhor! Como todas as flores são criadas e geradas pelo Sol, então tudo o que há em vocês que é bom vem de Cristo, o Sol da justiça! E, portanto, Ele é glorificado em vocês.

aquele que estava a caminho da destruição, como as Escrituras haviam predito. ¹³"Agora vou para tua presença. Enquanto ainda estou no mundo, digo estas coisas para que eles tenham minha plena alegria em si mesmos. ¹⁴Eu lhes dei tua palavra. E o mundo os odeia, porque eles não são do mundo, como eu também não sou. ¹⁵Não peço que os tires do mundo, mas que os protejas do maligno. ¹⁶Eles não são deste mundo, como eu também não sou. ¹⁷Consagra-os na verdade, que é a tua palavra. ¹⁸Assim como tu me enviaste ao mundo, eu os envio ao mundo. ¹⁹E eu me entrego como sacrifício santo por eles, para que sejam consagrados na verdade.

²⁰"Não te peço apenas por estes discípulos, mas também por todos que crerão em mim por meio da mensagem deles. ²¹Minha oração é que todos eles sejam um, como nós somos um, como tu estás em mim, Pai, e eu estou em ti. Que eles estejam em nós, para que o mundo creia que tu me enviaste.

²²"Eu dei a eles a glória que tu me deste, para que sejam um, como nós somos um. ²³Eu estou neles e tu estás em mim. Que eles experimentem unidade perfeita, para que todo o mundo saiba que tu me enviaste e que os amas tanto quanto me amas. ²⁴Pai, quero que os que me deste estejam comigo onde estou. Então eles verão toda a glória que me deste, porque me amaste antes mesmo do princípio do mundo.

²⁵"Pai justo, o mundo não te conhece, mas eu te conheço; e estes discípulos sabem que tu me enviaste. ²⁶Eu revelei teu nome a eles, e continuarei a fazê-lo. Então teu amor por mim estará neles, e eu estarei neles".

Jesus é traído e preso

18 Depois de dizer essas coisas, Jesus atravessou com seus discípulos o vale de Cedrom e entrou num bosque de oliveiras. ²Judas, o traidor, conhecia aquele lugar, pois Jesus tinha ido muitas vezes ali com seus discípulos. ³Os principais sacerdotes e fariseus tinham dado a Judas um destacamento de soldados e alguns guardas do templo para acompanhá-lo. Eles chegaram ao bosque de oliveiras com tochas, lanternas e armas.

⁴Jesus, sabendo tudo que ia lhe acontecer, foi ao encontro deles. "A quem vocês procuram?", perguntou.

⁵"A Jesus, o nazareno",[a] responderam.

"Sou eu", disse ele. (Judas, o traidor, estava com eles.) ⁶Quando Jesus disse: "Sou eu", todos recuaram e caíram para trás, no chão. ⁷Mais uma vez, ele perguntou: "A quem vocês procuram?".

E, novamente, eles responderam: "A Jesus, o nazareno".

⁸"Já lhes disse que sou eu", respondeu ele. "E, uma vez que é a mim que vocês procuram, deixem estes outros irem embora." ⁹Ele fez isso para cumprir sua própria declaração: "Não perdi um só de todos que me deste".[b]

¹⁰Então Simão Pedro puxou uma espada e cortou a orelha direita de Malco, o servo do sumo sacerdote. ¹¹Jesus, porém, disse a Pedro: "Guarde sua espada de volta na bainha. Acaso não beberei o cálice que o Pai me deu?".

¹²Assim, os soldados, seu comandante e os guardas do templo prenderam Jesus e o amarraram.

Pedro nega Jesus pela primeira vez

¹³Primeiro, levaram Jesus a Anás, pois era sogro de Caifás, o sumo sacerdote naquele ano. ¹⁴Caifás foi quem tinha dito aos outros líderes judeus: "É melhor que um homem morra pelo povo".

¹⁵Simão Pedro e outro discípulo seguiram Jesus. Esse outro discípulo era conhecido do sumo sacerdote, de modo que lhe permitiram entrar com Jesus no pátio do sumo sacerdote. ¹⁶Pedro teve de ficar do lado de fora do portão. Então o discípulo conhecido do sumo sacerdote falou com a moça que tomava conta do portão, e ela deixou Pedro entrar. ¹⁷A moça perguntou a Pedro: "Você não é um dos discípulos daquele homem?".

"Não", respondeu ele. "Não sou."

¹⁸Como fazia frio, os servos da casa e os guardas tinham feito uma fogueira com carvão e se esquentavam ao redor dela. Pedro estava ali com eles, esquentando-se também.

O sumo sacerdote interroga Jesus

¹⁹Lá dentro, o sumo sacerdote começou a interrogar Jesus a respeito de seus discípulos e

---

[a] **18.5** Ou *Jesus de Nazaré*; também em 18.7. [b] **18.9** Ver Jo 6.39; 17.12.

de seus ensinamentos. ²⁰Jesus respondeu: "Falei abertamente a todos. Ensinei regularmente nas sinagogas e no templo, onde o povo se reúne. ²¹Por que você me interroga? Pergunte aos que me ouviram. Eles sabem o que eu disse".

²²Um dos guardas do templo que estava perto bateu no rosto de Jesus, dizendo: "Isso é maneira de responder ao sumo sacerdote?".

²³Jesus respondeu: "Se eu disse algo errado, prove. Mas, se digo a verdade, por que você me bate?".

²⁴Então Anás amarrou Jesus e o enviou a Caifás, o sumo sacerdote.

Pedro nega Jesus pela segunda e terceira vez

²⁵Nesse meio-tempo, enquanto Simão Pedro estava perto da fogueira, esquentando-se, perguntaram-lhe novamente: "Você não é um dos discípulos dele?".

Ele negou, dizendo: "Não sou".

²⁶Mas um dos servos da casa do sumo sacerdote, parente do homem de quem Pedro havia cortado a orelha, perguntou: "Eu não vi você no bosque de oliveiras com Jesus?". ²⁷Mais uma vez, Pedro negou. E, no mesmo instante, o galo cantou.

O julgamento de Jesus diante de Pilatos

²⁸O julgamento de Jesus diante de Caifás terminou nas primeiras horas da manhã. Em seguida, foi levado ao palácio do governador romano.[a] Seus acusadores não entraram, pois se contaminariam e não poderiam celebrar a Páscoa. ²⁹Então o governador Pilatos foi até eles e perguntou: "Qual é a acusação contra este homem?".

³⁰Eles responderam: "Não o teríamos entregue ao senhor se ele não fosse um criminoso".

³¹"Então levem-no embora e julguem-no de acordo com a lei de vocês", disse Pilatos.

"Só os romanos têm direito de executar alguém",[b] responderam os líderes judeus. ³²Assim cumpriu-se a previsão de Jesus sobre como ele morreria.[c]

³³Então Pilatos entrou novamente no palácio e ordenou que trouxessem Jesus. "Você é o rei dos judeus?", perguntou ele.

³⁴Jesus respondeu: "Essa pergunta é sua ou outros lhe falaram a meu respeito?".

³⁵"Acaso sou judeu?", disse Pilatos. "Seu próprio povo e os principais sacerdotes o trouxeram a mim para ser julgado. Por quê? O que você fez?"

³⁶Jesus respondeu: "Meu reino não é deste mundo. Se fosse, meus seguidores lutariam para impedir que eu fosse entregue aos líderes judeus. Mas meu reino não procede deste mundo".

³⁷Pilatos disse: "Então você é rei?".

"Você diz que sou rei", respondeu Jesus. "De fato, nasci e vim ao mundo para testemunhar a verdade. Todos que amam a verdade ouvem minha voz."

³⁸Pilatos perguntou: "Que é a verdade?".

Jesus é condenado à morte

Depois que disse isso, Pilatos saiu outra vez para onde estava o povo e declarou: "Ele não é culpado de crime algum. ³⁹Mas vocês têm o costume de pedir que eu solte um prisioneiro cada ano, na Páscoa. Vocês querem que eu solte o 'rei dos judeus'?".

⁴⁰Eles, porém, gritaram: "Não! Esse homem, não! Queremos Barrabás!". Esse Barrabás era um criminoso.

19 Então Pilatos mandou açoitar Jesus. ²Os soldados fizeram uma coroa de espinhos e a colocaram em sua cabeça, e depois puseram nele um manto vermelho. ³Zombavam dele, dizendo: "Salve, rei dos judeus!", e batiam em seu rosto.

⁴Pilatos saiu outra vez e disse ao povo: "Agora vou trazê-lo aqui para vocês, mas que fique bem claro: eu o considero inocente". ⁵Então Jesus saiu com a coroa de espinhos e o manto vermelho. "Vejam, aqui está o homem!", disse Pilatos.

⁶Quando os principais sacerdotes e os guardas do templo o viram, começaram a gritar: "Crucifique-o! Crucifique-o!".

"Levem-no vocês e crucifiquem-no", disse Pilatos. "Eu o considero inocente."

⁷Os líderes judeus responderam: "Pela nossa lei ele deve morrer, pois chamou a si mesmo de Filho de Deus".

⁸Quando Pilatos ouviu isso, ficou ainda mais amedrontado. ⁹Levou Jesus de volta para

---

[a] **18.28** Em grego, *Pretório*; também em 18.33. [b] **18.31** Em grego, *Não temos permissão de executar ninguém*. [c] **18.32** Ver Jo 12.32-33.

dentro do palácio[a] e lhe perguntou: "De onde você vem?". Jesus, porém, não respondeu. [10]"Por que você se nega a falar comigo?", perguntou Pilatos. "Não sabe que tenho autoridade para soltá-lo ou crucificá-lo?"

[11]Jesus disse: "Você não teria autoridade alguma sobre mim se esta não lhe fosse dada de cima. Portanto, aquele que me entregou a você tem um pecado maior".

[12]Então Pilatos tentou libertá-lo, mas os líderes judeus gritavam: "Se o senhor soltar este homem, não é amigo de César! Quem se declara rei se rebela contra César".

[13]Ao ouvir isso, Pilatos trouxe Jesus para fora novamente e se sentou no tribunal, na plataforma chamada "Pavimento de Pedras" (em aramaico, *Gábata*). [14]Era por volta de meio-dia, no dia da preparação para a Páscoa. E Pilatos disse ao povo: "Vejam, aqui está o seu rei!".

[15]"Fora com ele!", gritaram. "Fora com ele! Crucifique-o!"

"O quê? Crucificar o seu rei?", perguntou Pilatos.

Em resposta, os principais sacerdotes gritaram: "Não temos outro rei além de César!".

[16]Então Pilatos lhes entregou Jesus para ser crucificado. E eles levaram Jesus.

A crucificação

[17]Carregando a própria cruz, Jesus foi ao local chamado Lugar da Caveira (em aramaico, *Gólgota*). [18]Ali eles o pregaram na cruz. Outros dois foram crucificados com Jesus, um de cada lado e ele no meio. [19]Pilatos colocou no alto da cruz uma placa que dizia: "JESUS, O NAZARENO,[b] REI DOS JUDEUS". [20]O lugar onde Jesus foi crucificado ficava perto da cidade, e a placa estava escrita em aramaico, latim e grego, de modo que muitos judeus podiam ler a inscrição.

[21]Os principais sacerdotes disseram a Pilatos: "Mude a inscrição de 'Rei dos judeus' para 'Ele disse: Eu sou o rei dos judeus'".

[22]Pilatos respondeu: "O que escrevi, escrevi".

[23]Depois que os soldados crucificaram Jesus, repartiram suas roupas em quatro partes, uma para cada um deles. Também pegaram sua túnica, mas ela era sem costura, tecida numa única peça, de alto a baixo. [24]Por isso disseram: "Em vez de rasgá-la, vamos tirar sortes para ver quem ficará com ela". Isso cumpriu as Escrituras que dizem: "Repartiram minhas roupas entre si e lançaram sortes por minha veste".[c] E foi o que fizeram.

[25]Perto da cruz estavam a mãe de Jesus, a irmã dela, Maria, esposa de Clopas, e Maria Madalena. [26]Quando Jesus viu sua mãe ali, ao lado do discípulo a quem ele amava, disse-lhe: "Mulher, este é seu filho". [27]E, ao discípulo, disse: "Esta é sua mãe". Daquele momento em diante, o discípulo a recebeu em sua casa.

A morte de Jesus

[28]Jesus sabia que sua missão havia terminado e, para cumprir as Escrituras, disse: "Estou com sede".[d] [29]Havia ali uma vasilha com vinagre, de modo que ensoparam uma esponja no vinagre, a colocaram na ponta de um caniço de hissopo e a ergueram até os lábios de Jesus. [30]Depois de prová-la, Jesus disse: "Está consumado". Então, inclinou a cabeça e entregou o espírito.

[31]Era o Dia da Preparação, e os líderes judeus não queriam que os corpos ficassem pendurados ali até o dia seguinte, que seria um sábado muito especial. Por isso pediram a Pilatos que mandasse quebrar as pernas dos crucificados

---

[a] 19.9 Em grego, *Pretório*. [b] 19.19 Ou *Jesus de Nazaré*. [c] 19.24 Sl 22.18. [d] 19.28 Sl 22.15; 69.21.

19.31 Para evitar um erro cerimonial, eles estão dispostos a cometer crueldade brutal! Na verdade, eles já haviam cometido a crueldade mais brutal ao matar Cristo. Quão minuciosos alguns homens são em relação a um conjunto de normas meramente humanas — entretanto, os preceitos divinos da Lei eles violam com impunidade! Deus nos salve de uma consciência que insistirá em algo minúsculo que não tem nenhuma consequência, mas que nos permitirá cometer grande pecado! Ouvimos falar de um bandido espanhol que confessou ao seu padre, depois de ter assassinado um grande número de pessoas, não seus assaltos e assassinatos, mas o fato de uma gota de sangue ter jorrado em seus lábios numa sexta-feira, e assim ele contaminou o dia da festa ao tocar em comida animal! Ah, a consciência é uma coisa estranha, mas alguns a chamam de "representante de Deus". Creio que não seja tal coisa, mas que logo se torna tão depravada quanto qualquer outro poder da mente humana! Precisamos muito mais do que a consciência para nos manter íntegros.

e removê-los. ³²Assim, os soldados vieram e quebraram as pernas dos dois homens crucificados com Jesus. ³³Mas, quando chegaram a Jesus, viram que ele já estava morto e, portanto, não quebraram suas pernas. ³⁴Um dos soldados, porém, furou seu lado com uma lança e, no mesmo instante, correu sangue com água. ³⁵Essa informação provém de uma testemunha ocular. Ela diz a verdade para que vocês também creiam. ³⁶Essas coisas aconteceram para que se cumprissem as Escrituras que dizem: "Nenhum dos seus ossos será quebrado",ᵃ ³⁷e "Olharão para aquele a quem transpassaram".ᵇ

O sepultamento de Jesus

³⁸Depois disso, José de Arimateia, que tinha sido discípulo secreto de Jesus porque temia os líderes judeus, pediu autorização a Pilatos para tirar da cruz o corpo de Jesus. Quando Pilatos lhe deu permissão, José veio e levou o corpo. ³⁹Estava com ele Nicodemos, o homem que tinha ido conversar com Jesus à noite. Nicodemos trouxe cerca de 35 litrosᶜ de óleo perfumado feito com mirra e aloés. ⁴⁰Seguindo os costumes judaicos de sepultamento, envolveram o corpo de Jesus em lençóis compridos de linho, junto com essas especiarias. ⁴¹O local da crucificação ficava próximo a um jardim, onde havia um túmulo novo que nunca tinha sido usado. ⁴²Como era o Dia da Preparação para a Páscoa judaica,ᵈ e uma vez que o túmulo ficava perto, colocaram Jesus ali.

A ressurreição

20 No primeiro dia da semana, bem cedo, enquanto ainda estava escuro, Maria Madalena foi ao túmulo e viu que a pedra da entrada tinha sido removida. ²Correu e encontrou Simão Pedro e o outro discípulo, aquele a quem Jesus amava, e disse: "Tiraram do túmulo o corpo do Senhor, e não sabemos onde o colocaram!".

³Pedro e o outro discípulo foram ao túmulo. ⁴Os dois corriam, mas o outro discípulo foi mais rápido que Pedro e chegou primeiro ao túmulo. ⁵Abaixou-se, olhou para dentro e viu ali as faixas de linho, mas não entrou. ⁶Então Simão Pedro chegou e entrou. Também viu ali as faixas de linho ⁷e notou que o pano que cobria a cabeça de Jesus estava dobrado e colocado à parte. ⁸O discípulo que havia chegado primeiro ao túmulo também entrou, viu e creu. ⁹Pois até então não haviam compreendido as Escrituras segundo as quais era necessário que Jesus ressuscitasse dos mortos. ¹⁰Os discípulos voltaram para casa.

Jesus aparece a Maria Madalena

¹¹Maria estava do lado de fora do túmulo. Chorando, abaixou-se, olhou para dentro ¹²e viu dois anjos vestidos de branco, sentados à cabeceira e aos pés do lugar onde tinha estado o corpo de Jesus. ¹³Os anjos lhe perguntaram: "Mulher, por que você está chorando?".

ᵃ**19.36** Êx 12.46; Nm 9.12; Sl 34.20. ᵇ**19.37** Zc 12.10. ᶜ**19.39** Em grego, *100 litras.* ᵈ**19.42** Em grego, *Por causa do dia judaico da preparação.*

20.1,7,9,12 *V.1* Seu amor por seu Senhor a fez se levantar cedo e a ajudou a superar o medo que impediu que muitos saíssem "enquanto ainda estava escuro". Há medos dos quais alguns não conseguem se livrar na escuridão — e esses medos tendem a se intensificar ao ir a um sepulcro no escuro. Porém, o amor acorda cedo para tentar encontrar Cristo e o amor pode enxergar no escuro quando procura por Jesus! Maria pouco esperava encontrar o túmulo de Jesus revirado e a pedra removida — ela ficou tão surpresa com o que viu que se apressou para contar a história a outros amigos de seu Senhor.

V.7 Como alguém bem disse, havia as roupas de sepultura deixadas como mobília para a última cama do crente, e havia "o pano que cobria a cabeça" do Senhor dobrado e "colocado à parte", para enxugar as lágrimas das pessoas enlutadas. A principal lição é que este ato foi feito por alguém sem nenhuma pressa! Ele colocou a roupa de linho, enrolou o pano que cobria Sua cabeça e colocou-o "à parte".

V.9 Eles não entenderam isso. Mesmo o próprio João não havia entendido até então. O restante dos discípulos nunca colocara essa interpretação sobre as palavras de nosso Senhor, que era o significado claro e simples delas, a saber, que Ele ressuscitaria dos mortos. Não me espanto se houver outras palavras das Escrituras em relação ao futuro que compreenderíamos se as aceitássemos exatamente como estão na Palavra — mas nós colocamos outros significados sobre elas e, consequentemente, não vemos nada mais nelas.

V.12 Não tenho dúvidas de que o anjo que estava sentado aos pés estava tão contente de sentar-se ali como o outro estava em se sentar à cabeceira. Se dois

Ela respondeu: "Porque levaram o meu Senhor, e não sei onde o colocaram".

¹⁴Então, ao virar-se para sair, viu alguém em pé. Era Jesus, mas ela não o reconheceu. ¹⁵"Mulher, por que está chorando?", perguntou ele. "A quem você procura?"

Pensando que fosse o jardineiro, ela disse: "Se o senhor o levou embora, diga-me onde o colocou, e eu irei buscá-lo".

¹⁶"Maria!", disse Jesus.

Ela se voltou para ele e exclamou: "Rabôni!" (que, em aramaico, quer dizer "Mestre!").

¹⁷Jesus lhe disse: "Não se agarre a mim, pois ainda não subi ao Pai. Mas vá procurar meus irmãos e diga-lhes: 'Eu vou subir para meu Pai e Pai de vocês, para meu Deus e Deus de vocês'".

¹⁸Maria Madalena encontrou os discípulos e lhes disse: "Vi o Senhor!". Então contou o que Jesus havia falado.

Jesus aparece a seus discípulos

¹⁹Ao entardecer daquele primeiro dia da semana, os discípulos estavam reunidos com as portas trancadas, por medo dos líderes judeus. De repente, Jesus surgiu no meio deles e disse: "Paz seja com vocês!". ²⁰Enquanto falava, mostrou-lhes as feridas nas mãos e no lado. Eles se encheram de alegria quando viram o Senhor. ²¹Mais uma vez, ele disse: "Paz seja com vocês! Assim como o Pai me enviou, eu os envio". ²²Então soprou sobre eles e disse: "Recebam o Espírito Santo. ²³Se vocês perdoarem os pecados de alguém, eles estarão perdoados. Se não perdoarem, eles não estarão perdoados".

Jesus aparece a Tomé

²⁴Um dos Doze, Tomé, apelidado de Gêmeo,ᵃ não estava com os outros quando Jesus surgiu no meio deles. ²⁵Eles lhe disseram: "Vimos o Senhor!".

Ele, porém, respondeu: "Não acreditarei se não vir as marcas dos pregos em suas mãos e não puser meus dedos nelas e minha mão na marca em seu lado".

²⁶Oito dias depois, os discípulos estavam juntos novamente e, dessa vez, Tomé estava com eles. As portas estavam trancadas, mas, de repente, como antes, Jesus surgiu no meio deles. "Paz seja com vocês!", disse ele. ²⁷Então, disse a Tomé: "Ponha seu dedo aqui, e veja minhas mãos. Ponha sua mão na marca em meu lado. Não seja incrédulo. Creia!".

²⁸"Meu Senhor e meu Deus!", disse Tomé.

²⁹Então Jesus lhe disse: "Você crê porque me viu. Felizes são aqueles que creem sem ver".

Propósito do livro

³⁰Os discípulos viram Jesus fazer muitos outros sinais além dos que se encontram registrados neste livro. ³¹Estes, porém, estão registrados para que vocês creiam que Jesus é o Cristo, o Filho de Deus, e para que, crendo nele, tenham vida pelo poder do seu nome.

Epílogo: Jesus aparece a sete discípulos

21 Depois disso, Jesus apareceu novamente a seus discípulos junto ao mar de Tiberíades.ᵇ Foi assim que aconteceu: ²estavam ali Simão Pedro, Tomé, apelidado de Gêmeo,ᶜ Natanael, de Caná da Galileia, os filhos de Zebedeu e outros dois discípulos.

³Simão Pedro disse: "Vou pescar".

"Nós também vamos", disseram os outros. Assim, entraram no barco e foram, mas não pegaram coisa alguma a noite toda.

⁴Ao amanhecer, Jesus estava na praia, mas os discípulos não o reconheceram. ⁵Ele perguntou: "Filhos, por acaso vocês têm peixe para comer?".

"Não", responderam eles.

⁶Então ele disse: "Lancem a rede para o lado direito do barco e pegarão". Fizeram assim e não conseguiam recolher a rede, de tão cheia de peixes que estava.

⁷O discípulo a quem Jesus amava disse a Pedro: "É o Senhor!". Quando Simão Pedro ouviu

---

ᵃ**20.24** Em grego, *Tomé, chamado Dídimo*. ᵇ**21.1** Outro nome para o mar da Galileia. ᶜ**21.2** Em grego, *Tomé, chamado Dídimo*.

---

de vocês forem enviados a trabalho para o Senhor, não escolha onde você estará, ou o que fará. "Sentados à cabeceira e aos pés". Receio que se eles fossem homens em vez de anjos, ambos teriam desejado sentar-se à cabeceira e os pés teriam sido negligenciados. Esta visão parece lembrar o propiciatório, onde os querubins ficaram de frente um para o outro e cobrindo o propiciatório com suas asas abertas.

que era o Senhor, vestiu a capa, pois a havia removido para trabalhar, e saltou na água. ⁸Os outros ficaram no barco e puxaram até a praia a rede carregada, pois estavam a apenas uns noventa metrosᵃ de distância. ⁹Quando chegaram, encontraram um braseiro, no qual havia um peixe, e pão.

¹⁰Jesus disse: "Tragam alguns dos peixes que vocês acabaram de pegar". ¹¹Simão Pedro entrou no barco e arrastou a rede para a praia. Havia 153 peixes grandes e, no entanto, a rede não arrebentou.

¹²"Venham comer!", disse Jesus. Nenhum dos discípulos tinha coragem de perguntar: "Quem é você?", pois sabiam muito bem que era o Senhor. ¹³Então Jesus lhes serviu o pão e o peixe. ¹⁴Foi a terceira vez que Jesus apareceu a seus discípulos depois de ressuscitar dos mortos.

¹⁵Depois da refeição, Jesus perguntou a Simão Pedro: "Simão, filho de João, você me ama mais do que estes?".ᵇ

"Sim, Senhor", respondeu Pedro. "O senhor sabe que eu o amo".

"Então alimente meus cordeiros", disse Jesus.

¹⁶Jesus repetiu a pergunta: "Simão, filho de João, você me ama?".

"Sim, Senhor", disse Pedro. "O senhor sabe que eu o amo".

"Então cuide de minhas ovelhas", disse Jesus.

¹⁷Pela terceira vez, ele perguntou: "Simão, filho de João, você me ama?".

Pedro ficou triste porque Jesus fez a pergunta pela terceira vez e disse: "O Senhor sabe todas as coisas. Sabe que eu o amo".

Jesus disse: "Então alimente minhas ovelhas. ¹⁸Eu lhe digo a verdade: quando você era jovem, podia agir como bem entendia; vestia-se e ia aonde queria. Mas, quando for velho, estenderá as mãos e outros o vestirão e o levarãoᶜ aonde você não quer ir". ¹⁹Jesus disse isso para informá-lo com que tipo de morte ele iria glorificar a Deus. Então Jesus lhe disse: "Siga-me".

²⁰Pedro se virou e viu atrás deles o discípulo a quem Jesus amava, aquele que havia se reclinado perto de Jesus durante a ceia e perguntado: "Senhor, quem o trairá?". ²¹Pedro perguntou a Jesus: "Senhor, e quanto a ele?".

²²Jesus respondeu: "Se eu quiser que ele permaneça vivo até eu voltar, o que lhe importa? Quanto a você, siga-me". ²³Por isso espalhou-se entre a comunidade dos irmãos o rumor de que esse discípulo não morreria. Não foi isso, porém, o que Jesus disse. Ele apenas disse: "Se eu quiser que ele permaneça vivo até eu voltar, o que lhe importa?".

Observações finais

²⁴Este é o discípulo que dá testemunho destes acontecimentos e que os registrou aqui. E sabemos que seu relato é fiel.

²⁵Jesus também fez muitas outras coisas. Se todas fossem registradas, suponho que nem o mundo inteiro poderia conter todos os livros que seriam escritos.

ᵃ 21.8 Em grego, *200 côvados*. ᵇ 21.15 Ou *mais do que estes outros me amam?* ᶜ 21.18 Alguns manuscritos trazem *outro o vestirá e o levará*.

21.15-23 Este trabalho de pastor é tão importante que três vezes o Salvador nos obriga a zelar por ele, dizendo primeiro: "Então alimente meus cordeiros", depois, "Então cuide de minhas ovelhas", ou como alguns manuscritos antigos trazem, "minhas ovelhinhas", e depois novamente, "alimente minhas ovelhas". Devemos alimentar os bebês na graça, pastorear os jovens em Cristo Jesus e alimentar os idosos que sentem muitas enfermidades crescentes e precisam de novo dos confortos de antigamente. Três vezes mais, somos assim ordenados. Estamos, então, tão aptos a falhar nisso? Jesus falou apenas uma vez para a morte, e Lázaro veio para fora. Somos mais surdos do que o túmulo e devemos receber a ordem três vezes? Não vamos mais ser desobedientes ao mandato celestial. [...]

Com os fracos do rebanho, com os novos convertidos no rebanho, com as crianças pequenas no rebanho, nossa tarefa principal é alimentar. Todo sermão, toda lição, deve ser um sermão de pastoreio e uma aula de pastoreio. É de pouca utilidade ficar em pé e bater na Bíblia e gritar: "Creia, creia, creia!", quando ninguém sabe no que crer. Não vejo uso em violinos e pandeiros, nem cordeiros nem ovelhas podem ser apascentadas com bandas de música. Deve haver doutrina, sólida e sã doutrina do evangelho para constituir alimentação de verdade. Quando você tem carne na mesa, então toque o sino para o jantar, mas o sino não alimenta ninguém se a comida não for servida.

Atos

INTRODUÇÃO

Autor. O autor é Lucas, o mesmo que escreveu o evangelho que leva seu nome. Os fatos sobre ele podem ser encontrados no capítulo 27. Ele escreveu este livro em 63 ou 64 d.C.

Propósito. Foi endereçado a um indivíduo como uma espécie de continuação da antiga tese e relata o crescimento e o desenvolvimento do movimento inaugurado por Jesus, tal como foi realizado pelos apóstolos após a ressurreição e ascensão de Cristo. Ele é tomado, de forma geral, com a história da obra cristã entre os gentios e somente apresenta o suficiente da história da igreja de Jerusalém para autenticar o trabalho entre eles. O propósito principal, portanto, parece ser o de relatar a propagação do cristianismo entre os gentios. Esta visão se fortalece ainda mais no fato de o próprio Lucas ser um gentio (Cl 4.10) e que ele era companheiro de Paulo (Cl 4.14) e pela parte onde o pronome "nós" aparece em Atos. O livro, portanto, não pretende ser uma narrativa completa das obras dos primeiros apóstolos. Mas fornece de forma simples, definitiva e impressionante um relato de como a religião de Jesus se propagou após Sua morte e de como foi recebida por aqueles a quem foi primeiramente pregada.

Espiritualidade. No Antigo Testamento, Deus-Pai era o agente ativo. Nos evangelhos, Deus-Filho (Jesus) era o agente ativo. Em Atos (e para sempre) Deus-Espírito Santo é o agente ativo. Ele é mencionado cerca de 56 vezes em Atos. O Salvador dissera aos apóstolos que esperassem em Jerusalém pelo poder do Espírito Santo. Até serem revestidos com o Seu poder, eles eram homens muito comuns. Depois disso, se tornaram puros em seus propósitos e ideais e sempre triunfantes em sua causa. O livro é um registro do grande poder espiritual visto em ação em todos os lugares.

ESBOÇO

Introdução, 1.1-3

1. A Igreja testemunhando em Jerusalém, 1.4–8.11
    1.1. Preparação para o testemunho, 1.4–2.4
    1.2. Primeiro testemunho, 2.4-47
    1.3. Primeira perseguição, 3.1–4.31
    1.4. Condição abençoada da Igreja, 4.32–5.42
    1.5. Primeiros diáconos, 6.1-7
    1.6. O primeiro mártir, 6.8–8.1
2. A Igreja testemunhando na Palestina, 8.2–12.25
    2.1. As testemunhas são espalhadas, 8.2-4
    2.2. Filipe testemunha em Samaria e na Judeia, 8.5-40
    2.3. O Senhor ganha novas testemunhas, 9.1–11.18
    2.4. O centro do trabalho é mudado para a Antioquia, 11.19-30
    2.5. As testemunhas triunfam sobre a perseguição de Herodes, 12.1-25
3. A Igreja testemunhando ao mundo gentio, 13.1–28.31
    3.1. Testemunhando na Ásia, Caps. 13–14
        A primeira viagem missionária de Paulo
    3.2. O primeiro Concílio da Igreja, 15.1-35
    3.3. Testemunhando na Europa, 15.36–18.22
        A segunda viagem missionária de Paulo
    3.4. Ainda testemunhando na Ásia e Europa, 18.23–21.17
        A terceira viagem missionária de Paulo
    3.5. Paulo, a testemunha, rejeitado e atacado pelos judeus em Jerusalém, 21.18–23.35
    3.6. Paulo, preso 2 anos em Cesareia, Caps. 24–26
    3.7. Paulo, a testemunha, levado a Roma, 27.1–28.15
    3.8. Paulo, a testemunha, em Roma, 28.16-31

PARA ESTUDO E DISCUSSÃO

[1] A primeira assembleia regular da igreja, 1.15-26.
[2] A vinda do Espírito Santo, 2.1-4.
[3] O sermão de Pedro no Dia de Pentecostes, 2.5-47.
[4] O primeiro milagre, Cap. 3.
[5] A primeira perseguição, 4.1-31.
[6] Morte de Ananias e Safira, 5.1-11.
[7] Os primeiros diáconos, 6.1-7.
[8] O primeiro mártir, Cap.7.
[9] A obra de Filipe em Samaria, 8.5-40.
[10] A conversão de Saulo, 9.1-31.
[11] A conversão de Cornélio, 10.1-11.18.
[12] Liste as principais igrejas do livro, suas localizações e o que as torna notáveis.
[13] Liste os principais pregadores do livro e observe seus sermões ou milagres etc., que os tornam proeminentes.
[14] Os sermões e declarações do livro, a quem cada um foi dirigido, seu propósito etc.
[15] Os principais elementos de poder desses primeiros discípulos.
[16] O crescimento do cristianismo e os obstáculos que este precisou superar.
[17] Os grandes e extraordinários ensinamentos desses primeiros cristãos.
[18] A habilidade e a adaptação dos apóstolos (dê exemplos).
[19] Os diferentes planos para matar Paulo e o modo como ele escapou de cada um deles.
[20] As viagens missionárias de Paulo e sua viagem a Roma como prisioneiro.

A promessa do Espírito Santo

1 Em meu primeiro livro,[a] relatei a você, Teófilo, tudo que Jesus começou a fazer e a ensinar ²até o dia em que foi levado para o céu, depois de dar a seus apóstolos escolhidos mais instruções por meio do Espírito Santo. ³Durante os quarenta dias após seu sofrimento e morte, Jesus apareceu aos apóstolos diversas vezes. Ele lhes apresentou muitas provas claras de que estava vivo e lhes falou do reino de Deus.

⁴Certa ocasião, enquanto comia com eles, deu-lhes a seguinte ordem: "Não saiam de Jerusalém até o Pai enviar a promessa, conforme eu lhes disse antes. ⁵João batizou com[b] água, mas dentro de poucos dias vocês serão batizados com o Espírito Santo".

A ascensão de Jesus

⁶Então os que estavam com Jesus lhe perguntaram: "Senhor, será esse o momento em que restaurará o reino a Israel?".

⁷Ele respondeu: "O Pai já determinou o tempo e a ocasião para que isso aconteça, e não cabe a vocês saber. ⁸Vocês receberão poder quando o Espírito Santo descer sobre vocês, e serão minhas testemunhas em toda parte: em Jerusalém, em toda a Judeia, em Samaria e nos lugares mais distantes da terra".

⁹Depois de ter dito isso, foi elevado numa nuvem, e os discípulos não conseguiram mais vê-lo. ¹⁰Continuaram a olhar atentamente para o céu, até que dois homens vestidos de branco apareceram de repente no meio deles ¹¹e disseram: "Homens da Galileia, por que estão aí parados, olhando para o céu? Esse Jesus, que foi elevado do meio de vocês ao céu, voltará do mesmo modo como o viram subir!".

Matias substitui Judas

¹²Então voltaram do monte das Oliveiras para Jerusalém, a cerca de um quilômetro[c] de distância. ¹³Quando chegaram, subiram à sala no andar superior da casa onde estavam hospedados.

Estavam ali Pedro, João, Tiago, André, Filipe, Tomé, Bartolomeu, Mateus, Tiago, filho de Alfeu, Simão, o zelote, e Judas, filho de Tiago. ¹⁴Todos eles se reuniam em oração com um só propósito, acompanhados de algumas mulheres e também de Maria, mãe de Jesus, e os irmãos dele.

¹⁵Por esse tempo, quando cerca de 120 discípulos[d] estavam reunidos num só lugar, Pedro se levantou e disse: ¹⁶"Irmãos, era necessário que se cumprissem as Escrituras a respeito de Judas, que serviu de guia aos que prenderam Jesus. Esse acontecimento havia sido predito pelo Espírito Santo, por meio do rei Davi. ¹⁷Judas era um de nós e participava do ministério conosco".

¹⁸(Ele comprou um campo com o dinheiro que recebeu por sua perversidade. Ao cair ali de cabeça, seu corpo se partiu ao meio, e seus intestinos se derramaram. ¹⁹A notícia se espalhou entre todos os habitantes de Jerusalém, e eles deram ao lugar o nome aramaico *Aceldama*, que significa "Campo de Sangue".)

²⁰Pedro continuou: "Estava escrito no livro de Salmos: 'Que sua casa fique desolada, sem ninguém morando nela'. Também diz: 'Que outro ocupe seu lugar'.[e]

²¹"Agora, portanto, devemos escolher um dentre os homens que estiveram conosco durante todo o tempo em que o Senhor Jesus andou entre nós, ²²desde que ele foi batizado por João até o dia em que foi tirado de nosso meio e elevado ao céu. O escolhido se juntará a nós como testemunha da ressurreição".

²³Então indicaram dois homens: José, chamado Barsabás e conhecido também como Justo, e Matias. ²⁴Em seguida, oraram: "Senhor, tu conheces cada coração. Mostra-nos

---

[a] **1.1** Isto é, o evangelho de Lucas. [b] **1.5** Ou *em*; também em 1.5b. [c] **1.12** Em grego, *a jornada de um sábado*. [d] **1.15** Em grego, *irmãos*. [e] **1.20** Sl 69.25; 109.8.

1.14 É muito útil os cristãos orarem uns com os outros, independentemente da resposta. Deus fez a nossa piedade ser algo pessoal, mas Ele também busca a piedade na família. Feliz é o lar onde o altar queima dia e noite com o doce perfume da adoração em família! Ele também nos oferece visões mais amplas e nos faz perceber que todos os santos são nossos irmãos e irmãs e, portanto, nossas reuniões como família cristã e Igreja de Cristo na reunião de oração tornam-se os expoentes e o desenvolvimento natural da piedade social. Cantamos e oramos juntos — e, dessa maneira, nossa fraternidade cristã é manifestada ao mundo — e é mais apreciada por nós mesmos.

qual destes homens escolheste ²⁵como apóstolo para substituir Judas neste ministério, pois ele se desviou e foi para seu devido lugar". ²⁶Então lançaram sortes e Matias foi escolhido como apóstolo, juntando-se aos outros onze.

A vinda do Espírito Santo

2 No dia de Pentecostes,ª todos estavam reunidos num só lugar. ²De repente, veio do céu um som como o de um poderoso vendaval e encheu a casa onde estavam sentados. ³Então surgiu algo semelhante a chamas ou línguas de fogo que pousaram sobre cada um deles. ⁴Todos ficaram cheios do Espírito Santo e começaram a falar em outras línguas, conforme o Espírito os habilitava.

⁵Naquela época, judeus devotos de todas as nações viviam em Jerusalém. ⁶Quando ouviram o som das vozes, vieram correndo e ficaram espantados, pois cada um deles ouvia em seu próprio idioma.

⁷Muito admirados, exclamavam: "Como isto é possível? Estes homens são todos galileus ⁸e, no entanto, cada um de nós os ouve falar em nosso próprio idioma! ⁹Estão aqui partos, medos, elamitas, habitantes da Mesopotâmia, da Judeia, da Capadócia, do Ponto, da província da Ásia, ¹⁰da Frígia, da Panfília, do Egito e de regiões da Líbia próximas a Cirene, visitantes de Roma ¹¹(tanto judeus como convertidos ao judaísmo), cretenses e árabes, e todos nós ouvimos estas pessoas falarem em nossa própria língua sobre as coisas maravilhosas que Deus fez!". ¹²Admirados e perplexos, perguntavam uns aos outros: "Que significa isto?".

¹³Outros, porém, zombavam e diziam: "Eles estão bêbados!".

Pedro se dirige à multidão

¹⁴Então Pedro deu um passo à frente com os onze apóstolos e dirigiu-se em alta voz à multidão: "Ouçam com atenção, todos vocês, povo da Judeia e habitantes de Jerusalém! Escutem o que lhes digo! ¹⁵Estas pessoas não estão bêbadas, como alguns de vocês pensam, pois são apenas nove horas da manhã. ¹⁶Pelo contrário! O que vocês estão vendo foi predito há tempos pelo profeta Joel:

¹⁷'Nos últimos dias', disse Deus,
  'derramarei meu Espírito sobre todo tipo de pessoa.
Seus filhos e suas filhas profetizarão;
  os jovens terão visões,
  e os velhos terão sonhos.
¹⁸Naqueles dias, derramarei meu Espírito

ª2.1 A Festa de Pentecostes era comemorada cinquenta dias depois da Páscoa dos judeus (quando Jesus foi crucificado).

2.1-4 Pegue os símbolos separadamente. O primeiro é o vendaval — um emblema da divindade e, portanto, um símbolo apropriado do Espírito Santo. Muitas vezes, no Antigo Testamento, Deus se revelou sob o emblema do sopro ou do vento. Na verdade, como a maioria de vocês sabe, a palavra hebraica para "vento" e "espírito" é a mesma. Então, com a palavra grega, quando Cristo falou com Nicodemos, não é muito fácil para os tradutores nos dizerem quando ele disse "espírito", e quando Ele disse "vento". [...] O vento é, de todas as coisas materiais, uma das mais espirituais em aparência. É invisível, etéreo, misterioso e, portanto, os homens o escolheram como sendo mais semelhante ao espírito. Na famosa visão de Ezequiel, quando este viu o vale cheio de ossos secos, *todos nós sabemos que se tratava do Espírito de Deus através daquele vento vivificador que veio quando o profeta profetizou e soprou sobre as relíquias ressecadas até serem vivificadas.* [...] O significado do símbolo é que, como sopro, ar, o vento é a própria vida do homem, assim também o Espírito de Deus é a vida do homem espiritual! Por Ele somos vivificados no primeiro; por Ele somos mantidos vivos depois; por Ele a vida interior é nutrida, aumentada e aperfeiçoada. [...]

O segundo símbolo pentecostal foi o fogo. O fogo, novamente, é um símbolo frequente da divindade. Abraão viu uma chama ardente e Moisés viu um arbusto envolto em chamas. [...] "Nosso Deus é um fogo consumidor". Portanto, o símbolo do fogo é um emblema adequado de Deus, o Espírito Santo. Vamos adorá-lo e cultuá-lo! As línguas de fogo sobre a cabeça de cada homem simbolizavam uma visitação pessoal à mente e ao coração de cada um dos escolhidos do grupo. O fogo não veio para consumi-los, pois ninguém foi ferido pelas "línguas de fogo" — aos homens que o Senhor preparou para Sua aproximação, não há perigo em Suas visitações. Eles veem Deus e a vida deles é preservada. Eles sentem o Seu fogo e não são consumidos. Isto é privilégio apenas daqueles que foram preparados e purificados por tal comunhão com o Senhor.

até mesmo sobre servos e servas,
e eles profetizarão.
¹⁹Farei maravilhas em cima, no céu,
e sinais embaixo, na terra:
sangue e fogo, e nuvens de fumaça.
²⁰O sol se escurecerá,
e a lua se tornará vermelha como sangue,
antes que chegue o grande e glorioso dia
do Senhor.
²¹Mas todo aquele que invocar o nome do
Senhor
será salvo'.ᵃ

²²"Povo de Israel, escute! Deus aprovou publicamente Jesus, o nazareno,ᵇ ao realizar milagres, maravilhas e sinais por meio dele, como vocês bem sabem. ²³Ele foi entregue conforme o plano preestabelecido por Deus e seu conhecimento prévio daquilo que aconteceria. Com a ajuda de gentios que desconheciam a lei, vocês o pregaram na cruz e o mataram. ²⁴Mas Deus o ressuscitou, libertando-o dos horrores da morte, pois ela não pôde mantê-lo sob seu domínio. ²⁵A respeito dele disse o rei Davi:

'Vejo que o Senhor está sempre comigo;
não serei abalado, pois ele está à minha
direita.
²⁶Não é de admirar que meu coração esteja
alegre
e que minha língua o louve;
meu corpo repousa em esperança.
²⁷Pois tu não deixarás minha alma entre os
mortos,ᶜ
nem permitirás que o teu Santo
apodreça no túmulo.
²⁸Tu me mostraste o caminho da vida,
e me encherás com a alegria de tua
presença'.ᵈ

²⁹"Irmãos, permitam-me dizer com toda convicção que o patriarca Davi não estava se referindo a si mesmo, pois ele morreu e foi sepultado, e seu túmulo ainda está aqui, entre nós. ³⁰Mas ele era profeta e sabia que Deus havia prometido sob juramento que um de seus descendentes se sentaria em seu trono. ³¹Davi estava olhando para o futuro e falando da ressurreição do Cristo,ᵉ que não foi deixado entre os mortos nem seu corpo apodreceu no túmulo.

³²"Foi esse Jesus que Deus ressuscitou, e todos nós somos testemunhas disso. ³³Ele foi exaltado ao lugar de honra, à direita de Deus. E, conforme havia prometido, o Pai lhe deu o Espírito Santo, que ele derramou sobre nós, como vocês estão vendo e ouvindo hoje. ³⁴Pois Davi não subiu ao céu e, no entanto, disse:

'O Senhor disse ao meu Senhor:
Sente-se no lugar de honra à minha
direita,
³⁵até que eu humilhe seus inimigos
e os ponha debaixo de seus pés'.ᶠ

³⁶"Portanto, saibam com certeza todos em Israel que a esse Jesus, que vocês crucificaram, Deus fez Senhor e Cristo!".

³⁷As palavras partiram o coração dos que ouviam, e eles perguntaram a Pedro e aos outros apóstolos: "Irmãos, o que devemos fazer?".

³⁸Pedro respondeu: "Vocês devem se arrepender, para o perdão de seus pecados, e cada um deve ser batizado em nome de Jesus Cristoᵍ. Então receberão a dádiva do Espírito Santo. ³⁹Essa promessa é para vocês, para seus filhos e para os que estão longe,ʰ isto é, para todos que forem chamados pelo Senhor, nosso Deus". ⁴⁰Pedro continuou a pregar, advertindo com insistência a seus ouvintes: "Salvem-se desta geração corrompida!".

⁴¹Os que acreditaram nas palavras de Pedro foram batizados, e naquele dia houve um acréscimo de cerca de três mil pessoas.

A comunidade dos novos convertidos
⁴²Todos se dedicavam de coração ao ensino dos apóstolos, à comunhão, ao partir do pão e à oração.

⁴³Havia em todos eles um profundo temor, e os apóstolos realizavam muitos sinais e maravilhas. ⁴⁴Os que criam se reuniam num só lugar e compartilhavam tudo que possuíam. ⁴⁵Vendiam propriedades e bens e repartiam o dinheiro com os necessitados, ⁴⁶adoravam juntos no templo diariamente, reuniam-se nos lares para comer e partiam o pão com grande

---

ᵃ**2.17-21** Jl 2.28-32. ᵇ**2.22** Ou *Jesus de Nazaré*. ᶜ**2.27** Em grego, *no Hades*; também em 2.31. ᵈ**2.25-28** Sl 16.8-11, conforme a Septuaginta. ᵉ**2.31** Ou *Messias*. Tanto *Messias* (do hebraico) como *Cristo* (do grego) significam "ungido". ᶠ**2.34-35** Sl 110.1. ᵍ**2.38** Ou *Vocês devem se arrepender, e cada um deve ser batizado em nome de Jesus Cristo, para o perdão de seus pecados*. ʰ**2.39** Ou *para aqueles no futuro distante*, ou *para os gentios*.

alegria e generosidade,[a] ⁴⁷sempre louvando a Deus e desfrutando a simpatia de todo o povo. E, a cada dia, o Senhor lhes acrescentava aqueles que iam sendo salvos.

Pedro cura um mendigo aleijado

3 Certo dia, por volta das três da tarde, Pedro e João foram ao templo orar. ²Um homem, aleijado de nascença, estava sendo carregado. Todos os dias, ele era colocado ao lado da porta chamada Formosa, para pedir esmolas a quem entrasse no templo. ³Quando ele viu que Pedro e João iam entrar, pediu-lhes dinheiro.

⁴Pedro e João se voltaram para ele. "Olhe para nós!", disse Pedro. ⁵O homem fixou o olhar neles, esperando receber alguma esmola. ⁶Pedro, no entanto, disse: "Não tenho prata nem ouro, mas lhe dou o que tenho. Em nome de Jesus Cristo, o nazareno,[b] levante-se e[c] ande!".

⁷Então Pedro segurou o aleijado pela mão e o ajudou a levantar-se. No mesmo instante, os pés e os tornozelos do homem foram curados e fortalecidos. ⁸De um salto, ele se levantou e começou a andar. Em seguida, caminhando, saltando e louvando a Deus, entrou no templo com eles.

⁹Quando o viram caminhar e o ouviram louvar a Deus, ¹⁰todos perceberam que era o mesmo mendigo que tantas vezes tinham visto na porta Formosa, e ficaram perplexos. ¹¹Admirados, correram todos para o Pórtico de Salomão, onde o homem permanecia com Pedro e João e não se afastava deles.

Pedro anuncia as boas-novas no templo

¹²Pedro, percebendo o que ocorria, dirigiu-se à multidão. "Povo de Israel, por que ficam surpresos com isso?", disse ele. "Por que olham para nós como se tivéssemos feito este homem andar por nosso próprio poder ou devoção? ¹³Pois foi o Deus de Abraão, de Isaque e de Jacó, o Deus de nossos antepassados, quem glorificou seu Servo Jesus, a quem vocês traíram e rejeitaram diante de Pilatos, apesar de ele ter decidido soltá-lo. ¹⁴Vocês rejeitaram o Santo e Justo e, em seu lugar, exigiram que um *assassino fosse liberto*. ¹⁵Mataram o autor da vida, mas Deus o ressuscitou dos mortos. E nós somos testemunhas desse fato!

¹⁶"Pela fé no nome de Jesus, este homem que vocês veem e conhecem foi curado. A fé no nome de Jesus o curou diante de seus olhos.

¹⁷"Irmãos, sei que vocês e seus líderes agiram por ignorância. ¹⁸Mas Deus assim cumpriu o que todos os profetas haviam predito acerca do Cristo, que era necessário ele sofrer essas coisas. ¹⁹Agora, arrependam-se e voltem-se para Deus, para que seus pecados sejam apagados. ²⁰Então, da presença do Senhor virão tempos de renovação, e ele enviará novamente Jesus, o Cristo que lhes foi designado. ²¹Pois ele deve permanecer no céu até o tempo da restauração final de todas as coisas, conforme Deus prometeu há muito tempo por meio de seus santos profetas. ²²Moisés disse: 'O Senhor, seu Deus, levantará para vocês um profeta como eu, do meio de seu povo. Ouçam com atenção tudo que ele lhes disser.[d] ²³Quem não der ouvidos a esse profeta será eliminado do meio do povo'.[e]

²⁴"A começar por Samuel, todos os profetas falaram sobre o que está acontecendo hoje. ²⁵Vocês são descendentes desses profetas e estão incluídos na aliança que Deus fez com seus antepassados ao dizer a Abraão: 'Por meio de sua descendência,[f] todas as famílias da terra serão abençoadas'.[g] ²⁶Quando Deus ressuscitou seu Servo, ele o enviou primeiro a vocês, o povo de Israel, para abençoá-los, fazendo cada um de vocês se afastar de seus caminhos pecaminosos."

Pedro e João diante do conselho de líderes

4 Enquanto falavam ao povo, Pedro e João foram confrontados pelos sacerdotes, pelo capitão da guarda do templo e por alguns saduceus. ²Os líderes estavam muito perturbados porque Pedro e João ensinavam ao povo que em Jesus há ressurreição dos mortos. ³Eles os prenderam e, como já anoitecia, os colocaram na prisão até a manhã seguinte. ⁴Muitos que tinham ouvido a mensagem creram, totalizando, agora, cerca de cinco mil homens.

⁵No dia seguinte, o conselho das autoridades, dos líderes do povo e dos mestres da lei se reuniu em Jerusalém. ⁶Estavam ali Anás, o sumo sacerdote, e também Caifás, João, Alexandre

---

[a] **2.46** Ou *e coração sincero*. [b] **3.6a** Ou *Jesus Cristo de Nazaré*. [c] **3.6b** Alguns manuscritos não trazem *levante-se e*. [d] **3.22** Dt 18.15. [e] **3.23** Dt 18.19; Lv 23.29. [f] **3.25a** Em grego, *sua semente*. [g] **3.25b** Gn 12.3; 22.18.

e outros parentes do sumo sacerdote. ⁷Mandaram trazer Pedro e João e os interrogaram: "Com que poder, ou em nome de quem, vocês fizeram isso?".

⁸Cheio do Espírito Santo, Pedro lhes respondeu: "Autoridades e líderes do povo, ⁹estamos sendo interrogados hoje porque realizamos uma boa ação em favor de um aleijado, e os senhores querem saber como ele foi curado. ¹⁰Saibam os senhores e todo o povo de Israel que ele foi curado pelo nome de Jesus Cristo, o nazareno,ᵃ a quem os senhores crucificaram, mas a quem Deus ressuscitou dos mortos. ¹¹Pois é a respeito desse Jesus que se diz:

'A pedra que vocês, os construtores,
    rejeitaram
se tornou a pedra angular'.ᵇ

¹²Não há salvação em nenhum outro! Não há nenhum outro nome debaixo do céu, em toda a humanidade, por meio do qual devamos ser salvos".

¹³Quando os membros do conselho viram a coragem de Pedro e João, ficaram admirados, pois perceberam que eram homens comuns, sem instrução religiosa formal. Reconheceram também que eles haviam estado com Jesus. ¹⁴Mas não havia nada que pudessem fazer, pois o homem que tinha sido curado estava ali diante deles. ¹⁵Assim, ordenaram que Pedro e João fossem retirados da sala do conselhoᶜ e começaram a discutir entre si.

¹⁶"Que faremos com esses homens?", perguntavam uns aos outros. "Não podemos negar que realizaram um sinal, como todos em Jerusalém sabem. ¹⁷Mas, para evitar que espalhem sua mensagem, devemos adverti-los de que não falem nesse nome a mais ninguém." ¹⁸Então os chamaram de volta e ordenaram que nunca mais falassem nem ensinassem em nome de Jesus.

¹⁹Pedro e João, porém, responderam: "Os senhores acreditam que Deus quer que obedeçamos a vocês, e não a ele? ²⁰Não podemos deixar de falar do que vimos e ouvimos!".

²¹Os membros do conselho fizeram novas ameaças, mas, por fim, os soltaram. Não sabiam como castigá-los sem provocar um tumulto, visto que todos louvavam a Deus pelo ocorrido, ²²pois o aleijado que havia sido curado milagrosamente tinha mais de quarenta anos de idade.

Os discípulos oram pedindo coragem
²³Assim que foram libertos, Pedro e João voltaram ao lugar onde estavam os outros irmãos e lhes contaram o que os principais sacerdotes e líderes tinham dito. ²⁴Ao ouvir o relato, todos os presentes levantaram juntos a voz e oraram a Deus: "Ó Soberano Senhor, Criador dos céus e da terra, do mar e de tudo que neles

ᵃ**4.10** Ou *Jesus Cristo de Nazaré*. ᵇ**4.11** Sl 118.22. ᶜ**4.15** Em grego, *do Sinédrio*.

4.8-13, 24-28 *Vv.8-12* Nada pode exceder a franqueza, a abrangência e a ousadia desta afirmação! Ele não só declara que o nome de Cristo é o nome que faz maravilhas, mas os acusa pelo Seu assassinato, reafirma a ressurreição — não, mais adiante — ele corta a raiz de toda a sua justiça cerimonial e declara que eles devem ser *salvos* por esse nome odiado e desprezado, ou então perecer para sempre! Sob todas as circunstâncias, que o servo de Deus se comporte com ousadia! Que ele se lembre de que esta é a hora em que deve sempre falar, e que, quando se diz respeito à honra de seu Mestre e o bem-estar das almas, não deve se recusar, mas falar ousadamente a verdade de Deus!

V.13 Onde mais poderia tal sagrada coragem ser aprendida? Eles falaram, em sua medida, assim como o grande Mestre fez, de quem está escrito: "ele ensinava com verdadeira autoridade, diferentemente dos mestres da lei". Eles não falaram com a maneira tímida e hesitante de um pregador que parece manter o equilíbrio de probabilidades entre o certo e o errado, o falso e o verdadeiro, mas com a demonstração de uma convicção saudável da verdade dos princípios que proferiram. Assim Cristo falou, e, tendo aprendido dele, assim falaram Seus discípulos!

Vv.24-28 De que forma estranha essa doutrina da predestinação chega exatamente neste momento! Eles estão cantando sobre a maldade dos homens e o triunfo que Deus obtém sobre ela — e, portanto, este é o próprio valor e substância da canção — que, quando os homens perversos pensam que os decretos de Deus serão colocados de lado para sempre pela destruição de Seu Filho, eles mesmos estão realmente fazendo o que Deus havia predeterminado. A discórdia mais selvagem cria harmonia ao ouvido de Deus! O homem pode estar

há, ²⁵falaste muito tempo atrás pelo Espírito Santo, nas palavras de nosso antepassado Davi, teu servo:

> 'Por que as nações se enfureceram tanto?
> Por que perderam tempo com planos inúteis?
> ²⁶Os reis da terra se prepararam para guerrear;
> os governantes se uniram
> contra o Senhor
> e contra seu Cristo'.ᵃ

²⁷"De fato, isso aconteceu aqui, nesta cidade, pois Herodes Antipas, o governador Pôncio Pilatos, os gentios e o povo de Israel se uniram contra Jesus, teu santo Servo, a quem ungiste. ²⁸Tudo que fizeram, porém, havia sido decidido de antemão pela tua vontade. ²⁹E agora, Senhor, ouve as ameaças deles e concede a teus servos coragem para anunciar tua palavra. ³⁰Estende tua mão com poder para curar, e que sinais e maravilhas sejam realizados por meio do nome de teu santo Servo Jesus".

³¹Depois dessa oração, o lugar onde estavam reunidos tremeu, e todos ficaram cheios do Espírito Santo e pregavam corajosamente a palavra de Deus.

Os discípulos compartilham seus bens

³²Todos os que creram estavam unidos em coração e mente. Não se consideravam donos de seus bens, de modo que compartilhavam tudo que tinham. ³³Com grande poder, os apóstolos davam testemunho da ressurreição do Senhor Jesus, e sobre todos eles havia grande graça. ³⁴Entre eles não havia necessitados, pois quem possuía terras ou casas vendia o que era seu ³⁵e levava o dinheiro aos apóstolos, para que dessem aos que precisavam de ajuda.

³⁶José, a quem os apóstolos deram o nome Barnabé, que significa "Filho do encorajamento", era da tribo de Levi e tinha nascido na ilha de Chipre. ³⁷Ele vendeu um campo que possuía e entregou o dinheiro aos apóstolos.

ᵃ**4.25-26** Ou *seu Messias (Ungido)*. Sl 2.1-2.

Ananias e Safira

5 Havia, porém, um homem chamado Ananias que, com sua esposa, Safira, vendeu uma propriedade. ²Levou apenas parte do dinheiro aos apóstolos, mas, com aprovação da esposa, afirmou que aquele era o valor total e ficou com o resto.

³Então Pedro disse: "Ananias, por que você deixou Satanás encher seu coração? Você mentiu para o Espírito Santo quando guardou parte do dinheiro para si. ⁴A propriedade era sua para vender ou não, como quisesse. E, depois de vendê-la, o dinheiro também era seu, para entregar ou não. Como pôde fazer uma coisa dessas? Você não mentiu para nós, mas para Deus!".

⁵Assim que Ananias ouviu essas palavras, caiu no chão e morreu. Um grande temor se apoderou de todos que souberam o que havia acontecido. ⁶Então alguns jovens se levantaram, envolveram o corpo num lençol e o levaram para fora, e depois o sepultaram.

⁷Cerca de três horas depois, sua esposa entrou, sem saber o que havia acontecido. ⁸Pedro lhe perguntou: "Foi esse o valor que você e seu marido receberam pelo terreno?".

Ela respondeu: "Sim, foi esse o valor".

⁹Então Pedro disse: "Como vocês puderam conspirar para pôr à prova o Espírito do Senhor? Veja, os jovens que sepultaram seu marido estão logo ali, perto da porta, e também levarão você".

¹⁰No mesmo instante, ela caiu no chão e morreu. Quando os jovens entraram e viram que ela estava morta, levaram seu corpo para fora e a sepultaram ao lado do marido. ¹¹Um grande temor se apoderou de toda a igreja e de todos que souberam desse acontecimento.

Os apóstolos realizam muitas curas

¹²Os apóstolos realizavam muitos sinais e maravilhas entre o povo. Todos se reuniam regularmente no templo, na parte conhecida como Pórtico de Salomão. ¹³Quando se reuniam ali, ninguém mais tinha coragem de juntar-se a

---

em rebelião contra o Altíssimo, mas ele ainda é, de maneira abjeta, um escravo da predestinação de Deus! E deixe o homem pecar com seu livre-arbítrio, até o mais extremo da insensatez, e mesmo assim, Deus tem um cabresto em sua boca e um freio em suas mandíbulas e sabe como governar e dominá-lo a Seu bel-prazer! A ferocidade dos reis e dos sacerdotes sempre cumpre o conselho de Deus!

eles, embora o povo os tivesse em alta consideração. ¹⁴Cada vez mais pessoas, multidões de homens e mulheres, criam no Senhor. ¹⁵Como resultado, o povo levava os doentes às ruas em camas e macas para que a sombra de Pedro cobrisse alguns deles enquanto ele passava. ¹⁶Muita gente vinha das cidades ao redor de Jerusalém, trazendo doentes e atormentados por espíritos impuros, e todos eram curados.

Os apóstolos enfrentam oposição

¹⁷Tomados de inveja, o sumo sacerdote e seus oficiais, que eram saduceus, ¹⁸prenderam os apóstolos e os colocaram numa prisão pública. ¹⁹Um anjo do Senhor, porém, veio durante a noite, abriu as portas do cárcere e os levou para fora. ²⁰"Vão ao templo e transmitam ao povo esta mensagem de vida!", disse ele.

²¹Desse modo, ao amanhecer, os apóstolos entraram no templo, conforme haviam sido instruídos, e, sem demora, começaram a ensinar.

Mais tarde, o sumo sacerdote e seus oficiais chegaram, reuniram o conselho,ᵃ isto é, toda a assembleia dos líderes de Israel, e mandaram buscar os apóstolos na prisão. ²²Mas, quando os guardas do templo chegaram à prisão, os homens não estavam lá. Então voltaram e contaram: ²³"A prisão estava bem trancada, com os guardas vigiando do lado de fora, mas, quando abrimos as portas, não havia ninguém!".

²⁴Ao ouvir isso, o capitão da guarda do templo e os principais sacerdotes ficaram perplexos e se perguntavam o que aconteceria em seguida. ²⁵Então alguém chegou com a seguinte notícia: "Os homens que os senhores puseram na cadeia estão no templo, ensinando o povo!".

²⁶O capitão e seus guardas foram e prenderam os apóstolos, mas sem violência, pois temiam que o povo os apedrejasse. ²⁷Em seguida, levaram os apóstolos e os apresentaram ao conselho de líderes do povo, onde o sumo sacerdote os confrontou. ²⁸"Nós lhes ordenamos firmemente que nunca mais ensinassem em nome desse homem", disse ele. "E, mesmo assim, vocês encheram Jerusalém com esse seu ensino e querem nos responsabilizar pela morte dele!"

²⁹Pedro e os apóstolos responderam: "Devemos obedecer a Deus antes de qualquer autoridade humana. ³⁰O Deus de nossos antepassados ressuscitou Jesus dos mortos depois que os senhores o mataram, pendurando-o numa cruz.ᵇ ³¹Deus o colocou no lugar de honra, à sua direita, como Príncipe e Salvador, para que o povo de Israel se arrependesse de seus pecados e fosse perdoado. ³²Somos testemunhas dessas coisas, e assim é também o Espírito Santo, que Deus dá àqueles que lhe obedecem".

³³Quando ouviram isso, os membros do conselho se enfureceram e decidiram matá-los. ³⁴Um deles, porém, um fariseu chamado Gamaliel, especialista na lei e respeitado por todo o povo, levantou-se e ordenou que eles fossem retirados da sala do conselho por um momento. ³⁵Em seguida, disse aos demais: "Israelitas, cuidado com o que planejam fazer a esses homens! ³⁶Algum tempo atrás, surgiu um certo Teudas, que afirmava ser alguém importante. Umas quatrocentas pessoas se juntaram a ele, mas foi morto e seus seguidores se dispersaram, e o movimento deu em nada. ³⁷Depois dele, na época do censo, apareceu Judas, da Galileia, que fez muitos seguidores. Ele também foi morto, e seu grupo se dispersou.

³⁸"Portanto, meu conselho é que deixem esses homens em paz e os soltem. Se o que planejam e fazem é meramente humano, logo serão frustrados. ³⁹Mas, se é de Deus, vocês não serão capazes de impedi-los. Pode até acontecer de vocês acabarem lutando contra Deus".

⁴⁰Os demais membros aceitaram o conselho de Gamaliel. Chamaram os apóstolos e mandaram açoitá-los. Depois, ordenaram que nunca mais falassem em nome de Jesus e, por fim, os soltaram.

⁴¹Quando os apóstolos saíram da reunião do conselho, estavam alegres porque Deus os havia considerado dignos de sofrer humilhação pelo nome de Jesus.ᶜ ⁴²E todos os dias, no templo e de casa em casa, continuavam a ensinar e anunciar que Jesus é o Cristo.

ᵃ **5.21** Em grego, *Sinédrio*; também em 5.27,34,41. ᵇ **5.30** Em grego, *num madeiro*. ᶜ **5.41** Em grego, *pelo nome*.

Sete homens são escolhidos para servir

6 À medida que o número de discípulos crescia, surgiam murmúrios de descontentamento. Os judeus de fala grega se queixavam dos de fala hebraica, dizendo que suas viúvas estavam sendo negligenciadas na distribuição diária de alimento.

²Por isso, os Doze convocaram uma reunião com todos os discípulos e disseram: "Nós, apóstolos, devemos nos dedicar ao ensino da palavra de Deus, e não à distribuição de alimentos. ³Sendo assim, irmãos, escolham sete homens respeitados, cheios do Espírito e de sabedoria, e nós os encarregaremos desse serviço. ⁴Então nós nos dedicaremos à oração e ao ensino da palavra".

⁵A ideia agradou a todos, e escolheram Estêvão, homem cheio de fé e do Espírito Santo, e também Filipe, Próchoro, Nicanor, Timom, Pármenas e Nicolau de Antioquia, que antes havia se convertido ao judaísmo. ⁶Esses sete foram apresentados aos apóstolos, que oraram por eles e lhes impuseram as mãos.

⁷Assim, a mensagem de Deus continuou a se espalhar. O número de discípulos se multiplicava em Jerusalém, e muitos sacerdotes também se converteram.

Estêvão é preso

⁸Estêvão, homem cheio de graça e poder, realizava milagres e sinais entre o povo. ⁹Um dia, porém, alguns homens da chamada Sinagoga dos Escravos Libertos começaram a discutir com ele. Eram judeus de Cirene, de Alexandria, da Cilícia e da província da Ásia. ¹⁰Nenhum deles era capaz de resistir à sabedoria e ao Espírito pelo qual Estêvão falava.

¹¹Então convenceram alguns homens a mentir a respeito dele, dizendo: "Ouvimos Estêvão blasfemar contra Moisés, e até contra Deus". ¹²Com isso, agitaram o povo, os líderes religiosos e os mestres da lei, e Estêvão foi preso e levado ao conselho dos líderes do povo.ᵃ

¹³As falsas testemunhas declararam: "Este homem vive falando contra o santo templo e a lei de Moisés. ¹⁴Nós o ouvimos dizer que esse Jesus de Nazaréᵇ destruirá o templo e mudará os costumes que Moisés nos deixou".

¹⁵Nesse momento, todos os membros do conselho olharam para Estêvão e viram que seu rosto parecia o rosto de um anjo.

O testemunho de Estêvão diante do conselho

7 Então o sumo sacerdote lhe perguntou: "Estas acusações são verdadeiras?".

²Estêvão respondeu: "Irmãos e pais, ouçam-me! O Deus glorioso apareceu a nosso antepassado Abraão na Mesopotâmia,ᶜ antes de ele se estabelecer em Harã,ᵈ ³e lhe disse: 'Deixe sua terra natal e seus parentes e vá para a terra que eu lhe mostrarei'.ᵉ ⁴Então Abraão saiu da terra dos caldeus e morou em Harã até seu pai morrer. Depois, Deus o trouxe aqui para a terra onde vocês agora vivem.

ᵃ**6.12** Em grego, *Sinédrio*; também em 6.15. ᵇ**6.14** Ou *Jesus, o nazareno*. ᶜ**7.2a** *Mesopotâmia* era a região onde hoje se localiza o Iraque. ᵈ**7.2b** *Harã* era uma cidade na região da atual Síria. ᵉ**7.3** Gn 12.1.

===

6.7 Se desejamos ver a Palavra de Deus crescer, multidões acrescentadas aos discípulos, e acolher um grande grupo daqueles que são menos propensos a serem salvos, deve haver uma instrumentalidade adequada. *Nada pode sobreviver sem a ação do Espírito Santo e o sorriso dos Céus*. Paulo planta, Apolo rega e Deus faz crescer. Jamais devemos começar nosso catálogo de meios externos, sem nos referir a esse potentado bendito e misterioso que habita na Igreja, e sem o qual nada é bom, nada é eficiente, e nada tem *sucesso* [...] *Se formos à guerra com as nossas próprias forças, não devemos nos admirar se retornarmos manchados com a derrota*. [...]

Quanto aos meios ostensivos, para qualquer igreja prosperar, *deve haver muita pregação simples do evangelho de Jesus Cristo*. [...] Jesus Cristo veio ao mundo para salvar pecadores. Ele veio buscar e salvar o que se havia perdido. [...] Devemos manter isso; este deve ser o martelo que usamos, repetidas vezes, sobre a bigorna do coração humano. Que Deus não permita que nos gloriemos, a não ser na cruz de Jesus Cristo, nosso Senhor; que Deus não permita que saibamos qualquer coisa entre os homens, a não ser Jesus Cristo, e Ele crucificado; olhe para Ele — não para o sacerdote, não para suas boas obras, não para suas orações, não para sua frequência à igreja ou à capela, mas para Cristo Jesus exaltado! [...] Devemos ter muito mais desta pregação simples, e não apenas pregação simples, mas ensinamento simples. Professores da Escola Dominical, vocês devem ensinar este mesmo evangelho.

⁵"Mas Deus não lhe deu herança alguma aqui, nem mesmo o espaço de um pé. Contudo, prometeu que a terra toda pertenceria a Abraão e a seus descendentes, embora ele ainda não tivesse filhos. ⁶Disse-lhe também que seus descendentes viveriam numa terra estrangeira, onde seriam escravizados e oprimidos por quatrocentos anos. ⁷Mas Deus disse: 'Eu castigarei a nação que os escravizar, e, por fim, sairão dali e me adorarão neste lugar'.ᵃ

⁸"Naquele tempo, Deus deu a Abraão a aliança da circuncisão. Assim, quando seu filho Isaque nasceu, ele o circuncidou no oitavo dia. Essa prática continuou quando nasceu Jacó, filho de Isaque, e quando nasceram os doze filhos de Jacó, os patriarcas de Israel.

⁹"Os patriarcas tiveram inveja de seu irmão José e o venderam como escravo para o Egito. Mas Deus estava com ele ¹⁰e o livrou de todas as suas dificuldades. Deus concedeu a José favor e sabedoria diante do faraó, rei do Egito, e o faraó o nomeou governador de todo o Egito e administrador de seu palácio.

¹¹"Então veio uma fome sobre o Egito e sobre Canaã. Houve grande aflição, e nossos antepassados ficaram sem comida. ¹²Jacó soube que ainda havia cereal no Egito e enviou seus filhos, nossos antepassados, para comprarem alimento. ¹³Da segunda vez que foram, José revelou sua identidade a seus irmãosᵇ e os apresentou ao faraó. ¹⁴Depois, José mandou trazer para o Egito seu pai, Jacó, e todos os seus parentes, 75 pessoas ao todo. ¹⁵Assim, Jacó foi para o Egito e ali morreu, bem como nossos antepassados. ¹⁶Seus corpos foram levados para Siquém e sepultados no túmulo que Abraão havia comprado por um certo preço dos filhos de Hamor.

¹⁷"Aproximando-se o tempo em que Deus cumpriria sua promessa a Abraão, nosso povo se multiplicou grandemente no Egito. ¹⁸Então subiu ao trono do Egito um novo rei, que nada sabia a respeito de José. ¹⁹Esse rei explorou e oprimiu nosso povo, forçando os pais a abandonarem seus filhos recém-nascidos, para que morressem.

²⁰"Por essa época, nasceu Moisés, um bebê especial aos olhos de Deus. Seus pais cuidaram dele em casa por três meses. ²¹Quando tiveram de abandoná-lo, a filha do faraó o adotou e o criou como seu próprio filho. ²²Moisés foi educado em toda a sabedoria dos egípcios e era poderoso em palavras e ações.

²³"Certo dia, estando Moisés com quarenta anos, resolveu visitar seus parentes, o povo de Israel. ²⁴Ao ver um egípcio maltratando um israelita, defendeu o israelita e o vingou, matando o egípcio. ²⁵Imaginou que seus irmãos israelitas entenderiam que ele havia sido enviado por Deus para resgatá-los, mas isso não aconteceu.

²⁶"No dia seguinte, visitou-os novamente e viu dois homens de Israel brigando. Tentando agir como pacificador, disse a eles: 'Homens, vocês são irmãos; por que brigam um com o outro?'.

²⁷"Mas o homem que era culpado empurrou Moisés e disse: 'Quem o nomeou líder e juiz sobre nós? ²⁸Vai me matar como matou o egípcio ontem?'. ²⁹Quando Moisés ouviu isso, fugiu e foi viver como estrangeiro na terra de Midiã. Ali nasceram seus dois filhos.

³⁰"Quarenta anos depois, no deserto próximo ao monte Sinai, um anjo apareceu a Moisés nas chamas de um arbusto que queimava. ³¹Quando Moisés viu aquilo, ficou admirado. Aproximando-se para observar melhor, ouviu a voz do Senhor, que disse: ³²'Eu sou o Deus de seus antepassados, o Deus de Abraão, de Isaque e de Jacó'. Moisés tremia de medo e não tinha coragem de olhar.

³³"Então o Senhor lhe disse: 'Tire as sandálias, pois você está pisando em terra santa. ³⁴Por certo, tenho visto a aflição do meu povo no Egito. Tenho ouvido seus gemidos e desci para libertá-los. Agora vá, pois eu o envio de volta ao Egito'.ᶜ

³⁵"Era esse o mesmo Moisés que o povo havia rejeitado quando lhe perguntaram: 'Quem o nomeou líder e juiz?'. Por meio do anjo que apareceu a Moisés no arbusto em chamas, Deus o enviou para ser líder e libertador. ³⁶Assim, com muitas maravilhas e sinais, ele os conduziu para fora do Egito, pelo mar Vermelho e pelo deserto, durante quarenta anos.

ᵃ**7.5-7** Gn 12.7; 15.13-14; Êx 3.12. ᵇ**7.13** Alguns manuscritos trazem *José foi reconhecido por seus irmãos*. ᶜ**7.31-34** Êx 3.5-10.

³⁷"Esse mesmo Moisés disse ao povo de Israel: 'Deus levantará para vocês um profeta como eu do meio de seu povo'.ᵃ ³⁸Moisés estava com nossos antepassados, a congregação do povo de Deus no deserto, quando o anjo lhe falou no monte Sinai, e ali Moisés recebeu palavras que dão vida, para transmiti-las a nós.

³⁹"Mas nossos antepassados se recusaram a obedecer a Moisés. Eles o rejeitaram e, em seu íntimo, voltaram ao Egito. ⁴⁰Disseram a Arão: 'Faça para nós deuses que nos guiem, pois não sabemos o que aconteceu com esse Moisés que nos tirou do Egito'.ᵇ ⁴¹Logo, fizeram um ídolo em forma de bezerro, ofereceram-lhe sacrifícios e começaram a celebrar o objeto que haviam criado. ⁴²Então Deus se afastou deles e os entregou para servirem as estrelas do céu como deuses, conforme está escrito no livro dos profetas:

'Foi a mim que vocês trouxeram sacrifícios e ofertas
　durante aqueles quarenta anos no deserto, povo de Israel?
⁴³Não, vocês carregaram o santuário de Moloque,
　a estrela de seu deus Renfã,
　e as imagens que fizeram para adorá-los.
Por isso eu os enviarei para o exílio,
　para além da Babilônia'.ᶜ

⁴⁴"Nossos antepassados levaram com eles pelo deserto o tabernáculo,ᵈ construído de acordo com o modelo que Deus havia mostrado a Moisés. ⁴⁵Anos depois, quando Josué comandou nossos antepassados nas batalhas contra as nações que Deus expulsou desta terra, foi levado com eles para seu novo território e ali ficou até o tempo do rei Davi.

⁴⁶"Davi encontrou favor diante de Deus e pediu para construir um templo permanente para o Deus de Jacó,ᵉ ⁴⁷mas foi Salomão quem o construiu. ⁴⁸O Altíssimo, porém, não habita em templos feitos por mãos humanas. Como diz o profeta:

⁴⁹'O céu é meu trono,
　e a terra é o suporte de meus pés.
Acaso construiriam para mim um templo assim tão bom?',
diz o Senhor.
'Que lugar de descanso me poderiam fazer?
⁵⁰Acaso não foram minhas mãos que criaram o céu e a terra?'.ᶠ

⁵¹"Povo teimoso! Vocês têm o coração incircuncidado e são surdos para a verdade. Resistirão para sempre ao Espírito Santo? Foi o que seus antepassados fizeram, e vocês também o fazem! ⁵²Que profeta seus antepassados não perseguiram? Mataram até aqueles que predisseram a vinda do Justo, a quem vocês traíram e assassinaram! ⁵³Vocês desobedeceram à lei de Deus, embora a tenham recebido das mãos de anjos".

⁵⁴Os líderes judeus se enfureceram com a acusação de Estêvão e rangiam os dentes contra ele. ⁵⁵Mas Estêvão, cheio do Espírito Santo, olhou firmemente para o céu e viu a glória de Deus, e viu Jesus em pé no lugar de honra, à direita de Deus. ⁵⁶"Olhem!", disse ele. "Vejo os céus abertos e o Filho do Homem em pé no lugar de honra, à direita de Deus!"

⁵⁷Eles taparam os ouvidos e, aos gritos, lançaram-se contra ele. ⁵⁸Arrastaram-no para fora da cidade e começaram a apedrejá-lo. Seus acusadores tiraram os mantos e os deixaram aos pés de um jovem chamado Saulo.

⁵⁹Enquanto atiravam as pedras, Estêvão orou: "Senhor Jesus, recebe o meu espírito". ⁶⁰Então caiu de joelhos e gritou: "Senhor, não os culpes por este pecado!". E, com isso, adormeceu.

8 E Saulo concordou inteiramente com a morte de Estêvão.

A perseguição faz os discípulos dispersarem

Uma grande onda de perseguição começou naquele dia e varreu a igreja de Jerusalém. Todos eles, com exceção dos apóstolos, foram dispersos pelas regiões da Judeia e de Samaria. ²(Alguns homens devotos vieram e, com grande tristeza, sepultaram Estêvão.) ³Saulo, porém, procurava destruir a igreja. Ia de casa

---

ᵃ **7.37** Dt 18.15. ᵇ **7.40** Êx 32.1. ᶜ **7.42-43** Am 5.25-27, conforme a Septuaginta. ᵈ **7.44** Em grego, *a tenda do testemunho*. ᵉ **7.46** Alguns manuscritos trazem *para a casa de Jacó*. ᶠ **7.49-50** Is 66.1-2.

em casa, arrastava para fora homens e mulheres e os lançava na prisão.

Filipe anuncia as boas-novas em Samaria

⁴Os que haviam sido dispersos, porém, anunciavam as boas-novas a respeito de Jesus por onde quer que fossem. ⁵Filipe foi para a cidade de Samaria e ali falou ao povo sobre o Cristo. ⁶Quando as multidões ouviram sua mensagem e viram os sinais que ele realizava, deram total atenção às suas palavras. ⁷Muitos espíritos impuros eram expulsos e, aos gritos, deixavam suas vítimas, e muitos paralíticos e aleijados eram curados. ⁸Por isso, houve grande alegria naquela cidade.

⁹Um homem chamado Simão praticava feitiçaria ali havia anos. Ele deixava o povo de Samaria admirado, e afirmava ser alguém importante. ¹⁰Todos, dos mais simples aos mais importantes, se referiam a ele como "o Grande Poder de Deus". ¹¹Ouviam-no com atenção, pois, durante muito tempo, ele os tinha deixado admirados com sua magia.

¹²No entanto, quando Filipe lhes levou a mensagem sobre as boas-novas do reino de Deus e sobre o nome de Jesus Cristo, eles creram e, como resultado, muitos homens e mulheres foram batizados. ¹³O próprio Simão creu e foi batizado. Começou a seguir Filipe por toda parte, admirando-se dos sinais e milagres que ele realizava.

¹⁴Quando os apóstolos em Jerusalém souberam que o povo de Samaria havia aceitado a mensagem de Deus, enviaram para lá Pedro e João. ¹⁵Assim que os dois chegaram, oraram para que aqueles convertidos recebessem o Espírito Santo, ¹⁶pois, apesar de terem sido batizados em nome do Senhor Jesus, o Espírito Santo ainda não havia descido sobre nenhum deles. ¹⁷Então Pedro e João impuseram as mãos sobre eles, e receberam o Espírito Santo.

¹⁸Simão viu que as pessoas recebiam o Espírito quando os apóstolos impunham as mãos sobre elas. Então ofereceu-lhes dinheiro, ¹⁹dizendo: "Deem-me este poder também, para que, quando eu impuser as mãos sobre as pessoas, elas recebam o Espírito Santo!".

²⁰Pedro, porém, respondeu: "Que seu dinheiro seja destruído com você, por imaginar que o dom de Deus pode ser comprado! ²¹Você não tem parte nem direito neste ministério, pois seu coração não é justo diante de Deus. ²²Arrependa-se de sua maldade e ore ao Senhor. Talvez ele perdoe esses seus maus pensamentos, ²³pois vejo que você está cheio de amarga inveja e é prisioneiro do pecado".

²⁴Simão exclamou: "Orem ao Senhor por mim, para que essas coisas terríveis não me aconteçam!".

²⁵Depois de terem testemunhado e proclamado a palavra do Senhor em Samaria, Pedro e João voltaram a Jerusalém. Ao longo do caminho, pararam em muitas vilas samaritanas para anunciar as boas-novas.

Filipe e o eunuco etíope

²⁶Um anjo do Senhor disse a Filipe: "Vá para o sul,ª para a estrada no deserto que liga Jerusalém a Gaza". ²⁷Filipe partiu e encontrou no caminho um alto oficial etíope, o eunuco responsável pelos tesouros de Candace, rainha da Etiópia. Ele tinha ido a Jerusalém para participar da adoração ²⁸e estava no caminho de volta. Sentado em sua carruagem, lia em voz alta o livro do profeta Isaías.

²⁹Então o Espírito disse a Filipe: "Aproxime-se e acompanhe a carruagem".

³⁰Filipe correu até a carruagem e, ouvindo que o homem lia o profeta Isaías, perguntou-lhe: "O senhor compreende o que lê?".

³¹O homem respondeu: "Como posso entender sem que alguém me explique?". E

ª 8.26 Ou *Vá ao meio-dia*.

8.30 "O senhor compreende o que lê?". Essa é a pergunta. "Leio um capítulo todas as manhãs", diz alguém. Muito bem; continue assim, mas "Você entende o que está lendo?". "Bem, aprendo o texto diário". Sim, mas "você entende o que está lendo?". Esse é o ponto principal. As borboletas pairam sobre o jardim, e nada resulta de seu borboletear, mas olhe para as abelhas, como elas mergulham nas flores e saem com suas patas carregadas com o pólen, e seus estômagos cheios do mais mel doce para suas colmeias. Esta é a maneira de ler a Bíblia, entrar nas flores das Escrituras, mergulhar em seu significado interior e sugar aquela

convidou Filipe a subir na carruagem e sentar-se ao seu lado.

³²Era esta a passagem das Escrituras que ele estava lendo:

"Ele foi levado como ovelha para o matadouro;
como cordeiro mudo diante dos tosquiadores,
não abriu a boca.
³³Foi humilhado e a justiça lhe foi negada.
Quem pode falar de seus descendentes?
Pois sua vida foi tirada da terra".ª

³⁴O eunuco perguntou a Filipe: "Diga-me, o profeta estava falando de si mesmo ou de outro?". ³⁵Então Filipe, começando com essa mesma passagem das Escrituras, anunciou-lhe as boas-novas a respeito de Jesus.

³⁶Prosseguindo, chegaram a um lugar onde havia água. Então o eunuco disse: "Veja, aqui tem água! O que me impede de ser batizado?". ³⁷Filipe disse: "Nada o impede, se você crê de todo o coração". O eunuco respondeu: "Creio que Jesus Cristo é o Filho de Deus".ᵇ ³⁸Então mandou parar a carruagem, os dois desceram até a água e Filipe o batizou.

³⁹Quando saíram da água, o Espírito do Senhor tomou Filipe e o levou. O eunuco não tornou a vê-lo, mas seguiu viagem cheio de alegria. ⁴⁰Então Filipe apareceu mais ao norte, na cidade de Azoto. Anunciou as boas-novas ali e em todas as cidades ao longo do caminho, até chegar a Cesareia.

A conversão de Saulo

9 Enquanto isso, Saulo, motivado pela ânsia de matar os discípulos do Senhor, procurou o sumo sacerdote. ²Pediu cartas para as sinagogas em Damasco, solicitando que cooperassem com a prisão de todos os seguidores do Caminho, homens e mulheres, que ali encontrasse, para levá-los como prisioneiros a Jerusalém.

³Quando se aproximava de Damasco, de repente uma luz do céu brilhou ao seu redor. ⁴Ele caiu no chão e ouviu uma voz lhe dizer: "Saulo, Saulo, por que você me persegue?". ⁵"Quem és tu, Senhor?", perguntou Saulo.

E a voz respondeu: "Sou Jesus, a quem você persegue! ⁶Agora levante-se e entre na cidade, onde lhe dirão o que fazer".

⁷Os homens que estavam com Saulo ficaram calados de espanto, pois ouviam uma voz, mas não viam ninguém. ⁸Saulo levantou-se do chão, mas, ao abrir os olhos, estava cego. Então o conduziram pela mão até Damasco. ⁹Lá ele permaneceu, cego, por três dias, e não comeu nem bebeu coisa alguma.

¹⁰Havia em Damasco um discípulo chamado Ananias. O Senhor o chamou numa visão: "Ananias!".

"Sim, Senhor!", respondeu ele.

¹¹O Senhor disse: "Vá à rua Direita, à casa de Judas. Ao chegar, pergunte por um homem de Tarso chamado Saulo. Ele está orando neste momento. ¹²Mostrei-lhe numa visão um homem chamado Ananias chegando e impondo as mãos sobre ele para que voltasse a enxergar".

¹³Ananias, porém, respondeu: "Senhor, ouvi muita gente falar das coisas horríveis que esse homem vem fazendo ao teu povo santo em Jerusalém. ¹⁴E ele tem autorização dos principais sacerdotes para prender todos que invocam o teu nome!".

¹⁵O Senhor, no entanto, disse: "Vá, pois Saulo é o instrumento que escolhi para levar minha mensagem aos gentios e aos reis, bem como ao povo de Israel. ¹⁶E eu mostrarei a ele quanto deve sofrer por meu nome".

¹⁷Ananias foi e encontrou Saulo. Ao impor as mãos sobre ele, disse: "Irmão Saulo, o Senhor

---

ª **8.32-33** Is 53.7-8, conforme a Septuaginta. ᵇ **8.37** Alguns manuscritos não trazem o versículo 37.

---

doçura secreta que o Senhor colocou ali para lhe servir de alimento espiritual. Um livro reflexivo precisa e *merece uma leitura reflexiva*. Se o autor levou tanto tempo para escrevê-lo, e ele o escreveu com tamanha consideração, ele merece que você conceda ao trabalho dele uma leitura cuidadosa. Se os pensamentos dos homens merecem isso, o que devo dizer dos pensamentos supremos de Deus que Ele nos escreveu neste Livro? Vamos nos debruçar na Bíblia, vamos pedir por maior capacidade e vamos usar a capacidade que já possuímos para alcançar o âmago mais íntimo da Palavra de Deus, para que possamos compreendê-la e sermos alimentados por ela. A Bíblia pode ser entendida, eu lhe asseguro.

Jesus, que lhe apareceu no caminho para cá, me enviou para que você volte a enxergar e fique cheio do Espírito Santo". ¹⁸No mesmo instante, algo semelhante a escamas caiu dos olhos de Saulo, e sua visão foi restaurada. Então ele se levantou, foi batizado ¹⁹e, depois de comer, recuperou as forças.

Saulo em Damasco e em Jerusalém

Saulo permaneceu alguns dias em Damasco, com os discípulos. ²⁰Logo, começou a falar de Jesus nas sinagogas, dizendo: "Ele é o Filho de Deus!".

²¹Todos que o ouviam ficavam admirados. "Não é esse o homem que causou tanta destruição entre os que invocavam o nome de Jesus em Jerusalém?", perguntavam. "E não veio aqui para levá-los como prisioneiros aos principais sacerdotes?"

²²A pregação de Saulo tornou-se cada vez mais poderosa, pois ele deixava os judeus de Damasco perplexos, provando que Jesus é o Cristo. ²³Depois de certo tempo, alguns judeus conspiraram para matá-lo. ²⁴Dia e noite, vigiavam a porta da cidade com a intenção de assassiná-lo, mas ele foi informado desse plano. ²⁵Então, durante a noite, alguns de seus discípulos o baixaram pela muralha da cidade num grande cesto.

²⁶Quando Saulo chegou a Jerusalém, tentou se encontrar com os discípulos, mas todos estavam com medo dele, pois não acreditavam que ele tivesse de fato se tornado discípulo. ²⁷Então Barnabé o levou aos apóstolos e lhes contou como Saulo tinha visto o Senhor no caminho para Damasco e como ele lhe havia falado. Contou também que, em Damasco, Saulo havia pregado corajosamente em nome de Jesus.

²⁸Saulo permaneceu com os apóstolos e andava com eles por Jerusalém, pregando corajosamente em nome do Senhor. ²⁹Também conversava e discutia com alguns judeus de fala grega, mas estes procuravam matá-lo. ³⁰Quando os irmãos souberam disso, levaram Saulo a Cesareia e de lá o enviaram a Tarso.

³¹A igreja tinha paz em toda a Judeia, Galileia e Samaria e ia se fortalecendo à medida que andava no temor do Senhor. E, encorajada pelo Espírito Santo, crescia em número.

Pedro cura Eneias e ressuscita Dorcas

³²Pedro viajava por toda parte, e foi visitar o povo santo que vivia na cidade de Lida. ³³Ali encontrou um paralítico chamado Eneias, que permanecia de cama havia oito anos. ³⁴Pedro lhe disse: "Eneias, Jesus Cristo cura você! Levante-se e arrume sua maca!". E, no mesmo instante, ele se levantou. ³⁵Todos os moradores de Lida e de Sarona viram Eneias e se converteram ao Senhor.

³⁶Havia em Jope uma discípula chamada Tabita (que em grego é Dorcas).ᵃ Sempre fazia o bem às pessoas e ajudava os pobres. ³⁷Por esse tempo, ficou doente e morreu. Seu corpo foi lavado para o sepultamento e colocado numa sala no andar superior. ³⁸Quando os discípulos souberam que Pedro estava perto de Lida, enviaram dois homens para lhe suplicar: "Por favor, venha o mais rápido possível!".

³⁹Então Pedro voltou com eles e, assim que chegou, foi levado para a sala do andar superior. O cômodo estava cheio de viúvas que choravam e lhe mostravam os vestidos e outras roupas que Dorcas havia feito para elas. ⁴⁰Pedro pediu que todos saíssem do quarto. Então, ajoelhou-se e orou. Voltando-se para o corpo da mulher, disse: "Tabita, levante-se", e ela abriu os olhos. Quando ela viu Pedro, sentou-se. ⁴¹Ele lhe deu a mão e a ajudou a levantar-se. Em seguida, chamou os discípulosᵇ e as viúvas e a apresentou viva.

⁴²A notícia se espalhou por toda a cidade, e muitos creram no Senhor. ⁴³Pedro ficou em Jope algum tempo, hospedado na casa de Simão, um homem que trabalhava com couro.

Cornélio manda chamar Pedro

10 Morava em Cesareia um oficial do exército romanoᶜ chamado Cornélio, capitão do Regimento Italiano. ²Era um homem devoto e temente a Deus, como era também toda a sua família. Dava aos pobres esmolas generosas e sempre orava ao Senhor. ³Certa tarde, por volta das três horas, teve uma visão na qual viu um anjo de Deus vir em sua direção e dizer: "Cornélio!".

ᵃ **9.36** Tanto *Tabita* (do aramaico) como *Dorcas* (do grego) significam "gazela". ᵇ **9.41** Em grego, *os santos*. ᶜ **10.1** Em grego, *centurião*; também em 10.22.

⁴Temeroso, Cornélio olhou fixamente para o anjo e perguntou: "Que é, senhor?".

E o anjo respondeu: "Suas orações e esmolas subiram até Deus, e ele as guarda na memória. ⁵Agora, envie alguns homens a Jope e mande buscar Simão, também chamado Pedro. ⁶Ele está hospedado com Simão, um homem que trabalha com couro e mora à beira do mar".

⁷Assim que o anjo foi embora, Cornélio chamou dois servos de sua casa e um soldado devoto de seu grupo de auxiliares. ⁸Ele lhes contou o que havia acontecido e os enviou a Jope.

Pedro visita Cornélio

⁹No dia seguinte, quando os mensageiros de Cornélio se aproximavam da cidade, Pedro subiu ao terraço para orar. Era cerca de meio-dia, ¹⁰e ele estava com fome. Enquanto a refeição era preparada, entrou num êxtase. ¹¹Viu o céu aberto e algo semelhante a um grande lençol ser baixado por suas quatro pontas. ¹²No lençol havia toda espécie de animais, répteis e aves. ¹³Então uma voz lhe disse: "Levante-se, Pedro; mate e coma".

¹⁴"De modo nenhum, Senhor!", respondeu Pedro. "Jamais comi coisa alguma que fosse considerada impura[a] e imprópria."

¹⁵Mas a voz falou novamente: "Não chame de impuro o que Deus purificou". ¹⁶A mesma visão se repetiu três vezes. Então, subitamente, o lençol foi recolhido ao céu.

¹⁷Pedro ficou perplexo, pensando em qual seria o significado da visão. Nesse momento, os homens que Cornélio tinha enviado encontraram a casa de Simão. Eles se aproximaram do portão ¹⁸e perguntaram se estava hospedado ali Simão, também chamado Pedro.

¹⁹Enquanto Pedro ainda refletia sobre a visão, o Espírito lhe disse: "Três homens vieram procurá-lo. ²⁰Levante-se, desça e vá encontrar-se com eles. Não hesite em acompanhá-los, pois eu os enviei".

²¹Pedro desceu e disse aos homens: "Eu sou quem vocês procuram. Por que vieram?".

---

[a] 10.14 Em grego, *comum*; também em 10.15,28.

10.14 "De modo nenhum, Senhor". Esta é uma expressão muito curiosa. Não me importo com a forma como foi traduzida do original para nosso idioma, mas é um composto muito estranho. Se Pedro tivesse dito: "De modo nenhum", teria havido uma consistência clara em seu idioma e entonação. Mas "De modo nenhum, *Senhor*", é uma estranha miscelânea de vontade própria e reverência, de orgulho e humildade, de contradição e devoção. Certamente, quando você diz "De modo nenhum", não deve ser dito ao Senhor, e se você disser "Senhor", você não deve colocar lado a lado a essa declaração a expressão "De modo nenhum". Pedro sempre foi alguém que cometeu gafes e não perdera seus velhos hábitos de impetuosidade honesta. Ele tinha boas intenções, e sua expressão não pretendia transmitir tudo o que facilmente achamos que transmitiu. De qualquer forma, não cabe a nós condená-lo. Quem somos nós para que julguemos um santo de Deus? Além disso, também somos falhos na questão do discurso incorreto.

Você e eu dissemos algumas coisas muito curiosas em nossa época. Fizemos exclamações que foram tão boas que o Senhor as aceitou, mas foram tão ruins que Ele não poderia as ter aceitado se não tivesse sido por causa da Sua infinita misericórdia. Em nossas declarações, tem havido fé misturada com a incredulidade, amor desfigurado por falta de submissão, gratidão combinada com desconfiança, humildade temperada com arrogância, coragem minada por covardia, fervor misturado com indiferença. Somos seres tão estranhos como a imagem que Nabucodonosor viu em seu sonho, e nosso discurso trai o fato. Quando fomos formados, por natureza, antes de tudo fomos formados "de modo tão extraordinário", mas ao cairmos e sermos deformados pelo pecado, nos tornamos monstruosidades, combinações de contrariedades. Não vou me aprofundar sobre esse assunto, mas todo homem que olha para dentro de si, se a vela de Deus estiver brilhando dentro dele, muitas vezes deve clamar: "Quem são os simples mortais, para que penses neles? Quem são os seres humanos, para que com eles te importes?". Em nosso discurso, este nosso estado de confusão mostra-se mais claramente. Muitas vezes sentimos como se pudéssemos comer nossas palavras, ou pelo menos não as desdizer. Discursos que apresentaram verdadeira sinceridade e devoção foram grandemente marcados por expressões que não eram adequadas para a ocasião. Nossas línguas precisam de santificação multiplicada por sete, se quisermos sempre falar o que é bom e aceitável, e certamente é isso que desejamos.

²²Eles responderam: "Cornélio, um oficial romano, nos enviou. Ele é um homem devoto e temente a Deus, respeitado por todos os judeus. Um santo anjo o instruiu a chamar o senhor à casa dele para que ele ouça sua mensagem". ²³Então Pedro convidou os homens para se hospedarem ali aquela noite. No dia seguinte, foi com eles, acompanhado de alguns irmãos de Jope.

²⁴Chegaram a Cesareia no dia seguinte. Cornélio os esperava e havia reunido seus parentes e amigos íntimos. ²⁵Quando Pedro chegou à casa, Cornélio veio ao seu encontro e prostrou-se diante dele, adorando-o. ²⁶Mas Pedro o levantou e disse: "Fique de pé! Eu sou apenas um homem como você". ²⁷Os dois conversaram e depois entraram na casa, onde muitos outros estavam reunidos.

²⁸Pedro lhes disse: "Vocês sabem que nossas leis proíbem que um judeu entre num lar gentio como este ou se associe com os gentios. No entanto, Deus me mostrou que não devo mais considerar ninguém impuro ou impróprio. ²⁹Por isso, vim assim que fui chamado, sem levantar objeções. Agora digam por que vocês mandaram me buscar".

³⁰Cornélio respondeu: "Quatro dias atrás, eu estava orando em casa por volta deste mesmo horário, às três da tarde. De repente, um homem vestido com roupas resplandecentes apareceu diante de mim. ³¹Ele me disse: 'Cornélio, Deus ouviu sua oração e se lembrou de suas esmolas. ³²Agora, envie mensageiros a Jope e mande buscar Simão, também chamado Pedro. Ele está hospedado na casa de Simão, um homem que trabalha com couro e mora à beira do mar'. ³³Assim, mandei buscá-lo de imediato, e foi bom que tenha vindo. Agora estamos todos aqui, esperando diante de Deus para ouvir a mensagem que o Senhor mandou que *você nos trouxesse*".

Os gentios ouvem as boas-novas
³⁴Então Pedro respondeu: "Vejo claramente que Deus não mostra nenhum favoritismo. ³⁵Em todas as nações ele aceita aqueles que o temem e fazem o que é certo. ³⁶Esta é a mensagem de boas-novas para o povo de Israel: Há paz com Deus por meio de Jesus Cristo, que é Senhor de todos. ³⁷Vocês sabem o que aconteceu em toda a Judeia, começando na Galileia, depois do batismo que João proclamou. ³⁸Sabem também que Deus ungiu Jesus de Nazaré com o Espírito Santo e com poder. Então Jesus foi por toda parte fazendo o bem e curando todos os oprimidos pelo diabo, porque Deus estava com ele.

³⁹"E nós somos testemunhas de tudo que ele fez em toda a Judeia e em Jerusalém, onde o mataram. Penduraram-no numa cruz,[a] ⁴⁰mas Deus o ressuscitou no terceiro dia e permitiu que ele fosse visto, ⁴¹não por todo o povo, mas por nós que fomos escolhidos por Deus de antemão para sermos suas testemunhas. Nós fomos os que comemos e bebemos com ele depois que ele ressuscitou dos mortos. ⁴²E ele nos mandou anunciar sua mensagem em toda parte e testemunhar que Deus o designou juiz dos vivos e dos mortos. ⁴³É a respeito dele que todos os profetas dão testemunho, dizendo que todo o que nele crer receberá o perdão de seus pecados por meio de seu nome".

Os gentios recebem o Espírito Santo
⁴⁴Enquanto Pedro ainda falava, o Espírito Santo desceu sobre todos que ouviam a mensagem. ⁴⁵Os discípulos judeus[b] que acompanhavam Pedro ficaram admirados de que o dom do Espírito Santo também fosse derramado sobre os gentios, ⁴⁶pois os ouviram falar em outras línguas e louvar a Deus.

Pedro perguntou: ⁴⁷"Pode alguém se opor a que eles sejam batizados agora que, como nós, também receberam o Espírito Santo?". ⁴⁸Então ordenou que fossem batizados em nome de Jesus Cristo. Depois, pediram que Pedro ficasse com eles alguns dias.

A explicação de Pedro
11 Logo chegou aos apóstolos e a outros irmãos da Judeia a notícia de que os gentios haviam recebido a palavra de Deus. ²Mas, quando Pedro voltou a Jerusalém, os discípulos judeus[c] o criticaram, ³dizendo: "Você entrou na casa de gentios[d] e até comeu com eles!".

⁴Então Pedro lhes contou exatamente o que havia acontecido. ⁵Disse: "Eu estava na cidade

---

[a]**10.39** Em grego, *num madeiro*. [b]**10.45** Em grego, *Os fiéis da circuncisão*. [c]**11.2** Em grego, *os da circuncisão*. [d]**11.3** Em grego, *homens incircuncisos*.

de Jope e, enquanto orava, num êxtase, tive uma visão. Algo semelhante a um lençol grande foi baixado do céu, preso pelas quatro pontas, vindo até onde eu estava. ⁶Quando olhei dentro do lençol, vi toda espécie de animais domésticos e selvagens, répteis e aves. ⁷E ouvi uma voz dizer: 'Levante-se, Pedro; mate e coma'.

⁸"Eu respondi: 'De modo nenhum, Senhor! Jamais comi coisa alguma que fosse considerada impura[a] ou imprópria'.

⁹"Mas a voz do céu falou novamente: 'Não chame de impuro o que Deus purificou'. ¹⁰Isso aconteceu três vezes, antes que o lençol, com tudo que ele continha, fosse recolhido ao céu.

¹¹"Nesse momento, três homens que haviam sido enviados de Cesareia chegaram à casa onde eu estava hospedado. ¹²O Espírito me disse que eu fosse com eles, sem nada questionar. Esses seis irmãos me acompanharam, e logo entramos na casa do homem que havia mandado nos buscar. ¹³Ele nos contou como um anjo havia aparecido em sua casa e dito: 'Envie mensageiros a Jope e mande buscar Simão, também chamado Pedro. ¹⁴Ele lhe dirá como você e toda a sua casa podem ser salvos'.

¹⁵"Quando comecei a falar, o Espírito Santo desceu sobre eles, como ocorreu conosco, no princípio. ¹⁶Então me lembrei das palavras do Senhor, quando ele disse: 'João batizou com[b] água, mas vocês serão batizados com o Espírito Santo'. ¹⁷E, uma vez que Deus deu a esses gentios a mesma dádiva que concedeu a nós quando cremos no Senhor Jesus Cristo, quem era eu para me opor a Deus?".

¹⁸Ao ouvirem isso, pararam de levantar objeções e começaram a louvar a Deus, dizendo: "Vemos que Deus deu aos gentios o mesmo privilégio de se arrepender e receber a vida eterna!".

A igreja em Antioquia da Síria

¹⁹Enquanto isso, os discípulos que haviam sido dispersos na perseguição depois da morte de Estêvão chegaram até a Fenícia, Chipre e Antioquia da Síria. Pregaram a palavra, mas somente aos judeus. ²⁰Contudo, alguns dos discípulos que foram de Chipre e Cirene até Antioquia começaram a anunciar aos gentios[c] as boas-novas a respeito do Senhor Jesus. ²¹A mão do Senhor estava com eles, e muitos desses gentios creram e se converteram ao Senhor.

²²Quando a igreja de Jerusalém soube do que havia acontecido, enviou Barnabé a Antioquia. ²³Ao chegar ali e ver essa demonstração da graça de Deus, alegrou-se muito e incentivou os irmãos a permanecerem fiéis ao Senhor. ²⁴Barnabé era um homem bom, cheio do Espírito Santo e de fé. E uma grande multidão se converteu ao Senhor.

²⁵Então Barnabé foi a Tarso procurar Saulo. ²⁶Quando o encontrou, levou-o para Antioquia. Ali permaneceram com a igreja um ano inteiro, ensinando a muitas pessoas. Foi em Antioquia que os discípulos foram chamados de cristãos pela primeira vez.

²⁷Durante esse tempo, alguns profetas viajaram de Jerusalém a Antioquia. ²⁸Um deles, chamado Ágabo, pôs-se em pé numa das reuniões e predisse, pelo Espírito, que uma grande fome viria sobre todo o mundo romano. (Isso se cumpriu durante o reinado de Cláudio.) ²⁹Então os discípulos de Antioquia decidiram enviar uma ajuda aos irmãos na Judeia, cada um de acordo com suas possibilidades. ³⁰Foi o que fizeram, enviando as doações aos presbíteros[d] por meio de Barnabé e Saulo.

O martírio de Tiago e a prisão de Pedro

12 Por essa época, o rei Herodes Agripa[e] começou a perseguir violentamente algumas pessoas da igreja. ²Mandou matar à espada Tiago, irmão de João. ³Quando Herodes viu quanto isso agradava os judeus, também prendeu Pedro durante a celebração da Festa dos Pães sem Fermento. ⁴Depois, lançou-o na cadeia, sob a guarda de quatro escoltas, cada uma com quatro soldados. A intenção de Herodes era apresentar Pedro aos judeus para julgamento público depois da Páscoa. ⁵Enquanto Pedro estava no cárcere, a igreja orava fervorosamente a Deus por ele.

A milagrosa fuga de Pedro

⁶Na noite antes de Pedro ser levado a julgamento, ele dormia, preso com duas correntes entre dois soldados, e outros montavam

---

[a] 11.8 Em grego, *comum*; também em 11.9. [b] 11.16 Ou *em*; também em 11.16b. [c] 11.20 Em grego, *aos helenistas* (i.e., aos de fala grega); alguns manuscritos trazem *aos gregos*. [d] 11.30 Ou *anciãos*. [e] 12.1 Em grego, *o rei Herodes*. Sobrinho de Herodes Antipas e neto de Herodes, o Grande.

guarda na porta da prisão. ⁷De repente, uma luz intensa brilhou na cela, e um anjo do Senhor apareceu. Tocou no lado de Pedro para acordá-lo e disse: "Depressa! Levante-se!", e as correntes caíram dos pulsos de Pedro. ⁸Então o anjo lhe disse: "Vista-se e calce as sandálias", e Pedro obedeceu. "Agora vista a capa e siga-me", ordenou o anjo.

⁹Pedro deixou a cela, seguindo o anjo. O tempo todo, porém, pensava que era uma visão, sem entender que era real o que ocorria. ¹⁰Passaram o primeiro e o segundo postos de guarda e, quando chegaram ao portão de ferro que dava para a cidade, o portão se abriu sozinho para eles. Os dois passaram e foram caminhando ao longo da rua até que, subitamente, o anjo o deixou.

¹¹Por fim, Pedro caiu em si. "É verdade mesmo!", disse ele. "O Senhor enviou seu anjo para me salvar daquilo que Herodes e os judeus planejavam me fazer!"

¹²Quando Pedro se deu conta disso, foi à casa de Maria, mãe de João Marcos, onde muitos estavam reunidos para orar. ¹³Ele bateu à porta da frente, e uma serva chamada Rode foi atender. ¹⁴Ao reconhecer a voz de Pedro, ficou tão contente que, em vez de abrir a porta, correu de volta para dentro dizendo a todos: "Pedro está à porta!".

¹⁵Eles, porém, disseram: "Você está fora de si!". Diante da insistência dela, concluíram: "Deve ser o anjo dele".

¹⁶Enquanto isso, Pedro continuava a bater. Quando, por fim, abriram a porta e o viram, ficaram admirados. ¹⁷Ele fez um sinal para se acalmarem e lhes contou como o Senhor o havia tirado da prisão. "Contem a Tiago e aos outros irmãos o que aconteceu", disse ele. Então foi para outro lugar.

¹⁸Ao amanhecer, houve grande alvoroço entre os soldados a respeito do que tinha acontecido a Pedro. ¹⁹Herodes ordenou que fosse feita uma busca completa por ele. Não conseguindo encontrá-lo, interrogou os guardas e mandou executá-los. Depois disso, Herodes partiu da Judeia e foi passar algum tempo em Cesareia.

A morte de Herodes Agripa

²⁰O rei Herodes estava muito irado com o povo de Tiro e Sidom. Assim, as duas cidades se uniram na tentativa de se reconciliar com o rei, pois dependiam de suas terras para obter alimento. Então, tendo conquistado o apoio de Blasto, assistente pessoal do rei, ²¹conseguiram uma audiência. No dia marcado, Herodes, vestindo seus trajes reais, sentou-se em seu trono e fez um discurso para eles. ²²O povo o ovacionava, gritando: "É a voz de um deus, e não de um homem!".

²³No mesmo instante, um anjo do Senhor feriu Herodes com uma enfermidade, pois ele não ofereceu a glória a Deus. Foi comido por vermes e morreu.

²⁴Enquanto isso, a palavra de Deus continuava a se espalhar, e havia muitos novos convertidos.

²⁵Quando Barnabé e Saulo terminaram sua missão em Jerusalém, voltaram[a] levando consigo João Marcos.

Barnabé e Saulo são enviados pela igreja

13 Entre os profetas e mestres da igreja de Antioquia da Síria estavam Barnabé e Simeão, chamado Negro,[b] Lúcio de Cirene, Manaém, que tinha sido criado com o rei Herodes Antipas,[c] e Saulo. ²Certo dia, enquanto adoravam o Senhor e jejuavam, o Espírito Santo disse: "Separem Barnabé e Saulo para realizarem o trabalho para o qual os chamei". ³Então, depois de mais jejuns e orações, impuseram as mãos sobre eles e os enviaram em sua missão.

A primeira viagem missionária de Paulo

⁴Enviados pelo Espírito Santo, eles desceram ao porto de Selêucia, de onde navegaram para

---

[a]**12.25** Ou *sua missão, voltaram a Jerusalém*. Alguns manuscritos trazem *sua missão, voltaram de Jerusalém*; outros, *sua missão, voltaram de Jerusalém para Antioquia*. [b]**13.1a** Em grego, *chamado Níger*. [c]**13.1b** Em grego, *Herodes, o tetrarca*.

13.4-12 Chipre não era, de modo algum, uma ilha respeitável; era dedicada à deusa Vênus, e você pode imaginar qual era o tipo de adoração a ela e qual era a licenciosidade frutífera que surgiu disso. Era a terra natal de Barnabé, e como ele era primeiramente o líder da equipe missionária enviada pela igreja de Antioquia, era apropriado que Barnabé e Saulo começassem a pregar ali. Aportando em um extremo da ilha, os dois apóstolos

a ilha de Chipre. ⁵Ali, na cidade de Salamina, foram às sinagogas judaicas e pregaram a palavra de Deus. João Marcos os acompanhava como assistente.

⁶Viajaram por toda a ilha até que, por fim, chegaram a Pafos, onde encontraram um feiticeiro judeu, um falso profeta chamado Barjesus. ⁷Ele acompanhava o governador Sérgio Paulo, um homem inteligente que convidou Barnabé e Saulo para visitá-lo, pois desejava ouvir a palavra de Deus. ⁸Mas Elimas, o feiticeiro (esse é o significado de seu nome), opôs-se a eles, na tentativa de impedir que o governador viesse a crer.

⁹Cheio do Espírito Santo, Saulo, também conhecido como Paulo, encarou Elimas nos olhos ¹⁰e disse: "Filho do diabo, cheio de toda espécie de engano e maldade e inimigo de tudo que é certo! Quando deixará de distorcer os caminhos retos do Senhor? ¹¹Preste atenção, pois o Senhor colocou a mão sobre você para castigá-lo, e você ficará cego, sem conseguir ver a luz do sol por algum tempo". No mesmo instante, neblina e escuridão cobriram-lhe os olhos e ele começou a tatear, suplicando que alguém o tomasse pela mão e o guiasse.

¹²Quando o governador viu o que havia acontecido, creu, muito admirado com o ensino a respeito do Senhor.

Paulo e Barnabé em Antioquia da Pisídia

¹³Paulo e seus companheiros saíram de Pafos num navio e foram à Panfília, onde aportaram em Perge. Ali, João Marcos os deixou e voltou para Jerusalém. ¹⁴Paulo e Barnabé prosseguiram para o interior, até Antioquia da Pisídia.ᵃ

No sábado, foram à sinagoga. ¹⁵Depois da leitura dos livros da lei e dos profetas, os chefes da sinagoga lhes mandaram um recado: "Irmãos, se vocês têm uma palavra de encorajamento para o povo, podem falar".

¹⁶Então Paulo ficou em pé, levantou a mão para pedir silêncio e começou a falar: "Homens de Israel e gentios tementes a Deus, ouçam-me!

¹⁷"O Deus desta nação de Israel escolheu nossos antepassados e fez que se multiplicassem e se fortalecessem durante o tempo em que ficaram no Egito. Então, com braço poderoso, ele os tirou da escravidão. ¹⁸Ele suportou seu comportamentoᵇ durante os quarenta anos em que andaram sem rumo pelo deserto. ¹⁹Destruiu sete nações em Canaã e deu seu território a Israel como herança. ²⁰Tudo isso levou cerca de quatrocentos e cinquenta anos.

"Depois, Deus lhes deu juízes para governá-los até o tempo do profeta Samuel. ²¹Então o povo pediu um rei, e ele lhes deu Saul, filho de Quis, homem da tribo de Benjamim, e ele reinou por quarenta anos. ²²Mas Deus removeu Saul e colocou em seu lugar Davi, a respeito de quem Deus disse: 'Davi, filho de Jessé, é um homem segundo o meu coração; fará tudo que for da minha vontade'.ᶜ

²³"E Jesus, um dos descendentes de Davi, é o salvador que Deus concedeu a Israel, conforme sua promessa! ²⁴Antes da vinda de Jesus, João Batista anunciou que todo o povo de Israel precisava se arrepender e ser batizado. ²⁵Quando João estava concluindo seu trabalho, perguntou: 'Vocês pensam que eu sou o Cristo? Não sou! Mas ele vem em breve, e não sou digno sequer de desamarrar as correias de suas sandálias'.

²⁶"Irmãos, vocês que são filhos de Abraão e também vocês gentios tementes a Deus, esta mensagem de salvação foi enviada a nós. ²⁷O povo de Jerusalém e seus líderes não

---

ᵃ 13.13-14 *Panfília e Pisídia* eram distritos na região que hoje corresponde à Turquia. ᵇ 13.18 Alguns manuscritos trazem *Ele cuidou deles*; comparar com Dt 1.31. ᶜ 13.22 1Sm 13.14.

---

atravessaram-na até chegarem a Pafos, onde residia o governador romano. Bem, esta Pafos *era a cidade central da adoração a Vênus, e era o cenário de procissões profanas e ritos abomináveis.* [...]

Felizmente, para os dois servos do Senhor, Deus tinha preparado o caminho deles assim como prepara o caminho de todos os Seus servos, pois sempre que ele envia um semeador para semear, embora uma parte da terra que ele semeie possa ser rochosa, ou solo duro, entretanto, existe sempre uma porção que é arada antes que o semeador chegue. Deus tem um povo preparado para onde quer que Ele envie um ministro para reuni-los. Ele não zomba de nós enviando-nos para missões infrutíferas.

reconheceram que Jesus era aquele a respeito de quem os profetas haviam falado. Em vez disso, eles o condenaram e, ao fazê-lo, cumpriram as palavras dos profetas, que são lidas todos os sábados. ²⁸Não encontraram motivo legal para executá-lo, mas, ainda assim, pediram a Pilatos que o matasse.

²⁹"Depois de cumprirem tudo que as profecias diziam a respeito dele, eles o tiraram da cruz[a] e o colocaram num túmulo, ³⁰mas Deus o ressuscitou dos mortos. ³¹E, por muitos dias, ele apareceu àqueles que o tinham acompanhado da Galileia para Jerusalém. Agora eles são suas testemunhas diante do povo.

³²"Estamos aqui para trazer a vocês esta boa-nova. A promessa foi feita a nossos antepassados, ³³e agora Deus a cumpriu para nós, os descendentes deles, ao ressuscitar Jesus. É isto que o segundo salmo diz a respeito dele:

'Você é meu Filho;
  hoje eu o gerei'.[b]

³⁴Pois Deus havia prometido ressuscitá-lo dos mortos, para que jamais apodrecesse no túmulo. Ele disse: 'Eu lhes darei as bênçãos sagradas que prometi a Davi'.[c] ³⁵Em outro salmo, ele explicou de modo mais direto: 'Não permitirás que o teu Santo apodreça no túmulo'.[d] ³⁶Não se trata de uma referência a Davi, porque, depois que Davi fez a vontade de Deus em sua geração, morreu e foi sepultado com seus antepassados, e seu corpo apodreceu. ³⁷É uma referência a outra pessoa, a alguém a quem Deus ressuscitou e cujo corpo não apodreceu.

³⁸"Ouçam, irmãos! Estamos aqui para proclamar que, por meio de Jesus, há perdão para os pecados. ³⁹Todo o que nele crê é declarado justo diante de Deus, algo que a lei de Moisés jamais pôde fazer. ⁴⁰Por isso, tomem cuidado para que não se apliquem a vocês as palavras dos profetas:

⁴¹'Olhem, zombadores;
  fiquem admirados e morram!
Pois faço algo em seus dias,
  algo em que vocês não acreditariam
  mesmo que lhes contassem'".[e]

⁴²Quando Paulo e Barnabé estavam saindo da sinagoga, o povo pediu que voltassem a falar dessas coisas na semana seguinte. ⁴³Muitos judeus e gentios devotos convertidos ao judaísmo seguiram Paulo e Barnabé, que insistiam com eles para que continuassem a confiar na graça de Deus.

Paulo e Barnabé se dirigem aos gentios

⁴⁴No sábado seguinte, quase toda a cidade compareceu para ouvir a palavra do Senhor. ⁴⁵Quando alguns dos judeus viram as multidões, ficaram com inveja, de modo que difamaram Paulo e contestavam tudo que ele dizia.

⁴⁶Então Paulo e Barnabé se pronunciaram corajosamente, dizendo: "Era necessário que pregássemos a palavra de Deus primeiro a vocês, judeus. Mas, uma vez que vocês a rejeitaram e não se consideraram dignos da vida eterna, agora vamos oferecê-la aos gentios. ⁴⁷Pois foi isso que o Senhor nos ordenou quando disse:

'Fiz de você uma luz para os gentios,
  para levar a salvação até os lugares mais
    distantes da terra'".[f]

⁴⁸Quando ouviram isso, os gentios se alegraram e agradeceram ao Senhor por essa mensagem, e todos que haviam sido escolhidos para a vida eterna creram. ⁴⁹Assim, a palavra do Senhor se espalhou por toda aquela região.

⁵⁰Então os judeus, instigando as mulheres religiosas influentes e as autoridades da cidade, provocaram uma multidão contra Paulo e Barnabé e os expulsaram dali. ⁵¹Eles, porém, sacudiram o pó dos pés em sinal de reprovação e foram à cidade de Icônio. ⁵²E os discípulos estavam cheios de alegria e do Espírito Santo.

Paulo e Barnabé em Icônio

14 Em Icônio,[g] Paulo e Barnabé também foram à sinagoga judaica e falaram de tal modo que muitos creram, tanto judeus como gentios. ²Alguns dos judeus que não creram, porém, incitaram os gentios e envenenaram a mente deles contra Paulo e Barnabé. ³Ainda assim, os apóstolos passaram bastante tempo ali, falando corajosamente da graça do Senhor,

---

[a] **13.29** Em grego, *do madeiro*. [b] **13.33** Ou *Hoje eu o revelo como meu Filho*. Sl 2.7. [c] **13.34** Is 55.3. [d] **13.35** Sl 16.10. [e] **13.41** Hc 1.5, conforme a Septuaginta. [f] **13.47** Is 49.6. [g] **14.1** Assim como *Listra* e *Derbe* (14.6), a cidade de *Icônio* ficava na região que hoje corresponde à Turquia.

que confirmava a mensagem deles concedendo-lhes poder para realizar sinais e maravilhas. ⁴Com isso, o povo da cidade ficou dividido: alguns tomaram partido dos judeus, e outros, dos apóstolos.

⁵Então um grupo de gentios, judeus e seus líderes resolveu atacá-los e apedrejá-los. ⁶Quando os apóstolos souberam disso, fugiram para a região da Licaônia, para as cidades de Listra e Derbe e seus arredores. ⁷E ali anunciaram as boas-novas.

Paulo e Barnabé em Listra e Derbe

⁸Enquanto estavam em Listra, Paulo e Barnabé encontraram um homem com os pés aleijados. Sofria desse problema desde o nascimento e, portanto, nunca tinha andado. Estava sentado ⁹e ouvia Paulo pregar. Paulo olhou diretamente para ele e, vendo que ele tinha fé para ser curado, ¹⁰disse em alta voz: "Levante-se!". O homem se levantou de um salto e começou a andar.

¹¹A multidão, vendo o que Paulo havia feito, gritou no dialeto local:ª "Os deuses vieram até nós em forma de homens!". ¹²Concluíram que Barnabé era o deus grego Zeus, e Paulo, o deus Hermes, pois era ele quem proclamava a mensagem. ¹³O sacerdote do templo de Zeus, que ficava na entrada da cidade, trouxe touros e coroas de flores até as portas da cidade, pois ele e a multidão queriam oferecer sacrifícios aos apóstolos.

¹⁴Quando Barnabé e Paulo ouviram o que estava acontecendo, rasgaram as roupas e correram para o meio do povo, gritando: ¹⁵"Amigos,ᵇ por que vocês estão fazendo isso? Somos homens como vocês! Viemos lhes anunciar as boas-novas, para que abandonem estas coisas sem valor e se voltem para o Deus vivo, que fez os céus e a terra, o mar e tudo que neles há. ¹⁶No passado, ele permitiu que as nações seguissem seus próprios caminhos, ¹⁷mas nunca as deixou sem evidências de sua existência e de sua bondade. Ele lhes concede chuvas e boas colheitas, e também alimento e um coração alegre". ¹⁸Apesar dessas palavras, Paulo e Barnabé tiveram dificuldade para impedir que o povo lhes oferecesse sacrifícios.

¹⁹Então alguns judeus chegaram de Antioquia e Icônio e instigaram a multidão. Apedrejaram Paulo e o arrastaram para fora da cidade, pensando que ele estivesse morto. ²⁰No entanto, quando os discípulos o rodearam, ele se levantou e entrou novamente na cidade. No dia seguinte, partiu com Barnabé para Derbe.

Paulo e Barnabé voltam para Antioquia da Síria

²¹Depois de terem anunciado as boas-novas em Derbe e feito muitos discípulos, Paulo e Barnabé voltaram a Listra, Icônio e Antioquia da Pisídia, ²²onde fortaleceram os discípulos. Eles os encorajaram a permanecer na fé, lembrando-os de que é necessário passar por muitos

---

ª 14.11 Em grego, *em licaônico*. ᵇ 14.15 Em grego, *Homens*.

14.8-10 Quantos, também, são mantidos aleijados por causa do *medo de se enganarem*. "Confio em Cristo, mas tenho medo de me enganar; suponhamos que eu devesse ter confiança, e deveria ser presunção! Suponhamos que eu devesse me achar salvo, e não sou?" Bem, senhor, se você estivesse lidando com você mesmo, haveria razão para ter medo da presunção, mas sua fé tem que tratar com Deus, que não pode enganá-lo e com Cristo, que nunca o tentará a ser um enganador. O próprio Senhor Jesus Cristo não lhe diz que se você crer nele, é salvo? Você crê nisso, não crê? Então, alma, se você crê nele, não é presunção dizer: "Sou salvo". Afaste toda essa simulação de modéstia que algumas pessoas boas pensam serem tão belas — dizendo: "Espero, confio", mas, "sinto dúvidas, medos e incredulidade sombria". Meu querido senhor, isso *não* é humildade; é um questionamento vão e inapropriado a Deus! O Deus e o Pai de nosso Senhor Jesus Cristo lhe diz, e Ele lhe dá Sua própria palavra inequívoca, que se você descansar em Cristo, estará descansando sobre uma Rocha; que se você crer nele, não será condenado. É prova da humildade de seu coração que você suspeita da veracidade de Deus ou da fidelidade da Sua promessa? Certamente isso não é fruto da mansidão da sabedoria! Não, amado; pode parecer bom demais para ser verdade, mas não é bom demais para o meu Deus conceder, embora seja bom demais para você receber. Você tem Sua Palavra que se confiar em Seu Filho para salvá-lo, e simplesmente confiar nele e apenas nele, mesmo que as colunas dos Céus tremam, ainda assim você seria salvo! Se a fundação da terra se mover e toda a Terra, como uma visão, passar, ainda assim, essa promessa eterna e juramento de Deus deverão permanecer firmes!

sofrimentos até entrar no reino de Deus. ²³Paulo e Barnabé também escolheram presbíteros[a] em cada igreja e, com orações e jejuns, os entregaram aos cuidados do Senhor, em quem haviam crido. ²⁴Então viajaram de volta pela Pisídia até a Panfília. ²⁵Pregaram a palavra em Perge e desceram para Atália.

²⁶Por fim, voltaram de navio para Antioquia, onde sua viagem tinha começado e onde haviam sido entregues à graça de Deus para realizar o trabalho que agora completavam. ²⁷Quando chegaram a Antioquia, reuniram a igreja e relataram tudo que Deus tinha feito por meio deles e como tinha aberto a porta da fé também para os gentios. ²⁸E permaneceram ali com os discípulos por muito tempo.

O concílio de Jerusalém

15 Chegaram a Antioquia alguns homens da Judeia e começaram a ensinar aos irmãos: "A menos que sejam circuncidados, conforme exige a lei de Moisés, vocês não poderão ser salvos". ²Paulo e Barnabé discordaram deles e discutiram energicamente. Por fim, a igreja decidiu[b] enviar Paulo e Barnabé a Jerusalém, acompanhados de alguns irmãos de Antioquia, para tratar dessa questão com os apóstolos e presbíteros.[c] ³A igreja, portanto, enviou seus representantes a Jerusalém. No caminho, eles pararam na Fenícia e em Samaria para visitar os irmãos e contaram que os gentios também estavam sendo convertidos, o que muito alegrou a todos.

⁴Quando chegaram a Jerusalém, foram bem recebidos pela igreja, pelos apóstolos e presbíteros, e relataram tudo que Deus havia feito por meio deles. ⁵Contudo, alguns dos irmãos que pertenciam à seita dos fariseus se levantaram e disseram: "É necessário que os convertidos gentios sejam circuncidados e guardem a lei de Moisés".

⁶Os apóstolos e presbíteros se reuniram para decidir a questão. ⁷Depois de uma longa discussão, Pedro se levantou e se dirigiu a eles, dizendo: "Irmãos, vocês sabem que, há muito tempo, Deus me escolheu dentre vocês para falar aos gentios a fim de que eles pudessem ouvir as boas-novas e crer. ⁸Deus conhece o coração humano e confirmou que aceita os gentios ao lhes dar o Espírito Santo, como o deu a nós. ⁹Não fez distinção alguma entre nós e eles, pois purificou o coração deles por meio da fé. ¹⁰Então por que agora vocês provocam a Deus, sobrecarregando os discípulos gentios com um jugo que nem nós nem nossos antepassados conseguimos suportar? ¹¹Cremos que todos, nós e eles, somos salvos da mesma forma, pela graça do Senhor Jesus".

¹²Todos ouviram em silêncio enquanto Barnabé e Paulo lhes relatavam os sinais e maravilhas que Deus havia realizado por meio deles entre os gentios.

¹³Quando terminaram de falar, Tiago se levantou e disse: "Irmãos, ouçam-me! ¹⁴Pedro[d] lhes falou sobre como Deus visitou primeiramente os gentios para separar dentre eles um povo para si. ¹⁵E isso está em pleno acordo com o que disseram os profetas. Como está escrito:

¹⁶'Depois disso voltarei
  e restaurarei a tenda caída de Davi.
Reconstruirei suas ruínas
  e a restaurarei,
¹⁷para que o restante da humanidade
  busque o Senhor,
incluindo os gentios,
  todos os que chamei para serem meus.
O Senhor falou,
¹⁸aquele que tornou essas coisas
    conhecidas
  desde a eternidade'.[e]

¹⁹"Portanto, considero que não devemos criar dificuldades para os gentios que se convertem a Deus. ²⁰Ao contrário, devemos escrever a eles dizendo-lhes que se abstenham de alimentos oferecidos a ídolos, da imoralidade sexual, da carne de animais estrangulados e do sangue. ²¹Pois essas leis de Moisés são pregadas todos os sábados nas sinagogas judaicas em todas as cidades há muitas gerações".

A decisão do conselho

²²Então os apóstolos e presbíteros e toda a igreja em Jerusalém escolheram representantes e os enviaram a Antioquia da Síria, com Paulo e Barnabé, para informar sobre essa decisão. Os

---

[a] **14.23** Ou *anciãos*. [b] **15.2a** Em grego, *eles decidiram*. [c] **15.2b** Ou *anciãos*; também em 15.4,6,22,23. [d] **15.14** Em grego, *Simeão*. [e] **15.16-18** Am 9.11-12, conforme a Septuaginta; Is 45.21.

homens escolhidos eram dois líderes entre os irmãos: Judas, também chamado Barsabás, e Silas. ²³Esta foi a carta que levaram:

"Nós, os apóstolos e presbíteros, e seus irmãos em Jerusalém, escrevemos esta carta aos irmãos gentios em Antioquia, Síria e Cilícia. Saudações.

²⁴"Soubemos que alguns homens, que daqui saíram sem nossa autorização, têm perturbado e inquietado vocês com seu ensino. ²⁵Portanto, depois de chegarmos a um consenso, resolvemos enviar-lhes alguns representantes com nossos amados irmãos Barnabé e Paulo, ²⁶que têm arriscado a vida pelo nome de nosso Senhor Jesus Cristo. ²⁷Estamos enviando Judas e Silas para confirmarem pessoalmente o que aqui escrevemos.

²⁸"Pois pareceu bem ao Espírito Santo e a nós não impor a vocês nenhum peso maior que estes poucos requisitos: ²⁹abstenham-se de comer alimentos oferecidos a ídolos, de consumir o sangue ou a carne de animais estrangulados, e de praticar a imoralidade sexual. Farão muito bem se evitarem essas coisas.

"Que tudo lhes vá bem".

³⁰Os mensageiros partiram de imediato para Antioquia, onde reuniram os irmãos e entregaram a carta. ³¹Houve grande alegria em toda a igreja no dia em que leram essa mensagem animadora.

³²Então Judas e Silas, ambos profetas, encorajaram e fortaleceram os irmãos com muitas palavras. ³³Permaneceram ali algum tempo, e depois os irmãos os enviaram em paz de volta à igreja de Jerusalém. ³⁴Silas, porém, resolveu permanecer ali.[a] ³⁵Paulo e Barnabé ficaram em Antioquia. Eles e muitos outros ensinavam e pregavam a palavra do Senhor naquela cidade.

Paulo e Barnabé se separam
³⁶Algum tempo depois, Paulo disse a Barnabé: "Voltemos para visitar cada uma das cidades *onde pregamos a palavra do Senhor*, para ver como os irmãos estão indo". ³⁷Barnabé queria levar João Marcos, ³⁸mas Paulo se opôs, pois João Marcos tinha se separado deles na Panfília, não prosseguindo com eles no trabalho. ³⁹O desentendimento entre eles foi tão grave que os dois se separaram. Barnabé levou João Marcos e navegou para Chipre. ⁴⁰Paulo escolheu Silas e partiu, e os irmãos o entregaram ao cuidado gracioso do Senhor. ⁴¹Então ele viajou por toda a Síria e Cilícia, fortalecendo as igrejas de lá.

A segunda viagem missionária de Paulo
16 Paulo foi primeiro a Derbe e depois a Listra, onde havia um jovem discípulo chamado Timóteo. A mãe dele era uma judia convertida, e o pai era grego. ²Os irmãos em Listra e em Icônio o tinham em alta consideração, ³de modo que Paulo pediu que ele os acompanhasse em sua viagem. Em respeito aos judeus da região, providenciou que Timóteo fosse circuncidado antes de partirem, pois todos sabiam que o pai dele era grego. ⁴Em toda cidade por onde passavam, instruíam os irmãos a seguirem as decisões tomadas pelos apóstolos e presbíteros[b] em Jerusalém. ⁵Assim, as igrejas eram fortalecidas na fé e cresciam em número a cada dia.

Uma súplica da Macedônia
⁶Em seguida, Paulo e Silas viajaram pela região da Frígia e da Galácia, pois o Espírito Santo os impediu de pregar a palavra na província da Ásia. ⁷Então, chegando à fronteira da Mísia, tentaram ir para o norte, em direção à Bitínia,[c] mas o Espírito de Jesus não permitiu. ⁸Assim, seguiram viagem pela Mísia até o porto de Trôade.

⁹Naquela noite, Paulo teve uma visão, na qual um homem da Macedônia em pé lhe suplicava: "Venha para a Macedônia e ajude-nos!". ¹⁰Então decidimos[d] partir de imediato para a Macedônia, concluindo que Deus nos havia chamado para anunciar ali as boas-novas.

Lídia de Filipos crê em Jesus
¹¹Embarcamos em Trôade e navegamos diretamente para a ilha de Samotrácia e, no dia seguinte, chegamos a Neápolis. ¹²Dali, alcançamos Filipos, cidade importante dessa região da Macedônia e colônia romana, e ali permanecemos vários dias.

---

[a] **15.34** Alguns manuscritos não trazem o versículo 34. [b] **16.4** Ou *anciãos*. [c] **16.6-7** *Frígia, Galácia, Ásia, Mísia* e *Bitínia* eram distritos na região que hoje corresponde à Turquia. [d] **16.10** Deste ponto em diante, Lucas, o autor de Atos, começou a viajar com Paulo.

¹³No sábado, saímos da cidade e fomos à margem do rio, onde esperávamos encontrar um lugar de oração. Sentamo-nos e começamos a conversar com algumas mulheres ali reunidas. ¹⁴Uma delas era uma mulher temente a Deus chamada Lídia, da cidade de Tiatira, comerciante de tecido de púrpura. Enquanto ela nos ouvia, o Senhor lhe abriu o coração, e ela aceitou aquilo que Paulo estava dizendo. ¹⁵Foi batizada, junto com sua família, e pediu que nos hospedássemos em sua casa. "Se concordam que creio de fato no Senhor, venham ficar em minha casa", disse ela, e insistiu até que aceitamos.

Paulo e Silas na prisão

¹⁶Certo dia, enquanto íamos ao lugar de oração, veio ao nosso encontro uma escrava possuída por um espírito pelo qual ela predizia o futuro. Com suas adivinhações, ganhava muito dinheiro para seus senhores. ¹⁷Ela seguia Paulo e a nós, gritando: "Estes homens são servos do Deus Altíssimo e vieram anunciar como vocês podem ser salvos!".

¹⁸Isso continuou por vários dias, até que Paulo, indignado, se voltou e disse ao espírito dentro da jovem: "Eu ordeno em nome de Jesus Cristo que saia dela". E, no mesmo instante, o espírito a deixou.

¹⁹Quando os senhores da escrava viram que suas expectativas de lucro haviam sido frustradas, agarraram Paulo e Silas e os arrastaram à presença das autoridades, na praça do mercado. ²⁰"Estes judeus estão tumultuando a cidade!", gritaram para os magistrados. ²¹"Eles ensinam costumes que nós, romanos, não podemos seguir, pois contrariam nossas leis!"

²²Logo, uma multidão revoltada se juntou contra Paulo e Silas, e os magistrados ordenaram que os dois fossem despidos e açoitados com varas. ²³Depois de serem severamente açoitados, foram lançados na prisão. O carcereiro recebeu ordens para não os deixar escapar, ²⁴por isso os colocou no cárcere interno, prendendo-lhes os pés no tronco.

²⁵Por volta da meia-noite, Paulo e Silas oravam e cantavam hinos a Deus, e os outros presos ouviam. ²⁶De repente, houve um forte terremoto, e até os alicerces da prisão foram sacudidos. No mesmo instante, todas as portas se abriram e as correntes de todos os presos se soltaram. ²⁷Quando o carcereiro acordou, viu as portas da prisão escancaradas. Imaginando que os prisioneiros haviam escapado, puxou a espada para se matar. ²⁸Paulo, porém, gritou: "Não se mate! Estamos todos aqui!".

²⁹O carcereiro mandou que trouxessem luz e correu até o cárcere, onde se prostrou, tremendo de medo, diante de Paulo e Silas. ³⁰Então ele os levou para fora e perguntou: "Senhores, que devo fazer para ser salvo?".

³¹Eles responderam: "Creia no Senhor Jesus, e você e sua família serão salvos". ³²Então pregaram a palavra do Senhor a ele e a toda a sua família. ³³Mesmo sendo tarde da noite, o carcereiro cuidou deles e lavou suas feridas. Em seguida, ele e todos os seus foram batizados. ³⁴Depois, levou-os para sua casa e lhes serviu uma refeição, e ele e toda a sua família se alegraram porque creram em Deus.

³⁵Na manhã seguinte, os magistrados mandaram os guardas ordenarem ao carcereiro: "Solte estes homens!". ³⁶Então o carcereiro mandou dizer a Paulo: "Os magistrados disseram que você e Silas estão livres. Vão em paz".

³⁷Paulo, no entanto, respondeu: "Eles nos açoitaram publicamente sem julgamento e nos

---

16.11-34 Em ambos os casos [de Lídia e do carcereiro], queridos amigos, *a providência cooperou com a graça divina*. A providência traz Lídia a Filipos — a providência sacode a prisão. Deus torna o reino da Natureza subserviente à Sua vontade em ambos os casos. Há uma demanda de púrpura em Filipos. Não sei como isso aconteceu; não posso dizer se havia novas tendências entre as damas de Filipos naquela época, ou o que era — mas, por algum motivo, ou outro, Lídia chega a Filipos porque existe um ótimo mercado para a sua púrpura. Bem, essa é a providência que a leva para lá. Pelo mover da roda da providência aquele carcereiro em particular foi designado para chefiar a prisão. Por que ele era o carcereiro daquela prisão em particular? Por que Paulo, afinal, fora levado a Filipos? E como é que, através da circunstância da mulher endemoninhada ter sido curada, Paulo foi surrado com varas e jogado na prisão? Então vem o terremoto! Ligação dentro de ligação e roda dentro de roda, é assim que a providência funciona. Assim é em todos os casos — seja conversão através de trovões e relâmpagos, ou através de "um suave sussurro".

colocaram na prisão, e nós somos cidadãos romanos. Agora querem que vamos embora às escondidas? De maneira nenhuma! Que venham eles mesmos e nos soltem".

³⁸Os guardas relataram isso aos magistrados, que ficaram assustados por saber que Paulo e Silas eram cidadãos romanos. ³⁹Foram até a prisão e lhes pediram desculpas. Então os trouxeram para fora e suplicaram que deixassem a cidade. ⁴⁰Quando Paulo e Silas saíram da prisão, voltaram à casa de Lídia. Ali se encontraram com os irmãos e os encorajaram mais uma vez. Depois, partiram.

Paulo anuncia as boas-novas em Tessalônica

17 Então Paulo e Silas passaram pelas cidades de Anfípolis e Apolônia e chegaram a Tessalônica, onde havia uma sinagoga judaica. ²Como era seu costume, Paulo foi à sinagoga e, durante três sábados seguidos, discutiu as Escrituras com o povo. ³Explicou as profecias e provou que era necessário o Cristo sofrer e ressuscitar dos mortos. "Esse Jesus de que lhes falo é o Cristo", disse ele. ⁴Alguns dos judeus que o ouviam foram convencidos e se uniram a Paulo e Silas, bem como muitos gregos tementes a Deus e várias mulheres de alta posição.ª

⁵Alguns judeus, porém, ficaram com inveja, reuniram alguns desordeiros e desocupados e, com a multidão, começaram um tumulto. Invadiram a casa de Jasom em busca de Paulo e Silas para entregá-los ao conselho da cidade,ᵇ ⁶mas, como não os encontraram, arrastaram para fora Jasom e alguns outros irmãos e os levaram diante do conselho. Gritavam: "Aqueles que têm causado transtornos no mundo todo agora estão aqui, perturbando nossa cidade, ⁷e Jasom os recebeu em sua casa! São todos culpados de traição contra César, pois afirmam que existe um outro rei, um tal de Jesus".

⁸Ao ouvir isso, o povo da cidade e o conselho se agitaram. ⁹Então os oficiais obrigaram Jasom e os outros irmãos a pagarem fiança, e depois os soltaram.

Paulo e Silas em Bereia

¹⁰Ao anoitecer, os irmãos enviaram Paulo e Silas a Bereia. Quando lá chegaram, foram à sinagoga judaica. ¹¹Os judeus que moravam em Bereia tinham a mente mais aberta que os de Tessalônica e ouviram a mensagem de Paulo com grande interesse. Todos os dias, examinavam as Escrituras para ver se Paulo e Silas ensinavam a verdade. ¹²Como resultado, muitos judeus creram, assim como vários gregos de alta posição, tanto homens como mulheres.

¹³Mas, quando os judeus de Tessalônica souberam que Paulo estava pregando a palavra de Deus em Bereia, foram até lá e criaram um alvoroço. ¹⁴Os irmãos agiram de imediato e enviaram Paulo para o litoral, enquanto Silas e Timóteo permaneceram na cidade. ¹⁵Os que acompanharam Paulo o levaram até Atenas e, depois, voltaram a Bereia com instruções para Silas e Timóteo irem ao encontro dele o mais depressa possível.

Paulo anuncia as boas-novas em Atenas

¹⁶Enquanto Paulo esperava por eles em Atenas, ficou muito indignado ao ver ídolos por toda a cidade. ¹⁷Por isso, ia à sinagoga debater com os judeus e com os gentios tementes a Deus e falava diariamente na praça pública a todos que ali estavam.

¹⁸Paulo também debateu com alguns dos filósofos epicureus e estoicos. Quando lhes falou de Jesus e da ressurreição, eles perguntaram: "O que esse tagarela está querendo dizer?". Outros disseram: "Parece estar falando de deuses estrangeiros".

¹⁹Então levaram Paulo ao conselho da cidadeᶜ e disseram: "Pode nos dizer que novo ensino é esse? ²⁰Você diz coisas um tanto estranhas, e queremos saber o que significam". ²¹(Convém explicar que os atenienses, bem como os estrangeiros que viviam em Atenas, pareciam não fazer outra coisa senão discutir as últimas novidades.)

²²Então Paulo se levantou diante do conselho e assim se dirigiu a seus membros: "Homens de Atenas, vejo que em todos os aspectos vocês são muito religiosos, ²³pois, enquanto andava pela cidade, reparei em seus diversos altares. Um deles trazia a seguinte inscrição: 'Ao Deus Desconhecido'. Esse Deus que vocês adoram

---

ª**17.4** Alguns manuscritos trazem *várias esposas de homens de alta posição*. ᵇ**17.5** Ou *ao povo*. ᶜ**17.19** Ou *à sociedade mais erudita de filósofos da cidade*. Em grego, *ao Areópago*; também em 17.22.

sem conhecer é exatamente aquele de que lhes falo. ²⁴"Ele é o Deus que fez o mundo e tudo que nele há. Uma vez que é Senhor dos céus e da terra, não habita em templos feitos por homens ²⁵e não é servido por mãos humanas, pois não necessita de coisa alguma. Ele mesmo dá vida e fôlego a tudo, e supre cada necessidade. ²⁶De um só homem[a] ele criou todas as nações da terra, tendo decidido de antemão onde se estabeleceriam e por quanto tempo.

²⁷"Seu propósito era que as nações buscassem a Deus e, tateando, talvez viessem a encontrá-lo, embora ele não esteja longe de nenhum de nós. ²⁸Pois nele vivemos, nos movemos e existimos. Como disseram alguns de seus[b] próprios poetas: 'Somos descendência dele'. ²⁹E, por ser isso verdade, não devemos imaginar Deus como um ídolo de ouro, prata ou pedra, projetado por artesãos.

³⁰"No passado, Deus não levou em conta a ignorância das pessoas acerca dessas coisas, mas agora ele ordena que todos, em todo lugar, se arrependam. ³¹Pois ele estabeleceu um dia para julgar o mundo com justiça, por meio do homem que ele designou, e mostrou a todos quem é esse homem ao ressuscitá-lo dos mortos".

³²Quando ouviram Paulo falar da ressurreição dos mortos, alguns riram com desprezo. Outros, porém, disseram: "Queremos ouvir mais sobre isso em outra ocasião". ³³Então Paulo se retirou do conselho, ³⁴mas alguns se juntaram a ele e creram. Entre eles estavam Dionísio, membro do conselho,[c] uma mulher chamada Dâmaris, e alguns outros.

Paulo encontra Priscila e Áquila em Corinto

18 Algum tempo depois, Paulo deixou Atenas e foi para Corinto.[d] ²Ali encontrou um judeu chamado Áquila, natural do Ponto, que havia chegado recentemente da Itália com sua esposa, Priscila, depois que Cláudio César expulsou todos os judeus de Roma. ³Paulo foi morar e trabalhar com eles, pois eram fabricantes de tendas,[e] como ele.

⁴Todos os sábados, Paulo ia à sinagoga e buscava convencer tanto judeus como gregos. ⁵Depois que Silas e Timóteo chegaram da Macedônia, Paulo se dedicou totalmente à pregação da palavra e testemunhava aos judeus que Jesus era o Cristo. ⁶Mas, quando eles se opuseram a Paulo e o insultaram, ele sacudiu o pó da roupa e disse: "Vocês são responsáveis por sua própria destruição![f] Eu sou inocente. De agora em diante, pregarei aos gentios".

⁷Então saiu dali e foi à casa de Tício Justo, um gentio temente a Deus que morava ao lado da sinagoga. ⁸Crispo, o líder da sinagoga, e toda a sua família creram no Senhor. Muitos outros em Corinto também ouviram Paulo, creram e foram batizados.

⁹Certa noite, o Senhor falou a Paulo numa visão: "Não tenha medo! Continue a falar e não se cale, ¹⁰pois estou com você, e ninguém o

---

[a]17.26 Em grego, *De um só*; alguns manuscritos trazem *De um só sangue*. [b]17.28 Alguns manuscritos trazem *nossos*. [c]17.34 Em grego, *o areopagita*. [d]18.1 *Atenas* e *Corinto* eram cidades importantes da Acaia, a região sul da península grega. [e]18.3 Ou *artesãos que trabalhavam com couro*. [f]18.6 Em grego, *O sangue de vocês está sobre sua própria cabeça*.

18.6,13-15 *V.6* Ó, que bênção, "de agora em diante", foi para você e para mim! Ele não mais confina seu ministério aos judeus, mas sai em busca dos gentios — assume sua verdadeira comissão — torna-se o apóstolo dos gentios. Porém, que todos nós tenhamos em atenção a oposição ao evangelho, pois não deve ser ridicularizado com impunidade! Chega um momento em que o evangelho de Deus parece ter a ver conosco. Seus ministros dizem: "Eu sou inocente". Eles sacodem a poeira de seus pés e vão a outro lugar para proclamar o evangelho a outros que podem ser menos contrários a ele. Que coisa poder dizer: "sou inocente". Eu me pergunto quantos nesta casa de oração poderiam dizer isso de todos ao seu redor, "sou inocente. O sangue esteja em suas próprias cabeças. Estou limpo. Falei de Cristo para você. Eu o avisei. Eu o convidei". "Dia e noite com lágrimas", como Paulo diz em outro lugar, "fiz-lhe um apelo, e agora sou inocente. Sou inocente". Vocês sabem que há muitos homens que estão limpos no sangue de Cristo nesse sentido, que ainda não cumpriram suas obrigações para com os outros, e não podem dizer: "Sou inocente". Considerei grande coisa quando George Fox, o Quaker, estava morrendo, disse: "Estou limpo. Sou inocente do sangue de todos os homens". Em seu melhor entendimento, ele havia proclamado, sem medo, a verdade de

atacará nem lhe fará mal, porque muita gente nesta cidade me pertence". ¹¹Então Paulo permaneceu ali um ano e meio, ensinando a palavra de Deus.

¹²Quando Gálio se tornou governador da Acaia, alguns judeus se levantaram contra Paulo e o levaram diante do governador para ser julgado. ¹³Eles o acusaram de convencer as pessoas a adorar a Deus de maneira contrária à lei judaica.

¹⁴Mas, assim que Paulo começou a apresentar sua defesa, Gálio se voltou para os acusadores e disse: "Ouçam, judeus! Se sua queixa envolvesse algum delito ou crime grave, eu teria motivo para aceitar o caso. ¹⁵Mas, como se trata apenas de uma questão de palavras e nomes e da sua lei, resolvam isso vocês mesmos. Recuso-me a julgar essas coisas". ¹⁶E os expulsou do tribunal.

¹⁷A multidão[a] agarrou Sóstenes, o novo líder da sinagoga, e o espancou ali mesmo, no tribunal. Gálio, no entanto, não se importou com isso.

Paulo volta a Antioquia da Síria

¹⁸Paulo ainda permaneceu em Corinto por algum tempo. Então se despediu dos irmãos e foi a Cencreia, onde raspou a cabeça, de acordo com o costume judaico para marcar o fim de um voto. Em seguida, partiu de navio para a Síria, levando consigo Priscila e Áquila.

¹⁹Chegaram ao porto de Éfeso, onde Paulo os deixou. Enquanto estava ali, foi à sinagoga para debater com os judeus. ²⁰Eles pediram que ficasse mais tempo, mas ele recusou. ²¹Ao despedir-se, Paulo disse: "Voltarei depois, se Deus quiser". Então zarpou de Éfeso. ²²A parada seguinte foi no porto de Cesareia, de onde subiu a Jerusalém e visitou a igreja. Em seguida, voltou para Antioquia.

²³Depois de passar algum tempo ali, voltou pela Galácia e pela Frígia, visitando e fortalecendo todos os discípulos.

Apolo em Éfeso

²⁴Enquanto isso, chegou a Éfeso vindo de Alexandria, no Egito, um judeu chamado Apolo. Era um orador eloquente que conhecia bem as Escrituras. ²⁵Tinha sido instruído no caminho do Senhor e ensinava a respeito de Jesus com profundo entusiasmo[b] e exatidão, embora só conhecesse o batismo de João. ²⁶Quando o ouviram falar corajosamente na sinagoga, Priscila e Áquila o chamaram de lado e lhe explicaram com mais exatidão o caminho de Deus.

²⁷Apolo queria percorrer a Acaia, e os irmãos de Éfeso o incentivaram. Escreveram uma carta aos discípulos de lá, pedindo que o recebessem bem. Ao chegar, foi de grande ajuda àqueles que, pela graça, haviam crido, ²⁸pois, em debates públicos, refutava os judeus com fortes argumentos. Usando as Escrituras, demonstrava-lhes que Jesus é o Cristo.

---

[a] 18.17 Em grego, *Todos*; alguns manuscritos trazem *Todos os gregos*. [b] 18.25 Ou *com entusiasmo no Espírito*.

Deus que ele conhecia, onde quer que tivesse oportunidade. Ó ministros de Cristo, professores de jovens e todos vocês que conhecem Cristo, o Espírito Santo esteja sobre vocês, para que proclamem o evangelho até que possam dizer: "Sou inocente".

Vv. 13-15 Ouso dizer que você ouviu Gálio condenado. Eles costumavam dizer em oração: "Tal e tal pessoa continuou, como Gálio, sem se importar com nenhuma dessas coisas" — mas, na verdade, Gálio não merece ser tão condenado. Não é assunto do magistrado civil inquirir sobre as religiões *das pessoas que lhe são trazidas*. Está fora de sua alçada. Ele estava certo quando disse: "Se sua queixa envolvesse algum delito ou crime grave, eu teria motivo para aceitar o caso. Mas, como se trata apenas de uma questão de palavras e nomes e da sua lei, resolvam isso vocês mesmos!". Se os reis e as rainhas deste mundo tivessem sido tão sensatos quanto Gálio, não teria havido tantas estacas em Smithfield, não teria havido prisões para encerrar os puritanos! A religião seria deixada em paz, que é a única coisa que ela precisa — Igreja livre e Estado livre! Não queremos a ajuda do governador, nem o impedimento do governador. Se ele gentilmente nos deixar em paz, é tudo o que lhe pedimos — e, por ora, Gálio deve ser elogiado! Mas não creio que ele agiu assim por qualquer escrúpulo inteligente nessa questão. Ele deve ser condenado por causa do motivo. Sem dúvida, ele foi indiferente e que aqui nenhum de nós o imite! Que ele foi indiferente e descuidado é certo, pois não cumpriu seu dever. Era seu dever deixar este homem em paz, mas não era seu dever permitir que os gentios, por outro lado, começassem a bater nos judeus.

A terceira viagem missionária de Paulo

19 Enquanto Apolo estava em Corinto, Paulo viajou pelas regiões do interior até chegar a Éfeso, no litoral, onde encontrou alguns discípulos. ²Ele lhes perguntou: "Vocês receberam o Espírito Santo quando creram?".

"Não", responderam eles. "Nem sequer ouvimos que existe o Espírito Santo."

³"Então que batismo vocês receberam?", perguntou ele.

"O batismo de João", responderam.

⁴Paulo disse: "João batizava com o batismo de arrependimento, dizendo ao povo que cresse naquele que viria depois, isto é, em Jesus".

⁵Assim que ouviram isso, foram batizados em nome do Senhor Jesus. ⁶Paulo lhes impôs as mãos e o Espírito Santo veio sobre eles, e falaram em línguas e profetizaram. ⁷Eram ao todo uns doze homens.

O ministério de Paulo em Éfeso

⁸Em seguida, Paulo foi à sinagoga e ali pregou corajosamente durante três meses, argumentando de modo convincente sobre o reino de Deus. ⁹Mas alguns deles se mostraram endurecidos, rejeitaram a mensagem e falaram publicamente contra o Caminho. Paulo, então, deixou a sinagoga e levou consigo os discípulos, passando a realizar discussões diárias na escola de Tirano. ¹⁰Isso continuou durante os dois anos seguintes, e gente de toda a província da Ásia, tanto judeus como gregos, ouviu a palavra do Senhor.

¹¹Deus concedeu a Paulo o poder de realizar milagres extraordinários. ¹²Quando lenços ou aventais usados por ele eram colocados sobre enfermos, estes eram curados de suas doenças e deles saíam espíritos malignos.

¹³Alguns judeus viajavam pelas cidades expulsando espíritos malignos. Tentavam usar o nome do Senhor Jesus, dizendo: "Ordeno que saia em nome de Jesus, a quem Paulo anuncia!". ¹⁴Os homens que faziam isso eram os sete filhos de Ceva, um dos principais sacerdotes. ¹⁵Certa ocasião, o espírito maligno respondeu: "Eu conheço Jesus e conheço Paulo, mas quem são vocês?". ¹⁶O homem possuído pelo espírito maligno saltou em cima deles e os atacou com tanta violência que fugiram da casa, despidos e feridos.

¹⁷A notícia do ocorrido se espalhou rapidamente por toda a cidade de Éfeso, tanto entre judeus como entre gregos, e sobre eles veio um temor reverente, e o nome do Senhor Jesus era engrandecido. ¹⁸Muitos dos que creram confessaram suas obras pecaminosas. ¹⁹Vários deles, que haviam praticado feitiçaria, trouxeram seus livros de encantamentos e os queimaram publicamente. O valor dos livros totalizou cinquenta mil moedas de prata.[a] ²⁰Assim, a mensagem a respeito do Senhor se espalhou amplamente e teve efeito poderoso.

²¹Depois disso, Paulo se sentiu impelido pelo Espírito[b] a passar pela Macedônia e a Acaia antes de ir a Jerusalém. "E, de lá, devo prosseguir para Roma!", disse ele. ²²Então, enviou adiante dele à Macedônia dois assistentes, Timóteo e Erasto, e permaneceu um pouco mais na província da Ásia.

---

[a] 19.19 Em grego, *50.000 dracmas*. Uma dracma equivalia ao salário por um dia completo de trabalho. [b] 19.21 Ou *decidiu em seu espírito*.

19.2 Receio que alguns crentes terão que admitir que quase não sabem se há algum Espírito Santo, e outros terão que confessar que, apesar de terem desfrutado um pouco de Sua obra salvadora, não conhecem muito de Sua influência enobrecedora e santificadora. Nenhum de nós participou de Suas ações como poderíamos: tomamos um gole quando poderíamos ter sorvido, sorvemos quando poderíamos ter nos banhado, nos banhamos até os tornozelos quando poderíamos ter encontrado rios para nadar. Infelizmente, de muitos cristãos deve-se afirmar que eles estão nus, pobres e miseráveis, quando deveriam, no poder do Espírito Santo, estar revestidos de roupas de ouro e ser ricos e prósperos. Ele espera para ser gracioso, mas demoramos com indiferença, como aqueles de quem lemos, "que não puderam entrar no descanso por causa de sua incredulidade". Há muitos desses casos, e, portanto, não é impróprio que eu deva com toda a veemência os pressionar com a pergunta do apóstolo: "Vocês receberam o Espírito Santo quando creram?". Vocês o receberam quando creram? Estão recebendo-o agora que estão crendo em Cristo Jesus?

O tumulto em Éfeso

²³Por essa época, houve enorme tumulto em Éfeso por causa do Caminho. ²⁴Começou com Demétrio, ourives que fabricava modelos de prata do templo da deusa grega Ártemis[a] e que empregava muitos artífices. ²⁵Ele os reuniu a outros que trabalhavam em ofícios semelhantes e disse:

"Senhores, vocês sabem que nossa prosperidade vem deste empreendimento. ²⁶Mas, como vocês viram e ouviram, esse sujeito, Paulo, convenceu muita gente de que deuses feitos por mãos humanas não são deuses de verdade. Fez isso não apenas aqui em Éfeso, mas em toda a província. ²⁷Claro que não me refiro apenas à perda do respeito público por nossa atividade. Também me preocupa que o templo da grande deusa Ártemis perca sua influência e que esta deusa magnífica, adorada em toda a província da Ásia e ao redor do mundo, seja destituída de seu grande prestígio!".

²⁸Ao ouvir isso, ficaram furiosos e começaram a gritar: "Grande é Ártemis dos efésios!". ²⁹Em pouco tempo, a cidade toda estava uma confusão. O povo correu para o anfiteatro, arrastando os macedônios Gaio e Aristarco, companheiros de viagem de Paulo. ³⁰Ele também quis entrar, mas os discípulos não permitiram. ³¹Alguns amigos de Paulo, oficiais da província, também lhe enviaram um recado no qual suplicaram que não arriscasse a vida entrando no anfiteatro.

³²Lá dentro, em polvorosa, o povo todo gritava, e cada um dizia uma coisa. Na verdade, a maioria nem sabia por que estava ali. ³³Entre a multidão, os judeus empurraram Alexandre para a frente e ordenaram que explicasse a situação. Ele fez sinal pedindo silêncio e tentou falar. ³⁴No entanto, quando a multidão percebeu que ele era judeu, começou a gritar novamente e continuou por cerca de duas horas: "Grande é Ártemis dos efésios!".

³⁵Por fim, o escrivão da cidade conseguiu acalmar a multidão e disse: "Cidadãos de Éfeso, todos sabem que Éfeso é a guardiã do templo da grande Ártemis, cuja imagem caiu do céu para nós. ³⁶Portanto, sendo este um fato inegável, acalmem-se e não façam nada precipitadamente. ³⁷Vocês trouxeram estes homens aqui, mas eles não roubaram nada do templo nem disseram coisa alguma contra nossa deusa.

³⁸"Se Demétrio e seus artífices têm alguma queixa contra eles, os tribunais estão abertos e há oficiais disponíveis para ouvir o caso. Que façam acusações formais. ³⁹E, se há outras queixas que desejam apresentar, elas podem ser resolvidas em assembleia, conforme a lei. ⁴⁰Corremos o perigo de ser acusados de provocar desordem, pois não há motivo para este tumulto. E, se exigirem de nós uma explicação, não teremos o que dizer". ⁴¹[b]Então os despediu, e a multidão se dispersou.

Paulo vai à Macedônia e à Grécia

20 Passado o tumulto, Paulo mandou chamar os discípulos e os encorajou. Então se despediu e partiu para a Macedônia. ²Enquanto estava lá, encorajou os discípulos em todas as cidades por onde passou. Em seguida, desceu à Grécia, ³onde ficou por três meses. Quando se preparava para navegar de volta à Síria, descobriu que alguns judeus conspiravam contra sua vida e decidiu voltar pela Macedônia.

⁴Alguns homens viajavam com ele: Sópatro, filho de Pirro, de Bereia; Aristarco e Secundo, de Tessalônica; Gaio, de Derbe; Timóteo; e Tíquico e Trófimo, da província da Ásia. ⁵Eles foram adiante e esperaram por nós em Trôade. ⁶Terminada a Festa dos Pães sem Fermento, embarcamos num navio em Filipos e, cinco dias depois, nos reencontramos em Trôade, onde ficamos uma semana.

A última visita de Paulo a Trôade

⁷No primeiro dia da semana, nos reunimos com os irmãos de lá para o partir do pão. Paulo começou a falar ao povo e, como pretendia embarcar no dia seguinte, continuou até a meia-noite. ⁸A sala no andar superior onde estávamos reunidos era iluminada por muitas lamparinas. ⁹O discurso de Paulo se estendeu por horas, e um jovem chamado Êutico, que estava sentado no parapeito da janela, ficou muito sonolento. Por fim, adormeceu profundamente, caiu de uma altura de três andares e morreu. ¹⁰Paulo desceu, inclinou-se sobre o

---

[a]**19.24** Também conhecida como *Diana*. [b]**19.41** Outras traduções apresentam o versículo 41 como parte do versículo 40.

jovem e o abraçou. "Não se desesperem", disse ele. "O rapaz está vivo!" ¹¹Então todos subiram novamente, partiram o pão e comeram juntos. Paulo continuou a lhes falar até o amanhecer e depois partiu. ¹²Enquanto isso, o jovem foi levado para casa vivo, e todos sentiram grande alívio.

Paulo se encontra com os líderes efésios
¹³Paulo foi por terra até Assôs, onde havia definido que devíamos esperar por ele, enquanto nós fomos de navio. ¹⁴Encontrou-se conosco em Assôs e navegamos juntos até Mitilene. ¹⁵No dia seguinte, passamos em frente à ilha de Quios. No outro dia, atravessamos para a ilha de Samos e,ª um dia depois, chegamos a Mileto.

¹⁶Paulo havia decidido não aportar em Éfeso, pois não queria passar mais tempo na província da Ásia. Tinha pressa de chegar a Jerusalém, se possível, para a Festa de Pentecostes. ¹⁷Por isso, em Mileto, mandou chamar os presbíterosᵇ da igreja de Éfeso.

¹⁸Quando chegaram, ele lhes disse: "Vocês sabem que, desde o dia em que pisei na província da Ásia até agora, ¹⁹fiz o trabalho do Senhor humildemente e com muitas lágrimas. Suportei as provações decorrentes das intrigas dos judeus ²⁰e jamais deixei de dizer a vocês o que precisavam ouvir, seja publicamente, seja em seus lares. ²¹Anunciei uma única mensagem tanto para judeus como para gregos: é necessário que se arrependam, se voltem para Deus e tenham fé em nosso Senhor Jesus.

²²"Agora, impelido pelo Espírito,ᶜ vou a Jerusalém. Não sei o que me espera ali, ²³senão que o Espírito Santo me diz, em todas as cidades, que tenho pela frente prisão e sofrimento. ²⁴Mas minha vida não vale coisa alguma para mim, a menos que eu a use para completar minha carreira e a missão que me foi confiada pelo Senhor Jesus: dar testemunho das boas-novas da graça de Deus.

²⁵"Agora sei que nenhum de vocês, a quem anunciei o reino, me verá outra vez. ²⁶Por isso, declaro hoje que, se alguém se perder, não será por minha culpa,ᵈ ²⁷pois não deixei de anunciar tudo que Deus quer que vocês saibam.

²⁸"Portanto, cuidem de si mesmos e do rebanho sobre o qual o Espírito Santo os colocou como bispos,ᵉ a fim de pastorearem sua igreja, comprada com seu próprio sangue.ᶠ ²⁹Sei que depois de minha partida surgirão em seu meio falsos mestres, lobos ferozes que não pouparão o rebanho. ³⁰Até mesmo entre vocês se levantarão homens que distorcerão a verdade a fim de conquistar seguidores. ³¹Portanto, vigiem! Lembrem-se dos três anos que estive com vocês, de como dia e noite nunca deixei de aconselhar com lágrimas cada um de vocês.

³²"E, agora, eu os entrego a Deus e à mensagem de sua graça que pode edificá-los e dar-lhes uma herança junto com todos que ele separou para si.

³³"Jamais cobicei a prata, o ouro ou as roupas de alguém. ³⁴Vocês sabem que estas minhas mãos trabalharam para prover as minhas necessidades e as dos que estavam comigo. ³⁵Fui exemplo constante de como podemos, com trabalho árduo, ajudar os necessitados, lembrando as palavras do Senhor Jesus: 'Há bênção maior em dar que em receber'".

³⁶Quando Paulo terminou de falar, ajoelhou-se e orou com eles. ³⁷Todos choraram muito enquanto se despediam dele com abraços e beijos. ³⁸O que mais os entristeceu foi ele ter dito que nunca mais o veriam. Então eles o acompanharam até o navio.

Paulo viaja para Jerusalém

21 Depois de nos despedirmos, navegamos em direção à ilha de Cós. No dia seguinte, chegamos a Rodes e, então, a Pátara. ²Ali, embarcamos num navio que partia para a Fenícia. ³Avistamos a ilha de Chipre, passamos por ela à nossa esquerda e aportamos em Tiro, na Síria, onde o navio deixaria sua carga.

⁴No desembarque, encontramos os discípulos que ali viviam e ficamos com eles por uma semana. Pelo Espírito, eles advertiam Paulo de que não fosse a Jerusalém. ⁵Ao fim de nosso tempo ali, voltamos ao navio, e toda a congregação, incluindo mulheresᵍ e crianças, saiu da

---

ª **20.15** Alguns manuscritos acrescentam *depois de pararmos em Trogílio*. ᵇ **20.17** Ou *anciãos*. ᶜ **20.22** Ou *por meu espírito, ou por uma compulsão interior*; o grego traz *pelo espírito*. ᵈ **20.26** Ou *sou inocente do sangue de todos*. ᵉ **20.28a** Ou *supervisores*. ᶠ **20.28b** Ou *com o sangue de seu próprio [Filho]*. ᵍ **21.5** Ou *esposas*.

cidade e nos acompanhou até a praia. Ali nos ajoelhamos, oramos ⁶e nos despedimos. Então subimos a bordo, e eles voltaram para casa.

⁷Depois que partimos de Tiro, chegamos a Ptolemaida, onde saudamos os irmãos e passamos um dia. ⁸No dia seguinte, prosseguimos para Cesareia e nos hospedamos na casa de Filipe, o evangelista, um dos sete que tinham servido na igreja em Jerusalém. ⁹Ele tinha quatro filhas solteiras que profetizavam.

¹⁰Muitos dias depois, chegou da Judeia um profeta chamado Ágabo. ¹¹Ele veio ao nosso encontro, tomou o cinto de Paulo e com ele amarrou os próprios pés e as mãos. Em seguida, disse: "O Espírito Santo declara: 'Assim o dono deste cinto será amarrado pelos judeus, em Jerusalém, e entregue aos gentios'". ¹²Ao ouvir isso, nós e os irmãos dali suplicamos a Paulo que não fosse a Jerusalém.

¹³Ele, porém, disse: "Por que todo esse choro? Assim vocês me partem o coração! Estou pronto não apenas para ser preso em Jerusalém, mas para morrer pelo Senhor Jesus". ¹⁴Quando ficou evidente que não conseguiríamos fazê-lo mudar de ideia, desistimos e dissemos: "Que seja feita a vontade do Senhor".

Paulo chega a Jerusalém

¹⁵Depois disso, arrumamos nossas coisas e partimos para Jerusalém. ¹⁶Alguns discípulos de Cesareia nos acompanharam e nos levaram à casa de Mnasom, nascido em Chipre e um dos primeiros discípulos. ¹⁷Quando chegamos a Jerusalém, os irmãos nos deram calorosas boas-vindas.

¹⁸No dia seguinte, Paulo foi conosco a um encontro com Tiago, e todos os presbíteros[a] da igreja de Jerusalém estavam presentes. ¹⁹Depois que Paulo os cumprimentou, relatou em detalhes o que Deus havia realizado entre os gentios por meio de seu ministério.

²⁰Quando ouviram isso, louvaram a Deus e disseram: "Você sabe, irmão, quantos milhares de judeus também creram, e todos eles seguem à risca a lei de Moisés. ²¹Mas eles foram *informados de que você ensina todos os judeus que vivem entre os gentios a abandonarem a lei de Moisés. Ouviram que você os instrui a não circuncidarem os filhos nem seguirem os* costumes judaicos. ²²Que faremos? Certamente eles saberão que você chegou.

²³"Queremos que você faça o seguinte. Temos aqui quatro homens que cumpriram um voto. ²⁴Vá com eles ao templo e participe da cerimônia de purificação. Pague as despesas para realizarem o ritual de raspar a cabeça. Então todos saberão que os rumores são falsos e que você mesmo cumpre as leis judaicas.

²⁵"Quanto aos convertidos gentios, devem fazer aquilo que pedimos por carta: abster-se de comer alimentos oferecidos a ídolos, de consumir o sangue ou a carne de animais estrangulados e de praticar a imoralidade sexual".

Paulo é preso

²⁶No dia seguinte, Paulo se purificou junto com aqueles homens e entrou no templo. Declarou quando terminariam os dias da purificação e quando seria oferecido o sacrifício em favor deles.

²⁷Estando os sete dias quase no fim, alguns judeus da província da Ásia viram Paulo no templo e incitaram a multidão contra ele. Agarraram-no, ²⁸gritando: "Homens de Israel, ajudem-nos! Este é o homem que fala contra nosso povo em toda parte e ensina todos a desobedecerem às leis judaicas. Fala contra o templo e até profana este santo lugar, trazendo gentios[b] para dentro dele". ²⁹Antes tinham visto Paulo na cidade com Trófimo, um gentio de Éfeso,[c] e concluíram que Paulo o havia levado para dentro do templo.

³⁰Toda a cidade se agitou com essas acusações, e houve grande tumulto. A multidão agarrou Paulo e o arrastou para fora do templo, e imediatamente foram fechadas as portas. ³¹Quando procuravam matar Paulo, chegou ao comandante do regimento romano a notícia de que toda a Jerusalém estava em rebuliço. ³²No mesmo instante, ele chamou seus soldados e oficiais[d] e correu para o meio da multidão. Quando viram o comandante e os soldados se aproximarem, pararam de espancar Paulo.

³³Então o comandante o prendeu e mandou que o amarrassem com duas correntes. Em seguida, perguntou à multidão quem era ele e o que havia feito. ³⁴Uns gritavam uma coisa, outros

---

[a] **21.18** Ou *anciãos.* [b] **21.28** Em grego, *gregos.* [c] **21.29** Ou *Trófimo, o efésio.* [d] **21.32** Em grego, *centuriões.*

gritavam outra. Não conseguindo descobrir a verdade no meio de todo o tumulto, ordenou que Paulo fosse levado à fortaleza. ³⁵Quando Paulo chegou às escadas, o povo se tornou tão violento que os soldados tiveram de levantá-lo nos ombros para protegê-lo. ³⁶E a multidão foi atrás, gritando: "Matem-no! Matem-no!".

Paulo se dirige à multidão

³⁷Quando Paulo estava para ser levado à fortaleza, disse ao comandante: "Posso ter uma palavra com o senhor?".

Surpreso, o comandante perguntou: "Você fala grego? ³⁸Não é você o egípcio que liderou uma rebelião algum tempo atrás e levou consigo ao deserto quatro mil assassinos?".

³⁹"Não", respondeu Paulo. "Sou judeu e cidadão de Tarso, cidade importante da Cilícia. Por favor, permita-me falar a esta gente." ⁴⁰O comandante concordou, de modo que Paulo ficou em pé na escadaria e fez sinal para o povo se calar. Logo, um silêncio profundo envolveu a multidão, e ele lhes falou em aramaico,ᵃ o idioma deles.

22 "Irmãos e pais", disse Paulo. "Ouçam-me enquanto apresento minha defesa." ²Quando o ouviram falar em aramaico,ᵇ o silêncio foi ainda maior.

³Então Paulo disse: "Sou judeu, nascido em Tarso, cidade da Cilícia. Fui criado aqui em Jerusalém e educado por Gamaliel. Como aluno dele, fui instruído rigorosamente em nossas leis e nos costumes judaicos. Tornei-me muito zeloso de honrar a Deus em tudo que fazia, como vocês são hoje. ⁴E fui ao encalço dos seguidores do Caminho, perseguindo alguns até a morte, prendendo homens e mulheres e lançando-os na prisão. ⁵O sumo sacerdote e todo o conselho dos líderes do povo podem confirmar isso. Recebi deles cartas para nossos irmãos judeus em Damasco que me autorizavam a trazer os seguidores do Caminho de lá para Jerusalém, em cadeias, para serem castigados.

⁶"Quando me aproximava de Damasco, por volta do meio-dia, de repente uma luz muito intensa brilhou ao meu redor. ⁷Caí no chão e ouvi uma voz que me disse: 'Saulo, Saulo, por que você me persegue?'.

⁸"'Quem és tu, Senhor?', perguntei.

"E a voz respondeu: 'Sou Jesus, o nazareno,ᶜ a quem você persegue'. ⁹Os que me acompanhavam viram a luz, mas não entenderam a voz daquele que falava comigo.

¹⁰"Então perguntei: 'Que devo fazer, Senhor?'.

"E o Senhor me disse: 'Levante-se e entre em Damasco, onde lhe dirão tudo que você deve fazer'.

¹¹"A luz intensa havia me deixado cego, e meus companheiros tiveram de levar-me pela mão a Damasco. ¹²Vivia ali Ananias, um homem devoto, dedicado à lei e muito respeitado por todos os judeus da cidade. ¹³Ele veio, colocou-se ao meu lado e disse: 'Irmão Saulo, volte a enxergar'. E, naquele mesmo instante, pude vê-lo.

¹⁴"Então ele disse: 'O Deus de nossos antepassados escolheu você para conhecer a vontade dele e para ver o Justo e ouvi-lo falar. ¹⁵Você será testemunha dele, dizendo a todos o que viu e ouviu. ¹⁶O que está esperando? Levante-se e seja batizado! Fique limpo de seus pecados invocando o nome do Senhor'.

¹⁷"Depois que voltei a Jerusalém, estava orando no templo e tive uma visão, ¹⁸na qual o Senhor me dizia: 'Depressa! Saia de Jerusalém, pois o povo daqui não aceitará seu testemunho a meu respeito'.

¹⁹"E eu respondi: 'Senhor, sem dúvida eles sabem que em cada sinagoga eu prendia e açoitava aqueles que criam em ti. ²⁰E quando Estêvão, tua testemunha, foi morto, eu estava inteiramente de acordo. Fiquei ali e guardei os mantos que eles tiraram quando foram apedrejá-lo'.

²¹"Mas o Senhor me disse: 'Vá, pois eu o enviarei para longe, para os gentios'".

²²A multidão ouviu Paulo até ele dizer essa palavra. Então começaram a gritar: "Fora com esse sujeito! Ele não merece viver!". ²³Gritavam, arrancavam seus mantos e jogavam poeira para o alto.

Paulo revela sua cidadania romana

²⁴O comandante trouxe Paulo para dentro e ordenou que ele fosse açoitado e interrogado a fim de descobrir por que a multidão tinha ficado tão

---

ᵃ**21.40** Ou *em hebraico.* ᵇ**22.2** Ou *em hebraico.* ᶜ**22.8** Ou *Jesus de Nazaré.*

furiosa. ²⁵Quando amarravam Paulo para açoitá-lo, ele disse ao oficialª que estava ali: "A lei permite açoitar um cidadão romano sem que ele tenha sido julgado?".

²⁶Ao ouvir isso, o oficial foi ao comandante e perguntou: "O que o senhor está fazendo? Este homem é cidadão romano!".

²⁷O comandante perguntou a Paulo: "Diga-me, você é cidadão romano?".

Ele respondeu: "Sim, eu sou".

²⁸"Eu também", disse o comandante. "E paguei caro por minha cidadania!"

Paulo respondeu: "Mas eu sou cidadão de nascimento".

²⁹Quando os soldados que estavam prestes a interrogar Paulo ouviram que ele era cidadão romano, retiraram-se de imediato. Até mesmo o comandante ficou com medo ao saber que Paulo era cidadão romano, pois tinha mandado amarrá-lo.

Paulo diante do conselho dos líderes

³⁰No dia seguinte, o comandante ordenou que os principais sacerdotes se reunissem com o conselho dos líderes do povo.ᵇ Queria descobrir exatamente qual era o problema, por isso soltou Paulo e mandou que o trouxessem diante deles.

23 Paulo olhou fixamente para o conselho dos líderes do povoᶜ e disse: "Irmãos, tenho vivido diante de Deus com a consciência limpa".

²No mesmo instante, o sumo sacerdote Ananias ordenou aos que estavam perto de Paulo que lhe dessem um tapa na boca. ³Então Paulo lhe disse: "Deus o ferirá, seu grande hipócrita!ᵈ Que espécie de juiz é o senhor, desrespeitando a lei ao mandar me agredir dessa forma?".

⁴Os que estavam perto de Paulo lhe disseram: "Você ousa insultar o sumo sacerdote de Deus?".

⁵"Irmãos, não sabia que ele era o sumo sacerdote", respondeu Paulo. "Pois as Escrituras dizem: 'Não fale mal de suas autoridades'."ᵉ

⁶Sabendo Paulo que alguns membros do conselho dos líderes *do povo* eram saduceus *e outros* fariseus, gritou: "Irmãos, sou fariseu, como eram meus antepassados! E estou sendo julgado por causa de minha esperança na ressurreição dos mortos!".

⁷Quando Paulo disse isso, o conselho se dividiu, fariseus contra saduceus, ⁸pois os saduceus afirmam não haver ressurreição, nem anjos, nem espíritos, mas os fariseus creem em todas essas coisas. ⁹Houve grande alvoroço. Alguns dos mestres da lei que eram fariseus se levantaram e começaram a discutir energicamente. "Não vemos nada de errado com este homem!", gritavam. "Talvez um espírito ou um anjo tenha falado a ele!" ¹⁰A discussão ficou cada vez mais violenta, e o comandante teve medo de que Paulo fosse feito em pedaços. Assim, ordenou que os soldados o retirassem à força e o levassem de volta à fortaleza.

¹¹Naquela noite, o Senhor apareceu a Paulo e disse: "Tenha ânimo, Paulo! Assim como você testemunhou a meu respeito aqui em Jerusalém, deve fazê-lo também em Roma".

O plano para matar Paulo

¹²Na manhã seguinte, alguns judeus se juntaram para conspirar, jurando solenemente que não comeriam nem beberiam antes de matar Paulo. ¹³A conspiração envolveu mais de quarenta homens. ¹⁴Foram aos principais sacerdotes e aos líderes do povo e lhes disseram: "Juramos solenemente, sob pena de castigo divino, que não comeremos nem beberemos antes de matar Paulo. ¹⁵Agora peçam, vocês e o conselho dos líderes do povo, que o comandante traga Paulo de volta ao conselho. Finjam que os senhores desejam examinar o caso com mais detalhes. Nós o mataremos no caminho".

¹⁶Contudo, o sobrinho de Paulo, filho de sua irmã, soube do plano deles e foi à fortaleza contar a seu tio. ¹⁷Então Paulo mandou chamar um dos oficiais romanosᶠ e disse: "Leve este rapaz ao comandante. Ele tem algo importante para lhe contar".

¹⁸O oficial o levou ao comandante e explicou: "O preso Paulo me chamou e pediu que eu trouxesse ao senhor este rapaz, pois ele tem algo a lhe contar".

ª**22.25** Em grego, *centurião*; também em 22.26. ᵇ**22.30** Em grego, *Sinédrio*. ᶜ**23.1** Em grego, *Sinédrio*; também em 23.6,15,20,28. ᵈ**23.3** Em grego, *parede branqueada*. ᵉ**23.5** Êx 22.28. ᶠ**23.17** Em grego, *centuriões*; também em 23.23.

¹⁹O comandante tomou o rapaz pela mão e o levou à parte. "O que você quer me dizer?", perguntou.

²⁰O sobrinho de Paulo respondeu: "Alguns judeus pedirão que o senhor apresente Paulo diante da reunião do conselho amanhã, fingindo que desejam obter mais informações. ²¹Não acredite neles. Há mais de quarenta homens emboscados para matar Paulo. Juraram solenemente, sob pena de castigo divino, que não comeriam nem beberiam antes de matá-lo. Estão de prontidão, apenas esperando sua permissão".

²²O comandante despediu o rapaz e o advertiu: "Não deixe ninguém saber que você me contou isso".

Paulo é enviado a Cesareia

²³Então o comandante chamou dois de seus oficiais e ordenou: "Preparem duzentos soldados para partir a Cesareia hoje às nove da noite. Levem também duzentos lanceiros e setenta soldados a cavalo. ²⁴Providenciem um cavalo para Paulo e levem-no em segurança ao governador Félix". ²⁵Em seguida, escreveu a seguinte carta ao governador:

²⁶"De Cláudio Lísias ao excelentíssimo governador Félix. Saudações.

²⁷"Este homem foi capturado por alguns judeus que estavam prestes a matá-lo quando cheguei com meus soldados. Ao ser informado de que ele era cidadão romano, transferi-o para um lugar seguro. ²⁸Então levei-o diante do conselho supremo dos judeus para investigar o motivo das acusações. ²⁹Não demorei a descobrir que ele era acusado de algo relacionado à lei religiosa, sem dúvida nada que justificasse a pena de morte ou mesmo a prisão. ³⁰Fui informado, porém, de uma conspiração para matá-lo e enviei-o *de imediato ao senhor*. Também informei aos acusadores que devem apresentar suas denúncias diante do senhor".

³¹Naquela noite, os soldados cumpriram as ordens que haviam recebido e levaram Paulo até Antipátride. ³²Voltaram à fortaleza na manhã seguinte, enquanto a cavalaria prosseguiu com ele. ³³Quando chegaram a Cesareia, apresentaram Paulo e a carta ao governador Félix. ³⁴O governador leu a carta e perguntou a Paulo de que província ele era. "Da Cilícia", respondeu Paulo.

³⁵"Ouvirei seu caso pessoalmente quando seus acusadores chegarem", disse o governador. Em seguida, ordenou que Paulo fosse mantido na prisão do palácio que Herodes havia construído.[a]

Paulo diante de Félix

24 Cinco dias depois, o sumo sacerdote Ananias chegou com alguns dos líderes do povo e um advogado[b] chamado Tértulo para exporem ao governador sua causa contra Paulo. ²Quando Paulo foi chamado, Tértulo apresentou as acusações:

"Excelentíssimo Félix, o senhor tem proporcionado a nós, judeus, um longo período de paz e, com perspicácia, tem realizado reformas que muito nos beneficiam. ³Por todas essas coisas nós lhe somos extremamente gratos. ⁴Contudo, não desejo tomar seu tempo, por isso peço sua atenção apenas por um momento. ⁵Constatamos que este homem é um perturbador, que vive causando tumultos entre os judeus de todo o mundo. É o principal líder da seita conhecida como os Nazarenos. ⁶Quando o prendemos, estava tentando profanar o templo. Nós queríamos julgá-lo de acordo com nossa lei, ⁷mas Lísias, o comandante do regimento, usou de força e o tirou de nossas mãos, ⁸e ordenou a nós, os acusadores, que nos apresentássemos perante o senhor.[c] Nossas acusações poderão ser confirmadas quando o senhor interrogar Paulo pessoalmente". ⁹Os outros judeus concordaram e declararam ser verdadeiro o que Tértulo tinha dito.

¹⁰Quando Paulo recebeu um sinal do governador para falar, disse: "Sei que o senhor tem julgado questões dos judeus há muitos anos e, portanto, apresento-lhe minha defesa de bom grado. ¹¹O senhor poderá verificar com facilidade que cheguei a Jerusalém não mais que doze dias atrás para adorar no templo. ¹²Meus acusadores não me encontraram discutindo com ninguém no templo, nem causando tumulto em

---

[a]**23.35** Em grego, *no pretório de Herodes*. [b]**24.1** Em grego, *um orador*. [c]**24.6-8** Alguns manuscritos não trazem todo o trecho *Nós queríamos julgá-lo [...] perante o senhor.*

nenhuma sinagoga, nem nas ruas da cidade. ¹³Eles não podem provar as acusações que fazem contra mim.

¹⁴"Reconheço, porém, que sou seguidor do Caminho, que eles chamam de seita. Adoro o Deus de nossos antepassados e creio firmemente na lei judaica e em tudo que está escrito nos profetas. ¹⁵Tenho em Deus a mesma esperança destes homens, de que ele ressuscitará tanto os justos como os injustos. ¹⁶Por isso, procuro sempre manter a consciência limpa diante de Deus e dos homens.

¹⁷"Depois de estar ausente por vários anos, voltei a Jerusalém com dinheiro para ajudar meu povo e apresentar ofertas. ¹⁸Meus acusadores me viram no templo depois que completei minha cerimônia de purificação. Não havia multidão nenhuma ao meu redor e nenhum tumulto. ¹⁹Só estavam ali alguns judeus da Ásia, e são eles que deveriam estar aqui diante do senhor para me acusar, se têm algo contra mim. ²⁰Pergunte a estes homens que aqui estão de que crimes o conselho dos líderes do povo[a] me considerou culpado, ²¹exceto pela ocasião em que gritei: 'Estou sendo julgado diante dos senhores porque creio na ressurreição dos mortos!'".

²²Nesse momento, Félix, que tinha bastante conhecimento sobre o Caminho, interrompeu a audiência e disse: "Esperem até Lísias, o comandante do regimento, chegar. Então decidirei o caso de vocês". ²³Ordenou que um oficial[b] mantivesse Paulo sob custódia, mas lhe deu certa liberdade e permitiu que seus amigos o visitassem e providenciassem aquilo de que ele precisava.

²⁴Alguns dias depois, Félix voltou com sua esposa, Drusila, que era judia. Mandou chamar Paulo, e os dois ouviram enquanto ele lhes falava a respeito da fé em Cristo Jesus. ²⁵Quando Paulo passou a falar da justiça divina, do domínio próprio e do dia do juízo que estava por vir, Félix teve medo e disse: "Pode ir, por enquanto. Quando for mais conveniente, mandarei chamá-lo outra vez". ²⁶Félix também esperava que Paulo lhe oferecesse dinheiro, de modo que mandava buscá-lo com frequência e conversava com ele.

²⁷Assim se passaram dois anos, e Félix foi sucedido por Pórcio Festo. E, uma vez que Félix desejava obter a simpatia dos judeus, manteve Paulo na prisão.

Paulo diante de Festo

25 Três dias depois que Festo chegou a Cesareia para assumir suas novas responsabilidades no governo da província, partiu para Jerusalém, ²onde os principais sacerdotes e outros líderes judeus se reuniram com ele e lhe apresentaram as acusações contra Paulo. ³Pediram a Festo, como favor, que transferisse Paulo para Jerusalém, pois planejavam armar uma emboscada para matá-lo no caminho. ⁴Festo respondeu que Paulo estava em Cesareia e que ele próprio voltaria para lá em breve. ⁵"Alguns de vocês que têm autoridade voltem comigo", disse ele. "Se Paulo tiver feito algo de errado, vocês poderão apresentar suas acusações."

---

[a] **24.20** Em grego, *Sinédrio*. [b] **24.23** Em grego, *centurião*.

24.15 Esta vida é a mãe da vida vindoura. Há uma ressurreição para os justos, e toda a glória que os justos herdarão será resultado dessa vida imortal que receberam aqui! Há uma ressurreição para os injustos, e o verme eterno e o fogo que nunca se apaga! E tudo isso será apenas o desenvolvimento e a revelação do caráter que eles adquiriram aqui na Terra. Viver no pecado é o germe da vida eterna no inferno! Crer em Jesus é a *raiz do regozijo eterno na imortalidade gloriosa!* Bem, senhores, vejam que a vida não é uma coisa com o que se brinca, nem um monte de fichas que uma criança pode jogar de um lado para o outro, e muito menos um mero borrifo no grande mar da eternidade! Vocês não devem brincar e falar sobre ela como se fosse uma coisa a ser desprezada — mas venham e olhem para ela com todas as suas possibilidades e sérios resultados — e vivam como homens sóbrios, vivam como os homens que espiaram além do véu e viram alguns dos principais problemas desta existência fugaz! Doravante, viva com fervor, como aos olhos de Deus, o juiz dos vivos e dos mortos! Sim, deixe a luz da ressurreição durante toda a sua vida presente fazer com que suas grandes coisas para o presente se tornem pequenas — para tornar as coisas que, de outra forma, poderiam ser pequenas, que têm referência à eternidade, tornarem-se grandes em sua consideração.

⁶Oito ou dez dias depois, Festo voltou a Cesareia e, no dia seguinte, convocou o tribunal e mandou que trouxessem Paulo. ⁷Quando Paulo chegou, os líderes judeus vindos de Jerusalém se juntaram ao seu redor e fizeram várias acusações graves que não podiam provar.

⁸Paulo se defendeu: "Não sou culpado de nenhum crime contra as leis judaicas, nem contra o templo, nem contra o governo romano".

⁹Então Festo, querendo agradar aos judeus, perguntou: "Você está disposto a ir a Jerusalém e ali ser julgado diante de mim?".

¹⁰Paulo respondeu: "Este é um tribunal oficial romano, portanto devo ser julgado aqui mesmo. O senhor sabe muito bem que não fiz nenhum mal aos judeus. ¹¹Se fiz algo para merecer a pena de morte, não me recuso a morrer. Mas, se sou inocente, ninguém tem o direito de me entregar a estes homens. Eu apelo para César".

¹²Festo consultou seus conselheiros e, por fim, respondeu: "Muito bem, você apelou para César, então irá para César".

¹³Alguns dias depois, o rei Agripa chegou com sua irmã, Berenice,ᵃ para visitar Festo. ¹⁴Durante a estada deles, que durou vários dias, Festo discutiu o caso de Paulo com o rei. "Tenho aqui um prisioneiro que Félix deixou para mim", disse ele. ¹⁵"Quando estive em Jerusalém, os principais sacerdotes e líderes judeus apresentaram acusações contra ele e pediram que eu o condenasse. ¹⁶Eu lhes disse que a lei romana não condena ninguém sem julgamento. O acusado deve ter a oportunidade de confrontar seus acusadores e se defender.

¹⁷"Quando eles vieram aqui para o julgamento, não me demorei. Convoquei o tribunal logo no dia seguinte e mandei chamar Paulo. ¹⁸Os judeus, porém, não o acusaram de nenhum dos crimes que eu esperava. ¹⁹Ao contrário, era algo relacionado à sua religião e a um morto chamado Jesus, que Paulo insiste que está vivo. ²⁰Sem saber como investigar essas questões, perguntei a Paulo se estava disposto a ir a Jerusalém e ali ser julgado por essas acusações, ²¹mas ele apelou ao imperador para que julgue seu caso. Por isso, ordenei que fosse mantido sob custódia até eu tomar as providências necessárias para enviá-lo a César."

²²Então Agripa disse a Festo: "Gostaria de ouvir esse homem pessoalmente".

E Festo respondeu: "Amanhã poderá ouvi-lo!".

Paulo se dirige a Agripa

²³No dia seguinte, Agripa e Berenice chegaram à sala de audiência com grande pompa, acompanhados de oficiais militares e homens importantes da cidade. Festo mandou trazer Paulo e, ²⁴em seguida, disse: "Rei Agripa e demais presentes, este é o homem cuja morte é exigida pelos judeus tanto daqui como de Jerusalém. ²⁵Em minha opinião, ele não fez coisa alguma para merecer a morte. Contudo, uma vez que apelou ao imperador para que julgue seu caso, decidi enviá-lo a Roma.

²⁶"Não sei, porém, o que escrever ao imperador, pois não há nenhuma acusação clara contra ele. Por isso eu o trouxe hoje diante dos senhores, especialmente do rei Agripa, para que, depois de o interrogarmos, eu tenha algo para escrever. ²⁷Pois não faz sentido enviar um prisioneiro ao imperador sem especificar as acusações contra ele".

26 Então Agripa disse a Paulo: "Você pode falar em sua defesa".

Paulo fez um sinal com a mão e começou sua defesa: ²"Rei Agripa, considero-me feliz de ter hoje a oportunidade de lhe apresentar minha defesa contra todas as acusações feitas pelos líderes judeus, ³pois sei que conhece bem todos os costumes e controvérsias dos judeus. Portanto, peço que me ouça com paciência.

⁴"Como os líderes judeus sabem muito bem, recebi educação judaica completa desde a infância entre meu povo e depois em Jerusalém. ⁵Também sabem, e talvez estejam dispostos a confirmar, que vivi como fariseu, a seita mais rígida de nossa religião. ⁶Agora estou sendo julgado por causa de minha esperança no cumprimento da promessa feita por Deus a nossos antepassados. ⁷De fato, é por isso que as doze tribos de Israel adoram a Deus fervorosamente, dia e noite, e compartilham da mesma esperança que eu. E, no entanto, ó rei, acusam-me por

---

ᵃ **25.13** Em grego, *o rei Agripa e Berenice chegaram*.

causa dessa esperança! ⁸Por que lhes parece tão incrível que Deus ressuscite os mortos?

⁹"Eu costumava pensar que era minha obrigação empenhar-me em me opor ao nome de Jesus, o nazareno.ᵃ ¹⁰Foi exatamente o que fiz em Jerusalém. Com autorização dos principais sacerdotes, fui responsável pela prisão de muitos dentre o povo santo. E eu votava contra eles quando eram condenados à morte. ¹¹Muitas vezes providenciei que fossem castigados nas sinagogas, a fim de obrigá-los a blasfemar. Eu me opunha a eles com tanta violência que os perseguia até em cidades estrangeiras.

¹²"Certo dia, numa dessas missões, dirigia-me a Damasco, autorizado e incumbido pelos principais sacerdotes. ¹³Por volta do meio-dia, ó rei, ainda a caminho, uma luz do céu, mais intensa que o sol, brilhou sobre mim e meus companheiros. ¹⁴Todos nós caímos no chão, e eu ouvi uma voz que me dizia em aramaico:ᵇ 'Saulo, Saulo, por que você me persegue? Não adianta lutar contra minha vontade'.ᶜ

¹⁵"'Quem és tu, Senhor?', perguntei.

"E o Senhor respondeu: 'Sou Jesus, a quem você persegue. ¹⁶Agora levante-se, pois eu apareci para nomeá-lo meu servo e minha testemunha. Conte o que viu e o que eu lhe mostrarei no futuro. ¹⁷E eu o livrarei tanto de seu povo como dos gentios. Sim, eu o envio aos gentios ¹⁸para abrir os olhos deles a fim de que se voltem das trevas para a luz, e do poder de Satanás para Deus. Então receberão o perdão dos pecados e a herança entre o povo de Deus, separado pela fé em mim'.

¹⁹"Portanto, rei Agripa, obedeci à visão celestial. ²⁰Anunciei a mensagem primeiro em Damasco, depois em Jerusalém e em toda a Judeia, e também aos gentios, dizendo que todos devem arrepender-se, voltar-se para Deus e mostrar, por meio de suas boas obras, que mudaram de rumo. ²¹Alguns judeus me prenderam no templo por anunciar essa mensagem e tentaram me matar. ²²Mas Deus tem me protegido até este momento, para que eu dê

ᵃ**26.9** Ou *Jesus de Nazaré*. ᵇ**26.14a** Ou *em hebraico*. ᶜ**26.14b** Em grego, *É difícil dar coices contra o aguilhão.*

26.14 Se você perguntasse a Saulo a quem ele perseguia, ele teria dito: "Alguns pobres pescadores que estão se firmando como impostores. Estou determinado a exterminá-los". Por quê? Quem são eles? "São os mais pobres do mundo; a escória e o lixo da sociedade. Se fossem príncipes e reis, talvez os deixássemos ter sua opinião. No entanto, esses indivíduos pobres, miseráveis e ignorantes, não vejo por que deveriam continuar com sua obsessão — e eu os perseguirei. Além disso, a maioria desses a quem persigo é mulher — essas pobres e ignorantes criaturas. Que direito elas têm de colocar seus julgamentos acima dos sacerdotes? Não possuem direito de terem sua própria opinião e, portanto, é absolutamente correto demovê-las de seus erros tolos". Contudo, veja em que diferente perspectiva Jesus Cristo o apresenta. Ele não diz: "Saulo, Saulo, por que você perseguiu Estêvão?", ou: "Por que você está a ponto de arrastar as pessoas de Damasco para prisões?". Não! Ele diz: "Saulo, Saulo, por que você *me* persegue?". Você já pensou nisto sob esse prisma? Há aquele homem pobre que trabalha para você que usa aquele paletó de camponês. Ele é um ninguém. Você pode rir dele. Ele não dirá nada a *ninguém*, ou, ainda que o faça, *você não será levado a ser fichado, porque ele não é ninguém!* Você não se atreveria a rir assim de um duque ou conde. Atentaria a seu comportamento se estivesse em tal companhia — mas como esse é um homem pobre, você acha que uma licença lhe foi dada para rir de sua religião! Todavia, lembre-se: abaixo do paletó de camponês está o próprio Jesus! Na mesma medida em que você o fez ao menor de Seus irmãos, você fez a Ele! Já lhe atingiu o pensamento de que enquanto você ria, estava rindo não do homem, mas de seu Mestre? Quer o tenha atingido ou não, é uma grande verdade de Deus que Jesus considera todos os ferimentos impostos a Seu povo como se tivessem sido impostos a Ele próprio! [...]

"Por que você *me* persegue?" Se você pudesse ver Cristo entronizado no Céu, reinando no esplendor de Sua majestade, você zombaria dele? Se o visse assentado em Seu grande trono, vindo para julgar o mundo, riria dele? Ó, como todos os rios correm para o mar, assim todas as correntezas de igrejas sofredoras correm para Cristo! Se as nuvens estiverem repletas de chuvas, elas se esvaziarão sobre a terra — e se o coração do cristão estiver cheio de angústia, ele se derramará no peito de Jesus! Cristo é o grande reservatório para as tristezas de Seu povo e quando se ri deles, você ajuda a encher esse reservatório até a borda. Um dia, ele irromperá na fúria de Seu poder e as enchentes o varrerão para longe! O fundamento de areia sobre o qual sua casa está construída se romperá, e o que você fará quando comparecer perante a face dAquele de quem zombou e cujo nome desprezou?

testemunho a todos, dos mais simples até os mais importantes. Não ensino nada além daquilo que os profetas e Moisés disseram que haveria de acontecer, ²³que o Cristo sofreria e seria o primeiro a ressuscitar dos mortos e, desse modo, anunciaria a luz de Deus tanto aos judeus como aos gentios".

²⁴De repente, Festo gritou: "Paulo, você está louco! O excesso de estudo o fez perder o juízo!".

²⁵Mas Paulo respondeu: "Não estou louco, excelentíssimo Festo. Digo a mais sensata verdade, ²⁶e o rei Agripa sabe dessas coisas. Expresso-me com ousadia porque tenho certeza de que esses acontecimentos são todos de conhecimento dele, pois não se passaram em algum canto escondido. ²⁷Rei Agripa, o senhor crê nos profetas? Eu sei que sim".

²⁸Então Agripa o interrompeu: "Você acredita que pode me convencer a tornar-me cristão em tão pouco tempo?".ᵃ

²⁹Paulo respondeu: "Em pouco ou em muito tempo, peço a Deus que tanto o senhor como os demais aqui presentes se tornem como eu, exceto por estas correntes".

³⁰Então o rei, o governador, Berenice e todos os outros se levantaram e se retiraram. ³¹Enquanto saíam, conversavam entre si e concordaram: "Esse homem não fez nada que mereça morte ou prisão".

³²E Agripa disse a Festo: "Ele poderia ser posto em liberdade se não tivesse apelado a César".

Paulo vai a Roma

27 Quando chegou a hora, zarpamos para a Itália. Paulo e muitos outros prisioneiros foram colocados sob a guarda de um oficial romanoᵇ chamado Júlio, capitão do Regimento Imperial. ²Aristarco, um macedônio de Tessalônica, nos acompanhou. Partimos num navio que tinha vindo do porto de Adramítio, no litoral noroeste da província da Ásia.ᶜ Estavam previstas diversas paradas em portos ao longo da costa.

³No dia seguinte, quando ancoramos em Sidom, Júlio demonstrou bondade a Paulo permitindo-lhe que desembarcasse para visitar amigos e receber ajuda material deles. ⁴Quando partimos de lá, fomos costeando a ilha de Chipre, devido aos ventos contrários que tornavam difícil manter o rumo. ⁵Prosseguindo por mar aberto, passamos pelo litoral da Cilícia e da Panfília, chegando a Mirra, na província de Lícia. ⁶Ali, o oficial no comando encontrou um navio egípcio de Alexandria que estava de partida para a Itália e nos fez embarcar.

⁷Navegamos vagarosamente por vários dias e, depois de muita dificuldade, nos aproximamos de Cnido. Por causa dos ventos contrários, atravessamos para Creta, acompanhando o litoral menos exposto da ilha, defronte ao cabo de Salmona. ⁸Costeamos a ilha com grande esforço, até que chegamos a Bons Portos, perto da cidade de Laseia. ⁹Havíamos perdido muito tempo. As condições climáticas estavam se tornando perigosas para a navegação, pois se aproximava o fim do outono,ᵈ e Paulo tratou dessa questão com os oficiais do navio.

¹⁰Disse ele: "Senhores, se prosseguirmos, vejo que teremos problemas adiante. Haverá grande prejuízo para o navio e para a carga, e perigo para nossa vida". ¹¹Mas o oficial encarregado dos prisioneiros deu mais ouvidos ao capitão e ao proprietário do navio que a Paulo. ¹²E, uma vez que Bons Portos era uma enseada aberta, um péssimo lugar para passar o inverno, a maioria da tripulação desejava ir a Fenice, que ficava mais adiante na costa de Creta, e passar o inverno ali. Fenice era um bom porto, com abertura apenas para o sudoeste e o noroeste.

A tempestade no mar

¹³Quando um vento leve começou a soprar do sul, os marinheiros pensaram que conseguiriam chegar lá a salvo. Por isso, levantaram âncora e foram costeando Creta. ¹⁴Mas o tempo mudou de repente, e um vento com força de furacão, chamado Nordeste, soprou sobre a ilha e nos empurrou para o mar aberto. ¹⁵Como os marinheiros não conseguiam manobrar o navio para ficar de frente para o vento, desistiram e deixaram que fosse levado pela tempestade.

ᵃ**26.28** Ou *Um pouco mais e seus argumentos me transformariam num cristão.* ᵇ**27.1** Em grego, *centurião*; também em 27.6,11,31,43. ᶜ**27.2** A *Ásia* era uma província romana na região que hoje corresponde à Turquia. ᵈ**27.9** Em grego, *porque já havia passado o jejum.* O jejum em questão era associado ao Dia da Expiação (*Yom Kippur*), que caía no final de setembro ou início de outubro (e, portanto, no outono do Hemisfério Norte).

¹⁶Navegamos pelo lado menos exposto de uma pequena ilha chamada Cauda,ᵃ onde, com muito custo, conseguimos içar para bordo o barco salva-vidas que viajava rebocado. ¹⁷Então os marinheiros amarraram cordas em volta do casco do navio para reforçá-lo. Temiam ser arrastados para os bancos de areia de Sirte, diante do litoral africano, por isso baixaram a âncora flutuante para desacelerar o navio e deixaram que fosse levado pelo vento.

¹⁸No dia seguinte, como ventos com força de vendaval continuavam a castigar o navio, a tripulação começou a lançar a carga ao mar. ¹⁹No terceiro dia, removeram até mesmo parte do equipamento do navio e o jogaram fora. ²⁰A tempestade terrível prosseguiu por muitos dias, escondendo o sol e as estrelas, até que perdemos todas as esperanças.

²¹Fazia tempo que ninguém comia. Por fim, Paulo reuniu a tripulação e disse: "Os senhores deveriam ter me dado ouvidos no princípio e não ter deixado Bons Portos. Teriam evitado todo este prejuízo e esta perda. ²²Mas tenham bom ânimo! O navio afundará, mas nenhum de vocês perderá a vida. ²³Pois, ontem à noite, um anjo do Deus a quem pertenço e sirvo se pôs ao meu lado ²⁴e disse: 'Não tenha medo, Paulo! É preciso que você compareça diante de César. E Deus, em sua bondade, concedeu proteção a todos que navegam com você'. ²⁵Portanto, tenham bom ânimo! Creio em Deus; tudo ocorrerá exatamente como ele disse. ²⁶É necessário, porém, que sejamos impulsionados para uma ilha".

O naufrágio em Malta

²⁷Por volta da meia-noite, na décima quarta noite de tempestade, enquanto éramos levados de um lado para o outro no mar Adriático,ᵇ os marinheiros perceberam que estávamos perto de terra firme. ²⁸Lançaram a sonda e verificaram que a água tinha 37 metros de profundidade. Um pouco depois, lançaram a sonda novamente e encontraram apenas 27 metros.ᶜ ²⁹Temiam que, se continuássemos assim, seríamos atirados contra as rochas na praia. Por isso, lançaram quatro âncoras da parte de trás do navio e ansiavam para que o dia chegasse logo.

³⁰Dando a entender que iriam lançar as âncoras da parte da frente, os marinheiros baixaram o barco salva-vidas, na tentativa de abandonar o navio. ³¹Paulo, então, disse ao oficial no comando e aos soldados: "Se os marinheiros não permanecerem a bordo, vocês não conseguirão se salvar". ³²Então os soldados cortaram as cordas do barco salva-vidas e o deixaram à deriva.

³³Enquanto amanhecia, Paulo insistiu que todos comessem. "De tão preocupados, vocês não se alimentam há duas semanas", disse ele. ³⁴"Por favor, comam alguma coisa agora, para seu próprio bem. Pois nem um fio de cabelo

---

ᵃ **27.16** Alguns manuscritos trazem *Clauda*. ᵇ **27.27** Diferentemente do mar conhecido por este nome hoje, no primeiro século o *mar Adriático* abrangia a parte central do mar Mediterrâneo. ᶜ **27.28** Em grego, *20 braças [...] 15 braças*.

27.18-25 Paulo, a bordo daquele navio, surpreendentemente se assemelhou ao Senhor Jesus quando Ele entrou em um barco no mar da Galileia. Há muitos paralelos entre todo verdadeiro crente e seu Senhor. Embora Ele seja grandioso e tudo sobre Ele seja colossal, nós, se seguimos a Jesus, somos como Ele — e neste mundo, somos como nosso Mestre foi — somos miniaturas do retrato de Sua vida, sombras de Sua essência gloriosa! Quando Paulo, a bordo do navio, vê os temores daqueles que o cercam e clama amorosamente: "Tenham bom ânimo", sua voz tem um som consolador vindo da voz de seu Mestre. Se você, *querido amigo*, é realmente um crente, encontrará um lugar no qual ilustrará aos outros o caráter de seu Senhor. Se eu puder falar deste modo, a bordo daquele navio, Paulo foi profeta, sacerdote e rei. Em nosso texto ele falou profeticamente, pois lhes declarou sua perfeita segurança. Agiu como um sacerdote em suas orações por todos eles e eu quase acrescentei que no partir do pão, ele foi, de forma obscurecida, como Melquisedeque — abençoando os homens e os fortalecendo com pão e vinho. Quanto ao ofício real, Paulo realmente não era real? Nenhum mortal foi mais digno de uma coroa! No interior daquele navio lotado, ele foi mais imperial que César — e todos a bordo reconheceram isso. Sentiram-se constrangidos a obedecê-lo, pois ele estava superlativamente acima de todos — despretensioso, modesto, gentil, abnegado, solidário, mas evidentemente um ser superior. Se tivéssemos mais fé, afundaríamos em nossa própria consideração, mas nos elevaríamos grandemente em nossa influência sobre os outros, pois nós também habitaríamos entre os homens como profetas, sacerdotes e reis!

de sua cabeça se perderá." ³⁵Em seguida, tomou um pão, deu graças a Deus na presença de todos, partiu-o em pedaços e comeu. ³⁶Todos se animaram e começaram a comer. ³⁷Havia um total de 276 pessoas a bordo. ³⁸Depois de se alimentar, a tripulação aliviou o peso do navio mais um pouco, atirando ao mar toda a carga de trigo.

³⁹Ao amanhecer, não reconheceram a terra, mas viram uma enseada com uma praia e cogitaram se seria possível chegar ali e atracar o navio. ⁴⁰Então cortaram as âncoras e as deixaram no mar. Depois, afrouxaram as cordas que controlavam os lemes, levantaram a vela da frente e foram rumo à praia, ⁴¹mas o navio foi apanhado entre duas correntezas contrárias e encalhou antes do esperado. A parte da frente se encravou e ficou imóvel, enquanto a parte de trás, atingida pela força das ondas, começou a se partir.

⁴²Os soldados queriam matar os prisioneiros para que não nadassem até a praia e depois fugissem. ⁴³O oficial no comando, porém, desejava poupar a vida de Paulo e não permitiu que executassem seu plano. Ordenou aos que sabiam nadar que saltassem ao mar primeiro e fossem em direção a terra. ⁴⁴Os outros se agarraram a tábuas ou pedaços do navio destruído. Assim, todos chegaram à praia em segurança.

Paulo na ilha de Malta

28 Uma vez a salvo em terra, descobrimos que estávamos na ilha de Malta. ²O povo de lá nos tratou com muita bondade. Por ser um dia frio e chuvoso, fizeram uma fogueira na praia para nos receber.

³Enquanto Paulo juntava um monte de gravetos e os colocava no fogo, uma cobra venenosa que fugia do calor mordeu sua mão. ⁴Quando os habitantes da ilha viram a cobra pendurada na mão de Paulo, disseram uns aos outros: "Sem dúvida ele é um assassino! Embora tenha escapado do mar, a justiça não lhe permitiu viver". ⁵Mas Paulo sacudiu a cobra no fogo e não sofreu nenhum mal. ⁶O povo esperava que ele inchasse ou caísse morto de repente. No entanto, depois de esperarem muito tempo e verem que nada havia acontecido, mudaram de ideia e começaram a dizer que ele era um deus.

⁷Perto da praia, havia uma propriedade pertencente a Públio, a principal autoridade da ilha. Por três dias, ele nos hospedou e nos tratou com bondade. ⁸Aconteceu que o pai de Públio estava doente, com febre e disenteria. Paulo entrou, orou por ele e, impondo as mãos sobre sua cabeça, o curou. ⁹Então os demais enfermos da ilha vieram e foram curados. ¹⁰Como resultado, fomos cobertos de presentes e honras e, chegada a hora de partirmos, o povo nos forneceu todos os suprimentos necessários à viagem.

Paulo chega a Roma

¹¹Três meses depois do naufrágio, embarcamos em outro navio, que havia passado o inverno na ilha. Era um navio alexandrino, que tinha na parte da frente a figura dos deuses gêmeos.[a] ¹²Aportamos em Siracusa,[b] onde ficamos três dias. ¹³Dali navegamos até Régio.[c] Um dia depois, um vento sul começou a soprar, de modo que no dia seguinte prosseguimos até Potéoli. ¹⁴Ali encontramos alguns irmãos que nos convidaram a passar uma semana com eles. Depois fomos para Roma.

¹⁵Os irmãos em Roma souberam que estávamos chegando e vieram ao nosso encontro no Fórum[d] da Via Ápia. Outros se juntaram a nós nas Três Vendas.[e] Ao vê-los, Paulo se animou e agradeceu a Deus.

¹⁶Quando chegamos a Roma, Paulo recebeu permissão de ter sua própria moradia, sob a guarda de um soldado.

Paulo prega e ensina em Roma

¹⁷Três dias depois de chegar, Paulo convocou os líderes judeus locais e lhes disse: "Irmãos, embora eu não tenha feito nada contra nosso povo nem contra os costumes de nossos antepassados, fui preso em Jerusalém e entregue ao governo romano. ¹⁸Os romanos me interrogaram e queriam me soltar, pois não encontraram motivo para me condenar à morte. ¹⁹Mas, quando os líderes judeus protestaram contra a decisão, considerei necessário apelar a César, embora não tivesse acusação alguma contra meu próprio povo. ²⁰Por isso pedi a vocês que viessem aqui hoje para que nos

---

[a] **28.11** Isto é, os deuses romanos Cástor e Pólux. [b] **28.12** *Siracusa* se localiza na ilha da Sicília. [c] **28.13** *Régio* se localiza na extremidade sul da Itália. [d] **28.15a** O *Fórum* ficava a cerca de 70 quilômetros de Roma. [e] **28.15b** As *Três Vendas* ficavam a cerca de 57 quilômetros de Roma.

conhecêssemos, e também para que eu pudesse explicar que estou preso com estas correntes porque creio na esperança de Israel".

²¹Eles responderam: "Não recebemos nenhuma carta da Judeia, e ninguém que veio de lá nos informou alguma coisa contra você. ²²Contudo, queremos ouvir o que você pensa, pois o que sabemos a respeito desse movimento é que ele é contestado em toda parte".

²³Então marcaram uma data e, nesse dia, muita gente foi à casa de Paulo. Ele explicou e testemunhou sobre o reino de Deus e, desde cedo até a noite, procurou convencê-los acerca de Jesus com base na lei de Moisés e nos livros dos profetas. ²⁴Alguns foram convencidos pelas coisas que ele disse, mas outros não creram. ²⁵E, depois de discutirem entre si, foram embora com estas palavras finais de Paulo: "O Espírito Santo estava certo quando disse a nossos antepassados por meio do profeta Isaías:

²⁶'Vá e diga a este povo:
Quando ouvirem o que digo,
não entenderão.
Quando virem o que faço,
não compreenderão.
²⁷Pois o coração deste povo está
endurecido;
ouvem com dificuldade
e têm os olhos fechados,
de modo que seus olhos não veem,
e seus ouvidos não ouvem,
e seu coração não entende,
e não se voltam para mim,
nem permitem que eu os cure'.ᵃ

²⁸Portanto, quero que saibam que esta salvação vinda de Deus também foi oferecida aos gentios, e eles a aceitarão". ²⁹Depois de ele ter dito essas palavras, os judeus partiram, em grande desacordo uns com os outros.ᵇ

³⁰Durante os dois anos seguintes, Paulo morou em Roma, às próprias custas.ᶜ A todos que o visitavam ele recebia, ³¹proclamando corajosamente o reino de Deus e ensinando a respeito do Senhor Jesus Cristo sem restrição alguma.

ᵃ**28.26-27** Is 6.9-10, conforme a Septuaginta. ᵇ**28.29** Alguns manuscritos não trazem o versículo 29. ᶜ**28.30** Ou *na casa que ele havia alugado*.

28.23 Você não podia ir ao alojamento de Paulo em qualquer momento, durante os dois anos que ele esteve em Roma antes que o imperador o liberasse, sem ouvi-lo pregar as coisas que dizem respeito ao Senhor Jesus Cristo. Todas as flechas em sua aljava estavam destinadas a um alvo, e ele sabia sempre como acertar o centro dele. "Mas concentro todos os meus esforços nisto", disse ele. Seu lema era — tudo para Jesus e apenas para Jesus. O apóstolo apresentou este tópico de diferentes maneiras. Ao dirigir-se aos principais homens dos judeus em Roma, observe que ele *explicou*, e *testemunhou*, e *procurou convencê-los*. Esses três métodos eram necessários entre as pessoas daqueles dias, e são os mais sábios que podem ser adotados para levar homens a Cristo mesmo hoje em dia. Devemos *explicar*, apresentar, expor, deixar claro o evangelho. Devemos dizer aos homens o *que a Palavra de Deus significa*, na linguagem mais simples possível, pois eles precisam saber o que a revelação do Céu realmente declarou. Quanto mais da verdadeira exposição, melhor. Devemos também *testemunhar*. Testificar o efeito que o evangelho teve sobre nosso coração e nossa vida. A divulgação de nossa experiência pessoal é um meio de graça para nossos ouvintes. Paulo era conhecido por descrever sua própria conversão. [...] Ele sabia que o testemunho pessoal tinha grande peso sobre a mente dos homens e, portanto, não temia ser acusado de egocentrismo, pois sabia que não pregava a si mesmo, mas a Cristo Jesus, o Senhor, e a narrativa de sua conversão não se destinava a honrar a si mesmo, mas a glorificar esse Cristo bendito, que do Céu falara com ele e o chamara para ser um vaso escolhido a fim de levar a Palavra do Senhor aos gentios. Há muito poder em tal testemunho pessoal. Ó, que você e eu, depois de ter explanado o evangelho, sempre possamos divulgar algo de nossa própria experiência que o comprovará! [...]

No entanto, isso não era tudo, nosso apóstolo não estava satisfeito simplesmente em explicar e testemunhar; seu coração estava cheio de amor para seus compatriotas, e, portanto, ele os *procurava convencê-los*. Ele rogava, suplicava, implorava que seus ouvintes se voltassem para o Senhor Jesus Cristo.

Romanos

INTRODUÇÃO

Autor. Paulo, o autor, era hebreu por descendência, nativo de Tarso na Cilícia e educado por Gamaliel, um grande mestre fariseu. Paulo foi um dos mais implacáveis perseguidores dos primeiros cristãos, mas foi convertido pela repentina aparição do Senhor ressuscitado a ele. Começou a pregar em Damasco, mas, devido à perseguição, foi para a Arábia. Voltando da Arábia, visitou Jerusalém e Damasco, e depois foi à Cilícia, onde, sem dúvida, fez trabalho evangelístico até Barnabé procurá-lo em Tarso e levá-lo para Antioquia, onde trabalhou por um ano. Depois disso, subiram a Jerusalém com contribuições para os irmãos. Ao retornar a Antioquia, ele foi chamado pelo Espírito Santo para o trabalho missionário no qual continuou até sua morte, fazendo pelo menos três grandes viagens missionárias, durante as quais e depois delas sofreu "um longo martírio" até sua morte.

Epístolas de Paulo. As epístolas de Paulo são comumente classificadas em quatro grupos da seguinte forma: (1) *O grupo escatológico*, ou aquelas que lidam com a segunda vinda de Cristo. São elas: 1 e 2 Tessalonicenses e foram escritas de Corinto cerca de 62 a 63 d.C. (2) *O grupo antijudaísmo*, ou aquelas que são resultado da controvérsia com mestres judaicos: 1 Coríntios, 2 Coríntios, Gálatas e Romanos, escritas durante a terceira viagem missionária, provavelmente em Éfeso, Filipos e Corinto. (3) *O grupo cristológico*, que centra seus ensinamentos em torno do caráter e obra de Jesus, e foram escritas durante a prisão em Roma: Filipenses, Colossenses, Filemom, Efésios e Hebreus (muitos acreditam que Paulo não escreveu Hebreus). (4) *O grupo pastoral*, ou aquelas escritas para jovens pregadores que dizem respeito a questões de organização de igreja e governo e instruções práticas concernentes a evangelistas, pastores e outros obreiros cristãos. São elas: 1 Timóteo, 2 Timóteo e Tito.

Todas as epístolas de Paulo, exceto Hebreus, caem muito naturalmente em cinco seções, como segue: (1) Uma *Introdução*, que pode conter uma saudação, geralmente incluindo o assunto da epístola e o nome daqueles que estavam com Paulo como cooperadores no momento da redação, e uma ação de graça pelo bom caráter ou conduta daqueles a quem ele se dirige. (2) Uma *Seção Doutrinária*, na qual ele discute algum grande ensino cristão, que precisa de ênfase especial, como o caso da igreja ou do indivíduo em questão. (3) Uma *Seção Prática*, na qual ele estabelece a aplicação prática dos princípios discutidos na seção doutrinária à vida daqueles a quem ele se dirigiu. (4) Uma *Seção Pessoal*, na qual estão mensagens pessoais e saudações enviadas para e por vários amigos. (5) Uma *Conclusão*, na qual se pode encontrar uma bênção ou conclusão autografada para autenticar a carta, talvez ambas, com outras palavras de encerramento.

Ocasião da epístola aos Romanos. (1) Paulo ansiava ir a Roma (At 19.21) e agora esperava que o fizesse logo (Romanos 15.24-33). Ele, portanto, pode ter desejado que os romanos conhecessem sua doutrina antes de sua chegada, especialmente porque talvez tivessem ouvido alguns relatórios falsos sobre ela. (2) Foi logo depois que ele escreveu Gálatas, a mente de Paulo estava cheia da doutrina da justificação, e ele pode ter desejado escrever mais sobre o assunto, dando especial ênfase ao lado divino da doutrina como ele havia dado ao lado humano dela em Gálatas. (3) Também, ele pode ter sido mal interpretado em Gálatas e desejou ampliar seus ensinamentos. Em Gálatas, o homem é justificado por crer; em Romanos, Deus concede Sua própria justiça ao crente para sua justificação. (4) Febe, uma mulher de influência e de caráter cristão, amiga de Paulo, estava prestes a ir para Roma saindo da costa de Corinto e Paulo não só teve uma boa oportunidade para enviar a carta, mas foi também uma chance de apresentar essa irmã à igreja (16.1,2).

Igreja em Roma. Estava, sem dúvida, em uma condição muito próspera, no momento em que Paulo lhes escreveu. Talvez tenha sido organizada por alguns judeus que ouviram e creram enquanto estavam em Jerusalém, provavelmente no Dia de Pentecostes. Embora a sua membresia incluísse judeus e gentios (1.6-13; 7.1), era considerada por Paulo como uma igreja especialmente gentílica (1.3-7,13-15).

Havia surgido alguns erros de doutrina e prática que precisavam de correção. (1) Parece que eles interpretaram mal os ensinamentos de Paulo e o acusaram de ensinar que quanto maior o pecado, maior a glória de Deus (3.8). (2) Eles podem ter pensado que Paulo ensinou que devemos pecar para obter mais graça (6.1) e, portanto, pode ter feito seu ensinamento de justificação pela fé uma desculpa para uma conduta imoral. (3) Os judeus não reconheceriam os cristãos gentios como iguais a eles no Reino de Cristo (2.9,29 etc.). (4) Alguns dos irmãos gentios, por outro lado, olhavam com desprezo os seus irmãos judeus limitados, preconceituosos e intolerantes (9.1-5). (5) Paulo, portanto, visou conquistar os judeus para a verdade cristã e os gentios para o amor cristão.

A ligação de Paulo com a igreja. Ele nunca havia estado lá até este momento (1.11,13,15), e é provável que também nenhum outro apóstolo. Por isso, Paulo planejara ir lá, visto que sua regra era não ir onde outra pessoa havia trabalhado (15.20; 2Co 10.14-16). Isso golpeia fortemente o catolicismo, alegando que Pedro foi o primeiro bispo de Roma. Se Paulo não iria para lá após Pedro, conclui-se que Pedro não teria estado lá, e a prova mais importante do papado é derrubada. Paulo tinha, no entanto, muitos amigos íntimos e conhecidos em Roma, muitos dos quais foram mencionados no capítulo 16. Entre eles estavam seus velhos amigos, Priscila e Áquila.

Argumento da epístola. As doutrinas da carta são consideradas e discutidas sob quatro proposições principais: (1) Todos os homens são culpados diante de Deus (judeus e gentios igualmente). (2) Todos os homens precisam de um Salvador. (3) Cristo morreu por todos os homens. (4) Todos nós, através da fé, somos um só corpo em Cristo.

Data. Provavelmente de Corinto, cerca de 58 d.C.

Tema. O dom da justiça de Deus como nossa justificação que é recebida por meio da fé em Cristo, ou justificação pela fé.

ESBOÇO

Introdução, 1.1-17
1. Todos os homens precisam de justificação, 1.18–3.20
2. Todos os homens podem ser justificados mediante a fé em Cristo (justificação) 3.21–4.25
3. Todos que são justificados serão finalmente santificados, Caps. 5–8. Assim se garante a redenção final do crente
    3.1. Pelo novo relacionamento com Deus que esta justiça concede, Cap. 5
    3.2. Pelo novo reino da graça para o qual ela o traz, Cap. 6 (nenhuma morte neste reino)
    3.3. Pela natureza concedida a ele, Cap. 7. Ela guerreia contra a velha natureza e a vencerá
    3.4. Pela nova posse (o Espírito Santo) que ela concede, Cap. 8.1- 27
    3.5. Pelo propósito preordenado por Deus para eles, 8.28-39
4. Doutrina relacionada à rejeição dos judeus, Caps. 9–11
    4.1. A justiça da rejeição deles, 9.1-29
    4.2. A causa da rejeição deles, 9.30–10.21
    4.3. As limitações da rejeição deles, Cap. 11
5. A aplicação desta doutrina à vida cristã, 12.1–15.13
    5.1. Dever para com Deus – consagração, 12.2
    5.2. Dever para consigo mesmo – uma vida santa, 12.3-21
    5.3. Dever para com as autoridades do governo – honra, 13.1-7
    5.4. Dever para com a sociedade – amar a todos, 13.8-10
    5.5. Dever para com o retorno do Senhor – vigilância, 13.11-14
    5.6. Dever para com os fracos – auxílio e tolerância, 14.1–15.13

Conclusão, 15.14–16.27. (1) Assuntos pessoais, 15.14-33. (2) Despedidas e avisos, Cap. 16

PARA ESTUDO E DISCUSSÃO

[1] A saudação (1.1-7). O que ela revela sobre: (a) O chamado, dever e posição de um apóstolo ou pregador? (b) A posição, privilégios e deveres de uma igreja, ou cristão individual? (c) A relação da antiga dispensação com a nova? (d) A divindade de Cristo ou a Sua messianidade em cumprimento a profecia? (e) As diferentes pessoas da Trindade?
[2] Estude o *pecado conforme descrito* em 3.10-18, e o que pode ser aprendido a respeito: (a) O estado do pecado; (b) A prática do pecado; (c) O motivo do pecado.
[3] Abraão como um exemplo de justificação pela fé, Cap. 4.
[4] O plano e método pelo qual Deus resgata os homens do pecado, 5.6-11.
[5] O contraste entre Adão e Cristo, 5.12-31. Obtemos mais em Cristo do que perdemos em Adão?
[6] Qual a importância de manter-se sob a graça e não continuar no pecado, 6.1-14.

[7] A relação do homem convertido com a Lei, 7.1-6.
[8] As diferentes coisas que o Espírito Santo faz por nós, 8.1-27.
[9] Os deveres práticos de um cristão, Cap. 12.
[10] Faça uma lista das "palavras-chave" a seguir, indicando quantas vezes e onde cada uma ocorre, e destaque as referências bíblicas dos ensinamentos sobre cada uma delas. Poder, pecado, perversidade, justiça, fé, redenção, adoção.

Saudações de Paulo

1 Eu, Paulo, escravo de Cristo Jesus, chamado para ser apóstolo e enviado para anunciar as boas-novas de Deus, escrevo esta carta. ²Deus prometeu as boas-novas muito tempo atrás nas Escrituras Sagradas, por meio de seus profetas. ³Elas se referem a seu Filho, que, como homem, nasceu da linhagem do rei Davi, ⁴e, quando o poder do Espírito Santo o ressuscitou dos mortos, foi demonstrado que ele era[a] o Filho de Deus. Ele é Jesus Cristo, nosso Senhor. ⁵Por meio dele recebemos a graça e a autoridade, como apóstolos, de chamar os gentios em toda parte a crer nele e lhe obedecer, em honra de seu nome.

⁶E vocês estão entre esses gentios chamados para pertencer a Jesus Cristo. ⁷Escrevo a todos vocês que estão em Roma, amados por Deus e chamados para ser seu povo santo.

Que Deus, nosso Pai, e o Senhor Jesus Cristo lhes deem graça e paz.

As boas-novas de Deus

⁸Antes de tudo, quero dizer que, por meio de Jesus Cristo, agradeço a meu Deus por todos vocês, pois sua fé nele é comentada em todo o mundo. ⁹O Deus a quem sirvo em meu espírito, anunciando as boas-novas a respeito de seu Filho, sabe como nunca deixo de me lembrar de vocês ¹⁰em minhas orações, sempre pedindo, se for da vontade de Deus, uma oportunidade de ir vê-los. ¹¹Desejo muito visitá-los, a fim de compartilhar com vocês alguma dádiva espiritual que os ajude a se fortalecerem. ¹²Quando nos encontrarmos, quero encorajá-los na fé, e também quero ser encorajado por sua fé.

¹³Quero que saibam, irmãos, que muitas vezes planejei visitá-los, mas até agora fui impedido. Meu desejo é trabalhar entre vocês e ver frutos espirituais como tenho visto entre outros gentios, ¹⁴pois sinto grande obrigação tanto para com os gregos como os bárbaros, tanto para com os instruídos como os não instruídos. ¹⁵Por isso, aguardo com expectativa para visitá-los, a fim de anunciar as boas-novas também a vocês, em Roma.

¹⁶Pois não me envergonho das boas-novas a respeito de Cristo, que são o poder de Deus em ação para salvar todos os que creem, primeiro os judeus, e também os gentios.[b] ¹⁷As boas-novas revelam como opera a justiça de Deus, que, do começo ao fim, é algo que se dá pela fé. Como dizem as Escrituras: "O justo viverá pela fé".[c]

A ira de Deus contra o pecado

¹⁸Assim, Deus mostra do céu sua ira contra todos que são pecadores e perversos, que por sua maldade impedem que a verdade seja conhecida.[d] ¹⁹Sabem a verdade a respeito de Deus, pois ele a tornou evidente. ²⁰Por meio de tudo que ele fez desde a criação do mundo, podem perceber claramente seus atributos invisíveis: seu poder eterno e sua natureza divina. Portanto, não têm desculpa alguma.

²¹Sim, eles conheciam algo sobre Deus, mas não o adoraram nem lhe agradeceram. Em vez disso, começaram a inventar ideias tolas e, com isso, sua mente ficou obscurecida e confusa. ²²Dizendo-se sábios, tornaram-se tolos. ²³Trocaram a grandeza do Deus imortal por imagens de seres humanos mortais, bem como de aves, animais e répteis.

---

[a]**1.4** Ou *ele ficou estabelecido como*. [b]**1.16** Em grego, *os gregos*. [c]**1.17** Hc 2.4. [d]**1.18** Ou *que suprimem a verdade com sua maldade*.

1.20,21 Eles conheciam algo sobre Deus, mas não o adoraram como Deus, tampouco eram agradecidos. E o primeiro resultado disso foi que *sua mente ficou obscurecida e confusa*. Se não glorificarmos a Deus, o Deus verdadeiro, logo seremos achados estabelecendo outro deus. Este negócio de mente obscurecida e confusa tem se desenvolvido bem amplamente agora, como nos dias de Paulo. Separado da inspiração da Bíblia e da infalibilidade do Espírito de Deus que a escreveu, para onde você irá? Bem, não posso dizer para onde irá. Um divaga para um raciocínio inútil e um em direção a outro, até que os sonhadores estejam por todos os lados. Espero ver uma nova doutrina todos os dias da semana, agora. Nossos pensadores introduziram uma era de invenções onde tudo é considerado, menos a verdade de Deus. Não queremos estas novidades. Estamos satisfeitos com a Palavra de Deus tal como a temos. Mas se você não adorar a Deus como Deus, e não for agradecido a Ele por Seus ensinamentos, então estará fadado a entrar em uma mente obscurecida e confusa.

E depois? Bem, *para longe vai a mente do homem em direção a todos os tipos de pecados*. O capítulo

²⁴Por isso, Deus os entregou aos desejos pecaminosos de seu coração. Como resultado, praticaram entre si coisas desprezíveis e degradantes com o próprio corpo. ²⁵Trocaram a verdade sobre Deus pela mentira. Desse modo, adoraram e serviram coisas que Deus criou, em lugar do Criador, que é digno de louvor eterno! Amém. ²⁶Por isso, Deus os entregou a desejos vergonhosos. Até as mulheres trocaram sua forma natural de ter relações sexuais por práticas não naturais. ²⁷E os homens, em vez de ter relações sexuais normais com mulheres, arderam de desejo uns pelos outros. Homens praticaram atos indecentes com outros homens e, em decorrência desse pecado, sofreram em si mesmos o castigo que mereciam.

²⁸Uma vez que consideraram que conhecer a Deus era algo inútil, o próprio Deus os entregou a um inútil modo de pensar, deixando que fizessem coisas que jamais deveriam ser feitas. ²⁹A vida deles se encheu de toda espécie de perversidade, pecado, ganância, ódio, inveja, homicídio, discórdia, engano, malícia e fofocas. ³⁰Espalham calúnias, odeiam a Deus, são insolentes, orgulhosos e arrogantes. Inventam novas maneiras de pecar e desobedecem a seus pais. ³¹Não têm entendimento, quebram suas promessas, não mostram afeição nem misericórdia. ³²Sabem que, de acordo com a justiça de Deus, quem pratica essas coisas merece morrer, mas ainda assim continuam a praticá-las. E, o que é pior, incentivam outros a também fazê-lo.

O julgamento de Deus

2 Talvez você pense que pode condenar esses indivíduos, mas é igual a eles e não tem desculpa! Quando diz que eles deveriam ser castigados, condena a si mesmo, porque você, que julga os outros, pratica as mesmas coisas. ²E sabemos que Deus, em sua justiça, castigará todos que praticam tais coisas. ³Uma vez que você julga outros por fazerem essas coisas, o que o leva a pensar que evitará o julgamento de Deus ao agir da mesma forma? ⁴Não percebe quanto ele é bondoso, tolerante e paciente com você? Não vê que essas manifestações da bondade de Deus visam levá-lo ao arrependimento?

⁵Mas, por causa de seu coração rebelde, você se recusa a abandonar o pecado, acumulando ira sobre si mesmo. Pois o dia da ira se aproxima, quando o justo juízo de Deus se revelará. ⁶Ele julgará cada um de acordo com seus atos. ⁷Dará vida eterna àqueles que, persistindo em fazer o bem, buscam glória, honra e imortalidade. ⁸Mas derramará ira e indignação sobre os que vivem para si mesmos, que se recusam a obedecer à verdade e preferem entregar-se a uma vida de perversidade. ⁹A todos que praticam o mal, ele trará aflição e calamidade: primeiro para os judeus, e também para os gentios.[a] ¹⁰Mas, a todos que fazem o bem, ele dará glória, honra e paz: primeiro para os judeus, e também para os gentios. ¹¹Pois Deus não age com favoritismo.

¹²Assim, todos os que pecarem, mesmo não tendo a lei escrita de Deus, serão destruídos. E todos os que pecarem estando sob a lei de Deus, de acordo com essa lei serão julgados. ¹³Pois o simples ato de ouvir a lei não nos torna justos diante de Deus, mas sim a obediência à lei é que nos torna justos aos olhos dele. ¹⁴Até mesmo os gentios, que não têm a lei escrita, quando obedecem a ela instintivamente, mostram que conhecem a lei, mesmo não a tendo. ¹⁵Demonstram que a lei está gravada em seu coração, pois sua consciência e seus pensamentos os acusam ou lhes dizem que estão agindo corretamente. ¹⁶Isso se confirmará no dia em que Deus julgar os segredos de cada um por meio

---

[a] **2.9** Em grego, *os gregos*; também em 2.10.

---

descreve os desejos não naturais e paixões horrivelmente impetuosas. Homens descontentes e ingratos — homens que não têm temor de Deus diante de seus olhos — é uma vergonha pensarmos, muito mais falar, sobre o que eles farão. Um coração que não se alimenta da mesa de Deus provocará distúrbios em algum lugar. Aquele que não está satisfeito com o cálice que Deus encheu será, em breve, um participante do cálice dos demônios. Um espírito ingrato é, no fundo, um espírito ateísta. Se Deus fosse Deus para nós, não deveríamos ser ingratos com Ele. Se Deus fosse adorado em nosso coração, e fôssemos gratos por tudo o que Ele fez, deveríamos caminhar em santidade e viver em submissão.

de Cristo Jesus, de acordo com as boas-novas que anuncio.

Os judeus e a lei

¹⁷Você, que se diz judeu, se apoia na lei de Deus e se orgulha de seu relacionamento especial com ele. ¹⁸Conhece a vontade de Deus: sabe o que é certo, porque foi instruído em sua lei. ¹⁹Está convencido de que é guia para os cegos e luz para os que estão perdidos na escuridão. ²⁰Considera-se capaz de instruir os ignorantes e ensinar os caminhos de Deus às crianças. Está certo de que a lei de Deus lhe dá pleno conhecimento e verdade.

²¹Pois bem, se você ensina a outros, por que não ensina a si mesmo? Diz a outros que não roubem, mas você mesmo rouba? ²²Afirma que é errado cometer adultério, mas você mesmo adultera? Condena a idolatria, mas rouba objetos dos templos? ²³Você, que tanto se orgulha de conhecer a lei, desonra a Deus, desobedecendo à lei? ²⁴Não é de admirar que as Escrituras digam: "Os gentios blasfemam o nome de Deus por causa de vocês".[a]

²⁵A prática judaica da circuncisão só tem valor se você obedece à lei de Deus. Mas se você, que é circuncidado, não obedece à lei de Deus, não é diferente de um gentio incircuncidado. ²⁶E, se os incircuncidados obedecerem à lei de Deus, acaso não serão também considerados circuncidados? ²⁷De fato, os gentios incircuncidados que cumprem a lei de Deus condenarão você, judeu, que é circuncidado e tem a lei de Deus, mas não obedece a ela.

²⁸Pois ser judeu exteriormente ou ser circuncidado não torna ninguém judeu de fato. ²⁹Judeu verdadeiro é quem o é no íntimo, e circuncisão verdadeira é a do coração, feita pelo Espírito, e não pela letra da lei, recebendo assim a aprovação de Deus, e não das pessoas.

A fidelidade de Deus

3 Então qual é a vantagem de ser judeu? A circuncisão tem algum valor? ²Sim, há muitos benefícios. Em primeiro lugar, aos judeus foi confiada toda a revelação de Deus.[b]

³*É verdade que alguns deles foram infiéis, mas isso significa que Deus será infiel?* ⁴De maneira nenhuma! Ainda que todos sejam mentirosos, Deus é verdadeiro. E as Escrituras dizem a seu respeito:

"Será provado que tens razão no que dizes,
e ganharás tua causa no juízo".[c]

⁵Alguém poderia dizer: "Mas nosso pecado não cumpre um bom propósito, ajudando os outros a verem como Deus é justo? Não é uma injustiça, portanto, Deus nos castigar?". (Estou seguindo o ponto de vista humano.) ⁶Claro que não! Se fosse assim, como Deus poderia julgar o mundo? ⁷Alguém poderia argumentar, ainda: "Mas por que Deus me condena como pecador se minha mentira ressalta sua verdade e lhe traz mais glória?". ⁸E alguns até nos difamam, afirmando que dizemos: "Quanto mais pecarmos, melhor!". Quem diz essas coisas merece condenação.

Todos são pecadores

⁹Pois bem, devemos concluir que nós, judeus, somos melhores que os outros? Não, de maneira nenhuma, pois já mostramos que todos, judeus ou gentios,[d] estão sob o poder do pecado. ¹⁰Como afirmam as Escrituras:

"Ninguém é justo,
   nem um sequer.
¹¹Ninguém é sábio,
   ninguém busca a Deus.
¹²Todos se desviaram,
   todos se tornaram inúteis.
Ninguém faz o bem,
   nem um sequer."[e]
¹³"Sua conversa é repulsiva,
   como o odor de um túmulo aberto;
   sua língua é cheia de mentiras."
"Veneno de serpentes goteja de seus lábios."[f]
¹⁴"Sua boca é cheia de maldição e
   amargura."[g]
¹⁵"Apressam-se em cometer homicídio;
  ¹⁶por onde passam, deixam destruição e
   sofrimento.
¹⁷Não sabem onde encontrar paz."[h]
¹⁸"Não têm o menor temor de Deus."[i]

---

[a]**2.24** Is 52.5, conforme a Septuaginta. [b]**3.2** Em grego, *foram confiados os oráculos de Deus*. [c]**3.4** Sl 51.4, conforme a Septuaginta. [d]**3.9** Em grego, *gregos*. [e]**3.10-12** Sl 14.1-3; 53.1-3, conforme a Septuaginta. [f]**3.13** Sl 5.9, conforme a Septuaginta; Sl 140.3. [g]**3.14** Sl 10.7, conforme a Septuaginta. [h]**3.15-17** Is 59.7-8. [i]**3.18** Sl 36.1.

¹⁹É evidente que a lei se aplica àqueles a quem ela foi entregue, pois seu propósito é evitar desculpas e mostrar que todo o mundo é culpado diante de Deus. ²⁰Pois ninguém será declarado justo diante de Deus por fazer o que a lei ordena. A lei simplesmente mostra quanto somos pecadores.

Cristo tomou sobre si nosso castigo

²¹Agora, porém, conforme prometido na lei de Moisés[a] e nos profetas, Deus nos mostrou como somos declarados justos diante dele sem as exigências da lei: ²²somos declarados justos diante de Deus por meio da fé em Jesus Cristo, e isso se aplica a todos que creem, sem nenhuma distinção.

²³Pois todos pecaram e não alcançam o padrão da glória de Deus, ²⁴mas ele, em sua graça, nos declara justos por meio de Cristo Jesus, que nos resgatou do castigo por nossos pecados. ²⁵Deus apresentou Jesus como sacrifício pelo pecado,[b] com o sangue que ele derramou, mostrando assim sua justiça em favor dos que creem. No passado ele se conteve e não castigou os pecados antes cometidos, ²⁶pois planejava revelar sua justiça no tempo presente. Com isso, Deus se mostrou justo, condenando o pecado, e justificador, declarando justo o pecador que crê em Jesus.

²⁷Podemos então nos vangloriar de ter feito algo para sermos aceitos por Deus? Não, pois nossa absolvição não vem pela obediência à lei, mas pela fé. ²⁸Portanto, somos declarados justos por meio da fé, e não pela obediência à lei.

²⁹Afinal, Deus é Deus apenas dos judeus? Não é também Deus dos gentios? Claro que sim! ³⁰Existe um só Deus, e ele declara justos tanto judeus como gentios[c] somente pela fé. ³¹Então, se enfatizamos a fé, quer dizer que podemos abolir a lei? Claro que não! Na realidade, é só quando temos fé que cumprimos verdadeiramente a lei.

Abraão como exemplo de fé

4 Do ponto de vista humano, Abraão foi o fundador de nossa nação. O que descobriu ele? ²Se suas boas obras o tivessem tornado justo, ele teria motivo para se vangloriar, mas não perante Deus. ³Pois as Escrituras dizem: "Abraão creu em Deus, e assim foi considerado justo".[d]

⁴O salário daquele que trabalha não é um presente, mas um direito. ⁵Contudo, ninguém é considerado justo com base em seu trabalho, mas sim por meio de sua fé em Deus, que declara justos os pecadores. ⁶Davi também falou a esse respeito quando descreveu a felicidade daqueles que são considerados justos sem terem trabalhado para isso:

⁷"Como são felizes aqueles
  cuja desobediência é perdoada,
  cujos pecados são cobertos!
⁸Sim, como são felizes aqueles
  cujo pecado o Senhor não leva mais em conta!".[e]

---

[a]**3.21** Em grego, *na lei*. [b]**3.25** Ou *lugar de expiação*. [c]**3.30** Em grego, *tanto circuncidados como incircuncidados*. [d]**4.3** Gn 15.6. [e]**4.7-8** Sl 32.1-2, conforme a Septuaginta.

3.22,23 Há alguns, como já admitimos, que foram preservados da rude perversão, cujas vidas têm sido morais e corretas, entretanto, têm a necessidade do evangelho da mesma forma que aqueles que estão confinados em nossas prisões, ou aqueles que ostentam sua falta de pureza em nossas vias públicas. O evangelho vem lidar com o pecado — e se um homem tiver apenas um pecado, ele não pode se livrar desse pecado sem a expiação de nosso Senhor Jesus Cristo. [...] O coração de todos os homens é mau, embora os corações não estejam todos igualmente inclinados aos males mais grosseiros para os quais alguns se entregam, contudo há em cada pecador o ponto obscuro de estar alienado de Deus, do esquecer-se de Deus, do amor ao pecado e desagrado a Deus quando Ele é completamente conhecido. E, para tirar isso do coração, exige-se uma ação divina em todos os casos. Ninguém pode limpar seu próprio coração. Se fosse possível que um homem trocasse seu braço ou seu pé, ainda assim seria claramente impossível ele transformar seu coração — esse órgão é tão vital para ele que não pode haver uma mudança a menos que o Senhor, que criou todos os corações, criasse novamente esse coração! Para transformar o coração da donzela mais amável, é necessário que a obra do Espírito de Deus seja tão verdadeira como para mudar o coração do maior desgraçado que vive! Não é mais possível para o homem honesto do que para o ladrão praticante transformar seu coração à vista de Deus — é igualmente impossível para os dois. Ambos os casos estão além do poder humano e, portanto, a necessidade da obra do Espírito de Deus é a mesma.

⁹Por acaso essa bênção é apenas para os judeus, ou se estende também aos gentios incircuncidados?ª Já dissemos que Deus considerou Abraão justo por meio de sua fé. ¹⁰Mas como isso aconteceu? Ele foi considerado justo somente depois de ter sido circuncidado, ou antes disso? Está claro que foi antes de ele ser circuncidado.

¹¹A circuncisão era um sinal de que Abraão já possuía fé e de que Deus já o havia declarado justo, mesmo antes de ele ser circuncidado. Portanto, Abraão é o pai daqueles que têm fé mas não foram circuncidados. Eles são considerados justos por causa de sua fé. ¹²E Abraão também é o pai daqueles que foram circuncidados, mas somente se tiverem o mesmo tipo de fé que Abraão tinha antes de ser circuncidado.

¹³A promessa de que Abraão e seus descendentes herdariam toda a terra não se baseou em sua obediência à lei de Deus, mas sim no fato de ele ter sido considerado justo quando teve fé. ¹⁴Portanto, se a herança prometida é apenas para aqueles que obedecem à lei, a fé é desnecessária, e a promessa, anulada. ¹⁵Pois a lei traz ira sobre aqueles que tentam obedecer a ela. A única forma de não quebrar a lei é não ter lei nenhuma para quebrar!

¹⁶É por isso que a promessa vem pela fé, para que ela seja segundo a graça e, assim, alcance toda a descendência de Abraão, não somente os que vivem sob a lei, mas todos que têm fé como a que teve Abraão. Pois ele é o pai de todos que creem. ¹⁷Conforme aparece nas Escrituras: "Eu o fiz pai de muitas nações".ᵇ Isso aconteceu porque Abraão creu no Deus que traz os mortos de volta à vida e cria coisas novas do nada.

¹⁸Mesmo quando não havia motivo para ter esperança, Abraão a manteve, crendo que se tornaria o pai de muitas nações. Pois Deus lhe tinha dito: "Esse é o número de descendentes que você terá!".ᶜ ¹⁹E sua fé não se enfraqueceu, embora ele soubesse que, aos cem anos, seu corpo, bem como o ventre de Sara, já não tinham vigor.

²⁰Em nenhum momento a fé de Abraão na promessa de Deus vacilou. Na verdade, ela se fortaleceu e, com isso, ele deu glória a Deus. ²¹Abraão estava plenamente convicto de que Deus é poderoso para cumprir tudo que promete. ²²Por isso, por sua fé, ele foi considerado justo. ²³E, quando Deus considerou Abraão justo, não o fez apenas para benefício dele. As Escrituras dizem ²⁴que foi também para nosso benefício, pois elas garantem que também seremos considerados justos por crermos naquele que ressuscitou dos mortos a Jesus, nosso Senhor. ²⁵Ele foi entregue à morte por causa de nossos pecados e foi ressuscitado para que fôssemos declarados justos diante de Deus.

A fé produz alegria

5 Portanto, uma vez que pela fé fomos declarados justos, temos pazᵈ com Deus por causa daquilo que Jesus Cristo, nosso Senhor, fez por nós. ²Foi por meio da fé que Cristo nos concedeu esta graça que agora desfrutamos com segurança e alegria, pois temos a esperança de participar da glória de Deus.

³Também nos alegramos ao enfrentar dificuldades e provações, pois sabemos que contribuem para desenvolvermos perseverança, ⁴e a perseverança produz caráter aprovado, e o caráter aprovado fortalece nossa esperança, ⁵e essa esperança não nos decepcionará, pois sabemos quanto Deus nos ama, uma vez que ele nos deu o Espírito Santo para nos encher o coração com seu amor.

⁶Quando estávamos completamente desamparados, Cristo veio na hora certa e morreu por nós, pecadores. ⁷É pouco provável que alguém morresse por um justo, embora talvez alguém se dispusesse a morrer por uma pessoa boa. ⁸Mas Deus nos prova seu grande amor ao enviar Cristo para morrer por nós quando ainda éramos pecadores. ⁹E, uma vez que fomos declarados justos por seu sangue, certamente seremos salvos da ira de Deus por meio dele. ¹⁰Pois, se quando ainda éramos inimigos de Deus nosso relacionamento com ele foi restaurado pela morte de seu Filho, agora que já estamos reconciliados certamente seremos salvos por sua vida. ¹¹Agora, portanto, podemos nos alegrar em Deus, com quem fomos reconciliados por meio de nosso Senhor Jesus Cristo.

ª**4.9** Em grego, *essa bênção é apenas para os circuncidados, ou é também para os incircuncidados?* ᵇ**4.17** Gn 17.5. ᶜ**4.18** Gn 15.5. ᵈ**5.1** Alguns manuscritos trazem *tenhamos paz*.

A diferença entre Adão e Cristo

¹²Quando Adão pecou, o pecado entrou no mundo, e com ele a morte, que se estendeu a todos, porque todos pecaram. ¹³É fato que as pessoas pecaram antes que a lei fosse concedida, mas, porque ela não existia, seus pecados não foram levados em conta. ¹⁴Mesmo assim, do tempo de Adão até o de Moisés, todos morreram, incluindo os que não desobedeceram a uma ordem explícita de Deus, como Adão desobedeceu. Na verdade, Adão é um símbolo, uma representação daquele que ainda haveria de vir. ¹⁵Mas há uma grande diferença entre o pecado de Adão e a dádiva de Deus. Pois o pecado de um único homem trouxe morte para muitos. Ainda maior, porém, é a graça de Deus e sua dádiva que veio sobre muitos por meio de um único homem, Jesus Cristo. ¹⁶E o resultado da dádiva de Deus é bem diferente do resultado do pecado de um único homem, pois enquanto o pecado de Adão levou à condenação, a dádiva de Deus nos possibilita ser declarados justos diante dele, apesar de nossos muitos pecados. ¹⁷A morte reinou sobre muitos por meio do pecado de um único homem. Ainda maior, porém, é a graça de Deus e sua dádiva de justiça, e todos que a recebem reinarão em vida por meio de um único homem, Jesus Cristo.

¹⁸É verdade que um só pecado de Adão trouxe condenação a todos, mas um só ato de justiça de Cristo removeu a culpa e trouxe vida a todos. ¹⁹Por causa da desobediência a Deus de uma só pessoa, muitos se tornaram pecadores. Mas, por causa da obediência de uma só pessoa a Deus, muitos serão declarados justos.

²⁰A lei foi concedida para que todos percebessem a gravidade do pecado. Mas, à medida que o pecado aumentou, a graça se tornou ainda maior. ²¹Portanto, assim como o pecado reinou sobre todos e os levou à morte, agora reina a graça, que nos declara justos diante de Deus e resulta na vida eterna por meio de Jesus Cristo, nosso Senhor.

Libertos do poder do pecado

6 Pois bem, devemos continuar pecando para que Deus mostre cada vez mais sua graça? ²Claro que não! Uma vez que morremos para o pecado, como podemos continuar vivendo nele? ³Ou acaso se esqueceram de que, quando fomos unidos a Cristo Jesus no batismo, nos unimos a ele em sua morte? ⁴Pois, pelo batismo, morremos e fomos sepultados com Cristo. E, assim como ele foi ressuscitado dos mortos pelo poder glorioso do Pai, agora nós também podemos viver uma nova vida.

⁵Uma vez que nossa união com ele se assemelhou à sua morte, assim também nossa ressurreição será semelhante à dele. ⁶Sabemos que nossa velha natureza humana foi crucificada com Cristo, para que o pecado não tivesse mais poder sobre nossa vida e dele deixássemos de ser escravos. ⁷Pois, quando morremos com Cristo, fomos libertos do poder do pecado. ⁸Então, uma vez que morremos com Cristo, cremos que também com ele viveremos. ⁹Temos certeza disso, pois Cristo foi ressuscitado dos mortos e não mais morrerá. A morte já não tem nenhum poder sobre ele. ¹⁰Quando ele morreu, foi de uma vez por todas, para quebrar o poder do pecado. Mas agora que ele vive, é para a glória de Deus. ¹¹Da mesma forma, considerem-se mortos para o poder do pecado e vivos para Deus em Cristo Jesus.

¹²Não deixem que o pecado reine sobre seu corpo, que está sujeito à morte, cedendo aos desejos pecaminosos. ¹³Não deixem que nenhuma parte de seu corpo se torne instrumento do mal para servir ao pecado, mas em vez disso entreguem-se inteiramente a Deus, pois vocês estavam mortos e agora têm nova vida. Portanto, ofereçam seu corpo como instrumento para fazer o que é certo para a glória de Deus. ¹⁴O pecado não é mais seu senhor, pois vocês já não vivem sob a lei, mas sob a graça de Deus.

¹⁵Pois bem, uma vez que a graça nos libertou da lei, quer dizer que podemos continuar pecando? Claro que não! ¹⁶Vocês não sabem que se tornam escravos daquilo a que escolhem obedecer? Podem ser escravos do pecado, que conduz à morte, ou podem escolher obedecer a Deus, que conduz à vida de justiça. ¹⁷Graças a Deus, porque antes vocês eram escravos do pecado, mas agora obedecem de todo o coração a este ensino que lhes transmitimos. ¹⁸Estão livres da escravidão do pecado e se tornaram escravos da justiça.

¹⁹Uso o exemplo da escravidão para ajudá-los a entender isso tudo, pois sua natureza humana é fraca.ᵃ No passado, vocês se deixaram escravizar pela impureza e pela maldade, o que os fez afundar ainda mais no pecado. Agora, devem se entregar como escravos à vida de justiça, para que se tornem santos. ²⁰Quando eram escravos do pecado, estavam livres da obrigação de fazer o que é certo. ²¹E qual foi o resultado? Hoje vocês se envergonham das coisas que costumavam fazer, coisas que acabam em morte. ²²Agora, porém, estão livres do poder do pecado e se tornaram escravos de Deus. Fazem aquilo que conduz à santidade e resulta na vida eterna. ²³Pois o salário do pecado é a morte, mas a dádiva de Deus é a vida eterna em Cristo Jesus, nosso Senhor.

Libertos da lei

7 Agora, irmãos, vocês que conhecem a lei, não sabem que ela se aplica apenas enquanto a pessoa vive? ²Por exemplo, quando uma mulher se casa, a lei a une a seu marido enquanto ele estiver vivo. No entanto, se ele morrer, as leis do casamento já não se aplicarão à mulher. ³Portanto, enquanto o marido estiver vivo, se ela se casar com outro homem, cometerá adultério. Mas, se o marido morrer, ela ficará livre dessa lei e não cometerá adultério ao se casar novamente.

⁴Assim, meus irmãos, vocês morreram para o poder da lei quando morreram com Cristo, e agora estão unidos com aquele que foi ressuscitado dos mortos. Como resultado, podemos produzir uma colheita de boas obras para Deus. ⁵Quando éramos controlados pela natureza humana,ᵇ desejos pecaminosos atuavam dentro de nós, e a lei despertava esses desejos maus, que produziam uma colheita de obras pecaminosas cujo resultado era a morte. ⁶Agora, porém, fomos libertos da lei, pois morremos para ela e já não estamos presos a seu poder. Podemos servir a Deus não da maneira antiga, obedecendo à letra da lei, mas da maneira nova, vivendo no Espírito.

A lei de Deus expõe nosso pecado

⁷Por acaso estou dizendo que a lei de Deus é pecaminosa? Claro que não! Na verdade, foi a lei que me mostrou meu pecado. Eu jamais saberia que cobiçar é errado se a lei não dissesse: "Não cobice".ᶜ ⁸Mas o pecado usou esse mandamento para despertar dentro de mim todo tipo de desejo cobiçoso. Se não houvesse lei, o pecado não teria esse poder. ⁹Houve um tempo em que eu vivia sem a lei. No entanto, quando tomei conhecimento do mandamento, o pecado ganhou vida, ¹⁰e eu morri. Assim, descobri que os mandamentos da lei, que deveriam trazer vida, trouxeram, em vez disso, morte. ¹¹O pecado se aproveitou desses mandamentos e me enganou, e fez uso deles para me matar. ¹²Isso, porém, só demonstra que a lei em si é santa, e santos, justos e bons são seus mandamentos.

¹³Mas, então, a lei, que é boa, foi responsável por minha morte? Claro que não! O pecado usou o que era bom para me condenar à morte. Vemos, com isso, como o pecado é terrível, usando os bons mandamentos de Deus para seus próprios fins perversos.

A luta contra o pecado

¹⁴O problema não está na lei, pois ela é espiritual e boa. O problema está em mim, pois sou humano,ᵈ escravo do pecado. ¹⁵Não entendo a mim mesmo, pois quero fazer o que é certo, mas não o faço. Em vez disso, faço aquilo que odeio. ¹⁶Mas, se eu sei que o que faço é errado,

---

ᵃ**6.19** Em grego, *por causa da fraqueza de sua carne*. ᵇ**7.5** Em grego, *Quando estávamos na carne*. ᶜ**7.7** Êx 20.17; Dt 5.21. ᵈ**7.14** Em grego, *pois sou carnal*.

6.23 Observe bem a mudança, a morte é um *salário*, mas a vida é uma dádiva. O pecado traz suas consequências naturais consigo, porém, a vida eterna não é uma compra por *mérito humano, mas o dom gratuito do amor de Deus.* Só a abundante bondade do Altíssimo concede a vida àqueles que estão mortos pelo pecado. É com a clara intenção de nos ensinar a doutrina da graça de Deus que o apóstolo alterou a palavra aqui de salários para dádiva. Naturalmente, ele teria dito: "O salário do pecado é a morte, mas o salário da justiça é a vida eterna". No entanto, ele quis nos mostrar que a vida vem de um princípio bastante diferente daquele de onde advém a morte. Na salvação, tudo é gratuito, na condenação tudo é de justiça e abandono. Quando um homem está perdido, o mérito é dele, quando é salvo, isso lhe é concedido.

isso mostra que concordo que a lei é boa. ¹⁷Portanto, não sou eu quem faz o que é errado, mas o pecado que habita em mim.

¹⁸E eu sei que em mim, isto é, em minha natureza humana,ª não há nada de bom, pois quero fazer o que é certo, mas não consigo. ¹⁹Quero fazer o bem, mas não o faço. Não quero fazer o que é errado, mas, ainda assim, o faço. ²⁰Então, se faço o que não quero, na verdade não sou eu quem o faz, mas o pecado que habita em mim.

²¹Assim, descobri esta lei em minha vida: quando quero fazer o que é certo, percebo que o mal está presente em mim. ²²Amo a lei de Deus de todo o coração. ²³Contudo, há outra lei dentro de mim que está em guerra com minha mente e me torna escravo do pecado que permanece dentro de mim. ²⁴Como sou miserável! Quem me libertará deste corpo mortal dominado pelo pecado? ²⁵Graças a Deus, a resposta está em Jesus Cristo, nosso Senhor. Na mente, quero, de fato, obedecer à lei de Deus, mas, por causa de minha natureza humana, sou escravo do pecado.

A vida no Espírito

8 Agora, portanto, já não há nenhuma condenação para os que estão em Cristo Jesus. ²Pois em Cristo Jesus a lei do Espírito que dá vida os libertouᵇ da lei do pecado, que leva à morte. ³A lei não era capaz de nos salvar por causa da fraqueza de nossa natureza humana,ᶜ por isso Deus fez o que a lei era incapaz de fazer ao enviar seu Filho na semelhança de nossa natureza humana pecaminosa e apresentá-lo como sacrifício por nosso pecado. Com isso, declarou o fim do domínio do pecado sobre nós, ⁴de modo que nós, que agora não seguimos mais nossa natureza humana, mas sim o Espírito, possamos cumprir as justas exigências da lei.

⁵Aqueles que são dominados pela natureza humana pensam em coisas da natureza humana, mas os que são controlados pelo Espírito pensam em coisas que agradam o Espírito. ⁶Portanto, permitir que a natureza humana controle a mente resulta em morte, mas permitir que o Espírito controle a mente resulta em vida e paz. ⁷Pois a mentalidade da natureza humana é sempre inimiga de Deus. Nunca obedeceu às leis de Deus, e nunca obedecerá. ⁸Por isso aqueles que ainda estão sob o domínio de sua natureza humana não podem agradar a Deus.

⁹Vocês, porém, não são controlados pela natureza humana, mas pelo Espírito, se de fato o Espírito de Deus habita em vocês. E, se alguém não tem o Espírito de Cristo, a ele não pertence. ¹⁰Uma vez que Cristo habita em vocês, embora o corpo morra por causa do pecado, o Espírito lhes dá vida porque vocês foram

---

ª**7.18** Em grego, *minha carne*; também em 7.25. ᵇ**8.2** Alguns manuscritos trazem *me libertou*. ᶜ**8.3** Em grego, *carne*; também em 8.4,5,6,7,8,9,12.

7.23-25 Este é o clamor de um guerreiro ofegante. Ele lutou tanto tempo que perdeu o fôlego e respira novamente. Recupera o fôlego com a oração: "Como sou miserável! Quem me libertará deste corpo mortal dominado pelo pecado?". Ele não desistirá do conflito. Sabe que não pode e não se atreve a fazê-lo. Esse pensamento não entra em sua mente! Mas o conflito é tão doloroso, a batalha tão furiosa, que ele está quase derrotado. Senta-se para se recompor e assim suspira sua alma. Como a corça ofegante desejando o ribeiro da água, ele diz: "Como sou miserável!". Não, é mais do que isso. É o clamor de alguém que está desfalecendo. Ele lutou até que todas as suas forças se esgotassem e caísse nos braços de seu Redentor com esse suspiro de desmaio: "Como sou miserável!". Sua força falhou! [...]

E agora, se você diz: "Ah, eu não serei cristão se essa for a maneira como ele desfalece — parece que está sempre lutando consigo mesmo — inclusive até perder a esperança de vitória". Pare por um momento. Vamos completar o cenário. Este homem está desfalecendo. Mas, eventualmente, será restaurado. Não pense que ele está irremediavelmente derrotado — cai para se levantar — desfalece para ser revivido de novo! Conheço um remédio que pode despertar suas esperanças adormecidas e lançar emoção na corrente congelante de seu sangue. Vamos pronunciar a promessa em seu ouvido — veja como logo ele revive! Vamos colocar gentileza em seus lábios — veja como ele começa e age como homem de novo! "Quase fui derrotado", ele diz, quase levado ao desespero: "não se alegrem, meus inimigos; pois, mesmo que eu caia, voltarei a me levantar". E se voltou para si novamente, bradando: "Graças a Deus, a resposta está em Jesus Cristo, nosso Senhor". Então ele permanece mais do que vencedor, por meio daquele que o amou!

declarados justos diante de Deus. ¹¹E, se o Espírito de Deus que ressuscitou Jesus dos mortos habita em vocês, o Deus que ressuscitou Cristo Jesus dos mortos dará vida a seu corpo mortal, por meio desse mesmo Espírito que habita em vocês.

¹²Portanto, irmãos, vocês não têm de fazer o que sua natureza humana lhes pede, ¹³porque, se viverem de acordo com as exigências dela, morrerão. Se, contudo, pelo poder do Espírito, fizerem morrer as obras do corpo, viverão, ¹⁴porque todos que são guiados pelo Espírito de Deus são filhos de Deus.

¹⁵Pois vocês não receberam um espírito que os torne, de novo, escravos medrosos, mas sim o Espírito de Deus, que os adotou como seus próprios filhos.ᵃ Agora nós o chamamos "*Aba*,ᵇ Pai", ¹⁶pois o seu Espírito confirma a nosso espíritoᶜ que somos filhos de Deus. ¹⁷Se somos seus filhos, então somos seus herdeiros e, portanto, co-herdeiros com Cristo. Se de fato participamos de seu sofrimento, participaremos também de sua glória.

A glória futura

¹⁸Considero que nosso sofrimento de agora não é nada comparado com a glória que ele nos revelará mais tarde. ¹⁹Pois toda a criação aguarda com grande expectativa o dia em que os filhos de Deus serão revelados. ²⁰Toda a criação, não por vontade própria, foi submetida por Deus a uma existência fútil, ²¹na esperança de que, com os filhos de Deus, a criação seja gloriosamente liberta da decadência que a escraviza. ²²Pois sabemos que, até agora, toda a criação geme, como em dores de parto. ²³E nós, os que cremos, também gememos, embora tenhamos o Espírito em nós como antecipação da glória futura, pois aguardamos ansiosos pelo dia em que desfrutaremos nossos direitos de adoção,ᵈ incluindo a redenção de nosso corpo. ²⁴Recebemos essa esperança quando fomos salvos. (Se já temos alguma coisa, não há necessidade de esperar por ela, ²⁵mas, se esperamos por algo que ainda não temos, devemos fazê-lo com paciência e confiança.)

²⁶E o Espírito nos ajuda em nossa fraqueza, pois não sabemos orar segundo a vontade de Deus, mas o próprio Espírito intercede por nós com gemidos que não podem ser expressos em palavras. ²⁷E o Pai, que conhece cada coração, sabe quais são as intenções do Espírito, pois o Espírito intercede por nós, o povo santo, segundo a vontade de Deus. ²⁸E sabemos que Deus faz todas as coisas cooperarem para o bem daqueles que o amamᵉ e que são chamados de acordo com seu propósito. ²⁹Pois Deus conheceu de antemão os seus e os predestinou

---

ᵃ **8.15a** Em grego, *mas vocês receberam espírito de adoção como filhos*. ᵇ **8.15b** *Aba* é um termo aramaico para "pai". ᶜ **8.16** Ou *o próprio Espírito testemunha com o nosso espírito*. ᵈ **8.23** Em grego, *aguardamos ansiosamente a adoção como filhos*. ᵉ **8.28** Ou *E sabemos que todas as coisas cooperam para o bem daqueles que amam a Deus*.

8.26,27 [...] o Espírito de Deus não é enviado apenas para guiar e auxiliar a nossa devoção, mas *Ele mesmo intercede por nós* de acordo com a vontade de Deus. Por esta expressão não se quer dizer que o Espírito Santo jamais gema ou ore pessoalmente, mas que *Ele coloca em nós o desejo intenso e gera gemidos que não podem ser expressos em palavras* e isso é atribuído a Ele. Assim como Salomão construiu o Templo, pois ele foi o superintendente e ordenou tudo, e, contudo, não sei se ele mesmo jamais trabalhou uma madeira ou preparou uma pedra, assim faz o Espírito Santo que ora e suplica em nosso interior, levando-nos a orar e suplicar. Isso Ele faz despertando nossos desejos. O Espírito Santo tem um *poder maravilhoso sobre os corações renovados*, tanto poder como o menestrel habilidoso tem sobre as cordas entre as quais coloca a adestrada mão. As influências do Espírito Santo, por vezes, atravessam a alma como ventos através de uma harpa eólica, criando e inspirando doces acordes de gratidão e tons de desejo os quais desconheceríamos se não fosse por Sua visitação divina. Ele sabe como gerar fome e sede por coisas boas em nosso espírito. Ele pode nos despertar de nossa letargia espiritual. Pode nos aquecer nos retirando de nossa mornidão. Pode nos capacitar quando estamos de joelhos para nos elevar acima da rotina comum de oração para uma de persistência vitoriosa contra a qual nada pode resistir. Ele pode colocar certos desejos tão urgentes em nossos corações que não podemos descansar até que sejam realizados. E pode fazer com que o zelo pela casa do Senhor nos consuma e que a paixão pela glória de Deus seja como um fogo em nossos ossos. Essa é uma parte desse processo pelo qual, ao inspirar nossas orações, Ele nos ajuda em nossa enfermidade. Ele é o Advogado Verdadeiro e o Consolador mais eficaz. Bendito seja o Seu nome!

para se tornarem semelhantes à imagem de seu Filho, a fim de que ele fosse o primeiro entre muitos irmãos. ³⁰Depois de predestiná-los ele os chamou, e depois de chamá-los, os declarou justos, e depois de declará-los justos, lhes deu sua glória.

Nada pode nos separar do amor de Deus

³¹Que podemos dizer diante de coisas tão maravilhosas? Se Deus é por nós, quem será contra nós? ³²Se ele não poupou nem mesmo seu próprio Filho, mas o entregou por todos nós, acaso não nos dará todas as outras coisas? ³³Quem se atreve a acusar os escolhidos de Deus? Ninguém, pois o próprio Deus nos declara justos diante dele. ³⁴Quem nos condenará, então? Ninguém, pois Cristo Jesus morreu e ressuscitou e está sentado no lugar de honra, à direita de Deus, intercedendo por nós.

³⁵O que nos separará do amor de Cristo? Serão aflições ou calamidades, perseguições ou fome, miséria, perigo ou ameaças de morte? ³⁶Como dizem as Escrituras: "Por causa de ti, enfrentamos a morte todos os dias; somos como ovelhas levadas para o matadouro".ᵃ ³⁷Mas, apesar de tudo isso, somos mais que vencedores por meio daquele que nos amou.

³⁸E estou convencido de que nem morte nem vida, nem anjos nem demônios,ᵇ nem o que existe hoje nem o que virá no futuro, nem poderes, ³⁹nem altura nem profundidade, nada, em toda a criação, jamais poderá nos separar do amor de Deus revelado em Cristo Jesus, nosso Senhor.

Deus escolhe Israel

9 Digo-lhes a verdade, tendo Cristo como testemunha, e minha consciência e o Espírito Santo a confirmam. ²Meu coração está cheio de amarga tristeza e angústia sem fim ³por meu povo, meus irmãos judeus.ᶜ Eu estaria disposto a ser amaldiçoado para sempre, separado de Cristo, se isso pudesse salvá-los. ⁴Eles são o povo de Israel, escolhidos para serem filhos adotivos de Deus.ᵈ Ele lhes revelou sua glória, fez uma aliança com eles e lhes deu sua lei e o privilégio de adorá-lo e receber suas promessas. ⁵Do povo de Israel vêm os patriarcas, e o próprio Cristo, quanto à sua natureza humana, era israelita. E ele é Deus, aquele que governa sobre todas as coisas e é digno de louvor eterno! Amém.ᵉ

⁶Acaso Deus deixou de cumprir sua promessa a Israel? Não, pois nem todos os descendentes de Israel pertencem, de fato, ao povo de Deus. ⁷Só porque são descendentes de Abraão não significa que são, verdadeiramente, filhos de Abraão. Pois as Escrituras dizem: "Isaque é o filho de quem depende a sua descendência".ᶠ ⁸Isso significa que os descendentes físicos de Abraão não são, necessariamente, filhos de Deus. Apenas os filhos da promessa são considerados filhos de Abraão. ⁹Pois Deus havia prometido: "Voltarei por esta época, e Sara terá um filho".ᵍ

¹⁰Esse fato não é único. Também Rebeca ficou grávida de nosso antepassado Isaque e deu à luz gêmeos. ¹¹Antes de eles nascerem, porém, antes mesmo de terem feito qualquer coisa boa ou má, ela recebeu uma mensagem de Deus. (Essa mensagem mostra que Deus escolhe as pessoas conforme os propósitos dele ¹²e as chama sem levar em conta as obras que praticam.) Foi dito a Rebeca: "Seu filho mais velho servirá a seu filho mais novo".ʰ ¹³Nas palavras das Escrituras: "Amei Jacó, mas rejeitei Esaú".ⁱ

¹⁴Estamos dizendo, então, que Deus foi injusto? Claro que não! ¹⁵Pois Deus disse a Moisés:

"Terei misericórdia de quem eu quiser,
   e mostrarei compaixão a quem eu quiser".ʲ

¹⁶Portanto, a misericórdia depende apenas de Deus, e não de nosso desejo nem de nossos esforços.

¹⁷Pois as Escrituras afirmam que Deus disse ao faraó: "Eu o coloquei em posição de autoridade com o propósito de mostrar em você meu poder e propagar meu nome por toda a terra".ᵏ ¹⁸Como podem ver, ele escolhe ter misericórdia de alguns e endurecer o coração de outros.

ᵃ**8.36** Sl 44.22. ᵇ**8.38** Em grego, *nem governantes*. ᶜ**9.3** Em grego, *meus irmãos*. ᵈ**9.4** Em grego, *para a adoção como filhos*. ᵉ**9.5** Ou *Que Deus, aquele que governa sobre todas as coisas, seja louvado para sempre! Amém*. ᶠ**9.7** Gn 21.12. ᵍ**9.9** Gn 18.10,14. ʰ**9.12** Gn 25.23. ⁱ**9.13** Ml 1.2-3. ʲ**9.15** Êx 33.19. ᵏ**9.17** Êx 9.16, conforme a Septuaginta.

¹⁹Mas algum de vocês dirá: "Então por que Deus os culpa? Não estão apenas cumprindo a vontade dele?".

²⁰Ora, quem é você, mero ser humano, para discutir com Deus? Acaso o objeto criado pode dizer àquele que o criou: "Por que você me fez assim?" ²¹O oleiro não tem o direito de usar o mesmo barro para fazer um vaso para uso especial e outro para uso comum? ²²Da mesma forma, Deus tem o direito de mostrar sua ira e seu poder, suportando com muita paciência aqueles que são objeto de sua ira, preparados para a destruição.ᵃ ²³Ele age desse modo para que as riquezas de sua glória brilhem com esplendor ainda maior sobre aqueles dos quais ele tem misericórdia, aqueles que ele preparou previamente para a glória. ²⁴E nós estamos entre os que ele chamou, tanto dentre os judeus como dentre os gentios.

²⁵A esse respeito, Deus diz na profecia de Oseias:

"Chamarei 'meu povo'
 aqueles que não eram meu povo,
e amarei aqueles
 que antes eu não amava".ᵇ

²⁶E também:

"No lugar onde lhes foi dito:
 'Vocês não são meu povo',
eles serão chamados
 'filhos do Deus vivo'".ᶜ

²⁷E, a respeito de Israel, o profeta Isaías clamou:

"Embora o povo de Israel seja numeroso
 como a areia do mar,
apenas um remanescente será salvo.
²⁸Pois o Senhor executará sua sentença
 sobre a terra
de modo rápido e decisivo".ᵈ

²⁹E, como Isaías tinha dito em outra passagem:

"Se o Senhor dos Exércitos
 não houvesse poupado alguns de nossos filhos,
teríamos sido exterminados como Sodoma
 e destruídos como Gomorra".ᵉ

ᵃ9.22 Ou *prontos para a ruína*. ᵇ9.25 Os 2.23. ᶜ9.26 Os 1.10. ᵈ9.27-28 Is 10.22-23, conforme a Septuaginta. ᵉ9.29 Is 1.9, conforme a Septuaginta.

9.23,24 Quando um oleiro está para fazer um vaso, não devemos imaginar que ele toma o simples barro e o coloca na roda, deixando ao acaso o que se fará dele. Não! Ele tem seu plano. Antes de sentar-se para trabalhar, sabe que tipo de vaso está para fabricar. E assim é com o nosso Oleiro divino, que está no Céu. Ele toma o pobre pecador como uma massa de argila — coloca-o sobre a roda, e enquanto esta revolve, o Oleiro vê naquele barro uma forma futura que não é clara ao vaso, mas que é evidente aos olhos do grande Artista. Podemos, certamente, dizer de cada um de nós que conhece ao Senhor que "ele ainda não nos mostrou o que seremos". E o que seremos nunca se mostrará até que vejamos Cristo como Ele é, e sejamos como Ele! No entanto, o Oleiro sabe no que nos tornaremos. No final, nosso Pai que está no Céu não estará enganado quanto ao que Ele fará de Seu povo. Ele tem um plano, e este plano, penso eu, pode ser colocado nestas poucas palavras: é apresentar-nos a si mesmo "como igreja gloriosa, sem mancha, ruga ou qualquer outro *defeito, mas santa e sem culpa*". Que pensamento doce e abençoado! Deus pretende fazer de cada pecador que crê nele, um vaso sem mancha, perfeito e cheio de glória! Ele não deseja deixar um único pecado sem perdão, ou apenas um único princípio perverso permanecer na sua alma. Deseja arrancar sua iniquidade pela raiz e tornar você completamente livre de qualquer pecado existente em seu interior! Quer lavá-lo tão completamente no sangue de Cristo que tanto o poder quanto a culpa do pecado sejam afastados. E deseja, como conclusão disso tudo, fazê-lo à imagem de Cristo Jesus — tão justo e amável quanto o Cordeiro de Deus, perfeito e sem mácula! Ó, cristão, isso não alegra seu coração? Você ainda será como Cristo! Ah, você afirma: "Às vezes, sou tão parecido com o diabo, quanto posso ser, e frequentemente tenho que lamentar que haja tanto do velho Adão em mim!"? Sim, mas regozije-se; ainda não está claro o que você será! Cada marca de Satanás ainda será colocada para longe de você. Cada matiz da velha depravação será ainda purificado. E quando você for levado ao Céu como um vaso finalizado, será um tema de maravilhamento para todos os anjos e para os espíritos glorificados que se reunirão ao seu redor para ver a incomparável habilidade e graça de Deus manifesta em seu caráter e natureza! Que o Senhor nos permita ter sempre os olhos voltados para o grande plano do Oleiro; que quando as agudas aflições nos fizerem revolver sobre a roda, possamos nos alegrar que o plano está sendo realizado, e que nos apresentaremos perfeitos moldados pelas mãos do Criador.

A incredulidade de Israel

³⁰Que significa tudo isso? Embora os gentios não buscassem seguir as normas de Deus, foram declarados justos, e isso aconteceu pela fé. ³¹Já o povo de Israel, que se esforçou tanto para cumprir a lei a fim de se tornar justo, nunca teve sucesso. ³²Por que não? Porque tentaram se tornar justos por meio de suas obras, e não pela fé. Tropeçaram na grande pedra em seu caminho, ³³e a esse respeito as Escrituras afirmam:

"Ponho em Sião uma pedra que os faz
    tropeçar,
  uma rocha que os faz cair.
Mas quem confiar nele
  jamais será envergonhado".ª

10 Irmãos, o desejo de meu coração e minha oração a Deus é que o povo de Israel seja salvo. ²Sei da dedicação deles por Deus, mas é entusiasmo sem entendimento. ³Pois, não entendendo a maneira como Deus declara as pessoas justas diante dele, apegam-se a seu próprio modo de se tornar justos tentando seguir a lei, e recusam a maneira de Deus. ⁴Pois Cristo é o propósito para o qual a lei foi dada.ᵇ Como resultado, todo o que nele crê é declarado justo.

A salvação é para todos

⁵Moisés escreve que o modo pelo qual a lei torna alguém justo exige obediência a todos os seus mandamentos.ᶜ ⁶Mas o modo pelo qual a fé torna alguém justo diz: "Não diga em seu coração: 'Quem subirá ao céu?' (para trazer Cristo para a terra). ⁷E não diga: 'Quem descerá ao lugar dos mortos?' (para trazer Cristo de volta à vida)". ⁸Na verdade, diz:

"A mensagem está bem perto;
  está em seus lábios e em seu coração".ᵈ

E essa mensagem é a mesma que anunciamos a respeito da fé: ⁹se você declarar com sua boca que Jesus é Senhor e crer em seu coração que Deus o ressuscitou dos mortos, será salvo. ¹⁰Pois é crendo de coração que você é declarado justo, e é declarando com a boca que você é salvo. ¹¹Como dizem as Escrituras: "Quem confiar nele jamais será envergonhado".ᵉ ¹²Nesse sentido, não há diferença entre judeus e gentios,ᶠ uma vez que ambos têm o mesmo Senhor, que abençoa generosamente todos que o invocam. ¹³Pois "todo aquele que invocar o nome do Senhor será salvo".ᵍ

¹⁴Mas como poderão invocá-lo se não crerem nele? E como crerão nele se jamais tiverem ouvido a seu respeito? E como ouvirão a seu respeito se ninguém lhes falar? ¹⁵E como alguém falará se não for enviado? Por isso as Escrituras dizem: "Como são belos os pés dos mensageiros que trazem boas-novas!".ʰ

¹⁶Nem todos, porém, aceitam as boas-novas, pois o profeta Isaías disse: "Senhor, quem creu em nossa mensagem?".ⁱ ¹⁷Portanto, a fé vem por ouvir, isto é, por ouvir as boas-novas a respeito de Cristo. ¹⁸Mas eu pergunto: o povo de Israel ouviu, de fato, a mensagem? Sim, eles ouviram:

"Sua mensagem chegou a toda a terra,
  e suas palavras alcançaram os confins do
    mundo".ʲ

¹⁹Volto a perguntar: será que o povo de Israel entendeu? Sim, eles entenderam, pois, já no tempo de Moisés, Deus disse:

"Provocarei seu ciúme por meio de um
    povo
  que nem sequer é nação.
Provocarei sua ira por meio
  de gentios insensatos".ᵏ

²⁰E, mais tarde, Isaías se pronunciou com ousadia:

"Fui encontrado por aqueles
  que não me procuravam.
Revelei-me àqueles que
  não perguntavam por mim".ˡ

²¹A respeito de Israel, porém, diz:

"O dia todo abri meus braços para eles,
  mas foram desobedientes e rebeldes".ᵐ

A misericórdia de Deus para com Israel

11 Então pergunto: Deus rejeitou seu povo, a nação de Israel? Claro que não! Eu mesmo sou israelita, descendente de Abraão e membro da tribo de Benjamim.

ª**9.33** Is 8.14; 28.16, conforme a Septuaginta. ᵇ**10.4** Ou *Cristo é o fim da lei.* ᶜ**10.5** Ver Lv 18.5. ᵈ**10.6-8** Dt 30.12-14. ᵉ**10.11** Is 28.16, conforme a Septuaginta. ᶠ**10.12** Em grego, *e gregos.* ᵍ**10.13** Jl 2.32. ʰ**10.15** Is 52.7. ⁱ**10.16** Is 53.1. ʲ**10.18** Sl 19.4. ᵏ**10.19** Dt 32.21. ˡ**10.20** Is 65.1, conforme a Septuaginta. ᵐ**10.21** Is 65.2, conforme a Septuaginta.

²Não, Deus não rejeitou seu povo, que conheceu de antemão. Vocês sabem o que as Escrituras dizem a esse respeito? O profeta Elias se queixou a Deus sobre o povo de Israel, dizendo: ³"Senhor, eles mataram teus profetas e derrubaram teus altares. Sou o único que restou, e agora também procuram me matar".ª

⁴E vocês se lembram da resposta de Deus? Ele disse: "Ainda tenho outros sete mil que jamais se prostraram diante de Baal".ᵇ

⁵O mesmo acontece hoje, pois uns poucos do povo de Israel permaneceram fiéis,ᶜ escolhidos pela graça de Deus. ⁶E, se a escolha se dá pela graça de Deus, então não se baseia nas obras deles, pois nesse caso a graça deixaria de ser o que verdadeiramente é, ou seja, gratuita e imerecida.

⁷Portanto, a situação é esta: a maioria do povo de Israel não encontrou o que tanto buscava, mas uns poucos, aqueles que Deus havia escolhido, o encontraram, enquanto o coração dos demais foi endurecido. ⁸Como dizem as Escrituras:

"Deus os fez cair em sono profundo.
    Até hoje, fechou-lhes os olhos para que não vejam,
    e tapou-lhes os ouvidos para que não ouçam".ᵈ

⁹Da mesma forma, Davi disse:

"Que sua mesa farta se transforme em laço,
    em armadilha que os faça pensar que tudo vai bem.
Que seus privilégios os façam tropeçar,
    e que recebam o que merecem.
¹⁰Que seus olhos se escureçam para que não vejam,
    e que suas costas fiquem encurvadas para sempre".ᵉ

¹¹Acaso o povo de Deus tropeçou e caiu sem possibilidade de se levantar? Claro que não! Foram desobedientes e, por isso, Deus tornou a salvação acessível aos gentios, para que seu próprio povo sentisse ciúme. ¹²Se os gentios foram enriquecidos porque os israelitas fracassaram ao rejeitar a salvação que Deus lhes oferece, imaginem como será maior a bênção para o mundo quando Israel for plenamente restaurado!

¹³Dirijo-me especialmente a vocês, gentios. E, uma vez que fui designado apóstolo aos gentios, enfatizo isso ¹⁴porque desejo que, de algum modo, o povo de Israel sinta ciúme e assim eu possa levar alguns deles à salvação. ¹⁵Pois, se a rejeição deles possibilitou que o resto do mundo se reconciliasse com Deus, a aceitação será ainda mais maravilhosa. Será vida para os que estavam mortos!

¹⁶Se a parte da massa entregue como oferta é santa, então toda ela é santa. E, se as raízes da árvore são santas, os ramos também o serão. ¹⁷Mas alguns desses ramos, alguns do povo de Israel, foram cortados. E vocês, gentios, que eram ramos de uma oliveira brava, foram enxertados na árvore. Agora, portanto, participam do alimento nutritivo que vem da raiz da oliveira especial de Deus. ¹⁸No entanto, não devem se orgulhar de terem sido enxertados no lugar dos ramos que foram cortados, pois é a raiz que sustenta o ramo, e não o contrário.

¹⁹Talvez digam: "Esses ramos foram cortados para abrir espaço para nós". ²⁰É verdade, mas lembrem-se de que esses ramos foram cortados porque não creram e que vocês estão ali porque creem. Portanto, não se orgulhem, mas temam o que poderia acontecer. ²¹Pois, se Deus não poupou os ramos naturais, também não pouparáᶠ vocês.

²²Observem como Deus é, ao mesmo tempo, bondoso e severo. É severo com os que lhe desobedecem, mas é bondoso com vocês, desde que continuem a confiar em sua bondade. Mas, se deixarem de confiar, também serão cortados. ²³E, se o povo de Israel abandonar sua incredulidade, será enxertado novamente, pois Deus tem poder para enxertá-los de volta na árvore. ²⁴Vocês eram, por natureza, o ramo cortado de uma oliveira brava. Portanto, se Deus se mostrou disposto a fazer algo contrário à natureza ao enxertá-los em sua árvore cultivada, estará ainda mais disposto a enxertar os ramos naturais de volta na árvore da qual eles fazem parte.

ª**11.3** 1Rs 19.10,14. ᵇ**11.4** 1Rs 19.18. ᶜ**11.5** Em grego, *pois um remanescente permaneceu*. ᵈ**11.8** Is 29.10; Dt 29.4. ᵉ**11.9-10** Sl 69.22-23, conforme a Septuaginta. ᶠ**11.21** Alguns manuscritos trazem *é possível que não poupe*.

A misericórdia de Deus é para todos

²⁵Irmãos, quero que vocês entendam este mistério para que não se orgulhem de si mesmos. Alguns do povo de Israel têm o coração endurecido, mas isso durará apenas até que o tempo dos gentios se complete. ²⁶E assim todo o Israel será salvo. Como dizem as Escrituras:

"O libertador virá de Sião
e afastará Israelᵃ da impiedade.
²⁷E esta é minha aliança com eles:
eu removerei seus pecados".ᵇ

²⁸Muitos do povo de Israel agora são inimigos das boas-novas, e isso beneficia vocês, gentios. No entanto, porque ele escolheu seus patriarcas, eles ainda são o povo que Deus ama. ²⁹Pois as bênçãos de Deus e o seu chamado jamais podem ser anulados. ³⁰Em outros tempos, vocês, gentios, foram rebeldes contra Deus, mas agora, por causa da desobediência deles, vocês receberam misericórdia. ³¹Agora eles são os rebeldes, e Deus foi misericordioso com vocês, para que eles também participemᶜ da misericórdia dele. ³²Pois Deus colocou a todos debaixo da desobediência para que de todos tivesse misericórdia.

³³Como são grandes as riquezas, a sabedoria e o conhecimento de Deus! É impossível entendermos suas decisões e seus caminhos! ³⁴"Pois quem conhece os pensamentos do Senhor?
Quem sabe o suficiente para aconselhá-lo?"ᵈ
³⁵"Quem lhe deu primeiro alguma coisa,
para que ele precise depois retribuir?"ᵉ

³⁶Pois todas as coisas vêm dele, existem por meio dele e são para ele. A ele seja toda a glória para sempre! Amém.

Sacrifício vivo para Deus

12 Portanto, irmãos, suplico-lhes que entreguem seu corpo a Deus, por causa de tudo que ele fez por vocês. Que seja um sacrifício vivo e santo, do tipo que Deus considera agradável. Essa é a verdadeira forma de adorá-lo.ᶠ ²Não imitem o comportamento e os costumes deste mundo, mas deixem que Deus os transforme por meio de uma mudança em seu modo de pensar, a fim de que experimentem a boa, agradável e perfeita vontade de Deus para vocês.

³Com base na graça que recebi, dou a cada um de vocês a seguinte advertência: não se considerem melhores do que realmente são. Antes, sejam honestos em sua autoavaliação, medindo-se de acordo com a fé que Deus nos deu.ᵍ ⁴Da mesma forma que nosso corpo tem vários membros e cada membro, uma função específica, ⁵assim é também com o corpo de

---

ᵃ**11.26** Em grego, *Jacó*. ᵇ**11.26-27** Is 59.20-21; 27.9, conforme a Septuaginta. ᶜ**11.31** Alguns manuscritos trazem *agora participem*; outros, *algum dia participem*. ᵈ**11.34** Is 40.13, conforme a Septuaginta. ᵉ**11.35** Ver Jó 41.11. ᶠ**12.1** Ou *Essa é sua adoração espiritual*, ou *Esse é seu culto racional*. ᵍ**12.3** Ou *a fé que Deus lhes deu*, ou *a medida de nossa fé dada por Deus*.

11.36 Se a natureza é como é, isso ocorre devido ao poder da presença de Deus. Se o Sol nasce todas as manhãs, e a Lua percorre a noite com brilho, é por intermédio do Senhor. Fora com esses homens que pensam que Deus deu corda ao mundo como se fosse um relógio, e se foi — deixando-o para trabalhar por si próprio separado da ação de Sua mão. Deus está presente em todos os lugares — não apenas presente quando trememos por Seu trovão que sacode a terra sólida, e fulgura o céu com relâmpagos — mas também na véspera calma do verão, quando o ar sopra tão gentilmente sobre as flores e os mosquitos dançam para cima e para baixo nos últimos brilhos de luz solar. Os homens tentam esquecer a presença divina ao chamar Seu poder por nomes estranhos; eles falam do poder gravitacional, mas o que é esse poder? Sabemos o que faz, mas o que é? A gravidade é o próprio poder de Deus! Eles nos contam sobre leis misteriosas da eletricidade, e não sei o quê. Conhecemos as leis e os nomes que elas possuem, mas essas leis não podem funcionar sem poder. O que é a força da natureza? É uma emanação constante da grande fonte de poder, o constante fluxo do próprio Deus — o eterno surgimento de feixes de luz daquele que é o "Pai que criou as luzes no céu. Nele não há variação nem sombra de mudança". Pise suavemente; seja reverente, pois Deus está aqui, ó mortal, tão verdadeiramente como Ele está no Céu! Onde quer que você esteja, e o que quer que considere, você está na oficina de Deus onde cada engrenagem é acionada por Suas mãos! Tudo não é Deus, mas Deus está em tudo, e nada funciona, nem mesmo existe, exceto pelo Seu poder e força. "Pois todas as coisas vêm dele, existem por meio dele e são para ele".

Cristo. Somos membros diferentes do mesmo corpo, e todos pertencemos uns aos outros.

⁶Deus, em sua graça, nos concedeu diferentes dons. Portanto, se você tiver a capacidade de profetizar, faça-o de acordo com a proporção de fé que recebeu. ⁷Se tiver o dom de servir, sirva com dedicação. Se for mestre, ensine bem. ⁸Se seu dom consistir em encorajar pessoas, encoraje-as. Se for o dom de contribuir, dê com generosidade. Se for o de exercer liderança, lidere de forma responsável. E, se for o de demonstrar misericórdia, pratique-o com alegria.

⁹Amem as pessoas sem fingimento. Odeiem tudo que é mau. Apeguem-se firmemente ao que é bom. ¹⁰Amem-se com amor fraternal e tenham prazer em honrar uns aos outros. ¹¹Jamais sejam preguiçosos, mas trabalhem com dedicação e sirvam ao Senhor com entusiasmo.ª ¹²Alegrem-se em nossa esperança. Sejam pacientes nas dificuldades e não parem de orar. ¹³Quando membros do povo santo passarem por necessidade, ajudem com prontidão. Estejam sempre dispostos a praticar a hospitalidade.

¹⁴Abençoem aqueles que os perseguem. Não os amaldiçoem, mas orem para que Deus os abençoe. ¹⁵Alegrem-se com os que se alegram e chorem com os que choram. ¹⁶Vivam em harmonia uns com os outros. Não sejam orgulhosos, mas tenham amizade com gente de condição humilde. E não pensem que sabem tudo.

¹⁷Nunca paguem o mal com o mal. Pensem sempre em fazer o que é melhor aos olhos de todos. ¹⁸No que depender de vocês, vivam em paz com todos.

¹⁹Amados, nunca se vinguem; deixem que a ira de Deus se encarregue disso, pois assim dizem as Escrituras:

"A vingança cabe a mim,
  eu lhes darei o troco,
  diz o Senhor".ᵇ

²⁰Pelo contrário:

"Se seu inimigo estiver com fome, dê-lhe de comer;
  se estiver com sede, dê-lhe de beber.
Ao fazer isso, amontoará
  brasas vivas sobre a cabeça dele".ᶜ

²¹Não deixem que o mal os vença, mas vençam o mal praticando o bem.

Respeito pelas autoridades

13 Todos devem sujeitar-se às autoridades, pois toda autoridade vem de Deus, e aqueles que ocupam cargos de autoridade foram ali colocados por ele. ²Portanto, quem se rebela contra a autoridade se rebela contra o Deus que a instituiu e será punido. ³Pois as autoridades não causam temor naqueles que fazem o que é certo, mas sim nos que fazem o que é errado. Você deseja viver livre do medo das autoridades? Faça o que é certo, e elas

---

ª**12.11** Ou *mas sirvam ao Senhor com espírito zeloso*, ou *mas deixem que o Espírito os anime ao servirem ao Senhor*. ᵇ**12.19** Dt 32.35. ᶜ**12.20** Pv 25.21-22.

12.11 Seja qual for a nossa posição na vida, devemos ordenar nossa conduta como para nos enaltecer por diligência e retidão tanto em relação à igreja como ao mundo. O cristão não deve ser um comerciante pior por causa de sua religião, mas melhor; ele não deve ser um mecânico menos qualificado, mas deve ser mais cuidadoso em seu trabalho. Na verdade, seria uma pena se as tendas de Paulo fossem as piores da loja, e a tintura púrpura de Lídia a mais inferior; ao mesmo tempo, observe como a próxima frase chama nossa atenção igualmente à *questão mais elevada e mais espiritual*, "sirvam ao Senhor com entusiasmo". Não devemos negligenciar o *espiritual* por causa das demandas urgentes do temporal. Talvez seja mais provável que esqueçamos este preceito do que o anterior, portanto, vamos avaliá-lo mais de perto. Devemos manter o fogo santo aceso no interior de nossa alma constantemente, pois isso é o significado de "entusiasmo". Nosso amor a Deus não deve ser apenas em um pequeno grau, mas deve existir como uma chama vigorosa; nosso espírito precisa ser mantido calorosamente zeloso, ardentemente carinhoso; nossa natureza espiritual deve brilhar como brasas vivas. A pedra angular do arco da vida deve ser um desejo pela glória de Deus. Neste momento, o público e o privado, o corpo e o espiritual, devem ser um só — tanto na diligência quanto no fervor espiritual, devemos colocar o Senhor sempre diante de nós. Nosso trabalho cotidiano deve ser o de se consagrar no sacrifício sacerdotal, nosso fervor interior deve ser como o incenso do Templo, e assim com nossos corpos sendo templos do Espírito Santo, devemos permanecer sempre servindo ao Senhor.

o honrarão. ⁴As autoridades estão a serviço de Deus, para o seu bem. Mas, se você estiver fazendo algo errado, é evidente que deve temer, pois elas têm o poder de puni-lo, pois estão a serviço de Deus para castigar os que praticam o mal. ⁵Portanto, sujeitem-se a elas, não apenas para evitar a punição, mas também para manter a consciência limpa.

⁶É por esse motivo também que vocês pagam impostos, pois as autoridades estão a serviço de Deus no trabalho que realizam. ⁷Deem a cada um o que lhe é devido: paguem os impostos e tributos àqueles que os recolhem e honrem e respeitem as autoridades.

O amor cumpre as exigências da lei de Deus

⁸Não devam nada a ninguém, a não ser o amor de uns pelos outros. Quem ama seu próximo cumpre os requisitos da lei de Deus. ⁹Pois os mandamentos dizem: "Não cometa adultério. Não mate. Não roube. Não cobice".ª Esses e outros mandamentos semelhantes se resumem num só: "Ame o seu próximo como a si mesmo".ᵇ ¹⁰O amor não faz o mal ao próximo, portanto o amor cumpre todas as exigências da lei de Deus.

¹¹Tudo isso é ainda mais urgente porque vocês sabem como é tarde; o tempo está se esgotando. Despertem, pois nossa salvação está mais próxima agora do que quando cremos no início. ¹²A noite está quase acabando, e logo vem o dia. Portanto, deixem de lado as obras das trevas como se fossem roupas sujas e vistam a armadura da luz. ¹³Uma vez que pertencemos ao dia, vivamos com decência, à vista de todos. Não participem de festanças desregradas, de bebedeiras, de promiscuidade sexual e de práticas imorais, e não se envolvam em brigas nem em invejas. ¹⁴Em vez disso, revistam-se do Senhor Jesus Cristo e não fiquem imaginando formas de satisfazer seus desejos pecaminosos.

Não julguem uns aos outros

14 Aceitem os que são fracos na fé e não discutam sobre as opiniões deles acerca do que é certo ou errado. ²Por exemplo, um irmão crê que não é errado comer qualquer coisa. Outro, porém, que é mais fraco, come somente legumes e verduras. ³Quem se sente à vontade para comer de tudo não deve desprezar quem não o faz. E quem não come certos alimentos não deve condenar quem o faz, pois Deus os aceitou. ⁴Quem são vocês para condenar os servos de outra pessoa? O senhor deles julgará se estão em pé ou se caíram. E, com a ajuda de Deus, ficarão em pé e receberão a aprovação dele.

⁵Da mesma forma, há quem considere um dia mais sagrado que outro, enquanto outros acreditam que todos os dias são iguais. Cada um deve estar plenamente convicto do que

ª**13.9a** Êx 20.13-15,17. ᵇ**13.9b** Lv 19.18.

13.11-14 [...] primeiro, acordamos e depois tiramos as roupas da escuridão. Agora devemos colocar a nossa vestimenta matutina. O crente deve imediatamente se olhar em seu banheiro e aprontar-se para o dia — "vistam a armadura da luz". [...] Antes de sair de seu quarto, é melhor você colocar o cinto, o capacete, a couraça, o escudo — é melhor você levar a armadura completa! Um cristão nunca está seguro a menos que esteja protegido da cabeça aos pés por meio da graça divina, pois, em um mundo como esse, você não sabe atrás de qual arbusto o assassino pode estar à espreita, ou de que canto o ataque fatal pode vir. Saia como um cavaleiro enviado para a guerra, pois a batalha se enfurece de todos os lados e você precisa da armadura da justiça nas mãos direita e esquerda. O santo deve ser um homem de guerra desde a sua juventude. Ele deve orar para que suas mãos possam ser adestradas a guerrear e seus dedos a lutar. A palavra grega, no entanto, pode ser entendida como significando não só a armadura, mas as roupas que são adequadas e apropriadas para o dia de trabalho. Elas devem ser colocadas imediatamente e nossa alma deve ser vestida para o serviço. Ore para que Deus o revista de tal forma que você esteja pronto para o que vier. Você não é um cavalheiro no desfile, mas um trabalhador em seu uniforme de trabalho. Algumas pessoas são "boas demais" para fazer um serviço de verdade para o Senhor. Quando o duque de Wellington perguntou a um dos nossos soldados como ele gostaria de se vestir se tivesse que lutar a batalha de Waterloo novamente, ele respondeu que gostaria de estar de camisa de manga. Como eu gostaria que os cristãos se vestissem com camisa de mangas, como se realmente quisessem trabalhar para Jesus! Gosto de ver o carpinteiro com seu avental encurvando-se para trabalhar e não sentado no banco, balançando as pernas o dia todo.

faz. ⁶Quem adora a Deus num dia especial o faz para honrá-lo. Quem come qualquer tipo de alimento também o faz para honrar o Senhor, uma vez que dá graças a Deus antes de comer. E quem se recusa a comer certos alimentos deseja, igualmente, agradar ao Senhor e por isso dá graças a Deus. ⁷Pois não vivemos nem morremos para nós mesmos. ⁸Se vivemos, é para honrar o Senhor. E, se morremos, é para honrar o Senhor. Portanto, quer vivamos, quer morramos, pertencemos ao Senhor. ⁹Por isso Cristo morreu e ressuscitou, para ser Senhor tanto dos vivos como dos mortos.

¹⁰Então por que você julga outro irmão? Por que o despreza? Lembre-se de que todos nós compareceremos diante do tribunal de Deus, ¹¹pois as Escrituras dizem:

"'Tão certo como eu vivo', diz o Senhor,ᵃ
'todo joelho se dobrará para mim,
e toda língua declarará lealdade a Deus'".ᵇ

¹²Assim, cada um de nós será responsável por sua vida diante de Deus. ¹³Portanto, deixemos de julgar uns aos outros. Em vez disso, resolvam viver de modo a nunca fazer um irmão tropeçar e cair.

¹⁴Eu sei, e estou convencido com base na autoridade do Senhor Jesus, que nenhum alimento é por si mesmo impuro. Mas, se alguém considera errado ingerir determinado alimento, para essa pessoa ele é impuro. ¹⁵E, se outro irmão se aflige em razão do que você come, ao ingerir esse alimento você não age com amor. Não deixe que sua comida seja a causa da perdição de alguém por quem Cristo morreu. ¹⁶Desse modo, você não será criticado por fazer algo que, a seu ver, é bom. ¹⁷Pois o reino de Deus não diz respeito ao que comemos ou bebemos, mas a uma vida de justiça, paz e alegria no Espírito Santo. ¹⁸Se servirem a Cristo com essa atitude, agradarão a Deus e também receberão a aprovação das pessoas. ¹⁹Portanto, tenhamos como alvo a harmonia e procuremos edificar uns aos outros.

²⁰Não destruam a obra de Deus por causa da comida. Embora todos os alimentos sejam aceitáveis, é errado comer algo que leve alguém a tropeçar. ²¹É melhor deixar de comer carne, ou de beber vinho, ou de fazer qualquer outra coisa que leve um irmão a tropeçar.ᶜ ²²Você tem direito a suas convicções, mas guarde isso entre você e Deus. Felizes são aqueles que não se sentem culpados por fazer algo que consideram correto. ²³Mas, se você tem dúvidas quanto ao que deve ou não comer, será culpado se comer, pois vai contra suas convicções. Se faz qualquer coisa sem convicção, está pecando.ᵈ

Vivam para ajudar e edificar os outros

15 Nós que somos fortes devemos ter consideração pelos fracos, e não agradar a nós mesmos. ²Devemos agradar ao próximo visando ao que é certo, com a edificação deles como alvo. ³Pois Cristo não viveu para agradar a si mesmo. Como dizem as Escrituras: "Os insultos dos que te insultam caem sobre mim".ᵉ ⁴Essas coisas foram registradas há muito tempo para nos ensinar, e as Escrituras nos dão paciência e ânimo para mantermos a esperança.

⁵Que Deus, aquele que concede paciência e ânimo, os ajude a viver em completa harmonia uns com os outros, como convém aos seguidores de Cristo Jesus. ⁶Então todos vocês poderão se unir em uma só voz para louvar e glorificar a Deus, o Pai de nosso Senhor Jesus Cristo.

⁷Portanto, aceitem-se uns aos outros como Cristo os aceitou, para que Deus seja glorificado. ⁸Lembrem-se de que Cristo veio para servir aos judeus,ᶠ a fim de mostrar que Deus é fiel às promessas feitas a seus patriarcas, ⁹e também para que os gentios glorifiquem a Deus por suas misericórdias, como dizem as Escrituras:

"Por isso eu te louvarei entre os gentios;
sim, cantarei louvores ao teu nome".ᵍ

¹⁰E dizem também:

"Alegrem-se com o povo dele,
ó gentios".ʰ

¹¹E ainda:

"Louvem o Senhor, todos vocês, gentios;
louvem-no, todos os povos".ⁱ

ᵃ 14.11a Is 49.18. ᵇ 14.11b Ou *declarará louvor a Deus*. Is 45.23, conforme a Septuaginta. ᶜ 14.21 Alguns manuscritos acrescentam *ou se escandalizar ou se enfraquecer*. ᵈ 14.23 Alguns manuscritos inserem aqui a passagem de 16.25-27. ᵉ 15.3 Sl 69.9. ᶠ 15.8 Em grego, *como servo da circuncisão*. ᵍ 15.9 Sl 18.49. ʰ 15.10 Dt 32.43. ⁱ 15.11 Sl 117.1.

¹²E, em outra parte, o profeta Isaías disse:

"Virá o herdeiro do trono de Davi[a]
e reinará sobre os gentios.
Nele depositarão sua esperança".[b]

¹³Que Deus, a fonte de esperança, os encha inteiramente de alegria e paz, em vista da fé que vocês depositam nele, de modo que vocês transbordem de esperança, pelo poder do Espírito Santo.

Propósito da carta

¹⁴Meus irmãos, estou plenamente convencido de que vocês estão cheios de bondade. Conhecem essas coisas tão bem que podem ensiná-las uns aos outros. ¹⁵Ainda assim, atrevi-me a escrever a vocês sobre alguns desses assuntos, certo de que só precisam de um lembrete. Pois, pela graça de Deus, ¹⁶sou um mensageiro da parte de Cristo Jesus a vocês, os gentios. Anuncio-lhes as boas-novas para que se tornem oferta aceitável a Deus, separados pelo Espírito Santo. ¹⁷Tenho motivo, portanto, para me entusiasmar com o que Cristo Jesus tem feito por meio de meu serviço a Deus. ¹⁸E, no entanto, não ouso me vangloriar de nada, exceto do que Cristo fez por meu intermédio a fim de conduzir os gentios a Deus, por minha mensagem e pelo meu trabalho, ¹⁹convencendo-os pelo poder de sinais e maravilhas e pelo poder do Espírito de Deus.[c] Assim, apresentei plenamente as boas-novas de Cristo desde Jerusalém até o Ilírico.[d]

²⁰Sempre me propus a anunciar as boas-novas onde o nome de Cristo nunca foi ouvido, para não construir sobre alicerce alheio. ²¹Pois, conforme dizem as Escrituras:

"Aqueles aos quais ele nunca foi
  anunciado verão,
e os que nunca ouviram falar dele
  entenderão".[e]

²²É por isso, aliás, que há tanto tempo tenho adiado minha visita a vocês, porque estava pregando nesses lugares.

Os planos de viagem de Paulo

²³Mas, agora que terminei meu trabalho nessas regiões, e depois de tantos anos de espera, estou ansioso para visitá-los. ²⁴Planejo ir à Espanha e, quando for, espero passar por Roma. E, depois de ter desfrutado um pouco de sua companhia, vocês poderão me ajudar com a viagem.

²⁵Antes de visitá-los, porém, devo ir a Jerusalém, para servir ao povo santo de lá. ²⁶Pois os irmãos da Macedônia e da Acaia[f] juntaram, de boa vontade, uma oferta para os pobres dentre o povo santo em Jerusalém. ²⁷Ficaram contentes em fazê-lo, pois se sentem devedores deles. Porque os gentios receberam as bênçãos espirituais das boas-novas dos irmãos em Jerusalém, consideram que no mínimo podem retribuir ajudando-os financeiramente. ²⁸Assim que eu tiver entregado o dinheiro e completado essa boa ação dos gentios, irei à Espanha, visitando vocês de passagem. ²⁹E estou certo de que, quando for, Cristo abençoará ricamente nosso tempo juntos.

³⁰Irmãos, peço-lhes em nome de nosso Senhor Jesus Cristo e pelo amor que lhes foi dado pelo Espírito Santo que se unam a mim em minha luta, orando a Deus em meu favor. ³¹Orem para que eu me livre dos que estão na Judeia e que se recusam a crer. Orem também para que o povo santo em Jerusalém se disponha a aceitar a oferta[g] que estou levando. ³²Então, pela vontade de Deus, poderei visitar vocês com o coração alegre e teremos um tempo de descanso juntos.

³³Que o Deus que nos dá sua paz esteja com todos vocês. Amém.[h]

Saudações de Paulo a seus amigos

16 Recomendo-lhes nossa irmã Febe, que serve à igreja em Cencreia. ²Recebam-na no Senhor, como uma pessoa digna de honra no meio do povo santo. Ajudem-na no que ela precisar, pois tem sido de grande ajuda para muitos, especialmente para mim.

³Deem minhas saudações a Priscila e Áquila, meus colaboradores no serviço de Cristo Jesus. ⁴Certa vez, eles arriscaram a vida por mim. Sou

---

[a] **15.12a** Em grego, *a raiz de Jessé*. Davi era filho de Jessé. [b] **15.12b** Is 11.10, conforme a Septuaginta. [c] **15.19a** Alguns manuscritos trazem *Espírito*; outros, *Espírito Santo*. [d] **15.19b** O *Ilírico* era uma região situada ao nordeste da Itália. [e] **15.21** Is 52.15, conforme a Septuaginta. [f] **15.26** *Macedônia* e *Acaia* eram as regiões norte e sul da Grécia. [g] **15.31** Em grego, o *ministério*; alguns manuscritos trazem *o presente*. [h] **15.33** Alguns manuscritos não trazem *Amém*; outros inserem aqui a passagem de 16.25-27.

grato a eles, e também o são todas as igrejas dos gentios. ⁵Saúdem a igreja que se reúne na casa deles.

Saúdem também meu querido amigo Epêneto, que foi o primeiro seguidor de Cristo na província da Ásia. ⁶Saúdem Maria, que trabalhou tanto por vocês. ⁷Saúdem Andrônico e Júnias, meus compatriotas judeus que estiveram comigo na prisão. São muito respeitados entre os apóstolos e se tornaram seguidores de Cristo antes de mim. ⁸Saúdem Amplíato, meu querido amigo no Senhor. ⁹Saúdem Urbano, nosso colaborador em Cristo, e meu querido amigo Estáquis.

¹⁰Saúdem Apeles, um bom homem, aprovado por Cristo. Saúdem os que são da casa de Aristóbulo. ¹¹Saúdem Herodião, meu compatriota judeu. Saúdem os da casa de Narciso que são do Senhor. ¹²Saúdem Trifena e Trifosa, obreiras do Senhor, e a estimada Pérside, que tem trabalhado com dedicação para o Senhor. ¹³Saúdem Rufo, a quem o Senhor escolheu, e também sua mãe, que tem sido mãe para mim. ¹⁴Saúdem Asíncrito, Flegonte, Hermes, Pátrobas, Hermas e os irmãos que se reúnem com eles. ¹⁵Saúdem Filólogo, Júlia, Nereu e sua irmã, e também Olimpas e todo o povo santo que se reúne com eles. ¹⁶Saúdem uns aos outros com beijo santo. Todas as igrejas de Cristo lhes enviam saudações.

Instruções finais de Paulo

¹⁷E agora, irmãos, peço-lhes que tomem cuidado com aqueles que causam divisões e perturbam a fé, ensinando coisas contrárias ao que vocês aprenderam. Fiquem longe deles. ¹⁸Esses indivíduos não servem a Cristo, nosso Senhor, mas apenas a seus próprios interesses, e enganam os inocentes com palavras suaves e bajulação. ¹⁹Mas todos sabem que vocês são obedientes ao Senhor, o que muito me alegra. Quero que sejam sábios quanto a fazer o bem e permaneçam inocentes de todo mal. ²⁰Em breve o Deus da paz esmagará Satanás sob os pés de vocês. Que a graça de nosso Senhor Jesus seja com vocês.

²¹Timóteo, meu colaborador, lhes envia saudações, bem como Lúcio, Jasom e Sosípatro, meus compatriotas judeus.

²²Eu, Tércio, que escrevo esta carta para Paulo, também envio minhas saudações no Senhor.

²³Gaio os saúda. Estou hospedado em sua casa, onde ele também tem recebido toda a igreja. Erasto, tesoureiro da cidade, bem como nosso irmão Quarto, lhes enviam saudações.

²⁴Que a graça de nosso Senhor Jesus Cristo seja com todos vocês. Amém.ᵃ

²⁵Toda a glória seja a Deus, que pode fortalecê-los, como afirmam as boas-novas. Essa mensagem a respeito de Jesus Cristo revelou seu plano, mantido em segredo desde o princípio dos tempos, ²⁶mas que agora, como os escritos dos profetas predisseram e o Deus eterno ordenou, é anunciada aos gentios de toda parte, a fim de que eles também possam crer nele e lhe obedecer. ²⁷Toda a glória para sempre ao Deus único e sábio, por meio de Jesus Cristo. Amém.ᵇ

ᵃ**16.24** Alguns manuscritos não trazem o versículo 24. ᵇ**16.25-27** Vários manuscritos inserem a doxologia (apresentada aqui como 16.25-27) depois de 14.23 ou depois de 16.23.

16.3-5 Aqui você tem uma casa em que o pai e a mãe, ou melhor, o marido e a esposa, foram unidos à Igreja do Senhor. Que circunstância feliz essa! A influência deles sobre o restante da casa deve ter sido muito poderosa, pois quando dois corações se unem em amor, eles realizam maravilhas. Que associações diferentes se agrupam em torno dos nomes de "Priscila e Áquila" daquelas *que são despertadas pelas palavras* "Ananias e Safira"! Primeiro, temos uma esposa e um marido unidos em sincera devoção, e no último, um marido e uma esposa conspirando em hipocrisia. Três vezes felizes são aqueles que não estão unidos apenas em casamento, mas são um no Senhor Jesus Cristo. Tais casamentos são feitos no Céu. Este casal parece ter sido composto de cristãos desenvolvidos, pois se tornaram instrutores de outros, e não meramente professores dos ignorantes, mas professores daqueles que já conheciam muito do evangelho, pois instruíram o jovem Apolo, um homem eloquente e poderoso nas Escrituras. Eles lhe ensinaram o caminho de Deus mais perfeitamente, e, portanto, podemos ter certeza de serem eles mesmos cristãos muito bem instruídos. Devemos, geralmente, procurar nossos pais e mães espirituais que nos nutrem naquelas casas onde o marido e a esposa caminham no temor de Deus. Eles são mutuamente úteis e, portanto, crescem na graça além dos outros.

1 Coríntios

INTRODUÇÃO

Cidade de Corinto. Possuía 400 mil habitantes e era a principal cidade da Grécia quando Paulo a visitou, sendo situada em um grande istmo onde o comércio do mundo passava. Os habitantes eram gregos, judeus, italianos e uma multidão mista de todos os lugares. Marinheiros, comerciantes, aventureiros e refugiados de todo o mundo lotavam a cidade, trazendo consigo os males de todos os países, dos quais advinham muitas formas de degradação humana. A religião e a filosofia eram prostituídas a usos vis. A vida intelectual era colocada acima da vida moral, e a vida futura era negada para que pudessem desfrutar a vida presente sem restrições.

Igreja em Corinto. Foi fundada por Paulo na segunda viagem missionária (At 18.1-18). Seu espírito na fundação da igreja é visto em 1Co 2.1,2. Enquanto esteve lá, Paulo hospedou-se na casa de Áquila e Priscila, judeus que tinham sido expulsos de Roma (At 18.2,3), mas que agora se tornaram membros da igreja. Apolo pregou a esta igreja e a ajudou na ausência de Paulo (18.24-28; 19.1). Ambas as epístolas estão cheias de informações quanto à condição da igreja e os muitos problemas que a atingiram e que tiveram que enfrentar de tempos em tempos. Corinto era uma das cidades mais perversas dos tempos antigos e a igreja estava cercada por costumes e práticas pagãs. Muitos dos seus membros tinham recentemente passado pela conversão do paganismo ao cristianismo e a igreja estava longe de ser ideal.

Ocasião e propósito da primeira epístola. Notícias desfavoráveis tinham vindo a Paulo a respeito da igreja de Corinto e ele lhes tinha escrito uma carta (5.9) que se perdeu. Nessa carta, ele parece ter ordenado que abandonassem suas práticas más e prometeu visitá-los. Entretanto, membros da casa de Cloe (1.11) e outros amigos (16.17) vieram a ele em Éfeso e trouxeram notícias das divisões e das práticas más de alguns de seus membros. Finalmente, escreveram-lhe uma carta solicitando seu conselho sobre certos assuntos (7.1). De tudo isso, aprendemos (1) que havia quatro facções entre eles, 1.12; (2) que havia uma imoralidade repugnante na igreja como no caso da pessoa incestuosa, Cap. 5; (3) que eles iam ao tribunal um contra o outro, Cap. 6; (4) que muitas questões práticas os incomodavam. Paulo, portanto, escreveu para corrigir todos esses erros de doutrina e prática.

Conteúdo. Esta carta contém algumas das melhores passagens do Novo Testamento. No entanto, é notável especialmente pela natureza muito prática de seu conteúdo. Trata de muitos dos problemas da vida diária e foi destinada a discutir apenas uma grande doutrina, a da ressurreição.

Data. De Éfeso, na primavera de 57 d.C.

ESBOÇO

Introdução, 1.1-9

1. A respeito das divisões e do espírito faccioso, 1.10–4.21
    Divisões são evitadas:
    1.1. Por Cristo como o centro do cristianismo, 1.10-31
    1.2. Por mentalidade espiritual, 2.1–3.4
    1.3. Por uma visão correta dos pregadores, 3.5–4.21
2. *Correção de desordens morais, Caps. 5–6*
    2.1. A pessoa incestuosa, Cap. 5
    2.2. Ações judiciais, 6.1-11
    2.3. Pecados do corpo, 6.12-20
3. Respostas a perguntas e questões relacionadas, 7.1–16.4
    3.1. A respeito de casamento e celibato, Cap. 7
    3.2. A respeito de coisas oferecidas a ídolos, 8.1–11.1
    3.3. A respeito do uso do véu, 11.2-16
    3.4. A respeito da Ceia do Senhor, 11.17-34
    3.5. A respeito de dons espirituais, Caps. 12–14

3.6. A respeito da ressurreição, Cap. 15
3.7. A respeito de coletas para os santos, 16.1-4
4. Assuntos pessoais e conclusão, 16.5-24

PARA ESTUDO E DISCUSSÃO

[1] A sabedoria terrena e a loucura celestial, 1.18-25.
[2] A sabedoria espiritual, 2.7-16.
[3] As obras apostólicas de Paulo, 4.9-13.
[4] A avaliação das Escrituras sobre o corpo humano, 6.12-20.
[5] Casamentos e divórcio, 7.25-50, concordando que "virgem" significa qualquer pessoa solteira, homem ou mulher.
[6] A prática de Paulo em relação aos seus direitos, 9.1-23.
[7] A corrida cristã, 9.24-27.
[8] O amor e sua natureza, Cap. 13. (a) Superior a outros dons, vv.1-3. (b) Suas dez marcas, vv.4-6. (c) Seu poder, v.7. (d) Sua permanência, vv.8-13.
[9] Dons espirituais, Caps. 12-14. Cite-os e os descreva.
[10] A ressurreição, Cap. 15. (a) As calamidades resultantes, caso não houvesse ressurreição — ou as outras doutrinas aqui formuladas que dependem da ressurreição; (b) A natureza do corpo ressurreto.

Saudações de Paulo

1 Eu, Paulo, chamado para ser apóstolo de Cristo Jesus pela vontade de Deus, escrevo esta carta, com nosso irmão Sóstenes, ²à igreja de Deus em Corinto,ª àqueles que ele santificou por meio de Cristo Jesus. Vocês foram chamados por Deus para ser seu povo santo junto com todos que, em toda parte, invocam o nome de nosso Senhor Jesus Cristo, Senhor deles e nosso. ³Que Deus, nosso Pai, e o Senhor Jesus Cristo lhes deem graça e paz.

Paulo agradece a Deus

⁴Sempre agradeço a meu Deus por vocês e pela graça que ele lhes tem dado em Cristo Jesus. ⁵Por meio dele Deus os enriqueceu em tudo, em toda capacidade de expressão e em todo entendimento. ⁶A mensagem a respeito de Cristo de fato se firmou em vocês, ⁷uma vez que nenhum dom espiritual lhes falta enquanto esperam ansiosamente pela volta de nosso Senhor Jesus Cristo. ⁸Ele os manterá firmes até o fim, para que estejam livres de toda a culpa no dia de nosso Senhor Jesus Cristo. ⁹Deus é fiel, e ele os convidou a ter comunhão com seu Filho Jesus Cristo, nosso Senhor.

Divisões na igreja

¹⁰Irmãos, suplico-lhes em nome de nosso Senhor Jesus Cristo que vivam em harmonia uns com os outros e ponham fim às divisões entre vocês. Antes, tenham o mesmo parecer, unidos em pensamento e propósito. ¹¹Pois alguns membros da família de Cloe me informaram dos desentendimentos entre vocês, meus irmãos. ¹²Refiro-me ao fato de alguns dizerem: "Eu sigo Paulo", enquanto outros afirmam: "Eu sigo Apolo", ou "Eu sigo Pedro",ᵇ ou ainda, "Eu sigo Cristo".

¹³Acaso Cristo foi dividido? Será que eu, Paulo, fui crucificado em favor de vocês? Alguém foi batizado em nome de Paulo? ¹⁴Graças a Deus, não batizei nenhum de vocês, exceto Crispo e Gaio, ¹⁵de modo que ninguém pode dizer que foi batizado em meu nome. ¹⁶Sim, também batizei a família de Estéfanas, mas não me lembro de ter batizado mais ninguém. ¹⁷Pois Cristo não me enviou para batizar, mas para anunciar as boas-novas, e não com palavras de sabedoria humana, para que a cruz de Cristo não perca seu poder.

A sabedoria de Deus

¹⁸A mensagem da cruz é loucura para os que se encaminham para a destruição, mas para nós que estamos sendo salvos ela é o poder de Deus. ¹⁹Como dizem as Escrituras:

"Destruirei a sabedoria dos sábios
  e rejeitarei a inteligência dos
    inteligentes".ᶜ

²⁰Diante disso, onde ficam os sábios, os eruditos e os argumentadores desta era? Deus fez a sabedoria deste mundo parecer loucura.

ª**1.2** *Corinto* era a capital da Acaia, a região sul da península grega. ᵇ**1.12** Em grego, *Cefas*. ᶜ**1.19** Is 29.14.

1.17,18 Não importa o que o pregador possa expressar em seu coração, ele será culpado do sangue das almas se não proclamar claramente um verdadeiro sacrifício pelo pecado. Muitas vezes, "palavras de sabedoria humana" explica o evangelho. É possível refinar uma doutrina até a própria alma dela desaparecer. Você pode estabelecer distinções tão boas que o verdadeiro significado é filtrado. Certos sacerdotes nos dizem que devem adaptar a verdade de Deus ao avanço da época, isso significa que eles devem assassiná-la e lançar o cadáver aos cães! Afirma-se que a filosofia avançada do século 19 [N.E.: Século em que este sermão foi pregado.] requer uma teologia progressiva para se manter atualizado — o que simplesmente significa que uma mentira popular deve tomar o lugar de uma ofensiva verdade de Deus. Sob o pretexto de ganhar os intelectos cultos da época, as "palavras de sabedoria humana" levam-nos gradualmente à negação desses primeiros princípios pelos quais os mártires morreram! As desculpas pelo evangelho, em que a essência dele é admitida ao incrédulo, são piores do que a infidelidade. Odeio essa defesa do evangelho que o leva ao chão para preservá-lo da destruição. As "palavras de sabedoria humana", no entanto, são mais frequentemente usadas com a intenção de *adornar* o evangelho e fazer com que ele pareça um pouco mais bonito do que seria na sua forma natural. Elas pintariam a rosa e esmaltariam o lírio, adicionariam brancura à neve e brilho ao sol! Com suas velas miseráveis, elas nos ajudariam a ver as estrelas! Ó superfluidade do mal! A cruz de Cristo é sublimemente simples — adorná-la é desonrá-la. Não há nenhuma afirmação, sob o Céu, mais musical do que essa: "Pois, em Cristo, Deus estava reconciliando consigo o mundo, não levando mais em conta os pecados das pessoas".

²¹Visto que Deus, em sua sabedoria, providenciou que o mundo não o conhecesse por meio de sabedoria humana, usou a loucura de nossa pregação para salvar os que creem. ²²Pois os judeus pedem sinais, e os gentios[a] buscam sabedoria. ²³Assim, quando pregamos que o Cristo foi crucificado, os judeus se ofendem, e os gentios dizem que é tolice.

²⁴Mas, para os que foram chamados para a salvação, tanto judeus como gentios, Cristo é o poder de Deus e a sabedoria de Deus. ²⁵Pois a "loucura" de Deus é mais sábia que a sabedoria humana, e a "fraqueza" de Deus é mais forte que a força humana.

²⁶Lembrem-se, irmãos, de que poucos de vocês eram sábios aos olhos do mundo ou poderosos ou ricos[b] quando foram chamados. ²⁷Pelo contrário, Deus escolheu as coisas que o mundo considera loucura para envergonhar os sábios, assim como escolheu as coisas fracas para envergonhar os poderosos. ²⁸Deus escolheu coisas desprezadas pelo mundo,[c] tidas como insignificantes, e as usou para reduzir a nada aquilo que o mundo considera importante. ²⁹Portanto, ninguém jamais se orgulhe na presença de Deus.

³⁰Foi por iniciativa de Deus que vocês estão em Cristo Jesus, que se tornou a sabedoria de Deus em nosso favor, nos declarou justos diante de Deus, nos santificou e nos libertou do pecado. ³¹Portanto, como dizem as Escrituras: "Quem quiser orgulhar-se, orgulhe-se somente no Senhor".[d]

A mensagem de sabedoria de Paulo

2 Irmãos, na primeira vez que estive com vocês, não usei palavras eloquentes nem sabedoria humana para lhes apresentar o plano secreto de Deus.[e] ²Pois decidi que, enquanto estivesse com vocês, me esqueceria de tudo exceto de Jesus Cristo, aquele que foi crucificado. ³Fui até vocês em fraqueza, atemorizado e trêmulo. ⁴Minha mensagem e minha pregação foram muito simples. Em vez de usar argumentos persuasivos e astutos, me firmei no poder do Espírito. ⁵Agi desse modo para que vocês não se apoiassem em sabedoria humana, mas no poder de Deus.

⁶No entanto, quando estamos entre pessoas maduras, falamos com palavras de sabedoria, mas não com o tipo de sabedoria desta era ou de seus governantes, que logo caem no esquecimento. ⁷Pelo contrário, a sabedoria a que nos referimos é o mistério de Deus,[f] seu plano antes secreto e oculto, embora ele o tenha elaborado para nossa glória antes do começo do mundo. ⁸Os governantes desta era, por sua vez, não a entenderam, pois se a houvessem entendido não teriam crucificado o Senhor da glória. ⁹É a isso que as Escrituras se referem quando dizem:

"Olho nenhum viu, ouvido nenhum ouviu,
  e mente nenhuma imaginou
o que Deus preparou
  para aqueles que o amam".[g]

¹⁰Mas[h] foi a nós que Deus revelou estas coisas por seu Espírito. Pois o Espírito sonda todas as coisas, até os segredos mais profundos de Deus. ¹¹Pois quem conhece os pensamentos de uma pessoa, senão o próprio espírito dela? Da mesma forma, ninguém conhece os pensamentos de Deus, senão o Espírito de Deus. ¹²E nós recebemos o Espírito de Deus, e não o espírito deste mundo, para que conheçamos as coisas maravilhosas que Deus nos tem dado gratuitamente.

¹³Quando lhes dizemos isso, não empregamos palavras vindas da sabedoria humana, mas palavras que nos foram ensinadas pelo Espírito, explicando verdades espirituais a pessoas espirituais.[i] ¹⁴Mas o homem natural não aceita as verdades do Espírito de Deus. Elas lhe parecem loucura, e ele não consegue entendê-las, pois apenas quem é espiritual consegue avaliar corretamente o que diz o Espírito. ¹⁵Quem é espiritual pode avaliar todas as coisas, mas ele próprio não pode ser avaliado por outros. ¹⁶Pois,

"Quem conhece os pensamentos do Senhor?
  Quem sabe o suficiente para instruí-lo?"[j]

Mas nós temos a mente de Cristo.

---

[a]**1.22** Em grego, *gregos*; também em 1.24. [b]**1.26** Ou *de nobre nascimento*. [c]**1.28** Ou *Deus escolheu pessoas de origem humilde*. [d]**1.31** Jr 9.24. [e]**2.1** Em grego, *o mistério de Deus*; alguns manuscritos trazem *o testemunho de Deus*. [f]**2.7** Em grego, *falamos a sabedoria de Deus em mistério*. [g]**2.9** Is 64.4. [h]**2.10** Alguns manuscritos trazem *Pois*. [i]**2.13** Ou *explicando verdades espirituais em linguagem espiritual*, ou *usando palavras do Espírito para explicar verdades espirituais*. [j]**2.16** Is 40.13, conforme a Septuaginta.

Paulo e Apolo, servos de Cristo

3 Irmãos, quando estive com vocês, não pude lhes falar como a pessoas espirituais, mas como se pertencessem a este mundo ou fossem criancinhas em Cristo. ²Tive de alimentá-los com leite, e não com alimento sólido, pois não estavam aptos para recebê-lo. E ainda não estão, ³porque ainda são controlados por sua natureza humana. Têm ciúme uns dos outros, discutem e brigam entre si. Acaso isso não mostra que são controlados por sua natureza humana e que vivem como pessoas do mundo? ⁴Quando um de vocês diz: "Eu sigo Paulo", e o outro diz: "Eu sigo Apolo", não estão agindo exatamente como as pessoas do mundo?

⁵Afinal, quem é Paulo? Quem é Apolo? Somos apenas servos de Deus por meio dos quais vocês vieram a crer. Cada um de nós fez o trabalho do qual o Senhor nos encarregou. ⁶Eu plantei e Apolo regou, mas quem fez crescer foi Deus. ⁷Não importa quem planta ou quem rega, mas sim Deus, que faz crescer. ⁸Quem planta e quem rega trabalham para o mesmo fim, e ambos serão recompensados por seu árduo trabalho. ⁹Pois nós somos colaboradores de Deus, e vocês são lavoura de Deus e edifício de Deus.

¹⁰Pela graça que me foi dada, lancei o alicerce como um construtor competente, e agora outros estão construindo sobre ele. Mas quem constrói sobre o alicerce precisa ter muito cuidado, ¹¹pois ninguém pode lançar outro alicerce além daquele que já foi posto, isto é, Jesus Cristo.

¹²Aqueles que constroem sobre esse alicerce podem usar vários materiais: ouro, prata, pedras preciosas, madeira, feno ou palha. ¹³No dia do juízo, porém, o fogo revelará que tipo de obra cada construtor realizou, e o fogo mostrará se a obra tem algum valor. ¹⁴Se ela sobreviver, o construtor receberá recompensa. ¹⁵Se ela queimar, o construtor sofrerá grande prejuízo, mas será salvo como alguém que é resgatado do meio do fogo.

¹⁶Vocês não entendem que são o templo de Deus e que o Espírito de Deus habita em vocês?[a] ¹⁷Deus destruirá quem destruir seu templo. Pois o templo de Deus é santo, e vocês são esse templo.

¹⁸Que ninguém se engane. Se algum de vocês pensa que é sábio conforme os padrões desta era, deve tornar-se louco a fim de ser verdadeiramente sábio. ¹⁹Pois a sabedoria deste mundo é loucura para Deus. Como dizem as Escrituras:

"Ele apanha os sábios
  na armadilha da própria astúcia deles".[b]

²⁰E também:

"O Senhor conhece os pensamentos dos
  sábios;
  sabe que nada valem".[c]

²¹Portanto, não se orgulhem de seguir líderes humanos, pois tudo lhes pertence: ²²Paulo, Apolo ou Pedro,[d] o mundo, a vida e a morte, o presente e o futuro. Tudo é de vocês, ²³e vocês são de Cristo, e Cristo é de Deus.

---

[a]**3.16** Ou *entre vocês*. [b]**3.19** Jó 5.13. [c]**3.20** Sl 94.11. [d]**3.22** Em grego, *Cefas*.

3.10-13 É muito fácil construir uma igreja rapidamente. É muito fácil fazer uma grande movimentação na religião e se tornar bastante famoso como ganhador de almas. Muito fácil. Mas o tempo testa tudo! Se não houvesse outro fogo, a não ser o mero fogo do *tempo*, este bastaria para testar o trabalho de um homem. E quando uma igreja se desmorona quase tão rapidamente quanto foi construída — quando uma igreja abandona as doutrinas que professou observar, quando o ensinamento do mestre eminente se prova, afinal, como falaz e errôneo em resultados práticos, então o que ele construiu vem a ser nada! Ó, queridos amigos, que aquele pouco que fazemos aspiremos fazê-lo para a eternidade. Se você jamais colocar o pincel na tela mais do que uma vez, dê uma pincelada indelével com ele! Se apenas um tipo de trabalho sair da oficina estatuária, que seja algo que viverá ao longo dos séculos! Mas estamos com uma pressa muito grande — fazemos muitas coisas que morrem conosco — resultados transitórios. Não somos suficientemente cuidadosos quanto ao que construímos. Que Deus permita que essa verdade penetre em nossa mente! Lembremo-nos de que, se é difícil construir com ouro e prata, e ainda mais difícil construir com pedras preciosas, entretanto, o que é construído suportará o fogo! É fácil construir com madeira — e ainda mais fácil com feno e palha — mas haverá apenas um punhado de cinzas de uma vida inteira se construirmos com eles.

O relacionamento de Paulo com os coríntios

4 Portanto, devemos ser considerados simples servos de Cristo, encarregados de explicar os mistérios de Deus. ²De um encarregado espera-se que seja fiel. ³Quanto a mim, pouco importa como sou avaliado por vocês ou por qualquer autoridade humana. Na verdade, nem minha própria avaliação é importante. ⁴Minha consciência está limpa, mas isso não prova que estou certo. O Senhor é quem me avaliará e decidirá.

⁵Portanto, não julguem ninguém antes do tempo, antes que o Senhor volte. Pois ele trará à luz nossos segredos mais obscuros e revelará nossas intenções mais íntimas. Então Deus dará a cada um a devida aprovação.

⁶Irmãos, usei a mim mesmo e a Apolo para ilustrar o que lhes tenho dito. Se aprenderem a não ir além daquilo que está escrito, não se orgulharão de um à custa de outro. ⁷Pois que direito vocês têm de julgar desse modo? O que vocês têm que Deus não lhes tenha dado? E, se tudo que temos vem de Deus, por que nos orgulharmos como se não fosse uma dádiva?

⁸Vocês consideram que já têm tudo de que precisam. Pensam que já são ricos e até já começaram a reinar sem nós! Gostaria que, de fato, já estivessem reinando, pois então eu reinaria com vocês. ⁹Por vezes me parece que Deus colocou a nós, os apóstolos, em último lugar, como condenados à morte, espetáculo para o mundo inteiro, tanto para as pessoas como para os anjos.

¹⁰Nossa dedicação a Cristo nos faz parecer loucos, mas vocês afirmam ser sábios em Cristo. Nós somos fracos, mas vocês são fortes. Vocês são respeitados, mas nós somos ridicularizados. ¹¹Até agora passamos fome e sede, e não temos roupa necessária para nos manter aquecidos. Somos espancados e não temos casa. ¹²Trabalhamos arduamente com as próprias mãos para obter sustento. Abençoamos quem nos amaldiçoa. Somos pacientes com quem nos maltrata. ¹³Respondemos com bondade quando falam mal de nós. E, no entanto, até o momento, temos sido tratados como a escória do mundo, como o lixo de todos.

¹⁴Não escrevo estas coisas para envergonhá-los, mas para adverti-los como meus filhos amados. ¹⁵Pois, ainda que tivessem dez mil mestres em Cristo, vocês não têm muitos pais, pois eu me tornei seu pai espiritual em Cristo Jesus por meio das boas-novas que lhes anunciei. ¹⁶Portanto, suplico-lhes que sejam meus imitadores.

¹⁷Por isso enviei Timóteo, meu filho amado e fiel no Senhor. Ele os lembrará de como sigo Cristo Jesus, de acordo com o que ensino em todas as igrejas, em qualquer lugar aonde vou.

¹⁸Alguns de vocês se tornaram arrogantes, pensando que não irei mais visitá-los. ¹⁹Mas eu irei, e logo, se o Senhor permitir, e então verei se esses arrogantes apenas fazem discursos pretensiosos ou se têm, de fato, o poder de Deus. ²⁰Pois o reino de Deus não consiste apenas em palavras, mas em poder. ²¹O que vocês escolhem? Devo ir com vara para castigá-los ou com amor e espírito de mansidão?

Paulo confronta a imoralidade e o orgulho

5 Comenta-se por toda parte que há imoralidade sexual em seu meio, imoralidade que nem mesmo os pagãos praticam. Soube de um homem entre vocês que mantém relações sexuais com a própria madrasta.ᵃ ²Como podem se orgulhar disso? Deveriam lamentar-se e excluir de sua comunhão o homem que cometeu tamanha ofensa.

³Embora eu não esteja com vocês em pessoa, estou presente em espírito.ᵇ E, como se estivesse aí, já condenei esse homem ⁴em nome do Senhor Jesus. Convoquem uma reunião.ᶜ Estarei com vocês em meu espírito, e o poder de nosso Senhor Jesus também estará presente. ⁵Entreguem esse homem a Satanás, para que o corpo seja punido e o espírito seja salvoᵈ no dia do Senhor.ᵉ

⁶Não é nada bom se orgulharem disso. Não percebem que esse pecado é como um pouco de fermento que leveda toda a massa? ⁷Livrem-se do fermento velho, para que sejam

---

ᵃ**5.1** Em grego, *a esposa de seu pai*. ᵇ**5.3** Ou *no Espírito*. ᶜ**5.4** Ou *Em nome do Senhor Jesus, convoquem uma reunião*. ᵈ**5.5a** Ou *para que os feitos da natureza humana sejam destruídos e o espírito seja preservado*. ᵉ**5.5b** Alguns manuscritos trazem *o Senhor Jesus*; outros, *nosso Senhor Jesus Cristo*.

massa nova, sem fermento, o que de fato são. Cristo, nosso Cordeiro pascal, foi sacrificado. ⁸Por isso, celebremos a festa não com o velho pão, fermentado com maldade e perversidade, mas com o novo pão da sinceridade e da verdade, sem nenhum fermento.

⁹Quando lhes escrevi antes, disse que não deviam se associar com pessoas que se entregam à imoralidade sexual. ¹⁰Com isso, porém, não me referia a descrentes que vivem em imoralidade sexual, ou são avarentos, ou exploram os outros, ou adoram ídolos. Vocês teriam de sair deste mundo para evitar pessoas desse tipo. ¹¹O que eu queria dizer era que vocês não devem se associar a alguém que afirma ser irmão mas vive em imoralidade sexual, ou é avarento, ou adora ídolos, ou insulta as pessoas, ou é bêbado ou explora os outros. Nem ao menos comam com gente assim.

¹²Não cabe a mim julgar os de fora, mas certamente cabe a vocês julgar os que estão dentro. ¹³Deus julgará os de fora. Portanto, eliminem o mal do meio de vocês.ᵃ

Ações judiciais contra irmãos

6 Quando algum de vocês tem um desentendimento com outro irmão, como se atreve a recorrer a um tribunal e pedir que injustos decidam a questão em vez de levá-la ao povo santo? ²Vocês não sabem que um dia nós, os santos, julgaremos o mundo? E, uma vez que vocês julgarão o mundo, acaso não são capazes de decidir entre vocês nem mesmo essas pequenas causas? ³Não sabem que julgaremos os anjos? Que dizer, então, dos desentendimentos corriqueiros desta vida? ⁴Se vocês têm conflitos legais, por que levá-los para fora da igreja, a juízes que não fazem parte dela? ⁵Digo isso para envergonhá-los. Ninguém entre vocês tem sabedoria suficiente para resolver essas questões? ⁶Em vez disso, um irmão processa outro irmão diante dos descrentes!

⁷O simples fato de terem essas ações judiciais entre si já é uma derrota para vocês. Por que não aceitar a injustiça sofrida? Por que não arcar com o prejuízo? ⁸Em vez disso, vocês mesmos cometem injustiças e causam prejuízos até contra os próprios irmãos.

⁹Vocês não sabem que os injustos não herdarão o reino de Deus? Não se enganem: aqueles que se envolvem em imoralidade sexual, adoram ídolos, cometem adultério, se entregam a práticas homossexuais, ¹⁰são ladrões, avarentos, bêbados, insultam as pessoas ou exploram os outros não herdarão o reino de Deus. ¹¹Alguns de vocês eram assim, mas foram purificados e santificados, declarados justos diante de Deus no nome do Senhor Jesus Cristo e pelo Espírito de nosso Deus.

Pecado sexual

¹²"Tudo me é permitido", mas nem tudo convém. "Tudo me é permitido", mas não devo me tornar escravo de nada. ¹³"Os alimentos foram feitos para o estômago, e o estômago para os alimentos." É verdade, mas um dia Deus acabará com os dois. Vocês, contudo, não podem dizer que nosso corpo foi feito para a

---

ᵃ **5.13** Ver Dt 17.7.

5.6-8 [...] o apóstolo tinha em sua mente o costume dos judeus na Páscoa. Em consequência da ordem de que eles deveriam se livrar do fermento na Páscoa, o chefe da família entre os judeus nos tempos antigos, especialmente quando eles ficaram mais rigorosos em seu ritual, passaria por toda a casa um determinado dia para procurar por cada partícula de pão fermentado. Geralmente, era feito à noite com o uso de uma vela, e os criados e outros acompanhavam o bom homem da casa para procurar cada migalha. As roupas eram sacudidas, os armários esvaziados, as gavetas abertas — e caso um rato atravessasse a sala, e se supusesse que levava uma migalha de pão para sua toca — eles tremiam por considerar que uma maldição recairia sobre a casa! Eles se tornaram tão rigorosos que o nosso Salvador pôde repreendê-los por coar um mosquito enquanto engoliam um camelo! Nós, no entanto, não precisamos temer ser excessivamente rigorosos em nos livrar do *pecado*. Com um cuidado tão escrupuloso, como os dos israelitas em retirar o fermento de suas casas, devemos expulsar todo o pecado de nós mesmos, de nossa conduta e de nossa conversa. Meus irmãos e irmãs, aqui, então, está uma tarefa diante de vocês. Vejam bem que não os exortamos a purgar os pecados para que possam se salvar, pois Cristo, nossa Páscoa, foi morto, e a nossa salvação é assegurada; mas depois disso feito, é nosso dever purgar o fermento do pecado para que possamos manter a festa e possuir ininterruptamente a *alegria* da salvação.

imoralidade sexual. Ele foi feito para o Senhor, e o relacionamento que o Senhor tem conosco inclui nosso corpo. ¹⁴Portanto, Deus nos ressuscitará dos mortos por seu poder, assim como ressuscitou o Senhor.

¹⁵Vocês não sabem que seu corpo é, na realidade, membro de Cristo? Acaso um homem deve tomar seu corpo, que faz parte de Cristo, e uni-lo a uma prostituta? De maneira nenhuma! ¹⁶E vocês não sabem que se um homem se une a uma prostituta ele se torna um corpo com ela? Pois as Escrituras dizem: "Os dois se tornam um só".ᵃ ¹⁷Mas a pessoa que se une ao Senhor tem com ele uma união de espírito.

¹⁸Fujam da imoralidade sexual! Nenhum outro pecado afeta o corpo como esse, pois a imoralidade sexual é um pecado contra o próprio corpo. ¹⁹Vocês não sabem que seu corpo é o templo do Espírito Santo, que habita em vocês e lhes foi dado por Deus? Vocês não pertencem a si mesmos, ²⁰pois foram comprados por alto preço. Portanto, honrem a Deus com seu corpo.

Instruções sobre o casamento

7 Agora, quanto às perguntas que vocês me fizeram em sua carta, digo que é bom que o homem não toque em mulher. ²Mas, uma vez que há tanta imoralidade sexual, cada homem deve ter sua própria esposa, e cada mulher, seu próprio marido.

³O marido deve satisfazer as necessidades conjugais de sua esposa, e a esposa deve fazer o mesmo por seu marido. ⁴A esposa não tem autoridade sobre seu corpo, mas sim o marido. Da mesma forma, não é o marido que tem autoridade sobre seu corpo, mas sim a esposa.

⁵Não privem um ao outro de terem relações, a menos que ambos concordem em abster-se da intimidade sexual por certo tempo, a fim de se dedicarem de modo mais pleno à oração. Depois disso, unam-se novamente, para que Satanás não os tente por causa de sua falta de domínio próprio. ⁶Digo isso como concessão, e não como mandamento. ⁷Gostaria que todos *fossem como eu*, mas cada um tem seu próprio dom, concedido por Deus: um tem este tipo de dom, o outro, aquele.

⁸Portanto, digo aos solteiros e às viúvas: é melhor que permaneçam como eu. ⁹Mas, se não conseguirem se controlar, devem se casar. É melhor se casar que arder em desejo.

¹⁰Para os casados, porém, tenho uma ordem que não vem de mim, mas do Senhor:ᵇ a esposa não deve se separar do marido. ¹¹Mas, se o fizer, que permaneça solteira ou se reconcilie com ele. E o marido não deve se separar da esposa.

¹²Agora me dirijo aos demais, embora o Senhor não tenha dado instrução específica a respeito. Se um irmão for casado com uma mulher descrente e ela estiver disposta a continuar vivendo com ele, não se separe dela. ¹³E, se uma irmã for casada com um homem descrente e ele estiver disposto a continuar vivendo com ela, não se separe dele. ¹⁴Pois o marido descrente é santificado pela esposa, e a esposa descrente é santificada pelo marido. Do contrário, os filhos seriam impuros, mas eles são santos. ¹⁵Se, porém, o cônjuge descrente insistir em se separar, deixe-o ir. Nesses casos, o irmão ou a irmã não está mais preso à outra pessoa, pois Deus os chamouᶜ para viver em paz. ¹⁶Você, esposa, como sabe que seu marido poderia ser salvo por sua causa? E você, marido, como sabe que sua esposa poderia ser salva por sua causa?ᵈ

¹⁷Cada um continue a viver na situação em que o Senhor o colocou, e cada um permaneça como estava quando Deus o chamou. Essa é minha regra para todas as igrejas. ¹⁸Se um homem foi circuncidado antes de crer, não deve tentar mudar sua condição. E, se um homem não foi circuncidado antes de crer, não o deve ser agora. ¹⁹Pois não faz diferença se ele foi circuncidado ou não. O importante é que obedeça aos mandamentos de Deus.

²⁰Sim, cada um deve permanecer como estava quando Deus o chamou. ²¹Você foi chamado sendo escravo? Não deixe que isso o preocupe, mas, se tiver a oportunidade de ficar livre, aproveite-a. ²²E, se você era escravo quando o Senhor o chamou, agora é livre no Senhor. E, se você era livre quando o Senhor o chamou, agora é escravo de Cristo. ²³Vocês foram comprados por alto preço, portanto não se deixem escravizar pelo

---

ᵃ**6.16** Gn 2.24. ᵇ**7.10** Ver Mt 5.32; 19.9; Mc 10.11-12; Lc 16.18. ᶜ**7.15** Alguns manuscritos trazem *nos chamou*. ᵈ**7.16** Ou *Você, esposa, não sabe que seu marido poderia ser salvo por sua causa? E você, marido, não sabe que sua esposa poderia ser salva por sua causa?*

mundo.ᵃ ²⁴Cada um de vocês, irmãos, deve permanecer como estava quando Deus os chamou.

²⁵Quanto à pergunta sobre as moças que ainda não se casaram,ᵇ não tenho para elas um mandamento do Senhor. Em sua misericórdia, porém, o Senhor me deu sabedoria confiável, e eu a compartilharei com vocês. ²⁶Tendo em vista as dificuldades de nosso tempo,ᶜ creio que é melhor que permaneçam como estão. ²⁷Se você já tem esposa, não procure se separar. Se não tem esposa, não procure se casar. ²⁸Se, contudo, vier a se casar, não é pecado. E, se uma moçaᵈ se casar, também não é pecado. No entanto, aqueles que se casarem em tempos como os atuais terão de enfrentar dificuldades, e minha intenção é poupá-los disso.

²⁹Irmãos, isto é o que quero dizer: o tempo que resta é muito curto. Portanto, de agora em diante, aqueles que têm esposa devem agir como se não fossem casados. ³⁰Aqueles que choram, que se alegram ou que compram coisas não devem se entregar totalmente à tristeza, à alegria ou aos bens. ³¹Aqueles que usam as coisas deste mundo não devem se apegar a elas, pois este mundo, como o conhecemos, logo passará.

³²Quero que estejam livres das preocupações desta vida. O homem que não é casado tem mais tempo para se dedicar à obra do Senhor e pensar em como agradá-lo. ³³Mas o homem casado precisa pensar em suas responsabilidades neste mundo e em como agradar sua esposa. ³⁴Seus interesses estão divididos. Da mesma forma, a mulher que não é casada ou que nunca se casou pode se dedicar ao Senhor e ser santa de corpo e espírito. Mas a mulher casada precisa pensar em suas responsabilidades aqui na terra e em como agradar seu marido. ³⁵Digo isso para seu bem, e não para lhes impor restrições. Quero que façam aquilo que os ajudará a servir melhor ao Senhor, com o mínimo possível de distrações.

³⁶Se, contudo, um homem acredita que está tratando sua noiva de forma inapropriada e que seus impulsos vão além de suas forças, que se case com ela, como é desejo dele. Não é pecado. ³⁷Mas, se tiver assumido um compromisso firme, e não houver urgência, e ele for capaz de controlar sua paixão, faz bem em não se casar. ³⁸Portanto, quem se casa com sua noiva faz bem, e quem não se casa faz melhor ainda.ᵉ

³⁹A esposa está ligada ao marido enquanto ele viver. Se o marido morrer, ela está livre para se casar com quem quiser, desde que seja um irmão no Senhor.ᶠ ⁴⁰Em minha opinião, porém, seria melhor que ela não se casasse novamente, e creio que, ao dizer isso, lhes dou o conselho do Espírito de Deus.

Comida sacrificada a ídolos

8 Quanto à pergunta sobre a comida sacrificada a ídolos, sabemos que todos temos conhecimento a esse respeito. Contudo, o conhecimento traz orgulho, enquanto o amor fortalece. ²Se alguém pensa que sabe tudo sobre algo, ainda não aprendeu como deveria. ³Mas quem ama a Deus é conhecido por ele.

⁴Então, o que dizer quanto ao alimento oferecido a ídolos? Bem, todos nós sabemos que, na verdade, o ídolo nada vale neste mundo, e que há somente um Deus. ⁵Sim, é fato que existem os que são chamados de deuses, por assim dizer, nos céus e na terra, e há pessoas que adoram muitos deuses e muitos senhores. ⁶Para nós, porém,

Há somente um Deus, o Pai,
  por meio de quem todas as coisas foram criadas
  e para quem vivemos.
E há somente um Senhor, Jesus Cristo,
  por meio de quem todas as coisas foram criadas
  e por meio de quem recebemos vida.

⁷No entanto, nem todos sabem disso. Alguns estão acostumados a pensar que os ídolos são de verdade, de modo que, ao comer alimentos oferecidos a eles, imaginam que estão adorando deuses de verdade, e sua consciência fraca é contaminada. ⁸Não obtemos a aprovação

---

ᵃ**7.23** Em grego, *não se tornem escravos de homens.* ᵇ**7.25** Em grego, *sobre as virgens.* ᶜ**7.26** Ou *as pressões da vida.* ᵈ**7.28** Em grego, *uma virgem.* ᵉ**7.36-38** Ou ³⁶*Se, contudo, alguém acredita que não está tratando sua filha de forma adequada, visto que ela já passou da idade de casar, faça como planejou. Não é pecado dá-la em casamento; deixe-a casar.* ³⁷*No entanto, se está determinado a manter sua filha solteira, e não tem necessidade ou obrigação, e julga que isso é o melhor, fará bem se não a der em casamento.* ³⁸*Assim, quem dá sua filha em casamento faz bem, e quem não a dá faz melhor ainda.* ᶠ**7.39** Em grego, *desde que no Senhor.*

de Deus pelo que comemos. Não perdemos nada se não comemos, e se comemos, nada ganhamos.

⁹Contudo, tenham cuidado para que sua liberdade não leve outros de consciência mais fraca a tropeçar. ¹⁰Pois, se alguém vir você, que diz ter um conhecimento superior, comer no templo de um ídolo, acaso não será induzido a contaminar a própria consciência ao ingerir alimentos oferecidos a ídolos? ¹¹Assim, por causa do seu conhecimento superior, um irmão fraco pelo qual Cristo morreu acaba se perdendo.ᵃ ¹²E quando vocês pecam contra outros irmãos, incentivando-os a fazer algo que eles consideram errado, pecam contra Cristo. ¹³Portanto, se aquilo que eu como faz um irmão pecar, nunca mais comerei carne, pois não quero fazer meu irmão tropeçar.

Paulo abre mão de seus direitos

9 Acaso não sou livre como qualquer outro? Não sou apóstolo? Não vi Jesus, nosso Senhor, com meus próprios olhos? Não são vocês resultado de meu trabalho no Senhor? ²Mesmo que outros pensem que não sou apóstolo, certamente o sou para vocês. Vocês mesmos são prova de que sou apóstolo do Senhor.

³Esta é minha resposta aos que questionam minha autoridade.ᵇ ⁴Acaso não temos o direito de receber comida e bebida por nosso trabalho? ⁵Não temos o direito de levar conosco uma esposa crente,ᶜ como fazem os outros apóstolos, e como fazem os irmãos do Senhor e Pedro?ᵈ ⁶Ou será que só Barnabé e eu precisamos trabalhar para nos sustentarmos?

⁷Que soldado precisa pagar pelas próprias despesas? Que agricultor planta uma videira e não tem direito de comer de seus frutos? Que pastor cuida de um rebanho e não tem permissão de tomar de seu leite? ⁸Será que expresso apenas uma opinião humana ou a lei diz o mesmo? ⁹Pois está escrito na lei de Moisés: "Não amordacem o boi para impedir que ele coma enquanto trilha os cereais".ᵉ Deus estava pensando apenas nos bois quando disse isso? ¹⁰Será que, na verdade, não estava se referindo a nós? Sim, essas palavras foram escritas a nosso respeito e, portanto, quem ara e quem trilha o cereal deve ter a esperança de receber uma parte da colheita.

¹¹Se plantamos sementes espirituais entre vocês, não temos direito a uma colheita material? ¹²Se vocês sustentam outros que pregam a vocês, não temos ainda mais direito de receber o mesmo sustento? Mas nunca fizemos uso desse direito. Preferimos suportar qualquer coisa a fim de não sermos obstáculo para as boas-novas a respeito de Cristo.

¹³Vocês não sabem que os que trabalham no templo se alimentam das ofertas levadas ao templo, e os que servem diante do altar recebem uma parte dos sacrifícios oferecidos no altar? ¹⁴Da mesma forma, o Senhor ordenou que os que anunciam as boas-novas vivam pelas boas-novas. ¹⁵Contudo, nunca usei de nenhum desses direitos. Não escrevo isso para sugerir que desejo agora começar a fazê-lo. De fato, prefiro morrer a perder o privilégio de me orgulhar de pregar sem cobrar nada. ¹⁶E, no entanto, não posso me orgulhar de anunciar as boas-novas, pois sou impelido por Deus a fazê-lo. Ai de mim se não anunciar as boas-novas!

¹⁷Se o fizesse por minha própria iniciativa, mereceria pagamento. Mas não tenho escolha, pois Deus me confiou essa responsabilidade. ¹⁸Qual é, então, minha recompensa? É a oportunidade de anunciar as boas-novas sem cobrar nada de ninguém, de modo a não desfrutar os direitos que tenho por anunciar as boas-novas.

¹⁹Embora eu seja um homem livre, fiz-me escravo de todos para levar muitos a Cristo. ²⁰Quando estive com os judeus, vivi como os judeus para levá-los a Cristo. Quando estive com os que seguem a lei judaica, vivi debaixo dessa lei. Embora não esteja sujeito à lei, agi desse modo para levar a Cristo aqueles que estão debaixo da lei. ²¹Quando estou com os que não seguem a lei judaica,ᶠ também vivo de modo independente da lei para levá-los a Cristo. Não ignoro, porém, a lei de Deus, pois obedeço à lei de Cristo.

²²Quando estou com os fracos, também me torno fraco, pois quero levar os fracos a Cristo. Sim, tento encontrar algum ponto em comum com todos, fazendo todo o possível para salvar

---

ᵃ**8.11** Ou *será destruído.* ᵇ**9.3** Em grego, *aos que me julgam.* ᶜ**9.5a** Em grego, *uma irmã esposa.* ᵈ**9.5b** Em grego, *Cefas.* ᵉ**9.9** Dt 25.4. ᶠ**9.21** Em grego, *os que não têm lei.*

alguns. ²³Faço tudo isso para espalhar as boas-novas e participar de suas bênçãos.

²⁴Vocês não sabem que, numa corrida, todos competem, mas apenas um ganha o prêmio? Portanto, corram para vencer. ²⁵O atleta precisa ser disciplinado sob todos os aspectos. Ele se esforça para ganhar um prêmio perecível. Nós, porém, o fazemos para ganhar um prêmio eterno. ²⁶Por isso não corro sem objetivo nem luto como quem dá golpes no ar. ²⁷Disciplino meu corpo como um atleta, treinando-o para fazer o que deve, de modo que, depois de ter pregado a outros, eu mesmo não seja desqualificado.

Lições da idolatria de Israel

10 Irmãos, não quero que vocês se esqueçam do que aconteceu muito tempo atrás, quando nossos antepassados foram guiados por uma nuvem que ia adiante deles e atravessaram o mar. ²Na nuvem e no mar, todos foram batizados como seguidores de Moisés. ³Todos comeram do mesmo alimento espiritual ⁴e todos beberam da mesma água espiritual, pois beberam da rocha espiritual que os acompanhava, e essa rocha era Cristo. ⁵No entanto, Deus não se agradou da maioria deles, e seus corpos ficaram espalhados pelo deserto.

⁶Tais coisas aconteceram como advertência para nós, a fim de que não cobicemos o que é mau, como eles cobiçaram, ⁷nem adoremos ídolos, como alguns deles adoraram. Segundo as Escrituras, "todos comeram e beberam e se entregaram à farra".[a] ⁸E não devemos praticar a imoralidade sexual, como alguns deles praticaram, e morreram 23 mil pessoas num só dia.

⁹Também não devemos pôr Cristo[b] à prova, como alguns deles puseram, e foram mortos por serpentes. ¹⁰E não se queixem como alguns deles se queixaram, e foram destruídos pelo anjo da morte. ¹¹Essas coisas que aconteceram *a eles nos servem como* exemplo. Foram escritas como advertência para nós, que vivemos no fim dos tempos.

¹²Portanto, se vocês pensam que estão de pé, cuidem para que não caiam. ¹³As tentações em sua vida não são diferentes daquelas que outros enfrentaram. Deus é fiel, e ele não permitirá tentações maiores do que vocês podem suportar. Quando forem tentados, ele mostrará uma saída para que consigam resistir.

¹⁴Portanto, meus amados, fujam do culto aos ídolos. ¹⁵Vocês são pessoas sensatas. Julguem por si mesmos se o que digo é verdade. ¹⁶Quando abençoamos o cálice à mesa, não participamos do sangue de Cristo? E, quando partimos o pão, não participamos do corpo de Cristo? ¹⁷E, embora sejamos muitos, todos comemos do mesmo pão, mostrando que somos um só corpo. ¹⁸Pensem no povo de Israel. Acaso os que comiam dos sacrifícios não partilhavam do mesmo altar?

¹⁹Então, o que estou tentando dizer? Que a comida oferecida a ídolos tem alguma importância, ou que os ídolos são deuses de verdade? ²⁰De maneira nenhuma! Estou dizendo que esses sacrifícios são oferecidos a demônios, e não a Deus. E não quero que vocês tenham parte com demônios. ²¹Vocês não podem beber do cálice do Senhor e também do cálice de demônios. Não podem participar da mesa do Senhor e também da mesa de demônios. ²²Acaso nos atreveremos a despertar o ciúme do Senhor? Somos mais fortes que ele?

²³"Tudo é permitido", mas nem tudo convém. "Tudo é permitido", mas nem tudo traz benefícios. ²⁴Não se preocupem com seu próprio bem, mas com o bem dos outros.

²⁵Portanto, vocês podem comer qualquer carne que é vendida no mercado sem questionar nada por motivo de consciência. ²⁶Pois "do Senhor é a terra e tudo que nela há".[c]

²⁷Se um descrente os convidar para uma refeição, aceitem o convite se desejarem. Comam o que lhes oferecerem, sem questionar nada por motivo de consciência. ²⁸(Mas, se alguém lhes disser: "Esta carne foi oferecida a um ídolo", não a comam por respeito à consciência da pessoa que os avisou. ²⁹Talvez não seja uma questão de consciência para vocês, mas o é para a outra pessoa.) Afinal, por que minha liberdade deve ser limitada por aquilo que outros pensam? ³⁰Por que serei eu condenado se comer algo pelo qual dei graças a Deus?

³¹Portanto, quer vocês comam, quer bebam, quer façam qualquer outra coisa, façam para a glória de Deus. ³²Não ofendam nem os judeus,

---

[a] **10.7** Êx 32.6. [b] **10.9** Alguns manuscritos trazem *o Senhor*. [c] **10.26** Sl 24.1.

nem os gentios,[a] nem a igreja de Deus, ³³assim como também eu procuro agradar a todos em tudo que faço. Não faço apenas o que é melhor para mim; faço o que é melhor para os outros, a fim de que muitos sejam salvos.

11 Sejam meus imitadores, como eu sou imitador de Cristo.

Instruções para o culto público

²Eu os elogio porque vocês sempre têm se lembrado de mim e têm seguido os ensinamentos que lhes transmiti. ³Mas quero que saibam de uma coisa: o cabeça de todo homem é Cristo, o cabeça da mulher é o homem, e o cabeça de Cristo é Deus. ⁴O homem desonra sua cabeça se a cobre para orar ou profetizar. ⁵Mas a mulher desonra sua cabeça se ora ou profetiza sem cobri-la, pois é como se tivesse raspado a cabeça. ⁶Se ela se recusa a cobrir a cabeça, deve também cortar todo o cabelo! Mas, uma vez que é vergonhoso a mulher cortar o cabelo ou raspar a cabeça, deve cobri-la.

⁷O homem não deve cobrir a cabeça, pois ele foi criado à imagem de Deus e reflete a glória de Deus. A mulher, porém, reflete a glória do homem. ⁸Pois o homem não veio da mulher, mas a mulher veio do homem. ⁹E o homem não foi criado para a mulher, mas a mulher foi criada para o homem. ¹⁰Por esse motivo, e também por causa dos anjos, a mulher deve cobrir a cabeça, para mostrar que está debaixo de autoridade.[b]

¹¹Entre o povo do Senhor, porém, as mulheres não são independentes dos homens, e os homens não são independentes das mulheres. ¹²Pois, embora a mulher tenha vindo do homem, o homem nasce da mulher, e tudo vem de Deus.

¹³Julguem por si mesmos: é correto uma mulher orar a Deus em público sem cobrir a cabeça? ¹⁴A natureza não deixa claro que é vergonhoso o homem ter cabelo comprido? ¹⁵E as mulheres não se orgulham de seu cabelo comprido? Pois ele lhes foi dado como manto. ¹⁶Mas, se alguém quiser discutir a esse respeito, digo simplesmente que não temos outro costume. E as outras igrejas de Deus pensam da mesma forma.

Ordem na ceia do Senhor

¹⁷Nas instruções a seguir, porém, não posso elogiá-los, pois, quando vocês se reúnem, fazem mais mal que bem. ¹⁸Primeiro, ouço que há divisões quando vocês se reúnem como igreja e, até certo ponto, eu o creio. ¹⁹Suponho que seja necessário haver divisões entre vocês para que se reconheçam os que são aprovados!

²⁰Quando vocês se reúnem, não estão interessados de fato na ceia do Senhor. ²¹Alguns de vocês se apressam em comer a própria refeição; como resultado, alguns passam fome, enquanto outros ficam embriagados. ²²Será que vocês não têm casa onde comer e beber? Ou querem mesmo envergonhar a igreja de Deus e humilhar os pobres? Que devo dizer? Querem que eu os elogie? Certamente não os elogiarei por isso!

²³Pois eu lhes transmiti aquilo que recebi do Senhor. Na noite em que o Senhor Jesus foi traído, ele tomou o pão, ²⁴agradeceu a Deus, partiu-o e disse: "Este é meu corpo, que é entregue por vocês.[c] Façam isto em memória de mim". ²⁵Da mesma forma, depois da ceia, tomou o cálice e disse: "Este cálice é a nova aliança, confirmada com meu sangue. Façam isto em memória de mim, sempre que o beberem".[d] ²⁶Porque cada vez que vocês

---

[a] **10.32** Em grego, *nem os gregos.* [b] **11.10** Em grego, *deve ter uma autoridade sobre sua cabeça.* [c] **11.24** Em grego, *que é para vocês*; alguns manuscritos trazem *que é partido para vocês.* [d] **11.23-25** Ver Lc 22.19-20.

11.26 [...] como esta Ceia deve ser celebrada "até que ele venha", ela mostra que *sempre haverá a Igreja de Cristo para celebrá-la.* Sempre houve a Igreja de Cristo desde que Ele a fundou. Nos dias papais mais tenebrosos, Cristo sempre teve Sua pequena Igreja observando esta ordenança. Nas catacumbas de Roma, nas montanhas da Boêmia, nos vales valdenses, nos solos selvagens da Escócia e em quase todas as terras, no simples repartir do pão e no beber do vinho, os cristãos ainda se lembravam da morte de Cristo, apesar de eles mesmo se encontrarem correndo risco de morte! E até esses dias mais brilhantes em que podemos encontrar duas ou três pessoas de cada vez, ou centenas ou milhares de uma vez para repartir o pão e beber o vinho em memória do nosso Senhor que morreu, sempre houve e sempre haverá a Igreja de Cristo! Então, não se desespere, não importa como os dias ainda podem vir a ser. Haverá a Igreja de Cristo "até que ele venha".

comem desse pão e bebem desse cálice, anunciam a morte do Senhor até que ele venha.

²⁷Assim, quem come do pão ou bebe do cálice do Senhor indignamente é culpado de pecar contra[a] o corpo e o sangue do Senhor. ²⁸Portanto, examinem-se antes de comer do pão e beber do cálice, ²⁹pois, se comem do pão ou bebem do cálice sem honrar o corpo de Cristo,[b] comem e bebem julgamento contra si mesmos. ³⁰Por isso muitos de vocês estão fracos e doentes e alguns até adormeceram.

³¹Se examinássemos a nós mesmos, não seríamos julgados dessa maneira. ³²Mas, quando somos julgados pelo Senhor, estamos sendo disciplinados para que não sejamos condenados com o mundo.

³³Portanto, meus irmãos, quando se reunirem para comer, esperem uns pelos outros. ³⁴Se estiverem com fome, comam em casa, a fim de não trazer julgamento sobre si mesmos ao se reunirem. Eu lhes darei instruções a respeito de outros assuntos depois que chegar aí.

Dons espirituais

12 Agora, irmãos, quanto à sua pergunta sobre os dons espirituais,[c] não quero que continuem confusos. ²Vocês sabem que, quando ainda eram pagãos,[d] foram conduzidos pelo caminho errado e levados a adorar ídolos mudos. ³Por isso, quero que compreendam que ninguém que fala pelo Espírito de Deus amaldiçoa Jesus, e ninguém pode dizer que Jesus é Senhor a não ser pelo Espírito Santo.

⁴Existem tipos diferentes de dons espirituais, mas o mesmo Espírito é a fonte de todos eles. ⁵Existem tipos diferentes de serviço, mas o Senhor a quem servimos é o mesmo. ⁶Deus trabalha de maneiras diferentes, mas é o mesmo Deus que opera em todos nós.

⁷A cada um de nós é concedida a manifestação do Espírito para o benefício de todos. ⁸A um o Espírito dá a capacidade de oferecer conselhos sábios,[e] a outro o mesmo Espírito dá uma mensagem de conhecimento especial.[f] ⁹A um o mesmo Espírito dá grande fé, a outro o único Espírito concede o dom de cura. ¹⁰A um ele dá o poder de realizar milagres, a outro, a capacidade de profetizar. A outro ele dá a capacidade de discernir se uma mensagem é do Espírito de Deus ou de outro espírito. A outro, ainda, dá a capacidade de falar em diferentes línguas,[g] enquanto a um outro dá a capacidade de interpretar o que está sendo dito. ¹¹Tudo isso é distribuído pelo mesmo e único Espírito, que concede o que deseja a cada um.

Um só corpo com muitas partes

¹²O corpo humano tem muitas partes, mas elas formam um só corpo. O mesmo acontece com relação a Cristo. ¹³Alguns de nós são judeus, alguns são gentios,[h] alguns são escravos e alguns são livres, mas todos nós fomos batizados em um só corpo pelo único Espírito, e todos recebemos o privilégio de beber do mesmo Espírito.

¹⁴De fato, o corpo não é feito de uma só parte, mas de muitas partes diferentes. ¹⁵Se o pé diz: "Não sou parte do corpo porque não sou mão", acaso, por isso, deixa de ser parte do corpo? ¹⁶E se a orelha diz: "Não sou parte do corpo porque não sou olho", será que, por isso, deixa de ser parte do corpo? ¹⁷Se o corpo todo fosse olho, como vocês ouviriam? E, se o corpo todo fosse orelha, como sentiriam o cheiro de algo?

¹⁸Mas nosso corpo tem muitas partes, e Deus colocou cada uma delas onde ele quis. ¹⁹O corpo deixaria de ser corpo se tivesse apenas uma parte. ²⁰Assim, há muitas partes, mas um só corpo. ²¹O olho não pode dizer à mão: "Não preciso de você". E a cabeça não pode dizer aos pés: "Não preciso de vocês".

²²Ao contrário, algumas partes do corpo que parecem mais fracas são as mais necessárias. ²³E as partes que consideramos menos honrosas são as que tratamos com mais atenção. Assim, protegemos cuidadosamente as partes que não devem ser vistas, ²⁴enquanto as mais honrosas não precisam dessa atenção especial. Deus estruturou o corpo de maneira a conceder mais honra e cuidado às partes que recebem menos atenção. ²⁵Isso faz que haja harmonia entre os membros, de modo que

---

[a]**11.27** Ou *é responsável por.* [b]**11.29** Em grego, *o corpo*; alguns manuscritos trazem *o corpo do Senhor.* [c]**12.1** Ou *sobre as coisas espirituais*, ou *sobre as pessoas espirituais*; o grego traz *sobre os espirituais.* [d]**12.2** Em grego, *gentios.* [e]**12.8a** Ou *uma palavra de sabedoria.* [f]**12.8b** Ou *uma palavra de conhecimento.* [g]**12.10** Ou *em diferentes tipos de línguas*; também em 12.28,30. [h]**12.13** Em grego, *gregos.*

todos cuidem uns dos outros. ²⁶Se uma parte sofre, todas as outras sofrem com ela, e se uma parte é honrada, todas as outras com ela se alegram.

²⁷Juntos, todos vocês são o corpo de Cristo, e cada um é uma parte dele. ²⁸Deus estabeleceu para a igreja:

em primeiro lugar, os apóstolos;
em segundo, os profetas;
em terceiro, os mestres;
depois, os que fazem milagres,
os que têm o dom de cura,
os que ajudam outros,
os que têm o dom de liderança,
os que falam em diferentes línguas.

²⁹Somos todos apóstolos? Somos todos profetas? Somos todos mestres? Todos nós temos o poder de fazer milagres? ³⁰Todos temos o dom de cura? Todos temos a capacidade de falar em diferentes línguas? Todos temos a capacidade de interpretar o que é dito? ³¹Portanto, desejem intensamente os dons mais úteis.

Agora, porém, vou lhes mostrar um estilo de vida que supera os demais.

O mais importante é o amor

13 Se eu falasse as línguas dos homens e dos anjos, mas não tivesse amor, seria como um sino que ressoa ou um címbalo que retine. ²Se eu tivesse o dom de profecias, se entendesse todos os mistérios de Deus e tivesse todo o conhecimento, e se tivesse uma fé que me permitisse mover montanhas, mas não tivesse amor, eu nada seria. ³Se desse tudo que tenho aos pobres e até entregasse meu corpo para ser queimado,ª e não tivesse amor, de nada me adiantaria.

⁴O amor é paciente e bondoso. O amor não é ciumento, nem presunçoso. Não é orgulhoso, ⁵nem grosseiro. Não exige que as coisas sejam à sua maneira. Não é irritável, nem rancoroso. ⁶Não se alegra com a injustiça, mas sim com a verdade. ⁷O amor nunca desiste, nunca perde a fé, sempre tem esperança e sempre se mantém firme.

⁸Um dia, profecia, línguas e conhecimento desaparecerão e cessarão, mas o amor durará para sempre. ⁹Agora nosso conhecimento é parcial e incompleto, e até mesmo o dom da profecia revela apenas uma parte do todo. ¹⁰Mas, quando vier o que é perfeito, essas coisas imperfeitas desaparecerão.

¹¹Quando eu era criança, falava, pensava e raciocinava como criança. Mas, quando me tornei homem, deixei para trás as coisas de criança. ¹²Agora vemos de modo imperfeito, como um reflexo no espelho, mas então veremos tudo face a face. Tudo que sei agora é parcial e incompleto, mas conhecerei tudo plenamente, assim como Deus já me conhece plenamente.

ª 13.3 Alguns manuscritos trazem *entregasse meu corpo, de modo que me gloriasse*.

13.7 O príncipe do poder do ar conduz a vanguarda, e a hoste de espíritos caídos o segue ansiosamente, como um cão de caça atrás de seu líder. Todos esses espíritos malignos vão se esforçar para criar dissensão, inimizade, rancor e opressão entre os homens — e o soldado do amor deve lutar contra tudo isso. Vejam, ó meus irmãos e irmãs, que uma batalha é sua! Falando das cruzadas contra os pagãos — que cruzada é essa contra o ódio e o mal! No entanto, não recuamos da luta. Felizmente, embora o amor tenha muitas dificuldades, ele supera todas elas e as supera quatro vezes! *Há tal vitalidade no mal*, que ele salta do campo em que parecia estar morto e se enfurece com toda a sua antiga fúria. Primeiro, superamos o mal com a paciência, que "suporta todas as coisas". Deixem que o ferimento seja infligido — nós o perdoaremos e não seremos provocados — mesmo 70 x 7, vamos suportar em silêncio. Se isso não for suficiente, pela graça de Deus, superaremos pela fé — confiamos em Jesus Cristo, confiamos em nossos princípios, buscamos o socorro divino — e assim "nunca desistimos". Superamos a terceira vez pela esperança — descansamos na expectativa de que a gentileza vencerá e que a longanimidade acabará com a maldade — pois buscamos a vitória final de tudo o que é verdadeiro e gracioso e, assim, "nunca perdemos a fé". Conquistamos a batalha pela perseverança — permanecemos fiéis em nossa determinação de amar. Não nos irritaremos com a crueldade. Não seremos demovidos da afeição generosa e perdoadora, e assim, com uma não resistência inabalável, ganharemos a batalha. Fixamos o nosso leme em direção ao porto do amor e, para lá, vamos nos dirigir, venha o que vier. Frequentemente perplexo, o amor "sempre tem esperança e sempre se mantém firme".

¹³Três coisas, na verdade, permanecerão: a fé, a esperança e o amor, e a maior delas é o amor.

Os dons de línguas e de profecia

14 Que o amor seja seu maior objetivo! Contudo, desejem também os dons espirituais, especialmente a capacidade de profetizar. ²Pois quem fala em línguas fala apenas com Deus, pois ninguém mais o entende, e em espírito[a] fala verdades ocultas. ³Mas aquele que profetiza fortalece, anima e conforta os outros. ⁴Quem fala em línguas fortalece a si mesmo, mas quem profetiza fortalece toda a igreja.

⁵Gostaria que todos vocês falassem em línguas, mas gostaria ainda mais que todos profetizassem. Pois a profecia é superior a falar em línguas, a menos que alguém interprete o que vocês dizem para que toda a igreja seja fortalecida.

⁶Irmãos, se eu for visitá-los e falar em línguas, em que isso os ajudará? Mas, se eu lhes trouxer uma revelação, um conhecimento especial, uma profecia ou um ensinamento, isso lhes será proveitoso. ⁷Até mesmo instrumentos inanimados como a flauta ou a harpa precisam soar as notas com clareza; do contrário, ninguém reconhecerá a melodia. ⁸E, se a trombeta não emitir um toque nítido, como os soldados saberão que estão sendo convocados para a batalha?

⁹O mesmo acontece com vocês. Se usarem palavras incompreensíveis, como alguém saberá o que estão dizendo? Será o mesmo que falar ao vento.

¹⁰Há muitos idiomas no mundo, e todos têm sentido. ¹¹Mas, se eu não entendo um idioma, sou estrangeiro para quem o fala, e ele é estrangeiro para mim. ¹²O mesmo se aplica a vocês. Uma vez que estão ansiosos para ter os dons espirituais, busquem os dons que fortalecerão a igreja toda.

¹³Portanto, quem fala em línguas deve orar pedindo também a capacidade de interpretar o que é dito. ¹⁴Pois, se oro em línguas, meu espírito ora, mas eu não entendo o que estou dizendo.

¹⁵Então, o que devo fazer? Orarei no espírito e também orarei em palavras que entendo. Cantarei no espírito e também cantarei em palavras que entendo. ¹⁶Pois, se louvarem apenas no espírito, como poderão louvar com vocês aqueles que não os entendem? Como poderão agradecer com vocês se não entendem o que estão dizendo? ¹⁷Vocês darão graças muito bem, mas não fortalecerão aqueles que os ouvem.

¹⁸Dou graças a Deus porque falo em línguas mais que qualquer um de vocês. ¹⁹Contudo, numa reunião da igreja, prefiro dizer cinco palavras compreensíveis que ajudem os outros a falar dez mil palavras em outra língua.

²⁰Irmãos, não sejam infantis no entendimento dessas coisas. Sejam inocentes como bebês com relação ao mal, mas sejam maduros no entendimento. ²¹Pois as Escrituras dizem:[b]

"Falarei a este povo em línguas estranhas
 e por meio de lábios estrangeiros.
Mesmo assim, este povo não me ouvirá,[c]
 diz o Senhor".

²²Portanto, falar em línguas é um sinal não para os que creem, mas para os descrentes. A profecia, contudo, é para os que creem, e não para os descrentes. ²³Ainda assim, se descrentes ou pessoas que não entendem essas coisas entrarem na reunião de sua igreja e ouvirem todos falarem em línguas, pensarão que vocês são loucos. ²⁴Mas, se todos vocês estiverem profetizando e descrentes ou pessoas que não entendem essas coisas entrarem na reunião, serão convencidos do pecado e julgados por aquilo que vocês disserem. ²⁵Ao ouvirem, os pensamentos secretos deles serão revelados, e eles cairão de joelhos e adorarão a Deus, declarando: "De fato, Deus está aqui no meio de vocês".

Os dons espirituais no culto

²⁶Pois bem, irmãos, o que fazer, então? Quando vocês se reunirem, um cantará, o outro ensinará, o outro revelará, um falará em línguas e outro interpretará o que for dito. Tudo que for feito, porém, deverá fortalecer a todos.

²⁷Não mais que dois ou três devem falar em línguas. Devem se pronunciar um de cada vez, e alguém deve interpretar o que disserem. ²⁸Mas, se não houver alguém que possa

---

[a]**14.2** Ou *no Espírito*; também em 14.15,16. [b]**14.21a** Em grego, *está escrito na lei.* [c]**14.21b** Is 28.11-12.

interpretar, devem permanecer calados na reunião da igreja, falando com Deus em particular. ²⁹Que dois ou três profetizem e os outros avaliem o que for dito. ³⁰Se alguém estiver profetizando e outra pessoa receber uma revelação, quem está falando deve se calar. ³¹Desse modo, todos que profetizam terão sua vez de falar, um depois do outro, para que todos sejam instruídos e encorajados. ³²Aqueles que profetizam têm controle de seu espírito e podem falar um por vez. ³³Pois Deus não é Deus de desordem, mas de paz, como em todas as reuniões do povo santo.ᵃ

³⁴As mulheres devem permanecer em silêncio durante as reuniões da igreja. Não é apropriado que falem. Devem ser submissas, como diz a lei. ³⁵Se tiverem alguma pergunta, devem fazê-la ao marido, em casa, pois não é apropriado que as mulheres falem nas reuniões da igreja.

³⁶Ou vocês pensam que a palavra de Deus se originou entre vocês? Acaso são os únicos aos quais ela foi entregue? ³⁷Se alguém afirma ser profeta ou se considera espiritual, será o primeiro a reconhecer que o que lhes digo é uma ordem do Senhor. ³⁸Se alguém ignorar esse fato, ele mesmo será ignorado.ᵇ

³⁹Portanto, meus irmãos, anseiem profetizar e não proíbam o falar em línguas, ⁴⁰mas cuidem para que tudo seja feito com decência e ordem.

A ressurreição de Cristo

15 Agora, irmãos, quero lembrá-los das boas-novas que lhes anunciei anteriormente. Vocês as receberam e nelas permanecem firmes. ²São essas boas-novas que os salvam, se continuarem a crer na mensagem como lhes anunciei; do contrário, sua fé é inútil.

³Eu lhes transmiti o que era mais importante e o que também me foi transmitido: Cristo morreu por nossos pecados, como dizem as Escrituras. ⁴Ele foi sepultado e ressuscitou no terceiro dia, como dizem as Escrituras. ⁵Apareceu a Pedroᶜ e, mais tarde, aos Doze. ⁶Depois disso, apareceu a mais de quinhentos irmãos de uma só vez, a maioria dos quais ainda está viva, embora alguns já tenham adormecido. ⁷Mais tarde, apareceu a Tiago e, posteriormente, a todos os apóstolos. ⁸Por último, apareceu também a mim, como se eu tivesse nascido fora de tempo. ⁹Pois sou o mais insignificante dos apóstolos. Aliás, nem sou digno de ser chamado apóstolo, pois persegui a igreja de Deus.

¹⁰O que agora sou, porém, deve-se inteiramente à graça que Deus derramou sobre mim, e que não foi inútil. Trabalhei com mais dedicação que qualquer outro apóstolo e, no entanto, não fui eu, mas Deus que, em sua graça, operou por meu intermédio. ¹¹Logo, não faz diferença se eu prego ou se eles pregam, pois todos nós anunciamos a mesma mensagem na qual vocês já creram.

A ressurreição dos mortos

¹²Pois bem, se proclamamos que Cristo ressuscitou dos mortos, por que alguns de vocês afirmam não haver ressurreição dos mortos? ¹³Pois, se não existe ressurreição dos mortos, Cristo não ressuscitou. ¹⁴E, se Cristo não ressuscitou, nossa pregação é inútil, e a fé que vocês têm também é inútil. ¹⁵Então estamos todos mentindo a respeito de Deus, pois afirmamos que ele ressuscitou a Cristo. Mas, se não existe ressurreição dos mortos, isso não pode ser verdade. ¹⁶E, se não existe ressurreição dos mortos, então Cristo também não ressuscitou. ¹⁷E, se Cristo não ressuscitou, a fé que vocês têm é inútil, e vocês ainda estão em seus pecados. ¹⁸Nesse caso, todos que adormeceram crendo em Cristo estão perdidos! ¹⁹Se nossa esperança em Cristo vale apenas para esta vida, somos os mais dignos de pena em todo o mundo.

²⁰Mas Cristo de fato ressuscitou dos mortos. Ele é o primeiro fruto da colheita de todos que adormeceram.

²¹Uma vez que a morte entrou no mundo por meio de um único homem, agora a ressurreição dos mortos começou por meio de um só homem. ²²Assim como todos morremos em Adão, todos que são de Cristo receberão nova vida. ²³Mas essa ressurreição tem uma sequência: Cristo ressuscitou como o primeiro fruto

---

ᵃ**14.33** A frase *como em todas as reuniões do povo santo* também pode ser o começo de 14.34. ᵇ**14.38** Alguns manuscritos trazem *Se alguém ignorar isso, que permaneça na ignorância.* ᶜ**15.5** Em grego, *Cefas*.

da colheita, e depois todos que são de Cristo ressuscitarão quando ele voltar.

²⁴Então virá o fim, quando ele entregará o reino a Deus, o Pai, depois de ter destruído todos os governantes e autoridades e todo poder. ²⁵Pois é necessário que Cristo reine até que tenha colocado todos os seus inimigos debaixo de seus pés. ²⁶E o último inimigo a ser destruído é a morte. ²⁷Pois as Escrituras dizem: "Deus pôs todas as coisas sob a autoridade dele".ª Claro que, quando se diz que "todas as coisas estão sob a autoridade dele", isso não inclui aquele que conferiu essa autoridade a Cristo. ²⁸Então, quando todas as coisas estiverem sob a autoridade do Filho, ele se colocará sob a autoridade de Deus, para que Deus, que deu a seu Filho autoridade sobre todas as coisas, seja absolutamente supremo sobre todas as coisas em toda parte.

²⁹E o que dizer dos que se batizam em favor dos mortos? Se os mortos não ressuscitam, como dizem eles, por que se batizam em favor dos que já morreram?

³⁰E nós, por que arriscamos a vida o tempo todo? ³¹Pois eu afirmo, irmãos, que enfrento a morte diariamente, assim como afirmo meu orgulho daquilo que Cristo Jesus, nosso Senhor, fez em vocês. ³²E, se não haverá ressurreição dos mortos, de que me adiantou ter lutado contra feras, isto é, aquela gente de Éfeso?ᵇ Se não há ressurreição, "comamos e bebamos, porque amanhã morreremos!".ᶜ ³³Não se deixem enganar pelos que dizem essas coisas, pois "as más companhias corrompem o bom caráter". ³⁴Pensem bem sobre o que é certo e parem de pecar. Pois, para sua vergonha, eu lhes digo que alguns de vocês não têm o menor conhecimento de Deus.

O corpo ressurreto

³⁵Alguém pode perguntar: "Como os mortos ressuscitarão? Que tipo de corpo terão?". ³⁶Que perguntas tolas! A semente só cresce e se transforma em planta depois que morre. ³⁷E aquilo que se coloca no solo não é a planta que crescerá, mas apenas uma semente de trigo ou de alguma outra planta. ³⁸Então Deus lhe dá o novo corpo como ele quer. Um tipo diferente de planta cresce de cada tipo de semente. ³⁹Da mesma forma, há tipos diferentes de carne: um tipo para os seres humanos, outro para os animais, outro para as aves e outro para os peixes.

⁴⁰Também há corpos celestes e corpos terrestres. A glória dos corpos celestes é diferente da glória dos corpos terrestres. ⁴¹O sol tem um tipo de glória, enquanto a lua e as estrelas têm outro. E até mesmo as estrelas diferem em glória umas das outras.

⁴²O mesmo acontece com a ressurreição dos mortos. Quando morremos, o corpo terreno é plantado no solo, mas ressuscitará para viver para sempre. ⁴³Nosso corpo é enterrado em desonra, mas ressuscitará em glória. É enterrado em fraqueza, mas ressuscitará em força. ⁴⁴É enterrado como corpo humano natural, mas ressuscitará como corpo espiritual. Pois, assim como há corpos naturais, também há corpos espirituais.

⁴⁵As Escrituras nos dizem: "O primeiro homem, Adão, se tornou ser vivo".ᵈ Mas o último Adão é espírito que dá vida. ⁴⁶Primeiro vem o corpo natural, depois o corpo espiritual. ⁴⁷O primeiro homem foi feito do pó da terra, enquanto o segundo homem veio do céu. ⁴⁸Os que são da terra são como o homem terreno, e os que são do céu são como o homem celestial. ⁴⁹Da mesma forma que agora somos como o homem terreno, algum dia seremosᵉ como o homem celestial.

⁵⁰Estou dizendo, irmãos, que nosso corpo físico não pode herdar o reino de Deus. Este corpo mortal não pode herdar aquilo que durará para sempre.

⁵¹Mas eu lhes revelarei um segredo maravilhoso: nem todos dormiremos, mas todos seremos transformados! ⁵²Acontecerá num instante, num piscar de olhos, ao som da última trombeta. Pois, quando a última trombeta soar, aqueles que morreram ressuscitarão a fim de viver para sempre. E nós que estivermos vivos também seremos transformados. ⁵³Pois nosso corpo mortal precisa ser transformado em corpo imortal.

ª**15.27** Sl 8.6. ᵇ**15.32a** Em grego, *lutar contra as feras em Éfeso*. ᶜ**15.32b** Is 22.13. ᵈ**15.45** Gn 2.7. ᵉ**15.49** Alguns manuscritos dizem *sejamos*.

⁵⁴Então, quando nosso corpo mortal tiver sido transformado em corpo imortal, se cumprirá a passagem das Escrituras que diz:

"A morte foi engolida na vitória.ª
⁵⁵Ó morte, onde está sua vitória?
Ó morte, onde está seu aguilhão?".ᵇ

⁵⁶O pecado é o aguilhão da morte que nos fere, e a lei é o que torna o pecado mais forte. ⁵⁷Mas graças a Deus, que nos dá vitória sobre o pecado e sobre a morte por meio de nosso Senhor Jesus Cristo!

⁵⁸Portanto, meus amados irmãos, sejam fortes e firmes. Trabalhem sempre para o Senhor com entusiasmo, pois vocês sabem que nada do que fazem para o Senhor é inútil.

A oferta para Jerusalém

16 Quanto à pergunta sobre o dinheiro que vocês estão coletando para o povo santo, sigam as mesmas instruções que dei às igrejas na Galácia. ²No primeiro dia de cada semana, separem uma parte de sua renda. Não esperem até que eu chegue para então coletar tudo de uma vez. ³Quando eu chegar, entregarei cartas de recomendação aos mensageiros que vocês escolherem para levar sua oferta a Jerusalém. ⁴E, se for conveniente que eu também vá, eles viajarão comigo.

Instruções finais de Paulo

⁵Eu os visitarei depois de ir à Macedônia,ᶜ pois devo passar por lá. ⁶Talvez permaneça um tempo com vocês, quem sabe todo o inverno. Depois vocês poderão me encaminhar para meu próximo destino. ⁷Desta vez, não quero visitá-los apenas de passagem; quero ficar algum tempo, se o Senhor o permitir. ⁸Por enquanto, permanecerei em Éfeso até a festa de Pentecostes. ⁹Há uma porta inteiramente aberta para realizar um grande trabalho aqui, ainda que muitos se oponham a mim.

¹⁰Quando Timóteo chegar, não deve se sentir intimidado por vocês. Ele está realizando a obra do Senhor, assim como eu. ¹¹Não deixem que ninguém o trate com desprezo. Enviem-no de volta para mim com sua bênção. Espero que ele venha junto com os demais irmãos.

¹²Quanto a nosso irmão Apolo, insisti que ele os visitasse com os outros irmãos, mas ele não estava disposto a ir agora. Ele o fará mais tarde, quando tiver oportunidade.

¹³Estejam vigilantes. Permaneçam firmes na fé. Sejam corajosos.ᵈ Sejam fortes. ¹⁴Façam tudo com amor.

¹⁵Vocês sabem que Estéfanas e sua família foram os primeiros convertidosᵉ na Acaiaᶠ e têm dedicado a vida ao serviço do povo de

---

ª**15.54** Is 25.8. ᵇ**15.55** Os 13.14, conforme a Septuaginta. ᶜ**16.5** A *Macedônia* ficava na região norte da Grécia. ᵈ**16.13** Em grego, *Sejam homens*. ᵉ**16.15a** Em grego, *o primeiro fruto*. ᶠ**16.15b** A *Acaia* era a região sul da península grega.

15.58 Se Cristo não ressuscitou dos mortos, então somos os ludibriados de uma imposição, e vamos desistir. Por que devemos aderir de forma crédula ao que é falso? Mas se Cristo ressuscitou dos mortos, então nossas doutrinas são verdadeiras, e vamos guardá-las firmemente e promulgá-las fervorosamente. Já que a nossa causa é boa, procuremos avançá-la. Somente o que é verdadeiro viverá. O tempo devora o falso — o mandado de morte de cada falsa doutrina está assinado. Já se acendeu um fogo que consumirá a madeira, e o feno, e a palha do erro, mas nossos princípios são ouro, prata e pedras preciosas, e suportarão as chamas. "Portanto, meus amados irmãos, sejam fortes e firmes. Trabalhem sempre para o Senhor com entusiasmo, pois vocês sabem que nada do que fazem para o Senhor é inútil." Jesus Cristo ressuscitou dentre os mortos, portanto, o que fazemos não é feito para um Cristo morto. Não estamos lutando pela causa de um homem morto. Não estamos lutando por uma dinastia efervescente ou um nome para nos unir, mas temos um comandante vivo, um monarca reinante, aquele que é capaz de ocupar o trono e liderar nossos exércitos à batalha. Ó, pelo Cristo em glória, imploro, irmãos, sejam firmes! Se pudesse ser provado amanhã que Napoleão ainda vivia, poderia haver alguma esperança para o seu partido, mas com o líder morto, a causa se desvanece. Mas, Cristo Jesus vive. Tão certo como Ele morreu, Ele ressuscitou e vive novamente, e Seu nome permanecerá para sempre. Seu nome continuará enquanto o Sol e os homens forem abençoados no Senhor. Todas as gerações o chamarão de bendito. As cores daquela grande e antiga bandeira com uma cruz vermelha, sobre a qual seus pais sangraram para defender, não se desvaneceram de forma alguma. Ela tem enfrentado mil anos de batalha e brisa, mas sua história ainda está em sua infância.

Deus. Peço, irmãos, ¹⁶que se sujeitem a eles e a outros que, como eles, servem com tanta devoção. ¹⁷Estou muito contente com a vinda de Estéfanas, Fortunato e Acaico. Eles proveram a ajuda que vocês, por não estarem aqui, não puderam me dar. ¹⁸Eles têm sido um grande estímulo para mim, como foram para vocês. Valorizem todos que servem tão bem.

Saudações finais e bênção de Paulo

¹⁹As igrejas aqui na província da Ásia[a] enviam saudações no Senhor. Também os saúdam Áquila e Priscila[b] e todos da igreja que se reúne na casa deles. ²⁰Todos os irmãos daqui lhes enviam saudações. Saúdem uns aos outros com beijo santo.

²¹Esta é minha saudação de próprio punho: Paulo.

²²Se alguém não ama o Senhor, essa pessoa é maldita. Vem, nosso Senhor![c]

²³Que a graça do Senhor Jesus esteja com vocês.

²⁴Envio meu amor a todos vocês em Cristo Jesus.[d]

---

[a] **16.19a** A *Ásia* era uma província romana na região que hoje corresponde ao oeste da Turquia. [b] **16.19b** Em grego, *Prisca*. [c] **16.22** Do aramaico, *Marana tha*. Alguns manuscritos trazem *Maran atha*, "Nosso Senhor veio". [d] **16.24** Alguns manuscritos acrescentam *Amém*.

2Coríntios

INTRODUÇÃO

Cidade de Corinto. Possuía 400 mil habitantes e era a principal cidade da Grécia quando Paulo a visitou, sendo situada em um grande istmo onde o comércio do mundo passava. Os habitantes eram gregos, judeus, italianos e uma multidão mista de todos os lugares. Marinheiros, comerciantes, aventureiros e refugiados de todo o mundo lotavam a cidade, trazendo consigo os males de todos os países, dos quais advinham muitas formas de degradação humana. A religião e a filosofia eram prostituídas a usos vis. A vida intelectual era colocada acima da vida moral, e a vida futura era negada para que pudessem desfrutar a vida presente sem restrições.

Igreja em Corinto. Foi fundada por Paulo na segunda viagem missionária (At 18.1-18). Seu espírito na fundação da igreja é visto em 1Co 2.1,2. Enquanto esteve lá, Paulo hospedou-se com Áquila e Priscila, judeus que tinham sido expulsos de Roma (At 18.2,3), mas que agora se tornaram membros da igreja. Apolo pregou a esta igreja e a ajudou na ausência de Paulo (18.24-28; 19.1). Ambas as epístolas estão cheias de informações quanto à condição da igreja e os muitos problemas que a atingiram e que tiveram que enfrentar de tempos em tempos. Corinto era uma das cidades mais perversas dos tempos antigos e a igreja estava cercada por costumes e práticas pagãs. Muitos dos seus membros tinham recentemente passado pela conversão do paganismo ao cristianismo e a igreja estava longe de ser ideal.

Ocasião e propósito da segunda epístola. A partir de sugestões encontradas aqui e ali nestas duas epístolas, parece que houve muita comunicação entre Paulo e essa igreja e que as duas cartas que chegaram até nós são apenas algumas de uma série. Ele sofreu muita perplexidade e tristeza por causa das condições daqueles cristãos. Paulo conheceu Tito na Macedônia na terceira viagem missionária (esperava por Tito com notícias de Corinto enquanto estava em Trôade). Ele escreveu esta carta em resposta às mensagens trazidas por Tito. Paulo expressa solicitude por eles, se defende contra as acusações de seus inimigos, adverte os crentes coríntios contra erros, instrui-os em questões de dever e expressa alegria por eles terem dado atenção ao seu conselho anterior.

Caráter e conteúdo. É a menos sistemática de todas as epístolas de Paulo, abunda em emoção, mostrando alegria, tristeza e indignação misturadas. É intensamente pessoal, e, portanto, com ela aprendemos mais a respeito da vida e caráter de Paulo do que de qualquer outra fonte. Isso a torna de grande valor em qualquer estudo sobre o próprio Paulo. O grande tema da primeira seção é a tribulação e o consolo na tribulação, e nela há uma influência subliminar de apologia, obscurecida por uma indignação reprimida. A segunda seção é colorida por uma emoção de tristeza. A seção três em todos os lugares transborda um sentimento de indignação. Através de toda a carta, há uma tendência subjacente à defesa própria. A "tecla-chave" desta carta, bem como a de primeira Coríntios, é a lealdade a Cristo.

Data. Foi escrita da Macedônia (provavelmente Filipos), outono de 57 d.C.

ESBOÇO

Introdução, 1.1-7

1. As provações de Paulo, princípios e consolo como pregador, 1.8-7.16
   1.1. Seu interesse pela igreja de Corinto, 1.8-2.11
   1.2. Seu serviço a Deus e aos homens, 2.12-17
   1.3. Sua nomeação pelo Espírito Santo, Cap. 3
   1.4. Seu poder concedido por Deus, Cap. 4
   1.5. Sua esperança de bênção futura, 5.1-19
   1.6. Sua exortação e apelo à igreja, 5.20-7.4
   1.7. Sua alegria pela receptividade deles à Palavra, 7.5-16
2. A coleta a favor dos santos empobrecidos, Caps. 8-9
   2.1. O apelo à liberalidade, 8.1-15
   2.2. O envio de Tito e dois outros irmãos, 8.16-9.5
   2.3. A bênção da liberalidade, 9.6-15

3. A autoridade apostólica de Paulo, 10.1–13.10
   3.1. Ele reivindica sua autoridade apostólica, 10.1–12.13
   3.2. Ele os adverte de que a sua ida será com autoridade apostólica, 12.14–13.10
Conclusão, 13.11-13

PARA ESTUDO E DISCUSSÃO

[1] As razões de Paulo para não ir a Corinto, 1.15–2.4.
[2] A glória do ministério do evangelho, 4.1-6.
[3] Sua amorosa ordem, 6.11-18.
[4] A graça da liberalidade, Caps. 8–9. Faça uma lista de (a) maneiras de cultivar esta graça, (b) as bênçãos que ela trará a quem a possuir, aos outros e a toda a igreja.
[5] A vanglória de Paulo, 11.16–12.20. (a) De que coisas ele se vangloria? (b) Quando a vanglória se justifica?
[6] A autodefesa de Paulo. Quando devemos nos defender?
[7] A visão do terceiro céu, 12.1-4.
[8] O espinho na carne, 12.7-9.
[9] Os ataques pessoais a Paulo. Observe as dicas em 2.17; 4.3; 5.3; 10.8,10; 11.6.

Saudações de Paulo

1 Eu, Paulo, chamado pela vontade de Deus para ser apóstolo de Cristo Jesus, escrevo esta carta, com nosso irmão Timóteo, à igreja de Deus em Corinto e a todo o seu povo santo em toda a Acaia.[a]

²Que Deus, nosso Pai, e o Senhor Jesus Cristo lhes deem graça e paz.

Deus encoraja a todos

³Louvado seja Deus, Pai de nosso Senhor Jesus Cristo, Pai misericordioso e Deus de todo encorajamento. ⁴Ele nos encoraja em todas as nossas aflições, para que, com o encorajamento que recebemos de Deus, possamos encorajar outros quando eles passarem por aflições. ⁵Pois, quanto mais sofrimento por Cristo suportarmos, mais encorajamento será derramado sobre nós por meio de Cristo. ⁶Mesmo quando estamos sobrecarregados de aflições, é para o encorajamento e a salvação de vocês. Pois, quando somos encorajados, certamente encorajaremos vocês, e então vocês poderão suportar pacientemente os mesmos sofrimentos que nós. ⁷Temos firme esperança de que, assim como vocês participam de nossos sofrimentos, também participarão de nosso encorajamento.

⁸Irmãos, queremos que saibam das aflições pelas quais passamos na província da Ásia. Fomos esmagados e oprimidos além da nossa capacidade de suportar, e pensamos que não sobreviveríamos. ⁹De fato, esperávamos morrer. Mas, como resultado, deixamos de confiar em nós mesmos e aprendemos a confiar somente em Deus, que ressuscita os mortos. ¹⁰Ele nos livrou do perigo mortal, e nos livrará outra vez. Nele depositamos nossa esperança, e ele continuará a nos livrar. ¹¹E vocês nos têm ajudado ao orar por nós. Então muitos darão graças porque Deus, em sua bondade, respondeu a tantas orações feitas em nosso favor.

A mudança de planos de Paulo

¹²Podemos dizer com certeza e com a consciência limpa que temos vivido em santidade[b] e sinceridade dadas por Deus. Dependemos da graça divina, e não da sabedoria humana. É dessa forma que nos temos conduzido diante do mundo e, especialmente, em relação a vocês. ¹³Nossas cartas foram claras e objetivas, não havendo nada escrito nas entrelinhas ou que não conseguissem compreender. Espero que um dia vocês nos entendam plenamente, ¹⁴mesmo que não o façam agora. Então, no dia do Senhor Jesus, poderão se orgulhar de nós como nos orgulhamos de vocês.

¹⁵Porque eu estava tão certo de sua compreensão e confiança, queria abençoá-los duplamente visitando-os duas vezes, ¹⁶primeiro a caminho da Macedônia[c] e depois ao voltar de lá. Então vocês poderiam me ajudar com minha viagem para a Judeia.

¹⁷Talvez vocês estejam se perguntando por que mudei de ideia. Será que faço meus planos de modo irresponsável? Será que sou como as pessoas do mundo, que dizem "sim" quando na verdade querem dizer "não"? ¹⁸Tão certo como Deus é fiel, nossa palavra a vocês não oscila entre "sim" e "não". ¹⁹Pois Jesus Cristo,

---

[a]**1.1** A *Acaia* era a região sul da península grega. [b]**1.12** Alguns manuscritos trazem *honestidade*. [c]**1.16** A *Macedônia* ficava no norte da Grécia.

1.11 Como tantas misericórdias são transmitidas do Céu no navio da oração, assim há muitos favores e escolhas especiais que só podem ser trazidos a nós pelas frotas da oração conjunta. Muitas são as coisas boas que Deus dará aos Seus Elias e Daniéis solitários, mas, se dois de vocês concordarem quanto a qualquer coisa a pedir, não há limites para as respostas generosas de Deus. Pedro talvez nunca tivesse saído da prisão, se não fosse a ininterrupta oração de toda a Igreja por ele! O Pentecostes poderia jamais ter ocorrido se os discípulos não estivessem, todos "reunidos num só lugar", esperando a descida de "algo semelhante a chamas ou línguas de fogo". Deus tem prazer em conceder muitas misericórdias a um único intercessor, mas às vezes Ele parece dizer: "Todos vocês virão diante de mim e implorarão o meu favor, pois não verei seus rostos, a menos que seus irmãos e irmãs mais jovens estejam com vocês". Por que isso, queridos amigos? Considero que, assim, nosso Senhor gracioso estabelece a Sua própria estima pela comunhão dos santos. "Creio na comunhão dos santos" é um artigo do grande credo cristão, mas poucos são os que o compreendem! Ó, existe uma verdadeira união entre o povo de Deus. Podemos ser chamados por diferentes nomes — Mas todos os servos do nosso Rei no Céu e na Terra são um!

o Filho de Deus, não oscila entre "sim" e "não". Foi a respeito dele que Silas,[a] Timóteo e eu lhes falamos e, sendo ele o "sim" definitivo, ele sempre faz o que diz. [20]Pois todas as promessas de Deus se cumpriram em Cristo com um alto e claro "Sim!". E, por meio de Cristo, confirmamos isso, de modo que nosso "Amém" se eleva a Deus para sua glória.

[21]É Deus quem nos capacita e a vocês a permanecermos firmes em Cristo. Ele nos ungiu [22]e nos identificou como sua propriedade ao colocar em nosso coração o selo do Espírito, a garantia de tudo que ele nos prometeu.

[23]Agora, invoco a Deus como testemunha de que foi para poupá-los que ainda não voltei a Corinto. [24]Isso não significa que queremos controlar vocês, dizendo-lhes como exercer sua fé. Nosso desejo é trabalhar com vocês para que tenham alegria, pois é pela fé que permanecem firmes.

2 Por isso resolvi não entristecê-los com outra visita dolorosa. [2]Pois, se eu lhes causar tristeza, quem me alegrará? Certamente não serão aqueles a quem entristeci. [3]Esse foi o motivo de eu ter escrito como o fiz, para que, quando eu for, não seja entristecido por aqueles que deveriam me alegrar. Sem dúvida, vocês sabem que minha alegria vem do fato de vocês estarem alegres. [4]Escrevi aquela carta com grande angústia, com o coração aflito e muitas lágrimas. Minha intenção não era entristecê-los, mas mostrar-lhes quanto amo vocês.

Perdão para o pecador
[5]Não exagero quando digo que o homem que causou tantos problemas magoou não somente a mim, mas, até certo ponto, a todos vocês. [6]A maioria de vocês se opôs a ele, e isso já foi castigo suficiente. [7]Agora, porém, é hora de perdoá-lo e confortá-lo; do contrário, pode acontecer *de ele ser vencido pela tristeza* excessiva. [8]Peço, portanto, que reafirmem seu amor por ele.

[9]Eu lhes escrevi daquela forma para testá-los e ver se seguiriam todas as minhas instruções. [10]Se vocês perdoam esse homem, eu também o perdoo. E, quando eu perdoo o que precisa ser perdoado, faço-o na presença de Cristo, em favor de vocês, [11]para que Satanás não tenha vantagem sobre nós, pois conhecemos seus planos malignos.

[12]Quando cheguei à cidade de Trôade para anunciar as boas-novas de Cristo, o Senhor me abriu uma porta de oportunidade. [13]Contudo, não tive paz em meu espírito, pois meu querido irmão Tito ainda não havia chegado com notícias de vocês. Assim, despedi-me dos irmãos dali e fui à Macedônia para procurá-lo.

Ministros da nova aliança
[14]Mas graças a Deus, que, em Cristo, sempre nos conduz triunfantemente. Agora, por nosso intermédio, ele espalha o conhecimento de Cristo por toda parte, como um doce perfume. [15]Somos o aroma de Cristo que se eleva até Deus. Mas esse aroma é percebido de forma diferente por aqueles que estão sendo salvos e por aqueles que estão perecendo. [16]Para os que estão perecendo, somos cheiro terrível de morte e condenação. Mas, para os que estão sendo salvos, somos perfume que dá vida. E quem está à altura de uma tarefa como essa?

[17]Não somos como muitos[b] que fazem da palavra de Deus um artigo de comércio. Pregamos a palavra de Deus com sinceridade e com a autoridade de Cristo, sabendo que Deus nos observa.

3 Será que estamos começando a nos recomendar outra vez? Somos como aqueles que precisam entregar-lhes ou pedir-lhes cartas de recomendação? [2]Vocês mesmos são nossa carta, escrita em nosso[c] coração, para ser conhecida e lida por todos! [3]Sem dúvida, vocês são uma carta de Cristo, que mostra os resultados de nosso trabalho em seu meio, escrita não com pena e tinta, mas com o Espírito do Deus vivo, e gravada não em tábuas de pedra, mas em corações humanos.

[4]Estamos certos disso tudo por causa da grande confiança que temos em Deus por

---

[a]**1.19** Em grego, *Silvano*. [b]**2.17** Alguns manuscritos trazem *como os demais*. [c]**3.2** Alguns manuscritos trazem *em seu*.

3.4-6 Hoje, quando há uma fome do verdadeiro ensino teológico, faz-se um grande alarde sobre as especulações cruas de "pensadores" vaidosos. Não acredito que o apóstolo tenha tentado pensar em questões religiosas senão as que o Espírito de Deus lhe ensinou. Ele estava satisfeito em permanecer dentro do círculo de

meio de Cristo. ⁵Não que nos consideremos capazes de fazer qualquer coisa por conta própria; nossa capacitação vem de Deus. ⁶Ele nos capacitou para sermos ministros da nova aliança, não da lei escrita, mas do Espírito. A lei escrita termina em morte, mas o Espírito dá vida.

A glória da nova aliança

⁷O antigo sistema,ᵃ com suas leis gravadas em pedra, terminava em morte, embora tivesse começado com tamanha glória que os israelitas não conseguiam olhar para o rosto de Moisés, por causa da glória que brilhava em seu rosto, ainda que esse brilho já estivesse se desvanecendo. ⁸Acaso não deveríamos esperar uma glória muito maior no novo sistema, que se baseia na obra do Espírito? ⁹Se o antigo sistema, que traz condenação, era glorioso, muito mais glorioso é o novo sistema, que nos torna justos diante de Deus! ¹⁰De fato, a glória do passado não era nada gloriosa em comparação com a glória magnífica de agora. ¹¹Portanto, se o antigo sistema, que foi substituído, era cheio de glória, muito mais glorioso é o novo, que permanece para sempre!

¹²Uma vez que o novo sistema nos dá tal esperança, podemos falar com grande coragem. ¹³Não somos como Moisés, que cobria o rosto com um véu para que os israelitas não vissem a glória, embora ela já estivesse se desvanecendo. ¹⁴Mas a mente do povo estava endurecida e, até hoje, toda vez que a antiga aliança é lida, o mesmo véu lhes cobre a mente, e esse véu só pode ser removido em Cristo. ¹⁵Até hoje, quando eles leem os escritos de Moisés, seu coração está coberto por esse véu.

¹⁶Contudo, sempre que alguém se volta para o Senhor, o véu é removido. ¹⁷Pois o Senhor é o Espírito, e onde está o Espírito do Senhor, ali há liberdade. ¹⁸Portanto, todos nós, dos quais o véu foi removido, podemos ver e refletir a glória do Senhor, e o Senhor, que é o Espírito, nos transforma gradativamente à sua imagem gloriosa, deixando-nos cada vez mais parecidos com ele.

Tesouros em vasos de barro

4 Portanto, visto que Deus, em sua misericórdia, nos deu a tarefa de ministrar nesse novo sistema, nunca desistimos. ²Rejeitamos todos os atos vergonhosos e métodos dissimulados. Não procuramos enganar ninguém nem distorcemos a palavra de Deus. Em vez disso, dizemos a verdade diante de Deus, e todos que são honestos sabem disso.

³Se as boas-novas que anunciamos estão encobertas atrás de um véu, é apenas para aqueles que estão perecendo. ⁴O deus deste mundo cegou a mente dos que não creem, para que

---

ᵃ **3.7** Ou *ministério*; também em 3.8,9,11,12.

---

inspiração. Oro para que jamais possamos viajar além da nossa órbita e sair do circuito divino da revelação. Encontro o suficiente em minha Bíblia para meditar sem ir além dessa esfera. Se pudéssemos exaurir as Sagradas Escrituras, talvez pudéssemos tentar pensar algo "por conta própria". Mas, como nunca faremos isso, podemos ficar satisfeitos em permanecer na revelação como em uma terra que mana leite e mel. Que não pretendamos ser pensadores naturais, mas ser testemunhas e mensageiros do que Deus diz aos homens. Nosso Senhor Jesus se esforçou para não ser um pensador natural, pois Ele disse: "Minha mensagem não vem de mim mesmo; vem daquele que me enviou". O Espírito Santo não fala como um pensador natural, pois o Senhor Jesus disse: "porque [o Espírito Santo] lhes contará tudo que receber de mim". Como recordamos antes, o pensador natural mencionado na Bíblia é aquele de quem é dito: "Quando ele mente, age de acordo com seu caráter". Não desejamos imitá-lo com tanta originalidade! Não somos suficientes para pensar qualquer coisa de nós mesmos! No entanto, pensar é o domínio do pregador. Ele deve pensar na adequação de um assunto para o seu discurso, mas não encontrará seu assunto correto por meio do mero pensamento; deve esperar no seu Mestre por orientação. Quando encontrar seu assunto, deve desenvolvê-lo em sua própria mente e, no entanto, em si mesmo, ele é tão insuficiente que não o desenvolverá corretamente, a menos que clame ao Espírito Santo para auxiliar seu pensamento e lhe descortinar as Escrituras.

4.2,8,9 V.2 Infelizmente, há muitos pregadores que manuseiam a Palavra de Deus da maneira descrita pelo apóstolo. Eles cortam e aparam a verdade para agradar a sua geração — eles retêm isso, ou tornam indevidamente proeminente aquilo, em vez de dar proeminência apropriada e proporcional a toda verdade de Deus

não consigam ver a luz das boas-novas, não entendendo esta mensagem a respeito da glória de Cristo, que é a imagem de Deus.

⁵Não andamos por aí falando de nós mesmos, mas proclamamos que Jesus Cristo é Senhor e que nós mesmos somos servos de vocês por causa de Jesus. ⁶Pois Deus, que disse: "Haja luz na escuridão",ª é quem brilhou em nosso coração, para que conhecêssemos a glória de Deus na face de Jesus Cristo.

⁷Agora nós mesmos somos como vasos frágeis de barro que contêm esse grande tesouro.ᵇ Assim, fica evidente que esse grande poder vem de Deus, e não de nós.

⁸De todos os lados somos pressionados por aflições, mas não esmagados. Ficamos perplexos, mas não desesperados. ⁹Somos perseguidos, mas não abandonados. Somos derrubados, mas não destruídos. ¹⁰Pelo sofrimento, nosso corpo continua a participar da morte de Jesus, para que a vida de Jesus também se manifeste em nosso corpo.

¹¹Sim, vivemos sob constante perigo de morte, porque servimos a Jesus, para que a vida de Jesus se manifeste em nosso corpo mortal. ¹²Assim, enfrentamos a morte, mas isso resulta em vida para vocês.

¹³Continuamos a pregar porque temos o mesmo tipo de fé mencionada nas Escrituras: "Cri em Deus, por isso falei".ᶜ ¹⁴Sabemos que Deus, que ressuscitou o Senhor Jesus, também nos ressuscitará com Jesus e nos apresentará a ele junto com vocês. ¹⁵Tudo isso é para o bem de vocês. E, à medida que a graça alcançar mais pessoas, haverá muitas ações de graças, e Deus receberá cada vez mais glória.

¹⁶Por isso, nunca desistimos. Ainda que nosso exterior esteja morrendo, nosso interior está sendo renovado a cada dia. ¹⁷Pois estas aflições pequenas e momentâneas que agora enfrentamos produzem para nós uma glória que pesa mais que todas as angústias e durará para sempre. ¹⁸Portanto, não olhamos para aquilo que agora podemos ver; em vez disso, fixamos o olhar naquilo que não se pode ver. Pois as coisas que agora vemos logo passarão, mas as que não podemos ver durarão para sempre.

ª**4.6** Ver Gn 1.3. ᵇ**4.7** Em grego, *Agora temos esse tesouro em vasos de barro.* ᶜ**4.13** Sl 116.10.

---

em seu ministério. Contudo, afinal, esses homens não ganharam o respeito de seus ouvintes. Há uma velha história contada sobre o rei João da Inglaterra que quando ele foi pressionado pelos barões, escreveu ao imperador do Marrocos e ofereceu-se para se tornar muçulmano e prestar-lhe juramento de lealdade se este enviasse um exército para ajudá-lo. E diz-se que, dali para sempre, o imperador do Marrocos desprezou e detestou o nome de João, porque dizia que ele deveria ser um patife abominável para estar disposto a mudar sua religião por causa de vantagens! Ah, meus irmãos, nunca ganhamos nenhum respeito, mesmo do mundo, buscando isso dessa maneira! Seja completamente honesto, especialmente você que está no ministério cristão. Seja franco, direto e simples — e então, mesmo que os preconceitos dos homens o condenem, suas consciências o louvarão por você proferir o que acredita ser a verdade de Deus.

*Vv.*8,9 "De todos os lados somos pressionados por aflições". Parece haver uma alusão aqui aos jogos de luta grega. Às vezes, na luta livre, um homem era agarrado de tal forma por seu adversário que mal podia mover a mão ou o pé, mas ousadamente diz o apóstolo: "mas não esmagados", ou, como o original parece sugerir, "ainda temos um plano para superar nossos adversários. Embora pareça que eles tenham conseguido nos prender inteiramente em sua força, ainda há algo que podemos fazer para escapar". E ele vai ainda mais longe dizendo: "Ficamos perplexos" — parecia que não havia nada que ele pudesse fazer, mas ele acrescentou, "mas não desesperados" — *não totalmente sem ajuda*, como a leitura periférica proporciona — pois, quando ele nada podia fazer, Deus podia fazer tudo! A morte da força da criatura é o nascimento do poder onipotente! "Somos perseguidos, mas não abandonados" — sem o rosto de alguém para sorrir para ele, mas ainda se alegrando com a luz do semblante de Deus. "Somos derrubados" — como se o seu antagonista o tivesse derrubado e ele tivesse caído com força no chão. No entanto, ele diz, ressurgindo novamente: "Somos derrubados, mas não destruídos". Muitas vezes o lutador cristão é derrubado por seu inimigo, mas ele nunca experimenta uma queda final. Como Paulo, quando foi apedrejado em Listra e deixado para morrer, levantou-se novamente, e logo continuou com seu trabalho, assim o cristão, quando é derrubado por problemas, muitas vezes parece ganhar nova vida e vigor — e continua a servir seu Mestre ainda melhor do que antes!

Um novo corpo

5 Sabemos que, quando nosso corpo terreno, esta tenda em que vivemos, se desfizer, teremos um corpo eterno, uma casa no céu feita para nós pelo próprio Deus, e não por mãos humanas. ²Na tenda terrena, gememos e desejamos ansiosamente nos vestir com nosso lar celestial, como se fosse uma roupa nova. ³Porque de fato nos vestiremos com um corpo celestial, e não ficaremos despidos. ⁴Enquanto vivemos nesta tenda que é o corpo terreno, gememos e suspiramos, mas isso não significa que queremos ser despidos. Na verdade, queremos vestir nosso corpo novo, para que este corpo mortal seja engolido pela vida. ⁵Deus nos preparou para isso e, como garantia, nos deu o Espírito.

⁶Portanto, temos sempre confiança, apesar de sabermos que, enquanto vivemos neste corpo, não estamos em nosso lar com o Senhor. ⁷Porque vivemos por fé, e não pelo que vemos. ⁸Sim, temos confiança absoluta e preferíamos deixar este corpo terreno, pois então estaríamos em nosso lar com o Senhor. ⁹Assim, quer estejamos neste corpo, quer o deixemos, nosso objetivo é agradar ao Senhor. ¹⁰Pois todos nós teremos de comparecer diante do tribunal de Cristo, para que cada um receba o que merecer pelo bem ou pelo mal que tiver feito neste corpo terreno.

Embaixadores de Cristo

¹¹Assim, conhecendo o temor ao Senhor, procuramos persuadir outros. Deus sabe que somos sinceros, e espero que vocês também o saibam. ¹²Estamos mais uma vez nos recomendando a vocês? Nada disso, estamos apenas lhes dando motivos para que se orgulhem de nós,[a] a fim de que possam responder àqueles que se orgulham nas aparências, e não no coração. ¹³Se parecemos loucos, é para dar glória a Deus, e se mantemos o juízo, é para o bem de vocês. ¹⁴De qualquer forma, o amor de Cristo nos impulsiona.[b] Porque cremos que ele morreu por todos, também cremos que todos morreram. ¹⁵Ele morreu por todos, para que os que recebem sua nova vida não vivam mais para si mesmos, mas para Cristo, que morreu e ressuscitou por eles.

¹⁶Portanto, não avaliamos mais ninguém do ponto de vista humano. Em outros tempos, pensávamos em Cristo apenas do ponto de vista humano, mas agora o conhecemos de modo bem diferente. ¹⁷Logo, todo aquele que está em Cristo se tornou nova criação. A velha vida acabou, e uma nova vida teve início!

¹⁸E tudo isso vem de Deus, aquele que nos trouxe de volta para si por meio de Cristo e nos encarregou de reconciliar outros com ele. ¹⁹Pois, em Cristo, Deus estava reconciliando consigo o mundo, não levando mais em conta os pecados das pessoas. E ele nos deu esta mensagem maravilhosa de reconciliação. ²⁰Agora, portanto, somos embaixadores de Cristo; Deus faz seu apelo por nosso intermédio. Falamos em nome de Cristo quando dizemos: "Reconciliem-se com Deus!". ²¹Pois Deus fez de Cristo, aquele que nunca pecou, a oferta por nosso pecado,[c] para que por meio dele fôssemos declarados justos diante de Deus.

---

[a] **5.12** Alguns manuscritos trazem *de si mesmos*. [b] **5.14** Ou *o amor de Cristo nos controla*. [c] **5.21** Ou *aquele que nunca pecou foi feito pecado por nós*.

5.17 Estávamos, todos nós, no primeiro Adão; e este nos representava. Se Adão tivesse obedecido à ordem de Deus, todos nós teríamos sido abençoados, mas ele comeu o fruto proibido e pecou — e todos nós pecamos nele. O pecado original cai sobre nós por causa da transgressão do nosso cabeça e representante da aliança, o primeiro Adão; mas todos os crentes estão no mesmo sentido em Cristo, o segundo Adão, o único outro Homem representante perante Deus, o Homem celestial, o Senhor vindo do Céu. Bem, como em Adão todos nós pecamos, então todos os que estão em Cristo, estão em Cristo perfeitamente restaurados. A obediência de Cristo é a obediência de todo o Seu povo; a expiação de Cristo é a propiciação para todos os pecados de Seu povo; em Cristo, vivemos na Terra, em Cristo morremos, em Cristo ressuscitamos, e "ele nos ressuscitou com Cristo e nos fez sentar com ele nos domínios celestiais". Como o apóstolo nos diz, Levi ainda não tinha nascido, no entanto, a semente da qual ele veio já estava no corpo de Abraão, seu antepassado, quando Melquisedeque o encontrou, nós também estávamos no corpo de Cristo antes da fundação do mundo — a fé aprende essa bendita verdade de Deus e, portanto, pela fé, estamos experiencialmente em Cristo Jesus.

6 Como cooperadores de Deus,[a] suplicamos a vocês que não recebam em vão a graça de Deus. ²Pois Deus diz:

"No tempo certo, eu o ouvi;
 no dia da salvação, eu lhe dei socorro".[b]

De fato, agora é o "tempo certo". Hoje é o dia da salvação!

O ministério fiel de Paulo

³Vivemos de forma que ninguém tropece por nossa causa, nem tenha motivo para criticar nosso ministério. ⁴Em tudo que fazemos, mostramos que somos verdadeiros servos de Deus. Suportamos pacientemente aflições, privações e calamidades de todo tipo. ⁵Fomos espancados e encarcerados, enfrentamos multidões furiosas, trabalhamos até a exaustão, suportamos noites sem dormir e passamos fome. ⁶Mostramos quem somos por nossa pureza, nosso entendimento, nossa paciência e nossa bondade, pelo Espírito Santo que vive em nós[c] e por nosso amor sincero. ⁷Proclamamos a verdade fielmente, e o poder de Deus opera em nós. Usamos as armas da justiça, com a mão direita para atacar e com a mão esquerda para defender. ⁸Servimos quer as pessoas nos honrem, quer nos desprezem, quer nos difamem, quer nos elogiem. Somos chamados de impostores, apesar de sermos honestos. ⁹Somos tratados como desconhecidos, embora sejamos bem conhecidos. Vivemos à beira da morte, mas ainda estamos vivos. Fomos espancados, mas não mortos. ¹⁰Nosso coração se entristece, mas sempre temos alegria. Somos pobres, mas enriquecemos a muitos outros. Não possuímos nada e, no entanto, temos tudo.

¹¹Queridos coríntios, falamos a vocês com toda honestidade e lhes abrimos o coração. ¹²Não falta amor da nossa parte, mas vocês nos negaram seu afeto. ¹³Peço que retribuam esse amor como se fossem meus próprios filhos. Abram o coração para nós!

O templo do Deus vivo

¹⁴Não se ponham em jugo desigual com os descrentes. Como pode a justiça ser parceira da maldade? Como pode a luz conviver com as trevas? ¹⁵Que harmonia pode haver entre Cristo e o diabo?[d] Como alguém que crê pode se ligar a quem não crê? ¹⁶E que união pode haver entre o templo de Deus e os ídolos? Pois somos o templo do Deus vivo. Como ele próprio disse:

"Habitarei e andarei
 no meio deles.
Serei o seu Deus,
 e eles serão o meu povo.[e]
¹⁷Portanto, afastem-se e separem-se deles,
 diz o Senhor.
Não toquem em coisas impuras,
 e eu os receberei.[f]
¹⁸Eu serei seu Pai,
 e vocês serão meus filhos e minhas filhas,
 diz o Senhor Todo-poderoso".[g]

7 Amados, visto que temos essas promessas, purifiquemo-nos de tudo que contamina o corpo ou o espírito, tornando-nos cada vez mais santos porque tememos a Deus.

---

[a]**6.1** Ou *Conforme trabalhamos juntos*. [b]**6.2** Is 49.8, conforme a Septuaginta. [c]**6.6** Ou *por nossa santidade de espírito*. [d]**6.15** Em grego, *entre Cristo e Beliar*; vários outros manuscritos traduzem esse nome do diabo como *Beliã, Beliabe* ou *Belial*. [e]**6.16** Lv 26.12; Ez 37.27. [f]**6.17** Is 52.11; Ez 20.34, conforme a Septuaginta. [g]**6.18** 2Sm 7.14.

7.1 O máximo de nossa atividade deve ser empregado na purificação de nós mesmos. Você não superará seu mau humor dizendo: "Bem, você sabe que eu sou estourado. Não posso evitar". Mas você *deve* evitar! Você deve, se é cristão. Você não tem mais direito de apertar as mãos de alguém com mau humor do que tem de se confraternizar com o diabo! Você tem que superar isso e, em nome de Deus, você deve! Ou se acontecer de estar com preguiça, não deve dizer: "Ah, você sabe que eu sou naturalmente assim". Sim, o que você é *naturalmente*, sabemos — é naturalmente tão ruim quanto pode ser! Porém, esse não é, certamente, o ponto que nos interessa — mas sim o que você deve tornar-se pela graça divina. Embora a santificação seja a obra do Espírito Santo, ainda assim é igualmente verdade, e devemos sempre ter isso em mente, que o Espírito Santo nos torna agentes ativos em nossa própria santificação! Na primeira obra de regeneração, sem dúvida, a alma é passiva porque está morta — e os mortos não podem contribuir para a sua própria vivificação — mas sendo vivificados, "Deus está agindo em vocês, dando-lhes o desejo e o poder de realizarem aquilo que é do agrado dele". Ele não trabalha em nós para o sono e o marasmo — Sua boa vontade é respondida por nós quando somos

²Peço-lhes que abram o coração para nós. Não prejudicamos ninguém, nem desencaminhamos ninguém, nem nos aproveitamos de ninguém. ³Não digo isso para condená-los. Já lhes disse que vocês estão em nosso coração. Estamos juntos, seja para morrer, seja para viver. ⁴Tenho muita confiança em vocês, e de vocês tenho muito orgulho. Vocês têm me encorajado grandemente e me proporcionado alegria, apesar de todas as nossas aflições.

A alegria de Paulo com o arrependimento da igreja

⁵Quando chegamos à Macedônia, não tivemos nenhum descanso. Enfrentamos conflitos de todos os lados, com batalhas externas e temores internos. ⁶Mas Deus, que conforta os desanimados, nos encorajou com a chegada de Tito. ⁷Sua presença foi uma alegria, como também o foi a notícia que ele nos trouxe do encorajamento que recebeu de vocês. Quando ele nos contou quanto desejam me ver, quanto lamentam o que aconteceu e quão dedicados são a mim, fiquei muito feliz!

⁸Não me arrependo de ter enviado aquela carta severa, embora a princípio tenha lamentado a dor que ela lhes causou, ainda que por algum tempo. ⁹Agora, porém, alegro-me por tê-la enviado, não pela tristeza que causou, mas porque a dor os levou ao arrependimento. Foi o tipo de tristeza que Deus espera de seu povo, portanto não lhes causamos mal algum. ¹⁰Porque a tristeza que é da vontade de Deus conduz ao arrependimento e resulta em salvação. Não é uma tristeza que causa remorso. Mas a tristeza do mundo resulta em morte.

¹¹Vejam o que a tristeza que vem de Deus produziu em vocês! Trouxe dedicação, defesa de suas ações, indignação, temor, desejo de me ver, zelo e prontidão em punir a injustiça. Vocês mostraram que fizeram todo o necessário para corrigir a situação. ¹²Portanto, não lhes escrevi para falar de quem havia errado e de quem havia sido prejudicado, mas para que, diante de Deus, pudessem ver por si mesmos como são dedicados a nós. ¹³Fomos grandemente encorajados por isso.

Além de nos sentirmos encorajados, ficamos particularmente contentes de ver Tito alegre porque todos vocês o receberam bem e o tranquilizaram. ¹⁴Eu tinha dito a ele quanto me orgulhava de vocês, e vocês não me decepcionaram. Sempre lhes disse a verdade, e ficou provado que eu tinha razão ao elogiá-los! ¹⁵Ele os estima ainda mais quando se lembra de como todos vocês lhe obedeceram e o receberam bem, com temor e profundo respeito. ¹⁶Fico muito feliz por poder ter plena confiança em vocês.

Incentivo para contribuir com generosidade

8 Agora, irmãos, queremos que saibam o que Deus, em sua graça, tem feito por meio das igrejas da Macedônia. ²Elas têm sido provadas com muitas aflições, mas sua grande alegria e extrema pobreza transbordaram em rica generosidade.

³Posso testemunhar que deram não apenas o que podiam, mas muito além disso, e o fizeram por iniciativa própria. ⁴Eles nos suplicaram repetidamente o privilégio de participar da oferta ao povo santo. ⁵Fizeram até mais do que esperávamos, pois seu primeiro passo foi entregar-se ao Senhor e a nós, como era desejo de Deus.

⁶Por isso pedimos a Tito, que inicialmente encorajou vocês a contribuírem, que os visitasse outra vez e os animasse a completar esse serviço de generosidade. ⁷Visto que vocês se destacam em tantos aspectos — na fé, nos discursos eloquentes, no conhecimento, no entusiasmo e no amor que receberam de nós[a] —, queríamos que também se destacassem no generoso ato de contribuir.

---

[a] 8.7 Alguns manuscritos trazem *em seu amor por nós*.

---

constrangidos a querer e a fazer! Daí o argumento do apóstolo: "Trabalhem com afinco a sua salvação, obedecendo a Deus com reverência e temor", pois é Deus quem age em você. Ele age nela — você a faz progredir. Você deve trazer para a vida exterior o que Ele faz no interior de seu ser espiritual. Deve trabalhar em sua salvação porque Deus age dentro de você. O pecado deve ser expulso de nossa vida, como os cananeus foram expulsos de Canaã ao fio da espada. Os muros de Jericó cairão, mas não antes de serem circundados por sete dias. A sua marcha pode ser cansativa, mas você deve marchar se quiser conquistar!

⁸Não estou ordenando que o façam, mas sim testando a sinceridade de seu amor ao compará-lo com a dedicação de outros.

⁹Vocês conhecem a graça de nosso Senhor Jesus Cristo. Embora fosse rico, por amor a vocês ele se fez pobre, para que por meio da pobreza dele vocês se tornassem ricos.

¹⁰Este é meu conselho: seria bom que terminassem o que começaram há um ano, quando foram os primeiros a querer contribuir e a efetivamente fazê-lo. ¹¹Assim, completem o que começaram. Que a boa vontade demonstrada no princípio seja igualada, agora, por sua contribuição. Doem proporcionalmente àquilo que possuem. ¹²Tudo que derem será aceitável, desde que o façam de boa vontade, de acordo com o que têm, e não com o que não têm. ¹³Não que sua contribuição deva facilitar a vida dos outros e dificultar a de vocês. Quero dizer apenas que deve haver igualdade. ¹⁴No momento, vocês têm fartura e podem ajudar os que passam por necessidades. Em outra ocasião, eles terão fartura e poderão compartilhar com vocês quando for necessário. Assim, haverá igualdade. ¹⁵Como dizem as Escrituras:

"Para aqueles que muito recolheram
  nada sobrou,
e para aqueles que pouco recolheram
  nada faltou".[a]

Ajuda na coleta para os pobres

¹⁶Agradeço a Deus porque ele concedeu a Tito a mesma dedicação que eu tenho por vocês. ¹⁷Tito recebeu com prazer nosso pedido para que os visitasse outra vez. Na verdade, ele mesmo estava ansioso para ir vê-los. ¹⁸Com ele estamos enviando outro irmão, que é elogiado por todas as igrejas como pregador das boas-novas. ¹⁹Ele foi nomeado pelas igrejas para nos acompanhar quando levarmos a oferta,[b] um serviço que visa glorificar o Senhor e mostrar nossa disposição de ajudar.

²⁰Com isso, queremos evitar qualquer crítica à nossa maneira de administrar essa oferta generosa. ²¹Tomamos o cuidado de agir honradamente não só aos olhos do Senhor, mas também diante das pessoas.

²²Além disso, estamos enviando com eles outro irmão que muitas vezes deu provas de seu bom caráter e que, em várias ocasiões e de diversas maneiras, demonstrou enorme dedicação. E, por causa da grande confiança que ele tem em vocês, agora está ainda mais empolgado. ²³Se alguém lhes perguntar a respeito de Tito, digam que ele é meu colaborador, que trabalha comigo para ajudar vocês. Quanto aos irmãos que o acompanham, foram enviados pelas igrejas e trazem honra a Cristo. ²⁴Portanto, mostrem diante deles seu amor e provem para todas as igrejas que temos razão ao elogiar vocês.

A oferta para os irmãos em Jerusalém

9 Na verdade, quanto a esse serviço ao povo santo, não preciso lhes escrever. ²Sei quanto estão ansiosos para ajudar e expressei às igrejas da Macedônia meu orgulho de que vocês, na Acaia, estão prontos para enviar uma oferta desde o ano passado. De fato, foi sua dedicação que incentivou muitos a também contribuir.

³Ainda assim, envio esses irmãos para me certificar de que vocês estão preparados, como tenho dito a eles. Não quero elogiar vocês sem razão. ⁴Que vexame seria para nós, e ainda mais para vocês, se alguns macedônios chegassem comigo e descobrissem que vocês não estão preparados, depois de tudo que eu disse a eles! ⁵Portanto, considerei apropriado enviar esses irmãos antes de mim. Eles cuidarão para que a oferta que vocês prometeram esteja pronta. Que seja, porém, uma oferta voluntária, e não entregue de má vontade.

⁶Lembrem-se: quem lança apenas algumas sementes obtém uma colheita pequena, mas quem semeia com fartura obtém uma colheita farta. ⁷Cada um deve decidir em seu coração quanto dar. Não contribuam com relutância[c]

---

[a]**8.15** Êx 16.18. [b]**8.19** Ver 1Co 16.3-4. [c]**9.7a** Ou *com tristeza.*

9.7 Muito se tem dito sobre dar um décimo da renda ao Senhor; creio que seja um dever cristão que ninguém deve, por um momento, questionar. Se isso era um dever sob a lei judaica, muito mais é assim agora, sob a dispensação cristã; mas é um grande erro supor que o judeu apenas dava um décimo — ele dava muito, muito, muito mais do que isso! O décimo era o pagamento *obrigatório*, mas depois disso vinham todas as ofertas voluntárias, todas as

ou por obrigação. "Pois Deus ama quem dá com alegria."ª ⁸Deus é capaz de lhes conceder todo tipo de bênçãos, para que, em todo tempo, vocês tenham tudo de que precisam, e muito mais ainda, para repartir com outros. ⁹Como dizem as Escrituras:

"Compartilha generosamente com os necessitados;
seus atos de justiça serão lembrados para sempre".ᵇ

¹⁰Pois é Deus quem supre a semente para o que semeia e depois o pão para seu alimento. Da mesma forma, ele proverá e multiplicará sua semente e produzirá por meio de vocês muitos frutos de justiça.

¹¹Em tudo vocês serão enriquecidos a fim de que possam ser sempre generosos. E, quando levarmos sua oferta para aqueles que precisam dela, eles darão graças a Deus. ¹²Logo, duas coisas boas resultarão desse ministério de auxílio: as necessidades do povo santo serão supridas, e eles expressarão com alegria sua gratidão a Deus.

¹³Como resultado do serviço de vocês, eles darão glória a Deus. Pois sua generosidade com eles e com todos os que creem mostrará que vocês são obedientes às boas-novas de Cristo. ¹⁴E eles orarão por vocês com profundo afeto, por causa da graça transbordante que Deus concedeu a vocês. ¹⁵Graças a Deus por essa dádivaᶜ tão maravilhosa que nem as palavras conseguem expressar!

Paulo defende sua autoridade

10 Agora eu, Paulo, apelo a vocês com a mansidão e a bondade de Cristo, mesmo ciente de que vocês me consideram fraco pessoalmente e duro apenas a distância, quando lhes escrevo. ²Pois bem, suplico-lhes que, quando eu for visitá-los, não precise ser duro com aqueles que pensam que agimos segundo motivações humanas.

³Embora sejamos humanos, não lutamos conforme os padrões humanos. ⁴ᵈUsamos as armas poderosas de Deus, e não as armas do mundo, para derrubar as fortalezas do raciocínio humano e acabar com os falsos argumentos. ⁵Destruímos todas as opiniões arrogantes que impedem as pessoas de conhecer a Deus. Levamos cativo todo pensamento rebelde e o ensinamos a obedecer a Cristo. ⁶E, depois que

---

ª9.7b Ver nota em Pv 22.8. ᵇ9.9 Sl 112.9. ᶜ9.15 Em grego, *sua dádiva*, isto é, de Deus. ᵈ10.4 As traduções, em geral, dividem os versículos 4 e 5 de formas diferentes.

---

diversas dádivas em diferentes épocas do ano, de modo que, talvez ele desse um *terço* — muito mais perto disso, certamente, do que um décimo! [...]

No entanto, não gosto de estabelecer regras para o povo de Deus, pois o Novo Testamento do Senhor não é um grande livro de regras; não é um livro da letra, porque isso mata; é o livro do Espírito, que nos ensina a alma da generosidade em vez de o corpo dela; e ao invés de escrever leis sobre pedras ou papéis, ele escreve leis sobre o *coração*. Doem, queridos amigos, como vocês propuseram em seu coração, e deem proporcionalmente à medida que o Senhor os tem prosperado; e não faça sua estimativa do que vocês devem dar pelo que parecerá *respeitável*, ou pelo que se *espera* de vocês por outras pessoas. Deem como aos olhos do Senhor, pois Ele "ama quem dá com alegria"; e como um doador alegre é um doador proporcional, cuide para que você, como um bom mordomo, preste contas ao grande Rei.

10.5 Os monarcas dos tempos antigos, como os reis da Assíria e da Babilônia, quando subjugavam um país, deslocavam as pessoas a uma distância de seus antigos redutos para encontrarem novas casas. Bem, quando o Senhor cativa os pensamentos de nossa mente, Ele os guia, conduzindo-os para outra razão. O fruto da mente Ele guia para o reino espiritual em que se deleita no Senhor e se inclina diante dele. Vejamos que esta procissão de cativos conduzidos para longe a fim de honrar o triunfo do conquistador e estabelecê-los em outra região sob outro rei que eles nunca conheceram antes. Do maior ao menor, todas as faculdades da alma são feitas para passar sob o jugo — não vou tentar elaborar uma lista de acordo com a ciência mental, mas mencioná-las à medida que elas me ocorrem. Aquele que, estando consciente do seu pecado, crê em Jesus Cristo, submete todos os pensamentos de seu julgamento e entendimento à obediência a Cristo, e este é um grande benefício. Antes ele trocava amargo por doce e doce por amargo, escuridão por luz e luz por escuridão — mas agora, quando está em dificuldades sobre uma questão moral, pergunta ao Senhor. Assim, se o prazer o tenta, ele julga se é doce com a pergunta se seria doce para o seu Senhor.

Bem, se certa doutrina é declarada, ele não a pesa na balança de seus próprios pensamentos, muito menos

vocês se tornarem inteiramente obedientes, estaremos prontos para punir todos que insistirem em desobedecer.

⁷Vocês se preocupam apenas com o que é aparente.ᵃ Aqueles que afirmam pertencer a Cristo devem reconhecer que pertencemos a Cristo tanto quanto eles. ⁸Pode parecer que estou me orgulhando além do que deveria da autoridade que o Senhor nos deu, mas nossa autoridade visa edificar vocês, e não destruí-los. Portanto, não me envergonharei de usá-la.

⁹Não é minha intenção assustar vocês com minhas cartas. ¹⁰Pois alguns dizem: "As cartas de Paulo são exigentes e enérgicas, mas em pessoa ele é fraco e seus discursos de nada valem". ¹¹Essa gente deveria perceber que, quando estivermos presentes em pessoa, nossas ações serão tão enérgicas quanto aquilo que dizemos a distância, em nossas cartas.

¹²Não nos atreveríamos a nos classificar como esses indivíduos nem a nos comparar com eles, que se julgam tão importantes. Ao se compararem apenas uns com os outros, usando a si mesmos como medida, só mostram como são ignorantes.

¹³Não nos orgulharemos do que se fez fora de nosso campo de autoridade. Antes, nos orgulharemos apenas do que aconteceu dentro dos limites da obra que Deus nos confiou, que inclui nosso trabalho com vocês. ¹⁴Quando afirmamos ter autoridade sobre vocês, não ultrapassamos esses limites, pois fomos os primeiros a chegar até vocês com as boas-novas de Cristo.

¹⁵Também não nos orgulhamos do trabalho realizado por outros nem assumimos o crédito por ele. Pelo contrário, esperamos que sua fé cresça de tal modo que se ampliem os limites de nosso trabalho entre vocês. ¹⁶Então poderemos anunciar as boas-novas em outros lugares, para além de sua região, onde ninguém esteja trabalhando. Assim, ninguém pensará que estamos nos orgulhando do trabalho feito em território de outros. ¹⁷Como dizem as Escrituras: "Quem quiser orgulhar-se, orgulhe-se somente no Senhor".ᵇ

¹⁸Quando alguém elogia a si mesmo, esse elogio não tem valor algum. O importante mesmo é ser aprovado pelo Senhor.

Paulo e os falsos apóstolos

11 Espero que vocês suportem um pouco mais de minha insensatez. Por favor, continuem a ser pacientes comigo, ²pois o cuidado que tenho com vocês vem do próprio Deus. Eu os prometi como noivaᶜ pura a um único marido, Cristo. ³No entanto, temo que sua devoção pura e completa a Cristo seja corrompida de algum modo, como Eva foi enganada pela astúcia da serpente. ⁴Vocês aceitam de boa vontade o que qualquer um lhes diz, mesmo que anuncie um Jesus diferente daquele que lhes anunciamos, ou um espírito diferente daquele que vocês receberam, ou boas-novas diferentes daquelas em que vocês creram.

⁵Contudo, não me considero em nada inferior aos tais "superapóstolos" que ensinam essas coisas. ⁶Posso não ter a técnica de um grande orador, mas não me falta conhecimento. Deixamos isso bem claro a vocês de todas as formas possíveis.

⁷Será que fiz mal quando me humilhei e os honrei anunciando-lhes as boas-novas de Deus sem esperar nada em troca? ⁸Para servir vocês

ᵃ**10.7** Ou *Prestem atenção no que é óbvio!* ᵇ**10.17** Jr 9.24. ᶜ**11.2** Em grego, *virgem*.

---

nas balanças da opinião popular, mas pergunta: "O que meu Mestre disse? O que o Senhor Jesus pensaria sobre isso?" Ele anula seu próprio juízo por causa do juízo de seu Mestre. Ele não diz: "Sou uma lei para mim mesmo", mas afirma: "Cristo é o caminho e em Seus passos desejo seguir". Assim, sua razão é levada ao cativeiro para a razão superior e a compreensão de seu supremo Senhor. [...] Sei que não é assim com alguns cristãos professos, porque eles muito frequentemente inventam suas próprias doutrinas e expressam suas opiniões à parte de seu Mestre. Pensar é admirável, mas não se tivermos a intenção de complementar os ensinamentos de Cristo ou melhorá-los ou acomodá-los às teorias populares da ciência e filosofia. Em minha opinião, a verdadeira ciência pode dizer o que faltará e não faltará para um ouvinte atento enquanto eu viver — quanto mais alto falar, melhor — se falar fatos e não teorias — se for me dizer o que Deus fez e não o que o homem sonhou. Tudo o que a ciência verdadeira pode descobrir deve corresponder à Palavra de revelação, pois Deus fala na natureza somente a mesmíssima verdade que Ele escreveu nas Sagradas Escrituras.

sem lhes ser pesado, tomei contribuições de outras igrejas que eram mais pobres que vocês. ⁹E, quando estive com vocês e não tinha o suficiente para me sustentar, não fui um peso para ninguém, pois os irmãos que vieram da Macedônia trouxeram tudo de que eu precisava. Nunca fui um peso para vocês, e nunca serei. ¹⁰Tão certo como a verdade de Cristo está em mim, ninguém em toda a Acaiaᵃ jamais me impedirá de me orgulhar disso. ¹¹Por quê? Por que não os amo? Deus sabe quanto os amo!

¹²Assim, continuarei a fazer o que sempre tenho feito. Com isso, frustrarei aqueles que procuram uma oportunidade de se orgulhar de realizar um trabalho como o nosso. ¹³Esses indivíduos são falsos apóstolos, obreiros enganosos disfarçados de apóstolos de Cristo. ¹⁴Mas não me surpreendo. Até mesmo Satanás se disfarça de anjo de luz. ¹⁵Portanto, não é de admirar que seus servos também finjam ser servos da justiça. No fim, receberão o castigo que suas obras merecem.

As muitas provações de Paulo

¹⁶Volto a dizer: não pensem que sou insensato, mas, se o fizerem, aceitem-me como insensato, para que eu também me orgulhe um pouco. ¹⁷Não expresso esse meu orgulho como algo que vem do Senhor, como um insensato o faria. ¹⁸Uma vez que outros se orgulham de suas realizações humanas, farei o mesmo. ¹⁹Afinal, vocês se consideram sábios, mas suportam de boa vontade os insensatos. ²⁰Aceitam que outros os escravizem, devorem seus bens, se aproveitem de vocês, os menosprezem e lhes batam no rosto. ²¹Envergonho-me de dizer que fomos "fracos" demais para agir desse modo!

Em qualquer coisa que eles se atrevem a se orgulhar (mais uma vez falo como insensato), eu também me atrevo. ²²Eles são hebreus? Eu também sou. São israelitas? Eu também sou. São descendentes de Abraão? Eu também sou. ²³São servos de Cristo? Sei que dou a impressão de estar louco, mas digo que tenho servido muito mais. Trabalhei com mais dedicação, fui encarcerado com mais frequência, perdi a conta de quantas vezes fui açoitado e, em várias ocasiões, enfrentei a morte. ²⁴Cinco vezes recebi dos líderes judeus os trinta e nove açoites. ²⁵Três vezes fui golpeado com varas. Fui apedrejado uma vez. Três vezes sofri naufrágio. Certa ocasião, passei uma noite e um dia no mar, à deriva. ²⁶Realizei várias jornadas longas. Enfrentei perigos em rios e com assaltantes. Enfrentei perigos de meu próprio povo, bem como dos gentios. Enfrentei perigos em cidades, em desertos e no mar. E enfrentei perigos por causa de homens que se diziam irmãos, mas não eram. ²⁷Tenho trabalhado arduamente, horas a fio, e passei muitas noites sem dormir. Passei fome e senti sede, e muitas vezes fiquei em jejum. Tremi de frio por não ter roupa suficiente para me agasalhar.

²⁸Além disso tudo, sobre mim pesa diariamente a preocupação com todas as igrejas. ²⁹Quem está fraco, que eu também não sinta fraqueza? Quem se deixa levar pelo caminho errado, que a indignação não me consuma?

³⁰Portanto, se devo me orgulhar, prefiro que seja das coisas que mostram como sou fraco. ³¹Deus, o Pai de nosso Senhor Jesus, que é digno de louvor eterno, sabe que não estou mentindo. ³²Quando estava em Damasco, o governador sob o rei Aretas pôs guardas às portas da cidade para me capturar. ³³Para escapar dele, tive de ser baixado num cesto grande, de uma janela no muro da cidade.

A visão de Paulo e o espinho na carne

12 É necessário prosseguir com meus motivos de orgulho. Mesmo que isso não me sirva de nada, vou lhes falar agora das visões e revelações que recebi do Senhor.

²Conheço um homem em Cristo que, há catorze anos, foi arrebatado ao terceiro céu. Se foi no corpo ou fora do corpo, não sei; só Deus o sabe. ³Sim, somente Deus sabe se foi no corpo ou fora do corpo. Mas eu sei ⁴que tal homem foi arrebatado ao paraíso e ouviu coisas tão maravilhosas que não podem ser expressas em palavras, coisas que a nenhum homem é permitido relatar.

⁵Da experiência desse homem eu teria razão de me orgulhar, mas não o farei; na verdade, minhas fraquezas são minha única razão de orgulho. ⁶Se quisesse me orgulhar, não seria insensato de fazê-lo, pois estaria dizendo a verdade. Mas não o farei, pois não quero que

---

ᵃ **11.10** A *Acaia* era a região sul da península grega.

ninguém me dê crédito além do que pode ver em minha vida ou ouvir em minha mensagem, ⁷ainda que eu tenha recebido revelações tão maravilhosas. Portanto, para evitar que eu me tornasse arrogante, foi-me dado um espinho na carne, um mensageiro de Satanás para me atormentar e impedir qualquer arrogância.

⁸Em três ocasiões, supliquei ao Senhor que o removesse, ⁹mas ele disse: "Minha graça é tudo de que você precisa. Meu poder opera melhor na fraqueza". Portanto, agora fico feliz de me orgulhar de minhas fraquezas, para que o poder de Deus opere por meu intermédio. ¹⁰Por isso aceito com prazer fraquezas e insultos, privações, perseguições e aflições que sofro por Cristo. Pois, quando sou fraco, então é que sou forte.

A preocupação de Paulo com os coríntios

¹¹Vocês me obrigaram a agir como insensato. Vocês é que deveriam me elogiar, pois, embora eu nada seja, não sou inferior a esses "superapóstolos". ¹²Quando estive com vocês, certamente dei provas de que sou apóstolo, pois com grande paciência realizei sinais, maravilhas e milagres entre vocês. ¹³A única coisa que não fiz, e que faço nas outras igrejas, foi me tornar um peso para vocês. Perdoem-me por essa injustiça!

¹⁴Agora irei visitá-los pela terceira vez e não serei um peso para vocês. Não quero seus bens; quero vocês. Afinal, os filhos não ajuntam riquezas para os pais. Ao contrário, são os pais que ajuntam riquezas para os filhos. ¹⁵Por vocês, de boa vontade me desgastarei e gastarei tudo que tenho, embora pareça que, quanto mais eu os ame, menos vocês me amam.

¹⁶Talvez reconheçam que não fui um peso para vocês, mas pensem que, mesmo assim, fui astuto e usei de artimanhas para tirar proveito de vocês. ¹⁷Mas como? Algum dos homens que lhes enviei se aproveitou de vocês? ¹⁸Quando insisti com Tito para que fosse visitá-los e enviei com ele outro irmão, por acaso Tito os explorou? Não temos nós o mesmo espírito e andamos nos passos um do outro, agindo do mesmo modo?

¹⁹Talvez vocês pensem que estamos apresentando desculpas. Não é verdade. Dizemos tais coisas como servos de Cristo, tendo Deus como testemunha. Tudo que fazemos, amados, é para fortalecê-los. ²⁰Pois temo que, ao visitá-los, não goste daquilo que encontrarei e vocês não gostem de minha reação. Temo que encontre brigas, inveja, ira, egoísmo, calúnia, intrigas, arrogância e desordem. ²¹Sim, temo que, ao visitá-los outra vez, Deus me humilhe diante de vocês e eu venha a me entristecer porque muitos de vocês não abandonaram os pecados que cometiam no passado e não se arrependeram de sua impureza, sua imoralidade sexual e seu anseio por prazeres sensuais.

Conselhos finais de Paulo

13 Esta é a terceira vez que irei visitá-los. "Os fatos a respeito de cada caso devem ser confirmados pelo depoimento de duas ou três testemunhas."ᵃ ²Em minha segunda visita, já adverti aqueles que estavam em pecado.

ᵃ**13.1** Dt 19.15.

12.7-10 Certamente, a exultação deve preencher o peito desse homem que foi trazido para dentro do véu para ver seu Deus e ouvir as indescritíveis harmonias! *Era natural que ele fosse exaltado*, e não seria anormal que ele estivesse em risco de ser exaltado acima da medida! A exaltação devotada rapidamente se degenera em *auto*exaltação! Quando Deus nos exalta, há apenas um passo adiante — ou seja, a exaltação de *nós mesmos* — e então caímos, na verdade, em sérios prejuízos! Pergunto-me quantos entre nós poderiam suportar receber revelações como Paulo recebeu? Ó Deus, tu podes bem, em Tua bondade, nos poupar de favores tão perigosos; não temos nem cabeça nem coração para suportar tamanha bênção; nossa pequena planta não precisa de um rio para regar sua raiz, o gentil orvalho é suficiente — a corrente pode lavá-la embora! A quantos Deus abençoou no ministério por algum tempo, ou, se não no ministério, em alguma outra forma de serviço? Mas, infelizmente, eles logo se incharam de presunção e se tornaram grandes demais para o mundo contê-los! Inflados de vaidade, a honra colocada sobre eles transformou seu cérebro, e eles se desviaram para uma loucura brutal, pura vaidade ou pecado profano. Muitos ramos, mas pouca raiz derrubou a árvore! Asas sem peso fizeram do pássaro um passatempo para o furacão.

Agora, como naquela ocasião, volto a adverti-los e também os demais de que, da próxima vez, não os pouparei.

³Eu lhes darei todas as provas que desejarem de que Cristo fala por meu intermédio. Ele não é fraco ao tratar com vocês. Ao contrário, é poderoso entre vocês. ⁴Embora ele tenha sido crucificado em fraqueza, agora vive pelo poder de Deus. Nós também somos fracos, como Cristo foi, mas, quando tratarmos com vocês, estaremos vivos com ele e teremos o poder de Deus.

⁵Examinem a si mesmos. Verifiquem se estão praticando o que afirmam crer. Assim, poderão ser aprovados. Certamente sabem que Jesus Cristo está entre vocês;ᵃ do contrário, já foram reprovados. ⁶Minha expectativa é que, uma vez que se examinarem, reconheçam que não fomos reprovados.

⁷Oramos a Deus para que vocês não façam o que é mau, não para que pareça que fomos aprovados em nosso serviço, mas para que façam o que é certo, mesmo que pareça que fomos reprovados ao repreendê-los. ⁸Pois não podemos resistir à verdade, mas devemos sempre defendê-la. ⁹Ficamos alegres quando estamos fracos, se isso ajudar a mostrar que, na realidade, vocês estão fortes. Oramos para que sejam restaurados.

¹⁰Escrevo-lhes essas coisas antes de visitá-los, na esperança de que, ao chegar, não precise tratá-los severamente. Meu desejo é usar a autoridade que o Senhor me deu para fortalecê-los, e não para destruí-los.

Saudações finais de Paulo
¹¹Irmãos, encerro minha carta com estas últimas palavras: Alegrem-se. Cresçam até alcançar a maturidade. Encorajem-se mutuamente. Vivam em harmonia e paz. Então o Deus de amor e paz estará com vocês.

¹²Saúdem uns aos outros com beijo santo. ¹³Todo o povo santo lhes envia saudações.

¹⁴ᵇQue a graça do Senhor Jesus Cristo, o amor de Deus e a comunhão do Espírito Santo sejam com todos vocês.

ᵃ13.5 Ou *em vocês*. ᵇ13.14 Em algumas traduções, o versículo 13 faz parte do 12. Nesse caso, o versículo 14 se torna o 13.

Gálatas

INTRODUÇÃO

O país. (1) *Politicamente*, era a província romana que incluía a Licaônia, Isáuria e partes da Frígia e da Pisídia. (2) *Geograficamente*, era o centro das tribos celtas, e nesse sentido parece ser usado nesta epístola e em Atos (Gl 1.2; At 13.14; 14.6; 16.6).

O povo celta. Eles eram descendentes dos gauleses que saquearam Roma no século 4 a.C. e que no século 3 a.C. invadiram a Ásia Menor e o norte da Grécia. Uma parte deles permaneceu na Galácia, predominando na população mista formada pelo povo grego, romano e judeu. Eles eram temperamentais, impulsivos, hospitaleiros e volúveis. Eram rápidos em aceitar as ideias e igualmente rápidos em abandoná-las. Receberam Paulo com alegria entusiasmada, e de repente se afastaram dele (Gl 4.13-16).

Igrejas da Galácia. Não sabemos como nem por quem essas igrejas foram estabelecidas. A grande estrada do Oriente para a Europa passava por esta região, possibilitando que alguns dos participantes no Pentecostes tivessem semeado a semente do evangelho lá. Poderia ter surgido do trabalho feito por Paulo enquanto estava em Tarso desde o seu retorno da Arábia até sua ida a Antioquia com Barnabé. Mas as Escrituras não trazem nenhuma palavra sobre isso.

Paulo os visitou em sua segunda viagem missionária (At 16.6), e parece ter ficado doente ao passar por lá e ter pregado para eles enquanto estava impossibilitado de viajar (Gl 4.14,15). Eles receberam seus ensinamentos com prazer, e nessa ocasião, parece ter surgido igrejas. Paulo também os visitou durante sua terceira viagem missionária (At 18.23) e os instruiu e os estabeleceu na fé. As igrejas estavam indo bem quando Paulo as deixou, mas os mestres judaizantes haviam entrado e, agindo com base em sua natureza volúvel e instável, corromperam muito a simplicidade da fé que a igreja professava.

Ocasião da epístola. (1) Os mestres judaizantes haviam se infiltrado entre os gálatas, alegando que a lei judaica era obrigatória para os cristãos, admitindo que Jesus era o Messias, mas alegando que a salvação devia, no entanto, ser obtida pelas obras da Lei. Eles especialmente instaram a que todos os gentios fossem circuncidados. (2) A fim de ganhar a discussão e tirar os gálatas de sua crença, eles estavam tentando enfraquecer a confiança que tinham em Paulo, o mestre espiritual deles. Disseram que Paulo não era um dos Doze, e, portanto, não era um dos apóstolos, e seus ensinamentos não eram de autoridade obrigatória. E sugeriram que ele havia aprendido sua doutrina com outros, especialmente com os apóstolos que eram as colunas da igreja.

Propósito da epístola. O propósito da epístola era erradicar os erros de doutrina introduzidos pelos judaizantes e manter os gálatas na fé aprendida anteriormente. Para fazer isso, foi necessário estabelecer sua autoridade apostólica e a origem divina de seu evangelho. Ele também desejou mostrar o valor prático ou a aplicação de seu ensino. Mostra especialmente o valor da liberdade cristã e, ao mesmo tempo, que não é permissividade. Ao cumprir esses propósitos, Paulo nos deu um clássico inspirado sobre a doutrina fundamental da justificação pela fé e estabeleceu para sempre a questão perturbadora da relação dos cristãos com a lei judaica.

Autor e data. Foi escrita por Paulo, provavelmente de Corinto em 57 d.C.

ESBOÇO

Introdução, 1.1-10

1. Autoridade do evangelho de Paulo, 1.11–2.21
   1.1. É independente do homem, 1.11-24
   1.2. É o evangelho de um apóstolo, Cap. 2
2. Ensino do evangelho de Paulo, Caps. 3–4; Justificação pela fé
   2.1. A experiência deles o comprova, 3.1-5
   2.2. O exemplo de Abraão o atesta, 3.6-8
   2.3. As Escrituras o ensinam, 3.10-12
   2.4. A obra de Cristo o prova, 3.13,14

- 2.5. Seus resultados superiores o demonstram, 3.15–4.20
- 2.6. As experiências de Sara e Agar e de seus filhos o ilustram, 4.21-31
3. Aplicação do evangelho de Paulo à fé e conduta, 5.1–6.10
    - 3.1. Ele os exorta a se manterem firmes na liberdade de Cristo; 5.1-12; 5.12. Esta liberdade exclui o judaísmo
    - 3.2. Ele os exorta a não abusarem de sua liberdade, 5.13–6.10

Conclusão, 6.11-18

PARA ESTUDO E DISCUSSÃO

[1] Os perigos da inconstância (1.6; 3.1; 4.9,15,16).
[2] Os métodos dos falsos mestres: (a) O método principal deles é atacar os homens proeminentes no movimento; (b) Eles frequentemente apresentavam outra pessoa para líder; suplantavam Paulo com Pedro; (c) Pode-se considerar como um homem muitas vezes permitirá que a influência de outro seja prejudicada se ele mesmo for exaltado.
[3] As razões que Paulo dá para mostrar que seu ensinamento não é do homem, 1.11-24.
[4] A confirmação do chamado divino de Paulo, 2.1-10.
[5] Diferença entre alguém debaixo da Lei e alguém debaixo da fé, 4.1-7.
[6] Os desejos da carne, os pecados do corpo e da mente estão incluídos, 5.19-21.
[7] O fruto do Espírito, 5.22,23.
[8] As palavras, a liberdade, a luxúria, a carne, o espírito, as obras da lei, viver e morrer, servos e servidão, justificados, justiça, fé e crer.
[9] Para um estudo mais aprofundado, liste e estude as passagens de Gálatas que coincidem ou correspondem às passagens em Romanos.

Saudações de Paulo

1 Eu, Paulo, apóstolo, nomeado não por um grupo de pessoas, nem por alguma autoridade humana, mas pelo próprio Jesus Cristo e por Deus, o Pai, que ressuscitou Jesus dos mortos, ²escrevo esta carta, com todos os irmãos que estão comigo, às igrejas da Galácia.

³Que Deus, o Pai, e nosso Senhor Jesus Cristo[a] lhes deem graça e paz. ⁴Jesus entregou sua vida por nossos pecados, a fim de nos resgatar deste mundo mau, conforme Deus, nosso Pai, havia planejado. ⁵Toda a glória a Deus para todo o sempre! Amém.

Uma só mensagem de boas-novas

⁶Admiro-me que vocês estejam se afastando tão depressa daquele que os chamou para si por meio da graça de Cristo. Vocês estão seguindo um caminho diferente que se faz passar pelas boas-novas, ⁷mas que não são boas-novas de maneira nenhuma. Estão sendo perturbados por aqueles que distorcem deliberadamente as boas-novas de Cristo.

⁸Que seja amaldiçoado qualquer um, incluindo nós, ou mesmo um anjo do céu, que anunciar boas-novas diferentes das que nós lhes anunciamos. ⁹Repito o que disse antes: se alguém anunciar boas-novas diferentes das que vocês receberam, que seja amaldiçoado.

¹⁰Acaso estou tentando conquistar a aprovação das pessoas? Ou será que procuro a aprovação de Deus? Se meu objetivo fosse agradar as pessoas, não seria servo de Cristo.

A mensagem de Paulo vem de Cristo

¹¹Irmãos, quero que vocês entendam que a mensagem das boas-novas por mim anunciada não provém do raciocínio humano. ¹²Não a recebi de fonte humana, e ninguém a ensinou a mim. Ao contrário, eu a recebi por revelação de Jesus Cristo.[b]

¹³Vocês sabem como eu era quando seguia a religião judaica, como perseguia com violência a igreja de Deus. Não media esforços para destruí-la. ¹⁴Superava a muitos dos judeus de minha geração, sendo extremamente zeloso pelas tradições de meus antepassados.

¹⁵Contudo, ainda antes de eu nascer, Deus me escolheu e me chamou por sua graça. Foi do agrado dele ¹⁶revelar seu Filho a mim,[c] para que eu o anunciasse aos gentios.

Quando isso aconteceu, não consultei ser humano algum.[d] ¹⁷Tampouco subi a Jerusalém para pedir o conselho daqueles que eram apóstolos antes de mim. Em vez disso, fui à Arábia e depois voltei à cidade de Damasco.

¹⁸Então, passados três anos, fui a Jerusalém para conhecer Pedro,[e] com quem permaneci quinze dias. ¹⁹O único outro apóstolo que vi naquela ocasião foi Tiago, irmão do Senhor. ²⁰Afirmo diante de Deus que o que lhes escrevo não é mentira.

²¹Depois disso, fui às províncias da Síria e da Cilícia. ²²As igrejas em Cristo que estão na Judeia ainda não me conheciam pessoalmente. ²³Sabiam apenas o que as pessoas diziam:

---

[a] **1.3** Alguns manuscritos trazem *Deus, nosso Pai, e o Senhor Jesus Cristo*. [b] **1.12** Ou *pela revelação acerca de Jesus Cristo*. [c] **1.16a** Ou *em mim*. [d] **1.16b** Em grego, *não consultei carne nem sangue*. [e] **1.18** Em grego, *Cefas*.

1.1,3 *V.1* Paulo começa esta epístola afirmando seu comissionamento como apóstolo. Na Galácia, ele tinha sido submetido à grande tristeza quando o seu apostolado foi questionado. Ele, por causa disso, renuncia à alegação ao ofício e se aposenta do trabalho? De maneira alguma, nem por um momento; mas começa sua carta aos gálatas se declarando "nomeado não por um grupo de pessoas, nem por alguma autoridade humana, mas pelo próprio Jesus Cristo". Seus inimigos diziam: "Paulo nunca foi um dos doze apóstolos do Salvador; ele não é como aqueles treinados e educados pelo próprio Cristo. Sem dúvida, tomou sua doutrina emprestada deles, e é apenas um revendedor de bens de outros homens". "Não, não", diz Paulo, "eu sou um apóstolo tão verdadeiro como qualquer outro dos doze; 'nomeado não por um grupo de pessoas, nem por alguma autoridade humana, mas pelo próprio Jesus Cristo e por Deus, o Pai, que ressuscitou Jesus dos mortos'".

V.3 É característica do evangelho desejar o bem aos outros. Por isso, Paulo começa esta epístola com uma bênção: "Que Deus, o Pai, e nosso Senhor Jesus Cristo lhes deem graça e paz". Queridos amigos, que vocês tenham a plenitude dessas duas! Corretamente, a graça vem primeiro, a paz em seguida. Paz antes da graça seria perigoso. Não! Mais ainda: seria a ruína. Mas que vocês sempre tenham graça suficiente para conduzi-los a uma profunda e jubilosa paz! Essas duas coisas se unem muito prazerosamente — a graça e paz — e é a melhor graça e a melhor paz, pois provêm de "Deus, o Pai, e nosso Senhor Jesus Cristo".

"Aquele que nos perseguia agora anuncia a mesma fé que antes tentava destruir". ²⁴E louvavam a Deus por minha causa.

Os apóstolos aceitam Paulo

2 Catorze anos depois, voltei a Jerusalém, dessa vez com Barnabé, e Tito também nos acompanhou. ²Fui para lá por causa de uma revelação. Reuni-me em particular com os líderes e compartilhei com eles as boas-novas que tenho anunciado aos gentios. Queria me certificar de que estávamos de acordo, pois temia que meus esforços, anteriores e presentes, fossem considerados inúteis. ³Mas eles me apoiaram e nem sequer exigiram que Tito, que me acompanhava, fosse circuncidado, embora fosse gentio.ᵃ

⁴Essa questão foi levantada apenas por causa de alguns falsos irmãos que se infiltraram em nosso meio para nos espionar e nos tirar a liberdade que temos em Cristo Jesus. Sua intenção era nos escravizar, ⁵mas não cedemos a eles nem por um momento, a fim de preservar a verdade das boas-novas para vocês.

⁶Quanto aos líderes — cuja reputação, a propósito, não fez diferença alguma para mim, pois Deus não age com favoritismo —, nada tiveram a acrescentar àquilo que eu pregava. ⁷Ao contrário, viram que me havia sido confiada a responsabilidade de anunciar as boas-novas aos gentios,ᵇ assim como a Pedro tinha sido confiada a responsabilidade de anunciar as boas-novas aos judeus.ᶜ ⁸Pois o mesmo Deus que atuou por meio de Pedro como apóstolo aos judeusᵈ também atuou por meu intermédio como apóstolo aos gentios.

⁹De fato, Tiago, Pedroᵉ e João, tidos como colunas, reconheceram a graça que me foi dada e aceitaram Barnabé e a mim como seus colaboradores. Eles nos incentivaram a dar continuidade à pregação aos gentios, enquanto eles prosseguiriam no trabalho com os judeus.ᶠ ¹⁰Sua única sugestão foi que continuássemos a ajudar os pobres, o que sempre fiz com dedicação.

Paulo confronta Pedro

¹¹Mas, quando Pedro veio a Antioquia, tive de opor-me a ele abertamente, pois o que ele fez foi muito errado. ¹²No começo, quando chegou, ele comia com os gentios. Mais tarde, porém, quando vieram alguns amigos de Tiago, começou a se afastar, com medo daqueles que insistiam na necessidade de circuncisão. ¹³Como resultado, outros judeus imitaram a hipocrisia de Pedro, e até mesmo Barnabé se deixou levar por ela.

¹⁴Quando vi que não estavam seguindo a verdade das boas-novas, disse a Pedro diante de todos: "Se você, que é judeu de nascimento, vive como gentio, e não como judeu, por que agora obriga esses gentios a viverem como judeus? ¹⁵Você e eu somos judeus de nascimento, e não pecadores, como os judeus consideram os gentios. ¹⁶E, no entanto, sabemos que uma pessoa é declarada justa diante de Deus pela fé em Jesus Cristo, e não pela obediência à lei. E cremos em Cristo Jesus, para que fôssemos declarados justos pela fé em Cristo, e não porque obedecemos à lei. Pois ninguém é declarado justo diante de Deus pela obediência à lei".ᵍ

¹⁷Mas, se a busca da justiça por meio de Cristo nos torna culpados de abandonar a lei, isso torna Cristo responsável por nosso pecado? De maneira nenhuma! ¹⁸Se, pois, reconstruo o antigo sistema da lei que já destruí, então faço de mim mesmo transgressor da lei. ¹⁹Pois, quando procurei viver por meio da lei, ela me condenou. Portanto, morri para a lei a fim de viver para Deus. ²⁰Fui crucificado com Cristo; assim, já não sou eu quem vive, mas Cristo vive em mim. Portanto, vivo neste corpo terreno pela fé no Filho de Deus, que me amou e se entregou por mim. ²¹Não considero a graça de Deus algo sem sentido. Pois, se a obediência à lei nos tornasse justos diante de Deus, não haveria necessidade alguma de Cristo morrer.

A lei e a fé em Cristo

3 Ó gálatas insensatos! Quem os enfeitiçou? Jesus Cristo não lhes foi explicado tão

---

ᵃ**2.3** Em grego, *fosse grego*. ᵇ**2.7a** Em grego, *o evangelho da incircuncisão*. ᶜ**2.7b** Em grego, *o evangelho da circuncisão*. ᵈ**2.8** Em grego, *apóstolo dos circuncidados*. ᵉ**2.9a** Em grego, *Cefas*; também em 2.11,14 ᶠ**2.9b** Em grego, *com os circuncidados*. ᵍ**2.16** Alguns tradutores afirmam que a citação se restringe ao versículo 14, outros, que se estende até o 16, e outros ainda, até o 21.

claramente como se tivessem visto com os próprios olhos a morte dele na cruz? ²Deixem-me perguntar apenas uma coisa: vocês receberam o Espírito porque obedeceram à lei ou porque creram na mensagem que ouviram? ³Será que perderam o juízo? Tendo começado no Espírito, por que agora procuram tornar-se perfeitos por seus próprios esforços? ⁴Será que foi à toa que passaram por tantos sofrimentos? É claro que não foi à toa!

⁵Volto a perguntar: acaso aquele que lhes deu o Espírito e realizou milagres entre vocês agiu assim porque vocês obedeceram à lei ou porque creram na mensagem que ouviram?

⁶Da mesma forma, "Abraão creu em Deus, e assim foi considerado justo".ᵃ ⁷Logo, os verdadeiros filhos de Abraão são aqueles que creem.

⁸As Escrituras previram esse tempo em que Deus declararia os gentios justos por meio da fé. Ele anunciou essas boas-novas a Abraão há muito tempo, quando disse: "Todas as nações da terra serão abençoadas por seu intermédio".ᵇ ⁹Portanto, todos os que creem participam da mesma bênção que Abraão recebeu por crer.

¹⁰Contudo, os que confiam na lei para serem declarados justos estão sob maldição, pois as Escrituras dizem: "Maldito quem não se mantiver obediente a tudo que está escrito no Livro da Lei".ᶜ ¹¹É evidente, portanto, que ninguém pode ser declarado justo diante de Deus pela lei. Pois as Escrituras dizem: "O justo viverá pela fé".ᵈ ¹²A lei, porém, não é baseada na fé, pois diz: "Quem obedece à lei viverá por ela".ᵉ ¹³Mas Cristo nos resgatou da maldição pronunciada pela lei tomando sobre si a maldição por nossas ofensas. Pois as Escrituras dizem: "Maldito todo aquele que é pendurado num madeiro".ᶠ ¹⁴Por meio de Cristo Jesus, os gentios foram abençoados com a mesma bênção de Abraão, para que recebêssemos, pela fé, o Espírito prometido.

A lei e a promessa de Deus

¹⁵Irmãos, apresento-lhes um exemplo da vida diária. Ninguém pode anular ou fazer acréscimos a uma aliança irrevogável. ¹⁶Pois bem, Deus fez a promessa a Abraão e a seu descendente.ᵍ Observem que as Escrituras não dizem "a seus descendentes",ʰ como se fosse uma referência a muitos, mas sim "a seu descendente", isto é, Cristo. ¹⁷É isto que quero dizer: a lei, que veio 430 anos depois, não pode anular a aliança que Deus estabeleceu com Abraão, pois nesse caso a promessa seria quebrada. ¹⁸Portanto, se a herança pudesse ser recebida pela obediência à lei, ela não viria pela aceitação da promessa. No entanto, Deus, em sua bondade, a concedeu a Abraão como promessa.

¹⁹Qual era, então, o propósito da lei? Ela foi acrescentada à promessa para mostrar às pessoas seus pecados. Mas a lei deveria durar apenas até a vinda do descendente prometido. Por meio de anjos, a lei foi entregue a um mediador. ²⁰O mediador, porém, só é necessário quando dois ou mais precisam chegar a um acordo, e Deus é um só.

²¹Existe, portanto, algum conflito entre a lei e as promessas de Deus?ⁱ De maneira nenhuma!

ᵃ**3.6** Gn 15.6. ᵇ**3.8** Gn 12.3; 18.18; 22.18. ᶜ**3.10** Dt 27.26. ᵈ**3.11** Hc 2.4. ᵉ**3.12** Lv 18.5. ᶠ**3.13** Dt 21.23, conforme a Septuaginta. ᵍ**3.16a** Em grego, *a sua semente*; também em 3.16c,19. Ver notas em Gn 12.7 e 13.15. ʰ**3.16b** Em grego, *a suas sementes*. ⁱ**3.21** Alguns manuscritos trazem *e as promessas?*

3.1 [...] se vocês querem ser preservados corretos e saudáveis na fé, a primeira coisa a fazer é colocar o *assunto certo no centro de seus corações* — Jesus Cristo crucificado. Paulo diz que ele pregou isso. Ele anunciou Jesus. Mesmo que possa não ter esclarecido alguma outra coisa, ele, com certeza, definiu a pessoa e a obra de Jesus Cristo. Amados, coloquem isso em sua alma, que a sua única esperança e o tema principal da sua meditação seja sempre Jesus Cristo. O que quer que eu não conheça, ó meu Senhor, ajuda-me a te conhecer. Seja o que for que eu não creia, capacita-me a crer e a confiar em ti e a tomar a Tua Palavra como a verdade de Deus. Amados, afastem-se da religião que tem pouco de Cristo. Cristo deve ser o Alfa e o Ômega, o primeiro e o último. A religião que é composta de nossos feitos, nossos sentimentos e vontades é uma farsa. Nossa religião deve ter Cristo como o fundamento, Cristo como a pedra angular, Cristo como a pedra superior, e se não estivermos baseados e alicerçados, ancorados e assentados sobre Ele, nossa religião é vã. Paulo questiona se qualquer um para quem Cristo fora o comandante poderia ser enfeitiçado e penso que, se Cristo é realmente assim para as suas almas, vocês não se desviarão através do erro, mas o Cristo crucificado os manterá firmes.

Se a lei fosse capaz de nos conceder nova vida, seríamos declarados justos pela obediência a ela. ²²Mas as Escrituras afirmam que somos todos prisioneiros do pecado, de modo que nós, os que cremos, recebemos a promessa de libertação apenas pela fé em Jesus Cristo.

Filhos de Deus pela fé

²³Antes que o caminho da fé se tornasse disponível, fomos colocados sob a custódia da lei e mantidos sob a sua guarda, até que essa fé fosse revelada.

²⁴Em outras palavras, a lei foi nosso guardião até a vinda de Cristo; ela nos protegeu até que, por meio da fé, pudéssemos ser declarados justos. ²⁵Agora que veio o caminho da fé, não precisamos mais da lei como guardião.

²⁶Pois todos vocês são filhos de Deus por meio da fé em Cristo Jesus. ²⁷Todos que foram unidos com Cristo no batismo se revestiram de Cristo. ²⁸Não há mais judeu nem gentio,ª escravo nem livre, homem nem mulher,ᵇ pois todos vocês são um em Cristo Jesus. ²⁹E agora que pertencem a Cristo, são verdadeiros filhosᶜ de Abraão, herdeiros dele segundo a promessa de Deus.

4 Portanto, pensem da seguinte forma: enquanto não atingir a idade adequada, o herdeiro não está numa posição muito melhor que a de um escravo, apesar de ser dono de todos os bens. ²Deve obedecer a seus tutores e administradores até a idade determinada por seu pai. ³O mesmo acontecia conosco. Éramos como crianças; éramos escravos dos princípios básicos deste mundo.

⁴Mas, quando chegou o tempo certo, Deus enviou seu Filho, nascido de uma mulher e sob a lei. ⁵Assim o fez para resgatar a nós que estávamos sob a lei, a fim de nos adotar como seus filhos. ⁶E, porque nós somosᵈ seus filhos, Deus enviou ao nosso coração o Espírito de seu Filho, e por meio dele clamamos: "*Aba*,ᵉ Pai". ⁷Agora você já não é escravo, mas filho de Deus. E, uma vez que é filho, Deus o tornou herdeiro dele.

A preocupação de Paulo com os gálatas

⁸Antes de conhecerem a Deus, vocês eram escravos de supostos deuses que, na verdade, nem existem. ⁹Agora que conhecem a Deus, ou melhor, agora que Deus os conhece, por que desejam voltar atrás e tornar-se novamente escravos dos frágeis e inúteis princípios básicos deste mundo? ¹⁰Vocês insistem em guardar certos dias, meses, estações ou anos. ¹¹Temo por vocês. Talvez meu árduo trabalho em seu favor tenha sido inútil.

¹²Irmãos, peço-lhes que sejam como eu, pois eu também sou como vocês. E vocês não me trataram mal ¹³e certamente se lembram de que eu estava doente quando lhes anunciei as boas-novas pela primeira vez. ¹⁴Embora minha saúde precária fosse uma tentação para me

---

ª**3.28a** Em grego, *nem grego*. ᵇ**3.28b** Em grego, *macho nem fêmea*. ᶜ**3.29** Em grego, *verdadeira semente*. ᵈ**4.6a** Em grego, *vocês são*. ᵉ**4.6b** Termo aramaico para "pai".

4.6 Onde o Espírito Santo adentra, há um clamor. "Deus enviou ao nosso coração o Espírito de seu Filho, e por meio dele clamamos: 'Aba, Pai!'" Agora, observe é o Espírito de Deus que clama — um fato extraordinário. Alguns têm a tendência de ver a expressão como um hebraísmo e a leem, Ele "nos faz clamar", mas, amados, o texto não diz isso e não temos a liberdade de alterá-lo sob tal pretexto. Estamos sempre corretos em permanecer com o que Deus diz e aqui lemos claramente que o Espírito clama em nosso coração: "Aba, Pai". O apóstolo, em Romanos 8.15, afirma que vocês receberam: "o Espírito de Deus, que os adotou como seus próprios filhos. Agora nós o chamamos: Aba, Pai", ele descreve aqui o próprio Espírito, como clamando "Aba, Pai". Estamos certos de que quando ele atribuiu o clamor de "Aba, Pai" a nós, ele não desejou excluir o clamor do Espírito, porque no versículo 26 do famoso capítulo 8 de Romanos, Paulo diz: "E o Espírito nos ajuda em nossa fraqueza, pois não sabemos orar segundo a vontade de Deus, mas o próprio Espírito intercede por nós com gemidos que não podem ser expressos em palavras". Assim, ele representa o próprio Espírito como que gemendo de maneiras inexprimíveis no interior do filho de Deus, de modo que, quando escreveu aos romanos, Paulo tinha em mente o mesmo pensamento que expressou aos gálatas — que é o próprio Espírito, que clama e geme em nós, "Aba, Pai". Como é isso? Não somos nós mesmos que clamamos? Sim, com certeza. E, no entanto, o Espírito também clama. Ambas as expressões estão corretas. O Espírito Santo instiga e inspira o clamor. Ele põe o clamor no coração e nos lábios do cristão. É o clamor do Espírito porque Ele o sugere, aprova e nos instrui isso.

rejeitarem, vocês não me desprezaram nem me mandaram embora. Ao contrário, acolheram-me e cuidaram de mim como se eu fosse um anjo de Deus, ou mesmo o próprio Cristo Jesus. ¹⁵Que aconteceu com a alegria que vocês demonstraram naquela ocasião? Estou certo de que, se fosse possível, teriam arrancado os próprios olhos e os teriam dado a mim. ¹⁶Acaso me tornei inimigo de vocês porque lhes digo a verdade?

¹⁷Esses falsos mestres estão extremamente ansiosos para agradá-los, mas suas intenções não são boas. Querem afastá-los de mim para que dependam deles. ¹⁸Se alguém deseja agradá-los, muito bem; mas que o faça sempre, e não só quando estou com vocês.

¹⁹Ó meus filhos queridos, sinto como se estivesse passando outra vez pelas dores de parto por sua causa, e elas continuarão até que Cristo seja plenamente desenvolvido em vocês. ²⁰Gostaria de poder estar aí com vocês para lhes falar em outro tom. Mas, distante como estou, não sei o que mais fazer para ajudá-los.

Os dois filhos de Abraão

²¹Digam-me, vocês que desejam viver debaixo da lei: acaso sabem o que a lei diz de fato? ²²De acordo com as Escrituras, Abraão teve dois filhos, um nascido de uma escrava e outro de sua esposa, que era livre.ᵃ ²³O filho da escrava nasceu segundo a vontade humana; o filho da mulher livre nasceu segundo a promessa.

²⁴Essas duas mulheres ilustram duas alianças. A primeira, Hagar, representa o monte Sinai, onde o povo recebeu a lei que o escravizou. ²⁵E Hagar, que é o monte Sinai, na Arábia, representa a Jerusalém de agora,ᵇ pois ela e seus filhos vivem sob a escravidão da lei. ²⁶A segunda, Sara, representa a Jerusalém celestial. Ela é a mulher livre, e é nossa mãe. ²⁷Como dizem as Escrituras:

"Alegre-se, mulher sem filhos,
   você que nunca deu à luz!
Grite de alegria,
   você que nunca esteve em trabalho de parto!
Pois a abandonada agora tem mais filhos
   que a mulher que vive com o marido".ᶜ

²⁸E vocês, irmãos, são filhos da promessa, como Isaque. ²⁹Ismael, o filho nascido da vontade humana, perseguiu Isaque, o filho nascido do poder do Espírito, e o mesmo ocorre agora. ³⁰Mas o que dizem as Escrituras sobre isso? "Livre-se da escrava e do filho dela, pois o filho da escrava não será herdeiro junto com o filho da mulher livre."ᵈ ³¹Portanto, irmãos, não somos filhos da escrava; somos filhos da mulher livre.

Liberdade em Cristo

5 Portanto, permaneçam firmes nessa liberdade, pois Cristo verdadeiramente nos libertou. Não se submetam novamente à escravidão da lei.

²Prestem atenção! Eu, Paulo, lhes digo: se vocês se deixarem ser circuncidados, Cristo de nada lhes servirá. ³Volto a dizer: todo aquele que se deixa ser circuncidado deve obedecer a toda a lei. ⁴Pois, se vocês procuram tornar-se justos diante de Deus pelo cumprimento da lei, foram separados de Cristo e caíram para longe da graça.

⁵Mas nós que vivemos pelo Espírito esperamos ansiosamente receber pela fé a justiça que Deus nos prometeu. ⁶Pois, em Cristo Jesus, não há benefício algum em ser ou não circuncidado. O que importa é a fé que se expressa pelo amor.

⁷Vocês estavam indo bem na corrida; quem os impediu de seguir a verdade? ⁸Certamente não foi Deus quem os levou a pensar assim, pois ele os chamou para serem livres. ⁹Um pouco de fermento se espalha por toda a massa. ¹⁰Confio que o Senhor os guardará de crer em falsos ensinamentos. Aquele que os perturbar, seja ele quem for, será julgado.

¹¹Irmãos, se eu ainda prego que vocês devem ser circuncidados, como dizem alguns, por que continuo a ser perseguido? Se eu não pregasse a salvação exclusivamente por meio da cruz, ninguém se ofenderia. ¹²Esses sujeitos que os perturbam deveriam castrar a si mesmos!

¹³Porque vocês, irmãos, foram chamados para viver em liberdade. Não a usem, porém, para satisfazer sua natureza humana. Ao contrário, usem-na para servir uns aos outros em amor.

ᵃ**4.22** Ver Gn 16.15; 21.2-3. ᵇ**4.25** Alguns manuscritos trazem *E o monte Sinai, na Arábia, agora é como Jerusalém*. ᶜ**4.27** Is 54.1. ᵈ**4.30** Gn 21.10.

¹⁴Pois toda a lei pode ser resumida neste único mandamento: "Ame o seu próximo como a si mesmo".ᵃ ¹⁵Mas, se vocês estão sempre mordendo e devorando uns aos outros, tenham cuidado, pois correm o risco de se destruírem.

A vida pelo Espírito

¹⁶Por isso digo: deixem que o Espírito guie sua vida. Assim, não satisfarão os anseios de sua natureza humana. ¹⁷A natureza humana deseja fazer exatamente o oposto do que o Espírito quer, e o Espírito nos impele na direção contrária àquela desejada pela natureza humana. Essas duas forças se confrontam o tempo todo, de modo que vocês não têm liberdade de pôr em prática o que intentam fazer. ¹⁸Quando, porém, são guiados pelo Espírito, não estão debaixo da lei.

¹⁹Quando seguem os desejos da natureza humana, os resultados são extremamente claros: imoralidade sexual, impureza, sensualidade, ²⁰idolatria, feitiçaria, hostilidade, discórdias, ciúmes, acessos de raiva, ambições egoístas, dissensões, divisões, ²¹inveja, bebedeiras, festanças desregradas e outros pecados semelhantes. Repito o que disse antes: quem pratica essas coisas não herdará o reino de Deus.

²²Mas o Espírito produz este fruto: amor, alegria, paz, paciência, amabilidade, bondade, fidelidade, ²³mansidão e domínio próprio. Não há lei contra essas coisas!

²⁴Aqueles que pertencem a Cristo Jesus crucificaram as paixões e os desejos de sua natureza humana. ²⁵Uma vez que vivemos pelo Espírito, sigamos a direção do Espírito em todas as áreas de nossa vida. ²⁶Não nos tornemos orgulhosos, provocando e invejando uns aos outros.

Colhemos aquilo que semeamos

6 Irmãos, se alguém for vencido por algum pecado, vocês que são guiados pelo Espírito devem, com mansidão, ajudá-lo a voltar ao caminho certo. E cada um cuide para não ser tentado. ²Ajudem a levar os fardos uns dos outros e obedeçam, desse modo, à lei de Cristo. ³Se vocês se consideram importantes demais para ajudar os outros, estão apenas enganando a si mesmos.

⁴Cada um preste muita atenção em seu trabalho, pois então terá a satisfação de havê-lo feito bem e não precisará se comparar com os outros. ⁵Porque cada um de nós é responsável pela própria conduta.

⁶Aqueles que recebem o ensino da palavra devem repartir com seus mestres todas as coisas boas.

⁷Não se deixem enganar: ninguém pode zombar de Deus. A pessoa sempre colherá aquilo que semear. ⁸Quem vive apenas para satisfazer sua natureza humana colherá dessa natureza ruína e morte. Mas quem vive para agradar o Espírito colherá do Espírito a vida eterna. ⁹Portanto, não nos cansemos de fazer o bem. No momento certo, teremos uma colheita de bênçãos, se não desistirmos. ¹⁰Por isso, sempre que tivermos oportunidade, façamos o bem a todos, especialmente aos da família da fé.

Conselhos finais de Paulo

¹¹Vejam com que letras grandes lhes escrevo, de próprio punho, estas palavras finais!

¹²Aqueles que procuram obrigá-los a se circuncidarem desejam causar boa impressão para outros, a fim de não serem perseguidos por ensinar que somente a cruz de Cristo pode salvar. ¹³E nem mesmo aqueles que defendem a circuncisão cumprem toda a lei. Querem que vocês sejam circuncidados só para que eles se gloriem disso.

¹⁴Quanto a mim, que eu jamais me glorie em qualquer coisa, a não ser na cruz de nosso Senhor Jesus Cristo. Por causa dessa cruzᵇ meu interesse neste mundo foi crucificado, e o interesse do mundo em mim também morreu. ¹⁵Não importa se fomos circuncidados ou não. O que importa é que fomos transformados em nova criação. ¹⁶Que a paz e a misericórdia de Deus estejam sobre todos os que vivem de acordo com esse princípio e sobre o Israelᶜ de Deus.

¹⁷De agora em diante, que ninguém me perturbe com essas coisas, pois levo em meu corpo cicatrizes que mostram que pertenço a Jesus.

¹⁸Irmãos, que a graça de nosso Senhor Jesus Cristo esteja com o espírito de vocês. Amém.

ᵃ**5.14** Lv 19.18. ᵇ**6.14** Ou *Por causa dele*. ᶜ**6.16** Ou *isto é, o Israel*.

Efésios

INTRODUÇÃO

A cidade. Era a capital da Ásia proconsular, a cerca de um quilômetro e meio da costa, e também o grande centro religioso, comercial e político da Ásia. Era famosa por causa de duas estruturas notáveis. Primeiro, o grande teatro que tinha capacidade para 50 mil pessoas sentadas, e segundo, o templo de Diana, que era uma das sete maravilhas do mundo antigo. Era de 104 metros de comprimento e 50 metros de largura, feito de mármore brilhante, apoiado por um conjunto de colunas de 17 metros de altura e com 220 anos de construção, na época de Paulo. Isso a tornou o centro da influência do culto a Diana, do qual lemos em Atos 19.23-41. A estátua com seus muitos seios indicava a fertilidade da natureza.

Depois de Roma, Éfeso foi a cidade mais importante visitada por Paulo. Foi chamada de a terceira capital do cristianismo, sendo o centro do trabalho na Ásia através do qual foram fundadas todas as igrejas da região, especialmente as sete igrejas da Ásia, às quais Jesus enviou as mensagens de Apocalipse. Jerusalém, o lugar de nascimento do poder, é a primeira; e Antioquia, o centro do trabalho missionário, é a segunda capital.

O ministério de Paulo em Éfeso. (1) Revisitado no retorno da segunda viagem missionária (At 18.18-21) e Áquila e Priscila foram deixados em Éfeso. (2) Na terceira viagem missionária, ele passou cerca de três anos lá (At 20.31). (3) Durante esta segunda visita, teve tanta influência por contestar a adoração a Diana a ponto de despertar a oposição de seus adoradores e ser necessário Paulo partir para a Macedônia (At 20.1). (4) No retorno em sua terceira viagem missionária, ele parou em Mileto, a 48 quilômetros de distância, e mandou buscar os anciãos de Éfeso de quem se despediu (At 20.16-38).

A epístola. O conteúdo é muito parecido com o de Colossenses, mas também difere muito desta. (1) Em cada livro, metade é doutrinário e metade, prático. (2) Colossenses apresenta Cristo como o Cabeça da Igreja, enquanto Efésios apresenta a Igreja como o Corpo de Cristo. (3) Em Colossenses, Cristo "é tudo que importa", em Efésios, o Cristo ascendido é visto em Sua Igreja. (4) Em Colossenses, temos Paulo na arena aquecida da controvérsia; em Efésios, ele está meditando calmamente sobre um grande tema.

Diz-se que contém a verdade mais profunda revelada aos homens, e a igreja em Éfeso estava, talvez, mais bem preparada do que qualquer outra para ter em custódia tal verdade, uma vez que a longa permanência de Paulo lá, os preparara muito bem para ouvir e entender sua mensagem. Pode ter sido escrita como uma carta circular a ser enviada, por sua vez, a várias igrejas das quais a de Éfeso era uma delas.

Data. Por Paulo, provavelmente de Roma, 62 ou 63 d.C.

Tema. A Igreja, o Corpo místico de Cristo.

ESBOÇO

Saudação, 1.1,2

1. As bênçãos espirituais da igreja, 1.3-14
    1.1. A origem dessas bênçãos, v.3
    1.2. As bênçãos enumeradas, vv.4-14

2. Oração pelos leitores, 1.15-23
    2.1. Que Deus lhes conceda o espírito de sabedoria, o Espírito Santo, vv.15-17
    2.2. Que eles possam saber o que têm em Cristo, vv.18-23

3. A grande obra feita por eles (tanto judeus como gentios), Cap. 2
    3.1. Eles foram regenerados, vv.1-10
    3.2. Eles foram organizados, vv.11-22

4. A missão de Paulo e oração por eles, Cap. 3
    4.1. Sua missão de pregar o segredo de Cristo, vv.1-13
    4.2. Sua oração por eles e doxologia de louvor a Deus, vv.14-21

5. O dever das igrejas como Corpo de Cristo, 4.1–6.20

5.1. Dever dos membros individualmente em relação a outros membros e ao mundo, 4.1–5.21
5.2. Deveres dos indivíduos em seus relacionamentos no lar, 5.22–6.9
5.3. Deveres dos membros individualmente em relação aos esforços organizados da igreja, 6.10-20
Conclusão, 6.21-24

PARA ESTUDO E DISCUSSÃO

[1] O cristão diante de Deus, Caps. 1–2. Palavras como: "selo", "escolheu", "deu vida".
[2] As bênçãos da igreja, faça uma lista, 1.3-14.
[3] Os elementos e as características da nova vida, 4.25-32.
[4] As coisas diferentes feitas em uma vida cristã inteligente, 5.3-17.
[5] A natureza exaltada e o ofício de Cristo, 1.2-33; 2.13-22.
[6] O propósito eterno de Deus, 1.3-5; 2.4-7; 3.10-12.
[7] Princípios da sociologia cristã vistos nas relações domésticas, como marido e esposa, filho e pais, e servo e senhor.
[8] O relacionamento do cristão com Cristo como se vê nestas relações.

Saudações de Paulo

1 Eu, Paulo, apóstolo de Cristo Jesus pela vontade de Deus, escrevo esta carta ao povo santo em Éfeso,[a] seguidores fiéis de Cristo Jesus. ²Que Deus, nosso Pai, e o Senhor Jesus Cristo lhes deem graça e paz.

Bênçãos espirituais

³Todo louvor seja a Deus, o Pai de nosso Senhor Jesus Cristo, que nos abençoou em Cristo com todas as bênçãos espirituais nos domínios celestiais. ⁴Mesmo antes de criar o mundo, Deus nos amou e nos escolheu em Cristo para sermos santos e sem culpa diante dele. ⁵Ele nos predestinou para si, para nos adotar como filhos por meio de Jesus Cristo, conforme o bom propósito de sua vontade. ⁶Deus assim o fez para o louvor de sua graça gloriosa, que ele derramou sobre nós em seu Filho amado.[b] ⁷Ele é tão rico em graça que comprou nossa liberdade com o sangue de seu Filho e perdoou nossos pecados. ⁸Generosamente, derramou sua graça sobre nós e, com ela, toda sabedoria e todo entendimento.

⁹Agora Deus nos revelou sua vontade secreta a respeito de Cristo, isto é, o cumprimento de seu bom propósito. ¹⁰E o plano é este: no devido tempo, ele reunirá sob a autoridade de Cristo tudo que existe nos céus e na terra. ¹¹Além disso, em Cristo nós nos tornamos herdeiros de Deus,[c] pois ele nos predestinou conforme seu plano e faz que tudo ocorra de acordo com sua vontade.

¹²O propósito de Deus era que nós, os primeiros a confiar em Cristo, louvássemos a Deus e lhe déssemos glória. ¹³Agora vocês também ouviram a verdade, as boas-novas da salvação. E, quando creram em Cristo, ele colocou sobre vocês o selo do Espírito Santo que havia prometido. ¹⁴O Espírito é a garantia de nossa herança, até o dia em que Deus nos resgatará como sua propriedade, para o louvor de sua glória.

Paulo pede sabedoria espiritual

¹⁵Desde que eu soube de sua fé no Senhor Jesus e de seu amor pelo povo santo em toda parte, ¹⁶não deixo de agradecer a Deus por vocês. Em minhas orações, ¹⁷peço que Deus, o Pai glorioso de nosso Senhor Jesus Cristo, lhes dê sabedoria espiritual[d] e entendimento para que cresçam no conhecimento dele. ¹⁸Oro para que seu coração seja iluminado, a fim de que compreendam a esperança concedida àqueles que ele chamou e a rica e gloriosa herança que ele deu a seu povo santo.[e]

¹⁹Também oro para que entendam a grandeza insuperável do poder de Deus para conosco, os que cremos. É o mesmo poder grandioso ²⁰que ressuscitou Cristo dos mortos e o fez sentar-se no lugar de honra, à direita de Deus, nos domínios celestiais. ²¹Agora ele está muito acima de qualquer governante, autoridade, poder, líder ou qualquer outro nome não apenas neste mundo, mas também no futuro. ²²Deus submeteu todas as coisas à autoridade de Cristo e o fez cabeça de tudo, para o bem da igreja. ²³E a igreja é seu corpo; ela é preenchida e completada por Cristo, que enche consigo mesmo todas as coisas em toda parte.

---

[a] 1.1 A maioria dos manuscritos mais antigos não traz *em Éfeso*. [b] 1.6 Em grego, *sobre nós no amado*. [c] 1.11 Ou *nos tornamos herança de Deus*. [d] 1.17 Ou *lhes dê o Espírito de sabedoria*. [e] 1.18 Ou *chamou, ao seu povo santo, sua rica e gloriosa herança*.

1.12-14 Duas vezes, nestes três versos você tem essas expressões, "louvássemos a Deus e lhe déssemos glória" *"para o louvor de Sua glória"*, porém uma terceira vez se estabelece pelo que o apóstolo diz antes, "para o louvor de sua graça gloriosa" [N.E.: v.6]. O verdadeiro evangelho glorifica a Deus! Os falsos evangelhos podem ter o que se chama de "o entusiasmo da humanidade" sobre eles, mas o verdadeiro evangelho expressa entusiasmo pelo Deus vivo e o magnifica e o glorifica. Observem, ó crentes, que primeiro vocês confiam em Cristo e, depois disso, recebem o selo do Espírito. Há quem busque o selo do Espírito antes de crer em Jesus — mas nem Deus nem o homem colocará um selo em um papel em branco — deve haver a escrita da fé no coração e então o Espírito de Deus adentra a ele, com Seu selo bendito, e o grava no fundo do coração como Seu símbolo divino e gracioso de aceitação. O Espírito Santo é "a garantia da nossa herança". Bem, uma garantia é uma parte da própria posse — não é simplesmente uma promessa, é mais do que isso — então, o Espírito Santo em nosso coração é o prenúncio do Céu — é o alvorecer do dia eterno! Bendito seja Deus, temos o Seu Espírito em nós, e nos alegramos por Ele habitar em nós!

Nova vida com Cristo

2 Vocês estavam mortos por causa de sua desobediência e de seus muitos pecados, ²nos quais costumavam viver, como o resto do mundo, obedecendo ao comandante dos poderes do mundo invisível.[a] Ele é o espírito que opera no coração dos que se recusam a obedecer. ³Todos nós vivíamos desse modo, seguindo os desejos ardentes e as inclinações de nossa natureza humana. Éramos, por natureza, merecedores da ira, como os demais.

⁴Mas Deus é tão rico em misericórdia e nos amou tanto ⁵que, embora estivéssemos mortos por causa de nossos pecados, ele nos deu vida juntamente com Cristo. É pela graça que vocês são salvos! ⁶Pois ele nos ressuscitou com Cristo e nos fez sentar com ele nos domínios celestiais, porque agora estamos em Cristo Jesus. ⁷Portanto, nas eras futuras, Deus poderá apontar-nos como exemplos da riqueza insuperável de sua graça, revelada na bondade que ele demonstrou por nós em Cristo Jesus.

⁸Vocês são salvos pela graça, por meio da fé. Isso não vem de vocês; é uma dádiva de Deus. ⁹Não é uma recompensa pela prática de boas obras, para que ninguém venha a se orgulhar. ¹⁰Pois somos obra-prima de Deus, criados em Cristo Jesus a fim de realizar as boas obras que ele de antemão planejou para nós.

União e paz em Cristo

¹¹Não esqueçam que vocês, gentios, eram chamados de "incircuncidados" pelos judeus que se orgulhavam da circuncisão, embora ela fosse apenas um ritual exterior e humano. ¹²Naquele tempo, vocês viviam afastados de Cristo. Não tinham os privilégios do povo de Israel e não conheciam as promessas da aliança. Viviam no mundo sem Deus e sem esperança. ¹³Agora, porém, estão em Cristo Jesus. Antigamente, estavam distantes de Deus, mas agora foram trazidos para perto dele por meio do sangue de Cristo.

¹⁴Porque Cristo é nossa paz. Ele uniu judeus e gentios em um só povo ao derrubar o muro de inimizade que nos separava. ¹⁵Ele acabou com o sistema da lei, com seus mandamentos e ordenanças, promovendo a paz ao criar para si, desses dois grupos, uma nova humanidade. ¹⁶Assim, ele os reconciliou com Deus em um só corpo por meio de sua morte na cruz, eliminando a inimizade que havia entre eles.

¹⁷Ele trouxe essas boas-novas de paz tanto a vocês que estavam distantes dele como aos que estavam perto. ¹⁸Agora, por causa do que Cristo fez, todos temos acesso ao Pai pelo mesmo Espírito.

Um templo para o Senhor

¹⁹Portanto, vocês já não são estranhos e forasteiros, mas concidadãos do povo santo e membros da família de Deus. ²⁰Juntos, somos sua casa, edificados sobre os alicerces dos apóstolos e dos profetas. E a pedra angular é o próprio Cristo Jesus. ²¹Nele somos firmemente unidos, constituindo um templo santo para o Senhor. ²²Por meio dele, vocês também estão sendo edificados como parte dessa habitação, onde Deus vive por seu Espírito.

O plano de Deus é revelado

3 Quando penso em tudo isso, eu, Paulo, prisioneiro de Cristo Jesus para o bem de vocês, gentios...[b] ²Tomando por certo, a propósito, que vocês sabem que Deus me deu essa responsabilidade especial de estender sua graça a vocês. ³Como lhes escrevi anteriormente em poucas palavras, o próprio Deus revelou esse segredo a mim. ⁴Ao lerem o que escrevi, entenderão minha compreensão desse segredo a respeito de Cristo, ⁵que não foi revelado às gerações anteriores, mas agora foi revelado, pelo Espírito, aos santos apóstolos e profetas.

⁶E este é o segredo revelado: tanto os gentios como os judeus que creem nas boas-novas participam igualmente das riquezas herdadas pelos filhos de Deus. Ambos são membros do mesmo corpo e desfrutam a promessa em Cristo Jesus. ⁷Pela graça e pelo grande poder de Deus, recebi o privilégio de servir anunciando essas boas-novas.

⁸Ainda que eu seja o menos digno de todo o povo santo, recebi, pela graça, o privilégio de falar aos gentios sobre os tesouros infindáveis que estão disponíveis a eles em Cristo ⁹e de explicar a todos esse segredo que Deus,

---

[a] 2.2 Em grego, *obedecendo ao comandante do poder do ar*. [b] 3.1 Paulo retoma essa argumentação no versículo 14: "Quando penso em tudo isso, caio de joelhos e oro ao Pai...".

o Criador de todas as coisas, manteve oculto desde o princípio. ¹⁰O plano de Deus era mostrar a todos os governantes e autoridades nos domínios celestiais, por meio da igreja, as muitas formas da sabedoria divina. ¹¹Esse era seu propósito eterno, que ele realizou por meio de Cristo Jesus, nosso Senhor.

¹²Por meio da fé em Cristo, agora nós, com ousadia e confiança, temos acesso à presença de Deus. ¹³Portanto, peço-lhes que não desanimem por causa de minhas provações. É por vocês que sofro; a honra é de vocês.

Paulo pede crescimento espiritual

¹⁴Quando penso em tudo isso, caio de joelhos e oro ao Pai,ª ¹⁵o Criador de todas as coisas nos céus e na terra.ᵇ ¹⁶Peço que, da riqueza de sua glória, ele os fortaleça com poder interior por meio de seu Espírito. ¹⁷Então Cristo habitará em seu coração à medida que vocês confiarem nele. Suas raízes se aprofundarão em amor e os manterão fortes. ¹⁸Também peço que, como convém a todo o povo santo, vocês possam compreender a largura, o comprimento, a altura e a profundidade do amor de Cristo. ¹⁹Que vocês experimentem esse amor, ainda que seja grande demais para ser inteiramente compreendido. Então vocês serão preenchidos com toda a plenitude de vida e poder que vêm de Deus.

²⁰Toda a glória seja a Deus que, por seu grandioso poder que atua em nós, é capaz de realizar infinitamente mais do que poderíamos pedir ou imaginar. ²¹A ele seja a glória na igreja e em Cristo Jesus por todas as gerações, para todo o sempre! Amém.

Unidade no corpo

4 Portanto, como prisioneiro no Senhor, suplico-lhes que vivam de modo digno do chamado *que receberam*. ²Sejam sempre humildes e amáveis, tolerando pacientemente uns aos outros em amor. ³Façam todo o possível para se manterem unidos no Espírito, ligados pelo vínculo da paz. ⁴Pois há um só corpo e um só Espírito, assim como vocês foram chamados para uma só esperança.

⁵Há um só Senhor, uma só fé, um só batismo,
⁶um só Deus e Pai de tudo,
o qual está sobre todos, em todos, e vive por meio de todos.

⁷A cada um de nós, porém, ele concedeu uma dádiva,ᶜ por meio da generosidade de Cristo. ⁸Por isso as Escrituras dizem:

"Quando ele subiu às alturas,
 levou muitos prisioneiros
 e concedeu dádivas ao povo".ᵈ

⁹Notem que diz que "ele subiu". Por certo, isso significa que Cristo também desceu ao mundo inferior.ᵉ ¹⁰E aquele que desceu é o mesmo que subiu acima de todos os céus, a fim de encher consigo mesmo todas as coisas.

¹¹Ele designou alguns para apóstolos, outros para profetas, outros para evangelistas, outros para pastores e mestres. ¹²Eles são responsáveis por preparar o povo santo para realizar sua obra e edificar o corpo de Cristo, ¹³até que todos alcancemos a unidade que a fé e o conhecimento do Filho de Deus produzem e amadureçamos, chegando à completa medida da estatura de Cristo.

¹⁴Então não seremos mais imaturos como crianças, nem levados de um lado para outro, empurrados por qualquer vento de novos ensinamentos, e também não seremos influenciados quando nos tentarem enganar com mentiras astutas. ¹⁵Em vez disso, falaremos a verdade em amor, tornando-nos, em todos os aspectos, cada vez mais parecidos com Cristo, que é a cabeça. ¹⁶Ele faz que todo o corpo se encaixe perfeitamente. E cada parte, ao cumprir sua função específica, ajuda as demais a crescer, para que todo o corpo se desenvolva e seja saudável em amor.

Viver como filhos da luz

¹⁷Assim, eu lhes digo com a autoridade do Senhor: não vivam mais como os gentios, levados por pensamentos vazios e inúteis. ¹⁸A mente deles está mergulhada na escuridão. Andam sem rumo, alienados da vida que Deus dá, pois são ignorantes e endureceram o coração para ele. ¹⁹Tornaram-se insensíveis, vivem em

---

ª**3.14** Alguns manuscritos acrescentam *de nosso Senhor Jesus Cristo.* ᵇ**3.15** Ou *de quem todas as famílias nos céus e na terra recebem o nome.* ᶜ**4.7** Em grego, *uma graça.* ᵈ**4.8** Sl 68.18. ᵉ**4.9** Alguns manuscritos trazem *às partes inferiores da terra.*

função dos prazeres sensuais e praticam avidamente toda espécie de impureza. ²⁰Mas não foi isso que vocês aprenderam de Cristo. ²¹Uma vez que ouviram falar de Jesus e foram ensinados sobre a verdade que vem dele, ²²livrem-se de sua antiga natureza e de seu velho modo de viver, corrompido pelos desejos impuros e pelo engano. ²³Deixem que o Espírito renove seus pensamentos e atitudes ²⁴e revistam-se de sua nova natureza, criada para ser verdadeiramente justa e santa como Deus.

²⁵Portanto, abandonem a mentira e digam a verdade a seu próximo, pois somos todos parte do mesmo corpo. ²⁶E "não pequem ao permitir que a ira os controle".ᵃ Acalmem a ira antes que o sol se ponha, ²⁷pois ela cria oportunidades para o diabo.

²⁸Quem é ladrão, pare de roubar. Em vez disso, use as mãos para trabalhar com empenho e honestidade e, assim, ajudar generosamente os necessitados. ²⁹Evitem o linguajar sujo e insultante. Que todas as suas palavras sejam boas e úteis, a fim de dar ânimoᵇ àqueles que as ouvirem.

³⁰Não entristeçam o Espírito Santo de Deus, o selo que ele colocou sobre vocês para o dia em que nos resgatará como sua propriedade.

³¹Livrem-se de toda amargura, raiva, ira, das palavras ásperas e da calúnia, e de todo tipo de maldade. ³²Em vez disso, sejam bondosos e tenham compaixão uns dos outros, perdoando-se como Deus os perdoou em Cristo.

Viver na luz

5 Portanto, como filhos amados de Deus, imitem-no em tudo que fizerem. ²Vivam em amor, seguindo o exemplo de Cristo, que nos amouᶜ e se entregou por nós como oferta e sacrifício de aroma agradável a Deus.

³Que não haja entre vocês imoralidade sexual, impureza ou ganância. Esses pecados não têm lugar no meio do povo santo. ⁴As histórias obscenas, as conversas tolas e as piadas vulgares não são para vocês. Em vez disso, sejam agradecidos a Deus. ⁵Podem estar certos de que nenhum imoral, impuro ou ganancioso, que é idólatra, herdará o reino de Cristo e de Deus.

⁶Não se deixem enganar por palavras vazias, pois a ira de Deus virá sobre os que lhe desobedecerem. ⁷Não participem do que essas pessoas fazem. ⁸Pois antigamente vocês estavam mergulhados na escuridão, mas agora têm a luz no Senhor. Vivam, portanto, como filhos da luz! ⁹Pois o fruto da luz produz apenas o que é bom, justo e verdadeiro.

¹⁰Procurem descobrir o que agrada ao Senhor. ¹¹Não participem dos feitos inúteis do mal e da escuridão; antes, mostrem sua reprovação expondo-os à luz. ¹²É vergonhoso até mesmo falar daquilo que os maus fazem em segredo. ¹³Suas más intenções, porém, ficarão evidentes quando a luz brilhar sobre elas, ¹⁴pois a luz torna visíveis todas as coisas. Por isso se diz:

"Desperte, você que dorme,
    levante-se dentre os mortos,
    e Cristo o iluminará".

Viver pelo poder do Espírito

¹⁵Portanto, sejam cuidadosos em seu modo de vida. Não vivam como insensatos, mas como sábios. ¹⁶Aproveitem ao máximo todas as oportunidades nestes dias maus. ¹⁷Não ajam de

---

ᵃ4.26 Sl 4.4. ᵇ4.29 Em grego, *dar graça*. ᶜ5.2 Alguns manuscritos trazem *os amou*.

5.1 Observo neste preceito, primeiro, que Ele nos chama a cumprir o dever prático. Muitos preceitos da Palavra de Deus são considerados pelos homens do mundo como sendo impraticáveis, mas mesmo nesses casos estão equivocados, pois o resultado de tais preceitos produz a santidade prática que todos professam desejar. Neste caso, não pode haver argumento no caráter muito espiritual, sentimental ou especulativo do texto. Não há dúvida quanto ao caráter eminentemente prático da exortação: "Portanto, como filhos amados de Deus, imitem-no em tudo que fizerem", pois indica ação, ação contínua do melhor tipo; "imitem-no em tudo que fizerem" — isto é, não medite apenas sobre Deus e pense que você fez o suficiente, mas continue imitando o que você estuda. A meditação é um compromisso feliz, santo e benéfico, e instruirá, fortalecerá, confortará e inspirará seu coração, bem como firmará sua alma. Porém, você não deve deter-se na meditação. Deve continuar a imitar o caráter de Deus. Permita que sua vida espiritual não apenas brote e floresça em um pensamento devoto, mas deixe que produza frutos em ação santa. Não se satisfaça em alimentar a alma pela meditação, mas se levante do banquete e use a força que você adquiriu. Sentar-se aos pés de Jesus deve ser sucedido por seguir os Seus passos.

forma impensada, mas procurem entender a vontade do Senhor. ¹⁸Não se embriaguem com vinho, pois ele os levará ao descontrole.ᵃ Em vez disso, sejam cheios do Espírito, ¹⁹cantando salmos, hinos e cânticos espirituais entre si e louvando o Senhor de coração com música. ²⁰Por tudo deem graças a Deus, o Pai, em nome de nosso Senhor Jesus Cristo.

Maridos e esposas

²¹Sujeitem-se uns aos outros por temor a Cristo.

²²Esposas, sujeite-se cada uma a seu marido, como ao Senhor. ²³Pois o marido é o cabeça da esposa, como Cristo é o cabeça da igreja. Ele é o Salvador de seu corpo, a igreja. ²⁴Assim como a igreja se sujeita a Cristo, também vocês, esposas, devem se sujeitar em tudo a seu marido.

²⁵Maridos, ame cada um a sua esposa, como Cristo amou a igreja. Ele entregou a vida por ela, ²⁶a fim de torná-la santa, purificando-a ao lavá-la com água por meio da palavra. ²⁷Assim o fez para apresentá-la a si mesmo como igreja gloriosa, sem mancha, ruga ou qualquer outro defeito, mas santa e sem culpa. ²⁸Da mesma forma, os maridos devem amar cada um a sua esposa, como amam o próprio corpo, pois o homem que ama sua esposa na verdade ama a si mesmo. ²⁹Ninguém odeia o próprio corpo, mas o alimenta e cuida dele, como Cristo cuida da igreja. ³⁰E nós somos membros de seu corpo.

³¹"Por isso o homem deixa pai e mãe e se une à sua mulher, e os dois se tornam um só."ᵇ ³²Esse é um grande mistério, mas ilustra a união entre Cristo e a igreja. ³³Portanto, volto a dizer: cada homem deve amar a esposa como ama a si mesmo, e a esposa deve respeitar o marido.

Filhos e pais

6 Filhos, obedeçam a seus pais no Senhor, porque isso é o certo a fazer. ²"Honre seu pai e sua mãe." Esse é o primeiro mandamento com promessa. ³Se honrar pai e mãe, "tudo lhe irá bem e terá vida longa na terra".ᶜ

⁴Pais, não tratem seus filhos de modo a irritá-los; antes, eduquem-nos com a disciplina e a instrução que vêm do Senhor.

Escravos e senhores

⁵Escravos, obedeçam a seus senhores terrenos com respeito e temor. Sirvam com sinceridade, como serviriam a Cristo. ⁶Procurem agradá-los sempre, e não apenas quando eles estiverem observando. Como escravos de Cristo, façam a vontade de Deus de todo o coração. ⁷Trabalhem com entusiasmo, como se servissem ao Senhor, e não a homens. ⁸Lembrem-se de que o Senhor recompensará cada um de nós pelo bem que fizermos, quer sejamos escravos, quer livres.

⁹Senhores, assim também tratem seus escravos. Não os ameacem; lembrem-se de que vocês e eles têm o mesmo Senhor no céu, e ele não age com favoritismo.

A armadura completa de Deus

¹⁰Uma palavra final: Sejam fortes no Senhor e em seu grande poder. ¹¹Vistam toda a armadura de Deus, para que possam permanecer firmes contra as estratégias do diabo. ¹²Pois nós não lutamosᵈ contra inimigos de carne e sangue, mas contra governantes e autoridades do mundo invisível, contra grandes poderes neste mundo de trevas e contra espíritos malignos nas esferas celestiais.

¹³Portanto, vistam toda a armadura de Deus, para que possam resistir ao inimigo no tempo do mal. Então, depois da batalha, vocês continuarão de pé e firmes. ¹⁴Assim, mantenham sua posição, colocando o cinto da verdade e a couraça da justiça. ¹⁵Como calçados, usem a paz das boas-novas, para que estejam inteiramente preparados.ᵉ ¹⁶Em todas as situações, levantem o escudo da fé, para deter as flechas de fogo do maligno. ¹⁷Usem a salvação como capacete e empunhem a espada do Espírito, que é a palavra de Deus.

ᵃ**5.18** Ou *à dissolução*. ᵇ**5.31** Gn 2.24. ᶜ**6.2-3** Ver Êx 20.12; Dt 5.16. ᵈ**6.12** Alguns manuscritos trazem *vocês não lutam*. ᵉ**6.15** Ou *usem a prontidão para pregar as boas-novas de paz*.

6.15 A paz das boas-novas é um calçado maravilhoso para dar àquele que o usa uma postura firme. Certamente foi sobre esse sapato que Habacuque cantou quando declarou: "O Senhor Soberano é minha força! Ele torna meus pés firmes como os da corça, para que eu possa andar em lugares altos". Quando as pessoas estão em rochas escorregadias ou em perigos eminentes, onde uma queda seria fatal, é bom estar tão bem

¹⁸Orem no Espírito em todos os momentos e ocasiões. Permaneçam atentos e sejam persistentes em suas orações por todo o povo santo.

¹⁹E orem também por mim. Peçam que Deus me conceda as palavras certas, para que eu possa explicar corajosamente o segredo revelado pelas boas-novas.[a] ²⁰Agora estou preso em correntes, mas continuo a anunciar essa mensagem como embaixador de Deus. Portanto, orem para que eu siga falando corajosamente em nome dele, como é meu dever.

Saudações finais

²¹Tíquico lhes dará um relatório completo do que tenho feito e de como tenho passado. Ele é um irmão amado e um colaborador fiel na obra do Senhor. ²²Eu o enviei a vocês com esse propósito, para que saibam como estamos e para animá-los.

²³A paz seja com vocês, irmãos, e que Deus, o Pai, e o Senhor Jesus Cristo lhes deem amor e fidelidade. ²⁴Que a graça de Deus esteja eternamente sobre todos que amam nosso Senhor Jesus Cristo.

---

[a] 6.19 Em grego, *explicar o mistério do evangelho*; alguns manuscritos trazem apenas *explicar o mistério*.

---

calçado que os pés se firmem e se apoiem. Nada ajuda um homem a ficar firme no Senhor como a paz do evangelho. Muitas pessoas após professarem a fé são largadas, são atacadas com erros doutrinários e cedem prontamente. Elas são assaltadas pela tentação e perdem o chão sob seus pés. Mas o homem que tem paz perfeita com Deus e que confia no Altíssimo jamais será abalado, pois *o Senhor o sustenta. Seus sapatos se dirigiram para as verdades eternas de Deus e se prendem como âncoras!* [...]

O calçado de nosso texto é igualmente famoso por *sua adequação para marchar nos caminhos do dever diário*. Os soldados têm pouco tempo para contemplar o conforto de seus calçados, ou sua aptidão para simplesmente permanecer em pé, pois eles têm uma marcha diária a executar. Nós também temos nossa marcha, e, quanto a alguns de nós, elas não são meros desfiles, mas uma marcha pesada que envolve trabalho árduo e esforço prolongado. A alma que está em perfeita paz com Deus encontra-se em condição adequada para os movimentos mais severos. [...] Experimentem esses sapatos, meus irmãos e irmãs, e vejam se eles não lhes permitem correr sem cansaço e andar sem desmaiar. Toda a Terra não consegue encontrar algo semelhante — são incomparáveis — eles tornam os homens como os anjos, para quem o dever é um deleite!

Filipenses

INTRODUÇÃO

Cidade. Pertencia a Trácia até 358 a.C., quando foi sitiada por Filipe, rei da Macedônia, pai de Alexandre, o Grande. Foi o lugar onde Marco Antônio e Otávio derrotaram Brutus e Cássio (42 a.C.), cuja derrota derrubou a Oligarquia romana, e Augusto (Otávio) foi feito imperador. Situava-se na grande rota pela qual todo o comércio e comerciantes indo para o leste e para o oeste deviam passar e, portanto, era um centro adequado de evangelismo para toda a Europa. Foi o lugar onde a primeira igreja da Europa foi estabelecida por Paulo em sua segunda viagem missionária, em 52 d.C.

Ligação de Paulo com a Igreja. Por meio de uma visão concedida por Deus, ele foi a Filipos na segunda viagem missionária (At 16.9-12). Primeiramente, pregou na reunião de oração de mulheres, onde Lídia se converteu. Ela lhe forneceu uma casa enquanto ele continuou seu trabalho na cidade. Depois de algum tempo, surgiu-lhe uma grande oposição. Paulo e Silas foram espancados e colocados na prisão, mas pela oração foram libertos por um terremoto que também resultou na conversão do carcereiro (At 16). Ele talvez os tenha visitado novamente em sua viagem de Éfeso à Macedônia (At 20; 2Co 2.12,13; 7.5,6). Ele passou a Páscoa lá (At 20.6) e recebeu mensagens deles (Fp 4.16). Eles também lhe enviaram ajuda (Fp 4.18) e Paulo lhes escreveu esta epístola.

Caráter e propósito da epístola. É uma carta informal sem plano lógico ou argumentos doutrinários. É a expressão espontânea de amor e gratidão. É um amigo e irmão terno, de coração caloroso, que apresenta as verdades essenciais do evangelho em termos de relacionamento amigável. Nos filipenses, ele encontrou razões constantes de alegria, e agora que Epafrodito, que lhe trouxera a ajuda deles estava prestes a voltar de Roma para Filipos, Paulo teve a oportunidade de lhes enviar uma carta de agradecimento (Fp 4.18). É notável por sua ternura, advertências, súplicas e exortações e deve ser lida frequentemente como um tônico espiritual.

Data. Foi escrita por Paulo durante sua prisão em Roma, cerca de 62 d.C.

ESBOÇO

Introdução, 1.1-11
1. A presente situação e sentimentos de Paulo, 1.12-26
2. Algumas exortações, 1.27–2.18
3. Ele planeja se comunicar com eles, 2.19-30
4. Algumas advertências, Cap. 3
   4.1. Oposição aos judaizantes, vv.1-16
   4.2. Oposição aos falsos mestres, vv.17-21
5. Exortações finais, 4.1-9
6. Gratidão pela oferta deles, 4.10-19

Conclusão, 4.20-23

PARA ESTUDO E DISCUSSÃO

[1] Paulo como um bom ministro, 1.3-8.
[2] A oração de Paulo pelos filipenses, 1.9-11.
[3] A escolha entre a vida e a morte, 1.19-26.
[4] A humildade e suas recompensas, como visto em Jesus, 2.5-11.
[5] A vida cristã correta, 2.12-18.
[6] O senso de imperfeição de Paulo, 3.12-16.
[7] Meditações dignas, 4.8,9.
[8] Descreva as informações que o livro fornece sobre a condição de Paulo na ocasião em que escreve a carta.
[9] Destaque todos os ensinamentos do livro sobre a necessidade de cultivar altruísmo e a bênção oriunda dele.
[10] A expressão de alegria e regozijo.
[11] O número de vezes que se faz referência a nosso Senhor, sob diferentes nomes.

Saudações de Paulo

1 Paulo e Timóteo, escravos de Cristo Jesus, escrevemos a todo o povo santo em Cristo Jesus que está em Filipos, incluindo os bispos[a] e diáconos.[b]

² Que Deus, nosso Pai, e o Senhor Jesus Cristo lhes deem graça e paz.

Ação de graças e oração de Paulo

³ Todas as vezes que penso em vocês, dou graças a meu Deus. ⁴Sempre que oro, peço por todos vocês com alegria, ⁵pois são meus cooperadores na propagação das boas-novas, desde o primeiro dia até agora. ⁶Tenho certeza de que aquele que começou a boa obra em vocês irá completá-la até o dia em que Cristo Jesus voltar.

⁷É apropriado que eu me sinta assim a respeito de vocês, pois os tenho em meu coração. Vocês têm participado comigo da graça, tanto em minha prisão como na defesa e confirmação das boas-novas. ⁸Deus sabe do meu amor por vocês e da saudade que tenho de todos, com a mesma compaixão de Cristo Jesus.

⁹Oro para que o amor de vocês transborde cada vez mais e que continuem a crescer em conhecimento e discernimento. ¹⁰Quero que compreendam o que é verdadeiramente importante, para que vivam de modo puro e sem culpa até o dia em que Cristo voltar. ¹¹Que vocês sejam sempre cheios do fruto da justiça, que vem por meio de Jesus Cristo, para a glória e o louvor de Deus.

A alegria de Paulo por Cristo ser anunciado

¹²Quero que saibam, irmãos, que tudo que me aconteceu tem ajudado a propagar as boas-novas. ¹³Pois todos aqui, incluindo toda a guarda do palácio,[c] sabem que estou preso por causa de Cristo. ¹⁴E, por causa de minha prisão, a maioria dos irmãos daqui se tornou mais confiante no Senhor e anuncia a mensagem de Deus[d] com determinação e sem temor.

¹⁵É verdade que alguns anunciam a Cristo por inveja e rivalidade, mas outros o fazem de boa vontade. ¹⁶*Estes pregam por amor, pois sabem que fui designado para defender as boas-novas.* ¹⁷Aqueles, no entanto, anunciam a Cristo por ambição egoísta, não com sinceridade, mas com o objetivo de aumentar meu sofrimento enquanto estou preso. ¹⁸Mas nada disso importa. Sejam as motivações deles falsas, sejam verdadeiras, a mensagem a respeito de Cristo está sendo anunciada, e isso me alegra. E continuarei a me alegrar, ¹⁹pois sei que, com suas orações e o auxílio do Espírito de Jesus Cristo, isso resultará em minha libertação.

A vida de Paulo é dedicada a Cristo

²⁰Minha grande expectativa e esperança é que eu jamais seja envergonhado, mas que continue a trabalhar corajosamente, como sempre fiz, de modo que Cristo seja honrado por meu intermédio, quer eu viva, quer eu morra. ²¹Pois, para mim, o viver é Cristo, e o morrer é lucro. ²²Mas, se continuar vivo, posso trabalhar e produzir fruto para Cristo. Na verdade, não sei o que escolher. ²³Estou dividido entre os dois desejos: quero partir e estar com Cristo, o que me seria muitíssimo melhor. ²⁴Contudo, por causa de vocês, é mais importante que eu continue a viver.

²⁵Ciente disso, estou certo de que continuarei vivo para ajudar todos vocês a crescer na fé e experimentar a alegria que ela traz. ²⁶E, quando eu voltar, terão ainda mais motivos para se orgulhar em Cristo Jesus pelo que ele tem feito por meu intermédio.

Uma vida digna das boas-novas

²⁷O mais importante é que vocês vivam em sua comunidade de maneira digna das boas-novas de Cristo. Então, quando eu for vê-los novamente, ou mesmo quando ouvir a seu respeito, saberei que estão firmes e unidos em um só espírito e em um só propósito, lutando juntos pela fé que é proclamada nas boas-novas. ²⁸Não se deixem intimidar por aqueles que se opõem a vocês. Isso é um sinal de Deus de que eles serão destruídos, e vocês serão salvos. ²⁹Pois vocês receberam o privilégio não apenas de crer em Cristo, mas também de sofrer por ele. ³⁰Estamos juntos nesta luta. Vocês viram as dificuldades que enfrentei no passado e sabem que elas ainda não terminaram.

Tenham a atitude de Cristo

2 Há alguma motivação por estar em Cristo? Há alguma consolação que vem do amor?

---

[a] **1.1a** Ou *supervisores*. [b] **1.1b** Ou *servidores*. [c] **1.13** Em grego, *todo o Pretório*. [d] **1.14** Alguns manuscritos não trazem *de Deus*.

Há alguma comunhão no Espírito? Há alguma compaixão e afeição? ²Então completem minha alegria concordando sinceramente uns com os outros, amando-se mutuamente e trabalhando juntos com a mesma forma de pensar e um só propósito.

³Não sejam egoístas, nem tentem impressionar ninguém. Sejam humildes e considerem os outros mais importantes que vocês. ⁴Não procurem apenas os próprios interesses, mas preocupem-se também com os interesses alheios.

⁵Tenham a mesma atitude demonstrada por Cristo Jesus.

⁶Embora sendo Deus,ᵃ
não considerou que ser igual a Deus
fosse algo a que devesse se apegar.
⁷Em vez disso, esvaziou a si mesmo;
assumiu a posição de escravoᵇ
e nasceu como ser humano.
Quando veio em forma humana,ᶜ
⁸humilhou-se e foi obediente
até a morte, e morte de cruz.

⁹Por isso Deus o elevou ao lugar de mais
alta honra
e lhe deu o nome que está acima de
todos os nomes,
¹⁰para que, ao nome de Jesus, todo joelho
se dobre,
nos céus, na terra e debaixo da terra,
¹¹e toda língua declare que Jesus Cristo é
Senhor,
para a glória de Deus, o Pai.

Brilhem intensamente por Cristo

¹²Quando eu estava aí, meus amados, vocês sempre seguiam minhas instruções. Agora que estou longe, é ainda mais importante que o façam. Trabalhem com afinco a sua salvação, obedecendo a Deus com reverência e temor. ¹³Pois Deus está agindo em vocês, dando-lhes o desejo e o poder de realizarem aquilo que é do agrado dele.

¹⁴Façam tudo sem queixas nem discussões, ¹⁵de modo que ninguém possa acusá-los. Levem uma vida pura e inculpável como filhos de Deus, brilhando como luzes resplandecentes num mundo cheio de gente corrompida e perversa. ¹⁶Apeguem-se firmemente à mensagem da vida. Então, no dia em que Cristo voltar, me orgulharei de saber que não participei da corrida em vão e que não trabalhei inutilmente.

ᵃ**2.6** Ou *Existindo em forma de Deus*. ᵇ**2.7a** Ou *assumiu a forma de escravo*. ᶜ**2.7b** Algumas traduções colocam essa frase no versículo 8.

2.1-8 O apóstolo sabia que para criar concórdia, é preciso, primeiro, gerar humildade de mente. Os homens não discutem quando suas ambições chegam ao fim. Quando cada um está disposto a ser o menor; quando todos desejam considerar seus semelhantes superiores a si mesmos — há um fim para o espírito faccioso. Acabaram-se todos os esquemas e divisões. Bem, para criar humildade de mente, Paulo, sob o ensinamento do Espírito de Deus, falou sobre a humildade de Cristo. Para nos ver humildes, ele nos leva a ver nosso Mestre sendo humilde. Ele nos leva até aqueles degraus íngremes pelos quais o Senhor da glória desceu no Seu caminho humilde e Paulo nos propõe que paremos enquanto, nas palavras do nosso texto, ele nos direciona ao Cristo humilde — "humilhou-se, e foi obediente até à morte, e morte de cruz". Antes que Paulo assim escrevesse, ele havia indicado, em uma ou duas palavras, a altura de onde Jesus originalmente veio. Ele diz sobre o Senhor: "Embora sendo Deus, não considerou que ser igual a Deus fosse algo a que devesse se apegar". Você e eu não podemos ter ideia de quão alta honra é ser igual a Deus! Como podemos, portanto, medir o descer de Cristo, quando nossos pensamentos mais elevados não podem compreender a altura da qual Ele veio? [...] Lembre-se de que Ele é totalmente Deus, e que habitou nos mais altos Céus com Seu Pai. O apóstolo, tendo mencionado o que Jesus era, por outro golpe de sua pena, o revela em nossa natureza humana. Essa encarnação é uma grande maravilha; que o Deus eterno se uniu à nossa natureza humana, e nasceu em Belém, e viveu em Nazaré, e morreu no Calvário em nosso favor! Mas o nosso texto não fala muito da humilhação de Cristo ao se tornar homem, assim como de Sua humilhação após Ele tomar sobre si a nossa natureza. Ele parece nunca parar em Sua descida até chegar ao ponto mais baixo — obediência até a morte, e esta, a mais vergonhosa de todas as mortes. Não disse com razão que, como não se pode atingir a altura de onde Ele veio, não se pode entender a profundidade a que Ele desceu? Aqui, na distância inconcebível entre o Céu da Sua glória e a vergonha da Sua morte, há espaço para a sua gratidão!

¹⁷Contudo, me alegrarei mesmo se perder a vida, entregando-a a Deus como oferta derramada, da mesma forma que o serviço fiel de vocês é uma oferta a Deus. E quero que todos vocês participem dessa alegria. ¹⁸Sim, alegrem-se, e eu me alegrarei com vocês.

Paulo elogia Timóteo

¹⁹Se for da vontade do Senhor Jesus, espero enviar-lhes Timóteo em breve para visitá-los. Assim ele poderá me animar, contando-me notícias de vocês. ²⁰Não tenho ninguém que se preocupe sinceramente com o bem-estar de vocês como Timóteo. ²¹Todos os outros se preocupam apenas consigo mesmos, e não com o que é importante para Jesus Cristo. ²²Mas vocês sabem que Timóteo provou seu valor. Como um filho junto ao pai, ele tem servido ao meu lado na proclamação das boas-novas. ²³Espero enviá-lo assim que souber o que me acontecerá aqui. ²⁴E tenho confiança no Senhor de que, em breve, eu mesmo irei vê-los.

Paulo elogia Epafrodito

²⁵Enquanto isso, penso que devo enviar-lhes de volta Epafrodito. Ele é um verdadeiro irmão, colaborador e companheiro de lutas, que também foi mensageiro de vocês para me ajudar em minha necessidade. ²⁶Ele deseja muito vê-los e está angustiado porque vocês souberam que ele esteve doente. ²⁷De fato, ficou enfermo e quase morreu. Mas Deus teve misericórdia dele, e também de mim, para que eu não tivesse uma tristeza atrás da outra.

²⁸Por isso, estou ainda mais ansioso para enviá-lo de volta, pois sei que vocês se alegrarão em vê-lo, e eu não ficarei tão preocupado com vocês. ²⁹Recebam-no com grande alegria no Senhor e deem-lhe a honra que ele merece, ³⁰pois arriscou a vida pela obra de Cristo e esteve a ponto de morrer enquanto fazia por mim o que vocês mesmos não podiam fazer.

O valor inestimável de conhecer a Cristo

3 Por fim, meus irmãos, alegrem-se no Senhor. Nunca me canso de dizer-lhes estas coisas, e o faço para protegê-los.

²Cuidado com os cães, aqueles que praticam o mal, os mutiladores que exigem a circuncisão. ³Pois nós, que adoramos por meio do Espírito de Deus,[a] somos os verdadeiros circuncidados. Alegramo-nos no que Cristo Jesus fez por nós. Não colocamos nenhuma confiança nos esforços humanos, ⁴ainda que, se outros pensam ter motivos para confiar nos próprios esforços, eu teria ainda mais!

⁵Fui circuncidado com oito dias de vida. Sou israelita de nascimento, da tribo de Benjamim, um verdadeiro hebreu. Era membro dos fariseus, extremamente obediente à lei judaica. ⁶Era tão zeloso que persegui a igreja. E, quanto à justiça, cumpria a lei com todo rigor.

⁷Pensava que essas coisas eram valiosas, mas agora as considero insignificantes por causa de Cristo. ⁸Sim, todas as outras coisas são insignificantes comparadas ao ganho inestimável de conhecer a Cristo Jesus, meu Senhor. Por causa dele, deixei de lado todas as coisas e as considero menos que lixo, a fim de poder ganhar a Cristo ⁹e nele ser encontrado. Não conto mais com minha própria justiça, que vem da obediência à lei, mas sim com a justiça que vem pela fé em Cristo, pois é com base na fé que Deus nos declara justos. ¹⁰Quero conhecer a Cristo e experimentar o grande poder que o ressuscitou. Quero sofrer com ele, participando de sua morte, ¹¹para, de alguma forma, alcançar a ressurreição dos mortos!

Prosseguindo para o alvo

¹²Não estou dizendo que já obtive tudo isso, que já alcancei a perfeição. Mas prossigo a fim de conquistar essa perfeição para a qual Cristo Jesus me conquistou. ¹³Não, irmãos, não a alcancei,[b] mas concentro todos os meus esforços nisto: esquecendo-me do passado e olhando para o que está adiante, ¹⁴prossigo para o final da corrida, a fim de receber o prêmio celestial para o qual Deus nos chama em Cristo Jesus.

¹⁵Todos nós que alcançamos a maturidade devemos concordar quanto a essas coisas. Se discordam em algum ponto, confio que Deus o esclarecerá para vocês. ¹⁶Contudo, devemos prosseguir de maneira coerente com o que já alcançamos.

---

[a]**3.3** Alguns manuscritos trazem *adoramos a Deus em espírito*; um manuscrito antigo traz *adoramos em espírito*. [b]**3.13** Alguns manuscritos trazem *ainda não a alcancei*.

¹⁷Irmãos, sejam meus imitadores e aprendam com aqueles que seguem nosso exemplo. ¹⁸Pois, como lhes disse muitas vezes, e o digo novamente com lágrimas nos olhos, há muitos cuja conduta mostra que são, na verdade, inimigos da cruz de Cristo. ¹⁹Estão rumando para a destruição. O deus deles é seu próprio apetite. Vangloriam-se de coisas vergonhosas e pensam apenas na vida terrena. ²⁰Nossa cidadania, no entanto, vem do céu, e de lá aguardamos ansiosamente a volta do Salvador, o Senhor Jesus Cristo. ²¹Ele tomará nosso frágil corpo mortal e o transformará num corpo glorioso como o dele, usando o mesmo poder com o qual submeterá todas as coisas a seu domínio.

4 Portanto, meus amados irmãos, permaneçam firmes no Senhor. Amo vocês e anseio vê-los, pois são minha alegria e minha coroa de recompensa.

Palavras de incentivo
²Agora, suplico a Evódia e a Síntique: tendo em vista que estão no Senhor, resolvam seu desentendimento. ³E peço a você, meu fiel colaborador,ᵃ que ajude essas duas mulheres, pois elas trabalharam arduamente comigo na propagação das boas-novas, e também com Clemente e com meus outros colaboradores, cujos nomes estão escritos no livro da vida.

⁴Alegrem-se sempre no Senhor. Repito: alegrem-se! ⁵Que todos vejam que vocês são amáveis em tudo que fazem. Lembrem-se de que o Senhor virá em breve.ᵇ

⁶Não vivam preocupados com coisa alguma; em vez disso, orem a Deus pedindo aquilo de que precisam e agradecendo-lhe por tudo que ele já fez. ⁷Então vocês experimentarão a paz de Deus, que excede todo entendimento e que guardará seu coração e sua mente em Cristo Jesus.

⁸Por fim, irmãos, quero lhes dizer só mais uma coisa. Concentrem-se em tudo que é verdadeiro, tudo que é nobre, tudo que é correto, tudo que é puro, tudo que é amável e tudo que é admirável. Pensem no que é excelente e digno de louvor. ⁹Continuem a praticar tudo que aprenderam e receberam de mim, tudo que ouviram de mim e me viram fazer. Então o Deus da paz estará com vocês.

Paulo agradece as ofertas
¹⁰Como eu me alegro no Senhor por vocês terem voltado a se preocupar comigo! Sei que sempre se preocuparam comigo, mas não tinham oportunidade de me ajudar. ¹¹Não digo isso por estar necessitado, pois aprendi a ficar satisfeito com o que tenho. ¹²Sei viver na necessidade e também na fartura. Aprendi o segredo de viver em qualquer situação, de estômago cheio ou vazio, com pouco ou muito. ¹³Posso todas as coisas por meio de Cristo,ᶜ que me dá forças. ¹⁴Mesmo assim,

---

ᵃ**4.3** Ou *fiel Sízigo*. ᵇ**4.5** Em grego, *o Senhor está próximo*. ᶜ**4.13** Em grego, *por meio daquele*.

4.13 A parte anterior da frase seria uma peça de audácia sem a parte final para interpretá-la. Houve alguns homens que, cheios de vaidade, disseram em seus corações: "Tudo posso". A destruição deles é certa e está próxima! Nabucodonosor anda através da grande cidade; ele vê sua magnífica torre passando das nuvens; observa o tamanho majestoso e colossal de cada edifício e diz *em seu coração: "Eis esta grande Babilônia que construí. Tudo posso"*. Poucas horas, e ele não pode fazer nada exceto aquilo que uma besta faria: come grama como os bois até que seu cabelo tivesse crescido como penas de águias, e suas unhas como garras de pássaros. [...]

E o que devemos dizer ao nosso apóstolo, pequeno em estatura, gaguejando em sua fala, sua presença pessoal fraca, e seu discurso desprezível — quando ele se apresenta e se vangloria, "posso todas as coisas"? [...] Ó presunção audaciosa! O que você pode fazer, Paulo? O líder de uma seita odiada, todos condenados à morte por um edito imperial! Você, você, que se atreve a ensinar o dogma absurdo de que um homem crucificado é capaz de salvar almas; que Ele é realmente rei no Céu e em essência rei na Terra! Você diz: "posso todas as coisas". O quê? Gamaliel lhe ensinou tal arte de eloquência, que pode confundir tudo o que se opõe a você? O quê? Seus sofrimentos lhe deram uma coragem tão inflexível que não se afastará das opiniões as quais cria com tanta tenacidade? É em si mesmo que você confia? Não! "Posso todas as coisas", ele diz, "por meio de Cristo, que me dá forças". Olhando com ousadia ao seu redor, ele volta os olhos de sua fé humildemente em direção ao seu Deus e Salvador, Jesus Cristo, e ousa dizer, não ímpia nem arrogantemente, ainda com devota reverência e coragem intrépida: "Posso todas as coisas por meio de Cristo, que me dá forças".

vocês fizeram bem em me ajudar na dificuldade pela qual estou passando.

¹⁵Como sabem, filipenses, vocês foram os únicos que me ajudaram financeiramente quando lhes anunciei as boas-novas pela primeira vez e depois segui viagem saindo da Macedônia. Nenhuma outra igreja o fez. ¹⁶Até quando eu estava em Tessalônica, vocês enviaram ajuda em mais de uma ocasião. ¹⁷Não digo isso porque quero receber uma oferta de vocês. Pelo contrário, desejo que sejam recompensados por sua bondade.

¹⁸No momento, tenho tudo de que preciso, e mais. Minhas necessidades foram plenamente supridas pelas contribuições que vocês enviaram por Epafrodito. Elas são um sacrifício de aroma suave, uma oferta aceitável e agradável a Deus. ¹⁹E esse mesmo Deus que cuida de mim lhes suprirá todas as necessidades por meio das riquezas gloriosas que nos foram dadas em Cristo Jesus.

²⁰Agora, toda a glória seja a Deus, nosso Pai, para todo o sempre! Amém.

Saudações finais

²¹Transmitam minhas saudações a cada um do povo santo em Cristo Jesus. Os irmãos que estão comigo também mandam lembranças. ²²Todo o povo santo daqui lhes envia saudações, especialmente os que pertencem à casa de César.[a]

²³Que a graça do Senhor Jesus Cristo seja com o espírito de vocês.[b]

---

[a] 4.22 Ou *os que trabalham no palácio de César*. [b] 4.23 Alguns manuscritos acrescentam *Amém*.

Colossenses

INTRODUÇÃO

Cidade. Estava situada a cerca de 160 quilômetros a leste de Éfeso, e tinha pouca importância na ocasião desta epístola, embora tivesse, anteriormente, uma influência considerável. Pertencia a um grupo de três cidades, Laodiceia e Hierápolis sendo as outras duas situadas no rio Lico, perto de onde ele flui para o famoso Meandro.

A igreja em Colossos. Foi, talvez, fundada por Epafras (1.6,7; 4.12,13) que foi mentoreado por Paulo em sua obra a favor deles (1.7). Paulo, apesar de ter uma ligação muito vital com ela, nunca havia visitado a igreja (1.7; 2.1). Parece que ele se manteve informado sobre as condições na igreja (1.3,4,9; 2.1), e ter aprovado o trabalho e a disciplina da igreja (1.5-7,23; 2.5-7; 4.12,13). Era amado por eles (1.8) e conhecia e amava alguns deles.

Condição da igreja e ocasião para a epístola. Falsos mestres, ou um falso mestre, vieram entre eles e haviam impedido grandemente a prosperidade da igreja. A principal fonte de todos os seus falsos ensinamentos está em um antigo dogma oriental, que toda matéria é má e sua fonte também é má. Se isso fosse verdade, Deus, que de modo algum é mau, não poderia ter criado a matéria. E como nossos corpos são matérias, eles são maus e Deus não poderia tê-los criado. A partir dessa noção de que os nossos corpos são maus, surgiram dois extremos de erro: (1) Que somente por várias práticas ascéticas, mediante as quais punimos o corpo, podemos esperar salvá-lo, 2.20-23; (2) Que, uma vez que o corpo é mau, nenhuma de suas obras deve ter responsabilização. A licenciosidade foi, portanto, concedida à conduta do mal, e as paixões do mal foram satisfeitas com prazer e sem impunidade (3.5-8).

Ao buscar alívio desta condição, formularam duas outras doutrinas falsas. (1) Uma teoria esotérica e exclusiva que era uma doutrina de segredos e iniciação (2.2,3,8). Através desta doutrina, declararam que o remédio para a condição do homem era conhecido apenas por alguns, e para aprender esse segredo, a pessoa devia ser iniciada no grupo. (2) Que, como Deus não poderia ter sido o criador desses corpos pecaminosos, eles não podiam, portanto, vir a Ele para receber bênção, e assim eles formularam, em sua teoria, uma série de seres intermediários ou Aeons, como anjos, que devem nos ter criado e a quem deve-se adorar (2.18), especialmente como um meio para finalmente se chegar a Deus.

Todas essas falsas teorias conspiraram para limitar a grandeza e a autoridade de Jesus Cristo e para limitar a eficiência da redenção que há nele (2.9,10). Elas são chamadas pelo único nome, gnosticismo, e apresentam quatro aspectos de erro neste livro. (1) Filosófico, 2.3,4,8. (2) Ritualista, ou judaísta, 2.11,14,16,17. (3) Visionário, ou de adoração de anjos, 1.16; 2.18,15,18. (4) Práticas ascéticas, 2.20-23. Existem três aplicações modernas da heresia de Colossos: (1) Cerimonialismo, ou ritualismo; (2) Especulação; (3) Baixos padrões de justiça.

A epístola. A notícia desses falsos ensinamentos foi provavelmente trazida a Paulo por Epafras, 1.7,8, e ele escreveu para combatê-las. É polêmico em espírito e argumenta que temos tudo em Cristo, que Ele é a fonte e Senhor de toda a criação e que só Ele pode perdoar pecados e nos reconciliar com Deus. Portanto, esta, mais do que qualquer outra das epístolas de Paulo, representa plenamente sua doutrina da pessoa e da preeminência de Cristo.

ESBOÇO

1. Ensinos doutrinários, Cap. 1
    1.1. Introdução, vv.1-14
    1.2. Cristo em relação à criação, vv.15-17
    1.3. Cristo em relação à Igreja, vv.18-29

2. Polêmica contra falsos ensinos, Cap. 2
    2.1. Introdução, vv.1-7
    2.2. Polêmica contra ensinos falsos em geral, vv.8-15
    2.3. Polêmica contra as reivindicações particulares dos falsos mestres, vv.16-23

3. Seção exortatória, 3.1–4.6
    3.1. Para a vida cristã elevada, 3.1-4
    3.2. Para substituir antigos vícios por graças cristãs, 3.5-14
    3.3. Para tornar Cristo soberano sobre toda a vida, 3.15-17

3.4. Para o cristão cumprir com os deveres familiares, 3.18–4.1
3.5. Para a adequada vida de oração, 4.2-6
4. Seção pessoal, 4.7-18

PARA ESTUDO E DISCUSSÃO
[1] A oração de Paulo pelos colossenses, 1.9-14.
[2] A preeminência do Salvador, 1.5-20.
[3] A falsa e verdadeira filosofia da religião, 2.8-15.
[4] Os vícios mundanos, 3.5-8.
[5] As graças cristãs, 3.9-14.
[6] A vida cristã elevada, 3.15-17.
[7] Todas as referências aos ensinamentos falsos como nas palavras segredo, cabeça, corpo, Senhor, plenitude etc. Observe 2.3,8,11,16,18 e muitos outros.
[8] A visão que Paulo tinha sobre Jesus. Estude todas as referências em relação a Ele.

Saudações de Paulo

1 Eu, Paulo, apóstolo de Jesus Cristo pela vontade de Deus, escrevo esta carta, junto com nosso irmão Timóteo, ²aos irmãos fiéis em Cristo, o povo santo na cidade de Colossos.

Que Deus, nosso Pai, lhes dê graça e paz.

Ação de graças e oração de Paulo

³Sempre oramos por vocês e damos graças a Deus, o Pai de nosso Senhor Jesus Cristo, ⁴pois temos ouvido falar de sua fé em Cristo Jesus e de seu amor por todo o povo santo, ⁵que vêm da esperança confiante naquilo que lhes está reservado no céu. Vocês têm essa expectativa desde que ouviram pela primeira vez a verdade das boas-novas.

⁶Agora, as mesmas boas-novas que chegaram até vocês estão se propagando pelo mundo todo. Elas têm crescido e dado frutos em toda parte, como ocorre entre vocês desde o dia em que ouviram e compreenderam a verdade sobre a graça de Deus.

⁷Vocês aprenderam as boas-novas por meio de Epafras, nosso amado colaborador. Ele é servo fiel de Cristo e nos tem ajudado em favor de vocês.ᵃ ⁸Ele nos contou do amor que o Espírito lhes tem dado.

⁹Por isso, desde que ouvimos falar a seu respeito, não deixamos de orar por vocês. Pedimos a Deus que lhes conceda pleno conhecimento de sua vontade e também sabedoria e entendimento espiritual. ¹⁰Então vocês viverão de modo a sempre honrar e agradar ao Senhor, dando todo tipo de bom fruto e aprendendo a conhecer a Deus cada vez mais.

¹¹Oramos também para que sejam fortalecidos com o poder glorioso de Deus, a fim de que tenham toda a perseverança e paciência de que necessitam. Que sejam cheios de alegria ¹²e sempre deem graças ao Pai. Ele os capacitou para participarem da herança que pertence ao seu povo santo, aqueles que vivem na luz. ¹³Ele nos resgatou do poder das trevas e nos trouxe para o reino de seu Filho amado, ¹⁴que comprou nossa liberdadeᵇ e perdoou nossos pecados.

Cristo é supremo

¹⁵O Filho é a imagem do Deus invisível
 e é supremo sobre toda a criação.ᶜ
¹⁶Pois, por meio dele, todas as coisas foram
 criadas,
 tanto nos céus como na terra,
 todas as coisas que podemos ver
 e as que não podemos,
 como os tronos, reinos, governantes
 e as autoridades do mundo invisível.
Tudo foi criado por meio dele
 e para ele.
¹⁷Ele existia antes de todas as coisas
 e mantém tudo em harmonia.
¹⁸Ele é a cabeça do corpo,
 que é a igreja.
Ele é o princípio,
 supremo sobre os que ressuscitam dos
 mortos;ᵈ

ᵃ**1.7** Ou *tem ministrado em favor de vocês*; alguns manuscritos trazem *tem ministrado em nosso favor*. ᵇ**1.14** Alguns manuscritos acrescentam *com seu sangue*. ᶜ**1.15** Ou *é o primogênito de toda a criação*. ᵈ**1.18** Ou *o primogênito dentre os mortos*.

1.9,10 Desse desejável conhecimento, qual é a *medida*? Desejamos para eles "que lhes conceda pleno conhecimento de sua vontade". "Pleno" — é uma grande sabedoria, ter a mente e o coração e toda a nossa humanidade cheia de conhecimento. Paulo não teria nenhum crente desinformado sobre *alguma questão*, mas o faria pleno de conhecimento, pois quando uma medida está cheia de trigo não há espaço para palha. O verdadeiro conhecimento exclui o erro. Os homens que seguem falsas doutrinas geralmente são aqueles que conhecem pouco a Palavra de Deus. Não sendo ensinados, são instáveis, prontos para serem levados por todo vento de doutrina. Se você deixar lacunas vazias em sua mente não saturada com ensinamentos sagrados, elas serão um convite ao diabo para entrar e habitar ali. Encha a alma e, assim, mantenha fora o inimigo. Paulo desejava que os santos colossenses fossem cheios — plenos até a borda com o conhecimento da vontade de Deus. Irmãos, queremos que vocês saibam tudo o que podem conhecer da verdade de Deus. Nenhum conhecimento da vontade revelada do Senhor pode trazer qualquer dano, se for santificado. Não tenha medo do que eles chamam de "doutrinas superiores", ou as "coisas profundas de Deus". Elas nos dizem que essas coisas são segredos e, portanto, não devemos nos intrometer nelas. Se elas são segredos, não há receio de que alguém possa interferir nelas, mas as verdades reveladas na Palavra não são mais segredos, visto que são reveladas a nós pelo Espírito de Deus e, na medida em que são reveladas, deveria ser nosso desejo compreendê-las, para sermos plenos com o seu conhecimento.

portanto, ele é primeiro em tudo. ¹⁹Pois foi do agrado do Pai que toda a plenitude habitasse no Filho, ²⁰e, por meio dele, o Pai reconciliou consigo todas as coisas.

Por meio do sangue do Filho na cruz, o Pai fez as pazes com todas as coisas, tanto nos céus como na terra.

²¹Isso inclui vocês, que antes estavam longe de Deus. Eram seus inimigos, dele separados por seus maus pensamentos e ações. ²²Agora, porém, ele os reconciliou consigo por meio da morte do Filho no corpo físico. Como resultado, vocês podem se apresentar diante dele santos, sem culpa e livres de qualquer acusação.

²³É preciso, porém, que continuem a crer nessa verdade e nela permaneçam firmes. Não se afastem da esperança que receberam quando ouviram as boas-novas, que foram anunciadas em todo o mundo e que eu, Paulo, fui designado servo para proclamar.

O trabalho de Paulo em favor da igreja

²⁴Alegro-me quando sofro por vocês em meu corpo, pois participo dos sofrimentos de Cristo, que continuam em favor de seu corpo, a igreja. ²⁵Deus me deu a responsabilidade de servir seu povo, anunciando-lhes sua mensagem completa. ²⁶Essa mensagem foi mantida em segredo por séculos e gerações, mas agora foi revelada ao seu povo santo, ²⁷pois Deus queria que eles soubessem que as riquezas gloriosas desse segredo também são para vocês, os gentios. E o segredo é este: Cristo está em vocês, o que lhes dá a confiante esperança de participar de sua glória!

²⁸Portanto, proclamamos a Cristo, advertindo a todos e ensinando a cada um com toda a sabedoria, para apresentá-los maduros[a] em Cristo. ²⁹Por isso trabalho e luto com tanto esforço, na dependência de seu poder que atua em mim.

2 Quero que saibam quantas lutas tenho enfrentado por causa de vocês e dos que estão em Laodiceia, e por muitos que não me conhecem pessoalmente. ²Que eles sejam encorajados e unidos por fortes laços de amor e tenham plena certeza de que entendem o segredo de Deus, que é o próprio Cristo. ³Nele estão escondidos todos os tesouros de sabedoria e conhecimento.

⁴Eu lhes digo isso para que ninguém os engane com argumentos bem elaborados. ⁵Pois, embora eu esteja longe, meu coração está com vocês. E eu me alegro de que estejam vivendo como devem e de que sua fé em Cristo seja forte.

Liberdade e nova vida em Cristo

⁶E agora, assim como aceitaram Cristo Jesus como Senhor, continuem a segui-lo. ⁷Aprofundem nele suas raízes e sobre ele edifiquem sua vida. Então sua fé se fortalecerá na verdade que lhes foi ensinada, e vocês transbordarão de gratidão.

⁸Não permitam que outros os escravizem com filosofias vazias e invenções enganosas provenientes do raciocínio humano, com base nos princípios espirituais deste mundo, e não em Cristo. ⁹Pois nele habita em corpo humano toda a plenitude de Deus.[b] ¹⁰Portanto, porque estão nele, o cabeça de todo governante e autoridade, vocês também estão completos.

¹¹Em Cristo vocês foram circuncidados, mas não por uma operação física, e sim espiritual, na qual foi removido o domínio de sua natureza humana.[c] ¹²No batismo, vocês foram sepultados com Cristo e, com ele, foram ressuscitados para a nova vida por meio da fé no grande poder de Deus, que ressuscitou Cristo dos mortos.

¹³Vocês estavam mortos por causa de seus pecados e da incircuncisão de sua natureza humana.[d] Então Deus lhes deu vida com Cristo, pois perdoou todos os nossos pecados. ¹⁴Ele cancelou o registro de acusações contra nós, removendo-o e pregando-o na cruz. ¹⁵Desse modo, desarmou[e] os governantes e as autoridades espirituais e os envergonhou publicamente ao vencê-los na cruz.

¹⁶Portanto, não deixem que ninguém os condene pelo que comem ou bebem, ou por não celebrarem certos dias santos, as cerimônias da lua nova ou os sábados. ¹⁷Pois essas coisas

---

[a]**1.28** Ou *perfeitos*. [b]**2.9** Ou *nele habita corporalmente toda a plenitude da Divindade*. [c]**2.11** Em grego, *o corpo da carne*. [d]**2.13** Em grego, *da incircuncisão de sua carne*. [e]**2.15** Ou *despojou*.

são apenas sombras da realidade futura, e o próprio Cristo é essa realidade. ¹⁸Não aceitem a condenação daqueles que insistem numa humildade fingida e na adoração de anjos[a] e que alegam ter visões a respeito dessas coisas. A mente pecaminosa deles os tornou orgulhosos, ¹⁹e eles não estão ligados a Cristo, que é a cabeça do corpo. Unido a ele por meio de suas juntas e seus ligamentos, o corpo cresce à medida que é nutrido por Deus.

²⁰Vocês morreram com Cristo, e ele os libertou dos princípios espirituais deste mundo. Então por que continuar a seguir as regras deste mundo, que dizem: ²¹"Não mexa! Não prove! Não toque!"? ²²Essas regras não passam de ensinamentos humanos sobre coisas que se deterioram com o uso. ²³Podem até parecer sábias, pois exigem devoção, abnegação e rigorosa disciplina física, mas em nada contribuem para vencer os desejos da natureza pecaminosa.

Instruções para a nova vida

3 Uma vez que vocês ressuscitaram para uma nova vida com Cristo, mantenham os olhos fixos nas realidades do alto, onde Cristo está sentado no lugar de honra, à direita de Deus. ²Pensem nas coisas do alto, e não nas coisas da terra. ³Pois vocês morreram para esta vida, e agora sua verdadeira vida está escondida com Cristo em Deus. ⁴E quando Cristo, que é sua vida,[b] for revelado ao mundo inteiro, vocês participarão de sua glória.

⁵Portanto, façam morrer as coisas pecaminosas e terrenas que estão dentro de vocês. Fiquem longe da imoralidade sexual, da impureza, da paixão sensual, dos desejos maus e da ganância, que é idolatria. ⁶É por causa desses pecados que vem a ira de Deus.[c] ⁷Vocês costumavam praticá-los quando sua vida ainda fazia parte deste mundo, ⁸mas agora é o momento de se livrarem da ira, da raiva, da maldade, da maledicência e da linguagem obscena. ⁹Não mintam uns aos outros, pois vocês se despiram de sua antiga natureza e de todas as suas práticas perversas. ¹⁰Revistam-se da nova natureza e sejam renovados à medida que aprendem a conhecer seu Criador e se tornam semelhantes a ele. ¹¹Nessa nova vida, não importa se você é judeu ou gentio,[d] se é circuncidado ou incircuncidado, se é inculto ou incivilizado,[e] se é escravo ou livre. Cristo é tudo que importa, e ele vive em todos.

¹²Visto que Deus os escolheu para ser seu povo santo e amado, revistam-se de compaixão, bondade, humildade, mansidão e paciência. ¹³Sejam compreensivos uns com os outros e perdoem quem os ofender. Lembrem-se de que o Senhor os perdoou, de modo que vocês também devem perdoar. ¹⁴Acima de tudo, revistam-se do amor que une todos nós em perfeita harmonia. ¹⁵Permitam que a paz de Cristo governe o seu coração, pois, como membros do mesmo corpo, vocês são chamados a viver em paz. E sejam sempre agradecidos.

¹⁶Que a mensagem a respeito de Cristo, em toda a sua riqueza, preencha a vida de vocês. Ensinem e aconselhem uns aos outros com toda a sabedoria. Cantem a Deus salmos, hinos e

---

[a]**2.18** Ou *na adoração com anjos*. [b]**3.4** Alguns manuscritos trazem *que é nossa vida*. [c]**3.6** Alguns manuscritos acrescentam *sobre os que lhe desobedecem*. [d]**3.11a** Em grego, *grego*. [e]**3.11b** Em grego, *bárbaro, cita*.

3.1 Que as suas ações concordem com sua nova vida. Primeiro, então, *deixemos o sepulcro*. Se fomos ressuscitados, nosso primeiro ato deve ser o de deixar a região da morte. Deixemos *a sepultura de uma religião meramente exterior* e adoremos a Deus em espírito e em verdade. [...] Acabemos com formas, ritos e cerimônias exteriores, que não são ordenanças de Cristo e que não conheçamos nada — exceto Cristo crucificado, pois o que não é do Senhor vivo é uma mera peça de pompa funerária, ideal para os cemitérios de formalistas cuja religião toda é uma pá de pó nas tampas do caixão. Deixemos também a sepultura dos prazeres carnais, onde os homens procuram se satisfazer através da carne. Não vivamos pela visão do olho, nem pela audição do ouvido. Não vivamos pelo acúmulo de riqueza ou da conquista da fama, pois estas devem ser coisas mortas para o homem ressuscitado em Cristo. Não vivamos para o mundo que vemos, nem de acordo com o costume dos homens, para quem essa vida é tudo. Vivamos como aqueles que vieram do mundo e que, apesar de estarem nele, não pertencem mais a ele. Que não nos atentemos ao país de onde viemos e o deixemos, como Abraão fez, como se não existisse tal país, doravante habitando com o nosso Deus, estrangeiro com Ele, buscando "a cidade de alicerces eternos, planejada e construída por Deus". Como Jesus Cristo deixou para trás todas as moradas da morte, façamos o mesmo.

cânticos espirituais com o coração agradecido. ¹⁷E tudo que fizerem ou disserem, façam em nome do Senhor Jesus, dando graças a Deus, o Pai, por meio dele.

Instruções para as famílias cristãs

¹⁸Esposas, sujeite-se cada uma a seu marido, como é próprio a quem está no Senhor.

¹⁹Maridos, ame cada um a sua esposa e nunca a trate com aspereza.

²⁰Filhos, obedeçam sempre a seus pais, pois isso agrada ao Senhor. ²¹Pais, não irritem seus filhos, para que eles não desanimem.

²²Escravos, em tudo obedeçam a seus senhores terrenos. Procurem agradá-los sempre, e não apenas quando eles estiverem observando. Sirvam-nos com sinceridade, por causa de seu temor ao Senhor. ²³Em tudo que fizerem, trabalhem de bom ânimo, como se fosse para o Senhor, e não para os homens. ²⁴Lembrem-se de que o Senhor lhes dará uma herança como recompensa e de que o Senhor a quem servem é Cristo.ᵃ ²⁵Mas, se fizerem o mal, receberão de volta o mal, pois Deus não age com favoritismo.

4 Senhores, sejam justos e imparciais com seus escravos. Lembrem-se de que vocês também têm um Senhor no céu.

Incentivo à oração

²Dediquem-se à oração com a mente alerta e o coração agradecido. ³Orem também por nós, para que Deus nos dê muitas oportunidades de falar do segredo a respeito de Cristo. É por esse motivo que sou prisioneiro. ⁴Orem para que eu proclame essa mensagem com a devida clareza.

⁵Vivam com sabedoria entre os que são de fora e aproveitem bem todas as oportunidades. ⁶Que suas conversas sejam amistosas e agradáveis,ᵇ a fim de que tenham a resposta certa para cada pessoa.

Instruções finais e saudações

⁷Tíquico, irmão amado e colaborador fiel que trabalha comigo na obra do Senhor, lhes dará um relatório completo de como tenho passado. ⁸Eu o envio a vocês exatamente com o propósito de informá-los do que se passa conosco e de animá-los. ⁹Envio também Onésimo, irmão fiel e amado, que é um de vocês. Ele e Tíquico lhes contarão tudo que tem acontecido aqui.

¹⁰Aristarco, que é prisioneiro comigo, lhes envia saudações, e assim também Marcos, primo de Barnabé. Conforme vocês foram instruídos, se Marcos passar por aí, recebam-no bem. ¹¹Jesus, chamado Justo, também manda lembranças. Esses são os únicos irmãos judeusᶜ entre meus colaboradores. Eles trabalham comigo para o reino de Deus e têm sido um grande conforto para mim.

¹²Epafras, que é um de vocês e servo de Cristo Jesus, lhes envia saudações. Ele sempre ora por vocês com fervor, pedindo que sejam madurosᵈ e plenamente confiantes de que praticam toda a vontade de Deus. ¹³Posso lhes assegurar que ele tem se esforçado grandemente por vocês e pelos que estão em Laodiceia e em Hierápolis.

¹⁴Lucas, o médico amado, lhes envia saudações, assim como Demas. ¹⁵Mandem minhas saudações a nossos irmãos em Laodiceia, e também a Ninfa e à igreja que se reúne em sua casa.

¹⁶Depois que tiverem lido esta carta, enviem-na à igreja em Laodiceia, a fim de que eles também possam lê-la. E vocês, leiam a carta que eu escrevi para eles.

¹⁷E digam a Arquipo: "Cuide em realizar o ministério que o Senhor lhe deu".

¹⁸Esta é minha saudação de próprio punho: Paulo.

Lembrem-se de que estou na prisão.

Que a graça de Deus esteja com vocês.

ᵃ**3.24** Ou *sirvam a Cristo como seu Senhor*. ᵇ**4.6** Em grego, *e temperadas com sal*. ᶜ**4.11** Em grego, *os únicos da circuncisão*. ᵈ**4.12** Ou *perfeitos*.

1 Tessalonicenses

INTRODUÇÃO

Cidade de Tessalônica. Foi fundada por Cassandro, rei da Macedônia, em 315 a.C., e ficava cerca de 160 quilômetros a oeste de Filipos. Era um grande centro comercial nos dias de Paulo, e os seus habitantes eram gregos, romanos e judeus. Ainda existe sob o nome de Salônica. Na modernidade, esta cidade foi considerada uma metrópole judaica, até meados do século 20. No entanto, os judeus lá estabelecidos foram massivamente exterminados pelos nazistas.

Igreja de Tessalônica. Ao ser liberto da prisão em Filipos, Paulo continuou sua segunda viagem missionária a Tessalônica, levando consigo Silas e Timóteo (At 17.1-5). Ele passou três sábados lá, mas por causa da perseguição dos judeus, partiu em direção a Bereia, depois para Atenas e em seguida para Corinto, onde passou 18 meses. A primeira epístola testemunha o esplêndido caráter cristão desses novos convertidos saídos do paganismo.

Primeira epístola aos tessalonicenses. Muito provavelmente esta seja a primeira epístola escrita por Paulo e talvez o primeiro documento escrito da religião cristã. Não é doutrinário, não tem qualquer elemento de controvérsia e é uma das mais gentis e afetuosas cartas de Paulo. É admirada por suas saudações especiais e faz referência às expectativas deles sobre o imediato retorno de Jesus. Sua principal ideia é *consolação* (4.17,18), sua principal expressão é *esperança* e suas principais palavras, *sofrimento e oposição*. Seu propósito era: (1) enviar saudações afetuosas; (2) consolá-los em suas aflições; (3) corrigir os erros, as opiniões equivocadas dos tessalonicenses sobre a segunda vinda de Cristo; (4) e exortá-los a viver adequadamente indo contra certas tendências imorais.

Data. De Corinto, 53 d.C.

ESBOÇO

1. A condição espiritual da igreja, Cap. 1
    1.1. Introdução, v.1
    1.2. Sua fé, amor e esperança, vv.2,3
    1.3. A causa deles, vv.4,5
    1.4. O resultado que eles produziram, vv.6-10
2. O caráter e conduta de Paulo enquanto estava com eles, 2.1-16
    2.1. Como ele lhes trouxe o evangelho, vv.1-12
    2.2. Como o evangelho foi recebido, vv.13-16
3. O interesse de Paulo pela igreja depois de deixá-los, 2.17–3.13
    3.1. Desejo de visitá-los, 2.17-20
    3.2. Enviou-lhes Timóteo e se alegra com o relatório do jovem sobre eles, 3.1-10
    3.3. Bênção sobre eles, 3.11-13
4. Exortação para o futuro, 4.1–5.11
    4.1. À pureza, 4.1-8
    4.2. Ao amor fraternal, 4.9,10
    4.3. À atividade honesta, 4.11,12
    4.4. *A ser confortado* na perda de seus mortos em Cristo, 4.13–5.11

Conclusão, 5.12-28

PARA ESTUDO E DISCUSSÃO

[1] Características da igreja pelas quais Paulo é grato, 1.2-6.
[2] O que é dito sobre como o evangelho foi pregado a eles, 2.1-16.
[3] O anseio de Paulo por saber a respeito deles, 3.1-9.
[4] Os deveres exigidos, 4.1-12.
[5] A segunda vinda de Cristo e a ressurreição, 4.13-18.

[6] Como estamos preparados para o grande dia da Sua vinda, 5.3-10.
[7] As várias exortações em 5.12-22.
[8] Os elementos humanos ou a explicação do poder de Paulo como pregador, Cap. 2.
[9] A divindade de Jesus vista no livro.

Saudações de Paulo

1 Nós, Paulo, Silas[a] e Timóteo, escrevemos esta carta à igreja em Tessalônica, a vocês que estão em Deus, o Pai, e no Senhor Jesus Cristo. Que Deus lhes dê graça e paz.

Ação de graças pelos tessalonicenses

²Sempre damos graças a Deus por todos vocês e os mencionamos constantemente em nossas orações. ³Quando oramos por vocês diante de nosso Deus e Pai, relembramos seu trabalho fiel, seus atos em amor e sua firme esperança em nosso Senhor Jesus Cristo.

⁴Sabemos, irmãos, que Deus os ama e os escolheu. ⁵Pois, quando lhes apresentamos as boas-novas, não o fizemos apenas com palavras, mas também com poder, visto que o Espírito Santo lhes deu plena certeza[b] de que era verdade o que lhes dizíamos. E vocês sabem como nos comportamos entre vocês e em seu favor. ⁶Assim, apesar do sofrimento que isso lhes trouxe, vocês receberam a mensagem com a alegria que vem do Espírito Santo e se tornaram imitadores nossos e do Senhor. ⁷Com isso, tornaram-se exemplo para todos os irmãos na Grécia, tanto na Macedônia como na Acaia.[c]

⁸Agora, partindo de vocês, a palavra do Senhor tem se espalhado por toda parte, até mesmo além da Macedônia e da Acaia, pois sua fé em Deus se tornou conhecida em todo lugar. Não precisamos sequer mencioná-la, ⁹pois as pessoas têm comentado sobre como vocês nos acolheram e como deixaram os ídolos a fim de servir ao Deus vivo e verdadeiro. ¹⁰Também comentam como vocês esperam do céu a vinda de Jesus, o Filho de Deus, a quem ele ressuscitou dos mortos e que nos livrará da ira que está para vir.

Paulo recorda sua visita

2 Vocês mesmos sabem, irmãos, que a visita que lhes fizemos não foi inútil. ²Sabem como fomos maltratados e quanto sofremos em Filipos, antes de chegarmos aí. E, no entanto, com confiança em nosso Deus, anunciamos a vocês as boas-novas de Deus, apesar de grande oposição. ³Portanto, como veem, não pregamos com a intenção de enganá-los, nem com motivos impuros, nem com artimanhas.

⁴Em vez disso, falamos como mensageiros aprovados por Deus, aos quais foram confiadas as boas-novas. Nosso propósito não é agradar as pessoas, mas a Deus, que examina as intenções de nosso coração. ⁵Como bem sabem, nunca tentamos conquistá-los com bajulação, e Deus é nossa testemunha de que não agimos motivados pela ganância. ⁶Quanto ao reconhecimento humano, nunca o buscamos de vocês, nem de nenhum outro.

⁷Ainda que, como apóstolos de Cristo, tivéssemos o direito de fazer certas exigências, agimos como crianças[d] entre vocês. Ou melhor, fomos como a mãe[e] que alimenta os filhos e deles cuida. ⁸Nós os amamos tanto que compartilhamos com vocês não apenas as boas-novas de Deus, mas também nossa própria vida.

⁹Não se lembram, irmãos, de como trabalhamos arduamente entre vocês? Noite e dia nos esforçamos para obter sustento, a fim de não sermos um peso para ninguém enquanto lhes anunciávamos as boas-novas de Deus. ¹⁰Vocês mesmos são nossas testemunhas, e Deus também é, de que fomos dedicados, honestos e irrepreensíveis com todos vocês, os que creem. ¹¹E sabem que tratamos a cada um como um pai trata seus filhos. ¹²Aconselhamos, incentivamos e insistimos para que vivam de modo que Deus considere digno, pois ele os chamou para terem parte em seu reino e em sua glória.

¹³Portanto, nunca deixamos de agradecer a Deus, pois, quando vocês receberam de nós a mensagem dele, não consideraram nossas palavras meras ideias humanas, mas as aceitaram como palavra de Deus, o que sem dúvida são. E essa mensagem continua a atuar em vocês, os que creem.

¹⁴E então, irmãos, vocês foram perseguidos por seus próprios compatriotas, tornando-se assim imitadores das igrejas de Deus em Cristo Jesus na Judeia, que também sofreram nas mãos de seu próprio povo, os judeus. ¹⁵Eles mataram o Senhor Jesus e os profetas, e agora também nos perseguem. Não agradam a Deus e trabalham contra toda a humanidade,

---

[a]**1.1** Em grego, *Silvano*, a forma grega desse nome. [b]**1.5** Ou *com o poder do Espírito Santo, para que tenham plena certeza*. [c]**1.7** *Macedônia* e *Acaia* eram, respectivamente, a região norte e a região sul da Grécia. [d]**2.7a** Alguns manuscritos trazem *fomos amáveis*. [e]**2.7b** Em grego, *ama*.

¹⁶procurando impedir-nos de anunciar a salvação aos gentios. Com isso, continuam a acumular pecados, mas a ira de Deus finalmente os alcançou.

O relato animador de Timóteo a respeito da igreja

¹⁷Irmãos, depois de um breve tempo separados de vocês, embora nosso coração nunca os tenha deixado, esforçamo-nos por voltar a vê-los, pela grande saudade que sentimos. ¹⁸Queríamos muito visitá-los, e eu, Paulo, tentei não apenas uma vez, mas duas; Satanás, porém, nos impediu. ¹⁹Afinal, o que nos dá esperança e alegria? E qual será nossa magnífica recompensa e coroa diante do Senhor Jesus quando ele voltar? Serão vocês! ²⁰Sim, vocês são nosso orgulho e nossa alegria.

3 Por isso, quando não pudemos mais suportar, resolvemos ficar sozinhos em Atenas ²e enviamos Timóteo para visitá-los. Ele é nosso irmão e colaborador de Deus[a] na proclamação das boas-novas de Cristo. Nós o enviamos para fortalecê-los e animá-los na fé, ³para que as dificuldades não os abalem. Mas vocês sabem que estamos destinados a passar por elas. ⁴Quando ainda estávamos com vocês, nós os advertimos de que as aflições em breve viriam, e foi o que aconteceu, como bem sabem. ⁵Assim, quando não pude mais suportar, enviei Timóteo para saber se continuavam firmes na fé. Tinha receio de que o tentador os tivesse vencido e todo o nosso trabalho houvesse sido inútil.

⁶Agora, porém, Timóteo voltou trazendo boas notícias a respeito de sua fé e seu amor. Ele nos contou que vocês se lembram sempre com alegria de nossa visita e que desejam nos ver tanto quanto nós queremos vê-los. ⁷Por isso, irmãos, apesar de nossos sofrimentos e dificuldades, ficamos animados porque vocês permaneceram firmes na fé. ⁸Agora, revivemos por saber que estão firmes no Senhor.

⁹Sim, agradecemos a Deus por vocês! Por sua causa, temos grande alegria na presença de Deus. ¹⁰Noite e dia oramos por vocês com fervor, pedindo que possamos vê-los novamente a fim de ajudá-los a aperfeiçoar a fé.

¹¹Que Deus, nosso Pai, e nosso Senhor Jesus nos encaminhem a vocês em breve. ¹²E que o Senhor faça crescer e transbordar o amor que vocês têm uns pelos outros e por todos, da mesma forma que nosso amor transborda por vocês. ¹³E, como resultado, que Deus, nosso Pai, torne seu coração forte, irrepreensível e santo diante dele para quando nosso Senhor Jesus voltar com todo o seu povo santo. Amém.

Uma vida dedicada a agradar a Deus

4 Finalmente, irmãos, pedimos e incentivamos em nome do Senhor Jesus que vivam para agradar a Deus, conforme lhes instruímos. Vocês já vivem desse modo, e os incentivamos a fazê-lo ainda mais, ²pois se lembram das instruções que lhes demos pela autoridade do Senhor Jesus.

³A vontade de Deus é que vocês vivam em santidade; por isso, mantenham-se afastados

---

[a] 3.2 Alguns manuscritos trazem *servo de Deus*; outros, *colaborador*; outros ainda, *e servo e colaborador de Deus*; e ainda outros, *servo de Deus e nosso colaborador*.

2.18 [Isto] é verdade sobre os cristãos *quando sob o estímulo do Espírito de Deus, ou ao planejar qualquer boa obra.* Você foi incentivado, às vezes, a falar com alguém. "Corra, fale a este jovem", tem sido a mensagem em seu ouvido. Você não o fez — Satanás o impediu. Foi-lhe dito em certa ocasião — você não sabe como, (mas acredite-me, devemos respeitar muito *esses sussurros interiores*), para visitar fulano de tal e ajudá-lo. Você não o fez — Satanás o impediu. Uma noite você está sentado próximo à lareira lendo um relatório missionário sobre a Índia, ou alguma localidade destituída da verdade de Deus, e você pensou: "Agora, tenho um pouco de dinheiro que eu poderia doar a este projeto", mas então lembrou-se de que há outra maneira de gastar mais lucrativamente com sua família — então Satanás o impediu. Ou você mesmo pensou em fazer algo em um determinado local por meio da pregação e do ensino, ou começando uma nova escola para necessitados, ou alguma outra forma de esforço cristão —, mas tão certo como você começou a planejar, algo ou outra coisa surgiu e Satanás o impediu. Se ele puder, virá sobre o povo de Deus nessas horas em que estão cheios de pensamentos e ardor, e prontos para o esforço cristão, para que ele assassine seus planos iniciais e tire de sua mente essas sugestões do Espírito Santo.

de todo pecado sexual. ⁴Cada um deve aprender a controlar o próprio corpoᵃ e assim viver em santidade e honra, ⁵não em paixões sensuais, como os gentios que não conhecem a Deus. ⁶Nesse assunto, não prejudiquem nem enganem um irmão, pois o Senhor punirá todas essas práticas, como já os advertimos solenemente. ⁷Pois Deus nos chamou para uma vida santa, e não impura. ⁸Portanto, quem se recusa a viver de acordo com essas regras não desobedece a ensinamentos humanos, mas rejeita a Deus, que lhes dá seu Espírito Santo.

⁹Não precisamos lhes escrever sobre a importância do amor fraternal, pois o próprio Deus os ensinou a amarem uns aos outros. ¹⁰De fato, vocês já demonstram amor por todos os irmãos em toda a Macedônia. Ainda assim, irmãos, pedimos que os amem ainda mais.

¹¹Tenham como objetivo uma vida tranquila, ocupando-se com seus próprios assuntos e trabalhando com suas próprias mãos, conforme os instruímos anteriormente. ¹²Assim, os que são de fora respeitarão seu modo de viver, e vocês não terão de depender de outros.

A esperança da ressurreição

¹³Agora, irmãos, não queremos que ignorem o que acontecerá aos que já morreram,ᵇ para que não se entristeçam como aqueles que não têm esperança. ¹⁴Porque cremos que Jesus morreu e foi ressuscitado, também cremos que Deus trará de volta à vida, com Jesus, todos os que morreram.

¹⁵Dizemos a vocês, pela palavra do Senhor: nós, os que ainda estivermos vivos quando o Senhor voltar, não iremos ao encontro dele antes daqueles que já morreram. ¹⁶Pois o Senhor mesmo descerá do céu com um brado de comando, com a voz do arcanjo e com o toque da trombeta de Deus. Primeiro, os mortos em Cristo ressuscitarão. ¹⁷Depois, com eles, nós, os que ainda estivermos vivos, seremos arrebatados nas nuvens ao encontro do Senhor, nos ares. Então, estaremos com o Senhor para sempre. ¹⁸Portanto, animem uns aos outros com essas palavras.

5 Não é necessário, irmãos, que eu lhes escreva sobre quando e como tudo isso acontecerá, ²pois vocês sabem muito bem que o dia do Senhor virá inesperadamente, como ladrão à noite. ³Quando as pessoas disserem: "Tudo está em paz e seguro", então o desastre lhes sobrevirá tão repentinamente como iniciam as dores de parto de uma mulher grávida, e não haverá como escapar.

⁴Mas vocês, irmãos, não estão na escuridão a respeito dessas coisas e não devem se surpreender quando o dia do Senhor vier como ladrão. ⁵Porque todos vocês são filhos da luz e do dia. Não pertencemos à escuridão e à noite. ⁶Portanto, fiquem atentos; não durmam como os outros. Permaneçam atentos e sejam sóbrios. ⁷À noite, as pessoas dormem e os bêbados se embriagam. ⁸Mas nós, que vivemos na luz, devemos ser sóbrios,

---

ᵃ**4.4** Ou *saber como tomar uma esposa para si*, ou *aprender a viver com sua própria esposa*; o grego traz *saber como possuir seu próprio vaso*. ᵇ**4.13** Em grego, *aos que adormeceram*; também em 4.14,15.

4.13 A exortação aqui é delicadamente insinuada — que o sofrimento dos cristãos enlutados por seus amigos cristãos não deve ser absolutamente como o de pessoas não convertidas por seus parentes ímpios. Não somos proibidos de sofrer — "Jesus chorou". O evangelho não nos ensina a ser estoicos — devemos chorar [...]. Ainda assim, deve haver alguma diferença entre o sofrimento dos justos e o sofrimento dos ímpios. [...] Creio que quando o cristão sofre, *ele deveria estar tão feliz quanto triste*. Coloque seu pesar em uma balança e sua alegria em outra — então veja se os motivos para o louvor não são tão pesados quanto os motivos para o sofrer. Então você dirá: "Ela se foi — eis uma lágrima para ela. Ela está no Céu — eis um sorriso para ela". [...]

É bom ter um pouco de canção, além de choro em um funeral. Assim se faz em enterro de santos. Os anjos nunca choram quando os santos morrem — eles cantam. Você nunca ouviu um santo dizer, enquanto estava morrendo: "Há anjos na sala. Ouça! Você pode ouvi-los soluçando porque estou morrendo". Não, mas muitas vezes ouvimos um santo dizer: "Há anjos na sala e eu posso ouvi-los cantar". Isso é porque os anjos são mais sábios do que nós. Julgamos pelo que vemos e ouvimos — mas os anjos julgam de outra maneira. Eles "veem, ouvem e conhecem" as alegrias dos abençoados e, portanto, não têm lágrimas — mas sim canções para eles, e os anjos cantam alto quando o cristão é levado para casa, como um feixe de milho totalmente maduro.

protegidos pela armadura da fé e do amor, usando o capacete da esperança da salvação. ⁹Porque Deus decidiu nos salvar por meio de nosso Senhor Jesus Cristo, em vez de derramar sua ira sobre nós. ¹⁰Cristo morreu por nós para que, quer estejamos despertos, quer dormindo, vivamos com ele para sempre. ¹¹Portanto, animem e edifiquem uns aos outros, como têm feito.

Conselhos finais

¹²Irmãos, honrem seus líderes na obra do Senhor. Eles trabalham arduamente entre vocês e lhes dão orientações. ¹³Tenham grande respeito e amor sincero por eles, por causa do trabalho que realizam. E vivam em paz uns com os outros.

¹⁴Irmãos, pedimos que advirtam os indisciplinados. Encorajem os desanimados. Ajudem os fracos. Sejam pacientes com todos.

¹⁵Cuidem que ninguém retribua o mal com o mal, mas procurem sempre fazer o bem uns aos outros e a todos.

¹⁶Estejam sempre alegres. ¹⁷Nunca deixem de orar. ¹⁸Sejam gratos em todas as circunstâncias, pois essa é a vontade de Deus para vocês em Cristo Jesus.

¹⁹Não apaguem o Espírito. ²⁰Não desprezem as profecias, ²¹mas ponham à prova tudo que é dito e fiquem com o que é bom. ²²Mantenham-se afastados de toda forma de mal.

Saudações finais

²³E, agora, que o Deus da paz os torne santos em todos os aspectos, e que o espírito, a alma e o corpo de vocês sejam mantidos irrepreensíveis até a volta de nosso Senhor Jesus Cristo. ²⁴Aquele que os chama fará isso acontecer, pois ele é fiel.

²⁵Irmãos, orem por nós.

²⁶Cumprimentem todos os irmãos com beijo santo.

²⁷Encarrego-os em nome do Senhor de lerem esta carta a todos os irmãos.

²⁸Que a graça de nosso Senhor Jesus Cristo esteja com vocês.

5.16 Irmãos, *essa não é uma alegria carnal*. Se fosse, seria impossível mantê-la sempre. Há uma alegria de colheita, mas onde a encontraremos no inverno? Há a alegria da riqueza, mas onde está essa alegria quando as riquezas alçam voo e se vão? Há a alegria da saúde, mas isso não está conosco sempre, pois vêm os dias maus e os anos de fraqueza e sofrimento. Há alegria em ter seus filhos ao seu redor, doces são as alegrias do lar, mas elas não duram para sempre. Na casa dos mais felizes, bate à porta a mão da morte. Não, se suas alegrias brotam de fontes terrenas, essas fontes podem secar, e então suas alegrias se vão. Se o fundamento da alegria de um homem está em qualquer lugar da Terra, ela será abalada, pois haverá um dia em que o mundo inteiro tremerá e mesmo agora está longe de ser estável. Não construa nas inundações; e o que são as circunstâncias exteriores senão como ondas do mar transitório? Não, amados, não pode ser alegria carnal que aqui é ordenada, uma vez que a alegria carnal na natureza das coisas não pode ser eterna. Desconheço que a alegria carnal seja ordenada em algum lugar. Os homens podem se alegrar com as coisas desta vida, mas isso é o máximo que podemos dizer. Eles estão proibidos de se regozijarem demais nessas coisas, pois elas são como o mel, que um homem pode logo comer até que sinta enjoo. A alegria que Deus ordena é uma alegria na qual é impossível passar dos limites. Pois ela é celestial, baseada em coisas que durarão eternamente, ou então não poderíamos receber a ordem: "Estejam sempre alegres".

2Tessalonicenses

INTRODUÇÃO

Cidade de Tessalônica. Foi fundada por Cassandro, rei da Macedônia, em 315 a.C., e ficava cerca de 160 quilômetros a oeste de Filipos. Era um grande centro comercial nos dias de Paulo, e os seus habitantes eram gregos, romanos e judeus. Ainda existe sob o nome de Salônica. Na modernidade, esta cidade foi considerada uma metrópole judaica, até meados do século 20. No entanto, os judeus lá estabelecidos foram massivamente exterminados pelos nazistas.

Igreja de Tessalônica. Ao ser liberto da prisão em Filipos, Paulo continuou sua segunda viagem missionária a Tessalônica, levando consigo Silas e Timóteo (At 17.1-5). Ele passou três sábados lá, mas por causa da perseguição dos judeus, partiu em direção a Bereia, depois para Atenas e em seguida para Corinto, onde passou 18 meses. A primeira epístola testemunha o esplêndido caráter cristão desses novos convertidos saídos do paganismo.

Segunda epístola aos tessalonicenses. Esta carta também foi escrita de Corinto e durante o mesmo ano. É a carta mais curta que Paulo escreveu a qualquer igreja e é caracterizada pela falta de saudações especiais e pela ideia geral de esperar pacientemente por nosso Senhor. A ocasião parece ser a de corrigir opiniões erradas dos tessalonicenses sobre a segunda vinda de Cristo e os erros advindos delas. Pode ser que eles tenham entendido mal seu próprio ensino de que o Dia do Senhor já estava próximo (2.2).

Data. De Corinto, 53 d.C.

ESBOÇO

Introdução, 1.1,2
1. Ações de graças e oração pela visão da segunda vinda de Cristo, 1.2-12
2. Advertências sobre a segunda vinda de Cristo, 2.1-12
3. O livramento deles em Sua vinda, 2.13-17
4. Assuntos práticos, 3.1-15
    4.1. As orações de uns pelos outros, vv.1-5
    4.2. Disciplina para os desordeiros, vv.6-15

Conclusão, 3.16-18

PARA ESTUDO E DISCUSSÃO

[1] Coisas louváveis na igreja, 2.13,14.
[2] Desordens morais da igreja, 3.7-11.
[3] Como lidar com os desordeiros, 3.6,14,15.
[4] Como lidar com o ocioso, 3.12.
[5] Fatos relativos à segunda vinda de Cristo, encontrados em toda a epístola.
[6] Fatos relativos ao julgamento dos ímpios.

Saudações de Paulo

1 Nós, Paulo, Silas[a] e Timóteo, escrevemos esta carta à igreja em Tessalônica, a vocês que estão em Deus, nosso Pai, e no Senhor Jesus Cristo.

²Que Deus, nosso Pai,[b] e o Senhor Jesus Cristo lhes deem graça e paz.

Ânimo durante a perseguição

³Irmãos, não podemos deixar de dar graças a Deus por vocês, pois sua fé tem se desenvolvido cada vez mais, e seu amor uns pelos outros tem crescido. ⁴Por isso nos orgulhamos de falar às outras igrejas de Deus sobre sua perseverança e fidelidade em todas as perseguições e aflições que vocês têm sofrido. ⁵Deus usará essa perseguição para mostrar que seu julgamento é justo e para torná-los dignos de seu reino, pelo qual estão sofrendo. ⁶Em sua justiça, Deus pagará com aflição aqueles que afligem vocês.

⁷Deus concederá descanso a vocês, que são afligidos, e também a nós, na revelação do Senhor Jesus, quando ele vier do céu. Virá com seus anjos poderosos, ⁸em chamas de fogo, trazendo juízo sobre os que não conhecem a Deus e sobre os que se recusam a obedecer às boas-novas de nosso Senhor Jesus. ⁹Eles serão punidos com destruição eterna, separados para sempre da presença do Senhor e de seu glorioso poder. ¹⁰No dia em que ele vier, receberá glória de seu povo santo e louvores de todos os que creem. E isso inclui vocês, pois creram naquilo que lhes dissemos a respeito dele.

¹¹Assim, continuamos a orar por vocês, pedindo a nosso Deus que os capacite a ter uma vida digna de seu chamado e lhes dê poder para realizar as coisas boas que a fé os motivar a fazer. ¹²Então o nome de nosso Senhor Jesus será honrado em vocês, e vocês serão honrados com ele. Tudo isso é possível pela graça de nosso Deus e Senhor, Jesus Cristo.[c]

Acontecimentos que precederão a segunda vinda

2 Agora, irmãos, vamos esclarecer algumas coisas a respeito da vinda de nosso Senhor Jesus Cristo e de nosso encontro com ele. ²Não se deixem abalar nem assustar tão facilmente por aqueles que dizem que o dia do Senhor já começou. Não acreditem neles, mesmo que afirmem ter recebido uma visão espiritual, uma revelação ou uma carta supostamente enviada por nós. ³Não se deixem enganar pelo que dizem, pois esse dia não virá até que surja a rebelião[d] e venha o homem da perversidade,[e] aquele que traz destruição.[f] ⁴Ele se exaltará e se oporá a tudo que o povo chama de "deus" e a todo objeto de culto, e até se sentará no templo de Deus e se fará passar por Deus.

⁵Não se lembram de que eu lhes falei disso tudo quando estive aí? ⁶E vocês sabem o que o está detendo, pois ele só pode ser revelado quando sua hora chegar. ⁷Pois essa perversidade já opera secretamente e permanecerá em segredo até que se afaste aquele que a detém. ⁸Então o homem da perversidade será revelado, mas o Senhor Jesus o matará com o sopro de sua boca e o destruirá com o esplendor de sua vinda.

⁹Esse homem virá para realizar o trabalho de Satanás, com poder, sinais e falsas maravilhas, ¹⁰e com todo tipo de mentira perversa para enganar os que estão caminhando para a destruição, pois se recusam a amar e a aceitar a verdade que os salvaria. ¹¹Portanto, Deus fará que sejam enganados, e eles crerão nessas mentiras. ¹²Então serão condenados por ter prazer no mal em vez de crer na verdade.

---

[a]1.1 Em grego, *Silvano*, forma grega desse nome. [b]1.2 Alguns manuscritos trazem *Deus, o Pai*. [c]1.12 Ou *de nosso Deus e do Senhor Jesus Cristo*. [d]2.3a Ou *o afastamento*, ou *a partida*; a maioria das traduções translitera o termo grego como *apostasia*. [e]2.3b Alguns manuscritos trazem *homem do pecado*. [f]2.3c Em grego, *o filho da destruição*.

2.13 Se você ler todo o capítulo, perceberá que a mente de Paulo estava bastante voltada para os perigosos tempos que viriam sobre a Igreja de Cristo. Ele escreveu para alertar os tessalonicenses sobre a vinda do Anticristo, e depois disse que havia alguns a quem Deus "fará que sejam enganados, e eles crerão nessas mentiras. Então serão condenados por ter prazer no mal em vez de crer na verdade." O coração do apóstolo estava tão sobrecarregado com esse tema doloroso que ficou feliz em escrever um assunto bem diferente e, portanto,

Os fiéis devem permanecer firmes

¹³Quanto a nós, não podemos deixar de dar graças a Deus por vocês, irmãos amados pelo Senhor. Somos sempre gratos porque Deus os escolheu para estarem entre os primeiros[a] a receber a salvação por meio do Espírito que os torna santos e pela fé na verdade. ¹⁴Ele os chamou para a salvação quando lhes anunciamos as boas-novas; agora vocês podem participar da glória de nosso Senhor Jesus Cristo.

¹⁵Portanto, irmãos, tendo em mente todas essas coisas, permaneçam firmes e apeguem-se às tradições que lhes transmitimos, seja pessoalmente, seja por carta.

¹⁶Que o próprio Jesus Cristo, nosso Senhor, e Deus, nosso Pai, que nos amou e pela graça nos deu eterno conforto e maravilhosa esperança, ¹⁷os animem e os fortaleçam em tudo de bom que vocês fizerem e disserem.

Pedido de oração

3 Finalmente, irmãos, pedimos que orem por nós. Orem para que a mensagem do Senhor se espalhe rapidamente e seja honrada por onde quer que vá, como aconteceu quando chegou a vocês. ²Orem também para que sejamos libertos dos perversos e maus, pois nem todos têm fé.[b] ³Mas o Senhor é fiel; ele os fortalecerá e os guardará do maligno.[c] ⁴E confiamos no Senhor que vocês estão fazendo e continuarão a fazer aquilo que lhes ordenamos. ⁵Que o Senhor conduza o coração de vocês ao amor de Deus e à perseverança que vem de Cristo.

Apelo a uma vida adequada

⁶E agora, irmãos, nós lhes damos a seguinte ordem em nome de nosso Senhor Jesus Cristo: mantenham-se afastados de todos os irmãos que vivem ociosamente e não seguem a tradição que receberam de nós. ⁷Pois vocês sabem que devem seguir nosso exemplo. Não ficamos ociosos quando estivemos com vocês, ⁸nem nos alimentamos às custas dos outros. Trabalhamos arduamente dia e noite, a fim de não sermos um peso para nenhum de vocês. ⁹Embora tivéssemos o direito de pedir que nos alimentassem, queríamos lhes dar o exemplo. ¹⁰Quando ainda estávamos com vocês, lhes ordenamos: "Quem não quiser trabalhar não deve comer".

¹¹Contudo, soubemos que alguns de vocês estão vivendo ociosamente, recusando-se a trabalhar e intrometendo-se em assuntos alheios. ¹²Ordenamos e insistimos em nome do Senhor Jesus Cristo que sosseguem e trabalhem para obter o próprio sustento. ¹³Quanto a vocês, irmãos, nunca se cansem de fazer o bem.

¹⁴Observem quem se recusa a obedecer àquilo que lhes digo nesta carta. Afastem-se dele, para que se sinta envergonhado. ¹⁵Não o considerem como inimigo, mas advirtam-no como a um irmão.

Saudações finais

¹⁶Que o próprio Senhor da paz lhes dê paz em todos os momentos e situações. Que o Senhor esteja com todos vocês.

¹⁷Aqui está minha saudação de próprio punho: Paulo. Assim faço em todas as minhas cartas para provar que eu mesmo as escrevi.

¹⁸Que a graça de nosso Senhor Jesus Cristo esteja com todos vocês.

---

[a] **2.13** Alguns manuscritos trazem *Deus os escolheu desde o princípio*. [b] **3.2** Ou *pois a fé não é de todos*. [c] **3.3** Ou *do mal*.

---

ele declarou: "Quanto a nós, não podemos deixar de dar graças a Deus por vocês, irmãos amados pelo Senhor". [...] A tendência daqueles que olham apenas para o lado negro da questão é se afligir e se preocupar — e sentir que a Igreja do Senhor está em perigo. Irmãos, eu não gostaria que vocês fechassem os olhos para os perigos que nos cercam, mas também não quero que se desanimem por eles! Ainda existem muitos santos no mundo. Ainda existem os que, como aqueles em Sardes, não contaminaram suas vestes. Ainda há alguns que seguem o Cordeiro onde quer que Ele vá. Ainda há muitas testemunhas sérias e fiéis à verdade de Deus, como está em Jesus. Então, embora possam lamentar os males dos tempos, vocês devem sempre dar graças a Deus por que há alguns "irmãos amados pelo Senhor" ainda na face da Terra!

1Timóteo

INTRODUÇÃO

Timóteo era natural da região da Licaônia. Seu pai era grego, mas sua mãe e sua avó eram judias, 2Tm 1.5. Ele aprendeu as Escrituras desde sua infância, 2Tm 3.15, e provavelmente se converteu durante a primeira visita de Paulo a Listra, At 14.8-20. Foi consagrado como evangelista, 1Tm 4.14; 2Tm 1.6, e, depois da segunda visita de Paulo a Listra, passou a maior parte do seu tempo com Paulo, At 16.1. Ele prestou serviço muito valioso a Paulo, e foi muito estimado por este, At 17.14; 18.5; 20.4; Rm 16.21; 1Co 4.17; 16.10. Seu nome está associado a Paulo ao escrever uma série de cartas, 2Co 1.1; Fp 1.1; Cl 1.1. Timóteo foi pastor em Éfeso e, enquanto esteve lá, recebeu essas cartas, 1Tm 1.3,4. Paulo desejou tê-lo consigo quando sua sentença de morte chegou, 2Tm 4.9,13,21.

Primeira epístola a Timóteo. Esta epístola foi escrita enquanto Timóteo era pastor em Éfeso, provavelmente entre 64 e 66 d.C. O objetivo era instruir Timóteo em relação aos seus deveres pastorais. Ela, portanto, reflete a condição da igreja e especialmente os erros que Paulo corrigiria ou contra os quais desejava advertir seu "verdadeiro filho na fé".

ESBOÇO

Saudação, 1.1,2

1. Os verdadeiros ensinamentos do evangelho, 1.3-20
    1.1. Ensinos gnósticos e o verdadeiro propósito da Lei, vv.3-11
    1.2. A salvação de Paulo, vv.12-17
    1.3. Mais advertências contra falsos mestres, vv.18-20
2. Culto público, Cap. 2
    2.1. Oração, vv.1-7
    2.2. A conduta dos homens e mulheres nas assembleias da igreja, vv.8-15
3. Oficiais da igreja, Cap. 3
    3.1. Um bispo ou pastor, vv.1-7
    3.2. Diáconos e diaconisas, vv.8-13
    3.3. Uma palavra pessoal, vv.14-16
4. Deveres pastorais, 4.1–6.2
    4.1. Quanto às verdadeiras doutrinas, Cap. 4
    4.2. Em relação a várias classes da igreja, 5.1-20
    4.3. Com respeito a ele mesmo, 5.21-25
    4.4. No ensino dos escravos e seus senhores, 6.1,2
5. Advertências finais e exortações, 6.3-21
    5.1. Contra falsos mestres, vv.3-10
    5.2. A ser verdadeiramente piedoso, vv.11-16
    5.3. Para ensinar os ricos corretamente, vv.17-19
    5.4. A ser verdadeiro com seus encargos, vv.20,21

PARA ESTUDO E DISCUSSÃO

[1] Falsos ensinamentos, 1.3-11; 4.1-8; 6.20,21.
[2] O tipo de homem que um pastor deve ser, 4.12–5.2.
[3] *O tipo de homens a serem eleitos para oficiais da igreja* (qualificações de um pastor e de um diácono), 3.1-13.
[4] Governo da igreja e cultos de adoração, 2.1,2,8; 3.14,15.
[5] A doutrina ou ensino da palavra, piedade e fé significando doutrina.

Saudações de Paulo

1 Eu, Paulo, apóstolo de Cristo Jesus, por ordem de Deus, nosso Salvador, e de Cristo Jesus, nossa esperança, ²escrevo esta carta a Timóteo, meu verdadeiro filho na fé.

Que Deus, o Pai, e Cristo Jesus, nosso Senhor, lhe deem graça, misericórdia e paz.

Advertência contra falsos ensinos

³Quando parti para a Macedônia, pedi a você que ficasse em Éfeso e advertisse certas pessoas de que não ensinassem coisas contrárias à verdade, ⁴nem desperdiçassem tempo com discussões intermináveis sobre mitos e genealogias, que só levam a especulações sem sentido em vez de promover o propósito de Deus, que é realizado pela fé.

⁵O alvo de minha instrução é o amor que vem de um coração puro, de uma consciência limpa e de uma fé sincera. ⁶Alguns, porém, se desviaram dessas coisas e passam o tempo em discussões inúteis. ⁷Querem ser conhecidos como mestres da lei, mas não sabem do que estão falando, embora o façam com tanta confiança.

⁸Sabemos que a lei é boa quando usada corretamente. ⁹Pois a lei não foi criada para os que fazem o que é certo, mas para os transgressores e rebeldes, para os irreverentes e pecadores, para os ímpios e profanos. Ela é para os que matam pai ou mãe ou cometem outros homicídios, ¹⁰para os que vivem na imoralidade sexual, para os que praticam a homossexualidade, e também para os sequestradores,ᵃ os mentirosos, os que juram falsamente ou que fazem qualquer outra coisa que contradiga o ensino verdadeiro, ¹¹que vem das boas-novas gloriosas confiadas a mim por nosso Deus bendito.

A gratidão de Paulo pela misericórdia de Deus

¹²Agradeço àquele que me deu forças, Cristo Jesus, nosso Senhor, que me considerou digno de confiança e me designou para servi-lo, ¹³embora eu fosse blasfemo, perseguidor e violento. Contudo, recebi misericórdia, porque agia por ignorância e incredulidade. ¹⁴O Senhor fez sua graça transbordar e me encheu da fé e do amor que vêm de Cristo Jesus.

¹⁵Esta é uma afirmação digna de confiança, e todos devem aceitá-la: "Cristo Jesus veio ao mundo para salvar os pecadores", e eu sou o pior de todos. ¹⁶Mas foi por isso que eu, o pior dos pecadores, recebi misericórdia, para que assim Cristo Jesus mostrasse quanto é paciente. Desse modo, sirvo de exemplo a todos que vierem a crer nele para a vida eterna. ¹⁷Honra e glória a Deus para todo o sempre! Ele é o Rei eterno, invisível e imortal; ele é o único Deus. Amém.

A responsabilidade de Timóteo

¹⁸Timóteo, meu filho, estas são minhas instruções para você, com base nas palavras proféticas ditas tempos atrás a seu respeito. Que elas o ajudem a lutar o bom combate. ¹⁹Apegue-se à fé e mantenha a consciência limpa, pois alguns rejeitaram deliberadamente a consciência e, como resultado, a fé que tinham naufragou. ²⁰Himeneu e Alexandre são dois exemplos. Eu os entreguei a Satanás, para que aprendam a não blasfemar.

Instruções a respeito do culto

2 Em primeiro lugar, recomendo que sejam feitas petições, orações, intercessões e ações de graça em favor de todos, ²em favor dos reis e de todos que exercem autoridade, para que tenhamos uma vida pacífica e tranquila, caracterizada por devoção e dignidade. ³Isso é bom e agrada a Deus, nosso Salvador, ⁴cujo desejo é que todos sejam salvos e conheçam a verdade. ⁵Pois:

> Há um só Deus e um só Mediador entre
>   Deus e a humanidade:
>   o homem Cristo Jesus.
> ⁶Ele deu sua vida para comprar
>   a liberdade de todos.

Essa é a mensagem que foi entregue ao mundo no momento oportuno. ⁷E eu fui escolhido como pregador e apóstolo para ensinar aos gentios essa mensagem a respeito da fé e da verdade. Não estou mentindo; digo a verdade.

⁸Quero, portanto, que em todo lugar de culto os homens orem com mãos santas levantadas, livres de ira e de controvérsias.

⁹Da mesma forma, quero que as mulheres tenham discrição em sua aparência.ᵇ Que usem

---

ᵃ **1.10** Ou *traficantes de escravos*. ᵇ **2.9** Ou *orem em trajes discretos*.

roupas decentes e apropriadas, sem chamar a atenção pela maneira como arrumam o cabelo ou por usarem ouro, pérolas ou roupas caras. ¹⁰Pois as mulheres que afirmam ser devotas a Deus devem se embelezar com as boas obras que praticam.

¹¹As mulheres devem aprender em silêncio e com toda submissão. ¹²Não permito que as mulheres ensinem aos homens, nem que tenham autoridade sobre eles.ᵃ Antes, devem ouvir em silêncio. ¹³Porque primeiro Deus fez Adão e, depois, Eva. ¹⁴E não foi Adão o enganado. A mulher é que foi enganada, e o resultado foi o pecado. ¹⁵Mas as mulheres serão salvas dando à luz filhos,ᵇ desde que continuem a viver na fé, no amor e na santidade, com discrição.

Os líderes da igreja

3 Esta é uma afirmação digna de confiança: "Se alguém deseja ser bispo,ᶜ deseja uma tarefa honrosa". ²Portanto, o bispo deve ter uma vida irrepreensível. Deve ser marido de uma só mulher,ᵈ ter autocontrole, viver sabiamente e ter boa reputação. Deve ser hospitaleiro e apto a ensinar. ³Não deve beber vinho em excesso, nem ser violento. Antes, deve ser amável, pacífico e desapegado do dinheiro. ⁴Deve liderar bem a própria família e ter filhos que o respeitem e lhe obedeçam. ⁵Pois, se um homem não é capaz de liderar a própria família, como poderá cuidar da igreja de Deus?

⁶Não deve ser recém-convertido, pois poderia se tornar orgulhoso, e o diabo o faria cair.ᵉ ⁷Além disso, os que são de fora devem falar bem dele, para que não seja desacreditado e caia na armadilha do diabo.

⁸Da mesma forma, os diáconosᶠ devem ser respeitáveis e ter integridade. Não devem beber vinho em excesso, nem se deixar conduzir pela ganância. ⁹Devem ser comprometidos com o segredo da fé e viver com a consciência limpa. ¹⁰Antes de serem nomeados diáconos, é necessário que se faça uma avaliação cuidadosa. Se forem aprovados, então que exerçam a função de diáconos.

¹¹De igual modo, as mulheresᵍ devem ser respeitáveis e não caluniar ninguém. Devem ter autocontrole e ser fiéis em tudo que fazem.

¹²O diácono deve ser marido de uma só mulher e liderar bem seus filhos e sua casa. ¹³Aqueles que exercerem bem a função de diáconos serão recompensados com o respeito de outros e terão cada vez mais convicção de sua fé em Cristo Jesus.

As verdades de nossa fé

¹⁴Embora espere vê-lo em breve, escrevo-lhe estas coisas agora, ¹⁵para que, se eu demorar, você saiba como as pessoas devem se comportar na casa de Deus. Ela é a igreja do Deus vivo, coluna e alicerce da verdade.

¹⁶Sem dúvida, este é o grande segredo de nossa fé:ʰ

Cristoⁱ foi revelado em corpo humano,
    justificado pelo Espírito,
visto por anjos,
    anunciado às nações,
crido em todo o mundo
    e levado para o céu em glória.

ᵃ**2.12** Ou *ensinem aos homens nem usurpem sua autoridade*. ᵇ**2.15** Ou *serão salvas ao aceitarem seu papel de mãe*. ᶜ**3.1** Ou *supervisor*; também em 3.2. ᵈ**3.2** Ou *ser fiel à esposa*, ou *ter se casado somente uma vez*; também em 3.12. ᵉ**3.6** Ou *poderia cair no mesmo julgamento que o diabo*. ᶠ**3.8** Ou *servidores*; também em 3.10,12,13. ᵍ**3.11** Ou *suas esposas*, isto é, as mulheres dos diáconos. ʰ**3.16a** Em grego, *grande mistério da piedade*. ⁱ**3.16b** Em grego, *Aquele que*; alguns manuscritos trazem *Deus*.

3.15 Mas o que o nosso texto pretende, dizendo que a Igreja do Senhor é a coluna e alicerce da verdade? Quando você sai deste edifício, pode observar o uso de uma coluna; e a parte dela que forma uma base sobre a qual a pedra circular repousa, isso responde exatamente ao que o apóstolo quer dizer com o termo alicerce da verdade! É tarefa da Igreja, é claro, defender a verdade de Deus em seus profundos alicerces; e a conservar e preservar intacta — esta é a base. Também elevá-la e mantê-la no alto em beleza, e em todas as suas proporções justas, nisto, a Igreja é a coluna da verdade. Alguns comentaristas dizem que, assim como antigamente as colunas eram utilizadas para inscrições, em colunas até os decretos de bronze do Senado romano foram exibidos ao povo, assim a Igreja de Cristo pretende ser uma coluna com a inscrição da verdade, para que não só a mantenha, e a sustente, mas a exponha! De qualquer forma, creio que você perceberá em um momento que o simples significado do meu texto é apenas esse — é tarefa da Igreja do Senhor manter, propagar, preservar, espalhar e defender a verdade como está em Jesus — onde quer que essa Igreja esteja reunida!

Advertências acerca dos falsos mestres

4 O Espírito afirma claramente que nos últimos tempos alguns se desviarão da fé, dando ouvidos a espíritos enganadores e a ensinamentos de demônios, ²que vêm de indivíduos hipócritas e mentirosos, cuja consciência está morta.ª

³Tais pessoas afirmam que é errado se casar e proíbem que se comam certos alimentos, que Deus criou para serem recebidos com ação de graças pelos que são fiéis e conhecedores da verdade. ⁴Porque tudo que Deus fez é bom, não devemos rejeitar nada, mas a tudo receber com ação de graças, ⁵pois sabemos que se torna aceitável^b pela palavra de Deus e pela oração.

Um bom servo de Cristo Jesus

⁶Se você explicar estas coisas aos irmãos, será um bom servo de Cristo Jesus, nutrido pela mensagem da fé e pelo bom ensino que tem seguido. ⁷Não perca tempo discutindo mitos profanos e crendices absurdas. Em vez disso, exercite-se na devoção. ⁸"O exercício físico tem algum valor, mas exercitar-se na devoção é muito melhor, pois promete benefícios não apenas nesta vida, mas também na vida futura." ⁹Essa é uma afirmação digna de confiança, e todos devem aceitá-la. ¹⁰Trabalhamos arduamente e continuamos a lutar^c porque nossa esperança está no Deus vivo, o Salvador de todos, especialmente dos que creem.

¹¹Ensine estas coisas e insista nelas. ¹²Não deixe que ninguém o menospreze porque você é jovem. Seja exemplo para todos os fiéis nas palavras, na conduta, no amor, na fé e na pureza. ¹³Até minha chegada, dedique-se à leitura pública das Escrituras,^d ao encorajamento e ao ensino.

¹⁴Não descuide do dom que recebeu por meio de profecia quando os presbíteros^e impuseram as mãos sobre você. ¹⁵Dedique total atenção a essas questões. Entregue-se inteiramente a suas tarefas, para que todos vejam seu progresso. ¹⁶Fique atento a seu modo de viver e a seus ensinamentos. Permaneça fiel ao que é certo, e assim salvará a si mesmo e àqueles que o ouvem.

Conselhos a respeito de viúvas, líderes e escravos

5 Nunca fale com dureza a um homem mais velho,^f mas aconselhe-o como faria com seu próprio pai. Quanto aos mais jovens, aconselhe-os como a irmãos. ²Trate as mulheres mais velhas como trataria sua mãe, e as mais jovens, com toda pureza, como se fossem suas irmãs.

³Cuide^g das viúvas que não têm ninguém para ajudá-las. ⁴Mas, se elas tiverem filhos ou netos, a primeira responsabilidade deles é mostrar devoção no lar e retribuir aos pais o cuidado recebido. Isso é algo que agrada a Deus.

⁵A verdadeira viúva, uma mulher sozinha no mundo, põe sua esperança em Deus. Dia e noite, faz súplicas e orações. ⁶Mas a viúva que vive apenas para o prazer está morta, ainda que esteja viva. ⁷Dê essas instruções, para que ninguém fique sujeito a críticas.

⁸Aqueles que não cuidam dos seus, especialmente dos de sua própria família, negaram a fé e são piores que os descrentes.

⁹A viúva incluída na lista para receber sustento deve ter pelo menos sessenta anos e ter sido esposa de um só marido.^h ¹⁰Deve ser respeitada pelo bem que praticou, como alguém que soube criar os filhos, foi hospitaleira, serviu o povo santo com humildade,ⁱ ajudou os que estavam em dificuldade e sempre se dedicou a fazer o bem.

¹¹As viúvas mais jovens não devem fazer parte dessa lista, pois, quando seus desejos físicos forem mais fortes que sua devoção a Cristo, desejarão se casar novamente. ¹²Assim se tornarão culpadas de quebrar o compromisso que fizeram. ¹³Além disso, aprenderão a se tornar ociosas e a andar de casa em casa, fazendo fofoca, intrometendo-se em assuntos alheios e falando do que não devem. ¹⁴Portanto, aconselho que essas viúvas mais jovens se casem de novo, tenham filhos e tomem conta do próprio lar. Então o inimigo não poderá dizer coisa alguma contra elas. ¹⁵Pois, de fato, algumas já se desviaram e agora seguem Satanás.

¹⁶Se alguma irmã na fé tem viúvas na família, deve tomar conta delas e não sobrecarregar a

---

^a**4.2** Em grego, *está cauterizada*. ^b**4.5** Ou *se torna santo*. ^c**4.10** Alguns manuscritos trazem *continuamos a sofrer*. ^d**4.13** Em grego, *dedique-se à leitura*. ^e**4.14** Ou *anciãos*. ^f**5.1** Ou *a um ancião*, ou *a um presbítero*. ^g**5.3** Ou *Honre*. ^h**5.9** Ou *ter sido fiel ao marido*, ou *ter se casado somente uma vez*. ⁱ**5.10** Em grego, *lavou os pés do povo santo*.

igreja, que assim poderá cuidar das viúvas que estiverem verdadeiramente sozinhas.

¹⁷Os presbíteros[a] que fazem bem seu trabalho devem receber honra redobrada,[b] especialmente os que se dedicam arduamente à pregação e ao ensino. ¹⁸Pois as Escrituras dizem: "Não amordacem o boi para impedir que ele coma enquanto debulha os cereais", e também: "Aqueles que trabalham merecem seu salário".[c]

¹⁹Não aceite acusação contra um presbítero[d] sem que seja confirmada por duas ou três testemunhas. ²⁰Aqueles que pecarem devem ser repreendidos diante de todos, o que servirá de forte advertência para os demais.

²¹Ordeno solenemente, na presença de Deus, de Cristo Jesus e dos anjos eleitos que você obedeça a estas instruções sem tomar partido nem demonstrar favoritismo.

²²Não se apresse em nomear um líder.[e] Não participe dos pecados alheios. Mantenha-se puro.

²³Não beba apenas água. Uma vez que você fica doente com frequência, tome um pouco de vinho por causa de seu estômago.

²⁴Lembre-se de que os pecados de alguns são evidentes, e seu julgamento é inevitável. Há outros, porém, cujos pecados só serão revelados mais tarde. ²⁵Da mesma forma, as boas obras de alguns são evidentes, e outras, feitas em segredo, um dia serão conhecidas.

6 Os escravos devem ter todo o respeito por seus senhores, para não envergonharem o nome de Deus e seus ensinamentos. ²O fato de o senhor ser irmão na fé não é desculpa para deixarem de respeitá-lo. Pelo contrário, devem trabalhar ainda mais arduamente, pois seus esforços beneficiam outros irmãos amados.

Falsos ensinos e riquezas verdadeiras

Ensine estas coisas e incentive todos a obedecer-lhes. ³Talvez alguns nos contradigam, mas estes são os verdadeiros ensinamentos do Senhor Jesus Cristo, que conduzem a uma vida de devoção. Quem ensina algo diferente ⁴é arrogante e sem entendimento. Vive com o desejo doentio de discutir o significado das palavras e provoca contendas que resultam em inveja, divisão, difamação e suspeitas malignas. ⁵Pessoas assim sempre causam problemas. Têm a mente corrompida e deram as costas à verdade. Para elas, a vida de devoção é apenas uma forma de enriquecer.

⁶No entanto, a devoção acompanhada de contentamento é, em si mesma, grande riqueza. ⁷Afinal, não trouxemos nada conosco quando viemos ao mundo, e nada levaremos quando o deixarmos. ⁸Portanto, se temos alimento e roupa, estejamos contentes.

⁹Mas aqueles que desejam enriquecer caem em tentações e armadilhas e em muitos desejos tolos e nocivos, que os levam à ruína e destruição. ¹⁰Pois o amor ao dinheiro é a raiz de todo mal. E alguns, por tanto desejarem dinheiro, desviaram-se da fé e afligiram a si mesmos com muitos sofrimentos.

Instruções finais de Paulo

¹¹Você, porém, que é um homem de Deus, fuja de todas essas coisas más. Busque a justiça, a devoção e também a fé, o amor, a perseverança e a mansidão. ¹²Lute o bom combate da fé. Apegue-se firmemente à vida eterna para a qual foi chamado e que tão bem você declarou na presença de muitas testemunhas. ¹³Diante de Deus, que a todos dá vida, e de Cristo Jesus, que deu bom testemunho perante Pôncio Pilatos, encarrego-o ¹⁴de obedecer a esta ordem sem vacilar. Assim, ninguém

---

[a]**5.17a** Ou *anciãos*. [b]**5.17b** Ou *honorários em dobro*. [c]**5.18** Dt 25.4; Lc 10.7. [d]**5.19** Ou *ancião*. [e]**5.22** Em grego, *em impor as mãos*.

6.12 A grande queixa que temos a fazer contra muitos é que eles parecem estar cuidando das miudezas, da *parafernália*, *dos* assuntos menores da vida; mas não parecem mirar para este alvo: a vida eterna. Não é assim na oração? Não há muitas coisas que imitam a oração, mas que de fato não são a verdadeira oração? Muitas vezes podemos dizer: "Venha ao ponto, homem, e peça a Deus o que você quer. Venha a uma verdadeira oração, e chegue ao contato físico com o Anjo; lute com ele e prevaleça". Paulo parece também sugerir que havia na pregação, mesmo em seus dias, muita coisa que era estranha, decorativa, supérflua, e assim diz ao jovem Timóteo: Primeiramente, mire no centro do alvo. "Lute o bom combate da fé. Apegue-se firmemente à vida eterna". Quanto da nossa oração é apenas discurso; quanto do nosso louvor é apenas

poderá acusá-lo de coisa alguma, desde agora até a volta de nosso Senhor Jesus Cristo. ¹⁵Pois:

No devido tempo ele será revelado do céu pelo bendito e único Deus todo-poderoso, o Rei dos reis e Senhor dos senhores. ¹⁶Somente a ele pertence a imortalidade, e ele habita em luz tão resplandecente que nenhum ser humano pode se aproximar dele. Ninguém jamais o viu, nem pode ver. A ele sejam honra e poder para sempre! Amém.

¹⁷Ensine aos ricos deste mundo que não se orgulhem nem confiem em seu dinheiro, que é incerto. Sua confiança deve estar em Deus, que provê ricamente tudo de que necessitamos para nossa satisfação. ¹⁸Diga-lhes que usem seu dinheiro para fazer o bem. Devem ser ricos em boas obras e generosos com os necessitados, sempre prontos a repartir. ¹⁹Desse modo, acumularão tesouros para si como um alicerce firme para o futuro, a fim de experimentarem a verdadeira vida.

²⁰Timóteo, guarde aquilo que Deus lhe confiou. Evite discussões profanas e tolas com aqueles que se opõem a você com suposto conhecimento. ²¹Alguns se desviaram da fé por seguirem essas tolices.

Que a graça de Deus esteja com vocês.

---

música! Quanto há em nossas igrejas que é algo relacionado com a melhoria das pessoas, mas não é salvação, não se trata de ganhar almas para Cristo! Quanto há de ensinamentos que podem ser ensinamentos cristãos, mas não são ensinamentos de Cristo! Mas vemos claramente aqui que o apóstolo enfatizou tudo nesse único ponto e trouxe Timóteo a esse único tema — que ele deveria: Apegar-se "firmemente à vida eterna", e, depois de ter tomado posse dela, deveria colocá-la diante dos outros com muita veemência e ênfase, para que também pudessem ser persuadidos a se apossarem dela e serem salvos.

2Timóteo

INTRODUÇÃO

Timóteo era natural da região da Licaônia. Seu pai era grego, mas sua mãe e sua avó eram judias, 2Tm 1.5. Ele aprendeu as Escrituras desde sua infância, 2Tm 3.15, e provavelmente se converteu durante a primeira visita de Paulo a Listra, At 14.8-20. Foi consagrado como evangelista, 1Tm 4.14; 2Tm 1.6, e, depois da segunda visita de Paulo a Listra, passou a maior parte do tempo com Paulo, At 16.1. Ele prestou serviço muito valioso a Paulo, e foi muito estimado por este, At 17.14; 18.5; 20.4; Rm 16.21; 1Co 4.17; 16.10. Seu nome está associado a Paulo ao escrever uma série de cartas, 2Co 1.1; Fp 1.1; Cl 1.1. Timóteo foi pastor em Éfeso e, enquanto esteve lá, recebeu essas cartas, 1Tm 1.3,4. Paulo desejou tê-lo consigo quando sua sentença de morte chegou, 2Tm 4.9,13,21.

Segunda epístola a Timóteo. Esta carta foi escrita de Roma pouco antes do martírio de Paulo em 67 d.C. O objetivo era instruir Timóteo ainda mais e explicar seus próprios assuntos pessoais. É a última carta escrita por Paulo, uma espécie de último testamento e de testemunho e é de grande importância, por contar como ele passou antes de sua morte. Tem um tom mais pessoal do que a primeira epístola a Timóteo e nos mostra quão lamentável foi a sua situação naqueles últimos dias.

ESBOÇO

Introdução, 1.1-5

1. Exortações a Timóteo, 1.6–2.26
    1.1. Para permanecer firme no evangelho, 1.6-18
    1.2. Para suportar o sofrimento com paciência, 2.1-13
    1.3. À fidelidade como pastor, 2.14-26
2. Advertências a Timóteo, 3.1–4.5
    2.1. Com respeito aos perigos, 3.1-13
    2.2. Com respeito a seus deveres em tais momentos, 3.14–4.5
3. A visão de Paulo sobre a morte, 4.6-18
    3.1. Satisfação e esperança com a aproximação de sua morte, vv.6-8
    3.2. Sua esperança durante sua solidão e necessidade, vv.9-18

Conclusão, 4.19-22

PARA ESTUDO E DISCUSSÃO

[1] A condição de Paulo quando escreveu, 1.17; 4.7,13-16.
[2] O desejo ou apelo de 1.4; 3.8; 4.5,9,13,21.
[3] As exortações a Timóteo, 1.6,7,13,14; 2.1-6,15,23; 3.14; 4.5.
[4] Tempos perigosos por vir, Cap. 3.
[5] A visão de Paulo sobre a morte, 4.5-22.

Saudações de Paulo

1 Eu, Paulo, apóstolo de Cristo Jesus pela vontade de Deus, enviado para anunciar a vida que ele prometeu por meio da fé em Cristo Jesus, ²escrevo esta carta a Timóteo, meu filho amado.

Que Deus, o Pai, e Cristo Jesus, nosso Senhor, lhe deem graça, misericórdia e paz.

Ânimo para ser fiel

³Dou graças por você ao Deus que sirvo com a consciência limpa, como o serviram meus antepassados. Sempre me lembro de você em minhas orações, noite e dia. ⁴Quero muito revê-lo, pois me lembro de suas lágrimas. Nosso reencontro me encherá de alegria.

⁵Lembro-me de sua fé sincera, como era a de sua avó, Loide, e de sua mãe, Eunice, e sei que em você essa mesma fé continua firme. ⁶Por isso quero lembrá-lo de avivar a chama do dom que Deus lhe deu quando impus minhas mãos sobre você. ⁷Pois Deus não nos deu um Espírito que produz temor e covardia, mas sim que nos dá poder, amor e autocontrole.[a]

⁸Portanto, jamais se envergonhe de falar a outros sobre nosso Senhor. E também não se envergonhe de mim, que estou preso por causa dele. Com a força que Deus lhe dá, esteja pronto para sofrer comigo por causa das boas-novas. ⁹Pois Deus nos salvou e nos chamou para uma vida santa, não porque merecêssemos, mas porque este era seu plano desde os tempos eternos: mostrar sua graça por meio de Cristo Jesus. ¹⁰E agora ele tornou tudo isso claro para nós com a vinda de Cristo Jesus, nosso Salvador, que destruiu o poder da morte e iluminou o caminho para a vida e a imortalidade por meio das boas-novas, ¹¹das quais Deus me escolheu para ser pregador, apóstolo e mestre.

¹²Por isso estou sofrendo assim. Mas não me envergonho, pois conheço aquele em quem creio e tenho certeza de que ele é capaz de guardar o que me foi confiado[b] até o dia de sua volta.

¹³Apegue-se, com fé e amor em Cristo Jesus, ao modelo do ensino verdadeiro que aprendeu de mim. ¹⁴Pelo poder do Espírito Santo que habita em nós, guarde a verdade preciosa que lhe foi confiada.

¹⁵Como você sabe, todos os da província da Ásia me abandonaram, incluindo Fígelo e Hermógenes.

¹⁶Que o Senhor demonstre misericórdia a Onesíforo e sua família, pois muitas vezes me animou em suas visitas e nunca se envergonhou por eu estar na prisão. ¹⁷Pelo contrário, quando veio a Roma, procurou-me diligentemente até me encontrar. ¹⁸Que o Senhor lhe mostre misericórdia no dia da volta de Cristo. E você sabe muito bem quanto ele me ajudou em Éfeso.

O bom soldado de Cristo

2 Meu filho, seja forte por meio da graça que há em Cristo Jesus. ²Você me ouviu ensinar verdades confirmadas por muitas

---

[a] 1.7 Ou *um espírito de temor e covardia, mas sim de poder, amor e autocontrole*. [b] 1.12 Ou *o que lhe confiei*.

1.12-14 Abandonado em sua maior necessidade, privado de sua liberdade e tratado como um descumpridor das leis, não é de admirar que o apóstolo tivesse ficado um pouco desanimado. Os espíritos ativos tendem a se *afligir no confinamento, e os corações ternos sangram* com o abandono. Além disso, o homem de Deus corria perigo diário de ser executado pela espada do tirano. Era improvável que ele fosse poupado pelo monstro que ocupava o trono romano, e tinha sobre si a sentença de morte. A qualquer manhã, ele poderia ser despertado por uma impiedosa notificação para se apresentar e morrer. Veja-o então — alguém como Paulo, o idoso! Acorrentado, ele senta-se em sua cela, esperando em breve por uma morte cruel, mas em vez de estar pessoalmente desencorajado, ele tem encorajamento extra para outros. Está pensando no jovem Timóteo, e não em si mesmo. Quanto a si mesmo, ele diz: "Mas não me envergonho", e ele exorta seu jovem irmão a não desanimar nem deixar sua fé se abalar, mas bravamente continuar a grande obra que lhe fora confiada. É impressionante ver quão calmamente este homem sofreu! No seu caso, era verdade que "as paredes de pedra não fazem uma prisão, nem barras de ferro, uma gaiola". Paulo alcançou o mundo com seu espírito missionário livre e reinou mais como um rei em sua prisão do que César em seu palácio. Ninguém inveja Nero, mas muitos sentem que os sofrimentos de Paulo poderiam ser facilmente aceitos por causa de sua vida exaltada.

testemunhas confiáveis. Agora, ensine-as a pessoas de confiança que possam transmiti-las a outros.

³Suporte comigo o sofrimento, como bom soldado de Cristo Jesus. ⁴Nenhum soldado se deixa envolver em assuntos da vida civil, pois se o fizesse não poderia agradar o oficial que o alistou. ⁵O atleta não conquista o prêmio se não seguir as regras. ⁶E o lavrador que trabalha arduamente deve ser o primeiro a colher o fruto de seu esforço. ⁷Pense no que estou lhe dizendo. O Senhor o ajudará a entender todas essas coisas.

⁸Lembre-se de que Jesus Cristo, descendente do rei Davi, ressuscitou dos mortos. Essas são as boas-novas que eu anuncio. ⁹E, por causa disso, sofro e estou preso como um criminoso. Mas a palavra de Deus não está presa. ¹⁰Portanto, estou disposto a suportar qualquer coisa se isso trouxer salvação e glória eterna em Cristo Jesus para os que foram escolhidos.

¹¹Esta é uma afirmação digna de confiança:

"Se morrermos com ele,
também com ele viveremos.
¹²Se perseverarmos,
com ele reinaremos.
Se o negarmos,
ele nos negará.
¹³Se formos infiéis,
ele permanecerá fiel,
pois não pode negar a si mesmo".

¹⁴Lembre essas coisas a todos e ordene-lhes na presença de Deus que deixem de brigar por causa de palavras. Essas discussões são inúteis e podem causar grave prejuízo a quem as ouve.

O trabalhador aprovado

¹⁵Esforce-se sempre para receber a aprovação do Deus a quem você serve. Seja um bom trabalhador, que não tem de que se envergonhar e que ensina corretamente a palavra da verdade. ¹⁶Evite conversas tolas e profanas, que só levam a mais comportamentos mundanos. ¹⁷Esse tipo de conversa se espalha como câncer,[a] a exemplo do ocorrido com Himeneu e Fileto. ¹⁸Eles deixaram o caminho da verdade, afirmando que a ressurreição dos mortos já aconteceu, e com isso desviaram alguns da fé.

¹⁹Mas o alicerce sólido de Deus permanece firme, com esta inscrição: "O Senhor conhece quem pertence a ele"[b] e "Todos que pertencem ao Senhor devem se afastar do mal".[c]

²⁰Numa casa grande, alguns utensílios são de ouro e de prata, e outros, de madeira e de barro. Os utensílios de mais valor são reservados para ocasiões especiais, e os de menos valor, para uso diário. ²¹Se você se mantiver puro, será um utensílio para fins honrosos. Sua vida será limpa, e você estará pronto para que o Senhor da casa o empregue para toda boa obra.

²²Fuja de tudo que estimule as paixões da juventude. Em vez disso, busque justiça, fidelidade, amor e paz, na companhia daqueles que invocam o Senhor com coração puro.

²³Digo mais uma vez: não se envolva em discussões tolas e ignorantes que só servem para gerar brigas. ²⁴O servo do Senhor não deve viver brigando, mas ser amável com todos, apto a ensinar e paciente. ²⁵Instrua com mansidão aqueles que se opõem, na esperança de que Deus os leve ao arrependimento e, assim, conheçam a verdade. ²⁶Então voltarão ao perfeito juízo e escaparão da armadilha do diabo, que os prendeu para fazerem o que ele quer.

Os perigos dos últimos dias

3 Saiba que nos últimos dias haverá tempos muito difíceis. ²Porque as pessoas só amarão a si mesmas e ao dinheiro. Serão arrogantes e orgulhosas, zombarão de Deus, desobedecerão a seus pais e serão ingratas e profanas. ³Não terão afeição nem perdoarão; caluniarão outros e não terão autocontrole. Serão cruéis e odiarão o que é bom, ⁴trairão os amigos, serão imprudentes e cheias de si e amarão os prazeres em vez de amar a Deus. ⁵Serão religiosas apenas na aparência, mas rejeitarão o poder capaz de lhes dar a verdadeira devoção. Fique longe de gente assim!

⁶Entre tais pessoas há aqueles que se infiltram na casa alheia e conquistam a confiança de[d] mulheres vulneráveis, carregadas de pecados e controladas por todo tipo de desejo, ⁷mulheres que estão sempre em busca de novos ensinos, mas jamais conseguem entender

---

[a] 2.17 Em grego, *gangrena*. [b] 2.19a Nm 16.5. [c] 2.19b Ver Is 52.11. [d] 3.6 Em grego, *tornam cativas*.

a verdade. ⁸Esses mestres se opõem à verdade, como Janes e Jambres se opuseram a Moisés. Têm a mente depravada, e sua fé não é autêntica. ⁹Contudo, não irão muito longe. Um dia, alguém verá como são insensatos, como aconteceu com Janes e Jambres.

O apelo de Paulo a Timóteo
¹⁰Mas você sabe muito bem o que eu ensino, como vivo e qual é meu propósito de vida. Conhece minha fé, minha paciência, meu amor e minha perseverança. ¹¹Sabe quanta perseguição e quanto sofrimento suportei e o que me aconteceu em Antioquia, Icônio e Listra; o Senhor, porém, me livrou de tudo isso. ¹²Sim, e todos que desejam ter uma vida de devoção em Cristo Jesus sofrerão perseguições. ¹³Mas os perversos e os impostores irão de mal a pior. Enganarão outros e eles próprios serão enganados.

¹⁴Você, porém, deve permanecer fiel àquilo que lhe foi ensinado. Sabe que é a verdade, pois conhece aqueles de quem aprendeu. ¹⁵Desde a infância lhe foram ensinadas as Sagradas Escrituras, que lhe deram sabedoria para receber a salvação que vem pela fé em Cristo Jesus. ¹⁶Toda a Escritura é inspirada por Deus e útil para nos ensinar o que é verdadeiro e para nos fazer perceber o que não está em ordem em nossa vida. Ela nos corrige quando erramos e nos ensina a fazer o que é certo. ¹⁷Deus a usa para preparar e capacitar seu povo para toda boa obra.

4 Eu lhe digo solenemente, na presença de Deus e de Cristo Jesus, que um dia julgará os vivos e os mortos quando vier para estabelecer seu reino: ²pregue a palavra. Esteja preparado, quer a ocasião seja favorável, quer não. Corrija, repreenda e encoraje com paciência e bom ensino.

³Pois virá o tempo em que as pessoas já não escutarão o ensino verdadeiro. Seguirão os próprios desejos e buscarão mestres que lhes digam apenas aquilo que agrada seus ouvidos. ⁴Rejeitarão a verdade e correrão atrás de mitos. ⁵Você, porém, deve manter a sobriedade em todas as situações. Não tenha medo de sofrer. Trabalhe para anunciar as boas-novas e realize todo o ministério que lhe foi confiado.

⁶Quanto a mim, minha vida já foi derramada como oferta para Deus. O tempo de minha morte se aproxima. ⁷Lutei o bom combate, terminei a corrida e permaneci fiel. ⁸Agora o prêmio me espera, a coroa de justiça que o Senhor, o justo Juiz, me dará no dia de sua volta. E o prêmio não será só para mim, mas para todos que, com grande expectativa, aguardam a sua vinda.

Palavras finais de Paulo
⁹Por favor, venha assim que puder. ¹⁰Demas me abandonou, pois ama as coisas desta vida e foi para Tessalônica. Crescente foi embora para a Galácia, e Tito, para a Dalmácia. ¹¹Apenas Lucas está comigo. Traga Marcos com você, pois ele me será útil no ministério. ¹²Enviei Tíquico a Éfeso. ¹³Quando vier, não se esqueça de trazer a capa que deixei com Carpo, em Trôade. Traga também meus livros e especialmente meus pergaminhos.

¹⁴Alexandre, o artífice que trabalha com cobre, me prejudicou muito, mas o Senhor o julgará pelo que ele fez. ¹⁵Tome cuidado com ele, porque se opôs fortemente a tudo que dissemos.

¹⁶Na primeira vez que fui levado perante o juiz, ninguém me acompanhou. Todos me

---

4.2 *"Esteja preparado, quer a ocasião seja favorável, quer não".* A palavra grega significa: "Confronte", como quando um homem está determinado a terminar seu trabalho, ele o confronta. Atente para seu trabalho, colocando toda sua força nele — suporte-o. *"Quer a ocasião seja favorável, quer não",* pois o evangelho é um fruto cuja temporada se estende durante todo o ano! Às vezes, esses sermões "não oportunos", pregados à noite ou em algum momento incomum, são mais úteis do que as ordenanças regulares da casa de Deus. O Sr. Grimshaw costumava andar a cavalo de aldeia a aldeia em todas as partes mais remotas de Yorkshire e onde quer que encontrasse uma ou várias pessoas, ele pregava para eles ainda montado em seu cavalo, pregando às vezes 24 sermões em uma semana! Isso era pregar em momento "não favorável", bem como "favorável". Assim os Timóteos de Deus devem ser e, na verdade somos, todos nós! *"Corrija, repreenda e encoraje com paciência e bom ensino".* Ou seja, não corrija com um simples discurso, mas ponha argumento em sua exortação! Alguns homens acham suficiente parecerem sérios, embora não tenham nada a dizer. Faça com que tais exortadores se lembrem de que devem exortar com a doutrina — com ensinamentos sólidos!

abandonaram. Que isso não seja cobrado deles. ¹⁷Mas o Senhor permaneceu ao meu lado e me deu forças para que eu pudesse anunciar as boas-novas plenamente, a fim de que todos os gentios as ouvissem. E ele me livrou da boca do leão. ¹⁸Sim, o Senhor me livrará de todo ataque maligno e me levará em segurança para seu reino celestial. A Deus seja a glória para todo o sempre! Amém.

Saudações finais
¹⁹Envie minhas saudações a Priscila e a Áquila e à família de Onesíforo. ²⁰Erasto ficou em Corinto, e deixei Trófimo doente em Mileto.

²¹Faça todo o possível para estar aqui antes do inverno. Êubulo lhe manda lembranças, e também Prudente, Lino, Cláudia e todos os irmãos.

²²Que o Senhor esteja com seu espírito. E que a graça esteja com todos vocês.

Tito

INTRODUÇÃO

Autor. Não sabemos muito sobre o trabalho de Tito. Mas a partir de Gl 2.1-5; 2Co 2.12,13; 7.2-16, Tt 1,5 e 3.12 aprendemos: (1) que ele era um gentio que Paulo levou para Jerusalém; (2) que, pela liberdade do evangelho, o Concílio de Jerusalém não exigiu que ele fosse circuncidado; (3) que era um missionário capaz e enérgico; (4) que Paulo o tinha deixado em Creta para terminar o trabalho que começara lá.

A epístola. A carta foi escrita para aconselhar Tito sobre o trabalho que Paulo lhe deixou para fazer (1.5). Contém: (1) as qualificações dos presbíteros a serem selecionados; (2) o método de lidar com falsos ensinamentos; (3) instruções para as diferentes classes da igreja; (4) exortações para o próprio Tito.

Data. Provavelmente escrito da Macedônia, 66 d.C.

ESBOÇO

Saudação, 1.1-4
1. Qualificações e deveres dos bispos ou pastores, 1.5-16
    1.1. As qualificações e deveres, vv.5-9
    1.2. Razões para a necessidade de tais oficiais, vv.10-16
2. Instruções para a piedade na prática, 2.1–3.11
    2.1. Conduta apropriada para as diferentes classes e suas bases, Cap. 2
    2.2. Conduta apropriada nos diferentes relacionamentos da vida, 3.1-11
Conclusão, 3.12-15

PARA ESTUDO E DISCUSSÃO

[1] Qualificações dos presbíteros 1.5-10.
[2] Ideais morais elevados para todos os cristãos 2.1-15.
[3] As palavras Salvador e salvação ocorrem sete vezes.
[4] A palavra-chave da epístola, boas obras ou fazer o bem, ocorre cinco vezes.

Saudações de Paulo

1 Eu, Paulo, escravo de Deus e apóstolo de Jesus Cristo, escrevo esta carta. Fui enviado para fortalecer a fé daqueles que Deus escolheu e para ensinar-lhes a verdade que mostra como viver uma vida de devoção. ²Essa verdade lhes dá a esperança da vida eterna que Deus, aquele que não mente, prometeu antes dos tempos eternos. ³E agora, no devido tempo, ele revelou essa mensagem, que anunciamos a todos. Por ordem de Deus, nosso Salvador, fui encarregado de realizar esse trabalho em favor dele.

⁴Escrevo a Tito, meu verdadeiro filho na fé que compartilhamos.

Que Deus, o Pai, e Cristo Jesus, nosso Salvador, lhe deem graça e paz.

O trabalho de Tito em Creta

⁵Deixei-o na ilha de Creta para que você completasse o trabalho e nomeasse presbíteros[a] em cada cidade, conforme o instruí. ⁶O presbítero deve ter uma vida irrepreensível. Deve ser marido de uma só mulher,[b] e seus filhos devem partilhar de sua fé e não ter fama de devassos nem rebeldes. ⁷O bispo[c] administra a casa de Deus e, portanto, deve ter uma vida irrepreensível. Não deve ser arrogante nem briguento, não deve beber vinho em excesso, nem ser violento, nem buscar lucro desonesto.

⁸Em vez disso, deve ser hospitaleiro e amar o bem. Deve viver sabiamente, ser justo e ter uma vida de devoção e disciplina. ⁹Deve estar plenamente convicto da mensagem fiel que lhe foi ensinada, de modo que possa encorajar outros com o verdadeiro ensino e mostrar aos que se opõem onde estão errados.

¹⁰Pois há muitos rebeldes que promovem conversas inúteis e enganam as pessoas. Refiro-me especialmente àqueles que insistem na necessidade da circuncisão.[d] ¹¹É preciso fazê-los calar, pois, com seus ensinamentos falsos, têm desviado famílias inteiras da verdade. Sua motivação é obter lucro desonesto. ¹²Até mesmo um deles, um profeta nascido em Creta, disse: "Os cretenses são mentirosos, animais cruéis e comilões preguiçosos".[e] ¹³Isso é verdade. Portanto, repreenda-os severamente, a fim de fortalecê-los na fé. ¹⁴É preciso que deixem de dar ouvidos a mitos judaicos e às ordens daqueles que se desviaram da verdade.

¹⁵Para os que são puros, tudo é puro. Mas, para os corruptos e descrentes, nada é puro, pois têm a mente e a consciência corrompidas. ¹⁶Afirmam que conhecem a Deus, mas o negam por seu modo de viver. São detestáveis e desobedientes, e não servem para fazer nada de bom.

O ensino correto na vida da igreja

2 Mas, quanto a você, que suas palavras reflitam o ensino verdadeiro. ²Os homens mais velhos devem exercitar o autocontrole, a fim de que sejam dignos de respeito e vivam com sabedoria. Devem ter uma fé sólida e ser cheios de amor e paciência.

³Semelhantemente, as mulheres mais velhas devem viver de modo digno. Não devem ser caluniadoras, nem beber vinho em excesso; antes, devem ensinar o que é bom. ⁴Devem instruir as mulheres mais jovens a amar o marido e os filhos, ⁵a viver com sabedoria e pureza, a trabalhar no lar,[f] a fazer o bem e a ser

---

[a]**1.5** Ou *anciãos*. [b]**1.6** Ou *ter somente uma mulher*, ou *ter se casado somente uma vez*. [c]**1.7** Ou *supervisor*. [d]**1.10** Em grego, *especialmente aos da circuncisão*. [e]**1.12** Citação de Epimênides de Cnossos. [f]**2.5** Alguns manuscritos trazem *a cuidar do lar*.

===

1.2 Em algumas situações, crê-se na filosofia e o cristianismo é professado — as tradições dos homens são colocadas no lugar da verdade de Deus. Os profetas profetizam mentiras, e as pessoas adoram tê-las assim. Irmãos, temos que lutar contra a falsidade em todos os lugares, e se formos abençoar o mundo, devemos confrontá-lo com resistência e espírito zeloso. O propósito de Deus é retirar a mentira do mundo e fazer com que este seja o seu e o meu propósito. Seu Espírito Santo se comprometeu a retirar a falsidade de nosso coração — que esta seja nossa determinação, na Sua força — que será cortada, raiz e ramo, e consumada por completo; então vamos andar na verdade de Deus. "Adquira a verdade e não a venda" [Pv. 23.23], apeguemo-nos à verdade, falemos a verdade em amor e usemos a verdade em todas as nossas ações, pois assim seremos conhecidos como filhos daquele Deus de quem o nosso texto afirma que é "Deus, aquele que não mente". Depois de vagar pelo deserto arenoso do engano, como é agradável chegar ao nosso texto e sentir que um lugar, ao menos, é verdejante com a verdade eterna! Bendito sejas, ó Deus, porque não podes mentir!

submissas ao marido. Assim, não envergonharão a palavra de Deus.

⁶Da mesma forma, incentive os homens mais jovens a viver com sabedoria. ⁷Você mesmo deve ser exemplo da prática de boas obras. Tudo que fizer deve refletir a integridade e a seriedade de seu ensino. ⁸Sua mensagem deve ser tão correta a ponto de ninguém a criticar. Então os que se opõem a nós ficarão envergonhados e nada terão de ruim para dizer a nosso respeito.

⁹Quanto aos escravos, devem sempre obedecer a seu senhor e fazer todo o possível para agradá-lo. Não devem ser respondões, ¹⁰nem roubar, mas devem mostrar-se bons e inteiramente dignos de confiança. Assim, tornarão atraente em todos os sentidos o ensino a respeito de Deus, nosso Salvador.

¹¹Pois a graça de Deus foi revelada e a todos traz salvação. ¹²Somos instruídos a abandonar o estilo de vida ímpio e os prazeres pecaminosos. Neste mundo perverso, devemos viver com sabedoria, justiça e devoção, ¹³enquanto aguardamos esperançosamente o dia em que será revelada a glória de nosso grande Deus e Salvador, Jesus Cristo. ¹⁴Ele entregou sua vida para nos libertar de todo pecado, para nos purificar e fazer de nós seu povo, inteiramente dedicado às boas obras.

¹⁵Ensine essas coisas e encoraje os irmãos a praticá-las. Corrija-os com autoridade. Não deixe que ignorem o que você diz.

Faça o que é bom

3 Lembre a todos que se sujeitem ao governo e às autoridades. Devem ser obedientes e sempre prontos a fazer o que é bom. ²Não devem caluniar ninguém, mas evitar brigas. Que sejam amáveis e mostrem a todos verdadeira humildade.

³Em outros tempos, também éramos insensatos e desobedientes. Vivíamos no engano e nos tornamos escravos de muitas paixões e prazeres. Éramos cheios de maldade e inveja e odiávamos uns aos outros.

⁴Mas,

Quando Deus, nosso Salvador, revelou sua bondade e seu amor, ⁵ele nos salvou não porque tivéssemos feito algo justo, mas por causa de sua misericórdia. Ele nos lavou para remover nossos pecados, nos fez nascer de novo e nos deu nova vida por meio do Espírito Santo.ª ⁶Generosamente, derramou o Espírito sobre nós por meio de Jesus Cristo, nosso Salvador. ⁷Por causa de sua graça, nos declarou justos e nos deu a esperança de que herdaremos a vida eterna.

⁸Essa é uma afirmação digna de confiança, e quero que você insista nesses ensinamentos, para que todos os que creem em Deus se dediquem a fazer o bem. São ensinamentos bons e benéficos para todos.

⁹Não se envolva em discussões tolas sobre genealogias intermináveis, nem em disputas e brigas sobre a obediência às leis judaicas. Essas coisas são inúteis, e perda de tempo. ¹⁰Se alguém tem causado divisões entre vocês, advirta-o uma primeira e uma segunda vez. Depois disso, não se relacione mais com ele. ¹¹Tais indivíduos se desviaram da verdade e condenaram a si mesmos com seus pecados.

Instruções finais

¹²Planejo enviar-lhe Ártemas ou Tíquico. Assim que um deles chegar, procure ir ao meu encontro em Nicópolis, pois decidi passar o inverno ali. ¹³Faça todo o possível para ajudar Zenas, o advogado, e Apolo na viagem deles. Providencie que tenham tudo de que precisam. ¹⁴Nosso povo deve aprender a fazer o bem ao suprir as necessidades urgentes de outros; assim, ninguém será improdutivo.

Saudações e bênção

¹⁵Todos aqui mandam lembranças. Por favor, envie minhas saudações a todos que nos amam na fé.

Que a graça de Deus esteja com todos vocês.

ª**3.5** Em grego, *Ele nos salvou mediante o lavar da regeneração e renovação do Espírito Santo*.

Filemom

INTRODUÇÃO

Filemom vivia em Colossos e provavelmente convertera-se pela pregação de Paulo, sendo membro da igreja colossense. Onésimo era o escravo de Filemom que havia roubado o seu senhor (v.18) e fugido para Roma, onde se convertera por meio da pregação de Paulo (v.10). É a única carta individual ou particular escrita por Paulo e está escrita para contar a Filemom sobre a conversão de Onésimo e apelar em favor dele. Através da bondade mostrada a Onésimo, revela-se a nós a grande bondade do coração do apóstolo. Ele fala a Filemom não em autoridade de apóstolo, mas como entre amigos, demonstrando assim sua grande cortesia. A carta é de valor inestimável, revelando o poder do evangelho para conquistar e transformar um pobre escravo e suavizar as duras relações entre as diferentes classes da sociedade antiga.

Data. Roma, cerca de 63 d.C.

ESBOÇO

1. Introdução, vv.1-7
2. O propósito da carta — um apelo em favor de Onésimo, vv.8-21

Conclusão, vv.22-25

PARA ESTUDO E DISCUSSÃO

[1] Como o cristianismo lida com os escravos.
[2] A eficácia da religião cristã em uma vida: (a) Mesmo um escravo fugitivo confessaria sua culpa, como, sem dúvida, Onésimo havia feito a Paulo; (b) Fará alguém desejar corrigir qualquer erro que tenha cometido, e querendo, assim como Onésimo, ir ao que foi injustiçado e confessar; (c) Frequentemente eleva alguém da inutilidade à grande utilidade (v.11); (d) Não só tornará alguém útil aos outros em questões temporais, mas tornará alguém benéfico em coisas espirituais (v.13).
[3] Quanto a um verdadeiro auxiliar cristão, podemos aprender que, como Paulo: (a) Ele não tentará esconder ou encobrir as falhas passadas de um homem; (b) Ele se compadecerá do pobre companheiro que tem um histórico ruim; (c) Tornará o mais fácil possível para esse convertido corrigir o passado; (d) Alegremente envolverá no serviço o cristão mais humilde (v.13); (e) Será cortês e reconhecerá os direitos dos outros, como no caso de Filemom; (f) Não forçará um homem a cumprir seu dever, mas usará amor e persuasão para fazê-lo cumprir.
[4] Liste todas as pessoas citadas e aprenda algo de cada uma delas.

Saudações de Paulo

1 Eu, Paulo, prisioneiro de Cristo Jesus, escrevo esta carta, junto com nosso irmão Timóteo, a Filemom, nosso amado colaborador, ²à irmã Áfia, a Arquipo, nosso companheiro na luta, e à igreja que se reúne em sua casa.

³Que Deus, nosso Pai, e o Senhor Jesus Cristo lhes deem graça e paz.

Ação de graças e oração

⁴Sempre dou graças a meu Deus por você em minhas orações, ⁵pois ouço com frequência de sua fé no Senhor Jesus e de seu amor por todo o povo santo. ⁶Oro para que você ponha em prática a comunhão que vem da fé, à medida que entender e experimentar todas as coisas boas que temos em Cristo. ⁷Seu amor, meu irmão, tem me dado muita alegria e conforto, pois sua bondade tem revigorado o coração do povo santo.

Pedido em favor de Onésimo

⁸Por isso, ainda que pudesse exigir em Cristo que você faça o que é certo, ⁹prefiro pedir com base no amor — eu, Paulo, já velho e agora prisioneiro de Cristo Jesus.

¹⁰Suplico que demonstre bondade a meu filho Onésimo. Tornei-me pai dele na fé quando estava aqui na prisão. ¹¹Onésimo[a] não lhe foi de muita utilidade no passado, mas agora é muito útil para nós dois. ¹²Eu o envio de volta a você, e com ele vai meu próprio coração.

¹³Gostaria de mantê-lo aqui comigo enquanto estou preso por anunciar as boas-novas; assim ele me ajudaria em seu lugar. ¹⁴Mas eu nada quis fazer sem seu consentimento. Meu desejo era que você ajudasse de boa vontade, e não por obrigação. ¹⁵Ao que parece, você perdeu Onésimo por algum tempo para ganhá-lo de volta para sempre. ¹⁶Ele já não é um escravo para você. É mais que um escravo: é um irmão amado, especialmente para mim. Agora ele será muito mais importante para você, como pessoa e como irmão no Senhor.

¹⁷Portanto, se me considera seu companheiro na fé, receba-o como receberia a mim. ¹⁸Se ele o prejudicou de alguma forma ou se lhe deve algo, cobre de mim. ¹⁹Eu, Paulo, escrevo de próprio punho: Eu pagarei. E não mencionarei que você me deve sua própria vida.

²⁰Sim, meu irmão, faça-me essa gentileza no Senhor. Reanime meu coração em Cristo!

²¹Escrevo esta carta certo de que você fará o que lhe peço, e até mais. ²²Por favor, prepare um quarto para mim, pois espero que minhas orações sejam respondidas e eu possa voltar a visitá-lo em breve.

ª**1.11** *Onésimo* significa "útil".

1,2 Esta é uma das cartas particulares de Paulo, embora tenha o selo de inspiração sobre ela. Não foi escrita a respeito das atividades da igreja nem para ensinar uma grande verdade doutrinária de Deus, mas havia um escravo fugitivo que tinha vindo a Roma e que se convertera por meio do ministério de Paulo. O apóstolo o estava enviando de volta ao seu senhor — e ele deveria levar essa carta consigo, para oferecer algum tipo de justificativa em favor do escravo e requisitar ao seu senhor que o recebesse com bondade e perdoasse o erro dele. Todas as palavras desta epístola são colocadas de maneira bastante sábia. Paulo começa denominando-se de "prisioneiro de Cristo Jesus". Quem não lhe concederia seu desejo estando ele acorrentado por amor a Cristo? Se chegasse às suas mãos uma carta de um pastor amado que estivesse em uma masmorra e que provavelmente em breve morreria, você ficaria muito comovido se percebesse os vestígios de ferrugem de suas correntes na carta. "Paulo, prisioneiro de Cristo Jesus".

Ele alia Timóteo a si para dar peso duplo à mensagem. Provavelmente Timóteo era bem conhecido de Filemom e muito respeitado por este. Assim, Paulo menciona o nome de Timóteo para que pudesse haver duas pessoas apelando a Filemom. Depois, perceba o título amoroso com que Paulo se dirige a Filemom: "nosso amado colaborador". Pode ser que Áfia fosse a esposa de Filemom, então o apóstolo se dirige a ela também, pois, quem sabe, a esposa fosse a de coração mais enternecido dos dois, de forma que poderia trazer um bom argumento em favor de Onésimo e, assim, seu marido atenderia mais prontamente à solicitação de Paulo. Arquipo também é mencionado. Ele, ou era pastor da igreja de Colosso ou um evangelista que ocasionalmente se hospedava na casa de Filemom. Desta forma, ele é mencionado juntamente à toda a casa que se reunia lá para adoração, fazendo daquele lar uma igreja.

Saudações finais

²³Epafras, meu companheiro de prisão em Cristo Jesus, manda lembranças. ²⁴Marcos, Aristarco, Demas e Lucas, meus colaboradores, também enviam saudações.

²⁵Que a graça de nosso Senhor Jesus Cristo esteja com o espírito de vocês.

Hebreus

INTRODUÇÃO

Autor. Em nenhum lugar, o escritor indica seu nome, e há divergências de opiniões sobre quem escreveu a epístola. Inclinamo-nos à visão daqueles que consideram Paulo como seu autor, a qual durante muito tempo era o ponto de vista comum. Os pontos principais contra sua autoria são que a linguagem e o estilo diferem dos de Paulo e que é menos semelhante a uma epístola do que qualquer outro livro que contenha seu nome. Parece claro, no entanto, que os pensamentos e o curso do raciocínio são paulinos e as diferenças, de outra forma, podem ser explicadas pela diferença de propósito e espírito em escrevê-la. Para os argumentos a favor e contra sua autoria, o estudante pode recorrer aos comentários mais aprofundados e introduções à literatura do Novo Testamento.

Para quem foi escrita. Foi, sem dúvida, endereçada aos cristãos hebreus, mas se a uma igreja em especial, ou a uma localidade em especial, é uma questão polêmica. Várias coisas, no entanto, podem ser aprendidas sobre eles: (1) Persistiram firmemente durante a perseguição e na perda de propriedade; (2) Demonstraram compaixão a outros cristãos, 6.10; 10.32-34; (3) Já eram cristãos anteriormente, 5.12; (4) Eles conheciam o escritor a quem deveriam ajudar, por meio de suas orações, a que ele fosse vê-los novamente, 13.19; (5) Conheciam Timóteo que os visitaria, 13.23; (6) Agora estavam em perigo de apostasia para o judaísmo, mas ainda não haviam arriscado a própria vida, 12.3,4; 5.11; 6.9. O perigo de eles voltarem ao judaísmo poderia vir de várias fontes: (1) Havia uma tendência a não crer em Cristo e em suas afirmações, 3.12; (2) O culto elaborado do Templo em comparação com o culto simples da Igreja Cristã; (3) Os judeus os rotularam de traidores e zombaram dos cristãos por se voltarem contra a Lei, dada pelos profetas, anjos e Moisés, e ao santuário ministrado pelos sacerdotes de Deus; (4) Eles sofriam perseguição.

Objetivo e conteúdo. O objetivo era evitar a apostasia do cristianismo para o judaísmo e, além disso, confortá-los em seus sofrimentos e perseguições. Para realizar este propósito, o autor mostra, por uma série de comparações, que a religião de Cristo é superior à que a precedeu. "Melhor" é a palavra-chave, que, juntamente com outros termos de comparação, como "superior", é constantemente usada para mostrar a excelência do cristianismo. É muito parecido com um sermão, o autor muitas vezes se afasta do tema para exortar, depois retorna a ele.

Data. Foi escrita de Jerusalém, Alexandria ou Roma algum tempo antes de 70 d.C., já que o Templo ainda existia, 9.9; 10.1.

ESBOÇO

1. O cristianismo é superior ao judaísmo visto que Cristo, por meio de quem ele foi fundado, é superior aos mensageiros do judaísmo, Caps. 1–6
   1.1. Ele é superior aos profetas, 1.1-3
   1.2. Ele é superior aos anjos, 1.4–2.18
   1.3. Ele é superior a Moisés e Josué, Caps. 3–6
       Três pontos em cada uma destas comparações são os mesmos:
       - Ele é o Filho de Deus
       - Ele é o Salvador do homem
       - Ele é o Sumo Sacerdote do homem

       Nem profetas nem anjos ou Moisés se igualam a Jesus nestes pontos. Há duas notáveis exortações: (a) 2.1-4; (b) 5.11–6.20

2. O cristianismo é superior ao judaísmo visto que seu sacerdócio é superior ao do judaísmo, 7.1–10.18
   2.1. Cristo, seu sacerdote, é superior aos sacerdotes do judaísmo, 7.1–8.6
   2.2. Seu pacto é superior ao do judaísmo, 8.7-13
   2.3. Seu tabernáculo é superior ao do judaísmo, Cap. 9
   2.4. Seu sacrifício é superior àqueles do judaísmo, 10.1-18

3. O cristianismo é superior ao judaísmo, porque as bênçãos que ele concede são superiores àquelas do judaísmo, 10.19–12.29

3.1. Na liberdade de se achegar a Deus, 10.19-39
3.2. No fundamento superior da fé, 11.1–12.17
3.3. Na ida ao monte Sião em vez de ao monte Sinai, 12.18-29
4. Conclusão prática, Cap. 13

PARA ESTUDO E DISCUSSÃO

[1] Descrição de Cristo, 1.1-3.
[2] A superioridade de Cristo aos anjos, 1.3-14.
[3] A humilhação de Cristo para a nossa salvação, 2.9-18.
[4] Como Cristo é superior aos sacerdotes aarônicos, 5.1-7,9; 7.28.
[5] Os dois pactos, 8.6-12.
[6] Caráter típico das antigas ordenanças, 9.1–10.4.
[7] Nossa certeza e esperança, 6.13-20.
[8] O perigo de rejeitar a Cristo, 10.26-31.
[9] O benefício da aflição, 12.4-11.
[10] As comparações em 12.18-29.
[11] A advertência em 13.8-15.
[12] As exortações do livro, como em 2.1-4.
[13] Liste todos os termos de comparação, como "melhor" e "superior".
[14] Liste todas as referências a Cristo como sumo sacerdote.
[15] Todas as referências ao Espírito Santo — Quais são as Suas obras e onde são ensinadas no livro?

Jesus Cristo é o Filho de Deus

1 Por muito tempo Deus falou várias vezes e de diversas maneiras a nossos antepassados por meio dos profetas. ²E agora, nestes últimos dias, ele nos falou por meio do Filho, o qual ele designou como herdeiro de todas as coisas e por meio de quem criou o universo. ³O Filho irradia a glória de Deus, expressa de forma exata o que Deus é e, com sua palavra poderosa, sustenta todas as coisas. Depois de nos purificar de nossos pecados, sentou-se no lugar de honra à direita do Deus majestoso no céu, ⁴o que revela que o Filho é muito superior aos anjos, e o nome que ele herdou, superior ao nome deles.

O Filho é maior que os anjos

⁵Pois Deus nunca disse a nenhum anjo:

"Você é meu Filho;
hoje eu o gerei".ᵃ

Ou ainda:

"Eu serei seu Pai,
e ele será meu Filho".ᵇ

⁶E, quando ele trouxe seu Filho supremoᶜ ao mundo, disse:ᵈ

"Que todos os anjos de Deus o adorem".ᵉ

⁷A respeito dos anjos, ele diz:

"Ele envia seus anjos como os ventos,
e seus servos, como chamas de fogo".ᶠ

⁸Mas ao Filho ele diz:

"Teu trono, ó Deus, permanece para todo
o sempre;
tu governas com cetro de justiça.
⁹Amas a justiça e odeias o mal;
por isso, Deus, o teu Deus, te ungiu.
Derramou sobre ti o óleo da alegria,
mais que sobre qualquer outro".ᵍ

¹⁰E diz também:

"No princípio, Senhor, lançaste os
fundamentos da terra,
e com tuas mãos formaste os céus.
¹¹Eles deixarão de existir, mas tu
permanecerás para sempre;
eles se desgastarão, como roupa velha.
¹²Tu os desdobrarás como um manto
e te desfarás deles como roupa velha.
Tu, porém, és sempre o mesmo;
teus dias jamais terão fim".ʰ

¹³E ele nunca disse a nenhum de seus anjos:

"Sente-se no lugar de honra à minha
direita,
até que eu humilhe seus inimigos
e os ponha debaixo de seus pés".ⁱ

¹⁴Portanto, os anjos são apenas servos, espíritos enviados para cuidar daqueles que herdarão a salvação.

Advertência contra a negligência espiritual

2 Portanto, precisamos prestar muita atenção às verdades que temos ouvido, para não nos desviarmos delas. ²Pois a mensagem que foi transmitida por meio de anjos permaneceu firme, e toda transgressão e desobediência recebeu o castigo merecido. ³O que nos faz pensar que escaparemos se negligenciarmos essa grande salvação, anunciada primeiramente pelo Senhor e depois transmitida a nós por aqueles que o ouviram falar? ⁴E Deus confirmou a mensagem por meio de sinais, maravilhas e diversos milagres, e também por dons do Espírito Santo, conforme sua vontade.

Jesus, o homem

⁵Além disso, não são anjos que governarão o mundo futuro a que nos referimos. ⁶Porque em certo lugar alguém disse:

"Quem é o simples mortal, para que
penses nele?
Quem é o filho do homem,ʲ para que
com ele te importes?
⁷E, no entanto, por pouco tempo o fizeste
um pouco menor que os anjos
e o coroaste de glória e honra.ᵏ
⁸Tu lhe deste autoridade sobre todas as
coisas".ˡ

ᵃ**1.5a** Ou *hoje eu o revelo como meu Filho*. Sl 2.7. ᵇ**1.5b** 2Sm 7.14. ᶜ**1.6a** Ou *primogênito*. ᵈ**1.6b** Ou *quando ele trouxer novamente seu Filho supremo* [ou *Filho primogênito*] *ao mundo, dirá*. ᵉ**1.6c** Dt 32.43. ᶠ**1.7** Sl 104.4, conforme a Septuaginta. ᵍ**1.8-9** Sl 45.6-7. ʰ**1.10-12** Sl 102.25-27 ⁱ**1.13** Sl 110.1. ʲ**2.6** Ou *o Filho do Homem*. ᵏ**2.7** Alguns manuscritos acrescentam *Tu o encarregaste de tudo que criaste*. ˡ**2.6-8** Sl 8.4-6, conforme a Septuaginta.

Quando se diz "todas as coisas", significa que nada foi deixado de fora. É verdade que ainda não vimos tudo ser submetido à sua autoridade. ⁹Contudo, vemos Jesus, que por pouco tempo foi feito "um pouco menor que os anjos" e que, por ter sofrido a morte, agora está coroado "de glória e honra". Sim, pela graça de Deus, Jesus experimentou a morte por todos. ¹⁰Deus, para quem e por meio de quem todas as coisas foram criadas, escolheu levar muitos filhos à glória. E era apropriado que, por meio do sofrimento de Jesus, ele o tornasse o líder perfeito para conduzi-los à salvação.

¹¹Assim, tanto o que santifica como os que são santificados procedem de um só. Por isso Jesus não se envergonha de chamá-los irmãos, ¹²quando diz:

"Proclamarei teu nome a meus irmãos;
no meio de teu povo reunido te louvarei".ª

¹³E também afirmou:

"Porei minha confiança nele",
isto é, "eu e os filhos que Deus me deu".ᵇ

¹⁴Visto, portanto, que os filhos são seres humanos, feitos de carne e sangue, o Filho também se tornou carne e sangue, pois somente assim ele poderia morrer e, somente ao morrer, destruiria o diabo, que tinhaᶜ o poder da morte. ¹⁵Só dessa maneira ele libertaria aqueles que durante toda a vida estiveram escravizados pelo medo da morte.

¹⁶Também sabemos que o Filho não veio para ajudar os anjos, mas sim os descendentes de Abraão. ¹⁷Portanto, era necessário que ele se tornasse semelhante a seus irmãos em todos os aspectos, de modo que pudesse ser nosso misericordioso e fiel Sumo Sacerdote diante de Deus e realizar o sacrifício que remove os pecados do povo. ¹⁸Uma vez que ele próprio passou por sofrimento e tentação, é capaz de ajudar aqueles que são tentados.

Jesus é maior que Moisés

3 Portanto, irmãos santos que participam do chamado celestial, considerem atentamente a Jesus, que declaramos ser Apóstolo e Sumo Sacerdote. ²Pois ele foi fiel àquele que o designou, assim como Moisés serviu fielmente quando lhe foi confiada todaᵈ a casa de Deus.

³Jesus, no entanto, é digno de muito mais honra que Moisés, assim como a pessoa que constrói uma casa merece mais elogios que a casa em si. ⁴Pois toda casa tem um construtor, mas Deus é o construtor de todas as coisas.

⁵Por certo, Moisés foi fiel como servo na casa de Deus, e seu trabalho ilustrou verdades que seriam mais tarde reveladas. ⁶Mas Cristo, como Filho, é responsável por toda a casa de Deus; e nós somos a casa de Deus, se nos mantivermos corajosos e firmes em nossa esperança gloriosa.ᵉ

ª2.12 Sl 22.22. ᵇ2.13 Is 8.17-18. ᶜ2.14 Ou *tem*. ᵈ3.2 Alguns manuscritos não trazem *toda*. ᵉ3.6 Alguns manuscritos acrescentam *até o fim*.

2.10 Ele não se tornou perfeito em seu caráter por causa de Seus sofrimentos, pois sempre foi perfeito — Deus perfeito, homem perfeito —, mas se tornou oficialmente perfeito, perfeito como Capitão de nossa salvação por meio de Seus sofrimentos. Por causa de Seus sofrimentos, tornou-se perfeito como Salvador por *ter oferecido uma completa expiação pelo pecado*. O pecado não poderia ter sido retirado pela santidade. A melhor atuação de um ser não sofredor não poderia ter removido a culpa do homem. O sofrimento era absolutamente necessário, pois essa era a pena do pecado. "Se você comer desse fruto", disse Deus a Adão, "com certeza morrerá". Então, ele deve morrer; nada menos que a morte satisfaria. Cristo deve ir para a cruz; Ele deve sofrer lá — sim, e Ele deve curvar Sua cabeça e entregar Seu espírito — ou então nenhuma expiação pelo pecado teria sido possível. A maldição veio sobre nós como resultado do pecado. "Maldito quem não confirmar e cumprir os termos desta lei". Bem, se Cristo tivesse sido tão perfeito, mas jamais tivesse sofrido, Ele nunca poderia ter removido nossa maldição. "Maldito todo aquele que é pendurado num madeiro", mas sem o madeiro, sem a cruz, Cristo não teria sido nosso substituto, e tudo o que Ele fez poderia ser totalmente inútil para nós. Sendo crucificado, Ele se tornou maldito; sendo crucificado, Ele morreu, e assim Ele pôde fazer perfeita expiação pelo pecado. O pecado exigia punição — o castigo deve consistir de perda e de dor; Cristo perdeu tudo, até a remoção de Suas vestes; Sua glória foi retirada dele; eles fizeram pouco dele; eles cuspiram em Seu rosto; eles se ajoelharam e zombaram dele com amarga ironia.

⁷Por isso o Espírito Santo diz:

"Hoje, se ouvirem sua voz,
⁸não endureçam o coração
como eles fizeram na rebelião,
quando me puseram à prova no deserto.
⁹Ali seus antepassados me tentaram e me puseram à prova,
apesar de terem visto meus feitos
durante quarenta anos.
¹⁰Por isso fiquei irado com aquela geração e disse:
'Seu coração sempre se desvia de mim;
vocês se recusam a andar em meus caminhos'.
¹¹Assim, jurei em minha ira:
'Jamais entrarão em meu descanso'".ᵃ

¹²Portanto, irmãos, cuidem para que nenhum de vocês tenha coração perverso e incrédulo que os desvie do Deus vivo. ¹³Advirtam uns aos outros todos os dias, enquanto ainda é "hoje", para que nenhum de vocês seja enganado pelo pecado e fique endurecido. ¹⁴Porque nos tornaremos participantes de Cristo, se de fato mantivermos firme até o fim a confiança que nele depositamos no início. ¹⁵Lembrem-se do que foi dito:

"Hoje, se ouvirem sua voz,
não endureçam o coração
como eles fizeram na rebelião".ᵇ

¹⁶E quem foram os que se rebelaram mesmo depois de terem ouvido? Não foram aqueles que saíram do Egito conduzidos por Moisés? ¹⁷E quem deixou Deus irado durante quarenta anos? Não foi o povo que pecou e cujos corpos ficaram no deserto? ¹⁸E a quem Deus se dirigiu quando jurou que jamais entrariam em seu descanso? Não foi ao povo que lhe desobedeceu? ¹⁹Vemos, portanto, que não puderam entrar no descanso por causa de sua incredulidade.

Descanso prometido ao povo de Deus

4 Assim, uma vez que permanece a promessa de que entraremos no descanso de Deus, devemos ter cuidado para que nenhum de vocês pense que falhou. ²Porque essas boas-novas também nos foram anunciadas, como a eles, mas a mensagem de nada lhes valeu, pois não a receberam com fé e não se uniram àqueles que ouviram.ᶜ ³Pois nós, os que cremos, entramos em seu descanso. Quanto aos demais, Deus disse:

"Assim, jurei em minha ira:
'Jamais entrarão em meu descanso'",ᵈ

embora suas obras estejam prontas desde a criação do mundo. ⁴Sabemos que estão prontas por causa da passagem que menciona o sétimo dia: "No sétimo dia, Deus descansou de todo o seu trabalho".ᵉ ⁵Mas, em outra passagem, Deus diz: "Jamais entrarão em meu descanso".ᶠ

⁶Portanto, o descanso está disponível para que alguns entrem nele, mas os primeiros que ouviram essas boas-novas não entraram por causa de sua desobediência. ⁷Por isso Deus

---

ᵃ**3.7-11** Sl 95.7-11. ᵇ**3.15** Sl 95.7-8. ᶜ**4.2** Alguns manuscritos trazem *pois não combinaram com fé aquilo que ouviram.* ᵈ**4.3** Sl 95.11. ᵉ**4.4** Gn 2.2. ᶠ**4.5** Sl 95.11.

4.1-4 [Uma] razão pela qual Deus descansou no sétimo dia foi que não apenas o trabalho havia acabado, *e viu que era muito bom*. Lemos isso na conclusão de Seus seis dias de trabalho: "Então Deus olhou para tudo que havia feito e viu que era muito bom". E, portanto, Ele descansou. E ó, que descanso o crente tem quando olha para a obra acabada de Jesus Cristo! E, depois de examinar todas as partes dela, ele pode dizer de tudo: "era muito bom". Ver a obra de Cristo de cobrir o pecado e observar como o Seu sacrifício substitutivo o cobriu tão completamente que mesmo o próprio Deus não pode vê-lo é, de fato, "muito bom". Perceber que Cristo afundou nossos pecados no esquecimento e os fez deixar de existir — isto também é "muito bom". Olhar para Cristo justificando a retidão e notar como ela é perfeita — nenhum fio faltando, nenhuma falha nessa boa tecitura — isto também é "muito bom" e ver Cristo como nosso Profeta, Sacerdote e Rei; vê-lo em todos os Seus relacionamentos e ofícios — isto também é "muito bom". Sim, amados, este é o caminho para obter o *repouso sabático* — o verdadeiro descanso que permanece para o povo de Deus! Se examinarmos a obra de Cristo, tanto em sua plenitude quanto em todos os seus detalhes, como Deus, o Pai, olhou para as Suas obras e elogiou a todas — se deixarmos o nosso juízo perceber que rocha forte temos onde firmar nossa paz eterna — então, como o próprio sempre bendito Javé, descansaremos e entraremos em Seu descanso. Ó, que Deus, por Sua graça, nos capacite a fazer isso!

estabeleceu outra ocasião para que entrem em seu descanso, e essa ocasião é "hoje". Ele anunciou isso por meio de Davi muito tempo depois, nas palavras já citadas:

"Hoje, se ouvirem sua voz,
não endureçam o coração".[a]

⁸Se Josué lhes tivesse dado descanso, Deus não teria falado de outro dia de descanso por vir. ⁹Logo, ainda há um descanso definitivo[b] à espera do povo de Deus. ¹⁰Porque todos que entraram no descanso de Deus descansam de seu trabalho, como Deus o fez após a criação do mundo. ¹¹Portanto, esforcemo-nos para entrar nesse descanso. Mas, se desobedecermos, como no exemplo citado, cairemos.

¹²Pois a palavra de Deus é viva e poderosa. É mais cortante que qualquer espada de dois gumes, penetrando entre a alma e o espírito, entre a junta e a medula, e trazendo à luz até os pensamentos e desejos mais íntimos. ¹³Nada, em toda a criação, está escondido de Deus. Tudo está descoberto e exposto diante de seus olhos, e é a ele que prestamos contas.

Cristo é nosso Sumo Sacerdote

¹⁴Visto, portanto, que temos um grande Sumo Sacerdote que entrou no céu, Jesus, o Filho de Deus, apeguemo-nos firmemente àquilo em que cremos. ¹⁵Nosso Sumo Sacerdote entende nossas fraquezas, pois enfrentou as mesmas tentações que nós, mas nunca pecou. ¹⁶Assim, aproximemo-nos com toda confiança do trono da graça, onde receberemos misericórdia e encontraremos graça para nos ajudar quando for preciso.

5 Todo sumo sacerdote é um homem escolhido para representar outras pessoas nas coisas referentes a Deus. Ele apresenta ofertas e sacrifícios pelos pecados ²e é capaz de tratar com bondade os ignorantes e os que se desviam, pois está sujeito às mesmas fraquezas. ³É por isso que precisa oferecer sacrifícios pelos próprios pecados, bem como pelos pecados do povo.

⁴Ninguém assume essa posição de honra por si só. Ele deve ser chamado por Deus, como aconteceu com Arão. ⁵Por isso Cristo não tomou para si a honra de ser Sumo Sacerdote, mas foi Deus que lhe concedeu essa honra, dizendo:

"Você é meu Filho;
hoje eu o gerei".[c]

⁶E, em outra passagem, diz:

"Você é sacerdote para sempre,
segundo a ordem de Melquisedeque".[d]

⁷Enquanto Jesus esteve na terra, ofereceu orações e súplicas, em alta voz e com lágrimas, àquele que podia salvá-lo da morte, e suas orações foram ouvidas por causa de sua profunda devoção. ⁸Embora fosse Filho, aprendeu a obediência por meio de seu sofrimento. ⁹Com isso, foi capacitado para ser o Sumo Sacerdote perfeito e tornou-se a fonte de salvação eterna para todos que lhe obedecem. ¹⁰E Deus o designou Sumo Sacerdote segundo a ordem de Melquisedeque.

Apelo ao crescimento espiritual

¹¹Há muito mais que gostaríamos de dizer a esse respeito, mas são coisas difíceis de explicar, sobretudo porque vocês se tornaram

---

[a] 4.7 Sl 95.7-8. [b] 4.9 Ou *descanso sabático*. [c] 5.5 Ou *hoje eu o revelo como meu Filho*. Sl 2.7. [d] 5.6 Sl 110.4.

5.7-10 Um sumo sacerdote deve ser aquele "capaz de tratar com bondade os ignorantes e os que se desviam, pois está sujeito às mesmas fraquezas". Ele deve ser aquele que aprendeu a compaixão na escola do sofrimento, para que possa socorrer os aflitos. Não se aprende compaixão, exceto pelo sofrimento. Ela não pode ser estudada em um livro, deve ser escrita no coração. É necessário atravessar o fogo para ter compaixão pelos outros que pisam as brasas incandescentes; é necessário você mesmo suportar a cruz se for sentir por aqueles cuja vida é um fardo para eles. Amados amigos, vivemos em um mundo de pecado e tristeza, e nós mesmos somos pecadores e tristes; precisamos de alguém que possa afastar nosso pecado e compartilhar de nossa tristeza. Se ele não puder passar conosco por todos os lugares difíceis do nosso caminho de peregrinação, como pode ser o nosso guia? Se ele mesmo nunca viajou à noite, como pode sussurrar consolação para nós em nossas horas mais tenebrosas? Temos um Sumo Sacerdote em nosso Senhor Jesus Cristo plenamente qualificado; Ele é perfeito nesse ofício.

displicentes acerca do que ouvem. ¹²A esta altura, já deveriam ensinar outras pessoas, e no entanto precisam que alguém lhes ensine novamente os conceitos mais básicos da palavra de Deus.ª Ainda precisam de leite, e não podem ingerir alimento sólido. ¹³Quem se alimenta de leite ainda é criança e não sabe o que é justo. ¹⁴O alimento sólido é para os adultos que, pela prática constante, são capazes de distinguir entre certo e errado.

6 Portanto, deixemos de lado os ensinamentos básicos a respeito de Cristo e sigamos em frente, alcançando a maturidade em nosso entendimento. Certamente não precisamos lançar novamente os alicerces, ou seja, o arrependimento das obras mortas, a fé em Deus, ²o batismo, a imposição de mãos, a ressurreição dos mortos e o julgamento eterno. ³Se Deus permitir, avançaremos para um maior entendimento.

⁴Pois é impossível trazer de volta ao arrependimento aqueles que já foram iluminados, que já experimentaram as dádivas celestiais e se tornaram participantes do Espírito Santo, ⁵que provaram a bondade da palavra de Deus e os poderes do mundo por vir, ⁶e que depois se desviaram. Sim, é impossível trazê-los de volta ao arrependimento, pois, ao rejeitar o Filho de Deus, eles voltaram a pregá-lo na cruz, expondo-o à vergonha pública.

⁷Quando a terra absorve a chuva que cai e produz uma boa colheita para o lavrador, recebe a bênção de Deus. ⁸Mas, se a terra produz espinhos e ervas daninhas, para nada serve, sendo logo amaldiçoada e, por fim, queimada.

⁹Amados, embora estejamos falando dessa forma, na realidade não cremos que se aplique a vocês. Temos certeza de que estão destinados às coisas melhores que pertencem à salvação. ¹⁰Pois Deus não é injusto; não se esquecerá de como trabalharam arduamente para ele e lhe demonstraram seu amor ao cuidar do povo santo, como ainda fazem. ¹¹Nosso desejo é que vocês continuem a mostrar essa mesma dedicação até o fim, para que tenham plena certeza de sua esperança. ¹²Assim, não se tornarão displicentes, mas seguirão o exemplo daqueles que, por causa de sua fé e perseverança, herdarão as promessas.

As promessas de Deus dão esperança

¹³Considerem a promessa de Deus a Abraão. Uma vez que não havia ninguém superior por quem jurar, Deus jurou por si mesmo. Disse ele:

ª**5.12** Ou *dos oráculos de Deus*.

6.6-8; 10 *V.6* Se todos os processos de graça falharem no caso daqueles que professam fé em Cristo, o que deve ser feito com eles? Se a graça de Deus não lhes capacita a vencer o mundo — se o sangue de Cristo não os purifica do pecado, o que mais pode ser feito? Nessa suposição, o máximo de Deus foi testado e falhou. Veja que Paulo [N.E.: Spurgeon cria que Paulo fosse o autor desta carta.] não diz que tudo isso poderia acontecer, mas que, SE pudesse, a pessoa em questão seria como um pedaço de solo que não produziria nada além de espinhos e sarças.

Vv.7.8 Se, depois de ter arado este terreno e semeado, e *depois de ter sido regado pelo orvalho e pela chuva do céu*, nenhuma boa colheita vem dele, todo sábio deixaria de cultivá-lo. Ele diria: "Meu trabalho foi todo jogado fora em tal terreno, nada mais pode ser feito com ele, pois, depois de ter feito o meu melhor, nada além de erva daninha foi produzido, então agora deve ser deixado". Vejam, meus queridos ouvintes, se fosse *possível* que a obra da graça em suas almas fosse inútil, nada mais poderia ser feito por você. O maior esforço de Deus foi feito em seu favor, e não lhe resta nenhum outro método de salvação. Creio que houve alguns que confessavam a fé, como Judas e Simão, o mágico, que chegaram muito perto desta condição — e outros de quem se diz, depois de certo ponto, terem crido, terem recebido o Espírito Santo através de dons milagrosos e terem sido especialmente iluminados para poderem ensinar os outros — mas a obra da graça não afetou seus *corações*, não renovou a sua natureza, não transformou os seus espíritos — e por isso era impossível renová-los para o arrependimento.

V.10 Se você comprovou pelas suas obras que a graça de Deus está dentro de você, Deus não o esquecerá, não o deixará, não o rejeitará. Você conhece o contraste no discurso entre diferentes pessoas a respeito desta doutrina. Um dirá maliciosamente: "Se sou filho de Deus, posso viver como eu quiser". Essa é uma doutrina condenável! Outro dirá: "Se sou filho de Deus, não quero viver como eu quiser, mas, como Deus quiser, e serei guiado pela graça de Deus no caminho da santidade! E, pela a graça divina, perseverarei nesse caminho de santidade até o fim". Essa é outra doutrina e é o verdadeiro ensinamento da Palavra de Deus.

¹⁴"Certamente o abençoarei e multiplicarei grandemente seus descendentes".ᵃ

¹⁵Então Abraão esperou com paciência, e recebeu o que lhe fora prometido.

¹⁶Quando a pessoa faz um juramento, invoca alguém maior que ela. E, sem dúvida, o juramento implica uma obrigação. ¹⁷Deus também se comprometeu por meio de um juramento, para que os herdeiros da promessa tivessem plena convicção de que ele jamais mudaria de ideia. ¹⁸A promessa e o juramento não podem ser mudados, pois é impossível que Deus minta. Portanto, nós que nele nos refugiamos estamos firmemente seguros ao nos apegarmos à esperança posta diante de nós. ¹⁹Essa esperança é uma âncora firme e confiável para nossa alma. Ela nos conduz até o outro lado da cortina, para o santuário interior. ²⁰Jesus já entrou ali por nós. Ele se tornou nosso eterno Sumo Sacerdote, segundo a ordem de Melquisedeque.

Melquisedeque é maior que Abraão

7 Esse Melquisedeque era rei de Salém e também sacerdote do Deus Altíssimo. Quando Abraão regressava para casa, depois de derrotar os reis, Melquisedeque foi ao seu encontro e o abençoou. ²Então Abraão separou a décima parte de tudo e a entregou a Melquisedeque, cujo nome significa "rei da justiça", enquanto rei de Salém quer dizer "rei da paz". ³Não há registro de seu pai nem de sua mãe, nem de nenhum de seus antepassados, nem do começo nem do fim de sua vida. Semelhantemente ao Filho de Deus, ele permanece sacerdote para sempre.

⁴Considerem, portanto, a importância de Melquisedeque. Até mesmo Abraão, o patriarca, a reconheceu ao entregar a ele um décimo do que havia conquistado na batalha. ⁵A lei de Moisés exigia que os sacerdotes, os descendentes de Levi, recebessem o dízimo de seus irmãos israelitas, que também são descendentes de Abraão. ⁶Melquisedeque, porém, que não era descendente de Levi, recebeu o dízimo e, em seguida, abençoou Abraão, que já havia recebido as promessas. ⁷Sem dúvida, quem tem poder para abençoar é superior a quem é abençoado.

⁸Os sacerdotes que recebem os dízimos são homens mortais. A respeito de Melquisedeque, no entanto, é dito que ele continua vivo. ⁹Além disso, pode-se dizer que os levitas, que recebem o dízimo, também o entregaram por meio de Abraão. ¹⁰Embora Levi ainda não tivesse nascido, a semente da qual ele veio já estava no corpo de Abraão, seu antepassado, quando Melquisedeque se encontrou com ele.

¹¹Portanto, se o sacerdócio de Levi, sob o qual o povo recebeu a lei, pudesse ter alcançado a perfeição, por que seria necessário estabelecer outro sacerdócio, com um sacerdote segundo a ordem de Melquisedeque, em vez da ordem de Arão?

¹²E, se o sacerdócio muda, também é preciso que a lei mude. ¹³Pois o sacerdote ao qual estamos nos referindo pertence a outra tribo, cujos membros nunca serviram no altar como sacerdotes. ¹⁴De fato, como todos sabem, nosso Senhor veio da tribo de Judá, e Moisés nunca mencionou que dessa tribo viriam sacerdotes.

Jesus é como Melquisedeque

¹⁵Essa mudança se torna ainda mais clara com o surgimento de outro sacerdote, semelhante a Melquisedeque, ¹⁶o qual se tornou sacerdote não por cumprir leis e exigências humanas, mas pelo poder de uma vida indestrutível. ¹⁷Pois a respeito dele foi dito:

"Você é sacerdote para sempre,
    segundo a ordem de Melquisedeque".ᵇ

¹⁸Desse modo, o antigo requisito, por ser fraco e inútil, foi cancelado. ¹⁹Pois a lei nunca tornou perfeita coisa alguma. Agora, porém, temos certeza de uma esperança superior, pela qual nos aproximamos de Deus.

²⁰Esse novo sistema foi instituído com um juramento solene. Os outros se tornaram sacerdotes sem esse juramento, ²¹mas a respeito dele houve um juramento, pois Deus lhe disse:

"O Senhor jurou e não voltará atrás:
    'Você é sacerdote para sempre'".ᶜ

²²Por causa desse juramento, Jesus é aquele que garante uma aliança superior.

ᵃ**6.14** Gn 22.17. ᵇ**7.17** Sl 110.4. ᶜ**7.21** Sl 110.4.

²³Além disso, havia muitos sacerdotes, pois a morte os impedia de continuar a desempenhar suas funções. ²⁴Mas, visto que ele vive para sempre, seu sacerdócio é permanente. ²⁵Portanto, ele é capaz de salvar de uma vez por todas[a] aqueles que se aproximam de Deus por meio dele. Ele vive sempre para interceder em favor deles.

²⁶É de um Sumo Sacerdote como ele que necessitamos, pois é santo, irrepreensível, sem nenhuma mancha de pecado, separado dos pecadores e colocado no lugar de mais alta honra no céu.[b] ²⁷Ele não precisa oferecer sacrifícios diariamente, ao contrário dos outros sumos sacerdotes, que os ofereciam primeiro por seus próprios pecados e depois pelos pecados do povo. Ele, porém, o fez de uma vez por todas quando ofereceu a si mesmo como sacrifício. ²⁸A lei nomeava sacerdotes limitados pela fraqueza humana. Mas, depois da lei, Deus nomeou com juramento seu Filho, que se tornou o Sumo Sacerdote perfeito para sempre.

O ministério superior de nosso Sumo Sacerdote

8 O mais importante é que temos um Sumo Sacerdote sentado no lugar de honra à direita do trono do Deus Majestoso no céu. ²Ele ministra ali no verdadeiro tabernáculo,[c] o santuário construído pelo Senhor, e não por mãos humanas.

³E, visto que todo sumo sacerdote deve apresentar ofertas e sacrifícios, era necessário que esse Sumo Sacerdote também apresentasse uma oferta. ⁴Se ele estivesse aqui na terra, nem seria sacerdote, pois já existem sacerdotes que apresentam as ofertas exigidas pela lei. ⁵O serviço sacerdotal que eles realizam é apenas uma representação, uma sombra das coisas celestiais. Pois, quando Moisés se preparava para construir o tabernáculo, Deus o advertiu: "Cuide para que tudo seja feito de acordo com o modelo que eu lhe mostrei aqui no monte".[d]

⁶Agora, porém, Jesus, nosso Sumo Sacerdote, recebeu um ministério superior, pois ele é o mediador de uma aliança superior, baseada em promessas superiores. ⁷Se a primeira aliança fosse perfeita, não teria havido necessidade de outra para substituí-la. ⁸Mas, quando Deus viu que seu povo era culpado, disse:

"Está chegando o dia, diz o Senhor,
  em que farei uma nova aliança
  com o povo de Israel e de Judá.
⁹Não será como a aliança que fiz
  com seus antepassados,
quando os tomei pela mão
  e os conduzi para fora da terra do Egito.
Não permaneceram fiéis à minha aliança,
  por isso lhes dei as costas, diz o Senhor.
¹⁰E esta é a nova aliança que farei com o
  povo de Israel
depois daqueles dias, diz o Senhor:
Porei minhas leis em sua mente
  e as escreverei em seu coração.
Serei o seu Deus,
  e eles serão o meu povo.
¹¹E não será necessário ensinarem a seus
  vizinhos
e a seus parentes, dizendo:

---

[a]**7.25** Ou *salvar completamente*. [b]**7.26** Ou *exaltado acima dos céus*. [c]**8.2** Ou *na tenda*; também em 8.5. [d]**8.5** Êx 25.40; 26.30.

8.10 *Deus faz o que o homem não faria e não poderia fazer.* O homem não guardaria a Lei. Ele se recusou a obedecer, então vem Deus no esplendor de Sua Graça, e muda sua vontade, renova seu coração, altera suas afeições para que o que o homem não faria, Deus o faça! [...] E, queridos amigos, não é uma maravilhosa prova de graça que *Deus faça isso sem destruir o homem de forma alguma*? O homem é uma criatura com vontade — "livre-arbítrio", como às vezes a chamam — uma criatura responsável por seus atos. Porém, Deus não vem e muda os nossos corações através de um processo físico, como alguns parecem sonhar, mas através de um processo espiritual no qual Ele nunca desfigura nossa natureza, mas a corrige! Se um homem se torna filho de Deus, ele ainda tem vontade! Deus não destrói o delicado maquinário de nossa natureza, mas Ele o coloca numa engrenagem adequada. Tornamo-nos cristãos com nosso próprio pleno assentimento e consentimento e guardamos a Lei de Deus, não por qualquer compulsão, exceto a doce compulsão do amor! Não a guardamos por não podermos fazer o contrário, mas a guardamos porque *não faríamos o contrário* por nos deleitarmos nisso — e isso me parece a maior maravilha da graça divina!

'Você precisa conhecer o Senhor'. Pois todos, desde o mais humilde até o mais importante, me conhecerão. ¹²E eu perdoarei sua maldade e nunca mais me lembrarei de seus pecados".ª

¹³Quando Deus fala de uma "nova aliança", significa que tornou obsoleta a aliança anterior. E aquilo que se torna obsoleto e antiquado logo desaparece.

A adoração na antiga aliança

9 A primeira aliança tinha regras para a adoração, bem como um santuário terreno. ²Esse tabernáculoᵇ era dividido em duas partes. Na primeira, ficava o candelabro e a mesa com os pães da presença. Essa parte era chamada lugar santo. ³Depois, havia uma cortina e, atrás dela, a segunda parte, chamada lugar santíssimo. ⁴Nessa parte ficava o altar de ouro para o incenso e a arca da aliança, inteiramente coberta de ouro. Dentro da arca havia um vaso de ouro contendo maná, a vara de Arão que floresceu e as tábuas de pedra da aliança. ⁵Sobre a arca ficavam os querubins da glória divina, cuja sombra se estendia por cima do lugar de expiação.ᶜ Mas agora não é o momento de explicar essas coisas em detalhes.

⁶Quando tudo estava preparado, os sacerdotes entravam regularmente no lugar santoᵈ para cumprir seus deveres sagrados. ⁷Mas apenas o sumo sacerdote, e só uma vez por ano, entrava no lugar santíssimo.ᵉ Ele sempre apresentava o sangue do sacrifício pelos próprios pecados e pelos pecados que o povo havia cometido por ignorância. ⁸Com essas regras, o Espírito Santo mostra que o caminho para o lugar santíssimo não havia sido aberto enquanto o primeiro tabernáculoᶠ continuava em uso.

⁹Essa é uma ilustração que aponta para o tempo presente, pois as ofertas e os sacrifícios que os sacerdotes apresentam não podem criar no adorador uma consciência totalmente limpa. ¹⁰Tratava-se apenas de alimentos e bebidas e várias cerimônias de purificação; eram regras externas,ᵍ válidas apenas até que se estabelecesse um sistema melhor.

Cristo é o sacrifício perfeito

¹¹Cristo se tornou o Sumo Sacerdote de todos os benefícios agora presentes.ʰ Ele entrou naquele tabernáculo maior e mais perfeito no céu, que não foi feito por mãos humanas nem faz parte deste mundo criado. ¹²Com seu próprio sangue, e não com o sangue de bodes e bezerros, entrou no lugar santíssimo de uma vez por todas e garantiu redenção eterna.

¹³Se, portanto, o sangue de bodes e bezerros e as cinzas de uma novilha purificavam o corpo de quem estava cerimonialmente impuro, ¹⁴imaginem como o sangue de Cristo purificará nossa consciência das obras mortas, para que adoremos o Deus vivo. Pois, pelo poder do Espírito eterno, Cristo ofereceu a si mesmo a Deus como sacrifício perfeito. ¹⁵Por isso ele é o mediador da nova aliança, para que todos que são chamados recebam a herança eterna que foi prometida. Porque Cristo morreu para libertá-los do castigo dos pecados que haviam cometido sob a primeira aliança.

¹⁶Quando alguém deixa um testamento,ⁱ é necessário comprovar a morte daquele que o fez.ʲ ¹⁷O testamento só se torna válido após a morte da pessoa. Enquanto ela ainda estiver viva, o testamento não entra em vigor.

¹⁸É por isso que até mesmo a primeira aliança foi sancionada com o sangue. ¹⁹Depois de ler todos os mandamentos da lei a todo o povo, Moisés pegou o sangue de novilhos e de bodes,ᵏ e também água, e os aspergiu com

---

ª8.8-12 Jr 31.31-34. ᵇ9.2 Ou *tenda*; também em 9.11,21. ᶜ9.5 Ou *propiciatório*. ᵈ9.6 Em grego, *na primeira tenda*. ᵉ9.7 Em grego, *na segunda tenda*. ᶠ9.8 Em grego, *a primeira tenda*. ᵍ9.10 Em grego, *regras para o corpo*. ʰ9.11 Alguns manuscritos trazem *que estão por vir*. ⁱ9.16a Ou *aliança*; também em 9.17. ʲ9.16b Ou *Quando alguém faz uma aliança, é necessário confirmá-la com a morte de um sacrifício*. ᵏ9.19 Alguns manuscritos não trazem *e de bodes*.

9.19,20 O sangue, como o encontramos em nossa própria tradução, *"confirma a aliança que Deus fez com vocês".* Isto ensina uma verdade semelhante de Deus, embora a coloque sob outra figura. A salvação vem a nós como uma questão de vontade. Jesus Cristo deixou a vida eterna ao Seu povo como um legado. Aqui estão as palavras — "Pai, quero que os que me deste estejam comigo onde estou. Então eles verão toda a glória

ramos de hissopo e lã vermelha sobre o Livro da Lei e sobre todo o povo. ²⁰Em seguida, disse: "Este sangue confirma a aliança que Deus fez com vocês".ᵃ ²¹Da mesma forma, aspergiu com sangue o tabernáculo e todos os utensílios usados nos serviços sagrados. ²²De fato, segundo a lei, quase tudo era purificado com sangue, pois sem derramamento de sangue não há perdão.

²³Assim, as representações das coisas no céu tiveram de ser purificadas com o sangue de animais. As verdadeiras coisas celestiais, porém, tiveram de ser purificadas com sacrifícios muitos superiores.

²⁴Pois Cristo não entrou num santuário feito por mãos humanas, mera representação do santuário verdadeiro no céu. Ele entrou no próprio céu, a fim de agora se apresentar diante de Deus em nosso favor. ²⁵E ele não entrou no céu para oferecer a si mesmo repetidamente, como o sumo sacerdote aqui na terra, que todos os anos entra no lugar santíssimo com o sangue de um animal. ²⁶Se fosse assim, ele precisaria ter morrido muitas vezes, desde o princípio do mundo. Mas agora, no fim dos tempos,ᵇ ele apareceu uma vez por todas para remover o pecado mediante sua própria morte em sacrifício.

²⁷E, assim como cada pessoa está destinada a morrer uma só vez, e depois disso vem o julgamento, ²⁸também Cristo foi oferecido como sacrifício uma só vez para tirar os pecados de muitos. Ele voltará, não para tratar de nossos pecados, mas para trazer salvação a todos que o aguardam com grande expectativa.

O sacrifício definitivo de Cristo

10 A lei constitui apenas uma sombra, um vislumbre das coisas boas por vir, mas não as coisas boas em si mesmas. Os sacrifícios são repetidos todos os anos, mas nunca puderam purificar inteiramente aqueles que vêm adorar. ²Se tivessem esse poder, já não precisariam existir, pois os adoradores teriam sido purificados de uma vez por todas, e a consciência de seus pecados teria desaparecido.

³Em vez disso, esses sacrifícios os lembravam de seus pecados todos os anos. ⁴Pois é impossível que o sangue de touros e bodes remova pecados. ⁵Por isso, quando Cristoᶜ veio ao mundo, disse:

"Não quiseste sacrifícios nem ofertas,
    contudo me deste um corpo para
        oferecer.
⁶Não te agradaste de holocaustos,
    nem de outras ofertas pelo pecado.
⁷Então eu disse: 'Aqui estou para fazer tua
        vontade, ó Deus,
    como está escrito a meu respeito no
        livro'".ᵈ

⁸Primeiro Cristo disse: "Não quiseste sacrifícios nem ofertas, nem holocaustos, nem outras ofertas, nem te agradaste delas" (embora sejam exigidas pela lei). ⁹Então acrescentou: "Aqui estou para fazer tua vontade". Ele cancela a primeira aliança a fim de estabelecer a segunda. ¹⁰Pois a vontade de Deus era que fôssemos santificados pela oferta do corpo de Jesus Cristo, de uma vez por todas.

ᵃ**9.20** Êx 24.8. ᵇ**9.26** Em grego, *das eras*. ᶜ**10.5** Em grego, *ele*; também em 10.8. ᵈ**10.5-7** Sl 40.6-8, conforme a Septuaginta.

---

que me deste…". Bem, um testamento, como o apóstolo nos diz com razão, não tem poder a menos que o homem que o criou esteja morto. Daí o sangue de Jesus Cristo, o sinal de Sua morte, garante validade a todas as promessas que Ele fez. Ser ferido com a lança pelo soldado romano foi uma prova preciosa para nós de que nosso Senhor estava realmente morto. E agora, amados, sempre que vocês lerem uma preciosa promessa na Bíblia, vocês podem dizer: "Esta é uma cláusula do testamento do Redentor". Quando você precisar escolher uma palavra, você pode dizer: "Este é outro codicilo do testamento". Lembrem-se de que essas coisas são suas — não porque vocês sejam isso ou aquilo — mas porque o sangue de Jesus as torna suas! Na próxima vez que Satanás lhe disser: "Vocês não creem como deveriam e, portanto, a promessa não está garantida", digam-lhe que a garantia da promessa reside no sangue e não no que vocês são ou deixam de ser! Existe uma vontade provada na corte suprema do Céu, cuja validade depende de suas assinaturas, de suas testemunhas e de sua elaboração em estilo adequado. [...] Portanto, com vocês, este pacto está firmado, essa vontade de Cristo está firme! Em todos os seus altos e baixos, em todos os seus sucessos e falhas, vocês, pobres pecadores necessitados, nada têm a fazer senão vir e receber Cristo para ser seu tudo em tudo e colocar a sua confiança nele — e o sangue da aliança garantirá as promessas para vocês!

¹¹O sacerdote se apresenta todos os dias para realizar os serviços sagrados e oferece repetidamente os mesmos sacrifícios que nunca podem remover os pecados. ¹²Nosso Sumo Sacerdote, porém, ofereceu a si mesmo como único sacrifício pelos pecados, válido para sempre. Então, sentou-se no lugar de honra à direita de Deus ¹³e ali aguarda até que todos os seus inimigos sejam humilhados e postos debaixo de seus pés. ¹⁴Porque, mediante essa única oferta, ele tornou perfeitos para sempre os que estão sendo santificados.

¹⁵E o Espírito Santo também testemunha que isso é verdade, pois diz:

¹⁶"Esta é a nova aliança que farei com meu povo
depois daqueles dias, diz o Senhor:
Porei minhas leis em seu coração
e as escreverei em sua mente".ᵃ

¹⁷E acrescenta:

"E nunca mais me lembrarei
de seus pecados e seus atos de desobediência".ᵇ

¹⁸Onde os pecados foram perdoados, já não há necessidade de oferecer mais sacrifícios.

Apelo à perseverança

¹⁹Portanto, irmãos, por causa do sangue de Jesus, podemos entrar com toda confiança no lugar santíssimo. ²⁰Por sua morte,ᶜ Jesus abriu um caminho novo e vivo através da cortina que leva ao lugar santíssimo. ²¹E, uma vez que temos um Sumo Sacerdote que governa sobre a casa de Deus, ²²entremos com coração sincero e plena confiança, pois nossa consciência culpada foi purificada, e nosso corpo, lavado com água pura.

²³Apeguemo-nos firmemente, sem vacilar, à esperança que professamos, porque Deus é fiel para cumprir sua promessa. ²⁴Pensemos em como motivar uns aos outros na prática do amor e das boas obras. ²⁵E não deixemos de nos reunir, como fazem alguns, mas encorajemo-nos mutuamente, sobretudo agora que o dia está próximo.

²⁶Se continuamos a pecar deliberadamente depois de ter recebido o conhecimento da verdade, já não há sacrifício que cubra esses pecados. ²⁷Há somente a assustadora expectativa do julgamento e do fogo intenso que consumirá os inimigos. ²⁸Pois quem se recusava a obedecer à lei de Moisés era morto sem misericórdia, com base no depoimento de duas ou três testemunhas. ²⁹Imaginem quão maior será o castigo para quem insultou o Filho de Deus, tratou como comum e profano o sangue da aliança que o santificou e menosprezou o Espírito Santo que concede graça. ³⁰Pois conhecemos aquele que disse:

"A vingança cabe a mim;
eu lhes darei o que merecem".ᵈ

E também:

"O Senhor julgará o seu povo".ᵉ

³¹Que coisa terrível é cair nas mãos do Deus vivo.

ᵃ**10.16** Jr 31.33a. ᵇ**10.17** Jr 31.34b. ᶜ**10.20** Em grego, *Por sua carne.* ᵈ**10.30a** Dt 32.35. ᵉ**10.30b** Dt 32.36.

10.19,20 No fato histórico real, o véu glorioso do Templo foi rasgado em dois de cima para baixo; como assunto de ordem espiritual, que é muito mais importante para nós, *a ordenança legal que separava está abolida.* Havia sob a lei esta ordenança — que nenhum homem deveria entrar no Santo dos Santos, com a única exceção do sumo sacerdote, mas apenas uma vez ao ano, e não sem sangue. Se alguém tentasse *entrar ali, morreria, como culpado de grande presunção e de intrusão profana* no lugar secreto do Altíssimo. Quem poderia estar na presença daquele que é um fogo consumidor? [...] Tudo isto terminou. O preceito de manter distância está revogado, e o convite é: "Venham a mim todos vocês que estão cansados e sobrecarregados". "Aproximemo-nos" é agora o espírito filial do evangelho. [...]

Meu irmão, nenhum véu permanece. Por que você se mantém tão longe e treme como um escravo? Aproxime-se com plena confiança de fé. O véu está rasgado; o acesso está livre. Venha corajosamente ao trono da graça. Jesus o aproximou para tão perto de Deus quanto Ele mesmo está. Embora falemos do mais sagrado de todos, até mesmo do lugar secreto do Altíssimo, contudo é deste lugar de admiração, mesmo deste santuário de Javé, que o véu está rasgado; portanto, não permita que algo impeça a sua entrada. Certamente, nenhuma lei o proíbe, mas o amor infinito o convida a se aproximar de Deus.

³²Lembrem-se dos primeiros dias, quando foram iluminados, e de como permaneceram firmes apesar de muita luta e sofrimento. ³³Houve ocasiões em que foram expostos a insultos e espancamentos; em outras, ajudaram os que passavam pelas mesmas coisas. ³⁴Sofreram com os que foram presos e aceitaram com alegria quando lhes foi tirado tudo que possuíam. Sabiam que lhes esperavam coisas melhores, que durarão para sempre.

³⁵Portanto, não abram mão de sua firme confiança. Lembrem-se da grande recompensa que ela lhes traz. ³⁶Vocês precisam perseverar, a fim de que, depois de terem feito a vontade de Deus, recebam tudo que ele lhes prometeu.

³⁷"Pois em breve
virá aquele que está para vir;
não se atrasará.
³⁸Meu justo viverá pela fé;
se ele se afastar, porém,
não me agradarei dele."ᵃ

³⁹Mas não somos como aqueles que se afastam para sua própria destruição. Somos pessoas de fé cuja alma é preservada.

Grandes exemplos de fé

11 A fé mostra a realidade daquilo que esperamos; ela nos dá convicção de coisas que não vemos. ²Pela fé, pessoas em tempos passados obtiveram aprovação.

³Pela fé, entendemos que todo o universo foi formado pela palavra de Deus; assim, o que se vê originou-se daquilo que não se vê.

⁴Pela fé, Abel apresentou a Deus um sacrifício superior ao de Caim. Com isso, mostrou que era um homem justo, e Deus aprovou suas ofertas. Embora há muito esteja morto, ainda fala por meio de seu exemplo.

⁵Pela fé, Enoque foi levado para o céu sem ver a morte; "ele desapareceu porque Deus o levou para junto de si".ᵇ Porque, antes de ser levado, ele era conhecido por agradar a Deus. ⁶Sem fé é impossível agradar a Deus. Quem deseja se aproximar de Deus deve crer que ele existe e que recompensa aqueles que o buscam.

⁷Pela fé, Noé construiu uma grande embarcação para salvar sua família do dilúvio. Ele obedeceu a Deus, que o advertiu a respeito de coisas que nunca haviam acontecido. Pela fé, condenou o resto do mundo e recebeu a justiça que vem por meio da fé.

⁸Pela fé, Abraão obedeceu quando foi chamado para ir à outra terra que ele receberia como herança. Ele partiu sem saber para onde ia. ⁹E, mesmo quando chegou à terra que lhe havia sido prometida, viveu ali pela fé, pois era como estrangeiro, morando em tendas. Assim também fizeram Isaque e Jacó, que herdaram a mesma promessa. ¹⁰Abraão esperava confiantemente pela cidade de alicerces eternos, planejada e construída por Deus.

¹¹Pela fé, até mesmo Sara, embora estéril e idosa, pôde ter um filho. Ela creuᶜ que Deus era fiel para cumprir sua promessa. ¹²E, assim, uma nação inteira veio desse homem velho e

ᵃ**10.37-38** Hc 2.3-4. ᵇ**11.5** Gn 5.24. ᶜ**11.11** Ou *Pela fé, ele* [Abraão] *pôde ter um filho, embora Sara fosse estéril e ele, muito idoso. Ele creu.*

11.3,6;16-19 *V.3* Essa é uma das primeiras lições de fé. Não descobrimos os segredos da Criação pela mera razão, ou pelos ensinamentos da ciência – é somente pela Revelação divina que a maravilhosa história pode nos alcançar. A fé aceita a *declaração inspirada* de que Deus fez todas as coisas e de que as coisas que se veem são feitas a partir das coisas que não se veem, de modo que, afinal, o fundamento de tudo é o que não se vê. O visível é apenas um sonho. Aquelas coisas que nos rodeiam são transitórias e passarão. As coisas que não se veem são eternas e permanecem para sempre. As coisas que se veem originaram-se do invisível, não das coisas que se veem.

V.6 O apóstolo colocou Enoque entre os heróis da fé e, para provar que Enoque foi um homem de fé, ele diz: "Porque, antes de ser levado, ele era conhecido por agradar a Deus". "Daí", argumenta Paulo se ele agradou a Deus, ele deve ter sido um crente, pois a forma mais humilde de aproximar-se de Deus precisa de fé — "quem deseja se aproximar de Deus deve crer que ele existe e que recompensa aqueles que o buscam". Portanto, se o grau mais baixo de aproximação de Deus precisa de fé, muito mais a forma mais elevada dela em que um homem caminha com Deus para obter o testemunho de que ele agrada a Deus". O argumento do apóstolo é claro e convincente. Se algum homem vier a agradar a Deus, como Enoque o fez, isso deve ser o resultado de fé, pois, até mesmo para se aproximar de Deus, nos primeiros passos que damos, devemos ter certa medida de

sem vigor, uma nação numerosa como as estrelas do céu e incontável como a areia da praia.

¹³Todos eles morreram na fé e, embora não tenham recebido todas as coisas que lhes foram prometidas, as avistaram de longe e de bom grado as aceitaram. Reconheceram que eram estrangeiros e peregrinos neste mundo. ¹⁴Evidentemente, quem fala desse modo espera ter sua própria pátria. ¹⁵Se quisessem, poderiam ter voltado à terra de onde saíram, ¹⁶mas buscavam uma pátria superior, um lar celestial. Por isso Deus não se envergonha de ser chamado o Deus deles, pois lhes preparou uma cidade.

¹⁷Pela fé, Abraão, ao ser posto à prova, ofereceu Isaque como sacrifício. Abraão, que havia recebido as promessas, estava disposto a sacrificar seu único filho, ¹⁸embora Deus lhe tivesse dito: "Isaque é o filho de quem depende sua descendência".ᵃ ¹⁹Concluiu que, se Isaque morresse, Deus tinha poder para trazê-lo de volta à vida. E, em certo sentido, recebeu seu filho de volta dos mortos.

²⁰Pela fé, Isaque prometeu bênçãos para o futuro de seus filhos, Jacó e Esaú.

²¹Pela fé, Jacó, prestes a morrer, abençoou cada um dos filhos de José e se curvou para adorar, apoiado em seu cajado.

²²Pela fé, José, no fim da vida, declarou com toda a confiança que os israelitas deixariam o Egito e deu ordens para que cuidassem de seus ossos.

²³Pela fé, os pais de Moisés o esconderam por três meses tão logo ele nasceu, pois viram que a criança era linda e não tiveram medo de desobedecer ao decreto do rei.

²⁴Pela fé, Moisés, já adulto, recusou ser chamado filho da filha do faraó, ²⁵preferindo ser maltratado junto com o povo de Deus a aproveitar os prazeres transitórios do pecado. ²⁶Considerou melhor sofrer por causa do Cristo do que possuir os tesouros do Egito, pois tinha em vista sua grande recompensa. ²⁷Pela fé, saiu do Egito sem medo da ira do rei e prosseguiu sem vacilar, como quem vê aquele que é invisível. ²⁸Pela fé, ordenou que o povo de Israel celebrasse a Páscoa e aspergisse com sangue os batentes das portas, para que o anjo da morte não matasse seus filhos mais velhos.

²⁹Pela fé, o povo de Israel atravessou o mar Vermelho, como se estivesse em terra seca. Quando os egípcios tentaram segui-los, morreram todos afogados.

³⁰Pela fé, o povo marchou ao redor de Jericó durante sete dias, e suas muralhas caíram.

³¹Pela fé, a prostituta Raabe não foi morta com os habitantes de sua cidade que se recusaram a obedecer, pois ela acolheu em paz os espiões.

³²Quanto mais preciso dizer? Levaria muito tempo para falar sobre a fé que Gideão, Baraque, Sansão, Jefté, Davi, Samuel e os profetas tiveram. ³³Pela fé, eles conquistaram reinos, governaram com justiça e receberam promessas. Fecharam a boca de leões, ³⁴apagaram chamas de fogo e escaparam de morrer pela espada. Sua fraqueza foi transformada em força. Tornaram-se poderosos na batalha e fizeram fugir exércitos inteiros. ³⁵Mulheres receberam de volta seus queridos que haviam morrido.

Outros, porém, foram torturados, recusando-se a ser libertos, e depositaram sua esperança na ressurreição para uma vida melhor.

ᵃ 11.18 Gn 21.12.

---

fé nele, devemos pelo menos acreditar que Deus existe; e que Ele recompensa aqueles que o buscam.

Vv. 16-19 Veja como a fé consagra o afeto natural! Veja também como a fé ri-se das impossibilidades. Abraão espera que Deus ressuscite o seu filho dentre os mortos, ou faça algo igualmente maravilhoso, de modo que a promessa que Ele deu seja cumprida. Não era tarefa de Abraão executar a promessa de Deus no lugar de Deus. Era a tarefa de Deus fazer isso por Si mesmo, e Ele o fez. Você se lembra da maneira como Rebeca tentou concretizar a promessa de Deus para Jacó, e que confusão ela criou através de sua conspiração e plano! Quando atentamos para guardar os preceitos de Deus e o deixamos cumprir Suas próprias promessas, tudo terminará bem. Era a parte de Abraão oferecer o seu filho — era a parte de Deus cumprir a promessa à semente de Abraão de acordo com a aliança que Ele havia feito.

³⁶Alguns foram alvo de zombaria e açoites, e outros, acorrentados em prisões. ³⁷Alguns morreram apedrejados, outros foram serrados ao meio,ª e outros ainda, mortos à espada. Alguns andavam vestidos com peles de ovelhas e cabras, necessitados, afligidos e maltratados. ³⁸Este mundo não era digno deles. Vagaram por desertos e montes, escondendo-se em cavernas e buracos na terra.

³⁹Todos eles obtiveram aprovação por causa de sua fé; no entanto, nenhum deles recebeu tudo que havia sido prometido. ⁴⁰Pois Deus tinha algo melhor preparado para nós, de modo que, sem nós, eles não chegassem à perfeição.

A disciplina de Deus comprova seu amor

12 Portanto, uma vez que estamos rodeados de tão grande multidão de testemunhas, livremo-nos de todo peso que nos torna vagarosos e do pecado que nos atrapalha, e corramos com perseverança a corrida que foi posta diante de nós. ²Mantenhamos o olhar firme em Jesus, o líder e aperfeiçoador de nossa fé. Por causa da alegriaᵇ que o esperava, ele suportou a cruz sem se importar com a vergonha. Agora ele está sentado no lugar de honra à direita do trono de Deus. ³Pensem em toda a hostilidade que ele suportou dos pecadores; desse modo, vocês não ficarão cansados nem desanimados. ⁴Afinal, ainda não chegaram a arriscar a vida na luta contra o pecado.

⁵Acaso vocês se esqueceram das palavras de ânimo que Deus lhes dirigiu como filhos dele? Ele disse:

"Meu filho, não despreze a disciplina do Senhor;
    não desanime quando ele o corrigir.
⁶Pois o Senhor disciplina quem ele ama
    e castiga todo aquele que aceita como filho".ᶜ

⁷Enquanto suportam essa disciplina de Deus, lembrem-se de que ele os trata como filhos. Quem já ouviu falar de um filho que nunca foi disciplinado pelo pai? ⁸Se Deus não os disciplina como faz com todos os seus filhos, significa que vocês não são filhos de verdade, mas ilegítimos. ⁹Uma vez que respeitávamos nossos pais terrenos que nos disciplinavam, não devemos nos submeter ainda mais à disciplina do Pai de nosso espírito e, assim, obter vida?

¹⁰Pois nossos pais nos disciplinaram por alguns anos como julgaram melhor, mas a disciplina de Deus é sempre para o nosso bem, a fim de que participemos de sua santidade. ¹¹Nenhuma disciplina é agradável no momento em que é aplicada; ao contrário, é dolorosa. Mais tarde, porém, produz uma colheita de vida justa e de paz para os que assim são corrigidos.

¹²Portanto, revigorem suas mãos cansadas e seus joelhos enfraquecidos. ¹³Façam caminhos

---

ª**11.37** Alguns manuscritos acrescentam *alguns foram postos à prova*. ᵇ**12.2** Ou *Em lugar da alegria*. ᶜ**12.5-6** Pv 3.11-12, conforme a Septuaginta.

12.1,2 Antes de começarmos, com um agito de sua mão, o apóstolo nos dirige para os espectadores que se aglomeram nos arredores do caminho. Havia sempre os tais naquelas carreiras; cada cidade e estado produziam seu contingente, e a multidão reunida observava com ansiedade aqueles que se esforçavam para conquistar a supremacia. Aqueles que nos veem do além são descritos como "tão grande multidão de testemunhas". Elas nos rodeiam. Milhares e milhares, que correram esta carreira antes de nós, e alcançaram suas coroas, nos contemplam de seus assentos celestiais e observam como nos comportamos. Esta carreira vale a pena correr, pois os olhos das "nações [que] andarão em sua luz" estão fitos em nós. Esta corrida por um grande prêmio não é secreta. Anjos e principados, poderes e hostes redimidos pelo sangue, reuniram-se para contemplar o glorioso espetáculo de homens que agonizavam pela santidade e esforçavam-se ao máximo para imitar o Senhor Jesus. Vocês que são homens, agora corram por isso! Se há alguma vida espiritual e força graciosa em vocês, mostrem-na hoje, pois patriarcas e profetas, santos, mártires e apóstolos olham do Céu para vocês. [...] Em uma corrida, uma grande questão é o homem não desviar os seus olhos. Aquele que não pode correr em linha reta é o que desvia o olhar para isso ou aquilo. Correr em linha reta é a melhor carreira, mas o que desvia o seu olhar para isso e para aquilo correrá tortuosamente, e desperdiçará sua força. Olhe para a linha de chegada, e então corra em linha reta.

retos para seus pés a fim de que os mancos não caiam, mas sejam fortalecidos.

Apelo para ouvir a Deus

[14] Esforcem-se para viver em paz com todos e procurem ter uma vida santa, sem a qual ninguém verá o Senhor. [15] Cuidem uns dos outros para que nenhum de vocês deixe de experimentar a graça de Deus. Fiquem atentos para que não brote nenhuma raiz venenosa de amargura que cause perturbação, contaminando muitos. [16] Vigiem para que ninguém seja imoral ou profano, como Esaú, que trocou seus direitos como filho mais velho por uma simples refeição. [17] Como vocês sabem, mais tarde, quando ele quis a bênção do pai, foi rejeitado. Era tarde para que houvesse arrependimento, embora ele tivesse implorado com lágrimas.

[18] Vocês não chegaram a um monte[a] que se pode tocar, a um lugar de fogo ardente, escuridão, trevas e vendaval, [19] ao toque da trombeta e à voz tão terrível que aqueles que a ouviram suplicaram que nada mais lhes fosse dito, [20] pois não podiam suportar a ordem que recebiam: "Se até mesmo um animal tocar no monte, deve ser apedrejado".[b] [21] O próprio Moisés ficou tão assustado com o que viu a ponto de dizer: "Fiquei apavorado e tremendo de medo".[c]

[22] Vocês, porém, chegaram ao monte Sião, à cidade do Deus vivo, à Jerusalém celestial, aos incontáveis milhares de anjos em alegre reunião, [23] à congregação dos filhos mais velhos, cujos nomes estão escritos no céu, e a Deus, que é juiz de todos, aos espíritos dos justos no céu, agora aperfeiçoados, [24] a Jesus, o mediador da nova aliança, e ao sangue aspergido, que fala de coisas melhores do que falava o sangue de Abel.

[25] Tenham cuidado para não se recusarem a ouvir aquele que fala. Porque, se aqueles que se recusaram a ouvir o mensageiro terreno não escaparam, certamente não escaparemos se rejeitarmos aquele que nos fala do céu. [26] Quando Deus falou naquela ocasião, sua voz fez a terra tremer, mas agora ele promete: "Mais uma vez, farei tremer não só a terra, mas também os céus".[d] [27] Isso significa que toda a criação será abalada e removida, de modo que permaneçam apenas as coisas inabaláveis.

[28] Uma vez que recebemos um reino inabalável, sejamos gratos e agradeçamos a Deus adorando-o com reverência e santo temor. [29] Porque nosso Deus é um fogo consumidor.

Instruções práticas

13 Continuem a amar uns aos outros como irmãos. [2] Não se esqueçam de demonstrar hospitalidade, porque alguns, sem o saber, hospedaram anjos. [3] Lembrem-se dos que estão na prisão, como se vocês mesmos estivessem presos. Lembrem-se dos que são maltratados, como se sofressem os maus-tratos em seu próprio corpo.

[4] Honrem o casamento e mantenham pura a união conjugal, pois Deus certamente julgará os impuros e os adúlteros.

[5] Não amem o dinheiro; estejam satisfeitos com o que têm. Porque Deus disse:

"Não o deixarei;
   jamais o abandonarei".[e]

[6] Por isso, podemos dizer com toda a confiança:

"O Senhor é meu ajudador, portanto não
   temerei;
   o que me podem fazer os simples
   mortais?".[f]

[7] Lembrem-se de seus líderes que lhes ensinaram a palavra de Deus. Pensem em todo o bem que resultou da vida deles e sigam seu exemplo de fé.

[8] Jesus Cristo é o mesmo ontem, hoje e para sempre. [9] Portanto, não se deixem atrair por ensinos novos e estranhos. A força de vocês vem da graça de Deus, e não de regras sobre alimentos, que em nada ajudam aqueles que as seguem.

[10] Temos um altar do qual os sacerdotes no tabernáculo[g] não têm direito de comer. [11] O sumo sacerdote traz o sangue dos animais para o lugar santo como sacrifício pelo pecado, enquanto o corpo dos animais é queimado fora do acampamento. [12] Da mesma forma, Jesus sofreu fora das portas da cidade, para santificar seu povo mediante seu próprio sangue.

---

[a] **12.18** Alguns manuscritos não trazem *monte*. [b] **12.20** Êx 19.13. [c] **12.21** Dt 9.19. [d] **12.26** Ag 2.6. [e] **13.5** Dt 31.6,8. [f] **13.6** Sl 118.6. [g] **13.10** Ou *na tenda*.

¹³Portanto, vamos até ele, para fora do acampamento, e soframos a mesma desonra que ele sofreu. ¹⁴Pois não temos neste mundo uma cidade permanente; aguardamos a cidade por vir.

¹⁵Assim, por meio de Jesus, ofereçamos um sacrifício constante de louvor a Deus, o fruto dos lábios que proclamam seu nome. ¹⁶E não se esqueçam de fazer o bem e de repartir o que têm com os necessitados, pois esses são os sacrifícios que agradam a Deus.

¹⁷Obedeçam a seus líderes e façam o que disserem. O trabalho deles é cuidar de sua alma, e disso prestarão contas. Deem-lhes motivo para trabalhar com alegria, e não com tristeza, pois isso certamente não beneficiaria vocês.

¹⁸Orem por nós, pois nossa consciência está limpa e desejamos viver de forma honrada em tudo que fazemos. ¹⁹Orem especialmente para que eu volte e possa vê-los em breve.

²⁰E, agora, que o Deus da paz,
 que trouxe de volta dos mortos nosso Senhor Jesus,
o grande Pastor das ovelhas,
 e confirmou uma aliança eterna com seu sangue,
²¹os capacite em tudo que precisam
 para fazer a vontade dele.
Que ele produza em vocês,[a]
 mediante o poder de Jesus Cristo,
tudo que é agradável a ele,
 a quem seja a glória para todo o sempre! Amém.

²²Suplico a vocês, irmãos, que prestem atenção naquilo que lhes escrevi nesta breve exortação. ²³Quero que saibam que nosso irmão Timóteo já saiu da prisão. Se ele vier em breve, eu o levarei comigo quando for vê-los.

²⁴Transmitam minhas saudações a todos os seus líderes e a todo o povo santo. Os irmãos da Itália também mandam lembranças.

²⁵Que a graça de Deus seja com todos vocês.

---

[a] **13.21** Alguns manuscritos trazem *em nós*.

Tiago

INTRODUÇÃO

Autor. Três pessoas chamadas Tiago são mencionadas no Novo Testamento. Uma delas é Tiago, o irmão do Senhor (Mt 13.55), que não acreditou em Jesus até depois da Sua ressurreição (Jo 7.2-9; Mc 3.21,31; At 1.13,14). Este Tiago ocupa um lugar importante como pastor em Jerusalém, e fez um discurso significativo no concílio dos apóstolos (At 15.13-21). Ele também é mencionado em Atos 12.17 e Gálatas 1.19; 2.9-12. Josefo nos diz que ele foi apedrejado até a morte cerca de 62 d.C., sob a acusação de abandonar a lei judaica. Este Tiago, irmão do Senhor, é considerado o autor desta epístola.

Para quem foi escrita. Esta epístola foi escrita aos judeus dispersos por todos os lugares (1.1), e evidentemente aos judeus cristãos (2.1). Alguns deles eram ricos, outros pobres (2.1-10). Eles eram lascivos, gananciosos e orgulhosos (4.1-12), e estavam deixando de fazer o trabalho do Senhor como deveriam (1.22-27).

A epístola. A principal característica do estilo é a brusquidão. A mudança de um assunto para outro é feita sem esforço para conectá-los. Não há, portanto, nenhum assunto geral, e uma falta de conexão íntima entre os pontos de análise. A "fé sem obras está morta" aparece em todas as partes como uma espécie de vínculo de unidade. É eloquente, severo e sincero, e tem um tom judaico distinto. Falta a ênfase doutrinária encontrada em Paulo e declara a fé cristã em termos de excelência moral e os instrui no assunto da moral cristã. É notável por suas omissões. Não apresenta a ressurreição ou ascensão e menciona o nome de Cristo apenas duas vezes.

Data e local. Sem dúvida, foi escrita de Jerusalém, onde ele era pastor, mas a data é muito contestada. Uns a colocam já em 40 d.C. Alguns dizem que foi escrita o mais tardar em 50 d.C. Outros ainda a colocam em 61 ou 62 d.C., pouco antes do martírio de Tiago. Provavelmente é seguro dizer que esta epístola foi um dos primeiros livros do Novo Testamento.

ESBOÇO

Saudação, 1.1

1. Atitude adequada diante das provações, 1.2-18
2. Atitude adequada diante da Palavra de Deus, 1.19-27
3. Várias advertências, 2.1–4.12
   3.1. Contra o preconceito, 2.1-13
   3.2. Contra as improdutivas confissões de fé, 2.14-26
   3.3. Contra os perigos da língua, 3.1-12
   3.4. Contra a falsa sabedoria, 3.13-18
   3.5. Contra as discussões, a ganância e o orgulho, 4.1-12
4. Várias denúncias, 4.13–5.6
5. Várias exortações, 5.7-20

PARA ESTUDO E DISCUSSÃO

[1] Das passagens bíblicas a seguir, liste todas as coisas que Tiago nos aconselha a não fazer: 1.6,13,16,22; 2.1,14; 3.1,10; 4.1,11,13; 5.9,12.
[2] Das passagens bíblicas a seguir, faça uma lista de todas as coisas que Tiago nos aconselha a fazer: 1.2,4,5,6,9,22,26; 2.8,12; 3.13; 4.8; 5.7,10,12,13,16,19,20.
[3] Faça um esboço da sabedoria celestial, mostrando as diferentes descrições sobre ela, estudando especialmente, 1.5-8; 3.13-18.
[4] Estude a ética do discurso e da língua, 1.19-21; 3.1-12.
[5] As provações e as tentações da vida, 1.2-4,12-15.
[6] Faça uma lista de todas as figuras de linguagem, especialmente analogias e metáforas como em 1.6, "aquele que duvida é como a onda do mar".
[7] A repreensão de Tiago sobre o egoísmo, 5.1-6.
[8] A utilidade e o poder da oração, 5.13-18.

Saudações de Tiago

1 Eu, Tiago, escravo de Deus e do Senhor Jesus Cristo, envio esta carta às doze tribos espalhadas pelo mundo.
Saudações.

Fé e perseverança

²Meus irmãos, considerem motivo de grande alegria sempre que passarem por qualquer tipo de provação, ³pois sabem que, quando sua fé é provada, a perseverança tem a oportunidade de crescer. ⁴E é necessário que ela cresça, pois quando estiver plenamente desenvolvida vocês serão maduros[a] e completos, sem que nada lhes falte.

⁵Se algum de vocês precisar de sabedoria, peça a nosso Deus generoso, e receberá. Ele não os repreenderá por pedirem. ⁶Mas, quando pedirem, façam-no com fé, sem vacilar, pois aquele que duvida é como a onda do mar, empurrada e agitada pelo vento. ⁷Ele não deve esperar receber coisa alguma do Senhor, ⁸pois tem a mente dividida e é instável em tudo que faz.

⁹O irmão que é pobre tem motivo para se orgulhar, porque é digno de honra. ¹⁰E o que é rico deve se orgulhar porque é insignificante. Ele murchará como uma pequena flor do campo. ¹¹O sol quente se levanta e a grama seca; a flor perde o viço e cai, e sua beleza desaparece. Da mesma forma murchará o rico com todas as suas realizações.

¹²Feliz é aquele que suporta com paciência as provações e tentações, porque depois receberá a coroa da vida que Deus prometeu àqueles que o amam. ¹³E, quando vocês forem tentados, não digam: "Esta tentação vem de Deus", pois Deus nunca é tentado a fazer o mal,[b] e ele mesmo nunca tenta alguém. ¹⁴A tentação vem de nossos próprios desejos, que nos seduzem e nos arrastam. ¹⁵Esses desejos dão à luz o pecado, e quando o pecado se desenvolve plenamente, gera a morte.

¹⁶Não se deixem enganar, meus amados irmãos. ¹⁷Toda dádiva que é boa e perfeita vem do alto, do Pai que criou as luzes no céu. Nele não há variação nem sombra de mudança. ¹⁸Por sua própria vontade, ele nos gerou por meio de sua palavra verdadeira. E nós, dentre toda a criação, nos tornamos seus primeiros frutos.[c]

Ouvir e praticar

¹⁹Entendam isto, meus amados irmãos: estejam todos prontos para ouvir, mas não se apressem em falar nem em se irar. ²⁰A ira humana não produz a justiça divina. ²¹Portanto, removam toda impureza e maldade e aceitem humildemente a palavra que lhes foi implantada no coração, pois ela tem poder para salvá-los.

²²Não se limitem, porém, a ouvir a palavra; ponham-na em prática. Do contrário, só enganarão a si mesmos. ²³Pois, se ouvirem a palavra e não a praticarem, serão como alguém que olha no espelho, ²⁴vê a si mesmo, mas, assim que se afasta, esquece como era sua aparência. ²⁵Se, contudo, observarem atentamente a lei perfeita que os liberta, perseverarem nela e a puserem em prática sem esquecer o que ouviram, serão felizes no que fizerem.

²⁶Se algum de vocês afirma ser religioso, mas não controla a língua, engana a si mesmo e sua religião não tem valor. ²⁷A religião pura e verdadeira aos olhos de Deus, o Pai, é esta: cuidar

---

[a] 1.4 Ou *perfeitos*. [b] 1.13 Ou *Deus não deve ser posto à prova por perversos*. [c] 1.18 Em grego, *nos tornamos como primícias de suas criaturas*.

1.27 Bem, nesses dias, às vezes receio que não insistimos, de modo algum, muito na pureza, mas certamente insistimos pouquíssimo na caridade! A visita aos órfãos e viúvas em sua aflição não é opcional. Não é para ser o privilégio de alguns homens mundanos que dão todos os seus recursos aos orfanatos. Todos os cristãos são convocados a vestir sua parte da vestimenta exterior da religião, isto é, a caridade! Esta caridade deve se manifestar especialmente àqueles que mais precisam dela, cuja necessidade não pode ser uma questão de embuste, mas deve ser real. Estes são os órfãos e as viúvas durante o tempo de sua miséria e aflição; quando os órfãos não são capazes de ganhar o pão que perece; e a mãe tem seus filhos chorando ao redor dela e ansiando na pobreza. Não apenas esta caridade deve ser mostrada, mas deve ser manifestada na prática se tivermos uma religião pura e sem mácula perante Deus Pai. O aumento da caridade, de uma consideração cuidadosa e discreta pelos pobres e necessitados, traria uma grande bênção consigo, e é muito

TIAGO 2

dos órfãos e das viúvas em suas dificuldades e não se deixar corromper pelo mundo.

Advertência contra o preconceito

2 Meus irmãos, como podem afirmar que têm fé em nosso glorioso Senhor Jesus Cristo se mostram favorecimento a algumas pessoas? ²Se, por exemplo, alguém chegar a uma de suas reuniões[a] vestido com roupas elegantes e usando joias caras, e também entrar um pobre com roupas sujas, ³e vocês derem atenção ao que está bem vestido, dizendo-lhe: "Sente-se aqui neste lugar especial", mas disserem ao pobre: "Fique em pé ali ou sente-se aqui no chão", ⁴essa discriminação não mostrará que agem como juízes guiados por motivos perversos?

⁵Ouçam, meus amados irmãos: não foi Deus que escolheu os pobres deste mundo para serem ricos na fé? Não são eles os herdeiros do reino prometido àqueles que o amam? ⁶Mas vocês desprezam os pobres! Não são os ricos que oprimem vocês e os arrastam aos tribunais? ⁷Não são eles que difamam aquele cujo nome honroso vocês carregam?

⁸Sem dúvida vocês fazem bem quando obedecem à lei do reino conforme dizem as Escrituras: "Ame seu próximo como a si mesmo".[b] ⁹Mas, se mostram favorecimento a algumas pessoas, cometem pecado e são culpados de transgredir a lei. ¹⁰Pois quem obedece a todas as leis, exceto uma, torna-se culpado de desobedecer a todas as outras. ¹¹Pois aquele que disse: "Não cometa adultério", também disse: "Não mate".[c] Logo, mesmo que não cometam adultério, se matarem alguém, transgredirão a lei. ¹²Portanto, em tudo que disserem e fizerem, lembrem-se de que serão julgados pela lei que os liberta. ¹³Não haverá misericórdia para quem não tiver demonstrado misericórdia. Mas, se forem misericordiosos, haverá misericórdia quando forem julgados.

A fé sem obras é morta

¹⁴De que adianta, meus irmãos, dizerem que têm fé se não a demonstram por meio de suas ações? Acaso esse tipo de fé pode salvar alguém? ¹⁵Se um irmão ou uma irmã necessitar de alimento ou de roupa, ¹⁶e vocês disserem: "Até logo e tenha um bom dia, aqueça-se e coma bem", mas não lhe derem alimento nem roupa, em que isso ajuda? ¹⁷Como veem, a fé por si mesma, a menos que produza boas obras, está morta.

¹⁸Mas alguém pode argumentar: "Uns têm fé; outros têm obras". Mostre-me sua fé sem obras e eu, pelas minhas obras, lhe mostrarei minha fé! ¹⁹Você diz crer que há um único Deus.[d] Muito bem! Até os demônios creem nisso e tremem de medo. ²⁰Quanta insensatez! Vocês não entendem que a fé sem as obras é inútil? ²¹Não lembram que nosso antepassado Abraão foi declarado justo por suas ações quando ofereceu seu filho Isaque sobre o altar? ²²Como veem, sua fé e suas ações atuaram juntas e, assim, as ações tornaram a fé completa. ²³E aconteceu exatamente como as Escrituras dizem: "Abraão creu em Deus, e assim foi considerado justo".[e] Ele até foi chamado amigo de Deus![f] ²⁴Vejam que somos declarados justos pelo que fazemos, e não apenas pela fé. ²⁵Raabe, a prostituta, é outro exemplo. Ela foi declarada justa por causa de suas ações quando escondeu os mensageiros e os fez sair em segurança por um caminho diferente. ²⁶Assim como o corpo sem fôlego[g] está morto, também a fé sem obras está morta.

A importância de controlar a língua

3 Meus irmãos, não sejam muitos de vocês mestres, pois nós, os que ensinamos, seremos julgados com mais rigor. ²É verdade que todos nós cometemos muitos erros. Se pudéssemos controlar a língua, seríamos perfeitos,

---

a 2.2 Em grego, à sua sinagoga. b 2.8 Lv 19.18. c 2.11 Êx 20.13-14; Dt 5.17-18. d 2.19 Alguns manuscritos trazem que Deus é um. e 2.23a Gn 15.6. f 2.23b Ver Is 41.8. g 2.26 Ou sem espírito.

---

necessária, mesmo nestes momentos em que, talvez, achemos que fazemos quase o suficiente neste propósito, embora certamente não o façamos. No entanto, a caridade sem a pureza será inútil. Em vão, daríamos todos os nossos bens aos pobres e nossos corpos para serem queimados se não seguirmos pelo caminho da santidade, "sem a qual ninguém verá o Senhor". Se não tivermos deixado o mundo e nos afastado de sua influência poluidora, ainda não teremos aprendido o que é realmente a religião pura e imaculada!

capazes de nos controlar em todos os outros sentidos.

³Por exemplo, se colocamos um freio na boca do cavalo, podemos conduzi-lo para onde quisermos. ⁴Observem também que um pequeno leme faz um grande navio se voltar para onde o piloto deseja, mesmo com ventos fortes. ⁵Assim também, a língua é algo pequeno que profere discursos grandiosos.

Vejam como uma simples fagulha é capaz de incendiar uma grande floresta. ⁶E, entre todas as partes do corpo, a língua é uma chama de fogo. É um mundo de maldade que corrompe todo o corpo. Ateia fogo a uma vida inteira, pois o próprio inferno a acende.ᵃ

⁷O ser humano consegue domar toda espécie de animal, ave, réptil e peixe, ⁸mas ninguém consegue domar a língua. Ela é incontrolável e perversa, cheia de veneno mortífero. ⁹Às vezes louva nosso Senhor e Pai e, às vezes, amaldiçoa aqueles que Deus criou à sua imagem. ¹⁰E, assim, bênção e maldição saem da mesma boca. Meus irmãos, isso não está certo! ¹¹Acaso de uma mesma fonte pode jorrar água doce e amarga? ¹²Pode a figueira produzir azeitonas ou a videira produzir figos? Da mesma forma, não se pode tirar água doce de uma fonte salgada.ᵇ

A verdadeira sabedoria vem de Deus

¹³Se vocês são sábios e inteligentes, demonstrem isso vivendo honradamente, realizando boas obras com a humildade que vem da sabedoria. ¹⁴Mas, se em seu coração há inveja amarga e ambição egoísta, não encubram a verdade com vanglórias e mentiras. ¹⁵Porque essas coisas não são a espécie de sabedoria que vem do alto; antes, são terrenas, mundanas e demoníacas. ¹⁶Pois onde há inveja e ambição egoísta, também há confusão e males de todo tipo.

¹⁷Mas a sabedoria que vem do alto é, antes de tudo, pura. Também é pacífica, sempre amável e disposta a ceder a outros. É cheia de misericórdia e é o fruto de boas obras. Não mostra favoritismo e é sempre sincera. ¹⁸E aqueles que são pacificadores plantarão sementes de paz e ajuntarão uma colheita de justiça.ᶜ

Aproximem-se de Deus

4 De onde vêm as discussões e brigas em seu meio? Acaso não procedem dos prazeres que guerreiam dentro de vocês? ²Querem o que não têm, e até matam para consegui-lo. Invejam o que outros possuem, lutam e fazem guerra para tomar deles. E, no entanto, não têm o que desejam porque não pedem. ³E, quando pedem, não recebem, pois seus motivos são errados; pedem apenas o que lhes dará prazer.

⁴Adúlteros!ᵈ Não percebem que a amizade com o mundo os torna inimigos de Deus? Repito: se desejam ser amigos do mundo, tornam-se inimigos de Deus. ⁵O que vocês acham que as Escrituras querem dizer quando afirmam que o espírito colocado por Deus em nós tem ciúmes?ᵉ ⁶Contudo, ele generosamente nos concede graça. Como dizem as Escrituras:

"Deus se opõe aos orgulhosos,
    mas concede graça aos humildes".ᶠ

ᵃ**3.6** Ou *porque ela queimará no inferno* [em grego, *Gehenna*]. ᵇ**3.12** Em grego, *do sal*. ᶜ**3.18** Ou *de coisas boas*, ou *de retidão*. ᵈ**4.4** Em grego, *Adúlteras!* ᵉ**4.5** Ou *que Deus anseia com zelo pelo espírito humano que colocou em nós?*, ou *que o Espírito que Deus colocou em nós se opõe à nossa inveja?* ᶠ**4.6** Pv 3.34, conforme a Septuaginta.

3.12 Seria uma monstruosidade, uma coisa a ser imaginada e encarada como não natural e absurda se uma figueira começasse a produzir azeitonas! E dessa maneira, não é natural um cristão viver no pecado. Ele pode viver de modo a produzir frutos da iniquidade em vez de frutos de justiça? Que Deus não permita que seja assim! Se a figueira porventura produzisse azeitonas, talvez pudéssemos ter boas razões para questionar se era realmente uma figueira, pois uma árvore é conhecida por seus frutos. Então, quando alguém, que professa ser cristão, vive como as pessoas do mundo, há uma razão forte para temer que essa pessoa seja do mundo, a despeito de sua profissão de fé! Se for para a conhecermos por seus frutos, que é o teste infalível de nosso Senhor, como podemos imaginar que ela seja participante da vida divina quando age desta maneira? A inconsistência lança uma dúvida muito séria sobre muitos que chamam a si mesmos de filhos de Deus. Não é de se admirar que eles próprios sejam, muitas vezes, sujeitos a dúvidas e medos — como *convém* que sejam — pois, se eles se julgarem por seus próprios frutos, poderão se questionar se já nasceram de novo ou não! Aqueles que são novas criaturas em Cristo Jesus procuram viver como Ele viveu na medida que lhes é possível.

Resistam ao diabo

⁷Portanto, submetam-se a Deus. Resistam ao diabo, e ele fugirá de vocês. ⁸Aproximem-se de Deus, e ele se aproximará de vocês. Lavem as mãos, pecadores; purifiquem o coração, vocês que têm a mente dividida. ⁹Que haja lágrimas, lamentação e profundo pesar. Que haja choro em vez de riso, e tristeza em vez de alegria. ¹⁰Humilhem-se diante do Senhor, e ele os exaltará.

Não julguem os outros

¹¹Irmãos, não falem mal uns dos outros. Se criticam e julgam uns aos outros, criticam e julgam a lei. Cabe-lhes, porém, praticar a lei, e não julgá-la. ¹²Somente aquele que deu a lei é Juiz, e somente ele tem poder de salvar ou destruir. Portanto, que direito vocês têm de julgar o próximo?

Não confiem em si mesmos

¹³Prestem atenção, vocês que dizem: "Hoje ou amanhã iremos a determinada cidade e ficaremos lá um ano. Negociaremos ali e teremos lucro". ¹⁴Como sabem o que será de sua vida amanhã? A vida é como a névoa ao amanhecer: aparece por um pouco e logo se dissipa. ¹⁵O que devem dizer é: "Se o Senhor quiser, viveremos e faremos isso ou aquilo". ¹⁶Caso contrário, estarão se orgulhando de seus planos pretensiosos, e toda presunção como essa é maligna.

¹⁷Lembrem-se de que é pecado saber o que devem fazer e não fazê-lo.

Advertência aos ricos

5 Prestem atenção, vocês que são ricos. Chorem e gemam de angústia por causa das desgraças que os esperam. ²Sua riqueza apodreceu, e suas roupas finas são trapos comidos por traças. ³Seu ouro e sua prata estão corroídos. A mesma riqueza com a qual vocês contavam devorará sua carne como fogo. Esse tesouro corroído que vocês acumularam testemunhará contra vocês nos últimos dias. ⁴Por isso, ouçam os clamores dos que trabalharam em seus campos, cujo salário vocês retiveram de modo fraudulento! Sim, os clamores dos que fizeram a colheita em seus campos chegaram aos ouvidos do Senhor dos Exércitos.

⁵Vocês levam uma vida de luxo na terra, satisfazendo seus desejos e engordando a si mesmos para o dia do abate. ⁶Condenam e matam inocentes,ª sem que eles resistam.ᵇ

Paciência e perseverança

⁷Por isso, irmãos, sejam pacientes enquanto esperam a volta do Senhor. Vejam como os lavradores esperam pacientemente as chuvas do outono e da primavera. Com grande expectativa, aguardam o amadurecimento de

---

ª **5.6a** Ou *o Justo*. ᵇ **5.6b** Ou *e eles não lhes resistem?*, ou *e Deus não se opõe a vocês?*, ou *e eles não os acusam agora diante de Deus?*

4.13-17 Observe que essas pessoas, enquanto pensavam que tudo estava à sua disposição, usaram tudo com objetivos mundanos. O que elas disseram? Determinaram uma com a outra: "Hoje ou amanhã faremos tal e tal coisa para a glória de Deus e para a expansão do Seu Reino?" Ó, não, não havia uma palavra sobre Deus nela, do começo ao fim! Nisso, são, de fato, muito parecidos com o tipo da maioria dos homens de hoje. Eles diriam: "Vamos comprar. Então, levaremos nossos bens para outro mercado não muito longe. Venderemos com juros e assim obteremos lucros". Seus primeiros e últimos pensamentos foram da Terra, terrenos, e sua única ideia parecia ser de que ganhariam o suficiente para fazê-los se sentirem ricos e com mais posses. Essa era a maior ambição em suas mentes. Não existem muitos vivendo assim agora? Eles pensam que podem mapear sua própria vida e o único objetivo de seus esforços parece ser o de comprar, vender e obter lucro, ou então obter honra ou aproveitar o prazer. Seus corações não se elevam ao ar sereno do Céu — ainda estão se humilhando aqui abaixo. [...]

Devemos reconhecer Deus nos assuntos do futuro, porque primeiro, *existe uma vontade divina que rege todas as coisas*. Creio que nada acontece fora das resoluções e decretos divinos. Mesmo as pequenas coisas na vida não são ignoradas pelos olhos que tudo veem. "Até os cabelos de sua cabeça estão todos contados". A posição de um junco à margem do rio é tão fixa e conhecida como a posição de um rei. E a palha da mão do ceifeiro é guiada tanto quanto as estrelas em seu curso. Tudo está sob controle e tem um lugar designado no plano de Deus — e nada acontece no fim, senão o que Ele permite ou ordena. Sabendo disso, não diremos todo o tempo: "Se o Senhor quiser", entretanto sempre sentiremos assim. Seja qual for o nosso propósito, existe um poder superior que devemos reconhecer sempre — e há um propósito supremo diante do qual devemos nos curvar com a reverência mais humilde, dizendo: "Se o Senhor quiser".

sua preciosa colheita. ⁸Sejam também pacientes. Fortaleçam-se em seu coração, pois a vinda do Senhor está próxima.

⁹Irmãos, não se queixem uns dos outros, para que não sejam julgados. Pois, vejam, o Juiz está à porta!

¹⁰Irmãos, tomem como exemplo de paciência no sofrimento os profetas que falaram em nome do Senhor. ¹¹Consideramos felizes aqueles que permanecem firmes em meio à aflição. Vocês ouviram falar de Jó, um homem de muita perseverança. Sabem como, no final, o Senhor foi bondoso com ele, pois o Senhor é cheio de compaixão e misericórdia.

¹²Acima de tudo, meus irmãos, não jurem pelo céu, nem pela terra, nem por qualquer outra coisa. Que seu "sim" seja de fato sim, e seu "não", não, para que não pequem e sejam condenados.

O poder da oração

¹³Algum de vocês está passando por dificuldades? Então ore. Alguém está feliz? Cante louvores. ¹⁴Alguém está doente? Chame os presbíteros[a] da igreja para que venham e orem sobre ele e o unjam com óleo, em nome do Senhor. ¹⁵Essa oração de fé curará o enfermo, e o Senhor o restabelecerá. E, se cometeu algum pecado, será perdoado.

¹⁶Portanto, confessem seus pecados uns aos outros e orem uns pelos outros para serem curados. A oração de um justo tem grande poder e produz grandes resultados. ¹⁷Elias era humano como nós e, no entanto, quando orou insistentemente para que não caísse chuva, não choveu durante três anos e meio. ¹⁸Então ele orou outra vez e o céu enviou chuva, e a terra começou a produzir suas colheitas.

Restaurem irmãos que se desviaram

¹⁹Meus irmãos, se algum de vocês se desviar da verdade e for trazido de volta, ²⁰saibam que quem trouxer o pecador de volta de seu desvio o salvará da morte e trará perdão para muitos pecados.

---

[a] **5.14** Ou *anciãos*.

1 Pedro

INTRODUÇÃO

Autor. O autor foi o apóstolo Pedro, cujo nome antes de se tornar um discípulo, era Simão. Nasceu em Betsaida e morou em Cafarnaum, onde seguiu a profissão de pescador. Ele foi trazido a Jesus por André, seu irmão, e se tornou um dos líderes dos apóstolos, tanto antes como depois da morte de Cristo. Sua carreira deve ser estudada como é encontrada em Atos. Ele era impetuoso, corajoso e enérgico, e após a ascensão de Cristo, realizou muitos milagres.

Para quem foi escrita. A permanência da dispersão (1.1) aponta para cristãos judeus. Eles eram estrangeiros (residentes) 1.1,17; 2.11, que foram perseguidos, 3.17; 4.12-19, cuja perseguição veio, não dos judeus, mas dos pagãos, 4.3,4. Eles tinham certas falhas e tendências erradas, 2.1,11,12,16; 3.8-12; 4.9; 5.2,3.

Propósito. Consolá-los em seus sofrimentos e exortá-los à fidelidade e dever.

Data. Provavelmente cerca de 64–68 d.C. Certamente não depois de 70 d.C., pois não há dúvida de que a morte dos apóstolos tenha ocorrido antes disso.

ESBOÇO

Introdução, 1.1,2

1. Ação de graças pela bênção da graça, 1.3-12
    1.1. Por uma esperança viva e uma herança imperecível, vv.3-5
    1.2. Pela fé jubilosa durante provações, vv.6-9
    1.3. Pela salvação, vv.10-12

2. Obrigações resultantes das bênçãos da graça, 1.13-4.19
    2.1. Relacionamento correto do coração em relação a Deus e aos homens, 1.13-2.10
    2.2. Conduta correta quanto aos relacionamentos da vida, 2.11-3.12
    2.3. Atitude adequada em relação ao sofrimento, 3.13-4.19

3. Exortações a grupos em particular, 5.1-9

Conclusão, 5.10-14.

PARA ESTUDO E DISCUSSÃO

[1] A lealdade de Pedro a Cristo: (a) Ele faz tudo depender de Cristo: Sua cruz (1.18,19; 2.24; 3.18), Seu sofrimento (2.21; 3.18; 4.13), Sua ressurreição (1.3), Sua manifestação (1.7-13), Sua exaltação (3.22; 4.11; 5.10); (b) Ele chama Cristo de pedra viva (2.4-8); (c) Ele se apega ao ensinamento de Cristo, submissão à autoridade legítima (2.13-16), perdão aos outros (4.8; Mt 18.22), humildade (5.5).
[2] A misericórdia de Deus, nossa esperança, 1.3-7. A partir desta passagem, liste o que é dito dos herdeiros espirituais e de sua herança.
[3] Como obter o ideal cristão, 1.13-21.
[4] Desenvolvimento espiritual, 2.1-10.
[5] Vários mandamentos da sociedade, 2.13-17; da vida doméstica, 2.18; 3.1,7; da fraternidade cristã, 1.22, 2.1-5; 3.8,9; 4.8-11; 5.1-5.
[6] Cite a obra das diferentes pessoas da Trindade.
[7] Palavras preciosas: alegria, misericórdia, amor e fé.

Saudações de Pedro

1 Eu, Pedro, apóstolo de Jesus Cristo, escrevo esta carta aos escolhidos que vivem como estrangeiros nas províncias de Ponto, Galácia, Capadócia, Ásia e Bitínia.[a] ²Deus, o Pai, os conhecia de antemão e os escolheu, e o Espírito os santificou para a obediência e a purificação pelo sangue de Jesus Cristo.

Que vocês tenham cada vez mais graça e paz.

Esperança da vida eterna

³Todo louvor seja a Deus, o Pai de nosso Senhor Jesus Cristo. Por sua grande misericórdia, ele nos fez nascer de novo, por meio da ressurreição de Jesus Cristo dentre os mortos. Agora temos uma viva esperança ⁴e uma herança imperecível, pura e imaculada, que não muda nem se deteriora, guardada para vocês no céu. ⁵Por meio da fé que vocês têm, Deus os protege com seu poder até que recebam essa salvação, pronta para ser revelada nos últimos tempos.

⁶Portanto, alegrem-se com isso, ainda que agora, por algum tempo, vocês precisem suportar muitas provações. ⁷Elas mostrarão que sua fé é autêntica. Como o fogo prova e purifica o ouro, assim sua fé está sendo experimentada, e ela é muito mais preciosa que o simples ouro. Isso resultará em louvor, glória e honra no dia em que Jesus Cristo for revelado.

⁸Embora nunca o tenham visto, vocês o amam. E, ainda que não o vejam agora, creem nele e se regozijam com alegria inexprimível e gloriosa, ⁹pois estão alcançando o alvo de sua fé, a sua salvação.

¹⁰Até mesmo os profetas queriam saber mais sobre essa salvação e investigaram a respeito, quando profetizaram acerca da graça preparada para vocês. ¹¹Buscavam descobrir a que tempo ou ocasião se referia o Espírito de Cristo, que neles estava, ao predizer o sofrimento de Cristo e sua grande glória posterior.

¹²Foi-lhes dito que suas mensagens não eram para eles, mas para vocês. E, agora, essas boas-novas lhes foram anunciadas por aqueles que pregaram pelo poder do Espírito Santo enviado do céu. É algo tão maravilhoso que até os anjos anseiam observar.

Chamados para uma vida de santidade

¹³Portanto, preparem sua mente para a ação e exercitem o autocontrole. Depositem toda a sua esperança na graça que receberão quando Jesus Cristo for revelado. ¹⁴Sejam filhos obedientes. Não voltem ao seu antigo modo de viver, quando satisfaziam os próprios desejos e viviam na ignorância. ¹⁵Agora, porém, sejam santos em tudo que fizerem, como é santo aquele que os chamou. ¹⁶Pois as Escrituras dizem: "Sejam santos, porque eu sou santo".[b]

¹⁷Lembrem-se de que o Pai celestial, a quem vocês oram, não mostra favorecimento. Ele os julgará de acordo com suas ações. Por isso, vivam com temor durante seu tempo como residentes na terra. ¹⁸Pois vocês sabem que o resgate para salvá-los do estilo de vida vazio que herdaram de seus antepassados não foi pago com simples ouro ou prata, que perdem seu valor, ¹⁹mas com o sangue precioso de Cristo, o Cordeiro de Deus, sem pecado nem mancha. ²⁰Ele foi escolhido antes da criação do mundo, mas agora, nestes últimos tempos, foi revelado por causa de vocês.

²¹Por meio de Cristo, vocês vieram a crer em Deus. Depositam sua fé e esperança em Deus porque ele ressuscitou Cristo dos mortos e lhe deu grande glória.

²²Uma vez que vocês foram purificados de seus pecados quando obedeceram à verdade, tenham como alvo agora o amor fraternal sem fingimento. Amem uns aos outros sinceramente, de todo o coração.

²³Pois vocês nasceram de novo, não para uma vida que pode ser destruída, mas para uma vida que durará para sempre, porque vem da eterna e viva palavra de Deus. ²⁴Pois,

"Os seres humanos são como o capim;
   sua beleza é como as flores do campo.
O capim seca e as flores murcham,
   ²⁵mas a palavra do Senhor permanece
   para sempre".[c]

E essa palavra é a mensagem das boas-novas que lhes foi anunciada.

2 Portanto, livrem-se de toda maldade, todo engano, toda hipocrisia, toda inveja e todo tipo de difamação. ²Como bebês

---

[a] **1.1** Províncias romanas onde hoje fica a Turquia. [b] **1.16** Lv 11.44-45; 19.2; 20.7. [c] **1.24-25** Is 40.6-8.

recém-nascidos, desejem intensamente o puro leite espiritual, para que, por meio dele, cresçam e experimentem plenamente a salvação, ³agora que provaram da bondade do Senhor.

Pedras vivas para a casa de Deus

⁴Vocês têm se aproximado de Cristo, a pedra viva. As pessoas o rejeitaram, mas Deus o escolheu para lhe conceder grande honra.

⁵E vocês também são pedras vivas, com as quais um templo espiritual é edificado. Além disso, são sacerdotes santos.ª Por meio de Jesus Cristo, ofereçam sacrifícios espirituais que agradam a Deus. ⁶Como dizem as Escrituras:

"Ponho em Sião uma pedra angular,
    escolhida para grande honra;
quem confiar nela
    jamais será envergonhado".ᵇ

⁷Sim, vocês, os que creem, reconhecem a honra que lhe é devida.ᶜ Mas, para os que não creem,

"A pedra que os construtores rejeitaram
    se tornou a pedra angular".ᵈ

⁸E também,

"Ele é a pedra de tropeço,
    rocha que faz as pessoas caírem".ᵉ

Tropeçam porque não obedecem à palavra e, portanto, deparam com o destino planejado para elas.

⁹Vocês, porém, são povo escolhido, reino de sacerdotes,ᶠ nação santa, propriedade exclusiva de Deus. Assim, vocês podem mostrar às pessoas como é admirável aquele que os chamou das trevas para sua maravilhosa luz.

¹⁰"Antes vocês não tinham identidade
    como povo,
agora são povo de Deus.
Antes não haviam recebido misericórdia,
    agora receberam misericórdia de
    Deus."ᵍ

¹¹Amados, eu os advirto, como peregrinos e estrangeiros que são, a manter distância dos desejos carnais que lutam contra a alma. ¹²Procurem viver de maneira exemplar entre os que não creem. Assim, mesmo que eles os acusem de praticar o mal, verão seu comportamento correto e darão glória a Deus quando ele julgar o mundo.ʰ

Respeito pelas autoridades

¹³Por causa do Senhor, submetam-se a todas as autoridades humanas, seja o rei como autoridade máxima, ¹⁴sejam os oficiais nomeados e enviados por ele para castigar os que fazem o mal e honrar os que fazem o bem.

¹⁵É da vontade de Deus que, pela prática do bem, vocês calem os ignorantes que os acusam falsamente. ¹⁶Pois vocês são livres e, no entanto, são escravos de Deus; não usem sua liberdade como desculpa para fazer o mal. ¹⁷Tratem todos com respeito e amem seus irmãos em Cristo.ⁱ Temam a Deus e respeitem o rei.

ª**2.5** Em grego, *sacerdócio santo*. ᵇ**2.6** Is 28.16, conforme a Septuaginta. ᶜ**2.7a** Ou *Sim, para vocês que creem, existe honra*. ᵈ**2.7b** Sl 118.22. ᵉ**2.8** Is 8.14. ᶠ**2.9** Em grego, *sacerdócio real*. ᵍ**2.10** Os 1.6,9; 2.23. ʰ**2.12** Em grego, *no dia da visitação*. ⁱ**2.17** Em grego, *a irmandade*.

2.4,5 Chamo sua atenção mais especialmente para a conexão dos dois versículos. "Vocês têm se aproximado de Cristo, a pedra viva. [...] E vocês também são pedras vivas [...] são sacerdotes santos". [...] Em toda parte, ao longo das Escrituras, a conexão entre os santos e seu Cabeça é perpetuamente mencionada. *Em Cristo* é o próprio símbolo dos escritores do Novo Testamento. Qualquer coisa mencionada como seleta e boa, relacionada aos santos, bem como seus privilégios e honras, somos sempre lembrados de que elas são apenas usufruídas em conexão com o Senhor Jesus, conforme o Pai nos abençoou nele e nos tornou aceitos no Amado. Aproximando-nos dele como a fundação, nos tornamos um templo. Aproximando-nos de Jesus como o Santo de Israel, nos tornamos sacerdotes santos e estando em Seu sacrifício, também oferecemos sacrifícios espirituais. Aproximando-nos de Cristo — pois tal é a força da palavra — cada vez mais perto, crescemos em todas as coisas nele e nos tornamos perfeitos em Jesus. Percebendo e desfrutando conscientemente de nossa união vital com Ele, recebemos promessas, bênçãos, adquirimos privilégios e exercemos ofícios que só podem ser nossos em união com o Senhor. É somente nos aproximando do nosso alicerce da grande aliança e somente na proporção em que chegamos diariamente a Ele, e descansamos nele, que Deus habita em nós como em um templo. É somente quando somos vistos em união com o Apóstolo e Sumo Sacerdote de nossa profissão de fé que o Pai nos permite servi-lo como sacerdotes e aceita os sacrifícios que apresentamos.

Instruções para os escravos

¹⁸Vocês, escravos, submetam-se a seu senhor com todo o respeito.[a] Façam o que ele mandar, não apenas se for bondoso e amável, mas até mesmo se for cruel. ¹⁹Porque Deus se agrada de vocês quando, conscientes da vontade dele, suportam com paciência o tratamento injusto. ²⁰Claro que não há mérito algum em ser paciente quando são açoitados por terem feito o mal. Mas, se sofrem por terem feito o bem e suportam com paciência, Deus se agrada de vocês.

²¹Porque Deus os chamou para fazerem o bem, mesmo que isso resulte em sofrimento, pois Cristo sofreu[b] por vocês. Ele é seu exemplo; sigam seus passos.

²²Ele nunca pecou,
  nem enganou ninguém.[c]
²³Não revidou quando foi insultado,
  nem ameaçou se vingar quando sofreu,
mas deixou seu caso nas mãos de Deus,
  que sempre julga com justiça.
²⁴Ele mesmo carregou nossos pecados
  em seu corpo na cruz,
a fim de que morrêssemos para o pecado
  e vivêssemos para a justiça;
  por suas feridas somos curados.
²⁵Vocês eram como ovelhas desgarradas,
  mas agora voltaram para o Pastor,
  o Guardião de sua alma.

Instruções para as esposas

3 Da mesma forma, vocês, esposas, sujeitem-se à autoridade de seu marido. Assim, mesmo que ele se recuse a obedecer à palavra, será conquistado por sua conduta, sem palavra alguma, ²mas por observar seu modo de viver puro e reverente.

³Não se preocupem com a beleza exterior obtida com penteados extravagantes, joias caras e roupas bonitas. ⁴Em vez disso, vistam-se com a beleza que vem de dentro e que não desaparece, a beleza de um espírito amável e sereno, tão precioso para Deus. ⁵Era assim que se adornavam as mulheres santas do passado. Elas depositavam sua confiança em Deus e se sujeitavam à autoridade do marido. ⁶Sara, por exemplo, obedecia a Abraão e o chamava de senhor. Vocês são filhas dela quando praticam o bem, sem medo algum.

Instruções para os maridos

⁷Da mesma forma, vocês, maridos, honrem sua esposa. Sejam compreensivos no convívio com ela, pois, ainda que seja mais frágil que vocês, ela é igualmente participante da dádiva de nova vida concedida por Deus. Tratem-na de maneira correta, para que nada atrapalhe suas orações.

Instruções para todos os irmãos em Cristo

⁸Por fim, tenham todos o mesmo modo de pensar. Sejam cheios de compaixão uns pelos outros. Amem uns aos outros como irmãos. Mostrem misericórdia e humildade. ⁹Não retribuam mal por mal, nem insulto com insulto. Ao contrário, retribuam com uma bênção. Foi para isso que vocês foram chamados, e a bênção lhes será concedida. ¹⁰Pois,

"Se quiser desfrutar a vida
  e ver muitos dias felizes,
refreie a língua de falar maldades
  e os lábios de dizerem mentiras.
¹¹Afaste-se do mal e faça o bem;
  busque a paz e esforce-se para mantê-la.
¹²Os olhos do Senhor estão sobre os justos,
  e seus ouvidos, abertos para suas
    orações.
O Senhor, porém, volta o rosto
  contra os que praticam o mal".[d]

Sofrimento resultante de fazer o bem

¹³Quem é que desejará lhes fazer mal se vocês se dedicarem a fazer o bem? ¹⁴Mas, ainda que sofram por fazer o que é certo, vocês serão abençoados. Portanto, não se preocupem e não tenham medo de ameaças. ¹⁵Em vez disso, consagrem a Cristo como o Senhor de sua vida. E, se alguém lhes perguntar a respeito de sua esperança, estejam sempre preparados para explicá-la. ¹⁶Façam-no, porém, de modo amável e respeitoso.[e] Mantenham sempre a consciência limpa. Então, se as pessoas falarem mal de vocês, ficarão envergonhadas ao ver como vocês vivem corretamente em Cristo. ¹⁷Lembrem-se de que é melhor sofrer por

---

[a]**2.18** Ou *porque vocês temem a Deus*; o grego traz *em todo o temor*. [b]**2.21** Alguns manuscritos trazem *morreu*. [c]**2.22** Ver Is 53.9. [d]**3.10-12** Sl 34.12-16. [e]**3.16** Em algumas traduções essa frase fica no versículo 15.

fazer o bem, se for da vontade de Deus, do que por fazer o mal. ¹⁸Pois Cristo também sofreu[a] por nossos pecados, de uma vez por todas. Embora nunca tenha pecado, morreu pelos pecadores a fim de conduzi-los a Deus. Sofreu morte física, mas foi ressuscitado pelo Espírito,[b] ¹⁹por meio do qual pregou aos espíritos em prisão, ²⁰àqueles que, muito tempo atrás, desobedeceram a Deus quando ele esperou pacientemente enquanto Noé construía sua embarcação. Apenas oito pessoas foram salvas por meio da água do dilúvio, ²¹e aquela água simboliza o batismo que agora os salva, não pela remoção da sujeira do corpo, mas porque no batismo vocês declaram ter boa consciência diante de Deus.[c] Ela é eficaz por meio da ressurreição de Jesus Cristo.

²²Agora, Cristo foi para o céu e está sentado no lugar de honra à direita de Deus, e todos os anjos, autoridades e poderes se sujeitam a ele.

A vida dedicada a Deus

4 Portanto, uma vez que Cristo sofreu fisicamente, armem-se com a mesma atitude que ele teve e estejam prontos para também sofrer. Porque, se vocês sofreram fisicamente por Cristo, deixaram o pecado para trás.[d] ²Não passarão o resto da vida buscando os próprios desejos, mas fazendo a vontade de Deus. ³No passado, vocês desperdiçaram muito tempo praticando o que gostam de fazer aqueles que não creem: imoralidade e desejos carnais, farras, bebedeiras e festanças desregradas, além da detestável adoração de ídolos.

⁴Agora, essas pessoas ficam surpresas quando vocês deixam de participar de suas práticas desregradas e destrutivas e, por isso, os difamam. ⁵Lembrem-se, porém, de que eles terão de prestar contas àquele que está pronto para julgar a todos, vivos e mortos. ⁶Por isso as boas-novas foram anunciadas até mesmo aos mortos, pois, embora estivessem destinados a morrer como todo ser humano,[e] agora vivem para sempre com Deus pelo Espírito.[f]

⁷O fim de todas as coisas está próximo. Portanto, sejam sensatos e disciplinados em suas orações. ⁸Acima de tudo, amem uns aos outros sinceramente, pois o amor cobre muitos pecados. ⁹Abram sua casa de bom grado para os que necessitam de um lugar para se hospedar.

¹⁰Deus concedeu um dom a cada um, e vocês devem usá-lo para servir uns aos outros, fazendo bom uso da múltipla e variada graça divina. ¹¹Você tem o dom de falar? Então faça-o de acordo com as palavras de Deus. Tem o dom de ajudar? Faça-o com a força que Deus lhe dá. Assim, tudo que você realizar trará glória a Deus por meio de Jesus Cristo. A ele sejam a glória e o poder para todo o sempre! Amém.

Sofrimentos resultantes de seguir a Cristo

¹²Amados, não se surpreendam com as provações de fogo ardente pelas quais estão passando, como se algo estranho lhes estivesse acontecendo. ¹³Pelo contrário, alegrem-se muito, pois essas provações os tornam participantes dos sofrimentos de Cristo, a fim de

---

[a]**3.18a** Alguns manuscritos trazem *morreu*. [b]**3.18b** Ou *em espírito*. [c]**3.21** Ou *suplicam a Deus por uma boa consciência*. [d]**4.1** Ou *Pois aquele* [ou *Aquele*] *que sofreu fisicamente acabou com o pecado*. [e]**4.6a** Ou *embora as pessoas os tivessem julgado dignos de morte*. [f]**4.6b** Ou *em espírito*.

4.1-3 Agora leia entre as linhas do nosso texto. Em Cristo, morremos para o pecado uma vez, mas agora que vivemos para Deus, estamos como se tivéssemos de fato morrido para o pecado e passado para um novo estado e condição em virtude da nossa união com Jesus Cristo, nosso Senhor. Mas, sendo isso verdade, há uma *experiência* a qual devemos submeter nosso próprio espírito — por isso o apóstolo diz: "Portanto, uma vez que Cristo sofreu fisicamente, armem-se com a mesma atitude que ele teve". Como Ele morreu para o pecado, também devemos morrer para o pecado. Isso ocorre — o exórdio disso, pelo menos — no momento da conversão. O homem que antigamente amava o pecado começa a odiá-lo. O pecado que ele costumava engolir avidamente, agora ele odeia e evita. Há tal mudança operada pelo Espírito de Deus no coração do crente que o pecado não pode mais ter domínio sobre ele. Foi destronado do lugar que ocupava sobre sua natureza. Antigamente, o pecado colocava o pé sobre seu pescoço, mas agora o crente coloca o pé sobre o pescoço do pecado. Ele está morto para o pecado e ele cessa — não apenas isso — à vista de Javé que tudo vê, ele tem suas enfermidades, seus fracassos e seus pecados, mas ainda assim, no que diz respeito ao seu coração, ele pôs um fim nisso.

que tenham a maravilhosa alegria de ver sua glória quando ela for revelada. ¹⁴Se vocês forem insultados por causa do nome de Cristo, abençoados serão, pois o glorioso Espírito de Deusª repousa sobre vocês.ᵇ ¹⁵Se sofrerem, porém, que não seja por matar, roubar, causar confusão ou intrometer-se em assuntos alheios. ¹⁶Mas, se sofrerem por ser cristãos, não se envergonhem; louvem a Deus por serem chamados por esse nome! ¹⁷Pois chegou a hora do julgamento, que deve começar pela casa de Deus. E, se o julgamento começa conosco, que destino terrível aguarda aqueles que nunca obedeceram às boas-novas de Deus! ¹⁸E,

"Se o justo é salvo por um triz,
o que será do pecador perverso?".ᶜ

¹⁹Portanto, se vocês sofrem porque cumprem a vontade de Deus, continuem a fazer o que é certo e confiem sua vida àquele que os criou, pois ele é fiel.

Conselhos para os líderes e para os jovens

5 E agora, uma palavra aos presbíterosᵈ em seu meio. Eu, que também sou presbítero, testemunhei os sofrimentos de Cristo e também participarei de sua glória quando ela for revelada. Assim, peço-lhes ²que cuidem do rebanho que Deus lhes confiou com disposição, e não de má vontade; não pelo que lucrarão com isso, mas pelo desejo de servir a Deus. ³Não abusem de sua autoridade com aqueles que foram colocados sob seus cuidados, mas guiem-nos com seu bom exemplo. ⁴E, quando vier o Grande Pastor, vocês receberão uma coroa de glória sem fim.

⁵Da mesma forma, vocês, que são mais jovens, aceitem a autoridade dos presbíteros. E todos vocês vistam-se de humildade no relacionamento uns com os outros. Pois,

"Deus se opõe aos orgulhosos,
mas concede graça aos humildes".ᵉ

⁶Portanto, humilhem-se sob o grande poder de Deus e, no tempo certo, ele os exaltará. ⁷Entreguem-lhe todas as suas ansiedades, pois ele cuida de vocês.

⁸Estejam atentos! Tomem cuidado com seu grande inimigo, o diabo, que anda como um leão rugindo à sua volta, à procura de alguém para devorar. ⁹Permaneçam firmes contra ele e sejam fortes na fé. Lembrem-se de que seus irmãos em Cristoᶠ em todo o mundo estão passando pelos mesmos sofrimentos.

¹⁰Deus, em toda a sua graça, os chamou para participarem de sua glória eterna por meio de Cristo Jesus. Assim, depois que tiverem sofrido por um pouco de tempo, ele os restaurará, os sustentará e os fortalecerá, e os colocará sobre um firme alicerce. ¹¹A ele seja o poder para sempre! Amém.

Saudações finais

¹²Escrevi e enviei esta breve carta com a ajuda de Silas,ᵍ a quem lhes recomendo como

---

ª**4.14a** Ou *a glória de Deus, seu Espírito.* ᵇ**4.14b** Alguns manuscritos acrescentam *Ele é blasfemado por eles, mas glorificado por vocês.* ᶜ**4.18** Pv 11.31, conforme a Septuaginta. ᵈ**5.1** Ou *anciãos*; também em 5.5. ᵉ**5.5** Pv 3.34, conforme a Septuaginta. ᶠ**5.9** Em grego, *sua irmandade.* ᵍ**5.12** Em grego, *Silvano.*

5.8,9 "Permaneçam firmes contra ele e sejam fortes na fé". Este é o nosso primeiro meio de defesa. Quando Satanás nos ataca como um anjo de luz, não devemos resistir tanto pela oponência declarada quanto pela retirada. Existem algumas *tentações* que só podem ser superadas fugindo-se delas, mas quando Satanás ruge, devemos levantar o brado e o grito de guerra. Correr, *então*, seria covardia e implicaria certa destruição. Suponha agora que Satanás ruja com *perseguição*, (e é um rugido fraco que ele pode dar dessa maneira agora)! Ou, suponha que você seja caluniado, vilipendiado, abusado — você desistirá? Então, você estará arruinado! Você dirá: "Não, nunca, por Aquele que me chamou para esta obra, verei o fim desta batalha, e em nome daquele que tem sido meu Ajudador até agora, estabeleço o estandarte; e brado — Javé-Nissi; O Senhor dos Exércitos está entre nós; o Deus de Jacó é nossa fortaleza". Você fez bem; resistiu e vencerá! Ele o atacou com alguma tentação desagradável ao seu espírito? Ceda um centímetro, e você estará arruinado, mas fique mais atento e mais vigilante a respeito daquele pecado em particular, e a resistência certamente trará vitória. Ou ele infiltrou blasfêmia? Resista! Ore mais cada vez que ele for mais ativo. Em breve, ele desistirá se descobrir que seus ataques o levam a Cristo! Muitas vezes Satanás não é nada mais do que um grande cão raivoso que conduz as ovelhas de Cristo para mais perto do Mestre!

irmão fiel. Meu objetivo ao escrever é encorajá-los e garantir-lhes que as experiências pelas quais vocês têm passado são, verdadeiramente, parte da graça de Deus. Permaneçam firmes nessa graça.

¹³Aquela que está na Babilônia,ᵃ escolhida assim como vocês, lhes envia saudações, e também meu filho Marcos. ¹⁴Cumprimentem uns aos outros com um beijo de amor.
Paz seja com todos vocês que estão em Cristo.

ᵃ 5.13 Ou *Sua igreja irmã aqui na Babilônia*. É provável que *Babilônia* represente Roma.

2Pedro

INTRODUÇÃO

Ocasião. O motivo da epístola é encontrado no mal causado à igreja por falsos mestres, que eram de duas classes: os libertinos e os escarnecedores, sobre os quais Pedro adverte.

Propósito. Seu propósito era exortá-los ao crescimento cristão e adverti-los contra os falsos mestres.

Comparação com a epístola de primeira Pedro. Não há referência à morte, ao sofrimento, à ressurreição e à ascensão de Cristo. Dê uma olhada novamente em 1 Pedro para ver com que frequência há menção desses eventos. O espírito manifestado é de ansiedade, severidade e denúncia, enquanto em 1 Pedro, é de brandura, doçura e dignidade paternal. Ela relaciona a segunda vinda de Cristo com o castigo dos ímpios, enquanto em 1 Pedro a conecta com a glorificação dos santos. O ponto central de 2 Pedro é o conhecimento, enquanto o de 1 Pedro é a esperança.

Alguns ensinamentos. (1) Ser santo, não para garantir uma herança, visto que já a temos. (2) Amar os irmãos, não para purificar nossa alma, mas porque ela é pura. (3) Que nos sacrifiquemos, não como penitência, mas como uma expressão de louvor.

ESBOÇO

Introdução, 1.1,2

1. Progresso na vida cristã, 1.3-21
    1.1. Uma exortação ao crescimento, vv.3-11
    1.2. Razões para essas exortações, vv.12-21
2. Falsos mestres, Cap. 2
    2.1. Os mestres maus e seus seguidores, vv.1-3
    2.2. Sua punição, vv.5-10
    2.3. Seu caráter, caminhos maus e fim, vv.11-32
3. A segunda vinda de Cristo, 3.1-13. Ele trará tanto bênçãos quanto destruição

Conclusão, 3.14-18

PARA ESTUDO E DISCUSSÃO

[1] O que envolve nossa salvação, 1.5-11.
[2] As características dos falsos mestres, 2.1-3,10,12-14.
[3] O castigo assegurado desses falsos mestres, 2.4-6,15,16,21,22.
[4] As exortações do livro, tais como a sobriedade, 1.13.
[5] As previsões do livro.

Saudações de Pedro

1 Eu, Simão[a] Pedro, escravo e apóstolo de Jesus Cristo, escrevo esta carta a vocês que compartilham de nossa preciosa fé, concedida por meio da justiça de Jesus Cristo, nosso Deus e Salvador.

²Que vocês tenham cada vez mais graça e paz à medida que crescem no conhecimento de Deus e de Jesus, nosso Senhor.

Crescimento na fé

³Deus, com seu poder divino, nos concede tudo de que necessitamos para uma vida de devoção, pelo conhecimento completo daquele que nos chamou para si por meio de sua glória e excelência. ⁴E, por causa de sua glória e excelência, ele nos deu grandes e preciosas promessas. São elas que permitem a vocês participar da natureza divina e escapar da corrupção do mundo causada pelos desejos humanos.

⁵Diante de tudo isso, esforcem-se ao máximo para corresponder a essas promessas. Acrescentem à fé a excelência moral; à excelência moral o conhecimento; ⁶ao conhecimento o domínio próprio; ao domínio próprio a perseverança; à perseverança a devoção a Deus; ⁷à devoção a Deus a fraternidade; e à fraternidade o amor.

⁸Quanto mais crescerem nessas coisas, mais produtivos e úteis serão no conhecimento completo de nosso Senhor Jesus Cristo. ⁹Mas aqueles que não se desenvolvem desse modo são praticamente cegos, vendo apenas o que está perto, e se esquecem de que foram purificados de seus antigos pecados.

¹⁰Por isso, irmãos, trabalhem ainda mais arduamente para mostrar que, de fato, estão entre os que foram chamados e escolhidos. Façam essas coisas e jamais tropeçarão. ¹¹Assim, sua entrada no reino eterno de nosso Senhor e Salvador Jesus Cristo será acompanhada de grande honra.

Prestem atenção às Escrituras

¹²Portanto, sempre lhes lembrarei estas coisas, embora já as saibam e estejam firmes na verdade que lhes foi ensinada. ¹³E é apropriado que, enquanto eu viver,[b] continue a lembrá-los. ¹⁴Pois nosso Senhor Jesus Cristo me mostrou que, em breve, partirei desta vida,[c] ¹⁵por isso me esforçarei para garantir que vocês sempre se lembrem destas coisas depois de minha partida.

---

[a]**1.1** Em grego, *Simeão*. [b]**1.13** Em grego, *enquanto eu estiver nesta tenda (ou tabernáculo)*. [c]**1.14** Em grego, *em breve, deixarei minha tenda (ou tabernáculo)*.

1.5-7 Como você viu o pedreiro pegar a primeira pedra e depois outra, e então, gradualmente, construir a casa, assim devem vocês, cristãos, pegar a primeira virtude e depois outra, e depois outra, e empilhar essas pedras da graça, uma sobre a outra até que tenham construído um palácio para a habitação do Espírito Santo!

A fé, é claro, vem em primeiro lugar, porque a fé é o fundamento de todas as graças, e não pode haver verdadeira graça onde não houver fé verdadeira. Então, "acrescentem à fé a excelência moral", que deveria ter sido traduzida, "coragem". A verdadeira coragem é uma grande bênção, de fato, para o cristão — sem ela, como ele poderá enfrentar os seus inimigos? "À excelência moral o conhecimento", pois coragem sem conhecimento seria uma imprudência tola, que o levaria à boca *do canhão mesmo que não houvesse nada a ganhar ao lançar fora sua vida.*

"Ao conhecimento o domínio próprio", pois há alguns que, antes de obter conhecimento, são levados por nova doutrina que aprenderam e se tornam como homens embriagados, pois é possível intoxicar-se mesmo com a verdade de Deus! Feliz é aquele cristão que tem domínio próprio com o seu conhecimento que, enquanto detém uma doutrina, não vai para o extremo, mas aprende a observar outras doutrinas em conformidade com ela. "Ao domínio próprio a perseverança", ou persistência, para que possamos suportar "zombaria e açoites" ou dores agudas, ou perseguições ferozes, ou as aflições habituais desta vida. Aquele que não tem poder de persistência é um pobre cristão. Se você é um verdadeiro cristão "suporte comigo o sofrimento, como bom soldado de Cristo Jesus".

"À perseverança a devoção a Deus" — tendo respeito constante a Deus em todos os nossos caminhos, vivendo para Deus e vivendo como Deus tanto quanto o finito pode ser como o infinito. "À devoção a Deus a fraternidade". Ó queridos amigos, sejamos muito gentis com aqueles que são nossos irmãos e irmãs em Cristo Jesus! Deixemos que os laços de parentesco cristão nos unam em verdadeira fraternidade uns com os outros. "E à fraternidade o amor". Amemos todos os homens, especialmente os da família da fé.

¹⁶Porque não inventamos histórias engenhosas quando lhes falamos da poderosa vinda de nosso Senhor Jesus Cristo. Vimos com os próprios olhos seu esplendor majestoso, ¹⁷quando ele recebeu honra e glória da parte de Deus, o Pai. A voz da glória suprema de Deus lhe disse: "Este é meu Filho amado, que me dá grande alegria".ᵃ ¹⁸Nós mesmos ouvimos essa voz do céu quando estávamos com ele no monte santo.

¹⁹Além disso, temos a mensagem que os profetas proclamaram, que é digna de toda confiança. Prestem muita atenção ao que eles escreveram, pois suas palavras são como lâmpada que ilumina um lugar escuro, até que o dia clareie e a estrela da manhã brilheᵇ no coração de vocês. ²⁰Acima de tudo, saibam que nenhuma profecia nas Escrituras surgiu do entendimento do próprio profeta,ᶜ ²¹nem de iniciativa humana. Esses homens foram impulsionados pelo Espírito Santo e falaram da parte de Deus.

O perigo dos falsos mestres

2 Contudo, assim como surgiram falsos profetas entre o povo de Israel, também surgirão falsos mestres entre vocês. Eles ensinarão astutamente heresias destrutivas e até negarão o Mestre que os resgatou, trazendo sobre si mesmos destruição repentina. ²Muitos seguirão a imoralidade vergonhosa desses mestres, e por causa deles o caminho da verdade será difamado. ³Em sua ganância, inventarão mentiras astutas para explorar vocês, mas eles já foram condenados há muito tempo, e sua destruição não tardará.

⁴Pois Deus não poupou nem os anjos que pecaram. Ele os lançou no inferno,ᵈ em abismos tenebrosos,ᵉ onde ficarão presos até o dia do julgamento. ⁵Não poupou o mundo antigo, mas protegeu Noé, que proclamava a justiça, e sete pessoas de sua família, quando destruiu com um dilúvio o mundo dos perversos. ⁶Mais tarde, condenou as cidades de Sodoma e Gomorra e as transformou em montes de cinzas, como exemplo do que acontecerá aos perversos. ⁷Em contrapartida, resgatou Ló, tirando-o de Sodoma, por ser ele um homem justo, afligido com a vergonhosa imoralidade dos perversos ao seu redor. ⁸Sim, Ló era um homem justo, cuja alma justa era atormentada pela maldade que via e ouvia todos os dias. ⁹Vemos, portanto, que o Senhor sabe resgatar das provações os que lhe são devotos e, ao mesmo tempo, manter os perversos sob castigo até o dia do julgamento. ¹⁰Ele é particularmente severo com aqueles que seguem desejos e instintos distorcidos e desprezam a autoridade.

Tais indivíduos são orgulhosos e arrogantes, e atrevem-se até a zombar de seres sobrenaturais.ᶠ ¹¹Já os anjos, muito maiores em poder e em força, não ousam apresentar diante do Senhor uma acusação de blasfêmia contra esses seres.

¹²Os falsos mestres são como criaturas irracionais movidas pelo instinto, que nascem para apanhar e morrer. Nada sabem sobre aqueles a quem insultam e, como animais, serão destruídos porᵍ sua própria corrupção. ¹³Praticam o mal e receberão o mal como recompensa. Gostam de se entregar à imoralidade em plena luz do dia. São uma vergonha e uma mancha no meio de vocês, sentindo prazer em enganá-los enquanto participam de suas refeições. ¹⁴Cometem adultério com os olhos e abrigam um desejo insaciável de pecar. Seduzem os instáveis e são bem treinados na ganância. Vivem sob maldição, ¹⁵desviaram-se do caminho reto e seguem os passos de Balaão, filho de Beor,ʰ que amou a recompensa que receberia por fazer o mal. ¹⁶Balaão, porém, foi refreado em sua loucura quando uma jumenta, que não fala, o repreendeu com voz humana.

¹⁷Eles são como fontes secas ou a neblina levada pelo vento, e estão condenados às mais escuras trevas. ¹⁸Com palavras vazias, proclamam sua grandeza imaginária e apelam para desejos carnais distorcidos a fim de atrair de volta ao pecado aqueles que mal escaparam de uma vida enganosa. ¹⁹Prometem liberdade, mas eles próprios são escravos da corrupção. Pois cada um é escravo daquilo que o controla. ²⁰E, quando alguém escapa da maldade do mundo ao conhecer nosso Senhor e Salvador Jesus Cristo, mas depois se deixa emaranhar e se escravizar novamente pelo pecado, está

ᵃ**1.17** Mt 17.5; Mc 9.7; Lc 9.35. ᵇ**1.19** Ou *nasça*. ᶜ**1.20** Ou *é uma questão de interpretação pessoal*. ᵈ**2.4a** Em grego, *Tártaro*. ᵉ**2.4b** Alguns manuscritos trazem *em cadeias de escuridão*. ᶠ**2.10** Em grego, *seres gloriosos*, provável referência aos anjos caídos. ᵍ**2.12** Ou *em*. ʰ**2.15** Alguns manuscritos trazem *Bosor*.

pior que antes. ²¹Teria sido melhor nunca haver conhecido o caminho da justiça do que, conhecendo-o, rejeitar a ordem recebida para viver de modo santo. ²²Neles se confirmam os provérbios: "O cão volta a seu próprio vômito"ᵃ e "A porca lavada volta a revolver-se na lama".

O dia do Senhor se aproxima

3 Amados, esta é minha segunda carta a vocês, e em ambas procurei refrescar sua memória e incentivá-los a pensar com clareza. ²Quero que se lembrem do que disseram os santos profetas muito tempo atrás e do que ordenou nosso Senhor e Salvador por meio dos apóstolos que lhes enviou.

³Acima de tudo, quero alertá-los de que nos últimos dias surgirão escarnecedores que zombarão da verdade e seguirão os próprios desejos, ⁴dizendo: "O que houve com a promessa de que ele voltaria? Desde antes do tempo de nossos antepassados, tudo permanece igual, como desde a criação do mundo".

⁵Eles esquecem deliberadamente que Deus, por sua palavra, há muito tempo criou os céus e a terra seca, que fez surgir em meio às águas. ⁶Depois, com água destruiu todo o mundo antigo, no dilúvio. ⁷Pela mesma palavra, os céus e a terra que agora existem foram reservados para o fogo e estão guardados para o dia do julgamento, quando todos os perversos serão destruídos.

⁸Logo, amados, não se esqueçam disto: para o Senhor, um dia é como mil anos, e mil anos

---

ᵃ 2.22 Pv 26.11.

3.2-4,8 *V.2* Pedro acreditava na inspiração das "palavras" das Escrituras. Ele não era um daqueles preciosos "pensadores avançados" que, se pudessem, rasgariam a própria alma do Livro e nada nos deixariam. Ele escreveu: "quero que se lembrem do que disseram" — as próprias palavras — "os santos profetas muito tempo atrás". "Ó", diz alguém, "mas as palavras não significam nada — é o sentido interior que é realmente importante". Exatamente isso — foi isso que o tolo disse sobre cascas de ovo. Ele disse que elas eram insignificantes, pois era apenas o germe de vida interior dentro delas que importavam! Então ele quebrou todas as cascas e, assim, destruiu a vida que estava dentro! Contendemos por *cada* palavra da Bíblia e cremos na inspiração verbal e plenária das Sagradas Escrituras, crendo, de fato, que não pode haver outra inspiração além dessa. Se as palavras pudessem ser tiradas de nós, o sentido em si desapareceria.

V.3 Uma profecia que foi cumprida plenamente! Você não precisa ir longe para encontrá-las — elas vêm na forma de homens vivos — e eles abundam na forma de seus livros. Eles devem ser encontrados em quase todos os lugares! Como os gafanhotos, eles enchem o ar e escondem a luz do sol! "Nos últimos dias, surgirão escarnecedores". *Andarão segundo os próprios desejos*. Erros doutrinários são quase sempre acompanhados de erros de prática e, certamente, conduzem legitimamente para esse caminho. Aqueles que escarnecem de acordo com as paixões de seu intelecto são muito propensos a viver de acordo com as paixões de sua carne! As duas coisas são congruentes. Eles nascem da mesma causa, elas florescem pelas mesmas razões, e tendem a ir para os mesmos fins!

V.4 Somente os escarnecedores modernos tentaram superar seus predecessores, pois dizem: "Todas as coisas se desenvolveram pela evolução desde o princípio, que nunca teve um começo, mas que de alguma forma ou outra sempre existiu". Assim, os escarnecedores mudam sua melodia, mas nunca alteram seu espírito — é sempre um ataque à verdade revelada! Na realidade, eles mal parecem crer que existe uma verdade revelada, e eles só aceitarão o que eles mesmos possam ter inventado! Não obstante o que esses homens possam dizer, todas as coisas não continuaram como eram desde o início da criação, pois houve grandes interposições de poder divino no passado, como Pedro prossegue mostrando.

V.8 Você tem pressa. Não entende o infinito descanso do Eterno. O maravilhoso sistema da graça divina parece ter pouquíssimo espaço e suficiente escopo nos poucos anos que os homens lhe atribuem por seus cálculos proféticos! Contudo, as profecias de Deus estão se cumprindo ao pé da letra. Pode parecer que o período de tempo para sua concretização será muito maior do que qualquer um tenha imaginado, no entanto, para Deus ainda será muito breve. "Para o Senhor, um dia é como mil anos, e mil anos como um dia." Clamamos: "Até quando? Até quando?". Entretanto, de acordo com o cômputo divino, foi apenas anteontem que Cristo morreu, e há somente uma semana que Adão foi expulso do Éden. Mil anos é, afinal, um curtíssimo espaço de tempo. Se for medido comparando-o à *nossa* vida, parece longo. Porém, o que é a vida de um homem? Medido de outra forma — e há muitos modos de medição — pode se tornar ainda mais longo. Todavia, calculado pela eternidade de Deus, é um ponto evanescente, no geral — parece se tornar como um nada.

como um dia. ⁹Na verdade, o Senhor não demora em cumprir sua promessa, como pensam alguns. Pelo contrário, ele é paciente por causa de vocês. Não deseja que ninguém seja destruído, mas que todos se arrependam. ¹⁰Contudo, o dia do Senhor virá como um ladrão. Os céus desaparecerão com terrível estrondo, e até os elementos serão consumidos pelo fogo, e a terra e tudo que nela há serão expostos.ᵃ

¹¹Visto, portanto, que tudo ao redor será destruído, a vida de vocês deve ser caracterizada por santidade e devoção, ¹²esperando o dia de Deus e já antecipando sua vinda. Nesse dia, ele incendiará os céus, e os elementos se derreterão nas chamas. ¹³Nós, porém, aguardamos com grande expectativa os novos céus e a nova terra que ele prometeu, um mundo pleno de justiça.

¹⁴Portanto, amados, enquanto esperam que essas coisas aconteçam, esforcem-se para levar uma vida pacífica, pura e sem culpa aos olhos de Deus.

¹⁵E lembrem-se de que a paciência de nosso Senhor permite que as pessoas sejam salvas. Foi isso que nosso amado irmão Paulo lhes escreveu, com a sabedoria que lhe foi concedida. ¹⁶Ele trata dessas questões em todas as suas cartas. Alguns de seus comentários são difíceis de entender, e os ignorantes e instáveis distorceram suas cartas, como fazem com outras partes das Escrituras. Como resultado, eles próprios serão destruídos.

Palavras finais de Pedro

¹⁷Amados, vocês já sabem dessas coisas. Portanto, estejam atentos, a fim de que não sejam levados pelos erros desses perversos e percam sua firmeza. ¹⁸Antes, cresçam na graça e no conhecimento de nosso Senhor e Salvador Jesus Cristo.

A ele seja a glória, agora e para sempre! Amém.

ᵃ**3.10** Alguns manuscritos trazem *serão queimados*; um manuscrito antigo traz *se encontrarão destruídos*.

1 João

INTRODUÇÃO

Autor e data. Provavelmente foi escrita de Éfeso, 80 ou 85 d.C., embora alguns digam que é de 69 d.C., enquanto outros a colocam bem mais tarde, 95 d.C. Em nenhum lugar, o autor indica seu nome, mas através dos séculos tem sido atribuída a João, o discípulo amado.

Para quem foi escrita. Foi, sem dúvida, escrita principalmente às igrejas da Ásia Menor, nas quais João, por causa de seu trabalho em Éfeso, tinha um interesse especial. É evidente que os destinatários eram de todas as idades e eram odiados pelo mundo. Eles estavam inclinados ao mundanismo e ao perigo de olhar o pecado de forma amena. Também estavam em perigo de serem levados a dúvidas por aqueles que negavam a divindade de Jesus.

Estilo. É mais na forma de um sermão ou abordagem pastoral do que a de uma epístola. Está escrito com um tom de autoridade consciente. O pensamento é profundo e místico, mas a linguagem é simples tanto em palavras quanto em frases. Os argumentos são por inferência imediata. Há muitos contrastes, paralelismos e repetições sem figuras de linguagem, exceto talvez pelas palavras luz e escuridão.

Propósito. O propósito principal era dizer-lhes como eles poderiam saber que tinham a vida eterna, 5.13. A realização deste propósito também asseguraria o cumprimento do propósito secundário indicado em 1.3,4.

Tema. A evidência da vida eterna.

ESBOÇO

Introdução, 1.1-4

1. Como viverão aqueles que têm vida eterna, 1.5–5.12
    1.1. Eles viverão na luz, 1.5–2.28
    1.2. Eles farão justiça, 2.29–4.6
    1.3. Eles terão uma vida de amor, 4.7–5.3
    1.4. Eles andarão pela fé, 5.4-12
2. O que os tais que vivem essas vidas devem saber, 5.13-20
    2.1. Que têm a vida eterna, v.13
    2.2. Que suas orações são respondidas, vv.14-17
    2.3. Que o povo de Deus não vive em pecado, v.18
    2.4. Seu verdadeiro relacionamento com Deus e Cristo, vv.19,20

Conclusão, 5.21

O esboço abaixo, elaborado com a ideia do tema "Comunhão com Deus" (1.3,4), é muito sugestivo.

Introdução, 1.1-4

1. Deus é Luz e nossa comunhão com Ele depende de caminharmos na luz, 1.5–2.28
2. Deus é Justiça e nossa comunhão com Ele depende de fazermos justiça, 2.29; 4.6
3. Deus é Amor e nossa comunhão com Ele depende de termos e manifestarmos o espírito de amor, 4.7–5.3
4. Deus é Fiel e nossa comunhão com Ele depende de exercitarmos nossa fé nele, 5.4-12.

Conclusão, 5.13-21

PARA ESTUDO E DISCUSSÃO

[1] As diferentes coisas que podemos conhecer e como podemos conhecê-las. Faça uma lista indicando a referência, como por exemplo: "sabemos que o conhecemos se obedecemos a seus mandamentos" (2.3).
[2] Faça uma lista do que cada passagem a seguir descreve e dê a definição em cada caso: 1.5; 2.25; 3.11; 3.23; 5.3; 5.4; 5.11; 5.14.

[3] As várias alegorias e atributos de Deus, como luz, justiça e amor.
[4] Os requisitos das ações de justiça (1.6,7; 2.9-11; 3.17-23).
[5] O amor de Deus por Seus filhos (3.1,2; 4.8-11,16,19).
[6] O dever dos cristãos de amar uns aos outros (2.10; 3.10-24; 4.7-21; 5.1,2).
[7] A morte expiatória de Jesus Cristo (1.7; 2.1,2; 4.10).
[8] Diferença entre cristãos e não-cristãos, 3.4-10. Quantas vezes ocorrem cada uma das seguintes palavras: Amor, luz, vida, escuridão, justiça, pecado, mentiroso e mentira, verdadeiro e verdade?

Introdução

1 Proclamamos a vocês aquele que existia desde o princípio,ª aquele que ouvimos e vimos com nossos próprios olhos e tocamos com nossas próprias mãos. Ele é a Palavra da vida. ²Aquele que é a vida nos foi revelado, e nós o vimos. Agora, testemunhamos e lhes proclamamos que ele é a vida eterna. Ele estava com o Pai e nos foi revelado. ³Anunciamos-lhes aquilo que nós mesmos vimos e ouvimos, para que tenham comunhão conosco. E nossa comunhão é com o Pai e com seu Filho, Jesus Cristo. ⁴Escrevemos estas coisas para que vocês participem plenamente de nossa alegria.ᵇ

Viver na luz

⁵Esta é a mensagem que ouvimos dele e que agora lhes transmitimos: Deus é luz, e nele não há escuridão alguma. ⁶Portanto, se afirmamos que temos comunhão com ele mas vivemos na escuridão, mentimos e não praticamos a verdade. ⁷Mas, se vivemos na luz, como Deus está na luz, temos comunhão uns com os outros, e o sangue de Jesus, seu Filho, nos purifica de todo pecado.

⁸Se afirmamos que não temos pecados, enganamos a nós mesmos e não vivemos na verdade. ⁹Mas, se confessamos nossos pecados, ele é fiel e justo para perdoar nossos pecados e nos purificar de toda injustiça. ¹⁰Se afirmamos que não pecamos, chamamos Deus de mentiroso e mostramos que não há em nós lugar para sua palavra.

2 Meus filhinhos, escrevo-lhes estas coisas para que vocês não pequem. Se, contudo, alguém pecar, temos um advogado que defende nossa causa diante do Pai: Jesus Cristo, aquele que é justo. ²Ele mesmo é o sacrifício para o perdão de nossos pecados, e não apenas de nossos pecados, mas dos pecados de todo o mundo.

³E sabemos que o conhecemos se obedecemos a seus mandamentos. ⁴Se alguém diz: "Eu o conheço", mas não obedece a seus mandamentos, é mentiroso e a verdade não está nele. ⁵Mas quem obedece à palavra de Deus mostra que o amor que vem deleᶜ está se aperfeiçoando em sua vida. Desse modo, sabemos que estamos nele. ⁶Quem afirma que permanece nele deve viver como ele viveu.

Um novo mandamento

⁷Amados, não lhes escrevo um novo mandamento, mas um antigo, que vocês têm desde o princípio. É a mesma mensagem que ouviram antes. ⁸E, no entanto, também é um novo mandamento, cuja verdade ele demonstrou, e

---

ª**1.1** Em grego, *O que foi desde o princípio*. ᵇ**1.4** Ou *para que nossa alegria seja completa*; alguns manuscritos trazem *para que a alegria de vocês seja completa*. ᶜ**2.5** Ou *o amor a ele*.

1.1,6,7 *V.1* O fato de que Cristo estava realmente encarnado, que não era um fantasma, nenhuma sombra iludindo os olhos que o fitavam, é extremamente importante e, portanto, João — (cujo estilo, a propósito, nesta epístola é precisamente o mesmo que em seu evangelho) — começa declarando que Jesus Cristo, o Filho de Deus, que em Sua eternidade existia desde o início, era realmente um homem de verdade, porque ele diz — "aquele que ouvimos" — ouvir é uma boa evidência, "*e vimos com nossos próprios olhos*" — certamente *a visão é boa, clara evidência*. Mas ainda melhor — "e tocamos com nossas próprias mãos", porque João havia inclinado a cabeça no peito de Jesus Cristo e suas mãos frequentemente tocaram a verdadeira carne e sangue *do Salvador! Não precisamos ter nenhuma dúvida sobre a veracidade da encarnação de Cristo quando temos estes olhos e mãos para nos fornecer evidências!*

V.6 Observe aqui, isso não significa andar na escuridão da tristeza, pois há muitos, entre o povo de Deus, que andam na escuridão de dúvidas e medos e, no entanto, têm comunhão com Deus! Não, às vezes, a comunhão que têm com Cristo é ainda melhor por causa da escuridão do caminho por onde andam. No entanto, a escuridão aqui mencionada significa a escuridão do pecado, a escuridão da falsidade. Se ando na mentira, ou no pecado, e depois professo ter comunhão com Deus, menti e não falo a verdade.

V.7 Então você vê que quando caminhamos no melhor — quando caminhamos na luz, como Ele "está na luz" — quando nossa comunhão é mais profunda, ainda assim precisamos de purificação diária. Aqui não é dito — observe isso, ó minha alma: "O sangue de Jesus Cristo nos purificou", mas "purifica". Se a culpa retornar, o Seu poder pode ser provado novamente — não há medo de que todos os meus deslizes e faltas diárias não sejam graciosamente removidos por este precioso sangue! Mas há alguns que pensam que estão perfeitamente santificados e que não têm pecado.

vocês também a demonstram. Pois a escuridão está se dissipando, e a verdadeira luz já brilha. ⁹Se alguém afirma: "Estou na luz", mas odeia seu irmão, ainda está na escuridão. ¹⁰Quem ama seu irmão permanece na luz e não leva outros a tropeçar. ¹¹Mas quem odeia seu irmão ainda está na escuridão e anda na escuridão. Não sabe para onde vai, pois a escuridão o cegou.

¹²Escrevo a vocês, filhinhos,
  porque seus pecados foram perdoados
    pelo nome de Jesus.
¹³Escrevo a vocês, pais,
  porque conhecem aquele que existia
    desde o princípio.
Escrevo a vocês, jovens,
  porque venceram a batalha contra o
    maligno.
¹⁴Escrevi a vocês, filhinhos,
  porque conhecem o Pai.
Escrevi a vocês, pais,
  porque conhecem aquele que existia
    desde o princípio.
Escrevi a vocês, jovens,
  porque são fortes.
A palavra de Deus permanece em seu
    coração,
  e vocês venceram o maligno.

Não se deve amar este mundo
¹⁵Não amem este mundo, nem as coisas que ele oferece, pois, quando amam o mundo, o amor do Pai não está em vocês. ¹⁶Porque o mundo oferece apenas o desejo intenso por prazer físico, o desejo intenso por tudo que vemos e o orgulho de nossas realizações e bens. Isso não provém do Pai, mas do mundo. ¹⁷E este mundo passa, e com ele tudo que as pessoas tanto desejam. Mas quem faz o que agrada a Deus vive para sempre.

Advertências sobre os anticristos
¹⁸Filhinhos, chegou a hora final. Vocês ouviram que o anticristo está por vir, e muitos anticristos já apareceram. Por isso sabemos que chegou a hora final. ¹⁹Eles saíram de nosso meio, mas, na verdade, nunca foram dos nossos; do contrário, teriam permanecido conosco. Quando saíram, mostraram que não eram dos nossos.

²⁰Mas vocês não são assim, pois o Santo lhes deu sua unção, e todos vocês conhecem a verdade. ²¹Não lhes escrevo porque não conhecem a verdade, mas porque a conhecem e sabem que a verdade não produz mentira alguma. ²²E quem é mentiroso? Aquele que afirma que Jesus não é o Cristo.ᵃ Quem nega o Pai e o Filho é o anticristo. ²³Aquele que nega o Filho também não tem o Pai. Quem reconhece o Filho tem também o Pai.

²⁴Portanto, cuidem para que permaneça em vocês o que lhes foi ensinado desde o começo. Se o fizerem, permanecerão em comunhão com o Filho e com o Pai. ²⁵E, nessa comunhão, desfrutamos a vida eterna que ele nos prometeu.

²⁶Escrevo estas coisas para adverti-los sobre os que desejam enganá-los. ²⁷Vocês, porém, receberam dele a unção, e ela permanece em vocês, de modo que não precisam que alguém lhes ensine a verdade. Pois o que a unção lhes ensina é verdade, e não mentira, e é tudo que precisam saber. Portanto, como lhes ensinou a unção, permaneçam nele.

Viver como filhos de Deus
²⁸Agora, filhinhos, permaneçam nele para que, quando ele voltar, estejamos confiantes e não nos afastemos dele, envergonhados.

²⁹Porque sabemos que ele é justo, também sabemos que todo o que pratica a justiça é nascido de Deus.

3 Vejam como é grande o amor do Pai por nós, pois ele nos chama de filhos, o que de fato somos! Mas quem pertence a este mundo não reconhece que somos filhos de Deus, porque não o conhece. ²Amados, já somos filhos de Deus, mas ele ainda não nos mostrou o que seremos quando Cristo vier. Sabemos, porém, que seremos semelhantes a ele, pois o veremos como ele realmente é. ³E todos que têm essa esperança se manterão puros, como ele é puro.

⁴Quem vive no pecado transgride a lei, pois todo pecado é contrário à lei. ⁵E vocês sabem que ele veio para tirar nossos pecados, e nele não há pecado. ⁶Quem permanece nele não continua a pecar. Mas quem continua a pecar não o conhece e não entende quem ele é.

ᵃ**2.22** Ou *o Messias*. Tanto Messias (do hebraico) como Cristo (do grego) significam "ungido".

⁷Filhinhos, não deixem que ninguém os engane a este respeito: quando uma pessoa faz o que é justo, mostra que é justa, como ele é justo. ⁸Mas, quando continua a pecar, mostra que pertence ao diabo, pois o diabo peca desde o início. Por isso o Filho de Deus veio, para destruir as obras do diabo. ⁹Aquele que é nascido de Deus não vive no pecado, pois a vida de Deus[a] está nele. Logo, não pode continuar a pecar, pois é nascido de Deus. ¹⁰Assim, podemos identificar quem é filho de Deus e quem é filho do diabo. Quem não pratica a justiça e não ama seus irmãos não pertence a Deus.

Amem uns aos outros

¹¹Esta é a mensagem que vocês ouviram desde o princípio: que amemos uns aos outros. ¹²Não sejamos como Caim, que pertencia ao maligno e assassinou seu irmão. E por que o assassinou? Porque Caim praticava o mal, e seu irmão praticava a justiça. ¹³Portanto, meus irmãos, não se surpreendam se o mundo os odiar.

¹⁴Se amamos nossos irmãos, significa que passamos da morte para a vida. Mas quem não ama continua morto. ¹⁵Quem odeia seu irmão já é assassino. E vocês sabem que nenhum assassino tem dentro de si a vida eterna.

¹⁶Sabemos o que é o amor porque Jesus deu sua vida por nós. Portanto, também devemos dar nossa vida por nossos irmãos. ¹⁷Se alguém tem recursos suficientes para viver bem e vê um irmão em necessidade, mas não mostra compaixão, como pode estar nele o amor de Deus?

¹⁸Filhinhos, não nos limitemos a dizer que amamos uns aos outros; demonstremos a verdade por meio de nossas ações. ¹⁹Com isso saberemos que pertencemos à verdade, e nos tranquilizaremos quando estivermos diante de Deus. ²⁰E, ainda que a consciência nos condene, Deus é maior que nossa consciência e sabe todas as coisas.

²¹Amados, se a consciência não nos condena, podemos ir a Deus com total confiança ²²e dele receberemos tudo que pedirmos, pois lhe obedecemos e fazemos o que lhe agrada.

[a] **3.9** Em grego, *a semente de Deus*.

3.8 Neste capítulo, João faz uma precisa e clara divisão da humanidade em duas classes. Ele não dá a menor sugestão de que existe, ou já existiu, ou pode existir uma terceira classe. Mas descreve os homens como filhos de Deus ou então os filhos do diabo e nos diz como as duas classes se manifestam (veja o versículo 10). Bem, essa distinção não teria sido elaborada por João tão acentuadamente se não tivesse existido, pois ele era um homem de coração muito amoroso e espírito gentil, e se pudesse, de alguma forma, encontrar lugar para neutralidades, ou o que chamo de "posicionamento em cima do muro", ou pessoas que estão a meio caminho entre santos e pecadores, estou certo de que ele teria feito isso. Ninguém poderia suspeitar de falta de amor por parte de João e, portanto, como ele estava convencido de que não era possível uma posição intermediária, podemos ser bastante claros sobre essa questão, e imediatamente descartarmos toda teoria feita para lisonjear os indecisos. Até hoje, o mundo ainda está dividido em filhos de Deus e filhos do diabo. Esta distinção nunca deve ser esquecida, *embora milhares de sermões sejam pregados nos quais isso é completamente ignorado, e congregações sejam comumente tratadas como se fossem todos povo de Deus.* [...]

Esta importante distinção deve ser observada na oração pública. E este é um ponto em que estamos insatisfeitos com a maioria das liturgias, porque são necessariamente feitas com a visão de se adequar aos santos e aos pecadores, e como resultado inevitável, não são adequadas para nenhum deles. As notas alegres de confiança que estão se formando nos filhos de Deus são deixadas de lado, porque os ímpios não podem usar tais expressões de fé triunfante, enquanto, por outro lado, as notas de lamentação que são mais adequadas para almas ansiosas são colocadas na boca de homens que, pela graça de Deus, há muito tempo encontraram seu Salvador. Os homens que andam em plena comunhão com o Senhor não são descritos corretamente como "pecadores miseráveis", nem é próprio deles orar como se nunca tivessem encontrado perdão e vida em Cristo Jesus. É impossível que a oração pública seja apropriada para uma congregação mista, a menos que uma parte dela seja evidentemente temente ao Senhor e outra porção não seja. Suponho que seria difícil, se não impossível, elaborar uma liturgia para uso comum baseada em princípios estritamente verdadeiros e, no entanto, essa ordem de oração pública que ignora a distinção entre o regenerado e o não regenerado deve inevitavelmente ser nociva para as almas dos homens. Nesse caso, o servo do Senhor deve discernir entre o precioso e o vil, ou não pode ser como a boca de Deus.

²³E este é seu mandamento: que creiamos no nome de seu Filho, Jesus Cristo, e amemos uns aos outros, conforme ele nos ordenou. ²⁴Aqueles que obedecem a seus mandamentos permanecem nele, e ele permanece neles. E sabemos que ele permanece em nós porque o Espírito que ele nos deu permanece em nós.

Como identificar falsos profetas

4 Amados, não acreditem em todo espírito, mas ponham-no à prova para ter a certeza de que o espírito vem de Deus, pois há muitos falsos profetas no mundo. ²Assim sabemos se eles têm o Espírito de Deus: todo espírito que reconhece que Jesus Cristo veio em corpo humano é de Deus, ³mas todo espírito que não reconhece a verdade a respeito de Jesus não é de Deus. Esse é o espírito do anticristo, sobre o qual vocês ouviram que viria ao mundo e, de fato, já está aqui.

⁴Filhinhos, vocês pertencem a Deus e já venceram os falsos profetas, pois o Espírito que está em vocês é maior que o espírito que está no mundo. ⁵Eles pertencem a este mundo, portanto falam do ponto de vista do mundo, e o mundo os ouve. ⁶Nós, porém, pertencemos a Deus. Quem conhece a Deus nos ouve, mas quem não conhece a Deus não nos ouve. Desse modo sabemos se alguém tem o Espírito da verdade ou o espírito do erro.

Deus é amor

⁷Amados, continuemos a amar uns aos outros, pois o amor vem de Deus. Quem ama é nascido de Deus e conhece a Deus. ⁸Quem não ama não conhece a Deus, porque Deus é amor.

⁹Deus mostrou quanto nos amou ao enviar seu único Filho ao mundo para que, por meio dele, tenhamos vida. ¹⁰É nisto que consiste o amor: não em que tenhamos amado a Deus, mas em que ele nos amou e enviou seu Filho como sacrifício para o perdão de nossos pecados. ¹¹Amados, visto que Deus tanto nos amou, certamente devemos amar uns aos outros.

¹²Ninguém jamais viu a Deus. Mas, se amamos uns aos outros, Deus permanece em nós, e seu amor chega, em nós, à expressão plena.

¹³Deus nos deu seu Espírito como prova de que permanecemos nele, e ele em nós. ¹⁴Além disso, vimos com os próprios olhos e agora testemunhamos que o Pai enviou seu Filho para ser o Salvador do mundo. ¹⁵Aquele que declara que Jesus é o Filho de Deus, Deus permanece nele, e ele em Deus. ¹⁶Sabemos quanto Deus nos ama e confiamos em seu amor.

Deus é amor, e quem permanece no amor permanece em Deus, e Deus nele. ¹⁷À medida que permanecemos em Deus, nosso amor se torna mais perfeito. Assim, teremos confiança no dia do julgamento, pois vivemos como Jesus viveu neste mundo.

¹⁸Esse amor não tem medo, pois o perfeito amor afasta todo medo. Se temos medo, é porque tememos o castigo, e isso mostra que ainda não experimentamos plenamente o amor. ¹⁹Nós amamosª porque ele nos amou primeiro.

²⁰Se alguém afirma: "Amo a Deus", mas odeia seu irmão, é mentiroso, pois se não amamos nosso irmão, a quem vemos, como amaremos a Deus, a quem não vemos? ²¹Ele nos deu este mandamento: quem ama a Deus, ame também seus irmãos.

Crer no Filho de Deus

5 Todo aquele que crê que Jesus é o Cristo é nascido de Deus. E todo aquele que ama o Pai também ama os filhos dele. ²Sabemos que amamos os filhos de Deus se amamos a Deus e obedecemos a seus mandamentos. ³Amar a Deus significa obedecer a seus mandamentos. E seus mandamentos não são difíceis. ⁴Pois todo aquele que é nascido de Deus vence este mundo, e obtemos essa vitória pela fé. ⁵Quem vence a batalha contra o mundo? Somente quem crê que Jesus é o Filho de Deus.

⁶Jesus Cristo foi revelado por meio de seu batismo na água e pelo derramamento de seu

---

ª4.19 Alguns manuscritos trazem *Nós amamos a Deus*; outros, *Nós o amamos*.

5.4,5 Jamais entrou na minha cabeça que a maioria dos cristãos professos nunca vence o mundo. Não creio que eles vencerão, pois, o mundo, em grande parte, os derrotou. Você pode ouvir alguns deles perguntar: "Até onde podemos ir em relação às diversões mundanas?". Vocês realmente querem ir, não querem? Então vão, pois não importa muito aonde tais pessoas como vocês vão. "Ó, mas gostaríamos de ir tão longe no mundo

sangue; não só por meio da água, mas pela água e pelo sangue. E o Espírito, que é a verdade, o confirma com seu testemunho. ⁷Temos, portanto, três testemunhas,ᵃ ⁸o Espírito, a água e o sangue, e as três concordam entre si. ⁹Porque cremos em testemunho humano, certamente podemos crer no testemunho de Deus, que tem ainda mais valor. E Deus dá testemunho acerca de seu Filho. ¹⁰Quem crê no Filho de Deus sabe, em seu coração, que esse testemunho é verdadeiro. Quem não crê nisso, na realidade, chama Deus de mentiroso, porque não crê no testemunho de Deus acerca de seu Filho.

¹¹E este é o testemunho: Deus nos deu vida eterna, e essa vida está em seu Filho. ¹²Quem tem o Filho tem a vida; quem não tem o Filho de Deus não tem a vida.

Conclusão

¹³Escrevi estas coisas a vocês que creem no nome do Filho de Deus para que saibam que têm a vida eterna. ¹⁴Estamos certos de que ele nos ouve sempre que lhe pedimos algo conforme sua vontade. ¹⁵E, uma vez que sabemos que ele ouve nossos pedidos, também sabemos que ele nos dará o que pedimos.

¹⁶Se alguém vir um irmão cometer pecado que não leva à morte, ore por ele, e Deus dará vida a esse irmão que pecou de maneira que não leva à morte. Mas há pecado que leva à morte, e não digo que se deva orar por aqueles que o cometem. ¹⁷Toda injustiça é pecado, mas nem todo pecado leva à morte.

¹⁸Sabemos que os nascidos de Deus não vivem no pecado, pois o Filho de Deus os protege e o maligno não os toca. ¹⁹Sabemos que somos filhos de Deus e que o mundo inteiro está sob o controle do maligno.

²⁰E sabemos que o Filho de Deus veio e nos deu entendimento para que conheçamos ao Deus verdadeiro. Agora, vivemos em comunhão com o Deus verdadeiro, porque vivemos em comunhão com seu Filho, Jesus Cristo. Ele é o Deus verdadeiro e é a vida eterna.

²¹Filhinhos, afastem-se dos ídolos.

ᵃ**5.7** Alguns poucos manuscritos tardios acrescentam *no céu: o Pai, a Palavra e o Espírito Santo, e esses três são um. E temos três testemunhas na terra...*

---

quanto pudermos!" Vocês gostariam? Então a mensagem do meu Senhor para vocês é: "Vocês devem nascer de novo!". É bastante evidente que vocês não têm a natureza de Deus em si, pois a natureza divina na alma faz com que ela recomece e diga: "Até onde posso me *afastar de tudo que pareça errado*? Odeio a aparência do mal". O cristão não nega a si mesmo isso ou aquilo, apenas porque se sente obrigado a fazê-lo, ou porque teme o chicote de Deus. Não, se ele pudesse satisfazer sua nova natureza ao máximo, ele nadaria continuamente no mar da perfeição! [...]

A fé é o instrumento com o qual essa nova natureza luta contra o mundo. E a fé conquista, primeiramente, ao *estimar a recompensa invisível que nos aguarda*. O mundo vem e oferece prazer como recompensa do pecado. Mas a fé diz: "Há maiores prazeres a serem obtidos ao abster-se do pecado". O mundo diz: "Lucre hoje". Mas a fé diz: "Não, vou investir — há algo infinitamente melhor a se obter no futuro". Em seu princípio, a fé geralmente age dessa maneira — despreza todos os tesouros do Egito e valoriza muito mais as recompensas eternas que Cristo entesourou no Céu.

2João

INTRODUÇÃO

É uma epístola amigável e pessoal, escrita algum tempo após a primeira carta, à "senhora escolhida" que, pensa-se ser amiga de João, e não uma igreja ou alguma nação, como algumas vezes foi sugerido. O objetivo é, evidentemente, alertar sua amiga contra certos falsos mestres.

ESBOÇO

1. Saudação, vv.1-3
2. Ação de graças, v.4
3. Exortação à obediência, vv.5,6
4. Advertência contra anticristos, vv.7-9
5. Como lidar com os falsos mestres, vv.10,11
6. Conclusão, vv.12,13

PARA ESTUDO E DISCUSSÃO

[1] O caráter dos filhos da senhora escolhida.
[2] Evidência de discipulado verdadeiro.
[3] Como lidar com falsos mestres.

Saudações

1 Eu, o presbítero,[a] escrevo à senhora escolhida e a seus filhos,[b] a quem amo na verdade, como fazem todos os que conhecem a verdade, ²porque a verdade permanece em nós e estará conosco para sempre.

³Graça, misericórdia e paz que vêm de Deus, o Pai, e de Jesus Cristo, o Filho do Pai, estarão conosco, os que vivemos na verdade e no amor.

Permaneçam na verdade

⁴Fiquei muito feliz por encontrar alguns de seus filhos e ver que estão vivendo de acordo com a verdade, conforme o Pai ordenou.

⁵Agora, senhora,[c] peço-lhe que amemos uns aos outros. Não se trata de um novo mandamento; nós o temos desde o princípio. ⁶O amor consiste em fazer o que Deus nos ordenou, e ele ordenou que amemos uns aos outros, como vocês ouviram desde o princípio.

⁷Digo isso porque muitos enganadores têm ido pelo mundo afora, negando que Jesus Cristo veio em corpo humano. Quem age assim é o enganador e o anticristo. ⁸Tenham cuidado para não perder aquilo que nos esforçamos[d] tanto para conseguir. Sejam diligentes a fim de receber a recompensa completa. ⁹Quem se desvia deste ensino não tem ligação alguma com Deus, mas quem permanece no ensino de Cristo tem ligação com o Pai e também com o Filho.

¹⁰Se alguém for a suas reuniões e não ensinar a verdade de Cristo, não o convidem a entrar em sua casa, nem lhe deem nenhum tipo de apoio. ¹¹Quem apoia esse tipo de pessoa torna-se cúmplice de suas obras malignas.

Conclusão

¹²Tenho muito mais a lhes dizer, mas não quero fazê-lo com papel e tinta, pois espero visitá-los em breve e conversar com vocês pessoalmente. Então nossa alegria será completa.

¹³Saudações dos filhos de sua irmã[e] escolhida.

---

[a]**1.1a** Ou *o ancião*. [b]**1.1b** Ou *à igreja escolhida e a seus membros*. [c]**1.5** Ou *Agora, igreja*. [d]**1.8** Alguns manuscritos trazem *vocês se esforçaram*. [e]**1.13** Ou *membros de sua igreja irmã*.

1.2 Uma vez que a verdade de Deus entre no coração humano e submeta todo o homem a si, nenhum poder, humano ou infernal, poderá expulsá-la. Não a acolhemos como convidada, mas como mestre da casa — esta é uma *necessidade do cristão*. Não é cristão aquele que assim não crê. Aqueles que sentem o poder do evangelho e conhecem a força do Espírito Santo ao abrir, aplicar e determinar a Palavra do Senhor, poderiam ser rasgados em pedaços, mas jamais afastados do evangelho de sua salvação. Quantas misericórdias estão envolvidas pela certeza de que a verdade estará conosco para sempre, de que será nosso auxílio durante a vida, nosso consolo na morte, nossa canção de ressurreição, nossa glória eterna. Isso é *privilégio do cristão*, sem isso sua fé pouco vale. Superamos algumas verdades e as deixamos para trás, pois não passam de noções primárias e de lições para iniciantes, mas não podemos lidar com a verdade divina da mesma forma, pois ainda que ela seja doce nutrição para bebês, é, no mais elevado sentido, carne consistente para homens. A verdade do fato de sermos pecadores permanece conosco de modo doloroso para nos humilhar e nos tornar vigilantes.

A verdade mais bendita é a seguinte: Todo aquele que crer no Senhor Jesus será salvo. E esta verdade permanece conosco como nossa esperança e alegria. A experiência não afrouxa nossa capacidade de manter as doutrinas da graça, antes nos une a elas mais firmemente; nossos fundamentos e razões para crer são agora mais fortes, e temos motivo para esperar que assim o seja, até que na morte envolvamos o Salvador em nossos braços.

Onde quer que este amor à verdade possa ser revelado, estamos obrigados a exercitar nosso amor. Nenhum círculo limitado pode conter nossa solidariedade graciosa. Nossa comunhão de coração deve ser ampla como a eleição da graça. Muito erro pode ser matizado à verdade que recebemos. Lutemos contra o erro, mas ainda amemos nosso irmão pela medida de verdade que nele vemos; acima de tudo, que nós mesmos amemos a verdade e a espalhemos.

3João

INTRODUÇÃO

Esta também é uma carta particular escrita, algum tempo depois de 1 João, para seu amigo pessoal, Gaio. Havia alguma confusão sobre receber certos evangelistas. Gaio os havia recebido enquanto Diótrefes se opôs a recebê-los. João elogia Gaio por sua hospitalidade e caráter cristão.

ESBOÇO

1. Saudação, v.1
2. Oração por sua prosperidade, v.2
3. Elogia sua caminhada piedosa, vv.3,4
4. Elogia sua hospitalidade, vv.5-8
5. Queixa-se contra Diótrefes, vv.9,10
6. Teste de relacionamento com Deus e valor de Demétrio, vv.11,12
7. Conclusão, vv.13,14

PARA ESTUDO E DISCUSSÃO

[1] O caráter de Gaio e Diótrefes.
[2] A hospitalidade cristã.
[3] Palavras como "verdade", "fiel" e "bem".

Saudações

1 Eu, o presbítero,[a] escrevo a Gaio, meu amigo querido, a quem amo na verdade.

²Amado, espero que você esteja bem e fisicamente tão sadio quanto é forte em espírito. ³Alguns dos irmãos regressaram e me deixaram muito alegre quando falaram de sua fidelidade e de como você vive de acordo com a verdade. ⁴Eu não poderia ter maior alegria que saber que meus filhos têm seguido a verdade.

Incentivo a Gaio

⁵Amado, você é fiel quando cuida dos irmãos que passam por aí, embora não os conheça. ⁶Eles falaram à igreja daqui a respeito de sua amizade afetuosa. Peço que continue a suprir as necessidades deles de modo agradável a Deus. ⁷Pois eles viajam a serviço do Senhor[b] e não aceitam coisa alguma dos que são de fora.[c] ⁸Assim, nós mesmos devemos sustentá-los, a fim de nos tornarmos seus cooperadores quando eles ensinarem a verdade.

⁹Escrevi à igreja sobre isso, mas Diótrefes, que gosta de ser o mais importante, se recusa a receber-nos. ¹⁰Quando eu for, relatarei algumas das coisas que ele tem feito, bem como suas acusações maldosas contra nós. Ele não apenas se recusa a acolher os irmãos, mas também impede outros de ajudá-los. E, quando o fazem, ele os expulsa da igreja.

¹¹Amado, não deixe que esse mau exemplo o influencie, mas siga apenas o que é bom. Quem faz o bem prova que é filho de Deus; quem faz o mal prova que não conhece a Deus.[d]

¹²Todos, incluindo a própria verdade, falam bem de Demétrio. Nós dizemos o mesmo a respeito dele, e você sabe que falamos a verdade.

Conclusão

¹³Tenho muito mais a lhe dizer, mas não quero fazê-lo com pena e tinta, ¹⁴pois espero vê-lo em breve, e então conversaremos pessoalmente.

¹⁵A paz seja com você.

Seus amigos daqui mandam lembranças. Por favor, envie minhas saudações pessoais a cada um dos amigos daí.[e]

---

[a]**1.1** Ou *ancião*. [b]**1.7a** Em grego, *eles saíram por causa do Nome*. [c]**1.7b** Em grego, *dos gentios*. [d]**1.11** Em grego, *não viu a Deus*.
[e]**1.15** Em algumas traduções o versículo 15 faz parte do 14.

1.4 O que é seguir a verdade? Não é andar na verdade, ou então alguns apoiariam que isso significa que João estava muito feliz porque eram sãos na doutrina e pouco se importavam com qualquer outra coisa. Seu alegre exame incluiu sua ortodoxia no credo, mas alcançou muito mais longe. Começaremos nesse ponto e admitiremos que é grande a alegria em ver nossos convertidos firmados na verdade e, irmãos, fico feliz, de fato, quando ouço que vocês se apegam firmemente às verdades essenciais e fundamentais de nossa santa fé. Alegro-me de que o absurdo chamado "pensamento moderno" não os tem influenciado. Vocês não se desviaram para duvidar da divindade de Cristo, ou da queda do homem, ou do sacrifício substitutivo, ou da autenticidade e inspiração das Escrituras, ou da importância da oração. Sou grato por vocês se apegarem firmemente às grandiosas e antigas doutrinas da graça e se recusarem a trocá-las pela divagação intelectual tão em voga agora. É ótimo ouvir que nosso povo habita na verdade como foi ensinado. Mas *seguir a verdade* significa algo mais, significa ação em consistência com a verdade. Se vocês creem que são pecadores, mantenham a consistência com essa verdade. Se observarem que a sua natureza é pecaminosa, sigam consistentemente com essa verdade caminhando humildemente com Deus. Vocês creem que existe um Deus? Sigam nesta verdade e o reverenciem e a nenhum outro além dele. Creem na eleição? Provem que são eleitos, andem na verdade como povo escolhido e especial de Deus, zeloso por boas obras. Creem na redenção? Isso é uma verdade fundamental para vocês? Sigam-na, porque: "Vocês não pertencem a si mesmos, pois foram comprados por alto preço". Creem em um chamado verdadeiro e na regeneração como obra do Espírito de Deus? Então andem no poder de Deus e deixem que suas vidas santas provem que, de fato, vocês foram renovados pela obra sobrenatural da graça de Deus. Caminhem em consistência com o que vocês creem.

Judas

INTRODUÇÃO

Autor. Sua autoria leva o nome de Judas, o irmão de Tiago. Ele provavelmente quer dizer o Tiago que escreveu a epístola com esse nome e, portanto, é o irmão do Senhor.

Propósito. Os falsos mestres estavam ousadamente ensinando suas heresias nas reuniões da congregação. Esses homens eram também muito imorais na conduta e a epístola é escrita para expor seus erros e exortar seus leitores a defenderem a verdadeira fé e a terem vidas dignas. Em muitos pontos, é bastante semelhante à segunda carta de Pedro.

Data. Provavelmente foi escrita cerca de 66 d.C. De qualquer forma, deve ter sido escrita antes de 70 d.C., quando Jerusalém foi destruída, já que Judas dificilmente falharia em mencionar esse acontecimento, com outros exemplos de punição (vv.5-7).

ESBOÇO

Introdução, vv.1-4

1. O destino dos ímpios, vv.5-16
    1.1. Deus pune os ímpios, vv.5-7
    1.2. Ele destruirá estes homens, vv.8-16
2. Como defender a fé, vv.17-23
    2.1. Seja consciente dos inimigos, vv.17-19
    2.2. Seja forte ("firmes no amor de Deus"), vv.20,21
    2.3. Mantenha um espírito evangelístico, vv.22,23

Conclusão, vv.24,25.

PARA ESTUDO E DISCUSSÃO

[1] Faça uma lista de todas as palavras e frases que ocorrem em grupos de três, como "misericórdia", "amor".
[2] Faça uma lista de todos os ensinamentos sobre os maus obreiros mencionados (vv.8-10,12,13,16,19).
[3] O que os apóstolos haviam predito sobre eles.

Saudações de Judas

1 Eu, Judas, escravo de Jesus Cristo e irmão de Tiago, escrevo esta carta aos que foram chamados por Deus, o Pai, que os ama e os guarda sob o cuidado de Jesus Cristo.ª

²Que vocês tenham cada vez mais misericórdia, paz e amor.

O perigo dos falsos mestres

³Amados, embora planejasse escrever-lhes com todo empenho sobre a salvação que compartilhamos, entendo agora que devo escrever a respeito de outro assunto e insistir que defendam a fé que, de uma vez por todas, foi confiada ao povo santo. ⁴Pois alguns indivíduos perversos se infiltraram em seu meio sem serem notados, dizendo que a graça de Deus permite levar uma vida imoral. A condenação de tais pessoas foi registrada há muito tempo, pois negaram Jesus Cristo, nosso único Soberano e Senhor.

⁵Ainda que já saibam dessas coisas, desejo lembrar a vocês que o Senhor[b] libertou o povo de Israel do Egito, mas depois destruiu aqueles que não permaneceram fiéis. ⁶Também lhes lembro os anjos que não se limitaram à autoridade recebida, mas deixaram o lugar a que pertenciam. Deus os mantém acorrentados em prisões eternas, na escuridão, aguardando o dia do julgamento. ⁷E não se esqueçam de Sodoma e Gomorra e das cidades vizinhas, cheias de imoralidade e de perversão sexual de todo tipo, que foram destruídas pelo fogo e servem de advertência do fogo eterno do julgamento.

⁸Da mesma forma, essas pessoas, afirmando ter autoridade com base em sonhos, vivem de modo imoral, desprezam a autoridade e zombam dos seres sobrenaturais.[c] ⁹Mas nem mesmo o arcanjo Miguel se atreveu a acusar o diabo de blasfêmia. Ele disse apenas: "O Senhor o repreenda!". (Isso aconteceu quando Miguel discutia com o diabo a respeito do corpo de Moisés.) ¹⁰Tais indivíduos, porém, zombam de coisas que não entendem. Como criaturas irracionais, agem segundo seus instintos e, desse modo, provocam a própria destruição. ¹¹Que aflição os espera! Pois eles seguem os passos de Caim, enganam outros por dinheiro, como Balaão, e perecem em sua rebelião, como Coré.

¹²Quando esses indivíduos, sem o menor constrangimento, participam de suas refeições de celebração ao amor do Senhor, são como perigosos recifes que podem fazê-los naufragar.[d] Sim, são como pastores que só se preocupam consigo mesmos, como nuvens que passam sobre a terra sem dar chuva, como árvores no outono, duplamente mortas porque não dão frutos e foram arrancadas pelas raízes. ¹³São como ondas violentas no mar, espalhando a espuma de seus atos vergonhosos, como estrelas sem rumo, condenadas para sempre à mais profunda escuridão.

¹⁴Enoque, que viveu na sétima geração depois de Adão, profetizou a respeito desses homens, dizendo: "Ouçam! O Senhor vem com incontáveis milhares de santos ¹⁵para julgar a todos. Convencerá os pecadores de seus atos perversos e dos insultos que pronunciaram contra ele".[e]

¹⁶São murmuradores e descontentes, que vivem apenas para satisfazer os próprios desejos. Contam vantagem em alta voz e bajulam outros para conseguir o que querem.

Apelo à fidelidade

¹⁷Amados, lembrem-se do que previram os apóstolos de nosso Senhor Jesus Cristo. ¹⁸Eles lhes disseram que nos últimos tempos haveria zombadores cujo propósito na vida é satisfazer seus desejos perversos. ¹⁹Eles provocam divisões entre vocês e seguem seus instintos naturais, pois não têm neles o Espírito.

²⁰Mas vocês, amados, edifiquem uns aos outros em sua santíssima fé, orem no poder do Espírito Santo[f] ²¹e mantenham-se firmes no amor de Deus,[g] enquanto aguardam a vida eterna que nosso Senhor Jesus Cristo lhes dará em sua misericórdia.

²²Tenham compaixão daqueles[h] que vacilam na fé. ²³Resgatem outros, tirando-os das chamas do julgamento. De outros ainda, tenham

---

[a] 1.1 Ou *os guarda para Jesus Cristo*. [b] 1.5 Vários manuscritos trazem *Jesus*, outros, *Deus*, e ainda outros, *Cristo*; um deles traz *Deus Cristo*. [c] 1.8 Em grego, *dos seres gloriosos*, provável referência aos anjos caídos. [d] 1.12 Ou *são como manchas que podem contaminá-los*. [e] 1.14-15 Citação proveniente da literatura intertestamentária: Enoque 1.9. [f] 1.20 Em grego, *orem no Espírito Santo*. [g] 1.21 Ou *amor a Deus*. [h] 1.22 Alguns manuscritos trazem *Repreendam aqueles*.

misericórdia,ª mas façam isso com grande cautela, odiando os pecados que contaminam a vida deles.ᵇ

Oração de louvor

²⁴Toda a glória seja àquele que é poderoso para guardá-los de cair e para levá-los, com grande alegria e sem defeito, à sua presença gloriosa. ²⁵Toda a glória seja àquele que é o único Deus, nosso Salvador por meio de Jesus Cristo, nosso Senhor. Glória, majestade, poder e autoridade lhe pertencem desde antes de todos os tempos, agora e para sempre! Amém.

---

[a] **1.22-23a** Alguns manuscritos trazem apenas duas categorias de pessoas: 1) aqueles que vacilam na fé e, portanto, precisam ser resgatados das chamas de julgamento; 2) aqueles que precisam de misericórdia. [b] **1.23b** Em grego, *com temor, odiando até mesmo as roupas manchadas pela carne.*

1.24,25 Queridos irmãos e irmãs, precisamos *ser guardados*, por isso, adoremos Aquele que pode nos guardar! Como almas salvas, precisamos ser guardados da apostasia final. "Ó", diz alguém, "pensei que o senhor nos tivesse ensinado que aqueles que já foram salvos nunca apostatarão". Realmente creio nessa doutrina, e me deleito em pregá-la — embora seja verdade que os salvos apostatariam — todos eles — se o Senhor não os guardasse! Não há estabilidade em nenhum cristão, considerando-se ele mesmo. É a graça de Deus nele que o permite permanecer firme. Creio que a alma do homem é imortal, não por si mesma, mas apenas pela imortalidade que Deus lhe confere derivada de Sua imortalidade essencial. Assim é com a nova vida que está dentro de nós. Nunca perecerá, mas é eterna apenas porque Deus continua a mantê-la viva. A sua perseverança final não é resultado de nada dentro de você mesmo, mas o resultado da graça que Deus continua a lhe dar e do Seu propósito eterno que primeiro o escolheu e de Sua força poderosa que ainda o mantém vivo. Ah, meus irmãos e irmãs, os santos mais reluzentes da Terra cairiam no inferno mais profundo se Deus não os impedisse de cair! Portanto, louvem-no, ó vocês, estrelas que brilham no céu da igreja, pois vocês desapareceriam com um cheiro nocivo, como as lâmpadas por falta de azeite, se o Senhor não mantivesse sua chama celestial acesa! Glória ao Preservador de Sua Igreja que mantém Seus amados até o fim!

Apocalipse

INTRODUÇÃO

Autor. João, o apóstolo, durante o exílio na ilha de Patmos (1.1,4,9; 22.8).

Data. Cerca de 95 ou 96 d.C.

Livro. (1) É um livro de símbolos e imagens, e constantemente cria emoção e maravilhamento. (2) É um livro de batalhas, mas a guerra sempre termina em paz. A palavra batalha ocorre cinco vezes no Apocalipse, e apenas cinco vezes em todo o restante do Novo Testamento. (3) É um livro de trovão, mas o trovão e o terremoto desaparecem e são seguidos por liturgias e salmos. (4) É um livro das recompensas dos justos. Isto é visto nas cartas às sete igrejas e nas vitórias dos justos em todos os conflitos e guerras no livro. (5) É, portanto, um livro de otimismo. Em todo lugar, Deus vence Satanás, o Cordeiro triunfa, a Babilônia cai etc.

Interpretação. Existem várias classes de intérpretes, como segue: (1) *Preteristas*, que pensam que foi cumprido em seu sentido primário. Eles fazem com que todas as profecias e visões se refiram à história judaica até a queda de Jerusalém e a história da Roma pagã; (2) *Futuristas*, que interpretam literalmente e pensam que todos os eventos do livro devem acontecer logo antes ou logo após a segunda vinda de Cristo; (3) *Escola Histórica ou Contínua*. Estes pensam que algumas foram cumpridas, algumas estão sendo cumpridas agora, e algumas serão cumpridas no futuro; (4) *Espiritualistas*, que se opõem às outras três classes de intérpretes visto que dão muita importância ao elemento tempo. Eles enfatizam o elemento moral e espiritual do Apocalipse e leem esse livro "como uma representação de ideias e não de eventos".

Valor. O principal valor do livro parece estar no seu testemunho da fé e da esperança dos cristãos perseguidos e no conforto e inspiração que ele trouxe às almas entristecidas e oprimidas de todas as épocas. Ele indica que haverá um fim para o conflito, que Deus e o Cordeiro triunfarão, que os inimigos de nossa alma serão punidos e que os seguidores de Deus serão recompensados eternamente.

ESBOÇO

Introdução, 1–8

1. As sete igrejas, 1.9–3.22
   1.1. Visão introdutória de Cristo, 1.9-20
   1.2. Comunicados às igrejas, Caps. 2–3

2. Os sete selos, 4.1–8.1
   2.1. Visão introdutória do trono, Caps. 4–5
   2.2. Seis selos abertos em sequência, Cap. 6
   2.3. Os servos de Deus são selados, Cap. 7
   2.4. O sétimo selo é aberto, 8.1

3. As sete trombetas, Caps. 8–11
   3.1. Visão introdutória, 8.1-6
   3.2. Seis trombetas soaram em sequência, 8.7–9.21
   3.3. Um livrinho, uma vara para medir o templo e contar os adoradores, 10.1–11.14
   3.4. O soar da sétima trombeta, 11.15-19

4. As sete figuras místicas, Caps. 12–14
   4.1. A mulher vestida do sol, Cap. 12
   4.2. O dragão vermelho, Cap. 12
   4.3. O filho varão, Cap. 12
   4.4. A besta do mar, 13.1-10
   4.5. A besta da terra, 13.11-18
   4.6. O Cordeiro no monte Sião, 14.1-13; Três anjos
   4.7. O filho do homem sobre a nuvem, 14.14-20; Três anjos

5. Os sete flagelos, Caps. 15–16
   5.1. A visão preliminar, Cap. 15 — uma canção de vitória
   5.2. Seis flagelos em sequência, 16.1-12
   5.3. Um episódio, 16.13-16. Os espíritos do diabo reuniram os reis da Terra para a batalha do Armagedom
   5.4. O sétimo flagelo derramado, 16.17-21
6. Três conflitos e triunfos finais, 17.1–22.5
   6.1. O primeiro conflito e triunfo, 17.1–19.10
   6.2. O segundo conflito e triunfo, 19.11–20.6
   6.3. O terceiro conflito e triunfo, 20.7–22.5
7. O Epílogo — Conclusão, 22.6-21
   7.1. Testemunho triplo da veracidade da visão: Anjo, Jesus, João, vv.6-8
   7.2. Instruções dos anjos com respeito à profecia, vv.9,10
   7.3. A lição do livro, vv.11-17
   7.4. Confirmação e saudação de João, vv.18-21

PARA ESTUDO E DISCUSSÃO

[1] A visão sobre Jesus, 1.9-20.
[2] As cartas para as sete igrejas: (a) Quais igrejas recebem apenas elogios? (b) Quais apenas censura? (c) Quais elogios e censuras? (d) O que é elogiado e o que é condenado em cada uma delas?
[3] Os 24 anciãos, quatro seres vivos, o livro selado e o Cordeiro, Caps. 4–5.
[4] O selo dos servos de Deus, Cap. 7.
[5] O livrinho, Cap. 10.
[6] A vara para medir e as duas testemunhas, 11.1-14.
[7] Cada uma das sete figuras místicas, Caps. 12–14. Descreva cada uma.
[8] Mistério da Babilônia, Cap.17.
[9] Canção de triunfo sobre a Babilônia, 19.1-10.
[10] O julgamento de Satanás, 20.1-10.
[11] A descrição da ressurreição geral e do julgamento, 20.11-15; 22.10-15.
[12] A descrição do Céu, Caps. 21–22.
[13] Verifique os seguintes pontos de semelhança nos sete selos, sete trombetas e sete flagelos: (a) O céu está aberto e uma visão preliminar antes de cada série; (b) Os quatro primeiros em cada série se referem especialmente ao presente mundo natural, enquanto os três últimos em cada série se referem mais particularmente ao futuro ou ao mundo espiritual; (c) Em cada série há um episódio após o sexto, que é uma elaboração do sexto ou uma introdução ao sétimo.
[14] Compare estas três séries novamente e observe: (a) Retratam os mesmos eventos em linguagem semelhante; (b) A vitória dos justos e a destruição dos ímpios são retratadas em cada um; (c) A vitória dos redimidos predomina no primeiro (selos), enquanto a destruição do perverso predomina no último (flagelos).
[15] Na série, observe o progresso na severidade da punição: (a) Um quarto afligido no primeiro (selos); (b) Um terço afligido no segundo (trombetas); (c) Todos são destruídos no terceiro (flagelos).
[16] A partir das seguintes passagens, faça uma lista que permita demonstrar com que proximidade o mesmo elemento é afetado em cada uma das sete trombetas e flagelos: (a) 8.7 e 16.2; (b) 8.8 e 16.3; (c) 8.10,11 e 16.4-7; (d) 8.12 e 16.8,9; (e) 9.9-11 e 16.10,11; (f) 9.13-21 e 16.12-16; (g) 11.15-18 e 16.17-21.
[17] Os contrastes e semelhanças das trombetas e flagelos.
Trombetas. 1. Granizo, fogo com sangue lançados sobre a Terra, um terço das árvores queimadas.
Flagelos. 1. O flagelo derramado sobre a Terra, aflição sobre os seguidores da besta.

Trombetas. 2. Um terço do mar torna-se sangue, um terço de suas criaturas e navios é destruído.
Flagelos. 2. Todo o mar torna-se sangue, e toda alma destruída.

Trombetas. 3. Um terço dos rios torna-se amargo, muitos homens destruídos.
Flagelos. 3. Todos os rios tornam-se sangue e a vingança sobre os homens.

Trombetas. 4. Um terço do sol etc., ferido, um terço do dia escurecido.
Flagelos. 4. Todo o sol ferido, homens são queimados, eles blasfemam e não se arrependem.

Trombetas. 5. As estrelas do céu caem; os gafanhotos enviados; homens buscam a morte.
Flagelos. 5. O trono e o reino da besta feridos, homens sofrem, blasfemam e não se arrependem.

Trombetas. 6. Um terço da humanidade morto pelos exércitos do Eufrates; os homens não se arrependem.
Episódio: as duas testemunhas de Deus testemunham em favor dele e fazem milagres. As bestas fazem guerra contra eles.
Flagelos. 6. Um caminho preparado para os reis além do Eufrates. Episódio: Os três espíritos imundos do dragão testemunham a favor dele e fazem milagres. O mundo trava guerra no Armagedom.

Trombetas. 7. Vozes no Céu, julgamento, terremoto, granizo etc.
Flagelos. 7. Voz no Céu, queda da Babilônia, terremoto, granizo etc.

[18] As bênçãos e doxologias do livro.
[19] Ensinos sobre Jesus.
[20] Ensinos sobre Satanás.

Prólogo

1 Revelação de Jesus Cristo, que Deus lhe deu para mostrar a seus servos os acontecimentos que ocorrerão em breve.[a] Ele enviou um anjo para apresentá-la a seu servo João, ²que relatou fielmente tudo que viu. Este é seu relato da palavra de Deus e do testemunho de Jesus Cristo.

³Feliz é aquele que lê as palavras desta profecia, e felizes são aqueles que ouvem sua mensagem e obedecem ao que ela diz, pois o tempo está próximo.

Saudação de João às sete igrejas

⁴Eu, João, escrevo às sete igrejas na província da Ásia.[b]

Graça e paz a vocês da parte daquele que é, que era e que ainda virá, dos sete espíritos que estão diante de seu trono, ⁵e de Jesus Cristo. Ele é a testemunha fiel destas coisas, o primeiro a ressuscitar dos mortos e o governante de todos os reis da terra.

Toda a glória seja àquele que nos ama e nos libertou de nossos pecados por meio de seu sangue. ⁶Ele fez de nós um reino de sacerdotes para Deus, seu Pai. A ele sejam a glória e o poder para todo o sempre! Amém.

⁷Vejam! Ele vem com as nuvens do céu,
  e todos o verão,
    até mesmo aqueles que o transpassaram.
E todas as nações da terra
  se lamentarão por causa dele.
Sim! Amém!

⁸"Eu sou o Alfa e o Ômega",[c] diz o Senhor Deus. "Eu sou aquele que é, que era e que ainda virá, o Todo-poderoso."

A visão do Filho do Homem

⁹Eu, João, irmão e companheiro de vocês no sofrimento, no reino e na perseverança para a qual Jesus nos chama, estava exilado na ilha de Patmos por pregar a palavra de Deus e testemunhar a respeito de Jesus. ¹⁰Era o dia do Senhor, e me vi tomado pelo Espírito.[d] De repente, ouvi atrás de mim uma forte voz, como um toque de trombeta, ¹¹e a voz dizia: "Escreva num livro[e] tudo que você vê e envie-o às sete igrejas nas cidades de Éfeso, Esmirna, Pérgamo, Tiatira, Sardes, Filadélfia e Laodiceia".

¹²Quando me voltei para ver quem falava comigo, vi sete candelabros de ouro ¹³e, em pé entre eles, havia alguém semelhante ao Filho do Homem.[f] Vestia um manto comprido, com uma faixa de ouro sobre o peito. ¹⁴A cabeça e os cabelos eram brancos como a lã e a neve, e os olhos, como chamas de fogo. ¹⁵Os pés eram como bronze polido, refinado numa fornalha, e a voz ressoava como fortes ondas do mar. ¹⁶Na mão direita tinha sete estrelas, e

---

[a] 1.1 Ou *repentinamente*, ou *rapidamente*. [b] 1.4 Província romana situada na região que hoje corresponde ao oeste da Turquia. [c] 1.8 Referência à primeira e à última letra do alfabeto grego. [d] 1.10 Ou *em espírito*. [e] 1.11 Ou *num rolo*. [f] 1.13 Ou *semelhante a um filho de homem*. Ver Dn 7.13. "Filho do Homem" é um título que Jesus usa para si mesmo.

1.16 Quando João olhou para a mão direita de Cristo, ele nos diz que nela viu sete estrelas, que são geralmente entendidas como sendo os ministros das sete igrejas da Ásia. [...]

Diz-se que essas estrelas estão na mão direita do Senhor, primeiramente, porque Ele *as fez estrelas*. Elas estão na mão daquele que as fez o que são. Sob a antiga aliança devia haver, no tabernáculo, sete luzes sempre queimando no candelabro de sete hastes, ou suporte das luzes. Mas João viu na mão de Cristo sete estrelas — não luzes comuns, mas estrelas brilhando com maior intensidade e uma luz celestial maior do que nunca poderia ser vista nas lamparinas a azeite no antigo tabernáculo! Se alguém na Igreja do Senhor brilha como uma estrela para guiar os outros para o porto da paz, ele deve sua luz inteiramente a Cristo. Deve ser assim, porque é a mão direita de Cristo que o fez o que ele é — ele é luz porque Cristo lhe deu luz! Ele deve seu brilho espiritual inteiramente Àquele que é o Senhor e Doador de luz no meio de Sua Igreja. Meus queridos irmãos no ministério, se vocês querem brilhar para Jesus, devem se transformar em estrelas para estarem seguros em Sua mão direita! Não há possibilidade de vocês serem usados espiritualmente em favor de seus semelhantes, ou exercer um ministério que venha a propiciar a salvação eterna deles, exceto quando forem transformados em luz e estiverem seguros na mão direita do Senhor Jesus Cristo! Todo o treinamento no mundo, todo o talento natural que qualquer um possui, toda a prática de oratória adquirida, todos os poderes que resultam de uma longa experiência jamais podem transformar alguém em um bom ministro de Jesus Cristo! As estrelas estão na mão direita de Cristo — ministros não são feitos por homens, mas pelo próprio Senhor, se de fato eles merecem ser

de sua boca saía uma espada afiada dos dois lados. A face brilhava como o sol em todo o seu esplendor.

¹⁷Quando o vi, caí a seus pés, como morto. Ele, porém, colocou a mão direita sobre mim e disse: "Não tenha medo! Eu sou o Primeiro e o Último. ¹⁸Sou aquele que vive. Estive morto, mas agora vivo para todo o sempre! E tenho as chaves da morte e do mundo dos mortos.ᵃ

¹⁹"Portanto, escreva o que viu, tanto as coisas que estão acontecendo agora como as que acontecerão depois. ²⁰Este é o significado do mistério das sete estrelas que você viu em minha mão direita e dos sete candelabros de ouro: as sete estrelas são os anjosᵇ das sete igrejas, e os sete candelabros são as sete igrejas."

Mensagem à igreja em Éfeso

2 "Escreva esta carta ao anjoᶜ da igreja em Éfeso. Esta é a mensagem daquele que segura na mão direita as sete estrelas, daquele que anda entre os sete candelabros de ouro:

²"Sei de tudo que você faz. Vi seu trabalho árduo e sua perseverança, e sei que não tolera os perversos. Examinou as pretensões dos que se dizem apóstolos, mas não são, e descobriu que são mentirosos. ³Sofreu por meu nome com paciência, sem desistir.

⁴"Contudo, tenho contra você uma queixa: você abandonou o amor que tinha no princípio. ⁵Veja até onde você caiu! Arrependa-se e volte a praticar as obras que no início praticava. Do contrário, virei até você e tirarei seu candelabro de seu lugar entre as igrejas. ⁶Mas há isto a seu favor: você odeia as obras dos nicolaítas, como eu também odeio.

⁷"Quem tem ouvidos para ouvir, ouça o que o Espírito diz às igrejas. Ao vitorioso, darei o fruto da árvore da vida que está no paraíso de Deus."

Mensagem à igreja em Esmirna

⁸"Escreva esta carta ao anjo da igreja em Esmirna. Esta é a mensagem daquele que é o Primeiro e o Último, que esteve morto mas agora vive:

ᵃ**1.18** Ou *da sepultura*. Em grego, *do Hades*. ᵇ**1.20** Ou *os mensageiros*. ᶜ**2.1** Ou *mensageiro*; também em 2.8,12,18.

---

chamados de ministros. Portanto, as estrelas estão na Sua mão direita, primeiro, porque Ele as fez.

O poder conquistador do evangelho está no próprio Cristo. Não está com Seus ministros. O poder com que Cristo contende para o domínio contra todos os poderes das trevas não habita em Seus servos, mas habita nele mesmo. A espada do Senhor, "afiada dos dois lados", está na boca do Senhor. Brilhamos, queridos amigos — pequenas estrelas brilhantes como qualquer um de nós é — brilhamos e Deus abençoa o brilho, mas, se houver alguma alma salva, *nós* não a salvamos! E se houver um inimigo de Cristo que estiver ferido e morto, os atos não são feitos por *nossa* espada. Por nós mesmos, não temos poder — a obra realmente eficaz é feita pelo próprio Cristo — e somente por Ele! A espada que sai da nossa boca é um instrumento cego que não consegue realizar nada. É a espada que sai da boca de *Cristo* que faz tudo na grande batalha pelo certo. Observe como a mão direita de Cristo deve ser usada até mesmo para segurar essas estrelas — *os ministros* não são Sua mão direita — são apenas estrelas que Ele segura com Sua mão direita! Todo o poder deles vem do Senhor. E mesmo quando são sustentados pela Sua mão direita, eles não são os verdadeiros guerreiros — não é com a força deles que a batalha é travada e vencida.

O poder está no próprio Cristo. É de Sua boca que sai a "espada afiada dos dois lados" que obtém a vitória.

2.2-5 Meus irmãos, não pensem que nosso Amado seja cego às belezas de Sua Igreja. Pelo contrário, Ele se deleita em observá-las. Ele pode ver belezas onde ela mesma não pode vê-las. Onde observamos muito a deplorar, Seus olhos amorosos veem muito para admirar. As bênçãos que Ele próprio cria, Ele sempre pode notar. [...]

Mas, e este é o nosso assunto neste momento, mesmo que Jesus possa ver tudo o que é bom, *entretanto em cada fidelidade Ele vê tudo o que é mal*. Seu amor não é cego. Ele não diz: "Eu elogio a quantos amo", mas, "Eu corrijo e disciplino aqueles que amo". É mais necessário que façamos uma descoberta de nossas falhas do que de nossas virtudes. Portanto, note neste texto que Cristo percebe a falha em Sua Igreja, mesmo no meio de seu fervoroso serviço. A igreja de Éfeso estava cheia de obras. "Sei de tudo que você faz. Vi seu trabalho árduo e sua perseverança, e sei que não tolera os perversos". Era uma igreja tão laboriosa que prosseguia com diligente perseverança, e nunca pareceu desfalecer em sua missão divina. Ah, poderíamos dizer tanto de todas as nossas igrejas! Vivi para ver muitos projetos brilhantes, iluminados, deixados para morrer na fumaça. Ouvi

⁹"Conheço suas aflições e sua pobreza, mas você é rico. Sei da blasfêmia dos que se opõem a você. Eles se dizem judeus, mas não são, pois a sinagoga deles pertence a Satanás. ¹⁰Não tenha medo do que está prestes a sofrer. O diabo lançará alguns de vocês na prisão a fim de prová-los, e terão aflições por dez dias. Mas, se você permanecer fiel mesmo diante da morte, eu lhe darei a coroa da vida.

¹¹"Quem tem ouvidos para ouvir, ouça o que o Espírito diz às igrejas. Quem for vitorioso não sofrerá o dano da segunda morte."

Mensagem à igreja em Pérgamo

¹²"Escreva esta carta ao anjo da igreja em Pérgamo. Esta é a mensagem daquele que tem a espada afiada dos dois lados:

¹³"Conheço o lugar onde você vive, a cidade onde está o trono de Satanás. Ainda assim, você permanece leal a meu nome. Recusou-se a negar sua fé em mim até mesmo quando Antipas, minha testemunha fiel, foi morto onde vocês vivem, o lugar de habitação de Satanás.

¹⁴"Contudo, tenho contra você algumas queixas. Você tolera em seu meio pessoas cujo ensino é semelhante ao de Balaão, que mostrou a Balaque como fazer o povo de Israel tropeçar. Ele os instigou a comer alimentos oferecidos a ídolos e a praticar imoralidade sexual. ¹⁵De igual modo, há entre vocês alguns que seguem o ensino dos nicolaítas. ¹⁶Portanto, arrependa-se ou virei subitamente até você e lutarei contra eles com a espada de minha boca.

¹⁷"Quem tem ouvidos para ouvir, ouça o que o Espírito diz às igrejas. Ao vitorioso, darei do maná escondido. Também lhe darei uma pedra branca, e nela estará gravado um nome novo, que ninguém conhece, a não ser aquele que o recebe."

Mensagem à igreja em Tiatira

¹⁸"Escreva esta carta ao anjo da igreja em Tiatira. Esta é a mensagem do Filho de Deus, cujos olhos são como chamas de fogo e cujos pés são como bronze polido:

---

falar de planos que deveriam iluminar o mundo, mas nem uma faísca permanece. A perseverança sagrada é uma grande aspiração. [...]

A prescrição do Salvador está expressa nestas três palavras: "Veja", "Arrependa-se" e "Volte a praticar". A primeira palavra é "Veja", *você abandonou o amor que tinha no princípio*. Lembre-se, então, de qual era seu primeiro amor e compare a sua condição atual com ele. No início, nada o desviava de seu Senhor. Ele era sua vida, seu amor, sua alegria. Agora você procura deleite em outro lugar, e outros encantos e outras belezas conquistam seu coração. Você não tem vergonha disso? Anteriormente você nunca se cansava de ouvir sobre Ele e servi-lo. Você nunca ficava fatigado com Cristo e Seu evangelho, muitos sermões, muitas reuniões de oração, muitas leituras da Bíblia e nada disso nunca era demais. Agora, os sermões são longos, os cultos são enfadonhos e você precisa ter seu apetite, desgastado, motivado com novidades. Como isso aconteceu? [...]

A próxima palavra da prescrição é: "Arrependa-se". Arrependa-se como fez no início. A palavra tão adequada aos pecadores lhe é adequada, pois você pecou gravemente. Arrependa-se do erro que fez ao seu Senhor, abandonando o primeiro amor que tinha por Ele. Você poderia ter vivido em excelsa adoração, só respirando o Seu amor, existindo somente para Ele, já teria feito o suficiente, mas ao desistir do seu primeiro amor, quão tristemente você o ofendeu! Aquele amor era bem merecido, não era? Por que, então, você o abandonou? Jesus é menos justo do que Ele era? Ele o ama menos do que o amava? Ele é menos gentil e terno com você do que costumava ser? [...]

Mas então Ele diz, na verdade, "Volte a praticar". A terceira palavra é esta — "Arrependa-se e *volte a praticar* as obras que no início praticava". Observe que Ele não diz: "Arrependa-se e volte ao seu primeiro amor". Isso parece bastante singular, mas o amor é o principal das primeiras obras e, além disso, as primeiras obras só podem vir do primeiro amor. Deve haver em todo cristão em declínio um arrependimento prático. Não se satisfaça com arrependimentos e resoluções. Pratique as primeiras obras, não se canse após as primeiras emoções, mas faça as primeiras obras. Nenhuma renovação é tão valiosa quanto a purificação do nosso caminho. Se a vida for acertada, provará que o amor é assim. Ao praticar as primeiras obras, você provará que voltou ao seu primeiro amor. A prescrição está completa, porque a realização das primeiras obras deve incluir o sentimento dos primeiros sentimentos, os suspiros dos primeiros suspiros, o regozijo das primeiras alegrias, tudo isso deve acompanhar o retorno da obediência e atividade.

¹⁹"Sei de tudo que você faz. Vi seu amor, sua fé, seu serviço e sua perseverança, e observei como você tem crescido em todas essas coisas.

²⁰"Contudo, tenho contra você uma queixa. Você tem permitido que essa mulher, Jezabel, que se diz profetisa, faça meus servos se desviarem. Ela os ensina a cometer imoralidade sexual e a comer alimentos oferecidos a ídolos. ²¹Dei a ela tempo para que se arrependesse, mas não quer se arrepender de sua imoralidade.

²²"Portanto, eu a lançarei doente numa cama, e aqueles que cometerem adultério com ela sofrerão terrivelmente, a menos que se arrependam e abandonem a prática de tais atos. ²³Matarei seus filhos,[a] e então todas as igrejas saberão que eu sou aquele que sonda mente e coração. Darei a cada um de vocês aquilo que seus atos merecem.

²⁴"Tenho também uma mensagem para o restante de vocês em Tiatira que não seguiram esse falso ensino ('as verdades mais profundas', como eles dizem, e que na realidade vêm de Satanás). Não lhes pedirei coisa alguma, ²⁵senão que se apeguem firmemente ao que já têm até que eu venha. ²⁶Ao vitorioso que me obedecer até o fim,

    Eu darei autoridade sobre as nações.
²⁷Ele as governará com cetro de ferro
    e as despedaçará como vasos de barro.[b]

²⁸Ele terá a mesma autoridade que recebi de meu Pai, e também lhe darei a estrela da manhã.

²⁹"Quem tem ouvidos para ouvir, ouça o que o Espírito diz às igrejas."

Mensagem à igreja em Sardes

3 "Escreva esta carta ao anjo[c] da igreja em Sardes. Esta é a mensagem daquele que tem os sete espíritos de Deus e as sete estrelas:

"Sei de tudo que você faz. Você tem fama de estar vivo, mas está morto. ²Desperte! Fortaleça o pouco que resta, pois até mesmo isso está quase morto. Vejo que suas ações não atendem aos requisitos de meu Deus. ³Lembre-se do que ouviu e no que acreditou no princípio; agarre-se a isso com firmeza. Arrependa-se. Se não despertar, virei subitamente até você, como um ladrão.

⁴"Há alguns em Sardes, no entanto, que não mancharam suas roupas com o mal. Eles andarão comigo vestidos de branco, pois são dignos. ⁵O vitorioso será vestido de branco. Jamais apagarei seu nome do Livro da Vida e confirmarei, diante de meu Pai e de seus anjos, que ele me pertence.

⁶"Quem tem ouvidos para ouvir, ouça o que o Espírito diz às igrejas."

Mensagem à igreja em Filadélfia

⁷"Escreva esta carta ao anjo da igreja em Filadélfia.

Esta é a mensagem daquele que é santo e verdadeiro,
    que tem a chave de Davi.
O que ele abre ninguém pode fechar,
    e o que ele fecha ninguém pode abrir:[d]

⁸"Sei de tudo que você faz. Abri para você uma porta que ninguém pode fechar. Você tem pouca força, mas ainda assim obedeceu à minha palavra e não negou meu nome. ⁹Veja, obrigarei aqueles que pertencem à sinagoga de Satanás — os mentirosos que se dizem judeus, mas não são — a virem, prostrarem-se a seus pés e reconhecerem que amo você.

¹⁰"Porque obedeceu à minha ordem para perseverar, eu o protegerei do grande tempo de provação que virá sobre todo o mundo para pôr à prova os habitantes da terra. ¹¹Venho em breve.[e] Apegue-se ao que você tem, para que ninguém tome sua coroa. ¹²O vitorioso se tornará coluna do templo de meu Deus, de onde jamais sairá. Escreverei nele o nome de meu Deus, e ele será cidadão da cidade de meu Deus, a nova Jerusalém que desce do céu, da parte de meu Deus. E também escreverei nele o meu novo nome.

¹³"Quem tem ouvidos para ouvir, ouça o que o Espírito diz às igrejas."

---

[a] **2.23** Ou *seus seguidores*. [b] **2.26-27** Sl 2.8-9, conforme a Septuaginta. [c] **3.1** Ou *mensageiro*; também em 3.7,14. [d] **3.7** Is 22.22. [e] **3.11** Ou *repentinamente*, ou *rapidamente*.

Mensagem à igreja em Laodiceia

¹⁴"Escreva esta carta ao anjo da igreja em Laodiceia. Esta é a mensagem daquele que é o Amém, a testemunha fiel e verdadeira, a origem[a] da criação de Deus:

¹⁵"Sei de tudo que você faz. Você não é frio nem quente. Desejaria que fosse um ou o outro! ¹⁶Mas, porque é como água morna, nem quente nem fria, eu o vomitarei de minha boca. ¹⁷Você diz: 'Sou rico e próspero, não preciso de coisa alguma'. E não percebe que é infeliz, miserável, pobre, cego e está nu. ¹⁸Eu o aconselho a comprar de mim ouro purificado pelo fogo, e então será rico. Compre também roupas brancas, para que não se envergonhe de sua nudez, e colírio para aplicar nos olhos, a fim de enxergar. ¹⁹Eu corrijo e disciplino aqueles que amo. Por isso, seja zeloso e arrependa-se.

²⁰"Preste atenção! Estou à porta e bato. Se você ouvir minha voz e abrir a porta, entrarei e, juntos, faremos uma refeição, como amigos. ²¹O vitorioso se sentará comigo em meu trono, assim como eu fui vitorioso e me sentei com meu Pai em seu trono.

²²"Quem tem ouvidos para ouvir, ouça o que o Espírito diz às igrejas".

Adoração no céu

4 Então, quando olhei, vi uma porta aberta no céu, e a mesma voz que eu tinha ouvido antes falou comigo como um toque de trombeta. A voz disse: "Suba para cá, e eu lhe mostrarei o que acontecerá depois destas coisas". ²E, no mesmo instante, fui tomado pelo Espírito[b] e vi um trono no céu e alguém sentado nele. ³Aquele que estava sentado no trono brilhava como pedras preciosas, como jaspe e sardônio. Um arco-íris, com brilho semelhante ao da esmeralda, circundava seu trono. ⁴Ao redor do trono havia 24 tronos, nos quais estavam sentados 24 anciãos. Estavam todos vestidos de branco e usando coroas de ouro na cabeça. ⁵Do trono saíam relâmpagos, estrondos e trovões, e na frente dele havia sete tochas com chamas ardentes, que são os sete espíritos de Deus. ⁶Diante do trono havia algo como um mar de vidro, cintilante como cristal.

No centro e ao redor do trono havia quatro seres vivos, cada um coberto de olhos na frente e atrás. ⁷O primeiro deles era semelhante a um leão; o segundo, semelhante a um boi; o terceiro tinha rosto de homem; e o quarto era como uma águia em voo. ⁸Cada um dos seres vivos tinha seis asas, inteiramente cobertas de olhos, por dentro e por fora. Dia e noite, repetem sem parar:

"Santo, santo, santo é o Senhor Deus, o
Todo-poderoso,
que era, que é e que ainda virá".

⁹Cada vez que os seres vivos dão glória, honra e graças ao que está sentado no trono, àquele que vive para todo o sempre, ¹⁰os 24 anciãos se prostram e adoram o que está sentado no

---

[a]3.14 Ou *o governante*, ou *o princípio*. [b]4.2 Ou *em espírito*.

3.15,16 Ó meus irmãos e irmãs, vocês já pensaram realmente que insulto é para Deus quando nos apresentamos a Ele com orações mornas? Ali está o propiciatório celestial; o caminho para ele é salpicado com o precioso sangue de Jesus, contudo chegamos a ele com corações frios, ou nos aproximamos desprovidos de nossas emoções. Ajoelhamo-nos em atitude de oração, contudo não oramos. Jogamos certas palavras ao léu, expressamos pensamentos que não são nossos desejos reais, e fingimos desejos que não sentimos. Não degradamos assim "o lugar de expiação"? Nós o tornamos, por assim dizer, um lugar de descanso comum, em vez de um terrível lugar de luta, uma vez aspergido de sangue, e muitas vezes salpicado com o suor da nossa fervorosa súplica. Quando adentramos à casa de Deus, a qual Jesus Cristo nos convidou para o banquete cheio de ricas provisões, não nos aproximamos, muitas vezes, assim como vamos aos nossos comércios — não, não com tanta seriedade como empenhamos para a Casa de Câmbio ou para a Contabilidade? O que parecemos dizer, assim, é que a casa de Deus é um lugar comum, que a Sua provisão é apenas alimento comum, e que os compromissos solenes do santuário de Deus são apenas rotinas cotidianas, indignas do zelo e da energia de um homem sensato, mas só servem para serem realizadas com mornidão de espírito. Penso que, se eu tivesse que pausar mais aqui, poderia provar-lhe que não fui muito longe quando disse que a mornidão é um insulto a Deus. Insulta-o em tudo o que Ele valoriza ao lançar um desprezo sobre tudo o que Ele quer que creiamos ser precioso.

trono, aquele que vive para todo o sempre. Colocam suas coroas diante do trono e dizem:

¹¹"Tu és digno, ó Senhor e nosso Deus,
de receber glória, honra e poder.
Pois criaste todas as coisas,
e elas existem porque as criaste segundo a tua vontade".

O Cordeiro abre o livro

5 Então, na mão direita daquele que estava sentado no trono, vi um livro,ª escrito por dentro e por fora e lacrado com sete selos. ²Vi um anjo poderoso que perguntava em alta voz: "Quem é digno de romper os selos deste livro e abri-lo?". ³Mas não havia ninguém no céu, nem na terra, nem debaixo da terra, que pudesse abrir o livro e lê-lo.

⁴Comecei a chorar muito, pois não se encontrou ninguém digno de abrir o livro e lê-lo. ⁵Então um dos 24 anciãos me disse: "Não chore! Veja, o Leão da tribo de Judá, o herdeiro do trono de Davi,ᵇ conquistou a vitória. Ele é digno de abrir o livro e os setes selos".

⁶Então vi um Cordeiro que parecia ter sido sacrificado, mas que agora estava em pé entre o trono e os quatro seres vivos e no meio dos 24 anciãos. Tinha sete chifres e sete olhos, que representam os sete espíritos de Deus enviados a todas as partes da terra. ⁷Ele deu um passo à frente e recebeu o livro da mão direita daquele que está sentado no trono. ⁸Quando o Cordeiro recebeu o livro, os quatro seres vivos e os 24 anciãos se prostraram diante dele. Cada um tinha uma harpa e taças de ouro cheias de incenso, que são as orações do povo santo, ⁹e entoavam um cântico novo com estas palavras:

"Tu és digno de receber o livro,
abrir os selos e lê-lo.
Pois foste sacrificado e com teu sangue
compraste para Deus
pessoas de toda tribo, língua, povo e nação.
¹⁰Tu fizeste delas um reino de sacerdotes para nosso Deus,
e elas reinarãoᶜ sobre a terra".

¹¹Então olhei novamente e ouvi as vozes de milhares e milhões de anjos ao redor do trono, e também dos seres vivos e dos anciãos. ¹²Cantavam com forte voz:

"Digno é o Cordeiro que foi sacrificado
de receber poder e riqueza,
sabedoria e força,
honra, glória e louvor!".

¹³Depois, ouvi todas as criaturas no céu, na terra, debaixo da terra e no mar, cantarem:

ª**5.1** Ou *rolo*; também em 5.2,3,4,5,7,8,9. ᵇ**5.5** Em grego, *a raiz de Davi*. Ver Is 11.10. ᶜ**5.10** Alguns manuscritos trazem *elas estão reinando*.

5.5-8 Mas agora, note, no cântico da Igreja, qual a razão dela de acreditar que Cristo é digno de ser um Mediador. Ela diz: "Tu és digno. [...] Pois foste sacrificado". Ah, amados, quando Cristo comprometeu-se a ser o Mediador dela, esse foi o extremo para o qual a sujeição o levaria, para ser sacrificado! E Ele foi ao ponto extremo e pagou a vida com a vida. "Se você comer desse fruto, com certeza morrerá", foi a sentença pronunciada a Adão. O segundo Adão morreu; Ele curvou a cabeça para a sentença; Ele vindicou a Lei de Deus! Ele foi ao extremo de tudo o que Sua mediação poderia exigir dele e isso faz com que os redimidos entoem o cântico cada vez mais alto: "Tu és digno. [...] *Pois foste sacrificado*". Jesus nunca é mais glorioso do que em Sua morte! Seu sacrifício é o ápice de Sua glória, afinal, como foi a profundidade extrema de Sua vergonha, amados, nos alegramos em nosso Mediador porque Ele morreu!

Portanto, notem, que eles cantam a redenção que a Sua morte conquistou, mas não cantam a redenção *do mundo*. Não, absolutamente: "Pois foste sacrificado e com teu sangue compraste para Deus pessoas de toda tribo, língua, povo e nação". Não entrarei em uma discussão doutrinária, neste momento. Creio no valor infinito do sacrifício expiatório. Creio que, se Deus tivesse ordenado que fosse eficaz para a salvação de muitos outros, era suficiente o bastante para o propósito divino; mas aqueles que Cristo redimiu para Deus por Seu sangue *não são toda a humanidade*. Nem toda a humanidade cantará esse cântico! Nem toda a humanidade será transformada em reis e sacerdotes para Deus! E nem toda a humanidade é redimida no sentido em que este cântico é entoado para Deus. Quero saber, não tanto sobre a redenção *geral*, da qual você pode acreditar no que quiser, mas sobre a redenção particular, a redenção pessoal: "Com teu sangue compraste." "Cristo amou a *Igreja*. Ele entregou a vida por ela."

"Louvor e honra, glória e poder pertencem àquele que está sentado no trono e ao Cordeiro para todo o sempre!".

¹⁴E os quatro seres vivos disseram: "Amém!". E os 24 anciãos se prostraram e adoraram.

O Cordeiro abre os seis primeiros selos

6 Enquanto eu observava, o Cordeiro abriu o primeiro dos sete selos do livro.[a] Então ouvi um dos quatro seres vivos dizer com voz de trovão: "Venha!". ²Quando olhei, vi um cavalo branco. Seu cavaleiro carregava um arco, e sobre sua cabeça foi colocada uma coroa. Ele saiu batalhando para conquistar vitórias.

³Quando o Cordeiro abriu o segundo selo, ouvi o segundo ser vivo dizer: "Venha!". ⁴Então surgiu um cavalo vermelho. Seu cavaleiro recebeu uma grande espada e autoridade para tirar a paz da terra. E houve guerra e matança em toda parte.

⁵Quando o Cordeiro abriu o terceiro selo, ouvi o terceiro ser vivo dizer: "Venha!". Quando olhei, vi um cavalo preto. Seu cavaleiro tinha na mão uma balança. ⁶E ouvi uma voz dentre os quatro seres vivos dizer: "Uma medida de trigo ou três medidas de cevada custarão o salário de um dia,[b] mas não desperdice[c] o azeite nem o vinho".

⁷Quando o Cordeiro abriu o quarto selo, ouvi o quarto ser vivo dizer: "Venha!". ⁸Quando olhei, vi um cavalo amarelo.[d] Seu cavaleiro se chamava Morte, e o mundo dos mortos[e] o seguia. Eles receberam autoridade sobre um quarto da terra para matar pela espada, pela fome e pela doença[f] e por meio de animais selvagens.

⁹Quando o Cordeiro abriu o quinto selo, vi sob o altar as almas de todos que haviam sido mortos por causa da palavra de Deus e por seu testemunho fiel. ¹⁰Clamavam ao Senhor em alta voz e diziam: "Ó Soberano Senhor, santo e verdadeiro, quanto tempo passará até que julgues os habitantes da terra e vingues nosso sangue?". ¹¹Então a cada um deles foi dada uma veste branca, e lhes foi dito que descansassem mais um pouco até que se completasse o número de seus irmãos, seus companheiros no serviço, que se juntariam a eles depois de serem mortos.

¹²Enquanto eu observava, o Cordeiro abriu o sexto selo, e houve um grande terremoto. O sol ficou escuro como pano negro, e a lua inteira se tornou vermelha como sangue. ¹³Então as estrelas caíram do céu como figos verdes de uma figueira sacudida por um forte vento. ¹⁴O céu foi enrolado como pergaminho, e todas as montanhas e ilhas foram movidas de seu lugar.

¹⁵Então os reis da terra, os governantes, os generais, os ricos, os poderosos, os escravos e os livres, todos se esconderam em cavernas e entre as rochas das montanhas. ¹⁶E gritavam às montanhas e às rochas: "Caiam sobre nós e escondam-nos da face daquele que está sentado no trono e da ira do Cordeiro! ¹⁷Pois chegou o grande dia de sua ira, e quem poderá sobreviver?".

Os servos de Deus são selados

7 Então vi quatro anjos em pé nos quatro cantos da terra, impedindo os quatro ventos de soprarem na terra, no mar e em qualquer árvore. ²E vi outro anjo que subia do leste e trazia o selo do Deus vivo. Ele gritou aos quatro anjos que haviam recebido poder para danificar a terra e o mar: ³"Esperem! Não façam mal à terra, nem ao mar, nem às árvores, até que

---

[a] 6.1 Ou *rolo*. [b] 6.6a Em grego, *1 choinix de trigo por 1 denário e 3 choinix de cevada por 1 denário*. O choinix correspondia a pouco mais de 1 litro, e o denário, ao salário por um dia completo de trabalho. [c] 6.6b Ou *danifique*. [d] 6.8a Ou *pálido*. [e] 6.8b Ou *a sepultura*. Em grego, *o Hades*. [f] 6.8c Em grego, *morte*.

7.1,9,10 *V.1* Observe que Deus tem servos sempre prontos para a Sua obra. Havia ventos para serem contidos. "Vi quatro anjos" — seres espirituais poderosos — que tinham poder sobre o ar. Esses ventos deveriam ser contidos até que todo o povo de Deus fosse selado com segurança e vocês podem confiar que nenhuma calamidade acontecerá para destruir o povo de Deus — primeiramente, eles devem ser salvos. Não haverá dilúvio até que haja a arca — não haverá romanos para destruírem Jerusalém até que haja uma pequena cidade nas montanhas para a qual os discípulos possam fugir. Deus protegerá os Seus. A calmaria, a perfeita quietude que prevaleceu enquanto os anjos continham os ventos está manifesta nessas palavras. O vento não pareceu

tenhamos colocado o selo de Deus na testa de seus servos".

⁴E ouvi o número dos que foram marcados com o selo de Deus. Eram 144 mil, de todas as tribos de Israel:

⁵da tribo de Judá, foram selados doze mil,
da tribo de Rúben, doze mil,
da tribo de Gade, doze mil,
⁶da tribo de Aser, doze mil,
da tribo de Naftali, doze mil,
da tribo de Manassés, doze mil,
⁷da tribo de Simeão, doze mil,
da tribo de Levi, doze mil,
da tribo de Issacar, doze mil,
⁸da tribo de Zebulom, doze mil,
da tribo de José, doze mil,
da tribo de Benjamim, foram selados doze mil.

Louvor da grande multidão

⁹Depois disso, vi uma imensa multidão, grande demais para ser contada, de todas as nações, tribos, povos e línguas, em pé diante do trono e diante do Cordeiro. Usavam vestes brancas e seguravam ramos de palmeiras. ¹⁰E gritavam com grande estrondo:

"A salvação vem de nosso Deus,
    que está sentado no trono,
    e do Cordeiro!".

¹¹E todos os anjos estavam em pé ao redor do trono, dos anciãos e dos quatro seres vivos. Prostraram-se com o rosto em terra diante do trono e adoraram a Deus, ¹²cantando:

"Amém! Louvor e glória e sabedoria,
    gratidão e honra,
força e poder pertencem a nosso Deus,
    para todo o sempre. Amém!".

¹³Então um dos anciãos me perguntou: "Quem são estes vestidos de branco? De onde vieram?".

¹⁴Eu lhe respondi: "Senhor, tu sabes".

E ele disse: "São aqueles que vieram da grande tribulação.ª Lavaram e branquearam suas vestes no sangue do Cordeiro.

¹⁵"Por isso estão diante do trono de Deus
    e dia e noite o servem em seu templo.
E aquele que se senta no trono
    lhes dará abrigo.
¹⁶Nunca mais terão fome, nem sede,
    e o calor do sol nunca mais os queimará.
¹⁷Pois o Cordeiro que está no centro do trono
    será seu Pastor.
Ele os guiará às fontes de água viva,
    e Deus enxugará de seus olhos toda lágrima".

O Cordeiro abre o sétimo selo

8 Quando o Cordeiro abriu o sétimo selo, houve silêncio no céu por cerca de meia hora. ²Vi os sete anjos que estão em pé diante de Deus, e a eles foram dadas sete trombetas.

³Então veio outro anjo com um incensário de ouro e ficou em pé junto ao altar. Recebeu muito incenso para misturar às orações do povo santo como oferta sobre o altar de ouro diante do trono. ⁴A fumaça do incenso, misturada às orações do povo santo, subiu do altar

---

ª7.14 Ou *do grande sofrimento*.

---

soprar em terra, ou mar ou árvore – nem uma ondulação quebrou a superfície das águas, nem uma folha agitou-se no galho – tudo está quieto até que o povo de Deus esteja seguro.

V.9 Este é o grande ajuntamento da multidão gentia redimida pelo sangue, contada por Deus, para nunca ser contada pelos homens, sendo como a areia na praia, inumerável! Serão de todas as cores e olharão para nós na Terra, se pudéssemos vê-las, como sendo um grupo heterogêneo. E se as ouvíssemos falar, pareceria um estranho jargão. Muitas são as línguas da Terra, mas uma é a do Céu! Todos os corações são iguais no reino do Altíssimo, seja qual for a cor da pele. Aquela entrada de nosso Senhor em Jerusalém parece-me ser o padrão que temos aqui diante de nós, só isso é o cumprimento dela. Aqui estão as multidões que se reuniram ao redor dele – os 12 discípulos lideram o caminho e aqui estão as multidões com os ramos nas mãos espalhando-os no caminho do seu Rei!

V.10 Em Jerusalém, eles clamaram Hosana, que era: "Salva-nos, Senhor", mas agora esses levantaram a voz um pouco mais alto, e cantaram: "a salvação vem de nosso Deus". É a mesma melodia, mas é entoada em um tom mais alto e há mais pessoas para cantá-la. E eles não estão agora conduzindo um príncipe ao seu trono, mas estão contemplando o Rei no Seu trono, lá reinando!

onde o anjo havia derramado o incenso até a presença de Deus. ⁵Então o anjo encheu o incensário com fogo do altar e o lançou sobre a terra, e houve trovões, estrondos, relâmpagos e um grande terremoto.

As quatro primeiras trombetas

⁶Em seguida, os sete anjos com as sete trombetas se prepararam para tocá-las.

⁷O primeiro anjo tocou sua trombeta, e foram lançados sobre a terra granizo e fogo misturados com sangue. Um terço da terra pegou fogo, e foi queimado um terço das árvores, além de toda relva verde.

⁸O segundo anjo tocou sua trombeta, e foi lançado sobre o mar algo parecido com uma grande montanha em chamas. Um terço da água do mar se transformou em sangue, ⁹morreu um terço de todos os seres vivos do mar, e foi destruído um terço de todos os navios.

¹⁰O terceiro anjo tocou sua trombeta, e caiu do céu uma grande estrela, queimando como uma tocha, sobre um terço dos rios e sobre as fontes de água. ¹¹O nome da estrela era Amargor,[a] pois tornou amargo um terço das águas, e muita gente morreu ao beber dessas águas amargas.

¹²O quarto anjo tocou sua trombeta, e foi ferido um terço do sol, da lua e das estrelas, que escureceram. Um terço do dia ficou sem luz, e também um terço da noite.

¹³Então vi e ouvi uma águia que voava no ponto mais alto do céu e gritava em alta voz: "Terror, terror, terror sobre todos os habitantes da terra, pelo que acontecerá quando os três últimos anjos tocarem suas trombetas!".

A quinta trombeta traz o primeiro terror

9 O quinto anjo tocou sua trombeta, e vi uma estrela que havia caído do céu sobre a terra, e lhe foi dada a chave para o poço do abismo. ²Quando o poço foi aberto, dele saiu fumaça como de uma imensa fornalha, e a luz do sol e o ar escureceram com a fumaça.

³Então da fumaça saíram gafanhotos que desceram sobre a terra, e lhes foi dado poder para ferroarem como escorpiões. ⁴Receberam ordens para não danificar a vegetação, nem as plantas, nem as árvores, mas apenas as pessoas que não tivessem o selo de Deus na testa. ⁵Também lhes foi ordenado que não as matassem, mas que as atormentassem por cinco meses, com dor como a da ferroada do escorpião. ⁶Naqueles dias, as pessoas procurarão a morte, mas não a encontrarão. Desejarão morrer, mas a morte fugirá delas.

⁷Os gafanhotos pareciam cavalos preparados para a batalha. Tinham na cabeça algo

[a] 8.11 Em grego, *Absinto*.

8.3,4 É esse incenso que torna as nossas pobres orações aceitáveis a Deus — não é o mérito das nossas orações que lhes garante as graciosas respostas, mas o poder da intercessão contínua de Cristo! Nossas súplicas seriam inúteis se fossem apresentadas sozinhas — é a súplica de Cristo que é sempre eficaz junto ao Seu Pai. Jesus Cristo foi nomeado para este alto ofício para que Ele possa tomar nossas súplicas e apresentá-las diante do trono do Altíssimo. Quando o nosso governo nomeia certos oficiais para cuidar dos assuntos dos pobres deste país, não deve haver nenhum necessitado pedindo-lhes ajuda em vão. E, cristão, como a Jesus Cristo foi confiada a tarefa de apresentar suas orações de forma aceitável diante de Seu Pai, você pode ter certeza de que Ele o fará — por isso, tenha ânimo e certeza de que Ele acrescentará o "muito incenso" de Sua intercessão às suas súplicas — e assim elas subirão de forma aceitável diante de Deus em uma nuvem de fumaça agradável! Nenhuma verdadeira oração do coração de um verdadeiro filho de Deus deve falhar — todas atingirão o alvo celestial. Sua petição, meu irmão ou irmã, deve alcançar aceitação, bem como a minha. Não pense, crente, que Deus ignora suas sinceras súplicas, mesmo que você seja quase desconhecido entre outros cristãos e se sinta o menor de todos os santos. Se você ousa pensar que está contado entre os santos, não imagine que, porque não pôde juntar duas sentenças na reunião de oração, portanto, suas orações não alcançam os ouvidos e o coração de Deus. Posso assegurar-lhe que as suas petições são colocadas no incensário de ouro com a mesma certeza que as de João, o amado apóstolo a quem esta maravilhosa revelação foi concedida! E quando o fogo sagrado é colocado nelas, elas produzem uma fragrância tão doce para o Altíssimo quanto as súplicas do maior e mais nobre dos filhos do Senhor. De acordo com o texto, a fumaça do incenso subia diante de Deus com as orações de todos os santos — nenhuma delas teria sido aceitável sem o incenso — mas com o incenso todas subiram diante de Deus.

semelhante a coroas de ouro, e o rosto parecia humano. ⁸Os cabelos eram como os de mulher, e os dentes, como os de leão. ⁹Vestiam uma couraça semelhante ao ferro, e suas asas rugiam como um exército de carruagens correndo para a batalha. ¹⁰Tinham caudas que ferroavam como escorpiões, e por cinco meses tiveram poder para atormentar as pessoas. ¹¹Seu rei é o anjo do abismo; seu nome em hebraico é *Abadom*, e em grego, *Apoliom*.ᵃ

¹²O primeiro terror passou, mas ainda vêm outros dois.

A sexta trombeta traz o segundo terror

¹³O sexto anjo tocou sua trombeta, e ouvi uma voz que vinha das quatro pontas do altar de ouro que está na presença de Deus. ¹⁴A voz disse ao sexto anjo que tinha a trombeta: "Solte os quatro anjos que estão amarrados junto ao grande rio Eufrates". ¹⁵Então os quatro anjos que haviam sido preparados para aquela hora, dia, mês e ano foram soltos para matar um terço da humanidade. ¹⁶Ouvi que seu exército era constituído de duzentos milhões de soldados a cavalo.

¹⁷Em minha visão, vi os cavalos e os cavaleiros montados neles. Os cavaleiros usavam couraças vermelhas, azul-escuras e amarelas. Os cavalos tinham cabeças como as de leão, e da boca lhes saíam fogo, fumaça e enxofre. ¹⁸Um terço da humanidade foi morto por estas três pragas que saíam da boca dos cavalos: fogo, fumaça e enxofre. ¹⁹O poder dos cavalos estava na boca e na cauda, pois a cauda tinha cabeças como de serpente, com as quais feriam as pessoas.

²⁰Aqueles que não morreram dessas pragas ainda se recusaram a arrepender-se de seus atos perversos. Continuaram a adorar demônios e ídolos feitos de ouro, prata, bronze, pedra e madeira, ídolos que não podem ver, nem ouvir, nem andar. ²¹E não se arrependeram de seus assassinatos, sua feitiçaria, sua imoralidade sexual e seus roubos.

O anjo e o livrinho

10 Então vi outro anjo poderoso descendo do céu, envolto numa nuvem, com um arco-íris sobre a cabeça. Seu rosto brilhava como o sol, e seus pés eram como colunas de fogo. ²Tinha na mão um livrinhoᵇ aberto. O anjo pôs o pé direito no mar e o pé esquerdo na terra. ³Deu um forte grito, como o rugido de um leão, e os sete trovões responderam.

⁴No momento em que os sete trovões falaram, eu estava prestes a escrever, mas ouvi uma voz do céu que disse: "Guarde em segredoᶜ as coisas que os sete trovões disseram, e não as escreva".

⁵Então o anjo que vi em pé sobre o mar e sobre a terra levantou a mão direita para o céu. ⁶Jurou em nome daquele que vive para todo o sempre, que criou os céus, a terra, o mar e tudo que neles há. "Não haverá mais demora", disse ele. ⁷"Quando o sétimo anjo tocar sua trombeta, o plano que Deus manteve em segredo se cumprirá, conforme ele anunciou a seus servos, os profetas."

⁸A voz do céu falou novamente comigo: "Vá e pegue o livro aberto da mão do anjo que está em pé sobre o mar e sobre a terra".

⁹Então me aproximei do anjo e lhe pedi o livrinho. "Pegue-o e coma-o!", disse ele. "Ele será amargo em seu estômago, embora tenha um sabor doce como mel em sua boca." ¹⁰Peguei o livrinho da mão do anjo e o comi. Em minha boca, era doce como mel, mas, quando o engoli, tornou-se amargo em meu estômago.

¹¹Então me foi dito: "É necessário que você profetize outra vez a respeito de muitos povos, nações, línguas e reis".

As duas testemunhas

11 Depois disso, recebi uma vara de medir e me foi dito: "Vá e tire as medidas do templo de Deus e do altar, e conte o número de adoradores. ²Mas não meça o pátio exterior, porque ele foi entregue às nações. Elas pisotearão a cidade santa durante 42 meses. ³Darei autoridade a minhas duas testemunhas, e elas se vestirão de pano de saco e profetizarão durante 1.260 dias".

⁴Essas duas testemunhas são as duas oliveiras e os dois candelabros que estão diante do Senhor de toda a terra. ⁵Se alguém tentar lhes fazer mal, da boca lhes sairá fogo e consumirá seus inimigos. Assim deve morrer quem tentar lhes fazer mal. ⁶Elas têm poder para fechar o céu, a fim de que não chova durante o tempo que profetizarem, e têm poder para

---

ᵃ **9.11** *Abadom* e *Apoliom* significam "o Destruidor". ᵇ **10.2** Ou *pequeno rolo*; também em 10.8,9,10. ᶜ **10.4** Em grego, *Sele*.

"Aleluia!ª
Salvação, glória e poder pertencem a nosso Deus.
²Seus julgamentos são verdadeiros e justos.
Ele castigou a grande prostituta,
que corrompia a terra com sua imoralidade,
e vingou o assassinato de seus servos".

³E, mais uma vez, as vozes ressoaram:

"Aleluia!
A fumaça dessa cidade sobe para todo o sempre!".

⁴Então os 24 anciãos e os quatro seres vivos se prostraram e adoraram a Deus, que estava sentado no trono. Disseram: "Amém! Aleluia!".

⁵E do trono veio uma voz que dizia:

"Louvem nosso Deus,
todos os seus servos,
todos os que o temem,
pequenos e grandes".

⁶Em seguida, ouvi outra vez algo semelhante ao som do clamor de uma grande multidão, como o som de fortes ondas do mar, como o som de violentos trovões:

"Aleluia!
Porque o Senhor, nosso Deus,ᵇ o Todo-poderoso, reina.
⁷Alegremo-nos, exultemos
e a ele demos glória,
pois chegou a hora do casamento do Cordeiro,
e sua noiva já se preparou.
⁸Ela recebeu um vestido do linho mais fino,
puro e branco".

Porque o linho fino representa os atos justos do povo santo.

⁹E o anjo me disse: "Escreva isto: Felizes os que são convidados para o banquete de casamento do Cordeiro". E acrescentou: "Essas são as palavras verdadeiras de Deus".

¹⁰Então caí aos pés do anjo para adorá-lo, mas ele me disse: "Não faça isso! Sou um servo, como você e seus irmãos que dão testemunho de sua fé em Jesus. Adore somente a Deus, pois o testemunho a respeito de Jesus é a essência da mensagem revelada aos profetas".

O cavaleiro no cavalo branco

¹¹Vi o céu aberto, e surgiu um cavalo branco. Seu cavaleiro se chama Fiel e Verdadeiro, pois julga e guerreia com justiça. ¹²Seus olhos eram como chamas de fogo, e em sua cabeça havia muitas coroas. Nele estava escrito um nome que ninguém conhece, a não ser ele mesmo. ¹³Vestia um manto encharcado de sangue, e seu nome era a Palavra de Deus. ¹⁴Os exércitos do céu, vestidos do linho mais fino, puro e branco, seguiam-no em cavalos brancos. ¹⁵De sua boca saía uma espada afiada para ferir as nações. Ele as governará com cetro de ferro e esmagará as uvas no tanque de prensar da

---

ª19.1 Transliteração de um termo hebraico que significa "Louvado seja o Senhor"; também em 19.3,4,6. ᵇ19.6 Alguns manuscritos trazem *o Senhor Deus*.

19.9 Que felicidade estar lá! Que alegria estar lá, não como espectadores, mas como parte da Noiva que será então tomada por seu Marido! Minha alma nadará em felicidade, mergulhará em mares de deleite inconcebível *em razão de sua união com Cristo e seu deleite nele* e Seu deleite em você! Não conheço uma ideia melhor de Céu do que estar eternamente contente com Cristo e Cristo estar eternamente contente comigo! E tudo isso acontecerá dentro de muito pouco tempo. Portanto, deixe de lado seus cuidados, abandone seus medos e não murmure mais. Tal destino o espera para que possa estar contente. Ouvi dizer que, quando a rainha Elizabeth uma vez carregava a coroa, enquanto era uma jovem princesa, ela a considerou pesada enquanto a apoiava diante de sua irmã, mas alguém lhe disse: "Você vai gostar mais quando você mesma a usar". Então, temos que carregar, todos os dias, um peso por Cristo, mas ó, quando a coroa for posta sobre nossas próprias cabeças e estivermos no paraíso com Ele, esqueceremos as aflições leves que foram apenas temporárias, ao entrarmos no gozo do peso de glória muito mais excelente e eterno! Se você puder, eu gostaria que se deleitasse enquanto pensa na honra que será colocada sobre todo o povo de Cristo ao se casar com Ele – "Um com Jesus, pela união eterna, um", participantes de Seu nome, Sua Propriedade, Sua glória, Ele mesmo! Ele nos fará sentar com Ele em Seu trono, assim como venceu e está sentado com Seu Pai no Seu trono.

furiosa ira de Deus, o Todo-poderoso. ¹⁶Em seu manto, na altura da coxa,ᵃ estava escrito o nome: Rei dos reis e Senhor dos senhores.

¹⁷Então vi um anjo em pé no sol. Gritava para as aves que voavam no ponto mais alto do céu: "Venham! Reúnam-se para o grande banquete que Deus preparou! ¹⁸Venham e comam a carne dos reis, dos generais e dos fortes guerreiros; dos cavalos e de seus cavaleiros; de toda a humanidade, escravos e livres, pequenos e grandes".

¹⁹Depois vi a besta e os reis da terra e seus exércitos reunidos para lutarem contra aquele que montava no cavalo e contra seu exército. ²⁰Mas a besta foi presa e, com ela, o falso profeta que fazia sinais em seu nome, sinais que enganaram todos que haviam recebido a marca da besta e adoravam sua estátua. Tanto a besta como seu falso profeta foram lançados vivos no lago de fogo que arde com enxofre. ²¹Todo o seu exército foi morto com a espada afiada que saía da boca daquele que montava no cavalo branco. E todas as aves se fartaram com a carne dos cadáveres.

Os mil anos

20 Então vi um anjo descer do céu trazendo na mão a chave do abismo e uma grande corrente. ²Ele prendeu o dragão, a antiga serpente que é o diabo, Satanás, e o acorrentou por mil anos. ³O anjo o lançou no abismo, o fechou e pôs um lacre na porta, de modo que ele não pudesse mais enganar as nações até que terminassem os mil anos. Depois disso, é necessário que ele seja solto por um pouco de tempo.

⁴Vi tronos, e os que estavam sentados neles haviam recebido autoridade para julgar. Vi também as almas daqueles que haviam sido decapitados por testemunharem a respeito de Jesus e por proclamarem a palavra de Deus. Não tinham adorado a besta nem sua estátua, nem aceitado sua marca na testa ou nas mãos. Eles ressuscitaram e reinaram com Cristo por mil anos.

⁵Esta é a primeira ressurreição. (O restante dos mortos só voltou à vida depois que terminaram os mil anos.) ⁶Felizes e santos são aqueles que participam da primeira ressurreição. A segunda morte não tem poder algum sobre eles, pois serão sacerdotes de Deus e de Cristo e reinarão com ele por mil anos.

A derrota de Satanás

⁷Quando terminarem os mil anos, Satanás será solto da prisão ⁸e sairá para enganar as nações, Gogue e Magogue, em todas as extremidades da terra. Ele as reunirá para a batalha, um exército poderoso, incontável como a areia da praia. ⁹Subiram pela vasta planície da terra e cercaram o acampamento do povo santo e a cidade amada. Mas fogo desceu do céu e os consumiu.

¹⁰O diabo, que os havia enganado, foi lançado no lago de fogo que arde com enxofre, onde já estavam a besta e o falso profeta. Ali serão atormentados dia e noite, para todo o sempre.

O julgamento final

¹¹Vi um grande trono e aquele que estava sentado nele. A terra e o céu fugiram de sua presença, mas não encontraram lugar para se esconder. ¹²Vi os mortos, pequenos e grandes, em pé diante do trono de Deus. E foram abertos os livros, incluindo o Livro da Vida. Os mortos foram julgados segundo o que haviam feito, conforme o que estava registrado nos livros. ¹³O mar entregou seus mortos, e a morte e o mundo dos mortosᵇ também entregaram seus mortos. E todos foram julgados de acordo com seus atos. ¹⁴Então a morte e o mundo dos mortos foram lançados no lago de fogo. Esse lago de fogo é a segunda morte. ¹⁵E quem não tinha o nome registrado no Livro da Vida foi lançado no lago de fogo.

A nova Jerusalém

21 Então vi um novo céu e uma nova terra, pois o primeiro céu e a primeira terra já não existiam, e o mar também não mais existia.

ᵃ **19.16** Ou *Em seu manto e em sua coxa*. ᵇ **20.13** Ou *a sepultura*. Em grego, *o Hades*; também em 20.14.

21.1,3,4,6 V.1 Os astrônomos nos dizem que, dentro da memória viva, vários mundos estrelados explodiram e desapareceram de vista. O apóstolo Pedro nos disse que este mundo será destruído pelo fogo, mas depois será renovado, e um novo Céu e uma nova Terra aparecerão depois que o primeiro firmamento e a primeira Terra passarem. Deus quer dizer que este planeta deve continuar a existir depois que tiver uma nova criação e

²E vi a cidade santa, a nova Jerusalém, que descia do céu, da parte de Deus, como uma noiva belamente vestida para seu marido.

³Ouvi uma forte voz que vinha do trono e dizia: "Vejam, o tabernáculo de Deus está no meio de seu povo! Deus habitará com eles, e eles serão seu povo. O próprio Deus estará com eles.[a] ⁴Ele lhes enxugará dos olhos toda lágrima, e não haverá mais morte, nem tristeza, nem choro, nem dor. Todas essas coisas passaram para sempre".

⁵E aquele que estava sentado no trono disse: "Vejam, faço novas todas as coisas!". Em seguida, disse: "Escreva isto, pois o que lhe digo é digno de confiança e verdadeiro". ⁶E disse ainda: "Está terminado! Eu sou o Alfa e o Ômega, o Princípio e o Fim. A quem tiver sede, darei de beber gratuitamente das fontes da água da vida. ⁷O vitorioso herdará todas essas bênçãos, e eu serei seu Deus, e ele será meu filho.

⁸"Mas os covardes, os incrédulos, os corruptos, os assassinos, os sexualmente impuros, os que praticam feitiçaria, os adoradores de ídolos e todos os mentirosos estão destinados ao lago de fogo que arde com enxofre. Esta é a segunda morte".

⁹Então um dos sete anjos que seguravam as sete taças com as últimas sete pragas se aproximou e me disse: "Venha comigo, e eu lhe mostrarei a noiva, a esposa do Cordeiro".

¹⁰Ele me levou no Espírito[b] até um grande e alto monte e me mostrou a cidade santa, Jerusalém, que descia do céu da parte de Deus. ¹¹Brilhava com a glória de Deus e cintilava como uma pedra preciosa, como jaspe, transparente como cristal. ¹²O muro da cidade era grande e alto, com doze portas guardadas por doze anjos, e nelas estavam escritos os nomes das doze tribos de Israel. ¹³Havia três portas de cada lado: leste, norte, sul e oeste. ¹⁴O muro da cidade tinha doze pedras de alicerce, e nelas estavam escritos os nomes dos doze apóstolos do Cordeiro.

¹⁵O anjo que falava comigo tinha na mão uma vara de ouro para medir a cidade, suas portas e seu muro. ¹⁶A cidade tinha o formato de um quadrado, de comprimento e largura iguais. De fato, tinha 2.200 quilômetros[c] de comprimento, de largura e de altura. ¹⁷Então ele mediu o muro e descobriu que tinha quase 65 metros de espessura[d] (de acordo com a medida humana usada pelo anjo).

[a]**21.3** Alguns manuscritos acrescentam *o Deus deles*. [b]**21.10** Ou *em espírito*. [c]**21.16** Em grego, *12.000 estádios*. [d]**21.17** Em grego, *144 côvados*.

---

tiver renovado sua juventude. A regeneração de Seu povo, seu novo nascimento, é uma antecipação do que ainda está por acontecer com todo esse nosso mundo. Temos os primeiros frutos do Espírito e gememos dentro de nós mesmos, enquanto aguardamos a plenitude dessa nova criação! "O primeiro céu e a primeira terra já não existiam, e o mar também não mais existia", porque o mar é o emblema da separação, destruição e agitação. O mar tem seus mortos que serão devolvidos. O mar não pode agora descansar nem silenciar, mas todos devem ficar calmos e tranquilos no novo Céu e na nova Terra!

Vv.3,4 Quando houver um novo Céu e uma Terra nova, e a Igreja estiver em sua condição nova e glorificada, então não haverá necessidade de todas aquelas forças purificadoras que têm sido tão ativas aqui embaixo. Não haverá morte, nem tristeza, nem choro, nem dor, nem provação de qualquer tipo — tudo será felicidade, pois tudo será santidade! E então, como Deus habitou antigamente entre Seu povo no deserto, e como Jesus Cristo, a Palavra, se fez carne e tabernaculou entre nós, e nós contemplamos a Sua glória, então, nesse mundo novo Deus se revelará a Seu povo por uma habitação especial e uma proximidade peculiar.

V.6 Provavelmente João não esperava ouvir aquela doce mensagem do evangelho naquele momento. O Senhor Jesus Cristo falava de temas sublimes, de mundos recém-criados — e, no entanto, no meio de tudo, Ele faz essa graciosa promessa! Que este seja um padrão para todos os que são pregadores ou professores — não importa qual seja a sua matéria, uma promessa, ou convite, do evangelho é sempre apropriada para o lugar e hora. Você pode colocá-la entre as frases mais valiosas como uma pedra preciosa em um cenário de ouro puro e nunca será inútil, seja quando for. Os homens odeiam a Deus sem o menor motivo e Deus ama os homens sem o menor motivo — há todos os motivos pelos quais os homens deveriam amar a Deus e não o odiar — mas o odeiam sem razão. E há todos os motivos por que Deus deveria odiar o homem e não o amar — ainda assim Ele nos ama tanto que deu Seu Filho único para morrer, para que todo aquele que nele crê possa viver para sempre!

¹⁸O muro era feito de jaspe, e a cidade era de ouro puro, transparente como vidro. ¹⁹O muro da cidade era construído sobre alicerces ornamentados com doze pedras preciosas:ᵃ a primeira com jaspe, a segunda com safira, a terceira com ágata, a quarta com esmeralda, ²⁰a quinta com ônix, a sexta com cornalina, a sétima com crisólito, a oitava com berilo, a nona com topázio, a décima com crisópraso, a décima primeira com jacinto, e a décima segunda com ametista.

²¹As doze portas eram feitas de pérolas, cada porta de uma única pérola. E a rua principal era de ouro puro, transparente como vidro.

²²Não vi templo algum na cidade, pois o Senhor Deus, o Todo-poderoso, e o Cordeiro são seu templo. ²³A cidade não precisa de sol nem de lua, pois a glória de Deus a ilumina, e o Cordeiro é sua lâmpada. ²⁴As nações andarão em sua luz, e os reis, em toda a sua glória, entrarão na cidade. ²⁵Suas portas nunca se fecharão, pois ali não haverá noite. ²⁶E todas as nações trarão sua glória e honra à cidade. ²⁷Nenhum malᵇ terá permissão de entrar, nem pessoa alguma que pratique o que é vergonhoso ou enganoso, mas somente aqueles cujos nomes estão escritos no Livro da Vida do Cordeiro.

22 Então o anjo me mostrou o rio da água da vida, transparente como cristal, que fluía do trono de Deus e do Cordeiro ²e passava no meio da rua principal. De cada lado do rio estava a árvore da vida, que produz doze colheitasᶜ de frutos por ano, uma em cada mês, e cujas folhas servem como remédio para curar as nações.

³Não haverá mais maldição sobre coisa alguma, porque o trono de Deus e do Cordeiro estará ali, e seus servos o adorarão. ⁴Verão seu rosto, e seu nome estará escrito na testa de cada um. ⁵E não haverá noite; não será necessária a luz da lâmpada nem a luz do sol, pois o Senhor Deus brilhará sobre eles. E reinarão para todo o sempre.

⁶Então o anjo me disse: "Tudo que você ouviu e viu é digno de confiança e verdadeiro. O Senhor, o Deus dos espíritos dos profetas, enviou seu anjo para dizer a seus servos o que acontecerá em breve".ᵈ

Jesus vem

⁷"Vejam, eu venho em breve! Felizes aqueles que obedecem às palavras da profecia registrada neste livro."ᵉ

⁸Eu, João, sou aquele que ouviu e viu todas essas coisas. E, quando as ouvi e vi, caí aos pés do anjo que as mostrou a mim, a fim de adorá-lo. ⁹Mas ele disse: "Não faça isso! Sou um servo, como você e seus irmãos, os profetas, e como todos os que obedecem ao que está escrito neste livro. Adore somente a Deus!".

¹⁰Em seguida, disse: "Não lacre com um selo as palavras proféticas deste livro, porque o tempo está próximo. ¹¹Que o mau continue a praticar a maldade; que o impuro continue a ser impuro; que o justo continue a viver de forma justa; que o santo continue a ser santo".

¹²"Vejam, eu venho em breve e trago comigo a recompensa para retribuir a cada um de acordo com seus atos. ¹³Eu sou o Alfa e o Ômega, o Primeiro e o Último, o Princípio e o Fim."

¹⁴Felizes aqueles que lavam suas vestes. A eles será permitido entrar pelas portas da cidade e comer do fruto da árvore da vida. ¹⁵Do lado de fora da cidade ficam os cães: os feiticeiros, os sexualmente impuros, os assassinos, os adoradores de ídolos e todos que gostam de praticar a mentira.

¹⁶"Eu, Jesus, enviei meu anjo a fim de lhes dar esta mensagem para as igrejas. Eu sou a origem de Davi e o herdeiro de seu trono.ᶠ Sou a brilhante estrela da manhã."

¹⁷O Espírito e a noiva dizem: "Vem!". Que todo aquele que ouve diga: "Vem!". Quem tiver sede, venha. Quem quiser, beba de graça da água da vida. ¹⁸Declaro solenemente a todos que ouvem as palavras da profecia registrada neste livro: Se alguém acrescentar algo ao que está escrito aqui, Deus acrescentará a

---

ᵃ**21.19** A identificação de algumas dessas pedras é incerta. ᵇ**21.27** Ou *Nada cerimonialmente impuro*. ᶜ**22.2** Ou *doze espécies*. ᵈ**22.6** Ou *repentinamente*, ou *rapidamente*; também em 22.7,12,20. ᵉ**22.7** Ou *rolo*; também em 22.9,10,18,19. ᶠ**22.16** Em grego, *Eu sou a raiz e o descendente de Davi*.

essa pessoa as pragas descritas neste livro. ¹⁹E, se alguém retirar qualquer uma das palavras deste livro de profecia, Deus lhe retirará a participação na árvore da vida e na cidade santa descritas neste livro.

²⁰Aquele que é testemunha fiel de todas essas coisas diz: "Sim, venho em breve!".
Amém! Vem, Senhor Jesus!
²¹Que a graça do Senhor Jesus esteja com todos.[a]

---

[a] **22.21** Alguns manuscritos trazem *esteja com todos vocês*; outros, *esteja com todo o povo santo*.

22.21 A palavra é *Charis*. Não creio que seja possível uma tradução melhor do que "graça" — geralmente é traduzida por graça ao longo do Novo Testamento. Aqueles que entendem grego nos dizem que sua raiz está no termo "alegria". Há alegria no fundo de *Charis*, ou graça. Isso também significa favor, bondade e especialmente amor. E posso, sem violar o significado do Espírito, ler as palavras assim: "Que a graça do Senhor Jesus esteja com todos". Mas, na medida em que o amor às criaturas indignas, como nós, pode apenas mostrar-se em favor livre — isto é, graça — e sabemos que o termo usado é uma expressão precisa, deixaremos como está, apenas colocando uma gota ou duas do doce mel do amor que nela se encontra.

João deseja que tenhamos o livre favor de Jesus Cristo, o amor de Jesus Cristo, a graça de nosso Senhor Jesus Cristo. O próprio Jesus Cristo é geralmente mencionado em nossas bênçãos como tendo graça, e o Pai como tendo amor — e nossa bênção usual começa com a graça de nosso Senhor Jesus Cristo e o amor de Deus. Essa é a ordem apropriada? Não deveríamos dizer o Pai, o Filho e o Espírito Santo? Irmãos e irmãs, a ordem observada na bênção é a de nossa *experiência* — a ordem em que *aprendemos* — a ordem em que *recebemos*. Primeiro recebemos a graça e o livre favor que estão em Cristo Jesus — e, a partir disso, aprendemos o amor do Pai — pois nenhum homem vem ao Pai senão por Jesus Cristo. A ordem é correta para a nossa experiência, e em uma bênção instrutiva, o Espírito Santo intenciona isso para a nossa aprendizagem. O amor do Pai é, por assim dizer, o germe secreto e misterioso de tudo. Esse mesmo amor em Jesus Cristo é graça. Seu é o amor em sua forma prática, o amor que desce à Terra, o amor que reveste a natureza humana, o amor que paga o preço do grandioso resgate, o amor subindo, o amor sentado e à espera, o amor implorando, o amor que logo vem com poder e glória! O amor eterno que, por assim dizer, estava no seio do Pai, levanta-se e entra em *ação*, e então é chamado de graça de nosso Senhor Jesus Cristo. Esta graça de nosso Senhor Jesus Cristo é, portanto, a graça de uma pessoa divina.

Desejamos a vocês, irmãos, como desejamos para nós mesmos, a graça do próprio Deus — rica, ilimitada, insondável, imutável, divina — não graça temporária, semelhante à qual alguns falam, que não guarda os seus, mas permite até mesmo que as ovelhas de Seu próprio pasto se desviem e pereçam. Não, desejamos-lhe a graça de nosso Senhor Jesus Cristo, de quem está escrito: "Ele tinha amado os seus discípulos durante seu ministério na terra, e os amou até o fim". Essa graça mais poderosa da qual é dito: "Ninguém pode arrancá-las da mão de meu Pai". Desejamos que esta graça esteja com você — a graça que o amou antes de a Terra ser criada — "Eu amei você com amor eterno, com amor leal a atraí para mim". Essa é a graça que estará com você quando este pobre mundo retornar ao nada do qual brotou. Desejamos que você possa ter essa graça infinita, eterna e imutável!

BIOGRAFIA

BIOGRAFIA

Charles Haddon SPURGEON
O príncipe dos pregadores

em sombra de dúvidas, Charles H. Spurgeon, conhecido como "príncipe dos pregadores", foi um dos maiores evangelistas do século 19. Após mais de 100 anos de sua morte, seu exemplo de fé e prática do evangelho ainda continua inspirando milhares de cristãos ao redor do mundo. Seu entendimento e amor pelas Escrituras, manifesto por meio de suas obras e de sua vida, tem sido referência no contexto dos cursos teológicos de nossa época.

Primogênito entre 16 irmãos, Spurgeon nasceu em 19 de junho de 1834, em Kelvedon, Inglaterra. Devido a dificuldades financeiras de seus pais, passou parte de sua infância com seus avós paternos que o iniciaram na fé cristã. Posteriormente, voltou a morar com os pais em Colchester. Era precocemente notável, leu muitos livros, entre eles *O Peregrino* (Publicações Pão Diário, 2018), de John Bunyan, obra que marcou profundamente sua vida. Ainda na infância ouviu uma palavra que foi confirmada, posteriormente, durante seus anos de ministério: "Este menino pregará o evangelho a grandes multidões".

Spurgeon buscava um relacionamento genuíno com Cristo. Por isso, dos 14 aos 16 anos, passou por uma crise a respeito de sua salvação. A convicção de pecado perturbava sua alma. Por seis meses ele visitou igrejas, orou e lutou contra a condenação que sentia. Certo dia, devido a uma nevasca, deteve-se em uma congregação, onde ouviu um simples sapateiro levantar-se e ler: "Que todo o mundo se volte para mim para ser salvo!" (Isaías 45.22). O pregador repetia a passagem e dizia: "Olhem para Cristo, e não para vocês mesmos. Olhem para o Senhor, pendurado na cruz, olhem para Ele, morto e sepultado". Em seguida, fixando os olhos em Spurgeon, disse: "Moço, olhe para Jesus! Olhe agora"! Spurgeon olhou para Jesus com fé e arrependimento e foi salvo. Por toda a sua vida jamais deixou manter o seu olhar no seu Senhor e Salvador. Após sua conversão, foi batizado e começou a distribuir panfletos e a ensinar crianças na Escola Dominical em Newmarket.

Aos 16 anos, pregou seu primeiro sermão em Teversham, e, aos 18, recebeu a incumbência de pastorear uma pequena congregação na cidade de Waterbeach. Aos 20 anos já havia pregado mais de 600 mensagens e fora convidado a pastorear a igreja de New Park Street, na região metropolitana de Londres. Convicto de que era a vontade de Deus para sua vida, aceitou o desafio e passou a liderar um suntuoso templo de 1.200 lugares que contava com pouco mais de 100 pessoas frequentando os cultos. Entretanto, a popularidade de Spurgeon imediatamente tornou necessária a ampliação do prédio para acomodar os fiéis que ali se reuniam. Mesmo após uma reforma, poucos meses depois, o espaço tornou-se insuficiente, pois multidões ajuntavam-se para ouvi-lo, a ponto de muitos não conseguirem entrar no templo. Assim, ousadamente, Spurgeon decidiu mudar a igreja para um lugar com acomodação para 12 mil pessoas. No culto de inauguração do grande Tabernáculo Metropolitano, em 18 de março de 1861, houve participação de 10 mil pessoas.

Spurgeon causou muita agitação em Londres. Sua pregação brotou como um manancial no deserto espiritual em que viviam a Inglaterra e outros lugares da Europa naquela época. Muitos foram os que beberam dessa fonte aberta por meio da Palavra da verdade e isso causou desconforto a outros religiosos. Alguns o criticavam pelo seu estilo de pregação, enquanto outros o elogiavam. Alguns chegaram a publicar em jornais que duvidavam da conversão de Spurgeon. Porém, mesmo com toda a oposição, o fluxo de pessoas para ouvi-lo era tanto que, em certos periódicos chegou-se a citar que "desde os tempos de George Whitefield e John Wesley, Londres não era tão agitada por um avivalista".

Em pouco tempo Spurgeon se tornou uma figura célebre ao redor do mundo e foi reconhecido como uma das mentes mais brilhantes de sua época. Era convidado para ensinar em vários países, pregando uma média de 8 a 12 mensagens por semana. O maior auditório no qual pregou, foi no Crystal Palace, Londres, em 7 de outubro de 1857. Aproximadamente 23.650 pessoas se reuniram naquela noite para ouvi-lo. Certa vez, por causa das grandes multidões que afluíam para vê-lo pregar, teve que rogar àqueles que tivessem ouvido a Palavra nos últimos três meses, que não comparecessem mais, a fim de dar oportunidade a irmãos que ainda não o tivessem ouvido.

Uma das características que chama atenção na vida de Spurgeon é sua disponibilidade em servir ao Senhor de todo o coração, mesmo em meio à adversidade, uma vez que a dor e o sofrimento foram companheiros inseparáveis de sua vida e ministério. Ele foi um pregador excepcional e em todas as coisas provou ser um homem guiado pelo Espírito Santo. Tinha a capacidade de expor as Escrituras de maneira simples, clara e compreensível. Estudava a Palavra e, em seguida, a comunicava com fluência e eficácia. A oração também foi uma prática contínua ao longo de sua vida. Spurgeon disse, certa vez, à sua congregação: "Que Deus me ajude se deixarem de orar por mim! Que me avisem, pois naquele dia terei de parar de pregar. Deixem-me saber quando se propuserem a cessar suas orações a meu favor, pois então exclamarei: 'Deus, dá-me o túmulo neste dia, e durma eu no pó.'"

Outro aspecto, em seu ministério, era sua força espiritual, o que nos momentos difíceis lhe permitiu seguir em frente e cumprir a obra que Deus lhe confiara. Uma das maiores dificuldades foi a perseguição que sofreu por causa de sua pregação, fidelidade, força, clareza e rigidez quanto à doutrina bíblica, o que resultou em sua pouca aceitação na esfera religiosa de 1856. Contudo, Spurgeon não estava preocupado com seus adversários, sua maior preocupação estava em instruir a igreja com doutrina bíblica forte e eficaz.

Ainda jovem, desenvolveu gota e reumatismo, e quanto mais a idade avançava, mais essas enfermidades o debilitavam. A delicada condição de saúde de sua esposa também era outro fator agravante. Por diversas vezes, Spurgeon teve que se ausentar de seu púlpito por recomendação médica. Nos anos de 1880, foi diagnosticado com *bright*, uma doença degenerativa e crônica, sem cura. Ao final de seu ministério Spurgeon enfrentou muita oposição, o que desgastou ainda mais sua debilitada saúde. Em 1891, sua condição agravou-se, forçando-o a convidar um pastor dos Estados Unidos para assumir temporariamente a função principal de sua igreja. E em 1892, os sermões de Spurgeon já eram traduzidos para cerca de nove línguas diferentes.

Aos 50 anos de idade, Spurgeon havia sido responsável pela fundação e supervisão de cerca de 66 instituições, incluindo igrejas, escolas, seminários, orfanatos, escolas de pastores, revistas mensais e editoras. Pastoreava uma igreja de milhares de pessoas, respondia uma média de 500 cartas semanalmente, lia seis livros teológicos por semana, e isso, dizia ele, representava apenas metade de suas tarefas. Dentre seus dons estava a capacidade de escrever. Comunicava sua mensagem escrita tão bem quanto a pregava. Publicou 3.561 sermões e 135 livros. Spurgeon ainda deixou a aclamada série de comentários sobre os Salmos, *O tesouro de Davi* (Publicações Pão Diário, 2018), uma obra que levou mais de 20 anos para ser concluída. Até o último dia de pastorado, havia batizado em torno de 14.692 pessoas e preparado centenas de jovens para o ministério. Foi casado com Susanah Thompson, seu amor e inspiração, e teve dois filhos, os gêmeos, não-idênticos, Thomas e Charles.

Em 7 de junho de 1891 ensinou pela última vez. Suas últimas palavras, no leito de morte, foram dirigidas à sua esposa: "Ó, querida, tenho desfrutado de um tempo muito glorioso com meu Senhor!" Ela, então, exclamou: "Ó, bendito Senhor Jesus, eu te agradeço pelo tesouro que me emprestaste no decurso desses anos". Spurgeon "adormeceu" em Menton, França, em 31 de janeiro de 1892, aos 57 anos. Seu corpo foi trasladado para a Inglaterra. Na ocasião de seu funeral — 11 de fevereiro de 1892 — muitos cortejos e cultos foram organizados em Londres. Seis mil pessoas assistiram ao culto memorial. Em seu caixão, uma Bíblia estava aberta no texto de sua conversão: "Que todo o mundo se volte para mim para ser salvo!" (Isaías 45.22). Em seu simples túmulo, estão gravadas as palavras: "Aqui jaz o corpo de CHARLES HADDON SPURGEON, esperando o aparecimento do seu Senhor e Salvador JESUS CRISTO."

SERMÕES

COMO LER A BÍBLIA[1]

Até minha chegada, dedique-se à leitura.
1 Timóteo 4.13

claro que esse conselho e exortação tem como objetivo primário uma orientação a ministros cristãos e, especialmente, ministros cristãos jovens. Eles devem ler muito para serem proveitosos a outros como pregadores. Em alguns setores da igreja, costumava haver uma presunção muito estúpida de que, se um ministro lesse extensivamente, só expressaria verdades obsoletas, ou o que alguns simplórios denominavam "mente de homens mortos". Agora, porém, os homens aprenderam que será o mais atualizado e original em seus próprios pensamentos aquele que mais diligentemente cultivar a sua mente estudando e ponderando os pensamentos de outras mentes. Aquele que nunca cita, nunca será citado, e quem não lê não tem muita probabilidade de ser lido. É claro que a primeira coisa de que o ministro necessita é ser ensinado pelo Espírito, mas, então, a questão é – Como o Espírito ensina? Ele ensina, sem dúvida, principalmente por intermédio da palavra e do nosso conhecimento experiencial com essa palavra. Porém, se Ele se agradar em revelar a verdade de Deus a outro homem, e eu não me dispuser a ler essa verdade tal qual foi registrada por esse outro homem, negligenciei o ensinamento do Espírito de Deus. No tocante aos milagres do Salvador, vocês sabem que nenhum deles foi desnecessário. Ele nunca fez por milagre algo que poderia ter sido realizado pelas leis comuns da natureza. Assim ocorre com o ensinamento do Espírito – eu não tenho direito de esperar que o Espírito me revele a verdade sem o uso de um livro quando eu mesmo puder descobri-la com o livro. "O Espírito nos ajuda em nossa fraqueza", mas não em nossa ociosidade! Ele nos é dado com o propósito de poder nos ajudar quando estamos fracos, mas não para que possamos ser perdoados naquilo em que somos preguiçosos. Às vezes, tive o indescritível sofrimento de ouvir um sermão declarado como inspirado pelo Espírito de Deus, mas no qual ficou claro que o pregador nunca havia pensado sobre o tema antes de falar – e só posso dizer que não consegui perceber qualquer beleza peculiar no sermão, nem vi coisa alguma que o tornasse uma fonte de edificação superior a um sermão preparado por outra pessoa. Pensei ter detectado muitos traços de ignorância humana – e pouquíssimos vestígios da ação do Espírito Santo.

Temos aqui, nesta noite, muitos jovens que estão se preparando para o ministério. Porém, não me estenderei nesse assunto, apenas implorarei que se dediquem à mais fervorosa consideração e à mais devotada meditação. Esta exortação inspirada, que não é minha, nem mesmo somente a de um apóstolo, e sim a exortação do Espírito Santo de Deus por intermédio do apóstolo – "dedique-se à leitura". Se, irmãos, vocês quiserem abençoar a Igreja do Senhor e preparar uma equipe de cristãos realmente inteligentes, não apelem sempre apenas às emoções, mas também professem uma boa, sadia e forte doutrina evangélica – e ilustrem essa doutrina, de modo a expor e comentar aos outros. Façam isso especialmente lendo as palavras dos maiores mestres em teologia das Escrituras – e estes provarão ser seus companheiros queridos e encantadores e seus esplêndidos ajudadores, em tornar o seu ministério ricamente proveitoso aos seus ouvintes.

---

[1] Este sermão foi extraído The Metropolitan Tabernacle Pulpit e pregado no Metropolitan Tabernacle, em Newington, em 1866.

Este, porém, não é o nosso tema especial para esta noite. Esta mesma exortação tão peculiarmente adequada ao ministro também atenderá a todos os seus ouvintes, porque o ministério não é uma casta religiosa peculiar a alguns poucos, mas todos nós deveremos ensinar aos outros conforme Deus nos ensinar! E, para que possamos ser úteis em nossa esfera, como o ministro é na dele, precisamos adotar o mesmo meio para nos adequarmos ao nosso alto privilégio e para nos prepararmos para sermos usados por Deus. Assim como o ministro sem leitura terá pouco poder, o mesmo acontecerá com os cristãos em geral. "Dedique-se à leitura" é uma exortação que eu faria à maioria de vocês, especialmente aqueles que têm lazer e não são chamados a trabalhos exaustivos que ocupam todo o seu tempo.

Entretanto, não me aterei tanto ao meu texto a ponto de meramente exortá-los a ler. Quero pedir-lhes que leiam a Palavra de Deus! Esse me parece ser o livro do cristão. Vocês poderão ler outros livros e sua mente poderá estar bem mobiliada com coisas espirituais, mas, se vocês se ativerem à Palavra de Deus, embora possam ser deficientes em muitos pontos de uma educação liberal, não serão deficientes na educação que os adequará ao serviço abençoado aqui, para o serviço dos Céus, para a comunhão com Deus na Terra e a comunhão com Cristo na glória!

Meu objetivo esta noite é dizer algumas coisas sobre como ler a Bíblia. Na noite da quinta-feira passada, falamos longamente sobre as excelências da Palavra de Deus. Esta noite, penso ser apropriado falarmos um pouco sobre como ler essa Palavra com o maior proveito para a nossa alma. Ao fazê-lo, esperaremos considerar sete preceitos que levam poderosamente a esse importante assunto. Nosso primeiro preceito será —

1. LER E DEPENDER *do Espírito de Deus*. Com que frequência abrimos o Livro Sagrado e lemos um capítulo inteiro, talvez na oração familiar, ou talvez em nossas próprias devoções particulares e, tendo lido do primeiro versículo até o último, fechamos o livro pensando ter feito algo muito certo e muito apropriado — e, de uma maneira vaga, de alguma maneira proveitoso para nós? Muito correto e muito apropriado, de fato, mas, por mais correto e apropriado que seja, podemos realmente nada ter ganhado com isso! Poderemos, de fato, ter apenas nos esforçado na parte meramente externa da religião e não ter usufruído de coisa alguma espiritual, ou de algo que possa ser benéfico à nossa alma, se tivermos esquecido o espírito divino por intermédio do qual a Palavra veio até nós!

Não devemos sequer nos lembrar de que, para entender corretamente a Santa Palavra, precisamos que o Espírito Santo *seja o Seu próprio expositor*? Acerca da providência, o hino diz —

Deus é Seu próprio intérprete
E ele deixará claro

e, certamente, é assim no tocante às Escrituras! Comentadores e expositores são muito úteis, de fato, mas o melhor expositor é sempre o próprio autor de um livro. Se eu tivesse um livro que não compreendesse bem, seria uma grande conveniência eu ser vizinho do autor, porque então poderia correr até sua casa e perguntar-lhe o que ele quis dizer. Essa é exatamente a sua posição, cristão! Às vezes, o livro lhes deixará intrigado, mas o Autor divino, que deve conhecer o Seu próprio significado, está sempre pronto a levá-los ao sentido do livro! Ele habita em vocês e estará com vocês, e Cristo Jesus afirmou: "Quando vier o Espírito da verdade, ele os conduzirá a toda a verdade".

Porém, entender a Palavra não é suficiente. Nós também precisamos que Ele *nos faça sentir o poder dela*. Como podemos fazer isso, se não por intermédio do Espírito Santo? "Tua promessa renova minhas forças", ó Deus, mas só porque *tu* renovaste as minhas forças por meio da Tua palavra. A Palavra de Deus deve ser lida literalmente, mas a "lei escrita termina em morte". Somente "o Espírito dá vida" e, por mais excelentes que sejam as suas afirmações, nem mesmo elas têm poder espiritual em si mesmas! A menos que o Espírito Santo as preencha, até mesmo elas se tornarão como poços sem água e como nuvens sem chuva. Vocês mesmos não perceberam que frequentemente é assim? Apelo agora à sua própria experiência. Às vezes, vocês leram uma parte das Escrituras e a página pareceu reluzir, seu coração ardeu em seu interior e vocês disseram que a Palavra lhes veio com poder.

Simples assim, mas era o Espírito Santo quem a estava levando ao seu espírito, em seu verdadeiro poder, e tornando-a para você, um sabor agradável de vida para vida! Em outras ocasiões, você pode ter lido a mesma página e, dolorosamente, não sentido a doçura que já havia provado — e perdido a adorável luz que antes brilhou dela aos olhos da sua mente!

Tudo precisa depender do Espírito falando através daquilo, porque até mesmo a luz da Palavra de Deus é, em grande parte, apenas a luz da lua. Ou seja, ela é um reflexo da luz que emana do próprio Deus, a única verdadeira fonte de luz. Se Deus não resplandecer sobre a palavra quando a lemos, esta não refletirá o resplendor sobre nós, tornando-se uma palavra obscura, ou como se diz, "uma obscuridade em vez de uma revelação, escondendo Deus de nós em vez de revelá-lo a nós". Olhe para cima, leitor! Na próxima vez em que o Livro estiver em suas mãos, olhe para cima antes de abri-lo — e, enquanto seus olhos estiverem percorrendo a página, olhe para cima e ore para que Deus resplandeça sobre ela! E, quando terminar o capítulo e você puser o Livro de lado, dedique um minuto, novamente, a olhar para cima e pedir a Sua bênção. Quem dera, ao ler as Escrituras, sempre nos lembrássemos do Espírito Santo. Se da própria Escritura não obtivéssemos qualquer outro bem além de fazer nossa alma pensar sobre Aquele que é divino e bendito, só isso já seria uma bênção inestimável! Então, leiam lembrando-se do grande Autor.

Nosso segundo preceito é —

2. LER E MEDITAR. Não há exercício mais fora de moda, hoje em dia, do que a meditação! Contudo, usando a expressão de Brookes, "ela é um dever que engorda a alma". O gado come a grama, mas a nutrição vem da mastigação do que foi ruminado! A leitura é o reunir do nosso alimento, mas a meditação é a mastigação do ruminado, a digestão, a assimilação da verdade de Deus! Eu garimpo a verdade quando leio, mas fundo o minério e obtenho o ouro puro quando medito! Rute recolheu "as espigas de cereal", mas depois as debulhou. O leitor é quem colhe, mas quem medita é também o que debulha. Por falta de meditação, a verdade de Deus corre ao nosso lado e nós a deixamos passar e a perdemos. Nossa memória traiçoeira é como uma peneira — e o que ouvimos e lemos passa através dela e deixa pouco para trás — e, frequentemente, esse pouco não nos é proveitoso devido à nossa falta de diligência em nos aprofundarmos. Frequentemente, considero muito proveitoso fazer de um texto um doce bocado sob minha língua pela manhã e, se conseguir, manter o sabor dele em minha boca o dia todo!

Gosto de remoê-lo vezes seguidas em minha mente, porque você descobrirá que qualquer texto das Escrituras é como o caleidoscópio. Vire-o de um jeito e você dirá: "Que verdade justa de Deus!". Vire-o de outro jeito e você verá a mesma verdade, mas sob um aspecto muito diferente! Vire-o ainda mais uma vez — e continue fazendo isso o dia todo — e você ficará surpreso e encantado ao descobrir em quantas luzes a mesma verdade aparecerá e que maravilhosas permutações e combinações você pode encontrar nela! Quando tiver feito isso o dia todo, você será compelido a sentir que há uma infinidade acerca de um único texto, de forma que nunca o compreenderá totalmente, mas descobrirá que ele ainda está além de você! Se uma passagem das Escrituras lhe for dada, não desista rapidamente dela porque você não apreende imediatamente sua força e plenitude. O maná que caía no deserto não se mantinha doce além de um dia — se fosse guardado até o dia seguinte, criava vermes e fedia. Porém, houve uma porção de maná que foi colocada num pote de ouro e mantida na arca da Aliança, que nunca perdeu a sua doçura e nutrição celestial! E há uma maneira de guardar as preciosas porções da Palavra de Deus que lhe são dadas hoje, para que você possa prosseguir na força dela durante 40 dias e continuar a encontrar alimento fresco no mesmo texto dia após dia, e até mesmo mês após mês! Porém, isso só pode ser feito *meditando* sobre ele. Nosso hino contém uma fábula quando diz que as —

Brisas fragrantes
Sopram suavemente sobre a ilha de Ceilão.

Os viajantes que lá estiveram nos contam que nunca sentiram o odor de "brisas fragrantes", porque a canela não produz perfume até ser ferida e quebrada! E, certamente, a Palavra de Deus é extremamente repleta de perfume, mas não até que tenha sido afavelmente ferida por uma meditação reverente e amorosa. Você não consegue obter dela a doçura e a fragrância antes de tê-la ferido repetidas vezes na argamassa do pensamento com o pilão da lembrança. Então, medite sobre essas coisas!

Alguém pergunta: "Mas como podemos meditar quando temos tantas coisas em que pensar?" Porém, "uma coisa é necessária", e é preciso que o cristão medite sobre as coisas de Deus! Sei que vocês precisam empregar sua mente em muitas coisas e não posso lhes pedir para não o fazer, mas, sempre que tiverem tempo para descansar, deixem sua mente voltar ao velho lar. Os pássaros passam o dia todo catando seus alimentos, mas vão diretamente para o seu poleiro à noite; então, quando os afazeres do dia terminarem e o pão do dia já tiver sido adquirido, voem para seus ninhos e descansem sua alma em alguma porção preciosa da Palavra de Deus. Durante o dia, também, sempre que vocês estiverem livres da ansiedade, deixem a sua mente se elevar — e para isso será útil se vocês pegarem um texto e o transformarem em asas que lhe permitam voar para ponderar coisas celestiais. Leiam e meditem!

A terceira regra para o nosso guia deve ser —

3. LER E APLICAR. O que quero dizer é apenas isso. Não leiam a Bíblia como um livro para outras pessoas.

Não a leiam meramente para dizer "Sim, ela é verdadeira. Muito verdadeira. Acredito que *suas doutrinas* são a revelação da mente infalível do próprio Deus". Tentem também ler uma *página* das Escrituras, sempre para ver o quanto ela *diz respeito a você*. Para alguns de vocês, há muito pouco na Palavra de Deus a não ser ameaças. Orem para que Deus os ajude a sentir a gravidade até mesmo das ameaças, porque, se as sentirem profundamente agora, poderão ser, aos poucos, libertos do trágico cumprimento delas depois! Se vocês forem levados a tremer sob a Palavra de Deus, talvez nunca terão de tremer sob a *mão* de Deus. Se vocês sentirem agora a ira vindoura, talvez nunca terão de senti-la no mundo porvir. Peçam a Deus que as Suas ameaças possam afastá-los de seus pecados e levá-los a buscar o perdão em Cristo. Então, quando lerem descrições do coração humano e da Queda, a corrupção e a depravação da nossa natureza, vejam-se como diante de um espelho e digam de si mesmos ao ouvirem sobre seu pecado: "Eu sou um homem como esse era e, mesmo que não caia exatamente no mesmo pecado, a possibilidade e o perigo dele estão em meu coração e eu poderia cometê-lo, se não fosse pela graça restritiva de Deus". Levem as mesmas histórias ao seu coração e encontrem nelas um significado, seja de encorajamento ou de advertência a vocês mesmos. Quanto às doutrinas, lembrem-se de que a doutrina mata, exceto quando entendida pessoalmente e à medida que vocês se interessarem por ela. Conheci algumas pessoas que se regozijam enormemente na doutrina da eleição, mas nunca foram eleitas, e algumas que muito se agradaram da doutrina da justificação pela fé, mas não tinham fé pela qual pudessem ser justificadas! Conheci também algumas que se gloriavam da perseverança final, mas se tivessem perseverado até o fim, certamente estariam no inferno, porque estavam a caminho dele! Uma coisa é conhecer essas verdades de Deus, e até mesmo lutar por elas com o zelo e a mordacidade de um polemista, mas outra é apreciá-las como nossa própria herança e nossa porção para sempre! Peçam ao Senhor para lhes mostrar o seu interesse em todas as verdades e não se satisfaçam até terem um garantido interesse pessoal por elas! Especialmente, que seja assim com *as promessas*. "Não o deixarei; jamais o abandonarei." Bem, é uma ótima promessa, mas se me for lida assim: "Não *o* deixarei; jamais *o* abandonarei", que promessa transformada e glorificada ela se torna! O velho e forte Martinho Lutero costumava dizer: "Toda religião vital está nos pronomes pessoais e possessivos". Não é assim? "Quando *passar* por águas profundas, *estarei* a seu lado. Quando atravessar rios, não *se* afogará." Ó, verdadeiramente, tal promessa é como um cacho de uvas de Escol, mas ele está no vale de Escol e não consigo alcançá-lo lá! A promessa aplicada é o cacho *trazido a mim exatamente onde estou*, e eu posso recebê-lo e me deliciar com a sua suculenta doçura!

Tomem o cuidado, porém, de buscar a aplicação dos *preceitos*. Algumas pessoas estão sempre atentas ao dever das outras e são ótimos juízes e críticos do que os outros devem fazer. "Quem são vocês para condenar os servos de outra pessoa?" Para seu próprio senhor ele está de pé ou cai. Vejam *vocês mesmos* quais preceitos se aplicam e então, como filhos de Deus, sejam seus pés rápidos para correr no caminho dos Seus mandamentos. Leiam a Bíblia como um homem lê o testamento de seu parente — para encontrar qual legado há ali para si mesmo. Façam com a Bíblia como o doente faz com a receita do médico — sigam-na fazendo pessoalmente o que ela lhes ordena. Peçam a Deus que não deixe sua Bíblia ser a Bíblia de outro homem, mas a sua própria Bíblia — a própria boca de Deus falando à sua alma sobre as coisas que trazem a sua paz.

Em quarto lugar — e isso é algo muito difícil —

4. LER E PRATICAR. Se vocês não fazem isso, estão lendo para a sua própria condenação! Se vocês leem "Não há condenação alguma para quem crê nele", e aqueles que não creem, já estão "condenados", porque não creram no Filho de Deus! O evangelho é algo muito solene para todo homem, porque, se não for um perfume que dá vida, torna-se um cheiro terrível de morte e condenação, pois precisa sempre ser um aroma de algum tipo! Algumas pessoas parecem ler a Bíblia para saber como *não* fazer — quanto mais Deus ordena, mais desobedecerão! Embora Ele as atraia, elas não virão a Ele. E, quando Ele as chama, não lhe darão resposta. Um coração muito arrependido é aquele que de alguma forma usa a Palavra de Deus de modo a fazer dela um agravante de seu pecado! Nossa vida deve ser — e, se a graça de Deus for abundante nela, será — uma nova tradução da Bíblia. Trazer a Bíblia para o vernáculo é isso! A Bíblia do mundano é o cristão. Ele nunca lê o Livro, mas lê o discípulo de Cristo e julga a religião cristã pela vida daqueles que a professam! O mundo aprenderá melhor e, muito provavelmente, será levado a conhecer a Cristo quando a vida dos cristãos for melhor e quando a Bíblia da vida cristã estiver mais em conformidade com a Bíblia da doutrina cristã! Santifique-nos! Santifique-nos, espírito, alma e corpo, e então nos tornaremos otimamente úteis para a Igreja e para o mundo! Ler e praticar! Porém, só poderemos fazê-lo à medida em que o Deus Espírito Santo nos ajudar. Então, vamos —

5. LER E ORAR. Isso é, talvez, quase voltar ao primeiro ponto, isto é, ler com dependência do Espírito Santo. Porém, desejo imprimir um pensamento bastante diferente em sua alma. Martinho Lutero disse ter aprendido mais por oração do que jamais aprendeu de qualquer outra maneira. Certo dia, um destroçador de pedras estava de joelhos quebrando rochas duras quando um ministro passou por ele e disse: "Vejo que você está fazendo o que eu costumo fazer, quebrando coisas difíceis". A resposta foi "Sim, senhor, e eu estou fazendo isso da maneira como o senhor deve fazer: de joelhos".

Uma passagem das Escrituras, muitas vezes, se tornará mais clara quando você orar sobre ela, o que desafiará a simples crítica ou o olhar para os expositores. Você coloca o texto em prática e, em seguida — *o compreende*. Suponho que, se um homem estivesse estudando anatomia e nunca tivesse visto o corpo vivo, talvez não fosse capaz de saber para que serve um certo ligamento, ou determinado osso — mas, se pudesse colocar aquele corpo em movimento, então poderia compreender o uso de todas as diferentes partes, supondo que fosse capaz de vê-las. Assim, quando um texto das Escrituras jaz, por assim dizer, morto diante de nós, podemos não ser capazes de compreendê-lo — mas quando, por oração, o texto adquire vida e nós o colocamos em movimento, passamos a compreendê-lo de imediato! Às vezes, podemos meditar sobre um texto repetidamente, ruminá-lo e digeri-lo lentamente, e ainda assim ele pode não se tornar claro para nós, mas clamamos a Deus e, imediatamente, o texto se esclarece e vemos escondidos nele maravilhosos tesouros de sabedoria divina e de graça!

Entretanto, a oração não deve ser feita simplesmente para que possamos entender o texto. Penso que devemos orar sobre cada passagem para que sejamos capacitados a extrair dela o que Deus quer nos transmitir. Um texto é como um baú de tesouros que está trancado — e a oração é a chave para abri-lo — e, assim, recebemos os tesouros de Deus! O texto é a carta de Deus, a qual é repleta de palavras amorosas, mas a oração precisa romper o lacre. Quando a leitura é acompanhada de oração e a oração é acompanhada de leitura, daí o homem caminha com os dois pés, o pássaro voa com as duas asas! Ler somente, não é proveitoso — orar sem ler não é tão enriquecedor para a alma, mas, quando as duas coisas ocorrem juntas, são como os cavalos puxando a carruagem e eles correm juntos velozmente e muito animadamente!

Leiam e orem, cristãos! Porém, cuidem para que vocês não leiam sem regar a sua leitura com a sua oração. Paulo pode plantar e Apolo pode regar, mas o crescimento vem de Deus! E, mesmo neste livro bendito, Moisés pode plantar e Davi pode regar, mas a oração precisa clamar a Deus, caso contrário, não haverá o crescimento!

Agora, em sexto lugar —

6. LER E TESTAR. Ponham à prova o que vocês ouvem. Testem o que vocês professam. Testem o que vocês leem. Os ourives têm frascos de ácido com os quais eles testam tudo o que lhes é oferecido para venda, para se certificarem se é ouro ou simplesmente ouropel. E o cristão deve ter a Palavra de Deus à mão e guardada na alma, para testar por ela tudo o que ele ouve. "Ponham à prova tudo que é dito e fiquem com o que é bom". Muitos ouvintes acreditam em tudo o que lhes é dito, por causa da pessoa que o declara. Isso não está em conformidade com a mente de Cristo! Nada devemos receber como verdade religiosa essencial, a menos que nos seja enviado do alto! E, por mais que possamos respeitar o pastor ou o mestre, não devemos abrir mão de nosso julgamento de qualquer homem de modo a receber seu ensinamento meramente porque ele se decide a enunciá-lo. Levem ao teste das Escrituras todas as formas da verdade de Deus que lhes é entregue, embora a oratória possa ser cintilante e parecer razoável e apropriada! Entretanto, é muito difícil conseguir que os homens façam isso. No momento em que você lhes diz para o fazerem, eles parecem imaginar que você tem motivos sinistros. Há um conservadorismo na natureza de todos nós no que diz respeito à nossa fé religiosa, que seria suficientemente correto se fosse equilibrado por outro princípio. Apegar-se ao que eu sei que é certo, mas estar disposto a receber ou fazer qualquer coisa que Deus quiser me ensinar a receber ou a fazer é ainda mais certo. Preciso saber a que me apego, caso contrário poderei estar me ferindo pela rigidez com que defendo o que aprendi. A mulher de Samaria disse: "Nós, os samaritanos, afirmamos que é aqui, no monte Gerizim, onde nossos antepassados adoraram". Esse é o argumento de inúmeras pessoas. "Nossos pais faziam isso e aquilo." Esse seria um ótimo argumento supondo-se que nossos pais sempre estivessem certos, porém um argumento muito absurdo, supondo-se que eles estivessem errados! Espero que não sejamos como aquele antigo saxão que perguntou para onde seu pai e todos os seus antepassados haviam ido e, quando lhe disseram que, sem dúvida, eles estavam perdidos, ele respondeu ao missionário que preferiria ir para onde eles estivessem do que se tornar cristão e ficar separado deles!

Há alguns que parecem ser dessa estirpe e se vangloriar disso. Seus antepassados acreditavam nisto ou naquilo e eles desejam segui-los. Há muitos que professam doutrinas que nunca aprenderam e que realmente não conhecem e compreendem. Eles têm a casca, mas nunca chegam ao cerne. Não é esse o caso de muitos de nós aqui esta noite? Caso você tenha uma doutrina de Deus em sua mente, descubra o texto ou os textos que a comprovam! Se acontecer de existir outros textos que pareçam apontar para o oposto, não corte e nem pode nenhum deles, mas aceite todos e espere até o Espírito revelar em que eles realmente concordam! As Escrituras não devem coincidir com as suas opiniões, e sim as suas opiniões é que devem coincidir com a Palavra bendita! Há uma fábula de um jardineiro tolo que tinha uma árvore que sempre crescia de maneira estranha. Ele não gostava de restringi-la e, no entanto, tinha construído uma parede sobre a qual ela crescesse. Penso que foi muito mais sábio o homem que deixou a parede em paz e mudou a árvore! Há pessoas muito propensas a alterar as Escrituras para que se adequem aos seus pontos de vista, retirando uma palavra para não ficar tão longa, deixando outra de fora ou mudando totalmente o significado dela, embora todos saibam que ela é forçada e não natural, ou então remendando um texto até que ele se adapte a um capricho ou uma peculiaridade delas. Isso não é reverência! Isso não é tratar a Palavra de Deus como ela deve ser tratada. A Palavra de Deus não é um nariz de cera para ser moldada segundo as nossas fantasias — ou as de qualquer outra pessoa. Embora ninguém devesse dizer o que tem em mente, Deus sempre o faz. Ele não gostaria que falássemos em uma linguagem capaz de ter meia dúzia de significados — pois Ele mesmo não fala assim. O Senhor fala tão claramente que, se formos francos e desejarmos saber o que Ele quer dizer, não será difícil fazê-lo, especialmente se o buscarmos para isso. Então, sigamos esse conselho e ponhamos os espíritos à prova para saber se eles são de Deus e, como os nobres bereanos, busquemos as Escrituras para saber se essas coisas são dessa maneira — e, assim, ler as Escrituras e testar o que lemos.

E, finalmente, o texto é importantemente seguido por "dedique-se à leitura [...] das Escrituras, ao encorajamento". Por conseguinte, direi, em sétimo lugar —

7. LER E CONTAR o que você leu.

Essa será uma maneira eficaz de imprimi-lo em sua própria memória. Quando você ler uma passagem das Escrituras e tiver prazer nela, vá até o seu vizinho enfermo e conte o que Deus lhe disse. Se encontrar um ignorante quando souber algo das coisas de Deus, conte-as a ele. As nações se enriquecem pelos intercâmbios comerciais e os cristãos também! Cada um de nós tem algo que o outro não tem e ele tem algo do qual precisamos. Façamos trocas. "Então aqueles que temiam o Senhor falaram uns com os outros" e é muito bom que o fizessem. Infelizmente, com muita frequência, nossa conversa é muito frívola — há muita palha, mas pouco trigo. Se apenas falássemos mais das Escrituras e a estabelecêssemos como uma moda entre os cristãos, cresceríamos com muito mais rapidez e força, e seríamos mais sábios nas coisas do reino.

Conheço alguém que, quando jovem, lia o dia todo até chegar a noite e, depois, ia pregar todas as noites. Pregar à noite o que ele havia lido durante o dia marcava e fixava as verdades de Deus em sua própria mente e as tornava indescritivelmente proveitosas para ele! Quando você tiver lido durante aproximadamente uma hora, passe outra meia hora comunicando a uma criança, a um servo ou a alguém que está à procura, ou algum santo acamado aquilo que o enriqueceu e o ajudou.

Como eu gostaria muito de enfatizar isso a todos vocês, meus caros irmãos e irmãs, que são membros desta igreja! Devemos muitas das conversões que aconteceram aqui aos esforços pessoais dos membros da nossa igreja. Deus é o dono do *nosso* ministério, mas também é o dono de *vocês*. Nas reuniões da igreja, nos deleitamos quando os convertidos vêm e, frequentemente, têm a dizer que a palavra pregada no púlpito foi abençoada para eles; contudo, penso que, quase com a mesma frequência eles dizem que foi a Palavra de Deus falada em algumas das aulas — ou nos bancos, porque não poucos de vocês foram pais espirituais para estranhos que entraram por aquela porta! Continuem fazendo isso! Que a nossa congregação esteja cheia desses atiradores de elite espirituais que escolherão cada um o seu alvo e dispararão com a arma do evangelho diretamente em cada indivíduo!

É claro que, se você não sabe nada, não pode dizer nada. Se você nunca leu algo que, pela bênção de Deus, foi trazido poderosamente à sua própria alma, não tente falar aos outros. Primeiramente, é necessário que algo se inicie em sua própria alma, mas, se você foi levado a um contato pessoal com a verdade divina, que este seja o primeiro impulso de sua alma para —

*Contar aos pecadores à sua volta
Que querido Salvador você encontrou.*

A mulher de Samaria deixou sua vasilha com água, entrou na cidade e disse: "Venham ver um homem que me disse tudo que eu já fiz na vida! Será que não é ele o Cristo?". Amados, façamos o mesmo! Não conheço uma coisa viva, nem mesmo uma flor selvagem da sebe, que não procure prolongar a existência de sua espécie. A dedaleira derrama suas sementes por todas as ribanceiras — independentemente de quão pequena seja a flor, ela procura produzir outras iguais a si. Da mesma maneira, vocês, cristãos, que são a obra mais nobre de Deus, não deveriam se sentir satisfeitos a menos que sua vida seja um espalhar contínuo da verdade de Deus que se tornou vital para você e será nova vida para os outros!

Que grande coroação e encerramento para o culto desta noite seria poder sermos usados por Deus para trazer uma alma das trevas à luz e da escravidão à liberdade! Não podemos fazer isso nós mesmos, mas Deus pode nos ajudar. Você não andaria um quilômetro, sim, muitos quilômetros para fazê-lo? Bem, você não precisa caminhar quilômetros! É bem possível que a própria pessoa que, por assim dizer, está sentada ao seu lado esta noite seja a pessoa que Deus predestinou para ser abençoada, e ser abençoada *por você*! No mínimo, experimente. Nada será perdido e poderá haver muito ganho. Por que Deus lhe ensinou a verdade? Para o seu próprio bem? Sim, mas você não deve ser egoísta! Seja no mínimo tão altruísta quanto os três leprosos que, quando encontraram o acampamento sírio deserto e uma abundância de ouro e prata disseram: "Isto não está certo. Este é um dia de boas notícias e não contamos a ninguém! [...] Venham! Vamos voltar e dar as notícias no palácio". Caro amigo, você não faz bem se lê apenas para você! Tendo lido, saia e conte o que você leu, e a bênção adentrará ao seu interior, mesmo que não vá para outros! E você será abençoado e Deus será glorificado!

Para concluir, eu enfatizaria isso a alguns de vocês que não são convertidos. Muitas vezes, homens foram a Cristo lendo as Escrituras. Participem de um ministério de pregação, mas também leiam e busquem as Escrituras. Lembro-me de quando eu estava buscando a Cristo. Eu li *Rise and Progress of Religion in the Soul* (Ascensão e avanço da religião na alma), de Doddridge, mas o livro me confundiu muito, embora seja muito admirável em alguns aspectos. Depois, li *Um alerta aos não convertidos*, de Alleine, e em seguida *Uma palavra sincera aos não convertidos*, de Baxter, e todos eles só araram o meu coração cada vez mais. Porém, o conforto que recebi veio da Palavra de Deus. Foi desse texto precioso: "Que todo o mundo se volte para mim para ser salvo!". Então, recebi a luz! Afastem-se de todos os livros humanos e dirijam-se ao Livro divino, e de todos os ajudantes humanos a Ele, em quem está a ajuda e é poderoso para salvar! Leiam o amor de Deus no Livro da expiação na cruz, escrito nas linhas do sangue carmesim que flui das veias do Salvador! Olhem para Cristo e confiem nele, e vocês viverão!

Que Deus os abençoe, em nome de Jesus.

A ESPADA DO ESPÍRITO[2]

Empunhem a espada do Espírito, que é a palavra de Deus.
Efésios 6.17

Ser cristão é ser um guerreiro. O bom soldado de Jesus Cristo não deve esperar encontrar facilidade neste mundo; ele é um campo de batalha. Também não deve contar com a amizade do mundo, pois isso seria inimizade contra Deus. Sua ocupação é a guerra. À medida que veste cada peça da panóplia que lhe é fornecida, ele pode dizer a si mesmo com sabedoria: "Isto me alerta do perigo; isto me prepara para a guerra; isto profetiza oposição".

Os problemas nos dificultam, até mesmo, a manter nossa posição, mas o apóstolo nos exorta: "Sejam fortes no Senhor e em seu grande poder". Na agitação da luta, os homens tendem a ser arrastados. Se conseguirem manter o equilíbrio, serão vitoriosos, mas, se forem derrubados pela arremetida de seus adversários, tudo estará perdido. Vocês devem vestir a armadura de Deus para poderem suportar, e precisarão dela para manterem a posição em que o seu Capitão os colocou. Se até mesmo o manter-se firme exige todo este cuidado, julguem vocês o que a guerra deve ser! O apóstolo também fala de *resistir* e de permanecer *firmes*. Não devemos apenas defender, mas também atacar. Não basta não serem conquistados, vocês têm de conquistar e, portanto, descobrimos que devemos tomar não somente um capacete para proteger a cabeça, mas também uma espada com a qual incomodar o inimigo. Temos, portanto, um conflito severo, permanecendo firmes e resistindo, e precisaremos de toda a armadura do estoque divino, toda a força do poderoso Deus de Jacó.

Nosso texto deixa claro que a nossa defesa e a nossa conquista precisam ser obtidas por meio de pura luta. Muitos tentam fazer concessões, mas, se vocês são verdadeiros cristãos, nunca poderão ter sucesso com isso. A linguagem do engano não cabe a uma língua santa. O adversário é o pai da mentira; aqueles que estão com ele entendem a arte do equívoco, mas os santos a abominam. Se discutimos termos de paz e tentamos obter algo por política, entramos em uma rota da qual retornaremos em desgraça. Não temos ordem do nosso Capitão para fazer uma trégua e obter os melhores termos que pudermos. Não somos enviados para oferecer concessões. Diz-se que, se cedermos um pouco, talvez o mundo também cederá um pouco e disso resulte algo bom. Se não formos rigorosos e restritos excessivamente, talvez o pecado consinta gentilmente em ser mais decente. Nossa associação com ele evitará que ele seja tão desavergonhado e atroz. Se a nossa mente não for estreita, nossa ampla doutrina cairá com o mundo e os do outro lado não serão tão ávidos por erro quanto agora são. Isso não existe. Com certeza, não foi essa a ordem que o nosso Capitão emitiu. Quando a paz tiver de ser feita, Ele mesmo a fará ou nos dirá como nos comportarmos para esse fim, mas, no presente, as nossas ordens são muito diferentes.

Também não podemos esperar vencer sendo neutros ou concedendo uma trégua ocasional. Não devemos deixar o conflito e tentar ser o mais aceitável possível pelos inimigos de nosso Senhor, frequentando suas reuniões e saboreando suas guloseimas. Nenhuma ordem desse tipo está escrita aqui. Vocês devem pegar a sua arma e sair à batalha.

Tampouco podem sonhar em vencer a luta por acidente. Ninguém se tornou santo por uma feliz ocorrência. Um dano infinito pode ser causado por descuido, mas nenhum homem jamais venceu a batalha

---

[2] Este sermão foi extraído de The Metropolitan Tabernacle Pulpit e pregado no Metropolitan Tabernacle, em Newington, em 1891.

da vida sendo descuidado. Deixar as coisas prosseguirem como quiserem é deixá-las levar-nos para o inferno. Não temos ordens para ficar tranquilos e enfrentar as questões com calma. Não, devemos orar sempre e vigiar constantemente. A nota que soa do texto é — EMPUNHEM A ESPADA! EMPUNHEM A ESPADA! Não é mais converse e debata! Não é mais negocie e faça concessões! A palavra trovejante é — *Empunhem a espada!* A voz do Capitão é clara como uma trombeta — *Empunhem a espada!* Nenhum cristão aqui terá sido obediente ao nosso texto se não pegar a espada com clara, nítida e decisiva firmeza, coragem e determinação. Nós precisamos ir ao Céu com a espada na mão o tempo todo. EMPUNHEM A ESPADA! A esse comando eu me avultarei. Que o Espírito Santo me ajude!

É digna de nota a existência de uma única arma ofensiva, embora haja várias peças da armadura. O soldado romano costumava carregar uma lança e uma espada. Vimos frequentes representações do legionário de pé montando guarda como sentinela, e ele quase sempre está de pé com uma lança na mão direita, enquanto a espada pende ao seu lado. Porém, por excelentes razões, Paulo concentra a nossa arma ofensiva em uma, porque ela responde por todas. Devemos usar *a espada* e somente ela. Portanto, se vocês estiverem se dirigindo a essa luta, cuidem bem da sua única arma. Se vocês não devem ter outra, tomem o cuidado de ter essa sempre em sua mão. Deixem a voz do Capitão soar em seu ouvido: *EMPUNHEM A ESPADA! EMPUNHEM A ESPADA!* E vão assim para o campo.

Percebam, primeiramente, que *a espada que vocês devem empunhar é a espada do Espírito, que é a Palavra de Deus*. Esse é o nosso primeiro tópico, e o segundo está igualmente na superfície do texto: *Esta espada deve ser nossa*. Somos ordenados a empunhar a espada do Espírito e, assim, fazer dela a nossa própria espada.

1. Primeiramente, a Palavra de Deus que deve ser a nossa única arma tem origem nobre, pois ELA É A ESPADA DO ESPÍRITO. Ela tem as propriedades de uma espada, as quais lhe foram conferidas pelo Espírito de Deus.

Aqui, observamos que *o Espírito Santo tem uma espada*. Ele é tranquilo como o orvalho, terno como o óleo de unção, suave como a aragem do entardecer e pacífico como uma pomba; contudo, sob outro aspecto, Ele empunha uma arma mortal. Ele é o Espírito de julgamento e o Espírito abrasador, e não porta a espada em vão. Dele se pode dizer: "O Senhor é guerreiro; Javé é seu nome".

A Palavra de Deus na mão do Espírito fere muito terrivelmente e faz o coração do homem sangrar. Vocês não se lembram, alguns de vocês, quando costumavam ser feridos com esta espada, domingo após domingo? Vocês não foram cortados por ela até o coração, de modo que se irritaram com ela? Vocês quase decidiram deixar de ouvir o evangelho novamente. Aquela espada os perseguiu, perfurou os segredos de sua alma e os fez sangrarem em mil lugares. Por fim, vocês foram "furados no coração", o que é muito melhor do que ser "cortado até o coração", e então foi, realmente, feita a execução. Aquela ferida foi mortal, e ninguém além dAquele que os matou poderia fazê-los viverem. Vocês se lembram de como, depois disso, os seus pecados foram mortos um após o outro? O pescoço deles foi colocado no cepo e o Espírito atuou como um executor com Sua espada. Depois disso, bendito seja Deus, seus medos, dúvidas, desespero e incredulidade também foram feitos em pedaços por esta mesma espada. A Palavra lhes deu vida, mas, primeiramente, foi uma grande matadora. A alma de vocês era como um campo de batalha após uma grande luta, sob as primeiras ações do Espírito divino, cuja espada não volta vazia do conflito.

Amados, de geração em geração, o Espírito de Deus guerreia com o Amaleque do mal e do erro. Ele não poupará nenhum dos males que agora poluem as nações; Sua espada nunca se silenciará enquanto todos esses cananeus não forem destruídos. O Espírito Santo glorifica Cristo não somente pelo que Ele revela, mas também pelo que Ele derruba. A luta pode ser cansativa, mas passará de uma era a outra até o Senhor Jesus aparecer; o Espírito de Deus abraçará eternamente a causa do amor contra o ódio, da verdade contra o erro, da santidade contra o pecado, de Cristo contra Satanás. Ele vencerá o dia, e os que estão com ele serão, no Seu poder, mais que conquistadores. O Espírito Santo proclamou a guerra e empunha uma "espada de dois gumes".

O Espírito Santo não empunha outra espada que não a Palavra de Deus. Este Livro maravilhoso, que contém os enunciados da boca de Deus, é a única arma que o Espírito Santo escolhe usar para os Seus propósitos bélicos. Ela é uma arma espiritual e, assim, apropriada para o Espírito Santo. As armas da Sua guerra não são do mundo; Ele nunca usa perseguição, proteção, força, suborno, brilho de grandeza ou terror de poder. Ele age nos homens pela Palavra, que é adequada à Sua própria natureza espiritual e à obra espiritual que deve ser realizada. Embora espiritual, essa é uma das "armas poderosas de Deus". Essa espada é tão afiada que um golpe da Palavra de Deus separará o espírito de um homem da cabeça aos pés. Embora, por longa prática do pecado, um homem possa ter se revestido como que com uma armadura impenetrável, mesmo assim a Palavra do Senhor dividirá o ferro fundido e o aço. O Espírito Santo é capaz de fazer com que um homem sinta o divino poder da Palavra sagrada no âmago de seu ser. Para batalhar contra os espíritos do homem, ou contra espíritos de um tipo infernal, não há arma tão afiada, tão penetrante, "que penetra entre a alma e o espírito, entre a junta e a medula, e traz à luz até os pensamentos e desejos mais íntimos". Na mão do Espírito, a Palavra não fere a carne, mas corta o coração do homem e, assim, o fere de maneira que não há cura senão por poder sobrenatural. A consciência ferida sangrará; suas dores serão sobre ela dia e noite; e, apesar de procurar mil remédios, somente um unguento poderá curar um corte que essa terrível espada fez. Essa arma é de dois gumes, é totalmente fio e, de qualquer maneira que atingir, ferirá e matará. Nada há como o fio da espada do Espírito; toda a sua extensão é tão afiada quanto uma navalha. Cuidado com a maneira como a empunham, vocês críticos, pois ela pode ferir até vocês; ela os cortará até destruí-los algum dia desses, a menos que vocês se convertam. Quem usa a Palavra nas batalhas do Senhor pode usá-la sobre as esperanças carnais e, depois, contra-atacar os medos de incredulidade. Ele pode ferir com um gume o amor ao pecado e, depois, com o outro o orgulho da autojustificação. Essa maravilhosa espada do Espírito de Deus é uma arma conquistadora em todos os sentidos.

Dizemos que a Palavra é a única espada que o Espírito usa. Eu sei que o Espírito Santo usa sermões graciosos, mas somente na proporção em que eles contenham a Palavra de Deus. Sei que o Espírito Santo usa livros religiosos, mas somente na medida em que eles sejam a Palavra de Deus declarada em outra linguagem. Convicção, conversão e consolação ainda são executadas, e somente pela Palavra de Deus. Então, aprendam a sabedoria de usar a Palavra de Deus para finalidades sagradas. O Espírito tem uma abundante capacidade de falar de si mesmo, além da Palavra escrita. O Espírito Santo é Deus e, portanto, é o maior espírito do Universo. Toda a sabedoria habita nele. Ele concebeu as leis que governam a natureza e dirigem a providência. O Espírito Santo é o grande professor do espírito humano; Ele ensinou a Bezalel e aos artífices no deserto como confeccionar os finos tecidos, o ouro e o trabalho de entalhe para o Tabernáculo. Todas as artes e ciências lhe são perfeitamente conhecidas, infinitamente mais do que os homens jamais poderão descobrir. Contudo, Ele não usará estas coisas nessa santa controvérsia. Na disputa de Sua aliança, Ele não usa filosofia, nem ciência, nem retórica. Na luta contra os poderes das trevas, "A espada do Espírito [...] é a Palavra de Deus". "As Escrituras dizem" é o Seu golpe certeiro. Palavras proferidas por Deus por intermédio de santos homens da antiguidade e gravadas na página sagrada são o machado da batalha e as armas de guerra do Seu Espírito. Este Livro contém a Palavra de Deus e é a Palavra de Deus, e é esta que o Espírito Santo julga ser uma arma tão eficaz contra o mal, que a usa, e somente ela como Sua espada no grande conflito com os poderes das trevas.

A Palavra é a espada do Espírito porque foi criada por Ele. Ele não usará uma arma de fabricação humana, para que a espada não se vanglorie contra a mão que a empunha. O Espírito Santo revelou a mente de Deus às mentes dos homens santos; Ele falou a palavra ao seu coração e, assim, os fez pensar como

Ele gostaria que eles pensassem e escrever o que Ele desejava que escrevessem, para que o que eles falassem e escrevessem fosse falado e escrito da maneira como eles foram movidos pelo Espírito Santo. Bendito seja o Espírito Santo por se dignar a usar tantos escritores e, ainda assim, continuar sendo o verdadeiro Autor desta coleção de livros sagrados. Somos gratos por Moisés, Davi, Isaías, Paulo, Pedro, João, mas, acima de tudo, pelo Editor-chefe, o Autor mais íntimo da totalidade do volume sagrado — o próprio Espírito Santo. Um guerreiro pode ser cuidadoso quanto à fabricação da Sua espada. Se um homem tivesse feito sua própria espada, temperado o metal, passado a lâmina pelo fogo muitas vezes e a trabalhado até a perfeição, então, se fosse um artífice habilidoso, sentiria confiança em sua espada. Atualmente, quando um trabalho é feito, como regra, é malfeito. Habitualmente, o trabalho feito por terceiros é inadequado em alguma parte ou em outra, mas, quando um homem faz um trabalho para si mesmo, é provável que o faça minuciosamente e produza um artigo no qual possa confiar. O próprio Espírito Santo produziu este Livro; toda parte dele traz a Sua inicial e Seu selo, e assim Ele tem uma espada digna da Sua própria mão, uma verdadeira espada de Jerusalém de construção celestial. Ele se deleita em usar uma arma tão divinamente feita e a usa muito gloriosamente.

A Palavra de Deus é também a espada do Espírito, porque Ele a afia. Ele estar nela é o que a torna tão afiada e cortante. Creio na inspiração das Sagradas Escrituras, não só no dia em que foram escritas, mas daí em diante, até hoje. Elas ainda são inspiradas; o Espírito Santo ainda sopra por meio das palavras escolhidas. Eu lhes disse que a espada era totalmente afiada, mas acrescentaria que o Espírito Santo a faz assim. Ela não teria fio algum se não fosse por Sua presença nela e sua perpétua ação por meio dela. Quantas pessoas leem suas Bíblias e, contudo, não obtêm dela mais benefícios do que se tivessem lido um antigo almanaque! De fato, elas ficariam mais facilmente acordadas ao ler um antigo Bradshaw do que um capítulo das Escrituras. Os ministros do evangelho podem pregar a Palavra de Deus com toda sinceridade e pureza e, contudo, se o Espírito de Deus não estiver presente, poderíamos ter pregado meros ensaios morais, pois nenhum bem pode provir de nosso testemunho. O Espírito Santo viaja na carruagem das Escrituras, não na carroça do pensamento moderno. A Palavra de Deus é aquela Arca da Aliança que contém a urna de ouro com maná e também traz sobre ela a divina luz do esplendor divino. O Espírito de Deus age na Palavra, por meio da Palavra e com a Palavra; se cumprirmos essa Palavra, poderemos estar certos de que o Espírito Santo a cumprirá conosco e fará que o nosso testemunho tenha poder. Oremos para que o Espírito bendito coloque o fio da espada sobre a nossa pregação, para que não falemos muito e realizemos pouco. Ouve o nosso pedido, ó Bendito!

A Palavra é "a espada do Espírito" porque *somente Ele pode nos instruir quanto ao uso dela*. Você pensa, jovem, que pode pegar a sua Bíblia e logo sair pregando a partir dela, adequadamente e com sucesso. Você cometeu um erro presunçoso. Uma espada é uma arma que pode ferir o homem que a movimenta com mero orgulho atrevido. Ninguém pode empunhar a espada do Espírito corretamente, salvo o homem escolhido, a quem Deus ordenou antes da fundação do mundo, e treinado em destreza com armas. Por isso, os eleitos de Deus são conhecidos — que amam a Palavra de Deus, têm reverência por ela e discernem entre ela e as palavras do homem. Percebam os cordeiros no campo, bem agora, e pode haver mil ovelhas e cordeiros, mas todo cordeiro consegue encontrar a sua própria mãe. Também um verdadeiro filho de Deus sabe onde ir para obter o leite que deve nutrir a sua alma. As ovelhas de Cristo conhecem a voz do Pastor na Palavra e a um estranho não seguirão, porque não conhecem a voz de estranhos. O povo de Deus tem discernimento para descobrir e apreciar a Palavra do próprio Deus. E não será enganado pela hábil astúcia de estratagemas humanos. Os santos conhecem as Escrituras por instinto interior. A vida sagrada, que Deus infundiu nos crentes por Seu Espírito, ama as Escrituras e aprende como usá-las para fins sagrados.

Jovem soldado, você precisa ir ao campo de treinamento do Espírito Santo para tornar-se um espadachim proficiente. Você irá em vão ao metafísico ou ao lógico, porque nenhum deles sabe como lidar com uma arma espiritual. Eles podem ser mestres em outras artes, mas, no uso sagrado de teologia divina, são meros tolos. Nas coisas da Palavra, somos ignorantes até entrarmos na escola do Espírito Santo. Ele precisa tomar as coisas de Cristo e mostrá-las a nós. Ele precisa nos ensinar a empunhar essa espada pela fé e como segurá-la por meio da vigilância, de modo a desviar o golpe do adversário e levar a guerra para o território do inimigo. Bem-adestrado é quem consegue brandir essa espada com as duas mãos de um lado para o outro, abrir uma trilha pelo meio de seus oponentes e sair como conquistador no final. Pode demorar muito tempo para aprender esta arte, mas nós temos um Professor habilidoso. Aqueles de nós que estiveram nessa guerra durante 30 ou 40 anos sentem que ainda não atingiram o pleno uso dessa espada; por experiência própria, eu sei que preciso ser ensinado diariamente a usar essa arma misteriosa, capaz de muito mais do que eu já supus. Ela é a espada do Espírito, adaptada ao uso de um braço Todo-poderoso e, portanto, igual ao fazer muito mais do que pensamos. *Espírito Santo, ensina-nos novas façanhas por essa Tua espada!*

Porém, principalmente, a Palavra é a espada do Espírito, porque *Ele é o grande Mestre no uso dela.* Ó, tomara Ele viesse nos mostrar, nesta manhã, como Ele pode golpear e fender com ela! Nesta casa de oração, frequentemente o vimos agindo. Aqui, os mortos pelo Senhor foram muitos. Nós vimos essa espada decapitar muitas dúvidas do tamanho de Golias e matar uma horda de preocupações e incredulidades. Nós vimos o Espírito acumular montes sobre montes de mortos quando a Palavra de condenação se cumpriu, os homens viram que o pecado é pecado e caíram como mortos diante do Senhor e de Sua Lei. Nós também sabemos o que significa o uso da espada pelo Espírito de Deus, pois, dentro de nosso próprio ser, Ele deixou marcas de Suas proezas. Ele matou nossas dúvidas e medos, e não deixou mais desconfianças para nos preocuparem. Havia um homem de Deus frequentemente sujeito a dúvidas, até mesmo sobre os fundamentos da religião. Ele detestava esse estado de espírito, mas, mesmo assim, não conseguia livrar-se do hábito do questionamento maligno. Em resposta à oração, o Espírito veio e o convenceu do orgulho por seu intelecto e da iniquidade de emitir juízo contra a Palavra do Senhor; a partir daquele dia, ele nunca mais teve outro ataque de incredulidade. Viu as coisas claramente à luz do Espírito Santo, e isso sim é vê-las de fato. O grande gigante da dúvida é gravemente ferido pela espada do Espírito — sim, ele é definitivamente morto, porque o Espírito gera no crente tal convicção da verdade que essa garantia bane a suspeita. Quando o Espírito Santo lida com "o desejo intenso por prazer físico, o desejo intenso por tudo que vemos e o orgulho de nossas realizações e bens", estes também estão aos Seus pés, troféus ao poder de Sua poderosa arma, a própria Palavra de Deus! O Espírito Santo é glorioso no uso dessa espada. Ele descobre que esta arma se adapta à Sua mão e Ele não procura outra. Que nós também a usemos e nos alegremos em fazê-lo. Embora ela seja a espada do Espírito, ainda assim a nossa mão fraca é capaz de empunhá-la; e, ao fazê-lo, descobrimos que um pouco do poder divino vem ao nosso braço.

Caros irmãos, não é uma honra muito elevada colocada sobre vocês, como soldados da cruz, para que fossem autorizados, não, na realidade, comandados a empunhar a espada do Espírito? Ao recruta sem treinamento não é confiada espada do general, mas aqui vocês estão munidos com a arma de Deus o Espírito Santo e convocados a portar essa espada sagrada tão gloriosamente empunhada pelo próprio Senhor Deus. Esta, devemos empunhar, e nenhuma outra. O coração tímido pergunta: "Como, meu Mestre, devo me opor aos meus adversários?". O Espírito Santo diz: "Aqui, pegue isto! Esta é a minha própria espada. Eu fiz grandes maravilhas com ela; tome-a e nada permanecerá contra você". Quando vocês se lembram da potência desta espada, quando o Espírito a prova em vocês mesmos, vocês podem tomá-la com confiança e usá-la em sua guerra santa com total confiança. Essa Palavra de Deus que pôde convertê-lo pode converter qualquer pessoa; se ela pôde matar o seu desespero, pode remover o desânimo de outro homem; se venceu seu orgulho e sua vontade própria, pode subjugar estes em seus filhos e seus vizinhos. Tendo feito o que ela certamente tem feito a seu favor, você pode plenamente se convencer de que, diante do poder que ela tem, nenhum caso é impossível. Portanto, a partir de hoje, cuide-se de não usar qualquer outra arma além da "espada do Espírito, que é a palavra de Deus".

2. Isto me leva justamente à segunda parte de meu discurso. A Palavra de Deus é a espada do Espírito, mas TAMBÉM DEVE SER A NOSSA ESPADA.

Aqui, devo recomeçar e passar por boa parte do mesmo terreno. *Nós precisaremos de uma espada*. A nossa guerra não é brincadeira de criança; estamos falando sério. Temos de lidar com inimigos ferozes, que só deverão ser enfrentados com armas afiadas. Bofetadas não serão suficientes nesta contenda; precisamos usar golpes de espada. Você pode ter uma índole muito tranquila, mas os seus adversários não são assim. Se você tentar brincar de guerra cristã, eles não o farão. Enfrentar os poderes das trevas não é uma batalha simulada. A intenção deles é maligna. Nada além de sua condenação eterna satisfará o coração maligno de Satanás e sua horda. Vocês não devem segurar uma bandeira para desenrolar ou um tambor para bater, e sim uma espada para combater — e uma espada especialmente afiada. Neste combate, você terá de usar uma espada que até mesmo os espíritos malignos podem sentir, capaz de penetrar "entre a alma e o espírito, entre a junta e a medula". Para vocês sobreviverem a essa luta e saírem vitoriosos, nenhuma forma de conflito menos afiada e cortante que o trabalho de espada será suficiente. Acreditem que, nessa luta, vocês serão forçados a estar próximos ao inimigo. O inimigo mira no coração de vocês e atira. Uma lança não servirá, nem arco e flecha; o inimigo está demasiadamente perto para qualquer coisa além de uma luta corpo-a-corpo. Irmãos, eles não são inimigos apenas de nossa casa, mas de nossa alma. Encontro dentro de mim um inimigo que está sempre perto e não tenho como me afastar dele. Descubro que meu antagonista agarrará minha garganta, se conseguir. Se nossos inimigos estivessem distantes e pudéssemos lutar com eles com artilharia que mataria a 10 ou 11 quilômetros de distância, poderíamos ter uma vida bastante fácil. Mas não, eles estão *aqui*! À nossa porta! Sim, dentro de nós; mais perto do que nossas mãos e nossos pés. Agora, vamos à espada curta; a espada de dois gumes das Sagradas Escrituras, para estocar e cortar, perto e agora. Nenhuma funda e pedra nos servirão aqui — precisamos pegar a espada. Você deve matar o seu inimigo, ou o seu inimigo o matará. Ocorre conosco, cristãos, o que ocorria com os escoceses na batalha quando o líder deles os chamava: "Rapazes, eles estão lá! Se vocês não os matarem, eles os matarão". Não há espaço para a paz; é uma luta ferrenha, não só agora, mas até o fim da vida.

O uso da espada é indispensável para atacar. Já lhes lembrei, várias vezes, de que não basta ao cristão proteger-se contra o pecado e evitar a tentação por si mesmo; ele tem que atacar os poderes do mal. Em nosso caso, o melhor método de defesa é o ataque. Eu ouvi falar de alguém que movia uma ação judicial para conseguir os seus objetivos, porque pensava que isso era melhor do que ser réu. Isso pode ser discutível, mas, na guerra, frequentemente é mais seguro atacar do que se defender. Leve a guerra ao território do inimigo. Tente conquistar algo do adversário e ele não conquistará tanto de você. Não apenas sejam sóbrios, mas ataquem a embriaguez. Não se contentem com estarem libertos da superstição, mas exponham-na sempre que ela aparecer. Não apenas sejam devotos quando se sentirem obrigados a ser assim, mas orem pelo crescimento do reino; orem sempre. Não apenas digam: "Eu vou manter Satanás fora da minha família educando meus filhos corretamente", mas vão à Escola Dominical e ensinem outros filhos e, assim, levem a guerra para além da fronteira. Deus não permita que façamos guerra como uma nação! Entretanto, se estivéssemos em guerra com alguma nação do continente, eu certamente diria: "Que os continentais tenham as batalhas em seu próprio território; nós não queremos uma campanha aqui". É sábio manter a guerra nas regiões do próprio inimigo. Se tivéssemos lutado mais contra o diabo no mundo, ele poderia nunca ter invadido a igreja tão terrivelmente quanto invadiu. Ataquem com a espada, porque ela é o seu chamado e, assim, vocês se defenderão melhor.

Nós precisamos da espada para lutar de verdade. Vocês pensam que podem entrar no Céu por meio de sonhos? Ou ir para lá na carruagem da facilidade? Ou voar nas asas de música de trombetas? Se assim imaginam, vocês cometem um grande erro. Uma guerra real é feroz, seus oponentes têm uma seriedade mortal e vocês precisam empunhar a sua espada.

Além disso, *precisamos dessa espada, esta espada do Espírito, que é a Palavra de Deus*. Nós dizemos com Davi: "Dê-me essa espada, [...] não há outra melhor que ela". Ela operou tais maravilhas que a preferimos a todas as outras. Nenhuma outra arma será igual à do inimigo. Se nós lutarmos contra o diabo com a razão humana, nossa espada de madeira será cortada em pedaços na primeira vez em que entrar em contato com uma tentação satânica. Se vocês não empunharem uma verdadeira espada de Jerusalém, estarão em grave perigo; sua arma rachará no punho e onde vocês ficarão? Permanecendo sem defesa, com nada além do punho de uma espada quebrada em sua mão, vocês serão objeto de ridículo do seu adversário. Vocês precisam ter esta espada, porque nenhuma outra penetrará o inimigo e nenhuma outra durará toda a batalha. Após 20 anos, o que foi feito das resoluções piedosas da sua juventude? Qual é o poder de permanência da sua consagração feita no momento de entusiasmo? Infelizmente, quão pouca confiança pode ser colocada nele! O que seria de nós após 30 anos de luta se não tivéssemos a Palavra de Deus para confiar? A Palavra do Senhor permanece para sempre, mas nada mais o faz. Podemos ir bem nos primeiros dias, mas falharemos na velhice se não tivermos verdades eternas nas quais nos apoiarmos.

Posso recomendar essa espada a todos vocês, meus irmãos, embora vocês tenham qualidades tão variadas. Esta espada se adapta a todas as mãos. Jovens e idosos podem usar essa arma da mesma forma. Estas queridas meninas do orfanato e aqueles garotos do estudo bíblico podem lutar a batalha de sua juventude com a Palavra de Deus, porque as Sagradas Escrituras podem impressionar e guiar as púberes vidas. Vocês que já estão grisalhos, vocês que já passaram dos 70 ou 80 anos, valorizarão a Bíblia mais do que nunca e descobrirão que essa espada é a melhor para guerreiros veteranos. Rapazes e moças, eis aqui uma espada adequada a todos vocês, e ela bem se adapta à mão do mais fraco e do mais brando. Na Palavra sagrada, o Espírito Santo preparou um instrumento de guerra adequado a mentes grandes e pequenas, aos cultos e aos incultos. Essa é uma espada maravilhosa, que, na mão da fé, revela uma adaptação maravilhosa até o último grau.

Independentemente do que os outros possam dizer, nos é suficiente que essa seja a espada do regulamento. Um soldado não pode escolher o seu próprio equipamento; ele precisa carregar as armas que o seu soberano designa. Esta é a espada do regulamento no exército de Cristo. A espada do Espírito, que é a Palavra de Deus, é o que vocês são convidados a empunhar e se, por obstinação, resolverem trocá-la por outra, cometem um ato de rebelião e fazem a troca por seu próprio risco e perigo. Então venham, cada um de nós tome a Palavra de Deus e a carregue mais perto do que nunca de seu coração, porque a palavra de comando é: "Empunhem a espada do Espírito, que é a palavra de Deus".

Agora, veja o que nos dizem para fazer. Precisamos de uma espada; precisamos dessa espada; *devemos empunhar essa espada*. Observem que não nos é dito que podemos soltá-la; a exigência de empunhá-la é contínua e não há indícios de ser suspensa. É claro que para um soldado da rainha há um momento em que ele pode remover a espada do seu lado e tirar sua farda, mas nunca há esse tipo de tempo para um cristão. Pelo que vimos ultimamente, alguém pode ter pensado que vieram ordens do quartel-general para que os soldados soltassem a espada do Espírito, a Palavra de Deus, e portassem armas mais leves. Entretenimentos, divertimentos, farsas e cantorias são, agora, usados para fazer o que o evangelho não conseguiu realizar! Não é triste que seja assim? Bem, se alguém quiser tentar esses brinquedos tolos, só posso dizer que eles não têm nenhum comando de seu Senhor para autorizar os seus procedimentos. Peguem todas essas coisas e vejam, o que elas farão, mas façam o teste por seu próprio risco e sobre a sua própria cabeça cairá o resultado do fracasso.

As ordens permanentes são empunhar a espada do Espírito; nenhum novo regulamento foi emitido pelo grande Capitão da salvação. Desde os dias de Paulo até agora, a palavra permanece: "Empunhem a espada do Espírito". Tudo o mais certamente falhará e, portanto, o único comando permanente é: "Empunhem a espada do Espírito". Não nos dizem para empunhar esta espada para exibição. Certas pessoas têm uma Bíblia maravilhosamente encadernada para ficar sobre a mesa da melhor sala, e ela é um ótimo ornamento. Uma Bíblia da Família é um tesouro. Porém, eu lhes rogo que não deixem o seu amor pela Bíblia terminar aí. Para um soldado em guerra, a finalidade de uma espada não é ser pendurada na barraca ou mesmo ser brandida no ar — ela é provida para ser usada. Também não devemos embainhar essa espada, como fazem muitos que tomam a Bíblia e lhe acrescentam tanta crítica, ou de sua própria opinião, que o fio dela não é sentido. Muitos homens usam sua opinião desfavorável sobre a inspiração como uma bainha onde colocam a Bíblia. Seu vasto conhecimento constrói uma linda bainha e eles empurram a espada para dentro dela, dizendo: "Fique parada aí! Ó espada do Senhor, descanse e fique quieta!". Após termos pregado com todo o nosso coração e os homens terem sentido o poder da Palavra, eles fazem um esforço desesperado para aprisioná-la em sua teoria incrédula ou em seu mundanismo. Eles seguram a Palavra para baixo a semana toda com mão firme, por medo de que sua borda ou sua ponta possa feri-los. Essa é a bainha da cultura, da filosofia ou do progresso, e nela eles calam a Palavra viva de Deus como que em um caixão.

Não devemos enterrar a Palavra sob outros assuntos, e sim devemos portá-la como uma espada, o que significa, no meu entendimento, primeiramente, *crer nela*. Crer em cada parte dela; crer com fé verdadeira e real, não com uma mera fé de credo que diz: "Esta é a coisa ortodoxa". Creiam nela como verdadeira para todos os dias, afetando a sua vida. Creiam. E, tendo crido, *estudem-na*. Ó, que haja um estudo mais íntimo da Palavra de Deus! Não há alguns de vocês que nunca sequer ouviram nem leram tudo que o Senhor disse? Não há passagens da Bíblia que nunca foram lidas por vocês? É melancólico haver uma única linha das Sagradas Escrituras nunca vista pelos seus olhos. Leiam a Bíblia inteira, do começo ao fim. Comecem amanhã; não, comecem hoje e prossigam firmemente ao longo de todos os livros sagrados, com oração e meditação. Nunca se deixem suspeitar de que Deus gravou verdades em Sua Palavra que vocês nunca leram uma vez sequer. Estudem a Palavra e procurem conhecer o seu significado. Aprofundem-se no espírito da inspiração. Recebe mais ouro quem escava mais profundamente nessa mina. Costumava-se dizer de certas minas da *Cornwall* que, quanto mais profundamente se ia, mais rico era o minério; certamente, isso se aplica às minas das inspiradas Escrituras. Quanto mais vocês se aprofundam sob a orientação do Espírito, maior é a recompensa pelo seu esforço. Empunhem a espada com fé sincera; agarrem-se a ela por meio de um conhecimento mais completo e, então, exercitem-se diariamente em seu uso. A espada deve ser empunhada para uma luta fervorosa. Não demorará muito para lhes surgir a ocasião em um mundo como este. Vocês terão de defender-se com ela, perfurar com ela, cortar com ela e matar com ela. "Por onde devo começar?" — diz alguém. Comecem em casa e, durante muitos dias, vocês terão as mãos cheias. Quando tiverem matado todos os rebeldes em casa e, muito antes disso, vocês poderão se voltar às pessoas que os cercam no mundo e na igreja confessional. Vocês encontrarão dentro de seu próprio coração uma gangue de bandidos que devem ser exterminados. Sempre haverá necessidade de manter a espada com vocês em seu próprio território. Terminem essa guerra civil antes de entrarem em terras estrangeiras. Quando a guerra na cidade de Alma Humana [N.E.: Cenário do livro *A guerra santa* em que John Bunyan narra uma grande batalha.] tiver sido vitoriosamente encerrada, sitie o coração de seu amigo, seu filho, seu vizinho. Eis que o mundo jaz no maligno! Os erros são abundantes e sistemas colossais de falsidade ainda são exaltados. Os homens ainda são arrastados pelo arquienganador. Certamente, sentimos nossas espadas voando para fora de suas bainhas quando pensamos nos milhões de pessoas que estão sendo arruinadas por pecado e erro. Ó, que haja uma poderosa investida sobre os poderes das trevas!

Repetindo, *devemos empunhar essa espada com um propósito*. Devemos usá-la para sermos capazes de ficarmos firmes e resistir. Se vocês quiserem permanecer firmes, saquem da espada e exterminem as suas dúvidas. Quão ferozmente a incredulidade ataca! Aqui vem uma dúvida quanto à sua eleição. Atravesse-a com a Palavra. Logo vem uma dúvida quanto ao sangue precioso. Fenda-a da cabeça aos pés com a garantia da Palavra de que o sangue de Jesus nos purifica de todo pecado. Aí vem outra dúvida e mais uma. Tão rapidamente quanto o braço conseguir se mover, busque textos das Escrituras para toda nova falácia, toda nova negação da verdade, e lance tudo aquilo sobre o florete da Palavra. Será para o seu bem exterminar imediatamente essas dúvidas. Não brinque com elas, combata-as com real fervor. Você descobrirá que as tentações também virão em hordas. Enfrente-as com os preceitos das Escrituras Sagradas e, matem até mesmo o desejo do mal pela aplicação da Palavra Sagrada pelo Espírito. A lavagem com água pela Palavra é um purificador glorioso. Desânimos surgirão como a névoa da manhã. Ó, que o brilho da Palavra de Deus possa esvanecê-los com os raios de luz das promessas! As suas aflições se multiplicam e vocês nunca conseguirão superar a impaciência e a desconfiança, exceto pela infalível Palavra de Deus. Vocês poderão sofrer julgamento e suportá-lo pacientemente se usarem esta arma para matar a ansiedade. Resistirão "ao inimigo no tempo do mal" e, tendo feito tudo, ainda continuarão resistindo se essa espada estiver em sua mão.

Vocês têm não somente de resistir, mas também ganhar almas por Cristo. Não tentem vencer o pecado nos outros, ou capturar um coração para Jesus, exceto com a espada do Espírito. Como o diabo ri quando tentamos converter alguém sem as Sagradas Escrituras e o Espírito Santo! Ele ri, digo eu, porque ridiculariza a nossa loucura. O que podem vocês fazer, crianças, brincando com suas pequenas espadas de madeira — o que podem vocês fazer contra homens cobertos da cabeça aos pés com a malha de aço do hábito do pecado? Professores de Escola Dominical, ensinem cada vez mais às suas crianças a pura Palavra de Deus; e pregadores, não tentem ser originais, mas contentem-se em tomar as coisas de Cristo e mostrá-las ao povo, porque isso é o que o próprio Espírito Santo faz, e vocês serão sábios se usarem Seu método e Sua espada. Nenhum pecador ao seu redor será salvo senão pelo conhecimento das grandes verdades contidas na Palavra de Deus. Nenhum homem jamais será levado ao arrependimento, à fé e à vida em Cristo a não ser pela constante aplicação da verdade por intermédio do Espírito. Ouço grandes gritarias, grandes ruídos em toda parte, acerca de grandes coisas que serão feitas; vejamo-las. O mundo inteiro será abraçado dentro da igreja, dizem eles. Temo que o mundo não estará muito melhor para inclusão em tal igreja. Os grandes fanfarrões deveriam prestar atenção à palavra do sábio: "Não se gabe quem se cinge como aquele que vitorioso se descinge". Se o campeão sair com qualquer outra espada que não a Palavra de Deus, é melhor ele não se vangloriar em absoluto, porque voltará com sua espada quebrada, seu escudo lançado fora e, ele mesmo, sujo de desonra. A derrota aguarda o homem que abandona a Palavra do Senhor.

Terminarei após pedir a vocês que se lembrem de que o texto está no tempo presente: *Empunhem a espada do Espírito*. Que variedade de pessoas há aqui nesta manhã! Crentes vieram aqui correndo todos os tipos de perigo; se cada um deles empunhar a espada do Espírito, derrotará todos os inimigos. Há também aqui pessoas que desejam ser cristãos, mas não conseguem compreender isso. Qual é o problema esta manhã? Alguém diz: "Ó, eu tenho o hábito de pecar e esse hábito é muito forte em mim". Lute com hábitos pecaminosos com a Palavra de Deus como espada do Espírito; somente assim você vencerá o seu eu maligno.

Encontre um texto das Escrituras que fenda o seu pecado até a coluna vertebral ou o golpeie no coração. Outro lamenta: "Ai de mim! Satanás me tenta horrivelmente; nos últimos tempos, fui atacado de várias maneiras". Foi? Você não é o primeiro. Nosso divino Senhor foi tentado pelo diabo no deserto. Ele poderia ter lutado contra Satanás com mil armas, mas escolheu derrotá-lo com apenas essa. Ele disse: "As Escrituras dizem; as Escrituras dizem; as Escrituras dizem". Ele aguilhoou o adversário com essa ponta afiada com tanta força, que o arqui-inimigo pensou em tentar usar a mesma espada e também começou a dizer "as Escrituras dizem". Porém, ele se cortou com essa espada, porque não citou as passagens corretamente, nem as citou por completo, e o Mestre logo encontrou o caminho para afastar a espada do inimigo e feri-lo ainda mais. "Sigam o exemplo do seu Senhor", alguém diz: "Ó, mas estou tão espiritualmente abatido". Muito bem; lute contra esse abatimento espiritual com a Palavra de Deus. Alguém diz: "O médico me recomendou tomar um pouco de bebida alcoólica para elevar o meu espírito". Esses médicos estão sempre sendo acusados desse pecado. Não tenho tanta certeza de que eles não sejam frequentemente difamados. Você gosta da dose e é por isso que a toma. Experimentem a Palavra de Deus para o abatimento espiritual e vocês terão encontrado um remédio seguro. Penso que, se conseguir colocar uma promessa sob a minha língua como um comprimido doce e mantê-la em minha boca ou mente durante o dia todo, estarei suficientemente feliz. Se eu não puder encontrar um texto bíblico para me consolar, meus problemas interiores são multiplicados. Combatam o desânimo e o desespero com a espada do Espírito. Eu não sou capaz de dizer qual é a sua dificuldade específica neste momento, mas lhes dou essa orientação para toda guerra sagrada — "Empunhem a espada do Espírito, que é a palavra de Deus". Vocês precisam superar todos os inimigos, e essa arma é tudo o que precisam. Se você, meu ouvinte, quiser superar o pecado e vencer a incredulidade, tome uma palavra como essa: "Que todo o mundo se volte para mim para ser salvo!" e, quando se voltar ao Senhor, será salvo, a dúvida morrerá e o pecado será morto. Deus lhes conceda a ajuda de Seu Espírito, por amor de Cristo! Amém.

obedecer; seguramente, nenhum homem é qualificado para ensinar se não teve, em primeiro lugar, prazer em aprender. Vocês devem ser discípulos e se sentar aos pés do Mestre antes que possam tornar-se apóstolos e saírem para falar em nome do Mestre. Para adquirir eloquência, precisamos treinar o ouvido e, especialmente para alertar nossos semelhantes, precisamos nós mesmos ouvir a voz que adverte. O texto diz: "Sempre que receber uma mensagem minha". O que isso significa? Em primeiro lugar, considero que, se quisermos ser úteis, nosso ouvido precisa ser disciplinado *a ouvir somente a Palavra de Deus*. Precisamos receber o evangelho como a própria Palavra de Deus e avançar para proclamá-la como tal. Recentemente, tive com frequência o sentimento que explanarei. Ele é um dos fungos desta era iluminada de pensamento avançado: "O chamado é cada dia maior por ensinar o que não apela à autoridade da Bíblia, e sim à decisão do coração e da consciência dos homens. Nossos mestres religiosos devem recair sobre a verdade que os homens coletaram de sua consciência interior e devem apoiar suas instruções com argumentos obtidos da experiência dos pensadores e filósofos. É tarde demais para se referir sempre a um livro e tentar provar certas declarações dos enunciados estereotipados de um volume antiquado". Essa é a noção favorita e quem acredita nela pode ir em frente, derreter-se de amores e sonhar quanto quiser. E quem pensa que as especulações deles são dignas de serem ouvidas podem dar ouvido a eles. Sem dúvida, agradar-se-ão muito e, durante algum tempo, divertirão as pequenas claques que olham para eles como pequenos papas de uma pequena festa. Elas poderão até mesmo adorá-los como pequenos deuses, pois certamente quem cria e constrói a verdade dentro de si mesmo não está muito longe da deidade. Irmãos, nós aguentaremos até que essa praga de moscas desapareça; o incômodo é grande, mas não durará muito. Toda essa frivolidade terá fim. A imaginação e o raciocínio do homem são madeira, feno e palha, e o dia em que serão consumidos está a caminho. Valentes vangloriosos suplantariam o testemunho eterno com suas divagações, mas essa maneira deles é a sua insensatez. Nossa certeza é de que o ensino necessário para esta era precisa vir cada vez mais distintamente da Bíblia e precisa ser diariamente testado segundo esse Livro dos livros. Se os mestres quiserem ter poder, deverão sustentar tudo com "Assim diz o Senhor". A nós cabe ficar de pé ou cair por revelação e declarar: "Não damos a mínima importância à sua consciência imaginária e a fabricação de seus sonhos, fantasias e caprichos. Nós lhes declaramos que Deus falou e que o que Ele disse, vocês são obrigados a receber, porque o Senhor o disse". Isto prevalece sobre todos os argumentos: "O Senhor falou". Acredite nele, porque Ele não pode mentir. Viemos dizer-lhes o que nós mesmos recebemos por divina autoridade e reivindicamos que vocês recebam o nosso testemunho, não porque é nosso, mas porque é sustentado por autoridade divina e é, de fato, o eco da palavra divina. Somente por esse modo de expressão podemos esperar ter sucesso. Por qualquer outro caminho, buscamos o fracasso e o merecemos. Irmão, você diz: "Eu desejo divulgar a minha religião porque é a minha própria opinião"? Você jamais conquistará alguém nesses termos. Como pode esperar isso? Se você advertir outro homem de algo que não seja a verdade de Deus, isso de nada servirá para ele, visto que a sua opinião é tão boa quanto a dele e a opinião dele é tão boa quanto a sua, e nenhuma delas tem muito valor. Irmão, você diz: "Eu considero a minha religião como a minha própria visão das coisas"? Ah, então, as suas opiniões sobre as coisas, as minhas opiniões sobre as coisas e as opiniões de todos os demais sobre as coisas valem o mínimo, e não há motivo para criar tumulto sobre elas. Qualquer opinião assinada com o seu nome, ou o meu, poderia muito bem não ser escrita. O que são os nossos nomes? O que são as nossas opiniões? Não, irmão, se você quiser falar de maneira que afete o coração, a consciência e o destino dos homens, você precisa repetir o que recebeu vindo do próprio Deus como a própria Palavra de Deus. Há nisso um valor, uma permanência, uma certeza, e ela é transmitida com suprema majestade, trazendo aflição a quem quer que se atreva a rejeitá-la e, assim, ao seu poder. Se é realmente a Palavra de Deus, ai de você se não a transmitir fielmente, e ai dos seus ouvintes se não a receberem com reverência. Então, a primeira coisa a nos lembrarmos, se quisermos ser úteis em advertir homens e salvar almas, é sentirmos a plena convicção e impressão de que o que tentamos ensinar é a própria Palavra de Deus. "Sempre que receber uma mensagem minha". Precisamos discernir que ela está revestida do manto imperial da autoridade divina. Nós a falaremos, não porque seja a doutrina autorizada pelo credo, nem porque é a doutrina da comunidade à qual pertencemos, mas porque é a verdadeira Palavra do Deus vivo. Aqui há poder — poder que os corações empedernidos são obrigados a sentir, poder diante do qual até mesmo os demônios tremem. Garanto-lhes que, se vocês colocarem a Palavra de Deus entre 50 mil palavras de homens, ela será como um leão entre um rebanho de ovelhas, rasgando-as em pedaços, e provará, por sua própria força natural, de onde vem e para onde vai.

Segundo, se queremos educar o nosso ouvido, não podemos apenas receber a Palavra como autoridade divina, mas *saber o que a Palavra de Deus é*. Amados, muitos dos que estão dispostos a começar a ganhar almas fariam melhor começando por aprender sobre Cristo. "Vão ao mundo inteiro e anunciem as boas-novas a todos" foi dito a homens que já estavam há algum tempo com Jesus e haviam aprendido sobre Ele. Para outros que viriam a ser chamados, foi providenciado que, após o batismo, eles deveriam ser ensinados para que, no devido tempo, também pudessem instruir as nações. Não gosto que um homem se torne tão aprendiz que nunca deseje falar e ensinar aos outros, mas gosto igualmente pouco de um homem estar tão ansioso para ser um mestre, que corra antes de ser enviado e tente conduzir outros a um Salvador de quem ele quase nada sabe. Encha-se, irmão, antes de pedir para ser derramado, caso contrário não haverá muito resultado do seu derramamento. Receba o pão e o peixe do Mestre, caso contrário você terá pouquíssimo para distribuir entre a multidão. Antes de tudo, saiba o que você tem a dizer; caso contrário, como poderá falar por Deus? Se um mensageiro corre velozmente, chega sem fôlego ao final de sua jornada e diz: "Eu tenho algo a dizer ao meu senhor, mas não sei o que é", será ridicularizado por seus esforços. Sua corrida veloz tem pouca importância, visto que ele nada tinha para entregar. Deveria ter esperado até saber as novidades que tinha de levar. Irmão, ouça a palavra que Deus profere e, então, entregue-a em nome de Deus.

O que, então, devemos fazer? Estudemos a Bíblia com diligência. Vão àquela fonte de verdade, eu lhes imploro, e jamais fiquem satisfeitos com uma versão de segunda mão. Vão à fonte e bebam ali, onde os córregos não foram enlameados pela tolice humana. Nós desejamos manter a palavra pura, mas somos conscientes da enfermidade; vão ao poço imaculado, onde não há mistura de erro humano. Busquem no livro inspirado e desejem saber tudo o que ele ensina, pois um pequeno erro pode trazer muito dano ao bom ensino, como uma mosca no pote de unguento. Até mesmo a omissão de uma verdade pode prejudicar demais a utilidade de um homem. O Senhor não abençoa algumas igrejas como esperaríamos que fossem abençoadas porque elas estão em grave erro em certos aspectos e, embora Ele abençoe a parte verdadeira do testemunho, a outra parte impõe um obstáculo. Provavelmente, uma das razões pelas quais o cristianismo não se difunde tão rapidamente agora quanto se difundia antes seja ele estar tão misturado com tradição e opinião humanas na maioria das denominações e, também, por haver tão pouca vontade de examinar pontos duvidosos para ver se eles estão, ou não, em conformidade com a mente de Deus. A Igreja seria una consigo mesma se fosse una com a verdade. Seria impossível haver tantas divisões se todos nós nos mantivéssemos fiéis ao único Senhor, à única fé e ao único batismo. Porém, há misturas tristes às quais permite-se que se mantenha incontestadas ano após ano e, se alguém é suficientemente honesto para falar, é imediatamente acusado de intolerância e falta de caridade. Enquanto essas coisas forem assim, a bênção do Senhor será refreada.

Meu caro irmão, se você quiser ser eminentemente útil, permita à sua mente curvar-se às doutrinas das Escrituras. Procure saber tudo que a Bíblia ensina, especialmente sobre os principais temas da salvação, e submeta-se à mente de Cristo em tudo. Deseje dizer aos seus semelhantes apenas o que o Senhor lhe diz, nada mais e nada menos. E esforce-se durante toda a sua vida por seguir a verdade revelada em sua pureza, em vez dos dogmas dos padres ou dos decretos das seitas. A verdade como é em Jesus, pura e simples como a encontramos na Palavra, deve ser nossa regra e guia. Isso nos ajudará enormemente a sermos bem-sucedidos. Não parece uma observação muito prática, mas é assim. O Espírito Santo dá, primeiramente, a verdade ao nosso entendimento e, depois, a graça para transmiti-la aos outros. Limpem muito bem os seus ouvidos para ouvir a Palavra de Deus como a Palavra de Deus e estejam determinados a saber o que essa Palavra realmente ensinou; dessa maneira, vocês serão instruídos a advertir os homens com a mensagem que procede de Deus.

Acredito que, para um conquistador de almas bem-sucedido, seja o máximo *ouvir a verdade de Deus advinda do próprio Deus*. O que quero dizer com isso? Quero dizer que uma mensagem de segunda mão certamente será entregue fracamente. Um irmão repete uma história que outra pessoa lhe contou! Quão fria ela se torna ao passar de mão em mão! Quem viu o fato originalmente falou com muito mais vida e energia. O que você precisa fazer, irmão, é contar a mensagem como o próprio Deus lhe contou por meio do Seu Espírito Santo. Vejam como Ezequiel estava preparado para profetizar. Ele diz: "A mão do Senhor veio sobre mim, e ele disse: 'Levante-se e vá até o vale, e eu lhe falarei ali'". Sim, nós precisamos ficar a sós com Deus e ouvir o que Ele falar, pois somente assim poderemos estar aptos a ser Sua boca para os outros. Vocês querem conhecer o modo pelo qual Cristo tornava os homens úteis? Abram a Bíblia em Marcos 3.13-15 e leiam: "Jesus subiu a um monte e chamou aqueles que ele desejava que o acompanhassem, e eles foram. Escolheu doze e os chamou seus apóstolos, para que o seguissem e fossem enviados para anunciar sua mensagem, e lhes deu autoridade para expulsar demônios". Vocês veem a ordem? Ele os chama para si — vocês não devem sonhar com ganhar almas antes de, primeiramente, vocês mesmos irem a Cristo. Em seguida, lemos: "para que o seguissem" — vocês não podem sair e ensinar Cristo, ou levar outros a Ele, se não tiverem, primeiramente, estado com Ele e o seguido. A comunhão com Jesus é treinamento para o serviço. Permanecer com o seu Senhor precisa ser a sua escola e a sua aula de preparação para ensinar aos outros. Após a comunhão vem o trabalho: Eles foram "enviados para anunciar sua mensagem, e lhes deu autoridade". O processo exige que o homem que deverá ter poder para Cristo esteja, primeiramente, com Cristo. Ele não terá a capacidade de operar milagres enquanto não tiver habitado com o grande operador de milagres.

Sempre que receber uma mensagem minha. Ali está a palavra no livro. Que infinita majestade está ali! Ao ler cada letra do Livro de Deus, eu adoro a mente eterna que a ditou. Porém, ó, quando uma passagem das Escrituras salta do livro e entra em minha alma pela chama divina do Espírito Santo, quão muito mais poderosa ela parece. Quando meu ouvido interior ouve Deus receitar o texto, quanto poder há nisso! Sentado com a Bíblia sobre os joelhos, eu digo a mim mesmo: "Este não é um livro comum que está diante de mim, há inspiração aqui, não a inspiração de Milton ou de Shakespeare, mas a inspiração divina, essa é a linguagem do Eterno, tão verdadeiramente quanto se eu visse agora o Sinai em chamas e ouvisse saírem da espessa escuridão essas expressões ressoando com tons de trombeta e com o profundo trovejar de 'Assim diz o Senhor'". Quando assim consideramos, estamos com a disposição certa para ouvir a Palavra do Senhor e para advertir outras pessoas. Precisamos reconhecer e sentir a majestade do evangelho e estar conscientes do seu poder; caso contrário, não advertiremos os homens corretamente. Irmãos, uma vez que a Bíblia é a Palavra de Deus para as suas próprias almas, tenham o cuidado de a entregar com profunda reverência e santo temor àqueles a quem vocês pretendem instruir. Essa Palavra não é a voz de Deus para vocês? Quando ela fala ao íntimo do seu coração, não os comove como nada mais é capaz de o fazer? Confesso que as palavras das Escrituras emocionam a minha alma como nada mais consegue, elevam-me ou me derrubam, destroçam-me ou me edificam de maneira inigualável. As palavras de Deus têm mais poder sobre mim do que os dedos de Davi jamais tiveram sobre as cordas de sua harpa. Não é assim com vocês? Bem, falarão aos outros com poder na medida em que sentirem continuamente o poder da Palavra sobre seu próprio coração e consciência.

É muito maravilhoso ouvir a verdade recém-falada da boca do Senhor. Alguns não saberão o que eu quero dizer, mas outros dentre vocês saberão. O Espírito Santo tem uma maneira de nos apresentar os textos antigos sob uma nova luz e aplicá-los com nova força, e necessitamos tremendamente disso.

"Sempre que receber uma mensagem minha". Professores, peço-lhes que, logo mais, antes de irem às suas aulas, subam e digam: "Bom Mestre, permite-nos ouvir o que temos para dizer às crianças. Permite-nos ouvi-lo em nossa alma como se viessem de ti mesmo. Nós vamos alertá-las, instruí-las e convidá-las. Agrada-te em nos mostrar como, Mestre, dize-nos as palavras. Faze-nos ouvir a Tua voz e, quando tivermos ouvido a Tua mensagem dos Teus próprios lábios, conversaremos com as crianças em um estilo muito diferente do que nos é habitual". Irmãos, em espírito, mantenham a sua comunhão com o Pai e Seu Filho Jesus Cristo; assim, vocês advertirão as almas com admoestações cálidas e amorosas, as quais Deus abençoará. Chega de entregarmos mensagens de segunda mão. Falem como oráculos de Deus.

Repito: para que os nossos ouvidos sejam bem ensinados, *precisamos sentir a força da verdade que entregamos*. Ezequiel teve de comer o rolo. A verdade precisou entrar nele mesmo antes de ele poder revelar o seu conteúdo ao povo. Portanto, nós precisamos sentir a força e o poder do evangelho antes de podermos apregoá-lo eficazmente. Vocês falarão sobre o mal do pecado? Vocês mesmos conhecem o mal dele? Voltem ao lugar de arrependimento onde, algum dia, molharam a terra com suas lágrimas e conversem com crianças ou pessoas adultas sobre o pecado naquele espírito. Vocês falarão sobre perdão? Conhecem a sua doçura? Vão ao lugar onde viram pela primeira vez o fluir do sangue preciosíssimo e sintam novamente a sua carga de culpa ser removida, então falarão sobre o perdão da maneira mais prazerosa. Vocês falarão sobre o poder do Espírito Santo? *Vocês* sentiram a Sua influência que desperta, esclarece, reconforta e santifica? Então, conforme o que experimentaram, serão capazes de falar com eficácia. É um péssimo trabalho pregar um Cristo que vocês nunca conheceram. É terrível falar do pão que nunca provaram, da água viva que nunca beberam e de alegrias que nunca sentiram. O fazendeiro que trabalha precisa ser, primeiramente, um participante dos frutos. Vão para casa e peçam ao Senhor para ensinar-lhes, mas não façam as Suas tarefas antes de sentarem-se aos Seus pés, porque, aos que Ele não ensinou, Deus diz: "O que vocês têm a fazer que devem declarar os meus estatutos? Primeiramente, venham e ouçam a palavra que lhes digo e, depois, transmitam às pessoas as minhas advertências". Penso ter dito o suficiente para mostrar de que maneira o ouvido deve ser disciplinado.

2. Segundo, A LÍNGUA DEVE SER TREINADA. Esse é, de fato, o objetivo da disciplina do ouvido. E com que finalidade a língua é treinada? Respondo: Primeiramente, para ser capaz de *entregar uma mensagem desagradável*. A língua de qualquer homem é rápida em dizer coisas boas, ou pelo menos deveria ser — caso contrário, onde estaria a humanidade? Nós ficamos muito felizes em contar-lhes boas notícias, mas quem deve ser útil precisa estar disposto a falar coisas desagradáveis. Irmãos e irmãs, quando vocês se encontram com pessoas descuidadas, estão prontos para dizer-lhes verdades que serão desagradáveis para elas? E, quando elas são despertadas, vocês estão dispostos, em nome de Deus, a tentar reduzir a fragmentos os seus refúgios de mentiras, falar-lhes claramente dos erros de que elas tanto gostam e indicar-lhes o único caminho de salvação? Vocês e eu não poderemos ser úteis se quisermos ser doces como mel na boca dos homens. Deus jamais nos abençoará se desejarmos agradar a homens, a fim de que eles pensem bem de nós. Vocês estão dispostos a lhes dizer aquilo que despedaçará o seu próprio coração ao falarem e o deles ao ouvirem? Se não for assim, vocês não estão aptos a servir ao Senhor. Vocês precisam estar dispostos a ir e falar por Deus, mesmo sendo rejeitados. Vejam o versículo 7, onde Deus diz: "não lhe dará ouvidos, assim como não deu ouvidos a mim". Se rejeitam o Mestre, receberão o servo? Eles pegaram em pedras para apedrejar seu próprio querido Senhor e Mestre e, finalmente, usaram cravos para prendê-lo à cruz. Vocês pensam que darão ouvido a vocês? Para Deus abençoá-lo, caro amigo, você precisa estar disposto a dar testemunho por Ele, mesmo que ninguém jamais acredite

em uma só palavra que você disser, porque, ao fazê-lo, você libertará a sua alma. Atentem bem, todos vocês, a esse perigo de ser culpado pelo sangue dos outros. Alguns de vocês já não se esqueceram totalmente disso? Há sangue nas suas roupas! Vocês veem as manchas? Alguns de vocês nunca disseram uma palavra em favor de Cristo aos seus próprios filhos – eu digo que há grandes gotas de sangue da alma em suas roupas. O sangue da alma é pior que o sangue do corpo, e vocês estão manchados com ele. Não conseguem ver as manchas? Lavem-nas, eu lhes suplico. Ó, diz você, é inútil adverti-los, eles só ririam de você. Porém, se vocês o fizessem, perderiam as manchas de sangue. O sangue deles não seria requerido das mãos de vocês. Portanto, se quiserem ser úteis, estejam dispostos a cumprir tarefas desagradáveis para sentir: "Eu os avisei e limpei minha alma".

A seguir, vocês precisam que sua língua seja educada *para falar a verdade como tendo-a ouvido vocês mesmos*. Vocês sabem que existem várias maneiras de falar. Eu estava tentando ilustrar diferenças de falar ao dirigir-me aos meus alunos alguns dias atrás. Eu disse: "Suponhamos que, enquanto eu estava sentado aqui, vocês viram, pela minha fisionomia, que eu estava terrivelmente indignado ao levantar-me para me dirigir a vocês. Então diriam: 'É agora. Por sua aparência, podemos ver que ele nos dará uma bronca'". De igual modo, quando um homem prega ou adverte os outros, deve ser em um estilo vivo que indique que algo está para acontecer. O homem deve ser cheio de emoção, não movido por raiva, mas por uma sagrada paixão que o desperta e faz as pessoas sentirem que ele é extremamente sincero, disciplinado, não entregando frases feitas e palavras da boca para fora, mas falando do mais íntimo de seu coração. Ora, se devêssemos nos encontrar com o próprio Senhor Jesus e falar dele no estado de espírito em que Sua presença nos deixou, que estilo de expressão seria! Penso ouvir uma mãe, que esteve com Jesus, conversando com sua filha. Ela diz: "Querida filha, há tanta alegria em amar a Jesus, que meu coração palpita para que você o conheça. Ele é tão grandioso e bom, que a minha querida filhinha não deverá esquecê-lo". Posso imaginar que um pai se encontrou com o Senhor Jesus e sentiu a verdade de Deus impregnar a sua alma por meio do Espírito Santo, e estou certo de que, quando estiver a sós com seu filho, pedirá ao Espírito, com profundo e terno fervor, que comande a ouvido e o coração do menino. Ele não sabe o que aconteceu a seu pai, ele é tão fervoroso e implora com tanta seriedade, mas a razão secreta é que o pai ouviu o próprio Senhor e ele mesmo é o eco daquela voz. Fatos vividamente trazidos à mente influenciam grandemente quem fala. Um pecador visto como perdido toca o coração. Jesus visto como crucificado afeta o discurso. Se eu tivesse de me levantar no conselho de determinada cidade para exortá-los a olhar para as suas saídas de incêndio deveria fazê-lo com tremenda veemência, se tivesse acabado de sair do meio daquela multidão trêmula que viu uma pobre mulher dependurada da janela em meio às chamas por falta de equipamento adequado para alcançá-la. Qualquer homem que tivesse acabado de ver isso faria um enérgico apelo emocional. Toda a sua alma arderia ao pensar na pobre criatura perecendo em meio ao fogo. A sua não arderia? É assim que acontece quando vocês acabam de falar com Deus. A verdade é vividamente percebida, o temor toma conta de vocês, e um santo zelo e sagrado ardor inflamam seu peito. Se vocês habitam longe de Deus, não sentem o valor da mensagem do evangelho ou o peso das almas dos homens. As maiores verdades perdem força quando deixam de ser fatos percebidos, mas seu poder retorna quando voltamos a estar sob a sua verdadeira influência. Quando a voz do amor de Jesus ainda está ressoando em seus ouvidos, toda a sua alma é derramada em sua boca com uma profunda e assombrada solenidade, e vocês falam como que implorando aos homens que eles se rendam a Deus e aceitem a Sua grande salvação. A língua *precisa* falar quando a orelha está formigando com a mensagem do Senhor.

A língua precisa ser treinada para o caso de cada um de nós *entregar a mensagem como vinda de Deus*. Acredito que Deus comissionou todo cristão que conhece a verdade a dizê-la, e que a todo homem que tem a água viva dentro de si mesmo é dada autoridade para deixá-la fluir, pois está escrito: "Rios de água viva brotarão do interior de quem crer em mim". Vocês veem o seu chamado, irmãos. Nem todos

poderão ser chamados para a obra de profetizar como ministros, mas todos vocês são chamados para, por algum meio, advertir os homens da ira vindoura e levá-los a Cristo, e eu quero que sintam que Deus está por trás de vocês quando advertirem pecadores. Vocês jamais oram por uma alma, nunca choram por uma alma, jamais depositam uma semente da verdade divina em um ouvido humano e nunca pronunciam uma palavra de advertência ou admoestação, mas o que Deus tem a ver com vocês ao fazê-lo? Deus reconhecerá a Sua verdade; portanto, jamais se envergonhem de o fazer. Tornem seu rosto inflexível se o coração deles for inflexível; se eles não se envergonharem de pecar, não tenham vergonha de alertá-los; se não se envergonharem de sua incredulidade, não se envergonhem de sua fé no testemunho divino. As hostes do Céu estão ao seu lado; portanto, não fiquem consternados. A sua fé é capaz de ouvir o tatalar das asas dos seres viventes, o barulho das rodas e o sonido de um grande estrondo, porque todo o Céu se agita quando o vigia se move para advertir o povo (Ezequiel 3.13). Se Deus está por trás de vocês, falem com coragem e não deixem o seu testemunho ser silenciado.

O Senhor diz a Ezequiel que o povo o reprimiria; isso acontece com muita frequência. Frequentemente, o insucesso amarra o pregador de uma maneira que ele mal consegue falar. "Ali, filho do homem, você será amarrado com cordas e não poderá sair para o meio do povo". Porém, o versículo 27 é grandioso: "Mas, quando eu lhe der uma mensagem, desprenderei sua língua e deixarei que fale. Então você lhes dirá: 'Assim diz o Senhor Soberano!'. Quem escolher ouvir, ouvirá, mas quem se recusar, não ouvirá, pois são um povo rebelde'". Ninguém pode silenciar a boca que Deus abriu.

Que possamos, doravante, sentir que agora, entre aqui e o Céu, temos almas comprometidas com a nossa acusação e que ficaremos livres de seu sangue. Cada um de vocês tem sua pequena porção de terra para semear e precisam determinar-se a não deixá-la sem cultivar. Vocês serão chamados ao lar eterno muito em breve, meus caros colegas de trabalho; portanto, trabalhem enquanto é dia. Eu, que tenho de liderá-los nesse arar, poderei ser chamado em breve. Eu sinto isso, e sinto que isso é verdade para cada um de nós; portanto, já que essas pobres almas estão morrendo tanto quanto nós e estão afundando no inferno para sempre, sejamos ardorosos e que Deus nos ajude a salvá-las. Comecemos a chorar, porque chorar talvez possa ser o início mais apropriado para um viver sobrenatural, como foi o início de nossa vida natural. Clamemos a Deus. Vigiemos por oportunidades e, à medida que elas vierem, aproveitemo-las se, por algum meio, pudermos conduzir algumas pessoas à salvação. Já não nos atrevemos mais a dissipar a vida, nos atrevemos? Não nos atrevemos a proporcionar uma continuação da história tola do homem, se de fato é verdade que "o mundo inteiro é um palco e todos os homens e mulheres são meramente atores". Não acreditamos nessa afirmação e, se isso for verdade, nós a alteraremos. Viremos o palco, arranquemos as máscaras e vivamos verdadeiramente! "A vida é real, a vida é séria", como saberemos no tribunal de Deus. Quão real ela ficará à luz do último grande dia! Venham, peçamos para ter ouvido e língua treinados, e comecemos agora a servir ao nosso Senhor advertindo os nossos semelhantes.

3. Termino meu sermão nesta manhã, o terceiro ponto, tentando praticar a LIÇÃO DO TEXTO. Desejo falar com aqueles de vocês que não são convertidos, e falar como se eu tivesse acabado de sair de uma entrevista com meu Senhor e Mestre, como acredito que tenha. Quero falar-lhes como se eu tivesse acabado de ouvi-lo dizer o que eu vou repetir a vocês. Tentem me ajudar com a sua imaginação e que Deus lhes conceda fé.

Tenho de dizer-lhes, caros amigos agora presentes, que seja qual for a excelência natural de seu caráter e qualquer que seja a religiosidade do seu treinamento, ainda assim todos vocês precisam nascer de novo. Vocês me ouviram dizer: "Vocês precisam nascer de novo", mas eu quero dizer isso como Jesus disse ao ser visitado, certa noite, por um líder judeu, um homem de caráter imaculado, de admirável reputação e profunda cultura. Sentado a sós com ele, nosso Senhor o tratou com grande bondade; contudo, com solene ênfase, disse: "É necessário nascer de novo". Sim, jovem amigo, muita coisa a seu respeito é muito admirável e você sabe muito acerca da verdade divina, mas você precisa "nascer de novo". O Mestre colocaria uma forte e terna ênfase no *precisa*. "Você *precisa* nascer de novo!". Jesus não exigiria de nós mais do que o absolutamente necessário, nem diria uma sílaba que tendesse a impedir uma alma de entrar no Céu. Se *Ele* diz "Você precisa", então precisamos. Desejo que vocês admitam essa necessidade.

A seguir, desejo apresentá-los a Jesus sentado junto ao poço com a mulher de Samaria. Vocês conseguem ver o sorriso no semblante dele enquanto a instrui. Agora, preciso que o ouçam dizer essas palavras: "Pois Deus é espírito, e é necessário que seus adoradores o adorem em espírito e em verdade". Caros amigos, eu gostaria de lhes dizer que todas as formas exteriores de religião do mundo não terão valor para vocês a não ser que sejam espirituais. Vocês devem ter uma mente espiritual e uma natureza espiritual pelo novo nascimento e, então, precisam adorar a Deus de maneira espiritual, pois a mera religião exterior nada é à Sua vista. Desejo alertá-los sobre esse fato, mas prefiro que vocês ouçam meu Mestre dizer: "os verdadeiros adoradores adorarão o Pai em espírito e em verdade. O Pai procura pessoas que o adorem desse modo". Vocês creem, não? Ó, peçam ao Espírito de Deus para ensinar-lhes a adorar em espírito e em verdade.

Agora, ouçam meu Mestre novamente. Ele está se dirigindo aos judeus e usa estas palavras. Eu lhes dou a tradução precisa: "Vocês estudam minuciosamente as Escrituras porque creem que elas lhes dão vida eterna. Mas as Escrituras apontam para mim!". Estou feliz por vocês lerem as suas Bíblias, mas, como se sentem tão tranquilos após lerem seu capítulo todos os dias? Pensam que obterão a salvação pela leitura da Bíblia? Infelizmente, vocês estão errados. Vocês precisam ir além disso. Precisam ir ao próprio Cristo Jesus. Ó, que por um ato de fé vocês se acheguem a Ele nesta manhã. Vocês consideram difícil essa verdade? Espero que não, visto que ela é o ensinamento de Jesus e eu o ouvi dizê-lo à minha própria alma. Vocês precisam ir ao próprio Jesus, caso contrário as Escrituras não lhes farão bem algum. As Escrituras são um sinal rodoviário que os direciona para Cristo. Jamais adiantará sentar-se junto ao sinal rodoviário; nós precisamos acelerar para encontrar o próprio Senhor.

Escutem meu Mestre mais uma vez. Ele diz aos judeus: "pois a menos que creiam que eu sou lá de cima, morrerão em seus pecados". Sei que vocês dirão que eu falo coisas duras. Talvez eu o faça, mas não com coração duro. Ora, o meu Senhor é sempre terno; nunca o homem falou como esse Homem e nunca chorou como Ele fazia quando tinha algo duro para dizer. Então, ouçam a declaração dele: "pois a menos que creiam que eu sou lá de cima, morrerão em seus pecados". *Morrerão em seus pecados,* vocês sabem o que isso significa? Morrer em grilhões, morrer num fosso, morrer na forca – isso é nada em comparação com morrer em seus pecados!

Preciso lhes contar algumas outras coisas que o meu Mestre diz, pois hoje em dia os admiráveis novos teólogos não gostam que elas sejam faladas. Eu o ouvi falar em minha própria alma e, portanto, devo adverti-los sobre elas. Ele diz que há joio crescendo entre o trigo e que virá o dia em que os anjos atarão o joio em feixes para ser queimado. É assim que Ele descreve o destino dos ímpios. Ouçam como os teólogos modernos silvam entre os dentes: "Linguagem terrível. Essas expressões horríveis são emprestadas de Dante, de Milton e de antigos escritores". Não, Dante, Milton e os antigos escritores não existiam naquele tempo, mas o próprio Jesus diz: "O Filho do Homem enviará seus anjos, e eles removerão do reino tudo que produz pecado e todos que praticam o mal e os lançarão numa fornalha ardente, onde haverá choro e ranger de dentes". Esse será o destino de alguns de vocês, se não se arrependerem. Embora crescendo entre cristãos, ouvindo o evangelho e se parecendo muito com cristãos, vocês serão separados do trigo para serem lançados no fogo.

Alguns de vocês são ricos e se divertem muito. Preciso dizer-lhes o que Jesus disse de alguém que se alimentava suntuosamente todos os dias, mas não cuidava de sua alma. Ele disse: "O rico também morreu e foi sepultado, e foi para o lugar dos mortos. Ali, em tormento, ele viu Abraão de longe, com

Lázaro ao seu lado. O rico gritou: 'Pai Abraão, tenha compaixão de mim! Mande em água e refresque minha língua. Estou em agonia nestas chamas!'". O meu Senhor, meu doce Senhor, meu Senhor que sangra e morre, o Homem que recebe os pecadores, foi assim que *Ele* falou. Se eu fosse capaz, não falaria com menos ternura do que Ele, mas quero assegurar-lhes, pessoas ricas que têm seus confortos nesta vida, mas estão fora de Cristo: Isso é o que acontecerá a vocês! E isso não será durante algum tempo, e sim para sempre. Segundo os ensinamentos do meu Mestre, vocês nunca serão capazes de escapar do tormento, pois Ele diz que há um grande abismo posicionado de maneira que aqueles que quiserem vir de lá para cá não consigam fazê-lo. Portanto, eu vos rogo que estejam alertas, pois essa advertência procede do Senhor.

A última coisa que foi vista de meu Senhor e Mestre sobre a Terra foi a seguinte. Ele veio de mansinho a este mundo que o havia tratado muito mal e em torno dele estavam reunidos alguns discípulos. Logo antes de subir aos Céus e desaparecer de vista, dirigiu-se a eles em tom carinhoso e disse: "Vão ao mundo inteiro e anunciem as boas-novas a todos". Eles ficaram de ouvidos e olhos abertos para saber como Ele desejava que eles pregassem o evangelho, e Cristo disse: "Quem crer e for batizado será salvo, mas quem se recusar a crer será condenado". *Ele* disse *isso*? Sim, logo antes de a nuvem ocultá-lo diante dos olhos deles, o Senhor disse: "Quem se recusar a crer será condenado". Foi *Ele* quem disse isso. Eu teria gostado de ver a aparência de Jesus quando afirmou isso — a evidente dor que passava por Sua mente e se mostrava em Seus olhos quando Ele disse, de fato: "Eu lhe digo a verdade: quem não nascer de novo, não verá o reino de Deus". Eu os alerto disso, homens e mulheres, todos vocês. Se eu não crer em Cristo, serei condenado; e se vocês não crerem, serão condenados. Eu lhes imploro que não corram um risco tão terrível. Entreguem-se a Jesus agora e serão salvos, porque é Ele, e não eu, quem o diz: "Eu lhe digo a verdade: ninguém pode entrar no reino de Deus sem nascer da água e do Espírito". E, novamente: "Quem crer e for batizado será salvo, mas quem se recusar a crer será condenado". Não penso que Ele quisesse que eu tentasse colocar isso de uma maneira bonitinha para agradá-los, e não tentei fazê-lo. Falei-lhes diretamente a Sua própria Palavra, como melhor a conheço. Que Ele se agrade em extirpar as minhas fragilidades e lançá-las fora, mas que tudo que pertence a Ele viva na alma de vocês e na minha até a vida eterna. Amém.

A INFALIBILIDADE DAS ESCRITURAS[4]

Eu, o SENHOR, falei!
Isaías 1.20

que Isaías disse foi, portanto, dito por Javé. Era audivelmente a expressão de um homem, mas, na realidade, era a expressão do próprio Senhor. Os lábios que emitiram as palavras eram os de Isaías, que, entretanto, refletiam a exata verdade do que o SENHOR tinha falado. Toda a Escritura, sendo inspirada pelo Espírito, é proferida pela boca de Deus. Independentemente de como esse Livro Sagrado possa ser tratado na contemporaneidade, ele não foi tratado com desprezo, negligência ou questionamento pelo Senhor Jesus Cristo, nosso Mestre e Senhor. É digno de nota a maneira como Ele reverenciava a Palavra escrita. O Espírito de Deus repousava sobre Ele pessoalmente, sem limitações, e Ele podia proferir por Seu próprio espírito a revelação de Deus; ainda assim, citava continuamente a Lei, os profetas e os salmos, e sempre tratou os escritos sagrados com intensa reverência, contrastando fortemente a irreverência do "pensamento moderno". Irmãos, tenho certeza de que não erramos ao imitar o exemplo do nosso divino Senhor em nossa reverência por essa Escritura, que não pode ser invalidada. Eu digo que, se Ele, ungido pelo Espírito e capaz de falar como boca de Deus, citou os escritos sagrados e usou o Livro Sagrado em Seus ensinamentos, quanto mais devemos nós, em quem não repousa o espírito de profecia e que não temos a capacidade de falar novas revelações, voltar à Lei e ao testemunho e valorizar cada palavra que a boca do Senhor proferiu. Valorização semelhante da Palavra do Senhor é vista nos apóstolos do nosso Senhor, porque eles tratavam as antigas Escrituras como supremas em autoridade e usavam passagens das Escrituras Sagradas como apoio às suas afirmações. O mais elevado grau de deferência e homenagem é conferido ao Antigo Testamento pelos escritores do Novo Testamento. Nunca encontramos um apóstolo questionando o grau de inspiração deste ou daquele livro. Nenhum discípulo de Jesus questiona a autoridade dos livros de Moisés ou dos profetas. Se vocês quiserem argumentar com sofismas ou suspeitar, não simpatizarão com o ensinamento de Jesus ou de qualquer um de Seus apóstolos. Os escritores do Novo Testamento se assentam reverentemente diante do Antigo Testamento e recebem as palavras de Deus como tais, sem qualquer tipo de dúvida. Você e eu pertencemos a uma escola que continuará a fazer o mesmo, independentemente do comportamento que outros desejem adotar. Quanto a nós e à nossa casa, este Livro de valor inestimável permanecerá o padrão de nossa fé e o fundamento de nossa esperança enquanto vivermos. Outros podem escolher os deuses que quiserem e seguir as autoridades que preferirem, mas, quanto a nós, o glorioso Javé é o nosso Deus e, no que se refere a cada doutrina de toda a Bíblia, cremos que o Senhor a proferiu.

1. Então, em conformidade com o nosso texto, "Eu, o SENHOR, falei!", nosso primeiro tópico será: ESTA É A NOSSA RAZÃO PARA ENSINAR A VERDADE DAS ESCRITURAS. Nós a pregamos porque o SENHOR a proferiu. Não valeria a pena falarmos o que Isaías falou, se ali nada houvesse além do pensamento do profeta; nem deveríamos cuidar de meditar horas e horas sobre os escritos de Paulo, se neles nada houvesse além de Paulo. Não sentimos nenhum chamado imperativo a expor e fazer cumprir o que foi

---

[4] Este sermão foi extraído de The Metropolitan Tabernacle Pulpit e pregado no Metropolitan Tabernacle, em Newington, em 1888.

BIOGRAFIA

falado por homens, mas, como o SENHOR a proferiu, ai de nós se não pregarmos o evangelho! Dizemos a vocês: "Assim diz o SENHOR", e não devemos ter qualquer motivo justificável para pregar a respeito de nós mesmos se não tivermos esta mensagem.

O verdadeiro pregador, o homem a quem Deus incumbiu, entrega sua mensagem *com temor e tremor*, porque a boca do SENHOR a falou. Ele carrega o fardo do Senhor e se curva sob ele. Nosso tema não é insignificante, mas um tema que impacta toda a nossa alma. Chamaram George Fox de "Quaker" porque, quando falava, ele tremia excessivamente devido à força da verdade que ele apreendia tão profundamente. [N.T.: Em inglês, "quake" significa "tremer".] Talvez, se você e eu tivéssemos uma visão mais clara e um maior domínio da Palavra de Deus, e sentíssemos mais de sua majestade, também tremeríamos. Martinho Lutero, que nunca temia a face do homem, declarou que, quando se levantava para pregar, frequentemente sentia os joelhos tremerem sob a percepção de sua grande responsabilidade. Ai de nós se nos atrevermos a proferir a Palavra do Senhor com menos do que todo nosso coração, alma e força! Ai de nós se tratarmos a Palavra como se fosse uma ocasião para nos exibirmos! Se fosse a nossa própria palavra, poderíamos ser estudiosos das graças da oratória, mas, sendo a Palavra de Deus, não podemos nos dar o luxo de pensar em nós mesmos; somos obrigados a pronunciá-la "não com palavras de sabedoria humana, para que a cruz de Cristo não perca seu poder". Se reverenciarmos a Palavra, não nos ocorrerá que poderemos melhorá-la com nossa própria habilidade linguística. Ó, seria muito melhor alguém quebrar pedras na estrada do que ser um pregador, a menos que tivesse o Espírito Santo de Deus para sustentá-lo, porque a nossa carga é solene e nosso fardo é pesado. O coração e a alma do homem que fala por Deus não conhecerão facilidade, pois ele ouve em seus ouvidos aquela advertência: "Se, contudo, o vigia vê o inimigo, mas não dá o sinal de alarme para advertir o povo, ele é responsável. Eles morrerão em seus pecados, mas considerarei o vigia responsável pela morte deles". Se fôssemos incumbidos de repetir o linguajar de um rei, seríamos obrigados a fazê-lo decorosamente, para que o rei não fosse prejudicado; porém, se replicarmos a revelação de Deus, devemos ser tomados por um profundo temor, e um temor piedoso, para que não maculemos a mensagem de Deus ao entregá-la. Nenhum trabalho é tão importante ou honroso quanto a proclamação do evangelho de nosso Senhor Jesus, e, exatamente por essa razão, ele tem um peso de responsabilidade tão solene que ninguém pode se aventurar a propagá-lo com leviandade, nem prosseguir nele sem um senso esmagador de sua necessidade de grande graça para cumprir corretamente seu ofício. Nós, que pregamos o evangelho do qual podemos dizer com certeza "Eu, o SENHOR, falei!", vivemos sob pressão intensa. Vivemos mais na eternidade do que no tempo; falamos a vocês como se tivéssemos visto o grande trono branco e o Juiz divino diante do qual precisamos prestar contas, não somente do que dizemos, mas também de como o dizemos.

Caros irmãos, porque a boca do Senhor proferiu a verdade de Deus, esforçamo-nos por pregá-la com *absoluta fidelidade*. Repetimos a Palavra como uma criança repete a sua lição. Não nos compete corrigir a revelação divina, mas simplesmente ecoá-la. Não considero ser minha atribuição trazer-lhes pensamentos novos e originais, mas sim repetir-lhes o que Jesus disse: "Minha mensagem não vem de mim mesmo; vem daquele que me enviou". Crendo que o Senhor falou, é meu dever repeti-la a vocês o mais corretamente que eu puder após tê-la ouvido e a sentido em minha própria alma. Não me cabe alterar ou adaptar o evangelho. O quê? Tentaremos aprimorar o que Deus revelou? O Infinitamente Sábio deve ser corrigido por criaturas que duram um dia? A infalível revelação do infalível Javé deve ser moldada, moderada e atenuada segundo os modismos e as afeições do momento? Deus nos perdoe se alguma vez alteramos a Sua Palavra sem querer; não o fizemos deliberadamente, nem o faremos. Seus filhos se assentam aos Seus pés e recebem as Suas palavras, e em seguida, levantam-se no poder de Seu Espírito para publicar, longe e perto, a Palavra que o Senhor entregou: "mas que meus verdadeiros mensageiros proclamem fielmente todas as minhas palavras" é a injunção do Senhor a nós. Se pudéssemos agir em conformidade com o Pai, segundo a nossa medida, à maneira do Senhor Jesus, e depois vir da comunhão com Ele para contar o que Ele nos ensinou em Sua Palavra, seríamos aceitos pelo Senhor como pregadores e aceitos também por Seu povo vivente muito mais do que se mergulhássemos na extrema profundeza da ciência ou nos elevássemos aos mais imponentes voos da retórica. O que é a palha diante do trigo! O que são as descobertas do homem diante dos ensinamentos do Senhor! "Eu, o Senhor, falei!" —, portanto, homem de Deus, não acrescente às Suas palavras, para que Ele não lhe acrescente os flagelos que estão escritos em Seu Livro, e delas nada tire, para que Ele não tire o seu nome do Livro da Vida!

Novamente, caros amigos, como "Eu, o Senhor, falei!", nós proclamamos a verdade divina *plena da certeza de sua esperança*. A modéstia é uma virtude, mas a hesitação quando estamos falando pelo Senhor é uma grande falha. Se um embaixador, enviado por um grande rei para representar sua majestade em um tribunal estrangeiro, deve esquecer seu cargo e só pensar em si mesmo, ele pode ser tão humilde a ponto de diminuir a dignidade de seu príncipe, tímido a ponto de trair a honra de seu país. Ele é obrigado a não se lembrar tanto de quem ele é em si mesmo, mas de quem ele representa; portanto, precisa falar com ousadia e com a dignidade que convém ao seu cargo e à corte que ele representa. Era costume de certos déspotas orientais exigir que os embaixadores de potências estrangeiras se deitassem no pó diante deles. Devido a interesses comerciais, alguns europeus se submeteram à cerimônia infame, mas, quando isso foi exigido do representante da Inglaterra, ele se recusou a degradar assim o seu país. Deus não permita que aquele que fala por Deus desonre o Rei dos reis com uma subserviência maleável. Não pregamos o evangelho por permissão de vocês; não pedimos tolerância, nem aplausos de um tribunal. Pregamos o Cristo crucificado e falamos com ousadia, como devemos falar, porque é a Palavra de Deus e não a nossa. Somos acusados de dogmatismo, mas somos obrigados a dogmatizar quando repetimos o que a boca do Senhor falou. Não podemos usar "se" e, "mas", porque estamos tratando das asserções de Deus. Se Ele diz que é assim, é assim, e ponto final. A controvérsia cessa quando Javé fala.

Aqueles que deixam de lado a autoridade do nosso Mestre podem muito bem rejeitar o nosso testemunho; ficamos contentes por eles procederem assim. Porém, se falamos o que a boca do Senhor falou, aqueles que ouvem a Sua Palavra, e a recusam, fazem isso por seu próprio risco. O erro não é cometido com o embaixador, e sim com o Rei, não com a nossa boca, mas com a boca de Deus, de quem a verdade procedeu.

Somos instados a sermos caridosos. *Somos* caridosos, mas com o nosso próprio dinheiro. Não temos o direito de distribuir o que nos é confiado e não está à nossa disposição. No que se refere à verdade de Deus, somos mordomos, e, devemos lidar com o tesouro do nosso Senhor, não de acordo com a caridade segundo as opiniões humanas, mas pela regra da fidelidade ao Deus da verdade. Somos ousados para declarar com plena certeza aquilo que o Senhor revela. Aquela memorável palavra do Senhor a Jeremias é necessária aos servos do Senhor na atualidade: "Levante-se e prepare-se para agir; diga-lhes tudo que eu ordenar. Não tenha medo deles, senão o farei parecer medroso diante deles. Pois hoje eu o fortaleci como uma cidade fortificada, como uma coluna de ferro ou um muro de bronze. Você enfrentará toda esta terra: os reis, os oficiais, os sacerdotes e o povo de Judá. Eles lutarão contra você, mas não vencerão, pois estou com você e o protegerei. Eu, o Senhor, falei!". Quando falamos pelo Senhor contra o erro, não suavizamos os nossos tons: trovejamos. Quando encontramos uma ciência falsa, não arriamos nossa bandeira; nem sequer por uma hora nos sujeitamos a ela. Uma Palavra de Deus vale mais do que bibliotecas de sabedoria humana. "As Escrituras dizem" é a grande arma que silencia todas as baterias do pensamento humano. Quem fala em nome de Javé, o Deus de Israel, deve falar com coragem.

Sob este tópico, também acrescentarei, que, porque o Senhor falou, sentimo-nos obrigados a proferir a Sua Palavra *com diligência,* sempre que podemos, e *com perseverança,* enquanto vivermos. Certamente, seria uma bênção morrer no púlpito, usando seu último suspiro atuando como a boca do Senhor. *Shabbats* mudos são fortes provações para verdadeiros pregadores. Lembrem-se de como John Newton, quando estava bastante inapto a pregar e até se perdia um pouco, em decorrência de suas debilidades e idade, mas persistia em pregar e, quando o dissuadiram, ele respondeu com fervor: "O quê? O velho blasfemador africano deixará de pregar Jesus Cristo enquanto houver fôlego em seu corpo?". Sendo assim, eles ajudaram o ancião a subir novamente ao púlpito, para que ele pudesse falar mais uma vez sobre a graça concedida e o amor redentor. Se tivéssemos temas comuns para falar, poderíamos deixar o púlpito como um cansado advogado de defesa deixa o fórum, mas, porque o Senhor falou, sentimos que Sua Palavra é como fogo em nossos ossos, e ficamos mais cansados por conter-nos do que por testemunhá-la. Ó meus irmãos, a Palavra do Senhor é tão preciosa que, de manhã, precisamos plantar essa semente abençoada e, ao cair da tarde, não devemos reter nossas mãos. Ela é uma semente viva e a semente da vida; portanto, precisamos espalhá-la diligentemente.

Irmãos, se tivermos um entendimento correto da verdade do evangelho — de que o Senhor falou —, ele nos moverá a difundi-la com *grande ardor e zelo*. Não devemos disseminar o evangelho a uns poucos desatentos. Muitos de vocês não são pregadores, mas são professores de jovens ou, de alguma outra maneira, tentam anunciar a Palavra do Senhor; façam-no, eu lhes imploro, com muito fervor do Espírito. O entusiasmo deve ser conspícuo em cada servo do Senhor. Que todos os que os ouvirem saibam que vocês estão totalmente envolvidos; que vocês não estão falando meramente da boca para fora, mas que, do fundo de sua alma, seu próprio coração está transbordando coisas boas quando falam das coisas que fizeram, tocando o Rei. O evangelho eterno é digno de ser pregado, mesmo se alguém estiver sobre uma fogueira e dirigir-se à multidão a partir de um púlpito em chamas. Vale a pena viver e morrer pelas verdades reveladas nas Escrituras. Considero-me triplamente feliz por sofrer reprovação em defender a antiga fé. Essa é uma honra da qual me sinto indigno e, contudo, verdadeiramente posso usar as palavras de nosso hino —

> *Deverei, para acalmar a multidão profana,*
> *Suavizar as Tuas verdades e abrandar minha língua?*
> *Conquistar brinquedos dourados da Terra ou fugir*
> *À cruz suportada, meu Deus, por ti?*
> *O amor de Cristo me constrange*
> *A procurar as almas errantes dos homens;*
> *Com gritos, súplicas, lágrimas, para salvar,*
> *Para arrancá-las da onda ardente.*
> *Minha vida, meu sangue eu aqui apresento,*
> *Se pela Tua verdade eles puderem ser gastos:*
> *Cumprir o Teu conselho soberano, Senhor!*
> *Tua vontade seja feita, seja o Teu nome adorado!*

Eu não consigo manifestar livremente todo o meu coração a respeito desse tema tão caro para mim, mas encorajaria todos vocês a insistirem, quer a ocasião seja favorável, quer não, em divulgar a mensagem do evangelho. Repitam especialmente uma palavra como essa: "Porque Deus amou tanto o mundo que deu seu Filho único, para que todo o que nele crer não pereça, mas tenha a vida eterna." E essa: "aqueles que o Pai me dá virão a mim, e eu jamais os rejeitarei". Divulguem-no com ousadia, divulguem-no em todos os lugares, divulguem-no a toda criatura, pois "Eu, o Senhor, falei!". Como vocês podem reter as notícias celestiais? A boca do Senhor as proferiu — seus lábios não se alegram em repeti-las? Sussurrem-nas no ouvido dos enfermos; gritem-nas nas esquinas; escrevam-nas em suas tabuletas; disseminem-nas pela imprensa, mas, em todos os lugares, que esse seja o seu grande motivo e mandado — vocês pregam o evangelho porque "Eu, o Senhor, falei!". Não permita que quem tem voz permaneça em silêncio, pois o Senhor concedeu a Palavra por Seu próprio Filho amado —

Soprem, soprem, ventos, a Sua história,
E vocês, águas, rolem,
Até que, como um mar de glória
Ele se espalhe de polo a polo.

2. Sigamos, agora, em outra direção por um momento. Em segundo, "Eu, o Senhor, falei!". ESTA É A REIVINDICAÇÃO DA PALAVRA DE DEUS POR SUA ATENÇÃO.

Toda palavra que Deus nos deu neste Livro reivindica a nossa atenção, devido à *infinita majestade daquele que a proferiu*. Eu vejo diante de mim um Parlamento de reis e príncipes, sábios e senadores. Ouço um após outro dos dotados Crisóstomos derramar eloquência como os "bocas de ouro". Eles falam, e falam bem. De repente, há um silêncio solene. Que quietude! Quem deverá falar agora? Eles estão em silêncio porque Deus, o Senhor, está prestes a levantar a Sua voz. Não é certo que eles deveriam estar assim? Ele não diz: "Ouçam em silêncio diante de mim, povos do outro lado do mar"? Que voz é semelhante à Sua voz? "A voz do Senhor é poderosa, a voz do Senhor é majestosa. A voz do Senhor quebra os grandes cedros, o Senhor despedaça os cedros do Líbano. [...]. A voz do Senhor sacode o deserto, o Senhor faz tremer o deserto de Cades." Cuidem-se para não rejeitar Aquele que fala. Ó meu ouvinte, não seja dito de você que passou por esta vida com Deus lhe falando em Seu Livro e você se recusando a ouvi-lo! Pouco importa se você *me* escuta ou não, mas importa muito se você escuta a Deus ou não. Foi Ele quem o criou; em Suas mãos está a sua respiração e, se Ele falar, imploro a você que abra o seu ouvido e não seja rebelde. Há uma infinita majestade em cada linha das Escrituras, mas especialmente na parte das Escrituras na qual o Senhor revela a si e ao Seu glorioso plano de graça salvadora, na pessoa de seu amado Filho Jesus Cristo. A Cruz de Cristo faz a você uma grande reivindicação. Ouça o que Jesus prega a partir do madeiro. Ele diz: "Venham a mim com os ouvidos bem abertos; escutem, e encontrarão vida".

A reivindicação de Deus de ser ouvido reside também na *condescendência que o levou a falar a nós*. Já foi algo Deus ter criado o mundo e nos convidar para olharmos à obra de Suas mãos. A criação é um livro ilustrado para crianças. Porém, Deus falar no idioma dos homens mortais é ainda mais maravilhoso, se vocês pensarem nisso. Eu me maravilho por Deus ter falado por intermédio dos profetas, mas admiro ainda mais Ele ter escrito Sua Palavra "preto no branco", em linguagem inconfundível, que pode ser traduzida em todos os idiomas, para que todos nós possamos ver e ler para nós mesmos o que Deus, o Senhor, nos falou e o que, de fato, continua a falar, porque Ele ainda nos fala o que preferiu, tão novo quanto se o falasse pela primeira vez. Ó glorioso Javé, tu falas ao homem mortal? Pode haver alguma negligência de te ouvir? Se tu és tão cheio de misericórdia e ternura a ponto de te curvares do Céu para conversares com as Tuas criaturas pecaminosas, ninguém, exceto os que são mais brutais do que o boi e o asno, te fará ouvidos moucos!

Portanto, a Palavra de Deus reivindica a sua atenção por causa da sua majestade e condescendência, mas, mesmo assim, deve receber a sua atenção devido à *sua importância intrínseca*. "Eu, o Senhor, falei!" – logo, não é uma bagatela. Deus nunca fala futilidades. Nenhuma linha de Sua escrita trata de temas frívolos do cotidiano. O que pode ser esquecido em uma hora é próprio do homem mortal, não do Deus eterno.

Quando o Senhor fala, Seu discurso é divino, e seus temas são dignos de alguém cuja morada é o infinito e a eternidade. Deus não brinca com você, homem; você não o levará a sério? Você o tratará como se Ele lhe fosse totalmente igual? Deus é zeloso ao falar-lhe; você não o ouvirá com cuidado? Ele lhe fala de grandes coisas, que têm a ver com a sua alma e o seu destino. "Não são palavras vazias; são a vida de vocês!". Sua existência eterna, sua felicidade ou sua miséria dependem de como você trata o que a boca do Senhor proferiu. Ele lhe fala sobre realidades eternas. Eu lhes rogo: Não sejam tão imprudentes a ponto de não lhe dar ouvido. Não ajam como se o Senhor e a Sua verdade nada fossem para vocês. Não tratem a Palavra do Senhor como algo secundário, que pode aguardar o seu lazer e receber sua atenção somente quando não tiverem outra ocupação; ponham de lado tudo o mais e deem ouvido ao seu Deus.

Confiem nela; pois se o Senhor a proferiu, há uma *necessidade urgente, premente*. Deus não rompe o silêncio para dizer o que poderia muito bem ter permanecido não dito. Sua voz indica grande urgência. Hoje, se vocês ouvirem a Sua voz, escutem, porque Ele exige atenção imediata. Deus não fala sem um amplo motivo e, ó meu ouvinte, se Ele falar a você pela Sua Palavra, eu lhe imploro que acredite, pois deve haver uma causa irresistível para isso! Sei o que Satanás diz; ele lhes diz que vocês podem passar muito bem sem dar ouvido à Palavra de Deus. Sei o que seu coração carnal sussurra; ele diz: "Dê ouvido à voz dos negócios e do prazer, mas não dê ouvidos a Deus". Porém, ó! Se o Espírito Santo ensinar a sua razão a ser razoável e transformar a sua mente na mente da verdadeira sabedoria, você reconhecerá que a primeira coisa que terá que fazer será prestar atenção ao seu Criador. Vocês podem ouvir as vozes dos outros em outro momento, mas seu ouvido em primeiro lugar precisa ouvir Deus, pois Ele é o primeiro e o que Ele fala precisa ser da maior importância. Sem demora, apressem-se em cumprir os Seus mandamentos. Sem reserva, respondam ao Seu chamado e digam: "Fala, Senhor, pois teu servo está ouvindo". Quando estou no púlpito para pregar o evangelho, jamais sinto que posso convidá-lo calmamente a atentar para um assunto que é um dentre muitos e pode, muito adequadamente, ser deixado de lado durante algum tempo se a mente de vocês já estiver ocupada. Não; vocês poderão estar mortos antes de eu lhes falar novamente e, por isso, peço-lhes atenção imediata. Não temo poder estar os tirando de outros assuntos importantes ao lhes pedir que atentem ao que a boca do Senhor proferiu, pois, nenhum assunto tem qualquer importância em relação a isso; visto que este é o maior tema de todos. Ele está relacionado à sua alma, à sua própria alma, à sua alma eterna, e é o seu Deus quem está lhes falando. Escutem-no, eu imploro. Não estou lhes pedindo um favor quando peço que ouçam a Palavra do Senhor; essa é uma dívida para com o seu Criador que vocês são obrigados a pagar. Sim, além disso, é benefício para com vocês mesmos. Mesmo que seja sob um ponto de vista egocêntrico, exorto-os a ouvirem o que o Senhor falou, visto que em Sua Palavra está a salvação. Escutem com atenção o que o seu Criador, o seu Salvador, o seu melhor Amigo, tem a lhes dizer. "Não endureçam o coração como eles fizeram na rebelião", mas "Venham a mim com os ouvidos bem abertos; escutem, e encontrarão vida". "Portanto, a fé vem por ouvir, isto é, por ouvir as boas-novas a respeito de Cristo."

Assim, até aqui tratei meu texto de duas maneiras: Ele é uma garantia e razão para o pregador, e um direito à atenção do ouvinte.

3. E agora, em terceiro, ISTO DÁ À PALAVRA DE DEUS UM CARÁTER MUITO ESPECIAL. Quando abrimos este Livro Sagrado e falamos sobre o que ali está registrado, a afirmação "Eu, o Senhor, falei!" confere caráter especial ao ensinamento.

Na Palavra de Deus, o ensino tem *dignidade singular*. Este Livro é inspirado como nenhum outro o é, e é hora de todos os cristãos declararem essa convicção. Não sei se vocês leram a biografia de nosso falecido amigo George Moore, escrita pelo Sr. Smiles, mas nela vemos que, em certo jantar festivo, um erudito observou que não seria fácil encontrar uma pessoa inteligente que acreditasse na inspiração da Bíblia. Em um instante, a voz de George Moore foi ouvida do lado oposto da mesa, dizendo com ousadia: "Eu, por exemplo, acredito". Nada mais foi dito. Meu caro amigo tinha uma maneira forte de falar, como bem me lembro, pois, em algumas ocasiões, competimos um com o outro aos gritos quando estávamos juntos em sua casa em Cumberland. Penso poder ouvir sua maneira enfática de dizer — "Eu, por exemplo, acredito". Não nos acanhemos de ir para o lado antiquado e impopular, e digamos, de maneira direta: "Eu, por exemplo, acredito". Onde estamos se as nossas Bíblias se foram? Onde estamos se somos ensinados a não confiar nelas? Se ficamos em dúvida sobre qual parte é inspirada e qual não é, estamos

tão mal como se não tivéssemos Bíblia alguma. Eu não acolho teorias de inspiração; aceito a inspiração das Escrituras como um fato. Aqueles que assim veem as Escrituras não precisam ter vergonha de sua companhia, porque alguns dos melhores e mais cultos dos homens tinham o mesmo espírito. O grande filósofo Locke passou os últimos 14 anos de sua vida estudando a Bíblia e, quando lhe perguntaram qual era o caminho mais curto para um jovem cavalheiro entender a religião cristã, ele propôs a leitura da Bíblia, observando: "Nela estão contidas as palavras de vida eterna. Ela tem Deus por autor, a salvação como seu fim; e, por seu assunto, a verdade, sem qualquer dose de erro". Há quem está do lado da Palavra de Deus, de quem você não precisa se envergonhar em matéria de inteligência e aprendizado; e, se não for assim, não deverá ficar desencorajado quando se lembrar de que o Senhor ocultou essas coisas do sábio e sagaz e as revelou a bebês. Com o apóstolo, nós cremos que "a loucura de Deus é mais sábia que a sabedoria humana". É melhor acreditar no que sai da boca de Deus e ser chamado de tolo do que acreditar no que sai da boca dos filósofos e ser, por isso, considerado sábio.

Há também uma *certeza absoluta* sobre o que a boca do Senhor falou. O que o homem tem dito não é substancial, mesmo quando verdadeiro. É como agarrar névoa: nada se obtém. Porém, com a Palavra de Deus você tem algo a que se apegar, algo para ter e segurar. Isso é substância e realidade, porém, de opiniões humanas podemos dizer: "Nada faz sentido [...] Nada faz o menor sentido". Embora o céu e a Terra venham a passar, ainda assim, nem um ponto ou traço do que Deus disse falhará. Sabemos disso e nos sentimos tranquilos. Deus não pode se enganar. Deus não pode mentir. Esses são postulados que ninguém pode contestar. Se Deus o falou, esse é o juiz que encerra a disputa onde a inteligência e a razão falham e, a partir daí, não questionamos mais.

Novamente; se, o Senhor falou, temos nesse pronunciamento o caráter especial de *fixidez imutável*. Uma vez dito por Deus, não apenas é assim agora, mas sempre deverá ser assim. O Senhor dos Exércitos disse; quem o anulará? A rocha da Palavra de Deus não se altera como a areia movediça da moderna teologia científica. Alguém disse ao seu ministro: "Meu caro senhor, certamente você deve ajustar as suas crenças ao progresso da ciência". Ele respondeu: "Sim, mas não tive tempo de fazê-lo hoje, porque ainda não li os jornais da manhã". Teria sido necessário ler os jornais da manhã e incorporar todas as novas edições para saber onde a teologia científica está agora, porque ela sempre está vacilando e mudando. A única coisa certa sobre a falsa ciência desta era é que, em breve, ela será contestada. Teorias alardeadas hoje serão desdenhadas amanhã. Os grandes cientistas sobrevivem anulando os seus antecessores. Eles não têm certeza de nada, exceto de que os seus antecessores estavam errados. Mesmo em uma vida curta, nós vimos sistema após sistema — os cogumelos, ou melhor, os cogumelos venenosos do pensamento — nascerem e perecerem. Não podemos adaptar a nossa crença religiosa ao que é mais variável do que a Lua. Quem quiser, que tente; quanto a mim, se o Senhor falou, é verdade para mim neste ano da graça de 1888 e, se eu estiver entre vocês como um ancião grisalho em algum lugar em 1908, vocês não me encontrarão fazendo melhoramento algum ao ultimato divino. Se o Senhor falou, contemplamos em Sua revelação o invariável evangelho, que revela que "Jesus Cristo é o mesmo ontem, hoje e para sempre". Irmãos e irmãs, esperamos estar juntos para sempre diante do trono eterno, onde se curva o serafim resplandecente, e mesmo então não teremos vergonha de confessar aquela mesma verdade da qual hoje nos alimentamos da mão do nosso Deus —

> *Porque ele é o Senhor, supremamente bom,*
> *Sua misericórdia é sempre certa;*
> *Sua verdade, que sempre permaneceu firme,*
> *Durará até eras intermináveis.*

Permitam-me acrescentar aqui que há algo singular acerca da Palavra de Deus, devido ao *poder absoluto que dela resulta.* "A palavra do rei tem autoridade suprema" — onde a palavra de Deus está há onipotência. Se tratássemos mais amplamente da Palavra de Deus como se Ele a proferisse, veríamos resultados muito maiores decorrerem de nossa pregação. É a Palavra de Deus, não o nosso comentário sobre ela, que salva almas. As pessoas são mortas pela lâmina da espada, não pela bainha ou pelas borlas que adornam seu cabo. Se a Palavra de Deus for expressa em sua nativa simplicidade, ninguém poderá resistir-lhe. Os adversários de Deus são obrigados a recuar diante da Palavra como a palha perece no fogo. Ó, que a sabedoria se aproxime cada vez mais daquilo que a boca do Senhor proferiu!

Não falarei mais sobre este tópico, embora o tema seja muito amplo e tentador, especialmente se fosse me alongar sobre a profundidade, a altura, a adaptação, a percepção e o poder autocomprovador daquilo que o Senhor falou.

4. Em quarto e muito brevemente, ISSO FAZ DA PALAVRA DE DEUS UM GRANDE ALERTA PARA MUITOS. Devo ler a vocês o versículo inteiro? "Se, porém, se desviarem e se recusarem a ouvir, serão devorados pela espada. Eu, o Senhor, falei!". Toda ameaça feita por Deus traz consigo tremendo pavor, porque Ele a proferiu. Quer Deus ameace um homem ou uma nação, ou toda a classe dos ímpios, se eles forem sábios, sentirão um tremor apoderar-se deles, "Eu, o Senhor, falei!". *Deus nunca fez uma ameaça que não tenha sido cumprida*. Quando Deus declarou a Faraó o que Ele faria, Ele o fez; as pragas vieram numerosas e pesadas sobre o monarca. Quando o Senhor, em algum momento, enviou os Seus profetas para denunciar julgamentos sobre as nações, Ele cumpriu aqueles julgamentos. Perguntem aos viajantes sobre a Babilônia, Nínive, Edom, Moabe e Basã, e eles lhes contarão sobre os montes de ruínas, que comprovam como o Senhor cumpriu as Suas advertências à risca. Uma das coisas mais terríveis registradas na história é o cerco de Jerusalém. Não tenho dúvida de que vocês leram sobre ele em Josefo ou em outro lugar. O nosso sangue congela só de pensar nesse acontecimento. No entanto, tudo foi predito pelos profetas, e suas profecias foram cumpridas até o amargo fim. Vocês dizem que Deus é "amor" e, se com isso querem dizer que Ele não é severo na punição do pecado, eu lhes pergunto o que pensam da destruição de Jerusalém. Lembrem-se de que os judeus eram a Sua nação escolhida e que a cidade de Jerusalém era o lugar onde o Seu Templo havia sido glorificado com a Sua presença. Irmãos, se vocês forem de Edom a Sião, e de Sião a Sidom, e de Sidom a Moabe, encontrarão, em meio a cidades em ruínas, os sinais de que as palavras de juízo de Deus são indubitáveis. Então, confiem nela quando Jesus diz: "E estes irão para o castigo eterno", porque assim será. Quando Ele diz: "Foi por isso que eu disse que vocês morrerão em seus pecados, pois a menos que creiam que eu sou lá de cima, morrerão em seus pecados", pois assim acontecerá. O Senhor jamais brinca de assustar os homens. Sua Palavra não é um exagero para assustar homens com bichos-papões imaginários. Há uma verdade enfática no que Deus diz. Ele sempre cumpriu as suas ameaças à risca e no tempo determinado; confiem em que Ele continuará a fazê-lo, porque "Eu, o Senhor, falei!".

É inútil sentar-se, fazer inferências sobre a natureza de Deus e argumentar: "Deus é amor e, portanto, não executará a sentença sobre os impenitentes". Ele sabe melhor o que fará do que vocês são capazes de inferir; Ele não nos relegou às inferências, porque falou de maneira nítida e clara. Ele diz: "Quem se recusar a crer será condenado" e assim será, uma vez que o Senhor falou. Sugiram o que lhes agradar acerca da natureza dele, mas, se fizerem uma inferência contrária ao que Ele disse, vocês inferiram uma mentira e descobrirão isso.

Alguém diz: "Ai de mim! Estremeço com a severidade da sentença divina". É verdade? Que bom! Posso me identificar sinceramente com você. Quem não tremeria ao ver o grande Javé se vingando da iniquidade? Os terrores do Senhor poderiam muito bem transformar aço em cera. Lembremo-nos de que o que afere a verdade não é o nosso prazer, nem o nosso terror. Não é o meu estremecimento o que pode refutar o que os lábios do Senhor pronunciaram. Isso pode até ser uma prova de Sua verdade. Não tremeram todos os profetas diante das manifestações de Deus? Lembrem-se de como um deles chorou:

"Estremeci por dentro quando ouvi isso; meus lábios tremeram de medo. Minhas pernas vacilaram, e tremi de terror". Um dos últimos profetas ungidos caiu aos pés do Senhor como morto. Contudo, eles não usaram todo o retraimento de sua natureza como argumento para dúvida.

Ó, meus ouvintes inconversos e incrédulos, lembrem-se de que, se recusarem a Cristo e se atirarem sobre o fio da espada de Javé, sua incredulidade a respeito do julgamento eterno não o alterará, nem os poupará dele. Eu sei por que vocês não acreditam nas terríveis ameaças. É porque querem se agradar de seus pecados. Certo escritor cético, quando estava na prisão, foi visitado por um homem cristão, que desejava o seu bem, mas ele se recusou a ouvir uma palavra sobre religião. Ao ver uma Bíblia na mão de seu visitante, ele fez a seguinte observação: "Você não espera que eu acredite nesse livro, não é? Ora, se esse livro for verdadeiro, eu estou perdido para sempre". Simples assim. Nele reside o motivo de metade da infidelidade que há no mundo, e de toda a infidelidade que há em nossas congregações. Como vocês podem acreditar no que os condena? Ah! Meus amigos, se vocês cressem que é verdadeiro e agissem em conformidade a ele, também encontrariam, no que a boca do Senhor proferiu, uma maneira de escapar da ira vindoura, porque o Livro é muito mais repleto de esperança do que de temor. Deste volume inspirado fluem o leite da misericórdia e o mel da graça. Ele não é um Livro do Dia da Perdição repleto de ira, mas sim um Testamento da graça. Entretanto, se vocês não creem nas suas amorosas advertências, nem consideram suas justas sentenças, elas ainda assim, continuarão sendo verdadeiras. Se vocês desafiarem seus trovões, se pisotearem suas promessas, até mesmo se o queimarem em sua fúria, o Livro Sagrado ainda permanecerá inalterado e inalterável, porque "Eu, o Senhor, falei!". Portanto, eu lhes imploro que tratem as Sagradas Escrituras com respeito, e se lembrem de que "Estes, porém, estão registrados para que vocês creiam que Jesus é o Cristo, o Filho de Deus, e para que, crendo nele, tenham vida pelo poder do seu nome".

5. Então, preciso encerrar, por falta de tempo, quando percebo, em quinto lugar, que ISSO FAZ DA PALAVRA DO SENHOR A RAZÃO E O DESCANSO DE NOSSA FÉ. "Eu, o Senhor, falei!" é o fundamento de nossa confiança. Há perdão, porque Deus o disse. Veja, amigo, você está dizendo: "Não consigo acreditar que meus pecados podem ser lavados, sinto-me tão indigno". Sim, mas "Eu, o Senhor, falei!". Creia acima do raciocínio sobre sua indignidade. Alguém diz: "Ah, eu me sinto tão fraco que não consigo pensar, nem orar, nem qualquer outra coisa, como deveria". Não está escrito: "Quando estávamos completamente desamparados, Cristo veio na hora certa e morreu por nós, pecadores"? "Eu, o Senhor, falei!", portanto, acima do raciocínio sobre a sua incapacidade, ainda creia nisso, pois só assim será possível.

Penso ouvir um filho de Deus dizer: "Deus disse: 'Não o deixarei; jamais o abandonarei', mas estou em grande tribulação; todas as circunstâncias de minha vida parecem contradizer a promessa"; contudo, "Eu, o Senhor, falei" e a promessa deve permanecer. "Confie no Senhor e faça o bem, e você viverá seguro na terra e prosperará". Creiam em Deus a despeito das circunstâncias. Se não conseguirem enxergar uma rota de fuga ou um meio de ajuda, ainda assim creiam no Deus invisível e na veracidade de Sua presença, pois "Eu, o Senhor, falei!". Penso que isso veio a acontecer comigo, pelo menos pelo presente momento, para que, quando as circunstâncias negarem a promessa, mesmo assim eu creia nela. Quando os amigos me abandonarem, os inimigos me difamarem, meu próprio espírito descer abaixo de zero e eu estiver deprimido quase a ponto de me desesperar, estou determinado a me agarrar à pura Palavra do Senhor e provar que ela é, por si só, um esteio e apoio totalmente suficiente. Crerei em Deus contra todos os demônios do inferno, Deus contra Aitofel, Judas, Demas e todos os outros vira-casacas; sim, e Deus contra o meu próprio coração maligno. O Seu propósito permanecerá, visto que "Eu, o Senhor, falei!". Afastem-se, vocês que o contradizem; a nossa confiança é bem fundamentada, "Eu, o Senhor, falei".

Com o passar do tempo, nós morreremos. O suor da morte se acumulará em nossa sobrancelha e, talvez, nossa língua mal nos sirva. Ó, que então, como o grande antigo imperador alemão, possamos dizer: "Vi a tua salvação " e "Ele me ajudou com Seu nome". Quando passarmos pelos rios, Ele estará conosco, as águas não nos submergirão, porque "Eu, o SENHOR, falei". "Mesmo quando eu andar pelo escuro vale da morte, não terei medo, pois tu estás ao meu lado. Tua vara e teu cajado me protegem." "Eu, o SENHOR, falei!". Ah! Como será libertar-se desses laços e subir à glória? Em breve veremos o Rei em Sua beleza e seremos glorificados em Sua glória, porque "Eu, o SENHOR, falei!". "Quem crê no Filho tem a vida eterna"; portanto, a feliz eternidade é nossa.

Irmãos, não seguimos fábulas engenhosamente concebidas. Não somos "garotos despreocupados que flutuam em boias" que logo explodirão sob nós, mas estamos descansando em terreno firme. Habitamos onde o Céu e a Terra estão descansando; no lugar do qual todo o Universo depende; onde até mesmo as coisas eternas têm seu fundamento; descansamos no próprio Deus. Se Deus falhar conosco, falharemos gloriosamente com todo o Universo. Porém, não há medo; portanto, confiemos e não temamos. Sua promessa precisa se manter, visto que "Eu, o SENHOR, falei!". Ó Senhor, isso é suficiente. Glória seja ao Teu nome, por meio de Cristo Jesus! Amém.

A LEI ESCRITA NO CORAÇÃO[5]

Depois daqueles dias, diz o Senhor. *Porei minhas leis em sua mente e as escreverei em seu coração. Serei o seu Deus, e eles serão o meu povo.*

Jeremias 31.33

a manhã do último Dia do Senhor, falamos da primeira grande bênção da aliança da graça, a saber, o perdão total dos pecados. E, transbordamos de alegria sobre aquela maravilhosa promessa — "E nunca mais me lembrarei de seus pecados e seus atos de desobediência" — e espero que nossa consciência tenha sido pacificada e nosso coração tenha se enchido de admiração quando pensamos em Deus lançando para trás de Suas costas todos os pecados de Seu povo, para que pudéssemos cantar com Davi: "Todo o meu ser louve o Senhor; louvarei seu santo nome de todo o coração. Todo o meu ser louve o Senhor; que eu jamais me esqueça de suas bênçãos. Ele perdoa todos os meus pecados". Esta grande bênção do pecado perdoado está sempre ligada à renovação do coração. Ela não é concedida em decorrência da transformação do coração, mas sempre é dada com a transformação do coração. Se Deus remove a culpa do pecado, Ele se certifica de, ao mesmo tempo, remover o poder do pecado. Se Ele lança fora as nossas ofensas contra a Sua Lei, também nos faz desejar, no futuro, obedecer a essa Lei.

Em nosso texto, observamos a excelência e dignidade da Lei de Deus. O evangelho não veio ao mundo para revogar a Lei. A salvação pela graça não apaga um único preceito da Lei, nem reduz em nada o padrão de justiça; pelo contrário, como diz Paulo, não anulamos a Lei pela fé, mas a confirmamos. A Lei jamais é honrada pelo homem pecador até ele sair de sua regra condenatória, caminhar por fé e viver sob a aliança da graça. Quando estávamos sob a aliança das obras, desonrávamos a Lei, mas agora a veneramos como uma perfeita demonstração de retidão moral. Nosso Senhor Jesus mostrou a um universo reunido que a Lei não deve ser desprezada e que toda transgressão e desobediência precisa receber uma justa recompensa de retribuição, uma vez que o pecado que o Senhor suportou por nós trouxe sobre Ele, como nosso substituto inocente, condenação ao sofrimento e à morte. Nosso Senhor Jesus testificou por Sua morte que, mesmo que seja perdoado, o pecado não é eliminado sem um sacrifício expiatório. A morte de Cristo conferiu mais honra à Lei do que toda a obediência de todos os que já estiveram sob ela poderia ter conferido, e foi uma reivindicação mais convincente da justiça eterna do que se todos os redimidos tivessem sido lançados no inferno. Quando o Santo pune Seu próprio Filho, Sua ira contra o pecado fica evidente a todos. Porém, isso não é suficiente. A Lei está no evangelho não apenas justificada pelo sacrifício de Cristo, mas também honrada pela obra do Espírito de Deus no coração dos homens. Embora sob a antiga aliança os mandamentos da Lei incitassem nossa natureza má à rebelião, sob a aliança da graça nós concordamos com a Lei que é boa, e nossa oração é: "'Ensina-me a fazer a tua vontade', Senhor". O que a Lei não podia fazer pela fraqueza da carne, o evangelho fez por intermédio do Espírito de Deus. Assim, a Lei é cumprida em honra entre os crentes e, embora eles não estejam mais sob ela como uma aliança de obras, se adequaram a ela porque a veem na vida de Cristo Jesus e se deleitam nela segundo o homem interior. As coisas exigidas pela Lei são concedidas pelo evangelho. Deus exige obediência sob a Lei. Deus opera obediência sob o evangelho. A Lei nos pede

---

[5] Este sermão foi extraído de The Metropolitan Tabernacle Pulpit e pregado no Metropolitan Tabernacle, em Newington, em 1882.

santidade, que age em nós pelo evangelho, para que a diferença entre o proveito da Lei e do evangelho não esteja em qualquer diminuição das exigências dessa mesma Lei, mas na verdadeira entrega no proceder do que a Lei exigia dos redimidos.

Amados amigos, percebam que, sob a antiga aliança, a Lei de Deus foi dada de maneira imponente e, mesmo assim, não assegurou a obediência leal. Deus veio ao Sinai e o monte ficou totalmente envolto por fumaça, porque o Senhor desceu sobre ele em fogo, a sua fumaça subiu como a fumaça de um forno e toda a montanha tremeu fortemente. A visão de Deus manifestando-se no Sinai era tão terrível a ponto de Moisés dizer: "Fiquei apavorado e tremendo de medo". Da espessa escuridão que cobria o sublime cume veio um som de trombeta extremamente alto e longo, e uma voz proclamou um por um os dez grandes estatutos e ordenanças da lei moral. Imagino ver o povo a distância, com limites colocados em torno da montanha, agachados com um medo servil e, finalmente, suplicando que aquelas palavras não mais lhes fossem ditas. O som da voz de Javé era tão terrível, mesmo quando não estava declarando vingança, mas apenas explicando a justiça, que as pessoas não suportavam mais; no entanto, nenhuma impressão permanente ficou em suas mentes, não demonstraram em suas vidas qualquer obediência. Os homens podem ser intimidados pelo poder, mas só podem ser transformados pelo amor. A espada da justiça tem menos poder sobre o coração humano do que o cetro da misericórdia.

Além disso, para preservar ainda mais essa Lei, o próprio Deus a inscreveu em duas tábuas de pedra e as entregou a Moisés. Que tesouro! Certamente, nenhuma partícula de matéria jamais havia sido tão honrada quanto aquelas tábuas, que haviam sido tocadas pelo dedo de Deus e carregavam a impressão legível de Sua mente. Porém, essas leis inscritas em pedra não foram cumpridas; nem as pedras ou as leis foram reverenciadas. Moisés mal subira ao monte e o povo, antes atemorizado, já tinha se curvado diante do bezerro de ouro, esquecido do Sinai e sua voz solene, fazendo para si a semelhança de um boi que come grama e curvando-se diante dele como símbolo da divindade. Quando Moisés desceu do monte com aquelas tábuas de valor inestimável nas mãos, viu o povo totalmente entregue à idolatria egoísta e, indignado, lançou as tábuas ao chão e as quebrou em pedaços com toda a sua força ao ver como o povo as tinha quebrado espiritualmente e violado todas as palavras do Altíssimo. De tudo isso, compreendo que a Lei jamais é realmente obedecida como resultado de medo servil. Vocês podem pregar a ira de Deus e os terrores do mundo vindouro, mas isso não amolece o coração à obediência leal. É necessário para outros fins que o homem conheça a determinação de Deus de punir o pecado, mas nem por isso o coração é conquistado para a virtude. O homem se revolta cada vez mais; ele é tão teimoso que quanto mais é comandado, mais se rebela. O decálogo nas paredes de sua igreja e em seu culto diário tem seus fins, mas nunca conseguirá ser eficaz na vida do homem enquanto não estiver escrito também em seu coração. Tábuas de pedra são duras e os homens consideram dura a obediência à Lei de Deus. Os mandamentos são julgados pétreos enquanto o coração é pétreo, e o homem se endurece porque o caminho do preceito é duro para a sua mente maligna. As pedras são proverbialmente frias, e a lei parece ser algo frio, até gelado, pelo qual não temos amor enquanto o apelo é feito ao nosso medo. Embora aparentemente duráveis, tábuas de pedra podem ser facilmente quebradas; os mandamentos de Deus também podem — de fato nós o fazemos todos os dias, e as pessoas que têm o conhecimento mais claro da vontade de Deus, ainda assim pecam contra Ele. Enquanto não tiverem nada para contê-las, além de um pavor servil da punição, ou de uma esperança egoísta de recompensa, elas não renderão homenagem leal aos estatutos do Senhor.

Neste momento, tenho de mostrar-lhes a *maneira como Deus assegura a si mesmo a obediência à Sua Lei de uma maneira diferente*, não a trovejando do Sinai, nem a gravando em tábuas de pedra, mas entrando com brandura e infinita compaixão no coração do homem, e ali, em tábuas de carne, inscrevendo os mandamentos de Sua Lei de tal maneira que sejam obedecidas com alegria e os homens se tornem servos dispostos de Deus.

Esse é o segundo grande privilégio da aliança, não segundo em valor, mas em ordem — "O Senhor perdoa todos os meus pecados e cura todas as minhas doenças". Ezequiel descreve assim: "Porei dentro de vocês meu Espírito, para que sigam meus decretos e tenham o cuidado de obedecer a meus estatutos". Na epístola aos Hebreus, isso aparece de outra maneira: "Esta é a nova aliança que farei com meu povo depois daqueles dias, diz o Senhor: Porei minhas leis em seu coração e as escreverei em sua mente". E acrescenta: "E nunca mais me lembrarei de seus pecados e seus atos de desobediência". Isso é tão inestimavelmente precioso que vocês, que conhecem o Senhor, anseiam por isso e é o seu grande deleite que seja realizado em vocês pela soberana graça de Deus.

Antes de tudo, analisaremos *as tábuas* — "Porei minhas leis em sua mente e as escreverei em seu coração". Em segundo lugar, o *escrito*; em terceiro, o *escritor* e, em quarto, *os resultados* desse maravilhoso escrito. Que o Espírito que prometeu levar-nos a toda a verdade possa nos iluminar agora.

1. Primeiramente, chamo sua atenção às TÁBUAS sobre as quais Deus escreve Sua Lei — "Porei minhas leis em sua mente". Assim como, certa vez, colocou as duas tábuas na arca de madeira de acácia, da mesma maneira Ele colocará a Sua santa Lei em nossa natureza interior e a incluirá em nosso pensamento, mente, memória e emoção, como uma joia em uma caixa. Então, Ele acrescenta: "e as escreverei em seu coração". Assim como as palavras sagradas foram gravadas em pedra, agora também serão inscritas no coração, com a caligrafia do próprio Senhor. Observem que a Lei não está escrita *na superfície* do coração, mas *no interior* do coração, em sua própria estrutura e constituição, para que a obediência seja incutida no centro e âmago da alma como princípio vital.

Assim, como você sabe, o Senhor escolheu como Suas tábuas *a base da vida*. É no coração que se encontra a vida; uma ferida ali é fatal. Onde está a essência da vida deve estar a essência da obediência. No coração, a vida tem seu palácio permanente e morada perpétua, e Deus diz que, em vez de escrever Sua santa Lei em pedras que podem ser deixadas a distância, Ele a escreverá no coração, que sempre precisa estar dentro de nós. Em vez de colocar a Lei em filactérios que podem ser amarrados entre os olhos, mas podem ser facilmente retirados, Ele a escreverá no coração, onde precisa sempre permanecer. Ele convidou Seu povo a escrever Suas leis nos batentes de suas portas e nos seus portões, mas, nesses lugares muito visíveis, elas poderiam se tornar tão familiares que seriam despercebidas. Agora, o próprio Senhor as escreve onde elas precisam sempre ser conhecidas e sempre produzir efeito. Se os homens têm os preceitos escritos na morada de sua vida, vivem com a Lei e não podem viver sem ela. Deus fazer isso é maravilhoso; demonstra sabedoria infinitamente maior do que se a Lei tivesse sido inscrita em placas de granito ou gravada em chapas de ouro. Que sabedoria é essa que age sobre a fonte original da vida, de modo que tudo que fluir do homem virá de um manancial santificado!

A seguir, observe que o coração é não somente a essência da vida, mas *o poder governante*. É do coração, como de uma metrópole real, que os comandos imperiais do homem são emitidos, pelos quais mão, pé, olho, língua e todos os membros são regulados. Se o coração estiver certo, os outros poderes serão obrigados a render submissão à sua influência e também se tornar certos. Se Deus escrever Sua Lei no coração, os olhos purificarão seus olhares, a língua falará segundo o domínio, a mão se moverá e os pés viajarão conforme Deus ordenar. Quando o coração é totalmente influenciado pelo Espírito de Deus, a vontade, o intelecto, a memória, a imaginação e tudo mais que compõe o homem interior se colocam em alegre submissão ao Rei dos reis. O próprio Deus diz "Meu filho, dê-me seu coração", porque o coração é a chave de toda a atitude, daí a suprema sabedoria do Senhor em estabelecer a Sua Lei onde ela se torna integralmente eficaz sobre o homem.

Porém, antes de Deus poder escrever no coração de um homem, *este precisa ser preparado*. É totalmente impróprio ser uma tábua de escrita para o Senhor antes de ser renovado. O coração precisa, antes de tudo, ter coisas apagadas. O que já está escrito no coração, alguns de nós sabemos e nos arrependemos profundamente. O pecado original abriu marcas profundas, Satanás imprimiu sua caligrafia horrível em letras negras, e nossos hábitos maus deixaram suas impressões. Como pode o Senhor escrever lá? Ninguém esperaria que o Deus santo inscrevesse Sua santa Lei em uma mente profana. As coisas anteriores precisam ser retiradas para haver espaço livre no qual coisas novas e melhores possam ser gravadas. Mas, quem pode apagar essas linhas? "Acaso o etíope pode mudar a cor de sua pele? Pode o leopardo tirar suas manchas? De igual modo, você é incapaz de fazer o bem, pois se acostumou a fazer o mal." O Deus que é capaz de tirar as manchas do leopardo e a negridão do etíope pode também remover as linhas malignas que agora desfiguram o coração.

Assim como precisa passar por um apagamento, o coração precisa também passar por uma limpeza minuciosa, não apenas da superfície, mas de toda a sua estrutura. Verdadeiramente, irmãos, foi muito mais fácil para Hércules limpar os estábulos de Augias do que é para os nossos corações serem limpos, porque o pecado que há dentro de nós não é um acúmulo de impureza exterior, mas uma corrupção interior difusa. A mancha de mal secreto e espiritual está na vida natural do homem, toda pulsação de sua alma é desordenada por ela. As sementes de todos os crimes estão em nosso interior. O vírus maldito, de cujo veneno mortífero procederá todo mau desígnio, está presente na alma. Não somente a tendência a pecar, mas o próprio pecado se apoderou da alma e a enegreceu e poluiu por completo, até não haver uma única fibra do coração sem mancha de iniquidade. Deus não pode escrever a Sua Lei em nosso íntimo antes de nos purificar com água e sangue. As tábuas nas quais o Senhor escreverá precisam estar limpas; portanto, o coração no qual Deus gravará a Sua Lei precisa ser um coração purificado. E é uma grande alegria perceber que da pessoa de nosso Senhor fluíram o sangue e a água que limpam o coração, para que a provisão seja igual à necessidade. Bendito seja o nome de nosso gracioso Deus; Ele sabe como apagar o mal e limpar a alma por meio do Seu Espírito Santo que aplica em nós a obra de Jesus.

Além disso, o coração precisa ser amolecido, porque ele é naturalmente duro e, em alguns homens, se tornou mais duro do que uma pedra de diamante. Eles resistiram ao amor de Deus até ficarem impermeáveis a ele. Eles se opuseram obstinadamente contra a vontade de Deus até se tornarem desesperadamente estabelecidos na maldade e nada poder afetá-los. Deus precisa amolecer o coração, precisa transformá-lo de granito em carne, e tem o poder de fazê-lo. Bendito seja o Seu nome; segundo a aliança da graça, Ele prometeu realizar essa maravilha e o fará.

O amolecimento também não seria suficiente, porque há alguns que têm uma docilidade do tipo mais enganador. Eles recebem a palavra com alegria, sentem todas as suas expressões, mas rapidamente vão embora e esquecem o tipo de homens que são. Eles são tão fáceis de influenciar quanto a água, mas a impressão é logo removida, fazendo-se necessária outra transformação, ou seja, torná-los fiéis ao que é bom. Caso contrário, vocês poderiam gravar e regravar, mas, como uma inscrição em cera, a impressão desapareceria em um momento se exposta ao calor. O diabo, o mundo e as tentações da vida logo apagariam do coração tudo que Deus escreveu ali, se Ele não o criasse de novo com a faculdade de reter o que é bom.

Em uma palavra, o coração do homem precisa ser totalmente transformado, como Jesus disse a Nicodemos: "É necessário nascer de novo". Caros ouvintes, nós lhes pregamos que todo aquele que crê em Cristo tem a vida eterna, e não falamos mais nem menos do que a verdade de Deus quando dizemos isso. Contudo, creiam-nos, é necessário haver uma enorme transformação no coração, como se um homem fosse morto e trazido de volta à vida. É preciso haver uma nova criação, uma ressurreição dos mortos, as coisas antigas precisam morrer e todas as coisas precisam tornar-se novas. A Lei de Deus nunca pode ser escrita no velho coração natural. É necessário haver uma natureza nova e espiritual concedida e, então, no centro dessa nova vida, no trono desse novo poder em nossa vida, Deus estabelecerá a proclamação de Sua vontade abençoada, e o que Ele ordenar será feito. Então, vocês veem que essas tábuas não são tão facilmente escritas quanto, talvez, pensamos inicialmente. Se Deus deve escrever Sua Lei no coração, o coração precisa estar preparado e, para estar preparado, precisa ser inteiramente renovado por um milagre de misericórdia, que só pode ser realizado pela mão onipotente que criou o Céu e Terra.

2. Em segundo, passemos a perceber O ESCRITO. "Porei minhas leis em sua mente e as escreverei em seu coração." O que é esse escrito? Primeiramente, *seu assunto é a Lei de Deus*. O Senhor escreve no coração de Seu povo o que já está revelado — Ele não inscreve ali algo novo e não revelado, mas Sua própria vontade, que já nos deu no livro da Lei. Ele escreve no coração por ação graciosa o que já escreveu na Bíblia por revelação graciosa. Ele escreve, não filosofia, nem imaginação, nem superstição, nem fanatismo, nem fantasias ociosas. Se alguém me diz "Deus escreveu tal e tal coisa em meu coração", eu respondo "Mostre-o no Livro", porque, se não estiver em conformidade com as outras Escrituras, não é uma escritura de Deus. Uma fantasia de ser profeta, príncipe ou anjo pode estar no coração de um homem, mas Deus não a escreveu ali, porque a Sua própria declaração é "Escreverei as minhas leis em seu coração", e Ele não fala de algo além disso. O absurdo dos modernos pretensiosos de profetizar não é uma escrita de Deus; seria uma desonra para um homem são atribuir isso a Ele. Como pode ser do Senhor? Aqui, Ele promete escrever Sua própria Lei no coração, mas nada além disso. Contentem-se em ter a Lei escrita em sua alma e não se percam em imaginações vãs, para não serem fortemente iludidos a acreditar em uma mentira.

Observem, porém, que Deus diz que escreverá toda a Sua Lei no coração — isso está incluído nas palavras "minhas leis". A obra de Deus é completa em todas as suas partes e lindamente harmoniosa. Ele não escreverá um mandamento e deixará de lado o restante, como tantos fazem em suas reformas. Eles se indignam devido à sua retidão frente a determinado pecado, mas abundam em outros males. Para eles, a embriaguez é a mais condenável de todas as transgressões, mas flertam com a avareza e a imundícia. Eles denunciam roubos, contudo fraudam; clamam contra a soberba e, não obstante, se entregam à inveja. Assim, são parciais e fazem a obra do Senhor enganosamente. Não deve ser assim. Deus não coloca diante de nós uma santidade parcial, mas toda a lei moral. "Escreverei [as minhas leis] em seu coração." Geralmente, as reformas humanas são parciais, mas a obra da graça do Senhor é equilibrada e proporcionada. O Senhor escreve a perfeita Lei no coração dos homens porque Sua intenção é produzir homens perfeitos.

Notem, mais uma vez, que no coração está escrita não a Lei atenuada e alterada, *mas a minha Lei* — aquela mesma Lei inicialmente escrita no coração do homem não caído. Paulo diz que os homens naturais "Demonstram que a lei está gravada em seu coração". Há uma quantidade suficiente da luz trazida à consciência para condenar os homens pela maioria de suas iniquidades. O registro original da Lei no coração do homem em sua criação foi ferido e quase obliterado pela queda do homem e suas transgressões subsequentes, mas o Senhor, ao renovar o coração, torna o escrito novo e vivo, inclusive o escrito dos primeiros princípios de justiça e verdade.

Mas, para nos aproximarmos um pouco mais do assunto, o que as Escrituras querem dizer com escrever a Lei de Deus no coração? *O escrito em si inclui muitas coisas*. Um homem que tem a Lei de Deus escrita em seu coração, antes de tudo, sabe disso; ele é instruído nas ordenanças e nos estatutos do Senhor. Ele é uma pessoa iluminada e deixou de ser uma daquelas que não conhecem a Lei e são amaldiçoadas. O Espírito de Deus lhe ensinou o que é certo e o que é errado. Ele sabe disso de cor e, portanto, não pode mais confundir trevas com luz e luz com trevas.

A seguir, essa Lei permanece em sua memória. Quando ele a tinha somente em uma tábua, precisava necessariamente entrar em sua casa para olhar para ela, mas agora ele a carrega consigo em seu coração e sabe imediatamente o que será certo e o que será errado. Deus lhe deu uma pedra de toque pela qual ele testa as coisas. E descobre que "nem tudo que reluz é ouro" e nem tudo que alega ser santo é santo. Ele separa o precioso do vil e faz isso habitualmente, porque seu conhecimento da Lei de Deus e sua memória dela são atendidos por um discernimento de espírito que Deus colocou nele, para discernir rapidamente o que está em conformidade com a mente de Deus e o que não está. Ora, este é um ótimo ponto, porque, comumente, os homens até defenderão algumas coisas feitas por eles e dirão não haver erros nelas. Porém, segundo a regra divina, elas são totalmente injustas. O povo de Deus julga essas coisas e não sente prazer nelas. Um instinto sagrado alerta o crente sobre a aproximação do pecado. Muito antes de a opinião pública ter proclamado um alvoroço contra práticas questionáveis, o homem cristão, mesmo que iludido durante algum tempo pelos usos e costumes, sente um tremor e desconforto. Mesmo que ele consinta externamente em ser dominado pela opinião geral, algo dentro dele protesta e o leva a considerar se a questão pode ser defendida. Tão logo detecta o mal, ele se afasta desse mal. É grandioso possuir um detector universal para que, onde quer que vá, você não dependa do julgamento dos outros e, portanto, não seja enganado como muitos são.

Isso, porém, é somente uma parte do assunto e, comparativamente, uma parte bem pequena. Além disso, a Lei é escrita no coração de um homem quando ele concorda que a Lei é boa, quando sua consciência, sendo restaurada, clama: "Sim, é assim e deve ser assim. Aquele mandamento pelo qual Deus proibiu certo procedimento é um mandamento adequado e prudente, deve ser ordenado". É um sinal esperançoso um homem não mais desejar que os mandamentos divinos fossem outros e não os que são, mas os confirma pelo veredito de seu julgamento. Não há homens que, em meio à raiva, desejariam que matar não fosse homicídio? Não há outros que não roubam, mas desejariam poder tomar os bens de seus próximos? Não há muitos que gostariam que fornicação e adultério não fossem imoralidades? Isso prova que seus corações são depravados, mas não é assim com os regenerados, eles não gostariam que a Lei fosse alterada por motivo algum. O seu voto é conforme à Lei, eles a consideram a guardiã da sociedade, a base sobre a qual a paz do universo só pode ser construída, pois somente por justiça pode ser estabelecida qualquer ordem de coisas. Se pudéssemos possuir a sabedoria de Deus, faríamos exatamente aquela Lei que Deus fez, pois a Lei é santa, justa e boa, e incentiva o maior proveito do homem. É ótimo quando um homem chega a esse ponto.

Porém, além disso, Deus trabalha no coração um amor à Lei, assim como uma concordância com ela, tamanho amor que o homem agradece a Deus por Ele lhe haver dado uma representação tão justa e amável do que a perfeita santidade deveria ser, por Ele haver dado tais parâmetros pelos quais sabe como deve ser construída uma morada em que Deus possa habitar. Agradecendo assim ao Senhor, sua oração, desejo, anseio, fome e sede são de justiça para que ele possa ser, em tudo, conforme a mente de Deus. É glorioso quando o coração se delicia na Lei do Senhor e encontra nela sua consolação e seu prazer. A Lei está totalmente escrita no coração quando um homem se compraz na santidade e sente uma dor profunda quando o pecado se aproxima dele. Ah, meu caro amigo, o Senhor fez grandes coisas por você quando todo tipo de mal se torna ofensivo a você. Mesmo que caia em pecado pela enfermidade de sua carne, ainda assim se isso provocar em sua alma uma intensa agonia e tristeza é porque Deus escreveu a Sua Lei no seu coração. Ainda que você não consiga ser tão santo quanto deseja, se os caminhos da santidade forem o seu prazer, se eles forem o exato elemento em que você vive, tanto quanto o peixe vive no mar, então você passou por uma transformação do coração muito maravilhosa. Não é tanto pelo que você faz, e sim no que se deleita em fazer, o que se torna o teste mais claro do seu caráter. Muitas pessoas estritamente religiosas que vão e voltam da igreja e da capela ficariam excepcionalmente felizes se não se sentissem obrigadas a fazê-lo. Sua adoração pública não é uma formalidade morta? Muitas pessoas que desejariam poder livrar-se do incômodo, fazem orações familiares e orações individuais. Há alguma religião nos exercícios físicos que sobrecarregam o coração? Nada é aceitável para Deus até ser aceitável para vocês. Deus não receberá o seu sacrifício se vocês não o oferecerem de bom grado. Isso é muito contrário à noção de muitos, porque eles dizem: "Você vê que eu nego a mim mesmo indo tantas vezes a um lugar de adoração e pela oração individual; portanto, devo ser verdadeiramente religioso". O oposto está muito mais próximo da verdade. Quando servir a Deus se torna um fardo, o coração está longe da saúde espiritual, porque, quando o coração é renovado, ele se deleita em adorar e servir ao Senhor. Em vez de dizer "Se eu pudesse, não oraria", a mente regenerada grita "Eu gostaria de poder estar sempre orando". Em vez de dizer "Se eu pudesse, me afastaria da reunião do povo de Deus", a natureza renascida deseja, como Davi, habitar na casa do Senhor para todo o sempre. Uma ótima evidência de a Lei ter sido escrita no coração é quando a santidade se torna um prazer e o pecado se torna uma tristeza. Quando isso ocorre, que grandes coisas Deus fez por nós!

O ponto principal disso tudo é que, embora a nossa natureza fosse, anteriormente, contrária à Lei de Deus, de modo que desejávamos qualquer coisa que Deus proibisse, e começássemos a não gostar do que Deus ordenava, o Espírito Santo vem e transforma a nossa natureza, tornando-a congruente com a Lei, de modo que, agora, o que quer que Deus proibir, nós proibimos, e o que quer que Deus ordenar, a nossa vontade também o faz. Como é muito melhor ter a Lei escrita no coração do que em tábuas de pedra!

Caso alguém indague *como o Senhor mantém legível o escrito no coração*, eu gostaria de passar um minuto ou dois mostrando o processo. Como o Espírito Santo escreve inicialmente a Lei de Deus no coração, eu não sei. Os meios exteriores são a pregação da Palavra e a sua leitura, mas a maneira como o Espírito Santo age diretamente na alma não sabemos — esse é um dos grandes mistérios da graça. Tudo que sabemos dentro de nós é que, embora estivéssemos cegos, agora vemos e, embora abominássemos a Lei de Deus, agora sentimos nela um intenso deleite. Também sabemos que o Espírito Santo realizou essa transformação, mas a maneira como Ele o fez permanece desconhecida. A parte de Sua sagrada função que conseguimos discernir é feita segundo as leis habituais da ação mental. Ele ilumina por conhecimento, convence por argumento, conduz por persuasão, fortalece por instrução e assim por diante. Até agora, sabemos também que uma maneira pela qual a Lei é mantida escrita no coração de um cristão é uma percepção da presença de Deus. O crente se sente incapaz de pecar com Deus olhando. Um homem precisaria ser descarado para ser um traidor na presença de um rei; tais coisas são feitas "por baixo do pano", como dizem os homens, mas não diante da face do monarca. Então, o cristão sente que habita à vista de Deus e isso o proíbe de desobedecer. Os olhos do Pai celestial são o melhores vigilantes do filho de Deus.

A seguir, o cristão tem, dentro de si, uma percepção vívida da degradação que o pecado uma vez trouxe sobre ele. Se há uma coisa que eu nunca conseguirei esquecer pessoalmente, é o horror de meu coração enquanto eu ainda estava sob o pecado. Deus revelou-me o meu estado. Ah, amigos, o velho provérbio de que "gato escaldado tem medo de água fria" carrega uma intensa verdade no caso de alguém que já foi queimado pelo pecado, a ponto de ser levado ao desespero por ele. Esse alguém tem um perfeito ódio pelo pecado e, por isso, Deus escreve a Lei em seu coração.

Porém, uma percepção de amor é um fator ainda mais poderoso. Deixem que um homem saiba que Deus o ama, que ele tenha certeza de que o Senhor sempre o amou antes da fundação do mundo, e ele se sentirá obrigado a tentar agradar a Deus. Permitam-no ter a certeza de que o Pai o ama a ponto de dar Seu Filho unigênito para morrer para que ele possa viver pelo Senhor, e ele se sentirá obrigado a amar a Deus e odiar o mal. Uma percepção de perdão, de adoção e do doce favor de Deus, tanto em providência quanto em graça, deve obrigatoriamente santificar um homem. Ele não pode ofender intencionalmente esse amor. Pelo contrário, sente-se obrigado a obedecer a Deus em retribuição por uma graça tão incompreensível e, assim, por uma percepção de amor, Deus escreve Sua Lei no coração de Seu povo.

Outra caneta muito poderosa com a qual o Senhor escreve é encontrada nos sofrimentos de nosso Senhor Jesus Cristo. Quando vemos Jesus ser cuspido, flagelado e crucificado, sentimos o dever de odiar o pecado com toda a intensidade de nossa natureza. Vocês são capazes de contar as gotas carmesim de Seu sangue redentor e depois voltar a viver na iniquidade que custou tão caro ao Senhor?

Impossível! A morte de Cristo escreve profundamente a Lei de Deus no âmago do coração do homem. A cruz é a crucificação do pecado.

Além disso, Deus estabelece de fato a Sua santa Lei no trono do coração dando-nos uma vida nova e celestial. No íntimo do cristão, existe um princípio imortal que é incapaz de pecar porque nasceu de Deus, e não pode morrer porque é a semente viva e incorruptível que vive e permanece para sempre. Na regeneração, nos é transmitido algo totalmente estranho à nossa natureza corrupta, é lançado na alma um princípio divino que não pode ser corrompido nem morto, e por esse meio a Lei é escrita no coração. Eu não tenho a pretensão de explicar o processo da regeneração, mas este, certamente, envolve uma vida divina, estabelecida pelo Espírito Santo.

Mais uma vez, o próprio Espírito Santo habita nos crentes. Eu lhes imploro: nunca esqueçam essa maravilhosa doutrina de que, tão verdadeiramente quanto Deus habitou em carne humana na pessoa do Mediador entre Deus e o homem, o Espírito Santo habita verdadeiramente no corpo de todos os homens e mulheres redimidos que nasceram de novo. E, pelo poder dessa habitação, Ele mantém a mente eternamente permeada de santidade, sempre subordinada à vontade do Altíssimo.

3. Agora, voltamo-nos um momento para pensar no ESCRITOR. Quem escreve a Lei no coração? É o próprio Deus. "Eu o farei", diz Ele.

Primeiro, observem que *Ele tem o direito* de escrever a Sua Lei no coração. Ele fez o coração, este é a Sua tábua, escreva Ele o que quiser. Nós estamos em Suas mãos como o barro nas mãos do oleiro.

Notem, em seguida, que *só Ele pode escrever* a Lei no coração. Ela nunca será escrita ali por outra mão. A Lei de Deus não deve ser escrita no coração pelo poder humano. Infelizmente, com muita frequência expus a Lei de Deus e o Seu evangelho, mas não passei das orelhas; só o Deus vivo pode escrever no coração vivo. Essa é uma obra nobre, que nem os próprios anjos conseguem realizar. "Isso é o dedo de Deus!". Como somente Deus pode e deve escrever ali, somente Ele deve receber a glória dessa escrita, uma vez que for aperfeiçoada.

Quando Deus escreve, *Ele escreve perfeitamente*. Você e eu fazemos borrões e erros, é necessário haver uma lista de erros detalhados ao final de cada escrita humana, mas, quando Deus escreve, manchas ou erros estão fora de questão. Nenhuma santidade pode superar a santidade produzida pelo Espírito Santo quando a Sua obra interior está totalmente completada.

Além disso, *Ele escreve indelevelmente*. Eu desafio o diabo a tirar uma única letra da Lei de Deus do coração de um homem quando o Senhor a escreveu ali. Quando o Espírito Santo veio com todo o poder de Sua divindade e pousou sobre a nossa natureza, e estampou nela a vida de santidade, o diabo pode vir com as suas asas negras e toda a sua habilidade profana, mas nunca conseguirá apagar as linhas eternas. Nós carregamos em nosso coração as marcas do Senhor Deus eterno — e as carregaremos eternamente. As rochas inscritas mantêm suas inscrições durante longo tempo, mas os corações inscritos as sustentam para todo o sempre. Acaso o Senhor não diz "Porei em seu coração o desejo de me adorar, e eles nunca se afastarão de mim"? Bendito seja Deus por aqueles princípios imortais que proíbem o filho de Deus de pecar.

4. Desejo terminar observando OS RESULTADOS da Lei que é assim escrita no coração. Espero que, enquanto eu abordava esse tema, muitos de vocês tenham dito: "Espero que a Lei seja escrita em meu coração". Lembrem-se de que esse é um presente e privilégio da aliança da graça, e não uma obra do homem. Caros amigos, se algum de vocês disse: "Nada encontro de bom em mim, portanto não posso ir a Cristo", foi tolice. A ausência do bem é a razão pela qual vocês devem ir a Cristo, para ter suas necessidades supridas. "Mas, se eu pudesse escrever a Lei de Deus em meu coração, iria a Cristo." Vocês seriam capazes? Para que você precisaria de Cristo? Porém, se a Lei não estiver escrita em seu coração, vá a Jesus para que seja. A nova aliança diz: "Porei minhas leis em sua mente e as escreverei em seu

coração". Então, vá a Ele para ter assim a Lei inscrita em seu interior. Vá assim como você está, antes de uma única linha ter sido inscrita. O Senhor Jesus ama preparar as Suas próprias tábuas e escrever todas as letras de Suas próprias epístolas; vá a Ele como você está, para que Ele possa fazer tudo por você.

Quais são os resultados de a Lei ser escrita no coração dos homens? Frequentemente, o primeiro resultado é uma grande tristeza. Se eu tenho a Lei de Deus escrita em meu coração, digo a mim mesmo: "Pobre de mim, que vivi como um transgressor durante tanto tempo! Essa Lei bendita, essa Lei adorável, na qual nem pensei ou, se pensei, ela me provocou a desobedecê-la. O pecado reviveu e eu morri quando veio o mandamento". Nós torcemos as mãos e clamamos: "Como pudemos ser tão perversos a ponto de descumprir uma Lei tão justa? Como pudemos ser tão obstinados para ir contra os nossos próprios interesses? Não sabíamos que uma violação do mandamento é um dano a nós mesmos?". Assim, ficamos amargurados como alguém que está amargurado pela morte de seu primogênito. Eu não acredito que Deus já tenha escrito Sua Lei em seu coração se você não se lamentou pelo pecado. Um dos primeiros sinais da graça é a lágrima nos olhos por causa do pecado.

O próximo efeito dela é o homem tornar-se forte e resolutamente determinado a não descumprir novamente essa Lei, mas a cumpri-la com todas as suas forças. Ele clama com Davi: "Prometi uma vez e volto a prometer: obedecerei a teus justos estatutos". Ao ler os preceitos do Senhor, todo o coração dele diz: "Sim, é isso o que eu devo ser, é o que eu desejo ser e é o que eu serei, segundo a vontade de Deus".

Essa forte determinação logo leva a um conflito feroz, porque outra lei se levanta em nossos membros e grita: "Alto lá! Não obedecerei a sua nova Lei que entrou em sua alma para governá-lo — eu governarei". Aquele que nasceu dentro de nós para ser nosso rei encontra o velho Herodes pronto para assassinar o bebê. A concupiscência dos olhos, a concupiscência da carne e a soberba da vida — cada uma delas jura guerra contra o novo Monarca e o novo poder que entrou no coração. Alguns de vocês sabem o que essa luta significa. Para alguns, não pecar é uma luta muito difícil. Quando atribulados por uma irritação, vocês não tiveram de colocar a mão na boca para evitar dizer o que costumavam dizer, mas desejam nunca repetir? Vocês, frequentemente, não subiram as escadas para ficarem sozinhos, sentindo que logo escorregariam se o Senhor não os sustentasse? Quão sábio é ficar a sós com Deus e clamar a Ele por ajuda! Quão prudente é vigiar dia e noite contra o mal! Certos presunçosos falam sobre ter superado tudo isso. Eu deveria estar feliz em pensar que existem tais irmãos, mas precisaria mantê-los em uma redoma de vidro para exibi-los, ou em um cofre de ferro onde ladrões não fossem capazes de colocar as mãos neles. Compreendo como armadilha do diabo alguém imaginar que não tem necessidade de vigiar diariamente. De minha parte, não estou imune a conflito e luta. Dou testemunho de que a batalha se torna mais severa a cada dia. Vejo que as pessoas do povo de Deus a quem me associo ainda lutam. Sei que, às vezes, o diabo não ruge, mas tenho mais medo dele quando ele está quieto do que quando se enfurece. Dos dois, eu prefiro que ele ruja, porque um diabo rugindo é melhor do que um diabo adormecido. Sempre que ele cede, abre mão de um centímetro para tomar um quilômetro; sempre que você começa a dizer a si mesmo "Minhas corrupções estão todas mortas, agora eu não tenho tendência de pecar", você está em terrível perigo. Pobre alma, você não sabe do que está falando. Que Deus o envie para a escola e lhe dê um pouco de luz, e estou certo de que, dentro de pouco tempo, você cantará outra música. Esses são os resultados incidentais — quando o Senhor escreve a Sua Lei no coração, conflitos e lutas são comuns no interior do homem, visto que a santidade luta pelo domínio da alma.

Porém, não vem da escrita divina no coração algo melhor do que isso? Ó, sim. Decorre a obediência verdadeira. O homem não apenas concorda com que a Lei é boa, mas a obedece e, se há algo que Cristo ordena, não importa o que seja, o homem procura fazê-lo — não só deseja fazê-lo, mas realmente o faz. E, se algo for errado, ele não só deseja abster-se daquilo, mas realmente se abstém. Deus o ajudando, ele se torna reto, justo, sóbrio, piedoso, amoroso e semelhante a Cristo, porque é para isso que o Espírito de Deus age nele. Ele seria perfeito se não fosse pelas velhas concupiscências da carne que permanecem até mesmo no coração dos regenerados. Agora, o crente sente intenso prazer em tudo que é bom. Se há algo certo e verdadeiro no mundo, ele está ao lado disso. Se a verdade sofre derrotas, ele é derrotado, mas, se a verdade avança conquistando e para conquistar, ele conquista, e toma, e ainda divide o despojo com alegria. Agora ele está ao lado de Deus, agora está ao lado de Cristo, e está ao lado da verdade, agora está ao lado da santidade, e um homem não pode ser assim sem ser um homem feliz. Com todas as suas lutas, todos os seus prantos e todas as suas confissões, ele é um homem feliz porque está no lado feliz. Deus está com ele, e ele está com Deus, e é abençoado.

À medida que isso prossegue, o homem se torna cada vez mais preparado para habitar no Céu. Ele é transformado na imagem de Deus de glória em glória, como pelo Espírito do Senhor. Nossa aptidão para o Céu não é algo que nos será carimbado nos últimos minutos de nossa vida, imediatamente antes de morrermos; os filhos de Deus têm aptidão para o Céu tão logo se convertem, e essa aptidão cresce e aumenta até ficarem maduros; então, como frutas maduras, eles caem da árvore e se encontram no seio de seu Pai Eterno. Deus jamais manterá uma alma fora do Céu durante meio minuto após ela estar totalmente preparada para ir para lá; assim, quando Deus nos tornou aptos a sermos participantes da herança dos santos na luz, entramos definitivamente na alegria do nosso Senhor.

Meus irmãos, creio ter falado fraca e trivialmente acerca de um dos assuntos mais benditos que já ocuparam os pensamentos do homem — como a Lei de Deus deve ser cumprida, como ela será honrada, como a santidade virá ao mundo e nós não mais seremos rebeldes. Nisso, confiemos no nosso Senhor Jesus, que é para nós a garantia da aliança da qual essa é uma grande promessa: "Porei minhas leis em sua mente e as escreverei em seu coração". Que Deus faça isso por nós, em nome de Cristo. Amém.

Por favor, ore para que o Espírito Santo use este sermão a fim de trazer muitos ao conhecimento salvador de Jesus Cristo.

Irmãos, vocês entenderão que eu falarei sobre a Palavra de Deus como sendo, como o Senhor Jesus, a revelação de Deus. Este volume inspirado é aquele evangelho pelo qual vocês receberam vida, a menos que o tenham ouvido em vão. É este evangelho, com Jesus dentro dele, Jesus operando por ele, que é dito ser vivo e poderoso, e "mais cortante que qualquer espada de dois gumes, penetrando entre a alma e o espírito, entre a junta e a medula, e trazendo à luz até os pensamentos e desejos mais íntimos". Eu só falarei com vocês usando um estilo muito simples. Primeiramente, *quanto às qualidades da Palavra de Deus* e, em segundo, *quanto a certas lições práticas que essas qualidades nos sugerem*.

1. Primeiramente, permitam-me falar QUANTO ÀS QUALIDADES DA PALAVRA DE DEUS. Ela é "viva e poderosa. É mais cortante que qualquer espada de dois gumes".

A Palavra de Deus é "viva". Este é um livro vivo. Esse é um mistério que somente homens vivos, despertados pelo Espírito de Deus, compreenderão plenamente. Em qualquer outro livro, exceto a Bíblia, pode haver alguma quantidade de poder, mas não há aquela indescritível vitalidade que respira, fala, apela e conquista como neste volume sagrado. No mercado literário há muitas seleções excelentes de passagens escolhidas de grandes autores e, em alguns casos, as pessoas que elaboraram os resumos se esforçaram por colocar, em suas citações das Escrituras, o nome "Davi" ou "Jesus", mas isso é pior e inútil. Há um estilo de majestade sobre da Palavra de Deus e, com essa majestade, uma vivacidade jamais encontrada em qualquer outro lugar. Nenhum outro escrito contém em si uma vida celestial pela qual faz milagres e até mesmo transmite a vida ao seu leitor. Ela é uma semente viva e incorruptível. Ela se move, se agita, vive, se comunica com homens vivos como uma Palavra viva. Sobre ela, Salomão diz: "Quando você andar, os conselhos de seus pais o guiarão; quando dormir, eles o protegerão; quando acordar, eles o orientarão". Vocês, alguma vez, souberam o que isso significa? Ora, o Livro lutou comigo; o Livro me feriu; o Livro me confortou; o Livro sorriu para mim; o Livro franziu a testa para mim; o Livro me tomou pela mão; o Livro aqueceu meu coração. O Livro chora comigo e canta comigo; ele sussurra para mim e prega para mim; ele mapeia o meu caminho e sustenta os meus passos; ele foi, para mim, o "Melhor Companheiro do Jovem" [N.T.: *Young Man's Best Companion*, um antigo livro de conhecimentos gerais.] e ainda é o meu capelão da manhã e da noite. Ele é um Livro vivo: totalmente vivo; desde seu primeiro capítulo até a última palavra, ele é repleto de uma estranha, e mística vitalidade, que lhe confere preeminência sobre todos os outros escritos para todo filho vivo de Deus.

Vejam, meus irmãos, *nossas* palavras, *nossos* livros, nossas palavras faladas ou impressas se esvanecem com o passar do tempo. Quantos livros há que ninguém lerá agora porque estão desatualizados! Há muitos livros cuja leitura me poderia ser proveitosa quando jovem, mas eles nada me ensinariam agora. Há também certas obras religiosas que eu poderia ler com prazer durante os dez primeiros anos da minha vida espiritual, mas nunca pensaria em lê-las agora, como não pensaria em ler o "bê-á-bá" de minha infância. A experiência cristã nos faz superar as obras que foram os livros didáticos de nossa juventude. Nós podemos superar professores e pastores, mas não apóstolos e profetas. Aquele sistema humano que já foi vigoroso e influente pode envelhecer e, finalmente, perder toda a vitalidade, mas a Palavra de Deus é sempre fresca, nova e repleta de força. Nenhuma ruga desfigura a sua testa; seus pés não tremem. Aqui, no Antigo e no Novo Testamentos, temos de uma só vez o mais antigo e o mais novo dos livros. Homero e Hesíodo são bebês diante das partes mais antigas deste venerável volume e, contudo, os evangelhos que ele contém são tão verdadeiramente *novos* quanto o jornal desta manhã. Digo e repito novamente que as nossas palavras vão e vêm, como as árvores da floresta multiplicam as suas folhas apenas para abandoná-las como folhas murchas, da mesma maneira que os pensamentos e as teorias dos homens não duram mais do que uma estação e, então, desaparecem e apodrecem, transformando-se em nada. "O capim seca e as flores murcham, mas a palavra de nosso Deus permanece para sempre".

Sua vitalidade é tanta, que pode transmitir-se aos seus leitores. Por isso, frequentemente vocês perceberão, ao interagirem com a revelação, que se vocês mesmos estiverem mortos quando começarem a ler, não importa, serão despertados ao folheá-la. Vocês não precisam dar vida às Escrituras; vocês devem extrair vida das Escrituras. Frequentemente, um único versículo nos fez despertar, como Lázaro saiu do túmulo ao chamado do Senhor Jesus. Quando a nossa alma estava fraca e pronta para morrer, uma única palavra, aplicada ao coração pelo Espírito de Deus, nos despertou, porque ela é uma Palavra viva e vivificante. Sou muito feliz por isto, porque, às vezes, me sinto totalmente morto, mas a Palavra de Deus não é morta e, achegando-nos a ela, somos como o morto que, quando foi colocado no túmulo do profeta, se levantou novamente assim que tocou os ossos dele. Até mesmo esses ossos dos profetas, as palavras deles faladas e escritas milhares de anos atrás, transmitirão vida aos que entrarem em contato com elas. A Palavra de Deus é, portanto, transbordantemente viva.

Consequentemente, posso acrescentar que ela é tão viva que vocês nunca precisarão ter medo de que se tornará extinta. Eles sonham que colocaram entre as antiguidades aqueles de nós que pregam o velho evangelho que os nossos pais amavam! Zombam das doutrinas dos apóstolos e dos reformadores, e declaram que estão desamparados os que creem nessas relíquias de uma época há muito desaparecida. Sim, é isso o que dizem! Porém, o que eles dizem não pode, afinal, ser verdade, porque o evangelho é um evangelho tão vivo que, se fosse cortado em mil pedaços, todas as suas partículas viveriam e cresceriam. Se ele fosse enterrado sob mil avalanches de erros, livrar-se-ia do íncubo e sairia de sua sepultura. Se fosse lançado no meio do fogo, caminharia pela chama como fez muitas vezes, como se estivesse em seu ambiente natural. A Reforma se deveu, em grande parte, a uma cópia das Escrituras deixada no isolamento de um mosteiro e ali escondida até Lutero cair sob a sua influência, e o seu coração propiciar o solo para a semente viva crescer. Deixem um único Novo Testamento em uma comunidade papista, e a fé evangélica poderá aparecer a qualquer momento, mesmo que nenhum pregador dela possa ter ido lá. Plantas desconhecidas em certas regiões surgiram repentinamente do solo; as sementes foram levadas pelos ventos, carregadas por pássaros ou empurradas para terra firme pelas ondas do mar. As sementes são tão vitais que vivem e crescem onde quer que sejam carregadas e, mesmo após se encontrarem profundamente no solo durante séculos, quando a pá revolve a terra e as traz à superfície, elas germinam de imediato. Assim ocorre com a Palavra de Deus; ela vive e permanece eternamente e, em todos os solos e sob todas as circunstâncias, está preparada para provar sua própria vida pela energia com que cresce e produz frutos para a glória de Deus. Quão vãs, e da mesma forma perversas, são todas as tentativas de matar o evangelho! Quem tenta o crime, seja de que tipo for, estará sempre iniciando e nunca chegando perto de seu fim. Ficarão desapontados em todos os casos, quer desejem matá-lo com perseguição, sufocá-lo com o mundanismo, esmagá-lo com erro, definhá-lo com a negligência, envenená-lo com deturpação ou afogá-lo com infidelidade. Enquanto Deus viver, Sua Palavra viverá. Louvemos a Deus por isso. Temos um evangelho imortal, incapaz de ser destruído, que viverá e resplandecerá quando aquela lâmpada do sol tiver consumido o seu pequeno suprimento de óleo.

Em nosso texto, a Palavra é reconhecida como *poderosa* e viva. Talvez "ativa" seja a melhor tradução. As Sagradas Escrituras estão repletas de poder e energia. Ó, a majestade da Palavra de Deus! Eles nos acusam de bibliolatria; isso é um crime inventado por eles, do qual poucos são culpados. Se há algo como pecados veniais, certamente uma reverência indevida às Sagradas Escrituras é um deles. Para mim, a Bíblia não é Deus, mas é a voz de Deus e eu não a escuto sem temor. Que honra é ter como chamado estudar, expor e publicar essa Palavra sagrada! Não posso deixar de sentir que o homem que prega a Palavra de Deus não está em uma mera plataforma, mas sim em um trono. Você pode estudar o seu sermão, meu irmão, pode ser um grande retórico e ser capaz de proferi-lo com fluência e força maravilhosas, mas o único poder que é eficaz para o mais alto propósito da pregação é o poder que não está em sua palavra, nem na minha palavra, mas na Palavra de Deus. Vocês já perceberam que, quando as pessoas se convertem, elas quase sempre atribuem isso a algum texto citado no sermão? O que salva as almas é a Palavra de Deus, não o nosso comentário sobre a Palavra de Deus. A Bíblia é poderosa para todos os fins sagrados. Quão poderosa ela é para convencer os homens do pecado! Nós vimos os hipócritas serem virados do avesso pela verdade revelada de Deus. Nada mais poderia ter levado a eles uma verdade tão desagradável e os obrigado a verem-se como que em um espelho nítido, senão perscrutar a Palavra de Deus. Quão poderosa ela é para a conversão! Ela entra em um homem e, sem lhe pedir licença, simplesmente põe a mão no leme e o gira na direção oposta daquela em que ele estava indo antes, e o homem cede alegremente à força irresistível que influencia o seu entendimento e governa a sua vontade. A Palavra de Deus é aquela pela qual o pecado é morto e a graça nasce no coração. É a luz que traz vida consigo. Como é produtivo e vigoroso quando a alma é convencida do pecado, levando-a à liberdade do evangelho! Vimos homens fechados como que no próprio calabouço do diabo e tentamos libertá-los. Agitamos as barras de ferro, mas não conseguimos arrancá-las para libertar os prisioneiros. Porém, a Palavra do Senhor é uma grande rompedora de ferrolhos e barras. Não apenas derruba as fortalezas da dúvida, mas também corta a cabeça do Gigante Desespero. Nenhuma cela ou porão do Castelo da Dúvida consegue manter uma alma em escravidão quando a Palavra de Deus, que é a chave da Promessa, é posta em seu verdadeiro uso e feita para lançar fora os ferrolhos do desânimo. Ela é viva e poderosa para o encorajamento e o crescimento. Ó amados, que poder maravilhoso o evangelho tem de nos trazer conforto! Ele nos levou a Cristo no início e ainda nos leva a olhar para Cristo até crescermos como Ele. Os filhos de Deus não são santificados por métodos legais, mas por métodos da graça. A Palavra de Deus, o evangelho de Cristo, é extremamente poderosa em promover santificação e em realizar aquela consagração sincera que é nosso dever e nosso privilégio. Que o Senhor faça a Sua Palavra provar o seu poder em nós tornando-nos frutíferos para toda boa obra a fim de fazer a Sua vontade! Purificando-nos ao nos lavar "com água por meio da palavra" — isto é, pela lavagem pela Palavra — possamos ser limpos todos os dias e feitos para andar de vestes alvas perante o Senhor, adornando a doutrina de Deus nosso Salvador em tudo!

Então, a Palavra de Deus é viva e poderosa em nossa própria experiência pessoal, e nós descobriremos que é assim se a usarmos para trabalhar a fim de abençoar os nossos semelhantes. Caros irmãos, se vocês procuram fazer o bem neste mundo triste e querem uma arma poderosa com que trabalhar, agarrem-se ao evangelho, o evangelho vivo, o velho e antigo evangelho. Há nele um poder que é suficiente para enfrentar o pecado e a morte da natureza humana. Por mais fervorosamente que sejam usados, todos os pensamentos dos homens serão como fazer cócegas no leviatã com uma palha. Nada consegue atravessar as escamas deste monstro, exceto a Palavra de Deus. Esta é uma arma feita de materiais mais duros do que o aço e cortará camadas de malha metálica. Nada consegue resisti-la. "Suas ordens têm respaldo em seu grande poder". Quando o evangelho é proferido com o Espírito Santo enviado do Céu há a mesma onipotência que havia na Palavra de Deus quando, no início, Ele falou às primitivas trevas, dizendo: "'Haja luz', e houve luz". Ó, como devemos valorizar e amar a revelação de Deus; não somente porque ela é repleta de vida, mas porque essa vida é extremamente viva e poderosa, e age tão poderosamente sobre a vida e o coração dos homens!

A seguir, o apóstolo nos diz que essa Palavra é *cortante*. "Cortante" seria uma tradução tão correta quanto a da nossa própria versão; ela é "mais cortante que qualquer espada de dois gumes". Eu suponho que, pela descrição "de dois gumes", o apóstolo queira dizer que é afiada em toda a volta. Uma espada com dois gumes não tem um lado cego; ela corta de um lado e do outro. A revelação de Deus que nos é dada nas Sagradas Escrituras é completamente afiada. Todas as partes dela são vivas, e todas as partes são aptas para cortar a consciência e ferir o coração. Confiem nisso: na Bíblia não há um único versículo supérfluo ou capítulo inútil. Os médicos dizem que certas drogas são *inertes* — não têm efeito algum sobre o sistema. Porém, não há uma passagem inerte nas Escrituras; toda linha tem as suas virtudes. Vocês já ouviram falar de alguém que leu, como lição para o dia de adoração, aquele longo capítulo de nomes no qual está escrito que cada patriarca viveu tantas centenas de anos "e morreu"? Assim termina a nota sobre a longa vida de Matusalém: com "e morreu". A repetição das palavras "e morreu" despertou o ouvinte desatento para uma percepção de sua mortalidade e guiou a sua ida ao Salvador. Eu não deveria me admirar de ter acontecido conversões em casos ainda desconhecidos para nós, entre aqueles nomes hebreus difíceis dos livros de Crônicas. De qualquer maneira, é muito perigoso brincar com qualquer pequena parte das Sagradas Escrituras; muitos homens foram feridos pelas Escrituras quando as leram com futilidade ou até mesmo profanidade. Pessoas que duvidam intentaram quebrar a Palavra em pedaços e ela as quebrou. Sim, tolos tomaram partes e as estudaram com o propósito de ridicularizá-las, e foram sensibilizados e vencidos por aquilo que repetiam por gracejo. Houve um sujeito desesperado que foi ouvir o Sr. Whitefield, um membro do "Clube do Fogo do Inferno". Na reunião seguinte de seus abomináveis companheiros, esse sujeito se levantou e proferiu o sermão do Sr. Whitefield com uma precisão maravilhosa, imitando sua exata entonação e maneira. No meio de sua exortação, ele se converteu e fez uma pausa repentina, sentou-se quebrantado e confessou o poder do evangelho. Aquele clube foi dissolvido. Aquele convertido notável foi o Sr. Thorpe, de Bristol, a quem Deus usou grandemente na salvação de outros. Eu prefiro que vocês leiam a Bíblia para zombar dela do que não a leiam. Preferiria que vocês tivessem vindo ouvir a Palavra de Deus por ódio do que nunca terem vindo.

 A Palavra de Deus é tão afiada, tão cheia de poder de corte que vocês podem estar sangrando devido aos seus ferimentos antes de terem suspeitado seriamente dessa possibilidade. Vocês são incapazes de se aproximar do evangelho sem que ele tenha influência sobre vocês e Deus, os abençoando, pode cortar e matar os seus pecados quando vocês não têm a menor ideia de que tal obra está sendo feita. Caros amigos, vocês não descobriram que a Palavra de Deus é muito cortante, mais cortante do que uma espada de dois gumes, de modo que seu coração sangrou em seu interior e vocês não conseguiram resistir ao golpe celestial? Confio em vocês e posso continuar para conhecer cada vez mais o fio dela até que ela nos tenha matado totalmente, no tocante à vida de pecado. Ó, ser sacrificado a Deus, e Sua Palavra ser a faca sacrificial! Ó, que a Sua Palavra seja colocada na garganta de toda tendência pecaminosa, todo hábito pecaminoso e todo pensamento pecaminoso! Não há eliminador de pecados como a Palavra de Deus. Onde quer que ela venha, vem como uma espada e inflige morte ao mal. Às vezes, quando estamos orando para que possamos sentir o poder da Palavra, mal sabemos pelo que estamos orando. Dias atrás, encontrei um venerável irmão e ele me disse: "Lembro-me de ter falado com você quando você tinha 19 ou 20 anos e nunca esqueci o que me disse. Eu estivera orando com você, na reunião de oração, para que Deus nos desse plenamente o Espírito Santo e, depois, você me disse: 'Meu caro irmão, você sabe o que pediu a Deus?'. Eu respondi: 'Sim'. Porém, você me disse muito solenemente: 'O Espírito Santo é o Espírito de julgamento e o Espírito abrasador, e poucos estão preparados para o conflito interior que essas duas palavras significam'". Meu bom e velho amigo me disse que, naquele tempo, ele não entendeu o que eu quis dizer, mas me considerou um jovem singular. Ele disse: "Ah, agora eu entendo, mas foi somente por uma experiência dolorosa que cheguei à compreensão completa daquilo". Sim, quando Cristo vem, Ele não vem para enviar paz à Terra, e sim uma espada, e essa espada começa em casa, em nossa própria alma, matando, cortando, picando, despedaçando. Bem-aventurado o homem que conhece a Palavra do Senhor por sua extrema afiação, porque ela nada mata além daquilo que deve ser morto. Ela desperta e dá nova vida a tudo que é de Deus, mas a velha vida depravada que deve morrer, ela corta em pedaços, como Samuel destruiu Agague diante do Senhor. "Pois a palavra de Deus é viva e poderosa. É mais cortante que qualquer espada de dois gumes".

 A seguir, porém, quero que vocês percebam que ela tem uma qualidade adicional; *ela é penetrante*. Embora tenha um fio como uma espada, ela também tem uma ponta como um florete, "penetrando entre a alma e o espírito". A dificuldade com o coração de alguns homens é chegar a eles. De fato, não há como penetrar espiritualmente o coração de qualquer homem natural senão por esse instrumento penetrante, a Palavra de Deus. Porém, o florete da revelação atravessará qualquer coisa. Até mesmo quando o coração é "tolo e insensível", como diz o salmista, ainda assim esta Palavra o penetrará. Na própria medula do homem, a sagrada verdade passará e o encontrará de uma maneira em que ele mesmo sequer é capaz de descobrir. O que ocorre com o nosso próprio coração também acontece com o coração dos outros homens. Caros amigos, o evangelho tem a capacidade de penetrar em qualquer lugar. Os homens podem se revestir com preconceitos, mas esse florete é capaz de encontrar as articulações de sua armadura; eles podem resolver não crer e podem se sentir contentes com a sua autojustificação, mas esta arma penetrante encontrará o seu caminho. As setas da Palavra de Deus são afiadas no coração dos inimigos do rei, pelo que as pessoas caem sob ele. Não tenhamos medo de confiar nessa arma sempre que formos chamados a enfrentar os adversários do Senhor Jesus. Nós podemos perfurá-los, penetrá-los e eliminá-los com ela.

E, a seguir, diz-se que a *Palavra de Deus é discriminatória*. Ela penetra "entre a alma e o espírito". Nada mais poderia fazer isso, porque a divisão é difícil. Os escritores tentaram descrever a diferença entre alma e espírito de muitas maneiras, mas me pergunto se conseguiram. Sem dúvida, é uma definição muito admirável dizer: "A alma é a vida do homem natural e o espírito é a vida do homem regenerado ou espiritual". Porém, uma coisa é definir e outra muito diferente é se colocar entre os dois.

Não tentaremos resolver esse problema metafísico. A Palavra de Deus entra e mostra ao homem a diferença entre o que é da alma e o que é do espírito; o que é do homem e o que é de Deus; o que é da graça e o que é da natureza humana. A Palavra de Deus é maravilhosamente decisiva quanto a isso. Ó, quanto há de nossa religião que é — para citar um poeta espiritual — "O filho da natureza finamente vestido, mas não o filho vivo", é da alma e não do espírito! A Palavra de Deus traça linhas muito retas, e distingue entre o natural e o espiritual, o carnal e o divino. Às vezes, com base nas orações públicas e na pregação dos clérigos, vocês pensariam que todos nós éramos pessoas cristãs, mas as Sagradas Escrituras não sancionam essa estimativa lisonjeira de nossa condição. Quando estamos reunidos, as orações são para todos nós e a pregação é para todos nós, como sendo todos o povo de Deus — todos nascidos assim ou tornados assim pelo batismo, não há dúvida alguma quanto a isso! Contudo, o caminho tomado pela Palavra de Deus é de outro tipo. Ela fala sobre os mortos e os vivos; sobre os arrependidos e os impenitentes; sobre os crentes e os incrédulos; sobre os cegos e os que veem; sobre os chamados de Deus, e aqueles que ainda estão nos braços do maligno. Ela fala com viva discriminação e separa os preciosos dos vis. Eu acredito que nada no mundo divide as congregações, como elas deveriam ser divididas, como a pregação simples da Palavra de Deus.

Isto é o que faz com que os nossos locais de culto sejam lugares solenes, como canta o Dr. Watts —

Aos seus tribunais, com alegrias desconhecidas

> As tribos sagradas recorrem;
> O Filho de Davi detém o trono
> E ali se senta para julgar.
> Ele ouve nossos elogios e queixas;
> E, embora a Sua impressionante voz
> Separe os pecadores dos santos,
> Trememos e nos regozijamos.
> A Palavra de Deus é discriminatória.

Mais uma vez, *a Palavra de Deus é maravilhosamente reveladora para o eu interior*. Ela penetra entre as juntas e a medula, e essa medula é algo não acessado com muita facilidade. A Palavra de Deus chega à própria medula da nossa humanidade; ela revela os pensamentos secretos da alma. Ela traz "à luz até os pensamentos e desejos mais íntimos". Frequentemente, ao ouvirem a Palavra, vocês não se perguntaram como o pregador poderia revelar aquilo que vocês haviam escondido? Ele diz no púlpito exatamente o que vocês haviam pronunciado em seu quarto de dormir. Sim, uma das marcas da Palavra de Deus é revelar os segredos mais íntimos de um homem; sim, ela lhe mostra o que nem sequer ele mesmo havia percebido. O Cristo que está na Palavra vê tudo. Leiam o próximo versículo — "Tudo está descoberto e exposto diante de seus olhos, e é a ele que prestamos contas".

A Palavra não só permite que vocês vejam quais são os seus pensamentos, como também critica os seus pensamentos. A Palavra de Deus diz sobre este pensamento: "é vaidoso", e sobre aquele: "é aceitável"; sobre este: "é egoísta", e sobre aquele: "é semelhante a Cristo". Ela é um juiz dos pensamentos dos homens. E a Palavra de Deus discerne tanto "os pensamentos e desejos mais íntimos" que, mesmo quando os homens se torcem, giram e vagam, ela os rastreia. Nada é tão difícil de alcançar quanto um homem. Vocês podem caçar um texugo, e abater uma raposa, mas não conseguem alcançar um homem — ele tem muitos desdobramentos e esconderijos; contudo, a Palavra de Deus o trará à luz e se apoderará dele. Quando o Espírito de Deus age com o evangelho, o homem pode se esquivar e se torcer, mas a pregação vai ao seu coração e à sua consciência, e ele é feito para senti-la e submeter-se à sua força.

Caros irmãos, eu não duvido de que, muitas vezes, vocês encontraram conforto no poder discernente da Palavra. Lábios indelicados encontraram grande falha em vocês; vocês tentaram fazer o que puderam para o Senhor e um inimigo os caluniou, e depois foi um deleite lembrar que o Mestre discerne a sua motivação. As Sagradas Escrituras os fez terem certeza disso, pela maneira como compreendeu e os elogiou. Ele discerne o verdadeiro propósito de seu coração e nunca os interpreta mal, e isso os inspirou a uma firme determinação de serem servos fiéis de um Senhor tão justo. Nenhuma calúnia sobreviverá ao tribunal de Cristo. Não seremos julgados pelas opiniões de homens, mas sim pela Palavra imparcial do Senhor e, portanto, descansamos em paz.

2. Eu passei todo esse tempo na primeira parte do discurso. Tenho apenas um minuto ou dois para mostrar UMA OU DUAS LIÇÕES QUE DEVEMOS CAPTAR DAS QUALIDADES DA PALAVRA DE DEUS que descrevi.

A primeira é esta. Irmãos e irmãs, *reverenciemos grandemente a Palavra de Deus*. Se ela é tudo isso, vamos ler, estudar, valorizar e torná-la o nosso braço direito. E vocês, que não se converteram, imploro que tratem a Bíblia com santo amor e reverência, e a leiam com o objetivo de encontrar nela Cristo e Sua salvação. Agostinho costumava dizer que as Escrituras são as faixas que envolviam o menino Cristo Jesus; enquanto estiverem desenrolando as faixas, confio que vocês se encontrarão com Ele.

A seguir, caros amigos, que *sempre que nos sentirmos mortos, e especialmente na oração, nos aproximemos da Palavra, porque a Palavra de Deus é viva*. Não vejo homens cheios de graça fazerem orações semelhantes. Quem conseguiria? Quando vocês não tiverem nada a dizer ao seu Deus, deixem-no dizer algo a vocês. O momento devocional a sós é composto por duas partes: uma é buscar as Escrituras em que Deus nos fala e a outra é oração e louvor, na qual falamos a Deus. Quando vocês estiverem mortos, voltem a sua morte para aquela Palavra que ainda vive.

A seguir, *sempre que nos sentirmos fracos em nossos deveres, vamos à Palavra de Deus e ao Cristo que está na Palavra, em busca de poder*, e esse será o melhor poder. O poder de nossas habilidades naturais, o poder de nosso conhecimento adquirido, o poder de nossa experiência reunida, tudo isso pode ser vaidade, mas o poder que está na Palavra se mostrará poderoso. Levantem-se da cisterna de *sua força falha para a fonte da onipotência*, pois, embora os jovens percam as forças e se cansem, e os moços acabem caindo, os que bebem aqui correrão e não se cansarão, caminharão e não desfalecerão.

Depois, *se, como ministros ou obreiros, vocês precisarem de algo que transpasse até o coração dos seus ouvintes, procurem isso neste livro*. Digo isso porque conheci pregadores que tentam usar palavras muito cortantes de sua própria invenção. Deus nos livre disso! Quando o nosso coração se aquecer e as nossas palavras tenderem a ser afiadas como uma navalha, lembremo-nos de que a "ira humana não produz a justiça divina". Não tentemos levar adiante a guerra de Cristo com as armas de Satanás. Nada é tão penetrante quanto a Palavra de Deus. Atenham-se a ela. Creio também que uma das melhores maneiras de convencer os homens acerca do erro não é denunciar o erro, mas proclamar a verdade com mais clareza. Se uma vareta é muito torta, e vocês desejarem provar isso, peguem uma reta e, silenciosamente, coloquem-na ao lado da outra; assim, quando os homens olharem, certamente verão a diferença. A Palavra de Deus corta finamente; será melhor emprestar dela todas as palavras cortantes que vocês desejarem.

E logo, a Palavra de Deus é muito penetrante. Quando não conseguimos chegar às pessoas pela verdade de Deus, não conseguiremos chegar a elas de modo algum. Ouvi falar de pregadores que pensaram que deveriam se adaptar um pouco a certas pessoas e deixar de lado partes da verdade que poderiam ser desagradáveis. Irmãos, se a Palavra de Deus não penetrar os corações, nossas palavras não o farão, vocês podem confiar *nisso*. A Bíblia é como a espada de Golias, que havia sido guardada no santuário, da qual Davi disse: "Dê-me essa espada. [...] Não há outra melhor que ela". Por que ele gostava tanto dela? Penso que ele gostava mais dela do que das outras porque tinha sido colocada no Lugar Santo pelos sacerdotes; isso é uma coisa. Porém, penso que ele gostava mais dela porque ela era manchada de sangue — o sangue de Golias. Gosto da minha própria espada porque ela é coberta de sangue até o punho; o sangue dos pecados, erros e preconceitos a tornaram como a espada de Dom Rodrigo, "de um tom escuro e púrpura". Muitos foram os mortos do Senhor pelo antigo evangelho. Apontamos para muitos vencidos por esta verdadeira espada de Jerusalém. Eles querem que eu use uma nova. Eu não a testei. O que devo fazer com uma arma que não prestou serviço algum? Eu provei a Espada do Senhor, e de Gideão, e pretendo me ater a ela. Meus caros companheiros de armas, cinjam-se com esta espada e, desprezem as armas de madeira com as quais os inimigos os enganariam! Usemos esta lâmina de aço, bem temperada no fogo, contra os mais obstinados, porque eles não conseguem se opor a ela. Eles poderão resistir durante algum tempo, mas terão de se render. Seria melhor eles se prepararem para a rendição, porque, se o Senhor os confrontar com a Sua própria Palavra, eles terão de ceder e clamar a Ele por misericórdia.

Em seguida, se a qualquer momento quisermos discernir "entre a alma e o espírito, entre a junta e a medula", *recorramos à Palavra de Deus por discernimento*. Precisamos usar as Escrituras agora mesmo em vários assuntos. Há aquela questão da santidade, sobre a qual um diz uma coisa e outro diz outra. Não se importem com o que eles dizem; vão ao Livro, porque este é o árbitro em todas as questões. Em meio às controvérsias do dia sobre mil assuntos, atenham-se a este infalível Livro e isso os guiará de maneira inerrante.

E, finalmente, uma vez que este Livro está destinado a ser o discernidor ou o crítico dos pensamentos e intenções do coração, *que o Livro nos critique*. Quando vocês tiverem emitido um novo volume da prensa — o que vocês fazem todos os dias, porque todo dia é um novo tratado da prensa da vida —, levem-no a este grande crítico e deixem a Palavra de Deus julgá-lo. Se a Palavra de Deus os aprovar, vocês estão aprovados; se a Palavra de Deus os reprovar, estão reprovados. Os amigos os elogiaram? Eles podem ser seus inimigos ao fazê-lo. Outros observadores tiraram vantagem de vocês? Eles podem estar errados ou certos, deixem o Livro decidir. Um homem de um só Livro — se esse Livro é a Bíblia — é um *homem*, porque é um homem de Deus. Apeguem-se à Palavra viva e permitam que o evangelho de seus pais, o evangelho dos mártires, o evangelho dos Reformadores, o evangelho da multidão lavada no sangue do Cordeiro diante do trono de Deus, que o evangelho do nosso Senhor Jesus Cristo, seja o seu evangelho e nada além *disso*, e isso os salvará e fará de vocês o meio que o Senhor usará para salvar outros para o louvor de Deus.

A PALAVRA DE DEUS NÃO DEVE SER RECUSADA[7]

> *Tenham cuidado para não se recusarem a ouvir aquele que fala. Porque, se aqueles que se recusaram a ouvir o mensageiro terreno não escaparam, certamente não escaparemos se rejeitarmos aquele que nos fala do céu.*
>
> Hebreus 12.25

Não somos uma multidão encolhida, reunida e tremendo de medo em torno do fumegante monte Horebe — chegamos até onde a grande e principal figura é a misericórdia de Deus em Cristo Jesus. Nós nos reunimos praticamente no círculo exterior do qual os santos acima e os santos anjos constituem o aro interior. E agora, esta noite, Jesus nos fala no evangelho. Enquanto o Seu evangelho for pregado por nós, aqui, não haverá a palavra do homem, mas a palavra de Deus. E, embora chegue a vocês por intermédio de uma língua fraca, a verdade de Deus, em si mesma, não é fraca, nem menos divina do que se o próprio Cristo a falasse com os Seus próprios lábios. "Tenham cuidado para não se recusarem a ouvir aquele que fala." O texto contém —

1. UMA EXORTAÇÃO MUITO SOLENE E ZELOSA.

Ele não diz "não recusem ao que fala", mas "Tenham cuidado para não se recusarem a ouvir aquele que fala" — isto é, "seja muito circunspecto para que, de maneira alguma, acidental ou não, você recuse ao Cristo de Deus, que agora, no evangelho, fala a você! Seja vigilante, seja zeloso, para que, nem mesmo por inadvertência, você recuse ao profeta da dispensação do evangelho — Jesus Cristo, o Filho de Deus, que, no evangelho, fala do Céu aos filhos dos homens". Isso significa: "Tenha ouvidos atentos e dê atenção cuidadosa para que, por nenhum meio e de maneira alguma, você recuse àquele que fala". Esta noite, meu objetivo, amados amigos, especialmente a vocês que não se uniram a Cristo — que não são os filhos de Sião que se alegram em seu Rei — será ajudá-los para que possam, ainda hoje, tomar uma atitude quanto a isso.

Indo diretamente ao nosso ponto, teremos muitas coisas a dizer e, as falaremos em frases curtas, esperando que os pensamentos, à medida que surgirem, possam ser aceitos pela sua mente e possam, pelo Espírito de Deus, agir sobre o seu coração e a sua consciência. Há grande necessidade desta exortação a partir de muitas considerações não mencionadas no texto. Inicialmente, aludiremos a algumas delas.

Primeiro, a partir da *excelência da própria Palavra de Deus*. "Tenha ouvidos atentos e dê atenção cuidadosa para que, por nenhum meio e de maneira alguma, você recuse aquele que fala". O que Jesus fala diz respeito à sua alma, diz respeito ao seu destino eterno — é a sabedoria de Deus, a maneira de Deus expressar misericórdia — o plano de Deus pelo qual você pode ser salvo! Se este fosse um assunto secundário, você não precisaria ser tão zeloso em recebê-lo, mas de tudo que existe sob o Céu, nada lhe diz tanto respeito quanto o evangelho. Cuidem, então, de não recusar a esta preciosa Palavra de Deus, mais preciosa do que ouro ou rubis, a única que pode salvar a sua alma!

---

[7] Este sermão foi extraído The Metropolitan Tabernacle Pulpit e pregado no Metropolitan Tabernacle, em Newington, em 1870.

Cuidem, novamente, porque *vocês têm um inimigo que fará tudo que puder para que recusem Aquele que fala*. Satanás está sempre mais ocupado onde o evangelho é pregado com todo o fervor! Deixem o semeador espalhar punhados de sementes — e os pássaros as encontrarão e logo as devorarão! Deixem o evangelho ser pregado — e esses pássaros do ar, espíritos malignos do inferno, logo tentarão remover essas verdades de seu coração, para que elas não se enraízem e produzam fruto de arrependimento.

Deem séria atenção, novamente, para que você não se recuse "a ouvir aquele que fala", porque *a tendência de sua própria mente* será recusar a Cristo. Ó, senhores, vocês são pecadores por causa de seu primeiro pai, Adão, e agora as tendências de sua alma são para o mal — não para o que é certo — e, quando o Senhor lhes vier do Céu, no que depender de si mesmos, vocês o rejeitarão se forem deixados por conta própria! Portanto, eu lhes digo: Vigiem! Cuidem de não recusar! Agitem sua alma, despertem sua mente, para que esta delirante tendência do pecado não os deixe irados com o seu melhor amigo e os obrigue a rejeitar aquilo que é a sua única esperança para o futuro! Quando um homem sabe que tem uma tendência má que pode feri-lo, se ele é sábio, vigia contra ela. Então, sabendo disso, que a Palavra de Deus lhes diz, rogo-lhes que vigiem para que não recusem Àquele que fala!

Pensem bem, também, que vocês têm necessidade de fazer isso, porque *alguns de vocês já rejeitaram Cristo durante tempo bastante*! Ele lhes falou a partir deste púlpito, de outros púlpitos, da Bíblia, do leito de enfermidade. Ele lhes falou recentemente, no funeral de seu amigo sepultado — muitas vozes, mas todas com a mesma nota: "Venha a mim! Arrependa-se e seja salvo!". Porém, até agora, vocês se recusaram "a ouvir aquele que fala". Não será suficiente o tempo passado jogando esse jogo pernicioso? Os anos que se transformaram em eternidade não darão testemunho suficiente contra vocês? Ainda precisam aumentar esse peso recusando-o novamente? Ó, eu imploro que se cuidem para não recusar novamente ao que fala, pois não há uma palavra daquilo que Ele fala que não seja amor à sua alma! Jesus Cristo, o Filho de Deus, não veio armado com terrores para despejar ira entre os filhos dos homens! Tudo foi misericórdia, tudo foi graça — e, para aqueles que o escutam, Ele nada tem a falar senão ternura e benignidade — os seus pecados lhes serão perdoados! Deus fechará os olhos ao tempo da sua ignorância. As suas transgressões serão lançadas nas profundezas do mar — para vocês haverá felicidade na Terra e glória no futuro! Quem não daria atenção quando se trata de uma boa notícia a ser ouvida? Quem não daria atenção quando a melhor notícia que o próprio Deus já enviou da excelente glória é proclamada pelo mais nobre Embaixador que já falou aos homens, o próprio Filho de Deus, Jesus Cristo, o crucificado Salvador, mas que agora está exaltado? Por essas razões, então, de início eu enfatizo essa exortação: "Cuidem de não recusar Aquele que fala uma verdade tão preciosa", pois o inimigo teria prazer em tirar de sua mente — a verdade de Deus que vocês mesmos já recusaram durante tempo suficiente — e a verdade que é doce e será extremamente preciosa para a sua alma se a receberem! Agora, porém, o texto nos fornece —

2. ALGUMAS RAZÕES ADICIONAIS para que não nos recusemos "a ouvir aquele que fala". Um dos motivos que vejo no texto é este — cuide disso porque *há muitas maneiras de recusar ao que fala* e você pode ter caído em uma ou outra delas. Atente! Examine seu próprio estado e conduta, para que não esteja recusando a Cristo! *Alguns recusam ao Salvador não ouvindo falar dele*. No tempo dele havia alguns que não queriam ouvi-lo; agora também existem pessoas assim. Os *Shabbats* de alguns de vocês não são dias de escutar o evangelho. Onde você esteve esta manhã? Onde você costuma estar durante todo o Dia do Senhor? Lembre-se, você não pode viver em Londres, onde o evangelho é pregado, e ser isento de responsabilidade! Embora você não venha à casa de Deus para ouvi-lo, ainda assim tenha a certeza de que o Reino de Deus se aproximou de você. Pode fechar os seus ouvidos ao convite do evangelho, mas, no fim, não será capaz de fechar seu ouvido à denúncia da ira! Se você não vier e ouvir sobre Cristo

na cruz, obrigatoriamente verá por si mesmo, algum dia, Cristo em Seu trono. "Cuide de não se recusar a ouvir ao que fala do Céu", recusando-se a estar onde o Seu evangelho é proclamado!

Muitos vêm para ouvi-lo e, contudo, recusam ao que fala *porque ouvem com indiferença*. Em muitas congregações — não vou julgar isso —, uma grande proporção de ouvintes é indiferente. Pouco lhes importa qual é o assunto em questão. Eles ouvem as sentenças e as frases que vêm da língua do pregador, mas estas adentram somente pelos ouvidos e jamais chegam ao seu coração. Ó, quão triste é ser esse o caso de quase todos os que têm ouvido o evangelho por longo tempo, mas não se converteram! Acostumaram-se a ele. Nenhuma forma de alarme consegue atingi-los e, talvez, nenhuma forma de convite será capaz de levá-los a penitenciar-se. O pregador pode esgotar a sua arte. Eles são como a víbora surda. Ele pode saber como encantar os outros, mas a estes não consegue encantar, por mais sabiamente que o faça! Ó, cuidem, vocês que ouvem o evangelho lá em cima e aqui embaixo, que têm ouvido a Cristo nesses muitos anos, cuidem de não recusar a Ele que, dia a dia, durante tanto tempo, falou com vocês na pregação do evangelho que vem do Céu!

Há, porém, alguns que ouvem e têm uma ideia muito inteligente acerca do que ouvem, mas, *na realidade, se recusam a crer naquilo*. Por diversas razões, que só eles mesmos conhecem, eles rejeitam o testemunho do Deus encarnado. Ouvem que Deus, a Palavra, se fez carne, habitou entre nós e deu testemunho de que todo aquele que nele crê não é condenado. Eles sabem, mas não querem crer nele.

Eles lhe darão primeiramente uma desculpa, depois outra, mas todas as desculpas juntas nunca mitigarão o fato de que não creem no testemunho de Deus acerca de Seu Filho, Jesus Cristo! E, assim, "recusam-se a ouvir aquele que fala". Quantos, quantos aqui estão, por sua incredulidade, recusando ao Cristo que fala do Céu?

Alguns até *se ofendem com o evangelho*, como nos dias de Cristo. Quando Ele chegava a um ponto nevrálgico em Sua pregação, eles voltavam atrás e nunca mais caminhavam com Ele. Também em nossas assembleias existe esse tipo de pessoa. O evangelho lhes provoca mal-estar — há algum ponto que toca os seus preconceitos, algo que toca seu pecado favorito — e eles ficam vexados e irritadiços. Deviam ficar com raiva — com raiva de seu pecado, mas em vez disso, ficam com raiva de Cristo. Eles deviam se denunciar e, pacientemente, buscar piedade, mas isso não lhes é palatável! Prefeririam denunciar o pregador ou denunciar o Senhor do pregador.

Alguns até mesmo ouvirão o evangelho, o próprio evangelho de Cristo, para se pegar em palavras e perverter sentenças a fim de fazer troça com as palavras usadas pelo pregador, que são honestamente as melhores que ele pode encontrar; e, pior ainda, tratar com frivolidade também o sentido, o próprio evangelho — e encontrar temas para piadas imorais e palavras profanas e irreverentes, até mesmo na cruz! Jogando dados, como os soldados ao pé da cruz, com o sangue caindo sobre si, assim alguns se divertem quando o sangue de Jesus está caindo sobre eles para sua condenação! Que não seja assim com nenhum dos aqui presentes, mas houve pessoas assim que chegaram a insultar o Salvador e tiveram palavras duras para Deus em carne humana — não conseguiam acreditar que Ele carregava a culpa pelo pecado, eram incapazes de admirar o espantoso amor que o fez sofrer pela culpa de Seus inimigos, nada queriam ver de admirável no sacrifício heroico do grande Redentor; em vez disso, voltaram os calcanhares contra o seu benfeitor e derramaram palavras venenosas sobre Aquele que amou os filhos dos homens e morreu dizendo: "Pai, perdoa-lhes, pois não sabem o que fazem".

E alguns mostraram na prática que se recusaram "a ouvir Aquele que fala", porque começaram a *perseguir o Seu povo*! Eles maltrataram aqueles que buscavam a glória de Deus, e tudo o que tinha o sabor de Cristo lhes era desprezível e detestável.

Ó, caros ouvintes, dado existirem todos esses modos de recusar a Cristo, eu lhes pedirei que cuidem de não cair em nenhum deles! Talvez vocês fiquem muito chocados com as formas mais grosseiras, mas não caiam nas outras. Não caiam especialmente naquela indiferença que insulta o Salvador quase tanto quanto a blasfêmia! Isso é nada para vocês? É nada para vocês Deus ter de vir do Céu para poder ser justo na salvação dos homens e que, vindo do Céu para ser assim justo, Ele mesmo devesse sofrer para que pudéssemos não sofrer — o Cristo de Deus sangrar e morrer em lugar dos pecadores indignos, merecedores do inferno? Isso será lhes dito — enfatizado — e vocês o recusarão? Recusarão a ouvir Aquele que fala, Ele mesmo, em Seu próprio sacrifício? E o sangue que Ele carregou dentro do véu continua agora a falar — você o recusará? Ore a Deus para que você possa cuidar de não fazer isso de maneira alguma!

E agora prosseguindo, mas mantendo-me no mesmo argumento, batendo o martelo na cabeça do mesmo prego, há muitas razões pelas quais os homens recusam a ouvir Cristo. Portanto, cuidem de, por nenhuma dessas razões, fazerem isso. Alguns o recusam *por perfeita indiferença*! A grande maioria dos homens não pensa em nada além de seu alimento e sua bebida. Como o galo que encontrou o diamante no monte de esterco, eles o desprezam e desejam que fosse um grão de cevada. Que importância dão eles ao Céu ou ao perdão do pecado? Sua mente não alcança isso. Cuidem para que vocês — nenhum de vocês seja tão sensual a ponto de recusar "a ouvir aquele que fala" do Céu por uma razão semelhante a essa! Alguns o rejeitam devido ao seu farisaísmo — eles são suficientemente bons. Dizem que Jesus Cristo fala contra eles! "Ele não aplaude a justiça deles, antes os ridiculariza. Diz-lhes que suas orações são longas e suas muitas boas obras são, apesar de tudo, uma base fraca para que haja confiança." Assim, como o Salvador não patrocinará a justiça deles, eles também nada terão a ver com Ele. Ó, não diga que você é "rico e próspero" — você "não percebe que é infeliz, miserável, pobre, cego e está nu." Não diga que consegue conquistar o Céu pelos seus méritos — você não tem méritos! Seus méritos o arrastam para o inferno. Contudo, muitos recusarão o Salvador devido à insanidade da hipocrisia!

Alguns, também, o rejeitam devido à *sua sabedoria autossuficiente*. "Ora", dizem eles, "esta é uma era muito intelectual". E em toda parte ouço isso retinindo em meus ouvidos — "pregação intelectual", "pensadores", "pregação intelectualizada". E que massa de podridão diante do alto Céu é tudo isso que é produzido por esses pregadores pensadores e esses homens intelectualizados! De minha parte, preferiria dizer-lhes: "Tenham cuidado para não se recusarem a ouvir aquele que fala", porque uma palavra de Deus é melhor do que todos os pensamentos de todos os filósofos — e uma sentença dos lábios de Cristo, considero mais preciosa do que toda a biblioteca de Alexandria e também a Biblioteca Bodleiana, se desejarem —, dado que vêm do homem. Não, o pensamento de Cristo é aquilo em que temos de pensar! Caso contrário, nosso pensamento pode se comprovar nossa maldição. Se um homem estiver se afogando e lhe for atirada uma corda, é melhor que a segure em vez de simplesmente pensar nas possibilidades de salvação por algum outro meio. Enquanto sua alma está se perdendo, senhores, há melhor ocupação para vocês do que simplesmente se entregarem a rapsódias e invenções de seu próprio pretensioso julgamento! Apropriem-se disto, do evangelho de Jesus revelado por Deus, para que não pereçam — e pereçam com uma vingança!

Alguns rejeitam o Salvador por outra causa — *eles não gostam da santidade dos ensinamentos de Cristo*. Recusam-se a ouvir Aquele que fala porque pensam que a religião de Cristo é demasiadamente *rigorosa*, demasiadamente precisa — elimina os seus prazeres, condena as suas luxúrias. Sim, sim, é assim, mas rejeitar Cristo por tal motivo será, certamente, mais irracional, pois deve haver em todo homem o desejo de ser liberto dessas paixões e concupiscências — e, por Cristo poder nos livrar, devemos rejeitá-lo? Deus não permita que nos desviemos por tal motivo!

Alguns o rejeitam porque têm *medo do mundo*. Se fossem cristãos, provavelmente seriam escarnecidos como metodistas, presbiterianos, puritanos ou algum outro nome. E perderemos nossa alma para escapar das zombarias dos tolos? Não é homem — chame-o de algum outro nome — não é homem aquele que descarta sua alma por ser tão covarde que não consegue suportar crer e fazer o que é certo e suportar o olhar severo do modismo!

Há outros que recusam o Salvador *simplesmente por procrastinação*. Eles não têm motivo para isso, mas esperam ter uma ocasião mais conveniente. Ainda são jovens ou não muito velhos; ou, se são idosos, a vida ainda se estenderá por mais um pouco — e, assim, eles continuam se recusando a ouvir Aquele que fala.

Não mencionei uma razão digna de "se recusarem a ouvir Aquele que fala", nem acredito que exista uma. A mim parece que, se o próprio Deus tomou sobre si mesmo forma humana e veio aqui para nos redimir de nosso pecado e angústia, não pode haver sequer uma razão minimamente contemplável para se recusar "a ouvir Aquele que fala"! Precisa ser meu dever e privilégio ouvir o que Deus tem a me dizer — precisa ser meu dever dedicar-lhe todo o meu coração, tentar entender o que Ele diz — e, depois, dar-lhe toda a minha vontade de fazer ou ser o que Ele quiser que eu faça ou seja!

"Mas, Deus veio mesmo?" —, pergunta alguém. Sempre sinto que a própria declaração é a sua própria comprovação. Nenhum coração poderia jamais ter maquinado ou inventado isso como uma peça de imaginação — o amor, a história do amor redentor de Deus em Cristo Jesus! Se eu não tivesse qualquer evidência além da mera declaração, penso que teria de aceitá-la, pois ela usa a verdade de Deus como vanguarda! Quem conceberia isso? O Deus ofendido vem aqui para redimir as Suas criaturas de sua própria transgressão. Uma vez que, por justiça, Ele precisa punir, Ele vem suportar o próprio castigo, para que seja justo e, ainda assim, inconcebivelmente gracioso! Minha alma se aninha nessa revelação! Ela parece ser a melhor notícia que minha consciência perturbada já teve — "Deus estava reconciliando consigo o mundo, não levando mais em conta os pecados das pessoas"! Ó, não pode haver um motivo razoável para rejeitar o Salvador; portanto, dado que muitos motivos irracionais arrebatam os homens, eu reitero a vocês: cuidem de não recusar ao que fala! E que o Espírito de Deus conceda que vocês sejam incapazes de o recusar! Mas, agora retornando ao texto, temos —

3. UM MOTIVO MUITO ELEVADO para não recusarmos "a ouvir Aquele que fala". É isso — porque, *ao recusá-lo, estaremos desprezando a maior autoridade possível*. Quando Moisés falou em nome de Deus, não era algo leve recusar tal embaixador! Ainda assim, Moisés era apenas um homem. Embora revestido com autoridade divina, ele era apenas um homem e um servo de Deus. Porém, Jesus Cristo é Deus por natureza. Cuidem de não recusar a Ele, que é de origem celestial, veio do Céu, que está revestido com poderes tão divinos que toda palavra que Ele fala é virtualmente falada do Céu; e, estando agora no Céu, fala por intermédio de Seu sempre vivo evangelho diretamente da excelente glória! Considerem isto, eu lhes rogo, e lembrem-se bem da parábola que Jesus contou. Certo homem plantou uma vinha e a arrendou a lavradores. E, quando chegou a hora de receber os frutos, enviou um servo e eles o apedrejaram. Ele enviou outro e eles o espancaram. Ele enviou outro e eles o maltrataram. Após haver enviado muitos de seus servos, e os lavradores haverem caído em seu alto desagrado devido à maneira vergonhosa pela qual haviam tratado os servos, ele enviou seu próprio filho e disse: "Certamente respeitarão meu filho".

A culpa atingiu o seu grau máximo quando eles disseram: "Aí vem o herdeiro da propriedade. Vamos matá-lo e tomar posse desta terra! Então o agarraram, o arrastaram para fora do vinhedo e o mataram". Vocês sabem como o Salvador foi tratado pelos filhos dos homens — mas eis aqui o meu argumento: Rejeitar a Jesus Cristo, recusar Sua pessoa, recusar Seu evangelho se Ele não falou nele, poderia não ser um delito tão grande, mas recusar a Jesus — eu não sei como é, mas sinto meu coração muito pesado, a ponto de sucumbir, quando penso que qualquer homem aqui presente poderia ser capaz de recusar a *Cristo, o Filho de Deus, o Eterno e o sempre Bendito*! Porém, não posso falar do que sinto. Minha alma se enche de horror ao pensar que qualquer criatura se recusaria a ouvir o seu Deus, quando Ele fala, mas muito mais quando Deus desce à Terra com amor infinito, maravilhoso e imensurável, toma sobre si a forma de homem e sofre, depois se volta à Sua criatura rebelde e diz: "Escute, estou pronto a perdoá-lo. Estou disposto a absolvê-lo. Apenas me escute".

Ó, parece monstruoso os homens rejeitarem a Cristo! Não sei como vocês se sentem a respeito dessa verdade, mas se já ponderaram sobre isso, terá parecido ser o mais monstruoso de todos os crimes! Se, para ser salvo, os termos fossem rígidos e as condições difíceis, eu conseguiria compreender um homem dizer: "Isso zomba de mim". Porém, quando o evangelho é nada além de "Converta-se, converta-se; por que você morrerá?", quando ele é nada além de "Creia no Senhor Jesus Cristo, e você" será salvo, que direi? Não tenho como criar uma desculpa para qualquer um de vocês; e se, depois de haverem ouvido o evangelho, vocês forem lançados no inferno, não me atrevo a pensar que as máximas dores dele serão demasiadamente severas para tão grande insulto a um amor tão maravilhoso! Vocês não serão salvos, senhores! Vocês tiram de si a sua própria vida! Vocês não serão salvos quando o caminho da salvação é evidente, fácil, simples, bem à mão —

Que cadeias de vingança merecem
Os que matam os laços de amor!

Não consigo — não conseguiria — conceber uma punição severa o bastante para homens que, sabendo que sua rejeição a Cristo trará sobre eles punição eterna, ainda assim o rejeitam deliberadamente! Vocês escolhem a sua própria ilusão. Se bebessem veneno sem saber, eu poderia ter pena de vocês — se fizessem todas as veias incharem de agonia e causassem a sua morte — mas, quando nos levantamos e dizemos "Senhores, é veneno! Vejam os outros caírem e morrerem — não toquem nisso!" — quando lhes damos algo mil vezes melhor e os convidamos a tomá-lo, mas vocês não o tomam, e *optam* pelo veneno — então, se quiserem, devem fazê-lo. Se, então, vocês destruírem sua alma, é assim que deve ser.

Porém, nós lhes imploraríamos novamente. "Tenham cuidado para não se recusarem a ouvir aquele que fala." Eu gostaria de poder elevá-lo diante de vocês esta noite — o próprio Cristo de Deus, e convidá-lo a ficar de pé aqui — e vocês veriam Suas mãos e Seus pés, e perguntariam: "O que são essas marcas que vemos aí?". Ele responderia: "Essas são as feridas que recebi quando sofri pelos filhos dos homens". E Ele descobre o Seu lado e diz: "Vejam aqui, foi por aqui que entrou a lança quando eu morri para que os pecadores pudessem viver". Na glória agora, mais uma vez Ele diz: "Esta face foi contaminada com cuspe, e este corpo, mutilado com o flagelo de Pilatos e a vara de Herodes, e eu, a quem os anjos adoravam, fui tratado como capacho, sim, pior — o próprio Deus me abandonou! Javé escondeu o Seu rosto de mim, para que eu, levando a punição do pecado, pudesse realmente levá-la, não em ficção, mas de fato, e pudesse sofrer o equivalente a todos os sofrimentos que as almas resgatadas por mim deveriam ter sofrido se tivessem sido lançadas no inferno!". Vocês olharão para os Seus ferimentos e ainda o recusarão? Ouvirão a história de Seu amor e, ainda assim, o rejeitarão? Ele deve ir embora e dizer em Seu coração "Eles me recusaram. Eles me recusaram. Eu lhes falei da salvação — mostrei-lhes como comprei a salvação, mas eles me rejeitaram. Seguirei o meu caminho e eles jamais verão o meu rosto novamente até o dia em que disserem 'às montanhas e às rochas: Caiam sobre nós e escondam-nos da face daquele que está sentado no trono.'" Se vocês não o querem quando Ele tem piedade, terão de enfrentá-lo no julgamento! E, se o cetro de prata de Deus não tocar vocês, o Cristo de Deus, o homem de Nazaré, virá uma segunda vez nas nuvens do céu, e ai de vocês naquele dia tremendo! Então, as nações da Terra chorarão e se lamentarão por causa dele. Elas não o quiseram como seu Salvador — então, precisarão tê-lo como seu Juiz — e de Sua boca virá a sentença: "Afastem-se! Saiam da minha presença!"

Agora, tenho de encerrar com a última razão dada no texto pela qual devemos cuidar de não nos recusar "a ouvir Aquele que fala". Porque, se o fizermos, —

4. HÁ UMA CONDENAÇÃO A SER TEMIDA, porque, se não escaparam os que se recusaram a ouvir Àquele que falou na Terra, muito menos escaparemos nós se dermos as costas Àquele que nos fala do Céu. Vocês ouvem o estrondo que sobe do mar Vermelho quando as ondas furiosas se arremessam sobre Faraó e seus cavaleiros. Por que o rei está dormindo em meio às águas? Por que a bravura do Egito é eliminada? Eles rejeitaram Moisés quando ele disse: "Assim diz o Senhor: Deixe meu povo sair". Se Faraó não escapou quando recusou aquele que falou à nação, ó, terrível será o dia em que o Cristo que hoje lhes fala e a quem vocês rejeitam levantar as varas de Sua ira e o lago de fogo, mais terrível do que o mar Vermelho, engolirá os Seus adversários! Vocês veem esse próximo panorama? Muitos homens estão ali de pé, segurando incensários em suas mãos, e ali está Moisés, servo de Deus, e ele diz: "Se estes morrerem a morte de homens comuns, Deus não falou por meu intermédio", porque eles se rebelaram contra Moisés. Vocês veem o panorama? Conseguem imaginá-lo? Se não escaparam aqueles que recusaram ao que falou na Terra, como escaparemos nós se nos recusarmos "a ouvir Aquele que fala" do Céu? Atravessem o deserto da Península Arábica. Vejam como as tribos caem, uma a uma, e deixam atrás de si sepulturas como registro de sua marcha. De todas as que saíram do Egito, somente duas entraram em Canaã! Quem matou todos aqueles? Todos foram mortos ali porque resistiram à Palavra de Deus por intermédio de Seu servo Moisés e, em Sua ira, Ele jurou que eles não entrariam no Seu descanso. Se não escaparam aqueles que se recusaram a ouvir ao que falou na Terra, como escaparemos nós se nos recusarmos a ouvir Aquele que nos fala do Céu?

Eu poderia multiplicar exemplos e lhes dar uma prova de como Deus vingou a recusa do povo de escutar ao Seu servo Moisés, mas quanto mais Ele se vingará se não escutarmos a Jesus Cristo, o Senhor! Alguém diz: "Ó, você prega os terrores do Senhor". Os terrores do Senhor? Eu mal penso neles — eles são demasiadamente terríveis para a linguagem humana! Porém, se eu falar com severidade, ainda que por um momento, é por amor. Não ouso brincar com você, pecador. Não ouso dizer-lhe que o pecado é insignificante. Não me atrevo a dizer-lhe que o mundo por vir é assunto de pouca importância. Não ouso vir e dizer-lhe que você não precisa ser fervoroso. Terei de responder por isso ao meu Mestre! Tais palavras ressoam em meus ouvidos: "Se eu avisar os perversos: 'Vocês estão condenados à morte', mas você não lhes transmitir a advertência, para que mudem sua conduta perversa e salvem a vida, eles morrerão em seus pecados. E eu o considerarei responsável pela morte deles". Não posso suportar a ideia de ter o sangue de almas em minhas vestes e, portanto, novamente lhes digo — recusem o que eu digo o quanto quiserem, lancem tudo que é meu aos cães, nada tenham a ver com isso — mas, quando eu lhes tiver falado a Palavra de Cristo e Seu evangelho, "creiam e vivam". "Não há condenação alguma para quem crê nele", "Quem crer e for batizado será salvo". Por ser o evangelho de Cristo, é Cristo quem fala! E eu novamente lhes digo, pelo bem de sua alma: "Não se recusem a ouvir Aquele que *lhes fala do Céu*". Que o Seu Espírito os incline docemente a ouvirem a Palavra de Cristo e que vocês possam ser salvos esta noite!

Se vocês não tiverem Cristo esta noite, alguns de vocês nunca o terão. Se não forem salvos esta noite, alguns de nunca o serão. É agora ou nunca para vocês. O Espírito de Deus luta com você, a consciência é um pouco despertada. Peguem toda brisa, peguem todas as brisas! Não deixem isso passar! Ó, que esta noite vocês possam procurar, e que esta noite vocês possam encontrar o Salvador! Caso contrário, lembrem-se de que, se vocês se recusam "a ouvir aquele que fala" do Céu, Ele levanta as mãos e jura que vocês não entrarão em Seu descanso! Então, vocês estão perdidos, perdidos, perdidos, sem chance de volta! Deus os abençoe e que possamos nos encontrar no Céu.

Não sei! Às vezes, tenho medo de que não haja tantas conversões quanto costumava haver. Se eu pensasse que não haveria mais almas a serem salvas por mim neste lugar, submetendo-me a Deus, eu *me apartaria de todo conforto e iria descobrir um lugar onde pudesse encontrar alguns que Deus abençoaria*. Estão todos salvos, para que isso aconteça? Vocês, aí sentados, eu pesquei nesta lagoa até não haver mais por vir? Será que, em todo campo onde crescerá trigo, o trigo cresceu e não pode haver mais? Meus irmãos e irmãs em Cristo, orem a Deus para que Ele envie Seu Espírito, para que haja mais pessoas levadas a Jesus! Caso contrário, é um trabalho muito difícil pregar em vão. Talvez eu me torne obsoleto e aborrecido para vocês — eu não faria isso, se pudesse. Se eu pudesse aprender a pregar, iria à escola. Se pudesse encontrar a melhor maneira de alcançá-los, estou certo de que não me pouparia de esforço algum. Não sei mais o que dizer, mas, se o próprio Cristo for rejeitado, como deverei falar em defesa dele? Se as Suas custosas feridas, se o Seu sangue precioso, Seus gemidos de morte e Seu amor pelas almas dos homens são em vão, então minhas palavras nada significam — elas podem muito bem ser lançadas ao vento! Porém, convertam-se, convertam-se a Ele! Não desprezem as suas almas. Venham a Ele! O Senhor os receberá! Ele espera para ser gracioso! Quem estiver sobrecarregado, venha esta noite. Uma lágrima, um suspiro, um choro — envie-o a Ele — Ele o ouvirá! Venha! Confie nele! Ele o salvará! Deus abençoe vocês, pelo amor de Cristo. Amém.

A LEI DE DEUS NO CORAÇÃO DO HOMEM[8]

E esta é a nova aliança que farei com o povo de Israel depois daqueles dias, diz o Senhor: Porei minhas leis em sua mente e as escreverei em seu coração.

Hebreus 8.10

uando Deus deu a Sua Lei a Israel — a Lei da Primeira Aliança, era uma Lei tão santa que deveria ter sido cumprida pelo povo. Era uma Lei justa e reta, sobre a qual Deus disse: "Obedeçam aos meus estatutos e cumpram os meus decretos, pois eu sou o Senhor, seu Deus. Sim, obedeçam aos meus decretos e aos meus estatutos; quem os praticar viverá por eles. Eu sou o Senhor". A Lei dos Dez Mandamentos é estritamente justa — é uma lei que o próprio homem poderia fazer por si próprio se estudasse seus melhores interesses e tivesse sabedoria suficiente para moldá-la corretamente. É uma lei perfeita, que contempla os interesses de Deus e os do homem. Não é uma lei parcial, mas sim imparcial, completa e que abrange todas as circunstâncias da vida. Você não conseguiria tirar um dos Dez Mandamentos sem estragar as duas tábuas da Lei, e não conseguiria adicionar outro mandamento sem ser culpado de cometer uma superfluidade. A Lei é santa, justa e boa, como o Deus que a criou — é uma Lei perfeita. Por isso, certamente, deveria ter sido cumprida. Quando os homens se revoltam contra leis injustas, eles devem ser elogiados, mas, quando uma lei é admitida como *perfeita*, a desobediência a ela é um ato de extrema culpa.

Além disso, Deus não só concedeu uma Lei que deveria ter sido cumprida por sua própria excelência intrínseca, mas também a deu de maneira tão maravilhosa, que deveria ter assegurado sua observância pelo povo. O "Senhor havia descido" sobre o monte Sinai "em forma de fogo" e o monte foi totalmente envolto, "nuvens de fumaça subiam ao céu, como de uma imensa fornalha, e todo o monte tremia violentamente". E a visão que então foi contemplada no Sinai e os sons que ali se ouviram, e toda a pompa e a horrível grandeza, eram tão terríveis que até Moisés — o mais ousado, mais manso e mais silencioso de todos os homens — confessou: "Fiquei apavorado e tremendo de medo". Ao ouvir aquela Lei sendo proclamada, os filhos de Israel ficaram tão maravilhados com a manifestação que Deus concedeu de Sua majestade e poder, que se prontificaram em cumprir os Seus Mandamentos. A Lei de Deus não poderia ter sido conhecida pela humanidade em estilo mais grandioso ou sublime do que o demonstrado na entrega daquela Aliança no monte Sinai.

E, meus caros amigos, após a entrega da Lei, Deus não a afixou às terríveis penalidades que deveriam ter impedido os homens de desobedecerem aos Seus mandamentos? "Maldito quem não confirmar e cumprir os termos desta lei." "Aquele que pecar é que morrerá." Essa foi a sentença capital que deveria ser pronunciada sobre o desobediente — não poderia haver uma punição mais pesada do que essa! Deus havia, por assim dizer, desembainhado Sua espada contra o pecado e, se o homem fosse um ser razoável, deveria começar *imediatamente* a refrear-se de cometer um ato que, certamente, tornaria Deus seu inimigo.

Além disso, as bênçãos que foram anexadas ao cumprimento da Lei deveriam ter induzido os homens a cumpri-la. Atente novamente às palavras que acabo de citar: "Sim, obedeçam aos meus decretos e aos meus estatutos; quem os praticar viverá por eles. Eu sou o Senhor". Isso não significava que o homem

---

[8] Este sermão foi extraído do: *The Metropolitan Tabernacle Pulpit* e pregado no *Metropolitan Tabernacle*, em Newington, em 1885.

que guardasse a Lei de Deus deveria meramente existir — nestes dias degenerados, há alguns que procuram estabelecer que a vida é a existência e a morte é a aniquilação, mas há pouca semelhança entre as palavras, ou entre o que elas significam. O homem que "os praticar [meus decretos e aos meus estatutos] viverá por eles", disse o Senhor referindo-se ao homem que cumprisse a Sua Lei — e há uma plenitude de bem-aventurança expressada nessa palavra "viverá". Se os homens tivessem observado a Aliança do Senhor — se Adão, por exemplo, a tivesse cumprido no jardim do Éden, a rosa não teria tido espinho para ferir sua carne e a alegria da vida jamais teria sido prejudicada pela amargura do trabalho ou do sofrimento.

Mas, infelizmente, apesar de todas essas sanções solenes da antiga Aliança, os homens não a cumpriram. A promessa "Façam o que direi e viverão" nunca produziu qualquer coisa digna de ser recompensada com a vida; e a ameaça "Façam isso e morrerão" nunca impediu homem algum de aventurar-se ousadamente no caminho errado que leva à morte! O fato é que, se considerada como um caminho de segurança, a Aliança de Obras é um total fracasso! Homem algum jamais perseverou nela até o fim e homem nenhum alcançou a vida cumprindo-a. Nem podemos, agora que somos decaídos, jamais esperar sermos melhores do que Adão, o nosso cabeça da aliança antes de sua queda. Nem podemos nós, que já estamos perdidos e condenados por nossas obras pecaminosas, sonhar por um momento que seremos capazes de nos salvar por nossas obras. Vocês veem, caros amigos, que a primeira Aliança foi feita nos seguintes termos: "Você fará o que é certo e Deus o recompensará por isso. Se merecer a vida, Deus lhe dará". Agora, como vocês todos bem sabem, aquela Aliança foi totalmente rompida — ela não conseguiu se sustentar, devido à fraqueza de nossa carne e de nossa natureza corrupta!

Então, Deus deixou de lado aquela primeira Aliança. Ele se desfez dela como uma coisa desgastada e inútil, e trouxe uma nova Aliança — a Aliança da Graça — e, em nosso texto, vemos o teor dela. "Porei minhas leis em sua mente e as escreverei em seu coração." Essa é uma das promessas mais gloriosas que já saíram dos lábios do Amor Infinito. Deus não disse: "Eu virei novamente, como vim no Sinai, e trovejarei a eles". Em vez disso, falou: "Eu virei com brandura e misericórdia, e encontrarei uma maneira de adentrar em seus corações". Ele não disse: "Tomarei duas grandes tábuas de pedra e, com o meu dedo, escreverei a minha Lei diante de seus olhos". Em vez disso, declarou: "Tocarei o meu dedo em seus corações e ali escreverei a minha Lei". Ele não disse: "Farei promessas e ameaças que serão a salvaguarda dessa nova Aliança". Em vez disso, afirmou: "Com o meu Espírito, agirei graciosamente em suas mentes e em seus corações, e assim os influenciarei docemente a me servirem — não para recompensa, nem por qualquer motivo servil, mas porque eles me conhecem, me amam e sentem que é seu deleite andar pelo caminho dos meus Mandamentos". Ó caros senhores, que todos vocês sejam participantes das bênçãos daquela nova Aliança! Que Deus diga isso de vocês e faça isso a vocês! Se assim for, nos encontraremos na terra da Glória, para cantar à Graça daquele Deus eterno que agiu tão maravilhosamente conosco, em nós e por nós!

Indo diretamente ao texto, devo falar, primeiramente, sobre o *significado dessa bênção*. Segundo, acerca dos *meios pelos quais Deus nos concede essa bênção*, tentando mostrar-lhes com que caneta o Senhor escreve no coração humano. E, em terceiro, tratarei durante alguns minutos da *extrema graça dessa bênção*.

1. Primeiramente, então, falarei sobre o SIGNIFICADO DESSA BÊNÇÃO — "Porei minhas leis em sua mente e as escreverei em seu coração". Primeiro, ela significa que, quando Deus vem lidar com o Seu próprio povo escolhido, para realmente salvá-los, Ele os faz conhecer a Sua Lei. A Lei permanece no Antigo Testamento e nosso abençoado Mestre, o Senhor Jesus Cristo, a condensou em uma palavra: "Amor". Depois, Ele a expandiu ao longo de toda a Sua vida terrena para nos mostrar como deveria ser cumprida. Por isso, cantamos —

> *Meu querido Redentor e meu Senhor,*
> *Em Tua Palavra leio meu dever,*
> *Porém, em Tua vida, a Tua Lei posso ver*
> *Em personagens reais se expor.*

Embora possamos ler essa Lei nas Escrituras e vê-la em ação na vida de Cristo, é, porém, necessário que o Espírito de Deus venha e nos ilumine a respeito dela se *realmente* devemos saber o que ela é. Caso contrário, um homem poderá ouvir os Dez Mandamentos serem lidos todos os domingos e continuar a descumpri-los, sem jamais saber que os está descumprindo! Ele poderá cumprir a letra dos Mandamentos e, no entanto, estar violando seu espírito o tempo todo.

Quando o Espírito Santo vem a nós, Ele nos mostra o que a Lei realmente é. Tome, por exemplo, o Mandamento "Não cometa adultério". "Bem", diz um, "eu não descumpri *esse* Mandamento!" O Espírito de Deus diz: "Espere até você conhecer o significado espiritual desse Mandamento, pois 'quem olhar para uma mulher com cobiça já cometeu adultério com ela em seu coração'". Há, também, o Mandamento "Não mate". "Ó", diz o homem, "eu *nunca* matei alguém, não cometi assassinato!" O Espírito de Deus, porém afirma: "Quem odeia seu irmão já é assassino". Quando o Senhor escreve assim a Sua Lei em nosso coração, nos faz conhecer o extenso poder e abrangência do mandamento. Ele nos faz entender que o mandamento diz respeito não somente a atos e palavras, mas a *pensamentos*, sim, e às *imaginações* mais passageiras — as coisas que mal nascem dentro de nós —, as visões que passam momentaneamente pela mente, como um transeunte vagueante que passa na frente da câmera quando um fotógrafo está fazendo uma foto! O Espírito de Deus nos ensina que até mesmo essas impressões momentâneas são pecaminosas e que até mesmo o pensamento fútil é pecado.

Caro amigo, você já teve as Verdades de Deus realmente escritas em seu coração? Se isso aconteceu, vou lhe dizer como você se sentiu — abominou a si mesmo e disse: "Quem pode suportar esta terrível Lei? Quem pode jamais esperar cumprir esses Mandamentos?". Você olhou para as chamas que Moisés viu no Sinai, e se encolheu e tremeu quase que com desespero! E você suplicou que aquelas palavras terríveis não mais lhe fossem ditas. Contudo, foi bom que você conhecesse assim a Lei de Deus — não somente na letra, mas em sua cortante, esmagadora e mortal essência — pois ela executa a morte do farisaísmo e a morte de todas as vanglórias carnais! Quando a Lei vem, o pecado revive e nós morremos — isso é tudo o que pode vir dela por si mesma. Porém, é necessário que haja uma morte como essa e que haja um reavivamento de pecado para que possamos conhecer a verdade a respeito dele — e sob a força daquela verdade possamos ser conduzidos ao Senhor Jesus Cristo, que "é o propósito para o qual a lei foi dada. Como resultado, todo o que nele crê é declarado justo". Então, escrever a Lei em nosso coração significa, primeiramente, fazer-nos saber o que a Lei realmente é.

Se isso for feito, em seguida, o Senhor se satisfará em fazer Seu povo *lembrar-se dessa Lei*. Quando algo é "aprendido de cor" [N.E.: Expressão derivada do francês, que significa aprender por intermédio do coração.], você conhece o significado comum dessa expressão, mesmo dentre as nossas crianças. Se elas aprendem uma coisa de cor, em vez de simplesmente por aprendizagem mecânica, apossam-se do aprendido e este permanece com elas. Um homem com quem o Deus Espírito Santo lida é aquele que não precisa ir ao capítulo 20 de Êxodo para saber o que a Lei é. Ele não precisa parar e perguntar acerca da maioria das coisas: "Isto é certo?" ou "Isto é errado?". Ele carrega dentro de si uma balança e uma régua, um padrão e um teste pelo qual pode pôr à prova essas coisas por si mesmo! Ele tem a Lei de seu Deus escrita em seu coração, de modo que, quase assim que olha para uma coisa, começa a perceber se há mal nela ou se é boa. Há em sua alma uma espécie de sensibilidade que o faz discernir entre o bem e o mal. Quando Deus Espírito Santo está tratando com ele, há uma consciência verdadeira e esclarecida em seu interior, para que ele não mais confunda amargo com doce e doce com amargo, ou escuridão com luz e luz com escuridão — algo em seu interior lhe diz "Isto é certo" ou "Isso é errado". Quando isto acontece, é algo tremendamente abençoado e *sempre* é obra do Espírito de Deus!

Eu sei que há algum tipo de consciência na maioria dos homens. Receio que seja uma pequeníssima luz fulgurante em alguns e que esteja quase apagada por seus maus hábitos. Eles podem até mesmo obrigar-se a pensar que estão fazendo a coisa certa quando estão totalmente errados! Porém, em um filho de Deus há uma luz ardente e resplandecente que revela a verdade quanto ao pecado. Há dentro dele algo que não pode ser silenciado — aquele princípio ou poder que John Bunyan denomina, em seu livro *Guerra Santa*, de "Sr. Consciência, o registrador de Alma Humana". Vocês sabem que, quando a cidade de Alma Humana se rebelou contra o grande rei Shaddai e ficou sob o domínio de Diabolus, eles trancaram o Sr. Consciência, o registrador, em uma sala escura, porque não queriam deixá-lo ver o que estava sendo feito. Não obstante, quando o velho senhor tinha uma de suas explosões, costumava incomodar demais os habitantes da cidade culpada — então, eles o mantinham trancado o máximo possível. Porém, quando o Sr. Consciência, o registrador, obtém total liberdade e ergue a testa à luz do sol, ah, senhores, então somos guiados de uma maneira muito diferente daquela dos ímpios que seguem seu próprio curso maligno! Então, o Senhor diz: "Porei minhas leis em sua mente e as escreverei em seu coração". A Lei existe para censurar ou para animar! Ela existe para nos deixar ouvir Sua voz dizer: "Este é o caminho pelo qual devem andar". Ou existe para dizer: "Permaneça onde está, não continue". Ou "Volte, filha reincidente, e busque a misericórdia do Senhor".

Deus faz mais do que isso por Seu povo. Quando Ele escreve Sua Lei em nosso coração, nos faz *aprová-la*. Um ímpio deseja alterar a Lei de Deus. Ele diz: "Veja, eu não gosto *desse* Mandamento 'não roube'; eu gostaria de ser um pouco vigarista". Outro diz: "Não gosto dessa pureza de que o ministro falou agora a pouco; eu gostaria de me exceder um pouco. Não devo ter prazer *algum*?". Porém, quando a Lei do Senhor está escrita em seu coração, o homem diz: "A Lei está certa". Ele não a alteraria se pudesse fazê-lo! Nada há que ele deteste mais do que a redução do tom da Lei de Deus, pois não deseja uma moralidade frouxa. Ele diz: "Ó, não! Que tenhamos a mais elevada forma de justiça que possa haver — e que Deus me ajude a persistir nela!". Paulo declara: "Amo a lei de Deus de todo o coração". E assim é com todo verdadeiro filho de Deus — ele não é capaz de pensar na santidade de Deus sem, ao mesmo tempo, dizer: "Eu não gostaria que Ele fosse diferente do que é — que Ele seja santo, santo, santo, Senhor Deus dos Exércitos, pois, como tal, posso adorá-lo. Mas, se Ele fosse menos do que isso, eu não conseguiria estimá-lo". Se ele ouve falar da Justiça de Deus, deleita-se até mesmo naquele atributo severo, porque não desejaria ter um Deus injusto! É ótimo quando Deus leva um homem a aprovar tudo o que é certo. Não quero dizer meramente reconhecer o que é certo, mas *alegrar-se* que o seja e desejar que, em sua própria alma, ele se conforme a isso.

Há uma redação adicional da Lei no coração quando o homem de Deus é preparado a *apropriar-se dessa Lei* — não só aprová-la, mas também aprová-la para si mesmo. Há muitas pessoas que aprovam leis desde que elas mantenham seus semelhantes sob controle, mas não querem leis para si mesmas. Essa pessoa diz: "Ó, é claro que todos devem ser honestos! Meus servos não devem me defraudar, não *devem me* roubar, eles devem me dar um bom dia de trabalho pelo seu salário". Quando o argumento se vira contra elas e a questão se torna dar um bom dia de *salário pelo trabalho*, elas passam a falar de economia política — o que significa que é absolutamente necessário que os homens sejam desonestos! Esse é o âmago e o cerne daquela ciência política — que todo homem será egoísta e que não há esperança de que as pessoas não sejam assim. Um homem fala o que não é verdadeiro e não vê mal nisso! Porém, se outra pessoa disser algo contra o caráter dele, esse é um assunto muito diferente, absolutamente imperdoável! Ele pode caminhar pela terra e devorar o caráter dos homens tanto quanto quiser — isso, claro, é mera crítica, como todos devemos esperar. Porém, se *ele* é tocado e uma palavra é falada contra ele, ela é cruel e rude, e deve ser derrubada de imediato! Quando Deus escreve a Lei no coração de um homem, este toma a Lei mais para si mesmo do que a aplica a qualquer outra pessoa e seu clamor não é: "Veja como os meus próximos pecam", e sim: "Veja como eu peco!". Seu clamor não é contra a falha de seu irmão, mas contra a sua própria falha. Ele já não procura mais ciscos nos olhos de outros homens, mas está mais preocupado com o tronco que ele tem certeza de ter em seu próprio olho – e ora para que o Senhor o remova.

Todavia, irmãos e irmãs, a Lei não está totalmente escrita no coração até que um homem, aprovando a Lei e apropriando-se dela para si mesmo, sinta que se satisfaz em obedecê-la. Ele diz: "Vê, ó meu Deus, minha maior felicidade reside em fazer o que quiseres que eu faça. Não quero desculpa ou indulgência alguma pelo pecado; quero, acima de tudo, ser santo! Será meu maior prazer ser puro. Será minha perfeita felicidade ser perfeitamente santo. Tu escreveste de tal maneira a Tua Lei no meu coração, que toda vez que ele pulsa, parece pulsar por santidade. Todas as inclinações da minha natureza nascida de novo são para o que é reto, para a Tua Verdade, para a bondade, para Deus". Isso, caros amigos, é ter a Lei do Senhor escrita em seu coração de modo a se deleitar nela segundo o homem interior e se deleitar em praticá-la com o homem exterior, esforçando-se diariamente para fazer com que a vida inteira esteja em conformidade com os ditames da vontade de Deus! Ó irmãos e irmãs, não é maravilhoso que Deus tornará tão natural para nós sermos santos uma vez que já nos era natural sermos ímpios? E que, então, descobriremos ser tão alegre servi-lo quanto anteriormente pensávamos ser um prazer *não* o servir, quando, de fato, negar a nós mesmos deixará de ser abnegação? Será para nós um prazer sermos *nada*! Será uma delícia renunciar a tudo de si mesmo e se apegar a Deus e andar nos Seus caminhos! Então, será cumprida em nossa experiência a promessa do nosso texto: "Porei minhas leis em sua mente e as escreverei em seu coração".

Um antigo provérbio latino diz que "o que é escrito permanece" e eu cito aqui esse provérbio acreditando ser a intenção do texto nos ensinar que, quando a Lei de Deus é escrita em nosso coração, ela é mantida lá. O advogado sempre diz: "É melhor você ter cuidado com o que diz, mas, quando for à lei, *nunca escreva* algo – refreie-se de usar caneta e tinta, porque o que é escrito permanece". Quando Deus escreve a Sua Lei em nosso coração, Ele escreve o que nunca será apagado! Portanto, deixe-o pegar a caneta e começar a escrever: "Santo para o Senhor" ao longo do coração de um homem – e o próprio diabo nunca será capaz de remover essa frase sagrada! Por isso, subentende-se em nosso texto que, como parte da Aliança, Deus escreverá "santo" assim profundamente na natureza de Seu povo escolhido para que eles possam antes cessar de existir do que cessar de ser santos! Ele colocará de tal maneira a Sua Lei em seus corações, que será necessário arrancar seu coração antes de conseguir arrancar a conformidade dele à mente de Deus! Não é esse um método maravilhoso de escrever a Lei no coração? Isso é santificação, de fato! Que Deus a realize em cada um de vocês! E Ele o fará se vocês forem crentes no Senhor Jesus Cristo, porque, se vocês confiam em Cristo, estão na Aliança! E, estando na Aliança, a promessa a seu respeito é "Porei minhas leis em sua mente e as escreverei em seu coração. Serei o seu Deus, e eles serão o meu povo". Assim, falei sobre o significado dessa bênção.

2. Agora, durante alguns minutos, falarei sobre OS MEIOS PELOS QUAIS ESSA BÊNÇÃO É CONCEDIDA – as canetas que Deus usa quando escreve nos corações humanos – porque quero que vocês percebam esse interessante processo.

Primeiramente, Deus escreve a Sua Lei nos corações de Seu povo com a *caneta da gratidão*. Ele lhes diz que Jesus Cristo os ama e se entregou por eles. Ele lhes dá uma visão do Salvador sangrando e lhes diz que seu pecado é eliminado por Sua morte. Então, em retribuição, eles amam ao Senhor com todo seu coração, mente, alma e força. A melhor maneira de fazer um homem cumprir a Lei de Deus é fazê-lo amar Àquele que concedeu a Lei. Antes, pensávamos que Deus era um tirano cruel, mas aprendemos que Ele é o nosso Pai amoroso. Não poderíamos ter cogitado que Ele daria Seu único Filho para morrer como o Substituto por nós, mas, agora que Ele o fez, nós o amamos com todo o nosso coração. Existe uma única maneira de escrever a Lei de Deus em nosso coração: concedendo-nos a gratidão como motivo de uma nova vida. O único motivo do homem natural para ser bom é: "Se eu for bom, irei para o Céu. E, se eu for mau, irei para o Inferno." Esse é o motivo do escravo, mas o filho de Deus não é mais escravo — ele foi liberto de sua antiga servidão. Logo, ele diz: "Eu sou salvo pela Graça Soberana; portanto, irei para o Céu. Jamais irei para o inferno — isso não pode ser! Eu sou o escolhido de Deus, lavado no sangue do Cordeiro e —

Agora, pelo amor, eu levo o Seu nome,
O que me era ganho, conto como perda!
Ao meu orgulho de antes chamo minha vergonha,
E prego minha glória à Sua Cruz.

Escolhido, não por qualquer bondade minha, mas inteiramente pela livre e Soberana Graça de Deus; diga-me agora o que posso fazer para demonstrar minha gratidão a um Deus tão gracioso". Essa é uma das maneiras pelas quais a Lei do Senhor é escrita no coração de Seu povo.

Novamente, a Lei é escrita no coração por *arrependimento gerando ódio ao pecado*. Como vocês sabem, crianças queimadas têm medo do fogo. Ó, que horror eu tive do pecado desde o dia em que senti seu poder sobre a minha alma! Foi o suficiente para me enlouquecer quando senti a culpa pelo pecado! Às vezes, penso que teria realmente enlouquecido se tivesse continuado muito mais tempo naquela condição terrível. Ó pecado, *pecado*, estou farto de você! Nunca me trouxe mais do que uma alegria aparentemente momentânea e, com ela, veio um profundo e horrível amargor que arde dentro de mim até hoje! E agora, tendo sido liberto do pecado, posso voltar a ele? Alguns de vocês, meus irmãos e irmãs, vieram a Cristo com tanta dificuldade que foram salvos, por assim dizer, por um triz. Vocês eram como Jonas. Tiveram de subir do fundo do abismo — e do fundo do ventre do inferno vocês clamaram a Deus! Bem, aquela experiência tornou o pecado tão amargo a vocês, que não voltarão a ele. A Lei foi escrita em seus corações com a caneta de aço do *arrependimento*, e Deus fez com que o pecado seja um mal horrível para vocês!

Mais longe e mais profundamente do que isso, Deus também escreve a Sua Lei no coração *na regeneração, na qual Ele gera no homem uma vida nova e melhor*. Na regeneração, se é que eu a entendo realmente, uma nova natureza nasce em nós. A nossa velha natureza é totalmente de pecado e nunca será coisa alguma. Você pode consertá-la como quiser, mas é um corpo de pecado e morte, e sempre permanecerá assim. Porém, a nova natureza, que nasceu em nós no nosso novo nascimento, não pode pecar porque é nascida de Deus! Ela é uma semente viva e incorruptível, que vive e permanece para sempre — e esse novo coração, esse espírito reto, por seu exato nascimento, por sua exata origem, por sua exata *natureza* — tem a Lei e a vontade de Deus gravados em si. Para a nova natureza, obedecer é tão natural quanto é natural para a natureza antiga desobedecer. Para a nova natureza, tanto é a sua essência viver em santidade quanto para a natureza antiga é o viver no pecado. Assim, por regeneração, a Lei do Senhor é escrita no coração do Seu povo.

Novamente, Deus escreve a Sua Lei mais plenamente no coração de Seu povo *enquanto este cresce em conhecimento*. Quanto mais conhecemos de Deus, desta vida, da vida futura, do Céu e do inferno, da Pessoa de Cristo, da Expiação e de qualquer outro assunto que as Escrituras nos ensinam, tanto mais vemos o mal do pecado e as delícias da santidade! Ora, no primeiro momento de sua conversão, o homem tem medo do pecado devido ao que experimentou dele, mas, quando começa a perceber como o pecado levou o Cristo à morte, como o pecado cavou o precipício do Inferno, como o pecado trouxe todas as pragas e maldições sobre a família humana e continuará a amaldiçoar gerações ainda por nascer — então o homem diz: "Como poderia eu cometer tamanha maldade? Estaria pecando contra Deus!". Treinado e educado na escola de Cristo, quanto mais ele conhece, mais se delicia na Lei e na vontade de Deus!

Além disso, caros amigos, a Lei é escrita no coração enquanto *Deus faz crescer e aumentar a nova vida em nós*. Alguns cristãos, lamento dizer, têm quase nenhuma vida espiritual. Ontem, falei com um homem de Deus que tem pregado o evangelho nas Novas Hébridas, onde, até recentemente, as pessoas eram canibais e, pela graça de Deus, ele levou centenas, se não milhares, de ex-selvagens a se tornarem cristãos! E, ao falar de suas dificuldades, o bom irmão disse: "Ah, mas, na Inglaterra, vocês não conhecem as alegrias daqueles que pregam aos canibais!". É verdade, a maioria dos primeiros missionários que foram para lá foram mortos e comidos — e nosso amigo escapou por um triz! Atentei a ele novamente para ouvir quais eram suas alegrias especiais e peculiares. Ele disse: "Ó, a alegria de converter um canibal a Cristo é a maior bênção que você pode vir a conhecer, você que só leva pessoas comuns ao Salvador!". E — acrescentou — "eu lhe digo que nenhum cristão que eu conheço supera os meus canibais convertidos. Se você quer ver o *Shabbat* ser guardado sagradamente, precisa ir a este lugar onde eu sirvo e ver como aquelas pessoas que costumavam ser canibais observam este dia! Aqueles que estavam acostumados a comer seus semelhantes, agora nunca se levantam sem oração e nunca se sentam à mesa sem pedir uma bênção. Não há uma família cristã que não faça uma oração familiar pela manhã e à noite. Essas pessoas andam com Deus" — disse o missionário — "e vivem perto de Cristo. E, à medida que olho para elas, é uma alegria enorme ter sido o meio de levar aqueles canibais a Cristo".

Receio que existam muitas pessoas nominalmente cristãs cuja bondade não chega nem à metade daquela dos canibais convertidos. Qual é a razão disso? É que elas parecem ter a vida de Deus derramada em abundância sobre si, enquanto alguns dentre nós têm muito pouco disso. Ora, quando um homem tem a vida de Deus abundantemente derramada em si, ele é sensível contra o pecado, pois tem a Lei de Deus escrita em seu coração e, assim, Deus tornou sua consciência — "Rápida como a pupila do olho".

Ele não pode suportar ouvir uma má palavra de alguém, ou ter um pensamento maligno sem se sentir aflito e incomodado. Vi homens que professaram ser cristãos fazerem muitas coisas questionáveis e, no entanto, nunca sentirem estar cometendo erro algum. Porém, quanto ao verdadeiro cristão que vive perto de Deus e que tem agido perfeitamente bem, tanto quanto outras pessoas possam julgar, quando ele chega em casa, começa a se culpar por algo que não fez! Tanto quanto vocês possam ver, ele disse e fez o que é certo, mas diz: "Não, eu não disse tão fervorosamente quanto deveria ter dito. Não fiz como deveria ter feito." Quanto a mim, sei que, quando vivo o mais perto possível de Deus, tenho a maior consciência do pecado; e acredito que, na proporção em que você se afastar de Deus, começará a pensar que você é perfeito. Porém, se viver na luz do Senhor, o pecado lhe será uma praga diária, e você estará clamando para que o sangue precioso o lave e o limpe! O homem que é espiritualmente cego fala sobre a sua santidade. No entanto, aquele cujos olhos foram abertos por Deus — o homem realmente santo a quem Deus o traz para junto de si — é o que ainda clama: "Mais santo! Mais santo! Mais alto". —

> Mais perto quero estar
> Meu Deus, de ti
> Ainda que seja a dor
> Que me una a ti,
> Sempre hei de suplicar
> Mais perto quero estar
> Mais perto quero estar
> Meu Deus, de ti! (HC 187)

E é assim que Deus escreve a Sua Lei no coração de Seu povo, dando-lhes tanta luz que eles se tornam sensíveis e perceptivos à simples aproximação do pecado!

E, mais uma vez, *ter comunhão com Cristo* é a melhor maneira de ter a Lei escrita no coração. Quem está com Cristo desde a manhã até o meio-dia, e desde o meio-dia até a vinda do orvalho, e que pode dizer à noite —

Novamente aspergido com sangue que perdoa,
Deito-me para descansar,
Como nos abraços de meu Deus,
Ou no peito de meu Salvador.

Ele é o homem que terá a Lei de Deus escrita em seu coração. Como pode pecar aquele cujas vestimentas cheiram à mirra e aloés e cássia da comunhão com Cristo? Como pode ele sair dos palácios de marfim da comunhão com o seu Senhor e, depois, ir viver como os outros vivem e pecar contra o seu Deus?

Assim, caros amigos, vocês veem a maneira como o Senhor escreve a Sua Lei no coração de Seu povo.

3. Tenho apenas um ou dois minutos para falar sobre A GRANDE GRAÇA CONTIDA NESSA BÊNÇÃO. Não conheço um presente maior do que esse, que até mesmo Deus possa conceder — o presente de Seu Filho unigênito! "Porei minhas leis em sua mente e as escreverei em seu coração".

Ó vocês, pobres pecadores, posso exortá-los a cumprir a Lei, mas, sem o Espírito de Deus agindo em seu interior, nada resultará! Porém, se Deus colocar a Sua Lei em seus corações, vocês a cumprirão. Ó, que Ele possa levá-los agora mesmo ao Seu querido Filho, para que vocês possam ver a Sua Lei na mão de Cristo e, depois, sentir aquela mão perfurada deixando-a repousar em seu coração para permanecer lá para sempre!

A grande graça dessa bênção repousa nisto. Primeiramente, *Deus faz o que o homem não faria e não poderia fazer*. O homem não cumpriria a Lei. Ele se recusou a obedecê-la, então Deus vem, no esplendor de Sua Graça, e muda a vontade do homem, renova o seu coração, altera as suas emoções para que aquilo que o homem não faria, Deus o faz! O homem também se tornou tão corruptível que não pode cumprir a Lei. "Acaso o etíope pode mudar a cor de sua pele? Pode o leopardo tirar suas manchas? De igual modo, você é incapaz de fazer o bem, pois se acostumou a fazer o mal." Porém, o que o homem não consegue fazer, devido à perversidade da carne, Deus realiza dentro dele, agindo nele para querer e fazer segundo a Sua boa vontade. Ah, que surpreendente graça é essa, que enquanto perdoa a nossa falta de vontade, também remove a nossa falta de poder!

E, caros amigos, não é uma prova maravilhosa da graça o fato de *Deus fazer isso sem destruir o homem nem um pouco sequer*? O homem é uma criatura com vontade — com "livre-arbítrio", como às vezes o chamam — uma criatura responsável por suas ações. Então, Deus vem e transforma o nosso coração, não por um processo físico, como alguns parecem sonhar, mas por um processo *espiritual* em que Ele nunca desfigura a nossa natureza, mas a endireita! Se um homem se torna filho de Deus, ainda tem vontade! Deus não destrói a delicada engrenagem de nossa natureza, mas a coloca na marcha adequada. Nós nos tornamos cristãos com o nosso próprio total assentimento e consentimento, e cumprimos a Lei de Deus não por qualquer outra compulsão, mas unicamente pela doce compulsão do amor! Nós não a cumprimos por não podermos fazer outra coisa, mas a cumprimos porque *não faríamos outra coisa* visto que passamos a nos deleitar nela — e essa me parece ser a maior maravilha da Graça Divina!

Vocês veem, caros amigos, como a maneira de o Senhor agir é diferente da nossa? Se você derrubar um homem que está vivendo perversamente e o acorrentar, poderá torná-lo honesto à força — ou, se o libertar e o cercar com leis do Parlamento, poderá torná-lo sóbrio, se ele não conseguir algo para beber! Você poderá torná-lo maravilhosamente quieto se lhe colocar uma mordaça na boca, mas essa não é a maneira de Deus agir! Aquele que colocou o homem no jardim do Éden e nunca colocou uma cerca em torno da "árvore do conhecimento do bem e do mal", mas deixou o homem ser um agente livre, faz o mesmo nas operações de Sua Graça. Ele deixa o Seu povo à mercê das influências que estão no interior de cada um e, mesmo assim, as pessoas percorrem o caminho certo, porque são tão transformadas e renovadas pela Sua Graça, que se *deleitam* em fazer o que antes detestavam! Admiro a Graça de Deus por agir dessa maneira. Nós teríamos despedaçado o relógio, quebrado a metade das engrenagens e feito outras novas, ou algo do tipo. Porém, Deus sabe como deixar o homem tão homem quanto era antes de sua conversão e, ainda assim, torná-lo tão completamente um novo homem de maneira que as coisas antigas passaram e se fizeram novas!

E é muito bonito, também, que ao escrever a Sua Lei no coração de Seu povo, Deus faz disso o caminho para a preservação deles. Quando a Lei de Deus é escrita no coração de um homem, esse coração se torna propriedade divinamente real, porque o nome do Rei está lá e o coração em que Deus escreveu o Seu nome jamais poderá perecer! Alguns anos atrás, por seu grande amor por mim, meu estimado irmão, o Sr. John B. Gough, enviou-me uma bengala muito valiosa. Ela deve ter lhe custado uma grande quantia de dinheiro, porque era feita de ébano e tinha um cabo de ouro, com peças de quartzo californiano curiosamente engastadas no cabo. Não posso dizer que ela tenha sido muito útil para mim, mas ainda assim eu a valorizava como um presente do Sr. Gough. Certa noite, um ladrão entrou em minha casa, roubou minha bengala e, é claro, a quebrou e tirou o ouro do cabo. Ele o levou a uma loja de penhores não muito distante de casa. Ele havia martelado e golpeado tanto quanto podia, mas, quando o funcionário da loja olhou atentamente, viu as letras "S-p-u-r-g-e-o-n".

Ele disse ao homem: "Hei! Espere um pouco", o que, é claro, foi exatamente o que o ladrão não fez! Eu recebi meu ouro de volta porque meu nome estava nele. Embora o homem tivesse martelado, meu nome estava ali e o ouro deveria voltar para mim — e assim aconteceu. Ora, quando o Senhor escreve o nome dele em seu coração, Ele escreve a Sua Lei dentro de você. E, embora o diabo possa golpeá-lo, Deus o reivindicará como propriedade dele! Tentação e pecado podem assaltá-lo, mas, se a Lei do Senhor estiver em seu coração, você não cederá ao pecado. Resistirá a ele, será preservado, será guardado — porque você pertence ao Senhor.

Esse é o único meio de salvação que conheço para qualquer um de vocês. Primeiramente, você precisa ser lavado na fonte cheia de sangue e, em seguida, precisa ter a Lei de Deus escrita em seu coração. Então estará seguro, sem medo de ruína. Diz o Senhor dos Exércitos: "No dia em que eu agir, eles serão meu tesouro especial". Ó, bendito plano da salvação! Que ele seja aceito por todos os homens e mulheres aqui! E isso só pode ocorrer pela obra do Espírito de Deus levando-o a uma simples confiança no Senhor Jesus Cristo. Confie em Cristo para salvá-lo e Ele o fará, tão certamente quanto Ele é o Cristo de Deus. Que o Senhor o ajude a confiar nele agora! Amém.

AMANDO A LEI DO SENHOR[9]

> *Como eu amo a tua lei; penso nela o dia todo! Teus mandamentos me fazem mais sábio que meus inimigos, pois sempre me guiam. Sim, tenho mais prudência que meus mestres, pois vivo a meditar em teus preceitos. Tenho mais entendimento que os anciãos, pois obedeço às tuas ordens.*
>
> Salmo 119.97-100

avi tinha uma Bíblia muito pequena, mas a considerava muito preciosa. A nossa Bíblia é uma grande biblioteca em comparação à de Davi; sem dúvida, ele a lia e relia e exultava muito no tesouro que encontrava nela. Algumas vezes, ouvi pessoas dizerem que desejavam ter registros mais completos sobre a vida de Cristo. E, quando descobrem João escrevendo que ele supôs que nem mesmo o próprio mundo seria capaz de conter todos os livros que poderiam ter sido escritos acerca do Salvador, elas perguntam: "Por que não temos preservados mais dos interessantes acontecimentos de Seu ministério?". Algumas dessas mesmas pessoas não leem o que *está* preservado e parecem esquecer-se de que a Bíblia é exatamente do tamanho certo — o mais portátil e mais útil — e de que, se tivéssemos uma maior, algumas pessoas poderiam dizer: "Ela é um livro grande demais para que possamos ler e ter ao nosso alcance". Sejamos gratos pelo fato de a Bíblia ser grande o suficiente para nos fornecer abundância de leitura revigorante para todos os dias do ano, e consideremo-la preciosa como Davi considerava preciosa a sua porção muito menor.

Davi foi um dos que ajudaram a ampliar a Bíblia. O Espírito de Deus habitou nele em grau tão elevado que ele nos deu, no livro de Salmos, uma parte preciosíssima de Escritura Sagrada. No entanto, ele não desprezou o restante da palavra escrita que possuía. É notável que os santos mais cheios do Espírito de Deus foram sempre aqueles que mais valorizaram as Escrituras. Quando Pedro, cheio do Espírito, estava com os onze no Dia de Pentecostes, o seu sermão consistiu principalmente em citações do Antigo Testamento. O Espírito Santo cita até mesmo escritos inspirados por Ele, para demonstrar o valor que todos nós devemos atribuir à palavra escrita. Algumas pessoas disseram que não precisavam do que estava escrito, pois tinham o Espírito em si para lhes ensinar tudo o que precisavam saber. Porém, tal discurso não está em conformidade com o Espírito de Cristo. Também não está de acordo com a mente do salmista inspirado, pois, embora Deus falasse por intermédio dele, ainda assim Davi valorizava muito o que Deus havia falado por intermédio de outros e examinava cuidadosamente as Escrituras que possuía com muito entusiasmo e intenso deleite. Amados, se o homem que foi inspirado pelo Espírito de Deus considerava tanto a Palavra do Senhor, quanto mais nós devemos valorizá-la, nós que nunca seremos escritores inspirados e que, nesse aspecto, não podemos nos equiparar a Davi! Nossa consciência tem o dever de recomendar-nos a verdade infalível que Deus apresentou nas Escrituras Sagradas para nosso uso.

Desejoso de imprimir em vocês, amados, uma percepção do valor das Sagradas Escrituras, desejo que aprendam a partir do nosso texto, em primeiro lugar, *o amor de Davi pela palavra*. Em segundo, *como ele demonstrava esse amor*. E, em terceiro, *o benefício que ela lhe trazia*.

---

[9] Este sermão foi extraído The Metropolitan Tabernacle Pulpit e pregado no Metropolitan Tabernacle, em Newington, em 1874.

1. Primeiro, então, consideremos O AMOR DE DAVI PELA PALAVRA. Ele tentou expressar o inexprimível ao dizer: "Como eu amo a tua lei". Não consegue dizer ao Senhor quanto ama essa Lei. E possuía um bom motivo para amá-la — seu amor era razoável. Às vezes, o amor é cego, mas, neste caso, Davi amava com os olhos bem abertos e amava com bom motivo. Nós devemos amar tudo que Deus nos dá e, especialmente, todo o seu abençoado ensinamento. Se você não ama a Bíblia, certamente não ama ao Deus que no-la deu — mas, se você ama a Deus, estou certo de que nenhum outro livro no mundo inteiro poderá se comparar, em sua mente, ao próprio Livro de Deus. Os servos do Senhor voltarão imediatamente seus olhos para onde a caligrafia dele for vista mais claramente. Quando Deus fala, é o deleite de nossos ouvidos ouvir o que Ele diz.

Além disso, Davi amava a Lei do Senhor *porque, sendo ela Palavra de Deus, era verdade sólida*. Em outros livros, há um pouco de verdade e um pouco de erro. Exceto a Bíblia, mesmo o melhor livro que já foi escrito neste mundo contém erros. Não é possível homens falíveis escreverem livros infalíveis. De alguma maneira ou outra, nós dizemos mais do que a verdade ou menos do que a verdade. O escritor mais habilidoso nem sempre se mantém na tênue linha da verdade, na qual é mais difícil de andar do que no fio da navalha. Porém, as Escrituras jamais erram. Eis aqui o lingote de ouro sem uma partícula sequer de liga. Eis aqui a água viva fluindo da Rocha e não há nela qualquer impureza. Davi escreveu em verdade: "As promessas do Senhor são puras como prata refinada no forno, purificada sete vezes". Assim é a verdade de Deus que encontramos nas Escrituras. Ora, um homem que preza a verdade ama naturalmente o Livro da verdade e, descobrindo-o tão puro, ele exclama: "Como eu amo a tua lei!".

Além de ser o Livro de Deus e, portanto, ser puro, Davi, sem dúvida, o amava *devido à majestosa bondade, à sublime graça de sua revelação*. O que a Bíblia nos ensinou? Certamente, algumas coisas terríveis, porque revelou a ira vindoura; mas também coisas gloriosas, porque revelou o grande Substituto que tomou nossos pecados sobre si mesmo e afastou essa ira de todos os que confiam nele. Quão maravilhosa é a revelação de Deus em Cristo Jesus! Os profetas poderiam muito bem ansiar por ela e os reis desejarem vê-la. Vocês a têm nesse bendito Livro de Deus. Vocês têm muito mais da revelação do que Davi teve, porque, embora ele pudesse ver Cristo nos símbolos do Antigo Testamento, vocês podem vê-lo muito mais claramente nos evangelhos e nas epístolas do Novo Testamento. O quanto, então, devem amar essa Palavra que mostra tão claramente o caminho da salvação por meio do sacrifício expiatório do Filho unigênito e muito amado de Deus! Segurem a Bíblia junto ao seu peito, pecadores arrependidos e perdoados, e digam ao Senhor: "Como eu amo a tua lei, visto que por meio dessa palavra minhas cadeias foram quebradas e eu fui liberto para sempre!".

Davi também tinha um bom motivo para adorar a Lei do Senhor visto que *ela fora o seu consolo tantas vezes em seus momentos de aflição*. E muitos de nós podemos dizer o mesmo. Quantas vezes eu, em tempos de assustadora depressão de espírito, peguei a minha Bíblia e, em poucos minutos, fui capaz de saltar de alegria na alma e cantar na consciente percepção da reconfortante presença do meu Deus! Peguem apenas um texto adequado à ocasião, aplicado ao coração com poder pelo Espírito Santo e, independentemente de onde vocês estiverem, terão a certeza de serem felizes. Poderiam estar em uma masmorra, como Paulo e Silas, marcados pelo açoite, mas cantariam como eles fizeram e fariam seus companheiros de prisão ouvi-los. Se vocês conseguirem apenas ter o texto correto aplicado à sua alma pelo Espírito Santo, isso será precioso à sua alma nos momentos de mais profunda angústia e será como uma estrela iluminando a sua noite mais escura!

Eu poderia continuar assim por um longo tempo, mostrando-lhes que Davi tinha bons motivos para amar a Lei do Senhor, mas, provavelmente, vocês acreditam nisso tanto quanto eu, então me contentarei em lembrar-lhes de que *ele a amava por completo*. Ele diz: "Como eu amo a tua lei". Ele quer dizer não apenas uma parte, mas toda ela. Caro amigo, se houver algum texto das Escrituras do qual você discorde, é melhor se submeter a ele imediatamente! Se você não está totalmente de acordo com a Palavra de Deus, você está errado e não ela! Há algumas passagens das Escrituras que certos irmãos e irmãs não se preocupam em ler, pois não correspondem aos seus pontos de vista. Há alguns comentários que parecem ter sido escritos sob o princípio de distorcer o texto até o formato aprovado pelo comentarista. E receio que todos tenhamos participado de tentativas para fazer a Palavra de Deus dizer o que pensamos que ela deveria ter dito conforme o nosso sistema de divindade. Não façam isso, irmãos e irmãs! Precisamos desistir de tentar consertar as Escrituras e dizer ao Senhor: "'Como eu amo a tua lei'! Eu a amo demais para desejar alterar uma única letra dela."

Um irmão não gosta da doutrina da eleição. Outro gosta da doutrina da soberania divina, mas não gosta da doutrina da responsabilidade humana e não consegue suportar exortações a pecadores para que se arrependam e creiam no evangelho. Bem, irmãos, não importa o que *vocês* gostam ou não! Se as doutrinas estão na Palavra de Deus, é melhor se decidirem a gostar delas, porque elas não serão retiradas para lhes agradar! Vocês não podem dobrar a Bíblia em sua mente — muito melhor seria inclinarem a sua mente à Bíblia e dizer: "'Como eu amo a tua lei' — suas doutrinas, seus preceitos, suas promessas, as ordenanças que ela me impõe, as advertências que ela me apresenta, as exortações que ela me faz!". Amem toda a Bíblia, desde o início de Gênesis até o fim de Apocalipse, e estejam preparados até mesmo para morrer do que para abrir mão de meio versículo dela!

À parte disso, *Davi sempre a amava*. Acredito que poderíamos ler sua declaração no tempo passado e, ainda assim, dar o sentido do original — "Como eu tenho amado a tua lei". Ele é um santo que sempre ama a Palavra de Deus. Ouvimos falar de alguns que liam suas Bíblias no domingo, mas as guardavam em uma gaveta com um raminho de lavanda a semana toda. Esse não era o plano de Davi — ele poderia dizer: "Como eu amo a tua lei; penso nela o dia todo!". E, sem dúvida, ele quis dizer todos os dias da semana. Nós precisamos amar a Palavra de Deus quando estamos trabalhando e agir em conformidade com ela ali. E amá-la em nossas famílias e agir em conformidade com ela ali. Amar a Bíblia no estudo como um livro para começar é bom, mas não é bom terminar assim — precisamos amar a Palavra de modo a vivermos em conformidade com ela onde quer que possamos estar. Em qualquer empresa, se for correto você estar lá, você sentirá: "Não tenho medo de levar a Palavra de Deus comigo aqui, porque agora estou fazendo o que está em conformidade com ela". Certa vez, ouvi dizer que "a Regra de Ouro" foi para um lugar onde os homens estavam reunidos para ganhar dinheiro — penso que era a Bolsa de Valores — e eles chamaram o gerente e a trancafiaram, porque disseram: "'Faça aos outros o que você quer que seja feito a você' é uma regra que nunca funcionará aqui". Mas o cristão não pensa assim — ele pode fazer suas transações de negócios e manter sua Bíblia perto de seu coração o tempo todo. Quando a Bíblia e o livro-caixa discordam, temos um mau negócio. Ó, que possamos amar o Livro de Deus o dia todo e torná-lo o guia das nossas transações comerciais comuns!

Davi não só amava a Lei de Deus sempre, mas também *não se envergonhava de dizer que a amava* — "Como eu amo a tua lei". Rapaz, você não temeu, na outra noite, confessar que era cristão quando seus companheiros começaram a zombar de você devido à sua religião? Ouvi dizer que eles leram um artigo muito crítico e sarcástico e que um deles se voltou para você e disse: "Eu acho que você é desse tipo". E você ficou muito corado com a acusação. Bem, core agora só de pensar que corou naquele momento, pois não havia por que corar! Envergonhado de ser cristão? Tenha vergonha de, em algum momento, ter se envergonhado! Davi disse: "Como eu amo a tua lei". Ele não se importava com quem o ouvia e, se o nosso coração estiver correto com Deus, não nos envergonharemos de nos levantar, mesmo que estejamos sozinhos, e confessar a Cristo! Geralmente, as minorias estão certas e a multidão corre para fazer o mal. Muitas vezes, *vox populi* [a voz do povo] não é *vox Dei* [a voz de Deus] — mais frequentemente, ela é a voz do diabo e não a voz de Deus! É digno de ser chamado homem aquele que se atreve a fazer o que é certo, independentemente do que os outros possam fazer ou dizer. "Como eu amo a tua lei", disse Davi, para que todos os homens soubessem que ele estava apaixonado pela Lei do Senhor até o máximo imaginável.

2. Agora, porém, em segundo, COMO ELE DEMONSTRAVA O SEU AMOR? Ele diz: "Penso nela o dia todo!".

Talvez alguma pessoa insensível diga: "Suponho que Davi não tinha o que fazer exceto sentar-se e ler a sua Bíblia". Ele tinha de lutar contra filisteus e governar um reino! E, com tanto para fazer que suas mãos estavam sempre ocupadas, alguém pergunta: "Então, como ele meditava todo o dia?". Bem, frequentemente, os homens mais ocupados são os que mais meditam, porque ociosidade e meditação não são, geralmente, companheiras muito próximas. Um homem ocioso costuma ter pensamentos ociosos, mas o homem ocupado, quando consegue pensar, ocupa sua mente com pensamentos que valem a pena. Ora, se nós amamos a Palavra de Deus como Davi a amava, meditaremos sobre ela todo o dia, como ele. De que maneira faremos isso?

É um plano admirável direcionar seus pensamentos para algum texto das Escrituras antes de sair do quarto pela manhã — isso nutrirá a sua meditação durante todo o dia. Busque sempre a face de Deus antes de ver a face de outra pessoa. Tranque seu coração pela manhã e entregue a chave a Deus, e mantenha o *mundo* fora de seu coração. Tome um texto e coloque-o em sua língua como uma bolacha feita com mel e deixe-o derreter na boca o dia todo. Se você fizer isso e meditar sobre isso, ficará surpreso ao perceber como os diversos acontecimentos da vida ajudarão a descortinar aquele texto. Se aquele texto em particular não parecer adequado a alguma ocasião especial, retire-se para um lugar calmo e escolha outro — apenas deixe sua alma estar tão plena da Palavra de Deus que, em todos os intervalos e espaços em que você puder pensar nela, a Palavra de Deus, que habita ricamente em você, possa aflorar em sua mente e tornar a sua meditação doce e proveitosa!

Receio que não haja muitos cristãos que meditem sobre a Palavra nos dias de hoje. A meditação parece ter saído da moda. Porém, se vocês não meditarem sobre o que lerem, poderão também ler algum livro comum por todo o bem que sua leitura lhes trouxer. É inútil apressar-se na leitura das Escrituras, como um homem que anda por um campo de milho maduro — é inútil tentar fazer uma boa colheita dessa maneira. Para extrair das Escrituras o que elas têm de melhor, vocês precisam meditar sobre elas e, assim, digeri-las, exatamente como viram o gado deitar-se para ruminar após comer. Para obter o alimento de um texto, revirem-no em sua mente, ruminem sobre ele, separem-no palavra por palavra. Às vezes, é bom não ser capaz de ler rapidamente, para que, como o Pai Tomás [N.E.: Personagem do livro *A cabana do Pai Tomás*, de Beecher Stowe.], seja preciso soletrar um texto letra por letra: n-ã-o, não — d-e-i-x-e, deixe — q-u-e, que — não deixe que — s-e-u, seu — c-o-r-a-ç-ã-o, coração — f-i-q-u--e, fique — a-f-l-i-t-o, aflito — seu coração fique aflito. Essa é a maneira de absorver a doçura que há no texto! Frequentemente, um texto das Escrituras é como uma macieira com abundância de frutos maduros e estamos sob essa árvore. Deem uma sacudida, irmãos e irmãs, agitem-na até o fruto maduro cair!

Davi provou seu amor à Lei do Senhor meditando sobre ela. Talvez vocês pensem que isso fosse um trabalho muito tedioso, mas estou certo de que não foi, nem vocês pensarão isso se eu lhes contar sobre o que ele meditava. A Palavra de Deus era uma carta de seu Pai — e, se alguma vez seu pai esteve em um país distante, vocês sabem como valorizaram uma carta dele! Boa esposa, se seu marido foi fazer uma longa viagem marítima e lhe escreveu, quantas vezes você leu a carta que ele lhe enviou! Eu não a vi, alguns dias atrás, quase rasgada visto que a carregou no bolso desde que a recebeu? Ninguém mais sabe o quão preciosa essa carta é para você, pois ninguém mais tem um relacionamento tão próximo com o escritor como você.

A Bíblia contém também o retrato do nosso mais verdadeiro e melhor amigo. Eu os vi olhar uma fotografia, a semelhança de sua querida mãe, que está no Céu, ou de um filho querido, ou de alguém ainda mais precioso, porque gosta de olhar para aquele rosto. E uma razão pela qual amamos ler a Bíblia e meditar sobre ela é que ela contém um retrato muito realista de Cristo. A Bíblia é também a carta de liberdade do cristão. Ele já foi escravo, mas agora está livre por intermédio do bendito Emancipador revelado nesse Livro. A Bíblia é o título de propriedade de nossa herança celestial. A Bíblia é a nossa patente de nobreza, pois nela lemos que somos feitos reis e sacerdotes para Deus! A Bíblia é o nosso mapa pelo qual trafegamos com segurança através dos pântanos da vida. A Bíblia é o nosso talão de cheques. Nós vamos a ela e sacamos as promessas no Banco do Céu — nós as preenchemos e apresentamos diante de Deus em oração — e temos o que queremos dele quando pedimos em nome de Jesus! A Bíblia é, para nós, o telescópio por meio do qual avistamos a Cidade Celestial para onde estamos viajando!

Eu poderia continuar cantando os louvores deste livro abençoado por muitas horas, mas, com certeza, lhes dei razões suficientes para fazermos dele o tema de nossa meditação todo o dia. Eu me pergunto: Quantos de nós fazemos isso? Se eu dissesse: "Levantem as mãos todos que têm uma Bíblia", as mãos de todos se levantariam aqui. Suponho que ninguém aqui esteja sem uma Bíblia. Porém, se eu perguntasse: "Quantos aqui meditam nas Escrituras constantemente, como hábito e prazer?", que respostas eu receberia? Bem, não vou lhes fazer essa pergunta, mas deixar que cada um pergunte a si mesmo e se julgue a respeito sob o olhar de Deus.

3. Em terceiro, temos de perguntar: QUAL BENEFÍCIO DAVI RECEBEU POR AMAR A LEI DO SENHOR? Ele lia e amava tanto a Bíblia, que recebeu algum benefício com isso — qual foi esse benefício? Ele nos diz ter ficado mais sábio do que três tipos diferentes de pessoas. Primeiro, ele se tornou mais sábio do que os seus inimigos. Segundo, ele teve mais entendimento do que todos os seus mestres. E terceiro, ele tinha mais entendimento do que os anciãos. Estas são três das bênçãos que receberemos ao meditar sobre a Bíblia!

Primeira, *seremos mais sábios do que os nossos inimigos*. Deus havia ensinado a Davi o significado das Escrituras e, por sua meditação diária sobre elas, o salmista havia se tornado mais sábio do que os seus inimigos. Alguns de vocês, jovens cristãos, têm de viver diariamente entre pessoas que gostarão de encontrar defeitos em vocês, se conseguirem. Elas estão lhes observando na tentativa de trazer uma acusação contra vocês, e esta é muito sutil e astuta — como poderão se proteger contra ela? Eis a melhor maneira. Tomem a Bíblia que foi inserida em sua alma e ajam em conformidade com os seus ensinamentos — então, seus inimigos não serão capazes de fazer uma verdadeira acusação contra vocês! Ou, se fizerem, serão como os homens que observaram Daniel, que nada conseguiram encontrar para acusá-lo, exceto sua religião. Se quiserem confundir todos aqueles que fazem acusações contra vocês, não se preocupem com eles. Cuidem apenas de andar em conformidade com a Palavra de Deus, pois assim os vencerão!

Além de tentar fazer acusações contra vocês, eles também procurarão lhes preparar armadilhas. Muitos jovens passaram por maus momentos com ciladas armadas para eles. Todos os tipos de esquemas e tramas foram arquitetados para tentar desviá-los do caminho certo. Porém, nem o homem mais esperto do mundo será capaz de derrubar o homem que simplesmente segue as instruções que lhe são dadas na Palavra de Deus! Mantenham esse curso e vocês vencerão em longo prazo. Embora eu não goste desse provérbio comum: "Honestidade é a melhor política", há uma dose de verdade nele — que, mesmo como uma questão de política, fazer a coisa certa é o melhor plano. Frequentemente, vi homens muito astutos bastante intrigados por um cristão simplório, reto e honesto.

Davi diz ter sido capaz de derrotar todos os seus inimigos porque a Palavra de Deus estava sempre consigo e ele seguia as instruções que encontrava ali. E, caros amigos, quer vocês sejam jovens ou idosos, se amarem a Lei do Senhor, depositarem a sua confiança em Jesus e, depois, obedecerem aos ensinamentos do seu divino Mestre, certamente serão capazes de derrotar toda a sutileza e maldade do inferno! Como José, vocês poderão ser lançados na prisão sem serem culpados do crime que lhes foi imputado, mas esse será o caminho mais direto para um trono! Vocês poderão ser perseguidos por causa da justiça, mas, se acontecer o pior e forem mártires pela verdade de Deus, esse será o caminho mais direto para o Céu! Portanto, sejam justos e não temam. Obedeçam ao seu Deus. Deixem os cães do inferno latirem para vocês o quanto quiserem — no fim, vocês serão mais do que conquistadores!

Em seguida, *Davi teve mais prudência do que todos os seus mestres*. Ele entrou nas escolas e nos acampamentos e, após suas batalhas mentais com os líderes dali, disse: "Tenho mais prudência que meus mestres, pois vivo a meditar em teus preceitos". Não penso que ele quer dizer que tinha mais compreensão do que os sábios, bons e piedosos mestres, mas que tinha mais prudência do que aqueles que, em vão, se preparavam para ser líderes. Ainda sobraram alguns desse tipo para nos atormentar: os mestres secos como pó que, com prazer, nos ensinarão as letras da palavra, mas ignorarão seu verdadeiro espírito. Se nos dias de Davi houvesse algum mestre como os rabinos judeus que nos deixaram o Talmude, a Mishná e a Gemara, Davi bem poderia dizer que era mais prudente do que eles! Eles sabiam tanto, que confundiam tudo. Desciam tão profundamente, que agitavam a lama no fundo e, então, nem eles nem ninguém conseguia ver! Davi meditava sobre a Lei do Senhor e, portanto, era muito mais prudente do que os cultos rabinos.

Porém, certamente eu posso usar o texto com referência a céticos homens instruídos. De vez em quando, há uma grande erupção — um vulcão explode logo abaixo dos alicerces do templo da verdade de Deus, como se fosse explodir tudo — e a lava do ceticismo começa a correr pelas nossas ruas como se tudo estivesse prestes a ser destruído! Em dado momento, é um bispo que está estudando uma ardósia e descobriu que o Gênesis está errado. Em outro, nos dizem para desistir de alguma outra parte das Escrituras, porque está incorreta. Bem, o que diremos a tudo isso? Ora, que temos mais prudência do que todos esses mestres céticos ao meditarmos nos estatutos de Deus! Podemos não saber como responder a todas as perguntas deles, mas sabemos como lhes fazer perguntas que eles não conseguem responder! Talvez não possamos refutar seus argumentos, mas ainda acreditaremos na Lei do Senhor! Muitos pobres cristãos ficaram confundidos por algum infiel inteligente, mas disseram a si mesmos: "Se esse cavalheiro tivesse tentado provar que eu não existo, ouso dizer que ele poderia ter provado isso da mesma maneira como provou esse ponto, que não consegui responder, mas sei o que sei — e sei que Cristo é o precioso Salvador. E, como li sobre Ele em Sua Palavra, assim descobri por experiência própria; a Palavra do Senhor e a minha experiência concordam, então estou satisfeito". Se vocês adquirem o entendimento correto pesquisando as Escrituras, não precisam se importar com quem os ataca — as Escrituras serão como uma cota de malha para repelir todos os dardos daqueles que os atacam — e vocês serão capazes de se opor aos que são muito mais instruídos do que vocês. Tudo estará bem se você conseguir lidar com todos os argumentos do cético e conhecer e dominá-lo no território dele — porém, a maioria dos crentes, homens e mulheres, não são capazes de fazê-lo. Se vocês não conseguirem argumentar assim, se contentem se forem como a pobre mulher de Cowper, que só sabe que a Bíblia é verdadeira, porque poderão, como Davi, ainda ser mais do que um desafio para os céticos e ser mais prudente do que todos os seus mestres visto que meditam nos preceitos de Deus.

Por último, Davi disse *ter mais entendimento do que os anciãos* visto que obedecia às ordens de Deus. Ó, esses anciãos — eles têm muito pelo que responder! Algumas pessoas parecem pensar que, se algo é antigo, deve ser certo. Se vocês olharem (eu espero que não se importem de fazê-lo) em algumas de *nossas igrejas paroquiais*, terão de dizer que nenhum ser humano seria capaz de ver qualquer diferença entre elas e os lugares católicos romanos. Se vocês entrarem, perguntem ao "sacerdote" ritualista por que ele usa todos aqueles aparatos, por que queima coisas que têm um cheiro tão desagradável — e o que quer dizer com todas as pantomimas e os encantamentos que são tão misteriosos para vocês. Ele diz: "Isso é o que a igreja antiga fazia". Ele poderia citar a igreja realmente antiga do Novo Testamento, vocês poderiam concordar com ele — mas ele os remete a Santo Honório, Santa Verônica ou alguns outros antigos, reais ou lendários. Esse "sacerdote" conseguiu levar pessoas a acreditarem em seu absurdo sobre o antigo? Sim, com sua conversa ele impressiona aquelas mulheres tolas e homens ainda mais tolos que leem romances, mas nunca leem suas Bíblias! Porém, eles nunca o fazem e jamais perverterão um verdadeiro leitor da Bíblia e os que amam a Bíblia! Se alguma vez eles surpreenderem um batista nominal, se orgulharão disso, porque somos tão acostumados a pesquisar na Bíblia tudo que ensinamos e a testar tudo frente à Bíblia! Conheci um romanista que disse: "Não consigo fazer progresso algum com você. Você não acredita em tradição alguma, nem mesmo em batismo infantil! Você busca uma comprovação bíblica para tudo, caso contrário não aceitará". Sim, e se todos os cristãos professos simplesmente se ativessem a esse princípio, o romanismo e o ritualismo fariam muito menos progressos do que fazem! Com Isaías, nós dizemos: "Consultem a lei e os ensinamentos de Deus! Aqueles que contradizem sua Palavra jamais verão a luz". Deem-nos um povo que lê e ama a Bíblia, e todos os "sacerdotes" do mundo, com todos os seus aparatos, jamais farão qualquer progresso! Uma Bíblia aberta é morte para as suas loucuras e mentiras, se houver pessoas com olhos abertos para lê-la! O pior é que, embora tenhamos a Bíblia aberta, não temos tantos leitores da Bíblia e pessoas que amem a Bíblia quanto desejaríamos ver. Que o Senhor, por Sua graça, aumente esse número em todo mundo!

Há outro tipo de antigos contra os quais temos de nos proteger — os pecadores anciãos. Existem pecadores anciãos que lhes dirão, rapazes e moças recém-convertidos: "Ah, nós vimos muitas pessoas tão fervorosas quanto vocês são agora, mas dentro de pouco tempo vocês ficarão tão frios quanto elas". Alguns deles balançarão a cabeça e dirão: "Nós os conhecemos, pessoas religiosas, vocês são um bando de hipócritas". Um perverso ancião pecador lhes dirá que, quando vocês forem tão idosos quanto ele, não serão desviados do caminho — no entanto, ele mesmo irá para o inferno o mais rápido possível! Ele diz: "Jovem, não imagine que você sabe tudo. Eu tive mais experiência do que você e sei uma ou duas coisas que valem a pena saber". Tive um ancião desse tipo na minha congregação em Waterbeach — um homem com quase 70 anos, cuja vida inteira tinha sido de maldade e pecado. Ele foi propositalmente ao lugar onde eu pregava, para escolher rapazes para tentar desviá-los. Não passava de um barril de cerveja ambulante e de sua boca pouco saía além de imundícia. Tive algumas altercações com ele e não pude deixar de sentir uma santa indignação contra essa pessoa sempre que o via. Ainda há alguns pecadores idosos por aí. Cuidado com eles! Seus cabelos brancos não lhes são uma coroa de glória, mas uma coroa de vergonha! Uma cabeça branca onde não há graça divina é pior do que o chapéu de um tolo — e não há no mundo um tolo que se compare a um tolo idoso, e nenhum outro tolo consegue ser igual a um pecador de cabelos grisalhos que rejeitou Cristo durante 70 anos e, a despeito de mil advertências e convites, deliberadamente tornou certa a sua própria condenação! Eu lhes imploro que não atentem a ele. Se for uma mulher idosa que viveu nos caminhos do pecado e tenta atraí-los ao mal, ó rapaz, fuja dela — moça, escape dela a todo custo! Não há ninguém a quem Satanás use tanto quanto esses antigos, porque eles podem enganá-los muito brilhantemente e fitá-los muito docemente e, o tempo todo, estão os iludindo e tentando destruir a sua alma imortal! Se vocês se apegarem à Bíblia, *eles nada poderão fazer-lhes*. Quando houver uma grande demonstração de idade e autoridade, mas o conselho dado for sustentado por uma experiência imoral, voltem-se imediatamente às suas Bíblias e digam ao ancião ou à anciã respeitosamente, mas com firmeza: "Isso é o que você diz, mas *isto* é o que Deus diz" — e, então, voltem-se ao seu Deus e digam com Davi: "Tenho mais entendimento que os anciãos, pois obedeço às tuas ordens".

Em resumo, o coração precisa estar correto com Deus e isso só pode ser resultado da fé sincera no Senhor Jesus Cristo. E, quando o coração estiver correto e vocês forem salvos, imploro que deixem sua Bíblia ser tudo para vocês. Levem, continuamente, junto a si, esse incomparável tesouro. E leiam-na, e leiam-na e leiam-na de novo e de novo! Voltem-se às suas páginas de dia e de noite. Permitam que suas narrativas se misturem aos seus sonhos! Deixem seus preceitos colorirem suas vidas! Permitam que suas promessas alegrem as suas trevas; deixem sua divina iluminação alegrar a sua vida! Assim como vocês amam a Deus, amem esse Livro, que é o Livro de Deus e o Deus dos livros, como tem sido justamente chamado. E que Deus faça desse Livro o seu conforto quando andarem "pelo escuro vale da morte". E que, nos Céus, louvem sempre Aquele que se revelou a vocês por intermédio das páginas das abençoadas Escrituras! Amém e amém.

VIVENDO NA PALAVRA[10]

*As pessoas não vivem só de pão, mas de toda palavra que vem da boca do S*ENHOR*.*
Deuteronômio 8.3

principal para cada um de nós é a vida. Que proveito teria o homem se conquistasse o mundo inteiro e perdesse a sua vida? Que proveito traria a riqueza, se a vida tivesse desaparecido? Qual é o valor de muitos hectares para um homem morto, ou o aplauso de nações para quem está em seu sepulcro? Portanto, a primeira coisa que um homem deve procurar é a vida. Algumas pessoas tomam essa verdade em um sentido errado e, com isso, a tornam enganosa. Elas dizem: "Precisamos viver", embora, no sentido em que o entendem, não há necessidade alguma disso. Não é minimamente claro que precisamos continuar a viver aqui; para nós, seria muito melhor morrer do que viver pecando. Os mártires preferiram sofrer as mortes mais terríveis do que, ainda que por uma só palavra, levar desgraça ao nome de Cristo; e todo verdadeiro cristão preferiria a morte imediata a desonrar seu grande Senhor e Mestre.

Ora, irmãos, segundo a nossa noção comum, se devemos viver, devemos comer; devemos comer pão, que é o esteio da vida; e, às vezes, quando o pão é escasso e a fome traz forte tormento, os homens são levados a lançar mão de iniquidade para conseguir para si o alimento necessário. Vocês se lembram de como o nosso divino Senhor, que é o nosso perfeito exemplo em tudo, agiu quando estava nessa situação? Após haver jejuado no deserto por 40 dias e 40 noites, teve fome e, então o maligno foi a Ele e disse: "Se você é o Filho de Deus, ordene que estas pedras se transformem em pães". Na prática, isso equivalia a dizer: "Deixe de confiar em Seu Pai Celestial. Evidentemente, Ele o abandonou; Ele o deixou no deserto entre os animais selvagens; e, embora Ele os alimente, não o alimentou. Ele o deixou para morrer de fome; portanto, ajude-se a si mesmo; exerça o Seu próprio poder. Embora tenha colocado isso sob a guarda de Deus e, estando aqui na Terra, se tornado Servo de Seu Pai, roube de Seu Pai um pouco do Seu serviço e use-o pelo Seu próprio bem. Tome uma parte desse poder dedicado à Sua ótima obra e empregue-o para o Seu próprio conforto. Deixe de confiar em Seu Pai; 'ordene que estas pedras se transformem em pães.'" De repente, esse texto teve vida curta, quando o Mestre sacou, como que uma espada de sua bainha: "As Escrituras dizem: 'Uma pessoa não vive só de pão, mas de toda palavra que vem da boca de Deus'". Somente pelo uso dessa "espada do Espírito, que é a Palavra de Deus" o arqui-inimigo foi afastado de Cristo; e eu quero usar essa arma agora. Posso dizer dela o que Davi disse da espada de Golias: "Dê-me essa espada", respondeu Davi. "Não há outra melhor que ela." Essa espada, com que Cristo conquistou a vitória, é a melhor para os Seus servos utilizarem.

Esta resposta do nosso Senhor ao tentador nos ensina que o sustento de nossa vida, embora naturalmente, e segundo a aparência comum das coisas, dependa de pão, na realidade depende de Deus. É Deus quem dá ao pão o poder de nutrir o homem. Para mim, parece um grande mistério o pão, ou qualquer outro tipo de alimento, fazer isso. Consigo entender como, sendo certa forma de matéria, ele tende a construir a estrutura material do corpo, embora seja muito maravilhoso o processo pelo qual o pão se transforma em carne, sangue, osso, músculo, cabelos e todo tipo de coisas, por uma perpétua ação do poder de Deus. Porém, mais notável ainda é que essa matéria pareça, no mínimo, até certo ponto, nutrir

---

[10] Este sermão foi extraído The Metropolitan Tabernacle Pulpit e pregado no Metropolitan Tabernacle, em Newington, em 1883.

o coração do homem de modo que a própria alma e o princípio vivo que há dentro dele devam depender de ele ser sustentado pelo alimento do corpo. Alguém de nós é capaz de dizer de que maneira o espírito interior coloca em movimento os músculos da mão e os nervos que se comunicam com o cérebro? Como é que o espírito impalpável — algo que você não consegue ver ou ouvir, algo absolutamente imaterial — possui poderes pelos quais controla o materialismo desse corpo exterior? E como é que a substância material do pão atua, de alguma maneira, para manter o nosso espírito em conexão com essa carne e sangue? Eu não consigo explicar esse mistério, mas creio que seja um milagre contínuo operado por Deus. Frequentemente, me dizem que os milagres cessaram. A mim parece que os milagres são a regra da atuação de Deus e que, em toda parte, coisas assombrosas e maravilhosas serão percebidas se apenas procurarmos abaixo da aparência exterior. Escavando um pouco sob a mera superfície, veremos —

Um mundo de maravilhas: não posso dizer menos do que isso.

Segundo o nosso texto, somos chamados a observar que o poder que nos mantém vivos não está no próprio pão, mas em Deus, que escolhe fazer uso do pão como Seu agente para nutrir a nossa estrutura. Não infiro dessa verdade que, portanto, eu nunca deveria comer, mas viver pela fé, porque Deus pode me fazer viver sem pão. Algumas pessoas me parecem ser muito imprudentes quando inferem que, por Deus ter poder para curar, jamais devem tomar medicamentos adequados para uma doença visto que devem confiar em Deus. Confio em Deus, sim, mas confio em Deus à maneira de Deus; e o Seu modo de proceder é que, se eu quero satisfazer a fome, normalmente, devo comer pão; se quero ser curado de qualquer doença, preciso tomar o remédio que Ele providenciou. Essa é a Sua regra geral de ação; mas, ainda assim, seria um erro igualmente grave e demonstraria outra forma de insensatez eu dizer que é o pão ou o remédio que age. É o pão que alimenta, é o remédio que cura, mas é Deus quem age por esses meios ou, se Ele quiser, quem opera sem eles. Se fosse necessário que Seu servo vivesse e Ele não decidisse enviar corvos para lhe trazer pão e carne, ou se Ele não ordenasse a uma viúva que sustentasse o Seu servo, ainda assim Ele poderia sustentá-lo sem qualquer meio, porque "as pessoas não vivem só de pão, mas de toda palavra que vem da boca do SENHOR". Quando o Senhor fala e lhe ordena viver, ele vive. Deus chamou o mundo à existência; Sua Palavra ainda mantém todo o tecido do Universo sobre os seus pilares; e, certamente, essa Palavra é capaz de sustentar nossa alma em vida, mesmo sem o uso de meios exteriores, ou por meios agradáveis a Deus.

Penso que seja esse o significado do texto. Deus levou Seu povo ao deserto, onde não havia semeadura, nem colheita, nem o fazer do pão, e eles pareciam como se estivessem famintos ali; mas, então, Deus fez o maná cair do Céu, para mostrar que, se não por um meio, ainda por outro, Ele poderia sustentá-los. Ele os levou para onde não havia ribeiros murmurantes ou correntes rumorejantes de águas limpas, mas o Seu servo feriu a insensível rocha, e a água fluiu dela para mostrar que Deus poderia saciar a sede dos homens, não só pelas fontes das profundezas abaixo deles ou por chuva das nuvens acima, mas das rochas sólidas se assim Ele se agradasse. Deus pode lhe dar pão para comer, meu amigo. Ainda que talvez não seja da maneira que você espera — pode vir de modo que você jamais tenha sonhado. Li sobre alguém que foi condenado a morrer de fome; e, ao pronunciar a sentença, o juiz lhe disse: "E o que o seu Deus pode fazer por você agora?". O homem respondeu: "O meu Deus pode fazer isso por mim — se Ele quiser, Ele pode me dar alimento da sua mesa". E assim aconteceu, embora o juiz nunca soubesse, pois, sua própria esposa enviou comida a esse pobre homem e o manteve vivo até ele finalmente recuperar a liberdade. Deus tem uma maneira de usar os instrumentos mais improváveis para cumprir o Seu propósito. Se Ele quiser, pode fazer as águas ficarem de pé como um monte até a nação escolhida ter atravessado pelo meio do mar; ou pode permitir que arda fogo em torno do Seu povo e, contudo, impedir que sejam queimados, assim como Sadraque, Mesaque e Abede-Nego saíram ilesos da fornalha ardente de Nabucodonosor e, nem mesmo o cheiro de fumaça passara sobre eles.

Agora, chego ao significado mais espiritual do texto; e oro a Deus para que seja alimento rico à sua alma. Peço-lhes que observem, primeiramente, a Palavra: "mas de toda palavra que vem da boca do Senhor". Em seguida, considerem *o uso que devemos fazer da Palavra*: devemos viver dela; e, por último, observem *a adaptação dessa Palavra ao nosso uso* — cada palavra dela, pois, segundo o texto, não vivemos de *algumas* palavras que saem da boca de Deus: "mas de toda palavra que vem da boca do Senhor".

1. Então, primeiramente, pensemos um pouco sobre A PALAVRA DO SENHOR.

O que queremos dizer com a expressão "a Palavra de Deus"? Deus se digna a usar figuras de linguagem que somos capazes de compreender, pois somos como crianças pequenas, que precisam aprender por meio de imagens. Porém, quanto a um homem, sua palavra é, frequentemente, *a expressão de seu desejo*. Ele deseja que isso e aquilo seja feito e diz ao seu servo: "Faça isso", ou a outro: "Venha aqui" ou "Vá lá". Sua palavra é a expressão de seu desejo. Infelizmente, nossos desejos costumam ser fortes e nossas palavras, fracas; nós pedimos que algo assim e assim seja feito, mas não é feito. Talvez tenhamos mil desejos em nosso coração que, se os expressássemos, nos fariam parecer ridículos. Talvez desejemos fazer isso e aquilo, mas se disséssemos "Que essas coisas sejam feitas", elas não seriam feitas, a despeito de tudo que disséssemos; porque, frequentemente, onde há a palavra de um homem há fraqueza. Somente onde há a Palavra de Deus há poder. Falando à maneira dos homens, quando Deus deseja algo, ele diz "Seja" — e aquilo é imediatamente.

O poder emana de Deus com a Sua vontade. Ele "disse: 'Haja luz', e houve luz". "Deus disse: 'Juntem-se as águas que estão debaixo do céu num só lugar, para que apareça uma parte seca'. E assim aconteceu." "Deus disse: 'Haja luzes no céu para separar o dia da noite e marcar as estações, os dias e os anos. Que essas luzes brilhem no céu para iluminar a terra'. E assim aconteceu." Basta Ele querer qualquer coisa e ela acontece. Sua Palavra é Sua vontade em movimento, o Seu poder posto em ação; esse é o sentido comum e enfático do termo.

A Palavra de Deus é também *a expressão de Sua verdade*. Um homem nos diz: "Eu lhe prometo assim e assim" e dizemos a ele: "Confiamos em sua palavra". A honra de um homem está envolvida em sua palavra; quem não cumpre sua palavra não é homem de honra, e logo cai, muito natural e devidamente, em desgraça entre seus companheiros. Os homens não confiarão em alguém cuja palavra não seja confiável. Infelizmente, as palavras dos homens não são apenas fracas, mas, frequentemente, inconstantes e falsas; mas a Palavra de Deus é a promessa de Alguém que sabe o que está dizendo, que é capaz de fazer o que promete e, que nunca mudará ou jamais será falso; para que, se olharmos a Sua Palavra como sendo a expressão da Sua verdade, veremos a Sua fidelidade; e sobre esses dois — o poder que consegue manter a promessa, e a vontade que é fiel para cumpri-la — podemos descansar com alegria e confiança.

Novamente, se um homem é verdadeiro, sua palavra é uma *revelação de si mesmo*. Ao olhar para um menino ou jovem muito lindo, um dos antigos disse: "Fala, garoto, pois então poderei ver-te"; e, frequentemente, vemos muito mais do caráter de uma pessoa quando ela fala do que quando simplesmente a olhamos. Muitos rostos bonitos foram admirados por sua aparência; mas, quando a língua, não muito bonita, do dono começou a tagarelar, o amor quase foi levado ao limite de sua inteligência para encontrar qualquer motivo de admiração. Algumas pessoas falam de maneira tal que, quando vemos seu eu interior, ele parece ser tão desagradável quanto o seu eu exterior parece ser agradável. Porém, um homem verdadeiro se revela por suas palavras. É por isso que o Senhor Jesus Cristo é chamado "A Palavra de Deus"; Jesus Cristo é Deus falando. Deus pensa o que Ele diz, e os pensamentos de Deus são encarnados na pessoa, na obra, na vida e na morte de Jesus Cristo, Seu Filho amado. Com toda a reverência, nós dizemos que Deus jamais poderia ter se revelado tão plenamente de outra maneira do que enviando "seu Filho único, para que todo o que nele crer não pereça, mas tenha a vida eterna". Bem cantou o Dr. Watts —

> A natureza eleva-se ao alto
> Para espalhar o louvor do seu Criador;
> E todo trabalho de Suas mãos
> Mostra algo digno de Deus.
> Mas, na graça que resgatou o homem,
> Brilha Sua mais brilhante forma de glória;
> Aqui na cruz, ela é mais justamente desenhada
> Em sangue precioso e linhas carmesim.
> Aqui observo a intimidade do Seu coração,
> Onde graça e vingança estranhamente se unem
> Perfurando Seu Filho com a mais aguda aflição,
> Para tornar meus os prazeres comprados.

Como vocês podem ver, caros amigos, a expressão "a Palavra de Deus" tem um alcance muito amplo. Mas meu texto me obriga a lembrar-lhes de algo muito doce: "*As pessoas não vivem só de pão, mas de toda palavra que vem da boca do* SENHOR". É lindo pensar nas Escrituras como *procedentes da boca de Deus*. Não olhem para aquele rolo de pergaminho no qual elas estão escritas e sobre o qual os críticos sofismam e contendem. Eles tropeçam em quase todas as suas letras e palavras e, assim, perdem seu significado e espírito; mas, quanto a vocês, orem para que o Espírito Santo a fale ao interior de seu coração como vindo imediatamente da boca de Deus. Ao olhar para o retrato de sua mãe muito tempo após ela haver partido da Terra, o que lhe trouxe grande tristeza, Cowper exclamou —

Ah, se esses lábios falassem!

Bem, vocês devem considerar essa Palavra de Deus como constantemente saindo renovada de Seus lábios. O Espírito Santo coloca na Palavra um poder que a faz entrar diretamente em seu coração com o exato tom e majestade do Deus da graça, o Pai do seu espírito. Este maná cai sempre fresco do Céu. Os israelitas nunca tiveram pão velho no deserto; colhiam o "pão dos anjos" novo, todas as manhãs, quando descia dos Céus. Do mesmo modo, tome toda passagem da Palavra de Deus como vinda fresca de Deus para você; considere-a como se o seu Pai Celestial estivesse falando diretamente ao seu coração.

Certo dia, eu estava lendo, em um dos livros de Mark Guy Pearse, um bonito pensamento que nunca havia percebido. Ele colocou na boca de um homem muito simples, mas piedoso, que está falando sobre seu Pai Celestial, palavras semelhantes a essas: "Estou muito certo de que meu Pai cuidará de mim. Ele nunca descansou durante os seis dias da criação até haver preparado um lugar para o Seu filho vir e viver; até colocar nela o traço de acabamento e aprontar totalmente a casa para Adão, Ele não teve descanso algum. E agora, meu Pai Celestial não descansará até ter preparado o Céu para mim e me preparado para o Céu; e tudo o que eu necessitar no caminho, Ele certamente me concederá". Quando o li, esse trecho veio tão fresco para mim como se eu tivesse visto ser escrito o segundo capítulo do livro do Gênesis. Não me pareceu um registro antigo e obsoleto, e sim uma mensagem fresca e viva saindo da boca de Deus, ali e naquele momento. E há muitos filhos queridos de Deus que, ensinados pelo Espírito, *deram novas leituras a textos antigos* e, por assim dizer, penduraram as pinturas antigas a óleo sob uma luz melhor, até termos dito, ao olharmos para elas: "Podem eles ser os mesmos quadros? Eles parecem ter adquirido nova beleza e força colocada neles". É disso que vocês devem se alimentar, queridos filhos de Deus — Sua própria Palavra, como vocês a têm aqui; mas vocês precisam se alimentar dela como se ela estivesse continuamente saindo da própria boca de Deus.

O texto diz ainda: "*de toda palavra* que vem da boca do Senhor". Não se perturbem, caros amigos, em relação à doutrina da inspiração, sobre como a Bíblia é inspirada, seja por este ou aquele processo. Não me importa muito o processo; sei que ela é inspirada e isso é suficiente para mim, e acredito que ela seja verbalmente inspirada. Encontro o apóstolo Paulo argumentando pesadamente sobre o uso de um singular ou um plural, onde ele escreve: "Observem que as Escrituras não dizem 'a seus descendentes', como se fosse uma referência a muitos, mas sim 'a seu descendente', isto é, Cristo". Encontro o apóstolo Pedro discorrendo sobre uma palavra proferida por uma mulher, e fazendo-a ensinar uma lição importante: "Sara, por exemplo, obedecia a Abraão e o chamava de senhor" e assim por diante. E vocês se lembram de que, não muito tempo atrás, tivemos o texto: Naquele "dia, diz o Senhor, você me chamará de 'meu marido', e não de 'meu senhor'. Limparei de seus lábios os nomes de Baal, e você nunca mais os pronunciará", no qual uma grande verdade estava envolvida no uso de duas palavras com significados semelhantes. Não digo que nenhuma das nossas versões em inglês seja inspirada, porque há erros na tradução; mas, se pudéssemos acessar o texto original, conforme foi inicialmente escrito, não temo dizer que todos os mínimos traços — todo corte de um "t" ou todo pingo de um "i" — foi infalivelmente inspirado pelo Espírito Santo de Deus. Creio na infalibilidade e na infinitude das Sagradas Escrituras. Deus inspirou todo o registro dela, desde Gênesis ao Apocalipse; e Ele deseja que creiamos em uma parte da Palavra tanto quanto em outra. Se vocês não acreditarem nisso, ela não será alimento para vocês; estou certo disso; pois só será uma espécie de emético para vocês, e não alimento. Ela não pode alimentar a sua alma enquanto vocês estiverem discutindo sobre ela. Se não for a Palavra de Deus, é a palavra do homem ou a palavra do diabo; e, se vocês gostam de viver segundo a palavra do diabo ou a palavra do homem, eu não gosto. Porém, a Palavra de Deus é alimento para a alma que habita com Deus e não pode ser satisfeita com qualquer outra coisa.

2. Agora, passemos ao nosso segundo ponto, que é O USO QUE DEVEMOS FAZER DA PALAVRA DE DEUS. Devemos viver de acordo com ela.

Certo dia, eu estava sentado sob uma faia em Nova Floresta. Gosto de olhar essa árvore e estudá-la, como faço com muitas outras, pois cada árvore tem suas próprias peculiaridades e hábitos, suas maneiras especiais de retorcer seus galhos, engrossar a casca, abrir as folhas e assim por diante. Ao olhar para o topo daquela faia eu admirava a sabedoria de Deus ao fazê-la, nisso, vi um esquilo correndo ao redor do tronco e subindo pelos galhos e pensei comigo mesmo: "Ah! Essa faia é muito mais importante para você do que para mim, porque é sua casa, sua vida, seu tudo". Seus grandes galhos eram as principais avenidas de sua cidade, e seus pequenos ramos eram as ruas; em algum lugar daquela árvore ele tinha sua casa e o fruto da faia era o seu alimento diário, o esquilo vivia dela. Bem, a maneira de lidar com a Palavra de Deus não é meramente contemplá-la ou estudá-la, como faz um aluno, e sim viver dela como aquele esquilo vive de sua faia. Permita que ela seja para você, espiritualmente, a sua casa, seu lar, seu alimento, seu remédio, sua roupa, o único elemento essencial da vida e do crescimento de sua alma.

Conheço algumas pessoas que usam a Palavra de Deus e brincam com ela. Estão interessadas em *suas narrativas*, estudam suas histórias à luz da pesquisa moderna e assim por diante; porém, ela não foi concebida meramente para esse tipo de propósito. Os pães não são colocados na mesa para você esculpi-los em formas diferentes, simplesmente para olhá-los; eles são concebidos para serem saboreados. Esse é o uso adequado para o pão, e esse é o uso adequado da Palavra de Deus.

Algumas fazem ainda pior do que isso; brincam menos com a Bíblia do que brigam sobre ela. Defendem ferozmente uma doutrina e condenam todos os que não conseguem aceitar sua interpretação particular dela. Penso ter ouvido pregadores que me pareceram expor uma doutrina propositalmente para brigar sobre ela. Tenho um cachorro, que tem um tapete no qual ele dorme; e quando eu for para casa esta noite, ele o trará para fora e agitará diante de mim; não porque se importe particularmente com o seu tapete, mas porque sabe que eu direi "Vou pegar", e então ele latirá para mim e, em sua linguagem, dirá: "Não, não vai". Há algumas pessoas que buscam as doutrinas da graça exatamente assim. Posso vê-las trotando ao lado da doutrina da eleição apenas para que algum irmão arminiano possa discutir com elas sobre isso e, poderem então ladrar para ele. Não ajam assim, amados. O pior implemento com o qual você pode derrubar um homem é a Bíblia; ela é concebida para vivermos — não para ser a arma de nossas controvérsias, e sim o nosso alimento diário, do qual nos regozijamos em viver. Não penso que nossas Bíblias nos foram dadas para que possamos meramente empregá-las como telescópios para perscrutar os Céus, para tentar descobrir o que acontecerá dentro de 50 anos; estou cansado das profecias e especulações que, como regra geral, terminam em nada. Conheço alguns irmãos com quem não se pode falar sobre qualquer passagem sem que eles digam: "Ó, você não viu o último livreto de R. B. S. (essas não são as iniciais reais do bom irmão), na qual ele diz que essa passagem não se aplica a nós, mas somente aos judeus", ou então "Isso só valia para a Igreja no deserto, não para nós nestes dias". Não usemos mal assim a Palavra de Deus, mas valorizemo-la como o pão do qual devemos viver: "*As pessoas não vivem só de pão, mas de toda palavra que vem da boca do Senhor*".

"Mas, como podemos viver de palavras?" — pergunta alguém. Você falou bem; não podemos viver de palavras se elas forem palavras de homens; mas nada há como a Palavra de Deus como base para se viver. A essa Palavra nós devemos a nossa vida. Ele nos chamou à vida; Ele chamou a alma ao nosso corpo. Com essa Palavra de Deus, somos mantidos vivos diariamente; se Deus a reverter e disser "Voltem, filhos dos homens", deveremos voltar imediatamente ao pó de onde viemos.

Certamente, é pela Palavra de Deus que começamos a viver espiritualmente; nós cremos em Cristo por meio da atuação eficaz de Sua Palavra. A semente viva e incorruptível foi semeada em nosso coração e, por isso, começamos a viver; e é por essa mesma Palavra que a nossa alma tem sido sustentada em vida. Até este momento, você e eu não recebemos nutrientes do Espírito Santo exceto pela Palavra de Deus que é o alimento do Israel espiritual no deserto deste mundo. Cristo disse: "Minha carne é a verdadeira comida, e meu sangue é a verdadeira bebida" e é por Ele, como a Palavra de Deus, que a nossa vida ainda crescerá mais. Não há desenvolvimento do cristão que lhe virá de qualquer outra maneira que não seja pela Palavra de Deus, encarnada ou inspirada. Aquele que nos chamou à existência precisa nos chamar a uma existência ainda mais forte. A fé é dom de Deus, mas a segurança também é. A primeira centelha da vida é dádiva da graça de Deus, mas também o é a chama seráfica do zelo. Que tudo venha da Palavra de Deus e, quando estivermos prestes a entrar no Céu, o último toque que nos aperfeiçoará não será dado por uma ferramenta de gravação, mas pela Palavra de Deus. Nosso Senhor orou por Seus discípulos: "Consagra-os na verdade, que é a tua palavra"; e essa Palavra completará todo o processo. Então vejam, amados, do que o seu mais íntimo espírito precisa viver — a santa Palavra de Deus.

Irmãos e irmãs, posso perguntar-lhes se todos vocês estão suficientemente conscientes dessa grande verdade? Vocês nunca receberam vida espiritual por seus próprios sentimentos. Quando creram na Palavra de Deus, vocês passaram a viver. E jamais terão um aumento de vida espiritual e crescerão em graça por seus próprios sentimentos ou atos. Ainda precisará ser por sua fé nas promessas e por alimentar-se com a Palavra. Não há outro alimento para as suas almas; no fim, tudo mais provará ser apenas cascas. Portanto, vocês estão com fome? Venham e se alimentem da Palavra. Vocês retrocederam? Venham e se alimentem novamente da Palavra. Deus cura o Seu povo alimentando-o. "Como assim?" — vocês perguntam. Quando a igreja de Laodiceia estava nem fria nem quente, para que Cristo sentisse que *deveria vomitá-la de Sua boca*, ainda assim Ele disse ao anjo daquela igreja: "Preste atenção! **Estou à porta e bato. Se você ouvir minha voz e abrir a porta, entrarei e, juntos, faremos uma refeição, como amigos**". Atrevo-me a dizer: "Não há cura melhor para a mornidão do que uma boa refeição com Cristo". Se Ele entrar e comer com você, e você com Ele, a sua mornidão desaparecerá imediatamente. Não comecem a ser salvos por fé e, depois, passem a ser salvos por obras; não tentem misturar as duas coisas. Se vocês são da casa de Sara, não se ajoelhem diante de Agar e voltem para a escrava. Se vocês viveram da Palavra pura e simples, creditando-a pela fé viva concedida por Deus, continuem vivendo da mesma maneira e cresçam pela Palavra. Alimentem-se dela continuamente, para poderem ser "fortes no Senhor e em seu grande poder".

3. Chego agora ao meu último ponto, sobre o qual quero insistir com muita urgência, que é A ADAPTAÇÃO DA PALAVRA DE DEUS À ALIMENTAÇÃO DE NOSSA ALMA: "De toda palavra que vem da boca do Senhor".

"De toda". Se vocês restringirem seus alimentos a um ou dois itens, todo médico lhes dirá que existe o perigo de que o seu corpo não seja suprido com todas as formas de nutrição de que ele necessita. Recomenda-se uma dieta bem variada aos que desejam ter uma saúde vigorosa. E, nas coisas espirituais, se vocês se limitarem a uma parte da Palavra de Deus, poderão viver dela, mas a tendência será de não obterem uma saúde espiritual completa, devido à falta de algum alimento que a Palavra lhes teria fornecido se a tivessem utilizado por inteiro. Toda Palavra de Deus é aquela da qual o homem vive no estado mais elevado e saudável.

Vejam, por exemplo, a *doutrina* na Palavra de Deus. "Eu não gosto de doutrina", diz alguém. Você sabe o que está dizendo? Você é um discípulo, mas não gosta de ensino, porque doutrina significa ensino. Um discípulo dizer que não gosta de ser ensinado é tão bom quanto dizer que ele não gosta de ser discípulo; e, de fato, que ele não é um discípulo no verdadeiro significado desse termo. Seja qual for a verdade contida na Palavra de Deus, é importante que a conheçamos.

Mas alguém diz: "há algumas verdades que não são importantes". Eu não conheço nenhuma. Em lugares onde se lapidam diamantes, o pó é varrido e recolhido, porque o próprio pó dos diamantes é valioso; e, na Palavra de Deus, toda a verdade é tão preciosa que a verdade mais ínfima, se é que isso existe, ainda é pó de diamante e é indizivelmente preciosa. Você objeta: "Mas eu não vejo que tal verdade teria uso prático". Você pode não ver, caro amigo, mas é assim. Se eu pudesse escrever minha experiência como pastor desta igreja, poderia mostrar que houve pessoas convertidas a Deus por doutrinas que alguns poderiam ter pensado ser improváveis de produzir aquele resultado. Sei que a doutrina da ressurreição levou pecadores a Cristo; eu vi dezenas de pessoas levadas ao Salvador pela doutrina da eleição — o exato tipo de pessoas que, tanto quanto eu possa ver, nunca teriam ido se aquela verdade não tivesse sido uma doutrina angular que tocou o coração deles no lugar certo e se encaixou nas fendas de sua natureza. Acredito que tudo que está na Palavra de Deus deve ser pregado, deve ser crido e deve ser estudado por nós. Toda doutrina é proveitosa para alguma finalidade. Se não é comida, é remédio e, às vezes, as crianças precisam de um tônico tanto quanto precisam de leite. Toda planta do jardim de Deus responde a algum bom propósito, então cultivemos todas elas e não negligenciemos doutrina alguma.

Contudo, quando eu vou à Palavra de Deus, vejo que ela não é somente doutrina e descubro uma boa quantidade de *preceitos*. Talvez um homem diga: "Não me importo com preceitos". Nós costumávamos ter um grupo de pessoas autodenominadas cristãs, que, se você pregasse sobre qualquer dever de um crente, diziam imediatamente: "Não conseguimos suportar a palavra 'dever'; ela soa a legalismo". Lembro-me de dizer a alguém que me chamou de "pregador legalista": "Tudo bem; 'legal' significa 'segundo a lei'; e eu suponho que você queira dizer que eu sou um pregador segundo a lei e que, para se opor à minha pregação, você é uma pessoa ilegal". Mas era assim que costumava ser; se você pregasse uma boa sã doutrina, se você pregasse sobre os privilégios dos crentes, elas não poderiam ficar mais satisfeitas; mas, quando se começava a falar sobre as partes práticas da Palavra de Deus, elas ficavam imediatamente ofendidas. Não é de admirar, porque a consciência delas as atormenta por sua negligência a essas partes das Escrituras. Entretanto, caros amigos, nós vivemos dos preceitos tanto quanto das doutrinas, e eles se tornaram para nós como o nosso necessário alimento. Vocês sabem como Davi falou sobre os mandamentos do Senhor: "São mais desejáveis que o ouro, mesmo o ouro puro. São mais doces que o mel, mesmo o mel que goteja do favo. São uma advertência para teu servo, grande recompensa para quem os cumpre".

Graças a Deus, há também uma grande parte desse Livro que é rica em *promessas*. Caros amigos, familiarizem-se com as promessas. Acho proveitoso consultar muitas vezes aquele pequeno livro no qual o Dr. Samuel Clarke organizou as promessas dessa Escritura sob diferentes temas. Quando você enfrenta problemas é muito útil consultar todas as promessas feitas às pessoas que estão sob circunstâncias semelhantes às suas; por exemplo, aos enfermos, ou que estão na pobreza ou aos que sofrem calúnia. Ao lê-las, uma após outra, vocês dirão a si mesmos: "Este é o meu talão de cheques; posso sacar as promessas conforme a necessidade, assiná-las por fé, apresentá-las no grande Banco da Graça e sair enriquecido com ajuda presente em tempos de necessidade". Essa é a maneira de usar as promessas de Deus, para que elas ministrem à vida do nosso espírito.

Porém, caros amigos, grande parte da Palavra de Deus é ocupada com *histórias*. Aqui vocês têm a história da Criação e da Queda, de Abraão, de Isaque, de Jacó, de Moisés, e dos reis, príncipes e povo de Israel. Talvez você pergunte: "Isso é alimento?". Certamente. Hoje em dia há críticos que falam com desprezo do Antigo Testamento e falam como se os evangelhos abrangessem toda a Palavra de Deus; até mesmo as epístolas são consideradas de qualidade inferior. Porém, tudo isso está errado; é por toda a Palavra de Deus que o homem vive; e, frequentemente, uma história, dando-nos um exemplo de fé ou uma prova da fidelidade de Deus ao ajudar Seu povo atribulado, torna-se o alimento mais adequado do que a própria promessa poderia ser. Os homens dizem haver mais força no concreto do que no abstrato. Certamente, há mais poder em algo colocado na vida real do que nessa mesma coisa apenas declarada em palavras. Se alguma vez vocês forem às galerias de quadros de Versalhes, poderão percorrer — eu diria — quilômetros de galerias, entre retratos de reis e homens notáveis de diferentes épocas; mas vocês não veem alguém parando para olhar para eles, nem vocês mesmos se importam em vê-los. Eles são apenas retratos; mas, no andar de baixo, há pinturas dos mesmos homens, porém retratados em formação de batalha ou em diversas posições que os mostram em ação. Agora você para e olha para eles, porque está interessado na representação das cenas em que eles viveram. Assim, às vezes, as promessas de Deus pendem como quadros na parede e nós não os percebemos; mas, quando vemos homens que confiaram nessas promessas e comprovaram a sua veracidade, há uma espécie de interesse humano a respeito delas que conquista a nossa atenção e fala ao nosso coração. Nunca negligenciem as partes históricas da Palavra de Deus, porque elas estão repletas de alimento para os filhos de Deus.

Ocorre precisamente o mesmo em relação às profecias. Certa vez, ouvi o Sr. George Muller dizer que gostava de ler sua Bíblia inteira repetidas vezes e, especialmente, de ler as partes da Bíblia que ele não entendia. Isso parece uma coisa singular a dizer, não é? Por que, que proveito podemos ter se não entendemos o que lemos? O bom homem me explicou da seguinte maneira: "Um garoto está com seu pai; boa parte do que seu pai diz ele compreende, assimila e se agrada de ouvir o pai falar. Mas, às vezes, seu pai fala de coisas além da compreensão dele, contudo o garoto gosta de ouvir; ele aprende um pouco aqui e ali e, com o tempo, após ter ouvido ano após ano, ele começa a compreender o que seu pai diz como nunca teria conseguido se tivesse fugido sempre que seu pai começasse a falar algo além da sua compreensão". Assim também ocorre com as profecias e outras partes profundas da Palavra de Deus. Se vocês as lerem uma ou duas vezes, mas não as compreenderem, ainda assim estudem-nas, dediquem-se a elas, porque, aos poucos, *a verdade* preciosa permeará seu espírito e, sem perceber, vocês *beberão* sabedoria que, de outro modo, nunca teriam recebido.

Toda parte da Palavra de Deus é alimento para a alma; então, caros amigos, pode ser que haja uma mensagem de *ameaça* que fale muito fortemente a vocês, e que também lhes seja muito proveitosa. Talvez algum *Shabbat* vocês saiam do Tabernáculo e digam: "Nosso Pastor não nos consolou esta manhã; ele parece nos haver prensado e humilhado". Sim, eu sei que às vezes é assim; mas é para o seu proveito, porque, como disse Ezequias: "Senhor, tua disciplina é boa, pois conduz à vida e à saúde". Tantas vezes precisamos ser humilhados, provados, testados e derrubados; e todo filho de Deus com a mente sã dirá: "Que o meu treinamento não seja segundo a minha mente, mas segundo a mente de Deus". O sermão que mais nos agrada pode não nos beneficiar, enquanto o que nos aflige e irrita pode, talvez, estar nos fazendo um serviço essencial. Quando a Palavra de Deus varrê-los por completo, abram seu coração a ela. Permitam que o vento atravesse todo o seu ser e tire todos os trapos e relíquias que devem ser tirados de vocês.

Algumas das palavras de Deus são muito curtas, mas contêm uma abundância de alimento para a alma. Algumas vezes fiquei quieto, como se estivesse olhando para um texto, e me senti como Jônatas ao encontrar o mel. Eu não podia comer tudo; só podia mergulhar minha vara e provar; e quis chamar todos vocês, para ver se poderiam limpar esta floresta, que estava tão repleta de doçura. Outras vezes, a caminho de casa, quando não fiquei muito satisfeito durante o sermão, o Mestre me deu um banquete na estrada; e eu ri de mim mesmo várias vezes por muita alegria do coração acerca de uma passagem preciosa da qual uma nova luz irrompeu para animar meu espírito e me alegrar no Senhor. Ó, mantenham-se na Palavra, meus irmãos! Atenham-se a ela como a Palavra de Deus vinda de Sua boca. Sorvam-na para a sua alma; vocês nunca se fartarão dela. Alimentem-se dela dia e noite, porque assim Deus os fará viver a vida que verdadeiramente é vida.

Se houver aqui uma pobre alma que deseja encontrar a vida eterna, meus caros amigos, eu peço que a procure na Palavra de Deus e em nenhum outro lugar. Alguém diz: "Pensei em ir para casa e orar". Faça isso; mas, ao mesmo tempo, lembre-se de que as suas orações são de pouco valor sem a Palavra de Deus. Primeiramente, ouçam a Palavra de Deus, depois vão e digam ao Senhor a sua própria palavra; porque é na Sua Palavra de promessa, e não na sua palavra de oração, que a salvação é encontrada. Lembrem-se daquela grande sentença no livro do Êxodo, onde Deus diz: "Quando eu vir o sangue, passarei por sobre aquela casa". Ali não diz "Quando *vocês* virem o sangue", mas quando *Eu* o vir. Então, quando Deus olhar o sangue de Cristo derramado e espargido, Ele olhará para vocês com piedade e compaixão. Olhem para onde Deus olha, e seus olhos encontrarão os dele. Se vocês olharem para Cristo, e Deus olhar para Cristo, vocês se verão olho no olho e encontrarão alegria e paz em crer. Deus Pai admira Cristo; pobre alma, admire-o também; então, haverá um ponto em que vocês entrarão em acordo. Deus Pai confia Sua honra e glória a Cristo; confie sua alma a Cristo; porque, assim, vocês entrarão em acordo. Deus conceda que vocês consigam fazê-lo neste exato momento! Lembrem-se deste texto ao seguirem pelo caminho: "Quem crê no Filho de Deus tem a vida eterna". Deus conceda que cada um de vocês possa ter essa vida eterna, em nome de Cristo! Amém.

OS QUE AMAM A LEI DE DEUS SÃO PLENOS DE PAZ [11]

Os que amam tua lei estão totalmente seguros e não tropeçam.
Salmo 119.165

Isso é uma parte de uma passagem devocional. Não se trata meramente de uma afirmação de que segurança vem a quem ama a Lei de Deus, mas é proferido como parte de um hino de louvor ao Senhor. Não há melhor maneira de louvar a Deus do que contando fatos sobre Ele e Sua Palavra. Se vocês desejam louvar a Deus, precisam falar dele como Ele é. Se desejam derramar uma libação aceitável diante dele, precisam encher o vaso com o que vem dele, como manancial de toda excelência. Nossos *Te Deums* [N.E.: Antigo hino cristão de louvor. O título ficou conhecido pelas duas primeiras palavras do primeiro verso *Te Deum laudamos* (A ti louvamos, Deus).] são simplesmente declarações do que Deus é; não há louvor maior. Seus louvores só podem ser o reflexo de Sua própria luz. Toda a glória já está nele, nada lhe pode ser acrescentado e assim, quando o estamos adorando por Sua Lei e o bendizendo por nos dar a Sua Palavra, não podemos fazer melhor do que observar como essa Lei age no coração e louvá-lo por ser assim que ela opera. Não temos necessidade de acumular títulos lisonjeiros como os homens fazem com seus reis; nem temos por que inventar expressões exageradas; em vez disso, temos de falar a verdade simples sobre o nosso Deus e, assim procedendo, nós o teremos louvado.

A intenção da palavra "lei" aqui não é somente a Lei dos Dez Mandamentos, mas toda a revelação divina, como foi no tempo de Davi e como é agora. Seja o que for que Deus tenha manifestado, é amado por homens santos. Este Livro Sagrado, a que comumente chamamos Bíblia, contém a mente de Deus, na medida em que Ele julgou oportuno revelá-la aos homens. Ela é a lei da santidade como guia de nossos atos e a lei da fé pela qual recebemos Sua graça. Aqui temos a lei do reino do Céu, a lei da vida em Cristo Jesus. Como uma lei de obras, este Livro Sagrado nos condena pelo pecado; como uma lei de amor, ele nos leva a Jesus a fim de encontrarmos perdão por meio do Seu sangue. No tempo de Davi, a Lei era um Livro menor do que o nosso, mas Davi encontrava grande paz ao lê-lo; o Livro era adequado até mesmo para os fins espirituais mais importantes. Nós temos esse Livro em maior extensão, mas é um só e o mesmo Livro. O mesmo evangelho está em Gênesis tanto quanto em Mateus. O Antigo Testamento era perfeito em si mesmo como a Lei do Senhor, e o Novo Testamento é apenas uma expansão da mesma verdade contida no Antigo. Regozijamo-nos por descobrir que a nossa edição maior da Palavra de Deus nada contém que diminua aquela segurança que as antigas Escrituras eram capazes de produzir. À medida que a luz é mais resplandecente, a alegria é mais brilhante e os motivos para uma grande paz são vistos de maneira mais clara.

A Lei de Deus compreende todos os Seus preceitos e, ao cumpri-los, temos paz de consciência; ela contém todas as Suas promessas, que são a nossa grande segurança na hora da necessidade; ela compreende todas as grandes doutrinas que envolvem a Cruz de Cristo e a aliança da graça, e cada uma delas é uma fonte de paz para o nosso coração. Nós tomamos este Livro como um todo e, dessa maneira, temos paz. Não nos atrevemos a despedaçá-lo, nem deixaríamos de fora qualquer parte dele, para

---

[11] Este sermão foi extraído de The Metropolitan Tabernacle Pulpit e pregado no Metropolitan Tabernacle, em Newington, em 1888.

não perdermos o efeito abençoador que, como um todo, foi pensado para produzir. Sentados como aprendizes aos pés de Jesus, nosso Mestre, submetendo nosso coração e mente ao ensino infalível do Espírito Santo, que nos conduz a toda a verdade, descobrimos que a paz de Deus, que excede todo o entendimento, guarda o nosso coração e a nossa mente em Cristo Jesus.

Três coisas no texto são dignas de séria atenção. Que o Espírito de Deus abençoe tudo que dissermos! Primeiro, há aqui um *caráter espiritual* — "os que amam a tua lei". Segundo, há aqui uma *posse especial* — "estão totalmente seguros". Terceiro, há aqui uma *preservação singular* — "e não tropeçam", ou nada lhes ofenderá. Ó, que possamos conhecer o nosso texto por experiência própria!

1. Primeiro, há aqui um CARÁTER ESPIRITUAL — "os que amam a tua lei".

O amor encontra-se no mais profundo, ele está no coração; não é algo da superfície, faz parte da própria pessoa. Aquilo que um homem ama o define quanto a quem ele é. Amar a Lei de Deus é ter a própria natureza e essência de nossa humanidade numa condição correta. Amar a Palavra é algo mais do que a ler, embora devamos estudá-la dia e noite. É ainda mais do que compreendê-la, porque a fria luz do intelecto tem pouco valor em comparação ao calor da luz solar do amor. Muitos, sem dúvida, percebem as verdades ensinadas na Palavra de Deus e, assim, se tornam ortodoxos em professar seu credo, mas, sem amor, sua fé é morta. Vocês não podem aprender a Lei de Deus como aprendem as leis da natureza; seu coração precisa ser afetado por ela e vocês precisam obedecê-la em sua vida; caso contrário, não a conhecem verdadeiramente. Somente quem faz a vontade de Deus pode conhecer a doutrina. Um mero conhecimento não traz segurança ao homem. A verdade precisa ir da cabeça para o coração antes de seu poder ser conhecido. Algumas pessoas até tentam cumprir a Lei do Senhor a ponto de tornar a vida aparente compatível com a moral e a religião, mas isso fica muito aquém do amor do coração. Permanecer em medo servil e pavor de Deus é melhor do que ser totalmente indiferente, mas é pobre em comparação com o amor. Os escravos obedecem aos seus senhores devido ao chicote; assim também, muitos seguem a Palavra devido ao espírito de escravidão que não lhes permitirá rebelar-se, mas há algo faltando; a religião, nada é enquanto o coração não a acompanhar. Deus diz: "Meu filho, dê-me seu coração", e não pode ser satisfeito com menos do que isso. Então, meus ouvintes, procurem e vejam se vocês amam realmente a Lei do Senhor.

Aquele que ama a Palavra não a desejaria alterada, ampliada ou diminuída; ela revela o suficiente para ele, e não mais, porque ele se contenta com o que Deus escolhe ensinar-lhe. Se ele encontra alguma falta de conformidade em seu próprio pensamento referente ao pensamento de Deus, elimina o próprio pensamento e instala o pensamento divino em seu lugar. Como ele é reconciliado com Deus em Cristo Jesus, a sua mente também é reconciliada com o ensinamento contra o qual ele, inicialmente, se rebelou. Ele ama a Lei do Senhor tal como a encontra e, em vez de julgá-la e se atrever a estabelecer-se como ditador do que deve ser, é humilde e dócil, e clama: "Fala, pois teu servo está ouvindo". Ele ama toda verdade declarada pelo Senhor, sim, e o próprio estilo e método da declaração. Toda palavra do Livro de Deus contém música para os seus ouvidos, beleza para os seus olhos, mel para a sua boca e alimento para a sua alma. Para o crente instruído, os ensinamentos da Palavra de Deus não são apenas artigos de fé, mas questões de vida. Nossa fé os absorveu e nossa experiência os assimilou. Poderíamos nos afastar de tudo, exceto do que aprendemos do Livro Sagrado pelo ensinamento do Espírito Santo, pois isso flui em nossa alma como o sangue em nosso corpo e está misturado a todas as partes vitais de nosso ser. Como lã feita para repousar por muito tempo em escarlate, nós somos fio tingido. Assim como certos insetos tomam a cor das folhas com as quais se alimentam, também nós nos tornamos tingidos até o âmago de nossa natureza com a Palavra viva e incorruptível, que comprovou sua própria inspiração inspirando-nos com o seu Espírito. Agora, nós vivemos na Palavra como o peixe no córrego;

ela é o elemento da nossa vida espiritual. Isso deve bastar para mostrar a vocês o tipo de pessoas que obtêm grande paz na Lei do Senhor, porque, no sentido mais verdadeiro, elas a amam.

Esse *amor interior e espiritual pela Palavra de Deus inclui muitas outras coisas boas*. Permitam-me usar a conexão para me ajudar a ordenar e ajudá-los na memória. Leiam o primeiro versículo desse grupo de oito – o versículo 161: "Os poderosos me perseguem sem motivo, mas só diante de tua palavra meu coração treme". O amor à Lei de Deus inclui uma profunda *reverência por ela*. Bendito é o homem que treme diante da Palavra de Deus. Este livro não deve ser comparado a outros livros; ele não é da mesma classe e ordem. Ele é inspirado em um sentido em que eles não são; ele é único, não é um livro dentre outros. Assim como um cume se eleva muito acima dos montículos do prado, as Sagradas Escrituras se elevam acima da mais pura, verdadeira e sagrada composição literária humana. Mesmo que todos esses outros livros tenham seus erros eliminados e sejam corrigidos até o grau mais elevado do conhecimento humano, nem assim alcançarão o grau do Livro de Deus, da mesma maneira como o homem é incapaz de se tornar Deus. Ele é supremo e sua qualidade é diferente da de todos os demais livros. Nós nos sentimos livres para criticar outros escritos, mas "só diante de tua palavra meu coração treme". Quem ama a Palavra de Deus não graceja com ela; a Bíblia é sagrada demais para brincarmos com ela. Ele não cavila, pois crê que é a Palavra de Deus. Com uma docilidade decorrente da verdadeira filiação, é-lhe suficiente que o Pai o diga. Sua única ansiedade é, na medida do possível, conhecer o significado das palavras de seu Pai e, uma vez conhecido, todo debate está fora de questão. Para todo verdadeiro filho de Deus o "Assim diz o SENHOR" é a palavra final. Meus caros amigos, frequentemente eu lhes tenho dito que vejo as dificuldades das Sagradas Escrituras como muitos bancos de oração nos quais me ajoelho e adoro o glorioso Senhor. Aquilo que não conseguimos compreender pelo nosso entendimento, apreendemos pelas nossas emoções. O temor à Palavra de Deus é um elemento principal nesse amor à Lei de Deus que traz grande segurança.

Isso avança para *regozijar-se nela*. Leiam o versículo 162: "Alegro-me em tua palavra, como quem descobre um grande tesouro". Assim como, na feliz hora da vitória, um conquistador grita sobre a divisão do despojo, os crentes também se regozijam na Palavra de Deus. Recordo-me, em minha juventude, a grande alegria que tive quando as doutrinas da graça foram gradualmente reveladas a mim pelo Espírito da verdade. No início, não percebi toda a cadeia da preciosa verdade. Eu sabia que Jesus tinha sofrido em meu lugar e que, ao crer nele, eu estava seguro. Porém, as coisas profundas da aliança da graça me vieram uma a uma, assim como, à noite, vocês veem uma estrela e depois outra, e aos poucos todo o céu está cravejado delas. Quando ficou claro para mim que a salvação era totalmente pela graça, que revelação isso foi! Vi que Deus me havia feito ser diferente de outros; atribuí minha salvação inteiramente ao Seu favor gratuito. Percebi que, por trás da graça que eu recebi, devia ter havido um propósito em conceder essa graça; então, o fato glorioso de uma eleição por graça fluiu em minha alma numa torrente de alegria. Vi que o amor de Deus pelos Seus não tinha início – um amor ilimitado, insondável, infinito e interminável, que leva cada vaso de misericórdia escolhido da graça à glória. Que grande Deus é o Deus da graça soberana! Como minha alma se regozijou quando eu vi o Deus de amor em Sua soberania, imutabilidade, fidelidade e onipotência! "Nenhum dos deuses é semelhante a ti, Senhor". Assim todos os jovens aqui convertidos se regozijarão se amarem tanto a Lei do Senhor para continuar estudando-a e recebendo a iluminação do Espírito Santo sobre ela. À medida que o filho de Deus enxerga as coisas profundas do Senhor, ele estará pronto para aplaudir com alegria. É uma sensação deliciosa sentir que estamos crescendo. Suponho que as árvores não sabem quando crescem, mas *os homens e as mulheres o sabem, quando* o crescimento é espiritual. Parece que passamos para um novo Céu e uma nova Terra ao descobrirmos a verdade de Deus. Um novo convidado veio habitar dentro de nossa mente e trouxe com Ele banquetes como nunca antes experimentamos. Ó, quão feliz é esse homem para cuja mente amorosa as Sagradas Escrituras abrem seus inestimáveis tesouros! Sabemos que amamos a

Palavra de Deus quando podemos nos regozijar nela. Com toda a alegria, reuniríamos todas as migalhas da Escritura e encontraríamos alimento em seus menores fragmentos. Até mesmo suas repreensões amargas nos são doces. Eu beijaria os pés das Escrituras e as lavaria com minhas lágrimas! Ai de mim, que consigo pecar contra ela por um pensamento, quanto mais por uma palavra! Se ela é unicamente a Palavra de Deus, embora alguns possam declará-la não essencial, não nos atrevemos a pensar assim. As pequenas coisas de Deus são mais preciosas do que as grandes coisas do homem. A verdade não é insignificante para quem lutou para chegar a ela e a aprendeu na escola da aflição. "Avante, ó minha alma, firme!", e o que você conquistou na batalha é o seu alegre despojo.

Além disso, recebemos as Escrituras Sagradas *com emoção*. Davi diz: "Odeio e detesto a falsidade, mas amo a tua lei". Ele considera tudo que se opõe à Lei do Senhor como mentira odiosa. Essas são palavras fortes, Davi! Certamente, você está pecando contra a caridade da nossa era aculturada! Sim, mas, quando um homem se sente forte, não pode deixar de falar fortemente. Ele diz "odeio" e isso não basta; ele diz: "odeio e detesto a falsidade". Todo o seu ser se revolta com ela. Ele quer dizer não apenas a mentira com a qual, na vida comum, os homens enganariam os seus semelhantes, e isso é suficientemente odioso, mas se refere especialmente ao tipo de ensino que contradiz a Lei do Senhor, pois acrescenta: "mas amo a tua lei". O ódio que um bom homem sente pela falsidade é tão intenso quanto o seu amor pela verdade; e precisa necessariamente ser assim. Quem adora o Deus verdadeiro abomina e detesta os ídolos. Nos dias atuais, há muitos homens para quem as verdades das Escrituras são como cartas a serem embaralhadas conforme a conveniência da ocasião. Para eles, paz e tranquilidade são joias, e a verdade é como a lama das ruas. Para eles, não importa o que este homem prega e o que aquele homem escreve. Não diga nada, tudo será igual daqui a 100 anos e ninguém pode ter certeza de coisa alguma! Para o homem leal ao seu Senhor e fiel às suas convicções, jamais pode ser assim; ele odeia o ensino que difama o seu Deus. Quem nunca sentiu seu sangue ferver contra um erro que rouba glória de Deus não ama a Lei, nem conhecerá aquela grande paz que vem por ter a Lei entesourada no coração.

Outra virtude está incluída no amor pela Palavra. De acordo com o contexto, *grande gratidão a Deus por Sua Palavra* se forma no coração que crê. "Sete vezes por dia te louvarei, porque teus estatutos são justos". Os julgamentos de Deus, escritos em Sua Palavra, são questões de louvor —

> Este é o juiz que cessa a luta
> Onde a inteligência e a razão falham.

Os juízos de Deus em curso no mundo, que coincidem com aqueles preditos na Sua Palavra, também são questões de louvor e adoração. O Deus da palavra é o Deus da ação. O que Ele diz, Ele faz, e todos os dias e o dia todo nós o louvamos por isso.

Amados, Deus pode fazer o que Ele quiser e nós o louvaremos. Ele pode dizer o que quiser e nós o louvaremos. Lemos em Sua Palavra coisas severas, palavras de ira e atos de vingança. Devemos tentar suavizá-los ou inventar desculpas para eles? De modo algum. Javé, o nosso Deus, é um fogo consumidor. Nós o amamos, não da maneira como Ele é aprimorado pelo "pensamento moderno", mas da maneira *como* Ele se revela nas Escrituras. O Deus de Abraão, de Isaque e de Jacó: "Este é Deus, o nosso Deus para todo o sempre; ele será nosso guia até à morte". Mesmo quando Ele está vestido com o terror de Seus juízos, cantamos louvores ao Seu nome, assim como fizeram no mar Vermelho quando viram Faraó e seu exército serem engolidos pelas águas poderosas: "Cantarei ao Senhor, porque triunfou gloriosamente; lançou no mar o cavalo e o seu cavaleiro". Nossos aleluias são "àquele que feriu grandes reis, porque a sua misericórdia dura para sempre". Não me cabe aprimorar o caráter de Javé, e sim reverenciá-lo e adorá-lo como Ele se manifesta, seja em julgamento ou em graça. Eu, que sou menos do que nada e vaidade, não ouso esquadrinhar Sua obra, nem o trazer ao meu tribunal, para não ouvir uma voz dizendo: "Não, ó homem, quem é você que responde contra Deus?". O que sou eu para ser o juiz final da verdade, da justiça ou da sabedoria? O que quer que Deus possa ser, dizer ou fazer, está certo; não me cabe denunciar o meu Criador, e sim adorá-lo. Extenuações, explicações e desculpas podem ser fundamentadas nos melhores motivos, mas, com demasiada frequência, sugerem aos opositores que é admitido que a Santíssima Palavra de Deus contém algo duvidoso, fraco ou antiquado. Até parece que ela precisaria ser defendida pela sabedoria humana. Irmãos, a Palavra do Senhor é capaz de se sustentar sem o apoio que muitos estão lhe dando. Esses apoios caem e, então, nossos adversários pensam que o Livro também caiu. A Palavra de Deus pode cuidar de si mesma e o fará se a pregarmos e deixarmos de defendê-la. Vocês veem aquele leão? Eles o enjaularam para sua preservação; trancaram-no atrás de barras de ferro para protegê-lo de seus inimigos! Vejam como um grupo de homens armados se reuniu para proteger o leão. Que barulho eles fazem com suas espadas e lanças! Esses homens poderosos têm a intenção de defender um leão. Ó tolos e lentos de coração! Abram essa porta! Deixem o senhor da floresta sair livre. Quem ousará enfrentá-lo? O que ele quer com o cuidado de sua guarda? Deixem o evangelho puro prosseguir com toda a sua majestade de leão e ele logo abrirá seu próprio caminho e se livrará de seus adversários. Sim, sem tentar nos desculpar até mesmo pelas verdades mais severas da revelação, sete vezes por dia nós louvamos ao Senhor por nos dar os Seus juízos, tão justos e certos.

Eu lhes mostrei agora, caros amigos, como esse amor está no fundo do coração e como ele inclui muita honra e reverência; permitam-me, ainda, observar que *esse amor produz muitas coisas boas*. Os que amam a Palavra de Deus *meditarão* nela e a tornarão o seu braço direito. Que companheira é a Bíblia! Ela conversa conosco ao longo do caminho, conversa intimamente conosco em nosso leito; ela nos conhece totalmente e tem uma palavra adequada para todas as condições da vida. Portanto, não podemos passar muito tempo sem ouvir a voz do nosso Amado neste Livro dos livros. Espero que tornemos realidade o caráter descrito no primeiro salmo: "Tem prazer na lei do Senhor e nela medita dia e noite. Ele é como a árvore plantada à margem do rio". O amor à Palavra de Deus cria uma grande *coragem* para defendê-la. É maravilhoso como as criaturas mais tímidas defenderão seus filhotes, como até mesmo uma galinha se torna uma ave terrível quando precisa cuidar de seus pintinhos; mesmo assim, homens e mulheres silenciosos defendem com fervor a fé, anteriormente entregue aos santos, e não se submeterão mansamente ao ver a verdade despedaçada pelos cães do erro e da hipocrisia.

O amor à Lei de Deus gera *penitência* por haver pecado contra ela, e *perseverança* em obedecê-la. Ela também gera *paciência* durante o sofrimento, pois leva o homem a submeter-se à vontade de Deus, a quem ele tanto ama. Ele diz: "É a vontade do Senhor. Que Ele faça o que lhe parecer melhor". A Palavra de Deus gera e promove *santidade*. Jesus disse: "Consagra-os na verdade, que é a tua palavra". Vocês não conseguem estudar as Escrituras com diligência e amá-las de coração sem ter seus pensamentos e atos temperados e adoçados por elas. Brandura e bondade serão infundidas em seu espírito pelo próprio tom da Palavra; uma sagrada delicadeza e um cuidado na conduta cercarão seu viver diário na proporção em que vocês impregnarem sua mente com as Escrituras. Permitam-me recomendar-lhes, meus amados amigos, que vocês vivam com a Lei do Senhor de forma que até mesmo homens do mundo percebam que vocês têm uma seleta companhia. A vida inútil da maioria das pessoas é resultado adequado do lixo que elas leem. Uma vida alimentada com ficção é uma vida de ficção; uma vida nutrida com fatos divinos se tornará uma vida de fatos divinos. Não tenho tempo para lhes mostrar todos os bons usos da Lei do Senhor; ela faz muito, em todos os sentidos, pela formação de um caráter perfeito. Nenhum poder de se amoldar deve ser tão desejado quanto o amor demonstrado pela Palavra do Senhor.

Entretanto, preciso acrescentar que, se em qualquer um de nós há amor à Lei do Senhor, *isso é obra do Espírito Santo*. Nossa natureza não ama a Deus e, portanto, não ama a Lei de Deus. A natureza humana está em rebelião declarada e ativa contra tudo o que é comandado ou recomendado pelo Deus triplamente santo. Se, então, você ama a Deus e a Sua santa Lei, o Espírito Santo agiu em você e por esse novo amor está provado que você é uma nova criatura. A velha natureza se delicia em tudo que é terreno;

somente a vida nova e celestial consegue apreciar e amar as coisas celestiais. Meu irmão, que o seu amor à Lei seja, para você mesmo, uma prova de sua regeneração; você passou das trevas para uma luz maravilhosa, pois você ama a luz. Que isso seja para você a evidência de sua eleição: você nunca teria amado a Deus e à Sua Lei se Ele não o amasse primeiro. O que o seu amor a Deus pode ser, se não um reflexo do amor dele por você? Portanto, ouça-o dizer: "Eu amei você com amor eterno". Veja, também, nesse amor da Lei de Deus a profecia de sua suprema perfeição. Nós não cumprimos a Lei como gostaríamos, mas, se estivermos dispostos a cumpri-la, o que sustenta a vontade é a verdadeira lei de nossa vida. Se houver em nós um desejo firme e apaixonado de aceitar e obedecer a Palavra de Deus em tudo, e de nos conformarmos a ela em pensamento e ações, esse desejo será, no final, vencedor. Use bem a espada do Espírito, que é a Palavra de Deus, e pela força do seu amor trespasse o pecado com estocadas fortes e pesadas, e você vencerá a fim de que todo pensamento seja levado cativo à obediência a Cristo.

2. Dedicamos tempo demais ao nosso primeiro ponto e teremos de ser breves quanto aos outros tópicos. Nossa segunda divisão é uma parte muito doce do texto, que é uma POSSE ESPECIAL — "Os que amam tua lei estão totalmente seguros". Quando os orientais se encontram, sua saudação usual é "Shalom" — "A paz seja com você". A palavra não significa meramente tranquilidade e segurança e sim felicidade ou prosperidade. Grande paz significa grande prosperidade. Quem ama a Lei de Deus é grandemente abençoado nesta vida, assim como no porvir. Ao amar a Lei de Deus, nós temos intenso deleite e verdadeiro sucesso na vida.

Tomemos, porém, o texto como está em nossas Bíblias. Aqui, "estão totalmente seguros" não significa que um homem que ama a Lei de Deus terá segurança em tudo, pois isso não é verdade. Se Davi escreveu essa frase, ele certamente não foi exemplo de grande paz com os homens, fluindo do seu amor pela Lei do Senhor. Ele era um homem de guerra desde a sua juventude. Possuía paz como pastor, mas, mesmo assim, teve de matar leões e ursos e, pouco depois, teve de enfrentar um gigante em combate individual. Nem mesmo em sua família, nem na corte de Saul ele estava seguro. Davi foi caçado como uma perdiz nas montanhas e teve de fugir todos os dias. Ele não teve muita paz terrena; pois quando acabou o problema com Saul, os filisteus invadiram a terra. Se for possível, devemos viver pacificamente com todos os homens, mas Aquele que pôs inimizade entre a serpente e a mulher nunca quis dizer que desfrutaríamos da amizade do mundo. A segurança dos que amam a Lei de Deus se refere à paz que pode existir quando a contenda se enfurece ao nosso redor.

Isso não significa primeiramente uma *grande tranquilidade do intelecto*? Se amamos a Lei de Deus como a explicamos até aqui, a ponto de nos maravilharmos e nos regozijarmos com ela, o resultado será uma grande paz de espírito. Todos precisam encontrar infalibilidade em algum lugar. Alguns pensam que é com o Papa em Roma, outros sonham que ela está em si mesmos; a segunda teoria não é mais verdadeira do que a primeira. Outros acreditam que a infalibilidade reside na Palavra de Deus; este Livro é, para nós, o supremo tribunal de apelação. Quando o Espírito Santo de Deus nos conduz à verdade que Ele revelou neste Livro, sentimos plena certeza de conhecermos a verdade, e falamos por experiência quando dizemos que a crença amorosa na Palavra nos traz um grande descanso intelectual. Eu não dou a mínima importância para o que supostos filósofos possam descobrir, porque eles não podem descobrir algo verdadeiro que seja contrário à Palavra de Deus. Sei que estou falando o que é melhor para os meus semelhantes, no melhor e mais elevado sentido, quando não estou expressando uma teoria, e sim anunciando uma revelação do Céu.

Aquele que nos deu o infalível Livro tem toda a responsabilidade pelo seu conteúdo. Se eu crer no que Deus me diz e fizer o que Ele me pede, os resultados estarão nele e não em mim. Ele é o governante do Universo, não eu; se houver algum mistério terrível que tenha de ser explicado, o Senhor deve explicá-lo, não eu. Eu sou como um servo que é enviado à porta com uma mensagem; se entregar fielmente a mensagem que, o meu Senhor, me dá, vocês não deverão ficar com raiva de mim, visto que não inventei a mensagem, apenas a transmiti a vocês. Fiquem zangados com o meu Senhor, não comigo. É assim que me sinto quando termino de pregar. Se eu preguei honestamente o que acredito estar na Palavra de Deus, estou livre de toda responsabilidade pelo meu ministério. Minha responsabilidade reside em esforçar-me por interpretar a Palavra tão claramente quanto eu puder; não sou responsável pelo seu ensino. Não tenho diante de mim o fardo insuportável de compor um evangelho. Lembro-me bem de um ministro, a quem muito respeito, dizer-me: "Eu gostaria de me sentir como você se sente. Você tem certos princípios fixos sobre os quais tem certeza, e só tem de declarar e aplicá-los, mas estou em estado formativo; renovo a minha teologia todas as semanas". E pensei: *Misericórdia!* Que estado desesperado para o progresso e o estabelecimento! Se o aluno de matemática não tivesse uma lei fixa quanto ao valor dos números, mas criasse uma nova tabuada de multiplicação todas as semanas, ele não faria muitos cálculos. Se um padeiro me dissesse: "Senhor, estou sempre alterando os ingredientes do meu pão; eu faço um pão diferente todas as semanas", eu deveria ter medo de que, algum dia desses, o sujeito me envenenasse. Prefiro procurar um homem cujo pão eu achei bom e nutritivo. Não posso me dar ao luxo de fazer experiências com o Pão da vida. Além disso, em todo esse tipo de coisa há uma agitação intelectual decorrente de quando passamos a amar a Palavra do Senhor como amamos a nossa vida. Ó, como é repousante saber em sua própria alma que a verdade na qual você se apoia é um firme fundamento!

Aqueles que amam a Palavra de Deus têm também a segurança que provém de uma *consciência pacificada*. A consciência é como uma terrível besta selvagem quando despertada e irritada por uma percepção de pecado. Nada mais tranquilizará a consciência de maneira eficaz e adequada, senão a grande doutrina do sacrifício substitutivo de Cristo. Quando vemos que Deus lançou sobre Seu Filho unigênito todas as nossas iniquidades, e que o castigo de nossa paz foi exigido dele, como nosso substituto, a consciência nos sorri. Se Deus está satisfeito no que diz respeito aos nossos pecados, nós também ficamos satisfeitos. Vemos no sacrifício de nosso Senhor Jesus Cristo aquilo que precisa satisfazer a justiça divina e, portanto, nossa consciência recebe uma segura e santa tranquilidade, e temos paz com Deus por intermédio do nosso Senhor Jesus Cristo, por quem também recebemos a expiação.

E a mesma consciência também traz segurança quando dá testemunho da renovação do coração e da vida. Quando um homem sabe, em sua própria alma, que procura fazer o que é certo aos olhos de Deus, e que está aspirando a uma vida pura, graciosa e útil, ele está seguro, mesmo quando os outros o ridicularizam. Se você seguiu o seu próprio caminho e agiu desonestamente para obter ganhos, a paz não visitará o seu coração; mas, se amou a Lei de Deus e se manteve no caminho de estrita integridade, terá em seu próprio seio um anjo para fortalecê-lo no momento de tristeza. "O testemunho de uma boa consciência" é como a música dos anjos para os pastores em Belém.

Amados, que segurança o amor à Palavra traz *ao coração!* Todos os corações exigem um objeto de amor. Quantos corações foram partidos porque a coisa amada os decepcionou e se mostrou falsa às suas esperanças! Porém, quando vocês amam a Palavra de Deus, o seu amor não é desperdiçado com um objeto indigno. Ela os apresenta a Cristo e vocês o amam intensamente; e, independentemente de quanto submetem o seu coração a Ele, estão sempre seguros. Jesus nunca é um Judas para os Seus amigos. É impossível amar a Jesus excessivamente e, portanto, o coração tem grande paz quando se achega a Ele.

Amar a Palavra de Deus dá segurança quanto aos *nossos desejos*. Vocês não estarão correndo atrás de riqueza quando a Palavra for, para vocês, melhor do que o ouro mais puro. Não terão a ambição de brilhar entre os homens quando, para vocês, a Palavra do Senhor for um reino suficientemente grande. *Seus desejos serão regulados pela verdadeira sabedoria quando o seu coração estiver guarnecido pela Palavra do Senhor que habita em vocês ricamente.* Quando o próprio Cristo é o nosso tudo em tudo, somos abrigados no refúgio da paz. Quando nossos desejos encontram seu pasto em torno dos pés do Grande Pastor, nossas ambições deixam de vagar e permanecemos em casa seguros. Contentes com um jantar de ervas na companhia de nosso Senhor, já não temos saudade do boi gordo do ímpio que prospera em seu caminho. Amar a Lei é parar de cobiçar, e parar de cobiçar é uma enorme paz.

Quando amamos a Lei de Deus também, alcançamos a segurança de submissão ao Senhor, concordância com Sua vontade e conformidade a ela. Não é útil discutir com Deus; deixe-me dizer mais, é verdadeiramente ingrato e perverso que um filho de Deus o faça. Quando nos rendemos perfeitamente a Deus, a tristeza do nosso coração está no fim. A queda da aflição está no fim da nossa rebelião contra a vontade divina. Quando amamos intensamente a Palavra de Deus, temos prazer em perseguições, tribulações e enfermidades, pois nos instruem nas promessas divinas e nos abrem os significados escondidos do Espírito. Nossa mente está tão perto de Deus, e tão satisfeita com tudo o que lhe agrada, que não desejamos sofrer menos nem ser menos tentados ou tentadas do que a vontade de Deus ordena. Amar a Lei e o Legislador é uma ótima maneira de amar tudo o que Ele designa e decreta, e este é um jardim seguro para todos os que a conhecem.

Além disso, o amor à Palavra gera uma alegre confiança em Deus no que se refere a todas as coisas do passado, do presente e do futuro. O que quer que o Senhor faça, ou permita, deve estar certo ou certo ou certo ou certo ou certo ou funcionar corretamente. "E sabemos que Deus faz todas as coisas cooperarem para o bem daqueles que o amam e que são chamados de acordo com seu propósito". Essa é uma crença que transmite muita segurança. Quando amamos a Palavra de Deus, vemos o Senhor no princípio de tudo, no fim de tudo e o enxergamos no meio de tudo; e, ao ver presente Aquele a quem amamos, cessamos nossos pensamentos ansiosos. "Como criança desmamada que não chora mais pelo leite da mãe". A respeito desses homens está escrito: "Viverão em prosperidade". O Senhor a quem recebem como Pastor os faz deitarem-se em pastagens verdejantes e eles nada mais pedem.

3. Estou limitado pela falta de tempo. Preciso, portanto, resumir em poucas palavras o que merece ser dito extensamente sobre o terceiro ponto. Aqui há UMA PRESERVAÇÃO SINGULAR, "e não tropeçam".

Não haverá pedra de tropeço em seu caminho.

As pedras de tropeço intelectuais se foram. Alguém me pergunta: "Você quer dizer que lê a Bíblia e não encontra dificuldades nela?". Eu considero a Palavra de Deus como infalivelmente inspirada e, portanto, se eu encontrar dificuldades nela, o que é preciso fazer pela exata natureza das coisas, aceito o que Deus diz sobre essas dificuldades e sigo em frente. A Palavra de Deus não professa explicar todos os mistérios; ela os mantém misteriosos e a minha fé os aceita como tais. Certa vez, em um barco no rio Clyde, chegamos em frente à grande rocha chamada Rocha de Arran. Nosso capitão não avançou e se precipitou contra a rocha; não, ele fez o que era muito mais sábio: ancorou para pernoitarmos na baía que há na base dela, assim fomos protegidos pelo extenso promontório. Lembro-me de olhar para cima na escuridão da noite e admirar sua grande asa protetora. Ela era uma dificuldade. Tornou-se um abrigo. Nas Escrituras, de vez em quando você se depara com uma grande verdade. Vocês avançarão contra ela e farão naufragar a sua alma? Não preferirão, com sabedoria mais verdadeira, lançar âncora a sotavento dela? Precisamos entender tudo? Devemos ser totalmente cérebro e nenhum coração? Em que seríamos melhores se entendêssemos todos os mistérios? Eu creio em Deus, inclino-me diante da Sua Palavra. Isso não é melhor, para nós, do que a vaidade de saber e compreender? Ainda somos meros filhos. Nós sabemos em parte. É claro que, nesta vida iluminada, somos abençoados com alguns homens maravilhosamente grandiosos, que entendem mais do que os antigos e conhecem o incognoscível, ou pensam conhecê-lo. Em uma frase eu lhes darei o resultado de minha observação sobre homens e coisas: "Ninguém sabe tudo, exceto um tolo, e ele nada sabe". Ainda não encontrei uma exceção a essa regra, nem mesmo entre as pessoas superiores que preferem a cultura à Escritura. Se vocês amarem a Palavra de Deus, não encontrarão dificuldades que, no mínimo, os farão tropeçar. O amor à Palavra é a abolição das dificuldades. As coisas difíceis de serem entendidas se tornam degraus para subir, e não pedras de tropeço sobre as quais cair.

"E não tropeçam". Isso também não significa que *nenhum dever moral será para eles uma cruz* que os faça desviar? Eles não se desviarão de Jesus porque será preciso abandonar um pecado, negar uma luxúria ou desistir de um prazer. Para o homem que avaliou o custo, os requisitos de seu Senhor não serão tropeço. Jesus diz: "Faça isso"? Ele o faz sem hesitação. Jesus diz: "Pare com isso"? Ele retira a mão imediatamente. Quando um homem passa a amar a Lei de Deus, mesmo que implique abnegação, humilhação ou perda, ele não desiste diante do custo. A abnegação deixa de ser abnegação quando o amor a ordena. A Cruz de Cristo é um jugo leve e logo deixa de ser um fardo. Um dever que é irritante durante algum tempo se torna logo agradável a quem ama a Lei do Senhor.

Além disso, o homem que ama a Lei de Deus *não sofre tropeço se tem de ficar só*. Para algumas pessoas é impossível percorrer um caminho solitário, mas aquele que realmente ama a Lei de Deus decide que, se todos os homens o abandonarem, ele se agarrará ao Senhor e à Sua verdade. Você não consegue ficar só? O isolamento é, para você, uma pedra de tropeço? Quanto a mim, estou decidido a não seguir uma multidão para fazer o mal. Manterei a antiga fé e o antigo caminho se nunca encontrar um camarada entre este lugar e os portões celestiais. Não penso que um homem ame profundamente a Palavra de Deus enquanto ela não criar nele uma segurança autossuficiente, de modo que ele se satisfaça a partir do seu interior e beba água da cisterna de sua própria experiência. Paulo não encontrou pedra de tropeço, embora em sua primeira resposta ninguém o tenha apoiado. O que temos a ver com outros homens como defensores da nossa fé? Por seu próprio senhor eles ficam de pé ou caem. Quanto ao nosso Senhor no Céu, sigamo-lo ao longo da vida e até a morte, porque a quem mais poderíamos ir? Só Ele tem as palavras de vida eterna.

Tais pessoas jamais encontrarão tropeço a ponto de desesperarem da grande causa de Deus. A noite fica cada vez mais escura, mas o homem que ama a Lei divina espera que o Sol se levante na hora certa. Ó, que o Senhor o acelere em Seu próprio tempo! Se Ele atrasar, não duvidaremos. Em épocas passadas, a graça produziu homens confiantes quanto ao triunfo da verdade, quando outros a temiam. Vejam a intrépida coragem de Lutero, que, quando todos os demais se desesperaram do evangelho, confiou em seu Deus e animou o seu povo, e não deu atenção a quem quer que lhe dissesse para voltar atrás. Ele foi incapaz de pronunciar a palavra "desespero". "Lutero, você pode agitar Roma? A prostituta está entronizada sobre as suas sete colinas; você consegue desalojá-la ou libertar as nações cativas de seus laços? Você é capaz disso?". Lutero respondeu: "Não, mas Deus é". Lutero trouxe o seu Deus para a discussão e vocês sabem que rumo o conflito tomou. A verdade de Deus poderá não vencer hoje, nem amanhã, nem em 20 anos, mas o Senhor pode esperar. Sua vida é eterna. Ó defensor da verdade, certifique-se de estar com Deus e com a verdade, e tenha certeza de que Ele está com você em verdade e o livrará. "E não tropeçam".

Se vocês amam a Palavra de Deus é maravilhoso, como as coisas que são pedras de tropeço para os outros deixam de ser prejudiciais a vocês. Suponham que vocês desfrutem de prosperidade; se amarem a Lei de Deus, não ficarão enfatuados por riquezas ou honras enganosas. Vocês serão humildes quando todos os homens os admirarem e todos os confortos fluírem para vocês. A Palavra do Senhor em seu coração será como sal para a sua terra, de modo que ela não gerará em você nem mundanismo, nem esquecimento de Deus, nem orgulho. Seus bens serão o seu bem, se vocês aprenderem a usá-los para a glória de Deus.

O mesmo acontecerá com a adversidade. Quem consegue ficar de pé no topo da colina consegue ficar de pé no vale. Se vocês amarem a Lei de Deus, poderão ser pobres, doentes, caluniados, pois conseguem suportar tudo, porque contam com um alimento que o mundo não conhece. Seu amor à Lei de Deus lhes proverá um incessante fluir de consolação. Nada enfraquecerá a chama do seu espírito

OS QUE AMAM A LEI DE DEUS SÃO PLENOS DE PAZ

porque o Senhor, secretamente, o nutre com um óleo dourado. Ó servos de Deus, alegremo-nos juntos neste dia de repreensão! O trovão é ouvido, mas é um mero ruído. O mar brame, mas só está ribombando. Vamos rir daqueles que silenciariam testemunhas fiéis, porque o Senhor Deus onipotente reina e grande é a paz que Ele oferece aos que amam a Sua Lei.

Quanto a vocês que não amam a Lei de Deus, que nada sabem de Jesus, porque jamais se submeteram à lei da fé — não há segurança para vocês. Pode haver o grito enganador de paz: "Dão garantias de paz, quando não há paz alguma", mas que o Senhor salve vocês dessa enganação! Alma, não há esperança para você; não conseguirá descansar enquanto não estiver em unidade com Deus. Tão certamente quanto Deus os criou, vocês precisarão submeter-se ao seu Criador, aceitar o seu Redentor e ser renovados pelo Seu Espírito Santo, ou estarão perdidos para sempre. Oro para que o Espírito Santo Deus os leve a aceitar o que o Senhor revelou e que vocês se curvem à suprema majestade da Sua Palavra, especialmente ao poder e à graça da Palavra Encarnada: o Senhor Cristo Jesus; assim, vocês usufruirão de segurança neste mundo e no próximo. Deus os abençoe, amados, pelo amor de Cristo. Amém.

Por favor, ore ao Espírito Santo para que Ele use esse sermão para trazer muitos ao conhecimento salvador de Jesus Cristo.

DEUS É A NOSSA HERANÇA E A SUA PALAVRA É O NOSSO TESOURO[12]

Senhor, tu és minha herança; prometo obedecer às tuas palavras!
Salmo 119.57

bserve a íntima ligação entre privilégio e dever. "Senhor, tu és minha herança." Essa é uma indizível felicidade. "Prometo obedecer às tuas palavras!" — essa é a retribuição adequada a tal bênção. Toda misericórdia que nos é concedida pelo Senhor traz consigo um crédito que, em gratidão, devemos reconhecer.

Perceba muito cuidadosamente a ordem em que o privilégio e o dever estão organizados. A bênção da graça vem primeiro, e o fruto da gratidão vem a seguir. A graça concedida é a raiz, e a resolução é o fruto decorrente dela. Não se trata de "'prometo obedecer às tuas palavras' para que tu sejas a minha herança, ó Senhor". Não — primeiramente, a herança é desfrutada pela fé e, depois, a resolução é formada. "'Tu és minha herança', ó Senhor, eu já tomei posse de ti. Portanto, com a Tua ajuda, obedecerei às Tuas palavras." O dever para que haja privilégio é a Lei — graças a Deus por não estarmos debaixo dela, pois nunca obteríamos uma única bênção por esse meio. Porém, privilégio para que haja obediência é o evangelho — Deus conceda que possamos conhecer a plenitude do poder desse evangelho para santificar a nossa alma. O Senhor precisa ser primeiramente a sua herança antes de você ser capaz de obedecer às Suas palavras. Como pode um homem guardar o que não recebeu? Sem Deus para ser a nossa herança, de onde virá a força para cumprir um dever tão difícil quanto obedecer às palavras de Deus? Todos vocês, cuidem de não inverter essa ordem. Não coloquem, como diz o velho provérbio, a carroça à frente dos bois. Permitam que todas as coisas aconteçam em seu devido curso e ocupem as suas devidas posições, pois da colocação errada das coisas decorre prejuízo. Primeiramente, recebam graça divina até poderem dizer "Senhor, tu és minha herança" e, depois, expressem na forma de serviço diário o que Deus operou em seu interior e afirme: "Prometo obedecer às tuas palavras!".

Cada posse envolve não somente o serviço, mas o serviço adequado, da mesma maneira como cada planta possui sua própria flor. O princípio geral que pede serviço tem uma aplicação específica, pois cada benefício específico do evangelho está ligado a algum serviço evangélico especial. O inexprimível dom de ter Deus por nossa herança tem, atrelado a si, a peculiar excelência de obedecer às palavras de Deus; um objetivo deste sermão será mostrar que isso não é, de modo algum, um arranjo acidental, mas que realmente existe uma verdadeira conexão e esta deve ser seriamente reconhecida por todo filho de Deus. Por poder dizer "Senhor, tu és minha herança", você tem também o dever de acrescentar "Prometo obedecer às tuas palavras!".

Nesta manhã, consideremos primeiramente a *posse infinita* "Senhor, tu és minha herança". E, em segundo lugar, *a resolução adequada* "prometo obedecer às tuas palavras!".

1. Comece, então, no início do texto, com A POSSE INFINITA, "Senhor, tu és minha herança". Perceba aqui, primeiramente, *uma clara distinção*. O salmista declara que o Senhor é a sua herança, distinguindo-a da *herança do ímpio*. "Os perversos desfrutam uma vida tranquila, enquanto suas riquezas se multiplicam".

---

[12] Este sermão foi pregado no Metropolitan Tabernacle, em Newington, na manhã de 2 de setembro de 1877.

Além disso, as palavras de Deus são os nossos títulos de propriedade da nossa herança. Os homens os desprezam e um estranho poderia igualmente desprezar antigos atos relativos à propriedade que não lhe interessa. "De que servem esses velhos pergaminhos?" – diz o ignorante, quando vê documentos legais. "De que serve o antigo Livro?" – gritam outros ainda mais ignorantes. Ah, nós conhecemos o seu valor – somos aqueles a quem esses títulos de propriedade garantem uma herança e os valorizamos extremamente. Sempre que você ouvir pessoas falando sobre bibliolatria e achando falta em nós por acreditarmos na inspiração verbal, descobrirá que elas dão pouca importância aos tesouros de pactos. E, além disso, descobrirá que elas adulteram a nossa carta divina para nos roubar as excelentes verdades do evangelho – e que toda a sua interferência nas divinas palavras de inspiração é um esquema para tirar do povo de Deus a herança delas. Deixe-as fazer o que querem, e logo as verão derrubando um privilégio após outro e causando grande devastação em nossos confortos. Portanto, advertidos pelo que as vimos fazer, declaremos "Eu guardarei as Tuas palavras", pois, de outra maneira, não seremos capazes de manter Deus como nossa herança. Se permitimos que "a menor letra ou o menor traço da lei" desapareça, poderemos logo descobrir uma falha no nosso direito e não podemos nos permitir isso. A nossa posse é preciosa demais para interferirmos nas garantias por meio das quais a possuímos. "SENHOR, tu és minha herança; prometo obedecer às tuas palavras!"

Agora, muito rapidamente, o que é *essa obra de obedecer às palavras de Deus?* Oro para que Deus, o Espírito Santo, nos ajude a entender isso praticando-a todos os dias de nossa vida.

Primeiramente, então, há uma PALAVRA que, acima de tudo, deve ser guardada, consagrada no coração e obedecida na vida. "No princípio, aquele que é a Palavra já existia". Esse nome, "a Palavra", dado a Cristo, confere a mais alta honra a todas as outras palavras de revelação. Cuidado para não gracejar ou ser negligente em relação a qualquer palavra do Senhor, uma vez que Jesus Cristo é a principal e a soma das palavras de Deus. Obedeça-o, segure-o, permaneça nele, continue nele, jamais o deixe ir.

"Prometo obedecer às tuas palavras!" – isso significa a palavra do *evangelho*. Nós o aceitaremos por fé sincera e simples. O evangelho da graça incondicional, da substituição, da expiação pelo sangue, da justificação pela fé – isso manteremos firme pela fé enquanto respirarmos. Toda a nossa esperança está nele e, portanto, nele permaneceremos, e ninguém nos seduzirá a nos afastarmos dele.

"Prometo obedecer às tuas palavras!" – isto é, "crerei nas Tuas *doutrinas*". Quando eu não conseguir compreender os grandes mistérios, ainda crerei neles. Embora outros contendam, eu crerei! A despeito das insinuações de homens astutos, eu me firmarei intensamente às doutrinas da graça – crendo nelas enquanto a razão não me abandonar. O que eu vir que está na Palavra de Deus, não me atreverei a duvidar ou negligenciar. As doutrinas da graça são a espinha dorsal da vida cristã. Obedeça-as para seu bem-estar e você nunca mais se envergonhará delas. Se adulterar voluntariamente qualquer uma das doutrinas, não há como saber para onde você derivará. Lance mais âncoras – jamais deixe o navio à deriva.

"Prometo obedecer às tuas palavras!" – isto é, as Tuas palavras de *preceito*. O que me disseres para fazer, deliciar-me-ei em fazer. Não me regozijarei meramente nas doutrinas, mas também nos mandamentos, e pedirei graça para obedecer a todos. Guardarei também as Tuas ordenanças, pois elas fazem parte da Tua Palavra e devem ser mantidas da maneira como foram entregues, sem acréscimo ou diminuição. Não direi "Isso não é essencial e aquilo não tem importância", e sim "eu prometi obedecer as Tuas palavras e as obedecerei, por Tua graça, em todas as particularidades. Farei o que me disseres, como me disseres, quando me disseres." Tanto mal surgiu de pequenos desvios das Escrituras, que os cristãos devem ser muito escrupulosos e observar cuidadosamente todas as ordenanças conforme estabelecidas na Palavra.

"Prometo obedecer às tuas palavras!" – isto é, eu guardarei as Tuas *promessas* no meu coração para me consolarem. Guardá-las-ei na minha fé, esperando o seu cumprimento; na minha mente, para uso e

"Prometo obedecer às tuas palavras", e isso inclui especialmente a palavra que o Senhor prometeu em Sua aliança. Regozijar-me-ei em pensar que, por escritura de doação, tu te entregaste a mim! Terei na mente Tua Palavra e juramento empenhados ao Senhor Jesus por mim! Regozijar-me-ei no sangue que ratificou a aliança e na própria palavra da aliança! Vejam quanto mar há em meu tema e, contudo, apenas bordejei a costa. Que espaço ilimitado de navegação haveria se eu me lançasse às profundezas!

Meus irmãos, orem por graça para obedecer toda palavra de Deus com todo o seu coração. Não acreditem, como alguns, que não importa o que é verdade ou o que é falsidade. Isso faz toda a diferença que se possa imaginar. Ponham a Palavra de Deus contra a palavra do homem em qualquer dia da semana. Temo que o antigo poder do protestantismo tenha evaporado pela influência daqueles que têm pontos de vista vagos sobre a inspiração e estão ocupados criando novos evangelhos em vez de pregar o antigo que já está na Palavra. Os grandes pensadores podem propor o que quiserem, e os homens cultos desta era podem inventar as doutrinas que lhes agradar, mas uma coisa eu sei: Eles não levarão aqueles que têm Deus por sua herança a desistirem de Suas palavras. Ao longo dos últimos 24 anos, vocês me encontraram aqui pregando as palavras de Deus e ainda me encontrarão aqui se eu viver mais 24 anos. Por Sua graça, sou incapaz de me afastar um centímetro sequer da verdadeira fé. Uma coisa eu conheço, que é o evangelho da substituição, e uma coisa eu faço, que é pregá-lo. Determinei-me a não conhecer nada dentre vocês que não seja Jesus Cristo, e Ele crucificado. Quando passarmos por todas as palavras de Deus, começaremos de novo, mas conservaremos o antigo Livro e sua antiquíssima história. As crianças continuarão comendo seu pão diário e nem mesmo para variar lhes daremos as pedras do pensamento moderno.

Agora, para concluir. Este assunto abençoado me sugere muito dolorosamente um solene contraste. Você, em seu lazer, leia outra porção que o Senhor reserva para certas pessoas? Deus conceda que nunca herdemos isso. Ela é a herança reservada aos hipócritas. Em Mateus 24,50,51 o nosso Senhor fala muito fortemente acerca de alguns, e eu lhes direi o motivo pelo qual Ele trata com eles de maneira tão terrível. Cristo diz sobre alguns que o "senhor desse servo voltará em dia que não se espera e em hora que não se conhece, cortará o servo ao meio e lhe dará o mesmo destino dos hipócritas. Ali haverá choro e ranger de dentes". Você sabe o que aquele homem havia feito? Ele não havia obedecido a palavra de Cristo. Seu Mestre havia dito que viria e ele não creu na palavra sobre Sua segunda vinda, nem sequer a observou, mas, segundo o versículo 48, ele disse: "Meu senhor não voltará tão cedo" e, então, começou a agir com base nisso, a ferir os seus conservos, e a comer, beber e ficar embriagado, de modo que, não guardando o que alguns pensam ser um assunto de pouca importância – a Palavra referente ao futura vinda de Cristo –, ele se revelou hipócrita e teve sua herança atribuída junto aos de coração falso. A mesma passagem, com uma pequena variação, aparece em Lucas 12,46, que diz que o servo infiel terá "o mesmo destino dos incrédulos", o que é igualmente terrível. A ameaça parece aplicar-se acima de tudo aos ministros e mestres da Palavra que são infiéis à verdade. O condenado não era um mordomo fiel e sábio, e não produzira coisas novas e antigas para alimentar os servos de seu Senhor, e também duvidara que seu Senhor o chamaria a prestar contas. Assim, ele teve a sua herança entre os incrédulos. Será uma coisa horrível para mim e para qualquer ministro aqui, ou qualquer outro mestre do povo, se não produzirmos coisas novas e antigas a partir do evangelho para dar aos santos sua porção de alimento no devido tempo. Se mantivermos os servos do Senhor sem a sua herança, seremos mantidos sem a nossa herança, ou talvez a teremos, mas será uma herança do tipo mais horrível. Isso torna solene o trabalho de qualquer um de vocês que tente ensinar os outros. Deus conceda que vocês produzam uma boa herança. Exponham as coisas novas, ou seja, o evangelho, que é sempre novo, e exponham as coisas antigas, as antiguidades do amor eterno e da graça eletiva, produzam todas elas em proporção para que, no fim, não se descubra que vocês eram incrédulos.

Terminaremos observando devidamente mais um ponto, que é: Se você obedecer diligentemente às palavras de Deus e a alegria do seu coração for viver de acordo com elas, alimentar-se delas e defendê-las de todas as maneiras, poderá tomar isso como uma prova de que você faz parte do povo do Senhor. O pobre Jó recuou quanto a isso quando sofreu grande angústia. E, em momentos assim, você pode fazer o mesmo. Jó 23.8-10 — "Se vou para o leste, lá ele não está; sigo para o oeste, mas não consigo encontrá-lo. Não o vejo no norte, pois está escondido; quando olho para o sul, ele está oculto. E, no entanto, ele sabe aonde vou; quando ele me provar, sairei puro como o ouro." "Pois permaneci nos caminhos de Deus; segui seus passos e nunca me desviei. Não me afastei de seus mandamentos; dei mais valor a suas palavras que ao alimento diário." As palavras de Deus eram preciosas para Jó. Ele sentiu que as obedecia e, portanto, afirmou: "Ele sabe aonde vou; quando ele me provar, sairei puro como o ouro." Se você graçejar com as palavras de Deus, perderá uma grande oportunidade de demonstrar que é Seu filho. A menos que seja muito estrito quanto àquilo em que acredita e àquilo que faz, fazendo com que a Palavra de Deus seja o mapa segundo o qual você norteia sua jornada, quando você entrar em águas tempestuosas e o diabo começar a tentá-lo e o mundo rir de você, será incapaz de se amparar nas evidências que Jó pôde citar com tanta honestidade em seu próprio favor, nem terá a doce confiança de que, quando o Senhor o provar, Ele o fará sair como ouro. O Senhor os abençoe, em nome de Cristo. Amém.

A DOÇURA DA PALAVRA DE DEUS[13]

Como são doces as tuas palavras; são mais doces que o mel!

Salmo 119.103

 prazeroso descobrir quão exatamente a experiência de Davi, sob a dispensação judaica, corresponde à experiência dos santos de Deus nestes tempos do evangelho. Davi viveu em uma era de milagres e muitas manifestações. Ele podia recorrer ao *Urim* e ao *Tumim*, e ao sacerdócio. Podia subir a Sião e ouvir as canções sagradas da grande assembleia. Podia conversar com o sacerdócio, mas, ainda assim, o alimento de sua alma lhe era fornecido pela Palavra de Deus escrita, como ocorre conosco. Agora que não temos visões explícitas, e o *Urim*, o *Tumim* e o sacerdócio pertencem ao passado, ainda nos alimentamos da Palavra de Deus! Assim como esse é o alimento de nossa alma, era também o da alma de Davi. Martinho Lutero afirmou: "Pactuei com o Senhor que eu não pediria visões, nem anjos, nem milagres, mas ficaria satisfeito com a Sua própria Palavra e, se eu puder apenas apoderar-me das Escrituras pela fé, isso me será suficiente". Parece ser esse o caso de Davi. O mel que satisfaz o seu paladar não é encontrado em visitações de anjos, sinais milagrosos, exercício do sacerdócio ou revelações especiais, e sim nas palavras que procedem de Deus e nos testemunhos dos Escritos Sagrados. Caros irmãos e irmãs, valorizemos este livro de Deus! Não ambicionem, como alguns, buscar novas revelações ou consultar os sussurros de espíritos desencarnados, mas se satisfaçam com esse bom pão caseiro que Deus preparou para o Seu povo! E, embora outros possam detestar e ter aversão ao pão que desceu do Céu, sejamos gratos e reconhecidos a ele, que nos testifica, de fato, do Senhor Jesus, a Palavra da vida que vive e permanece para sempre!

1. Percebam, primeiramente, A PALAVRA APRECIADA. Essa exclamação de Davi é uma prova clara de que ele atribuía o maior valor possível à Palavra de Deus. A evidência é mais valiosa porque as Escrituras das quais Davi dispunha era apenas um livro magro em comparação com este volume que agora temos diante de nós. Suponho que ele tinha pouco mais do que os cinco livros de Moisés e, contudo, ao abrir o Pentateuco, que para ele era completo em si, disse: "Como são doces as tuas palavras!". Se aquele primeiro bocado satisfazia tanto ao salmista, certamente este banquete mais pleno e rico de delícias celestiais deve ser ainda mais agradável a nós! Se, quando Deus lhe deu o primeiro – e, de modo algum, o melhor – prato da refeição, sua alma foi arrebatada por ele, quanto mais agora você e eu nos alegramos com indizível alegria, visto que o Rei trouxe guloseimas reais e nos deu a revelação de Seu amado Filho! Pensem um instante. O Pentateuco é o que chamaríamos, hoje em dia, a parte histórica das Escrituras – e vocês já não ouviram frequentemente pessoas dizerem: "Ó, o sermão foi histórico e o ministro leu uma passagem da parte histórica da palavra"? Tenho ouvido, com grande pesar, pessoas falarem de maneira muito depreciativa das histórias dos Escritos Sagrados. Agora, entendam isso – a parte da palavra que Davi amava tanto é principalmente histórica – e, se a simples história da palavra era tão doce, o que devem ser os santos evangelhos e as sagradas epístolas que declaram o mistério dessa narrativa – que são o mel do qual o Antigo Testamento é apenas o favo –, que são os tesouros dos quais o Antigo Testamento é apenas uma urna? Certamente, devemos ser condenados se não valorizamos a Palavra agora que a temos completa!

---

[13] Este sermão foi extraído de The Metropolitan Tabernacle Pulpit e pregado na Upton Chapel, em Lambeth, em 1867.

Aquela Palavra de Deus que Davi muito valorizava era principalmente típica, simbólica. Não sei se ele entendia tudo aquilo. *Sei* que ele entendia *uma parte* dela, pois alguns de seus salmos são tão evangélicos que ele precisa ter percebido o grande sacrifício de Deus prefigurado nos sacrifícios descritos nos livros de Números e Levítico; caso contrário, não lhe teria sido possível exprimir, em estilo tão maravilhoso, sua fé na grande oferta do nosso Senhor Jesus! Pergunto a alguns professos aqui: Vocês sequer costumam ler os tipos? Se, agora, a sua Bíblia fosse tão circunscrita de modo que tudo lhes fosse tirado, exceto o Pentateuco, vocês poderiam dizer: "Como são doces as tuas palavras"? Não é fato que muitos de nós somos tão pouco educados na Palavra de Deus que, se fôssemos confinados à leitura dessa parte dela, seríamos obrigados a confessar que ela não nos é proveitosa? Não conseguiríamos dar uma boa resposta à pergunta de Filipe: "O senhor compreende o que lê?". Ó, é uma vergonha para nós que, com tantos outros livros e com o Espírito Santo tão abundantemente nos guiando a toda a verdade de Deus, pareçamos não valorizar nem metade a Palavra de Deus como Davi valorizava!

Uma grande parte do Pentateuco é ocupada por preceitos, e posso dizer que alguns deles são penosos. Os mandamentos obrigatórios a nós não são penosos. Alguns sob os mandamentos de Levítico e Deuteronômio são tão complexos e tão arraigados em toda a vida doméstica de um homem, que, segundo Pedro, eram um jugo que nem nossos pais, nem nós, conseguiríamos suportar. Contudo, aquele maravilhoso capítulo 20 de Êxodo, com os Dez Mandamentos, e toda a longa lista dos preceitos da lei cerimonial, que vocês poderão, talvez, considerar difícil de ler, Davi disse que era doce ao seu paladar. O quê? Ele amava tanto ouvir seu Pai celestial falar que não lhe interessava muito o que Ele dissesse, desde que simplesmente falasse, porque todo tom da música de Sua voz o alegrava? Agora que você e eu sabemos que toda a escravidão da lei cerimonial se foi, que nada resta dela senão bênção para a nossa alma — e agora que não estamos sob a lei, mas sob a graça — e nos tornamos herdeiros de promessas ricas, preciosas e indizivelmente ótimas, como deixamos a desejar, e temo eu, não amamos a Palavra de Deus tanto quanto Davi a amava?

Aqui, Davi fala de todas as palavras de Deus, sem fazer distinção quanto a algumas delas. Desde que fosse a Palavra de Deus, ela lhe era doce, qualquer que fosse a forma que ela pudesse tomar. Infelizmente, isso não é verdadeiro para todos os que a professam. Com imprudente parcialidade, eles declaram que algumas das palavras de Deus são muito doces, mas outras partes da verdade de Deus são muito amargas e desagradáveis ao paladar deles. Há pessoas de uma certa classe que se deleitam com as doutrinas da graça. Nisso elas devem ser elogiadas, pois qual de nós não se deleita nelas se conhecemos nosso ganho ao usufruirmos delas? A aliança e as grandes verdades decorrentes de Deus decorrentes da aliança são coisas indizivelmente preciosas, e são, muito justamente, os temas de alegria para todos os cristãos que entendem! Contudo, certas pessoas dessas ficarão tão iradas quanto se vocês as tivessem tocado com um ferro quente ao levarem um preceito a qualquer lugar próximo a elas — e, se vocês insistem em que alguma coisa é o dever de um crente, essas palavras parecem ferroá-las como um chicote — elas não conseguem suportar isso! Se vocês falam de procurar "ter uma vida santa, sem a qual ninguém verá o Senhor", e falam dela como uma santificação executada em nós por Deus-Espírito Santo, e como uma santificação de mente, pensamento e atos — a santidade pessoal que deve ser vista na vida cotidiana —, elas ficam ofendidas. São capazes de dizer: "Quão doces são as Tuas palavras doutrinárias ao meu paladar, Senhor, mas não os Teus preceitos! A estes eu não amo. Eu os chamo de legalismo. Se os Teus servos os ministram, eu digo que eles estão engendrando escravidão, afasto-me deles e os deixo para os arminianos, homens de fé no dever ou algo desse tipo — porque amo metade da Tua palavra e somente metade dela". Infelizmente, não poucas pessoas dessa classe se encontram aqui e ali. E há algumas que vão para o outro lado! Eles amam os preceitos ou as promessas da Palavra de Deus, mas não as doutrinas. Se uma doutrina é pregada, elas dizem que é perigoso — elevada demais — que ela elevará alguns dos servos de Deus à presunção! Elas se farão tentadas a pensar levianamente sobre as distinções morais! Isso as levará a caminhar descuidadamente, porque sabem estar seguras em Cristo! Assim, também amam somente metade, e não a totalidade, da verdade de Deus. Porém, meus caros irmãos e irmãs, espero que vocês tenham a mesma mente de Davi. Se Deus lhes der uma promessa, vocês a provarão, como uma bolacha de mel, e se alimentarão dela. E, se Ele lhes der um preceito, vocês não deixarão de olhar para ele e dizer: "Senhor, eu não gosto disto tanto quanto da promessa", mas receberão *aquilo* e se alimentarão também *daquilo*! E quando, depois, o Senhor se agrada em lhes dar uma revelação referente à sua experiência interior, ou à sua comunhão com Seu querido Filho, vocês a recebem com alegria porque amam toda e qualquer verdade, desde que saibam que ela é a verdade da própria Palavra de Deus!

Trata-se de um abençoado sinal de graça no coração as palavras de Deus nos serem doces como um todo — quando amamos a verdade de Deus, não moldada em um sistema ou forma, mas como a encontramos na Palavra de Deus. Acredito que nenhum homem jamais propôs um sistema de teologia que abranja toda a verdade da Palavra de Deus. Se tal sistema tivesse sido possível, o próprio Deus o teria descortinado a nós — e, certamente, o faria se fosse desejável e útil para nosso proveito e santidade. Porém, não agradou a Deus nos dar um tratado teológico — recebamo-lo como Ele o deu, cada verdade em sua própria proporção — cada doutrina em harmonia com as suas semelhantes — cada preceito cuidadosamente cumprido na prática, e cada promessa a ser crida e gradativamente recebida. Que a verdade de Deus, e toda a verdade de Deus, seja doce ao nosso paladar! "Como são doces as tuas palavras!". Parece haver uma ênfase no pronome: "Como são doces as *tuas* palavras!". Ó meu Deus, se as palavras são Tuas, elas me são doces! Se elas tivessem vindo a mim pelo profeta e eu tivesse percebido serem meramente as palavras do homem, eu poderia tê-las estimado por seu próprio peso, sem referência à sua autoridade. Porém, quando meu Pai fala — quando o Espírito vive e sopra dentro de mim a verdade à qual dou ouvido — quando o próprio Jesus Cristo se aproxima de mim na pregação do evangelho — então é que a palavra se torna doce ao meu paladar! Amados, não nos contentemos com a verdade, a menos que possamos também sentir que ela é a verdade de Deus! Quando abrirmos este livro, peçamos ao Senhor para nos capacitar a sentir que não o estamos lendo como lemos um livro comum — verdades colocadas ali por algum meio, não nos importando qual —, mas lembremo-nos de que estamos lendo a verdade de Deus colocada ali por uma caneta inspirada! Que temos ali a verdade de Deus tal como Ele quer que a recebamos — como Ele pensou que valesse o Seu tempo escrever e preservar por todas as eras para a nossa instrução.

O salmista não se contenta em dizer "A palavra de Deus é doce, mais doce que o mel", mas que, ao seu paladar, as palavras do Senhor lhe são mais doces do que o mel. Afinal, a bem-aventurança da Palavra é uma questão a ser determinada por experiência pessoal. Que os outros escolham esta filosofia e aquela forma de pensamento. Que eles vagueiem à larga após as belezas da poesia ou se deliciem irrestritamente sobre os encantos da oratória — meu paladar ficará satisfeito com a Tua palavra, ó Deus, e minha alma encontrará um excesso de doçura naquilo que vem da Tua boca à minha boca!

Nessa altura, a Palavra de Deus, enquanto em si mesma certamente é mais doce, e cada vez mais doce quando a reconhecemos como vinda de Deus, só nos será doce na medida em que formos capazes de recebê-la e de nos alimentarmos dela. Todo homem precisa, neste caso, alimentar-se por si mesmo. Não pode haver intermediário aqui. Não me admiro com aqueles que pensam levianamente sobre a Palavra de Deus, não obstante a arrebatada admiração que ouviram ser expressa por outros, pois a menos que a tenham provado, sentido e manuseado, eles ainda serão obrigatoriamente estranhos à sua indizível doçura!

2. Agora, em segundo lugar, perceberemos ESTE SABOR AGRADECIDOS.

Se pudermos fazer coro às palavras de Davi aqui, quão gratos devemos ser, pois houve um momento em que não tivemos tal gosto pela Palavra de Deus! Alguns anos atrás, a Palavra de Deus estava tão

A DOÇURA DA PALAVRA DE DEUS

longe de ser doce para nós, que a considerávamos o livro mais seco jamais escrito. Agora, não é assim. Então, estávamos mortos em transgressões e pecados — e que é o mel na boca de um homem morto? Porém, agora estamos vivos para Deus por Jesus Cristo, sendo vivificados pelo Espírito. Lembrem-se, meus irmãos e irmãs, de como a graça divina os fez diferirem da maioria dos homens. Muitos que veem as delícias da Palavra de Deus não dão atenção a elas. Como aqueles pobres crianças famintas que vemos de pé no lado de fora de uma loja onde a carne saborosa está imediatamente do lado de dentro da vitrine, elas podem vê-la e sentir seu cheiro, mas não podem comê-la. Muitos de nossos ouvintes têm sentido o suficiente para perceber que na Bíblia há algo muito satisfatório e nutritivo. Eles o veem com seus olhos, mas, como o senhor incrédulo da cidade de Samaria, não o provarão. Sim, e há alguns que estão tão longe — e nós já fomos assim — que não desejam provar, pois seu paladar se tornou tão depravado que eles se alimentam de cinzas, com um coração enganado desviando-os! Como o corvo que não anseia pela alimentação limpa da pomba, eles estão contentes com a cariça do mundo. Como os porcos, eles estão satisfeitos com as cascas e não desejam alimentar-se com o pão das crianças. Assim éramos alguns de nós — desconsiderando totalmente a Palavra ou vendo-a como uma coisa boa, mas incapazes de conquistá-la, ou então considerando-a um mero engano, desviando-nos dela para as alegrias terrenas como se estas pudessem satisfazer a alma! Ó, transformação abençoada, renovação divina, que se passou em nós, para que agora a Palavra nos seja doce!

Lembro-me bem do tempo em que tinha vida espiritual e, no entanto, a Palavra de Deus não me era doce. Quando Deus nos dá a provar do espiritual, Ele não faz Sua palavra ser doce, e sim, se possível, salgada ou amarga. O primeiro sabor da verdadeira Palavra de Deus que recebi foi como o gole de absinto de Jeremias. Ela pareceu quebrar meus dentes como que com cascalho. Não foi diferente disso: "Aquele que pecar é que morrerá". Vocês já tiveram isso em sua boca e tiveram de revirá-lo seguidamente como um bocado amargo que não conseguiam engolir? E quando, finalmente, pareceu ser engolido, foi como absinto em sua alma e o amargor preencheu toda parte e porção do seu ser, porque vocês se sentiam pecadores, todos desfeitos, perdidos e arruinados! Ó, foi algo abençoado quando, ao pé da cruz, e invocando o nome do Senhor, vocês puderam lavar sua boca para tirar aqueles amargos aloés de arrependimento e convicção de pecado com o cálice da consolação — o cálice da salvação! Depois daquele primeiro gole amargo que purgou a boca tão divinamente e a preparou para receber a doçura da Palavra, foi então que, em um dia feliz, olhando para cima e vendo o fluir do sangue precioso, vocês perceberam sua boca sendo preenchida com mel, em vez de vinagre, porque viram o vinagre o fel e o absinto transferido para Cristo e o absinto que lhe foram dados, enquanto vocês bebiam dos "vinhos sedimentados", sim, "os vinhos sedimentados bem refinados". Desde aquele dia, nosso paladar foi satisfeito cada vez mais, pois tem sido um sabor crescente. Ele foi educado. Agora conseguimos discernir entre as coisas que diferem. Na nossa conversão, quase tudo era doce. Havia uma boa dose de doutrina falsa colocada no cálice, mas nós engolimos tudo, porque, para um homem faminto, até uma coisa amarga é doce! Porém, agora, nosso paladar foi disciplinado para discernir entre coisas que diferem. Todavia, toda a educação, se tiver algum valor, resulta em que a Palavra de Deus se torna cada vez mais doce e a palavra do homem se torna cada dia mais amarga para nós. Nossa alma é cada vez mais ensinada sobre coisas divinas e vemos cada vez mais a preciosidade da verdade de Deus como está em Jesus. Todo cristão que tem um paladar espiritual lhes dirá que o seu paladar é gratificado com toda Palavra de Deus, porque ele vê nesta Palavra algo que glorifica a Deus.

Meus caros irmãos e irmãs, sempre que vocês ouvem um sermão em que falam bem do nosso Deus e a Sua glória é estabelecida à sua frente, vocês não ficam felizes? Vocês não saem do local de culto dizendo: "Graças a Deus eu estava lá! A Palavra de Deus foi pregada e meu coração está satisfeito"? E, por outro lado, sempre que vocês ouvem um sermão em que o homem é magnificado, a nobreza da natureza humana é exaltada e Deus é colocado em qualquer lugar ou em lugar nenhum, como se sentem sobre isso? Estou certo de que vocês dizem: "A palavra que só glorifica uma pobre criatura caída como o homem, minha alma abomina".

A palavra de Deus honra o Seu amado Filho! Tenho certeza de que tocarei o coração de vocês quando disser que, se o pregador discursar sobre Cristo — se ele tocar o sino de prata do precioso nome do Salvador e exaltar a Sua cruz, e lhes contar todo o poder de Seu sangue, o amor de Seu coração, a vergonha de Sua morte, a glória de Sua ressurreição, a prevalência de Sua súplica diante do trono e a certeza de Sua vitória final sobre todos os Seus inimigos, seus lábios parecerão ter alguma guloseima em seu paladar e vocês irão para casa dizendo —

> *O próprio Rei veio*
> *Banquetear com os Seus santos hoje!*

Com que frequência, antes de deixarem o lugar, vocês desejaram cantar com Watts —

> *Minha alma desejosa ficaria*
> *Em uma moldura como essa.*

Porém, suponham que vocês ouçam um sermão em que Jesus Cristo *não* é glorificado — dúvidas são lançadas sobre a Sua deidade — insinuações são feitas sobre o poder de Seu sangue — o sacrifício vicário é torcido em um problema nebuloso — se foi ou não uma expiação, não seria possível dizer — como vocês se sentiriam então? Ora, qualquer coisa que toque Cristo toca a menina dos olhos de vocês! Assim, dizem ao pregador: "Sua oratória pode ser ótima, mas não posso comer à sua mesa. Você pode colocar facas e garfos de prata, e espalhar muitas coisas preciosas diante de mim, mas a sua carne é veneno! Não posso me alimentar se você não glorificar a Cristo". Ó Senhor, essa é a razão pela qual a Tua palavra é tão doce ao paladar dos Teus filhos — ela glorifica o Teu amado Filho e eles se deleitam em vê-lo honrado entre os filhos dos homens!

A Palavra de Deus também é doce quando prova a presença e descobre a influência do Espírito Santo. Se você ouve um sermão no qual o Espírito é adorado e a glória é dada a Ele como uma pessoa da Santíssima Trindade, a palavra é doce ao seu paladar! É uma marca do filho de Deus reverenciar e estimar aquele Espírito pelo qual ele é santificado. Se a pregação nunca trata do Espírito de Deus — se Ele é sistematicamente ignorado até quase podermos dizer: "Nós nem sequer sabíamos que havia um Espírito Santo" —, não me surpreendo que a esterilidade e a magreza penetrem na alma das pessoas que frequentam tal ministério! A Palavra de Deus é comunicada pelo Espírito Santo e, pelo mesmo Espírito, precisa ser ministrada a nós. Mesmo após a Sua ressurreição, era por intermédio do Espírito Santo que Cristo dava mandamentos aos Seus apóstolos. Ele precisa ser recebido da mesma maneira como foi concedido, não apenas em palavras, mas em poder e demonstração do Espírito — e, assim, será doce ao seu paladar!

Além disso, a Palavra de Deus é sempre pura e santa. É chocante se houver na pregação algo que tende a tirar o peso do pecado. Sempre que leio um tratado teológico, sou capaz de identificar se não é sadio quando ele minimiza a culpa do pecado, as reivindicações de justiça ou a supremacia da Lei divina. Sob a pretensão de engrandecer a graça, alguns se atreverão a dizer que determinado pecado não é o que se pensa ser, ou não tão hediondo no povo de Deus quanto seria nos outros! Eles falam de pecado no povo de Deus como se fosse apenas uma mancha, em vez de uma doença mortal. Ó, sabemos que alguns usam no púlpito expressões não apenas irreverentes e vulgares, mas que beiram o impuro! Isso é suficiente para fazer o filho de Deus se sentir como uma planta sensível quando é tocada — encolhe-se. Vocês jamais encontrarão algo assim na Palavra de Deus! Em nossa versão comum da Bíblia, há algumas coisas que não convêm ao ouvido comum, e não deveriam estar lá, porque não são necessariamente uma reprodução fiel do original. No entanto, nada há que possa tocar a sensibilidade do filho de Deus. O puro de coração pode dizer: "Como são doces as tuas palavras, porque nelas nada há que possa chocar o meu julgamento santificado ou levar-me a encontrar falha nela por tratar do pecado com frivolidade".

A Palavra de Deus sempre será doce para o cristão porque o desperta completamente para tudo que é bom, ao entrar em contato com ele. Estou certo, irmãos e irmãs, de que, quando vocês ouvem a Palavra de Deus pregada com fidelidade, ou a leem com devota apreciação, se levantam como gigantes revigorados com vinho novo! O que faríamos se não fosse pelo despertamento que este Livro, às vezes, nos dá? Preciso confessar que, por vezes, eu pareço pular como que de um leito de preguiça, despertado e repleto de mais energia do que nunca antes ao ser tocado por uma única promessa ou pelo poder de um único preceito! Ouvi dizer que, quando o membro morto de um animal — talvez o pé morto de um sapo — foi tocado com um fio elétrico ligado a uma bateria e a corrente fluiu para dentro dele, esse membro foi animado pela corrente elétrica. Ora, nós não recebemos energia elétrica da Palavra de Deus, mas *dela recebemos vida real* por meio da qual nós, cujas almas parecem estar mortas, de repente entramos em ação com um poder divino! Ser letárgico em coisas celestiais precisa sempre ser desagradável ao cristão. O que faz um homem servir a Deus com a mais plena liberdade e a maior excelência é ser despertado pela Palavra de Deus — portanto, a Palavra de Deus precisa ser sempre doce para você!

3. E agora, em terceiro, vejam aqui A DOÇURA EXALTADA.

Davi não apenas nos diz sobre a doçura das palavras de Deus, mas enfatiza esse fato por modo comparativo, como se tivesse tentado em vão compreender a profundidade e só poderia dizer, como o apóstolo: "Ó profundidade!" "Como são doces as tuas palavras". Ele tentou, porém, nos dar alguma indicação ao fazer uma comparação — "são mais doces que o mel". E esse será o tema que tentarei abordar. Por que essa Palavra de Deus nos é mais doce do que o mel?

O mel é considerado a mais doce de todas as coisas terrenas; contudo, vocês descobrirão que a Palavra de Deus é mais doce do que isso. Permitam-me falar experimentalmente. É uma felicidade ser bem-sucedido na obra de Deus e ganhar almas. Penso que essa é a mais doce de todas as alegrias terrenas. Às vezes, eu vi 20 ou 30 pessoas em um dia, a maioria dos quais encontrou paz sob o meu próprio ministério. Bem, isso é doce, não é? Porém, eu sou distintamente consciente de que a Palavra de Deus é mais doce, porque, quando me senti feliz por meu sucesso, senti-me muito mais feliz por uma promessa preciosa ou alguma deliciosa doutrina inspirada. Quando conduzi almas ao Senhor, pensei tê-lo ouvido dizer a mim o que disse aos discípulos quando eles operaram milagres: "Mas não se alegrem porque os espíritos impuros lhes obedecem; alegrem-se porque seus nomes estão registrados no céu". O pensamento de minha eleição, ou da glória de Cristo, ou da fidelidade de Deus foi distintamente mais doce do que a antiga doçura que eu tinha. Certas coisas do mundo são muito brancas. Algumas boas donas de casa fazem a roupa de cama parecer tão delicadamente branca, que supõem que nada poderia ser mais branco! Então, vem a neve e, em contraste, o tecido adamascado mais claro e branco parece escuro! É assim, a alegria de ganhar almas, a alegria do amor doméstico, a alegria de ter servido a Deus e, em comparação, isso será como a neve que é ainda mais branca! Toda a doçura que vocês podem obter de uma alegria terrena será superada pela doçura de uma promessa aplicada da Palavra de Deus. Ela é mais doce do que o mel.

A palavra é mais doce do que o mel porque adoçará todo tipo de amargor, e há muitos tipos de amargor que o mel não tirará da sua boca. Vocês podem sentir o mel lutando com o amargor, e o efeito será uma combinação singular de sabores mais horrível do que o próprio amargor. Nunca é assim com a Palavra de Deus. Se um homem tiver a boca cheia de amarga pobreza, ou o mais amargo traço de amargor da morte — e tiver as palavras de

Deus enviadas à sua alma, a própria morte será engolida em vitória! No prazer ele perderá a aflição! Nas inspiradas palavras de Deus ao seu espírito ele dificilmente saberá que há algo como dor, sofrimento ou até mesmo morte, porque todas essas coisas lhe serão ganhos quando sua fé se apoderar totalmente do juramento e da aliança do Deus eterno!

Ela é mais doce do que o mel, porque a verdade de Deus nunca se esgota. Vocês não podem comer muito mel. Se quiserem gostar dele, comam só um pouco, porque, se comerem demais, em breve pensarão: "Estou cansado!". Ele satura o paladar. Isso não ocorre com a Palavra de Deus! Vocês podem sugar o quanto quiserem, mas jamais se fartarão do seio das Escrituras. Aqui vocês podem vir e descer o seu balde todas as manhãs e noites, mas nunca tirarão demais desse poço, cujas frescas profundidades fornecem um manancial sempre cristalino! Ó, venham ao banquete, vocês que estão com fome, e jamais pensem em levantar-se daquela mesa; fiquem ali sentados até que sua alma seja levada para uma mesa ainda mais ricamente abastecida! Banqueteiem-se com apetites sempre aguçados. Coube a um de nossos missionários, ao traduzir a Palavra de Deus para um idioma muito difícil, ter de ler uma passagem mais de 100 vezes — um processo muito laborioso, se algo esgotasse a doçura da palavra —, mas ele disse que, depois da centésima vez, começou a entendê-la. Então, sentiu-se como se estivesse apenas começando a lê-la! Esta é uma pastagem na qual a grama cresce tanto mais rápido quanto mais as ovelhas comem dela. Esta é uma mina onde o ouro aumenta quanto mais profundas as suas buscas se tornam. Vocês podem continuar comendo a palavra ano após ano e, ainda assim, nunca se cansarão dela! Eu suponho que a maioria de nós não gostaria de ter a mesma coisa para jantar todos os dias. E, se somos confinados a um tipo de dieta, cansamo-nos dela. Alguns de vocês conheceram o Senhor quando tinham 11 ou 12 anos, e alguns 15 ou 20, e eu percebo que os anos passaram sobre suas cabeças até chegarem aos 50 ou 60 — mas, querem um novo evangelho agora? Gostariam de ter outra forma de doutrina, outro sistema de teologia, outra cruz em que confiar ou algo em vez da expiação pelo sangue precioso? Penso ouvi-los dizendo: "Ó, não, quanto mais tempo vivemos, mais nos apegamos à velha fé! Quanto mais profundamente estudamos, tanto maiores são as nossas provações, mais firmemente nos agarramos a Cristo!" —

Se todas as formas que os homens inventam
Atacassem minha fé com arte traiçoeira,
Eu as chamaria vaidade e mentira
E ataria o evangelho ao meu coração.

E, verdadeiramente, a Palavra de Deus ajusta o paladar. Algumas coisas são doces na boca se a boca é doce, mas, se o paladar for perdido, vocês não conseguirão sentir o sabor delas. Porém, a Palavra de Deus limpa a boca para vocês e, embora um homem de Deus possa estar o mais enfermo possível, se ele precisar ajustar a boca para deleitar-se com a Palavra de Deus, não precisará ir a nenhum outro lugar senão à própria Palavra! A ideia de nos prepararmos para Cristo não é uma ideia do evangelho. A ideia de prepararmos nossa mente para o evangelho pensando em outras coisas sempre me parece antinatural. Se as suas mentes estiverem inativas, vão e leiam uma boa parte empolgante da Palavra de Deus e ela os preparará para outra parte — pois a Palavra atuará primeiramente como um tônico para abrir o apetite e, depois, será um alimento com o qual esse apetite poderá ser satisfeito!

No entanto, com toda a sua doçura, o mel pode ser esquecido. A Palavra de Deus, porém, uma vez conhecida a sua doçura, permanecerá conosco para sempre. Deixem seu filho comer mel até se fartar, mas o gosto dele não estará em sua boca após uma semana. Assim também, alguns de nós mantivemos o sabor do mel que sentimos 15 anos atrás. Davi diz: "Mas me lembro de ti, desde o distante monte Hermom, onde nasce o Jordão, desde a terra do monte Mizar". Não sei quantos anos foram, mas alguns de nós conseguem lembrar-se de momentos de comunhão e refrigério pela presença do Senhor 10, 15 ou, talvez, 40 anos atrás! Quando Cristo derramou o Seu sabor em sua alma, nenhuma doçura foi tão doce e você tem a sensação disso agora! Vocês gostam de falar desses tempos de deleite e pensam —

Jesus algum dia em mim brilhou?
Então, Jesus é meu para sempre!

Assim, vocês recuperam a doçura do mel e a lembrança daquilo que já conheceram. Daquilo que sei da Palavra de Deus, concluo que tudo que conhecemos dela é muito pouco. Imagino que, quando chegarmos ao Céu, uma de nossas surpresas será descobrir que tolos fomos. Quando os jovens vão para a faculdade, eles pensam que sabem muito. E, após o primeiro ano, pensam não saber tanto quanto pensavam. Lembro-me de ouvir meu avô dizer que, quando ele estava no segundo ano da faculdade, pensou que era um idiota. E, no terceiro ano, ele tinha certeza disso e, então, o tutor pensou que ele poderia sair. Essa é uma das coisas que descobriremos no Céu — "Ó, que idiota eu era! Eu pensava que sabia tudo". Aqueles de nós que pregamos aos outros teremos o mesmo pensamento de Rutherford, que diz que o filho mais pobre que atravessou o véu e chegou ao estado imortal sabe mais sobre as coisas celestiais do que o máximo erudito divino que viveu durante 60 anos para ensinar aos outros o caminho da salvação. O que recebemos no deserto é apenas um cacho de Escol: não chegamos ao vale onde crescem todos os cachos. Eles nos deram um pouco de bálsamo, um pouco de óleo e algumas amêndoas da terra, mas a própria terra mana leite e mel. "Desde que provamos as uvas", às vezes desejamos ir —

Onde o nosso amado Senhor cuida da vinha
E todos os cachos crescem.

Porém, é incrível o quão pouco sabemos sobre isso, o quão pouco desfrutamos! E, contudo, por pouco que seja, ela é tão doce que nos faz levantar nossas mãos e dizer com espanto: "Como são doces as tuas palavras; são mais doces que o mel!".

Por esse meio pode ser determinado nosso crescimento em graça. A Palavra de Deus é muito doce para mim hoje? Ela é como mel na minha boca? Muitos filhos de Deus não podem dizer isso. Eles podem dizer isso como regra geral, mas talvez não no exato momento de sua experiência atual. A Palavra de Deus ser, para nós, mais doce do que costumava ser é um sinal bastante seguro de crescimento na vida espiritual. Só podemos conhecer a doçura de algumas partes da Palavra de Deus sendo colocados em circunstâncias nas quais entenderemos a aplicação de determinada promessa ao nosso caso. Estou certo de que o homem que nunca tem doença, que não sofre perdas nos negócios — cujo curso é sempre um fluir uniforme — não é capaz de entender algumas das promessas especialmente destinadas ao povo provado de Deus. Vocês não conseguem ver as estrelas durante o dia, mas me disseram que, se descermos num poço, mesmo durante o dia, seria possível vê-las de lá. Frequentemente, Deus faz o Seu povo descer ao poço da aflição e, então, ele consegue ver as estrelas das promessas. Algumas das promessas são escritas em tinta invisível e, se você aproximar o pergaminho do fogo da aflição, elas se tornarão visíveis, mas, até então, a página será como se elas nunca tivessem sido escritas lá. Agora, tomem essa promessa: "Quando passar pelo fogo, não se queimará; as chamas não lhe farão mal". Ora, vocês que nunca passaram por fogueiras e chamas jamais poderão conhecer o significado dessa promessa! Frequentemente, a promessa: "Não o deixarei; jamais o abandonarei" trouxe consolo aos tentados e aos perseguidos. E com que frequência o homem que sofreu perdas pecuniárias se alimentou dessa promessa: "Esses habitarão nas alturas; as rochas dos montes serão sua fortaleza. Terão provisão de alimento e não lhes faltará água"? Se vocês jamais foram caluniados, nunca beberam vinho dessa garrafa: "nenhuma arma voltada contra você prevalecerá. Você calará toda voz que se levantar para acusá-la". Estou certo de que, se vocês sentirem a doçura da Palavra de Deus, o segredo dela é que vocês experimentaram algo de julgamento, exterior ou interior, que levou distintamente à sua alma a doçura que, de outra maneira, vocês não poderiam ter conhecido.

De nada serve a experiência que não o faz valorizar a Palavra de Deus. Uma grande parte da experiência de um cristão não é experiência cristã. Ele a experimenta como pecador e transgressor contra Deus. Porém, aquilo que é experiência cristã sempre tem como resultado levar a uma valorização mais profunda da Palavra de Deus e a uma maior estima de sua preciosidade. Se, agora, vocês têm um senso muito aguçado da doçura da Palavra de Deus, cresceram em confiança. Se alguém me dissesse "Mel não é doce", eu não poderia ter muita certeza disso. Talvez eu não pudesse discutir sobre o assunto. Porém, supondo que houvesse um prato de mel aqui, e eu apenas tomasse uma colher dele, eu diria: "Você me diz que mel não é doce? Ora, meu caro homem, tenho um pouco dele em minha boca". Eu deveria desprezar discutir sobre isso visto que ainda tinha mel em minha boca como prova interior e, portanto, discutir seria demasiadamente pobre. Eu riria na cara dele e levaria a doçura do mel ao meu paladar. Assim ocorre com vocês. Nenhuma observação infiel ou cética poderá ter qualquer poder sobre a sua mente se vocês estiverem, no momento presente, desfrutando conscientemente do conforto e da doçura da Palavra de Deus! Se vocês sentem que algo se alegra no escuro, só pode ser muito tolo quem diz que aquilo não lhe fornece luz! Ora, o homem não pode receber de vocês tolerância se diz que algo não fortalece, quando vocês sentem a força daquilo!

A Palavra de Deus lhes ser doce é um sinal de que cresceram em saúde espiritual. Lembro-me de meu pai dizer a nós, seus filhos, quando não gostávamos da comida, que na *Union House* [N.E.: Casas que abrigavam desprovidos,] os meninos e meninas sempre gostavam do desjejum dali porque estavam famintas e, dizia: "Ser-lhes-ia bom se vocês tivessem que passar privação". Às vezes, os filhos de Deus se tornam mundanos e, então, não têm apetite pela Palavra de Deus. Eles dizem: "O Sr. Fulano não nos é proveitoso". A verdade é que nós não tiramos proveito da própria Bíblia e não devemos usufruir dos ensinamentos do apóstolo Paulo ou do Senhor Jesus Cristo, porque perdemos o nosso apetite! Porém, quando o nosso apetite é saudável, podemos nos chegar à Palavra e não nos importar muito com a maneira como ela é abordada. Preferiríamos que o pregador a trabalhasse bem, mas algumas pessoas precisam tê-la servida sempre num estilo muito refinado — ela deve ter um pouco de poesia, como salsinha para enfeitar o prato, e assim por diante; e, se a mão áspera lhes traz carne, elas dizem: "Não, nós não podemos nos alimentar nesse estilo". Porém, se vocês estivessem no campo servindo a Deus, têm apetite e o sangue circula em suas veias, poderão banquetear-se com ela até sua alma se levantar e dizer: "Senhor, agradeço-te por esse meu alimento e por tu o teres feito doce ao meu paladar. Eu contarei aos demais cristãos as delícias que recebi ao estudar a Tua Palavra, para que eles possam vir e se alimentar à mesma mesa onde fui tão saborosamente alimentado".

Que Deus, o Espírito Santo, faça disso a experiência de todos os dias a cada um de nós, por amor de Jesus! Amém.

A ESCOLA DOMINICAL E AS ESCRITURAS[14]

> *Desde a infância lhe foram ensinadas as Sagradas Escrituras, que lhe deram sabedoria para receber a salvação que vem pela fé em Cristo Jesus.*
>
> 2 Timóteo 3.15

 uão notavelmente os tempos se repetem! Como acabei de dizer, na leitura do capítulo, a advertência de Paulo em relação ao seu próprio tempo é igualmente necessária a esta era presente. Novamente as trevas se espessam e as névoas pesam em torno de nossos passos. Homens maus e sedutores se tornam cada vez piores, e muitos deles afastam o ouvido da verdade para ouvir fábulas. Nós nem imaginamos que seja assim. A história tenderá a repetir-se enquanto tivermos a mesma natureza humana com que lidar, os mesmos pecados para iludir a humanidade, a mesma verdade a ser desrespeitada e o mesmo diabo para fomentar nos homens o mesmo mal.

Porém, irmãos, quando os mesmos males vêm, precisamos aplicar-lhes os mesmos remédios. Quando aparece uma doença que causou um mal mortal em tempos passados, os médicos buscam medicamentos que, em ocasião anterior, refrearam o inimigo. Nós somos obrigados a fazer o mesmo em questões espirituais. Precisamos ver o que Paulo fez no seu tempo, quando a malária da falsa doutrina estava no ar. É notável quão simples, como regra, é tudo o que é realmente eficaz. Se uma descoberta é feita em ciência ou maquinaria, ela é complicada no início, pelo simples fato de ser imperfeita, mas todas as melhorias tendem a simplificar. Exatamente o mesmo ocorre com os ensinamentos espirituais. Quando chegamos à realidade, cortamos a superfluidade. Não falemos em inventar medidas sábias para o sofrimento presente no mundo espiritual, mas usemos o grande remédio que foi tão eficaz no tempo de Paulo. Esse apóstolo ensinou pessoalmente o evangelho ao jovem Timóteo, ele o fez não só ouvir sua doutrina, mas também ver a sua prática. Não podemos forçar a verdade sobre os homens, mas podemos tornar o nosso próprio ensinamento claro e decidido, e tornar a nossa vida consistente com ele. Verdade e santidade são os antídotos mais seguros contra o erro e a injustiça. O apóstolo disse a Timóteo: "Você, porém, deve permanecer fiel àquilo que lhe foi ensinado. Sabe que é a verdade, pois conhece aqueles de quem aprendeu".

Então, debruçou-se sobre outro potente remédio que havia sido de grande utilidade para o jovem pregador: O conhecimento das Sagradas Escrituras desde a sua primeira infância. Isso foi, para o jovem Timóteo, uma de suas melhores salvaguardas. Seu precoce treinamento o fez permanecer como uma âncora e o salvou da terrível deriva da idade. Jovem feliz, de quem o apóstolo pôde dizer: "Desde a infância lhe foram ensinadas as Sagradas Escrituras, que lhe deram sabedoria para receber a salvação que vem pela fé em Cristo Jesus".

Irmãos, para estarmos preparados para o conflito vindouro, precisamos somente pregar o evangelho e viver o evangelho, e também cuidar de ensinar a Palavra do Senhor às crianças. Este último ponto deve ser especialmente atendido, porque é pela boca de crianças e bebês que Deus silenciará o inimigo. É inútil sonhar que a aprendizagem humana precisa ser cumprida por aprendizagem humana, ou que Satanás precisa expulsar Satanás. Não! Levantem a serpente de bronze onde quer que as serpentes abrasadoras estejam picando o povo, e os homens olharão para ela e viverão. Levem as crianças para

---

[14] Este sermão foi extraído de The Metropolitan Tabernacle Pulpit e pregado no Metropolitan Tabernacle, em Newington, em 1885.

fora, segurem-nas, e voltem seus olhos para o remédio divinamente ordenado, pois ainda há vida em um olhar — vida em oposição aos variados venenos da serpente que agora estão envenenando o sangue dos homens. Não há cura para a meia-noite senão o Sol nascente; nenhuma esperança resta para um mundo sombrio senão naquela Luz que ilumina todos os homens. Brilha, ó Sol da Justiça, e a névoa, a nuvem e as trevas devem desaparecer. Irmãos, mantenham os planos apostólicos e, tenham a certeza do sucesso apostólico: Preguem Cristo, preguem a Palavra quer seja oportuno, quer não, e ensinem as crianças. Um dos principais métodos de Deus para preservar os Seus campos contra o joio é semeá-los precocemente com trigo. Sobre isso eu falarei nesta manhã, conforme o Espírito Santo me orientar. Ao delinear a graciosa obra de Deus no coração de Timóteo, e de outros tão favorecidos quanto ele foi, observarei que essa obra começou com instrução precoce — *Desde a infância lhe foram ensinadas as Sagradas Escrituras.* E, em segundo lugar, elas lhe deram sabedoria para receber a salvação que vem pela fé em Cristo Jesus: Portanto, perceberemos que o efeito desse precoce ensino a Timóteo foi gerar um caráter sólido e, além disso, produzir grande utilidade.

1. A obra da graça de Deus em Timóteo COMEÇOU COM INSTRUÇÃO PRECOCE — *Desde a infância lhe foram ensinadas as Sagradas Escrituras.*

Observem o tempo da instrução. A expressão "desde a infância" pode ser mais bem compreendida se a lermos como "desde criança pequena" ou, como diz certa versão, "desde bebê". Isso não significa uma criança já crescida ou um jovem, mas uma criança ainda em tenra idade. Desde muito criança, Timóteo havia conhecido as sagradas letras. Essa expressão é, sem dúvida, usada para mostrar que nunca é cedo demais para começarmos a imbuir as mentes de nossos filhos com o conhecimento das Escrituras. Os bebês recebem impressões muito antes de termos consciência do fato. Durante os primeiros meses de sua vida, uma criança aprende mais do que imaginamos. Ela logo aprende o amor de sua mãe e sua própria dependência; e, se a mãe for sábia, a criança aprende o significado de obediência e a necessidade de submeter a sua vontade a uma vontade superior. Isso pode ser o mais importante de toda a sua vida futura. O aprendizado precoce de obediência e submissão poderá salvar mil lágrimas dos olhos da criança e outras tantas do coração da mãe. Um terreno vantajoso especial é perdido quando até mesmo a infância não é cultivada.

As Sagradas Escrituras podem ser aprendidas pelas crianças assim que elas são capazes de entender alguma coisa. É um fato muito notável, que ouvi ser afirmado por muitos professores, que as crianças aprenderão melhor a ler com a Bíblia do que com qualquer outro livro. Eu mal sei por quê. Talvez possa ser pela simplicidade da linguagem; acredito que seja isso. Frequentemente, um fato bíblico será compreendido quando um incidente da história comum é esquecido. A Bíblia se adapta a seres humanos de todas as idades e, portanto, é adequada à criança. Cometemos um erro ao pensar que precisamos começar com alguma outra coisa e evoluir para as Escrituras. A Bíblia é o livro para a aurora do dia. Algumas partes dela estão acima da compreensão de uma criança, pois excedem a compreensão dos mais avançados dentre nós. Há nela profundidades onde o leviatã pode nadar, mas também há ribeiros em que um cordeiro pode vadear. Os professores sábios sabem como levar seus pequeninos aos pastos verdejantes junto às águas de descanso.

Eu estava percebendo, na vida desse homem de Deus cuja perda traz um forte aperto a muitos de nossos corações, o Conde de Shaftesbury, que suas primeiras impressões religiosas foram produzidas por uma mulher humilde. As impressões que o tornaram Shaftesbury — o homem de Deus e amigo dos homens — foram recebidas no berçário. O pequeno Lorde Ashley tinha uma ama piedosa que lhe falava das coisas de Deus. Ele nos conta que ela morreu antes de ele haver completado 7 anos, prova clara de que, no início da vida, seu coração fora capaz de receber o selo do Espírito de Deus por meio de um instrumento humilde. Bendita entre as mulheres era aquela cujo nome não conhecemos, mas que prestou um serviço incalculável a Deus e ao homem por meio de seu santo ensinamento do filho escolhido. Jovens amas, observem isso.

Dê-nos os primeiros sete anos de uma criança com a graça de Deus, e poderemos desafiar o mundo, a carne e o diabo a arruinarem aquela alma imortal. Esses primeiros anos, enquanto o barro ainda é tenro e maleável, fazem muito para decidir a forma do vaso. Vocês que ensinam os jovens, não digam que o seu cargo tem grau mais inferior ao nosso, cujo principal assunto é com as pessoas mais velhas. Não, vocês têm as primícias deles, e as suas impressões, por virem primeiro, durarão até o fim; ó, que elas sejam boas e somente boas! Dentre os pensamentos que ocorrem a um idoso antes de ele entrar no Céu, os mais abundantes são os que o visitavam quando ele se sentava sobre os joelhos de sua mãe. O que fez o Dr. Guthrie pedir um "cântico infantil" quando estava morrendo é apenas um instinto de nossa natureza, que nos leva a completar o círculo unindo as extremidades da vida. As coisas infantis são as mais preciosas à velhice. Nós nos livramos de uma parte do rolo de fio que nos envolve e obstaculiza, e retornamos ao nosso ser mais natural; portanto, as antigas canções estão em nossos lábios e os antigos pensamentos estão em nossa mente. Os ensinamentos de nossa infância deixam na mente impressões nítidas e bem marcadas, que permanecem após 70 anos se passarem. Nós veremos que tais impressões são feitas para os fins mais elevados.

É bom *observar a admirável seleção de instrutores*. Não somos incapazes de dizer quem instruiu o jovem Timóteo. No primeiro capítulo dessa epístola, Paulo diz: "Lembro-me de sua fé sincera, como era a de sua avó, Loide, e de sua mãe, Eunice, e sei que em você essa mesma fé continua firme". Sem dúvida, a avó Loide e a mãe Eunice se uniram para ensinar o pequeno. Quem deve ensinar as crianças, se não os pais? O pai de Timóteo era um grego, provavelmente pagão, mas seu filho foi feliz por ter uma avó venerável, frequentemente a mais querida de todos os parentes para uma criança pequena. Ele tinha também uma mãe graciosa, anteriormente uma judia devotada e, depois, também uma cristã firme na fé, que fazia que seu prazer diário fosse ensinar ao seu próprio filho amado a Palavra do Senhor. Ó caras mães, Deus deposita em vocês uma confiança muito sagrada! De fato, Ele lhes disse: "Leve este menino e amamente-o para mim. Eu pagarei por sua ajuda". Vocês são chamadas a equipar o futuro homem de Deus para que ele seja perfeitamente capacitado para toda boa obra. Se Deus as poupar, vocês poderão viver para ouvir aquele menino bonito falar a milhares e terão, em seu coração, o doce reflexo de que os serenos ensinamentos do berço levaram o homem a amar e servir ao seu Deus. Quem pensa que uma mulher mantida em casa por sua pequena família está fazendo nada, pense o oposto do que é verdade. Quase nunca a mãe piedosa consegue deixar sua casa para ir a um lugar de culto, mas não sonhem que ela esteja perdida para a obra da igreja; longe disso, ela está fazendo o melhor serviço possível para o seu Senhor. Mães, o treinamento piedoso de seus filhos é o seu primeiro e mais urgente dever. Ao ensinarem às crianças as Sagradas Escrituras, as mulheres cristãs estão cumprindo a sua parte no Senhor, tanto quanto Moisés ao julgar Israel ou Salomão ao construir o Templo.

Hoje em dia, dado que, infelizmente, o mundo tem tão poucas mães e avós cristãs, a igreja pensou ser sábio suplementar a instrução do lar por meio de ensino realizado sob sua acolhedora asa. As crianças que não têm pais cristãos, a igreja os toma sob os seus cuidados maternos. Eu a considero uma instituição muito abençoada. Sou grato pelos muitos de nossos irmãos e irmãs que doam os seus dias de descanso e, muitos deles, também uma parte considerável de suas noites da semana, ao ensino de filhos de outras pessoas, que, de alguma maneira, passam a ser muito suas. Eles se esforçam por desempenhar, por amor a Deus, os deveres dos pais e mães para aqueles filhos negligenciados por seus próprios pais — e, nisso, fazem bem. Que nenhum pai cristão caia na ilusão de que a Escola Dominical se destina a aliviá-los de seus deveres pessoais. A primeira e mais natural condição das coisas é os pais cristãos educarem seus próprios filhos na educação e admoestação do Senhor. Que as santas avós e as graciosas mães, com seus maridos, cuidem de que seus próprios meninos e meninas sejam bem ensinados no livro do Senhor. Onde não há tais pais cristãos, isso é bem e sabiamente feito para que pessoas piedosas intervenham. Trata-se de uma obra de Cristo quando outros assumem o dever que os executores naturais deixaram por fazer. O Senhor Jesus olha com prazer para quem alimenta os Seus cordeiros e cuida de Seus bebês, porque não é a Sua vontade que algum desses pequeninos pereça. Timóteo teve o grande privilégio de ser ensinado por aqueles sobre quem recaía o dever natural; porém, onde esse grande privilégio não pode ser desfrutado, que todos nós, com a ajuda de Deus, tentemos compensar às crianças a perda terrível que elas sofrem. Venham à frente, homens e mulheres fervorosos, e santifiquem-se para esse nobre serviço.

Observem o assunto da instrução. "Desde a infância, lhe foram ensinadas as Sagradas Escrituras". Ele foi incentivado a tratar o livro de Deus com grande reverência. Enfatizo essa expressão, "*Sagradas Escrituras*". Um dos primeiros objetivos da Escola Dominical deve ser ensinar às crianças uma grande reverência por esses escritos sagrados. Os judeus estimavam o Antigo Testamento acima de todo valor e, apesar de muitos deles terem caído em reverência supersticiosa pela letra e perdido o espírito dela, ainda assim, eles eram muito elogiados por sua profunda consideração pelos santos oráculos. Hoje em dia, este sentimento de reverência é especialmente necessário. Encontro homens que têm visões estranhas, mas não dou ouvidos às opiniões deles, nem à sua estranheza, nem metade da importância que dou à certa coisa que vejo por trás desse novo pensar. Quando percebo que, se eu provar que os pontos de vista deles não são bíblicos, nada lhes provei, porque eles não se importam com as Escrituras — então, descobri um princípio muito mais perigoso do que um mero erro doutrinário. Esta indiferença às Escrituras é a grande maldição da igreja nestes tempos. Nós podemos tolerar opiniões divergentes, desde que percebamos uma honesta intenção de seguir o Livro dos Estatutos. Porém, se o próprio Livro lhes for de pouca autoridade, não temos necessidade de mais discussão, estamos em campos diferentes e, quanto mais cedo reconhecermos isso, melhor para todas as partes envolvidas. Se quisermos a Igreja do Senhor na Terra, as Escrituras precisam ser consideradas santas e ser reverenciadas. Estas Escrituras foram concedidas por inspiração sagrada e não são o resultado de mitos fracos de tradições duvidosas; nem chegaram a nós como um dos melhores livros humanos pela sobrevivência do mais apto. Elas precisam ser ensinadas às nossas crianças, e aceitas por nós mesmos, como a revelação infalível do Deus Santíssimo. Deem muita ênfase a isto; digam às suas crianças que a Palavra do Senhor é a Palavra pura, como prata provada em um crisol e purificada sete vezes. Permita que a estima deles pelo Livro de Deus seja levada ao ponto mais alto.

Observem que Timóteo foi ensinado, não apenas a reverenciar as coisas sagradas em geral, mas especialmente a *conhecer as Escrituras*. O ensino de sua mãe e sua avó era o ensino das Sagradas Escrituras. Suponhamos que reunamos as crianças aos domingos, as entretemos e façamos as horas passarem agradavelmente, ou as instruamos, como fazemos durante a semana, nos elementos de uma educação moral; o que fizemos? Nada fizemos de digno do dia ou da Igreja de Deus. Suponhamos que somos particularmente cuidadosos em ensinar às crianças as regras e os regulamentos de nossa própria igreja e não as levemos às Escrituras; suponhamos que ponhamos diante delas um livro estabelecido como o padrão de nossa igreja, mas não nos debrucemos sobre a Bíblia — o que fizemos? O padrão que mencionei pode ou não ser correto e podemos, portanto, ter ensinado às nossas crianças verdade ou erro, mas, se nos ativermos às Sagradas Escrituras, não teremos como errar. Com um padrão como esse, sabemos que estamos certos. Este Livro é a Palavra de Deus e, se a ensinarmos, ensinamos aquilo que o Senhor aceitará e abençoará. Ó caros professores — e falo também a mim mesmo —, que o nosso ensino seja cada vez mais bíblico! Não se preocupem se os nossos alunos se esquecem do que *nós* dizemos, mas orem para que eles se lembrem o que o Senhor diz. Que as divinas verdades sobre o pecado, a justiça e o julgamento vindouro sejam escritas nos corações deles! Que as verdades reveladas sobre o amor de Deus, a graça de nosso Senhor Jesus Cristo e a obra do Espírito Santo jamais sejam esquecidas por eles! Que eles conheçam a virtude e a necessidade do sangue expiatório do nosso Senhor, o poder da Sua ressurreição e a glória da Sua segunda vinda! Que as doutrinas da graça sejam gravadas como que com uma caneta de ferro em suas mentes e escritas como que com a ponta de um diamante em seus corações, para nunca serem apagadas! Irmãos, se pudermos garantir isso, não teremos vivido em vão. A geração que agora governa parece estar inclinada a afastar-se da verdade eterna de Deus, mas não nos desesperaremos se o evangelho estiver impresso na memória da geração ascendente.

Voltando a este ponto, parece que, quando criança, o jovem Timóteo foi ensinado de tal modo que *o ensino fora eficaz*. "Desde a infância lhe foram ensinadas as Sagradas Escrituras", diz Paulo. Não é pouco dizer que uma criança sabe "as Sagradas Escrituras". Vocês poderão dizer: "Ensinei as Escrituras às crianças", mas elas as conhecerem é outra coisa. Todos vocês, que são adultos, conhecem as Escrituras? Temo que, embora o conhecimento em geral aumente, o conhecimento das Escrituras seja demasiadamente raro. Se fizéssemos uma prova agora, temo que alguns de vocês dificilmente brilhariam na relação de notas. Porém, havia aqui uma criancinha que conhecia as Sagradas Escrituras. Ou seja, ele tinha uma notável familiaridade com elas. As crianças conseguem isso, não é uma conquista impossível. Deus abençoando os seus esforços, caros amigos, seus filhos poderão conhecer toda a Escritura necessária à salvação deles. Eles podem ter uma noção tão verdadeira do pecado quanto sua mãe; eles podem ter uma visão tão clara da expiação quanto sua avó; eles podem ter uma fé tão distinta em Jesus quanto qualquer um de nós. As coisas que geram a nossa paz não requerem experiência para nos preparar para recebê-las; elas estão na simplicidade do pensamento. Quem as lê pode correr, e uma criança pode lê-las assim que consegue correr. A opinião de que as crianças não podem receber toda a verdade do evangelho é um grande erro, porque sua condição infantil é uma ajuda, não um obstáculo. As pessoas mais maduras precisam se tornar como criancinhas antes de entrarem no reino de Deus. Construam um bom fundamento nas crianças. Não deixem a obra da Escola Dominical ser arruinada, nem feita de maneira desleixada. Que as crianças conheçam as Sagradas Escrituras! Que as Escrituras sejam consultadas em vez de qualquer livro humano.

2. Nosso segundo tópico seria que essa obra foi DESPERTADA PELA FÉ QUE SALVA. As Escrituras não salvam, mas têm a capacidade de tornar um homem sábio para a salvação. As crianças podem conhecer as Escrituras e, mesmo assim, não serem filhas de Deus. *A fé em Jesus Cristo é a graça que traz salvação imediata*. Muitas crianças queridas são chamadas por Deus tão cedo que não conseguem dizer com precisão quando foram convertidas, mas foram convertidas; em algum momento ou outro, elas precisam ter passado da morte para a vida. Vocês não poderiam ter sabido, por observação, o momento em que o sol nasceu esta manhã, mas ele nasceu, e houve um tempo em que ele estava abaixo do horizonte e outro tempo em que ele havia se levantado. Quer vejamos ou não, o momento em que uma criança é realmente salva é quando ela crê no Senhor Jesus Cristo. Talvez durante anos Loide e Eunice viessem ensinando o Antigo Testamento a Timóteo, enquanto elas mesmas não conheciam o Senhor Jesus e, sendo assim, estavam lhe ensinando o tipo sem o antítipo — os enigmas sem as respostas, mas era um bom ensinamento, por ser toda a verdade que elas conheciam. Quão mais feliz, porém, é a nossa tarefa, já que somos capazes de ensinar acerca do Senhor Jesus tão claramente, tendo o Novo Testamento para explicar o Antigo! Não podemos esperar que, ainda mais cedo na vida do que Timóteo, os nossos queridos filhos possam captar o pensamento de que Cristo Jesus é a essência das Sagradas Escrituras e assim, por fé em Cristo, possam receber o poder de se tornarem filhos de Deus? Menciono isso, simples como é, porque quero que todos os professores sintam que, se suas crianças ainda não conhecem todas as doutrinas da Bíblia, e se há certas verdades mais elevadas ou mais profundas que suas mentes ainda não compreenderam, mesmo assim as crianças são salvas tão logo tenham a sabedoria para a salvação pela fé que está em Cristo Jesus. A fé no Senhor Jesus, como Ele é apresentado nas Escrituras,

certamente as salvará. "Nada o impede, se você crê de todo o coração", disse Filipe ao eunuco, e dizemos o mesmo a toda criança: Você pode confessar sua fé se tiver fé verdadeira em Jesus para confessá-la. Se você crê que Jesus é o Cristo e, por isso, deposita a sua confiança nele, é tão verdadeiramente salvo quanto se os cabelos grisalhos adornassem a sua testa.

Percebam que, *por essa fé em Cristo Jesus, nós continuamos e avançamos na salvação.* No momento em que cremos em Cristo, somos salvos, mas não ficamos imediatamente tão sábios quanto podemos e esperamos ser. Podemos estar, por assim dizer, salvos de maneira ignorante — é claro que quero dizer apenas comparativamente, mas é desejável que possamos ser capazes de dar uma razão para a esperança que está em nós e, portanto, ser sábios para a salvação. Pela fé, as crianças se tornam pequenos discípulos e, pela fé, prosseguem em direção a maior proficiência. Como devemos prosseguir em direção à sabedoria? Não abandonando o caminho da fé, mas mantendo a mesma fé em Cristo Jesus pela qual começamos a aprender. Na escola da graça, a fé é a grande faculdade pela qual avançamos em sabedoria. Se, por fé, vocês foram capazes de dizer A, B e C, deve ser por fé que continuarão dizendo D, E, F, e assim por diante até chegarem ao fim do alfabeto e serem especialistas no Livro da Sabedoria. Se por fé, vocês conseguem ler na cartilha comum, pela mesma fé em Cristo Jesus vocês precisam seguir adiante para ler nos clássicos de total confiança, e se tornarem escribas bem instruídos nas coisas do reino. Mantenham-se, portanto, na prática da fé, da qual tantos estão se desviando. Nestes tempos, os homens procuram progredir pelo que denominam *pensamento*, querendo dizer vã imaginação e especulação. Não podemos avançar um passo por dúvida; nosso único progresso é por fé. Não há coisas como "trampolins de nossos *eus* mortos", a menos que, de fato, sejam trampolins para a morte e a destruição; os únicos trampolins para a vida e o Céu serão encontrados na verdade de Deus revelada à nossa fé. Acreditem em Deus e vocês terão feito progresso. Então, oremos por nossas crianças, para que elas constantemente conheçam e creiam cada vez mais, porque as Escrituras têm a capacidade de torná-las sábias para a salvação, mas somente por meio da fé em Cristo Jesus. A fé é o resultado de mirá-la no Salvador designado, ungido e exaltado. Esta é a ancoragem a qual devemos trazer esses pequenos navios, porque aqui eles permanecerão em perfeita segurança.

Observem que o texto nos dá uma simples indicação de que, *pela fé, o conhecimento é transformado em sabedoria.* A diferença entre conhecimento e sabedoria é extremamente prática. Vejam-na no texto: "Desde a infância lhe foram ensinadas as Sagradas Escrituras", mas é a fé, somente a fé, que transforma esse conhecimento em sabedoria e, assim, as Sagradas Escrituras "lhe deram sabedoria para receber a salvação". "Conhecimento é poder", mas sabedoria é a aplicação desse poder a fins práticos. O conhecimento pode ser uma barra de ouro, mas a sabedoria é o ouro cunhado em moeda, adequado para a circulação entre os homens. Vocês podem dar conhecimento a seus filhos sem que eles tenham fé, mas eles precisam que lhes seja dada a fé do Espírito Santo para que aquele conhecimento possa se tornar sabedoria. O conhecimento das Escrituras é sabedoria quando influencia o coração, quando governa a mente, quando afeta a vida cotidiana, quando santifica o espírito, quando renova a vontade. Ó professores, orem por suas amadas crianças, para que Deus lhes dê fé em Cristo Jesus, para que o conhecimento que vocês lhes transmitiram possa se transformar em sabedoria! Avancem quanto for possível com o ensino, mas sempre clamem poderosamente ao Senhor para o Espírito Santo executar regeneração, gerar fé, transmitir sabedoria e conceder salvação.

Aprendam, novamente, que *a fé encontra sua sabedoria no uso do conhecimento conferido pelas Escrituras.* "Desde a infância lhe foram ensinadas as Sagradas Escrituras, que lhe deram sabedoria para receber a salvação que vem pela fé em Cristo Jesus." A fé nunca encontra sua sabedoria nos pensamentos dos homens ou em revelações fingidas, mas recorre aos escritos inspirados para sua orientação. Este é o poço do qual ela bebe, o maná com o qual se alimenta. A fé toma o Senhor Jesus para ser sua sabedoria. O conhecimento de Cristo é, para ela, a mais excelente das ciências. Ela pergunta apenas "o que está escrito?". E, quando essa pergunta é respondida, suas dificuldades terminam. Sei que não é assim que acontece nesta era incrédula, e isso é o que me faz chorar e lamentar. Ai de uma igreja que rejeita o testemunho do Senhor! Quanto a nós, respeitamos a Palavra do Senhor e dela não arredaremos o pé.

Vejam então, meus ouvintes, o que é desejado para todos vocês que não são convertidos. As Sagradas Escrituras precisam ser transformadas no meio de sua salvação por intermédio da fé. Conheçam a Bíblia, leiam-na, pesquisem a Bíblia e, no entanto, isso isoladamente não o salvará. O que o nosso próprio Senhor disse? "Vocês estudam minuciosamente as Escrituras porque creem que elas lhes dão vida eterna. Mas as Escrituras apontam para mim". Se vocês não forem a Jesus, perderão a vida eterna. Estudar as Escrituras tem a capacidade de torná-los sábios para a salvação "pela fé em Cristo Jesus", mas não sem essa fé. Orem, professores da Escola Dominical, para que possam ver essa fé gerada nas crianças que vocês ensinam. Que fundamento abençoado para a fé será o seu ensino das Sagradas Escrituras, mas nunca o confundam com a própria edificação, que é somente por fé.

3. Falta-me tempo, não consigo me debruçar como gostaria sobre outros pontos, mas peço que vocês percebam, em terceiro lugar, que a sã instrução nas Sagradas Escrituras, quando impulsionada pela fé viva, GERA UM CARÁTER SADIO. O homem, que desde a infância conheceu as Sagradas Escrituras, ao confiar em Cristo como Salvador pessoal, será firmado e estabelecido sobre os princípios permanentes da imutável Palavra de Deus. Gostaria que fosse assim com a maioria daqueles que se professam e denominam "cristãos". Nestes dias, estamos rodeados por mentes instáveis, "que estão sempre em busca de novos ensinos, mas jamais conseguem entender a verdade". Estas pessoas são levadas por todo vento de doutrina. Ah! Quantos professores conheci que entram num lugar de adoração e ouvem uma forma de doutrina e, aparentemente, a aprovam porque o pregador é "um homem inteligente"! Eles ouvem um ensinamento oposto, e se sentem igualmente confortáveis porque, novamente, é "um homem inteligente"! Eles se tornam membros de uma igreja e vocês lhes perguntam: "Você concorda com a visão dessa comunidade?". Eles não sabem e nem se importam com quais essas opiniões podem ser; para eles, uma doutrina é tão boa quanto qualquer outra. Seu apetite espiritual pode apreciar igualmente sabão e manteiga; eles são capazes de digerir tanto tijolos quanto pão. Estes avestruzes religiosos têm um maravilhoso poder de engolir tudo; não têm discernimento espiritual, nenhuma valorização da verdade. Eles seguem qualquer pessoa "inteligente" e, nisso, provam não ser as ovelhas do pasto do nosso Senhor, das quais está escrito: "Nunca seguirão um desconhecido; antes, fugirão dele, pois não reconhecem sua voz". Desejamos edificar uma igreja com aqueles que sabem o que sabem, e podem expor uma razão para as suas crenças. A grande razão do verdadeiro crente para a sua fé é "As Escrituras dizem". Cristo, o nosso Mestre, refutou o tentador no deserto com "As Escrituras dizem". Embora Ele mesmo fosse inspirado, Seu ensinamento estava repleto do Antigo Testamento, Ele sempre citava as palavras do Livro inspirado e, com isso, estabelecendo um exemplo para nós. Se você e eu contendermos com Satanás e com o mundo maligno, precisaremos cuidar de nos posicionar fixa e firmemente nas Escrituras a fim de vencer esse conflito. Derramemos torrentes das Escrituras sobre os nossos oponentes. Disparemos a queima-roupa com textos sagrados. Esses são argumentos que ferem e matam. Os nossos próprios raciocínios são meras bolinhas de papel, mas as provas bíblicas são balas de aço. Nossos opositores descobrirão ser inútil tentar nos afastar da velha fé quando perceberem que nós não nos desviaremos um centímetro das Sagradas Escrituras. Somos à prova de bombas quando nos abrigamos sob a Palavra do Senhor. A habilidosa astúcia dos enganadores é frustrada pela clara simplicidade de "Assim diz o Senhor".

Quem conhece as Escrituras e, desse modo, crê em Jesus, é sustentado pelos pilares de uma familiaridade pessoal com os fundamentos de sua fé. "Desde a infância, lhes foram ensinadas as Sagradas Escrituras", elas não foram tratadas com reverência ignorante, mas com deferência inteligente. Quanto desejo que cada um de vocês possa ser um estudante pessoal das Sagradas Escrituras! Precisamos conhecê-las por nós mesmos. Apreendendo-as pessoalmente como uma revelação para si mesmo, o homem piedoso as ama, as estuda, as sente, vive de acordo com elas e, assim, as conhece. Por esse meio, ele se torna independente de outros homens. Paulo está prestes a morrer. Pobre Timóteo! Sim, será "pobre Timóteo!", se ele carregar a sua fé no peito de Paulo e nenhuma tiver em seu próprio coração. Porém, a Bíblia de Timóteo não morrerá. O conhecimento de Timóteo sobre as Escrituras não lhe será tirado, nem o Espírito Santo está prestes a afastar-se dele. Vejam algumas de nossas igrejas; enquanto um ministro do evangelho bem instruído vai à frente, os irmãos permanecem firmes. O bom homem morre e onde está a igreja? Sem dúvida, os instruídos nas Escrituras permanecem em seus lugares, porém os mais ignorantes são espalhados como palha. Nesta parte de Londres estão, agora, vagando numerosas pessoas que já foram zelosas da fé, mas agora são quase indiferentes a ela. Não mencionarei nomes, mas poderia fazê-lo com muita facilidade — quero dizer, os nomes de irmãos estimados, que os seguiram fervorosamente, mas eles se foram e, com sua partida, numerosos seguidores seus também desapareceram. Temo que possa não ter havido um sólido conhecimento da Palavra; caso contrário, essas pessoas teriam sobrevivido à grande perda de seu professor. Ó, busquem uma boa edificação pessoal sobre a sólida Palavra de Deus! Então, saberão o que sabem e se apegarão a isso, e nada os afastará dos padrões da fé. Trabalho por isso entre vocês e oro para que eu não trabalhe em vão.

O homem a quem as Escrituras foram ensinadas desde a tenra idade é ancorado pelas influências divinas dessas Escrituras. A Palavra agiu tanto nele que ele conhece, por si mesmo, o seu poder divino. Ele sabe a diferença entre verdade e erro pelo efeito que esta produziu em seu coração e sua vida. Sem qualquer jactância, ele é capaz de discernir entre coisas que diferem, porque acerca da verdade bíblica há uma unção estranha e misteriosa que não atenta aos ensinamentos dos mais eruditos dos homens. Não consigo lhes explicar o que é essa unção, mas todo filho de Deus a conhece. Quando leio um texto das Escrituras, mesmo que, pela memória, não saiba que é um texto da Palavra de Deus, percebo de imediato sua origem divina por uma influência mística que ele exerce sobre meu coração. As passagens mais marcantes de qualquer sermão são textos bem colocados. Uma frase que procede dos lábios de Deus terá um poder mais permanente sobre um cristão do que a melhor composição de declarações humanas. A Palavra de Deus é viva e poderosa, e tem o poder de penetrar no coração além de qualquer outra palavra. As palavras da Bíblia impactam e aderem, adentram e encontram morada. Quem foi ensinado nas Escrituras, mergulhado nas Escrituras, saturado com as Escrituras, é consciente da influência penetrante dela, e esta lhe dá convicção permanente. Como o corante carmesim em um tecido, a tonalidade das Escrituras não deve ser removida da alma uma vez ali fixada; ela tinge, penetra na própria natureza do homem. A verdade da Bíblia influencia seus pensamentos, palavras e ações, ela impregna tudo; ele começa a comer, beber e dormir as Sagradas Escrituras. O coração do homem está fixado em Deus, fixado na verdade, fixado em vida santa. Ele permanecerá inabalável, por piores que sejam os dias. Embora todos os demais apostatem, esse homem não é capaz de fazê-lo, visto que, por meio da fé, a Palavra divina o atou ao altar do Senhor, e na verdade ele precisa viver e morrer, e viverá e morrerá, venha o que vier.

Além disso, um homem que já foi ensinado nas Escrituras e cuja alma o Espírito abençoou esse ensinamento, sujeitou-se à supremacia das Escrituras e isso precisa agir na moldagem de seu caráter. Eu confesso que, às vezes, deparo-me com um texto que, à primeira vista, não concorda com outros ensinamentos das Escrituras que já recebi, e isso me surpreende no momento. Porém, uma coisa está estabelecida em meu coração, *especificamente*, que eu seguirei as Escrituras aonde quer que elas me levem, e que renunciarei à opinião mais estimada em vez de dar forma a um texto ou alterar uma sílaba do Livro inspirado. Não me cabe tornar a Palavra de Deus consistente, e sim acreditar que ela o é. Quando um texto se coloca no meio da estrada, eu paro de dirigir. Os romanos tinham um deus que denominavam "Términus", que era o deus dos marcos históricos. As Sagradas Escrituras são o meu marco sagrado e ouço uma voz que me ameaça com uma maldição se eu o remover. Às vezes, digo a mim mesmo: "Não pensei descobrir que essa verdade seria assim, mas, como assim é, preciso render-me. Ela é bastante estranha para a minha teoria, mas preciso alterar o meu sistema, porque as Escrituras não podem ser violadas". "Que Deus seja verdadeiro, e mentiroso, todo homem!". Queremos que nossas crianças tenham essa profunda reverência pelas Escrituras, tanto quanto nós mesmos a temos. Lá está ela, a caneta eterna a escreveu; nós a aceitamos. Se Deus disse, não temos desejo de questioná-lo, para que as Escrituras não nos digam: "Ora, quem é você, mero ser humano, para discutir com Deus?". Precisamos nos curvar diante da infalibilidade do Espírito Santo e dizer: "Senhor, ensina-me o que isso significa. O que eu não sei, ensina-me". Quem atravessa o mundo com uma intensa reverência pelas Escrituras será, verdadeiramente, um homem. O Senhor fará boa nele essa palavra: "Honrarei aqueles que me honram". De imediato, anjos e homens reverenciam o homem que reverencia a Palavra de Deus. Alimentem sua mente com o pulsar das Escrituras e, como Daniel e seus companheiros, seu semblante parecerá mais bonito e mais robusto do que todos os filhos que comerem da porção de carne do rei das mesas filosóficas do mundo.

Ainda quanto a este tema, eu diria também que esse tipo de instrução manterá um homem firme diante das diferentes seduções da época. Aqui vou eu a um lugar de adoração e vejo uma bonita casinha de bonecas na extremidade mais distante, e as pessoas estão se curvando sob algumas flores de papel e castiçais. Ao redor do prédio, vejo fotos de virgens e santos, mas quem leu sua Bíblia não entra nessa idolatria moderna. Certa vez, um padre disse a um pobre irlandês: "Você não se beneficiará ao ler a Bíblia". O homem respondeu: "Ora, está escrito: 'Vocês estudam minuciosamente as Escrituras'. Por favor, vossa Reverência, eu acabo de ler 'Repita-as com frequência a seus filhos', e os sacerdotes não têm filhos; como o senhor pode explicar isso?" O padre respondeu: "Ah! Gente como você não consegue entender o livro". O homem disse: "Se eu não conseguir entendê-lo, ele não me causará mal algum e, se eu conseguir entendê-lo, ele me fará um grande bem". A Bíblia é um livro muito perigoso para a superstição, mas para nada mais. Então, cada um de vocês, espalhe-a aos ventos do céu e a leia. "Consultem a lei e os ensinamentos de Deus! Aqueles que contradizem sua palavra jamais verão a luz". Se nós não falamos segundo esta palavra, é porque não há luz em nós. Quem se atém à Bíblia estará igualmente livre dos perigos do racionalismo, agora tão abundantes, e se manterá limpo dos desvarios da anarquia, que agora soam como o rugido de dragões vindos dos lugares tenebrosos da Terra. As pessoas estão começando a esquecer o mandamento "Não roube" e estão planejando vários métodos de roubo político, pelos quais os fundamentos da sociedade serão abalados. O amor pelas "Sagradas Escrituras" será a âncora do Estado e também da Igreja. Se os homens estiverem fortemente fundamentados nas "Sagradas Escrituras", sofreremos mudanças políticas com grande vantagem; caso contrário, o mal ganha forma. Esse Livro é a pedra angular da nossa esperança futura.

4. Agora, finalmente. Por criar um ótimo caráter sólido, esse ensino PRODUZIRÁ UMA GRANDE UTILIDADE. Nada mais direi, apenas isso. Assim, Timóteo se tornou, acima de todos os outros, um companheiro de especial qualidade para Paulo, alguém que esse apóstolo via com amor e lembrava com alegria. Companheiros para apóstolos só serão produzidos na escola das "Sagradas Escrituras". Aqueles que se familiarizarem com Moisés, Davi e os profetas estão aptos a se associar a um apóstolo. É importante produzir de uma criança um companheiro para um veterano servo do Deus vivo. Se um homem de Deus ficar lado a lado com um jovem que conhece as Escrituras, ele concluirá: "Esta é uma companhia adequada para mim". Paulo, desgastado por anos de perseguição, acaricia sua barba grisalha e seus olhos se iluminam com alegria ao olhar para o jovem Timóteo. O que ele tem mais do que qualquer outro? Somente o conhecimento das Escrituras, que lhe deram sabedoria para "a salvação que vem pela fé em Cristo Jesus". Sem dúvida, podiam ser encontrados ótimos rapazes que se gloriavam em preferir o pensamento avançado dos filósofos aos ensinamentos estereotipados das "Sagradas

Escrituras", mas, se tivessem começado a falar ao apóstolo sobre suas novas teorias, Paulo os teria dispensado com palavras de advertência. Ele nada sabia sobre eles ou seu "outro evangelho", exceto que incomodavam a ele e às igrejas. Sem um ensinamento bíblico, um convertido não tem força de caráter, coluna vertebral ou alma. Porém, ao ver um rapaz gracioso que conhecia as Escrituras e se atinha a elas, Paulo agradeceu a Deus e se encorajou.

Esse rapaz se tornou ministro e evangelista. Ele era um pregador de tal classe que teríamos ficado felizes em ouvi-lo. Que Deus nos envie muitos desses! Talvez possamos ter dito: "As opiniões do rapaz eram um tanto cruas e suas expressões, algo rudes, mas podemos aguentar isso de um homem tão jovem. Por outro lado, que riqueza das Escrituras havia nele! Que profundidade de pensamento! Vocês não perceberam que ele não havia falado sequer uma dúzia de frases e já estava citando um texto das Escrituras? E, quando foi provar seu ponto de vista, ele não forneceu meia dúzia de argumentos racionalistas, mas citou uma única palavra do Senhor e o assunto foi encerrado". Vocês precisam concordar com um homem que tem familiaridade com a sua Bíblia. É de mais pregadores desse tipo que precisamos. Instruam bem suas crianças, amados professores, para que elas também possam se tornar mestres em Bíblia no devido tempo.

Timóteo se tornou, também, um grande defensor da fé. Ele avançou e, em meio a todos os que estavam pregando falsas doutrinas, permaneceu firme até o fim, inabalável, imóvel, corajoso, pois, quando criança, havia conhecido as Escrituras. Ó professores, vejam o que vocês podem fazer! Em suas escolas se sentam os nossos futuros evangelistas. Naquela classe infantil, senta-se um apóstolo para alguma terra distante. Minha irmã, poderá vir sob o seu ensino um futuro patriarca em Israel. Meu irmão, virão sob o seu ensino aqueles que deverão portar as bandeiras do Senhor em meio ao combate. As eras contam com vocês cada vez que a sua classe se reúne. Ó, que Deus possa ajudá-los a fazerem bem a sua parte! Oramos com um só coração e uma só alma para que o Senhor Jesus Cristo possa estar com nossas Escolas Dominicais a partir deste dia e até que Ele venha. Amém e Amém.

TODAS AS PROMESSAS[15]

*Pois todas as promessas de Deus se cumpriram em Cristo com um alto e claro "Sim!".
E, por meio de Cristo, confirmamos isso, de modo que nosso 'Amém' se eleva a Deus
para sua glória.*

2 Coríntios 1.20

ma verdade sublime pode ser proclamada como resultado de um incidente muito simples. Foi o que ocorreu no caso mencionado neste capítulo. Os coríntios haviam deturpado as palavras do apóstolo Paulo e falado mal dele. Ele poderia ter ignorado tal indelicadeza e não dito nada sobre aquilo; porém, sob a orientação do Espírito Santo, ele foi levado a agir de outra maneira; e, enquanto defendia a constância de seu próprio caráter, reivindicou também a constância e a autenticidade de Deus. Poderíamos nunca ter tido esse precioso versículo se Paulo não tivesse sido tão maltratado por aqueles homens de Corinto. Eles lhe fizeram muito mal e causaram grande tristeza ao seu coração, pois um homem tão sincero e honesto não poderia deixar de ficar extremamente aborrecido com suas suspeitas injustas e deturpações; contudo, ainda assim é possível ver como Deus fez o bem prevalecer sobre o mal e, por meio das repugnantes fofocas e calúnias daquele povo, essa doce sentença foi expressa por Paulo: "Pois todas as promessas de Deus se cumpriram em Cristo com um alto e claro 'Sim!'. E, por meio de Cristo, confirmamos isso, de modo que nosso 'Amém' se eleva a Deus para sua glória". Há muitas coisas que, a princípio, podemos lamentar, mas pelas quais ficamos, depois, extremamente gratos. Senti-me um pouco propenso a agradecer aos fariseus e escribas por alguns de seus cruéis ataques ao nosso bendito Senhor, porque, ao responder-lhes, Ele nos deu lições às quais, agora, damos muito valor. Talvez jamais teríamos conhecido estas três maravilhosas parábolas: a da ovelha perdida, a da moeda perdida e a do filho perdido se aqueles charlatães não tivessem falado mal de Jesus visto que todos os publicanos e pecadores se aproximavam para ouvi-lo.

O fato era que Paulo pretendia visitar os cristãos de Corinto novamente, mas se sentiu compelido a alterar sua decisão e, por isso, não foi até eles, porque só teria ido para castigá-los ou repreendê-los por terem se comportado tão mal. Em sua loucura, e frieza em relação ao apóstolo, eles interpretaram mal sua atitude e disseram: "Não podemos confiar em sua palavra e não sabemos o que ele fará; ele prometeu que viria a nós, mas mudou de ideia". Aqui, Paulo declara não ter sido frívolo ou inconstante, nem ao dar sua promessa condicional, nem ao retirá-la. Ele não tinha o costume de falar sem pensar no que iria dizer. Ele foi impelido por um motivo digno ao se dispor ir até eles, e um motivo igualmente bom o persuadiu quando resolveu não ir. Ele lhes diz não ser inclinado a dizer "sim e não"; porém, quando disse "sim", essa era sua intenção, seu sim era sim; e, se disse "não", esse era seu intento e seu não era não.

Essa observação levou o apóstolo a dizer também que o evangelho que ele pregava não era do tipo "sim e não". Tratava-se de algo certo, estabelecido, positivo, fixo; não era um evangelho variável, nem um evangelho enganoso. Não era um evangelho camaleão, que mudava de cor conforme a luz que incidia sobre si, e sim um evangelho claro e singular, concedido com toda a sinceridade pelo verdadeiro Salvador e amante da verdade, que nunca usou palavras com duplo sentido, mas dizia o que realmente pensava. Foi por esse processo de raciocínio que o apóstolo foi levado à afirmação contida em nosso

---

[15] Este sermão foi extraído The Metropolitan Tabernacle Pulpit e pregado no Metropolitan Tabernacle, em Newington, em 1882.

texto acerca de Jesus: "...todas as promessas de Deus se cumpriram em Cristo com um alto e claro 'Sim!'. E, por meio de Cristo, confirmamos isso, de modo que nosso 'Amém' se eleva a Deus para sua glória". Esse será o tema de nossa meditação.

1. A primeira coisa que percebo no texto é A DIGNIDADE DAS PROMESSAS. Observe as palavras do apóstolo: "Pois todas as promessas *de Deus* se cumpriram em Cristo com um alto e claro 'Sim!'".

Todas essas promessas foram feitas *segundo o propósito de Sua própria vontade.* Às vezes, lemos, ouvimos ou falamos das promessas escritas na Palavra de Deus, mas não lhes damos tanto crédito quanto se fossem as promessas de um amigo, de nosso pai ou de nosso irmão. Se lhes déssemos mais valor, creríamos mais nelas. Há muitos provérbios para nos lembrar de quão pobres e frágeis são as promessas dos homens; porém, as promessas sobre as quais Paulo escreve são "as promessas de Deus". Os homens, com frequência, mudam de ideia; até mesmo o apóstolo fez isso e, portanto, ele foi sábio em tentar afastar os pensamentos daqueles a quem escrevia até mesmo das promessas de um apóstolo — que eram passíveis de mudança e poderiam, muito oportunamente, não serem realizadas em virtude de alterações circunstanciais — e levá-los às promessas de Deus, que são infalíveis e imutáveis, e sempre cumpridas para Sua glória e nosso benefício. Nós pouco sabemos com que coisas solenes estamos sendo frívolos ao dizer que não podemos crer em certa promessa. O quê? Chegou a ponto de os próprios filhos de Deus não crerem nele? Então, dizemos que "nós o amamos porque Ele nos amou primeiro" e, contudo, acrescentamos a essa declaração "mas há algumas de Suas promessas nas quais não podemos crer"? Receio que falamos de maneira irreverente ao extremo sobre a nossa incredulidade e que procuramos nos abrigar mutuamente nela em vez de a abandonarmos rapidamente. Ser incrédulo pode ser doloroso; há, porém, uma consideração mais séria do que essa, pois é pecaminoso; é o mais hediondo possível quando sentimos — muito mais, quando expressamos — qualquer incredulidade no tocante às "promessas de Deus". Apenas pondere esse pensamento em sua mente durante alguns minutos e veja se ele não faz a sua face corar de vergonha por você considerar que deveria ter qualquer suspeita quanto ao cumprimento das promessas feitas pelo "Deus que não pode mentir".

Mesmo no caso de um homem, uma promessa é algo que vem dele e, no entanto, em certo sentido, ainda permanece com ele. Esse homem não pode falar de promessas e deixá-las esvaírem-se com o vento. Após tê-la pronunciado, é sua promessa; e aqueles a quem ela foi feita podem trazê-la de volta a ele e dizer: "Esta é a sua promessa; você não a cumprirá?". Se um homem rejeita sua própria palavra empenhada, repudia, de fato, o seu próprio fruto, o resultado de sua própria vida. Porém, toda promessa de Deus participa de Sua natureza, há nela algo divino, algo que provém distintamente de Deus, e que Ele continuará a possuir como Seu. Embora possa ter sido proferida há 2.000 ou 3.000 anos, ou mais do que isso, ainda é Sua promessa e parte integrante dele mesmo. Bem, então, se Deus a guardará como Sua promessa, devo eu, a quem ela é dada em infinita misericórdia, duvidar se é ou não a promessa do Senhor? E devo até mesmo aventurar-me a ir além e, sabendo ser Sua promessa, começar a questionar como Ele poderá cumpri-la, ou se a cumprirá ou não? Deus me livre! A dignidade da promessa não deve ser insultada por duvidarmos dela.

Por favor, observem a posição muito singular da promessa. *Ela é um tipo de elo entre o pensamento divino e a ação divina.* Não é, de modo algum, uma ligação necessária no que se refere a Deus, mas, frequentemente, é para nós uma ligação muito necessária e consoladora. Há o propósito eterno que *sempre esteve na mente secreta de Deus,* e Sua promessa é a sombra que esse propósito lança sobre a página revelada. Ela é a manifestação do decreto divino; e ali está, clara e cintilante, entre o decreto, que nossos olhos não podem e não ousam contemplar, e o bendito cumprimento que deve ser nossa alegria e deleite para sempre. Confesso que não consigo pensar nos propósitos eternos de Deus sem extremo temor e reverência; porque, para mim, há algo muito solene e impressionante quanto a eles.

Sei que algumas pessoas falam como se desejassem pisoteá-los na lama se pudessem; porém, sempre que ouço uma palavra contra as promessas, as providências, os decretos e os propósitos de Deus, tenho a tendência de proceder como um escravo procedia, sob certas circunstâncias, na presença de seu senhor. Enquanto esperava em seu mestre, que frequentemente tomava o nome de Deus em vão e o blasfemava terrivelmente em suas maldições, o escravo curvava a cabeça. Seu senhor perguntou por que ele fazia isso e ele respondeu que era porque sua alma estava cheia de temor só por ouvir o nome de Deus e ele queria reverenciá-lo, mesmo enquanto Deus estivesse sendo blasfemado e insultado. Por isso, sempre que ouço ou leio acerca de alguém falando ou escrevendo contra os decretos divinos, sinto-me imediatamente ansioso por inclinar a cabeça e prostrar-me em homenagem à mente eterna que não conhece pensamentos novos — pois Deus conhecia todas as coisas desde o princípio — e adorar essa infinita sabedoria que planejou tudo, desde o voo de um pardal até a deserção do arcanjo. É muito maravilhoso para mim, pensar em uma promessa das Escrituras como, praticamente, a expressão dos propósitos eternos de Deus. Eu poderia comparar o propósito ao próprio Senhor — invisível, e a promessa ao Deus Encarnado, que nasceu em Belém e veio à Terra para ser visto pelos homens.

Pense novamente na promessa de Deus e você verá como uma percepção da dignidade dela cresce em você enquanto medita a respeito. Considere, a seguir, que *a verdade de Deus está irrevogavelmente ligada à Sua promessa*. Se um homem diz "Tal coisa será feita", a fará se estiver em seu poder. Nós não temos o direito de quebrar as promessas que fizemos; sentimos que, se o fizermos, os homens aprenderão a desconfiar de nós e, em pouco tempo, não se importarão com as nossas promessas. Porém, amados — e nós falamos com a máxima reverência no tocante ao Altíssimo — o caráter honesto de Deus seria perdido se Suas promessas não fossem cumpridas; e, embora fosse, para nós, uma perda terrível não receber o que o Senhor prometeu, seria uma perda muito maior para Ele perder Sua honestidade. Nós nos alegramos, de fato, por isso ser algo que jamais poderá acontecer. Tudo, exceto isso, é possível para Deus, mas não é possível Ele ser Deus e, no entanto, falhar em cumprir Suas promessas. As duas ideias são absolutamente incompatíveis. Se Ele é Deus, precisa ser fiel à Sua verdade e o será; assim, quando eu leio uma promessa em Sua Palavra, leio algo que é tão certo quanto um fato já consumado, uma vez que, se não viesse a acontecer, a glória de Deus sofreria um eclipse e Sua verdade seria impugnada, e isso jamais ocorrerá.

Tampouco a verdade de Deus é o único atributo que sofreria se Ele falhasse em cumprir Sua promessa, porque *Sua imutabilidade também seria colocada em risco*. Se Ele faz uma promessa e não a cumpre no devido tempo, o Senhor obrigatoriamente mudou; agora, as motivações que o levaram a fazer a promessa não têm influência sobre Ele e Deus se tornou algo diferente do que era quando fez a promessa. Porém, o Senhor precisa ser imutável. Não é possível Ele mudar para melhor, porque é infinitamente bom; e, certamente, não pode mudar para pior visto que, se o fizesse, seria algo menor do que poderia ser e, assim, de modo algum seria Deus. A mudança é impossível para Deus; Ele jamais alterará Sua vontade — e Sua promessa, sendo uma das mais solenes declarações de Sua vontade, precisa ser cumprida uma vez feita. Certamente, nenhum de nós desejaria ou ousaria negar a honestidade ou a imutabilidade de Deus.

Além disso, *Seu poder está ligado à Sua promessa*. Alguma vez será dito que Deus não cumpriu Sua promessa porque não pôde mantê-la, ou porque calculou mal Seus recursos, ou Seu braço se encolheu, ou as grandes profundezas de Sua eterna divindade se secaram? Não; isso não pode ser, pois Ele sempre será capaz de realizar o que prometeu.

Então, se menosprezarmos as promessas de Deus, desprezaremos também Sua verdade, Sua imutabilidade e Seu poder. E também *comprometeremos* seriamente *Sua misericórdia e Seu amor*. Foi amor o que o levou a fazer a promessa. O Senhor poderia ter concedido a bênção sem prometer fazê-lo e isso teria sido uma prova graciosa de Seu amor; porém, devido à promessa conter um poder doce e consolador,

Ele tem prazer de fazê-la a nós como uma prova adicional de Seu amor; e, se Deus não concede o presente ao prometê-lo, o atraso se deve unicamente a razões de amor; mas, tendo feito a promessa, Ele precisa mantê-la, graças ao Seu amor. Seu amor deve ser alterado se não o compelir a cumprir aquilo que o fez prometer; mas isso jamais ocorrerá e não devemos — não ousamos — desprezar tanto a promessa de Deus a ponto de imaginar, por um momento, que ela pode permanecer sem ser cumprida.

2. Ainda atentando ao texto, quero que você perceba, a seguir, A EXTENSÃO DAS PROMESSAS, pois Paulo fala em "*todas* as promessas de Deus".

Há uma perspectiva para você: "Todas as promessas". Há muitas delas, tanto no Antigo quanto no Novo Testamento. Uma foi dada nos portões do jardim do Éden, muito perto do início da história humana. Há outra bem no fim de Apocalipse: "Sim, venho em breve!". A Bíblia é um livro de promessas preciosas; por todo caminho que temos de percorrer, elas parecem ser uma série de degraus ao longo do curso do tempo; podemos marchar de uma promessa à outra e jamais molhar nossos pés ao longo de todo o caminho da Terra até o Céu, bastando-nos saber manter os olhos abertos e encontrar a promessa certa em que pisar. "Todas as promessas", tanto as do Antigo quanto as do Novo Testamento, são seguras e firmes. As promessas condicionais — se crermos e se nos arrependermos — Deus certamente cumprirá; e as incondicionais — as promessas da eterna aliança, na qual Ele se compromete a conceder aos homens o arrependimento, um novo coração e um espírito reto — da mesma forma o Senhor cumprirá.

Deus cumprirá todas as promessas temporais. Pão lhes será dado e água lhes será assegurada se vocês forem filhos do Senhor. Ele cumprirá as Suas promessas referentes a assuntos temporais e também as relacionadas às alegrias e bênçãos eternas. "O Senhor não negará bem algum àqueles que andam no caminho certo". Você pode falar das promessas de qualquer maneira que lhe agrade e, depois, poderá dizer que o Senhor manterá todas elas; poderá selecionar a promessa ao prisioneiro, a promessa ao pecador, a promessa ao desviado, a promessa ao que duvida, a promessa aos idosos, a promessa aos jovens, a promessa àquela que hesita, a promessa à mulher estéril, a promessa aos fortes, a promessa aos que têm plena certeza da fé, a promessa aos que amam ao Senhor, a promessa aos que se deleitam no Senhor; e, então, poderá declarar confiantemente, no tocante a todas essas promessas a todos os tipos e condições de pessoas, que o Senhor certamente manterá todas elas.

"Todas as promessas." Ora, eis aqui um grande celeiro repleto! Quem pode classificar todas elas? Promessas de perdão ao pecador que busca; promessas de justificação ao filho que crê; promessas de santificação ao que está lutando contra o pecado; promessas da provisão de todos os tipos de alimento espiritual para o rebanho de Cristo; promessas de orientação; promessas de preservação; de educação santa; promessas de paz e alegria; promessas de esperança; promessas do sustento do nosso amor; promessas de morte; promessas de julgamento; promessas de glória; promessas que alcançam toda a eternidade. "Todas as promessas." Que amplitude de visão é aberta por essa expressão! Saia agora, eleve o olhar e contemple as estrelas; veja se você consegue contá-las todas; elas não excedem em muito todos os seus poderes de enumeração? No entanto, mesmo se você conseguisse contar as estrelas, pesá-las em balanças e tabular a medida de sua luz, não conseguiria contar as promessas de Deus, nem estimar seu verdadeiro valor ou saber quão infinitamente preciosa é a luz divina, que flui delas para uma alma que crê. Se Deus não cumprir uma única promessa feita a mim nos próximos 50 anos, ficarei perfeitamente satisfeito em viver as próprias promessas se a minha fé for simplesmente sustentada por Sua graça. *Posso falar honestamente assim*, pois você diria: "Enquanto eu viver, não precisarei de um único centavo para gastar se puder ter sempre muitas notas de 5 libras. Jamais me importarei se não vir um soberano novamente, desde que possa ter sempre a promessa de que, quando eu pedir, o Banco da Inglaterra me pagará tudo de que preciso." Assim seja com as promessas de Deus. As promessas dos homens não passam de respiração, nunca nos alimentariam; mas as promessas de Deus podem nos satisfazer, pois são a essência das coisas que se esperam; e a fé, a evidência das coisas não vistas, se alegra em ver o que é invisível, agarrar o que não pode tocar e alimentar-se daquilo que ainda não pode saborear. A fé efetua maravilhas. Ela permite ao homem projetar-se para a eternidade. Ele se senta, suspira e se lamenta; então, diz a si mesmo: "Isso nunca resolverá. Eu confiarei no Senhor" e, num instante, por fé, anda pelas ruas de ouro e entoa as canções eternas. Ele não é obrigado a viver nesta estreita esfera de tempo e sentidos, visto que, por fé, abre suas asas e, como a cotovia, ascende e louva. Esse homem se eleva muito mais rapidamente até mesmo do que a águia e se vê já desfrutando das coisas que Deus preparou para quem o ama; e, por isso, é feliz no Senhor.

3. Agora, preciso passar ao meu terceiro ponto, que está na essência do texto: "Pois todas as promessas de Deus *se cumpriram em Cristo com um alto e claro 'Sim!'. E, por meio de Cristo, confirmamos isso, de modo que nosso 'Amém'...*". Essas palavras nos ensinam sobre a ESTABILIDADE DAS PROMESSAS.

As promessas de Deus são muito firmes porque, primeiramente, *são estabelecidas eternamente* por serem promessas em Cristo. Ao analisar o texto, vejo uma palavra saltando dele; e, ao analisá-lo de novo, vejo a mesma palavra saltando de novo: *nele.* "...todas as promessas de Deus se cumpriram em Cristo com um alto e claro 'Sim!'. E, por meio de Cristo, confirmamos isso...". Há um grande pensamento que não lhes posso revelar totalmente agora; vocês precisarão ficar acordados esta noite, pensar nele e orar sobre ele: "...as promessas de Deus se cumpriram em Cristo...". Que grande Cristo vocês têm, para terem "todas as promessas de Deus" nele! A extensão das promessas parece ser infinita e, entretanto, Cristo é suficientemente grande para contê-las. Regozijem-se nessa grande verdade de que "todas as promessas de Deus" estão em Cristo Jesus, nosso Senhor.

E, em Cristo, elas têm o "sim". Essa é uma palavra grega; por isso, essa é uma mensagem aos gentios. "...por meio de Cristo [...] 'Amém'". Essa é uma palavra hebraica e, portanto, para os judeus. Vocês já devem ter percebido como, sempre que deseja imprimir alguma verdade sobre nós com mais do que a solenidade habitual, o Espírito Santo usa duas línguas, como no caso de "Aba, Pai". Dessa maneira, todos os santos de Deus, sejam judeus ou gentios, podem obter sua porção no devido tempo.

"...todas as promessas de Deus se cumpriram em Cristo com um alto e claro 'Sim!'". Isto é, elas são certas. "...E, por meio de Cristo, confirmamos isso [...] 'Amém'". Isto é, elas são cumpridas. Após cada promessa de Deus, podemos dizer: "Sim, assim é. Amém, assim seja". Há uma variação mínima no significado das palavras, mas é suficiente para nos permitir enxergar que aqui não há tautologia, nem mesmo se as palavras forem traduzidas como "Todas as promessas de Deus são sim", ou seja, verdadeiras; "e são amém", ou seja, serão cumpridas em Cristo Jesus.

A estabilidade das promessas em Cristo é estabelecida além de todo acaso, primeiramente porque Cristo é a Testemunha de Deus. Se alguém pergunta "Deus fez essa promessa?", Cristo vem à frente e diz: "Sim, Eu o ouvi dizer isso". Cristo é "a testemunha fiel e verdadeira". Ele dá testemunho de Deus e por Deus aos filhos dos homens; e põe Sua chancela em cada promessa divina, e a certifica com Seu "Sim e Amém".

Em seguida, as promessas são indubitáveis em Cristo porque Ele é o Representante de Deus. Ele está sempre fazendo a vontade do Pai, como fez no passado. Quando veio à Terra e morreu na cruz, Ele realizou a obra de redenção desejada pelo coração de Deus; e ainda está fazendo a vontade do Senhor. O que quer que Jesus tenha dito, Deus disse, porque Ele fala as palavras de Deus. O Pai o enviou ao mundo como Seu Representante e Ele falou não meramente as Suas próprias palavras, mas as palavras do Pai que o enviou.

Assim, em seguida, Jesus é a Garantia da aliança. A promessa foi feita, primeiro, a Adão. Se Adão guardasse o mandamento de Deus e não tocasse no fruto proibido, ele e aqueles a quem ele representa teriam todo tipo de coisas boas. Porém, Adão transgrediu a lei do Senhor, de modo que a aliança foi anulada. A segunda aliança é desta maneira. Se Jesus Cristo, o segundo Adão, fizer isso e aquilo, todos os que Ele representa terão as bênçãos garantidas na aliança. O Senhor Jesus fez tudo que concordou em fazer; Ele guardou a Lei e, assim, a honrou; e também morreu e sofreu a sentença da lei. Assim, prestou obediência ativa e passiva à lei de Deus; e, agora, todas as promessas de Deus devem ser mantidas a Cristo, porque, nele, elas são "sim e amém". Considere as grandes promessas de Isaías 53: "Quando ele vir tudo que resultar de sua angústia, ficará satisfeito. E, por causa de tudo que meu servo justo passou, ele fará que muitos sejam considerados justos, pois levará sobre si os pecados deles. Eu lhe darei as honras de um soldado vitorioso, pois ele se expôs à morte. Foi contado entre os rebeldes; levou sobre si a culpa de muitos e intercedeu pelos pecadores". Essas são promessas feitas primeiramente ao Cabeça e, depois, a nós, os membros de Seu corpo místico; primeiramente ao segundo Adão e, depois, a todos os que, por meio de uma fé viva, foram incluídos em Sua aliança. Por isso, as promessas são "Sim e Amém" nele.

E, enquanto Jesus Cristo vive, elas são também "Sim e Amém" no sentido de que Ele está zelando por sua realização. Ele está intercedendo por nós diante do trono, para que as promessas de Deus venham solucionar as nossas aflições. Irmãos, todas as promessas precisam ser verdadeiras em Cristo, porque Deus não poupou nem mesmo o Seu próprio Filho, mas o entregou livremente por todos nós; e, tendo-o dado, também não nos dará gratuitamente, com Ele, todas as coisas? Se Deus tivesse desejado voltar atrás em alguma promessa, certamente teria voltado atrás quanto a promessa de dar o Seu Filho unigênito; mas, tendo-a cumprido, que outra promessa Ele quebraria? Além disso, no presente de Cristo, Ele nos deu na prática e verdadeiramente todas as coisas; porque, se Cristo é seu, tudo é seu. Todas as coisas estão em Cristo; então, tendo-o, você possui tudo. Não há desejo de seu espírito, ou necessidade de sua natureza, que permanecerá insatisfeito quando você tiver Cristo como seu. Você tem Céu, Terra e todas as coisas que são ou serão, englobadas no Bendito cujo nome é "o Amém, a testemunha fiel e verdadeira". Amados, alegrem-se de todo o coração por toda promessa de Deus ser garantida em Cristo Jesus para toda a Sua verdadeira semente!

4. Agora, consideremos as últimas palavras do texto: "Pois todas as promessas de Deus se cumpriram em Cristo com um alto e claro 'Sim!'. E, por meio de Cristo, confirmamos isso, *de modo que nosso 'Amém' se eleva a Deus para sua glória*". Essa declaração nos ensina O RESULTADO DAS PROMESSAS.

Assim, caros amigos, as promessas de Deus são Sua glória. Não há qualquer falso deus que tenha feito promessas semelhantes às do nosso Deus. Veja no Corão o que Maomé prometeu. Ora essa! Que indigente série de promessas ele apresenta aos seus seguidores! Pense em Brama e Buda, e leia todos os assim-chamados livros sagrados escritos por seus sacerdotes, e veja o que seus deuses supostamente prometeram. Podemos colocar a essência de tudo aquilo dentro de uma casca de ovo e, ainda assim, não a ver. Porém, o nosso Deus prometeu mais do que o Céu e a Terra são capazes de conter. Ele prometeu se entregar ao Seu povo. Ele é o grande Prometedor — o poderoso Prometedor. Eu comparo e contrasto as promessas de Deus a todas as promessas já feitas em conexão com todos os falsos sistemas de religião sob o céu e, sem hesitar, declaro que nenhuma há que se possa comparar, por um instante sequer, às promessas do Altíssimo.

Tornar todas aquelas promessas certas foi algo grandioso para a glória de Deus, pois todas elas dependiam, primeiramente, da condição de que Cristo obedecesse à vontade do Pai. Mas Ele o fez e, ó, que glória é para Deus ter dado "seu Filho único, para que todo o que nele crê não pereça, mas tenha a vida eterna"! O presente do Redentor, a vida do Redentor, a morte do Redentor, a intercessão do Redentor, a certificação das promessas — tudo isso enaltece a glória de Deus.

E, agora, é para a glória de Deus manter todas as promessas que Ele fez. Nenhuma delas, se quebrada, redundaria em Seu louvor ou aumentaria a Sua honra. E nenhuma delas, quando guardada, deixa de refletir uma nova honra sobre Ele, e confere ainda mais reputação ao Seu nome sempre bendito. Se eu tivesse tempo, estender-me-ia acerca de todos esses pontos; porém, como já passamos da nossa hora habitual de encerrar o culto, preciso terminar este sermão com uma breve referência às últimas palavras de nosso texto: "confirmamos isso, de modo que nosso 'Amém' se eleva a Deus para sua glória". Enquanto pensava seriamente sobre o meu texto, imaginei que as palavras "confirmamos isso" pareciam estragar a grandiosa palavra "glória", e ainda aquela maior: "Deus". "A Deus para sua glória" — "confirmamos isso"; que contraste! Ele é ainda mais marcante do que naquela velha história do fole de órgão que insistia em dizer "*Nós* conseguimos", quando tudo que ele fazia era apenas bombear o ar para dentro do órgão. Nós precisamos sequer ser mencionados? Não é uma pena nos incluir? Porém, quando revirei o assunto em minha mente, pensei: "Ó, não, não; está muito certo colocar-nos aqui!". Agora, veja. Deus quer ter a glória de ser misericordioso; sim, mas não pode ter essa glória a menos que haja, em algum lugar, um pecador a quem Ele possa demonstrar misericórdia; um pecador é uma parte essencial de toda a questão. Suponha que o rei, que preparou a grande ceia, tivesse dito aos seus servos: "Vão às estradas e as sebes, e os obriguem a entrar"; e que eles tivessem voltado ao rei e dito: "Não há criatura alguma sob as sebes ou nas estradas; não há sequer um mendigo solitário em qualquer lugar das ruas ou dos becos da cidade". Então, ele não poderia ter oferecido o banquete, qualquer iguaria que ele pudesse ter preparado, se não houvesse quem as comesse. Seria pesaroso ter abatido os bois e os animais cevados e os amontoado sobre as mesas, e ninguém se sentar para usufruir deles. Até mesmo o rei, para ter honra, precisa depender alguma vez dos mendigos nas estradas e sebes. Isso não é maravilhoso? Deus quer manifestar o Seu poder perdoando o meu pecado, mas não pode fazê-lo se eu não tiver pecado para ser perdoado; e, se eu não for a Ele para ser perdoado e não pedir Sua misericórdia, tudo fica como um capital parado, que nunca é gasto. O Senhor se deleita em ajudar os fracos; é Seu prazer fazê-lo; mas, suponham não haver pessoa fraca em lugar algum — o que acontecerá então? Ah! Mas eu penso ouvir as almas fracas clamando: "Por nós! Por nós! 'Confirmamos isso, de modo que nosso 'Amém' se eleva a Deus para sua glória'". Ele se deleita em prestar auxílio aos pobres e necessitados, e não pode fazê-lo se não houver alguns pobres e necessitados para Ele ajudar; então, quando buscamos o Seu auxílio, 'confirmamos isso, de modo que nosso 'Amém' se eleva a Deus para sua glória'". E o Senhor se deleita em aperfeiçoar o Seu poder em nossa fraqueza. Penso ouvir Paulo clamando, e foi ele quem escreveu estas palavras, "confirmamos isso" — "Deus é glorificado pela minha fraqueza". E eu ouço muitos de vocês, que estão tentando servir ao seu Senhor e Mestre, dizendo: "Ah, então! É por isso que esses fracos, como nos sentimos, são usados: 'confirmamos isso, de modo que nosso 'Amém' se eleva a Deus para sua glória'".

Então venham, todos vocês que precisam da misericórdia de Deus; vocês que tomaram posse de uma de Suas promessas e sentem que necessitam e precisam obter tudo que ela inclui. Com a máxima reverência, eu diria que o próprio Deus não pode ser glorificado pela promessa sem vocês. Se Ele pretende alimentar os famintos, estes são essenciais para o cumprimento do Seu propósito. Se Ele deseja vestir os nus, é preciso haver nus para Ele vestir. Não há aqui uma mina de conforto para vocês, que se sentem quase sem esperança? Espero que alguns de vocês, pobres perdidos, digam em seu coração, se não com a própria voz: "Nós somos realmente essenciais para a glória de Deus? O Senhor precisa de nossa pobreza, de nossa pecaminosidade e de nossa nulidade para que, através delas, demonstre a grandeza de Sua graça? Então, certamente iremos a Ele como estamos". Assim, eu lhes imploro: Venham! Venham!! Venham!!! Que o Espírito Santo, por Sua onipotente graça, atraia você agora, por nosso Senhor Jesus Cristo! Amém.

PLANO DE LEITURA DA BÍBLIA EM UM ANO

JANEIRO
01 [ ] Gênesis 1–3
02 [ ] Gênesis 4–7
03 [ ] Gênesis 8–10
04 [ ] Gênesis 11–14
05 [ ] Gênesis 15–17
06 [ ] Gênesis 18–20
07 [ ] Gênesis 21–24
08 [ ] Gênesis 25–27
09 [ ] Gênesis 28–31
10 [ ] Gênesis 32–34
11 [ ] Gênesis 35–37
12 [ ] Gênesis 38–41
13 [ ] Gênesis 42–44
14 [ ] Gênesis 45–47
15 [ ] Gênesis 48–50
16 [ ] Êxodo 1–3
17 [ ] Êxodo 4–6
18 [ ] Êxodo 7–10
19 [ ] Êxodo 11–13
20 [ ] Êxodo 14–17
21 [ ] Êxodo 18–20
22 [ ] Êxodo 21–24
23 [ ] Êxodo 25–27
24 [ ] Êxodo 28–31
25 [ ] Êxodo 32–34
26 [ ] Êxodo 35–37
27 [ ] Êxodo 38–40
28 [ ] Levítico 1–3
29 [ ] Levítico 4–7
30 [ ] Levítico 8–10
31 [ ] Levítico 11–14

FEVEREIRO
01 [ ] Levítico 15–17
02 [ ] Levítico 18–21
03 [ ] Levítico 22–24
04 [ ] Levítico 25–27
05 [ ] Números 1–3
06 [ ] Números 4–7
07 [ ] Números 8–10
08 [ ] Números 11–14
09 [ ] Números 15–17
10 [ ] Números 18–21
11 [ ] Números 22–24
12 [ ] Números 25–27
13 [ ] Números 28–30
14 [ ] Números 31–33
15 [ ] Números 34–36
16 [ ] Deuteronômio 1–3
17 [ ] Deuteronômio 4–7
18 [ ] Deuteronômio 8–10
19 [ ] Deuteronômio 11–14
20 [ ] Deuteronômio 15–17
21 [ ] Deuteronômio 18–20
22 [ ] Deuteronômio 21–23
23 [ ] Deuteronômio 24–27
24 [ ] Deuteronômio 28–31
25 [ ] Deuteronômio 32–34
26 [ ] Josué 1–3
27 [ ] Josué 4–7
28 [ ] Josué 8–10

MARÇO
01 [ ] Josué 11–13
02 [ ] Josué 14–17
03 [ ] Josué 18–20
04 [ ] Josué 21–24
05 [ ] Juízes 1–3
06 [ ] Juízes 4–7
07 [ ] Juízes 8–10
08 [ ] Juízes 11–14
09 [ ] Juízes 15–17
10 [ ] Juízes 18–21
11 [ ] Rute 1–4
12 [ ] 1Samuel 1–3
13 [ ] 1Samuel 4–6
14 [ ] 1Samuel 7–9
15 [ ] 1Samuel 10–12
16 [ ] 1Samuel 13–15
17 [ ] 1Samuel 16–19
18 [ ] 1Samuel 20–22
19 [ ] 1Samuel 23–25
20 [ ] 1Samuel 26–28
21 [ ] 1Samuel 29–31
22 [ ] 2Samuel 1–3
23 [ ] 2Samuel 4–6
24 [ ] 2Samuel 7–10
25 [ ] 2Samuel 11–14
26 [ ] 2Samuel 15–17
27 [ ] 2Samuel 18–20
28 [ ] 2Samuel 21–24
29 [ ] 1Reis 1–3
30 [ ] 1Reis 4–6
31 [ ] 1Reis 7–9

ABRIL
01 [ ] 1Reis 10–12
02 [ ] 1Reis 13–15
03 [ ] 1Reis 16–19
04 [ ] 1Reis 20–22
05 [ ] 2Reis 1–3
06 [ ] 2Reis 4–6
07 [ ] 2Reis 7–9
08 [ ] 2Reis 10–12
09 [ ] 2Reis 13–16
10 [ ] 2Reis 17–19
11 [ ] 2Reis 20–22
12 [ ] 2Reis 23–25
13 [ ] 1Crônicas 1–3
14 [ ] 1Crônicas 4–6
15 [ ] 1Crônicas 7–9
16 [ ] 1Crônicas 10–12
17 [ ] 1Crônicas 13–15
18 [ ] 1Crônicas 16–18
19 [ ] 1Crônicas 19–22
20 [ ] 1Crônicas 23–26
21 [ ] 1Crônicas 27–29
22 [ ] 2Crônicas 1–3
23 [ ] 2Crônicas 4–6
24 [ ] 2Crônicas 7–9
25 [ ] 2Crônicas 10–13
26 [ ] 2Crônicas 14–16
27 [ ] 2Crônicas 17–19
28 [ ] 2Crônicas 20–22
29 [ ] 2Crônicas 23–26
30 [ ] 2Crônicas 27–29

MAIO
01 [ ] 2Crônicas 30–32
02 [ ] 2Crônicas 33–36
03 [ ] Esdras 1–4
04 [ ] Esdras 5–7
05 [ ] Esdras 8–10
06 [ ] Neemias 1–3
07 [ ] Neemias 4–7
08 [ ] Neemias 8–10
09 [ ] Neemias 11–13

PLANO DE LEITURA DA BÍBLIA EM UM ANO

10 [ ] Ester 1–3
11 [ ] Ester 4–7
12 [ ] Ester 8–10
13 [ ] Jó 1–3
14 [ ] Jó 4–6
15 [ ] Jó 7–10
16 [ ] Jó 11–13
17 [ ] Jó 14–16
18 [ ] Jó 17–20
19 [ ] Jó 21–23
20 [ ] Jó 24–26
21 [ ] Jó 27–30
22 [ ] Jó 31–33
23 [ ] Jó 34–36
24 [ ] Jó 37–39
25 [ ] Jó 40–42
26 [ ] Salmos 1–5
27 [ ] Salmos 6–10
28 [ ] Salmos 11–15
29 [ ] Salmos 16–18
30 [ ] Salmos 19–22
31 [ ] Salmos 23–26

JUNHO
01 [ ] Salmos 27–30
02 [ ] Salmos 31–34
03 [ ] Salmos 35–37
04 [ ] Salmos 38–41
05 [ ] Salmos 42–45
06 [ ] Salmos 46–50
07 [ ] Salmos 51–56
08 [ ] Salmos 57–61
09 [ ] Salmos 62–67
10 [ ] Salmos 68–70
11 [ ] Salmos 71–73
12 [ ] Salmos 74–77
13 [ ] Salmos 78–80
14 [ ] Salmos 81–85
15 [ ] Salmos 86–89
16 [ ] Salmos 90–94
17 [ ] Salmos 95–101
18 [ ] Salmos 102–104
19 [ ] Salmos 105–106
20 [ ] Salmos 107–109
21 [ ] Salmos 110–114
22 [ ] Salmos 115–118
23 [ ] Salmos 119
24 [ ] Salmos 120–130
25 [ ] Salmos 131–139
26 [ ] Salmos 140–144
27 [ ] Salmos 145–150
28 [ ] Provérbios 1–3
29 [ ] Provérbios 4–6
30 [ ] Provérbios 7–9

JULHO
01 [ ] Provérbios 10–12
02 [ ] Provérbios 13–15
03 [ ] Provérbios 16–18
04 [ ] Provérbios 19–21
05 [ ] Provérbios 22–24
06 [ ] Provérbios 25–27
07 [ ] Provérbios 28–31
08 [ ] Eclesiastes 1–3
09 [ ] Eclesiastes 4–6
10 [ ] Eclesiastes 7–9
11 [ ] Eclesiastes 10–12
12 [ ] Cântico dos cânticos 1–3
13 [ ] Cântico dos cânticos 4–6
14 [ ] Cântico dos cânticos 7–8
15 [ ] Isaías 1–3
16 [ ] Isaías 4–6
17 [ ] Isaías 7–9
18 [ ] Isaías 10–12
19 [ ] Isaías 13–15
20 [ ] Isaías 16–18
21 [ ] Isaías 19–21
22 [ ] Isaías 22–24
23 [ ] Isaías 25–27
24 [ ] Isaías 28–30
25 [ ] Isaías 31–33
26 [ ] Isaías 34–36
27 [ ] Isaías 37–39
28 [ ] Isaías 40–42
29 [ ] Isaías 43–45
30 [ ] Isaías 46–48
31 [ ] Isaías 49–51

AGOSTO
01 [ ] Isaías 52–54
02 [ ] Isaías 55–57
03 [ ] Isaías 58–60
04 [ ] Isaías 61–63
05 [ ] Isaías 64–66
06 [ ] Jeremias 1–3
07 [ ] Jeremias 4–6
08 [ ] Jeremias 7–9
09 [ ] Jeremias 10–12
10 [ ] Jeremias 13–15
11 [ ] Jeremias 16–18
12 [ ] Jeremias 19–21
13 [ ] Jeremias 22–24
14 [ ] Jeremias 25–27
15 [ ] Jeremias 28–30
16 [ ] Jeremias 31–33
17 [ ] Jeremias 34–36
18 [ ] Jeremias 37–39
19 [ ] Jeremias 40–42
20 [ ] Jeremias 43–45
21 [ ] Jeremias 46–48
22 [ ] Jeremias 49–50
23 [ ] Jeremias 51–52
24 [ ] Lamentações 1–3
25 [ ] Lamentações 4–5
26 [ ] Ezequiel 1–3
27 [ ] Ezequiel 4–6
28 [ ] Ezequiel 7–9
29 [ ] Ezequiel 10–12
30 [ ] Ezequiel 13–15
31 [ ] Ezequiel 16–18

SETEMBRO
01 [ ] Ezequiel 19–21
02 [ ] Ezequiel 22–24
03 [ ] Ezequiel 25–26
04 [ ] Ezequiel 27–29
05 [ ] Ezequiel 30–31
06 [ ] Ezequiel 32–33
07 [ ] Ezequiel 34–36
08 [ ] Ezequiel 37–39
09 [ ] Ezequiel 40–42
10 [ ] Ezequiel 43–45
11 [ ] Ezequiel 46–48
12 [ ] Daniel 1–3
13 [ ] Daniel 4–6
14 [ ] Daniel 7–9
15 [ ] Daniel 10–12
16 [ ] Oseias 1–3
17 [ ] Oseias 4–6
18 [ ] Oseias 7–8
19 [ ] Oseias 9–11
20 [ ] Oseias 12–14
21 [ ] Joel 1–3
22 [ ] Amós 1–3
23 [ ] Amós 4–6
24 [ ] Amós 7–9
25 [ ] Obadias; Jonas 1
26 [ ] Jonas 2–4
27 [ ] Miqueias 1–3
28 [ ] Miqueias 4–5
29 [ ] Miqueias 6–7
30 [ ] Naum 1–3

OUTUBRO
01 [ ] Habacuque 1–3
02 [ ] Sofonias 1–3
03 [ ] Ageu 1–2
04 [ ] Zacarias 1–3
05 [ ] Zacarias 4–6
06 [ ] Zacarias 7–9
07 [ ] Zacarias 10–12

PLANO DE LEITURA DA BÍBLIA EM UM ANO

08 [ ] Zacarias 13-14
09 [ ] Malaquias 1-2
10 [ ] Malaquias 3-4
11 [ ] Mateus 1-3
12 [ ] Mateus 4-6
13 [ ] Mateus 7-9
14 [ ] Mateus 10-12
15 [ ] Mateus 13-15
16 [ ] Mateus 16-18
17 [ ] Mateus 19-22
18 [ ] Mateus 23-25
19 [ ] Mateus 26-28
20 [ ] Marcos 1-3
21 [ ] Marcos 4-7
22 [ ] Marcos 8-10
23 [ ] Marcos 11-13
24 [ ] Marcos 14-16
25 [ ] Lucas 1-3
26 [ ] Lucas 4-6
27 [ ] Lucas 7-9
28 [ ] Lucas 10-12
29 [ ] Lucas 13-15
30 [ ] Lucas 16-18
31 [ ] Lucas 19-21

NOVEMBRO
01 [ ] Lucas 22-24
02 [ ] João 1-3
03 [ ] João 4-6
04 [ ] João 7-9
05 [ ] João 10-12
06 [ ] João 13-15
07 [ ] João 16-18
08 [ ] João 19-21
09 [ ] Atos 1-3
10 [ ] Atos 4-6
11 [ ] Atos 7-9
12. ( )Atos 10-12
13 [ ] Atos 13-15
14 [ ] Atos 16-18
15 [ ] Atos 19-21
16 [ ] Atos 22-24
17 [ ] Atos 25-28
18 [ ] Romanos 1-3
19 [ ] Romanos 4-6
20 [ ] Romanos 7-9
21 [ ] Romanos 10-12
22 [ ] Romanos 13-16
23 [ ] 1Coríntios 1-3
24 [ ] 1Coríntios 4-6
25 [ ] 1Coríntios 7-9
26 [ ] 1Coríntios 10-12
27 [ ] 1Coríntios 13-16
28 [ ] 2Coríntios 1-3
29 [ ] 2Coríntios 4-6
30 [ ] 2Coríntios 7-10

DEZEMBRO
01 [ ] 2Coríntios 11-13
02 [ ] Gálatas 1-3
03 [ ] Gálatas 4-6
04 [ ] Efésios 1-3
05 [ ] Efésios 4-6
06 [ ] Filipenses 1-4
07 [ ] Colossenses 1-4
08 [ ] 1Tessalonicenses 1-5
09 [ ] 2Tessalonicenses 1-3
10 [ ] 1Timóteo 1-3
11 [ ] 1Timóteo 4-6
12 [ ] 2Timóteo 1-4
13 [ ] Tito 1-2
14 [ ] Tito 3; Filemom
15 [ ] Hebreus 1-3
16 [ ] Hebreus 4-6
17 [ ] Hebreus 7-9
18 [ ] Hebreus 10-13
19 [ ] Tiago 1-5
20 [ ] 1Pedro 1-5
21 [ ] 2Pedro 1-3
22 [ ] 1João 1-4
23 [ ] 1João 5; 2João
24 [ ] 3João; Judas
25 [ ] Apocalipse 1-3
26 [ ] Apocalipse 4-6
27 [ ] Apocalipse 7-9
28 [ ] Apocalipse 10-12
29 [ ] Apocalipse 13-16
30 [ ] Apocalipse 17-19
31 [ ] Apocalipse 20-22